A Code Of Labor Laws

2026

노동소법전

노사레이버

CONTENTS 2026

CONTENTS	2026

대한민국헌법

대한민국헌법

제정 1948. 7.17
전부개정 1987.10.29

전 문

유구한 역사와 전통에 빛나는 우리 대한국민은 3·1운동으로 건립된 대한민국임시정부의 법통과 불의에 항거한 4·19민주이념을 계승하고, 조국의 민주개혁과 평화적 통일의 사명에 입각하여 정의·인도와 동포애로써 민족의 단결을 공고히 하고, 모든 사회적 폐습과 불의를 타파하며, 자율과 조화를 바탕으로 자유민주적 기본질서를 더욱 확고히 하여 정치·경제·사회·문화의 모든 영역에 있어서 각인의 기회를 균등히 하고, 능력을 최고도로 발휘하게 하며, 자유와 권리에 따르는 책임과 의무를 완수하게 하여, 안으로는 국민생활의 균등한 향상을 기하고 밖으로는 항구적인 세계평화와 인류공영에 이바지함으로써 우리들과 우리들의 자손의 안전과 자유와 행복을 영원히 확보할 것을 다짐하면서 1948년 7월 12일에 제정되고 8차에 걸쳐 개정된 헌법을 이제 국회의 의결을 거쳐 국민투표에 의하여 개정한다.

1987년 10월 29일

제1장 총 강

제1조 ①대한민국은 민주공화국이다.
②대한민국의 주권은 국민에게 있고, 모든 권력은 국민으로부터 나온다.

제2조 ①대한민국의 국민이 되는 요건은 법률로 정한다.
②국가는 법률이 정하는 바에 의하여 재외국민을 보호할 의무를 진다.

제3조 대한민국의 영토는 한반도와 그 부속도서로 한다.

제4조 대한민국은 통일을 지향하며, 자유민주적 기본질서에 입각한 평화적 통일정책을 수립하고 이를 추진한다.

제5조 ①대한민국은 국제평화의 유지에 노력하고 침략적 전쟁을 부인한다.
②국군은 국가의 안전보장과 국토방위의 신성한 의무를 수행함을 사명으로 하며, 그 정치적 중립성은 준수된다.

제6조 ①헌법에 의하여 체결·공포된 조약과 일반적으로 승인된 국제법규는 국내법과 같은 효력을 가진다.
②외국인은 국제법과 조약이 정하는 바에 의하여 그 지위가 보장된다.

제7조 ①공무원은 국민전체에 대한 봉사자이며, 국민에 대하여 책임을 진다.
②공무원의 신분과 정치적 중립성은 법률이 정하는 바에 의하여 보장된다.

제8조 ①정당의 설립은 자유이며, 복수정당제는 보장된다.
②정당은 그 목적·조직과 활동이 민주적이어야 하며, 국민의 정치적 의사형성에 참여하는데 필요한 조직을 가져야 한다.
③정당은 법률이 정하는 바에 의하여 국가의 보호를 받으며, 국가는 법률이 정하는 바에 의하여 정당운영에 필요한 자금을 보조할 수 있다.
④정당의 목적이나 활동이 민주적 기본질서에 위배될 때에는 정부는 헌법재판소에 그 해산을 제소할 수 있고, 정당은 헌법재판소의 심판에 의하여 해산된다.

제9조 국가는 전통문화의 계승·발전과 민족문화의 창달에 노력하여야 한다.

제2장 국민의 권리와 의무

제10조 모든 국민은 인간으로서의 존엄과 가치를 가지며, 행복을 추구할 권리를 가진다. 국가는 개인이 가지는 불가침의 기본적 인권을 확인하고 이를 보장할 의무를 진다.

제11조 ①모든 국민은 법 앞에 평등하다. 누구든지 성별 · 종교 또는 사회적 신분에 의하여 정치적 · 경제적 · 사회적 · 문화적 생활의 모든 영역에 있어서 차별을 받지 아니한다.
②사회적 특수계급의 제도는 인정되지 아니하며, 어떠한 형태로도 이를 창설할 수 없다.
③훈장 등의 영전은 이를 받은 자에게만 효력이 있고, 어떠한 특권도 이에 따르지 아니한다.

제12조 ①모든 국민은 신체의 자유를 가진다. 누구든지 법률에 의하지 아니하고는 체포 · 구속 · 압수 · 수색 또는 심문을 받지 아니하며, 법률과 적법한 절차에 의하지 아니하고는 처벌 · 보안처분 또는 강제노역을 받지 아니한다.
②모든 국민은 고문을 받지 아니하며, 형사상 자기에게 불리한 진술을 강요당하지 아니한다.
③체포 · 구속 · 압수 또는 수색을 할 때에는 적법한 절차에 따라 검사의 신청에 의하여 법관이 발부한 영장을 제시하여야 한다. 다만, 현행범인인 경우와 장기 3년이상의 형에 해당하는 죄를 범하고 도피 또는 증거인멸의 염려가 있을 때에는 사후에 영장을 청구할 수 있다.
④누구든지 체포 또는 구속을 당한 때에는 즉시 변호인의 조력을 받을 권리를 가진다. 다만, 형사피고인이 스스로 변호인을 구할 수 없을 때에는 법률이 정하는 바에 의하여 국가가 변호인을 붙인다.
⑤누구든지 체포 또는 구속의 이유와 변호인의 조력을 받을 권리가 있음을 고지받지 아니하고는 체포 또는 구속을 당하지 아니한다. 체포 또는 구속을 당한 자의 가족 등 법률이 정하는 자에게는 그 이유와 일시 · 장소가 지체없이 통지되어야 한다.
⑥누구든지 체포 또는 구속을 당한 때에는 적부의 심사를 법원에 청구할 권리를 가진다.
⑦피고인의 자백이 고문 · 폭행 · 협박 · 구속의 부당한 장기화 또는 기망 기타의 방법에 의하여 자의로 진술된 것이 아니라고 인정될 때 또는 정식재판에 있어서 피고인의 자백이 그에게 불리한 유일한 증거일 때에는 이

를 유죄의 증거로 삼거나 이를 이유로 처벌할 수 없다.

제13조 ①모든 국민은 행위시의 법률에 의하여 범죄를 구성하지 아니하는 행위로 소추되지 아니하며, 동일한 범죄에 대하여 거듭 처벌받지 아니한다.

②모든 국민은 소급입법에 의하여 참정권의 제한을 받거나 재산권을 박탈당하지 아니한다.

③모든 국민은 자기의 행위가 아닌 친족의 행위로 인하여 불이익한 처우를 받지 아니한다.

제14조 모든 국민은 거주·이전의 자유를 가진다.

제15조 모든 국민은 직업선택의 자유를 가진다.

제16조 모든 국민은 주거의 자유를 침해받지 아니한다. 주거에 대한 압수나 수색을 할 때에는 검사의 신청에 의하여 법관이 발부한 영장을 제시하여야 한다.

제17조 모든 국민은 사생활의 비밀과 자유를 침해받지 아니한다.

제18조 모든 국민은 통신의 비밀을 침해받지 아니한다.

제19조 모든 국민은 양심의 자유를 가진다.

제20조 ①모든 국민은 종교의 자유를 가진다.

②국교는 인정되지 아니하며, 종교와 정치는 분리된다.

제21조 ①모든 국민은 언론·출판의 자유와 집회·결사의 자유를 가진다.

②언론·출판에 대한 허가나 검열과 집회·결사에 대한 허가는 인정되지 아니한다.

③통신·방송의 시설기준과 신문의 기능을 보장하기 위하여 필요한 사항은 법률로 정한다.

④언론·출판은 타인의 명예나 권리 또는 공중도덕이나 사회윤리를 침해하여서는 아니된다. 언론·출판이 타인의 명예나 권리를 침해한 때에는 피해자는 이에 대한 피해의 배상을 청구할 수 있다.

제22조 ①모든 국민은 학문과 예술의 자유를 가진다.

②저작자·발명가·과학기술자와 예술가의 권리는 법률로써 보호한다.

제23조 ①모든 국민의 재산권은 보장된다. 그 내용과 한계는 법률로 정한다.

②재산권의 행사는 공공복리에 적합하도록 하여야 한다.

③공공필요에 의한 재산권의 수용·사용 또는 제한 및 그에 대한 보상은

법률로써 하되, 정당한 보상을 지급하여야 한다.

제24조 모든 국민은 법률이 정하는 바에 의하여 선거권을 가진다.

제25조 모든 국민은 법률이 정하는 바에 의하여 공무담임권을 가진다.

제26조 ①모든 국민은 법률이 정하는 바에 의하여 국가기관에 문서로 청원할 권리를 가진다.

②국가는 청원에 대하여 심사할 의무를 진다.

제27조 ①모든 국민은 헌법과 법률이 정한 법관에 의하여 법률에 의한 재판을 받을 권리를 가진다.

②군인 또는 군무원이 아닌 국민은 대한민국의 영역 안에서는 중대한 군사상 기밀·초병·초소·유독음식물공급·포로·군용물에 관한 죄중 법률이 정한 경우와 비상계엄이 선포된 경우를 제외하고는 군사법원의 재판을 받지 아니한다.

③모든 국민은 신속한 재판을 받을 권리를 가진다. 형사피고인은 상당한 이유가 없는 한 지체없이 공개재판을 받을 권리를 가진다.

④형사피고인은 유죄의 판결이 확정될 때까지는 무죄로 추정된다.

⑤형사피해자는 법률이 정하는 바에 의하여 당해 사건의 재판절차에서 진술할 수 있다.

제28조 형사피의자 또는 형사피고인으로서 구금되었던 자가 법률이 정하는 불기소처분을 받거나 무죄판결을 받은 때에는 법률이 정하는 바에 의하여 국가에 정당한 보상을 청구할 수 있다.

제29조 ①공무원의 직무상 불법행위로 손해를 받은 국민은 법률이 정하는 바에 의하여 국가 또는 공공단체에 정당한 배상을 청구할 수 있다. 이 경우 공무원 자신의 책임은 면제되지 아니한다.

②군인·군무원·경찰공무원 기타 법률이 정하는 자가 전투·훈련 등 직무집행과 관련하여 받은 손해에 대하여는 법률이 정하는 보상외에 국가 또는 공공단체에 공무원의 직무상 불법행위로 인한 배상은 청구할 수 없다.

제30조 타인의 범죄행위로 인하여 생명·신체에 대한 피해를 받은 국민은 법률이 정하는 바에 의하여 국가로부터 구조를 받을 수 있다.

제31조 ①모든 국민은 능력에 따라 균등하게 교육을 받을 권리를 가진다.

②모든 국민은 그 보호하는 자녀에게 적어도 초등교육과 법률이 정하는 교육을 받게 할 의무를 진다.

③의무교육은 무상으로 한다.

④교육의 자주성·전문성·정치적 중립성 및 대학의 자율성은 법률이 정하는 바에 의하여 보장된다.
⑤국가는 평생교육을 진흥하여야 한다.
⑥학교교육 및 평생교육을 포함한 교육제도와 그 운영, 교육재정 및 교원의 지위에 관한 기본적인 사항은 법률로 정한다.

제32조 ①모든 국민은 근로의 권리를 가진다. 국가는 사회적·경제적 방법으로 근로자의 고용의 증진과 적정임금의 보장에 노력하여야 하며, 법률이 정하는 바에 의하여 최저임금제를 시행하여야 한다.
②모든 국민은 근로의 의무를 진다. 국가는 근로의 의무의 내용과 조건을 민주주의 원칙에 따라 법률로 정한다.
③근로조건의 기준은 인간의 존엄성을 보장하도록 법률로 정한다.
④여자의 근로는 특별한 보호를 받으며, 고용·임금 및 근로조건에 있어서 부당한 차별을 받지 아니한다.
⑤연소자의 근로는 특별한 보호를 받는다.
⑥국가유공자·상이군경 및 전몰군경의 유가족은 법률이 정하는 바에 의하여 우선적으로 근로의 기회를 부여받는다.

제33조 ①근로자는 근로조건의 향상을 위하여 자주적인 단결권·단체교섭권 및 단체행동권을 가진다.
②공무원인 근로자는 법률이 정하는 자에 한하여 단결권·단체교섭권 및 단체행동권을 가진다.
③법률이 정하는 주요방위산업체에 종사하는 근로자의 단체행동권은 법률이 정하는 바에 의하여 이를 제한하거나 인정하지 아니할 수 있다.

제34조 ①모든 국민은 인간다운 생활을 할 권리를 가진다.
②국가는 사회보장·사회복지의 증진에 노력할 의무를 진다.
③국가는 여자의 복지와 권익의 향상을 위하여 노력하여야 한다.
④국가는 노인과 청소년의 복지향상을 위한 정책을 실시할 의무를 진다.
⑤신체장애자 및 질병·노령 기타의 사유로 생활능력이 없는 국민은 법률이 정하는 바에 의하여 국가의 보호를 받는다.
⑥국가는 재해를 예방하고 그 위험으로부터 국민을 보호하기 위하여 노력하여야 한다.

제35조 ①모든 국민은 건강하고 쾌적한 환경에서 생활할 권리를 가지며, 국가와 국민은 환경보전을 위하여 노력하여야 한다.

②환경권의 내용과 행사에 관하여는 법률로 정한다.
③국가는 주택개발정책 등을 통하여 모든 국민이 쾌적한 주거생활을 할 수 있도록 노력하여야 한다.

제36조 ①혼인과 가족생활은 개인의 존엄과 양성의 평등을 기초로 성립되고 유지되어야 하며, 국가는 이를 보장한다.
②국가는 모성의 보호를 위하여 노력하여야 한다.
③모든 국민은 보건에 관하여 국가의 보호를 받는다.

제37조 ①국민의 자유와 권리는 헌법에 열거되지 아니한 이유로 경시되지 아니한다.
②국민의 모든 자유와 권리는 국가안전보장·질서유지 또는 공공복리를 위하여 필요한 경우에 한하여 법률로써 제한할 수 있으며, 제한하는 경우에도 자유와 권리의 본질적인 내용을 침해할 수 없다.

제38조 모든 국민은 법률이 정하는 바에 의하여 납세의 의무를 진다.

제39조 ①모든 국민은 법률이 정하는 바에 의하여 국방의 의무를 진다.
②누구든지 병역의무의 이행으로 인하여 불이익한 처우를 받지 아니한다.

제3장 국 회

제40조 입법권은 국회에 속한다.

제41조 ①국회는 국민의 보통·평등·직접·비밀선거에 의하여 선출된 국회의원으로 구성한다.
②국회의원의 수는 법률로 정하되, 200인이상으로 한다.
③국회의원의 선거구와 비례대표제 기타 선거에 관한 사항은 법률로 정한다.

제42조 국회의원의 임기는 4년으로 한다.

제43조 국회의원은 법률이 정하는 직을 겸할 수 없다.

제44조 ①국회의원은 현행범인인 경우를 제외하고는 회기중 국회의 동의없이 체포 또는 구금되지 아니한다.
②국회의원이 회기전에 체포 또는 구금된 때에는 현행범인이 아닌 한 국회의 요구가 있으면 회기중 석방된다.

제45조 국회의원은 국회에서 직무상 행한 발언과 표결에 관하여 국회외에서 책임을 지지 아니한다.

제46조 ①국회의원은 청렴의 의무가 있다.

②국회의원은 국가이익을 우선하여 양심에 따라 직무를 행한다.
③국회의원은 그 지위를 남용하여 국가·공공단체 또는 기업체와의 계약이나 그 처분에 의하여 재산상의 권리·이익 또는 직위를 취득하거나 타인을 위하여 그 취득을 알선할 수 없다.

제47조 ①국회의 정기회는 법률이 정하는 바에 의하여 매년 1회 집회되며, 국회의 임시회는 대통령 또는 국회재적의원 4분의 1이상의 요구에 의하여 집회된다.
②정기회의 회기는 100일을, 임시회의 회기는 30일을 초과할 수 없다.
③대통령이 임시회의 집회를 요구할 때에는 기간과 집회요구의 이유를 명시하여야 한다.

제48조 국회는 의장 1인과 부의장 2인을 선출한다.

제49조 국회는 헌법 또는 법률에 특별한 규정이 없는 한 재적의원 과반수의 출석과 출석의원 과반수의 찬성으로 의결한다. 가부동수인 때에는 부결된 것으로 본다.

제50조 ①국회의 회의는 공개한다. 다만, 출석의원 과반수의 찬성이 있거나 의장이 국가의 안전보장을 위하여 필요하다고 인정할 때에는 공개하지 아니할 수 있다.
②공개하지 아니한 회의내용의 공표에 관하여는 법률이 정하는 바에 의한다.

제51조 국회에 제출된 법률안 기타의 의안은 회기중에 의결되지 못한 이유로 폐기되지 아니한다. 다만, 국회의원의 임기가 만료된 때에는 그러하지 아니하다.

제52조 국회의원과 정부는 법률안을 제출할 수 있다.

제53조 ①국회에서 의결된 법률안은 정부에 이송되어 15일이내에 대통령이 공포한다.
②법률안에 이의가 있을 때에는 대통령은 제1항의 기간내에 이의서를 붙여 국회로 환부하고, 그 재의를 요구할 수 있다. 국회의 폐회중에도 또한 같다.
③대통령은 법률안의 일부에 대하여 또는 법률안을 수정하여 재의를 요구할 수 없다.
④재의의 요구가 있을 때에는 국회는 재의에 붙이고, 재적의원과반수의 출석과 출석의원 3분의 2이상의 찬성으로 전과 같은 의결을 하면 그 법률안은 법률로서 확정된다.

⑤대통령이 제1항의 기간내에 공포나 재의의 요구를 하지 아니한 때에도 그 법률안은 법률로서 확정된다.
⑥대통령은 제4항과 제5항의 규정에 의하여 확정된 법률을 지체없이 공포하여야 한다. 제5항에 의하여 법률이 확정된 후 또는 제4항에 의한 확정법률이 정부에 이송된 후 5일이내에 대통령이 공포하지 아니할 때에는 국회의장이 이를 공포한다.
⑦법률은 특별한 규정이 없는 한 공포한 날로부터 20일을 경과함으로써 효력을 발생한다.

제54조 ①국회는 국가의 예산안을 심의·확정한다.
②정부는 회계연도마다 예산안을 편성하여 회계연도 개시 90일전까지 국회에 제출하고, 국회는 회계연도 개시 30일전까지 이를 의결하여야 한다.
③새로운 회계연도가 개시될 때까지 예산안이 의결되지 못한 때에는 정부는 국회에서 예산안이 의결될 때까지 다음의 목적을 위한 경비는 전년도 예산에 준하여 집행할 수 있다.
1. 헌법이나 법률에 의하여 설치된 기관 또는 시설의 유지·운영
2. 법률상 지출의무의 이행
3. 이미 예산으로 승인된 사업의 계속

제55조 ①한 회계년도를 넘어 계속하여 지출할 필요가 있을 때에는 정부는 연한을 정하여 계속비로서 국회의 의결을 얻어야 한다.
②예비비는 총액으로 국회의 의결을 얻어야 한다. 예비비의 지출은 차기국회의 승인을 얻어야 한다.

제56조 정부는 예산에 변경을 가할 필요가 있을 때에는 추가경정예산안을 편성하여 국회에 제출할 수 있다.

제57조 국회는 정부의 동의없이 정부가 제출한 지출예산 각항의 금액을 증가하거나 새 비목을 설치할 수 없다.

제58조 국채를 모집하거나 예산외에 국가의 부담이 될 계약을 체결하려 할 때에는 정부는 미리 국회의 의결을 얻어야 한다.

제59조 조세의 종목과 세율은 법률로 정한다.

제60조 ①국회는 상호원조 또는 안전보장에 관한 조약, 중요한 국제조직에 관한 조약, 우호통상항해조약, 주권의 제약에 관한 조약, 강화조약, 국가나 국민에게 중대한 재정적 부담을 지우는 조약 또는 입법사항에 관한 조약의 체결·비준에 대한 동의권을 가진다.

②국회는 선전포고, 국군의 외국에의 파견 또는 외국군대의 대한민국 영역 안에서의 주류에 대한 동의권을 가진다.

제61조 ①국회는 국정을 감사하거나 특정한 국정사안에 대하여 조사할 수 있으며, 이에 필요한 서류의 제출 또는 증인의 출석과 증언이나 의견의 진술을 요구할 수 있다.
②국정감사 및 조사에 관한 절차 기타 필요한 사항은 법률로 정한다.

제62조 ①국무총리·국무위원 또는 정부위원은 국회나 그 위원회에 출석하여 국정처리상황을 보고하거나 의견을 진술하고 질문에 응답할 수 있다.
②국회나 그 위원회의 요구가 있을 때에는 국무총리·국무위원 또는 정부위원은 출석·답변하여야 하며, 국무총리 또는 국무위원이 출석요구를 받은 때에는 국무위원 또는 정부위원으로 하여금 출석·답변하게 할 수 있다.

제63조 ①국회는 국무총리 또는 국무위원의 해임을 대통령에게 건의할 수 있다.
②제1항의 해임건의는 국회재적의원 3분의 1이상의 발의에 의하여 국회재적의원 과반수의 찬성이 있어야 한다.

제64조 ①국회는 법률에 저촉되지 아니하는 범위안에서 의사와 내부규율에 관한 규칙을 제정할 수 있다.
②국회는 의원의 자격을 심사하며, 의원을 징계할 수 있다.
③의원을 제명하려면 국회재적의원 3분의 2이상의 찬성이 있어야 한다.
④제2항과 제3항의 처분에 대하여는 법원에 제소할 수 없다.

제65조 ①대통령·국무총리·국무위원·행정각부의 장·헌법재판소 재판관·법관·중앙선거관리위원회 위원·감사원장·감사위원 기타 법률이 정한 공무원이 그 직무집행에 있어서 헌법이나 법률을 위배한 때에는 국회는 탄핵의 소추를 의결할 수 있다.
②제1항의 탄핵소추는 국회재적의원 3분의 1이상의 발의가 있어야 하며, 그 의결은 국회재적의원 과반수의 찬성이 있어야 한다. 다만, 대통령에 대한 탄핵소추는 국회재적의원 과반수의 발의와 국회재적의원 3분의 2이상의 찬성이 있어야 한다.
③탄핵소추의 의결을 받은 자는 탄핵심판이 있을 때까지 그 권한행사가 정지된다.
④탄핵결정은 공직으로부터 파면함에 그친다. 그러나, 이에 의하여 민사상이나 형사상의 책임이 면제되지는 아니한다.

제4장 정 부

제1절 대통령

제66조 ①대통령은 국가의 원수이며, 외국에 대하여 국가를 대표한다.
②대통령은 국가의 독립·영토의 보전·국가의 계속성과 헌법을 수호할 책무를 진다.
③대통령은 조국의 평화적 통일을 위한 성실한 의무를 진다.
④행정권은 대통령을 수반으로 하는 정부에 속한다.

제67조 ①대통령은 국민의 보통·평등·직접·비밀선거에 의하여 선출한다.
②제1항의 선거에 있어서 최고득표자가 2인이상인 때에는 국회의 재적의원 과반수가 출석한 공개회의에서 다수표를 얻은 자를 당선자로 한다.
③대통령후보자가 1인일 때에는 그 득표수가 선거권자 총수의 3분의 1이상이 아니면 대통령으로 당선될 수 없다.
④대통령으로 선거될 수 있는 자는 국회의원의 피선거권이 있고 선거일 현재 40세에 달하여야 한다.
⑤대통령의 선거에 관한 사항은 법률로 정한다.

제68조 ①대통령의 임기가 만료되는 때에는 임기만료 70일 내지 40일 전에 후임자를 선거한다.
②대통령이 궐위된 때 또는 대통령 당선자가 사망하거나 판결 기타의 사유로 그 자격을 상실한 때에는 60일이내에 후임자를 선거한다.

제69조 대통령은 취임에 즈음하여 다음의 선서를 한다. "나는 헌법을 준수하고 국가를 보위하며 조국의 평화적 통일과 국민의 자유와 복리의 증진 및 민족문화의 창달에 노력하여 대통령으로서의 직책을 성실히 수행할 것을 국민 앞에 엄숙히 선서합니다."

제70조 대통령의 임기는 5년으로 하며, 중임할 수 없다.

제71조 대통령이 궐위되거나 사고로 인하여 직무를 수행할 수 없을 때에는 국무총리, 법률이 정한 국무위원의 순서로 그 권한을 대행한다.

제72조 대통령은 필요하다고 인정할 때에는 외교·국방·통일 기타 국가안위에 관한 중요정책을 국민투표에 붙일 수 있다.

제73조 대통령은 조약을 체결·비준하고, 외교사절을 신임·접수 또는

파견하며, 선전포고와 강화를 한다.

제74조 ①대통령은 헌법과 법률이 정하는 바에 의하여 국군을 통수한다.
②국군의 조직과 편성은 법률로 정한다.

제75조 대통령은 법률에서 구체적으로 범위를 정하여 위임받은 사항과 법률을 집행하기 위하여 필요한 사항에 관하여 대통령령을 발할 수 있다.

제76조 ①대통령은 내우·외환·천재·지변 또는 중대한 재정·경제상의 위기에 있어서 국가의 안전보장 또는 공공의 안녕질서를 유지하기 위하여 긴급한 조치가 필요하고 국회의 집회를 기다릴 여유가 없을 때에 한하여 최소한으로 필요한 재정·경제상의 처분을 하거나 이에 관하여 법률의 효력을 가지는 명령을 발할 수 있다.
②대통령은 국가의 안위에 관계되는 중대한 교전상태에 있어서 국가를 보위하기 위하여 긴급한 조치가 필요하고 국회의 집회가 불가능한 때에 한하여 법률의 효력을 가지는 명령을 발할 수 있다.
③대통령은 제1항과 제2항의 처분 또는 명령을 한 때에는 지체없이 국회에 보고하여 그 승인을 얻어야 한다.
④제3항의 승인을 얻지 못한 때에는 그 처분 또는 명령은 그때부터 효력을 상실한다. 이 경우 그 명령에 의하여 개정 또는 폐지되었던 법률은 그 명령이 승인을 얻지 못한 때부터 당연히 효력을 회복한다.
⑤대통령은 제3항과 제4항의 사유를 지체없이 공포하여야 한다.

제77조 ①대통령은 전시·사변 또는 이에 준하는 국가비상사태에 있어서 병력으로써 군사상의 필요에 응하거나 공공의 안녕질서를 유지할 필요가 있을 때에는 법률이 정하는 바에 의하여 계엄을 선포할 수 있다.
②계엄은 비상계엄과 경비계엄으로 한다.
③비상계엄이 선포된 때에는 법률이 정하는 바에 의하여 영장제도, 언론·출판·집회·결사의 자유, 정부나 법원의 권한에 관하여 특별한 조치를 할 수 있다.
④계엄을 선포한 때에는 대통령은 지체없이 국회에 통고하여야 한다.
⑤국회가 재적의원 과반수의 찬성으로 계엄의 해제를 요구한 때에는 대통령은 이를 해제하여야 한다.

제78조 대통령은 헌법과 법률이 정하는 바에 의하여 공무원을 임면한다.

제79조 ①대통령은 법률이 정하는 바에 의하여 사면·감형 또는 복권을 명할 수 있다.

②일반사면을 명하려면 국회의 동의를 얻어야 한다.
③사면・감형 및 복권에 관한 사항은 법률로 정한다.

제80조 대통령은 법률이 정하는 바에 의하여 훈장 기타의 영전을 수여한다.

제81조 대통령은 국회에 출석하여 발언하거나 서한으로 의견을 표시할 수 있다.

제82조 대통령의 국법상 행위는 문서로써 하며, 이 문서에는 국무총리와 관계 국무위원이 부서한다. 군사에 관한 것도 또한 같다.

제83조 대통령은 국무총리・국무위원・행정각부의 장 기타 법률이 정하는 공사의 직을 겸할 수 없다.

제84조 대통령은 내란 또는 외환의 죄를 범한 경우를 제외하고는 재직중 형사상의 소추를 받지 아니한다.

제85조 전직대통령의 신분과 예우에 관하여는 법률로 정한다.

제2절 행정부

제1관 국무총리와 국무위원

제86조 ①국무총리는 국회의 동의를 얻어 대통령이 임명한다.
②국무총리는 대통령을 보좌하며, 행정에 관하여 대통령의 명을 받아 행정각부를 통할한다.
③군인은 현역을 면한 후가 아니면 국무총리로 임명될 수 없다.

제87조 ①국무위원은 국무총리의 제청으로 대통령이 임명한다.
②국무위원은 국정에 관하여 대통령을 보좌하며, 국무회의의 구성원으로서 국정을 심의한다.
③국무총리는 국무위원의 해임을 대통령에게 건의할 수 있다.
④군인은 현역을 면한 후가 아니면 국무위원으로 임명될 수 없다.

제2관 국무회의

제88조 ①국무회의는 정부의 권한에 속하는 중요한 정책을 심의한다.
②국무회의는 대통령・국무총리와 15인이상 30인이하의 국무위원으로 구

성한다.
③대통령은 국무회의의 의장이 되고, 국무총리는 부의장이 된다.

제89조 다음 사항은 국무회의의 심의를 거쳐야 한다.

1. 국정의 기본계획과 정부의 일반정책
2. 선전·강화 기타 중요한 대외정책
3. 헌법개정안·국민투표안·조약안·법률안 및 대통령령안
4. 예산안·결산·국유재산처분의 기본계획·국가의 부담이 될 계약 기타 재정에 관한 중요사항
5. 대통령의 긴급명령·긴급재정경제처분 및 명령 또는 계엄과 그 해제
6. 군사에 관한 중요사항
7. 국회의 임시회 집회의 요구
8. 영전수여
9. 사면·감형과 복권
10. 행정각부간의 권한의 획정
11. 정부안의 권한의 위임 또는 배정에 관한 기본계획
12. 국정처리상황의 평가·분석
13. 행정각부의 중요한 정책의 수립과 조정
14. 정당해산의 제소
15. 정부에 제출 또는 회부된 정부의 정책에 관계되는 청원의 심사
16. 검찰총장·합동참모의장·각군참모총장·국립대학교총장·대사 기타 법률이 정한 공무원과 국영기업체관리자의 임명
17. 기타 대통령·국무총리 또는 국무위원이 제출한 사항

제90조 ①국정의 중요한 사항에 관한 대통령의 자문에 응하기 위하여 국가원로로 구성되는 국가원로자문회의를 둘 수 있다.
②국가원로자문회의의 의장은 직전대통령이 된다. 다만, 직전대통령이 없을 때에는 대통령이 지명한다.
③국가원로자문회의의 조직·직무범위 기타 필요한 사항은 법률로 정한다.

제91조 ①국가안전보장에 관련되는 대외정책·군사정책과 국내정책의 수립에 관하여 국무회의의 심의에 앞서 대통령의 자문에 응하기 위하여 국가안전보장회의를 둔다.
②국가안전보장회의는 대통령이 주재한다.
③국가안전보장회의의 조직·직무범위 기타 필요한 사항은 법률로 정한다.

제92조 ①평화통일정책의 수립에 관한 대통령의 자문에 응하기 위하여 민주평화통일자문회의를 둘 수 있다.
②민주평화통일자문회의의 조직·직무범위 기타 필요한 사항은 법률로 정한다.

제93조 ①국민경제의 발전을 위한 중요정책의 수립에 관하여 대통령의 자문에 응하기 위하여 국민경제자문회의를 둘 수 있다.
②국민경제자문회의의 조직·직무범위 기타 필요한 사항은 법률로 정한다.

제3관 행정각부

제94조 행정각부의 장은 국무위원 중에서 국무총리의 제청으로 대통령이 임명한다.

제95조 국무총리 또는 행정각부의 장은 소관사무에 관하여 법률이나 대통령령의 위임 또는 직권으로 총리령 또는 부령을 발할 수 있다.

제96조 행정각부의 설치·조직과 직무범위는 법률로 정한다.

제4관 감사원

제97조 국가의 세입·세출의 결산, 국가 및 법률이 정한 단체의 회계검사와 행정기관 및 공무원의 직무에 관한 감찰을 하기 위하여 대통령 소속하에 감사원을 둔다.

제98조 ①감사원은 원장을 포함한 5인이상 11인이하의 감사위원으로 구성한다.
②원장은 국회의 동의를 얻어 대통령이 임명하고, 그 임기는 4년으로 하며, 1차에 한하여 중임할 수 있다.
③감사위원은 원장의 제청으로 대통령이 임명하고, 그 임기는 4년으로 하며, 1차에 한하여 중임할 수 있다.

제99조 감사원은 세입·세출의 결산을 매년 검사하여 대통령과 차년도국회에 그 결과를 보고하여야 한다.

제100조 감사원의 조직·직무범위·감사위원의 자격·감사대상공무원의 범위 기타 필요한 사항은 법률로 정한다.

제5장 법 원

제101조 ①사법권은 법관으로 구성된 법원에 속한다.
②법원은 최고법원인 대법원과 각급법원으로 조직된다.
③법관의 자격은 법률로 정한다.

제102조 ①대법원에 부를 둘 수 있다.
②대법원에 대법관을 둔다. 다만, 법률이 정하는 바에 의하여 대법관이 아닌 법관을 둘 수 있다.
③대법원과 각급법원의 조직은 법률로 정한다.

제103조 법관은 헌법과 법률에 의하여 그 양심에 따라 독립하여 심판한다.

제104조 ①대법원장은 국회의 동의를 얻어 대통령이 임명한다.
②대법관은 대법원장의 제청으로 국회의 동의를 얻어 대통령이 임명한다.
③대법원장과 대법관이 아닌 법관은 대법관회의의 동의를 얻어 대법원장이 임명한다.

제105조 ①대법원장의 임기는 6년으로 하며, 중임할 수 없다.
②대법관의 임기는 6년으로 하며, 법률이 정하는 바에 의하여 연임할 수 있디.
③대법원장과 대법관이 아닌 법관의 임기는 10년으로 하며, 법률이 정하는 바에 의하여 연임할 수 있다.
④법관의 정년은 법률로 정한다.

제106조 ①법관은 탄핵 또는 금고이상의 형의 선고에 의하지 아니하고는 파면되지 아니하며, 징계처분에 의하지 아니하고는 정직·감봉 기타 불리한 처분을 받지 아니한다.
②법관이 중대한 심신상의 장해로 직무를 수행할 수 없을 때에는 법률이 정하는 바에 의하여 퇴직하게 할 수 있다.

제107조 ①법률이 헌법에 위반되는 여부가 재판의 전제가 된 경우에는 법원은 헌법재판소에 제청하여 그 심판에 의하여 재판한다.
②명령·규칙 또는 처분이 헌법이나 법률에 위반되는 여부가 재판의 전제가 된 경우에는 대법원은 이를 최종적으로 심사할 권한을 가진다.
③재판의 전심절차로서 행정심판을 할 수 있다. 행정심판의 절차는 법률로 정하되, 사법절차가 준용되어야 한다.

제108조 대법원은 법률에서 저촉되지 아니하는 범위안에서 소송에 관한 절차, 법원의 내부규율과 사무처리에 관한 규칙을 제정할 수 있다.

제109조 재판의 심리와 판결은 공개한다. 다만, 심리는 국가의 안전보장 또는 안녕질서를 방해하거나 선량한 풍속을 해할 염려가 있을 때에는 법원의 결정으로 공개하지 아니할 수 있다.

제110조 ①군사재판을 관할하기 위하여 특별법원으로서 군사법원을 둘 수 있다.

②군사법원의 상고심은 대법원에서 관할한다.

③군사법원의 조직·권한 및 재판관의 자격은 법률로 정한다.

④비상계엄하의 군사재판은 군인·군무원의 범죄나 군사에 관한 간첩죄의 경우와 초병·초소·유독음식물공급·포로에 관한 죄중 법률이 정한 경우에 한하여 단심으로 할 수 있다. 다만, 사형을 선고한 경우에는 그러하지 아니하다.

제6장 헌법재판소

제111조 ①헌법재판소는 다음 사항을 관장한다.

1. 법원의 제청에 의한 법률의 위헌여부 심판
2. 탄핵의 심판
3. 정당의 해산 심판
4. 국가기관 상호간, 국가기관과 지방자치단체간 및 지방자치단체 상호간의 권한쟁의에 관한 심판
5. 법률이 정하는 헌법소원에 관한 심판

②헌법재판소는 법관의 자격을 가진 9인의 재판관으로 구성하며, 재판관은 대통령이 임명한다.

③제2항의 재판관중 3인은 국회에서 선출하는 자를, 3인은 대법원장이 지명하는 자를 임명한다.

④헌법재판소의 장은 국회의 동의를 얻어 재판관중에서 대통령이 임명한다.

제112조 ①헌법재판소 재판관의 임기는 6년으로 하며, 법률이 정하는 바에 의하여 연임할 수 있다.

②헌법재판소 재판관은 정당에 가입하거나 정치에 관여할 수 없다.

③헌법재판소 재판관은 탄핵 또는 금고이상의 형의 선고에 의하지 아니하

고는 파면되지 아니한다.

제113조 ①헌법재판소에서 법률의 위헌결정, 탄핵의 결정, 정당해산의 결정 또는 헌법소원에 관한 인용결정을 할 때에는 재판관 6인이상의 찬성이 있어야 한다.
②헌법재판소는 법률에 저촉되지 아니하는 범위안에서 심판에 관한 절차, 내부규율과 사무처리에 관한 규칙을 제정할 수 있다.
③헌법재판소의 조직과 운영 기타 필요한 사항은 법률로 정한다.

제7장 선거관리

제114조 ①선거와 국민투표의 공정한 관리 및 정당에 관한 사무를 처리하기 위하여 선거관리위원회를 둔다.
②중앙선거관리위원회는 대통령이 임명하는 3인, 국회에서 선출하는 3인과 대법원장이 지명하는 3인의 위원으로 구성한다. 위원장은 위원중에서 호선한다.
③위원의 임기는 6년으로 한다.
④위원은 정당에 가입하거나 정치에 관여할 수 없다.
⑤위원은 탄핵 또는 금고이상의 형의 선고에 의하지 아니하고는 파면되지 아니한다.
⑥중앙선거관리위원회는 법령의 범위안에서 선거관리·국민투표관리 또는 정당사무에 관한 규칙을 제정할 수 있으며, 법률에 저촉되지 아니하는 범위안에서 내부규율에 관한 규칙을 제정할 수 있다.
⑦각급 선거관리위원회의 조직·직무범위 기타 필요한 사항은 법률로 정한다.

제115조 ①각급 선거관리위원회는 선거인명부의 작성 등 선거사무와 국민투표사무에 관하여 관계 행정기관에 필요한 지시를 할 수 있다.
②제1항의 지시를 받은 당해 행정기관은 이에 응하여야 한다.

제116조 ①선거운동은 각급 선거관리위원회의 관리하에 법률이 정하는 범위안에서 하되, 균등한 기회가 보장되어야 한다.
②선거에 관한 경비는 법률이 정하는 경우를 제외하고는 정당 또는 후보자에게 부담시킬 수 없다.

제8장 지방자치

제117조 ①지방자치단체는 주민의 복리에 관한 사무를 처리하고 재산을 관리하며, 법령의 범위안에서 자치에 관한 규정을 제정할 수 있다.
②지방자치단체의 종류는 법률로 정한다.

제118조 ①지방자치단체에 의회를 둔다.
②지방의회의 조직·권한·의원선거와 지방자치단체의 장의 선임방법 기타 지방자치단체의 조직과 운영에 관한 사항은 법률로 정한다.

제9장 경 제

제119조 ①대한민국의 경제질서는 개인과 기업의 경제상의 자유와 창의를 존중함을 기본으로 한다.
②국가는 균형있는 국민경제의 성장 및 안정과 적정한 소득의 분배를 유지하고, 시장의 지배와 경제력의 남용을 방지하며, 경제주체간의 조화를 통한 경제의 민주화를 위하여 경제에 관한 규제와 조정을 할 수 있다.

제120조 ①광물 기타 중요한 지하자원·수산자원·수력과 경제상 이용할 수 있는 자연력은 법률이 정하는 바에 의하여 일정한 기간 그 채취·개발 또는 이용을 특허할 수 있다.
②국토와 자원은 국가의 보호를 받으며, 국가는 그 균형있는 개발과 이용을 위하여 필요한 계획을 수립한다.

제121조 ①국가는 농지에 관하여 경자유전의 원칙이 달성될 수 있도록 노력하여야 하며, 농지의 소작제도는 금지된다.
②농업생산성의 제고와 농지의 합리적인 이용을 위하거나 불가피한 사정으로 발생하는 농지의 임대차와 위탁경영은 법률이 정하는 바에 의하여 인정된다.

제122조 국가는 국민 모두의 생산 및 생활의 기반이 되는 국토의 효율적이고 균형있는 이용·개발과 보전을 위하여 법률이 정하는 바에 의하여 그에 관한 필요한 제한과 의무를 과할 수 있다.

제123조 ①국가는 농업 및 어업을 보호·육성하기 위하여 농·어촌종합개발과 그 지원 등 필요한 계획을 수립·시행하여야 한다.
②국가는 지역간의 균형있는 발전을 위하여 지역경제를 육성할 의무를 진다.

③국가는 중소기업을 보호·육성하여야 한다.
④국가는 농수산물의 수급균형과 유통구조의 개선에 노력하여 가격안정을 도모함으로써 농·어민의 이익을 보호한다.
⑤국가는 농·어민과 중소기업의 자조조직을 육성하여야 하며, 그 자율적 활동과 발전을 보장한다.

제124조 국가는 건전한 소비행위를 계도하고 생산품의 품질향상을 촉구하기 위한 소비자보호운동을 법률이 정하는 바에 의하여 보장한다.

제125조 국가는 대외무역을 육성하며, 이를 규제·조정할 수 있다.

제126조 국방상 또는 국민경제상 긴절한 필요로 인하여 법률이 정하는 경우를 제외하고는, 사영기업을 국유 또는 공유로 이전하거나 그 경영을 통제 또는 관리할 수 없다.

제127조 ①국가는 과학기술의 혁신과 정보 및 인력의 개발을 통하여 국민경제의 발전에 노력하여야 한다.
②국가는 국가표준제도를 확립한다.
③대통령은 제1항의 목적을 달성하기 위하여 필요한 자문기구를 둘 수 있다.

제10장 헌법개정

제128조 ①헌법개정은 국회재적의원 과반수 또는 대통령의 발의로 제안된다.
②대통령의 임기연장 또는 중임변경을 위한 헌법개정은 그 헌법개정 제안 당시의 대통령에 대하여는 효력이 없다.

제129조 제안된 헌법개정안은 대통령이 20일이상의 기간 이를 공고하여야 한다.

제130조 ①국회는 헌법개정안이 공고된 날로부터 60일이내에 의결하여야 하며, 국회의 의결은 재적의원 3분의 2이상의 찬성을 얻어야 한다.
②헌법개정안은 국회가 의결한 후 30일이내에 국민투표에 붙여 국회의원선거권자 과반수의 투표와 투표자 과반수의 찬성을 얻어야 한다.
③헌법개정안이 제2항의 찬성을 얻은 때에는 헌법개정은 확정되며, 대통령은 즉시 이를 공포하여야 한다.

부 칙

제1조 이 헌법은 1988년 2월 25일부터 시행한다. 다만, 이 헌법을 시행하기 위하여 필요한 법률의 제정·개정과 이 헌법에 의한 대통령 및 국회의원의 선거 기타 이 헌법시행에 관한 준비는 이 헌법시행전에 할 수 있다.

제2조 ①이 헌법에 의한 최초의 대통령선거는 이 헌법시행일 40일전까지 실시한다.

②이 헌법에 의한 최초의 대통령의 임기는 이 헌법시행일로부터 개시한다.

제3조 ①이 헌법에 의한 최초의 국회의원선거는 이 헌법공포일로부터 6월이내에 실시하며, 이 헌법에 의하여 선출된 최초의 국회의원의 임기는 국회의원선거후 이 헌법에 의한 국회의 최초의 집회일로부터 개시한다.

②이 헌법공포 당시의 국회의원의 임기는 제1항에 의한 국회의 최초의 집회일 전일까지로 한다.

제4조 ①이 헌법시행 당시의 공무원과 정부가 임명한 기업체의 임원은 이 헌법에 의하여 임명된 것으로 본다. 다만, 이 헌법에 의하여 선임방법이나 임명권자가 변경된 공무원과 대법원장 및 감사원장은 이 헌법에 의하여 후임자가 선임될 때까지 그 직무를 행하며, 이 경우 전임자인 공무원의 임기는 후임자가 선임되는 전일까지로 한다.

②이 헌법시행 당시의 대법원장과 대법원판사가 아닌 법관은 제1항 단서의 규정에 불구하고 이 헌법에 의하여 임명된 것으로 본다.

③이 헌법중 공무원의 임기 또는 중임제한에 관한 규정은 이 헌법에 의하여 그 공무원이 최초로 선출 또는 임명된 때로부터 적용한다.

제5조 이 헌법시행 당시의 법령과 조약은 이 헌법에 위배되지 아니하는 한 그 효력을 지속한다.

제6조 이 헌법시행 당시에 이 헌법에 의하여 새로 설치될 기관의 권한에 속하는 직무를 행하고 있는 기관은 이 헌법에 의하여 새로운 기관이 설치될 때까지 존속하며 그 직무를 행한다.

근로기준 관련법령

근로기준법

전부개정 2007. 4.11 법률 제8372호
개정 2007. 5.17 법률 제8435호
2007. 7.27 법률 제8561호
2007.12.21 법률 제8781호
2008. 3.21 법률 제8960호
2008. 3.28 법률 제9038호
2009. 5.21 법률 제9699호
2010. 5.17 법률 제10303호
2010. 5.25 법률 제10319호
2010. 6. 4 법률 제10339호
2010. 6.10 법률 제10366호
2011. 5.24 법률 제10719호
2012. 2. 1 법률 제11270호
2014. 1.21 법률 제12325호
2014. 3.24 법률 제12527호
2017.11.28 법률 제15108호
2018. 3.20 법률 제15513호
2019. 1.15 법률 제16270호
2019. 1.15 법률 제16272호
2019. 4.30 법률 제16415호
2020. 3.31 법률 제17185호
2020. 5.26 법률 제17326호
2021. 1. 5 법률 제17862호
2021. 4.13 법률 제18037호
2021. 5.18 법률 제18176호
2024.10.22 법률 제20520호
2025.10. 1 법률 제21065호

제1장 총 칙

제1조【목적】 이 법은 헌법에 따라 근로조건의 기준을 정함으로써 근로자의 기본적 생활을 보장, 향상시키며 균형 있는 국민경제의 발전을 꾀하는 것을 목적으로 한다.

제2조【정의】 ①이 법에서 사용하는 용어의 뜻은 다음과 같다.

1. "근로자"란 직업의 종류와 관계없이 임금을 목적으로 사업이나 사업장에 근로를 제공하는 사람을 말한다.(2020.5.26 개정)
2. "사용자"란 사업주 또는 사업 경영 담당자, 그 밖에 근로자에 관한 사항에 대하여 사업주를 위하여 행위하는 자를 말한다.
3. "근로"란 정신노동과 육체노동을 말한다.
4. "근로계약"이란 근로자가 사용자에게 근로를 제공하고 사용자는 이에 대하여 임금을 지급하는 것을 목적으로 체결된 계약을 말한다.
5. "임금"이란 사용자가 근로의 대가로 근로자에게 임금, 봉급, 그 밖에 어떠한 명칭으로든지 지급하는 모든 금품을 말한다.(2020.5.26 개정)
6. "평균임금"이란 이를 산정하여야 할 사유가 발생한 날 이전 3개월 동안에 그 근로자에게 지급된 임금의 총액을 그 기간의 총일수로 나눈 금액을 말한다. 근로자가 취업한 후 3개월 미만인 경우도 이에 준한다.
7. "1주"란 휴일을 포함한 7일을 말한다.(2018.3.20 신설)
8. "소정(所定)근로시간"이란 제50조, 제69조 본문 또는 「산업안전보건법」 제139조제1항에 따른 근로시간의 범위에서 근로자와 사용자 사이에 정한 근로시간을 말한다.(2019.1.15 개정)
9. "단시간근로자"란 1주 동안의 소정근로시간이 그 사업장에서 같은 종류의 업무에 종사하는 통상 근로자의 1주 동안의 소정근로시간에 비하여 짧은 근로자를 말한다.(2018.3.20 개정)

②제1항제6호에 따라 산출된 금액이 그 근로자의 통상임금보다 적으면 그 통상임금액을 평균임금으로 한다.

제3조【근로조건의 기준】 이 법에서 정하는 근로조건은 최저기준이므로 근로 관계 당사자는 이 기준을 이유로 근로조건을 낮출 수 없다.

제4조【근로조건의 결정】 근로조건은 근로자와 사용자가 동등한 지위에서 자유의사에 따라 결정하여야 한다.

제5조【근로조건의 준수】 근로자와 사용자는 각자가 단체협약, 취업

규칙과 근로계약을 지키고 성실하게 이행할 의무가 있다.

제6조【균등한 처우】 사용자는 근로자에 대하여 남녀의 성(性)을 이유로 차별적 대우를 하지 못하고, 국적·신앙 또는 사회적 신분을 이유로 근로조건에 대한 차별적 처우를 하지 못한다.

제7조【강제 근로의 금지】 사용자는 폭행, 협박, 감금, 그 밖에 정신상 또는 신체상의 자유를 부당하게 구속하는 수단으로써 근로자의 자유의사에 어긋나는 근로를 강요하지 못한다.

제8조【폭행의 금지】 사용자는 사고의 발생이나 그 밖의 어떠한 이유로도 근로자에게 폭행을 하지 못한다.

제9조【중간착취의 배제】 누구든지 법률에 따르지 아니하고는 영리로 다른 사람의 취업에 개입하거나 중간인으로서 이익을 취득하지 못한다.

제10조【공민권 행사의 보장】 사용자는 근로자가 근로시간 중에 선거권, 그 밖의 공민권(公民權) 행사 또는 공(公)의 직무를 집행하기 위하여 필요한 시간을 청구하면 거부하지 못한다. 다만, 그 권리 행사나 공(公)의 직무를 수행하는 데에 지장이 없으면 청구한 시간을 변경할 수 있다.

제11조【적용 범위】 ①이 법은 상시 5명 이상의 근로자를 사용하는 모든 사업 또는 사업장에 적용한다. 다만, 동거하는 친족만을 사용하는 사업 또는 사업장과 가사(家事) 사용인에 대하여는 적용하지 아니한다.

②상시 4명 이하의 근로자를 사용하는 사업 또는 사업장에 대하여는 대통령령으로 정하는 바에 따라 이 법의 일부 규정을 적용할 수 있다.

③이 법을 적용하는 경우에 상시 사용하는 근로자 수를 산정하는 방법은 대통령령으로 정한다.(2008.3.21 신설)

제12조【적용 범위】 이 법과 이 법에 따른 대통령령은 국가, 특별시·광역시·도, 시·군·구, 읍·면·동, 그 밖에 이에 준하는 것에 대하여도 적용된다.

제13조【보고, 출석의 의무】 사용자 또는 근로자는 이 법의 시행에 관하여 고용노동부장관·「노동위원회법」에 따른 노동위원회(이하 "노동위원회"라 한다) 또는 근로감독관의 요구가 있으면 지체 없이 필요한 사항에 대하여 보고하거나 출석하여야 한다.(2010.6.4 개정)

제14조【법령 주요 내용 등의 게시】 ①사용자는 이 법과 이 법에 따른 대통령령의 주요 내용과 취업규칙을 근로자가 자유롭게 열람할 수 있는 장소에 항상 게시하거나 갖추어 두어 근로자에게 널리 알려야 한

다.(2021.1.5 개정)
②사용자는 제1항에 따른 대통령령 중 기숙사에 관한 규정과 제99조제1항에 따른 기숙사규칙을 기숙사에 게시하거나 갖추어 두어 기숙(寄宿)하는 근로자에게 널리 알려야 한다.

제2장 근로계약

제15조【이 법을 위반한 근로계약】 ①이 법에서 정하는 기준에 미치지 못하는 근로조건을 정한 근로계약은 그 부분에 한정하여 무효로 한다.(2020.5.26 개정)
②제1항에 따라 무효로 된 부분은 이 법에서 정한 기준에 따른다.

제16조【계약기간】 근로계약은 기간을 정하지 아니한 것과 일정한 사업의 완료에 필요한 기간을 정한 것 외에는 그 기간은 1년을 초과하지 못한다.

제17조【근로조건의 명시】 ①사용자는 근로계약을 체결할 때에 근로자에게 다음 각 호의 사항을 명시하여야 한다. 이 경우 임금의 구성항목·계산방법·지급방법, 소정근로시간, 제55조에 따른 휴일 및 제60조에 따른 연차 유급휴가에 관한 사항은 서면으로 명시하고 근로자의 요구가 있으면 그 근로자에게 교부하여야 한다. 근로계약 체결 후 다음 각 호의 사항을 변경하는 경우에도 또한 같다.(2010.5.25 개정)
1. 임금
2. 소정근로시간
3. 제55조에 따른 휴일
4. 제60조에 따른 연차 유급휴가
5. 그 밖에 대통령령으로 정하는 근로조건

②사용자는 제1항제1호와 관련한 임금의 구성항목·계산방법·지급방법 및 제2호부터 제4호까지의 사항이 명시된 서면(「전자문서 및 전자거래 기본법」 제2조제1호에 따른 전자문서를 포함한다)을 근로자에게 교부하여야 한다. 다만, 본문에 따른 사항이 단체협약 또는 취업규칙의 변경 등 대통령령으로 정하는 사유로 인하여 변경되는 경우에는 근로자의 요구가 있으면 그 근로자에게 교부하여야 한다.(2021.1.5 개정)

제18조【단시간근로자의 근로조건】 ①단시간근로자의 근로조건은

그 사업장의 같은 종류의 업무에 종사하는 통상 근로자의 근로시간을 기준으로 산정한 비율에 따라 결정되어야 한다.
②제1항에 따라 근로조건을 결정할 때에 기준이 되는 사항이나 그 밖에 필요한 사항은 대통령령으로 정한다.
③4주 동안(4주 미만으로 근로하는 경우에는 그 기간)을 평균하여 1주 동안의 소정근로시간이 15시간 미만인 근로자에 대하여는 제55조와 제60조를 적용하지 아니한다.(2008.3.21 개정)

제19조【근로조건의 위반】①제17조에 따라 명시된 근로조건이 사실과 다를 경우에 근로자는 근로조건 위반을 이유로 손해의 배상을 청구할 수 있으며 즉시 근로계약을 해제할 수 있다.
②제1항에 따라 근로자가 손해배상을 청구할 경우에는 노동위원회에 신청할 수 있으며, 근로계약이 해제되었을 경우에는 사용자는 취업을 목적으로 거주를 변경하는 근로자에게 귀향 여비를 지급하여야 한다.

제20조【위약 예정의 금지】사용자는 근로계약 불이행에 대한 위약금 또는 손해배상액을 예정하는 계약을 체결하지 못한다.

제21조【전차금 상계의 금지】사용자는 전차금(前借金)이나 그 밖에 근로할 것을 조건으로 하는 전대(前貸)채권과 임금을 상계하지 못한다.

제22조【강제 저금의 금지】①사용자는 근로계약에 덧붙여 강제 저축 또는 저축금의 관리를 규정하는 계약을 체결하지 못한다.
②사용자가 근로자의 위탁으로 저축을 관리하는 경우에는 다음 각 호의 사항을 지켜야 한다.
1. 저축의 종류·기간 및 금융기관을 근로자가 결정하고, 근로자 본인의 이름으로 저축할 것
2. 근로자가 저축증서 등 관련 자료의 열람 또는 반환을 요구할 때에는 즉시 이에 따를 것

제23조【해고 등의 제한】①사용자는 근로자에게 정당한 이유 없이 해고, 휴직, 정직, 전직, 감봉, 그 밖의 징벌(懲罰)(이하 "부당해고등"이라 한다)을 하지 못한다.
②사용자는 근로자가 업무상 부상 또는 질병의 요양을 위하여 휴업한 기간과 그 후 30일 동안 또는 산전(産前)·산후(産後)의 여성이 이 법에 따라 휴업한 기간과 그 후 30일 동안은 해고하지 못한다. 다만, 사용자가 제84조에 따라 일시보상을 하였을 경우 또는 사업을 계속할 수 없게 된 경우

에는 그러하지 아니하다.

제24조【경영상 이유에 의한 해고의 제한】 ①사용자가 경영상 이유에 의하여 근로자를 해고하려면 긴박한 경영상의 필요가 있어야 한다. 이 경우 경영 악화를 방지하기 위한 사업의 양도·인수·합병은 긴박한 경영상의 필요가 있는 것으로 본다.
②제1항의 경우에 사용자는 해고를 피하기 위한 노력을 다하여야 하며, 합리적이고 공정한 해고의 기준을 정하고 이에 따라 그 대상자를 선정하여야 한다. 이 경우 남녀의 성을 이유로 차별하여서는 아니 된다.
③사용자는 제2항에 따른 해고를 피하기 위한 방법과 해고의 기준 등에 관하여 그 사업 또는 사업장에 근로자의 과반수로 조직된 노동조합이 있는 경우에는 그 노동조합(근로자의 과반수로 조직된 노동조합이 없는 경우에는 근로자의 과반수를 대표하는 자를 말한다. 이하 "근로자대표"라 한다)에 해고를 하려는 날의 50일 전까지 통보하고 성실하게 협의하여야 한다.
④사용자는 제1항에 따라 대통령령으로 정하는 일정한 규모 이상의 인원을 해고하려면 대통령령으로 정하는 바에 따라 고용노동부장관에게 신고하여야 한다.(2010.6.4 개정)
⑤사용자가 제1항부터 제3항까지의 규정에 따른 요건을 갖추어 근로자를 해고한 경우에는 제23조제1항에 따른 정당한 이유가 있는 해고를 한 것으로 본다.

제25조【우선 재고용 등】 ①제24조에 따라 근로자를 해고한 사용자는 근로자를 해고한 날부터 3년 이내에 해고된 근로자가 해고 당시 담당하였던 업무와 같은 업무를 할 근로자를 채용하려고 할 경우 제24조에 따라 해고된 근로자가 원하면 그 근로자를 우선적으로 고용하여야 한다.
②정부는 제24조에 따라 해고된 근로자에 대하여 생계안정, 재취업, 직업훈련 등 필요한 조치를 우선적으로 취하여야 한다.

제26조【해고의 예고】 사용자는 근로자를 해고(경영상 이유에 의한 해고를 포함한다)하려면 적어도 30일 전에 예고를 하여야 하고, 30일 전에 예고를 하지 아니하였을 때에는 30일분 이상의 통상임금을 지급하여야 한다. 다만, 다음 각 호의 어느 하나에 해당하는 경우에는 그러하지 아니하다.(2019.1.15 개정)
1. 근로자가 계속 근로한 기간이 3개월 미만인 경우
2. 천재·사변, 그 밖의 부득이한 사유로 사업을 계속하는 것이 불가능한

경우
3. 근로자가 고의로 사업에 막대한 지장을 초래하거나 재산상 손해를 끼친 경우로서 고용노동부령으로 정하는 사유에 해당하는 경우

제27조 【해고사유 등의 서면통지】 ①사용자는 근로자를 해고하려면 해고사유와 해고시기를 서면으로 통지하여야 한다.
②근로자에 대한 해고는 제1항에 따라 서면으로 통지하여야 효력이 있다.
③사용자가 제26조에 따른 해고의 예고를 해고사유와 해고시기를 명시하여 서면으로 한 경우에는 제1항에 따른 통지를 한 것으로 본다.(2014.3.24 신설)

제28조 【부당해고등의 구제신청】 ①사용자가 근로자에게 부당해고등을 하면 근로자는 노동위원회에 구제를 신청할 수 있다.
②제1항에 따른 구제신청은 부당해고등이 있었던 날부터 3개월 이내에 하여야 한다.

제29조 【조사 등】 ①노동위원회는 제28조에 따른 구제신청을 받으면 지체 없이 필요한 조사를 하여야 하며 관계 당사자를 심문하여야 한다.
②노동위원회는 제1항에 따라 심문을 할 때에는 관계 당사자의 신청이나 직권으로 증인을 출석하게 하여 필요한 사항을 질문할 수 있다.
③노동위원회는 제1항에 따라 심문을 할 때에는 관계 당사자에게 증거 제출과 증인에 대한 반대심문을 할 수 있는 충분한 기회를 주어야 한다.
④제1항에 따른 노동위원회의 조사와 심문에 관한 세부절차는 「노동위원회법」에 따른 중앙노동위원회(이하 "중앙노동위원회"라 한다)가 정하는 바에 따른다.

제30조 【구제명령 등】 ①노동위원회는 제29조에 따른 심문을 끝내고 부당해고등이 성립한다고 판정하면 사용자에게 구제명령을 하여야 하며, 부당해고등이 성립하지 아니한다고 판정하면 구제신청을 기각하는 결정을 하여야 한다.
②제1항에 따른 판정, 구제명령 및 기각결정은 사용자와 근로자에게 각각 서면으로 통지하여야 한다.
③노동위원회는 제1항에 따른 구제명령(해고에 대한 구제명령만을 말한다)을 할 때에 근로자가 원직복직(原職復職)을 원하지 아니하면 원직복직을 명하는 대신 근로자가 해고기간 동안 근로를 제공하였더라면 받을 수 있었던 임금 상당액 이상의 금품을 근로자에게 지급하도록 명할 수 있다.

④노동위원회는 근로계약기간의 만료, 정년의 도래 등으로 근로자가 원직복직(해고 이외의 경우는 원상회복을 말한다)이 불가능한 경우에도 제1항에 따른 구제명령이나 기각결정을 하여야 한다. 이 경우 노동위원회는 부당해고등이 성립한다고 판정하면 근로자가 해고기간 동안 근로를 제공하였더라면 받을 수 있었던 임금 상당액에 해당하는 금품(해고 이외의 경우에는 원상회복에 준하는 금품을 말한다)을 사업주가 근로자에게 지급하도록 명할 수 있다.(2021.5.18 개정)

제31조【구제명령 등의 확정】①「노동위원회법」에 따른 지방노동위원회의 구제명령이나 기각결정에 불복하는 사용자나 근로자는 구제명령서나 기각결정서를 통지받은 날부터 10일 이내에 중앙노동위원회에 재심을 신청할 수 있다.

②제1항에 따른 중앙노동위원회의 재심판정에 대하여 사용자나 근로자는 재심판정서를 송달받은 날부터 15일 이내에 「행정소송법」의 규정에 따라 소(訴)를 제기할 수 있다.

③제1항과 제2항에 따른 기간 이내에 재심을 신청하지 아니하거나 행정소송을 제기하지 아니하면 그 구제명령, 기각결정 또는 재심판정은 확정된다.

제32조【구제명령 등의 효력】노동위원회의 구제명령, 기각결정 또는 재심판정은 제31조에 따른 중앙노동위원회에 대한 재심 신청이나 행정소송 제기에 의하여 그 효력이 정지되지 아니한다.

제33조【이행강제금】①노동위원회는 구제명령(구제명령을 내용으로 하는 재심판정을 포함한다. 이하 이 조에서 같다)을 받은 후 이행기한까지 구제명령을 이행하지 아니한 사용자에게 3천만원 이하의 이행강제금을 부과한다.(2021.5.18 개정)

②노동위원회는 제1항에 따른 이행강제금을 부과하기 30일 전까지 이행강제금을 부과·징수한다는 뜻을 사용자에게 미리 문서로써 알려 주어야 한다.

③제1항에 따른 이행강제금을 부과할 때에는 이행강제금의 액수, 부과 사유, 납부기한, 수납기관, 이의제기방법 및 이의제기기관 등을 명시한 문서로써 하여야 한다.

④제1항에 따라 이행강제금을 부과하는 위반행위의 종류와 위반 정도에 따른 금액, 부과·징수된 이행강제금의 반환절차, 그 밖에 필요한 사항은 대통령령으로 정한다.

⑤노동위원회는 최초의 구제명령을 한 날을 기준으로 매년 2회의 범위에

서 구제명령이 이행될 때까지 반복하여 제1항에 따른 이행강제금을 부과·징수할 수 있다. 이 경우 이행강제금은 2년을 초과하여 부과·징수하지 못한다.
⑥노동위원회는 구제명령을 받은 자가 구제명령을 이행하면 새로운 이행강제금을 부과하지 아니하되, 구제명령을 이행하기 전에 이미 부과된 이행강제금은 징수하여야 한다.
⑦노동위원회는 이행강제금 납부의무자가 납부기한까지 이행강제금을 내지 아니하면 기간을 정하여 독촉을 하고 지정된 기간에 제1항에 따른 이행강제금을 내지 아니하면 국세 체납처분의 예에 따라 징수할 수 있다.
⑧근로자는 구제명령을 받은 사용자가 이행기한까지 구제명령을 이행하지 아니하면 이행기한이 지난 때부터 15일 이내에 그 사실을 노동위원회에 알려줄 수 있다.

제34조【퇴직급여 제도】 사용자가 퇴직하는 근로자에게 지급하는 퇴직급여 제도에 관하여는 「근로자퇴직급여 보장법」이 정하는 대로 따른다.

제35조【예고해고의 적용 예외】 삭제(2019.1.15)

제36조【금품 청산】 사용자는 근로자가 사망 또는 퇴직한 경우에는 그 지급 사유가 발생한 때부터 14일 이내에 임금, 보상금, 그 밖의 모든 금품을 지급하여야 한다. 다만, 특별한 사정이 있을 경우에는 당사자 사이의 합의에 의하여 기일을 연장할 수 있다.(2020.5.26 개정)

제37조【미지급 임금에 대한 지연이자】 ①사용자는 다음 각 호의 어느 하나에 해당하는 임금의 전부 또는 일부를 각 호에 따른 날까지 지급하지 아니한 경우 그 다음 날부터 지급하는 날까지의 지연 일수에 대하여 연 100분의 40 이내의 범위에서 「은행법」에 따른 은행이 적용하는 연체금리 등 경제 여건을 고려하여 대통령령으로 정하는 이율에 따른 지연이자를 지급하여야 한다.(2024.10.22 개정)
1. 제36조에 따라 지급하여야 하는 임금 및 「근로자퇴직급여 보장법」 제2조제5호에 따른 급여(일시금만 해당된다): 지급 사유가 발생한 날부터 14일이 되는 날
2. 제43조에 따라 지급하여야 하는 임금: 제43조제2항에 따라 정하는 날

②사용자가 제1항제2호에 따른 임금을 지급하지 아니하여 지연이자를 지급할 의무가 발생한 이후 근로자가 사망 또는 퇴직한 경우 해당 임금에 대한 지연이자는 제1항제2호에 따른 날을 기준으로 산정한다.(2024.10.22 신설)

③제1항은 사용자가 천재 · 사변, 그 밖에 대통령령으로 정하는 사유에 따라 임금 지급을 지연하는 경우 그 사유가 존속하는 기간에 대하여는 적용하지 아니한다.(2024.10.22 개정)

제38조 【임금채권의 우선변제】 ①임금, 재해보상금, 그 밖에 근로 관계로 인한 채권은 사용자의 총재산에 대하여 질권(質權) · 저당권 또는 「동산 · 채권 등의 담보에 관한 법률」에 따른 담보권에 따라 담보된 채권 외에는 조세 · 공과금 및 다른 채권에 우선하여 변제되어야 한다. 다만, 질권 · 저당권 또는 「동산 · 채권 등의 담보에 관한 법률」에 따른 담보권에 우선하는 조세 · 공과금에 대하여는 그러하지 아니하다.(2010.6.10 개정)

②제1항에도 불구하고 다음 각 호의 어느 하나에 해당하는 채권은 사용자의 총재산에 대하여 질권 · 저당권 또는 「동산 · 채권 등의 담보에 관한 법률」에 따른 담보권에 따라 담보된 채권, 조세 · 공과금 및 다른 채권에 우선하여 변제되어야 한다.(2010.6.10 개정)

1. 최종 3개월분의 임금
2. 재해보상금

제39조 【사용증명서】 ①사용자는 근로자가 퇴직한 후라도 사용 기간, 업무 종류, 지위와 임금, 그 밖에 필요한 사항에 관한 증명서를 청구하면 사실대로 적은 증명서를 즉시 내주어야 한다.

②제1항의 증명서에는 근로자가 요구한 사항만을 적어야 한다.

제40조 【취업 방해의 금지】 누구든지 근로자의 취업을 방해할 목적으로 비밀 기호 또는 명부를 작성 · 사용하거나 통신을 하여서는 아니 된다.

제41조 【근로자의 명부】 ①사용자는 각 사업장별로 근로자 명부를 작성하고 근로자의 성명, 생년월일, 이력, 그 밖에 대통령령으로 정하는 사항을 적어야 한다. 다만, 대통령령으로 정하는 일용근로자에 대해서는 근로자 명부를 작성하지 아니할 수 있다.(2021.1.5 개정)

②제1항에 따라 근로자 명부에 적을 사항이 변경된 경우에는 지체 없이 정정하여야 한다.

제42조 【계약 서류의 보존】 사용자는 근로자 명부와 대통령령으로 정하는 근로계약에 관한 중요한 서류를 3년간 보존하여야 한다.

제3장 임 금

제43조 【임금 지급】 ①임금은 통화(通貨)로 직접 근로자에게 그 전액을 지급하여야 한다. 다만, 법령 또는 단체협약에 특별한 규정이 있는 경우에는 임금의 일부를 공제하거나 통화 이외의 것으로 지급할 수 있다.
②임금은 매월 1회 이상 일정한 날짜를 정하여 지급하여야 한다. 다만, 임시로 지급하는 임금, 수당, 그 밖에 이에 준하는 것 또는 대통령령으로 정하는 임금에 대하여는 그러하지 아니하다.

제43조의2 【체불사업주 명단 공개】 ①고용노동부장관은 제36조, 제43조, 제51조의3, 제52조제2항제2호, 제56조에 따른 임금, 보상금, 수당, 「근로자퇴직급여 보장법」 제12조제1항에 따른 퇴직급여등, 그 밖의 모든 금품(이하 "임금등"이라 한다)을 지급하지 아니한 사업주(법인인 경우에는 그 대표자를 포함한다. 이하 "체불사업주"라 한다)가 명단 공개 기준일 이전 3년 이내 임금등을 체불하여 2회 이상 유죄가 확정된 자로서 명단 공개 기준일 이전 1년 이내 임금등의 체불총액이 3천만원 이상인 경우에는 그 인적사항 등을 공개할 수 있다. 다만, 체불사업주의 사망·폐업으로 명단 공개의 실효성이 없는 경우 등 대통령령으로 정하는 사유가 있는 경우에는 그러하지 아니하다.(2024.10.22 개정)
②고용노동부장관은 제1항에 따라 명단 공개를 할 경우에 체불사업주에게 3개월 이상의 기간을 정하여 소명 기회를 주어야 한다.
③제1항에 따른 체불사업주의 인적사항 등에 대한 공개 여부 및 제43조의4에 따른 상습체불사업주에 관한 사항을 심의하기 위하여 고용노동부에 임금체불정보심의위원회(이하 이 조 및 제43조의4에서 "위원회"라 한다)를 둔다. 이 경우 위원회의 구성·운영 등 필요한 사항은 고용노동부령으로 정한다.(2024.10.22 개정)
④위원회 위원 중 공무원이 아닌 사람은 「형법」 제127조 및 제129조부터 제132조까지를 적용할 때에는 공무원으로 본다.(2024.10.22 신설)
⑤제1항에 따른 명단 공개의 구체적인 내용, 기간 및 방법 등 명단 공개에 필요한 사항은 대통령령으로 정한다.(2024.10.22 개정)
(2012.2.1 본조신설)

제43조의3 【임금등 체불자료의 제공】 ①고용노동부장관은 「신용정보의 이용 및 보호에 관한 법률」 제25조제2항제1호에 따른 종합신용정보집중기관이 다음 각 호의 어느 하나에 해당하는 체불사업주의 인적사항과 체불액 등에 관한 자료(이하 "임금등 체불자료"라 한다)를 요구할 때에는

임금등의 체불을 예방하기 위하여 필요하다고 인정하는 경우에 그 자료를 제공할 수 있다. 다만, 체불사업주의 사망·폐업으로 임금등 체불자료 제공의 실효성이 없는 경우 등 대통령령으로 정하는 사유가 있는 경우에는 그러하지 아니하다.(2024.10.22 개정)

1. 임금등 체불자료 제공일 이전 3년 이내 임금등을 체불하여 2회 이상 유죄가 확정된 자로서 임금등 체불자료 제공일 이전 1년 이내 임금등의 체불총액이 2천만원 이상인 체불사업주
2. 제43조의4에 따른 상습체불사업주

②제1항에 따라 임금등 체불자료를 받은 자는 이를 체불사업주의 신용도·신용거래능력 판단과 관련한 업무 외의 목적으로 이용하거나 누설하여서는 아니 된다.

③제1항에 따른 임금등 체불자료의 제공 절차 및 방법 등 임금등 체불자료의 제공에 필요한 사항은 대통령령으로 정한다.

(2012.2.1 본조신설)

제43조의4【상습체불사업주에 대한 보조·지원 제한 등】 ①고용노동부장관은 위원회의 심의를 거쳐 다음 각 호의 어느 하나에 해당하는 자(법인인 경우에는 그 대표자를 포함한다)를 상습체불사업주(이하 "상습체불사업주"라 한다)로 정할 수 있다

1. 임금등 체불자료 제공일이 속하는 연도의 직전 연도 1년간 근로자에게 임금등(「근로자퇴직급여 보장법」 제12조제1항에 따른 퇴직급여등은 제외한다)을 3개월분 임금 이상 체불한 사업주
2. 임금등 체불자료 제공일이 속하는 연도의 직전 연도 1년간 근로자에게 5회 이상 임금등을 체불하고, 체불총액이 3천만원 이상인 사업주

②고용노동부장관은 제1항에 따라 상습체불사업주로 정할 경우에 해당 사업주에게 3개월 이상의 기간을 정하여 소명 기회를 주어야 한다.

③고용노동부장관은 중앙행정기관의 장, 지방자치단체의 장 또는 대통령령으로 정하는 공공기관의 장(이하 "중앙행정기관장등"이라 한다)에게 상습체불사업주에 대하여 다음 각 호의 조치를 하도록 요청하고 임금등 체불자료를 제공할 수 있으며, 중앙행정기관장등이 다음 각 호의 조치를 목적으로 상습체불사업주의 임금등 체불자료를 요청하는 경우 해당 자료를 제공할 수 있다.

1. 「보조금 관리에 관한 법률」, 「지방자치단체 보조금 관리에 관한 법률」 또

는 개별 법률에 따른 각종 보조 · 지원사업의 참여 배제나 수급 제한
2. 「국가를 당사자로 하는 계약에 관한 법률」 또는 「지방자치단체를 당사자로 하는 계약에 관한 법률」에 따른 입찰참가자격 사전심사나 낙찰자 심사 · 결정 시 감점 등 불이익 조치

④제3항에 따라 상습체불사업주의 임금등 체불자료를 제공받은 자는 제공받은 자료를 제3항 각 호에서 정한 목적 외의 목적으로 이용하거나 누설하여서는 아니 된다.

⑤제3항에 따른 임금등 체불자료의 제공 절차 및 방법은 제43조의3제1항 단서 및 같은 조 제3항을 준용한다.

⑥그 밖에 제1항제1호에 따른 3개월분 임금의 산정, 같은 항 제2호에 따른 임금등의 체불횟수 산정, 제2항에 따른 소명 기회 제공 및 제3항에 따라 제공되는 임금등 체불자료의 제공기간 등에 필요한 사항은 대통령령으로 정한다.

(2024.10.22 본조신설)

제43조의5【업무위탁 등】 ①고용노동부장관은 제43조의2부터 제43조의4까지에 관한 업무를 효율적으로 하기 위하여 대통령령으로 정하는 바에 따라 업무 중 일부를 「산업재해보상보험법」 제10조에 따른 근로복지공단(이하 "근로복지공단"이라 한다)이나 전문성을 갖춘 연구기관 · 법인 · 단체에 위탁할 수 있다.

②제1항에 따라 위탁받은 기관의 임직원은 「형법」 제129조부터 제132조까지를 적용할 때에는 공무원으로 본다.

(2024.10.22 본조신설)

제43조의6【체불사업주 명단공개 등을 위한 자료제공 등의 요청】 ①고용노동부장관은 제43조의2에 따른 체불사업주 명단 공개, 제43조의3에 따른 임금등 체불자료의 제공, 제43조의4에 따른 상습체불사업주에 대한 중앙행정기관장등의 보조 및 지원 제한 등에 관한 업무를 수행하기 위하여 다음 각 호의 어느 하나에 해당하는 자료의 제공 또는 관계 전산망의 이용(이하 "자료제공등"이라 한다)을 해당 각 호의 자에게 각각 요청할 수 있다.

1. 법원행정처장에게 체불사업주의 법인등기사항증명서
2. 국세청장에게 체불사업주의 「소득세법」 제4조제1항제1호에 따른 종합소득에 관한 자료, 「법인세법」 제4조제1항제1호에 따른 소득에 관한 자료,

「부가가치세법」 제8조, 「법인세법」 제111조 및 「소득세법」 제168조에 따른 사업자등록에 관한 자료
3. 국세청장에게 임금등이 체불된 근로자의 「소득세법」 제4조제1항제1호에 따른 종합소득에 관한 자료
4. 근로복지공단에 임금등이 체불된 근로자의 「고용보험 및 산업재해보상보험의 보험료징수 등에 관한 법률」 제16조의3에 따른 월평균보수에 관한 자료, 「고용보험법」 제13조 및 제15조에 따른 피보험자격 취득에 관한 자료 및 체불사업주의 「임금채권보장법」 제7조, 제7조의2 및 제8조에 따른 대지급금에 관한 자료

②고용노동부장관은 제1항제4호에 따른 월평균보수 및 피보험자격 취득에 관한 자료를 제공받기 위하여 해당 근로자의 임금, 근로제공기간 등 대통령령으로 정하는 정보를 근로복지공단에 제공할 수 있다.
③제1항에 따라 자료제공등을 요청받은 자는 정당한 사유가 없으면 그 요청에 따라야 한다.
(2024.10.22 본조신설)

제43조의7【출국금지】 ①고용노동부장관은 제43조의2에 따라 명단이 공개된 체불사업주에 대하여 법무부장관에게 「출입국관리법」 제4조제3항에 따라 출국금지를 요청할 수 있다.
②법무부장관은 제1항의 요청에 따라 출국금지를 한 경우 고용노동부장관에게 그 결과를 정보통신망 등을 통하여 통보하여야 한다.
③고용노동부장관은 체불임금의 지급 등으로 출국금지 사유가 없어진 경우 즉시 법무부장관에게 출국금지의 해제를 요청하여야 한다.
④제1항부터 제3항까지에서 규정한 사항 외에 출국금지 및 그 해제의 요청 등의 절차에 필요한 사항은 대통령령으로 정한다.
(2024.10.22 본조신설)

제43조의8【체불 임금등에 대한 손해배상청구】 ①근로자는 사업주가 다음 각 호의 어느 하나에 해당하는 경우 법원에 사업주가 지급하여야 하는 임금등의 3배 이내의 금액을 지급할 것을 청구할 수 있다.
1. 명백한 고의로 임금등(「근로자퇴직급여 보장법」 제2조제5호의 급여는 제외한다. 이하 이 조에서 같다)의 전부 또는 일부를 지급하지 아니한 경우
2. 1년 동안 임금등의 전부 또는 일부를 지급하지 아니한 개월 수가 총 3개

월 이상인 경우
3. 지급하지 아니한 임금등의 총액이 3개월 이상의 통상임금에 해당하는 경우
②법원은 제1항에 따른 금액을 결정할 때에 다음 각 호의 사항을 고려하여야 한다.
1. 임금등의 체불 기간 · 경위 · 횟수 및 체불된 임금등의 규모
2. 사업주가 임금등을 지급하기 위하여 노력한 정도
3. 제37조에 따른 지연이자 지급액
4. 사업주의 재산상태
(2024.10.22 본조신설)

제44조【도급 사업에 대한 임금 지급】①사업이 한 차례 이상의 도급에 따라 행하여지는 경우에 하수급인(下受給人)(도급이 한 차례에 걸쳐 행하여진 경우에는 수급인을 말한다)이 직상(直上) 수급인(도급이 한 차례에 걸쳐 행하여진 경우에는 도급인을 말한다)의 귀책사유로 근로자에게 임금을 지급하지 못한 경우에는 그 직상 수급인은 그 하수급인과 연대하여 책임을 진다. 다만, 직상 수급인의 귀책사유가 그 상위 수급인의 귀책사유에 의하여 발생한 경우에는 그 상위 수급인도 연대하여 책임을 진다.(2020.3.31 개정)
②제1항의 귀책사유 범위는 대통령령으로 정한다.(2012.2.1 개정)

제44조의2【건설업에서의 임금 지급 연대책임】①건설업에서 사업이 2 차례 이상 「건설산업기본법」 제2조제11호에 따른 도급(이하 "공사도급"이라 한다)이 이루어진 경우에 같은 법 제2조제7호에 따른 건설사업자가 아닌 하수급인이 그가 사용한 근로자에게 임금(해당 건설공사에서 발생한 임금으로 한정한다)을 지급하지 못한 경우에는 그 직상 수급인은 하수급인과 연대하여 하수급인이 사용한 근로자의 임금을 지급할 책임을 진다.(2019.4.30 개정)
②제1항의 직상 수급인이 「건설산업기본법」 제2조제7호에 따른 건설사업자가 아닌 때에는 그 상위 수급인 중에서 최하위의 같은 호에 따른 건설사업자를 직상 수급인으로 본다.(2019.4.30 개정)
(2007.7.27 본조신설)

제44조의3【건설업의 공사도급에 있어서의 임금에 관한 특례】①공사도급이 이루어진 경우로서 다음 각 호의 어느 하나에 해당하는 때

에는 직상 수급인은 하수급인에게 지급하여야 하는 하도급 대금 채무의 부담 범위에서 그 하수급인이 사용한 근로자가 청구하면 하수급인이 지급하여야 하는 임금(해당 건설공사에서 발생한 임금으로 한정한다)에 해당하는 금액을 근로자에게 직접 지급하여야 한다.

1. 직상 수급인이 하수급인을 대신하여 하수급인이 사용한 근로자에게 지급하여야 하는 임금을 직접 지급할 수 있다는 뜻과 그 지급방법 및 절차에 관하여 직상 수급인과 하수급인이 합의한 경우
2. 「민사집행법」 제56조제3호에 따른 확정된 지급명령, 하수급인의 근로자에게 하수급인에 대하여 임금채권이 있음을 증명하는 같은 법 제56조제4호에 따른 집행증서, 「소액사건심판법」 제5조의7에 따라 확정된 이행권고결정, 그 밖에 이에 준하는 집행권원이 있는 경우
3. 하수급인이 그가 사용한 근로자에 대하여 지급하여야 할 임금채무가 있음을 직상 수급인에게 알려주고, 직상 수급인이 파산 등의 사유로 하수급인이 임금을 지급할 수 없는 명백한 사유가 있다고 인정하는 경우

②「건설산업기본법」 제2조제10호에 따른 발주자의 수급인(이하 "원수급인"이라 한다)으로부터 공사도급이 2차례 이상 이루어진 경우로서 하수급인(도급받은 하수급인으로부터 재하도급 받은 하수급인을 포함한다. 이하 이 항에서 같다)이 사용한 근로자에게 그 하수급인에 대한 제1항제2호에 따른 집행권원이 있는 경우에는 근로자는 하수급인이 지급하여야 하는 임금(해당 건설공사에서 발생한 임금으로 한정한다)에 해당하는 금액을 원수급인에게 직접 지급할 것을 요구할 수 있다. 원수급인은 근로자가 자신에 대하여 「민법」 제404조에 따른 채권자대위권을 행사할 수 있는 금액의 범위에서 이에 따라야 한다.(2011.5.24 개정)

③직상 수급인 또는 원수급인이 제1항 및 제2항에 따라 하수급인이 사용한 근로자에게 임금에 해당하는 금액을 지급한 경우에는 하수급인에 대한 하도급 대금 채무는 그 범위에서 소멸한 것으로 본다.

(2007.7.27 본조신설)

제45조 【비상시 지급】 사용자는 근로자가 출산, 질병, 재해, 그 밖에 대통령령으로 정하는 비상(非常)한 경우의 비용에 충당하기 위하여 임금 지급을 청구하면 지급기일 전이라도 이미 제공한 근로에 대한 임금을 지급하여야 한다.

제46조 【휴업수당】 ①사용자의 귀책사유로 휴업하는 경우에 사용자는

휴업기간 동안 그 근로자에게 평균임금의 100분의 70 이상의 수당을 지급하여야 한다. 다만, 평균임금의 100분의 70에 해당하는 금액이 통상임금을 초과하는 경우에는 통상임금을 휴업수당으로 지급할 수 있다.
②제1항에도 불구하고 부득이한 사유로 사업을 계속하는 것이 불가능하여 노동위원회의 승인을 받은 경우에는 제1항의 기준에 못 미치는 휴업수당을 지급할 수 있다.

제47조【도급 근로자】 사용자는 도급이나 그 밖에 이에 준하는 제도로 사용하는 근로자에게 근로시간에 따라 일정액의 임금을 보장하여야 한다.

제48조【임금대장 및 임금명세서】 ①사용자는 각 사업장별로 임금대장을 작성하고 임금과 가족수당 계산의 기초가 되는 사항, 임금액, 그 밖에 대통령령으로 정하는 사항을 임금을 지급할 때마다 적어야 한다.(2021.5.18 개정)
②사용자는 임금을 지급하는 때에는 근로자에게 임금의 구성항목 · 계산방법, 제43조제1항 단서에 따라 임금의 일부를 공제한 경우의 내역 등 대통령령으로 정하는 사항을 적은 임금명세서를 서면(「전자문서 및 전자거래 기본법」 제2조제1호에 따른 전자문서를 포함한다)으로 교부하여야 한다.(2021.5.18 신설)

제49조【임금의 시효】 이 법에 따른 임금채권은 3년간 행사하지 아니하면 시효로 소멸한다.

제 4 장 근로시간과 휴식

제50조【근로시간】 ①1주 간의 근로시간은 휴게시간을 제외하고 40시간을 초과할 수 없다.
②1일의 근로시간은 휴게시간을 제외하고 8시간을 초과할 수 없다.
③제1항 및 제2항에 따라 근로시간을 산정하는 경우 작업을 위하여 근로자가 사용자의 지휘 · 감독 아래에 있는 대기시간 등은 근로시간으로 본다.(2020.5.26 개정)

제51조【3개월 이내의 탄력적 근로시간제】 ①사용자는 취업규칙(취업규칙에 준하는 것을 포함한다)에서 정하는 바에 따라 2주 이내의 일정한 단위기간을 평균하여 1주 간의 근로시간이 제50조제1항의 근로시간을 초과하지 아니하는 범위에서 특정한 주에 제50조제1항의 근로시간을,

특정한 날에 제50조제2항의 근로시간을 초과하여 근로하게 할 수 있다. 다만, 특정한 주의 근로시간은 48시간을 초과할 수 없다.
②사용자는 근로자대표와의 서면 합의에 따라 다음 각 호의 사항을 정하면 3개월 이내의 단위기간을 평균하여 1주 간의 근로시간이 제50조제1항의 근로시간을 초과하지 아니하는 범위에서 특정한 주에 제50조제1항의 근로시간을, 특정한 날에 제50조제2항의 근로시간을 초과하여 근로하게 할 수 있다. 다만, 특정한 주의 근로시간은 52시간을, 특정한 날의 근로시간은 12시간을 초과할 수 없다.
1. 대상 근로자의 범위
2. 단위기간(3개월 이내의 일정한 기간으로 정하여야 한다)
3. 단위기간의 근로일과 그 근로일별 근로시간
4. 그 밖에 대통령령으로 정하는 사항
③제1항과 제2항은 15세 이상 18세 미만의 근로자와 임신 중인 여성 근로자에 대하여는 적용하지 아니한다.
④사용자는 제1항 및 제2항에 따라 근로자를 근로시킬 경우에는 기존의 임금 수준이 낮아지지 아니하도록 임금보전방안(賃金補塡方案)을 강구하여야 한다.

제51조의2【3개월을 초과하는 탄력적 근로시간제】 ①사용자는 근로자대표와의 서면 합의에 따라 다음 각 호의 사항을 정하면 3개월을 초과하고 6개월 이내의 단위기간을 평균하여 1주간의 근로시간이 제50조제1항의 근로시간을 초과하지 아니하는 범위에서 특정한 주에 제50조제1항의 근로시간을, 특정한 날에 제50조제2항의 근로시간을 초과하여 근로하게 할 수 있다. 다만, 특정한 주의 근로시간은 52시간을, 특정한 날의 근로시간은 12시간을 초과할 수 없다.
1. 대상 근로자의 범위
2. 단위기간(3개월을 초과하고 6개월 이내의 일정한 기간으로 정하여야 한다)
3. 단위기간의 주별 근로시간
4. 그 밖에 대통령령으로 정하는 사항
②사용자는 제1항에 따라 근로자를 근로시킬 경우에는 근로일 종료 후 다음 근로일 개시 전까지 근로자에게 연속하여 11시간 이상의 휴식 시간을 주어야 한다. 다만, 천재지변 등 대통령령으로 정하는 불가피한 경우에는

근로자대표와의 서면 합의가 있으면 이에 따른다.
③사용자는 제1항제3호에 따른 각 주의 근로일이 시작되기 2주 전까지 근로자에게 해당 주의 근로일별 근로시간을 통보하여야 한다.
④사용자는 제1항에 따른 근로자대표와의 서면 합의 당시에는 예측하지 못한 천재지변, 기계 고장, 업무량 급증 등 불가피한 사유가 발생한 때에는 제1항제2호에 따른 단위기간 내에서 평균하여 1주간의 근로시간이 유지되는 범위에서 근로자대표와의 협의를 거쳐 제1항제3호의 사항을 변경할 수 있다. 이 경우 해당 근로자에게 변경된 근로일이 개시되기 전에 변경된 근로일별 근로시간을 통보하여야 한다.
⑤사용자는 제1항에 따라 근로자를 근로시킬 경우에는 기존의 임금 수준이 낮아지지 아니하도록 임금항목을 조정 또는 신설하거나 가산임금 지급 등의 임금보전방안(賃金補塡方案)을 마련하여 고용노동부장관에게 신고하여야 한다. 다만, 근로자대표와의 서면합의로 임금보전방안을 마련한 경우에는 그러하지 아니하다.
⑥제1항부터 제5항까지의 규정은 15세 이상 18세 미만의 근로자와 임신 중인 여성 근로자에 대해서는 적용하지 아니한다.
(2021.1.5 본조신설)

제51조의3【근로한 기간이 단위기간보다 짧은 경우의 임금 정산】 사용자는 제51조 및 제51조의2에 따른 단위기간 중 근로자가 근로한 기간이 그 단위기간보다 짧은 경우에는 그 단위기간 중 해당 근로자가 근로한 기간을 평균하여 1주간에 40시간을 초과하여 근로한 시간 전부에 대하여 제56조제1항에 따른 가산임금을 지급하여야 한다.
(2021.1.5 본조신설)

제52조【선택적 근로시간제】 ①사용자는 취업규칙(취업규칙에 준하는 것을 포함한다)에 따라 업무의 시작 및 종료 시각을 근로자의 결정에 맡기기로 한 근로자에 대하여 근로자대표와의 서면 합의에 따라 다음 각 호의 사항을 정하면 1개월(신상품 또는 신기술의 연구개발 업무의 경우에는 3개월로 한다) 이내의 정산기간을 평균하여 1주 간의 근로시간이 제50조제1항의 근로시간을 초과하지 아니하는 범위에서 1주 간에 제50조제1항의 근로시간을, 1일에 제50조제2항의 근로시간을 초과하여 근로하게 할 수 있다.(2021.1.5 개정)
1. 대상 근로자의 범위(15세 이상 18세 미만의 근로자는 제외한다)

2. 정산기간(2021.1.5 개정)
3. 정산기간의 총 근로시간
4. 반드시 근로하여야 할 시간대를 정하는 경우에는 그 시작 및 종료 시각
5. 근로자가 그의 결정에 따라 근로할 수 있는 시간대를 정하는 경우에는 그 시작 및 종료 시각
6. 그 밖에 대통령령으로 정하는 사항

②사용자는 제1항에 따라 1개월을 초과하는 정산기간을 정하는 경우에는 다음 각 호의 조치를 하여야 한다.(2021.1.5 신설)

1. 근로일 종료 후 다음 근로일 시작 전까지 근로자에게 연속하여 11시간 이상의 휴식 시간을 줄 것. 다만, 천재지변 등 대통령령으로 정하는 불가피한 경우에는 근로자대표와의 서면 합의가 있으면 이에 따른다.
2. 매 1개월마다 평균하여 1주간의 근로시간이 제50조제1항의 근로시간을 초과한 시간에 대해서는 통상임금의 100분의 50 이상을 가산하여 근로자에게 지급할 것. 이 경우 제56조제1항은 적용하지 아니한다.

제53조【연장 근로의 제한】①당사자 간에 합의하면 1주 간에 12시간을 한도로 제50조의 근로시간을 연장할 수 있다.

②당사자 간에 합의하면 1주 간에 12시간을 한도로 제51조 및 제51조의2의 근로시간을 연장할 수 있고, 제52조제1항제2호의 정산기간을 평균하여 1주 간에 12시간을 초과하지 아니하는 범위에서 제52조제1항의 근로시간을 연장할 수 있다.(2021.1.5 개정)

③상시 30명 미만의 근로자를 사용하는 사용자는 다음 각 호에 대하여 근로자대표와 서면으로 합의한 경우 제1항 또는 제2항에 따라 연장된 근로시간에 더하여 1주 간에 8시간을 초과하지 아니하는 범위에서 근로시간을 연장할 수 있다.(2018.3.20 신설)

1. 제1항 또는 제2항에 따라 연장된 근로시간을 초과할 필요가 있는 사유 및 그 기간
2. 대상 근로자의 범위

④사용자는 특별한 사정이 있으면 고용노동부장관의 인가와 근로자의 동의를 받아 제1항과 제2항의 근로시간을 연장할 수 있다. 다만, 사태가 급박하여 고용노동부장관의 인가를 받을 시간이 없는 경우에는 사후에 지체없이 승인을 받아야 한다.(2018.3.20 개정)

⑤고용노동부장관은 제4항에 따른 근로시간의 연장이 부적당하다고 인정

하면 그 후 연장시간에 상당하는 휴게시간이나 휴일을 줄 것을 명할 수 있다.(2018.3.20 개정)

⑥제3항은 15세 이상 18세 미만의 근로자에 대하여는 적용하지 아니한다.(2018.3.20 신설)

⑦사용자는 제4항에 따라 연장 근로를 하는 근로자의 건강 보호를 위하여 건강검진 실시 또는 휴식시간 부여 등 고용노동부장관이 정하는 바에 따라 적절한 조치를 하여야 한다.(2021.1.5 신설)

제54조【휴게】 ①사용자는 근로시간이 4시간인 경우에는 30분 이상, 8시간인 경우에는 1시간 이상의 휴게시간을 근로시간 도중에 주어야 한다.

②휴게시간은 근로자가 자유롭게 이용할 수 있다.

제55조【휴일】 ①사용자는 근로자에게 1주에 평균 1회 이상의 유급휴일을 보장하여야 한다.(2018.3.20 개정)

②사용자는 근로자에게 대통령령으로 정하는 휴일을 유급으로 보장하여야 한다. 다만, 근로자대표와 서면으로 합의한 경우 특정한 근로일로 대체할 수 있다.(2018.3.20 신설)

제56조【연장·야간 및 휴일 근로】 ①사용자는 연장근로(제53조·제59조 및 제69조 단서에 따라 연장된 시간의 근로를 말한다)에 대하여는 통상임금의 100분의 50 이상을 가산하여 근로자에게 지급하여야 한다.(2018.3.20 개정)

②제1항에도 불구하고 사용자는 휴일근로에 대하여는 다음 각 호의 기준에 따른 금액 이상을 가산하여 근로자에게 지급하여야 한다.(2018.3.20 신설)

1. 8시간 이내의 휴일근로: 통상임금의 100분의 50
2. 8시간을 초과한 휴일근로: 통상임금의 100분의 100

③사용자는 야간근로(오후 10시부터 다음 날 오전 6시 사이의 근로를 말한다)에 대하여는 통상임금의 100분의 50 이상을 가산하여 근로자에게 지급하여야 한다.(2018.3.20 신설)

제57조【보상 휴가제】 사용자는 근로자대표와의 서면 합의에 따라 제51조의3, 제52조제2항제2호 및 제56조에 따른 연장근로·야간근로 및 휴일근로 등에 대하여 임금을 지급하는 것을 갈음하여 휴가를 줄 수 있다.(2021.1.5 개정)

제58조【근로시간 계산의 특례】 ①근로자가 출장이나 그 밖의 사유로 근로시간의 전부 또는 일부를 사업장 밖에서 근로하여 근로시간을 산정

하기 어려운 경우에는 소정근로시간을 근로한 것으로 본다. 다만, 그 업무를 수행하기 위하여 통상적으로 소정근로시간을 초과하여 근로할 필요가 있는 경우에는 그 업무의 수행에 통상 필요한 시간을 근로한 것으로 본다.
②제1항 단서에도 불구하고 그 업무에 관하여 근로자대표와의 서면 합의를 한 경우에는 그 합의에서 정하는 시간을 그 업무의 수행에 통상 필요한 시간으로 본다.
③업무의 성질에 비추어 업무 수행 방법을 근로자의 재량에 위임할 필요가 있는 업무로서 대통령령으로 정하는 업무는 사용자가 근로자대표와 서면 합의로 정한 시간을 근로한 것으로 본다. 이 경우 그 서면 합의에는 다음 각 호의 사항을 명시하여야 한다.
1. 대상 업무
2. 사용자가 업무의 수행 수단 및 시간 배분 등에 관하여 근로자에게 구체적인 지시를 하지 아니한다는 내용
3. 근로시간의 산정은 그 서면 합의로 정하는 바에 따른다는 내용
④제1항과 제3항의 시행에 필요한 사항은 대통령령으로 정한다.

제59조 【근로시간 및 휴게시간의 특례】 ①「통계법」 제22조제1항에 따라 국가데이터처장이 고시하는 산업에 관한 표준의 중분류 또는 소분류 중 다음 각 호의 어느 하나에 해당하는 사업에 대하여 사용자가 근로자대표와 서면으로 합의한 경우에는 제53조제1항에 따른 주(週) 12시간을 초과하여 연장근로를 하게 하거나 제54조에 따른 휴게시간을 변경할 수 있다.(2025.10.1 개정)
1. 육상운송 및 파이프라인 운송업. 다만, 「여객자동차 운수사업법」 제3조제1항제1호에 따른 노선(路線) 여객자동차운송사업은 제외한다.
2. 수상운송업
3. 항공운송업
4. 기타 운송관련 서비스업
5. 보건업
②제1항의 경우 사용자는 근로일 종료 후 다음 근로일 개시 전까지 근로자에게 연속하여 11시간 이상의 휴식 시간을 주어야 한다.
(2018.3.20 본조개정)

제60조 【연차 유급휴가】 ①사용자는 1년간 80퍼센트 이상 출근한 근로자에게 15일의 유급휴가를 주어야 한다.(2012.2.1 개정)

②사용자는 계속하여 근로한 기간이 1년 미만인 근로자 또는 1년간 80퍼센트 미만 출근한 근로자에게 1개월 개근 시 1일의 유급휴가를 주어야 한다.(2012.2.1 개정)

③삭제(2017.11.28)

④사용자는 3년 이상 계속해서 근로한 근로자에게는 제1항에 따른 휴가에 최초 1년을 초과하는 계속 근로 연수 매 2년에 대하여 1일을 가산한 유급휴가를 주어야 한다. 이 경우 가산휴가를 포함한 총 휴가 일수는 25일을 한도로 한다.

⑤사용자는 제1항부터 제4항까지의 규정에 따른 휴가를 근로자가 청구한 시기에 주어야 하고, 그 기간에 대하여는 취업규칙 등에서 정하는 통상임금 또는 평균임금을 지급하여야 한다. 다만, 근로자가 청구한 시기에 휴가를 주는 것이 사업 운영에 막대한 지장이 있는 경우에는 그 시기를 변경할 수 있다.

⑥제1항 및 제2항을 적용하는 경우 다음 각 호의 어느 하나에 해당하는 기간은 출근한 것으로 본다.(2017.11.28 개정)

1. 근로자가 업무상의 부상 또는 질병으로 휴업한 기간
2. 임신 중의 여성이 제74조제1항부터 제3항까지의 규정에 따른 휴가로 휴업한 기간(2012.2.1 개정)
3. 「남녀고용평등과 일 · 가정 양립 지원에 관한 법률」 제19조제1항에 따른 육아휴직으로 휴업한 기간(2017.11.28 신설)
4. 「남녀고용평등과 일 · 가정 양립 지원에 관한 법률」 제19조의2제1항에 따른 육아기 근로시간 단축을 사용하여 단축된 근로시간(2024.10.22 신설)
5. 제74조제7항에 따른 임신기 근로시간 단축을 사용하여 단축된 근로시간(2024.10.22 신설)

⑦제1항 · 제2항 및 제4항에 따른 휴가는 1년간(계속하여 근로한 기간이 1년 미만인 근로자의 제2항에 따른 유급휴가는 최초 1년의 근로가 끝날 때까지의 기간을 말한다) 행사하지 아니하면 소멸된다. 다만, 사용자의 귀책사유로 사용하지 못한 경우에는 그러하지 아니하다.(2020.3.31 개정)

제61조【연차 유급휴가의 사용 촉진】①사용자가 제60조제1항 · 제2항 및 제4항에 따른 유급휴가(계속하여 근로한 기간이 1년 미만인 근로자의 제60조제2항에 따른 유급휴가는 제외한다)의 사용을 촉진하기 위하여

다음 각 호의 조치를 하였음에도 불구하고 근로자가 휴가를 사용하지 아니하여 제60조제7항 본문에 따라 소멸된 경우에는 사용자는 그 사용하지 아니한 휴가에 대하여 보상할 의무가 없고, 제60조제7항 단서에 따른 사용자의 귀책사유에 해당하지 아니하는 것으로 본다.(2020.3.31 개정)

1. 제60조제7항 본문에 따른 기간이 끝나기 6개월 전을 기준으로 10일 이내에 사용자가 근로자별로 사용하지 아니한 휴가 일수를 알려주고, 근로자가 그 사용 시기를 정하여 사용자에게 통보하도록 서면으로 촉구할 것(2012.2.1 개정)
2. 제1호에 따른 촉구에도 불구하고 근로자가 촉구를 받은 때부터 10일 이내에 사용하지 아니한 휴가의 전부 또는 일부의 사용 시기를 정하여 사용자에게 통보하지 아니하면 제60조제7항 본문에 따른 기간이 끝나기 2개월 전까지 사용자가 사용하지 아니한 휴가의 사용 시기를 정하여 근로자에게 서면으로 통보할 것

②사용자가 계속하여 근로한 기간이 1년 미만인 근로자의 제60조제2항에 따른 유급휴가의 사용을 촉진하기 위하여 다음 각 호의 조치를 하였음에도 불구하고 근로자가 휴가를 사용하지 아니하여 제60조제7항 본문에 따라 소멸된 경우에는 사용자는 그 사용하지 아니한 휴가에 대하여 보상할 의무가 없고, 같은 항 단서에 따른 사용자의 귀책사유에 해당하지 아니하는 것으로 본다.(2020.3.31 신설)

1. 최초 1년의 근로기간이 끝나기 3개월 전을 기준으로 10일 이내에 사용자가 근로자별로 사용하지 아니한 휴가 일수를 알려주고, 근로자가 그 사용 시기를 정하여 사용자에게 통보하도록 서면으로 촉구할 것. 다만, 사용자가 서면 촉구한 후 발생한 휴가에 대해서는 최초 1년의 근로기간이 끝나기 1개월 전을 기준으로 5일 이내에 촉구하여야 한다.
2. 제1호에 따른 촉구에도 불구하고 근로자가 촉구를 받은 때부터 10일 이내에 사용하지 아니한 휴가의 전부 또는 일부의 사용 시기를 정하여 사용자에게 통보하지 아니하면 최초 1년의 근로기간이 끝나기 1개월 전까지 사용자가 사용하지 아니한 휴가의 사용 시기를 정하여 근로자에게 서면으로 통보할 것. 다만, 제1호 단서에 따라 촉구한 휴가에 대해서는 최초 1년의 근로기간이 끝나기 10일 전까지 서면으로 통보하여야 한다.

제62조 【유급휴가의 대체】 사용자는 근로자대표와의 서면 합의에 따라 제60조에 따른 연차 유급휴가일을 갈음하여 특정한 근로일에 근로자를

휴무시킬 수 있다.

第63조 【적용의 제외】 이 장과 제5장에서 정한 근로시간, 휴게와 휴일에 관한 규정은 다음 각 호의 어느 하나에 해당하는 근로자에 대하여는 적용하지 아니한다.

1. 토지의 경작・개간, 식물의 식재(植栽)・재배・채취 사업, 그 밖의 농림 사업(2021.1.5 개정)
2. 동물의 사육, 수산 동식물의 채취・포획・양식 사업, 그 밖의 축산, 양잠, 수산 사업(2021.1.5 개정)
3. 감시(監視) 또는 단속적(斷續的)으로 근로에 종사하는 사람으로서 사용자가 고용노동부장관의 승인을 받은 사람(2020.5.26 개정)
4. 대통령령으로 정하는 업무에 종사하는 근로자

제5장 여성과 소년

第64조 【최저 연령과 취직인허증】 ①15세 미만인 사람(「초・중등교육법」에 따른 중학교에 재학 중인 18세 미만인 사람을 포함한다)은 근로자로 사용하지 못한다. 다만, 대통령령으로 정하는 기준에 따라 고용노동부장관이 발급한 취직인허증(就職認許證)을 지닌 사람은 근로자로 사용할 수 있다.(2020.5.26 개정)

②제1항의 취직인허증은 본인의 신청에 따라 의무교육에 지장이 없는 경우에는 직종(職種)을 지정하여서만 발행할 수 있다.

③고용노동부장관은 거짓이나 그 밖의 부정한 방법으로 제1항 단서의 취직인허증을 발급받은 사람에게는 그 인허를 취소하여야 한다.(2020.5.26 개정)

第65조 【사용 금지】 ①사용자는 임신 중이거나 산후 1년이 지나지 아니한 여성(이하 "임산부"라 한다)과 18세 미만자를 도덕상 또는 보건상 유해・위험한 사업에 사용하지 못한다.

②사용자는 임산부가 아닌 18세 이상의 여성을 제1항에 따른 보건상 유해・위험한 사업 중 임신 또는 출산에 관한 기능에 유해・위험한 사업에 사용하지 못한다.

③제1항 및 제2항에 따른 금지 직종은 대통령령으로 정한다.

第66조 【연소자 증명서】 사용자는 18세 미만인 사람에 대하여는 그 연령을 증명하는 가족관계기록사항에 관한 증명서와 친권자 또는 후견인의 동의서를 사업장에 갖추어 두어야 한다.(2020.5.26 개정)

제67조 【근로계약】 ①친권자나 후견인은 미성년자의 근로계약을 대리할 수 없다.

②친권자, 후견인 또는 고용노동부장관은 근로계약이 미성년자에게 불리하다고 인정하는 경우에는 이를 해지할 수 있다.(2010.6.4 개정)

③사용자는 18세 미만인 사람과 근로계약을 체결하는 경우에는 제17조에 따른 근로조건을 서면(「전자문서 및 전자거래 기본법」 제2조제1호에 따른 전자문서를 포함한다)으로 명시하여 교부하여야 한다.(2021.1.5 개정)

제68조 【임금의 청구】 미성년자는 독자적으로 임금을 청구할 수 있다.

제69조 【근로시간】 15세 이상 18세 미만인 사람의 근로시간은 1일에 7시간, 1주에 35시간을 초과하지 못한다. 다만, 당사자 사이의 합의에 따라 1일에 1시간, 1주에 5시간을 한도로 연장할 수 있다.(2020.5.26 개정)

제70조 【야간근로와 휴일근로의 제한】 ①사용자는 18세 이상의 여성을 오후 10시부터 오전 6시까지의 시간 및 휴일에 근로시키려면 그 근로자의 동의를 받아야 한다.

②사용자는 임산부와 18세 미만자를 오후 10시부터 오전 6시까지의 시간 및 휴일에 근로시키지 못한다. 다만, 다음 각 호의 어느 하나에 해당하는 경우로서 고용노동부장관의 인가를 받으면 그러하지 아니하다.(2010.6.4 개정)

1. 18세 미만자의 동의가 있는 경우
2. 산후 1년이 지나지 아니한 여성의 동의가 있는 경우
3. 임신 중의 여성이 명시적으로 청구하는 경우

③사용자는 제2항의 경우 고용노동부장관의 인가를 받기 전에 근로자의 건강 및 모성 보호를 위하여 그 시행 여부와 방법 등에 관하여 그 사업 또는 사업장의 근로자대표와 성실하게 협의하여야 한다.(2010.6.4 개정)

제71조 【시간외근로】 사용자는 산후 1년이 지나지 아니한 여성에 대하여는 단체협약이 있는 경우라도 1일에 2시간, 1주에 6시간, 1년에 150시간을 초과하는 시간외근로를 시키지 못한다.(2018.3.20 개정)

제72조 【갱내근로의 금지】 사용자는 여성과 18세 미만인 사람을 갱내(坑內)에서 근로시키지 못한다. 다만, 보건·의료, 보도·취재 등 대통령령으로 정하는 업무를 수행하기 위하여 일시적으로 필요한 경우에는 그러

하지 아니하다.(2020.5.26 개정)

제73조 【생리휴가】 사용자는 여성 근로자가 청구하면 월 1일의 생리휴가를 주어야 한다.

제74조 【임산부의 보호】 ①사용자는 임신 중의 여성에게 출산 전과 출산 후를 통하여 90일(미숙아를 출산한 경우에는 100일, 한 번에 둘 이상의 자녀를 임신한 경우에는 120일)의 출산전후휴가를 주어야 한다. 이 경우 휴가 기간의 배정은 출산 후에 45일(한 번에 둘 이상 자녀를 임신한 경우에는 60일) 이상이 되어야 하고, 미숙아의 범위, 휴가 부여 절차 등에 필요한 사항은 고용노동부령으로 정한다.(2024.10.22 개정)

②사용자는 임신 중인 여성 근로자가 유산의 경험 등 대통령령으로 정하는 사유로 제1항의 휴가를 청구하는 경우 출산 전 어느 때 라도 휴가를 나누어 사용할 수 있도록 하여야 한다. 이 경우 출산 후의 휴가 기간은 연속하여 45일(한 번에 둘 이상 자녀를 임신한 경우에는 60일) 이상이 되어야 한다.(2014.1.21 개정)

③사용자는 임신 중인 여성이 유산 또는 사산한 경우로서 그 근로자가 청구하면 대통령령으로 정하는 바에 따라 유산·사산 휴가를 주어야 한다. 다만, 인공 임신중절 수술(「모자보건법」 제14조제1항에 따른 경우는 제외한다)에 따른 유산의 경우는 그러하지 아니하다.(2012.2.1 개정)

④제1항부터 제3항까지의 규정에 따른 휴가 중 최초 60일(한 번에 둘 이상 자녀를 임신한 경우에는 75일)은 유급으로 한다. 다만, 「남녀고용평등과 일·가정 양립 지원에 관한 법률」 제18조에 따라 출산전후휴가급여 등이 지급된 경우에는 그 금액의 한도에서 지급의 책임을 면한다.(2014.1.24 개정)

⑤사용자는 임신 중의 여성 근로자에게 시간외근로를 하게 하여서는 아니 되며, 그 근로자의 요구가 있는 경우에는 쉬운 종류의 근로로 전환하여야 한다.(2012.2.1 개정)

⑥사업주는 제1항에 따른 출산전후휴가 종료 후에는 휴가 전과 동일한 업무 또는 동등한 수준의 임금을 지급하는 직무에 복귀시켜야 한다.(2012.2.1 개정)

⑦사용자는 임신 후 12주 이내 또는 32주 이후에 있는 여성 근로자(고용노동부령으로 정하는 유산, 조산 등 위험이 있는 여성 근로자의 경우 임신 전 기간)가 1일 2시간의 근로시간 단축을 신청하는 경우 이를 허용하여야

한다. 다만, 1일 근로시간이 8시간 미만인 근로자에 대하여는 1일 근로시간이 6시간이 되도록 근로시간 단축을 허용할 수 있다.(2024.10.22 개정)
⑧사용자는 제7항에 따른 근로시간 단축을 이유로 해당 근로자의 임금을 삭감하여서는 아니 된다.(2014.3.24 신설)
⑨사용자는 임신 중인 여성 근로자가 1일 소정근로시간을 유지하면서 업무의 시작 및 종료 시각의 변경을 신청하는 경우 이를 허용하여야 한다. 다만, 정상적인 사업 운영에 중대한 지장을 초래하는 경우 등 대통령령으로 정하는 경우에는 그러하지 아니하다.(2021.5.18 신설)
⑩제7항에 따른 근로시간 단축의 신청방법 및 절차, 제9항에 따른 업무의 시작 및 종료 시각 변경의 신청방법 및 절차 등에 관하여 필요한 사항은 대통령령으로 정한다.(2021.5.18 개정)

제74조의2【태아검진 시간의 허용 등】①사용자는 임신한 여성근로자가 「모자보건법」 제10조에 따른 임산부 정기건강진단을 받는데 필요한 시간을 청구하는 경우 이를 허용하여 주어야 한다.
②사용자는 제1항에 따른 건강진단 시간을 이유로 그 근로자의 임금을 삭감하여서는 아니 된다.
(2008.3.21 본조신설)

제75조【육아 시간】 생후 1년 미만의 유아(乳兒)를 가진 여성 근로자가 청구하면 1일 2회 각각 30분 이상의 유급 수유 시간을 주어야 한다.

제 6 장 안전과 보건

제76조【안전과 보건】 근로자의 안전과 보건에 관하여는 「산업안전보건법」에서 정하는 바에 따른다.

제 6 장의 2 직장 내 괴롭힘의 금지

제76조의2【직장 내 괴롭힘의 금지】 사용자 또는 근로자는 직장에서의 지위 또는 관계 등의 우위를 이용하여 업무상 적정범위를 넘어 다른 근로자에게 신체적·정신적 고통을 주거나 근무환경을 악화시키는 행위(이하 "직장 내 괴롭힘"이라 한다)를 하여서는 아니 된다.
(2019.1.15 본조신설)

제76조의3【직장 내 괴롭힘 발생 시 조치】 ①누구든지 직장 내 괴롭힘 발생 사실을 알게 된 경우 그 사실을 사용자에게 신고할 수 있다.
②사용자는 제1항에 따른 신고를 접수하거나 직장 내 괴롭힘 발생 사실을 인지한 경우에는 지체 없이 당사자 등을 대상으로 그 사실 확인을 위하여 객관적으로 조사를 실시하여야 한다.(2021.4.13 개정)
③사용자는 제2항에 따른 조사 기간 동안 직장 내 괴롭힘과 관련하여 피해를 입은 근로자 또는 피해를 입었다고 주장하는 근로자(이하 "피해근로자등"이라 한다)를 보호하기 위하여 필요한 경우 해당 피해근로자등에 대하여 근무장소의 변경, 유급휴가 명령 등 적절한 조치를 하여야 한다. 이 경우 사용자는 피해근로자등의 의사에 반하는 조치를 하여서는 아니 된다.
④사용자는 제2항에 따른 조사 결과 직장 내 괴롭힘 발생 사실이 확인된 때에는 피해근로자가 요청하면 근무장소의 변경, 배치전환, 유급휴가 명령 등 적절한 조치를 하여야 한다.
⑤사용자는 제2항에 따른 조사 결과 직장 내 괴롭힘 발생 사실이 확인된 때에는 지체 없이 행위자에 대하여 징계, 근무장소의 변경 등 필요한 조치를 하여야 한다. 이 경우 사용자는 징계 등의 조치를 하기 전에 그 조치에 대하여 피해근로자의 의견을 들어야 한다.
⑥사용자는 직장 내 괴롭힘 발생 사실을 신고한 근로자 및 피해근로자등에게 해고나 그 밖의 불리한 처우를 하여서는 아니 된다.
⑦제2항에 따라 직장 내 괴롭힘 발생 사실을 조사한 사람, 조사 내용을 보고받은 사람 및 그 밖에 조사 과정에 참여한 사람은 해당 조사 과정에서 알게 된 비밀을 피해근로자등의 의사에 반하여 다른 사람에게 누설하여서는 아니 된다. 다만, 조사와 관련된 내용을 사용자에게 보고하거나 관계 기관의 요청에 따라 필요한 정보를 제공하는 경우는 제외한다.(2021.4.13 신설)
(2019.1.15 본조신설)

제7장 기능 습득

제77조【기능 습득자의 보호】 사용자는 양성공, 수습, 그 밖의 명칭을 불문하고 기능의 습득을 목적으로 하는 근로자를 혹사하거나 가사, 그 밖의 기능 습득과 관계없는 업무에 종사시키지 못한다.(2020.5.26 개정)

제 8 장　재해보상

제78조【요양보상】①근로자가 업무상 부상 또는 질병에 걸리면 사용자는 그 비용으로 필요한 요양을 행하거나 필요한 요양비를 부담하여야 한다.
②제1항에 따른 업무상 질병과 요양의 범위 및 요양보상의 시기는 대통령령으로 정한다.(2008.3.21 개정)

제79조【휴업보상】①사용자는 제78조에 따라 요양 중에 있는 근로자에게 그 근로자의 요양 중 평균임금의 100분의 60의 휴업보상을 하여야 한다.(2008.3.21 개정)
②제1항에 따른 휴업보상을 받을 기간에 그 보상을 받을 사람이 임금의 일부를 지급받은 경우에는 사용자는 평균임금에서 그 지급받은 금액을 뺀 금액의 100분의 60의 휴업보상을 하여야 한다.(2020.5.26 개정)
③휴업보상의 시기는 대통령령으로 정한다.(2008.3.21 신설)

제80조【장해보상】①근로자가 업무상 부상 또는 질병에 걸리고, 완치된 후 신체에 장해가 있으면 사용자는 그 장해 정도에 따라 평균임금에 별표에서 정한 일수를 곱한 금액의 장해보상을 하여야 한다.(2008.3.21 개정)
②이미 신체에 장해가 있는 사람이 부상 또는 질병으로 인하여 같은 부위에 장해가 더 심해진 경우에 그 장해에 대한 장해보상 금액은 장해 정도가 더 심해진 장해등급에 해당하는 장해보상의 일수에서 기존의 장해등급에 해당하는 장해보상의 일수를 뺀 일수에 보상청구사유 발생 당시의 평균임금을 곱하여 산정한 금액으로 한다.(2020.5.26 개정)
③장해보상을 하여야 하는 신체장해 등급의 결정 기준과 장해보상의 시기는 대통령령으로 정한다.(2008.3.21 신설)

제81조【휴업보상과 장해보상의 예외】근로자가 중대한 과실로 업무상 부상 또는 질병에 걸리고 또한 사용자가 그 과실에 대하여 노동위원회의 인정을 받으면 휴업보상이나 장해보상을 하지 아니하여도 된다.

제82조【유족보상】①근로자가 업무상 사망한 경우에는 사용자는 근로자가 사망한 후 지체 없이 그 유족에게 평균임금 1,000일분의 유족보상을 하여야 한다.(2008.3.21 개정)
②제1항에서의 유족의 범위, 유족보상의 순위 및 보상을 받기로 확정된 사람이 사망한 경우의 유족보상의 순위는 대통령령으로 정한다.(2020.5.26

개정)

제83조【장례비】 근로자가 업무상 사망한 경우에는 사용자는 근로자가 사망한 후 지체 없이 평균임금 90일분의 장례비를 지급하여야 한다.(2021.1.5 개정)

제84조【일시보상】 제78조에 따라 보상을 받는 근로자가 요양을 시작한 지 2년이 지나도 부상 또는 질병이 완치되지 아니하는 경우에는 사용자는 그 근로자에게 평균임금 1,340일분의 일시보상을 하여 그 후의 이 법에 따른 모든 보상책임을 면할 수 있다.

제85조【분할보상】 사용자는 지급 능력이 있는 것을 증명하고 보상을 받는 사람의 동의를 받으면 제80조, 제82조 또는 제84조에 따른 보상금을 1년에 걸쳐 분할보상을 할 수 있다.(2020.5.26 개정)

제86조【보상 청구권】 보상을 받을 권리는 퇴직으로 인하여 변경되지 아니하고, 양도나 압류하지 못한다.

제87조【다른 손해배상과의 관계】 보상을 받게 될 사람이 동일한 사유에 대하여 「민법」이나 그 밖의 법령에 따라 이 법의 재해보상에 상당한 금품을 받으면 그 가액(價額)의 한도에서 사용자는 보상의 책임을 면한다.(2020.5.26 개정)

제88조【고용노동부장관의 심사와 중재】 ①업무상의 부상, 질병 또는 사망의 인정, 요양의 방법, 보상금액의 결정, 그 밖에 보상의 실시에 관하여 이의가 있는 자는 고용노동부장관에게 심사나 사건의 중재를 청구할 수 있다.(2010.6.4 개정)

②제1항의 청구가 있으면 고용노동부장관은 1개월 이내에 심사나 중재를 하여야 한다.(2010.6.4 개정)

③고용노동부장관은 필요에 따라 직권으로 심사나 사건의 중재를 할 수 있다.(2010.6.4 개정)

④고용노동부장관은 심사나 중재를 위하여 필요하다고 인정하면 의사에게 진단이나 검안을 시킬 수 있다.(2010.6.4 개정)

⑤제1항에 따른 심사나 중재의 청구와 제2항에 따른 심사나 중재의 시작은 시효의 중단에 관하여는 재판상의 청구로 본다.

제89조【노동위원회의 심사와 중재】 ①고용노동부장관이 제88조제2항의 기간에 심사 또는 중재를 하지 아니하거나 심사와 중재의 결과에 불복하는 자는 노동위원회에 심사나 중재를 청구할 수 있다.(2010.6.4 개정)

②제1항의 청구가 있으면 노동위원회는 1개월 이내에 심사나 중재를 하여야 한다.

제90조 【도급 사업에 대한 예외】 ①사업이 여러 차례의 도급에 따라 행하여지는 경우의 재해보상에 대하여는 원수급인(元受給人)을 사용자로 본다.
②제1항의 경우에 원수급인이 서면상 계약으로 하수급인에게 보상을 담당하게 하는 경우에는 그 수급인도 사용자로 본다. 다만, 2명 이상의 하수급인에게 똑같은 사업에 대하여 중복하여 보상을 담당하게 하지 못한다.
③제2항의 경우에 원수급인이 보상의 청구를 받으면 보상을 담당한 하수급인에게 우선 최고(催告)할 것을 청구할 수 있다. 다만, 그 하수급인이 파산의 선고를 받거나 행방이 알려지지 아니하는 경우에는 그러하지 아니하다.

제91조 【서류의 보존】 사용자는 재해보상에 관한 중요한 서류를 재해보상이 끝나지 아니하거나 제92조에 따라 재해보상 청구권이 시효로 소멸되기 전에 폐기하여서는 아니 된다.(2008.3.21 개정)

제92조 【시효】 이 법의 규정에 따른 재해보상 청구권은 3년간 행사하지 아니하면 시효로 소멸한다.

제 9 장 취업규칙

제93조 【취업규칙의 작성 · 신고】 상시 10명 이상의 근로자를 사용하는 사용자는 다음 각 호의 사항에 관한 취업규칙을 작성하여 고용노동부장관에게 신고하여야 한다. 이를 변경하는 경우에도 또한 같다.(2010.6.4 개정)

1. 업무의 시작과 종료 시각, 휴게시간, 휴일, 휴가 및 교대 근로에 관한 사항
2. 임금의 결정 · 계산 · 지급 방법, 임금의 산정기간 · 지급시기 및 승급(昇給)에 관한 사항
3. 가족수당의 계산 · 지급 방법에 관한 사항
4. 퇴직에 관한 사항
5. 「근로자퇴직급여 보장법」 제4조에 따라 설정된 퇴직급여, 상여 및 최저임금에 관한 사항(2012.2.1 개정)
6. 근로자의 식비, 작업 용품 등의 부담에 관한 사항
7. 근로자를 위한 교육시설에 관한 사항

8. 출산전후휴가·육아휴직 등 근로자의 모성 보호 및 일·가정 양립 지원에 관한 사항(2012.2.1 개정)
9. 안전과 보건에 관한 사항
9의2. 근로자의 성별·연령 또는 신체적 조건 등의 특성에 따른 사업장 환경의 개선에 관한 사항(2008.3.28 신설)
10. 업무상과 업무 외의 재해부조(災害扶助)에 관한 사항
11. 직장 내 괴롭힘의 예방 및 발생 시 조치 등에 관한 사항(2019.1.15 신설)
12. 표창과 제재에 관한 사항(2019.1.15 개정)
13. 그 밖에 해당 사업 또는 사업장의 근로자 전체에 적용될 사항(2019.1.15 개정)

제94조【규칙의 작성, 변경 절차】 ①사용자는 취업규칙의 작성 또는 변경에 관하여 해당 사업 또는 사업장에 근로자의 과반수로 조직된 노동조합이 있는 경우에는 그 노동조합, 근로자의 과반수로 조직된 노동조합이 없는 경우에는 근로자의 과반수의 의견을 들어야 한다. 다만, 취업규칙을 근로자에게 불리하게 변경하는 경우에는 그 동의를 받아야 한다.
②사용자는 제93조에 따라 취업규칙을 신고할 때에는 제1항의 의견을 적은 서면을 첨부하여야 한다.

제95조【제재 규정의 제한】 취업규칙에서 근로자에 대해서 감급(減給)의 제재를 정할 경우에 그 감액은 1회의 금액이 평균임금의 1일분의 2분의 1을, 총액이 1임금 지급기의 임금 총액의 10분의 1을 초과하지 못한다.

제96조【단체협약의 준수】 ①취업규칙은 법령이나 해당 사업 또는 사업장에 대하여 적용되는 단체협약과 어긋나서는 아니 된다.
②고용노동부장관은 법령이나 단체협약에 어긋나는 취업규칙의 변경을 명할 수 있다.(2010.6.4 개정)

제97조【위반의 효력】 취업규칙에서 정한 기준에 미달하는 근로조건을 정한 근로계약은 그 부분에 관하여는 무효로 한다. 이 경우 무효로 된 부분은 취업규칙에 정한 기준에 따른다.

제10장 기숙사

제98조【기숙사 생활의 보장】 ①사용자는 사업 또는 사업장의 부속

기숙사에 기숙하는 근로자의 사생활의 자유를 침해하지 못한다.
②사용자는 기숙사 생활의 자치에 필요한 임원 선거에 간섭하지 못한다.

제99조【규칙의 작성과 변경】①부속 기숙사에 근로자를 기숙시키는 사용자는 다음 각 호의 사항에 관하여 기숙사규칙을 작성하여야 한다.
1. 기상(起床), 취침, 외출과 외박에 관한 사항
2. 행사에 관한 사항
3. 식사에 관한 사항
4. 안전과 보건에 관한 사항
5. 건설물과 설비의 관리에 관한 사항
6. 그 밖에 기숙사에 기숙하는 근로자 전체에 적용될 사항

②사용자는 제1항에 따른 규칙의 작성 또는 변경에 관하여 기숙사에 기숙하는 근로자의 과반수를 대표하는 자의 동의를 받아야 한다.
③사용자와 기숙사에 기숙하는 근로자는 기숙사규칙을 지켜야 한다.

제100조【부속 기숙사의 설치·운영 기준】 사용자는 부속 기숙사를 설치·운영할 때 다음 각 호의 사항에 관하여 대통령령으로 정하는 기준을 충족하도록 하여야 한다.
1. 기숙사의 구조와 설비
2. 기숙사의 설치 장소
3. 기숙사의 주거 환경 조성
4. 기숙사의 면적
5. 그 밖에 근로자의 안전하고 쾌적한 주거를 위하여 필요한 사항

(2019.1.15 본조개정)

제100조의2【부속 기숙사의 유지관리 의무】 사용자는 제100조에 따라 설치한 부속 기숙사에 대하여 근로자의 건강 유지, 사생활 보호 등을 위한 조치를 하여야 한다.
(2019.1.15 본조신설)

제11장 근로감독관 등

제101조【감독 기관】①근로조건의 기준을 확보하기 위하여 고용노동부와 그 소속 기관에 근로감독관을 둔다.(2010.6.4 개정)
②근로감독관의 자격, 임면(任免), 직무 배치에 관한 사항은 대통령령으로

정한다.

제102조 【근로감독관의 권한】 ①근로감독관은 사업장, 기숙사, 그 밖의 부속 건물을 현장조사하고 장부와 서류의 제출을 요구할 수 있으며 사용자와 근로자에 대하여 심문(尋問)할 수 있다.(2017.11.28 개정)
②의사인 근로감독관이나 근로감독관의 위촉을 받은 의사는 취업을 금지하여야 할 질병에 걸릴 의심이 있는 근로자에 대하여 검진할 수 있다.
③제1항 및 제2항의 경우에 근로감독관이나 그 위촉을 받은 의사는 그 신분증명서와 고용노동부장관의 현장조사 또는 검진지령서(檢診指令書)를 제시하여야 한다.(2017.11.28 개정)
④제3항의 현장조사 또는 검진지령서에는 그 일시, 장소 및 범위를 분명하게 적어야 한다.(2017.11.28 개정)
⑤근로감독관은 이 법이나 그 밖의 노동 관계 법령 위반의 죄에 관하여 「사법경찰관리의 직무를 행할 자와 그 직무범위에 관한 법률」에서 정하는 바에 따라 사법경찰관의 직무를 수행한다.

제102조의2 【자료 제공의 요청】 ①고용노동부장관은 이 법에서 정하는 근로조건 보호를 위하여 중앙행정기관의 장과 지방자치단체의 장 또는 근로복지공단 등 관련 기관 · 단체의 장에게 다음 각 호의 정보 또는 자료의 제공 및 관계 전산망의 이용을 요청할 수 있다.
1. 「소득세법」 제4조제1항제1호에 따른 종합소득에 관한 자료
2. 「고용보험법」 제13조 및 제15조에 따른 피보험자격에 관한 신고자료
3. 그 밖에 근로자의 근로조건 보호를 위하여 필요한 정보 또는 자료로서 대통령령으로 정하는 정보 또는 자료

②제1항에 따라 자료의 제공을 요청받은 자는 정당한 사유가 없으면 그 요청에 따라야 한다.
③제1항에 따라 제공되는 자료에 대하여는 수수료나 사용료 등을 면제한다.
(2024.10.22 본조신설)

제103조 【근로감독관의 의무】 근로감독관은 직무상 알게 된 비밀을 엄수하여야 한다. 근로감독관을 그만 둔 경우에도 또한 같다.

제104조 【감독 기관에 대한 신고】 ①사업 또는 사업장에서 이 법 또는 이 법에 따른 대통령령을 위반한 사실이 있으면 근로자는 그 사실을 고용노동부장관이나 근로감독관에게 통보할 수 있다.(2010.6.4 개정)
②사용자는 제1항의 통보를 이유로 근로자에게 해고나 그 밖에 불리한 처

우를 하지 못한다.

제105조【사법경찰권 행사자의 제한】 이 법이나 그 밖의 노동 관계 법령에 따른 현장조사, 서류의 제출, 심문 등의 수사는 검사와 근로감독관이 전담하여 수행한다. 다만, 근로감독관의 직무에 관한 범죄의 수사는 그러하지 아니하다.(2017.11.28 개정)

제106조【권한의 위임】 이 법에 따른 고용노동부장관의 권한은 대통령령으로 정하는 바에 따라 그 일부를 지방고용노동관서의 장에게 위임할 수 있다.(2010.6.4 개정)

제12장 벌칙

제107조【벌칙】 제7조, 제8조, 제9조, 제23조제2항 또는 제40조를 위반한 자는 5년 이하의 징역 또는 5천만원 이하의 벌금에 처한다.(2017.11.28 개정)

제108조【벌칙】 근로감독관이 이 법을 위반한 사실을 고의로 묵과하면 3년 이하의 징역 또는 5년 이하의 자격정지에 처한다.

제109조【벌칙】 ①제36조, 제43조, 제44조, 제44조의2, 제46조, 제51조의3, 제52조제2항제2호, 제56조, 제65조, 제72조 또는 제76조의3제6항을 위반한 자는 3년 이하의 징역 또는 3천만원 이하의 벌금에 처한다.(2021.1.5 개정)

②제36조, 제43조, 제44조, 제44조의2, 제46조, 제51조의3, 제52조제2항제2호 또는 제56조를 위반한 자에 대하여는 피해자의 명시적인 의사와 다르게 공소를 제기할 수 없다. 다만, 제43조의2에 따라 명단 공개된 체불사업주가 명단 공개 기간 중에 제36조, 제43조, 제44조, 제44조의2, 제46조, 제51조의3, 제52조제2항제2호 또는 제56조를 위반한 경우에는 그러하지 아니하다.(2024.10.22 개정)

제110조【벌칙】 다음 각 호의 어느 하나에 해당하는 자는 2년 이하의 징역 또는 2천만원 이하의 벌금에 처한다.(2017.11.28 개정)

1. 제10조, 제22조제1항, 제26조, 제50조, 제51조의2제2항, 제52조제2항제1호, 제53조제1항 · 제2항 · 제3항 본문 · 제7항, 제54조, 제55조, 제59조제2항, 제60조제1항 · 제2항 · 제4항 및 제5항, 제64조제1항, 제69조, 제70조제1항 · 제2항, 제71조, 제74조제1항부터 제5항까지, 제75조, 제78조부터 제

80조까지, 제82조, 제83조 및 제104조제2항을 위반한 자(2021.1.5 개정)
2. 제53조제5항에 따른 명령을 위반한 자(2018.3.20 개정)

제111조 【벌칙】 제31조제3항에 따라 확정되거나 행정소송을 제기하여 확정된 구제명령 또는 구제명령을 내용으로 하는 재심판정을 이행하지 아니한 자는 1년 이하의 징역 또는 1천만원이하의 벌금에 처한다.

제112조 【고발】 ①제111조의 죄는 노동위원회의 고발이 있어야 공소를 제기할 수 있다.
②검사는 제1항에 따른 죄에 해당하는 위반행위가 있음을 노동위원회에 통보하여 고발을 요청할 수 있다.

제113조 【벌칙】 제45조를 위반한 자는 1천만원 이하의 벌금에 처한다.

제114조 【벌칙】 다음 각 호의 어느 하나에 해당하는 자는 500만원 이하의 벌금에 처한다.
1. 제6조, 제16조, 제17조, 제20조, 제21조, 제22조제2항, 제47조, 제53조제4항 단서, 제67조제1항 · 제3항, 제70조제3항, 제73조, 제74조제6항, 제77조, 제94조, 제95조, 제100조 및 제103조를 위반한 자(2018.3.20 개정)
2. 제96조제2항에 따른 명령을 위반한 자

제115조 【양벌규정】 사업주의 대리인, 사용인, 그 밖의 종업원이 해당 사업의 근로자에 관한 사항에 대하여 제107조, 제109조부터 제111조까지, 제113조 또는 제114조의 위반행위를 하면 그 행위자를 벌하는 외에 그 사업주에게도 해당 조문의 벌금형을 과(科)한다. 다만, 사업주가 그 위반행위를 방지하기 위하여 해당 업무에 관하여 상당한 주의와 감독을 게을리하지 아니한 경우에는 그러하지 아니하다.
(2009.5.21 본조개정)

제116조 【과태료】 ①사용자(사용자의 「민법」 제767조에 따른 친족 중 대통령령으로 정하는 사람이 해당 사업 또는 사업장의 근로자인 경우를 포함한다)가 제76조의2를 위반하여 직장 내 괴롭힘을 한 경우에는 1천만원 이하의 과태료를 부과한다.(2021.4.13 신설)
②다음 각 호의 어느 하나에 해당하는 자에게는 500만원 이하의 과태료를 부과한다.(2021.4.13 개정)
1. 제13조에 따른 고용노동부장관, 노동위원회 또는 근로감독관의 요구가 있는 경우에 보고 또는 출석을 하지 아니하거나 거짓된 보고를 한 자(2010.6.4 개정)

2. 제14조, 제39조, 제41조, 제42조, 제48조, 제66조, 제74조제7항 · 제9항, 제76조의3제2항 · 제4항 · 제5항 · 제7항, 제91조, 제93조, 제98조제2항 및 제99조를 위반한 자(2021.5.18 개정)
3. 제51조의2제5항에 따른 임금보전방안을 신고하지 아니한 자(2021.1.5 신설)
4. 제102조에 따른 근로감독관 또는 그 위촉을 받은 의사의 현장조사나 검진을 거절, 방해 또는 기피하고 그 심문에 대하여 진술을 하지 아니하거나 거짓된 진술을 하며 장부 · 서류를 제출하지 아니하거나 거짓 장부 · 서류를 제출한 자(2021.1.5 개정)

③제1항 및 제2항에 따른 과태료는 대통령령으로 정하는 바에 따라 고용노동부장관이 부과 · 징수한다.(2021.4.13 개정)

부 칙

제 1 조 【시행일】 이 법은 공포한 날부터 시행한다. 다만, 부칙 제16조 제24항의 개정규정은 2007년 4월 12일부터 시행하고, 제12조, 제13조, 제17조, 제21조, 제23조제1항, 제24조제3항, 제25조제1항, 제27조부터 제33조까지, 제37조제1항, 제38조, 제43조, 제45조, 제64조제3항, 제77조, 제107조, 제110조제1호, 제111조, 제112조, 제114조, 제116조 및 부칙 제16조제9항의 개정규정은 2007년 7월 1일부터 시행하며, 부칙 제16조제21항의 개정규정은 2007년 7월 20일부터 시행한다.

제 2 조 【시행일에 관한 경과조치】 부칙 제1조 단서에 따라 제12조, 제13조, 제17조, 제21조, 제23조제1항, 제24조제3항, 제25조제1항, 제28조, 제37조제1항, 제38조, 제43조, 제45조, 제77조, 제107조, 제110조제1호 및 제114조의 개정규정이 시행되기 전까지는 그에 해당하는 종전의 제11조, 제12조, 제24조, 제28조, 제30조제1항, 제31조제3항, 제31조의 2제1항, 제33조, 제36조의2제1항, 제37조, 제42조, 제44조, 제77조, 제110조, 제113조제1호 및 제115조를 적용한다.

제 3 조 【유효기간】 제16조의 개정규정은 2007년 6월 30일까지 효력을 가진다.

제 4 조 【법률 제6974호 근로기준법중개정법률의 시행일】 법률 제6974호 근로기준법중개정법률의 시행일은 다음 각 호와 같다.

1. 금융 · 보험업, 「정부투자기관 관리기본법」 제2조에 따른 정부투자기관, 「지방공기업법」 제49조 및 같은 법 제76조에 따른 지방공사 및 지방공단, 국가 · 지방자치단체 또는 정부투자기관이 자본금의 2분의 1 이상을 출자하거나 기본재산의 2분의 1 이상을 출연한 기관 · 단체와 그 기관 · 단체가 자본금의 2분의 1 이상을 출자하거나 기본재산의 2분의 1 이상을 출연한 기관 · 단체 및 상시 1,000명 이상의 근로자를 사용하는 사업 또는 사업장 : 2004년 7월 1일
2. 상시 300명 이상 1,000명 미만의 근로자를 사용하는 사업 또는 사업장 : 2005년 7월 1일
3. 상시 100명 이상 300명 미만의 근로자를 사용하는 사업 또는 사업장 : 2006년 7월 1일
4. 상시 50명 이상 100명 미만의 근로자를 사용하는 사업 또는 사업장 : 2007년 7월 1일

5. 상시 20명 이상 50명 미만의 근로자를 사용하는 사업 또는 사업장 : 2008년 7월 1일
6. 상시 20명 미만의 근로자를 사용하는 사업 또는 사업장, 국가 및 지방자치단체의 기관 : 2011년을 초과하지 아니하는 기간 이내에서 대통령령으로 정하는 날

제5조 【법률 제6974호 근로기준법중개정법률의 적용에 관한 특례】 사용자가 부칙 제4조에 따른 시행일 전에 근로자의 과반수로 조직된 노동조합이 있는 경우에는 그 노동조합, 근로자의 과반수로 조직된 노동조합이 없는 경우에는 근로자의 과반수의 동의를 얻어 노동부령으로 정하는 바에 따라 노동부장관에게 신고한 경우에는 부칙 제4조에 따른 시행일 전이라도 이를 적용할 수 있다.

제5조의2 【건설공사 등의 근로시간 적용의 특례】 부칙 제4조제6호에도 불구하고 다음 각 호의 공사 전부 또는 일부가 포함된 공사로서 공사의 발주자가 같고 공사의 목적, 장소 및 공기(工期) 등에 비추어 하나의 일관된 체계에 따라 시공되는 것으로 인정되는 공사(이하 이 조에서 "관련공사"라 한다)에 사용되는 모든 근로자에 대하여는 관련공사의 발주 시 총 공사 계약금액을 바탕으로 대통령령으로 정하는 바에 따라 산정한 관련공사의 상시 근로자 수를 기준으로 제50조에 따른 근로시간을 적용할지를 결정한다.(2008.3.21 신설)
1. 「건설산업기본법」에 따른 건설공사
2. 「전기공사업법」에 따른 전기공사
3. 「정보통신공사업법」에 따른 정보통신공사
4. 「소방시설공사업법」에 따른 소방시설공사
5. 「문화재보호법」에 따른 문화재수리공사

제6조 【연장근로에 관한 특례】 ①부칙 제4조 각 호의 시행일(부칙 제5조에 따라 노동부장관에게 신고한 경우에는 적용일을 말한다. 이하 같다)부터 3년 간은 제53조제1항 및 제59조제1항을 적용할 때 "12시간"을 각각 "16시간"으로 본다.
②제1항을 적용할 때 최초의 4시간에 대하여는 제56조 중 "100분의 50"을 "100분의 25"로 본다.

제7조 【임금보전 및 단체협약의 변경 등】 ①사용자는 법률 제6974호 근로기준법중개정법률의 시행으로 인하여 기존의 임금수준 및 시간당

통상임금이 저하되지 아니하도록 하여야 한다.
②근로자 · 노동조합 및 사용자는 법률 제6974호 근로기준법중개정법률의 시행과 관련하여 단체협약 유효기간의 만료 여부를 불문하고 가능한 빠른 시일 내에 단체협약, 취업규칙 등에 임금보전방안 및 같은 법의 개정사항이 반영되도록 하여야 한다.
③제1항 및 제2항을 적용할 때 임금항목 또는 임금 조정방법은 단체협약, 취업규칙 등을 통하여 근로자 · 노동조합 및 사용자가 자율적으로 정한다.

제 8 조 【연차 및 월차 유급휴가에 관한 경과조치】 법률 제6974호 근로기준법중개정법률 시행일 전에 발생한 월차 유급휴가 및 연차 유급휴가에 대하여는 종전의 규정에 따른다.

제 9 조 【지연이자에 관한 적용례】 법률 제7465호 근로기준법 일부개정법률 제36조의2의 개정규정은 같은 법 시행 후 최초로 지급사유가 발생하는 경우부터 적용한다.

제10조 【유산 또는 사산에 따른 보호휴가 등에 관한 적용례】 법률 제7566호 근로기준법 일부개정법률 제72조제2항 및 제3항의 개정규정은 같은 법 시행 후 최초로 출산 · 유산 또는 사산하는 여성 근로자부터 적용한다.

제11조 【우선 재고용등에 관한 적용례】 제25조제1항의 개정규정은 법률 제8293호 근로기준법 일부개정법률의 시행일인 2007년 7월 1일 이후 최초로 발생한 경영상 이유에 따른 해고부터 적용한다.

제12조 【부당해고등에 대한 구제에 관한 적용례】 제28조부터 제33조까지, 제111조 및 제112조의 개정규정은 법률 제8293호 근로기준법 일부개정법률의 시행일인 2007년 7월 1일 이후 최초로 발생한 부당해고등부터 적용한다.

제13조 【임금채권 우선변제에 대한 경과조치】 ①법률 제5473호 근로기준법중개정법률 제37조제2항제2호의 개정규정에도 불구하고 같은 법 시행 전에 퇴직한 근로자의 경우에는 1989년 3월 29일 이후의 계속 근로연수에 대한 퇴직금을 우선변제의 대상으로 한다.
②법률 제5473호 근로기준법중개정법률 제37조제2항제2호의 개정규정에도 불구하고 같은 법 시행 전에 채용된 근로자로서 같은 법 시행 후 퇴직하는 근로자의 경우에는 1989년 3월 29일 이후부터 같은 법 시행 전까지의 계속 근로연수에 대한 퇴직금에 같은 법 시행 후의 계속 근로연수에 대

하여 발생하는 최종 3년 간의 퇴직금을 합산한 금액을 우선변제의 대상으로 한다.
③제1항 및 제2항에 따라 우선변제의 대상이 되는 퇴직금은 계속 근로연수 1년에 대하여 30일분의 평균임금으로 계산한 금액으로 한다.
④제1항 및 제2항에 따라 우선변제의 대상이 되는 퇴직금은 250일분의 평균임금을 초과할 수 없다.

제14조【처분 등에 관한 일반적 경과조치】 이 법 시행 당시 종전의 규정에 따른 행정기관의 행위나 행정기관에 대한 행위는 그에 해당하는 이 법에 따른 행정기관의 행위나 행정기관에 대한 행위로 본다.

제15조【벌칙에 관한 경과조치】 이 법 시행 전의 행위에 대하여 벌칙 규정을 적용할 때에는 종전의 규정에 따른다.

제16조【다른 법률의 개정】 ①建設勤勞者의雇傭改善등에관한法律 일부를 다음과 같이 개정한다.
제2조제2호 중 "勤勞基準法 第14條"를 "「근로기준법」 제2조"로 한다.
②경제자유구역의지정및운영에관한법률 일부를 다음과 같이 개정한다.
제17조제4항 중 "근로기준법 제54조 및 제71조"를 "「근로기준법」 제55조 및 제73조"로 한다.
③고령자고용촉진법 일부를 다음과 같이 개정한다.
제2조제3호 중 "第14條"를 "제2조"로 한다.
제21조제2항 중 "同法 第59條"를 "같은 법 제60조"로 한다.
④고용정책기본법 일부를 다음과 같이 개정한다.
제27조제1항 단서 중 "제31조제4항"을 "제24조제4항"으로 한다.
⑤국세기본법 일부를 다음과 같이 개정한다.
제35조제1항제5호 중 "第37條"를 "제38조"로 한다.
⑥근로자직업능력개발법 일부를 다음과 같이 개정한다.
제9조제4항 중 "근로기준법 제49조"를 "「근로기준법」 제50조"로 하고, 제20조제2항제4호 중 "근로기준법 제57조 및 제59조"를 "「근로기준법」 제60조"로 한다.
⑦勤勞者參與및協力增進에관한法律 일부를 다음과 같이 개정한다.
제3조제2호 중 "勤勞基準法 第14條"를 "「근로기준법」 제2조"로 하고, 같은 조 제3호 중 "勤勞基準法 第15條"를 "「근로기준법」 제2조"로 한다.
⑧근로자퇴직급여 보장법 일부를 다음과 같이 개정한다.

제2조제1호 중 "근로기준법 제14조"를 "「근로기준법」 제2조"로 하고, 같은 조 제2호 중 "근로기준법 제15조"를 "「근로기준법」 제2조"로 하며, 같은 조 제3호 중 "근로기준법 제18조"를 "「근로기준법」 제2조"로 하고, 같은 조 제4호 중 "근로기준법 제19조"를 "「근로기준법」 제2조"로 한다.

⑨법률 제8074호 기간제 및 단시간근로자 보호 등에 관한 법률 일부를 다음과 같이 개정한다.

제2조제2호 중 "제21조"를 "제2조"로 한다.

제6조제1항 전단 중 "제20조"를 "제2조"로 한다.

⑩남녀고용평등법 일부를 다음과 같이 개정한다.

제18조제1항 중 "「근로기준법」 제72조"를 "「근로기준법」 제74조"로 하고, 같은 조 제2항 중 "「근로기준법」 제72조제3항"을 "「근로기준법」 제74조제3항"으로 한다.

⑪ 노동위원회법 일부를 다음과 같이 개정한다.

제16조의3제1항 중 "제33조"를 "제28조"로 한다.

⑫별정우체국법 일부를 다음과 같이 개정한다.

제29조제1항 중 "勤勞基準法 第34條"를 "「근로기준법」 제34조"로 한다.

⑬병역법 일부를 다음과 같이 개정한다.

제41조제1항 중 "「근로기준법」 제33조제1항"을 "「근로기준법」 제28조제1항"으로 한다.

⑭社內勤勞福祉基金法 일부를 다음과 같이 개정한다.

제2조제1호 중 "勤勞基準法 第14條"를 "「근로기준법」 제2조"로 하고, 같은 조 제2호 중 "勤勞基準法 第15條"를 "「근로기준법」 제2조"로 한다.

⑮산업안전보건법 일부를 다음과 같이 개정한다.

제2조제2호 중 "第14條"를 "제2조"로 한다.

제51조제1항 중 "「근로기준법」 제104조"를 "「근로기준법」 제101조"로 한다.

⑯석탄산업법 일부를 다음과 같이 개정한다.

제39조의3제1항제1호 중 "「근로기준법」 제19조"를 "「근로기준법」 제2조"로 하고, 같은 조 제2항 중 "「근로기준법」 제37조제2항"을 "「근로기준법」 제38조제2항"으로 한다.

⑰선원법 일부를 다음과 같이 개정한다.

제5조제1항 중 "「근로기준법」 第2條 내지 第9條 · 第14條 내지 第16條 · 第

36條 · 第37條 · 第39條 · 第66條 · 第110條(第6條 · 第7條 · 第8條 또는 第39條의 規定을 위반한 경우에 한한다) · 第112條(第36條의 規定을 위반한 경우에 한한다) · 第113條(第9條의 規定을 위반한 경우에 한한다) 및 第115條(第5條의 規定에 위반한 경우에 한한다)"를 "「근로기준법」 제2조제1호부터 제3호까지, 제3조부터 제10조까지, 제36조, 제38조, 제40조, 제68조, 제107조(제7조부터 제9조까지 또는 제40조를 위반한 경우로 한정한다), 제109조(제36조를 위반한 경우로 한정한다), 제110조(제10조를 위반한 경우로 한정한다) 및 제114조(제6조를 위반한 경우로 한정한다)"로 하고, 제51조의2제5항 중 "「근로기준법」 제37조제2항"을 "「근로기준법」 제38조제2항"으로 한다.

⑱임금채권보장법 일부를 다음과 같이 개정한다.

제2조제1호 중 "勤勞基準法 第14條"를 "「근로기준법」제2조"로 하고, 같은 조 제3호 중 "勤勞基準法 제18조 · 제34조 및 제45조"를 "「근로기준법」 제2조, 제34조 및 제46조"로 한다.

제6조제2항제1호 중 "「근로기준법」 제37조제2항제1호"를 "「근로기준법」 제38조제2항제1호"로 하고, 같은 항 제2호 중 "勤勞基準法 제45조"를 "「근로기준법」 제46조"로 한다.

제7조제2항 중 "「근로기준법」 제37조제2항"을 "「근로기준법」 제38조제2항"으로 한다.

⑲제주특별자치도 설치 및 국제자유도시 조성을 위한 특별법 일부를 다음과 같이 개정한다.

제141조 중 "「근로기준법」 제104조제1항"을 "「근로기준법」 제101조제1항"으로 한다.

⑳지방세법 일부를 다음과 같이 개정한다.

제31조제2항제5호 중 "「근로기준법」 第37條"를 "「근로기준법」 제38조"로 한다.

㉑법률 제8249호 직업안정법 일부개정법률 일부를 다음과 같이 개정한다.

제21조의3제2항 중 "「근로기준법」 제63조"를 "「근로기준법」 제65조"로 한다.

㉒최저임금법 일부를 다음과 같이 개정한다.

제2조 중 "勤勞基準法 第14條, 第15條 및 第18條"를 "「근로기준법」 제2조"로 한다.

제5조제2항제2호 중 "「근로기준법」 제61조제3호"를 "「근로기준법」 제63조제3호"로 한다.

㉓파견근로자보호등에관한법률 일부를 다음과 같이 개정한다.

제8조제3호 중 "勤勞基準法 第6條·第8條·第27條 내지 第29條·第36條·第42條 내지 第45條·第55條·第62條"를 "「근로기준법」 제7조, 제9조, 제20조부터 제22조까지, 제36조, 제43조부터 제46조까지, 제56조 및 제64조"로 한다.

제16조제2항 중 "勤勞基準法 第31條"를 "「근로기준법」 제24조"로 한다.

제34조제1항 본문 중 "勤勞基準法 第15條"를 "「근로기준법」제2조"로 하고, 같은 항 단서 중 "同法 第22條 내지 第36條·第38條·第40條 내지 第47條·第55條·第59條·第62條·第64條 내지 第66條·第74條·第81條 내지 第95條"를 "같은 법 제15조부터 제36조까지, 제39조, 제41조부터 제48조까지, 제56조, 제60조, 제64조, 제66조부터 제68조까지 및 제78조부터 제92조까지"로, "同法 第49條 내지 第54條·第56條 내지 第58條·第60條·第61條·第67條 내지 第73條 및 第75條"를 "같은 법 제50조부터 제55조까지, 제58조, 제59조, 제62조, 제63조 및 제69조부터 제75조까지"로 한다.

제34조제2항 후단 중 "勤勞基準法 第42條 및 第66條"를 "「근로기준법」 제43조 및 제68조"로 하고, "同法 第15條"를 "같은 법 제2조"로 한다.

제34조제3항 중 "勤勞基準法 第54條·第57條·第71條·第72條第1項"을 "「근로기준법」 제55조, 제73조 및 제74조제1항"으로 한다.

㉔법률 제8236호 한국주택금융공사법 일부개정법률 일부를 다음과 같이 개정한다.

제43조의4제2항제2호 중 "「근로기준법」 제37조제2항"을 "「근로기준법」 제38조제2항"으로 한다.

제17조【다른 법령과의 관계】 이 법 시행 당시 다른 법령에서 종전의 「근로기준법」 또는 그 규정을 인용한 경우에 이 법 가운데 그에 해당하는 규정이 있으면 종전의 규정을 갈음하여 이 법 또는 이 법의 해당 규정을 인용한 것으로 본다.

부　칙 (2007. 7.27)

이 법은 공포 후 6개월이 경과한 날부터 시행한다.

부　칙 (2008. 3.21)

제1조【시행일】 이 법은 2008년 7월 1일부터 시행한다.

제2조【태아검진 시간의 허용 등에 관한 적용례】 제74조의2의 개정규정은 이 법 시행 당시 임신 중인 여성근로자부터 적용한다.

제3조【근로시간 적용 특례의 적용례】 법률 제8372호 근로기준법 전부개정법률 부칙 제5조의2의 개정규정은 이 법 시행 후 최초로 계약이 체결되는 관련공사에 사용되는 근로자부터 적용한다.

부　칙 (2008. 3.28)

① **【시행일】** 이 법은 공포한 날부터 시행한다. 다만, 제93조제8호 및 제9호의2의 개정규정은 공포 후 3개월이 경과한 날부터 시행한다.

② **【산전후휴가 종료 후 업무 등 복귀에 관한 적용례】** 제74조제5항의 개정규정은 이 법 시행 당시 산전후휴가 중인 근로자부터 적용한다.

③ **【취업규칙의 작성 · 신고에 관한 적용례】** 제93조제8호 및 제9호의2의 개정규정은 이 법 시행 후 최초로 신고하는 취업규칙부터 적용한다.

부　칙 (2009. 5.21)

① **【시행일】** 이 법은 공포 후 3개월이 경과한 날부터 시행한다.

② **【벌칙에 관한 경과조치】** 이 법 시행 전의 행위에 관하여 벌칙을 적용할 때에는 종전의 규정에 따른다.

부　칙 (2010. 5.25)

이 법은 2012년 1월 1일부터 시행한다.

부　칙 (2012. 2. 1)

제1조【시행일】 이 법은 공포 후 6개월이 경과한 날부터 시행한다.

제2조【체불사업주 명단 공개에 관한 적용례】 제43조의2제1항의 개정규정 중 명단 공개 기준일 이전 1년 이내 임금등의 체불총액이 3천만원 이상인 경우는 이 법 시행 후 최초로 고용노동부장관이 임금등의 체불을 확인한 경우부터 적용한다.

제3조【임금등 체불자료의 제공에 관한 적용례】 제43조의3제1항의 개정규정 중 임금등 체불자료 제공일 이전 1년 이내 임금등의 체불총

액이 2천만원 이상인 경우는 이 법 시행 후 최초로 고용노동부장관이 임금등의 체불을 확인한 경우부터 적용한다.

제4조【연차 유급휴가에 관한 적용례】 제60조제2항의 개정규정은 이 법 시행 후의 근로기간이 최초로 1년이 되는 근로자로서 그 1년간 출근기간이 80퍼센트 미만에 해당하는 근로자부터 적용한다.

제5조【출산전후휴가 분할사용에 관한 적용례】 제74조제2항의 개정규정은 이 법 시행 후 최초로 출산전후휴가 분할사용을 신청한 근로자부터 적용한다.

제6조【유산·사산 휴가에 관한 적용례】 제74조제3항의 개정규정은 이 법 시행 후 최초로 유산·사산 휴가를 신청한 근로자부터 적용한다.

제7조【다른 법률의 개정】 법률 제11024호 선원법 전부개정법률 일부를 다음과 같이 개정한다.

제69조제3항 중 "보호휴가"를 "휴가"로 한다.

제70조제4항 중 "제69조제3항에 따라 보호휴가로"를 "제69조제3항에 따른 휴가로"로 한다.

부 칙 (2014. 1.21)

제1조【시행일】 이 법은 2014년 7월 1일부터 시행한다.

제2조【출산전후휴가에 관한 적용례】 제74조의 개정규정은 이 법 시행 후 출산하는 근로자부터 적용한다.

부 칙 (2014. 3.24)

제1조【시행일】 이 법은 공포한 날부터 시행한다. 다만, 제74조제7항부터 제9항까지의 개정규정은 다음 각 호의 구분에 따른 날부터 시행한다.

1. 상시 300명 이상의 근로자를 사용하는 사업 또는 사업장: 공포 후 6개월이 경과한 날
2. 상시 300명 미만의 근로자를 사용하는 사업 또는 사업장: 공포 후 2년이 경과한 날

제2조【해고 예고의 해고사유 등 서면통지 의제에 관한 적용례】 제27조제3항의 개정규정은 이 법 시행 후 최초로 해고를 예고하는 경우부터 적용한다.

제3조【근로시간 단축에 관한 적용례】 제74조제7항의 개정규정은 같

은 개정규정 시행 후 최초로 근로시간 단축을 신청한 근로자부터 적용한다.

부 칙 (2017.11.28)

제1조【시행일】 이 법은 공포 후 6개월이 경과한 날부터 시행한다.

제2조【연차 유급휴가에 관한 적용례】 제60조제6항제3호의 개정규정은 이 법 시행 후 최초로 육아휴직을 신청하는 근로자부터 적용한다.

부 칙 (2018. 3.20)

제1조【시행일】 ①이 법은 2018년 7월 1일부터 시행한다.

②제2조제1항의 개정규정은 다음 각 호의 구분에 따른 날부터 시행한다.

1. 상시 300명 이상의 근로자를 사용하는 사업 또는 사업장, 「공공기관의 운영에 관한 법률」 제4조에 따른 공공기관, 「지방공기업법」 제49조 및 같은 법 제76조에 따른 지방공사 및 지방공단, 국가·지방자치단체 또는 정부투자기관이 자본금의 2분의 1 이상을 출자하거나 기본재산의 2분의 1 이상을 출연한 기관·단체와 그 기관·단체가 자본금의 2분의 1 이상을 출자하거나 기본재산의 2분의 1 이상을 출연한 기관·단체, 국가 및 지방자치단체의 기관: 2018년 7월 1일(제59조의 개정규정에 따라 근로시간 및 휴게시간의 특례를 적용받지 아니하게 되는 업종의 경우 2019년 7월 1일)
2. 상시 50명 이상 300명 미만의 근로자를 사용하는 사업 또는 사업장: 2020년 1월 1일
3. 상시 5명 이상 50명 미만의 근로자를 사용하는 사업 또는 사업장: 2021년 7월 1일

③제53조제3항 및 제6항, 제110조제1호 및 제2호, 제114조제1호의 개정규정은 2021년 7월 1일부터 시행한다. 다만, 제110조제1호의 개정규정 중 제59조제2항의 개정규정과 관련한 부분은 2018년 9월 1일부터 시행한다.

④제55조제2항의 개정규정은 다음 각 호의 구분에 따른 날부터 시행한다.

1. 상시 300명 이상의 근로자를 사용하는 사업 또는 사업장, 「공공기관의 운영에 관한 법률」 제4조에 따른 공공기관, 「지방공기업법」 제49조 및 같은 법 제76조에 따른 지방공사 및 지방공단, 국가·지방자치단체 또는 정부투자기관이 자본금의 2분의 1 이상을 출자하거나 기본재산의 2분의 1 이상을 출연한 기관·단체와 그 기관·단체가 자본금의 2분의 1

이상을 출자하거나 기본재산의 2분의 1 이상을 출연한 기관・단체, 국가 및 지방자치단체의 기관: 2020년 1월 1일

2. 상시 30명 이상 300명 미만의 근로자를 사용하는 사업 또는 사업장: 2021년 1월 1일

3. 상시 5인 이상 30명 미만의 근로자를 사용하는 사업 또는 사업장: 2022년 1월 1일

⑤제56조의 개정규정은 공포한 날부터 시행한다.

⑥제59조제2항의 개정규정은 2018년 9월 1일부터 시행한다.

제2조【유효기간 등】 제53조제3항 및 제6항의 개정규정은 2022년 12월 31일까지 효력을 가진다.

제3조【탄력적 근로시간제 개선을 위한 준비행위】 고용노동부장관은 2022년 12월 31일까지 탄력적 근로시간제의 단위기간 확대 등 제도개선을 위한 방안을 준비하여야 한다.

제4조【관공서 공휴일 적용을 위한 준비행위】 고용노동부장관은 사업 또는 사업장의 공휴일 적용 실태를 조사하여 그 결과를 2018년 12월 31일까지 국회에 보고한다.

부 칙 (2019. 1.15)

제1조【시행일】 이 법은 공포 후 6개월이 경과한 날부터 시행한다. 다만, 제26조 및 제35조의 개정규정은 공포한 날부터 시행한다.

제2조【예고해고의 적용 예외에 관한 적용례】 제26조제1호의 개정규정은 같은 개정규정 시행 후 근로계약을 체결한 근로자부터 적용한다.

제3조【직장 내 괴롭힘 발생 시 조치에 관한 적용례】 제76조의3의 개정규정은 이 법 시행 후 발생한 직장 내 괴롭힘의 경우부터 적용한다.

부 칙 (2020. 3.31)

제1조【시행일】 이 법은 공포한 날부터 시행한다.

제2조【연차 유급휴가에 관한 경과조치】 이 법 시행 전에 발생한 연차 유급휴가에 대해서는 종전의 규정에 따른다.

부 칙 (2021. 1. 5)

제1조【시행일】 이 법은 공포한 날부터 시행한다. 다만, 제53조제7항

의 개정규정 및 제110조제1호의 개정규정 중 "제53조제7항"에 관한 부분은 공포 후 3개월이 경과한 날부터 시행하고, 제43조의2제1항, 제51조의2, 제51조의3, 제52조, 제53조제2항, 제57조, 제109조 및 제116조의 개정규정 및 제110조제1호의 개정규정 중 "제51조의2제2항 또는 제52조제2항제1호"에 관한 부분은 다음 각 호의 구분에 따른 날부터 시행한다.

1. 상시 50명 이상의 근로자를 사용하는 사업 또는 사업장, 「공공기관의 운영에 관한 법률」 제4조에 따른 공공기관, 「지방공기업법」 제49조 및 같은 법 제76조에 따른 지방공사 및 지방공단, 국가 · 지방자치단체 또는 정부투자기관이 자본금의 2분의 1 이상을 출자하거나 기본재산의 2분의 1 이상을 출연한 기관 · 단체와 그 기관 · 단체가 자본금의 2분의 1 이상을 출자하거나 기본재산의 2분의 1 이상을 출연한 기관 · 단체, 국가 및 지방자치단체의 기관: 공포 후 3개월이 경과한 날
2. 상시 5명 이상 50명 미만의 근로자를 사용하는 사업 또는 사업장: 2021년 7월 1일

제2조【3개월을 초과하는 탄력적 근로시간제 도입을 위한 준비행위】 사용자는 이 법 시행 전에 3개월을 초과하는 탄력적 근로시간제 도입을 위하여 근로자대표와의 서면 합의 등 필요한 준비행위를 할 수 있다.

제3조【1개월을 초과하는 선택적 근로시간제 도입을 위한 준비행위】 사용자는 이 법 시행 전에 1개월을 초과하는 선택적 근로시간제 도입을 위하여 근로자대표와의 서면 합의 등 필요한 준비행위를 할 수 있다.

제4조【이 법 시행을 위한 준비행위】 고용노동부장관은 탄력적 근로시간제 및 선택적 근로시간제의 원활한 시행 등을 위하여 실태를 조사 · 파악할 수 있다.

부　칙 (2021. 4.13)

제1조【시행일】 이 법은 공포 후 6개월이 경과한 날부터 시행한다.

제2조【직장 내 괴롭힘 발생 시 조치에 관한 적용례】 제76조의3제2항 및 제7항의 개정규정은 이 법 시행 후 발생한 직장 내 괴롭힘의 경우부터 적용한다.

부　칙 (2021. 5.18)

제1조【시행일】 이 법은 공포 후 6개월이 경과한 날부터 시행한다.

제 2 조【근로계약기간의 만료 등에 따른 구제명령 등에 관한 적용례】 제30조제4항의 개정규정은 이 법 시행 후 노동위원회가 같은 조 제1항에 따라 구제명령이나 기각결정을 하는 경우부터 적용한다.

제 3 조【이행강제금에 관한 적용례】 제33조제1항의 개정규정은 이 법 시행 후 발생한 부당해고등부터 적용한다.

부　칙 (2024.10.22)

제 1 조【시행일】 이 법은 공포 후 1년이 경과한 날부터 시행한다. 다만, 다음 각 호의 사항은 그 구분에 따른 날부터 시행한다.

1. 제60조제6항의 개정규정: 공포한 날
2. 제74조제1항 및 제7항의 개정규정: 공포 후 4개월이 경과한 날

제 2 조【재직 중인 근로자에 대한 미지급 임금의 지연이자에 관한 적용례】 제37조의 개정규정은 이 법 시행 이후 제37조제1항제2호의 개정규정에 따른 지연이자 지급사유가 발생하는 경우부터 적용한다.

제 3 조【상습체불사업주의 체불횟수 및 체불액 산정에 관한 적용례】 제43조의4의 개정규정에 따라 고용노동부장관이 상습체불사업주를 정하는 경우 임금등 체불자료 제공일이 속하는 연도의 직전 연도 1년간 체불횟수와 체불액은 이 법 시행 이후 고용노동부장관이 임금등의 체불을 확인한 경우부터 산정한다.

제 4 조【출국금지 요청에 관한 적용례】 제43조의7의 개정규정은 이 법 시행 이후 제43조의2에 따라 명단 공개가 결정된 체불사업주부터 적용한다.

제 5 조【체불 임금등에 대한 손해배상청구에 관한 적용례】 제43조의8의 개정규정은 이 법 시행 이후 사업주가 같은 개정규정 각 호의 어느 하나에 해당하는 경우부터 적용한다.

제 6 조【연차 유급휴가에 관한 적용례】 제60조제6항제4호 및 제5호의 개정규정은 부칙 제1조제1호에 따른 시행일 이후 육아기 근로시간 단축 또는 임신기 근로시간 단축을 시작하는 경우부터 적용한다.

제 7 조【출산전후휴가에 관한 적용례】 제74조제1항의 개정규정은 부칙 제1조제2호에 따른 시행일 이후 출산하는 근로자부터 적용한다.

제 8 조【벌칙에 관한 적용례】 제109조제2항의 개정규정은 이 법 시행 이후 발생한 위반행위부터 적용한다.

근로기준법 시행령

전부개정 2007. 6.29 대통령령 제20142호
개정 2008. 6. 5 대통령령 제20803호
2008. 6.25 대통령령 제20873호
2009. 8.18 대통령령 제21695호
2010. 2.24 대통령령 제22061호
2010. 7.12 대통령령 제22269호
2010.12.19 대통령령 제22567호
2011. 3. 2 대통령령 제22687호
2011. 3.30 대통령령 제22804호
2011. 9.22 대통령령 제23155호
2012. 1. 6 대통령령 제23488호
2012. 6.21 대통령령 제23868호
2012. 7.10 대통령령 제23946호
2013. 6.28 대통령령 제24652호
2014. 9.24 대통령령 제25630호
2014. 9.24 대통령령 제25631호
2014.12. 9 대통령령 제25840호
2016.11.29 대통령령 제27619호
2016.12.30 대통령령 제27751호
2018. 6.29 대통령령 제29010호
2019. 7. 2 대통령령 제29950호
2019. 7. 9 대통령령 제29964호
2019.12.24 대통령령 제30256호
2020. 3. 3 대통령령 제30509호
2021. 3.30 대통령령 제31584호
2021.10.14 대통령령 제32049호
2021.11.19 대통령령 제32130호
2025. 2.18 대통령령 제35276호

제 1 조 【목적】 이 영은 「근로기준법」에서 위임한 사항과 그 시행에 필요한 사항을 규정하는 것을 목적으로 한다.

제 2 조 【평균임금의 계산에서 제외되는 기간과 임금】 ①「근로기준법」(이하 "법"이라 한다) 제2조제1항제6호에 따른 평균임금 산정기간 중에 다음 각 호의 어느 하나에 해당하는 기간이 있는 경우에는 그 기간과 그 기간 중에 지급된 임금은 평균임금 산정기준이 되는 기간과 임금의 총액에서 각각 뺀다.

1. 근로계약을 체결하고 수습 중에 있는 근로자가 수습을 시작한 날부터 3개월 이내의 기간(2019.7.9 개정)
2. 법 제46조에 따른 사용자의 귀책사유로 휴업한 기간
3. 법 제74조제1항부터 제3항까지의 규정에 따른 출산전후휴가 및 유산·사산 휴가 기간(2021.10.14 개정)
4. 법 제78조에 따라 업무상 부상 또는 질병으로 요양하기 위하여 휴업한 기간
5. 「남녀고용평등과 일·가정 양립 지원에 관한 법률」 제19조에 따른 육아휴직 기간(2008.6.5 개정)
6. 「노동조합 및 노동관계조정법」 제2조제6호에 따른 쟁의행위기간
7. 「병역법」, 「예비군법」 또는 「민방위기본법」에 따른 의무를 이행하기 위하여 휴직하거나 근로하지 못한 기간. 다만, 그 기간 중 임금을 지급받은 경우에는 그러하지 아니하다.(2016.11.29 개정)
8. 업무 외 부상이나 질병, 그 밖의 사유로 사용자의 승인을 받아 휴업한 기간

②법 제2조제1항제6호에 따른 임금의 총액을 계산할 때에는 임시로 지급된 임금 및 수당과 통화 외의 것으로 지급된 임금을 포함하지 아니한다. 다만, 고용노동부장관이 정하는 것은 그러하지 아니하다.(2010.7.12 개정)

제 3 조 【일용근로자의 평균임금】 일용근로자의 평균임금은 고용노동부장관이 사업이나 직업에 따라 정하는 금액으로 한다.(2010.7.12 개정)

제4조【특별한 경우의 평균임금】 법 제2조제1항제6호, 이 영 제2조 및 제3조에 따라 평균임금을 산정할 수 없는 경우에는 고용노동부장관이 정하는 바에 따른다.(2010.7.12 개정)

제5조【평균임금의 조정】 ①법 제79조, 법 제80조 및 법 제82조부터 제84조까지의 규정에 따른 보상금 등을 산정할 때 적용할 평균임금은 그 근로자가 소속한 사업 또는 사업장에서 같은 직종의 근로자에게 지급된 통상임금의 1명당 1개월 평균액(이하 "평균액"이라 한다)이 그 부상 또는 질병이 발생한 달에 지급된 평균액보다 100분의 5 이상 변동된 경우에는 그 변동비율에 따라 인상되거나 인하된 금액으로 하되, 그 변동 사유가 발생한 달의 다음 달부터 적용한다. 다만, 제2회 이후의 평균임금을 조정하는 때에는 직전 회의 변동 사유가 발생한 달의 평균액을 산정기준으로 한다.

②제1항에 따라 평균임금을 조정하는 경우 그 근로자가 소속한 사업 또는 사업장이 폐지된 때에는 그 근로자가 업무상 부상 또는 질병이 발생한 당시에 그 사업 또는 사업장과 같은 종류, 같은 규모의 사업 또는 사업장을 기준으로 한다.

③제1항이나 제2항에 따라 평균임금을 조정하는 경우 그 근로자의 직종과 같은 직종의 근로자가 없는 때에는 그 직종과 유사한 직종의 근로자를 기준으로 한다.

④법 제78조에 따른 업무상 부상을 당하거나 질병에 걸린 근로자에게 지급할 「근로자퇴직급여 보장법」 제8조에 따른 퇴직금을 산정할 때 적용할 평균임금은 제1항부터 제3항까지의 규정에 따라 조정된 평균임금으로 한다.

제6조【통상임금】 ①법과 이 영에서 "통상임금"이란 근로자에게 정기적이고 일률적으로 소정(所定)근로 또는 총 근로에 대하여 지급하기로 정한 시간급 금액, 일급 금액, 주급 금액, 월급 금액 또는 도급 금액을 말한다.

②제1항에 따른 통상임금을 시간급 금액으로 산정할 경우에는 다음 각 호의 방법에 따라 산정된 금액으로 한다.

1. 시간급 금액으로 정한 임금은 그 금액
2. 일급 금액으로 정한 임금은 그 금액을 1일의 소정근로시간 수로 나눈 금액
3. 주급 금액으로 정한 임금은 그 금액을 1주의 통상임금 산정 기준시간 수(1주의 소정근로시간과 소정근로시간 외에 유급으로 처리되는 시간을 합산한 시간)로 나눈 금액(2018.6.29 개정)

4. 월급 금액으로 정한 임금은 그 금액을 월의 통상임금 산정 기준시간 수(1주의 통상임금 산정 기준시간 수에 1년 동안의 평균 주의 수를 곱한 시간을 12로 나눈 시간)로 나눈 금액(2018.6.29 개정)
5. 일·주·월 외의 일정한 기간으로 정한 임금은 제2호부터 제4호까지의 규정에 준하여 산정된 금액
6. 도급 금액으로 정한 임금은 그 임금 산정 기간에서 도급제에 따라 계산된 임금의 총액을 해당 임금 산정 기간(임금 마감일이 있는 경우에는 임금 마감 기간을 말한다)의 총 근로 시간 수로 나눈 금액
7. 근로자가 받는 임금이 제1호부터 제6호까지의 규정에서 정한 둘 이상의 임금으로 되어 있는 경우에는 제1호부터 제6호까지의 규정에 따라 각각 산정된 금액을 합산한 금액

③제1항에 따른 통상임금을 일급 금액으로 산정할 때에는 제2항에 따른 시간급 금액에 1일의 소정근로시간 수를 곱하여 계산한다.

제 7 조 【적용범위】 법 제11조제2항에 따라 상시 4명 이하의 근로자를 사용하는 사업 또는 사업장에 적용하는 법 규정은 별표 1과 같다.

제 7 조의 2 【상시 사용하는 근로자 수의 산정 방법】 ①법 제11조제3항에 따른 "상시 사용하는 근로자 수"는 해당 사업 또는 사업장에서 법 적용 사유(휴업수당 지급, 근로시간 적용 등 법 또는 이 영의 적용 여부를 판단하여야 하는 사유를 말한다. 이하 이 조에서 같다) 발생일 전 1개월(사업이 성립한 날부터 1개월 미만인 경우에는 그 사업이 성립한 날 이후의 기간을 말한다. 이하 "산정기간"이라 한다) 동안 사용한 근로자의 연인원을 같은 기간 중의 가동 일수로 나누어 산정한다.

②제1항에도 불구하고 다음 각 호의 구분에 따라 그 사업 또는 사업장에 대하여 5명(법 제93조의 적용 여부를 판단하는 경우에는 10명을 말한다. 이하 이 조에서 "법 적용 기준"이라 한다) 이상의 근로자를 사용하는 사업 또는 사업장(이하 이 조에서 "법 적용 사업 또는 사업장"이라 한다)으로 보거나 법 적용 사업 또는 사업장으로 보지 않는다.

1. 법 적용 사업 또는 사업장으로 보는 경우: 제1항에 따라 해당 사업 또는 사업장의 근로자 수를 산정한 결과 법 적용 사업 또는 사업장에 해당하지 않는 경우에도 산정기간에 속하는 일(日)별로 근로자 수를 파악하였을 때 법 적용 기준에 미달한 일수(日數)가 2분의 1 미만인 경우
2. 법 적용 사업 또는 사업장으로 보지 않는 경우: 제1항에 따라 해당 사업

또는 사업장의 근로자 수를 산정한 결과 법 적용 사업 또는 사업장에 해당하는 경우에도 산정기간에 속하는 일별로 근로자 수를 파악하였을 때 법 적용 기준에 미달한 일수가 2분의 1 이상인 경우

③법 제60조부터 제62조까지의 규정(제60조제2항에 따른 연차유급휴가에 관한 부분은 제외한다)의 적용 여부를 판단하는 경우에 해당 사업 또는 사업장에 대하여 제1항 및 제2항에 따라 월 단위로 근로자 수를 산정한 결과 법 적용 사유 발생일 전 1년 동안 계속하여 5명 이상의 근로자를 사용하는 사업 또는 사업장은 법 적용 사업 또는 사업장으로 본다.

④제1항의 연인원에는 「파견근로자보호 등에 관한 법률」 제2조제5호에 따른 파견근로자를 제외한 다음 각 호의 근로자 모두를 포함한다.

1. 해당 사업 또는 사업장에서 사용하는 통상 근로자, 「기간제 및 단시간근로자 보호 등에 관한 법률」 제2조제1호에 따른 기간제근로자, 단시간근로자 등 고용형태를 불문하고 하나의 사업 또는 사업장에서 근로하는 모든 근로자(2018.6.29 개정)
2. 해당 사업 또는 사업장에 동거하는 친족과 함께 제1호에 해당하는 근로자가 1명이라도 있으면 동거하는 친족인 근로자

(2008.6.25 본조신설)

제8조 【명시하여야 할 근로조건】 법 제17조제1항제5호에서 "대통령령으로 정하는 근로조건"이란 다음 각 호의 사항을 말한다.(2018.6.29 개정)

1. 취업의 장소와 종사하여야 할 업무에 관한 사항
2. 법 제93조제1호부터 제12호까지의 규정에서 정한 사항
3. 사업장의 부속 기숙사에 근로자를 기숙하게 하는 경우에는 기숙사 규칙에서 정한 사항

제8조의2 【근로자의 요구에 따른 서면 교부】 법 제17조제2항 단서에서 "단체협약 또는 취업규칙의 변경 등 대통령령으로 정하는 사유로 인하여 변경되는 경우"란 다음 각 호의 경우를 말한다.

1. 법 제51조제2항, 제51조의2제1항, 같은 조 제2항 단서, 같은 조 제5항 단서, 제52조제1항, 같은 조 제2항제1호 단서, 제53조제3항, 제55조제2항 단서, 제57조, 제58조제2항 · 제3항, 제59조제1항 또는 제62조에 따른 서면 합의로 변경되는 경우(2021.3.30 개정)
2. 법 제93조에 따른 취업규칙에 의하여 변경되는 경우
3. 「노동조합 및 노동관계조정법」 제31조제1항에 따른 단체협약에 의하여

변경되는 경우

4. 법령에 의하여 변경되는 경우

(2011.9.22 본조신설)

제9조【단시간근로자의 근로조건 기준 등】①법 제18조제2항에 따른 단시간근로자의 근로조건을 결정할 때에 기준이 되는 사항이나 그 밖에 필요한 사항은 별표 2와 같다.

②삭제(2008.6.25)

③삭제(2008.6.25)

제10조【경영상의 이유에 의한 해고 계획의 신고】①법 제24조제4항에 따라 사용자는 1개월 동안에 다음 각 호의 어느 하나에 해당하는 인원을 해고하려면 최초로 해고하려는 날의 30일 전까지 고용노동부장관에게 신고하여야 한다.(2010.7.12 개정)

1. 상시 근로자수가 99명 이하인 사업 또는 사업장 : 10명 이상
2. 상시 근로자수가 100명 이상 999명 이하인 사업 또는 사업장 : 상시 근로자수의 10퍼센트 이상
3. 상시 근로자수가 1,000명 이상 사업 또는 사업장 : 100명 이상

②제1항에 따른 신고를 할 때에는 다음 각 호의 사항을 포함하여야 한다.

1. 해고 사유
2. 해고 예정 인원
3. 근로자대표와 협의한 내용
4. 해고 일정

제11조【구제명령의 이행기한】「노동위원회법」에 따른 노동위원회(이하 "노동위원회"라 한다)는 법 제30조제1항에 따라 사용자에게 구제명령(이하 "구제명령"이라 한다)을 하는 때에는 이행기한을 정하여야 한다. 이 경우 이행기한은 법 제30조제2항에 따라 사용자가 구제명령을 서면으로 통지받은 날부터 30일 이내로 한다.(2019.7.9 개정)

제12조【이행강제금의 납부기한 및 의견제출 등】①노동위원회는 법 제33조제1항에 따라 이행강제금을 부과하는 때에는 이행강제금의 부과통지를 받은 날부터 15일 이내의 납부기한을 정하여야 한다.

②노동위원회는 천재·사변, 그 밖의 부득이한 사유가 발생하여 제1항에 따른 납부기한 내에 이행강제금을 납부하기 어려운 경우에는 그 사유가 없어진 날부터 15일 이내의 기간을 납부기한으로 할 수 있다.

③법 제33조제2항에 따라 이행강제금을 부과·징수한다는 뜻을 사용자에게 미리 문서로써 알려줄 때에는 10일 이상의 기간을 정하여 구술 또는 서면(전자문서를 포함한다)으로 의견을 진술할 수 있는 기회를 주어야 한다. 이 경우 지정된 기일까지 의견진술이 없는 때에는 의견이 없는 것으로 본다.
④이행강제금의 징수절차는 고용노동부령으로 정한다.(2010.7.12 개정)

제13조【이행강제금의 부과기준】 법 제33조제4항에 따른 위반행위의 종류와 위반정도에 따른 이행강제금의 부과기준은 별표 3과 같다.

제14조【이행강제금의 부과유예】 노동위원회는 다음 각 호의 어느 하나에 해당하는 사유가 있는 경우에는 직권 또는 사용자의 신청에 따라 그 사유가 없어진 뒤에 이행강제금을 부과할 수 있다.
1. 구제명령을 이행하기 위하여 사용자가 객관적으로 노력하였으나 근로자의 소재불명 등으로 구제명령을 이행하기 어려운 것이 명백한 경우
2. 천재·사변, 그 밖의 부득이한 사유로 구제명령을 이행하기 어려운 경우

제15조【이행강제금의 반환】 ①노동위원회는 중앙노동위원회의 재심판정이나 법원의 확정판결에 따라 노동위원회의 구제명령이 취소되면 직권 또는 사용자의 신청에 따라 이행강제금의 부과·징수를 즉시 중지하고 이미 징수한 이행강제금을 반환하여야 한다.
②노동위원회가 제1항에 따라 이행강제금을 반환하는 때에는 이행강제금을 납부한 날부터 반환하는 날까지의 기간에 대하여 고용노동부령으로 정하는 이율을 곱한 금액을 가산하여 반환하여야 한다.(2010.7.12 개정)
③제1항에 따른 이행강제금의 구체적 반환절차는 고용노동부령으로 정한다.(2010.7.12 개정)

제16조【수습근로자의 정의】 삭제(2019.7.9)

제17조【미지급 임금에 대한 지연이자의 이율】 법 제37조제1항 각 호 외의 부분에서 "대통령령으로 정하는 이율"이란 연 100분의 20을 말한다.(2025.4.8 개정)

제18조【지연이자의 적용제외 사유】 법 제37조제3항에서 "그 밖에 대통령령으로 정하는 사유"란 다음 각 호의 어느 하나에 해당하는 경우를 말한다.(2025.4.8 개정)
1. 「임금채권보장법」 제7조제1항제1호부터 제3호까지의 사유 중 어느 하나에 해당하는 경우(2021.10.14 개정)

2. 「채무자 회생 및 파산에 관한 법률」, 「국가재정법」, 「지방자치법」 등 법령상의 제약에 따라 임금 및 퇴직금을 지급할 자금을 확보하기 어려운 경우
3. 지급이 지연되고 있는 임금 및 퇴직금의 전부 또는 일부의 존부(存否)를 법원이나 노동위원회에서 다투는 것이 적절하다고 인정되는 경우
4. 그 밖에 제1호부터 제3호까지의 규정에 준하는 사유가 있는 경우

제19조 【사용증명서의 청구】 법 제39조제1항에 따라 사용증명서를 청구할 수 있는 자는 계속하여 30일 이상 근무한 근로자로 하되, 청구할 수 있는 기한은 퇴직 후 3년 이내로 한다.

제20조 【근로자 명부의 기재사항】 법 제41조제1항에 따른 근로자 명부에는 고용노동부령으로 정하는 바에 따라 다음 각 호의 사항을 적어야 한다.(2010.7.12 개정)

1. 성명
2. 성(性)별
3. 생년월일
4. 주소
5. 이력(履歷)
6. 종사하는 업무의 종류
7. 고용 또는 고용갱신 연월일, 계약기간을 정한 경우에는 그 기간, 그 밖의 고용에 관한 사항
8. 해고, 퇴직 또는 사망한 경우에는 그 연월일과 사유
9. 그 밖에 필요한 사항

제21조 【근로자 명부 작성의 예외】 사용기간이 30일 미만인 일용근로자에 대하여는 근로자 명부를 작성하지 아니할 수 있다.

제22조 【보존 대상 서류 등】 ①법 제42조에서 "대통령령으로 정하는 근로계약에 관한 중요한 서류"란 다음 각 호의 서류를 말한다.

1. 근로계약서
2. 임금대장
3. 임금의 결정 · 지급방법과 임금계산의 기초에 관한 서류
4. 고용 · 해고 · 퇴직에 관한 서류
5. 승급 · 감급에 관한 서류
6. 휴가에 관한 서류

7. 삭제(2014.12.9)
8. 법 제51조제2항, 제51조의2제1항, 같은 조 제2항 단서, 같은 조 제5항 단서, 제52조제1항, 같은 조 제2항제1호 단서, 제53조제3항, 제55조제2항 단서, 제57조, 제58조제2항 · 제3항, 제59조제1항 및 제62조에 따른 서면 합의 서류(2021.3.30 개정)
9. 법 제66조에 따른 연소자의 증명에 관한 서류

②법 제42조에 따른 근로계약에 관한 중요한 서류의 보존기간은 다음 각 호에 해당하는 날부터 기산한다.

1. 근로자 명부는 근로자가 해고되거나 퇴직 또는 사망한 날
2. 근로계약서는 근로관계가 끝난 날
3. 임금대장은 마지막으로 써 넣은 날
4. 고용, 해고 또는 퇴직에 관한 서류는 근로자가 해고되거나 퇴직한 날
5. 삭제(2018.6.29)
6. 제1항제8호의 서면 합의 서류는 서면 합의한 날
7. 연소자의 증명에 관한 서류는 18세가 되는 날(18세가 되기 전에 해고되거나 퇴직 또는 사망한 경우에는 그 해고되거나 퇴직 또는 사망한 날)
8. 그 밖의 서류는 완결한 날

제23조 【매월 1회 이상 지급하여야 할 임금의 예외】 법 제43조제2항 단서에서 "임시로 지급하는 임금, 수당, 그 밖에 이에 준하는 것 또는 대통령령으로 정하는 임금"이란 다음 각 호의 것을 말한다.

1. 1개월을 초과하는 기간의 출근 성적에 따라 지급하는 정근수당
2. 1개월을 초과하는 일정 기간을 계속하여 근무한 경우에 지급되는 근속수당
3. 1개월을 초과하는 기간에 걸친 사유에 따라 산정되는 장려금, 능률수당 또는 상여금
4. 그 밖에 부정기적으로 지급되는 모든 수당

제23조의2 【체불사업주 명단 공개 제외 대상】 법 제43조의2제1항 단서에서 "체불사업주의 사망 · 폐업으로 명단 공개의 실효성이 없는 경우 등 대통령령으로 정하는 사유"란 다음 각 호의 어느 하나에 해당하는 경우를 말한다.

1. 법 제36조, 제43조, 제51조의3, 제52조제2항제2호 또는 제56조에 따른 임금, 보상금, 수당, 「근로자퇴직급여 보장법」 제12조제1항에 따른 퇴직급

여등, 그 밖의 모든 금품(이하 "임금등"이라 한다)을 지급하지 않은 사업주(이하 "체불사업주"라 한다)가 사망하거나 「민법」 제27조에 따라 실종선고를 받은 경우(체불사업주가 자연인인 경우만 해당한다)(2025.4.8 개정)
2. 체불사업주가 법 제43조의2제2항에 따른 소명 기간 종료 전까지 체불 임금등을 전액 지급한 경우
3. 체불사업주가 「채무자 회생 및 파산에 관한 법률」에 따른 회생절차개시 결정을 받거나 파산선고를 받은 경우
4. 체불사업주가 「임금채권보장법 시행령」 제5조에 따른 도산등사실인정을 받은 경우
5. 체불사업주가 체불 임금등의 일부를 지급하고, 남은 체불 임금등에 대한 구체적인 청산 계획 및 자금 조달 방안을 충분히 소명하여 법 제43조의2제3항에 따른 임금체불정보심의위원회(이하 이 조, 제23조의4 및 제23조의7에서 "위원회"라 한다)가 명단 공개 대상에서 제외할 필요가 있다고 인정하는 경우(2025.4.8 개정)
6. 제1호부터 제5호까지의 규정에 준하는 경우로서 위원회가 체불사업주의 인적사항 등을 공개할 실효성이 없다고 인정하는 경우

(2012.6.21 본조신설)

제23조의3【명단공개 내용 · 기간 등】 ①고용노동부장관은 법 제43조의2제1항에 따라 다음 각 호의 내용을 공개한다.
1. 체불사업주의 성명 · 나이 · 상호 · 주소(체불사업주가 법인인 경우에는 그 대표자의 성명 · 나이 · 주소 및 법인의 명칭 · 주소를 말한다)
2. 명단 공개 기준일 이전 3년간의 임금등 체불액

②제1항에 따른 공개는 관보에 싣거나 인터넷 홈페이지, 관할 지방고용노동관서 게시판 또는 그 밖에 열람이 가능한 공공장소에 3년간 게시하는 방법으로 한다.

(2012.6.21 본조신설)

제23조의4【임금등 체불자료의 제공 제외 대상】 법 제43조의3제1항 각 호 외의 부분 단서에서 "체불사업주의 사망 · 폐업으로 임금등 체불자료 제공의 실효성이 없는 경우 등 대통령령령으로 정하는 사유"란 다음 각 호의 어느 하나에 해당하는 경우를 말한다.(2025.4.8 개정)
1. 체불사업주가 사망하거나 「민법」 제27조에 따라 실종선고를 받은 경우

(체불사업주가 자연인인 경우만 해당한다)
2. 법 제43조의3제1항제1호의 체불사업주가 법 제43조의3제1항에 따른 임금등 체불자료(이하 "임금등 체불자료"라 한다) 제공일 전까지 체불 임금등을 전액 지급한 경우(2025.4.8 개정)
2의2. 법 제43조의3제1항제2호의 상습체불사업주가 임금등 체불자료 제공일 전까지 체불 임금등을 전액 지급하고 「임금채권보장법」 제7조 및 제7조의2에 따라 직전 연도에 지급된 대지급금을 전액 변제한 경우(2025.4.8 신설)
3. 체불사업주가 「채무자 회생 및 파산에 관한 법률」에 따른 회생절차개시 결정을 받거나 파산선고를 받은 경우
4. 체불사업주가 「임금채권보장법 시행령」 제5조에 따른 도산등사실인정을 받은 경우
5. 체불자료 제공일 전까지 체불사업주가 체불 임금등의 일부를 지급하고 남은 체불 임금등에 대한 구체적인 청산 계획 및 자금 조달 방안을 충분히 소명하여 고용노동부장관이 체불 임금등 청산을 위하여 성실히 노력하고 있다고 인정하는 경우
6. 체불 임금등의 전부 또는 일부의 존부(存否)에 대하여 소송이나 노동위원회의 심판이 계속 중인 경우로서 위원회가 법원이나 노동위원회에서 다투는 것이 적절하다고 인정하는 경우(법 제43조의3제1항제2호의 상습체불사업주만 해당한다)(2025.4.8 신설)
7. 그 밖에 제1호, 제2호, 제2호의2, 제3호부터 제6호까지의 규정에 준하는 사유로서 위원회가 임금등 체불자료를 제공할 실효성이 없다고 인정하는 경우(법 제43조의3제1항제2호의 상습체불사업주만 해당한다)(2025.4.8 신설)

(2012.6.21 본조신설)

제23조의5 【임금등 체불자료의 제공절차 등】 ①법 제43조의3제1항에 따라 임금등 체불자료를 요구하는 자(이하 "요구자"라 한다)는 다음 각 호의 사항을 적은 문서를 고용노동부장관에게 제출하여야 한다.
1. 요구자의 성명 · 상호 · 주소(요구자가 법인인 경우에는 그 대표자의 성명 및 법인의 명칭 · 주소를 말한다)
2. 요구하는 임금등 체불자료의 내용과 이용 목적

②고용노동부장관은 제1항에 따른 임금등 체불자료를 서면 또는 전자적

파일 형태로 작성하여 제공할 수 있다.

③고용노동부장관은 제2항에 따라 임금등 체불자료를 제공한 후 제23조의4 각 호의 사유가 발생한 경우에는 그 사실을 안 날부터 15일 이내에 요구자에게 그 내용을 통지하여야 한다. 다만, 법 제43조의3제1항제2호의 상습체불사업주에 대해서는 그렇지 않다.(2025.4.8 개정)

④법 제43조의3제1항제2호에 따른 상습체불사업주에 대한 임금등 체불자료의 제공기간은 임금등 체불자료의 제공일부터 1년으로 한다.(2025.4.8 신설)

(2012.6.21 본조신설)

제23조의6【3개월분 임금 · 체불횟수 산정 등】 ①법 제43조의4제1항제1호에 따른 3개월분 임금은 「고용보험 및 산업재해보상보험의 보험료징수 등에 관한 법률」 제16조의3제2항에 따라 산정된 월평균보수의 3개월분으로 하되, 월평균보수의 산정이 곤란한 경우에는 고용노동부장관이 정하여 고시하는 방법에 따라 산정한 월보수액의 3개월분으로 한다.

②법 제43조의4제1항제2호에 따른 임금등의 체불횟수는 임금등을 지급받지 못한 근로자 수를 기준으로 산정한다.

(2025.4.8 본조신설)

제23조의7【상습체불사업주의 결정】 ①고용노동부장관은 법 제43조의4제1항에 따라 위원회의 심의를 거쳐 상습체불사업주를 정하려는 경우에는 사업주의 임금등 체불자료를 검토하여 같은 항 각 호의 어느 하나에 해당하는지 여부를 확인해야 한다.

②고용노동부장관은 법 제43조의4제2항에 따른 소명 기회를 제공할 때에는 해당 사업주에게 같은 조 제1항 각 호의 어느 하나에 해당한다는 사실과 소명자료의 제출기간 및 방법 등 소명에 필요한 사항을 미리 알려야 한다.

③고용노동부장관은 법 제43조의4제2항에 따라 사업주로부터 소명자료를 제출받은 경우에는 같은 조 제1항에 따라 위원회의 심의를 거치기 전에 소명자료에 대한 사실관계를 조사해야 한다.

(2025.4.8 본조신설)

제23조의8【상습체불사업주의 임금등 체불자료 제공 등】 ①법 제43조의4제3항 각 호 외의 부분에서 "대통령령으로 정하는 공공기관"이란 다음 각 호의 공공기관을 말한다.

1. 「공공기관의 운영에 관한 법률」 제5조에 따른 공기업 및 준정부기관, 기

타공공기관
2. 「지방공기업법」 제5조, 제49조 및 제76조에 따른 지방직영기업, 지방공사 및 지방공단
3. 「지방자치단체 출자 · 출연 기관의 운영에 관한 법률」 제2조제1항에 따른 출자 · 출연 기관
②법 제43조의4제3항에 따른 상습체불사업주에 대한 임금등 체불자료의 제공기간은 임금등 체불자료의 제공일부터 1년으로 한다.
③법 제43조의4제3항에 따라 상습체불사업주에 대한 임금등 체불자료를 요청하려는 중앙행정기관장등(이하 이 조에서 "중앙행정기관장등"이라 한다)은 다음 각 호의 사항을 적은 문서를 고용노동부장관에게 제출해야 한다. 이 경우 고용노동부장관의 임금등 체불자료의 작성 · 제공방법에 관하여는 제23조의5제2항을 준용한다.
1. 중앙행정기관장등의 기관명, 주소 및 요청하는 사람의 성명
2. 요청하는 임금등 체불자료의 내용과 이용 목적
④법 제43조의4제5항에 따라 준용되는 법 제43조의3제1항 단서에 따른 상습체불사업주에 대한 임금등 체불자료의 제공 제외 사유에 관하여는 제23조의4(제2호는 제외한다)를 준용한다. 이 경우 "체불사업주"는 각각 "상습체불사업주"로 본다.
(2025.4.8 본조신설)

제23조의9【업무위탁】 고용노동부장관은 법 제43조의5제1항에 따라 다음 각 호의 업무를 「산업재해보상보험법」 제10조에 따른 근로복지공단(이하 "근로복지공단"이라 한다)에 위탁한다.
1. 법 제43조의4제2항 및 이 영 제23조의7제2항에 따른 소명에 필요한 사항의 안내
2. 법 제43조의4제2항 및 이 영 제23조의7제3항에 따라 제출된 소명자료의 접수 및 소명자료에 관한 사실관계 조사
(2025.4.8 본조신설)

제23조의10【자료 제공의 내용】 법 제43조의6제2항에서 "해당 근로자의 임금, 근로제공기간 등 대통령령으로 정하는 정보"란 다음 각 호의 정보를 말한다.
1. 해당 근로자의 성명 · 주민등록번호 · 주소
2. 해당 근로자의 임금 · 근로제공기간 등 근로조건

3. 해당 근로자가 소속된 사업장의 명칭 · 소재지 · 대표자 · 사업자등록정보
(2025.4.8 본조신설)

제23조의11【출국금지의 해제 요청】 고용노동부장관은 법 제43조의7제4항에 따라 출국금지 중인 사람에게 다음 각 호의 어느 하나에 해당하는 사유가 발생한 사실이 확인된 경우로서 체불 임금등의 지급을 회피할 목적으로 국외로 도피할 우려가 없다고 인정되는 경우에는 법무부장관에게 출국금지의 해제를 요청해야 한다.

1. 국외건설계약 체결, 수출신용장 개설, 외국인과의 합작사업 계약 체결 등 구체적인 사업계획의 추진을 위하여 출국하려는 경우
2. 국외에 거주하는 직계존비속이 사망하여 출국하려는 경우
3. 제1호 및 제2호의 사유 외에 본인의 질병 치료 등 불가피한 사유로 출국금지를 해제할 필요가 있다고 인정되는 경우

(2025.4.8 본조신설)

제24조【수급인의 귀책사유】 법 제44조제2항에 따른 귀책사유 범위는 다음 각 호와 같다.(2012.6.21 개정)

1. 정당한 사유 없이 도급계약에서 정한 도급 금액 지급일에 도급 금액을 지급하지 아니한 경우
2. 정당한 사유 없이 도급계약에서 정한 원자재 공급을 늦게 하거나 공급을 하지 아니한 경우
3. 정당한 사유 없이 도급계약의 조건을 이행하지 아니하여 하수급인이 도급사업을 정상적으로 수행하지 못한 경우

제25조【지급기일 전의 임금 지급】 법 제45조에서 "그 밖에 대통령령으로 정한 비상(非常)한 경우"란 근로자나 그의 수입으로 생계를 유지하는 자가 다음 각 호의 어느 하나에 해당하게 되는 경우를 말한다.

1. 출산하거나 질병에 걸리거나 재해를 당한 경우
2. 혼인 또는 사망한 경우
3. 부득이한 사유로 1주 이상 귀향하게 되는 경우(2018.6.29 개정)

제26조【휴업수당의 산출】 사용자의 귀책사유로 휴업한 기간 중에 근로자가 임금의 일부를 지급받은 경우에는 사용자는 법 제46조제1항 본문에 따라 그 근로자에게 평균임금에서 그 지급받은 임금을 뺀 금액을 계산하여 그 금액의 100분의 70 이상에 해당하는 수당을 지급하여야 한다. 다만, 법 제46조제1항 단서에 따라 통상임금을 휴업수당으로 지급하는 경

우에는 통상임금에서 휴업한 기간 중에 지급받은 임금을 뺀 금액을 지급하여야 한다.

제27조【임금대장의 기재사항】 ①사용자는 법 제48조제1항에 따른 임금대장에 다음 각 호의 사항을 근로자 개인별로 적어야 한다.(2021.11.19 개정)

1. 성명
2. 생년월일, 사원번호 등 근로자를 특정할 수 있는 정보(2021.10.14 개정)
3. 고용 연월일
4. 종사하는 업무
5. 임금 및 가족수당의 계산기초가 되는 사항
6. 근로일수
7. 근로시간수
8. 연장근로, 야간근로 또는 휴일근로를 시킨 경우에는 그 시간수
9. 기본급, 수당, 그 밖의 임금의 내역별 금액(통화 외의 것으로 지급된 임금이 있는 경우에는 그 품명 및 수량과 평가총액)
10. 법 제43조제1항 단서에 따라 임금의 일부를 공제한 경우에는 그 금액

②사용기간이 30일 미만인 일용근로자에 대해서는 제1항제2호 및 제5호의 사항을 적지 않을 수 있다.(2021.10.14 개정)

③다음 각 호의 어느 하나에 해당하는 근로자에 대해서는 제1항제7호 및 제8호의 사항을 적지 않을 수 있다.(2021.10.14 개정)

1. 법 제11조제2항에 따른 상시 4명 이하의 근로자를 사용하는 사업 또는 사업장의 근로자
2. 법 제63조 각 호의 어느 하나에 해당하는 근로자

제27조의2【임금명세서의 기재사항】 사용자는 법 제48조제2항에 따른 임금명세서에 다음 각 호의 사항을 적어야 한다.

1. 근로자의 성명, 생년월일, 사원번호 등 근로자를 특정할 수 있는 정보
2. 임금지급일
3. 임금 총액
4. 기본급, 각종 수당, 상여금, 성과금, 그 밖의 임금의 구성항목별 금액(통화 이외의 것으로 지급된 임금이 있는 경우에는 그 품명 및 수량과 평가총액을 말한다)
5. 임금의 구성항목별 금액이 출근일수 · 시간 등에 따라 달라지는 경우에

는 임금의 구성항목별 금액의 계산방법(연장근로, 야간근로 또는 휴일근로의 경우에는 그 시간 수를 포함한다)

6. 법 제43조제1항 단서에 따라 임금의 일부를 공제한 경우에는 임금의 공제 항목별 금액과 총액 등 공제내역

(2021.11.19 본조신설)

제28조【3개월 이내의 탄력적 근로시간제에 관한 합의사항 등】 ①법 제51조제2항 제4호에서 "그 밖에 대통령령으로 정하는 사항"이란 서면 합의의 유효기간을 말한다.

②고용노동부장관은 법 제51조제4항에 따른 임금보전방안(賃金補塡方案)을 강구하게 하기 위해 필요한 경우에는 사용자에게 그 임금보전방안의 내용을 제출하도록 명하거나 직접 확인할 수 있다.(2021.3.30 개정)

제28조의2【3개월을 초과하는 탄력적 근로시간제에 관한 합의사항 등】 ①법 제51조의2제1항제4호에서 "그 밖에 대통령령으로 정하는 사항"이란 서면 합의의 유효기간을 말한다.

②법 제51조의2제2항 단서에서 "천재지변 등 대통령령으로 정하는 불가피한 경우"란 다음 각 호의 어느 하나에 해당하는 경우를 말한다.

1. 「재난 및 안전관리 기본법」에 따른 재난 또는 이에 준하는 사고가 발생하여 이를 수습하거나 재난 등의 발생이 예상되어 이를 예방하기 위해 긴급한 조치가 필요한 경우
2. 사람의 생명을 보호하거나 안전을 확보하기 위해 긴급한 조치가 필요한 경우
3. 그 밖에 제1호 및 제2호에 준하는 사유로 법 제51조의2제2항 본문에 따른 휴식 시간을 주는 것이 어렵다고 인정되는 경우

(2021.3.30 본조신설)

제29조【선택적 근로시간제에 관한 합의사항 등】 ①법 제52조제1항제6호에서 "그 밖에 대통령령으로 정하는 사항"이란 표준근로시간(유급휴가 등의 계산 기준으로 사용자와 근로자대표가 합의하여 정한 1일의 근로시간을 말한다)을 말한다.

②법 제52조제2항제1호 단서에서 "천재지변 등 대통령령으로 정하는 불가피한 경우"란 다음 각 호의 어느 하나에 해당하는 경우를 말한다.

1. 제28조의2제2항제1호 또는 제2호에 해당하는 경우
2. 그 밖에 제1호에 준하는 사유로 법 제52조제2항제1호 본문에 따른 휴식

시간을 주는 것이 어렵다고 인정되는 경우
(2021.3.30 본조개정)

제30조 【휴일】 ①법 제55조제1항에 따른 유급휴일은 1주 동안의 소정 근로일을 개근한 자에게 주어야 한다.(2018.6.29 개정)
②법 제55조제2항 본문에서 "대통령령으로 정하는 휴일"이란 「관공서의 공휴일에 관한 규정」 제2조 각 호(제1호는 제외한다)에 따른 공휴일 및 같은 영 제3조에 따른 대체공휴일을 말한다.(2018.6.29 신설)

제31조 【재량근로의 대상업무】 법 제58조제3항 전단에서 "대통령령으로 정하는 업무"란 다음 각 호의 어느 하나에 해당하는 업무를 말한다.
1. 신상품 또는 신기술의 연구개발이나 인문사회과학 또는 자연과학분야의 연구 업무
2. 정보처리시스템의 설계 또는 분석 업무
3. 신문, 방송 또는 출판 사업에서의 기사의 취재, 편성 또는 편집 업무
4. 의복・실내장식・공업제품・광고 등의 디자인 또는 고안 업무
5. 방송 프로그램・영화 등의 제작 사업에서의 프로듀서나 감독 업무
6. 그 밖에 고용노동부장관이 정하는 업무(2010.7.12 개정)

제32조 【근로시간 및 휴게시간의 특례인정 사업】 삭제(2018.6.29)

제33조 【휴가수당의 지급일】 법 제60조제5항에 따라 지급하여야 하는 임금은 유급휴가를 주기 전이나 준 직후의 임금지급일에 지급하여야 한다.

제34조 【근로시간 등의 적용제외 근로자】 법 제63조제4호에서 "대통령령으로 정한 업무"란 사업의 종류에 관계없이 관리・감독 업무 또는 기밀을 취급하는 업무를 말한다.

제35조 【취직인허증의 발급 등】 ①법 제64조에 따라 취직인허증을 받을 수 있는 자는 13세 이상 15세 미만인 자로 한다. 다만, 예술공연 참가를 위한 경우에는 13세 미만인 자도 취직인허증을 받을 수 있다.
②제1항에 따른 취직인허증을 받으려는 자는 고용노동부령으로 정하는 바에 따라 고용노동부장관에게 신청하여야 한다.(2010.6.4 개정)
③제2항에 따른 신청은 학교장(의무교육 대상자와 재학 중인 자 로 한정한다) 및 친권자 또는 후견인의 서명을 받아 사용자가 될 자와 연명(連名)으로 하여야 한다.

제36조 【취직인허증의 교부 및 비치】 ①고용노동부장관은 제35조

제2항에 따른 신청에 대하여 취직을 인허할 경우에는 고용노동부령으로 정하는 취직인허증에 직종을 지정하여 신청한 근로자와 사용자가 될 자에게 내주어야 한다.(2014.12.9 개정)

②15세 미만인 자를 사용하는 사용자가 취직인허증을 갖추어 둔 경우에는 법 제66조에 따른 가족관계기록사항에 관한 증명서와 친권자나 후견인의 동의서를 갖추어 둔 것으로 본다.(2014.12.9 신설)

제37조【취직인허의 금지직종】 고용노동부장관은 제40조에 따른 직종에 대하여는 취직인허증을 발급할 수 없다.(2010.7.12 개정)

제38조【취직인허증의 비치 및 반환】 삭제(2014.12.9)

제39조【취직인허증의 재교부】 사용자 또는 15세 미만인 자는 취직인허증이 못쓰게 되거나 이를 잃어버린 경우에는 고용노동부령으로 정하는 바에 따라 지체 없이 재교부 신청을 하여야 한다.(2010.7.12 개정)

제40조【임산부 등의 사용 금지 직종】 법 제65조에 따라 임산부, 임산부가 아닌 18세 이상인 여성 및 18세 미만인 자의 사용이 금지되는 직종의 범위는 별표 4와 같다.

제41조【근로시간의 계산】 법 제69조 및 「산업안전보건법」 제139조에 따른 근로시간은 휴게시간을 제외한 근로시간을 말한다.(2019.12.24 개정)

제42조【갱내근로 허용업무】 법 제72조에 따라 여성과 18세 미만인 자를 일시적으로 갱내에서 근로시킬 수 있는 업무는 다음 각 호와 같다.

1. 보건, 의료 또는 복지 업무
2. 신문 · 출판 · 방송프로그램 제작 등을 위한 보도 · 취재업무
3. 학술연구를 위한 조사 업무
4. 관리 · 감독 업무
5. 제1호부터 제4호까지의 규정의 업무와 관련된 분야에서 하는 실습 업무

제43조【유산 · 사산휴가의 청구 등】 ①법 제74조제2항 전단에서 "대통령령으로 정하는 사유"란 다음 각 호의 어느 하나에 해당하는 경우를 말한다.(2012.6.21 신설)

1. 임신한 근로자에게 유산 · 사산의 경험이 있는 경우
2. 임신한 근로자가 출산전후휴가를 청구할 당시 연령이 만 40세 이상인 경우
3. 임신한 근로자가 유산 · 사산의 위험이 있다는 의료기관의 진단서를 제

출한 경우

②법 제74조제3항에 따라 유산 또는 사산한 근로자가 유산 · 사산휴가를 청구하는 경우에는 휴가 청구 사유, 유산 · 사산 발생일 및 임신기간 등을 적은 유산 · 사산휴가 신청서에 의료기관의 진단서를 첨부하여 사업주에게 제출하여야 한다.(2012.6.21 개정)

③사업주는 제2항에 따라 유산 · 사산휴가를 청구한 근로자에게 다음 각 호의 기준에 따라 유산 · 사산휴가를 주어야 한다.(2012.6.21 개정)

1. 유산 또는 사산한 근로자의 임신기간(이하 "임신기간"이라 한다)이 15주 이내인 경우: 유산 또는 사산한 날부터 10일까지(2025.2.18 개정)
2. 삭제(2025.2.18)
3. 임신기간이 16주 이상 21주 이내인 경우 : 유산 또는 사산한 날부터 30일까지(2012.6.21 개정)
4. 임신기간이 22주 이상 27주 이내인 경우 : 유산 또는 사산한 날부터 60일까지(2012.6.21 개정)
5. 임신기간이 28주 이상인 경우 : 유산 또는 사산한 날부터 90일까지(2012.6.21 개정)

제43조의2【임신기간 근로시간 단축의 신청】 법 제74조제7항에 따라 근로시간 단축을 신청하려는 여성 근로자는 근로시간 단축 개시 예정일의 3일 전까지 임신기간, 근로시간 단축 개시 예정일 및 종료 예정일, 근무 개시 시각 및 종료 시각 등을 적은 문서(전자문서를 포함한다)에 의사의 진단서(같은 임신에 대하여 근로시간 단축을 다시 신청하는 경우는 제외한다)를 첨부하여 사용자에게 제출하여야 한다.

(2014. 9.24 본조신설)

제43조의3【임신기간 업무의 시작 및 종료 시각의 변경】 ①법 제74조제9항 본문에 따라 업무의 시작 및 종료 시각의 변경을 신청하려는 여성 근로자는 그 변경 예정일의 3일 전까지 임신기간, 업무의 시작 및 종료 시각의 변경 예정 기간, 업무의 시작 및 종료 시각 등을 적은 문서(전자문서를 포함한다)에 임신 사실을 증명하는 의사의 진단서(같은 임신에 대해 업무의 시작 및 종료 시각 변경을 다시 신청하는 경우는 제외한다)를 첨부하여 사용자에게 제출해야 한다.

②법 제74조제9항 단서에서 "정상적인 사업 운영에 중대한 지장을 초래하는 경우 등 대통령령으로 정하는 경우"란 다음 각 호의 어느 하나에 해당

하는 경우를 말한다.
1. 정상적인 사업 운영에 중대한 지장을 초래하는 경우
2. 업무의 시작 및 종료 시각을 변경하게 되면 임신 중인 여성 근로자의 안전과 건강에 관한 관계 법령을 위반하게 되는 경우

(2021.11.19 본조신설)

제44조【업무상 질병의 범위 등】 ①법 제78조제2항에 따른 업무상 질병과 요양의 범위는 별표 5와 같다.

②사용자는 근로자가 취업 중에 업무상 질병에 걸리거나 부상 또는 사망한 경우에는 지체 없이 의사의 진단을 받도록 하여야 한다.

제45조【임금의 일부를 보상받은 경우의 휴업보상】 삭제(2008.6.25)

제46조【요양 및 휴업보상 시기】 요양보상 및 휴업보상은 매월 1회 이상 하여야 한다.

제47조【장해등급 결정】 ①법 제80조제3항에 따라 장해보상을 하여야 하는 신체장해 등급의 결정 기준은 별표 6과 같다.(2008.6.25 개정)

②별표 6에 따른 신체장해가 둘 이상 있는 경우에는 정도가 심한 신체장해에 해당하는 등급에 따른다. 다만, 다음 각 호의 경우에는 해당 호에서 정하여 조정한 등급에 따른다. 이 경우 그 조정된 등급이 제1급을 초과하는 때에는 제1급으로 한다.
1. 제5급 이상에 해당하는 신체장해가 둘 이상 있는 경우 : 정도가 심한 신체장해에 해당하는 등급에 3개 등급 인상
2. 제8급 이상에 해당하는 신체장해가 둘 이상 있는 경우 : 정도가 심한 신체장해에 해당하는 등급에 2개 등급 인상
3. 제13급 이상에 해당하는 신체장해가 둘 이상 있는 경우 : 정도가 심한 신체장해에 해당하는 등급에 1개 등급 인상

③별표 6에 해당하지 아니하는 신체장해가 있는 경우에는 그 장해 정도에 따라 별표 6에 따른 신체장해에 준하여 장해보상을 하여야 한다.

④삭제(2008.6.25)

제48조【유족의 범위 등】 ①법 제82조제2항에 따른 유족의 범위는 다음 각 호와 같다. 이 경우 유족보상의 순위는 다음 각 호의 순서에 따르되, 같은 호에 해당하는 경우에는 그 적힌 순서에 따른다.(2008.6.25 개정)
1. 근로자가 사망할 때 그가 부양하고 있던 배우자(사실혼 관계에 있던 자

를 포함한다), 자녀, 부모, 손(孫) 및 조부모
2. 근로자가 사망할 때 그가 부양하고 있지 아니한 배우자, 자녀, 부모, 손 및 조부모
3. 근로자가 사망할 때 그가 부양하고 있던 형제자매
4. 근로자가 사망할 때 그가 부양하고 있지 아니한 형제자매

②유족의 순위를 정하는 경우에 부모는 양부모를 선순위로 친부모를 후순위로 하고, 조부모는 양부모의 부모를 선순위로 친부모의 부모를 후순위로 하되, 부모의 양부모를 선순위로 부모의 친부모를 후순위로 한다.

③제1항 및 제2항에도 불구하고 근로자가 유언이나 사용자에 대한 예고에 따라 제1항의 유족 중의 특정한 자를 지정한 경우에는 그에 따른다.

제49조 【같은 순위자】 같은 순위의 유족보상 수급권자가 2명 이상 있는 경우에는 그 인원수에 따라 똑같이 나누어 유족보상을 한다.

제50조 【보상을 받기로 확정된 자의 사망】 유족보상을 받기로 확정된 유족이 사망한 때에는 같은 순위자가 있는 경우에는 같은 순위자에게, 같은 순위자가 없는 경우에는 그 다음 순위자에게 유족보상을 한다.

제51조 【보상시기】 ①장해보상은 근로자의 부상 또는 질병이 완치된 후 지체 없이 하여야 한다.

②유족보상 및 장례비의 지급은 근로자가 사망한 후 지체 없이 하여야 한다.(2021.3.30 개정)

제52조 【재해보상 시의 평균임금 산정 사유 발생일】 재해보상을 하는 경우에는 사망 또는 부상의 원인이 되는 사고가 발생한 날 또는 진단에 따라 질병이 발생되었다고 확정된 날을 평균임금의 산정 사유가 발생한 날로 한다.

제53조 【서류 보존 기간의 기산일】 삭제(2008.6.25)

제54조 【기숙사규칙안의 게시 등】 사용자는 법 제99조제2항에 따라 근로자의 과반수를 대표하는 자의 동의를 받으려는 경우 기숙사에 기숙하는 근로자의 과반수가 18세 미만인 때에는 기숙사규칙안을 7일 이상 기숙사의 보기 쉬운 장소에 게시하거나 갖추어 두어 알린 후에 동의를 받아야 한다.

제55조 【기숙사의 구조와 설비】 사용자는 기숙사를 설치하는 경우 법 제100조에 따라 기숙사의 구조와 설비에 관하여 다음 각 호의 기준을 모두 충족해야 한다.(2021.11.19 개정)

1. 침실 하나에 8명 이하의 인원이 거주할 수 있는 구조일 것(2021.11.19 개정)
2. 화장실과 세면 · 목욕시설을 적절하게 갖출 것
3. 채광과 환기를 위한 적절한 설비 등을 갖출 것
4. 적절한 냉 · 난방 설비 또는 기구를 갖출 것
5. 화재 예방 및 화재 발생 시 안전조치를 위한 설비 또는 장치를 갖출 것

(2019.7.9 본조개정)

第56條【기숙사의 설치 장소】 사용자는 소음이나 진동이 심한 장소, 산사태나 눈사태 등 자연재해의 우려가 현저한 장소, 습기가 많거나 침수의 위험이 있는 장소, 오물이나 폐기물로 인한 오염의 우려가 현저한 장소 등 근로자의 안전하고 쾌적한 거주가 어려운 환경의 장소에 기숙사를 설치해서는 안 된다.

(2019.7.9 본조개정)

第57條【기숙사의 주거 환경 조성】 사용자는 기숙사를 운영하는 경우 법 제100조에 따라 기숙사의 주거 환경 조성에 관하여 다음 각 호의 기준을 충족해야 한다.(2021.11.19 개정)

1. 남성과 여성이 기숙사의 같은 방에 거주하지 않도록 할 것
2. 작업 시간대가 다른 근로자들이 같은 침실에 거주하지 않도록 할 것. 다만, 근로자들의 작업 시간대가 다르더라도 근로자들의 수면 시간대가 완전히 구분되는 등 수면에 방해가 되지 않는 경우에는 같은 침실에 거주하도록 할 수 있다.(2021.11.19 개정)
3. 기숙사에 기숙하는 근로자가 「감염병의 예방 및 관리에 관한 법률」 제2조제1호에 따른 감염병에 걸린 경우에는 다음 각 목의 장소 또는 물건에 대하여 소독 등 필요한 조치를 취할 것
   가. 해당 근로자의 침실
   나. 해당 근로자가 사용한 침구, 식기, 옷 등 개인용품 및 그 밖의 물건
   다. 기숙사 내 근로자가 공동으로 이용하는 장소

(2019.7.9 본조개정)

第58條【기숙사의 면적】 기숙사 침실의 넓이는 1인당 2.5제곱미터 이상으로 한다.(2019.7.9 개정)

第58條의2【근로자의 사생활 보호 등】 사용자는 기숙사에 기숙하는 근로자의 사생활 보호 등을 위하여 다음 각 호의 사항을 준수해야 한다.

1. 기숙사의 침실, 화장실 및 목욕시설 등에 적절한 잠금장치를 설치할 것
2. 근로자의 개인용품을 정돈하여 두기 위한 적절한 수납공간을 갖출 것
(2019.7.9 본조신설)

제58조의3【제공 요청 대상 정보 및 자료】 법 제102조의2제1항제3호에서 "대통령령으로 정하는 정보 또는 자료"란 다음 각 호의 정보 또는 자료를 말한다.

1. 「소득세법」 제164조에 따른 사업소득 · 근로소득 지급명세서 또는 같은 법 시행령 제185조에 따른 원천징수이행상황신고서
2. 「국민건강보험법」 제69조제4항제1호에 따른 보수월액보험료를 3개월 이상 체납한 사업장에 관한 정보
3. 「건설산업기본법」 제9조에 따른 건설업 등록자료, 같은 법 제17조 · 제20조의2에 따른 양도 · 폐업 신고자료, 같은 법 제23조에 따른 건설공사 실적자료 및 같은 법 제82조 · 제82조의2 · 제83조에 따른 영업정지 등 행정처분 자료
4. 「고용보험법」 제13조 및 제14조에 따른 피보험자격의 취득 및 상실 자료
5. 「고용보험 및 산업재해보상보험의 보험료징수 등에 관한 법률」 제7조 및 제10조에 따른 고용보험 및 산업재해보상보험 관계의 성립 및 소멸에 관한 정보
6. 「외국인근로자의 고용 등에 관한 법률」 제13조에 따른 출국만기보험등 및 같은 법 제23조에 따른 보증보험의 가입에 관한 정보
7. 「고용정책 기본법」 제15조의2에 따른 고용정보시스템의 사업장별 피보험자 수, 고용형태 등 고용 · 직업 정보

(2025.4.8 본조신설)

제59조【권한의 위임】 법 제106조에 따라 고용노동부장관은 다음 각 호의 사항에 관한 권한을 지방고용노동관서의 장에게 위임한다.(2010.7.12 개정)

1. 법 제13조에 따른 보고 또는 출석의 요구
2. 법 제24조제4항에 따른 해고계획 신고의 수리

2의2. 법 제43조의4제1항 각 호에 해당하는지 여부에 관한 확인(2025.4.8 신설)

2의3. 법 제43조의6제2항에 따른 정보 제공(2025.4.8 신설)

2의4. 법 제43조의7 및 이 영 제23조의11에 따른 출국금지 해제 사유 발생

사실의 확인(2025.4.8 신설)

2의5. 법 제51조의2제5항 본문에 따른 임금보전방안 신고의 수리(2025.4.8 개정)

3. 법 제53조제4항에 따른 근로시간 연장의 인가 또는 승인(2021.3.30 개정)

4. 법 제53조제5항에 따른 휴게 또는 휴일의 명령(2021.3.30 개정)

5. 법 제63조제3호에 따른 감시 또는 단속적으로 근로에 종사하는 자에 대한 승인

6. 법 제64조에 따른 취직인허증의 발급 또는 취직인허의 취소

7. 법 제67조제2항에 따른 미성년자에게 불리한 근로계약의 해지

8. 법 제70조제2항 단서에 따른 임산부와 18세 미만인 자의 야간근로 또는 휴일근로의 인가

9. 법 제88조에 따른 재해의 인정 등의 이의에 대한 심사·중재 및 이를 위한 진단이나 검안에 관한 사항

10. 법 제93조에 따른 취업규칙 신고의 수리

11. 법 제96조제2항에 따른 취업규칙의 변경명령

12. 법 제102조제3항에 따른 현장조사 또는 검진지령서의 발급(2019.7.2 개정)

13. 법 제104조제1항에 따른 위법사실 통보의 수리

14. 법 제116조에 따른 과태료의 부과 및 징수

15. 법률 제6974호 근로기준법중개정법률 부칙 제2조에 따른 특례 신고의 수리

15의2. 제23조의7제1항에 따른 사업주의 임금등 체불자료 검토(2025.4.8 신설)

16. 제28조제2항에 따른 임금보전방안의 제출명령 및 확인

17. 제35조제2항에 따른 취직인허 신청의 접수

18. 삭제(2021.3.30)

제59조의2【민감정보 및 고유식별정보의 처리】 고용노동부장관(법 제43조의5에 따라 고용노동부장관의 업무를 위탁받은 자 및 이 영 제59조에 따라 고용노동부장관의 권한을 위임받은 자를 포함한다) 또는 노동위원회는 다음 각 호의 사무를 수행하기 위하여 불가피한 경우 「개인정보 보호법」 제23조에 따른 건강에 관한 정보(제7호의 사무만 해당한다)와 같은

법 시행령 제19조제1호 또는 제4호에 따른 주민등록번호 또는 외국인등록번호가 포함된 자료를 처리할 수 있다.(2025.4.8 개정)

1. 법 제19조제2항에 따른 손해배상 청구에 관한 사무
2. 법 제28조제1항에 따른 부당해고등의 구제에 관한 사무
3. 법 제30조제3항에 따른 금품지급명령에 관한 사무
4. 법 제33조에 따른 부당해고 구제명령의 이행 확인 및 이행강제금 부과 등에 관한 사무

4의2. 법 제43조의2에 따른 체불사업주의 명단 공개 및 법 제43조의3에 따른 임금등 체불자료의 제공에 관한 사무(2012.6.21 신설)

4의3. 법 제43조의4에 따른 상습체불사업주에 대한 보조·지원 제한 등에 관한 사무(2025.4.8 신설)

4의4. 법 제43조의6제1항 및 제2항에 따른 체불사업주 명단 공개 등을 위한 자료제공 요청 등에 관한 사무(2025.4.8 신설)

4의5. 법 제43조의7에 따른 출국금지 요청 및 해제 요청에 관한 사무(2025.4.8 신설)

5. 법 제64조에 따른 취직인허증에 관한 사무
6. 법 제81조에 따른 중대과실 인정에 관한 사무
7. 법 제88조제1항 및 제89조제1항에 따른 심사와 중재에 관한 사무

7의2. 법 제102조의2에 따른 자료 제공의 요청 등에 관한 사무(2025.4.8 신설)

8. 법 제104조에 따른 법 위반 사실의 통보에 관한 사무
9. 법 제112조에 따른 확정된 구제명령 등을 이행하지 아니한 자에 대한 고발에 관한 사무

(2012.1.6 본조신설)

제59조의3【사용자의 친족인 근로자의 범위】 법 제116조제1항에서 "대통령령으로 정하는 사람"이란 다음 각 호의 사람을 말한다.

1. 사용자의 배우자
2. 사용자의 4촌 이내의 혈족
3. 사용자의 4촌 이내의 인척

(2021.10.14 본조신설)

제60조【과태료의 부과기준】 법 제116조제1항 및 제2항에 따른 과태료의 부과기준은 별표 7과 같다.(2021.10.14 개정)

부 칙

제 1 조【시행일】 이 영은 2007년 7월 1일부터 시행한다. 다만, 별표 2 중 제4호나목 및 다목의 규정은 부칙 제2조 각호에 따른 시행일부터 시행한다.

제 2 조【대통령령 제18158호 근로기준법시행령중개정령의 시행일】 대통령령 제18158호 근로기준법시행령중개정령의 시행일은 다음 각 호와 같다.

1. 금융 · 보험업, 「공공기관의 운영에 관한 법률」 제4조에 따라 공공기관으로 지정되는 기관 중 법률 제8258호 공공기관의 운영에 관한 법률 부칙 제2조에 따라 폐지된 「정부투자기관 관리기본법」 제2조에 따른 정부투자기관의 요건에 해당하는 기관(이하 "정부투자기관"이라 한다), 「지방공기업법」 제49조 및 같은 법 제76조에 따른 지방공사 및 지방공단, 국가 · 지방자치단체 또는 정부투자기관이 자본금의 2분의 1 이상을 출자하거나 기본재산의 2분의 1 이상을 출연한 기관 · 단체와 그 기관 · 단체가 자본금의 2분의 1 이상을 출자하거나 기본재산의 2분의 1 이상을 출연한 기관 · 단체 및 상시 1,000명 이상의 근로자를 사용하는 사업 또는 사업장 : 2004년 7월 1일
2. 상시 300명 이상 1,000명 미만의 근로자를 사용하는 사업 또는 사업장, 국가 및 지방자치단체의 기관 : 2005년 7월 1일
3. 상시 100명 이상 300명 미만의 근로자를 사용하는 사업 또는 사업장 : 2006년 7월 1일
4. 상시 50명 이상 100명 미만의 근로자를 사용하는 사업 또는 사업장 : 2007년 7월 1일
5. 상시 20명 이상 50명 미만의 근로자를 사용하는 사업 또는 사업장 : 2008년 7월 1일
6. 상시 20명 미만의 근로자를 사용하는 사업 또는 사업장 : 2011년 7월 1일(2010.12.29 개정)

제 3 조【대통령령 제18805호 근로기준법시행령 일부개정령의 근로시간등에 관한 법률규정의 시행일】 법률 제6974호 근로기준법중개정법률 부칙 제1조제6호에서 "대통령령이 정하는 날"이란 국가 및 지방자치단체의 기관에 있어서는 2005년 7월 1일을 말한다.

제 4 조【다른 법령의 개정】 ①근로감독관규정 일부를 다음과 같이 개

정한다.
제1조 중 "근로기준법 제104조"를 "「근로기준법」 제101조"로 한다.
②근로자직업능력 개발법 시행령 일부를 다음과 같이 개정한다.
제5조 전단 중 "「근로기준법」 제8장(제82조를 제외한다)"을 "「근로기준법」 제8장(제79조를 제외한다)"으로 한다.
③남녀고용평등법 시행령 일부를 다음과 같이 개정한다.
제9조제4항 중 "「근로기준법」 제72조"를 "「근로기준법」 제74조"로 한다.
④농업협동조합법 시행령 일부를 다음과 같이 개정한다.
제50조제1항제2호 중 "「근로기준법」 제37조제2항"을 "「근로기준법」 제38조제2항"으로 한다.
⑤병역법 시행령 일부를 다음과 같이 개정한다.
제89조제2항제2호 중 "「근로기준법」 제81조제1항 또는 제83조"를 "「근로기준법」 제78조제1항 또는 제80조"로 한다.
⑥산림조합법 시행령 일부를 다음과 같이 개정한다.
제26조제1항제2호 중 "「근로기준법」 제37조제2항"을 "「근로기준법」 제38조제2항"으로 한다.
⑦산업재해보상보험법 시행령 일부를 다음과 같이 개정한다.
제26조제1항 본문 중 "「근로기준법 시행령」 제40조제1항"을 "「근로기준법 시행령」 제44조제1항"으로 한다.
⑧새마을금고법 시행령 일부를 다음과 같이 개정한다.
제49조의4제1항제2호 중 "「근로기준법」 제37조제2항"을 "「근로기준법」 제38조제2항"으로 한다.
⑨석탄산업법시행령 일부를 다음과 같이 개정한다.
제41조제1항 중 "근로기준법 제19조제1항"을 "「근로기준법」 제2조제1항제6호"로 하고, 제42조의2제4항 후단 중 "근로기준법 제37조제2항제1호"을 "「근로기준법」 제38조제2항제1호"로 한다.
⑩선원법 시행령 일부를 다음과 같이 개정한다.
제24조 중 "「근로기준법 시행령」 제40조"를 "「근로기준법 시행령」 제44조"로 한다.
⑪수산업협동조합법 시행령 일부를 다음과 같이 개정한다.
제66조제2호 중 "「근로기준법」 제37조제2항"을 "「근로기준법」 제38조제2항"으로 한다.

⑫신용협동조합법시행령 일부를 다음과 같이 개정한다.
제21조의5제1항제2호 중 "「근로기준법」 제37조제2항"을 "「근로기준법」 제38조제2항"으로 한다.
⑬어업협정체결에따른어업인등의지원및수산업발전특별법시행령 일부를 다음과 같이 개정한다.
제4조제3항 본문 중 "근로기준법 제96조 및 동법시행령 제55조제18호"를 "「근로기준법」 제93조 및 같은 법 시행령 제59조제10호"로 한다.
⑭외국인근로자의 고용 등에 관한 법률 시행령 일부를 다음과 같이 개정한다.
제21조제2항제1호 중 "「근로기준법」 제18조"를 "「근로기준법」 제2조제1항제5호"로 한다.
⑮제조업 등의 무역조정 지원에 관한 법률 시행령 일부를 다음과 같이 개정한다.
제10조제2항 중 "「근로기준법」 제32조"를 "「근로기준법」 제26조"로 하고, 같은 조 제3항 중 "「근로기준법」 제20조"를 "「근로기준법」 제2조제1항제7호"로 한다.
⑯중소기업기본법 시행령 일부를 다음과 같이 개정한다.
제5조제1항 각 호 외의 부분 중 "「근로기준법」 제14조"를 "「근로기준법」 제2조제1항제1호"로 한다.
⑰지역신문발전지원특별법시행령 일부를 다음과 같이 개정한다.
제11조제2호 중 "근로기준법 제42조"를 "「근로기준법」 제43조"로 한다.

제5조【다른 법령과의 관계】 이 영 시행 당시 다른 법령에서 종전의 「근로기준법 시행령」의 규정을 인용한 경우에 이 영 중 그에 해당하는 규정이 있으면 종전의 규정을 갈음하여 이 영의 해당 규정을 인용한 것으로 본다.

부 칙 (2008. 6.25)

제1조【시행일】 이 영은 2008년 7월 1일부터 시행한다.

제2조【근로시간 적용의 특례 대상이 되는 건설공사 등 관련공사의 상시근로자 수 산정 방법】 ①법률 제8372호 근로기준법 전부개정법률 부칙 제5조의2에 따른 관련공사(이하 이 조에서 "관련공사"라 한다)의 상시 근로자 수는 다음 계산식에 따라 산출한 수를 말한다. 이 경우

"총 공사 계약금액"이란 최종 목적물을 완성하기 위하여 하는관련공사의 계약상의 도급 금액(발주자가 재료를 제공하는 경우에는 그 재료의 시가 환산액을 포함한다)을 말하고,
"해당 연도 노무비율"이란 「고용보험 및 산업재해보상보험의 보험료징수 등에 관한 법률 시행령」 제11조제1항제1호에 따른 일반 건설공사의 노무 비율을 말하며, "건설업 월 평균임금"이란 「통계법」 제3조에 따른 지정통계 중 노동부장관이 작성하는 사업체임금근로시간조사의 건설업 임금을 기준으로 노동부장관이 산정하여 고시하는 임금을 말한다.
상시 근로자 수 = 총 공사 계약금액 × 해당 연도 노무비율/해당 연도의 건설업 월 평균임금 × 조업월수
②제1항 후단에 따른 총 공사 계약금액을 산정할 때 위탁이나 그 밖의 명칭과 상관 없이 최종 목적물의 완성을 위하여 하는 관련공사를 둘 이상으로 분할하여 도급(발주자가 공사의 일부를 직접 하는 경우를 포함한다)한 경우에는 각 도급 금액을 합산하여 산정한다.

부 칙 (2009. 8.18)

이 영은 2009년 8월 22일부터 시행한다.

부 칙 (2010.12.29)

제1조【시행일】 이 영은 공포한 날부터 시행한다.

제2조【상시 20명 미만의 근로자를 사용하는 사업 또는 사업장에 대한 법률 제6974호 근로기준법중개정법률의 시행일】 법률 제8372호 근로기준법 전부개정법률 부칙 제4조제6호에서 "대통령령으로 정하는 날"이란 상시 20명 미만의 근로자를 사용하는 사업 또는 사업장에 대해서는 2011년 7월 1일을 말한다.

부 칙 (2011. 3.30)

제1조【시행일】 이 영은 공포한 날부터 시행한다.

제2조【과태료에 관한 경과조치】 ①이 영 시행 전의 위반행위에 대하여 과태료의 부과기준을 적용할 때에는 별표 7의 개정규정에도 불구하고 종전의 규정에 따른다.
②이 영 시행 전의 위반행위로 받은 과태료 부과처분은 별표 7의 개정규

정에 따른 위반행위의 횟수 산정에 포함하지 아니한다.

부 칙 (2011. 9.22)

이 영은 2012년 1월 1일부터 시행한다.

부 칙 (2012. 6.21)

이 영은 2012년 8월 2일부터 시행한다.

부 칙 (2013. 6.28)

제1조【시행일】 이 영은 2013년 7월 1일부터 시행한다.

제2조【업무상 질병과 요양의 범위에 관한 적용례】 별표 5의 개정규정은 이 영 시행 전에 발생한 업무상 질병에 대하여 사용자가 근로자에게 필요한 요양을 행하거나 필요한 요양비를 부담하는 경우에도 적용한다.

부 칙 (2014. 9.24)

이 영은 2014년 9월 25일부터 시행한다.

부 칙 (2018. 6.29)

이 영은 2018년 7월 1일부터 시행한다. 다만, 다음 각 호의 사항은 다음 각 호의 구분에 따른 날부터 시행한다.

1. 제6조제2항제3호 및 제4호의 개정규정: 다음 각 목의 구분에 따른 날
   가. 상시 300명 이상의 근로자를 사용하는 사업 또는 사업장, 「공공기관의 운영에 관한 법률」 제4조에 따른 공공기관, 「지방공기업법」 제49조 및 같은 법 제76조에 따른 지방공사 및 지방공단, 국가 · 지방자치단체 또는 정부투자기관이 자본금의 2분의 1 이상을 출자하거나 기본재산의 2분의 1 이상을 출연한 기관 · 단체와 그 기관 · 단체가 자본금의 2분의 1 이상을 출자하거나 기본재산의 2분의 1 이상을 출연한 기관 · 단체, 국가 및 지방자치단체의 기관: 2018년 7월 1일(법률 제15513호 근로기준법 일부개정법률 제59조의 개정규정에 따라 근로시간 및 휴게시간의 특례를 적용받지 아니하게 되는 업종의 경우는 2019년 7월 1일)
   나. 상시 50명 이상 300명 미만의 근로자를 사용하는 사업 또는 사업장:

2020년 1월 1일

다. 상시 5명 이상 50명 미만의 근로자를 사용하는 사업 또는 사업장: 2021년 7월 1일

2. 제7조의2제4항제1호, 제8조 및 제22조제2항제5호의 개정규정: 공포 한 날

3. 제30조제2항의 개정규정: 다음 각 목의 구분에 따른 날

가. 상시 300명 이상의 근로자를 사용하는 사업 또는 사업장, 「공공기관의 운영에 관한 법률」 제4조에 따른 공공기관, 「지방공기업법」 제49조 및 같은 법 제76조에 따른 지방공사 및 지방공단, 국가 · 지방자치단체 또는 정부투자기관이 자본금의 2분의 1 이상을 출자하거나 기본재산의 2분의 1 이상을 출연한 기관 · 단체와 그 기관 · 단체가 자본금의 2분의 1 이상을 출자하거나 기본재산의 2분의 1 이상을 출연한 기관 · 단체, 국가 및 지방자치단체의 기관: 2020년 1월 1일

나. 상시 30명 이상 300명 미만의 근로자를 사용하는 사업 또는 사업장: 2021년 1월 1일

다. 상시 5인 이상 30명 미만의 근로자를 사용하는 사업 또는 사업장: 2022년 1월 1일

부 칙 (2019. 7. 9)

이 영은 2019년 7월 16일부터 시행한다. 다만, 제2조제1항제1호, 제11조 및 제16조의 개정규정은 공포한 날부터 시행한다.

부 칙 (2021. 3.30)

제1조【시행일】 이 영은 2021년 4월 6일부터 시행한다. 다만, 다음 각 호의 부분은 각 호에서 정한 날부터 시행한다.

1. 제8조의2제1호 및 제22조제1항제8호의 개정규정 중 다음 각 목의 부분: 다음 각 목의 구분에 따라 정한 날

가. 법 제51조의2제1항, 같은 조 제2항 단서, 같은 조 제5항 단서, 제52조제1항 및 같은 조 제2항제1호 단서에 관한 부분으로서 상시 5명 이상 50명 미만의 근로자를 사용하는 사업 또는 사업장에 관한 부분: 2021년 7월 1일

나. 법 제53조제3항에 관한 부분: 2021년 7월 1일

다. 법 제55조제2항 단서에 관한 부분으로서 상시 5명 이상 30명 미만의

근로자를 사용하는 사업 또는 사업장에 관한 부분: 2022년 1월 1일

2. 제23조의2제1호, 제28조의2, 제29조, 제59조제2호의2, 별표 7 제2호사목 및 같은 호 하목의 근거 법조문란의 개정규정 중 상시 5명 이상 50명 미만의 근로자를 사용하는 사업 또는 사업장에 관한 부분: 2021년 7월 1일

제2조【유효기간】 제8조의2제1호 및 제22조제1항제8호의 개정규정 중 법 제53조제3항에 관한 부분은 2022년 12월 31일까지 효력을 가진다.

부 칙 (2021.10.14)

이 영은 2021년 10월 14일부터 시행한다.

부 칙 (2021.11.19)

제1조【시행일】 이 영은 2021년 11월 19일부터 시행한다. 다만, 제55조제1호, 제57조제2호 및 별표 4의 개정규정은 공포한 날부터 시행한다.

제2조【기숙사의 구조와 설비에 관한 경과조치】 이 영 시행 당시 종전의 제55조제1호에 따라 설치되었거나 설치 중인 기숙사는 부칙 제1조 단서에 따른 시행일부터 1년 이내에 제55조제1호의 개정규정에 따른 기준을 충족하도록 해야 한다.

부 칙 (2025. 2.18)

제1조【시행일】 이 영은 2025년 2월 23일부터 시행한다.

제2조【유산 · 사산휴가 부여에 관한 적용례】 제43조제3항의 개정규정은 이 영 시행 이후 유산 또는 사산하는 경우부터 적용한다.

부 칙 (2025. 4. 8)

이 영은 2025년 10월 23일부터 시행한다.

근로자퇴직급여 보장법

제정 2005. 1.27 법률 제7379호
전부개정 2011. 7.25 법률 제10967호
개정 2018. 6.12 법률 제15664호
2020. 5.26 법률 제17326호
2021. 4.13 법률 제18038호
2022. 1.11 법률 제18752호
2025.11.11 법률 제21135호

제1장 총 칙

제1조【목적】 이 법은 근로자 퇴직급여제도의 설정 및 운영에 필요한 사항을 정함으로써 근로자의 안정적인 노후생활 보장에 이바지함을 목적으로 한다.

제2조【정의】 이 법에서 사용하는 용어의 뜻은 다음과 같다.

1. "근로자"란 「근로기준법」 제2조제1항제1호에 따른 근로자를 말한다.
2. "사용자"란 「근로기준법」 제2조제1항제2호에 따른 사용자를 말한다.
3. "임금"이란 「근로기준법」 제2조제1항제5호에 따른 임금을 말한다.
4. "평균임금"이란 「근로기준법」 제2조제1항제6호에 따른 평균임금을 말한다.
5. "급여"란 퇴직급여제도나 제25조에 따른 개인형퇴직연금제도에 의하여 근로자에게 지급되는 연금 또는 일시금을 말한다.
6. "퇴직급여제도"란 확정급여형퇴직연금제도, 확정기여형퇴직연금제도, 중소기업퇴직연금기금제도 및 제8조에 따른 퇴직금제도를 말한다.(2021.4.13 개정)
7. "퇴직연금제도"란 확정급여형퇴직연금제도, 확정기여형퇴직연금제도 및 개인형퇴직연금제도를 말한다.
8. "확정급여형퇴직연금제도"란 근로자가 받을 급여의 수준이 사전에 결정

되어 있는 퇴직연금제도를 말한다.

9. "확정기여형퇴직연금제도"란 급여의 지급을 위하여 사용자가 부담하여야 할 부담금의 수준이 사전에 결정되어 있는 퇴직연금제도를 말한다.
10. "개인형퇴직연금제도"란 가입자의 선택에 따라 가입자가 납입한 일시금이나 사용자 또는 가입자가 납입한 부담금을 적립·운용하기 위하여 설정한 퇴직연금제도로서 급여의 수준이나 부담금의 수준이 확정되지 아니한 퇴직연금제도를 말한다.
11. "가입자"란 퇴직연금제도 또는 중소기업퇴직연금기금제도에 가입한 사람을 말한다.(2021.4.13 개정)
12. "적립금"이란 가입자의 퇴직 등 지급사유가 발생할 때에 급여를 지급하기 위하여 사용자 또는 가입자가 납입한 부담금으로 적립된 자금을 말한다.
13. "퇴직연금사업자"란 퇴직연금제도의 운용관리업무 및 자산관리업무를 수행하기 위하여 제26조에 따라 등록한 자를 말한다.
14. "중소기업퇴직연금기금제도"란 중소기업(상시 30명 이하의 근로자를 사용하는 사업에 한정한다. 이하 같다) 근로자의 안정적인 노후생활 보장을 지원하기 위하여 둘 이상의 중소기업 사용자 및 근로자가 납입한 부담금 등으로 공동의 기금을 조성·운영하여 근로자에게 급여를 지급하는 제도를 말한다.(2021.4.13 신설)
15. "사전지정운용제도"란 가입자가 적립금의 운용방법을 스스로 선정하지 아니한 경우 사전에 지정한 운용방법으로 적립금을 운용하는 제도를 말한다.(2022.1.11 신설)
16. "사전지정운용방법"이란 사전지정운용제도에 따라 적립금을 운용하기 위하여 제21조의2제1항에 따라 승인을 받은 운용방법을 말한다.(2022.1.11 신설)

제 3 조 【적용범위】 이 법은 근로자를 사용하는 모든 사업 또는 사업장(이하 "사업"이라 한다)에 적용한다. 다만, 동거하는 친족만을 사용하는 사업 및 가구 내 고용활동에는 적용하지 아니한다.

제 2 장 퇴직급여제도의 설정

제 4 조 【퇴직급여제도의 설정】 ①사용자는 퇴직하는 근로자에게 급

여를 지급하기 위하여 퇴직급여제도 중 하나 이상의 제도를 설정하여야 한다. 다만, 계속근로기간이 1년 미만인 근로자, 4주간을 평균하여 1주간의 소정근로시간이 15시간 미만인 근로자에 대하여는 그러하지 아니하다.

②제1항에 따라 퇴직급여제도를 설정하는 경우에 하나의 사업에서 급여 및 부담금 산정방법의 적용 등에 관하여 차등을 두어서는 아니 된다.

③사용자가 퇴직급여제도를 설정하거나 설정된 퇴직급여제도를 다른 종류의 퇴직급여제도로 변경하려는 경우에는 근로자의 과반수가 가입한 노동조합이 있는 경우에는 그 노동조합, 근로자의 과반수가 가입한 노동조합이 없는 경우에는 근로자 과반수(이하 "근로자대표"라 한다)의 동의를 받아야 한다.

④사용자가 제3항에 따라 설정되거나 변경된 퇴직급여제도의 내용을 변경하려는 경우에는 근로자대표의 의견을 들어야 한다. 다만, 근로자에게 불리하게 변경하려는 경우에는 근로자대표의 동의를 받아야 한다.

제5조【새로 성립된 사업의 퇴직급여제도】 법률 제10967호 근로자퇴직급여 보장법 전부개정법률 시행일 이후 새로 성립(합병·분할된 경우는 제외한다)된 사업의 사용자는 근로자대표의 의견을 들어 사업의 성립 후 1년 이내에 확정급여형퇴직연금제도나 확정기여형퇴직연금제도를 설정하여야 한다.

제6조【가입자에 대한 둘 이상의 퇴직연금제도 설정】 ①사용자가 가입자에 대하여 확정급여형퇴직연금제도 및 확정기여형퇴직연금제도를 함께 설정하는 경우 제15조 및 제20조제1항에도 불구하고 확정급여형퇴직연금제도의 급여 및 확정기여형퇴직연금제도의 부담금 수준은 다음 각 호에 따른다.

1. 확정급여형퇴직연금제도의 급여: 제15조에 따른 급여수준에 확정급여형퇴직연금규약으로 정하는 설정 비율을 곱한 금액
2. 확정기여형퇴직연금제도의 부담금: 제20조제1항의 부담금의 부담 수준에 확정기여형퇴직연금규약으로 정하는 설정 비율을 곱한 금액

②사용자는 제1항제1호 및 제2호에 따른 각각의 설정 비율의 합이 1 이상이 되도록 퇴직연금규약을 정하여 퇴직연금제도를 설정하여야 한다.

제7조【수급권의 보호】 ①퇴직연금제도(중소기업퇴직연금기금제도를 포함한다. 이하 이 조에서 같다)의 급여를 받을 권리는 양도 또는 압류하거나 담보로 제공할 수 없다.(2021.4.13 개정)

②제1항에도 불구하고 가입자는 주택구입 등 대통령령으로 정하는 사유와 요건을 갖춘 경우에는 대통령령으로 정하는 한도에서 퇴직연금제도의 급여를 받을 권리를 담보로 제공할 수 있다. 이 경우 제26조에 따라 등록한 퇴직연금사업자[중소기업퇴직연금기금제도의 경우 「산업재해보상보험법」 제10조에 따른 근로복지공단(이하 "공단"이라 한다)을 말한다]는 제공된 급여를 담보로 한 대출이 이루어지도록 협조하여야 한다.(2021.4.13 개정)

제8조【퇴직금제도의 설정 등】 ①퇴직금제도를 설정하려는 사용자는 계속근로기간 1년에 대하여 30일분 이상의 평균임금을 퇴직금으로 퇴직 근로자에게 지급할 수 있는 제도를 설정하여야 한다.

②제1항에도 불구하고 사용자는 주택구입 등 대통령령으로 정하는 사유로 근로자가 요구하는 경우에는 근로자가 퇴직하기 전에 해당 근로자의 계속근로기간에 대한 퇴직금을 미리 정산하여 지급할 수 있다. 이 경우 미리 정산하여 지급한 후의 퇴직금 산정을 위한 계속근로기간은 정산시점부터 새로 계산한다.

제9조【퇴직금의 지급 등】 ①사용자는 근로자가 퇴직한 경우에는 그 지급사유가 발생한 날부터 14일 이내에 퇴직금을 지급하여야 한다. 다만, 특별한 사정이 있는 경우에는 당사자 간의 합의에 따라 지급기일을 연장할 수 있다.(2021.4.13 개정)

②제1항에 따른 퇴직금은 근로자가 지정한 개인형퇴직연금제도의 계정 또는 제23조의8에 따른 계정(이하 "개인형퇴직연금제도의 계정등"이라 한다)으로 이전하는 방법으로 지급하여야 한다. 다만, 근로자가 55세 이후에 퇴직하여 급여를 받는 경우 등 대통령령으로 정하는 사유가 있는 경우에는 그러하지 아니하다.(2021.4.13 신설)

③근로자가 제2항에 따라 개인형퇴직연금제도의 계정등을 지정하지 아니한 경우에는 근로자 명의의 개인형퇴직연금제도의 계정으로 이전한다.(2021.4.13 신설)

제10조【퇴직금의 시효】 이 법에 따른 퇴직금을 받을 권리는 3년간 행사하지 아니하면 시효로 인하여 소멸한다.

제11조【퇴직급여제도의 미설정에 따른 처리】 제4조제1항 본문 및 제5조에도 불구하고 사용자가 퇴직급여제도나 제25조제1항에 따른 개인형퇴직연금제도를 설정하지 아니한 경우에는 제8조제1항에 따른 퇴직금제도를 설정한 것으로 본다.

제12조 【퇴직급여등의 우선변제】 ①사용자에게 지급의무가 있는 퇴직금, 제15조에 따른 확정급여형퇴직연금제도의 급여, 제20조제3항에 따른 확정기여형퇴직연금제도의 부담금 중 미납입 부담금 및 미납입 부담금에 대한 지연이자, 제23조의7제1항에 따른 중소기업퇴직연금기금제도의 부담금 중 미납입 부담금 및 미납입 부담금에 대한 지연이자, 제25조제2항제4호에 따른 개인형퇴직연금제도의 부담금 중 미납입 부담금 및 미납입 부담금에 대한 지연이자(이하 "퇴직급여등"이라한다)는 사용자의 총재산에 대하여 질권 또는 저당권에 의하여 담보된 채권을 제외하고는 조세·공과금 및 다른 채권에 우선하여 변제되어야 한다. 다만, 질권 또는 저당권에 우선하는 조세·공과금에 대하여는 그러하지 아니하다.(2021.4.13 개정)
②제1항에도 불구하고 최종 3년간의 퇴직급여등은 사용자의 총재산에 대하여 질권 또는 저당권에 의하여 담보된 채권, 조세·공과금 및 다른 채권에 우선하여 변제되어야 한다.
③퇴직급여등 중 퇴직금, 제15조에 따른 확정급여형퇴직연금제도의 급여는 계속근로기간 1년에 대하여 30일분의 평균임금으로 계산한 금액으로 한다.
④퇴직급여등 중 제20조제1항에 따른 확정기여형퇴직연금제도의 부담금, 제23조의7제1항에 따른 중소기업퇴직연금기금제도의 부담금 및 제25조제2항제2호에 따른 개인형퇴직연금제도의 부담금은 가입자의 연간 임금총액의 12분의 1에 해당하는 금액으로 계산한 금액으로 한다.(2021.4.13 개정)

제 3 장 확정급여형퇴직연금제도

제13조 【확정급여형퇴직연금제도의 설정】 확정급여형퇴직연금제도를 설정하려는 사용자는 제4조제3항 또는 제5조에 따라 근로자대표의 동의를 얻거나 의견을 들어 다음 각 호의 사항을 포함한 확정급여형퇴직연금규약을 작성하여 고용노동부장관에게 신고하여야 한다.
1. 퇴직연금사업자 선정에 관한 사항
2. 가입자에 관한 사항
3. 가입기간에 관한 사항
4. 급여수준에 관한 사항
5. 급여 지급능력 확보에 관한 사항

6. 급여의 종류 및 수급요건 등에 관한 사항
7. 제28조에 따른 운용관리업무 및 제29조에 따른 자산관리업무의 수행을 내용으로 하는 계약의 체결 및 해지와 해지에 따른 계약의 이전(移轉)에 관한 사항
8. 운용현황의 통지에 관한 사항
9. 가입자의 퇴직 등 급여 지급사유 발생과 급여의 지급절차에 관한 사항
10. 퇴직연금제도의 폐지·중단 사유 및 절차 등에 관한 사항
10의2. 부담금의 산정 및 납입에 관한 사항(2021.4.13 신설)
11. 그 밖에 확정급여형퇴직연금제도의 운영을 위하여 대통령령으로 정하는 사항

제14조【가입기간】 ①제13조제3호에 따른 가입기간은 퇴직연금제도의 설정 이후 해당 사업에서 근로를 제공하는 기간으로 한다.
②해당 퇴직연금제도의 설정 전에 해당 사업에서 제공한 근로기간에 대하여도 가입기간으로 할 수 있다. 이 경우 제8조제2항에 따라 퇴직금을 미리 정산한 기간은 제외한다.

제15조【급여수준】 제13조제4호의 급여 수준은 가입자의 퇴직일을 기준으로 산정한 일시금이 계속근로기간 1년에 대하여 30일분 이상의 평균임금이 되도록 하여야 한다.(2021.4.13 개정)

제16조【급여 지급능력 확보 등】 ①확정급여형퇴직연금제도를 설정한 사용자는 급여 지급능력을 확보하기 위하여 매 사업연도 말 다음 각 호에 해당하는 금액 중 더 큰 금액(이하 "기준책임준비금"이라 한다)에 100분의 60 이상으로 대통령령으로 정하는 비율을 곱하여 산출한 금액(이하 "최소적립금"이라 한다) 이상을 적립금으로 적립하여야 한다. 다만, 제14조제2항에 따라 해당 퇴직연금제도 설정 이전에 해당 사업에서 근로한 기간을 가입기간에 포함시키는 경우 대통령령으로 정하는 비율에 따른다.
1. 매 사업연도 말일 현재를 기준으로 산정한 가입자의 예상 퇴직시점까지의 가입기간에 대한 급여에 드는 비용 예상액의 현재가치에서 장래 근무기간분에 대하여 발생하는 부담금 수입 예상액의 현재가치를 뺀 금액으로서 고용노동부령으로 정하는 방법에 따라 산정한 금액
2. 가입자와 가입자였던 사람의 해당 사업연도 말일까지의 가입기간에 대한 급여에 드는 비용 예상액을 고용노동부령으로 정하는 방법에 따라 산정한 금액

②확정급여형퇴직연금제도의 운용관리업무를 수행하는 퇴직연금사업자는 매 사업연도 종료 후 6개월 이내에 고용노동부령으로 정하는 바에 따라 산정된 적립금이 최소적립금을 넘고 있는지 여부를 확인하여 그 결과를 대통령령으로 정하는 바에 따라 사용자에게 알려야 한다. 다만, 최소적립금보다 적은 경우에는 그 확인 결과를 근로자대표에게도 알려야 한다.(2020.5.26 개정)

③사용자는 제2항에 따른 확인 결과 적립금이 대통령령으로 정하는 수준에 미치지 못하는 경우에는 대통령령으로 정하는 바에 따라 적립금 부족을 해소하여야 한다.

④제2항에 따른 확인 결과 매 사업연도 말 적립금이 기준책임준비금을 초과한 경우 사용자는 그 초과분을 향후 납입할 부담금에서 상계(相計)할 수 있으며, 매 사업연도 말 적립금이 기준책임준비금의 100분의 150을 초과하고 사용자가 반환을 요구하는 경우 퇴직연금사업자는 그 초과분을 사용자에게 반환할 수 있다.

제17조【급여 종류 및 수급요건 등】 ①확정급여형퇴직연금제도의 급여 종류는 연금 또는 일시금으로 하되, 수급요건은 다음 각 호와 같다.

1. 연금은 55세 이상으로서 가입기간이 10년 이상인 가입자에게 지급할 것. 이 경우 연금의 지급기간은 5년 이상이어야 한다.
2. 일시금은 연금수급 요건을 갖추지 못하거나 일시금 수급을 원하는 가입자에게 지급할 것

②사용자는 가입자의 퇴직 등 제1항에 따른 급여를 지급할 사유가 발생한 날부터 14일 이내에 퇴직연금사업자로 하여금 적립금의 범위에서 지급의무가 있는 급여 전액(사업의 도산 등 대통령령으로 정하는 경우에는 제16조제1항제2호에 따른 금액에 대한 적립금의 비율에 해당하는 금액)을 지급하도록 하여야 한다. 다만, 퇴직연금제도 적립금으로 투자된 운용자산 매각이 단기간에 이루어지지 아니하는 등 특별한 사정이 있는 경우에는 사용자, 가입자 및 퇴직연금사업자 간의 합의에 따라 지급기일을 연장할 수 있다.

③사용자는 제2항에 따라 퇴직연금사업자가 지급한 급여수준이 제15조에 따른 급여수준에 미치지 못할 때에는 급여를 지급할 사유가 발생한 날부터 14일 이내에 그 부족한 금액을 해당 근로자에게 지급하여야 한다. 이 경우 특별한 사정이 있는 경우에는 당사자 간의 합의에 따라 지급기일을

연장할 수 있다.
④제2항 및 제3항에 따른 급여의 지급은 가입자가 지정한 개인형퇴직연금제도의 계정등으로 이전하는 방법으로 한다. 다만, 가입자가 55세 이후에 퇴직하여 급여를 받는 경우 등 대통령령으로 정하는 사유가 있는 경우에는 그러하지 아니하다.(2021.4.13 개정)
⑤가입자가 제4항에 따라 개인형퇴직연금제도의 계정등을 지정하지 아니하는 경우에는 가입자 명의의 개인형퇴직연금제도의 계정으로 이전한다. 이 경우 가입자가 해당 퇴직연금사업자에게 개인형퇴직연금제도를 설정한 것으로 본다.(2021.4.13 개정)

제18조 【운용현황의 통지】 퇴직연금사업자는 매년 1회 이상 적립금액 및 운용수익률 등을 고용노동부령으로 정하는 바에 따라 가입자에게 알려야 한다.

제18조의2 【적립금운용위원회 구성 등】 ①상시 300명 이상의 근로자를 사용하는 사업의 사용자는 퇴직연금제도 적립금의 합리적인 운용을 위하여 대통령령으로 정하는 바에 따라 적립금운용위원회를 구성하여야 한다.
②제1항의 사용자는 적립금운용위원회의 심의를 거친 적립금운용계획서에 따라 적립금을 운용하여야 한다. 이 경우 적립금운용계획서는 적립금 운용 목적 및 방법, 목표수익률, 운용성과 평가 등 대통령령으로 정하는 내용을 포함하여 매년 1회 이상 작성하여야 한다.
(2021.4.13 본조신설)

제 4 장 확정기여형퇴직연금제도

제19조 【확정기여형퇴직연금제도의 설정】 ①확정기여형퇴직연금제도를 설정하려는 사용자는 제4조제3항 또는 제5조에 따라 근로자대표의 동의를 얻거나 의견을 들어 다음 각 호의 사항을 포함한 확정기여형퇴직연금규약을 작성하여 고용노동부장관에게 신고하여야 한다.
1. 부담금의 부담에 관한 사항
2. 부담금의 산정 및 납입에 관한 사항(2021.4.13 개정)
3. 적립금의 운용에 관한 사항
4. 적립금의 운용방법 및 정보의 제공 등에 관한 사항

4의2. 사전지정운용제도에 관한 사항(2022.1.11 신설)
5. 적립금의 중도인출에 관한 사항
6. 제13조제1호부터 제3호까지 및 제6호부터 제10호까지의 사항
7. 그 밖에 확정기여형퇴직연금제도의 운영에 필요한 사항으로서 대통령령으로 정하는 사항

②제1항에 따라 확정기여형퇴직연금제도를 설정하는 경우 가입기간에 관하여는 제14조를, 급여의 종류, 수급요건과 급여 지급의 절차·방법에 관하여는 제17조제1항, 제4항 및 제5항을, 운용현황의 통지에 관하여는 제18조를 준용한다. 이 경우 제14조제1항 중 "제13조제3호"는 "제19조제6호"로, 제17조제1항 중 "확정급여형퇴직연금제도"는 "확정기여형퇴직연금제도"로 본다.

제20조【부담금의 부담수준 및 납입 등】 ①확정기여형퇴직연금제도를 설정한 사용자는 가입자의 연간 임금총액의 12분의 1 이상에 해당하는 부담금을 현금으로 가입자의 확정기여형퇴직연금제도 계정에 납입하여야 한다.

②가입자는 제1항에 따라 사용자가 부담하는 부담금 외에 스스로 부담하는 추가 부담금을 가입자의 확정기여형퇴직연금 계정에 납입할 수 있다.

③사용자는 매년 1회 이상 정기적으로 제1항에 따른 부담금을 가입자의 확정기여형퇴직연금제도 계정에 납입하여야 한다. 이 경우 사용자가 정하여진 기일(확정기여형퇴직연금규약에서 납입 기일을 연장할 수 있도록 한 경우에는 그 연장된 기일)까지 부담금을 납입하지 아니한 경우 그 다음 날부터 부담금을 납입한 날까지 지연 일수에 대하여 연 100분의 40 이내의 범위에서 「은행법」에 따른 은행이 적용하는 연체금리, 경제적 여건 등을 고려하여 대통령령으로 정하는 이율에 따른 지연이자를 납입하여야 한다.

④제3항은 사용자가 천재지변, 그 밖에 대통령령으로 정하는 사유에 따라 부담금 납입을 지연하는 경우 그 사유가 존속하는 기간에 대하여는 적용하지 아니한다.

⑤사용자는 확정기여형퇴직연금제도 가입자의 퇴직 등 대통령령으로 정하는 사유가 발생한 때에 그 가입자에 대한 부담금을 미납한 경우에는 그 사유가 발생한 날부터 14일 이내에 제1항에 따른 부담금 및 제3항 후단에 따른 지연이자를 해당 가입자의 확정기여형퇴직연금제도 계정에 납입하여야 한다. 다만, 특별한 사정이 있는 경우에는 당사자 간의 합의에 따라

납입 기일을 연장할 수 있다.
⑥가입자는 퇴직할 때에 받을 급여를 갈음하여 그 운용 중인 자산을 가입자가 설정한 개인형퇴직연금제도의 계정으로 이전해 줄 것을 해당 퇴직연금사업자에게 요청할 수 있다.
⑦제6항에 따른 가입자의 요청이 있는 경우 퇴직연금사업자는 그 운용 중인 자산을 가입자의 개인형퇴직연금제도 계정으로 이전하여야 한다. 이 경우 확정기여형퇴직연금제도 운영에 따른 가입자에 대한 급여는 지급된 것으로 본다.

제21조【적립금 운용방법 및 정보제공】 ①확정기여형퇴직연금제도의 가입자는 적립금의 운용방법을 스스로 선정할 수 있고, 반기마다 1회 이상 적립금의 운용방법을 변경할 수 있다.
②퇴직연금사업자는 반기마다 1회 이상 위험과 수익구조가 서로 다른 세 가지 이상의 적립금 운용방법을 제시하여야 한다.
③퇴직연금사업자는 운용방법별 이익 및 손실의 가능성에 관한 정보 등 가입자가 적립금의 운용방법을 선정하는 데 필요한 정보를 제공하여야 한다.

제21조의2【사전지정운용제도의 설정】 ①운용관리업무를 수행하는 퇴직연금사업자는 사전지정운용방법에 다음 각 호 중 하나 이상의 운용유형을 포함하여 고용노동부장관의 승인을 받아야 한다.
1. 적립금의 원리금이 보장되는 운용유형
2. 「자본시장과 금융투자업에 관한 법률」 제229조에 따른 집합투자기구의 집합투자증권으로서 투자설명서상 다음 각 목의 어느 하나에 해당하는 운용내용이 운용계획에 명시되는 등 대통령령으로 정하는 요건을 충족하는 운용유형
 가. 투자목표시점이 사전에 결정되고 운용기간이 경과함에 따라 투자위험이 낮은 자산의 비중을 증가시키는 방향으로 자산배분을 변경하거나 위험수준을 조절하는 운용내용
 나. 투자위험이 상이한 다양한 자산에 분산투자하고 금융시장 상황 및 각 집합투자재산의 가치변동 등을 고려하여 주기적으로 자산배분을 조정함으로써 집합투자재산의 위험을 관리하고 장기 가치 상승을 추구하는 운용내용
 다. 단기금융상품 등에 투자하여 집합투자재산의 손실가능성을 최소화하고 단기 안정적인 수익을 추구하는 운용내용

라. 「사회기반시설에 대한 민간투자법」 등 관련 법령에 따라 국가 및 지방자치단체가 추진하는 공공투자계획, 관련 사업 및 정책에 따른 사회기반시설사업 등에 투자하는 등 고용노동부령으로 정하는 요건을 충족하는 운용내용

마. 그 밖에 대통령령으로 정하는 운용내용

②퇴직연금사업자가 제1항에 따라 고용노동부장관의 승인을 받고자 하는 경우 퇴직연금 관련 전문가로서 퇴직연금 및 자산운용에 관한 학식과 경험이 풍부하다고 인정되는 사람을 포함하는 등 고용노동부령으로 정하는 요건에 따라 구성된 고용노동부장관 소속 심의위원회의 사전심의를 받아야 한다.

③운용관리업무를 수행하는 퇴직연금사업자는 사전지정운용방법을 사용자에게 고용노동부령으로 정하는 방법에 따라 제시하여야 한다.

④제1항제2호에 따른 운용유형은 손실가능성과 예상수익이 중·장기적으로 합리적 균형을 이루고 수수료 등의 비용이 예상되는 수익에 비해 과다하여서는 아니 된다.

⑤제3항에 따라 사전지정운용방법을 제시받은 사용자는 사업 또는 사업장 단위로 사전지정운용방법을 설정하여 근로자대표의 동의를 받아 확정기여형퇴직연금규약에 반영하여야 한다.

(2022.1.11 본조신설)

제21조의3【사전지정운용제도의 운영】 ①운용관리업무를 수행하는 퇴직연금사업자는 사전지정운용제도를 설정한 사업의 가입자에게 다음 각 호의 사항에 관한 정보를 대통령령으로 정하는 바에 따라 제공하여야 한다.

1. 해당 사전지정운용방법의 자산배분 현황 및 위험·수익 구조
2. 제2항부터 제5항까지에 관한 사항
3. 그 밖에 사전지정운용제도의 운영에 관한 사항으로서 대통령령으로 정하는 사항

②가입자는 제1항에 따라 정보를 제공받은 사전지정운용방법 중 하나를 본인이 적용받을 사전지정운용방법으로 선정하여야 한다. 다만, 제21조의2 제1항제2호의 운용유형만 사전지정운용방법으로 선정하는 경우에는 같은 호 가목 또는 나목의 운용내용이 포함되어야 한다.

③운용관리업무를 수행하는 퇴직연금사업자는 가입자가 다음 각 호에 해

당하는 때에 운용방법을 스스로 선정하지 아니하는 경우 가입자에게 사전지정운용방법에 따라 적립금이 운용됨을 통지하여야 한다.
1. 가입자가 확정기여형퇴직연금제도에 가입하였을 때
2. 가입자가 제21조제1항에 따라 스스로 선정한 적립금 운용방법의 기간 만료일부터 4주가 지났을 때
④가입자가 제3항에 따른 통지를 받은 후 2주 이내에 운용방법을 스스로 선정하지 아니할 경우 운용관리업무를 수행하는 퇴직연금사업자는 해당 가입자의 적립금을 사전지정운용방법으로 운용한다. 이 경우 가입자가 스스로 운용방법을 사전지정운용방법으로 선정한 것으로 본다.
⑤사전지정운용방법으로 적립금을 운용하는 가입자는 언제든지 제21조제1항에 따라 적립금의 운용방법을 스스로 선정할 수 있다.
⑥운용관리업무를 수행하는 퇴직연금사업자는 고용노동부장관의 승인을 받아 사전지정운용방법을 변경할 수 있다. 이 경우 해당 사전지정운용방법에 따라 운용되는 가입자의 적립금은 가입자에 대한 통지 등 대통령령으로 정하는 절차를 거쳐 변경된 사전지정운용방법에 따라 운용할 수 있다.
⑦사전지정운용방법의 운용현황 및 수익률의 공시, 해지방법의 고지, 승인 취소 및 그에 따른 적립금의 이전, 그 밖에 사전지정운용제도의 운용을 위하여 필요한 사항은 대통령령으로 정한다.
(2022.1.11 본조신설)

제21조의4 【가입자의 사전지정운용방법 선정】 ①사전지정운용방법으로 적립금을 운용하고 있지 아니하는 확정기여형퇴직연금제도의 가입자는 운용관리업무를 수행하는 퇴직연금사업자의 사전지정운용방법 중 제21조의2제1항 각 호의 어느 하나의 운용유형을 사전지정운용방법으로 선정할 수 있다. 다만, 제21조의2제1항제2호의 운용유형만 사전지정운용방법으로 선정하는 경우에는 같은 호 가목 또는 나목의 운용내용이 포함되어야 한다.
②제1항에 따라 가입자가 선정한 사전지정운용방법이 제21조의3제6항 전단에 따라 변경될 경우 운용관리업무를 수행하는 퇴직연금사업자는 가입자에 대한 통지 등 대통령령으로 정하는 절차를 거쳐 가입자의 적립금을 변경된 사전지정운용방법에 따라 운용할 수 있다.
(2022.1.11 본조신설)

제22조 【적립금의 중도인출】 확정기여형퇴직연금제도에 가입한 근

로자는 주택구입 등 대통령령으로 정하는 사유가 발생하면 적립금을 중도 인출할 수 있다.

제23조【둘 이상의 사용자가 참여하는 확정기여형퇴직연금제도 설정】 퇴직연금사업자가 둘 이상의 사용자를 대상으로 하나의 확정기여형퇴직연금제도 설정을 제안하려는 경우에는 다음 각 호의 사항에 대하여 고용노동부장관의 승인을 받아야 한다.

1. 다음 각 목의 사항이 포함된 확정기여형퇴직연금제도의 표준규약
   가. 제19조제1항 각 호의 사항
   나. 그 밖에 대통령령으로 정하는 사항
2. 대통령령으로 정하는 사항이 포함된 운용관리업무 및 자산관리업무에 관한 표준계약서

제 4 장의 2　중소기업퇴직연금기금제도

제23조의2【중소기업퇴직연금기금제도의 운영】 ①중소기업퇴직연금기금제도는 공단에서 운영한다.

②중소기업퇴직연금기금제도 운영과 관련한 주요 사항을 심의 · 의결하기 위하여 공단에 중소기업퇴직연금기금제도운영위원회(이하 "운영위원회"라 한다)를 둔다.

③운영위원회의 위원장은 공단 이사장으로 한다.

④운영위원회는 위원장, 퇴직연금 관계 업무를 담당하는 고용노동부의 고위공무원단에 속하는 일반직공무원 및 위원장이 위촉하는 다음 각 호의 위원으로 구성한다. 이 경우 위원장을 포함한 위원의 수는 10명 이상 15명 이내로 구성하되, 제2호와 제3호에 해당하는 위원의 수는 같아야 한다.

1. 공단의 상임이사
2. 근로자를 대표하는 사람
3. 사용자를 대표하는 사람
4. 퇴직연금 관련 전문가로서 퇴직연금 및 자산운용에 관한 학식과 경험이 풍부한 사람

⑤제4항제2호부터 제4호까지에 해당하는 사람으로서 위원장이 위촉한 위원의 임기는 3년으로 하되, 연임할 수 있다. 다만, 위원의 사임 등으로 새로 위촉된 위원의 임기는 전임 위원 임기의 남은 기간으로 한다.

⑥운영위원회는 다음 각 호의 사항을 심의 · 의결한다.
1. 중소기업퇴직연금기금 운용계획 및 지침에 관한 사항
2. 제23조의5에 따른 중소기업퇴직연금기금표준계약서의 작성 및 변경에 관한 사항
3. 제23조의6제2항에 따른 수수료 수준에 관한 사항
4. 그 밖에 위원장이 중소기업퇴직연금기금제도 운영과 관련한 주요 사항에 관하여 운영위원회의 회의에 부치는 사항

⑦위원장은 중소기업퇴직연금기금 운용 등과 관련하여 운영위원회를 지원하기 위한 자문위원회를 구성할 수 있다.
⑧그 밖에 운영위원회의 구성 및 운영 등에 필요한 사항은 대통령령으로 정한다.
(2021.4.13 본조신설)

제23조의3【중소기업퇴직연금기금의 관리 및 운용】 ①공단은 중소기업퇴직연금기금의 안정적 운용 및 수익성 증대를 위하여 대통령령으로 정하는 방법에 따라 중소기업퇴직연금기금을 관리 · 운용하여야 한다.
②공단은 중소기업퇴직연금기금을 공단의 다른 회계와 구분하여야 한다.
(2021.4.13 본조신설)

제23조의4【자료의 활용】 ①공단은 다음 각 호의 사무를 원활히 수행하기 위하여 대통령령으로 정하는 범위에서 「고용보험법」, 「고용보험 및 산업재해보상보험의 보험료징수 등에 관한 법률」 및 「근로복지기본법」에 따라 수집된 자료를 활용할 수 있다.
1. 중소기업퇴직연금기금제도 가입 대상 사업장에 대한 가입 안내 업무
2. 제23조의5제1항 각 호에 따른 업무 중 사용자 및 근로자의 편의를 도모하기 위하여 대통령령으로 정하는 업무

②고용노동부장관은 공단이 제23조의14에 따른 업무수행을 위하여 제13조 및 제19조에 따른 퇴직연금규약 신고, 제38조에 따른 퇴직연금규약 폐지 신고 여부에 대한 자료를 요청하는 경우 해당 자료를 제공할 수 있다.
(2021.4.13 본조신설)

제23조의5【중소기업퇴직연금기금표준계약서의 기재사항 등】
①공단은 다음 각 호의 사항을 기재한 계약서(이하 "중소기업퇴직연금기금표준계약서"라 한다)를 작성하여 고용노동부장관의 승인을 받아야 한다.
1. 제13조제2호, 제3호, 제6호 및 제8호부터 제10호까지의 사항

2. 제19조제1항제1호부터 제3호까지 및 제5호의 사항
3. 제23조의3에 따른 중소기업퇴직연금기금의 관리 · 운용 업무에 관한 사항
4. 적립금 운용현황의 기록 · 보관 · 통지 업무에 관한 사항
5. 계좌의 설정 및 관리, 부담금의 수령, 적립금의 보관 및 관리, 급여의 지급 업무에 관한 사항
6. 그 밖에 중소기업퇴직연금기금제도의 운영을 위하여 대통령령으로 정하는 사항

②공단은 제1항에 따라 승인받은 중소기업퇴직연금기금표준계약서를 변경하는 경우에는 고용노동부장관의 승인을 받아야 한다. 다만, 변경하는 내용이 사용자 및 가입자에게 불리하지 아니한 경우에는 고용노동부장관에게 신고함으로써 중소기업퇴직연금기금표준계약서를 변경할 수 있다.

③제1항 및 제2항에 따른 승인 또는 변경승인의 방법 및 절차 등에 필요한 사항은 대통령령으로 정한다.

(2021.4.13 본조신설)

제23조의6【중소기업퇴직연금기금제도의 설정】 ①중소기업의 사용자는 제23조의5에 따른 중소기업퇴직연금기금표준계약서에서 정하고 있는 사항에 관하여 제4조제3항 또는 제5조에 따라 근로자대표의 동의를 얻거나 의견을 들어 공단과 계약을 체결함으로써 중소기업퇴직연금기금제도를 설정할 수 있다.

②공단은 제23조의5제1항제3호부터 제5호까지 및 제23조의15제1항의 업무수행에 따른 수수료를 사용자 및 가입자에게 부과할 수 있다.

③공단은 제23조의5제1항제3호부터 제6호까지의 업무 중 대통령령으로 정하는 업무를 인적 · 물적 요건 등 대통령령으로 정하는 요건을 갖춘 자에게 처리하게 할 수 있다.

(2021.4.13 본조신설)

제23조의7【부담금의 부담수준 및 납입 등】 ①중소기업퇴직연금기금제도를 설정한 사용자는 매년 1회 이상 정기적으로 가입자의 연간 임금총액의 12분의 1 이상에 해당하는 부담금(이하 "사용자부담금"이라 한다)을 현금으로 가입자의 중소기업퇴직연금기금제도 계정(이하 "기금제도 사용자부담금계정"이라 한다)에 납입하여야 한다. 이 경우 사용자가 정하여진 기일(중소기업퇴직연금기금표준계약서에서 납입 기일을 연장할 수

있도록 한 경우에는 그 연장된 기일을 말한다)까지 부담금을 납입하지 아니한 경우에는 그 다음 날부터 부담금을 납입한 날까지 지연 일수에 대하여 제20조제3항 후단에 따라 대통령령으로 정하는 이율에 따른 지연이자를 납입하여야 한다.

②사용자는 중소기업퇴직연금기금제도 가입자의 퇴직 등 대통령령으로 정하는 사유가 발생한 때에 그 가입자에 대한 부담금을 미납한 경우에는 그 사유가 발생한 날부터 14일 이내에 제1항에 따른 부담금과 지연이자를 해당 가입자의 기금제도사용자부담금계정에 납입하여야 한다. 다만, 특별한 사정이 있는 경우에는 당사자 간의 합의에 따라 납입 기일을 연장할 수 있다.

③제1항 및 제2항의 지연이자에 대한 적용제외 사유는 제20조제4항을 준용한다.

④그 밖에 사용자부담금의 납입 방법 · 절차 등에 필요한 사항은 대통령령으로 정한다.

(2021.4.13 본조신설)

제23조의8【중소기업퇴직연금기금제도 가입자부담금 계정의 설정 등】 중소기업퇴직연금기금제도의 가입자 중 다음 각 호의 어느 하나에 해당하는 사람은 가입자 명의의 부담금 계정(이하 "기금제도가입자부담금계정"이라 한다)을 설정할 수 있다. 이 경우 공단은 가입자의 기금제도사용자부담금계정과 구분하여 관리하여야 한다.

1. 중소기업퇴직연금기금제도의 급여를 일시금으로 수령하려는 사람
2. 사용자부담금 외에 자기의 부담으로 추가 부담금(이하 "가입자부담금"이라 한다)을 납입하려는 사람

(2021.4.13 본조신설)

제23조의9【가입기간】 중소기업퇴직연금기금제도를 설정하는 경우 가입기간에 관하여는 제14조를 준용한다. 다만, 기금제도가입자부담금계정은 해당 계정이 설정된 날부터 급여가 전액 지급된 날까지로 한다.

(2021.4.13 본조신설)

제23조의10【기금 운용정보 제공】 공단은 중소기업퇴직연금기금 운용에 따라 발생하는 이익 및 손실 가능성 등의 정보를 대통령령으로 정하는 방법에 따라 중소기업퇴직연금기금제도 가입자에게 제공하여야 한다.

(2021.4.13 본조신설)

제23조의11 【운용현황의 통지】 중소기업퇴직연금기금제도의 가입자별 운용현황의 통지에 관하여는 제18조를 준용한다. 이 경우 "퇴직연금사업자"는 "공단"으로 본다.
(2021.4.13 본조신설)

제23조의12 【급여의 종류 및 수급요건 등】 ①중소기업퇴직연금기금제도의 급여 종류 및 수급요건은 다음 각 호에 따른다.
1. 기금제도사용자부담금계정에 관하여는 제17조제1항을 준용한다. 이 경우 "확정급여형퇴직연금제도"는 "중소기업퇴직연금기금제도"로 본다.
2. 기금제도가입자부담금계정에 관하여는 대통령령으로 정한다.
②기금제도사용자부담금계정에서 가입자에 대한 급여의 지급은 가입자가 지정한 개인형퇴직연금제도의 계정등으로 이전하는 방법으로 한다. 다만, 가입자가 개인형퇴직연금제도의 계정등을 지정하지 아니하는 경우에는 가입자 명의의 개인형퇴직연금제도의 계정으로 이전한다.
③그 밖에 급여의 지급 등에 필요한 사항은 대통령령으로 정한다.
(2021.4.13 본조신설)

제23조의13 【적립금의 중도인출】 중소기업퇴직연금기금제도의 적립금 중도인출에 관한 사항은 다음 각 호에 따른다.
1. 기금제도사용자부담금계정에 관하여는 제22조를 준용한다. 이 경우 "확정기여형퇴직연금제도"는 "중소기업퇴직연금기금제도"로 본다.
2. 기금제도가입자부담금계정에 관하여는 제24조제5항을 준용한다. 이 경우 "개인형퇴직연금제도"는 "중소기업퇴직연금기금제도"로 본다.
(2021.4.13 본조신설)

제23조의14 【국가의 지원】 ①국가는 중소기업퇴직연금기금제도에 가입하는 사업의 재정적 부담을 경감하고, 근로자의 중소기업퇴직연금 가입을 촉진하기 위하여 고용노동부장관이 정하는 요건에 해당하는 경우 사용자부담금, 가입자부담금 또는 중소기업퇴직연금기금제도 운영에 따른 비용의 일부 등을 예산의 범위에서 지원할 수 있다.
②제1항에 따른 지원대상, 지원수준 및 절차 등에 필요한 사항은 대통령령으로 정한다.
③고용노동부장관은 제1항에 따라 국가의 지원을 받은 자가 다음 각 호의 어느 하나에 해당하는 경우에는 지원금의 전부 또는 일부를 대통령령으로 정하는 바에 따라 환수할 수 있다. 다만, 환수할 지원금액(이하 "환수금"이

라 한다)이 대통령령으로 정하는 금액 미만인 경우에는 환수하지 아니할 수 있다.
1. 거짓이나 그 밖의 부정한 방법으로 지원금을 받은 경우
2. 지원금이 잘못 지급된 경우
3. 사용자가 도산 등 대통령령으로 정하는 정당한 사유 없이 중소기업퇴직연금기금제도를 폐지한 경우
④공단은 제3항에 따른 환수금을 국세강제징수의 예에 따라 징수할 수 있다.
⑤공단은 제3항에 따른 환수금 징수를 위하여 「지방세법」에 따른 재산세 과세자료 등 대통령령으로 정하는 자료의 제공 또는 관련 전산망의 이용을 관계 기관의 장에게 요청할 수 있다. 이 경우 관계 기관의 장은 정당한 사유가 없으면 그 요청에 따라야 한다.
⑥제5항에 따라 공단에 제공되는 자료에 대해서는 수수료 또는 사용료 등을 면제한다.
(2021.4.13 본조신설)

제23조의15【공단의 책무】 ①공단은 중소기업퇴직연금기금제도 가입자에 대하여 중소기업퇴직연금기금제도 운영 상황 등 대통령령으로 정하는 사항에 대하여 매년 1회 이상 교육을 실시하여야 한다.
②공단은 매년 중소기업퇴직연금기금제도의 취급실적, 운용현황 및 수익률 등을 대통령령으로 정하는 바에 따라 공시하여야 한다.
③공단은 중소기업퇴직연금기금표준계약서 내용이 변경된 때에는 고용노동부장관이 정하는 바에 따라 사용자 및 가입자에게 그 변경 사항을 통보하여야 한다.
④그 밖에 공단의 책무에 관한 사항은 제33조제1항부터 제4항까지를 준용한다. 이 경우 "퇴직연금사업자"는 "공단"으로, "제28조제1항 및 제29조제1항에 따른 계약의 내용"은 "제23조의5제1항 각 호에 따른 계약의 내용"으로, "제28조제1항에 따른 운용관리업무의 수행계약 체결을 거부하는 행위" 및 "제29조제1항에 따른 자산관리업무의 수행계약 체결을 거부하는 행위"는 각각 "제23조의6에 따른 계약의 체결을 거부하는 행위"로 본다.
(2021.4.13 본조신설)

제23조의16【지도 · 감독 등】 고용노동부장관은 중소기업퇴직연금기금제도의 원활한 운영을 위하여 공단이 다음 각 호의 사항을 보고하게

하거나 소속 공무원으로 하여금 그 장부 · 서류 또는 그 밖의 물건을 검사하게 할 수 있으며, 필요하다고 인정하는 경우에는 대통령령으로 정하는 바에 따라 그 운영 등에 시정을 명할 수 있다.

1. 공단의 중소기업퇴직연금기금제도 관리 및 운영 실태에 관한 사항
2. 제23조의3에 따른 중소기업퇴직연금기금의 관리 · 운용에 관한 사항

(2021.4.13 본조신설)

제 5 장 개인형퇴직연금제도

제24조 【개인형퇴직연금제도의 설정 및 운영 등】 ①퇴직연금사업자는 개인형퇴직연금제도를 운영할 수 있다.

②다음 각 호의 어느 하나에 해당하는 사람은 개인형퇴직연금제도를 설정할 수 있다.

1. 퇴직급여제도의 일시금을 수령한 사람
2. 확정급여형퇴직연금제도, 확정기여형퇴직연금제도 또는 중소기업퇴직연금기금제도의 가입자로서 자기의 부담으로 개인형퇴직연금제도를 추가로 설정하려는 사람(2021.4.13 개정)
3. 자영업자 등 안정적인 노후소득 확보가 필요한 사람으로서 대통령령으로 정하는 사람

③제2항에 따라 개인형퇴직연금제도를 설정한 사람은 자기의 부담으로 개인형퇴직연금제도의 부담금을 납입한다. 다만, 대통령령으로 정하는 한도를 초과하여 부담금을 납입할 수 없다.

④개인형퇴직연금제도 적립금의 운용방법 및 운용에 관한 정보제공에 관하여는 제21조 및 제21조의2부터 제21조의4까지를 준용한다. 이 경우 "확정기여형퇴직연금제도"는 "개인형퇴직연금제도"로 본다.(2022.1.11 개정)

⑤개인형퇴직연금제도의 급여의 종류별 수급요건 및 중도인출에 관하여는 대통령령으로 정한다.

제25조 【10명 미만을 사용하는 사업에 대한 특례】 ①상시 10명 미만의 근로자를 사용하는 사업의 경우 제4조제1항 및 제5조에도 불구하고 사용자가 개별 근로자의 동의를 받거나 근로자의 요구에 따라 개인형퇴직연금제도를 설정하는 경우에는 해당 근로자에 대하여 퇴직급여제도를 설정한 것으로 본다.

②제1항에 따라 개인형퇴직연금제도를 설정하는 경우에는 다음 각 호의 사항은 준수되어야 한다.

1. 사용자가 퇴직연금사업자를 선정하는 경우에 개별 근로자의 동의를 받을 것. 다만, 근로자가 요구하는 경우에는 스스로 퇴직연금사업자를 선정할 수 있다.
2. 사용자는 가입자별로 연간 임금총액의 12분의 1 이상에 해당하는 부담금을 현금으로 가입자의 개인형퇴직연금제도 계정에 납입할 것
3. 사용자가 부담하는 부담금 외에 가입자의 부담으로 추가 부담금을 납입할 수 있을 것
4. 사용자는 매년 1회 이상 정기적으로 제2호에 따른 부담금을 가입자의 개인형퇴직연금제도 계정에 납입할 것. 이 경우 납입이 지연된 부담금에 대한 지연이자의 납입에 관하여는 제20조제3항 후단 및 제4항을 준용한다.
5. 그 밖에 근로자의 급여 수급권의 안정적인 보호를 위하여 대통령령으로 정하는 사항

③사용자는 개인형퇴직연금제도 가입자의 퇴직 등 대통령령으로 정하는 사유가 발생한 때에 해당 가입자에 대한 제2항제2호에 따른 부담금을 납입하지 아니한 경우에는 그 사유가 발생한 날부터 14일 이내에 그 부담금과 같은 항 제4호 후단에 따른 지연이자를 해당 가입자의 개인형퇴직연금제도의 계정에 납입하여야 한다. 다만, 특별한 사정이 있는 경우에는 당사자 간의 합의에 따라 납입 기일을 연장할 수 있다.

제6장 퇴직연금사업자 및 업무의 수행

제26조 【퇴직연금사업자의 등록】 다음 각 호의 어느 하나에 해당하는 자로서 퇴직연금사업자가 되려는 자는 재무건전성 및 인적·물적 요건 등 대통령령으로 정하는 요건을 갖추어 고용노동부장관에게 등록하여야 한다.

1. 「자본시장과 금융투자업에 관한 법률」에 따른 투자매매업자, 투자중개업자 또는 집합투자업자
2. 「보험업법」 제2조제6호에 따른 보험회사
3. 「은행법」 제2조제1항제2호에 따른 은행
4. 「신용협동조합법」 제2조제2호에 따른 신용협동조합중앙회

5. 「새마을금고법」 제2조제3항에 따른 새마을금고중앙회
6. 공단(공단의 퇴직연금사업 대상은 상시 30명 이하의 근로자를 사용하는 사업에 한정한다)(2021.4.13 개정)
7. 그 밖에 제1호부터 제6호까지에 준하는 자로서 대통령령으로 정하는 자

제27조【퇴직연금사업자에 대한 등록취소 및 이전명령】 ①고용노동부장관은 퇴직연금사업자가 다음 각 호의 어느 하나에 해당되는 경우에는 고용노동부령으로 정하는 바에 따라 시정을 명하거나 등록을 취소할 수 있다. 다만, 제1호 및 제2호에 해당하는 경우에는 등록을 취소하여야 한다.
1. 해산한 경우
2. 거짓이나 그 밖의 부정한 방법으로 제26조에 따른 등록을 한 경우
3. 제26조에 따른 등록요건을 갖추지 못하게 된 경우
4. 제36조에 따른 고용노동부장관 또는 금융위원회의 명령에 따르지 아니한 경우

②제1항에 따라 등록이 취소된 퇴직연금사업자는 등록이 취소된 날부터 3년간 퇴직연금사업자 등록을 할 수 없다.
③퇴직연금제도 관련 업무를 중단하려는 퇴직연금사업자는 고용노동부장관에게 등록의 말소를 신청하여야 한다. 이 경우 등록이 말소된 퇴직연금사업자는 말소된 날부터 2년간 퇴직연금사업자 등록을 할 수 없다.
④제1항 또는 제3항에 따라 등록취소 처분을 받거나 등록말소를 신청한 퇴직연금사업자는 설정된 퇴직연금제도의 이전에 필요한 조치 등 대통령령으로 정하는 가입자 보호조치를 하여야 한다.
⑤고용노동부장관은 제1항 또는 제3항에 따라 등록을 취소하거나 말소하는 경우에 근로자의 퇴직급여등 수급권 보호를 위하여 필요하다고 인정하면 등록이 취소되거나 말소되는 퇴직연금사업자에게 그 업무의 전부 또는 일부를 다른 퇴직연금사업자에게 이전할 것을 명할 수 있다. 이 경우 고용노동부장관은 그 업무의 전부 또는 일부를 이전받는 퇴직연금사업자의 동의를 받아야 한다.

제28조【운용관리업무에 관한 계약의 체결】 ①퇴직연금제도를 설정하려는 사용자 또는 가입자는 퇴직연금사업자와 다음 각 호의 업무(이하 "운용관리업무"라 한다)를 하는 것을 내용으로 하는 계약을 체결하여야 한다. 다만, 제1호의2의 업무는 확정기여형퇴직연금제도를 설정할 때에만 해당하고, 제2호의 업무는 확정급여형퇴직연금제도를 설정할 때에만 해

당한다.(2022.1.11 개정)

1. 사용자 또는 가입자에 대한 적립금 운용방법 및 운용방법별 정보의 제공

1의2. 사전지정운용제도의 설정 및 운영에 관한 업무(2022.1.11 신설)

2. 연금제도 설계 및 연금 회계처리(2021.4.13 개정)

3. 적립금 운용현황의 기록·보관·통지

4. 사용자 또는 가입자가 선정한 운용방법을 제29조제1항에 따른 자산관리 업무를 수행하는 퇴직연금사업자에게 전달하는 업무

5. 그 밖에 운용관리업무의 적절한 수행을 위하여 대통령령으로 정하는 업무

②제1항에 따라 운용관리업무를 수행하는 퇴직연금사업자는 대통령령으로 정하는 일부 업무를 인적·물적 요건 등 대통령령으로 정하는 요건을 갖춘 자에게 처리하게 할 수 있다.

제29조【자산관리업무에 관한 계약의 체결】 ①퇴직연금제도를 설정한 사용자 또는 가입자는 다음 각 호의 업무(이하 "자산관리업무"라 한다)의 수행을 내용으로 하는 계약을 퇴직연금사업자와 체결하여야 한다.

1. 계좌의 설정 및 관리

2. 부담금의 수령

3. 적립금의 보관 및 관리

4. 운용관리업무를 수행하는 퇴직연금사업자가 전달하는 적립금 운용지시의 이행

5. 급여의 지급

6. 그 밖에 자산관리업무의 적절한 수행을 위하여 대통령령으로 정하는 업무

②사용자 또는 가입자가 제1항에 따른 계약을 체결하려는 경우에는 근로자 또는 가입자를 피보험자 또는 수익자로 하여 대통령령으로 정하는 보험계약 또는 신탁계약의 방법으로 하여야 한다.

제29조의2【수수료】 ①퇴직연금사업자가 운용관리업무, 자산관리업무 및 그 밖에 대통령령으로 정하는 업무의 수행에 따라 사용자 및 가입자로부터 받는 수수료는 해당 업무의 수행에 따라 발생되는 비용과 적립금의 운용 손익 등을 고려하여 합리적으로 정하여야 한다.

②제1항에 따라 사용자 및 가입자로부터 받는 수수료는 대통령령으로 정하는 부과기준 등을 준수하여야 한다.

③고용노동부장관은 가입자의 수급권 보호를 위하여 퇴직연금사업자에게 수수료 부과기준 등 대통령령으로 정하는 자료의 제출을 요구할 수 있다.

(2022.1.11 본조신설)

제30조 【운용관리업무의 수행】 ①퇴직연금사업자는 선량한 관리자로서의 주의의무를 다하여야 한다.

②퇴직연금사업자는 적립금의 운용방법을 제시하는 경우에 다음 각 호의 요건을 갖춘 운용방법을 제시하여야 한다.

1. 운용방법에 관한 정보의 취득과 이해가 쉬울 것
2. 운용방법 간의 변경이 쉬울 것
3. 적립금 운용결과의 평가 방법과 절차가 투명할 것
4. 확정기여형퇴직연금제도와 개인형퇴직연금제도의 경우에는 대통령령으로 정하는 원리금보장 운용방법이 하나 이상 포함될 것
5. 적립금의 중장기 안정적 운용을 위하여 분산투자 등 대통령령으로 정하는 운용방법 및 기준 등에 따를 것

제31조 【모집업무의 위탁】 ①퇴직연금사업자는 다음 각 호의 요건을 모두 갖춘 자(이하 " 퇴직연금제도 모집인")에게 퇴직연금제도를 설정하거나 가입할 자를 모집하는 업무(이하 "모집업무")로서 대통령령으로 정하는 업무를 위탁할 수 있다.

1. 제2항에 따라 고용노동부장관에게 등록된 자가 아닐 것
2. 퇴직연금제도에 대한 전문 지식이 있는 자로서 대통령령으로 정하는 요건을 갖출 것
3. 제6항에 따라 등록이 취소된 경우 그 등록이 취소된 날부터 3년이 지났을 것(2020.5.26 개정)

②퇴직연금사업자는 제1항에 따라 퇴직연금제도 모집업무를 위탁한 경우에는 위탁받은 자를 고용노동부장관에게 등록하여야 한다. 이 경우 고용노동부장관은 그 등록업무를 대통령령으로 정하는 바에 따라 고용노동부장관이 정하는 기관에 위탁할 수 있다.

③제1항에 따라 퇴직연금제도 모집업무를 위탁받은 자는 제2항에 따른 등록을 하지 아니하고는 퇴직연금제도 모집업무를 수행하여서는 아니 된다.

④퇴직연금사업자는 제2항에 따라 등록한 퇴직연금제도 모집인 이외의 자에게 모집업무를 위탁하여서는 아니 된다.

⑤제2항에 따른 등록 신청, 방법, 절차 및 그 밖에 등록을 위하여 필요한 사항은 고용노동부장관이 정한다.

⑥고용노동부장관은 다음 각 호의 어느 하나에 해당하는 경우 제2항의 퇴

직연금제도 모집인에 대한 등록을 취소하거나 6개월 이내에서 모집업무를 정지할 수 있다.
1. 제1항 각 호의 요건을 갖추지 못한 경우
2. 제7항 각 호의 위탁받은 자의 준수사항을 위반한 경우
⑦제1항에 따라 업무를 위탁한 경우 위탁받은 자는 다음 각 호의 사항을 지켜야 한다.
1. 위탁한 업무를 다른 자에게 다시 위탁하지 아니할 것
2. 허위 정보에 의한 모집행위 금지 등 퇴직연금제도의 적절한 운영을 위하여 필요한 사항으로서 대통령령으로 정하는 사항
⑧퇴직연금사업자는 제1항에 따라 모집업무를 위탁받은 자가 제7항 각 호에 따른 준수사항을 지키지 아니한 경우에는 모집업무의 위탁을 취소하여야 한다.
⑨퇴직연금사업자는 퇴직연금제도 모집인이 퇴직연금제도 모집업무를 수행할 때 법령을 준수하고 건전한 거래질서를 해하는 일이 없도록 성실히 관리하여야 하며, 이를 위한 퇴직연금제도 모집업무수행기준을 정하여야 한다.(2020.5.26 개정)
⑩「민법」 제756조는 퇴직연금제도 모집인이 모집업무를 수행하면서 사용자 또는 가입자에게 손해를 끼친 경우에 준용한다.(2020.5.26 개정)

제 7 장 책무 및 감독

제32조 【사용자의 책무】 ①사용자는 법령, 퇴직연금규약 또는 중소기업퇴직연금기금표준계약서를 준수하고 가입자 등을 위하여 대통령령으로 정하는 사항에 관하여 성실하게 이 법에 따른 의무를 이행하여야 한다.(2021.4.13 개정)
②확정급여형퇴직연금제도 또는 확정기여형퇴직연금제도를 설정한 사용자는 매년 1회 이상 가입자에게 해당 사업의 퇴직연금제도 운영 상황 등 대통령령으로 정하는 사항에 관한 교육을 하여야 한다. 이 경우 사용자는 퇴직연금사업자 또는 대통령령으로 정하는 요건을 갖춘 전문기관에 그 교육의 실시를 위탁할 수 있다.(2021.4.13 개정)
③제2항에 따른 교육 내용 및 방법 등에 필요한 사항은 대통령령으로 정한다.(2021.4.13 신설)

④퇴직연금제도를 설정한 사용자는 다음 각 호의 어느 하나에 해당하는 행위를 하여서는 아니 된다.(2021.4.13 개정)

1. 자기 또는 제3자의 이익을 도모할 목적으로 운용관리업무 및 자산관리업무의 수행계약을 체결하는 행위
2. 그 밖에 퇴직연금제도의 적절한 운영을 방해하는 행위로서 대통령령으로 정하는 행위

⑤확정급여형퇴직연금제도 또는 퇴직금제도를 설정한 사용자는 다음 각 호의 어느 하나에 해당하는 사유가 있는 경우 근로자에게 퇴직급여가 감소할 수 있음을 미리 알리고 근로자대표와의 협의를 통하여 확정기여형퇴직연금제도나 중소기업퇴직연금기금제도로의 변경, 퇴직급여 산정기준의 개선 등 근로자의 퇴직급여 감소를 예방하기 위하여 필요한 조치를 하여야 한다.(2021.4.13 개정)

1. 사용자가 단체협약 및 취업규칙 등을 통하여 일정한 연령, 근속시점 또는 임금액을 기준으로 근로자의 임금을 조정하고 근로자의 정년을 연장하거나 보장하는 제도를 시행하려는 경우
2. 사용자가 근로자와 합의하여 소정근로시간을 1일 1시간 이상 또는 1주 5시간 이상 단축함으로써 단축된 소정근로시간에 따라 근로자가 3개월 이상 계속 근로하기로 한 경우
3. 법률 제15513호 근로기준법 일부개정법률 시행에 따라 근로시간이 단축되어 근로자의 임금이 감소하는 경우
4. 그 밖에 임금이 감소되는 경우로서 고용노동부령으로 정하는 경우

제33조【퇴직연금사업자의 책무】 ①퇴직연금사업자는 이 법을 준수하고 가입자를 위하여 성실하게 그 업무를 하여야 한다.

②퇴직연금사업자는 제28조제1항 및 제29조제1항에 따른 계약의 내용을 지켜야 한다.

③퇴직연금사업자는 정당한 사유 없이 다음 각 호의 어느 하나에 해당하는 행위를 하여서는 아니 된다.

1. 제28조제1항에 따른 운용관리업무의 수행계약 체결을 거부하는 행위
2. 제29조제1항에 따른 자산관리업무의 수행계약 체결을 거부하는 행위
3. 특정 퇴직연금사업자와 계약을 체결할 것을 강요하는 행위
4. 그 밖에 사용자 또는 가입자의 이익을 침해할 우려가 있는 행위로서 대통령령으로 정하는 행위

④운용관리업무를 수행하는 퇴직연금사업자는 다음 각 호의 어느 하나에 해당하는 행위를 하여서는 아니 된다.

1. 계약체결 시 가입자 또는 사용자의 손실의 전부 또는 일부를 부담하거나 부담할 것을 약속하는 행위
2. 가입자 또는 사용자에게 경제적 가치가 있는 과도한 부가적 서비스를 제공하거나 가입자 또는 사용자가 부담하여야 할 경비를 퇴직연금사업자가 부담하는 등 대통령령으로 정하는 특별한 이익을 제공하거나 제공할 것을 약속하는 행위
3. 가입자의 성명・주소 등 개인정보를 퇴직연금제도의 운용과 관련된 업무수행에 필요한 범위를 벗어나서 사용하는 행위
4. 자기 또는 제3자의 이익을 도모할 목적으로 특정 운용 방법을 가입자 또는 사용자에게 제시하는 행위

⑤제24조제1항에 따라 개인형퇴직연금제도를 운영하는 퇴직연금사업자는 해당 사업의 퇴직연금제도 운영 상황 등 대통령령으로 정하는 사항에 대하여 매년 1회 이상 가입자에게 교육을 하여야 한다.

⑥퇴직연금사업자는 고용노동부령으로 정하는 바에 따라 퇴직연금제도의 취급실적을 사용자(개인형퇴직연금제도의 취급실적은 제외한다), 고용노동부장관 및 금융감독원장에게 제출하여야 한다.

⑦퇴직연금사업자는 제28조제1항 및 제29조제1항에 따른 계약 체결과 관련된 약관 또는 표준계약서(이하 "약관등"이라 한다)를 제정하거나 변경하려는 경우에는 미리 금융감독원장에게 보고하여야 한다. 다만, 근로자 또는 사용자의 권익이나 의무에 불리한 영향을 주지 아니하는 경우로서 금융위원회가 정하는 경우에는 약관등의 제정 또는 변경 후 10일 이내에 금융감독원장에게 보고할 수 있다.

⑧퇴직연금사업자는 매년 말 적립금 운용 수익률 및 수수료 등을 금융위원회가 정하는 바에 따라 공시하여야 한다.

제34조【정부의 책무 등】 ①정부는 퇴직연금제도가 활성화될 수 있도록 지원방안을 마련하여야 한다.

②정부는 퇴직연금제도의 건전한 정착 및 발전을 위하여 다음 각 호의 조치를 할 수 있다.(2021.4.13 개정)

1. 노사단체, 퇴직연금업무 유관기관 · 단체와의 공동 연구사업 및 행정적 · 재정적 지원

2. 퇴직연금제도 운영과 관련한 퇴직연금사업자 평가
3. 건전하고 효율적인 퇴직연금제도 운영을 위한 전문 강사 육성 및 교재의 지원
4. 그 밖에 근로자의 안정적인 노후생활 보장을 위하여 대통령령으로 정하는 사항

③제2항제2호에 따른 평가는 퇴직연금사업자의 운용성과, 운용역량, 수수료의 적정성 등을 대상으로 하며, 그 밖에 평가절차 및 방법 등에 필요한 사항은 대통령령으로 정한다.(2021.4.13 신설)

④정부는 퇴직연금제도의 급여 지급 보장을 위한 장치 마련 등 근로자의 급여 수급권 보호를 위한 방안을 강구하도록 노력하여야 한다.(2021.4.13 개정)

제35조【사용자에 대한 감독】①고용노동부장관은 사용자가 퇴직연금제도의 설정 또는 그 운영 등에 관하여 이 법 또는 퇴직연금규약 및 중소기업퇴직연금기금표준계약서에 위반되는 행위를 한 경우에는 기간을 정하여 그 위반의 시정을 명할 수 있다.(2021.4.13 개정)

②고용노동부장관은 사용자가 제1항에 따른 기간 이내에 시정명령에 따르지 아니하는 경우에는 퇴직연금제도 운영의 중단을 명할 수 있다.

제36조【퇴직연금사업자에 대한 감독】①고용노동부장관은 퇴직연금사업자가 이 법을 위반하는 행위를 한 경우에는 기간을 정하여 그 위반의 시정을 명할 수 있다.

②고용노동부장관은 퇴직연금사업자가 제1항에 따른 시정명령에 따르지 아니하는 경우에는 이 법에 따라 수행하는 업무를 다른 퇴직연금사업자에게 이전할 것을 명할 수 있다.

③금융위원회는 퇴직연금제도의 안정적 운영과 근로자의 수급권 보호를 위하여 대통령령으로 정하는 업무에 관하여 퇴직연금사업자를 감독하고, 퇴직연금사업자가 제33조를 위반하는 경우 다음 각 호의 조치를 할 수 있다.

1. 퇴직연금사업자에 대한 주의, 그 임원에 대한 주의 또는 그 직원에 대한 주의·견책·감봉·정직·면직의 요구
2. 해당 위반행위에 대한 시정명령
3. 임원의 해임권고 또는 직무정지요구
4. 6개월 이내의 영업의 일부정지

④금융감독원장은 퇴직연금사업자의 업무 및 재산상황 등을 검사할 수 있

고, 제33조제7항에 따라 퇴직연금사업자가 보고한 약관등이 이 법에 위배될 경우에는 변경·보완을 명할 수 있다.

제37조 【금융거래정보의 제공 요청 등】 ①고용노동부장관은 사용자가 제16조에 따른 급여 지급능력을 확보하였는지 등 퇴직연금제도 운영을 감독하기 위하여 필요한 경우 「금융실명거래 및 비밀보장에 관한 법률」 제4조 및 「신용정보의 이용 및 보호에 관한 법률」 제33조에도 불구하고 자산관리업무 및 운용관리업무 계약을 체결한 사업에 관한 다음 각 호의 금융거래에 관한 정보 또는 자료(이하 "금융거래정보"라 한다)의 제공을 퇴직연금사업자에게 요청할 수 있다.

1. 가입자 현황
2. 급여 지급 현황
3. 부담금 납입 현황
4. 적립금 운용현황에 관한 정보

②고용노동부장관이 제1항에 따라 금융거래정보를 요청할 때에는 다음 각 호의 사항을 적은 문서로 요청하여야 한다.

1. 요청대상 거래기간
2. 요청의 법적 근거
3. 사용목적
4. 요청하는 금융거래정보의 내용

③제1항에 따른 금융거래정보의 요청은 퇴직연금제도 운영의 건전성 감독을 위하여 필요한 최소한도에 그쳐야 한다.

④제2항에 따라 퇴직연금사업자가 고용노동부장관에게 금융거래정보를 제공하는 경우에는 그 퇴직연금사업자는 금융거래정보를 제공한 날부터 10일 이내에 제공한 금융거래정보의 주요 내용, 사용목적, 제공받은 자 및 제공일자 등을 해당 사용자 또는 가입자에게 서면으로 알려야 한다. 이 경우 통지에 드는 비용에 관하여는 「금융실명거래 및 비밀보장에 관한 법률」 제4조의2제4항을 준용한다.

⑤고용노동부장관은 제1항에 따라 퇴직연금사업자에게 금융거래정보를 요구하는 경우에는 그 사실을 기록하여야 하며, 금융거래정보를 요구한 날부터 5년간 그 기록을 보관하여야 한다.

⑥제1항에 따라 금융거래정보를 제공받아 알게 된 자는 그 알게 된 금융거래정보를 타인에게 제공 또는 누설하거나 그 목적 외의 용도로 이용하

여서는 아니 된다.

제8장 보 칙

제38조 【퇴직연금제도의 폐지 · 중단 시의 처리】 ①퇴직연금제도가 폐지되거나 운영이 중단된 경우에는 폐지된 이후 또는 중단된 기간에 대하여는 제8조제1항에 따른 퇴직금제도를 적용한다.
②사용자는 퇴직연금제도가 폐지된 경우 지체 없이 적립금으로 급여를 지급하는 데에 필요한 조치로서 미납 부담금의 납입 등 대통령령으로 정하는 조치를 하여야 한다.
③사용자와 퇴직연금사업자는 제35조제2항에 따른 사유 등으로 퇴직연금제도가 중단된 경우에 적립금 운용에 필요한 업무 등 대통령령으로 정하는 기본적인 업무를 유지하여야 한다.
④사용자와 퇴직연금사업자는 퇴직연금제도가 폐지되어 가입자에게 급여를 지급하는 경우에 가입자가 지정한 개인형퇴직연금제도의 계정으로 이전하는 방법으로 지급하여야 한다. 다만, 가입자가 개인형퇴직연금제도의 계정을 지정하지 아니한 경우에는 제17조제5항을 준용한다.
⑤가입자가 제4항에 따라 급여를 받은 경우에는 제8조제2항에 따라 중간정산되어 받은 것으로 본다. 이 경우 중간정산 대상기간의 산정 등에 필요한 사항은 대통령령으로 정한다.

제39조 【업무의 협조】 고용노동부장관은 이 법의 시행을 위하여 필요한 경우에 금융위원회 등 관련 기관에 자료의 제출을 요청할 수 있다. 이 경우 자료의 제출을 요청받은 기관은 정당한 사유가 없으면 이를 거부하여서는 아니 된다.

제40조 【보고 및 조사】 ①고용노동부장관은 이 법 시행에 필요한 범위에서 사용자 및 퇴직연금사업자에게 퇴직연금제도의 실시 상황 등에 관한 보고, 관계 서류의 제출 또는 관계인의 출석을 요구할 수 있다.
②고용노동부장관은 이 법의 시행을 위하여 필요하다고 인정하는 경우에는 소속 직원으로 하여금 퇴직연금제도를 실시하는 사업장 및 해당 퇴직연금사업자의 사업장에 출입하여 사용자 및 퇴직연금사업자 등 관계인에 대하여 질문하거나 장부 등 서류를 조사하게 할 수 있다.
③제2항에 따라 사업장 및 해당 퇴직연금사업자의 사업장에 출입하여 관

계인에 대하여 질문하거나 장부 등 서류를 조사하려는 직원은 그 권한을 나타내는 증표를 지니고 이를 관계인에게 내보여야 한다.

제41조 【청문】 고용노동부장관은 제27조제1항에 따른 등록취소 또는 제36조제2항에 따른 이전명령을 하려는 경우에는 청문을 하여야 한다.

제42조 【권한의 위임 · 위탁】 ①이 법에 따른 고용노동부장관의 권한은 대통령령으로 정하는 바에 따라 그 일부를 금융위원회, 금융감독원장 또는 공단(제23조의14에 따른 지원 및 환수와 환수금 징수업무, 제34조제2항 각 호의 업무로 한정한다)에 위탁하거나 지방고용노동관서의 장에게 위임할 수 있다.(2021.4.13 개정)

②이 법에 따른 금융위원회의 권한은 대통령령으로 정하는 바에 따라 그 일부를 금융감독원장에게 위탁할 수 있다.

제9장 벌 칙

제43조 【벌칙】 제37조제6항을 위반한 자는 5년 이하의 징역 또는 5천만원 이하의 벌금에 처한다.(2021.4.13 개정)

제44조 【벌칙】 다음 각 호의 어느 하나에 해당하는 자는 3년 이하의 징역 또는 3천만원 이하의 벌금에 처한다. 다만, 제1호 및 제2호의 경우(「근로기준법」 제43조의2에 따라 명단 공개된 체불사업주가 명단 공개 기간 중에 제1호 또는 제2호에 해당하는 경우는 제외한다) 피해자의 명시적인 의사에 반하여 공소를 제기할 수 없다.(2025.11.11 개정)

1. 제9조제1항을 위반하여 퇴직금을 지급하지 아니한 자(2021.4.13 개정)
2. 근로자가 퇴직할 때에 제17조제2항 · 제3항, 제20조제5항, 제23조의7제2항 또는 제25조제3항을 위반하여 급여를 지급하지 아니하거나 부담금 또는 지연이자를 납입하지 아니한 자(2021.4.13 개정)
3. 제27조제4항을 위반하여 가입자 보호조치를 하지 아니한 퇴직연금사업자
4. 제33조제3항 및 제4항을 위반한 퇴직연금사업자

제45조 【벌칙】 다음 각 호의 어느 하나에 해당하는 자는 2년 이하의 징역 또는 2천만원 이하의 벌금에 처한다.(2021.4.13 개정)

1. 제4조제2항을 위반하여 하나의 사업 안에 퇴직급여제도를 차등하여 설정한 자
2. 제31조제3항을 위반하여 고용노동부장관에 등록하지 아니하고 퇴직연

금제도 모집업무를 수행한 자

3. 제31조제4항을 위반하여 퇴직연금제도 모집인 이외의 자에게 모집업무를 위탁한 퇴직연금사업자

4. 제32조제4항제1호에 따른 책무를 위반한 사용자(2021.4.13 개정)

제46조 【벌칙】 다음 각 호의 어느 하나에 해당하는 자는 500만원 이하의 벌금에 처한다.

1. 제4조제3항 · 제4항 또는 제25조제1항 및 제2항제1호를 위반하여 근로자대표 또는 개별 근로자의 동의를 받지 아니하거나 의견을 듣지 아니한 사용자

1의2. 제23조의14제3항제1호에 따라 거짓이나 그 밖의 부정한 방법으로 지원금을 받은 자(2021.4.13 신설)

2. 제31조제7항을 위반한 자

3. 제32조제5항을 위반하여 근로자에게 퇴직급여가 감소할 수 있음을 알리지 아니하거나 퇴직급여의 감소 예방을 위하여 필요한 조치를 하지 아니한 사용자(2021.4.13 개정)

제47조 【양벌규정】 법인의 대표자나 법인 또는 개인의 대리인, 사용인, 그 밖의 종업원이 그 법인 또는 개인의 업무에 관하여 제44조부터 제46조까지의 어느 하나에 해당하는 위반행위를 하면 그 행위자를 벌하는 외에 그 법인 또는 개인에게도 해당 조문의 벌금형을 과(科)한다. 다만, 법인 또는 개인이 그 위반행위를 방지하기 위하여 해당 업무에 관하여 상당한 주의와 감독을 게을리하지 아니한 경우에는 그러하지 아니하다.

제48조 【과태료】 ①다음 각 호의 어느 하나에 해당하는 자에게는 1천만원 이하의 과태료를 부과한다.

1. 제16조제2항을 위반하여 적립금이 최소적립금을 넘고 있는지 확인하여 그 결과를 사용자에게 알리지 아니하거나, 적립금이 최소적립금보다 적은 경우 그 확인 결과를 근로자대표에게 알리지 아니한 퇴직연금사업자(2021.4.13 신설)

2. 제16조제3항에 따른 적립금 부족을 해소하지 아니한 사용자(2021.4.13 신설)

3. 제32조제2항에 따라 매년 1회 이상 교육을 하지 아니한 사용자(2021.4.13 개정)

4. 제33조제5항에 따라 매년 1회 이상 교육을 하지 아니한 퇴직연금사업자

(2021.4.13 개정)

②다음 각 호의 어느 하나에 해당하는 자에게는 500만원 이하의 과태료를 부과한다.

1. 제13조에 따른 확정급여형퇴직연금규약 또는 제19조에 따른 확정기여형퇴직연금규약을 신고하지 아니한 사용자

1의2. 제18조의2제1항에 따른 적립금운용위원회를 구성하지 아니한 사용자 (2021.4.13 신설)

1의3. 제18조의2제2항에 따른 적립금운용계획서를 작성하지 아니한 사용자 (2021.4.13 신설)

1의4. 제29조의2제3항에 따른 자료의 제출 요구에 따르지 아니한 퇴직연금사업자(2022.1.11 신설)

2. 제32조제4항제2호에 따른 책무를 위반한 사용자(2021.4.13 개정)

3. 제33조제2항에 따른 책무를 위반한 퇴직연금사업자(2021.4.13 개정)

4. 제33조제6항을 위반하여 퇴직연금제도 취급실적을 제출하지 아니하거나 거짓으로 작성하여 제출한 퇴직연금사업자(2021.4.13 신설)

5. 제35조에 따른 시정명령을 이행하지 아니한 사용자(2021.4.13 신설)

③제1항 및 제2항에 따른 과태료는 대통령령으로 정하는 바에 따라 고용노동부장관이 부과·징수한다.

부 칙 (2011. 7.25)

제1조【시행일】 이 법은 공포 후 1년이 경과한 날부터 시행한다.

제2조【퇴직보험등의 유효기간】 ①법률 제7379호 근로자퇴직급여보장법의 시행일인 2005년 12월 1일 이전에 사용자가 근로자를 피보험자 또는 수익자로 하여 대통령령으로 정하는 퇴직보험 또는 퇴직일시금신탁(이하 "퇴직보험등"이라 한다)에 가입하여 근로자가 퇴직할 때 일시금 또는 연금으로 수령하게 하는 경우에는 법률 제7379호 근로자퇴직급여보장법 제8조제1항에 따른 퇴직금제도를 설정한 것으로 본다. 다만, 퇴직보험등에 의한 일시금은 같은 항에 따른 퇴직금보다 적어서는 아니 된다.

②제1항에 따른 퇴직금제도의 효력기간은 2010년 12월 31일까지로 한다.

제3조【퇴직 전 퇴직금 정산 요건에 관한 적용례】 제8조제2항의 개정규정은 이 법 시행 후 최초로 근로자가 사용자에게 중간정산을 요구하는 경우부터 적용한다.

제4조【급여의 지급 방법에 관한 적용례】 제17조제4항 및 제5항, 제19조제2항(제17조제4항 및 제5항을 준용하는 부분에 한정한다) 및 제38조제4항의 개정규정은 이 법 시행 후 최초로 급여를 지급할 사유가 발생한 경우부터 적용한다.

제5조【확정기여형퇴직연금제도 및 개인형퇴직연금제도 부담금 등 납입에 관한 적용례】 제20조제3항 · 제4항, 제25조제2항제4호 및 같은 조 제3항의 개정규정에 따른 지연이자에 관한 부분은 이 법 시행 후 최초로 발생하는 지연이자를 납입하는 경우부터 적용한다.

제6조【자영업자 등의 개인형퇴직연금제도 가입에 관한 적용례】 제24조제2항제3호는 이 법 시행 후 5년이 경과한 날부터 적용한다.

제7조【퇴직연금사업자 등록 취소 및 말소에 관한 적용례】 제27조제2항 및 제3항의 개정규정은 이 법 시행 후 최초로 퇴직연금사업자의 등록이 취소되거나 등록의 말소를 신청한 경우부터 적용한다.

제8조【상시 4명 이하의 근로자를 사용하는 사업의 시행시기, 급여 및 부담금 등에 관한 특례】 ①상시 4명 이하의 근로자를 사용하는 사업에 대하여는 법률 제7379호 근로자퇴직급여보장법 부칙 제1조 단서에 따라 2010년 12월 1일부터 퇴직급여제도가 시행된 것으로 본다.

②상시 4명 이하의 근로자를 사용하는 사업에 적용되는 퇴직금, 확정급여형퇴직연금제도의 급여액, 확정기여형퇴직연금제도 및 제25조의 개정규정

에 따른 개인형퇴직연금제도의 사용자 부담금의 수준은 제8조제1항, 제15조, 제20조제1항 및 제25조제2항제2호의 개정규정에도 불구하고 다음 각 호와 같이 정한다.

1. 2010년 12월 1일부터 2012년 12월 31일까지의 기간에 대한 퇴직금, 확정급여형퇴직연금제도의 급여액, 확정기여형퇴직연금제도 및 제25조의 개정규정에 따른 개인형퇴직연금제도의 사용자 부담금 수준: 제8조제1항, 제15조, 제20조제1항 및 제25조제2항제2호의 개정규정에서 정하는 수준의 100분의 50 이상
2. 2013년 1월 1일 이후의 기간에 대한 퇴직금, 확정급여형퇴직연금제도의 급여액, 확정기여형퇴직연금제도 및 제25조의 개정규정에 따른 개인형퇴직연금제도의 사용자 부담금 수준: 제8조제1항, 제15조, 제20조제1항 및 제25조제2항제2호의 개정규정에서 정하는 수준

③근로관계 당사자는 제1항 및 제2항을 이유로 기존의 근로조건을 낮출 수 없다.

제9조【퇴직금 우선변제에 관한 경과조치】 ①제12조제2항에도 불구하고 1997년 12월 24일 전에 퇴직한 근로자의 경우에는 1989년 3월 29일 이후의 계속근로기간에 대한 퇴직금을 우선변제의 대상으로 한다.

②제12조제2항에도 불구하고 1997년 12월 24일 전에 채용된 근로자로서 1997년 12월 24일 이후에 퇴직하는 근로자의 경우에는 1989년 3월 29일 이후부터 1997년 12월 23일까지의 계속근로기간에 대한 퇴직금에 1997년 12월 24일 이후의 계속근로기간에 대하여 발생하는 최종 3년간의 퇴직금을 합산한 금액을 우선변제의 대상으로 한다.

③제1항 및 제2항에 따라 우선변제의 대상이 되는 퇴직금은 계속근로기간 1년에 대하여 30일분의 평균임금으로 계산한 금액으로 한다.

④제1항 및 제2항에 따라 우선변제의 대상이 되는 퇴직금은 250일분의 평균임금을 초과할 수 없다.

제10조【퇴직금제도에 관한 경과조치】 법률 제7379호 근로자퇴직급여보장법의 시행일인 2005년 12월 1일 당시 종전의 「근로기준법」 제34조제1항에 따라 설정된 퇴직금제도와 미리 정산하여 지급된 퇴직금은 법률 제7379호 근로자퇴직급여보장법에 따라 설정되거나 지급된 것으로 본다.

제11조【개인퇴직계좌에 관한 경과조치】 이 법 시행 당시 종전의 제25조 또는 제26조에 따라 설정된 개인퇴직계좌는 제24조 또는 제25조

의 개정규정에 따라 설정된 개인형퇴직연금제도로 본다.

제12조【다른 법률의 개정】 생략

제13조【다른 법령과의 관계】 이 법 시행 당시 다른 법령에서 종전의 「근로자퇴직급여 보장법」의 규정을 인용한 경우에 이 법 가운데 그에 해당하는 규정이 있으면 종전의 규정을 갈음하여 이 법의 해당 규정을 인용한 것으로 본다.

부 칙 (2018. 6.12)

이 법은 2018년 7월 1일부터 시행한다.

부 칙 (2021. 4.13)

이 법은 공포 후 1년이 경과한 날부터 시행한다.

부 칙 (2022. 1.11)

제1조【시행일】 이 법은 공포 후 6개월이 경과한 날부터 시행한다.

제2조【확정기여형퇴직연금규약의 변경에 관한 경과조치】 이 법 시행일 전에 확정기여형퇴직연금제도를 설정한 사용자는 이 법 시행일 이후 1년 이내에 확정기여형퇴직연금규약에 제19조제1항제4호의2의 개정규정의 내용을 반영하여야 한다.

부 칙 (2025.11.11)

제1조【시행일】 이 법은 공포한 날부터 시행한다.

제2조【벌칙에 관한 적용례】 제44조의 개정규정은 이 법 시행 이후 발생한 위반행위부터 적용한다.

근로자퇴직급여 보장법 시행령

제정 2005. 8.19 대통령령 제19010호
전부개정 2012. 7.24 대통령령 제23987호
개정 2013.12.24 대통령령 제25022호
2014.12. 9 대통령령 제25840호
2015. 3.23 대통령령 제26152호
2015.12.15 대통령령 제26719호
2016.12.30 대통령령 제27751호
2017. 4.18 대통령령 제27994호
2018. 6.19 대통령령 제28983호
2019. 7. 2 대통령령 제29950호
2019.10.29 대통령령 제30176호
2020.11. 3 대통령령 제31140호
2022. 4.13 대통령령 제32575호
2022. 7.11 대통령령 제32796호
2023.12.12 대통령령 제33953호
2024. 5.28 대통령령 제34533호

제 1 조 【목적】 이 영은 「근로자퇴직급여 보장법」에서 위임된 사항과 그 시행에 필요한 사항을 규정함을 목적으로 한다.

제 2 조 【퇴직연금제도 수급권의 담보제공 사유 등】 ①「근로자퇴직급여 보장법」(이하 "법"이라 한다) 제7조제2항 전단에서 "주택구입 등 대통령령으로 정하는 사유와 요건을 갖춘 경우"란 다음 각 호의 어느 하나에 해당하는 경우를 말한다.

1. 무주택자인 가입자가 본인 명의로 주택을 구입하는 경우

1의2. 무주택자인 가입자가 주거를 목적으로 「민법」 제303조에 따른 전세금 또는 「주택임대차보호법」 제3조의2에 따른 보증금을 부담하는 경우.

이 경우 가입자가 하나의 사업 또는 사업장(이하 "사업"이라 한다)에 근로하는 동안 1회로 한정한다.(2015.12.15 신설)

2. 가입자가 6개월 이상 요양을 필요로 하는 다음 각 목의 어느 하나에 해당하는 사람의 질병이나 부상에 대한 의료비(「소득세법 시행령」 제118조의5제1항 및 제2항에 따른 의료비를 말한다. 이하 같다)를 부담하는 경우(2019.10.29 개정)

다. 가입자 또는 그 배우자의 부양가족

5. 사업주의 휴업 실시로 근로자의 임금이 감소하거나 재난(「재난 및 안전관리 기본법」 제3조제1호에 따른 재난을 말한다. 이하 같다)으로 피해를 입은 경우로서 고용노동부장관이 정하여 고시하는 사유와 요건에 해당하는 경우(2020.11.3 개정)

②법 제7조제2항 전단에서 "대통령령으로 정하는 한도"란 다음 각 호의 구분에 따른 한도를 말한다.

1. 제1항제1호, 제1호의2, 제2호부터 제4호까지 및 제4호의2의 경우: 가입자별 적립금의 100분의 50(2015.12.15 개정)
2. 제1항제5호의 경우: 임금 감소 또는 재난으로 입은 가입자의 피해 정도 등을 고려하여 고용노동부장관이 정하여 고시하는 한도(2020.11.3 개정)

제3조【퇴직금의 중간정산 사유】 ①법 제8조제2항 전단에서 "주택구입 등 대통령령으로 정하는 사유"란 다음 각 호의 경우를 말한다.(2022.4.13 개정)

1. 무주택자인 근로자가 본인 명의로 주택을 구입하는 경우
2. 무주택자인 근로자가 주거를 목적으로 「민법」 제303조에 따른 전세금 또는 「주택임대차보호법」 제3조의2에 따른 보증금을 부담하는 경우. 이 경우 근로자가 하나의 사업에 근로하는 동안 1회로 한정한다.(2015.12.15 개정)
3. 근로자가 6개월 이상 요양을 필요로 하는 다음 각 목의 어느 하나에 해당하는 사람의 질병이나 부상에 대한 의료비를 해당 근로자가 본인 연간 임금총액의 1천분의 125를 초과하여 부담하는 경우(2019.10.29 개정)

가. 근로자 본인

나. 근로자의 배우자

다. 근로자 또는 그 배우자의 부양가족

4. 퇴직금 중간정산을 신청하는 날부터 거꾸로 계산하여 5년 이내에 근로자가 「채무자 회생 및 파산에 관한 법률」에 따라 파산선고를 받은 경우(2019.7.2 개정)
5. 퇴직금 중간정산을 신청하는 날부터 거꾸로 계산하여 5년 이내에 근로자가 「채무자 회생 및 파산에 관한 법률」에 따라 개인회생절차개시 결정을 받은 경우(2019.7.2 개정)
6. 사용자가 기존의 정년을 연장하거나 보장하는 조건으로 단체협약 및 취업규칙 등을 통하여 일정 나이, 근속시점 또는 임금액을 기준으로 임금을 줄이는 제도를 시행하는 경우(2015.12.15 개정)
6의2. 사용자가 근로자와의 합의에 따라 소정근로시간을 1일 1시간 또는 1주 5시간 이상 단축함으로써 단축된 소정근로시간에 따라 근로자가 3개월 이상 계속 근로하기로 한 경우(2022.4.13 개정)
6의3. 법률 제15513호 근로기준법 일부개정법률의 시행에 따른 근로시간의 단축으로 근로자의 퇴직금이 감소되는 경우(2018.6.19 신설)
7. 재난으로 피해를 입은 경우로서 고용노동부장관이 정하여 고시하는 사유에 해당하는 경우(2020.11.3 개정)

②사용자는 제1항 각 호의 사유에 따라 퇴직금을 미리 정산하여 지급한 경우 근로자가 퇴직한 후 5년이 되는 날까지 관련 증명 서류를 보존하여야 한다.

제3조의2【퇴직금의 개인형퇴직연금제도 계정 등으로의 이전 예외 사유】 ①법 제9조제2항 단서에서 "근로자가 55세 이후에 퇴직하여 급여를 받는 경우 등 대통령령으로 정하는 사유가 있는 경우"란 다음 각 호의 경우를 말한다.
1. 근로자가 55세 이후에 퇴직하여 급여를 받는 경우
2. 급여가 고용노동부장관이 정하여 고시하는 금액 이하인 경우
3. 근로자가 사망한 경우
4. 「출입국관리법 시행령」 제23조제1항에 따라 취업활동을 할 수 있는 체류자격으로 국내에서 근로를 제공하고 퇴직한 근로자가 퇴직 후 국외로 출국한 경우
5. 다른 법령에서 급여의 전부 또는 일부를 공제하도록 한 경우

②제1항제5호의 사유로 급여에서 일부를 공제한 경우 남은 금액은 근로자가 지정한 개인형퇴직연금제도의 계정 또는 법 제23조의8에 따른 계정(이

하 "개인형퇴직연금계정등"이라 한다)으로 이전해야 한다.
(2022.4.13 본조신설)

제 4 조 【확정급여형퇴직연금규약의 규정 사항】 ①법 제13조제11호에서 "대통령령으로 정하는 사항"이란 다음 각 호의 사항을 말한다.(2022.4.13 개정)

1. 삭제(2022.4.13)
2. 법 제28조에 따른 운용관리업무(이하 "운용관리업무"라 한다)와 법 제29조에 따른 자산관리업무(이하 "자산관리업무"라 한다)의 수행에 대한 수수료의 부담에 관한 사항
3. 가입자에 대한 교육의 방법 및 절차 등에 관한 사항
4. 복수의 퇴직연금사업자와 운용관리업무에 관한 계약을 체결한 경우 업무의 처리방안에 관한 사항. 이 경우 법 제17조제5항에 따라 가입자가 개인형퇴직연금계정등을 지정하지 않은 경우 급여를 이전(移轉)할 퇴직연금사업자의 지정에 관한 사항을 포함한다.(2022.4.13 개정)

②법 제13조제10호의2에 따른 부담금을 산정하는 퇴직연금사업자는 재정균형을 장기적으로 유지할 수 있도록 장래 급여에 소요되는 비용예상액, 예상운용수입액 등을 고려해야 하며, 그 세부 기준은 고용노동부령으로 정한다.(2022.4.13 개정)

③사용자는 매년 1회 이상 정기적으로 부담금을 납입하여야 한다.

④제1항제2호에 따른 수수료는 사용자가 부담한다.

⑤삭제(2022.4.13)

⑥복수의 퇴직연금사업자와 운용관리업무에 관한 계약을 체결한 사용자는 그 퇴직연금사업자 중 하나를 대표 퇴직연금사업자(이하 "간사기관"이라 한다)로 선정하여 제22조제1항제3호 각 목의 업무를 수행하도록 하여야 한다.

제 5 조 【확정급여형퇴직연금제도의 최소적립금 수준】 ①법 제16조제1항 각 호 외의 부분 본문에서 "대통령령으로 정하는 비율"이란 100분의 80 이상으로서 고용노동부령으로 정하는 비율을 말한다.(2022.4.13 개정)

②법 제16조제1항 각 호 외의 부분 단서에서 "대통령령으로 정하는 비율"이란 법 제14조제2항에 따라 해당 퇴직연금제도의 설정 전에 해당 사업에서 제공한 근로기간(이하 "과거근로기간"이라 한다)을 가입기간에 포함시

키는 경우 해당 근로기간에 대한 법 제16조제1항 각 호 외의 부분 본문의 기준책임준비금(이하 "기준책임준비금"이라 한다) 대비 적립금 비율로서 과거근로기간의 연수(年數)와 가입 후 연차(年次)의 구분에 따라 고용노동부장관이 정하여 고시하는 비율을 말한다.(2022.4.13 개정)

제6조【재정검증 결과의 통보】 ①퇴직연금사업자는 법 제16조제2항에 따라 산정된 적립금과 법 제16조제1항 각 호 외의 부분 본문에 따른 최소적립금(이하 "최소적립금"이라 한다)을 비교하여 적립금의 부족 여부, 적립금 및 부담금 납입 현황, 제7조제2항에 따른 적립금 부족 해소 현황 등을 사용자에게 서면으로 알려야 한다. 다만, 적립금이 최소적립금보다 적은 경우에는 근로자의 과반수가 가입한 노동조합이 있는 경우에는 그 노동조합에도 서면으로 알리고, 근로자의 과반수가 가입한 노동조합이 없는 경우에는 전체 근로자에게도 서면 또는 정보통신망에 의한 방법으로 알려야 한다.(2023.12.12 개정)

②퇴직연금사업자는 제1항 단서에 따라 전체 근로자에게 알리기 위하여 사용자에게 다음 각 호의 사항에 대한 협조를 요청할 수 있다. 이 경우 사용자는 특별한 사유가 없는 한 이에 따라야 한다.(2019.10.29 신설)

1. 사용자가 운영하는 사내 전산망에 대한 이용 제공
2. 전체 근로자의 주소 또는 전자우편주소의 제공
3. 전체 근로자에게 제1항 단서에 따른 사항의 통보

③제1항에 따른 통보에 필요한 양식은 고용노동부장관이 정하여 고시한다.(2019.10.29 개정)

제7조【적립금 부족의 판단기준 및 해소방안】 ①법 제16조제3항에서 "대통령령으로 정하는 수준"이란 최소적립금의 100분의 95를 말한다.

②사용자는 법 제16조제3항에 따라 적립금이 제1항의 수준에 미치지 못하는 경우 부담금 납입 등을 통해 최소적립금 대비 부족분 비율의 3분의 1 이상을 직전 사업연도 종료 후 1년 이내에 해소해야 한다.(2023.12.12 개정)

제8조【급여 전액지급 예외 사유】 법 제17조제2항 본문에서 "사업의 도산 등 대통령령으로 정하는 경우"란 다음 각 호의 경우를 말한다.(2022.4.13 개정)

1. 사업주가 「채무자 회생 및 파산에 관한 법률」에 따른 파산선고를 받은 경우
2. 사업주가 「채무자 회생 및 파산에 관한 법률」에 따른 회생절차개시 결

정을 받은 경우

3. 사업주가 「임금채권보장법 시행령」 제5조제1항제2호 또는 제3호에 해당하는 경우

4. 법 제16조제2항에 따른 확인결과 기준책임준비금 중 적립금의 비율이 제5조제1항에 따른 비율보다 낮은 경우. 이 경우 과거근로기간을 가입기간에 포함시키는 경우에도 제5조제1항에 따른 비율을 적용한다.(2022.4.13 개정)

5. 다음 값이 고용노동부장관이 정하여 고시한 비율 이상인 경우

(사업연도 개시일 이후 해당 사업의 가입자에게 지급한 퇴직급여의 누계액/사업연도 개시일의 적립금 + 사업연도 개시일 이후 납입된 부담금의 합계액)

6. 그 밖에 급여를 전액 지급하면 다른 근로자의 수급이 제한되는 경우로서 고용노동부령으로 정하는 경우

제 9 조【급여의 개인형퇴직연금계정등으로 이전 예외 사유】 법 제17조제4항 단서에서 "가입자가 55세 이후에 퇴직하여 급여를 받는 경우 등 대통령령으로 정하는 사유가 있는 경우"란 다음 각 호의 경우를 말한다.(2022.4.13 개정)

1. 가입자가 55세 이후에 퇴직하여 급여를 받는 경우
2. 가입자가 법 제7조제2항에 따라 급여를 담보로 대출받은 금액 등을 상환하기 위한 경우. 이 경우 가입자가 지정한 개인형퇴직연금계정등으로 이전하지 않은 금액은 담보대출 채무상환 금액을 초과할 수 없다.(2022.4.13 개정)
3. 급여가 고용노동부장관이 정하는 금액 이하인 경우(2022.4.13 개정)
4. 제3조의2제3호부터 제5호까지의 규정에 해당하는 경우(2022.4.13 신설)

제 9 조의 2【확정급여형퇴직연금제도 적립금운용위원회의 구성 등】 ①법 제18조의2제1항에 따른 적립금운용위원회(이하 이 조에서 "적립금운용위원회"라 한다)는 위원장 1명을 포함하여 5명 이상 7명 이하의 위원으로 구성해야 한다.

②적립금운용위원회의 위원장은 해당 사업에서 퇴직연금업무를 담당하는 임원으로 한다.

③적립금운용위원회의 위원은 다음 각 호에 해당하는 사람 중에서 위원장이 위촉하는 사람으로 한다.

1. 근로자 과반수가 가입한 노동조합이 있는 경우에는 그 노동조합에서 선출된 사람이나 근로자 과반수가 가입한 노동조합이 없는 경우에는 근로자 과반수의 동의로 선출된 사람
2. 자금운용, 재무회계, 인사 · 노무 등 퇴직연금제도 관련 업무 부서장
3. 퇴직연금 및 자산운용에 관한 경험이나 전문지식이 있는 사람
4. 제1호부터 제3호까지에서 규정한 사람 외에 위원장이 적립금의 합리적인 운용을 위하여 필요하다고 인정하는 사람

④제3항에도 불구하고 적립금이 최소적립금에 미치지 못하는 경우에는 제3항제1호부터 제3호까지의 규정에 해당하는 위원을 각각 1명 이상 포함해야 한다.

⑤적립금운용위원회의 회의는 연 1회 이상 개최해야 한다.

⑥적립금운용위원회의 회의는 재적위원 과반수가 소집을 요구하거나 적립금운용위원회의 위원장이 필요하다고 인정하는 경우 소집하고, 위원장이 그 의장이 된다.

⑦제1항부터 제6항까지에서 규정한 사항 외에 적립금운용위원회의 구성에 필요한 사항은 고용노동부장관이 정하여 고시한다.

(2022.4.13 본조신설)

제9조의3【적립금운용계획서의 내용】 법 제18조의2제2항 후단에서 "적립금 운용 목적 및 방법, 목표수익률, 운용성과 평가 등 대통령령으로 정하는 내용"이란 다음 각 호의 사항을 말한다.

1. 적립금 운용 목적 및 목표수익률
2. 적립금 운용 방법(자산배분정책, 투자가능상품 등을 포함한다)
3. 적립금 운용성과에 대한 평가
4. 적립금 운용 담당자의 의무 등 적립금 운용관리에 관한 사항

(2022.4.13 본조신설)

제10조【확정기여형퇴직연금규약의 규정 사항】 ①법 제19조제1항 제7호에서 "대통령령으로 정하는 사항"이란 다음 각 호의 사항을 말한다.

1. 운용관리업무 및 자산관리업무의 수행에 대한 수수료의 부담에 관한 사항
2. 가입자에 대한 교육의 방법 및 절차 등에 관한 사항

②제1항제1호에 따른 수수료는 사용자가 부담한다. 다만, 법 제20조제2항에 따라 가입자가 스스로 부담하는 추가 부담금에 대한 수수료는 가입자가 부담한다.

③삭제(2022.4.13)

제11조【미납 부담금에 대한 지연이자 이율】 법 제20조제3항 후단에서 "대통령령으로 정하는 이율"이란 다음 각 호의 구분에 따른 이율을 말한다.

1. 부담금을 납입하기로 정해진 날짜의 다음 날을 기산일로 하여 가입자의 퇴직 등 급여를 지급할 사유가 발생한 날부터 14일(당사자 간의 합의에 따라 납입 날짜를 연장한 경우 그 연장된 날짜)까지의 기간: 연 100분의 10
2. 제1호에 따른 기간의 다음 날부터 부담금을 납입하는 날까지의 기간: 연 100분의 20

제12조【지연이자의 적용제외 사유】 법 제20조제4항에서 "대통령령으로 정하는 사유"란 「근로기준법 시행령」 제18조 각 호의 어느 하나에 해당하는 경우를 말한다.

제12조의2【미납 부담금의 납입 사유】 법 제20조제5항 본문에서 "대통령령으로 정하는 사유"란 가입자가 해당 사업에서 퇴직하는 경우를 말한다.
(2022.7.11 본조개정)

제13조【사전지정운용방법의 승인 요건】 ①법 제21조의2제1항제2호 각 목 외의 부분에서 "대통령령으로 정하는 요건"이란 다음 각 호의 요건을 말한다.

1. 투자설명서상 법 제21조의2제1항제2호 각 목의 어느 하나에 해당하는 운용내용이 주요 운용내용으로 운용계획에 명시되어 있을 것
2. 자산 배분이 적절하고 투자전략이 단순하며 이해하기 쉬울 것
3. 물가, 금리 또는 환율의 변동 등 경제의 중·장기 변동에 따른 손실가능성이 가입자 집단의 속성에 비추어 허용되는 범위일 것
4. 예상수익이 금리·환율 등 금융시장의 상황에 비추어 합리적 수준으로 확보될 것
5. 손실가능성과 예상수익이 중·장기적으로 합리적 균형을 이룰 것
6. 수수료 등의 비용이 예상되는 수익에 비해 과다하지 않을 것
7. 상시 가입이 가능하고 특별한 사정이 없다면 환매를 신청한 날부터 14일 이내에 환매가 가능할 것

②제1항 각 호의 요건에 관한 세부기준은 고용노동부장관이 정하여 고시한다.

(2022.7.11 본조신설)

제13조의2【가입자에 대한 정보 제공】 ①법 제21조의3제1항제3호에서 "대통령령으로 정하는 사항"이란 다음 각 호의 사항을 말한다.

1. 사전지정운용방법에 관한 다음 각 목의 사항
   가. 사전지정운용방법의 위험등급, 손실가능성 및 과거 수익률
   나. 수수료 등 가입자가 부담하는 비용에 관한 사항
   다. 예금자 보호 한도 등 가입자의 보호에 관한 사항
   라. 사전지정운용방법의 적용에 따른 퇴직연금자산의 위험도 변경 가능성
   마. 사전지정운용방법의 승인일자 등 승인에 관한 사항
2. 법 제21조의3제6항에 따라 사전지정운용방법이 변경될 수 있다는 사실과 그 절차

②제1항 각 호의 사항에 관한 세부적인 내용은 고용노동부장관이 정하여 고시한다.

③법 제21조의3제1항에 따른 정보 제공은 다음 각 호의 어느 하나에 해당하는 방법으로 해야 한다.

1. 우편 발송
2. 서면 교부
3. 정보통신망에 의한 전송
4. 그 밖에 제1호부터 제3호까지의 방법에 준하는 방법으로서 당사자가 합의한 방법

(2022.7.11 본조신설)

제13조의3【사전지정운용방법에 따른 적립금 운용의 통지】 ①퇴직연금사업자가 법 제21조의3제3항에 따른 통지를 할 때에는 다음 각 호의 사항을 포함해야 한다.

1. 가입자가 통지를 받은 후 2주 이내에 적립금의 운용방법을 스스로 선정하지 않을 경우 법 제21조의3제4항 전단에 따라 가입자의 적립금이 사전지정운용방법으로 운용된다는 사실
2. 가입자가 선정한 사전지정운용방법에 관한 정보로서 법 제21조의3제1항제1호 및 이 영 제13조의2제1항 각 호의 사항에 관한 정보
3. 가입자는 법 제21조제1항 및 제21조의3제5항에 따라 언제든지 적립금의 운용방법을 스스로 선정할 수 있다는 사실

②제1항에 따른 통지는 제13조의2제3항 각 호의 어느 하나에 해당하는 방법으로 해야 한다.
(2022.7.11 본조신설)

제13조의4【사전지정운용방법의 변경】 ①법 제21조의3제6항에 따라 사전지정운용방법을 변경하려는 퇴직연금사업자는 법 제21조의2제2항에 따른 심의위원회(이하 "심의위원회"라 한다)의 사전심의를 거쳐 고용노동부장관에게 변경 승인을 신청해야 한다.
②퇴직연금사업자는 제1항의 신청에 따라 사전지정운용방법의 변경 승인을 받았을 때에는 그 사실을 변경 승인을 받은 날부터 7일 이내에 해당 사전지정운용방법을 본인이 적용받을 사전지정운용방법으로 선정하였거나 해당 사전지정운용방법으로 적립금이 운용되고 있는 가입자에게 제13조의2제3항 각 호의 어느 하나에 해당하는 방법으로 통지해야 한다.
③제2항에 따른 통지에는 다음 각 호의 사항이 포함되어야 한다.
1. 사전지정운용방법의 변경 사유
2. 변경된 사전지정운용방법에 관한 정보로서 법 제21조의3제1항제1호 및 이 영 제13조의2제1항 각 호의 사항에 관한 정보
3. 법 제21조의3제6항 후단 및 이 조 제4항에 따라 변경 승인을 받은 후 14일이 지난 날부터 가입자의 적립금이 변경된 사전지정운용방법에 따라 운용될 수 있다는 사실
4. 가입자가 희망하는 경우 변경된 사전지정운용방법이 아닌 다른 운용방법을 선정할 수 있다는 사실
5. 적립금이 변경된 사전지정운용방법으로 운용된 이후에도 가입자는 법 제21조제1항 및 제21조의3제5항에 따라 다른 운용방법을 스스로 선정할 수 있다는 사실
④퇴직연금사업자는 제2항 및 제3항에 따른 통지를 받은 가입자가 변경된 사전지정운용방법이 아닌 다른 운용방법을 선정하지 않은 경우에는 제1항에 따른 변경 승인을 받은 후 14일이 지난 날부터 가입자의 적립금을 변경된 사전지정운용방법으로 운용할 수 있다.
(2022.7.11 본조신설)

제13조의5【사전지정운용방법의 공시】 고용노동부장관은 사전지정운용방법에 관한 다음 각 호의 사항을 분기별 1회 이상 고용노동부의 인터넷 홈페이지 등에 공시해야 한다.

1. 적립금액 및 운용현황
2. 수익률
(2022.7.11 본조신설)

제13조의6【사전지정운용방법의 승인 취소 등】 ①고용노동부장관은 사전지정운용방법이 다음 각 호의 어느 하나에 해당하는 경우에는 심의위원회의 사전심의를 거쳐 사전지정운용방법의 승인을 취소할 수 있다. 다만, 제1호에 해당하는 경우에는 승인을 취소해야 한다.
1. 거짓이나 그 밖의 부정한 방법으로 사전지정운용방법의 승인을 받은 경우
2. 제13조제1항 각 호의 승인 요건을 갖추지 못하게 된 경우
3. 사전지정운용방법으로 인하여 가입자의 적립금에 현저한 손해가 발생하였거나 발생할 우려가 있다고 명백히 인정되는 경우

②퇴직연금사업자는 제1항에 따라 사전지정운용방법의 승인이 취소된 경우에는 해당 사전지정운용방법을 본인이 적용받을 사전지정운용방법으로 선정하였거나 해당 사전지정운용방법으로 적립금이 운용되고 있는 가입자에게 다음 각 호의 사항을 통지해야 한다.
1. 승인 취소 사유
2. 승인 취소된 사전지정운용방법의 해지 방법 · 절차에 관한 사항
3. 다른 사전지정운용방법을 포함한 3가지 이상의 운용방법에 관한 정보로서 법 제21조의3제1항제1호 및 이 영 제13조의2제1항 각 호의 사항에 관한 정보

③퇴직연금사업자는 제2항에 따른 통지를 받은 가입자가 다른 운용방법을 선정한 경우에는 가입자의 적립금을 가입자가 선정한 다른 운용방법으로 이전하여 운용해야 한다.

④제3항에 따라 적립금을 이전하여 운용하는 퇴직연금사업자는 적립금을 이전한 운용방법에 관한 정보로서 법 제21조의3제1항제1호 및 이 영 제13조의2제1항 각 호의 사항에 관한 정보를 가입자에게 제공해야 한다.

⑤퇴직연금사업자는 제2항에 따른 통지를 받은 가입자가 해당 사전지정운용방법을 해지하지 않거나 다른 운용방법을 선정하지 않은 경우에는 가입자의 적립금을 종전의 사전지정운용방법과 같은 위험등급의 다른 사전지정운용방법으로 이전하여 운용할 수 있다.

⑥제5항에 따라 적립금을 이전하여 운용하는 퇴직연금사업자는 해당 가입

자에게 다음 각 호의 사항을 통지해야 한다.
1. 적립금을 이전하여 운용한다는 사실
2. 적립금을 이전한 운용방법에 관한 정보로서 법 제21조의3제1항제1호 및 이 영 제13조의2제1항 각 호의 사항에 관한 정보

⑦제3항 또는 제5항에 따라 적립금을 이전하여 운용하는 경우 퇴직연금사업자는 가입자에게 해지 수수료 등 적립금의 이전과 관련된 비용을 요구할 수 없다.
(2022.7.11 본조신설)

제14조【확정기여형퇴직연금제도의 중도인출 사유】 ①법 제22조에서 "주택구입 등 대통령령으로 정하는 사유"란 다음 각 호의 어느 하나에 해당하는 경우를 말한다.(2020.11.3 개정)
1. 제2조제1항제1호 · 제1호의2 또는 제5호(재난으로 피해를 입은 경우로 한정한다)에 해당하는 경우(2020.11.3 개정)
1의2. 제2조제1항제2호에 해당하는 경우로서 가입자가 본인 연간 임금총액의 1천분의 125를 초과하여 의료비를 부담하는 경우(2019.10.29 신설)
2. 중도인출을 신청한 날부터 거꾸로 계산하여 5년 이내에 가입자가 「채무자 회생 및 파산에 관한 법률」에 따라 파산선고를 받은 경우(2019.7.2 개정)
3. 중도인출을 신청한 날부터 거꾸로 계산하여 5년 이내에 가입자가 「채무자 회생 및 파산에 관한 법률」에 따라 개인회생절차개시 결정을 받은 경우(2019.7.2 개정)
4. 법 제7조제2항 후단에 따라 퇴직연금제도의 급여를 받을 권리를 담보로 제공하고 대출을 받은 가입자가 그 대출 원리금을 상환하기 위한 경우로서 고용노동부장관이 정하여 고시하는 사유에 해당하는 경우(2020.11.3 신설)

②제1항제4호에 해당하는 사유로 적립금을 중도인출하는 경우 그 중도인출 금액은 대출 원리금의 상환에 필요한 금액 이하로 한다.(2020.11.3 신설)

제15조【표준규약에 규정될 사항】 법 제23조제1호나목에서 "대통령령으로 정하는 사항"이란 다음 각 호의 사항을 말한다.
1. 표준규약으로 설정되는 확정기여형퇴직연금제도의 특성과 이를 반영한 명칭
2. 가입 대상 사업의 범위 또는 특성에 관한 사항

3. 적립금 운용방법 및 그 선정기준. 이 경우 가입자가 운용지시를 하지 않는 경우의 운용방법 및 그 선정기준을 포함한다.
4. 탈퇴할 수 있는 사유 및 절차 등에 관한 사항
5. 수수료에 관한 사항
6. 그 밖에 둘 이상의 사용자가 참여하는 확정기여형퇴직연금제도의 합리적 운영에 필요한 사항으로서 고용노동부장관이 정하는 사항

제15조의2【표준계약서에 규정될 사항】 법 제23조제2호에서 "대통령령으로 정하는 사항"이란 다음 각 호의 사항을 말한다.
1. 법 제23조제1호에 따른 표준규약의 이행에 관한 사항
2. 둘 이상의 사용자가 참여하는 확정기여형퇴직연금제도의 운영과 관련한 비용 산출 및 부담에 관한 사항
3. 운용관리업무와 자산관리업무의 계약 해지·변경의 사유 및 절차 등에 관한 사항
4. 그 밖에 가입자의 수급권 보장에 필요한 사항으로서 고용노동부장관이 정하여 고시하는 사항

(2022.4.13 본조개정)

제16조【중소기업퇴직연금기금제도운영위원회의 구성 등】 ①법 제23조의2제2항에 따른 중소기업퇴직연금기금제도운영위원회(이하 "운영위원회"라 한다)의 위원 중 같은 조 제4항제2호의 근로자를 대표하는 사람은 총연합단체인 노동조합이 추천하는 사람으로 하고, 같은 항 제3호의 사용자를 대표하는 사람은 전국을 대표하는 사용자단체가 추천하는 사람으로 한다.

②운영위원회의 위원장(이하 "위원장"이라 한다)은 법 제23조의2제4항 각 호의 위원이 다음 각 호의 어느 하나에 해당하는 경우에는 해당 위원을 해촉(解囑)할 수 있다.
1. 심신장애로 직무를 수행할 수 없게 된 경우
2. 직무와 관련된 비위사실이 있는 경우
3. 직무태만, 품위손상이나 그 밖의 사유로 위원으로 적합하지 않다고 인정되는 경우
4. 위원 스스로 직무를 수행하기 어렵다는 의사를 밝히는 경우

(2022.4.13 본조신설)

제16조의2【위원장의 직무】 ①위원장은 운영위원회를 대표하고, 그

업무를 총괄한다.
②위원장이 부득이한 사유로 직무를 수행할 수 없을 때에는 위원장이 미리 지명한 위원이 그 직무를 대행한다.
(2022.4.13 본조신설)

제16조의3【운영위원회의 운영 등】 ①위원장은 운영위원회의 회의를 소집하고, 그 의장이 된다.
②위원장은 회의를 소집하려면 회의 개최 7일 전까지 회의의 일시, 장소 및 안건을 각 위원에게 알려야 한다. 다만, 긴급한 사정이나 그 밖의 부득이한 사유가 있는 경우에는 그 기간을 단축할 수 있다.
③운영위원회의 회의는 재적위원 과반수의 출석으로 개의하고, 출석위원 과반수의 찬성으로 의결한다.
④위원장은 회의의 일시, 장소, 심의 · 의결 사항과 각 참석자의 발언내용이 기록된 회의록을 작성하여 보관하고, 회의록의 주요 내용을 공개해야 한다.
⑤운영위원회에 간사 1명을 두며, 간사는 「산업재해보상보험법」 제10조에 따른 근로복지공단(이하 "근로복지공단"이라 한다) 직원 중에서 위원장이 지명한다.
⑥운영위원회의 회의에 출석한 위원에게는 예산의 범위에서 수당과 여비를 지급할 수 있다. 다만, 공무원이 그 소관 업무와 직접적으로 관련되어 위원회에 출석하는 경우에는 지급하지 않는다.
⑦ 제1항부터 제6항까지에서 규정한 사항 외에 운영위원회의 운영에 필요한 사항은 운영위원회의 의결을 거쳐 위원장이 정한다.
(2022.4.13 본조신설)

제16조의4【중소기업퇴직연금기금의 관리 · 운용 방법】 ①근로복지공단은 법 제23조의3제1항에 따른 중소기업퇴직연금기금(이하 "중소기업퇴직연금기금"이라 한다)의 안정적 운용 및 수익성 증대를 위하여 매년 중소기업퇴직연금기금 운용계획 및 지침을 마련해야 한다.
②근로복지공단은 중소기업퇴직연금기금을 제1항에 따른 중소기업퇴직연금기금 운용계획 및 지침에 따라 다음 각 호의 어느 하나에 해당하는 방법으로 관리 · 운용해야 한다. 이 경우 자산 종류별 시장수익률을 넘는 수익을 낼 수 있도록 신의를 지켜 성실하게 해야 한다.
1. 다음 각 목의 금융기관에 대한 예입 또는 신탁

가. 「보험업법」에 따른 보험회사
나. 「우체국예금 · 보험에 관한 법률」에 따른 체신관서
다. 「은행법」에 따른 은행, 「한국산업은행법」에 따른 한국산업은행, 「중소기업은행법」에 따른 중소기업은행, 「농업협동조합법」에 따른 농협은행 및 「수산업협동조합법」에 따른 수협은행
라. 「자본시장과 금융투자업에 관한 법률」에 따른 투자매매업자 · 투자중개업자 · 신탁업자 · 집합투자업자 및 종합금융회사

2. 공공사업을 위한 공공부문에 대한 국채 매입을 통한 투자
3. 「자본시장과 금융투자업에 관한 법률」에 따른 증권의 매매 및 대여
4. 「자본시장과 금융투자업에 관한 법률」 제5조제1항제1호부터 제3호까지에서 규정하는 지수 중 금융투자상품지수에 관한 파생상품시장에서의 거래
5. 「자본시장과 금융투자업에 관한 법률」에 따른 장내파생상품과 장외파생상품의 거래
6. 「자본시장과 금융투자업에 관한 법률」에 따른 집합투자기구에 대한 투융자
7. 「산업발전법」 제20조에 따른 기업구조개선 기관전용 사모집합투자기구에 대한 출자
8. 「외국환거래법」에 따른 자본거래
9. 「사회기반시설에 대한 민간투자법」에 따른 사회기반시설사업에 대한 투융자
10. 부동산의 개발 · 취득 · 관리 등을 목적으로 하는 사업에 대한 투융자
11. 에너지 및 자원의 개발사업에 대한 투융자
12. 항공기 및 선박의 취득, 기업의 인수 등을 목적으로 하는 회사 또는 사업에 대한 투융자
13. 외국의 관계 법령에 따라 적법하게 설치되거나 시행되고 있는 제5호부터 제12호까지의 규정에 해당하는 투융자

(2022.4.13 본조신설)

제16조의5 【중소기업퇴직연금기금의 회계】 중소기업퇴직연금기금의 회계에 관하여 필요한 세부적인 사항은 고용노동부장관의 승인을 받아 근로복지공단이 정한다.
(2022.4.13 본조신설)

제16조의6【자료의 활용 범위】 법 제23조의4제1항 각 호 외의 부분에서 "대통령령으로 정하는 범위에서 「고용보험법」, 「고용보험 및 산업재해보상보험의 보험료징수 등에 관한 법률」 및 「근로복지기본법」에 따라 수집된 자료"란 다음 각 호의 자료를 말한다.

1. 「고용보험법」 제15조에 따른 피보험자격에 관한 신고 자료
2. 「고용보험 및 산업재해보상보험의 보험료징수 등에 관한 법률」 제11조에 따른 보험관계의 신고 자료 및 같은 법 제12조에 따른 보험관계의 변경신고 자료
3. 「고용보험 및 산업재해보상보험의 보험료징수 등에 관한 법률」 제16조의3에 따른 근로자 개인별 월별보험료의 산정 자료, 같은 법 제16조의9에 따른 보험료의 정산 자료, 같은 법 제16조의10에 따른 보수총액 등의 신고 자료, 같은 법 제16조의11에 따른 수정신고 자료 및 같은 법 제19조에 따른 건설업 등의 확정보험료의 신고 · 정산 자료
4. 「고용보험 및 산업재해보상보험의 보험료징수 등에 관한 법률」 제40조에 따라 근로복지공단이 제공받은 자료 중 다음 각 목의 자료
   가. 「국민건강보험법」에 따른 사업장 신고자료 및 직장가입자의 월별 보험료액 자료
   나. 「국민연금법」에 따른 사업장가입자의 신고자료 및 월별 연금보험료 부과자료
   다. 「부가가치세법」에 따른 사업자등록 자료
   라. 「소득세법」에 따른 원천징수이행상황신고서, 근로소득 지급명세서 및 종합소득세 과세표준 확정신고서의 종합소득자료
   마. 「법인세법」에 따른 표준손익계산서 중 보수 · 보수액 자료
   바. 「주민등록법」에 따른 주민등록자료

(2022.4.13 본조신설)

제16조의7【자료의 활용 업무】 법 제23조의4제1항제2호에서 "대통령령으로 정하는 업무"란 다음 각 호의 업무를 말한다.

1. 사용자에 관한 다음 각 목의 업무
   가. 부담금의 부담 및 산정
   나. 부담금 납입 방법 등 안내
   다. 법 제23조의6제2항에 따른 수수료의 부과
   라. 법 제23조의14제1항 및 이 영 제16조의15에 따른 사용자부담금 및

중소기업퇴직연금기금제도 운영에 따른 비용에 대한 국가의 지원 요건 확인

2. 가입자에 관한 다음 각 목의 업무

가. 가입 안내

나. 수급요건 확인

다. 퇴직 등 급여 지급사유 확인

라. 급여의 지급 절차 안내

(2022.4.13 본조신설)

제16조의8【중소기업퇴직연금기금표준계약서의 기재사항】 법 제23조의5제1항제6호에서 "대통령령으로 정하는 사항"이란 다음 각 호의 사항을 말한다.

1. 법 제23조의6제2항에 따라 근로복지공단이 사용자 및 가입자에게 부과하는 수수료에 관한 사항
2. 법 제23조의14제1항 및 이 영 제16조의15에 따른 사용자부담금 및 중소기업퇴직연금기금제도 운영에 따른 비용에 대한 국가의 지원에 관한 사항
3. 법 제23조의15제1항에 따라 근로복지공단이 실시하는 교육 방법에 관한 사항

(2022.4.13 본조신설)

제16조의9【중소기업퇴직연금기금표준계약서의 승인 및 변경승인 등】 ①근로복지공단은 법 제23조의5제1항에 따라 중소기업퇴직연금기금표준계약서의 승인을 받으려는 경우에는 그 승인 신청서에 다음 각 호의 서류를 첨부하여 고용노동부장관에게 제출해야 한다.

1. 중소기업퇴직연금기금표준계약서안
2. 운영위원회 심의 · 의결 결과

②근로복지공단은 법 제23조의5제2항 본문에 따라 중소기업퇴직연금기금표준계약서의 변경승인을 받으려는 경우에는 변경 내용 및 사유를 적은 변경승인 신청서에 운영위원회 심의 · 의결 결과를 첨부하여 고용노동부장관에게 제출해야 한다.

③근로복지공단은 법 제23조의5제2항 단서에 따라 중소기업퇴직연금기금표준계약서의 변경신고를 하려는 경우에는 그 내용을 변경한 날부터 7일 이내에 변경 내용 및 사유를 적은 변경신고서를 고용노동부장관에게 제출

해야 한다.

④근로복지공단은 제1항부터 제3항까지의 규정에 따라 승인 또는 변경승인을 받거나 변경신고를 한 중소기업퇴직연금기금표준계약서를 다음 각 호의 어느 하나에 해당하는 방법으로 사용자에게 통지해야 한다.

1. 우편 발송
2. 서면 교부
3. 정보통신망에 의한 전송

(2022.4.13 본조신설)

제16조의10【근로복지공단 업무의 일부 처리】 ①법 제23조의6제3항에서 "대통령령으로 정하는 업무"란 법 제23조의5제1항제3호 및 제5호의 업무를 말한다.

②법 제23조의6제3항에서 "인적 · 물적 요건 등 대통령령으로 정하는 요건을 갖춘 자"란 다음 각 호의 구분에 따른 요건을 갖춘 자를 말한다.

1. 법 제23조의5제1항제3호의 업무: 다음 각 목의 자
   가. 「자본시장과 금융투자업에 관한 법률」 제12조에 따라 금융투자업인가를 받은 집합투자업자
   나. 「자본시장과 금융투자업에 관한 법률」 제18조에 따라 투자일임업자로 금융투자업등록을 한 자 중 같은 법 제12조에 따라 투자매매업자 또는 투자중개업자로서의 금융투자업인가도 받은 자
2. 법 제23조의5제1항제5호의 업무: 「우체국예금 · 보험에 관한 법률」에 따른 체신관서, 「은행법」에 따른 은행, 「한국산업은행법」에 따른 한국산업은행, 「중소기업은행법」에 따른 중소기업은행, 「농업협동조합법」에 따른 농협은행 및 「수산업협동조합법」에 따른 수협은행

(2022.4.13 본조신설)

제16조의11【사용자부담금의 납입 방법 등】 ①근로복지공단은 사용자에게 법 제23조의7제1항 전단에 따른 사용자부담금 및 같은 항 후단에 따른 지연이자의 납입 방법을 정보통신망을 이용하여 안내할 수 있다.

②법 제23조의7제2항 본문에서 "중소기업퇴직연금기금제도 가입자의 퇴직 등 대통령령으로 정하는 사유가 발생한 때"란 중소기업퇴직연금기금제도 가입자가 해당 사업에서 퇴직하는 때를 말한다.

(2022.4.13 본조신설)

제16조의12【가입자부담금의 납입 한도】 법 제23조의8제2호의 가

입자부담금의 납입 금액은 「소득세법 시행령」 제40조의2제2항제1호에 따른 금액을 한도로 한다.
(2022.4.13 본조신설)

제16조의13【기금 운용정보 제공 방법】 법 제23조의10에서 "대통령령으로 정하는 방법"이란 다음 각 호의 어느 하나에 해당하는 방법을 말한다.
1. 우편 발송
2. 서면 교부
3. 정보통신망에 의한 전송
(2022.4.13 본조신설)

제16조의14【기금제도가입자부담금계정의 수급요건】 법 제23조의8 각 호 외의 부분 전단에 따른 기금제도가입자부담금계정(이하 "기금제도가입자부담금계정"이라 한다)의 급여 종류 및 수급요건에 관하여는 법 제23조의12제1항제2호에 따라 제18조제1항을 준용한다. 이 경우 "법 제24조제5항"은 "법 제23조의12제1항제2호"로, "개인형퇴직연금제도"는 "기금제도가입자부담금계정"으로 본다.
(2022.4.13 본조신설)

제16조의15【지원금의 지원대상 등】 ①법 제23조의14제1항에 따른 지원대상은 사용자부담금, 가입자부담금 및 중소기업퇴직연금기금제도 운영에 따른 비용으로 한다.(2023.12.12 개정)
②법 제23조의14제1항에 따른 지원수준은 사용자부담금, 가입자부담금 및 중소기업퇴직연금기금제도 운영에 따른 비용의 범위에서 고용노동부장관이 정하여 고시한다.(2023.12.12 개정)
(2022.4.13 본조신설)

제16조의16【지원금 신청절차 및 지급방법】 ①사용자 또는 가입자가 법 제23조의14제1항에 따른 지원을 받으려는 경우에는 지원금 신청서를 작성하여 고용노동부장관에게 제출해야 한다.(2023.12.12 개정)
②제1항에 따른 신청을 받은 고용노동부장관은 사용자 또는 가입자가 법 제23조의14제1항에 따른 지원 요건을 갖춘 경우에는 사용자의 계좌 또는 기금제도가입자부담금계정으로 지원금을 입금해야 한다.(2023.12.12 개정)
(2022.4.13 본조신설)

제16조의17【지원금의 환수】 ①법 제23조의14제3항에 따라 고용노

동부장관이 환수할 수 있는 지원금액 기준은 환수 사유별로 다음 각 호의 구분에 따른다.

1. 법 제23조의14제3항제1호에 해당하는 경우: 지원받은 금액 전부
2. 법 제23조의14제3항제2호에 해당하는 경우: 잘못 지급된 금액 전부
3. 법 제23조의14제3항제3호에 해당하는 경우: 지원받은 금액 전부

②근로복지공단은 법 제23조의14제3항 각 호의 어느 하나에 해당하는 환수 사유가 발생한 경우에는 지원금을 지급받은 사용자 또는 가입자에게 해당 사실을 통보한 후 환수할 금액, 납부 기한 및 방법을 문서로 고지 · 징수해야 한다.(2023.12.12 개정)

③법 제23조의14제3항제3호에서 "도산 등 대통령령으로 정하는 정당한 사유"란 다음 각 호의 사유를 말한다.

1. 도산(사업주가 「임금채권보장법 시행령」 제5조제1항에 따라 도산등사실 인정을 받은 경우를 말한다)
2. 파산 또는 회생절차개시(사업주가 「채무자 회생 및 파산에 관한 법률」에 따른 파산선고 또는 회생절차개시 결정을 받은 경우를 말한다)
3. 다른 퇴직급여제도로의 변경
4. 그 밖에 폐업 등 중소기업퇴직연금기금제도를 폐지할 수 있는 정당한 사유로서 고용노동부령으로 정하는 사유

④법 제23조의14제3항 각 호 외의 부분 단서에서 "대통령령으로 정하는 금액"이란 3천원을 말한다.

(2022.4.13 본조신설)

제16조의18【요청 대상 자료의 범위】 법 제23조의14제5항 전단에서 "「지방세법」에 따른 재산세 과세자료 등 대통령령으로 정하는 자료"란 다음 각 호의 자료를 말한다.

1. 소득금액증명
2. 주민등록표 등본 · 초본
3. 가족관계등록전산정보
4. 지방세세목별과세증명서
5. 자동차등록원부 및 건설기계등록원부
6. 건물등기사항증명서 및 토지등기사항증명서
7. 법인등기사항증명서

(2022.4.13 본조신설)

제16조의19【가입자에 대한 교육사항】 법 제23조의15제1항에서 "중소기업퇴직연금기금제도 운영 상황 등 대통령령으로 정하는 사항"이란 다음 각 호의 구분에 따른 사항을 말한다.

1. 중소기업퇴직연금기금제도를 설정한 사업의 가입자인 경우 다음 각 목의 사항
 가. 제32조제1항제1호의 사항. 이 경우 제32조제1항제1호나목 및 바목의 "퇴직연금제도"는 "중소기업퇴직연금기금제도"로 본다.
 나. 사용자부담금의 수준, 납입 시기 및 납입 현황
 다. 중소기업퇴직연금기금제도 운영 상황
2. 기금제도가입자부담금계정을 설정한 가입자인 경우 다음 각 목의 사항
 가. 제16조의12에 따른 기금제도가입자부담금계정의 납입 금액 한도
 나. 제16조의14에 따른 기금제도가입자부담금계정의 수급요건
 다. 제32조제1항제1호마목 및 사목의 사항
 라. 중소기업퇴직연금기금제도 운영 상황

(2022.4.13 본조신설)

제16조의20【중소기업퇴직연금기금제도의 공시】 ①근로복지공단은 법 제23조의15제2항에 따라 다음 각 호의 사항을 근로복지공단의 인터넷 홈페이지에 공시해야 한다.

1. 중소기업퇴직연금기금제도의 취급실적에 관한 다음 각 목의 사항
 가. 중소기업퇴직연금기금제도 운영에 관한 사항(대상 사업 또는 사업장의 규모, 가입자 및 적립금에 대한 현황을 포함한다)
 나. 급여 지급사항(급여 종류별 수급요건 및 중도인출 현황을 포함한다)
2. 중소기업퇴직연금기금의 운용현황 및 수익률
3. 법 제23조의5제1항에 따른 중소기업퇴직연금기금표준계약서
4. 그 밖에 가입자를 보호하기 위하여 공시가 필요하다고 인정되는 사항으로서 운영위원회가 정하는 사항

②제1항에 따른 공시 기한은 다음 각 호와 같다.

1. 제1호 및 제2호의 사항: 매 분기 종료 후 1개월 이내
2. 제3호의 사항: 중소기업퇴직연금기금표준계약서를 승인받거나 변경한 날부터 7일 이내
3. 제4호의 사항: 운영위원회가 공시가 필요하다고 정한 날부터 7일 이내

(2022.4.13 본조신설)

제16조의21【시정명령】 ①고용노동부장관이 법 제23조의16에 따라 근로복지공단에 시정을 명하는 경우에는 90일 이내의 기간을 정하여 그 위반사항을 시정하도록 명할 수 있다.

②고용노동부장관이 제1항에 따라 시정을 명하는 경우에는 다음 각 호의 사항을 적은 문서로 해야 한다.

1. 시정명령의 사유
2. 시정명령의 내용
3. 시정기간

(2022.4.13 본조신설)

제17조【개인형퇴직연금제도의 설정 대상】 법 제24조제2항제3호에서 "자영업자 등 안정적인 노후소득 확보가 필요한 사람으로서 대통령령으로 정하는 사람"이란 다음 각 호의 사람을 말한다.

1. 자영업자
2. 법 제4조제1항 단서에 따라 퇴직급여제도가 설정되어 있지 아니한 다음 각 목의 어느 하나에 해당하는 근로자
   가. 계속근로기간이 1년 미만인 근로자
   나. 4주간을 평균하여 1주간의 소정근로시간이 15시간 미만인 근로자
3. 법 제8조제1항에 따른 퇴직금제도를 적용받고 있는 근로자
4. 「공무원연금법」의 적용을 받는 공무원
5. 「군인연금법」의 적용을 받는 군인
6. 「사립학교교직원 연금법」의 적용을 받는 교직원
7. 「별정우체국법」의 적용을 받는 별정우체국 직원

(2022.4.13 본조개정)

제17조의2【개인형퇴직연금제도의 부담금 납입한도】 법 제24조제3항 단서에서 "대통령령으로 정하는 한도"란 이전 사업에서 받은 퇴직급여제도의 일시금 등을 제외한 금액으로 「소득세법 시행령」 제40조의2제2항제1호에 따른 금액(개인형퇴직연금제도의 계정이 여러 개인 경우에는 부담금의 합계액)을 말한다.(2022.4.13 개정)

(2022.4.13 본조개정)

제18조【개인형퇴직연금제도의 급여 종류별 수급요건 및 중도인출】 ①법 제24조제5항에 따른 개인형퇴직연금제도의 급여 종류별 수급요건은 다음 각 호의 구분과 같다.

1. 연금: 55세 이상인 가입자에게 지급. 이 경우 연금 지급기간은 5년 이상이어야 한다.
2. 일시금: 55세 이상으로서 일시금 수급을 원하는 가입자에게 지급

②가입자가 다음 각 호에 해당하는 경우에는 법 제24조제5항에 따라 개인형퇴직연금제도의 적립금을 중도인출할 수 있다.(2022.4.13 개정)

1. 제2조제1항제1호에 해당하는 경우
2. 제2조제1항제1호의2 전단에 해당하는 경우. 다만, 법 제25조에 따른 개인형퇴직연금제도 가입자의 경우에는 하나의 사업에 근로하는 동안 중도인출 횟수를 1회로 한정한다.
3. 제2조제1항제2호에 해당하는 경우. 다만, 법 제25조에 따른 개인형퇴직연금제도 가입자의 경우에는 가입자가 본인 연간 임금총액의 1천분의 125를 초과하여 의료비를 부담하는 경우로 한정한다.
4. 제2조제1항제5호에 해당하는 경우(재난으로 피해를 입은 경우로 한정한다)
5. 중도인출을 신청한 날부터 거꾸로 계산하여 5년 이내에 가입자가 「채무자 회생 및 파산에 관한 법률」에 따라 파산선고를 받은 경우
6. 중도인출을 신청한 날부터 거꾸로 계산하여 5년 이내에 가입자가 「채무자 회생 및 파산에 관한 법률」에 따라 개인회생절차개시 결정을 받은 경우
7. 제14조제1항제4호에 해당하는 경우

③제2항제7호에 해당하는 사유로 적립금을 중도인출하는 경우 중도인출 금액은 대출 원리금의 상환에 필요한 금액 이하로 한다.(2022.4.13 신설)

제19조 【10명 미만을 사용하는 사업에 대한 특례】 ①법 제25조에 따른 개인형퇴직연금제도의 급여 종류별 수급요건은 법 제17조제1항 각 호와 같다.

②법 제25조제2항제2호에 따라 사용자가 납입하는 부담금에 대한 수수료는 사용자가 부담하고, 같은 항 제3호에 따라 가입자가 추가로 납입하는 추가 부담금에 대한 수수료는 가입자가 부담한다.

③법 제25조제3항 본문에서 "대통령령으로 정하는 사유"란 가입자가 해당 사업에서 퇴직하는 경우를 말한다.

제20조 【퇴직연금사업자의 등록요건 등】 ①법 제26조 각 호 외의 부분에서 "재무건전성 및 인적 · 물적 요건 등 대통령령으로 정하는 요건"

이란 다음 각 호의 요건을 말한다.

1. 다음 각 호의 구분에 따른 재무건전성의 요건을 갖출 것
   가. 법 제26조제1호부터 제3호까지 또는 제7호에 해당하는 자: 「금융산업의 구조개선에 관한 법률」 제10조제1항에 따른 자기자본비율(이하 이 조에서 "자기자본비율"이라 한다)이 같은 조 제2항에 따라 금융위원회가 정하여 고시하는 기준 이상일 것(2020.11.3 개정)
   나. 법 제26조제4호 또는 제5호에 해당하는 자: 자기자본비율이 법 제26조제1호부터 제3호까지 및 제7호의 어느 하나에 해당하는 자 중 업무 또는 재무구조 등이 가장 유사한 자에게 적용되는 기준 이상일 것
   다. 법 제26조제6호에 해당하는 자: 법률에 따라 설치된 기금으로부터 출연받을 수 있는 법적 근거를 갖출 것
2. 금융위원회가 정하여 고시하는 바에 따라 운용관리업무 또는 자산관리업무에 관한 전문성이 있는 인력과 업무수행에 필요한 전산요원 등 필요한 인력을 갖출 것. 다만, 법 제28조제2항에 따라 운용관리업무 중 일부 업무를 다른 자에게 위탁하는 경우에는 해당 업무에 관한 인력을 갖춘 것으로 본다.
3. 금융위원회가 정하여 고시하는 바에 따라 운용관리업무 또는 자산관리업무의 수행에 필요한 전산설비와 사무실을 갖출 것. 이 경우 그 전산설비는 정전 · 화재 등의 사고가 발생할 경우 업무의 연속성을 유지할 수 있도록 보완설비를 갖추고, 제도 내용의 변경 등으로 인하여 가입자에게 피해가 발생하지 않도록 전산 시스템을 미리 구축하여야 한다.

②제1항제2호 단서에도 불구하고 법 제28조제1항제2호의 업무를 수행하려는 퇴직연금사업자는 금융위원회가 정하여 고시하는 바에 따라 다음 각 호의 요건을 모두 갖춘 연금 회계처리 전문인력을 반드시 갖추어야 한다.(2022.4.13 개정)

1. 「보험업법」 제182조제1항에 따라 등록된 보험계리사일 것
2. 퇴직연금, 퇴직일시금 신탁 또는 퇴직보험 업무에 1년 이상 종사한 경력이 있을 것
3. 금융위원회가 정하는 연금제도의 설계 및 연금 회계처리에 관한 업무교육을 이수할 것(2022.4.13 개정)

③금융위원회는 제1항제2호 · 제3호 및 제2항의 요건에 관한 세부 기준을 정하여 고시하여야 한다. 이 경우 미리 고용노동부장관과 협의하여야 한다.

④법 제26조제7호에서 "대통령령으로 정하는 자"란 「자본시장과 금융투자업에 관한 법률」에 따라 신탁업의 인가를 받은 자를 말한다.

⑤고용노동부장관은 법 제26조에 따른 등록 신청이 다음 각 호의 어느 하나에 해당하는 경우를 제외하고는 등록을 해주어야 한다.

1. 등록을 신청한 자가 법 제26조 각 호의 어느 하나에 해당하지 않는 경우
2. 제1항부터 제3항까지의 규정에 따른 요건을 갖추지 못한 경우(2020.11.3 개정)

제21조【등록취소 등에 따른 가입자 보호조치】 법 제27조제4항에서 "대통령령으로 정하는 가입자 보호조치"란 다음 각 호의 조치를 말한다.

1. 사용자와 가입자에 대한 등록취소 또는 등록말소 사실과 가입자 보호조치 내용의 통지
2. 운용관리업무 또는 자산관리업무에 관한 계약의 해지 · 변경에 따른 사용자 및 가입자의 금전적 손실의 보상
3. 법 제27조제5항에 따라 다른 퇴직연금사업자에게 적립금을 이전하고, 해당 사업과 가입자의 퇴직연금제도를 계속 운영하는데 필요한 자료 등의 제공
4. 그 밖에 사용자 또는 가입자에게 끼칠 수 있는 불합리한 피해를 예방하기 위하여 필요한 조치로서 고용노동부장관이 정하는 조치

제22조【운용관리업무의 범위】 ①법 제28조제1항제5호에서 "대통령령으로 정하는 업무"란 다음 각 호의 업무를 말한다.

1. 법 제24조에 따른 개인형퇴직연금제도의 설정 및 운영
2. 법 제32조제2항 후단에 따라 사용자가 위탁한 교육의 실시(2020.11.3 개정)
3. 퇴직연금사업자가 간사기관인 경우에는 다음 각 목의 업무
   가. 법 제16조에 따른 급여 지급능력 확보 여부의 확인 및 그 결과의 통보
   나. 법 제13조제10호의2에 따른 부담금의 산정(2023.12.12 개정)
   다. 퇴직 등 사유가 발생한 경우 급여를 지급하는 퇴직연금사업자의 선정에 관한 사용자의 지시를 그 퇴직연금사업자에게 전달하는 업무
   라. 그 밖에 신규 가입자의 등재, 적립금액 및 운용현황 통지 등 복수의 퇴직연금사업자와 확정급여형퇴직연금제도의 운용관리업무에 관한 계약을 체결한 경우 제도의 안정적 · 통일적 운용을 위하여 필요한

사항

②간사기관이 아닌 퇴직연금사업자는 간사기관에 제1항제3호의 업무를 수행하는 데 필요한 자료를 제공하는 등 협조하여야 한다.

제23조【운용관리업무의 일부 위탁 등】 ①법 제28조제2항에서 "대통령령으로 정하는 일부 업무"란 법 제28조제1항제2호부터 제4호까지의 업무와 제22조제1항제2호의 업무를 말한다.

②법 제28조제2항에서 "인적 · 물적 요건 등 대통령령으로 정하는 요건"이란 제20조제3항에 따라 금융위원회가 세부기준을 정하여 고시한 요건을 말한다.

제24조【자산관리업무 수행계약의 형태】 법 제29조제2항에서 "대통령령으로 정하는 보험계약 또는 신탁계약"이란 「보험업법」 제108조에 따른 특별계정으로 운영하는 보험계약 또는 「자본시장과 금융투자업에 관한 법률 시행령」 제103조제1호에 따른 특정금전신탁계약으로서 다음 각 호의 요건을 모두 갖춘 것을 말한다.

1. 법 제16조제4항에 따라 적립금이 기준책임준비금의 100분의 150을 초과하고 사용자가 반환을 요구하는 경우 퇴직연금사업자는 사용자에게 그 초과분을 반환할 것
2. 급여는 가입자가 퇴직하는 경우에 지급하는 것일 것
3. 가입자가 퇴직연금사업자에 대하여 직접 급여를 청구할 수 있을 것. 다만, 계속근로기간이 1년 미만인 가입자는 급여를 청구할 수 없으며, 그 적립금은 사용자에게 귀속되는 것이어야 한다.
4. 계약이 해지되는 경우 적립금은 가입자에게 지급되는 것일 것. 다만, 계속근로기간이 1년 미만인 가입자에 대한 적립금은 사용자에게 귀속되는 것이어야 한다.

제24조의2【수수료 부과기준 등】 ①법 제29조의2제2항에서 "대통령령으로 정하는 부과기준"이란 다음 각 호의 기준을 말한다.

1. 법 제28조제1항 각 호 및 제29조제1항 각 호의 업무 구분과 업무 수행 비용을 고려하여 부과할 것
2. 적립금의 운용 손익과 관련된 업무 수행에 따른 수수료는 적립금의 운용 손익을 고려하여 부과할 것
3. 다음 각 목에 해당하는 기업의 사용자 또는 가입자에게는 수수료 감면 혜택을 제공할 것

가. 「중소기업기본법」 제2조에 따른 중소기업
나. 「사회적기업 육성법」에 따른 사회적기업

②제1항 각 호의 기준에 관한 세부적인 내용은 고용노동부장관이 정하여 고시한다.

③법 제29조의2제3항에서 "수수료 부과기준 등 대통령령으로 정하는 자료"란 다음 각 호의 자료를 말한다.

1. 수수료 부과기준
2. 운용관리업무 및 자산관리업무의 수행에 따른 수수료 부과현황
3. 운용관리업무 및 자산관리업무의 수행에 따라 발생되는 비용
4. 적립금의 운용 손익

(2022.7.11 본조신설)

제25조 【확정기여형퇴직연금제도 및 개인형퇴직연금제도 적립금의 원리금보장 운용방법】 ①법 제30조제2항제4호에서 "대통령령으로 정하는 원리금보장 운용방법"이란 다음 각 호의 운용방법을 말한다.

1. 신용등급 등에 관하여 금융위원회가 정하여 고시하는 기준 이상의 금융기관이 제공하는 다음 각 목의 운용방법
   가. 「은행법」 제2조제1항제2호에 따른 은행이 취급하는 예금 · 적금
   나. 「보험업법」 제2조제6호에 따른 보험회사가 취급하는 보험계약으로서 적립금의 최저 이자율을 보증하는 등의 형태로 원리금 지급을 보장하는 보험계약
   다. 「자본시장과 금융투자업에 관한 법률」 제8조에 따른 금융투자업자가 원리금 지급을 보장하는 계약으로서 같은 법 시행령 제85조제3호나목에 따른 환매조건부매수 계약
   라. 「자본시장과 금융투자업에 관한 법률」에 따른 증권금융회사가 같은 법 제330조제1항에 따라 취급하는 예탁금(2022.4.13 신설)
2. 「우체국예금 · 보험에 관한 법률」에 따라 체신관서가 취급하는 예금
3. 「한국은행법」 제69조제1항에 따른 한국은행통화안정증권, 국채증권 및 정부가 원리금 상환을 보증한 채권

3의2. 「자산유동화에 관한 법률」에 따른 유동화전문회사가 발행한 유동화증권 중 「사회기반시설에 대한 민간투자법」 제30조에 따른 산업기반신용보증기금이 원리금 상환을 보증하는 사회기반시설채권(2022.4.13 신설)

4. 그 밖에 원리금 상환이 보장되는 운용방법으로서 금융위원회가 정하여 고시하는 운용방법

②금융위원회는 제1항제1호의 기준 및 제4호의 운용방법을 정하거나 변경하려는 경우에는 고용노동부장관과 협의하여야 한다.

제26조 【적립금의 안정적 운용을 위한 운용방법 및 기준】 ①법 제30조제2항제5호에서 "대통령령으로 정하는 운용방법 및 기준"이란 다음 각 호의 운용방법 및 기준을 말한다.(2022.4.13 개정)

1. 운용방법: 다음 각 목의 어느 하나에 해당하는 운용방법
   가. 「은행법」 제2조제1항제2호에 따른 은행이 취급하는 예금 · 적금
   나. 「보험업법」 제2조제6호에 따른 보험회사가 취급하는 보험계약 중 적립금이 반환되는 것으로서 금융위원회가 고시하는 보험계약
   다. 「자본시장과 금융투자업에 관한 법률」 제4조에 따른 증권으로서 금융위원회가 고시하는 증권. 이 경우 증권(「자본시장과 금융투자업에 관한 법률」에 따른 집합투자증권은 제외한다)은 사용자 또는 금융위원회가 정하여 고시하는 이해관계인이 발행한 것이 아니어야 한다.
   라. 「우체국예금 · 보험에 관한 법률」에 따라 체신관서가 취급하는 예금
   마. 「자본시장과 금융투자업에 관한 법률」에 따른 증권금융회사 중 신용등급 등이 금융위원회가 정하여 고시하는 기준 이상인 증권금융회사가 같은 법 제330조제1항에 따라 취급하는 예탁금(2022.4.13 신설)
   바. 「자산유동화에 관한 법률」에 따른 유동화전문회사가 발행한 유동화증권 중 「사회기반시설에 대한 민간투자법」 제30조에 따른 산업기반신용보증기금이 원리금 상환을 보증하는 사회기반시설채권(2022.4.13 신설)
   사. 그 밖에 적립금의 안정적인 중장기 운용을 위하여 필요한 운용방법으로서 금융위원회가 정하여 고시하는 운용방법(2022.4.13 개정)
2. 기준: 다음 각 목의 기준을 따를 것
   가. 제1호 각 목에 따른 운용방법 중 제25조제1항 각 호에 따른 원리금 보장 운용방법과 증권에 대한 분산투자 등으로 투자위험을 낮춘 운용방법으로서 금융위원회가 고시하는 운용방법을 제외한 운용방법에 대해서는 고용노동부령으로 정하는 총투자한도 내에서 운용할 것. 이 경우 금융위원회는 고용노동부령으로 정하는 총투자한도 내에서 퇴직연금제도별로 세부적인 투자한도를 달리 정하여 고시할 수 있

다.(2015.3.23 개정)

나. 확정기여형퇴직연금제도와 개인형퇴직연금제도의 경우 고용노동부령으로 투자위험이 큰 것으로 정한 자산은 「자본시장과 금융투자업에 관한 법률」 제6조제5항에 따른 집합투자의 방법으로만 투자할 것.(2015.3.23 개정)

②금융위원회는 제1항제1호나목 · 다목 · 사목, 제2호가목의 사항을 고시하는 경우에는 고용노동부장관과 미리 협의해야 한다.(2022.4.13 개정)

제27조 【모집업무의 위탁범위】 법 제31조제1항 각 호 외의 부분에서 "대통령령으로 정하는 업무"란 다음 각 호의 업무를 말한다.

1. 퇴직연금제도를 설정하거나 가입한 자(설정하거나 가입하려는 자를 포함한다)에게 퇴직연금제도 및 운영에 관한 사항을 설명하는 업무 (2015.12.15 개정)
2. 사용자 또는 가입 예정자를 퇴직연금사업자에게 소개하거나 중개하는 업무
3. 사용자 또는 가입자(가입 예정자를 포함한다. 이하 이 조에서 같다)에 대한 적립금 운용방법의 설명 또는 관련 정보의 전달 업무, 사용자 또는 가입자의 적립금 운용방법에 대한 지시를 전달하는 업무(2019.10.29 개정)
4. 사용자 또는 가입자의 질의사항, 퇴직연금사업자 등의 답변을 전달하는 업무(2019.10.29 개정)
5. 그 밖에 퇴직연금제도를 설정하고 가입하도록 권유하는데 필요한 사항으로서 고용노동부장관이 정하는 업무

제28조 【퇴직연금제도 모집인의 요건】 ①법 제31조제1항제2호에서 "대통령령으로 정하는 요건"이란 다음 각 호의 요건을 말한다.

1. 퇴직연금사업자의 임직원이 아닌 자로서 퇴직연금사업자와 서면 계약으로 모집업무를 위탁받은 자일 것
2. 다음 각 목의 어느 하나에 해당하는 자로서 고용노동부장관이 정하는 교육과정을 이수할 것. 이 경우 교육과정과 이수에 대한 세부사항은 별표 1과 같다.

가. 「보험업법」 제84조 및 제87조에 따라 금융위원회에 등록된 보험설계사와 개인인 보험대리점(2024.5.28 개정)

나. 「자본시장과 금융투자업에 관한 법률」 제51조에 따라 한국금융투자협회에 등록한 투자권유대행인(2024.5.28 개정)

다. 그 밖에 고용노동부장관이 퇴직연금제도에 관한 전문성이 있다고 인정하는 자

②제1항제2호에 따른 교육은 고용노동부장관이 정하는 인력 · 시설 및 장비를 갖춘 기관에 위탁하여 시행하고, 교육과정 이수, 교육비 및 별표 1에 따른 검정시험의 수수료 등에 관하여 필요한 사항은 고용노동부장관이 정한다.(2023.12.12 개정)

③퇴직연금사업자는 법 제31조제2항에 따라 등록한 퇴직연금제도 모집인(이하 "퇴직연금제도 모집인"이라 한다)이 등록한 날부터 기산하여 매 2년이 되는 날부터 6개월 이내에 별표 2에 따른 보수교육을 받도록 하여야 한다.

제29조【모집인 등록업무의 위탁】①고용노동부장관은 법 제31조제2항 후단에 따라 고용노동부장관이 정하는 인력 · 시설 및 장비를 갖춘 기관으로서 고용노동부장관이 정하는 절차에 따라 금융위원회가 지정한 기관 중에서 대상 기관을 정하여 퇴직연금제도 모집인의 등록업무를 위탁할 수 있다.

②제1항에 따른 모집인 등록업무의 위탁 기간은 3년을 넘지 아니하는 범위에서 고용노동부장관이 정할 수 있다.

제30조【퇴직연금제도 모집인의 준수사항】①법 제31조제7항제2호에 따라 퇴직연금제도 모집인은 다음 각 호의 어느 하나에 해당하는 행위를 하여서는 아니 된다.

1. 퇴직연금제도 모집인 외의 명칭을 사용하거나 다른 퇴직연금제도 모집인의 명의를 이용하여 모집업무를 수행하는 행위
2. 허위 사실에 근거하여 모집업무를 수행하거나 그 내용을 사실과 다르게 알리거나 중요한 사항을 알리지 않는 행위
3. 제27조에 따른 모집업무의 위탁범위를 벗어나서 업무를 수행하는 행위
4. 둘 이상의 퇴직연금사업자와 모집업무 위탁계약을 체결하는 행위
5. 모집업무를 수행하면서 알게 된 정보 등을 자기 또는 제3자의 이익을 위하여 이용하는 행위
6. 모집업무를 위탁한 퇴직연금사업자 또는 가입예정인 사용자 등을 대리하여 계약을 체결하는 행위
7. 퇴직연금제도를 설정하였거나 설정하려는 사용자 또는 가입자로부터 금전 · 증권, 그 밖에 재산상의 가치가 있는 것을 받는 행위

8. 퇴직연금제도를 설정하였거나 설정하려는 사용자, 가입자 또는 이들의 이해관계인에게 법 제33조제4항제2호에 따른 특별한 이익을 제공하거나 제공할 것을 약속하는 행위
9. 사용자 또는 가입자의 적립금 운용방법에 대한 지시를 대리하는 행위 (2019.10.29 개정)
10. 그 밖에 사용자와 가입자를 보호하고 건전한 거래질서를 유지하기 위하여 고용노동부장관이 정하여 고시하는 행위

②법 제31조제7항제2호에 따라 퇴직연금제도 모집인은 모집업무를 수행하는 경우 자신이 모집업무를 위탁받은 자라는 사실을 나타내는 표지 또는 증표를 사무실에 게시하거나 상대방에게 내보여야 하고, 모집업무를 위탁한 퇴직연금사업자의 명칭 등 사용자와 가입자를 보호하고 건전한 거래질서를 유지하기 위하여 필요한 사항으로서 고용노동부장관이 정하여 고시하는 사항을 미리 사용자 등에게 알려야 한다.

③금융위원회는 제1항 각 호 및 제2항에 관한 세부 기준을 고용노동부장관과 협의하여 정하고 고시하여야 한다.

제31조【퇴직급여제도의 안정적 운영을 위한 사용자의 책무】 법 제32조제1항에서 "대통령령으로 정하는 사항"이란 다음 각 호의 사항을 말한다.

1. 삭제(2019.10.29)
2. 운용관리업무와 자산관리업무의 수행, 관련 서비스 제공 등 퇴직연금제도 전반에 대한 능력과 전문성을 종합적으로 판단하여 퇴직연금사업자를 선정할 것. 이 경우 상시 300명 이상의 근로자를 사용하는 사업의 사용자는 법 제13조와 제19조에 따른 퇴직연금규약을 신고하거나 퇴직연금사업자를 선정·변경하는 경우 고용노동부장관에게 퇴직연금사업자 선정·변경사유서를 제출하여야 한다.
3. 단체협약, 취업규칙, 근로계약서, 급여명세서 등 부담금 산정 및 법 제16조에 따른 급여 지급능력 확보 여부 등을 확인하는 데 필요한 자료를 근로복지공단 또는 퇴직연금사업자(제4조제6항에 따라 복수의 퇴직연금사업자와 운용관리업무에 관한 계약을 체결한 경우에는 간사기관을 말한다)에게 제공할 것. 이 경우 법 제16조에 따른 급여 지급능력 확보 여부 등을 확인하는 데 필요한 자료는 매 사업연도 종료 후 3개월 이내에 제공해야 한다.(2022.4.13 개정)

4. 법 제32조제2항 후단에 따라 퇴직연금사업자 또는 전문기관에게 가입자에 대한 교육의 실시를 위탁한 경우 집합교육을 실시할 수 있도록 하는 등 협조할 것(2022.4.13 개정)
5. 간사기관의 선정 또는 변경 시 그 사실을 그 선정일 또는 변경일부터 7일 이내에 운용관리업무를 수행하는 퇴직연금사업자에게 알릴 것(2019.10.29 신설)

제32조【퇴직연금제도 가입자에 대한 교육사항】 ①법 제32조제2항 전단에서 "해당 사업의 퇴직연금제도 운영 상황 등 대통령령으로 정하는 사항"이란 다음 각 호의 구분에 따른 사항을 말한다.
1. 제도 일반에 관한 내용으로서 다음 각 목의 사항
   가. 급여 종류에 관한 사항, 수급요건, 급여액 등 제도별 특징 및 차이점
   나. 담보대출, 중도인출, 지연이자 등 해당 사업의 퇴직연금제도 운영에 관한 사항
   다. 급여 또는 부담금 산정의 기준이 되는 임금 등에 관한 사항
   라. 퇴직 시 급여 지급절차 및 개인형퇴직연금계정등으로의 적립금 이전에 관한 사항(2022.4.13 개정)
   마. 연금소득세, 퇴직소득세 등 과세 체계에 관한 사항
   바. 해당 사업의 퇴직연금제도를 중단하거나 폐지하는 경우 그 처리방법
   사. 가입자의 소득, 자산, 부채, 나이 및 근속연수 등을 고려한 자산 · 부채관리의 일반적 원칙과 노후 설계의 중요성에 관한 사항
2. 확정급여형퇴직연금제도를 설정하는 경우에는 다음 각 목의 사항
   가. 최근 3년간의 부담금 납입 현황
   나. 급여종류별 표준적인 급여액 수준
   다. 직전 사업연도 말 기준 최소적립금 대비 적립금 현황
   라. 적립금이 최소적립금보다 적은 경우 그 부족분 납입 이행 상황(2023.12.12 개정)
   마. 그 밖에 적립금 운용현황, 운용목표 등에 관한 사항
3. 확정기여형퇴직연금제도를 설정하는 경우에는 다음 각 목의 사항
   가. 사용자의 부담금 수준, 납입시기 및 납입 현황
   나. 법 제23조에 따라 둘 이상의 사용자가 참여하는 확정기여형퇴직연금제도의 경우 표준규약 및 표준계약서에 관한 사항
   다. 분산투자 등 적립금의 안정적 운용을 위하여 행하는 투자원칙에 관

한 사항
라. 퇴직연금사업자가 제시하는 집합투자증권 등 적립금 운용방법별 수익구조, 매도기준가, 투자 위험 및 수수료 등에 관한 사항

②사용자(법 제32조제2항 후단에 따라 위탁받은 전문기관을 포함한다)는 제1항제3호다목 및 라목의 사항을 교육하는 경우 퇴직연금사업자와 협조하여 실시해야 한다.(2022.4.13 개정)

제32조의2【확정급여형퇴직연금제도 가입자 등에 대한 교육 방법】 법 제32조제2항 전단에 따른 가입자에 대한 교육의 방법은 다음 각 호의 구분에 따른다.

1. 제32조제1항제1호에 따른 공통 교육 사항: 사내 전산망 또는 해당 사업장 등 가입자의 접근이 가능한 곳에 교육 자료 상시 게시. 다만, 퇴직연금제도를 도입한 후 최초로 하는 교육은 다음 각 목의 어느 하나에 해당하는 방법으로 해야 한다.
   가. 서면 또는 전자우편 등을 통한 교육자료의 발송
   나. 연수 · 회의 · 강의 등의 집합교육
   다. 정보통신망을 활용한 온라인 교육
2. 제32조제1항제2호에 따른 확정급여형퇴직연금제도 가입자에 대한 교육 사항: 사내 전산망 또는 해당 사업장 등 가입자의 접근이 가능한 곳에 교육 자료 상시 게시하거나 제1호 각 목의 어느 하나에 해당하는 방법
3. 제32조제1항제3호에 따른 확정기여형퇴직연금제도 가입자에 대한 교육 사항: 제1호 각 목의 어느 하나에 해당하는 방법

(2022.4.13 본조신설)

제32조의3【전문기관의 요건】 법 제32조제2항 후단에서 "대통령령으로 정하는 요건을 갖춘 전문기관"이란 다음 각 호의 요건을 모두 갖춘 기관을 말한다.

1. 퇴직연금제도에 관하여 전문지식이 있는 사람으로서 고용노동부령으로 정하는 강사를 1명 이상 둘 것
2. 제32조의2에 따라 교육을 실시할 수 있는 교육자료와 그 밖에 교육시설 등 고용노동부령으로 정하는 요건을 갖출 것

(2022.4.13 본조신설)

제33조【사용자의 금지행위】 법 제32조제4항제2호에서 "대통령령으로 정하는 행위"란 다음 각 호의 행위를 말한다.(2022.4.13 개정)

1. 운용관리업무 또는 자산관리업무를 수행하는 데 필요한 다음 각 목의 자료를 고의로 누락(자료를 제공하지 않는 경우를 포함한다)하거나 거짓으로 작성하여 퇴직연금사업자에게 제공하는 행위(2019.10.29 개정)
   가. 단체협약, 취업규칙, 근로계약서, 급여명세서 등 부담금 산정 및 법 제16조에 따른 급여 지급능력 확보 여부 등을 확인하는 데 필요한 자료
   나. 그 밖에 급여지급 등 운용관리업무 및 자산관리업무의 수행에 필요한 자료
2. 퇴직연금사업자에게 약관 등에서 정해진 부가서비스 외의 경제적 가치가 있는 서비스의 제공을 요구하거나 제공받는 행위
3. 퇴직연금사업자에게 계약 체결을 이유로 물품 등의 구매를 요구하거나 판매하는 행위
4. 퇴직연금사업자에게 확정되지 않은 운용방법의 수익을 확정적으로 제시할 것을 요구하거나 제공받는 행위
5. 삭제(2023.12.12)

제34조【퇴직연금사업자의 금지행위】 ①법 제33조제3항제4호에서 "대통령령으로 정하는 행위"란 다음 각 호의 행위를 말한다.

1. 사용자 또는 가입자의 운용지시 등 업무수행과 관련하여 알게 된 정보를 자기 또는 제3자의 이익을 위하여 이용하는 행위
2. 기존 대출을 연장하거나 신규 대출을 제공하는 등 사용자, 가입자 또는 이들의 이해관계인에게 금융거래상의 혜택을 주는 조건으로 퇴직연금계약의 체결을 요구하는 행위
3. 사용자 또는 가입자에게 특정한 운용방법의 선택을 강요하는 행위
4. 사용자 또는 가입자에게 특정한 운용방법의 가치상승 또는 하락에 대한 단정적이거나 합리적 근거가 없는 판단을 제공하는 행위
5. 적립금 운용방법 등에 있어 통상적인 조건을 벗어나 현저히 유리한 조건을 제시하는 행위
6. 원리금 지급을 보장하는 운용방법의 금리 등을 사용자 또는 가입자에 따라 합리적 이유 없이 차등 적용하는 행위(2019.10.29 개정)
7. 사용자 또는 가입자에게 확정되지 않은 운용방법의 수익을 확정적으로 제시하는 행위
8. 사전지정운용방법에 의한 적립금 운용과 관련된 다음 각 목의 행위(2022.7.11 신설)

퇴직급여

가. 거짓이나 그 밖의 부정한 방법으로 사전지정운용방법의 승인을 받아 운용하는 행위

나. 특정 가입자를 우대하여 수익률 차이가 크게 나도록 하는 등 가입자를 차별하는 행위

다. 거짓이나 그 밖의 부정한 방법으로 법 제21조의3제1항에 따른 정보를 제공하거나 이 영 제13조의3제1항 또는 제13조의4제2항에 따른 통지를 하는 행위

②제1항 각 호의 구체적 기준은 고용노동부장관과 협의하여 금융위원회가 정하여 고시한다.

제35조【특별한 이익의 구체적 내용】 ①법 제33조제4항제2호에서 "대통령령으로 정하는 특별한 이익"이란 다음 각 호의 이익을 말한다.

1. 계약 체결을 유도하거나 계약을 유지하기 위한 금품의 제공
2. 약관에 근거하지 않은 수수료의 할인
3. 가입자 또는 사용자가 부담해야 할 비용의 일부 또는 전부의 부담
4. 가입자 또는 사용자가 해당 퇴직연금사업자로부터 받은 대출금에 대한 이자의 대납(代納)
5. 약관에 근거하지 않은 경제적 가치가 있는 부대서비스의 제공
6. 그 밖에 제1호부터 제5호까지의 이익에 준하는 것으로서 금융위원회가 정하여 고시하는 경제적 이익

②제1항 각 호의 이익의 구체적 기준은 고용노동부장관과 협의하여 금융위원회가 정하여 고시한다.

제36조【개인형퇴직연금제도 가입자에 대한 교육사항】 ①법 제33조제5항에서 "해당 사업의 퇴직연금제도 운영 상황 등 대통령령으로 정하는 사항"이란 다음 각 호의 구분에 따른 사항을 말한다.

1. 법 제24조제2항의 개인형퇴직연금제도의 경우: 이 영 제17조의2, 제18조, 제32조제1항제1호마목 및 사목, 같은 항 제3호다목 및 라목의 사항 (2022.4.13 개정)
2. 법 제25조의 개인형퇴직연금제도의 경우: 이 영 제32조제1항제1호 및 제3호에 관한 사항

②제1항에 따른 교육은 제32조의2제1호 각 목의 어느 하나에 해당하는 방법으로 한다.(2022.4.13 개정)

제36조의2【퇴직연금사업자에 대한 평가】 고용노동부장관은 법

제34조제2항제2호에 따른 퇴직연금사업자에 대한 평가를 고용노동부장관이 정하는 바에 따라 매년 실시한다.(2023.12.12 개정)
(2022.4.13 본조신설)

제37조 【퇴직연금사업자에 대한 금융위원회의 감독】 ①법 제36조제3항 각 호 외의 부분에서 "대통령령으로 정하는 업무"란 운용관리업무와 자산관리업무를 말한다.
②금융위원회는 제1항의 업무에 대한 감독을 수행하는 데 필요한 세부기준을 정하여 고시할 수 있다. 이 경우 고용노동부장관과 미리 협의하여야 한다.

제38조 【제도 폐지에 따른 사용자 조치사항】 법 제38조제2항에서 "대통령령으로 정하는 조치"란 다음 각 호의 조치를 말한다.
1. 퇴직연금제도를 폐지한 날부터 1개월 이내에 고용노동부장관에게 다음 각 목의 사항을 포함한 폐지신고서를 제출할 것
   가. 퇴직연금제도 폐지에 대한 법 제4조제3항에 따른 근로자대표의 동의(2019.10.29 개정)
   나. 퇴직연금제도 폐지 사유 및 폐지일
   다. 퇴직연금제도 폐지일을 기준으로 산정된 해당 사업의 적립금 및 미납 부담금(확정급여형퇴직연금제도의 경우 법 제16조제1항제2호에 따른 금액을 기준으로 한 적립부족액을 말하고, 확정기여형퇴직연금제도의 경우 부담금 납입 지연에 따른 지연이자를 포함한 금액을 말한다)
   라. 미납 부담금의 납입 예정일 등 해소방안(확정기여형퇴직연금제도로 한정한다)
2. 가입자에게 다음 각 목의 사항을 통지할 것
   가. 제1호다목의 사항
   나. 급여 명세 및 지급절차
   다. 제40조에 따른 중간정산 대상기간
   라. 미납 부담금의 납입 예정일 등 해소 방안(확정기여형퇴직연금제도로 한정한다)
3. 퇴직연금제도 폐지일부터 14일 이내에 미납 부담금을 납입하고 퇴직연금사업자가 급여를 지급하도록 할 것

제39조 【퇴직연금제도 중단 시 유지해야 할 기본적인 업무】 법

제38조제3항에서 "대통령령으로 정하는 기본적인 업무"란 다음 각 호의 구분에 따른 업무를 말한다.
1. 사용자의 경우에는 다음 각 목의 업무
  가. 가입 근로자에게 제도 중단 사유 및 중단일, 재개시(再開始) 일정, 미납 부담금이 있는 경우 그 납입 계획 등 제도 중단기간의 처리방안 등의 공지 개시
  나. 법 제32조제2항 전단에 따른 가입자 교육의 실시
  다. 퇴직연금제도 중단 시에도 급여지급의 요청, 적립금의 운용 등과 관련하여 법령 등에 규정된 업무의 이행을 위해 필요한 조치
  라. 그 밖에 퇴직연금제도의 연속성 유지 및 가입자 보호를 위하여 고용노동부장관이 정하는 업무
2. 퇴직연금사업자의 경우에는 다음 각 목의 업무
  가. 가입자 퇴직 등에 따른 급여의 지급
  나. 법 제32조제2항 후단에 따라 위탁받은 가입자 교육의 실시
  다. 급여의 지급, 적립금의 운용, 운용현황의 통지 등과 관련하여 법령 및 운용관리업무와 자산관리업무의 계약에서 정해진 업무
  라. 그 밖의 퇴직연금제도의 연속성 유지 및 가입자 보호를 위하여 고용노동부장관이 정하는 업무

제40조【퇴직연금제도 폐지에 따른 중간정산의 대상기간 등】 법 제38조제4항 및 제5항에 따라 급여가 중간정산되어 지급되는 것으로 보는 경우의 중간정산금(확정급여형퇴직연금제도만 해당한다) 및 중간정산 대상기간은 다음의 각 호의 구분에 따른다.
1. 확정급여형퇴직연금제도의 경우: 중간정산금은 사업별로 적립된 금액을 가입자별 근속기간 · 평균임금과 법 제13조제4호에 따른 급여수준을 고려하여 안분(按分) · 산정하고, 중간정산 대상기간은 중간정산금을 기준으로 환산
2. 확정기여형퇴직연금제도와 법 제25조제1항에 따른 개인형퇴직연금제도의 경우: 중간정산 대상기간은 가입자별로 퇴직연금에 가입한 날부터 사용자가 납입한 부담금에 대응하는 기간의 마지막 날까지로 환산

제41조【권한의 위탁 · 위임】 ①고용노동부장관은 법 제42조제1항에 따라 다음 각 호의 권한을 금융위원회에 위탁한다.
1. 법 제26조에 따른 퇴직연금사업자의 등록

2. 법 제27조에 따른 퇴직연금사업자에 대한 등록취소 및 업무 이전명령
3. 법 제31조제6항에 따른 퇴직연금제도 모집인에 대한 등록취소 및 업무 정지
4. 법 제36조제1항 및 제2항에 따른 시정명령, 업무 이전명령(해당 권한을 행사하는 데 필요한 범위에서 법 제40조에 따른 보고, 서류의 제출 요구를 포함한다)
5. 법 제41조에 따른 청문
6. 법 제48조에 따른 과태료의 부과 · 징수(퇴직연금사업자에 대한 과태료의 부과 · 징수로 한정한다)

②금융위원회는 제1항제1호부터 제4호까지의 업무를 수행하는 데 필요한 세부 기준을 정하여 고시할 수 있다. 이 경우 미리 고용노동부장관과 협의하여야 한다.

③금융위원회는 제1항제3호에 따라 퇴직연금제도 모집인에 대한 등록취소 및 업무정지를 한 경우 그 내용 및 근거를 고용노동부장관에게 알려야 한다.

④고용노동부장관은 법 제42조제1항에 따라 다음 각 호의 권한을 금융감독원장에게 위탁한다.

1. 법 제23조제2호에 따른 표준계약서의 승인
2. 법 제31조제7항에 따라 퇴직연금제도 모집인이 지켜야 할 준수사항의 위반 확인

⑤금융감독원장은 제4항제2호에 따른 확인 결과 퇴직연금제도 모집인이 준수사항을 위반한 사실이 있는 경우 그 내용을 금융위원회에 알려야 한다.

⑥고용노동부장관은 사용자와 가입자를 보호하고 건전한 거래질서를 유지하기 위하여 필요하다고 인정하는 경우에는 금융감독원장에게 제4항제2호에 따른 조사를 요구할 수 있으며, 금융감독원장은 이에 따라 조사를 한 후 그 결과를 고용노동부장관에게 서면으로 제출하여야 한다.

⑦고용노동부장관은 법 제42조제1항에 따라 다음 각 호의 업무를 근로복지공단에 위탁한다.(2023.12.12 개정)

1. 법 제23조의14에 따른 지원 업무
2. 법 제34조제2항제1호에 따른 노사단체, 퇴직연금업무 유관기관 · 단체와의 공동 연구사업 및 행정적 · 재정적 지원 업무
3. 법 제34조제2항제2호에 따른 퇴직연금제도 운영과 관련한 퇴직연금사업자 평가 업무

⑧고용노동부장관은 법 제42조제1항에 따라 다음 각 호의 권한을 지방고용노동관서의 장에게 위임한다.(2022.4.13 개정)

1. 법 제13조 또는 제19조에 따라 신고하는 퇴직연금규약의 접수
2. 법 제35조에 따른 시정명령 및 퇴직연금의 운영중단 명령
3. 법 제40조제1항에 따른 보고 · 서류제출 또는 출석 요구, 같은 조 제2항에 따른 질문 · 조사
4. 법 제48조에 따른 과태료의 부과 · 징수(사용자에 대한 과태료의 부과 · 징수로 한정한다)
5. 제31조제2호 후단에 따른 퇴직연금사업자 선정 · 변경사유서의 접수
6. 제38조제1호에 따른 퇴직연금제도 폐지의 신고 접수

⑨금융위원회는 법 제42조제2항에 따라 법 제36조제3항제1호에 따른 조치(직원에 대한 면직 요구는 제외한다)에 관한 권한을 금융감독원장에게 위탁한다.(2022.4.13 개정)

제42조 【과태료의 부과기준】 법 제48조제1항 및 제2항에 따른 과태료의 부과기준은 별표 3과 같다.

제43조 【고유식별정보의 처리】 고용노동부장관(제41조에 따라 고용노동부장관의 권한을 위탁 · 위임받은 자를 포함한다), 사용자, 퇴직연금사업자, 법 제28조제2항에 따라 퇴직연금사업자, 근로복지공단, 법 제23조의6제3항에 따라 근로복지공단의 중소기업퇴직연금기금제도의 업무를 처리하는 자로부터 운용관리업무를 위탁받은 자, 법 제31조제2항 후단에 따라 퇴직연금제도 모집인 등록업무를 위탁받은 기관, 법 제32조제2항 후단에 따라 교육의 실시를 위탁받은 기관은 다음 각 호의 업무를 수행하기 위하여 불가피한 경우 「개인정보 보호법 시행령」 제19조제1호에 따른 주민등록번호 또는 같은 조 제4호에 따른 외국인등록번호가 포함된 자료를 처리할 수 있다.(2022.4.13 개정)

1. 법 제18조에 따른 운용현황의 통지에 관한 업무(법 제23조의11에서 준용하는 경우를 포함한다)
2. 법 제23조의6제1항에 따른 중소기업퇴직연금기금제도의 설정을 위한 계약의 체결에 관한 업무
3. 법 제23조의8에 따른 기금제도가입자부담금계정의 설정에 관한 업무
4. 법 제23조의14에 따른 국가의 지원 및 지원금 환수에 관한 업무
5. 법 제23조의16에 따른 근로복지공단에 대한 지도 · 감독 등에 관한 업

무
6. 법 제26조에 따른 퇴직연금사업자의 등록에 관한 업무
7. 법 제27조에 따른 퇴직연금사업자에 대한 등록취소 및 이전명령에 관한 업무
8. 법 제28조에 따른 운용관리업무에 관한 계약의 체결에 관한 업무
9. 법 제29조에 따른 자산관리업무에 관한 계약의 체결에 관한 업무
10. 법 제30조에 따른 운용관리업무의 수행에 필요한 업무
11. 법 제31조에 따른 모집업무의 위탁, 퇴직연금제도 모집인 등록, 등록취소 및 모집업무의 정지 등에 관한 업무
12. 법 제32조제2항 후단에 따라 사용자로부터 위탁받은 교육에 필요한 업무(2020.11.3 개정)
13. 법 제33조제6항에 따른 퇴직연금제도의 취급실적 제출에 관한 업무
14. 법 제35조에 따른 사용자에 대한 감독에 관한 업무
15. 법 제36조에 따른 퇴직연금사업자에 대한 감독에 관한 업무
16. 법 제37조에 따른 금융거래정보의 제공 요청에 관한 업무
17. 법 제39조에 따른 업무의 협조에 관한 업무
18. 법 제40조에 따른 보고 및 조사에 관한 업무

제44조【규제의 재검토】 고용노동부장관은 다음 각 호의 사항에 대하여 다음 각 호의 기준일을 기준으로 3년마다(매 3년이 되는 해의 기준일과 같은 날 전까지를 말한다) 그 타당성을 검토하여 개선 등의 조치를 하여야 한다.(2016.12.30 개정)

1. 제5조에 따른 확정급여형퇴직연금제도의 최소적립금 수준: 2017년 1월 1일(2016.12.30 개정)
2. 삭제(2016.12.30)
3. 제7조에 따른 적립금 부족의 판단기준 및 해소방안: 2017년 1월 1일(2016.12.30 개정)
4. 제28조에 따른 퇴직연금제도 모집인의 요건: 2017년 1월 1일(2016.12.30 개정)
5. 제30조에 따른 퇴직연금 모집인의 준수사항: 2017년 1월 1일(2016.12.30 개정)

(2014.12.9 본조신설)

부 칙 (2012. 7.24)

제1조 【시행일】 이 영은 2012년 7월 26일부터 시행한다.

제2조 【수수료 부담에 관한 적용례】 이 영 시행 당시 퇴직연금제도를 설정한 사업에 대해서는 제4조제4항, 제10조제2항, 제19조제2항의 개정규정은 2013년 7월 26일 이후 발생하는 수수료부터 적용한다.

제3조 【보험 계리 전문인력에 관한 경과조치】 이 영 시행 당시 종전의 규정에 따라 퇴직연금사업자로 등록한 자는 제20조제2항의 개정규정에 따른 연금 계리 전문인력을 2013년 7월 25일까지 갖추어야 한다.

제4조 【퇴직금제도의 설정이 의제되는 퇴직보험등】 ①법률 제10967호 근로자퇴직급여 보장법 전부개정법률 부칙 제2조제1항 본문에서 "대통령령으로 정하는 퇴직보험 또는 퇴직일시금신탁"이란 다음 각 호의 요건을 모두 갖춘 보험 또는 신탁(이하 "퇴직보험등"이라 한다)을 말한다.

1. 퇴직하는 근로자가 퇴직보험등을 취급하는 금융기관(이하 "보험사업자등"이라 한다)에 대하여 직접 일시금 또는 연금(퇴직일시금신탁에 가입한 경우는 제외한다. 이하 같다)을 선택하여 청구할 수 있을 것. 다만, 계속근로기간이 1년 미만인 근로자는 일시금 또는 연금을 청구할 수 없으며, 그 일시금 또는 연금은 사용자에게 귀속되는 것이어야 한다.
2. 퇴직보험등의 계약이 해지되는 경우의 환급금(이하 "해지환급금"이라 한다)은 피보험자 또는 수익자(이하 "피보험자등"이라 한다)인 근로자에게 지급되는 것일 것. 다만, 계속근로기간이 1년 미만인 피보험자등인 근로자에 대한 해지환급금은 사용자에게 귀속되는 것이어야 한다.
3. 퇴직보험등에 의한 일시금·연금 또는 해지환급금을 받을 피보험자등인 근로자의 권리는 양도하거나 담보로 제공할 수 없는 것일 것
4. 보험사업자등이 퇴직보험등의 계약 체결 전에 계약의 내용을 피보험자등에게 주지시키고 계약 체결 후에는 그 사실을 통지하는 것일 것
5. 보험사업자등이 매년 보험료 또는 신탁부금 납부 상황과 일시금 또는 연금의 수급 예상액을 피보험자등에게 통지하는 것일 것

②피보험자등인 근로자가 제1항제2호 본문에 따라 해지환급금을 지급받는 경우에는 법 제8조제2항에 따라 지급받을 퇴직금 중 그 해당 금액을 미리 지급받은 것으로 본다.

③사용자는 퇴직보험등에 의한 일시금의 금액이 법 제8조제1항에 따른 퇴직금의 금액보다 적을 경우에는 그 차액을 퇴직하는 근로자에게 지급하여

야 한다.
④제1항제2호에도 불구하고 사용자 및 근로자가 퇴직보험등의 계약을 해지하고, 확정급여형퇴직연금제도 또는 확정기여형퇴직연금제도를 실시하기로 한 경우에는 해지환급금은 피보험자등인 근로자에게 지급되지 아니할 수 있다.

제 5 조【다른 법령의 개정】①개성공업지구 지원에 관한 법률 시행령 일부를 다음과 같이 개정한다.
제11조제4항제3호 중 "「근로자퇴직급여 보장법」 제30조 및 같은 법 시행령 제25조"를 "「근로자퇴직급여 보장법」 제42조 및 같은 법 시행령 제41조"로 한다.
②농업협동조합법 시행령 일부를 다음과 같이 개정한다.
제50조제1항제2호 중 "「근로자퇴직급여 보장법」 제11조제2항에 따라 우선변제권이 인정되는 최종 3년간의 퇴직금"을 "「근로자퇴직급여 보장법」 제12조제2항에 따라 우선변제권이 인정되는 최종 3년간의 퇴직급여등"으로 한다.
③보험업법 시행령 일부를 다음과 같이 개정한다.
제15조제1항제2호 중 "「근로자퇴직급여 보장법」 제16조제2항"을 "「근로자퇴직급여 보장법」 제29조제2항"으로 한다.
제16조제2항제8호 중 "「근로자퇴직급여 보장법」 제2조제12호"를 "「근로자퇴직급여 보장법」 제2조제13호"로 한다.
제86조제6호 중 "「근로자퇴직급여 보장법」 제15조제2항"을 "「근로자퇴직급여 보장법」 제28조제2항"으로 한다.
④산림조합법 시행령 일부를 다음과 같이 개정한다.
제26조제1항제2호 중 "「근로자퇴직급여 보장법」 제11조제2항의 규정에 의하여 우선변제권이 인정되는 최종 3년간의 퇴직금"을 "「근로자퇴직급여 보장법」 제12조제2항에 따라 우선변제권이 인정되는 최종 3년간의 퇴직급여등"으로 한다.
⑤상호저축은행법 시행령 일부를 다음과 같이 개정한다.
제17조제1항제2호 중 "「근로자퇴직급여 보장법」 제11조제2항에 따라 우선변제권이 인정되는 최종 3년간의 퇴직금"을 "「근로자퇴직급여 보장법」 제12조제2항에 따라 우선변제권이 인정되는 최종 3년간의 퇴직급여등"으로 한다.
⑥새마을금고법 시행령 일부를 다음과 같이 개정한다.

제54조제1항제2호 중 "「근로자퇴직급여 보장법」 제11조제2항"을 "「근로자퇴직급여 보장법」 제12조제2항"으로 한다.
⑦소득세법 시행령 일부를 다음과 같이 개정한다.
제25조제2항제1호 중 "「근로자퇴직급여 보장법」 제16조제2항의 규정에 따른 보험계약 및 동법 부칙 제2조제1항의 규정에 의한 퇴직보험계약"을 "「근로자퇴직급여 보장법」 제29조제2항에 따른 보험계약 및 법률 제7379호 근로자퇴직급여보장법 부칙 제2조제1항에 따른 퇴직보험계약"으로 한다.
제38조제1항제15호 본문 중 "「근로자퇴직급여 보장법」 제16조제2항의 규정에 따른 보험 또는 신탁"을 "「근로자퇴직급여 보장법」 제29조제2항에 따른 보험계약 또는 신탁계약"으로 한다.
제42조의2제1항제6호나목을 삭제하고, 같은 호 다목 중 "확정기여형퇴직연금 및 개인퇴직계좌"를 "확정기여형퇴직연금제도 및 개인형퇴직연금제도"로 한다.
제42조의2제5항 중 "확정기여형퇴직연금 또는 개인퇴직계좌"를 "확정기여형퇴직연금제도 또는 개인형퇴직연금제도의 계정"으로 한다.
제51조제3항제4호의2나목 중 "「근로자퇴직급여 보장법」 부칙 제2조제1항의 규정"을 "법률 제7379호 근로자퇴직급여보장법 부칙 제2조제1항"으로 하고, 같은 호 다목 중 "「근로자퇴직급여 보장법」 제16조제2항의 규정"을 "「근로자퇴직급여 보장법」 제29조제2항"으로 한다.
제55조제3항 중 "「근로자퇴직급여 보장법」 제13조에 따른 확정기여형퇴직연금 또는 같은 법 제26조에 따른 개인퇴직계좌"를 "「근로자퇴직급여 보장법」 제19조에 따른 확정기여형퇴직연금제도 또는 같은 법 제25조에 따른 개인형퇴직연금제도"로 하고, 같은 조 제5항제4호 중 "「근로자퇴직급여 보장법 시행령」 제15조 각 호의 규정"을 "「근로자퇴직급여 보장법 시행령」 제24조 각 호"로 한다.

제6조【다른 법령과의 관계】 이 영 시행 당시 다른 법령에서 종전의 「근로자퇴직급여 보장법 시행령」의 규정을 인용한 경우에 이 영 가운데 그에 해당하는 규정이 있으면 종전의 규정을 갈음하여 이 영의 해당 규정을 인용한 것으로 본다.

부 칙 (2015. 3.23)

이 영은 2015년 5월 1일부터 시행한다.

부　칙 (2015.12.15)

제1조【시행일】 이 영은 공포한 날부터 시행한다.

제2조【개인형퇴직연금제도의 부담금 납입한도에 관한 경과조치】 이 영 시행 전에 개인형퇴직연금제도를 설정한 사람이 납입할 수 있는 2015년도분에 대한 부담금의 한도는 제17조의 개정규정에도 불구하고 종전의 규정에 따른다.

부　칙 (2017. 4.18)

이 영은 2017년 7월 26일부터 시행한다.

부　칙 (2018. 6.19)

이 영은 공포한 날부터 시행한다.

부　칙 (2019.10.29)

제1조【시행일】 이 영은 공포 후 6개월이 경과한 날부터 시행한다. 다만, 제31조제1호 및 제38조제1호가목의 개정규정은 공포한 날부터 시행한다.

제2조【퇴직금의 중간정산 사유 등에 관한 적용례】 제3조제1항제3호 및 제14조제1호의2의 개정규정은 각각 이 영 시행 이후 퇴직금 중간정산의 신청 및 확정기여형퇴직연금(개인형퇴직연금을 포함한다)의 적립금 중도인출의 신청을 하는 경우부터 적용한다.

제3조【재정검증 결과의 통보에 관한 적용례】 제6조의 개정규정은 이 영 시행 이후 실시하는 재정검증부터 적용한다.

제4조【퇴직급여제도의 안정적 운영을 위한 사용자 책무에 관한 경과조치】 이 영 시행 전에 종료된 사업연도에 관하여 급여 지급능력 확보 여부 등을 확인하는 데 필요한 자료를 제공하는 사용자의 경우에는 제31조제3호 후단의 개정규정에도 불구하고 종전의 규정에 따른다.

부　칙 (2020.11. 3)

이 영은 공포한 날부터 시행한다.

부　칙 (2022. 4.13)

제1조【시행일】 이 영은 2022년 4월 14일부터 시행한다.

제2조【적립금 부족 해소 기준 변경에 따른 적용례】 제7조제2항제1호의 개정규정은 이 영 시행 이후 제6조제1항 본문에 따라 재정검증 결과를 통보받은 사용자부터 적용한다.

제3조【과태료의 부과기준에 관한 적용례 등】 ①이 영 시행 전의 위반행위로 받은 과태료 부과처분은 별표 3의 개정규정에 따른 위반행위의 횟수 산정에 포함하지 않는다.
②이 영 시행 전의 위반행위에 대하여 과태료의 부과기준을 적용할 때에는 별표 3의 개정규정에도 불구하고 종전의 규정에 따른다.

부 칙 (2022. 7.11)
이 영은 2022년 7월 12일부터 시행한다.

부 칙 (2023.12.12)
이 영은 공포한 날부터 시행한다.

기간제 및 단시간근로자 보호 등에 관한 법률

제정 2006.12.21 법률 제8074호
개정 2007. 4.11 법률 제8372호
2010. 6. 4 법률 제10339호
2012. 2. 1 법률 제11273호
2013. 3.22 법률 제11667호
2014. 3.18 법률 제12469호
2018.10.16 법률 제15848호
2020. 5.26 법률 제17326호
2021. 5.18 법률 제18177호

제1장 총 칙

제1조【목적】 이 법은 기간제근로자 및 단시간근로자에 대한 불합리한 차별을 시정하고 기간제근로자 및 단시간근로자의 근로조건 보호를 강화함으로써 노동시장의 건전한 발전에 이바지함을 목적으로 한다.

제2조【정의】 이 법에서 사용하는 용어의 정의는 다음과 같다.

1. "기간제근로자"라 함은 기간의 정함이 있는 근로계약(이하 "기간제 근로계약"이라 한다)을 체결한 근로자를 말한다.
2. "단시간근로자"라 함은 「근로기준법」 제2조의 단시간근로자를 말한다.(2007.4.11 개정)
3. "차별적 처우"라 함은 다음 각 목의 사항에서 합리적인 이유 없이 불리하게 처우하는 것을 말한다.(2020.5.26 개정)
   가. 「근로기준법」 제2조제1항제5호에 따른 임금
   나. 정기상여금, 명절상여금 등 정기적으로 지급되는 상여금
   다. 경영성과에 따른 성과금
   라. 그 밖에 근로조건 및 복리후생 등에 관한 사항

제 3 조【적용범위】①이 법은 상시 5인 이상의 근로자를 사용하는 모든 사업 또는 사업장에 적용한다. 다만, 동거의 친족만을 사용하는 사업 또는 사업장과 가사사용인에 대하여는 적용하지 아니한다.
②상시 4인 이하의 근로자를 사용하는 사업 또는 사업장에 대하여는 대통령령으로 정하는 바에 따라 이 법의 일부 규정을 적용할 수 있다.(2020.5.26 개정)
③국가 및 지방자치단체의 기관에 대하여는 상시 사용하는 근로자의 수와 관계없이 이 법을 적용한다.(2020.5.26 개정)

제 2 장 기간제근로자

제 4 조【기간제근로자의 사용】①사용자는 2년을 초과하지 아니하는 범위 안에서(기간제 근로계약의 반복갱신 등의 경우에는 그 계속근로한 총기간이 2년을 초과하지 아니하는 범위 안에서) 기간제근로자로 사용할 수 있다. 다만, 다음 각 호의 어느 하나에 해당하는 경우에는 2년을 초과하여 기간제근로자로 사용할 수 있다.
1. 사업의 완료 또는 특정한 업무의 완성에 필요한 기간을 정한 경우
2. 휴직·파견 등으로 결원이 발생하여 해당 근로자가 복귀할 때까지 그 업무를 대신할 필요가 있는 경우(2020.5.26 개정)
3. 근로자가 학업, 직업훈련 등을 이수함에 따라 그 이수에 필요한 기간을 정한 경우
4. 「고령자고용촉진법」 제2조제1호의 고령자와 근로계약을 체결하는 경우
5. 전문적 지식·기술의 활용이 필요한 경우와 정부의 복지정책·실업대책 등에 따라 일자리를 제공하는 경우로서 대통령령으로 정하는 경우 (2020.5.26 개정)
6. 그 밖에 제1호부터 제5호까지에 준하는 합리적인 사유가 있는 경우로서 대통령령으로 정하는 경우(2020.5.26 개정)

②사용자가 제1항 단서의 사유가 없거나 소멸되었음에도 불구하고 2년을 초과하여 기간제근로자로 사용하는 경우에는 그 기간제근로자는 기간의 정함이 없는 근로계약을 체결한 근로자로 본다.

제 5 조【기간의 정함이 없는 근로자로의 전환】 사용자는 기간의 정함이 없는 근로계약을 체결하고자 하는 경우에는 해당 사업 또는 사업

장의 동종 또는 유사한 업무에 종사하는 기간제근로자를 우선적으로 고용하도록 노력하여야 한다.(2020.5.26 개정)

제 3 장 단시간근로자

제 6 조【단시간근로자의 초과근로 제한】①사용자는 단시간근로자에 대하여 「근로기준법」 제2조의 소정근로시간을 초과하여 근로하게 하는 경우에는 해당 근로자의 동의를 얻어야 한다. 이 경우 1주간에 12시간을 초과하여 근로하게 할 수 없다.(2020.5.26 개정)
②단시간근로자는 사용자가 제1항의 규정에 따른 동의를 얻지 아니하고 초과근로를 하게 하는 경우에는 이를 거부할 수 있다.
③사용자는 제1항에 따른 초과근로에 대하여 통상임금의 100분의 50 이상을 가산하여 지급하여야 한다.(2014.3.18 신설)

제 7 조【통상근로자로의 전환 등】①사용자는 통상근로자를 채용하고자 하는 경우에는 해당 사업 또는 사업장의 동종 또는 유사한 업무에 종사하는 단시간근로자를 우선적으로 고용하도록 노력하여야 한다.(2020.5.26 개정)
②사용자는 가사, 학업 그 밖의 이유로 근로자가 단시간근로를 신청하는 때에는 해당 근로자를 단시간근로자로 전환하도록 노력하여야 한다.(2020.5.26 개정)

제 4 장 차별적 처우의 금지 및 시정

제 8 조【차별적 처우의 금지】①사용자는 기간제근로자임을 이유로 해당 사업 또는 사업장에서 동종 또는 유사한 업무에 종사하는 기간의 정함이 없는 근로계약을 체결한 근로자에 비하여 차별적 처우를 하여서는 아니 된다.(2020.5.26 개정)
②사용자는 단시간근로자임을 이유로 해당 사업 또는 사업장의 동종 또는 유사한 업무에 종사하는 통상근로자에 비하여 차별적 처우를 하여서는 아니된다.(2020.5.26 개정)

제 9 조【차별적 처우의 시정신청】①기간제근로자 또는 단시간근로자는 차별적 처우를 받은 경우 「노동위원회법」 제1조의 규정에 따른 노동

위원회(이하 "노동위원회"라 한다)에 그 시정을 신청할 수 있다. 다만, 차별적 처우가 있은 날(계속되는 차별적 처우는 그 종료일)부터 6개월이 지난 때에는 그러하지 아니하다.(2020.5.26 개정)
②기간제근로자 또는 단시간근로자가 제1항의 규정에 따른 시정신청을 하는 때에는 차별적 처우의 내용을 구체적으로 명시하여야 한다.
③제1항 및 제2항의 규정에 따른 시정신청의 절차·방법 등에 관하여 필요한 사항은 「노동위원회법」 제2조제1항의 규정에 따른 중앙노동위원회(이하 "중앙노동위원회"라 한다)가 따로 정한다.
④제8조 및 제1항부터 제3항까지의 규정과 관련한 분쟁에서 입증책임은 사용자가 부담한다.(2020.5.26 개정)

제10조 【조사·심문 등】 ①노동위원회는 제9조의 규정에 따른 시정신청을 받은 때에는 지체 없이 필요한 조사와 관계 당사자에 대한 심문을 하여야 한다.
②노동위원회는 제1항의 규정에 따른 심문을 하는 때에는 관계 당사자의 신청 또는 직권으로 증인을 출석하게 하여 필요한 사항을 질문할 수 있다.
③노동위원회는 제1항 및 제2항의 규정에 따른 심문을 할 때에는 관계 당사자에게 증거의 제출과 증인에 대한 반대심문을 할 수 있는 충분한 기회를 주어야 한다.(2020.5.26 개정)
④제1항부터 제3항까지의 규정에 따른 조사·심문의 방법 및 절차 등에 관하여 필요한 사항은 중앙노동위원회가 따로 정한다.(2020.5.26 개정)
⑤노동위원회는 차별시정사무에 관한 전문적인 조사·연구업무를 수행하기 위하여 전문위원을 둘 수 있다. 이 경우 전문위원의 수·자격 및 보수 등에 관하여 필요한 사항은 대통령령으로 정한다.

제11조 【조정·중재】 ①노동위원회는 제10조의 규정에 따른 심문의 과정에서 관계 당사자 쌍방 또는 일방의 신청 또는 직권에 의하여 조정(調停)절차를 개시할 수 있고, 관계 당사자가 미리 노동위원회의 중재(仲裁)결정에 따르기로 합의하여 중재를 신청한 경우에는 중재를 할 수 있다.
②제1항의 규정에 따라 조정 또는 중재를 신청하는 경우에는 제9조의 규정에 따른 차별적 처우의 시정신청을 한 날부터 14일 이내에 하여야 한다. 다만, 노동위원회의 승낙이 있는 경우에는 14일 후에도 신청할 수 있다.
③노동위원회는 조정 또는 중재를 하는 경우 관계 당사자의 의견을 충분히 들어야 한다.(2020.5.26 개정)

④노동위원회는 특별한 사유가 없으면 조정절차를 개시하거나 중재신청을 받은 때부터 60일 이내에 조정안을 제시하거나 중재결정을 하여야 한다.(2020.5.26 개정)
⑤노동위원회는 관계 당사자 쌍방이 조정안을 수락한 경우에는 조정조서를 작성하고 중재결정을 한 경우에는 중재결정서를 작성하여야 한다.
⑥조정조서에는 관계 당사자와 조정에 관여한 위원전원이 서명·날인하여야 하고, 중재결정서에는 관여한 위원전원이 서명·날인하여야 한다.
⑦제5항 및 제6항의 규정에 따른 조정 또는 중재결정은 「민사소송법」의 규정에 따른 재판상 화해와 동일한 효력을 갖는다.
⑧제1항부터 제7항까지의 규정에 의한 조정·중재의 방법, 조정조서·중재결정서의 작성 등에 관한 사항은 중앙노동위원회가 따로 정한다.(2020.5.26 개정)

제12조【시정명령 등】 ①노동위원회는 제10조의 규정에 따른 조사·심문을 종료하고 차별적 처우에 해당된다고 판정한 때에는 사용자에게 시정명령을 내려야 하고 차별적 처우에 해당하지 아니한다고 판정한 때에는 그 시정신청을 기각하는 결정을 하여야 한다.(2020.5.26 개정)
②제1항의 규정에 따른 판정·시정명령 또는 기각결정은 서면으로 하되 그 이유를 구체적으로 명시하여 관계 당사자에게 각각 교부하여야 한다. 이 경우 시정명령을 내리는 때에는 시정명령의 내용 및 이행기한 등을 구체적으로 기재하여야 한다.(2020.5.26 개정)

제13조【조정·중재 또는 시정명령의 내용】 ①제11조의 규정에 따른 조정·중재 또는 제12조의 규정에 따른 시정명령의 내용에는 차별적 행위의 중지, 임금 등 근로조건의 개선(취업규칙, 단체협약 등의 제도개선 명령을 포함한다) 또는 적절한 배상 등이 포함될 수 있다.(2014.3.18 개정)
②제1항에 따른 배상액은 차별적 처우로 인하여 기간제근로자 또는 단시간근로자에게 발생한 손해액을 기준으로 정한다. 다만, 노동위원회는 사용자의 차별적 처우에 명백한 고의가 인정되거나 차별적 처우가 반복되는 경우에는 손해액을 기준으로 3배를 넘지 아니하는 범위에서 배상을 명령할 수 있다.(2014.3.18 신설)

제14조【시정명령 등의 확정】 ①지방노동위원회의 시정명령 또는 기각결정에 대하여 불복하는 관계 당사자는 시정명령서 또는 기각결정서의 송달을 받은 날부터 10일 이내에 중앙노동위원회에 재심을 신청할 수 있

다.(2020.5.26 개정)
②제1항의 규정에 따른 중앙노동위원회의 재심결정에 대하여 불복하는 관계 당사자는 재심결정서의 송달을 받은 날부터 15일 이내에 행정소송을 제기할 수 있다.(2020.5.26 개정)
③제1항에 규정된 기간 이내에 재심을 신청하지 아니하거나 제2항에 규정된 기간 이내에 행정소송을 제기하지 아니한 때에는 그 시정명령 · 기각결정 또는 재심결정은 확정된다.

제15조【시정명령 이행상황의 제출요구 등】 ①고용노동부장관은 확정된 시정명령에 대하여 사용자에게 이행상황을 제출할 것을 요구할 수 있다.(2010.6.4 개정)
②시정신청을 한 근로자는 사용자가 확정된 시정명령을 이행하지 아니하는 경우 이를 고용노동부장관에게 신고할 수 있다.(2010.6.4 개정)

제15조의2【고용노동부장관의 차별적 처우 시정요구 등】 ①고용노동부장관은 사용자가 제8조를 위반하여 차별적 처우를 한 경우에는 그 시정을 요구할 수 있다.
②고용노동부장관은 사용자가 제1항에 따른 시정요구에 따르지 아니할 경우에는 차별적 처우의 내용을 구체적으로 명시하여 노동위원회에 통보하여야 한다. 이 경우 고용노동부장관은 해당 사용자 및 근로자에게 그 사실을 통지하여야 한다.(2020.5.26 개정)
③노동위원회는 제2항에 따라 고용노동부장관의 통보를 받은 경우에는 지체 없이 차별적 처우가 있는지 여부를 심리하여야 한다. 이 경우 노동위원회는 해당 사용자 및 근로자에게 의견을 진술할 수 있는 기회를 부여하여야 한다.
④제3항에 따른 노동위원회의 심리 및 그 밖의 시정절차 등에 관하여는 제9조제4항 및 제11조부터 제15조까지의 규정을 준용한다. 이 경우 "시정신청을 한 날"은 "통지를 받은 날"로, "기각결정"은 "차별적 처우가 없다는 결정"으로, "관계 당사자"는 "해당 사용자 또는 근로자"로, "시정신청을 한 근로자"는 "해당 근로자"로 본다.
⑤제3항 및 제4항에 따른 노동위원회의 심리 등에 관한 사항은 중앙노동위원회가 정한다.
(2012.2.1 본조신설)

제15조의3【확정된 시정명령의 효력 확대】 ①고용노동부장관은 제

14조(제15조의2제4항에 따라 준용되는 경우를 포함한다)에 따라 확정된 시정명령을 이행할 의무가 있는 사용자의 사업 또는 사업장에서 해당 시정명령의 효력이 미치는 근로자 이외의 기간제근로자 또는 단시간근로자에 대하여 차별적 처우가 있는지를 조사하여 차별적 처우가 있는 경우에는 그 시정을 요구할 수 있다.

②사용자가 제1항에 따른 시정요구에 따르지 아니하는 경우에는 제15조의2제2항부터 제5항까지의 규정을 준용한다.(2020.5.26 개정)

(2014.3.18 본조신설)

제5장 보 칙

제16조 【불리한 처우의 금지】 사용자는 기간제근로자 또는 단시간근로자가 다음 각 호의 어느 하나에 해당하는 행위를 한 것을 이유로 해고 그 밖의 불리한 처우를 하지 못한다.

1. 제6조제2항의 규정에 따른 사용자의 부당한 초과근로 요구의 거부
2. 제9조의 규정에 따른 차별적 처우의 시정신청, 제10조의 규정에 따른 노동위원회에의 참석 및 진술, 제14조의 규정에 따른 재심신청 또는 행정소송의 제기
3. 제15조제2항의 규정에 따른 시정명령 불이행의 신고
4. 제18조의 규정에 따른 통지(2020.5.26 개정)

제17조 【근로조건의 서면명시】 사용자는 기간제근로자 또는 단시간근로자와 근로계약을 체결하는 때에는 다음 각 호의 모든 사항을 서면으로 명시하여야 한다. 다만, 제6호는 단시간근로자에 한정한다.(2020.5.26 개정)

1. 근로계약기간에 관한 사항
2. 근로시간·휴게에 관한 사항
3. 임금의 구성항목·계산방법 및 지불방법에 관한 사항
4. 휴일·휴가에 관한 사항
5. 취업의 장소와 종사하여야 할 업무에 관한 사항
6. 근로일 및 근로일별 근로시간

제18조 【감독기관에 대한 통지】 사업 또는 사업장에서 이 법 또는 이 법에 의한 명령을 위반한 사실이 있는 경우에는 근로자는 그 사실을 고용노동부장관 또는 근로감독관에게 통지할 수 있다.(2020.5.26 개정)

제19조【권한의 위임】 이 법의 규정에 따른 고용노동부장관의 권한은 그 일부를 대통령령으로 정하는 바에 따라 지방고용노동관서의 장에게 위임할 수 있다.(2020.5.26 개정)

제20조【취업촉진을 위한 국가 등의 노력】 국가 및 지방자치단체는 고용정보의 제공, 직업지도, 취업알선, 직업능력개발 등 기간제근로자 및 단시간근로자의 취업촉진을 위하여 필요한 조치를 우선적으로 취하도록 노력하여야 한다.

제6장 벌　칙

제21조【벌칙】 제16조의 규정을 위반하여 근로자에게 불리한 처우를 한 자는 2년 이하의 징역 또는 1천만원 이하의 벌금에 처한다.

제22조【벌칙】 제6조제1항의 규정을 위반하여 단시간근로자에게 초과근로를 하게한 자는 1천만원 이하의 벌금에 처한다.

제23조【양벌규정】 사업주의 대리인·사용인 그 밖의 종업원이 사업주의 업무에 관하여 제21조 및 제22조의 규정에 해당하는 위반행위를 한 때에는 행위자를 벌하는 외에 그 사업주에 대하여도 해당 조의 벌금형을 과한다. 다만, 사업주가 그 위반행위를 방지하기 위하여 해당 업무에 관하여 상당한 주의와 감독을 게을리하지 아니한 경우에는 그러하지 아니하다. (2021.5.18 개정)

제24조【과태료】 ①제14조(제15조의2제4항 및 제15조의3제2항에 따라 준용되는 경우를 포함한다)에 따라 확정된 시정명령을 정당한 이유 없이 이행하지 아니한 자에게는 1억원 이하의 과태료를 부과한다.(2020.5.26 개정)

②다음 각 호의 어느 하나에 해당하는 자에게는 500만원 이하의 과태료를 부과한다.(2020.5.26 개정)

1. 제15조제1항(제15조의2제4항 및 제15조의3제2항에 따라 준용되는 경우를 포함한다)을 위반하여 정당한 이유 없이 고용노동부장관의 이행상황 제출요구에 따르지 아니한 자(2020.5.26 개정)
2. 제17조의 규정을 위반하여 근로조건을 서면으로 명시하지 아니한 자

③제1항 및 제2항의 규정에 따른 과태료는 대통령령으로 정하는 바에 따라 고용노동부장관이 부과·징수한다.(2020.5.26 개정)

④삭제(2018.10.16) ⑤삭제(2018.10.16) ⑥삭제(2018.10.16)

부　칙 (2006.12.21)

①【시행일】 이 법은 2007년 7월 1일부터 시행한다. 다만, 제10조제5항의 규정은 2007년 1월 1일부터 시행하고, 제8조, 제9조, 제10조제1항 내지 제4항, 제11조 내지 제15조, 제16조제2호·제3호 및 제24조제1항·제2항제1호의 규정의 시행일은 사업 또는 사업장(사용사업주의 사업 또는 사업장을 말한다. 이하 같다)별로 다음 각 호와 같다.

1. 상시 300인 이상의 근로자를 사용하는 사업 또는 사업장 : 2007년 7월 1일
2. 국가 및 지방자치단체의 기관, 「정부산하기관 관리기본법」 제3조의 규정에 따른 정부산하기관, 「정부투자기관 관리기본법」 제2조의 규정에 따른 정부투자기관, 「지방공기업법」 제49조 및 동법 제76조의 규정에 따른 지방공사 및 지방공단, 「정부출연연구기관 등의 설립·운영 및 육성에 관한 법률」 제2조 및 「과학기술분야 정부출연연구기관 등의 설립·운영 및 육성에 관한 법률」 제2조의 규정에 따른 정부출연연구기관 및 연구회, 「국립대학병원 설치법」에 따른 대학병원 : 2007년 7월 1일
3. 상시 100인 이상 300인 미만의 근로자를 사용하는 사업 또는 사업장 : 2008년 7월 1일
4. 상시 100인 미만의 근로자를 사용하는 사업 또는 사업장 : 2009년 7월 1일

②【근로계약기간에 관한 적용례】 제4조의 규정은 이 법 시행 후 근로계약이 체결·갱신되거나 기존의 근로계약기간을 연장하는 경우부터 적용한다.

③【다른 법률의 개정】 「근로기준법」 일부를 다음과 같이 개정한다.

제23조를 삭제한다.

제115조제1호중 "第13條, 第23條"를 "제13조"로 한다.

부　칙 (2012. 2. 1)

제1조【시행일】 이 법은 공포 후 6개월이 경과한 날부터 시행한다.

제2조【차별적 처우의 시정신청에 관한 적용례】 제9조제1항의 개정규정은 이 법 시행 후 최초로 차별적 처우의 시정을 신청한 경우부터 적용한다.

부　칙 (2013. 3.22)

이 법은 공포 후 6개월이 경과한 날부터 시행한다.

부　칙 (2014. 3.18)

제 1 조【시행일】 이 법은 공포 후 6개월이 경과한 날부터 시행한다.

제 2 조【초과근로에 관한 적용례】 제6조제3항의 개정규정은 이 법 시행 후 최초로 초과근로를 하는 경우부터 적용한다.

제 3 조【배상 명령에 관한 적용례】 제13조제2항의 개정규정은 이 법 시행 후 최초로 발생한 차별적 처우부터 적용한다.

부　칙 (2018.10.16)

이 법은 공포한 날부터 시행한다.

부　칙 (2021. 5.18)

이 법은 공포한 날부터 시행한다.

기간제 및 단시간근로자 보호 등에 관한 법률 시행령

제정 2007. 6.18 대통령령 제20093호
개정 2009.11.20 대통령령 제21835호
2009.12.30 대통령령 제21928호
2010. 2. 4 대통령령 제22018호
2010. 7.12 대통령령 제22269호
2011. 3.30 대통령령 제22797호
2012. 1. 6 대통령령 제23488호
2012. 6.12 대통령령 제23852호
2013.11.20 대통령령 제24852호
2014. 9.18 대통령령 제25614호
2019. 6.11 대통령령 제29813호

제 1 조 【목적】 이 영은 「기간제 및 단시간근로자 보호 등에 관한 법률」에서 위임된 사항과 그 시행에 필요한 사항을 규정하는 것을 목적으로 한다.

제 2 조 【적용 범위】 「기간제 및 단시간근로자 보호 등에 관한 법률」(이하 "법"이라 한다) 제3조제2항에 따라 상시 4명 이하의 근로자를 사용하는 사업 또는 사업장에 적용하는 법 규정은 별표 1과 같다.

제 3 조 【기간제근로자 사용기간 제한의 예외】 ①법 제4조제1항제5호에서 "전문적 지식·기술의 활용이 필요한 경우로서 대통령령이 정하는 경우"란 다음 각 호의 어느 하나에 해당하는 경우를 말한다.

1. 박사 학위(외국에서 수여받은 박사 학위를 포함한다)를 소지하고 해당 분야에 종사하는 경우
2. 「국가기술자격법」 제9조제1항제1호에 따른 기술사 등급의 국가기술자격을 소지하고 해당 분야에 종사하는 경우
3. 별표 2에서 정한 전문자격을 소지하고 해당 분야에 종사하는 경우

②법 제4조제1항제5호에서 "정부의 복지정책·실업대책 등에 의하여 일자

리를 제공하는 경우로서 대통령령이 정하는 경우"란 다음 각 호의 어느 하나에 해당하는 경우를 말한다.

1. 「고용정책 기본법」, 「고용보험법」 등 다른 법령에 따라 국민의 직업능력 개발, 취업 촉진 및 사회적으로 필요한 서비스 제공 등을 위하여 일자리를 제공하는 경우(2009.12.30 개정)
2. 「제대군인 지원에 관한 법률」 제3조에 따라 제대군인의 고용증진 및 생활안정을 위하여 일자리를 제공하는 경우
3. 「국가보훈기본법」 제19조제2항에 따라 국가보훈대상자에 대한 복지증진 및 생활안정을 위하여 보훈도우미 등 복지지원 인력을 운영하는 경우

③법 제4조제1항제6호에서 "대통령령이 정하는 경우"란 다음 각 호의 어느 하나에 해당하는 경우를 말한다.(2010.2.4 개정)

1. 다른 법령에서 기간제근로자의 사용 기간을 법 제4조제1항과 달리 정하거나 별도의 기간을 정하여 근로계약을 체결할 수 있도록 한 경우
2. 국방부장관이 인정하는 군사적 전문적 지식·기술을 가지고 관련 직업에 종사하거나 「고등교육법」 제2조제1호에 따른 대학에서 안보 및 군사학 과목을 강의하는 경우
3. 특수한 경력을 갖추고 국가안전보장, 국방·외교 또는 통일과 관련된 업무에 종사하는 경우
4. 「고등교육법」 제2조에 따른 학교(같은 법 제30조에 따른 대학원대학을 포함한다)에서 다음 각 목의 업무에 종사하는 경우(2010.2.4 개정)
   가. 「고등교육법」 제14조에 따른 강사, 조교의 업무(2019.6.11 개정)
   나. 「고등교육법 시행령」 제7조에 따른 명예교수, 겸임교원, 초빙교원 등의 업무(2019.6.11 개정)
5. 「통계법」 제22조에 따라 고시한 한국표준직업분류의 대분류 1과 대분류 2 직업에 종사하는 자의 「소득세법」 제20조제1항에 따른 근로소득(최근 2년간의 연평균근로소득을 말한다)이 고용노동부장관이 최근 조사한 고용형태별근로실태조사의 한국표준직업분류 대분류 2 직업에 종사하는 자의 근로소득 상위 100분의 25에 해당하는 경우(2010.7.12 개정)
6. 「근로기준법」 제18조제3항에 따른 1주 동안의 소정근로시간이 뚜렷하게 짧은 단시간근로자를 사용하는 경우
7. 「국민체육진흥법」 제2조제4호에 따른 선수와 같은 조 제6호에 따른 체육지도자 업무에 종사하는 경우

8. 다음 각 목의 연구기관에서 연구업무에 직접 종사하는 경우 또는 실험 · 조사 등을 수행하는 등 연구업무에 직접 관여하여 지원하는 업무에 종사하는 경우(2010.2.4 신설)
   가. 국공립연구기관
   나. 「정부출연연구기관 등의 설립 · 운영 및 육성에 관한 법률」 또는 「과학기술분야 정부출연연구기관 등의 설립 · 운영 및 육성에 관한 법률」에 따라 설립된 정부출연연구기관
   다. 「특정연구기관 육성법」에 따른 특정연구기관
   라. 「지방자치단체출연 연구원의 설립 및 운영에 관한 법률」에 따라 설립된 연구기관
   마. 「공공기관의 운영에 관한 법률」에 따른 공공기관의 부설 연구기관
   바. 기업 또는 대학의 부설 연구기관
   사. 「민법」 또는 다른 법률에 따라 설립된 법인인 연구기관

제4조【전문위원의 수 및 자격 등】 ①법 제10조제5항에 따라 「노동위원회법」제2조제1항에 따른 노동위원회(이하 "노동위원회"라 한다)에 두는 전문위원의 수는 10명 이내로 한다.
②제1항에 따른 전문위원은 법학 · 경영학 · 경제학 등 노동문제와 관련된 학문 분야의 박사학위 소지자, 변호사 · 공인회계사 · 공인노무사 등 관련 자격증 소지자 중에서 「노동위원회법」 제2조제1항에 따른 중앙노동위원회(이하 "중앙노동위원회"라 한다)의 위원장이 임명한다.
③제1항에 따른 전문위원의 보수에 관한 사항은 「공무원보수규정」 별표 34 일반임기제공무원의 연봉등급 기준표를 준용하여 중앙노동위원회가 따로 정한다.(2013.11.20 개정)

제5조【권한의 위임】 고용노동부장관은 법 제19조에 따라 다음 각 호의 사항에 관한 권한을 지방고용노동관서의 장에게 위임한다.(2010.7.12 개정)
1. 법 제15조제1항(법 제15조의2제4항 및 제15조의3제2항에 따라 준용되는 경우를 포함한다)에 따른 확정된 시정명령에 대한 이행상황의 제출 요구(2014.9.18 개정)
2. 법 제15조제2항(법 제15조의2제4항 및 제15조의3제2항에 따라 준용되는 경우를 포함한다)에 따른 확정된 시정명령 불이행에 대한 신고의 접수(2014.9.18 개정)

2의2. 법 제15조의2제1항 및 제15조의3제1항에 따른 차별적 처우에 대한 시정요구 및 법 제15조의2제2항(법 제15조의3제2항에 따라 준용되는 경우를 포함한다)에 따른 차별적 처우의 통보 · 통지(2014.9.18 개정)

3. 법 제24조에 따른 과태료의 부과 · 징수

제 5 조의 2 【고유식별정보의 처리】 노동위원회는 다음 각 호의 사무를 수행하기 위하여 불가피한 경우 「개인정보 보호법 시행령」 제19조제1호 또는 제4호에 따른 주민등록번호 또는 외국인등록번호가 포함된 자료를 처리할 수 있다.

1. 법 제9조제1항에 따른 기간제 및 단시간근로자에 대한 차별적 처우의 시정신청에 관한 사무
2. 법 제11조에 따른 기간제 및 단시간근로자에 대한 차별적 처우의 시정신청에 대한 조정 및 중재에 관한 사무
3. 법 제14조에 따른 기간제 및 단시간근로자에 대한 차별적 처우의 시정명령 또는 기각결정에 대한 재심에 관한 사무

(2012.1.6 본조신설)

제 6 조 【과태료의 부과기준】 법 제24조제1항 및 제2항에 따른 과태료의 부과기준은 별표 3과 같다.

(2011.3.30 본조개정)

부 칙

이 영은 2007년 7월 1일부터 시행한다. 다만, 별표 3(제1호 및 제2호에 한정한다)의 시행일은 사업 또는 사업장(사용사업주의 사업 또는 사업장을 말한다. 이하 같다)별로 다음 각 호와 같다.

1. 상시 300명 이상의 근로자를 사용하는 사업 또는 사업장 : 2007년 7월 1일
2. 국가 및 지방자치단체의 기관, 「공공기관의 운영에 관한 법률」 제5조에 따라 공기업, 준정부기관, 기타공공기관으로 지정되는 기관 중 법률 제8258호 공공기관의 운영에 관한 법률 부칙 제2조에 따라 폐지된 「정부산하기관 관리기본법」 제3조에 따른 정부산하기관의 요건에 해당하거나 「정부투자기관 관리기본법」 제2조에 따른 정부투자기관의 요건에 해당

하는 기관, 「지방공기업법」 제49조 및 같은 법 제76조에 따른 지방공사 및 지방공단, 「정부출연연구기관 등의 설립·운영 및 육성에 관한 법률」 제2조 및 「과학기술분야 정부출연연구기관 등의 설립·운영 및 육성에 관한 법률」 제2조에 따른 정부출연연구기관 및 연구회, 「국립대학병원 설치법」에 따른 대학병원 : 2007년 7월 1일

3. 상시 100명 이상 300명 미만의 근로자를 사용하는 사업 또는 사업장 : 2008년 7월 1일
4. 상시 100명 미만의 근로자를 사용하는 사업 또는 사업장 : 2009년 7월 1일

부　칙 (2010. 2. 4)

제1조【시행일】 이 영은 공포한 날부터 시행한다.

제2조【적용례】 제3조제3항제4호, 제5호 및 제8호의 개정규정은 이 영 시행 후 근로계약이 체결·갱신되거나 기존의 근로계약기간을 연장하는 경우부터 적용한다.

부　칙 (2011. 3.30)

제1조【시행일】 이 영은 2011년 7월 1일부터 시행한다.

제2조【과태료에 관한 경과조치】 ①이 영 시행 전의 위반행위에 대하여 과태료의 부과기준을 적용할 때에는 별표 3의 개정규정에도 불구하고 종전의 규정에 따른다.

②이 영 시행 전의 위반행위로 받은 과태료 부과처분은 별표 3의 개정규정에 따른 위반행위의 횟수 산정에 포함하지 아니한다.

부　칙 (2012. 6.12)

이 영은 2012년 8월 2일부터 시행한다.

부　칙 (2014. 9.18)

이 영은 2014년 9월 19일부터 시행한다.

임금채권보장법

제정 1998. 2.20 법률 제5513호
개정 2007.12.27 법률 제8816호
2009. 1. 7 법률 제9339호
2009.10. 9 법률 제9792호
2009.10. 9 법률 제9794호
2010. 1.27 법률 제9991호
2010. 5.25 법률 제10320호
2010. 6. 4 법률 제10339호
2011. 7.25 법률 제10967호
2012. 2. 1 법률 제11277호
2014. 3.24 법률 제12528호
2015. 1.20 법률 제13047호
2016. 1.27 법률 제13909호
2017. 7.26 법률 제14839호
2018.10.16 법률 제15850호
2020. 5.26 법률 제17326호
2020.12. 8 법률 제17604호
2021. 4.13 법률 제18042호
2024. 2. 6 법률 제20233호
2025.11.11 법률 제21137호

제1장 총 칙

제1조【목적】 이 법은 경기 변동과 산업구조 변화 등으로 사업을 계속하는 것이 불가능하거나 기업의 경영이 불안정하여, 임금등을 지급받지 못하고 퇴직한 근로자 등에게 그 지급을 보장하는 조치를 마련함으로써 근로자의 생활안정에 이바지하는 것을 목적으로 한다.(2015.1.20 개정)

제 2 조 【정의】 이 법에서 사용하는 용어의 뜻은 다음과 같다.
1. "근로자"란 「근로기준법」 제2조에 따른 근로자를 말한다.
2. "사업주"란 근로자를 사용하여 사업을 하는 자를 말한다.
3. "임금등"이란 「근로기준법」 제2조 · 제34조 · 제46조 및 제74조제4항에 따른 임금 · 퇴직금 · 휴업수당 및 출산전후휴가기간 중 급여를 말한다.(2020.12.8 개정)
4. "보수"란 「고용보험 및 산업재해보상보험의 보험료징수 등에 관한 법률」 제2조제3호에 따른 보수를 말한다.(2010.1.27 신설)
(2007.12.27 본조개정)

제 3 조 【적용 범위】 이 법은 「산업재해보상보험법」 제6조에 따른 사업 또는 사업장(이하 "사업"이라 한다)에 적용한다. 다만, 국가와 지방자치단체가 직접 수행하는 사업은 그러하지 아니하다.
(2007.12.27 본조개정)

제 4 조 【준용】 임금채권보장관계에는 「고용보험 및 산업재해보상보험의 보험료징수 등에 관한 법률」(이하 "고용산재보험료징수법"이라 한다) 제3조, 제5조제4항 · 제5항, 제6조제2항부터 제4항까지 및 제8조를 준용한다.
(2021.4.13 본조개정)

제 5 조 【국고의 부담】 국가는 매 회계연도 예산의 범위에서 이 법에 따른 임금채권보장을 위한 사무집행에 드는 비용의 일부를 일반회계에서 부담하여야 한다.
(2007.12.27 본조개정)

제 6 조 【임금채권보장기금심의위원회】 ①제17조에 따른 임금채권보장기금의 관리 · 운용에 관한 중요사항을 심의하기 위하여 고용노동부에 임금채권보장기금심의위원회(이하 "위원회"라 한다)를 둔다.(2010.6.4 개정)
②위원회는 근로자를 대표하는 사람, 사업주를 대표하는 사람 및 공익을 대표하는 사람으로 구성하되, 각각 같은 수로 한다.(2020.5.26 개정)
③위원회의 조직과 운영에 필요한 사항은 대통령령으로 정한다.
(2007.12.27 본조개정)

제 2 장 임금채권의 지급보장

제7조【퇴직한 근로자에 대한 대지급금의 지급】 ①고용노동부장관은 사업주가 다음 각 호의 어느 하나에 해당하는 경우에 퇴직한 근로자가 지급받지 못한 임금등의 지급을 청구하면 제3자의 변제에 관한 「민법」 제469조에도 불구하고 그 근로자의 미지급 임금등을 사업주(「근로기준법」 제44조 또는 제44조의2에 따라 하수급인과 연대하여 근로자의 임금에 대한 연대책임을 부담하는 직상 수급인 및 그 상위 수급인을 포함한다. 이하 이 조, 제7조의2, 제7조의3, 제8조, 제8조의2, 제12조, 제13조, 제22조, 제23조, 제23조의2, 제23조의3 및 제25조에서 같다)를 대신하여 지급한다.(2025.11.11 개정)

1. 「채무자 회생 및 파산에 관한 법률」에 따른 회생절차개시의 결정이 있는 경우
2. 「채무자 회생 및 파산에 관한 법률」에 따른 파산선고의 결정이 있는 경우
3. 고용노동부장관이 대통령령으로 정한 요건과 절차에 따라 미지급 임금등을 지급할 능력이 없다고 인정하는 경우
4. 사업주가 근로자에게 미지급 임금등을 지급하라는 다음 각 목의 어느 하나에 해당하는 판결, 명령, 조정 또는 결정 등이 있는 경우(2015.1.20 신설)
   가. 「민사집행법」 제24조에 따른 확정된 종국판결
   나. 「민사집행법」 제56조제3호에 따른 확정된 지급명령
   다. 「민사집행법」 제56조제5호에 따른 소송상 화해, 청구의 인낙(認諾) 등 확정판결과 같은 효력을 가지는 것
   라. 「민사조정법」 제28조에 따라 성립된 조정
   마. 「민사조정법」 제30조에 따른 확정된 조정을 갈음하는 결정
   바. 「소액사건심판법」 제5조의7제1항에 따른 확정된 이행권고결정
5. 고용노동부장관이 근로자에게 제12조에 따라 체불임금등과 체불사업주 등을 증명하는 서류(이하 "체불 임금등 · 사업주 확인서"라 한다)를 발급하여 사업주의 미지급임금등이 확인된 경우(2021.4.13 신설)

②제1항에 따라 고용노동부장관이 사업주를 대신하여 지급하는 체불 임금등 대지급금(이하 "대지급금"이라 한다)의 범위는 다음 각 호와 같다. 다만, 대통령령으로 정하는 바에 따라 제1항제1호부터 제3호까지의 규정에 따른 대지급금의 상한액과 같은 항 제4호 및 제5호에 따른 대지급금의 상한액은 근로자의 퇴직 당시의 연령 등을 고려하여 따로 정할 수 있으며 대

지급금이 적은 경우에는 지급하지 아니할 수 있다.(2021.4.13 개정)

1. 「근로기준법」 제38조제2항제1호에 따른 임금 및 「근로자퇴직급여 보장법」 제12조제2항에 따른 최종 3년간의 퇴직급여등(2011.7.25 개정)

2. 「근로기준법」 제46조에 따른 휴업수당(최종 3개월분으로 한정한다)

3. 「근로기준법」 제74조제4항에 따른 출산전후휴가기간 중 급여(최종 3개월분으로 한정한다)(2020.12.8 신설)

③제2항 각 호에 따른 근무기간, 휴업기간 또는 출산전후휴가기간에 대한 대지급금의 지급은 다음 각 호의 구분에 따른다.(2021.4.13 개정)

1. 제1항제1호부터 제3호까지에 해당하여 지급하는 대지급금의 경우에는 중복하여 지급하지 아니할 것

2. 제1항제4호 및 제5호에 해당하여 지급하는 대지급금의 경우에는 중복하여 지급하지 아니할 것

3. 제1항제1호부터 제3호까지 중 어느 하나에 해당하여 대지급금을 지급한 경우에는 그에 해당하는 금액을 공제하고, 같은 항 제4호 또는 제5호에 해당하는 대지급금을 지급할 것

4. 제1항제4호 또는 제5호에 해당하여 대지급금을 지급한 경우에는 그에 해당하는 금액을 공제하고, 같은 항 제1호부터 제3호까지 중 어느 하나에 해당하는 대지급금을 지급할 것

④대지급금의 지급대상이 되는 퇴직한 근로자와 사업주의 기준은 대통령령으로 정한다.(2021.4.13 개정)

⑤사업장 규모 등 노동부령으로 정하는 기준에 해당하는 퇴직한 근로자가 제1항에 따라 대지급금을 청구하는 경우 노동부령으로 정하는 공인노무사로부터 대지급금 청구서 작성, 사실확인 등에 관한 지원을 받을 수 있다.(2021.4.13 개정)

⑥노동부장관은 퇴직한 근로자가 제5항에 따라 공인노무사로부터 지원을 받은 경우 그에 드는 비용의 전부 또는 일부를 지원할 수 있으며, 지원금액 및 구체적인 지급방법 등에 관한 사항은 노동부령으로 정한다.(2021.4.13 개정)

⑦고용노동부장관은 제1항에 따른 대지급금의 지급 여부에 관하여 고용노동부령으로 정하는 바에 따라 해당 사업주(대지급금을 지급하기로 한 경우로 한정한다) 및 근로자에게 통지하여야 한다.(2021.4.13 신설)

⑧그 밖에 퇴직한 근로자에 대한 대지급금의 지급 등에 필요한 사항은 대

통령령으로 정한다.(2021.4.13 개정)
(2007.12.27 본조개정)

제7조의2【재직 근로자에 대한 대지급금의 지급】 ①고용노동부장관은 사업주가 제7조제1항제4호 또는 제5호에 해당하는 경우 해당 사업주와 근로계약이 종료되지 아니한 근로자(이하 "재직 근로자"라 한다)가 지급받지 못한 임금등의 지급을 청구하면 제3자의 변제에 관한 「민법」 제469조에도 불구하고 대지급금을 지급한다.

②제1항에 따라 고용노동부장관이 지급하는 대지급금의 범위는 다음 각 호와 같다.

1. 재직 근로자가 체불 임금에 대하여 제7조제1항제4호에 따른 판결, 명령, 조정 또는 결정 등을 위한 소송 등을 제기하거나 해당 사업주에 대하여 진정 · 청원 · 탄원 · 고소 또는 고발 등을 제기한 날을 기준으로 맨 나중의 임금 체불이 발생한 날부터 소급하여 3개월 동안에 지급되어야 할 임금 중 지급받지 못한 임금
2. 제1호와 같은 기간 동안에 지급되어야 할 휴업수당 중 지급받지 못한 휴업수당
3. 제1호와 같은 기간 동안에 지급되어야 할 출산전후휴가기간 중 급여에서 지급받지 못한 급여

③대지급금의 지급대상이 되는 재직 근로자와 사업주의 기준 및 대지급금의 상한액은 해당 근로자의 임금이나 소득 수준 및 그 밖의 생활 여건 등을 고려하여 대통령령으로 정한다.

④재직 근로자에 대한 대지급금은 해당 근로자가 하나의 사업에 근로하는 동안 1회만 지급한다.

⑤제1항에 따라 대지급금을 지급받은 근로자가 퇴직 후 같은 근무기간, 같은 휴업기간 또는 같은 출산전후휴가기간에 대하여 제7조에 따른 대지급금의 지급을 청구한 경우 그 지급에 관하여는 다음 각 호의 구분에 따른다.

1. 제7조제1항제1호부터 제3호까지의 규정 중 어느 하나에 해당하여 대지급금의 지급을 청구한 경우에는 제1항 및 제2항에 따라 지급받은 대지급금에 해당하는 금액을 공제하고 지급할 것
2. 제7조제1항제4호 또는 제5호에 해당하여 대지급금의 지급을 청구한 경우에는 지급하지 아니할 것

⑥고용노동부장관은 제1항에 따른 대지급금의 지급 여부에 관하여 고용노

동부령으로 정하는 바에 따라 해당 사업주(대지급금을 지급하기로 한 경우로 한정한다) 및 근로자에게 통지하여야 한다.
⑦그 밖에 재직 근로자에 대한 대지급금의 지급 등에 필요한 사항은 대통령령으로 정한다.
(2021.4.13 본조신설)

제7조의3【체불 임금등 및 생계비 융자】 ①고용노동부장관은 사업주가 근로자에게 임금등을 지급하지 못한 경우에 사업주의 신청에 따라 체불 임금등을 지급하는 데 필요한 비용을 융자할 수 있다.(2024.2.6 개정)
②고용노동부장관은 사업주로부터 임금등을 지급받지 못한 근로자(퇴직한 근로자를 포함한다)의 생활안정을 위하여 근로자의 신청에 따라 생계비에 필요한 비용을 융자할 수 있다.(2020.12.8 신설)
③제1항 및 제2항에 따른 융자금액은 고용노동부장관이 해당 근로자에게 직접 지급하여야 한다.(2020.12.8 개정)
④제1항 및 제2항에 따른 체불 임금등 및 생계비 비용 융자의 구체적인 기준, 금액, 기간 및 절차 등은 고용노동부령으로 정한다.(2020.12.8 개정)
(2021.4.13 본조개정)

제8조【미지급 임금등의 청구권의 대위】 ①고용노동부장관은 제7조 또는 제7조의2에 따라 해당 근로자에게 대지급금을 지급하였을 때에는 그 지급한 금액의 한도에서 그 근로자가 해당 사업주에 대하여 미지급 임금등을 청구할 수 있는 권리를 대위(代位)한다.(2021.4.13 개정)
②「근로기준법」 제38조에 따른 임금채권 우선변제권 및 「근로자퇴직급여 보장법」 제12조제2항에 따른 퇴직급여등 채권 우선변제권은 제1항에 따라 대위되는 권리에 존속한다.(2021.4.13 개정)
(2007.12.27 본조개정)

제8조의2【변제금의 징수】 ①고용노동부장관은 제7조 또는 제7조의2에 따라 근로자에게 대지급금을 지급한 경우에는 제8조제1항에 따라 미지급 임금등을 청구할 수 있는 권리를 대위하여 해당 사업주에게 그에 해당하는 금액(이하 "변제금"이라 한다)을 납부할 것을 기한을 정하여 통지하여야 한다.
②변제금의 징수에 관하여는 고용산재보험료징수법 제25조, 제26조의2, 제27조, 제27조의2, 제28조, 제28조의2부터 제28조의5까지, 제28조의7, 제29조, 제32조 및 제42조(제1항제3호 · 제4호 및 제2항제2호부터 제5호까지로 한

정한다)를 준용한다. 이 경우 "납부의무자"는 "사업주"로, "보험료" 및 "보험료, 환수금"은 각각 "변제금"으로, "공단" 또는 "건강보험공단"은 각각 "고용노동부장관(이 법 제27조에 따라 그 권한을 위탁한 경우에는 그 위탁받은 자를 말한다)"으로 본다.

③변제금의 납부 기한 및 그 밖에 변제금 징수에 필요한 사항은 대통령령으로 정한다.

(2025.11.11 본조신설)

제 9 조 【사업주의 부담금】 ①고용노동부장관은 제7조 또는 제7조의2에 따른 대지급금의 지급이나 제7조의3에 따른 체불 임금등 및 생계비의 융자 등 임금채권보장사업에 드는 비용에 충당하기 위하여 사업주로부터 부담금을 징수한다.(2024.2.6 개정)

②제1항에 따라 사업주가 부담하여야 하는 부담금은 그 사업에 종사하는 근로자의 보수총액에 1천분의 2의 범위에서 위원회의 심의를 거쳐 고용노동부장관이 정하는 부담금비율을 곱하여 산정한 금액으로 한다.(2010.6.4 개정)

③보수총액을 결정하기 곤란한 경우에는 고용산재보험료징수법 제13조제6항에 따라 고시하는 노무비율(勞務比率)에 따라 임금총액을 결정한다.(2021.4.13 개정)

④도급사업의 일괄적용에 관한 고용산재보험료징수법 제9조는 제1항의 부담금 징수에 관하여 준용한다. 이 경우 같은 법 제9조제1항 단서 중 "공단"을 "고용노동부장관"으로 본다.(2021.4.13 개정)

⑤이 법은 사업주의 부담금에 관하여 다른 법률에 우선하여 적용한다.(2018.10.16 신설)

(2007.12.27 본조개정)

제10조 【부담금의 경감】 고용노동부장관은 다음 각 호의 어느 하나에 해당하는 사업주에 대하여는 제9조에 따른 부담금을 경감할 수 있다. 이 경우 그 경감기준은 고용노동부장관이 위원회의 심의를 거쳐 정한다.(2010.6.4 개정)

1. 삭제(2014.3.24)
2. 「근로기준법」 또는 「근로자퇴직급여 보장법」에 따라 퇴직금을 미리 정산하여 지급한 사업주
3. 법률 제7379호 근로자퇴직급여보장법 부칙 제2조제1항에 따른 퇴직보

험등에 가입한 사업주, 「근로자퇴직급여 보장법」 제3장에 따른 확정급여형퇴직연금제도, 같은 법 제4장에 따른 확정기여형퇴직연금제도, 같은 법 제4장의2에 따른 중소기업퇴직연금기금제도 또는 같은 법 제25조에 따른 개인형퇴직연금제도를 설정한 사업주(2024.2.6 개정)
4. 「외국인근로자의 고용 등에 관한 법률」 제13조에 따라 외국인근로자 출국만기보험·신탁에 가입한 사업주
(2007.12.27 본조개정)

제11조 【대지급금수급계좌】 ①고용노동부장관은 근로자의 신청이 있는 경우에는 제7조 또는 제7조의2에 따른 대지급금을 해당 근로자 명의의 지정된 계좌(이하 "대지급금수급계좌"라 한다)로 입금하여야 한다. 다만, 정보통신장애나 그 밖에 대통령령으로 정하는 불가피한 사유로 대지급금을 대지급금수급계좌로 이체할 수 없을 때에는 현금 지급 등 대통령령으로 정하는 바에 따라 대지급금을 지급할 수 있다.(2021.4.13 개정)
②대지급금수급계좌의 해당 금융기관은 이 법에 따른 대지급금만이 대지급금수급계좌에 입금되도록 관리하여야 한다.(2021.4.13 개정)
③제1항에 따른 신청 방법 및 절차와 제2항에 따른 대지급금수급계좌의 관리에 필요한 사항은 대통령령으로 정한다.(2021.4.13 개정)
(2020.12.8 본조신설)

제11조의2 【수급권의 보호】 ①제7조 또는 제7조의2에 따른 대지급금을 지급받을 권리는 양도 또는 압류하거나 담보로 제공할 수 없다.(2021.4.13 개정)
②대지급금의 수령은 대통령령으로 정하는 바에 따라 위임할 수 있다.(2021.4.13 개정)
③미성년자인 근로자는 독자적으로 대지급금의 지급을 청구할 수 있다.(2021.4.13 개정)
④대지급금수급계좌의 예금에 관한 채권은 압류할 수 없다.(2021.4.13 개정)
(2020.12.8 본조개정)

제12조 【체불 임금등의 확인】 ①임금등을 지급받지 못한 근로자는 다음 각 호의 어느 하나에 해당하는 경우 고용노동부장관에게 체불 임금등·사업주 확인서의 발급을 신청할 수 있다.(2021.4.13 개정)
1. 제7조제1항제4호·제5호 또는 제7조의2제1항에 따른 대지급금의 지급 청구 절차를 진행하기 위하여 필요한 경우

2.「법률구조법」 제22조에 따른 법률구조의 절차 등에 따라 소송 제기를 위하여 필요한 경우

②제1항에 따른 신청이 있을 경우 고용노동부장관은 근로감독사무 처리과정에서 확인된 체불 임금등 · 사업주 확인서를 제1항의 근로자,「산업재해보상보험법」 제10조에 따른 근로복지공단 또는「법률구조법」 제8조에 따른 대한법률구조공단에 발급할 수 있다.(2021.4.13 개정)

③제2항에 따른 서류의 발급절차 및 발급방법 등에 관하여 필요한 사항은 고용노동부령으로 정한다.

(2015.1.20 본조개정)

제13조 【재산목록의 제출명령】 ①고용노동부장관은 제7조 또는 제7조의2에 따라 근로자에게 대지급금을 지급하려는 경우에는 대통령령으로 정하는 바에 따라 해당 사업주에게 재산 관계를 구체적으로 밝힌 재산목록의 제출을 명할 수 있다.(2021.4.13 개정)

②제1항에 따른 재산목록 제출명령을 받은 사업주는 특별한 사유가 없으면 7일 이내에 노동부장관에게 재산 관계를 구체적으로 밝힌 재산목록을 제출하여야 한다.

(2007.12.27 본조개정)

제14조 【부당이득의 환수】 ①고용노동부장관은 거짓이나 그 밖의 부정한 방법으로 제7조, 제7조의2 및 제7조의3에 따라 대지급금 또는 융자금을 받으려 한 자에게는 대통령령으로 정하는 바에 따라 신청한 대지급금 또는 융자금의 전부 또는 일부를 지급 또는 융자하지 아니할 수 있다.(2021.4.13 개정)

②고용노동부장관은 제7조, 제7조의2 및 제7조의3에 따라 대지급금 또는 융자금을 이미 받은 자가 다음 각 호의 어느 하나에 해당하는 경우 대통령령으로 정하는 방법에 따라 그 대지급금 또는 융자금의 전부 또는 일부를 환수하여야 한다.(2021.4.13 개정)

1. 거짓이나 그 밖의 부정한 방법으로 대지급금 또는 융자금을 받은 경우
2. 그 밖에 잘못 지급된 대지급금 또는 융자금이 있는 경우

③제2항에 따라 대지급금을 환수하는 경우 고용노동부령으로 정하는 기준에 따라 거짓이나 그 밖의 부정한 방법으로 지급받은 대지급금의 5배 이하의 금액을 추가하여 징수할 수 있다.(2021.4.13 개정)

④제2항과 제3항의 경우에 대지급금의 지급 또는 융자가 거짓의 보고 · 진

술·증명·서류제출 등 위계(僞計)의 방법에 의한 것이면 그 행위를 한 자는 대지급금 또는 융자금을 받은 자와 연대하여 책임을 진다.(2021.4.13 개정)
(2007.12.27 본조개정)

제15조【포상금의 지급】 거짓이나 그 밖의 부정한 방법으로 제7조 또는 제7조의2에 따른 대지급금이 지급된 사실을 지방고용노동관서 또는 수사기관에 신고하거나 고발한 자에게는 대통령령으로 정하는 기준에 따라 포상금을 지급할 수 있다.(2021.4.13 개정)
(2007.12.27 본조개정)

제16조【준용】 이 법에 따른 부담금이나 그 밖의 징수금의 납부 및 징수(제14조제2항부터 제4항까지에 따른 대지급금의 환수 및 추가 징수를 포함한다)에 관하여는 고용산재보험료징수법 제16조의2부터 제16조의11까지, 제17조부터 제19조까지, 제19조의2, 제20조, 제22조의2, 제22조의3, 제23조, 제23조의2, 제24조, 제25조, 제26조의2, 제27조, 제27조의2, 제27조의3, 제28조, 제28조의2부터 제28조의7까지, 제29조, 제29조의2, 제29조의3, 제30조, 제32조부터 제37조까지, 제39조 및 제50조를 준용한다. 이 경우 "보험가입자"는 "사업주"로, "보험료"는 "부담금"으로, "보험"은 "임금채권보장"으로, "보험사무"는 "임금채권보장사무"로, "공단" 또는 "건강보험공단"은 "고용노동부장관(이 법 제27조에 따라 그 권한을 위탁받은 경우에는 그 위탁받은 자를 말한다)"으로, "개산보험료(概算保險料)"는 "개산부담금"으로, "보험연도"는 "회계연도"로, "보험관계"는 "임금채권보장관계"로, "보험료율"은 "부담금비율"로, "확정보험료"는 "확정부담금"으로, "「고용정책 기본법」 제10조에 따른 고용정책심의회 또는 「산업재해보상보험법」 제8조에 따른 산업재해보상보험및예방심의위원회"는 "위원회"로 본다.(2010.6.4 개정)
(2007.12.27 본조개정)

제3장 임금채권보장기금

제17조【기금의 설치】 고용노동부장관은 제7조 또는 제7조의2에 따른 대지급금의 지급이나 제7조의3에 따른 체불 임금등 및 생계비의 융자 등 임금채권보장사업에 충당하기 위하여 임금채권보장기금(이하 "기금"이라 한다)을 설치한다.(2024.2.6 개정)
(2007.12.27 본조개정)

제18조 【기금의 조성】 ①기금은 다음 각 호의 재원으로 조성한다.
1. 제8조에 따른 사업주의 변제금(2025.11.11 개정)
2. 제9조에 따른 사업주의 부담금
3. 제2항에 따른 차입금
4. 기금의 운용으로 생기는 수익금
5. 그 밖의 수입금

②고용노동부장관은 기금을 운용하는 데에 필요하면 기금의 부담으로 금융기관이나 다른 기금 등으로부터 차입할 수 있다.(2010.6.4 개정)
(2007.12.27 본조개정)

제19조 【기금의 용도】 기금은 다음 각 호의 용도에 사용한다.
1. 제7조 또는 제7조의2에 따른 대지급금의 지급과 잘못 납부한 금액 등의 반환(2021.4.13 개정)
2. 제7조제6항에 따른 공인노무사 지원 비용의 지급(2021.4.13 개정)
3. 제7조의3에 따른 체불 임금등 및 생계비 지급을 위한 사업주 및 근로자 융자(2021.4.13 개정)
4. 제27조에 따라 업무를 위탁받은 자에 대한 출연
5. 차입금 및 그 이자의 상환
6. 임금등 체불 예방과 청산 지원 등 임금채권보장제도 관련 연구
7. 「법률구조법」에 따른 대한법률구조공단에 대한 출연. 다만, 임금등이 체불된 근로자에 대한 법률구조사업 지원에 한정한다.
8. 그 밖에 임금채권보장사업과 기금의 관리 · 운용
(2012.2.1 본조개정)

제20조 【기금의 관리 · 운용】 ①기금은 고용노동부장관이 관리 · 운용한다.(2010.6.4 개정)
②기금의 관리 · 운용 등에 관하여는 「산업재해보상보험법」 제66조제2항부터 제4항까지, 제67조부터 제69조까지 및 제71조를 준용한다. 이 경우 같은 법 중 "보험급여"는 "대지급금"으로, "보험료수입"은 "부담금수입"으로 본다.
(2021.4.13 개정)
(2007.12.27 본조개정)

제21조 【회계연도】 기금의 회계연도는 정부의 회계연도에 따른다.
(2007.12.27 본조개정)

제4장 보 칙

제22조【보고 등】 고용노동부장관은 대통령령으로 정하는 바에 따라 이 법을 적용받는 사업의 사업주나 그 사업에 종사하는 근로자 등 관계 당사자에게 다음 각 호의 사항을 위하여 필요한 보고나 관계 서류의 제출을 요구할 수 있다.(2010.6.4 개정)

1. 기금의 관리 · 운용
2. 제7조 또는 제7조의2에 따른 대지급금의 지급(2021.4.13 개정)

(2007.12.27 본조개정)

제23조【관계 기관 등에 대한 협조요청】 ①고용노동부장관은 제7조 또는 제7조의2에 따른 대지급금의 지급, 제7조의3에 따른 체불 임금등 및 생계비의 융자, 제8조에 따른 미지급 임금등의 청구권의 대위, 제12조에 따른 체불 임금등의 확인, 제14조에 따른 부당이득의 환수 등 이 법에 따른 업무를 수행하기 위하여 다음 각 호의 어느 하나에 해당하는 자료의 제공 또는 관계 전산망의 이용(이하 "자료제공등"이라 한다)을 해당 각 호의 자에게 각각 요청할 수 있다. 이 경우 자료제공등을 요청받은 자는 정당한 사유가 없으면 그 요청에 따라야 한다.(2024.2.6 개정)

1. 법원행정처장에게 체불사업주, 부당이득자 및 연대책임자(이하 "체불사업주등"이라 한다)의 재산에 대한 건물등기사항증명서, 토지등기사항증명서, 법인등기사항증명서 및 「공탁법」 제4조에 따라 납입된 공탁물에 관한 자료(2021.4.13 개정)
2. 행정안전부장관에게 체불사업주등의 주민등록 등본 · 초본(2017.7.26 개정)
3. 국토교통부장관에게 체불사업주등 명의의 부동산 및 자동차 · 건설기계 · 항공기 · 요트 등 재산 자료(등록원부를 포함한다)(2018.10.16 개정)

3의2. 해양수산부장관에게 체불사업주등 명의의 선박 자료(등록원부를 포함한다)(2018.10.16 신설)

3의3. 관계 중앙행정기관의 장 또는 피감독기관인 공제조합의 장에게 해당 체불사업주등 명의의 출자증권 자료(2021.4.13 개정)

4. 국세청장에게 체불사업주등 명의의 골프(콘도) 회원권, 무체재산권(특허권, 저작권 등), 서화, 골동품, 영업권 및 사업자등록(「부가가치세법」 제8조, 「소득세법」 제168조 및 「법인세법」 제111조에 따른 사업자등록을 말한다)에 관한 자료(2021.4.13 개정)

5. 지방자치단체의 장에게 체불사업주등의 가족관계등록부(가족관계증명서, 혼인관계증명서, 기본증명서), 재산에 대한 지방세 과세증명원, 일반(집합) 건축물대장, 토지(임야)대장, 체불사업주등 명의의 임차권 · 전세권 · 가압류 등 권리등기 및 등록에 따른 등록면허세 과세자료(2018.10.16 개정)
6. 「법률구조법」 제8조에 따른 대한법률구조공단의 이사장에게 근로자와 체불사업주등 사이의 체불 임금등에 관한 소송, 보전처분, 강제집행 등 민사상 재판절차에 관계된 서류(소장, 신청서, 판결문, 결정문 등의 서류를 포함한다)(2020.5.26 개정)
7. 「국민건강보험법」 제13조에 따른 국민건강보험공단의 이사장에게 체불사업주등에 대한 건강보험 · 국민연금 · 산업재해보상보험 · 고용보험의 보험료 납부 자료(체납 자료를 포함한다) 및 「국민건강보험법」 제47조에 따라 체불사업주등인 요양기관이 청구한 요양급여비용(2018.10.16 개정)
7의2. 「산업재해보상보험법」 제10조에 따른 근로복지공단에 체불사업주등 및 대지급금 청구 근로자에 대한 다음 각 목에 해당하는 자료(2024.2.6 개정)
  가. 「고용보험법」 제13조에 따른 피보험자격 취득 자료
  나. 「고용보험법」 제15조에 따른 피보험자격 신고 자료
  다. 고용산재보험료징수법 제7조 및 제10조에 따른 고용보험 및 산업재해보상보험 관계의 성립 및 소멸에 관한 자료(체불사업주등의 주소 및 전화번호를 포함한다)
  라. 고용산재보험료징수법 제16조의3에 따른 근로자 개인별 월별보험료의 산정에 관한 자료
  마. 고용산재보험료징수법 제16조의10제3항 및 제4항에 따른 근로자의 고용 및 고용관계 종료의 신고에 관한 자료
  바. 고용산재보험료징수법 제23조에 따른 보험료등 과납액의 충당 및 반환에 관한 자료
  사. 「산업재해보상보험법」 제45조에 따라 청구된 진료비에 관한 자료(체불사업주등이 「산업재해보상보험법」 제43조에 따른 산재보험 의료기관인 경우로 한정한다)(2024.2.6 신설)
  아. 「근로자퇴직급여 보장법」 제2조제14호에 따른 중소기업퇴직연금기

금제도 가입 여부, 가입기간, 적립금액 또는 부담금액, 지급금액 등 중소기업퇴직연금기금제도에 관한 자료(대지급금 지급 대상 기간으로 한정한다)(2024.2.6 신설)

7의3. 「고용정책 기본법」 제18조에 따른 한국고용정보원에 체불사업주등 및 대지급금 청구 근로자에 대한 다음 각 목에 해당하는 자료(2024.2.6 신설)

가. 「고용보험법」 제20조부터 제23조까지에 따른 지원에 관한 자료

나. 「고용보험법」 제42조 및 제44조에 따른 실업 신고 및 실업 인정에 관한 자료

다. 「고용보험법」 제75조에 따른 출산전후휴가 급여 등에 관한 자료

8. 「근로자퇴직급여 보장법」 제26조에 따른 퇴직연금사업자에게 대지급금 청구 근로자의 퇴직연금 가입 여부, 가입기간, 적립금액 또는 부담금액, 지급금액 등 퇴직연금에 관한 정보 자료(대지급금 지급 대상 기간에 한정한다)(2021.4.13 개정)

9. 「보험업법」에 따른 보험회사에게 대지급금 청구 외국인 근로자의 출국만기보험 · 신탁 및 보증보험 가입 및 납입자료(대지급금 지급대상기간의 정보에 한정한다)(2021.4.13 개정)

10. 「신용보증기금법」 제4조에 따른 신용보증기금의 이사장 및 「기술보증기금법」 제12조에 따른 기술보증기금의 이사장에게 체불사업주등 명의의 질권 및 근저당권 설정 자료(2018.10.16 신설)

11. 「보험업법」 제4조제1항제2호라목에 따라 보증보험 허가를 받은 자에게 체불사업주등 명의의 질권 및 근저당권 설정 자료(2018.10.16 신설)

12. 조달청장에게 「전자조달의 이용 및 촉진에 관한 법률」 제16조제1항에 따라 관리되는 체불사업주등의 계약 관련 정보(2021.4.13 신설)

②제1항에 따른 자료제공등을 요청할 때에는 다음 각 호의 사항을 적은 문서 또는 정보통신망(「정보통신망 이용촉진 및 정보보호 등에 관한 법률」 제2조제1항제1호에 따른 정보통신망을 말한다)으로 요청하여야 한다.(2021.4.13 개정)

1. 체불사업주, 대지급금 청구 근로자, 부당이득자(연대책임자를 포함한다)의 인적사항(2021.4.13 개정)
2. 사용목적
3. 제공요청 자료의 목록

③제1항에 따라 제공되는 자료에 대해서는 수수료 및 사용료 등을 면제한

다.(2016.1.27 신설)

제23조의2【개인정보의 보호】 ①고용노동부장관은 제23조제1항 각 호의 자료의 제공을 요청할 때에는 업무에 필요한 최소한의 정보만 요청하여야 한다.(2020.5.26 개정)

②고용노동부장관은 제23조제1항 각 호의 자료를 이용할 때에는 보안교육 등 사업주 또는 근로자 등의 개인정보에 대한 보호대책을 마련하여야 한다.(2020.5.26 개정)

③고용노동부장관은 제23조제1항제8호 및 제9호에 따른 자료의 제공을 요청할 경우에는 사전에 정보주체의 동의를 받아야 한다.

④고용노동부장관은 제23조제1항 각 호의 자료를 이용할 때에는 체불 임금등의 지급, 미지급 임금등의 청구권의 대위 등 목적을 달성한 경우 지체 없이 파기하여야 한다.(2020.5.26 개정)

⑤제23조제1항 각 호의 개인정보는 고용노동부 또는 고용노동부장관으로부터 권한을 위임받은 기관에서 같은 항 각 호 외의 부분 본문에 따른 업무를 담당하는 자 중 해당 기관의 장으로부터 개인정보 취급승인을 받은 자만 취급할 수 있다.

⑥임금채권보장 업무에 종사하거나 종사하였던 자는 누구든지 업무 수행과 관련하여 알게 된 사업주 또는 근로자 등의 정보를 누설하거나 다른 용도로 사용하여서는 아니 된다.

⑦제2항에 따른 보안교육 등 개인정보 보호대책 마련, 제3항에 따른 정보주체에 대한 사전 동의 방법, 제4항에 따른 목적을 달성한 정보의 파기 시기 및 방법, 제5항에 따른 개인정보 취급승인의 절차 등에 필요한 세부적인 사항은 고용노동부장관이 정한다.

(2016.1.27 본조신설)

제23조의3【미회수된 대지급금 자료의 제공】 ①고용노동부장관은 「신용정보의 이용 및 보호에 관한 법률」 제25조제2항제1호에 따른 종합신용정보집중기관(이하 이 조에서 "종합신용정보집중기관"이라 한다)이 제7조 또는 제7조의2에 따라 지급된 대지급금 중 다음 각 호의 요건을 모두 충족하는 미회수금과 해당 사업주의 인적사항 등에 관한 자료(이하 "미회수자료"라 한다)를 요구할 때에는 대지급금의 회수를 위하여 필요하다고 인정하는 경우 그 자료를 제공할 수 있다. 다만, 해당 사업주의 사망·폐업으로 미회수자료 제공의 실효성이 없는 경우 등 대통령령으로 정하는

사유가 있는 경우에는 그러하지 아니하다.
1. 미회수된 대지급금의 합계가 500만원 이상으로서 대통령령으로 정하는 금액 이상일 것
2. 미회수된 대지급금 지급일의 다음 날부터 1년 이상의 기간으로서 대통령령으로 정하는 기간이 지났을 것

②고용노동부장관은 제1항에 따라 미회수자료를 종합신용정보집중기관에 제공하기 전에 고용노동부령으로 정하는 바에 따라 해당 사업주에게 그 사실을 미리 알려야 하며, 미회수자료를 제공한 경우 해당 사업주에게 그 제공 사실을 지체 없이 알려야 한다.

③제1항에 따라 미회수자료를 제공받은 자는 이를 신용도 · 신용거래능력 판단과 관련한 업무 외의 목적으로 이용 · 제공 또는 누설하여서는 아니 된다.

④제1항부터 제3항까지에서 규정한 사항 외에 미회수자료의 제공 절차 및 방법 등에 관하여 필요한 사항은 고용노동부령으로 정한다.

(2024.2.6 본조신설)

제24조 【검사】 ①고용노동부장관은 이 법을 시행하기 위하여 필요하다고 인정하면 관계 공무원 또는 제27조에 따라 권한을 위탁받은 기관에 소속된 직원(위탁받은 업무 처리에 필요한 사항으로 한정한다)으로 하여금 이 법을 적용받는 사업장에 출입하여 관계 서류를 검사하거나 관계인에게 질문하게 할 수 있다.(2021.4.13 개정)

②제1항에 따라 출입 · 검사를 하는 공무원 또는 제27조에 따라 권한을 위탁받은 기관에 소속된 직원은 그 권한을 표시하는 증표를 지니고 이를 관계인에게 내보여야 한다.(2021.4.13 개정)

(2007.12.27 본조개정)

제25조 【신고】 사업주가 이 법 또는 이 법에 따른 명령을 위반하는 사실이 있으면 근로자는 그 사실을 근로감독관에게 신고하여 시정을 위한 조치를 요구할 수 있다.

(2007.12.27 본조개정)

제26조 【소멸시효】 ①부담금이나 그 밖에 이 법에 따른 징수금을 징수하거나 대지급금 · 부담금을 반환받을 권리는 3년간 행사하지 아니하면 시효로 소멸한다.(2021.4.13 개정)

②제1항에 따른 소멸시효에 관하여는 이 법에 규정된 것 외에는 「민법」에

따른다.
③소멸시효의 중단 등에 관하여는 고용산재보험료징수법 제42조 및 제43조를 준용한다.(2021.4.13 개정)
(2007.12.27 본조개정)

제27조【권한의 위임 · 위탁】 이 법에 따른 고용노동부장관의 권한은 대통령령으로 정하는 바에 따라 그 일부를 지방고용노동관서의 장에게 위임하거나 「산업재해보상보험법」에 따른 근로복지공단, 「국민건강보험법」에 따른 국민건강보험공단 및 「한국자산관리공사 설립 등에 관한 법률」에 따른 한국자산관리공사에 위탁할 수 있다.(2024.2.6 개정)
(2007.12.27 본조개정)

제5장 벌 칙

제27조의2【벌칙】 다음 각 호의 어느 하나에 해당하는 자는 10년 이하의 징역 또는 1억원 이하의 벌금에 처한다.(2024.2.6 개정)
1. 제23조의2제6항을 위반하여 정보를 누설하거나 다른 용도로 사용한 자
2. 제23조의3제3항을 위반하여 미회수자료를 이용 · 제공하거나 누설한 자
(2016.1.27 본조신설)

제28조【벌칙】 ①다음 각 호의 어느 하나에 해당하는 자는 3년 이하의 징역 또는 3천만원 이하의 벌금에 처한다.(2014.3.24 개정)
1. 거짓이나 그 밖의 부정한 방법으로 제7조 · 제7조의2에 따른 대지급금 또는 제7조의3에 따른 융자를 받은 자(2021.4.13 개정)
2. 거짓이나 그 밖의 부정한 방법으로 다른 사람으로 하여금 제7조 · 제7조의2에 따른 대지급금 또는 제7조의3에 따른 융자를 받게 한 자(2021.4.13 개정)
3. 삭제(2021.4.13)

②다음 각 호의 어느 하나에 해당하는 자는 2년 이하의 징역 또는 2천만원 이하의 벌금에 처한다.(2014.3.24 신설)
1. 부당하게 제7조 · 제7조의2에 따른 대지급금 또는 제7조의3에 따른 융자를 받기 위하여 거짓의 보고 · 증명 또는 서류제출을 한 자(2021.4.13 개정)
2. 다른 사람으로 하여금 부당하게 제7조 · 제7조의2에 따른 대지급금 또는

제7조의3에 따른 융자를 받게 하기 위하여 거짓의 보고 · 증명 또는 서류 제출을 한 자(2021.4.13 개정)

(2007.12.27 본조개정)

제29조 【양벌규정】 법인의 대표자나 법인 또는 개인의 대리인, 사용인, 그 밖의 종업원이 그 법인 또는 개인의 업무에 관하여 제28조의 위반행위를 하면 그 행위자를 벌하는 외에 그 법인 또는 개인에게도 해당 조문의 벌금형을 과(科)한다. 다만, 법인 또는 개인이 그 위반행위를 방지하기 위하여 해당 업무에 관하여 상당한 주의와 감독을 게을리하지 아니한 경우에는 그러하지 아니하다.

(2009.1.7 본조개정)

제30조 【과태료】 ①다음 각 호의 어느 하나에 해당하는 자에게는 1천만원 이하의 과태료를 부과한다.(2021.4.13 개정)

1. 삭제(2015.1.20)

1의2. 정당한 사유 없이 제13조에 따른 재산목록의 제출을 거부하거나 거짓의 재산목록을 제출한 자(2021.4.13 신설)

2. 정당한 사유 없이 제22조에 따른 보고나 관계 서류의 제출요구에 따르지 아니한 자 또는 거짓 보고를 하거나 거짓 서류를 제출한 자

3. 정당한 사유 없이 제24조제1항에 따른 관계 공무원 또는 제27조에 따라 권한을 위탁받은 기관에 소속된 직원의 질문에 답변을 거부하거나 검사를 거부 · 방해 또는 기피한 자(2021.4.13 개정)

②제1항에 따른 과태료는 대통령령으로 정하는 바에 따라 고용노동부장관이 부과 · 징수한다.(2010.6.4 개정)

③삭제(2012.2.1)

④삭제(2012.2.1)

⑤삭제(2012.2.1)

(2007.12.27 본조개정)

부　칙

제1조【시행일】～ 제3조【다른 법령과의 관계】 생략

부　칙 (2009. 1. 7)

이 법은 공포한 날부터 시행한다.

부　칙 (2010. 1.27)

이 법은 2011년 1월 1일부터 시행한다.

부　칙 (2010. 5.25)

이 법은 2012년 1월 1일부터 시행한다.

부　칙 (2012. 2. 1)

이 법은 공포 후 6개월이 경과한 날부터 시행한다.

부　칙 (2014. 3.24)

제1조【시행일】 이 법은 공포 후 6개월이 경과한 날부터 시행한다. 다만, 제10조제1호의 개정규정은 공포한 날부터 시행한다.

제2조【부당이득의 환수에 관한 적용례】 제14조제2항의 개정규정은 이 법 시행 후 최초로 체당금 또는 융자금을 지급받게 되는 경우부터 적용한다.

부　칙 (2015. 1.20)

제1조【시행일】 이 법은 2015년 7월 1일부터 시행한다.

제2조【체불 임금등의 지급에 관한 적용례】 제7조제1항제4호의 개정규정은 이 법 시행 이후 판결, 명령, 조정 또는 결정 등이 있는 경우부터 적용한다.

제3조【체불 임금등의 확인에 관한 적용례】 제12조의 개정규정은 이 법 시행 이후 체불 임금등과 체불사업주 등을 증명하는 서류의 발급을 신청한 경우부터 적용한다.

제4조【부당이득의 환수에 관한 적용례】 제14조제4항의 개정규정은 이 법 시행 이후 지급된 체당금부터 적용한다.

제 5 조【과태료에 관한 경과조치】 이 법 시행 전의 행위에 대한 과태료의 적용에 있어서는 종전의 규정에 따른다.

부　칙 (2016. 1.27)

이 법은 공포한 날부터 시행한다.

부　칙 (2018.10.16)

이 법은 공포한 날부터 시행한다.

부　칙 (2020.12. 8)

제 1 조【시행일】 이 법은 공포 후 6개월이 경과한 날부터 시행한다. 다만, 제2조제3호 및 제7조제2항제3호의 개정규정은 공포한 날부터 시행한다.

제 2 조【체당금의 지급에 관한 적용례】 제2조제3호 및 제7조제2항제3호의 개정규정은 이 법 시행 이후 제7조에 따라 최초로 체당금의 지급을 청구한 경우부터 적용한다.

부　칙 (2021. 4.13)

제 1 조【시행일】 이 법은 공포 후 6개월이 경과한 날부터 시행한다. 다만, 법률 제17604호 임금채권보장법 일부개정법률 제7조제3항의 개정규정(제7조제1항제5호의 개정규정과 관련된 부분은 제외한다)은 2021년 6월 9일부터 시행한다.

제 2 조【대지급금의 지급에 관한 적용례】 ①제7조제1항제5호 및 제7조의2제1항(제7조제1항제4호와 관련된 부분은 제외한다)의 개정규정은 이 법 시행 이후 해당 근로자가 체불 임금등 · 사업주 확인서를 발급받아 제출하는 경우(이 법 시행 전에 발급되었던 체불 임금등 · 사업주 확인서를 재발급받아 제출하는 경우는 제외한다)부터 적용한다.

②제7조의2제1항의 개정규정은 이 법 시행 전에 제7조제1항제4호 각 목의 어느 하나에 해당하는 판결, 명령, 조정 또는 결정 등이 있은 경우에 대해서도 적용한다.

제 3 조【같은 근무기간, 휴업기간 또는 출산전후휴가기간에 대한 대지급금 지급의 적용례】 법률 제17604호 임금채권보장법 일부개정법률 제7조제3항의 개정규정은 같은 개정규정 시행 이후 해당 근로자가

제7조제1항에 따른 대지급금을 청구하는 경우부터 적용한다.

제4조【대지급금에 관한 경과조치】 법률 제17604호 임금채권보장법 일부개정법률 제7조제3항의 개정규정 중 "대지급금"은 부칙 제1조 본문에 따른 이 법 시행일 전까지는 "체당금"으로 본다.

제5조【부정수급한 대지급금의 추가 징수에 관한 경과조치】 이 법 시행 전에 제14조제2항제1호에 따라 거짓이나 그 밖의 부정한 방법으로 지급받은 대지급금을 환수하는 때에 추가하여 징수하는 금액에 관하여는 제14조제3항의 개정규정에도 불구하고 종전의 규정에 따른다.

제6조【벌칙의 과태료 전환에 관한 경과조치】 이 법 시행 전의 위반행위에 관하여는 제28조제1항제3호의 개정규정에도 불구하고 종전의 규정에 따른다.

부 칙 (2024. 2. 6)

제1조【시행일】 이 법은 공포 후 6개월이 경과한 날부터 시행한다.

제2조【체불 임금등의 융자에 관한 적용례】 제7조의3제1항의 개정규정은 이 법 시행 당시 체불 임금등의 지급에 필요한 비용의 융자 절차가 진행 중인 경우에도 적용한다.

제3조【미회수자료의 제공에 관한 적용례】 제23조의3의 개정규정은 이 법 시행 이후 제7조 또는 제7조의2에 따라 지급하는 대지급금에 관한 자료부터 적용한다.

부 칙 (2025.11.11)

제1조【시행일】 이 법은 공포 후 6개월이 경과한 날부터 시행한다.

제2조【직상 수급인 및 그 상위 수급인에 관한 적용례】 제7조제1항의 개정규정은 이 법 시행 이후 최초로 근로자가 지급받지 못한 임금등의 지급을 청구하는 경우부터 적용한다.

제3조【변제금의 징수에 관한 적용례】 ①제8조의2의 개정규정은 이 법 시행 전에 제7조 또는 제7조의2에 따라 고용노동부장관이 근로자에게 지급한 대지급금에 대해서도 적용한다.

②제1항에도 불구하고 제8조의2제2항의 개정규정에 따라 준용되는 고용산재보험료징수법 제25조는 이 법 시행 이후 고용노동부장관이 근로자에게 지급한 대지급금부터 적용한다.

임금채권보장법 시행령

제정 1998. 5.26 대통령령 제15804호
개정 1999. 1.29 대통령령 제16092호
2000. 3.13 대통령령 제16755호
2001. 6.22 대통령령 제17244호
2003. 6.25 대통령령 제18018호
2004. 3.17 대통령령 제18312호
2004.10.29 대통령령 제18574호
2005. 6.30 대통령령 제18913호
2006. 3.29 대통령령 제19422호
2006. 6.12 대통령령 제19513호
2007. 3.26 대통령령 제19957호
2008. 2.29 대통령령 제20681호
2008. 6.25 대통령령 제20875호
2010. 1.27 대통령령 제22003호
2010. 7.12 대통령령 제22269호
2010.11.15 대통령령 제22490호
2012. 1. 6 대통령령 제23488호
2012. 6. 5 대통령령 제23841호
2014. 9.24 대통령령 제25630호
2014.12. 9 대통령령 제25840호
2015. 6.15 대통령령 제26318호
2016. 3.22 대통령령 제27050호
2016.12.30 대통령령 제27751호
2020. 2.18 대통령령 제30423호
2020. 3. 3 대통령령 제30509호
2020.11.24 대통령령 제31176호
2020.12. 8 대통령령 제31240호
2021. 6. 1 대통령령 제31721호

2021.10.14 대통령령 제32048호
2024. 8. 6 대통령령 제34812호

제1조【목적】 이 영은 「임금채권보장법」에서 위임된 사항과 그 시행에 필요한 사항을 규정함을 목적으로 한다.
(2010.11.15 본조개정)

제2조【임금채권보장기금심의위원회의 기능】 「임금채권보장법」(이하 "법"이라 한다) 제6조에 따른 임금채권보장기금심의위원회(이하 "위원회"라 한다)는 다음 각 호의 사항을 심의한다.
1. 법 제9조제2항에 따른 부담금비율의 결정에 관한 사항
2. 법 제10조에 따른 부담금 경감기준의 결정에 관한 사항
3. 법 제17조에 따른 임금채권보장기금(이하 "기금"이라 한다)의 운용계획 수립에 관한 사항
4. 그 밖에 기금의 관리 · 운용과 관련하여 중요하다고 인정하여 고용노동부장관이 회의에 부치는 사항

(2010.11.15 본조개정)

제3조【위원회의 구성 등】 ①위원회 위원은 다음 각 호의 구분에 따라 고용노동부장관이 임명하거나 위촉한다.
1. 근로자를 대표하는 위원: 총연합단체인 노동조합이 추천하는 사람 5명
2. 사업주를 대표하는 위원: 전국을 대표하는 사용자단체가 추천하는 사람 5명
3. 공익을 대표하는 위원: 다음 각 목의 사람 5명
   가. 고용노동부의 임금채권보장업무를 담당하는 고위공무원 1명
   나. 고용노동부의 임금채권보장업무를 담당하는 3급 또는 4급 공무원 1명
   다. 「비영리민간단체 지원법」 제2조에 따른 비영리민간단체에서 추천한 사람과 고용노동부장관이 사회보험에 관한 학식과 경험이 풍부하다고 인정하는 사람 중 3명

②제1항에서 규정한 사항 외에 위원회의 조직과 운영에 관하여는 「산업재해보상보험법 시행령」 제5조부터 제7조까지 및 제9조부터 제11조까지의

규정을 준용한다. 이 경우 「산업재해보상보험법 시행령」 제5조제1항 단서 중 "제4조제3호가목 또는 나목에 해당하는 위원"은 "고용노동부의 임금채권보장업무를 담당하는 고위공무원 또는 임금채권보장업무를 담당하는 3급 또는 4급 공무원 중 1명"으로, 같은 법 시행령 제5조제3항 각 호 외의 부분 중 "제4조에 따른 위원회의 위촉위원"은 "제3조제1항에 따른 위원회의 위촉위원"으로, 같은 법 시행령 제6조제2항 중 "고용노동부차관"은 "임금채권보장업무를 담당하는 고위공무원"으로, 같은 법 시행령 제10조 본문 중 "위원회 및 전문위원회의 회의"는 "위원회의 회의"로, "위원과 전문위원회의 위원"은 "위원"으로 본다.(2016.3.22 개정)
(2010.11.15 본조개정)

제4조【체불 임금등의 지급 사유】 삭제(2014.9.24)

제5조【도산등사실인정의 요건·절차】 ①법 제7조제1항제3호에서 "대통령령으로 정한 요건과 절차에 따라 미지급 임금등을 지급할 능력이 없다고 인정하는 경우"란 사업주로부터 임금등을 지급받지 못하고 퇴직한 근로자의 신청이 있는 경우로서 해당 사업주가 다음 각 호의 요건에 모두 해당되어 미지급 임금등을 지급할 능력이 없다고 고용노동부장관이 인정(이하 "도산등사실인정"이라 한다)하는 경우를 말한다.(2014.9.24 개정)

1. 별표 1의 방법에 따라 산정한 상시 사용하는 근로자의 수(이하 "상시근로자수"라 한다)가 300명 이하일 것
2. 사업이 폐지되었거나 다음 각 목의 어느 하나의 사유로 사업이 폐지되는 과정에 있을 것
   가. 그 사업의 생산 또는 영업활동이 중단된 상태에서 주된 업무시설이 압류 또는 가압류되거나 채무 변제를 위하여 양도된 경우(「민사집행법」에 따른 경매가 진행 중인 경우를 포함한다)
   나. 그 사업에 대한 인가·허가·등록 등이 취소되거나 말소된 경우
   다. 그 사업의 주된 생산 또는 영업활동이 1개월 이상 중단된 경우
3. 임금등을 지급할 능력이 없거나 다음 각 목의 어느 하나의 사유로 임금등의 지급이 현저히 곤란할 것
   가. 도산등사실인정일 현재 1개월 이상 사업주의 소재를 알 수 없는 경우
   나. 사업주의 재산을 환가(換價)하거나 회수하는 데 도산등사실인정 신청일부터 3개월 이상 걸릴 것으로 인정되는 경우

다. 사업주(상시근로자수가 10명 미만인 사업의 사업주로 한정한다)가 도산등사실인정을 신청한 근로자에게 「근로기준법」 제36조에 따른 금품 청산 기일이 지난 날부터 3개월 이내에 임금등을 지급하지 못한 경우(2014.9.24 신설)

②제1항에 따른 도산등사실인정 신청은 해당 사업에서 퇴직한 날의 다음 날부터 1년 이내에 하여야 한다.

③제2항에 따른 도산등사실인정 신청에 필요한 사항은 고용노동부령으로 정한다.

(2010.11.15 본조개정)

제6조【체불 임금등 대지급금 상한액의 결정 · 고시】 ①법 제7조제1항 및 제7조의2제1항에 따라 고용노동부장관이 사업주를 대신하여 지급하는 체불 임금등 대지급금(이하 "대지급금"이라 한다)의 종류는 다음 각 호와 같다.

1. 법 제7조제1항제1호부터 제3호까지의 규정에 따른 대지급금(이하 "도산대지급금"이라 한다)
2. 법 제7조제1항제4호 · 제5호 및 법 제7조의2제1항에 따른 대지급금(이하 "간이대지급금"이라 한다)

②대지급금의 상한액은 법 제7조제2항 단서 및 제7조의2제3항에 따라 근로자의 임금이나 소득 수준, 물가상승률, 기금의 재정상황 및 근로자의 퇴직 당시 연령(근로자의 퇴직 당시 연령은 법 제7조제1항에 따른 대지급금의 상한액을 정하는 경우만 해당한다) 등을 고려하여 고용노동부장관이 기획재정부장관과 협의하여 정한다.

③고용노동부장관은 제2항에 따라 정한 대지급금 상한액의 내용을 관보 및 인터넷 홈페이지에 고시해야 한다.

(2021.10.14 본조개정)

제7조【대지급금 지급대상 근로자】 ①도산대지급금은 다음 각 호의 구분에 따른 날의 1년 전이 되는 날 이후부터 3년 이내에 해당 사업 또는 사업장(이하 "사업"이라 한다)에서 퇴직한 근로자에게 지급한다.

1. 법 제7조제1항제1호 또는 제2호에 따른 회생절차개시의 결정 또는 파산선고의 결정(이하 "파산선고등"이라 한다)이 있는 경우에는 그 신청일
2. 「채무자 회생 및 파산에 관한 법률」에 따른 회생절차개시 신청 후 법원이 직권으로 파산선고를 한 경우에는 그 신청일 또는 선고일

3. 도산등사실인정이 있는 경우에는 그 도산등사실인정 신청일(제5조제2항에 따른 신청기간의 말일이 공휴일이어서 공휴일 다음 날 신청한 경우에는 그 신청기간의 말일을 말하며, 도산등사실인정의 기초가 된 하나의 사실관계에 대해 둘 이상의 신청이 있는 경우에는 최초의 신청일을 말한다. 이하 같다)

②간이대지급금 중 법 제7조제1항제4호 및 제5호에 따른 대지급금은 다음 각 호의 구분에 따른 퇴직 근로자에게 지급한다.

1. 법 제7조제1항제4호에 따른 대지급금: 사업에서 퇴직한 날의 다음 날부터 2년 이내에 법 제7조제1항제4호 각 목에 해당하는 판결, 명령, 조정 또는 결정 등(이하 "판결등"이라 한다)에 관한 소송 등(이하 "소송등"이라 한다)을 제기한 근로자
2. 법 제7조제1항제5호에 따른 대지급금: 사업에서 퇴직한 날의 다음 날부터 1년 이내에 임금등의 체불을 이유로 해당 사업주에 대한 진정 · 청원 · 탄원 · 고소 또는 고발 등(이하 "진정등"이라 한다)을 제기한 근로자

③간이대지급금 중 법 제7조의2제1항에 따른 대지급금은 다음 각 호의 기준을 모두 충족한 재직 근로자에게 지급한다.

1. 소송등 또는 진정등을 제기한 당시 해당 사업주와의 근로계약이 종료되지 않은 근로자(근로계약기간이 1개월 미만인 일용근로자는 제외한다)일 것
2. 해당 사업주와 근로계약에서 정한 임금액이 고용노동부장관이 정하여 고시하는 금액 미만일 것
3. 다음 각 목의 구분에 따른 기간 이내에 사업주에 대한 소송등이나 진정등을 제기했을 것
   가. 사업주가 법 제7조제1항제4호에 해당하는 경우: 소송등을 제기한 날 이전 맨 나중의 임금등 체불이 발생한 날의 다음 날부터 2년 이내
   나. 사업주가 법 제7조제1항제5호에 해당하는 경우: 진정등을 제기한 날 이전 맨 나중의 임금등 체불이 발생한 날의 다음 날부터 1년 이내

(2021.10.14 본조개정)

제 8 조 【사업주의 기준】 ①근로자가 도산대지급금을 받을 수 있는 사업주는 법 제3조에 따라 법의 적용 대상이 되어 6개월 이상 해당 사업을 한 후에 법 제7조제1항제1호부터 제3호까지의 어느 하나에 해당하는 사유가 발생한 사업주로 한다.(2021.10.14 개정)

②법 제7조제1항제4호에 따른 대지급금은 다음 각 호의 기준을 모두 충족한 사업주에게 고용되었던 퇴직 근로자로 한정하여 지급한다.(2021.10.14 개정)

1. 법 제3조에 따라 법의 적용 대상이 되어 해당 근로자가 퇴직한 날까지 6개월 이상 해당 사업을 했을 것
2. 해당 근로자에게 임금등을 지급하지 못하여 판결등을 받았을 것

③법 제7조제1항제5호에 따른 대지급금은 다음 각 호의 기준을 모두 충족한 사업주에게 고용되었던 퇴직 근로자로 한정하여 지급한다.(2021.10.14 신설)

1. 법 제3조에 따라 법의 적용 대상이 되어 해당 근로자가 퇴직한 날까지 6개월 이상 해당 사업을 했을 것
2. 법 제12조에 따라 고용노동부장관으로부터 발급받은 체불 임금등 · 사업주 확인서(이하 "체불임금등 · 사업주확인서"라 한다)로 미지급 임금등이 확인되었을 것

④법 제7조의2제1항에 따른 대지급금은 다음 각 호의 기준을 모두 충족한 사업주에게 고용된 재직 근로자로 한정하여 지급한다.(2021.10.14 신설)

1. 법 제3조에 따라 법의 적용 대상이 되어 해당 근로자가 소송등이나 진정등을 제기한 날 이전 맨 나중의 임금등 체불이 발생한 날까지 6개월 이상 해당 사업을 했을 것
2. 해당 근로자에게 임금등을 지급하지 못하여 판결등을 받았거나 법 제12조에 따라 고용노동부장관으로부터 발급받은 체불임금등 · 사업주확인서로 미지급 임금등이 확인되었을 것

⑤제2항제1호, 제3항제1호 및 제4항제1호에도 불구하고 「근로기준법」 제44조의2제1항에 따른 건설업 공사도급의 하수급인(이하 이 항에서 "건설사업자가 아닌 하수급인"이라 한다)인 사업주가 해당 근로자의 퇴직일(재직 근로자의 경우에는 소송등이나 진정등을 제기한 날 이전 맨 나중의 임금등 체불이 발생한 날을 말한다. 이하 이 항에서 같다)까지 6개월 이상 해당 사업을 하지 않은 경우에는 건설사업자가 아닌 하수급인의 직상(直上) 수급인(직상 수급인이 「건설산업기본법」 제2조제7호의 건설사업자가 아닌 경우에는 그 상위 수급인 중에서 최하위의 같은 호에 따른 건설사업자를 말한다)이 해당 근로자의 퇴직일까지 6개월 이상 해당 사업을 한 경우로 한다.(2021.10.14 신설)

(2010.11.15 본조개정)

제9조【대지급금의 청구와 지급】 ①대지급금을 지급받으려는 사람은 다음 각 호의 구분에 따른 기간 이내에 고용노동부장관에게 대지급금의 지급을 청구해야 한다.

1. 도산대지급금의 경우: 파산선고등 또는 도산등사실인정이 있은 날부터 2년 이내
2. 법 제7조제1항제4호에 따른 대지급금의 경우: 판결등이 있은 날부터 1년 이내
3. 법 제7조제1항제5호에 따른 대지급금의 경우: 체불임금등 · 사업주확인서가 최초로 발급된 날부터 6개월 이내
4. 법 제7조의2제1항에 따른 대지급금의 경우: 판결등이 있은 날부터 1년 이내 또는 체불임금등 · 사업주확인서가 최초로 발급된 날부터 6개월 이내

②제1항에서 규정한 사항 외에 대지급금의 청구 및 지급 등에 필요한 사항은 고용노동부령으로 정한다.

(2021.10.14 본조개정)

제10조【파산선고등 대지급금 지급 사유의 확인 등】 ①제9조제1항제1호에 따라 도산대지급금의 지급을 청구하려는 사람은 다음 각 호의 사항에 관하여 고용노동부장관의 확인을 받아야 하며, 그 확인의 신청은 같은 호에 따른 도산대지급금 지급 청구와 함께 해야 한다.(2021.10.14 개정)

1. 파산선고등 또는 도산등사실인정이 있은 날 및 그 신청일
2. 퇴직일 및 퇴직 당시의 연령
3. 법 제7조제2항제1호부터 제3호까지의 규정에 해당하는 임금등 중 미지급액(2021.6.1 개정)
4. 받아야 할 도산대지급금의 금액(2021.10.14 개정)
5. 해당 사업주가 제8조제1항에 따른 사업주에 해당하는 사실(2021.10.14 개정)

②고용노동부장관은 제1항에 따른 확인을 위하여 필요한 경우에는 법 제22조에 따라 해당 사업주 · 파산관재인 · 관재인 · 관리인 등에게 파산선고등과 관련된 사항의 보고 또는 관계 서류의 제출을 요구하는 등 필요한 조치를 하여야 한다.

③제1항에 따른 확인에 필요한 사항은 고용노동부령으로 정한다.

(2010.11.15 본조개정)

제11조【미지급 임금등 청구권의 대위】 고용노동부장관은 법 제8조제1항에 따라 근로자의 미지급 임금등 청구권을 대위(代位)하는 경우에는 청구권의 행사 및 그 확보 등에 필요한 조치를 하여야 한다.
(2010.11.15 본조개정)

제12조【부담금의 징수】 ①고용노동부장관은 법 제9조제1항에 따라 부담금을 징수할 때에는 「고용보험 및 산업재해보상보험의 보험료징수 등에 관한 법률」(이하 "고용산재보험료징수법"이라 한다) 제13조제1항제2호에 따른 산재보험료와 통합하여 징수한다.(2021.10.14 개정)
②고용노동부장관은 제1항에 따라 통합징수된 부담금을 매월 정산하여 기금에 납입하여야 한다.
(2010.11.15 본조개정)

제13조【부담금비율의 고시】 고용노동부장관은 법 제9조제2항에 따라 부담금비율을 결정하였을 때에는 그 내용을 관보 및 「신문 등의 진흥에 관한 법률」 제9조제1항에 따라 그 보급지역을 전국으로 하여 등록한 일반일간신문 1개 이상에 고시하여야 한다.
(2010.11.15 본조개정)

제14조【부담금 경감 대상 사업주의 기준】 ①삭제(2014.9.24)
②법 제10조제2호부터 제4호까지의 규정에 따른 부담금 경감 대상 사업주인지의 판단은 전년도 말일을 기준으로 한다.
(2010.11.15 본조개정)

제15조【부담금의 경감 절차】 ①삭제(2014.9.24)
②법 제10조제2호부터 제4호까지의 규정에 따라 부담금을 경감받으려는 사업주는 같은 호에서 정하는 부담금 경감 요건을 갖춘 후 고용노동부령으로 정하는 바에 따라 고용노동부장관에게 신청하여야 한다.
③고용노동부장관은 제2항에 따른 신청 내용을 검토한 후 부담금 경감 요건을 갖춘 사업주에게는 그 경감 내용을 통지하여야 한다.
(2010.11.15 본조개정)

제16조【부담금 경감기준의 고시】 고용노동부장관은 법 제10조 각 호 외의 부분 후단에 따라 부담금의 경감기준을 결정하였을 때에는 그 내용을 관보 및 「신문 등의 진흥에 관한 법률」 제9조제1항에 따라 그 보급지역을 전국으로 하여 등록한 일반일간신문 1개 이상에 고시하여야 한다.
(2010.11.15 본조개정)

제17조 【부담금 또는 그 밖의 징수금 카드의 작성 등】 ①고용노동부장관은 법의 적용 대상이 되는 사업에 대해서는 사업장별로 부담금 또는 그 밖의 징수금 카드를 작성하여 갖춰 두어야 한다.
②고용노동부장관은 제1항에 따른 부담금 또는 그 밖의 징수금 카드를 열람하려는 사업주에게는 이를 열람하게 하여야 하며, 필요한 사항에 대하여 증명서를 발급받으려는 사업주에게는 증명서를 발급할 수 있다.
(2010.11.15 본조개정)

제18조 【대지급금수급계좌】 ①법 제11조제1항 단서에서 "정보통신장애나 그 밖에 대통령령으로 정하는 불가피한 사유"란 같은 항 본문에 따른 대지급금수급계좌(이하 "대지급금수급계좌"라 한다)가 개설된 금융기관이 폐업, 업무정지 또는 정보통신장애 등으로 정상영업이 불가능하거나 이에 준하는 불가피한 사유로 대지급금을 그 지급 결정일부터 14일 이내에 대지급금수급계좌로 이체할 수 없는 경우를 말한다.(2021.10.14 개정)
②고용노동부장관은 법 제11조제1항 단서에 따라 대지급금을 대지급금수급계좌로 이체할 수 없을 때에는 해당 대지급금을 지급받을 권리가 있는 사람에게 직접 현금으로 지급할 수 있다.(2021.10.14 개정)
(2021.6.1 본조신설)

제18조의2 【대지급금의 수령 위임】 ①대지급금을 받을 권리가 있는 사람이 부상 또는 질병으로 대지급금을 수령할 수 없는 경우에는 법 제11조의2제2항에 따라 그 가족에게 수령을 위임할 수 있다.(2021.10.14 개정)
②제1항에 따라 대지급금 수령을 위임받은 사람이 대지급금을 지급받으려면 그 위임 사실 및 가족관계를 증명할 수 있는 서류를 제출해야 한다.(2021.10.14 개정)
(2021.6.1 본조개정)

제19조 【재산목록의 기재사항】 고용노동부장관은 법 제13조제1항에 따라 사업주에게 재산목록의 제출을 명할 때 그 재산목록은 다음 각 호의 사항을 포함하여 작성되도록 하여야 한다.
1. 부동산에 관한 소유권, 지상권, 전세권, 임차권, 부동산 인도청구권 및 부동산에 관한 권리이전청구권
2. 등기 또는 등록의 대상이 되는 자동차, 건설기계, 선박, 항공기의 소유권·인도청구권 및 그에 관한 권리이전청구권
3. 광업권, 어업권, 그 밖에 부동산에 관한 규정이 준용되는 권리 및 그에

관한 권리이전청구권

4. 질권 · 저당권 등의 담보물권으로 담보되는 채권은 그 취지 및 담보물권의 내용

(2010.11.15 본조개정)

제20조【부당이득의 환수 등】 ①고용노동부장관은 법 제14조제1항 및 제2항에 따라 거짓이나 그 밖의 부정한 방법으로 대지급금 또는 융자금을 받으려 하거나 이미 받은 사람, 그 밖에 잘못 지급된 대지급금 또는 융자금을 이미 받은 사람에 대해서는 다음 각 호의 구분에 따라 지급신청한 금액을 지급 또는 융자하지 않거나 지급받은 금액을 환수해야 한다.(2021.10.14 개정)

1. 대지급금 또는 융자금 지급요건을 충족하고 있지 않은 경우: 신청금액 또는 지급금액의 전부(2021.10.14 개정)
2. 대지급금 또는 융자금 지급요건을 충족하고 있는 경우: 신청금액 또는 지급금액의 일부(거짓이나 그 밖의 부정한 방법으로 받으려 했거나 이미 받은 대지급금 또는 융자금이나 잘못 지급된 대지급금 또는 융자금에 상당하는 금액을 말한다)(2021.10.14 개정)

②고용노동부장관은 제1항에 따라 받은 대지급금 또는 융자금의 환수(법 제14조제3항에 따른 추가징수를 포함한다. 이하 같다)를 결정했을 때에는 납부의무가 있는 사람에게 그 금액의 납부를 통지해야 한다.(2021.10.14 개정)

③제2항에 따른 통지를 받은 사람은 그 통지를 받은 날부터 30일 이내에 통지된 금액을 납부해야 한다.(2021.10.14 개정)

④제1항부터 제3항까지에서 규정한 사항 외에 대지급금 및 융자금의 부지급(不支給) 또는 환수절차, 그 밖에 부정수급 처리에 필요한 사항은 고용노동부장관이 정한다.(2021.10.14 개정)

(2010.11.15 본조개정)

제20조의2【대지급금 부정수급사실의 신고 등】 ①법 제15조에 따라 거짓이나 그 밖의 부정한 방법으로 대지급금이 지급된 사실(이하 이 조에서 "부정수급사실"이라 한다)을 신고하려는 사람은 고용노동부령으로 정하는 바에 따라 지방고용노동관서에 신고해야 한다.(2021.10.14 개정)

②법 제15조에 따라 부정수급사실에 대하여 고발을 받은 수사기관은 지체 없이 그 사실을 지방고용노동관서에 통보하여야 한다.

③법 제15조에 따라 부정수급사실을 신고하거나 고발한 사람이 같은 조에 따른 포상금(이하 "포상금"이라 한다)을 지급받으려면 고용노동부령으로 정하는 바에 따라 고용노동부장관에게 포상금 지급을 신청하여야 한다.
(2010.11.15 본조개정)

제20조의3【포상금의 지급기준】 포상금은 1억원을 지급한도액으로 하여 다음 각 호의 기준에 따라 고용노동부장관이 지급한다. 이 경우 1천원 단위 미만은 지급하지 않는다.(2021.10.14 개정)

1. 거짓이나 그 밖의 부정한 방법으로 지급받은 대지급금(이하 "부정수급액"이라 한다)이 5천만원 이상인 경우: 1,100만원 + (5천만원 초과 부정수급액 × 10/100)(2021.10.14 개정)
2. 부정수급액이 1천만원 이상 5천만원 미만인 경우: 300만원 + (1천만원 초과 부정수급액× 20/100)(2021.10.14 개정)
3. 부정수급액이 1천만원 미만인 경우: 부정수급액× 30/100(2021.10.14 개정)

(2010.11.15 본조개정)

제20조의4【신고 또는 고발의 기한】 포상금은 거짓이나 그 밖의 부정한 방법으로 대지급금을 지급받은 사람이 그 대지급금을 거짓이나 그 밖의 부정한 방법으로 지급받은(이하 "부정수급"이라 한다) 날부터 3년 이내에 신고하거나 고발한 경우에만 지급한다.(2021.10.14 개정)
(2010.11.15 본조개정)

제20조의5【신고 또는 고발의 경합 시 포상금의 지급방법】 ①동일한 대지급금 부정수급 행위를 2명 이상이 각각 신고하거나 고발한 경우에는 포상금액을 산정할 때 하나의 신고 또는 고발로 본다.(2021.10.14 개정)
②제1항의 경우 포상금은 부정수급행위의 적발에 기여한 정도 등을 고려하여 각각의 사람에게 적절하게 배분하여 지급하되, 포상금을 받을 사람이 배분방법에 관하여 미리 합의하여 포상금 지급을 신청한 경우에는 그 합의된 방법에 따라 지급한다.
(2010.11.15 본조개정)

제20조의6【포상금의 지급 시기】 포상금은 제20조제2항에 따른 환수금의 납부 통지 후 이에 대한 불복 제기 기간이 지나거나 불복절차가 종료되어 그 처분이 확정된 후에 지급한다.(2014.9.24 개정)
(2010.11.15 본조개정)

제21조【부담금과 그 밖의 징수금의 납부 · 징수】 법에 따른 부담금과 그 밖의 징수금의 산정 · 납부 · 징수 등에 관하여는 고용산재보험료징수법 시행령 제10조, 제19조의2부터 제19조의5까지, 제19조의7, 제19조의8, 제20조부터 제27조까지, 제30조의2부터 제30조의4까지, 제31조, 제32조, 제33조, 제37조부터 제40조까지, 제40조의2부터 제40조의6까지, 제41조, 제41조의2부터 제41조의4까지, 제43조, 제43조의2, 제44조부터 제53조까지의 규정을 준용한다. 이 경우 "보험료" 또는 "산재보험료"는 "부담금"으로, "공단" 또는 "건강보험공단"은 "고용노동부장관(제24조에 따른 위탁이 있는 경우에는 그 권한을 위탁받은 근로복지공단 또는 건강보험공단을 말한다)"으로, "개산보험료"는 "개산부담금"으로, "보험연도"는 "회계연도"로, "보험관계"는 "임금채권보장관계"로, "보험료율"은 "부담금비율"로, "월별보험료"는 "월별부담금"으로, "확정보험료"는 "확정부담금"으로, "보험사무"는 "임금채권보장사무"로 본다.(2021.10.14 개정)

(2010.11.15 본조개정)

제22조【기금의 관리 · 운용 등】 기금의 관리 · 운용 및 출연금의 반납에 관하여는 「산업재해보상보험법 시행령」 제85조의4제3항, 제86조제1항제2호, 같은 조 제2항 전단, 제87조부터 제89조까지, 제91조부터 제95조까지의 규정을 준용한다. 이 경우 "피출연자"는 "법 제27조에 따라 업무를 위탁받은 자"로, "보험연도"는 "회계연도"로, "기금계정"은 "임금채권보장기금계정"으로, "공단"(같은 법 시행령 제88조제2항 및 제91조제2항의 경우는 제외한다)은 "고용노동부장관(제24조제2항에 따라 그 권한을 위탁받은 경우에는 근로복지공단을 말한다)"으로, "보험료"는 "부담금"으로, "기금"은 "임금채권보장기금"으로 본다.(2021.10.14 개정)

(2010.11.15 본조개정)

제22조의2【책임준비금의 적립기준】 법 제20조제2항에 따라 준용되는 「산업재해보상보험법」 제99조에 따른 책임준비금은 전년도 대지급금의 지급에 든 비용에 해당하는 금액으로 한다.(2021.10.14 개정)

(2010.11.15 본조개정)

제23조【보고 · 제출 요구】 법 제22조에 따른 보고 또는 관계 서류의 제출 요구는 문서로 하여야 한다.

(2010.11.15 본조개정)

제23조의2【미회수된 대지급금 자료의 제공 제외 사유】 법 제

23조의3제1항 각 호 외의 부분 단서에서 "해당 사업주의 사망 · 폐업으로 미회수자료 제공의 실효성이 없는 경우 등 대통령령으로 정하는 사유"란 다음 각 호의 어느 하나에 해당하는 사유를 말한다.

1. 해당 사업주가 사망하거나 「민법」 제27조에 따라 실종선고를 받은 경우(사업주가 자연인인 경우만 해당한다)
2. 해당 사업주가 「채무자 회생 및 파산에 관한 법률」에 따른 회생절차 중에 있거나 파산선고를 받은 경우
3. 고용노동부장관이 법 제23조의3제1항 본문에 따라 미회수자료를 종합신용정보집중기관에 제공하기 전까지 고용노동부장관이 해당 사업주를 대신하여 근로자에게 지급한 미지급 임금등을 해당 사업주가 전액 변제한 경우
4. 고용노동부장관이 법 제23조의3제1항 본문에 따라 미회수자료를 종합신용정보집중기관에 제공하기 전까지 고용노동부장관이 사업주를 대신하여 근로자에게 지급한 미지급 임금등의 20퍼센트 이상을 해당 사업주가 변제하고, 나머지 미지급 임금등에 대한 구체적인 변제계획 및 자금 조달 방안을 충분히 소명하여 고용노동부장관이 미지급 임금등의 변제를 위하여 성실히 노력하고 있다고 인정하는 경우

(2024.8.6 본조신설)

제23조의3【미회수된 대지급금 자료의 제공 요건】 ①법 제23조의3제1항제1호에서 "대통령령으로 정하는 금액"이란 2천만원을 말한다.
②법 제23조의3제1항제2호에서 "대통령령으로 정하는 기간"이란 1년을 말한다.

(2024.8.6 본조신설)

제24조【권한의 위임 · 위탁】 ①고용노동부장관은 법 제27조에 따라 다음 각 호의 권한을 지방고용노동관서의 장에게 위임한다.

1. 법 제12조에 따른 체불 임금등과 체불사업주 등을 증명하는 서류의 발급(2015.6.15 신설)

1의2. 법 제13조에 따른 재산목록의 제출명령(2015.6.15 개정)

2. 법 제22조에 따른 보고 또는 관계 서류의 제출 요구(위임사무 처리에 필요한 경우만 해당한다)
3. 법 제23조에 따른 협조요청(위임사무 처리에 필요한 경우만 해당한다)
4. 법 제24조에 따른 출입 · 검사 · 질문(위임사무 처리에 필요한 경우만 해

당한다)
5. 법 제30조에 따른 과태료의 부과 · 징수
6. 제5조에 따른 도산등사실인정
7. 제9조제1항제1호에 따른 도산대지급금 지급 청구의 수리(2021.10.14 개정)
8. 제10조에 따른 확인
9. 제20조의2제3항에 따른 포상금 지급신청의 접수
10. 제20조의3에 따른 포상금의 지급

②고용노동부장관은 법 제27조에 따라 다음 각 호의 권한을 「산업재해보상보험법」에 따른 근로복지공단(이하 "근로복지공단"이라 한다)에 위탁한다.
1. 법 제7조 및 제7조의2에 따른 대지급금의 지급(2021.10.14 개정)
1의2. 법 제7조의3에 따른 체불 임금등의 지급 및 생계비에 필요한 비용의 융자(2021.10.14 개정)
2. 법 제8조에 따른 청구권 대위와 관련된 권한의 행사. 다만, 제4항제1호에 따라 한국자산관리공사에 위탁된 사항은 제외한다.(2024.8.6 개정)
3. 법 제10조에 따른 부담금의 경감
3의2. 법 제11조에 따른 대지급금의 입금 및 지급(2021.10.14 개정)
4. 법 제14조에 따른 부당이득의 환수(2014.9.24 개정)
5. 법 제16조에 따라 준용되는 고용산재보험료징수법에 따른 다음 각 목의 권한(2021.10.14 개정)
   가. 고용산재보험료징수법 제16조의2제1항에 따른 월별부담금의 부과
   나. 고용산재보험료징수법 제16조의3부터 제16조의6까지의 규정에 따른 월별부담금의 산정
   다. 고용산재보험료징수법 제16조의9제1항 및 제2항에 따른 부담금의 산정
   라. 고용산재보험료징수법 제17조에 따른 개산부담금의 수납 · 징수
   마. 고용산재보험료징수법 제18조에 따른 부담금비율 인상 · 인하 등에 따른 조치
   바. 고용산재보험료징수법 제19조에 따른 확정부담금의 수납 · 징수 · 정산
   사. 고용산재보험료징수법 제22조의2에 따른 부담금 등의 경감
   아. 고용산재보험료징수법 제23조에 따른 부담금 등 과납액의 충당과 개

산부담금 · 확정부담금 및 그에 따른 징수금 과납액의 반환
자. 고용산재보험료징수법 제23조의2에 따른 산재보험 진료비 등의 충당
차. 고용산재보험료징수법 제24조제1항에 따른 같은 법 제19조제4항과 관련된 가산금의 징수
카. 고용산재보험료징수법 제27조에 따른 징수금의 통지 및 독촉
타 고용산재보험료징수법 제27조의2에 따른 징수금의 납부기한 전 징수
파. 고용산재보험료징수법 제28조에 따른 체납처분
하. 고용산재보험료징수법 제29조에 따른 결손처분
거. 고용산재보험료징수법 제29조의2에 따른 체납 또는 결손처분 자료의 제공
너. 고용산재보험료징수법 제33조제2항부터 제5항까지의 규정에 따른 임 임금채권보장사무의 대행인가, 변경인가, 변경신고의 수리, 업무의 폐지신고의 수리 및 인가취소
더. 고용산재보험료징수법 제34조에 따른 부담금과 그 밖의 징수금 납입의 통지
러. 고용산재보험료징수법 제35조에 따른 가산금 · 연체금의 징수
머 고용산재보험료징수법 제37조에 따른 징수비용과 그 밖의 지원금 교부
버. 고용산재보험료징수법 제39조에 따른 납부기한의 연장
6. 법 제22조에 따른 보고 또는 관계 서류의 제출 요구(위탁사무 처리에 필요한 경우만 해당한다)
7. 법 제23조에 따른 협조요청(위탁사무 처리에 필요한 경우만 해당한다)
7의2. 법 제23조의3에 따른 미회수된 대지급금 자료의 제공(2024.8.6 신설)
8. 법 제24조에 따른 출입 · 검사 · 질문(위탁사무 처리에 필요한 경우만 해당한다)
8의2. 제9조제1항제2호부터 제4호까지의 규정에 따른 간이대지급금 지급 청구의 접수(2021.10.14 개정)
9. 제17조에 따른 부담금 또는 그 밖의 징수금 카드의 작성 · 비치 · 열람제공 및 증명서의 발급(근로복지공단이 징수하는 경우만 해당한다)
10. 제21조에 따라 준용되는 고용산재보험료징수법 시행령에 따른 다음 각 목의 권한(2021.10.14 개정)
가. 고용산재보험료징수법 시행령 제10조에 따른 부담금의 대행납부의

승인, 변경신고의 수리, 승인의 취소

나. 고용산재보험료징수법 시행령 제45조제3항에 따른 임금채권보장사무의 수임(受任) 및 수임 해지의 신고 수리

다. 고용산재보험료징수법 시행령 제49조에 따른 청문

11. 제22조에 따라 준용되는 「산업재해보상보험법 시행령」 제88조제1항에 따른 부담금 등의 기금에의 납입

③고용노동부장관은 법 제27조에 따라 다음 각 호의 권한을 「국민건강보험법」에 따른 국민건강보험공단에 위탁한다.

1. 법 제16조에 따라 준용되는 고용산재보험료징수법에 따른 다음 각 목의 권한(2021.10.14 개정)

가. 고용산재보험료징수법 제16조의2제1항에 따른 월별부담금의 징수

나. 고용산재보험료징수법 제16조의8에 따른 월별부담금의 고지

다. 고용산재보험료징수법 제16조의9제3항 및 제4항에 따른 과납액의 반환 및 부족 부담금의 징수

라. 고용산재보험료징수법 제18조제1항에 따른 부담금비율 인상에 따른 조치

마. 고용산재보험료징수법 제23조제1항에 따른 과오납 월별부담금 충당 후 잔액의 지급

바. 삭제(2021.10.14)

사. 고용산재보험료징수법 제25조에 따른 연체금의 징수

아. 고용산재보험료징수법 제27조에 따른 징수금의 통지 및 독촉

자. 고용산재보험료징수법 제27조의2에 따른 징수금의 납부기한 전 징수

차. 고용산재보험료징수법 제27조의3에 따른 부담금 등의 분할납부의 승인·승인취소 등

카. 고용산재보험료징수법 제28조에 따른 체납처분

타. 고용산재보험료징수법 제28조의3제4항에 따른 상속재산관리인의 선임 청구

파. 고용산재보험료징수법 제28조의6에 따른 고액·상습체납자의 인적사항 등의 공개

하. 고용산재보험료징수법 제28조의7에 따른 체납처분유예를 위한 납부담보의 제공에 관한 사항

거. 고용산재보험료징수법 제29조에 따른 결손처분

너. 고용산재보험료징수법 제29조의2에 따른 체납 또는 결손처분 자료의 제공

더. 고용산재보험료징수법 제29조의3에 따른 금융거래정보의 제공 요청

러. 고용산재보험료징수법 제39조에 따른 납부기한의 연장

2. 법 제23조에 따른 협조요청(위탁사무 처리에 필요한 경우만 해당한다)

3. 법 제24조에 따른 출입 · 검사 · 질문(위탁사무 처리에 필요한 경우만 해당한다)

4. 제22조에 따라 준용되는 「산업재해보상보험법 시행령」 제88조제1항에 따른 부담금 등의 기금에의 납입

④고용노동부장관은 법 제27조에 따라 다음 각 호의 권한을 「한국자산관리공사 설립 등에 관한 법률」에 따른 한국자산관리공사에 위탁한다.(2024.8.6 신설)

1. 법 제8조에 따른 청구권 대위와 관련된 권한의 행사(매년 1월 1일을 기준으로 미회수된 대지급금이 다음 각 목의 기준에 모두 해당하는 사업주에 대한 주소 · 거소 또는 재산의 조사 및 납부 독촉에 관한 사항으로 한정한다)

가. 미회수된 대지급금의 합계가 1억원 미만일 것

나. 가목에 따른 미회수된 대지급금이 근로자에게 최초로 지급된 날의 다음 날부터 5년 이상 경과하였을 것

2. 법 제23조에 따른 협조요청(위탁사무 처리에 필요한 경우만 해당한다)

3. 법 제24조에 따른 출입 · 검사 · 질문(위탁사무 처리에 필요한 경우만 해당한다)

(2010.11.15 본조개정)

제25조 【공단의 보고】 법 제27조에 따라 권한을 위탁받은 근로복지공단은 매월 다음 각 호의 현황을 다음 달 말일까지 고용노동부장관에게 보고해야 한다.

1. 법 제7조 및 제7조의2에 따른 대지급금의 지급 현황

2. 법 제7조의3에 따른 융자금의 지급 현황

3. 법 제14조제2항에 따른 환수금(같은 조 제3항에 따른 추가 징수금을 포함한다)의 징수 현황

(2021.10.14 본조개정)

제25조의2 【고유식별정보의 처리】 고용노동부장관(제24조에 따라

고용노동부장관의 권한을 위임·위탁받은 자를 포함한다)은 다음 각 호의 사무를 수행하기 위해 불가피한 경우 「개인정보 보호법 시행령」 제19조제1호 또는 제4호에 따른 주민등록번호 또는 외국인등록번호가 포함된 자료를 처리할 수 있다.(2021.6.1 개정)

1. 법 제7조제5항에 따른 대지급금 관련업무 지원 등에 관한 사무(2021.10.14 개정)

1의2. 법 제7조의3에 따른 체불 임금등의 지급 및 생계비에 필요한 비용의 융자 신청, 확인 등에 관한 사무(2021.10.14 개정)

1의3. 법 제12조에 따른 체불 임금등과 체불사업주 등을 증명하는 서류의 발급(2015.6.15 신설)

2. 법 제13조에 따른 재산목록의 제출명령에 관한 사무

3. 법 제14조에 따른 부당이득의 환수에 관한 사무(2014.9.24 개정)

3의2. 법 제23조의3에 따른 미회수된 대지급금 자료의 제공에 관한 사무(2024.8.6 신설)

4. 제5조에 따른 도산등사실인정에 관한 사무

5. 제9조에 따른 대지급금의 청구 및 지급에 관한 사무(2021.10.14 개정)

6. 제10조에 따른 대지급금 지급 사유의 확인 등에 관한 사무(2021.10.14 개정)

6의2. 제11조에 따른 미지급 임금등 청구권의 대위에 관한 사무(2014.9.24 신설)

7. 제15조에 따른 부담금 경감에 관한 사무

(2012.1.6 본조신설)

제25조의3【규제의 재검토】 삭제(2020.3.3)

제26조【과태료의 부과·징수】 법 제30조제1항에 따른 과태료의 부과기준은 별표 3과 같다.

(2021.10.14 본조개정)

부 칙

①【시행일】 이 영은 1998년 7월 1일부터 시행한다.

②【지급대상 사업주에 관한 적용특례】 이 영 시행당시 사업주가 산업재해보상보험법 제10조 제1호의 규정에 의하여 보험관계가 성립된 날부터 1년 이상 당해 사업을 행한 경우에는 제8조의 규정에 불구하고 1999년 6월 30일까지는 제8조의 규정에 의한 체당금의 지급대상 사업주로서의 요건을 갖춘 것으로 본다.

부 칙 (2001. 7. 1)

①【시행일】 이 영은 2001년 7월 1일부터 시행한다

②【도산등사실인정 대상사업주 확대에 관한 적용례】 제5조제1항의 개정규정은 이 영 시행후 제5조제2항의 규정에 의하여 도산등사실인정을 신청한 근로자부터 적용한다.

③【체당금의 상한액 상향조정에 관한 적용례】 제6조의 개정규정은 이 영 시행후 제4조의 규정에 의한 지급사유가 발생한 체당금부터 적용한다.

④【체당금 부정이득의 징수 등에 관한 경과조치】 이 영 시행전에 허위 기타 부정한 방법으로 체당금을 지급받았거나 받고자 한 자에 대하여는 제20조의 개정규정에 불구하고 종전의 규정에 의한다.

부 칙 (2003. 6.25)

①【시행일】 이 영은 공포한 날부터 시행한다.

②【도산등사실인정의 요건에 관한 적용례】 제5조제1항의 개정규정은 이 영 시행후 제5조제2항의 개정규정에 의하여 도산등사실인정을 신청한 근로자부터 적용한다.

③【체당금 상한액에 관한 적용례 및 경과조치】 제6조의 개정규정에 따라 결정·고시된 체당금의 상한액은 그 고시일 이후에 제4조의 규정에 의한 체불임금 등의 지급사유가 발생(다만, 제4조제4호의 규정에 의한 도산등사실인정의 경우에는 그 신청서가 접수된 것을 말한다)한 체당금부터 적용하며, 그 고시일의 전날까지는 제6조의 개정규정에 불구하고 종전의 규정에 의한다.

④【사업주의 기준에 관한 적용례】 제8조의 개정규정은 이 영 시행후 제5조제2항의 개정규정에 의하여 도산등사실인정을 신청한 근로자부터 적

용한다.

부　칙 (2005. 6.30)
①【시행일】 이 영은 2005년 7월 1일부터 시행한다. 다만, 제22조의2의 개정규정은 2006년 1월 1일부터 시행한다.
②【포상금 지급에 관한 적용례】 제20조의2 내지 제20조의6의 개정규정은 이 영 시행후 최초로 체당금 부정수급사실을 신고 또는 고발하는 분부터 적용한다.

부　칙 (2007. 3.26)
이 영은 2007년 3월 27일부터 시행한다. 다만, 제14조제1항의 개정규정은 2008년 1월 1일부터 시행한다.

부　칙 (2010.11.15)
이 영은 2011년 1월 1일부터 시행한다.

부　칙 (2012. 6. 5)
이 영은 2012년 8월 2일부터 시행한다.

부　칙 (2014. 9.24)
제1조【시행일】 이 영은 2014년 9월 25일부터 시행한다.
제2조【도산등사실인정의 요건에 관한 적용례】 제5조제1항제3호다목의 개정규정은 이 영 시행 전에 도산등사실인정을 신청한 사람에 대해서도 적용한다.
제3조【다른 법령의 개정】 ①근로기준법 시행령 일부를 다음과 같이 개정한다.
제18조제1호 중 "「임금채권보장법 시행령」 제4조 각 호의 어느 하나"를 "「임금채권보장법」 제7조제1항 각 호의 어느 하나"로 한다.
②파견근로자보호 등에 관한 법률 시행령 일부를 다음과 같이 개정한다.
제2조의2제1호 중 "「임금채권보장법 시행령」 제4조 각 호의 어느 하나"를 "「임금채권보장법」 제7조제1항 각 호의 어느 하나"로 한다.

부　칙 (2015. 6.15)

제1조【시행일】 이 영은 2015년 7월 1일부터 시행한다.

제2조【체당금 지급대상 근로자에 관한 적용례 등】 ①제7조제2항의 개정규정은 이 영 시행 전에 퇴직한 근로자에 대해서도 적용한다.

②제7조제2항의 개정규정에도 불구하고 이 영 시행 전에 퇴직하여 그 퇴직한 날의 다음 날부터 이 영 시행일까지 2년이 지났으나 2015년 12월 31일까지 3년이 지나지 아니한 퇴직 근로자가 2015년 12월 31일까지 판결 등에 관한 소의 제기 또는 신청 등을 한 경우 해당 근로자도 소액체당금의 지급대상이 되는 근로자로 본다.

제3조【사업주 기준에 관한 적용례】 제8조제2항의 개정규정은 부칙 제2조에 따라 소액체당금의 지급대상이 되는 근로자를 사용한 사업주에 대하여 해당 근로자가 체당금을 받을 수 있는 사업주의 기준에 해당하는지 여부를 판단하는 경우에도 적용한다.

제4조【상시근로자수 산정방법에 관한 경과조치】 이 영 시행 전에 법 제7조 및 이 영 제5조에 따라 도산등사실인정 신청을 한 근로자의 해당 사업에서의 상시근로자수 산정에 관하여는 별표 1 제1호의 개정규정에도 불구하고 종전의 규정에 따른다.

부　칙 (2021. 6. 1)

이 영은 2021년 6월 9일부터 시행한다. 다만, 제10조제1항 각 호 외의 부분, 같은 항 제3호 및 제21조 전단의 개정규정은 공포한 날부터 시행한다.

부　칙 (2021.10.14)

제1조【시행일】 이 영은 2021년 10월 14일부터 시행한다.

제2조【대지급금 지급대상 근로자 기준에 관한 적용례】 ①제7조제2항제2호의 개정규정은 이 영 시행 전에 진정등을 제기한 퇴직 근로자가 제9조제1항제3호의 개정규정에 따른 기간 이내에 대지급금의 지급을 청구한 경우에도 적용한다.

②제7조제3항의 개정규정은 이 영 시행 전에 소송등 또는 진정등을 제기한 재직 근로자가 제9조제1항제4호에 따른 기간 이내에 대지급금의 지급을 청구한 경우에도 적용한다.

제3조【포상금 지급기준에 관한 적용례】 제20조의3의 개정규정

은 이 영 시행 전에 제20조의2제3항에 따라 포상금 지급 신청을 하여 이 영 시행 당시 그 포상금에 대한 지급절차가 진행 중인 경우에도 적용한다.

제 4 조【출연금의 반납에 관한 적용례】 제22조의 개정규정은 이 영 시행 전에 법 제27조에 따라 업무를 위탁받은 자가 위탁받아 하는 사업에 사용하고 남은 출연금에 대해서도 적용한다.

부 칙 (2024. 8. 6)

이 영은 2024년 8월 7일부터 시행한다.

파견근로자 보호 등에 관한 법률

제정 1998. 2.20 법률 제5512호
개정 2006.12.21 법률 제8076호
2007. 4.11 법률 제8372호
2007. 8. 3 법률 제8617호
2008. 3.21 법률 제8963호
2008. 3.21 법률 제8964호
2009. 2. 6 법률 제9432호
2009. 5.21 법률 제9698호
2010. 6. 4 법률 제10339호
2011. 8. 4 법률 제11024호
2012. 2. 1 법률 제11279호
2013. 3.22 법률 제11668호
2014. 3.18 법률 제12470호
2014. 5.20 법률 제12632호
2017. 4.18 법률 제14790호
2019. 1.15 법률 제16272호
2019. 4.30 법률 제16413호
2020. 5.26 법률 제17326호
2020.12. 8 법률 제17605호

제1장 총 칙

제1조 【목적】 이 법은 근로자파견사업의 적정한 운영을 도모하고 파견근로자의 근로조건 등에 관한 기준을 확립하여 파견근로자의 고용안정과 복지증진에 이바지하고 인력수급을 원활하게 함을 목적으로 한다.
(2019.4.30 본조개정)

제 2 조 【정의】 이 법에서 사용하는 용어의 뜻은 다음과 같다.

1. "근로자파견"이란 파견사업주가 근로자를 고용한 후 그 고용관계를 유지하면서 근로자파견계약의 내용에 따라 사용사업주의 지휘 · 명령을 받아 사용사업주를 위한 근로에 종사하게 하는 것을 말한다.
2. "근로자파견사업"이란 근로자파견을 업(業)으로 하는 것을 말한다.
3. "파견사업주"란 근로자파견사업을 하는 자를 말한다.
4. "사용사업주"란 근로자파견계약에 따라 파견근로자를 사용하는 자를 말한다.
5. "파견근로자"란 파견사업주가 고용한 근로자로서 근로자파견의 대상이 되는 사람을 말한다.
6. "근로자파견계약"이란 파견사업주와 사용사업주 간에 근로자파견을 약정하는 계약을 말한다.
7. "차별적 처우"란 다음 각 목의 사항에서 합리적인 이유 없이 불리하게 처우하는 것을 말한다.(2020.5.26 개정)
   가. 「근로기준법」 제2조제1항제5호의 임금
   나. 정기상여금, 명절상여금 등 정기적으로 지급되는 상여금
   다. 경영성과에 따른 성과금
   라. 그 밖에 근로조건 및 복리후생 등에 관한 사항

(2019.4.30 본조개정)

제 3 조 【정부의 책무】 정부는 파견근로자를 보호하고 근로자의 구직(求職)과 사용자의 인력확보를 쉽게 하기 위하여 다음 각 호의 시책을 마련 · 시행함으로써 근로자가 사용자에게 직접 고용될 수 있도록 노력하여야 한다.

1. 고용정보의 수집 · 제공
2. 직업에 관한 연구
3. 직업지도
4. 직업안정기관의 설치 · 운영

(2019.4.30 본조개정)

제 4 조 【근로자파견사업의 조사 · 연구】 ①정부는 필요한 경우 근로자대표 · 사용자대표 · 공익대표 및 관계전문가에게 근로자파견사업의 적정한 운영과 파견근로자의 보호에 관한 주요사항을 조사 · 연구하게 할 수 있다.

②제1항에 따른 조사·연구에 필요한 사항은 고용노동부령으로 정한다.
(2019.4.30 본조개정)

제2장 근로자파견사업의 적정 운영

제5조【근로자파견 대상 업무 등】①근로자파견사업은 제조업의 직접생산공정업무를 제외하고 전문지식·기술·경험 또는 업무의 성질 등을 고려하여 적합하다고 판단되는 업무로서 대통령령으로 정하는 업무를 대상으로 한다.

②제1항에도 불구하고 출산·질병·부상 등으로 결원이 생긴 경우 또는 일시적·간헐적으로 인력을 확보하여야 할 필요가 있는 경우에는 근로자파견사업을 할 수 있다.

③제1항 및 제2항에도 불구하고 다음 각 호의 어느 하나에 해당하는 업무에 대하여는 근로자파견사업을 하여서는 아니 된다.

1. 건설공사현장에서 이루어지는 업무
2. 「항만운송사업법」 제3조제1호, 「한국철도공사법」 제9조제1항제1호, 「농수산물 유통 및 가격안정에 관한 법률」 제40조, 「물류정책기본법」 제2조제1항제1호의 하역(荷役)업무로서 「직업안정법」 제33조에 따라 근로자공급사업 허가를 받은 지역의 업무
3. 「선원법」 제2조제1호의 선원의 업무
4. 「산업안전보건법」 제28조에 따른 유해하거나 위험한 업무
5. 그 밖에 근로자 보호 등의 이유로 근로자파견사업의 대상으로는 적절하지 못하다고 인정하여 대통령령으로 정하는 업무

④제2항에 따라 파견근로자를 사용하려는 경우 사용사업주는 해당 사업 또는 사업장에 근로자의 과반수로 조직된 노동조합이 있는 경우에는 그 노동조합, 근로자의 과반수로 조직된 노동조합이 없는 경우에는 근로자의 과반수를 대표하는 자와 사전에 성실하게 협의하여야 한다.

⑤누구든지 제1항부터 제4항까지의 규정을 위반하여 근로자파견사업을 하거나 그 근로자파견사업을 하는 자로부터 근로자파견의 역무(役務)를 제공받아서는 아니 된다.
(2019.4.30 본조개정)

제6조【파견기간】①근로자파견의 기간은 제5조제2항에 해당하는 경

우를 제외하고는 1년을 초과하여서는 아니 된다.
②제1항에도 불구하고 파견사업주, 사용사업주, 파견근로자 간의 합의가 있는 경우에는 파견기간을 연장할 수 있다. 이 경우 1회를 연장할 때에는 그 연장기간은 1년을 초과하여서는 아니 되며, 연장된 기간을 포함한 총 파견기간은 2년을 초과하여서는 아니 된다.
③제2항 후단에도 불구하고 「고용상 연령차별금지 및 고령자고용촉진에 관한 법률」 제2조제1호의 고령자인 파견근로자에 대하여는 2년을 초과하여 근로자파견기간을 연장할 수 있다.
④제5조제2항에 따른 근로자파견의 기간은 다음 각 호의 구분에 따른다.
1. 출산ㆍ질병ㆍ부상 등 그 사유가 객관적으로 명백한 경우: 해당 사유가 없어지는 데 필요한 기간(2020.5.26 개정)
2. 일시적ㆍ간헐적으로 인력을 확보할 필요가 있는 경우: 3개월 이내의 기간. 다만, 해당 사유가 없어지지 아니하고 파견사업주, 사용사업주, 파견근로자 간의 합의가 있는 경우에는 3개월의 범위에서 한 차례만 그 기간을 연장할 수 있다.(2020.5.26 개정)
(2019.4.30 본조개정)

제 6 조의 2 【고용의무】 ①사용사업주가 다음 각 호의 어느 하나에 해당하는 경우에는 해당 파견근로자를 직접 고용하여야 한다.
1. 제5조제1항의 근로자파견 대상 업무에 해당하지 아니하는 업무에서 파견근로자를 사용하는 경우(제5조제2항에 따라 근로자파견사업을 한 경우는 제외한다)
2. 제5조제3항을 위반하여 파견근로자를 사용하는 경우
3. 제6조제2항을 위반하여 2년을 초과하여 계속적으로 파견근로자를 사용하는 경우
4. 제6조제4항을 위반하여 파견근로자를 사용하는 경우
5. 제7조제3항을 위반하여 근로자파견의 역무를 제공받은 경우
②제1항은 해당 파견근로자가 명시적으로 반대의사를 표시하거나 대통령령으로 정하는 정당한 이유가 있는 경우에는 적용하지 아니한다.
③제1항에 따라 사용사업주가 파견근로자를 직접 고용하는 경우의 파견근로자의 근로조건은 다음 각 호의 구분에 따른다.
1. 사용사업주의 근로자 중 해당 파견근로자와 같은 종류의 업무 또는 유사한 업무를 수행하는 근로자가 있는 경우: 해당 근로자에게 적용되는

취업규칙 등에서 정하는 근로조건에 따를 것
2. 사용사업주의 근로자 중 해당 파견근로자와 같은 종류의 업무 또는 유사한 업무를 수행하는 근로자가 없는 경우: 해당 파견근로자의 기존 근로조건의 수준보다 낮아져서는 아니 될 것
④사용사업주는 파견근로자를 사용하고 있는 업무에 근로자를 직접 고용하려는 경우에는 해당 파견근로자를 우선적으로 고용하도록 노력하여야 한다.
(2019.4.30 본조개정)

제7조【근로자파견사업의 허가】 ①근로자파견사업을 하려는 자는 고용노동부령으로 정하는 바에 따라 고용노동부장관의 허가를 받아야 한다. 허가받은 사항 중 고용노동부령으로 정하는 중요사항을 변경하는 경우에도 또한 같다.
②제1항 전단에 따라 근로자파견사업의 허가를 받은 자가 허가받은 사항 중 같은 항 후단에 따른 중요사항 외의 사항을 변경하려는 경우에는 고용노동부령으로 정하는 바에 따라 고용노동부장관에게 신고하여야 한다.
③사용사업주는 제1항을 위반하여 근로자파견사업을 하는 자로부터 근로자파견의 역무를 제공받아서는 아니 된다.
④고용노동부장관은 제2항에 따른 신고를 받은 경우 그 내용을 검토하여 이 법에 적합하면 신고를 수리하여야 한다.(2020.12.8 신설)
(2019.4.30 본조개정)

제8조【허가의 결격사유】 다음 각 호의 어느 하나에 해당하는 자는 제7조에 따른 근로자파견사업의 허가를 받을 수 없다.
1. 미성년자, 피성년후견인, 피한정후견인 또는 파산선고를 받고 복권(復權)되지 아니한 사람
2. 금고 이상의 형(집행유예는 제외한다)을 선고받고 그 집행이 끝나거나 집행을 받지 아니하기로 확정된 후 2년이 지나지 아니한 사람
3. 이 법, 「직업안정법」, 「근로기준법」 제7조, 제9조, 제20조부터 제22조까지, 제36조, 제43조, 제44조, 제44조의2, 제45조, 제46조, 제56조 및 제64조, 「최저임금법」 제6조, 「선원법」 제110조를 위반하여 벌금 이상의 형(집행유예는 제외한다)을 선고받고 그 집행이 끝나거나 집행을 받지 아니하기로 확정된 후 3년이 지나지 아니한 자
4. 금고 이상의 형의 집행유예를 선고받고 그 유예기간 중에 있는 사람

5. 제12조에 따라 해당 사업의 허가가 취소(이 조 제1호에 해당하여 허가가 취소된 경우는 제외한다)된 후 3년이 지나지 아니한 자(2020.12.8 개정)
6. 임원 중 제1호부터 제5호까지의 어느 하나에 해당하는 사람이 있는 법인
(2019.4.30 본조개정)

제9조【허가의 기준】 ①고용노동부장관은 제7조에 따라 근로자파견사업의 허가신청을 받은 경우에는 다음 각 호의 요건을 모두 갖춘 경우에 한정하여 근로자파견사업을 허가할 수 있다.
1. 신청인이 해당 근로자파견사업을 적정하게 수행할 수 있는 자산 및 시설 등을 갖추고 있을 것
2. 해당 사업이 특정한 소수의 사용사업주를 대상으로 하여 근로자파견을 하는 것이 아닐 것
②제1항에 따른 허가의 세부기준은 대통령령으로 정한다.
(2019.4.30 본조개정)

제10조【허가의 유효기간 등】 ①근로자파견사업 허가의 유효기간은 3년으로 한다.
②제1항에 따른 허가의 유효기간이 끝난 후 계속하여 근로자파견사업을 하려는 자는 고용노동부령으로 정하는 바에 따라 갱신허가를 받아야 한다.
③제2항에 따른 갱신허가의 유효기간은 그 갱신 전의 허가의 유효기간이 끝나는 날의 다음 날부터 기산(起算)하여 3년으로 한다.
④제2항에 따른 갱신허가에 관하여는 제7조부터 제9조까지의 규정을 준용한다.
(2019.4.30 본조개정)

제11조【사업의 폐지】 ①파견사업주는 근로자파견사업을 폐지하였을 때에는 고용노동부령으로 정하는 바에 따라 고용노동부장관에게 신고하여야 한다.
②제1항에 따른 신고가 있을 때에는 근로자파견사업의 허가는 신고일부터 그 효력을 잃는다.
(2019.4.30 본조개정)

제12조【허가의 취소 등】 ①고용노동부장관은 파견사업주가 다음 각 호의 어느 하나에 해당하는 경우에는 근로자파견사업의 허가를 취소하거나 6개월 이내의 기간을 정하여 영업정지를 명할 수 있다. 다만, 제1호 또

는 제2호에 해당하는 경우에는 그 허가를 취소하여야 한다.

1. 제7조제1항 또는 제10조제2항에 따른 허가를 거짓이나 그 밖의 부정한 방법으로 받은 경우
2. 제8조에 따른 결격사유에 해당하게 된 경우
3. 제5조제5항을 위반하여 근로자파견사업을 한 경우
4. 제6조제1항·제2항 또는 제4항을 위반하여 근로자파견사업을 한 경우
5. 제7조제1항 후단을 위반하여 허가를 받지 아니하고 중요사항을 변경한 경우
6. 제7조제2항에 따른 변경신고를 하지 아니하고 신고사항을 변경한 경우
7. 제9조에 따른 허가의 기준에 미달하게 된 경우
8. 제11조제1항에 따른 폐지신고를 하지 아니한 경우
9. 제13조제2항을 위반하여 영업정지 처분의 내용을 사용사업주에게 통지하지 아니한 경우
10. 제14조에 따른 겸업금지의무를 위반한 경우
11. 제15조를 위반하여 명의를 대여한 경우
12. 제16조제1항을 위반하여 근로자를 파견한 경우
13. 제17조에 따른 준수사항을 위반한 경우
14. 제18조에 따른 보고를 하지 아니하거나 거짓으로 보고한 경우
15. 제20조제1항에 따른 근로자파견계약을 서면으로 체결하지 아니한 경우
16. 제24조제2항을 위반하여 근로자의 동의를 받지 아니하고 근로자파견을 한 경우
17. 제25조를 위반하여 근로계약 또는 근로자파견계약을 체결한 경우
18. 제26조제1항을 위반하여 파견근로자에게 제20조제1항제2호 및 제4호부터 제12호까지의 사항을 알려주지 아니한 경우
19. 제28조에 따른 파견사업 관리책임자를 선임하지 아니하거나 결격사유가 있는 사람을 선임한 경우
20. 제29조에 따른 파견사업관리대장을 작성하지 아니하거나 보존하지 아니한 경우
21. 제35조제5항을 위반하여 건강진단 결과를 사용사업주에게 보내지 아니한 경우
22. 제37조에 따른 근로자파견사업의 운영 및 파견근로자의 고용관리 등에 관한 개선명령을 이행하지 아니한 경우

23. 제38조에 따른 보고 명령을 위반하거나 관계 공무원의 출입·검사·질문 등의 업무를 거부·방해 또는 기피한 경우

②고용노동부장관은 법인이 제8조제6호에 따른 결격사유에 해당되어 허가를 취소하려는 경우에는 미리 해당 임원의 교체임명에 필요한 기간을 1개월 이상 주어야 한다.

③고용노동부장관은 제1항에 따라 허가를 취소하려면 청문을 하여야 한다.

④제1항에 따른 근로자파견사업의 허가취소 또는 영업정지의 기준은 고용노동부령으로 정한다.

(2019.4.30 본조개정)

제13조【허가취소 등의 처분 후의 근로자파견】 ①제12조에 따른 허가취소 또는 영업정지 처분을 받은 파견사업주는 그 처분 전에 파견한 파견근로자와 그 사용사업주에 대하여는 그 파견기간이 끝날 때까지 파견사업주로서의 의무와 권리를 가진다.

②제1항의 경우에 파견사업주는 그 처분의 내용을 지체 없이 사용사업주에게 통지하여야 한다.

(2019.4.30 본조개정)

제14조【겸업금지】 다음 각 호의 어느 하나에 해당하는 사업을 하는 자는 근로자파견사업을 할 수 없다.

1.「식품위생법」 제36조제1항제3호의 식품접객업

2.「공중위생관리법」 제2조제1항제2호의 숙박업

3.「결혼중개업의 관리에 관한 법률」 제2조제2호의 결혼중개업

4. 그 밖에 대통령령으로 정하는 사업

(2019.4.30 본조개정)

제15조【명의대여의 금지】 파견사업주는 자기의 명의로 타인에게 근로자파견사업을 하게 하여서는 아니 된다.

(2019.4.30 본조개정)

제16조【근로자파견의 제한】 ①파견사업주는 쟁의행위 중인 사업장에 그 쟁의행위로 중단된 업무의 수행을 위하여 근로자를 파견하여서는 아니 된다.

②누구든지 「근로기준법」 제24조에 따른 경영상 이유에 의한 해고를 한 후 대통령령으로 정하는 기간이 지나기 전에는 해당 업무에 파견근로자를 사용하여서는 아니 된다.

(2019.4.30 본조개정)

제17조 【파견사업주 등의 준수사항】 파견사업주 및 제28조에 따른 파견사업관리책임자는 근로자파견사업을 할 때 고용노동부령으로 정하는 사항을 준수하여야 한다.
(2019.4.30 본조개정)

제18조 【사업보고】 파견사업주는 고용노동부령으로 정하는 바에 따라 사업보고서를 작성하여 고용노동부장관에게 제출하여야 한다.
(2019.4.30 본조개정)

제19조 【폐쇄조치 등】 ①고용노동부장관은 허가를 받지 아니하고 근로자파견사업을 하거나 허가취소 또는 영업정지 처분을 받은 후 계속하여 사업을 하는 자에 대하여는 그 사업을 폐쇄하기 위하여 관계 공무원에게 다음 각 호의 조치를 하게 할 수 있다.
1. 해당 사무소 또는 사무실의 간판이나 그 밖의 영업표지물의 제거・삭제
2. 해당 사업이 위법한 것임을 알리는 게시물의 부착
3. 해당 사업의 운영을 위하여 필수불가결한 기구 또는 시설물을 사용할 수 없게 하는 봉인(封印)

②제1항에 따른 조치를 하려는 경우에는 미리 해당 파견사업주 또는 그 대리인에게 서면으로 알려주어야 한다. 다만, 급박한 사유가 있는 경우에는 그러하지 아니하다.
③제1항에 따른 조치는 그 사업을 할 수 없게 하는 경우 필요한 최소한의 범위에 그쳐야 한다.
④제1항에 따라 조치를 하는 관계 공무원은 그 권한을 표시하는 증표를 관계인에게 보여 주어야 한다.
(2019.4.30 본조개정)

제 3 장 파견근로자의 근로조건 등

제 1 절 근로자파견계약

제20조 【계약의 내용 등】 ①근로자파견계약의 당사자는 고용노동부령으로 정하는 바에 따라 다음 각 호의 사항을 포함하는 근로자파견계약을 서면으로 체결하여야 한다.

1. 파견근로자의 수
2. 파견근로자가 종사할 업무의 내용
3. 파견 사유(제5조제2항에 따라 근로자파견을 하는 경우만 해당한다)
4. 파견근로자가 파견되어 근로할 사업장의 명칭 및 소재지, 그 밖에 파견근로자의 근로 장소
5. 파견근로 중인 파견근로자를 직접 지휘·명령할 사람에 관한 사항
6. 근로자파견기간 및 파견근로 시작일에 관한 사항
7. 업무 시작 및 업무 종료의 시각과 휴게시간에 관한 사항
8. 휴일·휴가에 관한 사항
9. 연장·야간·휴일근로에 관한 사항
10. 안전 및 보건에 관한 사항
11. 근로자파견의 대가
12. 그 밖에 고용노동부령으로 정하는 사항

②사용사업주는 제1항에 따라 근로자파견계약을 체결할 때에는 파견사업주에게 제21조제1항을 준수하도록 하기 위하여 필요한 정보를 제공하여야 한다. 이 경우 제공하여야 하는 정보의 범위와 제공방법 등에 관한 사항은 대통령령으로 정한다.
(2019.4.30 본조개정)

제21조 【차별적 처우의 금지 및 시정 등】 ①파견사업주와 사용사업주는 파견근로자라는 이유로 사용사업주의 사업 내의 같은 종류의 업무 또는 유사한 업무를 수행하는 근로자에 비하여 파견근로자에게 차별적 처우를 하여서는 아니 된다.
②파견근로자는 차별적 처우를 받은 경우 「노동위원회법」에 따른 노동위원회(이하 "노동위원회"라 한다)에 그 시정을 신청할 수 있다.
③제2항에 따른 시정신청, 그 밖의 시정절차 등에 관하여는 「기간제 및 단시간근로자 보호 등에 관한 법률」 제9조부터 제15조까지 및 제16조제2호·제3호를 준용한다. 이 경우 "기간제근로자 또는 단시간근로자"는 "파견근로자"로, "사용자"는 "파견사업주 또는 사용사업주"로 본다.
④제1항부터 제3항까지의 규정은 사용사업주가 상시 4명 이하의 근로자를 사용하는 경우에는 적용하지 아니한다.
(2019.4.30 본조개정)

제21조의2 【고용노동부장관의 차별적 처우 시정요구 등】 ①고용

노동부장관은 파견사업주와 사용사업주가 제21조제1항을 위반하여 차별적 처우를 한 경우에는 그 시정을 요구할 수 있다.
②고용노동부장관은 파견사업주와 사용사업주가 제1항에 따른 시정요구에 따르지 아니한 경우에는 차별적 처우의 내용을 구체적으로 명시하여 노동위원회에 통보하여야 한다. 이 경우 고용노동부장관은 해당 파견사업주 또는 사용사업주 및 근로자에게 그 사실을 통지하여야 한다.
③노동위원회는 제2항에 따라 고용노동부장관의 통보를 받은 경우에는 지체 없이 차별적 처우가 있는지 여부를 심리하여야 한다. 이 경우 노동위원회는 해당 파견사업주 또는 사용사업주 및 근로자에게 의견을 진술할 수 있는 기회를 주어야 한다.
④제3항에 따른 노동위원회의 심리, 그 밖의 시정절차 등에 관하여는 「기간제 및 단시간근로자 보호 등에 관한 법률」 제15조의2제4항에 따라 준용되는 같은 법 제9조제4항, 제11조부터 제15조까지 및 제15조의2제5항을 준용한다. 이 경우 "시정신청을 한 날"은 "통지를 받은 날"로, "기각결정"은 "차별적 처우가 없다는 결정"으로, "관계 당사자"는 "해당 파견사업주 또는 사용사업주 및 근로자"로, "시정신청을 한 근로자"는 "해당 근로자"로 본다.
(2019.4.30 본조개정)

제21조의3 【확정된 시정명령의 효력 확대】 ①고용노동부장관은 제21조제3항 또는 제21조의2제4항에 따라 준용되는 「기간제 및 단시간근로자 보호 등에 관한 법률」 제14조에 따라 확정된 시정명령을 이행할 의무가 있는 파견사업주 또는 사용사업주의 사업 또는 사업장에서 해당 시정명령의 효력이 미치는 근로자 이외의 파견근로자에 대하여 차별적 처우가 있는지를 조사하여 차별적 처우가 있는 경우에는 그 시정을 요구할 수 있다.
②파견사업주 또는 사용사업주가 제1항에 따른 시정요구에 따르지 아니할 경우에는 제21조의2제2항부터 제4항까지의 규정을 준용한다.(2020.5.26 개정)
(2014.3.18 본조신설)

제22조 【계약의 해지 등】 ①사용사업주는 파견근로자의 성별, 종교, 사회적 신분, 파견근로자의 정당한 노동조합의 활동 등을 이유로 근로자파견계약을 해지하여서는 아니 된다.
②파견사업주는 사용사업주가 파견근로에 관하여 이 법 또는 이 법에 따른 명령, 「근로기준법」 또는 같은 법에 따른 명령, 「산업안전보건법」 또는

같은 법에 따른 명령을 위반하는 경우에는 근로자파견을 정지하거나 근로자파견계약을 해지할 수 있다.
(2019.4.30 본조개정)

제2절 파견사업주가 마련하여야 할 조치

제23조【파견근로자의 복지 증진】 파견사업주는 파견근로자의 희망과 능력에 적합한 취업 및 교육훈련 기회의 확보, 근로조건의 향상, 그 밖에 고용 안정을 도모하기 위하여 필요한 조치를 마련함으로써 파견근로자의 복지 증진에 노력하여야 한다.
(2019.4.30 본조개정)

제24조【파견근로자에 대한 고지 의무】 ①파견사업주는 근로자를 파견근로자로서 고용하려는 경우에는 미리 해당 근로자에게 그 취지를 서면으로 알려 주어야 한다.
②파견사업주는 그가 고용한 근로자 중 파견근로자로 고용하지 아니한 사람을 근로자파견의 대상으로 하려는 경우에는 미리 해당 근로자에게 그 취지를 서면으로 알리고 그의 동의를 받아야 한다.
(2019.4.30 본조개정)

제25조【파견근로자에 대한 고용제한의 금지】 ①파견사업주는 파견근로자 또는 파견근로자로 고용되려는 사람과 그 고용관계가 끝난 후 그가 사용사업주에게 고용되는 것을 정당한 이유 없이 금지하는 내용의 근로계약을 체결하여서는 아니 된다.
②파견사업주는 파견근로자의 고용관계가 끝난 후 사용사업주가 그 파견근로자를 고용하는 것을 정당한 이유 없이 금지하는 내용의 근로자파견계약을 체결하여서는 아니 된다.
(2019.4.30 본조개정)

제26조【취업조건의 고지】 ①파견사업주는 근로자파견을 하려는 경우에는 미리 해당 파견근로자에게 제20조제1항 각 호의 사항과 그 밖에 고용노동부령으로 정하는 사항을 서면으로 알려 주어야 한다.
②파견근로자는 파견사업주에게 제20조제1항제11호에 따른 해당 근로자파견의 대가에 관하여 그 내역을 제시할 것을 요구할 수 있다.
③파견사업주는 제2항에 따라 그 내역의 제시를 요구받았을 때에는 지체

없이 그 내역을 서면으로 제시하여야 한다.
(2019.4.30 본조개정)

제27조【사용사업주에 대한 통지】 파견사업주는 근로자파견을 할 경우에는 파견근로자의 성명 등 고용노동부령으로 정하는 사항을 사용사업주에게 통지하여야 한다.
(2019.4.30 본조개정)

제28조【파견사업관리책임자】 ①파견사업주는 파견근로자의 적절한 고용관리를 위하여 제8조제1호부터 제5호까지에 따른 결격사유에 해당하지 아니하는 사람 중에서 파견사업관리책임자를 선임하여야 한다.
②파견사업관리책임자의 임무 등에 필요한 사항은 고용노동부령으로 정한다.
(2019.4.30 본조개정)

제29조【파견사업관리대장】 ①파견사업주는 파견사업관리대장을 작성·보존하여야 한다.
②제1항에 따른 파견사업관리대장의 기재사항 및 그 보존기간은 고용노동부령으로 정한다.
(2019.4.30 본조개정)

제3절 사용사업주가 마련하여야 할 조치

제30조【근로자파견계약에 관한 조치】 사용사업주는 제20조에 따른 근로자파견계약에 위반되지 아니하도록 필요한 조치를 마련하여야 한다.
(2019.4.30 본조개정)

제31조【적정한 파견근로의 확보】 ①사용사업주는 파견근로자가 파견근로에 관한 고충을 제시한 경우에는 그 고충의 내용을 파견사업주에게 통지하고 신속하고 적절하게 고충을 처리하도록 하여야 한다.
②제1항에 따른 고충의 처리 외에 사용사업주는 파견근로가 적정하게 이루어지도록 필요한 조치를 마련하여야 한다.
(2019.4.30 본조개정)

제32조【사용사업관리책임자】 ①사용사업주는 파견근로자의 적절한 파견근로를 위하여 사용사업관리책임자를 선임하여야 한다.
②사용사업관리책임자의 임무 등에 필요한 사항은 고용노동부령으로 정

한다.
(2019.4.30 본조개정)

제33조【사용사업관리대장】 ①사용사업주는 사용사업관리대장을 작성·보존하여야 한다.
②제1항에 따른 사용사업관리대장의 기재사항 및 그 보존기간은 고용노동부령으로 정한다.
(2019.4.30 본조개정)

제 4 절 「근로기준법」 등의 적용에 관한 특례

제34조【「근로기준법」의 적용에 관한 특례】 ①파견 중인 근로자의 파견근로에 관하여는 파견사업주 및 사용사업주를 「근로기준법」 제2조제1항제2호의 사용자로 보아 같은 법을 적용한다. 다만, 「근로기준법」 제15조부터 제36조까지, 제39조, 제41조부터 제43조까지, 제43조의2, 제43조의3, 제44조, 제44조의2, 제44조의3, 제45조부터 제48조까지, 제56조, 제60조, 제64조, 제66조부터 제68조까지 및 제78조부터 제92조까지의 규정을 적용할 때에는 파견사업주를 사용자로 보고, 같은 법 제50조부터 제55조까지, 제58조, 제59조, 제62조, 제63조, 제69조부터 제74조까지, 제74조의2 및 제75조를 적용할 때에는 사용사업주를 사용자로 본다.
②파견사업주가 대통령령으로 정하는 사용사업주의 귀책사유(歸責事由)로 근로자의 임금을 지급하지 못한 경우에는 사용사업주는 그 파견사업주와 연대하여 책임을 진다. 이 경우 「근로기준법」 제43조 및 제68조를 적용할 때에는 파견사업주 및 사용사업주를 같은 법 제2조제1항제2호의 사용자로 보아 같은 법을 적용한다.
③「근로기준법」 제55조, 제73조 및 제74조제1항에 따라 사용사업주가 파견근로자에게 유급휴일 또는 유급휴가를 주는 경우 그 휴일 또는 휴가에 대하여 유급으로 지급되는 임금은 파견사업주가 지급하여야 한다.
④파견사업주와 사용사업주가 「근로기준법」을 위반하는 내용을 포함한 근로자파견계약을 체결하고 그 계약에 따라 파견근로자를 근로하게 함으로써 같은 법을 위반한 경우에는 그 계약 당사자 모두를 같은 법 제2조제1항제2호의 사용자로 보아 해당 벌칙규정을 적용한다.
(2019.4.30 본조개정)

제35조【「산업안전보건법」의 적용에 관한 특례】 ①파견 중인 근로자의 파견근로에 관하여는 사용사업주를 「산업안전보건법」 제2조제3호의 사업주로 보아 같은 법을 적용한다. 이 경우 「산업안전보건법」 제31조제2항을 적용할 때에는 "근로자를 채용할 때"를 "근로자파견의 역무를 제공받은 경우"로 본다.
②제1항에도 불구하고 「산업안전보건법」 제5조, 제43조제5항(작업 장소의 변경, 작업의 전환 및 근로시간 단축의 경우만 해당한다), 제43조제6항 단서 및 제52조제2항을 적용할 때에는 파견사업주 및 사용사업주를 같은 법 제2조제3호의 사업주로 본다.
③사용사업주는 파견 중인 근로자에 대하여 「산업안전보건법」 제43조에 따른 건강진단을 실시하였을 때에는 같은 조 제6항에 따라 그 건강진단 결과를 설명하여야 하며, 그 건강진단 결과를 지체 없이 파견사업주에게 보내야 한다.
④제1항 및 제3항에도 불구하고 「산업안전보건법」 제43조제1항에 따라 사업주가 정기적으로 실시하여야 하는 건강진단 중 고용노동부령으로 정하는 건강진단에 대해서는 파견사업주를 같은 법 제2조제3호의 사업주로 본다.
⑤파견사업주는 제4항에 따른 건강진단을 실시하였을 때에는 「산업안전보건법」 제43조제6항에 따라 그 건강진단 결과를 설명하여야 하며, 그 건강진단 결과를 지체 없이 사용사업주에게 보내야 한다.
⑥파견사업주와 사용사업주가 「산업안전보건법」을 위반하는 내용을 포함한 근로자파견계약을 체결하고 그 계약에 따라 파견근로자를 근로하게 함으로써 같은 법을 위반한 경우에는 그 계약당사자 모두를 같은 법 제2조제3호의 사업주로 보아 해당 벌칙규정을 적용한다.
(2019.4.30 본조개정)

제4장 보 칙

제36조【지도 · 조언 등】 고용노동부장관은 이 법의 시행을 위하여 필요하다고 인정할 때에는 파견사업주 및 사용사업주에 대하여 근로자파견사업의 적정한 운영 또는 적정한 파견근로를 확보하는 데 필요한 지도 및 조언을 할 수 있다.
(2019.4.30 본조개정)

제37조【개선명령】고용노동부장관은 적정한 파견근로의 확보를 위하여 필요하다고 인정할 때에는 파견사업주에게 근로자파견사업의 운영 및 파견근로자의 고용관리 등에 관한 개선을 명할 수 있다.
(2019.4.30 본조개정)

제38조【보고와 검사】①고용노동부장관은 이 법의 시행을 위하여 필요하다고 인정할 때에는 고용노동부령으로 정하는 바에 따라 파견사업주 및 사용사업주에 대하여 필요한 사항의 보고를 명할 수 있다.
②고용노동부장관은 필요하다고 인정할 때에는 관계 공무원으로 하여금 파견사업주 및 사용사업주의 사업장이나 그 밖의 시설에 출입하여 장부·서류 또는 그 밖의 물건을 검사하거나 관계인에게 질문하게 할 수 있다.
③제2항에 따라 출입·검사를 하는 공무원은 그 권한을 표시하는 증표를 관계인에게 내보여야 한다.
(2019.4.30 본조개정)

제39조【자료의 요청】①고용노동부장관은 관계 행정기관이나 그 밖의 공공단체 등에 이 법의 시행에 필요한 자료의 제출을 요청할 수 있다.
②제1항에 따라 자료 제출을 요청받은 자는 그 요청을 거부할 정당한 사유가 없으면 이에 따라야 한다.
(2019.4.30 본조개정)

제40조【수수료】제7조 및 제10조에 따른 허가를 받으려는 자는 고용노동부령으로 정하는 바에 따라 수수료를 내야 한다.
(2019.4.30 본조개정)

제41조【권한의 위임】이 법에 따른 고용노동부장관의 권한은 대통령령으로 정하는 바에 따라 그 일부를 지방고용노동관서의 장에게 위임할 수 있다.
(2019.4.30 본조개정)

제5장 벌칙

제42조【벌칙】①다음 각 호의 어느 하나에 해당하는 업무에 취업시킬 목적으로 근로자파견을 한 자는 5년 이하의 징역 또는 5천만원 이하의 벌금에 처한다.
1.「성매매알선 등 행위의 처벌에 관한 법률」제2조제1항제1호에 따른 성매

매 행위가 이루어지는 업무
2. 「보건범죄 단속에 관한 특별조치법」 제2조제1항에 따른 부정식품 제조 등 행위가 이루어지는 업무
3. 「보건범죄 단속에 관한 특별조치법」 제3조제1항에 따른 부정의약품 제조 등 행위가 이루어지는 업무
4. 「보건범죄 단속에 관한 특별조치법」 제4조제1항에 따른 부정유독물 제조 등 행위가 이루어지는 업무
5. 「보건범죄 단속에 관한 특별조치법」 제5조에 따른 부정의료 행위가 이루어지는 업무
6. 「식품위생법」 제4조에 따른 위해식품등의 판매 등 행위가 이루어지는 업무
7. 「식품위생법」 제5조에 따른 병든 동물 고기 등의 판매 등 행위가 이루어지는 업무
8. 그 밖에 제1호부터 제7호까지의 규정에 준하는 행위가 이루어지는 업무로서 대통령령으로 정하는 업무

② 제1항의 미수범은 처벌한다.
(2019.4.30 본조개정)

제43조 【벌칙】 다음 각 호의 어느 하나에 해당하는 자는 3년 이하의 징역 또는 3천만원 이하의 벌금에 처한다.
1. 제5조제5항, 제6조제1항 · 제2항 · 제4항 또는 제7조제1항을 위반하여 근로자파견사업을 한 자
2. 제5조제5항, 제6조제1항 · 제2항 · 제4항 또는 제7조제3항을 위반하여 근로자파견의 역무를 제공받은 자
3. 거짓이나 그 밖의 부정한 방법으로 제7조제1항에 따른 허가 또는 제10조제2항에 따른 갱신허가를 받은 자
4. 제15조 또는 제34조제2항을 위반한 자

(2019.4.30 본조개정)

제43조의2 【벌칙】 제21조제3항에 따라 준용되는 「기간제 및 단시간근로자 보호 등에 관한 법률」 제16조제2호 또는 제3호를 위반한 자는 2년 이하의 징역 또는 1천만원 이하의 벌금에 처한다.
(2019.4.30 본조개정)

제44조 【벌칙】 다음 각 호의 어느 하나에 해당하는 자는 1년 이하의 징역 또는 1천만원 이하의 벌금에 처한다.

1. 제12조제1항에 따른 영업정지 명령을 위반하여 근로자파견사업을 계속 한 자
2. 제16조를 위반한 자
(2019.4.30 본조개정)

제45조【양벌규정】 법인의 대표자나 법인 또는 개인의 대리인, 사용인, 그 밖의 종업원이 그 법인 또는 개인의 업무에 관하여 제42조·제43조·제43조의2 또는 제44조의 위반행위를 하면 그 행위자를 벌하는 외에 그 법인 또는 개인에게도 해당 조문의 벌금형을 과(科)한다. 다만, 법인 또는 개인이 그 위반행위를 방지하기 위하여 해당 업무에 관하여 상당한 주의와 감독을 게을리하지 아니한 경우에는 그러하지 아니하다.
(2009.5.21 본조개정)

제46조【과태료】 ①제21조제3항, 제21조의2제4항 및 제21조의3제2항에 따라 준용되는 「기간제 및 단시간근로자 보호 등에 관한 법률」 제14조제2항 또는 제3항에 따라 확정된 시정명령을 정당한 이유 없이 이행하지 아니한 자에게는 1억원 이하의 과태료를 부과한다.(2019.4.30 개정)
②제6조의2제1항을 위반하여 파견근로자를 직접 고용하지 아니한 자에게는 3천만원 이하의 과태료를 부과한다.(2019.4.30 개정)
③제26조제1항을 위반하여 근로자파견을 할 때에 미리 해당 파견근로자에게 제20조제1항 각 호의 사항 및 그 밖에 고용노동부령으로 정하는 사항을 서면으로 알리지 아니한 파견사업주에게는 1천만원 이하의 과태료를 부과한다.(2010.6.4 개정)
④제21조제3항, 제21조의2제4항 및 제21조의3제2항에 따라 준용되는 「기간제 및 단시간근로자 보호 등에 관한 법률」 제15조제1항에 따른 고용노동부장관의 이행상황 제출요구를 정당한 이유 없이 따르지 아니한 자에게는 500만원 이하의 과태료를 부과한다.(2019.4.30 개정)
⑤다음 각 호의 어느 하나에 해당하는 자에게는 300만원 이하의 과태료를 부과한다.(2019.4.30 개정)
1. 제11조제1항에 따른 신고를 하지 아니하거나 거짓으로 신고한 자
2. 제18조 또는 제38조제1항에 따른 보고를 하지 아니하거나 거짓으로 보고한 자
3. 제26조제3항을 위반한 자
4. 제27조, 제29조 또는 제33조를 위반한 자

5. 제35조제3항 또는 제5항을 위반하여 해당 건강진단 결과를 파견사업주 또는 사용사업주에게 보내지 아니한 자
6. 제37조의 개선명령을 위반한 자
7. 제38조제2항에 따른 검사를 정당한 이유 없이 거부 · 방해 또는 기피한 자

⑥제1항부터 제5항까지에 따른 과태료는 대통령령으로 정하는 바에 따라 고용노동부장관이 부과 · 징수한다.(2019.4.30 개정)

⑦삭제(2009.5.21)

⑧삭제(2009.5.21)

부　칙

①**【시행일】** 이 법은 1998년 7월 1일부터 시행한다.

②**【다른 법률의 개정】** 직업안정법중 다음과 같이 개정한다.

제4조제7호에 단서를 다음과 같이 신설한다.

다만, 파견근로자보호등에관한법률 제2조제2호의 규정에 의한 근로자파견사업을 제외한다.

부　칙 (2006.12.21 법률 제8076호)

①**【시행일】** 이 법은 2007년 7월 1일부터 시행한다. 다만, 제20조 제2항, 제21조, 제43조의2 및 제46조 제1항 · 제3항의 개정규정의 시행일은 사업 또는 사업장(사용사업주의 사업 또는 사업장을 말한다. 이하 같다)별로 다음 각 호와 같다.

1. 상시 300인 이상의 근로자를 사용하는 사업 또는 사업장 : 2007년 7월 1일
2. 국가 및 지방자치단체의 기관, 「정부산하기관 관리기본법」 제3조의 규정에 따른 정부산하기관, 「정부투자기관 관리기본법」 제2조의 규정에 따른 정부투자기관, 「지방공기업법」 제49조 및 동법 제76조의 규정에 따른 지방공사 및 지방공단, 「정부출연연구기관 등의 설립 · 운영 및 육성에 관한 법률」 제2조 및 「과학기술분야 정부출연연구기관 등의 설립 · 운영 및

육성에 관한 법률」 제2조의 규정에 따른 정부출연연구기관 및 연구회, 「국립대학병원 설치법」에 따른 대학병원 : 2007년 7월 1일
3. 상시 100인 이상 300인 미만의 근로자를 사용하는 사업 또는 사업장 : 2008년 7월 1일
4. 상시 100인 미만의 근로자를 사용하는 사업 또는 사업장 : 2009년 7월 1일

②**【파견기간에 관한 적용례】** 제6조의 개정규정은 이 법 시행 전에 체결되고 이 법 시행 당시 종료되지 아니한(파견기간이 연장된 경우를 포함한다) 근로자파견계약에 대하여도 적용한다.

③**【고용의제에 관한 경과조치】** 이 법 시행 당시 종전의 제6조제3항의 규정이 적용되는 파견근로자에 대하여는 이 법 시행 후에도 종전의 규정을 적용한다.

④**【벌칙에 관한 경과조치】** 이 법의 시행 전의 행위에 대한 벌칙의 적용에 있어서는 종전의 규정에 따른다.

부 칙 (2008. 3.21)

이 법은 공포한 날부터 시행한다.

부 칙 (2009. 5.21)

①**【시행일】** 이 법은 공포 후 3개월이 경과한 날부터 시행한다.

②**【벌칙에 관한 경과조치】** 이 법 시행 전의 행위에 관하여 벌칙을 적용할 때에는 종전의 규정에 따른다.

부 칙 (2012. 2. 1)

이 법은 공포 후 6개월이 경과한 날부터 시행한다.

부 칙 (2013. 3.22)

이 법은 공포 후 6개월이 경과한 날부터 시행한다.

부 칙 (2014. 3.18)

이 법은 공포 후 6개월이 경과한 날부터 시행한다.

부 칙 (2014. 5.20)
이 법은 공포한 날부터 시행한다.

부 칙 (2017. 4.18)
제1조 【시행일】 이 법은 공포한 날부터 시행한다.
제2조 【금치산자 등의 결격사유에 관한 경과조치】 제8조제1호의 개정규정에도 불구하고 이 법 시행 당시 법률 제10429호 민법 일부개정법률 부칙 제2조에 따라 금치산 또는 한정치산 선고의 효력이 유지되는 사람에 대하여는 종전의 규정에 따른다.

부 칙 (2019. 4.30)
제1조 【시행일】 이 법은 공포한 날부터 시행한다.
제2조 【다른 법률의 개정】 ①결혼중개업의 관리에 관한 법률 일부를 다음과 같이 개정한다.
제7조 중 "「파견근로자보호 등에 관한 법률」"을 "「파견근로자 보호 등에 관한 법률」"로 한다.
②경제자유구역의 지정 및 운영에 관한 특별법 일부를 다음과 같이 개정한다.
제17조제5항 중 "「파견근로자보호 등에 관한 법률」"을 "「파견근로자 보호 등에 관한 법률」"로 한다.
③고용보험법 일부를 다음과 같이 개정한다.
제27조제2항제3호 중 "「파견근로자보호 등에 관한 법률」"을 "「파견근로자 보호 등에 관한 법률」"로 한다.
④국제과학비즈니스벨트 조성 및 지원에 관한 특별법 일부를 다음과 같이 개정한다.
제30조제3항 중 "「파견근로자보호 등에 관한 법률」"을 "「파견근로자 보호 등에 관한 법률」"로 한다.
⑤근로복지기본법 일부를 다음과 같이 개정한다.
제3조제3항 중 "「파견근로자보호 등에 관한 법률」"을 "「파견근로자 보호 등에 관한 법률」"로 한다.
⑥근로자직업능력 개발법 일부를 다음과 같이 개정한다.
제3조제4항제10호 중 "「파견근로자보호 등에 관한 법률」"을 "「파견근로자

보호 등에 관한 법률」"로 한다.
⑦기업도시개발 특별법 일부를 다음과 같이 개정한다.
제34조의2제2항제8호다목 중 "「파견근로자보호 등에 관한 법률」"을 "「파견근로자 보호 등에 관한 법률」"로 한다.
⑧남녀고용평등과 일·가정 양립 지원에 관한 법률 일부를 다음과 같이 개정한다.
제19조제5항 및 제34조 중 "「파견근로자보호 등에 관한 법률」"을 각각 "「파견근로자 보호 등에 관한 법률」"로 한다.
⑨노동위원회법 일부를 다음과 같이 개정한다.
제2조의2제1호 및 제15조제4항 중 "「파견근로자보호 등에 관한 법률」"을 각각 "「파견근로자 보호 등에 관한 법률」"로 한다.
⑩사법경찰관리의 직무를 수행할 자와 그 직무범위에 관한 법률 일부를 다음과 같이 개정한다.
제6조의2제1항제12호를 다음과 같이 한다.
12. 「파견근로자 보호 등에 관한 법률」
⑪새만금사업 추진 및 지원에 관한 특별법 일부를 다음과 같이 개정한다.
제58조의2제3항 중 "「파견근로자보호 등에 관한 법률」"을 "「파견근로자 보호 등에 관한 법률」"로 한다
⑫조세특례제한법 일부를 다음과 같이 개정한다.
제30조의2제1항 중 "「파견근로자보호 등에 관한 법률」"을 각각 "「파견근로자 보호 등에 관한 법률」"로 한다.
⑬지방세특례제한법 일부를 다음과 같이 개정한다.
제117조제1항 중 "「파견근로자보호 등에 관한 법률」"을 각각 "「파견근로자 보호 등에 관한 법률」"로 한다.
⑭직업안정법 일부를 다음과 같이 개정한다.
제2조의2제7호 단서 중 "「파견근로자보호 등에 관한 법률」"을 "「파견근로자 보호 등에 관한 법률」"로 한다.

부 칙 (2020.12. 8)
이 법은 공포한 날부터 시행한다.

파견근로자 보호 등에 관한 법률 시행령

제정 1998. 7. 1 대통령령 제15828호
개정 2007. 6.18 대통령령 제20094호
2009. 6.30 대통령령 제21590호
2009. 8.18 대통령령 제21694호
2010. 7.12 대통령령 제22269호
2011. 3.30 대통령령 제22799호
2012. 1. 6 대통령령 제23488호
2012. 6.12 대통령령 제23853호
2014. 9.18 대통령령 제25615호
2014. 9.24 대통령령 제25630호
2015.12.30 대통령령 제26810호
2018.12.24 대통령령 제29421호
2019.10.29 대통령령 제30177호
2019.12.24 대통령령 제30256호
2025. 6.20 대통령령 제35597호

제1조【목 적】 이 영은 「파견근로자 보호 등에 관한 법률」에서 위임된 사항과 그 시행에 필요한 사항을 규정함을 목적으로 한다.(2019.10.29 개정)

제2조【근로자파견의 대상 및 금지업무】 ①「파견근로자 보호 등에 관한 법률」(이하 "법"이라 한다)제5조제1항에서 "대통령령으로 정하는 업무"란 별표 1의 업무를 말한다.(2019.10.29 개정)

②법 제5조제3항제5호에서 "대통령령으로 정하는 업무"란 다음 각 호의 어느 하나에 해당하는 업무를 말한다.(2019.10.29 개정)

1. 「진폐의 예방과 진폐근로자의 보호 등에 관한 법률」 제2조제3호에 따른 분진작업을 하는 업무

2. 「산업안전보건법」 제137조에 따른 건강관리카드의 발급대상 업무(2019.12.24 개정)
3. 「의료법」 제2조에 따른 의료인의 업무 및 「간호법」 제15조에 따른 간호조무사의 업무(2025.6.20 개정)
4. 「의료기사 등에 관한 법률」 제3조에 따른 의료기사의 업무
5. 「여객자동차 운수사업법」 제2조제3호에 따른 여객자동차운송사업에서의 운전업무(2019.10.29 개정)
6. 「화물자동차 운수사업법」 제2조제3호에 따른 화물자동차 운송사업에서의 운전업무(2019.10.29 개정)

제 2 조의 2 【고용의무의 예외】 법 제6조의2제2항에서 "대통령령으로 정하는 정당한 이유가 있는 경우"란 다음 각 호의 어느 하나에 해당하는 경우를 말한다.(2019.10.29 개정)
1. 「임금채권보장법」 제7조제1항제1호부터 제3호까지의 어느 하나에 해당하는 경우(2019.10.29 개정)
2. 천재 · 사변 그 밖의 부득이한 사유로 사업의 계속이 불가능한 경우

(2007.6.18 본조신설)

제 3 조 【허가의 세부기준】 법 제9조제2항에 따른 근로자파견사업의 자산 및 시설 등의 기준은 다음 각 호와 같다.(2007.6.18 개정)
1. 상시 5명이상의 근로자(파견근로자는 제외한다)를 사용하는 사업 또는 사업장으로서 고용보험 · 국민연금 · 산업재해보상보험 및 국민건강보험에 가입되어 있을 것(2019.10.29 개정)
2. 1억원이상의 자본금(개인인 경우에는 자산평가액)을 갖출 것
3. 전용면적 20제곱미터이상의 사무실을 갖출 것(2009.6.30 개정)

제 4 조 【파견근로자의 사용제한】 법 제16조제2항에서 "대통령령으로 정하는 기간"이란 2년을 말한다. 다만, 해당 사업 또는 사업장에 근로자의 과반수로 조직된 노동조합이 있는 경우 그 노동조합(근로자의 과반수로 조직된 노동조합이 없는 경우에는 근로자의 과반수를 대표하는 자를 말한다)이 동의한 때에는 6개월로 한다.(2019.10.29 개정)

제 4 조의 2 【정보제공의 범위 및 방법】 ①사용사업주가 법 제20조제2항에 따라 파견사업주에게 제공해야 하는 정보는 사용사업주의 사업에서 파견근로자와 같은 종류 또는 유사한 업무를 수행하는 근로자에 대한 다음 각 호의 정보를 말한다.(2019.10.29 개정)

1. 근로자 유무 및 근로자의 수
2. 임금 및 임금의 구성항목
3. 업무 시작 및 종료의 시각과 휴게시간에 관한 사항(2019.10.29 개정)
4. 휴일 · 휴가에 관한 사항
5. 연장 · 야간 · 휴일근로에 관한 사항(2019.10.29 개정)
6. 안전 및 보건에 관한 사항
7. 복리후생시설의 이용에 관한 사항
8. 그 밖에 차별적 처우의 대상이 되는 근로조건 중 제2호부터 제7호까지의 규정에 포함되지 않은 사항(2019.10.29 개정)

②사용사업주는 제1항 각 호의 정보를 파견사업주에게 서면으로 제공하여야 한다.

(2007.6.18 본조신설)

제 5 조 【사용사업주의 귀책사유】 법 제34조제2항 전단에서 "대통령령으로 정하는 사용사업주의 귀책사유"란 다음 각 호의 어느 하나에 해당하는 사유를 말한다.(2019.10.29 개정)

1. 사용사업주가 정당한 사유없이 근로자파견계약을 해지한 경우
2. 사용사업주가 정당한 사유 없이 근로자파견계약에 따른 근로자파견의 대가를 지급하지 않은 경우(2019.10.29 개정)

제 6 조 【권한의 위임】 법 제41조에 따라 고용노동부장관은 다음 각 호의 권한을 지방고용노동관서의 장에게 위임한다.(2010.7.12 개정)

1. 법 제7조제1항 · 제2항 및 제10조제2항에 따른 근로자파견사업의 허가 · 변경허가 · 변경신고수리 및 갱신허가(2019.10.29 개정)
2. 법 11조제1항에 따른 근로자파견사업 폐지신고의 수리(2019.10.29 개정)
3. 법 제12조에 따른 근로자파견사업의 허가취소 및 영업정지(2019.10.29 개정)
4. 법 제18조에 따른 사업보고서의 접수(2019.10.29 개정)
5. 법 제19조에 따른 폐쇄조치 등(2019.10.29 개정)

5의2. 법 제21조제3항, 제21조의2제4항 및 제21조의3제2항에 따라 준용되는 「기간제 및 단시간근로자 보호 등에 관한 법률」 제15조제1항에 따른 확정된 시정명령에 대한 이행상황의 제출요구 및 같은 조 제2항에 따른 확정된 시정명령 불이행에 대한 신고의 접수(2014.9.18 개정)

5의3. 법 제21조의2제1항 및 제21조의3제1항에 따른 차별적 처우에 대한 시

정요구 및 법 제21조의2제2항(법 제21조의3제2항에 따라 준용되는 경우를 포함한다)에 따른 차별적 처우의 통보·통지(2014.9.18 개정)

6. 법 제36조에 따른 지도 및 조언(2019.10.29 개정)
7. 법 제37조에 따른 개선명령(2019.10.29 개정)
8. 법 제38조에 따른 보고명령 및 출입·검사·질문(2019.10.29 개정)
9. 법 제39조에 따른 자료의 요청(2019.10.29 개정)
10. 법 제46조에 따른 과태료의 부과·징수(2019.10.29 개정)

제6조의2【민감정보 및 고유식별정보의 처리】 고용노동부장관(제6조에 따라 고용노동부장관의 권한을 위임받은 사람을 포함한다) 또는 노동위원회는 다음 각 호의 사무를 수행하기 위하여 불가피한 경우 「개인정보 보호법 시행령」 제18조제2호에 따른 범죄경력자료에 해당하는 정보와 같은 영 제19조제1호 또는 제4호에 따른 주민등록번호 또는 외국인등록번호가 포함된 자료를 처리할 수 있다.(2019.10.29 개정)

1. 법 제7조에 따른 근로자파견사업의 허가 및 변경신고에 관한 사무
2. 법 제8조에 따른 허가의 결격사유 확인에 관한 사무
3. 법 제10조제2항에 따른 근로자파견사업의 갱신허가에 관한 사무
4. 법 제11조에 따른 근로자파견사업의 폐지신고에 관한 사무
5. 법 제18조에 따른 근로자파견사업의 사업보고에 관한 사무
6. 법 제21조에 따른 파견근로자에 대한 차별적 처우의 시정 신청에 관한 사무

(2012.1.6 본조신설)

제6조의3【규제의 재검토】 삭제(2018.12.24)

제7조【과태료의 부과기준】 법 제46조제1항부터 제5항까지의 규정에 따른 과태료의 부과기준은 별표 2와 같다.

(2011.3.30 본조개정)

부　칙

이 영은 1998년 7월 1일부터 시행한다.

부　칙 (2007. 6.18)

제1조【시행일】 이 영은 2007년 7월 1일부터 시행한다. 다만, 제4조의 2 및 별표 2(제1호 및 제3호에 한정한다)의 개정규정의 시행일은 사업 또는 사업장(사용사업주의 사업 또는 사업장을 말한다. 이하 같다)별로 다음 각 호와 같다.

1. 상시 300인 이상의 근로자를 사용하는 사업 또는 사업장 : 2007년 7월 1일
2. 국가 및 지방자치단체의 기관,「공공기관의 운영에 관한 법률」제5조에 따라 공기업, 준정부기관, 기타공공기관으로 지정되는 기관 중 법률 제8258호 공공기관의 운영에 관한 법률 부칙 제2조에 따라 폐지된「정부산하기관 관리기본법」제3조에 따른 정부산하기관의 요건에 해당하거나「정부투자기관 관리기본법」제2조에 따른 정부투자기관의 요건에 해당하는 기관,「정부공기업법」제49조 및 같은 법 제76조에 따른 지방공사 및 지방공단,「정부출연연구기관 등의 설립·운영 및 육성에 관한 법률」제2조 및「과학기술분야 정부출연연구기관 등의 설립·운영 및 육성에 관한 법률」제2조에 따른 정부출연연구기관 및 연구회,「국립대학병원 설치법」에 따른 대학병원 : 2007년 7월 1일
3. 상시 100인 이상 300인 미만의 근로자를 사용하는 사업 또는 사업장 : 2008년 7월 1일
4. 상시 100인 미만의 근로자를 사용하는 사업 또는 사업장 : 2009년 7월 1일

제2조【근로자파견대상업무에 관한 경과조치】 ①이 영 시행 당시 종전의 별표 1에 따른 파견대상업무에 파견된 근로자는 그 파견대상업무에 해당하는 별표 1의 개정규정에 따른 파견대상업무에 파견된 것으로 본다. ②이 영 시행 당시 종전의 별표 1에 따른 파견대상업무는 한국표준직업분류(통계청고시 제2000-2호) 구·신분류 연계표에 따른 신부호의 업무에 포함된 것으로 본다.

부　칙 (2009. 8.18)

이 영은 2009년 8월 22일부터 시행한다.

부　칙 (2011. 3.30)

제1조 【시행일】 이 영은 2011년 7월 1일부터 시행한다.

제2조 【과태료에 관한 경과조치】 ①이 영 시행 전의 위반행위에 대하여 과태료의 부과기준을 적용할 때에는 별표 2의 개정규정에도 불구하고 종전의 규정에 따른다.

②이 영 시행 전의 위반행위로 받은 과태료 부과처분은 별표 2의 개정규정에 따른 위반행위의 횟수 산정에 포함하지 아니한다.

부　칙 (2012. 6.12)

이 영은 2012년 8월 2일부터 시행한다.

부　칙 (2014. 9.18)

이 영은 2014년 9월 19일부터 시행한다.

부　칙 (2019.10.29)

이 영은 공포한 날부터 시행한다. 다만, 제2조제2항제2호의 개정규정은 2020년 1월 16일부터 시행한다.

최저임금법

제정 1986.12.31 법률 제3927호
개정 1993. 8. 5 법률 제4575호
1999. 2. 8 법률 제5888호
2000.10.23 법률 제6278호
2005. 5.31 법률 제7563호
2005.12.30 법률 제7827호
2007. 4.11 법률 제8372호
2007.12.27 법률 제8818호
2008. 3.21 법률 제8964호
2010. 6. 4 법률 제10339호
2012. 2. 1 법률 제11278호
2017. 9.19 법률 제14900호
2018. 6.12 법률 제15666호
2020. 5.26 법률 제17326호

제1장 총 칙

제1조 【목적】 이 법은 근로자에 대하여 임금의 최저수준을 보장하여 근로자의 생활안정과 노동력의 질적 향상을 꾀함으로써 국민경제의 건전한 발전에 이바지하는 것을 목적으로 한다.
(2008.3.21 본조개정)

제2조 【정의】 이 법에서 "근로자", "사용자" 및 "임금"이란 「근로기준법」 제2조에 따른 근로자, 사용자 및 임금을 말한다.
(2008.3.21 본조개정)

제3조 【적용 범위】 ①이 법은 근로자를 사용하는 모든 사업 또는 사업장(이하 "사업"이라 한다)에 적용한다. 다만, 동거하는 친족만을 사용하

는 사업과 가사(家事) 사용인에게는 적용하지 아니한다.
②이 법은 「선원법」의 적용을 받는 선원과 선원을 사용하는 선박의 소유자에게는 적용하지 아니한다.
(2008.3.21 본조개정)

제2장 최저임금

제4조【최저임금의 결정기준과 구분】 ①최저임금은 근로자의 생계비, 유사 근로자의 임금, 노동생산성 및 소득분배율 등을 고려하여 정한다. 이 경우 사업의 종류별로 구분하여 정할 수 있다.
②제1항에 따른 사업의 종류별 구분은 제12조에 따른 최저임금위원회의 심의를 거쳐 고용노동부장관이 정한다.(2010.6.4 개정)
(2008.3.21 본조개정)

제5조【최저임금액】 ①최저임금액(최저임금으로 정한 금액을 말한다. 이하 같다)은 시간・일(日)・주(週) 또는 월(月)을 단위로 하여 정한다. 이 경우 일・주 또는 월을 단위로 하여 최저임금액을 정할 때에는 시간급(時間給)으로도 표시하여야 한다.
②1년 이상의 기간을 정하여 근로계약을 체결하고 수습 중에 있는 근로자로서 수습을 시작한 날부터 3개월 이내인 사람에 대하여는 대통령령으로 정하는 바에 따라 제1항에 따른 최저임금액과 다른 금액으로 최저임금액을 정할 수 있다. 다만, 단순노무업무로 고용노동부장관이 정하여 고시한 직종에 종사하는 근로자는 제외한다.(2020.5.26 개정)
③임금이 통상적으로 도급제나 그 밖에 이와 비슷한 형태로 정하여져 있는 경우로서 제1항에 따라 최저임금액을 정하는 것이 적당하지 아니하다고 인정되면 대통령령으로 정하는 바에 따라 최저임금액을 따로 정할 수 있다.
(2008.3.21 본조개정)

제5조의2【최저임금의 적용을 위한 임금의 환산】 최저임금의 적용 대상이 되는 근로자의 임금을 정하는 단위기간이 제5조제1항에 따른 최저임금의 단위기간과 다른 경우에 해당 근로자의 임금을 최저임금의 단위기간에 맞추어 환산하는 방법은 대통령령으로 정한다.
(2008.3.21 본조개정)

제6조【최저임금의 효력】①사용자는 최저임금의 적용을 받는 근로자에게 최저임금액 이상의 임금을 지급하여야 한다.
②사용자는 이 법에 따른 최저임금을 이유로 종전의 임금수준을 낮추어서는 아니 된다.
③최저임금의 적용을 받는 근로자와 사용자 사이의 근로계약 중 최저임금액에 미치지 못하는 금액을 임금으로 정한 부분은 무효로 하며, 이 경우 무효로 된 부분은 이 법으로 정한 최저임금액과 동일한 임금을 지급하기로 한 것으로 본다.
④제1항과 제3항에 따른 임금에는 매월 1회 이상 정기적으로 지급하는 임금을 산입(算入)한다. 다만, 다음 각 호의 어느 하나에 해당하는 임금은 산입하지 아니한다.(2018.6.12 개정)

1. 「근로기준법」 제2조제1항제8호에 따른 소정(所定)근로시간(이하 "소정근로시간"이라 한다) 또는 소정의 근로일에 대하여 지급하는 임금 외의 임금으로서 고용노동부령으로 정하는 임금
2. 상여금, 그 밖에 이에 준하는 것으로서 고용노동부령으로 정하는 임금의 월 지급액 중 해당 연도 시간급 최저임금액을 기준으로 산정된 월 환산액의 100분의 25에 해당하는 부분
3. 식비, 숙박비, 교통비 등 근로자의 생활 보조 또는 복리후생을 위한 성질의 임금으로서 다음 각 목의 어느 하나에 해당하는 것
   가. 통화 이외의 것으로 지급하는 임금
   나. 통화로 지급하는 임금의 월 지급액 중 해당 연도 시간급 최저임금액을 기준으로 산정된 월 환산액의 100분의 7에 해당하는 부분

⑤제4항에도 불구하고 「여객자동차 운수사업법」 제3조 및 같은 법 시행령 제3조제2호다목에 따른 일반택시운송사업에서 운전업무에 종사하는 근로자의 최저임금에 산입되는 임금의 범위는 생산고에 따른 임금을 제외한 대통령령으로 정하는 임금으로 한다.
⑥제1항과 제3항은 다음 각 호의 어느 하나에 해당하는 사유로 근로하지 아니한 시간 또는 일에 대하여 사용자가 임금을 지급할 것을 강제하는 것은 아니다.

1. 근로자가 자기의 사정으로 소정근로시간 또는 소정의 근로일의 근로를 하지 아니한 경우
2. 사용자가 정당한 이유로 근로자에게 소정근로시간 또는 소정의 근로일

의 근로를 시키지 아니한 경우

⑦도급으로 사업을 행하는 경우 도급인이 책임져야 할 사유로 수급인이 근로자에게 최저임금액에 미치지 못하는 임금을 지급한 경우 도급인은 해당 수급인과 연대(連帶)하여 책임을 진다.

⑧제7항에 따른 도급인이 책임져야 할 사유의 범위는 다음 각 호와 같다.

1. 도급인이 도급계약 체결 당시 인건비 단가를 최저임금액에 미치지 못하는 금액으로 결정하는 행위
2. 도급인이 도급계약 기간 중 인건비 단가를 최저임금액에 미치지 못하는 금액으로 낮춘 행위

⑨두 차례 이상의 도급으로 사업을 행하는 경우에는 제7항의 "수급인"은 "하수급인(下受給人)"으로 보고, 제7항과 제8항의 "도급인"은 "직상(直上) 수급인(하수급인에게 직접 하도급을 준 수급인)"으로 본다.

(2008.3.21 본조개정)

제 6 조의 2 【최저임금 산입을 위한 취업규칙 변경절차의 특례】 사용자가 제6조제4항에 따라 산입되는 임금에 포함시키기 위하여 1개월을 초과하는 주기로 지급하는 임금을 총액의 변동 없이 매월 지급하는 것으로 취업규칙을 변경하려는 경우에는 「근로기준법」 제94조제1항에도 불구하고 해당 사업 또는 사업장에 근로자의 과반수로 조직된 노동조합이 있는 경우에는 그 노동조합, 근로자의 과반수로 조직된 노동조합이 없는 경우에는 근로자의 과반수의 의견을 들어야 한다.

(2018.6.12 본조신설)

제 7 조 【최저임금의 적용 제외】 다음 각 호의 어느 하나에 해당하는 사람으로서 사용자가 대통령령으로 정하는 바에 따라 고용노동부장관의 인가를 받은 사람에 대하여는 제6조를 적용하지 아니한다.(2020.5.26 개정)

1. 정신장애나 신체장애로 근로능력이 현저히 낮은 사람(2020.5.26 개정)
2. 그 밖에 최저임금을 적용하는 것이 적당하지 아니하다고 인정되는 사람 (2020.5.26 개정)

(2008.3.21 본조개정)

제 3 장 최저임금의 결정

제 8 조 【최저임금의 결정】 ①고용노동부장관은 매년 8월 5일까지 최

저임금을 결정하여야 한다. 이 경우 고용노동부장관은 대통령령으로 정하는 바에 따라 제12조에 따른 최저임금위원회(이하 "위원회"라 한다)에 심의를 요청하고, 위원회가 심의하여 의결한 최저임금안에 따라 최저임금을 결정하여야 한다.(2010.6.4 개정)
②위원회는 제1항 후단에 따라 고용노동부장관으로부터 최저임금에 관한 심의 요청을 받은 경우 이를 심의하여 최저임금안을 의결하고 심의 요청을 받은 날부터 90일 이내에 고용노동부장관에게 제출하여야 한다.(2010.6.4 개정)
③고용노동부장관은 제2항에 따라 위원회가 심의하여 제출한 최저임금안에 따라 최저임금을 결정하기가 어렵다고 인정되면 20일 이내에 그 이유를 밝혀 위원회에 10일 이상의 기간을 정하여 재심의를 요청할 수 있다.(2010.6.4 개정)
④위원회는 제3항에 따라 재심의 요청을 받은 때에는 그 기간 내에 재심의하여 그 결과를 고용노동부장관에게 제출하여야 한다.(2010.6.4 개정)
⑤고용노동부장관은 위원회가 제4항에 따른 재심의에서 재적위원 과반수의 출석과 출석위원 3분의 2 이상의 찬성으로 제2항에 따른 당초의 최저임금안을 재의결한 경우에는 그에 따라 최저임금을 결정하여야 한다.(2010.6.4 개정)
(2008.3.21 본조개정)

제 9 조 【최저임금안에 대한 이의 제기】 ①고용노동부장관은 제8조제2항에 따라 위원회로부터 최저임금안을 제출받은 때에는 대통령령으로 정하는 바에 따라 최저임금안을 고시하여야 한다.(2010.6.4 개정)
②근로자를 대표하는 자나 사용자를 대표하는 자는 제1항에 따라 고시된 최저임금안에 대하여 이의가 있으면 고시된 날부터 10일 이내에 대통령령으로 정하는 바에 따라 고용노동부장관에게 이의를 제기할 수 있다. 이 경우 근로자를 대표하는 자나 사용자를 대표하는 자의 범위는 대통령령으로 정한다.(2010.6.4 개정)
③고용노동부장관은 제2항에 따른 이의가 이유 있다고 인정되면 그 내용을 밝혀 제8조제3항에 따라 위원회에 최저임금안의 재심의를 요청하여야 한다.(2010.6.4 개정)
④고용노동부장관은 제3항에 따라 재심의를 요청한 최저임금안에 대하여 제8조제4항에 따라 위원회가 재심의하여 의결한 최저임금안이 제출될 때

까지는 최저임금을 결정하여서는 아니 된다.(2010.6.4 개정)
(2008.3.21 본조개정)

제10조【최저임금의 고시와 효력발생】 ①고용노동부장관은 최저임금을 결정한 때에는 지체 없이 그 내용을 고시하여야 한다.(2010.6.4 개정)
②제1항에 따라 고시된 최저임금은 다음 연도 1월 1일부터 효력이 발생한다. 다만, 고용노동부장관은 사업의 종류별로 임금교섭시기 등을 고려하여 필요하다고 인정하면 효력발생 시기를 따로 정할 수 있다.(2010.6.4 개정)
(2008.3.21 본조개정)

제11조【주지 의무】 최저임금의 적용을 받는 사용자는 대통령령으로 정하는 바에 따라 해당 최저임금을 그 사업의 근로자가 쉽게 볼 수 있는 장소에 게시하거나 그 외의 적당한 방법으로 근로자에게 널리 알려야 한다.
(2008.3.21 본조개정)

제 4 장 최저임금위원회

제12조【최저임금위원회의 설치】 최저임금에 관한 심의와 그 밖에 최저임금에 관한 중요 사항을 심의하기 위하여 고용노동부에 최저임금위원회를 둔다.(2010.6.4 개정)

제13조【위원회의 기능】 위원회는 다음 각 호의 기능을 수행한다.
1. 최저임금에 관한 심의 및 재심의
2. 최저임금 적용 사업의 종류별 구분에 관한 심의
3. 최저임금제도의 발전을 위한 연구 및 건의
4. 그 밖에 최저임금에 관한 중요 사항으로서 고용노동부장관이 회의에 부치는 사항의 심의(2010.6.4 개정)

(2008.3.21 본조개정)

제14조【위원회의 구성 등】 ①위원회는 다음 각 호의 위원으로 구성한다.
1. 근로자를 대표하는 위원(이하 "근로자위원"이라 한다) 9명
2. 사용자를 대표하는 위원(이하 "사용자위원"이라 한다) 9명
3. 공익을 대표하는 위원(이하 "공익위원"이라 한다) 9명

②위원회에 2명의 상임위원을 두며, 상임위원은 공익위원이 된다.
③위원의 임기는 3년으로 하되, 연임할 수 있다.

④위원이 궐위(闕位)되면 그 보궐위원의 임기는 전임자(前任者) 임기의 남은 기간으로 한다.
⑤위원은 임기가 끝났더라도 후임자가 임명되거나 위촉될 때까지 계속하여 직무를 수행한다.
⑥위원의 자격과 임명·위촉 등에 관하여 필요한 사항은 대통령령으로 정한다.
(2008.3.21 본조개정)

제15조【위원장과 부위원장】 ①위원회에 위원장과 부위원장 각 1명을 둔다.
②위원장과 부위원장은 공익위원 중에서 위원회가 선출한다.
③위원장은 위원회의 사무를 총괄하며 위원회를 대표한다.
④위원장이 불가피한 사유로 직무를 수행할 수 없을 때에는 부위원장이 직무를 대행한다.
(2008.3.21 본조개정)

제16조【특별위원】 ①위원회에는 관계 행정기관의 공무원 중에서 3명 이내의 특별위원을 둘 수 있다.
②특별위원은 위원회의 회의에 출석하여 발언할 수 있다.
③특별위원의 자격 및 위촉 등에 관하여 필요한 사항은 대통령령으로 정한다.
(2008.3.21 본조개정)

제17조【회의】 ①위원회의 회의는 다음 각 호의 경우에 위원장이 소집한다.
1. 고용노동부장관이 소집을 요구하는 경우(2010.6.4 개정)
2. 재적위원 3분의 1 이상이 소집을 요구하는 경우
3. 위원장이 필요하다고 인정하는 경우
②위원장은 위원회 회의의 의장이 된다.
③위원회의 회의는 이 법으로 따로 정하는 경우 외에는 재적위원 과반수의 출석과 출석위원 과반수의 찬성으로 의결한다.
④위원회가 제3항에 따른 의결을 할 때에는 근로자위원과 사용자위원 각 3분의 1 이상의 출석이 있어야 한다. 다만, 근로자위원이나 사용자위원이 2회 이상 출석요구를 받고도 정당한 이유 없이 출석하지 아니하는 경우에는 그러하지 아니하다.
(2008.3.21 본조개정)

제18조【의견 청취】 위원회는 그 업무를 수행할 때에 필요하다고 인정

하면 관계 근로자와 사용자, 그 밖의 관계인의 의견을 들을 수 있다.
(2008.3.21 본조개정)

제19조 【전문위원회】 ①위원회는 필요하다고 인정하면 사업의 종류별 또는 특정 사항별로 전문위원회를 둘 수 있다.
②전문위원회는 위원회 권한의 일부를 위임받아 제13조 각 호의 위원회 기능을 수행한다.
③전문위원회는 근로자위원, 사용자위원 및 공익위원 각 5명 이내의 같은 수로 구성한다.
④전문위원회에 관하여는 위원회의 운영 등에 관한 제14조제3항부터 제6항까지, 제15조, 제17조 및 제18조를 준용한다. 이 경우 "위원회"를 "전문위원회"로 본다.
(2008.3.21 본조개정)

제20조 【사무국】 ①위원회에 그 사무를 처리하게 하기 위하여 사무국을 둔다.
②사무국에는 최저임금의 심의 등에 필요한 전문적인 사항을 조사·연구하게 하기 위하여 3명 이내의 연구위원을 둘 수 있다.
③연구위원의 자격·위촉 및 수당과 사무국의 조직·운영 등에 필요한 사항은 대통령령으로 정한다.
(2008.3.21 본조개정)

제21조 【위원의 수당 등】 위원회 및 전문위원회의 위원에게는 대통령령으로 정하는 바에 따라 수당과 여비를 지급할 수 있다.
(2008.3.21 본조개정)

제22조 【운영규칙】 위원회는 이 법에 어긋나지 아니하는 범위에서 위원회 및 전문위원회의 운영에 관한 규칙을 제정할 수 있다.
(2008.3.21 본조개정)

제5장 보 칙

제23조 【생계비 및 임금실태 등의 조사】 고용노동부장관은 근로자의 생계비와 임금실태 등을 매년 조사하여야 한다.(2010.6.4 개정)
(2008.3.21 본조개정)

제24조 【정부의 지원】 정부는 근로자와 사용자에게 최저임금제도를

원활하게 실시하는 데에 필요한 자료를 제공하거나 그 밖에 필요한 지원을 하도록 최대한 노력하여야 한다.
(2008.3.21 본조개정)

제25조【보고】 고용노동부장관은 이 법의 시행에 필요한 범위에서 근로자나 사용자에게 임금에 관한 사항을 보고하게 할 수 있다.(2010.6.4 개정)
(2008.3.21 본조개정)

제26조【근로감독관의 권한】 ①고용노동부장관은 「근로기준법」 제101조에 따른 근로감독관에게 대통령령으로 정하는 바에 따라 이 법의 시행에 관한 사무를 관장하도록 한다.(2010.6.4 개정)
②근로감독관은 제1항에 따른 권한을 행사하기 위하여 사업장에 출입하여 장부와 서류의 제출을 요구할 수 있으며 그 밖의 물건을 검사하거나 관계인에게 질문할 수 있다.
③제2항에 따라 출입·검사를 하는 근로감독관은 그 신분을 표시하는 증표를 지니고 이를 관계인에게 내보여야 한다.
④근로감독관은 이 법 위반의 죄에 관하여 「사법경찰관리의 직무를 행할 자와 그 직무범위에 관한 법률」로 정하는 바에 따라 사법경찰관의 직무를 행한다.
(2008.3.21 본조개정)

제26조의2【권한의 위임】 이 법에 따른 고용노동부장관의 권한은 대통령령으로 정하는 바에 따라 그 일부를 지방고용노동관서의 장에게 위임할 수 있다.(2010.6.4 개정)
(2008.3.21 본조개정)

제27조【시행령】 삭제(2008.3.21)

제6장 벌 칙

제28조【벌칙】 ①제6조제1항 또는 제2항을 위반하여 최저임금액보다 적은 임금을 지급하거나 최저임금을 이유로 종전의 임금을 낮춘 자는 3년 이하의 징역 또는 2천만원 이하의 벌금에 처한다. 이 경우 징역과 벌금은 병과(倂科)할 수 있다.(2012.2.1 개정)
②도급인에게 제6조제7항에 따라 연대책임이 발생하여 근로감독관이 그 연대책임을 이행하도록 시정지시하였음에도 불구하고 도급인이 시정기한

내에 이를 이행하지 아니한 경우 2년 이하의 징역 또는 1천만원 이하의 벌금에 처한다.(2012.2.1 신설)
③제6조의2를 위반하여 의견을 듣지 아니한 자는 500만원 이하의 벌금에 처한다.(2018.6.12 신설)
(2008.3.21 본조개정)

제29조【벌칙】 삭제(1999.2.8)

제30조【양벌규정】 ①법인의 대표자, 대리인, 사용인, 그 밖의 종업원이 그 법인의 업무에 관하여 제28조의 위반행위를 하면 그 행위자를 벌할 뿐만 아니라 그 법인에도 해당 조문의 벌금형을 과(科)한다.
②개인의 대리인, 사용인, 그 밖의 종업원이 그 개인의 업무에 관하여 제28조의 위반행위를 하면 그 행위자를 벌할 뿐만 아니라 그 개인에게도 해당 조문의 벌금형을 과한다.
(2008.3.21 본조개정)

제31조【과태료】 ①다음 각 호의 어느 하나에 해당하는 자에게는 100만원 이하의 과태료를 부과한다.
1. 제11조를 위반하여 근로자에게 해당 최저임금을 같은 조에서 규정한 방법으로 널리 알리지 아니한 자
2. 제25조에 따른 임금에 관한 사항의 보고를 하지 아니하거나 거짓 보고를 한 자
3. 제26조제2항에 따른 근로감독관의 요구 또는 검사를 거부·방해 또는 기피하거나 질문에 대하여 거짓 진술을 한 자

②제1항에 따른 과태료는 대통령령으로 정하는 바에 따라 고용노동부장관이 부과·징수한다.(2010.6.4 개정)
③제2항에 따른 과태료 처분에 불복하는 자는 그 처분을 고지받은 날부터 30일 이내에 고용노동부장관에게 이의를 제기할 수 있다.(2010.6.4 개정)
④제2항에 따른 과태료 처분을 받은 자가 제3항에 따라 이의를 제기하면 고용노동부장관은 지체 없이 관할 법원에 그 사실을 통보하여야 하며, 그 통보를 받은 관할 법원은 「비송사건절차법」에 따른 과태료 재판을 한다.(2010.6.4 개정)
⑤제3항에 따른 기간에 이의를 제기하지 아니하고 과태료를 내지 아니하면 국세 체납처분의 예에 따라 징수한다.
(2008.3.21 본조개정)

부 칙

제 1 조 【시행일】 이 법은 공포한 날로부터 시행한다.

제 2 조 【다른 법률의 개정】 근로기준법 중 다음과 같이 개정한다.
제34조 및 제35조를 삭제한다.
제110조 제1호 중 "제28조, 제35조"를 "제28조"로 한다.

제 3 조 【최초로 시행되는 최저임금의 결정에 관한 경과조치】 ① 노동부장관은 이 법 시행후 최초로 시행할 최저임금의 결정을 위하여 1987년 6월 30일까지 심의위원회를 구성하여 1987년 7월 1일까지 심의위원회에 최저임금의 심의를 요청하여야 한다.
②심의위원회는 제1항의 규정에 의한 심의요청을 받은 때에는 제8조 제2항의 규정에 불구하고 120일 이내에 이를 심의하여 최저임금안을 노동부장관에게 제출하여야 한다.
③노동부장관은 제2항의 규정에 의하여 심의위원회로부터 최저임금안을 제출받은 때에는 제8조 제1항 및 제10조 제1항의 규정에 불구하고 1987년 12월 15일까지 최저임금을 결정·고시하여야 한다.

부 칙 (1993. 8. 5)

①**【시행일】** 이 법은 1994년 1월 1일부터 시행한다.
②**【최저임금에 관한 경과조치】** 이 법 시행당시 종전의 규정에 의하여 결정되어 1994년 1월 1일부터 적용할 최저임금은 1994년 8월 31일까지 효력을 가진다.

부 칙 (1997.12.24)

제 1 조 【시행일】 이 법은 1999년 1월 1일부터 시행한다.

제 2 조~제 9 조 생략

부 칙 (1999. 2. 8)

①**【시행일】** 이 법은 공포한 날부터 시행한다.
②**【벌칙에 관한 경과조치】** 이 법 시행전의 행위에 대한 벌칙의 적용에 있어서는 종전의 규정에 의한다.

부 칙 (2000.10.23)

①【시행일】 이 법은 공포후 1월이 경과한 날부터 시행한다.
②【새로 적용되는 사업에 관한 적용례】 이 법의 시행으로 새로이 이 법의 적용대상이 되는 사업에 소속된 근로자의 임금에 있어서는 이 법 시행 이후에 행한 근로에 대한 임금분부터 최저임금을 적용한다.

부 칙 (2005. 5.31)

①【시행일】 이 법은 2005년 9월 1일부터 시행한다. 다만, 제5조제2항제2호의 개정규정은 2007년 1월 1일부터 시행하고, 부칙 제3항은 2005년 7월 1일부터 시행한다.
②【최저임금에 관한 경과조치】 이 법 시행 당시 종전의 규정에 의하여 결정되어 2005년 9월 1일부터 효력을 발생하는 최저임금은 2006년 12월 31일까지 효력을 가진다.
③【근로시간 단축에 따른 최저임금 보전】 사용자는 법률 제6974호 「근로기준법중개정법률」 제49조제1항의 개정규정으로 인하여 소정근로시간이 단축되는 경우 정당한 사유 없이 최저임금의 적용대상이 되는 임금을 단축 전 소정근로시간에 단축 당시 적용되는 시간급 최저임금액을 곱한 금액보다 저하하게 할 수 없다. 다만, 1주 4시간을 초과하여 단축되는 경우 그 초과되는 시간을 단축 전 소정근로시간에서 제외할 수 있다.

부 칙 (2005.12.30)

이 법은 2006년 3월 1일부터 시행한다.

부 칙 (2007.12.27)

이 법의 시행일은 다음 각 호와 같다.
1. 「지방자치법」 제2조제1항제1호의 특별시 및 광역시 : 2009년 7월 1일
2. 제주특별자치도 및 「지방자치법」 제2조제1항제2호의 시지역 : 2010년 7월 1일
3. 제1호 및 제2호를 제외한 지역 : 2012년 7월 1일

부 칙 (2008. 3.21)

①【시행일】 이 법은 공포한 날부터 시행한다. 다만, 제6조제5항의 개정규정의 시행일은 다음 각 호와 같다.

1. 「지방자치법」 제2조제1항제1호의 특별시 및 광역시 : 2009년 7월 1일
2. 제주특별자치도 및 「지방자치법」 제2조제1항제2호의 시지역 : 2010년 7월 1일
3. 제1호 및 제2호를 제외한 지역 : 2012년 7월 1일

②**【다른 법률의 개정】** 파견근로자보호 등에 관한 법률 일부를 다음과 같이 개정한다.

제8조제3호 중 "最低賃金法 第6條"를 "「최저임금법」 제6조"로 한다.

부 칙 (2012. 2. 1)

이 법은 2012년 7월 1일부터 시행한다.

부 칙 (2017. 9.19)

제 1 조 【시행일】이 법은 공포 후 6개월이 경과한 날부터 시행한다.

제 2 조 【최저임금액에 관한 적용례】 제5조제2항의 개정규정은 이 법 시행 후 최초로 체결하는 근로계약부터 적용한다.

부 칙 (2018. 6.12)

제 1 조 【시행일】 이 법은 2019년 1월 1일부터 시행한다.

제 2 조 【최저임금의 효력에 관한 적용 특례】 ①제6조제4항제2호의 개정규정에도 불구하고 같은 호에서 규정하고 있는 "100분의 25"는 다음 각 호에 따른 비율로 한다.

1. 2020년은 100분의 20
2. 2021년은 100분의 15
3. 2022년은 100분의 10
4. 2023년은 100분의 5
5. 2024년부터는 100분의 0

②제6조제4항제3호의 개정규정에도 불구하고 같은 호 나목에서 규정하고 있는 "100분의 7"은 다음 각 호에 따른 비율로 한다.

1. 2020년은 100분의 5
2. 2021년은 100분의 3
3. 2022년은 100분의 2
4. 2023년은 100분의 1
5. 2024년부터는 100분의 0

최저임금법 시행령

제정 1987. 7. 1 대통령령 제12207호
개정 1988. 7. 7 대통령령 제12488호
1989. 7. 4 대통령령 제12746호
1993.12.29 대통령령 제14035호
1999. 3.17 대통령령 제16190호
2004. 3.17 대통령령 제18312호
2005. 6.30 대통령령 제18911호
2005. 8.31 대통령령 제19029호
2006. 6.12 대통령령 제19513호
2006.12.21 대통령령 제19771호
2009. 6.26 대통령령 제21572호
2010. 7.12 대통령령 제22269호
2011. 3.30 대통령령 제22805호
2011.12.21 대통령령 제23388호
2012. 1. 6 대통령령 제23488호
2015.12.31 대통령령 제26844호
2018. 3.20 대통령령 제28711호
2018.12.31 대통령령 제29469호

제 1 조 【목적】 이 영은 「최저임금법」에서 위임된 사항과 그 시행에 필요한 사항을 규정함을 목적으로 한다.
(2009.6.26 본조개정)

제 2 조 【적용범위】 삭제(2005.8.31)

제 3 조 【수습 중에 있는 근로자에 대한 최저임금액】 「최저임금법」(이하 "법"이라 한다) 제5조제2항 본문에 따라 1년 이상의 기간을 정하여 근로계약을 체결하고 수습 중에 있는 근로자로서 수습을 시작한 날부

터 3개월 이내인 사람에 대해서는 같은 조 제1항 후단에 따른 시간급 최저임금액(최저임금으로 정한 금액을 말한다. 이하 같다)에서 100분의 10을 뺀 금액을 그 근로자의 시간급 최저임금액으로 한다.
(2018.3.20 본조개정)

제4조【도급제 등의 경우 최저임금액 결정의 특례】 법 제5조제3항에 따라 임금이 도급제나 그 밖에 이와 비슷한 형태로 정해진 경우에 근로시간을 파악하기 어렵거나 그 밖에 같은 조 제1항에 따라 최저임금액을 정하는 것이 적합하지 않다고 인정되면 해당 근로자의 생산고(生産高) 또는 업적의 일정단위에 의하여 최저임금액을 정한다.
(2009.6.26 본조개정)

최저임금

제5조【최저임금의 적용을 위한 임금의 환산】 ①근로자의 임금을 정하는 단위가 된 기간이 그 근로자에게 적용되는 최저임금액을 정할 때의 단위가 된 기간과 다른 경우에는 그 근로자에 대한 임금을 다음 각 호의 구분에 따라 시간에 대한 임금으로 환산한다.

1. 일(日) 단위로 정해진 임금: 그 금액을 1일의 소정근로시간 수로 나눈 금액(2018.12.31 개정)
2. 주(週) 단위로 정해진 임금: 그 금액을 1주의 최저임금 적용기준 시간 수(1주 동안의 소정근로시간 수와 「근로기준법」 제55조제1항에 따라 유급으로 처리되는 시간 수를 합산한 시간 수를 말한다)로 나눈 금액(2018.12.31 개정)
3. 월(月) 단위로 정해진 임금: 그 금액을 1개월의 최저임금 적용기준 시간 수(제2호에 따른 1주의 최저임금 적용기준 시간 수에 1년 동안의 평균의 주의 수를 곱한 시간을 12로 나눈 시간 수를 말한다)로 나눈 금액(2018.12.31 개정)
4. 시간·일·주 또는 월 외의 일정 기간을 단위로 정해진 임금: 제1호부터 제3호까지의 규정에 준하여 산정(算定)한 금액

②생산고에 따른 임금지급제나 그 밖의 도급제로 정해진 임금은 그 임금 산정기간(임금 마감일이 있는 경우에는 임금 마감기간을 말한다. 이하 이 항에서 같다)의 임금 총액을 그 임금 산정기간 동안의 총근로시간 수로 나눈 금액을 시간에 대한 임금으로 한다.
③근로자가 받는 임금이 제1항이나 제2항에서 정한 둘 이상의 임금으로 되어 있는 경우에는 해당 부분을 대하여 각각 해당 규정에 따라 환산한 금

액의 합산액을 그 근로자의 시간에 대한 임금으로 한다.
④근로자의 임금을 정한 단위가 된 기간의 소정근로시간 수가 그 근로자에게 적용되는 최저임금액을 정할 때의 단위가 된 기간의 근로시간 수와 다른 경우에는 제1항 각 호의 구분에 따라 그 근로자의 임금을 시간에 대한 임금으로 환산한다.
(2009.6.26 본조개정)

제5조의2 【월 환산액의 산정】 법 제6조제4항제2호 및 같은 항 제3호나목에 따른 월 환산액은 해당 연도 시간급 최저임금액에 제5조제1항제3호에 따른 1개월의 최저임금 적용기준 시간 수를 곱하여 산정한다.
(2018.12.31 본조신설)

제5조의3 【일반택시운송사업 운전 근로자의 최저임금에 산입되는 임금의 범위】 법 제6조제5항에서 "대통령령으로 정하는 임금"이란 단체협약, 취업규칙, 근로계약에 정해진 지급 조건과 지급률에 따라 매월 1회 이상 지급하는 임금을 말한다. 다만, 다음 각 호의 어느 하나에 해당하는 임금은 산입(算入)하지 아니한다.
1. 소정근로시간 또는 소정의 근로일에 대하여 지급하는 임금 외의 임금
2. 근로자의 생활 보조와 복리후생을 위하여 지급하는 임금
(2018.12.31 본조개정)

제6조 【최저임금 적용 제외의 인가 기준】 사용자가 법 제7조에 따라 고용노동부장관의 인가를 받아 최저임금의 적용을 제외할 수 있는 자는 정신 또는 신체의 장애가 업무 수행에 직접적으로 현저한 지장을 주는 것이 명백하다고 인정되는 사람으로 한다.(2010.7.12 개정)
(2009.6.26 본조개정)

제7조 【최저임금위원회에의 심의 요청】 고용노동부장관은 법 제8조제1항에 따라 매년 3월 31일까지 최저임금위원회(이하 "위원회"라 한다)에 최저임금에 관한 심의를 요청하여야 한다.(2010.7.12 개정)
(2009.6.26 본조개정)

제8조 【최저임금안의 고시】 고용노동부장관은 법 제8조제2항에 따라 위원회로부터 최저임금안을 제출받았을 때에는 법 제9조제1항에 따라 지체 없이 사업 또는 사업장(이하 "사업"이라 한다)의 종류별 최저임금안 및 적용 사업의 범위를 고시하여야 한다.(2010.7.12 개정)
(2009.6.26 본조개정)

제9조【최저임금안에 대한 이의 제기】 법 제9조제2항 전단에 따라 최저임금안에 대하여 이의를 제기할 때에는 다음 각 호의 사항을 분명하게 적은 이의제기서를 고용노동부장관에게 제출하여야 한다.(2010.7.12 개정)

1. 이의 제기자의 성명, 주소, 소속 및 직위
2. 이의 제기 대상 업종의 최저임금안의 요지
3. 이의 제기의 사유와 내용

(2009.6.26 본조개정)

제10조【이의 제기를 할 수 있는 노·사 대표자의 범위】 법 제9조제2항 후단에 따라 근로자를 대표하는 자는 총연합단체인 노동조합의 대표자 및 산업별 연합단체인 노동조합의 대표자로 하고, 사용자를 대표하는 자는 전국적 규모의 사용자단체로서 고용노동부장관이 지정하는 단체의 대표자로 한다.(2010.7.12 개정)

(2009.6.26 본조개정)

제11조【주지 의무】 ①법 제11조에 따라 사용자가 근로자에게 주지시켜야 할 최저임금의 내용은 다음 각 호와 같다.

1. 적용을 받는 근로자의 최저임금액
2. 법 제6조제4항에 따라 최저임금에 산입하지 아니하는 임금
3. 법 제7조에 따라 해당 사업에서 최저임금의 적용을 제외할 근로자의 범위
4. 최저임금의 효력발생 연월일

②사용자는 제1항에 따른 최저임금의 내용을 법 제10조제2항에 따른 최저임금의 효력발생일 전날까지 근로자에게 주지시켜야 한다.

(2009.6.26 본조개정)

제12조【위원회 위원의 위촉 또는 임명 등】 ①법 제14조제1항에 따른 근로자위원·사용자위원 및 공익위원은 고용노동부장관의 제청에 의하여 대통령이 위촉한다.(2010.7.12 개정)

②법 제14조제2항에 따른 상임위원은 고용노동부장관의 제청에 의하여 대통령이 임명한다.(2010.7.12 개정)

③근로자위원은 총연합단체인 노동조합에서 추천한 사람 중에서 제청하고, 사용자위원은 전국적 규모의 사용자단체 중 고용노동부장관이 지정하는 단체에서 추천한 사람 중에서 제청한다.(2010.7.12 개정)

④위원이 궐위된 경우에는 궐위된 날부터 30일 이내에 후임자를 위촉하거

나 임명하여야 한다. 다만, 전임자의 남은 임기가 1년 미만인 경우에는 위촉하거나 임명하지 아니할 수 있다.
(2009.6.26 본조개정)

제12조의2【위원회 위원의 해촉】 대통령은 법 제14조제1항제1호부터 제3호까지의 규정에 따른 위원이 다음 각 호의 어느 하나에 해당하는 경우에는 해당 위원을 해촉(解囑)할 수 있다.

1. 심신장애로 인하여 직무를 수행할 수 없게 된 경우
2. 직무와 관련된 비위사실이 있는 경우
3. 직무태만, 품위손상이나 그 밖의 사유로 인하여 위원으로 적합하지 아니하다고 인정되는 경우
4. 위원 스스로 직무를 수행하는 것이 곤란하다고 의사를 밝히는 경우

(2015.12.31 본조신설)

제13조【공익위원의 위촉기준】 공익위원은 다음 각 호의 어느 하나에 해당하는 사람 중에서 위촉한다.

1. 3급 또는 3급 상당 이상의 공무원이었거나 고위공무원단에 속하는 공무원이었던 사람으로서 노동문제에 관한 학식과 경험이 풍부한 사람
2. 5년 이상 대학에서 노동경제, 노사관계, 노동법학, 사회학, 사회복지학, 그 밖에 이와 관련된 분야의 부교수 이상으로 재직 중이거나 재직하였던 사람
3. 10년(제2호에서 규정한 분야의 박사학위 소지자는 5년) 이상 공인된 연구기관에서 노동문제에 관한 연구에 종사하고 있거나 종사하였던 사람
4. 그 밖에 제1호부터 제3호까지의 규정에 상당하는 학식과 경험이 있다고 고용노동부장관이 인정하는 사람(2010.7.12 개정)

(2009.6.26 본조개정)

제14조【상임위원의 임용 자격 등】 위원회의 상임위원은 다음 각 호의 어느 하나에 해당하는 사람 중에서 임명한다.

1. 3급 또는 3급 상당 이상 공무원이나 고위공무원단에 속하는 공무원으로서 노동행정 경력이 있는 사람
2. 대학에서 노동경제, 노사관계, 노동법학, 사회학, 사회복지학, 그 밖에 이와 관련된 분야의 부교수 이상으로 5년 이상 재직하였던 사람

(2009.6.26 본조개정)

제15조【특별위원의 위촉 등】 법 제16조에 따른 특별위원은 관계 행

정기관의 3급 또는 3급 상당 이상의 공무원이나 고위공무원단에 속하는 공무원 중에서 고용노동부장관이 위촉한다.(2010.7.12 개정)
(2009.6.26 본조개정)

제16조【실비변상】 법 제18조에 따라 위원회(법 제19조제4항에 따라 준용되는 전문위원회를 포함한다)에 출석한 관계 근로자와 사용자, 그 밖의 관계인에게는 예산의 범위에서 수당과 여비를 지급한다.
(2009.6.26 본조개정)

제17조【전문위원회의 구성】 ①법 제19조제1항에 따른 전문위원회는 위원회의 위원장이 그 위원 중에서 지명하는 사람으로 구성한다.
②위원회의 위원장은 위원회의 위원만으로 제1항의 전문위원회를 구성하기 어렵거나 소관 사항을 전문적으로 심의하기 위하여 필요한 경우에는 전문위원회의 위원을 따로 위촉할 수 있다. 이 경우 따로 위촉하는 전문위원회의 위원 중 근로자위원과 사용자위원의 위촉에 관하여는 제12조제3항을, 공익위원의 위촉기준에 관하여는 제13조를 준용한다.
(2009.6.26 본조개정)

제18조【위원의 수당 등】 법 제14조제1항에 따른 위원회의 상임위원을 제외한 위원 및 법 제19조제3항에 따른 전문위원회의 위원에게는 예산의 범위에서 그 직무 수행에 필요한 수당과 여비를 지급하되, 수당은 출석한 일수에 따라 지급하고 여비는 상임위원의 직위에 상응하는 금액을 지급한다.
(2009.6.26 본조개정)

제19조【실태조사】 고용노동부장관은 위원회로 하여금 법 제23조에 따른 근로자의 생계비와 임금실태에 관한 조사를 하게 할 수 있다.(2010.7.12 개정)
(2009.6.26 본조개정)

제20조【근로감독관의 사무 집행】 법 제26조제1항에 따라 근로감독관이 법의 시행에 관한 사무를 할 때에는 소속 지방고용노동관서의 장의 지휘 · 감독을 받아야 한다.(2010.7.12 개정)
(2009.6.26 본조개정)

제21조【증표】 법 제26조제3항의 증표는 「근로감독관규정」 제7조에 따른 증표로 한다.
(2009.6.26 본조개정)

제21조의2【권한의 위임】 법 제26조의2에 따라 고용노동부장관은 다음 각 호의 권한을 지방고용노동관서의 장에게 위임한다.(2010.7.12 개정)

1. 법 제7조에 따른 최저임금 적용 제외의 인가
2. 법 제25조에 따른 보고의 요구
3. 법 제31조에 따른 과태료의 부과·징수

(2009.6.26 본조개정)

제21조의3【고유식별정보의 처리】 고용노동부장관(제21조의2에 따라 고용노동부장관의 권한을 위임받은 기관을 포함한다)은 법 제7조에 따른 최저임금 적용 제외의 인가에 관한 사무를 수행하기 위하여 불가피한 경우 「개인정보 보호법 시행령」 제19조제1호 또는 제4호에 따른 주민등록번호 또는 외국인등록번호가 포함된 자료를 처리할 수 있다.
(2012.1.6 본조신설)

제22조【과태료의 부과기준】 법 제31조제1항에 따른 과태료의 부과기준은 별표와 같다.
(2011.3.30 본조개정)

부 칙

①**【시행일】** 이 영은 공포한 날로부터 시행한다.
②**【다른 법령의 개정】** 행정권한의 위임 및 위탁에 관한 규정 중 다음과 같이 개정한다.
제44조 제1항 본문 중 "노동부지방사무소장에게"를 "노동부지방사무소장 또는 사무소장에게"로 하고, 동항 제4호 중 "라"목을 삭제하며, 동항에 제11호를 다음과 같이 신설한다.
11. 최저임금법(이하 이 호에서 "법"이라 한다)에 의한 다음의 사항
  가. 법 제7조의 규정에 의한 최저임금 적용제외의 인가
  나. 법 제25조의 규정에 의한 보고의 요구

부 칙 (1988. 7. 7)

이 영은 공포한 날로부터 시행한다.

부 칙 (1989. 7. 4)
①【시행일】 이 영은 공포한 날로부터 시행한다.
②【적용예】 이 영에 의하여 추가로 적용되는 사업에 있어서의 최저임금은 이 영 시행후 법 제8조 내지 제10조의 규정에 의하여 새로이 결정·고시하는 분부터 적용한다.

부 칙 (1993.12.29)
이 영은 1994년 1월 1일부터 시행한다.

부 칙 (1999. 3.17)
①【시행일】 이 영은 공포한 날부터 시행한다. 다만, 제2조의 개정규정은 1999년 9월1일부터 시행한다.
②【다른 법령의 개정】 행정권한의위임및위탁에관한규정중 다음과 같이 개정한다.
제37조 제7호를 삭제한다.

부 칙 (2005. 8.31)
이 영은 2005년 9월 1일부터 시행한다.

부 칙 (2006.12.21)
①【시행일】 이 영은 2007년 1월 1일부터 시행한다.
②【감시 또는 단속적으로 근로에 종사하는 자에 대한 최저임금액의 유효기간】 제3조제2항의 개정규정은 2011년 12월 31일까지 효력을 가진다.
③【감시 또는 단속적으로 근로에 종사하는 자에 대한 최저임금액 적용에 관한 특례】 감시 또는 단속적으로 근로에 종사하는 자로서 사용자가 노동부장관의 승인을 얻은 자에 대하여는 2007년 12월 31일까지는 제3조제2항의 개정규정에 불구하고 법 제5조제1항 후단에 따른 시간급 최저임금액에서 100분의 30을 감한 금액을 그 근로자의 시간급 최저임금액으로 한다.

부 칙 (2009. 6.26)
이 영은 공포한 날부터 시행한다. 다만, 제5조의2의 개정규정의 시행일은 다음 각 호와 같다.
1. 「지방자치법」 제2조제1항제1호에 따른 특별시 및 광역시: 2009년 7월 1일
2. 제주특별자치도 및 「지방자치법」 제2조제1항제2호에 따른 시 지역: 2010년 7월 1일
3. 제1호 및 제2호를 제외한 지역: 2012년 7월 1일

부 칙 (2011. 3.30)

제1조【시행일】 이 영은 공포한 날부터 시행한다.

제2조【과태료에 관한 경과조치】 이 영 시행 전의 위반행위에 대하여 과태료의 부과기준을 적용할 때에는 별표의 개정규정에도 불구하고 종전의 규정에 따른다.

부 칙 (2011.12.21)

제1조【시행일】 이 영은 2012년 1월 1일부터 시행한다.

제2조【감시 또는 단속적으로 근로에 종사하는 자에 대한 최저임금액의 유효기간】 제3조제2항의 개정규정은 2014년 12월 31일까지 효력을 가진다.

부 칙 (2018. 3.20)

이 영은 2018년 3월 20일부터 시행한다.

부 칙 (2018.12.31)

이 영은 2019년 1월 1일부터 시행한다.

노동조합 관련법령

노동조합 및 노동관계조정법

제정 1997. 3.13 법률 제5310호
개정 1998. 2.20 법률 제5511호
2001. 3.28 법률 제6456호
2006. 1. 2 법률 제7845호
2006.12.30 법률 제8158호
2008. 3.28 법률 제9041호
2010. 1. 1 법률 제9930호
2010. 6. 4 법률 제10339호
2014. 5.20 법률 제12630호
2018.10.16 법률 제15849호
2020. 6. 9 법률 제17432호
2021. 1. 5 법률 제17864호
2025. 9. 9 법률 제21045호

제1장 총 칙

제1조【목적】 이 법은 헌법에 의한 근로자의 단결권·단체교섭권 및 단체행동권을 보장하여 근로조건의 유지·개선과 근로자의 경제적·사회적 지위의 향상을 도모하고, 노동관계를 공정하게 조정하여 노동쟁의를 예방·해결함으로써 산업평화의 유지와 국민경제의 발전에 이바지함을 목적으로 한다.

제2조【정의】 이 법에서 사용하는 용어의 정의는 다음과 같다.

1. "근로자"라 함은 직업의 종류를 불문하고 임금·급료 기타 이에 준하는 수입에 의하여 생활하는 자를 말한다.
2. "사용자"라 함은 사업주, 사업의 경영담당자 또는 그 사업의 근로자에 관한 사항에 대하여 사업주를 위하여 행동하는 자를 말한다. 이 경우 근로계약 체결 당사자가 아니더라도 근로자의 근로조건에 대하여 실질적

이고 구체적으로 지배 · 결정할 수 있는 지위에 있는 자도 그 범위에 있어서는 사용자로 본다.(2025.9.9 개정)

3. "사용자단체"라 함은 노동관계에 관하여 그 구성원인 사용자에 대하여 조정 또는 규제할 수 있는 권한을 가진 사용자의 단체를 말한다.

4. "노동조합"이라 함은 근로자가 주체가 되어 자주적으로 단결하여 근로조건의 유지 · 개선 기타 근로자의 경제적 · 사회적 지위의 향상을 도모함을 목적으로 조직하는 단체 또는 그 연합단체를 말한다. 다만, 다음 각 목의 1에 해당하는 경우에는 노동조합으로 보지 아니한다.

   가. 사용자 또는 항상 그의 이익을 대표하여 행동하는 자의 참가를 허용하는 경우

   나. 경비의 주된 부분을 사용자로부터 원조받는 경우

   다. 공제 · 수양 기타 복리사업만을 목적으로 하는 경우

   라. 삭제(2025.9.9)

   마. 주로 정치운동을 목적으로 하는 경우

5. "노동쟁의"라 함은 노동조합과 사용자 또는 사용자단체(이하 "노동관계 당사자"라 한다)간에 임금 · 근로시간 · 복지 · 해고 · 근로자의 지위 기타 대우등 근로조건의 결정과 근로조건에 영향을 미치는 사업경영상의 결정에 관한 주장의 불일치 및 제92조 제2호 가목부터 라목까지의 사항에 관한 사용자의 명백한 단체협약 위반으로 인하여 발생한 분쟁상태를 말한다. 이 경우 주장의 불일치라 함은 당사자간에 합의를 위한 노력을 계속하여도 더이상 자주적 교섭에 의한 합의의 여지가 없는 경우를 말한다.(2025.9.9 개정)

6. "쟁의행위"라 함은 파업 · 태업 · 직장폐쇄 기타 노동관계 당사자가 그 주장을 관철할 목적으로 행하는 행위와 이에 대항하는 행위로서 업무의 정상적인 운영을 저해하는 행위를 말한다.

제3조【손해배상 청구의 제한】 ①사용자는 이 법에 따른 단체교섭 또는 쟁의행위, 그 밖의 노동조합의 활동으로 인하여 손해를 입은 경우에 노동조합 또는 근로자에 대하여 그 배상을 청구할 수 없다.(2025.9.9 개정)
②사용자의 불법행위에 대하여 노동조합 또는 근로자의 이익을 방위하기 위하여 부득이 사용자에게 손해를 가한 노동조합 또는 근로자는 배상할 책임이 없다.(2025.9.9 신설)
③법원은 단체교섭, 쟁의행위, 그 밖의 노동조합의 활동으로 인한 손해배

상책임을 근로자에게 인정하는 경우 손해의 배상의무자인 근로자에 대하여 다음 각 호에 따라 책임비율을 정하여야 한다.(2025.9.9 신설)

1. 노동조합에서의 지위와 역할
2. 쟁의행위 등 참여 경위 및 정도
3. 손해 발생에 대한 관여의 정도
4. 임금 수준과 손해배상 청구금액
5. 손해의 원인과 성격
6. 그 밖에 손해의 공평한 분담을 위하여 고려할 필요가 있다고 인정되는 사항

④제3항에 따른 배상의무자인 노동조합과 근로자는 법원에 배상액의 감면을 청구할 수 있다. 이때 법원은 배상의무자의 경제상태, 부양의무 등 가족관계, 최저생계비 보장 및 존립 유지 등을 고려하여 각 배상의무자별로 감면 여부 및 정도를 판단하여야 한다.(2025.9.9 신설)

⑤「신원보증법」 제6조에도 불구하고 신원보증인은 단체교섭, 쟁의행위, 그 밖의 노동조합의 활동으로 인하여 발생한 손해에 대해서는 배상할 책임이 없다.(2025.9.9 신설)

⑥사용자는 노동조합의 존립을 위태롭게 하거나 운영을 방해할 목적 또는 조합원의 노동조합 활동을 방해하고 손해를 입히려는 목적으로 손해배상 청구권을 행사하여서는 아니 된다.(2025.9.9 신설)

제 3 조의 2 【책임의 면제】 사용자는 단체교섭 또는 쟁의행위, 그 밖의 노동조합의 활동으로 인한 노동조합 또는 근로자의 손해배상 등 책임을 면제할 수 있다.
(2025.9.9 본조신설)

제 4 조 【정당행위】 형법 제20조의 규정은 노동조합이 단체교섭·쟁의행위 기타의 행위로서 제1조의 목적을 달성하기 위하여 한 정당한 행위에 대하여 적용된다. 다만, 어떠한 경우에도 폭력이나 파괴행위는 정당한 행위로 해석되어서는 아니된다.

제 2 장 노동조합

제 1 절 통 칙

제 5 조 【노동조합의 조직 · 가입 · 활동】 ①근로자는 자유로이 노동조합을 조직하거나 이에 가입할 수 있다. 다만, 공무원과 교원에 대하여는 따로 법률로 정한다.(2021.1.5 개정)
②사업 또는 사업장에 종사하는 근로자(이하 "종사근로자"라 한다)가 아닌 노동조합의 조합원은 사용자의 효율적인 사업 운영에 지장을 주지 아니하는 범위에서 사업 또는 사업장 내에서 노동조합 활동을 할 수 있다.(2021.1.5 신설)
③종사근로자인 조합원이 해고되어 노동위원회에 부당노동행위의 구제신청을 한 경우에는 중앙노동위원회의 재심판정이 있을 때까지는 종사근로자로 본다.(2021.1.5 신설)

제 6 조 【법인격의 취득】 ①노동조합은 그 규약이 정하는 바에 의하여 법인으로 할 수 있다.
②노동조합은 당해 노동조합을 법인으로 하고자 할 경우에는 대통령령이 정하는 바에 의하여 등기를 하여야 한다.
③법인인 노동조합에 대하여는 이 법에 규정된 것을 제외하고는 민법중 사단법인에 관한 규정을 적용한다.

제 7 조 【노동조합의 보호요건】 ①이 법에 의하여 설립된 노동조합이 아니면 노동위원회에 노동쟁의의 조정 및 부당노동행위의 구제를 신청할 수 없다.
②제1항의 규정은 제81조제1항제1호 · 제2호 및 제5호의 규정에 의한 근로자의 보호를 부인하는 취지로 해석되어서는 아니된다.(2021.1.5 개정)
③이 법에 의하여 설립된 노동조합이 아니면 노동조합이라는 명칭을 사용할 수 없다.

제 8 조 【조세의 면제】 노동조합에 대하여는 그 사업체를 제외하고는 세법이 정하는 바에 따라 조세를 부과하지 아니한다.

제 9 조 【차별대우의 금지】 노동조합의 조합원은 어떠한 경우에도 인종, 종교, 성별, 연령, 신체적 조건, 고용형태, 정당 또는 신분에 의하여 차별대우를 받지 아니한다.(2008.3.28 개정)

제 2 절 노동조합의 설립

제10조 【설립의 신고】 ①노동조합을 설립하고자 하는 자는 다음 각호

의 사항을 기재한 신고서에 제11조의 규정에 의한 규약을 첨부하여 연합단체인 노동조합과 2 이상의 특별시·광역시·특별자치시·도·특별자치도에 걸치는 단위노동조합은 고용노동부장관에게, 2 이상의 시·군·구(자치구를 말한다)에 걸치는 단위노동조합은 특별시장·광역시장·도지사에게, 그 외의 노동조합은 특별자치시장·특별자치도지사·시장·군수·구청장(자치구의 구청장을 말한다. 이하 제12조제1항에서 같다)에게 제출하여야 한다.(2014.5.20 개정)

1. 명 칭
2. 주된 사무소의 소재지
3. 조합원수
4. 임원의 성명과 주소
5. 소속된 연합단체가 있는 경우에는 그 명칭
6. 연합단체인 노동조합에 있어서는 그 구성노동단체의 명칭, 조합원수, 주된 사무소의 소재지 및 임원의 성명·주소

②제1항의 규정에 의한 연합단체인 노동조합은 동종산업의 단위노동조합을 구성원으로 하는 산업별 연합단체와 산업별 연합단체 또는 전국규모의 산업별 단위노동조합을 구성원으로 하는 총연합단체를 말한다.

제11조 【규 약】 노동조합은 그 조직의 자주적·민주적 운영을 보장하기 위하여 당해 노동조합의 규약에 다음 각 호의 사항을 기재하여야 한다.(2006.12.30 개정)

1. 명 칭
2. 목적과 사업
3. 주된 사무소의 소재지
4. 조합원에 관한 사항(연합단체인 노동조합에 있어서는 그 구성단체에 관한 사항)
5. 소속된 연합단체가 있는 경우에는 그 명칭
6. 대의원회를 두는 경우에는 대의원회에 관한 사항
7. 회의에 관한 사항
8. 대표자와 임원에 관한 사항
9. 조합비 기타 회계에 관한 사항
10. 규약변경에 관한 사항
11. 해산에 관한 사항

12. 쟁의행위와 관련된 찬반투표 결과의 공개, 투표자 명부 및 투표용지 등의 보존·열람에 관한 사항(2006.12.30 개정)
13. 대표자와 임원의 규약위반에 대한 탄핵에 관한 사항
14. 임원 및 대의원의 선거절차에 관한 사항
15. 규율과 통제에 관한 사항

제12조 【신고증의 교부】 ①고용노동부장관, 특별시장·광역시장·특별자치시장·도지사·특별자치도지사 또는 시장·군수·구청장(이하 "행정관청"이라 한다)은 제10조제1항의 규정에 의한 설립신고서를 접수한 때에는 제2항 전단 및 제3항의 경우를 제외하고는 3일이내에 신고증을 교부하여야 한다.(2014.5.20 개정)

②행정관청은 설립신고서 또는 규약이 기재사항의 누락 등으로 보완이 필요한 경우에는 대통령령이 정하는 바에 따라 20일이내의 기간을 정하여 보완을 요구하여야 한다. 이 경우 보완된 설립신고서 또는 규약을 접수한 때에는 3일이내에 신고증을 교부하여야 한다.(98.2.20 개정)

③행정관청은 설립하고자 하는 노동조합이 다음 각호의 1에 해당하는 경우에는 설립신고서를 반려하여야 한다.(98.2.20 개정)

1. 제2조제4호 각목의 1에 해당하는 경우
2. 제2항의 규정에 의하여 보완을 요구하였음에도 불구하고 그 기간내에 보완을 하지 아니하는 경우

④노동조합이 신고증을 교부받은 경우에는 설립신고서가 접수된 때에 설립된 것으로 본다.

제13조 【변경사항의 신고 등】 ①노동조합은 제10조제1항의 규정에 의하여 설립신고된 사항중 다음 각호의 1에 해당하는 사항에 변경이 있는 때에는 그 날부터 30일 이내에 행정관청에게 변경신고를 하여야 한다.(2001.3.28 개정)

1. 명 칭
2. 주된 사무소의 소재지
3. 대표자의 성명
4. 소속된 연합단체의 명칭

②노동조합은 매년 1월 31일까지 다음 각호의 사항을 행정관청에게 통보하여야 한다. 다만, 제1항의 규정에 의하여 전년도에 변경신고된 사항은 그러하지 아니하다.(2001.3.28 개정)

1. 전년도에 규약의 변경이 있는 경우에는 변경된 규약내용
2. 전년도에 임원의 변경이 있는 경우에는 변경된 임원의 성명
3. 전년도 12월 31일 현재의 조합원수(연합단체인 노동조합에 있어서는 구성단체별 조합원수)

제3절 노동조합의 관리

제14조 【서류비치 등】 ①노동조합은 조합설립일부터 30일이내에 다음 각호의 서류를 작성하여 그 주된 사무소에 비치하여야 한다.

노동
조합

1. 조합원 명부(연합단체인 노동조합에 있어서는 그 구성단체의 명칭)
2. 규 약
3. 임원의 성명·주소록
4. 회의록
5. 재정에 관한 장부와 서류

②제1항제4호 및 제5호의 서류는 3년간 보존하여야 한다.

제15조 【총회의 개최】 ①노동조합은 매년 1회이상 총회를 개최하여야 한다.

②노동조합의 대표자는 총회의 의장이 된다.

제16조 【총회의 의결사항】 ①다음 각호의 사항은 총회의 의결을 거쳐야 한다.

1. 규약의 제정과 변경에 관한 사항
2. 임원의 선거와 해임에 관한 사항
3. 단체협약에 관한 사항
4. 예산·결산에 관한 사항
5. 기금의 설치·관리 또는 처분에 관한 사항
6. 연합단체의 설립·가입 또는 탈퇴에 관한 사항
7. 합병·분할 또는 해산에 관한 사항
8. 조직형태의 변경에 관한 사항
9. 기타 중요한 사항

②총회는 재적조합원 과반수의 출석과 출석조합원 과반수의 찬성으로 의결한다. 다만, 규약의 제정·변경, 임원의 해임, 합병·분할·해산 및 조직형태의 변경에 관한 사항은 재적조합원 과반수의 출석과 출석조합원 3분

의 2이상의 찬성이 있어야 한다.
③임원의 선거에 있어서 출석조합원 과반수의 찬성을 얻은 자가 없는 경우에는 제2항 본문의 규정에 불구하고 규약이 정하는 바에 따라 결선투표를 실시하여 다수의 찬성을 얻은 자를 임원으로 선출할 수 있다.
④규약의 제정 · 변경과 임원의 선거 · 해임에 관한 사항은 조합원의 직접 · 비밀 · 무기명투표에 의하여야 한다.

제17조 【대의원회】 ①노동조합은 규약으로 총회에 갈음할 대의원회를 둘 수 있다.
②대의원은 조합원의 직접 · 비밀 · 무기명투표에 의하여 선출되어야 한다.
③하나의 사업 또는 사업장을 대상으로 조직된 노동조합의 대의원은 그 사업 또는 사업장에 종사하는 조합원 중에서 선출하여야 한다.(2021.1.5 신설)
④대의원의 임기는 규약으로 정하되 3년을 초과할 수 없다.(2021.1.5 개정)
⑤대의원회를 둔 때에는 총회에 관한 규정은 대의원회에 이를 준용한다.(2021.1.5 개정)

제18조 【임시총회 등의 소집】 ①노동조합의 대표자는 필요하다고 인정할 때에는 임시총회 또는 임시대의원회를 소집할 수 있다.
②노동조합의 대표자는 조합원 또는 대의원의 3분의 1이상(연합단체인 노동조합에 있어서는 그 구성단체의 3분의 1이상)이 회의에 부의할 사항을 제시하고 회의의 소집을 요구한 때에는 지체없이 임시총회 또는 임시대의원회를 소집하여야 한다.
③행정관청은 노동조합의 대표자가 제2항의 규정에 의한 회의의 소집을 고의로 기피하거나 이를 해태하여 조합원 또는 대의원의 3분의 1이상이 소집권자의 지명을 요구한 때에는 15일이내에 노동위원회의 의결을 요청하고 노동위원회의 의결이 있는 때에는 지체없이 회의의 소집권자를 지명하여야 한다.(98.2.20 개정)
④행정관청은 노동조합에 총회 또는 대의원회의 소집권자가 없는 경우에 조합원 또는 대의원의 3분의 1이상이 회의에 부의할 사항을 제시하고 소집권자의 지명을 요구한 때에는 15일이내에 회의의 소집권자를 지명하여야 한다.(98.2.20 개정)

제19조 【소집의 절차】 총회 또는 대의원회는 회의개최일 7일전까지 그 회의에 부의할 사항을 공고하고 규약에 정한 방법에 의하여 소집하여야 한다. 다만, 노동조합이 동일한 사업장내의 근로자로 구성된 경우에는

그 규약으로 공고기간을 단축할 수 있다.

제20조【표결권의 특례】 노동조합이 특정 조합원에 관한 사항을 의결할 경우에는 그 조합원은 표결권이 없다.

제21조【규약 및 결의처분의 시정】 ①행정관청은 노동조합의 규약이 노동관계법령에 위반한 경우에는 노동위원회의 의결을 얻어 그 시정을 명할 수 있다.(98.2.20 개정)

②행정관청은 노동조합의 결의 또는 처분이 노동관계법령 또는 규약에 위반된다고 인정할 경우에는 노동위원회의 의결을 얻어 그 시정을 명할 수 있다. 다만, 규약위반시의 시정명령은 이해관계인의 신청이 있는 경우에 한한다.(98.2.20 개정)

③제1항 또는 제2항의 규정에 의하여 시정명령을 받은 노동조합은 30일이내에 이를 이행하여야 한다. 다만, 정당한 사유가 있는 경우에는 그 기간을 연장할 수 있다.

노동조합

제22조【조합원의 권리와 의무】 노동조합의 조합원은 균등하게 그 노동조합의 모든 문제에 참여할 권리와 의무를 가진다. 다만, 노동조합은 그 규약으로 조합비를 납부하지 아니하는 조합원의 권리를 제한할 수 있다.

제23조【임원의 자격 등】 ①노동조합의 임원 자격은 규약으로 정한다. 이 경우 하나의 사업 또는 사업장을 대상으로 조직된 노동조합의 임원은 그 사업 또는 사업장에 종사하는 조합원 중에서 선출하도록 정한다.(2021.1.5 개정)

②임원의 임기는 규약으로 정하되 3년을 초과할 수 없다.

제24조【근로시간 면제 등】 ①근로자는 단체협약으로 정하거나 사용자의 동의가 있는 경우에는 사용자 또는 노동조합으로부터 급여를 지급받으면서 근로계약 소정의 근로를 제공하지 아니하고 노동조합의 업무에 종사할 수 있다.(2021.1.5 개정)

②제1항에 따라 사용자로부터 급여를 지급받는 근로자(이하 "근로시간면제자"라 한다)는 사업 또는 사업장별로 종사근로자인 조합원 수 등을 고려하여 제24조의2에 따라 결정된 근로시간 면제 한도(이하 "근로시간 면제 한도"라 한다)를 초과하지 아니하는 범위에서 임금의 손실 없이 사용자와의 협의·교섭, 고충처리, 산업안전 활동 등 이 법 또는 다른 법률에서 정하는 업무와 건전한 노사관계 발전을 위한 노동조합의 유지·관리업무를 할 수 있다.(2021.1.5 개정)

③사용자는 제1항에 따라 노동조합의 업무에 종사하는 근로자의 정당한 노동조합 활동을 제한해서는 아니 된다.(2021.1.5 개정)
④제2항을 위반하여 근로시간 면제 한도를 초과하는 내용을 정한 단체협약 또는 사용자의 동의는 그 부분에 한정하여 무효로 한다.(2021.1.5 개정)
⑤삭제(2021.1.5)

제24조의2 【근로시간면제심의위원회】 ①근로시간면제자에 대한 근로시간 면제 한도를 정하기 위하여 근로시간면제심의위원회(이하 이 조에서 "위원회"라 한다)를 「경제사회노동위원회법」에 따른 경제사회노동위원회(이하 "경제사회노동위원회"라 한다)에 둔다.(2021.1.5 개정)
②위원회는 근로시간 면제 한도를 심의 · 의결하고, 3년마다 그 적정성 여부를 재심의하여 의결할 수 있다.(2021.1.5 개정)
③경제사회노동위원회 위원장은 제2항에 따라 위원회가 의결한 사항을 고용노동부장관에게 즉시 통보하여야 한다.(2021.1.5 개정)
④고용노동부장관은 제3항에 따라 경제사회노동위원회 위원장이 통보한 근로시간 면제 한도를 고시하여야 한다.(2021.1.5 신설)
⑤위원회는 다음 각 호의 구분에 따라 근로자를 대표하는 위원과 사용자를 대표하는 위원 및 공익을 대표하는 위원 각 5명씩 성별을 고려하여 구성한다.(2021.1.5 신설)
1. 근로자를 대표하는 위원: 전국적 규모의 노동단체가 추천하는 사람
2. 사용자를 대표하는 위원: 전국적 규모의 경영자단체가 추천하는 사람
3. 공익을 대표하는 위원: 경제사회노동위원회 위원장이 추천한 15명 중에서 제1호에 따른 노동단체와 제2호에 따른 경영자단체가 순차적으로 배제하고 남은 사람

⑥위원회의 위원장은 제5항제3호에 따른 위원 중에서 위원회가 선출한다.(2021.1.5 개정)
⑦위원회는 재적위원 과반수의 출석과 출석위원 과반수의 찬성으로 의결한다.(2021.1.5 개정)
⑧위원의 자격, 위촉과 위원회의 운영 등에 필요한 사항은 대통령령으로 정한다.(2021.1.5 개정)
(2010.1.1 본조신설)

제25조 【회계감사】 ①노동조합의 대표자는 그 회계감사원으로 하여금 6월에 1회이상 당해 노동조합의 모든 재원 및 용도, 주요한 기부자의 성명,

현재의 경리상황 등에 대한 회계감사를 실시하게 하고 그 내용과 감사결과를 전체 조합원에게 공개하여야 한다.
②노동조합의 회계감사원은 필요하다고 인정할 경우에는 당해 노동조합의 회계감사를 실시하고 그 결과를 공개할 수 있다.

제26조 【운영상황의 공개】 노동조합의 대표자는 회계연도마다 결산결과와 운영상황을 공표하여야 하며 조합원의 요구가 있을 때에는 이를 열람하게 하여야 한다.

제27조 【자료의 제출】 노동조합은 행정관청이 요구하는 경우에는 결산결과와 운영상황을 보고하여야 한다.(98.2.20 개정)

제4절 노동조합의 해산

제28조 【해산사유】 ①노동조합은 다음 각호의 1에 해당하는 경우에는 해산한다.
1. 규약에서 정한 해산사유가 발생한 경우
2. 합병 또는 분할로 소멸한 경우
3. 총회 또는 대의원회의 해산결의가 있는 경우
4. 노동조합의 임원이 없고 노동조합으로서의 활동을 1년이상 하지 아니한 것으로 인정되는 경우로서 행정관청이 노동위원회의 의결을 얻은 경우 (98.2.20 개정)

②제1항제1호 내지 제3호의 사유로 노동조합이 해산한 때에는 그 대표자는 해산한 날부터 15일이내에 행정관청에게 이를 신고하여야 한다.(98.2.20 개정)

제3장 단체교섭 및 단체협약

제29조 【교섭 및 체결권한】 ①노동조합의 대표자는 그 노동조합 또는 조합원을 위하여 사용자나 사용자단체와 교섭하고 단체협약을 체결할 권한을 가진다.
②제29조의2에 따라 결정된 교섭대표노동조합(이하 "교섭대표노동조합"이라 한다)의 대표자는 교섭을 요구한 모든 노동조합 또는 조합원을 위하여 사용자와 교섭하고 단체협약을 체결할 권한을 가진다.(2010.1.1 신설)

③노동조합과 사용자 또는 사용자단체로부터 교섭 또는 단체협약의 체결에 관한 권한을 위임받은 자는 그 노동조합과 사용자 또는 사용자단체를 위하여 위임받은 범위안에서 그 권한을 행사할 수 있다.(2010.1.1 개정)
④노동조합과 사용자 또는 사용자단체는 제3항에 따라 교섭 또는 단체협약의 체결에 관한 권한을 위임한 때에는 그 사실을 상대방에게 통보하여야 한다.(2010.1.1 개정)

제29조의2【교섭창구 단일화 절차】①하나의 사업 또는 사업장에서 조직형태에 관계없이 근로자가 설립하거나 가입한 노동조합이 2개 이상인 경우 노동조합은 교섭대표노동조합(2개 이상의 노동조합 조합원을 구성원으로 하는 교섭대표기구를 포함한다. 이하 같다)을 정하여 교섭을 요구하여야 한다. 다만, 제3항에 따라 교섭대표노동조합을 자율적으로 결정하는 기한 내에 사용자가 이 조에서 정하는 교섭창구 단일화 절차를 거치지 아니하기로 동의한 경우에는 그러하지 아니하다.(2021.1.5 개정)
②제1항 단서에 해당하는 경우 사용자는 교섭을 요구한 모든 노동조합과 성실히 교섭하여야 하고, 차별적으로 대우해서는 아니 된다.(2021.1.5 신설)
③교섭대표노동조합 결정 절차(이하 "교섭창구 단일화 절차"라 한다)에 참여한 모든 노동조합은 대통령령으로 정하는 기한 내에 자율적으로 교섭대표노동조합을 정한다.(2021.1.5 개정)
④제3항에 따른 기한까지 교섭대표노동조합을 정하지 못하고 제1항 단서에 따른 사용자의 동의를 얻지 못한 경우에는 교섭창구 단일화 절차에 참여한 노동조합의 전체 조합원 과반수로 조직된 노동조합(2개 이상의 노동조합이 위임 또는 연합 등의 방법으로 교섭창구 단일화 절차에 참여한 노동조합 전체 조합원의 과반수가 되는 경우를 포함한다)이 교섭대표노동조합이 된다.(2021.1.5 개정)
⑤제3항 및 제4항에 따라 교섭대표노동조합을 결정하지 못한 경우에는 교섭창구 단일화 절차에 참여한 모든 노동조합은 공동으로 교섭대표단(이하 이 조에서 "공동교섭대표단"이라 한다)을 구성하여 사용자와 교섭하여야 한다. 이 때 공동교섭대표단에 참여할 수 있는 노동조합은 그 조합원 수가 교섭창구 단일화 절차에 참여한 노동조합의 전체 조합원 100분의 10 이상인 노동조합으로 한다.(2021.1.5 개정)
⑥제5항에 따른 공동교섭대표단의 구성에 합의하지 못할 경우에 노동위원회는 해당 노동조합의 신청에 따라 조합원 비율을 고려하여 이를 결정할

수 있다.(2021.1.5 개정)
⑦제1항 및 제3항부터 제5항까지에 따른 교섭대표노동조합을 결정함에 있어 교섭요구 사실, 조합원 수 등에 대한 이의가 있는 때에는 노동위원회는 대통령령으로 정하는 바에 따라 노동조합의 신청을 받아 그 이의에 대한 결정을 할 수 있다.(2021.1.5 개정)
⑧제6항 및 제7항에 따른 노동위원회의 결정에 대한 불복절차 및 효력은 제69조와 제70조제2항을 준용한다.(2021.1.5 개정)
⑨노동조합의 교섭요구·참여 방법, 교섭대표노동조합 결정을 위한 조합원 수 산정 기준 등 교섭창구 단일화 절차와 교섭비용 증가 방지 등에 관하여 필요한 사항은 대통령령으로 정한다.(2021.1.5 개정)
⑩제4항부터 제7항까지 및 제9항의 조합원 수 산정은 종사근로자인 조합원을 기준으로 한다.(2021.1.5 신설)
(2010.1.1 본조신설)

제29조의3【교섭단위 결정】①제29조의2에 따라 교섭대표노동조합을 결정하여야 하는 단위(이하 "교섭단위"라 한다)는 하나의 사업 또는 사업장으로 한다.
②제1항에도 불구하고 하나의 사업 또는 사업장에서 현격한 근로조건의 차이, 고용형태, 교섭 관행 등을 고려하여 교섭단위를 분리하거나 분리된 교섭단위를 통합할 필요가 있다고 인정되는 경우에 노동위원회는 노동관계 당사자의 양쪽 또는 어느 한 쪽의 신청을 받아 교섭단위를 분리하거나 분리된 교섭단위를 통합하는 결정을 할 수 있다.(2021.1.5 개정)
③제2항에 따른 노동위원회의 결정에 대한 불복절차 및 효력은 제69조와 제70조제2항을 준용한다.
④교섭단위를 분리하거나 분리된 교섭단위를 통합하기 위한 신청 및 노동위원회의 결정 기준·절차 등에 관하여 필요한 사항은 대통령령으로 정한다.(2021.1.5 개정)
(2010.1.1 본조신설)

제29조의4【공정대표의무 등】①교섭대표노동조합과 사용자는 교섭창구 단일화 절차에 참여한 노동조합 또는 그 조합원 간에 합리적 이유 없이 차별을 하여서는 아니 된다.
②노동조합은 교섭대표노동조합과 사용자가 제1항을 위반하여 차별한 경우에는 그 행위가 있은 날(단체협약의 내용의 일부 또는 전부가 제1항에 위

노동
조합

반되는 경우에는 단체협약 체결일을 말한다)부터 3개월 이내에 대통령령으로 정하는 방법과 절차에 따라 노동위원회에 그 시정을 요청할 수 있다.
③노동위원회는 제2항에 따른 신청에 대하여 합리적 이유 없이 차별하였다고 인정한 때에는 그 시정에 필요한 명령을 하여야 한다.
④제3항에 따른 노동위원회의 명령 또는 결정에 대한 불복절차 등에 관하여는 제85조 및 제86조를 준용한다.
(2010.1.1 본조신설)

제29조의5【그 밖의 교섭창구 단일화 관련 사항】교섭대표노동조합이 있는 경우에 제2조제5호, 제29조제3항 · 제4항, 제30조, 제37조제2항 · 제3항, 제38조제3항, 제42조의6제1항, 제44조제2항, 제46조제1항, 제55조제3항, 제72조제3항 및 제81조제1항제3호 중 "노동조합"은 "교섭대표노동조합"으로 본다.(2021.1.5 개정)
(2010.1.1 본조신설)

제30조【교섭 등의 원칙】①노동조합과 사용자 또는 사용자단체는 신의에 따라 성실히 교섭하고 단체협약을 체결하여야 하며 그 권한을 남용하여서는 아니된다.
②노동조합과 사용자 또는 사용자단체는 정당한 이유없이 교섭 또는 단체협약의 체결을 거부하거나 해태하여서는 아니된다.
③국가 및 지방자치단체는 기업 · 산업 · 지역별 교섭 등 다양한 교섭방식을 노동관계 당사자가 자율적으로 선택할 수 있도록 지원하고 이에 따른 단체교섭이 활성화될 수 있도록 노력하여야 한다.(2021.1.5 신설)

제31조【단체협약의 작성】①단체협약은 서면으로 작성하여 당사자 쌍방이 서명 또는 날인하여야 한다.(2006.12.30 개정)
②단체협약의 당사자는 단체협약의 체결일부터 15일이내에 이를 행정관청에게 신고하여야 한다.(98.2.20 개정)
③행정관청은 단체협약중 위법한 내용이 있는 경우에는 노동위원회의 의결을 얻어 그 시정을 명할 수 있다.(98.2.20 개정)

제32조【단체협약 유효기간의 상한】①단체협약의 유효기간은 3년을 초과하지 않는 범위에서 노사가 합의하여 정할 수 있다.(2021.1.5 개정)
②단체협약에 그 유효기간을 정하지 아니한 경우 또는 제1항의 기간을 초과하는 유효기간을 정한 경우에 그 유효기간은 3년으로 한다.(2021.1.5 개정)
③단체협약의 유효기간이 만료되는 때를 전후하여 당사자 쌍방이 새로운

단체협약을 체결하고자 단체교섭을 계속하였음에도 불구하고 새로운 단체협약이 체결되지 아니한 경우에는 별도의 약정이 있는 경우를 제외하고는 종전의 단체협약은 그 효력만료일부터 3월까지 계속 효력을 갖는다. 다만, 단체협약에 그 유효기간이 경과한 후에도 새로운 단체협약이 체결되지 아니한 때에는 새로운 단체협약이 체결될 때까지 종전 단체협약의 효력을 존속시킨다는 취지의 별도의 약정이 있는 경우에는 그에 따르되, 당사자 일방은 해지하고자 하는 날의 6월전까지 상대방에게 통고함으로써 종전의 단체협약을 해지할 수 있다.(98.2.20 개정)

제33조 【기준의 효력】 ①단체협약에 정한 근로조건 기타 근로자의 대우에 관한 기준에 위반하는 취업규칙 또는 근로계약의 부분은 무효로 한다.
②근로계약에 규정되지 아니한 사항 또는 제1항의 규정에 의하여 무효로 된 부분은 단체협약에 정한 기준에 의한다.

제34조 【단체협약의 해석】 ①단체협약의 해석 또는 이행방법에 관하여 관계 당사자간에 의견의 불일치가 있는 때에는 당사자 쌍방 또는 단체협약에 정하는 바에 의하여 어느 일방이 노동위원회에 그 해석 또는 이행방법에 관한 견해의 제시를 요청할 수 있다.
②노동위원회는 제1항의 규정에 의한 요청을 받은 때에는 그 날부터 30일 이내에 명확한 견해를 제시하여야 한다.
③제2항의 규정에 의하여 노동위원회가 제시한 해석 또는 이행방법에 관한 견해는 중재재정과 동일한 효력을 가진다.

제35조 【일반적 구속력】 하나의 사업 또는 사업장에 상시 사용되는 동종의 근로자 반수이상이 하나의 단체협약의 적용을 받게 된 때에는 당해 사업 또는 사업장에 사용되는 다른 동종의 근로자에 대하여도 당해 단체협약이 적용된다.

제36조 【지역적 구속력】 ①하나의 지역에 있어서 종업하는 동종의 근로자 3분의 2이상이 하나의 단체협약의 적용을 받게 된 때에는 행정관청은 당해 단체협약의 당사자의 쌍방 또는 일방의 신청에 의하거나 그 직권으로 노동위원회의 의결을 얻어 당해 지역에서 종업하는 다른 동종의 근로자와 그 사용자에 대하여도 당해 단체협약을 적용한다는 결정을 할 수 있다.(98.2.20 개정)
②행정관청이 제1항의 규정에 의한 결정을 한 때에는 지체없이 이를 공고하여야 한다.(98.2.20 개정)

제 4 장 쟁의행위

제37조 【쟁의행위의 기본원칙】 ①쟁의행위는 그 목적·방법 및 절차에 있어서 법령 기타 사회질서에 위반되어서는 아니된다.

②조합원은 노동조합에 의하여 주도되지 아니한 쟁의행위를 하여서는 아니된다.

③노동조합은 사용자의 점유를 배제하여 조업을 방해하는 형태로 쟁의행위를 해서는 아니 된다.(2021.1.5 신설)

제38조 【노동조합의 지도와 책임】 ①쟁의행위는 그 쟁의행위와 관계없는 자 또는 근로를 제공하고자 하는 자의 출입·조업 기타 정상적인 업무를 방해하는 방법으로 행하여져서는 아니되며 쟁의행위의 참가를 호소하거나 설득하는 행위로서 폭행·협박을 사용하여서는 아니된다.

②작업시설의 손상이나 원료·제품의 변질 또는 부패를 방지하기 위한 작업은 쟁의행위 기간중에도 정상적으로 수행되어야 한다.

③노동조합은 쟁의행위가 적법하게 수행될 수 있도록 지도·관리·통제할 책임이 있다.

제39조 【근로자의 구속제한】 근로자는 쟁의행위 기간중에는 현행범외에는 이 법 위반을 이유로 구속되지 아니한다.

제40조 【노동관계의 지원】 삭제(2006.12.30)

제41조 【쟁의행위의 제한과 금지】 ①노동조합의 쟁의행위는 그 조합원(제29조의2에 따라 교섭대표노동조합이 결정된 경우에는 그 절차에 참여한 노동조합의 전체 조합원)의 직접·비밀·무기명투표에 의한 조합원 과반수의 찬성으로 결정하지 아니하면 이를 행할 수 없다. 이 경우 조합원 수 산정은 종사근로자인 조합원을 기준으로 한다.(2021.1.5 개정)

②「방위사업법」에 의하여 지정된 주요방위산업체에 종사하는 근로자중 전력, 용수 및 주로 방산물자를 생산하는 업무에 종사하는 자는 쟁의행위를 할 수 없으며 주로 방산물자를 생산하는 업무에 종사하는 자의 범위는 대통령령으로 정한다.(2006.1.2 개정)

제42조 【폭력행위 등의 금지】 ①쟁의행위는 폭력이나 파괴행위 또는 생산 기타 주요업무에 관련되는 시설과 이에 준하는 시설로서 대통령령이 정하는 시설을 점거하는 형태로 이를 행할 수 없다.

②사업장의 안전보호시설에 대하여 정상적인 유지·운영을 정지·폐지 또

는 방해하는 행위는 쟁의행위로서 이를 행할 수 없다.
③행정관청은 쟁의행위가 제2항의 행위에 해당한다고 인정하는 경우에는 노동위원회의 의결을 얻어 그 행위를 중지할 것을 통보하여야 한다. 다만, 사태가 급박하여 노동위원회의 의결을 얻을 시간적 여유가 없을 때에는 그 의결을 얻지 아니하고 즉시 그 행위를 중지할 것을 통보할 수 있다.(2006.12.30 개정)
④제3항 단서의 경우에 행정관청은 지체없이 노동위원회의 사후승인을 얻어야 하며 그 승인을 얻지 못한 때에는 그 통보는 그때부터 효력을 상실한다.(2006.12.30 개정)

제42조의2【필수유지업무에 대한 쟁의행위의 제한】 ①이 법에서 "필수유지업무"라 함은 제71조제2항의 규정에 따른 필수공익사업의 업무 중 그 업무가 정지되거나 폐지되는 경우 공중의 생명 · 건강 또는 신체의 안전이나 공중의 일상생활을 현저히 위태롭게 하는 업무로서 대통령령이 정하는 업무를 말한다.
②필수유지업무의 정당한 유지 · 운영을 정지 · 폐지 또는 방해하는 행위는 쟁의행위로서 이를 행할 수 없다.
(2006.12.30 본조신설)

제42조의3【필수유지업무협정】 노동관계 당사자는 쟁의행위 기간 동안 필수유지업무의 정당한 유지 · 운영을 위하여 필수유지업무의 필요 최소한의 유지 · 운영 수준, 대상직무 및 필요인원 등을 정한 협정(이하 "필수유지업무협정"이라 한다)을 서면으로 체결하여야 한다. 이 경우 필수유지업무협정에는 노동관계 당사자 쌍방이 서명 또는 날인하여야 한다.
(2006.12.30 본조신설)

제42조의4【필수유지업무 유지 · 운영 수준 등의 결정】 ①노동관계 당사자 쌍방 또는 일방은 필수유지업무협정이 체결되지 아니하는 때에는 노동위원회에 필수유지업무의 필요 최소한의 유지 · 운영 수준, 대상직무 및 필요인원 등의 결정을 신청하여야 한다.
②제1항의 규정에 따른 신청을 받은 노동위원회는 사업 또는 사업장별 필수유지업무의 특성 및 내용 등을 고려하여 필수유지업무의 필요 최소한의 유지 · 운영 수준, 대상직무 및 필요인원 등을 결정할 수 있다.
③제2항의 규정에 따른 노동위원회의 결정은 제72조의 규정에 따른 특별조정위원회가 담당한다.

④제2항의 규정에 따른 노동위원회의 결정에 대한 해석 또는 이행방법에 관하여 관계 당사자간에 의견이 일치하지 아니하는 경우에는 특별조정위원회의 해석에 따른다. 이 경우 특별조정위원회의 해석은 제2항의 규정에 따른 노동위원회의 결정과 동일한 효력이 있다.
⑤제2항의 규정에 따른 노동위원회의 결정에 대한 불복절차 및 효력에 관하여는 제69조와 제70조제2항의 규정을 준용한다.
(2006.12.30 본조신설)

제42조의5 【노동위원회의 결정에 따른 쟁의행위】 제42조의4제2항의 규정에 따라 노동위원회의 결정이 있는 경우 그 결정에 따라 쟁의행위를 한 때에는 필수유지업무를 정당하게 유지 · 운영하면서 쟁의행위를 한 것으로 본다.
(2006.12.30 본조신설)

제42조의6 【필수유지업무 근무 근로자의 지명】 ①노동조합은 필수유지업무협정이 체결되거나 제42조의4제2항의 규정에 따른 노동위원회의 결정이 있는 경우 사용자에게 필수유지업무에 근무하는 조합원 중 쟁의행위 기간 동안 근무하여야 할 조합원을 통보하여야 하며, 사용자는 이에 따라 근로자를 지명하고 이를 노동조합과 그 근로자에게 통보하여야 한다. 다만, 노동조합이 쟁의행위 개시 전까지 이를 통보하지 아니한 경우에는 사용자가 필수유지업무에 근무하여야 할 근로자를 지명하고 이를 노동조합과 그 근로자에게 통보하여야 한다.(2010.1.1 개정)
②제1항에 따른 통보 · 지명시 노동조합과 사용자는 필수유지업무에 종사하는 근로자가 소속된 노동조합이 2개 이상인 경우에는 각 노동조합의 해당 필수유지업무에 종사하는 조합원 비율을 고려하여야 한다.(20101.1. 신설)

제43조 【사용자의 채용제한】 ①사용자는 쟁의행위 기간중 그 쟁의행위로 중단된 업무의 수행을 위하여 당해 사업과 관계없는 자를 채용 또는 대체할 수 없다.
②사용자는 쟁의행위기간중 그 쟁의행위로 중단된 업무를 도급 또는 하도급 줄 수 없다.
③제1항 및 제2항의 규정은 필수공익사업의 사용자가 쟁의행위 기간 중에 한하여 당해 사업과 관계 없는 자를 채용 또는 대체하거나 그 업무를 도급 또는 하도급 주는 경우에는 적용하지 아니한다.(2006.12.30 신설)
④제3항의 경우 사용자는 당해 사업 또는 사업장 파업참가자의 100분의

50을 초과하지 않는 범위 안에서 채용 또는 대체하거나 도급 또는 하도급 줄 수 있다. 이 경우 파업참가자 수의 산정 방법 등은 대통령령으로 정한다.(2006.12.30 신설)

제44조【쟁의행위 기간중의 임금지급 요구의 금지】 ①사용자는 쟁의행위에 참가하여 근로를 제공하지 아니한 근로자에 대하여는 그 기간중의 임금을 지급할 의무가 없다.
②노동조합은 쟁의행위 기간에 대한 임금의 지급을 요구하여 이를 관철할 목적으로 쟁의행위를 하여서는 아니된다.

제45조【조정의 전치】 ①노동관계 당사자는 노동쟁의가 발생한 때에는 어느 일방이 이를 상대방에게 서면으로 통보하여야 한다
②쟁의행위는 제5장제2절 내지 제4절의 규정에 의한 조정절차(제61조의2의 규정에 따른 조정종료 결정 후의 조정절차를 제외한다)를 거치지 아니하면 이를 행할 수 없다. 다만, 제54조의 규정에 의한 기간내에 조정이 종료되지 아니하거나 제63조의 규정에 의한 기간내에 중재재정이 이루어지지 아니한 경우에는 그러하지 아니하다.(2006.12.30 개정)

노동조합

제46조【직장폐쇄의 요건】 ①사용자는 노동조합이 쟁의행위를 개시한 이후에만 직장폐쇄를 할 수 있다.
②사용자는 제1항의 규정에 의한 직장폐쇄를 할 경우에는 미리 행정관청 및 노동위원회에 각각 신고하여야 한다.(98.2.20 개정)

제5장 노동쟁의의 조정

제1절 통 칙

제47조【자주적 조정의 노력】 이 장의 규정은 노동관계 당사자가 직접 노사협의 또는 단체교섭에 의하여 근로조건 기타 노동관계에 관한 사항을 정하거나 노동관계에 관한 주장의 불일치를 조정하고 이에 필요한 노력을 하는 것을 방해하지 아니한다.

제48조【당사자의 책무】 노동관계 당사자는 단체협약에 노동관계의 적정화를 위한 노사협의 기타 단체교섭의 절차와 방식을 규정하고 노동쟁의가 발생한 때에는 이를 자주적으로 해결하도록 노력하여야 한다.

제49조【국가 등의 책무】 국가 및 지방자치단체는 노동관계 당사자

간에 노동관계에 관한 주장이 일치하지 아니할 경우에 노동관계 당사자가 이를 자주적으로 조정할 수 있도록 조력함으로써 쟁의행위를 가능한 한 예방하고 노동쟁의의 신속·공정한 해결에 노력하여야 한다.

제50조 【신속한 처리】 이 법에 의하여 노동관계의 조정을 할 경우에는 노동관계 당사자와 노동위원회 기타 관계기관은 사건을 신속히 처리하도록 노력하여야 한다.

제51조 【공익사업 등의 우선적 취급】 국가·지방자치단체·국공영기업체·방위산업체 및 공익사업에 있어서의 노동쟁의의 조정은 우선적으로 취급하고 신속히 처리하여야 한다.

제52조 【사적 조정·중재】 ①제2절 및 제3절의 규정은 노동관계 당사자가 쌍방의 합의 또는 단체협약이 정하는 바에 따라 각각 다른 조정 또는 중재방법(이하 이 조에서 "사적조정등"이라 한다)에 의하여 노동쟁의를 해결하는 것을 방해하지 아니한다.(2006.12.30 개정)

②노동관계 당사자는 제1항의 규정에 의하여 노동쟁의를 해결하기로 한 때에는 이를 노동위원회에 신고하여야 한다.

③제1항의 규정에 의하여 노동쟁의를 해결하기로 한 때에는 다음 각호의 규정이 적용된다.

1. 조정에 의하여 해결하기로 한 때에는 제45조제2항 및 제54조의 규정. 이 경우 조정기간은 조정을 개시한 날부터 기산한다.
2. 중재에 의하여 해결하기로 한 때에는 제63조의 규정. 이 경우 쟁의행위의 금지기간은 중재를 개시한 날부터 기산한다.

④제1항의 규정에 의하여 조정 또는 중재가 이루어진 경우에 그 내용은 단체협약과 동일한 효력을 가진다.

⑤사적조정등을 수행하는 자는 「노동위원회법」 제8조제2항제2호 각 목의 자격을 가진 자로 한다. 이 경우 사적조정등을 수행하는 자는 노동관계 당사자로부터 수수료, 수당 및 여비 등을 받을 수 있다.(2006.12.30 신설)

제2절 조 정

제53조 【조정의 개시】 ①노동위원회는 관계 당사자의 일방이 노동쟁의의 조정을 신청한 때에는 지체없이 조정을 개시하여야 하며 관계 당사자 쌍방은 이에 성실히 임하여야 한다.(2006.12.30 개정)

②노동위원회는 제1항의 규정에 따른 조정신청 전이라도 원활한 조정을 위하여 교섭을 주선하는 등 관계 당사자의 자주적인 분쟁 해결을 지원할 수 있다.(2006.12.30 신설)

제54조 【조정기간】 ①조정은 제53조의 규정에 의한 조정의 신청이 있은 날부터 일반사업에 있어서는 10일, 공익사업에 있어서는 15일이내에 종료하여야 한다.
②제1항의 규정에 의한 조정기간은 관계 당사자간의 합의로 일반사업에 있어서는 10일, 공익사업에 있어서는 15일이내에서 연장할 수 있다.

제55조 【조정위원회의 구성】 ①노동쟁의의 조정을 위하여 노동위원회에 조정위원회를 둔다.
②제1항의 규정에 의한 조정위원회는 조정위원 3인으로 구성한다.
③제2항의 규정에 의한 조정위원은 당해 노동위원회의 위원중에서 사용자를 대표하는 자, 근로자를 대표하는 자 및 공익을 대표하는 자 각 1인을 그 노동위원회의 위원장이 지명하되, 근로자를 대표하는 조정위원은 사용자가, 사용자를 대표하는 조정위원은 노동조합이 각각 추천하는 노동위원회의 위원중에서 지명하여야 한다. 다만, 조정위원회의 회의 3일전까지 관계 당사자가 추천하는 위원의 명단제출이 없을 때에는 당해 위원을 위원장이 따로 지명할 수 있다.
④노동위원회의 위원장은 근로자를 대표하는 위원 또는 사용자를 대표하는 위원의 불참 등으로 인하여 제3항의 규정에 따른 조정위원회의 구성이 어려운 경우 노동위원회의 공익을 대표하는 위원 중에서 3인을 조정위원으로 지명할 수 있다. 다만, 관계 당사자 쌍방의 합의로 선정한 노동위원회의 위원이 있는 경우에는 그 위원을 조정위원으로 지명한다.(2006.12.30 신설)

노동조합

제56조 【조정위원회의 위원장】 ①조정위원회에 위원장을 둔다.
②위원장은 공익을 대표하는 조정위원이 된다. 다만, 제55조제4항의 규정에 따른 조정위원회의 위원장은 조정위원중에서 호선한다.(2006.12.30 개정)

제57조 【단독조정】 ①노동위원회는 관계 당사자 쌍방의 신청이 있거나 관계 당사자 쌍방의 동의를 얻은 경우에는 조정위원회에 갈음하여 단독조정인에게 조정을 행하게 할 수 있다.
②제1항의 규정에 의한 단독조정인은 당해 노동위원회의 위원중에서 관계 당사자의 쌍방의 합의로 선정된 자를 그 노동위원회의 위원장이 지명한다.

제58조 【주장의 확인 등】 조정위원회 또는 단독조정인은 기일을 정

하여 관계 당사자 쌍방을 출석하게 하여 주장의 요점을 확인하여야 한다.

제59조【출석금지】 조정위원회의 위원장 또는 단독조정인은 관계 당사자와 참고인외의 자의 출석을 금할 수 있다.

제60조【조정안의 작성】 ①조정위원회 또는 단독조정인은 조정안을 작성하여 이를 관계 당사자에게 제시하고 그 수락을 권고하는 동시에 그 조정안에 이유를 붙여 공표할 수 있으며, 필요한 때에는 신문 또는 방송에 보도 등 협조를 요청할 수 있다.

②조정위원회 또는 단독조정인은 관계 당사자가 수락을 거부하여 더 이상 조정이 이루어질 여지가 없다고 판단되는 경우에는 조정의 종료를 결정하고 이를 관계 당사자 쌍방에 통보하여야 한다.

③제1항의 규정에 의한 조정안이 관계 당사자의 쌍방에 의하여 수락된 후 그 해석 또는 이행방법에 관하여 관계 당사자간에 의견의 불일치가 있는 때에는 관계 당사자는 당해 조정위원회 또는 단독조정인에게 그 해석 또는 이행방법에 관한 명확한 견해의 제시를 요청하여야 한다.

④조정위원회 또는 단독조정인은 제3항의 규정에 의한 요청을 받은 때에는 그 요청을 받은 날부터 7일이내에 명확한 견해를 제시하여야 한다.

⑤제3항 및 제4항의 해석 또는 이행방법에 관한 견해가 제시될 때까지는 관계 당사자는 당해 조정안의 해석 또는 이행에 관하여 쟁의행위를 할 수 없다.

제61조【조정의 효력】 ①제60조제1항의 규정에 의한 조정안이 관계 당사자에 의하여 수락된 때에는 조정위원 전원 또는 단독조정인은 조정서를 작성하고 관계 당사자와 함께 서명 또는 날인하여야 한다.(2006.12.30 개정)

②조정서의 내용은 단체협약과 동일한 효력을 가진다.

③제60조제4항의 규정에 의하여 조정위원회 또는 단독조정인이 제시한 해석 또는 이행방법에 관한 견해는 중재재정과 동일한 효력을 가진다.

제61조의2【조정종료 결정 후의 조정】 ①노동위원회는 제60조제2항의 규정에 따른 조정의 종료가 결정된 후에도 노동쟁의의 해결을 위하여 조정을 할 수 있다.

②제1항의 규정에 따른 조정에 관하여는 제55조 내지 제61조의 규정을 준용한다.

(2006.12.30 본조신설)

제3절 중 재

제62조 【중재의 개시】 노동위원회는 다음 각 호의 어느 하나에 해당하는 때에는 중재를 행한다.(2006.12.30 개정)
1. 관계 당사자의 쌍방이 함께 중재를 신청한 때
2. 관계 당사자의 일방이 단체협약에 의하여 중재를 신청한 때
3. 삭제(2006.12.30)

제63조 【중재시의 쟁의행위의 금지】 노동쟁의가 중재에 회부된 때에는 그 날부터 15일간은 쟁의행위를 할 수 없다.

제64조 【중재위원회의 구성】 ①노동쟁의의 중재 또는 재심을 위하여 노동위원회에 중재위원회를 둔다.
②제1항의 규정에 의한 중재위원회는 중재위원 3인으로 구성한다.
③제2항의 중재위원은 당해 노동위원회의 공익을 대표하는 위원중에서 관계 당사자의 합의로 선정한 자에 대하여 그 노동위원회의 위원장이 지명한다. 다만, 관계 당사자간에 합의가 성립되지 아니한 경우에는 노동위원회의 공익을 대표하는 위원중에서 지명한다.

제65조 【중재위원회의 위원장】 ①중재위원회에 위원장을 둔다.
②위원장은 중재위원중에서 호선한다.

제66조 【주장의 확인 등】 ①중재위원회는 기일을 정하여 관계 당사자 쌍방 또는 일방을 중재위원회에 출석하게 하여 주장의 요점을 확인하여야 한다.
②관계 당사자가 지명한 노동위원회의 사용자를 대표하는 위원 또는 근로자를 대표하는 위원은 중재위원회의 동의를 얻어 그 회의에 출석하여 의견을 진술할 수 있다.

제67조 【출석금지】 중재위원회의 위원장은 관계 당사자와 참고인외의 자의 회의출석을 금할 수 있다.

제68조 【중재재정】 ①중재재정은 서면으로 작성하여 이를 행하며 그 서면에는 효력발생 기일을 명시하여야 한다.
②제1항의 규정에 의한 중재재정의 해석 또는 이행방법에 관하여 관계 당사자간에 의견의 불일치가 있는 때에는 당해 중재위원회의 해석에 따르며 그 해석은 중재재정과 동일한 효력을 가진다.

제69조 【중재재정 등의 확정】 ①관계 당사자는 지방노동위원회 또는

특별노동위원회의 중재재정이 위법이거나 월권에 의한 것이라고 인정하는 경우에는 그 중재재정서의 송달을 받은 날부터 10일이내에 중앙노동위원회에 그 재심을 신청할 수 있다.
②관계 당사자는 중앙노동위원회의 중재재정이나 제1항의 규정에 의한 재심결정이 위법이거나 월권에 의한 것이라고 인정하는 경우에는 행정소송법 제20조의 규정에 불구하고 그 중재재정서 또는 재심결정서의 송달을 받은 날부터 15일이내에 행정소송을 제기할 수 있다.
③제1항 및 제2항에 규정된 기간내에 재심을 신청하지 아니하거나 행정소송을 제기하지 아니한 때에는 그 중재재정 또는 재심결정은 확정된다.
④제3항의 규정에 의하여 중재재정이나 재심결정이 확정된 때에는 관계 당사자는 이에 따라야 한다.

제70조 【중재재정 등의 효력】 ①제68조제1항의 규정에 따른 중재재정의 내용은 단체협약과 동일한 효력을 가진다.
②노동위원회의 중재재정 또는 재심결정은 제69조제1항 및 제2항의 규정에 따른 중앙노동위원회에의 재심신청 또는 행정소송의 제기에 의하여 그 효력이 정지되지 아니한다.
(2006.12.30 본조개정)

제 4 절　공익사업 등의 조정에 관한 특칙

제71조 【공익사업의 범위 등】 ①이 법에서 "공익사업"이라 함은 공중의 일상생활과 밀접한 관련이 있거나 국민경제에 미치는 영향이 큰 사업으로서 다음 각호의 사업을 말한다.
1. 정기노선 여객운수사업 및 항공운수사업(2006.12.30 개정)
2. 수도사업, 전기사업, 가스사업, 석유정제사업 및 석유공급사업(2006.12.30 개정)
3. 공중위생사업, 의료사업 및 혈액공급사업(2006.12.30 개정)
4. 은행 및 조폐사업
5. 방송 및 통신사업

②이 법에서 "필수공익사업"이라 함은 제1항의 공익사업으로서 그 업무의 정지 또는 폐지가 공중의 일상생활을 현저히 위태롭게 하거나 국민경제를 현저히 저해하고 그 업무의 대체가 용이하지 아니한 다음 각호의 사업을

말한다.
1. 철도사업, 도시철도사업 및 항공운수사업(2006.12.30 개정)
2. 수도사업, 전기사업, 가스사업, 석유정제사업 및 석유공급사업(2006.12.30 개정)
3. 병원사업 및 혈액공급사업(2006.12.30 개정)
4. 한국은행사업(2006.12.30 개정)
5. 통신사업

제72조【특별조정위원회의 구성】①공익사업의 노동쟁의의 조정을 위하여 노동위원회에 특별조정위원회를 둔다.
②제1항의 규정에 의한 특별조정위원회는 특별조정위원 3인으로 구성한다.
③제2항의 규정에 의한 특별조정위원은 그 노동위원회의 공익을 대표하는 위원중에서 노동조합과 사용자가 순차적으로 배제하고 남은 4인 내지 6인중에서 노동위원회의 위원장이 지명한다. 다만, 관계 당사자가 합의로 당해 노동위원회의 위원이 아닌 자를 추천하는 경우에는 그 추천된 자를 지명한다.(2006.12.30 개정)

제73조【특별조정위원회의 위원장】①특별조정위원회에 위원장을 둔다.
②위원장은 공익을 대표하는 노동위원회의 위원인 특별조정위원중에서 호선하고, 당해 노동위원회의 위원이 아닌 자만으로 구성된 경우에는 그 중에서 호선한다. 다만 공익을 대표하는 위원인 특별조정위원이 1인인 경우에는 당해 위원이 위원장이 된다.

제74조【중재회부의 권고】 삭제(2006.12.30)

제75조【중재회부의 결정】 삭제(2006.12.30)

제5절 긴급조정

제76조【긴급조정의 결정】①고용노동부장관은 쟁의행위가 공익사업에 관한 것이거나 그 규모가 크거나 그 성질이 특별한 것으로서 현저히 국민경제를 해하거나 국민의 일상생활을 위태롭게 할 위험이 현존하는 때에는 긴급조정의 결정을 할 수 있다.(2010.6.4 개정)
②고용노동부장관은 긴급조정의 결정을 하고자 할 때에는 미리 중앙노동위원회 위원장의 의견을 들어야 한다.(2010.6.4 개정)

③고용노동부장관은 제1항 및 제2항의 규정에 의하여 긴급조정을 결정한 때에는 지체없이 그 이유를 붙여 이를 공표함과 동시에 중앙노동위원회와 관계 당사자에게 각각 통고하여야 한다.(2010.6.4 개정)

제77조【긴급조정시의 쟁의행위 중지】 관계 당사자는 제76조제3항의 규정에 의한 긴급조정의 결정이 공표된 때에는 즉시 쟁의행위를 중지하여야 하며, 공표일부터 30일이 경과하지 아니하면 쟁의행위를 재개할 수 없다.

제78조【중앙노동위원회의 조정】 중앙노동위원회는 제76조제3항의 규정에 의한 통고를 받은 때에는 지체없이 조정을 개시하여야 한다.

제79조【중앙노동위원회의 중재회부 결정권】 ①중앙노동위원회의 위원장은 제78조의 규정에 의한 조정이 성립될 가망이 없다고 인정한 경우에는 공익위원의 의견을 들어 그 사건을 중재에 회부할 것인가의 여부를 결정하여야 한다.

②제1항의 규정에 의한 결정은 제76조제3항의 규정에 의한 통고를 받은 날부터 15일이내에 하여야 한다.

제80조【중앙노동위원회의 중재】 중앙노동위원회는 당해 관계 당사자의 일방 또는 쌍방으로부터 중재신청이 있거나 제79조의 규정에 의한 중재회부의 결정을 한 때에는 지체없이 중재를 행하여야 한다.

제6장 부당노동행위

제81조【부당노동행위】 ①사용자는 다음 각 호의 어느 하나에 해당하는 행위(이하 "부당노동행위"라 한다)를 할 수 없다.(2020.6.9 개정)

1. 근로자가 노동조합에 가입 또는 가입하려고 하였거나 노동조합을 조직하려고 하였거나 기타 노동조합의 업무를 위한 정당한 행위를 한 것을 이유로 그 근로자를 해고하거나 그 근로자에게 불이익을 주는 행위
2. 근로자가 어느 노동조합에 가입하지 아니할 것 또는 탈퇴할 것을 고용조건으로 하거나 특정한 노동조합의 조합원이 될 것을 고용조건으로 하는 행위. 다만, 노동조합이 당해 사업장에 종사하는 근로자의 3분의 2이상을 대표하고 있을 때에는 근로자가 그 노동조합의 조합원이 될 것을 고용조건으로 하는 단체협약의 체결은 예외로 하며, 이 경우 사용자는 근로자가 그 노동조합에서 제명된 것 또는 그 노동조합을 탈퇴하여 새

로 노동조합을 조직하거나 다른 노동조합에 가입한 것을 이유로 근로자에게 신분상 불이익한 행위를 할 수 없다.(2006.12.30 개정)

3. 노동조합의 대표자 또는 노동조합으로부터 위임을 받은 자와의 단체협약체결 기타의 단체교섭을 정당한 이유없이 거부하거나 해태하는 행위
4. 근로자가 노동조합을 조직 또는 운영하는 것을 지배하거나 이에 개입하는 행위와 근로시간 면제한도를 초과하여 급여를 지급하거나 노동조합의 운영비를 원조하는 행위. 다만, 근로자가 근로시간 중에 제24조제2항에 따른 활동을 하는 것을 사용자가 허용함은 무방하며, 또한 근로자의 후생자금 또는 경제상의 불행 그 밖에 재해의 방지와 구제 등을 위한 기금의 기부와 최소한의 규모의 노동조합사무소의 제공 및 그 밖에 이에 준하여 노동조합의 자주적인 운영 또는 활동을 침해할 위험이 없는 범위에서의 운영비 원조행위는 예외로 한다.(2021.1.5 개정)
5. 근로자가 정당한 단체행위에 참가한 것을 이유로 하거나 또는 노동위원회에 대하여 사용자가 이 조의 규정에 위반한 것을 신고하거나 그에 관한 증언을 하거나 기타 행정관청에 증거를 제출한 것을 이유로 그 근로자를 해고하거나 그 근로자에게 불이익을 주는 행위

②제1항제4호단서에 따른 "노동조합의 자주적 운영 또는 활동을 침해할 위험" 여부를 판단할 때에는 다음 각 호의 사항을 고려하여야 한다.(2020.6.9 신설)

1. 운영비 원조의 목적과 경위
2. 원조된 운영비 횟수와 기간
3. 원조된 운영비 금액과 원조방법
4. 원조된 운영비가 노동조합의 총수입에서 차지하는 비율
5. 원조된 운영비의 관리방법 및 사용처 등

제82조 【구제신청】 ①사용자의 부당노동행위로 인하여 그 권리를 침해당한 근로자 또는 노동조합은 노동위원회에 그 구제를 신청할 수 있다.

②제1항의 규정에 의한 구제의 신청은 부당노동행위가 있은 날(계속하는 행위는 그 종료일)부터 3월이내에 이를 행하여야 한다.

제83조 【조사 등】 ①노동위원회는 제82조의 규정에 의한 구제신청을 받은 때에는 지체없이 필요한 조사와 관계 당사자의 심문을 하여야 한다.

②노동위원회는 제1항의 규정에 의한 심문을 할 때에는 관계 당사자의 신청에 의하거나 그 직권으로 증인을 출석하게 하여 필요한 사항을 질문할 수 있다.

③노동위원회는 제1항의 규정에 의한 심문을 함에 있어서는 관계 당사자에 대하여 증거의 제출과 증인에 대한 반대심문을 할 수 있는 충분한 기회를 주어야 한다.
④제1항의 규정에 의한 노동위원회의 조사와 심문에 관한 절차는 중앙노동위원회가 따로 정하는 바에 의한다.

제84조【구제명령】 ①노동위원회는 제83조의 규정에 의한 심문을 종료하고 부당노동행위가 성립한다고 판정한 때에는 사용자에게 구제명령을 발하여야 하며, 부당노동행위가 성립되지 아니한다고 판정한 때에는 그 구제신청을 기각하는 결정을 하여야 한다.
②제1항의 규정에 의한 판정 · 명령 및 결정은 서면으로 하되, 이를 당해 사용자와 신청인에게 각각 교부하여야 한다.
③관계 당사자는 제1항의 규정에 의한 명령이 있을 때에는 이에 따라야 한다.

제85조【구제명령의 확정】 ①지방노동위원회 또는 특별노동위원회의 구제명령 또는 기각결정에 불복이 있는 관계 당사자는 그 명령서 또는 결정서의 송달을 받은 날부터 10일이내에 중앙노동위원회에 그 재심을 신청할 수 있다.
②제1항의 규정에 의한 중앙노동위원회의 재심판정에 대하여 관계 당사자는 그 재심판정서의 송달을 받은 날부터 15일이내에 행정소송법이 정하는 바에 의하여 소를 제기할 수 있다.
③제1항 및 제2항에 규정된 기간내에 재심을 신청하지 아니하거나 행정소송을 제기하지 아니한 때에는 그 구제명령 · 기각결정 또는 재심판정은 확정된다.
④제3항의 규정에 의하여 기각결정 또는 재심판정이 확정된 때에는 관계 당사자는 이에 따라야 한다.
⑤사용자가 제2항의 규정에 의하여 행정소송을 제기한 경우에 관할법원은 중앙노동위원회의 신청에 의하여 결정으로써, 판결이 확정될 때까지 중앙노동위원회의 구제명령의 전부 또는 일부를 이행하도록 명할 수 있으며, 당사자의 신청에 의하여 또는 직권으로 그 결정을 취소할 수 있다.

제86조【구제명령 등의 효력】 노동위원회의 구제명령 · 기각결정 또는 재심판정은 제85조의 규정에 의한 중앙노동위원회에의 재심신청이나 행정소송의 제기에 의하여 그 효력이 정지되지 아니한다.

제7장 보 칙

제87조 【권한의 위임】 이 법에 의한 고용노동부장관의 권한은 대통령령이 정하는 바에 따라 그 일부를 지방고용노동관서의 장에게 위임할 수 있다.(2010.6.4 개정)

제8장 벌 칙

제88조 【벌 칙】 제41조제2항의 규정에 위반한 자는 5년이하의 징역 또는 5천만원이하의 벌금에 처한다.

제89조 【벌 칙】 다음 각 호의 어느 하나에 해당하는 자는 3년이하의 징역 또는 3천만원이하의 벌금에 처한다.(2006.12.30 개정)

1. 제37조제2항, 제38조제1항, 제42조제1항 또는 제42조의2제2항의 규정에 위반한 자(2006.12.30 개정)
2. 제85조제3항(제29조의4제4항에서 준용하는 경우를 포함한다)에 따라 확정되거나 행정소송을 제기하여 확정된 구제명령에 위반한 자(2010.1.1 개정)

제90조 【벌 칙】 제44조제2항, 제69조제4항, 제77조 또는 제81조제1항의 규정에 위반한 자는 2년이하의 징역 또는 2천만원이하의 벌금에 처한다.(2021.1.5 개정)

제91조 【벌 칙】 제38조제2항, 제41조제1항, 제42조제2항, 제43조제1항·제2항·제4항, 제45조제2항 본문, 제46조제1항 또는 제63조의 규정을 위반한 자는 1년 이하의 징역 또는 1천만원 이하의 벌금에 처한다.
(2006.12.30 본조개정)

제92조 【벌 칙】 다음 각호의 1에 해당하는 자는 1천만원이하의 벌금에 처한다.

1. 삭제(2021.1.5)
2. 제31조제1항의 규정에 의하여 체결된 단체협약의 내용중 다음 각목의 1에 해당하는 사항을 위반한 자(2010.1.1 개정)
   가. 임금·복리후생비, 퇴직금에 관한 사항
   나. 근로 및 휴게시간, 휴일, 휴가에 관한 사항
   다. 징계 및 해고의 사유와 중요한 절차에 관한 사항

라. 안전보건 및 재해부조에 관한 사항
마. 시설 · 편의제공 및 근무시간중 회의참석에 관한 사항
바. 쟁의행위에 관한 사항

3. 제61조제1항의 규정에 의한 조정서의 내용 또는 제68조제1항의 규정에 의한 중재재정서의 내용을 준수하지 아니한 자(2010.1.1 개정)

제93조 【벌 칙】 다음 각호의 1에 해당하는 자는 500만원이하의 벌금에 처한다.

1. 제7조제3항의 규정에 위반한 자
2. 제21조제1항 · 제2항 또는 제31조제3항의 규정에 의한 명령에 위반한 자

제94조 【양벌규정】 법인 또는 단체의 대표자, 법인 · 단체 또는 개인의 대리인 · 사용인 기타의 종업원이 그 법인 · 단체 또는 개인의 업무에 관하여 제88조 내지 제93조의 위반행위를 한 때에는 행위자를 벌하는 외에 그 법인 · 단체 또는 개인에 대하여도 각 해당 조의 벌금형을 과한다. 다만, 법인 · 단체 또는 개인이 그 위반행위를 방지하기 위하여 해당 업무에 관하여 상당한 주의와 감독을 게을리하지 아니한 경우에는 그러하지 아니하다.(2020.6.9 개정)

제95조 【과태료】 제85조제5항의 규정에 의한 법원의 명령에 위반한 자는 500만원이하의 금액(당해 명령이 작위를 명하는 것일 때에는 그 명령의 불이행 일수 1일에 50만원이하의 비율로 산정한 금액)의 과태료에 처한다.

제96조 【과태료】 ①다음 각호의 1에 해당하는 자는 500만원이하의 과태료에 처한다.

1. 제14조의 규정에 의한 서류를 비치 또는 보존하지 아니한 자
2. 제27조의 규정에 의한 보고를 하지 아니하거나 허위의 보고를 한 자
3. 제46조제2항의 규정에 의한 신고를 하지 아니한 자

②제13조, 제28조제2항 또는 제31조제2항의 규정에 의한 신고 또는 통보를 하지 아니한 자는 300만원이하의 과태료에 처한다.

③제1항 및 제2항의 규정에 의한 과태료는 대통령령이 정하는 바에 의하여 행정관청이 부과 · 징수한다.(98.2.20 개정)

④삭제(2018.10.16)

⑤삭제(2018.10.16)

⑥삭제(2018.10.16)

부 칙 (97. 3.13)

제 1 조【시행일】 이 법은 공포한 날부터 시행한다.

제 2 조【적용시한】 제71조제2항의 규정중 제1호의 시내버스 운송사업에 관한 규정 및 제4호의 은행사업(한국은행법에 의한 한국은행은 제외한다)에 관한 규정은 2000년 12월 31일까지 적용한다.

제 3 조【노동조합에 관한 경과조치】 이 법 시행당시 종전의 규정에 의하여 설립신고증을 교부받은 노동조합은 이 법에 의하여 설립된 노동조합으로 본다.

제 4 조【해고자에 관한 경과조치】 이 법 시행당시 해고의 효력을 다투고 있는 자는 제2조제4호라목 단서의 규정에 불구하고 근로자가 아닌 자로 해석하여서는 아니된다.

제 5 조【노동조합 설립에 관한 경과조치】 삭제(2010.1.1)

제 6 조【노동조합 전임자에 관한 적용의 특례】 ①삭제(2010.1.1)

②노동조합과 사용자는 전임자에 대한 급여지원 규모를 노사협의에 의하여 점진적으로 축소하도록 노력하되, 이 경우 그 재원을 노동조합의 재정자립에 사용하도록 한다.(2001.3.28 개정)

제 7 조【단체협약의 효력에 관한 경과조치】 이 법 시행당시 종전의 규정에 의하여 체결한 단체협약은 이 법에 의하여 행한 것으로 본다.

제 8 조【노동쟁의의 조정에 관한 경과조치】 ①이 법 시행당시 종전의 규정에 의하여 신청한 사적조정 · 중재는 이 법에 의한 사적조정 · 중재를 신청한 것으로 본다.

②이 법 시행당시 종전의 규정에 의하여 노동위원회에 신청한 조정 · 중재는 이 법에 의한 조정 · 중재를 신청한 것으로 본다. 이 경우 조정기간을 산정함에 있어서는 제54조의 규정에도 불구하고 종전의 규정에 의한다.

③이 법 시행당시 종전의 규정에 의하여 조정이 종료된 노동쟁의는 제45조의 규정을 적용함에 있어서 조정을 거친 것으로 본다.

제 9 조【노동조합업무 등에 관한 경과조치】 ①이 법 시행당시 종전의 규정에 의하여 근로자, 노동조합 또는 사용자가 노동부장관, 행정관청 또는 노동위원회에 행한 신고, 신청, 요구 등은 각각 이 법에 의하여 행한 것으로 본다.

②이 법 시행당시 종전의 규정에 의하여 노동부장관 또는 행정관청이 노동위원회에 행한 요청 등은 각각 이 법에 의하여 행한 것으로 본다.

③이 법 시행당시 종전의 규정에 의하여 노동부장관 또는 행정관청이 행한 명령, 지명, 결정 등은 각각 이 법에 의하여 행한 것으로 본다.

제10조 【벌칙에 관한 경과조치】 이 법 시행전의 행위에 대한 벌칙의 적용에 있어서는 종전의 규정에 의한다.

제11조 【다른 법률과의 관계】 이 법 시행당시 다른 법령에서 종전의 노동조합및노동관계조정법 또는 그 규정을 인용한 것은 이 법중 그에 해당하는 규정이 있는 경우에는 이 법 또는 이 법의 해당 조항을 인용한 것으로 본다.

부 칙 (98. 2.20)

제1조 【시행일】 이 법은 1998년 5월 1일부터 시행한다.

제2조 【일방해지에 관한 경과조치】 이 법 시행당시 종전의 제32조제3항의 규정에 의하여 단체협약을 일방해지한 경우에는 종전의 규정에 의한다.

제3조 【권한변경에 따른 경과조치】 ①이 법 시행당시 종전의 규정에 의하여 노동부장관이 행한 신고증의 교부 · 명령 기타의 행위(연합단체인 노동조합과 2이상의 특별시 · 광역시 · 도에 걸치는 단위노동조합 외의 노동조합에 관한 사항에 한한다)는 이 법에 의한 특별시장 · 광역시장 · 도지사가 행한 행위로 본다.

②이 법 시행당시 종전의 규정에 의하여 노동부장관에 대하여 행한 신고 · 신청 기타의 행위(연합단체인 노동조합과 2이상의 특별시 · 광역시 · 도에 걸치는 단위노동조합 외의 노동조합에 관한 사항에 한한다)는 이 법에 의한 특별시장 · 광역시장 · 도지사에 대하여 행한 행위로 본다.

부 칙 (2001. 3.28)

①**【시행일】** 이 법은 공포한 날부터 시행한다. 다만, 제13조의 개정규정은 공포후 6월이 경과한 날부터 시행한다.

②**【다른 법률의 개정】** 법률 제5727호 교원의노동조합설립및운영등에관한법률 부칙 제2항중 "2001년"을 "2006년"으로 한다.

부 칙 (2006.12.30)

제1조 【시행일】 이 법은 2007년 7월 1일부터 시행한다. 다만, 제42조

의2 내지 제42조의6, 제43조제3항·제4항, 제62조제3호, 제71조, 제74조, 제75조, 제89조제1호(필수유지업무에 대한 쟁의행위의 제한에 관한 부분에 한한다)의 개정규정은 2008년 1월 1일부터, 제81조제2호의 개정규정은 2011년 7월 1일부터, 法律 第5310號 勞動組合및勞動關係調整法 附則(法律 第6456號 勞動組合및勞動關係調整法中改正法律에 따라 개정된 내용을 포함한다) 제5조제1항·제3항 및 제6조제1항의 개정규정은 2007년 1월 1일부터 시행한다.(2010.1.1 개정)

제 2 조【필수유지업무 도입을 위한 준비행위】 노동관계 당사자 또는 노동위원회는 필수유지업무의 도입을 위하여 필요한 다음 각 호의 사항에 대하여는 이 법 시행 전에 할 수 있다.

1. 필수유지업무협정의 체결
2. 제42조의4제2항의 결정

제 3 조【권한변경에 따른 경과조치】 ①이 법 시행 당시 종전의 규정에 따라 특별시장·광역시장·도지사가 행한 신고증의 교부, 명령 그 밖의 행위(2 이상의 시·군·구에 걸치는 단위노동조합 외의 노동조합에 관한 사항에 한한다)는 이 법에 따른 특별자치도지사·시장·군수·구청장이 행한 행위로 본다.

②이 법 시행 당시 종전의 규정에 따라 특별시장·광역시장·도지사에 대하여 행한 신고·신청 그 밖의 행위(2 이상의 시·군·구에 걸치는 단위노동조합 외의 노동조합에 관한 사항에 한한다)는 이 법에 따른 특별자치도지사·시장·군수·구청장에 대하여 행한 행위로 본다.

제 4 조【필수공익사업의 조정사건에 관한 경과조치】 부칙 제1조 단서의 규정에 따른 제62조제3호, 제71조, 제74조 및 제75조의 개정규정의 시행 전에 노동위원회에 신청한 필수공익사업에 대한 조정사건에 대하여는 종전의 규정에 따른다.

제 5 조【벌칙에 관한 경과조치】 이 법 시행 전에 행한 행위에 대한 벌칙의 적용에 있어서는 종전의 규정에 따른다. 다만, 제42조제3항의 규정에 따른 명령에 위반한 행위에 대한 벌칙의 적용에 관하여는 그러하지 아니하다.

부　칙 (2008. 3.28)

이 법은 공포한 날부터 시행한다.

부 칙 (2010. 1. 1)

제1조【시행일】 이 법은 2010년 1월 1일부터 시행한다. 다만, 제24조제3항·제4항·제5항, 제81조제4호, 제92조의 개정규정은 2010년 7월 1일부터, 제29조제2항·제3항·제4항, 제29조의2부터 제29조의5까지, 제41조제1항 후단, 제42조의6, 제89조제2호의 개정규정은 2011년 7월 1일부터 시행한다.

제2조【최초로 시행되는 근로시간 면제 한도의 결정에 관한 경과조치】 ①근로시간면제심의위원회는 이 법 시행 후 최초로 시행될 근로시간 면제 한도를 2010년 4월 30일까지 심의·의결하여야 한다.
②근로시간면제심의위원회가 제1항에 따른 기한까지 심의·의결을 하지 못한 때에는 제24조의2제5항에도 불구하고 국회의 의견을 들어 공익위원만으로 심의·의결할 수 있다.

제3조【단체협약에 관한 경과조치】 이 법 시행일 당시 유효한 단체협약은 이 법에 따라 체결된 것으로 본다. 다만, 이 법 시행에 따라 그 전부 또는 일부 내용이 제24조를 위반하는 경우에는 이 법 시행에도 불구하고 해당 단체협약의 체결 당시 유효기간까지는 효력이 있는 것으로 본다.

제4조【교섭 중인 노동조합에 관한 경과조치】 이 법 시행일 당시 단체교섭 중인 노동조합은 이 법에 따른 교섭대표노동조합으로 본다.

제5조【필수유지업무협정 또는 노동위원회의 필수유지업무 유지·운영 수준 등의 결정에 관한 경과조치】 이 법 시행일 당시 유효한 필수유지업무협정 또는 노동위원회의 필수유지업무 유지·운영 수준 등의 결정은 이 법에 따라 체결된 것으로 본다.

제6조【하나의 사업 또는 사업장에 2개 이상의 노동조합이 있는 경우의 경과조치】 2009년 12월 31일 현재 하나의 사업 또는 사업장에 조직형태를 불문하고 근로자가 설립하거나 가입한 노동조합이 2개 이상 있는 경우에 해당 사업 또는 사업장에 대하여는 제29조제2항·제3항·제4항, 제29조의2부터 제29조의5까지, 제41조제1항 후단, 제89조제2호의 개정규정은 2012년 7월 1일부터 적용한다.

제7조【노동조합 설립에 관한 경과조치】 ①하나의 사업 또는 사업장에 노동조합이 조직되어 있는 경우에는 제5조에도 불구하고 2011년 6월 30일까지는 그 노동조합과 조직대상을 같이 하는 새로운 노동조합을 설립할 수 없다.

②행정관청은 설립하고자 하는 노동조합이 제1항을 위반한 경우에는 그 설립신고서를 반려하여야 한다.

제 8 조 【노동조합 전임자에 관한 적용 특례】 제24조제2항 및 제81조제4호(노동조합의 전임자에 대한 급여지원에 관한 규정에 한한다)는 2010년 6월 30일까지 적용하지 아니한다.

부　칙 (2014. 5.20)

이 법은 공포한 날부터 시행한다.

부　칙 (2018.10.16)

이 법은 공포한 날부터 시행한다.

부　칙 (2020. 6. 9)

이 법은 공포한 날부터 시행한다.

부　칙 (2021. 1. 5)

제 1 조 【시행일】 이 법은 공포 후 6개월이 경과한 날부터 시행한다.

제 2 조 【단체협약의 유효기간에 관한 경과조치】 이 법 시행 전에 체결한 단체협약의 유효기간에 대해서는 제32조제1항 및 제2항의 개정규정에도 불구하고 종전의 규정에 따른다.

제 3 조 【근로시간면제심의위원회 이관에 관한 준비행위】 ①경제사회노동위원회는 제24조의2에 따른 근로시간면제심의위원회 구성을 위한 위원 위촉 등 필요한 절차를 이 법 시행 전에 진행할 수 있다.

②경제사회노동위원회는 이 법 시행 즉시 근로시간면제심의위원회가 조합원 수, 조합원의 지역별 분포, 건전한 노사관계 발전을 위한 연합단체에서의 활동 등 운영실태를 고려하여 근로시간면제한도 심의에 착수한다.

제 4 조 【다른 법률의 개정】 경제사회노동위원회법 일부를 다음과 같이 개정한다.

제1조 중 "협의"를 "심의 · 협의"로 한다.

제11조제1항 중 "대응하기"를 "대응하거나 다른 법률에서 심의하도록 규정된 업무를 수행하기"로 하고, 같은 조 제3항을 제4항으로 하며, 같은 조에 제3항을 다음과 같이 신설하고, 같은 조 제4항(종전의 제3항) 중 "제1항

의"를 "제1항에 따라 긴급한 현안에 대응하기 위하여 두는"으로 한다.
③제1항에 따라 위원회에 다른 법률에서 심의하도록 규정된 업무를 수행하기 위하여 특별위원회를 두는 경우 해당 특별위원회의 구성·운영 등에 관한 사항은 해당 법률의 규정에 따른다.

부　칙 (2025. 9. 9)

제1조【시행일】 이 법은 공포 후 6개월이 경과한 날부터 시행한다.

제2조【손해배상 청구의 제한 등에 관한 적용례】 제3조의 개정규정은 이 법 시행 이후 단체교섭, 쟁의행위, 그 밖의 노동조합의 활동으로 인하여 발생하는 손해부터 적용한다. 다만, 제3조의2의 개정규정은 이 법 시행 전 발생한 손해에 대해서도 적용한다.

노동조합 및 노동관계조정법 시행령

제정 1997. 3.27 대통령령 제15321호
개정 1998. 4.27 대통령령 제15780호
1999. 8. 6 대통령령 제16511호
2007.11.30 대통령령 제20397호
2010. 2.12 대통령령 제22030호
2010. 7.12 대통령령 제22269호
2011. 3.30 대통령령 제22802호
2012. 1. 6 대통령령 제23488호
2014.12. 9 대통령령 제25836호
2019. 7. 2 대통령령 제29950호
2021. 6.29 대통령령 제31851호
2023. 9.26 대통령령 제33758호
2025. 1.21 대통령령 제35228호
2025. 8. 5 대통령령 제35696호

제 1 조【목적】 이 영은 「노동조합 및 노동관계조정법」에서 위임된 사항과 그 시행에 관하여 필요한 사항을 규정함을 목적으로 한다.(2007.11.30 개정)

제 2 조【법인등기】 「노동조합 및 노동관계조정법」(이하 "법"이라 한다) 제6조제2항에 따라 노동조합을 법인으로 하려는 때에는 그 주된 사무소의 소재지를 관할하는 등기소에 등기해야 한다.(2021.6.29 개정)

제 3 조【등기사항】 제2조에 따른 등기사항은 다음 각호와 같다.(2021.6.29 개정)

1. 명 칭
2. 주된 사무소의 소재지

3. 목적 및 사업
4. 대표자의 성명 및 주소
5. 해산사유를 정한 때에는 그 사유

제 4 조【등기신청】 ①제2조에 따른 등기는 그 노동조합의 대표자가 신청한다.(2021.6.29 개정)

②제1항에 따른 등기 신청을 하려는 때에는 등기신청서에 해당 노동조합의 규약과 법 제12조에 따른 신고증의 사본(제10조제3항에 따라 변경신고증을 교부받은 경우에는 그 사본)을 첨부해야 한다.(2021.6.29 개정)

제 5 조【이전등기】 법인인 노동조합이 주된 사무소를 이전한 경우 해당 노동조합의 대표자는 이전 후 3주일 이내에 종전 소재지 또는 새 소재지에서 새 소재지와 이전 연월일을 등기해야 한다.
(2025.1.21 본조개정)

제 6 조【변경등기】 노동조합의 대표자는 제3조 각 호의 등기사항이 변경된 경우(제5조에 따른 이전등기에 해당하는 경우는 제외한다)에는 변경 후 3주일 이내에 주된 사무소의 소재지에서 변경사항을 등기해야 한다.
(2025.1.21 본조개정)

제 7 조【산하조직의 신고】 산하조직 중 근로조건의 결정권이 있는 독립된 사업 또는 사업장에 조직된 노동단체는 지부·분회 등 명칭이 무엇이든 상관없이 법 제10조제1항에 따른 노동조합의 설립신고를 할 수 있다.(2023.9.26 개정)

제 8 조【노동조합의 소속연합단체와의 관계 등】 ①단위노동조합이 산업별 연합단체인 노동조합에 가입하거나, 산업별 연합단체 또는 전국규모의 산업별 단위노동조합이 총연합단체인 노동조합에 가입한 경우에는 해당 노동조합은 소속 산업별 연합단체인 노동조합 또는 총연합단체인 노동조합의 규약이 정하는 의무를 성실하게 이행해야 한다.(2021.6.29 개정)

②총연합단체인 노동조합 또는 산업별 연합단체인 노동조합은 해당 노동조합에 가입한 노동조합의 활동에 대하여 협조·지원 또는 지도할 수 있다.(2021.6.29 개정)

③삭제(2007.11.30)

제 9 조【설립신고서의 보완요구 등】 ①고용노동부장관, 특별시장·광역시장·도지사·특별자치도지사, 시장·군수 또는 자치구의 구청장(이하 "행정관청"이라 한다)은 법 제12조제2항에 따라 노동조합의 설립신고가

다음 각 호의 어느 하나에 해당하는 경우에는 보완을 요구하여야 한다.(2010.7.12 개정)

1. 설립신고서에 규약이 첨부되어 있지 아니하거나 설립신고서 또는 규약의 기재사항중 누락 또는 허위사실이 있는 경우
2. 임원의 선거 또는 규약의 제정절차가 법 제16조제2항부터 제4항까지 또는 법 제23조제1항에 위반되는 경우(2007.11.30 개정)

②노동조합이 설립신고증을 교부받은 후 법 제12조제3항제1호에 해당하는 설립신고서의 반려사유가 발생한 경우에는 행정관청은 30일의 기간을 정하여 시정을 요구할 수 있다.(2021.6.29 개정)

③행정관청은 노동조합에 설립신고증을 교부한 때에는 지체 없이 그 사실을 관할 노동위원회와 해당 사업 또는 사업장의 사용자나 사용자단체에 통보해야 한다.(2021.6.29 개정)

제10조【변경사항의 신고 등】 ①노동조합은 법 제13조제1항에 따라 변경신고를 하는 경우에는 그 변경신고서에 신고증을 첨부해야 한다.(2021.6.29 개정)

②노동조합은 법 제13조제1항제2호에 따라 주된 사무소의 소재지 변경을 신고하는 경우로서 그 주된 사무소의 소재지를 다른 행정관청의 관할구역으로 이전하는 경우에는 새로운 소재지를 관할하는 행정관청에 변경신고를 해야 한다.(2021.6.29 개정)

③행정관청은 제1항에 따라 변경신고서를 받은 때에는 3일 이내에 변경신고증을 교부해야 한다.(2021.6.29 개정)

④노동조합은 행정관청에 법 제13조제2항제3호의 조합원수를 통보할 때 둘 이상의 사업 또는 사업장의 근로자로 구성된 단위노동조합의 경우에는 사업 또는 사업장별로 구분하여 통보해야 한다.(2021.6.29 개정)

제11조【명령 등의 통보】 ①행정관청은 다음 각 호의 경우에는 그 사실을 해당 노동조합의 대표자에게 서면으로 통보해야 한다.(2021.6.29 개정)

1. 법 제18조제3항 또는 제4항에 따라 소집권자를 지명하는 경우(2021.6.29 개정)
2. 법 제21조제1항 또는 제2항에 따라 노동조합의 규약 또는 결의·처분에 대하여 시정명령을 하는 경우(2021.6.29 개정)
3. 법 제31조제3항에 따라 위법한 단체협약에 대하여 시정명령을 하는 경우(2021.6.29 개정)

4. 법 제36조제1항에 따라 지역적 구속력을 결정하는 경우(2021.6.29 개정)
②행정관청은 제1항제3호 및 제4호의 경우에는 해당 사업 또는 사업장의 사용자나 사용자단체에도 그 사실을 통보해야 한다.(2021.6.29 개정)

제11조의2 【근로시간 면제 한도】 법 제24조의2제1항에 따른 근로시간 면제심의위원회(이하 "위원회"라 한다)는 같은 조 제2항에 따른 근로시간 면제 한도를 정할 때 법 제24조제2항에 따라 사업 또는 사업장에 종사하는 근로자(이하 "종사근로자"라 한다)인 조합원 수와 해당 업무의 범위 등을 고려하여 시간과 이를 사용할 수 있는 인원으로 정할 수 있다.(2021.6.29 개정)
(2010.2.12 본조신설)

제11조의3 【위원회 위원의 위촉】 위원회 위원은 「경제사회노동위원회법」에 따른 경제사회노동위원회(이하 "경제사회노동위원회"라 한다) 위원장이 위촉한다.
(2021.6.29 본조개정)

제11조의4 【위원회 위원의 자격기준】 ①법 제24조의2제5항제1호 및 제2호에 따라 단체에서 위원회의 위원으로 추천받을 수 있는 사람의 자격기준은 다음 각 호와 같다.(2021.6.29 개정)
1. 해당 단체의 전직·현직 임원
2. 노동문제 관련 전문가
②법 제24조의2제5항제3호에 따라 공익을 대표하는 위원으로 추천받을 수 있는 사람의 자격기준은 다음 각 호와 같다.(2021.6.29 개정)
1. 노동 관련 학문을 전공한 자로서 「고등교육법」 제2조제1호·제2호·제5호에 따른 학교나 공인된 연구기관에서 같은 법 제14조제2항에 따른 교원 또는 연구원으로 5년 이상 근무한 경력이 있는 사람
2. 3급 또는 3급 상당 이상의 공무원으로 있었던 자로서 노동문제에 관하여 학식과 경험이 풍부한 사람
3. 그 밖에 제1호 및 제2호에 해당하는 학식과 경험이 있다고 인정되는 사람
(2010.2.12 본조신설)

제11조의5 【위원회 위원의 임기】 ①위원회 위원의 임기는 2년으로 한다.
②위원회의 위원이 궐위된 경우에 보궐위원의 임기는 전임자(前任者) 임기의 남은 기간으로 한다.

③위원회의 위원은 임기가 끝났더라도 후임자가 위촉될 때까지 계속하여 그 직무를 수행한다.
(2010.2.12 본조신설)

제11조의6【위원회의 운영】 ①위원회는 경제사회노동위원회 위원장으로부터 근로시간 면제 한도를 정하기 위한 심의 요청을 받은 때에는 그 심의 요청을 받은 날부터 60일 이내에 심의·의결해야 한다.(2021.6.29 개정)
②위원회의 사무를 처리하기 위하여 위원회에 간사 1명을 두며, 간사는 경제사회노동위원회 소속 직원 중에서 경제사회노동위원회 위원장이 지명한다.(2021.6.29 개정)
③위원회의 위원에 대해서는 예산의 범위에서 그 직무 수행을 위하여 필요한 수당과 여비를 지급할 수 있다.
④위원회의 위원장은 필요한 경우에 관계 행정기관 공무원 중 관련 업무를 수행하는 공무원으로 하여금 위원회의 회의에 출석하여 발언하게 할 수 있다.(2021.6.29 개정)
⑤위원회에 근로시간 면제 제도에 관한 전문적인 조사·연구업무를 수행하기 위하여 전문위원을 둘 수 있다.
⑥이 영에서 규정한 사항 외에 위원회의 운영에 필요한 사항은 위원회의 의견을 들어 경제사회노동위원회 위원장이 정한다.(2021.6.29 개정)
(2010.2.12 본조신설)

제11조의7【회계감사원 등】 ①법 제25조에 따른 회계감사원(이하 이 조에서 "회계감사원"이라 한다)은 재무·회계 관련 업무에 종사한 경력이 있거나 전문지식 또는 경험이 풍부한 사람 등으로 한다.
②노동조합의 대표자는 다음 각 호의 어느 하나에 해당하는 경우에는 조합원이 아닌 공인회계사나 「공인회계사법」 제23조에 따른 회계법인(이하 "회계법인"이라 한다)으로 하여금 법 제25조에 따른 회계감사를 실시하게 할 수 있다. 이 경우 회계감사원이 회계감사를 한 것으로 본다.
1. 노동조합의 대표자가 노동조합 회계의 투명성 제고를 위하여 필요하다고 인정하는 경우
2. 조합원 3분의 1 이상의 요구가 있는 경우
3. 연합단체인 노동조합의 경우에는 그 구성노동단체의 3분의 1 이상의 요구가 있는 경우

4. 대의원 3분의 1 이상의 요구가 있는 경우
(2023.9.26 본조신설)

제11조의8【결산결과 및 운영상황의 공표 시기 등】 노동조합의 대표자는 특별한 사정이 없으면 법 제26조에 따른 결산결과와 운영상황을 매 회계연도 종료 후 2개월(제11조의7제2항에 따라 공인회계사나 회계법인이 회계감사를 실시한 경우에는 3개월로 한다) 이내에 조합원이 그 내용을 쉽게 확인할 수 있도록 해당 노동조합의 게시판에 공고하거나 인터넷 홈페이지에 게시하는 등의 방법으로 공표해야 한다.
(2023.9.26 본조신설)

제11조의9【공시시스템을 통한 결산결과의 공표】 ①고용노동부장관은 노동조합의 대표자가 그 결산결과를 공표할 수 있도록 노동조합 회계 공시시스템(이하 "공시시스템"이라 한다)을 구축·운영할 수 있다.
②노동조합의 대표자는 제11조의8에도 불구하고 고용노동부령으로 정하는 서식에 따라 매년 4월 30일까지 공시시스템에 직전 연도의 결산결과를 공표할 수 있다. 이 경우 제11조의8에 따라 결산결과를 공표한 것으로 본다.
③노동조합의 산하조직(노동조합인 경우는 제외한다)의 대표자는 필요한 경우에는 고용노동부령으로 정하는 서식에 따라 매년 4월 30일까지 공시시스템에 직전 연도의 결산결과를 공표할 수 있다.
④제2항 및 제3항에도 불구하고 노동조합 등의 합병·분할 또는 해산 등 부득이한 사유가 있는 경우에는 9월 30일까지 직전 연도의 결산결과를 공표할 수 있다.
⑤제2항 및 제3항에도 불구하고 회계연도 종료일이 12월 31일이 아닌 경우에는 9월 30일까지 직전 연도에 종료한 회계연도의 결산결과를 공표할 수 있다.
(2023.9.26 본조신설)

제12조【자료제출의 요구】 행정관청은 법 제27조에 따라 노동조합으로부터 결산결과 또는 운영상황의 보고를 받으려는 경우에는 그 사유와 그 밖에 필요한 사항을 적은 서면으로 10일 이전에 요구해야 한다.(2021.6.29 개정)

제13조【노동위원회의 해산의결 등】 ①법 제28조제1항제4호에서 "노동조합으로서의 활동을 1년 이상 하지 아니한 것으로 인정되는 경우"란

계속하여 1년 이상 조합원으로부터 조합비를 징수한 사실이 없거나 총회 또는 대의원회를 개최한 사실이 없는 경우를 말한다.(2021.6.29 개정)
②법 제28조제1항제4호에 따른 노동조합의 해산사유가 있는 경우에는 행정관청이 관할 노동위원회의 의결을 얻은 때에 해산된 것으로 본다.(2021.6.29 개정)
③노동위원회는 제2항에 따른 의결을 할 때에는 법 제28조제1항제4호에 따른 해산사유 발생일 이후의 해당 노동조합의 활동을 고려해서는 아니 된다.(2021.6.29 개정)
④행정관청은 법 제28조제1항제4호에 따른 노동위원회의 의결이 있거나 같은 조 제2항에 따른 해산신고를 받은 때에는 지체 없이 그 사실을 관할 노동위원회(법 제28조제2항에 따른 해산신고를 받은 경우만 해당한다)와 해당 사업 또는 사업장의 사용자나 사용자단체에 통보해야 한다.(2021.6.29 개정)

노동
조합

제14조【교섭권한 등의 위임통보】 ①노동조합과 사용자 또는 사용자단체(이하 "노동관계당사자"라 한다)는 법 제29조제3항에 따라 교섭 또는 단체협약의 체결에 관한 권한을 위임하는 경우에는 교섭사항과 권한범위를 정하여 위임하여야 한다.(2010.2.12 개정)
②노동관계당사자는 법 제29조제4항에 따라 상대방에게 위임사실을 통보하는 경우에 다음 각호의 사항을 포함하여 통보하여야 한다.(2010.2.12 개정)
1. 위임을 받은 자의 성명(위임을 받은 자가 단체인 경우에는 그 명칭 및 대표자의 성명)
2. 교섭사항과 권한범위 등 위임의 내용

제14조의2【노동조합의 교섭 요구 시기 및 방법】 ①노동조합은 해당 사업 또는 사업장에 단체협약이 있는 경우에는 법 제29조제1항 또는 제29조의2제1항에 따라 그 유효기간 만료일 이전 3개월이 되는 날부터 사용자에게 교섭을 요구할 수 있다. 다만, 단체협약이 2개 이상 있는 경우에는 먼저 이르는 단체협약의 유효기간 만료일 이전 3개월이 되는 날부터 사용자에게 교섭을 요구할 수 있다.(2019.7.2 개정)
②노동조합은 제1항에 따라 사용자에게 교섭을 요구하는 때에는 노동조합의 명칭, 그 교섭을 요구한 날 현재의 종사근로자인 조합원 수 등 고용노동부령으로 정하는 사항을 적은 서면으로 해야 한다.(2021.6.29 개정)

(2010.2.12 본조신설)

제14조의3【노동조합 교섭요구 사실의 공고】 ①사용자는 노동조합으로부터 제14조의2에 따라 교섭 요구를 받은 때에는 그 요구를 받은 날부터 7일간 그 교섭을 요구한 노동조합의 명칭 등 고용노동부령으로 정하는 사항을 해당 사업 또는 사업장의 게시판 등에 공고하여 다른 노동조합과 근로자가 알 수 있도록 하여야 한다.(2010.7.12 개정)

②노동조합은 사용자가 제1항에 따른 교섭요구 사실의 공고를 하지 아니하거나 다르게 공고하는 경우에는 고용노동부령으로 정하는 바에 따라 노동위원회에 시정을 요청할 수 있다.(2010.7.12 개정)

③노동위원회는 제2항에 따라 시정 요청을 받은 때에는 그 요청을 받은 날부터 10일 이내에 그에 대한 결정을 하여야 한다.

(2010.2.12 본조신설)

제14조의4【다른 노동조합의 교섭 요구 시기 및 방법】 제14조의2에 따라 사용자에게 교섭을 요구한 노동조합이 있는 경우에 사용자와 교섭하려는 다른 노동조합은 제14조의3제1항에 따른 공고기간 내에 제14조의2제2항에 따른 사항을 적은 서면으로 사용자에게 교섭을 요구하여야 한다.

(2010.2.12 본조신설)

제14조의5【교섭 요구 노동조합의 확정】 ①사용자는 제14조의3제1항에 따른 공고기간이 끝난 다음 날에 제14조의2 및 제14조의4에 따라 교섭을 요구한 노동조합을 확정하여 통지하고, 그 교섭을 요구한 노동조합의 명칭, 그 교섭을 요구한 날 현재의 종사근로자인 조합원 수 등 고용노동부령으로 정하는 사항을 5일간 공고해야 한다.(2021.6.29 개정)

②제14조의2 및 제14조의4에 따라 교섭을 요구한 노동조합은 제1항에 따른 노동조합의 공고 내용이 자신이 제출한 내용과 다르게 공고되거나 공고되지 아니한 것으로 판단되는 경우에는 제1항에 따른 공고기간 중에 사용자에게 이의를 신청할 수 있다.

③사용자는 제2항에 따른 이의 신청의 내용이 타당하다고 인정되는 경우 신청한 내용대로 제1항에 따른 공고기간이 끝난 날부터 5일간 공고하고 그 이의를 제기한 노동조합에 통지하여야 한다.

④사용자가 제2항에 따른 이의 신청에 대하여 다음 각 호의 구분에 따른 조치를 한 경우에는 해당 노동조합은 해당 호에서 정한 날부터 5일 이내에 고용노동부령으로 정하는 바에 따라 노동위원회에 시정을 요청할 수

있다.(2010.7.12 개정)
1. 사용자가 제3항에 따른 공고를 하지 아니한 경우: 제1항에 따른 공고기간이 끝난 다음날
2. 사용자가 해당 노동조합이 신청한 내용과 다르게 제3항에 따른 공고를 한 경우: 제3항에 따른 공고기간이 끝난 날

⑤노동위원회는 제4항에 따른 시정 요청을 받은 때에는 그 요청을 받은 날부터 10일 이내에 그에 대한 결정을 하여야 한다.
(2010.2.12 본조신설)

제14조의6【자율적 교섭대표노동조합의 결정 등】 ①제14조의5에 따라 교섭을 요구한 노동조합으로 확정 또는 결정된 노동조합은 법 제29조의2제3항에 따라 자율적으로 교섭대표노동조합을 정하려는 경우에는 제14조의5에 따라 확정 또는 결정된 날부터 14일이 되는 날을 기한으로 하여 그 교섭대표노동조합의 대표자, 교섭위원 등을 연명으로 서명 또는 날인하여 사용자에게 통지해야 한다.(2021.6.29 개정)

②사용자에게 제1항에 따른 교섭대표노동조합의 통지가 있은 이후에는 그 교섭대표노동조합의 결정 절차에 참여한 노동조합 중 일부 노동조합이 그 이후의 절차에 참여하지 않더라도 법 제29조제2항에 따른 교섭대표노동조합의 지위는 유지된다.
(2010.2.12 본조신설)

제14조의7【과반수 노동조합의 교섭대표노동조합 확정 등】 ①법 제29조의2제3항 및 이 영 제14조의6에 따른 교섭대표노동조합이 결정되지 못한 경우에는 법 제29조의2제3항에 따른 교섭창구 단일화 절차(이하 "교섭창구단일화절차"라 한다)에 참여한 모든 노동조합의 전체 종사근로자인 조합원 과반수로 조직된 노동조합(둘 이상의 노동조합이 위임 또는 연합 등의 방법으로 교섭창구단일화절차에 참여하는 노동조합 전체 종사근로자인 조합원의 과반수가 되는 경우를 포함한다. 이하 "과반수노동조합"이라 한다)은 제14조의6제1항에 따른 기한이 끝난 날부터 5일 이내에 사용자에게 노동조합의 명칭, 대표자 및 과반수노동조합이라는 사실 등을 통지해야 한다.(2021.6.29 개정)

②사용자가 제1항에 따라 과반수노동조합임을 통지받은 때에는 그 통지를 받은 날부터 5일간 그 내용을 공고하여 다른 노동조합과 근로자가 알 수 있도록 해야 한다.(2021.6.29 개정)

③다음 각 호의 사유로 이의를 제기하려는 노동조합은 제2항에 따른 공고기간 내에 고용노동부령으로 정하는 바에 따라 노동위원회에 이의신청을 해야 한다.(2021.6.29 개정)

1. 사용자가 제2항에 따른 공고를 하지 않은 경우
2. 공고된 과반수노동조합에 대하여 그 과반수 여부에 이의가 있는 경우

④노동조합이 제2항에 따른 공고기간 내에 이의신청을 하지 않은 경우에는 같은 항에 따라 공고된 과반수노동조합이 교섭대표노동조합으로 확정된다.(2021.6.29 신설)

⑤노동위원회는 제3항에 따른 이의신청을 받은 때에는 교섭창구단일화절차에 참여한 모든 노동조합과 사용자에게 통지하고, 조합원 명부(종사근로자인 조합원의 서명 또는 날인이 있는 것으로 한정한다) 등 고용노동부령으로 정하는 서류를 제출하게 하거나 출석하게 하는 등의 방법으로 종사근로자인 조합원 수에 대하여 조사 · 확인해야 한다.(2021.6.29 개정)

⑥제5항에 따라 종사근로자인 조합원 수를 확인하는 경우의 기준일은 제14조의5제1항에 따라 교섭을 요구한 노동조합의 명칭 등을 공고한 날로 한다.(2021.6.29 개정)

⑦노동위원회는 제5항에 따라 종사근로자인 조합원 수를 확인하는 경우 둘 이상의 노동조합에 가입한 종사근로자인 조합원에 대해서는 그 종사근로자인 조합원 1명별로 다음 각 호의 구분에 따른 방법으로 종사근로자인 조합원 수를 산정한다.(2021.6.29 개정)

1. 조합비를 납부하는 노동조합이 하나인 경우: 조합비를 납부하는 노동조합의 종사근로자인 조합원 수에 숫자 1을 더할 것
2. 조합비를 납부하는 노동조합이 둘 이상인 경우: 숫자 1을 조합비를 납부하는 노동조합의 수로 나눈 후에 그 산출된 숫자를 그 조합비를 납부하는 노동조합의 종사근로자인 조합원 수에 각각 더할 것
3. 조합비를 납부하는 노동조합이 하나도 없는 경우: 숫자 1을 종사근로자인 조합원이 가입한 노동조합의 수로 나눈 후에 그 산출된 숫자를 그 가입한 노동조합의 종사근로자인 조합원 수에 각각 더할 것

⑧노동위원회는 노동조합 또는 사용자가 제5항에 따른 서류 제출 요구 등 필요한 조사에 따르지 않은 경우에 고용노동부령으로 정하는 기준에 따라 종사근로자인 조합원 수를 계산하여 확인한다.(2021.6.29 개정)

⑨노동위원회는 제5항부터 제8항까지의 규정에 따라 조사 · 확인한 결과

과반수노동조합이 있다고 인정하는 경우에는 그 이의신청을 받은 날부터 10일 이내에 그 과반수노동조합을 교섭대표노동조합으로 결정하여 교섭창구단일화절차에 참여한 모든 노동조합과 사용자에게 통지해야 한다. 다만, 그 기간 이내에 종사근로자인 조합원 수를 확인하기 어려운 경우에는 한 차례에 한정하여 10일의 범위에서 그 기간을 연장할 수 있다.(2021.6.29 개정)

(2010.2.12 본조신설)

제14조의8【자율적 공동교섭대표단 구성 및 통지】 ①법 제29조의2제3항 및 제4항에 따라 교섭대표노동조합이 결정되지 못한 경우에, 같은 조 제5항에 따라 공동교섭대표단에 참여할 수 있는 노동조합은 사용자와 교섭하기 위하여 다음 각 호의 구분에 따른 기간 이내에 공동교섭대표단의 대표자, 교섭위원 등 공동교섭대표단을 구성하여 연명으로 서명 또는 날인하여 사용자에게 통지해야 한다.(2021.6.29 개정)

1. 과반수노동조합이 없어서 제14조의7제1항에 따른 통지 및 같은 조 제2항에 따른 공고가 없는 경우: 제14조의6제1항에 따른 기한이 만료된 날부터 10일간(2021.6.29 개정)
2. 제14조의7제9항에 따라 과반수노동조합이 없다고 노동위원회가 결정하는 경우: 제14조의7제9항에 따른 노동위원회 결정의 통지가 있은 날부터 5일간(2021.6.29 개정)

②사용자에게 제1항에 따른 공동교섭대표단의 통지가 있은 이후에는 그 공동교섭대표단 결정 절차에 참여한 노동조합 중 일부 노동조합이 그 이후의 절차에 참여하지 않더라도 법 제29조제2항에 따른 교섭대표노동조합의 지위는 유지된다.

(2010.2.12 본조신설)

제14조의9【노동위원회 결정에 의한 공동교섭대표단의 구성】 ①법 제29조의2제5항 및 이 영 제14조의8제1항에 따른 공동교섭대표단의 구성에 합의하지 못한 경우에 공동교섭대표단 구성에 참여할 수 있는 노동조합의 일부 또는 전부는 노동위원회에 법 제29조의2제6항에 따라 공동교섭대표단 구성에 관한 결정 신청을 해야 한다.(2021.6.29 개정)

②노동위원회는 제1항에 따른 공동교섭대표단 구성에 관한 결정 신청을 받은 때에는 그 신청을 받은 날부터 10일 이내에 총 10명 이내에서 각 노동조합의 종사근로자인 조합원 수에 따른 비율을 고려하여 노동조합별 공

노동
조합

동교섭대표단에 참여하는 인원 수를 결정하여 그 노동조합과 사용자에게 통지해야 한다. 다만, 그 기간 이내에 결정하기 어려운 경우에는 한 차례에 한정하여 10일의 범위에서 그 기간을 연장할 수 있다.(2021.6.29 개정)

③제2항에 따른 공동교섭대표단 결정은 공동교섭대표단에 참여할 수 있는 모든 노동조합이 제출한 종사근로자인 조합원 수에 따른 비율을 기준으로 한다.(2021.6.29 개정)

④제3항에 따른 종사근로자인 조합원 수 및 비율에 대하여 그 노동조합 중 일부 또는 전부가 이의를 제기하는 경우 종사근로자인 조합원 수의 조사·확인에 관하여는 제14조의7제5항부터 제8항까지의 규정을 준용한다.(2021.6.29 신설)

⑤공동교섭대표단 구성에 참여하는 노동조합은 사용자와 교섭하기 위하여 제2항에 따라 노동위원회가 결정한 인원 수에 해당하는 교섭위원을 각각 선정하여 사용자에게 통지하여야 한다.(2021.6.29 개정)

⑥제5항에 따라 공동교섭대표단을 구성할 때에 그 공동교섭대표단의 대표자는 공동교섭대표단에 참여하는 노동조합이 합의하여 정한다. 다만, 합의되지 않은 경우에는 종사근로자인 조합원 수가 가장 많은 노동조합의 대표자로 한다.(2021.6.29 개정)

(2010.2.12 본조신설)

제14조의10【교섭대표노동조합의 지위 유지기간 등】 ①법 제29조의2제3항부터 제6항까지의 규정에 따라 결정된 교섭대표노동조합은 그 결정이 있은 후 사용자와 체결한 첫 번째 단체협약의 효력이 발생한 날을 기준으로 2년이 되는 날까지 그 교섭대표노동조합의 지위를 유지하되, 새로운 교섭대표노동조합이 결정된 경우에는 그 결정된 때까지 교섭대표노동조합의 지위를 유지한다.(2021.6.29 개정)

②제1항에 따른 교섭대표노동조합의 지위 유지기간이 만료되었음에도 불구하고 새로운 교섭대표노동조합이 결정되지 못할 경우 기존 교섭대표노동조합은 새로운 교섭대표노동조합이 결정될 때까지 기존 단체협약의 이행과 관련해서는 교섭대표노동조합의 지위를 유지한다.

③법 제29조의2에 따라 결정된 교섭대표노동조합이 그 결정된 날부터 1년 동안 단체협약을 체결하지 못한 경우에는 어느 노동조합이든지 사용자에게 교섭을 요구할 수 있다. 이 경우 제14조의2제2항 및 제14조의3부터 제14조의9까지의 규정을 적용한다.

(2010.2.12 본조신설)

제14조의11【교섭단위 결정】 ①노동조합 또는 사용자는 법 제29조의3제2항에 따라 교섭단위를 분리하거나 분리된 교섭단위를 통합하여 교섭하려는 경우에는 다음 각 호에 해당하는 기간에 노동위원회에 교섭단위를 분리하거나 분리된 교섭단위를 통합하는 결정을 신청할 수 있다.(2021.6.29 개정)

1. 제14조의3에 따라 사용자가 교섭요구 사실을 공고하기 전
2. 제14조의3에 따라 사용자가 교섭요구 사실을 공고한 경우에는 법 제29조의2에 따른 교섭대표노동조합이 결정된 날 이후

②제1항에 따른 신청을 받은 노동위원회는 해당 사업 또는 사업장의 모든 노동조합과 사용자에게 그 내용을 통지해야 하며, 그 노동조합과 사용자는 노동위원회가 지정하는 기간까지 의견을 제출할 수 있다.(2021.6.29 개정)
③노동위원회는 제1항에 따른 신청을 받은 날부터 30일 이내에 교섭단위를 분리하거나 분리된 교섭단위를 통합하는 결정을 하고 해당 사업 또는 사업장의 모든 노동조합과 사용자에게 통지해야 한다.(2021.6.29 개정)
④제3항에 따른 통지를 받은 노동조합이 사용자와 교섭하려는 경우 자신이 속한 교섭단위에 단체협약이 있는 때에는 그 단체협약의 유효기간 만료일 이전 3개월이 되는 날부터 제14조의2제2항에 따라 필요한 사항을 적은 서면으로 교섭을 요구할 수 있다.(2021.6.29 개정)
⑤제1항에 따른 신청에 대한 노동위원회의 결정이 있기 전에 제14조의2에 따른 교섭 요구가 있는 때에는 교섭단위를 분리하거나 분리된 교섭단위를 통합하는 결정이 있을 때까지 제14조의3에 따른 교섭요구 사실의 공고 등 교섭창구단일화절차의 진행은 정지된다.(2021.6.29 개정)
⑥제1항부터 제5항까지에서 규정한 사항 외에 교섭단위를 분리하거나 분리된 교섭단위를 통합하는 결정 신청 및 그 신청에 대한 결정 등에 관하여 필요한 사항은 고용노동부령으로 정한다.(2021.6.29 개정)
(2010.2.12 본조신설)

제14조의12【공정대표의무 위반에 대한 시정】 ①노동조합은 법 제29조의2에 따라 결정된 교섭대표노동조합과 사용자가 법 제29조의4제1항을 위반하여 차별한 경우에는 고용노동부령으로 정하는 바에 따라 노동위원회에 공정대표의무 위반에 대한 시정을 신청할 수 있다.(2010.7.12 개정)
②노동위원회는 제1항에 따른 공정대표의무 위반의 시정 신청을 받은 때

에는 지체 없이 필요한 조사와 관계 당사자에 대한 심문(審問)을 하여야 한다.(2019.7.2 개정)
③노동위원회는 제2항에 따른 심문을 할 때에는 관계 당사자의 신청이나 직권으로 증인을 출석하게 하여 필요한 사항을 질문할 수 있다.
④노동위원회는 제2항에 따른 심문을 할 때에는 관계 당사자에게 증거의 제출과 증인에 대한 반대심문을 할 수 있는 충분한 기회를 주어야 한다.
⑤노동위원회는 제1항에 따른 공정대표의무 위반의 시정 신청에 대한 명령이나 결정을 서면으로 하여야 하며, 그 서면을 교섭대표노동조합, 사용자 및 그 시정을 신청한 노동조합에 각각 통지하여야 한다.
⑥노동위원회의 제1항에 따른 공정대표의무 위반의 시정 신청에 대한 조사와 심문에 관한 세부절차는 중앙노동위원회가 따로 정한다.
(2010.2.12 본조신설)

제15조【단체협약의 신고】 법 제31조제2항에 따른 단체협약의 신고는 당사자 쌍방이 연명으로 해야 한다.(2021.6.29 개정)

제16조【단체협약의 해석요청】 법 제34조제1항에 따른 단체협약의 해석 또는 이행방법에 관한 견해제시의 요청은 해당 단체협약의 내용과 당사자의 의견 등을 적은 서면으로 해야 한다.(2021.6.29 개정)

제17조【쟁의행위의 신고】 노동조합은 쟁의행위를 하고자 할 경우에는 고용노동부령이 정하는 바에 따라 행정관청과 관할노동위원회에 쟁의행위의 일시·장소·참가인원 및 그 방법을 미리 서면으로 신고하여야 한다.(2010.7.12 개정)

제18조【폭력행위 등의 신고】 ①사용자는 쟁의행위가 법 제38조제1항·제2항, 제42조제1항 또는 제2항에 위반되는 경우에는 즉시 그 상황을 행정관청과 관할 노동위원회에 신고하여야 한다.(2007.11.30 개정)
②제1항의 규정에 의한 신고는 서면·구두 또는 전화 기타의 적당한 방법으로 하여야 한다.

제19조【지원을 받고자 하는 자의 신고】 삭제(2007.11.30)

제20조【방산물자 생산업무 종사자의 범위】 법 제41조제2항에서 "주로 방산물자를 생산하는 업무에 종사하는 자"라 함은 방산물자의 완성에 필요한 제조·가공·조립·정비·재생·개량·성능검사·열처리·도장·가스취급 등의 업무에 종사하는 자를 말한다.

제21조【점거가 금지되는 시설】 법 제42조제1항에서 "대통령령이 정

하는 시설"이란 다음 각 호의 시설을 말한다.(2021.6.29 개정)
1. 전기 · 전산 또는 통신시설
2. 철도(도시철도를 포함한다)의 차량 또는 선로
3. 건조 · 수리 또는 정박중인 선박. 다만, 「선원법」에 의한 선원이 당해 선박에 승선하는 경우를 제외한다.(2007.11.30 개정)
4. 항공기 · 항행안전시설 또는 항공기의 이 · 착륙이나 여객 · 화물의 운송을 위한 시설(99.8.6 개정)
5. 화약 · 폭약 등 폭발위험이 있는 물질 또는 「화학물질관리법」 제2조제2호 · 제2호의2 · 제2호의3에 따른 인체급성유해성물질 · 인체만성유해성물질 · 생태유해성물질을 보관 · 저장하는 장소(2025.8.5 개정)
6. 기타 점거될 경우 생산 기타 주요업무의 정지 또는 폐지를 가져오거나 공익상 중대한 위해를 초래할 우려가 있는 시설로서 고용노동부장관이 관계중앙행정기관의 장과 협의하여 정하는 시설(2010.7.12 개정)

제22조【중지통보】 행정관청은 법 제42조제3항에 따라 쟁의행위를 중지할 것을 통보하는 경우에는 서면으로 하여야 한다. 다만, 사태가 급박하다고 인정하는 경우에는 구두로 할 수 있다.(2007.11.30 개정)

제22조의2【필수유지업무의 범위】 법 제42조의2제1항에 따른 필수공익사업별 필수유지업무는 별표 1과 같다.
(2007.11.30 본조신설)

제22조의3【필수유지업무 유지 · 운영 수준 등의 결정 신청 등】 ① 노동관계 당사자가 법 제42조의4제1항에 따른 필수유지업무 유지 · 운영 수준, 대상직무 및 필요인원 등의 결정(이하 "필수유지업무 수준 등 결정" 이라 한다)을 신청하면 관할 노동위원회는 지체 없이 그 신청에 대한 결정을 위한 특별조정위원회를 구성하여야 한다.
②노동위원회는 법 제42조의4제2항에 따라 필수유지업무 수준 등 결정을 하면 지체 없이 이를 서면으로 노동관계 당사자에게 통보하여야 한다.
③노동관계 당사자의 쌍방 또는 일방은 제2항에 따른 결정에 대한 해석이나 이행방법에 관하여 노동관계 당사자 간 의견이 일치하지 아니하면 노동관계 당사자의 의견을 첨부하여 서면으로 관할 노동위원회에 해석을 요청할 수 있다.
④제3항에 따른 해석 요청에 대하여 법 제42조의4제4항에 따라 해당 특별조정위원회가 해석을 하면 노동위원회는 지체 없이 이를 서면으로 노동관

계 당사자에게 통보하여야 한다.
⑤제1항에 따른 필수유지업무 수준 등 결정의 신청 절차는 고용노동부령으로 정한다.(2010.7.12 개정)
(2007.11.30 본조신설)

제22조의4【파업참가자 수의 산정방법】 ①법 제43조제4항 후단에 따른 파업참가자 수는 근로의무가 있는 근로시간 중 파업 참가를 이유로 근로의 일부 또는 전부를 제공하지 아니한 자의 수를 1일 단위로 산정한다.
②사용자는 제1항에 따른 파업참가자 수 산정을 위하여 필요한 경우 노동조합에 협조를 요청할 수 있다.
(2007.11.30 본조신설)

제23조【사적 조정·중재의 신고】 ①노동관계당사자는 법 제52조에 따른 사적 조정·중재에 의하여 노동쟁의를 해결하기로 한 경우에는 고용노동부령이 정하는 바에 따라 관할 노동위원회에 신고해야 한다.(2021.6.29 개정)
②제1항에 따른 신고는 법 제5장제2절부터 제4절까지의 규정에 따른 조정 또는 중재가 진행 중인 경우에도 할 수 있다.(2021.6.29 개정)
③노동관계당사자는 법 제52조에 따른 사적 조정·중재에 의하여 노동쟁의가 해결되지 않는 경우에는 법 제5장제2절 또는 제3절에 따라 노동쟁의를 조정 또는 중재하여 줄 것을 고용노동부령으로 정하는 바에 따라 관할 노동위원회에 신청할 수 있다. 이 경우 관할 노동위원회는 지체 없이 법 제5장제2절 또는 제3절에 따른 조정 또는 중재를 개시해야 한다.(2021.6.29 개정)

제24조【노동쟁의의 조정 등의 신청】 ①노동관계당사자는 법 제53조제1항 또는 제62조에 따른 조정 또는 중재를 신청할 경우에는 고용노동부령으로 정하는 바에 따라 관할 노동위원회에 신청하여야 한다.(2010.7.12 개정)
②제1항에 따른 신청을 받은 노동위원회는 그 신청내용이 법 제5장제2절 또는 제3절에 따른 조정 또는 중재의 대상이 아니라고 인정할 경우에는 그 사유와 다른 해결방법을 알려주어야 한다.(2021.6.29 개정)

제25조【조정의 통보】 노동위원회는 법 제53조, 법 제62조, 법 제78조 및 법 제80조의 규정에 의한 조정과 중재를 하게 된 경우에는 지체없이 이를 서면으로 관계당사자에게 각각 통보하여야 한다.

제26조 【조정위원회의 구성】 노동위원회는 법 제53조에 따라 노동쟁의의 조정을 하게 된 경우에는 지체 없이 해당 사건의 조정을 위한 조정위원회 또는 특별조정위원회를 구성해야 한다.(2021.6.29 개정)

제27조 【조정안의 해석요청】 노동관계당사자는 법 제60조제3항에 따른 조정안의 해석 또는 그 이행방법에 관하여 견해의 제시를 요청하는 경우에는 해당 조정안의 내용과 당사자의 의견 등을 적은 서면으로 해야 한다.(2021.6.29 개정)

제28조 【중재위원회의 구성】 노동위원회는 법 제62조에 따라 노동쟁의의 중재를 하게 된 경우에는 지체 없이 해당 사건의 중재를 위한 중재위원회를 구성해야 한다.(2021.6.29 개정)

제29조 【중재재정서의 송달】 ①노동위원회는 법 제68조제1항에 따라 중재를 한 때에는 지체 없이 그 중재재정서를 관계 당사자에게 각각 송달해야 한다.(2021.6.29 개정)

②중앙노동위원회는 법 제69조제1항에 따라 지방노동위원회 또는 특별노동위원회의 중재재정을 재심한 때에는 지체 없이 그 재심결정서를 관계 당사자와 관계 노동위원회에 각각 송달해야 한다.(2021.6.29 개정)

제30조 【중재재정의 해석요청】 ①노동관계당사자는 법 제68조제1항에 따른 중재재정의 해석 또는 이행방법에 관하여 당사자 간에 의견의 불일치가 있는 경우에는 해당 중재위원회에 그 해석 또는 이행방법에 관한 명확한 견해의 제시를 요청할 수 있다.(2021.6.29 개정)

②제1항에 따른 견해제시의 요청은 해당 중재재정의 내용과 당사자의 의견 등을 적은 서면으로 해야 한다.(2021.6.29 개정)

제31조 【수당 등의 지급】 법 제72조제3항 단서에 따라 특별조정위원으로 지명된 자에 대해서는 그 직무의 집행을 위하여 예산의 범위에서 노동위원회의 위원에 준하는 수당과 여비를 지급할 수 있다.(2021.6.29 개정)

제32조 【긴급조정의 공표】 법 제76조제3항에 따른 긴급조정 결정의 공표는 신문·라디오 그 밖에 공중이 신속히 알 수 있는 방법으로 해야 한다.(2021.6.29 개정)

제33조 【권한의 위임 등】 ①고용노동부장관은 법 제87조에 따라 다음 각 호의 사항에 관한 권한을 노동조합의 주된 사무소의 소재지를 관할하는 지방고용노동관서의 장에게 위임한다. 다만, 연합단체인 노동조합과 전국규모의 산업별 단위노동조합에 대한 권한은 제외한다.(2021.6.29 개정)

1. 법 제10조제1항에 따른 노동조합 설립신고서의 수리(2021.6.29 개정)
2. 법 제12조에 따른 신고증의 교부·보완요구 및 반려(2021.6.29 개정)
3. 법 제13조제1항에 따른 변경신고의 수리(2021.6.29 개정)
4. 법 제13조제2항 본문에 따른 통보의 접수(2021.6.29 개정)
5. 법 제18조제3항 및 제4항에 따른 노동위원회의 의결요청 및 임시총회 등의 소집권자 지명(2021.6.29 개정)
6. 법 제21조에 따른 규약 또는 결의·처분의 시정명령(2021.6.29 개정)
7. 법 제27조에 따른 자료제출 요구(2021.6.29 개정)
8. 법 제28조제1항제4호에 따른 노동위원회의 의결요청 및 같은 조 제2항에 따른 해산신고의 수리(2021.6.29 개정)
9. 법 제31조제2항에 따른 단체협약신고의 수리 및 같은 조 제3항에 따른 단체협약의 시정명령(2021.6.29 개정)
10. 법 제36조에 따른 노동위원회의 의결요청 및 단체협약의 지역적 확장 적용 결정 및 공고(2021.6.29 개정)
11. 삭제(2007.11.30)
12. 법 제42조제3항 및 제4항에 따른 노동위원회의 의결요청 및 쟁의행위의 중지통보(2007.11.30 개정)
13. 법 제46조제2항에 따른 직장폐쇄 신고의 수리(2021.6.29 개정)
14. 법 제96조제1항 및 제2항에 따른 과태료의 부과(2021.6.29 개정)
15. 제9조제2항에 따른 시정 요구 및 같은 조 제3항에 따른 통보(2021.6.29 개정)
16. 제10조제2항 및 제3항에 따른 변경신고서의 수리 및 변경신고증의 교부(제10조제2항의 경우에는 노동조합의 주된 사무소의 신소재지를 관할하는 지방고용노동관서의 장을 말한다)(2021.6.29 개정)
17. 제17조에 따른 쟁의행위 신고의 수리(2021.6.29 개정)
18. 제18조에 따른 폭력행위 등 신고의 수리(2021.6.29 개정)

②고용노동부장관은 제1항에도 불구하고 노동조합의 주된 사무소의 소재지를 관할하는 지방고용노동관서에서 처리하기 곤란하거나 업무의 효율적인 운영을 위하여 필요하다고 인정하는 경우에는 지방노동관서를 지정하여 해당 사건을 처리하게 할 수 있다.(2021.6.29 개정)

제33조의2【고유식별정보의 처리】 행정관청 또는 노동위원회는 다음 각 호의 사무를 수행하기 위하여 불가피한 경우 「개인정보 보호법 시행

령」 제19조제1호 또는 제4호에 따른 주민등록번호 또는 외국인등록번호가 포함된 자료를 처리할 수 있다.
1. 법 제10조제1항에 따른 노동조합 설립의 신고에 관한 사무
2. 법 제13조에 따른 설립신고 사항의 변경신고, 노동조합 정기 현황통보 등에 관한 사무
3. 법 제82조제1항에 따른 부당노동행위의 구제에 관한 사무
4. 제9조제2항에 따른 시정 요구에 관한 사무(2021.6.29 개정)
(2012.1.6 본조신설)

제34조【과태료의 부과기준】 법 제96조제1항 및 제2항에 따른 과태료의 부과기준은 별표 2와 같다.
(2011.3.30 본조개정)

부 칙 (97. 3.27)

① **【시행일】** 이 영은 공포한 날부터 시행한다.
② **【다른 법령의 폐지】** 노동조합법시행령 및 노동쟁의조정법시행령은 이를 각각 폐지한다.
③ **【다른 법령과의 관계】** 이 영 시행당시 다른 법령에서 종전의 노동조합법시행령·노동쟁의조정법시행령 또는 그 규정을 인용한 경우 이 영중 그에 해당하는 규정이 있는 경우에는 종전의 규정에 갈음하여 이 영 또는 이 영의 해당 규정을 인용한 것으로 본다.

부 칙 (98. 4.27)

이 영은 1998년 5월 1일부터 시행한다.

부 칙 (99. 8. 6)

제1조【시행일】 이 영은 공포한 날부터 시행한다.(단서 생략)
제2조 및 **제3조** 생략

부 칙 (2007.11.30)

이 영은 2008년 1월 1일부터 시행한다.

부 칙 (2010. 2.12)

제1조【시행일】 이 영은 공포한 날부터 시행한다. 다만, 제14조 및 제14조의2부터 제14조의12까지의 개정규정은 2011년 7월 1일부터 시행한다.

제2조【노사관계선진화 실무지원단 구성 · 운영】 ①노동부장관은 근로시간 면제제도와 교섭창구 단일화 제도의 원활한 시행 등을 위하여 노사관계선진화 실무지원단을 2012년 12월 31일까지 설치 · 운영한다.

②노사관계선진화 실무지원단의 구성 및 운영 등에 필요한 사항은 노동부장관이 정한다.

부 칙 (2011. 3.30)

제1조【시행일】 이 영은 공포한 날부터 시행한다.

제2조【과태료의 부과기준에 관한 경과조치】 ①이 영 시행 전의 위반행위에 대하여 과태료의 부과기준을 적용할 때에는 별표 2의 개정규정에도 불구하고 종전의 규정에 따른다.

②이 영 시행 전의 위반행위로 받은 과태료 부과처분은 별표 2의 개정규정에 따른 위반행위의 횟수 산정에 포함하지 아니한다.

부 칙 (2021. 6.29)

이 영은 2021년 7월 6일부터 시행한다.

부 칙 (2023. 9.26)

제1조【시행일】 이 영은 2024년 1월 1일부터 시행한다. 다만, 제11조의9의 개정규정은 2023년 10월 1일부터 시행한다.

제2조【공시시스템을 통한 공표에 관한 특례】 2022년 회계연도의 결산결과(회계연도의 종료일이 12월 31일이 아닌 경우에는 2022년에 종료한 회계연도의 결산결과를 말한다)는 제11조의9제2항부터 제5항까지의 개정규정에도 불구하고 2023년 11월 30일까지 공표할 수 있다.

공무원의 노동조합 설립 및 운영 등에 관한 법률

제정 2005. 1.27 법률 제7380호
개정 2008. 2.29 법률 제8852호
2010. 3.17 법률 제10133호
2010. 6. 4 법률 제10339호
2011. 5.23 법률 제10699호
2012.12.11 법률 제11530호
2013. 3.23 법률 제11690호
2014. 5.20 법률 제12623호
2014.11.19 법률 제12844호
2020. 5.26 법률 제17326호
2021. 1. 5 법률 제17860호
2022. 6.10 법률 제18922호

제 1 조 【목적】 이 법은 「대한민국헌법」 제33조제2항에 따른 공무원의 노동기본권을 보장하기 위하여 「노동조합 및 노동관계조정법」 제5조제1항 단서에 따라 공무원의 노동조합 설립 및 운영 등에 관한 사항을 정함을 목적으로 한다.(2021.1.5 개정)
(2010.3.17 본조개정)

제 2 조 【정의】 이 법에서 "공무원"이란 「국가공무원법」 제2조 및 「지방공무원법」 제2조에서 규정하고 있는 공무원을 말한다. 다만, 「국가공무원법」 제66조제1항 단서 및 「지방공무원법」 제58조제1항 단서에 따른 사실상 노무에 종사하는 공무원과 「교원의 노동조합 설립 및 운영 등에 관한 법률」의 적용을 받는 교원인 공무원은 제외한다.
(2010.3.17 본조개정)

제 3 조 【노동조합 활동의 보장 및 한계】 ①이 법에 따른 공무원의 노동조합(이하 "노동조합"이라 한다)의 조직, 가입 및 노동조합과 관련된 정당한 활동에 대하여는 「국가공무원법」 제66조제1항 본문 및 「지방공무

원법」 제58조제1항 본문을 적용하지 아니한다.
②공무원은 노동조합 활동을 할 때 다른 법령에서 규정하는 공무원의 의무에 반하는 행위를 하여서는 아니 된다.
(2010.3.17 본조개정)

제4조【정치활동의 금지】 노동조합과 그 조합원은 정치활동을 하여서는 아니 된다.
(2010.3.17 본조개정)

제5조【노동조합의 설립】 ①공무원이 노동조합을 설립하려는 경우에는 국회·법원·헌법재판소·선거관리위원회·행정부·특별시·광역시·특별자치시·도·특별자치도·시·군·구(자치구를 말한다) 및 특별시·광역시·특별자치시·도·특별자치도의 교육청을 최소 단위로 한다.(2014.5.20 개정)
②노동조합을 설립하려는 사람은 고용노동부장관에게 설립신고서를 제출하여야 한다.(2010.6.4 개정)
(2010.3.17 본조개정)

제6조【가입 범위】 ①노동조합에 가입할 수 있는 사람의 범위는 다음 각 호와 같다.(2021.1.5 개정)
1. 일반직공무원(2021.1.5 개정)
2. 특정직공무원 중 외무영사직렬·외교정보기술직렬 외무공무원, 소방공무원 및 교육공무원(다만, 교원은 제외한다)(2021.1.5 개정)
3. 별정직공무원(2021.1.5 신설)
4. 제1호부터 제3호까지의 어느 하나에 해당하는 공무원이었던 사람으로서 노동조합 규약으로 정하는 사람(2021.1.5 개정)
5. 삭제(2011.5.23)

②제1항에도 불구하고 다음 각 호의 어느 하나에 해당하는 공무원은 노동조합에 가입할 수 없다.
1. 업무의 주된 내용이 다른 공무원에 대하여 지휘·감독권을 행사하거나 다른 공무원의 업무를 총괄하는 업무에 종사하는 공무원(2021.1.5 개정)
2. 업무의 주된 내용이 인사·보수 또는 노동관계의 조정·감독 등 노동조합의 조합원 지위를 가지고 수행하기에 적절하지 아니한 업무에 종사하는 공무원(2021.1.5 개정)
3. 교정·수사 등 공공의 안녕과 국가안전보장에 관한 업무에 종사하는 공

무원(2021.1.5 개정)
4. 삭제(2021.1.5)
③삭제(2021.1.5)
④제2항에 따른 공무원의 범위는 대통령령으로 정한다.
(2010.3.17 본조개정)

제7조【노동조합 전임자의 지위】 ①공무원은 임용권자의 동의를 받아 노동조합으로부터 급여를 지급받으면서 노동조합의 업무에만 종사할 수 있다.(2022.6.10 개정)
②제1항에 따른 동의를 받아 노동조합의 업무에만 종사하는 사람[이하 "전임자"(專任者)라 한다]에 대하여는 그 기간 중 「국가공무원법」 제71조 또는 「지방공무원법」 제63조에 따라 휴직명령을 하여야 한다.
③삭제(2022.6.10)
④국가와 지방자치단체는 공무원이 전임자임을 이유로 승급이나 그 밖에 신분과 관련하여 불리한 처우를 하여서는 아니 된다.
(2010.3.17 본조개정)

제7조의2【근무시간 면제자 등】 ①공무원은 단체협약으로 정하거나 제8조제1항의 정부교섭대표(이하 이 조 및 제7조의3에서 "정부교섭대표"라 한다)가 동의하는 경우 제2항 및 제3항에 따라 결정된 근무시간 면제 한도를 초과하지 아니하는 범위에서 보수의 손실 없이 정부교섭대표와의 협의 · 교섭, 고충처리, 안전 · 보건활동 등 이 법 또는 다른 법률에서 정하는 업무와 건전한 노사관계 발전을 위한 노동조합의 유지 · 관리업무를 할 수 있다.
②근무시간 면제 시간 및 사용인원의 한도(이하 "근무시간 면제 한도"라 한다)를 정하기 위하여 공무원근무시간면제심의위원회(이하 이 조에서 "심의위원회"라 한다)를 「경제사회노동위원회법」에 따른 경제사회노동위원회에 둔다.
③심의위원회는 제5조제1항에 따른 노동조합 설립 최소 단위를 기준으로 조합원(제6조제1항제1호부터 제3호까지의 규정에 해당하는 조합원을 말한다)의 수를 고려하되 노동조합의 조직형태, 교섭구조 · 범위 등 공무원 노사관계의 특성을 반영하여 근무시간 면제 한도를 심의 · 의결하고, 3년마다 그 적정성 여부를 재심의하여 의결할 수 있다.
④제1항을 위반하여 근무시간 면제 한도를 초과하는 내용을 정한 단체협

약 또는 정부교섭대표의 동의는 그 부분에 한정하여 무효로 한다. (2022.6.10 본조신설)

제7조의3【근무시간 면제 사용의 정보 공개】 정부교섭대표는 국민이 알 수 있도록 전년도에 노동조합별로 근무시간을 면제받은 시간 및 사용인원, 지급된 보수 등에 관한 정보를 대통령령으로 정하는 바에 따라 공개하여야 한다. 이 경우 정부교섭대표가 아닌 임용권자는 정부교섭대표에게 해당 기관의 근무시간 면제 관련 자료를 제출하여야 한다. (2022.6.10 본조신설)

제8조【교섭 및 체결 권한 등】 ①노동조합의 대표자는 그 노동조합에 관한 사항 또는 조합원의 보수 · 복지, 그 밖의 근무조건에 관하여 국회사무총장 · 법원행정처장 · 헌법재판소사무처장 · 중앙선거관리위원회사무총장 · 인사혁신처장(행정부를 대표한다) · 특별시장 · 광역시장 · 특별자치시장 · 도지사 · 특별자치도지사 · 시장 · 군수 · 구청장(자치구의 구청장을 말한다) 또는 특별시 · 광역시 · 특별자치시 · 도 · 특별자치도의 교육감 중 어느 하나에 해당하는 사람(이하 "정부교섭대표"라 한다)과 각각 교섭하고 단체협약을 체결할 권한을 가진다. 다만, 법령 등에 따라 국가나 지방자치단체가 그 권한으로 행하는 정책결정에 관한 사항, 임용권의 행사 등 그 기관의 관리 · 운영에 관한 사항으로서 근무조건과 직접 관련되지 아니하는 사항은 교섭의 대상이 될 수 없다.(2014.11.19 개정)

②정부교섭대표는 법령 등에 따라 스스로 관리하거나 결정할 수 있는 권한을 가진 사항에 대하여 노동조합이 교섭을 요구할 때에는 정당한 사유가 없으면 그 요구에 따라야 한다.(2020.5.26 개정)

③정부교섭대표는 효율적인 교섭을 위하여 필요한 경우 다른 정부교섭대표와 공동으로 교섭하거나, 다른 정부교섭대표에게 교섭 및 단체협약 체결 권한을 위임할 수 있다.

④정부교섭대표는 효율적인 교섭을 위하여 필요한 경우 정부교섭대표가 아닌 관계 기관의 장으로 하여금 교섭에 참여하게 할 수 있고, 다른 기관의 장이 관리하거나 결정할 권한을 가진 사항에 대하여는 해당 기관의 장에게 교섭 및 단체협약 체결 권한을 위임할 수 있다.

⑤제2항부터 제4항까지의 규정에 따라 정부교섭대표 또는 다른 기관의 장이 단체교섭을 하는 경우 소속 공무원으로 하여금 교섭 및 단체협약 체결을 하게 할 수 있다.

(2010.3.17 본조개정)

제9조【교섭의 절차】 ①노동조합은 제8조에 따른 단체교섭을 위하여 노동조합의 대표자와 조합원으로 교섭위원을 구성하여야 한다.
②노동조합의 대표자는 제8조에 따라 정부교섭대표와 교섭하려는 경우에는 교섭하려는 사항에 대하여 권한을 가진 정부교섭대표에게 서면으로 교섭을 요구하여야 한다.
③정부교섭대표는 제2항에 따라 노동조합으로부터 교섭을 요구받았을 때에는 교섭을 요구받은 사실을 공고하여 관련된 노동조합이 교섭에 참여할 수 있도록 하여야 한다.
④정부교섭대표는 제2항과 제3항에 따라 교섭을 요구하는 노동조합이 둘 이상인 경우에는 해당 노동조합에 교섭창구를 단일화하도록 요청할 수 있다. 이 경우 교섭창구가 단일화된 때에는 교섭에 응하여야 한다.(2021.1.5 개정)
⑤정부교섭대표는 제1항부터 제4항까지의 규정에 따라 관련된 노동조합과 단체협약을 체결한 경우 그 유효기간 중에는 그 단체협약의 체결에 참여하지 아니한 노동조합이 교섭을 요구하더라도 이를 거부할 수 있다.
⑥제1항부터 제5항까지의 규정에 따른 단체교섭의 절차 등에 관하여 필요한 사항은 대통령령으로 정한다.
(2010.3.17 본조개정)

제10조【단체협약의 효력】 ①제9조에 따라 체결된 단체협약의 내용 중 법령·조례 또는 예산에 의하여 규정되는 내용과 법령 또는 조례에 의하여 위임을 받아 규정되는 내용은 단체협약으로서의 효력을 가지지 아니한다.
②정부교섭대표는 제1항에 따라 단체협약으로서의 효력을 가지지 아니하는 내용에 대하여는 그 내용이 이행될 수 있도록 성실하게 노력하여야 한다.
(2010.3.17 본조개정)

제11조【쟁의행위의 금지】 노동조합과 그 조합원은 파업, 태업 또는 그 밖에 업무의 정상적인 운영을 방해하는 어떠한 행위도 하여서는 아니 된다.(2020.5.26 개정)
(2010.3.17 본조개정)

제12조【조정신청 등】 ①제8조에 따른 단체교섭이 결렬(決裂)된 경우에는 당사자 어느 한쪽 또는 양쪽은 「노동위원회법」 제2조에 따른 중앙노

동위원회(이하 "중앙노동위원회"라 한다)에 조정(調停)을 신청할 수 있다.(2021.1.5 개정)

②중앙노동위원회는 제1항에 따라 당사자 어느 한쪽 또는 양쪽이 조정을 신청하면 지체 없이 조정을 시작하여야 한다. 이 경우 당사자 양쪽은 조정에 성실하게 임하여야 한다.

③중앙노동위원회는 조정안을 작성하여 관계 당사자에게 제시하고 수락을 권고하는 동시에 그 조정안에 이유를 붙여 공표할 수 있다. 이 경우 필요하면 신문 또는 방송에 보도 등 협조를 요청할 수 있다.

④조정은 제1항에 따른 조정신청을 받은 날부터 30일 이내에 마쳐야 한다. 다만, 당사자들이 합의한 경우에는 30일 이내의 범위에서 조정기간을 연장할 수 있다.

(2010.3.17 본조개정)

제13조【중재의 개시 등】 중앙노동위원회는 다음 각 호의 어느 하나에 해당하는 경우에는 지체 없이 중재(仲裁)를 한다.

1. 제8조에 따른 단체교섭이 결렬되어 관계 당사자 양쪽이 함께 중재를 신청한 경우
2. 제12조에 따른 조정이 이루어지지 아니하여 제14조에 따른 공무원 노동관계 조정위원회 전원회의에서 중재 회부를 결정한 경우

(2010.3.17 본조개정)

제14조【공무원 노동관계 조정위원회의 구성】 ①제8조에 따른 단체교섭이 결렬된 경우 이를 조정·중재하기 위하여 중앙노동위원회에 공무원 노동관계 조정위원회(이하 "위원회"라 한다)를 둔다.

②위원회는 공무원 노동관계의 조정·중재를 전담하는 7명 이내의 공익위원으로 구성한다.

③제2항에 따른 공익위원은 「노동위원회법」 제6조 및 같은 법 제8조에도 불구하고 공무원 문제 또는 노동 문제에 관한 지식과 경험을 갖춘 사람 또는 사회적 덕망이 있는 사람 중에서 중앙노동위원회 위원장의 추천과 고용노동부장관의 제청으로 대통령이 위촉한다.(2010.6.4 개정)

④제3항에 따라 공익위원을 위촉하는 경우에는 「노동위원회법」 제6조제2항에도 불구하고 그 공익위원에 해당하는 정원이 따로 있는 것으로 본다.

(2010.3.17 본조개정)

제15조【회의의 운영】 ①위원회에는 전원회의와 소위원회를 둔다.

②전원회의는 제14조제2항에 따른 공익위원 전원으로 구성하며, 다음 각 호의 사항을 담당한다.
1. 전국에 걸친 노동쟁의의 조정사건
2. 중재 회부의 결정
3. 중재재정(仲裁裁定)
③소위원회는 위원회의 위원장이 중앙노동위원회 위원장과 협의하여 지명하는 3명으로 구성하며, 전원회의에서 담당하지 아니하는 조정사건을 담당한다.
(2010.3.17 본조개정)

제16조【중재재정의 확정 등】①관계 당사자는 중앙노동위원회의 중재재정이 위법하거나 월권(越權)에 의한 것이라고 인정하는 경우에는 「행정소송법」 제20조에도 불구하고 중재재정서를 송달받은 날부터 15일 이내에 중앙노동위원회 위원장을 피고로 하여 행정소송을 제기할 수 있다.
②제1항의 기간 이내에 행정소송을 제기하지 아니하면 그 중재재정은 확정된다.
③제2항에 따라 중재재정이 확정되면 관계 당사자는 이에 따라야 한다.
④중앙노동위원회의 중재재정은 제1항에 따른 행정소송의 제기에 의하여 그 효력이 정지되지 아니한다.
⑤제2항에 따라 확정된 중재재정의 내용은 제10조에 따른 단체협약과 같은 효력을 가진다.
⑥중앙노동위원회는 필요한 경우 확정된 중재재정의 내용을 국회, 지방의회, 지방자치단체의 장 등에게 통보할 수 있다.
(2010.3.17 본조개정)

제17조【다른 법률과의 관계】①이 법의 규정은 공무원이 「공무원직장협의회의 설립·운영에 관한 법률」에 따라 직장협의회를 설립·운영하는 것을 방해하지 아니한다.
②공무원(제6조제1항제4호에 해당하는 사람을 포함한다)에게 적용할 노동조합 및 노동관계 조정에 관하여 이 법에서 정하지 아니한 사항에 대해서는 제3항에서 정하는 경우를 제외하고는 「노동조합 및 노동관계조정법」에서 정하는 바에 따른다. 이 경우 「노동조합 및 노동관계조정법」 제3조 중 "단체교섭 또는 쟁의행위"는 "단체교섭"으로, 제4조 본문 중 "단체교섭·쟁의행위"는 "단체교섭"으로, 제10조제1항 각 호 외의 부분 중 "연합단체

인 노동조합과 2 이상의 특별시 · 광역시 · 특별자치시 · 도 · 특별자치도에 걸치는 단위노동조합은 고용노동부장관에게, 2 이상의 시 · 군 · 구(자치구를 말한다)에 걸치는 단위노동조합은 특별시장 · 광역시장 · 도지사에게, 그 외의 노동조합은 특별자치시장 · 특별자치도지사 · 시장 · 군수 · 구청장(자치구의 구청장을 말한다. 이하 제12조제1항에서 같다)에게"는 "고용노동부장관에게"로, 제12조제1항 중 "고용노동부장관, 특별시장 · 광역시장 · 특별자치시장 · 도지사 · 특별자치도지사 또는 시장 · 군수 · 구청장(이하 "행정관청"이라 한다)"은 "고용노동부장관"으로, 제24조의2제3항부터 제8항까지 중 "위원회"는 "심의위원회"로, "근로자"는 "공무원"으로, "노동단체"는 "노동단체 또는 공무원 노동단체"로, "사용자", "전국적 규모의 경영자단체" 및 "경영자단체"는 각각 "정부교섭대표"로, 제30조제1항 및 제2항 중 "사용자"는 "정부교섭대표"로, 제58조, 제60조제2항부터 제4항까지 및 제61조제3항 중 "조정위원회 또는 단독조정인"은 "공무원 노동관계 조정위원회"로, 제59조 중 "조정위원회의 위원장 또는 단독조정인"은 "공무원 노동관계 조정위원회 위원장"으로, 제60조제3항 중 "제1항의 규정에 의한 조정안"은 "조정안"으로, 제61조제1항 중 "조정위원 전원 또는 단독조정인"은 "공무원 노동관계 조정위원회 위원 전원"으로, 제66조제1항, 제67조 및 제68조제2항 중 "중재위원회"는 "공무원 노동관계 조정위원회"로, 제94조 중 "제88조 내지 제93조"는 "제93조"로 보고, 같은 법 중 "근로자"는 "공무원"으로, "사용자"(같은 법 제30조의 "사용자"는 제외한다)는 "기관의 장, "공무원(제6조제1항제4호에 해당하는 사람을 포함한다)"에 관한 사항에 대하여 기관의 장을 위하여 행동하는 사람"으로, "행정관청"은 "고용노동부장관"으로 본다.(2022.6.10 개정)

③「노동조합 및 노동관계조정법」 제2조제4호라목, 제24조, 제24조의2제1항 · 제2항, 제29조, 제29조의2부터 제29조의5까지, 제36조부터 제39조까지, 제41조, 제42조, 제42조의2부터 제42조의6까지, 제43조부터 제46조까지, 제51조부터 제57조까지, 제60조제1항 · 제5항, 제62조부터 제65조까지, 제66조제2항, 제69조부터 제73조까지, 제76조부터 제80조까지, 제81조제1항제2호 단서, 제88조부터 제92조까지 및 제96조제1항제3호는 이 법에 따른 노동조합에 대해서는 적용하지 아니한다.(2022.6.10 개정)

(2010.3.17 본조개정)

제18조 【벌칙】 제11조를 위반하여 파업, 태업 또는 그 밖에 업무의 정

상적인 운영을 방해하는 행위를 한 자는 5년 이하의 징역 또는 5천만원 이하의 벌금에 처한다.
(2010.3.17 본조개정)

공무원
노조

부　칙

제1조【시행일】 이 법은 공포후 1년이 경과한 날부터 시행한다.

제2조【다른 법률의 개정】 ①국가공무원법중 다음과 같이 개정한다.

제43조제1항중 "第71條第1項第3號 · 第5號"를 "제71조제1항제3호 · 제5호 · 제6호"로 한다

제71조제1항에 제6호를 다음과 같이 신설한다.

6. 공무원의노동조합설립및운영등에관한법률 제7조의 규정에 따라 노동조합 전임자로 종사하게 된 때

제72조에 제9호를 다음과 같이 신설한다.

9. 제71조제1항제6호의 규정에 의한 휴직기간은 그 전임기간으로 한다.

②지방공무원법중 다음과 같이 개정한다.

제41조제1항중 "第63條第1項第3號 · 第5號"를 "제63조제1항제3호 · 제5호 · 제6호"로 한다.

제63조제1항에 제6호를 다음과 같이 신설한다.

6. 공무원의노동조합설립및운영등에관한법률 제7조의 규정에 따라 노동조합 전임자로 종사하게 된 때

제64조에 제9호를 다음과 같이 신설한다.

9. 제63조제1항제6호의 규정에 의한 휴직기간은 그 전임기간으로 한다.

③노동위원회법중 다음과 같이 개정한다.

제15조제1항중 "仲裁委員會 및 敎員勞動關係調整委員會"를 "중재위원회(仲裁委員會) · 교원노동관계조정위원회(敎員勞動關係調整委員會) 및 공무원노동관계조정위원회(公務員勞動關係調整委員會)"로 하고, 동조에 제6항을 다음과 같이 신설한다.

⑥공무원노동관계조정위원회는 공무원의노동조합설립및운영등에관한법률이 정하는 바에 따라 설치 · 구성하며, 동법의 규정에 의한 조정 · 중재 그 밖에 이와 관련된 사항을 처리한다.

부　칙 (2010. 3.17)

이 법은 공포한 날부터 시행한다.

부　칙 (2014. 5.20)

이 법은 공포한 날부터 시행한다.

부　칙 (2021. 1. 5)

이 법은 공포 후 6개월이 경과한 날부터 시행한다.

부　칙 (2022. 6.10)

제1조【시행일】 이 법은 공포 후 1년 6개월이 경과한 날부터 시행한다.

제2조【근무시간 면제 심의 준비】 경제사회노동위원회는 제7조의2의 개정규정에 따른 공무원근무시간면제심의위원회의 구성을 위한 위원 위촉 및 심의 등에 필요한 사항을 이 법 시행 전에 진행할 수 있다.

공무원의 노동조합 설립 및 운영 등에 관한 법률 시행령

제정 2006. 1.27 대통령령 제19303호
개정 2006. 6.12 대통령령 제19515호
2010. 7.12 대통령령 제22269호
2011.12.14 대통령령 제23376호
2013.12.16 대통령령 제25000호
2021. 6.29 대통령령 제31852호
2023.12. 5 대통령령 제33903호

제1조【목적】 이 영은 「공무원의 노동조합 설립 및 운영 등에 관한 법률」에서 위임된 사항과 그 시행에 필요한 사항을 규정함을 목적으로 한다.
(2011.12.14 본조개정)

제2조【산하조직 설치사실의 통보】 ①「공무원의 노동조합 설립 및 운영 등에 관한 법률」(이하 "법"이라 한다) 제5조에 따라 설립된 공무원의 노동조합(이하 "노동조합"이라 한다)이 지부(支部)·분회(分會) 등 산하조직을 설치한 경우 노동조합의 대표자는 그 사실을 다음 각 호의 구분에 따라 고용노동부장관 또는 지방고용노동관서의 장에게 통보하여야 한다.

1. 연합단체인 노동조합, 국회·법원·헌법재판소·선거관리위원회 및 행정부의 노동조합, 그 밖의 전국 규모의 단위노동조합의 경우: 고용노동부장관
2. 제1호의 노동조합 외의 노동조합의 경우: 지방고용노동관서의 장

②제1항에 따른 산하조직 설치사실의 통보에 필요한 사항은 고용노동부령으로 정한다.
(2011.12.14 본조개정)

제3조【노동조합 가입이 금지되는 공무원의 범위】 법 제6조제2항 및 제4항에 따라 노동조합에 가입할 수 없는 공무원의 범위는 다음 각 호와 같다.

1. 업무의 주된 내용이 다른 공무원에 대하여 지휘 · 감독권을 행사하거나 다른 공무원의 업무를 총괄하는 업무에 종사하는 공무원으로서 다음 각 목의 어느 하나에 해당하는 공무원(2021.6.29 개정)
   가. 법령 · 조례 또는 규칙에 따라 다른 공무원을 지휘 · 감독하며 그 복무를 관리할 권한과 책임을 부여받은 공무원(직무 대리자를 포함한다)
   나. 훈령 또는 사무 분장 등에 따라 부서장을 보조하여 부서 내 다른 공무원의 업무 수행을 지휘 · 감독하거나 총괄하는 업무에 주로 종사하는 공무원
2. 인사 · 보수에 관한 업무를 수행하는 공무원 등 노동조합과의 관계에서 행정기관의 입장에서 업무를 수행하는 공무원으로서 다음 각 목의 어느 하나에 해당하는 업무에 주로 종사하는 공무원(자료 정리 등 단순히 업무를 보조하는 사람은 제외한다)
   가. 공무원의 임용 · 복무 · 징계 · 소청심사 · 보수 · 연금 또는 그 밖에 후생복지에 관한 업무
   나. 노동조합 및 「공무원직장협의회의 설립 · 운영에 관한 법률」에 따른 직장협의회에 관한 업무
   다. 예산 · 기금의 편성 및 집행(단순 집행은 제외한다)에 관한 업무
   라. 행정기관의 조직과 정원의 관리에 관한 업무
   마. 감사에 관한 업무
   바. 보안업무, 질서유지업무, 청사시설의 관리 및 방호(防護)에 관한 업무, 비서 · 운전 업무
3. 업무의 주된 내용이 노동관계의 조정 · 감독 등 노동조합의 조합원 지위를 가지고 수행하기에 적절하지 아니하다고 인정되는 업무에 종사하는 공무원으로서 다음 각 목의 어느 하나에 해당하는 공무원(2021.6.29 개정)
   가. 「노동위원회법」에 따른 노동위원회의 사무국에서 조정사건이나 심판사건의 업무를 담당하는 공무원
   나. 「근로기준법」에 따라 고용노동부 및 그 소속 기관에서 「근로기준법」, 「산업안전보건법」, 그 밖의 노동관계 법령 위반의 죄에 관하여 사법경찰관의 직무를 수행하는 근로감독관
   다. 「선원법」에 따라 「선원법」, 「근로기준법」, 그 밖의 선원근로관계 법령

위반의 죄에 관하여 사법경찰관의 직무를 수행하는 선원근로감독관

라. 지방자치단체에서 「노동조합 및 노동관계조정법」에 따른 노동조합 설립신고, 단체협약 및 쟁의행위 등에 관한 업무에 주로 종사하는 공무원

4. 교정 · 수사 등 공공의 안녕과 국가안전보장에 관한 업무에 종사하는 공무원으로서 다음 각 목의 어느 하나에 해당하는 공무원(2021.6.29 개정)

가. 「공무원임용령」 별표 1의 공무원 중 교정 · 보호 · 검찰사무 · 마약수사 · 출입국관리 및 철도경찰 직렬의 공무원(2013.12.16 개정)

나. 조세범 처벌절차 법령에 따라 검찰총장 또는 검사장의 지명을 받아 조세에 관한 범칙사건(犯則事件)의 조사를 전담하는 공무원

다. 수사업무에 주로 종사하는 공무원

라. 국가정보원에 근무하는 공무원

(2011.12.14 본조개정)

제3조의2 【근무시간 면제 절차】 ①노동조합의 대표자가 법 제7조의2제1항에 따른 공무원의 근무시간 면제에 관한 사항을 단체협약으로 정하는 경우에는 법 제8조 및 제9조에 따른 교섭 절차에 따른다.

②노동조합의 대표자는 법 제7조의2제1항에 따른 공무원의 근무시간 면제에 관한 사항에 대하여 법 제8조제1항 본문에 따른 정부교섭대표(이하 "정부교섭대표"라 한다)의 동의를 받으려는 경우에는 다음 각 호의 사항에 관한 동의를 서면으로 정부교섭대표에게 요청해야 한다.

1. 근무시간 면제 시간
2. 근무시간 면제 사용인원

③정부교섭대표는 제2항에 따른 동의 요청을 받은 경우 법 제7조의2제2항 및 제3항에 따라 공무원근무시간면제심의위원회(이하 "심의위원회"라 한다)에서 정한 근무시간 면제 시간 및 사용인원의 한도(이하 "근무시간 면제 한도"라 한다)를 넘지 않는 범위에서 다음 각 호의 사항 등을 고려하여 동의할 수 있다. 이 경우 정부교섭대표는 제2항 각 호의 사항에 대한 동의 여부를 서면으로 알려야 한다.

1. 노동조합별 조합원(법 제6조제1항제1호부터 제3호까지의 어느 하나에 해당하는 조합원을 말한다. 이하 같다) 수
2. 법 제7조제2항에 따른 전임자(專任者) 수

④정부교섭대표는 제3항제1호에 따른 노동조합별 조합원 수를 확인하는

데 필요한 자료의 제공을 해당 노동조합의 대표자에게 요청할 수 있다. 이 경우 해당 노동조합의 대표자는 자료 제공에 적극 협조해야 한다.
⑤노동조합의 대표자가 제3항제1호에 따른 조합원 수 산정과 관련하여 이견이 있는 경우 그 조합원의 수는 제2항에 따른 동의 요청일 이전 1개월 동안 「전자금융거래법」 제2조제11호에 따른 전자지급수단의 방법으로 조합비를 납부한 조합원을 기준으로 산정한다. 다만, 둘 이상의 노동조합에 가입하여 조합비를 납부한 조합원에 대하여 조합원의 수를 산정하는 경우에는 숫자 1을 조합비를 납부한 노동조합의 수로 나눈 후에 그 산출된 숫자를 조합비를 납부한 노동조합의 조합원 수에 각각 더한다.
⑥노동조합의 대표자와 정부교섭대표는 제1항부터 제3항까지의 규정에 따라 법 제7조의2제1항에 따른 공무원의 근무시간 면제에 관한 사항을 정한 경우 3년을 초과하지 않는 범위에서 그 유효기간을 합의하여 정할 수 있다.
(2023.12.5 본조신설)

제 3 조의 3【근무시간 면제자 확정 및 변경 절차】 ①노동조합의 대표자는 제3조의2제1항부터 제3항까지의 규정에 따라 정해진 근무시간 면제 시간 및 근무시간 면제 사용인원의 범위에서 근무시간 면제 사용 예정자(이하 이 조에서 "예정자"라 한다) 명단과 예정자별 사용시간을 정하여 정부교섭대표 및 임용권자에게 제출해야 한다.
②정부교섭대표는 제1항에 따른 예정자 명단과 예정자별 사용시간을 제출받은 경우 해당 명단에 있는 사람을 근무시간 면제자(법 제7조의2제1항에 따라 보수의 손실 없이 근무시간 면제 시간에 같은 항에 따른 업무를 할 수 있는 공무원을 말한다. 이하 "근무시간면제자"라 한다)로 확정한다. 이 경우 정부교섭대표는 정부교섭대표와 임용권자가 다른 경우에는 임용권자로 하여금 확정을 하게 할 수 있다.
③노동조합의 대표자는 부득이한 사유가 있거나 제4항 전단에 따른 변경 요청을 받은 경우에는 근무시간면제자를 변경할 수 있다. 이 경우 근무시간면제자 변경절차에 관하여는 제1항 및 제2항을 준용한다.
④정부교섭대표 또는 임용권자는 근무시간면제자가 법 제7조의2제1항에 따른 업무 외의 목적으로 근무시간 면제 시간을 사용하는 경우 해당 근무시간면제자의 변경을 노동조합의 대표자에게 요청할 수 있다. 이 경우 노동조합의 대표자는 특별한 사정이 없으면 그 요청에 따라야 한다.
(2023.12.5 본조신설)

제 3 조의 4【근무시간 면제 시간 사용 절차】 ①근무시간면제자는 근무시간 면제 시간을 사용하기 7일 전까지 정부교섭대표 또는 임용권자에게 그 사용일시 및 업무내용을 포함하여 근무시간 면제 시간 사용 신청을 해야 한다. 다만, 긴급한 사정이 있는 경우에는 하루 전까지 신청할 수 있다.
②정부교섭대표 또는 임용권자는 제1항 본문에 따른 신청을 받은 경우 특별한 사정이 없으면 이를 승인해야 한다. 다만, 특별한 사정이 있는 경우에는 그 사유를 제시하고 근무시간면제자와 협의하여 그 사용일시 등을 조정할 수 있다.
(2023.12.5 본조신설)

제 3 조의 5【연간 근무시간면제자의 자료 제출】 연간 근무시간을 전부 면제받는 근무시간면제자(이하 제3조의6에서 "연간근무시간면제자"라 한다)는 매월 10일까지 전월의 근무시간 면제 사용결과를 정부교섭대표 또는 임용권자에게 제출해야 한다.
(2023.12.5 본조신설)

제 3 조의 6【근무시간 면제 사용 정보의 공개 방법 등】 ①정부교섭대표는 법 제7조의3 전단에 따라 다음 각 호의 정보를 매년 4월 30일까지 고용노동부장관이 지정하는 인터넷 홈페이지에 3년간 게재하는 방법으로 공개한다.
1. 노동조합별 전년도 근무시간 면제 시간과 그 결정기준
2. 노동조합별 전년도 근무시간 면제 사용인원(연간근무시간면제자와 근무시간 부분 면제자를 구분한다)
3. 노동조합별 전년도 근무시간 면제 사용인원에게 지급된 보수 총액

②정부교섭대표가 아닌 임용권자는 법 제7조의3 후단에 따라 정부교섭대표에게 제1항제2호 · 제3호에 따른 정보를 매년 3월 31일까지 제출해야 한다.
(2023.12.5 본조신설)

제 3 조의 7【근무시간면제자에 대한 복무 및 보수 등】 법 제7조의2에 따라 근무시간을 면제받은 사람에 대한 복무관리 및 보수 등에 관한 사항은 「국가공무원법」 및 「지방공무원법」에 따른 복무 및 보수에 관한 규정 등 관계 법령에서 정하는 바에 따른다.
(2023.12.5 본조신설)

제 3 조의 8【심의위원회 위원의 자격기준】 ①법 제17조제2항에서

준용하는 「노동조합 및 노동관계조정법」 제24조의2제5항제1호 및 제2호에 따라 전국적 규모의 노동단체 또는 공무원 노동단체나 정부교섭대표가 심의위원회의 위원으로 추천할 수 있는 사람의 자격기준은 다음 각 호와 같다.
1. 전국적 규모의 노동단체 또는 공무원 노동단체의 전직 · 현직 임원
2. 3급 또는 3급 상당 이상의 공무원이나 고위공무원단에 속하는 공무원으로 재직하고 있는 사람
②법 제17조제2항에서 준용하는 「노동조합 및 노동관계조정법」 제24조의2제5항제3호에 따라 공익을 대표하는 위원으로 추천받을 수 있는 사람의 자격기준은 다음 각 호와 같다.
1. 노동 관련 학문을 전공한 사람으로서 「고등교육법」 제2조제1호 · 제2호 · 제5호에 따른 학교나 공인된 연구기관에서 같은 법 제14조제2항에 따른 교원 또는 연구원으로 5년 이상 근무한 경력이 있는 사람
2. 그 밖에 제1호에 해당하는 학식과 경험이 있다고 인정되는 사람
(2023.12.5 본조신설)

제 3 조의 9 【심의위원회 위원의 임기】 ①심의위원회 위원의 임기는 3년으로 한다.
②심의위원회의 위원이 궐위된 경우에 보궐위원의 임기는 전임자(前任者) 임기의 남은 기간으로 한다.
③심의위원회의 위원은 임기가 끝났더라도 후임자가 위촉될 때까지 계속하여 그 직무를 수행한다.
(2023.12.5 본조신설)

제 4 조 【비교섭 사항】 법 제8조제1항 단서에 따른 법령 등에 따라 국가나 지방자치단체가 그 권한으로 행하는 정책결정에 관한 사항, 임용권의 행사 등 그 기관의 관리 · 운영에 관한 사항은 다음 각 호와 같다.
1. 정책의 기획 또는 계획의 입안 등 정책결정에 관한 사항
2. 공무원의 채용 · 승진 및 전보 등 임용권의 행사에 관한 사항
3. 기관의 조직 및 정원에 관한 사항
4. 예산 · 기금의 편성 및 집행에 관한 사항
5. 행정기관이 당사자인 쟁송(불복신청을 포함한다)에 관한 사항
6. 기관의 관리 · 운영에 관한 그 밖의 사항
(2011.12.14 본조개정)

제 5 조 【교섭권 위임사실 등의 통보】 정부교섭대표는 법 제8조제3

항부터 제5항까지의 규정에 따라 공동으로 교섭하거나, 교섭 및 단체협약 체결 권한을 위임하는 등의 경우에는 그 사실을 상대방에게 알려야 한다. 이 경우 관련 정부교섭대표 및 관계 기관의 장 등의 성명과 위임 내용 등을 구체적으로 밝혀야 한다.(2023.12.5 개정)
(2011.12.14 본조개정)

제6조【교섭 요구의 시기】 법 제9조제2항에 따른 교섭 요구는 고용노동부령으로 정하는 바에 따라 단체협약의 유효기간 만료일 3개월 전부터 교섭 시작 예정일 30일 전까지 하여야 한다.
(2011.12.14 본조개정)

제7조【교섭 요구사실의 공고와 교섭 참여】 ①정부교섭대표는 법 제9조제3항에 따라 노동조합으로부터 교섭을 요구받았을 때에는 지체 없이 자신의 인터넷 홈페이지 또는 게시판에 그 사실을 공고해야 한다.(2021.6.29 개정)
②법 제9조제3항에 따라 교섭에 참여하려는 노동조합은 제1항에 따른 공고일부터 7일 이내에 고용노동부령으로 정하는 바에 따라 정부교섭대표에게 교섭을 요구하여야 한다.
③정부교섭대표는 제2항에 따른 교섭 요구 기간이 끝난 후 지체 없이 법 제9조제2항 및 제3항에 따라 교섭 요구를 한 노동조합(이하 "교섭노동조합"이라 한다)을 자신의 인터넷 홈페이지 또는 게시판에 공고하고, 교섭노동조합에 알려야 한다.(2021.6.29 개정)
④정부교섭대표는 제6조와 제2항에 따른 교섭 요구 기간 안에 교섭 요구를 하지 아니한 노동조합의 교섭 요구는 거부할 수 있다.
(2011.12.14 본조개정)

제8조【교섭위원의 선임】 ① 교섭노동조합은 제7조제3항에 따른 공고일부터 20일 이내에 법 제9조제1항에 따른 교섭위원(이하 "교섭위원"이라 한다)을 선임하여 교섭노동조합의 대표자가 각각 서명 또는 날인한 서면으로 정부교섭대표에게 알려야 한다. 이 경우 교섭위원의 수는 조직의 규모 등을 고려하여 정하되, 10명 이내가 되도록 해야 한다.(2021.6.29 개정)
②교섭노동조합이 둘 이상인 경우에는 교섭노동조합 사이의 합의에 따라 교섭위원을 선임하여 교섭창구를 단일화해야 한다. 다만, 제1항 전단에 따른 기간 내에 합의하지 못했을 때에는 교섭노동조합의 조합원 수(법 제6조제1항제1호부터 제3호까지의 규정에 해당하는 조합원의 수를 말한다. 이

하 이 조에서 같다)에 비례하여 제1항 전단에 따른 기간이 끝난 날부터 20일 이내에 교섭위원을 선임해야 한다.(2021.6.29 개정)

③교섭노동조합은 제2항에 따라 교섭위원을 선임하는 때에는 해당 교섭노동조합의 조합원 수를 확인하는 데 필요한 기준과 방법 등에 대해 성실히 협의하고, 그에 필요한 자료를 제공하는 등 적극 협조해야 한다.(2021.6.29 신설)

④교섭노동조합이 제2항 단서 및 제3항에 따른 교섭노동조합의 조합원 수 산정과 관련하여 이견이 있는 경우 그 조합원의 수는 제7조제3항에 따른 교섭노동조합의 공고일 이전 1개월 동안 「전자금융거래법」 제2조제11호에 따른 전자지급수단의 방법으로 조합비를 납부한 조합원을 기준으로 산정한다. 다만, 둘 이상의 노동조합에 가입하여 조합비를 납부한 조합원에 대하여 조합원의 수를 산정하는 경우에는 숫자 1을 조합비를 납부한 노동조합의 수로 나눈 후에 그 산출된 숫자를 조합비를 납부한 노동조합의 조합원 수에 각각 더한다.(2021.6.29 신설)

(2011.12.14 본조개정)

제9조【교섭의 준비 · 시작 등】 노동관계 당사자는 제8조제1항에 따라 교섭위원의 선임이 통보되면 지체 없이 교섭 내용, 교섭 일시, 교섭 장소, 그 밖에 교섭에 필요한 사항을 협의하고 교섭을 시작하여야 한다.

(2011.12.14 본조개정)

제10조【단체협약의 이행 통보】 정부교섭대표는 법 제10조제1항에 따라 단체협약으로서의 효력을 가지지 아니하는 단체협약의 내용에 대한 이행 결과를 해당 단체협약의 유효기간 만료일 3개월 전까지 상대방에게 서면으로 알려야 한다.

(2011.12.14 본조개정)

제11조【노동쟁의의 조정 또는 중재의 통보 등】 ①「노동위원회법」 제2조에 따른 중앙노동위원회(이하 "중앙노동위원회"라 한다)는 법 제12조 또는 제13조에 따른 조정(調停) 또는 중재(仲裁)를 하게 된 경우 지체 없이 이를 서면으로 관계 당사자에게 알려야 한다.(2021.6.29 개정)

②중앙노동위원회는 법 제12조 또는 제13조제1호에 따른 조정 또는 중재의 신청을 받은 경우 그 신청 내용이 법 제12조 또는 제13조에 따른 조정 또는 중재의 대상이 아니라고 인정할 때에는 신청인에게 그 사유와 조정 또는 중재 외의 다른 해결방법을 알려 주어야 한다.

③법 제12조 또는 제13조제1호에 따른 조정 또는 중재의 신청방법에 관하여는 고용노동부령으로 정한다.
(2011.12.14 본조개정)

제12조 【공무원 노동관계 조정위원회의 구성】 ①법 제14조제2항에 따른 공무원 노동관계 조정위원회(이하 "위원회"라 한다)의 공익위원 중 1명은 상근(常勤)으로 한다.
②중앙노동위원회 위원장은 법 제14조제3항에 따라 공익위원을 추천할 때 관련 기관 또는 단체의 의견을 들을 수 있다.
③법 제15조에 따른 소위원회(이하 "소위원회"라 한다)의 위원장은 소위원회의 위원 중에서 위원회의 위원장이 중앙노동위원회의 위원장과 협의하여 지명하는 사람이 되며, 소위원회의 위원장은 소위원회의 의장이 된다.
(2011.12.14 본조개정)

제13조 【부당노동행위 구제신청의 통보】 「노동위원회법」 제2조제1항에 따른 노동위원회는 「노동조합 및 노동관계조정법」 제82조에 따라 공무원 또는 노동조합으로부터 구제신청을 받았을 때에는 지체 없이 그 사실을 상대방인 행정관청과 소관 소청심사위원회에 알려야 한다.
(2011.12.14 본조개정)

제14조 【다른 대통령령과의 관계】 ①공무원 또는 법 제6조제1항제4호에 해당하는 사람에게 적용할 노동조합 및 노동관계 조정에 관하여 이 영에서 정하지 않은 사항에 대해서는 제2항에서 정하는 경우를 제외하고는 「노동조합 및 노동관계조정법 시행령」에서 정하는 바에 따른다. 이 경우 「노동조합 및 노동관계조정법 시행령」 제9조제1항 각 호 외의 부분 중 "고용노동부장관, 특별시장 · 광역시장 · 도지사 · 특별자치도지사, 시장 · 군수 또는 자치구의 구청장(이하 "행정관청"이라 한다)"은 "고용노동부장관"으로, 같은 영 제9조제3항 · 제11조제2항 및 제13조제4항 중 "당해 사업 또는 사업장의 사용자나 사용자단체"는 각각 "해당 기관의 장"으로, 같은 영 제10조제4항 중 "사업 또는 사업장"은 각각 "기관"으로, 같은 영 제11조의3 및 제11조의6 중 "위원회"는 각각 "심의위원회"로, 같은 영 제29조제1항 중 "노동위원회"는 "중앙노동위원회"로, 같은 영 제30조제1항 중 "중재위원회"는 "공무원 노동관계 조정위원회"로, 같은 영 제33조제1항 각 호 외의 부분 단서 중 "연합단체인 노동조합과 전국규모의 산업별 단위노동조합"은 "연합단체인 노동조합, 국회 · 법원 · 헌법재판소 · 선거관리위원회

및 행정부의 노동조합, 그 밖의 전국 규모의 단위노동조합"으로, 같은 항 제14호 중 "법 제96조"는 "법 제96조(같은 조 제1항제3호는 제외한다)"로 보고, 같은 영 중 "근로자"는 각각 "공무원 또는 법 제6조제1항제4호에 해당하는 사람"으로, "행정관청"은 각각 "고용노동부장관"으로 본다.(2023.12.5 개정)

②노동조합에 대해서는 「노동조합 및 노동관계조정법 시행령」 제7조, 제8조, 제11조제1항제4호, 제11조의2, 제11조의4, 제11조의5, 제14조, 제14조의2부터 제14조의12까지, 제17조, 제18조, 제20조부터 제22조까지, 제22조의2부터 제22조의4까지, 제23조부터 제26조까지, 제28조, 제29조제2항, 제31조, 제32조 및 제33조제1항제10호 · 제12호 · 제13호 · 제17호 · 제18호는 적용하지 않는다.(2023.12.5 개정)

부　칙 (2011.12.14)

이 영은 공포한 날부터 시행한다.

부　칙 (2021. 6.29)

제1조【시행일】 이 영은 2021년 7월 6일부터 시행한다.

제2조【단체교섭 절차에 관한 경과조치】 노동조합이 이 영 시행 전에 정부교섭대표에 단체교섭을 요구한 경우 그 단체교섭의 절차에 관하여는 제7조제1항 · 제3항 및 제8조제3항 · 제4항의 개정규정에도 불구하고 종전의 규정에 따른다.

부　칙 (2023.12. 5)

이 영은 2023년 12월 11일부터 시행한다.

교원의 노동조합 설립 및 운영 등에 관한 법률

제정 1999. 1.29 법률 제5727호
개정 2001. 1.29 법률 제6400호
2001. 3.28 법률 제6456호
2005. 1.27 법률 제7354호
2006.12.30 법률 제8157호
2008. 2.29 법률 제8852호
2010. 3.17 법률 제10132호
2010. 6. 4 법률 제10339호
2013. 3.23 법률 제11690호
2016. 2. 3 법률 제13936호
2020. 5.26 법률 제17326호
2020. 6. 9 법률 제17430호
2021. 1. 5 법률 제17861호
2022. 6.10 법률 제18924호

제1조 【목적】 이 법은 「국가공무원법」 제66조제1항 및 「사립학교법」 제55조에도 불구하고 「노동조합 및 노동관계조정법」 제5조제1항 단서에 따라 교원의 노동조합 설립에 관한 사항을 정하고 교원에 적용할 「노동조합 및 노동관계조정법」에 대한 특례를 규정함을 목적으로 한다.(2021.1.5 개정)
(2010.3.17 본조개정)

제2조 【정의】 이 법에서 "교원"이란 다음 각 호의 어느 하나에 해당하는 사람을 말한다.(2021.1.5 개정)
1. 「유아교육법」 제20조제1항에 따른 교원
2. 「초·중등교육법」 제19조제1항에 따른 교원
3. 「고등교육법」 제14조제2항 및 제4항에 따른 교원. 다만, 강사는 제외한다.
(2010.3.17 본조개정)

제 3 조 【정치활동의 금지】 교원의 노동조합(이하 "노동조합"이라 한다)은 어떠한 정치활동도 하여서는 아니 된다.(2020.5.26 개정)
(2010.3.17 본조개정)

제 4 조 【노동조합의 설립】 ①제2조제1호 · 제2호에 따른 교원은 특별시 · 광역시 · 특별자치시 · 도 · 특별자치도(이하 "시 · 도"라 한다) 단위 또는 전국 단위로만 노동조합을 설립할 수 있다.(2020.6.9 개정)
②제2조제3호에 따른 교원은 개별학교 단위, 시 · 도 단위 또는 전국 단위로 노동조합을 설립할 수 있다.(2020.6.9 신설)
③노동조합을 설립하려는 사람은 고용노동부장관에게 설립신고서를 제출하여야 한다.(2020.6.9 개정)
(2010.3.17 본조개정)

제 4 조의 2 【가입 범위】 노동조합에 가입할 수 있는 사람의 범위는 다음 각 호와 같다.
1. 교원
2. 교원으로 임용되어 근무하였던 사람으로서 노동조합 규약으로 정하는 사람

(2021.1.5 본조신설)

제 5 조 【노동조합 전임자의 지위】 ①교원은 임용권자의 동의를 받아 노동조합으로부터 급여를 지급받으면서 노동조합의 업무에만 종사할 수 있다.(2022.6.10 개정)
②제1항에 따라 동의를 받아 노동조합의 업무에만 종사하는 사람[이하 "전임자"(專任者)라 한다]은 그 기간 중 「교육공무원법」 제44조 및 「사립학교법」 제59조에 따른 휴직명령을 받은 것으로 본다.(2022.6.10 개정)
③삭제(2022.6.10)
④전임자는 그 전임기간 중 전임자임을 이유로 승급 또는 그 밖의 신분상의 불이익을 받지 아니한다.
(2010.3.17 본조개정)

제 5 조의 2 【근무시간 면제자 등】 ①교원은 단체협약으로 정하거나 임용권자가 동의하는 경우 제2항 및 제3항에 따라 결정된 근무시간 면제 한도를 초과하지 아니하는 범위에서 보수의 손실 없이 제6조제1항 각 호의 구분에 따른 자와의 협의 · 교섭, 고충처리, 안전 · 보건활동 등 이 법 또는 다른 법률에서 정하는 업무와 건전한 노사관계 발전을 위한 노동조

합의 유지 · 관리업무를 할 수 있다.
②근무시간 면제 시간 및 사용인원의 한도(이하 "근무시간 면제 한도"라 한다)를 정하기 위하여 교원근무시간면제심의위원회(이하 이 조에서 "심의위원회"라 한다)를 「경제사회노동위원회법」에 따른 경제사회노동위원회에 둔다.
③심의위원회는 다음 각 호의 구분에 따른 단위를 기준으로 조합원(제4조의2제1호에 해당하는 조합원을 말한다)의 수를 고려하되 노동조합의 조직형태, 교섭구조 · 범위 등 교원 노사관계의 특성을 반영하여 근무시간 면제 한도를 심의 · 의결하고, 3년마다 그 적정성 여부를 재심의하여 의결할 수 있다.
1. 제2조제1호 · 제2호에 따른 교원: 시 · 도 단위
2. 제2조제3호에 따른 교원: 개별학교 단위
④제1항을 위반하여 근무시간 면제 한도를 초과하는 내용을 정한 단체협약 또는 임용권자의 동의는 그 부분에 한정하여 무효로 한다.
(2022.6.10 본조신설)

제 5 조의 3 【근무시간 면제 사용의 정보 공개】 임용권자는 국민이 알 수 있도록 전년도에 노동조합별로 근무시간을 면제받은 시간 및 사용인원, 지급된 보수 등에 관한 정보를 대통령령으로 정하는 바에 따라 공개하여야 한다.
(2022.6.10 본조신설)

제 6 조 【교섭 및 체결 권한 등】 ①노동조합의 대표자는 그 노동조합 또는 조합원의 임금, 근무 조건, 후생복지 등 경제적 · 사회적 지위 향상에 관하여 다음 각 호의 구분에 따른 자와 교섭하고 단체협약을 체결할 권한을 가진다.(2020.6.9 개정)
1. 제4조제1항에 따른 노동조합의 대표자의 경우: 교육부장관, 시 · 도 교육감 또는 사립학교 설립 · 경영자. 이 경우 사립학교 설립 · 경영자는 전국 또는 시 · 도 단위로 연합하여 교섭에 응하여야 한다.
2. 제4조제2항에 따른 노동조합의 대표자의 경우: 교육부장관, 특별시장 · 광역시장 · 특별자치시장 · 도지사 · 특별자치도지사(이하 "시 · 도지사"라 한다), 국 · 공립학교의 장 또는 사립학교 설립 · 경영자
②제1항의 경우에 노동조합의 교섭위원은 해당 노동조합의 대표자와 그 조합원으로 구성하여야 한다.

③삭제(2020.6.9)
④노동조합의 대표자는 제1항에 따라 교육부장관, 시 · 도지사, 시 · 도 교육감, 국 · 공립학교의 장 또는 사립학교 설립 · 경영자와 단체교섭을 하려는 경우에는 교섭하려는 사항에 대하여 권한을 가진 자에게 서면으로 교섭을 요구하여야 한다.(2020.6.9 신설)
⑤교육부장관, 시 · 도지사, 시 · 도 교육감, 국 · 공립학교의 장 또는 사립학교 설립 · 경영자는 제4항에 따라 노동조합으로부터 교섭을 요구받았을 때에는 교섭을 요구받은 사실을 공고하여 관련된 노동조합이 교섭에 참여할 수 있도록 하여야 한다.(2020.6.9 신설)
⑥교육부장관, 시 · 도지사, 시 · 도 교육감, 국 · 공립학교의 장 또는 사립학교 설립 · 경영자는 제4항과 제5항에 따라 교섭을 요구하는 노동조합이 둘 이상인 경우에는 해당 노동조합에 교섭창구를 단일화하도록 요청할 수 있다. 이 경우 교섭창구가 단일화된 때에는 교섭에 응하여야 한다.(2020.6.9 신설)
⑦교육부장관, 시 · 도지사, 시 · 도 교육감, 국 · 공립학교의 장 또는 사립학교 설립 · 경영자는 제1항부터 제6항까지에 따라 노동조합과 단체협약을 체결한 경우 그 유효기간 중에는 그 단체협약의 체결에 참여하지 아니한 노동조합이 교섭을 요구하여도 이를 거부할 수 있다.(2020.6.9 신설)
⑧제1항에 따른 단체교섭을 하거나 단체협약을 체결하는 경우에 관계 당사자는 국민여론과 학부모의 의견을 수렴하여 성실하게 교섭하고 단체협약을 체결하여야 하며, 그 권한을 남용하여서는 아니 된다.(2020.6.9 개정)
⑨제1항, 제2항 및 제4항부터 제8항까지에 따른 단체교섭의 절차 등에 관하여 필요한 사항은 대통령령으로 정한다.(2020.6.9 개정)
(2010.3.17 본조개정)

제 7 조【단체협약의 효력】 ①제6조제1항에 따라 체결된 단체협약의 내용 중 법령 · 조례 및 예산에 의하여 규정되는 내용과 법령 또는 조례에 의하여 위임을 받아 규정되는 내용은 단체협약으로서의 효력을 가지지 아니한다.
②교육부장관, 시 · 도지사, 시 · 도 교육감, 국 · 공립학교의 장 및 사립학교 설립 · 경영자는 제1항에 따라 단체협약으로서의 효력을 가지지 아니하는 내용에 대하여는 그 내용이 이행될 수 있도록 성실하게 노력하여야 한다.(2020.6.9 개정)

(2010.3.17 본조개정)

제8조【쟁의행위의 금지】 노동조합과 그 조합원은 파업, 태업 또는 그 밖에 업무의 정상적인 운영을 방해하는 어떠한 쟁의행위(爭議行爲)도 하여서는 아니 된다.(2020.5.26 개정)

(2010.3.17 본조개정)

제9조【노동쟁의의 조정신청 등】 ①제6조에 따른 단체교섭이 결렬된 경우에는 당사자 어느 한쪽 또는 양쪽은 「노동위원회법」 제2조에 따른 중앙노동위원회(이하 "중앙노동위원회"라 한다)에 조정(調停)을 신청할 수 있다.(2021.1.5 개정)

②제1항에 따라 당사자 어느 한쪽 또는 양쪽이 조정을 신청하면 중앙노동위원회는 지체 없이 조정을 시작하여야 하며 당사자 양쪽은 조정에 성실하게 임하여야 한다.

③조정은 제1항에 따른 신청을 받은 날부터 30일 이내에 마쳐야 한다.

(2010.3.17 본조개정)

제10조【중재의 개시】 중앙노동위원회는 다음 각 호의 어느 하나에 해당하는 경우에는 중재(仲裁)를 한다.

1. 제6조에 따른 단체교섭이 결렬되어 관계 당사자 양쪽이 함께 중재를 신청한 경우
2. 중앙노동위원회가 제시한 조정안을 당사자의 어느 한쪽이라도 거부한 경우
3. 중앙노동위원회 위원장이 직권으로 또는 고용노동부장관의 요청에 따라 중재에 회부한다는 결정을 한 경우(2010.6.4 개정)

(2010.3.17 본조개정)

제11조【교원 노동관계 조정위원회의 구성】 ①교원의 노동쟁의를 조정·중재하기 위하여 중앙노동위원회에 교원 노동관계 조정위원회(이하 "위원회"라 한다)를 둔다.

②위원회는 중앙노동위원회 위원장이 지명하는 조정담당 공익위원 3명으로 구성한다. 다만, 관계 당사자가 합의하여 중앙노동위원회의 조정담당 공익위원이 아닌 사람을 추천하는 경우에는 그 사람을 지명하여야 한다.

③위원회의 위원장은 위원회의 위원 중에서 호선(互選)한다.

(2010.3.17 본조개정)

제12조【중재재정의 확정 등】 ①관계 당사자는 중앙노동위원회의 중

재재정(仲裁裁定)이 위법하거나 월권(越權)에 의한 것이라고 인정하는 경우에는 「행정소송법」 제20조에도 불구하고 중재재정서를 송달받은 날부터 15일 이내에 중앙노동위원회 위원장을 피고로 하여 행정소송을 제기할 수 있다.
②제1항의 기간 이내에 행정소송을 제기하지 아니하면 그 중재재정은 확정된다.
③제2항에 따라 중재재정이 확정되면 관계 당사자는 이에 따라야 한다.
④중앙노동위원회의 중재재정은 제1항에 따른 행정소송의 제기에 의하여 효력이 정지되지 아니한다.
⑤제2항에 따라 확정된 중재재정의 내용은 단체협약과 같은 효력을 가진다.
(2010.3.17 본조개정)

제13조【교원소청심사청구와의 관계】 삭제(2022.6.10)

제14조【다른 법률과의 관계】 ①교원(제4조의2제2호에 해당하는 사람을 포함한다)에 적용할 노동조합 및 노동관계조정에 관하여 이 법에서 정하지 아니한 사항에 대해서는 제2항에서 정하는 경우를 제외하고는 「노동조합 및 노동관계조정법」에서 정하는 바에 따른다. 이 경우 「노동조합 및 노동관계조정법」 제3조 중 "단체교섭 또는 쟁의행위로"는 "단체교섭으로"로, 같은 법 제4조 본문 중 "단체교섭·쟁의행위"는 "단체교섭"으로, 같은 법 제10조제1항 각 호 외의 부분 중 "연합단체인 노동조합과 2 이상의 특별시·광역시·특별자치시·도·특별자치도에 걸치는 단위노동조합은 고용노동부장관에게, 2 이상의 시·군·구(자치구를 말한다)에 걸치는 단위노동조합은 특별시장·광역시장·도지사에게, 그 외의 노동조합은 특별자치시장·특별자치도지사·시장·군수·구청장(자치구의 구청장을 말한다. 이하 제12조제1항에서 같다)에게"는 "고용노동부장관에게"로, 같은 법 제12조제1항 중 "고용노동부장관, 특별시장·광역시장·특별자치시장·도지사·특별자치도지사 또는 시장·군수·구청장(이하 "행정관청"이라 한다)"은 "고용노동부장관"으로, 같은 법 제24조의2제3항부터 제8항까지 중 "위원회"는 "심의위원회"로, "근로자"는 "교원"으로, "노동단체"는 "노동단체 또는 교원 노동단체"로, "사용자"는 "교육부장관, 시·도지사, 시·도 교육감, 국·공립학교의 장 및 사립학교 설립·경영자"로, ""전국적 규모의 경영자단체" 및 "경영자단체"는 각각 "교육부장관"으로, 같은 법 제58조, 제60조제1항부터 제4항까지 및 제61조제3항 중 "조정위원회 또는 단독조

정인"은 "교원 노동관계 조정위원회"로, 같은 법 제59조 중 "조정위원회의 위원장 또는 단독조정인"은 "교원 노동관계 조정위원회 위원장"으로, 같은 법 제61조제1항 중 "조정위원 전원 또는 단독조정인"은 "교원 노동관계 조정위원회 위원 전원"으로, 같은 법 제66조제1항, 제67조 및 제68조제2항 중 "중재위원회"는 "교원 노동관계 조정위원회"로, 같은 법 제81조제3호 중 "노동조합의 대표자 또는 노동조합으로부터 위임을 받은 자"는 "노동조합의 대표자"로, 같은 법 제89조제2호 중 "제85조제3항(제29조의4제4항에서 준용하는 경우를 포함한다)"은 "제85조제3항"으로, 같은 법 제90조 중 "제44조제2항, 제69조제4항, 제77조 또는 제81조"는 "제81조"로, 같은 법 제94조 중 "제88조 내지 제93조"는 "제89조제2호, 제90조, 제92조, 제93조"로 보고, 같은 법 중 "근로자"는 "교원(제4조의2제2호에 해당하는 사람을 포함한다)"으로, "사용자"는 "교육부장관, 시 · 도지사, 시 · 도 교육감, 국 · 공립학교의 장, 사립학교의 설립 · 경영자 또는 교원에 관한 사항에 대하여 교육부장관, 시 · 도지사, 시 · 도 교육감, 국 · 공립학교의 장, 사립학교의 설립 · 경영자를 위하여 행동하는 사람"으로, "행정관청"은 "고용노동부장관"으로 본다.(2022.6.10 개정)

②「노동조합 및 노동관계조정법」 제2조제4호라목, 제24조, 제24조의2제1항 · 제2항, 제29조제2항부터 제4항까지, 제29조의2부터 제29조의5까지, 제36조부터 제39조까지, 제41조, 제42조, 제42조의2부터 제42조의6까지, 제43조부터 제46조까지, 제51조부터 제57조까지, 제60조제5항, 제62조부터 제65조까지, 제66조제2항, 제69조부터 제73조까지, 제76조부터 제80조까지, 제81조제1항제2호 단서, 제88조, 제89조제1호, 제91조 및 제96조제1항제3호는 이 법에 따른 노동조합에 대해서는 적용하지 아니한다.(2022.6.10 개정)
(2010.3.17 본조개정)

제15조【벌칙】 ①제8조를 위반하여 쟁의행위를 한 자는 5년 이하의 징역 또는 5천만원 이하의 벌금에 처한다.
②제12조제3항을 위반하여 중재재정을 따르지 아니한 자는 2년 이하의 징역 또는 2천만원 이하의 벌금에 처한다.
(2010.3.17 본조개정)

부　칙
①【시행일】 이 법은 1999년 7월 1일부터 시행한다.
②【유효기간】 제6조제3항의 규정은 2009년 12월 31일까지 그 효력을 가진다.(2006.12.30 개정)

부　칙 (2006.12.30)
이 법은 2007년 1월 1일부터 시행한다.

부　칙 (2010. 3.17)
이 법은 공포한 날부터 시행한다.

부　칙 (2020. 6. 9)
이 법은 공포한 날부터 시행한다.

부　칙 (2021. 1. 5)
이 법은 공포 후 6개월이 경과한 날부터 시행한다.

부　칙 (2022. 6.10)
제1조【시행일】 이 법은 공포 후 1년 6개월이 경과한 날부터 시행한다.
제2조【근무시간 면제 심의 준비】 경제사회노동위원회는 제5조의2의 개정규정에 따른 교원근무시간면제심의위원회의 구성을 위한 위원 위촉 및 심의 등에 필요한 사항을 이 법 시행 전에 진행할 수 있다.

교원의 노동조합 설립 및 운영 등에 관한 법률 시행령

제정 1999. 6. 8 대통령령 제16389호
개정 2001. 1.29 대통령령 제17115호
2002.12.31 대통령령 제17873호
2005. 7.27 대통령령 제18966호
2008. 2.29 대통령령 제20681호
2010. 7.12 대통령령 제22269호
2011.12.14 대통령령 제23375호
2013. 3.23 대통령령 제24447호
2020. 8.11 대통령령 제30931호
2021. 6.29 대통령령 제31853호
2023.12. 5 대통령령 제33904호

제1조【목적】 이 영은 「교원의 노동조합 설립 및 운영 등에 관한 법률」에서 위임된 사항과 그 시행에 필요한 사항을 규정함을 목적으로 한다. (2011.12.14 본조개정)

제2조【노동조합 산하조직의 설립신고】 교원의 노동조합(이하 "노동조합"이라 한다)의 지부 · 분회 등 산하조직은 그 명칭 여하를 불문하고 다음 각 호의 구분에 따라 「교원의 노동조합 설립 및 운영 등에 관한 법률」(이하 "법"이라 한다) 제4조에 따른 노동조합의 설립신고를 할 수 있다.

1. 법 제4조제1항에 따른 노동조합 중 둘 이상의 특별시 · 광역시 · 특별자치시 · 도 · 특별자치도(이하 "시 · 도"라 한다)에 걸치는 노동조합: 시 · 도 단위로 설립신고
2. 법 제4조제2항에 따른 노동조합 중 둘 이상의 시 · 도에 걸치는 노동조합: 개별학교 단위 또는 시 · 도 단위로 설립신고
3. 법 제4조제2항에 따른 노동조합 중 하나의 시 · 도 단위로 설립된 노동조합: 개별학교 단위로 설립신고

(2020.8.11 본조개정)

제2조의2【근무시간 면제 절차】 ①노동조합의 대표자가 법 제5조의2제1항에 따른 교원의 근무시간 면제에 관한 사항을 단체협약으로 정하는 경우에는 법 제6조에 따른 교섭 절차에 따른다.

②노동조합의 대표자는 법 제5조의2제1항에 따라 교원의 근무시간 면제에 관한 사항에 대하여 임용권자의 동의를 받으려는 경우에는 다음 각 호의 사항에 관한 동의를 서면으로 임용권자에게 요청해야 한다.

1. 근무시간 면제 시간
2. 근무시간 면제 사용인원

③임용권자는 제2항에 따른 동의 요청을 받은 경우 법 제5조의2제2항 및 제3항에 따라 교원근무시간면제심의위원회(이하 "심의위원회"라 한다)에서 정한 근무시간 면제 시간 및 사용인원의 한도(이하 "근무시간 면제 한도"라 한다)를 넘지 않는 범위에서 다음 각 호의 사항 등을 고려하여 동의할 수 있다. 이 경우 임용권자는 제2항 각 호의 사항에 대한 동의 여부를 서면으로 알려야 한다.

1. 노동조합별 조합원(법 제4조의2제1호에 해당하는 조합원을 말한다. 이하 같다) 수
2. 법 제5조제2항에 따른 전임사(專任者) 수

④임용권자는 제3항제1호에 따른 노동조합별 조합원 수를 확인하는 데 필요한 자료의 제공을 해당 노동조합의 대표자에게 요청할 수 있다. 이 경우 해당 노동조합의 대표자는 자료 제공에 적극 협조해야 한다.

⑤제3항제1호에 따른 노동조합별 조합원 수의 산정과 관련하여 이의가 있는 경우 그 조합원 수 산정에 관하여는 제3조의2제5항을 준용한다. 이 경우 "교섭노동조합"은 각각 "노동조합의 대표자"로, "제3조제5항에 따른 공고일"은 "제2항에 따른 동의 요청일"로 본다.

⑥노동조합의 대표자와 임용권자는 제1항부터 제3항까지의 규정에 따라 법 제5조의2제1항에 따른 교원의 근무시간 면제에 관한 사항을 정한 경우 3년을 초과하지 않는 범위에서 그 유효기간을 합의하여 정할 수 있다.

(2023.12.5 본조신설)

제2조의3【근무시간 면제자 확정 및 변경 절차】 ①노동조합의 대표자는 제2조의2제1항부터 제3항까지의 규정에 따라 정해진 근무시간 면제 시간 및 근무시간 면제 사용인원의 범위에서 근무시간 면제 사용 예

정자(이하 이 조에서 "예정자"라 한다) 명단과 예정자별 사용시간을 정하여 임용권자에게 제출해야 한다.
②임용권자는 제1항에 따른 예정자 명단과 예정자별 사용시간을 제출받은 경우 해당 명단에 있는 사람을 근무시간 면제자(법 제5조의2제1항에 따라 보수의 손실 없이 근무시간 면제 시간에 같은 항에 따른 업무를 할 수 있는 교원을 말한다. 이하 "근무시간면제자"라 한다)로 확정한다.
③노동조합의 대표자는 부득이한 사유가 있거나 제4항 전단에 따른 변경 요청을 받은 경우에는 근무시간면제자를 변경할 수 있다. 이 경우 근무시간면제자 변경절차에 관하여는 제1항 및 제2항을 준용한다.
④임용권자는 근무시간면제자가 법 제5조의2제1항에 따른 업무 외의 목적으로 근무시간 면제 시간을 사용하는 경우 해당 근무시간면제자의 변경을 노동조합의 대표자에게 요청할 수 있다. 이 경우 노동조합의 대표자는 특별한 사정이 없으면 그 요청에 따라야 한다.
(2023.12.5 본조신설)

제 2 조의 4 【근무시간 면제 시간 사용 절차】 ①근무시간면제자는 근무시간 면제 시간을 사용하기 7일 전까지 임용권자 또는 학교의 장에게 그 사용일시 및 업무내용을 포함하여 근무시간 면제 시간 사용 신청을 해야 한다. 다만, 근무시간면제자와 임용권자 또는 학교의 장이 협의한 경우에는 학사일정 등을 고려하여 본문에 따른 신청 기한을 변경할 수 있다.
②임용권자 또는 학교의 장은 제1항 본문에 따른 신청을 받은 경우 특별한 사정이 없으면 이를 승인해야 한다. 다만, 특별한 사정이 있는 경우에는 그 사유를 제시하고 근무시간면제자와 협의하여 그 사용일시 등을 조정할 수 있다.
(2023.12.5 본조신설)

제 2 조의 5 【연간 근무시간면제자의 자료 제출】 연간 근무시간을 전부 면제받는 근무시간면제자(이하 제2조의6에서 "연간근무시간면제자"라 한다)는 매월 10일까지 전월의 근무시간 면제 사용결과를 임용권자 또는 학교의 장에게 제출해야 한다. 다만, 「사립학교법」에 따른 사립학교의 경우에는 노동조합의 대표자와 임용권자 또는 학교의 장이 협의하여 근무시간 면제 사용결과의 제출 시기 · 주기를 달리 정할 수 있다.
(2023.12.5 본조신설)

제 2 조의 6 【근무시간 면제 사용 정보의 공개 방법 등】 임용권

자는 법 제5조의3에 따라 다음 각 호의 정보를 매년 4월 30일까지 고용노동부장관이 지정하는 인터넷 홈페이지에 3년간 게재하는 방법으로 공개한다.
1. 노동조합별 전년도 근무시간 면제 시간과 그 결정기준
2. 노동조합별 전년도 근무시간 면제 사용인원(연간근무시간면제자와 근무시간 부분 면제자를 구분한다)
3. 노동조합별 전년도 근무시간 면제 사용인원에게 지급된 보수 총액
(2023.12.5 본조신설)

제 2 조의 7【근무시간면제자에 대한 복무 및 보수 등】 법 제5조의2에 따라 근무시간을 면제받은 사람에 대한 복무관리 및 보수 등에 관한 사항은 「국가공무원법」, 「지방공무원법」 및 「사립학교법」에 따른 복무 및 보수에 관한 규정 등 관계 법령에서 정하는 바에 따른다.
(2023.12.5 본조신설)

제 2 조의 8【심의위원회 위원의 자격기준】 ①법 제14조제1항에서 준용하는 「노동조합 및 노동관계조정법」 제24조의2제5항제1호 및 제2호에 따라 전국적 규모의 노동단체 또는 교원 노동단체나 교육부장관이 심의위원회의 위원으로 추천할 수 있는 사람의 자격기준은 다음 각 호와 같다.
1. 전국적 규모의 노동단체 또는 교원 노동단체의 전직 · 현직 임원
2. 3급 또는 3급 상당 이상의 공무원이나 고위공무원단에 속하는 공무원으로 재직하고 있는 사람
3. 「사립학교법」에 따른 사립학교를 설립 · 경영하는 법인의 임원 또는 사립학교경영자나 사립학교를 설립 · 경영하는 법인의 임원이었던 사람 또는 사립학교경영자이었던 사람

②법 제14조제1항에서 준용하는 「노동조합 및 노동관계조정법」 제24조의2제5항제3호에 따라 공익을 대표하는 위원으로 추천받을 수 있는 사람의 자격기준은 다음 각 호와 같다.
1. 노동 관련 학문을 전공한 사람으로서 「고등교육법」 제2조제1호 · 제2호 · 제5호에 따른 학교나 공인된 연구기관에서 같은 법 제14조제2항에 따른 교원 또는 연구원으로 5년 이상 근무한 경력이 있는 사람
2. 그 밖에 제1호에 해당하는 학식과 경험이 있다고 인정되는 사람
(2023.12.5 본조신설)

제 2 조의 9【심의위원회 위원의 임기】 ①심의위원회 위원의 임기는 3년으로 한다.

②심의위원회의 위원이 궐위된 경우에 보궐위원의 임기는 전임자(前任者) 임기의 남은 기간으로 한다.
③심의위원회의 위원은 임기가 끝났더라도 후임자가 위촉될 때까지 계속하여 그 직무를 수행한다.
(2023.12.5 본조신설)

제3조【단체교섭 요구 및 절차 등】 ①노동조합의 대표자는 법 제6조제1항 및 제4항에 따라 다음 각 호의 어느 하나에 해당하는 자(이하 이 조 및 제3조의2에서 "상대방"이라 한다)에게 단체교섭을 요구하려는 경우 노동조합의 명칭, 대표자의 성명, 주된 사무소의 소재지, 교섭 요구 사항 및 조합원 수(단체교섭을 요구하는 날을 기준으로 한다) 등을 적은 서면으로 알려야 한다.
1. 교육부장관
2. 특별시장 · 광역시장 · 특별자치시장 · 도지사 · 특별자치도지사(이하 "시 · 도지사"라 한다)
3. 시 · 도 교육감
4. 국 · 공립학교의 장
5. 사립학교 설립 · 경영자(법 제6조제1항제1호에 따른 사립학교 설립 · 경영자의 경우 이들을 구성원으로 하는 단체가 있을 때에는 그 단체의 대표자를 말한다. 이하 같다)

②제1항제5호의 사립학교 설립 · 경영자는 법 제4조제1항에 따른 노동조합의 대표자로부터 제1항에 따른 단체교섭을 요구받은 때에는 그 교섭이 시작되기 전까지 전국 또는 시 · 도 단위로 교섭단을 구성해야 한다.
③상대방은 제1항에 따른 단체교섭을 요구받은 때에는 법 제6조제5항에 따라 관련된 노동조합이 알 수 있도록 지체 없이 자신의 인터넷 홈페이지 또는 게시판에 그 사실을 공고해야 한다.
④법 제6조제5항에 따라 단체교섭에 참여하려는 관련된 노동조합은 제3항에 따른 공고일부터 7일 이내에 제1항에 따른 서면으로 상대방에게 교섭을 요구해야 한다.
⑤상대방은 제4항에 따른 교섭 요구 기한이 지나면 지체 없이 제1항 및 제4항에 따라 교섭을 요구한 노동조합(이하 "교섭노동조합"이라 한다)을 자신의 인터넷 홈페이지 또는 게시판에 공고하고, 교섭노동조합에 그 공고한 사항을 알려야 한다.

⑥교섭노동조합과 상대방(이하 "노동관계 당사자"라 한다)은 제5항에 따른 공고가 있는 경우(법 제6조제6항에 따라 둘 이상의 노동조합이 교섭창구를 단일화하려는 경우에는 제3조의2에 따라 교섭위원의 선임이 완료된 경우를 말한다) 그 소속원 중에서 지명한 사람에게 교섭 내용, 교섭 일시 · 장소, 그 밖에 교섭에 필요한 사항에 관하여 협의하도록 하고, 교섭을 시작해야 한다.
⑦상대방은 제4항에 따른 교섭 요구 기간에 교섭 요구를 하지 않은 노동조합의 교섭 요구를 거부할 수 있다.
(2020.8.11 본조개정)

제3조의2【교섭위원의 선임】 ①교섭노동조합은 제3조제5항에 따른 공고일부터 20일 이내에 법 제6조제2항에 따른 노동조합의 교섭위원(이하 "교섭위원"이라 한다)을 선임하여 상대방에게 교섭노동조합의 대표자가 서명 또는 날인한 서면으로 그 사실을 알려야 한다. 이 경우 교섭노동조합이 법 제6조제6항에 해당하면 교섭노동조합의 대표자가 연명으로 서명 또는 날인해야 한다.
②교섭위원의 수는 교섭노동조합의 조직 규모 등을 고려하여 정하되, 10명 이내로 한다.
③교섭노동조합이 둘 이상인 경우에는 교섭노동조합 사이의 합의에 따라 교섭위원을 선임하여 교섭창구를 단일화하되, 제1항 전단에 따른 기간에 자율적으로 합의하지 못했을 때에는 교섭노동조합의 조합원 수(교원인 조합원의 수를 말한다. 이하 이 조에서 같다)에 비례(산출된 교섭위원 수의 소수점 이하의 수는 0으로 본다)하여 교섭위원을 선임한다. 이 경우 교섭노동조합은 전단에 따른 조합원 수를 확인하는 데 필요한 기준과 방법 등에 대하여 성실히 협의하고 필요한 자료를 제공하는 등 교섭위원의 선임을 위하여 적극 협조해야 한다.(2021.6.29 개정)
④제3항에 따른 조합원 수에 비례한 교섭위원의 선임은 제1항 전단에 따른 기간이 끝난 날부터 20일 이내에 이루어져야 한다.
⑤교섭노동조합이 제3항에 따른 조합원 수의 산정과 관련하여 이견이 있는 경우 그 조합원의 수는 제3조제5항에 따른 공고일 이전 1개월 동안 「전자금융거래법」 제2조제11호에 따른 전자지급수단의 방법으로 조합비를 납부한 조합원의 수로 하되, 둘 이상의 노동조합에 가입한 조합원에 대해서는 다음 각 호의 구분에 따른 방법으로 해당 조합원 1명에 대한 조합원 수

를 산정한다. 이 경우 교섭노동조합은 임금에서 조합비를 공제한 명단을 상대방에게 요청할 수 있고, 상대방은 지체 없이 해당 교섭노동조합에 이를 제공해야 한다.

1. 조합비를 납부하는 노동조합이 1개인 경우: 조합비를 납부하는 노동조합의 조합원 수에 숫자 1을 더한다.
2. 조합비를 납부하는 노동조합이 둘 이상인 경우: 숫자 1을 조합비를 납부하는 노동조합의 수로 나눈 후에 그 산출된 숫자를 그 조합비를 납부하는 노동조합의 조합원 수에 각각 더한다.

⑥교섭노동조합은 제3항부터 제5항까지의 규정에도 불구하고 조합원 수에 대하여 이견이 계속되거나 제4항에 따른 기간에 교섭위원을 선임하지 못한 경우 고용노동부장관 또는 노동조합의 주된 사무소의 소재지를 관할하는 지방고용노동관서의 장에게 조합원 수의 확인을 신청할 수 있다. 이 경우 고용노동부장관 또는 해당 지방고용노동관서의 장은 조합원 수의 확인을 위한 자료가 불충분하여 그 확인이 어려운 경우 등 특별한 사정이 없으면 신청일부터 10일 이내에 조합원 수를 확인하여 제3조제5항에 따라 공고된 교섭노동조합에 알려야 한다.

(2020.8.11 본조신설)

제 4 조 【국민여론 등 의견수렴】 ①노동관계 당사자는 법 제6조제8항에 따라 국민여론 및 학부모의 의견을 수렴할 때에는 여론조사를 하거나 공청회 등을 개최할 수 있다.(2021.6.29 개정)

②제1항에 따른 여론조사 및 공청회 개최 등은 노동관계 당사자가 공동으로 실시할 수 있다.

(2011.12.14 본조개정)

제 5 조 【단체협약의 이행 통보】 교육부장관, 시 · 도지사, 시 · 도 교육감, 국 · 공립학교의 장 및 사립학교 설립 · 경영자는 법 제7조제1항에 따라 단체협약으로서의 효력을 가지지 않는 단체협약 내용에 대한 이행 결과를 다음 교섭 시까지 교섭노동조합에 서면으로 알려야 한다.(2020.8.11 개정)

(2011.12.14 본조개정)

제 6 조 【노동쟁의의 조정 등】 ①노동관계 당사자는 법 제9조 또는 제10조에 따른 조정(調停) 또는 중재(仲裁)를 신청할 때에는 고용노동부령으로 정하는 바에 따라 「노동위원회법」 제2조에 따른 중앙노동위원회(이

교원 노조

하 “중앙노동위원회”라 한다)에 신청하여야 한다.

②제1항에 따른 신청을 받은 중앙노동위원회는 그 신청 내용이 법 제9조 또는 제10조에 따른 조정 또는 중재의 대상이 아니라고 인정하는 경우에는 신청인에게 그 사유와 조정 또는 중재 외의 다른 해결방법을 알려주어야 한다.

③중앙노동위원회는 법 제9조 또는 제10조에 따라 노동쟁의 조정 또는 중재를 하게 된 경우에는 지체 없이 서면으로 관계 당사자에게 각각 알리고, 법 제11조에 따른 교원 노동관계 조정위원회를 구성하여야 한다.

(2011.12.14 본조개정)

제 7 조【수당 등의 지급】 법 제11조제2항 단서에 따라 교원 노동관계 조정위원회의 위원으로 지명된 사람에게는 그 직무의 집행을 위하여 예산의 범위에서 「노동위원회법」 제2조에 따른 노동위원회(이하 “노동위원회”라 한다)의 위원에 준하는 수당과 여비를 지급할 수 있다.

(2011.12.14 본조개정)

제 8 조【구제신청 접수의 통보】 삭제(2023.12.5)

제 9 조【다른 시행령과의 관계】 ①교원 또는 법 제4조의2제2호에 해당하는 사람에게 적용할 노동조합 및 노동관계조정에 관하여 이 영에서 정하지 않은 사항에 관하여는 제2항에서 정하는 경우를 제외하고는 「노동조합 및 노동관계조정법 시행령」에서 정하는 바에 따른다. 이 경우 같은 영 제9조제1항 각 호 외의 부분 중 “고용노동부장관, 특별시장 · 광역시장 · 도지사 · 특별자치도지사, 시장 · 군수 또는 자치구의 구청장(이하 “행정관청”이라 한다)”은 “고용노동부장관”으로, 같은 영 제9조제3항 및 제13조제4항 중 “당해 사업 또는 사업장의 사용자나 사용자단체에”는 각각 “교육부장관, 시 · 도지사, 시 · 도 교육감, 국 · 공립학교의 장 또는 사립학교 설립 · 경영자에게”로, 같은 영 제10조제2항 중 “다른 행정관청의 관할구역”은 “다른 지방고용노동관서의 관할구역”으로, “새로운 소재지를 관할하는 행정관청”은 “고용노동부장관”으로, 같은 영 제11조제2항 중 “제1항제3호 및 제4호”는 “제1항제3호”로, “당해 사업 또는 사업장의 사용자나 사용자단체에도”는 “교육부장관, 시 · 도지사, 시 · 도 교육감, 국 · 공립학교의 장 또는 사립학교 설립 · 경영자에게도”로, 같은 영 제11조의3 및 제11조의6 중 “위원회”는 각각 “심의위원회”로, 같은 영 제29조제1항 중 “노동위원회”는 “중앙노동위원회”로, 같은 영 제30조제1항 중 “중재위원회”는 “교원 노동

관계 조정위원회"로 보고, 같은 영 중 "근로자"는 각각 "교원 또는 법 제4조의2제2호에 해당하는 사람"으로, "사용자"는 각각 "교육부장관, 시ㆍ도지사, 시ㆍ도 교육감, 국ㆍ공립학교의 장, 사립학교 설립ㆍ경영자 또는 교원에 관한 사항에 대하여 교육부장관, 시ㆍ도지사, 시ㆍ도 교육감, 국ㆍ공립학교의 장, 사립학교 설립ㆍ경영자를 위하여 행동하는 자"로, "행정관청"은 각각 "고용노동부장관"으로 본다.(2023.12.5 개정)

②교원 또는 법 제4조의2제2호에 해당하는 사람의 노동조합에 관하여는 「노동조합 및 노동관계조정법 시행령」 제7조, 제11조제1항제4호, 제11조의2, 제11조의4, 제11조의5, 제14조, 제14조의2부터 제14조의12까지, 제17조, 제18조, 제20조부터 제22조까지, 제22조의2부터 제22조의4까지, 제23조부터 제26조까지, 제28조, 제29조제2항, 제31조, 제32조 및 제33조제1항제10호ㆍ제12호ㆍ제13호ㆍ제14호(「노동조합 및 노동관계조정법」 제96조제1항제3호만 해당한다)ㆍ제17호ㆍ제18호는 적용하지 않는다.(2023.12.5 개정)

부　칙 (2011.12.14)
이 영은 공포한 날부터 시행한다.

부　칙 (2020. 8.11)
제1조【시행일】 이 영은 공포한 날부터 시행한다.
제2조【노동조합 산하조직의 설립신고에 관한 경과조치】 법 제4조에 따라 설립된 노동조합 또는 설립하려는 노동조합의 산하조직이 2020년 6월 9일 이후 이 영 시행일 전까지 설립신고를 한 경우에는 제2조의 개정규정에 따른 노동조합 설립신고를 한 것으로 본다.
제3조【단체교섭 요구 및 절차 등에 관한 경과조치】 이 영 시행 전에 단체교섭이 요구되어 그 교섭이 진행 중인 경우 그 교섭 절차 등 단체교섭에 관한 사항은 제3조의 개정규정에도 불구하고 종전의 규정에 따른다.

부　칙 (2021. 6.29)
이 영은 2021년 7월 6일부터 시행한다.

부　칙 (2023.12. 5)
이 영은 2023년 12월 11일부터 시행한다.

고용·산재보험 관련법령

고용보험법

전부개정 2007. 5.11 법률 제8429호
개정 2007.12.21 법률 제8781호
2008. 3.21 법률 제8959호
2008.12.31 법률 제9315호
2009.10. 9 법률 제9792호
2010. 1.27 법률 제9990호
2010. 2. 4 법률 제9999호
2010. 5.31 법률 제10337호
2010. 5.31 법률 제10338호
2010. 6. 4 법률 제10339호
2011. 5.24 법률 제10719호
2011. 6. 7 법률 제10789호
2011. 7.21 법률 제10895호
2012. 2. 1 법률 제11274호
2012.12.11 법률 제11530호
2013. 1.23 법률 제11628호
2013. 3.22 법률 제11662호
2013. 6. 4 법률 제11864호
2014. 1.21 법률 제12323호
2015. 1.20 법률 제13041호
2016. 1.19 법률 제13805호
2016. 5.29 법률 제14233호
2016.12.27 법률 제14496호
2019. 1.15 법률 제16269호
2019. 4.30 법률 제16413호
2019. 4.30 법률 제16415호
2019. 8.27 법률 제16557호
2020. 5.26 법률 제17326호

2020. 6. 9 법률 제17429호
2021. 1. 5 법률 제17859호
2021. 8.17 법률 제18425호
2022. 6.10 법률 제18913호
2022. 6.10 법률 제18919호
2022. 6.10 법률 제18920호
2022.12.31 법률 제19210호
2023. 8. 8 법률 제19591호
2024.10.22 법률 제20519호
2025.10. 1 법률 제21065호
2025.11.11 법률 제21133호

제1장 총 칙

제1조 【목적】 이 법은 고용보험의 시행을 통하여 실업의 예방, 고용의 촉진 및 근로자 등의 직업능력의 개발과 향상을 꾀하고, 국가의 직업지도와 직업소개 기능을 강화하며, 근로자 등이 실업한 경우에 생활에 필요한 급여를 실시하여 근로자 등의 생활안정과 구직 활동을 촉진함으로써 경제·사회 발전에 이바지하는 것을 목적으로 한다.(2021.1.5 개정)

제2조 【정의】 이 법에서 사용하는 용어의 뜻은 다음과 같다.

1. "피보험자"란 다음 각 목에 해당하는 사람을 말한다.(2020.5.26 개정)
   가. 「고용보험 및 산업재해보상보험의 보험료징수 등에 관한 법률」(이하 "고용산재보험료징수법"이라 한다) 제5조제1항·제2항, 제6조제1항, 제8조제1항·제2항, 제48조의2제1항 및 제48조의3제1항에 따라 보험에 가입되거나 가입된 것으로 보는 근로자, 예술인 또는 노무제공자(2021.1.5 개정)
   나. 고용산재보험료징수법 제49조의2제1항·제2항에 따라 고용보험에 가입하거나 가입된 것으로 보는 자영업자(이하 "자영업자인 피보험자"라 한다)(2021.1.5 개정)
2. "이직(離職)"이란 피보험자와 사업주 사이의 고용관계가 끝나게 되는

것(제77조의2제1항에 따른 예술인 및 제77조의6제1항에 따른 노무제공자의 경우에는 문화예술용역 관련 계약 또는 노무제공계약이 끝나는 것을 말한다)을 말한다.(2021.1.5 개정)

3. "실업"이란 근로의 의사와 능력이 있음에도 불구하고 취업하지 못한 상태에 있는 것을 말한다.(2008.12.31 개정)
4. "실업의 인정"이란 직업안정기관의 장이 제43조에 따른 수급자격자가 실업한 상태에서 적극적으로 직업을 구하기 위하여 노력하고 있다고 인정하는 것을 말한다.
5. "보수"란 「소득세법」 제20조에 따른 근로소득에서 대통령령으로 정하는 금품을 뺀 금액을 말한다. 다만, 휴직이나 그 밖에 이와 비슷한 상태에 있는 기간 중에 사업주 외의 자로부터 지급받는 금품 중 고용노동부장관이 정하여 고시하는 금품은 보수로 본다.(2011.7.21 개정)
6. "일용근로자"란 1개월 미만 동안 고용되는 사람을 말한다.(2020.5.26 개정)

제 3 조 【보험의 관장】 고용보험(이하 "보험"이라 한다)은 고용노동부장관이 관장한다.(2010.6.4 개정)

제 4 조 【고용보험사업】 ①보험은 제1조의 목적을 이루기 위하여 고용보험사업(이하 "보험사업"이라 한다)으로 고용안정 · 직업능력개발 사업, 실업급여, 육아휴직 급여 및 출산전후휴가 급여 등을 실시한다.(2012.2.1 개정)

②보험사업의 보험연도는 정부의 회계연도에 따른다.

제 5 조 【국고의 부담】 ①국가는 매년 보험사업에 드는 비용의 일부를 일반회계에서 부담하여야 한다.(2015.1.20 개정)

②국가는 매년 예산의 범위에서 보험사업의 관리 · 운영에 드는 비용을 부담할 수 있다.

제 6 조 【보험료】 ①이 법에 따른 보험사업에 드는 비용을 충당하기 위하여 징수하는 보험료와 그 밖의 징수금에 대하여는 고용산재보험료징수법으로 정하는 바에 따른다.(2021.1.5 개정)

②고용산재보험료징수법 제13조제1항제1호에 따라 징수된 고용안정 · 직업능력개발 사업의 보험료 및 실업급여의 보험료는 각각 그 사업에 드는 비용에 충당한다. 다만, 실업급여의 보험료는 제55조의2제1항에 따른 국민연금 보험료의 지원, 제70조제1항에 따른 육아휴직 급여의 지급, 제73조의2제1항에 따른 육아기 근로시간 단축 급여의 지급, 제75조 · 제76조의2에

따른 출산전후휴가 급여등 및 제77조의4 · 제77조의9에 따른 출산전후급여등의 지급에 드는 비용에 충당할 수 있다.(2021.1.5 개정)
③제2항에도 불구하고 자영업자인 피보험자로부터 고용산재보험료징수법 제49조의2에 따라 징수된 고용안정 · 직업능력개발 사업의 보험료 및 실업급여의 보험료는 각각 자영업자인 피보험자를 위한 그 사업에 드는 비용에 충당한다. 다만, 실업급여의 보험료는 자영업자인 피보험자를 위한 제55조의2제1항에 따른 국민연금 보험료의 지원에 드는 비용에 충당할 수 있다.(2021.1.5 개정)

제 7 조 【고용보험위원회】 ①이 법 및 고용산재보험료징수법(보험에 관한 사항만 해당한다)의 시행에 관한 주요 사항을 심의하기 위하여 고용노동부에 고용보험위원회(이하 이 조에서 "위원회"라 한다)를 둔다.(2021.1.5 개정)
②위원회는 다음 각 호의 사항을 심의한다.
1. 보험제도 및 보험사업의 개선에 관한 사항
2. 고용산재보험료징수법에 따른 보험료율의 결정에 관한 사항(2021.1.5 개정)
3. 제11조의2에 따른 보험사업의 평가에 관한 사항
4. 제81조에 따른 기금운용 계획의 수립 및 기금의 운용 결과에 관한 사항
5. 그 밖에 위원장이 보험제도 및 보험사업과 관련하여 위원회의 심의가 필요하다고 인정하는 사항

③위원회는 위원장 1명을 포함한 20명 이내의 위원으로 구성한다.
④위원회의 위원장은 고용노동부차관이 되고, 위원은 다음 각 호의 사람 중에서 각각 같은 수(數)로 고용노동부장관이 임명하거나 위촉하는 사람이 된다.(2010.6.4 개정)
1. 근로자를 대표하는 사람
2. 사용자를 대표하는 사람
3. 공익을 대표하는 사람
4. 정부를 대표하는 사람

⑤위원회는 심의 사항을 사전에 검토 · 조정하기 위하여 위원회에 전문위원회를 둘 수 있다.
⑥위원회 및 전문위원회의 구성 · 운영과 그 밖에 필요한 사항은 대통령령으로 정한다.

(2008.12.31 본조개정)

제8조【적용 범위】 ①이 법은 근로자를 사용하는 모든 사업 또는 사업장(이하 "사업"이라 한다)에 적용한다. 다만, 산업별 특성 및 규모 등을 고려하여 대통령령으로 정하는 사업에 대해서는 적용하지 아니한다.(2021.1.5 개정)

②이 법은 제77조의2제1항에 따른 예술인 또는 제77조의6제1항에 따른 노무제공자의 노무를 제공받는 사업에 적용하되, 제1장, 제2장, 제4장, 제5장의2, 제5장의3, 제6장, 제8장 또는 제9장의 예술인 또는 노무제공자에 관한 규정을 각각 적용한다.(2022.12.31 개정)

제9조【보험관계의 성립·소멸】 이 법에 따른 보험관계의 성립 및 소멸에 대하여는 고용산재보험료징수법으로 정하는 바에 따른다.(2021.1.5 개정)

제10조【적용 제외】 ①다음 각 호의 어느 하나에 해당하는 사람에게는 이 법을 적용하지 아니한다.(2020.5.26 개정)

1. 삭제(2019.1.15)
2. 해당 사업에서 소정(所定)근로시간이 대통령령으로 정하는 시간 미만인 근로자(2022.12.31 개정)
3. 「국가공무원법」과 「지방공무원법」에 따른 공무원. 다만, 대통령령으로 정하는 바에 따라 별정직공무원, 「국가공무원법」 제26조의5 및 「지방공무원법」 제25조의5에 따른 임기제공무원의 경우는 본인의 의사에 따라 고용보험(제4장에 한정한다)에 가입할 수 있다.(2020.5.26 개정)
4. 「사립학교교직원 연금법」의 적용을 받는 사람(2020.5.26 개정)
5. 그 밖에 대통령령으로 정하는 사람(2020.5.26 개정)

②65세 이후에 고용(65세 전부터 피보험 자격을 유지하던 사람이 65세 이후에 계속하여 고용된 경우는 제외한다)되거나 자영업을 개시한 사람에게는 제4장 및 제5장을 적용하지 아니한다.(2019.1.15 신설)

제10조의2【외국인 근로자·예술인·노무제공자에 대한 적용】 ①「외국인근로자의 고용 등에 관한 법률」의 적용을 받는 외국인근로자에게는 이 법을 적용한다. 다만, 제4장 및 제5장은 고용노동부령으로 정하는 바에 따른 신청이 있는 경우에만 적용한다.

②제1항에 해당하는 외국인근로자를 제외한 외국인이 근로계약, 제77조의2제1항의 문화예술용역 관련 계약 또는 제77조의6제1항의 노무제공계약을

체결한 경우에는 「출입국관리법」 제10조에 따른 체류자격의 활동범위 및 체류기간 등을 고려하여 대통령령으로 정하는 바에 따라 이 법의 전부 또는 일부를 적용한다.(2022.12.31 개정)
(2019.1.15 본조신설)

제11조【보험 관련 조사 · 연구】 ①고용노동부장관은 노동시장 · 직업 및 직업능력개발에 관한 연구와 보험 관련 업무를 지원하기 위한 조사 · 연구 사업 등을 할 수 있다.(2010.6.4 개정)
②고용노동부장관은 필요하다고 인정하면 제1항에 따른 업무의 일부를 대통령령으로 정하는 자에게 대행하게 할 수 있다.(2010.6.4 개정)

제11조의2【보험사업의 평가】 ①고용노동부장관은 보험사업에 대하여 상시적이고 체계적인 평가를 하여야 한다.(2010.6.4 개정)
②고용노부장관은 제1항에 따른 평가의 전문성을 확보하기 위하여 대통령령으로 정하는 기관에 제1항에 따른 평가를 의뢰할 수 있다.(2010.6.4 개정)
③고용노동부장관은 제1항 및 제2항에 따른 평가 결과를 반영하여 보험사업을 조정하거나 제81조에 따른 기금운용 계획을 수립하여야 한다.(2010.6.4 개정)
(2008.12.31 본조신설)

제12조【국제교류 · 협력】 고용노동부장관은 보험사업에 관하여 국제기구 및 외국 정부 또는 기관과의 교류 · 협력 사업을 할 수 있다.(2010.6.4 개정)

제 2 장 피보험자의 관리

제13조【피보험자격의 취득일】 ①근로자인 피보험자는 이 법이 적용되는 사업에 고용된 날에 피보험자격을 취득한다. 다만, 다음 각 호의 경우에는 각각 그 해당되는 날에 피보험자격을 취득한 것으로 본다.(2021.1.5 개정)
1. 제10조 및 제10조의2에 따른 적용 제외 근로자였던 사람이 이 법의 적용을 받게 된 경우에는 그 적용을 받게 된 날(2020.5.26 개정)
2. 고용산재보험료징수법 제7조에 따른 보험관계 성립일 전에 고용된 근로자의 경우에는 그 보험관계가 성립한 날(2021.1.5 개정)

②자영업자인 피보험자는 고용산재보험료징수법 제49조의2제1항 및 같은 조 제12항에서 준용하는 같은 법 제7조제3호에 따라 보험관계가 성립한 날에 피보험자격을 취득한다.(2021.1.5 개정)

제14조【피보험자격의 상실일】 ①근로자인 피보험자는 다음 각 호의 어느 하나에 해당하는 날에 각각 그 피보험자격을 상실한다.(2021.1.5 개정)

1. 근로자인 피보험자가 제10조 및 제10조의2에 따른 적용 제외 근로자에 해당하게 된 경우에는 그 적용 제외 대상자가 된 날(2021.1.5 개정)
2. 고용산재보험료징수법 제10조에 따라 보험관계가 소멸한 경우에는 그 보험관계가 소멸한 날(2021.1.5 개정)
3. 근로자인 피보험자가 이직한 경우에는 이직한 날의 다음 날(2021.1.5 개정)
4. 근로자인 피보험자가 사망한 경우에는 사망한 날의 다음 날(2021.1.5 개정)

②자영업자인 피보험자는 고용산재보험료징수법 제49조의2제10항 및 같은 조 제12항에서 준용하는 같은 법 제10조제1호부터 제3호까지의 규정에 따라 보험관계가 소멸한 날에 피보험자격을 상실한다.(2021.1.5 개정)

제15조【피보험자격에 관한 신고 등】 ①사업주는 그 사업에 고용된 근로자의 피보험자격의 취득 및 상실 등에 관한 사항을 대통령령으로 정하는 바에 따라 고용노동부장관에게 신고하여야 한다.(2010.6.4 개정)

②고용산재보험료징수법 제9조에 따라 원수급인(元受給人)이 사업주로 된 경우에 그 사업에 종사하는 근로자 중 원수급인이 고용하는 근로자 외의 근로자에 대하여는 그 근로자를 고용하는 다음 각 호의 하수급인(下受給人)이 제1항에 따른 신고를 하여야 한다. 이 경우 원수급인은 고용노동부령으로 정하는 바에 따라 하수급인에 관한 자료를 고용노동부장관에게 제출하여야 한다.(2021.1.5 개정)

1. 「건설산업기본법」 제2조제7호에 따른 건설사업자(2019.4.30 개정)
2. 「주택법」 제4조에 따른 주택건설사업자(2016.1.19 개정)
3. 「전기공사업법」 제2조제3호에 따른 공사업자
4. 「정보통신공사업법」 제2조제4호에 따른 정보통신공사업자
5. 「소방시설공사업법」 제2조제1항제2호에 따른 소방시설업자
6. 「국가유산수리 등에 관한 법률」 제14조에 따른 국가유산수리업자

(2023.8.8 개정)

③사업주가 제1항에 따른 피보험자격에 관한 사항을 신고하지 아니하면 대통령령으로 정하는 바에 따라 근로자가 신고할 수 있다.

④고용노동부장관은 제1항부터 제3항까지의 규정에 따라 신고된 피보험자격의 취득 및 상실 등에 관한 사항을 고용노동부령으로 정하는 바에 따라 피보험자 및 원수급인 등 관계인에게 알려야 한다.(2010.6.4 개정)

⑤제1항이나 제2항에 따른 사업주, 원수급인 또는 하수급인은 같은 항의 신고를 고용노동부령으로 정하는 전자적 방법으로 할 수 있다.(2010.6.4 개정)

⑥고용노동부장관은 제5항에 따라 전자적 방법으로 신고를 하려는 사업주, 원수급인 또는 하수급인에게 고용노동부령으로 정하는 바에 따라 필요한 장비 등을 지원할 수 있다.(2010.6.4 개정)

⑦제1항에도 불구하고 자영업자인 피보험자는 피보험자격의 취득 및 상실에 관한 신고를 하지 아니한다.(2011.7.21 신설)

제16조【이직의 확인】 삭제(2019.8.27)

제17조【피보험자격의 확인】 ①피보험자 또는 피보험자였던 사람은 언제든지 고용노동부장관에게 피보험자격의 취득 또는 상실에 관한 확인을 청구할 수 있다.(2020.5.26 개정)

②고용노동부장관은 제1항에 따른 청구에 따르거나 직권으로 피보험자격의 취득 또는 상실에 관하여 확인을 한다.(2010.6.4 개정)

③고용노동부장관은 제2항에 따른 확인 결과를 대통령령으로 정하는 바에 따라 그 확인을 청구한 피보험자 및 사업주 등 관계인에게 알려야 한다.(2010.6.4 개정)

제18조【피보험자격의 취득기준】 ①제2조제1호가목에 따른 근로자가 보험관계가 성립되어 있는 둘 이상의 사업에 동시에 고용되어 있는 경우에는 대통령령으로 정하는 바에 따라 그 중 한 사업의 피보험자격을 취득한다.

②제2조제1호가목 및 나목에 동시에 해당하는 사람은 같은 호 가목에 따른 근로자, 예술인 또는 노무제공자로서의 피보험자격을 취득한다. 다만, 제2조제1호가목에 따른 피보험자가 다음 각 호의 어느 하나에 해당하는 사람인 경우에는 같은 호 가목 및 나목의 피보험자격 중 하나를 선택하여 피보험자격을 취득하거나 유지한다.

1. 일용근로자

2. 제77조의2제2항제2호 단서에 따른 단기예술인
3. 제77조의6제2항제2호 단서에 따른 단기노무제공자
③제2항에도 불구하고 제2조제1호가목 및 나목에 동시에 해당하는 사람은 본인 의사에 따라 같은 호 가목 및 나목에 따른 피보험자격 모두를 취득하거나 유지할 수 있다.
④제2조제1호가목에 따른 예술인 또는 노무제공자가 보험관계가 성립되어 있는 둘 이상의 사업에서 동시에 노무를 제공하거나 근로를 제공하는 경우에는 대통령령으로 정하는 바에 따라 피보험자격을 취득한다.
(2022.12.31 본조개정)

제3장 고용안정 · 직업능력개발 사업

제19조【고용안정 · 직업능력개발 사업의 실시】 ①고용노동부장관은 피보험자 및 피보험자였던 사람, 그 밖에 취업할 의사를 가진 사람(이하 "피보험자등"이라 한다)에 대한 실업의 예방, 취업의 촉진, 고용기회의 확대, 직업능력개발 · 향상의 기회 제공 및 지원, 그 밖에 고용안정과 사업주에 대한 인력 확보를 지원하기 위하여 고용안정 · 직업능력개발 사업을 실시한다.(2020.5.26 개정)
②고용노동부장관은 제1항에 따른 고용안정 · 직업능력개발 사업을 실시할 때에는 근로자의 수, 고용안정 · 직업능력개발을 위하여 취한 조치 및 실적 등 대통령령으로 정하는 기준에 해당하는 기업(이하 "우선지원 대상기업"이라 한다)을 우선적으로 고려하여야 한다.(2019.8.27 개정)

제20조【고용창출의 지원】 고용노동부장관은 고용환경 개선, 근무형태 변경 등으로 고용의 기회를 확대한 사업주에게 대통령령으로 정하는 바에 따라 필요한 지원을 할 수 있다.(2010.6.4 개정)

제21조【고용조정의 지원】 ①고용노동부장관은 경기의 변동, 산업구조의 변화 등에 따른 사업 규모의 축소, 사업의 폐업 또는 전환으로 고용조정이 불가피하게 된 사업주가 근로자에 대한 휴업이나 휴직 등 근로를 제공하지 아니하도록 하는 조치, 직업전환에 필요한 직업능력개발 훈련, 인력의 재배치 등을 실시하거나 그 밖에 근로자의 고용안정을 위한 조치를 하면 대통령령으로 정하는 바에 따라 그 사업주에게 필요한 지원을 할 수 있다. 이 경우 사업주가 근로자에게 지급하는 금품이 근로자의 고용안

정을 위한 조치로 인하여 대통령령으로 정하는 수준으로 감소할 때에는 대통령령으로 정하는 바에 따라 그 근로자에게도 필요한 지원을 할 수 있다.(2025.11.11 개정)

②고용노동부장관은 제1항의 고용조정으로 이직된 근로자를 고용하는 등 고용이 불안정하게 된 근로자의 고용안정을 위한 조치를 하는 사업주에게 대통령령으로 정하는 바에 따라 필요한 지원을 할 수 있다.(2010.6.4 개정)

③고용노동부장관은 제1항에 따른 지원을 할 때에는 다음 각 호의 어느 하나에 해당하는 경우 사업주 또는 근로자에게 「고용정책 기본법」 제10조에 따른 고용정책심의회의 심의를 거쳐 대통령령으로 정하는 바에 따라 그 지원을 확대할 수 있다.(2025.11.11 개정)

1. 사업주 또는 근로자가 「고용정책 기본법」 제32조에 따른 업종에 종사하거나 지역에 있는 경우
2. 고용상황이 전국적으로 현저히 악화되어 특별지원이 필요하게 된 경우

제22조【지역 고용의 촉진】 고용노동부장관은 고용기회가 뚜렷이 부족하거나 산업구조의 변화 등으로 고용사정이 급속하게 악화되고 있는 지역으로 사업을 이전하거나 그러한 지역에서 사업을 신설 또는 증설하여 그 지역의 실업 예방과 재취업 촉진에 기여한 사업주, 그 밖에 그 지역의 고용기회 확대에 필요한 조치를 한 사업주에게 대통령령으로 정하는 바에 따라 필요한 지원을 할 수 있다.(2010.6.4 개정)

제23조【고령자등 고용촉진의 지원】 고용노동부장관은 고령자 등 노동시장의 통상적인 조건에서는 취업이 특히 곤란한 사람(이하 "고령자등"이라 한다)의 고용을 촉진하기 위하여 고령자등을 새로 고용하거나 이들의 고용안정에 필요한 조치를 하는 사업주 또는 사업주가 실시하는 고용안정 조치에 해당된 근로자에게 대통령령으로 정하는 바에 따라 필요한 지원을 할 수 있다.(2020.5.26 개정)

제24조【건설근로자 등의 고용안정 지원】 ①고용노동부장관은 건설근로자 등 고용상태가 불안정한 근로자를 위하여 다음 각 호의 사업을 실시하는 사업주에게 대통령령으로 정하는 바에 따라 필요한 지원을 할 수 있다.(2010.6.4 개정)

1. 고용상태의 개선을 위한 사업
2. 계속적인 고용기회의 부여 등 고용안정을 위한 사업
3. 그 밖에 대통령령으로 정하는 고용안정 사업

②고용노동부장관은 제1항 각 호의 사업과 관련하여 사업주가 단독으로 고용안정 사업을 실시하기 어려운 경우로서 대통령령으로 정하는 경우에는 사업주 단체에 대하여도 지원을 할 수 있다.(2010.6.4 개정)

제25조【고용안정 및 취업 촉진】 ①고용노동부장관은 피보험자등의 고용안정 및 취업을 촉진하기 위하여 다음 각 호의 사업을 직접 실시하거나 이를 실시하는 자에게 필요한 비용을 지원 또는 대부할 수 있다.(2010.6.4 개정)

1. 고용관리 진단 등 고용개선 지원 사업
2. 피보험자등의 창업을 촉진하기 위한 지원 사업
3. 그 밖에 피보험자등의 고용안정 및 취업을 촉진하기 위한 사업으로서 대통령령으로 정하는 사업

②제1항에 따른 사업의 실시와 비용의 지원·대부에 필요한 사항은 대통령령으로 정한다.

제26조【고용촉진 시설에 대한 지원】 고용노동부장관은 피보험자등의 고용안정·고용촉진 및 사업주의 인력 확보를 지원하기 위하여 대통령령으로 정하는 바에 따라 상담 시설, 어린이집, 그 밖에 대통령령으로 정하는 고용촉진 시설을 설치·운영하는 자에게 필요한 지원을 할 수 있다.(2011.6.7 개정)

제26조의2【지원의 제한】 고용노동부장관은 제20조부터 제26조까지의 규정에 따른 지원을 할 때 사업주가 다른 법령에 따른 지원금 또는 장려금 등의 금전을 지급받은 경우 등 대통령령으로 정하는 경우에는 그 금액을 빼고 지원할 수 있다.
(2011.7.21 본조신설)

제27조【사업주에 대한 직업능력개발 훈련의 지원】 ①고용노동부장관은 피보험자등의 직업능력을 개발·향상시키기 위하여 대통령령으로 정하는 직업능력개발 훈련을 실시하는 사업주에게 대통령령으로 정하는 바에 따라 그 훈련에 필요한 비용을 지원할 수 있다.(2016.12.27 개정)

②고용노동부장관은 사업주가 다음 각 호의 어느 하나에 해당하는 사람에게 제1항에 따라 직업능력개발 훈련을 실시하는 경우에는 대통령령으로 정하는 바에 따라 우대 지원할 수 있다.(2016.12.27 신설)

1. 「기간제 및 단시간근로자 보호 등에 관한 법률」 제2조제1호의 기간제근로자

2. 「근로기준법」 제2조제1항제9호의 단시간근로자(2021.1.5 개정)
3. 「파견근로자 보호 등에 관한 법률」 제2조제5호의 파견근로자(2019.4.30 개정)
4. 일용근로자
5. 「고용상 연령차별금지 및 고령자고용촉진에 관한 법률」 제2조제1호 또는 제2호의 고령자 또는 준고령자
6. 그 밖에 대통령령으로 정하는 사람

제28조 【비용 지원의 기준 등】 고용노동부장관이 제27조에 따라 사업주에게 비용을 지원하는 경우 지원 금액은 고용산재보험료징수법 제16조의3에 따른 월별보험료를 모두 더한 해당 연도 고용보험료 또는 같은 법 제17조에 따른 해당 연도 고용보험 개산보험료 중 고용안정·직업능력개발 사업의 보험료에 대통령령으로 정하는 비율을 곱한 금액으로 하되, 그 한도는 대통령령으로 정한다.(2021.1.5 개정)

제29조 【피보험자등에 대한 직업능력개발 지원】 ①고용노동부장관은 피보험자등이 직업능력개발 훈련을 받거나 그 밖에 직업능력의 개발·향상을 위하여 노력하는 경우에는 대통령령으로 정하는 바에 따라 필요한 비용을 지원할 수 있다.(2010.6.4 개정)
②고용노동부장관은 필요하다고 인정하면 대통령령으로 정하는 바에 따라 피보험자등의 취업을 촉진하기 위한 직업능력개발 훈련을 실시할 수 있다.(2010.6.4 개정)
③고용노동부장관은 대통령령으로 정하는 저소득 피보험자등이 직업능력개발 훈련을 받는 경우 대통령령으로 정하는 바에 따라 생계비를 대부할 수 있다.(2010.6.4 개정)

제30조 【직업능력개발 훈련 시설에 대한 지원 등】 고용노동부장관은 피보험자등의 직업능력 개발·향상을 위하여 필요하다고 인정하면 대통령령으로 정하는 바에 따라 직업능력개발 훈련 시설의 설치 및 장비 구입에 필요한 비용의 대부, 그 밖에 고용노동부장관이 정하는 직업능력개발 훈련 시설의 설치 및 장비 구입·운영에 필요한 비용을 지원할 수 있다.(2010.6.4 개정)

제31조 【직업능력개발의 촉진】 ①고용노동부장관은 피보험자등의 직업능력 개발·향상을 촉진하기 위하여 다음 각 호의 사업을 실시하거나 이를 실시하는 자에게 그 사업의 실시에 필요한 비용을 지원할 수 있

다.(2010.6.4 개정)

1. 직업능력개발 사업에 대한 기술지원 및 평가 사업
2. 자격검정 사업 및 「숙련기술장려법」에 따른 숙련기술 장려 사업(2010.5.31 개정)
3. 그 밖에 대통령령으로 정하는 사업

②고용노동부장관은 직업능력의 개발·향상과 인력의 원활한 수급(需給)을 위하여 필요하다고 인정하면 대통령령으로 정하는 바에 따라 고용노동부장관이 정하는 직종에 대한 직업능력개발 훈련 사업을 위탁하여 실시할 수 있다.(2010.6.4 개정)

제32조【건설근로자 등의 직업능력개발 지원】 ①고용노동부장관은 건설근로자 등 고용상태가 불안정한 근로자를 위하여 직업능력 개발·향상을 위한 사업으로 대통령령으로 정하는 사업을 실시하는 사업주에게 그 사업의 실시에 필요한 비용을 지원할 수 있다.(2010.6.4 개정)

②고용노동부장관은 제1항의 사업과 관련하여 사업주가 단독으로 직업능력개발 사업을 실시하기 어려운 경우로서 대통령령으로 정하는 경우에는 사업주 단체에 대하여도 지원할 수 있다.(2010.6.4 개정)

제33조【고용정보의 제공 및 고용 지원 기반의 구축 등】 ①고용노동부장관은 사업주 및 피보험자등에 대한 구인·구직·훈련 등 고용정보의 제공, 직업·훈련 상담 등 직업지도, 직업소개, 고용안정·직업능력개발에 관한 기반의 구축 및 그에 필요한 전문 인력의 배치 등의 사업을 할 수 있다.(2010.6.4 개정)

②고용노동부장관은 필요하다고 인정하면 제1항에 따른 업무의 일부를 「직업안정법」 제4조의4에 따른 민간직업상담원에게 수행하도록 할 수 있다.(2010.6.4 개정)

제34조【지방자치단체 등에 대한 지원】 고용노동부장관은 지방자치단체 또는 대통령령으로 정하는 비영리법인·단체가 그 지역에서 피보험자등의 고용안정·고용촉진 및 직업능력개발을 위한 사업을 실시하는 경우에는 대통령령으로 정하는 바에 따라 필요한 지원을 할 수 있다.(2010.6.4 개정)

제35조【부정행위에 따른 지원의 제한 등】 ①고용노동부장관은 거짓이나 그 밖의 부정한 방법으로 이 장의 규정에 따른 고용안정·직업능력개발 사업의 지원을 받은 자 또는 받으려는 자에게는 해당 지원금 중 지

급되지 아니한 금액 또는 지급받으려는 지원금을 지급하지 아니하고, 1년의 범위에서 대통령령으로 정하는 바에 따라 지원금의 지급을 제한하며, 거짓이나 그 밖의 부정한 방법으로 지원받은 금액을 반환하도록 명하여야 한다.(2015.1.20 개정)

②고용노동부장관은 제1항에 따라 반환을 명하는 경우에는 이에 추가하여 고용노동부령으로 정하는 기준에 따라 그 거짓이나 그 밖의 부정한 방법으로 지급받은 금액의 5배 이하의 금액을 징수할 수 있다.(2010.6.4 개정)

③고용노동부장관은 고용안정 · 직업능력개발 사업의 지원을 받은 자에게 잘못 지급된 지원금이 있으면 그 지급금의 반환을 명할 수 있다.(2019.8.27 신설)

④제1항 및 제2항에도 불구하고 거짓이나 그 밖의 부정한 방법으로 직업능력개발 사업의 지원을 받은 자 또는 받으려는 자에 대한 지원의 제한, 반환 및 추가징수에 관하여는 「국민 평생 직업능력 개발법」 제55조 및 제56조를 준용한다.(2021.8.17 개정)

⑤고용노동부장관은 보험료를 체납한 자에게는 고용노동부령으로 정하는 바에 따라 이 장의 규정에 따른 고용안정 · 직업능력개발 사업의 지원을 하지 아니할 수 있다.(2019.8.27 개정)

제36조 【업무의 대행】 고용노동부장관은 필요하다고 인정하면 제19조 및 제27조부터 제31조까지의 규정에 따른 업무의 일부를 대통령령으로 정하는 자에게 대행하게 할 수 있다.(2010.6.4 개정)

제 4 장 실업급여

제 1 절 통칙

제37조 【실업급여의 종류】 ①실업급여는 구직급여와 취업촉진 수당으로 구분한다.

②취업촉진 수당의 종류는 다음 각 호와 같다.

1. 조기(早期)재취업 수당
2. 직업능력개발 수당
3. 광역 구직활동비
4. 이주비

제37조의2【실업급여수급계좌】 ①직업안정기관의 장은 제43조에 따른 수급자격자의 신청이 있는 경우에는 실업급여를 수급자격자 명의의 지정된 계좌(이하 "실업급여수급계좌"라 한다)로 입금하여야 한다. 다만, 정보통신장애나 그 밖에 대통령령으로 정하는 불가피한 사유로 실업급여를 실업급여수급계좌로 이체할 수 없을 때에는 현금 지급 등 대통령령으로 정하는 바에 따라 실업급여를 지급할 수 있다.
②실업급여수급계좌의 해당 금융기관은 이 법에 따른 실업급여만이 실업급여수급계좌에 입금되도록 관리하여야 한다.
③제1항에 따른 신청 방법·절차와 제2항에 따른 실업급여수급계좌의 관리에 필요한 사항은 대통령령으로 정한다.
(2015.1.20 본조신설)

제38조【수급권의 보호】 ①실업급여를 받을 권리는 양도 또는 압류하거나 담보로 제공할 수 없다.(2015.1.20 개정)
②제37조의2제1항에 따라 지정된 실업급여수급계좌의 예금 중 대통령령으로 정하는 액수 이하의 금액에 관한 채권은 압류할 수 없다.(2015.1.20 신설)

제38조의2【공과금의 면제】 실업급여로서 지급된 금품에 대하여는 국가나 지방자치단체의 공과금(「국세기본법」 제2조제8호 또는 「지방세기본법」 제2조제1항제26호에 따른 공과금을 말한다)을 부과하지 아니한다.
(2013.3.22 본조신설)

제39조【실업급여의 적용 연장】 삭제(2013.6.4)

제2절 구직급여

제40조【구직급여의 수급 요건】 ①구직급여는 이직한 근로자인 피보험자가 다음 각 호의 요건을 모두 갖춘 경우에 지급한다. 다만, 제5호와 제6호는 최종 이직 당시 일용근로자였던 사람만 해당한다.(2021.1.5 개정)
1. 제2항에 따른 기준기간(이하 "기준기간"이라 한다) 동안의 피보험 단위기간(제41조에 따른 피보험 단위기간을 말한다. 이하 같다)이 합산하여 180일 이상일 것(2020.5.26 개정)
2. 근로의 의사와 능력이 있음에도 불구하고 취업(영리를 목적으로 사업을 영위하는 경우를 포함한다. 이하 이 장 및 제5장에서 같다)하지 못한 상태

에 있을 것(2019.1.15 개정)
3. 이직사유가 제58조에 따른 수급자격의 제한 사유에 해당하지 아니할 것
4. 재취업을 위한 노력을 적극적으로 할 것
5. 다음 각 목의 어느 하나에 해당할 것(2019.1.15 개정)
 가. 제43조에 따른 수급자격 인정신청일이 속한 달의 직전 달 초일부터 수급자격 인정신청일까지의 근로일 수의 합이 같은 기간 동안의 총 일수의 3분의 1 미만일 것(2022.12.31 개정)
 나. 건설일용근로자(일용근로자로서 이직 당시에 「통계법」 제22조제1항에 따라 국가데이터처장이 고시하는 한국표준산업분류의 대분류상 건설업에 종사한 사람을 말한다. 이하 같다)로서 수급자격 인정신청일 이전 14일간 연속하여 근로내역이 없을 것(2025.10.1 개정)
6. 최종 이직 당시의 기준기간 동안의 피보험 단위기간 중 다른 사업에서 제58조에 따른 수급자격의 제한 사유에 해당하는 사유로 이직한 사실이 있는 경우에는 그 피보험 단위기간 중 90일 이상을 일용근로자로 근로하였을 것(2019.8.27 개정)

②기준기간은 이직일 이전 18개월로 하되, 근로자인 피보험자가 다음 각 호의 어느 하나에 해당하는 경우에는 다음 각 호의 구분에 따른 기간을 기준기간으로 한다.(2021.1.5 개정)
1. 이직일 이전 18개월 동안에 질병·부상, 그 밖에 대통령령으로 정하는 사유로 계속하여 30일 이상 보수의 지급을 받을 수 없었던 경우: 18개월에 그 사유로 보수를 지급 받을 수 없었던 일수를 가산한 기간(3년을 초과할 때에는 3년으로 한다)
2. 다음 각 목의 요건에 모두 해당하는 경우: 이직일 이전 24개월
 가. 이직 당시 1주 소정근로시간이 15시간 미만이고, 1주 소정근로일수가 2일 이하인 근로자로 근로하였을 것
 나. 이직일 이전 24개월 동안의 피보험 단위기간 중 90일 이상을 가목의 요건에 해당하는 근로자로 근로하였을 것

제41조 【피보험 단위기간】 ①근로자의 피보험 단위기간은 피보험기간 중 보수 지급의 기초가 된 날을 합하여 계산한다. 다만, 자영업자인 피보험자의 피보험 단위기간은 제50조제3항 단서 및 제4항에 따른 피보험기간으로 한다.(2021.1.5 개정)

②제1항에 따라 피보험 단위기간을 계산할 때에는 최후로 피보험자격을

취득한 날 이전에 구직급여를 받은 사실이 있는 경우에는 그 구직급여와 관련된 피보험자격 상실일 이전의 피보험 단위기간은 넣지 아니한다.(2011.7.21 개정)

③근로자인 피보험자가 제40조제2항에 따른 기준기간 동안에 근로자 · 제77조의2제1항에 따른 예술인 · 제77조의6제1항에 따른 노무제공자 중 둘 이상에 해당하는 사람으로 종사한 경우의 피보험 단위기간은 대통령령으로 정하는 바에 따른다.(2021.1.5 신설)

제42조 【실업의 신고】 ①구직급여를 지급받으려는 사람은 이직 후 지체 없이 직업안정기관에 출석하여 실업을 신고하여야 한다. 다만, 「재난 및 안전관리 기본법」 제3조제1호의 재난으로 출석하기 어려운 경우 등 고용노동부령으로 정하는 사유가 있는 경우에는 「고용정책 기본법」 제15조의2에 따른 고용정보시스템을 통하여 신고할 수 있다.(2022.12.31 개정)

②제1항에 따른 실업의 신고에는 구직 신청과 제43조에 따른 수급자격의 인정신청을 포함하여야 한다.

③제1항에 따라 구직급여를 지급받기 위하여 실업을 신고하려는 사람은 이직하기 전 사업의 사업주에게 피보험 단위기간, 이직 전 1일 소정근로시간 등을 확인할 수 있는 자료(이하 "이직확인서"라 한다)의 발급을 요청할 수 있다. 이 경우 요청을 받은 사업주는 고용노동부령으로 정하는 바에 따라 이직확인서를 발급하여 주어야 한다.(2019.8.27 신설)

제43조 【수급자격의 인정】 ①구직급여를 지급받으려는 사람은 직업안정기관의 장에게 제40조제1항제1호부터 제3호 · 제5호 및 제6호에 따른 구직급여의 수급 요건을 갖추었다는 사실(이하 "수급자격"이라 한다)을 인정하여 줄 것을 신청하여야 한다.(2020.5.26 개정)

②직업안정기관의 장은 제1항에 따른 수급자격의 인정신청을 받으면 그 신청인에 대한 수급자격의 인정 여부를 결정하고, 대통령령으로 정하는 바에 따라 신청인에게 그 결과를 알려야 한다.

③제2항에 따른 신청인이 다음 각 호의 요건을 모두 갖춘 경우에는 마지막에 이직한 사업을 기준으로 수급자격의 인정 여부를 결정한다. 다만, 마지막 이직 당시 일용근로자로서 피보험 단위기간이 1개월 미만인 사람이 수급자격을 갖추지 못한 경우에는 일용근로자가 아닌 근로자로서 마지막으로 이직한 사업을 기준으로 결정한다.(2020.5.26 개정)

1. 피보험자로서 마지막에 이직한 사업에 고용되기 전에 피보험자로서 이

직한 사실이 있을 것
2. 마지막 이직 이전의 이직과 관련하여 구직급여를 받은 사실이 없을 것 (2008.12.31 개정)
④직업안정기관의 장은 제2항 및 제3항에 따라 신청인에 대한 수급자격의 인정 여부를 결정하기 위하여 필요하면 신청인이 이직하기 전 사업의 사업주에게 고용노동부령으로 정하는 바에 따라 이직확인서의 제출을 요청할 수 있다. 이 경우 요청을 받은 사업주는 고용노동부령으로 정하는 바에 따라 이직확인서를 제출하여야 한다.(2019.8.27 신설)
⑤제2항에 따라 수급자격의 인정을 받은 사람(이하 "수급자격자"라 한다)이 제48조 및 제54조제1항에 따른 기간에 새로 수급자격의 인정을 받은 경우에는 새로 인정받은 수급자격을 기준으로 구직급여를 지급한다.(2020.5.26 개정)

제43조의2【둘 이상의 피보험자격 취득 시 수급자격의 인정】 ①근로자, 제77조의2제1항에 따른 예술인, 제77조의6제1항에 따른 노무제공자 또는 자영업자인 피보험자로서 서로 다른 둘 이상의 피보험자격을 취득하였다가 이직하여 그 피보험자격을 모두 상실한 사람이 구직급여를 지급받으려는 경우에는 둘 이상의 피보험자격 중 자신이 선택한 피보험자격을 기준으로 수급자격의 인정 여부를 결정한다.
②제1항에 따라 수급자격을 인정받으려는 사람이 선택한 피보험자격이 가장 나중에 상실한 피보험자격(피보험자격을 동시에 상실한 경우에는 동시에 상실된 피보험자격 모두를 말한다. 이하 이 항에서 같다)이 아닌 경우에는 가장 나중에 상실한 피보험자격과 관련된 이직사유가 제58조 또는 제69조의7에 따른 수급자격의 제한 사유에 해당하지 아니하는 경우에만 수급자격을 인정한다. 다만, 직업안정기관의 장이 대통령령으로 정하는 바에 따른 소득감소로 이직하였다고 인정하는 경우에는 수급자격의 제한 사유에 해당하지 아니하는 것으로 본다.
(2022.12.31 본조신설)

제44조【실업의 인정】 ①구직급여는 수급자격자가 실업한 상태에 있는 날 중에서 직업안정기관의 장으로부터 실업의 인정을 받은 날에 대하여 지급한다.
②실업의 인정을 받으려는 수급자격자는 제42조에 따라 실업의 신고를 한 날부터 계산하기 시작하여 1주부터 4주의 범위에서 직업안정기관의 장이

지정한 날(이하 "실업인정일"이라 한다)에 출석하여 재취업을 위한 노력을 하였음을 신고하여야 하고, 직업안정기관의 장은 직전 실업인정일의 다음 날부터 그 실업인정일까지의 각각의 날에 대하여 실업의 인정을 한다. 다만, 다음 각 호에 해당하는 사람에 대한 실업의 인정 방법은 고용노동부령으로 정하는 기준에 따른다.(2020.5.26 개정)

1. 직업능력개발 훈련 등을 받는 수급자격자
2. 천재지변, 대량 실업의 발생 등 대통령령으로 정하는 사유가 발생한 경우의 수급자격자
3. 그 밖에 대통령령으로 정하는 수급자격자

③제2항에도 불구하고 수급자격자가 다음 각 호의 어느 하나에 해당하면 직업안정기관에 출석할 수 없었던 사유를 적은 증명서를 제출하여 실업의 인정을 받을 수 있다.

1. 질병이나 부상으로 직업안정기관에 출석할 수 없었던 경우로서 그 기간이 계속하여 7일 미만인 경우
2. 직업안정기관의 직업소개에 따른 구인자와의 면접 등으로 직업안정기관에 출석할 수 없었던 경우
3. 직업안정기관의 장이 지시한 직업능력개발 훈련 등을 받기 위하여 직업안정기관에 출석할 수 없었던 경우
4. 천재지변이나 그 밖의 부득이한 사유로 직업안정기관에 출석할 수 없었던 경우

④직업안정기관의 장은 제1항에 따른 실업을 인정할 때에는 수급자격자의 취업을 촉진하기 위하여 재취업 활동에 관한 계획의 수립 지원, 직업소개 등 대통령령으로 정하는 조치를 하여야 한다. 이 경우 수급자격자는 정당한 사유가 없으면 직업안정기관의 장의 조치에 따라야 한다.

제45조【급여의 기초가 되는 임금일액】①구직급여의 산정 기초가 되는 임금일액(이하 "기초일액(基礎日額)"이라 한다)은 제43조 제1항에 따른 수급자격의 인정과 관련된 마지막 이직 당시 「근로기준법」 제2조제1항제6호에 따라 산정된 평균임금으로 한다. 다만, 마지막 이직일 이전 3개월 이내에 피보험자격을 취득한 사실이 2회 이상인 경우에는 마지막 이직일 이전 3개월간(일용근로자의 경우에는 마지막 이직일 이전 4개월 중 최종 1개월을 제외한 기간)에 그 근로자에게 지급된 임금 총액을 그 산정의 기준이 되는 3개월의 총 일수로 나눈 금액을 기초일액으로 한다.

②제1항에 따라 산정된 금액이 「근로기준법」에 따른 그 근로자의 통상임금보다 적을 경우에는 그 통상임금액을 기초일액으로 한다. 다만, 마지막 사업에서 이직 당시 일용근로자였던 사람의 경우에는 그러하지 아니하다.(2020.5.26 개정)
③제1항과 제2항에 따라 기초일액을 산정하는 것이 곤란한 경우와 보험료를 고용산재보험료징수법 제3조에 따른 기준보수(이하 "기준보수"라 한다)를 기준으로 낸 경우에는 기준보수를 기초일액으로 한다. 다만, 보험료를 기준보수로 낸 경우에도 제1항과 제2항에 따라 산정한 기초일액이 기준보수보다 많은 경우에는 그러하지 아니하다.(2021.1.5 개정)
④제1항부터 제3항까지의 규정에도 불구하고 이들 규정에 따라 산정된 기초일액이 그 수급자격자의 이직 전 1일 소정근로시간에 이직일 당시 적용되던 「최저임금법」에 따른 시간 단위에 해당하는 최저임금액을 곱한 금액(이하 "최저기초일액"이라 한다)보다 낮은 경우에는 최저기초일액을 기초일액으로 한다. 이 경우 이직 전 1일 소정근로시간은 고용노동부령으로 정하는 방법에 따라 산정한다.(2015.1.20 개정)
⑤제1항부터 제3항까지의 규정에도 불구하고 이들 규정에 따라 산정된 기초일액이 보험의 취지 및 일반 근로자의 임금 수준 등을 고려하여 대통령령으로 정하는 금액을 초과하는 경우에는 대통령령으로 정하는 금액을 기초일액으로 한다.

제46조 【구직급여일액】 ①구직급여일액은 다음 각 호의 구분에 따른 금액으로 한다.

1. 제45조제1항부터 제3항까지 및 제5항의 경우에는 그 수급자격자의 기초일액에 100분의 60을 곱한 금액(2019.8.27 개정)
2. 제45조제4항의 경우에는 그 수급자격자의 기초일액에 100분의 80을 곱한 금액(이하 "최저구직급여일액"이라 한다)(2019.8.27 개정)

②제1항제1호에 따라 산정된 구직급여일액이 최저구직급여일액보다 낮은 경우에는 최저구직급여일액을 그 수급자격자의 구직급여일액으로 한다.

제47조 【실업인정대상기간 중의 취업 등의 신고】 ①수급자격자는 실업의 인정을 받으려 하는 기간(이하 "실업인정대상기간"이라 한다) 중에 고용노동부령으로 정하는 기준에 해당하는 취업을 한 경우에는 그 사실을 직업안정기관의 장에게 신고하여야 한다.(2019.1.15 개정)
②직업안정기관의 장은 필요하다고 인정하면 수급자격자의 실업인정대상

기간 중의 취업 사실에 대하여 조사할 수 있다.(2019.1.15 개정)

제48조【수급기간 및 수급일수】①구직급여는 이 법에 따로 규정이 있는 경우 외에는 그 구직급여의 수급자격과 관련된 이직일의 다음 날부터 계산하기 시작하여 12개월 내에 제50조제1항에 따른 소정급여일수를 한도로 하여 지급한다.

②제1항에 따른 12개월의 기간 중 임신·출산·육아, 그 밖에 대통령령으로 정하는 사유로 취업할 수 없는 사람이 그 사실을 수급기간에 직업안정기관에 신고한 경우에는 12개월의 기간에 그 취업할 수 없는 기간을 가산한 기간(4년을 넘을 때에는 4년)에 제50조제1항에 따른 소정급여일수를 한도로 하여 구직급여를 지급한다.(2020.5.26 개정)

③다음 각 호의 어느 하나에 해당하는 경우에는 해당 최초 요양일에 제2항에 따른 신고를 한 것으로 본다.(2008.12.31 신설)

1. 「산업재해보상보험법」 제40조에 따른 요양급여를 받는 경우
2. 질병 또는 부상으로 3개월 이상의 요양이 필요하여 이직하였고, 이직 기간 동안 취업활동이 곤란하였던 사실이 요양기간과 부상·질병 상태를 구체적으로 밝힌 주치의사의 소견과 요양을 위하여 이직하였다는 사업주의 의견을 통하여 확인된 경우(2020.5.26 개정)

제49조【대기기간】①제44조에도 불구하고 제42조에 따른 실업의 신고일부터 계산하기 시작하여 7일간은 대기기간으로 보아 구직급여를 지급하지 아니한다. 다만, 최종 이직 당시 건설일용근로자였던 사람에 대해서는 제42조에 따른 실업의 신고일부터 계산하여 구직급여를 지급한다.(2022.12.31 개정)

②제1항 본문에도 불구하고 제43조제1항 및 제43조의2제1항에 따라 수급자격의 인정신청을 한 경우로서 가장 나중에 상실한 피보험자격과 관련된 이직사유가 제43조의2제2항 단서에 해당하는 경우에는 제42조에 따른 실업의 신고일부터 계산하기 시작하여 4주의 범위에서 대통령령으로 정하는 기간을 대기기간으로 보아 구직급여를 지급하지 아니한다.(2022.12.31 신설)

제50조【소정급여일수 및 피보험기간】①하나의 수급자격에 따라 구직급여를 지급받을 수 있는 날(이하 "소정급여일수"라 한다)은 대기기간이 끝난 다음날부터 계산하기 시작하여 피보험기간과 연령에 따라 별표 1에서 정한 일수가 되는 날까지로 한다.(2011.7.21 개정)

②수급자격자가 소정급여일수 내에 제48조제2항에 따른 임신·출산·육

아, 그 밖에 대통령령으로 정하는 사유로 수급기간을 연장한 경우에는 그 기간만큼 구직급여를 유예하여 지급한다.

③피보험기간은 그 수급자격과 관련된 이직 당시의 적용 사업에서 고용된 기간(제10조 및 제10조의2에 따른 적용 제외 근로자로 고용된 기간은 제외한다. 이하 이 조에서 같다)으로 한다. 다만, 자영업자인 피보험자의 경우에는 그 수급자격과 관련된 폐업 당시의 적용 사업에의 보험가입기간 중에서 실제로 납부한 고용보험료에 해당하는 기간으로 한다.(2019.1.15 개정)

④제3항에도 불구하고 피보험기간을 계산할 때에 다음 각 호의 경우에는 해당 호에 따라 각각 피보험기간을 계산한다.(2011.7.21 개정)

1. 종전의 적용 사업에서 피보험자격을 상실한 사실이 있고 그 상실한 날부터 3년 이내에 현재 적용 사업에서 피보험자격을 취득한 경우: 종전의 적용 사업에서의 피보험기간을 합산한다. 다만, 종전의 적용 사업의 피보험자격 상실로 인하여 구직급여를 지급받은 사실이 있는 경우에는 그 종전의 적용 사업에서의 피보험기간은 제외한다.
2. 자영업자인 피보험자가 종전에 근로자로서 고용되었다가 피보험자격을 상실한 사실이 있고 그 상실한 날부터 3년 이내에 자영업자로서 피보험자격을 다시 취득한 경우: 종전의 적용 사업에서의 피보험기간을 합산하지 아니하되, 본인이 종전의 피보험기간을 합산하여 줄 것을 원하는 때에 한정하여 합산한다. 다만, 종전의 적용 사업의 피보험자격 상실로 인하여 구직급여를 지급받은 사실이 있는 경우에는 그 종전의 적용 사업에서의 피보험기간은 제외한다.

⑤피보험자격 취득에 관하여 신고가 되어 있지 아니하였던 피보험자의 경우에는 하나의 피보험기간에 피보험자가 된 날이 다음 각 호의 어느 하나에 해당하는 날부터 소급하여 3년이 되는 해의 1월 1일 전이면 제3항에도 불구하고 그 해당하는 날부터 소급하여 3년이 되는 날이 속하는 보험연도의 첫 날에 그 피보험자격을 취득한 것으로 보아 피보험기간을 계산한다. 다만, 사업주가 다음 각 호의 어느 하나에 해당하는 날부터 소급하여 3년이 되는 해의 1월 1일 전부터 해당 피보험자에 대한 고용보험료를 계속 납부한 사실이 증명된 경우에는 고용보험료를 납부한 기간으로 피보험기간을 계산한다.(2015.1.20 개정)

1. 제15조에 따른 피보험자격 취득신고를 한 날

2. 제17조에 따른 피보험자격 취득이 확인된 날

제51조 【훈련연장급여】 ①직업안정기관의 장은 수급자격자의 연령·경력 등을 고려할 때 재취업을 위하여 직업능력개발 훈련 등이 필요하면 그 수급자격자에게 직업능력개발 훈련 등을 받도록 지시할 수 있다.
②직업안정기관의 장은 제1항에 따라 직업능력개발 훈련 등을 받도록 지시한 경우에는 수급자격자가 그 직업능력개발 훈련 등을 받는 기간 중 실업의 인정을 받은 날에 대하여는 소정급여일수를 초과하여 구직급여를 연장하여 지급할 수 있다. 이 경우 연장하여 지급하는 구직급여(이하 "훈련연장급여"라 한다)의 지급 기간은 대통령령으로 정하는 기간을 한도로 한다.
③제1항에 따른 훈련대상자·훈련 과정, 그 밖의 필요한 사항은 고용노동부령으로 정한다.(2010.6.4 개정)

제52조 【개별연장급여】 ①직업안정기관의 장은 취업이 특히 곤란하고 생활이 어려운 수급자격자로서 대통령령으로 정하는 사람에게는 그가 실업의 인정을 받은 날에 대하여 소정급여일수를 초과하여 구직급여를 연장하여 지급할 수 있다.(2020.5.26 개정)
②제1항에 따라 연장 지급하는 구직급여(이하 "개별연장급여"라 한다)는 60일의 범위에서 대통령령으로 정하는 기간 동안 지급한다.

제53조 【특별연장급여】 ①고용노동부장관은 실업의 급증 등 대통령령으로 정하는 사유가 발생한 경우에는 60일의 범위에서 수급자격자가 실업의 인정을 받은 날에 대하여 소정급여일수를 초과하여 구직급여를 연장하여 지급할 수 있다. 다만, 이직 후의 생활안정을 위한 일정 기준 이상의 소득이 있는 수급자격자 등 고용노동부령으로 정하는 수급자격자에 대하여는 그러하지 아니하다.(2010.6.4 개정)
②고용노동부장관은 제1항 본문에 따라 연장하여 지급하는 구직급여(이하 "특별연장급여"라 한다)를 지급하려면 기간을 정하여 실시하여야 한다.(2010.6.4 개정)

제54조 【연장급여의 수급기간 및 구직급여일액】 ①제51조부터 제53조까지의 규정에 따른 연장급여를 지급하는 경우에 그 수급자격자의 수급기간은 제48조에 따른 그 수급자격자의 수급기간에 연장되는 구직급여일수를 더하여 산정한 기간으로 한다.
②제51조에 따라 훈련연장급여를 지급하는 경우에 그 일액은 해당 수급자격자의 구직급여일액의 100분의 100으로 하고, 제52조 또는 제53조에 따

라 개별연장급여 또는 특별연장급여를 지급하는 경우에 그 일액은 해당 수급자격자의 구직급여일액의 100분의 70을 곱한 금액으로 한다.(2008.3.21 개정)
③제2항에 따라 산정된 구직급여일액이 제46조제2항에 따른 최저구직급여일액보다 낮은 경우에는 최저구직급여일액을 그 수급자격자의 구직급여일액으로 한다.

제55조 【연장급여의 상호 조정 등】 ①제51조부터 제53조까지의 규정에 따른 연장급여는 제48조에 따라 그 수급자격자가 지급받을 수 있는 구직급여의 지급이 끝난 후에 지급한다.
②훈련연장급여를 지급받고 있는 수급자격자에게는 그 훈련연장급여의 지급이 끝난 후가 아니면 개별연장급여 및 특별연장급여를 지급하지 아니한다.
③개별연장급여 또는 특별연장급여를 지급받고 있는 수급자격자가 훈련연장급여를 지급받게 되면 개별연장급여나 특별연장급여를 지급하지 아니한다.
④특별연장급여를 지급받고 있는 수급자격자에게는 특별연장급여의 지급이 끝난 후가 아니면 개별연장급여를 지급하지 아니하고, 개별연장급여를 지급받고 있는 수급자격자에게는 개별연장급여의 지급이 끝난 후가 아니면 특별연장급여를 지급하지 아니한다.
⑤그 밖에 연장급여의 조정에 관하여 필요한 사항은 고용노동부령으로 정한다.(2010.6.4 개정)

제55조의2 【국민연금 보험료의 지원】 ①고용노동부장관은 「국민연금법」 제19조의2제1항에 따라 구직급여를 받는 기간을 국민연금 가입기간으로 추가 산입하려는 수급자격자에게 국민연금 보험료의 일부를 지원할 수 있다.
②제1항에 따른 지원금액은 「국민연금법」 제19조의2제3항에 따른 연금보험료의 100분의 25의 범위로 한다.
③제1항에 따른 지원 절차 · 방법, 제2항에 따른 지원금액 등에 필요한 사항은 대통령령으로 정한다.
(2016.5.29 본조신설)

제56조 【지급일 및 지급 방법】 ①구직급여는 대통령령으로 정하는 바에 따라 실업의 인정을 받은 일수분(日數分)을 지급한다.
②직업안정기관의 장은 각 수급자격자에 대한 구직급여를 지급할 날짜를

정하여 당사자에게 알려야 한다.

제57조【지급되지 아니한 구직급여】 ①수급자격자가 사망한 경우 그 수급자격자에게 지급되어야 할 구직급여로서 아직 지급되지 아니한 것이 있는 경우에는 그 수급자격자의 배우자(사실상의 혼인 관계에 있는 사람을 포함한다)·자녀·부모·손자녀·조부모 또는 형제자매로서 수급자격자와 생계를 같이하고 있던 사람의 청구에 따라 그 미지급분을 지급한다.(2020.5.26 개정)

②수급자격자가 사망하여 실업의 인정을 받을 수 없었던 기간에 대하여서는 대통령령으로 정하는 바에 따라 제1항에 따라 지급되지 아니한 구직급여의 지급을 청구하는 사람이 그 수급자격자에 대한 실업의 인정을 받아야 한다. 이 경우 수급자격자가 제47조제1항에 해당하면 지급되지 아니한 구직급여를 청구하는 사람이 같은 조 제1항에 따라 직업안정기관의 장에게 신고하여야 한다.(2020.5.26 개정)

③제1항에 따라 지급되지 아니한 구직급여를 지급받을 수 있는 사람의 순위는 같은 항에 열거된 순서로 한다. 이 경우 같은 순위자가 2명 이상이면 그 중 1명이 한 청구를 전원(全員)을 위하여 한 것으로 보며, 그 1명에게 한 지급은 전원에 대한 지급으로 본다.(2020.5.26 개정)

제58조【이직 사유에 따른 수급자격의 제한】 제40조에도 불구하고 피보험자가 다음 각 호의 어느 하나에 해당한다고 직업안정기관의 장이 인정하는 경우에는 수급자격이 없는 것으로 본다.

1. 중대한 귀책사유(歸責事由)로 해고된 피보험자로서 다음 각 목의 어느 하나에 해당하는 경우
   가. 「형법」 또는 직무와 관련된 법률을 위반하여 금고 이상의 형을 선고받은 경우
   나. 사업에 막대한 지장을 초래하거나 재산상 손해를 끼친 경우로서 고용노동부령이 정하는 기준에 해당하는 경우(2010.6.4 개정)
   다. 정당한 사유 없이 근로계약 또는 취업규칙 등을 위반하여 장기간 무단 결근한 경우
2. 자기 사정으로 이직한 피보험자로서 다음 각 목의 어느 하나에 해당하는 경우
   가. 전직 또는 자영업을 하기 위하여 이직한 경우
   나. 제1호의 중대한 귀책사유가 있는 사람이 해고되지 아니 하고 사업주

의 권고로 이직한 경우(2020.5.26 개정)

다. 그 밖에 고용노동부령이 정하는 정당한 사유에 해당하지 아니하는 사유로 이직한 경우(2010.6.4 개정)

제59조【고액 금품 수령에 따른 구직급여의 지급 유예】 삭제(2015.1.20)

제60조【훈련 거부 등에 따른 급여의 지급 제한】 ①수급자격자가 직업안정기관의 장이 소개하는 직업에 취직하는 것을 거부하거나 직업안정기관의 장이 지시한 직업능력개발 훈련 등을 거부하면 대통령령으로 정하는 바에 따라 구직급여의 지급을 정지한다. 다만, 다음 각 호의 어느 하나에 해당하는 정당한 사유가 있는 경우에는 그러하지 아니하다.

1. 소개된 직업 또는 직업능력개발 훈련 등을 받도록 지시된 직종이 수급자격자의 능력에 맞지 아니하는 경우
2. 취직하거나 직업능력개발 훈련 등을 받기 위하여 주거의 이전이 필요하나 그 이전이 곤란한 경우
3. 소개된 직업의 임금 수준이 같은 지역의 같은 종류의 업무 또는 같은 정도의 기능에 대한 통상의 임금 수준에 비하여 100분의 20 이상 낮은 경우 등 고용노동부장관이 정하는 기준에 해당하는 경우(2010.6.4 개정)
4. 그 밖에 정당한 사유가 있는 경우

②수급자격자가 정당한 사유 없이 고용노동부장관이 정하는 기준에 따라 직업안정기관의 장이 실시하는 재취업 촉진을 위한 직업 지도를 거부하면 대통령령으로 정하는 바에 따라 구직급여의 지급을 정지한다.(2010.6.4 개정)

③제1항 단서 및 제2항에서의 정당한 사유의 유무(有無)에 대한 인정은 고용노동부장관이 정하는 기준에 따라 직업안정기관의 장이 행한다.(2010.6.4 개정)

④제1항과 제2항에 따라 구직급여의 지급을 정지하는 기간은 1개월의 범위에서 고용노동부장관이 정하여 고시한다.(2010.6.4 개정)

제61조【부정행위에 따른 급여의 지급 제한】 ①거짓이나 그 밖의 부정한 방법으로 실업급여를 받았거나 받으려 한 사람에게는 그 급여를 받은 날 또는 받으려 한 날부터의 구직급여를 지급하지 아니한다. 다만, 그 급여와 관련된 이직 이후에 새로 수급자격을 취득한 경우 그 새로운 수급자격에 따른 구직급여에 대하여는 그러하지 아니하다.(2020.6.9 개정)

②제1항 본문에도 불구하고 거짓이나 그 밖의 부정한 방법이 제47조제1항에 따른 신고의무의 불이행 또는 거짓의 신고 등 대통령령으로 정하는 사유에 해당하면 그 실업인정대상기간에 한정하여 구직급여를 지급하지 아니한다. 다만, 2회 이상의 위반행위를 한 경우에는 제1항 본문에 따른다.(2020.5.26 개정)
③거짓이나 그 밖의 부정한 방법으로 실업급여를 지급받았거나 받으려 한 사람이 제1항 또는 제2항에 따라 구직급여를 지급받을 수 없게 된 경우에도 제50조제3항 및 같은 조 제4항을 적용할 때는 그 구직급여를 지급받은 것으로 본다.(2020.5.26 개정)
④거짓이나 그 밖의 부정한 방법으로 실업급여를 지급받았거나 받으려 한 사람이 제1항 또는 제2항에 따라 구직급여를 지급받을 수 없게 된 경우에도 제63조제2항을 적용할 때는 그 지급받을 수 없게 된 일수분의 구직급여를 지급받은 것으로 본다.(2020.5.26 개정)
⑤제1항 단서에도 불구하고 거짓이나 그 밖의 부정한 방법으로 구직급여를 받았거나 받으려 한 사람이 그 구직급여를 받은 날 또는 제44조에 따른 실업인정의 신고를 한 날부터 소급하여 10년간 3회 이상 제1항 본문에 따라 구직급여를 받지 못한 경우에는 대통령령으로 정하는 바에 따라 거짓이나 그 밖의 부정한 방법으로 구직급여를 받은 날 또는 제44조에 따른 실업인정의 신고를 한 날부터 3년의 범위에서 새로운 수급자격에 따른 구직급여를 지급하지 아니한다.(2019.8.27 신설)

제62조【반환명령 등】 ①직업안정기관의 장은 거짓이나 그 밖의 부정한 방법으로 구직급여를 지급받은 사람에게 고용노동부령으로 정하는 바에 따라 지급받은 구직급여의 전부 또는 일부의 반환을 명할 수 있다.
②직업안정기관의 장은 제1항에 따라 반환을 명하는 경우에 고용노동부령으로 정하는 바에 따라 거짓이나 그 밖의 부정한 방법으로 지급받은 구직급여액의 2배 이하의 금액을 추가로 징수할 수 있다. 다만, 사업주(사업주의 대리인·사용인, 그 밖에 사업주를 위하여 행위하는 자를 포함한다. 이하 이 조 및 제116조제1항에서 같다)와 공모(거짓이나 그 밖의 부정한 방법에 사업주의 거짓된 신고·보고 또는 증명 등 사업주의 귀책사유가 포함되어 있는 경우를 말한다. 이하 같다)하여 거짓이나 그 밖의 부정한 방법으로 구직급여를 지급받은 경우에는 지급받은 구직급여액의 5배 이하의 금액을 추가로 징수할 수 있다.

③거짓이나 그 밖의 부정한 방법으로 구직급여를 지급받은 사람이 사업주와 공모한 경우에는 그 사업주도 그 구직급여를 지급받은 사람과 연대(連帶)하여 제1항 및 제2항에 따른 책임을 진다.
④직업안정기관의 장은 구직급여의 수급자격이 있는 사람 또는 수급자격이 있었던 사람에게 잘못 지급된 구직급여가 있으면 그 지급금의 반환을 명할 수 있다.
⑤직업안정기관의 장은 제1항 · 제2항 또는 제4항에 따라 구직급여 지급금을 반환하거나 추가징수금을 납부하여야 하는 사람이 이 법에 따라 지급받을 구직급여가 있는 경우에는 이를 대통령령으로 정하는 바에 따라 제1항 · 제2항 또는 제4항에 따른 반환금 · 추가징수금에 충당할 수 있다.
(2019.8.27 본조개정)

제63조 【질병 등의 특례】 ①수급자격자가 제42조에 따라 실업의 신고를 한 이후에 질병 · 부상 또는 출산으로 취업이 불가능하여 실업의 인정을 받지 못한 날에 대하여는 제44조제1항에도 불구하고 그 수급자격자의 청구에 의하여 제46조의 구직급여일액에 해당하는 금액(이하 "상병급여"라 한다)을 구직급여를 갈음하여 지급할 수 있다. 다만, 제60조제1항 및 제2항에 따라 구직급여의 지급이 정지된 기간에 대하여는 상병급여(傷病給與)를 지급하지 아니한다.(2020.5.26 개정)
②상병급여를 지급할 수 있는 일수는 그 수급자격자에 대한 구직급여 소정급여일수에서 그 수급자격에 의하여 구직급여가 지급된 일수를 뺀 일수를 한도로 한다. 이 경우 상병급여를 지급받은 사람에 대하여 이 법의 규정(제61조 및 제62조는 제외한다)을 적용할 때에는 상병급여의 지급 일수에 상당하는 일수분의 구직급여가 지급된 것으로 본다.(2020.5.26 개정)
③제1항에 따른 상병급여는 그 취업할 수 없는 사유가 없어진 이후에 최초로 구직급여를 지급하는 날(구직급여를 지급하는 날이 없는 경우에는 직업안정기관의 장이 정하는 날)에 지급한다. 다만, 필요하다고 인정하면 고용노동부장관이 따로 정하는 바에 따라 지급할 수 있다.(2010.6.4 개정)
④제1항에도 불구하고 수급자격자가 「근로기준법」 제79조에 따른 휴업보상, 「산업재해보상보험법」 제52조부터 제56조까지의 규정에 따른 휴업급여, 그 밖에 이에 해당하는 급여 또는 보상으로서 대통령령으로 정하는 보상 또는 급여를 지급받을 수 있는 경우에는 상병급여를 지급하지 아니한다.(2019.1.15 개정)

⑤상병급여의 지급에 관하여는 제47조, 제49조, 제57조, 제61조(제4항은 제외한다) 및 제62조를 준용한다. 이 경우 "실업인정대상기간"은 "실업의 인정을 받지 못한 날"로, "구직급여"는 "상병급여"로 본다.(2019.8.27 개정)

제3절 취업촉진 수당

제64조 【조기재취업 수당】 ①조기재취업 수당은 수급자격자(「외국인근로자의 고용 등에 관한 법률」 제2조에 따른 외국인 근로자는 제외한다)가 안정된 직업에 재취직하거나 스스로 영리를 목적으로 하는 사업을 영위하는 경우로서 대통령령으로 정하는 기준에 해당하면 지급한다.
②제1항에도 불구하고 수급자격자가 안정된 직업에 재취업한 날 또는 스스로 영리를 목적으로 하는 사업을 시작한 날 이전의 대통령령으로 정하는 기간에 조기재취업 수당을 지급받은 사실이 있는 경우에는 조기재취업 수당을 지급하지 아니한다.
③조기재취업 수당의 금액은 구직급여의 소정급여일수 중 미지급일수의 비율에 따라 대통령령으로 정하는 기준에 따라 산정한 금액으로 한다.
④조기재취업 수당을 지급받은 사람에 대하여 이 법의 규정(제61조 및 제62조는 제외한다)을 적용할 때에는 그 조기재취업 수당의 금액을 제46조에 따른 구직급여일액으로 나눈 일수분에 해당하는 구직급여를 지급한 것으로 본다.(2020.5.26 개정)
⑤수급자격자를 조기에 재취업시켜 구직급여의 지급 기간이 단축되도록 한 사람에게는 대통령령으로 정하는 바에 따라 장려금을 지급할 수 있다.(2020.5.26 개정)

제65조 【직업능력개발 수당】 ①직업능력개발 수당은 수급자격자가 직업안정기관의 장이 지시한 직업능력개발 훈련 등을 받는 경우에 그 직업능력개발 훈련 등을 받는 기간에 대하여 지급한다.
②제1항에도 불구하고 제60조제1항 및 제2항에 따라 구직급여의 지급이 정지된 기간에 대하여는 직업능력개발 수당을 지급하지 아니한다.
③직업능력개발 수당의 지급 요건 및 금액에 필요한 사항은 대통령령으로 정한다. 이 경우 인력의 수급 상황을 고려하여 고용노동부장관이 특히 필요하다고 인정하여 고시하는 직종에 관한 직업능력개발 훈련 등에 대하여는 직업능력개발 수당의 금액을 다르게 정할 수 있다.(2010.6.4 개정)

제66조 【광역 구직활동비】 ①광역 구직활동비는 수급자격자가 직업안정기관의 소개에 따라 광범위한 지역에 걸쳐 구직 활동을 하는 경우로서 대통령령으로 정하는 기준에 따라 직업안정기관의 장이 필요하다고 인정하면 지급할 수 있다.
②광역 구직활동비의 금액은 제1항의 구직 활동에 통상 드는 비용으로 하되, 그 금액의 산정은 고용노동부령으로 정하는 바에 따른다.(2010.6.4 개정)

제67조 【이주비】 ①이주비는 수급자격자가 취업하거나 직업안정기관의 장이 지시한 직업능력개발 훈련 등을 받기 위하여 그 주거를 이전하는 경우로서 대통령령으로 정하는 기준에 따라 직업안정기관의 장이 필요하다고 인정하면 지급할 수 있다.
②이주비의 금액은 수급자격자 및 그 수급자격자에 의존하여 생계를 유지하는 동거 친족의 이주에 일반적으로 드는 비용으로 하되, 그 금액의 산정은 고용노동부령으로 정하는 바에 따라 따른다.(2010.6.4 개정)

제68조 【취업촉진 수당의 지급 제한】 ①거짓이나 그 밖의 부정한 방법으로 실업급여를 받았거나 받으려 한 사람에게는 그 급여를 받은 날 또는 받으려 한 날부터의 취업촉진 수당을 지급하지 아니한다. 다만, 그 급여와 관련된 이직 이후에 새로 수급자격을 취득하면 그 새로운 수급자격에 따른 취업촉진 수당은 그러하지 아니하다.(2020.5.26 개정)
②제1항 본문에도 불구하고 거짓이나 그 밖의 부정한 방법이 제47조제1항에 따른 신고의무의 불이행 또는 거짓의 신고 등 대통령령으로 정하는 사유에 해당하면 취업촉진 수당의 지급을 제한하지 아니한다. 다만, 2회 이상의 위반행위를 한 경우에는 제1항 본문에 따른다.
③거짓이나 그 밖의 부정한 방법으로 실업급여를 지급받았거나 받으려 한 사람이 제1항 또는 제2항에 따라 취업촉진 수당을 지급받을 수 없게 되어 조기재취업 수당을 지급받지 못하게 된 경우에도 제64조제4항을 적용할 때는 그 지급받을 수 없게 된 조기재취업 수당을 지급받은 것으로 본다.(2020.5.26 개정)

제69조 【준용】 취업촉진 수당에 관하여는 제57조제1항 · 제3항 및 제62조를 준용한다. 이 경우 "수급자격자"는 "취업촉진 수당을 지급받을 수 있는 사람"으로, "구직급여"는 "취업촉진 수당"으로 본다.(2020.5.26 개정)

제 4 절　자영업자인 피보험자에 대한 실업급여 적용의 특례

제69조의2 【자영업자인 피보험자의 실업급여의 종류】 자영업자인 피보험자의 실업급여의 종류는 제37조에 따른다. 다만, 제51조부터 제55조까지의 규정에 따른 연장급여와 제64조에 따른 조기재취업 수당은 제외한다.
(2011.7.21 본조신설)

제69조의3 【구직급여의 수급 요건】 구직급여는 폐업한 자영업자인 피보험자가 다음 각 호의 요건을 모두 갖춘 경우에 지급한다.

1. 폐업일 이전 24개월간 제41조제1항 단서에 따라 자영업자인 피보험자로서 갖춘 피보험 단위기간이 합산하여 1년 이상일 것(2020.5.26 개정)
2. 근로의 의사와 능력이 있음에도 불구하고 취업을 하지 못한 상태에 있을 것
3. 폐업사유가 제69조의7에 따른 수급자격의 제한 사유에 해당하지 아니할 것
4. 재취업을 위한 노력을 적극적으로 할 것

(2011.7.21 본조신설)

제69조의4 【기초일액】 ①자영업자인 피보험자이었던 수급자격자에 대한 기초일액은 다음 각 호의 구분에 따른 기간 동안 본인이 납부한 보험료의 산정기초가 되는 고용산재보험료징수법 제49조의2제3항에 따라 고시된 보수액을 전부 합산한 후에 그 기간의 총일수로 나눈 금액으로 한다.(2021.1.5 개정)

1. 수급자격과 관련된 피보험기간이 3년 이상인 경우: 마지막 폐업일 이전 3년의 피보험기간
2. 수급자격과 관련된 피보험기간이 3년 미만인 경우: 수급자격과 관련된 그 피보험기간

②제1항에도 불구하고 자영업자인 피보험자이었던 수급자격자가 제50조제4항에 따라 피보험기간을 합산하게 됨에 따라 제69조의6에서 정한 소정급여일수가 추가로 늘어나는 경우에는 그 늘어난 일수분에 대한 기초일액은 제1항에 따라 산정된 기초일액으로 하되, 그 기초일액이 다음 각 호에 해당하는 경우에는 각각 해당 호에 따른 금액으로 한다.

1. 기초일액이 최저기초일액에 미치지 못하는 경우에는 최저기초일액
2. 기초일액이 제45조제5항에 따라 대통령령으로 정하는 금액을 초과하는 경우에는 그 대통령령으로 정하는 금액

(2011.7.21 본조신설)

제69조의5 【구직급여일액】 자영업자인 피보험자로서 폐업한 수급자

격자에 대한 구직급여일액은 그 수급자격자의 기초일액에 100분의 60을 곱한 금액으로 한다.(2019.8.27 개정)
(2011.7.21 본조신설)

제69조의6【소정급여일수】 자영업자인 피보험자로서 폐업한 수급자격자에 대한 소정급여일수는 제49조에 따른 대기기간이 끝난 다음 날부터 계산하기 시작하여 피보험기간에 따라 별표 2에서 정한 일수가 되는 날까지로 한다.
(2011.7.21 본조신설)

제69조의7【폐업사유에 따른 수급자격의 제한】 제69조의3에도 불구하고 폐업한 자영업자인 피보험자가 다음 각 호의 어느 하나에 해당한다고 직업안정기관의 장이 인정하는 경우에는 수급자격이 없는 것으로 본다.
1. 법령을 위반하여 허가 취소를 받거나 영업 정지를 받음에 따라 폐업한 경우
2. 방화(放火) 등 피보험자 본인의 중대한 귀책사유로서 고용노동부령으로 정하는 사유로 폐업한 경우
3. 매출액 등이 급격하게 감소하는 등 고용노동부령으로 정하는 사유가 아닌 경우로서 전직 또는 자영업을 다시 하기 위하여 폐업한 경우
4. 그 밖에 고용노동부령으로 정하는 정당한 사유에 해당하지 아니하는 사유로 폐업한 경우
(2011.7.21 본조신설)

제69조의8【자영업자인 피보험자에 대한 실업급여의 지급 제한】 고용노동부장관은 보험료를 체납한 사람에게는 고용노동부령으로 정하는 바에 따라 이 장에 따른 실업급여를 지급하지 아니할 수 있다.
(2011.7.21 본조신설)

제69조의9【준용】 ①자영업자인 피보험자의 실업급여에 관하여는 제37조의2, 제38조, 제38조의2, 제42조, 제43조, 제43조의2, 제44조, 제47조부터 제49조까지, 제56조, 제57조, 제60조부터 제63조까지, 제65조부터 제68조까지를 준용한다. 이 경우 제42조제1항 · 제43조제3항 중 "이직"은 "폐업"으로 보고, 제43조제1항 중 "제40조제1항제1호부터 제3호까지 · 제5호 및 제6호"는 "제69조의3"으로 보며, 제63조제1항 중 "제46조"는 "제69조의5"로 보고, 제48조제1항 중 "제50조제1항"은 "제69조의6"으로 본다.(2022.12.31 개정)

②자영업자인 피보험자의 취업촉진 수당(조기재취업 수당은 제외한다)에 관하여는 제57조제1항 · 제3항 및 제62조를 준용한다. 이 경우 제57조제1항 중 "수급자격자"는 "취업촉진 수당을 지급받을 수 있는 사람"으로 본다.(2020.5.26 개정)
(2011.7.21 본조신설)

제5장 육아휴직 급여 등

제1절 육아휴직 급여 및 육아기 근로시간 단축 급여

제70조【육아휴직 급여】 ①고용노동부장관은 「남녀고용평등과 일 · 가정 양립 지원에 관한 법률」 제19조에 따른 육아휴직을 30일(「근로기준법」 제74조에 따른 출산전후휴가기간과 중복되는 기간은 제외한다) 이상 부여받은 피보험자 중 육아휴직을 시작한 날 이전에 제41조에 따른 피보험 단위기간이 합산하여 180일 이상인 피보험자에게 육아휴직 급여를 지급한다.(2020.5.26 개정)
1. 삭제(2019.8.27)
2. 삭제(2019.8.27)
3. 삭제(2011.7.21)
②제1항에 따른 육아휴직 급여를 지급받으려는 사람은 육아휴직을 시작한 날 이후 1개월부터 육아휴직이 끝난 날 이후 12개월 이내에 신청하여야 한다. 다만, 해당 기간에 대통령령으로 정하는 사유로 육아휴직 급여를 신청할 수 없었던 사람은 그 사유가 끝난 후 30일 이내에 신청하여야 한다.(2011.7.21 신설)
③피보험자가 제2항에 따라 육아휴직 급여 지급신청을 하는 경우 육아휴직 기간 중에 이직하거나 고용노동부령으로 정하는 기준에 해당하는 취업을 한 사실이 있는 경우에는 해당 신청서에 그 사실을 기재하여야 한다.(2019.1.15 신설)
④제1항에 따른 육아휴직 급여액은 대통령령으로 정한다.(2019.1.15 개정)
⑤육아휴직 급여의 신청 및 지급에 관하여 필요한 사항은 고용노동부령으로 정한다.(2019.1.15 개정)

제71조【육아휴직의 확인】 사업주는 피보험자가 제70조에 따른 육아

휴직 급여를 받으려는 경우 고용노동부령으로 정하는 바에 따라 사실의 확인 등 모든 절차에 적극 협력하여야 한다.(2010.6.4 개정)

제72조【취업의 신고 등】 삭제(2019.1.15)

제73조【육아휴직 급여의 지급 제한 등】 ①피보험자가 육아휴직 기간 중에 그 사업에서 이직한 경우에는 그 이직하였을 때부터 육아휴직 급여를 지급하지 아니한다.(2019.1.15 개정)

②피보험자가 육아휴직 기간 중에 제70조제3항에 따른 취업을 한 경우에는 그 취업한 기간에 대해서는 육아휴직 급여를 지급하지 아니한다.(2019.1.15 신설)

③피보험자가 사업주로부터 육아휴직을 이유로 금품을 지급받은 경우 대통령령으로 정하는 바에 따라 급여를 감액하여 지급할 수 있다.(2019.1.15 개정)

④거짓이나 그 밖의 부정한 방법으로 육아휴직 급여를 받았거나 받으려 한 사람에게는 그 급여를 받은 날 또는 받으려 한 날부터의 육아휴직 급여를 지급하지 아니한다. 다만, 그 급여와 관련된 육아휴직 이후에 새로 육아휴직 급여 요건을 갖춘 경우 그 새로운 요건에 따른 육아휴직 급여는 그러하지 아니하다.(2019.1.15 개정)

⑤제4항 본문에도 불구하고 제70조제3항을 위반하여 육아휴직 기간 중 취업한 사실을 기재하지 아니하거나 거짓으로 기재하여 육아휴직 급여를 받았거나 받으려 한 사람에 대해서는 위반횟수 등을 고려하여 고용노동부령으로 정하는 바에 따라 지급이 제한되는 육아휴직 급여의 범위를 달리 정할 수 있다.(2019.1.15 신설)

제73조의2【육아기 근로시간 단축 급여】 ①고용노동부장관은 「남녀고용평등과 일 · 가정 양립 지원에 관한 법률」 제19조의2에 따른 육아기 근로시간 단축(이하 "육아기 근로시간 단축"이라 한다)을 30일(「근로기준법」 제74조에 따른 출산전후휴가기간과 중복되는 기간은 제외한다) 이상 실시한 피보험자 중 육아기 근로시간 단축을 시작한 날 이전에 제41조에 따른 피보험 단위기간이 합산하여 180일 이상인 피보험자에게 육아기 근로시간 단축 급여를 지급한다.(2020.5.26 개정)

1. 삭제(2019.8.27)
2. 삭제(2019.8.27)

②제1항에 따른 육아기 근로시간 단축 급여를 지급받으려는 사람은 육아

기 근로시간 단축을 시작한 날 이후 1개월부터 끝난 날 이후 12개월 이내에 신청하여야 한다. 다만, 해당 기간에 대통령령으로 정하는 사유로 육아기 근로시간 단축 급여를 신청할 수 없었던 사람은 그 사유가 끝난 후 30일 이내에 신청하여야 한다.
③제1항에 따른 육아기 근로시간 단축 급여액은 대통령령으로 정한다.
④육아기 근로시간 단축 급여의 신청 및 지급에 필요한 사항은 고용노동부령으로 정한다.
(2011.7.21 본조신설)

제74조【준용】 ①육아휴직 급여에 관하여는 제62조를 준용한다. 이 경우 "구직급여"는 "육아휴직 급여"로 본다.(2011.7.21 개정)
②육아기 근로시간 단축 급여에 관하여는 제62조, 제71조 및 제73조를 준용한다. 이 경우 제62조 중 "구직급여"는 "육아기 근로시간 단축 급여"로 보고, 제71조 및 제73조 중 "육아휴직"은 각각 "육아기 근로시간 단축"으로 본다.(2021.1.5 개정)

제 2 절 출산전후휴가 급여 등

제75조【출산전후휴가 급여 등】 고용노동부장관은 「남녀고용평등과 일·가정 양립 지원에 관한 법률」 제18조에 따라 피보험자가 「근로기준법」 제74조에 따른 출산전후휴가 또는 유산·사산휴가를 받은 경우와 「남녀고용평등과 일·가정 양립 지원에 관한 법률」 제18조의2에 따른 배우자 출산휴가 또는 같은 법 제18조의3에 따른 난임치료휴가를 받은 경우로서 다음 각 호의 요건을 모두 갖춘 경우에 출산전후휴가 급여 등(이하 "출산전후휴가 급여등"이라 한다)을 지급한다.(2024.10.22 개정)
1. 휴가가 끝난 날 이전에 제41조에 따른 피보험 단위기간이 합산하여 180일 이상일 것(2020.5.26 개정)
2. 휴가를 시작한 날[출산전후휴가 또는 유산·사산휴가를 받은 피보험자가 속한 사업장이 우선지원 대상기업이 아닌 경우에는 휴가 시작 후 60일(한 번에 둘 이상의 자녀를 임신한 경우에는 75일)이 지난 날로 본다] 이후 1개월부터 휴가가 끝난 날 이후 12개월 이내에 신청할 것. 다만, 그 기간에 대통령령으로 정하는 사유로 출산전후휴가 급여등을 신청할 수 없었던 사람은 그 사유가 끝난 후 30일 이내에 신청하여야 한

다.(2020.5.26 개정)

제75조의2【출산전후휴가 급여등의 수급권 대위】 사업주가 출산전후휴가 급여등의 지급사유와 같은 사유로 그에 상당하는 금품을 근로자에게 미리 지급한 경우로서 그 금품이 출산전후휴가 급여등을 대체하여 지급한 것으로 인정되면 그 사업주는 지급한 금액(제76조제2항에 따른 상한액을 초과할 수 없다)에 대하여 그 근로자의 출산전후휴가 급여등을 받을 권리를 대위한다.(2012.2.1 개정)

(2008.12.31 본조신설)

제76조【지급 기간 등】 ①제75조에 따른 출산전후휴가 급여등은 다음 각 호의 휴가 기간에 대하여 「근로기준법」의 통상임금(휴가를 시작한 날을 기준으로 산정한다)에 해당하는 금액을 지급한다.(2019.8.27 개정)

1. 「근로기준법」 제74조에 따른 출산전후휴가 또는 유산 · 사산휴가 기간. 다만, 우선지원 대상기업이 아닌 경우에는 휴가 기간 중 60일(한 번에 둘 이상의 자녀를 임신한 경우에는 75일)을 초과한 일수(30일을 한도로 하되, 미숙아를 출산한 경우에는 40일을 한도로 하고, 한 번에 둘 이상의 자녀를 임신한 경우에는 45일을 한도로 한다)로 한정한다.(2024.10.22 개정)
2. 「남녀고용평등과 일 · 가정 양립 지원에 관한 법률」 제18조의2에 따른 배우자 출산휴가 기간. 다만, 피보험자가 속한 사업장이 우선지원 대상기업인 경우로 한정한다.(2024.10.22 개정)
3. 「남녀고용평등과 일 · 가정 양립 지원에 관한 법률」 제18조의3에 따른 난임치료휴가 기간 중 최초 2일. 다만, 피보험자가 속한 사업장이 우선지원 대상기업인 경우로 한정한다.(2024.10.22 신설)

②제1항에 따른 출산전후휴가 급여등의 지급 금액은 대통령령으로 정하는 바에 따라 그 상한액과 하한액을 정할 수 있다.(2012.2.1 개정)

③제1항과 제2항에 따른 출산전후휴가 급여등의 신청 및 지급에 필요한 사항은 고용노동부령으로 정한다.(2012.2.1 개정)

제76조의2【기간제근로자 또는 파견근로자에 대한 적용】 ①고용노동부장관은 제76조제1항제1호에도 불구하고 「기간제 및 단시간근로자 보호 등에 관한 법률」 제2조에 따른 기간제근로자 또는 「파견근로자 보호 등에 관한 법률」제2조에 따른 파견근로자가 「근로기준법」 제74조에 따른 출산전후휴가기간 또는 유산 · 사산휴가기간 중 근로계약기간이 끝나

는 경우 근로계약 종료일 다음 날부터 해당 출산전후휴가 또는 유산 · 사산휴가 종료일까지의 기간에 대한 출산전후휴가 급여등에 상당하는 금액 전부를 기간제근로자 또는 파견근로자에게 지급한다.(2022.12.31 개정)
②제1항에 따른 출산전후휴가 급여등에 상당하는 금액의 신청 및 지급에 필요한 사항은 고용노동부령으로 정한다.
(2021.1.5 본조신설)

제77조【준용】 ①출산전후휴가 급여등의 반환명령, 사실 확인, 지급 제한 등에 관하여는 제62조, 제71조 및 제73조를 준용한다. 이 경우 제62조 중 "구직급여"는 "출산전후휴가 급여등"으로, 제71조 및 제73조 중 "육아휴직"은 각각 "출산전후휴가, 유산 · 사산휴가, 배우자 출산휴가 또는 난임치료휴가"로 본다.(2024.10.22 개정)
②제76조의2에 따른 출산전후휴가 급여등에 상당하는 금액의 반환명령, 사실 확인, 지급 제한 등에 관하여는 제62조, 제71조 및 제73조(제1항은 제외한다. 이하 이 항에서 같다)를 준용한다. 이 경우 제62조 중 "구직급여"는 "출산전후휴가 급여등에 상당하는 금액"으로, 제71조 및 제73조 중 "육아휴직"은 각각 "출산전후휴가, 유산 · 사산휴가"로, "육아휴직 급여"는 "출산전후휴가 급여등에 상당하는 금액"으로 본다.(2022.12.31 신설)
(2021.1.5 본조개정)

제 5 장의 2 예술인인 피보험자에 대한 고용보험 특례

제77조의2【예술인인 피보험자에 대한 적용】 ①근로자가 아니면서 「예술인 복지법」 제2조제2호에 따른 예술인 등 대통령령으로 정하는 사람 중 「예술인 복지법」 제4조의4에 따른 문화예술용역 관련 계약(이하 "문화예술용역 관련 계약"이라 한다)을 체결하고 다른 사람을 사용하지 아니하고 자신이 직접 노무를 제공하는 사람(이하 "예술인"이라 한다)과 이들을 상대방으로 하여 문화예술용역 관련 계약을 체결한 사업에 대해서는 제8조제2항에 따라 이 장을 적용한다.(2021.1.5 개정)
②제1항에도 불구하고 예술인이 다음 각 호의 어느 하나에 해당하는 경우에는 이 법을 적용하지 아니한다.
1. 65세 이후에 근로계약, 문화예술용역 관련 계약 또는 제77조의6제1항에 따른 노무제공계약(65세 전부터 피보험자격을 유지하던 사람이 65세 이

후에 계속하여 근로계약, 문화예술용역 관련 계약 또는 노무제공계약을 체결한 경우는 제외한다)을 체결하거나 자영업을 개시하는 경우 (2021.1.5 개정)

2. 예술인 중 대통령령으로 정하는 소득 기준을 충족하지 못하는 경우. 다만, 예술인 중 계약의 기간이 1개월 미만인 사람(이하 "단기예술인"이라 한다)은 제외한다.

3. 15세 미만인 경우. 다만, 15세 미만인 예술인으로서 고용보험 가입을 원하는 사람은 대통령령으로 정하는 바에 따라 고용보험에 가입할 수 있다.(2022.12.31 신설)

③제15조에도 불구하고 사업의 특성 및 규모 등을 고려하여 대통령령으로 정하는 사업이 다음 각 호의 어느 하나에 해당하는 경우에는 하수급인이 사용하는 예술인에 대하여 대통령령으로 정하는 바에 따라 발주자 또는 원수급인이 제15조에 따른 신고를 하여야 한다.

1. 하나의 사업에 다수의 도급이 이루어져 원수급인이 다수인 경우
2. 하나의 사업이 여러 차례의 도급으로 이루어져 하수급인이 다수인 경우

④제3항에 따라 하수급인인 사업주와 예술인 등은 발주자 · 원수급인이 피보험자격 취득 등의 신고를 위하여 대통령령으로 정하는 관련 자료, 정보 등을 요청하는 경우 이를 제공하여야 한다.

⑤삭제(2022.12.31)

⑥제1항에 따라 이 장의 적용을 받는 예술인과 문화예술용역 관련 계약을 체결한 사업의 사업주(제3항의 경우에는 발주자 또는 원수급인을 말한다)는 고용산재보험료징수법에 따라 보험료를 부담하며, 그 보험관계의 성립 · 소멸 및 변경, 보험료의 산정 · 납부 및 징수에 필요한 사항은 고용산재보험료징수법에서 정하는 바에 따른다.(2021.1.5 개정)

(2020.6.9 본조신설)

제77조의3【예술인인 피보험자에 대한 구직급여】 ①예술인의 구직급여는 다음 각 호의 요건을 모두 갖춘 경우에 지급한다. 다만, 제6호는 최종 이직 당시 단기예술인이었던 사람만 해당한다.

1. 이직일 이전 24개월 동안의 피보험 단위기간이 통산하여 9개월 이상일 것
2. 근로 또는 노무제공의 의사와 능력이 있음에도 불구하고 취업(영리를 목적으로 사업을 영위하는 경우를 포함한다. 이하 이 장에서 같다)하지

못한 상태에 있을 것(2021.1.5 개정)

3. 이직사유가 제77조의5제2항에서 준용하는 제58조에 따른 수급자격의 제한 사유에 해당하지 아니할 것. 다만, 제77조의5제2항에서 준용하는 제58조제2호가목에도 불구하고 예술인이 이직할 당시 대통령령으로 정하는 바에 따른 소득감소로 인하여 이직하였다고 직업안정기관의 장이 인정하는 경우에는 제58조에 따른 수급자격의 제한 사유에 해당하지 아니하는 것으로 본다.(2021.1.5 개정)
4. 이직일 이전 24개월 중 3개월 이상을 예술인인 피보험자로 피보험자격을 유지하였을 것
5. 재취업을 위한 노력을 적극적으로 할 것
6. 다음 각 목의 요건을 모두 갖출 것
   가. 수급자격의 인정신청일 이전 1개월 동안의 노무제공일수가 10일 미만이거나 수급자격 인정신청일 이전 14일간 연속하여 노무제공내역이 없을 것
   나. 최종 이직일 이전 24개월 동안의 피보험 단위기간 중 다른 사업에서 제77조의5제2항에서 준용하는 제58조에 따른 수급자격의 제한 사유에 해당하는 사유로 이직한 사실이 있는 경우에는 그 피보험 단위기간 중 90일 이상을 단기예술인으로 종사하였을 것(2021.1.5 개정)

②제1항제1호에 따른 피보험 단위기간은 그 수급자격과 관련된 이직 당시의 사업에서의 피보험자격 취득일부터 이직일까지의 기간으로 산정하고, 이직일 이전 24개월 동안 근로자, 예술인, 제77조의6제1항에 따른 노무제공자 중 둘 이상에 해당하는 사람으로 종사한 경우의 피보험 단위기간은 대통령령으로 정하는 바에 따른다.(2021.1.5 개정)

③예술인의 기초일액은 수급자격 인정과 관련된 마지막 이직일 전 1년간의 고용산재보험료징수법 제16조의10에 따라 신고된 보수총액을 그 산정의 기준이 되는 기간의 총 일수로 나눈 금액으로 한다. 다만, 그 금액이 이직 당시의 고용산재보험료징수법 제3조에 따른 예술인의 기준보수의 일액 중 가장 적은 금액 미만인 경우에는 가장 적은 기준보수의 일액을 기초일액으로 한다. 다만, 예술인(고용산재보험료징수법 제3조제1항제2호에 따라 기준보수를 적용받지 아니하는 예술인은 제외한다)의 기초일액이 이직 당시의 같은 법 제3조에 따른 예술인의 일단위 기준보수 미만인 경우에는 일단위 기준보수를 기초일액으로 한다.(2022.12.31 개정)

④예술인의 구직급여일액은 제3항에 따른 기초일액에 100분의 60을 곱한 금액으로 한다.
⑤제4항에 따른 구직급여일액의 상한액은 근로자인 피보험자의 구직급여 상한액 등을 고려하여 대통령령으로 정하는 금액으로 한다.
⑥예술인은 제42조에 따른 실업의 신고일부터 계산하기 시작하여 7일간은 대기기간으로 보아 구직급여를 지급하지 아니한다. 다만, 제1항제3호 단서에서 정한 사유로 이직한 경우에는 4주의 범위에서 대통령령으로 정하는 기간을 대기기간으로 보아 구직급여를 지급하지 아니한다. 다만, 다음 각 호의 사유에 해당하는 경우에는 각 호의 사유별로 4주의 범위에서 대통령령으로 정하는 기간을 대기기간으로 보아 구직급여를 지급하지 아니하며, 각 호의 사유 중 둘 이상에 해당하는 경우에는 그 대기기간이 가장 긴 기간을 대기기간으로 본다.(2022.12.31 개정)
1. 제1항제3호 단서에서 정한 사유로 이직한 경우
2. 제43조의2제1항에 따라 수급자격의 인정신청을 한 경우로서 가장 나중에 상실한 피보험자격과 관련된 이직사유가 같은 조 제2항 단서에 해당하는 경우
⑦예술인의 소정급여일수 산정을 위한 피보험기간은 제2항에 따른 피보험 단위기간으로 한다. 다만, 단기예술인은 해당 계약기간 중 노무제공일수 등을 고려하여 대통령령으로 정하는 바에 따라 산정한 기간으로 한다.
⑧제47조에도 불구하고 직업안정기관의 장은 예술인인 피보험자에 대하여 구직급여를 지급하는 경우에는 실업인정대상기간 중 취업 등으로 발생한 소득에 대해서는 소득수준, 근로 등의 활동 기간 등을 고려하여 대통령령으로 정하는 바에 따라 일부 또는 전부를 감액하고 지급하여야 한다.
(2020.6.9 본조신설)

제77조의4【예술인의 출산전후급여등】 ①고용노동부장관은 예술인인 피보험자 또는 피보험자였던 사람이 출산 또는 유산·사산을 이유로 노무를 제공할 수 없는 경우에는 출산전후급여 등(이하 "출산전후급여등"이라 한다)을 지급한다. 다만, 같은 자녀에 대하여 제75조에 따른 출산전후휴가 급여등 및 제77조의9제1항에 따른 출산전후급여등의 지급요건을 동시에 충족하는 경우 등에 대해서는 대통령령으로 정하는 바에 따라 지급한다.(2022.6.10 개정)
②제1항에 따른 출산전후급여등의 지급요건, 지급수준 및 지급기간 등은

대통령령으로 정하는 바에 따른다.
③제1항과 제2항에 따른 출산전후급여등의 신청 및 지급에 필요한 사항은 고용노동부령으로 정한다.
(2020.6.9 본조신설)

제77조의5【준용】 ①예술인의 피보험자격에 관하여는 제13조제1항, 제14조제1항, 제15조, 제17조를 준용한다. 이 경우 "근로자"는 "예술인"으로, "고용된 날"은 "문화예술용역 관련 계약 개시일"로, "고용된 근로자"는 "문화예술용역 관련 계약이 개시된 예술인"으로 본다.(2021.1.5 개정)
②예술인에 대한 구직급여에 대해서는 제37조의2, 제38조, 제38조의2, 제40조제2항제1호, 제41조제2항, 제42조, 제43조, 제43조의2, 제44조, 제47조, 제48조, 제50조, 제56조부터 제58조까지 및 제60조부터 제63조까지의 규정을 준용한다. 이 경우 제40조제2항제1호 중 "이직일 이전 18개월 동안"은 "이직일 이전 24개월 동안"으로 제63조제1항 본문 중 "제46조"는 "제77조의3제4항 · 제5항"으로, 같은 조 제5항 전단 중 "제47조, 제49조"는 "제47조"로 본다.(2022.12.31 개정)
③예술인의 출산전후급여등의 반환명령, 지급 제한 등에 관하여는 제62조 및 제73조제4항을 준용한다. 이 경우 제62조 중 "구직급여"는 "출산전후급여등"으로, 제73조제4항 중 "육아휴직 급여"는 "출산전후급여등"으로, "육아휴직"은 "출산 또는 유산 · 사산"으로, "육아휴직 급여 요건"은 "출산전후급여등 지급 요건"으로 본다.(2022.12.31 개정)
④예술인의 피보험자격확인 · 구직급여 · 출산전후급여등의 심사 및 재심사 청구 등에 관하여는 제87조부터 제98조까지, 제99조(제2항은 제외한다) 및 제100조부터 제112조까지의 규정을 준용한다. 이 경우 "제4장의 규정에 따른 실업급여 및 제5장에 따른 육아휴직 급여와 출산전후휴가 급여등" 및 "제4장에 따른 실업급여 및 제5장에 따른 육아휴직 급여와 출산전후휴가 급여등"은 각각 "제5장의2에 따른 구직급여 및 출산전후급여등"으로, "실업급여"는 각각 "구직급여"로, "사업장"은 각각 "사업장 및 피보험자격 취득신고를 하여야 하는 자의 사무소"로, "사업주"는 각각 "사업주 및 피보험자격을 신고하여야 하는 자"로, "근로자"는 각각 "예술인"으로, "육아휴직 급여 등"은 "출산전후급여등"으로, "제4장"은 "제5장의2"로, "제5장에 따른 육아휴직 급여, 육아기 근로시간 단축 급여 및 출산전후휴가 급여등"은 "제5장의2에 따른 출산전후급여등"으로, "실업급여 · 육아휴직 급여 또

는 출산전후휴가 급여등"은 "구직급여 · 출산전후급여등"으로 본다.(2022.12.31 신설)
(2020.6.9 본조신설)

제 5 장의 3 노무제공자인 피보험자에 대한 고용보험 특례

제77조의6 【노무제공자인 피보험자에 대한 적용】 ①근로자가 아니면서 자신이 아닌 다른 사람의 사업을 위하여 자신이 직접 노무를 제공하고 해당 사업주 또는 노무수령자로부터 일정한 대가를 지급받기로 하는 계약(이하 "노무제공계약"이라 한다)을 체결한 사람 중 대통령령으로 정하는 직종에 종사하는 사람(이하 "노무제공자"라 한다)과 이들을 상대방으로 하여 노무제공계약을 체결한 사업에 대해서는 제8조제2항에 따라 이 장을 적용한다.

②제1항에도 불구하고 노무제공자가 다음 각 호의 어느 하나에 해당하는 경우에는 이 법을 적용하지 아니한다.

1. 65세 이후에 근로계약, 노무제공계약 또는 문화예술용역 관련 계약(65세 전부터 피보험자격을 유지하던 사람이 65세 이후에 계속하여 근로계약, 노무제공계약 또는 문화예술용역 관련 계약을 체결한 경우는 제외한다)을 체결하거나 자영업을 개시하는 경우
2. 노무제공자 중 대통령령으로 정하는 소득 기준을 충족하지 못하는 경우. 다만, 노무제공자 중 계약의 기간이 1개월 미만인 사람(이하 "단기노무제공자"라 한다)은 제외한다.
3. 15세 미만인 경우. 다만, 15세 미만인 노무제공자로서 고용보험 가입을 원하는 사람은 대통령령으로 정하는 바에 따라 고용보험에 가입할 수 있다.(2022.12.31 신설)

③삭제(2022.12.31)

④제1항에 따라 이 장을 적용하는 노무제공자와 그와 노무제공계약을 체결한 사업의 사업주(이하 "노무제공사업의 사업주"라 한다)는 고용산재보험료징수법에 따라 보험료를 부담하며, 그 보험관계의 성립 · 소멸 및 변경, 보험료의 산정 · 납부 및 징수에 필요한 사항은 고용산재보험료징수법에서 정하는 바에 따른다.
(2021.1.5 본조신설)

제77조의7【노무제공플랫폼사업자에 대한 특례】 ①제15조에도 불구하고 노무제공사업의 사업주가 노무제공자와 노무제공사업의 사업주에 관련된 자료 및 정보를 수집 · 관리하여 이를 전자정보 형태로 기록하고 처리하는 시스템(이하 "노무제공플랫폼"이라 한다)을 구축 · 운영하는 사업자(이하 "노무제공플랫폼사업자"라 한다)와 노무제공플랫폼 이용에 대한 계약(이하 "노무제공플랫폼이용계약"이라 한다)을 체결하는 경우 노무제공플랫폼사업자는 대통령령으로 정하는 바에 따라 노무제공자에 대한 제15조제1항에 따른 피보험자격의 취득 등을 신고하여야 한다.

②고용노동부장관은 노무제공자에 관한 보험사무의 효율적 처리를 위하여 노무제공플랫폼사업자에게 해당 노무제공플랫폼의 이용 및 보험관계의 확인에 필요한 다음 각 호의 자료 또는 정보의 제공을 요청할 수 있다. 이 경우 요청을 받은 노무제공플랫폼사업자는 정당한 사유가 없으면 그 요청에 따라야 한다.

1. 노무제공플랫폼이용계약의 개시일 또는 종료일
2. 노무제공사업의 사업주의 보험관계와 관련된 사항으로서 사업장의 명칭 · 주소 등 대통령령으로 정하는 자료 또는 정보
3. 노무제공자의 피보험자격과 관련된 사항으로서 노무제공자의 이름 · 직종 · 보수 등 대통령령으로 정하는 자료 또는 정보

③노무제공플랫폼사업자는 제2항에 따라 요청받은 자료 또는 정보의 제공을 위하여 필요한 경우에는 해당 노무제공자와 노무제공사업의 사업주에게 필요한 자료 또는 정보의 제공을 요청할 수 있다. 이 경우 요청을 받은 노무제공자와 노무제공사업의 사업주는 정당한 사유가 없으면 그 요청에 따라야 한다.

④고용노동부장관은 제2항에 따라 노무제공플랫폼사업자가 제공한 자료 또는 정보를 해당 보험사무의 처리에 필요한 범위에서만 활용하여야 하며, 이를 공개해서는 아니 된다.

⑤노무제공플랫폼사업자는 제1항에 따른 노무제공자의 피보험자격 신고와 관련된 정보를 해당 노무제공자와 노무제공사업의 사업주 사이에 체결된 노무제공계약이 끝난 날부터 3년 동안 노무제공플랫폼에 보관하여야 한다.

(2021.1.5 본조신설)

제77조의8【노무제공자인 피보험자에 대한 구직급여】 ①노무제

공자의 구직급여는 다음 각 호의 요건을 모두 갖춘 경우에 지급한다. 다만, 제6호는 최종 이직 당시 단기노무제공자였던 사람만 해당한다.

1. 이직일 이전 24개월 동안 피보험 단위기간이 통산하여 12개월 이상일 것
2. 근로 또는 노무제공의 의사와 능력이 있음에도 불구하고 취업(영리를 목적으로 사업을 영위하는 경우를 포함한다. 이하 이 장에서 같다)하지 못한 상태에 있을 것
3. 이직사유가 제77조의10제2항에서 준용하는 제58조에 따른 수급자격의 제한 사유에 해당하지 아니할 것. 다만, 제77조의10제2항에서 준용하는 제58조제2호가목에도 불구하고 노무제공자로 이직할 당시 대통령령으로 정하는 바에 따른 소득 감소로 인하여 이직하였다고 직업안정기관의 장이 인정하는 경우에는 제58조에 따른 수급자격의 제한 사유에 해당하지 아니하는 것으로 본다.
4. 이직일 이전 24개월 중 3개월 이상을 노무제공자인 피보험자로 피보험자격을 유지하였을 것
5. 재취업을 위한 노력을 적극적으로 할 것
6. 다음 각 목의 요건을 모두 갖출 것
   가. 수급자격의 인정신청일 이전 1개월 동안의 노무제공일수가 10일 미만이거나 수급자격 인정신청일 이전 14일간 연속하여 노무제공내역이 없을 것
   나. 최종 이직일 이전 24개월 동안의 피보험 단위기간 중 다른 사업에서 제77조의10제2항에서 준용하는 제58조에 따른 수급자격의 제한 사유에 해당하는 사유로 이직한 사실이 있는 경우에는 그 피보험 단위기간 중 90일 이상을 단기노무제공자로 종사하였을 것

②제1항제1호에 따른 피보험 단위기간은 그 수급자격과 관련된 이직 당시의 사업에서의 피보험자격 취득일부터 이직일까지의 기간으로 산정하고, 이직 전 24개월 중 근로자 · 노무제공자 · 예술인 중 둘 이상에 해당하는 사람으로 종사한 경우의 피보험 단위기간은 대통령령으로 정하는 바에 따른다.

③노무제공자의 기초일액은 수급자격 인정과 관련된 마지막 이직일 전 1년간의 고용산재보험료징수법 제16조의10에 따라 신고된 보수총액을 그 산정의 기준이 되는 기간의 총 일수로 나눈 금액으로 한다. 다만, 그 금액이 이직 당시의 고용산재보험료징수법 제3조에 따른 노무제공자의 기준보수

의 일액 중 가장 적은 금액 미만인 경우에는 가장 적은 기준보수의 일액을 기초일액으로 한다. 다만, 노무제공자(고용산재보험료징수법 제3조제1항제2호에 따라 기준보수를 적용받지 아니하는 노무제공자는 제외한다)의 기초일액이 이직 당시의 같은 법 제3조에 따른 노무제공자의 일단위 기준보수 미만인 경우에는 일단위 기준보수를 기초일액으로 한다.(2022.12.31 개정)
④제3항에도 불구하고 고용산재보험료징수법 제48조의3제3항 단서의 적용을 받는 노무제공자의 기초일액은 고용노동부장관이 고시하는 금액으로 한다.(2022.6.10 개정)
⑤노무제공자의 구직급여일액은 제3항에 따른 기초일액에 100분의 60을 곱한 금액으로 한다. 이 경우 구직급여일액의 상한액은 근로자인 피보험자의 구직급여 상한액 등을 고려하여 대통령령으로 정하는 금액으로 한다.
⑥노무제공자는 제42조에 따른 실업의 신고일부터 계산하기 시작하여 7일간은 대기기간으로 보아 구직급여를 지급하지 아니한다. 다만, 제1항제3호 단서에서 정한 사유로 이직한 경우에는 4주의 범위에서 대통령령으로 정하는 기간을 대기기간으로 보아 구직급여를 지급하지 아니한다. 다만, 다음 각 호의 사유에 해당하는 경우에는 각 호의 사유별로 4주의 범위에서 대통령령으로 정하는 기간을 대기기간으로 보아 구직급여를 지급하지 아니하며, 각 호의 사유 중 둘 이상에 해당하는 경우에는 그 대기기간이 가장 긴 기간을 대기기간으로 본다.(2022.12.31 개정)
1. 제1항제3호 단서에서 정한 사유로 이직한 경우
2. 제43조의2제1항에 따라 수급자격의 인정신청을 한 경우로서 가장 나중에 상실한 피보험자격과 관련된 이직사유가 같은 조 제2항 단서에 해당하는 경우
⑦노무제공자의 소정급여일수 산정을 위한 피보험기간은 제2항에 따른 피보험 단위기간으로 한다. 다만, 단기노무제공자의 피보험기간은 해당 계약기간 중 노무제공일수 등을 고려하여 대통령령으로 정하는 바에 따라 산정한 기간으로 한다.
⑧제47조에도 불구하고 직업안정기관의 장은 노무제공자인 피보험자에 대하여 구직급여를 지급하는 경우 실업인정대상기간 중 취업 등으로 발생한 소득에 대해서는 소득수준, 근로 등의 활동 기간 등을 고려하여 대통령령으로 정하는 바에 따라 일부 또는 전부를 감액하고 지급하여야 한다.
(2021.1.5 본조신설)

제77조의9【노무제공자의 출산전후급여등】 ①고용노동부장관은 노무제공자인 피보험자 또는 피보험자였던 사람이 출산 또는 유산·사산을 이유로 노무를 제공할 수 없는 경우에는 출산전후급여등을 지급한다. 다만, 같은 자녀에 대하여 제75조에 따른 출산전후휴가 급여등 또는 제77조의4 제1항에 따른 출산전후급여등의 지급요건을 동시에 충족하는 경우 대통령령으로 정하는 바에 따라 지급한다.(2022.6.10 개정)
②제1항에 따른 출산전후급여등의 지급요건, 지급수준 및 지급기간 등은 대통령령으로 정하는 바에 따른다.
③제1항과 제2항에 따른 출산전후급여등의 신청 및 지급에 필요한 사항은 고용노동부령으로 정한다.
(2021.1.5 본조신설)

제77조의10【준용】 ①노무제공자의 피보험자격에 관하여는 제13조제1항, 제14조제1항, 제15조 및 제17조를 준용한다. 이 경우 "근로자"는 "노무제공자"로, "고용된 날"은 "노무제공계약의 개시일"로, "고용된 근로자"는 "노무제공계약이 개시된 노무제공자"로 본다.
②노무제공자에 대한 구직급여에 관하여는 제37조의2, 제38조, 제38조의2, 제40조제2항제1호, 제41조제2항, 제42조, 제43조, 제43조의2, 제44조, 제47조, 제48조, 제50조, 제56조부터 제58조까지 및 제60조부터 제63조까지의 규정을 준용한다. 이 경우 제40조제2항제1호 중 "이직일 이전 18개월 동안"은 "이직일 이전 24개월 동안"으로, 제63조제1항 본문 중 "제46조"는 "제77조의3제4항·제5항"으로, 같은 조 제5항 전단 중 "제47조, 제49조"는 "제47조"로 본다.(2022.12.31 개정)
③노무제공자의 출산전후급여등의 반환명령, 지급 제한 등에 관하여는 제62조 및 제73조제4항을 준용한다. 이 경우 제62조 중 "구직급여"는 "출산전후급여등"으로, 제73조제4항 중 "육아휴직 급여"는 "출산전후급여등"으로, "육아휴직"은 "출산 또는 유산·사산"으로, "육아휴직 급여 요건"은 "출산전후급여등 지급 요건"으로 본다.(2022.12.31 개정)
④노무제공자의 피보험자격확인·구직급여·출산전후급여등의 심사 및 재심사 청구 등에 관하여는 제87조부터 제98조까지, 제99조(제2항은 제외한다) 및 제100조부터 제112조까지의 규정을 준용한다. 이 경우 "제4장의 규정에 따른 실업급여 및 제5장에 따른 육아휴직 급여와 출산전후휴가 급여등" 및 "제4장에 따른 실업급여 및 제5장에 따른 육아휴직 급여와 출산

전후휴가 급여등"은 각각 "제5장의3에 따른 구직급여 및 출산전후급여등"으로, "실업급여"는 각각 "구직급여"로, "사업장"은 각각 "사업장 및 피보험자격취득신고를 하여야 하는 자의 사무소"로, "사업주"는 각각 "사업주 및 피보험자격을 신고하여야 하는 자"로, "근로자"는 각각 "노무제공자"로, "육아휴직 급여 등"은 "출산전후급여등"으로, "제4장"은 "제5장의3"으로, "제5장에 따른 육아휴직 급여, 육아기 근로시간 단축 급여 및 출산전후휴가 급여등"은 "제5장의3에 따른 출산전후급여등"으로, "실업급여 · 육아휴직 급여 또는 출산전후휴가 급여등"은 "구직급여 · 출산전후급여등"으로 본다.(2022.12.31 신설)
(2021.1.5 본조신설)

제6장 고용보험기금

제78조【기금의 설치 및 조성】 ①고용노동부장관은 보험사업에 필요한 재원에 충당하기 위하여 고용보험기금(이하 "기금"이라 한다)을 설치한다.(2010.6.4 개정)
②기금은 보험료와 이 법에 따른 징수금 · 적립금 · 기금운용 수익금과 그 밖의 수입으로 조성한다.

제79조【기금의 관리 · 운용】 ①기금은 고용노동부장관이 관리 · 운용한다.(2010.6.4 개정)
②기금의 관리 · 운용에 관한 세부 사항은 「국가재정법」의 규정에 따른다.
③고용노동부장관은 다음 각 호의 방법에 따라 기금을 관리 · 운용한다.(2010.6.4 개정)
1. 금융기관에의 예탁
2. 재정자금에의 예탁
3. 국가 · 지방자치단체 또는 금융기관에서 직접 발행하거나 채무이행을 보증하는 유가증권의 매입
4. 보험사업의 수행 또는 기금 증식을 위한 부동산의 취득 및 처분
5. 그 밖에 대통령령으로 정하는 기금 증식 방법
④고용노동부장관은 제1항에 따라 기금을 관리 · 운용할 때에는 그 수익이 대통령령으로 정하는 수준 이상 되도록 하여야 한다.(2010.6.4 개정)

제80조【기금의 용도】 ①기금은 다음 각 호의 용도에 사용하여야 한

다.(2008.3.21 개정)
1. 고용안정・직업능력개발사업에 필요한 경비
2. 실업급여의 지급
2의2. 제55조의2에 따른 국민연금 보험료의 지원(2019.1.15 신설)
3. 육아휴직 급여 및 출산전후휴가 급여등의 지급(2012.2.1 개정)
4. 보험료의 반환
5. 일시 차입금의 상환금과 이자
6. 이 법과 고용산재보험료징수법에 따른 업무를 대행하거나 위탁받은 자에 대한 출연금(2021.1.5 개정)
7. 그 밖에 이 법의 시행을 위하여 필요한 경비로서 대통령령으로 정하는 경비와 제1호 및 제2호에 따른 사업의 수행에 딸린 경비(2008.3.21 개정)
②제1항제6호에 따라 기금으로부터 「국민건강보험법」 제13조에 따른 국민건강보험공단에 출연하는 금액은 징수업무(고지・수납・체납 업무를 말한다)가 차지하는 비율 등을 기준으로 산정한다.(2019.1.15 신설)
③제1항제6호에 따른 출연금의 지급기준, 사용 및 관리에 관하여 필요한 사항은 대통령령으로 정한다.(2019.1.15 개정)

제81조 【기금운용 계획 등】 ①고용노동부장관은 매년 기금운용 계획을 세워 제7조에 따른 고용보험위원회 및 국무회의의 심의를 거쳐 대통령의 승인을 받아야 한다.(2010.6.4 개정)
②고용노동부장관은 매년 기금의 운용 결과에 대하여 제7조에 따른 고용보험위원회의 심의를 거쳐 공표하여야 한다.(2010.6.4 개정)

제82조 【기금계정의 설치】 ①고용노동부장관은 한국은행에 고용보험기금계정을 설치하여야 한다.(2010.6.4 개정)
②제1항의 고용보험기금계정은 고용안정・직업능력개발 사업 및 실업급여, 자영업자의 고용안정・직업능력개발 사업 및 자영업자의 실업급여로 구분하여 관리한다.(2011.7.21 개정)

제83조 【기금의 출납】 기금의 관리・운용을 하는 경우 출납에 필요한 사항은 대통령령으로 정한다.

제84조 【기금의 적립】 ①고용노동부장관은 대량 실업의 발생이나 그 밖의 고용상태 불안에 대비한 준비금으로 여유자금을 적립하여야 한다.(2010.6.4 개정)
②제1항에 따른 여유자금의 적정규모는 다음 각 호와 같다.

1. 고용안정 · 직업능력개발 사업 계정의 연말 적립금: 해당 연도 지출액의 1배 이상 1.5배 미만
2. 실업급여 계정의 연말 적립금: 해당 연도 지출액의 1.5배 이상 2배 미만
(2008.12.31 본조개정)

제85조 【잉여금과 손실금의 처리】 ①기금의 결산상 잉여금이 생기면 이를 적립금으로 적립하여야 한다.
②기금의 결산상 손실금이 생기면 적립금을 사용하여 이를 보전(補塡)할 수 있다.

제86조 【차입금】 기금을 지출할 때 자금 부족이 발생하거나 발생할 것으로 예상되는 경우에는 기금의 부담으로 금융기관 · 다른 기금과 그 밖의 재원 등으로부터 차입을 할 수 있다.

제7장 심사 및 재심사청구

제87조 【심사와 재심사】 ①제17조에 따른 피보험자격의 취득 · 상실에 대한 확인, 제4장의 규정에 따른 실업급여 및 제5장에 따른 육아휴직 급여와 출산전후휴가 급여등에 관한 처분(이하 "원처분(原處分)등"이라 한다)에 이의가 있는 자는 제89조에 따른 심사관에게 심사를 청구할 수 있고, 그 결정에 이의가 있는 자는 제99조에 따른 위원회에 재심사를 청구할 수 있다.(2012.2.1 개정)
②제1항에 따른 심사의 청구는 같은 항의 확인 또는 처분이 있음을 안 날부터 90일 이내에, 재심사의 청구는 심사청구에 대한 결정이 있음을 안 날부터 90일 이내에 각각 제기하여야 한다.
③제1항에 따른 심사 및 재심사의 청구는 시효중단에 관하여 재판상의 청구로 본다.

제88조 【대리인의 선임】 심사청구인 또는 재심사청구인은 법정대리인 외에 다음 각 호의 어느 하나에 해당하는 자를 대리인으로 선임할 수 있다.
1. 청구인의 배우자, 직계존속 · 비속 또는 형제자매
2. 청구인인 법인의 임원 또는 직원
3. 변호사나 공인노무사
4. 제99조에 따른 심사위원회의 허가를 받은 자

제89조【고용보험심사관】①제87조에 따른 심사를 행하게 하기 위하여 고용보험심사관(이하 "심사관"이라 한다)을 둔다.
②심사관은 제87조제1항에 따라 심사청구를 받으면 30일 이내에 그 심사청구에 대한 결정을 하여야 한다. 다만, 부득이한 사정으로 그 기간에 결정할 수 없을 때에는 한 차례만 10일을 넘지 아니하는 범위에서 그 기간을 연장할 수 있다.(2020.5.26 개정)
③심사관의 정원·자격·배치 및 직무에 필요한 사항은 대통령령으로 정한다.
④당사자는 심사관에게 심리·결정의 공정을 기대하기 어려운 사정이 있으면 그 심사관에 대한 기피신청을 고용노동부장관에게 할 수 있다.(2010.6.4 개정)
⑤심사청구인이 사망한 경우 그 심사청구인이 실업급여의 수급권자이면 제57조에 따른 유족이, 그 외의 자인 때에는 상속인 또는 심사청구의 대상인 원처분등에 관계되는 권리 또는 이익을 승계한 자가 각각 심사청구인의 지위를 승계한다.

제90조【심사의 청구 등】①제87조제1항에 따른 심사를 청구하는 경우 제17조에 따른 피보험자격의 취득·상실 확인에 대한 심사의 청구는 「산업재해보상보험법」 제10조에 따른 근로복지공단(이하 "근로복지공단"이라 한다)을, 제4장에 따른 실업급여 및 제5장에 따른 육아휴직 급여와 출산전후휴가 급여등에 관한 처분에 대한 심사의 청구는 직업안정기관의 장을 거쳐 심사관에게 하여야 한다.(2019.1.15 개정)
②직업안정기관 또는 근로복지공단은 심사청구서를 받은 날부터 5일 이내에 의견서를 첨부하여 심사청구서를 심사관에게 보내야 한다.(2019.1.15 개정)

제91조【청구의 방식】 심사의 청구는 대통령령으로 정하는 바에 따라 문서로 하여야 한다.

제92조【보정 및 각하】①심사의 청구가 제87조제2항에 따른 기간이 지났거나 법령으로 정한 방식을 위반하여 보정(補正)하지 못할 것인 경우에 심사관은 그 심사의 청구를 결정으로 각하(却下)하여야 한다.
②심사의 청구가 법령으로 정한 방식을 어긴 것이라도 보정할 수 있는 것인 경우에 심사관은 상당한 기간을 정하여 심사청구인에게 심사의 청구를 보정하도록 명할 수 있다. 다만, 보정할 사항이 경미한 경우에는 심사관이

직권으로 보정할 수 있다.
③심사관은 심사청구인이 제2항의 기간에 그 보정을 하지 아니하면 결정으로써 그 심사청구를 각하하여야 한다.

제93조【원처분의 집행 정지】①심사의 청구는 원처분등의 집행을 정지시키지 아니한다. 다만, 심사관은 원처분등의 집행에 의하여 발생하는 중대한 위해(危害)를 피하기 위하여 긴급한 필요가 있다고 인정하면 직권으로 그 집행을 정지시킬 수 있다.
②심사관은 제1항 단서에 따라 집행을 정지시키려고 할 때에는 그 이유를 적은 문서로 그 사실을 직업안정기관의 장 또는 근로복지공단에 알려야 한다.(2019.1.15 개정)
③직업안정기관의 장 또는 근로복지공단은 제2항에 따른 통지를 받으면 지체 없이 그 집행을 정지하여야 한다.(2019.1.15 개정)
④심사관은 제2항에 따라 집행을 정지시킨 경우에는 지체 없이 심사청구인에게 그 사실을 문서로 알려야 한다.

고용
보험

제94조【심사관의 권한】①심사관은 심사의 청구에 대한 심리를 위하여 필요하다고 인정하면 심사청구인의 신청 또는 직권으로 다음 각 호의 조사를 할 수 있다.
1. 심사청구인 또는 관계인을 지정 장소에 출석하게 하여 질문하거나 의견을 진술하게 하는 것
2. 심사청구인 또는 관계인에게 증거가 될 수 있는 문서와 그 밖의 물건을 제출하게 하는 것
3. 전문적인 지식이나 경험을 가진 제삼자로 하여금 감정(鑑定)하게 하는 것
4. 사건에 관계가 있는 사업장 또는 그 밖의 장소에 출입하여 사업주·종업원이나 그 밖의 관계인에게 질문하거나 문서와 그 밖의 물건을 검사하는 것

②심사관은 제1항 제4호에 따른 질문과 검사를 하는 경우에는 그 권한을 표시하는 증표를 지니고 관계인에게 내보여야 한다.

제95조【실비변상】제94조제1항제1호에 따라 지정한 장소에 출석한 사람과 같은 항 제3호에 따라 감정을 한 감정인에게는 고용노동부장관이 정하는 실비를 변상한다.(2020.5.26 개정)

제96조【결정】심사관은 심사의 청구에 대한 심리(審理)를 마쳤을 때에는 원처분등의 전부 또는 일부를 취소하거나 심사청구의 전부 또는 일

부를 기각한다.

제97조【결정의 방법】 ①제89조에 따른 결정은 대통령령으로 정하는 바에 따라 문서로 하여야 한다.

②심사관은 결정을 하면 심사청구인 및 원처분등을 한 직업안정기관의 장 또는 근로복지공단에 각각 결정서의 정본(正本)을 보내야 한다.(2019.1.15 개정)

제98조【결정의 효력】 ①결정은 심사청구인 및 직업안정기관의 장 또는 근로복지공단에 결정서의 정본을 보낸 날부터 효력이 발생한다.(2019.1.15 개정)

②결정은 원처분등을 행한 직업안정기관의 장 또는 근로복지공단을 기속(羈束)한다.(2019.1.15 개정)

제99조【고용보험심사위원회】 ①제87조에 따른 재심사를 하게 하기 위하여 고용노동부에 고용보험심사위원회(이하 "심사위원회"라 한다)를 둔다.(2010.6.4 개정)

②심사위원회는 근로자를 대표하는 사람 및 사용자를 대표하는 사람 각 1명 이상을 포함한 15명 이내의 위원으로 구성한다.(2020.5.26 개정)

③제2항의 위원 중 2명은 상임위원으로 한다.

④다음 각 호의 어느 하나에 해당하는 사람은 위원에 인명될 수 없다.(2020.5.26 개정)

1. 피성년후견인 · 피한정후견인 또는 파산의 선고를 받고 복권되지 아니한 사람(2020.5.26 개정)
2. 금고 이상의 실형을 선고받고 그 집행이 끝나거나(집행이 끝난 것으로 보는 경우를 포함한다) 집행이 면제된 날부터 3년이 지나지 아니한 사람(2022.6.10 개정)
3. 금고 이상의 형의 집행유예를 선고받고 그 유예기간 중에 있는 사람(2022.6.10 신설)

⑤위원 중 공무원이 아닌 위원이 다음 각 호의 어느 하나에 해당되는 경우에는 해촉(解囑)할 수 있다.(2019.1.15 개정)

1. 심신장애로 인하여 직무를 수행할 수 없게 된 경우
2. 직무와 관련된 비위사실이 있는 경우
3. 직무태만, 품위손상이나 그 밖의 사유로 인하여 위원으로 적합하지 아니하다고 인정되는 경우

4. 위원 스스로 직무를 수행하는 것이 곤란하다고 의사를 밝히는 경우
⑥상임위원은 정당에 가입하거나 정치에 관여하여서는 아니 된다.
⑦심사위원회는 제87조제1항에 따라 재심사의 청구를 받으면 50일 이내에 재결(裁決)을 하여야 한다. 이 경우 재결기간의 연장에 관하여는 제89조제2항을 준용한다.
⑧심사위원회에 사무국을 둔다.
⑨심사위원회 및 사무국의 조직·운영 등에 필요한 사항은 대통령령으로 정한다.

제100조【재심사의 상대방】 재심사의 청구는 원처분등을 행한 직업안정기관의 장 또는 근로복지공단을 상대방으로 한다.(2019.1.15 개정)

제101조【심리】 ①심사위원회는 재심사의 청구를 받으면 그 청구에 대한 심리 기일(審理期日) 및 장소를 정하여 심리 기일 3일 전까지 당사자 및 그 사건을 심사한 심사관에게 알려야 한다.
②당사자는 심사위원회에 문서나 구두로 그 의견을 진술할 수 있다.
③심사위원회의 재심사청구에 대한 심리는 공개한다. 다만, 당사자의 양쪽 또는 어느 한 쪽이 신청한 경우에는 공개하지 아니할 수 있다.
④심사위원회는 심리조서(審理調書)를 작성하여야 한다.
⑤당사자나 관계인은 제4항의 심리조서의 열람을 신청할 수 있다.
⑥위원회는 당사자나 관계인이 제5항에 따른 열람 신청을 하면 정당한 사유 없이 이를 거부하여서는 아니 된다.
⑦재심사청구의 심리에 관하여는 제94조 및 제95조를 준용한다. 이 경우 "심사관"은 "심사위원회"로, "심사의 청구"는 "재심사의 청구"로, "심사청구인"은 "재심사청구인"으로 본다.

제102조【준용 규정】 심사위원회와 재심사에 관하여는 제89조제4항·제5항, 제91조부터 제93조까지, 제96조부터 제98조까지의 규정을 준용한다. 이 경우 제89조제4항 중 "심사관"은 "심사위원회의 위원"으로, 제89조제4항·제97조·제98조 중 "결정"은 각각 "재결"로, 제91조·제93조·제96조 중 "심사의 청구"는 각각 "재심사의 청구"로, 제93조·제96조·제97조 중 "심사관"은 각각 "심사위원회"로, 제93조·제97조·제98조 중 "심사청구인"은 각각 "재심사청구인"으로 본다.

제103조【고지】 직업안정기관의 장 또는 근로복지공단이 원처분등을 하거나 심사관이 제97조제2항에 따라 결정서의 정본을 송부하는 경우에는

고용보험

그 상대방 또는 심사청구인에게 원처분등 또는 결정에 관하여 심사 또는 재심사를 청구할 수 있는지의 여부, 청구하는 경우의 경유(經由) 절차 및 청구 기간을 알려야 한다.(2019.1.15 개정)

제104조【다른 법률과의 관계】 ①재심사의 청구에 대한 재결은 「행정소송법」 제18조를 적용할 경우 행정심판에 대한 재결로 본다.
②심사 및 재심사의 청구에 관하여 이 법에서 정하고 있지 아니한 사항은 「행정심판법」의 규정에 따른다.

제8장 보 칙

제105조【불이익 처우의 금지】 사업주는 근로자가 제17조에 따른 확인의 청구를 한 것을 이유로 그 근로자에게 해고나 그 밖의 불이익한 처우를 하여서는 아니 된다.

제106조【준용】 이 법에 따른 다음 각 호의 징수금의 징수에 관하여는 고용산재보험료징수법 제27조, 제27조의2, 제27조의3, 제28조, 제28조의2부터 제28조의7까지, 제29조, 제29조의2, 제29조의3, 제30조, 제32조, 제39조, 제41조 및 제42조를 준용한다.(2021.1.5 개정)
1. 고용안정 · 직업능력개발 사업의 지원금액의 반환금 또는 추가징수금
2. 실업급여의 반환금 또는 추가징수금
3. 육아휴직 급여 등의 반환금 또는 추가징수금

제107조【소멸시효】 ①다음 각 호의 어느 하나에 해당하는 권리는 3년간 행사하지 아니하면 시효로 소멸한다.(2019.1.15 개정)
1. 제3장에 따른 지원금을 지급받거나 반환받을 권리
2. 제4장에 따른 취업촉진 수당을 지급받거나 반환받을 권리
3. 제4장에 따른 구직급여를 반환받을 권리
4. 제5장에 따른 육아휴직 급여, 육아기 근로시간 단축 급여 및 출산전후휴가 급여등을 반환받을 권리

②소멸시효의 중단에 관하여는 「산업재해보상보험법」 제113조를 준용한다.(2015.1.20 개정)

제108조【보고 등】 ①고용노동부장관은 필요하다고 인정하면 피보험자 또는 수급자격자를 고용하고 있거나 고용하였던 사업주, 고용산재보험료징수법 제33조에 따른 보험사무대행기관(이하 "보험사무대행기관"이라

한다) 및 보험사무대행기관이었던 자에게 피보험자의 자격 확인, 부정수급(不正受給)의 조사 등 이 법의 시행에 필요한 보고, 관계 서류의 제출 또는 관계인의 출석을 요구할 수 있다.(2021.1.5 개정)
②이직한 사람은 종전의 사업주 또는 그 사업주로부터 보험 사무의 위임을 받아 보험 사무를 처리하는 보험사무대행기관에 실업급여를 지급받기 위하여 필요한 증명서의 교부를 청구할 수 있다. 이 경우 청구를 받은 사업주나 보험사무대행기관은 그 청구에 따른 증명서를 내주어야 한다.(2020.5.26 개정)
③고용노동부장관은 피보험자, 수급자격자 또는 지급되지 아니한 실업급여의 지급을 청구하는 사람에게 피보험자의 자격 확인, 부정수급의 조사 등 이 법의 시행에 필요한 보고를 하게 하거나 관계 서류의 제출 또는 출석을 요구할 수 있다.(2020.5.26 개정)

제109조 【조사 등】 ①고용노동부장관은 피보험자의 자격 확인, 부정수급의 조사 등 이 법의 시행을 위하여 필요하다고 인정하면 소속 직원에게 피보험자 또는 수급자격자를 고용하고 있거나 고용하였던 사업주의 사업장 또는 보험사무대행기관 및 보험사무대행기관이었던 자의 사무소에 출입하여 관계인에 대하여 질문하거나 장부 등 서류를 조사하게 할 수 있다.(2010.6.4 개정)
②고용노동부장관이 제1항에 따라 조사를 하는 경우에는 그 사업주 등에게 미리 조사 일시·조사 내용 등 조사에 필요한 사항을 알려야 한다. 다만, 긴급하거나 미리 알릴 경우 그 목적을 달성할 수 없다고 인정되는 경우에는 그러하지 아니하다.(2010.6.4 개정)
③제1항에 따라 조사를 하는 직원은 그 신분을 표시하는 증표를 지니고 이를 관계인에게 내보여야 한다.
④고용노동부장관은 제1항에 따른 조사 결과를 그 사업주 등에게 서면으로 알려야 한다.(2010.6.4 개정)

제110조 【자료 제공의 요청】 ①고용노동부장관은 다음 각 호의 사무를 수행하기 위하여 필요하면 주민등록정보, 가족관계등록사항, 군복무에 관한 자료, 토지·건물에 관한 자료, 국민연금·건강보험 등 각종 연금·보험에 관한 자료, 출입국 정보 등을 관계 기관의 장에게 요청할 수 있다. 이 경우 요청을 받은 관계 기관의 장은 특별한 사유가 없으면 그 요청에 따라야 한다.

1. 제15조(제77조의5제1항 및 제77조의10제1항에서 준용하는 경우를 포함한다)에 따른 피보험자격의 취득 및 상실 등의 신고 내용 확인(2021.1.5 개정)
2. 제17조(제77조의5제1항 및 제77조의10제1항에서 준용하는 경우를 포함한다)에 따른 피보험자격의 취득 또는 상실에 관한 확인(2021.1.5 개정)
3. 제18조에 따른 피보험자격의 이중 취득 확인(2022.12.31 개정)
3의2. 제25조에 따른 고용안정 및 취업촉진을 위한 비용지원 또는 대부 사업의 실시(2021.1.5 신설)
4. 제35조에 따른 부정행위로 인한 고용안정 · 직업능력개발 사업의 지원 제한
5. 제40조, 제69조의3, 제77조의3 및 제77조의8에 따른 구직급여의 수급 요건 확인(2021.1.5 개정)
6. 제57조(제63조제5항, 제69조, 제69조의9제1항 · 제2항, 제77조의5제2항 및 제77조의10제2항에서 준용하는 경우를 포함한다)에 따른 지급되지 아니한 구직급여 등의 지급(2021.1.5 개정)
7. 제61조(제63조제5항, 제69조의9제1항, 제77조의5제2항 및 제77조의10제2항에서 준용하는 경우를 포함한다)에 따른 부정행위로 인한 구직급여 등의 지급 제한(2021.1.5 개정)
8. 제62조(제63조제5항, 제69조, 제69조의9제1항 · 제2항, 제74조, 제77조, 제77조의5제2항 및 제77조의10제2항에서 준용하는 경우를 포함한다)에 따른 구직급여 등 지급금의 반환 및 추가징수(2021.1.5 개정)
9. 제68조(제69조의9제1항에서 준용하는 경우를 포함한다)에 따른 취업촉진 수당의 지급 제한(2021.1.5 개정)
10. 제73조(제74조제2항 및 제77조에서 준용하는 경우를 포함한다)에 따른 육아휴직 급여 등의 지급 제한(2021.1.5 개정)
11. 제113조의2에 따른 「국민기초생활 보장법」의 수급자의 피보험자격 취득

②고용노동부장관은 제1항제3호의2 및 제4호부터 제11호까지의 사무를 수행하기 위하여 필요하면 납세자의 인적 사항 및 사용 목적을 적은 문서로 관할 세무관서의 장에게 다음 각 호에 해당하는 과세정보의 제공을 요청할 수 있다.(2021.1.5 개정)

1. 「소득세법」 제4조제1항제1호에 따른 종합소득
2. 「부가가치세법」 제8조, 「법인세법」 제111조 또는 「소득세법」 제168조에

따른 사업자등록정보
③제1항에 따라 요청할 수 있는 자료 또는 정보의 구체적인 범위는 대통령령으로 정한다.
(2019.8.27 본조개정)

제111조 【진찰명령】 직업안정기관의 장은 실업급여의 지급을 위하여 필요하다고 인정하면 제44조제3항제1호에 해당하는 사람으로서 같은 조 제2항에 따른 실업의 인정을 받았거나 받으려는 사람 및 제63조에 따라 상병급여를 지급받았거나 지급받으려는 사람에게 고용노동부장관이 지정하는 의료기관에서 진찰을 받도록 명할 수 있다.(2020.5.26 개정)

제112조 【포상금의 지급】 ①고용노동부장관은 이 법에 따른 고용안정 · 직업능력개발 사업의 지원 · 위탁 및 실업급여 · 육아휴직 급여 또는 출산전후휴가 급여등의 지원과 관련한 부정행위를 신고한 자에게 예산의 범위에서 포상금을 지급할 수 있다.(2012.2.1 개정)
②제1항에 따른 부정행위의 신고 및 포상금의 지급에 필요한 사항은 고용노동부령으로 정한다.(2010.6.4 개정)

제113조 【자영업자에 대한 특례】 삭제(2011.7.21)

제113조의2 【「국민기초생활 보장법」의 수급자에 대한 특례】 ①제8조에도 불구하고 「국민기초생활 보장법」 제15조제1항제4호에 따라 자활을 위한 근로기회를 제공하기 위한 사업은 이 법의 적용을 받는 사업으로 본다. 이 경우 해당 사업에 참가하여 유급으로 근로하는 「국민기초생활 보장법」 제2조제2호에 따른 수급자는 이 법의 적용을 받는 근로자로 보고, 같은 법 제2조제4호에 따른 보장기관(같은 법 제15조제2항에 따라 사업을 위탁하여 행하는 경우는 그 위탁기관을 말한다)은 이 법의 적용을 받는 사업주로 본다.
②제1항 후단에 따른 수급자가 「국민기초생활 보장법」 제8조제2항에 따른 수급권자인 경우에는 해당 수급자에 대하여는 제3장의 규정만을 적용한다.
(2016.12.27 개정)
③제18조에도 불구하고 제2항에 따라 제3장의 규정만 적용되는 수급자는 보험관계가 성립되어 있는 다른 사업에 고용되어 있는 경우에는 그 다른 사업의 근로자로서만 피보험자격을 취득한다.
④제1항에 따라 수급자가 사업에 참가하고 받은 자활급여는 제41조에 따른 피보험 단위기간 산정의 기초가 되는 보수 및 제45조에 따른 임금일액

의 기초가 되는 임금으로 본다.
(2011.7.21 본조신설)

제114조【시범사업의 실시】 ①고용노동부장관은 보험사업을 효과적으로 시행하기 위하여 전면적인 시행에 어려움이 예상되거나 수행 방식 등을 미리 검증할 필요가 있는 경우 대통령령으로 정하는 보험사업은 시범사업을 할 수 있다.(2010.6.4 개정)
②고용노동부장관은 제1항에 따른 시범사업에 참여하는 사업주, 피보험자 등 및 직업능력개발 훈련 시설 등에 재정·행정·기술이나 그 밖에 필요한 지원을 할 수 있다.(2010.6.4 개정)
③제1항에 따른 시범사업의 대상자·실시지역·실시방법과 제2항에 따른 지원 내용 등에 관하여 필요한 사항은 고용노동부장관이 정하여 고시한다.(2010.6.4 개정)

제115조【권한의 위임·위탁】 이 법에 따른 고용노동부장관의 권한은 대통령령으로 정하는 바에 따라 그 일부를 직업안정기관의 장에게 위임하거나, 대통령령으로 정하는 자에게 위탁할 수 있다.(2010.6.4 개정)

제115조의2【벌칙 적용 시의 공무원 의제】 ①제36조와 제115조에 따라 업무를 대행하거나 위탁하도록 하는 경우에 그 대행하거나 위탁받은 업무에 종사하는 사람은「형법」제129조부터 제132조까지의 규정에 따른 벌칙을 적용할 때에는 공무원으로 본다.(2020.5.26 개정)
②심사위원회의 위원 중 공무원이 아닌 위원은「형법」제127조 및 제129조부터 제132조까지의 규정을 적용할 때에는 공무원으로 본다.(2019.1.15 신설)
(2008.12.31 본조개정)

제9장 벌　칙

제116조【벌칙】 ①사업주와 공모하여 거짓이나 그 밖의 부정한 방법으로 다음 각 호에 따른 지원금 또는 급여를 받은 자와 공모한 사업주는 각각 5년 이하의 징역 또는 5천만원 이하의 벌금에 처한다.
1. 제3장에 따른 고용안정·직업능력개발 사업의 지원금
2. 제4장에 따른 실업급여
3. 제5장에 따른 육아휴직 급여, 육아기 근로시간 단축 급여 및 출산전후휴

가 급여등
4. 제5장의2 및 제5장의3에 따른 구직급여 및 출산전후급여등(2021.1.5 개정)
②다음 각 호의 어느 하나에 해당하는 자는 3년 이하의 징역 또는 3천만원 이하의 벌금에 처한다.
1. 제105조(제77조의5제3항 · 제4항 및 제77조의10제3항 · 제4항에서 준용하는 경우를 포함한다)를 위반하여 근로자를 해고하거나 그 밖에 근로자에게 불이익한 처우를 한 사업주(2022.12.31 개정)
2. 거짓이나 그 밖의 부정한 방법으로 제1항 각 호에 따른 지원금 또는 급여를 받은 자. 다만, 제1항에 해당하는 경우는 제외한다.
(2019.8.27 본조개정)

제117조 【양벌규정】 법인의 대표자나 법인 또는 개인의 대리인, 사용인, 그 밖의 종업원이 그 법인 또는 개인의 업무에 관하여 제116조의 위반행위를 하면 그 행위자를 벌하는 외에 그 법인 또는 개인에게도 해당 조문의 벌금형을 과(科)한다. 다만, 법인 또는 개인이 그 위반행위를 방지하기 위하여 해당 업무에 관하여 상당한 주의와 감독을 게을리하지 아니한 경우에는 그러하지 아니하다.
(2008.12.31 본조개정)

제118조 【과태료】 ①다음 각 호의 어느 하나에 해당하는 사업주, 보험사무대행기관, 노무제공플랫폼사업자의 대표자 또는 대리인 · 사용인, 그 밖의 종업원에게는 300만원 이하의 과태료를 부과한다.(2021.1.5 개정)
1. 제15조(제77조의5제1항 및 제77조의10제1항에서 준용하는 경우를 포함한다), 제77조의2제3항 및 제77조의7제1항을 위반하여 신고를 하지 아니하거나 거짓으로 신고한 자(2021.1.5 개정)
2. 제42조제3항 후단(제77조의5제2항 및 제77조의10제2항에서 준용하는 경우를 포함한다)을 위반하여 이직확인서를 발급하여 주지 아니하거나 거짓으로 작성하여 발급하여 준 자(2021.1.5 개정)
3. 제43조제4항 후단(제77조의5제2항 및 제77조의10제2항에서 준용하는 경우를 포함한다)을 위반하여 이직확인서를 제출하지 아니하거나 거짓으로 작성하여 제출한 자(2021.1.5 개정)
4. 제108조제1항(제77조의5제3항 · 제4항 및 제77조의10제3항 · 제4항에서 준용하는 경우를 포함한다)에 따른 요구에 따르지 아니하여 보고를 하지 아니하거나 거짓으로 보고한 자, 같은 요구에 따르지 아니하여 문서

를 제출하지 아니하거나 거짓으로 적은 문서를 제출한 자 또는 출석하지 아니한 자(2022.12.31 개정)

5. 제108조제2항(제77조의5제3항 · 제4항 및 제77조의10제3항 · 제4항에서 준용하는 경우를 포함한다)에 따른 요구에 따르지 아니하여 증명서를 내주지 아니한 자(2022.12.31 개정)
6. 제109조제1항(제77조의5제3항 · 제4항 및 제77조의10제3항 · 제4항에서 준용하는 경우를 포함한다)에 따른 질문에 답변하지 아니하거나 거짓으로 진술한 자 또는 조사를 거부 · 방해하거나 기피한 자(2022.12.31 개정)
7. 제77조의7제2항을 위반하여 자료 또는 정보의 제공 요청에 따르지 아니한 자(2021.1.5 신설)
8. 제77조의7제5항을 위반하여 노무제공자의 피보험자격의 신고와 관련된 자료 또는 정보를 보관하지 아니한 자(2021.1.5 신설)

②다음 각 호의 어느 하나에 해당하는 피보험자, 수급자격자 또는 지급되지 아니한 실업급여의 지급을 청구하는 자에게는 100만원 이하의 과태료를 부과한다.

1. 제108조제3항(제77조의5제3항 · 제4항 및 제77조의10제3항 · 제4항에서 준용하는 경우를 포함한다)에 따라 요구된 보고를 하지 아니하거나 거짓으로 보고한 자, 문서를 제출하지 아니하거나 거짓으로 적은 문서를 제출한 자 또는 출석하지 아니한 자(2022.12.31 개정)
2. 제109조제1항(제77조의5제3항 · 제4항 및 제77조의10제3항 · 제4항에서 준용하는 경우를 포함한다)에 따른 질문에 답변하지 아니하거나 거짓으로 진술한 자 또는 검사를 거부 · 방해하거나 기피한 자(2022.12.31 개정)

③제87조(제77조의5제3항 · 제4항 및 제77조의10제3항 · 제4항에서 준용하는 경우를 포함한다)에 따른 심사 또는 재심사의 청구를 받아 하는 심사관 및 심사위원회의 질문에 답변하지 아니하거나, 거짓으로 진술한 자 또는 검사를 거부 · 방해하거나 기피한 자에게는 100만원 이하의 과태료를 부과한다.(2022.12.31 개정)

④제1항부터 제3항까지의 규정에 따른 과태료는 대통령령으로 정하는 바에 따라 고용노동부장관이 부과 · 징수한다.(2010.6.4 개정)

⑤삭제(2008.12.31)

⑥삭제(2008.12.31)

⑦삭제(2008.12.31)

부 칙

제1조【시행일】~ 제7조【다른 법령과의 관계】 생략

부 칙 (2008. 3.21)

①**【시행일】** 이 법은 공포한 날부터 시행한다. 다만, 제10조의 개정규정은 공포 후 6개월이 경과한 날부터 시행한다.

②**【훈련연장급여액 인상에 관한 적용례】** 제54조제2항의 개정규정은 이 법 시행 이후의 훈련기간에 대한 훈련연장급여 지급분부터 적용한다.

부 칙 (2008.12.31)

제1조【시행일】~ 제4조【부정행위에 따른 지원의 제한 등에 관한 경과조치】 생략

부 칙 (2010. 1.27)

이 법은 2011년 1월 1일부터 시행한다.

부 칙 (2011. 7.21)

제1조【시행일】~ 제5조【육아기 근로시간 단축 급여에 관한 경과조치】 생략

부 칙 (2013. 1.23)

제1조【시행일】 이 법은 공포 후 3개월이 경과한 날부터 시행한다.

제2조【고용조정의 지원에 관한 특례】 제21조제1항 후단의 개정규정은 이 법 시행 당시 휴업 또는 휴직 등 고용안정을 위한 조치가 실시되고 있는 경우에도 적용할 수 있다.

부 칙 (2013. 3.22)

이 법은 공포한 날부터 시행한다.

부 칙 (2013. 6. 4)

제1조【시행일】 이 법은 공포한 날부터 시행한다.

제2조【실업급여 적용 제외에 관한 적용례】 제10조의 개정규정은

이 법 시행 전에 이직한 근로자 또는 폐업한 자영업자에게도 적용한다.

부 칙 (2014. 1.21)

제1조【시행일】 이 법은 2014년 7월 1일부터 시행한다.

제2조【출산전후휴가 급여 지급에 관한 적용례】 제75조 및 제76조의 개정규정은 이 법 시행 후 출산하는 근로자부터 적용한다.

부 칙 (2015. 1.20)

제1조【시행일】 ~ 제4조【금치산자 등에 대한 경과조치】 생략

부 칙 (2016. 5.29)

제1조【시행일】 이 법은 2016년 8월 1일부터 시행한다.

제2조【국민연금 보험료의 지원에 관한 적용례】 제55조의2의 개정규정은 이 법 시행 후 최초로 제43조제1항에 따라 수급자격의 인정을 받는 경우부터 적용한다.

부 칙 (2016.12.27)

이 법은 공포 후 6개월이 경과한 날부터 시행한다. 다만, 제113조의2제2항의 개정규정은 공포한 날부터 시행한다.

부 칙 (2019. 1.15)

제1조【시행일】 ~ 제7조【피보험자격의 취득·상실에 대한 확인에 관한 심사청구 기관 변경에 따른 피청구인 등에 관한 경과조치】 생략

부 칙 (2019. 8.27)

제1조【시행일】 ~ 제11조【다른 법률의 개정】 생략

부 칙 (2020. 6. 9)

제1조【시행일】 이 법은 공포 후 6개월이 경과한 날부터 시행한다.

제2조【예술인의 피보험자격 취득일에 관한 적용례】 제77조의2에 해당하는 예술인의 문화예술용역 관련 계약 개시일이 이 법 시행일 이

전인 경우에는 제13조제1항에도 불구하고 이 법 시행일을 피보험자격 취득일로 본다.

부　칙 (2021. 1. 5)

제1조【시행일】 이 법은 2021년 7월 1일부터 시행한다. 다만, 제77조의7 및 제118조제1항제7호 · 제8호의 개정규정은 2022년 1월 1일부터 시행한다.

제2조【기간제근로자 등의 출산전후휴가 급여등에 관한 적용례】 제76조의2의 개정규정은 이 법 시행 당시 출산전후휴가 중인 기간제근로자 또는 파견근로자에 대해서도 적용한다.

제3조【노무제공자의 피보험자격 취득일에 관한 적용 특례】 이 법 시행 전에 노무제공계약이 개시되어 노무제공계약이 끝나지 아니한 노무제공자로서 제77조의6의 개정규정에 따라 피보험자격을 취득하여 제5장의3을 적용받는 노무제공자는 이 법 시행일에 피보험자격을 취득한 것으로 보아 제77조의10제1항의 개정규정에서 준용하는 제13조제1항을 적용한다.

부　칙 (2022. 6.10)

이 법은 공포 후 6개월이 경과한 날부터 시행한다.

부　칙 (2022.12.31)

제1조【시행일】 이 법은 공포 후 6개월이 경과한 날부터 시행한다. 다만, 다음 각 호의 사항은 그 구분에 따른 날부터 시행한다.

1. 제10조제1항제2호, 제77조제1항 · 제2항, 제77조의5제3항 · 제4항, 제77조의10제3항 · 제4항, 제116조 및 제118조의 개정규정: 공포한 날
2. 제77조의3제3항 단서 및 제77조의8제3항 단서의 개정규정: 2023년 1월 1일

제2조【구직급여 대기기간 연장에 관한 적용례】 제43조의2, 제49조제2항, 제77조의3제6항 및 제77조의8제6항의 개정규정은 이 법 시행 이후 구직급여를 신청한 사람부터 적용한다.

제3조【기간제근로자 및 파견근로자의 출산전후휴가 급여등에 관한 적용례】 제76조의2의 개정규정은 이 법 시행 당시 유산 · 사산휴

가 중인 기간제근로자 또는 파견근로자에 대해서도 적용한다.

제4조【외국인인 예술인 · 노무제공자의 고용보험에 관한 경과조치】 ①이 법 시행 전에 외국인인 예술인 · 노무제공자가 고용보험 피보험자격을 취득한 경우에 이 법 시행 전까지의 피보험자격과 관련한 사항에 대해서는 제10조의2제2항의 개정규정에도 불구하고 종전의 규정에 따른다.

②제1항에도 불구하고 이 법 시행 전에 피보험자격을 취득한 외국인인 예술인 · 노무제공자가 이 법 시행 이후 제10조의2제2항의 개정규정에 따른 적용대상에 해당하지 아니하는 경우 이 법 시행 전 피보험자격과 관련한 보험료 반환 등을 근로복지공단에 신청할 수 있다. 이 경우 해당 피보험자격은 무효로 본다.

③제2항에 따른 보험료 반환 등을 신청받은 근로복지공단은 예술인 · 노무제공자가 부담한 보험료(고용산재보험료징수법 제21조에 따라 지원한 금액은 제외한다)에 대해서는 예술인 · 노무제공자에게 반환하고 사업주가 부담한 보험료(고용산재보험료징수법 제21조에 따라 지원한 금액은 제외한다)에 대해서는 고용산재보험료징수법에 따라 그 납부한 금액을 충당하거나 반환하여야 하며 보험료 반환 시 해당 예술인 · 노무제공자가 구직급여 또는 출산전후급여등을 받은 경우 직업안정기관의 장은 제77조의5제2항 · 제3항 및 제77조의10제2항 · 제3항에서 준용하는 제62조제4항에 따라 그 지급금의 반환을 명할 수 있다.

제5조【일용근로자의 구직급여 수급요건에 관한 경과조치】 이 법 시행 전에 제43조에 따라 수급자격을 인정하여 줄 것을 신청한 일용근로자의 구직급여에 관하여는 제40조제1항제5호가목의 개정규정에도 불구하고 종전의 규정에 따른다.

제6조【15세 미만인 예술인 · 노무제공자의 고용보험에 관한 경과조치】 ①이 법 시행 전에 15세 미만인 예술인 · 노무제공자가 문화예술용역 관련 계약 또는 노무제공계약을 개시한 경우에 이 법 시행 전까지의 피보험자격과 관련한 사항에 대해서는 제77조의2제2항제3호 또는 제77조의6제2항제3호의 개정규정에도 불구하고 종전의 규정에 따른다.

②이 법 시행 전에 15세 미만인 예술인 · 노무제공자로서 고용보험 피보험자격을 취득한 사람은 이 법 시행 이후 3개월이 되는 날까지 근로복지공단에 고용보험 탈퇴를 신청할 수 있다. 이 경우 탈퇴를 신청한 사람은 탈

퇴를 신청한 날의 다음 날에 그 피보험자격을 상실하며 탈퇴를 신청하지 않은 사람은 고용보험 가입의사가 있는 것으로 본다.
③제1항에도 불구하고 이 법 시행 전에 피보험자격을 취득한 15세 미만인 예술인 · 노무제공자가 이 법 시행 이후 제77조의2제2항제3호 또는 제77조의6제2항제3호의 개정규정에 따른 적용대상에 해당하지 아니하는 경우 이 법 시행 전 피보험자격과 관련한 보험료 반환 등을 근로복지공단에 신청할 수 있다. 이 경우 그 피보험자격은 무효로 본다.
④제3항에 따른 보험료 반환 등을 신청받은 근로복지공단은 예술인 · 노무제공자가 부담한 보험료(고용산재보험료징수법 제21조에 따라 지원한 금액은 제외한다)에 대해서는 예술인 · 노무제공자에게 반환하고 사업주가 부담한 보험료(고용산재보험료징수법 제21조에 따라 지원한 금액은 제외한다)에 대해서는 고용산재보험료징수법에 따라 그 납부한 금액을 충당하거나 반환하여야 하며 보험료 반환 시 해당 예술인 · 노무제공자가 구직급여 또는 출산전후급여등을 받은 경우 직업안정기관의 장은 제77조의5제2항 · 제3항 및 제77조의10제2항 · 제3항에서 준용하는 제62조제4항에 따라 그 지급금의 반환을 명할 수 있다.

부 칙 (2024.10.22)

제1조【시행일】 이 법은 공포 후 4개월이 경과한 날부터 시행한다.
제2조【난임치료휴가의 급여 지급 기간에 관한 적용례】 제75조 및 제76조제1항제3호의 개정규정은 이 법 시행 이후 「남녀고용평등과 일 · 가정 양립 지원에 관한 법률」 제18조의3제1항 본문에 따라 사용하는 유급 난임치료휴가 기간부터 적용한다.
제3조【출산전후휴가 급여 지급 기간에 관한 적용례】 제76조제1항제1호의 개정규정은 이 법 시행 이후 출산하는 근로자부터 적용한다.
제4조【배우자 출산휴가 급여의 지급 기간에 관한 적용례】 제76조제1항제2호의 개정규정은 이 법 시행 이후 사용하는 배우자 출산휴가 기간부터 적용한다.

부 칙 (2025.11.11)

이 법은 공포 후 6개월이 경과한 날부터 시행한다.

고용보험법 시행령

전부개정 2007.10.17 대통령령 제20330호
개정 2008. 2.29 대통령령 제20681호
〈생략〉
2017. 3.27 대통령령 제27960호,
2017. 3.27 대통령령 제27966호
2017. 6.27 대통령령 제28160호
2017. 8.29 대통령령 제28256호
2017.12.12 대통령령 제28469호
2017.12.26 대통령령 제28504호
2018. 7. 3 대통령령 제29026호
2018.10. 2 대통령령 제29208호
2018.12.31 대통령령 제29454호
2019. 2.12 대통령령 제29547호
2019. 6.25 대통령령 제29913호
2019. 7. 2 대통령령 제29950호
2019. 9.17 대통령령 제30083호
2019.12.24 대통령령 제30256호
2019.12.31 대통령령 제30296호
2020. 3. 3 대통령령 제30509호
2020. 3.31 대통령령 제30593호
2020. 4.28 대통령령 제30643호
2020. 6. 9 대통령령 제30773호
2020. 8.27 대통령령 제30980호
2020. 9.29 대통령령 제31078호
2020.10.20 대통령령 제31120호
2020.11.24 대통령령 제31176호
2020.12. 8 대통령령 제31239호
2020.12.29 대통령령 제31324호

2021. 6. 8 대통령령 제31748호
2021.12.28 대통령령 제32274호
2021.12.31 대통령령 제32301호
2022. 2.17 대통령령 제32446호
2022. 2.17 대통령령 제32447호
2022. 5. 9 대통령령 제32635호
2022. 6.28 대통령령 제32730호
2022.12. 6 대통령령 제33029호
2022.12.14 대통령령 제33077호
2023. 6.27 대통령령 제33595호
2023. 9.12 대통령령 제33713호
2023.11. 7 대통령령 제33845호
2023.12.26 대통령령 제34048호
2024. 6.25 대통령령 제34601호
2024.12.24 대통령령 제35100호
2025. 2.18 대통령령 제35277호
2025. 6. 2 대통령령 제35575호
2025. 8. 5 대통령령 제35697호
2025. 9.23 대통령령 제35769호
2025.10. 1 대통령령 제35805호
2025.10.28 대통령령 제35832호
2025.12.23 대통령령 제35934호

제 1 장 총　칙

제 1 조【목적】 이 영은 「고용보험법」에서 위임된 사항과 그 시행에 필요한 사항을 규정하는 것을 목적으로 한다.

제 1 조의 2【보수에서 제외되는 금품】 「고용보험법」(이하 "법"이라 한다) 제2조제5호 본문에서 "대통령령으로 정하는 금품"이란 「소득세법」 제12조제3호에 따른 비과세 근로소득을 말한다.(2021.6.8 개정)
(2010.12.31 본조신설)

제 1 조의 3【고용보험위원회의 구성】 ①법 제7조제4항제1호 및 제2호에 따른 근로자와 사용자를 대표하는 사람은 각각 전국 규모의 노동단체와 전국 규모의 사용자단체에서 추천하는 사람 중에서 고용노동부장관이 위촉한다.(2010.12.31 개정)
②법 제7조제4항제3호에 따른 공익을 대표하는 사람은 고용보험과 그 밖의 고용노동 분야 전반에 관하여 학식과 경험이 풍부한 사람 중에서 고용노동부장관이 위촉한다.(2010.7.12 개정)
③법 제7조제4항제4호에 따른 정부를 대표하는 사람은 고용보험 관련 중앙행정기관의 고위공무원단에 속하는 공무원 중에서 고용노동부장관이 임명한다.(2010.7.12 개정)
(2010.12.31 본조개정)

제 1 조의 4【위원의 임기 등】 ①법 제7조제4항제1호부터 제3호까지의 규정에 따른 위촉위원(이하 "위촉위원"이라 한다)의 임기는 2년으로 한다. 다만, 보궐위원의 임기는 전임자 임기의 남은 기간으로 한다.(2023.11.7 개정)
②위촉위원은 제1항에 따른 임기가 만료된 경우에도 후임위원이 위촉될 때까지 그 직무를 수행할 수 있다.(2023.11.7 신설)
③고용노동부장관은 위촉위원이 다음 각 호의 어느 하나에 해당하는 경우에는 해당 위원을 해촉(解囑)할 수 있다.(2023.11.7 개정)
1. 심신장애로 인하여 직무를 수행할 수 없게 된 경우
2. 직무와 관련된 비위사실이 있는 경우
3. 직무태만, 품위손상이나 그 밖의 사유로 인하여 위원으로 적합하지 아니하다고 인정되는 경우
4. 위원 스스로 직무를 수행하는 것이 곤란하다고 의사를 밝히는 경우

(2010.12.31 본조개정)

제1조의5【위원장의 직무】 ①법 제7조에 따른 고용보험위원회(이하 "위원회"라 한다)의 위원장은 위원회를 대표하며, 위원회의 사무를 총괄한다.

②위원장이 부득이한 사유로 직무를 수행할 수 없을 때에는 위원장이 미리 지명하는 위원이 그 직무를 대행한다.

(2010.12.31 본조개정)

제1조의6【회의】 ①위원장은 위원회의 회의를 소집하고, 그 의장이 된다.

②위원회의 회의는 재적위원 과반수의 출석으로 개의(開議)하고 출석위원 과반수의 찬성으로 의결한다.

(2010.12.31 본조개정)

제1조의7【전문위원회】 ①법 제7조제5항에 따라 위원회에 고용보험운영전문위원회와 고용보험평가전문위원회(이하 "전문위원회"라 한다)를 둔다.

②전문위원회는 각각 위원장 1명을 포함한 15명 이내의 위원으로 구성한다.

③위원회의 위원장은 위원회의 위원 중에서 전문위원회의 위원장을 임명하거나 위촉하고, 다음 각 호의 어느 하나에 해당하는 사람 중에서 전문위원회의 위원을 임명하거나 위촉한다.

1. 고용보험 등 사회보험에 관한 학식과 경험이 있고, 전국 규모의 노동단체나 전국 규모의 사용자단체에서 추천하는 사람
2. 고용보험 등 사회보험에 관한 학식과 경험이 풍부한 사람
3. 고용보험 관련 중앙행정기관의 3급 또는 4급 공무원

④전문위원회의 위원장은 법 제7조제5항에 따라 전문위원회가 심의 사항에 대하여 검토 · 조정한 결과를 위원회에 보고하여야 한다.

⑤전문위원회에 관하여는 제1조의4부터 제1조의6까지의 규정을 준용한다. 이 경우 "법 제7조제4항제1호부터 제3호까지의 규정"은 "제1조의7제3항제1호 및 제2호"로, "고용노동부장관"은 "위원회의 위원장"으로, "제1조의3제1항 및 제2항"은 "제1조의7제3항제1호 및 제2호"로 본다.(2015.12.31 개정)

(2010.12.31 본조개정)

고용
보험

제 1 조의8【조사 · 연구위원】 ①고용보험에 관한 전문적인 사항을 조사 · 연구하기 위하여 위원회에 5명 이내의 조사 · 연구위원을 둘 수 있다.
②조사 · 연구위원은 고용보험에 관한 학식과 경험이 풍부한 사람 중에서 위원회의 위원장이 위촉한다.
(2010.12.31 본조개정)

제 1 조의9【협조의 요청】 위원회나 전문위원회(이하 "위원회등"이라 한다)는 안건의 심의를 위하여 필요하다고 인정하는 경우에는 관계 행정기관 또는 단체에 자료 제출을 요청하거나 관계 공무원이나 전문가 등 관계인을 출석시켜 의견을 들을 수 있다.
(2010.12.31 본조개정)

제 1 조의10【간사】 위원회등에는 각각 간사 1명을 두되, 간사는 고용노동부 소속 공무원 중에서 위원회의 위원장이 임명한다.(2010.7.12 개정)
(2010.12.31 본조개정)

제 1 조의11【위원의 수당】 위원회등의 회의에 출석하거나 회의 안건에 대한 검토의견을 제출한 위원에게는 예산의 범위에서 수당과 여비를 지급할 수 있다. 다만, 그 소관 업무와 직접 관련되는 공무원인 위원에게는 수당과 여비를 지급하지 아니한다.
(2010.12.31 본조개정)

제 1 조의12【운영세칙】 이 영에서 규정한 사항 외에 위원회등의 운영에 필요한 사항은 위원회의 의결을 거쳐 위원회의 위원장이 정한다.
(2010.12.31 본조개정)

제 2 조【적용 범위】 ①법 제8조제1항 단서에서 "대통령령으로 정하는 사업"이란 다음 각 호의 어느 하나에 해당하는 사업을 말한다.(2021.6.8 개정)

1. 삭제(2024.6.25)
2. 다음 각 목의 어느 하나에 해당하는 공사. 다만, 법 제15조제2항 각 호에 해당하는 자가 시공하는 공사는 제외한다.
   가. 「고용보험 및 산업재해보상보험의 보험료징수 등에 관한 법률 시행령」(이하 "고용산재보험료징수법시행령"이라 한다) 제2조제1항 제2호에 따른 총공사금액(이하 이 조에서 "총공사금액"이라 한

다)이 2천만원 미만인 공사(2021.6.8 개정)

나. 연면적이 100제곱미터 이하인 건축물의 건축 또는 연면적이 200 제곱미터 이하인 건축물의 대수선에 관한 공사(2008.9.18 개정)

3. 가구 내 고용활동 및 달리 분류되지 아니한 자가소비 생산활동 (2015.6.30 개정)

②제1항 각 호의 어느 하나에 해당하는 사업의 범위에 관하여는 법 또는 이 영에 특별한 규정이 있는 경우 외에는 「통계법」 제22조에 따라 국가데이터처장이 고시하는 산업에 관한 표준분류(이하 "한국표준산업분류표"라 한다)에 따른다.(2025.10.1 개정)

③총공사금액이 2천만원 미만인 건설공사가 설계 변경(사실상의 설계 변경이 있는 경우를 포함한다)으로 인하여 2천만원 이상의 건설공사에 해당하게 되거나 「고용보험 및 산업재해보상보험의 보험료징수 등에 관한 법률」(이하 "고용산재보험료징수법"이라 한다) 제8조제1항 및 제2항에 따라 일괄 적용을 받게 되는 경우에는 그 때부터 법의 규정의 전부를 적용한다.(2021.6.8 개정)

고용보험

제 3 조【적용 제외 근로자】 ①법 제10조제1항제2호에서 "해당 사업에서 소정(所定)근로시간이 대통령령으로 정하는 시간 미만인 근로자"란 해당 사업에서 1개월간 소정근로시간이 60시간 미만이거나 1주간의 소정근로시간이 15시간 미만인 근로자를 말한다.(2023.6.27 개정)

②제1항에도 불구하고 다음 각 호의 어느 하나에 해당하는 근로자는 법 적용 대상으로 한다.(2023.6.27 신설)

1. 해당 사업에서 3개월 이상 계속하여 근로를 제공하는 근로자
2. 일용근로자 (2021.6.8 개정)

③법 제10조제1항제5호에서 "대통령령으로 정하는 사람"이란 다음 각 호의 어느 하나에 해당하는 사람을 말한다.(2024.6.25 개정)

1. 「별정우체국법」에 따른 별정우체국 직원
2. 농업 · 임업 및 어업 중 법인이 아닌 자가 상시 4명 이하의 근로자를 사용하는 사업에 종사하는 근로자. 다만, 본인의 의사로 고용노동부령으로 정하는 바에 따라 고용보험에 가입을 신청하는 사람은 고용보험에 가입할 수 있다.

제 3 조의 2【별정직 · 임기제 공무원의 보험 가입】 ①별정직 또는 임기제 공무원(이하 "가입대상 공무원"이라 한다)을 임용하는 행정기

관(이하 "소속기관"이라 한다)의 장은 가입대상 공무원이 해당 소속기관에 최초로 임용된 경우 지체 없이 법 제10조제1항제3호 단서에 따른 본인의 의사를 확인하여야 한다.(2019.6.25 개정)

②소속기관의 장은 제1항에 따라 보험가입 의사가 있는 것으로 확인된 가입대상 공무원에 대하여 임용된 날부터 3개월 이내에 고용노동부장관에게 고용보험 가입을 신청하여야 한다. 다만, 해당 가입대상 공무원이 원하는 경우에는 같은 기간에 직접 가입을 신청할 수 있으며, 이 경우 고용노동부장관은 가입 신청 사실을 소속기관의 장에게 알려야 한다.(2016.10.18 개정)

③제1항 또는 제2항에 따라 가입을 신청한 경우에 해당 가입대상 공무원은 가입을 신청한 날의 다음 날에 피보험자격을 취득한 것으로 본다. 이 경우 피보험자격을 취득한 공무원이 공무원 신분의 변동에 따라 계속하여 다른 별정직 또는 임기제 공무원으로 임용된 때에는 별도의 가입신청을 하지 않은 경우에도 고용보험의 피보험자격을 유지한다.(2013.11.20 개정)

④고용보험에 가입한 공무원이 고용보험에서 탈퇴하려는 경우에는 고용노동부장관에게 탈퇴신청을 하여야 한다. 이 경우 탈퇴를 신청한 날의 다음 날에 피보험자격을 상실한 것으로 본다.(2016.10.18 개정)

⑤제4항에 따라 고용보험에서 탈퇴한 이후에 가입대상 공무원으로 계속 재직하는 동안에는 고용보험에 다시 가입할 수 없으며, 고용보험에서 탈퇴한 이후에는 수급자격을 인정하지 아니한다. 다만, 탈퇴한 공무원이 가입대상 공무원의 직에서 이직(가입대상 공무원 외의 공무원으로 임용된 경우를 포함한다)한 이후에 법과 이 영에 따라 다시 피보험자격을 취득한 경우에는 법 제40조제1항제1호에 따른 피보험 단위기간을 산정하는 경우에 그 이전 가입대상 공무원 재직 시의 피보험기간 중 법 제41조제1항에 따른 보수 지급의 기초가 된 날을 합산하고, 법 제50조에 따라 피보험기간을 산정하는 경우에 탈퇴하기 전의 피보험기간도 같은 조에서 규정하고 있는 피보험기간에 포함하여 산정한다.(2011.9.15 개정)

⑥고용보험에 가입한 공무원에 대한 보험료율은 고용산재보험료징수법시행령 제12조제1항제2호에 따른 실업급여의 보험료율로 하되, 소속기관과 고용보험에 가입한 공무원이 각각 2분의 1씩 부담한다.(2021.6.8

개정)
⑦제1항부터 제4항까지의 규정에 따른 보험가입 및 보험가입 탈퇴의 신청절차는 고용노동부령으로 정한다.(2010.7.12 개정)
(2008.9.18 본조신설)

제3조의3【외국인에 대한 법의 적용 범위】 법 제10조의2제2항에 따른 외국인에 대한 법의 적용범위는 다음 각 호의 구분에 따른다.(2023.6.27 개정)

1. 법 제10조의2제2항에 따른 외국인 중 근로계약을 체결한 사람으로서 다음 각 목의 어느 하나에 해당하는 사람: 법의 전부를 적용(2023.6.27 개정)
   가. 「출입국관리법 시행령」 제12조에 따른 외국인의 체류자격 중 주재(D-7), 기업투자(D-8) 및 무역경영(D-9)의 체류자격을 가진 사람(법에 따른 고용보험에 상응하는 보험료와 급여에 관하여 그 외국인의 본국법이 대한민국 국민에게 적용되지 않는 경우는 제외한다)
   나. 「출입국관리법 시행령」 제12조의2에 따른 외국인의 체류자격 중 영주(F-5)의 체류자격을 가진 사람
   다. 「출입국관리법 시행령」 제23조제2항 각 호의 어느 하나에 해당하는 사람
2. 법 제10조의2제2항에 따른 외국인 중 근로계약을 체결한 사람으로서 다음 각 목의 어느 하나에 해당하는 사람: 고용노동부령으로 정하는 바에 따라 보험 가입을 신청한 경우에 법의 전부를 적용(2023.6.27 개정)
   가. 「출입국관리법 시행령」 제12조에 따른 외국인의 체류자격 중 재외동포(F-4)의 체류자격을 가진 사람
   나. 「출입국관리법 시행령」 제23조제1항에 따른 취업활동을 할 수 있는 체류자격을 가진 사람(2023.6.27 개정)
3. 법 제10조의2제2항에 따른 외국인 중 법 제77조의2제1항에 따른 문화예술용역 관련 계약(이하 "문화예술용역 관련 계약"이라 한다)을 체결한 외국인(이하 "외국인예술인"이라 한다) 또는 법 제77조의6제1항에 따른 노무제공계약(이하 "노무제공계약"이라 한다)을 체결한 외국인(이하 "외국인노무제공자"라 한다)으로서 다음 각 목의 어느

고용보험

하나에 해당하는 사람: 법 제1장, 제2장, 제4장, 제5장의2, 제5장의3, 제6장, 제8장 또는 제9장의 예술인 또는 노무제공자에 관한 규정을 적용(2023.6.27 신설)
가. 「출입국관리법 시행령」 제12조의2에 따른 외국인의 체류자격 중 영주(F-5)의 체류자격을 가진 사람
나. 「출입국관리법 시행령」 제23조제2항 각 호의 어느 하나에 해당하는 사람
4. 법 제10조의2제2항에 따른 외국인 중 외국인예술인 또는 외국인노무제공자로서 다음 각 목의 어느 하나에 해당하는 사람: 고용노동부령으로 정하는 바에 따라 보험 가입을 신청한 경우 법 제1장, 제2장, 제4장, 제5장의2, 제5장의3, 제6장, 제8장 또는 제9장의 예술인 또는 노무제공자에 관한 규정을 적용(2023.6.27 신설)
가. 「출입국관리법 시행령」 제12조에 따른 외국인의 체류자격 중 재외동포(F-4)의 체류자격을 가진 사람
나. 「출입국관리법 시행령」 제23조제1항에 따른 취업활동을 할 수 있는 체류자격을 가진 사람
(2019.6.25 본조신설)

제 4 조【대리인】 ①사업주는 대리인을 선임하여 사업주가 법과 이 영에 따라 행할 사항을 대리인에게 하게 할 수 있다.
②사업주는 대리인을 선임하거나 해임하였을 때에는 고용노동부령으로 정하는 바에 따라 고용노동부장관에게 신고하여야 한다.(2010.7.12 개정)

제 5 조【고용보험 통계의 관리 등】 ①고용노동부장관은 법 제11조에 따른 조사 · 연구와 고용보험의 운영을 통하여 생성된 고용보험 관련 통계(이하 이 조에서 "고용보험 통계"라 한다)를 체계적으로 관리 · 운영하여야 한다.(2010.7.12 개정)
②고용노동부장관은 고용보험 통계를 체계적으로 관리 · 운영하기 위하여 고용보험 통계 전문요원을 둘 수 있다.(2010.7.12 개정)
③고용보험 통계 전문요원의 자격, 복무 및 보수 등에 관하여 필요한 사항은 고용노동부장관이 정한다.(2010.7.12 개정)

제 6 조【업무의 대행】 ①고용노동부장관은 법 제11조제2항에 따라 노동시장에 관한 연구와 고용보험(이하 "보험"이라 한다) 관련 업무를

지원하기 위한 조사·연구 사업을 다음 각 호의 기관 또는 단체가 대행하도록 할 수 있다.(2013.1.25 개정)

1. 「정부출연연구기관 등의 설립·운영 및 육성에 관한 법률」 제8조에 따라 설립된 보험 관련 정부출연연구기관
2. 「고용정책 기본법」 제18조에 따라 설립된 한국고용정보원
3. 「고등교육법」 제2조에 따른 학교(부설 연구기관을 포함한다)
4. 그 밖에 노동시장·직업 및 직업능력개발과 보험 관련 업무에 관한 조사·연구를 수행할 수 있는 민간연구기관

②고용노동부장관은 제1항에 따라 업무를 대행하도록 하는 경우에는 그에 필요한 조사·연구, 관리·운영 등에 드는 경비를 고용보험기금(이하 "기금"이라 한다)에서 지원할 수 있다.(2010.7.12 개정)

제6조의2【보험사업 평가기관】 ①법 제11조의2제2항에서 "대통령령으로 정하는 기관"이란 다음 각 호의 기관 중에서 고용노동부장관이 지정하는 기관(이하 이 조에서 "평가기관"이라 한다)을 말한다.(2010.12.31 개정)

1. 「정부출연연구기관 등의 설립·운영 및 육성에 관한 법률」에 따른 정부출연연구기관
2. 「공공기관의 운영에 관한 법률」 제4조부터 제6조까지의 규정에 따라 지정·고시된 공공기관
3. 「고등교육법」 제2조제1호부터 제6호까지의 규정에 해당하는 학교(부설 연구기관을 포함한다)
4. 민간연구기관

②고용노동부장관은 평가기관에 대하여 예산의 범위에서 업무 수행에 필요한 비용을 지원할 수 있다.(2010.7.12 개정)

③평가기관은 제6조제1항, 제57조제1항 및 제145조제2항부터 제9항까지의 규정에 따른 대행기관 또는 수탁기관에 평가를 위하여 필요한 자료의 제출을 요청할 수 있다.(2025.12.23 개정)

④평가기관의 구체적인 업무, 지정기간 등에 관하여 필요한 사항은 고용노동부장관이 정하여 고시한다.(2010.7.12 개정)

(2009.1.12 본조신설)

제2장 피보험자의 관리

제 7 조【피보험자격의 취득 또는 상실 신고 등】 ①사업주나 하수급인(下受給人)은 법 제15조에 따라 고용노동부장관에게 그 사업에 고용된 근로자의 피보험자격 취득 및 상실에 관한 사항을 신고하려는 경우에는 그 사유가 발생한 날이 속하는 달의 다음 달 15일까지(근로자가 그 기일 이전에 신고할 것을 요구하는 경우에는 지체 없이) 신고해야 한다. 이 경우 사업주나 하수급인이 해당하는 달에 고용한 일용근로자의 근로일수, 임금 등이 적힌 근로내용 확인신고서를 그 사유가 발생한 날의 다음 달 15일까지 고용노동부장관에게 제출한 경우에는 피보험자격의 취득 및 상실을 신고한 것으로 본다.(2020.8.27 개정)

②고용산재보험료징수법 제11조제3항에 따라 사업의 개시 또는 종료 신고를 한 사업주는 제1항에 따른 신고기간 내에 고용노동부장관에게 피보험자격의 취득 또는 상실 신고를 해야 한다.(2021.6.8 개정)

③삭제(2020.8.27)

④삭제(2020.8.27)

제 8 조【근로자의 피보험자격에 관한 신고】 법 제15조제3항에 따라 근로자가 피보험자격의 취득 및 상실 등에 관한 사항을 신고할 때에는 근로계약서 등 고용관계를 증명할 수 있는 서류를 제출하여야 한다

제 9 조【피보험자의 전근 신고】 사업주는 피보험자를 자신의 하나의 사업에서 다른 사업으로 전보시켰을 때에는 전보일부터 14일 이내에 고용노동부장관에게 신고하여야 한다.(2010.7.12 개정)

제10조【피보험자 이름 등의 변경 신고】 ①사업주는 피보험자의 이름이나 주민등록번호가 변경되거나 정정되었을 때에는 변경일이나 정정일부터 14일 이내에 고용노동부장관에게 신고하여야 한다.(2012.1.13 개정)

②법 제113조의2제1항 후단에 따른 보장기관 또는 위탁기관은 같은 항 후단에 따른 수급자가 「국민기초생활 보장법」 제8조제2항에 따른 생계급여 수급권자인 수급자(이하 이 조에서 "수급권자인 수급자"라 한다)에서 그 밖의 수급자로 변경되거나 그 밖의 수급자에서 수급권자인 수급자로 변경된 경우에는 그 변경일부터 14일 이내에 고용노동부장관에게 신고하여야 한다.(2017.6.27 개정)

제11조【확인의 청구와 통지】 ①피보험자 또는 피보험자였던 사람은 법 제17조제1항에 따라 피보험자격의 취득 또는 상실에 관하여 확

인하려면 고용노동부장관에게 이를 청구해야 한다.(2021.6.8 개정)
②고용노동부장관은 법 제17조제3항에 따라 피보험자격의 취득 또는 상실에 관하여 확인한 결과를 해당 청구인과 그 청구인을 고용하거나 고용하였던 사업주 또는 하수급인에게 알려야 한다.(2010.7.12 개정)

제11조의2【피보험자격의 취득기준】 ①법 제18조제1항에 따라 보험관계가 성립되어 있는 둘 이상의 사업에 동시에 고용되어 있는 근로자는 다음 각 호의 순서에 따라 피보험자격을 취득한다. 다만, 일용근로자와 일용근로자가 아닌 근로자로 동시에 고용되어 있는 경우에는 일용근로자가 아닌 근로자로 고용된 사업에서 우선적으로 피보험자격을 취득한다.
1. 고용산재보험료징수법 제16조의3에 따른 월평균보수(제21조의3에 따른 고용유지지원금을 받은 근로자의 경우에는 그 지원금 지급이 개시된 연도의 직전 연도의 보수총액을 기준으로 산정한 월평균보수를 말한다)가 많은 사업
2. 월 소정근로시간이 많은 사업
3. 근로자가 선택한 사업

고용보험

②법 제77조의2제1항에 따른 예술인(이하 "예술인"이라 한다)이 법 제18조제4항에 따라 보험관계가 성립되어 있는 둘 이상의 사업에서 동시에 근로계약, 문화예술용역 관련 계약 또는 노무제공계약을 체결한 경우에는 다음 각 호의 구분에 따라 피보험자격을 취득한다.
1. 둘 이상의 문화예술용역 관련 계약을 동시에 체결한 경우에는 모든 사업에서 피보험자격을 취득한다.
2. 문화예술용역 관련 계약과 근로계약 또는 노무제공계약을 동시에 체결한 경우에는 모든 사업에서 피보험자격을 취득한다.
3. 문화예술용역 관련 계약과 둘 이상의 근로계약을 동시에 체결한 경우에는 제1호 및 제2호에 따르되, 근로자로서의 피보험자격의 이중 취득의 제한에 관하여는 제1항에 따른다.

③법 제77조의6제1항에 따른 노무제공자(이하 "노무제공자"라 한다)가 법 제18조제4항에 따라 보험관계가 성립되어 있는 둘 이상의 사업에서 동시에 근로계약, 문화예술용역 관련 계약 또는 노무제공계약을 체결한 경우에는 다음 각 호의 구분에 따라 피보험자격을 취득한다.
1. 둘 이상의 노무제공계약을 동시에 체결한 경우에는 모든 사업에서

피보험자격을 취득한다.

2. 노무제공계약과 근로계약 또는 문화예술용역 관련 계약을 동시에 체결한 경우에는 모든 사업에서 피보험자격을 취득한다.
3. 노무제공계약과 둘 이상의 근로계약을 동시에 체결한 경우에는 제1호 및 제2호에 따르되, 근로자로서의 피보험자격의 이중 취득의 제한에 관하여는 제1항에 따른다.

(2023.6.27 본조신설)

제 3 장 고용안정 · 직업능력개발사업

제12조【우선지원 대상기업의 범위】 ①법 제19조제2항에서 "대통령령으로 정하는 기준에 해당하는 기업"이란 산업별로 상시 사용하는 근로자수가 별표 1의 기준에 해당하는 기업(이하 "우선지원대상기업"이라 한다)을 말한다.(2021.12.31 개정)

②제1항에 해당하지 않는 기업으로서 「중소기업기본법」 제2조제1항 및 제3항의 기준에 해당하는 기업은 제1항에도 불구하고 우선지원대상기업으로 본다.(2021.12.31 개정)

③제1항에 따른 우선지원 대상기업이 그 규모의 확대 등으로 우선지원대상기업에 해당하지 않게 된 경우 그 사유가 발생한 연도의 다음 연도부터 5년간 우선지원대상기업으로 본다.(2021.12.31 개정)

④제1항부터 제3항까지의 규정에도 불구하고 「독점규제 및 공정거래에 관한 법률」 제31조제1항에 따라 지정된 상호출자제한기업집단에 속하는 회사는 그 지정된 날이 속하는 보험연도의 다음 보험연도부터 우선지원대상기업으로 보지 않는다.(2021.12.31 개정)

⑤제1항에 따라 우선지원대상기업에 해당하는지를 판단하는 경우 그 기준이 되는 사항은 다음 각 호와 같다.(2021.12.31 개정)

1. 상시 사용하는 근로자 수는 그 사업주가 하는 모든 사업에서 전년도 매월 말일 현재의 근로자 수(건설업에서는 일용근로자의 수는 제외한다)의 합계를 전년도의 조업 개월 수로 나누어 산정한 수로 하되, 「공동주택관리법」에 따른 공동주택을 관리하는 사업의 경우에는 각 사업별로 상시 사용하는 근로자의 수를 산정한다. 이 경우 상시 사용하는 근로자 수를 산정할 때 1개월 동안 소정근로시간이 60시간

이상인 단시간근로자는 0.5명으로 하여 산정하고, 60시간 미만인 단시간근로자는 상시 사용하는 근로자 수 산정에서 제외한다.(2016.8.11 개정)

2. 하나의 사업주가 둘 이상의 산업의 사업을 경영하는 경우에는 상시 사용하는 근로자의 수가 많은 산업을 기준으로 하며, 상시 사용하는 근로자의 수가 같은 경우에는 임금총액, 매출액 순으로 그 기준을 적용한다.(2012.10.29 개정)

⑥제5항에도 불구하고 보험연도 중에 보험관계가 성립된 사업주에 대해서는 보험관계성립일 현재를 기준으로 우선지원대상기업에 해당하는지를 판단해야 한다.(2021.12.31 개정)

제13조【중소기업 근로시간단축 지원금】 삭제(2011.9.15)

제14조【교대제전환 지원금】 삭제(2010.12.31)

제15조【중소기업 고용환경 개선에 대한 지원】 삭제(2010.12.31)

제16조【중소기업 전문인력활용 장려금】 삭제(2010.12.31)

제17조【고용창출에 대한 지원】 ①고용노동부장관은 법 제20조에 따라 다음 각 호의 어느 하나에 해당하는 사업주에게 임금의 일부를 지원할 수 있다. 다만, 제1호의 경우에는 근로시간이 감소된 근로자에 대한 임금의 일부와 필요한 시설의 설치비의 일부도 지원할 수 있으며, 제2호의 경우에는 시설의 설치비의 일부도 지원할 수 있다.(2013.12.24 개정)

1. 근로시간 단축, 교대근로 개편, 정기적인 교육훈련 또는 안식휴가 부여 등(이하 "일자리 함께하기"라 한다)을 통하여 실업자를 고용함으로써 근로자 수가 증가한 경우(2013.12.24 개정)
2. 고용노동부장관이 정하는 시설을 설치 · 운영하여 고용환경을 개선하고 실업자를 고용하여 근로자 수가 증가한 경우(2013.12.24 개정)
3. 직무의 분할, 근무체계 개편 또는 시간제직무 개발 등을 통하여 실업자를 근로계약기간을 정하지 않고 시간제로 근무하는 형태로 하여 새로 고용하는 경우
4. 위원회에서 심의 · 의결한 성장유망업종, 인력수급 불일치 업종, 국내복귀기업 또는 지역특화산업 등 고용지원이 필요한 업종에 해당하는 기업이 실업자를 고용하는 경우(2013.12.24 개정)
5. 위원회에서 심의 · 의결한 업종에 해당하는 우선지원대상기업이 고용노동부장관이 정하는 전문적인 자격을 갖춘 자(이하 "전문인력"이

라 한다)를 고용하는 경우(2021.12.31 개정)

6. 제28조에 따른 임금피크제, 제28조의2에 따른 임금을 감액하는 제도 또는 그 밖의 임금체계 개편 등을 통하여 15세 이상 34세 이하의 청년 실업자를 고용하는 경우(2019.12.31 개정)
7. 고용노동부장관이 「고용상 연령차별 금지 및 고령자고용촉진에 관한 법률」 제2조제1호 또는 제2호에 따른 고령자 또는 준고령자가 근무하기에 적합한 것으로 인정하는 직무에 고령자 또는 준고령자를 새로 고용하는 경우(2017.12.26 신설)

②제1항에 따라 지원하는 경우에 지원 대상, 지원 요건, 지원 수준, 지원 기간, 신청 기간, 신청 방법 등 지원에 필요한 사항은 고용노동부장관이 정하여 고시한다.(2022.6.28 개정)

(2010.12.31 본조신설)

제18조 【고용조정의 지원 내용 등】 ①법 제21조제1항 및 제2항에 따라 근로자의 고용안정을 위한 조치를 하는 사업주에게는 지원금이나 장려금을 지급한다.

②법 제21조제3항에 따라 우선적으로 지원을 할 수 있는 사업주는 다음 각 호의 어느 하나에 해당하는 사업주로 한다.

1. 「고용정책 기본법 시행령」 제29조제1항제1호에 따라 고용조정 지원 등이 필요한 업종으로 지정된 업종(이하 이 조에서 "지정업종"이라 한다)에 속하는 사업을 하는 사업주(2009.12.30 개정)
2. 제1호에 따른 사업주로부터 지정업종에 속하는 사업의 도급을 받아 제조 · 수리 등을 하는 사업주로서 매출액의 2분의 1 이상이 그 지정업종과 관련된 사업의 사업주
3. 「고용정책 기본법 시행령」 제29조제1항제2호 또는 제3호에 따라 고용조정 지원 등이 필요한 지역으로 지정된 지역(이하 "지정지역"이라 한다)에 위치하는 사업의 사업주(2009.12.30 개정)

③고용노동부장관은 제2항 각 호의 어느 하나에 해당하는 사업주가 고용유지조치 또는 전직 지원을 하는 경우에는 제19조, 제20조, 제20조의2, 제21조, 제21조의2부터 제21조의4까지 및 제22조에도 불구하고 「고용정책 기본법」에 따른 고용정책심의회(이하 "고용정책심의회"라 한다)의 심의를 거쳐 지원의 요건과 지원의 수준을 달리 정할 수 있다.(2020.3.31 개정)

제19조【고용유지지원금의 지급 대상】 ①고용노동부장관은 법 제21조제1항에 따라 고용조정이 불가피하게 된 사업주가 그 사업에서 고용하여 피보험자격 취득 후 90일이 지난 피보험자[일용근로자, 「근로기준법」 제26조에 따라 해고가 예고된 사람, 경영상 이유에 따른 사업주의 권고에 따라 퇴직이 예정된 사람 및 사업주(사업주가 법인인 경우에는 그 대표자를 말한다)의 배우자 및 직계존속 · 비속은 제외한다. 이하 이 조, 제21조, 제21조의3, 제21조의4, 제22조, 제22조의2, 제35조제8호 및 제37조의3에서 같다]"에게 다음 각 호의 어느 하나에 해당하는 조치(이하 "고용유지조치"라 한다)를 취하여 그 고용유지조치 기간과 이후 1개월 동안 고용조정으로 피보험자를 이직시키지 않은 경우에 지원금(이하 "고용유지지원금"이라 한다)을 지급한다.(2023.12.26 개정)

1. 근로시간 조정, 교대제[근로자를 조(組)별로 나누어 교대로 근무하게 하는 것을 말한다. 이하 같다] 개편 또는 휴업 등을 통하여 역(曆)에 따른 1개월 단위의 전체 피보험자 총근로시간의 100분의 20을 초과하여 근로시간을 단축하고, 그 단축된 근로시간에 대한 임금을 보전하기 위하여 금품을 지급하는 경우. 이 경우 전체 피보험자 총근로시간 등 근로시간의 산정방법에 관하여 필요한 사항은 고용노동부령으로 정한다.(2017.12.26 개정)
2. 1개월 이상 휴직을 부여하고 그 휴직기간에 대하여 임금을 보전하기 위해 금품을 지급하는 경우(2020.12.29 개정)

②제1항에도 불구하고 사업주가 다음 각 호의 어느 하나에 해당하는 경우에는 관할 직업안정기관의 장이 불가피하다고 인정하는 경우를 제외하고는 해당 달에 대한 고용유지지원금을 지급하지 않는다.(2023.12.26 개정)

1. 사업주가 제1항에 따른 고용유지조치 기간 동안 근로자를 새로 고용하는 경우
2. 사업주가 3년 이상 연속하여 같은 달에 고용유지조치를 실시하는 경우
3. 사업주가 고용유지조치를 하려는 날의 전날 이전 2년 동안 고용유지지원금을 지급받은 사실이 있는 경우에는 그 고용유지조치 기간의 마지막 날의 다음 날부터 6개월 이내에 고용조정으로 소속 피보험자의 100분의 10 이상을 이직시킨 경우

③고용노동부장관은 제1항에도 불구하고 법 제21조제1항에 따라 고용

고용보험

조정이 불가피하게 된 사업주가 다음 각 호의 어느 하나에 해당하는 경우에는 고용유지조치의 대상이 되는 피보험자의 피보험자격 취득 기간을 고용노동부장관이 정하여 고시하는 기간으로 달리 정할 수 있다.(2020.12.29 신설)

1. 제18조제2항 각 호의 어느 하나에 해당하는 사업주인 경우
2. 「재난 및 안전관리 기본법」 제3조제1호에 따른 재난 등으로 고용사정이 급격히 악화된 경우

④고용노동부장관은 제1항에도 불구하고 파견사업주 또는 도급을 받은 사업주(이하 이 항에서 "수급사업주"라 한다)가 다음 각 호의 어느 하나에 해당하는 경우에는 사용사업주 또는 도급을 주는 사업주의 사업장에 종사하는 피보험자를 대상으로 그 단축된 근로시간 또는 휴직기간을 산정하여 파견사업주 또는 수급사업주에게 고용유지지원금을 지급한다.(2020.12.29 신설)

1. 「파견근로자 보호 등에 관한 법률」에 따른 파견사업주가 고용유지조치를 실시하고 있는 사용사업주의 사업장에서 종사하는 같은 법에 따른 파견근로자(이하 "파견근로자"라 한다)를 대상으로 고용유지조치를 취하여 그 고용유지조치 기간과 이후 1개월 동안 고용조정으로 해당 피보험자를 이직시키지 않은 경우(2024.12.31 개정)
2. 수급사업주가 고용유지조치를 실시하고 있는 도급을 주는 사업주의 사업장에서 종사하는 피보험자를 대상으로 고용유지조치를 취하여 그 고용유지조치 기간과 이후 1개월 동안 고용조정으로 해당 피보험자를 이직시키지 않은 경우

⑤제1항부터 제4항까지에서 규정한 사항 외에 고용유지지원금의 지원 대상, 지원 요건, 지원 수준, 지원 기간, 신청 기간, 신청 방법 등 지원에 필요한 사항은 고용노동부장관이 정하여 고시한다.(2022.6.28 신설)

제20조【고용유지조치를 위한 계획의 수립 및 신고】 ①제19조에 따른 고용유지지원금을 받으려는 사업주는 고용노동부령으로 정하는 바에 따라 다음 각 호의 요건을 갖춘 고용유지조치계획을 역에 따른 1개월 단위로 수립하여 고용유지조치 실시예정일 전날까지 고용노동부장관에게 신고하여야 하며, 신고한 계획 중 고용유지조치 실시예정일, 고용유지조치 대상자, 고용유지조치기간에 지급할 금품 등 고용노동부령으로 정하는 사항을 변경하는 경우에는 변경예정일 전날까지 그 내용

을 고용노동부장관에게 신고하여야 한다.(2013.12.24 개정)

1. 고용유지조치계획의 수립 또는 변경 시 그 사업의 근로자대표와 협의를 거칠 것. 다만, 변경하려는 고용유지조치계획의 내용이 경영 악화 이전의 고용상태로 회복하기 위하여 고용유지조치기간을 단축하거나 고용유지대상자 수를 축소하는 등 근로자에게 불리하지 아니한 경우는 제외한다.(2013.4.22 개정)
2. 직전 달(고용유지조치가 시작된 날이 속하는 달은 제외한다)에 대한 고용유지조치계획의 실시 내용 및 관련 증거 서류를 갖출 것 (2013.4.22 개정)

②사업주는 제1항에도 불구하고 다음 각 호의 어느 하나에 해당하는 부득이한 사유가 있는 경우에는 고용유지조치 실시일 또는 변경일부터 다음 각 호에서 정한 기한까지 신고할 수 있다.(2020.12.29 개정)

1. 다음 각 목의 어느 하나에 해당하는 경우: 30일
   가. 「재난 및 안전관리 기본법」 제60조에 따라 특별재난지역으로 선포된 지역에 소재하는 사업의 사업주가 그 특별재난으로 인하여 고용유지조치를 실시한 경우(2025.9.23 개정)
   나. 「유아교육법」 제31조, 「초·중등교육법」 제64조 및 「고등교육법」 제61조에 따른 휴업명령 및 휴원·휴교 처분이 있는 경우
   다. 「감염병의 예방 및 관리에 관한 법률」 제49조제1항제2호에 따른 조치가 있는 경우
2. 제1호 외의 경우로서 다음 각 목의 어느 하나에 해당하는 경우: 3일
   가. 노사대표의 부재 등으로 인하여 고용유지조치계획의 수립·실시 여부에 관한 노사협의가 지연되는 경우
   나. 제품이나 원자재의 50퍼센트 이상을 공급하거나 공급받는 사업이 예상할 수 없는 조업단축이나 폐업을 하는 경우
   다. 천재지변이나 그 밖에 고용노동부장관이 인정하는 부득이한 사유가 발생한 경우)

③삭제(2013.12.24)

④삭제(2010.2.8)

⑤삭제(2013.4.22)

제20조의2【고용유지조치계획 위반에 대한 지원제한】 고용노동부장관은 제20조제1항에 따라 신고하거나 변경신고한 고용유지조치계획과

다르게 고용유지조치를 이행한 사업주에게는 고용노동부령으로 정하는 바에 따라 해당 사실이 발생한 날이 속한 달에 대한 고용유지지원금의 전부 또는 일부를 지급하지 아니할 수 있다.
(2013.4.22 본조신설)

제21조【고용유지지원금의 금액 등】 ①고용유지지원금은 다음 각 호에 해당하는 금액으로 한다. 다만, 고용노동부장관이 실업의 급증 등 고용사정이 악화되어 고용안정을 위하여 필요하다고 인정할 때에는 1년의 범위에서 고용노동부장관이 정하여 고시하는 기간에 사업주가 피보험자의 임금을 보전하기 위하여 지급한 금품의 4분의 3 이상 10분의 9 이하로서 고용노동부장관이 정하여 고시하는 비율[우선지원대상기업에 해당하지 않는 기업(이하 "대규모기업"이라 한다)의 경우에는 3분의 2]에 해당하는 금액으로 한다.(2021.12.31 개정)

1. 근로시간 조정, 교대제 개편, 휴업 또는 휴직 등으로 단축된 근로시간이 역에 따른 1개월의 기간 동안 100분의 50 미만인 경우: 단축된 근로시간 또는 휴직기간에 대하여 사업주가 피보험자의 임금을 보전하기 위하여 지급한 금품의 3분의 2(대규모기업의 경우에는 2분의 1)에 해당하는 금액(2017.12.26 개정)
2. 근로시간 조정, 교대제 개편, 휴업 또는 휴직 등으로 단축된 근로시간이 역에 따른 1개월의 기간 동안 100분의 50 이상인 경우: 단축된 근로시간 또는 휴직기간에 대하여 사업주가 피보험자의 임금을 보전하기 위하여 지급한 금품의 3분의 2에 해당하는 금액(2017.12.26 개정)

②제1항에 따른 고용유지지원금은 그 조치를 실시한 일수(둘 이상의 고용유지조치를 동시에 실시한 날은 1일로 본다)의 합계가 그 보험연도의 기간 중에 180일에 이를 때까지만 각각의 고용유지조치에 대하여 고용유지지원금을 지급한다.(2017.12.26 개정)
③제2항에도 불구하고 2020년 보험연도의 경우 고용유지조치를 실시한 일수의 합계가 240일에 이를 때까지 고용유지지원금을 지급한다.(2020.10.20 신설)
④삭제(2013.12.24)
⑤제1항에 따라 지급되는 고용유지지원금은 고용유지조치별 대상 근로자 1명당 고용노동부장관이 정하여 고시하는 금액을 초과할 수 없

다.(2012.1.13 개정)

제21조의2【휴업 등에 따른 임금감소 수준】 법 제21조제1항 후단에서 "대통령령으로 정하는 수준"이란 평균임금의 100분의 50 미만(지급되는 임금이 없는 경우를 포함한다)을 말한다.
(2013.4.22 본조신설)

제21조의3【휴업 등에 따른 피보험자 지원요건 등】 ①고용노동부장관은 법 제21조제1항 후단에 따라 사업주가 고용노동부령으로 정하는 고용조정이 불가피하게 된 사유가 있음에도 고용조정을 하는 대신에 실시한 휴업 또는 휴직(이하 "휴업등"이라 한다)이 다음 각 호의 어느 하나에 해당하는 경우 해당 피보험자에게 지원금을 지급할 수 있다.(2020.6.9 개정)

1. 다음 각 목의 구분에 따른 피보험자 수에 대하여 30일 이상 휴업을 실시하고, 그 기간 동안 「근로기준법」 제46조제2항에 따라 노동위원회의 승인을 받아 휴업수당을 지급하지 아니하거나 평균임금의 100분의 50 미만에 해당하는 액수의 휴업수당을 지급하는 경우
   가. 전체 피보험자 수가 19명 이하인 경우: 전체 피보험자 수의 100분의 50 이상
   나. 전체 피보험자 수가 20명 이상 99명 이하인 경우: 피보험자 10명 이상
   다. 전체 피보험자 수가 100명 이상 999명 이하인 경우: 전체 피보험자 수의 100분의 10 이상
   라. 전체 피보험자 수가 1000명 이상인 경우: 피보험자 100명 이상
2. 휴직기간이 시작되기 전 1년 이내에 제19조제1항제1호에 따른 고용유지조치 또는 피보험자의 100분의 20 이상에 대한 같은 항 제2호에 따른 고용유지조치를 3개월 이상 실시한 후 다음 각 목의 구분에 따른 피보험자 수에 대하여 30일 이상 휴직을 실시하고, 그 기간 동안 근로자대표(근로자의 과반수로 조직된 노동조합이 있는 경우에는 그 노동조합, 근로자의 과반수로 조직된 노동조합이 없는 경우에는 근로자의 과반수를 대표하는 자를 말한다. 이하 이 항에서 같다)와의 합의에 따라 휴직수당 등 금품을 지급하지 않는 경우(2020.12.29 개정)
   가. 전체 피보험자 수가 99명 이하인 경우: 피보험자 10명 이상
   나. 전체 피보험자 수가 100명 이상 999명 이하인 경우: 전체 피보험

자 수의 100분의 10 이상

다. 전체 피보험자 수가 1000명 이상인 경우: 피보험자 100명 이상

3. 휴직기간이 시작되기 전 1년 이내에 제19조제1항제1호에 따른 고용유지조치 또는 피보험자의 100분의 20 이상에 대한 같은 항 제2호에 따른 고용유지조치를 3개월 이상 실시한 후 다음 각 목의 요건을 모두 갖춘 경우(피보험자가 10명 미만인 사업장의 사업주만 해당한다)로서 해당 사업주의 사업장에서 종사하는 피보험자에 대하여 30일 이상 휴직을 실시하고, 그 기간 동안 근로자대표와의 합의에 따라 휴직수당 등 금품을 지급하지 않는 경우(2020.12.29 신설)

가. 「재난 및 안전관리 기본법」 제3조제1호에 따른 재난 등으로 고용사정이 급격히 악화된 경우

나. 해당 보험연도의 기간 중에 제21조제2항에 따라 180일까지 고용유지지원금을 지급받은 경우

②제1항에 따른 지원금은 해당 피보험자의 평균임금의 100분의 50 범위에서 사업주가 해당 피보험자에게 지급한 임금 또는 수당 등을 고려하여 고용노동부장관이 정하는 금액으로 한다. 이 경우 지원금은 휴업 등 대상 피보험자 1명당 고용노동부장관이 정하여 고시하는 금액을 초과할 수 없다.

③제2항에 따른 지원금의 지급기간은 해당 휴업등의 기간 동안 피보험자 1명당 180일을 초과할 수 없다.(2023.12.26 개정)

④제1항에 따라 고용노동부장관이 피보험자에게 지원금을 지급하는 경우 사업주는 지원금을 받는 피보험자의 직업능력 개발·향상 등을 위하여 필요한 조치에 관한 내용이 포함된 고용유지조치계획을 수립하여 고용노동부장관에게 제출하여야 한다.

⑤고용노동부장관은 「재난 및 안전관리 기본법」 제3조제1호에 따른 재난으로 실업의 급증 등 고용사정이 악화되어 고용안정을 위한 긴급한 조치가 필요할 때에는 제1항제2호에 따른 지원요건에 해당하지 않는 피보험자에 대해서도 2021년 6월 30일까지는 고용정책심의회의 심의를 거쳐 그 지원의 요건과 수준을 고시로 정하여 지원금을 지급할 수 있다. 이 경우 고시로 정하여 지원하는 기간은 6개월 이내로 하되, 필요한 경우 최대 6개월의 범위에서 그 기간을 연장할 수 있다.(2020.6.9 신설)

⑥제1항부터 제5항까지에서 규정한 사항 외에 휴업등에 따른 피보험자에 대한 지원금의 지원 대상, 지원 요건, 지원 수준, 지원 기간, 신청 기간, 신청 방법 · 절차 등 지원에 필요한 사항은 고용노동부장관이 정하여 고시한다.(2022.6.28 개정)
(2013.4.22 본조신설)

제21조의4【직업능력 개발 · 향상 조치 등에 대한 지원】 ①고용노동부장관은 제21조의3제4항에 따른 고용유지조치계획에 따라 사업주가 피보험자에 대하여 직업능력 개발 · 향상 등을 위한 조치를 하는 데 필요한 지원을 할 수 있다.
②제1항에 따른 지원의 신청절차, 지원방법 등에 관하여 필요한 사항은 고용노동부장관이 정한다.
(2013.4.22 본조신설)

제22조【이직예정자 등 재취업 지원】 고용노동부장관은 법 제21조제1항에 따라 고용조정이 불가피하게 된 사업주가 단독이나 공동으로 다음 각 호의 어느 하나에 해당하는 사람에게 신속한 재취업을 지원하기 위해 필요한 시설을 직접 갖추거나 그 시설을 갖춘 외부기관에 위탁하여 재취업에 필요한 서비스를 제공하는 경우에는 고용노동부장관이 정하는 바에 따라 그 비용의 일부를 지원할 수 있다.(2021.6.8 개정)
1. 해당 사업의 피보험자로서 고용조정, 정년(停年) 또는 근로계약기간이 끝남에 따른 이직예정자
2. 해당 사업의 피보험자였던 사람으로서 고용조정, 정년 또는 근로계약기간이 끝나 이직한 사람(2021.6.8 개정)
(2010.12.31 본조개정)

제22조의2【고용유지를 위한 노사합의에 대한 지원】 ①고용노동부장관은 법 제21조제1항에 따라 고용조정이 불가피하게 된 사업주가 단체협약의 체결, 취업규칙의 변경, 근로계약의 변경 또는 그 밖의 상호합의를 통해 해당 사업에 고용된 피보험자의 고용을 유지하기로 한 경우에는 예산의 범위에서 사업주에게 필요한 비용을 지원할 수 있다.
②고용노동부장관은 해당 피보험자가 제21조의3에 따른 피보험자에 대한 지원금의 지급요건에 해당하는 경우에는 그 피보험자를 고용하고 있는 사업주에게 제1항에 따른 지원을 하지 않는다.
③제1항에 따른 지원 대상자의 선정, 지원 방법 및 절차 등에 관하여

필요한 사항은 고용노동부장관이 정하여 고시한다.
(2020.6.9 본조신설)

제23조【재고용장려금】 삭제(2008.9.18)

제24조【지역고용촉진 지원금】 ①고용노동부장관은 법 제22조에 따라 지정지역으로 사업을 이전하거나 지정지역에서 사업을 신설 또는 증설하는 경우로서 다음 각 호의 요건을 모두 갖추어 사업을 이전, 신설 또는 증설하는 사업주에게 지역고용촉진 지원금을 지급한다.(2010.7.12 개정)

1. 「고용정책 기본법 시행령」 제29조제3항에 따라 고시된 고용조정의 지원 등의 기간(이하 이 조에서 "지정기간"이라 한다)에 사업의 이전, 신설 또는 증설과 그에 따른 근로자의 고용에 관한 지역고용계획을 세워 고용노동부장관에게 신고할 것(2022.2.17 개정)
2. 제1호에 따라 고용노동부장관에게 신고한 지역고용계획에 따라 시행할 것(2010.12.31 개정)
3. 지역고용계획이 제출된 날부터 1년 6개월 이내에 이전, 신설 또는 증설된 사업의 조업이 시작될 것
4. 이전, 신설 또는 증설된 사업의 조업이 시작된 날(이하 이 조에서 "조업시작일"이라 한다) 현재 그 지정지역이나 다른 지정지역에 3개월 이상 거주한 구직자를 그 이전, 신설 또는 증설된 사업에 피보험자로 고용할 것(2010.12.31 개정)
5. 고용정책심의회에서 그 필요성이 인정된 사업일 것(2021.6.8 개정)
6. 지역고용계획의 실시 상황과 고용된 피보험자에 대한 임금지급 상황이 적힌 서류를 갖추고 시행할 것

②지역고용촉진 지원금을 받으려는 사업주는 제1항제3호에 따른 조업을 시작하면 고용노동부장관에게 신고하여야 한다.(2010.7.12 개정)

③지역고용촉진 지원금은 제1항제4호에 따라 고용된 피보험자에게 지급된 임금의 2분의 1(대규모기업의 경우에는 3분의 1로 한다)에 해당하는 금액으로 하되, 제21조제5항에 따라 고용노동부장관이 고시한 금액을 초과할 수 없다.(2012.1.13 개정)

④지역고용촉진 지원금은 조업시작일부터 1년간 지급한다.(2010.12.31 개정)

⑤지역고용촉진 지원금은 하나의 지정기간에 제1항제4호에 따라 고용

된 피보험자수가 200명을 초과하는 경우에는 그 초과하는 인원 중 100분의 30에 대하여만 지급한다.

⑥지역고용촉진 지원금은 다음 각 호의 어느 하나에 해당하는 경우에는 지급하지 않는다.(2020.8.27 개정)

1. 제1항제4호에 따라 고용된 피보험자의 고용기간이 6개월 미만인 경우
2. 사업주가 조업시작일 전 3개월부터 조업시작일 후 1년까지 고용조정으로 근로자를 이직시킨 경우
3. 제1항제4호에 따라 구직자를 피보험자로 고용한 사업주가 해당 피보험자의 최종 이직(해당 사업주가 해당 피보험자를 고용하기 전 1년 이내에 이직한 경우로 한정한다. 이하 제4호에서 같다) 당시 사업주와 같은 경우. 다만, 사업주가 「근로기준법」 제25조제1항에 따라 해당 근로자를 우선적으로 고용한 경우는 제외한다.(2020.8.27 개정)
4. 제1항제4호에 따라 구직자를 피보험자로 고용한 사업주가 해당 근로자의 최종 이직 당시 사업주와 합병하거나 그 사업을 넘겨받은 사업주인 경우 등 해당 근로자의 최종 이직 당시 사업과 관련되는 사업주인 경우

4의2. 사업주가 임금 등을 체불하여 「근로기준법」 제43조의2에 따라 명단이 공개 중인 경우(2016.12.30 신설)

5. 사업주가 제1항제4호에 따라 고용된 근로자에게 「최저임금법」 제5조에 따른 최저임금액 미만의 임금을 지급한 경우. 다만, 해당 근로자가 같은 법 제7조에 따라 최저임금의 적용이 제외되는 근로자인 경우는 제외한다.(2022.6.28 개정)
6. 사업주(사업주가 법인인 경우에는 그 대표자를 말한다)가 본인의 배우자 또는 직계존속·비속을 제1항제4호에 따른 근로자로 고용한 경우(2022.6.28 신설)
7. 제1항제4호에 따라 고용된 근로자가 그 고용된 날 이전 3년 동안에 2년 이상 지역고용촉진 지원금 지급대상이었던 경우(2023.6.27 신설)
8. 그 밖에 법 제22조에 따른 지원 목적에 부합하지 않는다고 고용노동부장관이 정하여 고시하는 대상이나 업종에 해당하는 경우(2023.6.27 개정)

⑦삭제(2013.12.24)

⑧지역고용촉진 지원금의 신청 기간 등 신청 및 지급에 필요한 사항은 고용노동부령으로 정한다.(2022.6.28 개정)

제25조【고령자 고용연장 지원금】 삭제(2024.12.24)

제25조의2【60세 이상 고령자 고용지원금】 삭제(2024.12.24)

제26조【고용촉진장려금】 ①고용노동부장관은 법 제23조에 따라 장애인, 여성가장 등 노동시장의 통상적인 조건에서는 취업이 특히 곤란한 사람의 취업촉진을 위하여 직업안정기관이나 그 밖에 고용노동부령으로 정하는 기관(이하 이 조에서 "직업안정기관등"이라 한다)에 구직등록을 한 사람으로서 다음 각 호의 어느 하나에 해당하는 실업자를 피보험자로 고용한 사업주에게 고용촉진장려금을 지급한다.(2016.12.30 개정)

1. 고용노동부장관이 고시하는 바에 따라 노동시장의 통상적인 조건에서는 취업이 특히 곤란한 사람을 대상으로 하는 취업지원프로그램을 이수한 사람
2. 「장애인고용촉진 및 직업재활법」 제2조제2호에 따른 중증장애인으로서 1개월 이상 실업상태에 있는 사람(2021.6.8 개정)
3. 가족 부양의 책임이 있는 여성 실업자 중 고용노동부령으로 정하는 사람으로서 「국민기초생활 보장법 시행령」 제11조제2항 전단에 따른 취업대상자 또는 「한부모가족지원법」 제5조 및 제5조의2에 따른 보호대상자에 해당하고 1개월 이상 실업상태에 있는 사람
4. 삭제(2024.6.25)
5. 제1호부터 제3호까지의 규정에 따른 요건을 갖추지 못한 실업자 중에서 실업의 급증 등 고용사정이 악화되어 취업촉진을 위한 조치가 필요하다고 고용노동부장관이 인정하는 사람(2024.6.25 개정)

②제1항에 따른 고용촉진장려금(이하 "고용촉진장려금"이라 한다)은 사업주가 피보험자를 6개월 이상 고용한 경우에 다음 각 호의 구분에 따라 지급한다.(2018.7.3 개정)

1. 고용기간이 6개월 이상 12개월 미만인 경우: 6개월분
2. 고용기간이 12개월 이상인 경우: 12개월분. 다만, 고용노동부장관이 정하여 고시하는 피보험자에 대한 고용기간이 18개월 이상인 경우에는 다음 각 목의 구분에 따른다.
   가. 고용기간이 18개월 이상 24개월 미만인 경우: 18개월분

나. 고용기간이 24개월 이상인 경우: 24개월분

③고용촉진장려금은 다음 각 호의 어느 하나에 해당하는 경우에는 지급하지 않는다.(2022.6.28 개정)

1. 근로계약기간이 단기간인 경우 등 고용노동부령으로 정하는 경우에 해당하는 사람을 고용하는 경우
2. 삭제(2013.1.25)
3. 대규모기업이 29세 이하인 실업자로서 고용노동부장관이 정하는 사람을 고용하는 경우(2024.12.24 개정)
4. 사업주가 고용촉진장려금 지급대상자를 고용하기 전 3개월부터 고용 후 1년까지(고용촉진장려금 지급대상자의 고용기간이 1년 미만인 경우에는 그 고용관계 종료 시까지를 말한다) 고용조정으로 근로자(고용촉진장려금 지급대상 근로자보다 나중에 고용된 근로자는 제외한다)를 이직시키는 경우(2016.12.30 개정)
5. 고용촉진장려금 지급대상자를 고용한 사업주가 해당 근로자의 이직(해당 사업주가 해당 근로자를 고용하기 전 1년 이내에 이직한 경우에 한정한다. 이하 제6호에서 같다) 당시의 사업주와 같은 경우. 다만, 다음 각 목의 어느 하나에 해당하는 경우에는 그러하지 아니하다.(2016.12.30 개정)
   가. 사업주가 「근로기준법」 제25조제1항에 따라 해당 근로자를 우선적으로 고용한 경우
   나. 사업주가 일용근로자로 고용하였던 근로자를 기간의 정함이 없는 근로계약을 체결하여 다시 고용한 경우
6. 고용촉진장려금 지급대상자를 고용한 사업주가 해당 근로자의 이직 당시의 사업주와 합병하거나 그 사업을 넘겨받은 사업주인 경우 등 해당 근로자의 이직 당시의 사업과 관련되는 사업주인 경우로서 고용노동부령으로 정하는 경우(2016.12.30 개정)
7. 사업주가 임금 등을 체불하여 「근로기준법」 제43조의2에 따라 명단이 공개 중인 경우(2016.12.30 신설)
8. 「장애인고용촉진 및 직업재활법」 제28조에 따른 장애인 고용 의무를 이행하지 않은 사업주가 그 장애인 고용 의무가 이행되기 전까지 같은 법 제2조제1호에 따른 장애인(같은 조 제2호에 따른 중증장애인은 제외한다)을 새로 고용한 경우(2018.12.31 신설)

9. 그 밖에 법 제23조에 따른 지원 목적에 부합하지 않는다고 고용노동부장관이 정하여 고시하는 대상이나 업종에 해당하는 경우(2022.6.28 신설)

④고용촉진장려금은 제1호의 금액에 제2호의 인원을 곱하여 산정한다.(2022.12.6 개정)

1. 매년 고용노동부장관이 임금상승률, 노동시장 여건 등을 고려하여 고시하는 금액. 다만, 지급대상이 된 기간 동안 해당 사업주가 제1항 각 호의 피보험자에 대하여 부담하는 보수를 초과할 수 없다.
2. 고용촉진장려금의 지급대상이 되는 피보험자의 수. 다만, 다음 각 목의 인원을 한도로 한다.
   가. 해당 사업의 직전 보험연도 말일 기준 피보험자 수가 10명 이상인 경우: 그 피보험자 수의 100분의 30(소수점 이하는 버린다)에 해당하는 인원. 다만, 100분의 30에 해당하는 인원이 30명을 넘는 경우에는 30명으로 한다.
   나. 해당 사업의 직전 보험연도 말일 기준 피보험자 수가 10명 미만인 경우: 3명

⑤삭제(2022.12.6)

⑥삭제(2022.12.6)

⑦고용촉진장려금의 신청 기간 등 신청 및 지급에 필요한 사항은 고용노동부령으로 정한다.(2022.6.28 개정)

⑧고용노동부장관은 「재난 및 안전관리 기본법」 제3조제1호에 따른 재난으로 실업의 급증 등 고용사정이 악화되어 고용촉진을 위한 긴급한 조치가 필요할 때에는 제2항부터 제7항까지의 규정(제3항의 경우 제1호, 제4호, 제5호 각 목 외의 부분 본문 및 제6호로 한정한다)에도 불구하고 제1항에 따른 사업주에 대한 지원을 확대하기 위하여 고용정책심의회의 심의를 거쳐 1년의 범위에서 고용기간, 고용촉진장려금의 지급 제외 사유, 상한액 및 지급대상 피보험자 수의 한도를 고시로 달리 정할 수 있다.(2020.6.9 신설)

(2010.12.31 본조개정)

제27조【중장년훈련수료자 채용장려금】 삭제(2008.9.18)

제28조【임금피크제 지원금】 ①고용노동부장관은 법 제23조에 따라 다음 각 호의 어느 하나에 해당하는 경우(이하 이 조에서 "임금피

크제"라 한다)에는 근로자에게 임금피크제 지원금을 지급한다. 다만, 제2호에 해당하는 경우에는 사업주에게도 임금피크제 지원금을 지급한다.(2014.12.31 개정)

1. 사업주가 근로자대표의 동의를 받아 정년을 60세 이상으로 연장하거나 정년을 56세 이상 60세 미만으로 연장하면서 55세 이후부터 일정나이, 근속시점 또는 임금액을 기준으로 임금을 줄이는 제도를 시행하는 경우(2013.12.24 개정)
2. 사업주가 제1호에 따른 제도를 시행하거나 제4호에 따라 정년퇴직 후 3개월 이내에 고용(이하 이 조 및 제28조의4에서 "재고용"이라 한다)하면서 주당 소정근로시간을 15시간 이상 30시간 이하로 단축하는 경우(2021.6.8 개정)
3. 삭제(2013.12.24)
4. 정년을 55세 이상으로 정한 사업주가 정년에 이른 사람을 재고용(재고용기간이 1년 미만인 경우는 제외한다)하면서 정년퇴직 이후부터 임금을 줄이는 경우(2013.12.24 개정)

②제1항에 따른 임금피크제 지원금은 해당 사업주에 고용되어 18개월 이상을 계속 근무한 사람으로서 피크임금(임금피크제의 적용으로 임금이 최초로 감액된 날이 속하는 연도의 직전 연도 임금을 말한다. 이하 이 조에서 같다)과 해당 연도의 임금을 비교하여 다음 각 호의 구분에 따른 비율 이상 낮아진 사람(해당 연도 임금이 고용노동부장관이 고시하는 금액 이상인 경우는 제외한다)에게 지급한다.(2021.6.8 개정)

1. 제1항제1호의 경우: 정년 연장기간에 따라 다음 각 목의 구분에 따른 비율. 다만, 상시 사용하는 근로자 수가 300명 미만인 사업은 100분의 10으로 한다.(2013.12.24 개정)
   가. 임금피크제 적용일부터 1년까지: 100분의 10
   나. 임금피크제 적용일부터 1년 초과 2년까지: 100분의 15
   다. 임금피크제 적용일부터 2년 초과 이후: 100분의 20
2. 제1항제2호의 경우: 100분의 30(2013.1.25 개정)
3. 제1항제4호의 경우: 100분의 20. 다만, 상시 사용하는 근로자 수가 300명 미만인 사업은 100분의 10으로 한다.(2013.12.24 개정)

③제1항에 따른 임금피크제 지원금은 해당 근로자의 피크임금과 해당 연도 임금의 차액, 임금인상률과 제1항제2호에 따른 소정근로시간 단

축으로 인한 사업주의 노무비용 증가액 등을 고려하여 고용노동부장관이 고시하는 금액으로 한다.(2014.12.31 개정)
④제1항에 따른 임금피크제 지원금은 임금피크제가 적용되는 날부터 5년 동안 지급한다. 다만, 고용기간이 5년보다 짧은 경우에는 그 고용기간 동안 지급하고, 제1항제1호에 따른 임금피크제 시행 이후 제1항제4호에 따라 재고용한 경우에도 최대 지급 기간은 통산하여 5년으로 한다.(2013.12.24 개정)
⑤제1항에 따른 임금피크제 지원금의 금액산정, 신청 및 지급 등에 필요한 사항은 고용노동부령으로 정한다.(2010.12.31 개정)

제28조의2【정년을 60세 이상으로 정한 사업 또는 사업장에서의 임금 감액에 따른 지원금】 ①고용노동부장관은 법 제23조에 따라 정년을 60세 이상으로 정한 사업 또는 사업장에서 55세 이후부터 임금을 감액하는 제도를 시행하는 경우 임금이 감소한 해당 근로자에게 임금을 감액하는 제도가 적용되는 날부터 2018년 12월 31일까지 지원금을 지급한다. 다만, 해당 근로자의 고용기간이 2018년 12월 31일 전에 종료되는 경우는 그 고용기간 동안 지급한다.
②제1항에 따른 지원금은 해당 사업주에 고용되어 18개월 이상을 계속 근무한 사람으로서 피크임금(제1항에 따른 제도의 시행으로 임금이 최초로 감액된 날이 속하는 연도의 직전 연도 임금을 말한다. 이하 이 조에서 같다)과 해당 연도의 임금을 비교하여 100분의 10 이상 낮아진 근로자(해당 연도 임금이 고용노동부장관이 고시하는 금액 이상인 경우는 제외한다)에게 지급한다.(2021.6.8 개정)
③제1항에 따른 지원금은 해당 근로자의 피크임금과 해당 연도 임금의 차액 및 임금인상률 등을 고려하여 고용노동부령으로 정하는 기준에 따라 고용노동부장관이 정하여 고시하는 금액으로 한다.
④제1항에 따른 지원금의 신청 및 지급 등에 필요한 사항은 고용노동부령으로 정한다.
(2015.12.4 본조신설)

제28조의3【근로시간 단축 지원금】 삭제(2019.12.31)

제28조의4【고령자 계속고용장려금】 ①고용노동부장관은 법 제23조에 따라 사업주가 정년을 연장 또는 폐지하거나 정년의 변경 없이 정년에 도달한 근로자를 계속하여 고용하거나 재고용하는 경우에는 그

비용의 일부를 지원할 수 있다.
②제1항에 따른 지원 대상, 지원 요건, 지원 수준, 지원 기간, 신청 기간, 신청 방법 · 절차 등 지원에 필요한 사항은 고용노동부장관이 정하여 고시한다.(2022.6.28 개정)
(2019.12.31 본조신설)

제28조의5【고령자 고용지원금】 ①고용노동부장관은 법 제23조에 따라 60세 이상인 근로자를 고용노동부령으로 정하는 기준 이상으로 고용하는 사업주에 대해서 그 고용에 필요한 비용의 일부를 지원할 수 있다.
②제1항에 따른 지원 대상, 지원 요건, 지원 수준, 지원 기간, 신청 기간, 신청 방법 · 절차 등 지원에 필요한 사항은 고용노동부장관이 정하여 고시한다.(2022.6.28 개정)
(2021.12.31 본조신설)

고용보험

제29조【출산육아기 고용안정장려금】 ①고용노동부장관은 법 제23조에 따라 다음 각 호에 해당하는 사업주에게 출산육아기 고용안정장려금을 지급한다.(2022.6.28 개정)
1. 삭제(2018.12.31)
2. 피보험자인 근로자에게 「남녀고용평등과 일 · 가정 양립 지원에 관한 법률」 제19조에 따른 육아휴직 또는 같은 법 제19조의2에 따른 육아기 근로시간 단축(이하 "육아휴직등" 이라 한다)을 30일[「근로기준법」 제74조제1항에 따른 출산전후휴가(이하 "출산전후휴가"라 한다)의 기간과 중복되는 기간은 제외한다] 이상 허용한 우선지원대상기업의 사업주(2021.12.31 개정)
3. 피보험자인 근로자에게 출산전후휴가, 「근로기준법」 제74조제3항에 따른 유산 · 사산 휴가(이하 "유산 · 사산 휴가"라 한다) 또는 육아휴직등을 30일 이상 부여하거나 허용하고 대체인력을 고용하거나 파견근로자를 대체인력으로 사용한 경우로서 다음 각 목의 요건을 모두 갖춘 우선지원대상기업의 사업주(2024.12.24 개정)
   가. 다음의 어느 하나에 해당할 것(2019.12.31 개정)
      1) 출산전후휴가, 유산 · 사산 휴가 또는 육아휴직등의 시작일 전 2개월이 되는 날(출산전후휴가에 연이어 유산 · 사산 휴가 또는 육아휴직등을 시작하는 경우에는 출산전후휴가 시작일 전 2개

월이 되는 날) 이후 새로 대체인력을 고용하거나 파견근로자를 대체인력으로 사용하여 30일 이상 계속 고용하거나 사용한 경우(2024.12.24 개정)

2) 피보험자인 근로자에게 임신 중에 60일을 초과하여 근로시간 단축을 허용하고 대체인력을 고용하거나 파견근로자를 대체인력으로 사용한 경우로서 그 근로자가 근로시간 단축 종료에 연이어 출산전후휴가, 유산 · 사산 휴가 또는 육아휴직등을 시작한 이후에도 같은 대체인력을 계속 고용하거나 사용한 경우. 이 경우 대체인력을 고용하거나 사용한 기간은 30일 이상이어야 한다.(2024.12.24 개정)

나. 삭제(2020.3.31)

다. 새로 대체인력을 고용하거나 파견근로자를 대체인력으로 사용하기 전 3개월부터 대체인력의 고용 또는 사용 후 1년까지(해당 대체인력의 고용기간 또는 사용기간이 1년 미만인 경우에는 그 고용관계 또는 사용관계 종료 시까지를 말한다) 고용조정으로 다른 근로자(새로 고용 또는 사용한 대체인력보다 나중에 고용된 근로자는 제외한다)를 이직시키지 않을 것(2024.12.24 개정)

4. 피보험자인 근로자에게 육아휴직등을 30일 이상 허용하거나 부여한 경우로서 해당 근로자의 업무 전부 또는 일부를 대신하여 수행할 근로자(이하 "업무분담자"라 한다)를 지정하고 해당 업무분담자에게 업무분담에 대한 금전적 지원을 한 우선지원대상기업의 사업주. 다만, 육아기 근로시간 단축 근로자에 대한 업무분담자를 지정한 경우에는 육아기 근로시간 단축 근로자의 단축된 근로시간이 주당 10시간 이상이어야 한다.(2024.12.24 개정)

가. 육아기 근로시간 단축 근로자의 단축된 근로시간이 주당 10시간 이상일 것

나. 육아기 근로시간 단축 근로자의 업무 일부를 대신하여 수행할 근로자(이하 "업무분담자"라 한다)를 지정하고 해당 업무분담자에게 업무분담에 대한 금전적 지원을 하였을 것

②고용노동부장관은 제1항에도 불구하고 다음 각 호에 해당하는 사업주에게는 출산육아기 고용안정장려금을 지급하지 않는다.(2022.6.28 신설)

1. 「부패방지 및 국민권익위원회의 설치와 운영에 관한 법률」 제2조제1호가목부터 다목까지에 해당하는 기관 및 「공공기관의 운영에 관한 법률」 제4조부터 제6조까지의 규정에 따라 지정 · 고시된 공공기관의 사업주
2. 임금 등을 체불하여 「근로기준법」 제43조의2에 따라 명단이 공개 중인 사업주
3. 그 밖에 법 제23조에 따른 지원 목적에 부합하지 않는다고 고용노동부장관이 정하여 고시하는 대상이나 업종의 사업주

③제1항제2호에 따른 출산육아기 고용안정장려금은 육아휴직등의 허용에 따른 사업주의 노무비용부담, 육아휴직등의 대상 자녀의 나이 등을 고려하여 매년 고용노동부장관이 정하여 고시하는 금액에 근로자가 사용한 육아휴직등의 개월 수를 곱하여 산정한 금액으로 한다.(2022.6.28 개정)

④제1항제3호에 따른 출산육아기 고용안정장려금(이하 "대체인력지원금"이라 한다. 이하 이 조에서 같다)은 대체인력의 고용 또는 사용에 따른 사업주의 노무비용부담을 고려하여 고용노동부장관이 정하여 고시하는 금액에 출산전후휴가, 유산 · 사산 휴가 또는 육아휴직등을 사용한 기간(출산전후휴가, 유산 · 사산 휴가 또는 육아휴직등을 사용하기 전 대체인력에 대한 2개월간의 업무 인수인계기간과 육아휴직을 사용한 근로자가 복직한 후 해당 근로자에 대한 1개월간의 업무 인수인계기간을 포함한다) 중 대체인력을 고용하거나 사용한 개월 수를 곱하여 산정한 금액으로 하되, 이 영 또는 다른 법령에 따라 국가 또는 지방자치단체가 해당 대체인력 고용 · 사용 또는 업무분담자 지정에 대하여 사업주에게 지급하는 지원금 또는 장려금 등이 있는 경우에는 그 지원금 또는 장려금 등의 금액을 뺀 금액으로 한다. 이 경우 대체인력지원금의 금액은 사업주가 해당 대체인력에게 지급한 임금액 또는 근로자파견의 대가를 초과할 수 없다.(2025.12.23 개정)

⑤제1항제4호에 따른 출산육아기 고용안정장려금(이하 "업무분담지원금"이라 한다)은 업무분담자 지정에 따른 사업주의 노무비용부담을 고려하여 고용노동부장관이 정하여 고시하는 금액에 육아휴직등을 사용한 기간 중 업무분담자를 지정한 개월 수를 곱하여 산정한 금액으로 하되, 이 영 또는 다른 법령에 따라 육아휴직등에 따른 업무분담자 지

정 또는 대체인력의 고용·사용에 대해 사업주가 지원금 또는 장려금 등의 금전을 지급받은 경우에는 그 지원금 또는 장려금 등의 금액을 뺀 금액으로 한다. 이 경우 업무분담지원금의 금액은 사업주가 해당 업무분담자에게 지급한 금액을 초과할 수 없다.(2024.12.24 신설)

⑥제1항에 따른 출산육아기 고용안정장려금은 다음 각 호의 구분에 따라 지급한다.(2024.6.25 개정)

1. 제1항제2호에 해당하는 경우: 제3항에 따른 출산육아기 고용안정장려금의 100분의 50에 해당하는 금액은 사업주가 제1항제2호의 요건을 갖추면 지급하고, 나머지 금액은 해당 사업주가 육아휴직등을 사용한 근로자를 육아휴직등이 끝난 후 6개월 이상 피보험자로 계속 고용하는 경우(사업주가 해당 근로자의 자기 사정으로 인하여 6개월 이상 계속 고용하지 못한 경우를 포함한다)에 합산하여 한꺼번에 지급한다.(2025.6.2 개정)
2. 제1항제3호에 해당하는 경우: 사업주가 제1항제3호의 요건을 갖추면 대체인력지원금의 100분의 100을 지급하되, 다음 각 목의 금액으로 구분하여 지급한다.(2025.12.23 개정)
   가. 출산전후휴가, 유산·사산 휴가 또는 육아휴직등을 사용하기 전 대체인력에 대한 2개월간의 업무 인수인계기간에 해당하는 대체인력지원금
   나. 출산전후휴가, 유산·사산 휴가 또는 육아휴직등을 사용한 기간에 해당하는 대체인력지원금
   다. 육아휴직을 사용한 근로자가 복직한 후 해당 근로자에 대한 1개월간의 업무 인수인계기간에 해당하는 대체인력지원금
3. 제1항제4호에 해당하는 경우: 사업주가 제1항제4호의 요건을 갖추면 업무분담지원금의 100분의 100을 지급한다.(2024.6.25 신설)

⑦제1항에 따른 출산육아기 고용안정장려금의 신청 기간 등 신청 및 지급 등에 필요한 사항은 고용노동부령으로 정한다.(2024.6.25 개정)

(2010.12.31 본조개정)

제30조【육아휴직등 장려금과 대체인력채용 장려금】 삭제(2010.12.31)

제31조【건설근로자 퇴직공제부금의 지원】 삭제(2010.12.31)

제32조【건설근로자 고용보험관리지원금의 지원】 삭제(2013.12.24)

제32조의2【건설근로자 계속고용지원금】 삭제(2010.2.8)

제33조【고용관리 진단 등 지원】 ①고용노동부장관은 법 제25조제1항제1호에 따라 피보험자, 피보험자였던 사람 또는 그 밖에 취업할 의사를 가진 사람(이하 "피보험자등"이라 한다)의 고용안정과 취업의 촉진 등을 위하여 임금체계 개편과 직무재설계 등에 관하여 전문기관의 진단을 받는 사업주나 노사단체에 대하여 그 진단에 드는 비용의 전부 또는 일부를 예산의 범위에서 지원할 수 있다.(2021.6.8 개정)

②제1항에 따른 지원 대상자의 선정, 지원수준, 그 밖에 지원에 필요한 사항은 고용노동부장관이 정한다.(2010.7.12 개정)

제34조【장기실업자 등에 대한 창업촉진 지원사업】 삭제(2010.12.31)

제35조【고용안정과 취업의 촉진】 법 제25조제1항제3호에서 "대통령령으로 정하는 사업"이란 다음 각 호의 사업을 말한다.

1. 피보험자등의 고용안정과 취업의 촉진에 관한 교육사업 · 홍보사업
2. 피보험자등의 고용안정 및 취업 촉진을 위한 직업소개, 직업진로지도, 채용지원, 장기근속지원 및 전직지원서비스사업 등 취업지원사업(2017.6.27 개정)
3. 고령자 · 여성 · 장애인인 피보험자등의 고용환경개선사업
4. 건설근로자의 고용안정 등에 대한 지원사업(2010.2.8 개정)
5. 다음 각 목의 어느 하나에 해당하는 사람의 고용안정 등에 대한 지원사업(2016.7.19 개정)
   가. 「기간제 및 단시간근로자 보호 등에 관한 법률」 제2조제1호의 기간제근로자(이하 "기간제근로자"라 한다)(2017.6.27 개정)
   나. 파견근로자(2024.12.24 개정)
   다. 「산업안전보건법」 제17조에 따른 안전관리자(2019.12.24 개정)
   라. 「산업안전보건법」 제18조에 따른 보건관리자(2019.12.24 개정)
   마. 「근로기준법」 제2조제1항제9호의 단시간근로자(2019.12.31 개정)
   바. 계약의 형식에 관계없이 「근로기준법」 제2조제1항제1호에 따른 근로자와 유사하게 노무를 제공함에도 「근로기준법」 등이 적용되지 아니하는 사람으로서 타인의 사업을 위하여 다른 사람을 사용하지 않고 그 운영에 필요한 노무를 직접 제공하고 그 대가를 받아 생활하는 사람(2020.6.9 개정)
6. 「근로기준법」 제2조제1항제9호의 단시간근로자로의 전환을 지원하는 사업(2020.3.31 개정)

7. 피보험자등의 근무형태 변경 등 고용환경개선을 통한 일 · 가정 양립 지원사업(2015.12.4 신설)
8. 고용유지조치에 따라 사업주가 피보험자의 임금을 보전하는 데에 드는 비용에 대한 대부사업(고용노동부장관이 정하여 고시하는 기간으로 한정한다)(2020.6.9 신설)

제35조의2【교육사업 · 홍보사업의 지원】 ①고용노동부장관은 법 제25조에 따라 제35조제1호에 따른 교육사업 또는 홍보사업을 실시하려는 사람에게 그에 필요한 비용의 일부를 예산의 범위에서 지원할 수 있다.
②고용노동부장관은 제1항에 따라 지원을 하려면 대상 사업의 종류 · 내용, 지원의 내용과 수준 및 신청 방법 등을 미리 공고하여야 한다.
(2017.6.27 본조신설)

제36조【취업지원사업의 지원】 ①고용노동부장관은 법 제25조와 이 영 제35조제2호에 따라 다음 각 호의 자가 실시하는 취업지원사업에 드는 비용을 예산의 범위에서 지원할 수 있다.(2010.7.12 개정)
1. 「직업안정법」 제18조에 따라 무료직업소개사업을 하는 자와 같은 법 제19조에 따라 유료직업소개사업을 하는 자
2. 「직업안정법」 제23조에 따라 직업정보제공사업을 하는 자
3. 그 밖에 고용노동부장관이 취업지원사업을 할 능력이 있다고 인정하는 자(2010.7.12 개정)

②고용노동부장관은 제1항에 따라 지원을 하려면 대상 사업의 종류 · 내용, 대상 피보험자등의 범위, 지원의 내용과 수준 및 신청 방법 등을 미리 공고하여야 한다.(2010.7.12 개정)

제37조【고령자 등의 고용환경 개선 지원】 ①고용노동부장관은 법 제25조와 이 영 제35조제3호에 따라 고령자, 여성 또는 장애인인 피보험자등의 고용안정과 취업의 촉진을 위하여 관련 시설 및 장비를 설치하거나 개선하려는 사업주에게 그에 필요한 비용의 일부를 예산의 범위에서 지원하거나 대부할 수 있다.(2010.7.12 개정)
②제1항에 따른 지원이나 대부의 대상자 선정과 요건, 그 밖에 지원이나 대부에 필요한 사항은 고용노동부장관이 정한다.(2010.7.12 개정)

제37조의2【고용안정 지원사업 등에 대한 지원】 ①고용노동부장관은 법 제25조에 따라 제35조제2호 및 제5호부터 제7호까지의 규정에

따른 사업을 하려는 사업주에게 그에 필요한 비용의 일부를 예산의 범위에서 지원할 수 있다.(2017.6.27 개정)
②제1항에 따른 고용안정 지원사업의 지원 대상, 지원 요건, 지원 수준, 지원 기간, 신청 기간, 신청 방법 등 지원에 필요한 사항은 고용노동부장관이 정하여 고시한다.(2022.6.28 개정)
(2014.12.31 본조신설)

제37조의3【우선지원대상기업의 고용유지 비용의 대부】 ①고용노동부장관은 법 제25조 및 이 영 제35조제8호에 따라 고용유지조치를 실시하는 우선지원대상기업의 사업주가 피보험자의 임금을 보전하는 데에 드는 비용에 대하여 예산의 범위에서 대부할 수 있다.(2021.12.31 개정)
②고용노동부장관은 제1항에 따른 대부 대상자 해당 여부에 대한 확인 절차를 거친 후 대부 여부를 결정한다.
③제1항 및 제2항에서 규정한 사항 외에 대부 결정의 취소, 대부금액의 상환 등 대부제도의 운영에 필요한 세부사항은 고용노동부장관이 정하여 고시한다.
(2020.6.9 본조신설)

제38조【고용촉진 시설의 지원】 ①법 제26조에서 "그 밖에 대통령령으로 정하는 고용촉진 시설"이란 다음 각 호의 시설을 말한다.
1. 「고용정책 기본법」 제11조제4항에 따라 지방자치단체가 설치·운영하는 취업취약계층에 대한 고용서비스 제공에 필요한 시설(2009.12.30 개정)
2. 「고등교육법」 제2조제1호·제2호 및 제4호에 따른 학교 중 고용노동부장관이 지정한 학교가 운영하는 취업지원 시설(2010.7.12 개정)
3. 「초·중등교육법 시행령」 제90조 및 제91조에 따른 특수목적고등학교와 특성화고등학교 중 고용노동부장관이 지정한 학교(2020.3.31 개정)
4. 「고용상 연령차별금지 및 고령자고용촉진에 관한 법률」 제11조에 따른 고령자인재은행(2020.3.31 개정)
5. 그 밖에 피보험자등의 고용안정, 고용촉진 및 사업주의 인력 확보를 위한 시설로서 고용노동부령으로 정하는 고용촉진 시설(2010.7.12 개정)

②고용노동부장관은 법 제26조에 따라 고용촉진 시설을 설치·운영하

는 자에게 해당 시설의 설치 · 운영에 필요한 비용의 일부를 지원할 수 있다.(2010.7.12 개정)

③제1항에 따른 고용촉진 시설의 지원에 필요한 사항은 고용노동부장관이 정한다.(2010.7.12 개정)

④고용노동부장관은 법 제26조에 따라 사업주가 단독이나 공동으로 설치 · 운영하는 어린이집의 운영비용 중 일부를 고용노동부령으로 정하는 바에 따라 지원할 수 있다. 이 경우 우선지원대상기업의 사업주와 우선지원대상기업의 수가 100분의 50 이상인 사업주단체로서 다음 각 호의 어느 하나에 해당하는 기준을 충족하는 사업주단체에 대해서는 지원의 수준을 높게 정할 수 있다.(2022.12.6 개정)

1. 매월 말일 기준으로 해당 사업주단체가 설치 · 운영하는 직장어린이집에서 보육하는 영유아 중 우선지원대상기업 소속 피보험자(「영유아보육법」에 따른 보호자인 피보험자로 한정한다)의 영유아(이하 이 조에서 "우선지원영유아"라 한다) 수의 비율이 100분의 50 이상인 경우
2. 매월 말일 기준으로 해당 사업주단체가 설치 · 운영하는 직장어린이집에서 보육하는 영유아 중 우선지원영유아 수의 비율이 100분의 50 미만인 경우로서 다음 각 목의 요건을 모두 갖춘 경우
   가. 제1호에 따른 지원을 받은 적이 있을 것
   나. 해당 직장어린이집에 입소 신청한 우선지원영유아 중 입소하지 못하고 있는 우선지원영유아가 없을 것

⑤고용노동부장관은 법 제26조에 따라 보육시설을 단독이나 공동으로 설치하려는 사업주나 사업주단체에 대하여 고용노동부장관이 정하는 바에 따라 그 설치비용을 융자하거나 일부 지원할 수 있다. 이 경우 다음 각 호의 사업주나 사업주단체에 대하여는 융자나 지원의 수준을 높게 정할 수 있다.(2021.12.31 개정)

1. 우선지원대상기업의 사업주
2. 제4항 후단에 따른 사업주단체
3. 장애아동 또는 영아를 위한 어린이집을 설치하려는 사업주나 사업주단체

제39조【일괄적용사업의 특례】 고용산재보험료징수법 제8조에 따라 일괄적용되는 사업의 경우에는 개별 사업을 하나의 사업으로 보아

제17조, 제19조, 제24조, 제26조 및 제29조를 적용한다.(2024.12.24 개정)

제40조 【지원금 등의 상호조정】 ①제19조에 따른 고용유지지원금의 지급요건에 해당하는 사업주가 그 고용유지조치기간에 제17조에 따른 비용 지원, 제22조의2제1항에 따른 비용 지원, 제26조에 따른 고용촉진장려금, 제28조의4에 따른 고령자 계속고용장려금 또는 제28조의5에 따른 고령자 고용지원금의 지급 요건에 해당하는 조치를 한 경우에는 제19조에 따른 고용유지 지원금을 지급하고, 그 밖의 지원금 또는 장려금은 지급하지 않는다.(2021.12.31 개정)

②사업주가 동일한 근로자로 인하여 다음 각 호에 따른 지원금 또는 장려금 중 둘 이상의 지원금 또는 장려금 지급 요건에 동시에 해당하게 된 경우에는 해당 사업주의 신청에 의하여 하나의 지원금 또는 장려금만 지급한다. 다만, 제17조제1항제4호에 따라 고용지원이 필요한 업종에 해당하는 기업의 사업주가 고용노동부장관이 정하는 연령의 청년(이하 이 조에서 "청년"이라 한다) 실업자를 추가로 고용하는 경우 지원되는 지원금과 제35조제2호에 따라 중소기업에 취업한 청년의 장기근속을 지원하기 위하여 지원되는 지원금의 지급 요건에 동시에 해당하게 된 경우에는 중복하여 지급할 수 있다.(2018.10.2 개정)

1. 제17조제1항제3호부터 제7호까지의 규정에 따른 지원금(2018.10.2 개정)
2. 제24조에 따른 지역고용촉진 지원금
3. 삭제(2024.12.24)
4. 삭제(2024.12.24)
5. 제26조에 따른 고용촉진장려금(2016.12.30 개정)
6. 제28조의4에 따른 고령자 계속고용장려금(2020.3.31 신설)

6의2. 제28조의5에 따른 고령자 고용지원금(2021.12.31 신설)

7. 제29조제1항제3호에 따른 출산육아기 고용안정장려금(2018.12.31 개정)
8. 제35조제1호부터 제7호까지의 규정에 따른 사업주에 대한 지원금
9. 제38조제4항에 따른 직장어린이집 운영비용 지원금

③제17조제1항제1호 및 제2호에 따른 비용 지원의 지급 요건에 동시에 해당하는 사업주가 있으면 그 사업주의 신청에 따라 하나의 지원금을 지급한다.(2011.9.15 개정)

④제3항에 해당하는 각 지원금 중 어느 하나의 지원금을 받고 있는 사업주가 해당 지원금을 받는 기간에 제2항에 따른 각 지원금 또는 장려금 중 어느 하나의 지원금 또는 장려금의 지급 요건에 해당하는 경우에는 그 사업주의 신청에 의하여 제2항에 따른 각 지원금 또는 장려금 중 해당하는 지원금 또는 장려금의 금액에 고용노동부장관이 정하여 고시하는 비율을 곱하여 산정한 금액을 지급한다.(2016.12.30 개정)

⑤삭제(2024.12.24)

⑥근로자가 제28조 또는 제28조의2에 따른 지원금 중 둘 이상의 지원금 지급 요건에 동시에 해당하는 경우에는 해당 근로자의 선택에 따라 하나의 지원금을 지급한다.(2019.12.31 개정)

제40조의2【지원의 제한】 법 제26조의2에서 "대통령령으로 정하는 경우"란 사업주가 근로자를 새로 고용하거나 고용유지조치를 하여 다음 각 호의 어느 하나에 해당하게 된 경우를 말한다.

1. 「북한이탈주민의 보호 및 정착지원에 관한 법률」에 따라 지원금 등 금전적 지원을 받는 경우
2. 「산업재해보상보험법」에 따라 지원금 등 금전적 지원을 받는 경우
3. 「장애인고용촉진 및 직업재활법」에 따라 지원금 등 금전적 지원을 받는 경우
4. 그 밖에 국가 또는 지방자치단체로부터 금전적 지원을 받는 경우

(2011.9.15 본조신설)

제41조【사업주에 대한 직업능력개발 훈련비용의 지원】 ①법 제27조제1항에서 "대통령령으로 정하는 직업능력개발 훈련"이란 「국민 평생 직업능력 개발법」 제24조제1항에 따라 인정받은 직업능력개발훈련과정으로서 다음 각 호의 어느 하나에 해당하는 훈련 또는 「산업현장 일학습병행 지원에 관한 법률」 제15조제2항에 따라 인정받은 일학습병행과정을 말한다.(2022.2.17 개정)

1. 피보험자[법 제2조제1호나목에 따른 피보험자(이하 "자영업자인 피보험자"라 한다)는 제외한다]를 대상으로 실시하는 직업능력개발 훈련(2012.1.13 개정)
2. 피보험자가 아닌 사람으로서 해당 사업주에게 고용된 사람을 대상으로 실시하는 직업능력개발 훈련(2021.6.8 개정)
3. 해당 사업이나 그 사업과 관련되는 사업에서 고용하려는 사람을 대

상으로 실시하는 직업능력개발 훈련(2021.6.8 개정)

4. 직업안정기관에 구직등록한 사람을 대상으로 실시하는 직업능력개발 훈련(2021.6.8 개정)

5. 해당 사업에 고용된 피보험자(자영업자인 피보험자는 제외한다)에게 유급휴가[「근로기준법」 제60조의 연차 유급휴가가 아닌 경우로서 휴가기간 중 같은 법 시행령 제6조에 따른 통상임금(이하 "통상임금"이라 한다)에 해당하는 금액 이상의 임금을 지급한 경우를 말한다]를 주어 실시하는 직업능력개발 훈련으로서 다음 각 목의 어느 하나에 해당하는 훈련(2020.9.29 개정)

가. 우선지원대상기업의 사업주나 상시 사용하는 근로자 수가 150명 미만인 사업주(이하 이 호에서 "우선지원대상기업사업주등"이라 한다)가 해당 근로자를 대상으로 계속하여 5일 이상의 유급휴가를 주어 20시간 이상 실시하는 훈련(2021.12.31 개정)

나. 우선지원대상기업사업주등이 해당 근로자를 대상으로 계속하여 30일 이상의 유급휴가를 주어 120시간 이상 실시하면서 대체인력을 고용하는 훈련

다. 삭제(2021.6.8)

라. 우선지원대상기업사업주등이 아닌 사업주가 1년 이상 재직하고 있는 근로자를 대상으로 계속하여 60일 이상의 유급휴가를 주어 180시간 이상 실시하는 훈련

마. 삭제(2021.6.8)

바. 사업주가 기능·기술을 장려하기 위하여 근로자 중 생산직 또는 관련 직에 종사하는 근로자로서 고용노동부장관이 고시하는 자를 대상으로 유급휴가를 주어 20시간 이상 실시하는 훈련

②제1항에 따른 직업능력개발 훈련의 지원금은 다음 각 호의 금액으로 한다.(2020.8.27 개정)

1. 제1항 각 호의 어느 하나에 해당하는 직업능력개발 훈련에 대한 지원금: 훈련비(고용노동부장관이 고시하는 기준에 해당하는 비용에 한정한다)에 사업 규모 등을 고려하여 고용노동부장관이 고시하는 비율을 곱하여 산정한 금액. 다만, 다음 각 목의 직업능력개발 훈련에 대한 지원금은 본문에 따른 금액에 다음 각 목의 구분에 따른 금액을 더한 금액으로 한다.

가. 제1항제3호 및 제4호에 해당하는 직업능력개발 훈련: 고용노동부장관이 정하여 고시하는 훈련수당
나. 제1항제5호에 해당하는 직업능력개발 훈련: 유급휴가기간 중에 지급한 임금 및 제1항제5호나목에 따른 대체인력에게 지급한 임금 중 고용노동부장관이 정하여 고시하는 금액
2. 「산업현장 일학습병행 지원에 관한 법률」 제15조제2항에 따라 인정받은 일학습병행과정에 대한 지원금: 고용노동부장관이 고시하는 훈련비에 훈련의 종류 · 직종, 사업 규모 등을 고려하여 고용노동부장관이 고시하는 비율을 곱하여 산정한 금액에 고용노동부장관이 고시하는 숙식비 · 훈련장려금을 더한 금액

③법 제27조제2항제6호에서 "대통령령으로 정하는 사람"이란 다음 각 호의 어느 하나에 해당하는 사람을 말한다.(2017.6.27 개정)
1. 생산직 또는 생산 관련 직에 종사하는 근로자로서 고용노동부장관이 기능 · 기술을 장려하기 위하여 필요하다고 인정하여 고시하는 사람
2. 법 제20조에 따른 고용창출을 위하여 사업주가 근로자를 조(組)별로 나누어 교대로 근로하게 하는 교대제를 새로 실시하거나 조를 늘려 교대제를 실시(4조 이하로 실시하는 경우로 한정한다)한 이후 교대제의 적용을 새로 받게 되는 근로자로서 고용노동부장관이 정하여 고시하는 사람
3. 고용노동부장관이 정한 직업능력개발 훈련 및 평가를 받는 것을 조건으로 고용한 근로자

④고용노동부장관은 법 제27조제2항 각 호에 해당하는 근로자를 대상으로 직업능력개발 훈련을 실시하는 사업주에 대하여 훈련에 필요한 비용을 우대하여 지원하려는 경우에는 훈련비, 훈련기간 중 훈련대상자 및 대체인력에게 지급한 임금, 그 밖에 훈련에 필요한 비용을 고려한 지원수준을 정하여 고시하여야 한다.(2017.6.27 신설)

⑤직업능력개발 훈련의 훈련비와 훈련수당의 지원범위, 지원상한액 및 지원신청절차와 그 밖에 지원에 필요한 사항은 고용노동부령으로 정한다.(2017.6.27 개정)

제42조【비용 지원의 한도】 ①법 제28조에 따라 사업주가 지원받을 수 있는 직업능력개발 훈련비용의 연간 총액은 그 사업주가 고용산재보험료징수법 제13조제1항제1호 및 제16조의3에 따라 부담하는 해당

연도 고용보험료 중 고용안정 · 직업능력개발사업의 보험료 또는 그 사업주가 고용산재보험료징수법 제13조제1항제1호 및 제17조제1항에 따라 해당 연도에 납부해야 할 고용보험 개산보험료 중 고용안정 · 직업능력개발사업의 보험료의 100분의 100(우선지원대상기업의 경우에는 100분의 240)에 해당하는 금액으로 한다. 다만, 제18조제2항 각 호의 어느 하나에 해당하는 사업주에게 지원할 수 있는 비용의 총 한도는 그 사업주가 부담하는 해당 연도 고용보험료 중 고용안정 · 직업능력개발사업의 보험료 또는 그 사업주가 해당 연도에 납부해야 할 고용보험 개산보험료 중 고용안정 · 직업능력개발사업의 보험료의 100분의 130(우선지원대상기업의 경우에는 100분의 300)으로 할 수 있다.(2021.12.31 개정)

②사업주가 자신의 사업 외의 다른 사업에 고용된 근로자를 대상으로 「국민 평생 직업능력 개발법」 제24조에 따라 훈련과정을 인정받아 훈련을 실시하는 경우에는 제1항에 따른 지원금 외에 그 사업주가 부담하는 해당 연도 고용보험료 중 고용안정 · 직업능력개발사업의 보험료 또는 그 사업주가 해당 연도에 납부하여야 할 고용보험 개산보험료 중 고용안정 · 직업능력개발사업의 보험료의 100분의 80까지 추가로 지원할 수 있다.(2022.2.17 개정)

③제1항과 제2항에도 불구하고 지원금액이 기업의 규모 · 업종 등을 고려하여 고용노동부장관이 정하는 비용지원한도 최소금액에 미달하는 경우에는 고용노동부장관이 정하는 비용지원한도 최소금액을 지원금액으로 한다.(2010.7.12 개정)

④다음 각 호의 어느 하나에 해당하는 지원금은 제1항부터 제3항까지의 규정에 따라 해당 사업주가 지원받을 수 있는 직업능력개발 훈련비용지원의 한도액에 포함되지 않는다.(2020.9.29 개정)

1. 제41조제1항제1호에 따른 직업능력개발 훈련으로서 다음 각 목의 직업능력개발 훈련의 지원금(2021.12.31 개정)
   가. 제52조제1항제13호의 현장 훈련 지원 사업으로 실시하는 현장 훈련(훈련 기간이 6개월 이상인 경우로 한정한다)
   나. 「국민 평생 직업능력 개발법 시행령」 제3조제1항제1호의 양성훈련으로 실시하는 직업능력개발 훈련(2022.2.17 개정)
2. 제41조제1항제3호 및 제4호에 따른 직업능력개발 훈련의 지원금

고용
보험

(2021.6.8 개정)

3. 제41조제1항제5호가목 및 나목에 따른 직업능력개발 훈련의 지원금 중 다음 각 목의 어느 하나에 해당하는 지원금(2021.6.8 개정)
   가. 제41조제2항에 따라 지원되는 유급휴가기간 중에 지급한 임금 및 대체인력에게 지급한 임금의 일부에 해당하는 금액
   나. 직업능력개발 훈련의 분야 및 기간 등을 고려하여 고용노동부장관이 고시하는 직업능력개발 훈련의 훈련비
4. 「산업현장 일학습병행 지원에 관한 법률」 제15조제2항에 따라 인정받은 일학습병행과정 훈련(2021.12.31 신설)

⑤제2항부터 제4항까지의 규정에도 불구하고, 법 제35조제4항에 따라 직업능력개발 사업의 지원이 제한되는 사업주에 대해서는 「국민 평생 직업능력 개발법」 제55조제2항에 따른 지원 또는 융자 제한 기간의 종료일이 속한 보험연도부터 3년간 제2항부터 제4항까지의 규정을 적용하지 않는다.(2022.2.17 개정)

제43조 【근로자의 직업능력 개발을 위한 지원】 ①고용노동부장관은 법 제29조제1항에 따라 다음 각 호의 어느 하나에 해당하는 피보험자등이 「국민 평생 직업능력 개발법」 제2조제1호에 따른 직업능력개발훈련(이하 "직업능력개발훈련"이라 한다)을 수강한 경우에는 고용노동부령으로 정하는 바에 따라 필요한 비용의 전부나 일부를 지원할 수 있다.(2022.2.17 개정)

1. 우선지원대상기업에 고용된 피보험자등(2021.12.31 개정)
2. 법 제27조제2항 각 호의 어느 하나에 해당하는 피보험자등(2017.6.27 개정)
3. 자영업자인 피보험자등(2017.6.27 개정)
4. 직업안정기관의 장에게 취업훈련을 신청한 날부터 180일 이내에 이직 예정인 피보험자등(2017.6.27 개정)
5. 경영상의 이유로 90일 이상 무급 휴직 중인 피보험자등(2017.6.27 개정)
6. 대규모기업에 고용된 사람으로서 45세 이상이거나 고용노동부장관이 정하여 고시하는 소득액 미만인 피보험자등(2019.6.25 개정)
7. 법 제27조에 따라 사업주가 실시하는 직업능력개발훈련을 수강하지 못한 기간이 3년 이상인 피보험자등(2017.6.27 개정)

8. 「남녀고용평등과 일 · 가정 양립 지원에 관한 법률」 제19조에 따른 육아휴직 중인 피보험자등(2017.6.27 개정)

②제1항에 따른 직업능력개발훈련에 드는 비용은 해당 훈련을 받는 피보험자등이나 훈련을 실시하는 기관에 지급할 수 있다. 다만, 훈련을 받는 피보험자등이 고용노동부장관이 정하는 바에 따라 「여신전문금융업법」 제2조제3호에 따른 신용카드(이하 "신용카드"라 한다)를 사용하여 훈련비용을 결제하고 신용카드를 발급한 신용카드업자가 그 훈련비용을 훈련을 실시하는 기관에 지급한 경우에 고용노동부장관은 그 훈련을 받는 피보험자등을 대신하여 훈련비용을 해당 신용카드업자에게 지급할 수 있다.(2021.6.8 개정)

③제1항에 따라 훈련비용을 지원받을 수 있는 훈련과정의 범위와 지원 절차 등에 관하여 필요한 사항은 고용노동부령으로 정한다.(2008.4.30 개정)

제44조【근로자능력개발카드에 따른 수강지원】 삭제(2011.9.15)

제45조【능력개발비용의 대부】 ①고용노동부장관은 법 제29조제1항에 따라 피보험자(자영업자인 피보험자는 해당 연도 대부사업 공고일 현재 보험가입 후 합산하여 180일이 지난 사람으로 한정한다)가 자기 비용으로 다음 각 호의 어느 하나에 해당하는 학교나 시설에 입학하거나 재학하는 경우에는 해당 학자금의 전부나 일부를 예산의 범위에서 대부할 수 있다.(2021.6.8 개정)

1. 「국민 평생 직업능력 개발법」에 따른 기능대학(2022.2.17 개정)
2. 「평생교육법」 제33조제3항에 따른 전문대학 또는 대학졸업자와 동등한 학력 · 학위가 인정되는 원격대학형태의 평생교육시설(2008.6.5 개정)
3. 「고등교육법」 제2조에 따른 학교

②고용노동부장관은 피보험자가 직업능력개발훈련을 수강하는 경우 그 수강료의 전부나 일부를 예산의 범위에서 대부할 수 있다. 다만, 다음 각 호의 어느 하나에 해당하는 과정을 수강하는 경우는 제외한다.(2010.7.12 개정)

1. 세미나, 심포지엄 등 정보 교류 활동 또는 시사 · 일반상식 등 교양과정
2. 취미활동, 오락과 스포츠 등을 목적으로 하는 과정

3. 그 밖에 고용노동부장관이 직업능력개발훈련과정으로 적합하지 아니하다고 인정하는 과정(2010.7.12 개정)

③제2항에 따른 직업능력개발훈련 중 외국어 과정에 대하여 수강료를 대부받을 수 있는 사람의 범위는 고용노동부장관이 정한다.(2021.6.8 개정)

④제1항부터 제3항까지의 규정에 따른 대부금의 이율, 대부기간 등 대부조건은 고용노동부장관이 기획재정부장관과 협의하여 정한다.(2010.7.12 개정)

⑤제1항부터 제3항까지의 규정에 따른 대부 대상자의 선정, 대부절차, 대부횟수, 그 밖에 대부에 필요한 사항은 고용노동부령으로 정한다.(2010.7.12 개정)

第46조【능력개발비용의 지원】 ①고용노동부장관은 법 제29조제1항에 따라 제45조제1항 각 호의 어느 하나에 해당하는 학교나 시설에 입학하거나 재학하는 우선지원대상기업의 피보험자(자영업자인 피보험자는 제외한다) 중 성적이 우수한 사람에게 예산의 범위에서 학자금의 전부나 일부를 지원할 수 있다.(2021.12.31 개정)

②제1항에 따른 지원 대상자의 선발, 지원 금액과 지원 방법 등에 관하여 필요한 사항은 고용노동부장관이 정한다.(2010.7.12 개정)

第47조【취업훈련의 지원】 ①고용노동부장관은 법 제29조제2항에 따라 창업 또는 취업을 위하여 직업능력개발훈련의 수강이 필요하다고 인정되는 실업자에게 취업훈련을 실시할 수 있다.(2013.12.24 개정)

1.~4. 삭제(2013.12.24)

②제1항에 따른 취업훈련에 드는 비용은 해당 훈련을 받는 사람이나 훈련을 실시하는 기관에 지급할 수 있다. 다만, 훈련을 받은 사람이 고용노동부장관이 정하는 바에 따라 신용카드를 사용하여 훈련비용을 결제하고 신용카드를 발급한 신용카드업자가 그 훈련비용을 훈련을 실시하는 기관에 지급한 경우에 고용노동부장관은 그 훈련을 받는 자를 대신하여 훈련비용을 해당 신용카드업자에게 지급할 수 있다.(2021.6.8 개정)

③고용노동부장관은 제1항에 따른 취업훈련을 수강하는 실업자가 법 제43조제1항에 따른 구직급여의 수급자격이 없는 경우에는 훈련수당을 지급할 수 있다.(2013.12.24 개정)

④고용노동부장관은 제1항에 따른 취업훈련을 수강하는 피보험자였던 실업자에게 해당 훈련비의 전부나 일부를 대부할 수 있다.(2021.6.8 개정)
⑤제4항에 따른 대부 대상자의 선정, 대부절차, 대부횟수, 그 밖에 대부에 관하여 필요한 사항은 고용노동부령으로 정한다.(2010.7.12 개정)
⑥제1항에 따른 취업훈련의 실시기관이나 그 밖에 취업훈련의 실시에 필요한 사항은 고용노동부령으로 정한다.(2011.9.15 개정)

제47조의2【직업능력개발훈련 중 생계비 대부】 ①법 제29조제3항에서 "대통령령으로 정하는 저소득 피보험자등"이란 다음 각 호의 어느 하나에 해당하는 사람 중 소득수준 및 종전의 대부실적 등을 고려하여 고용노동부장관이 정하여 고시하는 선정기준에 해당하는 사람을 말한다.(2020.6.9 개정)

1. 법 제2조제1호가목에 따른 피보험자로서 휴직수당 등 금품을 받지 않고 휴직 중인 사람
2. 자영업자인 피보험자
3. 법 제27조제2항 각 호의 어느 하나에 해당하는 피보험자등
4. 법 제29조제3항에 따른 생계비 대부 신청 시 실업상태에 있는 피보험자등이었던 사람(법 제4장에 따른 실업급여를 수급하고 있는 사람은 제외한다)
5. 제35조제5호바목에 해당하는 피보험자등
6. 그 밖에 생계비 대부가 필요하다고 고용노동부장관이 인정하는 피보험자등)

②법 제29조제3항에 따른 생계비는 예산의 범위에서 대부할 수 있다.
③고용노동부장관은 직업능력개발훈련에 따른 생계비의 대부를 신청하는 사람에 대하여 제1항에 따른 대부 대상자 해당 여부의 확인절차를 거친 후에 대부 여부를 결정하여야 한다.(2010.7.12 개정)
④제3항에 따른 대부의 신청 · 결정 절차에 관한 사항, 대부결정의 취소에 관한 사항, 대부금액 및 상환방법, 그 밖에 대부제도의 운영에 필요한 사항은 고용노동부장관이 정하여 고시한다.(2010.7.12 개정)
(2009.3.12 본조신설)

제48조【직업능력개발훈련시설 등에 대한 비용 대부】 ①고용노동부장관은 법 제30조에 따라 직업능력개발 훈련을 실시하고 있거나 실시하려는 사업주, 사업주단체, 근로자단체, 「국민 평생 직업능력 개발법」

제32조에 따라 고용노동부장관의 허가를 받아 설립한 직업능력개발훈련법인과 같은 법 제2조제3호나목에 따른 지정직업훈련시설을 설치·운영하는 자에게 직업능력개발훈련시설의 설치와 장비 구입에 필요한 비용을 예산의 범위에서 대부할 수 있다.(2022.2.17 개정)

②제1항에 따른 대부금의 이율, 대부기간 등 대부 조건은 고용노동부장관이 기획재정부장관과 협의하여 정한다. 이 경우 우선지원대상기업의 사업주나 해당 기업의 사업주단체와 제52조제1항제6호에 따른 직업능력개발사업을 실시하거나 실시하려는 사업주나 사업주단체에는 대부금의 이율을 달리 정할 수 있다.(2021.12.31 개정)

③제1항에 따른 비용의 대부한도, 대부 절차 등에 관하여 필요한 사항은 고용노동부령으로 정한다.(2010.7.12 개정)

제49조【직업능력개발훈련시설 등의 지원】 ①고용노동부장관은 법 제30조에 따라 사업주, 사업주단체나 그 연합체가 「국민 평생 직업능력 개발법」 제15조에 따른 국가기간·전략산업직종 등 고용노동부장관이 고시하는 직종의 훈련을 실시하기 위하여 단독이나 공동으로 직업능력개발훈련시설을 설치하거나 장비를 구입하는 경우 또는 같은 법 제2조제3호가목에 따라 공공직업훈련시설을 설치한 공공단체가 노후시설을 개·보수하거나 장비를 구입하는 경우 해당 시설 설치와 장비 구입에 필요한 비용의 일부를 예산의 범위에서 지원할 수 있다. 이 경우 우선지원대상기업에 속하는 사업주나 해당 기업의 사업주단체와 제52조제1항제6호에 따른 직업능력개발사업을 실시하는 사업주나 사업주단체를 우대할 수 있다.(2022.2.17 개정)

②제1항에 따른 비용의 지원한도와 절차 등에 관하여 필요한 사항은 고용노동부령으로 정한다.(2010.7.12 개정)

제50조【검정수수료 등의 지원】 삭제(2008.4.30)

제51조【자격검정 사업의 지원】 ①고용노동부장관은 법 제31조제1항제2호에 따라 다음 각 호의 어느 하나에 해당하는 사업을 실시하는 자에게 그 사업의 실시에 필요한 비용의 전부 또는 일부를 지원할 수 있다.(2010.7.12 개정)

1. 사업주가 근로자의 기술향상을 위하여 실시하는 자격검정 사업
2. 「국가기술자격법」에 따른 국가기술자격 검정기관이 피보험자의 자격취득 편의를 위하여 실시하는 사업

②제1항제1호에 따른 자격검정 사업은 다음 각 호의 모든 요건을 갖추어야 한다.

1. 사업주가 단독이나 공동으로 해당 사업 및 해당 사업과 관련된 사업의 근로자를 대상으로 실시하는 자격검정일 것
2. 자격 종목이 해당 사업에 필요한 지식 및 기능과 직접 관련될 것
3. 해당 자격을 취득한 근로자에게는 승진 · 승급 · 보수 등에서 우대할 수 있는 규정을 제정하여 시행하고 있을 것
4. 해당 자격을 취득하려고 하는 근로자에게 검정 사업과 관련하여 검정수수료 등 모든 비용을 받지 아니할 것
5. 자격검정이 영리를 목적으로 하는 것이 아닐 것
6. 그 밖에 고용노동부령으로 정하는 요건을 갖출 것(2010.7.12 개정)

③제1항에 따른 비용의 지원신청과 지원방법 등에 관하여 필요한 사항은 고용노동부령으로 정한다.(2010.7.12 개정)

제52조【직업능력개발의 촉진】 ①법 제31조제1항제3호에서 "대통령령으로 정하는 사업"이란 다음 각 호의 사업을 말한다.(2010.2.8 개정)

1. 직업능력개발사업에 관한 조사 · 연구사업
2. 직업능력개발사업을 위한 교육 · 홍보사업
3. 직업능력개발을 위한 훈련 매체의 개발 · 편찬과 보급사업
4. 사업주단체, 근로자단체나 그 연합체가 협력하여 실시하는 직업능력개발사업
5. 인적자원개발 우수기업 인증제 지원사업
6. 사업주, 사업주단체 또는 「고등교육법」 제2조에 따른 학교 등이 직업능력개발훈련을 실시하는 둘 이상의 사업주와 협약을 체결하여 그 근로자를 위하여 수행하는 직업능력개발사업(2012.1.13 개정)
7. 「국민 평생 직업능력 개발법」 제36조와 제37조에 따른 직업능력개발훈련교사 및 같은 법 시행령 제19조제1항제7호에 따른 인력개발담당자의 양성 및 능력개발을 위하여 실시하는 교육훈련사업(2022.2.17 개정)
8. 「국민 평생 직업능력 개발법」 제12조에 따라 실시하는 직업능력개발훈련(2022.2.17 개정)
9. 「국민 평생 직업능력 개발법」 제40조에 따라 기능대학에 두는 교육 · 훈련과정에 따라 실시하는 교육 · 훈련(2022.2.17 개정)

10. 우선지원대상기업의 사업주나 근로자의 핵심직무능력 향상을 위하여 실시하는 직업능력개발훈련(고용노동부장관이 정하는 우수훈련과정으로 한정한다)(2021.12.31 개정)
11. 우선지원대상기업 근로자가 직무 지식을 습득할 기회를 확대하거나 그 기업 내의 직무 지식을 원활하게 축적 · 공유할 수 있도록 하는 등의 학습조직화를 촉진하기 위하여 실시하는 직업능력개발사업(2021.12.31 개정)
12. 우선지원대상기업의 사업주나 인력개발담당자의 인적자원 개발역량을 높이기 위하여 실시하는 직업능력개발사업(2021.12.31 개정)
13. 우선지원대상기업에 대한 체계적인 현장 훈련 지원 사업(2021.12.31 개정)
14. 삭제(2010.12.31)
15. 그 밖에 직업능력개발의 촉진을 위한 사업(2009.3.12 개정)

②고용노동부장관은 제1항제6호에 따른 직업능력개발사업이 수행되는 경우 협약을 체결한 사업주들이 제42조제1항부터 제3항까지의 규정에 따라 각각 받을 수 있는 연간 직업능력개발 훈련비용 지원 한도액 중 고용노동부장관이 정하여 고시하는 비율의 금액(이하 이 항에서 "개별금액"이라 한다)의 합계액을 해당 직업능력개발사업의 수행 주체에게 직접 지원한다. 이 경우 개별금액은 협약을 체결한 사업주들이 제42조제1항부터 제3항까지의 규정에 따른 비용지원의 한도에서 각각 지원받은 것으로 본다.(2012.1.13 신설)

③제1항에 따른 비용의 지원신청과 지원방법 등에 관하여 필요한 사항은 고용노동부장관이 정한다.(2012.1.13 개정)

제53조【직업능력개발훈련사업의 위탁 실시】 ①고용노동부장관은 법 제31조제2항에 따라 직업능력개발훈련사업을 위탁하여 실시하려는 때에는 매년 위탁하려는 직업능력개발훈련사업의 계획을 세워야 한다.(2010.7.12 개정)

②제1항에 따른 직업능력개발훈련사업은 「국민 평생 직업능력 개발법」 제15조에 따른 국가기간 · 전략산업직종에 대한 직업능력개발훈련(이하 "국가기간 · 전략산업직종훈련"이라 한다)으로 본다.(2022.2.17 개정)

③국가기간 · 전략산업직종훈련은 「국민 평생 직업능력 개발법 시행령」 제12조 각 호에 따른 시설이나 기관에 위탁하여 실시한다.(2022.2.17 개

정)
④국가기간 · 전략산업직종훈련의 훈련대상, 훈련절차, 훈련비와 훈련수당의 지원 등 국가기간 · 전략산업직종훈련의 실시 등에 필요한 사항은 고용노동부령으로 정한다.(2010.12.31 개정)

第54조【건설근로자의 직업능력개발 지원】 ①고용노동부장관은 법 제32조에 따라 건설업의 사업주나 사업주단체가, 일정한 사업장에 고용되지 아니한 건설근로자로서 고용노동부장관이 정하여 고시하는 사람의 직업능력의 개발 · 향상을 위해 직업능력개발훈련을 실시하는 경우에는 해당 비용의 일부를 지원하고, 건설근로자에게 훈련기간 중 훈련수당을 지급한 경우에는 그에 관하여 필요한 비용을 지원할 수 있다.(2021.6.8 개정)
②제1항에 따른 직업능력개발 훈련비용의 지원에 관하여는 제41조제2항을 준용한다.

第55조【지방자치단체 등에 대한 지원】 ①법 제34조에서 "대통령령으로 정하는 비영리법인 · 단체"란 법률에 따라 설립되거나 국가나 지방자치단체의 허가 · 인가를 받아 설립된 비영리법인과 「비영리민간단체 지원법」에 따라 등록한 비영리단체를 말한다.
②고용노동부장관은 법 제34조에 따라 지방자치단체나 제1항에 따른 비영리법인 · 단체가 지역 내 피보험자등의 고용안정 · 고용촉진과 직업능력개발을 위한 사업을 실시하는 경우에는 예산의 범위에서 그 비용의 전부나 일부를 지원할 수 있다.(2010.7.12 개정)
③고용노동부장관은 제2항에 따라 비용을 지원하려면 대상 사업의 종류 · 내용, 지원의 요건 · 내용 · 수준 및 신청 방법 등을 미리 공고하여야 한다.(2010.7.12 개정)

第56조【부정행위에 따른 지원금 등의 지급 제한】 ①고용노동부장관은 법 제35조제1항에 따라 거짓이나 그 밖의 부정한 방법으로 제17조, 제19조, 제21조의3, 제21조의4, 제22조, 제22조의2, 제24조, 제26조, 제28조, 제28조의2, 제28조의4, 제28조의5, 제29조, 제33조, 제35조, 제35조의2, 제36조, 제37조, 제37조의2, 제38조 및 제55조에 따른 지원금 또는 장려금을 받거나 받으려는 자에게는 해당 지원금 또는 장려금 중 지급되지 않은 금액 또는 지급받으려는 지원금 또는 장려금을 지급하지 않으며, 거짓이나 그 밖의 부정한 방법으로 이미 지급받은 지원금 또는

장려금에 대해서는 반환을 명해야 한다.(2024.12.24 개정)
②법 제35조제1항에 따라 거짓이나 그 밖의 부정한 방법으로 제1항에 따른 각 지원금 또는 장려금 중 어느 하나의 지원금 또는 장려금을 받거나 받으려 한 자에 대하여 고용노동부장관은 제1항에 따른 반환명령 또는 지급 제한을 한 날부터 1년의 범위에서 새로 지원하게 되는 제1항에 따른 각 지원금 또는 장려금 중 어느 하나에 해당하는 지원금 또는 장려금에 대해서는 별표 2에 따른 기간 동안 지급을 제한한다. 다만, 그 부정한 방법의 정도, 동기 및 결과 등을 고려하여 그 지급제한 기간의 3분의1까지 감경할 수 있다.(2016.12.30 개정)
③제1항에 따른 반환(법 제35조제2항에 따른 추가징수를 포함한다. 이하 이 조에서 같다)명령을 받은 자는 그 통지를 받은 날부터 30일 이내에 통지받은 금액을 납부하여야 한다. 이 경우 납부방식은 일시 납부를 원칙으로 하되, 납부금액이 1천만원을 초과하는 경우에는 고용노동부장관이 정하는 바에 따라 나누어 낼 수 있다.(2010.12.31 개정)
④제1항 및 제3항이나 「국민 평생 직업능력 개발법」 제56조(기금으로 지원 또는 융자된 금액에 대한 반환명령으로 한정한다)에 따라 반환명령을 받은 자가 정해진 기간까지 납부 의무를 이행하지 아니한 경우에는 그 기간의 종료일부터 그 의무를 이행하는 날까지 법에 따른 지원금 또는 장려금 또는 같은 법에 따른 직업능력개발훈련 비용을 지급하지 않는다.(2022.2.17 개정)

제57조【업무의 대행】 ①법 제36조에서 "대통령령으로 정하는 자"란 다음 각 호의 자를 말한다.
1. 「한국산업인력공단법」에 따른 한국산업인력공단(이하 "한국산업인력공단"이라 한다)
2. 「국민 평생 직업능력 개발법」에 따른 기능대학(2022.2.17 개정)
3. 「국민 평생 직업능력 개발법」 제23조에 따른 직업능력개발단체(2022.2.17 개정)

②고용노동부장관은 법 제36조에 따라 업무를 대행하게 하는 경우에는 업무 수행에 드는 경비를 기금에서 지원한다.(2010.7.12 개정)

제 4 장　실업급여

제58조【실업급여 지급에 관한 결정 · 통지】 직업안정기관의 장은 실업급여의 지급 여부를 결정한 경우에는 그 청구인에게 서면으로 알려야 한다. 다만, 실업급여를 지급하기로 결정한 경우에는 제62조에 따른 보험 수급자격증에 그 사실을 적어 내줌으로써 통지를 갈음할 수 있으며, 청구인의 동의가 있는 경우에는 정보통신망을 이용하여 통지할 수 있다.(2021.6.8 개정)

제58조의2【실업급여수급계좌】 ①법 제37조의2제1항 단서에서 "대통령령으로 정하는 불가피한 사유"란 다음 각 호의 모두에 해당하는 것을 말한다.

1. 수급자격자가 제65조제8호에 해당하는 사람으로서 그 수급자격자가 금융기관을 이용할 수 없는 지역에 거주하는 사람일 것(2021.6.8 개정)
2. 제1호의 사유로 실업급여의 신청일부터 14일 이내에 수급자격자에게 금융기관을 통하여 실업급여를 지급하는 것이 불가능할 것

②직업안정기관의 장은 법 제37조의2제1항 단서에 따라 정보통신장애나 제1항의 사유로 인하여 실업급여를 법 제37조의2제1항 본문에 따른 수급자격자 명의의 지정된 계좌(이하 "실업급여수급계좌"라 한다)로 이체할 수 없을 때에는 해당 실업급여 금액을 수급자격자에게 직접 현금으로 지급할 수 있다.

③직업안정기관의 장은 제61조에 따라 수급자격 인정신청을 한 사람에게 신청인이 원하는 경우에는 해당 실업급여를 실업급여수급계좌로 받을 수 있다는 사실을 안내하여야 한다.

(2015.4.20 본조신설)

제58조의3【압류금지 실업급여 액수】 법 제38조제2항에서 "대통령령으로 정하는 액수"란 법 제37조의2제1항에 따라 실업급여수급계좌에 입금된 금액 전액을 말한다.(2017.12.26 개정)

(2015.4.20 본조신설)

제59조【급여원부의 작성】 ①직업안정기관의 장은 실업급여를 지급한 경우에는 그 급여를 받은 수급자격자별로 급여원부(給與原簿)를 작성하여야 한다.

②직업안정기관의 장은 보험과 관계있는 자가 청구하는 경우에는 급여원부를 열람시키고, 필요하다고 인정하면 증명서를 내주어야 한다.

제60조【기준기간의 연장 사유】 법 제40조제2항제1호에서 "그 밖에

대통령령으로 정하는 사유"란 다음 각 호의 사유를 말한다. 다만, 법 제2조제5호 단서에 따라 고용노동부장관이 정하는 금품을 지급받는 경우는 제외한다.(2019.9.17 개정)

1. 사업장의 휴업
2. 임신 · 출산 · 육아에 따른 휴직
3. 휴직이나 그 밖에 이와 유사한 상태로서 고용노동부장관이 정하여 고시하는 사유(2010.7.12 개정)

제60조의2【피보험 단위기간 산정】 ①법 제41조제3항에 해당하는 근로자인 피보험자의 피보험 단위기간은 다음의 계산식을 충족하면 법 제40조제1항제1호의 피보험 단위기간의 요건을 갖춘 것으로 본다.(2023.6.27 개정)

1 - 근로자로서의 피보험 단위기간(일 단위로 한다) ÷ 180일 ≦ 예술인으로서의 피보험 단위기간(월 단위로 한다) ÷ 9개월 + 노무제공자로서의 피보험 단위기간(월 단위로 한다) ÷ 12개월

②법 제41조제3항에 해당하는 근로자인 피보험자가 다음 각 호에 해당하는 경우에는 해당 호에 따라 제1항의 계산식을 산정한다.

1. 법 제40조제2항에 따른 기준기간 동안에 근로자, 예술인 및 노무제공자로 동시에 보험에 가입된 경우: 근로자로서의 피보험 단위기간에만 포함하여 산정(2023.6.27 개정)
2. 법 제40조제2항에 따른 기준기간 동안에 예술인 및 노무제공자로 동시에 보험에 가입된 경우: 예술인 또는 노무제공자의 피보험 단위기간 중 근로자인 피보험자에게 유리한 피보험 단위기간에만 포함하여 산정(2023.6.27 개정)

(2021.6.8 본조신설)

제61조【구직신청과 수급자격 인정신청】 ①법 제42조에 따라 실업을 신고하려는 사람은 전산망을 통하여 「직업안정법」 제9조에 따른 구직신청을 해야 한다.(2021.6.8 개정)

②제1항에 따라 구직신청을 한 사람은 수급자격 인정신청서를 자신의 거주지를 관할하는 직업안정기관의 장에게 제출하되, 다음 각 호의 어느 하나에 해당하는 경우에는 해당 직업안정기관의 장에게 제출할 수 있다.(2012.1.13 신설)

1. 취업을 희망하는 지역 관할 직업안정기관의 장에게 제출하려는 경

우

2. 이직 전 사업장 관할 직업안정기관의 장에게 제출하려는 경우
3. 거주지 관할 직업안정기관보다 교통이 편리하다고 인정되는 인근 지역 관할 직업안정기관의 장에게 제출하려는 경우

③제1항에 따라 실업을 신고하려는 사람이 법 제42조제3항에 따라 사업주로부터 이직확인서를 발급받은 경우에는 이를 소재지 관할 직업안정기관의 장에게 제출해야 한다.(2021.6.8 개정)

④제2항에 따라 수급자격 인정신청서를 받은 직업안정기관(이하 "신청지 관할 직업안정기관"이라 한다)의 장은 법 제44조제2항에 따라 직업안정기관에 출석하여 실업의 인정을 받아야 할 날(이하 "실업인정일"이라 한다)을 지정하여 해당 신고인에게 알려야 한다.(2011.9.15 개정)

제62조【수급자격의 인정】 ①직업안정기관의 장은 제61조에 따라 수급자격 인정신청서를 받은 경우에 그 신청인이 법 제43조제1항에 따른 구직급여의 수급자격이 인정되면 최초의 실업인정일에 보험 수급자격증(이하 "수급자격증"이라 한다)을 내주어야 한다.(2021.6.8 개정)

②직업안정기관의 장은 수급자격 인정신청서를 제출한 사람이 법 제43조제1항에 따른 구직급여의 수급자격이 인정되지 않는 경우에는 그 신청인에게 해당 사실을 알려야 한다.(2021.6.8 개정)

③수급자격자가 제1항에 따라 발급받은 수급자격증이 헐어 못쓰게 되거나 잃어버린 경우에는 신청지 관할 직업안정기관의 장에게 재발급을 신청하여야 한다.(2011.9.15 개정)

④수급자격자가 이름, 주민등록번호, 주소나 거소를 변경하거나 정정한 경우에는 신청지 관할 직업안정기관의 장에게 신고하여야 한다. 이 경우 직업안정기관의 장은 수급자격증의 관련 사항을 수정하여 반환하여야 한다.(2011.9.15 개정)

⑤제1항에 따라 수급자격증을 발급받은 사람은 수급자격 인정의 근거가 된 수급자격 인정명세서를 발급하여 줄 것을 해당 수급자격을 인정한 직업안정기관의 장에게 청구할 수 있다.(2021.6.8 개정)

제62조의2【둘 이상의 피보험자격 취득 시 수급자격의 인정】 법 제43조의2제2항 단서에서 "대통령령으로 정하는 바에 따른 소득감소"란 다음 각 호의 요건을 모두 갖춘 소득감소를 말한다.

1. 가장 나중에 상실한 피보험자격이 법 제77조의2제2항제2호 단서에

따른 단기예술인(이하 "단기예술인"이라 한다), 법 제77조의6제2항제2호 단서에 따른 단기노무제공자(이하 "단기노무제공자"라 한다) 또는 법 제77조의7제1항에 따른 노무제공플랫폼을 통해 노무를 제공하는 노무제공자에 해당할 것

2. 가장 나중에 상실한 피보험자격의 이직일 이전 1개월 동안 해당 피보험자격으로부터 발생한 소득이 법 제43조의2제1항에 따라 수급자격을 인정받으려는 사람이 선택한 피보험자격의 이직일 이전 1개월 동안 해당 피보험자격으로부터 발생한 소득의 100분의 50 미만일 것

3. 가장 나중에 상실한 피보험자격의 이직일 이전 1개월 동안 해당 피보험자격으로부터 발생한 1일 평균소득이 이직일 당시 적용되던 「최저임금법」에 따른 시간 단위에 해당하는 최저임금액에 소정근로시간 8시간을 곱한 금액에 100분의 80을 곱한 금액 이하일 것

(2023.6.27 본조신설)

제63조【실업의 인정】 ①수급자격자가 법 제44조제2항에 따라 실업의 인정을 받으려면 실업인정일에 신청지 관할 직업안정기관에 출석하여 실업인정신청서에 직전 실업인정일의 다음 날부터 해당 실업인정일까지의 재취업활동 내용을 적은 후 수급자격증을 첨부하여 제출하여야 한다.(2011.9.15 개정)

②직업안정기관의 장은 제1항에 따라 실업을 인정한 경우에는 그 사실을 수급자격증에 적어 반환하여야 한다.

③제1항에 따른 재취업활동 인정기준은 고용노동부령으로 정한다.(2010.7.12 개정)

제64조【실업인정의 특례사유】 법 제44조제2항제2호에서 "대통령령으로 정하는 사유"란 다음 각 호의 어느 하나에 해당하는 경우를 말한다.

1. 천재지변이 발생한 경우
2. 월간 구직급여 수급자격의 인정을 신청한 사람의 수를 매월 말일의 피보험자수로 나누어 얻은 비율(이하 "수급자격신청률"이라 한다)이 연속하여 2개월간 100분의 1을 초과하는 경우(2021.6.8 개정)
3. 법 제53조에 따른 특별연장급여의 지급이 결정된 경우

제65조【실업인정의 특례자】 법 제44조제2항제3호에서 "그 밖에 대통령령으로 정하는 수급자격자"란 다음 각 호의 어느 하나에 해당하는 사람을 말한다.(2021.6.8 개정)

1. 취업 또는 구인자와의 면접이나 그 밖의 부득이한 사유로 실업인정일에 직업안정기관에 출석할 수 없는 사람으로서 실업인정일의 전일까지 신청지 관할 직업안정기관에 출석하여 실업인정일의 변경을 신청한 사람(2021.6.8 개정)
2. 취업 또는 구인자와의 면접이나 그 밖의 부득이한 사유로 실업인정일 또는 그 전일까지 출석할 수 없었던 사람으로서 해당 사유가 없어진 날부터 14일 이내에 신청지 관할 직업안정기관에 출석하여 실업인정일의 변경을 신청한 사람(2021.6.8 개정)
3. 7일 이상 계속적으로 취업하여 실업인정일 또는 그 전일까지 출석할 수 없었던 사람으로서 취업일을 증명할 수 있는 서류를 첨부하여 취업한 날부터 2개월 이내에 우편, 팩스 또는 정보통신망 등을 이용하여 실업의 인정을 신청한 사람. 다만, 실업의 인정을 신청한 날 현재 법 제15조에 따른 피보험자격의 취득신고가 되어 있는 경우에는 취업일을 증명할 수 있는 서류의 첨부를 생략할 수 있다.(2021.6.8 개정)
4. 수급자격자의 착오로 실업인정일에 직업안정기관에 출석할 수 없었던 사람으로서 해당 실업인정일부터 14일 이내에 출석하여 실업인정일의 변경을 신청한 사람(해당 수급자격자의 법 제48조에 따른 수급기간 내에 한 번만 인정한다)(2021.6.8 개정)
5. 다음 각 목의 어느 하나에 해당하는 사유로 직업안정기관의 장이 실업인정일을 변경하는 것이 적당하다고 인정한 사람(2021.6.8 개정)
   가. 법 제48조에 따른 수급기간이 종료된 경우
   나. 「관공서의 공휴일에 관한 규정」에 따른 관공서의 공휴일인 경우
   다. 그 밖에 부득이한 사정이 있는 경우
6. 법 제87조제1항에 따른 심사 · 재심사 또는 소송에 의하거나 직업안정기관의 장의 직권에 따라 실업급여에 관한 처분이 취소 · 변경된 자
7. 해당 실업인정일부터 30일 이내에 취업하기로 확정된 사람(2021.6.8 개정)
8. 섬 지역(제주특별자치도 본도 및 방파제 또는 교량 등으로 육지와 연결된 섬은 제외한다)에 거주하는 사람으로서 실업인정의 특례를 신청한 사람(2021.6.8 개정)
9. 정보통신망을 통하여 직접 재취업활동 및 소득발생 여부를 신고할

수 있다고 직업안정기관의 장이 인정하는 사람(2016.12.30 개정)

10. 다음 각 목에 모두 해당하는 사람으로서 실업인정의 특례를 신청한 사람(2025.6.2 신설)
  가. 해외에서의 재취업활동을 위하여 해외 체류 예정이거나 해외 체류 중인 사유로 실업인정일 또는 그 전일까지 직업안정기관에 출석할 수 없을 것
  나. 직업안정기관의 장에게 해외에서의 재취업활동에 관한 계획을 제출하여 확인을 받을 것

제66조【증명서에 따른 실업의 인정】 ①수급자격자가 법 제44조제3항 제1호 · 제2호 또는 제4호에 따라 실업의 인정을 받으려면 그 사유가 없어진 후 14일 이내에 신청지 관할 직업안정기관에 출석하여 실업인정신청서에 수급자격증과 출석할 수 없었던 사유를 적은 증명서를 첨부하여 제출하여야 한다.(2011.9.15 개정)

②제1항의 증명서에 적을 사항과 발급자 등에 관하여 필요한 사항은 고용노동부령으로 정한다.(2010.7.12 개정)

③수급자격자가 법 제44조제3항제3호에 따라 실업의 인정을 받으려면 직접 또는 대리인을 통하여 실업인정신청서에 수급자격증과 직업훈련 등의 실시기관이 내준 증명서를 첨부하여 관할 직업안정기관의 장에게 제출하여야 한다.

제67조【수급자격자의 취업촉진을 위한 조치】 법 제44조제4항 전단에서 "재취업활동에 관한 계획의 수립 지원, 직업소개 등 대통령령으로 정하는 조치"란 수급자격자의 취업을 촉진하기 위하여 필요한 다음 각 호의 조치를 말한다.

1. 재취업활동에 관한 계획의 수립 지원
2. 실업급여 등 보험에 관한 안내와 교육
3. 직업적성검사, 직업정보제공 등 재취업을 위하여 미리 준비할 사항에 대한 심층 상담과 지도
4. 구인 · 훈련 등 고용정보의 탐색과 활용 요령, 이력서 작성과 면접 요령 등 재취업활동 방법의 지도
5. 일자리 정보제공, 직업소개, 동행면접, 채용 관련 행사의 참석 기회의 제공
6. 훈련의 필요 여부 상담, 적합한 훈련과정의 안내, 훈련 지시 등 재취

업을 촉진하기 위하여 필요한 조치

제68조【급여기초 임금일액의 상한액】 ①법 제45조제5항에 따라 구직급여의 산정 기초가 되는 임금일액이 11만3500원을 초과하는 경우에는 11만3500원을 해당 임금일액으로 한다.(2025.12.23 개정)

②고용노동부장관은 제1항에 따른 금액이 적용된 후 물가상승률과 경기변동, 임금상승률 등을 고려하여 조정이 필요하다고 판단되면 해당 금액의 변경을 고려하여야 한다.(2010.7.12 개정)

제69조【취업의 신고】 ①수급자격자는 법 제47조제1항에 따라 취업한 사실이 있는 경우에는 취업한 날 이후 최초의 실업인정일에 제출하는 실업인정신청서에 그 사실을 적어야 한다.(2019.6.25 개정)

②삭제(2019.6.25)

제70조【수급기간의 연기 사유】 법 제48조제2항에서 "그 밖에 대통령령으로 정하는 사유"란 다음 각 호의 사유를 말한다.

1. 본인의 질병이나 부상(법 제63조에 따라 상병급여를 받은 경우의 질병이나 부상은 제외한다)
2. 배우자의 질병이나 부상
3. 본인과 배우자의 직계존속 및 직계비속의 질병이나 부상
4. 배우자의 국외발령 등에 따른 동거 목적의 거소 이전(2011.9.15 신설)
5. 「병역법」에 따른 의무복무(2011.9.15 개정)
6. 범죄혐의로 인한 구속이나 형의 집행(법 제58조제1호가목에 따라 수급자격이 없는 자는 제외한다)(2011.9.15 개정)
7. 제1호부터 제6호까지의 규정에 준하는 경우로서 고용노동부령으로 정하는 사유(2011.9.15 개정)

제71조【수급기간의 연기 신청】 ①법 제48조제2항에 따라 취업할 수 없는 사실을 신고하려는 사람은 직접 또는 대리인을 통하여 수급기간 내에 수급기간 연기신청서에 수급자격증(수급자격증을 발급받은 경우로 한정한다)을 첨부하여 신청지 관할 직업안정기관의 장에게 제출해야 한다. 다만, 천재지변, 「병역법」에 따른 병역의무 이행, 그 밖의 부득이한 사유가 있는 경우에는 그 사유가 없어진 날부터 30일 이내에 제출해야 한다.(2021.6.8 개정)

②제1항에도 불구하고 「산업재해보상보험법」 제40조에 따라 요양급여

를 받는 경우에는 해당 최초 요양일에 법 제48조제2항에 따른 신고를 한 것으로 본다.(2008.6.25 개정)

③직업안정기관의 장은 제1항에 따른 신고가 수급기간의 연기사유에 해당한다고 인정하면 수급기간 연기통지서를 신고자에게 내주고, 수급자격증에 필요한 사항을 적은 후 반환하여야 한다.(2012.1.13 개정)

④제3항에 따라 수급기간 연기 통지를 받은 사람이 그 수급기간 연장사유가 없어지거나 수급기간 연기신청서에 적은 내용 중 고용노동부령으로 정하는 사항의 변경이 있는 경우에는 지체 없이 해당 사실을 신청지 관할 직업안정기관의 장에게 신고하고 수급기간 연기통지서와 수급자격증을 제출해야 한다.(2021.6.8 개정)

⑤직업안정기관의 장은 제4항에 따른 신고를 받은 경우에는 수급기간 연기통지서와 수급자격증에 해당 사항을 적어 반환하여야 한다.(2012.1.13 개정)

제71조의2【대기기간】 법 제49조제2항에서 "대통령령으로 정하는 기간"이란 2주를 말한다.
(2023.6.27 본조신설)

제72조【훈련연장급여 지급】 법 제51조제2항 후단에서 "대통령령으로 정하는 기간"이란 2년을 말한다.

제73조【개별연장급여의 지급 등】 ①법 제52조제1항에서 "대통령령으로 정하는 사람"이란 다음 각 호의 요건을 모두 갖춘 수급자격자를 말한다.(2021.6.8 개정)

1. 법 제42조제1항에 따른 실업신고일부터 구직급여의 지급이 끝날 때까지 직업안정기관의 장의 직업소개(직업안정기관의 장이 실시하는 심층상담이나 집단상담에 참여한 경우를 포함한다)에 3회 이상 응하였으나 취업되지 않은 사람으로서 다음 각 목의 어느 하나에 해당하는 부양가족이 있는 사람(2021.6.8 개정)
   가. 18세 미만이나 65세 이상인 사람(2021.6.8 개정)
   나. 「장애인고용촉진 및 직업재활법」에 따른 장애인
   다. 1개월 이상의 요양이 요구되는 환자
   라. 소득이 없는 배우자(2010.2.8 신설)
   마. 학업 중인 사람으로서 고용노동부장관이 정하여 고시하는 사람 (2010.7.12 개정)

2. 삭제(2010.2.8)
3. 급여기초 임금일액과 본인과 배우자의 재산합계액이 각각 고용노동부장관이 정하여 고시한 기준 이하인 사람(2021.6.8 개정)

②법 제52조제2항에 따라 개별연장급여 지급일수는 최대한 60일로 하되, 일정 기간 동안 실업급여를 반복하여 수급한 정도를 고려하여 고용노동부장관이 정하는 기준에 따라 그 지급기간을 60일 미만으로 정할 수 있다.(2010.12.31 개정)

③수급자격자가 법 제52조에 따른 개별연장급여를 지급받으려는 경우에는 구직급여일수 종료일까지 개별연장급여 신청서를 신청지 관할 직업안정기관의 장에게 제출하여야 한다.(2024.12.24 개정)

④제1항에 따른 개별연장급여의 지급에 필요한 사항은 고용노동부령으로 정한다.(2010.7.12 개정)

제74조【특별연장급여 지급】 법 제53조제1항 본문에서 "대통령령으로 정하는 사유"란 다음 각 호의 어느 하나에 해당하는 경우를 말한다. 다만, 제1호부터 제3호까지의 경우는 그와 같은 상황이 계속될 것으로 예상되는 경우로 한정한다.(2009.3.12 개정)

1. 매월의 구직급여 지급을 받은 사람의 수(법 제51조부터 제53조까지의 규정에 따라 훈련연장급여, 개별연장급여 또는 특별연장급여를 지급받는 사람의 수는 제외한다)를 해당 월의 말일의 피보험자수로 나누어 얻은 비율이 연속하여 3개월 동안 각각 100분의 3을 초과하는 경우(2021.6.8 개정)
2. 매월의 수급자격신청률이 연속하여 3개월 동안 100분의 1을 초과하는 경우
3. 매월의 실업률이 연속하여 3개월 동안 100분의 6을 초과하는 경우
4. 실업의 급증 등에 따른 고용사정의 급격한 악화로 고용정책심의회에서 법 제53조에 따른 특별연장급여의 지급이 필요하다고 의결한 경우(2009.3.12 신설)

제74조의2【국민연금 보험료의 지원 절차 등】 ①「국민연금법」 제24조에 따른 국민연금공단(이하 "국민연금공단"이라 한다)은 같은 법 제19조의2제1항에 따라 구직급여를 받는 기간을 국민연금 가입기간으로 추가 산입한 경우에는 법 제55조의2제1항 및 「국민연금법」 제19조의2제3항 후단에 따라 기금에서 지원하는 금액(같은 항 전단에 따른 연금

보험료에 같은 법 시행령 제25조의5제2항에 따른 기금의 부담비율을 곱한 금액을 말한다)을 산정하여 이를 고용노동부장관에게 통보해야 한다.(2021.6.8 개정)
②고용노동부장관은 제1항에 따른 통보를 받으면 해당 금액을 국민연금공단에 교부하여야 한다.
③고용노동부장관은 제2항에 따라 교부한 금액이 적절하게 사용되었는지를 확인하기 위하여 국민연금공단에 필요한 자료의 제공을 요청할 수 있다. 이 경우 국민연금공단은 특별한 사유가 없으면 이에 따라야 한다.
(2016.7.19 본조신설)

제75조【구직급여의 지급절차】 ①수급자격자는 신청지 관할 직업안정기관에 출석하는 최초의 실업인정일에 구직급여를 받기를 원하는 금융기관과 계좌(법 제37조의2제1항 본문에 따라 구직급여를 실업급여수급계좌로 받으려는 경우에는 실업급여수급계좌를 말한다. 이하 이 조에서 같다)를 지정하여 신고하여야 한다. 신고한 금융기관 또는 계좌를 변경하려는 경우에도 또한 같다.(2015.4.20 개정)
②구직급여는 수급자격자가 지정한 금융기관의 계좌에 입금하는 방법으로 지급한다.

제76조【지급되지 않은 구직급여의 청구】 ①법 제57조제1항에 따라 지급되지 않은 구직급여의 지급을 청구하려는 사람(이하 "미지급급여청구자"라 한다)은 미지급 실업급여 청구서를 사망한 수급자격자의 신청지 관할 직업안정기관의 장에게 제출해야 한다.(2021.6.8 개정)
②법 제57조제2항에 따라 미지급급여청구자가 사망한 수급자격자의 실업의 인정을 받으려면 사망한 수급자격자의 신청지 관할 직업안정기관에 출석하여 미지급 실업급여 청구서를 제출하고 해당 수급자격자에 대한 실업의 인정을 받아야 한다.(2021.6.8 개정)
③미지급급여청구자가 제1항에 따라 미지급 실업급여 청구서를 제출할 때에는 사망한 수급자격자가 구직급여를 받기 위해 필요한 신고나 서류 제출을 해야 한다.(2021.6.8 개정)

제77조【준용】 미지급급여청구자에 대한 구직급여의 지급절차에 관하여는 제75조를 준용한다. 이 경우 "사망자의 거주지를 관할하는 직업안정기관"은 "사망한 수급자격자의 신청지 관할 직업안정기관"으로

보고, "수급자격자"는 "미지급급여청구자"로 본다.(2021.6.8 개정)

제78조【고액 금품의 범위 등】 삭제(2015.6.30)

제79조【구직급여의 지급정지 절차】 ①직업안정기관의 장은 다음 각 호의 어느 하나에 해당하는 사람에게는 구직급여의 지급이 정지될 수 있음을 고용노동부령으로 정하는 바에 따라 사전에 알려야 한다.(2021.6.8 개정)

1. 법 제60조제1항에 따라 직업안정기관의 장이 소개하는 직업에 취직하는 것을 거부하는 수급자격자
2. 법 제60조제1항에 따라 직업안정기관의 장이 지시한 직업능력개발훈련 등을 거부하는 수급자격자
3. 법 제60조제2항에 따라 직업안정기관의 장이 실시하는 재취업 촉진을 위한 직업 지도를 거부하는 수급자격자

②직업안정기관의 장은 제1항에 따른 고지에도 불구하고 법 제60조제1항 및 제2항에 따른 취직, 직업능력개발훈련 등을 두 번 이상 거부하는 경우에는 구직급여의 지급을 정지하여야 한다.

③직업안정기관의 장은 제2항에 따라 구직급여의 지급을 정지할 때에는 다음번 실업인정일의 전일까지 지급정지의 사유 · 기간 등을 수급자격자에게 알려야 하며, 그 지급정지기간에 대하여는 실업을 인정하지 아니한다.

제80조【구직급여의 지급 제한이 완화되는 부정행위】 법 제61조제2항 본문에서 "대통령령으로 정하는 사유"란 수급자격자에 대한 다음 각 호의 어느 하나에 해당하는 사유를 말한다.

1. 실업을 인정받으려는 기간(이하 "실업인정대상기간"이라 한다) 중에 근로를 제공한 사실을 실업인정을 신청할 때 신고하지 않거나 사실과 다르게 신고한 경우(2020.12.8 개정)
2. 실업인정을 신청할 때 실업인정대상기간 중의 재취업 활동 내용을 사실과 다르게 신고한 경우(2020.12.8 개정)

제80조의2【새로운 수급자격에 따른 구직급여의 지급 제한】 법 제61조제5항에 따라 새로운 수급자격에 따른 구직급여를 지급하지 않는 기간은 다음 각 호의 구분에 따른다.

1. 구직급여를 받지 못한 횟수가 3회인 경우: 1년
2. 구직급여를 받지 못한 횟수가 4회인 경우: 2년

3. 구직급여를 받지 못한 횟수가 5회 이상인 경우: 3년
(2020.8.27 본조신설)

제81조【구직급여의 반환 등】 ①직업안정기관의 장은 다음 각 호의 어느 하나에 해당하는 조치를 했을 때에는 지체 없이 이를 해당 수급자격자 또는 수급자격자였던 사람(법 제62조제3항에 따른 사업주를 포함한다)에게 알려야 한다.(2020.8.27 개정)
1. 법 제61조에 따른 구직급여의 지급 제한
2. 법 제62조제1항 · 제3항 및 제4항에 따른 구직급여의 반환 명령
3. 법 제62조제2항 및 제3항에 따른 추가 징수
4. 법 제62조제5항에 따른 지급받을 구직급여의 반환금 · 추가징수금에의 충당

②제1항제2호 및 제3호에 해당하는 조치를 받은 자는 제1항에 따른 통보를 받은 날부터 30일 이내에 해당 금액을 내야 한다. 다만, 낼 금액이 고용노동부장관이 정하는 금액 이상인 경우에는 본인이 신청하면 분할 납부하게 할 수 있다.(2020.8.27 개정)
③직업안정기관의 장은 법 제62조제1항 및 제2항에 따른 반환금과 추가징수금을 납부해야 하는 사람에게 법 제44조에 따라 지급받을 구직급여가 있는 경우 법 제62조제5항에 따라 해당 구직급여의 10분의 1에 해당하는 금액을 해당 반환금 · 추가징수금에 충당한다. 다만, 해당 반환금 · 추가징수금을 납부해야 하는 사람이 본문에 따른 금액 이상을 충당하기로 서면 동의하면 그 동의한 금액을 충당할 수 있다.(2020.8.27 신설)
④직업안정기관의 장은 법 제62조제4항에 따른 반환금을 납부해야 하는 사람에게 법 제44조에 따라 지급받을 구직급여가 있는 경우 법 제62조제5항에 따라 해당 구직급여의 전부 또는 일부를 반환금에 충당하기로 서면 동의하면 그 동의한 금액을 충당할 수 있다.(2020.8.27 신설)
⑤제2항 단서에 따른 분할 납부의 절차, 납부기한 등은 고용노동부장관이 정한다.(2020.8.27 개정)

제82조【상병급여의 지급 청구와 지급 제외】 ①수급자격자는 법 제63조제1항에 따라 상병급여(傷病給與)의 지급을 청구하려는 경우 직접 또는 대리인을 통하여 그 취업할 수 없는 사유가 없어진 날부터 14일(법 제48조에 따른 수급기간이 그 취업할 수 없는 기간 내에 끝난

경우에는 수급기간 종료 후 30일) 이내에 신청지 관할 직업안정기관의 장에게 상병급여 청구서에 질병 또는 부상이나 출산에 관한 증명서를 첨부하여 제출하여야 한다. 다만, 천재지변이나 그 밖의 부득이한 사유가 있는 경우에는 그 사유가 없어진 날부터 7일 이내에 제출하여야 한다.(2024.6.25 개정)

②법 제63조제4항에서 "대통령령으로 정하는 보상 또는 급여"란 다음 각 호의 보상과 급여를 말한다.

1. 「국가배상법」 제3조제2항제2호에 따른 휴업배상
2. 「의사상자 등 예우 및 지원에 관한 법률」 제8조에 따른 보상금

제83조【준용】 상병급여에 관하여는 제69조, 제75조부터 제80조까지, 제80조의2 및 제81조를 준용한다. 이 경우 제69조 중 "실업인정신청서"는 "상병급여 청구서"로, 제75조부터 제80조까지, 제80조의2 및 제81조 중 "구직급여"는 "상병급여"로 본다.(2020.12.8 개정)

고용보험

제84조【조기재취업 수당의 지급기준】 ①법 제64조제1항에서 "대통령령으로 정하는 기준"이란 법 제42조에 따른 실업의 신고일부터 14일이 지난 후 재취업한 수급자격자가 재취업한 날의 전날을 기준으로 법 제50조에 따른 소정급여일수를 2분의 1 이상 남기고 재취업한 경우로서 다음 각 호의 어느 하나에 해당하는 경우를 말한다.(2023.12.26 개정)

1. 12개월 이상 계속하여 고용된 경우이거나 이직일 당시 65세 이상인 사람(65세 전부터 65세가 될 때까지 피보험자격을 유지한 사람만 해당한다. 이하 이 조 및 제86조에서 같다)으로서 6개월 이상 계속하여 고용될 것으로 고용노동부장관이 정하는 바에 따라 직업안정기관의 장이 인정하는 경우. 다만, 수급자격자가 다음 각 목의 어느 하나에 해당하는 경우는 제외한다.(2023.12.26 개정)
   가. 최후에 이직한 사업의 사업주나 그와 관련된 사업주로서 고용노동부령으로 정하는 사업주에게 재고용된 경우
   나. 법 제42조에 따른 실업의 신고일 이전에 채용을 약속한 사업주에게 고용된 경우
   다. 「국가공무원법」 또는 「지방공무원법」에 따른 공무원으로 채용된 경우. 다만, 가입대상 공무원으로 채용된 경우는 제외한다.
   라. 조기재취업 수당 제도의 취지 및 근로자 평균 근로소득 등을 고

려하여 고용노동부장관이 정하여 고시하는 임금액 이상을 받는 경우

마. 「병역법」 제2조제1항제9호, 제16호 또는 제17호에 따른 승선근무예비역, 전문연구요원 또는 산업기능요원으로 근무 또는 복무하는 경우(2025.6.2 신설)

2. 12개월 이상 계속하여 사업을 영위한 경우이거나 이직일 당시 65세 이상인 사람으로서 6개월 이상 계속하여 사업을 영위할 것으로 고용노동부장관이 정하는 바에 따라 직업안정기관의 장이 인정하는 경우(2025.6.2 개정)

②법 제64조제2항에서 "대통령령으로 정하는 기간"이란 2년을 말한다.

제85조【조기재취업 수당의 금액】 ①법 제64조제3항에 따른 조기재취업 수당의 금액은 구직급여일액에 미지급일수의 2분의 1을 곱한 금액으로 한다.

②삭제(2013.12.24)

(2010.2.8 본조개정)

제86조【조기재취업 수당의 청구 등】 ①수급자격자가 법 제64조에 따른 조기재취업 수당을 지급받으려면 조기재취업 수당청구서에 고용노동부령으로 정하는 서류를 첨부하여 신청시 관할 직업안정기관의 장에게 제출하여야 한다.(2012.1.13 개정)

②제1항에 따른 조기재취업 수당청구서는 법 제64조제1항에 따라 안정된 직업에 재취직하거나 스스로 영리를 목적으로 사업을 시작한 날부터 12개월 이후에 제출해야 한다. 다만, 이직일 당시 65세 이상인 사람은 재취직하거나 사업을 시작한 날부터 조기재취업 수당청구서를 제출할 수 있다.(2023.12.26 개정)

③조기재취업 수당의 지급절차에 관하여는 제75조를 준용한다.

제87조【재취업촉진 활동 장려금】 ①고용노동부장관은 법 제64조제5항에 따라 직업안정기관의 직원이 제67조에 따른 조치를 하여 해당 수급자가 소정급여일수를 남기고 안정된 직업에 재취업한 경우에는 해당 실적을 평가하여 예산의 범위에서 재취업촉진 활동 장려금을 지급할 수 있다.(2010.7.12 개정)

②제1항에 따른 재취업촉진 활동 장려금을 지급하기 위한 실적평가, 지급대상자 선정, 지급방법과 금액 등에 관하여 필요한 사항은 고용노동

부장관이 정한다.(2010.7.12 개정)

제88조【직업능력개발 수당】 ①법 제65조제3항에 따른 직업능력개발 수당은 수급자격자가 직업안정기관의 장이 지시한 직업훈련 등을 받은 날로서 구직급여의 지급대상이 되는 날에 대하여 지급한다.

②제1항에 따른 직업능력개발 수당의 금액은 교통비, 식대 등 직업훈련 등의 수강에 필요한 비용을 고려하여 고용노동부장관이 결정하여 고시하는 금액으로 한다.(2010.7.12 개정)

③직업능력개발 수당은 해당 수급자격자에 대한 구직급여의 지급일에 지급한다. 이 경우 직업능력개발 수당의 지급절차에 관하여는 제75조를 준용한다.

④직업능력개발 수당의 청구절차는 고용노동부령으로 정한다.(2010.7.12 개정)

제89조【광역 구직활동비】 ①법 제66조제1항에 따른 광역 구직활동비는 수급자격자가 다음 각 호의 요건을 모두 갖춘 경우에 지급한다.

1. 구직활동에 드는 비용이 구직활동을 위하여 방문하는 사업장의 사업주로부터 지급되지 아니하거나 지급되더라도 그 금액이 광역 구직활동비의 금액에 미달할 것
2. 수급자격자의 거주지로부터 구직활동을 위하여 방문하는 사업장까지의 거리가 고용노동부령으로 정하는 거리 이상일 것. 이 경우 거리는 거주지로부터 사업장까지의 통상적인 거리에 따라 계산하되, 수로(水路)의 거리는 실제 거리의 2배로 본다.(2010.7.12 개정)

②광역 구직활동비의 청구절차는 고용노동부령으로 정한다. 이 경우 광역 구직활동비의 지급절차에 관하여는 제75조를 준용한다.(2010.7.12 개정)

제90조【이주비】 ①법 제67조제1항에 따른 이주비는 수급자격자가 다음 각 호의 요건을 모두 갖춘 경우에 지급한다.

1. 취업하거나 직업훈련 등을 받게 된 경우로서 고용노동부장관이 정하는 기준에 따라 신청지 관할 직업안정기관의 장이 주거의 변경이 필요하다고 인정할 것(2011.9.15 개정)
2. 해당 수급자격자를 고용하는 사업주로부터 주거의 이전에 드는 비용이 지급되지 아니하거나 지급되더라도 그 금액이 이주비에 미달할 것

3. 취업을 위한 이주인 경우 1년 이상의 근로계약기간을 정하여 취업할 것

②이주비의 청구절차는 고용노동부령으로 정한다. 이 경우 이주비의 지급절차에 관하여는 제75조를 준용한다.(2010.7.12 개정)

제91조【취업촉진 수당의 지급 제한이 완화되는 부정행위】 법 제68조제2항 본문에서 "제47조제1항에 따른 신고의무의 불이행 또는 거짓의 신고 등 대통령령으로 정하는 사유"란 제80조 각 호의 어느 하나에 해당하는 경우를 말한다.(2021.6.8 개정)

제92조【준용】 법 제64조부터 법 제67조까지의 규정에 따른 취업촉진 수당에 관하여는 제76조제1항 · 제3항 및 제81조를 준용한다. 이 경우 "구직급여"는 "취업촉진 수당"으로, "수급자격자"는 "취업촉진 수당을 지급받을 수 있는 사람"으로, "구직급여액"은 "취업촉진 수당액"으로 본다.(2021.6.8 개정)

제93조【사무의 위탁】 직업안정기관의 장은 수급자격자의 신청에 따라 필요하다고 인정하면 그 자에게 행하는 실업급여에 관한 사무를 다른 직업안정기관의 장에게 위탁할 수 있다.

제93조의2【준용】 자영업자인 피보험자의 실업급여에 관하여는 제58조, 제58조의2, 제58조의3, 제59조, 제61조(제3항은 제외한다), 제62조, 제62조의2, 제63조부터 제67조까지, 제69조부터 제71조까지, 제71조의2, 제75조부터 제77조까지, 제79조부터 제83조까지, 제88조부터 제92조까지의 규정을 각각 준용한다.(2023.6.27 개정)
(2012.1.13 본조신설)

제5장 육아휴직 급여 등

제94조【육아휴직 급여 신청기간의 연장 사유】 법 제70조제2항 단서에서 "대통령령으로 정하는 사유"란 다음 각 호의 어느 하나에 해당하는 사유를 말한다.(2012.1.13 개정)

1. 천재지변
2. 본인이나 배우자의 질병 · 부상
3. 본인이나 배우자의 직계존속 및 직계비속의 질병 · 부상
4. 「병역법」에 따른 의무복무

5. 범죄혐의로 인한 구속이나 형의 집행

제95조 【육아휴직 급여】 ①법 제70조제1항에 따른 육아휴직 급여는 다음 각 호의 구분에 따른 금액을 월별 지급액으로 한다.(2024.12.24 개정)

1. 육아휴직 시작일부터 3개월까지: 육아휴직 시작일을 기준으로 한 월 통상임금에 해당하는 금액. 다만, 해당 금액이 250만원을 넘는 경우에는 250만원으로 하고, 해당 금액이 70만원보다 적은 경우에는 70만원으로 한다.
2. 육아휴직 4개월째부터 6개월째까지: 육아휴직 시작일을 기준으로 한 월 통상임금에 해당하는 금액. 다만, 해당 금액이 200만원을 넘는 경우에는 200만원으로 하고, 해당 금액이 70만원보다 적은 경우에는 70만원으로 한다.
3. 육아휴직 7개월째부터 종료일까지: 육아휴직 시작일을 기준으로 한 월 통상임금의 100분의 80에 해당하는 금액. 다만, 해당 금액이 160만원을 넘는 경우에는 160만원으로 하고, 해당 금액이 70만원보다 적은 경우에는 70만원으로 한다.

②「남녀고용평등과 일·가정 양립 지원에 관한 법률」 제19조의4제1항에 따라 육아휴직을 분할하여 사용하는 경우에는 각각의 육아휴직 사용기간을 합산한 기간을 제1항에 따른 육아휴직 급여의 지급대상 기간으로 본다.(2020.3.31 개정)

③육아휴직 급여의 지급대상 기간이 1개월을 채우지 못하는 경우에는 제1항에 따른 월별 지급액을 해당 월에 휴직한 일수에 비례하여 계산한 금액을 지급액으로 한다.(2021.12.31 개정)

④삭제(2024.12.24)

(2010.12.31 본조개정)

제95조의2 【두 번째 육아휴직자에 대한 육아휴직 급여에 관한 한시적 특례】 ①2022년 12월 31일까지 같은 자녀에 대하여 피보험자인 부모가 순차적으로 육아휴직을 하는 경우 두 번째 육아휴직을 한 피보험자에게 지급하는 육아휴직 급여의 월별 지급액은 제95조제1항 각 호의 구분에 따라 산정한 금액으로 한다.(2025.8.5 개정)

1. 삭제(2025.8.5)
2. 삭제(2025.8.5)

②제1항에도 불구하고 같은 자녀에 대하여 부모의 육아휴직 기간이 겹

치는 경우에는 그 기간 동안의 육아휴직 급여에 대해서는 제95조제1항을 적용한다.

③제1항 및 제2항을 적용할 때 임신 중인 여성 근로자가 임신을 이유로 육아휴직을 하는 경우에는 임신 중인 태아를 자녀로 보고, 임신 중인 여성 근로자와 그 배우자를 부모로 본다.

④삭제(2024.12.24)

(2021.12.31 본조개정)

제95조의3【출생 후 18개월 이내의 자녀에 대한 육아휴직 급여 등의 특례】 ①제95조제1항 및 제95조의2제1항 · 제2항에도 불구하고 같은 자녀에 대하여 자녀의 출생 후 18개월이 될 때까지 피보험자인 부모가 모두 육아휴직을 하는 경우(부모의 육아휴직기간이 전부 또는 일부 겹치지 않은 경우를 포함한다) 그 부모인 피보험자의 육아휴직 급여의 월별 지급액은 다음 각 호의 구분에 따라 산정한 금액으로 한다.(2023.12.26 개정)

1. 육아휴직 시작일부터 6개월까지: 육아휴직 시작일을 기준으로 한 각 피보험자의 월 통상임금에 해당하는 금액. 이 경우 그 월별 지급액의 상한액은 다음 각 목의 구분에 따르며, 그 월별 지급액의 하한액은 부모 각각에 대하여 70만원으로 한다.(2023.12.26 개정)
   가. 부모가 육아휴직을 사용한 기간이 각각 1개월인 경우: 부모 각각에 대하여 월 250만원(2024.12.24 개정)
   나. 부모가 육아휴직을 사용한 기간이 각각 2개월인 경우: 부모 각각에 대하여 첫 번째 달과 두 번째 달 모두 월 250만원(2024.12.24 개정)
   다. 부모가 육아휴직을 사용한 기간이 각각 3개월인 경우: 부모 각각에 대하여 첫 번째 달과 두 번째 달은 월 250만원, 세 번째 달은 월 300만원(2024.12.24 개정)
   라. 부모가 육아휴직을 사용한 기간이 각각 4개월인 경우: 부모 각각에 대하여 첫 번째 달과 두 번째 달은 월 250만원, 세 번째 달은 월 300만원, 네 번째 달은 월 350만원(2024.12.24 개정)
   마. 부모가 육아휴직을 사용한 기간이 각각 5개월인 경우: 부모 각각에 대하여 첫 번째 달과 두 번째 달은 월 250만원, 세 번째 달은 월 300만원, 네 번째 달은 월 350만원, 다섯 번째 달은 월 400만

원(2024.12.24 개정)

바. 부모가 육아휴직을 사용한 기간이 각각 6개월인 경우: 부모 각각에 대하여 첫 번째 달과 두 번째 달은 월 250만원, 세 번째 달은 월 300만원, 네 번째 달은 월 350만원, 다섯 번째 달은 월 400만원, 여섯 번째 달은 월 450만원(2024.12.24 개정)

2. 육아휴직 7개월째부터 육아휴직 종료일까지: 육아휴직 시작일을 기준으로 한 각 피보험자의 월 통상임금의 100분의 80에 해당하는 금액. 다만, 해당 금액이 160만원을 넘는 경우에는 부모 각각에 대하여 160만원으로 하고, 해당 금액이 70만원보다 적은 경우에는 부모 각각에 대하여 70만원으로 한다.(2024.12.24 개정)

②제1항을 적용할 때 임신 중인 여성 근로자가 임신을 이유로 육아휴직을 하는 경우에는 임신 중인 태아를 자녀로 보고, 임신 중인 여성 근로자와 그 배우자를 부모로 본다.

③제95조제1항에도 불구하고 「한부모가족지원법」 제4조제1호의 모 또는 부에 해당하는 피보험자가 육아휴직을 하는 경우 그 육아휴직 급여의 월별 지급액은 다음 각 호의 구분에 따른다.(2024.12.24 개정)

1. 육아휴직 시작일부터 3개월까지: 육아휴직 시작일을 기준으로 한 월 통상임금에 해당하는 금액. 다만, 해당 금액이 300만원을 넘는 경우에는 300만원으로 하고, 해당 금액이 70만원보다 적은 경우에는 70만원으로 한다.(2024.12.24 개정)
2. 육아휴직 4개월째부터 6개월째까지: 육아휴직 시작일을 기준으로 한 월 통상임금에 해당하는 금액. 다만, 해당 금액이 200만원을 넘는 경우에는 200만원으로 하고, 해당 금액이 70만원보다 적은 경우에는 70만원으로 한다.(2024.12.24 개정)
3. 육아휴직 7개월째부터 종료일까지: 육아휴직 시작일을 기준으로 한 월 통상임금의 100분의 80에 해당하는 금액. 다만, 해당 금액이 160만원을 넘는 경우에는 160만원으로 하고, 해당 금액이 70만원보다 적은 경우에는 70만원으로 한다.(2024.12.24 개정)

④삭제(2024.12.24)

(2021.12.31 본조신설)

제96조【육아휴직 급여기간 중 취업의 신고 등】 피보험자는 법 제70조제3항에 따라 이직 또는 취업을 한 날 이후 최초로 제출하는 육아

휴직 급여 신청서에 이직 또는 취업을 한 사실을 적어야 한다.(2019.6.25 개정)

제97조【준용】 법 제70조제1항에 따라 지급된 육아휴직 급여의 지급 제한 또는 반환명령 등에 관하여는 제81조를 준용한다. 이 경우 "구직급여"는 "육아휴직 급여"로 본다.

제98조【육아휴직 급여의 감액】 고용노동부장관은 법 제73조제3항에 따라 피보험자가 「남녀고용평등과 일 · 가정 양립 지원에 관한 법률」 제19조에 따른 육아휴직 기간 중 사업주로부터 육아휴직을 이유로 금품을 지급받은 경우로서 매월 단위로 육아휴직 기간 중 지급받은 금품과 제95조, 제95조의2 및 제95조의3에 따른 육아휴직 급여를 합한 금액이 육아휴직 시작일을 기준으로 한 월 통상임금을 초과한 경우에는 그 초과하는 금액을 육아휴직 급여에서 빼고 지급한다.
(2024.12.24 본조개정)

제99조【육아휴직 급여의 사무의 위탁】 직업안정기관의 장은 피보험자의 신청에 따라 필요하다고 인정하면 그 자에게 행하는 육아휴직 급여에 관한 사무를 다른 직업안정기관의 장에게 위탁하여 처리할 수 있다.

제100조【출산전후휴가 급여등 신청기간의 연장 사유】 법 제75조제2호 난서에 따른 출산전후휴가 급여, 유산 · 사산 휴가 급여, 배우자 출산휴가 급여 또는 난임치료휴가 급여(이하 "출산전후휴가 급여등"이라 한다) 신청기간의 연장 사유에 관하여는 제94조를 준용한다.(2025.2.18 개정)

제101조【출산전후휴가 급여등의 상 · 하한액】 법 제76조제2항에 따라 피보험자에게 지급하는 출산전후휴가 급여등의 상한액과 하한액은 다음 각 호와 같다.(2012.7.10 개정)

1. 상한액: 다음 각 목의 사항을 고려하여 매년 고용노동부장관이 고시하는 금액(2016.12.30 개정)
   가. 출산전후휴가 급여등 수급자들의 평균적인 통상임금 수준 (2019.9.17 개정)
   나. 물가상승률
   다. 「최저임금법」에 따른 최저임금
   라. 그 밖에 고용노동부장관이 필요하다고 인정하는 사항

2. 하한액: 출산전후휴가, 유산 · 사산 휴가, 「남녀고용평등과 일 · 가정 양립 지원에 관한 법률」 제18조의2에 따른 배우자 출산휴가(이하 "배우자 출산휴가"라 한다) 또는 같은 법 제18조의3에 따른 난임치료휴가(이하 "난임치료휴가"라 한다)의 시작일 당시 적용되던 「최저임금법」에 따른 시간 단위에 해당하는 최저임금액(이하 "시간급 최저임금액"이라 한다)보다 그 근로자의 시간급 통상임금이 낮은 경우에는 시간급 최저임금액을 시간급 통상임금으로 하여 산정된 출산전후휴가 급여등의 지원기간 중 통상임금에 상당하는 금액(2025.2.18 개정)

제102조【준용】 법 제75조에 따른 출산전후휴가 기간(법 제76조의2에 따른 근로계약 종료일 다음 날부터 해당 출산전후휴가 종료일까지의 기간을 포함한다) 또는 유산 · 사산휴가 기간(법 제76조의2에 따른 근로계약 종료일 다음 날부터 해당 유산 · 사산휴가 종료일까지의 기간을 포함한다) 중의 취업의 신고 등에 관하여는 제96조를 준용한다. 이 경우 "육아휴직 급여 신청서"는 "출산전후휴가 급여등 신청서 또는 출산전후휴가 급여등에 상당하는 금액 신청서"로 본다.
(2023.6.27 본조개정)

제103조【준용】 법 제75조에 따라 지급된 출산전후휴가 급여등 또는 법 제76조의2제1항에 따라 지급된 출산전후휴가 급여등에 상당하는 금액의 지급 제한, 반환명령 등에 관하여는 제81조를 준용한다. 이 경우 "구직급여"는 "출산전후휴가 급여등 또는 출산전후휴가 급여등에 상당하는 금액"으로 본다.(2023.6.27 개정)

제104조【출산전후휴가 급여등의 감액】 고용노동부장관은 법 제77조제1항에 따라 준용되는 법 제73조제3항에 따라 피보험자가 출산전후휴가 기간, 유산 · 사산 휴가 기간, 배우자 출산휴가 기간 또는 난임치료휴가 기간 중 사업주로부터 통상임금에 해당하는 금품을 지급받은 경우로서 사업주로부터 받은 금품과 법 제75조에 따른 출산전후휴가 급여등을 합한 금액이 휴가 시작일을 기준으로 한 통상임금을 초과한 경우 그 초과하는 금액을 출산전후휴가 급여등에서 빼고 지급한다. 다만, 휴가기간 중에 통상임금이 인상된 피보험자에게 사업주가 인상된 통상임금과 출산전후휴가 급여등의 차액을 지급했을 때에는 그렇지 않다.(2025.2.18 개정)

제104조의2【육아기 근로시간 단축 급여】 ①법 제73조의2제2항 단

서에 따른 육아기 근로시간 단축 급여 신청기간의 연장 사유에 관하여는 제94조를 준용한다. 이 경우 "육아휴직급여"는 "육아기 근로시간 단축 급여"로 본다.
②법 제73조의2제3항에 따른 육아기 근로시간 단축 급여액은 다음의 계산식에 따라 산정한다. 다만, 육아기 근로시간 단축 급여의 지급대상 기간이 1개월을 채우지 못하는 경우에는 다음의 계산식에 따라 산출된 금액을 그 달의 일수로 나누어 산출한 금액에 그 달에 육아기 근로시간 단축을 사용한 일수를 곱하여 산정한다.(2025.12.23 개정)
(매주 최초 10시간 단축분) 육아기 근로시간 단축 개시일을 기준으로 「근로기준법」에 따라 산정한 월 통상임금에 해당하는 금액(250만원을 상한액으로 하고, 50만원을 하한액으로 한다)×10(주당 단축 근로시간이 10시간 미만인 경우 실제 단축한 시간)/단축 전 소정근로시간
(나머지 근로시간 단축분) 육아기 근로시간 단축 개시일을 기준으로 「근로기준법」에 따라 산정한 월 통상임금의 100분의 80에 해당하는 금액(160만원을 상한액으로 하고, 50만원을 하한액으로 한다)×단축 전 소정근로시간-단축 후 소정근로시간-10/단축 전 소정근로시간
(2011.9.15 본조신설)

제104조의3【준용】 ①법 제73조의2제1항에 따른 육아기 근로시간 단축 급여의 지급 제한, 반환명령 등에 관하여는 제81조를 준용한다. 이 경우 "구직급여"는 "육아기 근로시간 단축 급여"로 본다.
②육아기 근로시간 단축기간 중의 취업의 신고 등에 관하여는 제96조를 준용한다. 이 경우 "육아기 휴직 급여"는 "육아기 근로시간 단축 급여"로 본다.
(2011.9.15 본조신설)

제104조의4【육아기 근로시간 단축 급여의 감액】 고용노동부장관은 법 제74조제2항에 따라 피보험자가 「남녀고용평등과 일·가정 양립 지원에 관한 법률」 제19조의2에 따른 육아기 근로시간 단축기간 중 매월 단위로 사업주로부터 지급받은 금품(임금과 육아기 근로시간 단축을 이유로 지급받은 금품)과 법 제73조의2에 따른 육아기 근로시간 단축 급여를 합한 금액이 다음 각 호의 구분에 따른 통상임금을 초과한 경우에는 그 초과하는 금액을 육아기 근로시간 단축 급여에서 빼고 지급한다.(2018.10.2 개정)

1. 육아기 근로시간 단축기간 중 통상임금 인상이 없는 경우: 육아기 근로시간 단축 시작일의 직전 월을 기준으로 한 월 통상임금
2. 육아기 근로시간 단축기간 중 통상임금이 인상된 경우: 다음 각 목의 구분에 따른 통상임금
   가. 통상임금이 인상된 날의 전날 까지: 육아기 근로시간 단축 시작일의 직전 월을 기준으로 한 월 통상임금
   나. 통상임금이 인상된 날 이후: 통상임금이 인상된 날을 기준으로 한 월 통상임금

(2011.9.15 본조신설)

제 5 장의 2 예술인인 피보험자에 대한 고용보험 특례

제104조의5【예술인인 피보험자의 범위】 ①법 제77조의2제1항에서 "「예술인 복지법」 제2조제2호에 따른 예술인 등 대통령령으로 정하는 사람"이란 다음 각 호의 어느 하나에 해당하는 사람을 말한다.(2023.12.26 개정)

1. 「예술인 복지법」 제2조제2호의2에 따른 예술 활동 증명 예술인(2023.12.26 개정)
2. 「예술인 복지법」 제3조의2제1항 각 호의 어느 하나에 해당하나 예술 활동 증명을 받지 못하였거나 예술 활동 증명의 유효기간이 지난 사람으로서 문화예술 분야에서 창작, 실연(實演), 기술지원 등의 활동을 하고 있거나 하려는 사람(2023.9.12 개정)

②법 제77조의2제2항제2호 본문에서 "대통령령으로 정하는 소득 기준"이란 다음 각 호와 같다.

1. 예술인과 사업주가 체결한 문화예술용역 관련 계약의 월평균소득(예술인이 문화예술용역 관련 계약에서 지급받기로 한 금액을 계약기간으로 나누어 월 단위로 산정한 금액을 말한다. 이하 같다)이 50만원 이상일 것(2023.6.27 개정)
2. 제1호에 따른 소득 기준을 충족하지 못하는 예술인이 둘 이상의 문화예술용역 관련 계약을 체결한 경우로서 같은 기간에 해당하는 문화예술용역 관련 계약의 월평균소득을 합산(본인이 합산하기를 원하는 경우만 해당한다)하여 그 합계액이 50만원 이상일 것

③제2항제2호에 따라 예술인은 둘 이상의 문화예술용역 관련 계약의 월평균소득을 합산하기를 원하는 경우에는 고용노동부령으로 정하는 바에 따라 문화예술용역 관련 계약의 월평균소득의 합계액이 50만원 이상이 되는 날이 속하는 달의 다음 달 15일까지 고용노동부장관에게 합산 신청을 해야 한다.
④제3항에 따라 합산 신청을 받은 고용노동부장관은 해당 예술인이 제2항제2호에 따른 소득 기준을 충족하는지를 확인하여 그 결과를 해당 사업주(소득 기준을 충족하는 경우만 해당한다) 및 예술인에게 통보해야 한다. 이 경우 예술인이 제3항에 따라 합산 신청을 한 때에 해당 사업주가 제104조의6제1항에 따라 그 예술인의 피보험자격 취득에 관한 신고를 한 것으로 본다.
(2020.12.8 본조신설)

제104조의6【예술인의 피보험자격에 관한 신고】 ①예술인과 문화예술용역 관련 계약을 체결한 사업주는 법 제77조의5제1항에서 준용하는 법 제15조에 따라 그 사업과 관련된 예술인의 피보험자격 취득 및 상실에 관한 사항을 그 사유가 발생한 날이 속하는 달의 다음 달 15일까지(예술인이 그 기일 이전에 신고할 것을 요구하는 경우에는 지체 없이) 고용노동부장관에게 신고해야 한다.
②제1항에도 불구하고 단기예술인과 문화예술용역 관련 계약을 체결한 사업주가 해당 계약 기간에 제공된 문화예술용역 일수, 계약금액 등이 적힌 노무제공내용 확인신고서를 그 사유가 발생한 날이 속하는 달의 다음 달 15일까지 고용노동부장관에게 제출한 경우에는 해당 단기예술인의 피보험자격의 취득 및 상실에 관한 사항을 신고한 것으로 본다.(2023.6.27 개정)
③예술인은 법 제77조의5제1항에서 준용하는 법 제15조제3항에 따라 피보험자격의 취득 및 상실에 관한 사항을 신고하는 경우에는 문화예술용역 관련 계약서 등 문화예술용역 관련 계약 관계를 증명할 수 있는 서류를 제출해야 한다.
④법 제77조의2제2항제3호 단서에 따라 고용보험 가입을 원하는 15세 미만인 예술인과 문화예술용역 관련 계약을 체결한 사업주(법 제77조의2제3항에 해당하는 경우에는 그 발주자 또는 원수급인을 말한다. 이하 이 항에서 같다)는 고용노동부령으로 정하는 바에 따라 고용노동부

장관에게 고용보험 가입을 신청해야 한다. 다만, 해당 15세 미만인 예술인이 원하는 경우에는 직접 가입을 신청할 수 있고, 가입 신청을 받은 고용노동부장관은 그 사실을 사업주에게 알려야 한다.(2023.6.27 신설)
⑤제4항에 따라 가입을 신청한 경우 해당 15세 미만인 예술인은 가입을 신청한 날의 다음 날에 피보험자격을 취득한 것으로 본다. 다만, 해당 15세 미만인 예술인이 단기예술인인 경우에는 문화예술용역 관련 계약에 따라 노무를 제공한 날에 피보험자격을 취득한 것으로 본다.(2023.6.27 신설)
⑥고용보험에 가입한 15세 미만인 예술인이 고용보험에서 탈퇴하려는 경우에는 고용노동부령으로 정하는 바에 따라 고용노동부장관에게 탈퇴 신청을 해야 한다. 이 경우 탈퇴를 신청한 날의 다음 날에 피보험자격을 상실한 것으로 본다.(2023.6.27 신설)
⑦법 제77조의2제3항 각 호 외의 부분에서 "대통령령으로 정하는 사업"이란 국가, 지방자치단체 또는 「공공기관의 운영에 관한 법률」에 따른 공공기관(해당 문화예술용역 관련 계약 기간 중에 공공기관에서 제외된 경우에는 그 계약이 종료 또는 해지될 때까지는 제외된 공공기관을 포함한다)이 발주하는 문화예술용역 관련 사업을 말한다.(2023.6.27 개정)
⑧법 제77조의2제3항에 따라 발주자 또는 원수급인은 원수급인 또는 하수급인이 사용하는 예술인에 대하여 다음 각 호의 구분에 따라 해당 예술인의 피보험자격 취득 및 상실에 관한 사항을 신고해야 한다.(2023.6.27 개정)
1. 하나의 사업에 다수의 도급이 이루어져 원수급인이 다수인 경우: 발주자가 원수급인 및 하수급인이 사용하는 예술인의 피보험자격 취득 및 상실에 관한 사항을 신고할 것
2. 하나의 사업이 여러 차례의 도급으로 이루어져 하수급인이 다수인 경우: 원수급인이 하수급인이 사용하는 예술인의 피보험자격 취득 및 상실에 관한 사항을 신고할 것
⑨법 제77조의2제4항에서 "대통령령으로 정하는 관련 자료, 정보"란 다음 각 호의 자료와 정보를 말한다.(2023.6.27 개정)
1. 원수급인과 하수급인 또는 하수급인 사이에 체결된 하도급계약서
2. 문화예술용역 관련 계약서

3. 사용하는 예술인의 명부

제104조의7【예술인인 피보험자 관련 변경 신고 및 확인의 청구 등】 예술인인 피보험자의 이름과 주민등록번호의 변경·정정 신고, 피보험자격의 취득·상실에 관한 확인의 청구·통지 등에 관하여는 제10조제1항 및 제11조를 준용한다. 이 경우 제11조제2항 중 "고용하거나 고용하였던 사업주 또는 하수급인"은 "사용하거나 사용하였던 사업주 또는 발주자나 원수급인"으로 본다.
(2020.12.8 본조신설)

제104조의8【예술인인 피보험자의 구직급여 수급요건 등】 ①법 제77조의3제1항제3호 단서에서 "대통령령으로 정하는 바에 따른 소득감소"란 다음 각 호의 어느 하나에 해당하는 소득감소가 있는 경우를 말한다. 다만, 고용노동부장관은 「재난 및 안전관리 기본법」에 따른 재난 등 사회적·경제적 위기가 발생한 경우에는 제1호 및 제2호에 따른 소득감소를 비교하는 시점을 달리 정하여 고시할 수 있다.(2021.6.8 개정)

1. 이직일이 속한 달의 직전 3개월 동안에 이직할 당시의 문화예술용역 관련 계약(이하 "최종 계약"이라 한다. 이하 이 항에서 같다)으로부터 발생한 소득이 전년도 같은 기간에 최종 계약으로부터 발생한 소득(최종 계약이 없는 경우에는 전년도 같은 기간에 유효한 다른 문화예술용역 관련 계약으로부터 발생한 소득을 말한다)보다 100분의 20 이상 감소한 경우
2. 다음 각 목에 해당하는 소득 감소가 모두 이루어진 경우
   가. 이직일이 속한 달의 직전 3개월 동안에 최종 계약으로부터 발생한 소득의 월평균금액이 이직일이 속한 연도의 전년도에 최종 계약으로부터 발생한 소득의 월평균금액[최종 계약이 없는 경우에는 그 전년도에 유효한 다른 문화예술용역 관련 계약(계약 기간이 1개월 이상인 것만 해당한다)으로부터 발생한 소득의 월평균금액을 말한다. 이하 나목에서 "전년도 월평균금액"이라 한다]보다 작을 것
   나. 이직일이 속한 달의 직전 12개월 동안에 최종 계약으로부터 발생한 월별 소득이 전년도 월평균금액보다 100분의 20 이상 작은 달이 5개월 이상일 것

②예술인이 이직일 이전 24개월 동안 근로자·예술인·노무제공자 중

둘 이상에 해당하는 사람으로 종사한 경우 법 제77조의3제2항에 따른 피보험 단위기간은 다음의 계산식을 충족하면 같은 조 제1항제1호의 피보험 단위기간의 요건을 갖춘 것으로 본다.(2023.6.27 개정)

1 - 예술인으로서의 피보험 단위기간(월 단위로 한다) ÷ 9 개월 ≤ 근로자로서의 피보험 단위기간(일 단위로 한다) ÷ 1 8 0 일 + 노무제공자로서의 피보험 단위기간(월 단위로 한다) ÷12개월

③제2항의 예술인이 다음 각 호에 해당하는 경우에는 해당 호에 따라 제2항의 계산식을 산정한다.(2021.6.8 신설)

1. 법 제77조의5제2항에서 준용하는 법 제40조제2항제1호에 따른 기준기간 동안에 근로자, 예술인 및 노무제공자로 동시에 보험에 가입된 경우: 예술인으로서의 피보험 단위기간에만 포함하여 산정(2023.6.27 개정)
2. 법 제77조의5제2항에서 준용하는 법 제40조제2항제1호에 따른 기준기간 동안에 근로자 및 노무제공자로 동시에 보험에 가입된 경우: 근로자 또는 노무제공자의 피보험 단위기간 중 예술인인 피보험자에게 유리한 피보험 단위기간에만 포함하여 산정(2023.6.27 개정)

④법 제77조의3제5항에서 "대통령령으로 정하는 금액"이란 6만8100원을 말한다.(2025.12.23 개정)

⑤법 제77조의3제6항 단서에서 "대통령령으로 정하는 기간"이란 다음 각 호의 구분에 따른 기간을 말한다.(2023.6.27 개정)

1. 법 제77조의3제6항제1호에 해당하는 경우: 4주
2. 법 제77조의3제6항제2호에 해당하는 경우: 2주

⑥법 제77조의3제7항 단서에 따른 단기예술인의 피보험기간은 다음 각 호의 구분에 따라 산정한다.(2021.6.8 개정)

1. 해당 달의 노무제공일수가 11일 이상인 경우: 1개월로 산정
2. 해당 달의 노무제공일수가 10일 이하인 경우: 월별 노무제공일수를 더하여 22로 나눈 기간으로 산정

⑦실업인정대상기간 중 취업 등으로 발생한 소득은 법 제77조의3제8항 및 다음 각 호의 구분에 따라 해당 금액을 감액하고 구직급여를 지급해야 한다.(2021.6.8 개정)

1. 예술인인 피보험자가 다음 각 목의 어느 하나에 해당하여 취업 등을 한 것으로 보는 경우: 해당 근로일수, 노무제공일수 또는 영업일수

고용보험

에 그에 해당하는 구직급여일액을 곱한 금액 전부

가. 1개월 소정근로시간을 60시간 이상 또는 1주일 소정근로시간을 15시간 이상으로 정하여 근로를 제공하는 경우

나. 3개월 이상 계속하여 근로를 제공하는 경우

다. 일용근로자로서 근로를 제공하거나 단기예술인 또는 법 제77조의6제2항제2호 단서에 따른 단기노무제공자로서 노무를 제공하는 경우(2021.6.8 개정)

라. 문화예술용역 관련 계약(월평균소득이 50만원 이상인 것을 말한다) 또는 노무제공계약(제104조의11제2항제1호에 따른 월보수액이 80만원 이상인 것을 말한다)을 새로 체결하여 노무를 제공하는 경우(2022.6.28 개정)

마. 상업 · 농업 등 가업에 종사(무급 가사종사자를 포함한다)하거나 다른 사람의 사업에 참여하여 근로를 제공함으로써 다른 사업에 상시 취직하기가 곤란하다고 인정되는 경우

바. 「소득세법」, 「부가가치세법」 또는 「법인세법」에 따라 사업자등록을 한 경우. 다만, 휴업신고를 하는 등 실제 사업을 하지 않았음을 증명한 경우와 부동산임대업 중 근로자를 고용하지 않고 임대사무실도 두지 않은 경우는 제외한다.

사. 그 밖에 사회통념상 취업을 하였다고 인정되는 경우

2. 제1호 외의 경우로서 실업인정대상기간 중 발생한 1일 평균소득이 고용노동부장관이 고시한 금액을 넘는 경우: 해당 실업인정대상기간 중 발생한 1일 평균소득에서 고용노동부장관이 고시한 금액을 뺀 금액을 모두 더한 금액

⑧예술인인 피보험자의 구직급여에 관하여는 다음 각 호의 구분에 따른 규정을 준용한다.(2021.6.8 개정)

1. 구직신청, 수급자격의 인정, 실업의 인정, 취업의 신고, 수급기간, 구직급여의 지급 등에 관하여는 제58조, 제58조의2, 제58조의3, 제59조, 제60조, 제61조, 제62조, 제62조의2, 제63조, 제64조(제3호는 제외한다), 제65조부터 제67조까지, 제69조부터 제71조까지, 제75조, 제76조, 제79조, 제80조, 제80조의2, 제81조 및 제82조(2023.6.27 개정)

2. 상병급여에 관하여는 제69조, 제75조부터 제80조까지, 제80조의2 및 제81조. 이 경우 제69조 중 "실업인정신청서"는 "상병급여 청구서"

로, 제75조부터 제80조까지, 제80조의2 및 제81조 중 "구직급여"는 "상병급여"로 본다.(2021.6.8 개정)

3. 미지급급여청구자에 대한 구직급여의 지급절차에 관하여는 제75조. 이 경우 "신청지 관할 직업안정기관"은 "사망한 수급자격자의 신청지 관할 직업안정기관"으로, "수급자격자"는 "미지급급여청구자"로 본다.(2021.6.8 개정)

(2020.12.8 본조신설)

제104조의9【예술인의 출산전후급여등의 지급요건 등】 ①고용노동부장관은 법 제77조의4제2항에 따라 예술인인 피보험자 또는 피보험자였던 사람이 다음 각 호의 요건을 모두 갖춘 경우에 출산전후급여 등(이하 "출산전후급여등"이라 한다)을 지급한다.(2022.12.6 개정)

1. 다음 각 목의 구분에 따른 요건을 갖출 것(2022.12.6 개정)
   가. 출산 또는 유산·사산을 한 날 현재 피보험자인 예술인: 출산 또는 유산·사산을 한 날 이전에 예술인으로서의 피보험 단위기간이 합산하여 3개월 이상일 것
   나. 출산 또는 유산·사산을 한 날 현재 피보험자가 아닌 예술인: 출산 또는 유산·사산을 한 날 이전 18개월 동안 예술인으로서의 피보험 단위기간이 합산하여 3개월 이상일 것
2. 제2항에 따른 출산전후급여등의 지급기간에 노무제공을 하지 않을 것. 다만, 그 지급기간 중 노무제공 또는 자영업으로 발생한 소득이 각각 고용노동부장관이 정하여 고시하는 금액 미만인 경우에는 노무제공을 하지 않은 것으로 본다.(2021.6.8 개정)
3. 출산 또는 유산·사산을 한 날부터 12개월 이내에 출산전후급여등을 신청할 것. 다만, 다음 각 목의 어느 하나에 해당하는 사유로 그 기간까지 신청할 수 없었던 경우에는 그 사유가 끝난 날부터 30일 이내에 신청해야 한다.
   가. 천재지변
   나. 본인, 배우자 또는 본인·배우자의 직계존속·직계비속의 질병이나 부상
   다. 범죄 혐의로 인한 구속이나 형의 집행

②출산전후급여등의 지급기간은 다음 각 호의 구분에 따른다.

1. 예술인인 피보험자 또는 피보험자였던 사람이 출산한 경우: 출산 전

과 후를 연속하여 다음 각 목의 구분에 따른 기간으로 하되, 출산 후에 45일(가목의 경우에는 60일) 이상이 되도록 할 것(2025.2.18 개정)

가. 한 번에 둘 이상의 자녀를 임신한 경우: 120일

나. 고용노동부령으로 정하는 미숙아를 출산한 경우: 100일

다. 가목 및 나목 외의 경우: 90일

2. 예술인인 피보험자 또는 피보험자였던 사람이 유산 또는 사산한 경우: 다음 각 목에 해당하는 기간(2022.12.6 개정)

가. 임신기간이 15주 이내인 경우: 유산 또는 사산한 날부터 10일(2025.2.18 개정)

나. 삭제(2025.2.18)

다. 임신기간이 16주 이상 21주 이내인 경우: 유산 또는 사산한 날부터 30일

라. 임신기간이 22주 이상 27주 이내인 경우: 유산 또는 사산한 날부터 60일

마. 임신기간이 28주 이상인 경우: 유산 또는 사산한 날부터 90일

③출산전후급여등은 출산 또는 유산·사산한 날부터 소급하여 1년(출산 또는 유산·사산을 한 날 현재 피보험자가 아닌 예술인의 경우에는 18개월) 동안의 월평균보수에 해당하는 금액을 기준으로 제2항 각 호의 구분에 따른 기간에 대하여 산정한 금액으로 하되, 그 상한액과 하한액은 다음 각 호의 사항을 고려하여 고용노동부장관이 정하여 고시한다.(2022.12.6 개정)

1. 제101조에 따른 출산전후휴가 급여등의 상한액과 하한액
2. 예술인인 피보험자의 월평균보수 수준
3. 물가상승률
4. 그 밖에 고용노동부장관이 필요하다고 인정하는 사항

④예술인인 피보험자 또는 피보험자였던 사람이 같은 출산 또는 유산·사산을 이유로 다음 각 호에 해당하는 금액을 지급받은 경우에는 제3항에도 불구하고 그 지급받은 금액을 제외하고 출산전후급여등을 지급한다.(2022.12.6 개정)

1. 법 제75조에 따라 근로자로서 지급받은 출산전후휴가 급여등
2. 법 제76조에 따른 출산전후휴가 급여등의 지급기간에 법 제77조제1

항에서 준용하는 법 제73조제3항에 따라 근로자로서 해당 사업주로부터 지급받은 금품(2023.6.27 개정)

3. 법 제77조의9제1항에 따라 노무제공자로서 지급받은 출산전후급여등 및 출산전후급여등의 지급기간에 노무제공자로서 해당 사업주로부터 지급받은 금품(2023.6.27 개정)

4. 제2항에 따른 출산전후급여등의 지급기간에 예술인으로서 해당 사업주로부터 지급받은 금품(2021.6.8 개정)

⑤제1항에 따라 지급된 출산전후급여등의 반환 명령, 추가 징수 및 반환금·추가징수금에의 충당에 관하여는 제81조를 준용한다. 이 경우 "구직급여"는 "출산전후급여등"으로 본다.(2021.6.8 신설)

(2020.12.8 본조신설)

제104조의10【예술인의 피보험자격확인 등의 심사 등】 예술인의 피보험자격 확인·구직급여·출산전후급여등의 심사, 심사위원회 및 재심사에 관하여는 다음 각 호의 구분에 따른 규정을 준용한다.(2023.6.27 개정)

1. 심사에 관하여는 제121조부터 제129조까지의 규정(2021.6.8 개정)
2. 심사위원회 및 재심사에 관하여는 다음 각 목의 구분에 따른 규정(2021.6.8 개정)

가. 심사위원회 위원의 기피 신청, 재심사 청구의 보정 등에 관하여는 제123조, 제124조 및 제126조부터 제128조까지의 규정. 이 경우 제123조 중 "심사관"은 "심사위원회 위원"으로, "고용노동부장관"은 "심사위원회 위원장"으로, 제124조 및 제128조 중 "심사청구인"은 "재심사청구인"으로, 제124조·제126조 및 제128조 중 "심사관"은 "심사위원회 위원장"으로, 제126조부터 제128조까지의 규정 중 "심사청구"는 "재심사청구"로 본다.(2021.6.8 개정)

나. 심사위원회의 위원 및 운영에 관한 사항 등에 관하여는 제130조부터 제141조까지의 규정(2021.6.8 개정)

(2020.12.8 본조신설)

제5장의3 노무제공자인 피보험자에 대한 고용보험 특례

제104조의11【노무제공자인 피보험자의 범위】 ①법 제77조의6

제1항에서 "대통령령으로 정하는 직종에 종사하는 사람"이란 다음 각 호의 어느 하나에 해당하는 사람을 말한다.

1. 보험을 모집하는 사람으로서 다음 각 목의 어느 하나에 해당하는 사람
   가. 「보험업법」 제84조제1항에 따라 등록한 보험설계사
   나. 「우체국 예금 · 보험에 관한 법률」에 따른 우체국보험의 모집을 전업으로 하는 사람
2. 「통계법」 제22조에 따라 국가데이터처장이 고시하는 직업에 관한 표준분류(이하 "한국표준직업분류표"라 한다)의 세분류에 따른 학습 · 교구 관련 방문강사 등 회원의 가정 등을 직접 방문하여 아동이나 학생 등을 가르치는 사람(2025.10.1 개정)
3. 한국표준직업분류표의 세분류에 따른 택배원 또는 세세분류에 따른 그 외 배달원인 사람으로서 택배사업[소화물을 집화(集貨) · 수송 과정을 거쳐 배송하는 사업을 말한다. 이하 제11호라목에서 같다]에서 집화 또는 배송 업무를 하는 사람(2024.12.24 개정)
4. 「대부업 등의 등록 및 금융이용자 보호에 관한 법률」 제3조제1항 단서에 따른 대출모집인
5. 「여신전문금융업법」 제14조의2제1항제2호에 따른 신용카드회원모집인(전업으로 하는 사람만 해당한다)
6. 「방문판매 등에 관한 법률」 제2조제2호에 따른 방문판매원 또는 같은 조 제8호에 따른 후원방문판매원으로서 상시적으로 방문판매업무를 하는 사람. 다만, 자가 소비를 위한 방문판매원 · 후원방문판매원 및 제2호 또는 제7호에 동시에 해당하는 사람은 제외한다.
7. 한국표준직업분류표의 세분류에 따른 대여 제품 방문 점검원(2024.12.24 개정)
8. 가전제품의 판매를 위한 배송 업무를 주로 수행하고 가전제품의 설치, 시운전 등을 통해 작동상태를 확인하는 사람
9. 「초 · 중등교육법 」 제2조에 따른 학교에서 운영하는 방과후학교의 과정을 담당하는 강사
10. 「건설기계관리법」 제3조제1항에 따라 등록된 건설기계를 직접 운전하는 사람
11. 「화물자동차 운수사업법」에 따른 화물차주로서 다음 각 목의 어느

하나에 해당하는 사람(2022.6.28 개정)

가. 「자동차관리법」 제3조제1항제4호에 따른 특수자동차로 수출입 컨테이너 또는 시멘트를 운송하는 사람(2023.6.27 개정)

나. 「자동차관리법」 제2조제1호 본문에 따른 피견인자동차 또는 제3조에 따른 일반형 화물자동차로 「화물자동차 운수사업법 시행령」 제4조의15제1항에 따른 안전운송원가가 적용되는 철강재를 운송하는 사람(2025.10.28 개정)

다. 「자동차관리법」 제3조에 따른 일반형 화물자동차 또는 특수용도형 화물자동차로 「물류정책기본법」 제29조제1항에 따른 위험물질을 운송하는 사람

라. 택배사업에서 택배사업자나 「화물자동차 운수사업법」에 따른 운수사업자(이하 이 호에서 "운수사업자"라 한다)로부터 업무를 위탁받아 「자동차관리법」 제3조제1항제3호의 일반형 화물자동차 또는 특수용도형 화물자동차로 물류센터 간 화물 운송 업무를 하는 사람(2022.6.28 신설)

마. 「자동차관리법」 제3조제1항제3호의 일반형 화물자동차 또는 특수용도형 화물자동차로 같은 법에 따른 자동차를 운송하는 사람(2022.6.28 신설)

바. 「자동차관리법」 제3조제1항제3호의 특수용도형 화물자동차로 밀가루 등 곡물 가루, 곡물 또는 사료를 운송하는 사람 (2022.6.28 신설)

사. 「유통산업발전법」에 따른 대규모점포나 준대규모점포를 운영하는 사업 또는 체인사업에서 그 사업주나 운수사업자와 노무제공계약을 체결하여 「자동차관리법」 제3조제1항제3호의 일반형 화물자동차 또는 특수용도형 화물자동차로 상품을 물류센터로 운송하거나 점포 또는 소비자에게 배송하는 업무를 하는 사람(2022.6.28 신설)

아. 「유통산업발전법」에 따른 무점포판매업을 운영하는 사업에서 그 사업주나 운수사업자와 노무제공계약을 체결하여 「자동차관리법」 제3조제1항제3호의 일반형 화물자동차 또는 특수용도형 화물자동차로 상품을 물류센터로 운송하거나 소비자에게 배송하는 업무를 하는 사람 (2022.6.28 신설)

자. 한국표준산업분류표의 중분류에 따른 음식점 및 주점업을 운영하는 사업(여러 점포를 직영하는 사업 또는 「가맹사업거래의 공정화에 관한 법률」에 따른 가맹사업으로 한정한다)에서 그 사업주나 운수사업자와 노무제공계약을 체결하여 「자동차관리법」 제3조제1항제3호의 일반형 화물자동차 또는 특수용도형 화물자동차로 식자재나 식품 등을 물류센터로 운송하거나 점포로 배송하는 업무를 하는 사람(2022.6.28 신설)

차. 한국표준산업분류표의 세분류에 따른 기관 구내식당업을 운영하는 사업에서 그 사업주나 운수사업자와 노무제공계약을 체결하여 「자동차관리법」 제3조제1항제3호의 일반형 화물자동차 또는 특수용도형 화물자동차로 식자재나 식품 등을 물류센터로 운송하거나 기관 구내식당으로 배송하는 업무를 하는 사람 (2022.6.28 신설)

12. 한국표준직업분류표의 세분류에 따른 늘찬배달원으로서 퀵서비스업자(소화물을 집화 · 수송 과정을 거치지 않고 배송하는 사업을 말한다)로부터 업무를 의뢰받아 배송 업무를 하는 사람. 다만, 다음 각 목의 사람은 제외한다.(2024.12.24 개정)

가. 제3호에 해당하는 사람

나. 「자동차관리법」 제3조제1항제3호의 화물자동차로 배송 업무를 하는 사람

13. 대리운전업자(자동차 이용자의 요청에 따라 목적지까지 유상으로 그 자동차를 운전하도록 하는 사업의 사업주를 말한다)로부터 업무를 의뢰받아 대리운전 업무를 하는 사람

14. 「소프트웨어 진흥법」에 따른 소프트웨어사업에서 노무를 제공하는 같은 법에 따른 소프트웨어기술자(2022.6.28 신설)

15. 「관광진흥법」 제38조제1항 단서에 따른 관광통역안내의 자격을 가진 사람으로서 외국인 관광객을 대상으로 관광안내를 하는 사람 (2022.6.28 신설)

16. 「도로교통법」에 따른 어린이통학버스를 운전하는 사람(2022.6.28 신설)

17. 「체육시설의 설치 · 이용에 관한 법률」 제7조에 따라 직장체육시설로 설치된 골프장 또는 같은 법 제19조에 따라 체육시설업의 등록을

한 골프장에서 골프경기를 보조하는 골프장 캐디(2022.6.28 신설)
②법 제77조의6제2항제2호 본문에서 "대통령령으로 정하는 소득 기준"이란 다음 각 호와 같다.

1. 노무제공자와 사업주가 체결한 노무제공계약에 따라 발생한 월보수액(해당 사업주가 노무제공계약을 새로 체결한 경우에는 고용산재보험료징수법 시행령 제19조의7제3항제2호의2에 따라 신고한 보수액을 말하고, 그 신고 이후에는 사업주가 매월 노무제공자에게 지급하는 보수액을 말한다. 이하 같다)이 80만원 이상일 것(2023.6.27 개정)
2. 제1호에 따른 소득 기준을 충족하지 못하는 노무제공자가 둘 이상의 노무제공계약을 체결한 경우로서 같은 기간에 해당하는 노무제공계약의 월보수액을 합산(본인이 합산하기를 원하는 경우만 해당한다)하여 그 합계액이 80만원 이상일 것

③노무제공자가 제2항제2호에 따라 둘 이상의 노무제공계약의 월보수액을 합산하기를 원하는 경우에는 고용노동부령으로 정하는 바에 따라 노무제공계약의 월보수액의 합계액이 80만원 이상이 되는 날이 속하는 달의 다음 달 15일까지 고용노동부장관에게 합산 신청을 해야 한다.
④고용노동부장관은 제3항에 따라 합산 신청을 받은 경우 해당 노무제공자가 제2항제2호에 따른 소득 기준을 충족하는지를 확인하여 그 결과를 해당 사업주(소득 기준을 충족하는 경우만 해당한다) 및 노무제공자에게 통보해야 한다. 이 경우 노무제공자가 제3항에 따라 합산 신청을 한 때에 해당 사업주가 제104조의12제1항에 따라 그 노무제공자의 피보험자격 취득에 관한 신고를 한 것으로 본다.
(2021.6.8 본조신설)

제104조의12【노무제공자의 피보험자격에 관한 신고 등】 ①노무제공자와 노무제공계약을 체결한 사업주는 법 제77조의10제1항에서 준용하는 법 제15조에 따라 그 사업과 관련된 노무제공자의 피보험자격 취득 및 상실에 관한 사항을 그 사유가 발생한 날이 속하는 달의 다음 달 15일까지(노무제공자가 그 기일 이전에 신고할 것을 요구하는 경우에는 지체 없이) 고용노동부장관에게 신고해야 한다.
②제1항에도 불구하고 노무제공자와 노무제공계약을 체결한 사업주가 해당 노무제공계약 기간에 고용산재보험료징수법시행령 제56조의6제7항에 따라 「산업재해보상보험법」 제10조에 따른 근로복지공단(이하

고용
보험

"근로복지공단"이라 한다)에 월 보수액을 신고한 경우에는 그 사업과 관련된 노무제공자의 피보험자격 취득 및 상실에 관한 사항을 신고한 것으로 본다.(2022.12.14 개정)

③제1항에도 불구하고 단기노무제공자와 노무제공계약을 체결한 사업주가 해당 계약 기간에 제공된 노무제공일수, 노무제공대가 등이 적힌 노무제공내용 확인신고서를 그 사유가 발생한 날이 속하는 달의 다음 달 15일까지 고용노동부장관에게 제출한 경우에는 해당 단기노무제공자의 피보험자격의 취득 및 상실에 관한 사항을 신고한 것으로 본다.(2023.6.27 개정)

④법 제77조의6제2항제3호 단서에 따라 고용보험 가입을 원하는 15세 미만인 노무제공자와 노무제공계약을 체결한 사업의 사업주(이하 "노무제공사업의 사업주"라 한다)와 법 제77조의7제1항에 따른 노무제공플랫폼사업자(이하 "노무제공플랫폼사업자"라 한다)는 고용노동부령으로 정하는 바에 따라 고용노동부장관에게 고용보험 가입을 신청해야 한다. 다만, 해당 15세 미만인 노무제공자가 원하는 경우에는 직접 가입을 신청할 수 있고, 가입 신청을 받은 고용노동부장관은 그 사실을 노무제공사업의 사업주나 노무제공플랫폼사업자에게 알려야 한다.(2023.6.27 신설)

⑤제4항에 따라 가입을 신청한 경우 해당 15세 미만인 노무제공자는 가입을 신청한 날의 다음 날에 피보험자격을 취득한 것으로 본다. 다만, 해당 15세 미만인 노무제공자가 단기노무제공자인 경우에는 노무제공계약에 따라 노무를 제공한 날에 피보험자격을 취득한 것으로 본다.(2023.6.27 신설)

⑥고용보험에 가입한 15세 미만인 노무제공자가 고용보험에서 탈퇴하려는 경우에는 고용노동부령으로 정하는 바에 따라 고용노동부장관에게 탈퇴 신청을 해야 한다. 이 경우 탈퇴를 신청한 날의 다음 날에 피보험자격을 상실한 것으로 본다.(2023.6.27 신설)

⑦노무제공자는 법 제77조의10제1항에서 준용하는 법 제15조제3항에 따라 피보험자격의 취득 및 상실에 관한 사항을 신고하는 경우에는 노무제공계약서 등 노무제공계약 관계를 증명할 수 있는 서류를 제출해야 한다.(2023.6.27 개정)

(2021.6.8 본조신설)

제104조의13 【노무제공플랫폼사업자의 노무제공자 피보험자격 신고 등】 ①노무제공플랫폼사업자의 노무제공자에 대한 피보험자격 취득 및 상실에 관한 사항의 신고를 그 사유가 발생한 날이 속하는 달의 다음 달 15일까지(노무제공자가 그 기일 이전에 신고할 것을 요구하는 경우에는 지체 없이) 고용노동부장관에게 해야 한다.(2023.6.27 개정)
②제1항에도 불구하고 노무제공플랫폼사업자가 노무제공계약 기간에 고용산재보험료징수법시행령 제56조의6제7항에 따라 근로복지공단에 월 보수액을 신고한 경우에는 노무제공자에 대한 피보험자격 취득 및 상실에 관한 사항을 신고한 것으로 본다.(2022.12.14 개정)
③제1항에도 불구하고 노무제공플랫폼사업자가 피보험자격 취득 및 상실에 관한 사항을 신고해야 하는 대상이 단기노무제공자인 경우로서 노무제공사업의 사업주와 단기노무제공자가 체결한 노무제공계약 기간에 제공된 노무제공일수, 노무제공대가 등이 적힌 노무제공내용 확인신고서를 그 사유가 발생한 날이 속하는 달의 다음 달 15일까지 고용노동부장관에게 제출한 경우에는 해당 단기노무제공자의 피보험자격 취득 및 상실에 관한 사항을 신고한 것으로 본다.
④법 제77조의7제2항제2호에서 "사업장의 명칭 · 주소 등 대통령령으로 정하는 자료 또는 정보"란 다음 각 호의 자료 또는 정보를 말한다.
1. 사업장의 명칭 · 주소
2. 사업주(법인인 경우에는 대표자를 말한다)의 이름
3. 사업주의 사업자등록번호(법인인 경우에는 법인등록번호를 포함한다)
⑤법 제77조의7제2항제3호에서 "노무제공자의 이름 · 직종 · 보수 등 대통령령으로 정하는 자료 또는 정보"란 다음 각 호의 자료 또는 정보를 말한다.
1. 노무제공자의 이름 · 직종
2. 노무제공자의 주민등록번호(외국인인 경우에는 외국인등록번호를 말한다)
3. 노무제공계약의 시작일 또는 종료일
4. 노무제공횟수 및 노무제공일수
5. 월보수액(단기노무제공자의 경우에는 노무제공대가를 말한다)

(2021.12.31 본조신설)

제104조의14【노무제공자인 피보험자 관련 변경 신고 및 확인의 청구 등】 노무제공자인 피보험자의 이름과 주민등록번호의 변경·정정 신고, 피보험자격의 취득·상실에 관한 확인의 청구·통지 등에 관하여는 제10조제1항 및 제11조를 준용한다.
(2021.12.31 본조개정)

제104조의15【노무제공자인 피보험자의 구직급여 수급요건 등】 ①법 제77조의8제1항제3호 단서에서 "대통령령으로 정하는 바에 따른 소득감소"란 다음 각 호의 어느 하나에 해당하는 소득감소가 있는 경우를 말한다. 다만, 고용노동부장관은 「재난 및 안전관리 기본법」에 따른 재난 등 사회적·경제적 위기가 발생한 경우에는 제1호 및 제2호에 따른 소득감소를 비교하는 시점을 달리 정하여 고시할 수 있다.(2022.12.6 개정)

1. 이직일이 속한 달의 직전 3개월 동안에 이직할 당시의 노무제공계약(이하 "최종계약"이라 한다. 이하 이 항에서 같다)으로부터 발생한 소득이 전년도 같은 기간에 최종계약으로부터 발생한 소득(최종계약이 없는 경우에는 전년도 같은 기간에 유효한 다른 노무제공계약으로부터 발생한 소득을 말한다)보다 100분의 30 이상 감소한 경우
2. 다음 각 목에 해당하는 소득 감소가 모두 이루어진 경우
   가. 이직일이 속한 달의 직전 3개월 동안에 최종계약으로부터 발생한 보수액의 월평균금액이 이직일이 속한 연도의 전년도에 최종계약으로부터 발생한 보수액의 월평균금액[최종계약이 없는 경우에는 그 전년도에 유효한 다른 노무제공계약(계약 기간이 1개월 이상인 것만 해당한다)으로부터 발생한 보수액의 월평균금액을 말한다. 이하 나목에서 "전년도 월평균금액"이라 한다]보다 작을 것
   나. 이직일이 속한 달의 직전 12개월 동안에 최종계약으로부터 발생한 월별 보수액이 전년도 월평균금액보다 100분의 30 이상 작은 달이 5개월 이상일 것

②노무제공자가 이직일 이전 24개월 동안 근로자·예술인·노무제공자 중 둘 이상에 해당하는 사람으로 종사한 경우 법 제77조의8제2항에 따른 피보험 단위기간은 다음의 계산식을 충족하면 같은 조 제1항제1호의 피보험 단위기간의 요건을 갖춘 것으로 본다.

1 - 노무제공자로서의 피보험 단위기간(월 단위로 한다) ÷ 12개월 ≦ 근로자로서의 피보험 단위기간(일 단위로 한다) ÷ 180일 + 예술인으로서의 피보험 단위기간(월 단위로 한다) ÷ 9개월

③제2항의 노무제공자가 다음 각 호에 해당하는 경우에는 해당 호에 따라 제2항의 계산식을 산정한다.

1. 법 제77조의10제2항에서 준용하는 법 제40조제2항제1호에 따른 기준기간 동안에 근로자, 예술인 및 노무제공자로 동시에 보험에 가입된 경우: 노무제공자로서의 피보험 단위기간에만 포함하여 산정
2. 법 제77조의10제2항에서 준용하는 법 제40조제2항제1호에 따른 기준기간 동안에 근로자 및 예술인으로 동시에 보험에 가입된 경우: 근로자 또는 예술인의 피보험 단위기간 중 노무제공자인 피보험자에게 유리한 피보험 단위기간에만 포함하여 산정

④법 제77조의8제5항 후단에서 "대통령령으로 정하는 금액"이란 6만8100원을 말한다.(2025.12.23 개정)

⑤법 제77조의8제6항 단서에서 "대통령령으로 정하는 기간"이란 다음 각 호의 구분에 따른 기간을 말한다.(2023.6.27 개정)

1. 제1항제1호 또는 제2호에 따른 소득 감소의 정도가 100분의 30 이상 100분의 50 미만인 경우: 4주
2. 제1항제1호 또는 제2호에 따른 소득 감소의 정도가 100분의 50 이상이거나 법 제77조의8제6항제2호에 해당하는 경우: 2주(2023.6.27 개정)

⑥법 제77조의8제7항 단서에 따른 단기노무제공자의 피보험기간은 다음 각 호의 구분에 따라 산정한다.

1. 해당 달의 노무제공일수가 11일 이상인 경우: 1개월로 산정
2. 해당 달의 노무제공일수가 10일 이하인 경우: 월별 노무제공일수를 더하여 22로 나눈 기간으로 산정

⑦실업인정대상기간 중 취업 등으로 발생한 소득은 법 제77조의8제8항 및 다음 각 호의 구분에 따라 해당 금액을 감액하고 구직급여를 지급해야 한다.

1. 노무제공자인 피보험자가 제104조의8제7항제1호 각 목에 해당하여 취업 등을 한 것으로 보는 경우: 해당 근로일수, 노무제공일수 또는 영업일수에 그에 해당하는 구직급여일액을 곱한 금액 전부

2. 제1호 외의 경우로서 실업인정대상기간 중 발생한 1일 평균소득이 고용노동부장관이 고시한 금액을 넘는 경우: 해당 실업인정대상기간 중 발생한 1일 평균소득에서 고용노동부장관 고시에 따라 산정된 금액을 뺀 금액을 모두 더한 금액

⑧노무제공자인 피보험자의 구직급여에 관하여는 다음 각 호의 구분에 따른 규정을 준용한다.

1. 구직신청, 수급자격의 인정, 실업의 인정, 취업의 신고, 수급기간, 구직급여의 지급 등에 관하여는 제58조, 제58조의2, 제58조의3, 제59조, 제60조, 제61조, 제62조, 제62조의2, 제63조, 제64조(제3호는 제외한다), 제65조부터 제67조까지, 제69조부터 제71조까지, 제75조, 제76조, 제79조, 제80조, 제80조의2, 제81조 및 제82조(2023.6.27 개정)
2. 상병급여에 관하여는 제69조, 제75조부터 제80조까지, 제80조의2 및 제81조. 이 경우 제69조 중 "실업인정신청서"는 "상병급여 청구서"로, 제75조부터 제80조까지, 제80조의2 및 제81조 중 "구직급여"는 "상병급여"로 본다.
3. 미지급급여청구자에 대한 구직급여의 지급절차에 관하여는 제75조. 이 경우 "신청지 관할 직업안정기관"은 "사망한 수급자격자의 신청지 관할 직업안정기관"으로, "수급자격자"는 "미지급급여청구자"로 본다.

(2021.12.31 본조개정)

제104조의16【노무제공자의 출산전후급여등의 지급요건 등】

①고용노동부장관은 법 제77조의9제2항에 따라 노무제공자인 피보험자 또는 피보험자였던 사람이 다음 각 호의 요건을 모두 갖춘 경우에 출산전후급여등을 지급한다.(2022.12.6 개정)

1. 다음 각 목의 구분에 따른 요건을 갖출 것(2022.12.6 개정)
   가. 출산 또는 유산·사산을 한 날 현재 피보험자인 노무제공자: 출산 또는 유산·사산을 한 날 이전에 노무제공자로서의 피보험 단위기간이 합산하여 3개월 이상일 것
   나. 출산 또는 유산·사산을 한 날 현재 피보험자가 아닌 노무제공자: 출산 또는 유산·사산을 한 날 이전 18개월 동안 노무제공자로서의 피보험 단위기간이 합산하여 3개월 이상일 것
2. 제2항에 따른 출산전후급여등의 지급기간에 노무제공을 하지 않을

것. 다만, 그 지급기간 중 노무제공 또는 자영업으로 발생한 소득이 각각 고용노동부장관이 정하여 고시하는 금액 미만인 경우에는 노무제공을 하지 않은 것으로 본다.

3. 출산 또는 유산·사산을 한 날부터 12개월 이내에 출산전후급여등을 신청할 것. 다만, 다음 각 목의 어느 하나에 해당하는 사유로 그 기간까지 신청할 수 없었던 경우에는 그 사유가 끝난 날부터 30일 이내에 신청해야 한다.
   가. 천재지변
   나. 본인, 배우자 또는 본인·배우자의 직계존속·직계비속의 질병이나 부상
   다. 범죄 혐의로 인한 구속이나 형의 집행

②출산전후급여등의 지급기간은 제104조의9제2항에 따른다. 이 경우 "예술인"을 "노무제공자"로 한다.(2022.12.6 개정)

③출산전후급여등은 출산 또는 유산·사산한 날부터 소급하여 1년(출산 또는 유산·사산을 한 날 현재 피보험자가 아닌 노무제공자의 경우에는 18개월) 동안의 월평균보수에 해당하는 금액을 기준으로 제104조의9제2항 각 호의 구분에 따른 기간에 대하여 산정한 금액으로 하되, 그 상한액과 하한액은 다음 각 호의 사항을 고려하여 고용노동부장관이 정하여 고시한다.(2022.12.6 개정)

1. 제101조에 따른 출산전후휴가 급여등의 상한액과 하한액
2. 노무제공자인 피보험자의 월평균보수 수준
3. 물가상승률
4. 그 밖에 고용노동부장관이 출산전후급여등의 산정에 필요하다고 인정하는 사항

④제3항에도 불구하고 법 제77조의9제1항 단서에 따라 노무제공자인 피보험자 또는 피보험자였던 사람이 같은 출산 또는 유산·사산을 이유로 다음 각 호에 해당하는 금액을 지급받은 경우에는 그 지급받은 금액을 제외하고 출산전후급여등을 지급한다.(2022.12.6 개정)

1. 법 제75조에 따라 근로자로서 지급받은 출산전후휴가 급여등
2. 법 제76조에 따른 출산전후휴가 급여 등의 지급기간에 법 제77조제1항에서 준용하는 법 제73조제3항에 따라 근로자로서 해당 사업주로부터 지급받은 금품(2023.6.27 개정)

고용 보험

3. 법 제77조의4제1항에 따라 예술인으로서 지급받은 출산전후급여등
4. 제104조의9제2항에 따른 출산전후급여등의 지급기간에 예술인으로서 해당 사업주로부터 지급받은 금품
5. 제2항에 따른 출산전후급여등의 지급기간에 노무제공자로서 해당 사업주로부터 지급받은 금품

⑤제1항에 따라 지급된 출산전후급여등의 반환 명령, 추가 징수 및 반환금 · 추가징수금에의 충당에 관하여는 제81조를 준용한다. 이 경우 "구직급여"는 "출산전후급여등"으로 본다.
(2021.12.31 본조개정)

제104조의17 【노무제공자의 피보험자격확인 등의 심사 등】 노무제공자의 피보험자격 확인 · 구직급여 · 출산전후급여등의 심사, 심사위원회 및 재심사에 관하여는 다음 각 호의 구분에 따른 규정을 준용한다.
1. 심사에 관하여는 제121조부터 제129조까지의 규정
2. 심사위원회 및 재심사에 관하여는 다음 각 목의 구분에 따른 규정
  가. 심사위원회 위원의 기피 신청, 재심사 청구의 보정 등에 관하여는 제123조, 제124조 및 제126조부터 제128조까지의 규정. 이 경우 제123조 중 "심사관"은 "심사위원회 위원"으로, "고용노동부장관"은 "심사위원회 위원장"으로, 제124조 및 제128조 중 "심사청구인"은 "재심사청구인"으로, 제124조 · 제126조 및 제128조 중 "심사관"은 "심사위원회 위원장"으로, 제126조부터 제128조까지의 규정 중 "심사청구"는 "재심사청구"로 본다.
  나. 심사위원회의 위원 및 운영 등에 관하여는 제130조부터 제141조까지의 규정

(2021.12.31 본조개정)

제6장 고용보험기금

제104조의18 【기금 관리 · 운용 전문위원】 ①고용노동부장관은 법 제79조에 따라 기금을 체계적 · 안정적으로 관리 · 운용하기 위하여 자산운용 전문위원을 둘 수 있다.(2010.7.12 개정)
②자산운용 전문위원의 자격, 복무 및 보수 등에 관한 사항은 고용노

동부장관이 정한다.(2010.7.12 개정)
(2021.12.31 본조개정)

제105조【기금의 운용사업 등】 ①법 제79조제3항제5호에서 "그 밖에 대통령령으로 정하는 기금 증식 방법"이란 「자본시장과 금융투자업에 관한 법률」 제4조에 따른 증권의 매입을 말한다.(2008.7.29 개정)
②법 제79조제4항에서 "대통령령으로 정하는 수준"이란 1년 만기 정기예금 이자율(「은행법」에 따라 설립된 은행 중 전국을 영업구역으로 하는 은행이 적용하는 이자율로 한다)이나 예상 물가상승률 등을 고려하여 고용노동부장관이 정하는 수익률을 말한다.(2010.11.15 개정)

제106조【기금의 계산】 기금은 「국가회계법」 제11조에서 정하는 바에 따라 계산한다.(2011.9.15 개정)

제107조【기금의 용도 등】 ①법 제80조제1항제7호에서 "대통령령으로 정하는 경비"란 다음 각 호의 경비를 말한다.
1. 보험사업의 관리 · 운영에 드는 경비
2. 기금의 관리 · 운용에 드는 경비
3. 고용산재보험료징수법 제33조에 따른 보험사무대행기관에 대한 교부금(2021.6.8 개정)
4. 법과 고용산재보험료징수법에 따른 사업이나 업무의 위탁수수료 지급금(2021.6.8 개정)

②법 제80조제1항제6호에 따른 출연금은 월 단위로 출연금을 받을 자가 다음 달에 쓸 출연금의 금액을 신청한 경우에 고용노동부장관이 그 신청금액을 검토하여 타당성이 인정되는 금액을 지급한다.(2010.7.12 개정)
③법 제80조제1항제6호에 따른 출연금을 받은 자(이하 이 조에서 "피출연자"라 한다)는 그 출연금을 별도의 계정을 설치하여 관리하여야 하며, 그 계정에서 발생한 이자수입은 고용노동부장관에게 반납하여야 한다. 다만, 고용노동부장관의 승인을 받은 경우에는 피출연자가 대행하거나 위탁받아 하는 사업(이하 이 조에서 "출연금의 목적사업"이라 한다)에 사용할 수 있다.(2010.7.12 개정)
④보험연도 내에 출연금의 목적사업에 사용되지 않고 남은 출연금은 다른 법령에서 달리 정한 바가 없으면 고용노동부장관에게 반납하여야 한다. 다만, 고용노동부장관의 승인을 받은 경우에는 다음 연도에

이월하여 출연금의 목적사업에 사용할 수 있다.(2010.7.12 개정)
⑤피출연자가 출연금을 출연금의 목적사업이 아닌 용도로 사용한 경우에 고용노동부장관은 그에 해당하는 금액을 반환하도록 요구할 수 있다.(2010.7.12 개정)
⑥피출연자는 매 분기의 다음 달 10일까지 그 분기의 출연금 집행실적을 고용노동부장관에게 보고하여야 한다.(2010.7.12 개정)

제108조【기금 지급의 위탁】 고용노동부장관은 기금의 지원금·장려금의 지급, 대부금의 교부, 훈련비용과 훈련수당의 지급, 실업급여의 지급에 관한 업무를 다음 각 호의 어느 하나에 해당하는 기관이나 체신관서에 위탁하여 할 수 있다.(2010.7.12 개정)
1.「은행법」 제8조에 따른 인가를 받은 은행(2010.11.15 개정)
2.「농업협동조합법」에 따른 농협은행(2012.1.6 개정)
3.「수산업협동조합법」에 따른 수협은행(2016.10.25 개정)
4.「상호저축은행법」에 따른 상호저축은행
5.「새마을금고법」에 따른 새마을금고
6.「신용협동조합법」에 따른 신용협동조합
(2008.4.30 본조개정)

제109조【기금운용 계획】 법 제81조제1항에 따른 기금운용 계획에는 다음 각 호의 사항이 포함되어야 한다.
1. 기금의 수입과 지출에 관한 사항
2. 해당 연도의 사업계획·지출원인행위계획과 자금계획에 관한 사항
3. 전년도 이월자금의 처리에 관한 사항
4. 적립금에 관한 사항
5. 그 밖에 기금운용에 필요한 사항

제110조【기금운용 결과의 공표】 고용노동부장관은 법 제81조제2항에 따라 매년 기금의 운용 결과를 서울특별시에 본사를 두고 있는 1개 이상의 경제 분야 특수일간신문, 관보, 인터넷 홈페이지 또는 방송 등을 통하여 공표해야 한다.(2020.11.24 개정)

제111조【기금의 회계기관】 ①고용노동부장관은 기금의 수입과 지출에 관한 사무를 수행하게 하기 위하여 소속 공무원 중에서 기금수입징수관, 기금재무관, 기금지출관 및 기금출납공무원을 임명한다.(2010.7.12 개정)

②기금수입징수관과 기금재무관은 기금의 관리 · 운용에 따르는 계약, 수입 · 지출의 원인이 되는 행위 및 기금수입금의 징수 · 결정에 관한 업무를 담당하며, 기금지출관 및 기금출납공무원은 기금의 관리 · 운용에 따르는 수입과 지출업무를 담당한다.

③고용노동부장관은 기금수입징수관, 기금재무관, 기금지출관 및 기금출납공무원을 임명하였을 때에는 감사원장과 한국은행총재에게 알려야 한다.(2010.7.12 개정)

제112조【거래은행의 지정】 기금지출관은 해당 소재지에 있는 한국은행(본점, 지점, 출장소, 국고대리점을 포함한다. 이하 같다)을, 해당 소재지에 한국은행이 없는 경우에는 가까운 거리에 있는 한국은행을 그가 발행하는 수표의 지급인으로 지정하여야 한다.

제113조【기금수입금의 수납절차】 ①기금수입징수관이 기금의 수입금을 징수하려면 납부 의무자에게 한국은행의 기금계정에 내도록 알려야 한다. 다만, 사업주가 정하여진 기한까지 스스로 낼 경우에는 그러하지 아니하다.

②한국은행은 기금의 수입금을 수납하였을 때에는 납입자에게 영수증을 내주고, 수납통지서를 지체 없이 기금수입징수관에게 보내야 한다.

③한국은행은 제2항에 따라 수납한 기금의 수입금을 국고금 취급절차에 따라 한국은행 본점에 설치되어 있는 기금계정에 집중시켜야 한다.

제114조【기금의 지출절차】 ①기금재무관이 지출원인행위를 하였을 때에는 그 지출원인행위에 관한 서류를 기금지출관에게 보내야 한다.

②기금지출관이 지출원인행위에 따라 기금을 지출할 때에는 한국은행으로 하여금 채권자나 법령에서 정하는 바에 따라 국고금의 지급사무를 위탁받아 처리하는 자의 금융기관 예금계좌로 이체하는 방법으로 지급하게 하여야 한다.

③기금재무관이 지출원인행위를 한 후 부득이한 사유로 해당 회계연도 내에 지출하지 못한 금액은 다음 연도에 이월하여 지출할 수 있다.

제115조【현금 취급의 금지】 기금지출관과 기금출납공무원은 현금을 보관하거나 출납할 수 없다. 다만, 「국고금관리법」 제22조제4항과 같은 법 제24조에 따른 경우에는 그러하지 아니하다.

제116조【기금의 지출원인행위 한도액 등의 배정】 ①고용노동부장관은 제109조제2호에 따른 분기별 지출원인행위계획의 범위에서 각 기

금재무관에게 분기별 지출원인행위 한도액을 배정하여야 한다.(2010.7.12 개정)

②고용노동부장관은 제109조제2호에 따른 월별 자금계획의 범위에서 각 기금지출관에게 「국고금관리법 시행령」 제49조제2항에 따라 작성한 월별세부자금계획서에 따라 자금을 배정하여야 한다.(2011.9.15 개정)

제117조【기금의 운용상황 보고】 ①기금수입징수관은 기금징수액보고서를, 기금재무관은 기금지출원인행위액 보고서를, 기금지출관은 기금지출액보고서를 매월 말일을 기준으로 작성하여 다음 달 20일까지 고용노동부장관에게 제출하여야 한다.(2010.7.12 개정)

②제1항의 보고 외에 기금의 운용관리에 필요한 보고에 관한 사항은 고용노동부장관이 정한다.(2010.7.12 개정)

제118조【기금의 결산보고】 고용노동부장관은 매 회계연도의 기금결산에 관한 다음 각 호의 서류를 작성하여 위원회의 심의를 거쳐 다음 회계연도 2월 말까지 기획재정부장관에게 제출하여야 한다.(2011.9.15 개정)

1. 기금결산의 개황과 분석에 관한 서류
2. 재정상태표, 재정운영표, 순가산변동표 등 재무제표(2011.9.15 개정)
3. 기금의 운용 계획과 실적의 대비표
4. 수입과 지출계산서
5. 그 밖에 결산의 내용을 명백히 하기 위하여 필요한 서류

제119조【적립금 등의 출납】 법 제84조에 따른 기금의 적립금과 여유금의 출납에 필요한 사항은 고용노동부령으로 정한다.(2010.7.12 개정)

제120조【「국가재정법」 및 「국고금 관리법」의 준용】 기금의 운용·관리에 관하여 법과 이 영에서 규정하지 않은 사항에 관하여는 「국가재정법」 및 「국고금 관리법」에 따른다.(2021.6.8 개정)

제7장 심사 및 재심사의 청구

제121조【심사관의 자격】 법 제89조에 따른 고용보험심사관(이하 "심사관"이라 한다)은 고용노동부 소속 공무원으로서 다음 각 호의 어느 하나에 해당하는 사람 중에서 임명한다.(2021.6.8 개정)

1. 고용노동부에서 일반직 5급 이상 공무원이나 고위공무원단에 속하는 일반직공무원으로서 보험에 관한 심사 또는 재심사의 청구에 관련된 업무에 1년 이상 종사한 사람(2021.6.8 개정)
2. 고용노동부에서 일반직 5급 이상 공무원이나 고위공무원단에 속하는 일반직공무원으로서 보험 업무에 2년 이상 종사한 사람(2021.6.8 개정)
3. 그 밖에 제1호나 제2호의 사람에 해당하는 자격이 있다고 고용노동부장관이 인정하는 사람(2021.6.8 개정)

제122조【심사관의 배치 · 직무】 ①심사관은 고용노동부에 둔다.(2010.7.12 개정)
②심사관은 고용노동부장관이 지정하는 심사업무와 심사청구에 대한 사례 연구를 담당한다.(2010.7.12 개정)

제123조【기피 신청의 방식】 ①법 제89조제4항에 따른 심사관에 대한 기피 신청은 그 사유를 구체적으로 밝힌 서면으로 하여야 한다.
②고용노동부장관은 제1항에 따라 기피 신청을 받으면 15일 이내에 그에 대한 결정을 하여 신청인에게 알려야 한다.(2010.7.12 개정)

제124조【청구인의 지위승계 신고】 법 제89조제5항에 따라 심사청구인의 지위를 승계한 자는 승계 사실을 증명할 수 있는 서류를 첨부하여 서면으로 심사관에게 신고하여야 한다.

제125조【심사청구의 방식】 ①법 제91조에 따른 심사청구 문서에는 다음 각 호의 사항을 적어야 한다.
1. 청구인의 이름과 주소
2. 피청구인인 처분청의 명칭
3. 심사청구 대상인 처분의 내용
4. 처분이 있었던 것을 안 날
5. 피청구인인 처분청에 따른 심사청구에 관한 통지의 유무와 통지의 내용
6. 심사청구의 취지와 이유
7. 심사청구 연월일

②심사의 청구가 선정 대표자나 대리인에 의하여 제기되는 것일 때에는 제1항의 사항 외에 그 선정 대표자나 대리인의 이름과 주소를 적어야 하며, 선정 대표자나 대리인 자격은 서면으로 소명하여야 한

다.(2010.12.31 개정)
③제1항의 서면에는 청구인이나 대리인이 기명날인하여야 한다.

제126조【심사청구의 보정】 ①법 제92조제2항 본문에 따른 심사청구 보정명령은 다음 각 호의 사항을 적은 문서로 하여야 한다.

1. 보정할 사항
2. 보정이 요구되는 이유
3. 보정 기간
4. 그 밖에 필요한 사항

②심사관은 법 제92조제2항 단서에 따라 직권으로 심사청구를 보정한 경우에는 그 사실을 당사자에게 알려야 한다.

제127조【원처분의 집행정지 통지】 법 제93조제2항에 따른 집행정지 통지 문서에는 다음 각 호의 사항을 적어야 한다.

1. 심사청구 사건명
2. 집행정지 대상 처분과 집행정지 내용
3. 청구인의 이름과 주소
4. 피청구인인 처분청의 명칭
5. 집행정지 이유

제128조【심리를 위한 조사】 ①법 제94조제1항에 따른 심사청구에 대한 심리를 위한 조사의 신청은 다음 각 호의 사항을 적은 문서로 하여야 한다.

1. 심사청구 사건명
2. 신청의 취지와 이유
3. 출석이 요구되는 관계인의 이름과 주소(법 제94조제1항제1호의 경우에만 적는다)
4. 제출이 요구되는 문서, 그 밖의 물건의 소유자나 보관자의 이름과 주소(법 제94조제1항제2호의 경우에만 적는다)
5. 감정이 요구되는 사항과 그 이유(법 제94조제1항제3호의 경우에만 적는다)
6. 출입할 사업장이나 그 밖의 장소, 질문할 사업주 · 종업원이나 그 밖의 관계인, 검사할 문서나 그 밖의 물건(법 제94조제1항제4호의 경우에만 적는다)

②심사관은 법 제94조제1항에 따라 증거조사를 한 경우에는 증거조사

조서를 작성하여야 한다. 이 경우 법 제94조제1항제1호에 따라 심사청구인이나 관계인으로부터 진술을 받을 때에는 진술조서를 작성하여 첨부하여야 한다.
③제2항의 증거조사 조서에는 다음 각 호의 사항을 적고, 심사관이 기명날인하여야 한다.
1. 사건표시
2. 조사 일시와 장소
3. 조사대상과 조사방법
4. 조사 결과

제129조【결정서】 법 제96조에 따른 심사청구에 대한 결정은 다음 각 호의 사항을 적고 심사관이 서명 또는 날인한 결정서에 의하여야 한다.(2011.9.15 개정)
1. 사건번호와 사건명
2. 청구인의 이름과 주소
3. 피청구인인 처분청의 명칭
4. 주문
5. 청구 취지
6. 이유
7. 결정 연월일

제130조【심사위원회 위원의 위촉 · 임명】 ①법 제99조제1항에 따른 고용보험심사위원회(이하 "심사위원회"라 한다)의 위원 중 근로자를 대표하는 위원은 총연합단체인 노동조합에서, 사용자를 대표하는 위원은 전국적 규모의 사용자단체에서 추천한 사람 중에서 고용노동부장관의 제청으로 각각 대통령이 위촉한다.(2021.6.8 개정)
②심사위원회의 위원 중 근로자를 대표하는 위원, 사용자를 대표하는 위원과 당연직 위원 외의 위원은 다음 각 호의 어느 하나에 해당하는 사람 중에서 고용노동부장관의 제청으로 대통령이 위촉한다. 다만, 상임위원은 제3호나 제4호에 해당하는 사람 중에서 고용노동부장관의 제청으로 대통령이 임명한다.(2021.6.8 개정)
1. 판사 · 검사 또는 변호사의 자격이 있는 사람(2021.6.8 개정)
2. 「고등교육법」에 따른 대학에서 부교수 이상으로 재직하고 있거나 재직했던 사람(2021.6.8 개정)

3. 3급 이상의 공무원이나 고위공무원단에 속하는 일반직공무원으로 재직하고 있거나 재직했던 사람(2021.6.8 개정)
4. 노동관계 업무에 15년 이상 종사한 사람으로서 고용노동부장관이 자격이 있다고 인정하는 사람(2021.6.8 개정)
5. 사회보험 또는 고용문제에 관한 학식과 경험이 있는 사람 중에서 고용노동부장관이 자격이 있다고 인정하는 사람(2021.6.8 개정)
③고용노동부장관은 보험 업무를 담당하는 고용노동부의 3급 공무원이나 고위공무원단에 속하는 일반직공무원 1명을 심사위원회의 당연직 위원으로 지명한다.(2010.7.12 개정)

제131조【위원의 임기】 ①심사위원회 위원의 임기는 3년으로 하되, 연임할 수 있다.
②위원이 궐위된 경우 보궐위원의 임기는 전임자 임기의 남은 기간으로 한다. 다만, 상임위원(위원장을 포함한다)이 궐위된 경우 보궐위원의 임기는 새로 시작한다.
③위원은 제1항에 따른 임기가 만료된 경우에도 후임자가 위촉될 때까지 그 직무를 수행할 수 있다.
(2008.9.18 본조개정)

제132조【위원의 처우】 심사위원회 회의에 출석한 상임위원과 당연직 위원 외의 위원에게는 예산의 범위에서 그 직무수행을 위하여 필요한 수당과 여비를 지급할 수 있다. 이 경우 여비는 공무원 여비규정을 표준으로 삼아 지급한다.

제133조【위원장과 부위원장】 ①심사위원회에는 위원장과 부위원장 각 1명을 둔다.
②심사위원회 위원장은 상임위원 중에서 고용노동부장관의 제청으로 대통령이 임명하고, 부위원장은 위원 중에서 호선한다.(2010.7.12 개정)

제134조【직무】 ①위원장은 심사위원회를 대표하며, 심사위원회의 사무를 총괄한다.
②부위원장은 위원장을 보좌하며, 위원장이 부득이한 사유로 직무를 수행할 수 없을 때에는 그 직무를 대행한다.

제135조【회의】 ①심사위원회 회의는 위원장 또는 부위원장, 당연직 위원과 위원장이 회의를 할 때마다 지정하는 노 · 사 대표 각 1명의 위원을 포함하여 9명 이내로 구성 · 운영한다.

②심사위원회의 위원장은 회의를 소집하려면 회의 개최 5일 전까지 회의 일시, 장소와 안건을 각 위원에게 서면으로 알려야 한다. 다만, 긴급을 요하는 경우에는 그러하지 아니하다.
③심사위원회의 회의는 제1항에 따라 구성된 구성원 과반수의 출석으로 개의하고, 출석위원 과반수의 찬성으로 의결한다.

제136조【전문위원의 배치】 ①고용노동부장관은 법 제99조제9항에 따라 심사위원회의 재심사 업무에 필요한 전문적인 조사 · 연구를 위해 전문위원을 둘 수 있다.(2021.6.8 개정)
②전문위원의 자격 · 복무와 보수 등에 관하여 필요한 사항은 고용노동부령으로 정한다.(2010.7.12 개정)

제137조【통지】 법 제101조제1항에 따른 심리기일(審理期日)과 장소는 문서로 알리되, 직접 전달하거나 등기우편으로 보내야 한다.

제138조【심리비공개의 신청】 법 제101조제3항 단서에 따른 심리의 비공개 신청은 그 취지와 이유를 적은 문서로 하여야 한다.

고용
보험

제139조【심리조서】 ①법 제101조제4항에 따른 심리조서에는 다음 각 호의 사항을 적어야 한다.
1. 사건번호와 사건명
2. 심리일시와 장소
3. 출석한 위원 이름
4. 출석한 당사자나 대리인 이름
5. 심리 내용
6. 그 밖에 필요한 사항

②제1항의 심리조서에는 작성 연월일을 적고, 위원장이 서명하거나 날인하여야 한다.
③법 제101조제5항에 따른 열람신청은 문서로 하여야 한다.

제140조【재심사청구의 방식】 ①법 제87조에 따른 재심사청구는 다음 각 호의 사항을 적은 문서로 하여야 한다.
1. 청구인의 이름과 주소
2. 제125조제1항제2호부터 제4호까지의 규정에 따른 사항
3. 결정을 한 심사관 이름
4. 결정이 있었던 것을 안 날
5. 결정을 한 심사관에 의한 재심사 청구에 관한 고지의 유무와 고지의

내용
6. 재심사청구 취지와 이유
7. 재심사청구 연월일
②재심사청구가 선정 대표자나 대리인에 의하여 제기되는 것일 때에는 제1항의 사항 외에 그 선정 대표자나 대리인의 이름과 주소를 적어야 하며, 선정 대표자나 대리인 자격은 서면으로 소명하여야 한다.(2010.12.31 개정)
③제1항의 서면에는 청구인이나 대리인이 기명날인하여야 한다.

제141조【재결서】 재심사청구에 대한 재결서에는 다음 각 호의 사항을 적고, 심사위원회 위원장과 재결에 참여한 위원이 서명 또는 날인하여야 한다.(2011.9.15 개정)
1. 사건번호와 사건명
2. 청구인의 이름과 주소
3. 원처분청 명칭
4. 심사청구에 대한 결정을 한 심사관의 이름
5. 주문
6. 청구 취지
7. 이유
8. 재결 연월일

제142조【준용】 심사위원회와 재심사에 관하여는 제123조, 제124조, 제126조부터 제128조까지의 규정을 준용한다. 이 경우 제123조 중 "심사관"은 "심사위원회 위원"으로, "고용노동부장관"은 "심사위원회 위원장"으로, 제124조와 제128조 중 "심사청구인"은 "재심사청구인"으로, 제124조 · 제126조 · 제128조 중 "심사관"은 "심사위원회 위원장"으로, 제126조부터 제128조까지 중 "심사청구"는 "재심사청구"로 본다.(2010.7.12 개정)

제8장 보 칙

제142조의2【제공요청 대상 자료 등의 범위】 법 제110조제1항에 따라 요청할 수 있는 자료 또는 정보는 다음 각 호의 어느 하나에 해당하는 자료 또는 정보로 한다.

1. 각종 연금 · 보험 및 임금에 관한 다음 각 목의 자료 또는 정보
  가. 「공무원연금법」에 따른 공무원연금 가입에 관한 자료
  나. 「국민연금법」에 따른 사업장가입자의 신고 자료 및 월별 연금보험료 부과 자료
  다. 「국민건강보험법」에 따른 사업장 신고 자료 및 직장가입자의 월별 보험료액 자료
  라. 「군인연금법」에 따른 군인연금 가입에 관한 자료
  마. 「별정우체국법」에 따른 별정우체국 직원의 연금 가입에 관한 자료
  바. 「사립학교교직원 연금법」에 따른 사립학교교직원의 연금 가입에 관한 자료
  사. 「산업재해보상보험법」에 따른 산재보험급여 자료 및 노무제공자에 관한 자료(2023.6.27 개정)
  아. 「임금채권보장법」에 따른 체불임금에 관한 자료
2. 가족관계 · 근로자 · 장애인 · 외국인 등에 관한 다음 각 목의 자료 또는 정보
  가. 「가족관계의 등록 등에 관한 법률」에 따른 가족관계등록 전산정보 자료와 가족관계기록사항에 관한 증명서
  나. 「국적법」에 따른 국적 취득 및 국적 상실 등에 관한 자료
  다. 「병역법」에 따른 병역 복무 자료
  라. 「외국인근로자의 고용 등에 관한 법률」에 따른 외국인근로자의 근로계약 해지 및 그 밖에 고용과 관련된 자료
  마. 「장애인고용촉진 및 직업재활법」에 따른 장애인 증명 자료
  바. 「재외동포의 출입국과 법적 지위에 관한 법률」에 따른 재외국민 및 외국국적동포의 국내거소신고 자료
  사. 「주민등록법」에 따른 주민등록 자료
  아. 「출입국관리법」에 따른 외국인등록 자료와 출입국정보 및 외국인 해고 · 퇴직 등에 관한 신고 자료
3. 부동산 · 자동차 · 선박 · 항공기 등에 관한 다음 각 목의 자료 또는 정보
  가. 「건설기계관리법」에 따른 건설기계등록원부 등본, 건설기계사업등록 자료

나. 「건축법」에 따른 건축물대장 등본
다. 「공간정보의 구축 및 관리 등에 관한 법률」에 따른 토지대장 및 임야대장 등본
라. 「농지법」에 따른 농지대장(2022.5.9 개정)
마. 「동산 · 채권 등의 담보에 관한 법률」에 따른 담보등기부
바. 「부동산등기법」에 따른 토지등기사항증명서 · 건물등기사항증명서
사. 「비송사건절차법」, 「상업등기법」 등에 따른 법인등기사항증명서
아. 「선박등기법」에 따른 선박등기사항증명서
자. 「선박법」에 따른 선박원부
차. 「자동차관리법」에 따른 자동차등록원부
카. 「중견기업 성장촉진 및 경쟁력 강화에 관한 특별법」에 따른 중견기업 관련 자료
타. 「특허권 등의 등록령」에 따른 등록원부
파. 「항공안전법」에 따른 항공기등록원부

4. 그 밖의 고용보험 피보험자격 관리에 필요한 다음 각 목의 자료 또는 정보
가. 「국민기초생활 보장법」에 따른 수급자격 및 자활근로 대상 여부에 관한 자료
나. 「사회복지사업법」에 따른 사회복지법인 및 사회복지시설과 그 종사자에 관한 자료
다. 「사회서비스 이용 및 이용권 관리에 관한 법률」에 따른 사회서비스 제공자 및 그 종사자에 관한 자료
라. 「영유아보육법」에 따른 어린이집 및 보육교직원, 보육영유아와 그 보호자에 관한 자료(2021.12.31 개정)
마. 「농어업경영체 육성 및 지원에 관한 법률」 제4조 및 제6조의2에 따른 농어업경영정보의 등록 및 정정 · 말소에 관한 자료 또는 정보(2024.6.25 신설)

(2020.8.27 본조신설)

제143조【진찰비용】 직업안정기관의 장은 법 제111조에 따라 진찰을 받을 것을 명하는 경우에는 그 진찰에 드는 실비를 지급할 수 있다.

제144조【임의 가입 자영업자의 범위】 삭제(2012.1.13)

제144조의2【시범사업의 실시 대상】 법 제114조에 따라 고용노동부장관은 고용안정 · 직업능력개발사업을 시범사업으로 실시할 수 있다.(2017.8.29 개정)
(2010.12.31 본조신설)

제145조【권한의 위임 등】 ①법 제115조에 따라 고용노동부장관은 다음 각 호의 사항에 관한 권한을 직업안정기관의 장에게 위임한다.(2010.7.12 개정)

1. 삭제(2016.10.18)
2. 삭제(2016.10.18)
3. 삭제(2019.2.12)
4. 법 제20조에 따른 고용창출의 지원(제4항에 따라 위탁하는 것은 제외한다)
5. 법 제21조에 따른 고용조정의 지원
6. 법 제22조에 따른 지역 고용의 촉진
7. 법 제23조에 따른 고령자등 고용촉진의 지원
8. 법 제24조에 따른 건설근로자 등의 고용안정 지원
9. 법 제31조제2항에 따른 직업능력개발 훈련 사업의 실시(2011.12.30 개정)
10. 법 제33조에 따른 고용정보의 제공과 고용 지원 기반의 구축 등(고용안정 · 직업능력개발에 관한 기반의 구축, 전문인력의 배치사업과 제8항에 따라 위탁된 사업은 제외한다)(2025.12.23 개정)
11. 법 제35조에 따른 부정행위에 따른 지원의 제한 등
12. 법 제70조와 법 제73조에 따른 육아휴직 급여의 지급과 지급 제한

12의2. 법 제73조의2에 따른 육아기 근로시간 단축 급여의 지급과 법 제74조제2항에서 준용하는 법 제73조에 따른 육아기 근로시간 단축 급여의 지급 제한(2023.6.27 신설)

13. 법 제75조에 따른 출산전후휴가 급여등의 지급과 법 제77조제1항에서 준용하는 법 제73조에 따른 출산전후휴가 급여등의 지급 제한(2023.6.27 개정)

13의2. 법 제76조의2에 따른 출산전후휴가 급여등에 상당하는 금액의 지급과 법 제77조제2항에서 준용하는 법 제73조(같은 조 제1항은 제외한다)에 따른 출산전후휴가 급여등에 상당하는 금액의 지급 제한(2023.6.27

신설)

13의3. 법 제77조의3에 따른 예술인인 피보험자에 대한 구직급여의 지급과 법 제77조의5제2항에서 준용하는 법 제61조에 따른 구직급여의 지급 제한(2023.6.27 개정)

13의4. 법 제77조의4에 따른 예술인인 피보험자에 대한 출산전후급여등의 지급과 법 제77조의5제3항에서 준용하는 법 제62조 및 제73조제4항에 따른 출산전후급여등의 반환명령과 지급 제한(2023.6.27 신설)

13의5. 법 제77조의8에 따른 노무제공자인 피보험자에 대한 구직급여의 지급과 법 제77조의10제2항에서 준용하는 법 제61조에 따른 구직급여의 지급 제한(2023.6.27 개정)

13의6. 법 제77조의9에 따른 노무제공자인 피보험자에 대한 출산전후급여등의 지급과 법 제77조의10제3항에서 준용하는 법 제62조 및 제73조제4항에 따른 출산전후급여등의 반환명령과 지급 제한(2023.6.27 신설)

14. 법 제108조에 따른 보고, 관계 서류의 제출 및 출석의 요구(위임된 사무처리를 위하여 필요한 경우로 한정한다)

15. 법 제109조에 따른 사무소 출입, 관계인에 대한 질문과 서류의 조사(위임된 사무 처리를 위하여 필요한 경우로 한정한다)와 이와 관련된 조사 전 통지와 조사 결과 통지

16. 법 제110조에 따른 자료 제출의 요청(위임된 사무처리를 위하여 필요한 경우로 한정한다)

17. 법 제112조에 따른 포상금의 지급

18. 법 제118조에 따른 과태료의 부과 · 징수(2018.7.3 개정)

19. 제4조에 따른 대리인 선임 · 해임의 신고 수리(대리인이 법 제15조에 관한 사항을 대리하는 경우는 제외한다)(2020.8.27 개정)

20. 제35조에 따른 고용안정과 취업촉진 사업(2014.12.31 신설)

20의2. 삭제(2014.12.31)

21. 제36조에 따른 취업지원사업에 대한 지원

22. 제38조제2항에 따른 고용촉진 시설(제38조제1항제2호 및 같은 항 제3호의 고용촉진시설로 한정한다)에 대한 비용 지원

23. 삭제(2015.6.30)

24. 제43조에 따른 근로자의 직업능력 개발을 위한 지원(2021.6.8 개정)

25. 삭제(2011.9.15)

26. 제47조에 따른 취업훈련의 지원(2011.9.15 개정)

②법 제115조에 따라 고용노동부장관은 다음 각 호의 사항에 관한 권한을 근로복지공단에 위탁한다.(2021.12.31 개정)

1. 법 제15조에 따른 피보험자격에 관한 신고의 수리 등(2016.10.18 신설)
2. 삭제(2020.8.27)

2의2. 법 제17조(법 제77조의5제1항 및 제77조의10제1항에서 준용하는 경우를 포함한다)에 따른 피보험자격의 확인(2021.6.8 개정)

2의3. 법 제77조의2 및 제77조의5제1항에 따른 예술인인 피보험자의 피보험자격 신고의 접수(2020.12.8 신설)

2의4. 법 제77조의6, 제77조의7 및 제77조의10제1항에 따른 노무제공자인 피보험자의 피보험자격 신고의 접수(2021.12.31 개정)

3. 법 제108조에 따른 보고, 관계 서류의 제출 및 출석의 요구(위탁된 사무처리를 위하여 필요한 경우로 한정한다)(2016.10.18 개정)
4. 법 제109조에 따른 사무소 출입, 관계인에 대한 질문과 서류의 조사(위탁된 사무 처리를 위하여 필요한 경우로 한정한다)(2016.10.18 개정)
5. 법 제110조에 따른 자료 제출의 요청(위탁된 사무 처리를 위하여 필요한 경우로 한정한다)(2016.10.18 개정)
6. 제3조의2제2항에 따른 가입대상 공무원에 대한 보험 가입 신청의 수리 및 가입 신청 사실의 통보(2016.10.18 신설)
7. 제3조의2제4항에 따른 고용보험 가입 공무원의 탈퇴신청의 수리(2016.10.18 신설)
8. 제4조에 따른 대리인 선임 · 해임의 신고 수리(대리인이 법 제15조에 관한 사항을 대리하는 경우에 한정한다)(2020.8.27 개정)

8의2. 제35조제7호에 따른 일 · 가정 양립 지원사업을 위한 대부금의 관리 · 운용에 관한 사항(2016.12.30 신설)

8의3. 제37조의3에 따른 우선지원대상기업의 고용유지 비용의 대부에 관한 사항(2021.12.31 개정)

9. 제38조제4항에 따른 어린이집 운영비용의 지원(2016.10.18 개정)
10. 제38조제5항에 따른 보육시설 설치비용의 융자 · 지원 및 융자금 · 지원금의 관리 · 운용에 관한 사항(2016.10.18 개정)

11. 제45조에 따른 능력개발비용의 대부에 관한 사항(2016.10.18 개정)
12. 제47조의2에 따른 직업능력개발훈련 중 생계비 대부와 대부금의 관리 · 운용에 관한 사항(2016.10.18 개정)
13. 제104조의6제4항 및 제6항에 따른 15세 미만인 예술인의 고용보험 가입 및 탈퇴 신청의 접수 및 처리(2023.6.27 신설)
14. 제104조의12제4항 및 제6항에 따른 15세 미만인 노무제공자의 고용보험 가입 및 탈퇴 신청의 접수 및 처리(2023.6.27 신설)

③법 제115조에 따라 고용노동부장관은 다음 각 호의 사항에 관한 권한을 한국산업인력공단에 위탁한다.(2010.7.12 개정)

1. 법 제27조에 따른 사업주에 대한 직업능력개발 훈련의 지원(2011.12.30 신설)
2. 법 제31조제1항제2호에 따른 숙련기술 장려 사업 중 민간 기능경기대회 비용의 지원(2012.1.13 개정)
3. 법 제108조에 따른 보고, 관계 서류의 제출 및 출석의 요구(위탁된 사무 처리를 위하여 필요한 경우로 한정한다)
4. 법 제109조에 따른 사무소 출입, 관계인에 대한 질문 및 서류의 조사(위탁된 사무 처리를 위하여 필요한 경우로 한정한다)
5. 법 제110조에 따른 자료 제출의 요청(위탁된 사무 처리를 위하여 필요한 경우로 한정한다)
6. 삭제(2010.12.31)
7. 제46조에 따른 능력개발비용의 지원에 관한 사항
8. 제48조에 따른 직업능력개발훈련시설 등에 대한 비용 대부와 대부금의 관리 · 운용에 관한 사항
9. 제49조에 따른 직업능력개발훈련시설 등에 대한 비용 지원과 지원금의 관리 · 운용에 관한 사항(지원결정에 관한 사항은 제외한다)
10. 삭제(2008.4.30)
11. 제51조제1항제1호에 따른 자격검정 사업에 대한 비용 지원에 관한 사항

11의2. 제52조제1항제3호에 따른 훈련 매체의 개발 · 편찬과 보급사업(2009.3.12 신설)

12. 제52조제1항제5호에 따른 인적자원개발 우수기업 인증제 지원 사업
13. 제52조제1항제6호에 따른 사업주, 사업주단체 등이 중소기업과 공

동으로 중소기업 근로자 등을 위하여 실시하는 직업능력개발사업
14. 제52조제1항제10호의 우선지원대상기업의 사업주나 근로자의 핵심 직무능력 향상을 위하여 실시하는 직업능력개발훈련(2021.12.31 개정)
15. 제52조제1항제11호의 우선지원대상기업의 학습조직화를 촉진하기 위하여 실시하는 직업능력개발사업(2021.12.31 개정)
16. 제52조제1항제12호의 우선지원대상기업의 사업주나 인력개발 담당자의 인적자원 개발역량을 높이기 위하여 실시하는 직업능력개발사업(2021.12.31 개정)
17. 제52조제1항제13호에 따른 우선지원대상기업에 대한 체계적인 현장 훈련 지원 사업(2021.12.31 개정)
18. 삭제(2010.12.31)

④법 제115조에 따라 고용노동부장관은 다음 각 호의 사항에 관한 업무의 일부를 제5항에 따른 기관에 위탁할 수 있다.(2025.12.23 개정)
1. 제17조에 따른 고용창출사업에 대한 지원
2. 제37조에 따른 고령자 등의 고용환경 개선 지원
3. 제37조의2에 따른 고용안정 지원사업 등에 대한 지원
4. 제38조제2항에 따른 고용촉진 시설(제38조제1항제5호의 고용촉진 시설로 한정한다)에 대한 비용 지원
5. 제52조제1항제4호에 따른 사업주단체, 근로자단체 또는 그 연합체가 협력하여 실시하는 직업능력개발사업의 지원
6. 제55조에 따른 지방자치단체 등에 대한 지원

⑤고용노동부장관이 제4항 각 호의 사항에 관한 업무의 일부를 위탁할 수 있는 기관은 다음 각 호와 같다.(2025.12.23 신설)
1. 근로복지공단
2. 「노사관계 발전 지원에 관한 법률」 제6조에 따라 설립된 노사발전재단
3. 「장애인고용촉진 및 직업재활법」 제43조에 따라 설립된 한국장애인고용공단(이하 "한국장애인고용공단"이라 한다)
4. 「정부출연연구기관 등의 설립 · 운영 및 육성에 관한 법률」 제8조에 따라 설립된 한국노동연구원(이하 "한국노동연구원"이라 한다)
5. 「한국산업안전보건공단법」에 따른 한국산업안전보건공단
6. 한국산업인력공단
7. 그 밖에 고용노동부장관이 정하여 고시하는 관계 전문기관이나 비

영리법인
⑥고용노동부장관은 제4항 및 제5항에 따라 업무를 위탁하는 경우에는 위탁받는 기관 및 위탁업무의 내용을 고용노동부 인터넷 홈페이지 또는 관보 등에 고시해야 한다.(2025.12.23 신설)
⑦법 제115조에 따라 고용노동부장관은 제33조에 따른 고용관리 진단 등 지원의 업무를 한국산업인력공단, 한국장애인고용공단, 한국노동연구원 또는 관계 전문기관 등 고용노동부장관이 지정 · 고시하는 기관에 위탁한다.(2025.12.23 개정)
⑧법 제115조에 따라 고용노동부장관은 법 제15조제6항에 따른 장비 등의 지원, 법 제33조에 따른 고용정보의 제공과 고용 지원 기반의 구축 등에 관한 권한 중 다음 각 호의 사항에 관한 권한을 「고용정책 기본법」 제18조에 따라 설립된 한국고용정보원에 위탁한다.(2025.12.23 개정)
1. 고용정보의 수집 · 분석과 직업안정기관에의 제공
2. 직업 · 훈련 상담 등 직업 지도에 관한 기법의 연구 · 개발과 보급
3. 고용정보의 제공, 직업지도, 직업소개의 평가와 지원
4. 고용안정 · 직업능력개발에 관한 기반의 구축 중 고용보험사업에 관련된 전산망의 운용
⑨법 제115조에 따라 고용노동부장관은 제35조제4호에 따른 건설근로자의 고용안정 등에 대한 지원사업의 업무를 「건설근로자의 고용개선 등에 관한 법률」 제9조에 따른 건설근로자공제회에 위탁한다.(2025.12.23 개정)
⑩근로복지공단의 이사장, 한국산업인력공단의 이사장과 한국장애인고용공단의 이사장은 제2항부터 제7항까지의 규정에 따라 위탁받은 업무를 수행하기 위하여 그 상임이사 중에서 기금수입 담당이사와 기금지출원인행위 담당이사를 임명하고, 그 직원 중에서 기금지출직원과 기금출납직원을 임명하며, 그 임명 사실을 고용노동부장관에게 보고하여야 한다. 이 경우 각 직책의 자가 수행하는 직무는 다음 각 호와 같다.(2025.12.23 개정)
1. 기금수입 담당이사: 기금수입징수관의 직무
2. 기금지출원인행위 담당이사: 기금재무관의 직무
3. 기금지출직원: 기금지출관의 직무

4. 기금출납직원: 기금출납공무원의 직무

⑪고용노동부장관은 제10항에 따른 기금수입 담당이사, 기금지출원인 담당이사, 기금지출직원 및 기금출납직원의 임명 사실을 감사원장과 한국은행총재에게 알려야 한다.(2025.12.23 개정)

제145조의2【고유식별정보의 처리】 ①고용노동부장관(제145조에 따라 고용노동부장관의 권한·업무를 위임·위탁받은 자를 포함한다)은 다음 각 호의 사무를 수행하기 위해 불가피한 경우 「개인정보 보호법 시행령」 제19조에 따른 주민등록번호 또는 외국인등록번호가 포함된 자료를 처리할 수 있다.(2021.6.8 개정)

1. 법 제10조제1항제3호 단서 및 이 영 제3조의2에 따른 별정직·임기제 공무원의 고용보험 가입 또는 탈퇴에 관한 사무(2023.6.27 개정)

1의2. 다음 각 목에 해당하는 사람의 고용보험 가입에 관한 사무(2023.6.27 개정)

가. 법 제10조의2제1항에 따른 외국인근로자

나. 법 제10조의2제2항 및 이 영 제3조의3에 따른 근로계약 체결 외국인, 외국인예술인 및 외국인노무제공자

다. 법 제10조제1항제5호 및 이 영 제3조제3항제2호 단서에 따른 근로자의 고용보험 가입 또는 탈퇴에 관한 사무(2024.6.25 신설)

2. 법 제15조에 따른 피보험자격의 취득·상실 등의 신고에 관한 사무
3. 삭제(2020.8.27)
4. 법 제17조에 따른 피보험자격의 확인에 관한 사무
5. 법 제20조에 따른 고용기회 확대 사업주에 대한 지원에 관한 사무
6. 법 제21조에 따른 고용안정을 위한 조치를 한 사업주에 대한 지원에 관한 사무
7. 법 제22조에 따른 지역 고용촉진 사업주에 대한 지원에 관한 사무
8. 법 제23조에 따른 고령자등 고용촉진의 지원에 관한 사무
9. 법 제25조에 따른 고용안정 및 취업촉진 사업을 실시하는 자에 대한 지원 및 대부에 관한 사무
10. 법 제26조에 따른 고용촉진시설의 지원에 관한 사무
11. 법 제27조에 따른 사업주에 대한 직업능력개발 훈련비용의 지원에 관한 사무
12. 법 제29조에 따른 피보험자등에 대한 직업능력개발 지원 등에 관

한 사무
13. 법 제30조에 따른 직업능력개발 훈련 시설의 설치, 장비구입 비용 등의 대부 · 지원에 관한 사무
14. 법 제31조에 따른 직업능력개발의 촉진 사업을 실시하는 자에 대한 지원에 관한 사무
15. 법 제35조에 따른 부정행위를 이유로 한 지원금의 반환명령 또는 추가징수에 관한 사무
15의2. 법 제55조의2에 따른 국민연금 보험료의 지원에 관한 사무(2016.7.19 신설)
16. 법 제70조에 따른 육아휴직 급여의 지급에 관한 사무
17. 법 제73조의2에 따른 육아기 근로시간 단축 급여의 지급에 관한 사무
18. 법 제75조에 따른 출산전후휴가 급여등 및 법 제76조의2에 따른 출산전후휴가 급여등에 상당하는 금액의 지급에 관한 사무(2023.6.27 개정)
19. 법 제75조의2에 따른 출산전후휴가 급여등의 대위 신청에 관한 사무(2012.7.10 개정)
19의2. 법 제77조의2 및 제77조의5제1항에 따른 예술인인 피보험자의 피보험자격 신고에 관한 사무(2020.12.8 신설)
19의3. 법 제77조의6, 제77조의7 및 제77조의10제1항에 따른 노무제공자인 피보험자의 피보험자격 신고에 관한 사무(2021.12.31 개정)
20. 법 제108조에 따른 보고 등의 요구에 관한 사무
21. 법 제109조에 따른 조사 등에 관한 사무
22. 법 제110조에 따른 자료 제출의 요청에 관한 사무
23. 법 제112조에 따른 부정행위의 신고 및 신고포상금의 지급에 관한 사무
24. 제4조에 따른 대리인 선임 또는 해임 신고에 관한 사무
25. 제10조, 제104조의7 및 제104조의14에 따른 피보험자 이름 등의 변경 신고에 관한 사무(2021.12.31 개정)

②직업안정기관의 장은 다음 각 호의 사무를 수행하기 위해 불가피한 경우 「개인정보 보호법 시행령」 제19조제1호 또는 제4호에 따른 주민등록번호 또는 외국인등록번호가 포함된 자료를 처리할 수 있다.(2021.6.8 개정)

1. 법 제62조 · 제74조 · 제77조에 따른 부정행위를 이유로 한 구직급여 등의 반환명령 및 추가징수에 관한 사무
2. 법 제42조에 따른 실업의 신고(이직확인서의 확인에 관한 사무를 포함한다)에 관한 사무(2020.8.27 개정)
3. 법 제43조에 따른 수급자격의 인정에 관한 사무
4. 법 제44조에 따른 실업의 인정 등에 관한 사무
5. 법 제48조 및 이 영 제71조에 따른 수급기간의 연기 등에 관한 사무
6. 법 제52조에 따른 개별연장급여의 지급에 관한 사무
7. 법 제57조에 따른 미지급 구직급여의 지급에 관한 사무
8. 법 제63조에 따른 상병급여의 지급에 관한 사무
9. 법 제64조에 따른 조기재취업 수당의 지급에 관한 사무
10. 법 제66조에 따른 광역 구직활동비의 지급에 관한 사무
11. 법 제67조에 따른 이주비의 지급에 관한 사무
12. 법 제77조의3, 제77조의4 및 제77조의5제2항 · 제3항에 따른 구직급여와 출산전후급여등의 지급에 관한 사무(2020.12.8 신설)
13. 법 제77조의8, 제77조의9 및 제77조의10제2항 · 제3항에 따른 구직급여와 출산전후급여등의 지급에 관한 사무(2021.6.8 신설)

③심사관은 법 제87조제1항에 따른 심사청구에 관한 사무를 수행하기 위하여 불가피한 경우 「개인정보 보호법 시행령」 제19조제1호 또는 제4호에 따른 주민등록번호 또는 외국인등록번호가 포함된 자료를 처리할 수 있다.

④심사위원회는 다음 각 호의 사무를 수행하기 위하여 불가피한 경우 「개인정보 보호법 시행령」 제19조제1호 또는 제4호에 따른 주민등록번호 또는 외국인등록번호가 포함된 자료를 처리할 수 있다.
1. 법 제87조제1항에 따른 재심사 청구에 관한 사무
2. 법 제101조제5항 · 제6항에 따른 심리조서 열람에 관한 사무

(2012.1.13 본조개정)

제145조의3【규제의 재검토】 삭제(2020.3.3)

제146조【과태료의 부과기준】 법 제118조제1항부터 제3항까지의 규정에 따른 과태료의 부과기준은 별표 3과 같다.
(2013.8.6 본조개정)

부 칙

제1조【시행일】 이 영은 공포한 날부터 시행한다. 다만, 제2조제2항 및 제85조제2항의 개정 규정은 2007년 10월 28일부터 시행하고, 제19조제1항, 제20조제3항, 제21조제1항 · 제2항, 제23조제1항, 제25조, 제32조제2항의 개정 규정은 2008년 1월 1일부터 시행하며, 제82조제2항제2호의 개정 규정은 2008년 2월 4일부터 시행한다.

제2조 ~ 제11조 생략

부 칙 (2008. 4.30)

제1조【시행일】 이 영은 공포한 날부터 시행한다. 다만, 제30조 및 제98조의 개정규정은 2008년 6월 22일부터, 제32조의2 및 제40조제5항의 개정규정은 2008년 7월 1일부터, 제32조제3호 및 제43조의 개정규정은 2009년 1월 1일부터 시행한다.

제2조 ~ 제11조 생략

부 칙 (2008. 9.18)

제1조【시행일】 ~ 제11조【지원금 등의 지급제한에 관한 경과조치】 생략

부 칙 (2008.12. 3)

제1조【시행일】 이 영은 공포한 날부터 시행한다.

제2조【적용례】 제47조제2항의 개정규정은 이 영 시행 후 실업자 등을 위한 직업능력개발훈련 비용을 처음 지급하는 경우부터 적용한다.

부 칙 (2009. 3.12)

제1조【시행일】 ~ 제3조【경과조치】 생략

부 칙 (2009. 5.28)

제1조【시행일】 ~ 제3조【유효기간 만료 이후의 적용에 관한 경과조치】 생략

부 칙 (2010. 2. 8)

제1조【시행일】~제11조 생략

부　칙 (2010.12.31)

제1조【시행일】~ 제27조 생략

부　칙 (2011. 9.15)

제1조【시행일】~ 제5조【다른 법령의 개정】 생략

부　칙 (2012. 1.13)

제1조【시행일】~ 제9조【육아휴직 급여액 산정에 관한 경과조치】 생략

부　칙 (2013. 1.25)

제1조【시행일】~ 제6조【임금피크제 지원금에 관한 경과조치】 생략

부　칙 (2013. 4.22)

제1조【시행일】~ 제4조【고용유지조치계획 위반에 관한 경과조치】 생략

부　칙 (2013. 8. 6)

제1조【시행일】 이 영은 2013년 10월 1일부터 시행한다.

제2조【과태료에 관한 경과조치】 ①이 영 시행 전의 위반행위에 대하여 과태료의 부과기준을 적용할 때에는 별표 3의 개정규정에도 불구하고 종전의 규정에 따른다.

②이 영 시행 전의 위반행위로 받은 과태료 부과처분은 별표 3의 개정규정에 따른 위반행위의 횟수 산정에 포함하지 아니한다.

부　칙 (2013.12.24)

제1조【시행일】 이 영은 2014년 1월 1일부터 시행한다.

제2조 ~ 제20조 생략

부　칙 (2014. 6.17)

제 1 조【시행일】～ 제 3 조【출산전후휴가 급여의 상한액에 관한 적용례】 생략

부　칙 (2014. 9.30)

제 1 조【시행일】～ 제 4 조【육아기 근로시간 단축 급여액에 관한 경과조치】 생략

부　칙 (2014.12.31)

제 1 조【시행일】～ 제 6 조【급여기초 임금일액의 상한액에 관한 경과조치】 생략

부　칙 (2015. 4.20)

이 영은 2015년 4월 21일부터 시행한다.

부　칙 (2015. 6.30)

제 1 조【시행일】～ 제 5 조【육아휴직 급여 지급 방법 등에 관한 경과조치】 생략

부　칙 (2015. 8.19)

제 1 조【시행일】～ 제 3 조【고용창출에 대한 지원에 관한 적용례】 생략

부　칙 (2015.12. 4)

제 1 조【시행일】～ 제 7 조【다른 법령의 개정】 생략

부　칙 (2016. 7.19)

이 영은 공포한 날부터 시행한다. 다만, 제74조의2 및 제145조의2제1항제15호의2의 개정규정은 2016년 8월 1일부터 시행한다.

부　칙 (2016.10.18)

이 영은 2017년 1월 1일부터 시행한다.

부　칙 (2016.12.30)

제1조【시행일】~ 제6조【사업주에 대한 출산육아기 고용안정장려금 지급에 관한 경과조치】 생략

부　칙 (2017. 3.27)

제1조【시행일】 이 영은 2017년 4월 1일부터 시행한다.

제2조【급여기초 임금일액의 상한액에 관한 경과조치】 이 영 시행 전에 이직한 사람에 대한 구직급여의 산정 기초가 되는 임금일액은 제68조제1항의 개정규정에도 불구하고 종전의 규정에 따른다.

부　칙 (2017. 6.27)

제1조【시행일】 이 영은 2017년 6월 28일부터 시행한다.

제2조【기간제근로자에 대한 육아휴직 급여에 관한 적용례】 제95조제4항의 개정규정은 이 영 시행 이후 근로계약 기간이 만료하는 기간제근로자부터 적용한다.

부　칙 (2017. 8.29)

제1조【시행일】 이 영은 2017년 9월 1일부터 시행한다.

제2조【육아휴직 급여에 관한 경과조치】 이 영 시행 전의 육아휴직 기간에 대한 육아휴직 급여에 대해서는 제95조의 개정규정에도 불구하고 종전의 규정에 따른다.

부　칙 (2017.12.12)

제1조【시행일】 이 영은 공포한 날부터 시행한다.

제2조【지원금 등의 상호조정에 관한 적용례】 제40조제2항 단서의 개정규정은 이 영 시행 전에 제17조제1항제4호에 따른 지원금과 제35조제2호에 따른 지원금의 지급 요건에 해당하는 경우에도 적용한다.

부　칙 (2017.12.26)

제1조【시행일】~ 제6조【육아기 근로시간 단축 급여에 관한 경과조치】 생략

고용 보험

부　칙 (2018. 7. 3)

제 1 조【시행일】～ 제 4 조【육아휴직 급여의 특례에 관한 적용례】 생략

부　칙 (2018.10. 2)

제 1 조【시행일】～ 제 2 조【육아기 근로시간 단축 급여의 감액에 관한 경과조치】 생략

부　칙 (2018.12.31)

제 1 조【시행일】～ 제 6 조【급여기초 임금일액의 상한액에 관한 경과조치】 생략

부　칙 (2019. 2.12)

제 1 조【시행일】～ 제 2 조【피보험자격의 확인 청구에 관한 경과조치】 생략

부　칙 (2019. 6.25)

제 1 조【시행일】～ 제 3 조【외국인근로자에 대한 이 영의 적용에 관한 경과조치】 생략

부　칙 (2019. 9.17)

제 1 조【시행일】～ 제 2 조【육아기 근로시간 단축 급여에 관한 적용례】 생략

부　칙 (2019.12.31)

제 1 조【시행일】～ 제 3 조【근로시간 단축 지원금에 관한 경과조치】 생략

부　칙 (2020. 3.31)

제 1 조【시행일】～ 제 5 조【출산육아기 고용안정장려금의 지급에 관한 특례】 생략

부　칙 (2020. 4.28)

제1조【시행일】 ~ 제2조【고용유지지원금의 금액에 관한 적용례】 생략

부　칙 (2020. 6. 9)

제1조【시행일】 ~ 제7조【우선지원 대상기업의 고용유지 비용의 대부에 관한 적용례】 생략

부　칙 (2020. 8.27)

제1조【시행일】 ~ 제4조【다른 법령의 개정】 생략

부　칙 (2020. 9.29)

제1조【시행일】 ~ 제3조【사업주에 대한 직업능력개발 훈련비용의 지원에 관한 적용례】 생략

고용
보험

부　칙 (2020.10.20)

제1조【시행일】 ~ 제2조【고용유지지원금의 지급에 관한 적용례】 생략

부　칙 (2020.12. 8)

이 영은 2020년 12월 10일부터 시행한다.

부　칙 (2020.12.29)

제1조【시행일】 ~ 제4조【고용유지조치계획의 신고에 관한 적용례】 생략

부　칙 (2021. 6. 8)

제1조【시행일】 ~ 제2조【노무제공자의 피보험자격에 관한 적용례】 생략

부　칙 (2021.12.31)

제1조【시행일】 ~ 제4조【출산육아기 고용안정장려금 지급에

관한 경과조치】 생략

부　칙 (2022. 6.28)

제1조【시행일】 ~ 제2조【출산육아기 고용안정장려금의 지급 제한에 관한 경과조치】 생략

부　칙 (2022.12. 6)

제1조【시행일】 ~ 제2조【고용촉진장려금에 관한 적용례】 생략

부　칙 (2023. 6.27)

제1조【시행일】 ~ 제2조【지역고용촉진 지원금의 지급 제한에 관한 적용례】 제24조제6항제7호의 개정규정은 이 영 시행 이후 「고용정책 기본법」 제32조 및 같은 법 시행령 제30조의2에 따라 고용위기지역으로 지정되거나 지정기간이 연장되어 사업주가 제24조제1항제1호에 따라 근로자의 고용에 관한 지역고용계획을 신고하는 경우부터 적용한다.

부　칙 (2023.11. 7)

제1조【시행일】 이 영은 공포한 날부터 시행한다.

제2조【위원회 위촉위원의 직무계속에 관한 적용례】 제1조의4제2항의 개정규정은 이 영 시행 이후 임기가 만료되는 위촉위원부터 적용한다.

부　칙 (2023.12.26)

제1조【시행일】 이 영은 2024년 1월 1일부터 시행한다. 다만, 제104조의5제1항의 개정규정은 2024년 2월 9일부터 시행하고, 제19조제2항의 개정규정은 2024년 7월 1일부터 시행한다.

제2조【고용유지지원금의 지급 대상에 관한 적용례】 제19조제1항 및 같은 조 제2항제3호의 개정규정은 다음 각 호의 구분에 따른 시행일 이후 제20조에 따라 사업주가 고용유지조치계획을 신고하는 경우부터 적용한다.

1. 제19조제1항의 개정규정: 2024년 1월 1일
2. 제19조제2항제3호의 개정규정: 2024년 7월 1일

제 3 조【조기재취업 수당 지급기준에 관한 적용례】 제84조제1항의 개정규정은 2024년 1월 1일 이후 법 제43조에 따라 구직급여 수급자격의 인정을 신청하는 사람부터 적용한다.

제 4 조【출생 후 18개월 이내의 자녀에 대한 육아휴직 급여 등에 관한 특례】 제95조의3제1항의 개정규정은 2024년 1월 1일 전에 피보험자인 부모 모두 또는 부모 중 한 명이 출생 후 18개월 이내의 자녀에 대하여 육아휴직을 하고, 2024년 1월 1일 이후 피보험자인 부모 모두 또는 부모 중 한 명이 같은 자녀에 대하여 육아휴직을 하는 경우로서 피보험자인 부모 모두 같은 개정규정에 따른 육아휴직 급여의 지급요건을 모두 갖춘 경우에는 부모 중 한 명이 2024년 1월 1일 이후 한 육아휴직 차수(첫 번째 달부터 여섯 번째 달까지 중 해당하는 달을 말한다. 이하 이 조에서 같다)의 범위에서 부모 중 다른 한 명이 2024년 1월 1일 전에 한 같은 차수의 육아휴직 기간(최대 6개월까지로 한다)에 대한 급여를 산정할 때에도 적용한다. 다만, 부모 모두 2024년 1월 1일 전에 한 육아휴직 기간이 각각 6개월 이상인 경우는 제외한다.

부 칙 (2024. 6.25)

제 1 조【시행일】 이 영은 2024년 7월 1일부터 시행한다.

제 2 조【업무분담지원금의 지급에 관한 적용례】 제29조제1항제4호 및 같은 조 제4항 · 제5항 · 제6항제3호의 개정규정은 이 영 시행 이후 업무분담자를 지정하는 경우부터 적용한다.

제 3 조【육아기 근로시간 단축 급여액의 산정에 관한 적용례】 제104조의2제2항의 개정규정은 이 영 시행 전에 육아기 근로시간 단축을 허용 받아 개시한 경우로서 이 영 시행 이후 남아 있는 육아기 근로시간 단축 기간에도 적용한다.

제 4 조【고용촉진장려금의 지급에 관한 경과조치】 이 영 시행 당시 종전의 제26조제1항제4호에 따른 실업자를 피보험자로 고용하고 있는 사업주에 대하여는 제26조제1항제4호의 개정규정에도 불구하고 종전의 규정에 따라 고용촉진장려금을 지급한다.

부 칙 (2024.12.24)

제1조【시행일】 이 영은 2025년 1월 1일부터 시행한다.

제2조【대체인력지원금 및 업무분담지원금의 지급에 관한 적용례】 제29조제1항 · 제4항 · 제5항 및 제6항의 개정규정은 이 영 시행 이후 대체인력을 고용하거나 대체인력으로 파견근로자를 사용하는 경우 또는 업무분담자를 지정하는 경우부터 적용한다.

제3조【육아휴직 급여에 관한 적용례】 제95조제1항의 개정규정은 2025년 1월 1일 전에 육아휴직을 한 피보험자의 2025년 1월 1일 이후의 육아휴직 기간에 대한 육아휴직 급여에 대해서도 적용한다.

제4조【육아휴직 급여의 특례에 관한 적용례】 ①제95조의3제1항의 개정규정은 2025년 1월 1일 전에 육아휴직을 한 피보험자인 부모에 대한 2025년 1월 1일 이후의 육아휴직 기간에 대한 육아휴직 급여에 대해서도 적용한다.

②제95조의3제3항의 개정규정은 2025년 1월 1일 전에 육아휴직을 한 「한부모가족지원법」 제4조제1호의 모 또는 부에 해당하는 피보험자의 2025년 1월 1일 이후의 육아휴직 기간에 대한 육아휴직 급여에 대해서도 적용한다.

제5조【육아기 근로시간 단축 급여액의 산정에 관한 적용례】 제104조의2제2항의 개정규정은 2025년 1월 1일 전에 육아기 근로시간 단축을 허용 받아 개시한 경우로서 2025년 1월 1일 이후 남아 있는 육아기 근로시간 단축 기간에 대해서도 적용한다.

제6조【부정행위에 따른 지원금 등의 반환명령 등에 관한 경과조치】 2025년 1월 1일 전의 부정행위에 따른 고령자 고용연장 지원금 및 60세 이상 고령자 고용지원금의 반환명령에 관하여는 제56조제1항의 개정규정에도 불구하고 종전의 규정에 따른다.

제7조【육아휴직 급여의 지급에 관한 경과조치】 2025년 1월 1일 전에 육아휴직을 시작한 피보험자의 2025년 1월 1일 전의 육아휴직 기간에 대한 육아휴직 급여의 지급 금액 및 지급 시기 등에 관하여는 제95조제1항 · 제4항, 제95조의2제4항 및 제95조의3제1항 · 제4항의 개정규정에도 불구하고 종전의 규정에 따른다.

제8조【육아휴직 급여 감액에 관한 경과조치】 2025년 1월 1일 전의 육아휴직 기간 중에 사업주로부터 육아휴직을 이유로 금품을 지급받은 육아휴직 급여의 감액에 관하여는 제98조의 개정규정에도 불구하고 종

전의 규정에 따른다.

제9조【다른 법령의 개정】 고용상 연령차별금지 및 고령자고용촉진에 관한 법률 시행령 일부를 다음과 같이 개정한다.
제11조제1항 중 "「고용보험법 시행령」 제25조, 제25조의2, 제26조"를 "「고용보험법 시행령」 제26조"로 한다.

부 칙 (2025. 2.18)

제1조【시행일】 이 영은 2025년 2월 23일부터 시행한다.

제2조【예술인 또는 노무제공자 출산전후급여등의 지급기간에 관한 적용례】 제104조의9제2항의 개정규정은 피보험자 또는 피보험자였던 사람이 이 영 시행 이후 출산하거나 유산 또는 사산한 경우부터 적용한다.

부 칙 (2025. 6. 2)

제1조【시행일】 이 영은 2025년 7월 1일부터 시행한다.

제2조【출산육아기 고용안정장려금 지급에 관한 적용례】 제29조제6항제1호의 개정규정은 이 영 시행 이후에 사업주가 피보험자인 근로자에게 육아휴직등을 30일 이상 허용하는 경우부터 적용한다.

제3조【조기재취업 수당의 지급기준에 관한 적용례】 ①제84조제1항제1호마목의 개정규정은 이 영 시행 이후 법 제43조제1항에 따라 구직급여 수급자격의 인정을 신청하는 경우부터 적용한다.
②제84조제1항제2호 후단의 개정규정은 이 영 시행 이후 제86조제1항 및 제2항에 따라 조기재취업 수당을 청구하는 경우부터 적용한다.

부 칙 (2025. 8. 5)

제1조【시행일】 이 영은 공포한 날부터 시행한다.

제2조【육아휴직 급여의 한시적 특례에 관한 적용례】 제95조의2제1항의 개정규정은 이 영 시행 전에 종전의 규정에 따라 두 번째 육아휴직자에 대한 육아휴직 급여의 지급 요건을 갖추어 육아휴직을 한 피보험자의 2025년 1월 1일 이후의 육아휴직 기간에 대한 육아휴직 급여에 대해서도 적용한다.

부 칙 (2025.12.23)

제1조【시행일】 이 영은 2026년 1월 1일부터 시행한다.

제2조【대체인력지원금 지원에 관한 적용례】 ①제29조제4항 전단의 개정규정 및 같은 조 제6항제2호의 개정규정(육아휴직을 사용한 근로자가 복직한 후 1개월간의 업무 인수인계기간에 해당하는 대체인력지원금의 지급에 관한 부분으로 한정한다)은 이 영 시행 전에 육아휴직을 사용한 근로자가 이 영 시행 이후 복직한 후 사업주가 해당 근로자에 대한 업무 인수인계를 위하여 대체인력을 고용·사용하는 기간에 대해서도 적용한다.

②제29조제6항제2호의 개정규정(출산전후휴가, 유산·사산 휴가 또는 육아휴직등을 사용한 기간에 해당하는 대체인력지원금의 지급에 관한 부분으로 한정한다)은 이 영 시행 이후 사업주가 대체인력을 새로 고용·사용하는 경우(이 영 시행 전에 고용·사용한 대체인력을 이 영 시행 이후 교체하는 경우는 제외한다)부터 적용한다.

제3조【육아기 근로시간 단축 급여액의 산정에 관한 적용례】 제104조의2제2항의 개정규정은 이 영 시행 전에 육아기 근로시간 단축을 허용 받아 개시한 경우로서 이 영 시행 이후 남아있는 육아기 근로시간 단축 기간에 대해서도 적용한다.

제4조【급여기초 임금일액 및 구직급여일액의 상한액에 관한 경과조치】 이 영 시행 전에 이직한 사람의 구직급여의 산정 기초가 되는 임금일액 및 구직급여일액은 제68조제1항, 제104조의8제4항 및 제104조의15제4항의 개정규정에도 불구하고 종전의 규정에 따른다.

산업재해보상보험법

전부개정 2007.12.14 법률 제8694호
개정 2007.12.31 법률 제8835호
2008. 2.29 법률 제8863호
2008.12.31 법률 제9319호
2009. 1. 7 법률 제9338호
2009.10. 9 법률 제9794호
2010. 1.27 법률 제9988호
2010. 5.20 법률 제10305호
2010. 6. 4 법률 제10339호
2011.12.31 법률 제11141호
2012.12.18 법률 제11569호
2015. 1.20 법률 제13045호
2015. 5.18 법률 제13323호
2016.12.27 법률 제14499호
2017.10.24 법률 제14933호
2017.12.19 법률 제15270호
2018. 6.12 법률 제15665호
2019. 1.15 법률 제16272호
2019. 1.15 법률 제16273호
2020. 4. 7 법률 제17203호
2020. 5.26 법률 제17326호
2020. 6. 9 법률 제17434호
2020.12. 8 법률 제17603호
2021. 1. 5 법률 제17865호
2021. 1.26 법률 제17910호
2021. 4.13 법률 제18040호
2021. 5.18 법률 제18181호
2021. 8.17 법률 제18425호

2022. 1.11 법률 제18753호
2022. 6.10 법률 제18913호
2022. 6.10 법률 제18928호
2023. 8. 8 법률 제19612호
2024.10.22 법률 제20523호
2025.10. 1 법률 제21065호
2025.11.11 법률 제21136호

제1장 총 칙

제1조【목적】 이 법은 산업재해보상보험 사업을 시행하여 근로자의 업무상의 재해를 신속하고 공정하게 보상하며, 재해근로자의 재활 및 사회 복귀를 촉진하기 위하여 이에 필요한 보험시설을 설치·운영하고, 재해 예방과 그 밖에 근로자의 복지 증진을 위한 사업을 시행하여 근로자 보호에 이바지하는 것을 목적으로 한다.

제2조【보험의 관장과 보험연도】 ①이 법에 따른 산업재해보상보험 사업(이하 "보험사업"이라 한다)은 고용노동부장관이 관장한다.(2010.6.4 개정)

②이 법에 따른 보험사업의 보험연도는 정부의 회계연도에 따른다.

제3조【국고의 부담 및 지원】 ①국가는 회계연도마다 예산의 범위에서 보험사업의 사무 집행에 드는 비용을 일반회계에서 부담하여야 한다.

②국가는 회계연도마다 예산의 범위에서 보험사업에 드는 비용의 일부를 지원할 수 있다.

제4조【보험료】 이 법에 따른 보험사업에 드는 비용에 충당하기 위하여 징수하는 보험료나 그 밖의 징수금에 관하여는 「고용보험 및 산업재해보상보험의 보험료징수 등에 관한 법률」(이하 "보험료징수법"이라 한다)에서 정하는 바에 따른다.

제5조【정의】 이 법에서 사용하는 용어의 뜻은 다음과 같다.

1. "업무상의 재해"란 업무상의 사유에 따른 근로자의 부상·질병·장해 또는 사망을 말한다.

2. “근로자”·“임금”·“평균임금”·“통상임금”이란 각각 「근로기준법」에 따른 “근로자”·“임금”·“평균임금”·“통상임금”을 말한다. 다만, 「근로기준법」에 따라 “임금” 또는 “평균임금”을 결정하기 어렵다고 인정되면 고용노동부장관이 정하여 고시하는 금액을 해당 “임금” 또는 “평균임금”으로 한다.(2010.6.4 개정)

3. “유족”이란 사망한 사람의 배우자(사실상 혼인 관계에 있는 사람을 포함한다. 이하 같다)·자녀·부모·손자녀·조부모 또는 형제자매를 말한다.(2020.5.26 개정)

4. “치유”란 부상 또는 질병이 완치되거나 치료의 효과를 더 이상 기대할 수 없고 그 증상이 고정된 상태에 이르게 된 것을 말한다.

5. “장해”란 부상 또는 질병이 치유되었으나 정신적 또는 육체적 훼손으로 인하여 노동능력이 상실되거나 감소된 상태를 말한다.(2010.1.27 개정)

6. “중증요양상태”란 업무상의 부상 또는 질병에 따른 정신적 또는 육체적 훼손으로 노동능력이 상실되거나 감소된 상태로서 그 부상 또는 질병이 치유되지 아니한 상태를 말한다.(2018.6.12 개정)

7. “진폐”(塵肺)란 분진을 흡입하여 폐에 생기는 섬유증식성(纖維增殖性) 변화를 주된 증상으로 하는 질병을 말한다.(2010.5.20 신설)

8. “출퇴근”이란 취업과 관련하여 주거와 취업장소 사이의 이동 또는 한 취업장소에서 다른 취업장소로의 이동을 말한다.(2017.10.24 신설)

제6조【적용 범위】 이 법은 근로자를 사용하는 모든 사업 또는 사업장(이하 “사업”이라 한다)에 적용한다. 다만, 위험률·규모 및 장소 등을 고려하여 대통령령으로 정하는 사업에 대하여는 이 법을 적용하지 아니한다.

제7조【보험 관계의 성립·소멸】 이 법에 따른 보험 관계의 성립과 소멸에 대하여는 보험료징수법으로 정하는 바에 따른다.

제8조【산업재해보상보험및예방심의위원회】 ①산업재해보상보험 및 예방에 관한 중요 사항을 심의하게 하기 위하여 고용노동부에 산업재해보상보험및예방심의위원회(이하 “위원회”라 한다)를 둔다.(2010.6.4 개정)

②위원회는 근로자를 대표하는 사람, 사용자를 대표하는 사람 및 공익을 대표하는 사람으로 구성하되, 그 수는 각각 같은 수로 한다.(2020.5.26 개정)

③위원회는 그 심의 사항을 검토하고, 위원회의 심의를 보조하게 하기 위하여 위원회에 전문위원회를 둘 수 있다.(2009.10.9 개정)

④위원회 및 전문위원회의 조직·기능 및 운영에 필요한 사항은 대통령령

으로 정한다.(2009.10.9 개정)

제9조【보험사업 관련 조사·연구】 ①고용노동부장관은 보험사업을 효율적으로 관리·운영하기 위하여 조사·연구 사업 등을 할 수 있다.(2010.6.4 개정)

②고용노동부장관은 필요하다고 인정하면 제1항에 따른 업무의 일부를 대통령령으로 정하는 자에게 대행하게 할 수 있다.(2010.6.4 개정)

제9조의2【산업재해근로자의 날】 ①산업재해에 대한 국민의 이해를 증진시키고 산업재해근로자의 권익 향상을 도모하기 위하여 매년 4월 28일을 산업재해근로자의 날로 하며, 산업재해근로자의 날부터 1주간을 산업재해근로자 추모 주간으로 한다.

②고용노동부장관은 산업재해근로자의 날의 취지에 적합한 행사, 산업재해 예방교육, 산업재해근로자 지원 등의 사업을 실시하도록 노력하여야 한다.
(2024.10.22 본조신설)

제2장 근로복지공단

제10조【근로복지공단의 설립】 고용노동부장관의 위탁을 받아 제1조의 목적을 달성하기 위한 사업을 효율적으로 수행하기 위하여 근로복지공단(이하 "공단"이라 한다)을 설립한다.(2010.6.4 개정)

제11조【공단의 사업】 ①공단은 다음 각 호의 사업을 수행한다.

1. 보험가입자와 수급권자에 관한 기록의 관리·유지
2. 보험료징수법에 따른 보험료와 그 밖의 징수금의 징수
3. 보험급여의 결정과 지급
4. 보험급여 결정 등에 관한 심사 청구의 심리·결정
5. 산업재해보상보험 시설의 설치·운영

5의2. 업무상 재해를 입은 근로자 등의 진료·요양 및 재활(2015.1.20 개정)

5의3. 재활보조기구의 연구개발·검정 및 보급(2010.1.27 신설)

5의4. 보험급여 결정 및 지급을 위한 업무상 질병 관련 연구(2015.1.20 신설)

5의5. 근로자 등의 건강을 유지·증진하기 위하여 필요한 건강진단 등 예방 사업(2015.1.20 신설)

6. 근로자의 복지 증진을 위한 사업
7. 그 밖에 정부로부터 위탁받은 사업
8. 제5호 · 제5호의2부터 제5호의5까지 · 제6호 및 제7호에 따른 사업에 딸린 사업(2015.1.20 개정)

②공단은 제1항제5호의2부터 제5호의5까지의 사업을 위하여 의료기관, 연구기관 등을 설치 · 운영할 수 있다.(2015.1.20 개정)

③제1항제3호에 따른 사업의 수행에 필요한 자문을 하기 위하여 공단에 관계 전문가 등으로 구성되는 보험급여자문위원회를 둘 수 있다.(2010.1.27 개정)

④제3항에 따른 보험급여자문위원회의 구성과 운영에 필요한 사항은 공단이 정한다.(2010.1.27 개정)

⑤정부는 예산의 범위에서 공단의 사업과 운영에 필요한 비용을 출연할 수 있다.(2015.1.20 신설)

제12조【법인격】 공단은 법인으로 한다.

제13조【사무소】 ①공단의 주된 사무소 소재지는 정관으로 정한다.

②공단은 필요하면 정관으로 정하는 바에 따라 분사무소를 둘 수 있다.

제14조【정관】 ①공단의 정관에는 다음 각 호의 사항을 적어야 한다.

1. 목적
2. 명칭
3. 주된 사무소와 분사무소에 관한 사항
4. 임직원에 관한 사항
5. 이사회에 관한 사항
6. 사업에 관한 사항
7. 예산 및 결산에 관한 사항
8. 자산 및 회계에 관한 사항
9. 정관의 변경에 관한 사항
10. 내부규정의 제정 · 개정 및 폐지에 관한 사항
11. 공고에 관한 사항

②공단의 정관은 고용노동부장관의 인가를 받아야 한다. 이를 변경하려는 때에도 또한 같다.(2010.6.4 개정)

제15조【설립등기】 공단은 그 주된 사무소의 소재지에서 설립등기를 함으로써 성립한다.

제16조【임원】 ①공단의 임원은 이사장 1명과 상임이사 4명을 포함한 15명 이내의 이사와 감사 1명으로 한다.(2010.1.27 개정)

②이사장 · 상임이사 및 감사의 임면(任免)에 관하여는 「공공기관의 운영에 관한 법률」 제26조에 따른다.(2010.1.27 개정)

③비상임이사(제4항에 따라 당연히 비상임이사로 선임되는 사람은 제외한다)는 다음 각 호의 어느 하나에 해당하는 사람 중에서 「공공기관의 운영에 관한 법률」 제26조제3항에 따라 고용노동부장관이 임명한다. 이 경우 제4호에 해당하는 사람 1명을 포함하여야 하며, 제1호와 제2호에 해당하는 비상임이사는 같은 수로 하되, 노사 어느 일방이 추천하지 아니하는 경우에는 그러하지 아니하다.(2025.11.11 개정)

1. 총연합단체인 노동조합이 추천하는 사람
2. 전국을 대표하는 사용자단체가 추천하는 사람
3. 사회보험 또는 근로복지사업에 관한 학식과 경험이 풍부한 사람으로서 「공공기관의 운영에 관한 법률」 제29조에 따른 임원추천위원회가 추천하는 사람
4. 3년 이상 재직한 공단 소속 근로자 중에서 근로자대표(근로자의 과반수로 조직된 노동조합이 있는 경우 그 노동조합의 대표자를 말한다)의 추천이나 근로자 과반수의 동의를 받은 사람(2025.11.11 신설)

④당연히 비상임이사로 선임되는 사람은 다음 각 호와 같다.(2010.1.27 신설)

1. 기획예산처에서 공단 예산 업무를 담당하는 3급 공무원 또는 고위공무원단에 속하는 일반직공무원 중에서 기획예산처장관이 지명하는 1명(2025.10.1 개정)
2. 고용노동부에서 산업재해보상보험 업무를 담당하는 3급 공무원 또는 고위공무원단에 속하는 일반직공무원 중에서 고용노동부장관이 지명하는 1명(2010.6.4 개정)

⑤비상임이사에게는 보수를 지급하지 아니한다. 다만, 직무 수행에 드는 실제 비용은 지급할 수 있다.(2010.1.27 개정)

제17조【임원의 임기】 이사장의 임기는 3년으로 하고, 이사와 감사의 임기는 2년으로 하되, 각각 1년 단위로 연임할 수 있다.(2010.1.27 개정)

제18조【임원의 직무】 ①이사장은 공단을 대표하고 공단의 업무를 총괄한다.

②상임이사는 정관으로 정하는 바에 따라 공단의 업무를 분장하고, 이사장이 부득이한 사유로 직무를 수행할 수 없을 때에는 정관으로 정하는 순서에 따라 그 직무를 대행한다.(2020.5.26 개정)
③감사(監事)는 공단의 업무와 회계를 감사(監査)한다.

제19조【임원의 결격사유와 당연퇴직】 다음 각 호의 어느 하나에 해당하는 사람은 공단의 임원이 될 수 없다.
1. 「국가공무원법」 제33조 각 호의 어느 하나에 해당하는 사람
2. 「공공기관의 운영에 관한 법률」 제34조제1항제2호에 해당하는 사람
(2010.1.27 본조개정)

제20조【임원의 해임】 임원의 해임에 관하여는 「공공기관의 운영에 관한 법률」 제22조제1항, 제31조제6항, 제35조제2항 · 제3항, 제36조제2항 및 제48조제4항 · 제8항에 따른다.
(2010.1.27 본조개정)

제21조【임직원의 겸직 제한 등】 ①공단의 상임임원과 직원은 그 직무 외에 영리를 목적으로 하는 업무에 종사하지 못한다.(2010.1.27 개정) 산재보험
②상임임원이 「공공기관의 운영에 관한 법률」 제26조에 따른 임명권자나 제청권자의 허가를 받은 경우와 직원이 이사장의 허가를 받은 경우에는 비영리 목적의 업무를 겸할 수 있다.(2010.1.27 신설)
③공단의 임직원이나 그 직에 있었던 사람은 그 직무상 알게 된 비밀을 누설하여서는 아니된다.(2020.5.26 개정)

제22조【이사회】 ①공단에 「공공기관의 운영에 관한 법률」 제17조제1항 각 호의 사항을 심의 · 의결하기 위하여 이사회를 둔다.
②이사회는 이사장을 포함한 이사로 구성한다.
③이사장은 이사회의 의장이 된다.
④이사회의 회의는 이사회 의장이나 재적이사 3분의 1 이상의 요구로 소집하고, 재적이사 과반수의 찬성으로 의결한다.
⑤감사는 이사회에 출석하여 의견을 진술할 수 있다.
(2010.1.27 본조개정)

제23조【직원의 임면 및 대리인의 선임】 ①이사장은 정관으로 정하는 바에 따라 공단의 직원을 임명하거나 해임한다.
②이사장은 정관으로 정하는 바에 따라 직원 중에서 업무에 관한 재판상 행위 또는 재판 외의 행위를 할 수 있는 권한을 가진 대리인을 선임할 수

있다.

제24조【벌칙 적용에서의 공무원 의제】 공단의 임원과 직원은 「형법」 제129조부터 제132조까지의 규정에 따른 벌칙의 적용에서는 공무원으로 본다.

제25조【업무의 지도·감독】 ①공단은 대통령령으로 정하는 바에 따라 회계연도마다 사업 운영계획과 예산에 관하여 고용노동부장관의 승인을 받아야 한다.(2010.6.4 개정)
②공단은 회계연도마다 회계연도가 끝난 후 2개월 이내에 사업 실적과 결산을 고용노동부장관에게 보고하여야 한다.(2010.6.4 개정)
③고용노동부장관은 공단에 대하여 그 사업에 관한 보고를 명하거나 사업 또는 재산 상황을 검사할 수 있고, 필요하다고 인정하면 정관을 변경하도록 명하는 등 감독을 위하여 필요한 조치를 할 수 있다.(2020.5.26 개정)

제26조【공단의 회계】 ①공단의 회계연도는 정부의 회계연도에 따른다.
②공단은 보험사업에 관한 회계를 공단의 다른 회계와 구분하여 회계처리하여야 한다.(2018.6.12 개정)
③공단은 고용노동부장관의 승인을 받아 회계규정을 정하여야 한다.(2010.6.4 개정)

제26조의2【공단의 수입】 공단의 수입은 다음 각 호와 같다.
1. 정부나 정부 외의 자로부터 받은 출연금 또는 기부금
2. 제11조에 따른 공단의 사업수행으로 발생한 수입 및 부대수입
3. 제27조에 따른 차입금 및 이입충당금
4. 제28조에 따른 잉여금
5. 그 밖의 수입금
(2018.6.12 본조신설)

제27조【자금의 차입 등】 ①공단은 제11조에 따른 사업을 위하여 필요하면 고용노동부장관의 승인을 받아 자금을 차입(국제기구·외국 정부 또는 외국인으로부터의 차입을 포함한다)할 수 있다.(2010.6.4 개정)
②공단은 회계연도마다 보험사업과 관련하여 지출이 수입을 초과하게 되면 제99조에 따른 책임준비금의 범위에서 고용노동부장관의 승인을 받아 제95조에 따른 산업재해보상보험 및 예방 기금에서 이입(移入)하여 충당할 수 있다.(2010.6.4 개정)

제28조【잉여금의 처리】 공단은 회계연도 말에 결산상 잉여금이 있으면 공단의 회계규정으로 정하는 바에 따라 회계별로 구분하여 손실금을 보전(補塡)하고 나머지는 적립하여야 한다.

제29조【권한 또는 업무의 위임·위탁】 ①이 법에 따른 공단 이사장의 대표 권한 중 일부를 대통령령으로 정하는 바에 따라 공단의 분사무소(이하 "소속 기관"이라 한다)의 장에게 위임할 수 있다.
②이 법에 따른 공단의 업무 중 일부를 대통령령으로 정하는 바에 따라 체신관서나 금융기관에 위탁할 수 있다.

제30조【수수료 등의 징수】 공단은 제11조에 따른 사업에 관하여 고용노동부장관의 승인을 받아 공단 시설의 이용료나 업무위탁 수수료 등 그 사업에 필요한 비용을 수익자가 부담하게 할 수 있다.(2010.6.4 개정)

제31조【자료 제공의 요청】 ①공단은 보험급여의 결정과 지급 등 보험사업을 효율적으로 수행하기 위하여 필요하면 질병관리청·국세청·경찰청 및 지방자치단체 등 관계 행정기관이나 그 밖에 대통령령으로 정하는 보험사업과 관련되는 기관·단체에 주민등록·외국인등록 등 대통령령으로 정하는 자료의 제공을 요청할 수 있다.(2022.6.10 개정)
②제1항에 따라 자료의 제공을 요청받은 관계 행정기관이나 관련 기관·단체 등은 정당한 사유 없이 그 요청을 거부할 수 없다.
③제1항에 따라 공단에 제공되는 자료에 대하여는 수수료나 사용료 등을 면제한다.

제31조의2【가족관계등록 전산정보의 공동이용】 ①공단은 다음 각 호의 업무를 수행하기 위하여「전자정부법」에 따라「가족관계의 등록 등에 관한 법률」제9조제1항에 따른 전산정보자료를 공동이용(「개인정보보호법」제2조제2호에 따른 처리를 포함한다)할 수 있다.
1. 제40조에 따른 요양급여 수급권자의 생존 여부 확인
2. 제52조에 따른 휴업급여 수급권자의 생존 여부 확인
3. 제57조에 따른 장해급여 수급권자의 생존 여부 확인
4. 제61조에 따른 간병급여 수급권자의 생존 여부 확인
5. 제62조에 따른 유족급여 수급권자의 수급자격 확인
6. 제66조에 따른 상병보상연금 수급권자의 생존 여부 확인
7. 제72조에 따른 직업재활급여 수급권자의 생존 여부 확인
8. 제81조에 따른 미지급 보험급여 지급을 위한 수급권자의 유족 여부 확

인

9. 제91조의3에 따른 진폐보상연금 수급권자의 생존 여부 및 제91조의4에 따른 진폐유족연금 수급권자의 수급자격 확인

②법원행정처장은 제1항에 따라 공단이 전산정보자료의 공동이용을 요청하는 경우 특별한 사유가 없으면 그 공동이용을 위하여 필요한 조치를 취하여야 한다.

③누구든지 제1항에 따라 공동이용하는 전산정보자료를 그 목적 외의 용도로 이용하거나 활용하여서는 아니 된다.

(2021.1.29 본조신설)

제32조【출자 등】 ①공단은 공단의 사업을 효율적으로 수행하기 위하여 필요하면 제11조제1항제5호 · 제5호의2부터 제5호의5까지 · 제6호 및 제7호에 따른 사업에 출자하거나 출연할 수 있다.(2015.1.20 개정)

②제1항에 따른 출자 · 출연에 필요한 사항은 대통령령으로 정한다.

제33조【한국산재의료원의 설립】 삭제(2010.1.27)

제34조【유사명칭의 사용 금지】 공단이 아닌 자는 근로복지공단 또는 이와 비슷한 명칭을 사용하지 못한다.

(2010.1.27 본조개정)

제35조【「민법」의 준용】 공단에 관하여는 이 법과 「공공기관의 운영에 관한 법률」에 규정된 것 외에는 「민법」 중 재단법인에 관한 규정을 준용한다.(2010.1.27 개정)

제 3 장 보험급여

제36조【보험급여의 종류와 산정 기준 등】 ①보험급여의 종류는 다음 각 호와 같다. 다만, 진폐에 따른 보험급여의 종류는 제1호의 요양급여, 제4호의 간병급여, 제7호의 장례비, 제8호의 직업재활급여, 제91조의3에 따른 진폐보상연금 및 제91조의4에 따른 진폐유족연금으로 하고, 제91조의12에 따른 건강손상자녀에 대한 보험급여의 종류는 제1호의 요양급여, 제3호의 장해급여, 제4호의 간병급여, 제7호의 장례비, 제8호의 직업재활급여로 한다.(2022.1.11 개정)

1. 요양급여
2. 휴업급여

3. 장해급여
4. 간병급여
5. 유족급여
6. 상병(傷病)보상연금
7. 장례비(2021.1.26 개정)
8. 직업재활급여

②제1항에 따른 보험급여는 제40조, 제52조부터 제57조까지, 제60조부터 제62조까지, 제66조부터 제69조까지, 제71조, 제72조, 제91조의3 및 제91조의4에 따른 보험급여를 받을 수 있는 사람(이하 "수급권자"라 한다)의 청구에 따라 지급한다.(2020.5.26 개정)

③보험급여를 산정하는 경우 해당 근로자의 평균임금을 산정하여야 할 사유가 발생한 날부터 1년이 지난 이후에는 매년 전체 근로자의 임금 평균액의 증감률에 따라 평균임금을 증감하되, 그 근로자의 연령이 60세에 도달한 이후에는 소비자물가변동률에 따라 평균임금을 증감한다. 다만, 제6항에 따라 산정한 금액을 평균임금으로 보는 진폐에 걸린 근로자에 대한 보험급여는 제외한다.(2010.5.20 개정)

산재
보험

④제3항에 따른 전체 근로자의 임금 평균액의 증감률 및 소비자물가변동률의 산정 기준과 방법은 대통령령으로 정한다. 이 경우 산정된 증감률 및 변동률은 매년 고용노동부장관이 고시한다.(2010.6.4 개정)

⑤보험급여(진폐보상연금 및 진폐유족연금은 제외한다)를 산정할 때 해당 근로자의 근로 형태가 특이하여 평균임금을 적용하는 것이 적당하지 아니하다고 인정되는 경우로서 대통령령으로 정하는 경우에는 대통령령으로 정하는 산정 방법에 따라 산정한 금액을 평균임금으로 한다.(2010.5.20 개정)

⑥보험급여를 산정할 때 진폐 등 대통령령으로 정하는 직업병으로 보험급여를 받게 되는 근로자에게 그 평균임금을 적용하는 것이 근로자의 보호에 적당하지 아니하다고 인정되면 대통령령으로 정하는 산정 방법에 따라 산정한 금액을 그 근로자의 평균임금으로 한다.(2010.5.20 개정)

⑦보험급여(장례비는 제외한다)를 산정할 때 그 근로자의 평균임금 또는 제3항부터 제6항까지의 규정에 따라 보험급여의 산정 기준이 되는 평균임금이 「고용정책 기본법」 제17조의 고용구조 및 인력수요 등에 관한 통계에 따른 상용근로자 5명 이상 사업체의 전체 근로자의 임금 평균액의 1.8배(이하 "최고 보상기준 금액"이라 한다)를 초과하거나, 2분의 1(이하 "최

저 보상기준 금액"이라 한다)보다 적으면 그 최고 보상기준 금액이나 최저 보상기준 금액을 각각 그 근로자의 평균임금으로 하되, 최저 보상기준 금액이 「최저임금법」 제5조제1항에 따른 시간급 최저임금액에 8을 곱한 금액(이하 "최저임금액"이라 한다)보다 적으면 그 최저임금액을 최저 보상기준 금액으로 한다. 다만, 휴업급여 및 상병보상연금을 산정할 때에는 최저 보상기준 금액을 적용하지 아니한다.(2021.1.26 개정)

⑧최고 보상기준 금액이나 최저 보상기준 금액의 산정방법 및 적용기간은 대통령령으로 정한다. 이 경우 산정된 최고 보상기준 금액 또는 최저 보상기준 금액은 매년 고용노동부장관이 고시한다.(2010.6.4 개정)

제37조【업무상의 재해의 인정 기준】 ①근로자가 다음 각 호의 어느 하나에 해당하는 사유로 부상·질병 또는 장해가 발생하거나 사망하면 업무상의 재해로 본다. 다만, 업무와 재해 사이에 상당인과관계(相當因果關係)가 없는 경우에는 그러하지 아니하다.

1. 업무상 사고
   가. 근로자가 근로계약에 따른 업무나 그에 따르는 행위를 하던 중 발생한 사고
   나. 사업주가 제공한 시설물 등을 이용하던 중 그 시설물 등의 결함이나 관리소홀로 발생한 사고
   나. 삭제(2017.10.24)
   라. 사업주가 주관하거나 사업주의 지시에 따라 참여한 행사나 행사준비 중에 발생한 사고
   마. 휴게시간 중 사업주의 지배관리하에 있다고 볼 수 있는 행위로 발생한 사고
   바. 그 밖에 업무와 관련하여 발생한 사고
2. 업무상 질병
   가. 업무수행 과정에서 물리적 인자(因子), 화학물질, 분진, 병원체, 신체에 부담을 주는 업무 등 근로자의 건강에 장해를 일으킬 수 있는 요인을 취급하거나 그에 노출되어 발생한 질병(2010.1.27 개정)
   나. 업무상 부상이 원인이 되어 발생한 질병
   다. 「근로기준법」 제76조의2에 따른 직장 내 괴롭힘, 고객의 폭언 등으로 인한 업무상 정신적 스트레스가 원인이 되어 발생한 질병(2019.1.15 신설)

라. 그 밖에 업무와 관련하여 발생한 질병(2019.1.15 개정)

3. 출퇴근 재해(2017.10.24 신설)

가. 사업주가 제공한 교통수단이나 그에 준하는 교통수단을 이용하는 등 사업주의 지배관리하에서 출퇴근하는 중 발생한 사고

나. 그 밖에 통상적인 경로와 방법으로 출퇴근하는 중 발생한 사고

②근로자의 고의·자해행위나 범죄행위 또는 그것이 원인이 되어 발생한 부상·질병·장해 또는 사망은 업무상의 재해로 보지 아니한다. 다만, 그 부상·질병·장해 또는 사망이 정상적인 인식능력 등이 뚜렷하게 낮아진 상태에서 한 행위로 발생한 경우로서 대통령령으로 정하는 사유가 있으면 업무상의 재해로 본다.(2020.5.26 개정)

③제1항제3호나목의 사고 중에서 출퇴근 경로 일탈 또는 중단이 있는 경우에는 해당 일탈 또는 중단 중의 사고 및 그 후의 이동 중의 사고에 대하여는 출퇴근 재해로 보지 아니한다. 다만, 일탈 또는 중단이 일상생활에 필요한 행위로서 대통령령으로 정하는 사유가 있는 경우에는 출퇴근 재해로 본다.(2017.10.24 신설)

④출퇴근 경로와 방법이 일정하지 아니한 직종으로 대통령령으로 정하는 경우에는 제1항제3호나목에 따른 출퇴근 재해를 적용하지 아니한다.(2017.10.24 신설)

⑤업무상의 재해의 구체적인 인정 기준은 대통령령으로 정한다.(2017.10.24 개정)

제38조【업무상질병판정위원회】 ①제37조제1항제2호에 따른 업무상 질병의 인정 여부를 심의하기 위하여 공단 소속 기관에 업무상질병판정위원회(이하 "판정위원회"라 한다)를 둔다.

②판정위원회의 심의에서 제외되는 질병과 판정위원회의 심의 절차는 고용노동부령으로 정한다.(2010.6.4 개정)

③판정위원회의 구성과 운영에 필요한 사항은 고용노동부령으로 정한다.(2010.6.4 개정)

제39조【사망의 추정】 ①사고가 발생한 선박 또는 항공기에 있던 근로자의 생사가 밝혀지지 아니하거나 항행(航行) 중인 선박 또는 항공기에 있던 근로자가 행방불명 또는 그 밖의 사유로 그 생사가 밝혀지지 아니하면 대통령령으로 정하는 바에 따라 사망한 것으로 추정하고, 유족급여와 장례비에 관한 규정을 적용한다.(2021.1.26 개정)

②공단은 제1항에 따른 사망의 추정으로 보험급여를 지급한 후에 그 근로자의 생존이 확인되면 그 급여를 받은 사람이 선의(善意)인 경우에는 받은 금액을, 악의(惡意)인 경우에는 받은 금액의 2배에 해당하는 금액을 징수하여야 한다.(2020.5.26 개정)

제40조【요양급여】 ①요양급여는 근로자가 업무상의 사유로 부상을 당하거나 질병에 걸린 경우에 그 근로자에게 지급한다.
②제1항에 따른 요양급여는 제43조제1항에 따른 산재보험 의료기관에서 요양을 하게 한다. 다만, 부득이한 경우에는 요양을 갈음하여 요양비를 지급할 수 있다.
③제1항의 경우에 부상 또는 질병이 3일 이내의 요양으로 치유될 수 있으면 요양급여를 지급하지 아니한다.
④제1항의 요양급여의 범위는 다음 각 호와 같다.
1. 진찰 및 검사
2. 약제 또는 진료재료와 의지(義肢)나 그 밖의 보조기의 지급
3. 처치, 수술, 그 밖의 치료
4. 재활치료
5. 입원
6. 간호 및 간병
7. 이송
8. 그 밖에 고용노동부령으로 정하는 사항(2010.6.4 개정)
⑤제2항 및 제4항에 따른 요양급여의 범위나 비용 등 요양급여의 산정 기준은 고용노동부령으로 정한다.(2010.6.4 개정)
⑥업무상의 재해를 입은 근로자가 요양할 산재보험 의료기관이 제43조제1항제2호에 따른 상급종합병원인 경우에는 「응급의료에 관한 법률」 제2조제1호에 따른 응급환자이거나 그 밖에 부득이한 사유가 있는 경우를 제외하고는 그 근로자가 상급종합병원에서 요양할 필요가 있다는 의학적 소견이 있어야 한다.(2010.5.20 개정)

제41조【요양급여의 신청】 ①제40조제1항에 따른 요양급여(진폐에 따른 요양급여는 제외한다. 이하 이 조에서 같다)를 받으려는 사람은 소속 사업장, 재해발생 경위, 그 재해에 대한 의학적 소견, 그 밖에 고용노동부령으로 정하는 사항을 적은 서류를 첨부하여 공단에 요양급여의 신청을 하여야 한다. 이 경우 요양급여 신청의 절차와 방법은 고용노동부령으로

정한다.(2020.5.26 개정)
②근로자를 진료한 제43조제1항에 따른 산재보험 의료기관은 그 근로자의 재해가 업무상의 재해로 판단되면 그 근로자의 동의를 받아 요양급여의 신청을 대행할 수 있다.

제41조의2【요양급여 범위 여부의 확인 등】 ①제40조제1항에 따른 요양급여를 받은 사람은 자신이 부담한 비용이 같은 조 제5항에 따라 요양급여의 범위에서 제외되는 비용인지 여부에 대하여 공단에 확인을 요청할 수 있다.
②제1항에 따른 확인 요청을 받은 공단은 그 결과를 요청한 사람에게 알려야 한다. 이 경우 확인을 요청한 비용이 요양급여 범위에 해당되는 비용으로 확인되면 그 내용을 제43조제1항에 따른 산재보험 의료기관에 알려야 한다.
③제2항 후단에 따라 통보받은 산재보험 의료기관은 받아야 할 금액보다 더 많이 징수한 금액(이하 이 조에서 "과다본인부담금"이라 한다)을 지체 없이 확인을 요청한 사람에게 지급하여야 한다. 다만, 공단은 해당 산재보험 의료기관이 과다본인부담금을 지급하지 아니하면 해당 산재보험 의료기관에 지급할 제45조에 따른 진료비에서 과다본인부담금을 공제하여 확인을 요청한 사람에게 지급할 수 있다.
(2020.12.8 본조신설)

제42조【건강보험의 우선 적용】 ①제41조제1항에 따라 요양급여의 신청을 한 사람은 공단이 이 법에 따른 요양급여에 관한 결정을 하기 전에는 「국민건강보험법」 제41조에 따른 요양급여 또는 「의료급여법」 제7조에 따른 의료급여(이하 "건강보험 요양급여등"이라 한다)를 받을 수 있다.(2020.5.26 개정)
②제1항에 따라 건강보험 요양급여등을 받은 사람이 「국민건강보험법」 제44조 또는 「의료급여법」 제10조에 따른 본인 일부 부담금을 산재보험 의료기관에 납부한 후에 이 법에 따른 요양급여 수급권자로 결정된 경우에는 그 납부한 본인 일부 부담금 중 제40조제5항에 따른 요양급여에 해당하는 금액을 공단에 청구할 수 있다.(2020.5.26 개정)

제43조【산재보험 의료기관의 지정 및 지정취소 등】 ①업무상의 재해를 입은 근로자의 요양을 담당할 의료기관(이하 "산재보험 의료기관"이라 한다)은 다음 각 호와 같다.

1. 제11조제2항에 따라 공단에 두는 의료기관(2010.1.27 개정)
2. 「의료법」 제3조의4에 따른 상급종합병원(2010.5.20 개정)
3. 「의료법」 제3조에 따른 의료기관과 「지역보건법」 제10조에 따른 보건소(「지역보건법」 제12조에 따른 보건의료원을 포함한다. 이하 같다)로서 고용노동부령으로 정하는 인력·시설 등의 기준에 해당하는 의료기관 또는 보건소 중 공단이 지정한 의료기관 또는 보건소(2015.5.18 개정)

②공단은 제1항제3호에 따라 의료기관이나 보건소를 산재보험 의료기관으로 지정할 때에는 다음 각 호의 요소를 고려하여야 한다.

1. 의료기관이나 보건소의 인력·시설·장비 및 진료과목
2. 산재보험 의료기관의 지역별 분포

③공단은 제1항제2호 및 제3호에 따른 산재보험 의료기관이 다음 각 호의 어느 하나의 사유에 해당하면 그 지정을 취소(제1항제3호의 경우만 해당된다)하거나 12개월의 범위에서 업무상의 재해를 입은 근로자를 진료할 수 없도록 하는 진료제한 조치 또는 개선명령(이하 "진료제한등의 조치"라 한다)을 할 수 있다.

1. 업무상의 재해와 관련된 사항을 거짓이나 그 밖의 부정한 방법으로 진단하거나 증명한 경우
2. 제45조에 따른 진료비를 거짓이나 그 밖의 부정한 방법으로 청구한 경우
3. 제50조에 따른 평가 결과 지정취소나 진료제한등의 조치가 필요한 경우
4. 「의료법」 위반이나 그 밖의 사유로 의료업을 일시적 또는 영구적으로 할 수 없게 되거나, 소속 의사가 의료행위를 일시적 또는 영구적으로 할 수 없게 된 경우
5. 제1항제3호에 따른 인력·시설 등의 기준에 미치지 못하게 되는 경우
6. 진료제한등의 조치를 위반하는 경우

④제3항에 따라 지정이 취소된 산재보험 의료기관은 지정이 취소된 날부터 1년의 범위에서 고용노동부령으로 정하는 기간 동안은 산재보험 의료기관으로 다시 지정받을 수 없다.(2010.6.4 개정)

⑤공단은 제1항제2호 및 제3호에 따른 산재보험 의료기관이 다음 각 호의 어느 하나의 사유에 해당하면 12개월의 범위에서 진료제한 등의 조치를 할 수 있다.(2010.1.27 개정)

1. 제40조제5항 및 제91조의9제3항에 따른 요양급여의 산정 기준을 위반하

여 제45조에 따른 진료비를 부당하게 청구한 경우(2010.5.20 개정)
2. 제45조제1항을 위반하여 공단이 아닌 자에게 진료비를 청구한 경우
3. 제47조제1항에 따른 진료계획을 제출하지 아니하는 경우
4. 제118조에 따른 보고, 제출 요구 또는 조사에 따르지 아니하는 경우 (2020.5.26 개정)
5. 산재보험 의료기관의 지정 조건을 위반한 경우

⑥공단은 제3항 또는 제5항에 따라 지정을 취소하거나 진료제한 조치를 하려는 경우에는 청문을 실시하여야 한다.(2010.1.27 개정)

⑦제1항제3호에 따른 지정절차, 제3항 및 제5항에 따른 지정취소, 진료제한 등의 조치의 기준 및 절차는 고용노동부령으로 정한다.(2010.6.4 개정)

제44조【산재보험 의료기관에 대한 과징금 등】 ①공단은 제43조제3항제1호·제2호 및 같은 조 제5항제1호 중 어느 하나에 해당하는 사유로 진료제한 조치를 하여야 하는 경우로서 그 진료제한 조치가 그 산재보험 의료기관을 이용하는 근로자에게 심한 불편을 주거나 그 밖에 특별한 사유가 있다고 인정되면, 그 진료제한 조치를 갈음하여 거짓이나 부정한 방법으로 지급하게 한 보험급여의 금액 또는 거짓이나 부정·부당하게 지급받은 진료비의 5배 이하의 범위에서 과징금을 부과할 수 있다.(2010.1.27 개정)

산재
보험

②제1항에 따라 과징금을 부과하는 위반행위의 종류와 위반정도 등에 따른 과징금의 금액 등에 관한 사항은 대통령령으로 정한다.

③제1항에 따라 과징금 부과 처분을 받은 자가 과징금을 기한 내에 내지 아니하면 고용노동부장관의 승인을 받아 국세 체납처분의 예에 따라 징수한다.(2010.6.4 개정)

제45조【진료비의 청구 등】 ①산재보험 의료기관이 제40조제2항 또는 제91조의9제1항에 따라 요양을 실시하고 그에 드는 비용(이하 "진료비"라 한다)을 받으려면 공단에 청구하여야 한다.(2010.5.20 개정)

②제1항에 따라 청구된 진료비에 관한 심사 및 결정, 지급 방법 및 지급 절차는 고용노동부령으로 정한다.(2010.6.4 개정)

제46조【약제비의 청구 등】 ①공단은 제40조제4항제2호에 따른 약제의 지급을 「약사법」 제20조에 따라 등록한 약국을 통하여 할 수 있다.

②제1항에 따른 약국이 약제비를 받으려면 공단에 청구하여야 한다.

③제2항에 따라 청구된 약제비에 관한 심사 및 결정, 지급 방법 및 지급 절

차는 고용노동부령으로 정한다.(2010.6.4 개정)

제47조【진료계획의 제출】 ①산재보험 의료기관은 제41조 또는 제91조의5에 따라 요양급여를 받고 있는 근로자의 요양기간을 연장할 필요가 있는 때에는 그 근로자의 부상 · 질병 경과, 치료예정기간 및 치료방법 등을 적은 진료계획을 대통령령으로 정하는 바에 따라 공단에 제출하여야 한다.(2020.5.26 개정)

②공단은 제1항에 따라 제출된 진료계획이 적절한지를 심사하여 산재보험 의료기관에 대하여 치료기간의 변경을 명하는 등 대통령령으로 정하는 필요한 조치(이하 "진료계획 변경 조치등"이라 한다)를 할 수 있다.

제48조【의료기관 변경 요양】 ①공단은 다음 각 호의 어느 하나에 해당하는 사유가 있으면 요양 중인 근로자를 다른 산재보험 의료기관으로 옮겨 요양하게 할 수 있다.

1. 요양 중인 산재보험 의료기관의 인력 · 시설 등이 그 근로자의 전문적인 치료 또는 재활치료에 맞지 아니하여 다른 산재보험 의료기관으로 옮길 필요가 있는 경우
2. 생활근거지에서 요양하기 위하여 다른 산재보험 의료기관으로 옮길 필요가 있는 경우
3. 제43조제1항제2호에 따른 상급종합병원에서 전문적인 치료 후 다른 산재보험 의료기관으로 옮길 필요가 있는 경우(2010.5.20 개정)
4. 그 밖에 대통령령으로 정하는 절차를 거쳐 부득이한 사유가 있다고 인정되는 경우

②요양 중인 근로자는 제1항제1호부터 제3호까지의 어느 하나에 해당하는 사유가 있으면 공단에 의료기관 변경 요양을 신청할 수 있다.(2021.1.26 개정)

제49조【추가상병 요양급여의 신청】 업무상의 재해로 요양 중인 근로자는 다음 각 호의 어느 하나에 해당하는 경우에는 그 부상 또는 질병(이하 "추가상병"이라 한다)에 대한 요양급여를 신청할 수 있다.

1. 그 업무상의 재해로 이미 발생한 부상이나 질병이 추가로 발견되어 요양이 필요한 경우
2. 그 업무상의 재해로 발생한 부상이나 질병이 원인이 되어 새로운 질병이 발생하여 요양이 필요한 경우

제50조【산재보험 의료기관의 평가】 ①공단은 업무상의 재해에 대한 의료의 질 향상을 촉진하기 위하여 제43조제1항제3호의 산재보험 의료기

관 중 대통령령으로 정하는 의료기관에 대하여 인력·시설·의료서비스나 그 밖에 요양의 질과 관련된 사항을 평가할 수 있다. 이 경우 평가의 방법 및 기준은 대통령령으로 정한다.
②공단은 제1항에 따라 평가한 결과를 고려하여 평가한 산재보험 의료기관을 행정적·재정적으로 우대하거나 제43조제3항제3호에 따라 지정취소 또는 진료제한등의 조치를 할 수 있다.

제51조【재요양】 ①제40조에 따른 요양급여를 받은 사람이 치유 후 요양의 대상이 되었던 업무상의 부상 또는 질병이 재발하거나 치유 당시보다 상태가 악화되어 이를 치유하기 위한 적극적인 치료가 필요하다는 의학적 소견이 있으면 다시 제40조에 따른 요양급여(이하 "재요양"이라 한다)를 받을 수 있다.(2020.5.26 개정)
②재요양의 요건과 절차 등에 관하여 필요한 사항은 대통령령으로 정한다.

제52조【휴업급여】 휴업급여는 업무상 사유로 부상을 당하거나 질병에 걸린 근로자에게 요양으로 취업하지 못한 기간에 대하여 지급하되, 1일당 지급액은 평균임금의 100분의 70에 상당하는 금액으로 한다. 다만, 취업하지 못한 기간이 3일 이내이면 지급하지 아니한다.

제53조【부분휴업급여】 ①요양 또는 재요양을 받고 있는 근로자가 그 요양기간 중 일정기간 또는 단시간 취업을 하는 경우에는 그 취업한 날에 해당하는 그 근로자의 평균임금에서 그 취업한 날에 대한 임금을 뺀 금액의 100분의 80에 상당하는 금액을 지급할 수 있다. 다만, 제54조제2항 및 제56조제2항에 따라 최저임금액을 1일당 휴업급여 지급액으로 하는 경우에는 최저임금액(별표 1 제2호에 따라 감액하는 경우에는 그 감액한 금액)에서 취업한 날에 대한 임금을 뺀 금액을 지급할 수 있다.(2022.6.10 개정)
②제1항에 따른 부분휴업급여의 지급 요건 및 지급 절차는 대통령령으로 정한다.(2022.6.10 개정)

제54조【저소득 근로자의 휴업급여】 ①제52조에 따라 산정한 1일당 휴업급여 지급액이 최저 보상기준 금액의 100분의 80보다 적거나 같으면 그 근로자에 대하여는 평균임금의 100분의 90에 상당하는 금액을 1일당 휴업급여 지급액으로 한다. 다만, 그 근로자의 평균임금의 100분의 90에 상당하는 금액이 최저 보상기준 금액의 100분의 80보다 많은 경우에는 최저 보상기준 금액의 100분의 80에 상당하는 금액을 1일당 휴업급여 지급액으로 한다.

②제1항 본문에 따라 산정한 휴업급여 지급액이 최저임금액보다 적으면 그 최저임금액을 그 근로자의 1일당 휴업급여 지급액으로 한다.(2018.6.12 개정)

第55조【고령자의 휴업급여】 휴업급여를 받는 근로자가 61세가 되면 그 이후의 휴업급여는 별표 1에 따라 산정한 금액을 지급한다. 다만, 61세 이후에 취업 중인 사람이 업무상의 재해로 요양하거나 61세 전에 제37조 제1항제2호에 따른 업무상 질병으로 장해급여를 받은 사람이 61세 이후에 그 업무상 질병으로 최초로 요양하는 경우 대통령령으로 정하는 기간에는 별표 1을 적용하지 아니한다.(2020.5.26 개정)

第56조【재요양 기간 중의 휴업급여】 ①재요양을 받는 사람에 대하여는 재요양 당시의 임금을 기준으로 산정한 평균임금의 100분의 70에 상당하는 금액을 1일당 휴업급여 지급액으로 한다. 이 경우 평균임금 산정사유 발생일은 대통령령으로 정한다.(2020.5.26 개정)

②제1항에 따라 산정한 1일당 휴업급여 지급액이 최저임금액보다 적거나 재요양 당시 평균임금 산정의 대상이 되는 임금이 없으면 최저임금액을 1일당 휴업급여 지급액으로 한다.

③장해보상연금을 지급받는 사람이 재요양하는 경우에는 1일당 장해보상연금액(별표 2에 따라 산정한 장해보상연금액을 365로 나눈 금액을 말한다. 이하 같다)과 제1항 또는 제2항에 따라 산정한 1일당 휴업급여 지급액을 합한 금액이 장해보상연금의 산정에 적용되는 평균임금의 100분의 70을 초과하면 그 초과하는 금액 중 휴업급여에 해당하는 금액은 지급하지 아니한다.(2020.5.26 개정)

④재요양 기간 중의 휴업급여를 산정할 때에는 제54조를 적용하지 아니한다.

第57조【장해급여】 ①장해급여는 근로자가 업무상의 사유로 부상을 당하거나 질병에 걸려 치유된 후 신체 등에 장해가 있는 경우에 그 근로자에게 지급한다.

②장해급여는 장해등급에 따라 별표 2에 따른 장해보상연금 또는 장해보상일시금으로 하되, 그 장해등급의 기준은 대통령령으로 정한다.

③제2항에 따른 장해보상연금 또는 장해보상일시금은 수급권자의 선택에 따라 지급한다. 다만, 대통령령으로 정하는 노동력을 완전히 상실한 장해등급의 근로자에게는 장해보상연금을 지급하고, 장해급여 청구사유 발생

당시 대한민국 국민이 아닌 사람으로서 외국에서 거주하고 있는 근로자에게는 장해보상일시금을 지급한다.(2020.5.26 개정)
④장해보상연금은 수급권자가 신청하면 그 연금의 최초 1년분 또는 2년분(제3항 단서에 따른 근로자에게는 그 연금의 최초 1년분부터 4년분까지)의 2분의 1에 상당하는 금액을 미리 지급할 수 있다. 이 경우 미리 지급하는 금액에 대하여는 100분의 5의 비율 범위에서 대통령령으로 정하는 바에 따라 이자를 공제할 수 있다.
⑤장해보상연금 수급권자의 수급권이 제58조에 따라 소멸한 경우에 이미 지급한 연금액을 지급 당시의 각각의 평균임금으로 나눈 일수(日數)의 합계가 별표 2에 따른 장해보상일시금의 일수에 못 미치면 그 못 미치는 일수에 수급권 소멸 당시의 평균임금을 곱하여 산정한 금액을 유족 또는 그 근로자에게 일시금으로 지급한다.

제58조【장해보상연금 등의 수급권의 소멸】 장해보상연금 또는 진폐보상연금의 수급권자가 다음 각 호의 어느 하나에 해당하면 그 수급권이 소멸한다.(2010.5.20 개정)
1. 사망한 경우
2. 대한민국 국민이었던 수급권자가 국적을 상실하고 외국에서 거주하고 있거나 외국에서 거주하기 위하여 출국하는 경우(2010.5.20 개정)
3. 대한민국 국민이 아닌 수급권자가 외국에서 거주하기 위하여 출국하는 경우(2010.5.20 개정)
4. 장해등급 또는 진폐장해등급이 변경되어 장해보상연금 또는 진폐보상연금의 지급 대상에서 제외되는 경우(2010.5.20 개정)

제59조【장해등급등의 재판정】 ①공단은 장해보상연금 또는 진폐보상연금 수급권자 중 그 장해상태가 호전되거나 악화되어 이미 결정된 장해등급 또는 진폐장해등급(이하 이 조에서 "장해등급등"이라 한다)이 변경될 가능성이 있는 사람에 대하여는 그 수급권자의 신청 또는 직권으로 장해등급등을 재판정할 수 있다.(2020.5.26 개정)
②제1항에 따른 장해등급등의 재판정 결과 장해등급등이 변경되면 그 변경된 장해등급등에 따라 장해급여 또는 진폐보상연금을 지급한다.(2010.5.20 개정)
③제1항과 제2항에 따른 장해등급등 재판정은 1회 실시하되 그 대상자·시기 및 재판정 결과에 따른 장해급여 또는 진폐보상연금의 지급 방법은

대통령령으로 정한다.(2010.5.20 개정)

제60조【재요양에 따른 장해급여】 ①장해보상연금의 수급권자가 재요양을 받는 경우에도 그 연금의 지급을 정지하지 아니한다.
②재요양을 받고 치유된 후 장해상태가 종전에 비하여 호전되거나 악화된 경우에는 그 호전 또는 악화된 장해상태에 해당하는 장해등급에 따라 장해급여를 지급한다. 이 경우 재요양 후의 장해급여의 산정 및 지급 방법은 대통령령으로 정한다.

제61조【간병급여】 ①간병급여는 제40조에 따른 요양급여를 받은 사람 중 치유 후 의학적으로 상시 또는 수시로 간병이 필요하여 실제로 간병을 받는 사람에게 지급한다.(2020.5.26 개정)
②제1항에 따른 간병급여의 지급 기준과 지급 방법 등에 관하여 필요한 사항은 대통령령으로 정한다.

제62조【유족급여】 ①유족급여는 근로자가 업무상의 사유로 사망한 경우에 유족에게 지급한다.
②유족급여는 별표 3에 따른 유족보상연금이나 유족보상일시금으로 하되, 유족보상일시금은 근로자가 사망할 당시 제63조제1항에 따른 유족보상연금을 받을 수 있는 자격이 있는 사람이 없는 경우에 지급한다.(2020.5.26 개정)
③제2항에 따른 유족보상연금을 받을 수 있는 자격이 있는 사람이 원하면 별표 3의 유족보상일시금의 100분의 50에 상당하는 금액을 일시금으로 지급하고 유족보상연금은 100분의 50을 감액하여 지급한다.(2020.5.26 개정)
④유족보상연금을 받던 사람이 그 수급자격을 잃은 경우 다른 수급자격자가 없고 이미 지급한 연금액을 지급 당시의 각각의 평균임금으로 나누어 산정한 일수의 합계가 1,300일에 못 미치면 그 못 미치는 일수에 수급자격 상실 당시의 평균임금을 곱하여 산정한 금액을 수급자격 상실 당시의 유족에게 일시금으로 지급한다.(2020.5.26 개정)
⑤제2항에 따른 유족보상연금의 지급 기준 및 방법, 그 밖에 필요한 사항은 대통령령으로 정한다.

제63조【유족보상연금 수급자격자의 범위】 ①유족보상연금을 받을 수 있는 자격이 있는 사람(이하 "유족보상연금 수급자격자"라 한다)은 근로자가 사망할 당시 그 근로자와 생계를 같이 하고 있던 유족(그 근로자가 사망할 당시 대한민국 국민이 아닌 사람으로서 외국에서 거주하고 있

던 유족은 제외한다) 중 배우자와 다음 각 호의 어느 하나에 해당하는 사람으로 한다. 이 경우 근로자와 생계를 같이 하고 있던 유족의 판단 기준은 대통령령으로 정한다.(2020.5.26 개정)

1. 부모 또는 조부모로서 각각 60세 이상인 사람(2020.5.26 개정)
2. 자녀로서 25세 미만인 사람(2020.5.26 개정)

2의2. 손자녀로서 25세 미만인 사람(2023.8.8 개정)

3. 형제자매로서 19세 미만이거나 60세 이상인 자(2012.12.18 개정)
4. 제1호부터 제3호까지의 규정 중 어느 하나에 해당하지 아니하는 자녀·부모·손자녀·조부모 또는 형제자매로서 「장애인복지법」 제2조에 따른 장애인 중 고용노동부령으로 정한 장애 정도에 해당하는 사람(2020.5.26 개정)

②제1항을 적용할 때 근로자가 사망할 당시 태아(胎兒)였던 자녀가 출생한 경우에는 출생한 때부터 장래에 향하여 근로자가 사망할 당시 그 근로자와 생계를 같이 하고 있던 유족으로 본다.

③유족보상연금 수급자격자 중 유족보상연금을 받을 권리의 순위는 배우자·자녀·부모·손자녀·조부모 및 형제자매의 순서로 한다.

제64조【유족보상연금 수급자격자의 자격 상실과 지급 정지 등】 ① 유족보상연금 수급자격자인 유족이 다음 각 호의 어느 하나에 해당하면 그 자격을 잃는다.

1. 사망한 경우
2. 재혼한 때(사망한 근로자의 배우자만 해당하며, 재혼에는 사실상 혼인 관계에 있는 경우를 포함한다)
3. 사망한 근로자와의 친족 관계가 끝난 경우
4. 자녀가 25세가 된 때(2018.6.12 개정)

4의2. 손자녀가 25세가 된 때(2023.8.8 개정)

4의3. 형제자매가 19세가 된 때(2023.8.8 신설)

5. 제63조제1항제4호에 따른 장애인이었던 사람으로서 그 장애 상태가 해소된 경우(2020.5.26 개정)
6. 근로자가 사망할 당시 대한민국 국민이었던 유족보상연금 수급자격자가 국적을 상실하고 외국에서 거주하고 있거나 외국에서 거주하기 위하여 출국하는 경우
7. 대한민국 국민이 아닌 유족보상연금 수급자격자가 외국에서 거주하기

위하여 출국하는 경우

②유족보상연금을 받을 권리가 있는 유족보상연금 수급자격자(이하 "유족보상연금 수급권자"라 한다)가 그 자격을 잃은 경우에 유족보상연금을 받을 권리는 같은 순위자가 있으면 같은 순위자에게, 같은 순위자가 없으면 다음 순위자에게 이전된다.

③유족보상연금 수급권자가 3개월 이상 행방불명이면 대통령령으로 정하는 바에 따라 연금 지급을 정지하고, 같은 순위자가 있으면 같은 순위자에게, 같은 순위자가 없으면 다음 순위자에게 유족보상연금을 지급한다.(2010.1.27 개정)

제65조【수급권자인 유족의 순위】 ①제57조제5항 · 제62조제2항(유족보상일시금에 한정한다) 및 제4항에 따른 유족 간의 수급권의 순위는 다음 각 호의 순서로 하되, 각 호의 사람 사이에서는 각각 그 적힌 순서에 따른다. 이 경우 같은 순위의 수급권자가 2명 이상이면 그 유족에게 똑같이 나누어 지급한다.(2020.5.26 개정)

1. 근로자가 사망할 당시 그 근로자와 생계를 같이 하고 있던 배우자 · 자녀 · 부모 · 손자녀 및 조부모
2. 근로자가 사망할 당시 그 근로자와 생계를 같이 하고 있지 아니하던 배우자 · 자녀 · 부모 · 손자녀 및 조부모 또는 근로자가 사망할 당시 근로자와 생계를 같이 하고 있던 형제자매
3. 형제자매

②제1항의 경우 부모는 양부모(養父母)를 선순위로, 실부모(實父母)를 후순위로 하고, 조부모는 양부모의 부모를 선순위로, 실부모의 부모를 후순위로, 부모의 양부모를 선순위로, 부모의 실부모를 후순위로 한다.

③수급권자인 유족이 사망한 경우 그 보험급여는 같은 순위자가 있으면 같은 순위자에게, 같은 순위자가 없으면 다음 순위자에게 지급한다.

④제1항부터 제3항까지의 규정에도 불구하고 근로자가 유언으로 보험급여를 받을 유족을 지정하면 그 지정에 따른다.

제66조【상병보상연금】 ①요양급여를 받는 근로자가 요양을 시작한 지 2년이 지난 날 이후에 다음 각 호의 요건 모두에 해당하는 상태가 계속되면 휴업급여 대신 상병보상연금을 그 근로자에게 지급한다.

1. 그 부상이나 질병이 치유되지 아니한 상태일 것
2. 그 부상이나 질병에 따른 중증요양상태의 정도가 대통령령으로 정하는

중증요양상태등급 기준에 해당할 것(2018.6.12 개정)
3. 요양으로 인하여 취업하지 못하였을 것(2010.1.27 신설)
②상병보상연금은 별표 4에 따른 중증요양상태등급에 따라 지급한다.(2018.6.12 개정)

제67조【저소득 근로자의 상병보상연금】 ①제66조에 따라 상병보상연금을 산정할 때 그 근로자의 평균임금이 최저임금액에 70분의 100을 곱한 금액보다 적을 때에는 최저임금액의 70분의 100에 해당하는 금액을 그 근로자의 평균임금으로 보아 산정한다.
②제66조 또는 제1항에서 정한 바에 따라 산정한 상병보상연금액을 365로 나눈 1일당 상병보상연금 지급액이 제54조에서 정한 바에 따라 산정한 1일당 휴업급여 지급액보다 적으면 제54조에서 정한 바에 따라 산정한 금액을 1일당 상병보상연금 지급액으로 한다.(2010.1.27 개정)

제68조【고령자의 상병보상연금】 상병보상연금을 받는 근로자가 61세가 되면 그 이후의 상병보상연금은 별표 5에 따른 1일당 상병보상연금 지급기준에 따라 산정한 금액을 지급한다.(2010.1.27 개정)

제69조【재요양 기간 중의 상병보상연금】 ①재요양을 시작한 지 2년이 지난 후에 부상·질병 상태가 제66조제1항 각 호의 요건 모두에 해당하는 사람에게는 휴업급여 대신 별표 4에 따른 중증요양상태등급에 따라 상병보상연금을 지급한다. 이 경우 상병보상연금을 산정할 때에는 재요양 기간 중의 휴업급여 산정에 적용되는 평균임금을 적용하되, 그 평균임금이 최저임금액에 70분의 100을 곱한 금액보다 적거나 재요양 당시 평균임금 산정의 대상이 되는 임금이 없을 때에는 최저임금액의 70분의 100에 해당하는 금액을 그 근로자의 평균임금으로 보아 산정한다.(2020.5.26 개정)
②제1항에 따른 상병보상연금을 받는 근로자가 장해보상연금을 받고 있으면 별표 4에 따른 중증요양상태등급별 상병보상연금의 지급일수에서 별표 2에 따른 장해등급별 장해보상연금의 지급일수를 뺀 일수에 제1항 후단에 따른 평균임금을 곱하여 산정한 금액을 그 근로자의 상병보상연금으로 한다.(2018.6.12 개정)
③제2항에 따른 상병보상연금을 받는 근로자가 61세가 된 이후에는 별표 5에 따라 산정한 1일당 상병보상연금 지급액에서 제1항 후단에 따른 평균임금을 기준으로 산정한 1일당 장해보상연금 지급액을 뺀 금액을 1일당 상병보상연금 지급액으로 한다.(2010.1.27 신설)

④제1항부터 제3항까지의 규정에도 불구하고 제57조제3항 단서에 따른 장해보상연금을 받는 근로자가 재요양하는 경우에는 상병보상연금을 지급하지 아니한다. 다만, 재요양 중에 중증요양상태등급이 높아지면 제1항 전단에도 불구하고 재요양을 시작한 때부터 2년이 지난 것으로 보아 제2항 및 제3항에 따라 산정한 상병보상연금을 지급한다.(2020.5.26 개정)
⑤재요양 기간 중 상병보상연금을 산정할 때에는 제67조를 적용하지 아니한다.(2010.1.27 개정)

제70조【연금의 지급기간 및 지급시기】 ①장해보상연금, 유족보상연금, 진폐보상연금 또는 진폐유족연금의 지급은 그 지급사유가 발생한 달의 다음 달 첫날부터 시작되며, 그 지급받을 권리가 소멸한 달의 말일에 끝난다.(2020.5.26 개정)
②장해보상연금, 유족보상연금, 진폐보상연금 또는 진폐유족연금은 그 지급을 정지할 사유가 발생한 때에는 그 사유가 발생한 달의 다음 달 첫날부터 그 사유가 소멸한 달의 말일까지 지급하지 아니한다.(2020.5.26 개정)
③장해보상연금, 유족보상연금, 진폐보상연금 또는 진폐유족연금은 매년 이를 12등분하여 매달 25일에 그 달 치의 금액을 지급하되, 지급일이 토요일이거나 공휴일이면 그 전날에 지급한다.(2010.5.20 개정)
④장해보상연금, 유족보상연금, 진폐보상연금 또는 진폐유족연금을 받을 권리가 소멸한 경우에는 제3항에 따른 지급일 전이라도 지급할 수 있다.(2010.5.20 개정)

제71조【장례비】 ①장례비는 근로자가 업무상의 사유로 사망한 경우에 지급하되, 평균임금의 120일분에 상당하는 금액을 그 장례를 지낸 유족에게 지급한다. 다만, 장례를 지낼 유족이 없거나 그 밖에 부득이한 사유로 유족이 아닌 사람이 장례를 지낸 경우에는 평균임금의 120일분에 상당하는 금액의 범위에서 실제 드는 비용을 그 장례를 지낸 사람에게 지급한다.(2021.1.26 개정)
②제1항에 따른 장례비가 대통령령으로 정하는 바에 따라 고용노동부장관이 고시하는 최고 금액을 초과하거나 최저 금액에 미달하면 그 최고 금액 또는 최저 금액을 각각 장례비로 한다.(2021.1.26 개정)
③제1항에도 불구하고 대통령령으로 정하는 바에 따라 근로자가 업무상의 사유로 사망하였다고 추정되는 경우에는 장례를 지내기 전이라도 유족의 청구에 따라 제2항에 따른 최저 금액을 장례비로 미리 지급할 수 있다. 이

경우 장례비를 청구할 수 있는 유족의 순위에 관하여는 제65조를 준용한다.(2021.5.18 신설)

④제3항에 따라 장례비를 지급한 경우 제1항 및 제2항에 따른 장례비는 제3항에 따라 지급한 금액을 공제한 나머지 금액으로 한다.(2021.5.18 신설)

제72조【직업재활급여】 ①직업재활급여의 종류는 다음 각 호와 같다.

1. 장해급여 또는 진폐보상연금을 받은 사람이나 장해급여를 받을 것이 명백한 사람으로서 대통령령으로 정하는 사람(이하 "장해급여자"라 한다) 중 취업을 위하여 직업훈련이 필요한 사람(이하 "훈련대상자"라 한다)에 대하여 실시하는 직업훈련에 드는 비용 및 직업훈련수당(2020.5.26 개정)
2. 업무상의 재해가 발생할 당시의 사업에 복귀한 장해급여자에 대하여 사업주가 고용을 유지하거나 직장적응훈련 또는 재활운동을 실시하는 경우(직장적응훈련의 경우에는 직장 복귀 전에 실시한 경우도 포함한다)에 각각 지급하는 직장복귀지원금, 직장적응훈련비 및 재활운동비(2018.6.12 개정)

②제1항제1호의 훈련대상자 및 같은 항 제2호의 장해급여자는 장해정도 및 연령 등을 고려하여 대통령령으로 정한다.

제73조【직업훈련비용】 ①훈련대상자에 대한 직업훈련은 공단과 계약을 체결한 직업훈련기관(이하 "직업훈련기관"이라 한다)에서 실시하게 한다.

②제72조제1항제1호에 따른 직업훈련에 드는 비용(이하 "직업훈련비용"이라 한다)은 제1항에 따라 직업훈련을 실시한 직업훈련기관에 지급한다. 다만, 직업훈련기관이 「장애인고용촉진 및 직업재활법」, 「고용보험법」 또는 「국민 평생 직업능력 개발법」이나 그 밖에 다른 법령에 따라 직업훈련비용에 상당한 비용을 받은 경우 등 대통령령으로 정하는 경우에는 지급하지 아니한다.(2021.8.17 개정)

③직업훈련비용의 금액은 고용노동부장관이 훈련비용, 훈련기간 및 노동시장의 여건 등을 고려하여 고시하는 금액의 범위에서 실제 드는 비용으로 하되, 직업훈련비용을 지급하는 훈련기간은 12개월 이내로 한다.(2010.6.4 개정)

④직업훈련비용의 지급 범위·기준·절차 및 방법, 직업훈련기관과의 계약 및 해지 등에 필요한 사항은 고용노동부령으로 정한다.(2010.6.4 개정)

제74조【직업훈련수당】 ①제72조제1항제1호에 따른 직업훈련수당은 제73조제1항에 따라 직업훈련을 받는 훈련대상자에게 그 직업훈련으로 인

하여 취업하지 못하는 기간에 대하여 지급하되, 1일당 지급액은 최저임금액에 상당하는 금액으로 한다. 다만, 휴업급여나 상병보상연금을 받는 훈련대상자에게는 직업훈련수당을 지급하지 아니한다.(2010.1.27 개정)
②제1항에 따른 직업훈련수당을 받는 사람이 장해보상연금 또는 진폐보상연금을 받는 경우에는 1일당 장해보상연금액 또는 1일당 진폐보상연금액(제91조의3제2항에 따라 산정한 진폐보상연금액을 365로 나눈 금액을 말한다)과 1일당 직업훈련수당을 합한 금액이 그 근로자의 장해보상연금 또는 진폐보상연금 산정에 적용되는 평균임금의 100분의 70을 초과하면 그 초과하는 금액 중 직업훈련수당에 해당하는 금액은 지급하지 아니한다.(2020.5.26 개정)
③제1항에 따른 직업훈련수당 지급 등에 필요한 사항은 고용노동부령으로 정한다.(2010.6.4 개정)

제75조【직장복귀지원금 등】 ①제72조제1항제2호에 따른 직장복귀지원금, 직장적응훈련비 및 재활운동비는 장해급여자에 대하여 고용을 유지하거나 직장적응훈련 또는 재활운동을 실시하는 사업주에게 각각 지급한다. 이 경우 직장복귀지원금, 직장적응훈련비 및 재활운동비의 지급요건은 각각 대통령령으로 정한다.
②제1항에 따른 직장복귀지원금은 고용노동부장관이 임금수준 및 노동시장의 여건 등을 고려하여 고시하는 금액의 범위에서 사업주가 장해급여자에게 지급한 임금액으로 하되, 그 지급기간은 12개월 이내로 한다.(2010.6.4 개정)
③제1항에 따른 직장적응훈련비 및 재활운동비는 고용노동부장관이 직장적응훈련 또는 재활운동에 드는 비용을 고려하여 고시하는 금액의 범위에서 실제 드는 비용으로 하되, 그 지급기간은 3개월 이내로 한다.(2010.6.4 개정)
④장해급여자를 고용하고 있는 사업주가 「고용보험법」 제23조에 따른 지원금, 「장애인고용촉진 및 직업재활법」 제30조에 따른 장애인 고용장려금이나 그 밖에 다른 법령에 따라 직장복귀지원금, 직장적응훈련비 또는 재활운동비(이하 "직장복귀지원금등"이라 한다)에 해당하는 금액을 받은 경우 등 대통령령으로 정하는 경우에는 그 받은 금액을 빼고 직장복귀지원금등을 지급한다.(2010.1.27 개정)
⑤사업주가 「장애인고용촉진 및 직업재활법」 제28조에 따른 의무로써 장

애인을 고용한 경우 등 대통령령으로 정하는 경우에는 직장복귀지원금등을 지급하지 아니한다.(2010.1.27 신설)

제75조의2 【직장복귀 지원】 ①공단은 업무상 재해를 입은 근로자에게 장기간 요양이 필요하거나 요양 종결 후 장해가 발생할 것이 예상되는 등 대통령령으로 정하는 기준에 해당하여 그 근로자의 직장복귀를 위하여 필요하다고 판단되는 경우에는 업무상 재해가 발생한 당시의 사업주에게 근로자의 직장복귀에 관한 계획서(이하 이 조에서 "직장복귀계획서"라 한다)를 작성하여 제출하도록 요구할 수 있다. 이 경우 공단은 직장복귀계획서의 내용이 적절하지 아니하다고 판단되는 때에는 사업주에게 이를 변경하여 제출하도록 요구할 수 있다.

②공단은 제1항에 따라 사업주가 직장복귀계획서를 작성하거나 그 내용을 이행할 수 있도록 필요한 지원을 할 수 있다.

③공단은 업무상 재해를 입은 근로자의 직장복귀 지원을 위하여 필요하다고 인정하는 경우에는 그 근로자의 요양기간 중에 산재보험 의료기관에 의뢰하여 해당 근로자의 직업능력 평가 등 대통령령으로 정하는 조치를 할 수 있다.

④공단은 업무상 재해를 입은 근로자의 직장복귀 지원을 위하여 산재보험 의료기관 중 고용노동부령으로 정하는 인력 및 시설 등을 갖춘 의료기관을 직장복귀지원 의료기관으로 지정하여 운영할 수 있다.

⑤제4항에 따른 직장복귀지원 의료기관에 대하여는 제40조제5항에 따른 요양급여의 산정 기준 및 제50조에 따른 산재보험 의료기관의 평가 등에서 우대할 수 있다.

⑥제4항에 따른 직장복귀지원 의료기관의 지정 절차, 지정 취소 등에 필요한 사항은 고용노동부령으로 정한다.

(2021.5.18 본조신설)

제76조 【보험급여의 일시지급】 ①대한민국 국민이 아닌 근로자가 업무상의 재해에 따른 부상 또는 질병으로 요양 중 치유되기 전에 출국하기 위하여 보험급여의 일시지급을 신청하는 경우에는 출국하기 위하여 요양을 중단하는 날 이후에 청구 사유가 발생할 것으로 예상되는 보험급여를 한꺼번에 지급할 수 있다.(2010.1.27 개정)

②제1항에 따라 한꺼번에 지급할 수 있는 금액은 다음 각 호의 보험급여를 미리 지급하는 기간에 따른 이자 등을 고려하여 대통령령으로 정하는

방법에 따라 각각 환산한 금액을 합한 금액으로 한다. 이 경우 해당 근로자가 제3호 및 제4호에 따른 보험급여의 지급사유 모두에 해당될 것으로 의학적으로 판단되는 경우에는 제4호에 해당하는 보험급여의 금액은 합산하지 아니한다.(2010.1.27 개정)

1. 출국하기 위하여 요양을 중단하는 날부터 업무상의 재해에 따른 부상 또는 질병이 치유될 것으로 예상되는 날까지의 요양급여(2010.1.27 개정)
2. 출국하기 위하여 요양을 중단하는 날부터 업무상 부상 또는 질병이 치유되거나 그 부상 · 질병 상태가 취업할 수 있게 될 것으로 예상되는 날(그 예상되는 날이 요양 개시일부터 2년이 넘는 경우에는 요양 개시일부터 2년이 되는 날)까지의 기간에 대한 휴업급여(2020.5.26 개정)
3. 출국하기 위하여 요양을 중단할 당시 업무상의 재해에 따른 부상 또는 질병이 치유된 후에 남을 것으로 예상되는 장해의 장해등급에 해당하는 장해보상일시금(2010.1.27 개정)
4. 출국하기 위하여 요양을 중단할 당시 요양 개시일부터 2년이 지난 후에 상병보상연금의 지급대상이 되는 중증요양상태가 지속될 것으로 예상되는 경우에는 그 예상되는 중증요양상태등급(요양 개시일부터 2년이 지난 후 출국하기 위하여 요양을 중단하는 경우에는 그 당시의 부상 · 질병 상태에 따른 중증요양상태등급)과 같은 장해등급에 해당하는 장해보상일시금에 해당하는 금액(2020.5.26 개정)
5. 요양 당시 받고 있는 진폐장해등급에 따른 진폐보상연금(2010.5.20 신설)

③제1항에 따른 일시지급의 신청 및 지급 절차는 고용노동부령으로 정한다.(2010.6.4 개정)

제77조 【합병증 등 예방관리】 ①공단은 업무상의 부상 또는 질병이 치유된 사람 중에서 합병증 등 재요양 사유가 발생할 우려가 있는 사람에게 산재보험 의료기관에서 그 예방에 필요한 조치를 받도록 할 수 있다.(2020.5.26 개정)

②제1항에 따른 조치대상, 조치내용 및 조치비용 산정 기준 등 예방관리에 필요한 구체적인 사항은 대통령령으로 정한다.(2018.6.12 신설)

(2010.1.27 본조개정)

제78조 【장해특별급여】 ①보험가입자의 고의 또는 과실로 발생한 업무상의 재해로 근로자가 대통령령으로 정하는 장해등급 또는 진폐장해등

급에 해당하는 장해를 입은 경우에 수급권자가 「민법」에 따른 손해배상청구를 갈음하여 장해특별급여를 청구하면 제57조의 장해급여 또는 제91조의3의 진폐보상연금 외에 대통령령으로 정하는 장해특별급여를 지급할 수 있다. 다만, 근로자와 보험가입자 사이에 장해특별급여에 관하여 합의가 이루어진 경우에 한정한다.(2020.5.26 개정)
②수급권자가 제1항에 따른 장해특별급여를 받으면 동일한 사유에 대하여 보험가입자에게 「민법」이나 그 밖의 법령에 따른 손해배상을 청구할 수 없다.
③공단은 제1항에 따라 장해특별급여를 지급하면 대통령령으로 정하는 바에 따라 그 급여액 모두를 보험가입자로부터 징수한다.

제79조【유족특별급여】 ①보험가입자의 고의 또는 과실로 발생한 업무상의 재해로 근로자가 사망한 경우에 수급권자가 「민법」에 따른 손해배상청구를 갈음하여 유족특별급여를 청구하면 제62조의 유족급여 또는 제91조의4의 진폐유족연금 외에 대통령령으로 정하는 유족특별급여를 지급할 수 있다.(2010.5.20 개정)
②유족특별급여에 관하여는 제78조제1항 단서 · 제2항 및 제3항을 준용한다. 이 경우 "장해특별급여"는 "유족특별급여"로 본다.

제80조【다른 보상이나 배상과의 관계】 ①수급권자가 이 법에 따라 보험급여를 받았거나 받을 수 있으면 보험가입자는 동일한 사유에 대하여 「근로기준법」에 따른 재해보상 책임이 면제된다.
②수급권자가 동일한 사유에 대하여 이 법에 따른 보험급여를 받으면 보험가입자는 그 금액의 한도 안에서 「민법」이나 그 밖의 법령에 따른 손해배상의 책임이 면제된다. 이 경우 장해보상연금 또는 유족보상연금을 받고 있는 사람은 장해보상일시금 또는 유족보상일시금을 받은 것으로 본다.(2020.5.26 개정)
③수급권자가 동일한 사유로 「민법」이나 그 밖의 법령에 따라 이 법의 보험급여에 상당한 금품을 받으면 공단은 그 받은 금품을 대통령령으로 정하는 방법에 따라 환산한 금액의 한도 안에서 이 법에 따른 보험급여를 지급하지 아니한다. 다만, 제2항 후단에 따라 수급권자가 지급받은 것으로 보게 되는 장해보상일시금 또는 유족보상일시금에 해당하는 연금액에 대하여는 그러하지 아니하다.
④요양급여를 받는 근로자가 요양을 시작한 후 3년이 지난 날 이후에 상병보상연금을 지급받고 있으면 「근로기준법」 제23조제2항 단서를 적용할

때 그 사용자는 그 3년이 지난 날 이후에는 같은 법 제84조에 따른 일시보상을 지급한 것으로 본다.

제81조【미지급의 보험급여】 ①보험급여의 수급권자가 사망한 경우에 그 수급권자에게 지급하여야 할 보험급여로서 아직 지급되지 아니한 보험급여가 있으면 그 수급권자의 유족(유족급여의 경우에는 그 유족급여를 받을 수 있는 다른 유족)의 청구에 따라 그 보험급여를 지급한다.
②제1항의 경우에 그 수급권자가 사망 전에 보험급여를 청구하지 아니하면 같은 항에 따른 유족의 청구에 따라 그 보험급여를 지급한다.

제82조【보험급여의 지급】 ①보험급여는 지급 결정일부터 14일 이내에 지급하여야 한다.(2018.6.12 개정)
②공단은 수급권자의 신청이 있는 경우에는 보험급여를 수급권자 명의의 지정된 계좌(이하 "보험급여수급계좌"라 한다)로 입금하여야 한다. 다만, 정보통신장애나 그 밖에 대통령령으로 정하는 불가피한 사유로 보험급여를 보험급여수급계좌로 이체할 수 없을 때에는 대통령령으로 정하는 바에 따라 보험급여를 지급할 수 있다.(2018.6.12 신설)
③보험급여수급계좌의 해당 금융기관은 이 법에 따른 보험급여만이 보험급여수급계좌에 입금되도록 관리하여야 한다.(2018.6.12 신설)
④제2항에 따른 신청의 방법·절차와 제3항에 따른 보험급여수급계좌의 관리에 필요한 사항은 대통령령으로 정한다.(2018.6.12 신설)

제83조【보험급여 지급의 제한】 ①공단은 근로자가 다음 각 호의 어느 하나에 해당되면 보험급여의 전부 또는 일부를 지급하지 아니할 수 있다.
1. 요양 중인 근로자가 정당한 사유 없이 요양에 관한 지시를 위반하여 부상·질병 또는 장해 상태를 악화시키거나 치유를 방해한 경우
2. 장해보상연금 또는 진폐보상연금 수급권자가 제59조에 따른 장해등급 또는 진폐장해등급 재판정 전에 자해(自害) 등 고의로 장해 상태를 악화시킨 경우(2010.5.20 개정)

②공단은 제1항에 따라 보험급여를 지급하지 아니하기로 결정하면 지체 없이 이를 관계 보험가입자와 근로자에게 알려야 한다.
③제1항에 따른 보험급여 지급 제한의 대상이 되는 보험급여의 종류 및 제한 범위는 대통령령으로 정한다.

제84조【부당이득의 징수】 ①공단은 보험급여를 받은 사람이 다음 각 호의 어느 하나에 해당하면 그 급여액에 해당하는 금액(제1호의 경우에는

그 급여액의 2배에 해당하는 금액)을 징수하여야 한다. 이 경우 공단이 제90조제2항에 따라 국민건강보험공단등에 청구하여 받은 금액은 징수할 금액에서 제외한다.(2020.5.26 개정)

1. 거짓이나 그 밖의 부정한 방법으로 보험급여를 받은 경우
2. 수급권자 또는 수급권이 있었던 사람이 제114조제2항부터 제4항까지의 규정에 따른 신고의무를 이행하지 아니하여 부당하게 보험급여를 지급받은 경우(2020.5.26 개정)
3. 그 밖에 잘못 지급된 보험급여가 있는 경우

②제1항제1호의 경우 보험급여의 지급이 보험가입자·산재보험 의료기관 또는 직업훈련기관의 거짓된 신고, 진단 또는 증명으로 인한 것이면 그 보험가입자·산재보험 의료기관 또는 직업훈련기관도 연대하여 책임을 진다.

③공단은 산재보험 의료기관이나 제46조제1항에 따른 약국이 다음 각 호의 어느 하나에 해당하면 그 진료비나 약제비에 해당하는 금액을 징수하여야 한다. 다만, 제1호의 경우에는 그 진료비나 약제비의 2배에 해당하는 금액(제44조제1항에 따라 과징금을 부과하는 경우에는 그 진료비에 해당하는 금액)을 징수한다.

1. 거짓이나 그 밖의 부정한 방법으로 진료비나 약제비를 지급받은 경우
2. 제40조제5항 또는 제91조의9제3항에 따른 요양급여의 산정 기준 및 제77조제2항에 따른 조치비용 산정 기준을 위반하여 부당하게 진료비나 약제비를 지급받은 경우(2018.6.12 개정)
3. 그 밖에 진료비나 약제비를 잘못 지급받은 경우

④제1항 및 제3항 단서에도 불구하고 공단은 거짓이나 그 밖의 부정한 방법으로 보험급여, 진료비 또는 약제비를 받은 자(제2항에 따라 연대책임을 지는 자를 포함한다)가 부정수급에 대한 조사가 시작되기 전에 부정수급 사실을 자진 신고한 경우에는 그 보험급여액, 진료비 또는 약제비에 해당하는 금액을 초과하는 부분은 징수를 면제할 수 있다.(2018.6.12 신설)

제84조의2【부정수급자 명단 공개 등】 ①공단은 제84조제1항제1호 또는 같은 조 제3항제1호에 해당하는 자(이하 "부정수급자"라 한다)로서 매년 직전 연도부터 과거 3년간 다음 각 호의 어느 하나에 해당하는 자의 명단을 공개할 수 있다. 이 경우 같은 조 제2항에 따른 연대책임자의 명단을 함께 공개할 수 있다.

1. 부정수급 횟수가 2회 이상이고 부정수급액의 합계가 1억원 이상인 자

2. 1회의 부정수급액이 2억원 이상인 자
②부정수급자 또는 연대책임자의 사망으로 명단 공개의 실효성이 없는 경우 등 대통령령으로 정하는 경우에는 제1항에 따른 명단을 공개하지 아니할 수 있다.
③공단은 이의신청이나 그 밖의 불복절차가 진행 중인 부당이득징수결정처분에 대해서는 해당 이의신청이나 불복절차가 끝난 후 명단을 공개할 수 있다.
④공단은 제1항에 따른 공개대상자에게 고용노동부령으로 정하는 바에 따라 미리 그 사실을 통보하고 소명의 기회를 주어야 한다.
⑤그 밖에 명단 공개의 방법 및 절차 등에 필요한 사항은 고용노동부령으로 정한다.
(2018.6.12 본조신설)

제85조【징수금의 징수】 제39조제2항에 따른 보험급여액의 징수, 제78조에 따른 장해특별급여액의 징수, 제79조에 따른 유족특별급여액의 징수 및 제84조에 따른 부당이득의 징수에 관하여는 보험료징수법 제27조, 제28조, 제29조, 제30조, 제32조, 제39조, 제41조 및 제42조를 준용한다. 이 경우 "건강보험공단"은 "공단"으로 본다.(2010.1.27 개정)

제86조【보험급여 등의 충당】 ①공단은 제84조제1항 및 제3항에 따라 부당이득을 받은 자, 제84조제2항에 따라 연대책임이 있는 보험가입자 또는 산재보험 의료기관에 지급할 보험급여·진료비 또는 약제비가 있으면 이를 제84조에 따라 징수할 금액에 충당할 수 있다.
②보험급여·진료비 및 약제비의 충당 한도 및 충당 절차는 대통령령으로 정한다.

제87조【제3자에 대한 구상권】 ①공단은 제3자의 행위에 따른 재해로 보험급여를 지급한 경우에는 그 급여액의 한도 안에서 급여를 받은 사람의 제3자에 대한 손해배상청구권을 대위(代位)한다. 다만, 보험가입자인 둘 이상의 사업주가 같은 장소에서 하나의 사업을 분할하여 각각 행하다가 그 중 사업주를 달리하는 근로자의 행위로 재해가 발생하면 그러하지 아니하다.(2020.5.26 개정)
②제1항의 경우에 수급권자가 제3자로부터 동일한 사유로 이 법의 보험급여에 상당하는 손해배상을 받으면 공단은 그 배상액을 대통령령으로 정하는 방법에 따라 환산한 금액의 한도 안에서 이 법에 따른 보험급여를 지

급하지 아니한다.

③수급권자 및 보험가입자는 제3자의 행위로 재해가 발생하면 지체 없이 공단에 신고하여야 한다.

제87조의2【구상금협의조정기구 등】 ①공단은 제87조에 따라 「자동차손해배상 보장법」 제2조제7호가목에 따른 보험회사등(이하 이 조에서 "보험회사등"이라 한다)에게 구상권을 행사하는 경우 그 구상금 청구액을 협의 · 조정하기 위하여 보험회사등과 구상금협의조정기구를 구성하여 운영할 수 있다.

②공단과 보험회사등은 제1항에 따른 협의 · 조정을 위하여 상대방에게 필요한 자료의 제출을 요구할 수 있다. 이 경우 자료의 제출을 요구받은 상대방은 특별한 사정이 없으면 그 요구에 따라야 한다.

③제1항 및 제2항에 따른 구상금협의조정기구의 구성 및 운영 등에 관하여 필요한 사항은 공단이 정한다.

(2017.10.24 본조신설)

제88조【수급권의 보호】 ①근로자의 보험급여를 받을 권리는 퇴직하여도 소멸되지 아니한다.

산재
보험

②보험급여를 받을 권리는 양도 또는 압류하거나 담보로 제공할 수 없다.

③제82조제2항에 따라 지정된 보험급여수급계좌의 예금 중 대통령령으로 정하는 액수 이하의 금액에 관한 채권은 압류할 수 없다.(2018.6.12 신설)

제89조【수급권의 대위】 보험가입자(보험료징수법 제2조제5호에 따른 하수급인을 포함한다. 이하 이 조에서 같다)가 소속 근로자의 업무상의 재해에 관하여 이 법에 따른 보험급여의 지급 사유와 동일한 사유로 「민법」이나 그 밖의 법령에 따라 보험급여에 상당하는 금품을 수급권자에게 미리 지급한 경우로서 그 금품이 보험급여에 대체하여 지급한 것으로 인정되는 경우에 보험가입자는 대통령령으로 정하는 바에 따라 그 수급권자의 보험급여를 받을 권리를 대위한다.

제90조【요양급여 비용의 정산】 ①공단은 「국민건강보험법」 제13조에 따른 국민건강보험공단 또는 「의료급여법」 제5조에 따른 시장, 군수 또는 구청장(이하 "국민건강보험공단등"이라 한다)이 제42조제1항에 따라 이 법에 따른 요양급여의 수급권자에게 건강보험 요양급여등을 우선 지급하고 그 비용을 청구하는 경우에는 그 건강보험 요양급여등이 이 법에 따라 지급할 수 있는 요양급여에 상당한 것으로 인정되면 그 요양급여에 해

당하는 금액을 지급할 수 있다.(2011.12.31 개정)
②공단이 수급권자에게 요양급여를 지급한 후 그 지급결정이 취소된 경우로서 그 지급한 요양급여가 「국민건강보험법」 또는 「의료급여법」에 따라 지급할 수 있는 건강보험 요양급여등에 상당한 것으로 인정되면 공단은 그 건강보험 요양급여등에 해당하는 금액을 국민건강보험공단등에 청구할 수 있다.

제90조의2 【국민건강보험 요양급여 비용의 정산】 ①제40조에 따른 요양급여나 재요양을 받은 사람이 요양이 종결된 후 2년 이내에 「국민건강보험법」 제41조에 따른 요양급여를 받은 경우(종결된 요양의 대상이 되었던 업무상의 부상 또는 질병의 증상으로 요양급여를 받은 경우로 한정한다)에는 공단은 그 요양급여 비용 중 국민건강보험공단이 부담한 금액을 지급할 수 있다.
②제1항에 따른 요양급여 비용의 지급 절차와 그 밖에 필요한 사항은 고용노동부령으로 정한다.
(2015.1.20 본조신설)

제91조 【공과금의 면제】 보험급여로서 지급된 금품에 대하여는 국가나 지방자치단체의 공과금을 부과하지 아니한다.

제 3 장의 2 진폐에 따른 보험급여의 특례

제91조의2 【진폐에 대한 업무상의 재해의 인정기준】 근로자가 진폐에 걸릴 우려가 있는 작업으로서 암석, 금속이나 유리섬유 등을 취급하는 작업 등 노동부령으로 정하는 분진작업(이하 "분진작업"이라 한다)에 종사하여 진폐에 걸리면 제37조제1항제2호가목에 따른 업무상 질병으로 본다.
(2010.5.20 본조신설)

제91조의3 【진폐보상연금】 ①진폐보상연금은 업무상 질병인 진폐에 걸린 근로자(이하 "진폐근로자"라 한다)에게 지급한다.
②진폐보상연금은 제5조제2호 및 제36조제6항에 따라 정하는 평균임금을 기준으로 하여 별표 6에 따라 산정하는 진폐장해등급별 진폐장해연금과 기초연금을 합산한 금액으로 한다. 이 경우 기초연금은 최저임금액의 100분의 60에 365를 곱하여 산정한 금액으로 한다.
③진폐보상연금을 받던 사람이 그 진폐장해등급이 변경된 경우에는 변경

된 날이 속한 달의 다음 달부터 기초연금과 변경된 진폐장해등급에 해당하는 진폐장해연금을 합산한 금액을 지급한다.
(2010.5.20 본조신설)

제91조의4【진폐유족연금】 ①진폐유족연금은 진폐근로자가 진폐로 사망한 경우에 유족에게 지급한다.
②진폐유족연금은 사망 당시 진폐근로자에게 지급하고 있거나 지급하기로 결정된 진폐보상연금과 같은 금액으로 한다. 이 경우 진폐유족연금은 제62조제2항 및 별표 3에 따라 산정한 유족보상연금을 초과할 수 없다.
③제91조의6에 따른 진폐에 대한 진단을 받지 아니한 근로자가 업무상 질병인 진폐로 사망한 경우에 그 근로자에 대한 진폐유족연금은 제91조의3제2항에 따른 기초연금과 제91조의8제3항에 따라 결정되는 진폐장해등급별로 별표 6에 따라 산정한 진폐장해연금을 합산한 금액으로 한다.
④진폐유족연금을 받을 수 있는 유족의 범위 및 순위, 자격 상실과 지급정지 등에 관하여는 제63조 및 제64조를 준용한다. 이 경우 "유족보상연금"은 "진폐유족연금"으로 본다.
(2010.5.20 본조신설)

제91조의5【진폐에 대한 요양급여 등의 청구】 ①분진작업에 종사하고 있거나 종사하였던 근로자가 업무상 질병인 진폐로 요양급여 또는 진폐보상연금을 받으려면 노동부령으로 정하는 서류를 첨부하여 공단에 청구하여야 한다.
②제1항에 따라 요양급여 등을 청구한 사람이 제91조의8제2항에 따라 요양급여 등의 지급 또는 부지급 결정을 받은 경우에는 제91조의6에 따른 진단이 종료된 날부터 1년이 지나거나 요양이 종결되는 때에 다시 요양급여 등을 청구할 수 있다. 다만, 제91조의6제1항에 따른 건강진단기관으로부터 합병증[「진폐의 예방과 진폐근로자의 보호 등에 관한 법률」(이하 "진폐근로자보호법"이라 한다) 제2조제2호에 따른 합병증을 말한다. 이하 같다]이나 심폐기능의 고도장해 등으로 응급진단이 필요하다는 의학적 소견이 있으면 1년이 지나지 아니한 경우에도 요양급여 등을 청구할 수 있다.
(2010.5.20 본조신설)

제91조의6【진폐의 진단】 ①공단은 근로자가 제91조의5에 따라 요양급여 등을 청구하면 진폐근로자보호법 제15조에 따른 건강진단기관(이하 "건강진단기관"이라 한다)에 제91조의8의 진폐판정에 필요한 진단을 의뢰

하여야 한다.
②건강진단기관은 제1항에 따라 진폐에 대한 진단을 의뢰받으면 노동부령으로 정하는 바에 따라 진폐에 대한 진단을 실시하고 그 진단결과를 공단에 제출하여야 한다.
③근로자가 진폐근로자보호법 제11조부터 제13조까지의 규정에 따른 건강진단을 받은 후에 건강진단기관이 같은 법 제16조제1항 후단 및 같은 조 제3항 후단에 따라 해당 근로자의 흉부 엑스선 사진 등을 노동부장관에게 제출한 경우에는 제91조의5제1항 및 이 조 제2항에 따라 요양급여 등을 청구하고 진단결과를 제출한 것으로 본다.
④공단은 제2항에 따라 진단을 실시한 건강진단기관에 그 진단에 드는 비용을 지급한다. 이 경우 그 비용의 산정 기준 및 청구 등에 관하여는 제40조제5항 및 제45조를 준용한다.
⑤제2항에 따라 진단을 받는 근로자에게는 노동부장관이 정하여 고시하는 금액을 진단수당으로 지급할 수 있다. 다만, 장해보상연금 또는 진폐보상연금을 받고 있는 사람에게는 진단수당을 지급하지 아니한다.
⑥제1항, 제2항 및 제5항에 따른 진단의뢰, 진단결과의 제출 및 진단수당의 구체적인 지급절차 등에 관한 사항은 노동부령으로 정한다.
(2010.5.20 본조신설)

제91조의7【진폐심사회의】 ①제91조의6에 따른 진단결과에 대하여 진폐병형 및 합병증 등을 심사하기 위하여 공단에 관계 전문가 등으로 구성된 진폐심사회의(이하 "진폐심사회의"라 한다)를 둔다.
②진폐심사회의의 위원 구성 및 회의 운영이나 그 밖에 필요한 사항은 노동부령으로 정한다.
(2010.5.20 본조신설)

제91조의8【진폐판정 및 보험급여의 결정 등】 ①공단은 제91조의6에 따라 진단결과를 받으면 진폐심사회의의 심사를 거쳐 해당 근로자의 진폐병형, 합병증의 유무 및 종류, 심폐기능의 정도 등을 판정(이하 "진폐판정"이라 한다)하여야 한다. 이 경우 진폐판정에 필요한 기준은 대통령령으로 정한다.
②공단은 제1항의 진폐판정 결과에 따라 요양급여의 지급 여부, 진폐장해등급과 그에 따른 진폐보상연금의 지급 여부 등을 결정하여야 한다. 이 경우 진폐장해등급 기준 및 합병증 등에 따른 요양대상인정기준은 대통령령

으로 정한다.
③공단은 합병증 등으로 심폐기능의 정도를 판정하기 곤란한 진폐근로자에 대하여는 제2항의 진폐장해등급 기준에도 불구하고 진폐병형을 고려하여 진폐장해등급을 결정한다. 이 경우 진폐장해등급 기준은 대통령령으로 정한다.
④공단은 제2항 및 제3항에 따라 보험급여의 지급 여부 등을 결정하면 그 내용을 해당 근로자에게 알려야 한다.
(2010.5.20 본조신설)

제91조의9【진폐에 따른 요양급여의 지급 절차와 기준 등】 ①공단은 제91조의8제2항에 따라 요양급여를 지급하기로 결정된 진폐근로자에 대하여는 제40조제2항 본문에도 불구하고 산재보험 의료기관 중 진폐근로자의 요양을 담당하는 의료기관(이하 "진폐요양 의료기관"이라 한다)에서 요양을 하게 한다.
②노동부장관은 진폐요양 의료기관이 적정한 요양을 제공하는 데 활용할 수 있도록 전문가의 자문 등을 거쳐 입원과 통원의 처리기준, 표준적인 진료기준 등을 정하여 고시할 수 있다.
③공단은 진폐요양 의료기관에 대하여 시설, 인력 및 의료의 질 등을 고려하여 3개 이내의 등급으로 나누어 등급화할 수 있다. 이 경우 그 등급의 구분 기준, 등급별 요양대상 환자 및 등급별 요양급여의 산정 기준은 노동부령으로 정한다.
④진폐요양 의료기관을 평가하는 업무에 대하여 자문하기 위하여 공단에 진폐요양의료기관평가위원회를 둔다. 이 경우 진폐요양의료기관평가위원회의 구성·운영이나 그 밖에 필요한 사항은 노동부령으로 정한다.
⑤진폐요양 의료기관에 대한 평가에 관하여는 제50조를 준용한다. 이 경우 제50조제1항 중 "제43조제1항제3호의 산재보험 의료기관 중 대통령령으로 정하는 의료기관"은 "진폐요양 의료기관"으로 본다.
(2010.5.20 본조신설)

제91조의10【진폐에 따른 사망의 인정 등】 분진작업에 종사하고 있거나 종사하였던 근로자가 진폐, 합병증이나 그 밖에 진폐와 관련된 사유로 사망하였다고 인정되면 업무상의 재해로 본다. 이 경우 진폐에 따른 사망 여부를 판단하는 때에 고려하여야 하는 사항은 대통령령으로 정한다.
(2010.5.20 본조신설)

제91조의11【진폐에 따른 사망원인의 확인 등】①분진작업에 종사하고 있거나 종사하였던 근로자의 사망원인을 알 수 없는 경우에 그 유족은 해당 근로자가 진폐 등으로 사망하였는지 여부에 대하여 확인하기 위하여 병리학 전문의가 있는 산재보험 의료기관 중에서 공단이 지정하는 의료기관에 전신해부에 대한 동의서를 첨부하여 해당 근로자의 시신에 대한 전신해부를 의뢰할 수 있다. 이 경우 그 의료기관은 「시체 해부 및 보존 등에 관한 법률」 제2조에도 불구하고 전신해부를 할 수 있다.(2020.4.7 개정)
②공단은 제1항에 따라 전신해부를 실시한 의료기관 또는 유족에게 그 비용의 전부 또는 일부를 지원할 수 있다. 이 경우 비용의 지급기준 및 첨부서류 제출, 그 밖에 비용지원 절차에 관한 사항은 노동부령으로 정한다.
(2010.5.20 본조신설)

제 3 장의 3　건강손상자녀에 대한 보험급여의 특례

제91조의12【건강손상자녀에 대한 업무상의 재해의 인정기준】임신 중인 근로자가 업무수행 과정에서 제37조제1항제1호·제3호 또는 대통령령으로 정하는 유해인자의 취급이나 노출로 인하여, 출산한 자녀에게 부상, 질병 또는 장해가 발생하거나 그 자녀가 사망한 경우 업무상의 재해로 본다. 이 경우 그 출산한 자녀(이하 "건강손상자녀"라 한다)는 제5조제2호에도 불구하고 이 법을 적용할 때 해당 업무상 재해의 사유가 발생한 당시 임신한 근로자가 속한 사업의 근로자로 본다.
(2022.1.11 본조신설)

제91조의13【장해등급의 판정시기】 건강손상자녀에 대한 장해등급 판정은 18세 이후에 한다.
(2022.1.11 본조신설)

제91조의14【건강손상자녀의 장해급여 · 장례비 산정기준】 건강손상자녀에게 지급하는 보험급여 중 장해급여 및 장례비의 산정기준이 되는 금액은 각각 제57조제2항 및 제71조에도 불구하고 다음 각 호와 같다.
1. 장해급여: 제36조제7항에 따른 최저 보상기준 금액
2. 장례비: 제71조제2항에 따른 장례비 최저 금액
(2022.1.11 본조신설)

제3장의4 노무제공자에 대한 특례

제91조의15【노무제공자 등의 정의】 이 장에서 사용하는 용어의 뜻은 다음과 같다.

1. "노무제공자"란 자신이 아닌 다른 사람의 사업을 위하여 다음 각 목의 어느 하나에 해당하는 방법에 따라 자신이 직접 노무를 제공하고 그 대가를 지급받는 사람으로서 업무상 재해로부터의 보호 필요성, 노무제공 형태 등을 고려하여 대통령령으로 정하는 직종에 종사하는 사람을 말한다.
   가. 노무제공자가 사업주로부터 직접 노무제공을 요청받은 경우
   나. 노무제공자가 사업주로부터 일하는 사람의 노무제공을 중개·알선하기 위한 전자적 정보처리시스템(이하 "온라인 플랫폼"이라 한다)을 통해 노무제공을 요청받는 경우
2. "플랫폼 종사자"란 온라인 플랫폼을 통해 노무를 제공하는 노무제공자를 말한다.
3. "플랫폼 운영자"란 온라인 플랫폼을 이용하여 플랫폼 종사자의 노무제공을 중개 또는 알선하는 것을 업으로 하는 자를 말한다.
4. "플랫폼 이용 사업자"란 플랫폼 종사자로부터 노무를 제공받아 사업을 영위하는 자를 말한다. 다만, 플랫폼 운영자가 플랫폼 종사자의 노무를 직접 제공받아 사업을 영위하는 경우 플랫폼 운영자를 플랫폼 이용 사업자로 본다.
5. "보수"란 노무제공자가 이 법의 적용을 받는 사업에서 노무제공의 대가로 지급받은 「소득세법」 제19조에 따른 사업소득 및 같은 법 제21조에 따른 기타소득에서 대통령령으로 정하는 금품을 뺀 금액을 말한다. 다만, 노무제공의 특성에 따라 소득확인이 어렵다고 대통령령으로 정하는 직종의 보수는 고용노동부장관이 고시하는 금액으로 한다.
6. "평균보수"란 이를 산정하여야 할 사유가 발생한 날이 속하는 달의 전전달 말일부터 이전 3개월 동안 노무제공자가 재해가 발생한 사업에서 지급받은 보수와 같은 기간 동안 해당 사업 외의 사업에서 지급받은 보수를 모두 합산한 금액을 해당 기간의 총 일수로 나눈 금액을 말한다. 다만, 노무제공의 특성에 따라 소득확인이 어렵거나 소득의 종류나 내용에 따라 평균보수를 산정하기 곤란하다고 인정되는 경우에는 고용노동부장관이 고시하는 금액으로 한다.

(2022.6.10 본조신설)

제91조의16【다른 조문과의 관계】 ①제5조제2호에도 불구하고 노무제공자는 이 법의 적용을 받는 근로자로 본다.
②제6조에도 불구하고 노무제공자의 노무를 제공받는 사업은 이 법의 적용을 받는 사업으로 본다.
(2022.6.10 본조신설)

제91조의17【노무제공자에 대한 보험급여의 산정기준 등】 ①노무제공자의 평균보수 산정사유 발생일은 대통령령으로 정한다.
②노무제공자에 대해 제3장 및 제3장의2에 따른 보험급여에 관한 규정을 적용할 때에는 "임금"은 "보수"로, "평균임금"은 "평균보수"로 본다.
③제91조의15제6호에도 불구하고 업무상 재해를 입은 노무제공자가 평균보수 산정기간 동안 근로자(대통령령으로 정하는 일용근로자는 제외한다)로서 지급받은 임금이 있는 경우에는 그 기간의 보수와 임금을 합산한 금액을 해당 기간의 총일수로 나누어 평균보수를 산정한다.
④제36조제3항 본문에도 불구하고 노무제공자에 대한 보험급여를 산정하는 경우 해당 노무제공자의 평균보수를 산정하여야 할 사유가 발생한 날부터 1년이 지난 이후에는 매년 소비자물가변동률에 따라 평균보수를 증감한다.
⑤노무제공자에 대한 보험급여의 산정에 관하여는 제36조제5항 및 제6항은 적용하지 아니한다.
(2022.6.10 본조신설)

제91조의18【노무제공자에 대한 업무상의 재해의 인정기준】 노무제공자에 대한 업무상의 재해의 인정기준은 제37조제1항부터 제4항까지의 규정을 적용하되 구체적인 인정기준은 노무제공 형태 등을 고려하여 대통령령으로 정한다.
(2022.6.10 본조신설)

제91조의19【노무제공자에 대한 보험급여 산정 특례】 ①노무제공자에 대해서는 제54조에도 불구하고 제52조에 따라 산정한 1일당 휴업급여 지급액이 대통령령으로 정하는 최저 휴업급여 보장액(이하 "최저 휴업급여 보장액"이라 한다)보다 적으면 최저 휴업급여 보장액을 1일당 휴업급여 지급액으로 한다.
②재요양을 받는 노무제공자에 대해서는 제56조제2항에도 불구하고 제56

조제1항에 따라 산정한 1일당 휴업급여 지급액이 최저 휴업급여 보장액보다 적거나 재요양 당시 평균보수 산정의 대상이 되는 보수가 없으면 최저 휴업급여 보장액을 1일당 휴업급여 지급액으로 한다.
③장해보상연금을 지급받는 노무제공자가 재요양하는 경우에는 제56조제3항에도 불구하고 1일당 장해보상연금액과 제2항 또는 제56조제1항에 따라 산정한 1일당 휴업급여 지급액을 합한 금액이 장해보상연금의 산정에 적용되는 평균보수의 100분의 70을 초과하면 그 초과하는 금액 중 휴업급여에 해당하는 금액은 지급하지 아니한다.
④제1항 및 제2항에 따라 최저 휴업급여 보장액을 1일당 휴업급여 지급액으로 하는 노무제공자가 그 요양기간 중 일정기간 또는 단시간 취업을 하는 경우에는 제53조제1항 단서에도 불구하고 최저 휴업급여 보장액(별표1 제2호에 따라 감액하는 경우에는 그 감액한 금액)에서 취업한 날에 대한 보수를 뺀 금액을 부분휴업급여로 지급할 수 있다.
(2022.6.10 본조신설)

제91조의20【노무제공자에 대한 보험급여의 지급】 ①노무제공자의 보험급여는 보험료징수법에 따라 공단에 신고된 해당 노무제공자의 보수를 기준으로 평균보수를 산정한 후 그에 따라 지급한다.
②수급권자는 신고 누락 등으로 인하여 제1항에 따라 산정된 평균보수가 실제 평균보수와 다르게 산정된 경우에는 보험료징수법으로 정하는 바에 따라 보수에 대한 정정신고를 거쳐 이 법에 따른 평균보수 및 보험급여의 정정청구를 할 수 있다.
③노무제공자에 대한 보험급여의 지급 등에 필요한 사항은 고용노동부령으로 정한다.
(2022.6.10 본조신설)

제91조의21【플랫폼 운영자에 대한 자료제공 등의 요청】 공단은 플랫폼 종사자에 관한 보험사무의 효율적 처리를 위하여 플랫폼 운영자에게 해당 온라인 플랫폼의 이용 및 보험관계의 확인에 필요한 다음 각 호의 자료 또는 정보의 제공을 요청할 수 있다. 이 경우 요청을 받은 플랫폼 운영자는 정당한 사유가 없으면 그 요청에 따라야 한다.
1. 플랫폼 이용 사업자 및 플랫폼 종사자의 온라인 플랫폼 이용 개시일 또는 종료일
2. 플랫폼 이용 사업자의 보험관계와 관련된 사항으로서 사업장의 명칭·

주소 등 대통령령으로 정하는 정보
3. 플랫폼 종사자의 보험관계 및 보험급여의 결정과 지급 등과 관련된 사항으로서 플랫폼 종사자의 이름 · 직종 · 보수 · 노무제공 내용 등 대통령령으로 정하는 자료 또는 정보
(2022.6.10 본조신설)

제 4 장 근로복지 사업

제92조【근로복지 사업】 ①고용노동부장관은 근로자의 복지 증진을 위한 다음 각 호의 사업을 한다.(2010.6.4 개정)
1. 업무상의 재해를 입은 근로자의 원활한 사회 복귀를 촉진하기 위한 다음 각 목의 보험시설의 설치 · 운영
   가. 요양이나 외과 후 처치에 관한 시설
   나. 의료재활이나 직업재활에 관한 시설
2. 장학사업 등 재해근로자와 그 유족의 복지 증진을 위한 사업
3. 그 밖에 근로자의 복지 증진을 위한 시설의 설치 · 운영 사업

②고용노동부장관은 공단 또는 재해근로자의 복지 증진을 위하여 설립된 법인 중 고용노동부장관의 지정을 받은 법인(이하 "지정법인"이라 한다)에 제1항에 따른 사업을 하게 하거나 같은 항 제1호에 따른 보험시설의 운영을 위탁할 수 있다.(2010.6.4 개정)
③지정법인의 지정 기준에 필요한 사항은 고용노동부령으로 정한다.(2010.6.4 개정)
④고용노동부장관은 예산의 범위에서 지정법인의 사업에 필요한 비용의 일부를 보조할 수 있다.(2010.6.4 개정)

제93조【국민건강보험 요양급여 비용의 본인 일부 부담금의 대부】 ①공단은 제37조제1항제2호에 따른 업무상 질병에 대하여 요양 신청을 한 경우로서 요양급여의 결정에 걸리는 기간 등을 고려하여 대통령령으로 정하는 사람에 대하여 「국민건강보험법」 제44조에 따른 요양급여 비용의 본인 일부 부담금에 대한 대부사업을 할 수 있다.(2020.5.26 개정)
②공단은 제1항에 따라 대부를 받은 사람에게 지급할 이 법에 따른 요양급여가 있으면 그 요양급여를 대부금의 상환에 충당할 수 있다.(2020.5.26 개정)
③제1항에 따른 대부의 금액 · 조건 및 절차는 고용노동부장관의 승인을

받아 공단이 정한다.(2010.6.4 개정)
④제2항에 따른 요양급여의 충당 한도 및 충당 절차는 대통령령으로 정한다.

제94조【장해급여자의 고용 촉진】 고용노동부장관은 보험가입자에 대하여 장해급여 또는 진폐보상연금을 받은 사람을 그 적성에 맞는 업무에 고용하도록 권고할 수 있다.(2020.5.26 개정)

제5장 산업재해보상보험 및 예방기금

제95조【산업재해보상보험및예방기금의 설치 및 조성】 ①고용노동부장관은 보험사업, 산업재해 예방 사업에 필요한 재원을 확보하고, 보험급여에 충당하기 위하여 산업재해보상보험및예방기금(이하 "기금"이라 한다)을 설치한다.(2010.6.4 개정)
②기금은 보험료, 기금운용 수익금, 적립금, 기금의 결산상 잉여금, 정부 또는 정부 아닌 자의 출연금 및 기부금, 차입금, 그 밖의 수입금을 재원으로 하여 조성한다.
③정부는 산업재해 예방 사업을 수행하기 위하여 회계연도마다 기금지출 예산 총액의 100분의 3의 범위에서 제2항에 따른 정부의 출연금으로 세출 예산에 계상(計上)하여야 한다.

제96조【기금의 용도】 ①기금은 다음 각 호의 용도에 사용한다.
1. 보험급여의 지급 및 반환금의 반환
2. 차입금 및 이자의 상환
3. 공단에의 출연(2010.1.27 개정)
4. 「산업안전보건법」 제12조에 따른 용도(2019.1.15 개정)
5. 재해근로자의 복지 증진
6. 「한국산업안전보건공단법」에 따른 한국산업안전보건공단(이하 "한국산업안전보건공단"이라 한다)에 대한 출연(2010.1.27 개정)
7. 보험료징수법 제4조에 따른 업무를 위탁받은 자에의 출연(2010.1.27 신설)
8. 그 밖에 보험사업 및 기금의 관리와 운용(2010.1.27 개정)
②고용노동부장관은 회계연도마다 제1항 각 호에 해당하는 기금지출예산 총액의 100분의 8 이상을 제1항제4호 및 제6호에 따른 용도로 계상하여야 한다.(2010.6.4 개정)
③제1항제7호에 따라 기금으로부터 「국민건강보험법」 제13조에 따른 국민

산재
보험

건강보험공단에 출연하는 금액은 징수업무(고지 · 수납 · 체납 업무를 말한다)가 차지하는 비율 등을 기준으로 산정한다.(2018.6.12 신설)

제97조【기금의 관리 · 운용】 ①기금은 고용노동부장관이 관리 · 운용한다.(2010.6.4 개정)

②고용노동부장관은 다음 각 호의 방법에 따라 기금을 관리 · 운용하여야 한다.(2010.6.4 개정)

1. 금융기관 또는 체신관서에의 예입(預入) 및 금전신탁
2. 재정자금에의 예탁
3. 투자신탁 등의 수익증권 매입
4. 국가 · 지방자치단체 또는 금융기관이 직접 발행하거나 채무이행을 보증하는 유가증권의 매입
5. 그 밖에 기금 증식을 위하여 대통령령으로 정하는 사업

③고용노동부장관은 제2항에 따라 기금을 관리 · 운용할 때에는 그 수익이 대통령령으로 정하는 수준 이상이 되도록 하여야 한다.(2010.6.4 개정)

④기금은 「국가회계법」 제11조에 따라 회계처리를 한다.(2018.6.12 개정)

⑤고용노동부장관은 기금의 관리 · 운용에 관한 업무의 일부를 공단 또는 한국산업안전보건공단에 위탁할 수 있다.(2010.6.4 개정)

제98조【기금의 운용계획】 고용노동부장관은 회계연도마다 위원회의 심의를 거쳐 기금운용계획을 세워야 한다.(2010.6.4 개정)

제99조【책임준비금의 적립】 ①고용노동부장관은 보험급여에 충당하기 위하여 책임준비금을 적립하여야 한다.(2010.6.4 개정)

②고용노동부장관은 회계연도마다 책임준비금을 산정하여 적립금 보유액이 책임준비금의 금액을 초과하면 그 초과액을 장래의 보험급여 지급 재원으로 사용하고, 부족하면 그 부족액을 보험료 수입에서 적립하여야 한다.(2010.6.4 개정)

③제1항에 따른 책임준비금의 산정 기준 및 적립에 필요한 사항은 대통령령으로 정한다.

제100조【잉여금과 손실금의 처리】 ①기금의 결산상 잉여금이 생기면 이를 적립금으로 적립하여야 한다.

②기금의 결산상 손실금이 생기면 적립금을 사용할 수 있다.

제101조【차입금】 ①기금에 속하는 경비를 지급하기 위하여 필요하면 기금의 부담으로 차입할 수 있다.

②기금에서 지급할 현금이 부족하면 기금의 부담으로 일시차입을 할 수 있다.
③제2항에 따른 일시차입금은 그 회계연도 안에 상환하여야 한다.

제102조【기금의 출납 등】 기금을 관리·운용을 할 때의 출납 절차 등에 관한 사항은 대통령령으로 정한다.

제6장 심사 청구 및 재심사 청구

제103조【심사 청구의 제기】 ①다음 각 호의 어느 하나에 해당하는 공단의 결정 등(이하 "보험급여 결정등"이라 한다)에 불복하는 자는 공단에 심사 청구를 할 수 있다.
1. 제3장, 제3장의2 및 제3장의3에 따른 보험급여에 관한 결정(2022.1.11 개정)
2. 제45조 및 제91조의6제4항에 따른 진료비에 관한 결정(2010.5.20 개정)
3. 제46조에 따른 약제비에 관한 결정
4. 제47조제2항에 따른 진료계획 변경 조치등
5. 제76조에 따른 보험급여의 일시지급에 관한 결정
5의2. 제77조에 따른 합병증 등 예방관리에 관한 조치(2018.6.12 신설)
6. 제84조에 따른 부당이득의 징수에 관한 결정
7. 제89조에 따른 수급권의 대위에 관한 결정

②제1항에 따른 심사 청구는 그 보험급여 결정등을 한 공단의 소속 기관을 거쳐 공단에 제기하여야 한다.
③제1항에 따른 심사 청구는 보험급여 결정등이 있음을 안 날부터 90일 이내에 하여야 한다.
④제2항에 따라 심사 청구서를 받은 공단의 소속 기관은 5일 이내에 의견서를 첨부하여 공단에 보내야 한다.
⑤보험급여 결정등에 대하여는 「행정심판법」에 따른 행정심판을 제기할 수 없다.

제104조【산업재해보상보험심사위원회】 ①제103조에 따른 심사 청구를 심의하기 위하여 공단에 관계 전문가 등으로 구성되는 산업재해보상보험심사위원회(이하 "심사위원회"라 한다)를 둔다.
②심사위원회 위원의 제척·기피·회피에 관하여는 제108조를 준용한다.
③심사위원회의 구성과 운영에 필요한 사항은 대통령령으로 정한다.

제105조【심사 청구에 대한 심리·결정】 ①공단은 제103조제4항에 따라 심사 청구서를 받은 날부터 60일 이내에 심사위원회의 심의를 거쳐 심사 청구에 대한 결정을 하여야 한다. 다만, 부득이한 사유로 그 기간 이내에 결정을 할 수 없으면 한 차례만 20일을 넘지 아니하는 범위에서 그 기간을 연장할 수 있다.(2020.5.26 개정)

②제1항 본문에도 불구하고 심사 청구 기간이 지난 후에 제기된 심사 청구 등 대통령령으로 정하는 사유에 해당하는 경우에는 심사위원회의 심의를 거치지 아니할 수 있다.

③제1항 단서에 따라 결정기간을 연장할 때에는 최초의 결정기간이 끝나기 7일 전까지 심사 청구인 및 보험급여 결정등을 한 공단의 소속 기관에 알려야 한다.

④공단은 심사 청구의 심리를 위하여 필요하면 청구인의 신청 또는 직권으로 다음 각 호의 행위를 할 수 있다.

1. 청구인 또는 관계인을 지정 장소에 출석하게 하여 질문하거나 의견을 진술하게 하는 것
2. 청구인 또는 관계인에게 증거가 될 수 있는 문서나 그 밖의 물건을 제출하게 하는 것
3. 전문적인 지식이나 경험을 가진 제3자에게 감정하게 하는 것
4. 소속 직원에게 사건에 관계가 있는 사업장이나 그 밖의 장소에 출입하여 사업주·근로자, 그 밖의 관계인에게 질문하게 하거나, 문서나 그 밖의 물건을 검사하게 하는 것
5. 심사 청구와 관계가 있는 근로자에게 공단이 지정하는 의사·치과의사 또는 한의사(이하 "의사등"이라 한다)의 진단을 받게 하는 것

⑤제4항제4호에 따른 질문이나 검사를 하는 공단의 소속 직원은 그 권한을 표시하는 증표를 지니고 이를 관계인에게 내보여야 한다.

제106조【재심사 청구의 제기】 ①제105조제1항에 따른 심사 청구에 대한 결정에 불복하는 자는 제107조에 따른 산업재해보상보험재심사위원회에 재심사 청구를 할 수 있다. 다만, 판정위원회의 심의를 거친 보험급여에 관한 결정에 불복하는 자는 제103조에 따른 심사 청구를 하지 아니하고 재심사 청구를 할 수 있다.

②제1항에 따른 재심사 청구는 그 보험급여 결정등을 한 공단의 소속 기관을 거쳐 제107조에 따른 산업재해보상보험재심사위원회에 제기하여야

한다.
③제1항에 따른 재심사 청구는 심사 청구에 대한 결정이 있음을 안 날부터 90일 이내에 제기하여야 한다. 다만, 제1항 단서에 따라 심사 청구를 거치지 아니하고 재심사 청구를 하는 경우에는 보험급여에 관한 결정이 있음을 안 날부터 90일 이내에 제기하여야 한다.
④재심사 청구에 관하여는 제103조제4항을 준용한다. 이 경우 "심사 청구서"는 "재심사 청구서"로, "공단"은 "산업재해보상보험재심사위원회"로 본다.

제107조 【산업재해보상보험재심사위원회】 ①제106조에 따른 재심사 청구를 심리·재결하기 위하여 고용노동부에 산업재해보상보험재심사위원회(이하 "재심사위원회"라 한다)를 둔다.(2010.6.4 개정)
②재심사위원회는 위원장 1명을 포함한 90명 이내의 위원으로 구성하되, 위원 중 2명은 상임위원으로, 1명은 당연직위원으로 한다.(2018.6.12 개정)
③재심사위원회의 위원 중 5분의 2에 해당하는 위원은 제5항제2호부터 제5호까지에 해당하는 사람 중에서 근로자 단체 및 사용자 단체가 각각 추천하는 사람으로 구성한다. 이 경우 근로자 단체 및 사용자 단체가 추천한 사람은 같은 수로 하여야 한다.(2020.5.26 개정)
④제3항에도 불구하고 근로자단체나 사용자단체가 각각 추천하는 사람이 위촉하려는 전체 위원 수의 5분의 1보다 적은 경우에는 제3항 후단을 적용하지 아니하고 근로자단체와 사용자단체가 추천하는 위원 수를 전체 위원 수의 5분의 2 미만으로 할 수 있다.(2010.1.27 신설)
⑤재심사위원회의 위원장 및 위원은 다음 각 호의 어느 하나에 해당하는 사람 중에서 고용노동부장관의 제청으로 대통령이 임명한다. 다만, 당연직 위원은 고용노동부장관이 소속 3급의 일반직 공무원 또는 고위공무원단에 속하는 일반직 공무원 중에서 지명하는 사람으로 한다.(2020.5.26 개정)
1. 3급 이상의 공무원 또는 고위공무원단에 속하는 일반직 공무원으로 재직하고 있거나 재직하였던 사람(2020.5.26 개정)
2. 판사·검사·변호사 또는 경력 10년 이상의 공인노무사
3. 「고등교육법」 제2조에 따른 학교에서 부교수 이상으로 재직하고 있거나 재직하였던 사람(2020.5.26 개정)
4. 노동 관계 업무 또는 산업재해보상보험 관련 업무에 15년 이상 종사한 사람(2020.5.26 개정)
5. 사회보험이나 산업의학에 관한 학식과 경험이 풍부한 사람(2020.5.26 개정)

⑥다음 각 호의 어느 하나에 해당하는 사람은 위원에 임명될 수 없다.(2020.5.26 개정)

1. 피성년후견인 · 피한정후견인 또는 파산선고를 받고 복권되지 아니한 사람(2020.5.26 개정)
2. 금고 이상의 실형을 선고받고 그 집행이 끝나거나(집행이 끝난 것으로 보는 경우를 포함한다) 집행이 면제된 날부터 3년이 지나지 아니한 사람(2022.6.10 개정)

2의2. 금고 이상의 형의 집행유예를 선고받고 그 유예기간 중에 있는 사람 (2022.6.10 신설)

3. 심신 상실자 · 심신 박약자

⑦재심사위원회 위원(당연직위원은 제외한다)의 임기는 3년으로 하되 연임할 수 있고, 위원장이나 위원의 임기가 끝난 경우 그 후임자가 임명될 때까지 그 직무를 수행한다.(2018.6.12 개정)

⑧재심사위원회의 위원은 다음 각 호의 어느 하나에 해당하는 경우 외에는 그 의사에 반하여 면직되지 아니한다.(2010.1.27 개정)

1. 금고 이상의 형을 선고받은 경우
2. 오랜 심신 쇠약으로 직무를 수행할 수 없게 된 경우
3. 직무와 관련된 비위사실이 있거나 재심사위원회 위원직을 유지하기에 적합하지 아니하다고 인정되는 비위사실이 있는 경우(2018.6.12 신설)

⑨재심사위원회에 사무국을 둔다.(2010.1.27 개정)

⑩재심사위원회의 조직 · 운영 등에 필요한 사항은 대통령령으로 정한다.(2010.1.27 개정)

제108조【위원의 제척 · 기피 · 회피】 ①재심사위원회의 위원은 다음 각 호의 어느 하나에 해당하는 경우에는 그 사건의 심리(審理) · 재결(裁決)에서 제척(除斥)된다.

1. 위원 또는 그 배우자나 배우자였던 사람이 그 사건의 당사자가 되거나 그 사건에 관하여 공동권리자 또는 의무자의 관계에 있는 경우(2020.5.26 개정)
2. 위원이 그 사건의 당사자와 「민법」 제777조에 따른 친족이거나 친족이었던 경우
3. 위원이 그 사건에 관하여 증언이나 감정을 한 경우
4. 위원이 그 사건에 관하여 당사자의 대리인으로서 관여하거나 관여하였

던 경우
5. 위원이 그 사건의 대상이 된 보험급여 결정등에 관여한 경우
②당사자는 위원에게 심리·재결의 공정을 기대하기 어려운 사정이 있는 경우에는 기피신청을 할 수 있다.
③위원은 제1항이나 제2항의 사유에 해당하면 스스로 그 사건의 심리·재결을 회피할 수 있다.
④사건의 심리·재결에 관한 사무에 관여하는 위원 아닌 직원에게도 제1항부터 제3항까지의 규정을 준용한다.

제109조【재심사 청구에 대한 심리와 재결】 재심사 청구에 대한 심리·재결에 관하여는 제105조제1항, 같은 조 제3항부터 제5항까지를 준용한다. 이 경우 "공단"은 "재심사위원회"로, "심사위원회의 심의를 거쳐 심사 청구"는 "재심사 청구"로, "결정"은 "재결"로, "소속 직원"은 "재심사위원회의 위원"으로 본다.
②재심사위원회의 재결은 공단을 기속(羈束)한다.

제110조【심사 청구인 및 재심사 청구인의 지위 승계】 심사 청구인 또는 재심사 청구인이 사망한 경우 그 청구인이 보험급여의 수급권자이면 제62조제1항 또는 제81조에 따른 유족이, 그 밖의 자이면 상속인 또는 심사 청구나 재심사 청구의 대상인 보험급여에 관련된 권리·이익을 승계한 자가 각각 청구인의 지위를 승계한다.

산재
보험

제111조【다른 법률과의 관계】 ①제103조 및 제106조에 따른 심사 청구 및 재심사 청구의 제기는 시효의 중단에 관하여 「민법」 제168조에 따른 재판상의 청구로 본다.
②제106조에 따른 재심사 청구에 대한 재결은 「행정소송법」 제18조를 적용할 때 행정심판에 대한 재결로 본다.
③제103조 및 제106조에 따른 심사 청구 및 재심사 청구에 관하여 이 법에서 정하고 있지 아니한 사항에 대하여는 「행정심판법」에 따른다.

제7장 보 칙

제111조의2【불이익 처우의 금지】 사업주는 근로자가 보험급여를 신청한 것을 이유로 근로자를 해고하거나 그 밖에 근로자에게 불이익한 처우를 하여서는 아니 된다.

(2016.12.27 본조신설)

제112조【시효】 ①다음 각 호의 권리는 3년간 행사하지 아니하면 시효로 말미암아 소멸한다. 다만, 제1호의 보험급여 중 장해급여, 유족급여, 장례비, 진폐보상연금 및 진폐유족연금을 받을 권리는 5년간 행사하지 아니하면 시효의 완성으로 소멸한다.(2021.1.26 개정)

1. 제36조제1항에 따른 보험급여를 받을 권리
2. 제45조에 따른 산재보험 의료기관의 권리
3. 제46조에 따른 약국의 권리
4. 제89조에 따른 보험가입자의 권리
5. 제90조제1항에 따른 국민건강보험공단등의 권리

②제1항에 따른 소멸시효에 관하여는 이 법에 규정된 것 외에는 「민법」에 따른다.

제113조【시효의 중단】 제112조에 따른 소멸시효는 제36조제2항에 따른 청구로 중단된다. 이 경우 청구가 제5조제1호에 따른 업무상의 재해 여부의 판단이 필요한 최초의 청구인 경우에는 그 청구로 인한 시효중단의 효력은 제36조제1항에서 정한 다른 보험급여에도 미친다.(2020.5.26 개정)

제114조【보고 등】 ①공단은 필요하다고 인정하면 대통령령으로 정하는 바에 따라 이 법의 적용을 받는 사업의 사업주 또는 그 사업에 종사하는 근로자 및 보험료징수법 제33조에 따른 보험사무대행기관(이하 "보험사무대행기관"이라 한다)에게 보험사업에 관하여 필요한 보고 또는 관계 서류의 제출을 요구할 수 있다.

②장해보상연금, 유족보상연금, 진폐보상연금 또는 진폐유족연금을 받을 권리가 있는 사람은 보험급여 지급에 필요한 사항으로서 대통령령으로 정하는 사항을 공단에 신고하여야 한다.(2020.5.26 개정)

③수급권자 및 수급권이 있었던 사람은 수급권의 변동과 관련된 사항으로서 대통령령으로 정하는 사항을 공단에 신고하여야 한다.(2020.5.26 개정)

④수급권자가 사망하면 「가족관계의 등록 등에 관한 법률」 제85조에 따른 신고 의무자는 1개월 이내에 그 사망 사실을 공단에 신고하여야 한다.

제115조【연금 수급권자등의 출국신고 등】 ①대한민국 국민인 장해보상연금 수급권자, 유족보상연금 수급권자, 진폐보상연금 수급권자, 진폐유족연금 수급권자(이하 이 조에서 "장해보상연금 수급권자등"이라 한다) 또는 유족보상연금 · 진폐유족연금 수급자격자가 외국에서 거주하기 위하

여 출국하는 경우에는 장해보상연금 수급권자등은 이를 공단에 신고하여야 한다.(2010.5.20 개정)

②장해보상연금 수급권자등과 유족보상연금 · 진폐유족연금 수급자격자가 외국에서 거주하는 기간에 장해보상연금, 유족보상연금, 진폐보상연금 또는 진폐유족연금을 받는 경우 장해보상연금 수급권자등은 그 수급권 또는 수급자격과 관련된 사항으로서 대통령령으로 정하는 사항을 매년 1회 이상 고용노동부령으로 정하는 바에 따라 공단에 신고하여야 한다.(2010.6.4 개정)

제116조【사업주 등의 조력】 ①보험급여를 받을 사람이 사고로 보험급여의 청구 등의 절차를 행하기 곤란하면 사업주는 이를 도와야 한다.(2020.5.26 개정)

②사업주는 보험급여를 받을 사람이 보험급여를 받는 데에 필요한 증명을 요구하면 그 증명을 하여야 한다.(2020.5.26 개정)

③사업주의 행방불명, 그 밖의 부득이한 사유로 제2항에 따른 증명이 불가능하면 그 증명을 생략할 수 있다.

④제91조의15제2호에 따른 플랫폼 종사자는 보험급여를 받기 위하여 필요한 경우 노무제공 내용, 노무대가 및 시간에 관한 자료 또는 이와 관련된 정보의 제공을 제91조의15제3호에 따른 플랫폼 운영자에게 요청할 수 있다. 이 경우 요청을 받은 플랫폼 운영자는 특별한 사유가 없으면 해당 자료 또는 정보를 제공하여야 한다.(2022.6.10 신설)

제117조【사업장 등에 대한 조사】 ①공단은 보험급여에 관한 결정, 심사 청구의 심리 · 결정 등을 위하여 확인이 필요하다고 인정하면 소속 직원에게 이 법의 적용을 받는 사업의 사무소 또는 사업장과 보험사무대행기관 또는 제91조의15제3호에 따른 플랫폼 운영자의 사무소에 출입하여 관계인에게 질문을 하게 하거나 관계 서류를 조사하게 할 수 있다.(2022.6.10 개정)

②제1항의 경우에 공단 직원은 그 권한을 표시하는 증표를 지니고 이를 관계인에게 내보여야 한다.

제118조【산재보험 의료기관에 대한 조사 등】 ①공단은 보험급여에 관하여 필요하다고 인정하면 대통령령으로 정하는 바에 따라 보험급여를 받는 근로자를 진료한 산재보험 의료기관(의사를 포함한다. 이하 이 조에서 같다)에 대하여 그 근로자의 진료에 관한 보고 또는 그 진료에 관한 서

류나 물건의 제출을 요구하거나 소속 직원으로 하여금 그 관계인에게 질문을 하게 하거나 관계 서류나 물건을 조사하게 할 수 있다.
②제1항의 조사에 관하여는 제117조제2항을 준용한다.

제119조【진찰 요구】 공단은 보험급여에 관하여 필요하다고 인정하면 대통령령으로 정하는 바에 따라 보험급여를 받은 사람 또는 이를 받으려는 사람에게 산재보험 의료기관에서 진찰을 받을 것을 요구할 수 있다.(2020.5.26 개정)

제119조의2【포상금의 지급】 공단은 제84조제1항 및 같은 조 제3항에 따라 보험급여, 진료비 또는 약제비를 부당하게 지급받은 자를 신고한 사람에게 예산의 범위에서 노동부령으로 정하는 바에 따라 포상금을 지급할 수 있다.
(2010.5.20 본조신설)

제120조【보험급여의 일시 중지】 ①공단은 보험급여를 받고자 하는 사람이 다음 각 호의 어느 하나에 해당되면 보험급여의 지급을 일시 중지할 수 있다.(2020.5.26 개정)
1. 요양 중인 근로자가 제48조제1항에 따른 공단의 의료기관 변경 요양 지시를 정당한 사유 없이 따르지 아니하는 경우(2021.1.26 개정)
2. 제59조에 따라 공단이 직권으로 실시하는 장해등급 또는 진폐장해등급 재판정 요구에 따르지 아니하는 경우(2020.5.26 개정)
3. 제114조나 제115조에 따른 보고·서류제출 또는 신고를 하지 아니하는 경우
4. 제117조에 따른 질문이나 조사에 따르지 아니하는 경우(2020.5.26 개정)
5. 제119조에 따른 진찰 요구에 따르지 아니하는 경우

②제1항에 따른 일시 중지의 대상이 되는 보험급여의 종류, 일시 중지의 기간 및 일시 중지 절차는 대통령령으로 정한다.

제121조【국외의 사업에 대한 특례】 ①국외 근무 기간에 발생한 근로자의 재해를 보상하기 위하여 우리나라가 당사국이 된 사회 보장에 관한 조약이나 협정(이하 "사회보장관련조약"이라 한다)으로 정하는 국가나 지역에서의 사업에 대하여는 고용노동부장관이 금융위원회와 협의하여 지정하는 자(이하 "보험회사"라 한다)에게 이 법에 따른 보험사업을 자기의 계산으로 영위하게 할 수 있다.(2010.6.4 개정)
②보험회사는 「보험업법」에 따른 사업 방법에 따라 보험사업을 영위한다.

이 경우 보험회사가 지급하는 보험급여는 이 법에 따른 보험급여보다 근로자에게 불이익하여서는 아니 된다.
③제1항에 따라 보험사업을 영위하는 보험회사는 이 법과 근로자를 위한 사회보장관련조약에서 정부가 부담하는 모든 책임을 성실히 이행하여야 한다.
④제1항에 따른 국외의 사업과 이를 대상으로 하는 보험사업에 대하여는 제2조, 제3조제1항, 제6조 단서, 제8조, 제82조제1항과 제5장 및 제6장을 적용하지 아니한다.(2018.6.12 개정)
⑤보험회사는 제1항에 따른 보험사업을 영위할 때 이 법에 따른 공단의 권한을 행사할 수 있다.

제122조【해외파견자에 대한 특례】 ①보험료징수법 제5조제3항 및 제4항에 따른 보험가입자가 대한민국 밖의 지역(고용노동부령으로 정하는 지역은 제외한다)에서 하는 사업에 근로시키기 위하여 파견하는 사람(이하 "해외파견자"라 한다)에 대하여 공단에 보험 가입 신청을 하여 승인을 받으면 해외파견자를 그 가입자의 대한민국 영역 안의 사업(2개 이상의 사업이 있는 경우에는 주된 사업을 말한다)에 사용하는 근로자로 보아 이 법을 적용할 수 있다.(2020.5.26 개정)
②해외파견자의 보험급여의 기초가 되는 임금액은 그 사업에 사용되는 같은 직종 근로자의 임금액 및 그 밖의 사정을 고려하여 고용노동부장관이 정하여 고시하는 금액으로 한다.(2010.6.4 개정)
③해외파견자에 대한 보험급여의 지급 등에 필요한 사항은 고용노동부령으로 정한다.(2010.6.4 개정)
④제1항에 따라 이 법의 적용을 받는 해외파견자의 보험료 산정, 보험 가입의 신청 및 승인, 보험료의 신고 및 납부, 보험 관계의 소멸, 그 밖에 필요한 사항은 보험료징수법으로 정하는 바에 따른다.

제123조【현장실습생에 대한 특례】 ①이 법이 적용되는 사업에서 현장 실습을 하고 있는 학생 및 직업 훈련생(이하 "현장실습생"이라 한다) 중 고용노동부장관이 정하는 현장실습생은 제5조제2호에도 불구하고 이 법을 적용할 때는 그 사업에 사용되는 근로자로 본다.(2010.6.4 개정)
②현장실습생이 실습과 관련하여 입은 재해는 업무상의 재해로 보아 제36조제1항에 따른 보험급여를 지급한다.(2010.5.20 개정)
③현장실습생에 대한 보험급여의 기초가 되는 임금액은 현장실습생이 지

급받는 훈련수당 등 모든 금품으로 하되, 이를 적용하는 것이 현장실습생의 재해보상에 적절하지 아니하다고 인정되면 고용노동부장관이 정하여 고시하는 금액으로 할 수 있다.(2010.6.4 개정)
④현장실습생에 대한 보험급여의 지급 등에 필요한 사항은 대통령령으로 정한다.
⑤현장실습생에 대한 보험료의 산정·신고 및 납부 등에 관한 사항은 보험료징수법으로 정하는 바에 따른다.

제123조의2【학생연구자에 대한 특례】 ①「연구실 안전환경 조성에 관한 법률」 제2조제1호에 따른 대학·연구기관등은 제6조에도 불구하고 이 법의 적용을 받는 사업으로 본다.
②「연구실 안전환경 조성에 관한 법률」 제2조제8호에 따른 연구활동종사자 중 같은 조 제1호에 따른 대학·연구기관등이 수행하는 연구개발과제에 참여하는 대통령령으로 정하는 학생 신분의 연구자(이하 이 조에서 "학생연구자"라 한다)는 제5조제2호에도 불구하고 이 법을 적용할 때에는 그 사업의 근로자로 본다.
③제2항에 따라 이 법의 적용을 받는 학생연구자에 대한 보험 관계의 성립·소멸 및 변경, 보험료의 산정·신고·납부, 보험료나 그 밖에 징수금의 징수에 필요한 사항은 보험료징수법에서 정하는 바에 따른다.
④학생연구자에 대한 보험급여의 산정 기준이 되는 평균임금은 고용노동부장관이 고시하는 금액으로 한다.
⑤학생연구자에 대한 보험급여 지급사유인 업무상의 재해의 인정 기준은 대통령령으로 정한다.
⑥학생연구자에게 제36조제1항제2호에 따른 휴업급여 또는 같은 항 제6호에 따른 상병보상연금을 지급하는 경우 제54조, 제56조제2항, 제67조 및 제69조제1항은 적용하지 아니한다.
⑦학생연구자에 대한 보험급여의 지급 등에 필요한 사항은 대통령령으로 정한다.
(2021.4.13 본조신설)

제124조【중·소기업 사업주등에 대한 특례】 ①대통령령으로 정하는 중·소기업 사업주(근로자를 사용하지 아니하는 자를 포함한다. 이하 이 조에서 같다)는 공단의 승인을 받아 자기 또는 유족을 보험급여를 받을 수 있는 사람으로 하여 보험에 가입할 수 있다.(2020.12.8 개정)

②제1항에 따른 중·소기업 사업주의 배우자(사실상 혼인관계에 있는 사람을 포함한다. 이하 이 조에서 같다) 또는 4촌 이내의 친족으로서 대통령령으로 정하는 요건을 갖추어 해당 사업에 노무를 제공하는 사람은 공단의 승인을 받아 보험에 가입할 수 있다.(2020.12.8 신설)
③제1항에 따른 중·소기업 사업주 및 제2항에 따른 중·소기업 사업주의 배우자 또는 4촌 이내의 친족(이하 이 조에서 "중·소기업 사업주등"이라 한다)은 제5조제2호에도 불구하고 이 법을 적용할 때에는 근로자로 본다.(2020.12.8 신설)
④중·소기업 사업주등에 대한 보험급여의 지급 사유인 업무상의 재해의 인정 범위는 대통령령으로 정한다.(2020.12.8 개정)
⑤중·소기업 사업주등에 대한 보험급여의 산정 기준이 되는 평균임금은 고용노동부장관이 정하여 고시하는 금액으로 한다.(2020.12.8 개정)
⑥제4항에 따른 업무상의 재해가 보험료의 체납 기간에 발생하면 대통령령으로 정하는 바에 따라 그 재해에 대한 보험급여의 전부 또는 일부를 지급하지 아니할 수 있다.(2020.12.8 개정)
⑦중·소기업 사업주등에 대한 보험급여의 지급 등에 필요한 사항은 고용노동부령으로 정한다.(2020.12.8 개정)
⑧이 법의 적용을 받는 중·소기업 사업주등의 보험료의 산정, 보험 가입의 신청 및 승인, 보험료의 신고 및 납부, 보험관계의 소멸, 그 밖에 필요한 사항은 보험료징수법에서 정하는 바에 따른다.(2020.12.8 개정)

제125조【특수형태근로종사자에 대한 특례】 삭제(2022.6.10)

제126조【「국민기초생활 보장법」 상의 수급자에 대한 특례】 ①제5조제2호에 따른 근로자가 아닌 사람으로서 「국민기초생활 보장법」 제15조에 따른 자활급여 수급자 중 고용노동부장관이 정하여 고시하는 사업에 종사하는 사람은 제5조제2호에도 불구하고 이 법의 적용을 받는 근로자로 본다.(2020.5.26 개정)
②자활급여 수급자의 보험료 산정 및 보험급여의 기초가 되는 임금액은 자활급여 수급자가 제1항의 사업에 참여하여 받는 자활급여로 한다.

제126조의2【벌칙 적용에서 공무원 의제】 재심사위원회 위원 중 공무원이 아닌 위원은 「형법」 제129조부터 제132조까지의 규정을 적용할 때에는 공무원으로 본다.
(2018.6.12 본조신설)

제8장 벌　칙

제127조【벌칙】 ①제31조의2제3항을 위반하여 공동이용하는 전산정보자료를 같은 조 제1항에 따른 목적 외의 용도로 이용하거나 활용한 자는 3년 이하의 징역 또는 3천만원 이하의 벌금에 처한다.(2021.1.26 신설)
②산재보험 의료기관이나 제46조제1항에 따른 약국의 종사자로서 거짓이나 그 밖의 부정한 방법으로 진료비나 약제비를 지급받은 자는 3년 이하의 징역 또는 3천만원 이하의 벌금에 처한다.(2021.1.26 개정)
③다음 각 호의 어느 하나에 해당하는 자는 2년 이하의 징역 또는 2천만원 이하의 벌금에 처한다.(2021.1.26 개정)
1. 거짓이나 그 밖의 부정한 방법으로 보험급여를 받은 자
2. 거짓이나 그 밖의 부정한 방법으로 보험급여를 받도록 시키거나 도와준 자(2018.6.12 신설)
3. 제111조의2를 위반하여 근로자를 해고하거나 그 밖에 근로자에게 불이익한 처우를 한 사업주(2018.6.12 개정)

④제21조제3항을 위반하여 비밀을 누설한 자는 2년 이하의 징역 또는 1천만원 이하의 벌금에 처한다.(2021.1.26 개정)

제128조【양벌규정】 법인의 대표자나 법인 또는 개인의 대리인, 사용인, 그 밖의 종업원이 그 법인 또는 개인의 업무에 관하여 제127조제2항의 위반행위를 하면 그 행위자를 벌하는 외에 그 법인 또는 개인에게도 해당 조문의 벌금형을 과(科)한다. 다만, 법인 또는 개인이 그 위반행위를 방지하기 위하여 해당 업무에 관하여 상당한 주의와 감독을 게을리하지 아니한 경우에는 그러하지 아니하다.(2021.1.26 개정)
(2009.1.7 본조개정)

제129조【과태료】 ①제91조의21을 위반하여 자료 또는 정보의 제공 요청에 따르지 아니한 자에게는 300만원 이하의 과태료를 부과한다.(2022.6.10 신설)
②다음 각 호의 어느 하나에 해당하는 자에게는 200만원 이하의 과태료를 부과한다.(2022.6.10 개정)
1. 제34조를 위반하여 근로복지공단 또는 이와 비슷한 명칭을 사용한 자(2010.1.27 개정)
2. 제45조제1항을 위반하여 공단이 아닌 자에게 진료비를 청구한 자

③다음 각 호의 어느 하나에 해당하는 자에게는 100만원 이하의 과태료를 부과한다.(2022.6.10 개정)

1. 제47조제1항에 따른 진료계획을 정당한 사유 없이 제출하지 아니하는 자
2. 제105조제4항(제109조제1항에서 준용하는 경우를 포함한다)에 따른 질문에 답변하지 아니하거나 거짓된 답변을 하거나 검사를 거부 · 방해 또는 기피한 자
3. 제114조제1항 또는 제118조에 따른 보고를 하지 아니하거나 거짓된 보고를 한 자 또는 서류나 물건의 제출 명령에 따르지 아니한 자
4. 제117조 또는 제118조에 따른 공단의 소속 직원의 질문에 답변을 거부하거나 조사를 거부 · 방해 또는 기피한 자
5. 삭제(2022.6.10)

④제1항부터 제3항까지의 규정에 따른 과태료는 대통령령으로 정하는 바에 따라 고용노동부장관이 부과 · 징수한다.(2022.6.10 개정)

부　칙

제1조【시행일】～ 제26조【다른 법령과의 관계】 생략

부　칙 (2009. 1. 7)

이 법은 공포한 날부터 시행한다.

부　칙 (2009.10. 9)

제1조【시행일】 이 법은 공포 후 6개월이 경과한 날부터 시행한다.

제2조【다른 법률의 개정】 ①고용보험 및 산업재해보상보험의 보험료 징수 등에 관한 법률 일부를 다음과 같이 개정한다.

제14조제4항 및 제22조의2제1항 전단 중 "산업재해보상보험심의위원회"를 각각 "산업재해보상보험및예방심의위원회"로 한다.

②임금채권보장법 일부를 다음과 같이 개정한다.

제16조 후단 중 "산업재해보상보험심의위원회"를 "산업재해보상보험및예방심의위원회"로 한다.

부　칙 (2010. 1.27)

제1조【시행일】 이 법은 공포한 날부터 시행한다. 다만, 제11조, 제16조제1항, 제32조, 제33조, 제34조, 제35조, 제43조, 제72조제1항제1호, 제75조 및 제96조제1항제3호의 개정규정 및 부칙 제5조 · 제6조는 공포 후 3개월이 경과한 날부터 시행하고, 제85조 및 제96조제1항제7호의 개정규정은 2011년 1월 1일부터 시행한다.

제2조【의료기관 지정 제한에 관한 적용례】 제43조제4항의 개정규정은 같은 개정규정 시행 후 지정이 취소된 의료기관의 경우부터 적용한다.

제3조【직장복귀지원금등에 관한 적용례】 제75조의 개정규정은 같은 개정규정 시행 후 직장복귀지원금등을 신청하는 경우부터 적용한다.

제4조【한국산재의료원에 대한 경과조치】 ①한국산재의료원은 이 법 공포 후 3개월이 경과한 날에 해산한다.

②제1항에 따른 해산 당시 한국산재의료원의 재산과 권리 · 의무는 공단이 포괄 승계하며, 그 재산과 권리 · 의무에 관한 등기부와 그 밖의 공부에 표시된 한국산재의료원의 명의는 공단의 명의로 본다.

③제1항에 따라 공단이 포괄 승계하는 재산의 가액은 제1항에 따른 해산

일 전날의 장부가액으로 한다.
④한국산재의료원 직원에 대한 고용관계는 공단이 포괄 승계하고, 임원은 위 해산일에 당연퇴직된 것으로 본다.
⑤한국산재의료원 해산 당시의 정부출연금은 한국산재의료원 해산일에 공단에 출연된 것으로 본다.

제5조【다른 법률의 개정】 지방세법 일부를 다음과 같이 개정한다.
제278조제3항 각 호 외의 부분 본문 중 "근로복지공단 및 한국산재의료원"을 "근로복지공단"으로 하고, 같은 항 제1호 중 "「산업재해보상보험법」 제11조제1호부터 제7호까지"를 "「산업재해보상보험법」 제11조제1항제1호부터 제5호까지, 제6호 및 제7호"로 하며, 같은 항 제2호 중 "한국산재의료원이 「산업재해보상보험법」 제33조제1항에 따른"을 "근로복지공단이 「산업재해보상보험법」 제11조제1항제5호의2 및 같은 조 제2항에 따른"으로 한다.

제6조【다른 법령과의 관계】 이 법 시행 당시 다른 법령에서 종전의 한국산재의료원을 인용한 경우에는 공단을 인용한 것으로 본다.

산재
보험

부 칙 (2010. 5.20)

제1조【시행일】 이 법은 공포 후 6개월이 경과한 날부터 시행한다. 다만, 제16조제3항, 제40조제6항, 제43조제1항제2호 및 제48조제1항제3호의 개정규정은 공포한 날부터 시행한다.

제2조【진폐에 따른 진폐보상연금의 지급에 관한 적용례】 생략

제3조【진폐에 따른 휴업급여 등의 지급에 관한 경과조치】~ 제6조【다른 법률의 개정】 생략

부 칙 (2012.12.18)

제1조【시행일】 이 법은 공포한 날부터 시행한다.

제2조【유족보상연금 수급자격에 관한 적용례】 제63조제1항 및 제64조제1항의 개정규정은 이 법 시행 후 최초로 근로자가 업무상의 사유로 사망한 경우부터 적용한다.

부 칙 (2015. 1.20)

제1조【시행일】 이 법은 공포 후 3개월이 경과한 날부터 시행한다.

제 2 조【국민건강보험 요양급여 비용의 정산에 관한 적용례】 제90조의2의 개정규정은 제40조에 따른 요양 또는 재요양이 종결된 후 2년이 지나지 아니한 사람이 이 법 시행 후 「국민건강보험법」 제41조에 따라 받는 요양급여부터 적용한다.

제 3 조【금치산자 등에 관한 경과조치】 제107조제6항제1호의 개정규정에 따른 피성년후견인 또는 피한정후견인에는 법률 제10429호 민법 일부개정법률 부칙 제2조에 따라 금치산 또는 한정치산 선고의 효력이 유지되는 사람이 포함되는 것으로 본다.

부 칙 (2016.12.27)

이 법은 공포한 날부터 시행한다.

부 칙 (2017.10.24)

제 1 조【시행일】 이 법은 2018년 1월 1일부터 시행한다.

제 2 조【출퇴근 재해에 관한 적용례】 제5조 및 제37조의 개정규정은 2016년 9월 29일 이후로 발생한 재해부터 적용한다.(2020.6.9 개정)

부 칙 (2018. 6.12)

제 1 조【시행일】 이 법은 공포 후 6개월이 경과한 날부터 시행한다. 다만, 제26조제2항, 제36조제7항, 제54조제2항, 제97조제4항 및 제107조제2항·제7항의 개정규정은 공포한 날부터 시행하며, 제107조제8항, 제126조의2, 제127조제2항의 개정규정은 공포 후 3개월이 경과한 날부터 시행한다.

제 2 조【유족보상연금 수급자격의 적용례】 제63조제1항 및 제64조제1항의 개정규정은 이 법 시행 당시 유족보상연금을 수급하고 있는 자녀에 대하여도 적용한다.

제 3 조【직장적응훈련비에 관한 적용례】 제72조제1항제2호의 개정규정은 이 법 시행 후 최초로 실시하는 직장적응훈련부터 적용한다.

제 4 조【부당이득의 징수에 관한 적용례】 제84조제4항의 개정규정은 이 법 시행 후 최초로 부정수급 사실을 자진 신고한 경우부터 적용한다.

부 칙 (2019. 1.15)

이 법은 공포 후 6개월이 경과한 날부터 시행한다.

부 칙 (2020. 6. 9)

이 법은 공포한 날부터 시행한다.

부 칙 (2020.12. 8)

제1조【시행일】 이 법은 공포 후 6개월이 경과한 날부터 시행한다.

제2조【다른 법률의 개정】 고용보험 및 산업재해보상보험의 보험료 징수 등에 관한 법률 일부를 다음과 같이 개정한다.

제49조제1항 중 "제124조제1항에 따라 산재보험에 가입한 중소기업의 사업주(이하 "중소기업 사업주"라 한다)"를 "제124조제3항에 따른 중소기업 사업주 등"으로 하고, 같은 조 제2항 및 제3항 중 "사업주"를 각각 "사업주 등"으로 한다.

부 칙 (2021. 1. 5)

제1조【시행일】 이 법은 2021년 7월 1일부터 시행한다.

제2조【특수형태근로종사자 산재보험 적용 제외 신청에 관한 적용례】 ①제125조의 개정규정은 종전의 규정에 따라 적용 제외 중인 특수형태근로종사자에게도 적용된다.

②종전의 규정에 따라 적용 제외 중인 사람이 제125조제4항의 적용제외 사유로 이 법의 적용 제외를 원하는 경우 새로이 적용 제외를 신청하여야 한다.

③이 법 시행일 이후 3년 이내에 제2항에 따른 적용 제외 신청을 하고 공단이 이를 승인한 경우 이 법 시행일로부터 이 법을 적용하지 아니한다.

부 칙 (2021. 1.26)

이 법은 공포 후 6개월이 경과한 날부터 시행한다.

부 칙 (2021. 4.13)

이 법은 2022년 1월 1일부터 시행한다.

부 칙 (2021. 5.18)

이 법은 2022년 1월 1일부터 시행한다.

부　칙 (2022. 1.11)

제 1 조【시행일】 이 법은 공포 후 1년이 경과한 날부터 시행한다.

제 2 조【건강손상자녀의 보험급여 지급에 관한 적용례】 제36조제1항 및 제3장의3(제91조의12부터 제91조의14까지)의 개정규정은 이 법 시행일 이후에 출생한 자녀부터 적용한다. 다만, 다음 각 호의 어느 하나에 해당하는 경우에는 이 법 시행일 전에 출생한 자녀에게도 적용한다.

1. 이 법 시행일 전에 제36조제2항에 따른 청구를 한 경우
2. 이 법 시행일 전에 법원의 확정판결로 자녀의 부상, 질병 · 장해의 발생 또는 사망에 대한 공단의 보험급여지급 거부처분이 취소된 경우
3. 이 법 시행일 전 3년 이내에 출생한 자녀로서 이 법 시행일로부터 3년 이내에 제36조제2항에 따른 청구를 하는 경우

부　칙 (2022. 6.10)

제 1 조【시행일】 이 법은 2023년 7월 1일부터 시행한다. 다만, 부칙 제8조는 공포한 날부터 시행한다.

제 2 조【부분휴업급여에 관한 적용례】 제53조의 개정규정은 이 법 시행 이후 지급사유가 발생한 부분휴업급여부터 적용한다.

제 3 조【노무제공자에 대한 보험급여의 산정기준 등에 관한 적용례】 ①제91조의17제1항부터 제3항까지 및 제5항의 개정규정은 이 법 시행 후 새로 요양 또는 재요양을 시작하는 노무제공자부터 적용한다.
②제91조의17제4항의 개정규정은 이 법 시행 당시 요양 또는 재요양을 받고 있는 노무제공자에게도 적용하되, 이 법 시행 후 평균보수를 증감하는 경우부터 적용한다.

제 4 조【노무제공자에 대한 업무상 재해의 인정기준에 관한 적용례】 제91조의18의 개정규정은 이 법 시행 후 최초로 발생하는 재해부터 적용한다.

제 5 조【노무제공자에 대한 보험급여의 지급 등에 관한 적용례】 제91조의19 및 제91조의20의 개정규정은 이 법 시행 후 새로 요양 또는 재요양을 시작하는 노무제공자부터 적용한다.

제 6 조【노무제공자에 대한 보험급여의 산정기준 등에 관한 경과조치】 이 법 시행 당시 요양 또는 재요양을 받고 있는 노무제공자는 제91조의17제1항부터 제3항까지 및 제5항의 개정규정에도 불구하고 종전

의 규정에 따른다.

제7조【노무제공자에 대한 보험급여의 지급 등에 관한 경과조치】 이 법 시행 당시 요양 또는 재요양을 받고 있는 노무제공자는 제91조의19 및 제91조의20의 개정규정에도 불구하고 종전의 규정에 따른다.

제8조【특수형태근로종사자의 업무상 재해 인정 및 보험급여 지급 등의 특례】 ①종전의 제125조제1항에 따른 특수형태근로종사자가 이 법 공포 이후 2023년 6월 30일까지 같은 항 제1호에 따른 주된 사업 외의 사업(종전의 제125조제1항에 따른 직종에 종사하는 사업에 한한다)에서 최초로 재해를 입은 경우에는 종전의 규정을 적용받는 특수형태근로종사자로 본다. 이 경우 업무상 재해의 인정 기준 및 보험급여의 지급 등에 대하여는 종전의 제125조제8항 · 제9항 및 제11항을 적용한다.

②제1항의 재해가 발생한 사업은 본칙 제6조에도 불구하고 종전의 규정을 적용받는 사업으로 본다. 다만, 종전의 제125조제3항부터 제7항까지와 「고용보험 및 산업재해보상보험의 보험료징수 등에 관한 법률」 제26조, 제49조의3 및 제50조제1항제1호는 적용하지 아니한다.

부 칙 (2023. 8. 8)

제1조【시행일】 이 법은 공포 후 6개월이 경과한 날부터 시행한다.

제2조【유족보상연금 수급자격의 적용례】 제63조제1항 및 제64조제1항의 개정규정은 이 법 시행 당시 유족보상연금의 수급자격자인 손자녀에 대하여도 적용한다.

부 칙 (2024.10.22)

이 법은 2025년 1월 1일부터 시행한다.

부 칙 (2025.11.11)

이 법은 공포 후 3개월이 경과한 날부터 시행한다.

산업재해보상보험법 시행령

전부개정 2008. 6.25 대통령령 제20875호
개정 2008. 7.29 대통령령 제20947호
2008. 8. 7 대통령령 제20966호
2009. 1.14 대통령령 제21263호
2009. 6.30 대통령령 제21588호
2010. 2.24 대통령령 제22060호
2010. 3.26 대통령령 제22101호
2010. 7.12 대통령령 제22269호
2010. 8.25 대통령령 제22356호
2010. 9.29 대통령령 제22410호
2010.11.15 대통령령 제22492호
2010.11.15 대통령령 제22493호
2011. 1.24 대통령령 제22637호
2011.12.30 대통령령 제23468호
2012. 4.16 대통령령 제23728호
2012. 8.31 대통령령 제24077호
2012.11.12 대통령령 제24177호
2013. 6.28 대통령령 제24651호
2013.12.30 대통령령 제25050호
2014. 6.30 대통령령 제25435호
2014. 8. 6 대통령령 제25532호
2014.12. 9 대통령령 제25840호
2015. 2.10 대통령령 제26094호
2015. 4.14 대통령령 제26196호
2016. 3.22 대통령령 제27050호
2016.12.30 대통령령 제27751호
2017.12.26 대통령령 제28506호
2018. 9.18 대통령령 제29180호

2018.12.11 대통령령 제29354호
2018.12.31 대통령령 제29450호
2019.12.24 대통령령 제30256호
2020. 1. 7 대통령령 제30334호
2020. 6. 9 대통령령 제30760호
2021. 1.12 대통령령 제31388호
2021. 6. 8 대통령령 제31750호
2021.12.31 대통령령 제32303호
2022. 2.17 대통령령 제32447호
2022. 3.15 대통령령 제32539호
2022.12.20 대통령령 제33112호
2022.12.30 대통령령 제33188호
2023. 6.27 대통령령 제33593호
2024.12.31 대통령령 제35160호
2025.10. 1 대통령령 제35805호

제1장 총 칙

제1조【목적】 이 영은 「산업재해보상보험법」에서 위임한 사항과 그 시행에 필요한 사항을 규정함을 목적으로 한다.

제2조【법의 적용 제외 사업】 ①「산업재해보상보험법」(이하 "법"이라 한다) 제6조 단서에서 "대통령령으로 정하는 사업"이란 다음 각 호의 어느 하나에 해당하는 사업 또는 사업장(이하 "사업"이라 한다)을 말한다.

1. 「공무원 재해보상법」 또는 「군인 재해보상법」에 따라 재해보상이 되는 사업. 다만, 「공무원 재해보상법」 제60조에 따라 순직유족급여 또는 위험직무순직유족급여에 관한 규정을 적용받는 경우는 제외한다.(2020.6.9 개정)
2. 「선원법」, 「어선원 및 어선 재해보상보험법」 또는 「사립학교교직원 연금법」에 따라 재해보상이 되는 사업
3. 삭제(2017.12.26)

4. 가구내 고용활동(2008.8.7 개정)
5. 삭제(2017.12.26)
6. 농업, 임업(벌목업은 제외한다), 어업 및 수렵업 중 법인이 아닌 자의 사업으로서 상시근로자 수가 5명 미만인 사업(2010.3.26 개정)

②제1항 각 호의 사업의 범위에 관하여 이 영에 특별한 규정이 없으면 「통계법」에 따라 국가데이터처장이 고시하는 한국표준산업분류표(이하 "한국표준산업분류표"라 한다)에 따른다.(2025.10.1 개정)

③삭제(2017.12.26)

제 2 조의 2 【상시근로자 수의 산정 및 적용 시점】 ①제2조제1항제6호에 따른 상시근로자 수는 사업을 시작한 후 최초로 근로자를 사용한 날부터 그 사업의 가동일수(稼動日數) 14일 동안 사용한 근로자 연인원(延人員)을 14로 나누어 산정한다. 이 경우 상시근로자 수가 5명 미만이면 최초로 근로자를 사용한 날부터 하루씩 순차적으로 미루어 가동기간 14일 동안 사용한 근로자 연인원을 14로 나누어 산정한다.(2017.12.26 개정)

②제1항에도 불구하고 최초로 근로자를 사용한 날부터 14일 이내에 사업이 종료되거나 업무상 재해가 발생한 경우에는 그 때까지 사용한 연인원을 그 가동일수로 나누어 산정한다.

③제1항 및 제2항에 따라 산정한 상시근로자 수가 5명 이상이 되는 사업은 상시근로자 수가 최초로 5명 이상이 되는 해당 기간의 첫 날에 상시근로자 수가 5명 이상이 되는 사업이 성립한 것으로 본다.(2017.12.26 개정)

④삭제(2017.12.26)

(2010.3.26 본조신설)

제 3 조 【산업재해보상보험및예방심의위원회의 기능】 법 제8조제1항에 따른 산업재해보상보험및예방심의위원회(이하 "위원회"라 한다)는 다음 각 호의 사항을 심의한다.(2010.2.24 개정)

1. 법 제40조제5항에 따른 요양급여의 범위나 비용 등 요양급여의 산정 기준에 관한 사항
2. 「고용보험 및 산업재해보상보험의 보험료징수 등에 관한 법률」(이하 "보험료징수법"이라 한다) 제14조제3항 및 같은 조 제4항에 따른 산재보험료율의 결정에 관한 사항(2017.12.26 개정)
3. 법 제98조에 따른 산업재해보상보험및예방기금의 운용계획 수립에 관한 사항

4. 「산업안전보건법」 제4조제1항 각 호에 따른 산업안전·보건 업무와 관련되는 주요 정책 및 같은 법 제7조에 따른 산업재해 예방에 관한 기본계획(2019.12.24 개정)
5. 그 밖에 고용노동부장관이 산업재해보상보험 사업(이하 "보험사업"이라 한다) 및 산업안전·보건 업무에 관하여 심의에 부치는 사항(2010.7.12 개정)

제4조 【위원회의 구성】 위원회의 위원은 다음 각 호의 구분에 따라 각각 고용노동부장관이 임명하거나 위촉한다.(2010.7.12 개정)

1. 근로자를 대표하는 위원은 총연합단체인 노동조합이 추천하는 사람 5명
2. 사용자를 대표하는 위원은 전국을 대표하는 사용자 단체가 추천하는 사람 5명
3. 공익을 대표하는 위원은 다음 각 목의 사람 5명
   가. 고용노동부 산업안전보건본부장(2025.10.1 개정)
   나. 고용노동부에서 산업재해보상보험 업무를 담당하는 고위공무원 또는 산업재해 예방 업무를 담당하는 고위공무원 중 1명(2010.7.12 개정)
   다. 시민단체(「비영리민간단체 지원법」 제2조에 따른 비영리민간단체를 말한다)에서 추천한 사람과 사회보험 또는 산업재해 예방에 관한 학식과 경험이 풍부한 사람 중 3명(2010.2.24 개정)

제5조 【위원의 임기 등】 ①위원의 임기는 3년으로 하되, 연임할 수 있다. 다만, 제4조제3호가목 또는 나목에 해당하는 위원의 임기는 그 재직기간으로 한다.(2010.2.24 개정)

②보궐위원의 임기는 전임자의 남은 임기로 한다.

③고용노동부장관은 제4조에 따른 위원회의 위촉위원이 다음 각 호의 어느 하나에 해당하는 경우에는 해당 위원을 해촉(解囑)할 수 있다.(2016.3.22 신설)

1. 심신장애로 인하여 직무를 수행할 수 없게 된 경우
2. 직무와 관련된 비위사실이 있는 경우
3. 직무태만, 품위손상이나 그 밖의 사유로 인하여 위원으로 적합하지 아니하다고 인정되는 경우
4. 위원 스스로 직무를 수행하는 것이 곤란하다고 의사를 밝히는 경우

제6조 【위원장과 부위원장】 ①위원회에 위원장과 부위원장을 각 1명씩 둔다.

②위원장은 고용노동부 산업안전보건본부장이 되고, 부위원장은 공익을 대표하는 위원 중에서 위원회가 선임한다.(2025.10.1 개정)
③위원장은 위원회를 대표하며, 위원회의 사무를 총괄한다.
④부위원장은 위원장을 보좌하며 위원장이 부득이한 사유로 직무를 수행할 수 없을 때에는 그 직무를 대행한다.

제7조【위원회의 회의】 ①위원장은 위원회의 회의를 소집하고 그 의장이 된다.
②위원회의 회의는 고용노동부장관의 요구가 있거나 재적위원 과반수의 요구가 있을 때 소집한다.(2010.7.12 개정)
③위원회의 회의는 재적위원 과반수의 출석으로 개의하고, 출석위원 과반수의 찬성으로 의결한다.

제8조【전문위원회】 ①법 제8조제3항에 따라 위원회에 산업재해보상보험정책전문위원회, 산업재해보상보험요양전문위원회 및 산업안전보건전문위원회를 둔다.(2010.2.24 개정)
②제1항에 따른 전문위원회는 위원회 위원장의 명을 받아 다음 각 호의 구분에 따른 사항을 검토하여 위원회에 보고한다.(2010.2.24 개정)
1. 산업재해보상보험정책전문위원회: 산업재해보상보험의 재정 · 적용 · 징수 · 급여 · 재활 및 복지에 관한 사항
2. 산업재해보상보험요양전문위원회: 요양급여의 범위나 비용 등 요양급여의 기준 및 요양관리에 관한 사항
3. 산업안전보건전문위원회: 산업안전보건에 관한 중요정책 및 제도개선에 관한 사항

③각 전문위원회는 25명 이내의 위원으로 구성하되, 비상임으로 한다.
④산업재해보상보험정책전문위원회의 위원은 다음 각 호의 어느 하나에 해당하는 사람 중에서 위원장이 위촉한다.(2010.2.24 개정)
1. 고용노동부에서 산업재해보상보험 업무를 담당하는 4급 이상 일반직 공무원(2010.7.12 개정)
2. 총연합단체인 노동조합 또는 전국을 대표하는 사용자 단체가 각각 추천하는 사람
3. 사회보험의 재정 · 적용 · 징수 · 급여 등에 관한 학식과 경험이 풍부한 사람

⑤산업재해보상보험요양전문위원회의 위원은 다음 각 호의 어느 하나에

해당하는 사람 중에서 위원장이 위촉한다.(2010.2.24 개정)
1. 고용노동부에서 산업재해보상보험 업무를 담당하는 4급 이상 일반직 공무원(2010.7.12 개정)
2. 총연합단체인 노동조합 또는 전국을 대표하는 사용자 단체가 각각 추천하는 사람
3. 산업의학 등 전문과목별 의학적 전문지식과 경험이 풍부한 사람
⑥산업안전보건전문위원회의 위원은 다음 각 호의 어느 하나에 해당하는 사람 중에서 위원장이 위촉한다.(2010.2.24 신설)
1. 고용노동부에서 산업안전보건 업무를 담당하는 4급 이상 일반직 공무원(2010.7.12 개정)
2. 총연합단체인 노동조합 또는 전국을 대표하는 사용자 단체가 각각 추천하는 사람
3. 산업안전보건에 관한 학식과 경험이 풍부한 사람
⑦위원장은 제4항부터 제6항까지의 규정에 따라 위촉된 위원이 제5조제3항 각 호의 어느 하나에 해당하는 경우에는 해당 위원을 해촉할 수 있다.(2016.3.22 신설)
⑧전문위원회의 구성과 운영, 그 밖에 필요한 사항은 위원회의 의결을 거쳐 위원장이 정한다.(2016.3.22 개정)

제 8 조의 2 【조사 · 연구위원】 ①산업재해보상보험과 산업재해 예방에 관한 사항을 조사 · 연구하게 하기 위하여 위원회에 산업재해보상보험 · 산업안전공학 · 기계안전 · 전기안전 · 화공안전 · 건축안전 · 토목안전 · 산업의학 · 산업간호 · 산업위생 · 인간공학 · 유해물질관리 · 안전보건 관련 법령 및 산업재해통계, 그 밖에 필요한 각 분야별로 2명 이내의 조사 · 연구위원을 둘 수 있다.
②조사 · 연구위원은 해당 분야에 관한 학식과 경험이 풍부한 사람 중에서 고용노동부장관이 임명한다.(2010.7.12 개정)
(2010.2.24 본조신설)

제 8 조의 3 【관계 행정기관 등의 협조】 위원회 및 제8조에 따른 전문위원회는 안건의 심의를 위하여 필요하다고 인정하는 경우에는 관계 행정기관 또는 단체에 자료 제출을 요청하거나 관계 공무원이나 관계 전문가 등을 출석시켜 의견을 들을 수 있다.
(2010.2.24 본조신설)

제9조【위원회의 간사】 ①위원회에 그 사무를 처리할 간사 1명을 둔다.
②간사는 고용노동부장관이 그 소속 공무원 중에서 임명한다.(2010.7.12 개정)

제10조【위원의 수당】 위원회 및 전문위원회의 회의에 출석한 위원과 전문위원회의 위원에게는 예산의 범위에서 수당을 지급할 수 있다. 다만, 공무원인 위원이 그 소관업무와 직접적으로 관련되어 위원회에 출석하는 경우에는 그러하지 아니하다.

제11조【운영세칙】 이 영에서 규정한 사항 외에 위원회의 운영에 필요한 사항은 위원회의 의결을 거쳐 위원장이 정한다.

제12조【조사 · 연구 사업의 대행】 고용노동부장관은 법 제9조제2항에 따라 보험사업에 관한 조사 · 연구 사업의 일부를 「정부출연연구기관 등의 설립 · 운영 및 육성에 관한 법률」 제8조에 따라 설립된 연구기관에 대행하게 할 수 있다. 이 경우 연구기관을 선정할 때에는 보험사업과 관련된 연구 인력 및 실적 등을 고려하여야 한다.(2010.7.12 개정)

제2장 근로복지공단

제13조【공단의 비상임이사】 삭제(2010.3.26)

제14조【예산 및 사업운영계획의 승인】 ①법 제10조에 따른 근로복지공단(이하 "공단"이라 한다)은 법 제25조제1항에 따라 다음 회계연도의 예산에 관하여 고용노동부장관의 승인을 받으려면 다음 회계연도 개시 전까지 예산요구서와 예산에 따른 사업설명서를 고용노동부장관에게 제출하여야 한다.(2010.7.12 개정)
②공단은 법 제25조제1항에 따라 사업운영계획에 관하여 고용노동부장관의 승인을 받으려면 제1항에 따라 승인을 받은 예산이 확정된 후 지체 없이 사업운영계획을 수립하여 고용노동부장관에게 제출하여야 한다.(2010.7.12 개정)
③공단은 제1항 및 제2항에 따라 승인을 받은 예산과 사업운영계획을 변경하려면 그 변경 사유 및 변경 내용을 적은 서류를 고용노동부장관에게 제출하여 승인을 받아야 한다.(2010.7.12 개정)

제15조【결산서의 제출】 공단은 법 제25조제2항에 따라 결산서를 고용노동부장관에게 제출할 때에는 다음 각 호의 서류를 첨부하여야 한

다.(2010.7.12 개정)
1. 재무제표(공인회계사나 회계법인의 감사의견서를 포함한다)와 그 부속 서류
2. 그 밖에 결산의 내용을 명확하게 하기 위하여 필요한 서류

제16조【공단 규정의 승인】 공단은 다음 각 호의 사항에 관한 규정을 제정하거나 개정하려면 고용노동부장관의 승인을 받아야 한다.(2010.7.12 개정)
1. 공단의 조직 및 정원에 관한 사항
2. 임직원의 인사 및 보수에 관한 사항
3. 공단의 회계에 관한 사항
4. 그 밖에 공단의 운영, 보험사업 및 근로복지사업에 관한 중요 사항

제17조【자금 차입 등의 승인 신청】 ①공단은 법 제27조제1항에 따라 자금의 차입에 관한 승인을 받으려면 다음 각 호의 사항을 적은 승인신청서를 고용노동부장관에게 제출하여야 한다.(2010.7.12 개정)
1. 차입 사유
2. 차입처(借入處)
3. 차입 금액
4. 차입 조건
5. 차입금의 상환방법 및 상환기간
6. 그 밖에 자금의 차입과 상환에 필요한 사항

②공단은 법 제27조제2항에 따라 산업재해보상보험및예방기금으로부터의 이입충당(移入充當)에 관한 승인을 받으려면 이입충당의 사유 및 금액 등에 관한 사항을 적은 승인신청서를 고용노동부장관에게 제출하여야 한다.(2010.7.12 개정)

제18조【공단 이사장의 대표 권한의 위임】 ①법 제29조제1항에 따라 공단 이사장의 대표 권한 중 공단의 분사무소(이하 "소속 기관"이라 한다)의 장에게 대표 권한을 위임하는 공단 업무의 범위는 별표 1과 같다.

②제1항에 따른 공단 이사장의 대표 권한의 위임에도 불구하고 공단이 당사자가 되는 소송행위, 「행정심판법」에 따른 심판청구 및 「감사원법」에 따른 심사청구에 관한 대표 권한은 공단 이사장에게 있다.

제19조【업무의 위탁】 ①공단이 법 제29조제2항에 따라 위탁할 수 있는 업무의 범위는 다음 각 호와 같다.

1. 보험급여의 지급에 관한 사항
2. 제1호의 사항에 딸린 업무
②공단이 제1항에 따라 업무를 위탁한 경우에는 그 위탁을 받은 자에게 위탁에 따른 수수료를 지급할 수 있다.

제19조의2【자료 제공 요청】 ①법 제31조제1항에서 "대통령령으로 정하는 보험사업과 관련되는 기관 · 단체"란 별표 1의2 제1호에 따른 기관 · 단체를 말한다.
②법 제31조제1항에서 "주민등록 · 외국인등록 등 대통령령으로 정하는 자료"란 별표 1의2 제2호에 따른 자료를 말한다.
(2023.6.27 본조신설)

제20조【출자 등】 공단은 법 제32조제1항에 따라 출자 또는 출연을 하려면 다음 각 호의 사항을 적은 신청서를 제출하여 고용노동부장관의 승인을 받아야 한다.(2010.7.12 개정)
1. 출자 또는 출연의 필요성
2. 출자 또는 출연할 재산의 종류 및 가액(價額)
3. 사업의 개요
4. 그 밖에 출자 또는 출연에 필요한 사항

제3장 보험급여

제1절 보험급여의 기준

제21조【보험급여의 청구, 결정 통지 등】 ①법 제36조제2항에 따라 다음 각 호의 어느 하나에 해당하는 보험급여를 받으려는 사람은 공단에 각각의 보험급여에 대해 신청하거나 청구해야 한다.(2021.6.8 개정)
1. 휴업급여
2. 장해보상일시금 또는 장해보상연금(법 제57조제5항에 따른 일시금을 포함한다)
3. 간병급여
4. 유족보상일시금 또는 유족보상연금(법 제62조제4항에 따른 일시금을 포함한다)
5. 상병보상연금

6. 장례비(2021.6.8 개정)
7. 직업재활급여
8. 진폐보상연금(2010.11.15 신설)
9. 진폐유족연금(2010.11.15 신설)
②공단은 제1항에 따른 보험급여의 신청 또는 청구를 받으면 보험급여의 지급 여부와 지급 내용 등을 결정하여 청구인에게 알려야 한다.
③공단은 장해보상연금, 유족보상연금, 진폐보상연금 또는 진폐유족연금을 지급하기로 결정한 경우에는 그 수급권자에게 연금증서를 내주어야 한다.(2010.11.15 개정)

제22조【평균임금의 증감】①법 제36조제3항 및 제4항에 따른 전체 근로자의 임금 평균액의 증감률 및 소비자물가변동률의 산정 기준과 방법은 별표 2와 같다.
②법 제36조제3항에 따른 평균임금의 증감은 보험급여 수급권자의 신청을 받아 하거나 공단이 직권으로 할 수 있다.

제23조【근로 형태가 특이한 근로자의 범위】 법 제36조제5항에서 "근로 형태가 특이하여 평균임금을 적용하는 것이 적당하지 아니하다고 인정되는 경우로서 대통령령으로 정하는 경우"란 다음 각 호의 어느 하나에 해당하는 경우를 말한다.(2023.6.27 개정)

1. 1일 단위로 고용되거나 근로일에 따라 일당(미리 정하여진 1일 동안의 근로시간에 대하여 근로하는 대가로 지급되는 임금을 말한다. 이하 같다) 형식의 임금을 지급받는 근로자(이하 "일용근로자"라 한다)에게 평균임금을 적용하는 경우. 다만, 일용근로자가 다음 각 목의 어느 하나에 해당하는 경우에는 일용근로자로 보지 아니한다.
   가. 근로관계가 3개월 이상 계속되는 경우
   나. 그 근로자 및 같은 사업에서 같은 직종에 종사하는 다른 일용근로자의 근로조건, 근로계약의 형식, 구체적인 고용 실태 등을 종합적으로 고려할 때 근로 형태가 상용근로자와 비슷하다고 인정되는 경우
2. 둘 이상의 사업(보험료징수법 제5조제3항·제4항 및 제6조제2항·제3항에 따른 산재보험의 보험가입자가 운영하는 사업을 말한다)에서 근로하는 「근로기준법」 제2조제9호에 따른 단시간근로자(일용근로자는 제외하며, 이하 "단시간근로자"라 한다)에게 평균임금을 적용하는 경우(2023.6.27 개정)

(2016.3.22 본조개정)

제24조【근로 형태가 특이한 근로자의 평균임금 산정 방법】 ①법 제36조제5항에서 "대통령령으로 정하는 산정 방법에 따라 산정한 금액"이란 다음 각 호의 구분에 따라 산정한 금액을 말한다.(2016.3.22 개정)

1. 제23조제1호에 해당하는 경우: 해당 일용근로자의 일당에 일용근로자의 1개월간 실제 근로일수 등을 고려하여 고용노동부장관이 고시하는 근로계수(이하 "통상근로계수"라 한다)를 곱하여 산정한 금액
2. 제23조제2호에 해당하는 경우: 평균임금 산정기간 동안 해당 단시간근로자가 재해가 발생한 사업에서 지급받은 임금과 같은 기간 동안 해당 사업 외의 사업에서 지급받은 임금을 모두 합산한 금액을 해당 기간의 총일수로 나눈 금액

②평균임금 산정사유 발생일 당시 1개월 이상 근로한 일용근로자는 제1항제1호에 따른 산정 방법에 따라 산정한 금액을 평균임금으로 하는 것이 실제의 임금 또는 근로일수에 비추어 적절하지 아니한 경우에는 실제의 임금 또는 근로일수를 증명하는 서류를 첨부하여 공단에 제1항제1호에 따른 산정 방법의 적용 제외를 신청할 수 있다.(2017.12.26 개정)

③단시간근로자가 법 제36조제2항에 따라 보험급여를 청구할 때에는 재해가 발생한 사업 외의 사업에 취업한 사실, 근로시간 및 임금을 증명하는 서류를 공단에 제출하여야 한다.(2016.3.22 신설)

제25조【직업병에 걸린 사람에 대한 평균임금 산정 특례】 ①법 제36조제6항에서 "진폐 등 대통령령으로 정하는 직업병"이란 법 제37조제1항제2호에 따른 업무상 질병(이하 "업무상 질병"이라 한다)으로서 다음 각 호의 어느 하나에 해당하는 질병(이하 이 조에서 "직업병"이라 한다)을 말한다. 이 경우 유해·위험요인에 일시적으로 다량 노출되어 급성으로 발병한 질병은 제외한다.(2010.11.15 개정)

1. 진폐(2010.11.15 개정)
2. 별표 3 제2호가목·나목, 제3호가목부터 사목까지, 같은 호 자목부터 카목까지, 제4호, 제5호, 제6호가목부터 다목까지, 같은 호 마목·자목·카목, 제7호마목부터 차목까지, 제8호, 제9호, 제10호, 제11호나목부터 사목까지, 같은 호 아목1)·2) 및 제12호나목부터 라목까지의 질병 중 어느 하나에 해당하는 질병(2013.6.28 개정)
3. 그 밖에 유해·위험요인에 장기간 노출되어 걸렸거나 유해·위험요인에

노출된 후 일정기간의 잠복기가 지난 후에 걸렸음이 의학적으로 인정되는 질병

②법 제36조제6항에서 "대통령령으로 정하는 산정 방법에 따라 산정한 금액"이란 다음 각 호의 구분에 따라 산정한 금액을 말한다.(2010.11.15 개정)

1. 제1항제1호에 해당하는 직업병의 경우: 해당 직업병이 확인된 날을 기준으로 제26조제1항에 따른 전체 근로자의 임금 평균액을 고려하여 고용노동부장관이 매년 고시하는 금액
2. 제1항제2호 및 제3호에 해당하는 직업병의 경우: 「통계법」 제3조제2호에 따른 지정통계로서 고용노동부장관이 작성하는 사업체노동력조사(이하 "사업체노동력조사"라 한다)에 따른 근로자의 월평균 임금총액에 관한 조사내용 중 해당 직업병에 걸린 근로자와 성별·직종 및 소속한 사업의 업종·규모가 비슷한 근로자의 월평균 임금총액을 해당 근로자의 직업병이 확인된 날이 속하는 분기의 전전분기 말일 이전 1년 동안 합하여 산출한 금액을 그 기간의 총 일수로 나눈 금액. 이 경우 성별·직종 및 소속한 사업의 업종·규모가 비슷한 근로자의 판단기준은 공단이 정한다.(2012.11.12 개정)

산재보험

③제2항에서 직업병이 확인된 날은 그 직업병이 보험급여의 지급 대상이 된다고 확인될 당시에 발급된 진단서나 소견서의 발급일로 한다. 다만, 그 직업병의 검사·치료의 경과 등이 진단서나 소견서의 발급과 시간적·의학적 연속성이 있는 경우에는 그 요양을 시작한 날로 한다.(2016.3.22 개정)

1. 삭제(2016.3.22)
2. 삭제(2016.3.22)

④삭제(2010.11.15)

⑤법 제36조제6항을 적용할 때 그 근로자가 소속된 사업이 휴업 또는 폐업한 후 제1항제2호 및 제3호에 해당하는 직업병이 확인된 경우(휴업 또는 폐업 전에 그 근로자가 퇴직한 경우를 포함한다)에는 그 사업이 휴업 또는 폐업한 날을 기준으로 제2항제2호에 따라 산정한 금액을 제1항제2호 및 제3호에 해당하는 직업병이 확인된 날까지 별표 2 제1호에 따라 증감하여 산정한 금액을 그 근로자의 평균임금으로 본다.(2010.11.15 개정)

⑥법 제36조제6항에 따른 평균임금 산정 방법의 특례는 보험급여 수급권자의 신청이 있는 경우 또는 공단의 직권으로 적용할 수 있다.(2010.11.15

개정)

제26조【최고 · 최저 보상기준 금액의 산정방법】 ①법 제36조제7항에 따른 최고 보상기준 금액(이하 "최고 보상기준 금액"이라 한다)과 같은 항에 따른 최저 보상기준 금액(이하 "최저 보상기준 금액"이라 한다)의 산정 기준이 되는 임금 평균액은 「고용정책 기본법」 제17조의 고용구조 및 인력수요 등에 관한 통계에 따른 전전 보험연도의 7월 1일부터 직전 보험연도의 6월 30일까지 상용근로자 5명 이상 사업체의 전체 근로자를 대상으로 산정한 근로자 1명당 월별 월평균 임금총액의 합계를 365(산정 기간에 속한 2월이 29일까지 있는 경우에는 366)로 나눈 금액으로 한다.(2018.12.11 개정)

②최고 보상기준 금액과 최저 보상기준 금액을 산정하는 경우 1원 미만은 버린다.

③최고 보상기준 금액과 최저 보상기준 금액의 적용기간은 해당 보험연도 1월 1일부터 12월 31일까지로 한다.

제2절 업무상의 재해의 인정 기준

제27조【업무수행 중의 사고】 ①근로자가 다음 각 호의 어느 하나에 해당하는 행위를 하던 중에 발생한 사고는 법 제37조제1항제1호가목에 따른 업무상 사고로 본다.

1. 근로계약에 따른 업무수행 행위
2. 업무수행 과정에서 하는 용변 등 생리적 필요 행위
3. 업무를 준비하거나 마무리하는 행위, 그 밖에 업무에 따르는 필요적 부수행위
4. 천재지변 · 화재 등 사업장 내에 발생한 돌발적인 사고에 따른 긴급피난 · 구조행위 등 사회통념상 예견되는 행위

②근로자가 사업주의 지시를 받아 사업장 밖에서 업무를 수행하던 중에 발생한 사고는 법 제37조제1항제1호가목에 따른 업무상 사고로 본다. 다만, 사업주의 구체적인 지시를 위반한 행위, 근로자의 사적(私的) 행위 또는 정상적인 출장 경로를 벗어났을 때 발생한 사고는 업무상 사고로 보지 않는다.

③업무의 성질상 업무수행 장소가 정해져 있지 않은 근로자가 최초로 업무수행 장소에 도착하여 업무를 시작한 때부터 최후로 업무를 완수한 후 퇴

근하기 전까지 업무와 관련하여 발생한 사고는 법 제37조제1항제1호가목에 따른 업무상 사고로 본다.

제28조 【시설물 등의 결함 등에 따른 사고】 ①사업주가 제공한 시설물, 장비 또는 차량 등(이하 이 조에서 "시설물등"이라 한다)의 결함이나 사업주의 관리 소홀로 발생한 사고는 법 제37조제1항제1호나목에 따른 업무상 사고로 본다.

②사업주가 제공한 시설물등을 사업주의 구체적인 지시를 위반하여 이용한 행위로 발생한 사고와 그 시설물등의 관리 또는 이용권이 근로자의 전속적 권한에 속하는 경우에 그 관리 또는 이용 중에 발생한 사고는 법 제37조제1항제1호나목에 따른 업무상 사고로 보지 않는다.

제29조 【출퇴근 중의 사고】

삭제(2017.12.26)

제30조 【행사 중의 사고】 운동경기 · 야유회 · 등산대회 등 각종 행사(이하 "행사"라 한다)에 근로자가 참가하는 것이 사회통념상 노무관리 또는 사업운영상 필요하다고 인정되는 경우로서 다음 각 호의 어느 하나에 해당하는 경우에 근로자가 그 행사에 참가(행사 참가를 위한 준비 · 연습을 포함한다)하여 발생한 사고는 법 제37조제1항제1호라목에 따른 업무상 사고로 본다.

1. 사업주가 행사에 참가한 근로자에 대하여 행사에 참가한 시간을 근무한 시간으로 인정하는 경우
2. 사업주가 그 근로자에게 행사에 참가하도록 지시한 경우
3. 사전에 사업주의 승인을 받아 행사에 참가한 경우
4. 그 밖에 제1호부터 제3호까지의 규정에 준하는 경우로서 사업주가 그 근로자의 행사 참가를 통상적 · 관례적으로 인정한 경우

제31조 【특수한 장소에서의 사고】 사회통념상 근로자가 사업장 내에서 할 수 있다고 인정되는 행위를 하던 중 태풍 · 홍수 · 지진 · 눈사태 등의 천재지변이나 돌발적인 사태로 발생한 사고는 근로자의 사적 행위, 업무 이탈 등 업무와 관계없는 행위를 하던 중에 사고가 발생한 것이 명백한 경우를 제외하고는 법 제37조제1항제1호바목에 따른 업무상 사고로 본다.

제32조 【요양 중의 사고】 업무상 부상 또는 질병으로 요양을 하고 있는 근로자에게 다음 각 호의 어느 하나에 해당하는 사고가 발생하면 법 제37조제1항제1호바목에 따른 업무상 사고로 본다.

1. 요양급여와 관련하여 발생한 의료사고
2. 요양 중인 산재보험 의료기관(산재보험 의료기관이 아닌 의료기관에서 응급진료 등을 받는 경우에는 그 의료기관을 말한다. 이하 이 조에서 같다) 내에서 업무상 부상 또는 질병의 요양과 관련하여 발생한 사고 (2018.12.11 개정)
3. 업무상 부상 또는 질병의 치료를 위하여 거주지 또는 근무지에서 요양 중인 산재보험 의료기관으로 통원하는 과정에서 발생한 사고(2018.12.11 신설)

제33조【제3자의 행위에 따른 사고】 제3자의 행위로 근로자에게 사고가 발생한 경우에 그 근로자가 담당한 업무가 사회통념상 제3자의 가해행위를 유발할 수 있는 성질의 업무라고 인정되면 그 사고는 법 제37조제1항제1호바목에 따른 업무상 사고로 본다.

제34조【업무상 질병의 인정기준】 ①근로자가 「근로기준법 시행령」 제44조제1항 및 같은 법 시행령 별표 5의 업무상 질병의 범위에 속하는 질병에 걸린 경우(임신 중인 근로자가 유산·사산 또는 조산한 경우를 포함한다. 이하 이 조에서 같다) 다음 각 호의 요건 모두에 해당하면 법 제37조제1항제2호가목에 따른 업무상 질병으로 본다.(2018.12.11 개정)
1. 근로자가 업무수행 과정에서 유해·위험요인을 취급하거나 유해·위험요인에 노출된 경력이 있을 것
2. 유해·위험요인을 취급하거나 유해·위험요인에 노출되는 업무시간, 그 업무에 종사한 기간 및 업무 환경 등에 비추어 볼 때 근로자의 질병을 유발할 수 있다고 인정될 것
3. 근로자가 유해·위험요인에 노출되거나 유해·위험요인을 취급한 것이 원인이 되어 그 질병이 발생하였다고 의학적으로 인정될 것

②업무상 부상을 입은 근로자에게 발생한 질병이 다음 각 호의 요건 모두에 해당하면 법 제37조제1항제2호나목에 따른 업무상 질병으로 본다.
1. 업무상 부상과 질병 사이의 인과관계가 의학적으로 인정될 것
2. 기초질환 또는 기존 질병이 자연발생적으로 나타난 증상이 아닐 것

③제1항 및 제2항에 따른 업무상 질병(진폐증은 제외한다)에 대한 구체적인 인정 기준은 별표 3과 같다.

④공단은 근로자의 업무상 질병 또는 업무상 질병에 따른 사망의 인정 여부를 판정할 때에는 그 근로자의 성별, 연령, 건강 정도 및 체질 등을 고려

하여야 한다.

제35조【출퇴근 중의 사고】 ①근로자가 출퇴근하던 중에 발생한 사고가 다음 각 호의 요건에 모두 해당하면 법 제37조제1항제3호가목에 따른 출퇴근 재해로 본다.

1. 사업주가 출퇴근용으로 제공한 교통수단이나 사업주가 제공한 것으로 볼 수 있는 교통수단을 이용하던 중에 사고가 발생하였을 것
2. 출퇴근용으로 이용한 교통수단의 관리 또는 이용권이 근로자측의 전속적 권한에 속하지 아니하였을 것

②법 제37조제3항 단서에서 "일상생활에 필요한 행위로서 대통령령으로 정하는 사유"란 다음 각 호의 어느 하나에 해당하는 경우를 말한다.

1. 일상생활에 필요한 용품을 구입하는 행위
2. 「고등교육법」 제2조에 따른 학교 또는 「직업교육훈련 촉진법」 제2조에 따른 직업교육훈련기관에서 직업능력 개발향상에 기여할 수 있는 교육이나 훈련 등을 받는 행위
3. 선거권이나 국민투표권의 행사
4. 근로자가 사실상 보호하고 있는 아동 또는 장애인을 보육기관 또는 교육기관에 데려주거나 해당 기관으로부터 데려오는 행위
5. 의료기관 또는 보건소에서 질병의 치료나 예방을 목적으로 진료를 받는 행위
6. 근로자의 돌봄이 필요한 가족 중 의료기관 등에서 요양 중인 가족을 돌보는 행위
7. 제1호부터 제6호까지의 규정에 준하는 행위로서 고용노동부장관이 일상생활에 필요한 행위라고 인정하는 행위

(2017.12.26 본조신설)

제35조의2【출퇴근 재해 적용 제외 직종 등】 법 제37조제4항에서 "출퇴근 경로와 방법이 일정하지 아니한 직종으로 대통령령으로 정하는 경우"란 다음 각 호의 어느 하나에 해당하는 직종에 종사하는 사람(법 제124조에 따라 자기 또는 유족을 보험급여를 받을 수 있는 자로 하여 보험에 가입한 사람으로서 근로자를 사용하지 않는 사람을 말한다)이 본인의 주거지에 업무에 사용하는 자동차 등의 차고지를 보유하고 있는 경우를 말한다.(2023.6.27 개정)

1. 「여객자동차 운수사업법」 제3조제1항제3호에 따른 수요응답형 여객자동

산재
보험

차운송사업
2. 「여객자동차 운수사업법 시행령」 제3조제2호라목에 따른 개인택시운송사업
3. 퀵서비스업[소화물의 집화(集貨) · 수송 과정 없이 그 배송만을 업무로 하는 사업을 말한다. 이하 같다](2023.6.27 개정)
(2017.12.26 본조신설)

제36조【자해행위에 따른 업무상의 재해의 인정 기준】 법 제37조제2항 단서에서 "대통령령으로 정하는 사유"란 다음 각 호의 어느 하나에 해당하는 경우를 말한다.
1. 업무상의 사유로 발생한 정신질환으로 치료를 받았거나 받고 있는 사람이 정신적 이상 상태에서 자해행위를 한 경우
2. 업무상의 재해로 요양 중인 사람이 그 업무상의 재해로 인한 정신적 이상 상태에서 자해행위를 한 경우
3. 그 밖에 업무상의 사유로 인한 정신적 이상 상태에서 자해행위를 하였다는 상당인과관계가 인정되는 경우(2020.1.7 개정)

제37조【사망의 추정】 ①법 제39조제1항에 따라 사망으로 추정하는 경우는 다음 각 호의 어느 하나에 해당하는 경우로 한다.
1. 선박이 침몰 · 전복 · 멸실 또는 행방불명되거나 항공기가 추락 · 멸실 또는 행방불명되는 사고가 발생한 경우에 그 선박 또는 항공기에 타고 있던 근로자의 생사가 그 사고 발생일부터 3개월간 밝혀지지 아니한 경우
2. 항행 중인 선박 또는 항공기에 타고 있던 근로자가 행방불명되어 그 생사가 행방불명된 날부터 3개월간 밝혀지지 아니한 경우
3. 천재지변, 화재, 구조물 등의 붕괴, 그 밖의 각종 사고의 현장에 있던 근로자의 생사가 사고 발생일부터 3개월간 밝혀지지 아니한 경우

②제1항에 따라 사망으로 추정되는 사람은 그 사고가 발생한 날 또는 행방불명된 날에 사망한 것으로 추정한다.
③제1항 각 호의 사유로 생사가 밝혀지지 아니하였던 사람이 사고가 발생한 날 또는 행방불명된 날부터 3개월 이내에 사망한 것이 확인되었으나 그 사망 시기가 밝혀지지 아니한 경우에도 제2항에 따른 날에 사망한 것으로 추정한다.
④보험가입자는 제1항 각 호의 사유가 발생한 때 또는 사망이 확인된 때(제3항에 따라 사망한 것으로 추정하는 때를 포함한다)에는 지체 없이 공

단에 근로자 실종 또는 사망확인의 신고를 하여야 한다.
⑤법 제39조제1항에 따라 보험급여를 지급한 후에 그 근로자의 생존이 확인되면 보험급여를 받은 사람과 보험가입자는 그 근로자의 생존이 확인된 날부터 15일 이내에 공단에 근로자 생존확인신고를 하여야 한다.
⑥공단은 근로자의 생존이 확인된 경우에 보험급여를 받은 사람에게 법 제39조제2항에 따른 금액을 낼 것을 알려야 한다.
⑦제6항에 따른 통지를 받은 사람은 그 통지를 받은 날부터 30일 이내에 통지받은 금액을 공단에 내야 한다.

제3절 요양급여 등

제38조【요양비의 청구 등】①법 제40조제2항 단서에 따라 수급권자가 받을 수 있는 요양비는 다음 각 호의 비용으로 한다.
1. 법 제43조제1항에 따른 산재보험 의료기관(이하 "산재보험 의료기관"이라 한다)이 아닌 의료기관에서 응급진료 등 긴급하게 요양을 한 경우의 요양비
2. 다음 각 목의 어느 하나에 해당하는 요양급여에 드는 비용(산재보험 의료기관에서 제공되지 아니하는 경우로 한정한다)
   가. 법 제40조제4항제2호 중 의지(義肢)나 그 밖의 보조기의 지급
   나. 법 제40조제4항제6호 중 간병
   다. 법 제40조제4항제7호의 이송
3. 그 밖에 공단이 정당한 사유가 있다고 인정하는 요양비

②제1항에 따른 요양비를 받으려는 사람은 공단에 청구하여야 한다.
③공단은 긴급하거나 그 밖의 부득이한 사유가 있을 때에는 해당 근로자의 청구를 받아 법 제40조제4항제7호에 따른 이송에 드는 비용을 미리 지급할 수 있다.

제39조【과징금의 부과·납부 및 기준】①공단이 법 제44조제1항에 따라 과징금을 부과하려는 경우에는 해당 위반행위를 조사·확인한 후 위반사실·부과금액·이의방법 및 이의기간 등을 명시하여 이를 낼 것을 부과대상자에게 알려야 한다.
②제1항에 따른 통지를 받은 자는 통지를 받은 날부터 20일 이내에 과징금을 공단이 지정하는 수납기관에 내야 한다. 다만, 천재지변이나 그 밖의 부

득이한 사유로 그 기간에 과징금을 낼 수 없는 경우에는 그 사유가 없어진 날부터 7일 이내에 내야 한다.
③제2항에 따라 과징금을 받은 수납기관은 과징금을 낸 자에게 영수증을 내주어야 한다.
④과징금의 수납기관은 제2항에 따라 과징금을 수납하면 지체 없이 그 사실을 공단에 알려야 한다.
⑤법 제44조제2항에 따른 위반행위의 종류와 위반정도 등에 따른 과징금의 부과기준은 별표 5와 같다.

제40조 【진료계획의 제출】 ①산재보험 의료기관은 법 제47조제1항에 따른 진료계획(이하 "진료계획"이라 한다)에 다음 각 호의 사항을 적어야 한다.
1. 해당 근로자의 업무상의 재해에 따른 부상 또는 질병의 명칭
2. 해당 근로자의 부상·질병의 경과, 진료내용 및 현재의 상태
3. 요양기간을 연장할 의학적 필요성
4. 향후 입원·통원 또는 취업치료 등 치료방법, 치료내용 및 치료예정기간
5. 그 밖에 해당 근로자의 진료에 필요한 사항

②산재보험 의료기관은 제1항에 따른 진료계획을 3개월(부상·질병의 특성상 1년 이상의 장기 요양이 필요한 경우로서 공단이 정하는 부상·질병의 경우에는 1년) 단위로 하여 종전의 요양기간(공단이 제41조제2항제1호에 따른 변경조치를 한 경우에는 변경된 요양기간을 말한다)이 끝나기 7일 전까지 공단에 제출하여야 한다.

제41조 【진료계획의 심사 및 변경 조치】 ①법 제47조제2항에 따라 공단이 진료계획을 심사할 때에는 제42조에 따른 자문의사에게 자문하거나 제43조에 따른 자문의사회의의 심의를 거칠 수 있다.
②법 제47조제2항에서 "대통령령으로 정하는 필요한 조치"란 다음 각 호의 조치를 말한다.
1. 치료의 종결 또는 치료예정기간의 단축
2. 입원·통원 등 치료방법의 변경
3. 법 제48조제1항에 따른 산재보험 의료기관의 변경(2021.6.8 개정)
4. 그 밖의 진료계획 변경

③공단은 진료계획에 대하여 제2항 각 호의 조치를 하려면 그 내용을 해당 근로자 및 산재보험 의료기관에 알려야 한다.

제42조 【자문의사】 ①공단은 업무상의 재해에 따른 보험급여 · 진료비 또는 약제비 등의 지급 결정이나 그 밖에 보험사업에 필요한 의학적 자문을 하기 위하여 의사 · 치과의사 또는 한의사(공단의 직원인 의사 · 치과의사 또는 한의사를 포함한다)를 자문의사로 위촉하거나 임명할 수 있다.
②제1항에 따른 자문의사(이하 "자문의사"라 한다)의 자격과 위촉 · 임명 절차 등에 관하여 필요한 사항은 공단이 정한다.

제43조 【자문의사회의】 ①공단은 업무상의 재해에 따른 보험급여 · 진료비 또는 약제비 등의 지급 결정이나 그 밖에 보험사업과 관련된 의학적 판단이 필요한 사항에 대하여 체계적으로 자문하기 위하여 공단 소속 기관에 자문의사회의를 둔다.
②자문의사회의는 자문의사 5명 이상으로 구성한다.
③자문의사회의는 공단의 자문에 응하여 의학적인 판단이 필요한 사항으로서 다음 각 호에 해당하는 사항을 심의한다.
1. 요양 중인 근로자의 치료종결 여부(주치의와 자문의사의 치료종결에 관한 의학적 소견이 서로 다른 경우에만 해당된다)
2. 법 제48조제1항제4호에 따른 산재보험 의료기관 변경 요양 사유의 타당성(2021.6.8 개정)
3. 제72조에 따른 보험급여의 일시지급 금액의 산정과 관련된 의학적 소견
4. 제118조제4항 단서에 따른 판정 또는 판단과 관련된 의학적 소견
5. 그 밖에 보험급여 · 진료비 및 약제비에 관한 사항으로서 공단 소속 기관의 장이 자문의사회의의 심의가 필요하다고 인정하는 사항

④자문의사회의의 구성 및 운영에 필요한 사항은 공단이 정한다.

제44조 【산재보험 의료기관 변경 요양】 법 제48조제1항제4호에서 "대통령령으로 정하는 절차"란 자문의사회의의 심의 절차를 말한다.(2021.6.8 개정)

제45조 【추가상병】 제32조에 따른 요양 중의 사고는 요양급여의 신청에 관하여 법 제49조에 따른 추가상병으로 본다.

제46조 【평가 대상 산재보험 의료기관】 ①법 제50조제1항 전단에서 "대통령령으로 정하는 의료기관"이란 법 제43조제1항제3호에 따른 산재보험 의료기관으로 한다. 다만, 「의료법」 제58조에 따라 의료기관 인증을 받은 의료기관에 대한 평가는 같은 법에 따른 평가에서 제외되는 평가항목으로서 업무상의 재해에 대한 요양의 질과 관련된 사항만을 대상으로 한

다.(2012.11.12 개정)
②공단은 제1항에 따른 평가 대상 산재보험 의료기관 중에서 인력, 시설, 규모, 업무상의 재해를 입은 근로자에 대한 진료 실적, 진료비 청구 금액 또는 요양급여 등에 관한 종전의 평가결과 등을 고려하여 평가할 의료기관을 선정할 수 있다.

제47조【산재보험 의료기관의 평가 방법 등】 ①법 제50조에 따른 산재보험 의료기관의 평가 방법은 현지평가 또는 서면평가로 한다. 이 경우 현지평가의 대상으로 선정된 산재보험 의료기관에는 그 사실을 미리 알려야 한다.
②산재보험 의료기관의 평가 기준은 다음 각 호와 같다.
1. 인력, 시설 및 장비
2. 의료서비스의 내용 및 수준
3. 요양한 근로자의 만족도
4. 업무상의 재해를 입은 근로자에 대한 진료 실적
5. 그 밖에 업무상의 재해를 입은 근로자에 대한 요양의 질에 관한 사항
③제2항에 따른 평가에 필요한 세부 사항은 공단이 정한다.

제48조【재요양의 요건 및 절차】 ①법 제51조에 따른 재요양(이하 "재요양"이라 한다)은 업무상 부상 또는 질병에 대하여 요양급여(요양급여를 받지 아니하고 장해급여를 받는 부상 또는 질병의 경우에는 장해급여)를 받은 경우로서 다음 각 호의 요건 모두에 해당하는 경우에 인정한다.
1. 치유된 업무상 부상 또는 질병과 재요양의 대상이 되는 부상 또는 질병 사이에 상당인과관계가 있을 것
2. 재요양의 대상이 되는 부상 또는 질병의 상태가 치유 당시보다 악화된 경우로서 나이나 그 밖에 업무 외의 사유로 악화된 경우가 아닐 것
3. 재요양의 대상이 되는 부상 또는 질병의 상태가 재요양을 통해 호전되는 등 치료효과를 기대할 수 있을 것(2020.1.7 개정)
②재요양을 받으려는 사람은 고용노동부령으로 정하는 바에 따라 공단에 재요양을 신청하여야 한다.(2010.7.12 개정)

제4절 휴업급여

제49조【부분휴업급여의 지급 요건】 법 제53조에 따른 부분휴업급

여를 받으려는 사람은 다음 각 호의 요건 모두를 갖추어야 한다.

1. 요양 중 취업 사업과 종사 업무가 정해져 있을 것(2023.6.27 개정)
2. 그 근로자의 부상 · 질병 상태가 취업을 하더라도 치유 시기가 지연되거나 악화되지 아니할 것이라는 의사의 소견이 있을 것

제50조【부분휴업급여의 지급 절차】 ①부분휴업급여를 받으려는 사람은 고용노동부령으로 정하는 서류를 첨부하여 공단에 청구하여야 한다.(2010.7.12 개정)

②공단은 제1항에 따른 청구가 있으면 그 근로자의 부상 · 질병 상태 및 종사 업무 등을 고려하여 지급 여부를 결정하고 그 내용을 그 근로자에게 알려야 한다.(2023.6.27 개정)

제51조【고령자 휴업급여의 감액지급 유예기간】 법 제55조 단서에서 "대통령령으로 정하는 기간"이란 업무상의 재해로 요양을 시작한 날부터 2년을 말한다.

제52조【재요양에 따른 평균임금 산정사유 발생일】 법 제56조제1항 후단에서 "평균임금 산정사유 발생일"이란 다음 각 호의 어느 하나에 해당하는 날을 말한다.

산재보험

1. 재요양의 대상이 되는 부상 또는 질병에 대하여 재요양이 필요하다고 진단을 받은 날. 다만, 그 재요양의 대상이 되는 부상 또는 질병에 대한 진단 전의 검사 · 치료가 재요양의 대상이 된다고 인정하는 진단과 시간적 · 의학적 연속성이 있는 경우에는 그 검사 · 치료를 시작한 날
2. 해당 질병의 특성으로 재요양 대상에 해당하는지를 고용노동부령으로 정하는 절차에 따라 판정하여야 하는 질병은 그 판정 신청을 할 당시에 발급된 진단서나 소견서의 발급일(2010.7.12 개정)

제5절 장해급여

제53조【장해등급의 기준 등】 ①법 제57조제2항에 따른 장해등급의 기준은 별표 6에 따른다. 이 경우 신체부위별 장해등급 판정에 관한 세부기준은 고용노동부령으로 정한다.(2010.7.12 개정)

②별표 6에 따른 장해등급의 기준에 해당하는 장해가 둘 이상 있는 경우에는 그 중 심한 장해에 해당하는 장해등급을 그 근로자의 장해등급으로 하되, 제13급 이상의 장해가 둘 이상 있는 경우에는 다음 각 호의 구분에 따

라 조정된 장해등급을 그 근로자의 장해등급으로 한다. 다만, 조정의 결과 산술적으로 제1급을 초과하게 되는 경우에는 제1급을 그 근로자의 장해등급으로 하고, 그 장해의 정도가 조정된 등급에 규정된 다른 장해의 정도에 비하여 명백히 낮다고 인정되는 경우에는 조정된 등급보다 1개 등급 낮은 등급을 그 근로자의 장해등급으로 한다.

1. 제5급 이상에 해당하는 장해가 둘 이상 있는 경우에는 3개 등급 상향 조정
2. 제8급 이상에 해당하는 장해가 둘 이상 있는 경우에는 2개 등급 상향 조정
3. 제13급 이상에 해당하는 장해가 둘 이상 있는 경우에는 1개 등급 상향 조정

③별표 6에 규정되지 아니한 장해가 있을 때에는 같은 표 중 그 장해와 비슷한 장해에 해당하는 장해등급으로 결정한다.

④이미 장해가 있던 사람이 업무상 부상 또는 질병으로 같은 부위에 장해의 정도가 심해진 경우에 그 사람의 심해진 장해에 대한 장해급여의 금액은 법 별표 2에 따른 장해등급별 장해보상일시금 또는 장해보상연금의 지급일수를 기준으로 하여 다음 각 호의 구분에 따라 산정한 금액으로 한다.

1. 장해보상일시금으로 지급하는 경우: 심해진 장해에 해당하는 장해보상일시금의 지급일수에서 기존의 장해에 해당하는 장해보상일시금의 지급일수를 뺀 일수에 급여 청구사유 발생 당시의 평균임금을 곱하여 산정한 금액
2. 장해보상연금으로 지급하는 경우: 심해진 장해에 해당하는 장해보상연금의 지급일수에서 기존의 장해에 해당하는 장해보상연금의 지급일수(기존의 장해가 제8급부터 제14급까지의 장해 중 어느 하나에 해당하면 그 장해에 해당하는 장해보상일시금의 지급일수에 100분의 22.2를 곱한 일수)를 뺀 일수에 연금 지급 당시의 평균임금을 곱하여 산정한 금액

⑤법 제57조제3항 단서에서 "대통령령으로 정하는 노동력을 완전히 상실한 장해등급"이란 별표 6의 제1급부터 제3급까지의 장해등급을 말한다.

⑥법 제57조제5항에 따른 일시금을 지급받으려는 사람은 공단에 청구하여야 한다.

제54조【장해보상연금 선급금의 이자율】 삭제(2020.1.7)

제55조【장해등급등의 재판정 대상자】 ①법 제59조제3항에 따른 장

해등급 또는 진폐장해등급(이하 "장해등급등"이라 한다)의 재판정 대상자는 다음 각 호의 어느 하나에 해당하는 장해보상연금 또는 진폐보상연금 수급권자로 한다.(2010.11.15 개정)

1. 장해보상연금 지급 대상이 되는 장해 중 별표 6에 따른 제1급제3호, 제2급제5호, 제3급제3호, 제5급제8호, 제7급제4호, 제9급제15호 및 제12급제15호에 해당하는 장해가 하나 이상 있는 경우
2. 장해보상연금 지급 대상이 되는 장해 중 별표 6에 따른 제6급제5호, 제7급제14호, 제8급제2호, 제9급제17호, 제10급제8호, 제11급제7호, 제12급제16호에 해당하는 장해(척추 신경근장해에 따라 장해등급이 결정된 경우만 해당한다)가 하나 이상 있는 경우
3. 장해보상연금 지급 대상이 되는 장해 중 별표 6에 따른 제1급제6호 · 제8호, 제4급제6호, 제5급제4호 · 제5호, 제6급제6호 · 제7호, 제7급제7호 · 제11호, 제8급제4호 · 제6호 · 제7호, 제9급제11호 · 제13호, 제10급제10호 · 제13호 · 제14호, 제11급제9호 · 제10호, 제12급제9호 · 제10호 · 제12호 · 제14호, 제13급제8호 · 제11호에 해당하는 장해(신체 관절의 운동기능에 따라 장해등급이 결정된 경우만 해당된다)가 하나 이상 있는 경우
4. 진폐보상연금 지급 대상이 되는 진폐장해 중 별표 11의2 제2호에 따른 제1급부터 제7급까지에 해당하는 진폐장해가 남은 경우(2010.11.15 개정)
5. 장해보상연금 지급 대상이 되는 장해 중 제53조제3항에 따른 장해가 있는 경우로서 제1호부터 제3호까지의 규정에 해당하는 장해가 하나 이상 포함되어 있는 경우

②제1항에도 불구하고 장해보상연금 수급권자의 장해 중 제1항 각 호에 따른 장해의 등급이 변경되더라도 그 외의 장해 때문에 최종의 장해등급은 변경되지 아니하는 경우에는 장해등급의 재판정 대상에서 제외한다.

제56조 【장해등급등의 재판정 시기 등】 ①법 제59조에 따른 장해등급등의 재판정은 장해보상연금 또는 진폐보상연금의 지급 결정을 한 날을 기준으로 2년이 지난 날부터 1년 이내에 하여야 한다.(2010.11.15 개정)

②제1항에도 불구하고 장해등급등의 재판정 대상자가 재요양을 하는 경우에는 그 재요양 후 치유된 날(장해등급등이 변경된 경우에는 그에 따른 장해보상연금 또는 진폐보상연금의 지급 결정을 한 날)을 기준으로 2년이 지난 날부터 1년 이내에 하여야 한다.(2010.11.15 개정)

③공단은 제1항 또는 제2항에 따라 장해등급등의 재판정을 하려면 재판정 대상자에게 제117조제1항제2호에 따른 진찰을 받도록 요구하여야 한다.(2010.11.15 개정)
④법 제59조제1항에 따라 장해등급등의 재판정을 받으려는 사람은 고용노동부령으로 정하는 바에 따라 공단에 신청하여야 한다.(2010.11.15 개정)
⑤공단은 장해등급등의 재판정을 하려는 때에는 장해 정도를 진찰할 산재보험 의료기관(진폐장해등급을 재판정하려는 경우에는 법 제91조의6제1항에 따른 건강진단기관을 말한다), 진찰일이나 그 밖에 재판정에 필요한 사항을 구체적으로 밝혀 진찰일 30일 전까지 해당 근로자에게 알려야 한다.(2010.11.15 개정)

제57조【장해등급등의 재판정에 따른 장해급여 또는 진폐보상연금의 지급 방법】 ①법 제59조에 따른 장해등급의 재판정 결과 장해등급등이 변경되어 장해보상연금 또는 진폐보상연금을 청구한 경우에는 다음 각 호의 구분에 따라 장해보상연금 또는 진폐보상연금을 지급한다.(2020.1.7 개정)
1. 장해상태가 악화된 경우: 제56조제5항에 따른 재판정 진찰일이 속한 달의 다음달부터 변경된 장해등급등에 해당하는 장해보상연금 또는 진폐보상연금을 지급
2. 장해상태가 호전된 경우: 제56조제1항에 따른 재판정 결정일이 속한 달의 다음달부터 변경된 장해등급등에 해당하는 장해보상연금 또는 진폐보상연금을 지급

②법 제59조에 따른 장해등급의 재판정 결과 장해등급이 변경되어 장해보상일시금을 청구한 경우에는 다음 각 호의 구분에 따라 지급한다.
1. 장해상태가 악화된 경우: 변경된 장해등급에 해당하는 장해보상일시금의 지급일수에서 이미 지급한 장해보상연금액을 지급 당시의 각각의 평균임금으로 나눈 일수의 합계를 뺀 일수에 평균임금을 곱한 금액 지급
2. 장해상태가 호전된 경우(변경된 장해등급이 제8급부터 제14급까지에 해당하는 경우를 포함한다): 변경된 장해등급에 해당하는 장해보상일시금의 지급일수가 이미 지급한 장해보상연금액을 지급 당시의 각각의 평균임금으로 나눈 일수의 합계보다 많은 경우에만 그 일수의 차에 평균임금을 곱한 금액 지급

③제1항에 따라 장해보상연금을 지급하는 경우에는 법 제57조제4항을 적

용하지 아니한다.

제58조【재요양 후의 장해급여】 ①장해보상연금을 받던 사람이 재요양 후에 장해등급이 변경되어 장해보상연금을 청구한 경우에는 재요양 후 치유된 날이 속하는 달의 다음 달부터 변경된 장해등급에 해당하는 장해보상연금을 지급한다.

②장해보상연금을 받던 사람이 재요양 후에 장해등급이 변경되어 장해보상일시금을 청구한 경우에는 다음 각 호의 구분에 따라 지급한다.

1. 장해상태가 악화된 경우: 변경된 장해등급에 해당하는 장해보상일시금의 지급일수에서 이미 지급한 장해보상연금액을 지급 당시의 각각의 평균임금으로 나눈 일수의 합계를 뺀 일수에 평균임금을 곱한 금액 지급
2. 장해상태가 호전된 경우(변경된 장해등급이 제8급부터 제14급까지에 해당하는 경우를 포함한다): 변경된 장해등급에 해당하는 장해보상일시금의 지급일수가 이미 지급한 장해보상연금액을 지급 당시의 각각의 평균임금으로 나눈 일수의 합계보다 많은 경우에만 그 일수의 차에 평균임금을 곱한 금액 지급

③장해보상일시금을 받은 사람이 재요양을 한 경우 재요양 후의 장해상태가 종전에 비하여 악화되면 다음 각 호의 방법에 따라 장해급여를 지급한다.

1. 장해보상연금으로 청구한 경우: 재요양 후 치유된 날이 속하는 달의 다음 달부터 변경된 장해등급에 해당하는 장해보상연금을 지급하되, 청구인의 신청에 따라 이미 지급한 장해보상일시금의 지급일수에 해당하는 기간만큼의 장해보상연금을 지급하지 아니하거나 이미 지급한 장해보상일시금 지급일수의 2배에 해당하는 기간만큼 장해보상연금의 2분의 1을 지급한다.(2017.12.26 개정)
2. 장해보상일시금으로 청구한 경우: 변경된 장해등급에 해당하는 장해보상일시금의 지급일수에서 종전의 장해등급에 해당하는 장해보상일시금의 지급일수를 뺀 일수에 평균임금을 곱한 금액을 지급한다.(2017.12.26 개정)

④재요양 후의 장해급여의 산정에 적용할 평균임금은 종전의 장해급여의 산정에 적용된 평균임금(장해급여를 받지 아니한 경우에는 종전의 요양종결 당시의 평균임금)을 제22조에 따라 증감한 금액으로 한다.

⑤재요양 후 장해보상연금을 지급하는 경우에는 법 제57조제4항을 적용하지 아니한다. 다만, 종전에 장해급여의 대상에 해당되지 않았던 사람이 재

요양 후에 장해보상연금을 지급받게 되는 경우에는 그러하지 아니하다.

제6절 간병급여

제59조 【간병급여의 지급 기준 및 방법】 ①법 제61조제1항에 따른 간병급여의 지급 대상은 별표 7과 같다.
②간병급여는 제1항에 따른 간병급여의 지급 대상에 해당되는 사람이 실제로 간병을 받은 날에 대하여 지급한다.
③간병급여의 지급 기준은 「통계법」 제3조에 따른 지정통계 중 고용노동부장관이 작성하는 고용형태별근로실태조사의 직종별 월급여총액 등을 기초로 하여 고용노동부장관이 고시하는 금액으로 한다. 이 경우 수시 간병급여의 대상자에게 지급할 간병급여의 금액은 상시 간병급여의 지급 대상자에게 지급할 금액의 3분의 2에 해당하는 금액으로 한다.(2010.7.12 개정)
④제1항에도 불구하고 간병급여의 대상자가 무료요양소 등에 들어가 간병비용을 지출하지 않았거나, 제3항에 따른 지급 기준보다 적은 금액을 지출한 경우에는 실제 지출한 금액을 지급한다.
⑤간병급여 수급권자가 법 제51조에 따라 재요양을 받는 경우 그 재요양 기간 중에는 간병급여를 지급하지 않는다.
⑥간병급여의 청구 방법 등은 고용노동부령으로 정한다.(2010.7.12 개정)

제7절 유족급여

제60조 【유족보상연금 청구에 관한 대표자 선임 등】 ①유족보상연금 수급권자가 2명 이상 있을 때에는 그 중 1명을 유족보상연금의 청구와 수령에 관한 대표자로 선임할 수 있다.
②제1항에 따라 대표자를 선임하거나 그 선임된 대표자를 해임한 경우에는 지체 없이 그 선임 또는 해임을 증명할 수 있는 서류를 첨부하여 공단에 신고하여야 한다.

제61조 【생계를 같이 하는 유족의 범위】 법 제63조제1항 각 호 외의 부분 전단에서 "근로자와 생계를 같이 하고 있던 유족"이란 근로자가 사망할 당시에 다음 각 호의 어느 하나에 해당하는 사람을 말한다.
1. 근로자와 「주민등록법」에 따른 주민등록표상의 세대를 같이 하고 동거

하던 유족으로서 근로자의 소득으로 생계의 전부 또는 상당 부분을 유지하고 있던 사람
2. 근로자의 소득으로 생계의 전부 또는 상당 부분을 유지하고 있던 유족으로서 학업·취업·요양, 그 밖에 주거상의 형편 등으로 주민등록을 달리하였거나 동거하지 않았던 사람
3. 제1호 및 제2호에 따른 유족 외의 유족으로서 근로자가 정기적으로 지급하는 금품이나 경제적 지원으로 생계의 전부 또는 대부분을 유지하고 있던 사람

제62조 【유족보상연금의 지급정지 등】 ①법 제64조제2항에 따라 유족보상연금을 받을 권리가 이전된 경우에 유족보상연금을 새로 지급받으려는 사람은 공단에 유족보상연금 수급권자 변경신청을 하여야 한다.
②법 제64조제3항에 따라 유족보상연금 수급권자가 3개월 이상 행방불명이면 같은 순위자(같은 순위자가 없는 경우에는 다음 순위자)의 신청에 따라 행방불명된 달의 다음 달 분부터 그 행방불명 기간 동안 그 행방불명된 사람에 대한 유족보상연금의 지급을 정지하고, 법 제62조제2항 및 법 별표 3에 따라 산정한 금액을 유족보상연금으로 지급한다. 이 경우 행방불명된 종전의 유족보상연금 수급권자는 법 제62조제2항 및 법 별표 3에 따른 가산금액이 적용되는 유족보상연금 수급자격자로 보지 않는다.
③제2항 전단에 따라 유족보상연금의 지급이 정지된 사람은 언제든지 그 지급정지의 해제를 신청할 수 있다.

제63조 【유족보상연금액의 조정】 공단은 다음 각 호의 사유가 발생하면 유족보상연금 수급권자의 청구에 의하거나 직권으로 그 사유가 발생한 달의 다음 달 분부터 유족보상연금의 금액을 조정한다.
1. 근로자의 사망 당시 태아였던 자녀가 출생한 경우
2. 제62조제3항에 따라 지급정지가 해제된 경우
3. 유족보상연금 수급자격자가 법 제64조제1항에 따라 자격을 잃은 경우
4. 유족보상연금 수급자격자가 행방불명이 된 경우

제8절 상병보상연금

제64조 【상병보상연금의 지급 등】 ①법 제66조부터 제69조까지의 규정에 따른 상병보상연금을 받으려는 사람은 중증요양상태를 증명할 수 있

산재보험

는 의사의 진단서를 첨부하여 공단에 청구하여야 한다.(2018.12.11 개정)
②공단은 상병보상연금을 받고 있는 근로자의 중증요양상태등급이 변동되면 수급권자의 청구에 의하여 또는 직권으로 그 변동된 날부터 새로운 중증요양상태등급에 따른 상병보상연금을 지급한다.(2018.12.11 개정)
③상병보상연금을 받고 있는 근로자가 제2항에 따라 중증요양상태등급의 변동에 따른 상병보상연금을 청구할 때에는 변동된 중증요양상태를 증명할 수 있는 의사의 진단서를 첨부하여야 한다.(2018.12.11 개정)

제65조【중증요양상태등급 기준 등】①법 제66조부터 제69조까지의 규정에 따른 상병보상연금을 지급하기 위한 중증요양상태등급 기준은 별표 8과 같다.(2018.12.11 개정)
②중증요양상태가 둘 이상 있는 경우의 중증요양상태등급의 조정에 관하여는 제53조제2항을 준용한다. 이 경우 "장해등급"은 "중증요양상태등급"으로 보고, "장해"는 "중증요양상태"로 보며, 별표 6의 제4급부터 제14급까지의 장해등급의 기준은 각각 해당하는 등급의 중증요양상태등급으로 본다.(2018.12.11 개정)
③기존의 중증요양상태가 새로운 업무상 부상 또는 질병으로 정도가 심해진 경우에 심해진 중증요양상태등급에 대한 상병보상연금의 산정은 심해진 중증요양상태등급에 해당하는 상병보상연금의 지급일수에서 기존의 중증요양상태등급에 해당하는 상병보상연금의 지급일수를 뺀 일수에 연금 지급 당시의 평균임금을 곱하여 산정한 금액으로 한다.

제9절 장례비

제66조【장례비 최고 · 최저 금액의 산정】①법 제71조제2항에 따른 장례비의 최고금액 및 최저금액은 다음 각 호의 구분에 따라 산정한다.(2021.6.8 개정)
1. 장례비 최고금액: 전년도 장례비 수급권자에게 지급된 1명당 평균 장례비 90일분 + 최고 보상기준 금액의 30일분(2021.6.8 개정)
2. 장례비 최저금액: 전년도 장례비 수급권자에게 지급된 1명당 평균 장례비 90일분 + 최저 보상기준 금액의 30일분(2021.6.8 개정)

②장의비 최고금액 및 최저금액을 산정할 때 10원 미만은 버린다.
③장의비 최고금액 및 최저금액의 적용기간은 다음 연도 1월 1일부터 12월

31일까지로 한다.

제66조의2【장례비의 선지급 사유】 법 제71조제3항 전단에 따라 근로자가 법 제37조제1항제1호 각 목 또는 제3호 각 목의 사유로 사망하였다고 추정되는 경우에는 장례를 지내기 전이라도 유족의 청구에 따라 법 제71조제2항에 따른 최저 금액을 장례비로 미리 지급할 수 있다.
(2021.12.31 본조신설)

제10절 직업재활급여 등

제67조【직업재활 지원】 ①공단은 업무상의 재해를 입은 사람의 직업재활을 위하여 그 근로자가 요양을 받는 기간이나 요양종결 후에 심리상담, 직업재활에 필요한 정보의 제공, 그 근로자의 직업욕구나 직업능력 등을 고려한 직업평가, 직업복귀계획 수립의 지원이나 그 밖에 필요한 지원을 할 수 있다.
②공단은 업무상의 재해를 입은 사람에게 제1항에 따른 직업재활의 지원이 필요하면 상담 · 평가 또는 그 밖의 협조를 요청할 수 있다.

산재보험

제68조【직업재활급여 대상자】 ①법 제72조제1항제1호에 따른 훈련대상자(이하 "훈련대상자"라 한다)는 다음 각 호의 요건을 모두 갖춘 사람으로 한다.
1. 다음 각 목의 어느 하나에 해당할 것(2010.3.26 개정)
  가. 장해등급등 제1급부터 제12급까지의 어느 하나에 해당할 것 (2010.11.15 개정)
  나. 업무상의 사유로 발생한 부상 또는 질병으로 인하여 요양 중으로서 그 부상 또는 질병의 상태가 치유 후에도 장해등급 제1급부터 제12급까지의 어느 하나에 해당할 것이라는 내용의 의학적 소견이 있을 것
2. 삭제(2012.11.12)
3. 취업하고 있지 아니한 사람일 것. 이 경우 취업의 범위는 고용노동부령으로 정한다.(2010.7.12 개정)
4. 다른 직업훈련을 받고 있지 아니할 것
5. 제67조제1항에 따른 직업복귀계획을 수립하였을 것

②제1항제3호에도 불구하고 직업훈련을 받고 있는 훈련대상자가 직업훈련기간 중에 취업을 한 경우에는 그 직업훈련 과정이 끝날 때까지 직업훈련

을 받게 할 수 있되, 취업한 기간에 대하여는 직업훈련수당을 지급하지 않는다.
③제1항에 따른 훈련대상자가 직업훈련 기간에 대하여 「고용보험법」에 따른 구직급여를 받은 경우에는 직업훈련을 받게 할 수 있되, 직업훈련수당은 지급하지 않는다.(2010.3.26 개정)
④법 제72조제1항제2호에 따른 장해급여자(이하 "장해급여자"라 한다)는 해당 사업에 복귀할 때 제1항제1호에 해당하는 사람으로 한다.(2010.3.26 개정)

제69조 【직업훈련비용의 지급 제한】 법 제73조제2항 단서에서 "대통령령으로 정하는 경우"란 직업훈련기관이 해당 훈련대상자의 직업훈련과 관련하여 다음 각 호의 어느 하나에 해당하는 경우를 말한다.
1. 「장애인고용촉진 및 직업재활법」 제11조에 따른 직업적응훈련 및 같은 법 제12조에 따른 직업능력개발훈련의 지원을 받은 경우
2. 「고용보험법」 제29조에 따른 직업능력개발훈련의 지원을 받은 경우
3. 「국민 평생 직업능력 개발법」 제11조의2, 제12조, 제15조 및 제17조에 따른 직업능력개발훈련의 지원을 받은 경우(2022.2.17 개정)
4. 훈련대상자를 고용하려는 사업주가 직업훈련비용을 부담한 경우
5. 그 밖에 법 또는 다른 법령에 따라 직업훈련비용에 상당하는 지원을 받은 경우

제70조 【직장복귀지원금 등의 지급 요건 등】 ①법 제75조제2항에 따른 직장복귀지원금은 사업주가 장해급여자에 대하여 요양종결일 또는 직장복귀일부터 6개월 이상 고용을 유지하고 그에 따른 임금을 지급한 경우에 지급한다. 다만, 장해급여자가 요양종결일 또는 직장복귀일부터 6개월이 되기 전에 자발적으로 퇴직한 경우에는 그 퇴직한 날까지의 직장복귀지원금을 지급한다.(2010.3.26 개정)
②법 제75조제3항에 따른 직장적응훈련비는 사업주가 장해급여자에 대하여 그 직무수행이나 다른 직무로 전환하는 데에 필요한 직장적응훈련을 실시한 경우로서 다음 각 호의 요건 모두에 해당하는 경우에 지급한다.(2018.12.11 개정)
1. 요양종결일 또는 직장복귀일 직전 3개월부터 요양종결일 또는 직장복귀일 이후 6개월 이내에 직장적응훈련을 시작하였을 것(2018.12.11 개정)
2. 직장적응훈련이 끝난 날의 다음 날부터 6개월 이상 해당 장해급여자에

대한 고용을 유지하였을 것. 다만, 장해급여자가 직장적응훈련이 끝난 날의 다음 날부터 6개월이 되기 전에 자발적으로 퇴직한 경우에는 그러하지 아니하다.(2018.12.11 개정)

③법 제75조제3항에 따른 재활운동비는 사업주가 장해급여자에 대하여 그 직무수행이나 다른 직무로 전환하는 데 필요한 재활운동을 실시한 경우로서 다음 각 호의 요건 모두에 해당하는 경우에 지급한다.(2018.12.11 신설)

1. 요양종결일 또는 직장복귀일부터 6개월 이내에 재활운동을 시작하였을 것
2. 재활운동이 끝난 날의 다음 날부터 6개월 이상 해당 장해급여자에 대한 고용을 유지하였을 것. 다만, 장해급여자가 재활운동이 끝난 날의 다음 날부터 6개월이 되기 전에 자발적으로 퇴직한 경우에는 그렇지 않다.

④제1항부터 제3항까지의 규정에 따른 요양종결일 또는 직장복귀일을 적용할 때, 장해급여자 중 장해급여를 받은 자는 요양종결일을 적용하고 장해급여를 받을 것이 명백한 자는 직장복귀일을 적용한다.(2018.12.11 개정)

제71조【직장복귀지원금 등의 지급 제한】 ①법 제75조제4항에서 "대통령령으로 정하는 경우"란 장해급여자를 고용한 사업주가 다음 각 호의 어느 하나에 해당하는 경우를 말한다.(2010.3.26 개정)

산재보험

1. 「고용보험법」 제23조 · 제27조 · 제32조에 따른 지원을 받은 경우
2. 「장애인고용촉진 및 직업재활법」 제30조에 따른 고용장려금을 받은 경우
3. 「국민 평생 직업능력 개발법」 제20조제1항에 따른 지원을 받은 경우(2022.2.17 개정)
4. 그 밖에 법이나 다른 법령에 따라 직장복귀지원금 · 직장적응훈련비 또는 재활운동비에 해당하는 금액을 받은 경우(2010.3.26 개정)

②법 제75조제5항에서 "「장애인고용촉진 및 직업재활법」 제28조에 따른 의무로써 장애인을 고용한 경우 등 대통령령으로 정하는 경우"란 장해급여자를 고용한 사업주가 다음 각 호의 어느 하나에 해당하는 경우를 말한다.(2010.3.26 개정)

1. 「장애인고용촉진 및 직업재활법」 제28조에 따른 고용의무가 있는 장애인을 고용한 경우(직장복귀지원금만을 지급하지 아니한다)
2. 직장복귀지원금을 받을 목적으로 장해급여자가 사업에 복귀하기 3개월 전부터 복귀 후 6개월 이내에 다른 장해급여자 또는 「장애인고용촉진 및

직업재활법」에 따른 장애인을 그 사업에서 퇴직하게 한 경우

제71조의2【직장복귀 지원】 ①법 제75조의2제1항에 따라 공단은 업무상 재해를 입은 근로자가 다음 각 호에 해당하는 경우에는 업무상 재해가 발생한 당시의 사업주에게 근로자의 직장복귀에 관한 계획서를 작성하여 제출하도록 요구할 수 있다.

1. 업무상 재해로 인한 부상 또는 질병으로 6개월 이상 요양이 필요한 경우
2. 업무상 재해로 인한 부상 또는 질병에 대한 요양 종결 후 별표 6에 따른 제1급부터 제14급까지의 장해등급에 해당하는 장해가 발생할 것이 예상되는 경우
3. 그 밖에 근로자의 원활한 직장복귀를 위하여 지원이 필요한 경우로서 공단이 정하는 경우

②법 제75조의2제3항에서 "직업능력 평가 등 대통령령으로 정하는 조치"란 다음 각 호의 조치를 말한다.

1. 직업능력 평가에 대한 진단 및 직업능력 평가의 실시
2. 작업능력 회복 · 강화를 위한 지원
3. 재활치료에 대한 진단 및 신체기능 회복 · 강화를 위한 지원
4. 의지(義肢) 또는 보조기의 처방, 제작 · 유지 · 보수를 위한 지원과 그 사용에 따른 적응력 향상 훈련 지원
5. 장해 상태를 고려한 작업환경 개선 및 근로자의 직무 전환을 위한 지원
6. 근로자의 심리적 안정 및 정신기능 회복과 가족, 직장동료와의 관계 회복 지원
7. 그 밖에 근로자의 직장복귀를 위해 공단이 필요하다고 인정하는 조치

(2021.12.31 본조신설)

제11절 보험급여의 일시지급 등

제72조【보험급여의 일시지급 기준】 법 제76조제2항 각 호 외의 부분 전단에서 "대통령령으로 정하는 방법에 따라 각각 환산한 금액"이란 같은 항 각 호에 따른 보험급여의 금액에서 각각 그 금액의 100분의 2에 해당하는 금액을 뺀 금액을 말한다. 이 경우 상병보상연금은 그 산정 기준이 되는 중증요양상태등급과 같은 장해등급의 장해보상일시금에 해당하는 금액으로 하고, 장해급여 중 장해보상연금은 그 장해등급의 장해보상일시금

으로 한다.(2018.12.11 개정)

제72조의2【합병증 등 예방관리 조치대상 등】 ①법 제77조제1항에 따른 합병증 등 재요양 사유가 발생할 우려가 있는 사람(이하 "합병증등예방관리대상자"라 한다)는 공단이 자문의사의 자문 또는 제43조에 따른 자문의사회의의 심의를 거쳐 합병증 등의 예방관리가 필요하다고 결정한 사람으로 한다.(2021.6.8 개정)

②공단은 합병증등예방관리대상자에게 산재보험 의료기관에서 다음 각 호의 어느 하나에 해당하는 조치를 받게 하고 예산의 범위에서 해당 비용을 지원할 수 있다. 이 경우 비용의 산정 기준은 법 제40조제5항에 따른 요양급여의 산정 기준에 따른다.

1. 진찰 및 검사
2. 약제 또는 진료재료의 처방
3. 수술을 제외한 처치, 그 밖의 치료
4. 재활치료
5. 입원

③합병증등예방관리대상자의 결정 기준 및 절차, 제2항에 따른 조치비용의 인정 범위, 그 밖에 필요한 사항은 공단이 정한다.

(2018.12.11 본조신설)

제73조【장해특별급여의 지급기준 등】 ①법 제78조제1항 본문에서 "대통령령으로 정하는 장해등급"이란 별표 6에 따른 장해등급 또는 별표 11의2에 따른 진폐장해등급 제1급부터 제3급까지의 장해등급 또는 진폐장해등급을 말한다.(2010.11.15 개정)

②법 제78조제1항 본문에서 "대통령령으로 정하는 장해특별급여"란 평균임금의 30일분에 별표 9에 따른 장해등급 및 진폐장해등급별 노동력 상실률과 별표 11에 따른 취업가능기간에 대응하는 라이프니츠 계수를 곱하여 산정한 금액에서 법 제57조에 따른 장해보상일시금(진폐보상연금을 지급받는 경우에는 진폐장해등급과 같은 장해등급에 해당하는 장해보상일시금을 말한다)을 뺀 금액을 말한다.(2010.11.15 개정)

③제2항에서 취업가능기간은 장해등급등이 판정된 날부터 단체협약 또는 취업규칙에서 정하는 취업정년까지로 한다. 이 경우 단체협약 또는 취업규칙에서 취업정년을 정하고 있지 아니하면 60세를 취업정년으로 본다.(2010.11.15 개정)

제74조【유족특별급여의 지급기준 등】 ①법 제79조제1항에서 "대통령령으로 정하는 유족특별급여"란 평균임금의 30일분에서 사망자 본인의 생활비(평균임금의 30일분에 별표 10에 따른 사망자 본인의 생활비 비율을 곱하여 산정한 금액을 말한다)를 뺀 후 별표 11에 따른 취업가능개월수에 대응하는 라이프니츠 계수를 곱하여 산정한 금액에서 법 제62조에 따른 유족보상일시금을 뺀 금액을 말한다.
②제1항의 취업가능개월수의 산정에 관하여는 제73조제3항을 준용한다. 이 경우 "장해등급이 판정된 날"은 "사망한 날"로 본다.(2021.6.8 개정)

제75조【특별급여액의 징수】 ①보험가입자는 법 제78조제3항 및 법 제79조제2항에 따라 장해특별급여액 또는 유족특별급여액의 납부통지를 받으면 그 금액을 1년에 걸쳐 4회로 분할납부할 수 있다.
②제1항에 따라 장해특별급여액 또는 유족특별급여액을 분할납부하려는 경우 최초의 납부액은 납부통지를 받은 날이 속하는 분기의 말일까지 납부하고, 그 이후의 납부액은 각각 그 분기의 말일까지 납부하여야 한다.

제76조【다른 보상이나 배상과의 조정 기준】 법 제80조제3항 본문에서 "대통령령으로 정하는 방법에 따라 환산한 금액"이란 수급권자가 지급받은 금품의 가액(이 법에 따라 보험급여를 산정할 당시의 가액을 말한다)을 말하되, 요양서비스를 제공받은 경우에는 그 요양에 드는 비용으로 환산한 금액을 말한다.
(2017.12.26 본조개정)

제77조【미지급 보험급여 수급권자의 결정 등】 법 제81조에 따른 미지급 보험급여 수급권자의 결정에 관하여는 법 제65조제1항 · 제2항 및 제4항을 준용한다.

제77조의2【보험급여수급계좌】 ①법 제82조제2항 단서에서 "정보통신장애나 그 밖에 대통령령으로 정하는 불가피한 사유"란 다음 각 호의 어느 하나에 해당하는 경우를 말한다.
1. 법 제82조제2항 본문에 따른 보험급여수급계좌(이하 "보험급여수급계좌"라 한다)가 개설된 금융기관이 폐업, 업무정지, 정보통신장애 등으로 정상영업이 불가능하여 보험급여를 보험급여수급계좌로 이체할 수 없는 경우
2. 그 밖에 고용노동부장관이 보험급여를 보험급여 지급 결정일부터 14일 이내에 보험급여수급계좌로 이체하는 것이 불가능하다고 인정하는 경우

②공단은 법 제82조제2항 단서에 따라 보험급여를 보험급여수급계좌로 이체할 수 없을 때에는 수급권자에게 해당 보험급여를 직접 현금으로 지급할 수 있다.
③공단은 수급권자가 법 제82조제2항 본문에 따른 신청을 하면 보험급여를 보험급여수급계좌로 받을 수 있다는 사실을 수급권자에게 안내해야 한다.
(2018.12.11 본조신설)

제78조【보험급여 지급 제한의 범위 등】 ①공단은 보험급여 수급권자가 법 제83조제1항제1호에 해당하면 보험급여의 지급을 제한하기로 결정한 날 이후에 지급사유가 발생하는 휴업급여 또는 상병보상연금의 20일분(지급사유가 발생한 기간이 20일 미만이면 그 기간 해당분)에 상당하는 금액을 지급하지 않는다.
②공단은 장해보상연금 또는 진폐보상연금 수급권자가 법 제83조제1항제2호에 해당하면 다음 각 호에 따라 장해급여를 지급한다.(2010.11.15 개정)
1. 장해상태가 종전의 장해등급등보다 심해진 경우에도 종전의 장해등급등에 해당하는 장해보상연금 또는 진폐보상연금 지급(2010.11.15 개정)
2. 장해상태가 종전의 장해등급등보다 호전되었음이 의학적 소견 등으로 확인되는 경우로서 재판정 전에 장해상태를 악화시킨 경우에는 그 호전된 장해등급등에 해당하는 장해급여 또는 진폐보상연금 지급(2010.11.15 개정)

제79조【부당이득의 징수】 ①공단은 법 제84조에 따른 부당이득을 징수하기로 결정하면 지체 없이 납부 책임이 있는 사람에게 그 금액을 낼 것을 알려야 한다.
②제1항에 따른 통지를 받은 자는 그 통지를 받은 날부터 30일 이내에 그 금액을 내야 한다.

제79조의2【부정수급자 명단 공개 제외 사유】 법 제84조의2제2항에서 "부정수급자 또는 연대책임자의 사망으로 명단 공개의 실효성이 없는 경우 등 대통령령으로 정하는 경우"란 다음 각 호의 어느 하나에 해당하는 경우를 말한다.
1. 법 제84조의2제1항 각 호 외의 부분 전단에 따른 부정수급자 또는 같은 항 각 호 외의 부분 후단에 따른 연대책임자가 사망한 경우
2. 법 제84조의2제1항 각 호 외의 부분 전단에 따른 부정수급자 또는 같은 항 각 호 외의 부분 후단에 따른 연대책임자가 법 제84조제1항에 따라

산재보험

공단이 징수해야 하는 금액의 100분의 30 이상을 납부한 경우

3. 「채무자 회생 및 파산에 관한 법률」 제243조에 따른 회생계획인가의 결정에 따라 공단이 법 제84조제1항에 따라 징수해야 하는 금액에 대한 징수를 유예받고 그 유예기간 중에 있거나 해당 금액을 회생계획의 납부일정에 따라 납부하고 있는 경우
4. 공단이 법 제84조의2제1항 각 호 외의 부분 전단에 따른 부정수급자의 재산상황, 미성년자 해당 여부 및 그 밖의 사정 등을 고려하여 명단 공개의 실익이 없거나 공개하는 것이 부적절하다고 인정하는 경우

(2018.12.11 본조신설)

제80조【보험급여 등의 충당 한도 및 절차】 ①공단이 법 제86조에 따라 보험급여 · 진료비 및 약제비를 충당하는 경우의 충당 한도는 다음 각 호와 같다.

1. 법 제84조제1항에 따른 부당이득을 받은 사람에게 지급할 보험급여(법 제75조에 따른 직장복귀지원금 · 직장적응훈련비 또는 재활운동비는 제외한다)가 있으면 그 지급할 보험급여에 10분의 1을 곱한 금액. 다만, 보험급여 수급권자가 고용노동부령으로 정하는 바에 따라 서면으로 10분의 1을 넘는 금액의 충당에 동의하면 그 동의한 금액을 말한다.(2010.7.12 개정)
2. 법 제84조제1항에 따른 부당이득을 받은 사람 또는 같은 조 제2항에 따른 연대책임이 있는 자가 보험가입자인 경우에는 그 보험가입자에게 지급할 보험급여의 금액(그 보험가입자가 법 제89조에 따라 보험급여를 받을 권리를 대위하는 경우에는 그 대위하는 금액을 포함한다)
3. 법 제84조제2항에 따른 연대책임이 있는 산재보험 의료기관에 지급할 진료비가 있으면 그 지급할 진료비에 해당하는 금액
4. 법 제84조제3항에 따른 부당이득을 받은 산재보험 의료기관이나 약국에 지급할 진료비나 약제비가 있으면 그 지급할 진료비나 약제비에 해당하는 금액

②공단은 제1항에 따라 충당을 하려면 보험급여 수급권자, 보험가입자, 산재보험 의료기관 또는 약국의 의견을 들어야 하며, 충당을 결정하면 지체 없이 보험급여 수급권자, 보험가입자, 산재보험 의료기관 또는 약국에 그 사실을 알려야 한다.

제81조【제3자로부터 배상받은 사람에 대한 보험급여의 조정】 보

험급여 수급권자가 제3자로부터 손해배상을 받은 경우에 그 손해배상금을 법 제87조제2항에 따라 보험급여를 지급하지 않는 금액으로 환산할 때 그 환산방법에 관하여는 제76조를 준용한다.

제81조의2【보험급여에 대한 압류 금지】 법 제88조제3항에서 "대통령령으로 정하는 액수"란 법 제82조제2항 본문에 따라 보험급여수급계좌에 입금된 금액 전액을 말한다.
(2018.12.11 본조신설)

제82조【수급권의 대위】 ①법 제89조에 따라 보험가입자(보험료징수법 제2조제5호에 따른 하수급인을 포함한다. 이하 이 조에서 같다)가 보험급여 수급권자의 보험급여 수급권을 대위하여 보험급여를 지급받으려는 경우에는 법에 따른 보험급여의 지급 사유와 같은 사유로 보험급여에 상당하는 금품을 수급권자에게 지급한 사실을 증명하는 서류를 첨부하여 공단에 청구하여야 한다.
②공단은 제1항에 따라 보험가입자가 보험급여 수급권을 대위하여 청구하면 그 보험급여 수급권자가 해당 보험급여에 상당하는 금품을 받았는지를 확인하여야 한다.
③보험가입자가 법 제89조에 따라 보험급여 수급권자에게 장해급여 또는 유족급여에 상당하는 금품을 지급한 경우에는 각각 장해보상일시금 또는 유족보상일시금에 상당하는 금품을 지급한 것으로 본다.

제83조【보험급여 원부의 작성】 ①공단은 보험급여를 지급하면 그 보험급여를 받은 근로자별 보험급여 원부를 작성하여야 한다.
②공단은 보험급여와 관계있는 사람이 신청하면 보험급여 원부를 열람시켜야 하며, 필요한 경우에는 증명서를 발급할 수 있다.

제 3 장의 2 진폐에 따른 보험급여의 특례

제83조의2【진폐판정 및 보험급여 결정 기준】 ①법 제91조의8제1항 및 제2항에 따른 진폐근로자에 대한 진폐판정 및 보험급여의 지급 여부 결정에 필요한 진폐병형 기준, 심폐기능의 정도 판정기준, 진폐장해등급 기준 및 합병증 등에 따른 요양대상인정기준은 별표 11의2와 같다.
②법 제91조의8제3항에 따른 합병증 등으로 심폐기능의 정도를 판정하기 곤란한 진폐근로자에 대한 진폐장해등급의 결정기준은 별표 11의3과 같다.

(2010.11.15 본조신설)

제83조의3【진폐에 따른 사망 여부 판단 시 고려사항】 법 제91조의10에 따라 진폐에 따른 사망 여부를 판단하는 때에 고려하여야 하는 사항은 진폐병형, 심폐기능, 합병증, 성별, 연령 등으로 한다.
(2010.11.15 본조신설)

제 3 장의 3 건강손상자녀에 대한 보험급여의 특례

제83조의4【건강손상자녀 관련 유해인자】 법 제91조의12제1항 전단에서 "대통령령으로 정하는 유해인자"란 별표 11의4에 따른 유해인자를 말한다.
(2022.12.30 본조신설)

제 3 장의 4 노무제공자에 대한 특례

제83조의5【노무제공자의 범위】 법 제91조의15제1호 각 목 외의 부분에서 "대통령령으로 정하는 직종에 종사하는 사람"이란 다음 각 호의 사람을 말한다.
1. 보험을 모집하는 사람으로서 다음 각 목의 어느 하나에 해당하는 사람
  가. 「보험업법」 제83조제1항제1호에 따른 보험설계사
  나. 「새마을금고법」 및 「신용협동조합법」에 따른 공제의 모집을 전업으로 하는 사람
  다. 「우체국예금 · 보험에 관한 법률」에 따른 우체국보험의 모집을 전업으로 하는 사람
2. 「건설기계관리법」 제3조제1항에 따라 등록된 건설기계를 직접 운전하는 사람
3. 「통계법」 제22조에 따라 국가데이터처장이 고시하는 직업에 관한 표준분류(이하 "한국표준직업분류표"라 한다)의 세분류에 따른 학습 · 교구 관련 방문강사 등 회원의 가정 등을 직접 방문하여 아동이나 학생 등을 가르치는 사람(2025.10.1 개정)
4. 「체육시설의 설치 · 이용에 관한 법률」 제7조에 따라 직장체육시설로 설치된 골프장 또는 같은 법 제19조에 따라 체육시설업의 등록을 한 골프

장에서 골프경기를 보조하는 골프장 캐디

5. 한국표준직업분류표의 세분류에 따른 택배원 또는 세세분류에 따른 그 외 배달원으로서 다음 각 목의 어느 하나에 해당하는 사람(2024.12.31 개정)

가. 「생활물류서비스산업발전법」 제2조제6호가목에 따른 택배서비스종사자로서 집화 또는 배송(설치를 수반하는 배송을 포함한다) 업무를 하는 사람

나. 가목 외의 택배사업(소화물을 집화 · 수송 과정을 거쳐 배송하는 사업을 말한다)에서 집화 또는 배송 업무를 하는 사람

6. 한국표준직업분류표의 세분류에 따른 늘찬배달원으로서 퀵서비스업의 사업주로부터 업무를 의뢰받아 배송 업무를 하는 사람. 다만, 제5호 또는 제14호에 해당하는 사람은 제외한다.(2024.12.31 개정)

7. 「대부업 등의 등록 및 금융이용자 보호에 관한 법률」 제3조제1항 단서에 따른 대출모집인

8. 「여신전문금융업법」 제14조의2제1항제2호에 따른 신용카드회원 모집인

9. 다음 각 목의 어느 하나에 해당하는 사업자로부터 업무를 의뢰받아 자동차를 운전하는 사람

가. 대리운전업자(자동차 이용자의 요청에 따라 그 이용자와 동승하여 해당 자동차를 목적지까지 운전하는 사업의 사업주를 말한다)

나. 탁송업자(자동차 이용자의 요청에 따라 그 이용자와 동승하지 않고 해당 자동차를 목적지까지 운전하는 사업의 사업주를 말한다)

다. 대리주차업자(자동차 이용자의 요청에 따라 그 이용자를 대신하여 해당 자동차를 주차하는 사업의 사업주를 말한다)

10. 「방문판매 등에 관한 법률」 제2조제2호에 따른 방문판매원 또는 같은 조 제8호에 따른 후원방문판매원으로서 방문판매업무를 하는 사람. 다만, 다음 각 목의 어느 하나에 해당하는 경우는 제외한다.

가. 방문판매는 하지 않고 자가 소비만 하는 경우

나. 제3호 또는 제11호에 해당하는 경우

11. 한국표준직업분류표의 세분류에 따른 대여 제품 방문 점검원 (2024.12.31 개정)

12. 한국표준직업분류표의 세분류에 따른 가전제품 설치 및 수리원으로서 가전제품의 판매를 위한 배송 업무를 주로 수행하고 가전제품의 설치 ·

시운전 등을 통해 작동상태를 확인하는 사람
13. 「화물자동차 운수사업법」 제2조제1호에 따른 화물자동차 중 고용노동부령으로 정하는 자동차를 운전하는 사람
14. 「화물자동차 운수사업법」 제2조제11호에 따른 화물차주로서 다음 각 목의 어느 하나에 해당하는 자동차를 운전하는 사람 및 그 밖에 화물을 운송하기 위하여 다음 각 목의 어느 하나에 해당하는 자동차를 운전하는 사람. 다만, 제5호, 제12호 또는 제13호에 해당하는 사람은 제외한다.(2024.12.31 개정)
가. 「자동차관리법」 제3조제1항제3호에 따른 화물자동차
나. 「자동차관리법」 제3조제1항제4호에 따른 특수자동차 중 견인형 자동차 또는 특수작업형 사다리차(이사 등을 위하여 높은 건물에 필요한 물건을 올리기 위한 자동차를 말한다)
15. 「소프트웨어 진흥법」 제2조제3호에 따른 소프트웨어사업에서 노무를 제공하는 같은 조 제10호에 따른 소프트웨어기술자
16. 다음 각 목의 어느 하나에 해당하는 강사
가. 「초 · 중등교육법」 제2조에 따른 학교에서 운영하는 방과후학교의 과정을 담당하는 강사
나. 「유아교육법」 제2조제2호에 따른 유치원에서 운영하는 같은 조 제6호에 따른 방과후 과정을 담당하는 강사
다. 「영유아보육법」 제2조제3호에 따른 어린이집에서 운영하는 같은 법 제29조제4항에 따른 특별활동프로그램을 담당하는 강사
17. 「관광진흥법」 제38조제1항 단서에 따른 관광통역안내의 자격을 가진 사람으로서 외국인 관광객을 대상으로 관광안내를 하는 사람
18. 「도로교통법」 제2조제23호에 따른 어린이통학버스를 운전하는 사람
(2023.6.27 본조신설)

제83조의6【노무제공자의 보수】 법 제91조의15제5호 본문에서 "대통령령으로 정하는 금품"이란 다음 각 호의 금품을 말한다.
1. 「소득세법」 제12조제2호 또는 제5호에 해당하는 비과세소득
2. 고용노동부장관이 정하여 고시하는 방법에 따라 산정한 필요경비
(2023.6.27 본조신설)

제83조의7【소득확인이 어려운 직종】 법 제91조의15제5호 단서에서 "대통령령으로 정하는 직종"이란 제83조의5제2호 및 제13호에 해당하

는 노무제공자가 종사하는 직종을 말한다.
(2023.6.27 본조신설)

제83조의8【평균보수 산정사유 발생일】 법 제91조의17제1항에 따른 평균보수 산정사유 발생일은 다음 각 호의 어느 하나에 해당하는 날로 한다.

1. 사망 또는 부상의 원인이 되는 사고가 발생한 날
2. 질병이 확인된 날. 이 경우 질병이 확인된 날은 그 질병이 보험급여의 지급 대상이 된다고 확인될 당시에 발급된 진단서나 소견서의 발급일로 하되, 그 질병의 검사 · 치료의 경과 등이 진단서나 소견서의 발급과 시간적 · 의학적 연속성이 있는 경우에는 그 요양을 시작한 날로 한다.

(2023.6.27 본조신설)

제83조의9【평균보수 산정 대상에서 제외되는 일용근로자】 법 제91조의17제3항에서 "대통령령으로 정하는 일용근로자"란 일용근로자로서 제23조제1호 각 목에 해당하지 않는 사람을 말한다.
(2023.6.27 본조신설)

산재보험

제83조의10【노무제공자에 대한 업무상 재해의 인정기준】 법 제91조의18에 따른 노무제공자에 대한 업무상의 재해의 인정기준에 관하여는 제27조, 제28조, 제30조부터 제35조까지, 제35조의2 및 제36조를 적용한다. 이 경우 "근로자"는 "노무제공자"로, "근로계약"은 "노무제공계약"으로 본다.
(2023.6.27 본조신설)

제83조의11【노무제공자의 최저 휴업급여 보장액】 법 제91조의19제1항에서 "대통령령으로 정하는 최저 휴업급여 보장액"이란 보험료징수법 제48조의6제8항에 따라 공단에 신고된 노무제공자의 월 보수액을 고려하여 매년 위원회의 심의를 거쳐 고용노동부장관이 정하여 고시하는 금액을 말한다.
(2023.6.27 본조신설)

제83조의12【플랫폼 운영자에 대한 자료제공 등의 요청】 ①법 제91조의21제2호에서 "사업장의 명칭 · 주소 등 대통령령으로 정하는 정보"란 다음 각 호의 정보를 말한다.

1. 사업장의 명칭 · 주소 및 연락처
2. 사업주(법인인 경우에는 대표자를 말한다)의 이름 및 주민등록번호

3. 사업주의 사업자등록번호(법인인 경우에는 법인등록번호를 포함한다)

②법 제91조의21제3호에서 "플랫폼 종사자의 이름 · 직종 · 보수 · 노무제공 내용 등 대통령령으로 정하는 자료 또는 정보"란 다음 각 호의 자료 또는 정보를 말한다.

1. 플랫폼 종사자의 이름 · 직종 및 보수
2. 플랫폼 종사자의 주민등록번호(외국인인 경우에는 외국인등록번호를 말한다), 주소 및 연락처
3. 플랫폼 종사자의 노무제공 내용, 노무제공일 및 노무제공시간

(2023.6.27 본조신설)

제 4 장 근로복지 사업

제84조【국민건강보험 요양급여 비용의 본인 일부 부담금의 대부 대상】 법 제93조제1항에서 "대통령령으로 정하는 사람"이란 다음 각 호의 요건 모두에 해당하는 사람을 말한다.(2021.6.8 개정)

1. 근로자가 법 제41조제1항에 따라 요양급여를 신청한 날부터 30일이 지날 때까지 공단이 요양급여에 관한 결정을 하지 아니하였을 것
2. 그 근로자의 업무와 요양급여의 신청을 한 질병 간에 상당인과관계가 있을 것으로 추정된다는 의학적 소견이 있을 것

제85조【대부금의 충당 한도 및 절차】 ①공단이 법 제93조제2항에 따라 충당할 때 그 충당 한도는 그 대부를 받은 사람에게 지급할 요양급여의 전액으로 한다.

②공단은 제1항에 따라 충당을 하려면 해당 요양급여 수급권자의 의견을 들어야 하며, 충당 결정을 하면 지체 없이 그 사실을 요양급여 수급권자에게 알려야 한다.

제 5 장 산업재해보상보험 및 예방기금

제85조의2【출연금의 산정 기준 등】 고용노동부장관은 법 제96조제1항제7호에 따라 법 제95조에 따른 산업재해보상보험및예방기금(이하 "기금"이라 한다)으로부터 「국민건강보험법」 제13조에 따른 국민건강보험공단(이하 "건강보험공단"이라 한다)에 출연하는 금액을 산정하기 위하여 그

금액의 규모 · 산정기준 등에 관하여 필요한 사항을 보건복지부장관과 협의하여 정한다.(2021.6.8 개정)
(2010.9.29 본조신설)

제85조의3【출연금의 용도 등】 ①공단, 「한국산업안전보건공단법」에 따른 한국산업안전보건공단(이하 "안전보건공단"이라 한다) 및 건강보험공단은 법 제96조제1항제3호 · 제6호 및 제7호에 따른 출연금(이하 "출연금"이라 한다)을 다음 각 호의 구분에 따른 용도로만 사용하여야 한다.(2012.11.12 개정)

1. 공단: 법 제11조에 따른 사업에 필요한 경비 및 이에 수반되는 경비
2. 안전보건공단: 「한국산업안전보건공단법」 제6조에 따른 사업에 필요한 경비 및 이에 수반되는 경비
3. 건강보험공단: 보험료징수법 제4조에 따른 징수업무를 수행하는 데 필요한 경비 및 이에 수반되는 경비

②고용노동부장관은 공단, 안전보건공단 및 건강보험공단(이하 "피출연자"라 한다)이 출연금을 제1항의 용도 외로 사용한 경우에는 그에 해당하는 금액을 회수하여야 한다.(2012.11.12 개정)

산재보험

③피출연자는 출연금을 별도의 계정을 설치하여 관리하여야 하며, 그 계정에서 발생한 이자수입은 고용노동부장관의 승인을 받아 제1항 각 호의 용도로 사용하거나 손실금 보전에 사용할 수 있다.(2012.11.12 개정)
④피출연자는 매 분기(分期)의 다음 달 10일까지 그 분기의 출연금 집행실적을 고용노동부장관에게 보고하여야 한다.(2012.11.12 개정)
(2010.9.29 본조신설)

제85조의4【출연금의 추가 출연 및 반납】 ①피출연자는 출연금이 제85조의3제1항 각 호의 비용을 충당하기에 부족한 경우에는 고용노동부장관에게 추가 출연을 요청할 수 있다.(2012.11.12 개정)
②고용노동부장관은 피출연자가 제1항에 따라 요청한 내용을 검토하여 타당성이 인정되는 경우에는 추가로 출연할 수 있다.(2012.11.12 개정)
③피출연자는 보험연도 내에 위탁받아 하는 사업(이하 이 항에서 "목적사업"이라 한다)에 사용하고 남은 출연금이 있는 경우에는 이를 고용노동부장관에게 반납하여야 한다. 다만, 고용노동부장관의 승인을 받은 경우에는 다음 연도에 이월하여 목적사업에 사용할 수 있다.(2012.11.12 개정)
(2010.9.29 본조신설)

제86조【기금의 운용】 ①법 제97조제2항제5호에서 "대통령령으로 정하는 사업"이란 다음 각 호의 사업을 말한다.
1. 근로자 후생복지 사업을 위한 융자
2. 「자본시장과 금융투자업에 관한 법률」 제4조에 따른 증권의 매입 (2008.7.29 개정)
3. 기금의 증식을 위한 부동산의 취득 및 처분(2021.6.8 개정)
②법 제97조제3항에서 "대통령령으로 정하는 수준"이란 「은행법」에 따른 은행으로서 전국을 영업구역으로 하는 은행의 1년 만기 정기예금 이자율을 고려하여 고용노동부장관이 정하는 수익률을 말한다. 이 경우 고용노동부장관은 기획재정부장관과 협의하여 제1항에 따른 근로자 후생복지 사업을 위한 융자의 이자율을 다른 사업의 수익률과 달리 정할 수 있다.(2010.11.15 개정)

제87조【기금계정의 설치】 고용노동부장관은 한국은행에 기금계정을 설치하여야 한다.(2010.7.12 개정)

제88조【보험료 등의 기금 납입 등】 ①공단은 징수한 보험료와 그 밖의 징수금을 기금계정에 납입하여야 한다.
②공단은 징수한 전월분의 보험료와 그 밖의 징수금, 미수금 등의 징수 현황을 매월 말일까지 고용노동부장관에게 문서로 보고하여야 한다.(2010.7.12 개정)

제89조【기금운용계획】 법 제98조에 따른 기금운용계획에는 다음 각 호의 사항이 포함되어야 한다.
1. 기금의 수입 및 지출에 관한 사항
2. 해당 연도의 사업계획, 지출원인행위계획 및 자금계획에 관한 사항
3. 전년도 이월자금의 처리에 관한 사항
4. 책임준비금에 관한 사항
5. 그 밖에 기금 운용에 필요한 사항

제90조【책임준비금의 산정 기준 등】 ①고용노동부장관은 법 제99조제3항에 따라 매년 12월 31일을 기준으로 전년도 1월 1일부터 12월 31일까지 지급 결정한 보험급여의 총액을 다음 연도의 책임준비금으로 산정하여야 한다.
②고용노동부장관은 제1항에 따라 산정된 책임준비금을 초과한 적립금 보유액이 있는 경우에는 장래의 보험급여 지급에 사용하기 위하여 적립하여

야 한다.
③고용노동부장관은 징수한 보험료의 총액과 지급한 보험급여의 총액을 3년마다 분석하여 수입과 지출의 균형을 유지하도록 노력하여야 한다.
(2012.4.16 본조개정)

제91조 【기금의 회계기관 등】 ①고용노동부장관은 기금의 수입과 지출에 관한 사무를 수행하기 위하여 소속 공무원 중에서 기금수입징수관·기금재무관·기금지출관 및 기금출납공무원을 임명하여야 한다.(2010.7.12 개정)
②공단 또는 안전보건공단의 이사장은 법 제97조제5항에 따라 기금의 관리·운용에 관한 업무를 위탁받은 경우에는 상임이사 중에서 기금수입 담당이사 및 기금지출원인행위 담당이사를, 그 직원 중에서 기금지출 직원 및 기금출납 직원을 각각 임명할 수 있으며, 이를 고용노동부장관에게 보고해야 한다. 이 경우 기금수입 담당이사는 기금수입징수관의 직무를, 기금지출원인행위 담당이사는 기금재무관의 직무를, 기금지출 직원은 기금지출관의 직무를, 기금출납 직원은 기금출납공무원의 직무를 각각 수행한다.(2021.6.8 개정)
③고용노동부장관은 제1항 및 제2항에 따른 기금수입징수관, 기금재무관, 기금지출관, 기금출납공무원, 기금수입 담당이사, 기금지출원인행위 담당이사, 기금지출 직원 및 기금출납 직원의 임명사항을 감사원장 및 한국은행 총재에게 각각 알려야 한다.(2010.7.12 개정)

제92조 【기금의 지출원인행위】 ①고용노동부장관은 기금재무관에게 기금의 월별 지출 한도액을 배정하고 이를 기금지출관에게 알려야 한다.(2010.7.12 개정)
②기금재무관은 제1항에 따라 배정된 한도액의 범위에서 지출원인행위를 하여야 한다.

제93조 【기금의 지출】 ①기금재무관이 기금지출관에게 기금을 지출하게 할 때에는 지출원인행위 관계 서류를 기금지출관에게 보내야 한다.
②기금지출관은 기금재무관의 지출원인행위에 따라 기금을 지출하려면 한국은행, 「은행법」에 따른 은행 또는 체신관서를 지급인으로 하는 수표를 발행하여야 한다.(2010.11.15 개정)
③기금재무관이 지출원인행위를 한 후 불가피한 사유로 그 회계연도 내에 지출하지 못한 금액은 다음 연도에 이월하여 집행할 수 있다.

제94조【현금 취급의 금지】 기금지출관과 기금출납공무원은 현금을 보관하거나 출납할 수 없다. 다만, 「국고금관리법」 제24조에 따른 관서운영경비의 경우에는 현금을 보관하거나 출납할 수 있다.

제95조【기금의 결산보고】 고용노동부장관은 회계연도마다 「국가회계법」 제14조에 따른 결산보고서를 작성하여 다음 회계연도 2월 말까지 기획재정부장관에게 제출해야 한다.(2021.6.8 개정)

1. 기금결산의 상황
2. 재정상태표, 재정운용표, 순자산변동표 등 재무상태표(2021.6.8 개정)
3. 기금의 운용계획과 실적의 대비표
4. 수입 및 지출계산서
5. 그 밖에 결산의 내용을 명백히 하기 위하여 필요한 서류

제6장 심사 청구 및 재심사 청구

제96조【심사 청구의 방식】 ①법 제103조에 따른 심사 청구는 다음 각 호의 사항을 적은 문서(이하 "심사 청구서"라 한다)로 해야 한다.(2021.6.8 개정)

1. 심사 청구인의 이름 및 주소(심사 청구인이 법인인 경우에는 그 명칭 · 소재지 및 대표자의 이름)
2. 심사 청구의 대상이 되는 법 제103조제1항 각 호의 결정 또는 조치 등(이하 "보험급여 결정등"이라 한다)의 내용(2021.6.8 개정)
3. 보험급여 결정등이 있음을 안 날
4. 심사 청구의 취지 및 이유
5. 심사 청구에 관한 고지의 유무 및 고지의 내용

②심사 청구인이 재해를 입은 근로자가 아닌 경우(법 제103조제1항제2호 및 제3호에 따른 심사 청구의 경우는 제외한다)에는 심사 청구서에 제1항 각 호의 사항 외에 다음 각 호의 사항을 적어야 한다.(2021.6.8 개정)

1. 재해를 입은 근로자의 이름
2. 재해를 입은 근로자의 재해 당시 소속 사업의 명칭 및 소재지

③심사 청구를 선정대표자 또는 대리인이 제기하는 것이면 제1항 및 제2항에 따른 사항 외에 선정대표자 또는 대리인의 이름과 주소를 심사 청구서에 적어야 한다.

④심사 청구서에는 심사 청구인 또는 대리인이 서명하거나 날인하여야 한다.

제97조【보정 및 각하】①공단은 심사 청구가 법 제103조제3항에 따른 기간이 지나 제기되었거나 법령의 방식을 위반하여 보정(補正)할 수 없는 경우 또는 제2항 본문에 따른 기간에 보정하지 아니한 경우에는 각하 결정을 하여야 한다.

②심사 청구가 법령의 방식을 위반한 것이라도 보정할 수 있는 경우에는 공단은 상당한 기간을 정하여 심사 청구인에게 보정할 것을 요구할 수 있다. 다만, 보정할 사항이 경미한 경우에는 공단이 직권으로 보정할 수 있다.

③공단은 제2항 단서에 따라 직권으로 심사 청구를 보정한 경우에는 그 사실을 심사청구인에게 알려야 한다.

제98조【보험급여 결정등의 집행정지】①심사 청구는 해당 보험급여 결정등의 집행을 정지시키지 않는다. 다만, 공단은 그 집행으로 발생할 중대한 손실을 피하기 위하여 긴급한 필요가 있다고 인정하면 그 집행을 정지시킬 수 있다.

②공단은 제1항 단서에 따라 집행을 정지시킨 경우에는 지체 없이 심사 청구인 및 해당 보험급여 결정등을 한 공단의 소속 기관에 문서로 알려야 한다.

③제2항에 따른 문서에는 다음 각 호의 사항을 적어야 한다.

1. 심사 청구 사건명
2. 집행정지 대상인 보험급여 결정등 및 집행정지의 내용
3. 심사 청구인의 이름 및 주소
4. 집행정지의 이유

제99조【산업재해보상보험심사위원회의 구성】①법 제104조제1항에 따른 산업재해보상보험심사위원회(이하 "심사위원회"라 한다)는 위원장 1명을 포함하여 150명 이내의 위원으로 구성하되, 위원 중 2명은 상임으로 한다.(2015.4.14 개정)

②심사위원회의 위원은 다음 각 호의 어느 하나에 해당하는 사람 중에서 공단 이사장이 위촉하거나 임명한다.

1. 판사 · 검사 · 변호사 또는 경력 5년 이상의 공인노무사
2. 「고등교육법」 제2조에 따른 학교에서 조교수 이상으로 재직하고 있거나 재직하였던 사람
3. 노동 관계 업무 또는 산업재해보상보험 관련 업무에 10년 이상 종사한

산재
보험

사람
4. 사회보험이나 산업의학에 관한 학식과 경험이 풍부한 사람
③심사위원회의 위원장은 상임위원 중에서 공단 이사장이 임명한다.
④심사위원회의 위원 중 5분의 2에 해당하는 위원은 제3항 각 호의 어느 하나에 해당하는 사람으로서 근로자 단체 및 사용자 단체가 각각 추천하는 사람 중에서 위촉한다. 이 경우 근로자 단체 및 사용자 단체가 추천한 위원은 같은 수로 한다.
⑤심사위원회 위원의 임기는 3년으로 하되, 연임할 수 있다. 다만, 임기가 끝난 위원은 그 후임자가 위촉되거나 임명될 때까지 그 직무를 수행할 수 있다.
⑥이 영에서 규정한 것 외에 심사위원회의 구성에 필요한 사항은 공단이 정한다.

제100조 【심사위원회의 운영】 ①심사위원회의 위원장은 심사위원회의 회의를 소집하고, 그 의장이 된다. 다만, 위원장은 심사위원회의 원활한 운영을 위하여 필요하면 상임위원 또는 그 밖에 위원장이 지명하는 위원이 심사위원회의 회의를 주재하도록 할 수 있다.(2016.3.22 개정)
②심사위원회의 회의는 위원장(제1항 단서에 따라 상임위원 또는 위원장이 지명하는 위원이 회의를 주재하는 경우에는 그 위원)과 회의를 개최할 때마다 위원장이 지정하는 위원 6명으로 구성한다.(2016.3.22 개정)
③심사위원회의 회의는 제2항에 따른 구성원 과반수의 출석으로 개의하고, 출석위원 과반수의 찬성으로 의결한다.
④공단은 심사 청구에 대하여 심사위원회의 심의를 거쳐 결정하는 경우에는 그 심리 경과에 관하여 심리조서를 작성하여야 한다.
⑤제4항에 따른 심리조서의 작성 · 열람 등에 관하여는 제110조를 준용한다. 이 경우 "재심사위원회"는 "심사위원회"로, "재심사 청구"는 "심사 청구"로 본다.
⑥심사위원회의 회의에 출석한 상임위원 및 공단의 임직원인 위원 외의 위원에게는 예산의 범위에서 수당과 여비를 지급할 수 있다.
⑦이 영에서 규정한 것 외에 심사위원회의 운영에 필요한 사항은 공단이 정한다.

제101조 【심사 청구에 대한 결정의 방법】 ①법 제105조제1항에 따른 심사 청구에 대한 결정은 문서로 하여야 한다.

②제1항에 따른 결정서에는 다음 각 호의 사항을 적어야 한다.
1. 사건번호 및 사건명
2. 심사 청구인의 이름 및 주소(심사 청구인이 법인인 경우에는 그 명칭 · 소재지 및 대표자의 이름)
3. 선정대표자 또는 대리인의 이름 및 주소(제96조제3항에 따른 심사 청구인 경우만 해당한다)
4. 심사 청구인이 재해를 입은 근로자가 아닌 경우에는 재해를 입은 근로자의 이름 및 주소
5. 주문
6. 심사 청구의 취지
7. 이유
8. 결정연월일

③공단은 제1항에 따라 심사 청구에 대한 결정을 하면 심사 청구인에게 심사 결정서 정본을 보내야 한다.

④공단이 보험급여 결정등을 하거나 심사 청구에 대한 결정을 할 때에는 그 상대방 또는 심사 청구인에게 그 보험급여 결정등 또는 심사 청구에 대한 결정에 관하여 심사 청구 또는 재심사 청구를 제기할 수 있는지 여부, 제기하는 경우의 절차 및 청구기간을 알려야 한다.

제102조【심사위원회의 심의 제외 대상】 ①법 제105조제2항에서 "대통령령으로 정하는 사유"란 해당 심사 청구가 다음 각 호의 어느 하나에 해당하는 경우를 말한다.
1. 법 제38조에 따른 업무상질병판정위원회의 심의를 거쳐 업무상 질병의 인정 여부가 결정된 경우
2. 진폐인 경우(2010.11.15 개정)
3. 이황화탄소 중독인 경우(2010.11.15 신설)
4. 제97조제1항에 따른 각하 결정 사유에 해당하는 경우(2010.11.15 개정)
5. 삭제(2020.1.7)
6. 그 밖에 심사 청구의 대상이 되는 보험급여 결정등이 적법한지를 명백히 알 수 있는 경우(2010.11.15 개정)

②제1항에도 불구하고 제1항 각 호의 어느 하나에 해당하는 심사 청구 중 공단이 심사위원회의 심의를 거쳐 결정할 필요가 있다고 인정하는 경우에는 심사위원회의 심의를 거쳐 결정할 수 있다.

제103조【심리를 위한 조사】 ①법 제105조제4항에 따른 심사 청구에 대한 심리를 위한 조사 신청은 다음 각 호의 사항을 적은 문서로 하여야 한다.

1. 심사 청구 사건명
2. 신청의 취지 및 이유
3. 출석할 관계인의 이름 및 주소(법 제105조제4항제1호의 경우만 해당한다)
4. 제출할 문서나 그 밖의 물건의 표시 및 그 소유자 또는 보관자의 이름과 주소(법 제105조제4항제2호의 경우만 해당한다)
5. 감정할 사항 및 그 이유(법 제105조제4항제3호의 경우만 해당한다)
6. 출입할 사업장이나 그 밖의 장소의 명칭 · 소재지, 질문할 사업주 · 근로자, 그 밖의 관계인의 이름 · 주소, 검사할 문서나 그 밖의 물건의 표시(법 제105조제4항제4호의 경우만 해당한다)
7. 진단받을 근로자의 이름 및 주소(법 제105조제4항제5호의 경우만 해당한다)

②공단이 법 제105조제4항에 따라 조사를 한 경우에는 다음 각 호의 사항을 적은 조서를 작성하여야 한다. 이 경우 법 제105조제4항제1호에 따라 심사 청구인 또는 관계인으로부터 진술을 받은 경우에는 진술조서를 작성하여 첨부하여야 한다.

1. 사건번호 및 사건명
2. 조사의 일시 및 장소
3. 조사대상 및 조사방법
4. 조사의 결과

제104조【실비 지급】 법 제105조제4항제1호에 따라 지정된 장소에 출석한 관계인과 같은 항 제3호에 따라 감정을 한 감정인에게는 고용노동부령으로 정하는 바에 따라 실비를 지급한다.(2010.7.12 개정)

제105조【재심사 청구의 방식】 ①법 제106조에 따른 재심사 청구는 다음 각 호의 사항을 적은 문서로 하여야 한다.

1. 재심사 청구인의 이름 및 주소(재심사 청구인이 법인인 경우에는 그 명칭 · 소재지 및 대표자의 이름)
2. 재심사 청구의 대상이 되는 보험급여 결정등의 내용
3. 심사 청구에 대한 결정(법 제106조제3항 단서에 따라 재심사 청구를 하

는 경우에는 보험급여에 관한 결정등)이 있음을 안 날
4. 재심사 청구의 취지 및 이유
5. 재심사 청구에 관한 고지 유무 및 그 내용
②재심사 청구의 방식에 관하여는 제96조제2항부터 제4항까지의 규정을 준용한다. 이 경우 "심사 청구인"은 "재심사 청구인"으로, "심사 청구서"는 "재심사 청구서"로, "심사 청구"는 "재심사 청구"로 본다.

제106조 【산업재해보상보험재심사위원회의 구성】 ①법 제107조에 따른 산업재해보상보험재심사위원회(이하 "재심사위원회"라 한다)에 위원장과 3명 이내의 부위원장을 둔다.(2018.12.11 개정)
②부위원장은 재심사위원회가 위원 중에서 선출한다.
③위원장은 재심사위원회를 대표하며, 위원회의 사무를 총괄한다.
④부위원장은 위원장을 보좌하며, 위원장이 부득이한 사유로 직무를 수행할 수 없을 때에는 그 직무를 대행한다.

제107조 【재심사위원회의 운영】 ①위원장은 재심사위원회의 회의를 소집하고, 그 의장이 된다. 다만, 재심사위원회의 원활한 운영을 위하여 필요하면 위원장의 명을 받아 부위원장이 재심사위원회의 회의를 주재할 수 있다
②위원장은 재심사위원회의 회의를 소집하려면 회의 개최 5일 전까지 회의의 일시 · 장소 및 안건을 위원들에게 서면으로 알려야 한다. 다만, 긴급하게 회의를 소집하여야 할 때에는 회의 개최 전날까지 구두(口頭), 전화, 그 밖의 방법으로 알릴 수 있다.
③재심사위원회의 회의는 위원장 또는 부위원장, 상임위원 및 위원장이 회의를 할 때마다 지정하는 위원을 포함하여 9명으로 구성한다. 이 경우 위원장이 지정하는 위원 중에는 법 제107조제5항제2호의 자격이 있는 위원과 같은 항 제5호의 자격이 있는 위원이 각각 1명 이상 포함되어야 한다.(2010.3.28 개정)
④재심사위원회의 회의는 제3항에 따른 구성원 과반수의 출석과 출석위원 과반수의 찬성으로 의결한다. 이 경우 제3항 후단에 따른 자격이 있는 위원이 각각 1명 이상 출석하여야 한다.
⑤재심사위원회의 회의에 출석한 상임위원 및 당연직위원 외의 위원에게는 예산의 범위에서 수당과 여비를 지급할 수 있다.
⑥이 영에 규정한 것 외에 재심사위원회의 운영에 필요한 사항은 재심사위

원회의 의결을 거쳐 위원장이 정한다.

제108조 【재심사 심리기일 및 장소의 통지 등】 ①재심사위원회는 재심사청구서를 접수하면 그 청구에 대한 심리기일 및 장소를 정하여 심리기일 5일 전까지 당사자 및 공단에 각각 문서로 알려야 한다.
②제1항에 따른 통지는 직접 전달하거나 등기우편으로 하여야 한다.

제109조 【심리의 공개】 ①재심사위원회의 심리는 공개하여야 한다. 다만, 재심사 청구인의 신청이 있으면 공개하지 아니할 수 있다.
②제1항 단서에 따른 신청은 그 취지 및 이유를 적은 문서로 하여야 한다.

제110조 【심리조서】 ①재심사위원회는 재심사의 심리 경과에 관하여 다음 각 호의 사항을 적은 심리조서를 작성하여야 한다.
1. 사건번호 및 사건명
2. 심리일시 및 장소
3. 출석한 위원의 이름
4. 출석한 당사자의 이름
5. 심리의 내용
6. 그 밖에 필요한 사항
②제1항의 심리조서에는 작성 연월일을 적고, 위원장이 서명하거나 날인하여야 한다.
③당사자 또는 관계인은 문서로 제1항에 따른 심리조서의 열람을 신청할 수 있다.
④재심사위원회는 당사자 또는 관계인이 제3항에 따른 열람을 신청한 경우에는 정당한 사유 없이 거부하지 못한다.

제111조 【소위원회의 구성 · 운영】 ①재심사위원회는 재심사 청구의 효율적인 심리를 위하여 필요하다고 인정하는 경우에는 전문 분야별 소위원회(이하 "소위원회"라 한다)를 구성 · 운영할 수 있다.(2018.12.11 개정)
1. ~ 3. 삭제(2018.12.11)
②소위원회는 재심사위원회 위원장이 재심사위원회 위원 중에서 지정한 5명 이내의 위원으로 구성한다.(2018.12.11 신설)
③소위원회 위원장은 소위원회 위원 중에서 재심사위원회 위원장이 지정한다.(2018.12.11 신설)
④소위원회는 위원장이 지정하는 재심사 청구 사건을 검토하여 재심사위원회에 보고하여야 한다.(2018.12.11 개정)

⑤소위원회의 운영에 관하여는 제107조제1항 본문, 같은 조 제2항 · 제4항 및 제5항을 준용한다. 이 경우 "위원장"은 "소위원회 위원장"으로, "재심사위원회"는 "소위원회"로 본다.(2018.12.11 개정)

제112조 【조사연구원의 배치】 ①고용노동부장관은 산업재해보상보험, 산업의학, 산업간호, 유해물질 관리 및 방사선 등 재심사위원회의 재심사 업무에 필요한 전문적인 조사 · 연구를 위하여 5명 이내의 조사연구원을 둘 수 있다.(2010.7.12 개정)

②조사연구원의 보수에 관하여 필요한 사항은 고용노동부령으로 정한다.(2015.2.10 개정)

제113조 【준용규정】 재심사 청구의 보정 및 각하, 보험급여 결정등의 집행정지, 재결의 방법, 심리를 위한 조사 및 실비 지급 등에 관하여는 제97조 · 제98조 · 제101조 · 제103조 및 제104조를 준용한다. 이 경우 "심사 청구"는 "재심사 청구"로, "심사 청구인"은 "재심사 청구인"으로, "공단"은 "재심사위원회"로, "공단의 소속기관"은 "공단"으로, "심사 청구에 대한 결정"은 "재심사 청구에 대한 재결"로, "심사 결정서"는 "재결서"로, 제101조제3항 중 "심사 청구인"은 "공단 및 재심사 청구인"으로, 같은 조 제4항 중 "심사 청구 또는 재심사 청구"는 "행정소송"으로 본다.

산재보험

제7장 보 칙

제114조 【수급권의 변동 신고 등】 ①공단이 법 제114조제1항에 따라 보고 또는 서류의 제출을 요구할 수 있는 경우는 다음 각 호와 같다.(2018.12.11 신설)

1. 보험관계의 성립 · 변경 또는 소멸 등 보험관계의 확인이 필요한 경우
2. 근로자 수, 보수총액 및 사업종류 등 보험료 및 보험급여의 산정과 관련된 사항에 대하여 확인이 필요한 경우
3. 보험료징수법 제33조에 따른 보험사무대행기관이 보험사무를 위법 또는 부당하게 처리하거나 그 처리를 게을리하는지 여부에 대한 확인이 필요한 경우(2021.6.8 개정)
4. 보험료징수법 제37조에 따른 징수비용과 그 밖의 지원금과 관련하여 사실관계의 확인이 필요한 경우(2021.6.8 개정)

②법 제114조제2항에서 "대통령령으로 정하는 사항"이란 다음 각 호의 어

느 하나에 해당하는 사항을 말한다.(2018.12.11 개정)

1. 보험급여 수급권자가 이 법에 따른 보험급여 지급 사유와 같은 사유로 「민법」이나 그 밖의 법령에 따라 보험급여에 상당하는 금품을 받은 경우에는 그 내용
2. 보험급여 수급권자가 제3자로부터 이 법에 따른 보험급여 지급 사유와 같은 사유로 보험급여에 상당하는 손해배상을 받은 경우에는 그 내용
3. 유족보상연금 수급자격자가 변동된 경우에는 그 내용
4. 그 밖에 보험급여 수급권자의 이름 · 주민등록번호 · 주소 등이 변경된 경우에는 그 내용

③법 제114조제3항에서 "대통령령으로 정하는 사항"이란 다음 각 호의 어느 하나에 해당하는 사항을 말한다.(2018.12.11 개정)

1. 장해보상연금 또는 진폐보상연금 수급권의 소멸사유가 발생한 경우에는 그 내용(2010.11.15 개정)
2. 유족보상연금 또는 진폐유족연금 수급권의 변동사유가 발생한 경우에는 그 내용(2010.11.15 개정)

제115조 【외국거주자의 수급권 신고】 법 제115조제2항에서 "대통령령으로 정하는 사항"이란 다음 각 호의 사항을 말한다. 이 경우 제3호부터 제5호까지의 규정은 유족보상연금 또는 진폐유족연금 수급권자에게만 해당된다.(2010.11.15 개정)

1. 생존 여부에 관한 사항
2. 국적(國籍)의 변동에 관한 사항
3. 혼인(사실상의 혼인을 포함한다) 여부에 관한 사항
4. 친족관계의 변동에 관한 사항
5. 장애상태에 관한 사항(유족보상연금 수급자격자 또는 진폐유족연금 수급권자가 법 제63조제1항제4호에 따른 장애인 중 고용노동부령으로 정한 장애 정도에 해당하는 사람인 경우에만 해당된다)(2018.12.31 개정)

제116조 【보고 · 제출요구】 법 제114조 및 법 제118조에 따른 보고 또는 관계 서류 등의 제출 요구는 문서로 하여야 한다.

제117조 【진찰 요구 대상 등】 ①법 제119조에 따라 공단이 진찰을 요구할 수 있는 경우는 다음 각 호와 같다.

1. 업무상의 재해로 요양 중인 근로자에 대한 계속 요양의 필요성을 판단하기 위한 진찰

2. 장해등급 또는 중증요양상태등급의 판정을 위한 진찰(2018.12.11 개정)
3. 업무상의 재해인지 판단하기 위한 진찰
4. 재요양이 필요한지 판단하기 위한 진찰
5. 법 제61조에 따른 간병이 필요한지 판단하기 위한 진찰(2021.1.12 신설)

②제1항에 따른 진찰비용은 그 진찰에 드는 실비로 지급한다.

③제2항에 따라 지급하는 진찰비용 중 제1항제3호에 따른 진찰비용에는 업무상의 재해로 추정할 수 있는 증상을 가진 사람으로서 그 증세가 위독하거나, 진찰 중 바로 치료하지 않으면 증세가 급속히 악화되어 진찰과 향후 치료에 지장이 있다는 의학적 소견에 따라 치료한 경우 그 치료에 든 비용을 포함할 수 있다.

④법 제119조에 따른 진찰 요구는 문서로 하여야 한다.

제118조【특진의료기관】①법 제119조에 따른 진찰(이하 이 조에서 "진찰"이라 한다)은 다음 각 호의 어느 하나에 해당하는 산재보험 의료기관(이하 "특진의료기관"이라 한다)에서 한다.

1. 법 제43조제1항제1호에 따른 공단에 두는 의료기관(2010.3.26 개정)
2. 법 제43조제1항제2호에 따른 상급종합병원(2010.11.15 개정)
3. 제1호 및 제2호에 해당하지 아니하는 산재보험 의료기관 중 「의료법」 제3조제2항제3호바목에 따른 종합병원(2021.6.8 개정)

②공단은 진찰을 요구할 때에는 진찰 요구의 목적, 진찰을 받을 사람의 거주지, 부상 · 질병 또는 장해 상태 등을 고려하여 진찰의 목적 달성에 적정하다고 인정하는 2개의 특진의료기관을 제시하여 진찰을 받을 사람이 그 중 하나를 선택하도록 할 수 있다.

③공단은 제117조제1항제2호에 따른 진찰을 할 특진의료기관을 따로 정하여 운영할 수 있다.

④공단은 특진의료기관에서 진찰한 결과가 주치의 및 자문의사의 소견과 각각 다른 경우에는 다시 진찰하여 판정하거나 판단할 수 있다. 다만, 그 진찰의 결과로는 제117조제1항 각 호의 어느 하나에 해당하는 진찰 요구의 목적에 따른 판정 또는 판단이 곤란한 경우에는 자문의사회의의 심의를 거쳐 판정하거나 판단할 수 있다.

⑤특진의료기관은 제117조제1항제3호에 따른 진찰결과 업무상 질병에 해당된다고 판단되는 경우에는 진찰받은 사람과 같은 장소에서 동일 또는 유사한 유해요인에 노출된 근로자에게 법 제41조에 따른 요양급여 신청에 관

한 상담, 안내, 그 밖에 필요한 지원을 할 수 있다.(2018.12.11 신설)

제119조 【보험급여의 일시 중지】 ①공단은 법 제120조제1항에 따라 보험급여의 지급을 일시 중지하기 전에 그 보험급여를 받으려는 사람에게 상당한 기간을 정하여 문서로 의무이행을 촉구하여야 한다.

②법 제120조에 따라 일시 중지할 수 있는 보험급여는 보험급여를 받으려는 사람이 제1항에 따른 의무를 이행하지 아니하여 그 보험급여를 받으려는 사람에게 지급될 보험급여의 지급결정이 곤란하거나 이에 지장을 주게 되는 모든 보험급여로 하되, 법 제120조제1항제1호의 경우에는 휴업급여 또는 상병보상연금 또는 진폐보상연금으로 한다.(2010.11.15 개정)

③보험급여를 일시 중지할 수 있는 기간은 공단이 제1항에 따라 의무를 이행하도록 지정한 날의 다음 날부터 그 의무를 이행한 날의 전날까지로 한다.

제120조 【금융기관의 지정】 법 및 이 영에 따라 보험급여를 받으려는 사람은 공단이 지정하는 금융기관에 계좌를 개설하여야 한다.

제121조 【현장실습생에 대한 보험급여 지급 등】 법 제123조에 따른 현장실습생에게 보험급여를 지급하는 경우 등에 관하여는 제21조부터 제28조까지, 제30조부터 제53조까지, 제55조부터 제85조까지, 제96조부터 제98조까지, 제101조부터 제105조까지 및 제113조부터 제120조까지의 규정을 준용한다.(2021.6.8 개정)

제121조의2 【학생연구자의 범위】 법 제123조의2제2항에서 "대통령령으로 정하는 학생 신분의 연구자"란 다음 각 호의 사람(이하 "학생연구자"라 한다)을 말한다.

1. 「연구실 안전환경 조성에 관한 법률」 제2조제1호가목에 따른 대학 · 연구기관에 두는 학사 · 석사 · 박사학위과정(전문학위 및 통합된 학위과정을 포함한다)에 재학 중인 사람(휴학 중이거나 수료한 사람을 포함한다)
2. 제1호에 따른 학사 · 석사학위과정을 마치고 석사 · 박사학위과정 입학이 확정된 사람으로서 종전의 학사 · 석사학위과정에서 수행하던 연구개발과제를 석사 · 박사학위과정의 입학 전까지 계속 수행하는 사람

(2021.12.31 본조신설)

제121조의3 【학생연구자의 업무상 재해의 인정 기준】 법 제123조의2제5항에 따른 학생연구자에 대한 업무상의 재해의 인정 기준에 관하여는 제27조, 제28조, 제30조부터 제35조까지 및 제36조를 준용한다. 이 경우 "근로자"는 "학생연구자"로, "사업장"은 "「연구실 안전환경 조성에 관한

법률」에 따른 대학 · 연구기관등의 연구활동이 수행되는 장소"로, "사업주"는 "대학 · 연구기관등"으로 보고, 제27조제1항제1호의 "근로계약에 따른 업무수행 행위"는 "대학 · 연구기관등이 수행하는 연구개발과제에 참여하여 수행하는 연구활동 행위"로 본다.
(2021.12.31 본조신설)

제121조의4【학생연구자의 보험급여의 지급 등】 ①법 제123조의2제2항에 따른 학생연구자의 보험급여의 신청 · 청구 및 결정 · 통지 등에 관하여는 제21조, 제37조, 제38조, 제44조, 제45조, 제48조부터 제53조까지, 제55조부터 제69조까지, 제72조, 제72조의2, 제73조부터 제77조까지, 제77조의2, 제78조, 제79조, 제79조의2, 제80조, 제81조, 제81조의2, 제82조, 제83조, 제83조의2, 제83조의3, 제96조부터 제98조까지, 제101조부터 제105조까지 및 제113조부터 제120조까지를 준용한다. 이 경우 "근로자"는 "학생연구자"로, "사업주"는 "「연구실 안전환경 조성에 관한 법률」에 따른 대학 · 연구기관등"으로 본다.
②제1항에서 규정한 사항 외에 보험급여의 지급 등에 필요한 사항은 고용노동부령으로 정한다. 산재보험
(2021.12.31 본조신설)

제122조【중 · 소기업 사업주의 범위】 ①법 제124조제1항에서 "대통령령으로 정하는 중 · 소기업 사업주(근로자를 사용하지 아니하는 자를 포함한다. 이하 이 조에서 같다)"란 다음 각 호의 어느 하나에 해당하는 자를 말한다.(2021.6.8 개정)

1. 보험가입자로서 300명 미만의 근로자를 사용하는 사업주(2020.1.7 개정)
2. 근로자를 사용하지 않는 사람. 다만, 노무제공자는 제외한다.(2023.6.27 개정)
   가. 삭제(2020.1.7)
   나. 삭제(2020.1.7)
   다. 삭제(2020.1.7)
   라. 삭제(2020.1.7)
   마. 삭제(2020.1.7)
   바. 삭제(2020.1.7)
   사. 삭제(2020.1.7)
   아. 삭제(2020.1.7)

자. 삭제(2020.1.7)
차. 삭제(2020.1.7)
카. 삭제(2020.1.7)
타. 삭제(2020.1.7)

②제1항제1호에 따라 보험에 가입한 중ㆍ소기업 사업주가 300명 이상의 근로자를 사용하게 된 경우에도 중ㆍ소기업 사업주 본인이 보험관계를 유지하려고 하는 경우에는 계속하여 300명 미만의 근로자를 사용하는 사업주로 본다.(2020.1.7 개정)

③제1항제2호에 따라 보험에 가입한 사람이 300명 미만의 근로자를 사용하게 된 경우에는 제1항제1호에 따라 보험에 가입한 것으로 본다.(2020.1.7 개정)

④법 제124조제2항에서 "대통령령으로 정하는 요건을 갖추어 해당 사업에 노무를 제공하는 사람"이란 제1항에 따른 중ㆍ소기업 사업주로부터 노무제공에 대한 보수를 받지 않고 해당 사업에 노무를 제공하는 사람을 말한다.(2021.6.8 신설)

제123조【중ㆍ소기업 사업주등의 업무상의 재해의 인정 기준】 법 제124조제1항에 따른 중ㆍ소기업 사업주 및 같은 조 제2항에 따른 중ㆍ소기업 사업주의 배우자 또는 4촌 이내의 친족(이하 "중ㆍ소기업 사업주등"이라 한다)에 대한 같은 조 제4항에 따른 업무상의 재해의 인정 범위에 관하여는 제27조, 제28조, 제30조부터 제35조까지 및 제36조를 준용한다. 이 경우 "근로자" 및 "진폐근로자"는 "중ㆍ소기업 사업주등"으로 보고, 제27조 중 "근로계약에 따른 업무수행 행위"는 "해당 사업에 필요한 업무수행 행위"로 본다.
(2021.6.8 본조개정)

제124조【중ㆍ소기업 사업주등에 대한 보험급여 지급의 제한】 법 제124조제6항에 따라 중ㆍ소기업 사업주등이 보험료를 체납한 기간 중 발생한 업무상의 재해에 대해서는 법 제36조제1항에 따른 보험급여를 지급하지 않는다. 다만, 체납한 보험료를 보험료 납부기일이 속하는 달의 다음다음 달 10일까지 납부한 경우에는 해당 보험급여를 지급한다.(2021.6.8 개정)

제125조【특수형태근로종사자의 범위 등】 삭제(2023.6.27)

제126조【특수형태근로종사자의 노무 제공 신고 등】 삭제

(2023.6.27)

제126조의2【법의 적용 제외 사유】 삭제(2023.6.27)

제127조【특수형태근로종사자에 대한 업무상의 재해의 인정 기준】 삭제(2023.6.27)

제127조의2【민감정보 및 고유식별정보의 처리】 고용노동부장관 또는 공단(제19조에 따라 공단의 업무를 위탁받은 자를 포함한다)은 다음 각 호의 사무를 수행하기 위하여 불가피한 경우 「개인정보 보호법」 제23조에 따른 건강에 관한 정보와 같은 법 시행령 제18조제2호에 따른 범죄경력자료, 같은 영 제19조제1호 및 제4호에 따른 주민등록번호 및 외국인등록번호가 포함된 자료를 처리할 수 있다. 다만, 제4호, 제8호의2 및 제8호의3의 사무의 경우에는 「개인정보 보호법 시행령」 제18조제2호에 따른 범죄경력자료에 해당하는 정보는 제외하고, 제8호, 제8호의3 및 제12호의 사무의 경우에는 「개인정보 보호법」 제23조에 따른 건강에 관한 정보는 제외한다.(2023.6.27 개정)

1. 법 제31조에 따른 자료 제공의 요청
2. 법 제36조에 따른 보험급여 지급에 관한 사무
3. 법 제39조제2항에 따른 보험급여액의 징수에 관한 사무(2012.11.12 신설)
4. 법 제77조에 따른 합병증 등 예방관리에 관한 사무(2014.8.6 신설)
5. 법 제78조에 따른 장해특별급여 지급에 관한 사무(2014.8.6 개정)
6. 법 제79조에 따른 유족특별급여 지급에 관한 사무(2014.8.6 개정)
7. 법 제84조에 따른 부당이득의 징수에 관한 사무(2014.8.6 개정)
8. 법 제87조에 따른 제3자에 대한 구상권에 관한 사무(2014.8.6 개정)

8의2. 법 제90조의2에 따른 국민건강보험 요양급여 비용의 정산에 관한 사무(2015.4.14 신설)

8의3. 법 제91조의21에 따른 플랫폼 운영자에 대한 자료 또는 정보의 제공 요청에 관한 사무(2023.6.27 신설)

9. 법 제92조에 따른 보험시설의 설치·운영, 장학사업 등 근로복지 사업에 관한 사무(2014.8.6 개정)
10. 법 제103조에 따른 심사 청구에 관한 사무(2014.8.6 개정)
11. 법 제106조에 따른 재심사 청구에 관한 사무(2014.8.6 개정)
12. 법 제119조의2에 따른 포상금의 지급에 관한 사무(2014.8.6 신설)

(2011.12.30 본조신설)

제127조의3 【규제의 재검토】 ①고용노동부장관은 제34조 및 별표 3에 따른 업무상 질병의 인정기준에 대하여 2014년 1월 1일을 기준으로 3년마다(매 3년이 되는 해의 1월 1일 전까지를 말한다) 그 타당성을 검토하여 개선 등의 조치를 하여야 한다.(2014.12.9 개정)

②고용노동부장관은 제83조의5에 따른 노무제공자의 범위에 대하여 2017년 1월 1일을 기준으로 3년마다(매 3년이 되는 해의 1월 1일 전까지를 말한다) 그 타당성을 검토하여 개선 등의 조치를 해야 한다.(2023.6.27 개정)

(2013.12.30 본조신설)

제8장 벌 칙

제128조 【과태료의 부과기준】 법 제129조제1항부터 제3항까지의 규정에 따른 과태료의 부과기준은 별표 12와 같다.

(2023.6.27 본조개정)

부　칙

제1조【시행일】~ 제15조【다른 법령과의 관계】 생략

부　칙 (2008. 8. 7)

제1조【시행일】 이 영은 2009년 1월 1일부터 시행한다.

제2조【적용례】 제2조제1항제3호나목의 개정규정은 이 영 시행 후 착공하는 건축물의 건축 또는 대수선에 관한 공사부터 적용한다.

부　칙 (2009. 6.30)

이 영은 2009년 7월 1일부터 시행한다.

부　칙 (2010. 2.24)

제1조【시행일】~ 제3조【전문위원에 관한 경과조치】 생략

부　칙 (2010. 3.26)

제1조【시행일】 이 영은 2010년 4월 28일부터 시행한다. 다만, 제2조 및 제2조의2의 개정규정은 2010년 3월 31일부터 시행한다.

제2조【직업재활급여에 관한 적용례】 ①제68조제1항제1호가목의 개정규정 중 장해등급 제10급부터 제12급까지에 대한 규정은 이 영 시행 후 치유되어 새로 장해등급 제10급부터 제12급까지의 어느 하나에 해당하는 장해등급을 받은 사람부터 적용한다.

②제68조제1항제1호나목의 개정규정은 이 영 시행 당시 요양 중인 사람부터 적용한다.

부　칙 (2010. 9.29)

이 영은 2011년 1월 1일부터 시행한다.

부　칙 (2010.11.15)

제1조【시행일】 이 영은 2010년 11월 21일부터 시행한다.

제2조【평균임금 산정특례에 관한 적용례】 제25조제2항제1호의 개정규정은 이 영 시행 후 최초로 진폐에 따른 보험급여를 지급하는 경우부터 적용한다.

제 3 조 【진폐판정 및 보험급여 결정 기준에 관한 적용례】 제83조의2, 별표 11의2 및 별표 11의3의 개정규정은 진폐판정 및 보험급여 결정을 위한 진단서 또는 소견서가 이 영 시행 후 최초로 발급된 경우부터 적용한다.

부 칙 (2011.12.30)

이 영은 2012년 5월 1일부터 시행한다. 다만, 제127조의2의 개정규정은 공포한 날부터 시행한다.

부 칙 (2012. 4.16)

제 1 조 【시행일】 이 영은 공포한 날부터 시행한다.

제 2 조 【적용례】 제90조제3항에 따른 최초의 분석은 2013년에 실시한다.

부 칙 (2012.11.12)

제 1 조 【시행일】 이 영은 2012년 11월 18일부터 시행한다.

제 2 조 【중·소기업 사업주에 대한 보험급여 지급의 제한에 관한 적용례】 제124조의 개정규정은 이 영 시행 후 업무상 재해를 입은 경우부터 적용한다.

부 칙 (2013. 6.28)

제 1 조 【시행일】 이 영은 2013년 7월 1일부터 시행한다.

제 2 조 【업무상 질병 인정 기준에 관한 적용례】 별표 3의 개정규정은 이 영 시행 당시 보험급여를 신청한 근로자에게도 적용한다.

부 칙 (2015. 2.10)

이 영은 공포한 날부터 시행한다.

부 칙 (2015. 4.14)

이 영은 공포한 날부터 시행한다. 다만, 제127조의2제8호의2의 개정규정은 2015년 4월 21일부터 시행한다.

부 칙 (2016. 3.22)

제 1 조【시행일】 이 영은 2016년 3월 28일부터 시행한다. 다만, 제23조, 제24조, 제122조제1항제2호 단서, 같은 호 바목 및 제125조제7호부터 제9호까지의 개정규정은 2016년 7월 1일부터 시행한다.

제 2 조【단시간근로자에 대한 보험급여 산정에 관한 적용례】 제23조제2호 및 제24조제1항제2호의 개정규정은 부칙 제1조 단서에 따른 시행일 이후 업무상의 재해를 입은 경우부터 적용한다.

제 3 조【소음성 난청에 걸린 근로자에 대한 평균임금 산정 기준일에 관한 경과조치】 소음성 난청으로 이 영 시행 전에 제25조제3항 본문에 따른 진단서나 소견서를 발급받은 근로자에 대하여 보험급여를 지급하는 경우 그 평균임금의 산정 기준일은 제25조제3항의 개정규정에도 불구하고 종전의 규정에 따른다.

제 4 조【다른 법령의 개정】 임금채권보장법 시행령 일부를 다음과 같이 개정한다.

제3조제2항 후단을 다음과 같이 한다.

이 경우 「산업재해보상보험법 시행령」 제5조제1항 단서 중 "제4조제3호가목 또는 나목에 해당하는 위원"은 "고용노동부의 임금채권보장업무를 담당하는 고위공무원 또는 임금채권보장업무를 담당하는 3급 또는 4급 공무원 중 1명"으로, 같은 법 시행령 제5조제3항 각 호 외의 부분 중 "제4조에 따른 위원회의 위촉위원"은 "제3조제1항에 따른 위원회의 위촉위원"으로, 같은 법 시행령 제6조제2항 중 "고용노동부차관"은 "임금채권보장업무를 담당하는 고위공무원"으로, 같은 법 시행령 제10조 본문 중 "위원회 및 전문위원회의 회의"는 "위원회의 회의"로, "위원과 전문위원회의 위원"은 "위원"으로 본다.

부 칙 (2017.12.26)

제 1 조【시행일】 이 영은 2018년 1월 1일부터 시행한다. 다만, 제2조제1항·제3항 및 제2조의2의 개정규정은 2018년 7월 1일부터 시행한다.

제 2 조【적용 제외 공사에 관한 적용례】 제2조제1항제3호의 개정규정은 부칙 제1조 단서에 따른 시행일 이후 착공하는 공사부터 적용한다.

제 3 조【근로 형태가 특이한 근로자의 평균임금 산정에 관한 적용례】 제24조제2항의 개정규정은 이 영 시행 이후 평균임금 산정사유가 발생한 경우부터 적용한다.

제 4 조【재요양 후의 장해급여에 관한 적용례】 제58조제3항의 개정규정은 이 영 시행 이후 재요양 후의 장해급여를 신청하는 경우부터 적용한다.

제 5 조【다른 보상이나 배상과의 조정 기준에 관한 적용례】 제76조의 개정규정(제81조에서 준용하는 경우를 포함한다)은 「민법」이나 그 밖의 법령에 따라 지급받은 금품을 이 영 시행 이후 조정하는 경우부터 적용한다.

부 칙 (2018.12.11)

제 1 조【시행일】 이 영은 공포한 날부터 시행한다. 다만, 제64조, 제65조, 제70조, 제72조, 제72조의2, 제77조의2, 제79조의2, 제81조의2, 제117조 및 별표 8의 개정규정은 2018년 12월 13일부터 시행하고, 제125조제2호의 개정규정은 2019년 1월 1일부터 시행한다.

제 2 조【업무상 질병에 대한 구체적인 인정 기준에 관한 적용례】 별표 3 제5호 · 제7호 및 제10호의 개정규정은 이 영 시행 당시 보험급여를 신청한 사람에게도 적용한다.

부 칙 (2020. 1. 7)

제 1 조【시행일】 이 영은 공포한 날부터 시행한다. 다만, 제125조의 개정규정은 2020년 7월 1일부터 시행한다.

제 2 조【장해보상연금 선급금의 이자율에 관한 적용례】 제54조의 개정규정은 이 영 시행 이후 장해보상연금을 선지급하는 분부터 적용한다.

제 3 조【장해등급등의 재판정에 따른 장해보상연금 또는 진폐보상연금 지급에 관한 적용례】 제57조제1항의 개정규정은 이 영 시행 이후 제56조제1항에 따른 재판정 결정을 받고 장해등급등이 변경되는 사람부터 적용한다.

제 4 조【진료비 또는 약제비 불복 심사 청구에 대한 심사위원회의 심의에 관한 적용례】 제102조제1항제5호의 개정규정은 이 영 시행 이후 진료비 또는 약제비에 관한 불복 심사 청구에 대하여 결정하는 경우부터 적용한다.

제 5 조【특수형태근로종사자의 노무 제공 신고에 관한 경과조치】 이 영 시행 전에 제126조제3항 각 호의 개정규정에 해당하는 서류

및 정보를 교부받거나 입력 또는 제출한 경우에는 이 영 시행일에 제126조제1항제1호 및 제2호의 사항을 신고한 것으로 본다.

부 칙 (2021. 1.12)

이 영은 공포한 날부터 시행한다. 다만, 제125조제14호의 개정규정은 2021년 7월 1일부터 시행한다.

부 칙 (2021. 6. 8)

이 영은 공포한 날부터 시행한다. 다만, 다음 각 호의 구분에 따른 개정규정은 해당 각 호에 규정된 날부터 각각 시행한다.

1. 제21조제1항제6호, 제41조제2항제3호, 제43조제3항제2호, 제44조의 제목, 제3장제9절의 제목, 제66조 및 별표 1 제36호의 개정규정: 2021년 7월 27일
2. 제122조제1항 · 제4항, 제123조 및 제124조의 개정규정: 2021년 6월 9일
3. 제126조의2의 개정규정: 2021년 7월 1일

산재 보험

부 칙 (2021.12.31)

이 영은 2022년 1월 1일부터 시행한다.

부 칙 (2022. 3.15)

이 영은 2022년 7월 1일부터 시행한다.

부 칙 (2022.12.30)

이 영은 2023년 1월 12일부터 시행한다.

부 칙 (2023. 6.27)

제 1 조【시행일】 이 영은 2023년 7월 1일부터 시행한다. 다만, 제83조의5제1호나목 및 같은 조 제16호의 개정규정은 2024년 1월 1일부터 시행한다.

제 2 조【노무제공자 중 골프장 캐디의 보수 산정에 관한 특례】 이 영 시행일부터 2023년 12월 31일까지 골프장 캐디의 보수 산정을 함에 있어서는 제83조의7의 개정규정 중 "제83조의5제2호 및 제13호"를 "제

83조의5제2호 · 제4호 및 제13호"로 본다.

제3조【다른 법령의 개정】 ①국민건강보험법 시행령 일부를 다음과 같이 개정한다.

별표 4의3 제1호도목 중 "「산업재해보상보험법」 제125조에 따른 특수형태근로종사자"를 "「산업재해보상보험법」 제91조의15제1호에 따른 노무제공자"로 한다.

②국민연금법 시행령 일부를 다음과 같이 개정한다.

별표 2의2 제2호파목 및 별표 2의3 제2호저목 중 "특수형태근로종사자"를 각각 "노무제공자"로 한다.

부　칙 (2024.12.31)

이 영은 2025년 1월 1일부터 시행한다.

고용보험 및 산업재해보상보험의 보험료 징수 등에 관한 법률

제정 2003.12.31 법률 제7047호
개정 2004.12.31 법률 제7300호
2005.12. 7 법률 제7706호
2006.12.28 법률 제8117호
2007. 4.11 법률 제8373호
2007. 5.11 법률 제8429호
2007.12.27 법률 제8812호
2007.12.27 법률 제8816호
2008. 2.29 법률 제8852호
2009. 4. 1 법률 제9617호
2009.10. 9 법률 제9794호
2009.12.30 법률 제9896호
2010. 1.27 법률 제9989호
2010. 3.22 법률 제10155호
2010. 6. 4 법률 제10339호
2010. 6.10 법률 제10366호
2011. 5.19 법률 제10682호
2011. 7.14 법률 제10854호
2011. 7.21 법률 제10894호
2011.12.31 법률 제11141호
2012. 2. 1 법률 제11269호
2013. 3.23 법률 제11690호
2013. 6. 4 법률 제11863호
2014. 3.24 법률 제12526호
2016.12.27 법률 제14495호
2017.10.24 법률 제14932호
2019. 1.15 법률 제16268호
2019. 1.15 법률 제16272호

2019.11.26 법률 제16652호
2020. 6. 9 법률 제17428호
2020.12. 8 법률 제17603호
2021. 1. 5 법률 제17858호
2021. 1.26 법률 제17909호
2021. 4.13 법률 제18036호
2021. 8.17 법률 제18422호
2022. 6.10 법률 제18919호
2022.12.31 법률 제19209호

제1장 총 칙

제1조 【목적】 이 법은 고용보험과 산업재해보상보험의 보험관계의 성립·소멸, 보험료의 납부·징수 등에 필요한 사항을 규정함으로써 보험사무의 효율성을 높이는 것을 목적으로 한다.
(2009.12.30 본조개정)

제2조 【정의】 이 법에서 사용하는 용어의 뜻은 다음과 같다.

1. "보험"이란 「고용보험법」에 따른 고용보험 또는 「산업재해보상보험법」에 따른 산업재해보상보험을 말한다.
2. "근로자"란 「근로기준법」에 따른 근로자를 말한다.
3. "보수"란 「소득세법」 제20조에 따른 근로소득에서 대통령령으로 정하는 금품을 뺀 금액을 말한다. 다만, 제13조제1항제1호에 따른 고용보험료를 징수하는 경우에는 근로자가 휴직이나 그 밖에 이와 비슷한 상태에 있는 기간 중에 사업주 외의 자로부터 지급받는 금품 중 고용노동부장관이 정하여 고시하는 금품은 보수로 본다.(2011.7.21 개정)
4. "원수급인"이란 사업이 여러 차례의 도급에 의하여 행하여지는 경우에 최초로 사업을 도급받아 행하는 자를 말한다. 다만, 발주자가 사업의 전부 또는 일부를 직접 하는 경우에는 발주자가 직접 하는 부분(발주자가 직접 하다가 사업의 진행경과에 따라 도급하는 경우에는 발주자가 직접 하는 것으로 본다)에 대하여 발주자를 원수급인으로 본다.

5. "하수급인"이란 원수급인으로부터 그 사업의 전부 또는 일부를 도급받아 하는 자와 그 자로부터 그 사업의 전부 또는 일부를 도급받아 하는 자를 말한다.
6. "정보통신망"이란 「정보통신망 이용촉진 및 정보보호 등에 관한 법률」에 따른 정보통신망을 말한다.
7. "보험료등"이란 보험료, 이 법에 따른 가산금 · 연체금 · 체납처분비 및 제26조에 따른 징수금을 말한다.(2010.1.27 신설)

(2009.12.30 본조개정)

제 3 조 【기준보수】 ①다음 각 호의 어느 하나에 해당하는 경우에는 고용노동부장관이 정하여 고시하는 금액(이하 "기준보수"라 한다)을 근로자, 「고용보험법」 제77조의2제1항에 따른 예술인(이하 "예술인"이라 한다)이나 같은 법 제77조의6제1항에 따른 노무제공자(이하 "노무제공자"라 한다)의 보수 또는 보수액으로 할 수 있다.(2022.12.31 개정)

1. 사업의 폐업 · 도산 등으로 근로자, 예술인 또는 노무제공자의 보수 또는 보수액을 산정 · 확인하기 곤란한 경우 등 대통령령으로 정하는 사유가 있는 경우
2. 예술인(「고용보험법」 제77조의2제2항제2호 본문에 따른 소득 기준을 충족하는 예술인으로서 대통령령으로 정하는 사람과 같은 호 단서에 따른 단기예술인은 제외한다) 및 노무제공자(같은 법 제77조의6제2항제2호 본문에 따른 소득 기준을 충족하는 노무제공자로서 대통령령으로 정하는 사람과 같은 호 단서에 따른 단기노무제공자는 제외한다)의 보수액이 기준보수보다 적은 경우

②기준보수는 사업의 규모, 근로 · 노무 형태, 보수 · 보수액 수준 등을 고려하여 「고용보험법」 제7조에 따른 고용보험위원회의 심의를 거쳐 시간 · 일 또는 월 단위로 정하되, 사업의 종류별 또는 지역별로 구분하여 정할 수 있다.(2022.12.31 개정)

③삭제(2010.1.27)

(2009.12.30 본조개정)

제 4 조 【보험사업의 수행주체】 「고용보험법」 및 「산업재해보상보험법」에 따른 보험사업에 관하여 이 법에서 정한 사항은 고용노동부장관으로부터 위탁을 받아 「산업재해보상보험법」 제10조에 따른 근로복지공단(이하 "공단"이라 한다)이 수행한다. 다만, 다음 각 호에 해당하는 징수업

무는 「국민건강보험법」 제13조에 따른 국민건강보험공단(이하 "건강보험공단"이라 한다)이 고용노동부장관으로부터 위탁을 받아 수행한다.(2011.12.31 개정)

1. 보험료등(제17조 및 제19조에 따른 개산보험료 및 확정보험료, 제26조에 따른 징수금은 제외한다)의 고지 및 수납(2010.1.27 신설)
2. 보험료등의 체납관리(2010.1.27 신설)

(2009.12.30 본조개정)

제4조의2【정보통신망을 이용한 신고 또는 신청】 ①이 법에 따른 신고 또는 신청은 고용노동부장관이 정하여 고시하는 정보통신망(이하 "고용 · 산재정보통신망"이라 한다)을 이용하여 할 수 있다.(2010.6.4 개정)
②제1항의 방법으로 신고 또는 신청하는 경우에는 고용 · 산재정보통신망에 입력된 때에 신고 또는 신청이 된 것으로 본다.
③제1항의 방법에 따른 신고 또는 신청의 방법 · 절차 등에 관하여 필요한 사항은 고용노동부령으로 정한다.(2010.6.4 개정)
(2009.12.30 본조개정)

제2장 보험관계의 성립 및 소멸

제5조【보험가입자】 ①「고용보험법」을 적용받는 사업의 사업주와 근로자(「고용보험법」 제10조 및 제10조의2에 따른 적용 제외 근로자는 제외한다. 이하 이 조에서 같다)는 당연히 「고용보험법」에 따른 고용보험(이하 "고용보험"이라 한다)의 보험가입자가 된다.(2019.1.15 개정)
②「고용보험법」 제8조 단서에 따라 같은 법을 적용하지 아니하는 사업의 사업주가 근로자의 과반수의 동의를 받아 공단의 승인을 받으면 그 사업의 사업주와 근로자는 고용보험에 가입할 수 있다.(2019.1.15 개정)
③「산업재해보상보험법」을 적용받는 사업의 사업주는 당연히 「산업재해보상보험법」에 따른 산업재해보상보험(이하 "산재보험"이라 한다)의 보험가입자가 된다.
④「산업재해보상보험법」 제6조 단서에 따라 같은 법을 적용하지 아니하는 사업의 사업주는 공단의 승인을 받아 산재보험에 가입할 수 있다.
⑤제2항이나 제4항에 따라 고용보험 또는 산재보험에 가입한 사업주가 보험계약을 해지할 때에는 미리 공단의 승인을 받아야 한다. 이 경우 보험계

약의 해지는 그 보험계약이 성립한 보험연도가 끝난 후에 하여야 한다.
⑥제5항에 따른 사업주가 고용보험계약을 해지할 때에는 근로자 과반수의 동의를 받아야 한다.(2019.1.15 개정)
⑦공단은 사업 실체가 없는 등의 사유로 계속하여 보험관계를 유지할 수 없다고 인정하는 경우에는 그 보험관계를 소멸시킬 수 있다.
(2009.12.30 본조개정)

제 6 조 【보험의 의제가입】 ①제5조제1항에 따라 사업주 및 근로자가 고용보험의 당연가입자가 되는 사업이 사업규모의 변동 등의 사유로 「고용보험법」 제8조 단서에 따른 적용 제외 사업에 해당하게 되었을 때에는 그 사업주 및 근로자는 그 날부터 제5조제2항에 따라 고용보험에 가입한 것으로 본다.
②제5조제3항에 따라 그 사업주가 산재보험의 당연가입자가 되는 사업이 사업규모의 변동 등의 사유로 「산업재해보상보험법」 제6조 단서에 따른 적용 제외 사업에 해당하게 되었을 때에는 그 사업주는 그 날부터 제5조제4항에 따라 산재보험에 가입한 것으로 본다.
③제5조제1항부터 제4항까지의 규정에 따른 사업주가 그 사업을 운영하다가 근로자(고용보험의 경우에는 「고용보험법」 제10조 및 제10조의2에 따른 적용 제외 근로자는 제외한다. 이하 이 항에서 같다)를 고용하지 아니하게 되었을 때에는 그 날부터 1년의 범위에서 근로자를 사용하지 아니한 기간에도 보험에 가입한 것으로 본다.(2019.1.15 개정)
④제1항 및 제2항의 사업주 및 근로자에 대한 보험계약의 해지에 관하여는 제5조제5항 및 제6항을 준용한다.
(2009.12.30 본조개정)

제 7 조 【보험관계의 성립일】 보험관계는 다음 각 호의 어느 하나에 해당하는 날에 성립한다.
1. 제5조제1항에 따라 사업주 및 근로자가 고용보험의 당연가입자가 되는 사업의 경우에는 그 사업이 시작된 날(「고용보험법」 제8조 단서에 따른 사업이 제5조제1항에 따라 사업주 및 근로자가 고용보험의 당연가입자가 되는 사업에 해당하게 된 경우에는 그 해당하게 된 날)
2. 제5조제3항에 따라 사업주가 산재보험의 당연가입자가 되는 사업의 경우에는 그 사업이 시작된 날(「산업재해보상보험법」 제6조 단서에 따른 사업이 제5조제3항에 따라 사업주가 산재보험의 당연가입자가 되는 사

업에 해당하게 된 경우에는 그 해당하게 된 날)
3. 제5조제2항 또는 제4항에 따라 보험에 가입한 사업의 경우에는 공단이 그 사업의 사업주로부터 보험가입승인신청서를 접수한 날의 다음 날
4. 제8조제1항에 따라 일괄적용을 받는 사업의 경우에는 처음 하는 사업이 시작된 날
5. 제9조제1항 단서 및 제2항에 따라 보험에 가입한 하수급인의 경우에는 그 하도급공사의 착공일
(2009.12.30 본조개정)

제 8 조【사업의 일괄적용】 ①제5조제1항 또는 같은 조 제3항에 따른 보험의 당연가입자인 사업주가 하는 각각의 사업이 다음 각 호의 요건에 해당하는 경우에는 이 법을 적용할 때 그 사업의 전부를 하나의 사업으로 본다.
1. 사업주가 동일인일 것
2. 각각의 사업은 기간이 정하여져 있을 것
3. 사업의 종류 등이 대통령령으로 정하는 요건에 해당할 것
②제1항에 따른 일괄적용을 받는 사업주 외의 사업주가 제1항제1호의 요건에 해당하는 사업(산재보험의 경우에는 고용노동부장관이 정하는 사업종류가 같은 경우로 한정한다)의 전부를 하나의 사업으로 보아 이 법을 적용받으려는 경우에는 공단의 승인을 받아야 하며, 승인을 받은 경우에는 공단이 그 사업의 사업주로부터 일괄적용관계 승인신청서를 접수한 날의 다음 날부터 일괄적용을 받는다. 이 경우 일괄적용관계가 제3항에 따라 해지되지 아니하면 그 사업주는 그 보험연도 이후의 보험연도에도 계속 그 사업 전부에 대하여 일괄적용을 받는다.(2021.1.26 개정)
③제2항에 따라 일괄적용을 받고 있는 사업주가 그 일괄적용관계를 해지하려는 경우에는 공단의 승인을 받아야 한다. 이 경우 일괄적용관계 해지의 효력은 다음 보험연도의 보험관계부터 발생한다.
④제1항에 따라 일괄적용을 받는 사업주가 제1항제3호의 요건에 해당하지 아니하게 된 경우에는 제2항에 따라 일괄적용승인을 받은 것으로 보아 이 법을 적용하며, 사업주가 그 일괄적용관계를 해지하려는 경우에는 제3항에 따른다.
(2009.12.30 본조개정)

제 9 조【도급사업의 일괄적용】 ①건설업 등 대통령령으로 정하는 사

업이 여러 차례의 도급에 의하여 시행되는 경우에는 그 원수급인을 이 법을 적용받는 사업주로 본다. 다만, 대통령령으로 정하는 바에 따라 공단의 승인을 받은 경우에는 하수급인을 이 법을 적용받는 사업주로 본다.
②제1항에 따른 사업이 국내에 영업소를 두지 아니하는 외국의 사업주로부터 하도급을 받아 시행되는 경우에는 국내에 영업소를 둔 최초 하수급인을 이 법을 적용받는 사업주로 본다.
(2009.12.30 본조개정)

제10조【보험관계의 소멸일】 보험관계는 다음 각 호의 어느 하나에 해당하는 날에 소멸한다.

1. 사업이 폐업되거나 끝난 날의 다음 날
2. 제5조제5항(제6조제4항에서 준용되는 경우를 포함한다)에 따라 보험계약을 해지하는 경우에는 그 해지에 관하여 공단의 승인을 받은 날의 다음 날
3. 제5조제7항에 따라 공단이 보험관계를 소멸시키는 경우에는 그 소멸을 결정 · 통지한 날의 다음 날
4. 제6조제3항에 따른 사업주의 경우에는 근로자(고용보험의 경우에는 「고용보험법」 제10조 및 제10조의2에 따른 적용 제외 근로자는 제외한다)를 사용하지 아니한 첫날부터 1년이 되는 날의 다음 날(2019.1.15 개정)

(2009.12.30 본조개정)

제11조【보험관계의 신고】 ①사업주는 제5조제1항 또는 제3항에 따라 당연히 보험가입자가 된 경우에는 그 보험관계가 성립한 날부터 14일 이내에, 사업의 폐업 · 종료 등으로 인하여 보험관계가 소멸한 경우에는 그 보험관계가 소멸한 날부터 14일 이내에 공단에 보험관계의 성립 또는 소멸 신고를 하여야 한다. 다만, 다음 각 호에 해당하는 사업의 경우에는 그 구분에 따라 보험관계 성립신고를 하여야 한다.

1. 보험관계가 성립한 날부터 14일 이내에 종료되는 사업: 사업이 종료되는 날의 전날까지
2. 「산업재해보상보험법」 제6조 단서에 따른 대통령령으로 정하는 사업 중 사업을 시작할 때에 같은 법의 적용 대상 여부가 명확하지 아니하여 대통령령으로 정하는 바에 따라 해당 사업에서 일정 기간 사용한 상시근로자 수를 바탕으로 하여 같은 법의 적용 대상 여부가 정하여지는 사업: 그 일정 기간의 종료일부터 14일 이내

보험료 징수

②사업주는 제8조제1항에 따라 일괄적용을 받는 사업의 경우에는 처음 하는 사업을 시작하는 날부터 14일 이내에, 일괄적용을 받고 있는 사업이 사업의 폐업 · 종료 등으로 일괄적용관계가 소멸한 경우에는 소멸한 날부터 14일 이내에 공단에 일괄적용관계의 성립 또는 소멸 신고를 하여야 한다.
③제8조제1항 및 제2항에 따른 일괄적용사업의 사업주는 그 각각의 사업(제1항에 따라 신고된 사업은 제외한다)의 개시일 및 종료일(사업 종료의 신고는 고용보험의 경우만 한다)부터 각각 14일 이내에 그 개시 및 종료 사실을 공단에 신고하여야 한다. 다만, 사업의 개시일부터 14일 이내에 끝나는 사업의 경우에는 그 끝나는 날의 전날까지 신고하여야 한다.
(2009.12.30 본조개정)

제12조 【보험관계의 변경신고】 보험에 가입한 사업주는 그 이름, 사업의 소재지 등 대통령령으로 정하는 사항이 변경된 경우에는 그 날부터 14일 이내에 그 변경사항을 공단에 신고하여야 한다.
(2009.12.30 본조개정)

제3장 보험료

제13조 【보험료】 ①보험사업에 드는 비용에 충당하기 위하여 보험가입자로부터 다음 각 호의 보험료를 징수한다.(2010.1.27 개정)
1. 고용안정 · 직업능력개발사업 및 실업급여의 보험료(이하 "고용보험료"라 한다)
2. 산재보험의 보험료(이하 "산재보험료"라 한다)

②고용보험 가입자인 근로자가 부담하여야 하는 고용보험료는 자기의 보수총액에 제14조제1항에 따른 실업급여의 보험료율의 2분의 1을 곱한 금액으로 한다. 다만, 사업주로부터 제2조제3호 본문에 따른 보수를 지급받지 아니하는 근로자는 제2조제3호 단서에 따라 보수로 보는 금품의 총액에 제14조제1항에 따른 실업급여의 보험료율을 곱한 금액을 부담하여야 하고, 제2조제3호 단서에 따른 휴직이나 그 밖에 이와 비슷한 상태에 있는 기간 중에 사업주로부터 제2조제3호 본문에 따른 보수를 지급받는 근로자로서 고용노동부장관이 정하여 고시하는 사유에 해당하는 근로자는 그 기간에 지급받는 보수의 총액에 제14조제1항에 따른 실업급여의 보험료율을 곱한 금액을 부담하여야 한다.(2011.7.21 개정)

③제1항에도 불구하고 「고용보험법」 제10조제2항에 따라 65세 이후에 고용(65세 전부터 피보험자격을 유지하던 사람이 65세 이후에 계속하여 고용된 경우는 제외한다)되거나 자영업을 개시한 자에 대하여는 고용보험료 중 실업급여의 보험료를 징수하지 아니한다.(2019.1.15 개정)

④제1항에 따라 사업주가 부담하여야 하는 고용보험료는 그 사업에 종사하는 고용보험 가입자인 근로자의 개인별 보수총액(제2항 단서에 따른 보수로 보는 금품의 총액과 보수의 총액은 제외한다)에 다음 각 호를 각각 곱하여 산출한 각각의 금액을 합한 금액으로 한다.(2013.6.4 개정)

1. 제14조제1항에 따른 고용안정 · 직업능력개발사업의 보험료율
2. 실업급여의 보험료율의 2분의 1

⑤제1항에 따라 사업주가 부담하여야 하는 산재보험료는 그 사업주가 경영하는 사업에 종사하는 근로자의 개인별 보수총액에 다음 각 호에 따른 산재보험료율을 곱한 금액을 합한 금액으로 한다. 다만, 「산업재해보상보험법」 제37조제4항에 해당하는 경우에는 제1호에 따른 산재보험료율만을 곱하여 산정한다.(2017.10.24 개정)

1. 제14조제3항부터 제6항까지에 따라 같은 종류의 사업에 적용되는 산재보험료율
2. 제14조제7항에 따른 산재보험료율

⑥제17조제1항에 따른 보수총액의 추정액 또는 제19조제1항에 따른 보수총액을 결정하기 곤란한 경우에는 대통령령으로 정하는 바에 따라 고용노동부장관이 정하여 고시하는 노무비율을 사용하여 보수총액의 추정액 또는 보수총액을 결정할 수 있다.(2010.6.4 개정)

(2009.12.30 본조개정)

제14조【보험료율의 결정】①고용보험료율은 보험수지의 동향과 경제상황 등을 고려하여 1000분의 30의 범위에서 고용안정 · 직업능력개발사업의 보험료율 및 실업급여의 보험료율로 구분하여 대통령령으로 정한다.

②제1항의 고용보험료율을 결정하거나 변경하려면 「고용보험법」 제7조에 따른 고용보험위원회의 심의를 거쳐야 한다.

③「산업재해보상보험법」 제37조제1항제1호, 제2호 및 같은 항 제3호가목에 따른 업무상의 재해에 관한 산재보험료율(이하 제4항부터 제6항까지에서 "산재보험료율"이라 한다)은 매년 6월 30일 현재 과거 3년 동안의 보수총액에 대한 산재보험급여총액의 비율을 기초로 하여, 「산업재해보상보험

보험료 징수

법」에 따른 연금 등 산재보험급여에 드는 금액, 재해예방 및 재해근로자의 복지증진에 드는 비용 등을 고려하여 사업의 종류별로 구분하여 고용노동부령으로 정한다. 이 경우 「산업재해보상보험법」 제37조제1항제3호나목에 따른 업무상의 재해를 이유로 지급된 보험급여액은 산재보험급여총액에 포함시키지 아니한다.(2017.10.24 개정)

④산재보험의 보험관계가 성립한 후 3년이 지나지 아니한 사업에 대한 산재보험료율은 제3항에도 불구하고 고용노동부령으로 정하는 바에 따라 「산업재해보상보험법」 제8조에 따른 산업재해보상보험및예방심의위원회의 심의를 거쳐 고용노동부장관이 사업의 종류별로 따로 정한다.(2010.6.4 개정)

⑤고용노동부장관은 제3항에 따라 산재보험료율을 정하는 경우에는 특정 사업 종류의 산재보험료율이 전체 사업의 평균 산재보험료율의 20배를 초과하지 아니하도록 하여야 한다.(2010.6.4 개정)

⑥고용노동부장관은 제3항에 따라 정한 특정 사업 종류의 산재보험료율이 인상되거나 인하되는 경우에는 직전 보험연도 산재보험료율의 100분의 30의 범위에서 조정하여야 한다.(2010.6.4 개정)

(2009.12.30 본조개정)

⑦「산업재해보상보험법」 제37조제1항제3호나목에 따른 업무상의 재해에 관한 산재보험료율은 사업의 종류를 구분하지 아니하고 그 재해로 인하여 같은 법에 따른 연금 등 산재보험급여에 드는 금액, 재해예방 및 재해근로자의 복지증진에 드는 비용 등을 고려하여 고용노동부령으로 정한다.(2017.10.24 신설)

제15조【보험료율의 특례】①대통령령으로 정하는 사업으로서 매년 9월 30일 현재 고용보험의 보험관계가 성립한 후 3년이 지난 사업의 경우에 그 해 9월 30일 이전 3년 동안의 그 실업급여 보험료에 대한 실업급여 금액의 비율이 대통령령으로 정하는 비율에 해당하는 경우에는 제14조제1항에도 불구하고 그 사업에 적용되는 실업급여 보험료율의 100분의 40의 범위에서 대통령령으로 정하는 기준에 따라 인상하거나 인하한 비율을 그 사업에 대한 다음 보험연도의 실업급여 보험료율로 할 수 있다.

②대통령령으로 정하는 사업으로서 매년 6월 30일 현재 산재보험의 보험관계가 성립한 후 3년이 지난 사업의 경우에 그 해 6월 30일 이전 3년 동안의 산재보험료(제13조제5항제2호에 따른 산재보험료율을 곱한 금액은

제외한다)에 대한 산재보험급여 금액(「산업재해보상보험법」 제37조제1항제3호나목에 따른 업무상의 재해를 이유로 지급된 보험급여는 제외한다)의 비율이 대통령령으로 정하는 비율에 해당하는 경우에는 제14조제3항 및 제4항에도 불구하고 그 사업에 적용되는 제13조제5항제1호에 따른 산재보험료율의 100분의 50의 범위에서 사업 규모를 고려하여 대통령령으로 정하는 바에 따라 인상하거나 인하한 비율(이하 "개별실적요율"이라 한다)을 제13조제5항제2호에 따른 산재보험료율과 합하여 그 사업에 대한 다음 보험연도의 산재보험료율로 할 수 있다.(2021.4.13 개정)

③제2항에 따른 개별실적요율을 산정할 때 수급인 · 관계수급인(「산업안전보건법」 제2조제8호 및 제9호에 따른 수급인 · 관계수급인을 말한다. 이하 이 조에서 같다) 또는 파견사업주(「파견근로자보호 등에 관한 법률」 제2조제3호에 따른 파견사업주를 말한다. 이하 이 조에서 같다)의 근로자에게 발생한 업무상 재해가 다음 각 호의 어느 하나에 해당하는 재해인 경우에는 그로 인하여 지급된 산재보험급여 금액을 재해발생의 책임 등을 고려하여 대통령령으로 정하는 바에 따라 해당 근로자에 대한 도급인(「산업안전보건법」 제2조제7호에 따른 도급인을 말한다. 이하 이 조에서 같다), 수급인(제2호의 경우에 한정한다) 또는 사용사업주(「파견근로자보호 등에 관한 법률」 제2조제4호에 따른 사용사업주를 말한다. 이하 이 조에서 같다)의 산재보험급여 금액에 포함한다.(2021.4.13 신설)

1. 도급인이 「산업안전보건법」 제58조 또는 제59조에 따른 의무를 위반하여 도급한 기간 중 수급인의 근로자에게 발생한 업무상 재해
2. 「산업안전보건법」 제60조에 따른 의무를 위반하여 하도급한 기간 중 관계수급인의 근로자에게 발생한 업무상 재해
3. 도급인이 「산업안전보건법」 제62조부터 제65조까지의 의무를 위반하여 관계수급인의 근로자에게 발생한 업무상 재해
4. 파견근로자(「파견근로자보호 등에 관한 법률」 제2조제5호에 따른 파견근로자를 말한다. 이하 이 조에서 같다)에게 발생한 업무상 재해

④제2항 및 제3항에도 불구하고 개별실적요율 적용 사업 중 대통령령으로 정하는 규모 이상의 사업의 경우 매년 6월 30일 이전 3년 동안에 업무상 사고로 사망한 사람(해당 사업에서 직접 고용한 근로자, 수급인 · 관계수급인의 근로자 및 파견근로자가 해당 사업에서 업무수행 중 사고로 사망한 경우를 모두 포함한다)의 수가 대통령령으로 정하는 기준 이상인 경우

에는 해당 사업주의 「산업안전보건법」 제57조제1항 또는 같은 조 제3항 위반 여부 등을 고려하여 대통령령으로 정하는 바에 따라 개별실적요율을 달리 적용할 수 있다.(2021.4.13 신설)

⑤대통령령으로 정하는 사업으로서 산재보험의 보험관계가 성립한 사업의 사업주가 해당 사업 근로자의 안전보건을 위하여 재해예방활동을 실시하고 이에 대하여 고용노동부장관의 인정을 받은 때에는 제14조제3항 및 제4항에도 불구하고 그 사업에 대하여 적용되는 제13조제5항제1호에 따른 산재보험료율의 100분의 30의 범위에서 대통령령으로 정하는 바에 따라 인하한 비율을 제13조제5항제2호에 따른 산재보험료율과 합하여 그 사업에 대한 다음 보험연도의 산재보험료율(이하 "산재예방요율"이라 한다)로 할 수 있다.(2021.4.13 개정)

⑥산재예방요율을 적용할 때 재해예방활동의 내용 · 인정기간, 산재예방요율의 적용기간 등 그 밖에 필요한 사항은 사업주가 실시하는 재해예방활동별로 구분하여 대통령령으로 정한다.(2021.4.13 개정)

⑦제2항 및 제5항에 따른 산재보험료율을 모두 적용받을 수 있는 사업의 경우에는 제14조제3항 및 제4항에 따라 그 사업에 적용되는 산재보험료율에 제2항 및 제5항에 따라 각각 인상 또는 인하한 비율을 합하여(인상 및 인하한 비율이 동시에 발생한 경우에는 같은 값만큼 서로 상계하여 계산한다) 얻은 값만큼을 인상하거나 인하한 비율을 그 사업에 대한 다음 보험연도 산재보험료율로 한다.(2021.4.13 개정)

⑧고용노동부장관은 산재예방요율을 적용받는 사업이 다음 각 호의 어느 하나에 해당하는 경우에는 재해예방활동의 인정을 취소하여야 한다.(2021.4.13 개정)

1. 거짓이나 그 밖의 부정한 방법으로 재해예방활동의 인정을 받은 경우
2. 재해예방활동의 인정기간 중 「산업안전보건법」 제2조제2호에 따른 중대재해가 발생한 경우. 다만, 「산업안전보건법」 제5조에 따른 사업주의 의무와 직접적으로 관련이 없는 재해로서 대통령령으로 정하는 재해는 제외한다.(2019.1.15 개정)
3. 그 밖에 재해예방활동의 목적을 달성한 것으로 인정하기 곤란한 경우 등 대통령령으로 정하는 사유에 해당하는 경우

⑨제8항제1호에 따라 재해예방활동의 인정이 취소된 사업의 경우에는 산재예방요율 적용을 취소하고, 산재예방요율을 적용받은 기간에 대한 산재

보험료를 다시 산정하여 부과하여야 한다.(2021.4.13 개정)
⑩제8항제2호 및 제3호에 따라 재해예방활동의 인정이 취소된 사업에 대하여는 해당 보험연도 재해예방활동의 인정기간비율에 따라 산재예방요율을 적용하여 다음 보험연도의 산재보험요율을 산정한다.(2021.4.13 개정)
⑪고용노동부장관은 제5항에 따른 재해예방활동의 인정에 관한 업무를 산업안전보건에 관한 전문인력과 시설을 갖춘 기관 또는 단체로서 대통령령으로 정하는 기관에 위탁할 수 있다.(2021.4.13 개정)
⑫제5항 및 제8항에 따른 산재예방요율의 적용, 재해예방활동의 인정 및 취소의 절차 등에 필요한 사항은 고용노동부령으로 정한다.(2021.4.13 개정)
(2009.12.30 본조개정)

제16조【고용보험료의 원천공제】 ①사업주는 제13조제2항에 따라 고용보험 가입자인 근로자가 부담하는 고용보험료에 상당하는 금액을 대통령령으로 정하는 바에 따라 그 근로자의 보수에서 원천공제할 수 있다.
②사업주는 제1항에 따라 고용보험료에 상당하는 금액을 원천공제하였으면 공제계산서를 그 근로자에게 발급하여야 한다.
③제9조제1항 및 제2항에 따라 사업주가 되는 원수급인 또는 하수급인은 고용노동부령으로 정하는 바에 따라 자기가 고용하는 고용보험 가입자 외의 근로자를 고용하는 하수급인에게 위임하여 그 근로자가 부담하는 보험료에 상당하는 금액을 근로자의 보수에서 원천공제하게 할 수 있다.(2010.6.4 개정)
④제13조제2항 단서에 따라 근로자가 그 실업급여의 보험료를 부담하는 경우에는 사업주가 해당 보험료를 신고·납부하고, 근로자는 그 보험료 해당액을 사업주에게 지급한다.(2011.7.21 신설)
(2009.12.30 본조개정)

제16조의2【보험료의 부과·징수】 ①제13조제1항에 따른 보험료는 공단이 매월 부과하고, 건강보험공단이 이를 징수한다.
②제1항에도 불구하고 건설업 등 대통령령으로 정하는 사업의 경우에는 제17조 및 제19조에 따른다.
(2010.1.27 본조신설)

제16조의3【월별보험료의 산정】 ①공단이 제16조의2제1항에 따라 매월 부과하는 보험료(이하 "월별보험료"라 한다)는 근로자 또는, 예술인의 개인별 월평균보수에 고용보험료율 및 산재보험료율을 각각 곱한 금액을

합산하여 산정한다. 다만, 월평균보수를 산정하기 곤란한 일용근로자 등 대통령령으로 정하는 사람에 대한 월별보험료는 대통령령으로 정하는 바에 따라 산정한 금액을 개인별 월평균보수로 보아 산정한다.(2022.12.31 개정)
②제1항의 월평균보수는 사업주가 지급한 보수 · 보수액 및 제2조제3호 단서에 따른 금품을 기준으로 산정한다. 이 경우 월평균보수의 산정방법, 적용기간 등은 대통령령으로 정하는 바에 따른다.(2022.12.31 개정)
③삭제(2020.6.9)
④삭제(2020.6.9)
(2010.1.27 본조신설)

제16조의4【월 중간 고용관계 변동 등에 따른 월별보험료 산정】 다음 각 호의 어느 하나에 해당하는 경우 월별보험료는 해당 월의 다음 달부터 산정한다. 다만, 매월 1일에 다음 각 호의 어느 하나에 해당하는 경우에는 그 달부터 산정한다.
1. 근로자가 월의 중간에 새로이 고용된 경우
2. 근로자가 월의 중간에 동일한 사업주의 하나의 사업장에서 다른 사업장으로 전근되는 경우
3. 근로자의 휴직 등 대통령령으로 정하는 사유가 월의 중간에 종료된 경우

(2022.12.31 본조개정)

제16조의5 【보험료 산정의 특례】 근로자가 「근로기준법」 제46조제1항에 따른 휴업수당을 받는 등 대통령령으로 정하는 사유에 해당하는 경우에는 대통령령으로 정하는 바에 따라 해당 근로자의 월평균보수(제16조의2제2항에 따른 건설업 등의 사업은 보수총액)의 전부 또는 일부를 제외하고 보험료를 산정한다.
(2010.1.27 본조신설)

제16조의6【조사 등에 따른 월별보험료 산정】 ①공단은 사업주가 제16조의10제1항부터 제5항까지의 규정에 따른 신고를 하지 아니하거나, 신고한 내용이 사실과 다른 때에는 사업주에게 미리 알리고 그 사실을 조사하여 다음 각 호의 어느 하나에 해당하는 금액을 기준으로 월평균보수를 결정하여 월별보험료를 산정할 수 있다.(2013.6.4 개정)
1. 공단이 조사하여 산정한 금액

2. 사업주가 공단 또는 국세청 등 유관기관에 근로자의 보수 등을 신고한 사실이 있는 경우에는 그 금액
3. 근로자의 보수 등에 관한 자료를 확인하기 곤란한 경우에는 기준보수
②공단은 제1항에 따라 보험료를 산정한 이후에 사업주가 월평균보수 등을 정정하여 신고하는 경우에는 사실 여부를 조사하여 월별보험료를 재산정할 수 있다.
(2010.1.27 본조신설)

제16조의7 【월별보험료의 납부기한】 ①사업주는 그 달의 월별보험료를 다음 달 10일까지 납부하여야 한다.
②제1항에도 불구하고 제16조의6 및 제16조의9제2항에 따라 산정된 보험료는 건강보험공단이 정하여 고지한 기한까지 납부하여야 한다.
(2010.1.27 본조신설)

제16조의8 【월별보험료의 고지】 ①건강보험공단은 사업주에게 다음 각 호의 사항을 적은 문서로써 납부기한 10일 전까지 월별보험료의 납입을 고지하여야 한다.
1. 징수하고자 하는 보험료 등의 종류
2. 납부하여야 할 보험료 등의 금액
3. 납부기한 및 장소
②건강보험공단은 제1항에 따른 납입의 고지를 하는 경우에는 사업주가 신청한 때에는 전자문서교환방식 등에 의하여 전자문서로 고지할 수 있다.
③제2항에 따라 전자문서로 고지한 경우 고용노동부령으로 정하는 정보통신망에 저장하거나 납부의무자가 지정한 전자우편주소에 입력된 때에 그 사업주에게 도달된 것으로 본다.(2010.6.4 개정)
④제28조의4에 따른 연대납부의무자 중 1명에게 한 고지는 다른 연대납부의무자에게도 효력이 있는 것으로 본다.
⑤건강보험공단은 제22조의5에 따른 제2차 납부의무자에게 납부의무가 발생한 경우 납입의 고지를 하여야 하며, 원납부의무자인 법인인 사업주 및 사업양도인에게 그 사실을 통지하여야 한다. 이 경우 납입의 고지 방법, 고지의 도달 등에 관한 사항은 제1항부터 제3항까지를 준용한다.(2022.12.31 신설)
⑥제2항에 따른 전자문서 고지에 대한 신청방법 · 절차, 그 밖에 필요한 사항은 고용노동부령으로 정한다.(2022.12.31 개정)

(2010.1.27 본조신설)

제16조의9 【보험료의 정산】 ①공단은 제16조의10제1항·제2항 또는 제4항에 따라 사업주가 신고한 근로자의 개인별 보수총액에 보험료율을 곱한 금액을 합산하여 사업주가 실제로 납부하여야 할 보험료를 산정한다. 이 경우 제48조의2제6항 또는 제48조의4제3항에 따른 보험료납부자가 사업주, 예술인 또는 노무제공자의 보험료를 원천공제하여 납부한 경우는 제외한다.(2022.12.31 개정)

②공단은 사업주가 제16조의10제1항·제2항 또는 제4항에 따른 보수총액을 신고하지 아니하거나 사실과 다르게 신고한 경우에는 제16조의6제1항을 준용하여 제1항에 따른 보험료를 산정한다.(2019.1.15 개정)

③건강보험공단은 사업주가 이미 납부한 보험료가 제1항 및 제2항에 따라 산정한 보험료보다 더 많은 경우에는 그 초과액을 사업주에게 반환하고, 부족한 경우에는 그 부족액을 사업주로부터 징수하여야 한다.

④건강보험공단이 제3항에 따라 사업주로부터 부족액을 징수하는 경우에는 정산을 실시한 달의 보험료에 합산하여 징수한다. 다만, 그 부족액이 정산을 실시한 달의 보험료를 초과하는 경우에는 그 부족액을 2등분하여 정산을 실시한 달의 보험료와 그 다음 달의 보험료에 각각 합산하여 징수한다.

(2010.1.27 본조신설)

제16조의10 【보수총액 등의 신고】 ①사업주는 전년도에 근로자, 예술인 또는 노무제공자에게 지급한 보수총액 등을 매년 3월 15일까지 공단에 신고하여야 한다. 이 경우 제48조의2제6항 또는 제48조의4제3항에 따른 보험료납부자가 사업주, 예술인 또는 노무제공자의 보험료를 원천공제하여 납부한 경우는 제외한다.(2021.1.5 개정)

②사업주는 사업의 폐지·종료 등으로 보험관계가 소멸한 때에는 그 보험관계가 소멸한 날부터 14일 이내에 근로자, 예술인 또는 노무제공자에게 지급한 보수총액 등을 공단에 신고하여야 한다.(2021.1.5 개정)

③사업주는 다음 각 호의 어느 하나에 해당하는 때에는 그 근로자·예술인·노무제공자의 성명 및 주소지 등을 해당 근로자를 고용한 날 또는 해당 예술인·노무제공자의 노무제공 개시일이 속하는 달의 다음 달 15일까지 공단에 신고하여야 한다. 다만, 1개월 동안 소정근로시간이 60시간 미만인 사람 등 대통령령으로 정하는 근로자에 대해서는 신고하지 아니할 수 있다.(2021.1.5 개정)

1. 근로자를 새로 고용한 때
2. 「고용보험법」 제77조의2제1항에 따른 문화예술용역 관련 계약(이하 "문화예술용역 관련 계약"이라 한다)을 체결한 때
3. 「고용보험법」 제77조의6제1항에 따른 노무제공계약(이하 "노무제공계약"이라 한다)을 체결한 때

④사업주는 다음 각 호의 어느 하나에 해당하는 때에는 그 근로자 · 예술인 · 노무제공자에게 지급한 보수총액, 고용관계 또는 문화예술용역 관련 계약 · 노무제공계약의 종료일 등을 해당 고용관계 또는 계약이 종료된 날이 속하는 달의 다음 달 15일까지 공단에 신고하여야 한다.(2021.1.5 개정)

1. 근로자와 고용관계를 종료한 때
2. 예술인과 문화예술용역 관련 계약을 종료한 때
3. 노무제공자와 노무제공계약을 종료한 때

⑤사업주는 근로자, 예술인 또는 노무제공자가 휴직하거나 다른 사업장으로 전보되는 등 대통령령으로 정하는 사유가 발생한 때에는 그 사유 발생일부터 14일 이내에 그 사실을 공단에 신고하여야 한다.(2021.1.5 개정)

⑥제1항부터 제5항까지에 따른 신고사항, 신고방법 · 절차, 그 밖에 필요한 사항은 대통령령으로 정한다.

⑦사업주 또는 발주자 · 원수급인이 「고용보험법」 제15조, 제77조의2제3항, 제77조의5제1항, 제77조의10제1항에 따라 제3항부터 제5항까지의 사항을 고용노동부장관에게 신고한 경우에는 제3항부터 제5항까지의 규정에 따른 신고를 생략할 수 있다.(2021.1.5 개정)

⑧제1항부터 제5항까지의 사항을 신고하여야 하는 사업주는 해당 신고를 정보통신망을 이용하거나 콤팩트디스크(Compact Disc) 등 전자적 기록매체로 제출하는 방식으로 하여야 한다. 다만, 대통령령으로 정하는 규모에 해당하는 사업주는 해당 신고를 문서로 할 수 있다.(2020.6.9 개정)

(2010.1.27 본조신설)

제16조의11 【수정신고】 제16조의10제1항 또는 제2항에 따른 보수총액신고서를 그 신고기한 내에 제출한 사업주는 보수총액신고서에 적은 보수총액이 실제로 신고하여야 하는 보수총액과 다른 경우에는 제16조의6제1항 및 제16조의9제2항에 따라 공단이 사업주에 대하여 사실을 조사하겠다는 뜻을 미리 알리기 전까지 보수총액을 수정하여 신고할 수 있다. 이 경우 보수의 수정신고 사항 및 신고절차에 관하여 필요한 사항은 고용노

동부령으로 정한다.(2013.6.4 개정)
(2010.1.27 본조신설)

제16조의12 【신용카드 등으로 하는 보험료등의 납부】 ①납부의무자는 보험료등을 대통령령으로 정하는 보험료납부대행기관을 통하여 신용카드, 직불카드 등(이하 이 조에서 "신용카드등"이라 한다)으로 납부할 수 있다.(2016.12.27 개정)
②제1항에 따라 신용카드등으로 보험료등을 납부하는 경우에는 보험료납부대행기관의 승인일을 납부일로 본다.
③보험료납부대행기관은 납부의무자로부터 신용카드등에 의한 보험료등 납부대행 용역의 대가로 납부대행 수수료를 받을 수 있다.
④보험료납부대행기관의 지정 및 운영, 납부대행 수수료 등에 필요한 사항은 대통령령으로 정한다.
(2014.3.24 본조신설)

제17조 【건설업 등의 개산보험료의 신고와 납부】 ①제16조의2제2항에 따른 사업주(이하 이 조부터 제19조까지에서 같다)는 보험연도마다 그 1년 동안(보험연도 중에 보험관계가 성립한 경우에는 그 성립일부터 그 보험연도 말일까지의 기간)에 사용할 근로자(고용보험료를 산정하는 경우에는 「고용보험법」 제10조 및 제10조의2에 따른 적용 제외 근로자는 제외한다. 이하 이 조에서 같다)에게 지급할 보수총액의 추정액(대통령령으로 정하는 경우에는 전년도에 사용한 근로자에게 지급한 보수총액)에 고용보험료율 및 산재보험료율을 각각 곱하여 산정한 금액(이하 "개산보험료"라 한다)을 대통령령으로 정하는 바에 따라 그 보험연도의 3월 31일(보험연도 중에 보험관계가 성립한 경우에는 그 보험관계의 성립일부터 70일, 건설공사 등 기간이 정하여져 있는 사업으로서 70일 이내에 끝나는 사업의 경우에는 그 사업이 끝나는 날의 전날)까지 공단에 신고·납부하여야 한다. 다만, 그 보험연도의 개산보험료 신고·납부 기한이 제19조에 따른 확정보험료 신고·납부 기한보다 늦은 경우에는 그 보험연도의 확정보험료 신고·납부 기한을 그 보험연도의 개산보험료 신고·납부 기한으로 한다.(2019.1.15 개정)
②공단은 사업주가 제1항에 따른 신고를 하지 아니하거나 그 신고가 사실과 다른 경우에는 그 사실을 조사하여 개산보험료를 산정·징수하되, 이미 낸 금액이 있을 때에는 그 부족액을 징수하여야 한다.

③사업주는 제1항의 개산보험료를 대통령령으로 정하는 바에 따라 분할 납부할 수 있다.
④사업주가 제3항에 따라 분할 납부할 수 있는 개산보험료를 제1항에 따른 납부기한까지 전액 납부하는 경우에는 그 개산보험료 금액의 100분의 5의 범위에서 고용노동부령으로 정하는 금액을 경감한다.(2010.6.4 개정)
⑤제1항에 따른 기한에 개산보험료를 신고한 사업주는 이미 신고한 개산보험료가 이 법에 따라 신고하여야 할 개산보험료를 초과할 때(제18조제2항의 경우는 제외한다)에는 제1항에 따른 기한이 지난 후 1년 이내에 최초에 신고한 개산보험료의 경정(更正)을 공단에 청구할 수 있다.
⑥제5항에 따른 개산보험료의 경정청구 및 경정청구 결과의 통지에 필요한 사항은 대통령령으로 정한다.
(2009.12.30 본조개정)

제18조【보험료율의 인상 또는 인하 등에 따른 조치】 ①공단은 보험료율이 인상 또는 인하된 때에는 월별보험료 및 개산보험료를 증액 또는 감액 조정하고, 월별보험료가 증액된 때에는 건강보험공단이, 개산보험료가 증액된 때에는 공단이 각각 징수한다. 이 경우 사업주에 대한 통지, 납부기한 등 필요한 사항은 대통령령으로 정한다.(2010.1.27 개정)
②공단은 사업주가 보험연도 중에 사업의 규모를 축소하여 실제의 개산보험료 총액이 이미 신고한 개산보험료 총액보다 대통령령으로 정하는 기준 이상으로 감소하게 된 경우에는 사업주의 신청을 받아 그 초과액을 감액할 수 있다.(2010.1.27 개정)
(2009.12.30 본조개정)

제19조【건설업 등의 확정보험료의 신고·납부 및 정산】 ①사업주는 매 보험연도의 말일(보험연도 중에 보험관계가 소멸한 경우에는 그 소멸한 날의 전날)까지 사용한 근로자(고용보험료를 산정하는 경우에는 「고용보험법」 제10조 및 제10조의2에 따른 적용 제외 근로자는 제외한다)에게 지급한 보수총액(지급하기로 결정된 금액을 포함한다)에 고용보험료율 및 산재보험료율을 각각 곱하여 산정한 금액(이하 "확정보험료"라 한다)을 대통령령으로 정하는 바에 따라 다음 보험연도의 3월 31일(보험연도 중에 보험관계가 소멸한 사업의 경우에는 그 소멸한 날부터 30일)까지 공단에 신고하여야 한다. 다만, 사업주가 국가 또는 지방자치단체인 경우에는 그 보험연도의 말일(보험연도 중에 보험관계가 소멸한 사업의 경우

에는 그 소멸한 날부터 30일)까지 신고할 수 있다.(2019.1.15 개정)

②제17조 및 제18조제1항에 따라 납부하거나 추가징수한 개산보험료의 금액이 제1항의 확정보험료의 금액을 초과하는 경우에 공단은 그 초과액을 사업주에게 반환하여야 하며, 부족한 경우에 사업주는 그 부족액을 다음 보험연도의 3월 31일(보험연도 중에 보험관계가 소멸한 사업의 경우에는 그 소멸한 날부터 30일)까지 납부하여야 한다. 다만, 사업주가 국가 또는 지방자치단체인 경우에는 그 보험연도의 말일(보험연도 중에 보험관계가 소멸한 사업의 경우에는 그 소멸한 날부터 30일)까지 납부할 수 있다.

③제1항 및 제2항에도 불구하고 그 보험연도의 확정보험료 신고 · 납부 기한이 다음 보험연도의 확정보험료 신고 · 납부 기한보다 늦은 경우에는 다음 보험연도의 확정보험료 신고 · 납부 기한을 그 보험연도의 확정보험료 신고 · 납부 기한으로 한다.

④공단은 사업주가 제1항에 따른 신고를 하지 아니하거나 그 신고가 사실과 다른 경우에는 사실을 조사하여 확정보험료의 금액을 산정한 후 개산보험료를 내지 아니한 사업주에게는 그 확정보험료 전액을 징수하고, 개산보험료를 낸 사업주에 대하여는 이미 낸 개산보험료와 확정보험료의 차액이 있을 때 그 초과액을 반환하거나 부족액을 징수하여야 한다. 이 경우 사실조사를 할 때에는 미리 조사계획을 사업주에게 알려야 한다.

⑤제1항에 따른 기한까지 확정보험료를 신고한 사업주는 이미 신고한 확정보험료가 이 법에 따라 신고하여야 할 확정보험료보다 적은 경우에는 제4항 후단에 따른 조사계획의 통지 전까지 확정보험료 수정신고서를 제출할 수 있다.

⑥확정보험료 수정신고서의 기재사항 및 신고절차에 관하여 필요한 사항은 고용노동부령으로 정한다.(2010.6.4 개정)

⑦제1항에 따른 확정보험료의 신고에 관하여는 제17조제5항 및 제6항을 준용한다. 이 경우 제17조제5항 및 제6항 중 "개산보험료"는 "확정보험료"로 본다.

(2009.12.30 본조개정)

제19조의2【보험료 납부방법의 변경시기】 사업종류의 변경으로 보험료 납부방법이 변경되는 경우에는 사업종류의 변경일 전일을 변경 전 사업 폐지일로, 사업종류의 변경일을 새로운 사업성립일로 본다.

(2010.1.27 본조신설)

제20조【보험료징수의 특례】 공단은 제17조제2항 및 제19조제4항에 따라 보험료를 징수할 때에는 결산서 등 보험료 산정을 위한 기초자료를 확보하기 어려운 경우 등 대통령령으로 정하는 사유에 해당하는 경우에는 그 사업주의 적용대상 사업과 규모, 보수수준 및 매출액 등이 비슷한 같은 종류의 사업을 기준으로 고용노동부령으로 정하는 바에 따라 그 사업의 보험료를 산정·부과하여 징수할 수 있다.(2010.6.4 개정)
(2009.12.30 본조개정)

제21조【고용보험료의 지원】 ①국가는 근로자가 다음 각 호의 요건을 모두 충족하는 경우 그 사업주와 근로자가 제13조제2항 및 제4항에 따라 각각 부담하는 고용보험료의 일부를 예산의 범위에서 지원할 수 있다.(2016.12.27 개정)
1. 대통령령으로 정하는 규모 미만의 사업에 고용되어 대통령령으로 정하는 금액 미만의 보수를 받을 것
2. 대통령령으로 정하는 재산이 대통령령으로 정하는 기준 미만일 것
3. 「소득세법」 제4조제1항제1호의 종합소득이 대통령령으로 정하는 기준 미만일 것

②제1항에 따른 고용보험료의 지원 수준, 지원 방법 및 절차 등 필요한 사항은 대통령령으로 정한다.(2016.12.27 개정)
(2012.2.1 본조신설)

보험료 징수

제21조의2【지원금의 환수】 ①국가는 제21조에 따른 고용보험료의 지원을 받은 자가 다음 각 호의 어느 하나에 해당하는 경우에는 그 지원 금액의 전부 또는 일부를 환수할 수 있다. 다만, 환수할 금액이 대통령령으로 정하는 금액 미만인 경우에는 환수하지 아니한다.(2014.3.24 개정)
1. 거짓 또는 부정한 방법으로 지원받은 경우
2. 지원대상이 아닌 자가 지원받은 경우

②제1항에 따라 환수대상이 되는 지원금은 공단이 국세 체납처분의 예에 따라 징수한다.

③제1항에 따른 환수에 관하여는 제27조, 제27조의2, 제27조의3, 제28조, 제28조의2부터 제28조의7까지, 제29조, 제29조의2, 제29조의3 및 제30조를 준용한다. 이 경우 "건강보험공단"은 "공단"으로 본다.(2021.1.5 개정)

④제1항에 따른 환수의 구체적인 기준 및 환수절차 등 필요한 사항은 대통령령으로 정한다.

(2012.2.1 본조신설)

제22조【산재보험확정보험료의 신고·납부 및 정산의 특례】 삭제(2006.12.28)

제22조의2【보험료 등의 경감】 ①고용노동부장관은 천재지변이나 그 밖에 대통령령으로 정하는 특수한 사유가 있어 보험료를 경감할 필요가 있다고 인정하는 보험가입자에 대하여 「고용보험법」 제7조에 따른 고용보험위원회 또는 「산업재해보상보험법」 제8조에 따른 산업재해보상보험및예방심의위원회의 심의를 거쳐 보험료와 이 법에 따른 그 밖의 징수금을 경감할 수 있다. 이 경우 경감비율은 100분의 50의 범위에서 대통령령으로 정하며, 그 밖의 경감 신청절차 및 경감 여부의 통지 등에 필요한 사항은 고용노동부령으로 정한다.(2010.6.4 개정)

②공단은 제16조의10제1항에 따른 보수총액 또는 제17조제1항에 따른 개산보험료를 기한까지 고용·산재정보통신망을 통하여 신고하는 사업주에 대하여는 그 월별보험료 또는 개산보험료에서 대통령령으로 정하는 금액을 경감할 수 있다. 다만, 월별보험료 또는 개산보험료가 10만원 미만인 경우에는 그러하지 아니하다.(2010.1.27 개정)

③공단은 월별보험료 또는 개산보험료를 자동계좌이체의 방법으로 내는 사업주에게는 대통령령으로 정하는 바에 따라 월별보험료 또는 개산보험료를 경감하거나 추첨에 따라 경품을 제공하는 등 재산상의 이익을 제공할 수 있다.(2010.1.27 개정)

(2009.12.30 본조개정)

제22조의3【산재보험료등의 면제에 관한 특례】 ①「산업재해보상보험법」 제91조의15제1호에 따른 노무제공자(이하 "산재보험 노무제공자"라 한다)로부터 노무를 제공받는 사업주가 다음 각 호의 어느 하나에 해당하는 신고를 한 때에는 산재보험 노무제공자 노무 제공 신고일(산재보험 노무제공자로부터 최초로 노무를 제공받은 날 및 산재보험 노무제공자의 업무내용 등에 대한 신고를 말한다. 이하 같다) 이전의 산재보험료 및 이에 대한 가산금·연체금(이하 "산재보험료등"이라 한다)의 전부 또는 일부를 면제할 수 있다.(2022.6.10 개정)

1. 제7조에 따라 성립한 보험관계의 신고 및 제48조의6제8항에 따른 해당 산재보험 노무제공자에 대한 노무제공 신고(2022.6.10 개정)
2. 사업주가 이미 제7조에 따라 성립한 보험관계의 신고를 한 경우에는 제

48조의6제8항에 따른 해당 산재보험 노무제공자에 대한 노무제공 신고 (2022.6.10 개정)

②제1항에 따른 산재보험료등의 면제 비율은 다음 각 호의 구분에 따른다.(2021.1.5 신설)

1. 사업주가 2021년 12월 31일까지 제1항 각 호의 어느 하나에 해당하는 신고를 한 경우: 산재보험료등의 전부
2. 사업주가 2022년 1월 1일부터 2022년 12월 31일까지 제1항 각 호의 어느 하나에 해당하는 신고를 한 경우: 산재보험료등의 100분의 50

(2012.2.1 본조개정)

제22조의4【산재보험료등의 면제에 따른 지원의 제한 등에 관한 특례】 제22조의3제1항에 따라 산재보험료등을 면제받은 기간에 대하여는 해당 사업주에게 「산업재해보상보험법」 제75조에 따른 직장복귀지원금, 직장적응훈련비 및 재활운동비를 지급하지 아니한다.(2021.1.5 개정)

(2012.2.1 본조신설)

제22조의5【제2차 납부의무】 ①법인의 재산으로 그 법인이 납부하여야 하는 보험료, 이 법에 따른 그 밖의 징수금과 체납처분비를 충당하여도 부족한 경우에는 해당 법인이 납부하여야 하는 보험료의 납부기간 만료일(제17조 및 제19조에 따른 신고가 있는 경우에는 해당 규정에 따른 납부기간 만료일을 말한다) 현재의 무한책임사원 또는 과점주주(「국세기본법」 제39조 각 호의 어느 하나에 해당하는 자를 말한다. 이하 이 항에서 같다)가 그 부족한 금액에 대하여 제2차 납부의무를 진다. 다만, 과점주주의 경우에는 그 부족한 금액을 그 법인의 발행주식 총수(의결권이 없는 주식은 제외한다) 또는 출자총액으로 나눈 금액에 해당 과점주주가 실질적으로 권리를 행사하는 주식 수(의결권이 없는 주식은 제외한다) 또는 출자액을 곱하여 산출한 금액을 한도로 한다.

②사업이 양도 · 양수된 경우에 양도일 이전에 양도인에게 부과 결정된 보험료(제17조 및 제19조에 따라 신고된 보험료를 포함한다), 이 법에 따른 그 밖의 징수금 및 체납처분비를 양도인의 재산으로 충당하여도 부족한 경우에는 사업의 양수인이 그 부족한 금액에 대하여 양수한 재산의 가액을 한도로 제2차 납부의무를 진다. 이 경우 양수인의 범위 및 양수한 재산의 가액은 대통령령으로 정한다.

(2022.12.31 본조신설)

제23조【보험료등 과납액의 충당 및 반환】 ①공단은 보험료등의 납부의무자가 잘못 낸 금액을 반환하고자 하는 때에는 다음 각 호의 순위에 따라 보험료등과 제21조의2에 따른 환수금(이하 "환수금"이라 한다)에 우선 충당하고 나머지 금액이 있으면 그 납부의무자에게 반환결정하고, 건강보험공단이 그 금액을 지급한다. 다만, 제17조, 제19조 및 제26조의 개산보험료, 확정보험료 및 징수금에 따른 나머지 금액은 공단이 지급한다.(2022.12.31 개정)

1. 제28조제1항에 따른 체납처분비
2. 월별보험료, 개산보험료 또는 확정보험료(2013.6.4 개정)
3. 제25조제1항 및 제3항에 따른 연체금(2019.1.15 개정)
4. 제24조에 따른 가산금(2013.6.4 개정)
5. 제26조제1항에 따른 보험급여액의 징수금(2013.6.4 개정)
6. 환수금(2019.1.15 신설)

②제1항의 경우 잘못 낸 금액이 고용보험과 관련될 때에는 고용보험료, 관련 징수금, 환수금 및 체납처분비에 충당하고, 산재보험과 관련되는 경우에는 산재보험료, 관련 징수금 및 체납처분비에 충당하여야 하며, 같은 순위의 보험료, 환수금, 이 법에 따른 그 밖의 징수금과 체납처분비가 둘 이상 있을 때에는 납부기한이 빠른 보험료, 환수금, 이 법에 따른 그 밖의 징수금과 체납처분비를 선순위로 한다.(2019.1.15 개정)

③「산업재해보상보험법」 제89조에 따라 보험가입자에게 산재보험급여를 지급할 때에는 제1항 각 호의 순위에 따라 산재보험료, 이 법에 따른 그 밖의 징수금과 체납처분비(산재보험 관련 징수금과 체납처분비로 한정한다)에 우선 충당하고 그 잔액을 사업주에게 지급하여야 한다.

④공단은 제1항 또는 제2항에 따라 잘못 낸 금액을 보험료, 환수금, 이 법에 따른 그 밖의 징수금과 체납처분비에 충당하거나 반환할 때에는 다음 각 호의 어느 하나에 규정된 날의 다음 날부터 충당하거나 반환하는 날까지의 기간에 대하여 대통령령으로 정하는 이자율에 따라 계산한 금액을 그 잘못 낸 금액에 가산하여야 한다.(2019.1.15 개정)

1. 착오납부, 이중납부, 납부 후 그 부과의 취소 또는 경정결정으로 인한 초과액은 그 납부일
2. 제16조의9제3항에 따라 반환하는 경우에는 다음 각 목의 구분에 따른 날(2010.1.27 신설)

가. 사업주가 제16조의10제1항 · 제2항 또는 제4항에 따른 신고기한 내에 신고한 경우에는 그 신고기한부터 7일
나. 사업주가 제16조의10제1항 · 제2항 또는 제4항에 따른 신고기한을 지나 신고한 경우에는 그 신고한 날부터 7일
다. 사업주가 제16조의10제1항 · 제2항 또는 제4항에 따른 신고를 하지 아니한 경우에는 공단이 제16조의9제2항에 따라 보험료를 산정한 날이 속하는 달의 말일
3. 제18조제2항에 따라 보험료를 감액한 경우의 초과액은 개산보험료 감액신청서 접수일부터 7일(2010.1.27 개정)
4. 제19조제2항 또는 제4항에 따라 반환하는 경우에는 확정보험료신고서 접수일부터 7일(2010.1.27 개정)
⑤공단은 제1항에 따라 반환결정한 금액을 반환하려는 경우로서 사업주의 사망, 행방불명, 그 밖에 대통령령으로 정하는 사유로 사업주에게 반환할 수 없는 경우에는 그 반환할 금액 중 제13조제2항에 따라 근로자(제16조의2제2항에 따른 사업의 근로자는 제외한다. 이하 이 항 및 제6항에서 같다)가 부담한 고용보험료에 대해서는 해당 근로자의 신청에 따라 그 근로자에게 직접 반환할 것을 결정하고, 건강보험공단이 그 금액을 지급한다.(2019.1.15 신설)
⑥공단은 근로자가 거짓이나 그 밖의 부정한 방법으로 제5항에 따른 반환금을 수령한 경우에는 그 금액을 환수한다. 다만, 환수할 금액이 대통령령으로 정하는 금액 미만인 경우에는 환수하지 아니한다.(2019.1.15 신설)
⑦제5항에 따른 반환의 절차 · 방법 및 그 밖에 필요한 사항은 고용노동부령으로 정한다.(2019.1.15 신설)
⑧제6항에 따른 환수에 관하여는 제27조, 제28조 및 제29조를 준용한다. 이 경우 "건강보험공단"은 "공단"으로 본다.(2019.1.15 신설)
(2009.12.30 본조개정)

제23조의2【산재보험 진료비 등의 충당】 공단은 「산업재해보상보험법」 제40조제2항에 따라 근로자가 요양한 산재보험 의료기관에 진료비를 지급하거나 같은 조 제4항제2호에 따라 약제를 지급하는 약국에 약제비를 지급할 때에는 그 의료기관 또는 약국이 산재보험가입자로서 내야 하는 산재보험료, 이 법에 따른 그 밖의 징수금과 체납처분비에 우선 충당하고 그 잔액을 지급할 수 있다. 이 경우 충당의 순위는 제23조제1항 각 호

의 순위에 따른다.
(2009.12.30 본조개정)

제24조【가산금의 징수】 ①공단은 사업주가 제19조제1항에서 정하고 있는 기한까지 확정보험료를 신고하지 아니하거나 신고한 확정보험료가 사실과 달라 제19조제4항에 따라 보험료를 징수하는 경우에는 그 징수하여야 할 보험료의 100분의 10에 상당하는 가산금을 부과하여 징수한다.(2012.2.1 개정)
②삭제(2012.2.1)
③제1항에도 불구하고 공단은 제19조제5항에 따라 확정보험료 수정신고서를 제출한 사업주에게는 제1항에 따른 가산금의 100분의 50을 경감한다.(2012.2.1 개정)

제25조【연체금의 징수】 ①건강보험공단은 사업주가 제16조의7, 제17조 및 제19조에 따른 납부기한까지 보험료 또는 이 법에 따른 그 밖의 징수금을 내지 아니한 경우에는 그 납부기한이 지난 날부터 매 1일이 지날 때마다 체납된 보험료, 그 밖의 징수금의 1천500분의 1에 해당하는 금액을 가산한 연체금을 징수한다. 이 경우 연체금은 체납된 보험료등의 1천분의 20을 초과하지 못한다.(2021.1.26 개정)
②제1항에 따른 연체금은 다음 각 호의 어느 하나에 규정된 날부터 산정한다.(2010.1.27 개정)
1. 제16조의3, 제16조의6제1항, 제16조의9제1항 및 제2항, 제48조의3제2항, 제48조의6제2항에 따라 산정된 보험료에 대하여는 제16조의7에 따른 납부기한의 다음 날(2022.6.10 개정)
2. 제17조제1항 및 제19조제2항에 따른 보험료에 대하여는 제17조제1항, 제19조제2항 및 제3항에 따른 납부기한의 다음 날
3. 제16조의9제3항, 제17조제2항 및 제19조제4항에 따른 징수금에 대하여는 제16조의7, 제17조제1항, 제19조제2항 및 제3항에 따른 납부기한의 다음 날
4. 제18조에 따른 보험료에 대하여는 공단이 제27조제1항에 따라 통지한 납부기한의 다음 날

③건강보험공단은 사업주가 보험료 또는 이 법에 따른 그 밖의 징수금을 내지 아니하면 납부기한 후 30일이 지난 날부터 매 1일이 지날 때마다 체납된 보험료, 그 밖의 징수금의 6천분의 1에 해당하는 연체금을 제1항에 따

른 연체금에 더하여 징수한다. 이 경우 연체금은 체납된 보험료, 그 밖의 징수금의 1천분의 50을 넘지 못한다.(2021.1.26 개정)
④건강보험공단은 제1항 및 제3항에도 불구하고 「채무자 회생 및 파산에 관한 법률」 제140조에 따른 징수의 유예가 있거나 그 밖에 연체금을 징수하는 것이 적절하지 아니하다고 인정되어 대통령령으로 정하는 경우에는 제1항 및 제3항에 따른 연체금을 징수하지 아니할 수 있다.(2016.12.27 신설)
(2009.12.30 본조개정)

제26조【산재보험가입자로부터의 보험급여액 징수 등】 ①공단은 다음 각 호의 어느 하나에 해당하는 재해에 대하여 산재보험급여를 지급하는 경우에는 대통령령으로 정하는 바에 따라 그 급여에 해당하는 금액의 전부 또는 일부를 사업주로부터 징수할 수 있다.
1. 사업주가 제11조에 따른 보험관계 성립신고를 게을리한 기간 중에 발생한 재해
2. 사업주가 산재보험료의 납부를 게을리한 기간 중에 발생한 재해
②공단은 제1항에 따라 산재보험급여액의 전부 또는 일부를 징수하기로 결정하였으면 지체 없이 그 사실을 사업주에게 알려야 한다.
(2009.12.30 본조개정)

제26조의2【징수금의 징수우선순위】 납부기한이 지난 보험료, 환수금 또는 이 법에 따른 그 밖의 징수금과 체납처분비를 징수(고용보험 관련 징수금과 산재보험 관련 징수금을 모두 징수하는 경우에는 각 보험별 총징수금액의 비율에 따라 징수한다)하는 경우 그 징수순위는 제23조제1항 각 호의 순위에 따른다. 이 경우 같은 순위에 해당하는 징수금이 둘 이상 있을 때에는 납부기한이 빠른 징수금을 선순위로 한다.
(2019.1.15 본조개정)

제27조【징수금의 통지 및 독촉】 ①공단 또는 건강보험공단은 보험료(제17조제1항 및 제19조제2항에 따른 보험료는 제외한다) 또는 이 법에 따른 그 밖의 징수금을 징수하는 경우에는 납부의무자에게 그 금액과 납부기한을 문서로 알려야 한다. 다만, 제22조의2제3항에 따라 자동계좌이체의 방법으로 보험료를 내는 사업주가 동의하는 경우에는 고용노동부령으로 정하는 바에 따라 정보통신망을 이용한 전자문서로 알릴 수 있으며, 이 경우 그 전자문서는 그 사업주가 지정한 컴퓨터 등에 입력된 때에 도달된 것으로 본다.(2010.6.4 개정)

②건강보험공단은 납부의무자가 보험료등을 납부기한까지 내지 아니하면 기한을 정하여 해당 보험료등을 낼 것을 독촉하여야 한다.(2022.12.31 개정)
③건강보험공단은 제2항에 따라 독촉을 하는 경우에는 독촉장을 발급하여야 한다. 이 경우의 납부기한은 독촉장 발급일부터 10일 이상의 여유가 있도록 하여야 한다.(2010.1.27 개정)
④건강보험공단은 납부의무자의 신청이 있으면 제2항에 따른 독촉을 전자문서교환방식 등에 의하여 전자문서로 할 수 있다. 이 경우 전자문서 독촉에 대한 신청방법 · 절차 등에 필요한 사항은 고용노동부령으로 정한다.(2022.6.10 신설)
⑤제4항에 따른 전자문서 독촉의 도달시기에 관하여는 제16조의8제3항을 준용한다. 이 경우 "고지"는 "독촉"으로 본다.(2022.6.10 신설)
⑥제28조의4에 따른 연대납부의무자 중 1명에게 한 독촉은 다른 연대납부의무자에게도 효력이 있는 것으로 본다.(2022.6.10 개정)
(2009.12.30 본조개정)

제27조의2【납부기한 전 징수】①공단 또는 건강보험공단은 사업주에게 다음 각 호의 어느 하나에 해당하는 사유가 있는 경우에는 납부기한 전이라도 이미 납부의무가 확정된 보험료, 이 법에 따른 그 밖의 징수금을 징수할 수 있다. 다만, 보험료와 이 법에 따른 그 밖의 징수금의 총액이 500만원 미만인 경우에는 그러하지 아니하다.(2010.1.27 개정)
1. 국세를 체납하여 체납처분을 받은 경우
2. 지방세 또는 공과금을 체납하여 체납처분을 받은 경우
3. 강제집행을 받은 경우
4. 「어음법」 및 「수표법」에 따른 어음교환소에서 거래정지처분을 받은 경우
5. 경매가 개시된 경우
6. 법인이 해산한 경우
②공단 또는 건강보험공단은 제1항에 따라 납부기한 전에 보험료와 이 법에 따른 그 밖의 징수금을 징수할 때에는 새로운 납부기한 및 납부기한의 변경사유를 적어 사업주에게 알려야 한다. 이 경우 이미 납부 통지를 하였을 때에는 납부기한의 변경을 알려야 한다.(2010.1.27 개정)
(2009.12.30 본조개정)

제27조의3【보험료 등의 분할 납부】①사업주는 다음 각 호의 어느

하나에 해당하는 경우에는 납부기한이 지난 보험료와 이 법에 따른 그 밖의 징수금에 대하여 분할 납부를 승인하여 줄 것을 건강보험공단에 신청할 수 있다.(2021.8.17 개정)

1. 제5조제1항 또는 제3항에 따른 보험의 당연가입자인 사업주로서 제7조에 따른 보험관계 성립일부터 1년 이상이 지나서 제11조에 따른 보험관계 성립신고를 한 경우
2. 제39조에 따라 납부기한이 연장되었으나 연장된 납부기한이 지나 3회 이상 체납한 경우

②삭제(2019.1.15)

③건강보험공단은 제1항에 따라 신청한 사업주에 대하여 납부능력을 확인하여 보험료와 이 법에 따른 그 밖의 징수금의 분할 납부를 승인할 수 있다.(2019.1.15 개정)

④건강보험공단은 제3항에 따라 분할 납부 승인을 받은 사업주가 다음 각 호의 어느 하나에 해당하게 된 경우에는 분할 납부의 승인을 취소하고 분할 납부의 대상이 되는 보험료와 이 법에 따른 그 밖의 징수금을 한꺼번에 징수할 수 있다.(2010.1.27 개정)

1. 분할 납부하여야 하는 보험료와 이 법에 따른 그 밖의 징수금을 정당한 사유 없이 두 번 이상 내지 아니한 경우
2. 제27조의2제1항 각 호의 어느 하나에 해당하는 사유가 발생한 경우

⑤제1항 · 제3항 및 제4항에 따른 분할 납부의 승인과 취소에 관한 절차 · 방법, 분할 납부의 기간 및 납부능력 확인 등에 필요한 사항은 고용노동부령으로 정한다.(2019.1.15 개정)

(2009.12.30 본조개정)

제28조【징수금의 체납처분 등】①건강보험공단은 제27조제2항 및 제3항에 따른 독촉을 받은 자가 그 기한까지 보험료나 이 법에 따른 그 밖의 징수금을 내지 아니한 경우에는 고용노동부장관의 승인을 받아 국세 체납처분의 예에 따라 이를 징수할 수 있다.(2010.6.4 개정)

②건강보험공단은 제1항에 따른 국세 체납처분의 예에 따라 압류한 재산을 공매하는 경우에 전문지식이 필요하거나 그 밖의 특수한 사정이 있어 직접 공매하기에 적당하지 아니하다고 인정하면 대통령령으로 정하는 바에 따라 「한국자산관리공사 설립 등에 관한 법률」에 따라 설립된 한국자산관리공사(이하 "한국자산관리공사"라 한다)로 하여금 압류한 재산의 공매를 대행하

보험료 징수

게 할 수 있다. 이 경우 공매는 공단이 한 것으로 본다.(2019.11.26 개정)
③건강보험공단은 제2항에 따라 한국자산관리공사로 하여금 공매를 대행하게 하는 경우에는 고용노동부령으로 정하는 바에 따라 수수료를 지급할 수 있다.(2010.6.4 개정)
④제2항에 따라 한국자산관리공사가 공매를 대행하는 경우에 한국자산관리공사의 임직원은 「형법」 제129조부터 제132조까지의 규정을 적용할 때 공무원으로 본다.
(2009.12.30 본조개정)

제28조의2【법인의 합병으로 인한 납부의무의 승계】 법인이 합병한 경우에 합병 후 존속하는 법인 또는 합병으로 설립되는 법인은 합병으로 소멸된 법인에 부과되거나 그 법인이 내야 하는 보험료와 이 법에 따른 그 밖의 징수금과 체납처분비를 낼 의무를 진다.
(2009.12.30 본조개정)

제28조의3【상속으로 인한 납부의무의 승계】 ①상속이 개시된 때에 그 상속인(「민법」 제1078조에 따라 포괄적 유증을 받은 자를 포함한다. 이하 같다) 또는 「민법」 제1053조에 따른 상속재산관리인(이하 "상속재산관리인"이라 한다)은 피상속인에게 부과되거나 그 피상속인이 내야 하는 보험료, 이 법에 따른 그 밖의 징수금과 체납처분비를 상속받은 재산의 한도에서 낼 의무를 진다.
②제1항의 경우에 상속인이 2명 이상이면 각 상속인은 피상속인에게 부과되거나 그 피상속인이 내야 하는 보험료, 이 법에 따른 그 밖의 징수금과 체납처분비를 「민법」 제1009조 · 제1010조 · 제1012조 및 제1013조에 따른 상속분에 따라 나누어 계산한 후, 상속받은 재산의 한도에서 연대하여 낼 의무를 진다. 이 경우 각 상속인은 그 상속인 중에서 피상속인의 보험료, 이 법에 따른 그 밖의 징수금과 체납처분비를 낼 대표자를 정하여 대통령령으로 정하는 바에 따라 건강보험공단에 신고하여야 한다.(2010.1.27 개정)
③제1항의 경우에 상속인의 존재 여부가 분명하지 아니할 때에는 상속인에게 하여야 하는 보험료, 이 법에 따른 그 밖의 징수금과 체납처분비의 납부 고지 · 독촉 또는 그 밖에 필요한 조치는 상속재산관리인에게 하여야 한다.
④제1항의 경우에 상속인의 존재 여부가 분명하지 아니하고 상속재산관리

인도 없으면 건강보험공단은 피상속인의 주소지를 관할하는 법원에 상속재산관리인의 선임(選任)을 청구할 수 있다.(2010.1.27 개정)
⑤제1항의 경우에 피상속인에 대한 처분 또는 절차는 상속인 또는 상속재산관리인에 대하여도 효력이 있다.
(2009.12.30 본조개정)

제28조의4【연대납부의무】 ①공동사업에 관계되는 보험료, 이 법에 따른 그 밖의 징수금과 체납처분비는 공동사업자가 연대하여 낼 의무를 진다.
②법인이 분할 또는 분할합병되는 경우 분할되는 법인에 대하여 분할일 또는 분할합병일 이전에 부과되거나 납부의무가 성립한 보험료, 이 법에 따른 그 밖의 징수금과 체납처분비는 다음 각 호의 법인이 연대하여 낼 책임을 진다.
1. 분할되는 법인
2. 분할 또는 분할합병으로 설립되는 법인
3. 분할되는 법인의 일부가 다른 법인과 합병하여 그 다른 법인이 존속하는 경우 그 다른 법인
③법인이 분할 또는 분할합병으로 해산되는 경우 해산되는 법인에 대하여 부과되거나 그 법인이 내야 하는 보험료, 이 법에 따른 그 밖의 징수금과 체납처분비는 제2항제2호 및 제3호의 법인이 연대하여 낼 책임을 진다.
(2009.12.30 본조개정)

제28조의5【연대납부의무에 관한 「민법」의 준용】 이 법에 따른 보험료, 그 밖의 징수금과 체납처분비의 연대납부의무에 관하여는 「민법」 제413조부터 제416조까지, 제419조, 제421조, 제423조 및 제425조부터 제427조까지의 규정을 준용한다.
(2009.12.30 본조개정)

제28조의6【고액 · 상습 체납자의 인적사항 공개】 ①건강보험공단은 이 법에 따른 납부기한의 다음 날부터 1년이 지난 보험료와 이 법에 따른 그 밖의 징수금과 체납처분비(제29조에 따라 결손처분한 보험료, 이 법에 따른 그 밖의 징수금과 체납처분비로서 징수권 소멸시효가 완성되지 아니한 것을 포함한다)의 총액이 5천만원 이상인 체납자가 납부능력이 있음에도 불구하고 체납한 경우에는 그 인적사항 및 체납액 등(이하 이 조에서 "인적사항등"이라 한다)을 공개할 수 있다. 다만, 체납된 보험료, 이

법에 따른 그 밖의 징수금과 체납처분비와 관련하여 행정심판 또는 행정소송이 계류 중인 경우, 그 밖에 체납된 금액의 일부납부 등 대통령령으로 정하는 사유가 있을 때에는 그러하지 아니하다.(2022.12.31 개정)
②제1항에 따른 체납자의 인적사항등에 대한 공개 여부를 심의하기 위하여 건강보험공단에 보험료정보공개심의위원회(이하 이 조에서 "위원회"라 한다)를 둔다.(2010.1.27 개정)
③건강보험공단은 위원회의 심의를 거쳐 인적사항등의 공개가 결정된 자에 대하여 공개대상자임을 알림으로써 소명할 기회를 주어야 하며, 통지일부터 6개월이 지난 후 위원회로 하여금 체납액의 납부이행 등을 고려하여 체납자 인적사항등의 공개 여부를 재심의하게 한 후 공개대상자를 선정한다.(2010.1.27 개정)
④제1항에 따른 체납자 인적사항등의 공개는 관보에 게재하거나, 고용·산재정보통신망 또는 건강보험공단 게시판에 게시하는 방법에 따른다.(2010.1.27 개정)
⑤제1항부터 제4항까지의 규정에 따른 체납자 인적사항등의 공개와 관련한 절차 및 위원회의 구성·운영 등에 필요한 사항은 대통령령으로 정한다.
(2009.12.30 본조개정)

제28조의7 【「국세기본법」의 준용】 보험료, 이 법에 따른 그 밖의 징수금의 체납처분 유예를 위한 납부담보의 제공에 관하여는 「국세기본법」 제29조부터 제34조까지의 규정을 준용한다. 이 경우 "세법"은 "이 법"으로, "납세담보"는 "납부담보"로, "세무서장"은 "건강보험공단"으로, "납세보증보험증권"은 "납부보증보험증권"으로, "납세보증서"는 "납부보증서"로, "납세담보물"은 "납부담보물"로, "국세·가산금과 체납처분비"는 "보험료, 이 법에 따른 그 밖의 징수금과 체납처분비"로 본다.(2010.1.27 개정)
(2009.12.30 본조개정)

제29조 【징수금의 결손처분】 ①건강보험공단은 다음 각 호의 어느 하나에 해당하는 사유가 있을 때에는 고용노동부장관의 승인을 받아 보험료와 이 법에 따른 그 밖의 징수금을 결손처분할 수 있다.(2010.6.4 개정)
1. 체납처분이 끝나고 체납액에 충당된 배분금액이 그 체납액보다 적은 경우
2. 소멸시효가 완성된 경우
3. 징수할 가능성이 없다고 인정하여 대통령령으로 정하는 경우
②건강보험공단은 제1항제3호에 따라 결손처분을 한 후 압류할 수 있는 다

른 재산을 발견한 경우에는 지체 없이 그 처분을 취소하고 다시 체납처분을 하여야 한다.(2010.1.27 개정)
(2009.12.30 본조개정)

제29조의2【체납 또는 결손처분 자료의 제공】 ①건강보험공단은 보험료징수 또는 공익목적을 위하여 필요한 경우에 「신용정보의 이용 및 보호에 관한 법률」 제25조제2항제1호에 따른 종합신용정보집중기관이 다음 각 호의 어느 하나에 해당하는 체납자 또는 결손처분자의 인적사항·체납액 또는 결손처분액에 관한 자료(이하 "체납등 자료"라 한다)를 요구할 때에는 그 자료를 제공할 수 있다. 다만, 체납된 보험료, 이 법에 따른 그 밖의 징수금과 관련하여 행정심판 또는 행정소송이 계류 중인 경우, 그 밖에 체납처분의 유예 등 대통령령으로 정하는 사유가 있을 때에는 그러하지 아니하다.(2010.1.27 개정)

1. 이 법에 따른 납부기한의 다음 날부터 1년이 지난 보험료, 이 법에 따른 그 밖의 징수금과 체납처분비의 총액이 500만원 이상인 자
2. 1년에 세 번 이상 체납하고 이 법에 따른 납부기한이 지난 보험료, 이 법에 따른 그 밖의 징수금과 체납처분비의 총액이 500만원 이상인 자
3. 제29조에 따라 결손처분한 금액의 총액이 500만원 이상인 자

②제1항에 따른 체납등 자료의 제공절차에 관하여 필요한 사항은 대통령령으로 정한다.

③제1항에 따라 체납등 자료를 제공받은 자는 이를 업무 외의 목적으로 누설하거나 이용하여서는 아니 된다.
(2009.12.30 본조개정)

제29조의3【금융거래정보의 제공 요청 등】 ①건강보험공단은 다음 각 호의 어느 하나에 해당하는 체납자의 재산조회를 위하여 필요한 경우에는 「금융실명거래 및 비밀보장에 관한 법률」 제4조에도 불구하고 같은 법 제2조제1호에 따른 금융기관의 특정점포에 금융거래 관련 정보 또는 자료(이하 "금융거래정보"라 한다)의 제공을 요청할 수 있으며, 해당 금융기관의 특정점포는 이를 제공하여야 한다.(2021.1.5 개정)

1. 이 법에 따른 납부기한의 다음 날부터 1년이 지난 보험료, 이 법에 따른 그 밖의 징수금 및 체납처분비의 총액이 500만원 이상인 자
2. 1년에 세 번 이상 체납하고 이 법에 따른 납부기한이 지난 보험료, 이 법에 따른 그 밖의 징수금 및 체납처분비의 총액이 500만원 이상인 자

②건강보험공단이 제1항에 따라 금융거래정보의 제공을 요청할 때에는 「금융실명거래 및 비밀보장에 관한 법률」 제4조제2항에 따른 금융위원회가 정하는 표준양식으로 하여야 한다.(2021.1.5 개정)
③제1항에 따른 금융거래정보의 제공 요청은 체납자의 재산조회를 위하여 필요한 최소한도에 그쳐야 한다.
④제1항에 따라 금융기관이 건강보험공단에 금융거래정보를 제공하는 경우에는 그 금융기관은 금융거래정보를 제공한 날부터 10일 이내에 제공한 금융거래정보의 주요내용 · 사용목적 · 제공받은 자 및 제공일자 등을 거래자에게 서면으로 알려야 한다. 이 경우 통지에 드는 비용에 관하여는 「금융실명거래 및 비밀보장에 관한 법률」 제4조의2제4항을 준용한다.(2013.6.4 개정)
⑤건강보험공단은 제1항에 따라 금융기관에 대하여 금융거래정보를 요청하는 경우에는 그 사실을 기록하여야 하며, 금융거래정보를 요청한 날부터 5년간 그 기록을 보관하여야 한다.(2021.1.5 개정)
⑥제1항에 따라 금융거래정보를 알게 된 자는 그 알게 된 금융거래정보를 타인에게 제공 또는 누설하거나 그 목적 외의 용도로 이용하여서는 아니 된다.
(2009.12.30 본조신설)

제29조의4【보험료등의 완납증명】 ①보험료등의 납부의무자가 국가, 지방자치단체 또는 「공공기관의 운영에 관한 법률」 제4조에 따른 공공기관 등 대통령령으로 정하는 기관으로부터 공사 · 제조 · 구매 · 용역 등 대통령령으로 정하는 계약의 대가를 지급받으려면 보험료등의 완납(完納) 사실을 증명하여야 한다. 다만, 납부의무자가 계약대금의 전부 또는 일부로 보험료등을 납부하려는 경우 등 대통령령으로 정하는 경우에는 그러하지 아니하다.
②납부의무자가 제1항에 따라 보험료등의 완납 사실을 증명하여야 하는 경우 같은 항의 계약을 담당하는 주무관서 또는 공공기관 등은 납부의무자의 동의를 받아 공단 또는 건강보험공단에 조회하여 보험료등의 납부 여부를 확인하는 것으로 제1항에 따른 완납 사실 증명을 갈음할 수 있다.
(2022.12.31 본조신설)

제30조【보험료 징수의 우선순위】 보험료와 이 법에 따른 그 밖의 징수금은 국세 및 지방세를 제외한 다른 채권보다 우선하여 징수한다. 다

만, 보험료 등의 납부기한 전에 전세권 · 질권 · 저당권 또는 「동산 · 채권 등의 담보에 관한 법률」에 따른 담보권의 설정을 등기하거나 등록한 사실이 증명되는 재산을 매각하여 그 매각대금 중에서 보험료 등을 징수하는 경우에 그 전세권 · 질권 · 저당권 또는 「동산 · 채권 등의 담보에 관한 법률」에 따른 담보권에 의하여 담보된 채권에 대하여는 그러하지 아니하다.(2010.6.10 개정)
(2009.12.30 본조개정)

제31조 【산재보험료 및 부담금 징수 등에 관한 특례】 ①건강보험공단은 이 법에 따른 산재보험료 및 산재보험과 관련된 그 밖의 징수금, 「임금채권보장법」 제9조 · 제16조에 따른 부담금, 및 그 밖의 징수금을 통합하여 징수하여야 한다.(2010.3.22 개정)
②사업주는 이 법에 따른 산재보험료, 「임금채권보장법」 제9조에 따른 부담금 및 「석면피해구제법」 제31조제1항제1호의 자에 대한 분담금(이하 "부담금"이라 한다)을 통합하여 신고하고 내야 한다.(2010.3.22 개정)
③제1항 및 제2항에 따라 사업주가 산재보험료 및 부담금(각각에 대한 연체금 및 가산금을 포함한다. 이하 이 조에서 같다)을 낸 경우에는 그 총액 중에서 사업주가 내야 할 산재보험료와 부담금의 비율만큼 산재보험료와 부담금을 낸 것으로 본다.
④건강보험공단은 제1항 및 제2항에 따라 징수하거나 납부된 산재보험료 및 부담금을 「산업재해보상보험법」 제95조에 따라 설치된 기금, 「임금채권보장법」 제17조에 따라 설치된 기금 및 「석면피해구제법」 제24조에 따라 설치된 기금에 각각 납입하여야 한다.(2010.3.22 개정)
⑤제4항에 따라 산재보험료 및 부담금을 각각의 기금에 납입하는 경우 그 정산기준 및 정산방법 등에 관하여 필요한 사항은 대통령령으로 정한다.
(2009.12.30 본조개정)

제32조 【서류의 송달】 ①「국세기본법」 제7조부터 제12조까지의 규정(같은 법 제8조제2항 단서는 제외한다)은 보험료, 이 법에 따른 그 밖의 징수금에 관한 서류의 송달에 관하여 준용한다.(2021.1.5 개정)
②제1항에도 불구하고 보험료, 이 법에 따른 그 밖의 징수금의 고지 · 독촉 또는 체납처분에 관계되는 서류를 우편에 따라 송달하는 경우 그 방법은 대통령령으로 정하는 바에 따른다.(2010.1.27 신설)

제 4 장 보험사무대행기관

제33조【보험사무대행기관】 ①사업주 등을 구성원으로 하는 단체로서 특별법에 따라 설립된 단체, 「민법」 제32조에 따라 고용노동부장관의 허가를 받아 설립된 법인 및 그 밖에 대통령령으로 정하는 기준에 해당하는 법인, 공인노무사 또는 세무사(이하 "법인등"이라 한다)는 사업주로부터 위임을 받아 보험료 신고, 고용보험 피보험자에 관한 신고 등 사업주가 지방고용노동관서 또는 공단에 대하여 하여야 할 보험에 관한 사무(이하 "보험사무"라 한다)를 대행할 수 있다. 이 경우 보험사무를 위임할 수 있는 사업주의 범위 및 법인등에 위임할 수 있는 업무의 범위는 대통령령으로 정한다.(2014.3.24 개정)

②법인등이 제1항에 따라 보험사무를 대행하려는 경우에는 대통령령으로 정하는 바에 따라 공단의 인가를 받아야 한다.

③제2항에 따라 인가를 받은 법인등(이하 "보험사무대행기관"이라 한다)이 인가받은 사항을 변경하려고 하는 경우 수탁대상지역 등 대통령령으로 정하는 사항에 관하여는 공단의 인가를 받아야 하며, 소재지 등 고용노동부령으로 정하는 사항은 공단에 신고하여야 한다.(2010.6.4 개정)

④보험사무대행기관이 제1항에 따른 업무의 전부 또는 일부를 폐지하려면 공단에 신고하여야 한다.

⑤공단은 보험사무대행기관이 다음 각 호의 어느 하나에 해당하는 경우에는 그 인가를 취소할 수 있다. 다만, 제1호에 해당하는 경우에는 인가를 취소하여야 한다.(2022.6.10 개정)

1. 거짓이나 그 밖의 부정한 방법으로 인가를 받은 경우
2. 정당한 사유 없이 계속하여 2개월 이상 보험사무를 중단한 경우
3. 보험사무를 거짓이나 그 밖의 부정한 방법으로 운영한 경우
4. 그 밖에 이 법 또는 이 법에 따른 명령을 위반한 경우

⑥제4항에 따라 업무가 전부 폐지되거나 제5항에 따라 인가가 취소된 보험사무대행기관은 폐지신고일 또는 인가취소일부터 1년의 범위에서 대통령령으로 정하는 기간 동안은 보험사무대행기관으로 다시 인가받을 수 없다.(2022.6.10 신설)

⑦그 밖에 보험사무대행기관의 인가 취소 등에 필요한 사항은 대통령령으로 정한다.(2022.6.10 신설)

(2009.12.30 본조개정)

제34조【보험사무대행기관에 대한 통지】 공단은 보험료, 이 법에 따른 그 밖의 징수금의 납입의 통지 등을 보험사무대행기관에 함으로써 그 사업주에 대한 통지를 갈음한다.
(2009.12.30 본조개정)

제35조【보험사무대행기관의 의무】 공단이 제24조에 따른 가산금, 제25조에 따른 연체금 및 제26조에 따른 산재보험급여에 해당하는 금액을 징수하는 경우에 그 징수사유가 보험사무대행기관의 귀책사유로 인한 것일 때에는 그 한도 안에서 보험사무대행기관이 해당 금액을 내야 한다.
(2009.12.30 본조개정)

제36조【보험사무대행기관의 장부비치 등】 보험사무대행기관은 대통령령으로 정하는 바에 따라 보험사무에 관한 사항을 적은 장부나 그 밖의 서류를 사무소에 갖추어 두어야 한다.
(2009.12.30 본조개정)

제37조【보험사무대행기관에 대한 지원 등】 공단은 보험사무대행기관이 제33조제1항에 따라 보험사무를 대행한 경우에는 대통령령으로 정하는 바에 따라 징수비용과 그 밖의 지원금을 교부할 수 있다.
(2009.12.30 본조개정)

보험료
징수

제5장 보 칙

제38조【보험료의 수납절차】 이 법에 따른 보험료와 그 밖의 징수금의 수납방법 및 그 절차 등에 관하여 필요한 사항은 고용노동부령으로 정한다.(2010.6.4 개정)
(2009.12.30 본조개정)

제39조【납부기한의 연장】 공단 또는 건강보험공단은 천재지변 등 고용노동부령으로 정하는 사유로 이 법에 규정된 신고·신청·청구나 그 밖의 서류의 제출·통지 또는 납부·징수를 정하여진 기한까지 할 수 없다고 인정될 때에는 그 기한을 연장할 수 있다.(2010.6.4 개정)
(2009.12.30 본조개정)

제40조【자료제공의 요청】 ①공단 또는 건강보험공단은 보험관계의 성립 및 소멸, 고용보험료의 지원, 보험료의 부과·징수, 보험료의 정산, 그

밖에 이 법에 따른 연체금 또는 징수금의 징수 등을 위하여 근로소득자료·국세·지방세·토지·건물·건강보험·국민연금 등 대통령령으로 정하는 자료를 제공받거나 관련 전산망을 이용하려는 경우에는 관계 기관의 장에게 사용목적 등을 적은 문서로 협조를 요청할 수 있다. 이 경우 관계 기관의 장은 정당한 사유가 없으면 그 요청에 따라야 한다.(2013.6.4 개정)

②공단은 산재보험 노무제공자에 대한 보험료의 부과·징수 등을 위하여 산재보험 노무제공자의 노무를 제공받는 사업의 도급인(「산업안전보건법」 제2조제7호에 따른 도급인을 말한다), 「보험업법」에 따른 보험회사 등 대통령령으로 정하는 기관·단체에 산재보험 노무제공자의 월 보수액 등 보험료 부과·징수 등에 필요한 내용으로서 대통령령으로 정하는 자료 또는 정보의 제공을 요청할 수 있다. 이 경우 요청을 받은 기관·단체는 특별한 사유가 없으면 그 요청에 따라야 한다.(2022.6.10 신설)

③제1항 또는 제2항에 따라 공단 또는 건강보험공단에 제공되는 자료에 대하여는 수수료 및 사용료 등을 면제한다.(2022.6.10 개정)

(2009.12.30 본조개정)

제41조 【시효】 ①보험료, 이 법에 따른 그 밖의 징수금을 징수하거나 그 반환받을 수 있는 권리는 3년간 행사하지 아니하면 시효로 인하여 소멸한다.

②제1항에 따른 소멸시효에 관하여는 이 법에 규정된 것을 제외하고는 「민법」에 따른다.

(2009.12.30 본조개정)

제42조 【시효의 중단】 ①제41조에 따른 소멸시효는 다음 각 호의 사유로 중단된다.

1. 제16조의8에 따른 월별보험료의 고지(2010.1.27 신설)
2. 제23조제1항 또는 제2항에 따른 반환의 청구(2010.1.27 개정)
3. 제27조에 따른 통지 또는 독촉(2010.1.27 개정)
4. 제28조에 따른 체납처분 절차에 따라 하는 교부청구 또는 압류(2010.1.27 개정)

②제1항에 따라 중단된 소멸시효는 다음 각 호의 기한 또는 기간이 지난 때부터 새로 진행한다.

1. 제16조의8에 따라 고지한 월별보험료의 납부기한(2010.1.27 신설)
2. 독촉에 의한 납부기한(2010.1.27 개정)

3. 제27조제1항에 따라 알린 납부기한(2010.1.27 개정)
4. 교부청구 중의 기간(2010.1.27 개정)
5. 압류기간(2010.1.27 개정)
(2009.12.30 본조개정)

제43조【보험료 정산에 따른 권리의 소멸시효】 ①제16조의9제3항에 따라 사업주가 반환받을 권리 및 건강보험공단이 징수할 권리의 소멸시효는 다음 보험연도의 첫날(보험연도 중에 보험관계가 소멸한 사업의 경우에는 보험관계가 소멸한 날)부터 진행한다.
②제19조제2항 및 제4항에 따라 사업주가 반환받을 권리 및 공단이 징수할 권리의 소멸시효는 다음 보험연도의 첫날(보험연도 중에 보험관계가 소멸한 사업의 경우에는 보험관계가 소멸한 날)부터 진행한다.
(2019.1.15 본조개정)

제44조【보고】 공단 또는 건강보험공단은 보험료의 성실신고 및 보험사무대행기관의 지도 등을 위하여 필요하다고 인정되어 대통령령으로 정하는 경우에는 이 법을 적용받는 사업의 사업주, 그 사업에 종사하는 근로자, 보험사무대행기관 및 보험사무대행기관이었던 자에 대하여 이 법 시행에 필요한 보고 및 관계 서류의 제출을 요구할 수 있다.(2010.1.27 개정)
(2009.12.30 본조개정)

보험료 징수

제45조【조사】 ①공단은 보험료의 성실신고 및 보험사무대행기관의 지도 등을 위하여 필요하다고 인정되어 대통령령으로 정하는 경우에는 소속 직원으로 하여금 근로자를 고용하고 있거나 고용하였던 사업주의 사업장 또는 보험사무대행기관, 보험사무대행기관이었던 자의 사무소에 출입하여 관계인에 대하여 질문을 하거나 관계 서류를 조사하게 할 수 있다.
②공단은 제1항에 따라 조사를 하는 경우 해당 사업주 등에게 조사의 일시 및 내용 등 조사에 필요한 사항을 미리 알려야 한다. 다만, 긴급한 경우나 사전 통지 시 그 목적을 달성할 수 없다고 인정되는 경우에는 그러하지 아니하다.
③제1항의 경우에 공단직원은 그 권한을 표시하는 증표를 지니고 이를 관계인에게 내보여야 한다.
④공단은 제1항부터 제3항까지의 규정에 따라 조사를 마치면 해당 사업주 등에게 조사 결과를 서면으로 알려야 한다.
(2009.12.30 본조개정)

제45조의2 【소액 처리】 공단 또는 건강보험공단은 이 법에 따라 징수하여야 할 금액이나 제23조제1항 본문에 따라 지급하여야 할 금액이 1건당 2천원 미만인 경우에는 징수 또는 지급하지 아니한다.
(2022.12.31 본조신설)

제46조 【업무의 위임 및 위탁】 ①이 법에 따른 고용노동부장관의 권한은 대통령령으로 정하는 바에 따라 그 일부를 지방고용노동관서의 장에게 위임할 수 있다.(2013.6.4 신설)
②공단 또는 건강보험공단은 대통령령으로 정하는 바에 따라 보험료, 이 법에 따른 그 밖의 징수금의 수납업무 중 일부를 체신관서 또는 금융기관에 위탁할 수 있다.(2013.6.4 개정)
(2009.12.30 본조개정)

제46조의2 【업무의 지도 · 감독】 ①제4조에 따라 징수업무를 위탁받은 건강보험공단은 대통령령으로 정하는 바에 따라 회계연도마다 보험료 등의 고지, 수납 및 체납관리에 관한 사업운영계획과 예산에 관하여 고용노동부장관의 승인을 받아야 한다.(2010.6.4 개정)
②건강보험공단은 매 회계연도가 끝난 후 2개월 이내에 그 회계연도의 사업실적과 결산을 고용노동부장관에게 보고하여야 한다.(2010.6.4 개정)
③고용노동부장관은 건강보험공단에 대하여 제1항에 따른 사업에 관한 보고를 명하거나 사업 또는 재산상황을 검사할 수 있고, 필요하다고 인정하면 정관의 관련 규정을 변경하도록 명하는 등 감독상 필요한 조치를 할 수 있다.(2010.6.4 개정)
(2010.1.27 본조신설)

제47조 【해외파견자에 대한 특례】 ①「산업재해보상보험법」 제122조제1항에 따라 산재보험의 적용을 받는 해외파견자(이하 "해외파견자"라 한다)의 산재보험료 산정의 기초가 되는 보수액은 그 사업에 사용되는 같은 직종 근로자의 보수나 그 밖의 사정을 고려하여 고용노동부장관이 정하는 금액으로 하고, 산재보험료율은 해외파견자의 재해율 및 재해보상에 필요한 금액 등을 고려하여 고용노동부장관이 정하여 고시한다.(2010.6.4 개정)
②산재보험 가입자의 해외파견자에 대한 보험가입 신청 및 승인, 보험료의 신고 및 납부 등에 필요한 사항은 고용노동부령으로 정한다.(2010.6.4 개정)

③해외파견자에 대한 산재보험관계의 성립 및 소멸에 관하여는 제5조제4항 · 제5항 · 제7항, 제7조제3호 및 제10조를 준용한다.
(2009.12.30 본조개정)

제48조【현장실습생에 대한 특례】①「산업재해보상보험법」 제123조제1항에 따라 산재보험의 적용을 받는 현장실습생(이하 "현장실습생"이라 한다)의 산재보험료 산정의 기초가 되는 보수액은 현장실습생이 받은 모든 금품으로 하되, 산재보험료 산정이 어려운 경우에는 고용노동부장관이 정하여 고시하는 금액으로 할 수 있다.(2010.6.4 개정)
②현장실습생의 산재보험료의 신고 및 납부 등에 필요한 사항은 고용노동부령으로 정한다.(2010.6.4 개정)
(2009.12.30 본조개정)

제48조의2【예술인 고용보험 특례】 ①「고용보험법」 제77조의2에 따라 고용보험의 적용을 받는 예술인과 이들을 상대방으로 하여 문화예술용역 관련 계약을 체결한 사업의 사업주는 당연히 고용보험의 보험가입자가 된다.(2021.1.5 개정)
②예술인의 보수액은 「소득세법」 제19조에 따른 사업소득 및 같은 법 제21조에 따른 기타소득에서 대통령령으로 정하는 금품을 뺀 금액으로 한다.(2021.1.5 개정)
③제14조에도 불구하고 예술인과 이들을 상대방으로 하여 문화예술용역 관련 계약을 체결한 사업의 사업주에 대한 고용보험료율은 종사형태 등을 반영하여 「고용보험법」 제7조에 따른 고용보험위원회의 심의를 거쳐 대통령령으로 달리 정할 수 있다. 이 경우 보험가입자의 고용보험료 평균액의 일정비율에 해당하는 금액을 고려하여 대통령령으로 고용보험료의 상한을 정할 수 있다.(2021.1.5 개정)
④「고용보험법」 제77조의2에 따라 고용보험의 적용을 받는 사업의 사업주는 예술인이 부담하여야 하는 고용보험료와 사업주가 부담하여야 하는 고용보험료를 납부하여야 한다. 이 경우 사업주는 예술인이 부담하여야 하는 고용보험료를 대통령령으로 정하는 바에 따라 그 예술인의 보수에서 원천공제하여 납부할 수 있다.
⑤사업주는 제4항에 따라 고용보험료에 해당하는 금액을 원천공제하였으면 공제계산서를 예술인에게 발급하여야 한다.(2021.1.5 개정)
⑥제4항에도 불구하고 「고용보험법」 제77조의2제3항에 따라 피보험자격의

취득을 신고한 예술인이 부담하여야 하는 고용보험료는 대통령령으로 정하는 바에 따라 발주자 또는 원수급인이 납부하여야 한다.

⑦제6항에 따라 고용보험료를 납부하여야 하는 자는 대통령령으로 정하는 바에 따라 해당 고용보험료를 부담하여야 하는 보험가입자로부터 고용보험료를 원천공제하여 납부하여야 한다. 이 경우 해당 사업주 등에게 원천공제내역을 알려야 한다.

⑧예술인의 고용보험관계 등에 관하여는 다음 각 호에서 정하는 바에 따라 각 해당 규정을 준용한다.(2021.1.5 개정)

1. 예술인에 대한 고용보험관계의 성립 · 소멸에 관하여는 제5조제7항, 제6조제3항, 제7조제1호, 제10조(제2호는 제외한다), 제11조제1항(제2호는 제외한다) 및 제12조를 준용한다. 이 경우 "근로자"는 "근로자, 예술인 또는 노무제공자"로, "고용하지 아니하게 되었을 때"는 "고용하지 아니하게 되었거나 관련 계약이 종료되었을 때"로, "제5조제1항"은 "제1항"으로 본다.(2021.1.5 개정)
2. 예술인에 대한 고용보험료의 산정 · 부과에 관하여는 제13조제1항제1호 · 제2항(같은 항 단서는 제외한다) · 제4항제2호, 제15조제1항, 제16조의2제1항, 제16조의4, 제16조의6부터 제16조의8까지, 제16조의9(제1항 후단은 제외한다), 제16조의11, 제16조의12 및 제18조제1항을 준용한다. 이 경우 "근로자"는 "예술인"으로, "고용보험료율"은 "제48조의2제3항에 따른 보험료율"로 본다.(2022.12.31 개정)
3. 예술인에 대한 고용보험료의 지원, 경감, 과납액의 충당과 반환, 고용보험료와 연체금의 징수 · 독촉 등에 관하여는 제21조, 제21조의2, 제22조의2(개산보험료에 관한 사항은 제외한다), 제23조(제1항제2호 중 개산보험료에 관한 사항 및 같은 항 제4호는 제외한다), 제25조(제16조의3, 제16조의6, 제16조의7, 제16조의9 및 제18조제1항에 관한 사항으로 한정한다), 제26조의2, 제27조, 제27조의2, 제27조의3, 제28조, 제28조의2부터 제28조의7까지, 제29조, 제29조의2, 제29조의3, 제30조, 제38조 및 제39조를 준용한다. 이 경우 "근로자"는 」예술인"으로 본다.(2021.1.5 개정)
4. 예술인에 대한 고용보험료 및 이 법에 따른 그 밖의 징수금에 관한 서류의 송달, 자료제공의 요청, 보고, 조사 등에 관하여는 제32조 및 제40조부터 제45조까지(제43조제2항은 제외한다)의 규정을 준용한다. 이 경우 "근로자"는 "예술인"으로 본다.(2021.1.5 개정)

(2020.6.9 본조신설)

제48조의3【노무제공자의 고용보험 특례】 ①「고용보험법」 제77조의6에 따라 고용보험의 적용을 받는 노무제공자와 이들을 상대방으로 하여 노무제공계약을 체결한 사업의 사업주(이하 "노무제공사업의 사업주"라 한다)는 당연히 고용보험의 보험가입자가 된다.

②공단이 제16조의2제1항에 따라 매월 부과하는 노무제공자의 월별 보험료(고용보험료에 한정한다)는 월 보수액에 고용보험료율을 곱한 금액으로 한다. 이 경우 월 보수액의 산정방법, 적용기간 등은 대통령령으로 정하는 바에 따른다.(2022.12.31 개정)

③노무제공자의 보수액은 「소득세법」 제19조에 따른 사업소득 및 같은 법 제21조에 따른 기타소득에서 대통령령으로 정하는 금품을 뺀 금액으로 한다. 다만, 노무제공특성에 따라 소득확인이 어렵다고 대통령령으로 정하는 직종의 고용보험료 산정기초가 되는 보수액은 고용노동부장관이 고시하는 금액으로 한다.(2022.6.10 개정)

④제13조 및 제14조에도 불구하고 노무제공자와 노무제공사업의 사업주가 부담하여야 하는 고용보험료 및 고용보험료율은 종사형태 등을 반영하여 「고용보험법」 제7조에 따른 고용보험위원회의 심의를 거쳐 대통령령으로 달리 정할 수 있다. 이 경우 보험가입자의 고용보험료 평균액의 일정비율에 해당하는 금액을 고려하여 대통령령으로 고용보험료의 상한을 정할 수 있다.(2022.6.10 개정)

⑤사업주는 대통령령으로 정하는 바에 따라 노무제공자의 노무제공 내용, 월 보수액 등을 공단에 신고하여야 한다.(2022.6.10 신설)

⑥노무제공사업의 사업주는 노무제공자가 부담하여야 하는 고용보험료와 사업주가 부담하여야 하는 고용보험료를 납부하여야 한다. 이 경우 노무제공사업의 사업주는 노무제공자가 부담하여야 하는 고용보험료를 대통령령으로 정하는 바에 따라 그 노무제공자의 보수에서 원천공제하여 납부할 수 있다.(2022.6.10 개정)

⑦노무제공사업의 사업주는 제6항 후단에 따라 고용보험료에 해당하는 금액을 원천공제한 때에는 공제계산서를 노무제공자에게 발급하여야 한다.(2022.6.10 개정)

⑧노무제공자의 고용보험관계 등에 관하여는 다음 각 호에서 정하는 바에 따라 각 해당 규정을 준용한다.(2022.6.10 개정)

1. 노무제공자에 대한 고용보험관계의 성립 · 소멸에 관하여는 제5조제7항, 제6조제3항, 제7조제1호, 제10조(제2호는 제외한다), 제11조제1항(제2호는 제외한다) 및 제12조를 준용한다. 이 경우 "근로자"는 "근로자, 노무제공자 또는 예술인"으로, "고용하지 아니하게 되었을 때"는 "고용하지 아니하게 되었거나 관련 계약이 종료되었을 때"로, "제5조제1항"은 "제1항"으로 본다.
2. 노무제공자에 대한 고용보험료의 산정 · 부과에 관하여는 제13조제1항제1호 · 제2항(같은 항 단서와 보험료의 분담비율은 제외한다) · 제4항제2호(보험료의 분담비율은 제외한다), 제15조제1항, 제16조의2제1항, 제16조의4, 제16조의6부터 제16조의8까지, 제16조의9(제1항 후단은 제외한다), 제16조의11, 제16조의12 및 제18조제1항을 준용한다. 이 경우 "근로자"는 "노무제공자"로, "고용보험료율"은 "제48조의3제4항에 따른 보험료율"로 본다.(2022.12.31 개정)
3. 노무제공자에 대한 고용보험료의 지원, 경감, 과납액의 충당과 반환, 고용보험료와 연체금의 징수 · 독촉 등에 관하여는 제21조, 제21조의2, 제22조의2(개산보험료에 관한 사항은 제외한다), 제23조(제1항제2호 중 개산보험료에 관한 사항 및 같은 항 제4호는 제외한다), 제25조(제16조의3, 제16조의6, 제16조의7, 제16조의9 및 제18조제1항에 관한 사항으로 한정한다), 제26조의2, 제27조, 제27조의2, 제27조의3, 제28조, 제28조의2부터 제28조의7까지, 제29조, 제29조의2, 제29조의3, 제30조, 제38조 및 제39조를 준용한다. 이 경우 "근로자"는 "노무제공자"로 본다.
4. 노무제공자에 대한 고용보험료 및 이 법에 따른 그 밖의 징수금에 관한 서류의 송달, 자료제공의 요청, 보고, 조사 등에 관하여는 제32조 및 제40조부터 제45조까지(제43조제2항은 제외한다)의 규정을 준용한다. 이 경우 "근로자"는 "노무제공자"로 본다.

(2021.1.5 본조신설)

제48조의4【노무제공플랫폼사업자에 대한 특례】 ①「고용보험법」 제77조의7제1항에 따른 노무제공플랫폼사업자(이하 "노무제공플랫폼사업자"라 한다)는 노무제공사업의 사업주와 같은 항에 따른 노무제공플랫폼 이용에 대한 계약(이하 "노무제공플랫폼이용계약"이라 한다)을 체결하는 경우 해당 이용 계약의 개시일 또는 종료일이 속하는 달의 다음 달 15일까지 다음 각 호에 해당하는 사항을 공단에 신고하여야 한다.

1. 노무제공플랫폼사업자의 성명과 주소(법인의 경우에는 법인의 명칭과 주된 사무소의 소재지)
2. 노무제공사업의 사업주가 해당 사업에 「고용보험법」 제77조의7제1항에 따른 노무제공플랫폼을 이용하기 시작한 날 또는 종료한 날
3. 노무제공사업의 사업주의 성명과 주소(법인의 경우에는 법인의 명칭과 주된 사무소의 소재지)
4. 그 밖에 고용노동부령으로 정하는 사항

②공단은 노무제공플랫폼사업자와 노무제공사업의 사업주가 노무제공플랫폼이용계약을 체결하는 경우 노무제공플랫폼사업자에게 노무제공 횟수 및 그 대가 등 대통령령으로 정하는 자료 또는 정보의 제공을 요청할 수 있다. 이 경우 요청을 받은 노무제공플랫폼사업자는 특별한 사유가 없으면 그 요청에 따라야 한다.

③제48조의3제6항에도 불구하고 「고용보험법」 제77조의7제1항에 따라 노무제공플랫폼사업자가 피보험자격의 취득 등을 신고한 경우 그 노무제공자 및 노무제공사업의 사업주가 부담하는 고용보험료 부담분은 노무제공플랫폼사업자가 원천공제하여 대통령령으로 정하는 바에 따라 납부하여야 한다.(2022.6.10 개정)

보험료 징수

④노무제공플랫폼사업자는 제3항에 따라 고용보험료를 원천공제한 경우에는 해당 노무제공자와 노무제공사업의 사업주에게 그 원천공제 내역을 알려야 한다.

⑤공단 또는 건강보험공단은 제3항에 따른 노무제공플랫폼사업자의 원천공제에 관한 지도 등을 위하여 필요하다고 인정되는 경우에는 노무제공플랫폼사업자 및 노무제공플랫폼사업자이었던 자에 대하여 다음 각 호의 구분에 따라 보고 또는 관계 서류의 제출을 요구하거나 조사 등을 할 수 있다. 이 경우 보고·관계 서류의 제출 요구 및 조사 등에 관하여는 제44조 및 제45조를 준용한다.

1. 공단 또는 건강보험공단의 경우: 제3항의 업무와 관련된 보고 또는 관계 서류의 제출 요구
2. 공단의 경우: 소속 직원으로 하여금 해당 사업자의 사무소에 출입하여 관계인에 대한 질문과 관계 서류의 조사

⑥제1항, 제2항 및 제5항에 따른 노무제공플랫폼사업자 등의 신고 및 통보, 공단의 자료 또는 정보의 제공 요청 및 통보, 보고 등의 요구 및 조사 등

에 필요한 사항은 고용노동부령으로 정한다.
⑦공단은 대통령령으로 정하는 바에 따라 노무제공플랫폼사업자가 이 법에 따른 보험사무에 관한 의무를 이행하는데 필요한 비용의 일부를 지원할 수 있다.(2022.6.10 신설)
(2021.1.5 본조신설)

제48조의5【학생연구자에 대한 특례】 ①「산업재해보상보험법」 제123조의2제2항에 따라 산재보험의 적용을 받는 학생연구자(이하 이 조에서 "학생연구자"라 한다)에 대한 산재보험료 산정의 기초가 되는 보수액은 고용노동부장관이 정하여 고시하는 금액으로 하고, 산재보험료율은 그 사업이 적용받는 사업의 산재보험료율로 한다.
②학생연구자의 산재보험료 신고 및 납부 등에 필요한 사항은 고용노동부령으로 정한다.
(2021.4.13 본조신설)

제48조의6【산재보험 노무제공자의 산재보험 특례】 ①산재보험 노무제공자의 노무를 제공받는 사업의 사업주는 당연히 산재보험의 보험가입자가 된다.
②공단이 제16조의2제1항에 따라 매월 부과하는 산재보험 노무제공자의 월별보험료(산재보험료에 한정한다)는 사업주가 매월 지급하는 보수액에 산재보험료율을 곱한 금액으로 한다.
③제2항에 따른 산재보험 노무제공자의 월 보수액은 「소득세법」 제19조에 따른 사업소득 및 같은 법 제21조에 따른 기타소득에서 대통령령으로 정하는 금품을 뺀 금액으로 한다. 다만, 노무제공특성에 따라 소득확인이 어렵다고 대통령령으로 정하는 직종의 월 보수액은 고용노동부장관이 고시하는 금액으로 한다.
④사업주는 제3항 단서에 따른 직종의 산재보험 노무제공자가 부상 · 질병 등 대통령령으로 정하는 휴업의 사유가 발생하여 노무를 제공할 수 없을 때에는 그 사유가 발생한 날부터 14일 이내에 그 사실을 공단에 신고하여야 하며, 사업주가 해당 기한 내에 신고하지 아니한 경우에는 산재보험 노무제공자가 신고할 수 있다. 이 경우 해당 사유가 발생한 기간은 보험료를 부과하지 아니할 수 있다.
⑤제13조부터 제15조까지의 규정에도 불구하고 산재보험 노무제공자의 산재보험료율은 재해율 등을 고려하여 「산업재해보상보험법」 제8조에 따

른 산업재해보상보험및예방심의위원회의 심의를 거쳐 고용노동부장관이 달리 정할 수 있다.

⑥제2항에 따른 산재보험료는 사업주와 산재보험 노무제공자가 각각 2분의 1씩 부담한다. 다만, 사용종속관계(使用從屬關係)의 정도 등을 고려하여 대통령령으로 정하는 직종에 종사하는 산재보험 노무제공자의 경우에는 사업주가 부담한다.

⑦산재보험 노무제공자의 재해율, 월 보수액, 산재보험료율 및 노무제공 형태 등을 고려하여 대통령령으로 정하는 산재보험 노무제공자와 해당 사업주에 대해서는 제2항에 따른 산재보험료를 대통령령으로 정하는 바에 따라 감면할 수 있다.

⑧사업주는 대통령령으로 정하는 바에 따라 산재보험 노무제공자의 월 보수액 등을 공단에 신고하여야 한다. 다만, 사업주가 신고하지 아니하면 대통령령으로 정하는 바에 따라 산재보험 노무제공자가 신고할 수 있다.

⑨산재보험 노무제공자의 월 보수액 정정 신고 및 산재보험료 정산 등은 대통령령으로 정하는 바에 따른다.

⑩사업주는 산재보험 노무제공자가 부담하여야 하는 산재보험료와 사업주가 부담하여야 하는 산재보험료를 납부하여야 한다.

⑪사업주는 산재보험 노무제공자가 부담하여야 하는 산재보험료를 대통령령으로 정하는 바에 따라 그 산재보험 노무제공자의 보수에서 원천공제하여 납부할 수 있다. 이 경우 사업주는 공제계산서를 산재보험 노무제공자에게 발급하여야 한다.

⑫산재보험 노무제공자의 보험관계의 변경신고 등에 필요한 사항은 고용노동부령으로 정한다.

⑬산재보험 노무제공자의 산재보험관계 등에 관하여는 다음 각 호에서 정하는 바에 따라 각 해당 규정을 준용한다.

1. 노무제공자에 대한 산재보험관계의 성립·소멸에 관하여는 제5조제7항, 제6조제3항, 제7조제2호, 제10조(제2호는 제외한다), 제11조제1항 및 제12조를 준용한다. 이 경우 "근로자"는 "근로자 또는 산재보험 노무제공자"로, "고용하지 아니하게 되었을 때"는 "고용하지 아니하게 되었거나 노무를 제공받지 아니하게 되었을 때"로 본다.
2. 산재보험 노무제공자에 대한 산재보험료의 산정·부과에 관하여는 제3조, 제13조제1항제2호, 제16조의2, 제16조의4, 제16조의7, 제16조의8, 제16

보험료 징수

조의12, 제17조, 제18조제1항, 제19조 및 제19조의2를 준용한다. 이 경우 "근로자"는 "산재보험 노무제공자"로, "산재보험료율"은 "제48조의6제5항에 따른 산재보험료율"로 본다.

3. 산재보험 노무제공자에 대한 산재보험료의 경감, 과납액의 충당과 반환, 산재보험료와 연체금의 징수·독촉 등에 관하여는 제22조의2, 제23조, 제24조, 제25조, 제26조, 제26조의2, 제27조, 제27조의2, 제27조의3, 제28조, 제28조의2부터 제28조의7까지, 제29조, 제29조의2, 제29조의3, 제30조, 제38조 및 제39조를 준용한다. 이 경우 "근로자"는 "산재보험 노무제공자"로 본다.

4. 산재보험 노무제공자에 대한 산재보험료 및 이 법에 따른 그 밖의 징수금에 관한 서류의 송달, 자료제공의 요청, 보고, 조사 등에 관하여는 제32조 및 제40조제1항·제3항, 제41조부터 제45조까지의 규정을 준용한다. 이 경우 "근로자"는 "산재보험 노무제공자"로 본다.

(2022.6.10 본조신설)

제48조의7【플랫폼 운영자의 산재보험 특례】 ①「산업재해보상보험법」 제91조의15제3호에 따른 플랫폼 운영자(같은 법 같은 조 제4호 단서에 해당하는 플랫폼 운영자는 제외한다. 이하 "플랫폼 운영자"라 한다)는 같은 법 같은 조 제4호에 따른 플랫폼 이용 사업자(이하 "플랫폼 이용 사업자"라 한다)의 같은 법 같은 조 제1호나목에 따른 온라인 플랫폼(이하 "온라인 플랫폼"이라 한다) 이용 개시일 또는 종료일이 속하는 달의 다음 달 15일까지 다음 각 호에 해당하는 사항을 공단에 신고하여야 한다.

1. 플랫폼 운영자의 성명과 주소(법인의 경우에는 법인의 명칭과 주된 사무소의 소재지)
2. 플랫폼 이용 사업자가 해당 사업에 온라인 플랫폼을 이용하기 시작한 날 또는 종료한 날
3. 플랫폼 이용 사업자의 성명과 주소(법인의 경우에는 법인의 명칭과 주된 사무소의 소재지)
4. 그 밖에 「산업재해보상보험법」 제91조의15제2호에 따른 플랫폼 종사자(이하 "플랫폼 종사자"라 한다)의 보험관계에 관한 정보 등 고용노동부령으로 정하는 사항

②플랫폼 운영자는 제1항에 따른 신고를 하기 위하여 필요한 경우 해당 플랫폼 이용 사업자와 플랫폼 종사자에게 필요한 자료 또는 정보의 제공을

요청할 수 있다. 이 경우 요청을 받은 플랫폼 이용 사업자와 플랫폼 종사자는 정당한 사유가 없으면 그 요청에 따라야 한다.

③제48조의6제8항 본문에도 불구하고 플랫폼 종사자의 월 보수액 등 신고는 대통령령으로 정하는 바에 따라 플랫폼 운영자가 하여야 한다.

④제48조의6제10항 및 제11항에도 불구하고 플랫폼 종사자 및 플랫폼 이용 사업자가 부담하는 산재보험료는 플랫폼 운영자가 원천공제하여 대통령령으로 정하는 바에 따라 납부하여야 한다. 다만, 대통령령으로 정하는 온라인 플랫폼을 통하여 노무를 제공하는 플랫폼 종사자의 산재보험료 원천공제 · 납부 등에 대해서는 대통령령으로 정하는 바에 따른다.

⑤플랫폼 운영자는 제4항에 따라 산재보험료를 원천공제한 경우에는 해당 플랫폼 종사자와 플랫폼 이용 사업자에게 그 원천공제 내역을 알려야 한다.

⑥플랫폼 운영자는 제4항에 따라 산재보험료를 납부하기 위하여 산재보험료 원천공제 및 납부를 위한 전용 계좌를 개설하여야 한다.

⑦공단 또는 건강보험공단은 보험료의 성실납부 등을 위하여 필요하다고 인정되는 경우에는 플랫폼 운영자 및 플랫폼 운영자였던 자에 대하여 다음 각 호의 구분에 따라 보고 또는 관계 서류의 제출을 요구하거나 조사 등을 할 수 있다. 이 경우 보고 · 관계 서류의 제출 요구 및 조사 등에 관하여는 제44조 및 제45조를 준용한다.

1. 공단 또는 건강보험공단의 경우: 제4항의 업무와 관련된 보고 또는 관계 서류의 제출 요구
2. 공단의 경우: 소속 직원으로 하여금 해당 플랫폼 운영자의 사무소에 출입하여 관계인에 대한 질문과 관계 서류의 조사

⑧플랫폼 운영자는 제3항에 따른 월 보수액 등 신고와 관련된 정보를 플랫폼 종사자의 해당 온라인 플랫폼을 통한 노무제공이 종료된 날부터 5년 동안 보관하여야 한다.

⑨공단은 대통령령으로 정하는 바에 따라 플랫폼 운영자가 이 법에 따른 보험사무에 관한 의무를 이행하는 데 필요한 비용의 일부를 지원할 수 있다.

⑩제1항 및 제7항에 따른 플랫폼 운영자 등의 신고, 공단의 보고 등의 요구 및 조사 등에 필요한 사항은 고용노동부령으로 정한다.

(2022.6.10 본조신설)

제49조 【중소기업 사업주에 대한 특례】 ①「산업재해보상보험법」 제124조제3항에 따른 중소기업 사업주 등에 대한 산재보험료 산정의 기초가

되는 보수액은 고용노동부장관이 정하는 금액으로 하고, 산재보험료율은 그 사업이 적용받는 산재보험료율로 한다.(2020.12.8 개정)
②중소기업 사업주 등의 산재보험 가입신청 및 승인, 보험료의 신고 및 납부 등에 필요한 사항은 고용노동부령으로 정한다.(2020.12.8 개정)
③중소기업 사업주 등에 대한 보험관계의 성립 및 소멸에 관하여는 제5조제4항 · 제5항 · 제7항, 제6조제3항, 제7조제3호 및 제10조를 준용한다.(2020.12.8 개정)
(2009.12.30 본조개정)

제49조의2【자영업자에 대한 특례】 ①근로자를 사용하지 아니하거나 50명 미만의 근로자를 사용하는 사업주로서 대통령령으로 정하는 요건을 갖춘 자영업자(이하 "자영업자"라 한다)는 공단의 승인을 받아 자기를 이 법에 따른 근로자로 보아 고용보험에 가입할 수 있다.
②제1항에 따라 보험에 가입한 자영업자가 50명 이상의 근로자를 사용하게 된 경우에도 본인이 피보험자격을 유지하려는 경우에는 계속하여 보험에 가입된 것으로 본다.
③자영업자에 대한 고용보험료 산정의 기초가 되는 보수액은 자영업자의 소득, 보수수준 등을 고려하여 고용노동부장관이 정하여 고시한다.
④자영업자는 제1항에 따라 보험가입 승인을 신청하려는 경우에는 본인이 원하는 혜택수준을 고려하여 제3항에 따라 고시된 보수액 중 어느 하나를 선택하여야 한다.
⑤자영업자는 제4항에 따라 선택한 보수액을 다음 보험연도에 변경하려는 경우에는 직전 연도의 12월 20일까지 제3항에 따라 고시된 보수액 중 어느 하나를 다시 선택하여 공단에 보수액의 변경을 신청할 수 있다.
⑥제13조제2항 및 제4항에도 불구하고 자영업자가 부담하여야 하는 고용안정 · 직업능력개발사업 및 실업급여에 대한 고용보험료는 제4항 또는 제5항에 따라 선택한 보수액에 제7항에 따른 고용보험료율을 곱한 금액으로 한다. 이 경우 월(月)의 중간에 보험관계가 성립하거나 소멸하는 경우에는 그 고용보험료는 일수에 비례하여 계산한다.(2021.1.26 개정)
⑦자영업자에게 적용하는 고용보험료율은 보험수지의 동향과 경제상황 등을 고려하여 1000분의 30의 범위에서 고용안정 · 직업능력개발사업의 보험료율 및 실업급여의 보험료율로 구분하여 대통령령으로 정한다. 이 경우 고용보험료율의 결정 및 변경은 「고용보험법」 제7조에 따른 고용보험

위원회의 심의를 거쳐야 한다.
⑧제6항에 따른 고용보험료는 공단이 매월 부과하고, 건강보험공단이 이를 징수한다.
⑨고용보험에 가입한 자영업자는 매월 부과된 보험료를 다음 달 10일까지 납부하여야 한다.
⑩고용보험에 가입한 자영업자가 자신에게 부과된 월(月)의 고용보험료를 계속하여 6개월간 납부하지 아니한 경우에는 마지막으로 납부한 고용보험료에 해당되는 피보험기간의 다음날에 보험관계가 소멸된다. 다만, 천재지변이나 그 밖에 부득이한 사유로 고용보험료를 낼 수 없었음을 증명하면 그러하지 아니하다.(2019.1.15 개정)
⑪자영업자의 고용보험 가입 신청 · 승인 및 보험료의 부과 · 납부 등 필요한 사항은 고용노동부령으로 정한다.
⑫자영업자의 고용보험관계 등에 관하여는 다음 각 호에서 정하는 바에 따라 준용한다. 이 경우 "사업주"는 "자영업자"로 본다.(2019.1.15 개정)
1. 자영업자에 대한 고용보험관계의 성립 · 소멸에 관하여는 제5조제5항(같은 항 후단은 제외한다) · 제7항, 제7조제3호 및 제10조제1호부터 제3호까지를 준용한다.(2019.1.15 개정)
2. 자영업자에 대한 고용보험료 과납액의 충당과 반환, 고용보험료와 연체금의 징수 · 독촉에 관하여는 제23조제1항 · 제2항 · 제4항, 제25조, 제26조의2 및 제27조를 준용한다.(2019.1.15 개정)
3. 자영업자에 대한 고용보험료, 이 법에 따른 그 밖의 징수금에 관한 서류의 송달에 관하여는 제32조를 준용한다.(2019.1.15 개정)

(2011.7.21 본조개정)

제49조의3【특수형태근로종사자에 대한 특례】 삭제(2022.6.10)

제49조의4【「국민기초생활 보장법」의 수급자에 대한 특례】 ①「고용보험법」 제113조의2에 따라 고용보험의 적용을 받는 사업에 참가하여 유급으로 근로하는 「국민기초생활 보장법」 제2조제2호에 따른 수급자는 이 법의 적용을 받는 근로자로 보고, 「국민기초생활 보장법」 제2조제4호에 따른 보장기관(같은 법 제15조제2항에 따라 사업을 위탁하여 행하는 경우는 그 위탁받은 기관으로 한다)은 이 법의 적용을 받는 사업주로 본다.(2021.1.5 개정)
②제1항에 따른 사업의 보험가입자에 대한 고용보험료 산정의 기초가 되

는 보수액은 같은 항에 따른 사업에 참가하고 받은 금전으로 한다.
③제13조제2항 및 제4항에도 불구하고 제1항에 따른 수급자가 「국민기초생활 보장법」 제8조제2항에 따른 수급권자인 경우에는 해당 수급자의 고용보험료는 제2항에 따른 보수액에 제14조제1항에 따른 고용안정 · 직업능력개발사업의 보험료율을 곱한 금액으로 한다.(2016.12.27 개정)
(2011.7.21 본조신설)

제49조의5【산재보험관리기구의 산재보험 가입에 대한 특례】①「직업안정법」 제33조에 따라 국내 근로자공급사업을 하는 자(이하 "근로자공급사업자"라 한다), 근로자공급사업자로부터 근로자를 공급받는 사업주 · 화주(貨主) 및 그 사업주 · 화주 단체, 그 밖에 근로자공급사업과 관련 있는 법인 또는 단체가 산재보험의 가입자가 되는 기구(이하 "산재보험관리기구"라 한다)를 구성하려는 경우에는 공단의 승인을 받아야 한다.
②산재보험관리기구는 공단에 승인을 신청한 날의 다음 날부터 제5조제3항에 따른 보험가입자의 지위를 가지며, 산재보험의 보험관계가 성립한다.
③산재보험관리기구의 산재보험관계는 다음 각 호의 어느 하나에 해당하는 경우에 소멸하며, 보험관계 소멸일은 다음 각 호의 구분과 같다.
1. 산재보험관리기구가 보험가입자로서의 지위를 해지하기 위하여 공단의 승인을 받은 경우: 공단의 승인을 받은 날의 다음 날
2. 공단이 산재보험관리기구가 실제로 운영되지 아니하는 등의 사유로 계속하여 산재보험의 보험관계를 유지할 수 없다고 인정하여 보험관계를 소멸시킨 경우: 소멸 사실을 결정하여 통지한 날의 다음 날
④산재보험관리기구는 제1항에 따라 승인받은 사항을 변경한 경우에는 변경 사항을 공단에 신고하여야 한다.
⑤산재보험관리기구가 납부하여야 하는 산재보험료는 산재보험관리기구를 구성하는 근로자공급사업자 등이 근로자에게 지급한 보수를 합산한 금액을 기초로 산정한다.
⑥산재보험관리기구가 납부하여야 하는 산재보험료, 이 법에 따른 가산금 · 연체금 · 체납처분비 및 징수금은 산재보험관리기구를 구성하고 있는 근로자공급사업자 등이 연대하여 낼 의무를 진다.
⑦공단은 산재보험관리기구를 보험사무대행기관으로 보아 대통령령으로 정하는 바에 따라 징수비용과 그 밖의 지원금을 교부할 수 있다.
⑧제1항 및 제4항에 따른 승인의 요건 및 절차, 신고에 필요한 사항은 고

용노동부령으로 정한다.
(2011.7.21 본조신설)

제6장 벌 칙

제49조의6【벌칙】 제29조의3제6항(제48조의2제8항제3호, 제48조의3제8항제3호 및 제48조의6제13항제3호에 따라 준용되는 경우를 포함한다)을 위반한 자는 5년 이하의 징역 또는 3천만원 이하의 벌금에 처한다. 이 경우 징역형과 벌금형은 병과할 수 있다.(2022.6.10 개정)
(2011.7.21 본조개정)

제49조의7【양벌규정】 법인의 대표자나 법인 또는 개인의 대리인, 사용인, 그 밖의 종업원이 그 법인 또는 개인의 업무에 관하여 제49조의6의 위반행위를 하면 그 행위자를 벌하는 외에 그 법인 또는 개인에게도 해당 조문의 벌금형을 과(科)한다. 다만, 법인 또는 개인이 그 위반행위를 방지하기 위하여 해당 업무에 관하여 상당한 주의와 감독을 게을리하지 아니한 경우에는 그러하지 아니하다.
(2011.7.21 본조개정)

제50조【과태료】 ①다음 각 호의 어느 하나에 해당하는 자에게는 300만원 이하의 과태료를 부과한다.

1. 제11조(제48조의2제8항제1호, 제48조의3제8항제1호 및 제48조의6제13항제1호에 따라 준용되는 경우를 포함한다)에 따른 보험관계의 신고, 제12조(제48조의2제8항제1호, 제48조의3제8항제1호 및 제48조의6제13항제1호에 따라 준용되는 경우를 포함한다)에 따른 보험관계의 변경신고, 제16조의10에 따른 보수총액 등의 신고, 제17조에 따른 개산보험료의 신고 및 제19조에 따른 확정보험료의 신고를 하지 아니하거나 거짓 신고를 한 자(2022.6.10 개정)
2. 제29조의3제1항(제48조의2제8항제3호, 제48조의3제8항제3호 및 제48조의6제13항제3호에 따라 준용되는 경우를 포함한다)에 따른 금융거래정보의 제공을 요청받고 정당한 사유 없이 금융거래정보의 제공을 거부한 자(2022.6.10 개정)
3. 제40조제2항을 위반하여 자료 또는 정보의 제공 요청에 따르지 아니한 자(2022.6.10 신설)

4. 제44조(제48조의2제8항제4호, 제48조의3제8항제4호 및 제48조의6제13항 제4호에 따라 준용되는 경우를 포함한다), 제48조의4제5항제1호 및 제48조의7제7항제1호에 따른 요구에 불응하여 보고를 하지 아니하거나 거짓으로 보고한 자 또는 관계 서류를 제출하지 아니하거나 거짓으로 적은 관계 서류를 제출한 자(2022.6.1 개정)
5. 제45조제1항(제48조의2제8항제4호에 따라 준용되는 경우를 포함한다), 제48조의4제5항제2호 및 제48조의7제7항제2호에 따른 질문에 거짓으로 답변한 자 또는 같은 항에 따른 조사를 거부 · 방해 또는 기피한 자(2022.6.10 개정)
6. 제48조의6제8항 및 제48조의7제3항에 따른 월 보수액 등 신고를 하지 아니하거나 거짓 신고를 한 자(2022.6.10 신설)
7. 제48조의7제6항을 위반하여 산재보험료 원천공제 및 납부를 위한 전용계좌를 개설하지 아니한 자(2022.6.10 신설)
8. 제48조의7제8항을 위반하여 플랫폼 종사자의 월 보수액 등 신고와 관련된 정보를 보관하지 아니한 자(2022.6.10 신설)

②제36조에 따른 장부 또는 그 밖의 서류를 갖추어 두지 아니하거나 거짓으로 적은 자에게는 50만원 이하의 과태료를 부과한다.

③제1항 또는 제2항에 따른 과태료는 대통령령으로 정하는 바에 따라 고용노동부장관이 부과 · 징수한다.(2010.6.4 개정)

(2009.12.30 본조개정)

부 칙

제 1 조 【시행일】 이 법은 2005년 1월 1일부터 시행한다.
제 2 조 ~ 제11조 생략

부 칙 (2004.12.31)

①【시행일】 이 법은 2005년 1월 1일부터 시행한다.
②【동종사업 일괄적용보험관계성립신고에 관한 특례】 이 법 시행 당시 종전의 고용보험법 제10조의2제1항 또는 산업재해보상보험법 제9조제2항의 규정에 따라 일괄적용을 받지 아니하는 자가 제8조제1항의 규정에 따라 일괄적용을 받게 되는 경우 제11조제2항의 개정규정에 불구하고 2005년 2월 15일까지 일괄적용보험관계성립신고를 할 수 있다.

부 칙 (2005.12. 7)

①【시행일】 ~ 【고용안정사업과 직업능력개발사업의 보험료에 관한 경과조치】 생략

부 칙 (2006.12.28)

제 1 조 【시행일】 ~ 제 9 조 【산재보험확정보험료 신고 · 납부 및 정산의 특례 폐지에 따른 경과조치】 생략

부 칙 (2007.12.27)

이 법은 2008년 7월 1일부터 시행한다. 다만, 제21조의 개정규정은 2008년 1월 1일부터 시행한다.

부 칙 (2009.12.30)

①【시행일】 ~ 【산재보험료율 결정에 관한 경과조치】 생략

부 칙 (2010. 1.27)

제 1 조 【시행일】 ~ 제 7 조 【다른 법령과의 관계】 생략

부 칙 (2011. 7.21)

제 1 조 【시행일】 ~ 제 4 조 【고용보험 고용안정 · 직업능력개발

사업 가입자에 대한 경과조치】 생략

부 칙 (2012. 2. 1)

제1조【시행일】 이 법은 공포한 날부터 시행한다. 다만, 제21조, 제21조의2, 제22조의3 및 제22조의4의 개정규정은 2012년 7월 1일부터 시행하고, 제16조의3제1항의 개정규정은 공포 후 6개월이 경과한 날부터 시행한다.

제2조【고용보험료등 면제 및 지원제한의 유효기간】 제22조의3 및 제22조의4의 개정규정은 같은 개정규정의 시행일부터 2년간 효력을 가진다.

제3조【고용보험료등 면제의 적용에 관한 특례】 제22조의3의 개정규정은 공포한 날 이후에 제7조에 따라 보험관계가 성립된 경우 또는 해당 근로자가 「고용보험법」 제13조에 따라 피보험자격을 취득한 경우에는 적용하지 아니한다.

부 칙 (2013. 6. 4)

제1조【시행일】 이 법은 공포한 날부터 시행한다. 다만, 제13조제3항 및 제15조의 개정규정은 2014년 1월 1일부터 시행하고, 제23조제1항의 개정규정은 공포 후 6개월이 경과한 날부터 시행한다.

제2조【보험료등 과납액의 충당 및 반환에 관한 경과조치】 제23조제1항의 개정규정 시행 전의 사유로 발생한 보험료등 과납액에 대한 충당 및 반환에 대하여는 같은 개정규정에도 불구하고 종전의 규정에 따른다.

부 칙 (2014. 3.24)

제1조【시행일】 이 법은 공포 후 6개월이 경과한 날부터 시행한다. 다만, 제21조의2제3항의 개정규정은 공포한 날부터 시행한다.

제2조【신용카드 등으로 하는 보험료등의 납부에 관한 적용례】 제16조의12의 개정규정은 이 법 시행 후 최초로 신고·고지하는 보험료등부터 적용한다.

제3조【지원금의 환수에 관한 적용례】 제21조의2제1항의 개정규정은 이 법 시행 후 최초로 발생한 사유로 인하여 지원금을 환수하는 경우부터 적용한다.

제4조【연체금의 징수에 관한 경과조치】 이 법 시행 전에 미납된

보험료 또는 그 밖의 징수금에 대한 연체금의 징수에 대하여는 제25조제1항 및 제3항의 개정규정에도 불구하고 종전의 규정에 따른다.

부　칙 (2016.12.27)

제 1 조【시행일】 이 법은 공포한 날부터 시행한다. 다만, 제21조의 개정규정은 공포 후 6개월이 경과한 날부터 시행하고, 제25조의 개정규정은 공포 후 1년이 경과한 날부터 시행한다.

제 2 조【연체금 징수에 관한 적용례】 제25조의 개정규정은 같은 개정규정 시행 후 최초로 납부기한이 도래하는 보험료, 그 밖의 징수금부터 적용한다.

부　칙 (2017.10.24)

이 법은 2018년 1월 1일부터 시행한다.

부　칙 (2019. 1.15)

제 1 조【시행일】 이 법은 공포한 날부터 시행한다. 다만, 제5조제1항·제6조제3항·제10조제4호·제17조제1항·제19조제1항의 개정규정 중 「고용보험법」 제10조의2에 관한 사항 및 제27조의3의 개정규정은 공포 후 6개월이 경과한 날부터 시행하고, 제16조의9제1항·제2항, 제23조제4항제2호 각 목 및 같은 조 제5항부터 제8항까지의 개정규정은 공포 후 1년이 경과한 날부터 시행한다.

제 2 조【보험료 정산에 관한 적용례】 제16조의9제1항 및 제2항의 개정규정은 같은 개정규정 시행일 이후 고용관계가 종료되는 근로자에 대하여 보험료를 정산하는 경우부터 적용한다.

제 3 조【보험료등 과납액의 충당 및 반환에 관한 적용례】 제23조제1항 각 호 외의 부분 본문, 같은 항 제3호 및 제6호, 같은 조 제2항, 같은 조 제4항 각 호 외의 부분의 개정규정은 이 법 시행 전의 사유로 발생한 보험료등 과납액에 대하여 이 법 시행 이후 충당 및 반환하는 경우에도 적용한다.

제 4 조【고용보험료 과납액의 근로자 직접 반환에 관한 적용례】 제23조제5항부터 제8항까지의 개정규정은 같은 개정규정 시행일 이후 부과된 고용보험료에 대하여 사업주가 잘못 낸 고용보험료를 반환하는 경우

부터 적용한다.

제 5 조 【자영업자의 고용보험료 미납에 따른 보험관계 소멸에 관한 적용례】 제49조의2제10항의 개정규정은 이 법 시행 전에 고용보험료를 체납하기 시작하여 이 법 시행 당시 아직 고용보험료의 체납이 계속하여 3개월이 되지 아니한 경우에 대해서도 적용한다.

제 6 조 【보험료 징수에 관한 경과조치】 이 법 시행 당시 65세 이후에 고용되어 종전의 제13조제3항에 따라 실업급여 보험료를 징수하지 아니한 사람에 대해서는 제13조제3항의 개정규정에도 불구하고 종전의 규정에 따른다.

제 7 조 【재해예방활동 인정의 취소에 관한 경과조치】 이 법 시행 전에 「산업안전보건법」 제2조제7호에 따른 중대재해가 발생한 경우에는 제15조제6항제2호 본문의 개정규정에도 불구하고 종전의 규정에 따른다.

제 8 조 【보험료 등의 분할 납부에 관한 경과조치】 이 법 시행 전에 종전의 제27조의3에 따라 보험료 등의 분할 납부 승인을 신청한 사업주에 대해서는 제27조의3의 개정규정에도 불구하고 종전의 규정에 따른다.

제 9 조 【자영업자의 고용보험료 등의 체납 · 결손처분에 관한 경과조치】 이 법 시행 전에 납부기한이 지난 자영업자에 대한 고용보험료 및 연체금의 체납 · 결손처분에 관하여는 제49조의2제12항제2호의 개정규정에도 불구하고 종전의 규정에 따른다.

부 칙 (2020. 6. 9)

이 법은 공포 후 6개월이 경과한 날부터 시행한다.

부 칙 (2021. 1. 5)

제 1 조 【시행일】 이 법은 2021년 7월 1일부터 시행한다. 다만, 제21조의2제3항, 제22조의3, 제22조의4, 제29조의3제1항 · 제2항 · 제5항, 제32조제1항 및 제49조의4제1항의 개정규정은 공포한 날부터 시행하고, 제48조의4의 개정규정은 2022년 1월 1일부터 시행한다.

제 2 조 【산재보험료등 면제의 유효기간】 제22조의3 및 제22조의4의 개정규정은 2022년 12월 31일까지 효력을 가진다.

제 3 조 【산재보험료등 면제의 적용에 관한 특례】 ①제22조의3의 개정규정은 같은 개정규정 시행일 이후에 제7조에 따라 보험관계가 성립

된 경우 또는 해당 특수형태근로종사자가 최초로 노무를 제공한 경우에는 적용하지 아니한다.
②제22조의3의 개정규정은 같은 개정규정 시행일 이후의 산재보험료 등에는 적용하지 아니한다.

제4조【보험관계의 성립일에 관한 적용 특례】 이 법 시행 전에 체결된 노무제공계약에 따라 이 법 시행 이후에도 계속하여 노무제공자로부터 노무를 제공받는 사업은 이 법의 시행일에 보험관계가 성립된 것으로 보아 제48조의3제6항제1호의 개정규정에 따라 준용되는 제7조제1호를 적용한다.

제5조【노무제공플랫폼사업자의 신고에 관한 적용 특례】 부칙 제1조 단서에 따른 제48조의4의 개정규정의 시행일 전에 노무제공플랫폼 이용계약을 체결하여 그 시행일 이후에도 계속하여 노무제공사업의 사업주에게 노무제공플랫폼의 이용을 제공하는 노무제공플랫폼사업자는 제48조의4제1항의 개정규정에 따른 신고를 그 시행일이 속하는 달의 다음 달 15일까지 하여야 한다.

부　칙 (2021. 1.26)

제1조【시행일】 이 법은 공포한 날부터 시행한다.

제2조【연체금에 관한 적용례】 제25조제1항 및 제3항의 개정규정은 이 법 시행 이후 납부기한이 도래하는 보험료 또는 이 법에 따른 그 밖의 징수금부터 적용한다.

부　칙 (2021. 4.13)

제1조【시행일】 이 법은 2022년 1월 1일부터 시행한다.

제2조【개별실적요율에 관한 적용례】 제15조제3항 및 제4항의 개정규정은 이 법 시행 이후 개별실적요율을 산정하는 경우부터 적용한다.

부　칙 (2021. 8.17)

제1조【시행일】 이 법은 2022년 1월 1일부터 시행한다.

제2조【보험료 등의 분할 납부에 관한 적용례】 제27조의3제1항의 개정규정은 이 법 시행 전에 제39조에 따라 납부기한이 연장되었으나 연장된 납부기한이 지난 보험료와 이 법에 따른 그 밖의 징수금에 대하여

도 적용한다.

부　칙 (2022. 6.10)

제1조【시행일】 이 법은 2023년 7월 1일부터 시행한다. 다만, 제16조의3제1항, 제16조의9제1항, 제25조제2항제1호 중 제48조의3제2항 부분, 제27조제4항부터 제6항까지, 제33조제5항부터 제7항까지, 제48조의3제2항 · 제5항 · 제7항 · 제8항 및 제48조의4제3항 · 제7항의 개정규정은 2023년 1월 1일부터 시행한다.

제2조【보험사무대행기관의 재인가 제한에 관한 적용례】 제33조제6항의 개정규정은 이 법 시행 후 업무가 전부 폐지신고되거나 인가가 취소된 보험사무대행기관부터 적용한다.

제3조【다른 법률의 개정】 고용보험법 일부를 다음과 같이 개정한다. 제77조의8제4항 중 "고용산재보험료징수법 제48조의3제2항"을 "고용산재보험료징수법 제48조의3제3항"으로 한다.

부　칙 (2022.12.31)

제1조【시행일】 이 법은 공포 후 6개월이 경과한 날부터 시행한다. 다만, 다음 각 호의 사항은 그 구분에 따른 날부터 시행한다.

1. 제3조, 제16조의3, 제16조의9제1항, 제48조의2제8항제2호 및 제48조의3제2항 · 제8항제2호의 개정규정: 2023년 1월 1일
2. 제16조의4의 개정규정: 2024년 1월 1일

제2조【월별보험료 산정에 관한 적용례】 제16조의4의 개정규정은 2024년 1월 보험료분부터 적용한다.

제3조【제2차 납부의무에 관한 적용례】 제22조의5의 개정규정은 이 법 시행 이후 부과된 보험료부터 적용한다. 이 경우 제17조 및 제19조에 따라 신고된 보험료의 경우에는 해당 규정에 따른 신고기한이 이 법 시행 이후인 것부터 적용한다.

제4조【보험료등의 완납증명에 관한 적용례】 제29조의4의 개정규정은 이 법 시행 이후 대금지급일이 도래하는 계약부터 적용한다.

제5조【소액 처리에 관한 적용례】 제45조의2의 개정규정은 이 법 시행 이후 징수 또는 지급하는 금액분부터 적용한다.

고용보험 및 산업재해보상보험의 보험료 징수 등에 관한 법률 시행령

제정 2004.10.29 대통령령 제18574호
2005.12.30 대통령령 제19247호
2006. 3.29 대통령령 제19422호
2007. 3.27 대통령령 제19973호
2007. 8.17 대통령령 제20222호
2007.10.17 대통령령 제20330호
2007.10.23 대통령령 제20331호
2008. 6.25 대통령령 제20874호
2009. 6.30 대통령령 제21590호
2010. 1.27 대통령령 제22003호
2010. 7.12 대통령령 제22269호
2010. 9.29 대통령령 제22408호
2011. 3.30 대통령령 제22807호
2011. 4. 4 대통령령 제22826호
2011.11. 1 대통령령 제23282호
2011.12.30 대통령령 제23466호
2012. 6.29 대통령령 제23910호
2012. 8.31 대통령령 제24076호
2013. 6.28 대통령령 제24638호
2013. 6.28 대통령령 제24650호
2013.12.30 대통령령 제25047호
2014. 3.12 대통령령 제25251호
2014. 3.24 대통령령 제25279호
2014. 9. 3 대통령령 제25587호
2014. 9.24 대통령령 제25629호
2014.12. 9 대통령령 제25840호
2015. 6. 1 대통령령 제26302호
2015.12.30 대통령령 제26809호

2016. 3.22 대통령령 제27051호
2016. 8.11 대통령령 제27444호
2016. 8.11 대통령령 제27445호
2016.12.30 대통령령 제27751호
2017. 6.27 대통령령 제28161호
2017.12.19 대통령령 제28484호
2017.12.26 대통령령 제28505호
2018.12.31 대통령령 제29455호
2019. 6.25 대통령령 제29914호
2019. 7. 2 대통령령 제29950호
2019. 9.17 대통령령 제30084호
2019.12.24 대통령령 제30256호
2020. 1. 7 대통령령 제30333호
2020. 2.18 대통령령 제30423호
2020.12. 8 대통령령 제31240호
2021. 2.17 대통령령 제31453호
2021. 6. 8 대통령령 제31749호
2021. 9.29 대통령령 제32018호
2021.12.31 대통령령 제32302호
2022. 6.28 대통령령 제32731호
2022.12.14 대통령령 제33077호
2023. 6.27 대통령령 제33594호
2023. 9.12 대통령령 제33713호
2023.12.26 대통령령 제34049호
2024. 5. 7 대통령령 제34494호
2024. 6.25 대통령령 제34602호
2024.12.24 대통령령 제35101호
2025. 6. 2 대통령령 제35576호
2025.10. 1 대통령령 제35805호
2025.12.23 대통령령 제35935호

제1장 총 칙

제 1 조 【목적】 이 영은 「고용보험 및 산업재해보상보험의 보험료징수 등에 관한 법률」에서 위임된 사항과 그 시행에 관하여 필요한 사항을 규정함을 목적으로 한다.
(2010.9.29 본조개정)

제 2 조 【정의】 ①이 영에서 사용하는 용어의 뜻은 다음과 같다.

1. "총공사"란 다음 각 목의 공사가 상호 관련하여 행해지는 작업 일체를 말한다.
   가. 건설공사에서 최종 목적물을 완성하기 위하여 하는 토목공사, 건축공사, 그 밖에 공작물의 건설공사와 건설물의 개조 · 보수 · 변경 및 해체 등의 공사
   나. 가목에 따른 각각의 공사를 하기 위한 준비공사 및 마무리공사 등
2. "총공사금액"이란 총공사를 할 때 계약상의 도급금액(발주자가 재료를 제공하는 경우에는 그 재료의 시가환산액을 포함한다)을 말한다. 다만, 「건설산업기본법」 제41조에 따라 건축물 시공자의 제한을 받지 않는 건설공사 중 같은 법 제2조제7호에 따른 건설사업자가 아닌 자가 시공하는 건설공사는 고용노동부장관이 정하여 고시하는 방법에 따라 산정한 금액을 총공사금액으로 한다.(2020.2.18 개정)
3. "상시근로자수"는 다음 각 목과 같다. 다만, 제15조제1항제2호 전단의 사업은 같은 호 후단에 따라 산정한 근로자의 수를 말한다.(2016.3.22 개정)
   가. 해당 보험연도 전에 사업이 시작된 경우: 전년도 매월 말일 현재 사용하는 근로자 수의 합계를 전년도 조업 개월수로 나눈 수. 다만, 건설업의 경우 근로자 수를 확인하기 곤란하면 다음의 계산식에 따라 산출한 수를 말하며, 이 경우 "공사실적액"이란 총공사실적액(해당 보험연도 건설공사의 총 기성 공사금액을 말한다)에서 「건설산업기본법」, 그 밖의 관계 법령에 따라 적법하게 하도급된 부분의 공사금액을 제외한 금액을, "건설업 월평균보수"란 「통계법」 제3조에 따른 지정통계 중 고용노동부장관이 작성하는 사업체노동력조사에 따른 상용근로자수 5명 이상인 건설업 임금을 기준으로 하여 고용노동부장관이 산정 · 고시하는 평균보수를 말한다.(2013.12.30 개정)
   전년도 공사실적액 × 전년도 노무비율/전년도 건설업 월평균보수

보험료
징수

× 조업 개월수

나. 해당 보험연도 중에 사업이 시작된 경우: 보험관계 성립일 현재 사용하는 근로자 수

②제1항제2호 본문에 따른 총공사금액을 산정할 때 위탁 또는 그 밖의 명칭에 상관없이 최종 목적물의 완성을 위하여 하는 동일한 건설공사를 둘 이상으로 분할하여 도급(발주자가 공사의 일부를 직접 하는 경우를 포함한다)하는 경우에는 각각의 도급금액을 합산한다. 다만, 도급단위별 공사가 시간적 또는 장소적으로 분리되고 독립적으로 행해지는 경우에는 그러하지 아니하다.

(2010.9.29 본조개정)

제 2 조의 2 【보수에서 제외되는 금품】「고용보험 및 산업재해보상보험의 보험료징수 등에 관한 법률」(이하 "법"이라 한다) 제2조제3호 본문에서 "대통령령으로 정하는 금품"이란 「소득세법」 제12조제3호에 따른 비과세 근로소득을 말한다.(2021.6.8 개정)

(2010.9.29 본조신설)

제 3 조 【기준보수의 적용】①법 제3조제1항제1호에서 "사업의 폐업·도산 등으로 근로자, 예술인 또는 노무제공자의 보수 또는 보수액을 산정·확인하기 곤란한 경우 등 대통령령으로 정하는 사유가 있는 경우"란 다음 각 호의 어느 하나에 해당하는 경우를 말한다.(2023.6.27 개정)

1. 사업 또는 사업장(이하 "사업"이라 한다)의 폐업·도산 등으로 근로자, 「고용보험법」 제77조의2제1항에 따른 예술인(이하 "예술인"이라 한다) 또는 같은 법 제77조의6제1항에 따른 노무제공자(이하 "노무제공자"라 한다)의 보수 또는 보수액을 산정·확인하기 곤란한 경우(2023.6.27 신설)
2. 보수 관련 자료가 없거나 명확하지 않은 경우(2023.6.27 개정)
3. 사업의 이전 등으로 사업의 소재지를 파악하기 곤란한 경우(2023.6.27 개정)

②법 제3조제1항제2호에 따라 「고용보험법」 제77조의2제2항제2호 본문에 따른 소득 기준을 충족하는 예술인으로서 기준보수의 적용 대상에서 제외되는 예술인은 「고용보험법 시행령」 제104조의5제2항제2호에 따른 소득 기준을 충족하는 예술인으로 한다.(2024.12.24 신설)

③법 제3조제1항제2호에 따라 「고용보험법」 제77조의6제2항제2호 본문에 따른 소득 기준을 충족하는 노무제공자로서 기준보수의 적용 대상에서 제

외되는 노무제공자는 「고용보험법 시행령」 제104조의11제2항제2호에 따른 소득 기준을 충족하는 노무제공자로 한다.(2024.12.24 신설)
④법 제3조에 따른 기준보수는 다음 각 호의 구분에 따라 적용한다.(2024.12.24 개정)
1. 통상근로자로서 월정액으로 보수를 지급받는 근로자에게는 월단위 기준보수를 적용한다.
2. 단시간근로자, 근로시간에 따라 보수를 지급받는 근로자(이하 이 조에서 "시간급근로자"라 한다), 근로일에 따라 일당 형식의 보수를 지급받는 근로자(이하 이 조에서 "일급근로자"라 한다)에게는 주당 소정근로시간을 실제 근로한 시간으로 보아 시간단위 기준보수를 적용한다. 다만, 시간급근로자 또는 일급근로자임이 명확하지 아니하거나 주당 소정근로시간을 확정할 수 없는 경우에는 월단위 기준보수를 적용한다.
3. 예술인에게는 월단위 기준보수를 적용한다.(2023.6.27 개정)
4. 노무제공자에게는 월단위 기준보수를 적용한다.(2023.6.27 개정)
③삭제(2023.6.27)
④삭제(2023.6.27)
(2010.9.29 본조개정)

제 4 조 【건설업 등의 범위】 이 영에서 규정된 사업의 범위에 관하여 이 영에 특별한 규정이 없으면 「통계법」 제22조에 따라 국가데이터처장이 고시하는 산업에 관한 표준분류(이하 "한국표준산업분류표"라 한다)에 따른다.(2025.10.1 개정)
(2010.9.29 본조개정)

제 5 조 【대리인】 ①사업주는 법과 이 영에 따라 하여야 할 사항을 대리인을 선임하여 하게 할 수 있다.
②사업주는 대리인을 선임하거나 해임하면 「산업재해보상보험법」 제10조에 따른 근로복지공단(이하 "공단"이라 한다)에 신고하여야 한다.
(2010.9.29 본조개정)

제 2 장 보험관계의 성립 및 소멸

제 6 조 【사업의 일괄적용의 요건】 ①법 제8조제1항제3호에서 "대통령령으로 정하는 요건"이란 한국표준산업분류표의 대분류에 따른 건설업

을 말한다.(2018.12.31 개정)
②법 제8조제2항 전단에 따라 일괄적용의 승인을 받으려는 사업주는 공단에 신청하여야 한다.
③법 제8조제3항 전단에 따라 일괄적용관계의 해지승인을 받으려는 사업주는 다음 보험연도가 시작되기 7일 전까지 공단에 이를 신청하여야 한다.
(2010.9.29 본조개정)

제 7 조 【도급사업의 일괄적용】 ①법 제9조제1항 본문에서 "건설업 등 대통령령으로 정하는 사업"이란 건설업을 말한다.
②법 제9조제1항 단서에 따라 하수급인이 사업주로 인정받는 것은 하수급인이 다음 각 호의 어느 하나에 해당하는 경우로 한정한다.(2018.12.31 개정)
1. 「건설산업기본법」 제2조제7호에 따른 건설사업자(2020.2.18 개정)
2. 「주택법」 제4조에 따른 주택건설사업자
3. 「전기공사업법」 제2조제3호에 따른 공사업자
4. 「정보통신공사업법」 제2조제4호에 따른 정보통신공사업자
5. 「소방시설공사업법」 제2조제1항제2호에 따른 소방시설업자
6. 「국가유산수리 등에 관한 법률」 제2조제5호에 따른 국가유산수리업자 (2024.5.7 개정)

③법 제9조제1항 단서에 따라 하수급인을 사업주로 인정받으려는 경우 원수급인은 하수급인과 보험료 납부의 인계 · 인수에 관한 서면계약(전자문서로 된 계약서를 포함한다)을 체결하고 하도급공사의 착공일부터 30일 이내에 하수급인의 사업주 인정 승인을 공단에 신청해야 한다.(2021.6.8 개정)
④공단은 원수급인이 제3항에 따라 하수급인의 사업주 인정 승인을 신청한 해당 하도급공사에서 다음 각 호의 어느 하나에 해당하는 사유가 발생한 경우에는 하수급인의 사업주 인정 승인을 하지 아니한다.(2012.6.29 개정)
1. 하도급공사의 착공 후 15일부터 승인신청 전까지 「산업재해보상보험법」 제5조제1호에 따른 업무상의 재해가 발생한 경우
2. 하도급공사의 착공 후 승인신청 전까지 「산업재해보상보험법」 제5조제1호에 따른 업무상의 재해가 발생한 경우로서 해당 재해와 관련하여 법 제26조제1항제1호에 따라 원수급인으로부터 보험급여액을 징수해야 하는 경우

(2010.9.29 본조개정)

제 8 조 【보험관계 성립 및 소멸 통지】 공단은 보험관계가 성립되거

나 소멸된 경우에는 지체 없이 각각 해당 사업주에게 그 사실을 알려야 한다.
(2010.9.29 본조개정)

제9조【보험관계의 변경신고】 법 제12조에 따라 사업주는 보험에 가입된 사업에 다음 각 호의 사항이 변경되면 그 변경된 날부터 14일 이내에 공단에 신고해야 한다. 다만, 제6호는 다음 보험연도 첫날부터 14일 이내에 신고해야 한다.(2023.12.26 개정)

1. 사업주(법인인 경우에는 대표자)의 이름 및 주민등록번호
2. 사업의 명칭 및 소재지
3. 사업의 종류
4. 사업자등록번호(법인인 경우에는 법인등록번호를 포함한다)
5. 건설공사 또는 벌목업 등 기간의 정함이 있는 사업의 경우 사업의 기간
6. 「고용보험법 시행령」 제12조에 따른 우선지원 대상기업(이하 "우선지원 대상기업"이라 한다)의 해당 여부에 변경이 있는 경우 상시근로자수 (2023.12.26 개정)

(2010.9.29 본조개정)

보험료 징수

제3장 보험료

제10조【공사발주자에 대한 보험료의 대행납부】 ①국가, 지방자치단체, 「공공기관의 운영에 관한 법률」에 따른 공공기관, 그 밖에 국가 또는 지방자치단체가 출연한 기관은 건설공사를 발주할 때 그 공사금액에 보험료가 명시되어 있고 원수급인(原受給人)이 동의하면 공단의 승인을 받아 원수급인의 보험료를 대행하여 낼 수 있다.

②제1항에 따라 보험료를 대행하여 내는 자는 다음 각 호의 사항이 변경되면 지체 없이 공단에 신고하여야 한다.

1. 보험료 대행납부자의 명칭, 소재지 및 대표자의 이름
2. 공사금액, 공사기간 및 공사내용

③공단은 보험료 대행납부가 필요 없게 되거나 그 밖에 정당한 사유가 있는 경우에는 고용노동부령으로 정하는 바에 따라 보험료 대행납부의 승인을 취소할 수 있다.

④공단은 제3항에 따라 보험료 대행납부의 승인을 취소하면 지체 없이 그 취소 사실을 보험료 대행납부자와 원수급인에게 알려야 한다.

제11조 【노무비율 등의 결정】 ①법 제13조제6항에 따른 노무비율(이하 "노무비율"이라 한다)의 결정방법은 다음 각 호와 같다.

1. 건설공사의 노무비율은 산정 시점이 속하는 연도(이하 "기준보험연도"라 한다)의 6월 30일 이전 3년 동안 건설업을 하는 각 사업주의 총공사금액을 합산한 전체 총공사금액에서 같은 사업주가 근로자에게 지급한 보수총액을 합산한 전체 보수총액이 차지하는 비율 등을 고려하여 고용노동부장관이 정하여 고시하되, 일반 건설공사와 하도급공사의 노무비율을 구분하여 정한다.
2. 벌목업의 노무비율은 기준보험연도의 6월 30일 이전 3년 동안 벌목업을 하는 각 사업주가 벌목공사에 지출한 비용을 합산한 전체 비용에서 같은 사업주가 근로자에게 지급한 보수총액을 합산한 전체 보수총액이 차지하는 비율 등을 고려하여 고용노동부장관이 정하여 고시하되, 단위 벌목재적량(伐木材積量)당 지급하는 보수액으로 정한다.

②건설공사의 노무비율에 따른 보수총액의 추정액 또는 보수총액의 결정방법은 다음 각 호와 같다.

1. 보수총액의 추정액은 총공사금액에 노무비율을 곱한 금액으로 한다. 다만, 노무비율에 따라 산정된 보수총액의 추정액이 도급금액의 100분의 90을 넘으면 도급금액의 100분의 90을 보수총액의 추정액으로 한다.
2. 보수총액은 해당 건설공사에 직접 고용된 근로자에게 지급된 보수총액과 하도급공사금액의 합계액(법 제9조제1항 단서에 따라 공단의 승인을 받은 하수급인의 하도급공사금액은 제외한다)에 하도급공사의 노무비율을 곱한 금액을 합한 금액으로 한다. 이를 계산식으로 나타내면 다음과 같다.

 보수총액= 해당 건설공사에 직접 고용된 근로자에게 지급된 보수총액 + {하도급공사금액의 합계액(법 제9조제1항 단서에 따라 공단의 승인을 받은 하수급인의 하도급공사금액은 제외한다)× 하도급공사의 노무비율}

③벌목업의 보수총액 추정액 또는 보수총액은 벌목재적량에 노무비율을 곱한 금액으로 한다.

(2010.9.29 본조개정)

제12조 【고용보험료율】 ①법 제14조제1항에 따른 고용보험료율은 다음 각 호와 같다.

1. 고용안정 · 직업능력개발사업의 보험료율: 다음 각 목의 구분에 따른 보

험료율

가. 상시근로자수가 150명 미만인 사업주의 사업: 1만분의 25

나. 상시근로자수가 150명 이상인 사업주의 사업으로서 우선지원대상기업의 범위에 해당하는 사업: 1만분의 45(2023.12.26 개정)

다. 상시근로자수가 150명 이상 1천명 미만인 사업주의 사업으로서 나목에 해당하지 않는 사업: 1만분의 65

라. 상시근로자수가 1천명 이상인 사업주의 사업으로서 나목에 해당하지 않는 사업 및 국가·지방자치단체가 직접 하는 사업: 1만분의 85

2. 실업급여의 보험료율: 1천분의 18(2021.12.31 개정)

②제1항제1호를 적용할 때 상시근로자수는 해당 사업주가 하는 국내의 모든 사업의 상시근로자수를 합산한 수로 한다. 다만, 「공동주택관리법」 제2조제1항제1호에 따른 공동주택을 관리하는 사업의 경우에는 각 사업별로 상시근로자수를 산정한다.(2016.8.11 개정)

③제1항제1호를 적용할 때 법 제9조제1항 단서에 따라 법의 적용을 받는 사업주가 되는 하수급인에게는 원수급인에게 적용하는 고용안정·직업능력개발사업의 보험료율을 적용한다. 다만, 법 제8조에 따라 일괄적용을 받게 되는 사업주의 개별 사업에 대해 법 제9조제1항 단서에 따라 하수급인을 법의 적용을 받는 사업주로 보는 경우에는 그 하수급인인 사업주에게 적용하는 고용안정·직업능력개발사업의 보험료율을 적용한다.

④제1항제1호를 적용할 때 상시근로자수가 증가하여 고용안정·직업능력개발사업의 보험료율이 증가하는 경우에는 그 사유가 발생한 보험연도의 다음 보험연도부터 3년 동안 상시근로자수가 증가하기 전에 적용된 고용안정·직업능력개발사업의 보험료율을 적용한다.(2023.12.26 신설)

⑤제4항에도 불구하고 「독점규제 및 공정거래에 관한 법률」 제31조에 따라 지정된 상호출자제한기업집단에 속하는 회사의 경우에는 그 지정된 날이 속한 보험연도의 다음 보험연도부터 제4항을 적용하지 않는다.(2023.12.26 신설)

⑥제1항제1호 및 제2항에도 불구하고 보험연도 중에 사업이 양도되거나 사업주가 합병된 경우 그 양도 또는 합병된 사업에 대해서는 해당 보험연도에 한정하여 양도 또는 합병 전에 적용된 고용안정·직업능력개발사업의 보험료율을 적용한다.(2023.12.26 개정)

(2010.9.29 본조개정)

제13조 【산재보험료율의 고시】 고용노동부장관은 법 제14조제3항에 따라 산업재해보상보험(이하 "산재보험"이라 한다)의 보험료율(이하 "산재보험료율"이라 한다)을 결정하였을 때에는 그 적용대상 사업의 종류 및 내용을 관보 및 「신문 등의 진흥에 관한 법률」 제9조제1항에 따라 그 보급지역을 전국으로 하여 등록한 일반일간신문 등에 고시하여야 한다.
(2010.9.29 본조개정)

제14조 【산재보험료율의 적용】 ①동일한 사업주가 하나의 장소에서 법 제14조제3항에 따른 사업의 종류가 다른 사업을 둘 이상 하는 경우에는 그 중 근로자 수 및 보수총액 등의 비중이 큰 주된 사업(이하 이 조에서 "주된 사업"이라 한다)에 적용되는 산재보험료율을 그 장소의 모든 사업에 적용한다.
②제1항에 따른 주된 사업의 결정은 다음 각 호의 순서에 따른다.
1. 근로자 수가 많은 사업
2. 근로자 수가 같거나 그 수를 파악할 수 없는 경우에는 보수총액이 많은 사업
3. 제1호 및 제2호에 따라 주된 사업을 결정할 수 없는 경우에는 매출액이 많은 제품을 제조하거나 서비스를 제공하는 사업

(2010.9.29 본조개정)

세15조 【산재보험료율의 특례적용사업】 ①법 제15조제2항에서 "대통령령으로 정하는 사업"이란 다음 각 호의 사업을 말한다.
1. 건설업 중 법 제8조제1항 및 제2항에 따라 일괄적용을 받는 사업으로서 해당 보험연도의 2년 전 보험연도의 총공사금액이 60억원 이상인 사업. 이 경우 총공사금액은 법 제11조제1항 및 제3항에 따라 각각 신고한 공사금액에서 법 제9조제1항 단서에 따라 공단의 승인을 받은 하수급인이 시행하는 공사금액을 제외한 금액으로 한다.(2017.12.26 개정)
2. 건설업 및 벌목업을 제외한 사업으로서 상시근로자수가 30명 이상인 사업. 이 경우 상시근로자수는 법 제16조의10제3항부터 제5항까지, 같은 조 제7항 및 법 제48조의5제2항에 따른 신고를 기준으로 하여 제2조제1항제3호가목에 따라 산정하되, 그 산정기간은 기준보험연도의 전년도 7월 1일부터 기준보험연도 6월 30일까지로 한다.(2023.6.27 개정)

②제1항에도 불구하고 공단은 사업주가 법 제11조제1항 및 제3항, 제16조의10제3항부터 제5항까지, 같은 조 제7항 및 법 제48조의5제2항에 따른 신

고를 하지 않거나 그 신고한 내용이 사실과 다른 경우에는 사실을 기초로 하여 총공사금액 또는 상시근로자수를 산정할 수 있다.(2023.6.27 개정)

③기준보험연도 6월 30일 이전 3년의 기간 중에 제1항에 따른 산재보험료율 적용사업의 종류가 변경되면 그 사업에 대해서는 법 제15조제2항에 따른 개별실적요율(이하 "개별실적요율"이라 한다)을 적용하지 않는다. 다만, 사업종류가 변경된 경우라도 기계설비 · 작업공정 등 해당 사업의 주된 작업실태가 변경되지 않았다고 인정되는 경우에는 개별실적요율을 적용한다.(2021.12.31 개정)

④법 제15조제5항에서 "대통령령으로 정하는 사업"이란 상시근로자수가 50명 미만으로서 다음 각 호의 어느 하나에 해당하는 사업을 말한다.(2021.12.31 개정)

1. 제조업
2. 임업
3. 법 제14조제3항 전단에 따라 정하는 산재보험료율의 사업의 종류 중 다음 각 목의 사업(2021.12.31 개정)
   가. 위생 및 유사서비스업
   나. 하수도업

⑤제4항에 따른 상시근로자수 산정 시 적용하는 해당 보험연도는 제18조의2에 따른 산재예방활동을 인정받은 보험연도로 한다.(2013.12.30 신설)

(2010.9.29 본조개정)

제16조【개별실적요율의 적용을 위한 보험수지율】 법 제15조제2항에서 "대통령령으로 정하는 비율에 해당하는 경우"란 100분의 85를 넘거나 100분의 75 이하인 경우를 말한다.

(2010.9.29 본조개정)

제17조【개별실적요율의 적용을 위한 보험수지율의 산정】 ①법 제15조제2항에 따라 산재보험의 보험료(이하 "산재보험료"라 한다)에 대한 산재보험급여 금액의 비율을 산정할 때 산재보험료의 금액은 기준보험연도 6월 30일 현재를 기준으로 하여 다음 각 호의 금액을 합산한 금액으로 한다.

1. 기준보험연도의 경우: 법 제16조의3제1항에 따른 월별보험료(이하 "월별보험료"라 한다)의 1월부터 6월까지의 합계액[제19조의2에 해당하는 사업의 경우에는 법 제17조제1항에 따른 개산보험료(이하 "개산보험료"

보험료 징수

라 한다)액의 2분의 1에 해당하는 금액]
2. 기준보험연도의 직전 2개 보험연도의 경우: 법 제16조의9제1항 및 제2항에 따라 산정한 보험료(이하 "정산보험료"라 한다)액의 합계액[제19조의2에 해당하는 사업의 경우에는 법 제19조제1항에 따른 확정보험료(이하 "확정보험료"라 한다)액의 합계액]
3. 기준보험연도의 3년 전 보험연도의 경우: 다음 계산식에 따라 산정한 금액(기준보험연도의 3년 전 보험연도의 정산보험료액 또는 확정보험료액)×6/(기준보험연도의 3년 전 보험연도에서 보험 관계가 지속된 기간의 총 개월수)

②법 제15조제2항에 따라 산재보험료에 대한 산재보험급여 금액의 비율을 계산할 때 산재보험급여의 금액은 기준보험연도의 3년 전 보험연도 7월 1일부터 기준보험연도 6월 30일까지의 사이에 지급 결정(지출원인행위를 말한다. 이하 같다)된 산재보험급여 금액의 합산액으로 한다. 이 경우 지급 결정된 산재보험급여가 장해보상연금 및 유족보상연금인 경우에는 해당 연금이 최초로 지급 결정된 때에 장해보상일시금 및 유족보상일시금이 지급 결정된 것으로 본다.

③제2항 전단에 따른 산재보험급여 금액의 합산액을 산정할 때 다음 각 호의 어느 하나에 해당하는 보험급여 금액은 합산하지 않는다.(2023.6.27 개정)
1. 「산업재해보상보험법」 제72조에 따른 직업재활급여액
2. 「산업재해보상보험법」 제87조제1항에 따른 제3자의 행위에 따른 재해로 지급이 결정된 보험급여액(법원의 확정판결 등으로 제3자의 과실이 인정되지 않는 비율에 해당하는 보험급여액은 제외한다)
3. 「산업재해보상보험법」 제37조제1항제2호에 따른 업무상 질병에 대하여 지급이 결정된 보험급여액(2018.12.31 개정)
3의2. 종전의 「산업재해보상보험법」(법률 제18928호 산업재해보상보험법 일부개정법률로 개정되기 전의 것을 말한다. 이하 이 호에서 같다) 제125조제1항에 따른 특수형태근로종사자에게 지급이 결정된 보험급여 금액[법률 제18928호 산업재해보상보험법 일부개정법률 부칙 제8조에 따라 주된 사업 외의 사업(종전의 「산업재해보상보험법」 제125조제1항에 따른 직종에 종사하는 사업에 한정한다)에서 발생한 재해로 지급이 결정된 보험급여 금액을 포함한다](2023.6.27 신설)
4. 천재지변 또는 정전 등 불가항력적인 사유로 발생한 재해에 대하여 지

급이 결정된 보험급여액
5.「산업재해보상보험법 시행령」 제23조제2호에 따른 단시간근로자에게 재해가 발생한 경우에는 같은 영 제24조제1항제2호에 따라 산정한 평균임금 중 재해가 발생하지 아니한 사업을 대상으로 산정한 평균임금이 차지하는 비율에 해당하는 산재보험급여 금액(2016.3.22 신설)

④제3항제2호에 따른 법원의 확정판결 등으로 제3자의 과실이 인정되지 않는 비율에 해당하는 보험급여액에 대해서는 법원의 확정판결 등이 있는 날을 해당 보험급여의 지급결정일로 본다.(2016.3.22 개정)

⑤제3항제5호에도 불구하고 재해가 발생한 사업만의 평균임금으로 보험급여를 산정할 경우 해당 평균임금이 낮아 「산업재해보상보험법」 제36조제7항 본문, 제54조 또는 제67조에 따라 보험급여가 산정되는 경우에는 그 산정된 보험급여 금액을 제2항에 따라 합산한다.(2016.3.22 신설)

(2010.9.29 본조개정)

제18조【개별실적요율의 산정】 ①법 제15조제2항에 따른 산재보험료율의 인상 또는 인하는 별표 1의 비율에 따른다.

②법 제15조제2항에 따라 개별실적요율을 산정할 때 수급인 · 관계수급인(「산업안전보건법」에 따른 수급인 · 관계수급인을 말한다. 이하 이 조에서 같다) 또는 파견사업주(「파견근로자보호 등에 관한 법률」에 따른 파견사업주를 말한다. 이하 이 조에서 같다)의 근로자에게 발생한 재해가 법 제15조제3항 각 호의 어느 하나의 재해인 경우 그로 인하여 지급된 산재보험급여의 금액은 다음 각 호의 구분에 따라 도급인(「산업안전보건법」에 따른 도급인을 말한다. 이하 이 조에서 같다), 수급인 또는 사용사업주(「파견근로자보호 등에 관한 법률」에 따른 사용사업주를 말한다. 이하 이 조에서 같다)의 산재보험급여 금액에 포함한다.(2021.12.31 신설)

1. 법 제15조제3항제1호의 재해로 지급된 산재보험급여 금액: 도급인의 산재보험급여 금액에 전부 포함
2. 법 제15조제3항제2호의 재해로 지급된 산재보험급여 금액: 수급인의 산재보험급여 금액에 전부 포함
3. 법 제15조제3항제3호의 재해로 지급된 산재보험급여 금액: 도급인의 산재보험급여 금액에 전부 포함. 다만, 해당 업무상 재해의 발생과 관련하여 관계수급인이 「산업안전보건법」 제38조 또는 제39조의 의무를 위반한 사실이 있는 경우 그 재해로 지급된 산재보험급여 금액은 도급인 및

관계수급인의 산재보험급여 금액에 각각 2분의 1씩 포함한다.
4. 법 제15조제3항제4호의 재해로 지급된 산재보험급여 금액: 사용사업주의 산재보험급여 금액에 전부 포함
③법 제15조제4항에서 "대통령령으로 정하는 규모 이상의 사업"이란 다음 각 호의 사업을 말한다.(2021.12.31 신설)
1. 제15조제1항제1호의 사업
2. 건설업(건설장비운영업은 제외한다) 및 벌목업을 제외한 사업으로서 상시근로자수가 500명 이상인 사업. 이 경우 상시근로자수는 법 제16조의10제3항부터 제5항까지 및 제7항에 따른 신고를 기준으로 하여 제2조제1항제3호가목에 따라 산정하며, 그 산정기간은 기준보험연도의 전년도 7월 1일부터 기준보험연도 6월 30일까지로 한다.(2023.6.27 개정)
④법 제15조제4항에서 "대통령령으로 정하는 기준"이란 3명을 말한다.(2021.12.31 신설)
⑤법 제15조제4항에 따른 업무상 사고로 사망한 사람 수 등을 고려한 개별실적요율의 적용 기준은 별표 1의2와 같다.(2021.12.31 신설)
⑥공단은 법 제15조제2항부터 제5항까지의 규정을 적용하여 개별실적요율을 산정한 경우에는 지체 없이 해당 사업주에게 그 개별실적요율을 알려야 한다.(2021.12.31 개정)
(2010.9.29 본조개정)

제18조의2【산재예방요율의 적용】 ①법 제15조제6항에 따른 재해예방활동은 다음 각 호의 활동으로 한다.(2021.12.31 개정)
1. 「산업안전보건법」 제36조제1항에 따른 건설물, 기계·기구·설비, 원재료, 가스, 증기, 분진, 근로자의 작업행동 또는 그 밖의 업무로 인한 유해·위험요인에 관한 위험성평가의 실시
2. 고용노동부장관이 정하여 고시하는 재해예방 관련 교육의 이수와 사업장에서의 재해를 예방하기 위한 산재예방계획의 수립
②제1항에 따른 재해예방활동별 산재보험료율 인하율(이하 "인하율"이라 한다)은 다음 각 호의 구분에 따른 계산식에 따라 산출된 비율로 하되, 소수점 이하 넷째 자리에서 반올림한다.
1. 제1항제1호의 경우:

$$\frac{20 \times \text{전년도 재해예방활동의 인정일수}}{100 \times 365}$$

2. 제1항제2호의 경우:

$$\frac{10 \times \text{전년도 재해예방활동의 인정일수}}{100 \times 365}$$

③제1항제1호 · 제2호에 따른 재해예방활동을 중복 실시한 경우(같은 재해예방활동을 2회 이상 실시한 경우를 포함한다)에는 제2항제1호 및 제2호의 계산식에 따른 인하율 중에서 더 높은 것을 적용한다.

(2021.6.8 본조개정)

제18조의3【재해예방활동의 인정기간 등】 ①법 제15조제6항에 따른 재해예방활동별 인정기간은 다음 각 호의 구분에 따른다.(2021.12.31 개정)

1. 제18조의2제1항제1호의 경우: 재해예방활동의 인정을 받은 날부터 3년
2. 제18조의2제1항제2호의 경우: 재해예방활동의 인정을 받은 날부터 1년
3. 삭제(2021.6.8)

②재해예방활동의 인정을 받은 사업주가 제1항에 따른 재해예방활동의 인정기간 중 제15조제4항에 따른 상시근로자수를 초과하게 된 경우에도 산재예방요율을 적용한다.

(2013.12.30 본조신설)

제18조의4【산재예방요율의 적용기간】 법 제15조제6항에 따른 산재예방요율의 적용기간은 재해예방활동의 인정을 받은 날이 속한 연도의 다음 보험연도부터 재해예방활동의 인정이 종료되거나 취소(법 제15조제8항제1호의 경우는 제외한다)된 날이 속한 연도의 다음 보험연도까지로 한다.(2021.12.31 개정)

(2013.12.30 본조신설)

제18조의5【재해예방활동의 인정 취소 제외 사유 등】 ①법 제15조제8항제2호 단서에서 "대통령령으로 정하는 재해"란 다음 각 호의 재해를 말한다.(2021.12.31 개정)

1. 「산업재해보상보험법 시행령」 제30조에 따른 행사 중의 사고로 인한 재해(2020.12.8 개정)
2. 「산업재해보상보험법 시행령」 제31조에 따른 특수한 장소에서의 사고로 인한 재해(2020.12.8 개정)
3. 「산업재해보상보험법 시행령」 제32조에 따른 요양 중의 사고로 인한 재해(2020.12.8 개정)

4. 「산업재해보상보험법 시행령」 제33조에 따른 제3자의 행위에 따른 사고로 인한 재해(2020.12.8 개정)
5. 「산업재해보상보험법 시행령」 제35조에 따른 출퇴근 중의 사고로 인한 재해(2020.12.8 신설)
6. 그 밖에 사업주의 의무와 직접적으로 관련이 없는 재해로서 고용노동부장관이 정하여 고시하는 재해

②법 제15조제8항제3호에서 "대통령령으로 정하는 사유에 해당하는 경우"란 다음 각 호의 어느 하나에 해당하는 경우를 말한다.(2021.12.31 개정)
1. 재해예방활동의 인정기간 중 「산업안전보건법」 제10조에 따라 산업재해 발생건수, 재해율 또는 그 순위 등이 공표된 사업장으로서 같은 법 시행령 제10조에 해당하는 경우(2019.12.24 개정)
2. 제18조의2제1항제1호에 따른 위험성평가에 따른 조치가 고용노동부장관이 정하여 고시하는 기준을 충족하지 못한 경우(2018.12.31 개정)
3. 삭제(2021.6.8)

(2013.12.30 본조신설)

제18조의6【산재예방요율의 한시적 적용】 ①다음 각 호에 해당하는 사업주의 활동은 해당 호에서 정한 기한까지는 법 제15조제6항에 따른 재해예방활동으로 본다.(2021.12.31 개정)
1. 고용노동부장관이 정하는 기준에 따라 1주간 근로시간을 52시간 이하로 단축하여 실시: 2021년 6월 30일까지
2. 고용노동부장관이 정하는 기준에 따라 「관공서의 공휴일에 관한 규정」 제2조 각 호(제1호는 제외한다)의 공휴일 및 같은 영 제3조에 따른 대체공휴일 중 5일 이상을 유급휴일로 전환: 2021년 12월 31일까지

②제1항에 따른 재해예방활동별 인하율은 제18조의2제2항제2호에 따른 계산식에 따라 산출된 비율로 하되, 소수점 이하 넷째 자리에서 반올림한다.
③제1항 또는 제18조의2제1항에 따른 재해예방활동을 중복 실시한 경우에는 다음 각 호의 구분에 따라 인하율을 적용한다.
1. 제1항제1호 · 제2호의 재해예방활동을 중복 실시한 경우(같은 재해예방활동을 2회 이상 실시한 경우를 포함한다): 제2항에 따른 재해예방활동별 인하율 중에서 더 높은 것(같은 재해예방활동을 2회 이상 실시한 경우에는 그에 해당하는 인하율을 적용한다)
2. 제1항제1호의 재해예방활동(중복 실시한 결과 제1항제1호의 인하율이

적용되는 경우를 포함한다)과 제18조의2제1항제1호 또는 제2호의 재해예방활동을 중복 실시한 경우: 제18조의2제2항제1호 또는 제2호의 계산식에 따른 인하율에 제2항에 따른 인하율을 더한 것

3. 제1항제2호의 재해예방활동(중복 실시한 결과 제1항제2호의 인하율이 적용되는 경우를 포함한다)과 제18조의2제1항제1호 또는 제2호의 재해예방활동을 중복 실시한 경우: 제18조의2제2항제1호 또는 제2호의 계산식에 따른 인하율에 제2항에 따른 인하율을 더한 것

④제1항에 따른 재해예방활동별 인정기간은 재해예방활동의 인정을 받은 날부터 제1항 각 호의 구분에 따른 기한까지로 한다.

⑤법 제15조제8항제3호에 따라 다음 각 호에 해당하는 경우에는 재해예방활동의 인정을 취소해야 한다.(2021.12.31 개정)

1. 제1항제1호에 따른 노동시간 단축 조치가 고용노동부장관이 정하는 기준을 충족하지 못한 경우
2. 제1항제2호에 따른 유급휴일 전환 조치가 고용노동부장관이 정하는 기준을 충족하지 못한 경우

(2021.6.8 본조신설)

제18조의7【업무의 위탁기관】 법 제15조제11항에서 "대통령령으로 정하는 기관"이란 「한국산업안전보건공단법」에 따른 한국산업안전보건공단을 말한다.(2021.12.31 개정)

(2021.6.8 본조신설)

제19조【고용보험료의 원천공제】 사업주는 법 제16조제1항에 따라 고용보험의 보험료(이하 "고용보험료"라 한다)를 원천공제하려는 경우에는 피보험자인 근로자에게 보수를 지급할 때마다 그 지급금액에 직전의 정기 보수지급일 이후에 부정기적으로 지급한 보수를 합산한 금액을 기준으로 그 근로자가 부담할 고용보험료에 해당하는 금액을 그 지급금액에서 공제한다.

(2010.9.29 본조개정)

제19조의2【월별 부과 · 징수 제외대상 사업】 법 제16조의2제2항에서 "건설업 등 대통령령으로 정하는 사업"이란 다음 각 호의 사업을 말한다.

1. 건설업(건설장비운영업은 제외한다)
2. 임업 중 벌목업

(2010.9.29 본조신설)

제19조의3【월평균보수의 산정방법 등】 ①법 제16조의3제1항 본문에 따른 근로자 또는 예술인의 개인별 월평균보수는 다음 각 호의 구분에 따라 금액을 산정하여 사업주가 공단에 법 제16조의10에 따라 신고한 금액으로 한다.

1. 보험연도의 전년도에 근로 또는 노무제공이 개시된 경우: 전년도 보수총액을 전년도에 근로 또는 노무제공을 한 개월 수로 나눈 금액
2. 해당 보험연도에 근로 또는 노무제공이 개시된 경우: 근로 또는 노무제공이 개시된 날부터 1년 동안에 지급하기로 한 보수총액을 근로 또는 노무제공을 한 개월 수로 나눈 금액. 다만, 근로계약 기간 또는 「예술인 복지법」 제4조의4에 따른 문화예술용역 관련 계약(이하 "문화예술용역 관련 계약"이라 한다) 기간이 1년 이내인 경우에는 그 계약 기간에 지급하기로 한 보수총액을 근로 또는 노무제공을 한 개월 수로 나눈 금액으로 한다.

②제1항에 따라 산정하여 신고한 월평균보수의 적용기간은 다음 각 호와 같다.

1. 제1항제1호에 따른 경우: 보험연도 4월부터 다음 연도 3월까지
2. 제1항제2호에 따른 경우: 근로자 또는 예술인이 근로 또는 노무제공을 개시한 날이 속하는 달부터 다음 연도 3월까지

③법 제16조의3제1항 단서에서 "일용근로자 등 대통령령으로 정하는 사람"이란 다음 각 호의 사람을 말한다.

1. 「고용보험법」 제2조제6호에 따른 일용근로자(이하 "일용근로자"라 한다)
2. 「고용보험법」 제77조의2제2항제2호 단서에 따른 단기예술인(이하 "단기예술인"이라 한다)(2023.6.27 개정)
3. 「고용보험법 시행령」 제104조의5제2항제2호에 따른 소득 기준을 충족하는 예술인
4. 삭제(2022.12.14)
5. 삭제(2022.12.14)
6. 삭제(2022.12.14)

④법 제16조의3제1항 단서에 따른 월평균보수는 월별보험료를 산정하는 월의 전월(前月)에 사업주가 지급한 보수 또는 보수액으로 한다.(2022.12.14 개정)

⑤삭제(2022.12.14)

⑥삭제(2021.12.31)
⑦사업주는 법 제16조의3에 따라 월평균보수가 산정된 후 보수 또는 보수액이 인상 또는 인하되었을 때에는 고용노동부령으로 정하는 바에 따라 변경된 월평균보수를 공단에 신고할 수 있다. 이 경우 공단은 월평균보수를 다시 결정하여 보수 또는 보수액이 인상 또는 인하된 날이 속하는 달부터 이를 적용한다.(2021.6.8 개정)
(2020.12.8 본조신설)

제19조의4【월 중간에 종료되는 고용관계 변동 사유】 법 제16조의4제3호에서 "근로자의 휴직 등 대통령령으로 정하는 사유"란 다음 각 호의 어느 하나에 해당하는 사유를 말한다.(2021.9.29 개정)
1. 근로자의 휴업 · 휴직
2. 「근로기준법」 제74조제1항부터 제3항까지의 규정에 따른 출산전후휴가 또는 유산 · 사산 휴가(2015.12.30 개정)
3. 그 밖에 근로자가 근로를 제공하지 않은 상태로서 고용노동부장관이 인정하는 사유

(2020.12.8 본조개정)

제19조의5【보험료 산정 시 월평균보수 등에서 제외하는 보수】 ①법 제16조의5에서 "「근로기준법」 제46조제1항에 따른 휴업수당을 받는 등 대통령령으로 정하는 사유"란 제19조의4 각 호의 사유를 말한다.(2020.12.8 개정)
②제1항에 따른 사유에 해당하는 기간 중의 보수는 산재보험료를 산정할 때 월평균보수 또는 보수총액에서 제외한다.
(2020.12.8 본조개정)

제19조의6【예술인의 고용보험료의 산정】 법 제48조의2제8항제2호에서 준용하는 법 제16조의9제1항 및 제2항에 따라 고용보험료를 산정할 때에 월별보험료를 부과하는 기간 동안 예술인의 개인별 보수총액이 제3조제4항제3호에 따른 월단위 기준보수의 합계액보다 적은 경우에는 그 월단위 기준보수의 합계액을 예술인의 개인별 보수총액으로 한다.(2024.12.24 개정)
(2020.12.8 본조신설)ㄴ

제19조의7【보수총액 등의 신고】 ①사업주가 법 제16조의10제1항에 따라 매년 3월 15일까지 신고해야 할 사항은 다음 각 호와 같다.

1. 근로자, 예술인 또는 노무제공자의 성명 및 주민등록번호(2021.6.8 개정)
2. 근로자, 예술인 또는 노무제공자의 전년도 개인별 보수총액(2021.6.8 개정)
3. 사업주가 보험연도의 전년도 중에 근로자를 새로 고용한 경우에는 그 고용한 날(「고용보험법」 제13조에 따른 피보험자격의 취득일을 말한다)
4. 사업주가 보험연도의 전년도 중에 예술인으로부터 노무제공을 새로 받은 경우에는 그 노무제공 개시일(「고용보험법」 제77조의5제1항에서 준용하는 같은 법 제13조제1항에 따른 피보험자격의 취득일을 말한다)
5. 사업주가 보험연도의 전년도 중에 노무제공자로부터 노무제공을 새로 받은 경우에는 그 노무제공 개시일(「고용보험법」 제77조의10제1항에서 준용하는 같은 법 제13조제1항에 따른 피보험자격의 취득일을 말한다)(2021.6.8 신설)
6. 사업주가 근로자를 다른 사업장으로 전보시킨 경우에는 그 전보일(「고용보험법 시행령」 제9조에 따른 전보일을 말한다)(2021.6.8 개정)
7. 그 밖에 보험료 산정에 필요한 사항으로서 고용노동부령으로 정하는 사항(2021.6.8 개정)

②사업주가 법 제16조의10제2항에 따라 보험관계가 소멸한 때에 신고해야 할 사항은 제1항제1호 · 제3호부터 제5호까지의 규정에 따른 사항 및 근로자, 예술인 또는 노무제공자의 해당 연도 개인별 보수총액으로 한다.(2021.6.8 개정)

③사업주가 법 제16조의10제3항 본문에 따라 근로자를 새로 고용하거나 예술인과 문화예술용역 관련 계약을 체결하거나 노무제공자와 노무제공계약을 체결한 경우 신고해야 할 사항은 다음 각 호와 같다.(2021.6.8 개정)

1. 근로자, 예술인 또는 노무제공자의 성명 및 주민등록번호(2021.6.8 개정)
2. 제19조의3제1항제2호에 따른 근로자 또는 예술인의 월평균보수(2021.6.8 개정)

2의2. 노무제공자의 노무제공이 개시된 날이 속하는 달에 지급된 보수액(2021.6.8 신설)

3. 근로자를 고용한 날(「고용보험법」 제13조에 따른 피보험자격의 취득일을 말한다)

4. 예술인의 노무제공이 개시된 날(「고용보험법」 제77조의5제1항에 따른 피보험자격의 취득일을 말한다)

5. 노무제공자의 노무제공이 개시된 날(「고용보험법」 제77조의6제1항에 따른 피보험자격의 취득일을 말한다)(2021.6.8 신설)

④법 제16조의10제3항 단서에서 "1개월간 소정근로시간이 60시간 미만인 사람 등 대통령령으로 정하는 근로자"란 「고용보험법 시행령」 제3조제1항에 따른 고용보험 적용 제외 근로자 및 같은 영 제3조의3제2호 각 목에 해당하는 사람으로서 고용보험 가입을 신청하지 않은 사람을 말한다.

⑤사업주는 제1항 및 제2항에도 불구하고 제4항에 해당하는 근로자에 대해서는 해당 근로자 전체의 보수총액만을 신고할 수 있다.

⑥사업주가 법 제16조의10제4항에 따라 근로자와의 고용관계를 종료하거나 예술인과의 문화예술용역 관련 계약을 종료하거나 노무제공자와의 노무제공계약을 종료한 때에 신고해야 할 사항은 다음 각 호와 같다.(2021.6.8 개정)

1. 근로자, 예술인 또는 노무제공자의 성명 및 주민등록번호(2021.6.8 개정)
2. 근로자, 예술인 또는 노무제공자에게 지급한 보수총액(2021.6.8 개정)
3. 근로자의 고용관계가 종료된 날(「고용보험법」 제14조에 따른 피보험자격의 상실일을 말한다)
4. 예술인의 노무제공이 종료된 날(「고용보험법」 제77조의5제1항에서 준용하는 같은 법 제14조제1항에 따른 피보험자격의 상실일을 말한다)
5. 노무제공자의 노무제공이 종료된 날(「고용보험법」 제77조의10제1항에서 준용하는 같은 법 제14조제1항에 따른 피보험자격의 상실일을 말한다)(2021.6.8 신설)

⑦법 제16조의10제5항에서 "근로자, 예술인 또는 노무제공자가 휴직하거나 다른 사업장으로 전보되는 등 대통령령으로 정하는 사유"란 다음 각 호의 사유를 말한다.(2021.6.8 개정)

1. 근로자의 휴업 또는 휴직
2. 「근로기준법」 제74조제1항부터 제3항까지의 규정에 따른 출산전후휴가 또는 유산 · 사산 휴가
3. 「남녀고용평등과 일 · 가정 양립 지원에 관한 법률」 제19조 또는 제19조의2에 따른 육아휴직 또는 육아기 근로시간 단축
4. 사업주의 하나의 사업장에서 다른 사업장으로의 전보

보험료 징수

5. 근로자, 예술인 또는 노무제공자의 성명이나 주민등록번호의 변경(2021.6.8 개정)
6. 근로자의 휴직 종료일 또는 예술인 · 노무제공자의 휴업 등 종료일의 변경(2021.6.8 개정)
7. 예술인 또는 노무제공자가 휴업, 출산 또는 유산 · 사산을 이유로 노무를 제공할 수 없어 사업주가 보수를 지급하지 않는 경우(2021.6.8 신설)

⑧사업주가 법 제16조의10제5항에 따라 제7항 각 호에 따른 사유가 발생한 때에 신고해야 할 사항은 다음 각 호의 구분에 따른다.

1. 근로자가 제7항제1호부터 제4호까지 또는 제6호에 해당하는 경우: 다음 각 목에 해당하는 사항
   가. 근로자의 성명 및 주민등록번호
   나. 발생 사유
   다. 근로를 제공하지 않은 기간의 시작일 또는 종료일
   라. 전근 사업장의 명칭 및 사업장 관리번호(제7항제4호의 사유가 있는 경우만 해당한다)
2. 근로자, 예술인 또는 노무제공자가 제7항제5호에 해당하는 경우: 그 변경 내용(2021.6.8 개정)
3. 예술인 · 노무제공자가 제7항제6호 또는 제7호에 해당하는 경우: 다음 각 목에 해당하는 사항(2021.6.8 신설)
   가. 예술인 또는 노무제공자의 성명 및 주민등록번호
   나. 발생 사유
   다. 노무를 제공하지 않은 기간의 시작일 및 종료일

⑨제1항부터 제3항까지, 제5항, 제6항 및 제8항에 따른 신고를 하려는 사업주는 고용노동부령으로 정하는 신고서를 제출해야 한다.
(2020.12.8 본조개정)

제19조의8 【문서에 의한 보수총액 신고】 법 제16조의10제8항 단서에서 "대통령령으로 정하는 규모"란 전년도 말일 현재 근로자 수가 10명 미만인 사업을 말한다.
(2020.12.8 본조개정)

제19조의9 【신용카드 등으로 하는 보험료등의 납부】 ①삭제(2017.6.27)

②법 제16조의12제1항에서 "대통령령으로 정하는 보험료납부대행기관"이

란 정보통신망을 이용하여 신용카드, 직불카드 등(이하 "신용카드등"이라 한다)에 의한 결제를 수행하는 기관으로서 다음 각 호의 어느 하나에 해당하는 기관을 말한다.

1. 「민법」 제32조에 따라 금융위원회의 허가를 받아 설립된 금융결제원
2. 시설, 업무수행능력, 자본금 규모 등을 고려하여 공단 또는 「국민건강보험법」 제13조에 따른 국민건강보험공단(이하 "건강보험공단"이라 한다) 이 법 제4조에 따라 위탁받은 징수업무별로 각 각 지정하는 기관

③법 제16조의12제3항에 따른 납부대행 수수료는 공단 또는 건강보험공단이 보험료납부대행기관의 운영경비 등을 종합적으로 고려하여 승인한다. 이 경우 납부대행 수수료는 납부금액의 1천분의 10을 초과할 수 없다.

④공단 또는 건강보험공단은 신용카드등에 의한 보험료등의 납부에 필요한 사항을 정할 수 있다.

(2020.12.8 본조개정)

제20조 【개산보험료의 신고와 납부】 사업주가 개산보험료를 납부하려는 경우에는 공단에 개산보험료신고서를 제출하고 납부서에 따라 내야 한다.

(2010.9.29 본조개정)

제21조 【전년도 보수총액의 적용】 법 제17조제1항 본문에서 "대통령령으로 정하는 경우"란 해당 보험연도 보수총액의 추정액이 전년도 보수총액의 100분의 70 이상 100분의 130 이하인 경우를 말한다.

(2010.9.29 본조개정)

제22조 【개산보험료의 분할 납부】 ①법 제17조제3항에 따른 개산보험료의 분할 납부는 연 4분기로 하되, 각 기의 구분은 다음 각 호와 같다.

1. 제1기: 1월 1일부터 3월 31일까지
2. 제2기: 4월 1일부터 6월 30일까지
3. 제3기: 7월 1일부터 9월 30일까지
4. 제4기: 10월 1일부터 12월 31일까지

②제1항에도 불구하고 다음 각 호의 사업의 경우에는 개산보험료를 분할하여 납부할 수 없다.

1. 해당 보험연도 7월 1일 이후에 보험관계가 성립된 사업
2. 건설공사 등 기간의 정함이 있는 사업으로서 그 기간이 6개월 미만인 사업

③보험연도 중에 보험관계가 성립된 경우의 개산보험료 분할 납부의 최초

의 기는 다음 각 호의 구분에 따른 기간으로 한다.
1. 1월 2일부터 3월 31일 사이에 보험관계가 성립된 경우: 보험관계 성립일부터 6월 30일까지
2. 4월 1일부터 6월 30일 사이에 보험관계가 성립된 경우: 보험관계 성립일부터 9월 30일까지

④각 기의 개산보험료는 다음 각 호와 같다.
1. 제1항에 따른 각 기의 개산보험료: 해당 연도의 개산보험료를 4등분한 금액
2. 제3항에 따른 각 기의 개산보험료: 해당 연도의 개산보험료에 보험관계 성립일부터 해당 연도 말일까지의 총일수에서 각 기별 기간의 일수가 차지하는 비율을 각각 곱하여 산정한 금액

⑤개산보험료를 분할 납부하는 사업주는 최초의 기에 해당하는 개산보험료를 법 제17조제1항에 따른 납부기한까지 내고, 그 이후의 각 기에 해당하는 개산보험료는 각각 그 분기의 중간 월의 15일까지 내야 한다.
⑥제1항부터 제5항까지의 규정 따라 분할 납부를 하려는 사업주는 공단에 개산보험료의 분할 납부를 신청하여야 한다.
(2010.9.29 본조개정)

제23조【개산보험료의 경정청구】①법 제17조제5항에 따라 개산보험료의 경정청구(更正請求)를 하려는 사업주는 다음 각 호의 사항을 적은 경정청구서를 제출하여야 한다.
1. 청구인의 성명과 주소 또는 거소
2. 경정 전의 개산보험료액
3. 경정 후의 개산보험료액
4. 경정청구를 하는 이유
5. 그 밖에 경정청구를 하는 이유 및 산출근거를 설명하는 데에 필요한 사항

②공단은 제1항에 따른 경정청구를 받은 날부터 2개월 이내에 개산보험료의 경정청구에 대한 결과를 청구인에게 알려야 한다.
(2010.9.29 본조개정)

제24조【보험료율의 변동에 따른 보험료의 조정】①공단은 법 제18조제1항에 따라 보험료를 감액 조정한 경우에는 보험료율의 인하를 결정한 날부터 20일 이내에 그 감액 조정 사실을 사업주에게 알려야 한다.
②제1항에 따라 보험료를 감액 조정한 결과 사업주가 이미 납부한 금액이

납부하여야 할 금액보다 많은 경우 공단은 법 제23조에 따라 잘못 낸 금액의 충당 및 반환을 결정하고 제31조제3항에 따라 사업주에게 이를 알려야 한다.
③공단 또는 건강보험공단은 법 제18조제1항에 따라 보험료를 증액 조정한 경우에는 납부기한을 정하여 보험료를 추가로 낼 것을 사업주에게 알려야 한다.(2014.9.24 개정)
④제3항에 따라 보험료의 추가 납부를 통지받은 사업주는 납부기한까지 증액된 보험료를 내야 한다. 다만, 공단 또는 건강보험공단은 정당한 사유가 있다고 인정되는 경우에는 30일의 범위에서 그 납부기한을 한 번 연장할 수 있다.
(2010.9.29 본조개정)

제25조【개산보험료의 감액조정의 기준】 법 제18조제2항에서 "대통령령으로 정하는 기준"이란 100분의 30을 말한다.
(2010.9.29 본조개정)

제26조【확정보험료의 신고와 납부 등】 법 제19조제1항에 따른 확정보험료의 신고 · 납부 및 법 제19조제7항에 따른 확정보험료의 경정청구에 관하여는 제20조 및 제23조를 준용한다.
(2010.9.29 본조개정)

제27조【보험료징수의 특례】 법 제20조에서 "결산서 등 보험료 산정을 위한 기초자료를 확보하기 어려운 경우 등 대통령령으로 정하는 사유"란 공단이 사업주에게 결산서 등 보험료 산정에 필요한 기초자료의 제출을 두 번 이상 요구하였으나 이에 응하지 아니하거나 제출된 자료가 현저히 믿기 어려워 보완을 요구하였으나 보완하지 아니한 경우를 말한다.
(2010.9.29 본조개정)

제28조【고용보험료 지원대상】 ①법 제21조제1항제1호에서 "대통령령으로 정하는 규모 미만의 사업"이란 다음 각 호의 구분에 따른 사업을 말한다. 다만, 「부패방지 및 국민권익위원회의 설치와 운영에 관한 법률」 제2조제1호에 따른 공공기관은 제외한다.(2017.6.27 개정)

1. 법 제16조의2제1항에 따라 보험료를 납부하는 사업의 경우에는 다음 각 목의 요건에 모두 해당하는 사업. 다만, 예술인 또는 노무제공자가 부담하는 고용보험료를 지원하는 경우 그 사업주의 사업은 다음 각 목의 요건을 갖추지 않아도 된다.(2022.12.14 개정)

가. 법 제21조에 따른 고용보험료의 지원을 신청하는 날(이하 “지원신청일”이라 한다)이 속한 보험연도의 전년도에 고용노동부장관이 정한 바에 따라 산정한 「고용보험법」 제2조제1호가목에 따른 피보험자 중 근로자(이하 “근로자인 피보험자”라 한다)의 수가 월평균 10명 미만일 것. 다만, 지원신청일이 속한 보험연도의 전년도 월평균 근로자인 피보험자 수가 10명 이상이거나 지원신청일이 속한 보험연도 중에 법 제7조에 따른 보험관계가 성립된 사업의 경우에는 지원신청일이 속한 달의 직전 3개월 동안(지원신청일이 속한 연도로 한정하며, 보험관계 성립일 이후 3개월이 지나지 않은 경우에는 그 기간 동안을 말한다) 근로자인 피보험자 수가 연속하여 10명 미만일 것(2021.6.8 개정)

나. 지원신청일이 속한 달의 말일(법 제5조제2항에 따라 고용보험 가입 신청을 하거나 법 제11조에 따른 기간 내에 보험관계 성립신고를 하면서 지원신청을 하는 경우에는 그 신청일 또는 신고일을 말한다)을 기준으로 근로자인 피보험자 수가 10명 미만일 것(2017.6.27 개정)

다. 고용보험료 지원이 시작된 이후 해당 보험연도의 매월 말일을 기준으로 한 근로자인 피보험자 수가 3개월 연속 10명 이상이 되지 않을 것(2017.6.27 개정)

2. 법 제16조의2제2항에 따라 고용보험료를 신고 · 납부하는 사업의 경우에는 제1호가목의 요건을 갖춘 사업(2017.6.27 개정)

가. 해당 사업장이 건설업 또는 벌목업의 행정적인 사무를 하는 장소인 경우에는 제29조의3제1항에 따른 지원대상사업장 확인신청일을 기준으로 제1호가목 및 나목에 따른 고용보험 가입근로자 수의 요건을 충족할 것

나. 해당 사업장이 건설업 중 건설공사를 하는 장소인 경우에는 법 제5조제2항에 따른 가입신청, 법 제11조제1항에 따른 보험관계 성립신고 또는 같은 조 제3항에 따른 사업 개시신고 당시 총공사금액이 10억원 미만일 것(2015.12.30 개정)

다. 해당 사업장이 벌목업 중 벌목작업을 하는 장소인 경우에는 법 제11조제1항에 따른 보험관계 성립신고 또는 같은 조 제3항에 따른 사업 개시신고 당시 허가받은 벌목재적량이 2,700㎥ 미만일 것

②제1항에 해당하는 사업의 사업주가 해당 사업의 근로자인 피보험자에 대하여 다음 각 호의 어느 하나에 해당하는 휴가 등(이하 “출산전후휴가

등"이라 한다)을 실시한 경우 그 출산전후휴가등의 기간 동안에는 해당 사업의 총 근로자인 피보험자 수에서 출산전후휴가등을 실시한 근로자인 피보험자 수를 제외한 수를 해당 사업의 근로자인 피보험자 수로 본다.(2017.6.27 개정)

1. 「근로기준법」 제74조제1항부터 제3항까지의 규정에 따른 출산전후휴가 또는 유산·사산 휴가
2. 「남녀고용평등과 일·가정 양립 지원에 관한 법률」 제19조 또는 제19조의2에 따른 육아휴직 또는 육아기 근로시간 단축

③법 제21조제1항제1호에서 "대통령령으로 정하는 금액 미만의 보수"란 근로자인 피보험자, 예술인인 피보험자 또는 노무제공자인 피보험자에 대한 다음 각 호의 구분에 따른 금액이 유사 직종·분야 근로자, 예술인 및 노무제공자 보수수준, 노동시장 여건 등을 고려하여 고용노동부장관이 보건복지부장관과 협의하여 고시한 금액 미만인 경우를 말한다.(2021.6.8 개정)

1. 법 제16조의2제1항에 따라 보험료를 납부하는 사업의 경우에는 법 제48조의3제3항 단서에 따른 보수액에 따라 산정한 월 보수액, 이 영 제19조의3에 따라 산정한 월평균보수, 이 영 제56조의6제1항에 따라 산정한 월 보수액 「고용보험법 시행령」 제7조제1항 후단에 따라 제출한 근로내용 확인신고서에 기재된 월별로 지급된 보수 또는 같은 영 제104조의6제2항·제104조의12제3항·제104조의13제3항에 따라 제출한 노무제공내용 확인신고서에 기재된 월별로 지급된 보수액(2022.12.14 개정)
2. 법 제16조의2제2항에 따라 고용보험료를 납부하는 사업의 경우에는 제29조의3제1항에 따른 지원신청 당시 기재한 월평균보수(지원신청 당시 기재한 보수총액을 그 보험연도 중 해당 근로자의 근무일수로 나눈 후 30을 곱하여 산정한 금액을 말한다) 또는 「고용보험법 시행령」 제7조제1항 후단에 따라 제출한 근로내용 확인신고서에 기재된 월별로 지급된 보수(2022.12.14 개정)

④법 제21조제1항제2호에서 "대통령령으로 정하는 재산"이란 「지방세법」 제105조에 따른 토지, 건축물, 주택, 항공기 및 선박을 말한다.(2017.6.27 신설)

⑤법 제21조제1항제2호 및 제3호에서 "대통령령으로 정하는 기준"이란 각각 물가상승률, 경제성장율 등 국내외 경제상황 및 근로자·예술인·노무제공자의 재산·소득분포 현황, 다른 법령과의 관계 등을 고려하여 고용노동부장

관이 보건복지부장관과 협의하여 정하여 고시하는 기준을 말한다.(2021.6.8 신설)
(2012.6.29 본조신설)

제29조【고용보험료의 지원 수준 등】 법 제21조에 따른 고용보험료의 지원 수준과 지원 기간은 사업주 및 근로자 · 예술인 · 노무제공자가 부담하는 고용보험료의 범위에서 근로자 · 예술인 · 노무제공자의 보수 · 보수액의 수준, 피보험자격의 취득 상황 등을 고려하여 고용노동부장관이 보건복지부장관과 협의하여 고시한다.(2021.6.8 개정)
(2020.12.8 본조개정)

제29조의2【월별보험료 납부 사업에 대한 지원 방법 및 절차】 ①법 제21조에 따라 고용보험료를 지원받으려는 경우 그 사업의 사업주 또는 근로자 · 예술인 · 노무제공자는 고용노동부령으로 정하는 바에 따라 공단에 고용보험료의 지원을 신청해야 한다.(2022.12.14 개정)
②공단은 제1항에 따른 신청을 받은 경우 사업주 또는 노무제공플랫폼사업자(「고용보험법」 제77조의7제1항에 따른 노무제공플랫폼사업자를 말한다. 이하 같다)가 월별보험료를 법 제16조의7에 따른 기한 내에 납부하였는지를 매월 확인한 후 지원한다. 이 경우 지원신청일이 속한 달의 고용보험료부터 해당 보험연도 말까지 지원하되, 사업주 또는 노무제공플랫폼사업자가 다음 각 호의 어느 하나에 해당하는 신고를 기한 내에 하지 않은 경우에는 그 신고를 이행한 날이 속한 달의 고용보험료부터 지원하고, 지원대상이 되는 피보험자가 일용근로자, 단기예술인 또는 「고용보험법」 제77조의6제2항제2호 단서에 따른 단기노무제공자(이하 "단기노무제공자"라 한다)인 경우에는 사업주 또는 노무제공플랫폼사업자가 「고용보험법 시행령」 제7조제1항 후단에 따라 기한 내에 제출한 근로내용 확인신고서 또는 같은 영 제104조의6제2항 · 제104조의12제3항 · 제104조의13제3항에 따라 기한 내에 제출한 노무제공내용 확인신고서나 「소득세법」 제164조제1항 단서에 따라 기한 내에 제출한 근로소득 지급명세서에 기재된 사람에 대한 월별보험료만을 지원한다.(2023.6.27 개정)
1. 법 제16조의10제1항에 따른 보수총액 신고(노무제공자에 대한 보수총액 신고는 제외한다)(2022.12.14 개정)
2. 지원대상이 되는 근로자인 피보험자에 대한 「고용보험법」 제15조에 따른 피보험자격 취득신고(2017.6.27 개정)

3. 지원대상이 되는 예술인인 피보험자에 대한 「고용보험법」 제77조의5제1항에서 준용하는 같은 법 제15조에 따른 피보험자격 취득신고(같은 법 제77조의2제3항에 따라 발주자 또는 원수급인이 하는 신고를 포함한다)(2022.12.14 개정)
4. 지원대상이 되는 노무제공자인 피보험자에 대한 「고용보험법」 제77조의7제1항에 따른 피보험자격 취득신고(「고용보험법 시행령」 제104조의12제2항 또는 제104조의13제2항에 따라 월 보수액을 신고하여 피보험자격 취득신고를 한 것으로 보는 경우를 포함한다) 및 같은 법 제77조의10제1항에서 준용하는 같은 법 제15조에 따른 피보험자격 취득신고(2023.12.26 개정)

③공단은 제2항에도 불구하고 사업주 또는 노무제공플랫폼사업자가 고용보험료의 지원기간 중에 지원대상이 되는 노무제공자인 피보험자에 대한 제56조의6제7항에 따른 월 보수액의 신고를 기한 내에 하지 않은 달에 대해서는 제2항에 따른 고용보험료를 지원하지 않는다.(2022.12.14 개정)

④사업이 보험연도 말 현재 고용보험료 지원을 받고 있고 그 보험연도 중 보험료 지원기간의 월평균 근로자인 피보험자 수가 10명 미만인 경우에는 다음 보험연도 1월 1일에 제1항에 따른 지원을 신청하여 지원받는 사업으로 본다.(2021.6.8 개정)

⑤사업이 제28조제1항제1호다목에 해당하지 아니하여 고용보험료 지원을 받지 못하게 된 경우에는 해당 보험연도 말까지는 제1항에 따른 지원신청을 하지 못한다.(2021.6.8 개정)

(2012.6.29 본조신설)

제29조의3【고용보험료 신고·납부 사업에 대한 지원 방법 및 절차】 ①제28조제1항제2호에 해당하는 사업에서 근로하는 근로자인 피보험자가 법 제21조에서 정한 요건에 해당하여 고용보험료를 지원받으려는 경우 해당 사업의 사업주 또는 근로자는 해당 사업의 사업주가 법 제19조에 따른 기한 내에 공단에 고용보험료를 신고·납부한 후 고용노동부령으로 정하는 바에 따라 고용보험료의 지원을 신청하여야 한다.(2018.12.31 개정)

②제1항에 따른 지원을 신청받은 공단은 법 제19조에 따라 사업주가 신고·납부한 고용보험료에 대하여 지원액을 산정하여 지원한다. 다만, 사업주가 지원대상이 되는 근로자인 피보험자에 대하여 「고용보험법」 제15조에

보험료 징수

따른 피보험자격 신고를 기한 내에 하지 않은 경우 그 사람에 대한 고용보험료는 신고를 이행한 날부터 지원하고, 지원대상이 되는 근로자인 피보험자가 일용근로자인 경우에는 사업주가 「고용보험법 시행령」 제7조제1항 후단에 따라 기한 내에 제출한 달의 근로내용 확인신고서 또는 「소득세법」 제164조제1항 단서에 따라 기한 내에 제출한 근로소득 지급명세서에 기재된 사람에 대한 고용보험료만을 지원한다.(2022.6.28 개정)
(2017.6.27 본조개정)

제30조 【고용보험료 지원금의 환수】 ①공단은 고용보험료의 지원을 받은 사업에 다음 각 호의 어느 하나에 해당하는 사유가 발생한 경우에는 법 제21조의2에 따라 다음 각 호의 구분에 따른 금액의 지원금을 환수한다.(2017.6.27 개정)

1. 지원신청 당시 지원요건을 갖추지 못하였음에도 거짓 또는 부정한 방법으로 신청하여 지원받은 경우: 지원받은 금액 전부
2. 고용보험료 지원이 시작된 이후 해당 보험연도 중에 매월 말일을 기준으로 하여 근로자인 피보험자 수가 3개월 연속 10명 이상이 되었음에도 계속 지원받았음이 확인된 경우: 3개월째 된 달의 다음 달 이후부터 지원받은 금액(2017.6.27 개정)
3. 사업주가 지원대상 근로자 또는 예술인에 대하여 법 제16조의10제1항 및 제4항에 따라 신고한 해당 근로자 및 예술인의 보수총액으로 산정한 월평균보수가 제28조제3항에 따라 고용노동부장관이 고시한 금액의 100분의 110을 넘은 경우(지원대상 근로자 또는 예술인이 보험연도 중에 새로 고용되거나 노무제공을 개시한 경우만 해당한다): 해당 근로자 또는 예술인에 대하여 지원받은 금액 전부(2020.12.8 개정)
4. 그 밖에 지원대상이 아닌 사람에게 잘못 지원되었음이 확인된 경우: 잘못 지원된 금액(2020.12.8 개정)

②공단은 제1항에 따른 지원금 환수사유가 발생한 경우 지원금을 지급받은 자에게 해당 사실을 통보한 후 환수금액을 고지 · 징수해야 한다.(2021.12.31 개정)
③법 제21조의2제1항 단서에서 "대통령령으로 정하는 금액"이란 3천원을 말한다.(2014.9.24 신설)
(2012.6.29 본조신설)

제30조의2 【천재지변 등에 따른 보험료 등의 경감 사유 등】 ①

법 제22조의2제1항 전단에서 "대통령령으로 정하는 특수한 사유"란 화재, 폭발 및 전화(戰禍), 그 밖에 이에 준하는 재난을 말한다.
②법 제22조의2제1항 후단에 따른 경감비율은 보험료와 그 밖의 징수금의 100분의 30으로 한다.
(2010.9.29 본조개정)

제30조의3【정보통신망을 이용한 신고 시의 보험료 경감 금액】 공단은 사업주가 법 제22조의2제2항 본문에 따라 고용·산재정보통신망을 통하여 보수총액 또는 개산보험료를 신고하는 경우(제45조제1항에 따른 보험사무대행기관을 통하여 신고하는 경우는 제외한다)에는 고용보험료 5천원 및 산재보험료 5천원을 경감할 수 있다.
(2010.9.29 본조개정)

제30조의4【자동계좌이체 시의 보험료 경감 금액】 공단은 사업주가 법 제22조의2제3항에 따라 월별보험료 또는 개산보험료를 자동계좌이체(신용카드와 연계하여 자동계좌이체를 하는 경우를 포함한다)의 방법으로 내는 경우에는 고용보험 월별보험료 및 산재보험 월별보험료에서 각각 250원을 경감하거나 분기마다 고용보험 개산보험료 및 산재보험 개산보험료에서 각각 250원을 경감할 수 있다.(2021.6.8 개정)
(2010.9.29 본조개정)

제30조의5【양수인의 제2차 납부의무】 ①법 제22조의5제2항에 따라 제2차 납부의무를 지는 사업의 양수인은 사업별로 그 사업에 관한 모든 권리(미수금에 관한 것은 제외한다)와 모든 의무(미지급금에 관한 것은 제외한다)를 포괄적으로 승계한 자로 한다.
②법 제22조의5제2항에 따른 양수한 재산의 가액은 다음 각 호의 금액으로 한다.
1. 사업의 양수인이 양도인에게 지급했거나 지급해야 할 금액이 있는 경우에는 그 금액
2. 제1호에 따른 금액이 없거나 불분명한 경우에는 양수한 자산 및 부채를 건강보험공단이 「상속세 및 증여세법」 제60조부터 제66조까지를 준용하여 평가한 후 그 자산총액에서 부채총액을 뺀 가액

③제2항에도 불구하고 다음 각 호의 어느 하나에 해당하는 경우에 양수한 재산의 가액은 같은 항 제1호의 금액과 같은 항 제2호의 금액 중 큰 금액으로 한다.

보험료 징수

1. 제2항제1호에 따른 금액과 「상속세 및 증여세법」 제60조에 따른 시가의 차액이 3억원 이상인 경우
2. 제2항제1호에 따른 금액과 「상속세 및 증여세법」 제60조에 따른 시가의 차액이 그 시가의 100분의 30에 상당하는 금액 이상인 경우

(2023.6.27 본조신설)

제31조【보험료 등 과납액의 충당·반환 및 이자】 ①삭제(2007.3.27)

②사업주는 보험료, 그 밖의 징수금을 잘못 냈거나 「산업재해보상보험법」 제89조에 따라 보험급여를 지급받게 되는 경우에는 이를 다음 연도의 보험료, 그 밖의 징수금에 충당시켜 줄 것을 공단에 신청할 수 있다.(2010.9.29 개정)

③공단은 법 제23조제1항부터 제3항까지의 규정에 따라 보험료 등의 잘못 낸 금액 또는 보험급여를 보험료, 그 밖의 징수금에 우선 충당하거나 그 잔액을 반환하기로 결정한 경우에는 사업주에게 이를 알려야 한다.(2010.9.29 개정)

④법 제23조제4항 각 호 외의 부분에서 "대통령령으로 정하는 이자율"이란 「국세기본법 시행령」 제43조의3제2항에 따른 국세환급가산금의 이자율을 말한다.(2012.6.29 개정)

제31조의2【고용보험료 과납액의 근로자 반환】 ①법 제23조제5항에서 "대통령령으로 정하는 사유"란 다음 각 호의 어느 하나에 해당하는 경우를 말한다.

1. 법인의 청산종결의 등기
2. 폐업으로 사업주에게 반환할 수 없다고 공단이 인정하는 경우

②법 제23조제6항 단서에서 "대통령령으로 정하는 금액"이란 3천원을 말한다.

(2020.1.7 본조신설)

제32조【가산금 징수의 예외】 법 제24조제1항 단서에서 "대통령령으로 정하는 경우"란 다음 각 호의 경우를 말한다.

1. 가산금의 금액이 3천원 미만인 경우
2. 법 제16조의10제1항 및 제2항에 따른 보수총액 또는 확정보험료를 신고하지 아니한 사유가 천재지변이나 그 밖에 고용노동부장관이 인정하는 부득이한 사유에 해당하는 경우

(2010.9.29 본조개정)

제33조【연체금의 징수 등】 법 제25조제4항에서 "대통령령으로 정하는 경우"란 다음 각 호의 경우를 말한다.

1. 연체금, 가산금 및 법 제26조에 따라 징수하는 보험급여의 금액이 체납된 경우
2. 보험료, 그 밖의 징수금의 체납이 천재지변이나 그 밖에 고용노동부장관이 인정하는 부득이한 사유에 해당하는 경우

(2017.6.27 본조개정)

제34조【사업주에 대한 산재보험급여액의 징수기준】 ①법 제26조제1항제1호에 따른 보험급여액의 징수는 보험가입신고를 하여야 할 기한이 끝난 날의 다음 날부터 보험가입신고를 한 날까지의 기간 중에 발생한 재해에 대한 요양급여 · 휴업급여 · 장해급여 · 간병급여 · 유족급여 · 상병보상연금에 대하여 하며, 징수할 금액은 가입신고를 게을리한 기간 중에 발생한 재해에 대하여 지급 결정한 보험급여 금액의 100분의 50에 해당하는 금액(사업주가 가입신고를 게을리한 기간 중에 납부하여야 하였던 산재보험료의 5배를 초과할 수 없다)으로 한다. 다만, 요양을 시작한 날(재해발생과 동시에 사망한 경우에는 그 재해발생일)부터 1년이 되는 날이 속하는 달의 말일까지의 기간 중에 급여청구사유가 발생한 보험급여로 한정한다.(2017.12.26 개정)

②법 제26조제1항제2호에 따른 보험급여액의 징수는 월별보험료 또는 개산보험료의 납부기한(법 제17조제3항에 따른 분할 납부의 경우에는 각 분기의 납부기한)의 다음 날부터 해당 보험료를 낸 날의 전날까지의 기간 중에 발생한 재해에 대한 요양급여 · 휴업급여 · 장해급여 · 간병급여 · 유족급여 · 상병보상연금에 대하여 하며, 징수할 금액은 재해가 발생한 날부터 보험료를 낸 날의 전날까지의 기간 중에 급여청구사유가 발생한 보험급여 금액의 100분의 10에 해당하는 금액(사업주가 산재보험료의 납부를 게을리한 기간 중에 납부하여야 하였던 산재보험료의 5배를 초과할 수 없다)으로 한다. 다만, 다음 각 호에 해당하는 경우는 징수하지 아니한다.(2017.12.26 개정)

1. 재해가 발생한 날까지 내야 할 해당 연도의 월별보험료에 대한 보험료 납부액의 비율이 100분의 50 이상인 경우
2. 해당 연도에 내야 할 개산보험료에 대한 보험료 납부액의 비율(분할 납부의 경우에는 재해가 발생한 분기까지 내야 할 개산보험료에 대한 보

험료 납부액의 비율)이 100분의 50 이상인 경우

③제1항이나 제2항에 따라 보험급여액을 징수할 때 지급 결정된 보험급여가 장해보상연금 또는 유족보상연금인 경우에는 최초의 급여청구사유가 발생한 날에 장해보상일시금 또는 유족보상일시금이 지급 결정된 것으로 본다.

④법 제26조제1항제1호 및 제2호에 해당하는 사유가 경합된 때에는 경합된 경우에는 그 경합된 기간 동안에는 보험급여액의 징수비율이 가장 높은 징수금만을 징수한다.

⑤「산업재해보상보험법 시행령」 제23조제2호에 따른 단시간근로자에게 보험급여를 지급하는 경우에는 같은 영 제24조제1항제2호에 따라 산정한 평균임금 중 재해가 발생한 사업을 대상으로 산정한 평균임금이 차지하는 비율에 해당하는 보험급여액을 기준으로 하여 제1항부터 제4항까지의 규정에 따라 보험급여액을 징수한다. 다만, 재해가 발생한 사업만의 평균임금으로 보험급여를 산정할 경우 해당 평균임금이 낮아 「산업재해보상보험법」 제36조제7항 본문, 제54조 또는 제67조에 따라 보험급여가 산정되는 경우에는 그 산정된 보험급여액을 기준으로 한다.(2016.3.22 신설)

⑥「산업재해보상보험법」 제91조의15제1호에 따른 노무제공자(이하 "산재보험 노무제공자"라 한다)에게 보험급여를 지급하는 경우에는 같은 조 제6호 및 같은 법 제91조의17제3항에 따라 산정한 평균보수 중 재해가 발생한 사업을 대상으로 산정한 평균보수가 차지하는 비율에 해당하는 보험급여액을 기준으로 하여 제1항부터 제4항까지의 규정에 따라 보험급여액을 징수한다. 다만, 재해가 발생한 사업만의 평균보수로 보험급여를 산정할 경우 해당 평균보수가 낮아 「산업재해보상보험법」 제36조제7항 본문, 제67조 또는 같은 법 제91조의19제1항에 따라 보험급여가 산정되는 경우에는 그에 따라 산정된 보험급여액을 기준으로 한다.(2023.6.27 신설)

(2010.9.29 본조개정)

제35조 【산재보험가입자로부터의 보험급여액의 징수】 공단이 법 제26조제2항에 따라 보험급여액의 전부 또는 일부의 납부를 통지할 때에는 그 납부기한은 통지를 받은 날부터 30일 이상이 되도록 하여야 한다.
(2010.9.29 본조개정)

제36조 【체납징수금의 징수우선순위】 삭제(2007.3.27)

제37조 【공매대행의 의뢰 등】 ①건강보험공단은 법 제28조제2항 전

단에 따라 압류재산의 공매를 「한국자산관리공사 설립 등에 관한 법률」 제6조에 따른 한국자산관리공사(이하 "한국자산관리공사"라 한다)로 하여금 대행하게 하는 경우에는 다음 각 호의 사항을 적은 공매대행의뢰서를 한국자산관리공사에 보내야 한다.(2021.6.8 개정)

1. 체납자의 성명과 주소 또는 거소
2. 공매할 재산의 종류 · 수량 · 품질 및 소재지
3. 압류에 관계되는 보험료, 그 밖의 징수금의 명세와 납부기한
4. 그 밖에 압류재산의 공매대행에 필요한 사항

②건강보험공단은 제1항에 따라 공매대행을 의뢰하면 지체 없이 그 사실을 체납자, 담보물 소유자, 그 재산상에 전세권 · 질권 · 저당권 또는 그 밖의 권리를 가진 자, 압류재산을 보관하고 있는 자에게 알려야 한다.
(2010.9.29 본조개정)

제38조 【압류재산의 인도】 ①건강보험공단은 제37조제1항에 따라 공매대행을 의뢰할 때 건강보험공단이 점유하고 있거나 제3자로 하여금 보관하게 한 재산을 한국자산관리공사에 인도할 수 있다. 다만, 제3자로 하여금 보관하게 한 재산에 대해서는 그 제3자가 발행하는 해당 재산의 보관증을 인도함으로써 이를 갈음할 수 있다.

②한국자산관리공사는 제1항에 따라 압류재산을 인수하였을 때에는 인계 · 인수서를 작성하여야 한다.
(2010.9.29 본조개정)

제39조 【공매대행의 해제 요구】 ①한국자산관리공사는 공매대행의 의뢰를 받은 날부터 2년 이내에 공매되지 않은 재산이 있으면 건강보험공단에 그 재산에 대한 공매대행 의뢰의 해제를 요구할 수 있다.

②건강보험공단은 제1항의 해제 요구를 받았을 때에는 특별한 사정이 없으면 이에 따라야 한다.
(2010.9.29 본조개정)

제40조 【공매대행에 관한 세부 사항】 법 제28조제2항 전단에 따라 한국자산관리공사가 대행하는 공매에 필요한 사항으로서 이 영에서 정하지 않은 것은 건강보험공단이 한국자산관리공사와 협의하여 정한다.
(2010.9.29 본조개정)

제40조의2 【상속재산의 가액】 ①법 제28조의3제1항 및 같은 조 제2항 전단에 따른 상속받은 재산은 상속받은 자산총액에서 부채총액과 그

상속 때문에 부과되거나 내야 할 상속세를 공제한 가액(價額)으로 한다.
②제1항에 따른 자산총액과 부채총액의 가액은 「상속세 및 증여세법」 제60조부터 제66조까지의 평가방법에 따라 평가한다.
(2010.9.29 본조개정)

제40조의3 【상속인 대표자의 신고】 ①법 제28조의3제2항 후단에 따른 상속인 대표자의 신고는 상속 개시일부터 30일 이내에 대표자의 성명과 주소 · 거소, 그 밖에 필요한 사항을 적은 문서로 하여야 한다.
②건강보험공단은 법 제28조의3제2항 후단에 따른 신고가 없는 경우에는 상속인 중 1명을 대표자로 지정할 수 있다. 이 경우 건강보험공단은 그 뜻을 적은 문서를 지체 없이 각 상속인에게 보내야 한다.
(2010.9.29 본조개정)

제40조의4 【고액 · 상습 체납자의 인적사항 공개 제외 사유 등】 ①건강보험공단은 법 제28조의6제1항 본문에 따라 체납자의 인적사항등을 공개할 때에는 체납자의 성명 · 상호(법인의 명칭을 포함한다), 나이, 업종 · 직종, 주소, 체납액의 종류 · 납부기한 · 금액 및 체납요지 등을 공개하여야 하고, 체납자가 법인인 경우에는 법인의 대표자를 함께 공개한다.(2024.12.24 개정)
②건강보험공단은 법 제28조의6제1항 본문에 따른 납부능력을 판단하는 경우에는 같은 조 제2항에 따른 보험료정보공개심의위원회의 심의를 거쳐 고액 · 상습 체납자의 재산상태, 소득수준 및 미성년자 여부 등을 종합적으로 고려해야 한다.(2023.6.27 신설)
③법 제28조의6제1항 단서에서 "체납된 금액의 일부납부 등 대통령령으로 정하는 사유"란 다음 각 호의 어느 하나에 해당하는 경우를 말한다.(2023.6.27 개정)

1. 체납된 보험료와 그 밖의 징수금 및 체납처분비(이하 "체납액"이라 한다)의 100분의 30 이상을 해당 보험연도에 납부한 경우
2. 「채무자 회생 및 파산에 관한 법률」 제243조에 따른 회생계획인가의 결정에 따라 체납액의 징수를 유예받고 그 유예기간 중에 있거나 체납액을 회생계획의 납부일정에 따라 내고 있는 경우
3. 재해 등으로 재산에 심한 손실을 입어 사업이 중대한 위기에 처한 경우 등으로서 법 제28조의6제2항에 따른 보험료정보공개심의위원회가 체납자의 인적사항등을 공개할 실익이 없다고 인정하는 경우

④건강보험공단은 법 제28조의6제3항에 따라 체납자 인적사항등의 공개대상자에게 공개대상자임을 알리는 경우에는 체납액의 납부를 촉구하고, 법 제28조의6제1항 단서에 따른 인적사항등의 공개 제외 사유에 해당되는 경우 이에 관한 소명자료를 제출하도록 안내하여야 한다.(2023.6.27 개정)
(2010.9.29 본조개정)

제40조의5 【보험료정보공개심의위원회의 구성 및 운영】 ①법 제28조의6제2항에 따른 보험료정보공개심의위원회(이하 "위원회"라 한다)는 위원장 1명을 포함한 11명의 위원으로 구성한다.
②위원회의 위원장은 건강보험공단의 임원 중 해당 업무를 담당하는 상임이사가 되고, 위원은 다음 각 호의 사람 중에서 건강보험공단의 이사장이 임명하거나 위촉한다.
1. 공단의 소속 직원 1명
2. 건강보험공단의 소속 직원 3명
3. 고용노동부의 고용보험 및 산업재해보상보험의 징수업무를 담당하는 3급 또는 4급 공무원 1명
4. 국세청의 3급 또는 4급 공무원 1명
5. 법률, 회계 또는 사회보험에 관한 학식과 경험이 풍부한 사람 4명
③제2항제5호에 따른 위원의 임기는 2년으로 한다.
④위원회의 회의는 위원장을 포함한 재적위원 과반수의 출석으로 개의(開議)하고, 출석위원 과반수의 찬성으로 의결한다.
⑤제1항부터 제4항까지에서 규정한 사항 외에 위원회의 구성 및 운영에 필요한 사항은 건강보험공단이 정한다.
(2010.9.29 본조개정)

제40조의6 【「국세기본법 시행령」의 준용】 보험료, 그 밖의 징수금 체납처분 유예를 위한 납부담보의 제공에 관하여는 「국세징수법 시행령」 제18조부터 제23조까지의 규정을 준용한다. 이 경우 "납세담보"는 "납부담보"로, "국세"는 "보험료"로, "납세보증보험증권"은 "납부보증보험증권"으로, "국세청장"은 "고용노동부장관"으로, "세무서장" 및 "관할 세무서장"은 "건강보험공단"으로, "납세자"는 "사업주"로, "납세보증서"는 "납부보증서"로, "납세담보물"은 "납부담보물"로, "국세 및 강제징수비"는 "보험료와 그 밖의 징수금 및 체납처분비"로, "납세보증보험사업자"는 "납부보증보험사업자"로, "납세보증인"은 "납부보증인"으로 본다.(2021.6.8 개정)

(2021.2.17 본조개정)

제41조 【징수금의 결손처분】 ①법 제29조제1항제3호에서 "대통령령으로 정하는 경우"란 다음 각 호의 어느 하나에 해당하는 경우를 말한다.

1. 체납자의 행방이 분명하지 않은 경우
2. 체납자의 재산이 없거나 체납처분의 목적물인 총재산의 견적가격이 체납처분비에 충당하고 나면 나머지가 생길 여지가 없음이 확인된 경우
3. 체납처분의 목적물인 총재산이 보험료, 그 밖의 징수금보다 우선하는 국세 · 지방세 등의 채권 변제에 충당하고 나면 나머지가 생길 여지가 없음이 확인된 경우
4. 「채무자 회생 및 파산에 관한 법률」 제251조에 따라 체납회사가 보험료 등의 납부책임을 지지 않게 된 경우

②건강보험공단이 제1항제1호에 따라 결손처분을 하려면 시 · 군 · 세무서, 그 밖의 기관에 체납자의 행방 또는 재산 유무를 조사 · 확인하여야 한다. 다만, 체납액이 10만원 미만이면 그러하지 아니하다.

(2010.9.29 본조개정)

제41조의2 【체납 또는 결손처분 자료의 요구 등】 ①법 제29조의2제1항에 따라 체납자 또는 결손처분자의 인적사항 · 체납액 또는 결손처분액에 관한 자료(이하 "체납등 자료"라 한다)를 요구하는 자(이하 "요구자"라 한다)는 다음 각 호의 사항을 적은 문서를 건강보험공단에 제출하여야 한다.

1. 요구자의 이름 및 주소
2. 요구하는 체납등 자료의 내용 및 이용 목적

②제1항에 따라 체납등 자료를 요구받은 건강보험공단은 제41조의4제1항에 따라 작성된 전자적 파일형태로 제공하거나 문서로 제공할 수 있다.

③건강보험공단은 제2항에 따라 체납등 자료를 제공한 경우에 체납액의 납부, 결손처분의 취소 등의 사유가 발생하면 그 사실을 사유발생일부터 15일 이내에 요구자에게 알려야 한다.

④제1항부터 제3항까지의 규정에 따른 체납등 자료의 요구 및 제공에 필요한 사항은 건강보험공단이 정한다.

(2010.9.29 본조개정)

제41조의3 【체납 또는 결손처분 자료 제공의 제외 사유】 법 제29조의2제1항 각 호 외의 부분 단서에서 "체납처분의 유예 등 대통령령으로

정하는 사유"란 다음 각 호의 어느 하나에 해당하는 경우를 말한다.

1. 건강보험공단이 법 제29조의2제1항제1호 또는 제2호에 해당하는 체납자(이하 이 조에서 "체납자"라 한다)의 체납처분을 유예한 경우
2. 체납자가 다음 각 목의 어느 하나에 해당하는 사유로 체납액을 낼 수 없다고 건강보험공단이 인정하는 경우
   가. 재해 또는 도난으로 재산이 심하게 손실된 때
   나. 사업이 현저하게 손실을 입거나 중대한 위기에 처한 때

(2010.9.29 본조개정)

제41조의4【체납 또는 결손처분 자료파일의 작성】 ①건강보험공단은 체납등 자료를 전자적 파일형태로 작성할 수 있다.

②제1항에 따라 전자적 파일형태로 작성된 체납등 자료의 정리 및 관리에 필요한 사항은 건강보험공단이 정한다.

(2010.9.29 본조개정)

제41조의5【보험료등의 완납증명이 필요한 경우 등】 ①법 제29조의4제1항 본문에서 "국가, 지방자치단체 또는 「공공기관의 운영에 관한 법률」 제4조에 따른 공공기관 등 대통령령으로 정하는 기관"이란 국가, 지방자치단체 또는 「공공기관의 운영에 관한 법률」 제4조에 따른 공공기관을 말한다.

②법 제29조의4제1항 본문에서 "공사·제조·구매·용역 등 대통령령으로 정하는 계약"이란 다음 각 호의 어느 하나에 해당하는 계약을 말한다.

1. 「국가를 당사자로 하는 계약에 관한 법률」 제2조에 따른 계약. 다만, 「국고금 관리법 시행령」 제31조에 따른 관서운영경비로 그 대가를 지급받는 계약은 제외한다.
2. 「지방자치단체를 당사자로 하는 계약에 관한 법률」 제2조에 따른 계약. 다만, 「지방회계법 시행령」 제38조제1항에 따른 일상경비로 그 대가를 지급받는 계약은 제외한다.
3. 「공공기관의 운영에 관한 법률」 제39조제3항에 따라 체결한 공사·제조·구매·용역 등에 관한 계약. 다만, 일상경비적 성격의 자금으로서 고용노동부장관이 정하여 고시하는 자금으로 그 대가를 지급받는 계약은 제외한다.

③보험료등의 납부의무자가 법 제29조의4제1항 본문에 따라 보험료등의 완납(完納) 사실의 증명을 받으려는 경우에는 고용노동부장관이 정하여

고시하는 바에 따라 공단 또는 건강보험공단에 그 증명을 요청해야 한다. 다만, 계약대가를 지급받는 자가 원래의 계약자가 아닌 경우에는 다음 각 호의 구분에 따른 자가 완납 사실의 증명을 요청해야 한다.

1. 채권양도로 인한 경우: 양도인과 양수인
2. 법원의 전부명령(轉付命令)에 따르는 경우: 압류채권자
3. 「하도급거래 공정화에 관한 법률」 제14조제1항제1호 및 제2호에 따라 건설공사의 하도급대금을 직접 지급받는 경우: 수급사업자

④법 제29조의4제1항 단서에서 "납부의무자가 계약대금의 전부 또는 일부로 보험료등을 납부하려는 경우 등 대통령령으로 정하는 경우"란 다음 각 호의 어느 하나에 해당하는 경우를 말한다.

1. 납부의무자가 지급받는 계약대금의 전부로 보험료등을 납부하거나 그 계약대금의 일부로 보험료등의 전액을 납부하려는 경우
2. 법 제28조에 따른 체납처분에 따라 건강보험공단이 그 계약대금을 지급받는 경우
3. 「채무자 회생 및 파산에 관한 법률」에 따른 파산관재인이 보험료등의 완납 사실을 증명하지 못하여 관할법원이 파산절차를 원활하게 진행하기 곤란하다고 인정하는 경우로서 파산관재인이 공단 또는 건강보험공단에 완납 사실 증명의 예외를 요청하는 경우
4. 「채무자 회생 및 파산에 관한 법률」에 따른 회생계획에서 보험료등의 징수를 유예하거나 체납처분에 따른 재산의 환가를 유예하는 내용을 정한 경우. 이 경우 완납 사실을 증명하지 않아도 되는 보험료등은 해당 징수유예 또는 환가유예된 금액만 해당한다.
5. 그 밖에 계약의 성질상 완납사실을 증명하기 위한 절차를 진행하면 계약의 이행이 불가능한 경우 등 고용노동부장관이 필요하다고 인정하는 경우

(2023.6.27 본조신설)

제42조【산재보험료 및 부담금의 정산 · 납입】 공단 또는 건강보험공단은 법 제31조제5항에 따라 징수 또는 납부된 산재보험료, 「임금채권보장법」 제9조에 따른 부담금 및 「석면피해구제법」 제31조제1항제1호의 자에 대한 분담금(각각에 대한 연체금 · 가산금을 포함한다)을 매월 정산하여 「산업재해보상보험법」 제95조에 따른 산업재해보상보험및예방기금(이하 "산업재해보상보험및예방기금"이라 한다), 「임금채권보장법」 제17조에

따른 임금채권보장기금(이하 "임금채권보장기금"이라 한다) 및 「석면피해구제법」 제24조에 따른 석면피해구제기금(이하 "석면피해구제기금"이라 한다)에 각각 납입하여야 한다.
(2010.9.29 본조개정)

제43조 【보험료 등의 회계기관】 공단 또는 건강보험공단의 이사장은 보험료, 그 밖의 징수금의 징수업무를 담당하게 하기 위하여 공단 또는 건강보험공단의 상임이사 중에서 산업재해보상보험및예방기금, 임금채권보장기금, 석면피해구제기금 및 「고용보험법」 제78조에 따른 고용보험기금(이하 "고용보험기금"이라 한다)의 수입징수관을 임명할 수 있고, 그 소속 직원 중에서 산업재해보상보험및예방기금, 임금채권보장기금, 석면피해구제기금 및 고용보험기금의 출납직원을 임명할 수 있다.
(2010.9.29 본조개정)

제43조의2 【서류의 송달】 법 제32조제2항에 따라 공단 및 건강보험공단은 보험료, 법에 따른 그 밖의 징수금에 관한 서류를 우편으로 송달하려는 경우에는 일반우편으로 보낼 수 있다.
(2010.9.29 본조신설)

보험료
징수

제 4 장 보험사무대행기관

제44조 【보험사무대행기관】 법 제33조제1항 전단에서 "대통령령으로 정하는 기준에 해당하는 법인, 공인노무사 또는 세무사"란 다음 각 호의 어느 하나에 해당하는 자를 말한다.(2014.9.24 개정)
1. 관계 법률에 따라 주무관청의 인가 또는 허가를 받거나 등록 등을 한 법인
2. 「공인노무사법」 제5조에 따라 등록한 사람으로서 같은 법 제2조에 따른 직무를 2년 이상 하고 있는 사람(2014.9.24 개정)
3. 「세무사법」 제6조에 따라 등록을 하고 같은 법 제2조에 따른 직무를 2년 이상 하고 있는 사람으로서 고용노동부장관이 정하는 교육을 이수한 사람(2014.9.24 신설)

(2010.9.29 본조개정)

제45조 【보험사무를 위임할 수 있는 사업주의 범위】 ①법 제5조·제48조의2제1항·제48조의3제1항 및 제48조의6제1항에 따른 보험가입자인 사업주는 법 제33조제1항에 따라 보험사무를 대행하기 위하여 공단의

인가를 받은 단체, 법인, 공인노무사 또는 세무사(이하 "보험사무대행기관"이라 한다)에게 보험사무를 위임할 수 있다.(2023.6.27 개정)
②삭제(2018.12.31)
③보험사무대행기관은 제1항에 따른 사업주로부터 보험사무를 위임받거나 보험사무의 위임이 해지된 때에는 각각 14일 이내에 그 사실을 공단에 신고하여야 한다.
(2010.9.29 본조개정)

제46조 【위임대상 보험사무의 범위】 법 제33조제1항 후단에 따라 보험사무대행기관에 위임할 수 있는 업무의 범위는 다음 각 호와 같다.
1. 법 제16조의10에 따른 보수총액 등의 신고
2. 개산보험료 · 확정보험료의 신고 · 수정신고에 관한 사무(2023.6.27 개정)
3. 고용보험 피보험자의 자격 관리에 관한 사무
4. 보험관계의 성립 · 변경 · 소멸의 신고
5. 그 밖에 사업주가 지방노동관서 또는 공단에 대하여 하여야 할 보험에 관한 사무

(2010.9.29 본조개정)

제47조 【보험사무대행기관의 인가】 ①법 제33조제2항에 따라 보험사무를 대행하려면 대행사무의 내용, 수탁대상지역 등의 사항 등을 적은 인가신청서에 다음 각 호의 서류를 첨부하여 공단에 제출하여야 한다.
1. 제44조제1호에 해당하는 법인의 경우: 주무관청의 인가 또는 허가를 받거나 등록 등을 한 사실을 증명하는 서류 사본
2. 제44조제2호 또는 제3호에 해당하는 개인의 경우: 제44조제2호 또는 제3호에 해당하는 사람임을 증명하는 서류 사본(2014.9.24 개정)
3. 법인 또는 단체의 경우: 정관 또는 규약 사본
4. 사업주와의 보험사무위임계약을 할 때 사용할 규약(이하 "보험사무위임처리규약"이라 한다) 사본

②보험사무위임처리규약에는 다음 각 호의 사항이 포함되어야 한다.
1. 보험사무 처리의 위임 및 그 위임의 해지 절차
2. 보험사무 처리의 방법 및 절차
3. 보험사무대행기관의 회계처리 방법 및 절차
4. 고용보험 피보험자의 자격 관리 및 산재보험 적용 근로자의 고용관계 관리에 관한 사항

5. 보수총액 및 보험료의 신고 · 납부책임에 관한 사항
③법인 또는 단체가 법 제33조제2항에 따라 보험사무를 대행하기 위하여 인가를 받으려는 경우에는 정관, 규약 등에 보험사무를 대행할 수 있도록 명시되어 있어야 한다.
④법 제33조제3항에서 "수탁대상지역 등 대통령령으로 정하는 사항"이란 다음 각 호의 사항을 말한다.
1. 수탁대상지역
2. 보험사무위임처리규약
⑤보험사무대행기관은 법 제33조제3항에 따라 인가받은 내용을 변경하려는 경우에는 변경하려는 날의 7일 전까지 공단에 인가를 신청하여야 하고, 법 제33조제4항에 따라 위임받은 업무를 폐지하려는 경우에는 폐지하려는 날의 30일 전까지 공단에 신고를 하여야 한다.
(2010.9.29 본조개정)

제48조 【보험사무대행기관 인가의 제한 기간 등】 ①법 제33조제6항에서 "대통령령으로 정하는 기간"이란 다음 각 호의 구분에 따른 기간을 말한다.(2022.12.14 개정)
1. 법 제33조제4항에 따라 업무 전부에 대한 폐지 신고를 한 경우: 3개월. 다만, 법 제33조제5항 각 호의 어느 하나에 해당하는 사유에 따른 인가 취소 절차가 진행 중인 기간(「행정절차법」 제21조에 따른 처분의 사전 통지 시점부터 인가취소 처분 여부를 결정하기 전까지의 기간을 말한다)에 업무 전부에 대한 폐지 신고를 한 경우에는 다음 각 목의 구분에 따른다.
  가. 법 제33조제5항제1호의 사유로 인가취소의 사전 통지를 받은 경우: 1년
  나. 법 제33조제5항제2호부터 제4호까지의 어느 하나에 해당하는 사유로 인가취소의 사전 통지를 받은 경우: 6개월
2. 법 제33조제5항제1호의 사유로 인가가 취소된 경우: 1년
3. 법 제33조제5항제2호부터 제4호까지의 어느 하나에 해당하는 사유로 인가가 취소된 경우: 6개월
②공단은 법 제33조제5항에 따라 보험사무대행기관의 인가를 취소하면 지체 없이 그 사실을 해당 보험사무대행기관과 보험사무를 위임한 사업주에게 알려야 한다.(2022.12.14 개정)

(2010.9.29 본조개정)

제49조 【청문】 공단은 법 제33조제5항에 따라 보험사무대행기관의 인가를 취소하려면 청문을 하여야 한다.
(2010.9.29 본조개정)

제50조 【보험사무대행기관의 통지】 보험사무대행기관은 법 제34조에 따라 보험료, 법에 따른 그 밖의 징수금의 납입의 통지 등을 받았을 때에는 지체 없이 그 사실을 사업주에게 알려야 한다.
(2010.9.29 본조개정)

제51조 【보험사무대행기관의 장부 비치 등】 ①법 제36조에 따라 보험사무대행기관은 다음 각 호의 서류를 작성하여 3년 이상 갖춰 두어야 한다.
1. 보험사무 위임사업주별 징수업무 처리장부(2014.9.24 개정)
2. 삭제(2014.9.24)
3. 사업별 피보험자의 신고 등 징수업무 외의 보험사무 처리장부 및 관계 서류
4. 보험사무대행기관과 사업주간의 보험사무위임 관계 서류
5. 삭제(2014.9.24)
6. 삭제(2014.9.24)

②제1항에 따른 서류는 「전자문서 및 전자거래 기본법」 제2조제1호에 따른 전자문서로 작성하여 갖추어 둘 수 있다.(2012.8.31 개정)
(2010.9.29 본조개정)

제52조 【보험사무대행기관에 대한 지원】 ①공단은 법 제37조에 따라 보험사무대행기관에 다음 각 호의 지원금(이하 "보험사무대행지원금"이라 한다)을 지급할 수 있다. 다만, 보험사무대행기관에 보험사무를 위임한 사업주의 과세소득(「법인세법」 또는 「소득세법」에 따른 과세소득을 말한다)이 고용노동부장관이 정하여 고시하는 금액 이상인 경우에는 보험사무대행지원금을 지급하지 않는다.(2021.6.8 개정)
1. 상시근로자수가 30명 미만인 사업주로부터 보험사무를 위임받아 보험료, 그 밖의 징수금을 납부하도록 한 경우 그에 따른 지원금(이하 "보험료납부지원금"이라 한다)(2024.12.24 개정)
2. 상시근로자수가 30명 미만인 사업주로부터 보험사무를 위임받아 고용보험 및 산재보험의 피보험자 관리 및 보수총액 신고 등의 보험사무 처

리업무를 한 경우 그에 따른 지원금(이하 "피보험자관리지원금"이라 한다)(2024.12.24 개정)

3. 상시근로자수가 30명 미만인 사업주로부터 보험사무를 위임받아 고용보험 및 산재보험의 보험관계 성립신고를 한 경우 그에 따른 지원금(이하 "사업장가입지원금"이라 한다)(2024.12.24 개정)

②보험사무대행지원금은 보험사무를 위임한 사업주의 보험료와 그 밖의 징수금의 납부 실적, 보험사무를 위임한 사업주의 규모, 피보험자격의 취득·상실 등 피보험자 관리 실적 또는 위임기간 등을 고려하여 고용노동부장관이 정하는 기준에 따라 지급하되, 보험료납부지원금은 반기마다 지급하고, 피보험자관리지원금 및 사업장가입지원금은 분기마다 지급한다.(2024.12.24 개정)

③제2항에 따른 보험료와 그 밖의 징수금의 납부 실적을 산정할 때 보험사무대행기관이 법 제33조제4항에 따라 보험연도 중에 업무의 폐지를 신고하면 해당 반기 첫 날부터 폐지일이 있는 분기 중간 월의 15일까지 납부기한이 끝나는 보험료와 그 밖의 징수금을 낸 실적을 기준으로 하되, 보험사무를 위임한 사업주가 법 제28조에 따른 체납처분에 따라 낸 금액은 제외한다.

④제2항에 따른 위임기간은 보험사무대행기관이 제45조제3항에 따라 공단에 보험사무 위임신고를 한 날부터 산정한다.

⑤보험사무대행기관은 보험사무대행지원금을 지급받으려는 경우에는 보험료납부지원금은 매 반기, 피보험자관리지원금 및 사업장가입지원금은 매 분기가 끝나는 날(법 제33조제4항에 따라 업무의 폐지신고를 한 경우에는 폐지일을 말한다) 이후 고용노동부령으로 정하는 바에 따라 공단에 보험사무대행지원금 지급을 신청하여야 한다.(2024.12.24 개정)

(2010.9.29 본조개정)

제53조【보험사무대행기관에 대한 지원 제한】 ①공단은 보험사무대행기관이 보험료, 그 밖의 징수금의 징수에 손실을 초래하면 그 손실에 해당하는 금액을 보험료납부지원금과 피보험자관리지원금에서 감액할 수 있다.(2024.12.24 개정)

②공단은 보험사무대행기관이 고용보험 피보험자격의 취득·상실신고 등을 게을리하여 관할 직업안정기관의 장으로부터 시정명령을 두 번 이상 받고도 응하지 아니한 경우에는 해당 보험사무대행기관에 대한 피보험자

보험료 징수

관리지원금의 100분의 50을 감액하고, 시정명령을 세 번 이상 받고도 응하지 아니한 경우에는 피보험자관리지원금을 지급하지 아니한다.(2024.12.24 개정)
(2010.9.29 본조개정)

제54조【보험사무대행지원금의 부담】 ①보험료납부지원금은 보험사무를 위임한 사업주가 낸 금액 중 고용보험 및 산재보험이 차지하는 비율만큼 고용보험기금 및 산업재해보상보험및예방기금에서 각각 부담한다.(2024.12.24 개정)
②사업장가입지원금 및 피보험자관리지원금은 고용보험기금 및 산업재해보상보험및예방기금에서 각각 2분의 1씩을 부담한다. 다만, 고용보험 또는 산재보험에 한정된 사무인 경우에는 고용보험기금 또는 산업재해보상보험및예방기금에서 각각 전부 부담한다.(2024.12.24 개정)
(2010.9.29 본조개정)

제54조의2【제공요청 대상 자료의 범위】 ①법 제40조제1항 전단에서 "근로소득자료 · 국세 · 지방세 · 토지 · 건물 · 건강보험 · 국민연금 등 대통령령으로 정하는 자료"란 다음 각 호의 자료를 말한다.(2023.6.27 개정)
1. 「국민건강보험법」에 따른 사업장 신고자료 및 직장가입자 · 지역가입자의 월별 보험료액 자료(2021.6.8 개정)
2. 「국민연금법」에 따른 사업장가입자 · 지역가입자의 신고자료 및 월별 연금보험료 부과자료(2021.6.8 개정)
3. 보수 · 보수액 · 월평균보수, 법에 따른 지원 대상 및 보험사무대행기관에 대한 지원 여부의 확인에 필요한 다음 각 목의 자료(2021.6.8 개정)
   가. 「부가가치세법」에 따른 사업자등록 자료, 일반과세자 부가가치세신고서 중 과세표준명세 합계액 자료, 전자세금계산서 또는 세금계산서 합계표 자료
   나. 「소득세법」에 따른 원천징수이행상황신고서, 근로소득 지급명세서, 종합소득세 과세표준 예정 · 확정신고서의 종합소득자료, 거주자의 사업소득 · 기타소득 지급명세서 및 간이지급명세서 또는 사업장제공자 등의 과세자료 제출 명세서
   다. 「법인세법」에 따른 표준손익계산서 중 보수 · 보수액 자료 또는 보험사무대행기관에 보험사무를 위임한 법인의 당기순손익

4. 「사립학교교직원 연금법」에 따른 사립학교교직원 연금 가입자 자료
5. 「산림자원의 조성 및 관리에 관한 법률」에 따른 입목(立木)의 벌채(伐採), 임산물(林産物)의 굴취(掘取) · 채취 허가 및 신고 자료
6. 「소방시설공사업법」에 따른 소방시설공사업 등록 자료 및 소방시설공사 실적 자료
7. 「어선원 및 어선 재해보상보험법」에 따른 어선원재해보상보험 가입자 자료
8. 「전기공사업법」에 따른 전기공사업 등록 자료 및 전기공사 실적 자료
9. 「전자조달의 이용 및 촉진에 관한 법률」에 따른 계약 관련 정보 중 건설공사 관련 자료
10. 「국가를 당사자로 하는 계약에 관한 법률」에 따른 계약실적보고 자료 중 건설공사 관련 자료
11. 「정보통신공사업법」에 따른 정보통신공사업 등록 자료 및 정보통신공사 실적 자료
12. 「주민등록법」에 따른 주민등록자료
13. 「건설기계관리법」에 따른 건설기계등록원부 등본, 건설기계사업 등록 자료, 「건축법」에 따른 건축물대장 등본, 「자동차관리법」에 따른 자동차 등록원부 등본, 「공간정보의 구축 및 관리 등에 관한 법률」에 따른 토지 대장 및 임야대장 등본 등 보험료 또는 그 밖의 징수금의 징수를 위하여 필요한 자료(2015.6.1 개정)
14. 「건설산업기본법」에 따른 건설업 등록 자료, 폐업 · 양도 신고 자료, 건설공사 실적 자료, 「건축법」에 따른 건축 허가 또는 신고 자료, 건축공사 착공신고 자료, 건축허가 취소 자료 및 건축물 사용승인 자료 등 보험관계의 성립 · 소멸 확인 및 보험료의 부과 · 징수 · 정산을 위하여 필요한 자료
15. 삭제(2021.6.8)
16. 「지방세법」에 따른 재산세 과세자료(2017.6.27 신설)
17. 「공무원연금법」에 따른 공무원연금 가입자 자료(2018.12.31 신설)
18. 「주택법」에 따른 주택건설사업자의 등록 자료 및 주택건설공사 실적 자료(2018.12.31 신설)
19. 「국가유산수리 등에 관한 법률」에 따른 국가유산수리업자의 등록 자료 및 국가유산수리 실적 자료(2024.5.7 개정)

19의2. 「관세법」에 따른 보세운송업자등의 등록 자료(2020.1.7 신설)
19의3. 「물류정책기본법」에 따른 위험물질 운송차량의 소유자 및 운전자, 운행정보 등에 관한 자료(2020.1.7 신설)
19의4. 「위험물안전관리법」에 따른 위험물운반자 및 위험물운송자에 관한 자료(2025.12.23 개정)
19의5. 「자동차관리법」에 따른 화물자동차 및 특수자동차 등록 자료(2020.1.7 신설)
19의6. 「폐기물관리법」에 따른 사업장폐기물의 수집·운반업 허가 자료(2020.1.7 신설)
19의7. 「화물자동차 운수사업법」에 따른 화물자동차 운수사업의 허가 자료, 운수사업자의 운송 또는 주선 실적 자료(2022.6.28 개정)
19의8. 「화학물질관리법」에 따른 유해화학물질의 운반업체, 운반자 및 운반정보 등에 관한 자료(2020.1.7 신설)
19의9. 「예술인 복지법」 제3조의2에 따른 예술 활동 증명 자료(2023.9.12 개정)
19의10. 다음 각 목에 해당하는 사람에 관한 등록 자료(2021.6.8 신설)
가. 「보험업법」 또는 「우체국예금·보험에 관한 법률」에 따른 보험설계사
나. 「여신금융전문업법」에 따른 신용카드회원모집인
다. 「대부업 등의 등록 및 금융이용자 보호에 관한 법률」에 따른 대출모집인
19의11. 「건설근로자의 고용개선 등에 관한 법률」에 따른 피공제자의 근로일수 신고 관련 자료(같은 법 제13조제4항에 따른 전자카드를 사용한 신고 자료를 포함한다)(2021.6.8 신설)
19의12. 「소프트웨어 진흥법」에 따른 소프트웨어 사업자 및 소프트웨어 기술자의 보험 가입 등에 관한 자료(2021.6.8 신설)
19의13. 「관광진흥법」에 따른 관광통역안내사 자격 등록 자료(2022.6.28 신설)
19의14. 「도로교통법」에 따른 어린이통학버스 신고 자료(2022.6.28 신설)
20. 그 밖에 보험관계의 성립·소멸 및 보험료 부과를 위하여 필요한 다음 각 목의 자료(2018.12.31 개정)
가. 「사회복지사업법」 제2조제3호 및 제4호에 따른 사회복지법인 및 사회복지시설과 그 종사자에 관한 자료

나. 「사회서비스 이용 및 이용권 관리에 관한 법률」 제2조제4호에 따른 사회서비스 제공자 및 그 종사자에 관한 자료

다. 「영유아보육법」 제2조제3호 및 제5호에 따른 어린이집 및 보육교직원에 관한 자료

라. 「국민기초생활보장법」 제15조에 따른 자활근로참여자에 관한 자료 (2018.12.31 신설)

마. 「농어업경영체 육성 및 지원에 관한 법률」 제4조 및 제6조의2에 따른 농어업경영정보의 등록 및 정정 · 말소에 관한 자료(2024.6.25 신설)

②법 제40조제2항에서 "산재보험 노무제공자의 노무를 제공받는 사업의 도급인(「산업안전보건법」 제2조제7호에 따른 도급인을 말한다), 「보험업법」에 따른 보험회사 등 대통령령으로 정하는 기관 · 단체"란 다음 각 호의 어느 하나에 해당하는 기관 · 단체를 말한다.(2023.6.27 신설)

1. 「생활물류서비스산업발전법」 제2조제4호가목에 따른 택배서비스사업자
2. 「산업재해보상보험법 시행령」 제83조의5제12호에 따른 노무제공자로부터 노무 제공을 받는 사업의 도급인
3. 「유통산업발전법」 제2조제3호 · 제4호 및 제9호에 따른 대규모점포 · 준대규모점포 및 무점포판매업을 운영하는 사업의 사업주
4. 「보험업법」 제2조제6호에 따른 보험회사

③법 제40조제2항에서 "대통령령으로 정하는 자료 또는 정보"란 다음 각 호의 구분에 따른 자료 또는 정보를 말한다.(2023.6.27 신설)

1. 제2항제1호부터 제3호까지의 경우: 산재보험 노무제공자로부터 노무제공을 받는 사업주의 명단 및 노무제공자의 명단 · 소득 · 노무제공내용 등 산재보험 노무제공자에 대한 산재보험료 부과 · 징수에 필요한 자료 또는 정보
2. 제2항제4호의 경우: 다음 각 목의 자료 또는 정보

가. 「산업재해보상보험법 시행령」 제83조의5제1호에 따른 노무제공자로부터 노무제공을 받는 「보험업법」 제2조제10호에 따른 보험대리점 명단

나. 「산업재해보상보험법 시행령」 제83조의5제6호에 따른 노무제공자의 배달용 · 대여용 이륜자동차 유상운송보험 가입자 또는 피보험자에 관한 자료

다. 「산업재해보상보험법 시행령」 제83조의5제9호에 따른 노무제공자의

대리운전 보험 가입자 또는 피보험자에 관한 자료
(2013.12.30 본조신설)

제5장 보 칙

제55조 【보고 · 제출 · 조사】 ①법 제44조 및 제45조제1항에서 "대통령령으로 정하는 경우"란 다음 각 호의 경우를 말한다.
1. 보험관계의 성립 · 변경 또는 소멸 등 보험관계의 확인이 필요한 경우
2. 근로자 수, 보수총액 및 사업종류 등 보험료의 산정 및 징수와 관련된 사항에 대한 확인이 필요한 경우
3. 보험사무대행기관이 보험사무를 위법 또는 부당하게 처리하거나 그 처리를 게을리하는지 확인이 필요한 경우
4. 보험사무대행지원금의 지급과 관련하여 사실관계의 확인이 필요한 경우
②법 제44조에 따른 보고 및 관계 서류 제출의 요구는 문서로 하여야 한다.
(2010.9.29 본조개정)

제56조 【권한의 위임 및 위탁】 ①법 제46조제1항에 따라 고용노동부장관은 법 제15조제8항에 따른 재해예방활동 인정의 취소에 관한 권한을 지방고용노동관서의 장에게 위임한다.(2021.12.31 개정)
②공단 또는 건강보험공단이 법 제46조에 따라 위탁할 수 있는 업무의 범위는 다음 각 호와 같다.(2013.12.30 개정)
1. 보험료, 그 밖의 징수금의 수납에 관한 업무
2. 보험료 등 잘못 낸 금액의 반환금 지급에 관한 업무
3. 제1호 및 제2호의 업무에 부대되는 업무
③공단 또는 건강보험공단이 제2항에 따라 업무를 위탁한 경우에는 그 위탁을 받은 자에게 위탁에 따른 수수료를 지급할 수 있다.(2013.12.30 개정)
(2010.9.29 본조개정)

제56조의2 【예산 및 사업운영계획의 승인】 ①건강보험공단은 법 제46조의2제1항에 따라 다음 회계연도의 예산에 대하여 고용노동부장관의 승인을 받으려면 예산요구서와 예산에 따른 사업설명서를 매년 5월 31일까지 고용노동부장관에게 제출하여야 한다.
②건강보험공단은 법 제46조의2제1항에 따라 사업운영계획에 대하여 고용노동부장관의 승인을 받으려면 제1항에 따라 승인받은 예산이 확정된 후

지체 없이 사업운영계획을 수립하여 고용노동부장관에게 제출하여야 한다.
③건강보험공단은 제1항 및 제2항에 따라 승인받은 예산과 사업운영계획을 변경하려면 그 변경 사유와 내용을 적은 서류를 고용노동부장관에게 제출하여 승인을 받아야 한다.
(2010.9.29 본조신설)

제56조의3【실적 및 결산서의 제출】 건강보험공단은 법 제46조의2제2항에 따라 사업실적과 결산을 고용노동부장관에게 보고하려면 결산보고서에 다음 각 호의 서류를 첨부하여 고용노동부장관에게 제출해야 한다.(2021.6.8 개정)

1. 재무상태표(공인회계사나 「공인회계사법」 제23조에 따라 설립된 회계법인의 감사의 의견서를 포함한다)와 그 부속서류(2021.6.8 개정)
2. 그 밖에 결산의 내용을 증명하는 데에 필요한 서류

(2010.9.29 본조신설)

제56조의4【보험료 등 징수 현황 보고】 고용노동부장관은 법 제46조의2제3항에 따라 건강보험공단이 징수한 전월(前月)의 보험료와 그 밖의 징수금 등의 징수 현황에 대하여 건강보험공단에 매월 말일까지 문서로 보고할 것을 명할 수 있다.
(2010.9.29 본조신설)

보험료 징수

제56조의5【예술인 고용보험 특례】 ①법 제48조의2제2항에서 "대통령령으로 정하는 금품"이란 「소득세법」 제12조제2호 또는 제5호에 해당하는 비과세소득 및 고용노동부장관이 정하여 고시하는 방법에 따라 산정한 필요경비를 말한다.
②법 제48조의2제3항 전단에 따른 고용보험료율은 1천분의 16으로 한다.(2021.12.31 개정)
③법 제48조의2제3항 후단에 따른 예술인에 대한 고용보험료의 상한액은 보험료가 부과되는 연도의 전전년도 보험가입자의 고용보험료 평균액의 10배 이내에서 고용노동부장관이 고시하는 금액으로 한다.(2021.6.8 신설)
④사업주는 법 제48조의2제4항 후단에 따라 예술인에게 같은 조 제2항에 따른 보수액을 지급할 때마다 그 지급금액과 문화예술용역 관련 계약에서 정한 직전의 지급일 이후 따로 지급한 보수액을 더한 금액에서 예술인이 부담할 고용보험료에 해당하는 금액을 원천공제한다.(2021.6.8 개정)
⑤발주자 또는 원수급인은 법 제48조의2제7항에 따라 원수급인 또는 하수

급인에게 지급하는 도급금액 또는 하도급금액에서 피보험자격의 취득을 신고한 예술인에 대한 고용보험료에 해당하는 금액을 원천공제하여 납부해야 한다. 이 경우 원천공제해야 하는 고용보험료는 예술인별로 산정한다.(2021.6.8 개정)

⑥제1항부터 제5항까지에서 규정한 사항 외에 예술인의 고용보험관계 등에 관하여는 다음 각 호의 구분에 따른 규정을 준용한다.(2021.6.8 개정)

1. 예술인에 대한 고용보험관계의 성립 · 소멸 등에 관하여는 제5조, 제8조 및 제9조(2021.6.8 개정)
2. 예술인에 대한 고용보험료의 산정 · 부과 등에 관하여는 제19조의4, 제19조의9 및 제24조(2021.6.8 개정)
3. 예술인에 대한 고용보험료의 경감, 과납액의 충당과 반환, 고용보험료와 연체금의 징수 · 독촉 등에 관하여는 제30조의2부터 제30조의4까지, 제31조, 제31조의2, 제33조, 제37조부터 제40조까지, 제40조의2부터 제40조의6까지, 제41조 및 제41조의2부터 제41조의4까지의 규정(2021.6.8 개정)
4. 예술인에 대한 고용보험료 및 법에 따른 그 밖의 징수금에 관한 서류의 송달, 보고 · 조사 등에 관하여는 제43조의2 및 제55조(2021.6.8 개정)

(2020.12.8 본조신설)

제56조의6【노무제공자 고용보험 특례】 ①법 제48조의3제2항에 따른 노무제공자의 월 보수액은 사업주가 노무를 제공받은 월에 대하여 노무제공자에게 지급한 보수액을 기준으로 산정한다. 다만, 사업주 또는 노무제공플랫폼사업자가 제7항에 따라 월 보수액을 신고하지 않은 경우 그 월 보수액은 「고용보험법 시행령」 제104조의11제3항 · 제4항 및 제104조의13제1항에 따른 피보험자격 취득 신고, 이 영 제19조의7제3항에 따른 노무제공계약 체결 신고와 이 조 제7항에 따른 신고의 내용 중 가장 최근에 신고된 해당 노무제공자의 월 보수액으로 한다.(2022.12.14 신설)

②법 제48조의3제3항 본문에서 "대통령령으로 정하는 금품"이란 「소득세법」 제12조제2호 또는 제5호에 해당하는 비과세소득 및 고용노동부장관이 정하여 고시하는 방법에 따라 산정한 필요경비를 말한다.(2022.12.14 개정)

③법 제48조의3제3항 단서에서 "대통령령으로 정하는 직종"이란 「고용보험법 시행령」 제104조의11제1항제10호, 같은 항 제11호가목부터 바목까지 또는 같은 항 제17호에 해당하는 노무제공자가 종사하는 직종을 말한

다.(2022.12.14 개정)
④법 제48조의3제4항 전단에 따른 고용보험료율은 1천분의 16으로 하고, 노무제공자와 사업주가 각각 분담해야 하는 고용보험료는 해당 노무제공자의 월 보수액에 고용보험료율의 2분의 1을 곱한 금액으로 한다.(2022.12.14 개정)
⑤법 제48조의3제4항 후단에 따른 노무제공자에 대한 고용보험료의 상한액은 고용보험료가 부과되는 연도의 전전년도 보험가입자의 고용보험료 평균액의 10배 이내에서 고용노동부장관이 고시하는 금액으로 한다.(2022.12.14 개정)
⑥사업주는 법 제48조의3제6항 후단에 따라 노무제공자에게 같은 조 제3항에 따른 보수액을 지급할 때마다 그 지급금액과 노무제공계약에서 정한 직전의 지급일 이후 따로 지급한 보수액을 더한 금액에서 노무제공자가 부담할 고용보험료에 해당하는 금액을 원천공제한다.(2022.12.14 개정)
⑦사업주 또는 노무제공플랫폼사업자는 법 제48조의3제5항에 따라 노무제공자의 노무제공 내용과 월 보수액을 고용노동부령으로 정하는 바에 따라 노무제공일이 속하는 달의 다음 달 말일까지 공단에 신고해야 한다.(2022.12.14 신설)
⑧제1항부터 제7항까지에서 규정한 사항 외에 노무제공자의 고용보험관계 등에 관하여는 다음 각 호의 구분에 따른 규정을 준용한다.(2022.12.14 개정)
1. 노무제공자에 대한 고용보험관계의 성립 · 소멸 등에 관하여는 제5조, 제8조 및 제9조
2. 노무제공자에 대한 고용보험료의 산정 · 부과 등에 관하여는 제19조의4, 제19조의9 및 제24조
3. 노무제공자에 대한 고용보험료의 경감, 과납액의 충당과 반환, 고용보험료와 연체금의 징수 · 독촉 등에 관하여는 제30조의2부터 제30조의4까지, 제31조, 제31조의2, 제33조, 제37조부터 제40조까지, 제40조의2부터 제40조의6까지, 제41조 및 제41조의2부터 제41조의4까지의 규정
4. 노무제공자에 대한 고용보험료 및 법에 따른 그 밖의 징수금에 관한 서류의 송달, 보고 · 조사 등에 관하여는 제43조의2 및 제55조

(2021.6.8 본조신설)

제56조의7【노무제공플랫폼사업자에 대한 특례】 ①법 제48조의

4제2항 전단에서 "노무제공 횟수 및 그 대가 등 대통령령으로 정하는 자료 또는 정보"란 다음 각 호의 자료 또는 정보를 말한다.

1. 노무제공계약에 관한 다음 각 목의 자료 또는 정보
  가. 노무제공계약의 시작일 또는 종료일
  나. 노무제공횟수 및 노무제공일수
  다. 월보수액(단기노무제공자의 경우에는 노무제공대가를 말한다)
2. 노무제공사업의 사업주에 관한 다음 각 목의 자료 또는 정보
  가. 사업주(법인인 경우 대표자를 말한다)의 이름
  나. 사업자등록번호(법인인 경우 법인등록번호를 포함한다)
  다. 사업장의 명칭 및 주소
  라. 법 제48조의4제1항에 따른 노무제공플랫폼이용계약의 시작일 및 종료일
3. 노무제공자에 관한 다음 각 목의 자료 또는 정보
  가. 노무제공자의 이름 및 직종
  나. 노무제공자의 주민등록번호(외국인인 경우에는 외국인등록번호를 말한다)

②노무제공플랫폼사업자는 법 제48조의4제3항에 따라 노무제공자 및 노무제공사업의 사업주가 부담해야 하는 그 달의 월별보험료를 다음 달 10일까지 납부해야 한다.

③공단은 법 제48조의4제7항에 따라 노무제공플랫폼사업자가 다음 각 호의 어느 하나에 해당하는 경우에는 노무제공플랫폼사업자가 보험사무에 관한 의무를 이행하는 데 필요한 비용의 일부를 고용보험기금에서 지원할 수 있다.(2022.12.14 신설)

1. 법 제48조의3제5항 및 이 영 제56조의6제7항에 따라 노무제공자의 월 보수액을 기한 내에 신고한 경우
2. 법 제48조의4제3항에 따라 노무제공자 및 노무제공사업의 사업주가 부담하는 고용보험료를 기한 내에 납부한 경우
3. 「고용보험법」 제77조의7제1항에 따른 노무제공자에 대한 피보험자격의 취득 등을 기한 내에 신고한 경우

④노무제공플랫폼사업자는 제3항에 따른 지원을 받으려는 경우에는 고용노동부령으로 정하는 바에 따라 공단에 지원 신청을 해야 한다.(2022.12.14 신설)

⑤제3항에 따른 지원 금액은 노무제공플랫폼사업자의 보험사무에 관한 의무 이행 실적 등을 고려하여 고용노동부장관이 정하여 고시하는 기준에 따라 분기별로 산정하여 지급한다.(2022.12.14 신설)
(2021.12.31 본조신설)

제56조의8【산재보험 노무제공자의 월 보수액 등】 ①법 제48조의6제3항 본문에서 "대통령령으로 정하는 금품"이란 다음 각 호의 금품을 말한다.
1. 「소득세법」 제12조제2호 또는 제5호에 해당하는 비과세소득
2. 고용노동부장관이 정하여 고시하는 방법에 따라 산정한 필요경비

②법 제48조의6제3항 단서에서 "대통령령으로 정하는 직종"이란 「산업재해보상보험법 시행령」 제83조의5제2호 및 제13호에 해당하는 산재보험 노무제공자가 종사하는 직종을 말한다.
(2023.6.27 본조신설)

제56조의9【산재보험 노무제공자의 휴업 신고 사유】 법 제48조의6제4항 전단에서 "부상·질병 등 대통령령으로 정하는 휴업의 사유"란 다음 각 호의 어느 하나에 해당하는 휴업의 사유를 말한다.
1. 산재보험 노무제공자가 부상을 당하거나 질병에 걸려 휴업을 하는 경우
2. 여성 산재보험 노무제공자가 임신 또는 출산으로 휴업을 하는 경우
3. 산재보험 노무제공자가 8세 이하 또는 초등학교 2학년 이하의 자녀(입양한 자녀를 포함한다)를 양육하기 위하여 휴업을 하는 경우
4. 사업주의 귀책사유로 휴업을 하는 경우
5. 사업주가 천재지변, 전쟁 또는 이에 준하는 재난이나 「감염병의 예방 및 관리에 관한 법률」 제2조제1호에 따른 감염병의 확산으로 불가피하게 휴업을 하는 경우

(2023.6.27 본조신설)

제56조의10【산재보험 노무제공자의 보험료 부담분의 산정】 법 제48조의6제6항 본문에 따라 산재보험 노무제공자와 사업주가 각각 분담해야 하는 산재보험료는 개인별 월 보수액에 산재보험료율의 2분의 1을 곱한 금액으로 한다.
(2023.6.27 본조신설)

제56조의11【산재보험 노무제공자에 대한 산재보험료의 감면】 ①법 제48조의6제7항에서 "대통령령으로 정하는 산재보험 노무제공자와

보험료 징수

해당 사업주"란 다음 각 호의 구분에 따른 산재보험 노무제공자와 해당 사업주를 말한다.

1. 산재보험료 감경 대상자: 「산업재해보상보험법 시행령」 제83조의5 각 호에 해당하는 사람이 종사하는 직종의 재해율(공단이 산재보험급여의 신청 등을 고려하여 산정한 재해율을 말하며, 그 재해율을 산정하기 어려운 경우에는 해당 직종이 속하는 업종의 재해율을 말한다)이 전체 업종의 평균재해율(고용노동부장관이 보험연도의 직전 연도 말일을 기준으로 산정하여 공고한 것을 말한다)의 2분의 1 이상인 직종 중에서 산재보험료의 부담 수준, 노무제공자의 규모 등을 고려하여 고용노동부장관이 정하여 고시하는 직종에 종사하는 사람과 그 사람으로부터 노무 제공을 받는 사업의 사업주
2. 산재보험료 면제 대상자: 산재보험 노무제공자의 월 보수액이 고용노동부장관이 정하여 고시하는 금액 미만인 사람. 다만, 「산업재해보상보험법 시행령」 제83조의5제2호 및 제13호에 해당하는 직종에 종사하는 사람은 제외한다.

②제1항제1호에 따른 감경 비율은 산재보험료의 100분의 50 범위에서 고용노동부장관이 정하여 고시한다.

③제1항 및 제2항에서 규정한 사항 외에 산재보험료의 감경 기간, 면제 대상 월 보수액의 판단 방법 등 산재보험료의 감면에 필요한 사항은 고용노동부장관이 정하여 고시한다.

(2023.6.27 본조개정)

제56조의12【산재보험 노무제공자의 월 보수액 신고 등】 ①법 제48조의6제8항 본문에 따라 사업주는 월 보수액(사업주가 노무 제공을 받은 월에 대해 산정한 것을 말한다)을 고용노동부령으로 정하는 바에 따라 노무제공일이 속하는 달의 다음 달 말일까지 공단에 신고해야 한다.

②제1항에도 불구하고 「산업재해보상보험법 시행령」 제83조의5제2호 및 제13호에 해당하는 직종(제19조의2 각 호의 사업에 해당하는 경우는 제외한다)의 산재보험 노무제공자로부터 노무 제공을 받는 사업주는 노무 제공을 받거나 받지 않게 된 경우에는 고용노동부령으로 정하는 바에 따라 그 사유가 발생한 날이 속하는 달의 다음 달 15일까지 공단에 신고해야 한다.

③법 제48조의6제8항 단서에 따라 산재보험 노무제공자가 월 보수액을 신

고할 때에는 소득을 증명할 수 있는 자료를 함께 제출해야 한다.
(2023.6.27 본조신설)

제56조의13【산재보험 노무제공자의 월 보수액의 정정신고】 사업주 또는 산재보험 노무제공자는 법 제48조의6제8항에 따른 월 보수액을 잘못 신고한 경우에는 법 제48조의6제9항에 따라 고용노동부령으로 정하는 바에 따라 공단에 월 보수액 정정 신고를 할 수 있다. 이 경우 산재보험 노무제공자는 소득을 증명할 수 있는 자료를 함께 제출해야 한다.
(2023.6.27 본조신설)

제56조의14【산재보험 노무제공자의 산재보험료 원천공제】 사업주는 법 제48조의6제11항 전단에 따라 산재보험 노무제공자에게 월 보수액을 지급할 때마다 그 지급금액과 직전의 지급일 이후 따로 지급한 보수액을 더한 금액에서 노무제공자가 부담할 산재보험료에 해당하는 금액을 원천공제한다.
(2023.6.27 본조신설)

제56조의15【플랫폼 운영자의 월 보수액 신고 등】 ①플랫폼 운영자(「산업재해보상보험법」 제91조의15제4호 단서에 해당하는 플랫폼 운영자는 제외한다. 이하 이 조에서 같다)는 법 제48조의7제3항에 따라 플랫폼 종사자(「산업재해보상보험법」 제91조의15제2호에 따른 플랫폼 종사자를 말한다. 이하 같다)의 월 보수액(플랫폼 종사자가 노무를 제공한 월에 대해 산정한 것을 말한다)을 고용노동부령으로 정하는 바에 따라 노무제공일이 속하는 달의 다음 달 말일까지 공단에 신고해야 한다. 다만, 플랫폼 운영자가 신고하지 않은 경우에는 고용노동부령으로 정하는 바에 따라 플랫폼 종사자가 신고할 수 있다.
②플랫폼 운영자는 제1항에 따른 월 보수액을 잘못 신고한 경우에는 고용노동부령으로 정하는 바에 따라 공단에 월 보수액 정정신고를 할 수 있다. 다만, 법 제48조의7제4항 단서 및 이 영 제56조의16제2항에 따른 온라인 플랫폼(「산업재해보상보험법」 제91조의15제1호나목에 따른 온라인 플랫폼을 말한다. 이하 같다)의 경우에는 플랫폼 이용 사업자(「산업재해보상보험법」 제91조의15제4호에 따른 플랫폼 이용 사업자를 말한다. 이하 같다) 또는 플랫폼 종사자가 월 보수액 정정신고를 할 수 있다.
(2023.6.27 본조신설)

제56조의16【플랫폼 종사자의 산재보험료 원천공제 및 납부】

①플랫폼 운영자(「산업재해보상보험법」 제91조의15제4호 단서에 해당하는 플랫폼 운영자는 제외한다)는 법 제48조의7제4항 본문에 따라 플랫폼 종사자 및 플랫폼 이용 사업자가 부담해야 하는 그 달의 산재보험료를 다음 달 10일까지 납부해야 한다.
②법 제48조의7제4항 단서에서 "대통령령으로 정하는 온라인 플랫폼"이란 플랫폼 운영자가 플랫폼 이용 사업자의 플랫폼 종사자에 대한 보수 지급을 중개하지 않는 온라인 플랫폼을 말한다.
③제2항에 따른 온라인 플랫폼의 경우에는 해당 플랫폼 이용 사업자가 플랫폼 종사자가 부담해야 하는 산재보험료를 플랫폼 종사자로부터 원천공제하여 플랫폼 이용 사업자가 부담해야 하는 산재보험료와 합산하여 납부해야 한다.
(2023.6.27 본조신설)

제56조의17【플랫폼 운영자에 대한 지원】 ①공단은 법 제48조의7제9항에 따라 플랫폼 운영자가 다음 각 호의 어느 하나에 해당하는 경우에는 플랫폼 운영자가 보험사무에 관한 의무를 이행하는 데 필요한 비용의 일부를 산업재해보상보험및예방기금에서 지원할 수 있다.
1. 법 제48조의7제3항 및 이 영 제56조의15에 따라 플랫폼 종사자의 월 보수액을 기한 내에 신고한 경우
2. 법 제48조의7제4항 본문에 따라 플랫폼 종사자 및 플랫폼 이용 사업자가 부담하는 산재보험료를 기한 내에 납부한 경우
②플랫폼 운영자는 제1항에 따른 지원을 받으려는 경우에는 고용노동부령으로 정하는 바에 따라 공단에 지원 신청을 해야 한다.
③제1항에 따른 지원 금액은 플랫폼 운영자의 보험사무에 관한 의무 이행 실적 등을 고려하여 고용노동부장관이 정하여 고시하는 기준에 따라 분기별로 산정하여 지급한다.
(2023.6.27 본조신설)

제56조의18【가입대상 자영업자】 법 제49조의2제1항에서 "대통령령으로 정하는 요건을 갖춘 자영업자"란 다음 각 호에 해당하는 요건을 모두 갖춘 자영업자를 말한다.
1. 고용보험 가입 신청 당시 다음 각 목의 어느 하나의 경우에 해당할 것 (2022.6.28 개정)
가. 「소득세법」 제168조제1항 또는 「부가가치세법」 제8조에 따라 사업자

등록을 하고 실제 사업을 영위하고 있는 경우

나. 「소득세법」 제168조제5항에 따라 고유번호를 부여받아 실제 사업을 영위하고 있는 경우로서 「영유아보육법」 제10조제5호의 가정어린이집을 운영하는 등 고용노동부장관이 정하여 고시하는 사업을 영위하는 경우

다. 「농어업경영체 육성 및 지원에 관한 법률」 제4조제1항에 따라 농어업경영정보를 등록하고 실제 사업을 영위하고 있는 경우(2024.6.25 신설)

2. 고용보험 가입 신청일 전 2년 이내에 「고용보험법」 제69조의3에 따라 구직급여를 받은 사실이 없을 것(2019.6.25 신설)

3. 다음 각 목의 어느 하나에 해당하는 업종에 종사하지 아니할 것(2019.6.25 개정)

가. 「고용보험법 시행령」 제2조제1항 각 호의 어느 하나에 해당하는 사업

나. 부동산 임대업(한국표준산업분류표의 세분류를 기준으로 한다)

(2023.6.27 본조개정)

제56조의19 【자영업자 고용보험료율】 ①법 제49조의2제7항에 따른 고용보험료율은 다음 각 호와 같다.

1. 고용안정·직업능력개발사업의 보험료율: 1만분의 25
2. 실업급여의 보험료율: 1천분의 20

②공단은 제1항에 따른 자영업자 보험료율이 인상되거나 인하된 경우에는 자영업자에 대한 고용보험료를 증액 또는 감액 조정하여야 한다.

(2023.6.27 본조개정)

제56조의20 【준용】 자영업자에 대한 보험료 등 과납액의 충당과 반환, 연체금의 징수·독촉 및 체납·결손처분에 관하여는 제31조, 제33조, 제37조부터 제40조까지, 제40조의6, 제41조 및 제43조의2를 준용한다. 이 경우 "사업주"는 각각 "자영업자"로 본다.

(2023.6.27 본조개정)

제56조의21 【산재보험관리기구에 대한 지원】 ①법 제49조의5제7항에 따라 산재보험관리기구가 제46조 각 호에 따른 보험사무를 한 경우에는 그에 따른 지원금(이하 "산재보험관리기구지원금"이라 한다)을 지급할 수 있다.

②산재보험관리기구지원금은 산재보험관리기구가 수행한 보험사무의 실

적 등 고용노동부장관이 정하는 기준에 따라 금액을 산정하여 분기마다 지급한다.

③산재보험관리기구지원금을 지급받으려는 산재보험관리기구는 매 분기가 끝나는 날(법 제49조의5제3항에 따라 보험관계가 소멸된 경우에는 소멸일을 말한다) 이후 고용노동부령으로 정하는 바에 따라 공단에 산재보험관리기구지원금 지급을 신청하여야 한다.

④산재보험관리기구지원금은 산업재해보상보험및예방기금에서 부담한다. (2021.12.31 본조개정)

제56조의22【고유식별정보의 처리】 고용노동부장관, 공단, 건강보험공단(제56조에 따라 공단 또는 건강보험공단의 업무를 위탁받은 자를 포함한다), 보험료납부대행기관, 보험사무대행기관, 노무제공플랫폼사업자 또는 플랫폼 운영자는 다음 각 호의 사무를 수행하기 위하여 불가피한 경우 「개인정보 보호법 시행령」 제19조에 따른 주민등록번호 및 외국인등록번호가 포함된 자료를 처리할 수 있다.(2023.6.27 개정)

1. 법 제5조에 따른 보험의 가입·해지에 관한 사무
2. 법 제8조 및 제9조에 따른 일괄적용과 관련한 승인에 관한 사무
3. 법 제11조에 따른 보험관계의 성립·소멸신고에 관한 사무
4. 법 제12조에 따른 보험관계의 변경신고에 관한 사무
5. 삭제(2021.12.31)
6. 법 제16조의6에 따른 월별보험료의 산정에 관한 사무
7. 법 제16조의8제2항에 따른 월별보험료의 전자고지 서비스에 관한 사무

7의2. 법 제16조의9에 따른 보험료 정산에 관한 사무(2014.9.24 신설)

8. 법 제16조의10에 따른 보수총액 등의 신고에 따른 사무
9. 법 제16조의11에 따른 보수총액 수정신고에 관한 사무

9의2. 법 제16조의12에 따른 보험료납부대행기관을 통하여 신용카드등으로 하는 보험료등의 납부대행에 관한 사무(2014.9.24 신설)

9의3. 법 제21조에 따른 고용보험료의 지원에 관한 사무(2014.9.24 개정)

9의4. 법 제21조의2에 따른 지원금의 환수에 관한 사무(2014.9.24 개정)

10. 법 제22조의2에 따른 보험료 등의 경감에 관한 사무

10의2. 법 제22조의3에 따른 고용보험료등의 면제에 관한 사무(2012.6.29 신설)

10의3. 법 제22조의4에 따른 고용보험료등의 면제에 따른 지원의 제한에

관한 사무(2012.6.29 신설)

11. 법 제23조에 따른 보험료 등 과납액의 충당 및 반환에 관한 사무
12. 법 제27조의3에 따른 보험료 등의 분할납부에 관한 사무
13. 법 제28조의3제2항 후단에 따른 상속인 대표자의 신고에 관한 사무

13의2. 법 제29조의2에 따른 체납 또는 결손처분 자료의 제공에 관한 사무(2014.9.24 신설)

14. 법 제33조에 따른 보험사무대행기관의 인가, 변경인가, 변경신고 또는 폐지신고에 관한 사무
15. 법 제37조에 따른 보험사무대행기관의 지원에 관한 사무
16. 법 제40조에 따른 자료제공의 요청에 관한 사무
17. 법 제47조제2항에 따른 해외파견자 산재보험가입 신청 및 승인, 보험료의 신고 및 납부 등에 관한 사무

17의2. 법 제48조의2에 따른 예술인의 고용보험 적용 등에 관한 사항(2020.12.8 신설)

17의3. 법 제48조의3에 따른 노무제공자의 고용보험 적용 등에 관한 사무(2021.6.8 신설)

17의4. 법 제48조의4제1항 · 제2항 및 제5항에 따른 노무제공자의 고용보험 적용 등에 관한 사무(2021.12.31 신설)

17의5. 법 제48조의5에 따른 학생연구자의 산재보험 적용 등에 관한 사무(2022.6.28 신설)

17의6. 법 제48조의6제3항 · 제4항 · 제8항 · 제9항 · 제12항 및 같은 조 제13항제1호에 따른 산재보험 사업주 및 노무제공자의 산재보험 관련 신고에 관한 사무(2023.6.27 신설)

17의7. 법 제48조의7제1항부터 제3항까지, 제7항 · 제8항 및 제10항에 따른 플랫폼 운영자 · 플랫폼 이용 사업자 · 플랫폼 종사자의 산재보험 신고 및 관리에 관한 사무(2023.6.27 신설)

18. 법 제49조제2항에 따른 중소기업 사업주 등의 산재보험 가입 신청 및 승인, 보험료의 신고 및 납부 등에 관한 사무(2021.6.8 개정)
19. 법 제49조의2에 따른 자영업자 고용보험가입 승인 등에 관한 사무

19의2. 삭제(2023.6.27)

20. 삭제(2023.6.27)

20의2. 법 제49조의5에 따른 산재보험관리기구의 승인 및 변경사항 신고에

관한 사무(2014.9.24 신설)

21. 제5조제2항에 따른 대리인 선임·해임 신고에 관한 사무

21의2. 제19조의3제7항에 따른 월평균보수의 변경에 관한 사무(2021.12.31 신설)

22. 제31조에 따른 보험료 등 과납액의 충당·반환 및 이자에 관한 사무

22의2. 제46조에 따른 보험사무 위임업무에 관한 사무(2014.9.24 신설)

23. 대통령령 제22408호 고용보험 및 산업재해보상보험의 보험료징수 등에 관한 법률 시행령 일부개정령 부칙 제2조에 따른 보험료등의 경감특례에 관한 사무

(2023.6.27 본조개정)

第56조의23 【규제의 재검토】 ①고용노동부장관은 제44조제2호 및 제3호에 따른 보험에 관한 사무를 대행할 수 있는 공인노무사 및 세무사의 기준에 대하여 2025년 1월 1일을 기준으로 3년마다(매 3년이 되는 해의 1월 1일 전까지를 말한다) 그 타당성을 검토하여 개선 등의 조치를 하여야 한다.(2025.6.2 개정)

②고용노동부장관은 제51조에 따른 보험사무대행기관의 장부 비치 의무에 대하여 2017년 1월 1일을 기준으로 3년마다(매 3년이 되는 해의 1월 1일 전까지를 말한다) 그 타당성을 검토하여 개선 등의 조치를 하여야 한다.

③고용노동부장관은 별표 1의2에 따른 업무상 사고로 사망한 사람 수 등을 고려한 개별실적요율의 조정 기준에 대하여 2022년 1월 1일을 기준으로 3년마다(매 3년이 되는 해의 1월 1일 전까지를 말한다) 그 타당성을 검토하여 개선 등의 조치를 해야 한다.(2021.12.31 신설)

(2023.6.27 본조개정)

제 6 장 과태료

第57조 【과태료의 부과기준】 법 제50조제1항 및 제2항에 따른 과태료의 부과기준은 별표 2와 같다.

(2011.4.4 본조개정)

부 칙

제1조【시행일】 이 영은 2005년 1월 1일부터 시행한다.

제2조【과태료 부과기준에 관한 적용례】 별표 2의 규정중 위반행위의 횟수에 따른 과태료의 부과기준에 관하여는 이 영 시행후 최초의 위반행위부터 적용한다.

제3조【하수급인에 대한 사업주승인에 관한 경과조치】 ①이 영 시행전에 고용보험법시행령 제7조의2 또는 산업재해보상보험법시행령 제14조의 규정에 따라 하수급인이 공단의 사업주승인을 얻은 경우로서 동 사업주가 행하는 사업이 이 영 시행 이후에도 계속될 경우 건설업을 행하는 사업주에 대하여는 이 영 제7조의 규정에 의한 공단의 사업주승인을 얻은 것으로, 그 외의 사업을 행하는 사업주에 대하여는 법 제11조의 규정에 따라 보험관계의 신고를 한 것으로 본다.

②제7조제2항의 규정에 불구하고 2006년 12월 31일까지는 하수급인에 대한 사업주승인은 하수급인이 공사금액이 1억원 이상인 자로서 제6조제1항의 규정에 의한 사업의 사업주인 경우에 한한다.

제4조【하수급인에 대한 사업주승인 신청에 관한 경과조치】 이 영 시행전에 하도급공사에 착공한 하수급인의 경우에는 제7조제3항의 규정에 불구하고 이 영 시행일부터 14일 이내에 하수급인에 대한 사업주승인을 공단에 신청하여야 한다.

제5조【보험사무를 위임한 사업주에 관한 경과조치】 이 영 시행전에 종전의 고용보험법시행령의 규정에 의한 고용보험사무조합 또는 산업재해보상보험법시행령의 규정에 의한 산업재해보상보험사무조합에 보험사무를 위임한 사업주는 이 영에 의한 보험사무대행기관에 보험사무를 위임한 것으로 본다.

제6조【보험사무조합의 인가신청에 관한 경과조치】 이 영 시행전에 고용보험법시행령 제78조제1항의 규정에 의한 고용보험사무조합의 인가신청을 하거나 산업재해보상보험법시행령 제54조제1항의 규정에 의한 산업재해보상보험사무조합의 인가신청을 한 경우에는 이 영 제47조제1항의 규정에 의한 보험사무대행기관의 인가신청을 한 것으로 본다.

제7조【보험사무조합의 지원에 관한 경과조치】 종전의 고용보험법시행령 또는 산업재해보상보험법시행령에 따라 고용보험사무조합 또는 산업재해보상보험사무조합이 보험사무를 처리함에 따른 징수비용교부금

의 지급은 종전의 고용보험법시행령 제80조의2 또는 산업재해보상보험법 시행령 제57조의 규정에 의한다.

제 8 조 【다른 법령의 개정】 생략

제 9 조 【다른 법령과의 관계】 이 영 시행 당시 다른 법령에서 종전의 고용보험법시행령 · 산업재해보상보험법시행령 또는 그 규정을 인용한 경우 이 영중 그에 해당하는 규정이 있을 때에는 종전의 규정에 갈음하여 이 영 또는 이 영의 해당규정을 인용한 것으로 본다.

부 칙 (2005.12.30)

이 영은 2006년 1월 1일부터 시행한다.

부 칙 (2007. 3.27)

①**【시행일】** 이 영은 2007년 3월 29일부터 시행한다. 다만, 제15조제1항제1호의 개정규정은 2008년 1월 1일부터 시행한다.

②**【산재보험확정보험료 신고 · 납부 및 정산의 특례 폐지에 따른 경과조치】** 이 영 시행 전에 착공한 건설공사 등에 대하여는 제30조의 개정규정에 불구하고 종전의 규정에 따른다.

부 칙 (2008. 6.25)

제 1 조 【시행일】 이 영은 2008년 7월 1일부터 시행한다.

제 2 조 【노무비율 결정 기준일의 변경에 관한 적용례】 제11조의 개정규정은 법 제17조제1항에 따라 2009년도 개산보험료를 신고 · 납부하는 경우부터 적용한다.

제 3 조 【보험사무대행지원금 지원 대상 변경에 따른 경과조치】 이 영 시행 당시 보험사무대행기관이 상시근로자수가 30명 이상 100명 미만 사업주로부터 보험사무를 위임받아 2009년 6월 30일까지 대행하는 보험사무에 대한 지원은 제52조의 개정규정에도 불구하고 종전의 규정에 따른다.

부 칙 (2010. 9.29)

제 1 조 【시행일】 이 영은 2011년 1월 1일부터 시행한다. 다만, 별표 2 제2호다목의 개정규정은 공포한 날부터 시행한다.

제 2 조【보험료등의 경감에 관한 특례】~ 제 9 조【다른 법령의 개정】 생략

부　칙 (2011. 3.30)
이 영은 2011년 4월 1일부터 시행한다.

부　칙 (2011. 4. 4)
제 1 조【시행일】 이 영은 공포한 날부터 시행한다.
제 2 조【과태료에 관한 경과조치】 이 영 시행 전의 위반행위에 대하여 과태료의 부과기준을 적용할 때에는 별표 2의 개정규정에도 불구하고 종전의 규정에 따른다.

부　칙 (2011.12.30)
제 1 조【시행일】 이 영은 2012년 1월 1일부터 시행한다. 다만, 제56조의5부터 제56조의7까지의 개정규정은 2012년 1월 22일부터 시행한다.
제 2 조【자영업자의 보험가입에 관한 특례】 이 영 시행 당시 사업자등록을 한 자영업자에 대해서는 제56조의5의 개정규정을 적용할 때 2012년 1월 22일을 사업자등록증의 개업연월일로 본다.

보험료 징수

부　칙 (2012. 6.29)
제 1 조【시행일】 이 영은 2012년 7월 1일부터 시행한다. 다만, 제7조제4항, 제17조제3항, 제19조의5제1항 · 제8항 및 제31조제4항의 개정규정은 공포한 날부터 시행한다.
제 2 조【유효기간】 제30조의5 및 제56조의9제10호의2 · 제10호의3의 개정규정은 2014년 6월 30일까지 효력을 가진다.
제 3 조【하수급인 사업주 인정 승인에 관한 적용례】 제7조제4항의 개정규정은 이 영 시행 후 하수급인의 사업주 인정 승인을 신청한 경우부터 적용한다.
제 4 조【개별실적요율의 적용을 위한 보험수지율의 산정에 관한 적용례】 제17조제3항의 개정규정은 이 영 시행 후 확인된 질병으로 인하여 지급 결정된 보험급여액부터 적용한다.
제 5 조【건설공사 또는 벌목작업이 이루어지는 사업장에 관한

적용례】 제28조, 제29조, 제29조의2, 제29조의3, 제30조 및 제30조의5의 개정규정은 건설공사 또는 벌목작업이 이루어지는 사업장에 대해서는 이 영 시행 후 건설공사 또는 벌목작업을 착공한 사업장부터 적용한다.

부 칙 (2013. 6.28)
이 영은 2013년 7월 1일부터 시행한다.

부 칙 (2013.12.30)
이 영은 2014년 1월 1일부터 시행한다.

부 칙 (2014. 9. 3)
이 영은 2015년 1월 1일부터 시행한다.

부 칙 (2014. 9.24)
제 1 조 【시행일】 이 영은 2014년 9월 25일부터 시행한다.
제 2 조 【보험사무대행기관의 서류 비치에 관한 경과조치】 이 영 시행 전에 보험사무대행기관이 갖추어 두어야 하는 서류에 관하여는 제51조제1항제1호·제2호·제5호 및 제6호의 개정규정에도 불구하고 종전의 규정에 따른다.

부 칙 (2015.12.30)
제 1 조 【시행일】 이 영은 2016년 1월 1일부터 시행한다.
제 2 조 【출산전후휴가등 사유 발생 신고에 관한 적용례】 제19조의5제7항제1호의2 및 제1호의3의 개정규정은 이 영 시행 전에 출산전후휴가등(육아휴직은 제외한다. 이하 이 조에서 같다)을 시작하여 이 영 시행일까지 14일이 지나지 아니한 근로자가 있는 사업의 사업주에 대해서도 적용한다. 이 경우 이 영의 시행일을 해당 출산전후휴가등의 사유 발생일로 본다.
제 3 조 【고용보험료 지원대상에 관한 적용례】 제28조제2항의 개정규정은 이 영 시행 전에 고용보험 가입근로자에 대하여 출산전후휴가등을 실시하고 있는 사업장의 고용보험 가입근로자 수를 산정하는 경우에도 적용한다.

부 칙 (2016. 3.22)

이 영은 2016년 3월 28일부터 시행한다. 다만, 제17조제3항제5호, 같은 조 제5항 및 제34조제5항의 개정규정은 2016년 7월 1일부터 시행한다.

부 칙 (2017. 6.27)

이 영은 2017년 6월 28일부터 시행한다. 다만, 제33조의 개정규정은 2017년 12월 28일부터 시행한다.

부 칙 (2017.12.19)

이 영은 2018년 1월 1일부터 시행한다.

부 칙 (2017.12.26)

제 1 조【시행일】 이 영은 2018년 1월 1일부터 시행한다.

제 2 조【개별실적요율에 관한 적용례】 제15조제1항 및 별표 1의 개정규정은 2019년도에 각 사업에 적용되는 산재보험료율을 결정하는 경우부터 적용한다.

제 3 조【산재보험급여액의 징수기준에 관한 경과조치】 이 영 시행 전에 발생한 재해에 대한 보험급여액의 징수는 제34조제1항 및 제2항의 개정규정에도 불구하고 종전의 규정에 따른다.

부 칙 (2018.12.31)

제 1 조【시행일】 이 영은 2019년 1월 1일부터 시행한다.

제 2 조【개별실적요율 및 산재예방요율에 관한 적용례】 제17조제3항제3호 및 제18조의2제2항의 개정규정은 이 영 시행 이후 각 사업에 적용되는 개별실적요율 및 산재예방요율을 결정하는 경우부터 적용된다.

제 3 조【과태료 부과기준에 관한 경과조치】 이 영 시행 전의 위반행위에 대하여 과태료의 부과기준을 적용할 때에는 별표 2 제2호나목의 개정규정에도 불구하고 종전의 규정에 따른다.

부 칙 (2019. 6.25)

이 영은 2019년 7월 1일부터 시행한다.

부 칙 (2019. 9.17)

이 영은 2019년 10월 1일부터 시행한다.

부 칙 (2020. 1. 7)

이 영은 2020년 1월 16일부터 시행한다. 다만, 제54조의2의 개정규정은 공포한 날부터 시행한다.

부 칙 (2020.12. 8)

제1조【시행일】 이 영은 2020년 12월 10일부터 시행한다.

제2조【다른 법령의 개정】 생략

부 칙 (2021. 6. 8)

제1조【시행일】 이 영은 2021년 7월 1일부터 시행한다. 다만, 다음 각 호의 구분에 따른 개정규정은 해당 각 호에 규정된 날부터 각각 시행한다.

1. 제18조의2, 제18조의3, 제18조의5부터 제18조의7까지의 개정규정: 공포한 날
2. 제56조의12제18호의 개정규정: 2021년 6월 9일
3. 제52조제1항 각 호 외의 부분 단서의 개정규정: 2022년 1월 1일

제2조【산재예방요율의 한시적 적용에 관한 특례】 제18조의6의 개정규정은 사업주가 2021년 1월 1일부터 부칙 제1조제1호에 따른 시행일 전까지 실시한 제18조의6제1항제2호의 개정규정에 해당하는 재해예방활동에 관하여도 적용한다.

제3조【보험사무대행기관에 대한 지원에 관한 경과조치】 보험사무대행기관이 사업주로부터 보험사무를 위임받아 부칙 제1조제3호에 따른 시행일 전까지 보험사무를 대행한 경우 그에 대한 지원은 제52조제1항 각 호 외의 부분 단서의 개정규정에도 불구하고 종전의 규정에 따른다.

부 칙 (2021.12.31)

제1조【시행일】 이 영은 2022년 1월 1일부터 시행한다. 다만, 제12조제1항제2호, 제56조의5제2항 및 제56조의6제3항의 개정규정은 2022년 7월 1일부터 시행한다.

제 2 조【실업급여의 보험요율에 관한 적용례】 제12조제1항제2호, 제56조의5제2항 및 제56조의6제3항의 개정규정은 부칙 제1조 단서에 따른 시행일이 속하는 달의 월별보험료를 산정하는 경우부터 적용한다.

부　칙 (2022. 6.28)

제 1 조【시행일】 이 영은 2022년 7월 1일부터 시행한다.

제 2 조【개별실적요율에 관한 적용례】 제15조제1항제2호 후단 및 같은 조 제2항의 개정규정은 2023년도에 각 사업에 적용되는 산재보험료율을 결정하는 경우부터 적용한다.

부　칙 (2022.12.14)

제 1 조【시행일】 이 영은 2023년 1월 1일부터 시행한다.

제 2 조【고용보험료 지원 요건에 관한 적용례】 제28조제1항제1호 각 목 외의 부분 단서의 개정규정은 예술인 또는 노무제공자의 2023년도 1월분의 고용보험료부터 적용한다.

제 3 조【다른 법령의 개정】 고용보험법 시행령 일부를 다음과 같이 개정한다.

제104조의12제2항 중 "제19조의3제5항"을 "제56조의6제7항"으로, "월평균보수를 통보한"을 "월 보수액을 신고한"으로 한다.

제104조의13제2항 중 "제19조의3제5항"을 "제56조의6제7항"으로, "월평균보수를 통보한"을 "월 보수액을 신고한"으로 한다.

부　칙 (2023. 6.27)

제 1 조【시행일】 이 영은 2023년 7월 1일부터 시행한다. 다만, 제19조의4 및 제56조의10의 개정규정은 2024년 1월 1일부터 시행한다.

제 2 조【산재보험 노무제공자의 보험료 부담분 산정방법에 관한 적용례】 제56조의10의 개정규정은 산재보험 노무제공자가 2024년 1월 1일 이후 제공하는 노무에 대한 보험료 부담분을 산정하는 것부터 적용한다.

제 3 조【산재보험 노무제공자 중 골프장 캐디에 대한 월 보수액 산정 · 신고 및 산재보험료 감면기준에 관한 특례】 이 영 시행일부터 2023년 12월 31일까지 골프장 캐디의 월 보수액 산정 · 신고 및 산재

보험료 감면 기준을 적용함에 있어서는 제56조의8제2항, 제56조의11제1항 제2호 단서 및 제56조의12제2항의 개정규정 중 "「산업재해보상보험법 시행령」 제83조의5제2호 및 제13호"를 각각 "「산업재해보상보험법 시행령」 제83조의5제2호 · 제4호 및 제13호"로 본다.

부 칙 (2023.12.26)

제1조【시행일】 이 영은 2024년 1월 1일부터 시행한다.

제2조【고용보험료 지원 요건 완화에 관한 적용례】 제29조의2 제2항제4호의 개정규정은 2024년도 1월분의 고용보험료부터 적용한다.

부 칙 (2024. 6.25)

이 영은 2024년 7월 1일부터 시행한다.

부 칙 (2024.12.24)

이 영은 2025년 1월 1일부터 시행한다.

부 칙 (2025. 6. 2)

이 영은 공포한 날부터 시행한다.

부 칙 (2025.12.23)

이 영은 공포한 날부터 시행한다.

산업안전보건 관련법령

산업안전보건법

제정 1990. 1.13 법률 제4220호
전부개정 2019. 1.15 법률 제16272호
개정 2020. 3.31 법률 제17187호
2020. 5.26 법률 제17326호
2020. 6. 9 법률 제17433호
2021. 4.13 법률 제18039호
2021. 5.18 법률 제18180호
2021. 8.17 법률 제18426호
2023. 8. 8 법률 제19591호
2023. 8. 8 법률 제19611호
2024.10.22 법률 제20522호
2025. 1.21 법률 제20677호
2025.10. 1 법률 제21065호

제 1 장 총 칙

제 1 조 【목적】 이 법은 산업 안전 및 보건에 관한 기준을 확립하고 그 책임의 소재를 명확하게 하여 산업재해를 예방하고 쾌적한 작업환경을 조성함으로써 노무를 제공하는 사람의 안전 및 보건을 유지·증진함을 목적으로 한다.(2020.5.26 개정)

제 2 조 【정의】 이 법에서 사용하는 용어의 뜻은 다음과 같다.

1. "산업재해"란 노무를 제공하는 사람이 업무에 관계되는 건설물·설비·원재료·가스·증기·분진 등에 의하거나 작업 또는 그 밖의 업무로 인하여 사망 또는 부상하거나 질병에 걸리는 것을 말한다.(2020.5.26 개정)
2. "중대재해"란 산업재해 중 사망 등 재해 정도가 심하거나 다수의 재

해자가 발생한 경우로서 고용노동부령으로 정하는 재해를 말한다.
3. “근로자”란 「근로기준법」 제2조제1항제1호에 따른 근로자를 말한다.
4. “사업주”란 근로자를 사용하여 사업을 하는 자를 말한다.
5. “근로자대표”란 근로자의 과반수로 조직된 노동조합이 있는 경우에는 그 노동조합을, 근로자의 과반수로 조직된 노동조합이 없는 경우에는 근로자의 과반수를 대표하는 자를 말한다.
6. “도급”이란 명칭에 관계없이 물건의 제조·건설·수리 또는 서비스의 제공, 그 밖의 업무를 타인에게 맡기는 계약을 말한다.
7. “도급인”이란 물건의 제조·건설·수리 또는 서비스의 제공, 그 밖의 업무를 도급하는 사업주를 말한다. 다만, 건설공사발주자는 제외한다.
8. “수급인”이란 도급인으로부터 물건의 제조·건설·수리 또는 서비스의 제공, 그 밖의 업무를 도급받은 사업주를 말한다.
9. “관계수급인”이란 도급이 여러 단계에 걸쳐 체결된 경우에 각 단계별로 도급받은 사업주 전부를 말한다.
10. “건설공사발주자”란 건설공사를 도급하는 자로서 건설공사의 시공을 주도하여 총괄·관리하지 아니하는 자를 말한다. 다만, 도급받은 건설공사를 다시 도급하는 자는 제외한다.
11. “건설공사”란 다음 각 목의 어느 하나에 해당하는 공사를 말한다.
  가. 「건설산업기본법」 제2조제4호에 따른 건설공사
  나. 「전기공사업법」 제2조제1호에 따른 전기공사
  다. 「정보통신공사업법」 제2조제2호에 따른 정보통신공사
  라. 「소방시설공사업법」에 따른 소방시설공사
  마. 「국가유산수리 등에 관한 법률」에 따른 국가유산 수리공사(2023.8.8 개정)
12. “안전보건진단”이란 산업재해를 예방하기 위하여 잠재적 위험성을 발견하고 그 개선대책을 수립할 목적으로 조사·평가하는 것을 말한다.
13. “작업환경측정”이란 작업환경 실태를 파악하기 위하여 해당 근로자 또는 작업장에 대하여 사업주가 유해인자에 대한 측정계획을 수립한 후 시료(試料)를 채취하고 분석·평가하는 것을 말한다.

제3조【적용 범위】 이 법은 모든 사업에 적용한다. 다만, 유해·위험의 정도, 사업의 종류, 사업장의 상시근로자 수(건설공사의 경우에는 건설공사 금액을 말한다. 이하 같다) 등을 고려하여 대통령령으로 정하는 종류

의 사업 또는 사업장에는 이 법의 전부 또는 일부를 적용하지 아니할 수 있다.

제 4 조【정부의 책무】 ①정부는 이 법의 목적을 달성하기 위하여 다음 각 호의 사항을 성실히 이행할 책무를 진다.
1. 산업 안전 및 보건 정책의 수립 및 집행
2. 산업재해 예방 지원 및 지도
3. 「근로기준법」 제76조의2에 따른 직장 내 괴롭힘 예방을 위한 조치기준 마련, 지도 및 지원
4. 사업주의 자율적인 산업 안전 및 보건 경영체제 확립을 위한 지원
5. 산업 안전 및 보건에 관한 의식을 북돋우기 위한 홍보 · 교육 등 안전문화 확산 추진
6. 산업 안전 및 보건에 관한 기술의 연구 · 개발 및 시설의 설치 · 운영
7. 산업재해에 관한 조사 및 통계의 유지 · 관리
8. 산업 안전 및 보건 관련 단체 등에 대한 지원 및 지도 · 감독
9. 그 밖에 노무를 제공하는 사람의 안전 및 건강의 보호 · 증진(2020.5.26 개정)

②정부는 제1항 각 호의 사항을 효율적으로 수행하기 위하여 「한국산업안전보건공단법」에 따른 한국산업안전보건공단(이하 "공단"이라 한다), 그 밖의 관련 단체 및 연구기관에 행정적 · 재정적 지원을 할 수 있다.

산업
안전

제 4 조의 2【지방자치단체의 책무】 지방자치단체는 제4조제1항에 따른 정부의 정책에 적극 협조하고, 관할 지역의 산업재해를 예방하기 위한 대책을 수립 · 시행하여야 한다.
(2021.5.18 본조신설)

제 4 조의 3【지방자치단체의 산업재해 예방 활동 등】 ①지방자치단체의 장은 관할 지역 내에서의 산업재해 예방을 위하여 자체 계획의 수립, 교육, 홍보 및 안전한 작업환경 조성을 지원하기 위한 사업장 지도 등 필요한 조치를 할 수 있다.

②정부는 제1항에 따른 지방자치단체의 산업재해 예방 활동에 필요한 행정적 · 재정적 지원을 할 수 있다.

③제1항에 따른 산업재해 예방 활동에 필요한 사항은 지방자치단체가 조례로 정할 수 있다.
(2021.5.18 본조신설)

제 5 조 【사업주 등의 의무】 ①사업주(제77조에 따른 특수형태근로종사자로부터 노무를 제공받는 자와 제78조에 따른 물건의 수거·배달 등을 중개하는 자를 포함한다. 이하 이 조 및 제6조에서 같다)는 다음 각 호의 사항을 이행함으로써 근로자(제77조에 따른 특수형태근로종사자와 제78조에 따른 물건의 수거·배달 등을 하는 사람을 포함한다. 이하 이 조 및 제6조에서 같다)의 안전 및 건강을 유지·증진시키고 국가의 산업재해 예방정책을 따라야 한다.(2020.5.26 개정)
1. 이 법과 이 법에 따른 명령으로 정하는 산업재해 예방을 위한 기준
2. 근로자의 신체적 피로와 정신적 스트레스 등을 줄일 수 있는 쾌적한 작업환경의 조성 및 근로조건 개선
3. 해당 사업장의 안전 및 보건에 관한 정보를 근로자에게 제공

②다음 각 호의 어느 하나에 해당하는 자는 발주·설계·제조·수입 또는 건설을 할 때 이 법과 이 법에 따른 명령으로 정하는 기준을 지켜야 하고, 발주·설계·제조·수입 또는 건설에 사용되는 물건으로 인하여 발생하는 산업재해를 방지하기 위하여 필요한 조치를 하여야 한다.
1. 기계·기구와 그 밖의 설비를 설계·제조 또는 수입하는 자
2. 원재료 등을 제조·수입하는 자
3. 건설물을 발주·설계·건설하는 자

제 6 조 【근로자의 의무】 근로자는 이 법과 이 법에 따른 명령으로 정하는 산업재해 예방을 위한 기준을 지켜야 하며, 사업주 또는 「근로기준법」 제101조에 따른 근로감독관, 공단 등 관계인이 실시하는 산업재해 예방에 관한 조치에 따라야 한다.

제 7 조 【산업재해 예방에 관한 기본계획의 수립·공표】 ①고용노동부장관은 산업재해 예방에 관한 기본계획을 수립하여야 한다.
②고용노동부장관은 제1항에 따라 수립한 기본계획을 「산업재해보상보험법」 제8조제1항에 따른 산업재해보상보험및예방심의위원회의 심의를 거쳐 공표하여야 한다. 이를 변경하려는 경우에도 또한 같다.

제 8 조 【협조 요청 등】 ①고용노동부장관은 제7조제1항에 따른 기본계획을 효율적으로 시행하기 위하여 필요하다고 인정할 때에는 관계 행정기관의 장 또는 「공공기관의 운영에 관한 법률」 제4조에 따른 공공기관의 장에게 필요한 협조를 요청할 수 있다.
②행정기관(고용노동부는 제외한다. 이하 이 조에서 같다)의 장은 사업장

의 안전 및 보건에 관하여 규제를 하려면 미리 고용노동부장관과 협의하여야 한다.
③행정기관의 장은 고용노동부장관이 제2항에 따른 협의과정에서 해당 규제에 대한 변경을 요구하면 이에 따라야 하며, 고용노동부장관은 필요한 경우 국무총리에게 협의·조정 사항을 보고하여 확정할 수 있다.
④고용노동부장관은 산업재해 예방을 위하여 필요하다고 인정할 때에는 사업주, 사업주단체, 그 밖의 관계인에게 필요한 사항을 권고하거나 협조를 요청할 수 있다.
⑤고용노동부장관은 산업재해 예방을 위하여 중앙행정기관의 장과 지방자치단체의 장 또는 공단 등 관련 기관·단체의 장에게 다음 각 호의 정보 또는 자료의 제공 및 관계 전산망의 이용을 요청할 수 있다. 이 경우 요청을 받은 중앙행정기관의 장과 지방자치단체의 장 또는 관련 기관·단체의 장은 정당한 사유가 없으면 그 요청에 따라야 한다.
1. 「부가가치세법」 제8조 및 「법인세법」 제111조에 따른 사업자등록에 관한 정보
2. 「고용보험법」 제15조에 따른 근로자의 피보험자격의 취득 및 상실 등에 관한 정보
3. 그 밖에 산업재해 예방사업을 수행하기 위하여 필요한 정보 또는 자료로서 대통령령으로 정하는 정보 또는 자료

제9조 【산업재해 예방 통합정보시스템 구축·운영 등】 ①고용노동부장관은 산업재해를 체계적이고 효율적으로 예방하기 위하여 산업재해 예방 통합정보시스템을 구축·운영할 수 있다.
②고용노동부장관은 제1항에 따른 산업재해 예방 통합정보시스템으로 처리한 산업 안전 및 보건 등에 관한 정보를 고용노동부령으로 정하는 바에 따라 관련 행정기관과 공단에 제공할 수 있다.
③제1항에 따른 산업재해 예방 통합정보시스템의 구축·운영, 그 밖에 필요한 사항은 대통령령으로 정한다.

제10조 【산업재해 발생건수 등의 공표】 ①고용노동부장관은 산업재해를 예방하기 위하여 대통령령으로 정하는 사업장의 근로자 산업재해 발생건수, 재해율 또는 그 순위 등(이하 "산업재해발생건수등"이라 한다)을 공표하여야 한다.
②고용노동부장관은 도급인의 사업장(도급인이 제공하거나 지정한 경우

로서 도급인이 지배·관리하는 대통령령으로 정하는 장소를 포함한다. 이하 같다) 중 대통령령으로 정하는 사업장에서 관계수급인 근로자가 작업을 하는 경우에 도급인의 산업재해발생건수등에 관계수급인의 산업재해발생건수등을 포함하여 제1항에 따라 공표하여야 한다.

③고용노동부장관은 제2항에 따라 산업재해발생건수등을 공표하기 위하여 도급인에게 관계수급인에 관한 자료의 제출을 요청할 수 있다. 이 경우 요청을 받은 자는 정당한 사유가 없으면 이에 따라야 한다.

④제1항 및 제2항에 따른 공표의 절차 및 방법, 그 밖에 필요한 사항은 고용노동부령으로 정한다.

제11조【산업재해 예방시설의 설치·운영】 고용노동부장관은 산업재해 예방을 위하여 다음 각 호의 시설을 설치·운영할 수 있다.

1. 산업 안전 및 보건에 관한 지도시설, 연구시설 및 교육시설
2. 안전보건진단 및 작업환경측정을 위한 시설
3. 노무를 제공하는 사람의 건강을 유지·증진하기 위한 시설(2020.5.26 개정)
4. 그 밖에 고용노동부령으로 정하는 산업재해 예방을 위한 시설

제12조【산업재해 예방의 재원】 다음 각 호의 어느 하나에 해당하는 용도에 사용하기 위한 재원(財源)은 「산업재해보상보험법」 제95조제1항에 따른 산업재해보상보험및예방기금에서 지원한다.

1. 제11조 각 호에 따른 시설의 설치와 그 운영에 필요한 비용
2. 산업재해 예방 관련 사업 및 비영리법인에 위탁하는 업무 수행에 필요한 비용
3. 그 밖에 산업재해 예방에 필요한 사업으로서 고용노동부장관이 인정하는 사업의 사업비

제13조【기술 또는 작업환경에 관한 표준】 ①고용노동부장관은 산업재해 예방을 위하여 다음 각 호의 조치와 관련된 기술 또는 작업환경에 관한 표준을 정하여 사업주에게 지도·권고할 수 있다.

1. 제5조제2항 각 호의 어느 하나에 해당하는 자가 같은 항에 따라 산업재해를 방지하기 위하여 하여야 할 조치
2. 제38조 및 제39조에 따라 사업주가 하여야 할 조치

②고용노동부장관은 제1항에 따른 표준을 정할 때 필요하다고 인정하면 해당 분야별로 표준제정위원회를 구성·운영할 수 있다.

③제2항에 따른 표준제정위원회의 구성·운영, 그 밖에 필요한 사항은 고용노동부장관이 정한다.

제 2 장 안전보건관리체제 등

제1절 안전보건관리체제

제14조【이사회 보고 및 승인 등】 ①「상법」 제170조에 따른 주식회사 중 대통령령으로 정하는 회사의 대표이사는 대통령령으로 정하는 바에 따라 매년 회사의 안전 및 보건에 관한 계획을 수립하여 이사회에 보고하고 승인을 받아야 한다.
②제1항에 따른 대표이사는 제1항에 따른 안전 및 보건에 관한 계획을 성실하게 이행하여야 한다.
③제1항에 따른 안전 및 보건에 관한 계획에는 안전 및 보건에 관한 비용, 시설, 인원 등의 사항을 포함하여야 한다.

제15조【안전보건관리책임자】 ①사업주는 사업장을 실질적으로 총괄하여 관리하는 사람에게 해당 사업장의 다음 각 호의 업무를 총괄하여 관리하도록 하여야 한다.
1. 사업장의 산업재해 예방계획의 수립에 관한 사항
2. 제25조 및 제26조에 따른 안전보건관리규정의 작성 및 변경에 관한 사항
3. 제29조에 따른 안전보건교육에 관한 사항
4. 작업환경측정 등 작업환경의 점검 및 개선에 관한 사항
5. 제129조부터 제132조까지에 따른 근로자의 건강진단 등 건강관리에 관한 사항
6. 산업재해의 원인 조사 및 재발 방지대책 수립에 관한 사항
7. 산업재해에 관한 통계의 기록 및 유지에 관한 사항
8. 안전장치 및 보호구 구입 시 적격품 여부 확인에 관한 사항
9. 그 밖에 근로자의 유해·위험 방지조치에 관한 사항으로서 고용노동부령으로 정하는 사항

②제1항 각 호의 업무를 총괄하여 관리하는 사람(이하 "안전보건관리책임자"라 한다)은 제17조에 따른 안전관리자와 제18조에 따른 보건관리자를

지휘 · 감독한다.
③안전보건관리책임자를 두어야 하는 사업의 종류와 사업장의 상시근로자 수, 그 밖에 필요한 사항은 대통령령으로 정한다.

제16조【관리감독자】①사업주는 사업장의 생산과 관련되는 업무와 그 소속 직원을 직접 지휘 · 감독하는 직위에 있는 사람(이하 "관리감독자"라 한다)에게 산업 안전 및 보건에 관한 업무로서 대통령령으로 정하는 업무를 수행하도록 하여야 한다.
②관리감독자가 있는 경우에는 「건설기술 진흥법」 제64조제1항제2호에 따른 안전관리책임자 및 같은 항 제3호에 따른 안전관리담당자를 각각 둔 것으로 본다.

제17조【안전관리자】①사업주는 사업장에 제15조제1항 각 호의 사항 중 안전에 관한 기술적인 사항에 관하여 사업주 또는 안전보건관리책임자를 보좌하고 관리감독자에게 지도 · 조언하는 업무를 수행하는 사람(이하 "안전관리자"라 한다)을 두어야 한다.
②안전관리자를 두어야 하는 사업의 종류와 사업장의 상시근로자 수, 안전관리자의 수 · 자격 · 업무 · 권한 · 선임방법, 그 밖에 필요한 사항은 대통령령으로 정한다.
③대통령령으로 정하는 사업의 종류 및 사업장의 상시근로자 수에 해당하는 사업장의 사업주는 안전관리자에게 그 업무만을 전담하도록 하여야 한다.(2021.5.18 신설)
④고용노동부장관은 산업재해 예방을 위하여 필요한 경우로서 고용노동부령으로 정하는 사유에 해당하는 경우에는 사업주에게 안전관리자를 제2항에 따라 대통령령으로 정하는 수 이상으로 늘리거나 교체할 것을 명할 수 있다.(2021.5.18 개정)
⑤대통령령으로 정하는 사업의 종류 및 사업장의 상시근로자 수에 해당하는 사업장의 사업주는 제21조에 따라 지정받은 안전관리 업무를 전문적으로 수행하는 기관(이하 "안전관리전문기관"이라 한다)에 안전관리자의 업무를 위탁할 수 있다.(2021.5.18 개정)

제18조【보건관리자】①사업주는 사업장에 제15조제1항 각 호의 사항 중 보건에 관한 기술적인 사항에 관하여 사업주 또는 안전보건관리책임자를 보좌하고 관리감독자에게 지도 · 조언하는 업무를 수행하는 사람(이하 "보건관리자"라 한다)을 두어야 한다.

②보건관리자를 두어야 하는 사업의 종류와 사업장의 상시근로자 수, 보건관리자의 수·자격·업무·권한·선임방법, 그 밖에 필요한 사항은 대통령령으로 정한다.
③대통령령으로 정하는 사업의 종류 및 사업장의 상시근로자 수에 해당하는 사업장의 사업주는 보건관리자에게 그 업무만을 전담하도록 하여야 한다.(2021.5.18 신설)
④고용노동부장관은 산업재해 예방을 위하여 필요한 경우로서 고용노동부령으로 정하는 사유에 해당하는 경우에는 사업주에게 보건관리자를 제2항에 따라 대통령령으로 정하는 수 이상으로 늘리거나 교체할 것을 명할 수 있다.(2021.5.18 개정)
⑤대통령령으로 정하는 사업의 종류 및 사업장의 상시근로자 수에 해당하는 사업장의 사업주는 제21조에 따라 지정받은 보건관리 업무를 전문적으로 수행하는 기관(이하 "보건관리전문기관"이라 한다)에 보건관리자의 업무를 위탁할 수 있다.(2021.5.18 개정)

제19조【안전보건관리담당자】①사업주는 사업장에 안전 및 보건에 관하여 사업주를 보좌하고 관리감독자에게 지도·조언하는 업무를 수행하는 사람(이하 "안전보건관리담당자"라 한다)을 두어야 한다. 다만, 안전관리자 또는 보건관리자가 있거나 이를 두어야 하는 경우에는 그러하지 아니하다.
②안전보건관리담당자를 두어야 하는 사업의 종류와 사업장의 상시근로자 수, 안전보건관리담당자의 수·자격·업무·권한·선임방법, 그 밖에 필요한 사항은 대통령령으로 정한다.
③고용노동부장관은 산업재해 예방을 위하여 필요한 경우로서 고용노동부령으로 정하는 사유에 해당하는 경우에는 사업주에게 안전보건관리담당자를 제2항에 따라 대통령령으로 정하는 수 이상으로 늘리거나 교체할 것을 명할 수 있다.
④대통령령으로 정하는 사업의 종류 및 사업장의 상시근로자 수에 해당하는 사업장의 사업주는 안전관리전문기관 또는 보건관리전문기관에 안전보건관리담당자의 업무를 위탁할 수 있다.

제20조【안전관리자 등의 지도·조언】사업주, 안전보건관리책임자 및 관리감독자는 다음 각 호의 어느 하나에 해당하는 자가 제15조제1항 각 호의 사항 중 안전 또는 보건에 관한 기술적인 사항에 관하여 지도·조

언하는 경우에는 이에 상응하는 적절한 조치를 하여야 한다.
1. 안전관리자
2. 보건관리자
3. 안전보건관리담당자
4. 안전관리전문기관 또는 보건관리전문기관(해당 업무를 위탁받은 경우에 한정한다)

제21조【안전관리전문기관 등】 ①안전관리전문기관 또는 보건관리전문기관이 되려는 자는 대통령령으로 정하는 인력·시설 및 장비 등의 요건을 갖추어 고용노동부장관의 지정을 받아야 한다.
②고용노동부장관은 안전관리전문기관 또는 보건관리전문기관에 대하여 평가하고 그 결과를 공개할 수 있다. 이 경우 평가의 기준·방법 및 결과의 공개에 필요한 사항은 고용노동부령으로 정한다.
③안전관리전문기관 또는 보건관리전문기관의 지정 절차, 업무 수행에 관한 사항, 위탁받은 업무를 수행할 수 있는 지역, 그 밖에 필요한 사항은 고용노동부령으로 정한다.
④고용노동부장관은 안전관리전문기관 또는 보건관리전문기관이 다음 각 호의 어느 하나에 해당할 때에는 그 지정을 취소하거나 6개월 이내의 기간을 정하여 그 업무의 정지를 명할 수 있다. 다만, 제1호 또는 제2호에 해당할 때에는 그 지정을 취소하여야 한다.
1. 거짓이나 그 밖의 부정한 방법으로 지정을 받은 경우
2. 업무정지 기간 중에 업무를 수행한 경우
3. 제1항에 따른 지정 요건을 충족하지 못한 경우
4. 지정받은 사항을 위반하여 업무를 수행한 경우
5. 그 밖에 대통령령으로 정하는 사유에 해당하는 경우
⑤제4항에 따라 지정이 취소된 자는 지정이 취소된 날부터 2년 이내에는 각각 해당 안전관리전문기관 또는 보건관리전문기관으로 지정받을 수 없다.

제22조【산업보건의】 ①사업주는 근로자의 건강관리나 그 밖에 보건관리자의 업무를 지도하기 위하여 사업장에 산업보건의를 두어야 한다. 다만, 「의료법」 제2조에 따른 의사를 보건관리자로 둔 경우에는 그러하지 아니하다.
②제1항에 따른 산업보건의(이하 "산업보건의"라 한다)를 두어야 하는 사업의 종류와 사업장의 상시근로자 수 및 산업보건의의 자격·직무·권

한 · 선임방법, 그 밖에 필요한 사항은 대통령령으로 정한다.

제23조 【명예산업안전감독관】 ①고용노동부장관은 산업재해 예방활동에 대한 참여와 지원을 촉진하기 위하여 근로자, 근로자단체, 사업주단체 및 산업재해 예방 관련 전문단체에 소속된 사람 중에서 명예산업안전감독관을 위촉할 수 있다.

②사업주는 제1항에 따른 명예산업안전감독관(이하 "명예산업안전감독관"이라 한다)에 대하여 직무 수행과 관련한 사유로 불리한 처우를 해서는 아니 된다.

③명예산업안전감독관의 위촉 방법, 업무, 그 밖에 필요한 사항은 대통령령으로 정한다.

제24조 【산업안전보건위원회】 ①사업주는 사업장의 안전 및 보건에 관한 중요 사항을 심의 · 의결하기 위하여 사업장에 근로자위원과 사용자위원이 같은 수로 구성되는 산업안전보건위원회를 구성 · 운영하여야 한다.

②사업주는 다음 각 호의 사항에 대해서는 제1항에 따른 산업안전보건위원회(이하 "산업안전보건위원회"라 한다)의 심의 · 의결을 거쳐야 한다.

1. 제15조제1항제1호부터 제5호까지 및 제7호에 관한 사항
2. 제15조제1항제6호에 따른 사항 중 중대재해에 관한 사항
3. 유해하거나 위험한 기계 · 기구 · 설비를 도입한 경우 안전 및 보건 관련 조치에 관한 사항
4. 그 밖에 해당 사업장 근로자의 안전 및 보건을 유지 · 증진시키기 위하여 필요한 사항

③산업안전보건위원회는 대통령령으로 정하는 바에 따라 회의를 개최하고 그 결과를 회의록으로 작성하여 보존하여야 한다.

④사업주와 근로자는 제2항에 따라 산업안전보건위원회가 심의 · 의결한 사항을 성실하게 이행하여야 한다.

⑤산업안전보건위원회는 이 법, 이 법에 따른 명령, 단체협약, 취업규칙 및 제25조에 따른 안전보건관리규정에 반하는 내용으로 심의 · 의결해서는 아니 된다.

⑥사업주는 산업안전보건위원회의 위원에게 직무 수행과 관련한 사유로 불리한 처우를 해서는 아니 된다.

⑦산업안전보건위원회를 구성하여야 할 사업의 종류 및 사업장의 상시근로자 수, 산업안전보건위원회의 구성 · 운영 및 의결되지 아니한 경우의 처

리방법, 그 밖에 필요한 사항은 대통령령으로 정한다.

제2절 안전보건관리규정

제25조【안전보건관리규정의 작성】①사업주는 사업장의 안전 및 보건을 유지하기 위하여 다음 각 호의 사항이 포함된 안전보건관리규정을 작성하여야 한다.
1. 안전 및 보건에 관한 관리조직과 그 직무에 관한 사항
2. 안전보건교육에 관한 사항
3. 작업장의 안전 및 보건 관리에 관한 사항
4. 사고 조사 및 대책 수립에 관한 사항
5. 그 밖에 안전 및 보건에 관한 사항

②제1항에 따른 안전보건관리규정(이하 "안전보건관리규정"이라 한다)은 단체협약 또는 취업규칙에 반할 수 없다. 이 경우 안전보건관리규정 중 단체협약 또는 취업규칙에 반하는 부분에 관하여는 그 단체협약 또는 취업규칙으로 정한 기준에 따른다.

③안전보건관리규정을 작성하여야 할 사업의 종류, 사업장의 상시근로자 수 및 안전보건관리규정에 포함되어야 할 세부적인 내용, 그 밖에 필요한 사항은 고용노동부령으로 정한다.

제26조【안전보건관리규정의 작성·변경 절차】사업주는 안전보건관리규정을 작성하거나 변경할 때에는 산업안전보건위원회의 심의·의결을 거쳐야 한다. 다만, 산업안전보건위원회가 설치되어 있지 아니한 사업장의 경우에는 근로자대표의 동의를 받아야 한다.

제27조【안전보건관리규정의 준수】사업주와 근로자는 안전보건관리규정을 지켜야 한다.

제28조【다른 법률의 준용】안전보건관리규정에 관하여 이 법에서 규정한 것을 제외하고는 그 성질에 반하지 아니하는 범위에서 「근로기준법」 중 취업규칙에 관한 규정을 준용한다.

제3장 안전보건교육

제29조【근로자에 대한 안전보건교육】①사업주는 소속 근로자에

게 고용노동부령으로 정하는 바에 따라 정기적으로 안전보건교육을 하여야 한다.
②사업주는 근로자를 채용할 때와 작업내용을 변경할 때에는 그 근로자에게 고용노동부령으로 정하는 바에 따라 해당 작업에 필요한 안전보건교육을 하여야 한다. 다만, 제31조제1항에 따른 안전보건교육을 이수한 건설 일용근로자를 채용하는 경우에는 그러하지 아니하다.(2020.6.9 개정)
③사업주는 근로자를 유해하거나 위험한 작업에 채용하거나 그 작업으로 작업내용을 변경할 때에는 제2항에 따른 안전보건교육 외에 고용노동부령으로 정하는 바에 따라 유해하거나 위험한 작업에 필요한 안전보건교육을 추가로 하여야 한다.
④사업주는 제1항부터 제3항까지의 규정에 따른 안전보건교육을 제33조에 따라 고용노동부장관에게 등록한 안전보건교육기관에 위탁할 수 있다.

제30조【근로자에 대한 안전보건교육의 면제 등】 ①사업주는 제29조제1항에도 불구하고 다음 각 호의 어느 하나에 해당하는 경우에는 같은 항에 따른 안전보건교육의 전부 또는 일부를 하지 아니할 수 있다.
1. 사업장의 산업재해 발생 정도가 고용노동부령으로 정하는 기준에 해당하는 경우
2. 근로자가 제11조제3호에 따른 시설에서 건강관리에 관한 교육 등 고용노동부령으로 정하는 교육을 이수한 경우
3. 관리감독자가 산업 안전 및 보건 업무의 전문성 제고를 위한 교육 등 고용노동부령으로 정하는 교육을 이수한 경우

②사업주는 제29조제2항 또는 제3항에도 불구하고 해당 근로자가 채용 또는 변경된 작업에 경험이 있는 등 고용노동부령으로 정하는 경우에는 같은 조 제2항 또는 제3항에 따른 안전보건교육의 전부 또는 일부를 하지 아니할 수 있다.

제31조【건설업 기초안전보건교육】 ①건설업의 사업주는 건설 일용근로자를 채용할 때에는 그 근로자로 하여금 제33조에 따른 안전보건교육기관이 실시하는 안전보건교육을 이수하도록 하여야 한다. 다만, 건설 일용근로자가 그 사업주에게 채용되기 전에 안전보건교육을 이수한 경우에는 그러하지 아니하다.
②제1항 본문에 따른 안전보건교육의 시간·내용 및 방법, 그 밖에 필요한 사항은 고용노동부령으로 정한다.

제32조 【안전보건관리책임자 등에 대한 직무교육】 ①사업주(제5호의 경우는 같은 호 각 목에 따른 기관의 장을 말한다)는 다음 각 호에 해당하는 사람에게 제33조에 따른 안전보건교육기관에서 직무와 관련한 안전보건교육을 이수하도록 하여야 한다. 다만, 다음 각 호에 해당하는 사람이 다른 법령에 따라 안전 및 보건에 관한 교육을 받는 등 고용노동부령으로 정하는 경우에는 안전보건교육의 전부 또는 일부를 하지 아니할 수 있다.

1. 안전보건관리책임자
2. 안전관리자
3. 보건관리자
4. 안전보건관리담당자
5. 다음 각 목의 기관에서 안전과 보건에 관련된 업무에 종사하는 사람
   가. 안전관리전문기관
   나. 보건관리전문기관
   다. 제74조에 따라 지정받은 건설재해예방전문지도기관
   라. 제96조에 따라 지정받은 안전검사기관
   마. 제100조에 따라 지정받은 자율안전검사기관
   바. 제120조에 따라 지정받은 석면조사기관

②제1항 각 호 외의 부분 본문에 따른 안전보건교육의 시간·내용 및 방법, 그 밖에 필요한 사항은 고용노동부령으로 정한다.

제33조 【안전보건교육기관】 ①제29조제1항부터 제3항까지의 규정에 따른 안전보건교육, 제31조제1항 본문에 따른 안전보건교육 또는 제32조제1항 각 호 외의 부분 본문에 따른 안전보건교육을 하려는 자는 대통령령으로 정하는 인력·시설 및 장비 등의 요건을 갖추어 고용노동부장관에게 등록하여야 한다. 등록한 사항 중 대통령령으로 정하는 중요한 사항을 변경할 때에도 또한 같다.

②고용노동부장관은 제1항에 따라 등록한 자(이하 "안전보건교육기관"이라 한다)에 대하여 평가하고 그 결과를 공개할 수 있다. 이 경우 평가의 기준·방법 및 결과의 공개에 필요한 사항은 고용노동부령으로 정한다.

③제1항에 따른 등록 절차 및 업무 수행에 관한 사항, 그 밖에 필요한 사항은 고용노동부령으로 정한다.

④안전보건교육기관에 대해서는 제21조제4항 및 제5항을 준용한다. 이 경

우 "안전관리전문기관 또는 보건관리전문기관"은 "안전보건교육기관"으로, "지정"은 "등록"으로 본다.

제4장 유해·위험 방지 조치

제34조【법령 요지 등의 게시 등】 사업주는 이 법과 이 법에 따른 명령의 요지 및 안전보건관리규정을 각 사업장의 근로자가 쉽게 볼 수 있는 장소에 게시하거나 갖추어 두어 근로자에게 널리 알려야 한다.

제35조【근로자대표의 통지 요청】 근로자대표는 사업주에게 다음 각 호의 사항을 통지하여 줄 것을 요청할 수 있고, 사업주는 이에 성실히 따라야 한다.

1. 산업안전보건위원회(제75조에 따라 노사협의체를 구성·운영하는 경우에는 노사협의체를 말한다)가 의결한 사항
2. 제47조에 따른 안전보건진단 결과에 관한 사항
3. 제49조에 따른 안전보건개선계획의 수립·시행에 관한 사항
4. 제64조제1항 각 호에 따른 도급인의 이행 사항
5. 제110조제1항에 따른 물질안전보건자료에 관한 사항
6. 제125조제1항에 따른 작업환경측정에 관한 사항
7. 그 밖에 고용노동부령으로 정하는 안전 및 보건에 관한 사항

제36조【위험성평가의 실시】 ①사업주는 건설물, 기계·기구·설비, 원재료, 가스, 증기, 분진, 근로자의 작업행동 또는 그 밖의 업무로 인한 유해·위험 요인을 찾아내어 부상 및 질병으로 이어질 수 있는 위험성의 크기가 허용 가능한 범위인지를 평가하여야 하고, 그 결과에 따라 이 법과 이 법에 따른 명령에 따른 조치를 하여야 하며, 근로자에 대한 위험 또는 건강장해를 방지하기 위하여 필요한 경우에는 추가적인 조치를 하여야 한다.
②사업주는 제1항에 따른 평가 시 고용노동부장관이 정하여 고시하는 바에 따라 해당 작업장의 근로자를 참여시켜야 한다.
③사업주는 제1항에 따른 평가의 결과와 조치사항을 고용노동부령으로 정하는 바에 따라 기록하여 보존하여야 한다.
④제1항에 따른 평가의 방법, 절차 및 시기, 그 밖에 필요한 사항은 고용노동부장관이 정하여 고시한다.

제37조【안전보건표지의 설치·부착】 ①사업주는 유해하거나 위험

한 장소·시설·물질에 대한 경고, 비상시에 대처하기 위한 지시·안내 또는 그 밖에 근로자의 안전 및 보건 의식을 고취하기 위한 사항 등을 그림, 기호 및 글자 등으로 나타낸 표지(이하 이 조에서 "안전보건표지"라 한다)를 근로자가 쉽게 알아 볼 수 있도록 설치하거나 붙여야 한다. 이 경우 「외국인근로자의 고용 등에 관한 법률」 제2조에 따른 외국인근로자(같은 조 단서에 따른 사람을 포함한다)를 사용하는 사업주는 안전보건표지를 고용노동부장관이 정하는 바에 따라 해당 외국인근로자의 모국어로 작성하여야 한다.(2020.5.26 개정)

②안전보건표지의 종류, 형태, 색채, 용도 및 설치·부착 장소, 그 밖에 필요한 사항은 고용노동부령으로 정한다.

제38조【안전조치】 ①사업주는 다음 각 호의 어느 하나에 해당하는 위험으로 인한 산업재해를 예방하기 위하여 필요한 조치를 하여야 한다.

1. 기계·기구, 그 밖의 설비에 의한 위험
2. 폭발성, 발화성 및 인화성 물질 등에 의한 위험
3. 전기, 열, 그 밖의 에너지에 의한 위험

②사업주는 굴착, 채석, 하역, 벌목, 운송, 조작, 운반, 해체, 중량물 취급, 그 밖의 작업을 할 때 불량한 작업방법 등에 의한 위험으로 인한 산업재해를 예방하기 위하여 필요한 조치를 하여야 한다.

③사업주는 근로자가 다음 각 호의 어느 하나에 해당하는 장소에서 작업을 할 때 발생할 수 있는 산업재해를 예방하기 위하여 필요한 조치를 하여야 한다.

1. 근로자가 추락할 위험이 있는 장소
2. 토사·구축물 등이 붕괴할 우려가 있는 장소
3. 물체가 떨어지거나 날아올 위험이 있는 장소
4. 천재지변으로 인한 위험이 발생할 우려가 있는 장소

④사업주가 제1항부터 제3항까지의 규정에 따라 하여야 하는 조치(이하 "안전조치"라 한다)에 관한 구체적인 사항은 고용노동부령으로 정한다.

제39조【보건조치】 ①사업주는 다음 각 호의 어느 하나에 해당하는 건강장해를 예방하기 위하여 필요한 조치(이하 "보건조치"라 한다)를 하여야 한다.

1. 원재료·가스·증기·분진·흄(fume, 열이나 화학반응에 의하여 형성된 고체증기가 응축되어 생긴 미세입자를 말한다)·미스트(mist, 공기

중에 떠다니는 작은 액체방울을 말한다) · 산소결핍 · 병원체 등에 의한 건강장해
2. 방사선 · 유해광선 · 고열 · 한랭 · 초음파 · 소음 · 진동 · 이상기압 등에 의한 건강장해(2024.10.22 개정)
3. 사업장에서 배출되는 기체 · 액체 또는 찌꺼기 등에 의한 건강장해
4. 계측감시(計測監視), 컴퓨터 단말기 조작, 정밀공작(精密工作) 등의 작업에 의한 건강장해
5. 단순반복작업 또는 인체에 과도한 부담을 주는 작업에 의한 건강장해
6. 환기 · 채광 · 조명 · 보온 · 방습 · 청결 등의 적정기준을 유지하지 아니하여 발생하는 건강장해
7. 폭염 · 한파에 장시간 작업함에 따라 발생하는 건강장해(2024.10.22 신설)

②제1항에 따라 사업주가 하여야 하는 보건조치에 관한 구체적인 사항은 고용노동부령으로 정한다.

제40조【근로자의 안전조치 및 보건조치 준수】 근로자는 제38조 및 제39조에 따라 사업주가 한 조치로서 고용노동부령으로 정하는 조치 사항을 지켜야 한다.

제41조【고객의 폭언 등으로 인한 건강장해 예방조치 등】 ①사업주는 주로 고객을 직접 대면하거나 「정보통신망 이용촉진 및 정보보호 등에 관한 법률」 제2조제1항제1호에 따른 정보통신망을 통하여 상대하면서 상품을 판매하거나 서비스를 제공하는 업무에 종사하는 고객응대근로자에 대하여 고객의 폭언, 폭행, 그 밖에 적정 범위를 벗어난 신체적 · 정신적 고통을 유발하는 행위(이하 이 조에서 "폭언등"이라 한다)로 인한 건강장해를 예방하기 위하여 고용노동부령으로 정하는 바에 따라 필요한 조치를 하여야 한다.(2021.4.13 개정)

②사업주는 업무와 관련하여 고객 등 제3자의 폭언등으로 근로자에게 건강장해가 발생하거나 발생할 현저한 우려가 있는 경우에는 업무의 일시적 중단 또는 전환 등 대통령령으로 정하는 필요한 조치를 하여야 한다.(2021.4.13 개정)

③근로자는 사업주에게 제2항에 따른 조치를 요구할 수 있고, 사업주는 근로자의 요구를 이유로 해고 또는 그 밖의 불리한 처우를 해서는 아니 된다.(2021.4.13 개정)

제42조【유해위험방지계획서의 작성 · 제출 등】 ①사업주는 다음

각 호의 어느 하나에 해당하는 경우에는 이 법 또는 이 법에 따른 명령에서 정하는 유해·위험 방지에 관한 사항을 적은 계획서(이하 "유해위험방지계획서"라 한다)를 작성하여 고용노동부령으로 정하는 바에 따라 고용노동부장관에게 제출하고 심사를 받아야 한다. 다만, 제3호에 해당하는 사업주 중 산업재해발생률 등을 고려하여 고용노동부령으로 정하는 기준에 해당하는 사업주는 유해위험방지계획서를 스스로 심사하고, 그 심사결과서를 작성하여 고용노동부장관에게 제출하여야 한다.

1. 대통령령으로 정하는 사업의 종류 및 규모에 해당하는 사업으로서 해당 제품의 생산 공정과 직접적으로 관련된 건설물·기계·기구 및 설비 등 전부를 설치·이전하거나 그 주요 구조부분을 변경하려는 경우(2020.5.26 개정)
2. 유해하거나 위험한 작업 또는 장소에서 사용하거나 건강장해를 방지하기 위하여 사용하는 기계·기구 및 설비로서 대통령령으로 정하는 기계·기구 및 설비를 설치·이전하거나 그 주요 구조부분을 변경하려는 경우
3. 대통령령으로 정하는 크기, 높이 등에 해당하는 건설공사를 착공하려는 경우

②제1항제3호에 따른 건설공사를 착공하려는 사업주(제1항 각 호 외의 부분 단서에 따른 사업주는 제외한다)는 유해위험방지계획서를 작성할 때 건설안전 분야의 자격 등 고용노동부령으로 정하는 자격을 갖춘 자의 의견을 들어야 한다.

③제1항에도 불구하고 사업주가 제44조제1항에 따라 공정안전보고서를 고용노동부장관에게 제출한 경우에는 해당 유해·위험설비에 대해서는 유해위험방지계획서를 제출한 것으로 본다.

④고용노동부장관은 제1항 각 호 외의 부분 본문에 따라 제출된 유해위험방지계획서를 고용노동부령으로 정하는 바에 따라 심사하여 그 결과를 사업주에게 서면으로 알려 주어야 한다. 이 경우 근로자의 안전 및 보건의 유지·증진을 위하여 필요하다고 인정하는 경우에는 해당 작업 또는 건설공사를 중지하거나 유해위험방지계획서를 변경할 것을 명할 수 있다.

⑤제1항에 따른 사업주는 같은 항 각 호 외의 부분 단서에 따라 스스로 심사하거나 제4항에 따라 고용노동부장관이 심사한 유해위험방지계획서와 그 심사결과서를 사업장에 갖추어 두어야 한다.

⑥제1항제3호에 따른 건설공사를 착공하려는 사업주로서 제5항에 따라 유해위험방지계획서 및 그 심사결과서를 사업장에 갖추어 둔 사업주는 해당 건설공사의 공법의 변경 등으로 인하여 그 유해위험방지계획서를 변경할 필요가 있는 경우에는 이를 변경하여 갖추어 두어야 한다.

제43조【유해위험방지계획서 이행의 확인 등】①제42조제4항에 따라 유해위험방지계획서에 대한 심사를 받은 사업주는 고용노동부령으로 정하는 바에 따라 유해위험방지계획서의 이행에 관하여 고용노동부장관의 확인을 받아야 한다.

②제42조제1항 각 호 외의 부분 단서에 따른 사업주는 고용노동부령으로 정하는 바에 따라 유해위험방지계획서의 이행에 관하여 스스로 확인하여야 한다. 다만, 해당 건설공사 중에 근로자가 사망(교통사고 등 고용노동부령으로 정하는 경우는 제외한다)한 경우에는 고용노동부령으로 정하는 바에 따라 유해위험방지계획서의 이행에 관하여 고용노동부장관의 확인을 받아야 한다.

③고용노동부장관은 제1항 및 제2항 단서에 따른 확인 결과 유해위험방지계획서대로 유해·위험방지를 위한 조치가 되지 아니하는 경우에는 고용노동부령으로 정하는 바에 따라 시설 등의 개선, 사용중지 또는 작업중지 등 필요한 조치를 명할 수 있다.

④제3항에 따른 시설 등의 개선, 사용중지 또는 작업중지 등의 절차 및 방법, 그 밖에 필요한 사항은 고용노동부령으로 정한다.

제44조【공정안전보고서의 작성·제출】①사업주는 사업장에 대통령령으로 정하는 유해하거나 위험한 설비가 있는 경우 그 설비로부터의 위험물질 누출, 화재 및 폭발 등으로 인하여 사업장 내의 근로자에게 즉시 피해를 주거나 사업장 인근 지역에 피해를 줄 수 있는 사고로서 대통령령으로 정하는 사고(이하 "중대산업사고"라 한다)를 예방하기 위하여 대통령령으로 정하는 바에 따라 공정안전보고서를 작성하고 고용노동부장관에게 제출하여 심사를 받아야 한다. 이 경우 공정안전보고서의 내용이 중대산업사고를 예방하기 위하여 적합하다고 통보받기 전에는 관련된 유해하거나 위험한 설비를 가동해서는 아니 된다.

②사업주는 제1항에 따라 공정안전보고서를 작성할 때 산업안전보건위원회의 심의를 거쳐야 한다. 다만, 산업안전보건위원회가 설치되어 있지 아니한 사업장의 경우에는 근로자대표의 의견을 들어야 한다.

제45조 【공정안전보고서의 심사 등】 ①고용노동부장관은 공정안전보고서를 고용노동부령으로 정하는 바에 따라 심사하여 그 결과를 사업주에게 서면으로 알려 주어야 한다. 이 경우 근로자의 안전 및 보건의 유지·증진을 위하여 필요하다고 인정하는 경우에는 그 공정안전보고서의 변경을 명할 수 있다.

②사업주는 제1항에 따라 심사를 받은 공정안전보고서를 사업장에 갖추어 두어야 한다.

제46조 【공정안전보고서의 이행 등】 ①사업주와 근로자는 제45조제1항에 따라 심사를 받은 공정안전보고서(이 조 제3항에 따라 보완한 공정안전보고서를 포함한다)의 내용을 지켜야 한다.

②사업주는 제45조제1항에 따라 심사를 받은 공정안전보고서의 내용을 실제로 이행하고 있는지 여부에 대하여 고용노동부령으로 정하는 바에 따라 고용노동부장관의 확인을 받아야 한다.

③사업주는 제45조제1항에 따라 심사를 받은 공정안전보고서의 내용을 변경하여야 할 사유가 발생한 경우에는 지체 없이 그 내용을 보완하여야 한다.

④고용노동부장관은 고용노동부령으로 정하는 바에 따라 공정안전보고서의 이행 상태를 정기적으로 평가할 수 있다

⑤고용노동부장관은 제4항에 따른 평가 결과 제3항에 따른 보완 상태가 불량한 사업장의 사업주에게는 공정안전보고서의 변경을 명할 수 있으며, 이에 따르지 아니하는 경우 공정안전보고서를 다시 제출하도록 명할 수 있다.

제47조 【안전보건진단】 ①고용노동부장관은 추락·붕괴, 화재·폭발, 유해하거나 위험한 물질의 누출 등 산업재해 발생의 위험이 현저히 높은 사업장의 사업주에게 제48조에 따라 지정받은 기관(이하 "안전보건진단기관"이라 한다)이 실시하는 안전보건진단을 받을 것을 명할 수 있다.

②사업주는 제1항에 따라 안전보건진단 명령을 받은 경우 고용노동부령으로 정하는 바에 따라 안전보건진단기관에 안전보건진단을 의뢰하여야 한다.

③사업주는 안전보건진단기관이 제2항에 따라 실시하는 안전보건진단에 적극 협조하여야 하며, 정당한 사유 없이 이를 거부하거나 방해 또는 기피해서는 아니 된다. 이 경우 근로자대표가 요구할 때에는 해당 안전보건진단에 근로자대표를 참여시켜야 한다.

④안전보건진단기관은 제2항에 따라 안전보건진단을 실시한 경우에는 안

전보건진단 결과보고서를 고용노동부령으로 정하는 바에 따라 해당 사업장의 사업주 및 고용노동부장관에게 제출하여야 한다.
⑤안전보건진단의 종류 및 내용, 안전보건진단 결과보고서에 포함될 사항, 그 밖에 필요한 사항은 대통령령으로 정한다.

제48조【안전보건진단기관】 ①안전보건진단기관이 되려는 자는 대통령령으로 정하는 인력·시설 및 장비 등의 요건을 갖추어 고용노동부장관의 지정을 받아야 한다.
②고용노동부장관은 안전보건진단기관에 대하여 평가하고 그 결과를 공개할 수 있다. 이 경우 평가의 기준·방법 및 결과의 공개에 필요한 사항은 고용노동부령으로 정한다.
③안전보건진단기관의 지정 절차, 그 밖에 필요한 사항은 고용노동부령으로 정한다.
④안전보건진단기관에 관하여는 제21조제4항 및 제5항을 준용한다. 이 경우 "안전관리전문기관 또는 보건관리전문기관"은 "안전보건진단기관"으로 본다.

제49조【안전보건개선계획의 수립·시행 명령】 ①고용노동부장관은 다음 각 호의 어느 하나에 해당하는 사업장으로서 산업재해 예방을 위하여 종합적인 개선조치를 할 필요가 있다고 인정되는 사업장의 사업주에게 고용노동부령으로 정하는 바에 따라 그 사업장, 시설, 그 밖의 사항에 관한 안전 및 보건에 관한 개선계획(이하 "안전보건개선계획"이라 한다)을 수립하여 시행할 것을 명할 수 있다. 이 경우 대통령령으로 정하는 사업장의 사업주에게는 제47조에 따라 안전보건진단을 받아 안전보건개선계획을 수립하여 시행할 것을 명할 수 있다.
1. 산업재해율이 같은 업종의 규모별 평균 산업재해율보다 높은 사업장
2. 사업주가 필요한 안전조치 또는 보건조치를 이행하지 아니하여 중대재해가 발생한 사업장
3. 대통령령으로 정하는 수 이상의 직업성 질병자가 발생한 사업장
4. 제106조에 따른 유해인자의 노출기준을 초과한 사업장

②사업주는 안전보건개선계획을 수립할 때에는 산업안전보건위원회의 심의를 거쳐야 한다. 다만, 산업안전보건위원회가 설치되어 있지 아니한 사업장의 경우에는 근로자대표의 의견을 들어야 한다.

제50조【안전보건개선계획서의 제출 등】 ①제49조제1항에 따라 안

전보건개선계획의 수립·시행 명령을 받은 사업주는 고용노동부령으로 정하는 바에 따라 안전보건개선계획서를 작성하여 고용노동부장관에게 제출하여야 한다.

②고용노동부장관은 제1항에 따라 제출받은 안전보건개선계획서를 고용노동부령으로 정하는 바에 따라 심사하여 그 결과를 사업주에게 서면으로 알려 주어야 한다. 이 경우 고용노동부장관은 근로자의 안전 및 보건의 유지·증진을 위하여 필요하다고 인정하는 경우 해당 안전보건개선계획서의 보완을 명할 수 있다.

③사업주와 근로자는 제2항 전단에 따라 심사를 받은 안전보건개선계획서(같은 항 후단에 따라 보완한 안전보건개선계획서를 포함한다)를 준수하여야 한다.

제51조 【사업주의 작업중지】 사업주는 산업재해가 발생할 급박한 위험이 있을 때에는 즉시 작업을 중지시키고 근로자를 작업장소에서 대피시키는 등 안전 및 보건에 관하여 필요한 조치를 하여야 한다.

제52조 【근로자의 작업중지】 ①근로자는 산업재해가 발생할 급박한 위험이 있는 경우에는 작업을 중지하고 대피할 수 있다.

②제1항에 따라 작업을 중지하고 대피한 근로자는 지체 없이 그 사실을 관리감독자 또는 그 밖에 부서의 장(이하 "관리감독자등"이라 한다)에게 보고하여야 한다.

③관리감독자등은 제2항에 따른 보고를 받으면 안전 및 보건에 관하여 필요한 조치를 하여야 한다.

④사업주는 산업재해가 발생할 급박한 위험이 있다고 근로자가 믿을 만한 합리적인 이유가 있을 때에는 제1항에 따라 작업을 중지하고 대피한 근로자에 대하여 해고나 그 밖의 불리한 처우를 해서는 아니 된다.

제53조 【고용노동부장관의 시정조치 등】 ①고용노동부장관은 사업주가 사업장의 건설물 또는 그 부속건설물 및 기계·기구·설비·원재료(이하 "기계·설비등"이라 한다)에 대하여 안전 및 보건에 관하여 고용노동부령으로 정하는 필요한 조치를 하지 아니하여 근로자에게 현저한 유해·위험이 초래될 우려가 있다고 판단될 때에는 해당 기계·설비등에 대하여 사용중지·대체·제거 또는 시설의 개선, 그 밖에 안전 및 보건에 관하여 고용노동부령으로 정하는 필요한 조치(이하 "시정조치"라 한다)를 명할 수 있다.

②제1항에 따라 시정조치 명령을 받은 사업주는 해당 기계·설비등에 대하여 시정조치를 완료할 때까지 시정조치 명령 사항을 사업장 내에 근로자가 쉽게 볼 수 있는 장소에 게시하여야 한다.
③고용노동부장관은 사업주가 해당 기계·설비등에 대한 시정조치 명령을 이행하지 아니하여 유해·위험 상태가 해소 또는 개선되지 아니하거나 근로자에 대한 유해·위험이 현저히 높아질 우려가 있는 경우에는 해당 기계·설비등과 관련된 작업의 전부 또는 일부의 중지를 명할 수 있다.
④제1항에 따른 사용중지 명령 또는 제3항에 따른 작업중지 명령을 받은 사업주는 그 시정조치를 완료한 경우에는 고용노동부장관에게 제1항에 따른 사용중지 또는 제3항에 따른 작업중지의 해제를 요청할 수 있다.
⑤고용노동부장관은 제4항에 따른 해제 요청에 대하여 시정조치가 완료되었다고 판단될 때에는 제1항에 따른 사용중지 또는 제3항에 따른 작업중지를 해제하여야 한다.

제54조 【중대재해 발생 시 사업주의 조치】 ①사업주는 중대재해가 발생하였을 때에는 즉시 해당 작업을 중지시키고 근로자를 작업장소에서 대피시키는 등 안전 및 보건에 관하여 필요한 조치를 하여야 한다.
②사업주는 중대재해가 발생한 사실을 알게 된 경우에는 고용노동부령으로 정하는 바에 따라 지체 없이 고용노동부장관에게 보고하여야 한다. 다만, 천재지변 등 부득이한 사유가 발생한 경우에는 그 사유가 소멸되면 지체 없이 보고하여야 한다.

제55조 【중대재해 발생 시 고용노동부장관의 작업중지 조치】 ①고용노동부장관은 중대재해가 발생하였을 때 다음 각 호의 어느 하나에 해당하는 작업으로 인하여 해당 사업장에 산업재해가 다시 발생할 급박한 위험이 있다고 판단되는 경우에는 그 작업의 중지를 명할 수 있다.
1. 중대재해가 발생한 해당 작업
2. 중대재해가 발생한 작업과 동일한 작업
②고용노동부장관은 토사·구축물의 붕괴, 화재·폭발, 유해하거나 위험한 물질의 누출 등으로 인하여 중대재해가 발생하여 그 재해가 발생한 장소 주변으로 산업재해가 확산될 수 있다고 판단되는 등 불가피한 경우에는 해당 사업장의 작업을 중지할 수 있다.
③고용노동부장관은 사업주가 제1항 또는 제2항에 따른 작업중지의 해제를 요청한 경우에는 작업중지 해제에 관한 전문가 등으로 구성된 심의위

원회의 심의를 거쳐 고용노동부령으로 정하는 바에 따라 제1항 또는 제2항에 따른 작업중지를 해제하여야 한다.
④제3항에 따른 작업중지 해제의 요청 절차 및 방법, 심의위원회의 구성·운영, 그 밖에 필요한 사항은 고용노동부령으로 정한다.

제56조 【중대재해 원인조사 등】 ①고용노동부장관은 중대재해가 발생하였을 때에는 그 원인 규명 또는 산업재해 예방대책 수립을 위하여 그 발생 원인을 조사할 수 있다.
②고용노동부장관은 중대재해가 발생한 사업장의 사업주에게 안전보건개선계획의 수립·시행, 그 밖에 필요한 조치를 명할 수 있다.
③누구든지 중대재해 발생 현장을 훼손하거나 제1항에 따른 고용노동부장관의 원인조사를 방해해서는 아니 된다.
④중대재해가 발생한 사업장에 대한 원인조사의 내용 및 절차, 그 밖에 필요한 사항은 고용노동부령으로 정한다.

제57조 【산업재해 발생 은폐 금지 및 보고 등】 ①사업주는 산업재해가 발생하였을 때에는 그 발생 사실을 은폐해서는 아니 된다.
②사업주는 고용노동부령으로 정하는 바에 따라 산업재해의 발생 원인 등을 기록하여 보존하여야 한다.
③사업주는 고용노동부령으로 정하는 산업재해에 대해서는 그 발생 개요·원인 및 보고 시기, 재발방지 계획 등을 고용노동부령으로 정하는 바에 따라 고용노동부장관에게 보고하여야 한다.

제5장 도급 시 산업재해 예방

제1절 도급의 제한

제58조 【유해한 작업의 도급금지】 ①사업주는 근로자의 안전 및 보건에 유해하거나 위험한 작업으로서 다음 각 호의 어느 하나에 해당하는 작업을 도급하여 자신의 사업장에서 수급인의 근로자가 그 작업을 하도록 해서는 아니 된다.
1. 도금작업
2. 수은, 납 또는 카드뮴을 제련, 주입, 가공 및 가열하는 작업
3. 제118조제1항에 따른 허가대상물질을 제조하거나 사용하는 작업

②사업주는 제1항에도 불구하고 다음 각 호의 어느 하나에 해당하는 경우에는 제1항 각 호에 따른 작업을 도급하여 자신의 사업장에서 수급인의 근로자가 그 작업을 하도록 할 수 있다.

1. 일시·간헐적으로 하는 작업을 도급하는 경우
2. 수급인이 보유한 기술이 전문적이고 사업주(수급인에게 도급을 한 도급인으로서의 사업주를 말한다)의 사업 운영에 필수 불가결한 경우로서 고용노동부장관의 승인을 받은 경우

③사업주는 제2항제2호에 따라 고용노동부장관의 승인을 받으려는 경우에는 고용노동부령으로 정하는 바에 따라 고용노동부장관이 실시하는 안전 및 보건에 관한 평가를 받아야 한다.

④제2항제2호에 따른 승인의 유효기간은 3년의 범위에서 정한다.

⑤고용노동부장관은 제4항에 따른 유효기간이 만료되는 경우에 사업주가 유효기간의 연장을 신청하면 승인의 유효기간이 만료되는 날의 다음 날부터 3년의 범위에서 고용노동부령으로 정하는 바에 따라 그 기간의 연장을 승인할 수 있다. 이 경우 사업주는 제3항에 따른 안전 및 보건에 관한 평가를 받아야 한다.

⑥사업주는 제2항제2호 또는 제5항에 따라 승인을 받은 사항 중 고용노동부령으로 정하는 사항을 변경하려는 경우에는 고용노동부령으로 정하는 바에 따라 변경에 대한 승인을 받아야 한다.

⑦고용노동부장관은 제2항제2호, 제5항 또는 제6항에 따라 승인, 연장승인 또는 변경승인을 받은 자가 제8항에 따른 기준에 미달하게 된 경우에는 승인, 연장승인 또는 변경승인을 취소하여야 한다.

⑧제2항제2호, 제5항 또는 제6항에 따른 승인, 연장승인 또는 변경승인의 기준·절차 및 방법, 그 밖에 필요한 사항은 고용노동부령으로 정한다.

제59조 【도급의 승인】 ①사업주는 자신의 사업장에서 안전 및 보건에 유해하거나 위험한 작업 중 급성 독성, 피부 부식성 등이 있는 물질의 취급 등 대통령령으로 정하는 작업을 도급하려는 경우에는 고용노동부장관의 승인을 받아야 한다. 이 경우 사업주는 고용노동부령으로 정하는 바에 따라 안전 및 보건에 관한 평가를 받아야 한다.

②제1항에 따른 승인에 관하여는 제58조제4항부터 제8항까지의 규정을 준용한다.

제60조 【도급의 승인 시 하도급 금지】 제58조제2항제2호에 따른 승

인, 같은 조 제5항 또는 제6항(제59조제2항에 따라 준용되는 경우를 포함한다)에 따른 연장승인 또는 변경승인 및 제59조제1항에 따른 승인을 받은 작업을 도급받은 수급인은 그 작업을 하도급할 수 없다.

제61조 【적격 수급인 선정 의무】 사업주는 산업재해 예방을 위한 조치를 할 수 있는 능력을 갖춘 사업주에게 도급하여야 한다.

제2절 도급인의 안전조치 및 보건조치

제62조 【안전보건총괄책임자】 ①도급인은 관계수급인 근로자가 도급인의 사업장에서 작업을 하는 경우에는 그 사업장의 안전보건관리책임자를 도급인의 근로자와 관계수급인 근로자의 산업재해를 예방하기 위한 업무를 총괄하여 관리하는 안전보건총괄책임자로 지정하여야 한다. 이 경우 안전보건관리책임자를 두지 아니하여도 되는 사업장에서는 그 사업장에서 사업을 총괄하여 관리하는 사람을 안전보건총괄책임자로 지정하여야 한다.

②제1항에 따라 안전보건총괄책임자를 지정한 경우에는 「건설기술 진흥법」 제64조제1항제1호에 따른 안전총괄책임자를 둔 것으로 본다.

③제1항에 따라 안전보건총괄책임자를 지정하여야 하는 사업의 종류와 사업장의 상시근로자 수, 안전보건총괄책임자의 직무·권한, 그 밖에 필요한 사항은 대통령령으로 정한다.

제63조 【도급인의 안전조치 및 보건조치】 도급인은 관계수급인 근로자가 도급인의 사업장에서 작업을 하는 경우에 자신의 근로자와 관계수급인 근로자의 산업재해를 예방하기 위하여 안전 및 보건 시설의 설치 등 필요한 안전조치 및 보건조치를 하여야 한다. 다만, 보호구 착용의 지시 등 관계수급인 근로자의 작업행동에 관한 직접적인 조치는 제외한다.

제64조 【도급에 따른 산업재해 예방조치】 ①도급인은 관계수급인 근로자가 도급인의 사업장에서 작업을 하는 경우 다음 각 호의 사항을 이행하여야 한다.

1. 도급인과 수급인을 구성원으로 하는 안전 및 보건에 관한 협의체의 구성 및 운영
2. 작업장 순회점검
3. 관계수급인이 근로자에게 하는 제29조제1항부터 제3항까지의 규정에 따

른 안전보건교육을 위한 장소 및 자료의 제공 등 지원
4. 관계수급인이 근로자에게 하는 제29조제3항에 따른 안전보건교육의 실시 확인
5. 다음 각 목의 어느 하나의 경우에 대비한 경보체계 운영과 대피방법 등 훈련
 가. 작업 장소에서 발파작업을 하는 경우
 나. 작업 장소에서 화재·폭발, 토사·구축물 등의 붕괴 또는 지진 등이 발생한 경우
6. 위생시설 등 고용노동부령으로 정하는 시설의 설치 등을 위하여 필요한 장소의 제공 또는 도급인이 설치한 위생시설 이용의 협조
7. 같은 장소에서 이루어지는 도급인과 관계수급인 등의 작업에 있어서 관계수급인 등의 작업시기·내용, 안전조치 및 보건조치 등의 확인(2021.5.18 신설)
8. 제7호에 따른 확인 결과 관계수급인 등의 작업 혼재로 인하여 화재·폭발 등 대통령령으로 정하는 위험이 발생할 우려가 있는 경우 관계수급인 등의 작업시기·내용 등의 조정(2021.5.18 신설)

②제1항에 따른 도급인은 고용노동부령으로 정하는 바에 따라 자신의 근로자 및 관계수급인 근로자와 함께 정기적으로 또는 수시로 작업장의 안전 및 보건에 관한 점검을 하여야 한다.

③제1항에 따른 안전 및 보건에 관한 협의체 구성 및 운영, 작업장 순회점검, 안전보건교육 지원, 그 밖에 필요한 사항은 고용노동부령으로 정한다.

제65조【도급인의 안전 및 보건에 관한 정보 제공 등】 ①다음 각 호의 작업을 도급하는 자는 그 작업을 수행하는 수급인 근로자의 산업재해를 예방하기 위하여 고용노동부령으로 정하는 바에 따라 해당 작업 시작 전에 수급인에게 안전 및 보건에 관한 정보를 문서로 제공하여야 한다.
1. 폭발성·발화성·인화성·독성 등의 유해성·위험성이 있는 화학물질 중 고용노동부령으로 정하는 화학물질 또는 그 화학물질을 포함한 혼합물을 제조·사용·운반 또는 저장하는 반응기·증류탑·배관 또는 저장탱크로서 고용노동부령으로 정하는 설비를 개조·분해·해체 또는 철거하는 작업(2020.5.26 개정)
2. 제1호에 따른 설비의 내부에서 이루어지는 작업
3. 질식 또는 붕괴의 위험이 있는 작업으로서 대통령령으로 정하는 작업

②도급인이 제1항에 따라 안전 및 보건에 관한 정보를 해당 작업 시작 전까지 제공하지 아니한 경우에는 수급인이 정보 제공을 요청할 수 있다.
③도급인은 수급인이 제1항에 따라 제공받은 안전 및 보건에 관한 정보에 따라 필요한 안전조치 및 보건조치를 하였는지를 확인하여야 한다.
④수급인은 제2항에 따른 요청에도 불구하고 도급인이 정보를 제공하지 아니하는 경우에는 해당 도급 작업을 하지 아니할 수 있다. 이 경우 수급인은 계약의 이행 지체에 따른 책임을 지지 아니한다.

제66조【도급인의 관계수급인에 대한 시정조치】①도급인은 관계수급인 근로자가 도급인의 사업장에서 작업을 하는 경우에 관계수급인 또는 관계수급인 근로자가 도급받은 작업과 관련하여 이 법 또는 이 법에 따른 명령을 위반하면 관계수급인에게 그 위반행위를 시정하도록 필요한 조치를 할 수 있다. 이 경우 관계수급인은 정당한 사유가 없으면 그 조치에 따라야 한다.
②도급인은 제65조제1항 각 호의 작업을 도급하는 경우에 수급인 또는 수급인 근로자가 도급받은 작업과 관련하여 이 법 또는 이 법에 따른 명령을 위반하면 수급인에게 그 위반행위를 시정하도록 필요한 조치를 할 수 있다. 이 경우 수급인은 정당한 사유가 없으면 그 조치에 따라야 한다.

제3절 건설업 등의 산업재해 예방

제67조【건설공사발주자의 산업재해 예방 조치】①대통령령으로 정하는 건설공사의 건설공사발주자는 산업재해 예방을 위하여 건설공사의 계획, 설계 및 시공 단계에서 다음 각 호의 구분에 따른 조치를 하여야 한다.
1. 건설공사 계획단계: 해당 건설공사에서 중점적으로 관리하여야 할 유해·위험요인과 이의 감소방안을 포함한 기본안전보건대장을 작성할 것
2. 건설공사 설계단계: 제1호에 따른 기본안전보건대장을 설계자에게 제공하고, 설계자로 하여금 유해·위험요인의 감소방안을 포함한 설계안전보건대장을 작성하게 하고 이를 확인할 것
3. 건설공사 시공단계: 건설공사발주자로부터 건설공사를 최초로 도급받은 수급인에게 제2호에 따른 설계안전보건대장을 제공하고, 그 수급인에게 이를 반영하여 안전한 작업을 위한 공사안전보건대장을 작성하게 하

고 그 이행 여부를 확인할 것
②제1항에 따른 건설공사발주자는 대통령령으로 정하는 안전보건 분야의 전문가에게 같은 항 각 호에 따른 대장에 기재된 내용의 적정성 등을 확인받아야 한다.(2021.5.18 신설)
③제1항에 따른 건설공사발주자는 설계자 및 건설공사를 최초로 도급받은 수급인이 건설현장의 안전을 우선적으로 고려하여 설계 · 시공 업무를 수행할 수 있도록 적정한 비용과 기간을 계상 · 설정하여야 한다.(2021.5.18 신설)
④제1항 각 호에 따른 대장에 포함되어야 할 구체적인 내용은 고용노동부령으로 정한다.(2021.5.18 개정)

제68조【안전보건조정자】①2개 이상의 건설공사를 도급한 건설공사발주자는 그 2개 이상의 건설공사가 같은 장소에서 행해지는 경우에 작업의 혼재로 인하여 발생할 수 있는 산업재해를 예방하기 위하여 건설공사 현장에 안전보건조정자를 두어야 한다.
②제1항에 따라 안전보건조정자를 두어야 하는 건설공사의 금액, 안전보건조정자의 자격 · 업무, 선임방법, 그 밖에 필요한 사항은 대통령령으로 정한다.

제69조【공사기간 단축 및 공법변경 금지】①건설공사발주자 또는 건설공사도급인(건설공사발주자로부터 해당 건설공사를 최초로 도급받은 수급인 또는 건설공사의 시공을 주도하여 총괄 · 관리하는 자를 말한다. 이하 이 절에서 같다)은 설계도서 등에 따라 산정된 공사기간을 단축해서는 아니 된다.
②건설공사발주자 또는 건설공사도급인은 공사비를 줄이기 위하여 위험성이 있는 공법을 사용하거나 정당한 사유 없이 정해진 공법을 변경해서는 아니 된다.

제70조【건설공사 기간의 연장】①건설공사발주자는 다음 각 호의 어느 하나에 해당하는 사유로 건설공사가 지연되어 해당 건설공사도급인이 산업재해 예방을 위하여 공사기간의 연장을 요청하는 경우에는 특별한 사유가 없으면 공사기간을 연장하여야 한다.
1. 태풍 · 홍수 등 악천후, 전쟁 · 사변, 지진, 화재, 전염병, 폭동, 그 밖에 계약당사자가 통제할 수 없는 사태의 발생 등 불가항력의 사유가 있는 경우
2. 건설공사발주자에게 책임이 있는 사유로 착공이 지연되거나 시공이 중

단된 경우
②건설공사의 관계수급인은 제1항제1호에 해당하는 사유 또는 건설공사도급인에게 책임이 있는 사유로 착공이 지연되거나 시공이 중단되어 해당 건설공사가 지연된 경우에 산업재해 예방을 위하여 건설공사도급인에게 공사기간의 연장을 요청할 수 있다. 이 경우 건설공사도급인은 특별한 사유가 없으면 공사기간을 연장하거나 건설공사발주자에게 그 기간의 연장을 요청하여야 한다.
③제1항 및 제2항에 따른 건설공사 기간의 연장 요청 절차, 그 밖에 필요한 사항은 고용노동부령으로 정한다.

제71조【설계변경의 요청】①건설공사도급인은 해당 건설공사 중에 대통령령으로 정하는 가설구조물의 붕괴 등으로 산업재해가 발생할 위험이 있다고 판단되면 건축·토목 분야의 전문가 등 대통령령으로 정하는 전문가의 의견을 들어 건설공사발주자에게 해당 건설공사의 설계변경을 요청할 수 있다. 다만, 건설공사발주자가 설계를 포함하여 발주한 경우는 그러하지 아니하다.
②제42조제4항 후단에 따라 고용노동부장관으로부터 공사중지 또는 유해위험방지계획서의 변경 명령을 받은 건설공사도급인은 설계변경이 필요한 경우 건설공사발주자에게 설계변경을 요청할 수 있다.
③건설공사의 관계수급인은 건설공사 중에 제1항에 따른 가설구조물의 붕괴 등으로 산업재해가 발생할 위험이 있다고 판단되면 제1항에 따른 전문가의 의견을 들어 건설공사도급인에게 해당 건설공사의 설계변경을 요청할 수 있다. 이 경우 건설공사도급인은 그 요청받은 내용이 기술적으로 적용이 불가능한 명백한 경우가 아니면 이를 반영하여 해당 건설공사의 설계를 변경하거나 건설공사발주자에게 설계변경을 요청하여야 한다.
④제1항부터 제3항까지의 규정에 따라 설계변경 요청을 받은 건설공사발주자는 그 요청받은 내용이 기술적으로 적용이 불가능한 명백한 경우가 아니면 이를 반영하여 설계를 변경하여야 한다.
⑤제1항부터 제3항까지의 규정에 따른 설계변경의 요청 절차·방법, 그 밖에 필요한 사항은 고용노동부령으로 정한다. 이 경우 미리 국토교통부장관과 협의하여야 한다.

제72조【건설공사 등의 산업안전보건관리비 계상 등】①건설공사발주자가 도급계약을 체결하거나 건설공사의 시공을 주도하여 총괄·관

리하는 자(건설공사발주자로부터 건설공사를 최초로 도급받은 수급인은 제외한다)가 건설공사 사업 계획을 수립할 때에는 고용노동부장관이 정하여 고시하는 바에 따라 산업재해 예방을 위하여 사용하는 비용(이하 "산업안전보건관리비"라 한다)을 도급금액 또는 사업비에 계상(計上)하여야 한다.(2020.6.9 개정)
②고용노동부장관은 산업안전보건관리비의 효율적인 사용을 위하여 다음 각 호의 사항을 정할 수 있다.
1. 사업의 규모별·종류별 계상 기준
2. 건설공사의 진척 정도에 따른 사용비율 등 기준
3. 그 밖에 산업안전보건관리비의 사용에 필요한 사항
③건설공사도급인은 산업안전보건관리비를 제2항에서 정하는 바에 따라 사용하고 고용노동부령으로 정하는 바에 따라 그 사용명세서를 작성하여 보존하여야 한다.(2020.6.9 개정)
④선박의 건조 또는 수리를 최초로 도급받은 수급인은 사업 계획을 수립할 때에는 고용노동부장관이 정하여 고시하는 바에 따라 산업안전보건관리비를 사업비에 계상하여야 한다.
⑤건설공사도급인 또는 제4항에 따른 선박의 건조 또는 수리를 최초로 도급받은 수급인은 산업안전보건관리비를 산업재해 예방 외의 목적으로 사용해서는 아니 된다.(2020.6.9 개정)

제73조【건설공사의 산업재해 예방 지도】 ①대통령령으로 정하는 건설공사의 건설공사발주자 또는 건설공사도급인(건설공사발주자로부터 건설공사를 최초로 도급받은 수급인은 제외한다)은 해당 건설공사를 착공하려는 경우 제74조에 따라 지정받은 전문기관(이하 "건설재해예방전문지도기관"이라 한다)과 건설 산업재해 예방을 위한 지도계약을 체결하여야 한다.(2021.8.17 개정)
②건설재해예방전문지도기관은 건설공사도급인에게 산업재해 예방을 위한 지도를 실시하여야 하고, 건설공사도급인은 지도에 따라 적절한 조치를 하여야 한다.(2021.8.17 신설)
③건설재해예방전문지도기관의 지도업무의 내용, 지도대상 분야, 지도의 수행방법, 그 밖에 필요한 사항은 대통령령으로 정한다.(2021.8.17 개정)

제74조【건설재해예방전문지도기관】 ①건설재해예방전문지도기관이 되려는 자는 대통령령으로 정하는 인력·시설 및 장비 등의 요건을 갖

추어 고용노동부장관의 지정을 받아야 한다.
②제1항에 따른 건설재해예방전문지도기관의 지정 절차, 그 밖에 필요한 사항은 대통령령으로 정한다.
③고용노동부장관은 건설재해예방전문지도기관에 대하여 평가하고 그 결과를 공개할 수 있다. 이 경우 평가의 기준·방법, 결과의 공개에 필요한 사항은 고용노동부령으로 정한다.
④건설재해예방전문지도기관에 관하여는 제21조제4항 및 제5항을 준용한다. 이 경우 "안전관리전문기관 또는 보건관리전문기관"은 "건설재해예방전문지도기관"으로 본다.

제75조 【안전 및 보건에 관한 협의체 등의 구성·운영에 관한 특례】 ①대통령령으로 정하는 규모의 건설공사의 건설공사도급인은 해당 건설공사 현장에 근로자위원과 사용자위원이 같은 수로 구성되는 안전 및 보건에 관한 협의체(이하 "노사협의체"라 한다)를 대통령령으로 정하는 바에 따라 구성·운영할 수 있다.
②건설공사도급인이 제1항에 따라 노사협의체를 구성·운영하는 경우에는 산업안전보건위원회 및 제64조제1항제1호에 따른 안전 및 보건에 관한 협의체를 각각 구성·운영하는 것으로 본다.
③제1항에 따라 노사협의체를 구성·운영하는 건설공사도급인은 제24조제2항 각 호의 사항에 대하여 노사협의체의 심의·의결을 거쳐야 한다. 이 경우 노사협의체에서 의결되지 아니한 사항의 처리방법은 대통령령으로 정한다.
④노사협의체는 대통령령으로 정하는 바에 따라 회의를 개최하고 그 결과를 회의록으로 작성하여 보존하여야 한다.
⑤노사협의체는 산업재해 예방 및 산업재해가 발생한 경우의 대피방법 등 고용노동부령으로 정하는 사항에 대하여 협의하여야 한다.
⑥노사협의체를 구성·운영하는 건설공사도급인·근로자 및 관계수급인·근로자는 제3항에 따라 노사협의체가 심의·의결한 사항을 성실하게 이행하여야 한다.
⑦노사협의체에 관하여는 제24조제5항 및 제6항을 준용한다. 이 경우 "산업안전보건위원회"는 "노사협의체"로 본다.

제76조 【기계·기구 등에 대한 건설공사도급인의 안전조치】 건설공사도급인은 자신의 사업장에서 타워크레인 등 대통령령으로 정하는

기계·기구 또는 설비 등이 설치되어 있거나 작동하고 있는 경우 또는 이를 설치·해체·조립하는 등의 작업이 이루어지고 있는 경우에는 필요한 안전조치 및 보건조치를 하여야 한다.

제4절 그 밖의 고용형태에서의 산업재해 예방

제77조 【특수형태근로종사자에 대한 안전조치 및 보건조치 등】 ①계약의 형식에 관계없이 근로자와 유사하게 노무를 제공하여 업무상의 재해로부터 보호할 필요가 있음에도 「근로기준법」 등이 적용되지 아니하는 사람으로서 다음 각 호의 요건을 모두 충족하는 사람(이하 "특수형태근로종사자"라 한다)의 노무를 제공받는 자는 특수형태근로종사자의 산업재해 예방을 위하여 필요한 안전조치 및 보건조치를 하여야 한다.(2020.5.26 개정)

1. 대통령령으로 정하는 직종에 종사할 것
2. 주로 하나의 사업에 노무를 상시적으로 제공하고 보수를 받아 생활할 것
3. 노무를 제공할 때 타인을 사용하지 아니할 것

②대통령령으로 정하는 특수형태근로종사자로부터 노무를 제공받는 자는 고용노동부령으로 정하는 바에 따라 안전 및 보건에 관한 교육을 실시하여야 한다.

③정부는 특수형태근로종사자의 안전 및 보건의 유지·증진에 사용하는 비용의 일부 또는 전부를 지원할 수 있다.

제78조 【배달종사자에 대한 안전조치】 「전기통신사업법」 제2조제20호에 따른 이동통신단말장치로 물건의 수거·배달 등을 중개하는 자는 그 중개를 통하여 「자동차관리법」 제3조제1항제5호에 따른 이륜자동차로 물건을 수거·배달 등을 하는 사람의 산업재해 예방을 위하여 필요한 안전조치 및 보건조치를 하여야 한다.(2025.1.21 개정)

제79조 【가맹본부의 산업재해 예방 조치】 ①「가맹사업거래의 공정화에 관한 법률」 제2조제2호에 따른 가맹본부 중 대통령령으로 정하는 가맹본부는 같은 조 제3호에 따른 가맹점사업자에게 가맹점의 설비나 기계, 원자재 또는 상품 등을 공급하는 경우에 가맹점사업자와 그 소속 근로자의 산업재해 예방을 위하여 다음 각 호의 조치를 하여야 한다.

1. 가맹점의 안전 및 보건에 관한 프로그램의 마련·시행

2. 가맹본부가 가맹점에 설치하거나 공급하는 설비·기계 및 원자재 또는 상품 등에 대하여 가맹점사업자에게 안전 및 보건에 관한 정보의 제공
②제1항제1호에 따른 안전 및 보건에 관한 프로그램의 내용·시행방법, 같은 항 제2호에 따른 안전 및 보건에 관한 정보의 제공방법, 그 밖에 필요한 사항은 고용노동부령으로 정한다.

제6장 유해·위험 기계 등에 대한 조치

제1절 유해하거나 위험한 기계 등에 대한 방호조치 등

제80조【유해하거나 위험한 기계·기구에 대한 방호조치】 ①누구든지 동력(動力)으로 작동하는 기계·기구로서 대통령령으로 정하는 것은 고용노동부령으로 정하는 유해·위험 방지를 위한 방호조치를 하지 아니하고는 양도, 대여, 설치 또는 사용에 제공하거나 양도·대여의 목적으로 진열해서는 아니 된다.
②누구든지 동력으로 작동하는 기계·기구로서 다음 각 호의 어느 하나에 해당하는 것은 고용노동부령으로 정하는 방호조치를 하지 아니하고는 양도, 대여, 설치 또는 사용에 제공하거나 양도·대여의 목적으로 진열해서는 아니 된다.
1. 작동 부분에 돌기 부분이 있는 것
2. 동력전달 부분 또는 속도조절 부분이 있는 것
3. 회전기계에 물체 등이 말려 들어갈 부분이 있는 것
③사업주는 제1항 및 제2항에 따른 방호조치가 정상적인 기능을 발휘할 수 있도록 방호조치와 관련되는 장치를 상시적으로 점검하고 정비하여야 한다.
④사업주와 근로자는 제1항 및 제2항에 따른 방호조치를 해체하려는 경우 등 고용노동부령으로 정하는 경우에는 필요한 안전조치 및 보건조치를 하여야 한다.

제81조【기계·기구 등의 대여자 등의 조치】 대통령령으로 정하는 기계·기구·설비 또는 건축물 등을 타인에게 대여하거나 대여받는 자는 필요한 안전조치 및 보건조치를 하여야 한다.

제82조【타워크레인 설치·해체업의 등록 등】 ①타워크레인을 설치하거나 해체를 하려는 자는 대통령령으로 정하는 바에 따라 인력·시설

및 장비 등의 요건을 갖추어 고용노동부장관에게 등록하여야 한다. 등록한 사항 중 대통령령으로 정하는 중요한 사항을 변경할 때에도 또한 같다.
②사업주는 제1항에 따라 등록한 자로 하여금 타워크레인을 설치하거나 해체하는 작업을 하도록 하여야 한다.
③제1항에 따른 등록 절차, 그 밖에 필요한 사항은 고용노동부령으로 정한다.
④제1항에 따라 등록한 자에 대해서는 제21조제4항 및 제5항을 준용한다. 이 경우 "안전관리전문기관 또는 보건관리전문기관"은 "제1항에 따라 등록한 자"로, "지정"은 "등록"으로 본다.

제2절 안전인증

제83조 【안전인증기준】 ①고용노동부장관은 유해하거나 위험한 기계·기구·설비 및 방호장치·보호구(이하 "유해·위험기계등"이라 한다)의 안전성을 평가하기 위하여 그 안전에 관한 성능과 제조자의 기술 능력 및 생산 체계 등에 관한 기준(이하 "안전인증기준"이라 한다)을 정하여 고시하여야 한다.
②안전인증기준은 유해·위험기계등의 종류별, 규격 및 형식별로 정할 수 있다.

제84조 【안전인증】 ①유해·위험기계등 중 근로자의 안전 및 보건에 위해(危害)를 미칠 수 있다고 인정되어 대통령령으로 정하는 것(이하 "안전인증대상기계등"이라 한다)을 제조하거나 수입하는 자(고용노동부령으로 정하는 안전인증대상기계등을 설치·이전하거나 주요 구조 부분을 변경하는 자를 포함한다. 이하 이 조 및 제85조부터 제87조까지의 규정에서 같다)는 안전인증대상기계등이 안전인증기준에 맞는지에 대하여 고용노동부장관이 실시하는 안전인증을 받아야 한다.
②고용노동부장관은 다음 각 호의 어느 하나에 해당하는 경우에는 고용노동부령으로 정하는 바에 따라 제1항에 따른 안전인증의 전부 또는 일부를 면제할 수 있다.
1. 연구·개발을 목적으로 제조·수입하거나 수출을 목적으로 제조하는 경우
2. 고용노동부장관이 정하여 고시하는 외국의 안전인증기관에서 인증을 받은 경우

3. 다른 법령에 따라 안전성에 관한 검사나 인증을 받은 경우로서 고용노동부령으로 정하는 경우

③안전인증대상기계등이 아닌 유해 · 위험기계등을 제조하거나 수입하는 자가 그 유해 · 위험기계등의 안전에 관한 성능 등을 평가받으려면 고용노동부장관에게 안전인증을 신청할 수 있다. 이 경우 고용노동부장관은 안전인증기준에 따라 안전인증을 할 수 있다.

④고용노동부장관은 제1항 및 제3항에 따른 안전인증(이하 "안전인증"이라 한다)을 받은 자가 안전인증기준을 지키고 있는지를 3년 이하의 범위에서 고용노동부령으로 정하는 주기마다 확인하여야 한다. 다만, 제2항에 따라 안전인증의 일부를 면제받은 경우에는 고용노동부령으로 정하는 바에 따라 확인의 전부 또는 일부를 생략할 수 있다.

⑤제1항에 따라 안전인증을 받은 자는 안전인증을 받은 안전인증대상기계등에 대하여 고용노동부령으로 정하는 바에 따라 제품명 · 모델명 · 제조수량 · 판매수량 및 판매처 현황 등의 사항을 기록하여 보존하여야 한다.

⑥고용노동부장관은 근로자의 안전 및 보건에 필요하다고 인정하는 경우 안전인증대상기계등을 제조 · 수입 또는 판매하는 자에게 고용노동부령으로 정하는 바에 따라 해당 안전인증대상기계등의 제조 · 수입 또는 판매에 관한 자료를 공단에 제출하게 할 수 있다.

⑦안전인증의 신청 방법 · 절차, 제4항에 따른 확인의 방법 · 절차, 그 밖에 필요한 사항은 고용노동부령으로 정한다.

제85조【안전인증의 표시 등】①안전인증을 받은 자는 안전인증을 받은 유해 · 위험기계등이나 이를 담은 용기 또는 포장에 고용노동부령으로 정하는 바에 따라 안전인증의 표시(이하 "안전인증표시"라 한다)를 하여야 한다.

②안전인증을 받은 유해 · 위험기계등이 아닌 것은 안전인증표시 또는 이와 유사한 표시를 하거나 안전인증에 관한 광고를 해서는 아니 된다.

③안전인증을 받은 유해 · 위험기계등을 제조 · 수입 · 양도 · 대여하는 자는 안전인증표시를 임의로 변경하거나 제거해서는 아니 된다.

④고용노동부장관은 다음 각 호의 어느 하나에 해당하는 경우에는 안전인증표시나 이와 유사한 표시를 제거할 것을 명하여야 한다.

1. 제2항을 위반하여 안전인증표시나 이와 유사한 표시를 한 경우
2. 제86조제1항에 따라 안전인증이 취소되거나 안전인증표시의 사용 금지

명령을 받은 경우

제86조 【안전인증의 취소 등】 ①고용노동부장관은 안전인증을 받은 자가 다음 각 호의 어느 하나에 해당하면 안전인증을 취소하거나 6개월 이내의 기간을 정하여 안전인증표시의 사용을 금지하거나 안전인증기준에 맞게 시정하도록 명할 수 있다. 다만, 제1호의 경우에는 안전인증을 취소하여야 한다.

1. 거짓이나 그 밖의 부정한 방법으로 안전인증을 받은 경우
2. 안전인증을 받은 유해·위험기계등의 안전에 관한 성능 등이 안전인증기준에 맞지 아니하게 된 경우
3. 정당한 사유 없이 제84조제4항에 따른 확인을 거부, 방해 또는 기피하는 경우

②고용노동부장관은 제1항에 따라 안전인증을 취소한 경우에는 고용노동부령으로 정하는 바에 따라 그 사실을 관보 등에 공고하여야 한다.

③제1항에 따라 안전인증이 취소된 자는 안전인증이 취소된 날부터 1년 이내에는 취소된 유해·위험기계등에 대하여 안전인증을 신청할 수 없다.

제87조 【안전인증대상기계등의 제조 등의 금지 등】 ①누구든지 다음 각 호의 어느 하나에 해당하는 안전인증대상기계등을 제조·수입·양도·대여·사용하거나 양도·대여의 목적으로 진열할 수 없다.

1. 제84조제1항에 따른 안전인증을 받지 아니한 경우(같은 조 제2항에 따라 안전인증이 전부 면제되는 경우는 제외한다)
2. 안전인증기준에 맞지 아니하게 된 경우
3. 제86조제1항에 따라 안전인증이 취소되거나 안전인증표시의 사용 금지 명령을 받은 경우

②고용노동부장관은 제1항을 위반하여 안전인증대상기계등을 제조·수입·양도·대여하는 자에게 고용노동부령으로 정하는 바에 따라 그 안전인증대상기계등을 수거하거나 파기할 것을 명할 수 있다.

제88조 【안전인증기관】 ①고용노동부장관은 제84조에 따른 안전인증 업무 및 확인 업무를 위탁받아 수행할 기관을 안전인증기관으로 지정할 수 있다.

②제1항에 따라 안전인증기관으로 지정받으려는 자는 대통령령으로 정하는 인력·시설 및 장비 등의 요건을 갖추어 고용노동부장관에게 신청하여야 한다.

③고용노동부장관은 제1항에 따라 지정받은 안전인증기관(이하 "안전인증기관"이라 한다)에 대하여 평가하고 그 결과를 공개할 수 있다. 이 경우 평가의 기준·방법 및 결과의 공개에 필요한 사항은 고용노동부령으로 정한다.
④안전인증기관의 지정 신청 절차, 그 밖에 필요한 사항은 고용노동부령으로 정한다.
⑤안전인증기관에 관하여는 제21조제4항 및 제5항을 준용한다. 이 경우 "안전관리전문기관 또는 보건관리전문기관"은 "안전인증기관"으로 본다.

제3절 자율안전확인의 신고

제89조 【자율안전확인의 신고】 ①안전인증대상기계등이 아닌 유해·위험기계등으로서 대통령령으로 정하는 것(이하 "자율안전확인대상기계등"이라 한다)을 제조하거나 수입하는 자는 자율안전확인대상기계등의 안전에 관한 성능이 고용노동부장관이 정하여 고시하는 안전기준(이하 "자율안전기준"이라 한다)에 맞는지 확인(이하 "자율안전확인"이라 한다)하여 고용노동부장관에게 신고(신고한 사항을 변경하는 경우를 포함한다)하여야 한다. 다만, 다음 각 호의 어느 하나에 해당하는 경우에는 신고를 면제할 수 있다.

1. 연구·개발을 목적으로 제조·수입하거나 수출을 목적으로 제조하는 경우
2. 제84조제3항에 따른 안전인증을 받은 경우(제86조제1항에 따라 안전인증이 취소되거나 안전인증표시의 사용 금지 명령을 받은 경우는 제외한다)
3. 다른 법령에 따라 안전성에 관한 검사나 인증을 받은 경우로서 고용노동부령으로 정하는 경우

②고용노동부장관은 제1항 각 호 외의 부분 본문에 따른 신고를 받은 경우 그 내용을 검토하여 이 법에 적합하면 신고를 수리하여야 한다.
③제1항 각 호 외의 부분 본문에 따라 신고를 한 자는 자율안전확인대상기계등이 자율안전기준에 맞는 것임을 증명하는 서류를 보존하여야 한다.
④제1항 각 호 외의 부분 본문에 따른 신고의 방법 및 절차, 그 밖에 필요한 사항은 고용노동부령으로 정한다.

제90조 【자율안전확인의 표시 등】 ①제89조제1항 각 호 외의 부분

본문에 따라 신고를 한 자는 자율안전확인대상기계등이나 이를 담은 용기 또는 포장에 고용노동부령으로 정하는 바에 따라 자율안전확인의 표시(이하 "자율안전확인표시"라 한다)를 하여야 한다.
②제89조제1항 각 호 외의 부분 본문에 따라 신고된 자율안전확인대상기계등이 아닌 것은 자율안전확인표시 또는 이와 유사한 표시를 하거나 자율안전확인에 관한 광고를 해서는 아니 된다.
③제89조제1항 각 호 외의 부분 본문에 따라 신고된 자율안전확인대상기계등을 제조·수입·양도·대여하는 자는 자율안전확인표시를 임의로 변경하거나 제거해서는 아니 된다.
④고용노동부장관은 다음 각 호의 어느 하나에 해당하는 경우에는 자율안전확인표시나 이와 유사한 표시를 제거할 것을 명하여야 한다.
1. 제2항을 위반하여 자율안전확인표시나 이와 유사한 표시를 한 경우
2. 거짓이나 그 밖의 부정한 방법으로 제89조제1항 각 호 외의 부분 본문에 따른 신고를 한 경우
3. 제91조제1항에 따라 자율안전확인표시의 사용 금지 명령을 받은 경우

제91조【자율안전확인표시의 사용 금지 등】 ①고용노동부장관은 제89조제1항 각 호 외의 부분 본문에 따라 신고된 자율안전확인대상기계등의 안전에 관한 성능이 자율안전기준에 맞지 아니하게 된 경우에는 같은 항 각 호 외의 부분 본문에 따라 신고한 자에게 6개월 이내의 기간을 정하여 자율안전확인표시의 사용을 금지하거나 자율안전기준에 맞게 시정하도록 명할 수 있다.
②고용노동부장관은 제1항에 따라 자율안전확인표시의 사용을 금지하였을 때에는 그 사실을 관보 등에 공고하여야 한다.
③제2항에 따른 공고의 내용, 방법 및 절차, 그 밖에 필요한 사항은 고용노동부령으로 정한다.

제92조【자율안전확인대상기계등의 제조 등의 금지 등】 ①누구든지 다음 각 호의 어느 하나에 해당하는 자율안전확인대상기계등을 제조·수입·양도·대여·사용하거나 양도·대여의 목적으로 진열할 수 없다.
1. 제89조제1항 각 호 외의 부분 본문에 따른 신고를 하지 아니한 경우(같은 항 각 호 외의 부분 단서에 따라 신고가 면제되는 경우는 제외한다)
2. 거짓이나 그 밖의 부정한 방법으로 제89조제1항 각 호 외의 부분 본문에 따른 신고를 한 경우

3. 자율안전확인대상기계등의 안전에 관한 성능이 자율안전기준에 맞지 아니하게 된 경우
4. 제91조제1항에 따라 자율안전확인표시의 사용 금지 명령을 받은 경우
②고용노동부장관은 제1항을 위반하여 자율안전확인대상기계등을 제조·수입·양도·대여하는 자에게 고용노동부령으로 정하는 바에 따라 그 자율안전확인대상기계등을 수거하거나 파기할 것을 명할 수 있다.

제4절 안전검사

제93조【안전검사】 ①유해하거나 위험한 기계·기구·설비로서 대통령령으로 정하는 것(이하 "안전검사대상기계등"이라 한다)을 사용하는 사업주(근로자를 사용하지 아니하고 사업을 하는 자를 포함한다. 이하 이 조, 제94조, 제95조 및 제98조에서 같다)는 안전검사대상기계등의 안전에 관한 성능이 고용노동부장관이 정하여 고시하는 검사기준에 맞는지에 대하여 고용노동부장관이 실시하는 검사(이하 "안전검사"라 한다)를 받아야 한다. 이 경우 안전검사대상기계등을 사용하는 사업주와 소유자가 다른 경우에는 안전검사대상기계등의 소유자가 안전검사를 받아야 한다.
②제1항에도 불구하고 안전검사대상기계등이 다른 법령에 따라 안전성에 관한 검사나 인증을 받은 경우로서 고용노동부령으로 정하는 경우에는 안전검사를 면제할 수 있다.
③안전검사의 신청, 검사 주기 및 검사합격 표시방법, 그 밖에 필요한 사항은 고용노동부령으로 정한다. 이 경우 검사 주기는 안전검사대상기계등의 종류, 사용연한(使用年限) 및 위험성을 고려하여 정한다.

제94조【안전검사합격증명서 발급 등】 ①고용노동부장관은 제93조제1항에 따라 안전검사에 합격한 사업주에게 고용노동부령으로 정하는 바에 따라 안전검사합격증명서를 발급하여야 한다.
②제1항에 따라 안전검사합격증명서를 발급받은 사업주는 그 증명서를 안전검사대상기계등에 붙여야 한다.(2020.5.26 개정)

제95조【안전검사대상기계등의 사용 금지】 사업주는 다음 각 호의 어느 하나에 해당하는 안전검사대상기계등을 사용해서는 아니 된다.
1. 안전검사를 받지 아니한 안전검사대상기계등(제93조제2항에 따라 안전검사가 면제되는 경우는 제외한다)

2. 안전검사에 불합격한 안전검사대상기계등

제96조【안전검사기관】 ①고용노동부장관은 안전검사 업무를 위탁받아 수행하는 기관을 안전검사기관으로 지정할 수 있다.

②제1항에 따라 안전검사기관으로 지정받으려는 자는 대통령령으로 정하는 인력·시설 및 장비 등의 요건을 갖추어 고용노동부장관에게 신청하여야 한다.

③고용노동부장관은 제1항에 따라 지정받은 안전검사기관(이하 "안전검사기관"이라 한다)에 대하여 평가하고 그 결과를 공개할 수 있다. 이 경우 평가의 기준·방법 및 결과의 공개에 필요한 사항은 고용노동부령으로 정한다.

④안전검사기관의 지정 신청 절차, 그 밖에 필요한 사항은 고용노동부령으로 정한다.

⑤안전검사기관에 관하여는 제21조제4항 및 제5항을 준용한다. 이 경우 "안전관리전문기관 또는 보건관리전문기관"은 "안전검사기관"으로 본다.

제97조【안전검사기관의 보고의무】 안전검사기관은 제95조 각 호의 어느 하나에 해당하는 안전검사대상기계등을 발견하였을 때에는 이를 고용노동부장관에게 지체 없이 보고하여야 한다.

제98조【자율검사프로그램에 따른 안전검사】 ①제93조제1항에도 불구하고 같은 항에 따라 안전검사를 받아야 하는 사업주가 근로자대표와 협의(근로자를 사용하지 아니하는 경우는 제외한다)하여 같은 항 전단에 따른 검사기준, 같은 조 제3항에 따른 검사 주기 등을 충족하는 검사프로그램(이하 "자율검사프로그램"이라 한다)을 정하고 고용노동부장관의 인정을 받아 다음 각 호의 어느 하나에 해당하는 사람으로부터 자율검사프로그램에 따라 안전검사대상기계등에 대하여 안전에 관한 성능검사(이하 "자율안전검사"라 한다)를 받으면 안전검사를 받은 것으로 본다.

1. 고용노동부령으로 정하는 안전에 관한 성능검사와 관련된 자격 및 경험을 가진 사람
2. 고용노동부령으로 정하는 바에 따라 안전에 관한 성능검사 교육을 이수하고 해당 분야의 실무 경험이 있는 사람

②자율검사프로그램의 유효기간은 2년으로 한다.

③사업주는 자율안전검사를 받은 경우에는 그 결과를 기록하여 보존하여야 한다.

④자율안전검사를 받으려는 사업주는 제100조에 따라 지정받은 검사기관

(이하 "자율안전검사기관"이라 한다)에 자율안전검사를 위탁할 수 있다.
⑤자율검사프로그램에 포함되어야 할 내용, 자율검사프로그램의 인정 요건, 인정 방법 및 절차, 그 밖에 필요한 사항은 고용노동부령으로 정한다.

제99조 【자율검사프로그램 인정의 취소 등】 ①고용노동부장관은 자율검사프로그램의 인정을 받은 자가 다음 각 호의 어느 하나에 해당하는 경우에는 자율검사프로그램의 인정을 취소하거나 인정받은 자율검사프로그램의 내용에 따라 검사를 하도록 하는 등 시정을 명할 수 있다. 다만, 제1호의 경우에는 인정을 취소하여야 한다.

1. 거짓이나 그 밖의 부정한 방법으로 자율검사프로그램을 인정받은 경우
2. 자율검사프로그램을 인정받고도 검사를 하지 아니한 경우
3. 인정받은 자율검사프로그램의 내용에 따라 검사를 하지 아니한 경우
4. 제98조제1항 각 호의 어느 하나에 해당하는 사람 또는 자율안전검사기관이 검사를 하지 아니한 경우

②사업주는 제1항에 따라 자율검사프로그램의 인정이 취소된 안전검사대상기계등을 사용해서는 아니 된다.

제100조 【자율안전검사기관】 ①자율안전검사기관이 되려는 자는 대통령령으로 정하는 인력·시설 및 장비 등의 요건을 갖추어 고용노동부장관의 지정을 받아야 한다.
②고용노동부장관은 자율안전검사기관에 대하여 평가하고 그 결과를 공개할 수 있다. 이 경우 평가의 기준·방법 및 결과의 공개에 필요한 사항은 고용노동부령으로 정한다.
③자율안전검사기관의 지정 절차, 그 밖에 필요한 사항은 고용노동부령으로 정한다.
④자율안전검사기관에 관하여는 제21조제4항 및 제5항을 준용한다. 이 경우 "안전관리전문기관 또는 보건관리전문기관"은 "자율안전검사기관"으로 본다.

제5절 유해·위험기계등의 조사 및 지원 등

제101조 【성능시험 등】 고용노동부장관은 안전인증대상기계등 또는 자율안전확인대상기계등의 안전성능의 저하 등으로 근로자에게 피해를 주거나 줄 우려가 크다고 인정하는 경우에는 대통령령으로 정하는 바에 따

라 유해·위험기계등을 제조하는 사업장에서 제품 제조 과정을 조사할 수 있으며, 제조·수입·양도·대여하거나 양도·대여의 목적으로 진열된 유해·위험기계등을 수거하여 안전인증기준 또는 자율안전기준에 적합한지에 대한 성능시험을 할 수 있다.

제102조【유해·위험기계등 제조사업 등의 지원】 ①고용노동부장관은 다음 각 호의 어느 하나에 해당하는 자에게 유해·위험기계등의 품질·안전성 또는 설계·시공 능력 등의 향상을 위하여 예산의 범위에서 필요한 지원을 할 수 있다.

1. 다음 각 목의 어느 하나에 해당하는 것의 안전성 향상을 위하여 지원이 필요하다고 인정되는 것을 제조하는 자
   가. 안전인증대상기계등
   나. 자율안전확인대상기계등
   다. 그 밖에 산업재해가 많이 발생하는 유해·위험기계등
2. 작업환경 개선시설을 설계·시공하는 자

②제1항에 따른 지원을 받으려는 자는 고용노동부령으로 정하는 인력·시설 및 장비 등의 요건을 갖추어 고용노동부장관에게 등록하여야 한다.

③고용노동부장관은 제2항에 따라 등록한 자가 다음 각 호의 어느 하나에 해당하는 경우에는 그 등록을 취소하거나 1년의 범위에서 제1항에 따른 지원을 제한할 수 있다. 다만, 제1호의 경우에는 등록을 취소하여야 한다.

1. 거짓이나 그 밖의 부정한 방법으로 등록한 경우
2. 제2항에 따른 등록 요건에 적합하지 아니하게 된 경우
3. 제86조제1항제1호에 따라 안전인증이 취소된 경우

④고용노동부장관은 제1항에 따라 지원받은 자가 다음 각 호의 어느 하나에 해당하는 경우에는 지원한 금액 또는 지원에 상응하는 금액을 환수하여야 한다. 이 경우 제1호에 해당하면 지원한 금액에 상당하는 액수 이하의 금액을 추가로 환수할 수 있다.

1. 거짓이나 그 밖의 부정한 방법으로 지원받은 경우
2. 제1항에 따른 지원 목적과 다른 용도로 지원금을 사용한 경우
3. 제3항제1호에 해당하여 등록이 취소된 경우

⑤고용노동부장관은 제3항에 따라 등록을 취소한 자에 대하여 등록을 취소한 날부터 2년 이내의 기간을 정하여 제2항에 따른 등록을 제한할 수 있다.

⑥제1항부터 제5항까지의 규정에 따른 지원내용, 등록 및 등록 취소, 환수 절차, 등록 제한 기준, 그 밖에 필요한 사항은 고용노동부령으로 정한다.

제103조 【유해·위험기계등의 안전 관련 정보의 종합관리】 ①고용노동부장관은 사업장의 유해·위험기계등의 보유현황 및 안전검사 이력 등 안전에 관한 정보를 종합관리하고, 해당 정보를 안전인증기관 또는 안전검사기관에 제공할 수 있다.

②고용노동부장관은 제1항에 따른 정보의 종합관리를 위하여 안전인증기관 또는 안전검사기관에 사업장의 유해·위험기계등의 보유현황 및 안전검사 이력 등의 필요한 자료를 제출하도록 요청할 수 있다. 이 경우 요청을 받은 기관은 특별한 사유가 없으면 그 요청에 따라야 한다.

③고용노동부장관은 제1항에 따른 정보의 종합관리를 위하여 유해·위험기계등의 보유현황 및 안전검사 이력 등 안전에 관한 종합정보망을 구축·운영하여야 한다.

제 7 장 유해·위험물질에 대한 조치

제 1 절 유해·위험물질의 분류 및 관리

제104조 【유해인자의 분류기준】 고용노동부장관은 고용노동부령으로 정하는 바에 따라 근로자에게 건강장해를 일으키는 화학물질 및 물리적 인자 등(이하 "유해인자"라 한다)의 유해성·위험성 분류기준을 마련하여야 한다.

제105조 【유해인자의 유해성·위험성 평가 및 관리】 ①고용노동부장관은 유해인자가 근로자의 건강에 미치는 유해성·위험성을 평가하고 그 결과를 관보 등에 공표할 수 있다.

②고용노동부장관은 제1항에 따른 평가 결과 등을 고려하여 고용노동부령으로 정하는 바에 따라 유해성·위험성 수준별로 유해인자를 구분하여 관리하여야 한다.

③제1항에 따른 유해성·위험성 평가대상 유해인자의 선정기준, 유해성·위험성 평가의 방법, 그 밖에 필요한 사항은 고용노동부령으로 정한다.

제106조 【유해인자의 노출기준 설정】 고용노동부장관은 제105조제1항에 따른 유해성·위험성 평가 결과 등 고용노동부령으로 정하는 사항

을 고려하여 유해인자의 노출기준을 정하여 고시하여야 한다.

제107조【유해인자 허용기준의 준수】 ①사업주는 발암성 물질 등 근로자에게 중대한 건강장해를 유발할 우려가 있는 유해인자로서 대통령령으로 정하는 유해인자는 작업장 내의 그 노출 농도를 고용노동부령으로 정하는 허용기준 이하로 유지하여야 한다. 다만, 다음 각 호의 어느 하나에 해당하는 경우에는 그러하지 아니하다.

1. 유해인자를 취급하거나 정화·배출하는 시설 및 설비의 설치나 개선이 현존하는 기술로 가능하지 아니한 경우
2. 천재지변 등으로 시설과 설비에 중대한 결함이 발생한 경우
3. 고용노동부령으로 정하는 임시 작업과 단시간 작업의 경우
4. 그 밖에 대통령령으로 정하는 경우

②사업주는 제1항 각 호 외의 부분 단서에도 불구하고 유해인자의 노출 농도를 제1항에 따른 허용기준 이하로 유지하도록 노력하여야 한다.

제108조【신규화학물질의 유해성·위험성 조사】 ①대통령령으로 정하는 화학물질 외의 화학물질(이하 "신규화학물질"이라 한다)을 제조하거나 수입하려는 자(이하 "신규화학물질제조자등"이라 한다)는 신규화학물질에 의한 근로자의 건강장해를 예방하기 위하여 고용노동부령으로 정하는 바에 따라 그 신규화학물질의 유해성·위험성을 조사하고 그 조사보고서를 고용노동부장관에게 제출하여야 한다. 다만, 다음 각 호의 어느 하나에 해당하는 경우에는 그러하지 아니하다.

1. 일반 소비자의 생활용으로 제공하기 위하여 신규화학물질을 수입하는 경우로서 고용노동부령으로 정하는 경우
2. 신규화학물질의 수입량이 소량이거나 그 밖에 위해의 정도가 적다고 인정되는 경우로서 고용노동부령으로 정하는 경우

②신규화학물질제조자등은 제1항 각 호 외의 부분 본문에 따라 유해성·위험성을 조사한 결과 해당 신규화학물질에 의한 근로자의 건강장해를 예방하기 위하여 필요한 조치를 하여야 하는 경우 이를 즉시 시행하여야 한다.

③고용노동부장관은 제1항에 따라 신규화학물질의 유해성·위험성 조사보고서가 제출되면 고용노동부령으로 정하는 바에 따라 그 신규화학물질의 명칭, 유해성·위험성, 근로자의 건강장해 예방을 위한 조치 사항 등을 공표하고 관계 부처에 통보하여야 한다.

④고용노동부장관은 제1항에 따라 제출된 신규화학물질의 유해성·위험

성 조사보고서를 검토한 결과 근로자의 건강장해 예방을 위하여 필요하다고 인정할 때에는 신규화학물질제조자등에게 시설·설비를 설치·정비하고 보호구를 갖추어 두는 등의 조치를 하도록 명할 수 있다.
⑤신규화학물질제조자등이 신규화학물질을 양도하거나 제공하는 경우에는 제4항에 따른 근로자의 건강장해 예방을 위하여 조치하여야 할 사항을 기록한 서류를 함께 제공하여야 한다.

제109조【중대한 건강장해 우려 화학물질의 유해성·위험성 조사】 ①고용노동부장관은 근로자의 건강장해를 예방하기 위하여 필요하다고 인정할 때에는 고용노동부령으로 정하는 바에 따라 암 또는 그 밖에 중대한 건강장해를 일으킬 우려가 있는 화학물질을 제조·수입하는 자 또는 사용하는 사업주에게 해당 화학물질의 유해성·위험성 조사와 그 결과의 제출 또는 제105조제1항에 따른 유해성·위험성 평가에 필요한 자료의 제출을 명할 수 있다.
②제1항에 따라 화학물질의 유해성·위험성 조사 명령을 받은 자는 유해성·위험성 조사 결과 해당 화학물질로 인한 근로자의 건강장해가 우려되는 경우 근로자의 건강장해를 예방하기 위하여 시설·설비의 설치 또는 개선 등 필요한 조치를 하여야 한다.
③고용노동부장관은 제1항에 따라 제출된 조사 결과 및 자료를 검토하여 근로자의 건강장해를 예방하기 위하여 필요하다고 인정하는 경우에는 해당 화학물질을 제105조제2항에 따라 구분하여 관리하거나 해당 화학물질을 제조·수입한 자 또는 사용하는 사업주에게 근로자의 건강장해 예방을 위한 시설·설비의 설치 또는 개선 등 필요한 조치를 하도록 명할 수 있다.

제110조【물질안전보건자료의 작성 및 제출】 ①화학물질 또는 이를 포함한 혼합물로서 제104조에 따른 분류기준에 해당하는 것(대통령령으로 정하는 것은 제외한다. 이하 "물질안전보건자료대상물질"이라 한다)을 제조하거나 수입하려는 자는 다음 각 호의 사항을 적은 자료(이하 "물질안전보건자료"라 한다)를 고용노동부령으로 정하는 바에 따라 작성하여 고용노동부장관에게 제출하여야 한다. 이 경우 고용노동부장관은 고용노동부령으로 물질안전보건자료의 기재 사항이나 작성 방법을 정할 때 「화학물질관리법」 및 「화학물질의 등록 및 평가 등에 관한 법률」과 관련된 사항에 대해서는 기후에너지환경부장관과 협의하여야 한다.(2025.10.1 개정)
1. 제품명

2. 물질안전보건자료대상물질을 구성하는 화학물질 중 제104조에 따른 분류기준에 해당하는 화학물질의 명칭 및 함유량
3. 안전 및 보건상의 취급 주의 사항
4. 건강 및 환경에 대한 유해성, 물리적 위험성
5. 물리·화학적 특성 등 고용노동부령으로 정하는 사항

②물질안전보건자료대상물질을 제조하거나 수입하려는 자는 물질안전보건자료대상물질을 구성하는 화학물질 중 제104조에 따른 분류기준에 해당하지 아니하는 화학물질의 명칭 및 함유량을 고용노동부장관에게 별도로 제출하여야 한다. 다만, 다음 각 호의 어느 하나에 해당하는 경우는 그러하지 아니하다.

1. 제1항에 따라 제출된 물질안전보건자료에 이 항 각 호 외의 부분 본문에 따른 화학물질의 명칭 및 함유량이 전부 포함된 경우
2. 물질안전보건자료대상물질을 수입하려는 자가 물질안전보건자료대상물질을 국외에서 제조하여 우리나라로 수출하려는 자(이하 "국외제조자"라 한다)로부터 물질안전보건자료에 적힌 화학물질 외에는 제104조에 따른 분류기준에 해당하는 화학물질이 없음을 확인하는 내용의 서류를 받아 제출한 경우

③물질안전보건자료대상물질을 제조하거나 수입한 자는 제1항 각 호에 따른 사항 중 고용노동부령으로 정하는 사항이 변경된 경우 그 변경 사항을 반영한 물질안전보건자료를 고용노동부장관에게 제출하여야 한다.

④제1항부터 제3항까지의 규정에 따른 물질안전보건자료 등의 제출 방법·시기, 그 밖에 필요한 사항은 고용노동부령으로 정한다.

제111조【물질안전보건자료의 제공】 ①물질안전보건자료대상물질을 양도하거나 제공하는 자는 이를 양도받거나 제공받는 자에게 물질안전보건자료를 제공하여야 한다.

②물질안전보건자료대상물질을 제조하거나 수입한 자는 이를 양도받거나 제공받은 자에게 제110조제3항에 따라 변경된 물질안전보건자료를 제공하여야 한다.

③물질안전보건자료대상물질을 양도하거나 제공한 자(물질안전보건자료대상물질을 제조하거나 수입한 자는 제외한다)는 제110조제3항에 따른 물질안전보건자료를 제공받은 경우 이를 물질안전보건자료대상물질을 양도받거나 제공받은 자에게 제공하여야 한다.

④제1항부터 제3항까지의 규정에 따른 물질안전보건자료 또는 변경된 물질안전보건자료의 제공방법 및 내용, 그 밖에 필요한 사항은 고용노동부령으로 정한다.

제112조【물질안전보건자료의 일부 비공개 승인 등】 ①제110조제1항에도 불구하고 영업비밀과 관련되어 같은 항 제2호에 따른 화학물질의 명칭 및 함유량을 물질안전보건자료에 적지 아니하려는 자는 고용노동부령으로 정하는 바에 따라 고용노동부장관에게 신청하여 승인을 받아 해당 화학물질의 명칭 및 함유량을 대체할 수 있는 명칭 및 함유량(이하 "대체자료"라 한다)으로 적을 수 있다. 다만, 근로자에게 중대한 건강장해를 초래할 우려가 있는 화학물질로서 「산업재해보상보험법」 제8조제1항에 따른 산업재해보상보험및예방심의위원회의 심의를 거쳐 고용노동부장관이 고시하는 것은 그러하지 아니하다.

②고용노동부장관은 제1항 본문에 따른 승인 신청을 받은 경우 고용노동부령으로 정하는 바에 따라 화학물질의 명칭 및 함유량의 대체 필요성, 대체자료의 적합성 및 물질안전보건자료의 적정성 등을 검토하여 승인 여부를 결정하고 신청인에게 그 결과를 통보하여야 한다.

③고용노동부장관은 제2항에 따른 승인에 관한 기준을 「산업재해보상보험법」 제8조제1항에 따른 산업재해보상보험및예방심의위원회의 심의를 거쳐 정한다.

④제1항에 따른 승인의 유효기간은 승인을 받은 날부터 5년으로 한다.

⑤고용노동부장관은 제4항에 따른 유효기간이 만료되는 경우에도 계속하여 대체자료로 적으려는 자가 그 유효기간의 연장승인을 신청하면 유효기간이 만료되는 다음 날부터 5년 단위로 그 기간을 계속하여 연장승인할 수 있다.

⑥삭제(2023.8.8)

⑦삭제(2023.8.8)

⑧고용노동부장관은 다음 각 호의 어느 하나에 해당하는 경우에는 제1항, 제5항 또는 제112조의2제2항에 따른 승인 또는 연장승인을 취소할 수 있다. 다만, 제1호의 경우에는 그 승인 또는 연장승인을 취소하여야 한다.(2023.8.8 개정)

1. 거짓이나 그 밖의 부정한 방법으로 제1항, 제5항 또는 제112조의2제2항에 따른 승인 또는 연장승인을 받은 경우(2023.8.8 개정)

2. 제1항, 제5항 또는 제112조의2제2항에 따른 승인 또는 연장승인을 받은 화학물질이 제1항 단서에 따른 화학물질에 해당하게 된 경우(2023.8.8 개정)

⑨제5항에 따른 연장승인과 제8항에 따른 승인 또는 연장승인의 취소 절차 및 방법, 그 밖에 필요한 사항은 고용노동부령으로 정한다.

⑩다음 각 호의 어느 하나에 해당하는 자는 근로자의 안전 및 보건을 유지하거나 직업성 질환 발생 원인을 규명하기 위하여 근로자에게 중대한 건강장해가 발생하는 등 고용노동부령으로 정하는 경우에는 물질안전보건자료대상물질을 제조하거나 수입한 자에게 제1항에 따라 대체자료로 적힌 화학물질의 명칭 및 함유량 정보를 제공할 것을 요구할 수 있다. 이 경우 정보 제공을 요구받은 자는 고용노동부장관이 정하여 고시하는 바에 따라 정보를 제공하여야 한다.

1. 근로자를 진료하는 「의료법」 제2조에 따른 의사
2. 보건관리자 및 보건관리전문기관
3. 산업보건의
4. 근로자대표
5. 제165조제2항제38호에 따라 제141조제1항에 따른 역학조사(疫學調査) 실시 업무를 위탁받은 기관
6. 「산업재해보상보험법」 제38조에 따른 업무상질병판정위원회

제112조의2【물질안전보건자료 일부 비공개 승인 등에 대한 이의신청 특례】 ①제112조제1항 또는 제5항에 따른 승인 또는 연장승인 결과에 이의가 있는 신청인은 그 결과 통보를 받은 날부터 30일 이내에 고용노동부령으로 정하는 바에 따라 고용노동부장관에게 이의신청을 할 수 있다.

②고용노동부장관은 제1항에 따른 이의신청을 받은 날부터 14일(「행정기본법」 제36조제2항 단서에 따라 결과 통지기간을 연장한 경우에는 그 연장한 기간을 말한다) 이내에 고용노동부령으로 정하는 바에 따라 승인 또는 연장승인 여부를 결정하고 그 결과를 신청인에게 통지하여야 한다.

③고용노동부장관은 제2항에 따른 승인 또는 연장승인 여부를 결정하기 위하여 필요한 경우 외부 전문가의 의견을 들을 수 있다. 이 경우 외부 전문가의 의견을 듣는 데 걸리는 기간은 제2항에 따른 결과 통지기간에 산입(算入)하지 아니한다.

(2023.8.8 본조신설)

제113조【국외제조자가 선임한 자에 의한 정보 제출 등】 ①국외제조자는 고용노동부령으로 정하는 요건을 갖춘 자를 선임하여 물질안전보건자료대상물질을 수입하는 자를 갈음하여 다음 각 호에 해당하는 업무를 수행하도록 할 수 있다.

1. 제110조제1항 또는 제3항에 따른 물질안전보건자료의 작성 · 제출
2. 제110조제2항 각 호 외의 부분 본문에 따른 화학물질의 명칭 및 함유량 또는 같은 항 제2호에 따른 확인서류의 제출
3. 제112조제1항에 따른 대체자료 기재 승인, 같은 조 제5항에 따른 유효기간 연장승인 또는 제112조의2에 따른 이의신청(2023.8.8 개정)

②제1항에 따라 선임된 자는 고용노동부장관에게 제110조제1항 또는 제3항에 따른 물질안전보건자료를 제출하는 경우 그 물질안전보건자료를 해당 물질안전보건자료대상물질을 수입하는 자에게 제공하여야 한다.

③제1항에 따라 선임된 자는 고용노동부령으로 정하는 바에 따라 국외제조자에 의하여 선임되거나 해임된 사실을 고용노동부장관에게 신고하여야 한다.

④제2항에 따른 물질안전보건자료의 제출 및 제공 방법 · 내용, 제3항에 따른 신고 절차 · 방법, 그 밖에 필요한 사항은 고용노동부령으로 정한다.

제114조【물질안전보건자료의 게시 및 교육】 ①물질안전보건자료대상물질을 취급하려는 사업주는 제110조제1항 또는 제3항에 따라 작성하였거나 제111조제1항부터 제3항까지의 규정에 따라 제공받은 물질안전보건자료를 고용노동부령으로 정하는 방법에 따라 물질안전보건자료대상물질을 취급하는 작업장 내에 이를 취급하는 근로자가 쉽게 볼 수 있는 장소에 게시하거나 갖추어 두어야 한다.

②제1항에 따른 사업주는 물질안전보건자료대상물질을 취급하는 작업공정별로 고용노동부령으로 정하는 바에 따라 물질안전보건자료대상물질의 관리 요령을 게시하여야 한다.

③제1항에 따른 사업주는 물질안전보건자료대상물질을 취급하는 근로자의 안전 및 보건을 위하여 고용노동부령으로 정하는 바에 따라 해당 근로자를 교육하는 등 적절한 조치를 하여야 한다.

제115조【물질안전보건자료대상물질 용기 등의 경고표시】 ①물질안전보건자료대상물질을 양도하거나 제공하는 자는 고용노동부령으로

정하는 방법에 따라 이를 담은 용기 및 포장에 경고표시를 하여야 한다. 다만, 용기 및 포장에 담는 방법 외의 방법으로 물질안전보건자료대상물질을 양도하거나 제공하는 경우에는 고용노동부장관이 정하여 고시한 바에 따라 경고표시 기재 항목을 적은 자료를 제공하여야 한다.
②사업주는 사업장에서 사용하는 물질안전보건자료대상물질을 담은 용기에 고용노동부령으로 정하는 방법에 따라 경고표시를 하여야 한다. 다만, 용기에 이미 경고표시가 되어 있는 등 고용노동부령으로 정하는 경우에는 그러하지 아니하다.

제116조【물질안전보건자료와 관련된 자료의 제공】 고용노동부장관은 근로자의 안전 및 보건 유지를 위하여 필요하면 물질안전보건자료와 관련된 자료를 근로자 및 사업주에게 제공할 수 있다.

제117조【유해·위험물질의 제조 등 금지】 ①누구든지 다음 각 호의 어느 하나에 해당하는 물질로서 대통령령으로 정하는 물질(이하 "제조등금지물질"이라 한다)을 제조·수입·양도·제공 또는 사용해서는 아니 된다.
1. 직업성 암을 유발하는 것으로 확인되어 근로자의 건강에 특히 해롭다고 인정되는 물질
2. 제105조제1항에 따라 유해성·위험성이 평가된 유해인자나 제109조에 따라 유해성·위험성이 조사된 화학물질 중 근로자에게 중대한 건강장해를 일으킬 우려가 있는 물질

②제1항에도 불구하고 시험·연구 또는 검사 목적의 경우로서 다음 각 호의 어느 하나에 해당하는 경우에는 제조등금지물질을 제조·수입·양도·제공 또는 사용할 수 있다.
1. 제조·수입 또는 사용을 위하여 고용노동부령으로 정하는 요건을 갖추어 고용노동부장관의 승인을 받은 경우
2. 「화학물질관리법」 제18조제1항 단서에 따른 금지물질의 판매 허가를 받은 자가 같은 항 단서에 따라 판매 허가를 받은 자나 제1호에 따라 사용 승인을 받은 자에게 제조등금지물질을 양도 또는 제공하는 경우

③고용노동부장관은 제2항제1호에 따른 승인을 받은 자가 같은 호에 따른 승인요건에 적합하지 아니하게 된 경우에는 승인을 취소하여야 한다.
④제2항제1호에 따른 승인 절차, 승인 취소 절차, 그 밖에 필요한 사항은 고용노동부령으로 정한다.

제118조 【유해 · 위험물질의 제조 등 허가】 ①제117조제1항 각 호의 어느 하나에 해당하는 물질로서 대체물질이 개발되지 아니한 물질 등 대통령령으로 정하는 물질(이하 "허가대상물질"이라 한다)을 제조하거나 사용하려는 자는 고용노동부장관의 허가를 받아야 한다. 허가받은 사항을 변경할 때에도 또한 같다.
②허가대상물질의 제조 · 사용설비, 작업방법, 그 밖의 허가기준은 고용노동부령으로 정한다.
③제1항에 따라 허가를 받은 자(이하 "허가대상물질제조 · 사용자"라 한다)는 그 제조 · 사용설비를 제2항에 따른 허가기준에 적합하도록 유지하여야 하며, 그 기준에 적합한 작업방법으로 허가대상물질을 제조 · 사용하여야 한다.
④고용노동부장관은 허가대상물질제조 · 사용자의 제조 · 사용설비 또는 작업방법이 제2항에 따른 허가기준에 적합하지 아니하다고 인정될 때에는 그 기준에 적합하도록 제조 · 사용설비를 수리 · 개조 또는 이전하도록 하거나 그 기준에 적합한 작업방법으로 그 물질을 제조 · 사용하도록 명할 수 있다.
⑤고용노동부장관은 허가대상물질제조 · 사용자가 다음 각 호의 어느 하나에 해당하면 그 허가를 취소하거나 6개월 이내의 기간을 정하여 영업을 정지하게 할 수 있다. 다만, 제1호에 해당할 때에는 그 허가를 취소하여야 한다.
1. 거짓이나 그 밖의 부정한 방법으로 허가를 받은 경우
2. 제2항에 따른 허가기준에 맞지 아니하게 된 경우
3. 제3항을 위반한 경우
4. 제4항에 따른 명령을 위반한 경우
5. 자체검사 결과 이상을 발견하고도 즉시 보수 및 필요한 조치를 하지 아니한 경우
⑥제1항에 따른 허가의 신청절차, 그 밖에 필요한 사항은 고용노동부령으로 정한다.

제2절 석면에 대한 조치

제119조 【석면조사】 ①건축물이나 설비를 철거하거나 해체하려는 경

우에 해당 건축물이나 설비의 소유주 또는 임차인 등(이하 "건축물·설비소유주등"이라 한다)은 다음 각 호의 사항을 고용노동부령으로 정하는 바에 따라 조사(이하 "일반석면조사"라 한다)한 후 그 결과를 기록하여 보존하여야 한다.

1. 해당 건축물이나 설비에 석면이 포함되어 있는지 여부(2020.5.26 개정)
2. 해당 건축물이나 설비 중 석면이 포함된 자재의 종류, 위치 및 면적(2020.5.26 개정)

②제1항에 따른 건축물이나 설비 중 대통령령으로 정하는 규모 이상의 건축물·설비소유주등은 제120조에 따라 지정받은 기관(이하 "석면조사기관"이라 한다)에 다음 각 호의 사항을 조사(이하 "기관석면조사"라 한다)하도록 한 후 그 결과를 기록하여 보존하여야 한다. 다만, 석면함유 여부가 명백한 경우 등 대통령령으로 정하는 사유에 해당하여 고용노동부령으로 정하는 절차에 따라 확인을 받은 경우에는 기관석면조사를 생략할 수 있다.

1. 제1항 각 호의 사항
2. 해당 건축물이나 설비에 포함된 석면의 종류 및 함유량(2020.5.26 개정)

③건축물·설비소유주등이 「석면안전관리법」 등 다른 법률에 따라 건축물이나 설비에 대하여 석면조사를 실시한 경우에는 고용노동부령으로 정하는 바에 따라 일반석면조사 또는 기관석면조사를 실시한 것으로 본다.

④고용노동부장관은 건축물·설비소유주등이 일반석면조사 또는 기관석면조사를 하지 아니하고 건축물이나 설비를 철거하거나 해체하는 경우에는 다음 각 호의 조치를 명할 수 있다.

1. 해당 건축물·설비소유주등에 대한 일반석면조사 또는 기관석면조사의 이행 명령
2. 해당 건축물이나 설비를 철거하거나 해체하는 자에 대하여 제1호에 따른 이행 명령의 결과를 보고받을 때까지의 작업중지 명령

⑤기관석면조사의 방법, 그 밖에 필요한 사항은 고용노동부령으로 정한다.

제120조【석면조사기관】①석면조사기관이 되려는 자는 대통령령으로 정하는 인력·시설 및 장비 등의 요건을 갖추어 고용노동부장관의 지정을 받아야 한다.

②고용노동부장관은 기관석면조사의 결과에 대한 정확성과 정밀도를 확보하기 위하여 석면조사기관의 석면조사 능력을 확인하고, 석면조사기관을 지도하거나 교육할 수 있다. 이 경우 석면조사 능력의 확인, 석면조사기

관에 대한 지도 및 교육의 방법, 절차, 그 밖에 필요한 사항은 고용노동부장관이 정하여 고시한다.
③고용노동부장관은 석면조사기관에 대하여 평가하고 그 결과를 공개(제2항에 따른 석면조사 능력의 확인 결과를 포함한다)할 수 있다. 이 경우 평가의 기준·방법 및 결과의 공개에 필요한 사항은 고용노동부령으로 정한다.
④석면조사기관의 지정 절차, 그 밖에 필요한 사항은 고용노동부령으로 정한다.
⑤석면조사기관에 관하여는 제21조제4항 및 제5항을 준용한다. 이 경우 "안전관리전문기관 또는 보건관리전문기관"은 "석면조사기관"으로 본다.

제121조 【석면해체·제거업의 등록 등】 ①석면해체·제거를 업으로 하려는 자는 대통령령으로 정하는 인력·시설 및 장비를 갖추어 고용노동부장관에게 등록하여야 한다.
②고용노동부장관은 제1항에 따라 등록한 자(이하 "석면해체·제거업자"라 한다)의 석면해체·제거작업의 안전성을 고용노동부령으로 정하는 바에 따라 평가하고 그 결과를 공개할 수 있다. 이 경우 평가의 기준·방법 및 결과의 공개에 필요한 사항은 고용노동부령으로 정한다.
③제1항에 따른 등록 절차, 그 밖에 필요한 사항은 고용노동부령으로 정한다.
④석면해체·제거업자에 관하여는 제21조제4항 및 제5항을 준용한다. 이 경우 "안전관리전문기관 또는 보건관리전문기관"은 "석면해체·제거업자"로, "지정"은 "등록"으로 본다.

제122조 【석면의 해체·제거】 ①기관석면조사 대상인 건축물이나 설비에 대통령령으로 정하는 함유량과 면적 이상의 석면이 포함되어 있는 경우 해당 건축물·설비소유주등은 석면해체·제거업자로 하여금 그 석면을 해체·제거하도록 하여야 한다. 다만, 건축물·설비소유주등이 인력·장비 등에서 석면해체·제거업자와 동등한 능력을 갖추고 있는 경우 등 대통령령으로 정하는 사유에 해당할 경우에는 스스로 석면을 해체·제거할 수 있다.(2020.5.26 개정)
②제1항에 따른 석면해체·제거는 해당 건축물이나 설비에 대하여 기관석면조사를 실시한 기관이 해서는 아니 된다.
③석면해체·제거업자(제1항 단서의 경우에는 건축물·설비소유주등을 말한다. 이하 제124조에서 같다)는 제1항에 따른 석면해체·제거작업을 하

기 전에 고용노동부령으로 정하는 바에 따라 고용노동부장관에게 신고하고, 제1항에 따른 석면해체·제거작업에 관한 서류를 보존하여야 한다.
④고용노동부장관은 제3항에 따른 신고를 받은 경우 그 내용을 검토하여 이 법에 적합하면 신고를 수리하여야 한다.
⑤제3항에 따른 신고 절차, 그 밖에 필요한 사항은 고용노동부령으로 정한다.

제123조【석면해체·제거 작업기준의 준수】①석면이 포함된 건축물이나 설비를 철거하거나 해체하는 자는 고용노동부령으로 정하는 석면해체·제거의 작업기준을 준수하여야 한다.(2020.5.26 개정)
②근로자는 석면이 포함된 건축물이나 설비를 철거하거나 해체하는 자가 제1항의 작업기준에 따라 근로자에게 한 조치로서 고용노동부령으로 정하는 조치 사항을 준수하여야 한다.(2020.5.26 개정)

제124조【석면농도기준의 준수】①석면해체·제거업자는 제122조 제1항에 따른 석면해체·제거작업이 완료된 후 해당 작업장의 공기 중 석면농도가 고용노동부령으로 정하는 기준 이하가 되도록 하고, 그 증명자료를 고용노동부장관에게 제출하여야 한다.
②제1항에 따른 공기 중 석면농도를 측정할 수 있는 자의 자격 및 측정방법에 관한 사항은 고용노동부령으로 정한다.
③건축물·설비소유주등은 석면해체·제거작업 완료 후에도 작업장의 공기 중 석면농도가 제1항의 기준을 초과한 경우 해당 건축물이나 설비를 철거하거나 해체해서는 아니 된다.

제8장 근로자 보건관리

제1절 근로환경의 개선

제125조【작업환경측정】①사업주는 유해인자로부터 근로자의 건강을 보호하고 쾌적한 작업환경을 조성하기 위하여 인체에 해로운 작업을 하는 작업장으로서 고용노동부령으로 정하는 작업장에 대하여 고용노동부령으로 정하는 자격을 가진 자로 하여금 작업환경측정을 하도록 하여야 한다.
②제1항에도 불구하고 도급인의 사업장에서 관계수급인 또는 관계수급인

의 근로자가 작업을 하는 경우에는 도급인이 제1항에 따른 자격을 가진 자로 하여금 작업환경측정을 하도록 하여야 한다.
③사업주(제2항에 따른 도급인을 포함한다. 이하 이 조 및 제127조에서 같다)는 제1항에 따른 작업환경측정을 제126조에 따라 지정받은 기관(이하 "작업환경측정기관"이라 한다)에 위탁할 수 있다. 이 경우 필요한 때에는 작업환경측정 중 시료의 분석만을 위탁할 수 있다.
④사업주는 근로자대표(관계수급인의 근로자대표를 포함한다. 이하 이 조에서 같다)가 요구하면 작업환경측정 시 근로자대표를 참석시켜야 한다.
⑤사업주는 작업환경측정 결과를 기록하여 보존하고 고용노동부령으로 정하는 바에 따라 고용노동부장관에게 보고하여야 한다. 다만, 제3항에 따라 사업주로부터 작업환경측정을 위탁받은 작업환경측정기관이 작업환경측정을 한 후 그 결과를 고용노동부령으로 정하는 바에 따라 고용노동부장관에게 제출한 경우에는 작업환경측정 결과를 보고한 것으로 본다.
⑥사업주는 작업환경측정 결과를 해당 작업장의 근로자(관계수급인 및 관계수급인 근로자를 포함한다. 이하 이 항, 제127조 및 제175조제5항제15호에서 같다)에게 알려야 하며, 그 결과에 따라 근로자의 건강을 보호하기 위하여 해당 시설·설비의 설치·개선 또는 건강진단의 실시 등의 조치를 하여야 한다.
⑦사업주는 산업안전보건위원회 또는 근로자대표가 요구하면 작업환경측정 결과에 대한 설명회 등을 개최하여야 한다. 이 경우 제3항에 따라 작업환경측정을 위탁하여 실시한 경우에는 작업환경측정기관에 작업환경측정 결과에 대하여 설명하도록 할 수 있다.
⑧제1항 및 제2항에 따른 작업환경측정의 방법·횟수, 그 밖에 필요한 사항은 고용노동부령으로 정한다.

제126조【작업환경측정기관】①작업환경측정기관이 되려는 자는 대통령령으로 정하는 인력·시설 및 장비 등의 요건을 갖추어 고용노동부장관의 지정을 받아야 한다.
②고용노동부장관은 작업환경측정기관의 측정·분석 결과에 대한 정확성과 정밀도를 확보하기 위하여 작업환경측정기관의 측정·분석능력을 확인하고, 작업환경측정기관을 지도하거나 교육할 수 있다. 이 경우 측정·분석능력의 확인, 작업환경측정기관에 대한 교육의 방법·절차, 그 밖에 필요한 사항은 고용노동부장관이 정하여 고시한다.

③고용노동부장관은 작업환경측정의 수준을 향상시키기 위하여 필요한 경우 작업환경측정기관을 평가하고 그 결과(제2항에 따른 측정・분석능력의 확인 결과를 포함한다)를 공개할 수 있다. 이 경우 평가기준・방법 및 결과의 공개, 그 밖에 필요한 사항은 고용노동부령으로 정한다.
④작업환경측정기관의 유형, 업무 범위 및 지정 절차, 그 밖에 필요한 사항은 고용노동부령으로 정한다.
⑤작업환경측정기관에 관하여는 제21조제4항 및 제5항을 준용한다. 이 경우 "안전관리전문기관 또는 보건관리전문기관"은 "작업환경측정기관"으로 본다.

제127조【작업환경측정 신뢰성 평가】 ①고용노동부장관은 제125조제1항 및 제2항에 따른 작업환경측정 결과에 대하여 그 신뢰성을 평가할 수 있다.
②사업주와 근로자는 고용노동부장관이 제1항에 따른 신뢰성을 평가할 때에는 적극적으로 협조하여야 한다.
③제1항에 따른 신뢰성 평가의 방법・대상 및 절차, 그 밖에 필요한 사항은 고용노동부령으로 정한다.

제128조【작업환경전문연구기관의 지정】 ①고용노동부장관은 작업장의 유해인자로부터 근로자의 건강을 보호하고 작업환경관리방법 등에 관한 전문연구를 촉진하기 위하여 유해인자별・업종별 작업환경전문연구기관을 지정하여 예산의 범위에서 필요한 지원을 할 수 있다.
②제1항에 따른 유해인자별・업종별 작업환경전문연구기관의 지정기준, 그 밖에 필요한 사항은 고용노동부장관이 정하여 고시한다.

제128조의2【휴게시설의 설치】 ①사업주는 근로자(관계수급인의 근로자를 포함한다. 이하 이 조에서 같다)가 신체적 피로와 정신적 스트레스를 해소할 수 있도록 휴식시간에 이용할 수 있는 휴게시설을 갖추어야 한다.
②사업주 중 사업의 종류 및 사업장의 상시 근로자 수 등 대통령령으로 정하는 기준에 해당하는 사업장의 사업주는 제1항에 따라 휴게시설을 갖추는 경우 크기, 위치, 온도, 조명 등 고용노동부령으로 정하는 설치・관리기준을 준수하여야 한다.
(2021.8.17 본조신설)

산업
안전

제2절 건강진단 및 건강관리

제129조 【일반건강진단】 ①사업주는 상시 사용하는 근로자의 건강관리를 위하여 건강진단(이하 "일반건강진단"이라 한다)을 실시하여야 한다. 다만, 사업주가 고용노동부령으로 정하는 건강진단을 실시한 경우에는 그 건강진단을 받은 근로자에 대하여 일반건강진단을 실시한 것으로 본다.
②사업주는 제135조제1항에 따른 특수건강진단기관 또는 「건강검진기본법」 제3조제2호에 따른 건강검진기관(이하 "건강진단기관"이라 한다)에서 일반건강진단을 실시하여야 한다.
③일반건강진단의 주기·항목·방법 및 비용, 그 밖에 필요한 사항은 고용노동부령으로 정한다.

제130조 【특수건강진단 등】 ①사업주는 다음 각 호의 어느 하나에 해당하는 근로자의 건강관리를 위하여 건강진단(이하 "특수건강진단"이라 한다)을 실시하여야 한다. 다만, 사업주가 고용노동부령으로 정하는 건강진단을 실시한 경우에는 그 건강진단을 받은 근로자에 대하여 해당 유해인자에 대한 특수건강진단을 실시한 것으로 본다.
1. 고용노동부령으로 정하는 유해인자에 노출되는 업무(이하 "특수건강진단대상업무"라 한다)에 종사하는 근로자
2. 제1호, 제3항 및 제131조에 따른 건강진단 실시 결과 직업병 소견이 있는 근로자로 판정받아 작업 전환을 하거나 작업 장소를 변경하여 해당 판정의 원인이 된 특수건강진단대상업무에 종사하지 아니하는 사람으로서 해당 유해인자에 대한 건강진단이 필요하다는 「의료법」 제2조에 따른 의사의 소견이 있는 근로자

②사업주는 특수건강진단대상업무에 종사할 근로자의 배치 예정 업무에 대한 적합성 평가를 위하여 건강진단(이하 "배치전건강진단"이라 한다)을 실시하여야 한다. 다만, 고용노동부령으로 정하는 근로자에 대해서는 배치전건강진단을 실시하지 아니할 수 있다.
③사업주는 특수건강진단대상업무에 따른 유해인자로 인한 것이라고 의심되는 건강장해 증상을 보이거나 의학적 소견이 있는 근로자 중 보건관리자 등이 사업주에게 건강진단 실시를 건의하는 등 고용노동부령으로 정하는 근로자에 대하여 건강진단(이하 "수시건강진단"이라 한다)을 실시하여야 한다.

④사업주는 제135조제1항에 따른 특수건강진단기관에서 제1항부터 제3항까지의 규정에 따른 건강진단을 실시하여야 한다.
⑤제1항부터 제3항까지의 규정에 따른 건강진단의 시기・주기・항목・방법 및 비용, 그 밖에 필요한 사항은 고용노동부령으로 정한다.

제131조【임시건강진단 명령 등】 ①고용노동부장관은 같은 유해인자에 노출되는 근로자들에게 유사한 질병의 증상이 발생한 경우 등 고용노동부령으로 정하는 경우에는 근로자의 건강을 보호하기 위하여 사업주에게 특정 근로자에 대한 건강진단(이하 "임시건강진단"이라 한다)의 실시나 작업전환, 그 밖에 필요한 조치를 명할 수 있다.
②임시건강진단의 항목, 그 밖에 필요한 사항은 고용노동부령으로 정한다.

제132조【건강진단에 관한 사업주의 의무】 ①사업주는 제129조부터 제131조까지의 규정에 따른 건강진단을 실시하는 경우 근로자대표가 요구하면 근로자대표를 참석시켜야 한다.
②사업주는 산업안전보건위원회 또는 근로자대표가 요구할 때에는 직접 또는 제129조부터 제131조까지의 규정에 따른 건강진단을 한 건강진단기관에 건강진단 결과에 대하여 설명하도록 하여야 한다. 다만, 개별 근로자의 건강진단 결과는 본인의 동의 없이 공개해서는 아니 된다.
③사업주는 제129조부터 제131조까지의 규정에 따른 건강진단의 결과를 근로자의 건강 보호 및 유지 외의 목적으로 사용해서는 아니 된다.
④사업주는 제129조부터 제131조까지의 규정 또는 다른 법령에 따른 건강진단의 결과 근로자의 건강을 유지하기 위하여 필요하다고 인정할 때에는 작업장소 변경, 작업 전환, 근로시간 단축, 야간근로(오후 10시부터 다음 날 오전 6시까지 사이의 근로를 말한다)의 제한, 작업환경측정 또는 시설・설비의 설치・개선 등 고용노동부령으로 정하는 바에 따라 적절한 조치를 하여야 한다.
⑤제4항에 따라 적절한 조치를 하여야 하는 사업주로서 고용노동부령으로 정하는 사업주는 그 조치 결과를 고용노동부령으로 정하는 바에 따라 고용노동부장관에게 제출하여야 한다.

제133조【건강진단에 관한 근로자의 의무】 근로자는 제129조부터 제131조까지의 규정에 따라 사업주가 실시하는 건강진단을 받아야 한다. 다만, 사업주가 지정한 건강진단기관이 아닌 건강진단기관으로부터 이에 상응하는 건강진단을 받아 그 결과를 증명하는 서류를 사업주에게 제출하

는 경우에는 사업주가 실시하는 건강진단을 받은 것으로 본다.

제134조 【건강진단기관 등의 결과보고 의무】 ①건강진단기관은 제129조부터 제131조까지의 규정에 따른 건강진단을 실시한 때에는 고용노동부령으로 정하는 바에 따라 그 결과를 근로자 및 사업주에게 통보하고 고용노동부장관에게 보고하여야 한다.

②제129조제1항 단서에 따라 건강진단을 실시한 기관은 사업주가 근로자의 건강보호를 위하여 그 결과를 요청하는 경우 고용노동부령으로 정하는 바에 따라 그 결과를 사업주에게 통보하여야 한다.

제135조 【특수건강진단기관】 ①「의료법」 제3조에 따른 의료기관이 특수건강진단, 배치전건강진단 또는 수시건강진단을 수행하려는 경우에는 고용노동부장관으로부터 건강진단을 할 수 있는 기관(이하 "특수건강진단기관"이라 한다)으로 지정받아야 한다.

②특수건강진단기관으로 지정받으려는 자는 대통령령으로 정하는 요건을 갖추어 고용노동부장관에게 신청하여야 한다.

③고용노동부장관은 제1항에 따른 특수건강진단기관의 진단·분석 결과에 대한 정확성과 정밀도를 확보하기 위하여 특수건강진단기관의 진단·분석능력을 확인하고, 특수건강진단기관을 지도하거나 교육할 수 있다. 이 경우 진단·분석능력의 확인, 특수건강진단기관에 대한 지도 및 교육의 방법, 절차, 그 밖에 필요한 사항은 고용노동부장관이 정하여 고시한다.

④고용노동부장관은 특수건강진단기관을 평가하고 그 결과(제3항에 따른 진단·분석능력의 확인 결과를 포함한다)를 공개할 수 있다. 이 경우 평가 기준·방법 및 결과의 공개, 그 밖에 필요한 사항은 고용노동부령으로 정한다.

⑤특수건강진단기관의 지정 신청 절차, 업무 수행에 관한 사항, 업무를 수행할 수 있는 지역, 그 밖에 필요한 사항은 고용노동부령으로 정한다.

⑥특수건강진단기관에 관하여는 제21조제4항 및 제5항을 준용한다. 이 경우 "안전관리전문기관 또는 보건관리전문기관"은 "특수건강진단기관"으로 본다.

제136조 【유해인자별 특수건강진단 전문연구기관의 지정】 ①고용노동부장관은 작업장의 유해인자에 관한 전문연구를 촉진하기 위하여 유해인자별 특수건강진단 전문연구기관을 지정하여 예산의 범위에서 필요한 지원을 할 수 있다.

②제1항에 따른 유해인자별 특수건강진단 전문연구기관의 지정 기준 및 절차, 그 밖에 필요한 사항은 고용노동부장관이 정하여 고시한다.

제137조 【건강관리카드】 ①고용노동부장관은 고용노동부령으로 정하는 건강장해가 발생할 우려가 있는 업무에 종사하였거나 종사하고 있는 사람 중 고용노동부령으로 정하는 요건을 갖춘 사람의 직업병 조기발견 및 지속적인 건강관리를 위하여 건강관리카드를 발급하여야 한다.
②건강관리카드를 발급받은 사람이 「산업재해보상보험법」 제41조에 따라 요양급여를 신청하는 경우에는 건강관리카드를 제출함으로써 해당 재해에 관한 의학적 소견을 적은 서류의 제출을 대신할 수 있다.
③건강관리카드를 발급받은 사람은 그 건강관리카드를 타인에게 양도하거나 대여해서는 아니 된다.
④건강관리카드를 발급받은 사람 중 제1항에 따라 건강관리카드를 발급받은 업무에 종사하지 아니하는 사람은 고용노동부령으로 정하는 바에 따라 특수건강진단에 준하는 건강진단을 받을 수 있다.
⑤건강관리카드의 서식, 발급 절차, 그 밖에 필요한 사항은 고용노동부령으로 정한다.

제138조 【질병자의 근로 금지·제한】 ①사업주는 감염병, 정신질환 또는 근로로 인하여 병세가 크게 악화될 우려가 있는 질병으로서 고용노동부령으로 정하는 질병에 걸린 사람에게는 「의료법」 제2조에 따른 의사의 진단에 따라 근로를 금지하거나 제한하여야 한다.
②사업주는 제1항에 따라 근로가 금지되거나 제한된 근로자가 건강을 회복하였을 때에는 지체 없이 근로를 할 수 있도록 하여야 한다.

제139조 【유해·위험작업에 대한 근로시간 제한 등】 ①사업주는 유해하거나 위험한 작업으로서 높은 기압에서 하는 작업 등 대통령령으로 정하는 작업에 종사하는 근로자에게는 1일 6시간, 1주 34시간을 초과하여 근로하게 해서는 아니 된다.
②사업주는 대통령령으로 정하는 유해하거나 위험한 작업에 종사하는 근로자에게 필요한 안전조치 및 보건조치 외에 작업과 휴식의 적정한 배분 및 근로시간과 관련된 근로조건의 개선을 통하여 근로자의 건강 보호를 위한 조치를 하여야 한다.

제140조 【자격 등에 의한 취업 제한 등】 ①사업주는 유해하거나 위험한 작업으로서 상당한 지식이나 숙련도가 요구되는 고용노동부령으로

정하는 작업의 경우 그 작업에 필요한 자격 · 면허 · 경험 또는 기능을 가진 근로자가 아닌 사람에게 그 작업을 하게 해서는 아니 된다.
②고용노동부장관은 제1항에 따른 자격 · 면허의 취득 또는 근로자의 기능 습득을 위하여 교육기관을 지정할 수 있다.
③제1항에 따른 자격 · 면허 · 경험 · 기능, 제2항에 따른 교육기관의 지정 요건 및 지정 절차, 그 밖에 필요한 사항은 고용노동부령으로 정한다.
④제2항에 따른 교육기관에 관하여는 제21조제4항 및 제5항을 준용한다. 이 경우 "안전관리전문기관 또는 보건관리전문기관"은 "제2항에 따른 교육기관"으로 본다.

제141조 【역학조사】 ①고용노동부장관은 직업성 질환의 진단 및 예방, 발생 원인의 규명을 위하여 필요하다고 인정할 때에는 근로자의 질환과 작업장의 유해요인의 상관관계에 관한 역학조사(이하 "역학조사"라 한다)를 할 수 있다. 이 경우 사업주 또는 근로자대표, 그 밖에 고용노동부령으로 정하는 사람이 요구할 때 고용노동부령으로 정하는 바에 따라 역학조사에 참석하게 할 수 있다.
②사업주 및 근로자는 고용노동부장관이 역학조사를 실시하는 경우 적극 협조하여야 하며, 정당한 사유 없이 역학조사를 거부 · 방해하거나 기피해서는 아니 된다.
③누구든지 제1항 후단에 따라 역학조사 참석이 허용된 사람의 역학조사 참석을 거부하거나 방해해서는 아니 된다.
④제1항 후단에 따라 역학조사에 참석하는 사람은 역학조사 참석과정에서 알게 된 비밀을 누설하거나 도용해서는 아니 된다.
⑤고용노동부장관은 역학조사를 위하여 필요하면 제129조부터 제131조까지의 규정에 따른 근로자의 건강진단 결과, 「국민건강보험법」에 따른 요양급여기록 및 건강검진 결과, 「고용보험법」에 따른 고용정보, 「암관리법」에 따른 질병정보 및 사망원인 정보 등을 관련 기관에 요청할 수 있다. 이 경우 자료의 제출을 요청받은 기관은 특별한 사유가 없으면 이에 따라야 한다.
⑥역학조사의 방법 · 대상 · 절차, 그 밖에 필요한 사항은 고용노동부령으로 정한다.

제9장 산업안전지도사 및 산업보건지도사

제142조 【산업안전지도사 등의 직무】 ①산업안전지도사는 다음 각 호의 직무를 수행한다.

1. 공정상의 안전에 관한 평가 · 지도
2. 유해 · 위험의 방지대책에 관한 평가 · 지도
3. 제1호 및 제2호의 사항과 관련된 계획서 및 보고서의 작성
4. 그 밖에 산업안전에 관한 사항으로서 대통령령으로 정하는 사항

②산업보건지도사는 다음 각 호의 직무를 수행한다.

1. 작업환경의 평가 및 개선 지도
2. 작업환경 개선과 관련된 계획서 및 보고서의 작성
3. 근로자 건강진단에 따른 사후관리 지도
4. 직업성 질병 진단(「의료법」 제2조에 따른 의사인 산업보건지도사만 해당한다) 및 예방 지도
5. 산업보건에 관한 조사 · 연구
6. 그 밖에 산업보건에 관한 사항으로서 대통령령으로 정하는 사항

③산업안전지도사 또는 산업보건지도사(이하 "지도사"라 한다)의 업무 영역별 종류 및 업무 범위, 그 밖에 필요한 사항은 대통령령으로 정한다.

제143조 【지도사의 자격 및 시험】 ①고용노동부장관이 시행하는 지도사 자격시험에 합격한 사람은 지도사의 자격을 가진다.

산업 안전

②대통령령으로 정하는 산업 안전 및 보건과 관련된 자격의 보유자에 대해서는 제1항에 따른 지도사 자격시험의 일부를 면제할 수 있다.

③고용노동부장관은 제1항에 따른 지도사 자격시험 실시를 대통령령으로 정하는 전문기관에 대행하게 할 수 있다. 이 경우 시험 실시에 드는 비용을 예산의 범위에서 보조할 수 있다.(2020.5.26 개정)

④제3항에 따라 지도사 자격시험 실시를 대행하는 전문기관의 임직원은 「형법」 제129조부터 제132조까지의 규정을 적용할 때에는 공무원으로 본다.

⑤지도사 자격시험의 시험과목, 시험방법, 다른 자격 보유자에 대한 시험 면제의 범위, 그 밖에 필요한 사항은 대통령령으로 정한다.

제144조 【부정행위자에 대한 제재】 고용노동부장관은 지도사 자격시험에서 부정한 행위를 한 응시자에 대해서는 그 시험을 무효로 하고, 그 처분을 한 날부터 5년간 시험응시자격을 정지한다.

제145조 【지도사의 등록】 ①지도사가 그 직무를 수행하려는 경우에

는 고용노동부령으로 정하는 바에 따라 고용노동부장관에게 등록하여야 한다.
②제1항에 따라 등록한 지도사는 그 직무를 조직적 · 전문적으로 수행하기 위하여 법인을 설립할 수 있다.
③다음 각 호의 어느 하나에 해당하는 사람은 제1항에 따른 등록을 할 수 없다.
1. 피성년후견인 또는 피한정후견인
2. 파산선고를 받고 복권되지 아니한 사람
3. 금고 이상의 실형을 선고받고 그 집행이 끝나거나(집행이 끝난 것으로 보는 경우를 포함한다) 집행이 면제된 날부터 2년이 지나지 아니한 사람
4. 금고 이상의 형의 집행유예를 선고받고 그 유예기간 중에 있는 사람
5. 이 법을 위반하여 벌금형을 선고받고 1년이 지나지 아니한 사람
6. 제154조에 따라 등록이 취소(이 항 제1호 또는 제2호에 해당하여 등록이 취소된 경우는 제외한다)된 후 2년이 지나지 아니한 사람
④제1항에 따라 등록을 한 지도사는 고용노동부령으로 정하는 바에 따라 5년마다 등록을 갱신하여야 한다.
⑤고용노동부령으로 정하는 지도실적이 있는 지도사만이 제4항에 따른 갱신등록을 할 수 있다. 다만, 지도실적이 기준에 못 미치는 지도사는 고용노동부령으로 정하는 보수교육을 받은 경우 갱신등록을 할 수 있다.
⑥제2항에 따른 법인에 관하여는 「상법」 중 합명회사에 관한 규정을 적용한다.

제146조【지도사의 교육】 지도사 자격이 있는 사람(제143조제2항에 해당하는 사람 중 대통령령으로 정하는 실무경력이 있는 사람은 제외한다)이 직무를 수행하려면 제145조에 따른 등록을 하기 전 1년의 범위에서 고용노동부령으로 정하는 연수교육을 받아야 한다.

제147조【지도사에 대한 지도 등】 고용노동부장관은 공단에 다음 각 호의 업무를 하게 할 수 있다.
1. 지도사에 대한 지도 · 연락 및 정보의 공동이용체제의 구축 · 유지
2. 제142조제1항 및 제2항에 따른 지도사의 직무 수행과 관련된 사업주의 불만 · 고충의 처리 및 피해에 관한 분쟁의 조정
3. 그 밖에 지도사 직무의 발전을 위하여 필요한 사항으로서 고용노동부령으로 정하는 사항

제148조【손해배상의 책임】 ①지도사는 직무 수행과 관련하여 고의 또는 과실로 의뢰인에게 손해를 입힌 경우에는 그 손해를 배상할 책임이 있다.
②제145조제1항에 따라 등록한 지도사는 제1항에 따른 손해배상책임을 보장하기 위하여 대통령령으로 정하는 바에 따라 보증보험에 가입하거나 그 밖에 필요한 조치를 하여야 한다.

제149조【유사명칭의 사용 금지】 제145조제1항에 따라 등록한 지도사가 아닌 사람은 산업안전지도사, 산업보건지도사 또는 이와 유사한 명칭을 사용해서는 아니 된다.

제150조【품위유지와 성실의무 등】 ①지도사는 항상 품위를 유지하고 신의와 성실로써 공정하게 직무를 수행하여야 한다.
②지도사는 제142조제1항 또는 제2항에 따른 직무와 관련하여 작성하거나 확인한 서류에 기명·날인하거나 서명하여야 한다.

제151조【금지 행위】 지도사는 다음 각 호의 행위를 해서는 아니 된다.
1. 거짓이나 그 밖의 부정한 방법으로 의뢰인에게 법령에 따른 의무를 이행하지 아니하게 하는 행위
2. 의뢰인에게 법령에 따른 신고·보고, 그 밖의 의무를 이행하지 아니하게 하는 행위
3. 법령에 위반되는 행위에 관한 지도·상담

제152조【관계 장부 등의 열람 신청】 지도사는 제142조제1항 및 제2항에 따른 직무를 수행하는 데 필요하면 사업주에게 관계 장부 및 서류의 열람을 신청할 수 있다. 이 경우 그 신청이 제142조제1항 또는 제2항에 따른 직무의 수행을 위한 것이면 열람을 신청받은 사업주는 정당한 사유 없이 이를 거부해서는 아니 된다.

제153조【자격대여행위 및 대여알선행위 등의 금지】 ①지도사는 다른 사람에게 자기의 성명이나 사무소의 명칭을 사용하여 지도사의 직무를 수행하게 하거나 그 자격증이나 등록증을 대여해서는 아니 된다.(2020.3.31 개정)
②누구든지 지도사의 자격을 취득하지 아니하고 그 지도사의 성명이나 사무소의 명칭을 사용하여 지도사의 직무를 수행하거나 자격증·등록증을 대여받아서는 아니 되며, 이를 알선하여서도 아니 된다.(2020.3.31 신설)

제154조【등록의 취소 등】 고용노동부장관은 지도사가 다음 각 호의

어느 하나에 해당하는 경우에는 그 등록을 취소하거나 2년 이내의 기간을 정하여 그 업무의 정지를 명할 수 있다. 다만, 제1호부터 제3호까지의 규정에 해당할 때에는 그 등록을 취소하여야 한다.

1. 거짓이나 그 밖의 부정한 방법으로 등록 또는 갱신등록을 한 경우
2. 업무정지 기간 중에 업무를 수행한 경우
3. 업무 관련 서류를 거짓으로 작성한 경우
4. 제142조에 따른 직무의 수행과정에서 고의 또는 과실로 인하여 중대재해가 발생한 경우
5. 제145조제3항제1호부터 제5호까지의 규정 중 어느 하나에 해당하게 된 경우
6. 제148조제2항에 따른 보증보험에 가입하지 아니하거나 그 밖에 필요한 조치를 하지 아니한 경우
7. 제150조제1항을 위반하거나 같은 조 제2항에 따른 기명ㆍ날인 또는 서명을 하지 아니한 경우
8. 제151조, 제153조제1항 또는 제162조를 위반한 경우(2020.3.31 개정)

제10장 근로감독관 등

제155조 【근로감독관의 권한】 ①「근로기준법」 제101조에 따른 근로감독관(이하 "근로감독관"이라 한다)은 이 법 또는 이 법에 따른 명령을 시행하기 위하여 필요한 경우 다음 각 호의 장소에 출입하여 사업주, 근로자 또는 안전보건관리책임자 등(이하 "관계인"이라 한다)에게 질문을 하고, 장부, 서류, 그 밖의 물건의 검사 및 안전보건 점검을 하며, 관계 서류의 제출을 요구할 수 있다.

1. 사업장
2. 제21조제1항, 제33조제1항, 제48조제1항, 제74조제1항, 제88조제1항, 제96조제1항, 제100조제1항, 제120조제1항, 제126조제1항 및 제129조제2항에 따른 기관의 사무소
3. 석면해체ㆍ제거업자의 사무소
4. 제145조제1항에 따라 등록한 지도사의 사무소

②근로감독관은 기계ㆍ설비등에 대한 검사를 할 수 있으며, 검사에 필요한 한도에서 무상으로 제품ㆍ원재료 또는 기구를 수거할 수 있다. 이 경우 근

로감독관은 해당 사업주 등에게 그 결과를 서면으로 알려야 한다.
③근로감독관은 이 법 또는 이 법에 따른 명령의 시행을 위하여 관계인에게 보고 또는 출석을 명할 수 있다.
④근로감독관은 이 법 또는 이 법에 따른 명령을 시행하기 위하여 제1항 각 호의 어느 하나에 해당하는 장소에 출입하는 경우에 그 신분을 나타내는 증표를 지니고 관계인에게 보여 주어야 하며, 출입 시 성명, 출입시간, 출입 목적 등이 표시된 문서를 관계인에게 내주어야 한다.

제156조【공단 소속 직원의 검사 및 지도 등】①고용노동부장관은 제165조제2항에 따라 공단이 위탁받은 업무를 수행하기 위하여 필요하다고 인정할 때에는 공단 소속 직원에게 사업장에 출입하여 산업재해 예방에 필요한 검사 및 지도 등을 하게 하거나, 역학조사를 위하여 필요한 경우 관계자에게 질문하거나 필요한 서류의 제출을 요구하게 할 수 있다.
②제1항에 따라 공단 소속 직원이 검사 또는 지도업무 등을 하였을 때에는 그 결과를 고용노동부장관에게 보고하여야 한다.
③공단 소속 직원이 제1항에 따라 사업장에 출입하는 경우에는 제155조제4항을 준용한다. 이 경우 "근로감독관"은 "공단 소속 직원"으로 본다.

제157조【감독기관에 대한 신고】①사업장에서 이 법 또는 이 법에 따른 명령을 위반한 사실이 있으면 근로자는 그 사실을 고용노동부장관 또는 근로감독관에게 신고할 수 있다.
②「의료법」 제2조에 따른 의사 · 치과의사 또는 한의사는 3일 이상의 입원치료가 필요한 부상 또는 질병이 환자의 업무와 관련성이 있다고 판단할 경우에는 「의료법」 제19조제1항에도 불구하고 치료과정에서 알게 된 정보를 고용노동부장관에게 신고할 수 있다.
③사업주는 제1항에 따른 신고를 이유로 해당 근로자에 대하여 해고나 그 밖의 불리한 처우를 해서는 아니 된다.

제11장 보 칙

제158조【산업재해 예방활동의 보조 · 지원】①정부는 사업주, 사업주단체, 근로자단체, 산업재해 예방 관련 전문단체, 연구기관 등이 하는 산업재해 예방사업 중 대통령령으로 정하는 사업에 드는 경비의 전부 또는 일부를 예산의 범위에서 보조하거나 그 밖에 필요한 지원(이하 "보조 ·

지원"이라 한다)을 할 수 있다. 이 경우 고용노동부장관은 보조·지원이 산업재해 예방사업의 목적에 맞게 효율적으로 사용되도록 관리·감독하여야 한다.

②고용노동부장관은 보조·지원을 받은 자가 다음 각 호의 어느 하나에 해당하는 경우 보조·지원의 전부 또는 일부를 취소하여야 한다. 다만, 제1호 및 제2호의 경우에는 보조·지원의 전부를 취소하여야 한다.

1. 거짓이나 그 밖의 부정한 방법으로 보조·지원을 받은 경우
2. 보조·지원 대상자가 폐업하거나 파산한 경우
3. 보조·지원 대상을 임의매각·훼손·분실하는 등 지원 목적에 적합하게 유지·관리·사용하지 아니한 경우
4. 제1항에 따른 산업재해 예방사업의 목적에 맞게 사용되지 아니한 경우
5. 보조·지원 대상 기간이 끝나기 전에 보조·지원 대상 시설 및 장비를 국외로 이전한 경우
6. 보조·지원을 받은 사업주가 필요한 안전조치 및 보건조치 의무를 위반하여 산업재해를 발생시킨 경우로서 고용노동부령으로 정하는 경우

③고용노동부장관은 제2항에 따라 보조·지원의 전부 또는 일부를 취소한 경우, 같은 항 제1호 또는 제3호부터 제5호까지의 어느 하나에 해당하는 경우에는 해당 금액 또는 지원에 상응하는 금액을 환수하되 대통령령으로 정하는 바에 따라 지급받은 금액의 5배 이하의 금액을 추가로 환수할 수 있고, 같은 항 제2호(파산한 경우에는 환수하지 아니한다) 또는 제6호에 해당하는 경우에는 해당 금액 또는 지원에 상응하는 금액을 환수한다.(2021.5.18 개정)

④제2항에 따라 보조·지원의 전부 또는 일부가 취소된 자에 대해서는 고용노동부령으로 정하는 바에 따라 취소된 날부터 5년 이내의 기간을 정하여 보조·지원을 하지 아니할 수 있다.(2021.5.18 개정)

⑤보조·지원의 대상·방법·절차, 관리 및 감독, 제2항 및 제3항에 따른 취소 및 환수 방법, 그 밖에 필요한 사항은 고용노동부장관이 정하여 고시한다.

제159조【영업정지의 요청 등】①고용노동부장관은 사업주가 다음 각 호의 어느 하나에 해당하는 산업재해를 발생시킨 경우에는 관계 행정기관의 장에게 관계 법령에 따라 해당 사업의 영업정지나 그 밖의 제재를 할 것을 요청하거나 「공공기관의 운영에 관한 법률」 제4조에 따른 공공기

관의 장에게 그 기관이 시행하는 사업의 발주 시 필요한 제한을 해당 사업자에게 할 것을 요청할 수 있다.

1. 제38조, 제39조 또는 제63조를 위반하여 많은 근로자가 사망하거나 사업장 인근지역에 중대한 피해를 주는 등 대통령령으로 정하는 사고가 발생한 경우
2. 제53조제1항 또는 제3항에 따른 명령을 위반하여 근로자가 업무로 인하여 사망한 경우

②제1항에 따라 요청을 받은 관계 행정기관의 장 또는 공공기관의 장은 정당한 사유가 없으면 이에 따라야 하며, 그 조치 결과를 고용노동부장관에게 통보하여야 한다.

③제1항에 따른 영업정지 등의 요청 절차나 그 밖에 필요한 사항은 고용노동부령으로 정한다.

제160조 【업무정지 처분을 대신하여 부과하는 과징금 처분】 ① 고용노동부장관은 제21조제4항(제74조제4항, 제88조제5항, 제96조제5항, 제126조제5항 및 제135조제6항에 따라 준용되는 경우를 포함한다)에 따라 업무정지를 명하여야 하는 경우에 그 업무정지가 이용자에게 심한 불편을 주거나 공익을 해칠 우려가 있다고 인정되면 업무정지 처분을 대신하여 10억원 이하의 과징금을 부과할 수 있다.

산업 안전

②고용노동부장관은 제1항에 따른 과징금을 징수하기 위하여 필요한 경우에는 다음 각 호의 사항을 적은 문서로 관할 세무관서의 장에게 과세 정보 제공을 요청할 수 있다.

1. 납세자의 인적사항
2. 사용 목적
3. 과징금 부과기준이 되는 매출 금액
4. 과징금 부과사유 및 부과기준

③고용노동부장관은 제1항에 따른 과징금 부과처분을 받은 자가 납부기한까지 과징금을 내지 아니하면 국세 체납처분의 예에 따라 이를 징수한다.

④제1항에 따라 과징금을 부과하는 위반행위의 종류 및 위반 정도 등에 따른 과징금의 금액, 그 밖에 필요한 사항은 대통령령으로 정한다.

제161조 【도급금지 등 의무위반에 따른 과징금 부과】 ①고용노동부장관은 사업주가 다음 각 호의 어느 하나에 해당하는 경우에는 10억원 이하의 과징금을 부과·징수할 수 있다.

1. 제58조제1항을 위반하여 도급한 경우
2. 제58조제2항제2호 또는 제59조제1항을 위반하여 승인을 받지 아니하고 도급한 경우
3. 제60조를 위반하여 승인을 받아 도급받은 작업을 재하도급한 경우
②고용노동부장관은 제1항에 따른 과징금을 부과하는 경우에는 다음 각 호의 사항을 고려하여야 한다.
1. 도급 금액, 기간 및 횟수 등
2. 관계수급인 근로자의 산업재해 예방에 필요한 조치 이행을 위한 노력의 정도
3. 산업재해 발생 여부
③고용노동부장관은 제1항에 따른 과징금을 내야 할 자가 납부기한까지 내지 아니하면 납부기한의 다음 날부터 과징금을 납부한 날의 전날까지의 기간에 대하여 내지 아니한 과징금의 연 100분의 6의 범위에서 대통령령으로 정하는 가산금을 징수한다. 이 경우 가산금을 징수하는 기간은 60개월을 초과할 수 없다.
④고용노동부장관은 제1항에 따른 과징금을 내야 할 자가 납부기한까지 내지 아니하면 기간을 정하여 독촉을 하고, 그 기간 내에 제1항에 따른 과징금 및 제3항에 따른 가산금을 내지 아니하면 국세 체납처분의 예에 따라 징수한다.
⑤제1항 및 제3항에 따른 과징금 및 가산금의 징수와 제4항에 따른 체납처분 절차, 그 밖에 필요한 사항은 대통령령으로 정한다.

제162조【비밀 유지】 다음 각 호의 어느 하나에 해당하는 자는 업무상 알게 된 비밀을 누설하거나 도용해서는 아니 된다. 다만, 근로자의 건강장해를 예방하기 위하여 고용노동부장관이 필요하다고 인정하는 경우에는 그러하지 아니하다.
1. 제42조에 따라 제출된 유해위험방지계획서를 검토하는 자
2. 제44조에 따라 제출된 공정안전보고서를 검토하는 자
3. 제47조에 따른 안전보건진단을 하는 자
4. 제84조에 따른 안전인증을 하는 자
5. 제89조에 따른 신고 수리에 관한 업무를 하는 자
6. 제93조에 따른 안전검사를 하는 자
7. 제98조에 따른 자율검사프로그램의 인정업무를 하는 자

8. 제108조제1항 및 제109조제1항에 따라 제출된 유해성 · 위험성 조사보고서 또는 조사 결과를 검토하는 자
9. 제110조제1항부터 제3항까지의 규정에 따라 물질안전보건자료 등을 제출받는 자
10. 제112조제2항 · 제5항 및 제112조의2제2항에 따라 대체자료의 승인, 연장승인 여부를 검토하는 자 및 제112조제10항에 따라 물질안전보건자료의 대체자료를 제공받은 자(2023.8.8 개정)
11. 제129조부터 제131조까지의 규정에 따라 건강진단을 하는 자
12. 제141조에 따른 역학조사를 하는 자
13. 제145조에 따라 등록한 지도사

제163조 【청문 및 처분기준】 ①고용노동부장관은 다음 각 호의 어느 하나에 해당하는 처분을 하려면 청문을 하여야 한다.
1. 제21조제4항(제48조제4항, 제74조제4항, 제88조제5항, 제96조제5항, 제100조제4항, 제120조제5항, 제126조제5항, 제135조제6항 및 제140조제4항에 따라 준용되는 경우를 포함한다)에 따른 지정의 취소
2. 제33조제4항, 제82조제4항, 제102조제3항, 제121조제4항 및 제154조에 따른 등록의 취소
3. 제58조제7항(제59조제2항에 따라 준용되는 경우를 포함한다. 이하 제2항에서 같다), 제112조제8항 및 제117조제3항에 따른 승인의 취소
4. 제86조제1항에 따른 안전인증의 취소
5. 제99조제1항에 따른 자율검사프로그램 인정의 취소
6. 제118조제5항에 따른 허가의 취소
7. 제158조제2항에 따른 보조 · 지원의 취소

②제21조제4항(제33조제4항, 제48조제4항, 제74조제4항, 제82조제4항, 제88조제5항, 제96조제5항, 제100조제4항, 제120조제5항, 제121조제4항, 제126조제5항, 제135조제6항 및 제140조제4항에 따라 준용되는 경우를 포함한다), 제58조제7항, 제86조제1항, 제91조제1항, 제99조제1항, 제102조제3항, 제112조제8항, 제117조제3항, 제118조제5항 및 제154조에 따른 취소, 정지, 사용금지 또는 시정명령의 기준은 고용노동부령으로 정한다.

제164조 【서류의 보존】 ①사업주는 다음 각 호의 서류를 3년(제2호의 경우 2년을 말한다) 동안 보존하여야 한다. 다만, 고용노동부령으로 정하는 바에 따라 보존기간을 연장할 수 있다.

1. 안전보건관리책임자·안전관리자·보건관리자·안전보건관리담당자 및 산업보건의의 선임에 관한 서류
2. 제24조제3항 및 제75조제4항에 따른 회의록
3. 안전조치 및 보건조치에 관한 사항으로서 고용노동부령으로 정하는 사항을 적은 서류
4. 제57조제2항에 따른 산업재해의 발생 원인 등 기록
5. 제108조제1항 본문 및 제109조제1항에 따른 화학물질의 유해성·위험성 조사에 관한 서류
6. 제125조에 따른 작업환경측정에 관한 서류
7. 제129조부터 제131조까지의 규정에 따른 건강진단에 관한 서류

②안전인증 또는 안전검사의 업무를 위탁받은 안전인증기관 또는 안전검사기관은 안전인증·안전검사에 관한 사항으로서 고용노동부령으로 정하는 서류를 3년 동안 보존하여야 하고, 안전인증을 받은 자는 제84조제5항에 따라 안전인증대상기계등에 대하여 기록한 서류를 3년 동안 보존하여야 하며, 자율안전확인대상기계등을 제조하거나 수입하는 자는 자율안전기준에 맞는 것임을 증명하는 서류를 2년 동안 보존하여야 하고, 제98조제1항에 따라 자율안전검사를 받은 자는 자율검사프로그램에 따라 실시한 검사 결과에 대한 서류를 2년 동안 보존하여야 한다.
③일반석면조사를 한 건축물·설비소유주등은 그 결과에 관한 서류를 그 건축물이나 설비에 대한 해체·제거작업이 종료될 때까지 보존하여야 하고, 기관석면조사를 한 건축물·설비소유주등과 석면조사기관은 그 결과에 관한 서류를 3년 동안 보존하여야 한다.
④작업환경측정기관은 작업환경측정에 관한 사항으로서 고용노동부령으로 정하는 사항을 적은 서류를 3년 동안 보존하여야 한다.
⑤지도사는 그 업무에 관한 사항으로서 고용노동부령으로 정하는 사항을 적은 서류를 5년 동안 보존하여야 한다.
⑥석면해체·제거업자는 제122조제3항에 따른 석면해체·제거작업에 관한 서류 중 고용노동부령으로 정하는 서류를 30년 동안 보존하여야 한다.
⑦제1항부터 제6항까지의 경우 전산입력자료가 있을 때에는 그 서류를 대신하여 전산입력자료를 보존할 수 있다.

제165조【권한 등의 위임·위탁】①이 법에 따른 고용노동부장관의 권한은 대통령령으로 정하는 바에 따라 그 일부를 지방고용노동관서의 장

에게 위임할 수 있다.

②고용노동부장관은 이 법에 따른 업무 중 다음 각 호의 업무를 대통령령으로 정하는 바에 따라 공단 또는 대통령령으로 정하는 비영리법인 또는 관계 전문기관에 위탁할 수 있다.

1. 제4조제1항제2호부터 제7호까지 및 제9호의 사항에 관한 업무
2. 제11조제3호에 따른 시설의 설치·운영 업무
3. 제13조제2항에 따른 표준제정위원회의 구성·운영
4. 제21조제2항에 따른 기관에 대한 평가 업무
5. 제32조제1항 각 호 외의 부분 본문에 따른 직무와 관련한 안전보건교육
6. 제33조제1항에 따라 제31조제1항 본문에 따른 안전보건교육을 실시하는 기관의 등록 업무
7. 제33조제2항에 따른 평가에 관한 업무
8. 제42조에 따른 유해위험방지계획서의 접수·심사, 제43조제1항 및 같은 조 제2항 본문에 따른 확인
9. 제44조제1항 전단에 따른 공정안전보고서의 접수, 제45조제1항에 따른 공정안전보고서의 심사 및 제46조제2항에 따른 확인
10. 제48조제2항에 따른 안전보건진단기관에 대한 평가 업무
11. 제58조제3항 또는 제5항 후단(제59조제2항에 따라 준용되는 경우를 포함한다)에 따른 안전 및 보건에 관한 평가
12. 제74조제3항에 따른 건설재해예방전문지도기관에 대한 평가 업무
13. 제84조제1항 및 제3항에 따른 안전인증
14. 제84조제4항 본문에 따른 안전인증의 확인
15. 제88조제3항에 따른 안전인증기관에 대한 평가 업무
16. 제89조제1항 각 호 외의 부분 본문에 따른 자율안전확인의 신고에 관한 업무
17. 제93조제1항에 따른 안전검사
18. 제96조제3항에 따른 안전검사기관에 대한 평가 업무
19. 제98조제1항에 따른 자율검사프로그램의 인정
20. 제98조제1항제2호에 따른 안전에 관한 성능검사 교육 및 제100조제2항에 따른 자율안전검사기관에 대한 평가 업무
21. 제101조에 따른 조사, 수거 및 성능시험
22. 제102조제1항에 따른 지원과 같은 조 제2항에 따른 등록

23. 제103조제1항에 따른 유해·위험기계등의 안전에 관한 정보의 종합관리
24. 제105조제1항에 따른 유해성·위험성 평가에 관한 업무
25. 제110조제1항부터 제3항까지의 규정에 따른 물질안전보건자료 등의 접수 업무
26. 제112조제1항·제2항·제5항 및 제112조의2에 따른 물질안전보건자료의 일부 비공개 승인 등에 관한 업무(2023.8.8 개정)
27. 제116조에 따른 물질안전보건자료와 관련된 자료의 제공
28. 제120조제2항에 따른 석면조사 능력의 확인 및 석면조사기관에 대한 지도·교육 업무
29. 제120조제3항에 따른 석면조사기관에 대한 평가 업무
30. 제121조제2항에 따른 석면해체·제거작업의 안전성 평가 업무
31. 제126조제2항에 따른 작업환경측정·분석능력의 확인 및 작업환경측정기관에 대한 지도·교육 업무
32. 제126조제3항에 따른 작업환경측정기관에 대한 평가 업무
33. 제127조제1항에 따른 작업환경측정 결과의 신뢰성 평가 업무
34. 제135조제3항에 따른 특수건강진단기관의 진단·분석능력의 확인 및 지도·교육 업무
35. 제135조제4항에 따른 특수건강진단기관에 대한 평가 업무
36. 제136조제1항에 따른 유해인자별 특수건강진단 전문연구기관 지정에 관한 업무
37. 제137조에 따른 건강관리카드에 관한 업무
38. 제141조제1항에 따른 역학조사
39. 제145조제5항 단서에 따른 지도사 보수교육
40. 제146조에 따른 지도사 연수교육
41. 제158조제1항부터 제3항까지의 규정에 따른 보조·지원 및 보조·지원의 취소·환수 업무

③제2항에 따라 업무를 위탁받은 비영리법인 또는 관계 전문기관의 임직원은 「형법」 제129조부터 제132조까지의 규정을 적용할 때에는 공무원으로 본다.

제166조 【수수료 등】 ①다음 각 호의 어느 하나에 해당하는 자는 고용노동부령으로 정하는 바에 따라 수수료를 내야 한다.

1. 제32조제1항 각 호의 사람에게 안전보건교육을 이수하게 하려는 사업주

2. 제42조제1항 본문에 따라 유해위험방지계획서를 심사받으려는 자
3. 제44조제1항 본문에 따라 공정안전보고서를 심사받으려는 자
4. 제58조제3항 또는 같은 조 제5항 후단(제59조제2항에 따라 준용되는 경우를 포함한다)에 따라 안전 및 보건에 관한 평가를 받으려는 자
5. 제84조제1항 및 제3항에 따라 안전인증을 받으려는 자
6. 제84조제4항에 따라 확인을 받으려는 자
7. 제93조제1항에 따라 안전검사를 받으려는 자
8. 제98조제1항에 따라 자율검사프로그램의 인정을 받으려는 자
9. 제112조제1항 또는 제5항에 따라 물질안전보건자료의 일부 비공개 승인 또는 연장승인을 받으려는 자
10. 제118조제1항에 따라 허가를 받으려는 자
11. 제140조에 따른 자격・면허의 취득을 위한 교육을 받으려는 사람
12. 제143조에 따른 지도사 자격시험에 응시하려는 사람
13. 제145조에 따라 지도사의 등록을 하려는 자
14. 그 밖에 산업 안전 및 보건과 관련된 자로서 대통령령으로 정하는 자

②공단은 고용노동부장관의 승인을 받아 공단의 업무 수행으로 인한 수익자로 하여금 그 업무 수행에 필요한 비용의 전부 또는 일부를 부담하게 할 수 있다.

제166조의2 【현장실습생에 대한 특례】 제2조제3호에도 불구하고 「직업교육훈련 촉진법」 제2조제7호에 따른 현장실습을 받기 위하여 현장실습산업체의 장과 현장실습계약을 체결한 직업교육훈련생(이하 "현장실습생"이라 한다)에게는 제5조, 제29조, 제38조부터 제41조까지, 제51조부터 제57조까지, 제63조, 제114조제3항, 제131조, 제138조제1항, 제140조, 제155조부터 제157조까지를 준용한다. 이 경우 "사업주"는 "현장실습산업체의 장"으로, "근로"는 "현장실습"으로, "근로자"는 "현장실습생"으로 본다. (2020.3.31 본조신설)

제12장 벌 칙

제167조 【벌칙】 ①제38조제1항부터 제3항까지(제166조의2에서 준용하는 경우를 포함한다), 제39조제1항(제166조의2에서 준용하는 경우를 포함한다) 또는 제63조(제166조의2에서 준용하는 경우를 포함한다)를 위반하

여 근로자를 사망에 이르게 한 자는 7년 이하의 징역 또는 1억원 이하의 벌금에 처한다.(2020.3.31 개정)

②제1항의 죄로 형을 선고받고 그 형이 확정된 후 5년 이내에 다시 제1항의 죄를 저지른 자는 그 형의 2분의 1까지 가중한다.(2020.5.26 개정)

제168조【벌칙】 다음 각 호의 어느 하나에 해당하는 자는 5년 이하의 징역 또는 5천만원 이하의 벌금에 처한다.

1. 제38조제1항부터 제3항까지(제166조의2에서 준용하는 경우를 포함한다), 제39조제1항(제166조의2에서 준용하는 경우를 포함한다), 제51조(제166조의2에서 준용하는 경우를 포함한다), 제54조제1항(제166조의2에서 준용하는 경우를 포함한다), 제117조제1항, 제118조제1항, 제122조제1항 또는 제157조제3항(제166조의2에서 준용하는 경우를 포함한다)을 위반한 자(2020.3.31 개정)
2. 제42조제4항 후단, 제53조제3항(제166조의2에서 준용하는 경우를 포함한다), 제55조제1항(제166조의2에서 준용하는 경우를 포함한다)·제2항(제166조의2에서 준용하는 경우를 포함한다) 또는 제118조제5항에 따른 명령을 위반한 자(2020.6.9 개정)

제169조【벌칙】 다음 각 호의 어느 하나에 해당하는 자는 3년 이하의 징역 또는 3천만원 이하의 벌금에 처한다.

1. 제44조제1항 후단, 제63조(제166조의2에서 준용하는 경우를 포함한다), 제76조, 제81조, 제82조제2항, 제84조제1항, 제87조제1항, 제118조제3항, 제123조제1항, 제139조제1항 또는 제140조제1항(제166조의2에서 준용하는 경우를 포함한다)을 위반한 자(2020.3.31 개정)
2. 제45조제1항 후단, 제46조제5항, 제53조제1항(제166조의2에서 준용하는 경우를 포함한다), 제87조제2항, 제118조제4항, 제119조제4항 또는 제131조제1항(제166조의2에서 준용하는 경우를 포함한다)에 따른 명령을 위반한 자(2020.3.31 개정)
3. 제58조제3항 또는 같은 조 제5항 후단(제59조제2항에 따라 준용되는 경우를 포함한다)에 따른 안전 및 보건에 관한 평가 업무를 제165조제2항에 따라 위탁받은 자로서 그 업무를 거짓이나 그 밖의 부정한 방법으로 수행한 자
4. 제84조제1항 및 제3항에 따른 안전인증 업무를 제165조제2항에 따라 위탁받은 자로서 그 업무를 거짓이나 그 밖의 부정한 방법으로 수행한 자

5. 제93조제1항에 따른 안전검사 업무를 제165조제2항에 따라 위탁받은 자로서 그 업무를 거짓이나 그 밖의 부정한 방법으로 수행한 자
6. 제98조에 따른 자율검사프로그램에 따른 안전검사 업무를 거짓이나 그 밖의 부정한 방법으로 수행한 자

제170조【벌칙】 다음 각 호의 어느 하나에 해당하는 자는 1년 이하의 징역 또는 1천만원 이하의 벌금에 처한다.

1. 제41조제3항(제166조의2에서 준용하는 경우를 포함한다)을 위반하여 해고나 그 밖의 불리한 처우를 한 자(2020.3.31 개정)
2. 제56조제3항(제166조의2에서 준용하는 경우를 포함한다)을 위반하여 중대재해 발생 현장을 훼손하거나 고용노동부장관의 원인조사를 방해한 자(2020.3.31 개정)
3. 제57조제1항(제166조의2에서 준용하는 경우를 포함한다)을 위반하여 산업재해 발생 사실을 은폐한 자 또는 그 발생 사실을 은폐하도록 교사(教唆)하거나 공모(共謀)한 자(2020.3.31 개정)
4. 제65조제1항, 제80조제1항 · 제2항 · 제4항, 제85조제2항 · 제3항, 제92조제1항, 제141조제4항 또는 제162조를 위반한 자
5. 제85조제4항 또는 제92조제2항에 따른 명령을 위반한 자
6. 제101조에 따른 조사, 수거 또는 성능시험을 방해하거나 거부한 자
7. 제153조제1항을 위반하여 다른 사람에게 자기의 성명이나 사무소의 명칭을 사용하여 지도사의 직무를 수행하게 하거나 자격증 · 등록증을 대여한 사람(2020.3.31 신설)
8. 제153조제2항을 위반하여 지도사의 성명이나 사무소의 명칭을 사용하여 지도사의 직무를 수행하거나 자격증 · 등록증을 대여받거나 이를 알선한 사람(2020.3.31 신설)

제170조의2【벌칙】 제174조제1항에 따라 이수명령을 부과받은 사람이 보호관찰소의 장 또는 교정시설의 장의 이수명령 이행에 관한 지시에 따르지 아니하여 「보호관찰 등에 관한 법률」 또는 「형의 집행 및 수용자의 처우에 관한 법률」에 따른 경고를 받은 후 재차 정당한 사유 없이 이수명령 이행에 관한 지시에 따르지 아니한 경우에는 다음 각 호에 따른다.

1. 벌금형과 병과된 경우는 500만원 이하의 벌금에 처한다.
2. 징역형 이상의 실형과 병과된 경우에는 1년 이하의 징역 또는 1천만원 이하의 벌금에 처한다.

(2020.3.31 본조신설)

제171조【벌칙】 다음 각 호의 어느 하나에 해당하는 자는 1천만원 이하의 벌금에 처한다.

1. 제69조제1항 · 제2항, 제89조제1항, 제90조제2항 · 제3항, 제108조제2항, 제109조제2항 또는 제138조제1항(제166조의2에서 준용하는 경우를 포함한다) · 제2항을 위반한 자(2020.3.31 개정)
2. 제90조제4항, 제108조제4항 또는 제109조제3항에 따른 명령을 위반한 자
3. 제125조제6항을 위반하여 해당 시설 · 설비의 설치 · 개선 또는 건강진단의 실시 등의 조치를 하지 아니한 자
4. 제132조제4항을 위반하여 작업장소 변경 등의 적절한 조치를 하지 아니한 자

제172조【벌칙】 제64조제1항제1호부터 제5호까지, 제7호, 제8호 또는 같은 조 제2항을 위반한 자는 500만원 이하의 벌금에 처한다.(2021.8.17 개정)

제173조【양벌규정】 법인의 대표자나 법인 또는 개인의 대리인, 사용인, 그 밖의 종업원이 그 법인 또는 개인의 업무에 관하여 제167조제1항 또는 제168조부터 제172조까지의 어느 하나에 해당하는 위반행위를 하면 그 행위자를 벌하는 외에 그 법인에게 다음 각 호의 구분에 따른 벌금형을, 그 개인에게는 해당 조문의 벌금형을 과(科)한다. 다만, 법인 또는 개인이 그 위반행위를 방지하기 위하여 해당 업무에 관하여 상당한 주의와 감독을 게을리하지 아니한 경우에는 그러하지 아니하다.

1. 제167조제1항의 경우: 10억원 이하의 벌금
2. 제168조부터 제172조까지의 경우: 해당 조문의 벌금형

제174조【형벌과 수강명령 등의 병과】 ①법원은 제38조제1항부터 제3항까지(제166조의2에서 준용하는 경우를 포함한다), 제39조제1항(제166조의2에서 준용하는 경우를 포함한다) 또는 제63조(제166조의2에서 준용하는 경우를 포함한다)를 위반하여 근로자를 사망에 이르게 한 사람에게 유죄의 판결(선고유예는 제외한다)을 선고하거나 약식명령을 고지하는 경우에는 200시간의 범위에서 산업재해 예방에 필요한 수강명령 또는 산업안전보건프로그램의 이수명령(이하 "이수명령"이라 한다)을 병과(倂科)할 수 있다.(2020.3.31 개정)

②제1항에 따른 수강명령은 형의 집행을 유예할 경우에 그 집행유예기간 내에서 병과하고, 이수명령은 벌금 이상의 형을 선고하거나 약식명령을 고

지할 경우에 병과한다.(2020.3.31 신설)
③제1항에 따른 수강명령 또는 이수명령은 형의 집행을 유예할 경우에는 그 집행유예기간 내에, 벌금형을 선고하거나 약식명령을 고지할 경우에는 형 확정일부터 6개월 이내에, 징역형 이상의 실형(實刑)을 선고할 경우에는 형기 내에 각각 집행한다.(2020.3.31 개정)
④제1항에 따른 수강명령 또는 이수명령이 벌금형 또는 형의 집행유예와 병과된 경우에는 보호관찰소의 장이 집행하고, 징역형 이상의 실형과 병과된 경우에는 교정시설의 장이 집행한다. 다만, 징역형 이상의 실형과 병과된 이수명령을 모두 이행하기 전에 석방 또는 가석방되거나 미결구금일수 산입 등의 사유로 형을 집행할 수 없게 된 경우에는 보호관찰소의 장이 남은 이수명령을 집행한다.(2020.3.31 개정)
⑤제1항에 따른 수강명령 또는 이수명령은 다음 각 호의 내용으로 한다.(2020.3.31 개정)
1. 안전 및 보건에 관한 교육
2. 그 밖에 산업재해 예방을 위하여 필요한 사항
⑥수강명령 및 이수명령에 관하여 이 법에서 규정한 사항 외의 사항에 대해서는 「보호관찰 등에 관한 법률」을 준용한다.(2020.3.31 개정)

제175조 【과태료】 ①다음 각 호의 어느 하나에 해당하는 자에게는 5천만원 이하의 과태료를 부과한다.
1. 제119조제2항에 따라 기관석면조사를 하지 아니하고 건축물 또는 설비를 철거하거나 해체한 자
2. 제124조제3항을 위반하여 건축물 또는 설비를 철거하거나 해체한 자
②다음 각 호의 어느 하나에 해당하는 자에게는 3천만원 이하의 과태료를 부과한다.
1. 제29조제3항(제166조의2에서 준용하는 경우를 포함한다) 또는 제79조제1항을 위반한 자(2020.3.31 개정)
2. 제54조제2항(제166조의2에서 준용하는 경우를 포함한다)을 위반하여 중대재해 발생 사실을 보고하지 아니하거나 거짓으로 보고한 자(2020.3.31 개정)
③다음 각 호의 어느 하나에 해당하는 자에게는 1천500만원 이하의 과태료를 부과한다.
1. 제47조제3항 전단을 위반하여 안전보건진단을 거부·방해하거나 기피

한 자 또는 같은 항 후단을 위반하여 안전보건진단에 근로자대표를 참여시키지 아니한 자

2. 제57조제3항(제166조의2에서 준용하는 경우를 포함한다)에 따른 보고를 하지 아니하거나 거짓으로 보고한 자(2020.3.31 개정)

2의2. 제64조제1항제6호를 위반하여 위생시설 등 고용노동부령으로 정하는 시설의 설치 등을 위하여 필요한 장소의 제공을 하지 아니하거나 도급인이 설치한 위생시설 이용에 협조하지 아니한 자(2021.8.17 신설)

2의3. 제128조의2제1항을 위반하여 휴게시설을 갖추지 아니한 자(같은 조 제2항에 따른 대통령령으로 정하는 기준에 해당하는 사업장의 사업주로 한정한다)(2021.8.17 신설)

3. 제141조제2항을 위반하여 정당한 사유 없이 역학조사를 거부·방해하거나 기피한 자

4. 제141조제3항을 위반하여 역학조사 참석이 허용된 사람의 역학조사 참석을 거부하거나 방해한 자

④다음 각 호의 어느 하나에 해당하는 자에게는 1천만원 이하의 과태료를 부과한다.

1. 제10조제3항 후단을 위반하여 관계수급인에 관한 자료를 제출하지 아니하거나 거짓으로 제출한 자

2. 제14조제1항을 위반하여 안전 및 보건에 관한 계획을 이사회에 보고하지 아니하거나 승인을 받지 아니한 자

3. 제41조제2항(제166조의2에서 준용하는 경우를 포함한다), 제42조제1항·제5항·제6항, 제44조제1항 전단, 제45조제2항, 제46조제1항, 제67조제1항·제2항, 제70조제1항, 제70조제2항 후단, 제71조제3항 후단, 제71조제4항, 제72조제1항·제3항·제5항(건설공사도급인만 해당한다), 제77조제1항, 제78조, 제85조제1항, 제93조제1항 전단, 제95조, 제99조제2항 또는 제107조제1항 각 호 외의 부분 본문을 위반한 자(2021.5.18 개정)

4. 제47조제1항 또는 제49조제1항에 따른 명령을 위반한 자

5. 제82조제1항 전단을 위반하여 등록하지 아니하고 타워크레인을 설치·해체하는 자

6. 제125조제1항·제2항에 따라 작업환경측정을 하지 아니한 자(2020.6.9 개정)

6의2. 제128조의2제2항을 위반하여 휴게시설의 설치·관리기준을 준수하

지 아니한 자(2021.8.17 신설)
7. 제129조제1항 또는 제130조제1항부터 제3항까지의 규정에 따른 근로자 건강진단을 하지 아니한 자
8. 제155조제1항(제166조의2에서 준용하는 경우를 포함한다) 또는 제2항(제166조의2에서 준용하는 경우를 포함한다)에 따른 근로감독관의 검사·점검 또는 수거를 거부·방해 또는 기피한 자(2020.3.31 개정)

⑤다음 각 호의 어느 하나에 해당하는 자에게는 500만원 이하의 과태료를 부과한다.

1. 제15조제1항, 제16조제1항, 제17조제1항·제3항, 제18조제1항·제3항, 제19조제1항 본문, 제22조제1항 본문, 제24조제1항·제4항, 제25조제1항, 제26조, 제29조제1항·제2항(제166조의2에서 준용하는 경우를 포함한다), 제31조제1항, 제32조제1항(제1호부터 제4호까지의 경우만 해당한다), 제37조제1항, 제44조제2항, 제49조제2항, 제50조제3항, 제62조제1항, 제66조, 제68조제1항, 제75조제6항, 제77조제2항, 제90조제1항, 제94조제2항, 제122조제2항, 제124조제1항(증명자료의 제출은 제외한다), 제125조제7항, 제132조제2항, 제137조제3항 또는 제145조제1항을 위반한 자(2021.5.18 개정)
2. 제17조제4항, 제18조제4항 또는 제19조제3항에 따른 명령을 위반한 자(2021.5.18 개정)
3. 제34조 또는 제114조제1항을 위반하여 이 법 및 이 법에 따른 명령의 요지, 안전보건관리규정 또는 물질안전보건자료를 게시하지 아니하거나 갖추어 두지 아니한 자
4. 제53조제2항(제166조의2에서 준용하는 경우를 포함한다)을 위반하여 고용노동부장관으로부터 명령받은 사항을 게시하지 아니한 자(2020.3.31 개정)

4의2. 제108조제1항에 따른 유해성·위험성 조사보고서를 제출하지 아니하거나 제109조제1항에 따른 유해성·위험성 조사 결과 또는 유해성·위험성 평가에 필요한 자료를 제출하지 아니한 자(2021.5.18 신설)

5. 제110조제1항부터 제3항까지의 규정을 위반하여 물질안전보건자료, 화학물질의 명칭·함유량 또는 변경된 물질안전보건자료를 제출하지 아니한 자
6. 제110조제2항제2호를 위반하여 국외제조자로부터 물질안전보건자료에

산업
안전

적힌 화학물질 외에는 제104조에 따른 분류기준에 해당하는 화학물질이 없음을 확인하는 내용의 서류를 거짓으로 제출한 자
7. 제111조제1항을 위반하여 물질안전보건자료를 제공하지 아니한 자
8. 제112조제1항 본문을 위반하여 승인을 받지 아니하고 화학물질의 명칭 및 함유량을 대체자료로 적은 자
9. 제112조제1항 또는 제5항에 따른 비공개 승인 또는 연장승인 신청 시 영업비밀과 관련되어 보호사유를 거짓으로 작성하여 신청한 자
10. 제112조제10항 각 호 외의 부분 후단을 위반하여 대체자료로 적힌 화학물질의 명칭 및 함유량 정보를 제공하지 아니한 자
11. 제113조제1항에 따라 선임된 자로서 같은 항 각 호의 업무를 거짓으로 수행한 자
12. 제113조제1항에 따라 선임된 자로서 같은 조 제2항에 따라 고용노동부장관에게 제출한 물질안전보건자료를 해당 물질안전보건자료대상물질을 수입하는 자에게 제공하지 아니한 자
13. 제125조제1항 및 제2항에 따른 작업환경측정 시 고용노동부령으로 정하는 작업환경측정의 방법을 준수하지 아니한 사업주(같은 조 제3항에 따라 작업환경측정기관에 위탁한 경우는 제외한다)
14. 제125조제4항 또는 제132조제1항을 위반하여 근로자대표가 요구하였는데도 근로자대표를 참석시키지 아니한 자
15. 제125조제6항을 위반하여 작업환경측정 결과를 해당 작업장 근로자에게 알리지 아니한 자
16. 제155조제3항(제166조의2에서 준용하는 경우를 포함한다)에 따른 명령을 위반하여 보고 또는 출석을 하지 아니하거나 거짓으로 보고한 자 (2020.3.31 개정)

⑥다음 각 호의 어느 하나에 해당하는 자에게는 300만원 이하의 과태료를 부과한다.
1. 제32조제1항(제5호의 경우만 해당한다)을 위반하여 소속 근로자로 하여금 같은 항 각 호 외의 부분 본문에 따른 안전보건교육을 이수하도록 하지 아니한 자
2. 제35조를 위반하여 근로자대표에게 통지하지 아니한 자
3. 제40조(제166조의2에서 준용하는 경우를 포함한다), 제108조제5항, 제123조제2항, 제132조제3항, 제133조 또는 제149조를 위반한 자(2020.3.31

개정)
4. 제42조제2항을 위반하여 자격이 있는 자의 의견을 듣지 아니하고 유해위험방지계획서를 작성·제출한 자
5. 제43조제1항 또는 제46조제2항을 위반하여 확인을 받지 아니한 자
6. 제73조제1항을 위반하여 지도계약을 체결하지 아니한 자(2021.8.17 개정)
6의2. 제73조제2항을 위반하여 지도를 실시하지 아니한 자 또는 지도에 따라 적절한 조치를 하지 아니한 자(2021.8.17 신설)
7. 제84조제6항에 따른 자료 제출 명령을 따르지 아니한 자
8. 삭제(2021.5.18)
9. 제111조제2항 또는 제3항을 위반하여 물질안전보건자료의 변경 내용을 반영하여 제공하지 아니한 자
10. 제114조제3항(제166조의2에서 준용하는 경우를 포함한다)을 위반하여 해당 근로자를 교육하는 등 적절한 조치를 하지 아니한 자(2020.3.31 개정)
11. 제115조제1항 또는 같은 조 제2항 본문을 위반하여 경고표시를 하지 아니한 자
12. 제119조제1항에 따라 일반석면조사를 하지 아니하고 건축물이나 설비를 철거하거나 해체한 자
13. 제122조제3항을 위반하여 고용노동부장관에게 신고하지 아니한 자
14. 제124조제1항에 따른 증명자료를 제출하지 아니한 자
15. 제125조제5항, 제132조제5항 또는 제134조제1항·제2항에 따른 보고, 제출 또는 통보를 하지 아니하거나 거짓으로 보고, 제출 또는 통보한 자
16. 제155조제1항(제166조의2에서 준용하는 경우를 포함한다)에 따른 질문에 대하여 답변을 거부·방해 또는 기피하거나 거짓으로 답변한 자(2020.3.31 개정)
17. 제156조제1항(제166조의2에서 준용하는 경우를 포함한다)에 따른 검사·지도 등을 거부·방해 또는 기피한 자(2020.3.31 개정)
18. 제164조제1항부터 제6항까지의 규정을 위반하여 서류를 보존하지 아니한 자

⑦제1항부터 제6항까지의 규정에 따른 과태료는 대통령령으로 정하는 바에 따라 고용노동부장관이 부과·징수한다.

부 칙 (2019. 1.15)

제1조【시행일】 이 법은 공포 후 1년이 경과한 날부터 시행한다. 다만, 제14조 및 제175조제4항제2호의 개정규정은 공포 후 1년이 경과한 날이 속한 해의 다음 해 1월 1일부터 시행하고, 제35조제5호, 제110조부터 제116조까지, 제162조제9호 및 제10호, 제163조제1항제3호 및 제2항(제112조제8항에 관한 부분에 한정한다), 제165조제2항제25호부터 제27호까지, 제166조제1항제9호, 제175조제5항제3호(제114조제1항에 관한 부분에 한정한다) 및 제5호부터 제12호까지, 같은 조 제6항제2호(제35조제5호에 관한 부분에 한정한다) 및 제9호부터 제11호까지의 개정규정은 공포 후 2년이 경과한 날부터 시행한다.

제2조【산업재해 발생건수 등의 공표에 관한 적용례】 제10조제2항 및 제3항의 개정규정은 이 법 시행일이 속한 해의 다음해 1월 1일 이후 발생한 산업재해부터 적용한다.

제3조【건설공사발주자의 산업재해 예방 조치에 관한 적용례】 제67조의 개정규정은 이 법 시행 이후 건설공사발주자가 건설공사의 설계에 관한 계약을 체결하는 경우부터 적용한다.

제4조【타워크레인 설치 · 해체 작업에 관한 적용례】 제82조제2항의 개정규정은 이 법 시행 이후 사업주가 타워크레인 설치 · 해체 작업에 관한 계약을 체결하는 경우부터 적용한다.

제5조【건강진단에 따른 조치결과 제출에 관한 적용례】 제132조제5항의 개정규정은 이 법 시행 이후 실시하는 건강진단부터 적용한다.

제6조【역학조사 참석 등에 관한 적용례】 제141조제1항 후단, 같은 조 제3항 및 제4항의 개정규정은 이 법 시행 이후 실시하는 역학조사부터 적용한다.

제7조【물질안전보건자료의 작성 · 제출에 관한 특례】 부칙 제1조 단서에 따른 시행일 당시 종전의 제41조제1항 또는 제6항에 따라 물질안전보건자료를 작성 또는 변경한 자(대상화학물질을 양도하거나 제공한 자 중 그 대상화학물질을 제조하거나 수입한 자로 한정한다)는 제110조제1항 또는 제2항의 개정규정에도 불구하고 부칙 제1조 단서에 따른 시행일 이후 5년을 넘지 아니하는 범위 내에서 고용노동부령으로 정하는 날까지 물질안전보건자료 및 제110조제2항 본문에 따른 화학물질의 명칭 및 함유량에 관한 자료(같은 항 제2호에 따라 물질안전보건자료에 적힌 화학물질

외에는 제104조에 따른 분류기준에 해당하는 화학물질이 없음을 확인하는 경우에는 그 확인에 관한 서류를 말한다)를 고용노동부장관에게 제출하여야 한다.

제8조【물질안전보건자료의 제공에 관한 특례】 제111조제1항의 개정규정에도 불구하고 부칙 제7조에 따라 고용노동부장관에게 물질안전보건자료를 제출한 자는 부칙 제1조 단서에 따른 시행일 이후 5년을 넘지 아니하는 기간 내에서 고용노동부령으로 정하는 날까지 물질안전보건자료대상물질을 양도받거나 제공받은 자에게 물질안전보건자료를 제공(종전의 제41조제1항 또는 제6항에 따라 제공된 물질안전보건자료의 기재사항에서 변경된 사항이 없는 경우는 제외한다)하여야 한다.

제9조【물질안전보건자료의 일부 비공개 승인에 관한 특례】 부칙 제1조 단서에 따른 시행일 당시 종전의 제41조제2항에 따라 물질안전보건자료에 영업비밀로서 보호할 가치가 있다고 인정되는 화학물질 및 이를 함유한 제제의 사항을 적지 아니하고 같은 조 제1항에 따라 제공한 자(대상화학물질을 양도하거나 제공한 자 중 그 대상화학물질을 제조하거나 수입한 자로 한정한다)는 제112조의 개정규정에도 불구하고 부칙 제1조 단서에 따른 시행일 이후 5년을 넘지 아니하는 범위 내에서 고용노동부령으로 정하는 날까지 대체자료 기재에 관하여 고용노동부장관의 승인을 받아야 한다.

제10조【유해한 작업의 도급금지에 관한 경과조치】 이 법 시행 당시 종전의 규정에 따라 도급인가를 받은 사업주는 그 인가의 남은 기간이 3년을 넘지 아니하는 경우에는 그 남은 기간 동안, 3년을 초과하거나 그 인가기간이 정해지지 아니한 경우에는 이 법 시행 이후 3년까지 제58조제1항의 개정규정에도 불구하고 종전의 규정에 따른다.

제11조【안전보건조정자의 선임에 관한 경과조치】 이 법 시행 전에 건설공사에 관한 도급계약을 체결하여 건설공사가 행해지는 현장의 경우에는 제68조제1항의 개정규정에도 불구하고 종전의 규정에 따른다.

제12조【타워크레인 설치·해체업의 등록 등에 관한 경과조치】
①이 법 시행 당시 타워크레인 설치·해체업을 영위하고 있는 자는 이 법 시행일부터 3개월까지는 등록을 하지 아니하고 타워크레인 설치·해체업을 영위할 수 있다.
②제82조제2항의 개정규정에도 불구하고 사업주는 이 법 시행일부터 3개

월까지는 타워크레인 설치 · 해체업을 등록하지 아니한 자로 하여금 타워크레인을 설치하거나 해체하는 작업을 하도록 할 수 있다.

제13조 【안전인증 신청에 관한 경과조치】 이 법 시행 전에 종전의 제34조의3에 따라 안전인증이 취소된 자는 제86조제3항의 개정규정에도 불구하고 종전의 규정에 따른다.

제14조 【물질안전보건자료의 작성 · 비치 등에 관한 경과조치】 이 법 시행 후 물질안전보건자료의 작성 · 비치 등에 관하여는 제110조부터 제116조까지의 개정규정 시행일 전까지 종전의 제11조제2항제4호, 제41조, 제63조(제41조에 관한 부분에 한정한다), 제65조제2항제12호, 제72조제4항제3호(제41조에 관한 부분에 한정한다), 같은 조 제5항제1호(제41조에 관한 부분에 한정한다) 및 제2호, 같은 조 제6항제1호(제11조제2항제4호에 관한 부분에 한정한다) 및 제8호에 따른다.

제15조 【과징금에 관한 경과조치】 이 법 시행 전에 종전의 제15조의3(종전의 제16조제3항, 제30조의2제3항, 제34조의5제4항, 제36조제10항, 제42조제10항 및 제43조제11항에 따라 준용되는 경우를 포함한다)을 위반한 행위에 대하여 과징금에 관한 규정을 적용할 때에는 종전의 규정에 따른다.

제16조 【안전관리대행기관 등에 관한 경과조치】 ①법률 제4220호 산업안전보건법 시행일인 1990년 7월 14일 당시 노동부장관의 지정을 받은 안전관리대행기관 및 보건관리대행기관은 제21조의 개정규정에 따라 고용노동부장관의 지정을 받은 것으로 본다.
②공단은 법률 제4220호 산업안전보건법에 따라 노동부장관이 지정하도록 되어 있는 지정교육 · 검사 · 측정 또는 진단기관으로 지정받은 것으로 본다.

제17조 【산업위생지도사에 관한 경과조치】 법률 제11882호 산업안전보건법 일부개정법률 시행일인 2014년 3월 13일 당시 종전의 규정에 따른 산업위생지도사는 이 법에 따른 산업보건지도사로 본다.

제18조 【지도사 연수교육에 관한 경과조치】 법률 제11882호 산업안전보건법 일부개정법률 시행일인 2014년 3월 13일 전에 등록한 지도사는 제146조의 개정규정에 따른 연수교육을 받은 것으로 본다.

제19조 【벌칙과 과태료에 관한 경과조치】 이 법 시행 전의 행위에 대하여 벌칙이나 과태료에 관한 규정을 적용할 때에는 종전의 규정에 따

른다. 다만, 제110조부터 제116조까지의 개정규정 시행 전의 행위에 대하여 제175조제5항제3호(제114조제1항에 관한 부분에 한정한다) 및 제5호부터 제12호까지, 같은 조 제6항제2호(제35조제5호에 관한 부분에 한정한다) 및 제9호부터 제11호까지에 관한 규정을 적용할 때에는 종전의 규정에 따른다.

제20조【다른 법률의 개정】 생략

제21조【다른 법령과의 관계】 생략

부 칙 (2020. 3.31)

이 법은 공포한 날부터 시행한다. 다만, 제166조의2, 제167조제1항, 제168조, 제169조, 제170조제1호부터 제3호까지, 제171조제1호, 제174조제1항 본문(제166조의2를 준용하는 부분으로 한정한다) 및 제175조의 개정규정은 공포 후 6개월이 경과한 날부터 시행한다.

부 칙 (2020. 6. 9)

이 법은 공포한 날부터 시행한다. 다만, 제168조제2호와 제175조제4항제6호의 개정규정은 공포 후 3개월이 경과한 날부터 시행하고, 법률 제17187호 산업안전보건법 일부개정법률 제168조제2호의 개정규정은 10월 1일부터 시행한다.

부 칙 (2021. 4.13)

이 법은 공포 후 6개월이 경과한 날부터 시행한다.

부 칙 (2021. 5.18)

제1조【시행일】 이 법은 공포 후 6개월이 경과한 날부터 시행한다.

제2조【건설공사발주자의 산업재해 예방 조치 등에 관한 적용례】 제67조제2항 및 제3항의 개정규정은 이 법 시행 이후 건설공사발주자가 건설공사의 설계에 관한 계약을 체결하는 경우부터 적용한다.

제3조【산업재해 예방 활동의 보조 · 지원금 환수에 관한 적용례】 제158조제3항 및 제4항의 개정규정은 이 법 시행 이후 보조 · 지원을 받은 경우부터 적용한다.

부　칙 (2021. 8.17)

제 1 조【시행일】 이 법은 공포 후 1년이 경과한 날부터 시행한다.

제 2 조【건설공사의 산업재해 예방지도에 관한 적용례】 제73조제1항 · 제2항의 개정규정은 이 법 시행 이후 건설 산업재해 예방을 위한 지도계약을 체결하는 경우부터 적용한다.

제3조(벌칙에 관한 경과조치) 이 법 시행 전의 위반행위에 대하여 벌칙을 적용할 때에는 제172조 및 제175조제3항제2호의2의 개정규정에도 불구하고 종전의 규정에 따른다.

부　칙 (2023. 8. 8)

제 1 조【시행일】 이 법은 공포한 날부터 시행한다.

제 2 조【이의신청 기간에 관한 적용례】 제112조의2제2항 및 제3항의 개정규정은 이 법 시행 이후 하는 처분부터 적용한다.

부　칙 (2024.10.22)

이 법은 2025년 6월 1일부터 시행한다.

산업안전보건법 시행령

제정 1990. 7.14 대통령령 제13053호
전부개정 2019.12.24 대통령령 제30256호
개정 2020. 3. 3 대통령령 제30509호
2020. 8.27 대통령령 제30979호
2020. 9. 8 대통령령 제31004호
2021. 1.12 대통령령 제31387호
2021.10.14 대통령령 제32051호
2021.11.19 대통령령 제32132호
2022. 3. 8 대통령령 제32528호
2022. 8.16 대통령령 제32873호
2023. 6.27 대통령령 제33597호
2023.12.12 대통령령 제33913호
2024. 3.12 대통령령 제34304호
2024. 6.25 대통령령 제34603호
2024.12.31 대통령령 제35159호
2025. 1.31 대통령령 제35240호
2025. 4.29 대통령령 제35483호
2025. 6.20 대통령령 제35597호
2025.10. 1 대통령령 제35805호

제1장 총 칙

제1조【목적】 이 영은 「산업안전보건법」에서 위임된 사항과 그 시행에 필요한 사항을 규정함을 목적으로 한다.

제2조【적용범위 등】 ①「산업안전보건법」(이하 "법"이라 한다) 제3조 단서에 따라 법의 전부 또는 일부를 적용하지 않는 사업 또는 사업장의 범위 및 해당 사업 또는 사업장에 적용되지 않는 법 규정은 별표 1과

같다.
②이 영에서 사업의 분류는 「통계법」에 따라 국가데이터처장이 고시한 한국표준산업분류에 따른다.(2025.10.1 개정)

제3조【산업재해 예방을 위한 시책 마련】 고용노동부장관은 법 제4조제1항제2호에 따른 산업재해 예방 지원 및 지도를 위하여 산업재해 예방기법의 연구 및 보급, 안전·보건 기술의 지원 및 교육에 관한 시책을 마련해야 한다.

제4조【산업 안전 및 보건 경영체제 확립 지원】 고용노동부장관은 법 제4조제1항제4호에 따른 사업주의 자율적인 산업 안전 및 보건 경영체제 확립을 위하여 다음 각 호와 관련된 시책을 마련해야 한다.
1. 사업의 자율적인 안전·보건 경영체제 운영 등의 기법에 관한 연구 및 보급
2. 사업의 안전관리 및 보건관리 수준의 향상

제5조【산업 안전 및 보건 의식을 북돋우기 위한 시책 마련】 고용노동부장관은 법 제4조제1항제5호에 따라 산업 안전 및 보건에 관한 의식을 북돋우기 위하여 다음 각 호와 관련된 시책을 마련해야 한다.
1. 산업 안전 및 보건 교육의 진흥 및 홍보의 활성화
2. 산업 안전 및 보건과 관련된 국민의 건전하고 자주적인 활동의 촉진
3. 산업 안전 및 보건 강조 기간의 설정 및 그 시행

제6조【산업재해에 관한 조사 및 통계의 유지·관리】 고용노동부장관은 산업재해를 예방하기 위하여 법 제4조제1항제7호에 따라 산업재해에 관하여 조사하고 이에 관한 통계를 유지·관리하여 산업재해 예방을 위한 정책수립 및 집행에 적극 반영해야 한다.

제7조【건강증진사업 등의 추진】 고용노동부장관은 법 제4조제1항제9호에 따른 노무를 제공하는 사람의 안전 및 건강의 보호·증진에 관한 사항을 효율적으로 추진하기 위하여 다음 각 호와 관련된 시책을 마련해야 한다.(2020.9.8 개정)
1. 노무를 제공하는 사람의 안전 및 건강 증진을 위한 사업의 보급·확산(2020.9.8 개정)
2. 깨끗한 작업환경의 조성
3. 직업성 질병의 예방 및 조기 발견을 위한 사업(2022.8.16 신설)

제8조【사업주 등의 협조】 사업주(이 조에서만 법 제77조에 따른 특

수형태근로종사자로부터 노무를 제공받는 자와 법 제78조에 따른 물건의 수거·배달 등을 중개하는 자를 포함한다)와 근로자(이 조에서만 법 제77조에 따른 특수형태근로종사자와 법 제78조에 따른 물건의 수거·배달 등을 하는 사람을 포함한다), 그 밖의 관련 단체는 제3조부터 제7조까지의 규정에 따른 시책 등에 적극적으로 참여하는 등 협조해야 한다.(2020.9.8 개정)

제8조의2【협조 요청 대상 정보 또는 자료】 법 제8조제5항제3호에서 "대통령령으로 정하는 정보 또는 자료"란 다음 각 호의 어느 하나에 해당하는 정보를 말한다.

1. 「전기사업법」 제16조제1항에 따른 기본공급약관에서 정하는 사업장별 계약전력 정보(법 제42조제1항에 따른 유해위험방지계획서의 심사를 위하여 필요한 경우로 한정한다)
2. 「화학물질관리법」 제9조제1항에 따른 화학물질확인 정보(같은 법 제52조제1항에 따른 자료보호기간 중에 있는 정보는 제외한다)

(2023.6.27 본조개정)

제9조【산업재해 예방 통합정보시스템 구축·운영】 ①고용노동부장관은 법 제9조제1항에 따라 산업재해 예방 통합정보시스템을 구축·운영하는 경우에는 다음 각 호의 정보를 처리한다.

1. 「산업재해보상보험법」 제6조에 따른 적용 사업 또는 사업장에 관한 정보
2. 산업재해 발생에 관한 정보
3. 법 제93조에 따른 안전검사 결과, 법 제125조에 따른 작업환경측정 결과 등 안전·보건에 관한 정보
4. 그 밖에 산업재해 예방을 위하여 고용노동부장관이 정하여 고시하는 정보

②제1항에서 정한 사항 외에 산업재해 예방 통합정보시스템의 구축·운영에 관한 연구개발 및 기술지원, 그 밖에 산업재해 예방 통합정보시스템의 구축·운영 등에 필요한 사항은 고용노동부장관이 정한다.

제10조【공표대상 사업장】 ①법 제10조제1항에서 "대통령령으로 정하는 사업장"이란 다음 각 호의 어느 하나에 해당하는 사업장을 말한다.

1. 산업재해로 인한 사망자(이하 "사망재해자"라 한다)가 연간 2명 이상 발생한 사업장
2. 사망만인율(死亡萬人率: 연간 상시근로자 1만명당 발생하는 사망재해자 수의 비율을 말한다)이 규모별 같은 업종의 평균 사망만인율 이상인 사업장

3. 법 제44조제1항 전단에 따른 중대산업사고가 발생한 사업장
4. 법 제57조제1항을 위반하여 산업재해 발생 사실을 은폐한 사업장
5. 법 제57조제3항에 따른 산업재해의 발생에 관한 보고를 최근 3년 이내 2회 이상 하지 않은 사업장

②제1항제1호부터 제3호까지의 규정에 해당하는 사업장은 해당 사업장이 관계수급인의 사업장으로서 법 제63조에 따른 도급인이 관계수급인 근로자의 산업재해 예방을 위한 조치의무를 위반하여 관계수급인 근로자가 산업재해를 입은 경우에는 도급인의 사업장(도급인이 제공하거나 지정한 경우로서 도급인이 지배·관리하는 제11조 각 호에 해당하는 장소를 포함한다. 이하 같다)의 법 제10조제1항에 따른 산업재해발생건수등을 함께 공표한다.

제11조【도급인이 지배·관리하는 장소】 법 제10조제2항에서 "대통령령으로 정하는 장소"란 다음 각 호의 어느 하나에 해당하는 장소를 말한다.

1. 토사(土砂)·구축물·인공구조물 등이 붕괴될 우려가 있는 장소
2. 기계·기구 등이 넘어지거나 무너질 우려가 있는 장소
3. 안전난간의 설치가 필요한 장소
4. 비계(飛階) 또는 거푸집을 설치하거나 해체하는 장소
5. 건설용 리프트를 운행하는 장소
6. 지반(地盤)을 굴착하거나 발파작업을 하는 장소
7. 엘리베이터홀 등 근로자가 추락할 위험이 있는 장소
8. 석면이 붙어 있는 물질을 파쇄하거나 해체하는 작업을 하는 장소
9. 공중 전선에 가까운 장소로서 시설물의 설치·해체·점검 및 수리 등의 작업을 할 때 감전의 위험이 있는 장소
10. 물체가 떨어지거나 날아올 위험이 있는 장소
11. 프레스 또는 전단기(剪斷機)를 사용하여 작업을 하는 장소
12. 차량계(車輛系) 하역운반기계 또는 차량계 건설기계를 사용하여 작업하는 장소
13. 전기 기계·기구를 사용하여 감전의 위험이 있는 작업을 하는 장소
14. 「철도산업발전기본법」 제3조제4호에 따른 철도차량(「도시철도법」에 따른 도시철도차량을 포함한다)에 의한 충돌 또는 협착의 위험이 있는 작업을 하는 장소

15. 그 밖에 화재·폭발 등 사고발생 위험이 높은 장소로서 고용노동부령으로 정하는 장소

제12조【통합공표 대상 사업장 등】 법 제10조제2항에서 "대통령령으로 정하는 사업장"이란 다음 각 호의 어느 하나에 해당하는 사업이 이루어지는 사업장으로서 도급인이 사용하는 상시근로자 수가 500명 이상이고 도급인 사업장의 사고사망만인율(질병으로 인한 사망재해자를 제외하고 산출한 사망만인율을 말한다. 이하 같다)보다 관계수급인의 근로자를 포함하여 산출한 사고사망만인율이 높은 사업장을 말한다.

1. 제조업
2. 철도운송업
3. 도시철도운송업
4. 전기업

제2장 안전보건관리체제 등

제13조【이사회 보고·승인 대상 회사 등】 ①법 제14조제1항에서 "대통령령으로 정하는 회사"란 다음 각 호의 어느 하나에 해당하는 회사를 말한다.

1. 상시근로자 500명 이상을 사용하는 회사
2. 「건설산업기본법」 제23조에 따라 평가하여 공시된 시공능력(같은 법 시행령 별표 1의 종합공사를 시공하는 업종의 건설업종란 제3호에 따른 토목건축공사업에 대한 평가 및 공시로 한정한다)의 순위 상위 1천위 이내의 건설회사

②법 제14조제1항에 따른 회사의 대표이사(「상법」 제408조의2제1항 후단에 따라 대표이사를 두지 못하는 회사의 경우에는 같은 법 제408조의5에 따른 대표집행임원을 말한다)는 회사의 정관에서 정하는 바에 따라 다음 각 호의 내용을 포함한 회사의 안전 및 보건에 관한 계획을 수립해야 한다.

1. 안전 및 보건에 관한 경영방침
2. 안전·보건관리 조직의 구성·인원 및 역할
3. 안전·보건 관련 예산 및 시설 현황
4. 안전 및 보건에 관한 전년도 활동실적 및 다음 연도 활동계획

제14조【안전보건관리책임자의 선임 등】 ①법 제15조제2항에 따

른 안전보건관리책임자(이하 "안전보건관리책임자"라 한다)를 두어야 하는 사업의 종류 및 사업장의 상시근로자 수(건설공사의 경우에는 건설공사 금액을 말한다. 이하 같다)는 별표 2와 같다.
②사업주는 안전보건관리책임자가 법 제15조제1항에 따른 업무를 원활하게 수행할 수 있도록 권한·시설·장비·예산, 그 밖에 필요한 지원을 해야 한다.
③사업주는 안전보건관리책임자를 선임했을 때에는 그 선임 사실 및 법 제15조제1항 각 호에 따른 업무의 수행내용을 증명할 수 있는 서류를 갖추어 두어야 한다.

제15조【관리감독자의 업무 등】 ①법 제16조제1항에서 "대통령령으로 정하는 업무"란 다음 각 호의 업무를 말한다.
1. 사업장 내 법 제16조제1항에 따른 관리감독자(이하 "관리감독자"라 한다)가 지휘·감독하는 작업(이하 이 조에서 "해당작업"이라 한다)과 관련된 기계·기구 또는 설비의 안전·보건 점검 및 이상 유무의 확인
2. 관리감독자에게 소속된 근로자의 작업복·보호구 및 방호장치의 점검과 그 착용·사용에 관한 교육·지도
3. 해당작업에서 발생한 산업재해에 관한 보고 및 이에 대한 응급조치
4. 해당작업의 작업장 정리·정돈 및 통로 확보에 대한 확인·감독
5. 사업장의 다음 각 목의 어느 하나에 해당하는 사람의 지도·조언에 대한 협조
   가. 법 제17조제1항에 따른 안전관리자(이하 "안전관리자"라 한다) 또는 같은 조 제5항에 따라 안전관리자의 업무를 같은 항에 따른 안전관리전문기관(이하 "안전관리전문기관"이라 한다)에 위탁한 사업장의 경우에는 그 안전관리전문기관의 해당 사업장 담당자(2021.11.19 개정)
   나. 법 제18조제1항에 따른 보건관리자(이하 "보건관리자"라 한다) 또는 같은 조 제5항에 따라 보건관리자의 업무를 같은 항에 따른 보건관리전문기관(이하 "보건관리전문기관"이라 한다)에 위탁한 사업장의 경우에는 그 보건관리전문기관의 해당 사업장 담당자(2021.11.19 개정)
   다. 법 제19조제1항에 따른 안전보건관리담당자(이하 "안전보건관리담당자"라 한다) 또는 같은 조 제4항에 따라 안전보건관리담당자의 업무를 안전관리전문기관 또는 보건관리전문기관에 위탁한 사업장의 경우에는 그 안전관리전문기관 또는 보건관리전문기관의 해당 사업

장 담당자

라. 법 제22조제1항에 따른 산업보건의(이하 "산업보건의"라 한다)

6. 법 제36조에 따라 실시되는 위험성평가에 관한 다음 각 목의 업무

가. 유해·위험요인의 파악에 대한 참여

나. 개선조치의 시행에 대한 참여

7. 그 밖에 해당작업의 안전 및 보건에 관한 사항으로서 고용노동부령으로 정하는 사항

②관리감독자에 대한 지원에 관하여는 제14조제2항을 준용한다. 이 경우 "안전보건관리책임자"는 "관리감독자"로, "법 제15조제1항"은 "제1항"으로 본다.

제16조【안전관리자의 선임 등】 ①법 제17조제1항에 따라 안전관리자를 두어야 하는 사업의 종류와 사업장의 상시근로자 수, 안전관리자의 수 및 선임방법은 별표 3과 같다.

②법 제17조제3항에서 "대통령령으로 정하는 사업의 종류 및 사업장의 상시근로자 수에 해당하는 사업장"이란 제1항에 따른 사업 중 상시근로자 300명 이상을 사용하는 사업장[건설업의 경우에는 공사금액이 120억원(「건설산업기본법 시행령」 별표 1의 종합공사를 시공하는 업종의 건설업종란 제1호에 따른 토목공사업의 경우에는 150억원) 이상인 사업장]을 말한다.(2021.11.19 개정)

③제1항 및 제2항을 적용할 경우 제52조에 따른 사업으로서 도급인의 사업장에서 이루어지는 도급사업의 공사금액 또는 관계수급인의 상시근로자는 각각 해당 사업의 공사금액 또는 상시근로자로 본다. 다만, 별표 3의 기준에 해당하는 도급사업의 공사금액 또는 관계수급인의 상시근로자의 경우에는 그렇지 않다.

④제1항에도 불구하고 같은 사업주가 경영하는 둘 이상의 사업장이 다음 각 호의 어느 하나에 해당하는 경우에는 그 둘 이상의 사업장에 1명의 안전관리자를 공동으로 둘 수 있다. 이 경우 해당 사업장의 상시근로자 수의 합계는 300명 이내[건설업의 경우에는 공사금액의 합계가 120억원(「건설산업기본법 시행령」 별표 1의 종합공사를 시공하는 업종의 건설업종란 제1호에 따른 토목공사업의 경우에는 150억원) 이내]이어야 한다.

1. 같은 시·군·구(자치구를 말한다) 지역에 소재하는 경우
2. 사업장 간의 경계를 기준으로 15킬로미터 이내에 소재하는 경우

⑤제1항부터 제3항까지의 규정에도 불구하고 도급인의 사업장에서 이루어지는 도급사업에서 도급인이 고용노동부령으로 정하는 바에 따라 그 사업의 관계수급인 근로자에 대한 안전관리를 전담하는 안전관리자를 선임한 경우에는 그 사업의 관계수급인은 해당 도급사업에 대한 안전관리자를 선임하지 않을 수 있다.

⑥사업주는 안전관리자를 선임하거나 법 제17조제5항에 따라 안전관리자의 업무를 안전관리전문기관에 위탁한 경우에는 고용노동부령으로 정하는 바에 따라 선임하거나 위탁한 날부터 14일 이내에 고용노동부장관에게 그 사실을 증명할 수 있는 서류를 제출해야 한다. 법 제17조제4항에 따라 안전관리자를 늘리거나 교체한 경우에도 또한 같다.(2021.11.19 개정)

⑦사업주는 안전관리자를 해임하거나 법 제17조제5항에 따른 안전관리전문기관에 대한 업무 위탁을 해지한 경우에는 고용노동부령으로 정하는 바에 따라 안전관리자를 해임하거나 위탁을 해지한 날부터 14일 이내에 고용노동부장관에게 그 사실을 증명할 수 있는 서류를 제출해야 한다.(2025.4.29 신설)

제17조【안전관리자의 자격】 안전관리자의 자격은 별표 4와 같다.

제18조【안전관리자의 업무 등】 ①안전관리자의 업무는 다음 각 호와 같다.

1. 법 제24조제1항에 따른 산업안전보건위원회(이하 "산업안전보건위원회"라 한다) 또는 법 제75조제1항에 따른 안전 및 보건에 관한 노사협의체(이하 "노사협의체"라 한다)에서 심의·의결한 업무와 해당 사업장의 법 제25조제1항에 따른 안전보건관리규정(이하 "안전보건관리규정"이라 한다) 및 취업규칙에서 정한 업무
2. 법 제36조에 따른 위험성평가에 관한 보좌 및 지도·조언
3. 법 제84조제1항에 따른 안전인증대상기계등(이하 "안전인증대상기계등"이라 한다)과 법 제89조제1항 각 호 외의 부분 본문에 따른 자율안전확인대상기계등(이하 "자율안전확인대상기계등"이라 한다) 구입 시 적격품의 선정에 관한 보좌 및 지도·조언
4. 해당 사업장 안전교육계획의 수립 및 안전교육 실시에 관한 보좌 및 지도·조언
5. 사업장 순회점검, 지도 및 조치 건의
6. 산업재해 발생의 원인 조사·분석 및 재발 방지를 위한 기술적 보좌 및

지도·조언
7. 산업재해에 관한 통계의 유지·관리·분석을 위한 보좌 및 지도·조언
8. 법 또는 법에 따른 명령으로 정한 안전에 관한 사항의 이행에 관한 보좌 및 지도·조언
9. 업무 수행 내용의 기록·유지
10. 그 밖에 안전에 관한 사항으로서 고용노동부장관이 정하는 사항
②사업주가 안전관리자를 배치할 때에는 연장근로·야간근로 또는 휴일근로 등 해당 사업장의 작업 형태를 고려해야 한다.
③사업주는 안전관리 업무의 원활한 수행을 위하여 외부전문가의 평가·지도를 받을 수 있다.
④안전관리자는 제1항 각 호에 따른 업무를 수행할 때에는 보건관리자와 협력해야 한다.
⑤안전관리자에 대한 지원에 관하여는 제14조제2항을 준용한다. 이 경우 "안전보건관리책임자"는 "안전관리자"로, "법 제15조제1항"은 "제1항"으로 본다.

제19조【안전관리자 업무의 위탁 등】 ①법 제17조제5항에서 "대통령령으로 정하는 사업의 종류 및 사업장의 상시근로자 수에 해당하는 사업장"이란 건설업을 제외한 사업으로서 상시근로자 300명 미만을 사용하는 사업장을 말한다.(2021.11.19 개정)
②사업주가 법 제17조제5항 및 이 조 제1항에 따라 안전관리자의 업무를 안전관리전문기관에 위탁한 경우에는 그 안전관리전문기관을 안전관리자로 본다.(2021.11.19 개정)

제20조【보건관리자의 선임 등】 ①법 제18조제1항에 따라 보건관리자를 두어야 하는 사업의 종류와 사업장의 상시근로자 수, 보건관리자의 수 및 선임방법은 별표 5와 같다.
②법 제18조제3항에서 "대통령령으로 정하는 사업의 종류 및 사업장의 상시근로자 수에 해당하는 사업장"이란 상시근로자 300명 이상을 사용하는 사업장을 말한다.(2021.11.19 개정)
③보건관리자의 선임 등에 관하여는 제16조제3항부터 제7항까지의 규정을 준용한다. 이 경우 "별표 3"은 "별표 5"로, "안전관리자"는 "보건관리자"로, "안전관리"는 "보건관리"로, "법 제17조제5항"은 "법 제18조제5항"으로, "안전관리전문기관"은 "보건관리전문기관"으로 본다.(2025.4.29 개정)

제21조【보건관리자의 자격】 보건관리자의 자격은 별표 6과 같다.

제22조【보건관리자의 업무 등】 ①보건관리자의 업무는 다음 각 호와 같다.

1. 산업안전보건위원회 또는 노사협의체에서 심의·의결한 업무와 안전보건관리규정 및 취업규칙에서 정한 업무
2. 안전인증대상기계등과 자율안전확인대상기계등 중 보건과 관련된 보호구(保護具) 구입 시 적격품 선정에 관한 보좌 및 지도·조언
3. 법 제36조에 따른 위험성평가에 관한 보좌 및 지도·조언
4. 법 제110조에 따라 작성된 물질안전보건자료의 게시 또는 비치에 관한 보좌 및 지도·조언
5. 제31조제1항에 따른 산업보건의의 직무(보건관리자가 별표 6 제2호에 해당하는 사람인 경우로 한정한다)
6. 해당 사업장 보건교육계획의 수립 및 보건교육 실시에 관한 보좌 및 지도·조언
7. 해당 사업장의 근로자를 보호하기 위한 다음 각 목의 조치에 해당하는 의료행위(보건관리자가 별표 6 제2호 또는 제3호에 해당하는 경우로 한정한다)
   가. 자주 발생하는 가벼운 부상에 대한 치료
   나. 응급처치가 필요한 사람에 대한 처치
   다. 부상·질병의 악화를 방지하기 위한 처치
   라. 건강진단 결과 발견된 질병자의 요양 지도 및 관리
   마. 가목부터 라목까지의 의료행위에 따르는 의약품의 투여
8. 작업장 내에서 사용되는 전체 환기장치 및 국소 배기장치 등에 관한 설비의 점검과 작업방법의 공학적 개선에 관한 보좌 및 지도·조언
9. 사업장 순회점검, 지도 및 조치 건의
10. 산업재해 발생의 원인 조사·분석 및 재발 방지를 위한 기술적 보좌 및 지도·조언
11. 산업재해에 관한 통계의 유지·관리·분석을 위한 보좌 및 지도·조언
12. 법 또는 법에 따른 명령으로 정한 보건에 관한 사항의 이행에 관한 보좌 및 지도·조언
13. 업무 수행 내용의 기록·유지
14. 그 밖에 보건과 관련된 작업관리 및 작업환경관리에 관한 사항으로서

고용노동부장관이 정하는 사항

②보건관리자는 제1항 각 호에 따른 업무를 수행할 때에는 안전관리자와 협력해야 한다.

③사업주는 보건관리자가 제1항에 따른 업무를 원활하게 수행할 수 있도록 권한·시설·장비·예산, 그 밖의 업무 수행에 필요한 지원을 해야 한다. 이 경우 보건관리자가 별표 6 제2호 또는 제3호에 해당하는 경우에는 고용노동부령으로 정하는 시설 및 장비를 지원해야 한다.

④보건관리자의 배치 및 평가·지도에 관하여는 제18조제2항 및 제3항을 준용한다. 이 경우 "안전관리자"는 "보건관리자"로, "안전관리"는 "보건관리"로 본다.

제23조【보건관리자 업무의 위탁 등】 ①법 제18조제5항에 따라 보건관리자의 업무를 위탁할 수 있는 보건관리전문기관은 지역별 보건관리전문기관과 업종별·유해인자별 보건관리전문기관으로 구분한다.(2021.11.19 개정)

②법 제18조제5항에서 "대통령령으로 정하는 사업의 종류 및 사업장의 상시근로자 수에 해당하는 사업장"이란 다음 각 호의 어느 하나에 해당하는 사업장을 말한다.(2021.11.19 개정)

1. 건설업을 제외한 사업(업종별·유해인자별 보건관리전문기관의 경우에는 고용노동부령으로 정하는 사업을 말한다)으로서 상시근로자 300명 미만을 사용하는 사업장
2. 외딴곳으로서 고용노동부장관이 정하는 지역에 있는 사업장

③보건관리자 업무의 위탁에 관하여는 제19조제2항을 준용한다. 이 경우 "법 제17조제5항 및 이 조 제1항"은 "법 제18조제5항 및 이 조 제2항"으로, "안전관리자"는 "보건관리자"로, "안전관리전문기관"은 "보건관리전문기관"으로 본다.(2021.11.19 개정)

제24조【안전보건관리담당자의 선임 등】 ①다음 각 호의 어느 하나에 해당하는 사업의 사업주는 법 제19조제1항에 따라 상시근로자 20명 이상 50명 미만인 사업장에 안전보건관리담당자를 1명 이상 선임해야 한다.

1. 제조업
2. 임업
3. 하수, 폐수 및 분뇨 처리업
4. 폐기물 수집, 운반, 처리 및 원료 재생업

5. 환경 정화 및 복원업

②안전보건관리담당자는 해당 사업장 소속 근로자로서 다음 각 호의 어느 하나에 해당하는 요건을 갖추어야 한다.

1. 제17조에 따른 안전관리자의 자격을 갖추었을 것
2. 제21조에 따른 보건관리자의 자격을 갖추었을 것
3. 고용노동부장관이 정하여 고시하는 안전보건교육을 이수했을 것

③안전보건관리담당자는 제25조 각 호에 따른 업무에 지장이 없는 범위에서 다른 업무를 겸할 수 있다.

④사업주는 제1항에 따라 안전보건관리담당자를 선임한 경우에는 그 선임 사실 및 제25조제1항 각 호에 따른 업무를 수행했음을 증명할 수 있는 서류를 갖추어 두어야 한다.

제25조【안전보건관리담당자의 업무】 안전보건관리담당자의 업무는 다음 각 호와 같다.

1. 법 제29조에 따른 안전보건교육 실시에 관한 보좌 및 지도·조언
2. 법 제36조에 따른 위험성평가에 관한 보좌 및 지도·조언
3. 법 제125조에 따른 작업환경측정 및 개선에 관한 보좌 및 지도·조언
4. 법 제129조부터 제131조까지의 규정에 따른 각종 건강진단에 관한 보좌 및 지도·조언(2020.9.8 개정)
5. 산업재해 발생의 원인 조사, 산업재해 통계의 기록 및 유지를 위한 보좌 및 지도·조언
6. 산업 안전·보건과 관련된 안전장치 및 보호구 구입 시 적격품 선정에 관한 보좌 및 지도·조언

제26조【안전보건관리담당자 업무의 위탁 등】 ①법 제19조제4항에서 "대통령령으로 정하는 사업의 종류 및 사업장의 상시근로자 수에 해당하는 사업장"이란 제24조제1항에 따라 안전보건관리담당자를 선임해야 하는 사업장을 말한다.

②안전보건관리담당자 업무의 위탁에 관하여는 제19조제2항을 준용한다. 이 경우 "법 제17조제5항 및 이 조 제1항"은 "법 제19조제4항 및 이 조 제1항"으로, "안전관리자"는 "안전보건관리담당자"로, "안전관리전문기관"은 "안전관리전문기관 또는 보건관리전문기관"으로 본다.(2021.11.19 개정)

제27조【안전관리전문기관 등의 지정 요건】 ①법 제21조제1항에 따라 안전관리전문기관으로 지정받을 수 있는 자는 다음 각 호의 어느 하

나에 해당하는 자로서 별표 7에 따른 인력 · 시설 및 장비를 갖춘 자로 한다.
1. 법 제145조제1항에 따라 등록한 산업안전지도사(건설안전 분야의 산업안전지도사는 제외한다)
2. 안전관리 업무를 하려는 법인
②법 제21조제1항에 따라 보건관리전문기관으로 지정받을 수 있는 자는 다음 각 호의 어느 하나에 해당하는 자로서 별표 8에 따른 인력 · 시설 및 장비를 갖춘 자로 한다.
1. 법 제145조제1항에 따라 등록한 산업보건지도사
2. 국가 또는 지방자치단체의 소속기관
3. 「의료법」에 따른 종합병원 또는 병원
4. 「고등교육법」 제2조제1호부터 제6호까지의 규정에 따른 대학 또는 그 부속기관
5. 보건관리 업무를 하려는 법인

제28조【안전관리전문기관 등의 지정 취소 등의 사유】 법 제21조제4항제5호에서 "대통령령으로 정하는 사유에 해당하는 경우"란 다음 각 호의 경우를 말한다.
1. 안전관리 또는 보건관리 업무 관련 서류를 거짓으로 작성한 경우
2. 정당한 사유 없이 안전관리 또는 보건관리 업무의 수탁을 거부한 경우
3. 위탁받은 안전관리 또는 보건관리 업무에 차질을 일으키거나 업무를 게을리한 경우
4. 안전관리 또는 보건관리 업무를 수행하지 않고 위탁 수수료를 받은 경우
5. 안전관리 또는 보건관리 업무와 관련된 비치서류를 보존하지 않은 경우
6. 안전관리 또는 보건관리 업무 수행과 관련한 대가 외에 금품을 받은 경우
7. 법에 따른 관계 공무원의 지도 · 감독을 거부 · 방해 또는 기피한 경우

제29조【산업보건의의 선임 등】 ①법 제22조제1항에 따라 산업보건의를 두어야 하는 사업의 종류와 사업장은 제20조 및 별표 5에 따라 보건관리자를 두어야 하는 사업으로서 상시근로자 수가 50명 이상인 사업장으로 한다. 다만, 다음 각 호의 어느 하나에 해당하는 경우는 그렇지 않다.
1. 의사를 보건관리자로 선임한 경우
2. 법 제18조제5항에 따라 보건관리전문기관에 보건관리자의 업무를 위탁한 경우(2021.11.19 개정)
②산업보건의는 외부에서 위촉할 수 있다.

③사업주는 제1항 또는 제2항에 따라 산업보건의를 선임하거나 위촉했을 때에는 고용노동부령으로 정하는 바에 따라 선임하거나 위촉한 날부터 14일 이내에 고용노동부장관에게 그 사실을 증명할 수 있는 서류를 제출해야 한다.

④사업주는 산업보건의를 해임하거나 해촉한 경우에는 고용노동부령으로 정하는 바에 따라 산업보건의를 해임하거나 해촉한 날부터 14일 이내에 고용노동부장관에게 그 사실을 증명할 수 있는 서류를 제출해야 한다.(2025.4.29 신설)

⑤제2항에 따라 위촉된 산업보건의가 담당할 사업장 수 및 근로자 수, 그 밖에 필요한 사항은 고용노동부장관이 정한다.(2025.4.29 개정)

제30조【산업보건의의 자격】 산업보건의의 자격은 「의료법」에 따른 의사로서 직업환경의학과 전문의, 예방의학 전문의 또는 산업보건에 관한 학식과 경험이 있는 사람으로 한다.

제31조【산업보건의의 직무 등】 ①산업보건의의 직무 내용은 다음 각 호와 같다.

1. 법 제134조에 따른 건강진단 결과의 검토 및 그 결과에 따른 작업 배치, 작업 전환 또는 근로시간의 단축 등 근로자의 건강보호 조치
2. 근로자의 건강장해의 원인 조사와 재발 방지를 위한 의학적 조치
3. 그 밖에 근로자의 건강 유지 및 증진을 위하여 필요한 의학적 조치에 관하여 고용노동부장관이 정하는 사항

②산업보건의에 대한 지원에 관하여는 제14조제2항을 준용한다. 이 경우 "안전보건관리책임자"는 "산업보건의"로, "법 제15조제1항"은 "제1항"으로 본다.

제32조【명예산업안전감독관 위촉 등】 ①고용노동부장관은 다음 각 호의 어느 하나에 해당하는 사람 중에서 법 제23조제1항에 따른 명예산업안전감독관(이하 "명예산업안전감독관"이라 한다)을 위촉할 수 있다.

1. 산업안전보건위원회 구성 대상 사업의 근로자 또는 노사협의체 구성·운영 대상 건설공사의 근로자 중에서 근로자대표(해당 사업장에 단위노동조합의 산하 노동단체가 그 사업장 근로자의 과반수로 조직되어 있는 경우에는 지부·분회 등 명칭이 무엇이든 관계없이 해당 노동단체의 대표자를 말한다. 이하 같다)가 사업주의 의견을 들어 추천하는 사람
2. 「노동조합 및 노동관계조정법」 제10조에 따른 연합단체인 노동조합 또

는 그 지역 대표기구에 소속된 임직원 중에서 해당 연합단체인 노동조합 또는 그 지역 대표기구가 추천하는 사람

3. 전국 규모의 사업주단체 또는 그 산하조직에 소속된 임직원 중에서 해당 단체 또는 그 산하조직이 추천하는 사람
4. 산업재해 예방 관련 업무를 하는 단체 또는 그 산하조직에 소속된 임직원 중에서 해당 단체 또는 그 산하조직이 추천하는 사람

②명예산업안전감독관의 업무는 다음 각 호와 같다. 이 경우 제1항제1호에 따라 위촉된 명예산업안전감독관의 업무 범위는 해당 사업장에서의 업무(제8호는 제외한다)로 한정하며, 제1항제2호부터 제4호까지의 규정에 따라 위촉된 명예산업안전감독관의 업무 범위는 제8호부터 제10호까지의 규정에 따른 업무로 한정한다.

1. 사업장에서 하는 자체점검 참여 및 「근로기준법」 제101조에 따른 근로감독관(이하 "근로감독관"이라 한다)이 하는 사업장 감독 참여
2. 사업장 산업재해 예방계획 수립 참여 및 사업장에서 하는 기계ㆍ기구 자체검사 참석
3. 법령을 위반한 사실이 있는 경우 사업주에 대한 개선 요청 및 감독기관에의 신고
4. 산업재해 발생의 급박한 위험이 있는 경우 사업주에 대한 작업중지 요청
5. 작업환경측정, 근로자 건강진단 시의 참석 및 그 결과에 대한 설명회 참여
6. 직업성 질환의 증상이 있거나 질병에 걸린 근로자가 여러 명 발생한 경우 사업주에 대한 임시건강진단 실시 요청
7. 근로자에 대한 안전수칙 준수 지도
8. 법령 및 산업재해 예방정책 개선 건의
9. 안전ㆍ보건 의식을 북돋우기 위한 활동 등에 대한 참여와 지원
10. 그 밖에 산업재해 예방에 대한 홍보 등 산업재해 예방업무와 관련하여 고용노동부장관이 정하는 업무

③명예산업안전감독관의 임기는 2년으로 하되, 연임할 수 있다.

④고용노동부장관은 명예산업안전감독관의 활동을 지원하기 위하여 수당 등을 지급할 수 있다.

⑤제1항부터 제4항까지에서 규정한 사항 외에 명예산업안전감독관의 위촉 및 운영 등에 필요한 사항은 고용노동부장관이 정한다.

제33조【명예산업안전감독관의 해촉】 고용노동부장관은 다음 각

호의 어느 하나에 해당하는 경우에는 명예산업안전감독관을 해촉(解囑)할 수 있다.

1. 근로자대표가 사업주의 의견을 들어 제32조제1항제1호에 따라 위촉된 명예산업안전감독관의 해촉을 요청한 경우
2. 제32조제1항제2호부터 제4호까지의 규정에 따라 위촉된 명예산업안전감독관이 해당 단체 또는 그 산하조직으로부터 퇴직하거나 해임된 경우
3. 명예산업안전감독관의 업무와 관련하여 부정한 행위를 한 경우
4. 질병이나 부상 등의 사유로 명예산업안전감독관의 업무 수행이 곤란하게 된 경우

제34조【산업안전보건위원회 구성 대상】 법 제24조제1항에 따라 산업안전보건위원회를 구성해야 할 사업의 종류 및 사업장의 상시근로자 수는 별표 9와 같다.

제35조【산업안전보건위원회의 구성】 ①산업안전보건위원회의 근로자위원은 다음 각 호의 사람으로 구성한다.

1. 근로자대표
2. 명예산업안전감독관이 위촉되어 있는 사업장의 경우 근로자대표가 지명하는 1명 이상의 명예산업안전감독관
3. 근로자대표가 지명하는 9명(근로자인 제2호의 위원이 있는 경우에는 9명에서 그 위원의 수를 제외한 수를 말한다) 이내의 해당 사업장의 근로자

②산업안전보건위원회의 사용자위원은 다음 각 호의 사람으로 구성한다. 다만, 상시근로자 50명 이상 100명 미만을 사용하는 사업장에서는 제5호에 해당하는 사람을 제외하고 구성할 수 있다.

1. 해당 사업의 대표자(같은 사업으로서 다른 지역에 사업장이 있는 경우에는 그 사업장의 안전보건관리책임자를 말한다. 이하 같다)
2. 안전관리자(제16조제1항에 따라 안전관리자를 두어야 하는 사업장으로 한정하되, 안전관리자의 업무를 안전관리전문기관에 위탁한 사업장의 경우에는 그 안전관리전문기관의 해당 사업장 담당자를 말한다) 1명
3. 보건관리자(제20조제1항에 따라 보건관리자를 두어야 하는 사업장으로 한정하되, 보건관리자의 업무를 보건관리전문기관에 위탁한 사업장의 경우에는 그 보건관리전문기관의 해당 사업장 담당자를 말한다) 1명
4. 산업보건의(해당 사업장에 선임되어 있는 경우로 한정한다)

5. 해당 사업의 대표자가 지명하는 9명 이내의 해당 사업장 부서의 장
③제1항 및 제2항에도 불구하고 법 제69조제1항에 따른 건설공사도급인(이하 "건설공사도급인"이라 한다)이 법 제64조제1항제1호에 따른 안전 및 보건에 관한 협의체를 구성한 경우에는 산업안전보건위원회의 위원을 다음 각 호의 사람을 포함하여 구성할 수 있다.
1. 근로자위원: 도급 또는 하도급 사업을 포함한 전체 사업의 근로자대표, 명예산업안전감독관 및 근로자대표가 지명하는 해당 사업장의 근로자
2. 사용자위원: 도급인 대표자, 관계수급인의 각 대표자 및 안전관리자

제36조【산업안전보건위원회의 위원장】 산업안전보건위원회의 위원장은 위원 중에서 호선(互選)한다. 이 경우 근로자위원과 사용자위원 중 각 1명을 공동위원장으로 선출할 수 있다.

제37조【산업안전보건위원회의 회의 등】 ①법 제24조제3항에 따라 산업안전보건위원회의 회의는 정기회의와 임시회의로 구분하되, 정기회의는 분기마다 산업안전보건위원회의 위원장이 소집하며, 임시회의는 위원장이 필요하다고 인정할 때에 소집한다.
②회의는 근로자위원 및 사용자위원 각 과반수의 출석으로 개의(開議)하고 출석위원 과반수의 찬성으로 의결한다.
③근로자대표, 명예산업안전감독관, 해당 사업의 대표자, 안전관리자 또는 보건관리자는 회의에 출석할 수 없는 경우에는 해당 사업에 종사하는 사람 중에서 1명을 지정하여 위원으로서의 직무를 대리하게 할 수 있다.
④산업안전보건위원회는 다음 각 호의 사항을 기록한 회의록을 작성하여 갖추어 두어야 한다.
1. 개최 일시 및 장소
2. 출석위원
3. 심의 내용 및 의결·결정 사항
4. 그 밖의 토의사항

제38조【의결되지 않은 사항 등의 처리】 ①산업안전보건위원회는 다음 각 호의 어느 하나에 해당하는 경우에는 근로자위원과 사용자위원의 합의에 따라 산업안전보건위원회에 중재기구를 두어 해결하거나 제3자에 의한 중재를 받아야 한다.
1. 법 제24조제2항 각 호에 따른 사항에 대하여 산업안전보건위원회에서 의결하지 못한 경우

산업 안전

2. 산업안전보건위원회에서 의결된 사항의 해석 또는 이행방법 등에 관하여 의견이 일치하지 않는 경우

②제1항에 따른 중재 결정이 있는 경우에는 산업안전보건위원회의 의결을 거친 것으로 보며, 사업주와 근로자는 그 결정에 따라야 한다.

제39조【회의 결과 등의 공지】 산업안전보건위원회의 위원장은 산업안전보건위원회에서 심의·의결된 내용 등 회의 결과와 중재 결정된 내용 등을 사내방송이나 사내보(社內報), 게시 또는 자체 정례조회, 그 밖의 적절한 방법으로 근로자에게 신속히 알려야 한다.

제 3 장 안전보건교육

제40조【안전보건교육기관의 등록 및 취소】 ①법 제33조제1항 전단에 따라 법 제29조제1항부터 제3항까지의 규정에 따른 안전보건교육에 대한 안전보건교육기관(이하 "근로자안전보건교육기관"이라 한다)으로 등록하려는 자는 법인 또는 산업 안전·보건 관련 학과가 있는 「고등교육법」 제2조에 따른 학교로서 별표 10에 따른 인력·시설 및 장비 등을 갖추어야 한다.

②법 제33조제1항 전단에 따라 법 제31조제1항 본문에 따른 안전보건교육에 대한 안전보건교육기관으로 등록하려는 자는 법인 또는 산업 안전·보건 관련 학과가 있는 「고등교육법」 제2조에 따른 학교로서 별표 11에 따른 인력·시설 및 장비를 갖추어야 한다.

③법 제33조제1항 전단에 따라 법 제32조제1항 각 호 외의 부분 본문에 따른 안전보건교육에 대한 안전보건교육기관(이하 "직무교육기관"이라 한다)으로 등록할 수 있는 자는 다음 각 호의 어느 하나에 해당하는 자로 한다.

1. 「한국산업안전보건공단법」에 따른 한국산업안전보건공단(이하 "공단"이라 한다)
2. 다음 각 목의 어느 하나에 해당하는 기관으로서 별표 12에 따른 인력·시설 및 장비를 갖춘 기관
   가. 산업 안전·보건 관련 학과가 있는 「고등교육법」 제2조에 따른 학교
   나. 비영리법인

④법 제33조제1항 후단에서 "대통령령으로 정하는 중요한 사항"이란 다음

각 호의 사항을 말한다.
1. 교육기관의 명칭(상호)
2. 교육기관의 소재지
3. 대표자의 성명
⑤제1항부터 제3항까지의 규정에 따른 안전보건교육기관에 관하여 법 제33조제4항에 따라 준용되는 법 제21조제4항제5호에서 "대통령령으로 정하는 사유에 해당하는 경우"란 다음 각 호의 경우를 말한다.
1. 교육 관련 서류를 거짓으로 작성한 경우
2. 정당한 사유 없이 교육 실시를 거부한 경우
3. 교육을 실시하지 않고 수수료를 받은 경우
4. 법 제29조제1항부터 제3항까지, 제31조제1항 본문 또는 제32조제1항 각 호 외의 부분 본문에 따른 교육의 내용 및 방법을 위반한 경우

제 4 장 유해 · 위험 방지 조치

제41조 【제3자의 폭언등으로 인한 건강장해 발생 등에 대한 조치】 법 제41조제2항에서 "업무의 일시적 중단 또는 전환 등 대통령령으로 정하는 필요한 조치"란 다음 각 호의 조치 중 필요한 조치를 말한다.

1. 업무의 일시적 중단 또는 전환(2021.10.14 개정)
2. 「근로기준법」 제54조제1항에 따른 휴게시간의 연장
3. 법 제41조제2항에 따른 폭언등으로 인한 건강장해 관련 치료 및 상담 지원(2021.10.14 개정)
4. 관할 수사기관 또는 법원에 증거물 · 증거서류를 제출하는 등 법 제41조제2항에 따른 폭언등으로 인한 고소, 고발 또는 손해배상 청구 등을 하는 데 필요한 지원(2021.10.14 개정)

제42조 【유해위험방지계획서 제출 대상】 ①법 제42조제1항제1호에서 "대통령령으로 정하는 사업의 종류 및 규모에 해당하는 사업"이란 다음 각 호의 어느 하나에 해당하는 사업으로서 전기 계약용량이 300킬로와트 이상인 경우를 말한다.
1. 금속가공제품 제조업; 기계 및 가구 제외
2. 비금속 광물제품 제조업
3. 기타 기계 및 장비 제조업

4. 자동차 및 트레일러 제조업
5. 식료품 제조업
6. 고무제품 및 플라스틱제품 제조업
7. 목재 및 나무제품 제조업
8. 기타 제품 제조업
9. 1차 금속 제조업
10. 가구 제조업
11. 화학물질 및 화학제품 제조업
12. 반도체 제조업
13. 전자부품 제조업

②법 제42조제1항제2호에서 "대통령령으로 정하는 기계·기구 및 설비"란 다음 각 호의 어느 하나에 해당하는 기계·기구 및 설비를 말한다. 이 경우 다음 각 호에 해당하는 기계·기구 및 설비의 구체적인 범위는 고용노동부장관이 정하여 고시한다.

1. 금속이나 그 밖의 광물의 용해로
2. 화학설비
3. 건조설비
4. 가스집합 용접장치
5. 근로자의 건강에 상당한 장해를 일으킬 우려가 있는 물질로서 고용노동부령으로 정하는 물질의 밀폐·환기·배기를 위한 설비(2021.11.19 개정)
6. 삭제(2021.11.19)

③법 제42조제1항제3호에서 "대통령령으로 정하는 크기 높이 등에 해당하는 건설공사"란 다음 각 호의 어느 하나에 해당하는 공사를 말한다.

1. 다음 각 목의 어느 하나에 해당하는 건축물 또는 시설 등의 건설·개조 또는 해체(이하 "건설등"이라 한다) 공사
   가. 지상높이가 31미터 이상인 건축물 또는 인공구조물
   나. 연면적 3만제곱미터 이상인 건축물
   다. 연면적 5천제곱미터 이상인 시설로서 다음의 어느 하나에 해당하는 시설
      1) 문화 및 집회시설(전시장 및 동물원·식물원은 제외한다)
      2) 판매시설, 운수시설(고속철도의 역사 및 집배송시설은 제외한다)
      3) 종교시설

4) 의료시설 중 종합병원
5) 숙박시설 중 관광숙박시설
6) 지하도상가
7) 냉동·냉장 창고시설

2. 연면적 5천제곱미터 이상인 냉동·냉장 창고시설의 설비공사 및 단열공사
3. 최대 지간(支間)길이(다리의 기둥과 기둥의 중심사이의 거리)가 50미터 이상인 다리의 건설등 공사
4. 터널의 건설등 공사
5. 다목적댐, 발전용댐, 저수용량 2천만톤 이상의 용수 전용 댐 및 지방상수도 전용 댐의 건설등 공사
6. 깊이 10미터 이상인 굴착공사

제43조【공정안전보고서의 제출 대상】 ①법 제44조제1항 전단에서 "대통령령으로 정하는 유해하거나 위험한 설비"란 다음 각 호의 어느 하나에 해당하는 사업을 하는 사업장의 경우에는 그 보유설비를 말하고, 그 외의 사업을 하는 사업장의 경우에는 별표 13에 따른 유해·위험물질 중 하나 이상의 물질을 같은 표에 따른 규정량 이상 제조·취급·저장하는 설비 및 그 설비의 운영과 관련된 모든 공정설비를 말한다.

1. 원유 정제처리업
2. 기타 석유정제물 재처리업
3. 석유화학계 기초화학물질 제조업 또는 합성수지 및 기타 플라스틱물질 제조업. 다만, 합성수지 및 기타 플라스틱물질 제조업은 별표 13 제1호 또는 제2호에 해당하는 경우로 한정한다.
4. 질소 화합물, 질소·인산 및 칼리질 화학비료 제조업 중 질소질 비료 제조
5. 복합비료 및 기타 화학비료 제조업 중 복합비료 제조(단순혼합 또는 배합에 의한 경우는 제외한다)
6. 화학 살균·살충제 및 농업용 약제 제조업[농약 원제(原劑) 제조만 해당한다]
7. 화약 및 불꽃제품 제조업

②제1항에도 불구하고 다음 각 호의 설비는 유해하거나 위험한 설비로 보지 않는다.

1. 원자력 설비
2. 군사시설
3. 사업주가 해당 사업장 내에서 직접 사용하기 위한 난방용 연료의 저장설비 및 사용설비
4. 도매·소매시설
5. 차량 등의 운송설비
6. 「액화석유가스의 안전관리 및 사업법」에 따른 액화석유가스의 충전·저장시설
7. 「도시가스사업법」에 따른 가스공급시설
8. 그 밖에 고용노동부장관이 누출·화재·폭발 등의 사고가 있더라도 그에 따른 피해의 정도가 크지 않다고 인정하여 고시하는 설비

③법 제44조제1항 전단에서 "대통령령으로 정하는 사고"란 다음 각 호의 어느 하나에 해당하는 사고를 말한다.

1. 근로자가 사망하거나 부상을 입을 수 있는 제1항에 따른 설비(제2항에 따른 설비는 제외한다. 이하 제2호에서 같다)에서의 누출·화재·폭발 사고
2. 인근 지역의 주민이 인적 피해를 입을 수 있는 제1항에 따른 설비에서의 누출·화재·폭발 사고

제44조 【공정안전보고서의 내용】 ①법 제44조제1항 전단에 따른 공정안전보고서에는 다음 각 호의 사항이 포함되어야 한다.

1. 공정안전자료
2. 공정위험성 평가서
3. 안전운전계획
4. 비상조치계획
5. 그 밖에 공정상의 안전과 관련하여 고용노동부장관이 필요하다고 인정하여 고시하는 사항

②제1항제1호부터 제4호까지의 규정에 따른 사항에 관한 세부 내용은 고용노동부령으로 정한다.

제45조 【공정안전보고서의 제출】 ①사업주는 제43조에 따른 유해하거나 위험한 설비를 설치(기존 설비의 제조·취급·저장 물질이 변경되거나 제조량·취급량·저장량이 증가하여 별표 13에 따른 유해·위험물질 규정량에 해당하게 된 경우를 포함한다)·이전하거나 고용노동부장관

이 정하는 주요 구조부분을 변경할 때에는 고용노동부령으로 정하는 바에 따라 법 제44조제1항 전단에 따른 공정안전보고서를 작성하여 고용노동부장관에게 제출해야 한다. 이 경우 「화학물질관리법」에 따라 사업주가 기후에너지환경부장관에게 제출해야 하는 같은 법 제23조에 따른 화학사고예방관리계획서의 내용이 제44조에 따라 공정안전보고서에 포함시켜야 할 사항에 해당하는 경우에는 그 해당 부분에 대한 작성·제출을 같은 법 제23조에 따른 화학사고예방관리계획서 사본의 제출로 갈음할 수 있다.(2025.10.1 개정)

②제1항 전단에도 불구하고 사업주가 제출해야 할 공정안전보고서가 「고압가스 안전관리법」 제2조에 따른 고압가스를 사용하는 단위공정 설비에 관한 것인 경우로서 해당 사업주가 같은 법 제11조에 따른 안전관리규정과 같은 법 제13조의2에 따른 안전성향상계획을 작성하여 공단 및 같은 법 제28조에 따른 한국가스안전공사가 공동으로 검토·작성한 의견서를 첨부하여 허가 관청에 제출한 경우에는 해당 단위공정 설비에 관한 공정안전보고서를 제출한 것으로 본다.

제46조【안전보건진단의 종류 및 내용】 ①법 제47조제1항에 따른 안전보건진단(이하 "안전보건진단"이라 한다)의 종류 및 내용은 별표 14와 같다.

②고용노동부장관은 법 제47조제1항에 따라 안전보건진단 명령을 할 경우 기계·화공·전기·건설 등 분야별로 한정하여 진단을 받을 것을 명할 수 있다.

③안전보건진단 결과보고서에는 산업재해 또는 사고의 발생원인, 작업조건·작업방법에 대한 평가 등의 사항이 포함되어야 한다.

제47조【안전보건진단기관의 지정 요건】 법 제48조제1항에 따라 안전보건진단기관으로 지정받으려는 자는 법인으로서 제46조제1항 및 별표 14에 따른 안전보건진단 종류별로 종합진단기관은 별표 15, 안전진단기관은 별표 16, 보건진단기관은 별표 17에 따른 인력·시설 및 장비 등의 요건을 각각 갖추어야 한다.

제48조【안전보건진단기관의 지정 취소 등의 사유】 법 제48조제4항에 따라 준용되는 법 제21조제4항제5호에서 "대통령령으로 정하는 사유에 해당하는 경우"란 다음 각 호의 경우를 말한다.

1. 안전보건진단 업무 관련 서류를 거짓으로 작성한 경우

2. 정당한 사유 없이 안전보건진단 업무의 수탁을 거부한 경우
3. 제47조에 따른 인력기준에 해당하지 않은 사람에게 안전보건진단 업무를 수행하게 한 경우
4. 안전보건진단 업무를 수행하지 않고 위탁 수수료를 받은 경우
5. 안전보건진단 업무와 관련된 비치서류를 보존하지 않은 경우
6. 안전보건진단 업무 수행과 관련한 대가 외의 금품을 받은 경우
7. 법에 따른 관계 공무원의 지도·감독을 거부·방해 또는 기피한 경우

제49조【안전보건진단을 받아 안전보건개선계획을 수립할 대상】 법 제49조제1항 각 호 외의 부분 후단에서 "대통령령으로 정하는 사업장"이란 다음 각 호의 사업장을 말한다.

1. 산업재해율이 같은 업종 평균 산업재해율의 2배 이상인 사업장
2. 법 제49조제1항제2호에 해당하는 사업장
3. 직업성 질병자가 연간 2명 이상(상시근로자 1천명 이상 사업장의 경우 3명 이상) 발생한 사업장
4. 그 밖에 작업환경 불량, 화재·폭발 또는 누출 사고 등으로 사업장 주변까지 피해가 확산된 사업장으로서 고용노동부령으로 정하는 사업장

제50조【안전보건개선계획 수립 대상】 법 제49조제1항제3호에서 "대통령령으로 정하는 수 이상의 직업성 질병자가 발생한 사업장"이란 직업성 질병자가 연간 2명 이상 발생한 사업장을 말한다.

제5장 도급 시 산업재해 예방

제51조【도급승인 대상 작업】 법 제59조제1항 전단에서 "급성 독성, 피부 부식성 등이 있는 물질의 취급 등 대통령령으로 정하는 작업"이란 다음 각 호의 어느 하나에 해당하는 작업을 말한다.

1. 중량비율 1퍼센트 이상의 황산, 불화수소, 질산 또는 염화수소를 취급하는 설비를 개조·분해·해체·철거하는 작업 또는 해당 설비의 내부에서 이루어지는 작업. 다만, 도급인이 해당 화학물질을 모두 제거한 후 증명자료를 첨부하여 고용노동부장관에게 신고한 경우는 제외한다.
2. 그 밖에 「산업재해보상보험법」 제8조제1항에 따른 산업재해보상보험및예방심의위원회(이하 "산업재해보상보험및예방심의위원회"라 한다)의 심의를 거쳐 고용노동부장관이 정하는 작업

제52조【안전보건총괄책임자 지정 대상사업】 법 제62조제1항에 따른 안전보건총괄책임자(이하 "안전보건총괄책임자"라 한다)를 지정해야 하는 사업의 종류 및 사업장의 상시근로자 수는 관계수급인에게 고용된 근로자를 포함한 상시근로자가 100명(선박 및 보트 건조업, 1차 금속 제조업 및 토사석 광업의 경우에는 50명) 이상인 사업이나 관계수급인의 공사금액을 포함한 해당 공사의 총공사금액이 20억원 이상인 건설업으로 한다.

제53조【안전보건총괄책임자의 직무 등】 ①안전보건총괄책임자의 직무는 다음 각 호와 같다.

1. 법 제36조에 따른 위험성평가의 실시에 관한 사항
2. 법 제51조 및 제54조에 따른 작업의 중지
3. 법 제64조에 따른 도급 시 산업재해 예방조치
4. 법 제72조제1항에 따른 산업안전보건관리비의 관계수급인 간의 사용에 관한 협의·조정 및 그 집행의 감독
5. 안전인증대상기계등과 자율안전확인대상기계등의 사용 여부 확인

②안전보건총괄책임자에 대한 지원에 관하여는 제14조제2항을 준용한다. 이 경우 "안전보건관리책임자"는 "안전보건총괄책임자"로, "법 제15조제1항"은 "제1항"으로 본다.

③사업주는 안전보건총괄책임자를 선임했을 때에는 그 선임 사실 및 제1항 각 호의 직무의 수행내용을 증명할 수 있는 서류를 갖추어 두어야 한다.

산업안전

제53조의2【도급에 따른 산업재해 예방조치】 법 제64조제1항제8호에서 "화재·폭발 등 대통령령으로 정하는 위험이 발생할 우려가 있는 경우"란 다음 각 호의 경우를 말한다.

1. 화재·폭발이 발생할 우려가 있는 경우
2. 동력으로 작동하는 기계·설비 등에 끼일 우려가 있는 경우
3. 차량계 하역운반기계, 건설기계, 양중기(揚重機) 등 동력으로 작동하는 기계와 충돌할 우려가 있는 경우
4. 근로자가 추락할 우려가 있는 경우
5. 물체가 떨어지거나 날아올 우려가 있는 경우
6. 기계·기구 등이 넘어지거나 무너질 우려가 있는 경우
7. 토사·구축물·인공구조물 등이 붕괴될 우려가 있는 경우
8. 산소 결핍이나 유해가스로 질식이나 중독의 우려가 있는 경우

(2021.11.19 본조신설)

제54조【질식 또는 붕괴의 위험이 있는 작업】 법 제65조제1항제3호에서 "대통령령으로 정하는 작업"이란 다음 각 호의 작업을 말한다.

1. 산소결핍, 유해가스 등으로 인한 질식의 위험이 있는 장소로서 고용노동부령으로 정하는 장소에서 이루어지는 작업
2. 토사·구축물·인공구조물 등의 붕괴 우려가 있는 장소에서 이루어지는 작업

제55조【산업재해 예방 조치 대상 건설공사】 법 제67조제1항 각 호 외의 부분에서 "대통령령으로 정하는 건설공사"란 총공사금액이 50억원 이상인 공사를 말한다.

제55조의2【안전보건전문가】 법 제67조제2항에서 "대통령령으로 정하는 안전보건 분야의 전문가"란 다음 각 호의 사람을 말한다.

1. 법 제143조제1항에 따른 건설안전 분야의 산업안전지도사 자격을 가진 사람
2. 「국가기술자격법」에 따른 건설안전기술사 자격을 가진 사람
3. 「국가기술자격법」에 따른 건설안전기사 자격을 취득한 후 건설안전 분야에서 3년 이상의 실무경력이 있는 사람
4. 「국가기술자격법」에 따른 건설안전산업기사 자격을 취득한 후 건설안전 분야에서 5년 이상의 실무경력이 있는 사람

(2021.11.19 본조신설)

제56조【안전보건조정자의 선임 등】 ①법 제68조제1항에 따른 안전보건조정자(이하 "안전보건조정자"라 한다)를 두어야 하는 건설공사는 각 건설공사의 금액의 합이 50억원 이상인 경우를 말한다.

②제1항에 따라 안전보건조정자를 두어야 하는 건설공사발주자는 제1호 또는 제4호부터 제7호까지에 해당하는 사람 중에서 안전보건조정자를 선임하거나 제2호 또는 제3호에 해당하는 사람 중에서 안전보건조정자를 지정해야 한다.

1. 법 제143조제1항에 따른 산업안전지도사 자격을 가진 사람
2. 「건설기술 진흥법」 제2조제6호에 따른 발주청이 발주하는 건설공사인 경우 발주청이 같은 법 제49조제1항에 따라 선임한 공사감독자
3. 다음 각 목의 어느 하나에 해당하는 사람으로서 해당 건설공사 중 주된 공사의 책임감리자
   가. 「건축법」 제25조에 따라 지정된 공사감리자

나. 「건설기술 진흥법」 제2조제5호에 따른 감리업무를 수행하는 사람(2020.9.8 개정)
다. 「주택법」 제44조제1항에 따라 배치된 감리원(2024.3.12 개정)
라. 「전력기술관리법」 제12조의2에 따라 배치된 감리원
마. 「정보통신공사업법」 제8조제2항에 따라 해당 건설공사에 대하여 감리업무를 수행하는 사람(2020.9.8 개정)

4. 「건설산업기본법」 제8조에 따른 종합공사에 해당하는 건설현장에서 안전보건관리책임자로서 3년 이상 재직한 사람
5. 「국가기술자격법」에 따른 건설안전기술사
6. 「국가기술자격법」에 따른 건설안전기사 또는 산업안전기사 자격을 취득한 후 건설안전 분야에서 5년 이상의 실무경력이 있는 사람(2024.3.12 개정)
7. 「국가기술자격법」에 따른 건설안전산업기사 또는 산업안전산업기사 자격을 취득한 후 건설안전 분야에서 7년 이상의 실무경력이 있는 사람(2024.3.12 개정)

③제1항에 따라 안전보건조정자를 두어야 하는 건설공사발주자는 분리하여 발주되는 공사의 착공일 전날까지 제2항에 따라 안전보건조정자를 선임하거나 지정하여 각각의 공사 도급인에게 그 사실을 알려야 한다.

산업
안전

제57조【안전보건조정자의 업무】 ①안전보건조정자의 업무는 다음 각 호와 같다.

1. 법 제68조제1항에 따라 같은 장소에서 이루어지는 각각의 공사 간에 혼재된 작업의 파악
2. 제1호에 따른 혼재된 작업으로 인한 산업재해 발생의 위험성 파악
3. 제1호에 따른 혼재된 작업으로 인한 산업재해를 예방하기 위한 작업의 시기·내용 및 안전보건 조치 등의 조정
4. 각각의 공사 도급인의 안전보건관리책임자 간 작업 내용에 관한 정보 공유 여부의 확인

②안전보건조정자는 제1항의 업무를 수행하기 위하여 필요한 경우 해당 공사의 도급인과 관계수급인에게 자료의 제출을 요구할 수 있다.

제58조【설계변경 요청 대상 및 전문가의 범위】 ①법 제71조제1항 본문에서 "대통령령으로 정하는 가설구조물"이란 다음 각 호의 어느 하나에 해당하는 것을 말한다.

1. 높이 31미터 이상인 비계
2. 작업발판 일체형 거푸집 또는 높이 5미터 이상인 거푸집 동바리[타설(打設)된 콘크리트가 일정 강도에 이르기까지 하중 등을 지지하기 위하여 설치하는 부재(部材)](2021.11.19 개정)
3. 터널의 지보공(支保工: 무너지지 않도록 지지하는 구조물) 또는 높이 2미터 이상인 흙막이 지보공
4. 동력을 이용하여 움직이는 가설구조물

②법 제71조제1항 본문에서 "건축·토목 분야의 전문가 등 대통령령으로 정하는 전문가"란 공단 또는 다음 각 호의 어느 하나에 해당하는 사람으로서 해당 건설공사도급인 또는 관계수급인에게 고용되지 않은 사람을 말한다.

1. 「국가기술자격법」에 따른 건축구조기술사(토목공사 및 제1항제3호의 구조물의 경우는 제외한다)
2. 「국가기술자격법」에 따른 토목구조기술사(토목공사로 한정한다)
3. 「국가기술자격법」에 따른 토질및기초기술사(제1항제3호의 구조물의 경우로 한정한다)
4. 「국가기술자격법」에 따른 건설기계기술사(제1항제4호의 구조물의 경우로 한정한다)

제59조【기술지도계약 체결 대상 건설공사 및 체결 시기】 ①법 제73조제1항에서 "대통령령으로 정하는 건설공사"란 공사금액 1억원 이상 120억원(「건설산업기본법 시행령」 별표 1의 종합공사를 시공하는 업종의 건설업종란 제1호의 토목공사업에 속하는 공사는 150억원) 미만인 공사와 「건축법」 제11조에 따른 건축허가의 대상이 되는 공사를 말한다. 다만, 다음 각 호의 어느 하나에 해당하는 공사는 제외한다.(2022.8.16 개정)

1. 공사기간이 1개월 미만인 공사
2. 육지와 연결되지 않은 섬 지역(제주특별자치도는 제외한다)에서 이루어지는 공사
3. 사업주가 별표 4에 따른 안전관리자의 자격을 가진 사람을 선임(같은 광역지방자치단체의 구역 내에서 같은 사업주가 시공하는 셋 이하의 공사에 대하여 공동으로 안전관리자의 자격을 가진 사람 1명을 선임한 경우를 포함한다)하여 제18조제1항 각 호에 따른 안전관리자의 업무만을 전담하도록 하는 공사

4. 법 제42조제1항에 따라 유해위험방지계획서를 제출해야 하는 공사

②제1항에 따른 건설공사의 건설공사발주자 또는 건설공사도급인(건설공사도급인은 건설공사발주자로부터 건설공사를 최초로 도급받은 수급인은 제외한다)은 법 제73조제1항의 건설 산업재해 예방을 위한 지도계약(이하 "기술지도계약"이라 한다)을 해당 건설공사 착공일의 전날까지 체결해야 한다.(2022.8.16 신설)

제60조【건설재해예방전문지도기관의 지도 기준】 법 제73조제1항에 따른 건설재해예방전문지도기관(이하 "건설재해예방전문지도기관"이라 한다)의 지도업무의 내용, 지도대상 분야, 지도의 수행방법, 그 밖에 필요한 사항은 별표 18과 같다.

제61조【건설재해예방전문지도기관의 지정 요건】 법 제74조제1항에 따라 건설재해예방전문지도기관으로 지정받을 수 있는 자는 다음 각 호의 어느 하나에 해당하는 자로서 별표 19에 따른 인력·시설 및 장비를 갖춘 자로 한다.

1. 법 제145조에 따라 등록한 산업안전지도사(전기안전 또는 건설안전 분야의 산업안전지도사만 해당한다)
2. 건설 산업재해 예방 업무를 하려는 법인

제62조【건설재해예방전문지도기관의 지정신청 등】 ①법 제74조제1항에 따라 건설재해예방전문지도기관으로 지정받으려는 자는 고용노동부령으로 정하는 바에 따라 건설재해예방전문지도기관 지정신청서를 고용노동부장관에게 제출해야 한다.

산업안전

②건설재해예방전문지도기관에 대한 지정서의 재발급 등에 관하여는 고용노동부령으로 정한다.

③법 제74조제4항에 따라 준용되는 법 제21조제4항제5호에서 "대통령령으로 정하는 사유에 해당하는 경우"란 다음 각 호의 경우를 말한다.

1. 지도업무 관련 서류를 거짓으로 작성한 경우
2. 정당한 사유 없이 지도업무를 거부한 경우
3. 지도업무를 게을리하거나 지도업무에 차질을 일으킨 경우
4. 별표 18에 따른 지도업무의 내용, 지도대상 분야 또는 지도의 수행방법을 위반한 경우
5. 지도를 실시하고 그 결과를 고용노동부장관이 정하는 전산시스템에 3회 이상 입력하지 않은 경우

6. 지도업무와 관련된 비치서류를 보존하지 않은 경우
7. 법에 따른 관계 공무원의 지도·감독을 거부·방해 또는 기피한 경우

제63조【노사협의체의 설치 대상】 법 제75조제1항에서 "대통령령으로 정하는 규모의 건설공사"란 공사금액이 120억원(「건설산업기본법 시행령」 별표 1의 종합공사를 시공하는 업종의 건설업종란 제1호에 따른 토목공사업은 150억원) 이상인 건설공사를 말한다.

제64조【노사협의체의 구성】 ①노사협의체는 다음 각 호에 따라 근로자위원과 사용자위원으로 구성한다.
1. 근로자위원
  가. 도급 또는 하도급 사업을 포함한 전체 사업의 근로자대표
  나. 근로자대표가 지명하는 명예산업안전감독관 1명. 다만, 명예산업안전감독관이 위촉되어 있지 않은 경우에는 근로자대표가 지명하는 해당 사업장 근로자 1명
  다. 공사금액이 20억원 이상인 공사의 관계수급인의 각 근로자대표
2. 사용자위원
  가. 도급 또는 하도급 사업을 포함한 전체 사업의 대표자
  나. 안전관리자 1명
  다. 보건관리자 1명(별표 5 제44호에 따른 보건관리자 선임대상 건설업으로 한정한다)
  라. 공사금액이 20억원 이상인 공사의 관계수급인의 각 대표자

②노사협의체의 근로자위원과 사용자위원은 합의하여 노사협의체에 공사금액이 20억원 미만인 공사의 관계수급인 및 관계수급인 근로자대표를 위원으로 위촉할 수 있다.
③노사협의체의 근로자위원과 사용자위원은 합의하여 제67조제2호에 따른 사람을 노사협의체에 참여하도록 할 수 있다.

제65조【노사협의체의 운영 등】 ①노사협의체의 회의는 정기회의와 임시회의로 구분하여 개최하되, 정기회의는 2개월마다 노사협의체의 위원장이 소집하며, 임시회의는 위원장이 필요하다고 인정할 때에 소집한다.
②노사협의체 위원장의 선출, 노사협의체의 회의, 노사협의체에서 의결되지 않은 사항에 대한 처리방법 및 회의 결과 등의 공지에 관하여는 각각 제36조, 제37조제2항부터 제4항까지, 제38조 및 제39조를 준용한다. 이 경우 "산업안전보건위원회"는 "노사협의체"로 본다.

제66조【기계·기구 등】 법 제76조에서 "타워크레인 등 대통령령으로 정하는 기계·기구 또는 설비 등"이란 다음 각 호의 어느 하나에 해당하는 기계·기구 또는 설비를 말한다.

1. 타워크레인
2. 건설용 리프트
3. 항타기(해머나 동력을 사용하여 말뚝을 박는 기계) 및 항발기(박힌 말뚝을 빼내는 기계)

제67조【특수형태근로종사자의 범위 등】 법 제77조제1항제1호에 따른 요건을 충족하는 사람은 다음 각 호의 어느 하나에 해당하는 사람으로 한다.

1. 보험을 모집하는 사람으로서 다음 각 목의 어느 하나에 해당하는 사람
   가. 「보험업법」 제83조제1항제1호에 따른 보험설계사
   나. 「우체국예금·보험에 관한 법률」에 따른 우체국보험의 모집을 전업(專業)으로 하는 사람
2. 「건설기계관리법」 제3조제1항에 따라 등록된 건설기계를 직접 운전하는 사람
3. 「통계법」 제22조에 따라 국가데이터처장이 고시하는 직업에 관한 표준분류(이하 "한국표준직업분류표"라 한다)의 세분류에 따른 학습·교구 관련 방문강사 등 회원의 가정 등을 직접 방문하여 아동이나 학생 등을 가르치는 사람(2025.10.1 개정)
4. 「체육시설의 설치·이용에 관한 법률」 제7조에 따라 직장체육시설로 설치된 골프장 또는 같은 법 제19조에 따라 체육시설업의 등록을 한 골프장에서 골프경기를 보조하는 골프장 캐디
5. 한국표준직업분류표의 세분류에 따른 택배원 또는 세세분류에 따른 그 외 배달원으로서 택배사업(소화물을 집화·수송 과정을 거쳐 배송하는 사업을 말한다)에서 집화 또는 배송 업무를 하는 사람(2024.12.31 개정)
6. 한국표준직업분류표의 세분류에 따른 늘찬배달원으로서 고용노동부장관이 정하는 기준에 따라 주로 하나의 퀵서비스업자로부터 업무를 의뢰받아 배송 업무를 하는 사람(2024.12.31 개정)
7. 「대부업 등의 등록 및 금융이용자 보호에 관한 법률」 제3조제1항 단서에 따른 대출모집인
8. 「여신전문금융업법」 제14조의2제1항제2호에 따른 신용카드회원 모집인

9. 고용노동부장관이 정하는 기준에 따라 주로 하나의 대리운전업자로부터 업무를 의뢰받아 대리운전 업무를 하는 사람
10. 「방문판매 등에 관한 법률」 제2조제2호 또는 제8호의 방문판매원이나 후원방문판매원으로서 고용노동부장관이 정하는 기준에 따라 상시적으로 방문판매업무를 하는 사람(2021.11.19 신설)
11. 한국표준직업분류표의 세분류에 따른 대여 제품 방문 점검원(2024.12.31 개정)
12. 한국표준직업분류표의 세분류에 따른 가전제품 설치 및 수리원으로서 가전제품을 배송, 설치 및 시운전하여 작동상태를 확인하는 사람(2021.11.19 신설)
13. 「화물자동차 운수사업법」에 따른 화물차주로서 다음 각 목의 어느 하나에 해당하는 사람(2021.11.19 신설)
  가. 「자동차관리법」 제3조제1항제4호의 특수자동차로 수출입 컨테이너를 운송하는 사람
  나. 「자동차관리법」 제3조제1항제4호의 특수자동차로 시멘트를 운송하는 사람
  다. 「자동차관리법」 제2조제1호 본문의 피견인자동차나 「자동차관리법」 제3조제1항제3호의 일반형 화물자동차로 철강재를 운송하는 사람
  라. 「자동차관리법」 제3조제1항제3호의 일반형 화물자동차나 특수용도형 화물자동차로 「물류정책기본법」 제29조제1항 각 호의 위험물질을 운송하는 사람
14. 「소프트웨어 진흥법」에 따른 소프트웨어사업에서 노무를 제공하는 소프트웨어기술자(2021.11.19 신설)

제68조【안전 및 보건 교육 대상 특수형태근로종사자】 법 제77조제2항에서 "대통령령으로 정하는 특수형태근로종사자"란 제67조제2호, 제4호부터 제6호까지 및 제9호부터 제13호까지의 규정에 따른 사람을 말한다.(2021.11.19 개정)

제69조【산업재해 예방 조치 시행 대상】 법 제79조제1항 각 호 외의 부분에서 "대통령령으로 정하는 가맹본부"란 「가맹사업거래의 공정화에 관한 법률」 제6조의2에 따라 등록한 정보공개서(직전 사업연도 말 기준으로 등록된 것을 말한다)상 업종이 다음 각 호의 어느 하나에 해당하는 경우로서 가맹점의 수가 200개 이상인 가맹본부를 말한다.(2020.9.8 개정)

1. 대분류가 외식업인 경우
2. 대분류가 도소매업으로서 중분류가 편의점인 경우

제6장 유해·위험 기계 등에 대한 조치

제70조【방호조치를 해야 하는 유해하거나 위험한 기계·기구】 법 제80조제1항에서 "대통령령으로 정하는 것"이란 별표 20에 따른 기계·기구를 말한다.

제71조【대여자 등이 안전조치 등을 해야 하는 기계·기구 등】 법 제81조에서 "대통령령으로 정하는 기계·기구·설비 및 건축물 등"이란 별표 21에 따른 기계·기구·설비 및 건축물 등을 말한다.

제72조【타워크레인 설치·해체업의 등록요건】 ①법 제82조제1항 전단에 따라 타워크레인을 설치하거나 해체하려는 자가 갖추어야 하는 인력·시설 및 장비의 기준은 별표 22와 같다.

②법 제82조제1항 후단에서 "대통령령으로 정하는 중요한 사항"이란 다음 각 호의 사항을 말한다.

1. 업체의 명칭(상호)
2. 업체의 소재지
3. 대표자의 성명
4. 별표 22 제1호에 따라 보유한 인력(2025.4.29 신설)

제73조【타워크레인 설치·해체업의 등록 취소 등의 사유】 법 제82조제4항에 따라 준용되는 법 제21조제4항제5호에서 "대통령령으로 정하는 사유에 해당하는 경우"란 다음 각 호의 어느 하나에 해당하는 경우를 말한다.

1. 법 제38조에 따른 안전조치를 준수하지 않아 벌금형 또는 금고 이상의 형의 선고를 받은 경우
2. 법에 따른 관계 공무원의 지도·감독을 거부·방해 또는 기피한 경우

제74조【안전인증대상기계등】 ①법 제84조제1항에서 "대통령령으로 정하는 것"이란 다음 각 호의 어느 하나에 해당하는 것을 말한다.

1. 다음 각 목의 어느 하나에 해당하는 기계 또는 설비
   가. 프레스
   나. 전단기 및 절곡기(折曲機)

다. 크레인
라. 리프트
마. 압력용기
바. 롤러기
사. 사출성형기(射出成形機)
아. 고소(高所) 작업대
자. 곤돌라

2. 다음 각 목의 어느 하나에 해당하는 방호장치
가. 프레스 및 전단기 방호장치
나. 양중기용(揚重機用) 과부하 방지장치
다. 보일러 압력방출용 안전밸브
라. 압력용기 압력방출용 안전밸브
마. 압력용기 압력방출용 파열판
바. 절연용 방호구 및 활선작업용(活線作業用) 기구
사. 방폭구조(防爆構造) 전기기계·기구 및 부품
아. 추락·낙하 및 붕괴 등의 위험 방지 및 보호에 필요한 가설기자재로서 고용노동부장관이 정하여 고시하는 것
자. 충돌·협착 등의 위험 방지에 필요한 산업용 로봇 방호장치로서 고용노동부장관이 정하여 고시하는 것

3. 다음 각 목의 어느 하나에 해당하는 보호구
가. 추락 및 감전 위험방지용 안전모
나. 안전화
다. 안전장갑
라. 방진마스크
마. 방독마스크
바. 송기(送氣)마스크
사. 전동식 호흡보호구
아. 보호복
자. 안전대
차. 차광(遮光) 및 비산물(飛散物) 위험방지용 보안경
카. 용접용 보안면
타. 방음용 귀마개 또는 귀덮개

②안전인증대상기계등의 세부적인 종류, 규격 및 형식은 고용노동부장관이 정하여 고시한다.

제75조【안전인증기관의 지정 요건】 법 제88조제1항에 따른 안전인증기관(이하 "안전인증기관"이라 한다)으로 지정받을 수 있는 자는 다음 각 호의 어느 하나에 해당하는 자로 한다.

1. 공단
2. 다음 각 목의 어느 하나에 해당하는 기관으로서 별표 23에 따른 인력·시설 및 장비를 갖춘 기관
   가. 산업 안전·보건 또는 산업재해 예방을 목적으로 설립된 비영리법인
   나. 기계 및 설비 등의 인증·검사, 생산기술의 연구개발·교육·평가 등의 업무를 목적으로 설립된 「공공기관의 운영에 관한 법률」에 따른 공공기관

제76조【안전인증기관의 지정 취소 등의 사유】 법 제88조제5항에 따라 준용되는 법 제21조제4항제5호에서 "대통령령으로 정하는 사유에 해당하는 경우"란 다음 각 호의 경우를 말한다.

1. 안전인증 관련 서류를 거짓으로 작성한 경우
2. 정당한 사유 없이 안전인증 업무를 거부한 경우
3. 안전인증 업무를 게을리하거나 업무에 차질을 일으킨 경우
4. 안전인증·확인의 방법 및 절차를 위반한 경우
5. 법에 따른 관계 공무원의 지도·감독을 거부·방해 또는 기피한 경우

제77조【자율안전확인대상기계등】 ①법 제89조제1항 각 호 외의 부분 본문에서 "대통령령으로 정하는 것"이란 다음 각 호의 어느 하나에 해당하는 것을 말한다.

1. 다음 각 목의 어느 하나에 해당하는 기계 또는 설비
   가. 연삭기(研削機) 또는 연마기. 이 경우 휴대형은 제외한다.
   나. 산업용 로봇
   다. 혼합기
   라. 파쇄기 또는 분쇄기
   마. 식품가공용 기계(파쇄·절단·혼합·제면기만 해당한다)
   바. 컨베이어
   사. 자동차정비용 리프트
   아. 공작기계(선반, 드릴기, 평삭·형삭기, 밀링만 해당한다)

산업
안전

자. 고정형 목재가공용 기계(둥근톱, 대패, 루타기, 띠톱, 모떼기 기계만 해당한다)
차. 인쇄기
2. 다음 각 목의 어느 하나에 해당하는 방호장치
가. 아세틸렌 용접장치용 또는 가스집합 용접장치용 안전기
나. 교류 아크용접기용 자동전격방지기
다. 롤러기 급정지장치
라. 연삭기 덮개
마. 목재 가공용 둥근톱 반발 예방장치와 날 접촉 예방장치
바. 동력식 수동대패용 칼날 접촉 방지장치
사. 추락·낙하 및 붕괴 등의 위험 방지 및 보호에 필요한 가설기자재(제74조제1항제2호아목의 가설기자재는 제외한다)로서 고용노동부장관이 정하여 고시하는 것
3. 다음 각 목의 어느 하나에 해당하는 보호구
가. 안전모(제74조제1항제3호가목의 안전모는 제외한다)
나. 보안경(제74조제1항제3호차목의 보안경은 제외한다)
다. 보안면(제74조제1항제3호카목의 보안면은 제외한다)
②자율안전확인대상기계등의 세부적인 종류, 규격 및 형식은 고용노동부장관이 정하여 고시한다.

제78조【안전검사대상기계등】 ①법 제93조제1항 전단에서 "대통령령으로 정하는 것"이란 다음 각 호의 어느 하나에 해당하는 것을 말한다.
1. 프레스
2. 전단기
3. 크레인(정격 하중이 2톤 미만인 것은 제외한다)
4. 리프트
5. 압력용기
6. 곤돌라
7. 국소 배기장치(이동식은 제외한다)
8. 원심기(산업용만 해당한다)
9. 롤러기(밀폐형 구조는 제외한다)
10. 사출성형기[형 체결력(型 締結力) 294킬로뉴턴(KN) 미만은 제외한다]
11. 고소작업대(「자동차관리법」 제3조제3호 또는 제4호에 따른 화물자동차

또는 특수자동차에 탑재한 고소작업대로 한정한다)
12. 컨베이어
13. 산업용 로봇
14. 혼합기(2024.6.25 신설)
15. 파쇄기 또는 분쇄기(2024.6.25 신설)

②법 제93조제1항에 따른 안전검사대상기계등의 세부적인 종류, 규격 및 형식은 고용노동부장관이 정하여 고시한다.

제79조【안전검사기관의 지정 요건】 법 제96조제1항에 따른 안전검사기관(이하 "안전검사기관"이라 한다)으로 지정받을 수 있는 자는 다음 각 호의 어느 하나에 해당하는 자로 한다.
1. 공단
2. 다음 각 목의 어느 하나에 해당하는 기관으로서 별표 24에 따른 인력·시설 및 장비를 갖춘 기관
   가. 산업안전·보건 또는 산업재해 예방을 목적으로 설립된 비영리법인
   나. 기계 및 설비 등의 인증·검사, 생산기술의 연구개발·교육·평가 등의 업무를 목적으로 설립된 「공공기관의 운영에 관한 법률」에 따른 공공기관

제80조【안전검사기관의 지정 취소 등의 사유】 법 제96조제5항에 따라 준용되는 법 제21조제4항제5호에서 "대통령령으로 정하는 사유에 해당하는 경우"란 다음 각 호의 경우를 말한다.
1. 안전검사 관련 서류를 거짓으로 작성한 경우
2. 정당한 사유 없이 안전검사 업무를 거부한 경우
3. 안전검사 업무를 게을리하거나 업무에 차질을 일으킨 경우
4. 안전검사·확인의 방법 및 절차를 위반한 경우
5. 법에 따른 관계 공무원의 지도·감독을 거부·방해 또는 기피한 경우

제81조【자율안전검사기관의 지정 요건】 법 제100조제1항에 따른 자율안전검사기관(이하 "자율안전검사기관"이라 한다)으로 지정받으려는 자는 별표 25에 따른 인력·시설 및 장비를 갖추어야 한다.

제82조【자율안전검사기관의 지정 취소 등의 사유】 법 제100조제4항에 따라 준용되는 법 제21조제4항제5호에서 "대통령령으로 정하는 사유에 해당하는 경우"란 다음 각 호의 경우를 말한다.
1. 검사 관련 서류를 거짓으로 작성한 경우

2. 정당한 사유 없이 검사업무의 수탁을 거부한 경우
3. 검사업무를 하지 않고 위탁 수수료를 받은 경우
4. 검사 항목을 생략하거나 검사방법을 준수하지 않은 경우
5. 검사 결과의 판정기준을 준수하지 않거나 검사 결과에 따른 안전조치 의견을 제시하지 않은 경우

제83조【성능시험 등】 ①법 제101조에 따른 제품 제조 과정 조사는 안전인증대상기계등 또는 자율안전확인대상기계등이 법 제83조제1항에 따른 안전인증기준 또는 법 제89조제1항에 따른 자율안전기준에 맞게 제조되었는지를 대상으로 한다.

②고용노동부장관은 법 제101조에 따라 법 제83조제1항에 따른 유해 · 위험기계등(이하 "유해 · 위험기계등"이라 한다)의 성능시험을 하는 경우에는 제조 · 수입 · 양도 · 대여하거나 양도 · 대여의 목적으로 진열된 유해 · 위험기계등 중에서 그 시료(試料)를 수거하여 실시한다.

③제1항 및 제2항에 따른 제품 제조 과정 조사 및 성능시험의 절차 및 방법 등에 관하여 필요한 사항은 고용노동부령으로 정한다.

제7장 유해 · 위험물질에 대한 조치

제84조【유해인자 허용기준 이하 유지 대상 유해인자】 법 제107조제1항 각 호 외의 부분 본문에서 "대통령령으로 정하는 유해인자"란 별표 26 각 호에 따른 유해인자를 말한다.

제85조【유해성 · 위험성 조사 제외 화학물질】 법 제108조제1항 각 호 외의 부분 본문에서 "대통령령으로 정하는 화학물질"이란 다음 각 호의 어느 하나에 해당하는 화학물질을 말한다.

1. 원소
2. 천연으로 산출된 화학물질
3. 「건강기능식품에 관한 법률」 제3조제1호에 따른 건강기능식품
4. 「군수품관리법」 제2조 및 「방위사업법」 제3조제2호에 따른 군수품[「군수품관리법」 제3조에 따른 통상품(痛常品)은 제외한다]
5. 「농약관리법」 제2조제1호 및 제3호에 따른 농약 및 원제
6. 「마약류 관리에 관한 법률」 제2조제1호에 따른 마약류
7. 「비료관리법」 제2조제1호에 따른 비료

8. 「사료관리법」 제2조제1호에 따른 사료
9. 「생활화학제품 및 살생물제의 안전관리에 관한 법률」 제3조제7호 및 제8호에 따른 살생물물질 및 살생물제품
10. 「식품위생법」 제2조제1호 및 제2호에 따른 식품 및 식품첨가물
11. 「약사법」 제2조제4호 및 제7호에 따른 의약품 및 의약외품(醫藥外品)
12. 「원자력안전법」 제2조제5호에 따른 방사성물질
13. 「위생용품 관리법」 제2조제1호에 따른 위생용품
14. 「의료기기법」 제2조제1항에 따른 의료기기
15. 「총포·도검·화약류 등의 안전관리에 관한 법률」 제2조제3항에 따른 화약류
16. 「화장품법」 제2조제1호에 따른 화장품과 화장품에 사용하는 원료
17. 법 제108조제3항에 따라 고용노동부장관이 명칭, 유해성·위험성, 근로자의 건강장해 예방을 위한 조치 사항 및 연간 제조량·수입량을 공표한 물질로서 공표된 연간 제조량·수입량 이하로 제조하거나 수입한 물질
18. 고용노동부장관이 기후에너지환경부장관과 협의하여 고시하는 화학물질 목록에 기록되어 있는 물질(2025.10.1 개정)

제86조【물질안전보건자료의 작성·제출 제외 대상 화학물질 등】 법 제110조제1항 각 호 외의 부분 전단에서 "대통령령으로 정하는 것"이란 다음 각 호의 어느 하나에 해당하는 것을 말한다.

1. 「건강기능식품에 관한 법률」 제3조제1호에 따른 건강기능식품
2. 「농약관리법」 제2조제1호에 따른 농약
3. 「마약류 관리에 관한 법률」 제2조제2호 및 제3호에 따른 마약 및 향정신성의약품
4. 「비료관리법」 제2조제1호에 따른 비료
5. 「사료관리법」 제2조제1호에 따른 사료
6. 「생활주변방사선 안전관리법」 제2조제2호에 따른 원료물질
7. 「생활화학제품 및 살생물제의 안전관리에 관한 법률」 제3조제4호 및 제8호에 따른 안전확인대상생활화학제품 및 살생물제품 중 일반소비자의 생활용으로 제공되는 제품
8. 「식품위생법」 제2조제1호 및 제2호에 따른 식품 및 식품첨가물
9. 「약사법」 제2조제4호 및 제7호에 따른 의약품 및 의약외품
10. 「원자력안전법」 제2조제5호에 따른 방사성물질

11. 「위생용품 관리법」 제2조제1호에 따른 위생용품
12. 「의료기기법」 제2조제1항에 따른 의료기기
12의2. 「첨단재생의료 및 첨단바이오의약품 안전 및 지원에 관한 법률」 제2조제5호에 따른 첨단바이오의약품(2020.8.27 신설)
13. 「총포·도검·화약류 등의 안전관리에 관한 법률」 제2조제3항에 따른 화약류
14. 「폐기물관리법」 제2조제1호에 따른 폐기물
15. 「화장품법」 제2조제1호에 따른 화장품
16. 제1호부터 제15호까지의 규정 외의 화학물질 또는 혼합물로서 일반소비자의 생활용으로 제공되는 것(일반소비자의 생활용으로 제공되는 화학물질 또는 혼합물이 사업장 내에서 취급되는 경우를 포함한다)
17. 고용노동부장관이 정하여 고시하는 연구·개발용 화학물질 또는 화학제품. 이 경우 법 제110조제1항부터 제3항까지의 규정에 따른 자료의 제출만 제외된다.
18. 그 밖에 고용노동부장관이 독성·폭발성 등으로 인한 위해의 정도가 적다고 인정하여 고시하는 화학물질

제87조 【제조 등이 금지되는 유해물질】 법 제117조제1항 각 호 외의 부분에서 "대통령령으로 정하는 물질"이란 다음 각 호의 물질을 말한다.(2020.9.8 개정)

1. β-나프틸아민[91-59-8]과 그 염(β-Naphthylamine and its salts)
2. 4-니트로디페닐[92-93-3]과 그 염(4-Nitrodiphenyl and its salts)
3. 백연[1319-46-6]을 포함한 페인트(포함된 중량의 비율이 2퍼센트 이하인 것은 제외한다)(2020.9.8 개정)
4. 벤젠[71-43-2]을 포함하는 고무풀(포함된 중량의 비율이 5퍼센트 이하인 것은 제외한다)(2020.9.8 개정)
5. 석면(Asbestos; 1332-21-4 등)
6. 폴리클로리네이티드 터페닐(Polychlorinated terphenyls; 61788-33-8 등)
7. 황린(黃燐)[12185-10-3] 성냥(Yellow phosphorus match)
8. 제1호, 제2호, 제5호 또는 제6호에 해당하는 물질을 포함한 혼합물(포함된 중량의 비율이 1퍼센트 이하인 것은 제외한다)(2020.9.8 개정)
9. 「화학물질관리법」 제2조제5호에 따른 금지물질(같은 법 제3조제1항제1호부터 제12호까지의 규정에 해당하는 화학물질은 제외한다)

10. 그 밖에 보건상 해로운 물질로서 산업재해보상보험및예방심의위원회의 심의를 거쳐 고용노동부장관이 정하는 유해물질

제88조【허가 대상 유해물질】 법 제118조제1항 전단에서 "대체물질이 개발되지 아니한 물질 등 대통령령으로 정하는 물질"이란 다음 각 호의 물질을 말한다.

1. α -나프틸아민[134-32-7] 및 그 염(α -Naphthylamine and its salts)
2. 디아니시딘[119-90-4] 및 그 염(Dianisidine and its salts)
3. 디클로로벤지딘[91-94-1] 및 그 염(Dichlorobenzidine and its salts)
4. 베릴륨(Beryllium; 7440-41-7)
5. 벤조트리클로라이드(Benzotrichloride; 98-07-7)
6. 비소[7440-38-2] 및 그 무기화합물(Arsenic and its inorganic compounds)
7. 염화비닐(Vinyl chloride; 75-01-4)
8. 콜타르피치[65996-93-2] 휘발물(Coal tar pitch volatiles)
9. 크롬광 가공(열을 가하여 소성 처리하는 경우만 해당한다)(Chromite ore processing)
10. 크롬산 아연(Zinc chromates; 13530-65-9 등)
11. o-톨리딘[119-93-7] 및 그 염(o-Tolidine and its salts)
12. 황화니켈류(Nickel sulfides; 12035-72-2, 16812-54-7)
13. 제1호부터 제4호까지 또는 제6호부터 제12호까지의 어느 하나에 해당하는 물질을 포함한 혼합물(포함된 중량의 비율이 1퍼센트 이하인 것은 제외한다)(2020.9.8 개정)
14. 제5호의 물질을 포함한 혼합물(포함된 중량의 비율이 0.5퍼센트 이하인 것은 제외한다)(2020.9.8 개정)
15. 그 밖에 보건상 해로운 물질로서 산업재해보상보험및예방심의위원회의 심의를 거쳐 고용노동부장관이 정하는 유해물질

제89조【기관석면조사 대상】 ①법 제119조제2항 각 호 외의 부분 본문에서 "대통령령으로 정하는 규모 이상"이란 다음 각 호의 어느 하나에 해당하는 경우를 말한다.

1. 건축물(제2호에 따른 주택은 제외한다. 이하 이 호에서 같다)의 연면적 합계가 50제곱미터 이상이면서, 그 건축물의 철거·해체하려는 부분의 면적 합계가 50제곱미터 이상인 경우

산업
안전

2. 주택(「건축법 시행령」 제2조제12호에 따른 부속건축물을 포함한다. 이하 이 호에서 같다)의 연면적 합계가 200제곱미터 이상이면서, 그 주택의 철거·해체하려는 부분의 면적 합계가 200제곱미터 이상인 경우
3. 설비의 철거·해체하려는 부분에 다음 각 목의 어느 하나에 해당하는 자재(물질을 포함한다. 이하 같다)를 사용한 면적의 합이 15제곱미터 이상 또는 그 부피의 합이 1세제곱미터 이상인 경우
가. 단열재
나. 보온재
다. 분무재
라. 내화피복재(耐火被覆材)
마. 개스킷(Gasket: 누설방지재)
바. 패킹재(Packing material: 틈박이재)
사. 실링재(Sealing material: 액상 메움재)
아. 그 밖에 가목부터 사목까지의 자재와 유사한 용도로 사용되는 자재로서 고용노동부장관이 정하여 고시하는 자재
4. 파이프 길이의 합이 80미터 이상이면서, 그 파이프의 철거·해체하려는 부분의 보온재로 사용된 길이의 합이 80미터 이상인 경우

②법 제119조제2항 각 호 외의 부분 단서에서 "석면함유 여부가 명백한 경우 등 대통령령으로 정하는 사유"란 다음 각 호의 어느 하나에 해당하는 경우를 말한다.
1. 건축물이나 설비의 철거·해체 부분에 사용된 자재가 설계도서, 자재 이력 등 관련 자료를 통해 석면을 포함하고 있지 않음이 명백하다고 인정되는 경우(2020.9.8 개정)
2. 건축물이나 설비의 철거·해체 부분에 석면이 중량비율 1퍼센트가 넘게 포함된 자재를 사용하였음이 명백하다고 인정되는 경우(2020.9.8 개정)

제90조 【석면조사기관의 지정 요건 등】 법 제120조제1항에 따라 석면조사기관으로 지정받을 수 있는 자는 다음 각 호의 어느 하나에 해당하는 자로서 별표 27에 따른 인력·시설 및 장비를 갖추고 법 제120조제2항에 따라 고용노동부장관이 실시하는 석면조사기관의 석면조사 능력 확인에서 적합 판정을 받은 자로 한다.
1. 국가 또는 지방자치단체의 소속기관
2. 「의료법」에 따른 종합병원 또는 병원

3. 「고등교육법」 제2조제1호부터 제6호까지의 규정에 따른 대학 또는 그 부속기관
4. 석면조사 업무를 하려는 법인

제91조【석면조사기관의 지정 취소 등의 사유】 법 제120조제5항에 따라 준용되는 법 제21조제4항제5호에서 "대통령령으로 정하는 사유에 해당하는 경우"란 다음 각 호의 경우를 말한다.

1. 법 제119조제2항의 기관석면조사 또는 법 제124조제1항의 공기 중 석면농도 관련 서류를 거짓으로 작성한 경우
2. 정당한 사유 없이 석면조사 업무를 거부한 경우
3. 제90조에 따른 인력기준에 해당하지 않는 사람에게 석면조사 업무를 수행하게 한 경우
4. 법 제119조제5항에 따라 고용노동부령으로 정하는 조사 방법과 그 밖에 필요한 사항을 위반한 경우
5. 법 제120조제2항에 따라 고용노동부장관이 실시하는 석면조사기관의 석면조사 능력 확인을 받지 않거나 부적합 판정을 받은 경우
6. 법 제124조제2항에 따른 자격을 갖추지 않은 자에게 석면농도를 측정하게 한 경우
7. 법 제124조제2항에 따른 석면농도 측정방법을 위반한 경우
8. 법에 따른 관계 공무원의 지도·감독을 거부·방해 또는 기피한 경우

제92조【석면해체·제거업자의 등록 요건】 법 제121조제1항에 따라 석면해체·제거업자로 등록하려는 자는 별표 28에 따른 인력·시설 및 장비를 갖추어야 한다.

제93조【석면해체·제거업자의 등록 취소 등의 사유】 법 제121조제4항에 따라 준용되는 법 제21조제4항제5호에서 "대통령령으로 정하는 사유에 해당하는 경우"란 다음 각 호의 경우를 말한다.

1. 법 제122조제3항에 따른 서류를 거짓이나 그 밖의 부정한 방법으로 작성한 경우
2. 법 제122조제3항에 따른 신고(변경신고는 제외한다) 또는 서류 보존 의무를 이행하지 않은 경우
3. 법 제123조제1항에 따라 고용노동부령으로 정하는 석면해체·제거의 작업기준을 준수하지 않아 벌금형의 선고 또는 금고 이상의 형의 선고를 받은 경우

4. 법에 따른 관계 공무원의 지도·감독을 거부·방해 또는 기피한 경우

제94조 【석면해체·제거업자를 통한 석면해체·제거 대상】 ① 법 제122조제1항 본문에서 "대통령령으로 정하는 함유량과 면적 이상의 석면이 포함되어 있는 경우"란 다음 각 호의 어느 하나에 해당하는 경우를 말한다.(2020.9.8 개정)

1. 철거·해체하려는 벽체재료, 바닥재, 천장재 및 지붕재 등의 자재에 석면이 중량비율 1퍼센트가 넘게 포함되어 있고 그 자재의 면적의 합이 50제곱미터 이상인 경우(2020.9.8 개정)
2. 석면이 중량비율 1퍼센트가 넘게 포함된 분무재 또는 내화피복재를 사용한 경우(2020.9.8 개정)
3. 석면이 중량비율 1퍼센트가 넘게 포함된 제89조제1항제3호 각 목의 어느 하나(다목 및 라목은 제외한다)에 해당하는 자재의 면적의 합이 15제곱미터 이상 또는 그 부피의 합이 1세제곱미터 이상인 경우(2020.9.8 개정)
4. 파이프에 사용된 보온재에서 석면이 중량비율 1퍼센트가 넘게 포함되어 있고 그 보온재 길이의 합이 80미터 이상인 경우(2020.9.8 개정)

②법 제122조제1항 단서에서 "석면해체·제거업자와 동등한 능력을 갖추고 있는 경우 등 대통령령으로 정하는 사유에 해당할 경우"란 석면해체·제거작업을 스스로 하려는 자가 제92조 및 별표 28에 따른 인력·시설 및 장비를 갖추고 고용노동부령으로 정하는 바에 따라 이를 증명하는 경우를 말한다.

제 8 장 근로자 보건관리

제95조 【작업환경측정기관의 지정 요건】 법 제126조제1항에 따라 작업환경측정기관으로 지정받을 수 있는 자는 다음 각 호의 어느 하나에 해당하는 자로서 작업환경측정기관의 유형별로 별표 29에 따른 인력·시설 및 장비를 갖추고 법 제126조제2항에 따라 고용노동부장관이 실시하는 작업환경측정기관의 측정·분석능력 확인에서 적합 판정을 받은 자로 한다.

1. 국가 또는 지방자치단체의 소속기관
2. 「의료법」에 따른 종합병원 또는 병원

3. 「고등교육법」 제2조제1호부터 제6호까지의 규정에 따른 대학 또는 그 부속기관
4. 작업환경측정 업무를 하려는 법인
5. 작업환경측정 대상 사업장의 부속기관(해당 부속기관이 소속된 사업장 등 고용노동부령으로 정하는 범위로 한정하여 지정받으려는 경우로 한정한다)

제96조 【작업환경측정기관의 지정 취소 등의 사유】 법 제126조제5항에 따라 준용되는 법 제21조제4항제5호에서 "대통령령으로 정하는 사유에 해당하는 경우"란 다음 각 호의 경우를 말한다.

1. 작업환경측정 관련 서류를 거짓으로 작성한 경우
2. 정당한 사유 없이 작업환경측정 업무를 거부한 경우
3. 위탁받은 작업환경측정 업무에 차질을 일으킨 경우
4. 법 제125조제8항에 따라 고용노동부령으로 정하는 작업환경측정 방법 등을 위반한 경우
5. 법 제126조제2항에 따라 고용노동부장관이 실시하는 작업환경측정기관의 측정·분석능력 확인을 1년 이상 받지 않거나 작업환경측정기관의 측정·분석능력 확인에서 부적합 판정을 받은 경우
6. 작업환경측정 업무와 관련된 비치서류를 보존하지 않은 경우
7. 법에 따른 관계 공무원의 지도·감독을 거부·방해 또는 기피한 경우

산업
안전

제96조의2 【휴게시설 설치·관리기준 준수 대상 사업장의 사업주】 법 제128조의2제2항에서 "사업의 종류 및 사업장의 상시 근로자 수 등 대통령령으로 정하는 기준에 해당하는 사업장"이란 다음 각 호의 어느 하나에 해당하는 사업장을 말한다.

1. 상시근로자(관계수급인의 근로자를 포함한다. 이하 제2호에서 같다) 20명 이상을 사용하는 사업장(건설업의 경우에는 관계수급인의 공사금액을 포함한 해당 공사의 총공사금액이 20억원 이상인 사업장으로 한정한다)
2. 다음 각 목의 어느 하나에 해당하는 직종(한국표준직업분류표에 따른다)의 상시근로자가 2명 이상인 사업장으로서 상시근로자 10명 이상 20명 미만을 사용하는 사업장(건설업은 제외한다)(2024.12.31 개정)
   가. 전화 상담원
   나. 요양보호사 및 간병인

다. 노인 및 장애인 돌봄 종사자
라. 텔레마케터
마. 배달원
바. 청소 관련 종사자
사. 아파트 경비원
아. 그 외 건물 관리원 중 건물 경비원
(2022.8.16 본조신설)

제97조【특수건강진단기관의 지정 요건】 ①법 제135조제1항에 따라 특수건강진단기관으로 지정받을 수 있는 자는 「의료법」에 따른 의료기관으로서 별표 30에 따른 인력·시설 및 장비를 갖추고 법 제135조제3항에 따라 고용노동부장관이 실시하는 특수건강진단기관의 진단·분석능력 확인에서 적합 판정을 받은 자로 한다.
②제1항에도 불구하고 고용노동부장관은 법 제135조제1항에 따른 특수건강진단기관이 없는 시·군(「수도권정비계획법」 제2조제1호에 따른 수도권에 속하는 시는 제외한다) 또는 「제주특별자치도 설치 및 국제자유도시 조성을 위한 특별법」 제10조에 따른 행정시의 경우에는 고용노동부령으로 정하는 유해인자에 대하여 「건강검진기본법」 제3조제2호에 따른 건강검진기관 중 고용노동부령으로 정하는 건강검진기관으로서 해당 기관에 「의료법」에 따른 의사(특수건강진단과 관련하여 고용노동부장관이 정하는 교육을 이수한 의사를 말한다) 및 「간호법」에 따른 간호사가 각각 1명 이상 있는 의료기관을 해당 지역의 특수건강진단기관으로 지정할 수 있다.(2025.6.20 개정)

제98조【특수건강진단기관의 지정 취소 등의 사유】 법 제135조제6항에 따라 준용되는 법 제21조제4항제5호에서 "대통령령으로 정하는 사유에 해당하는 경우"란 다음 각 호의 경우를 말한다.
1. 고용노동부령으로 정하는 검사항목을 빠뜨리거나 검사방법 및 실시 절차를 준수하지 않고 건강진단을 하는 경우
2. 고용노동부령으로 정하는 건강진단의 비용을 줄이는 등의 방법으로 건강진단을 유인하거나 건강진단의 비용을 부당하게 징수한 경우
3. 법 제135조제3항에 따라 고용노동부장관이 실시하는 특수건강진단기관의 진단·분석 능력 확인에서 부적합 판정을 받은 경우
4. 건강진단 결과를 거짓으로 판정하거나 고용노동부령으로 정하는 건강

진단 개인표 등 건강진단 관련 서류를 거짓으로 작성한 경우
5. 무자격자 또는 제97조에 따른 특수건강진단기관의 지정 요건을 충족하지 못하는 자가 건강진단을 한 경우
6. 정당한 사유 없이 건강진단의 실시를 거부하거나 중단한 경우
7. 정당한 사유 없이 법 제135조제4항에 따른 특수건강진단기관의 평가를 거부한 경우
8. 법에 따른 관계 공무원의 지도·감독을 거부·방해 또는 기피한 경우

제99조【유해·위험작업에 대한 근로시간 제한 등】 ①법 제139조제1항에서 "높은 기압에서 하는 작업 등 대통령령으로 정하는 작업"이란 잠함(潛函) 또는 잠수 작업 등 높은 기압에서 하는 작업을 말한다.
②제1항에 따른 작업에서 잠함·잠수 작업시간, 가압·감압방법 등 해당 근로자의 안전과 보건을 유지하기 위하여 필요한 사항은 고용노동부령으로 정한다.
③법 제139조제2항에서 "대통령령으로 정하는 유해하거나 위험한 작업"이란 다음 각 호의 어느 하나에 해당하는 작업을 말한다.
1. 갱(坑) 내에서 하는 작업
2. 다량의 고열물체를 취급하는 작업과 현저히 덥고 뜨거운 장소에서 하는 작업
3. 다량의 저온물체를 취급하는 작업과 현저히 춥고 차가운 장소에서 하는 작업
4. 라듐방사선이나 엑스선, 그 밖의 유해 방사선을 취급하는 작업
5. 유리·흙·돌·광물의 먼지가 심하게 날리는 장소에서 하는 작업
6. 강렬한 소음이 발생하는 장소에서 하는 작업
7. 착암기(바위에 구멍을 뚫는 기계) 등에 의하여 신체에 강렬한 진동을 주는 작업
8. 인력(人力)으로 중량물을 취급하는 작업
9. 납·수은·크롬·망간·카드뮴 등의 중금속 또는 이황화탄소·유기용제, 그 밖에 고용노동부령으로 정하는 특정 화학물질의 먼지·증기 또는 가스가 많이 발생하는 장소에서 하는 작업

제100조【교육기관의 지정 취소 등의 사유】 법 제140조제4항에 따라 준용되는 법 제21조제4항제5호에서 "대통령령으로 정하는 사유에 해당하는 경우"란 다음 각 호의 경우를 말한다.

1. 교육과 관련된 서류를 거짓으로 작성한 경우
2. 정당한 사유 없이 특정인에 대한 교육을 거부한 경우
3. 정당한 사유 없이 1개월 이상의 휴업으로 인하여 위탁받은 교육 업무의 수행에 차질을 일으킨 경우
4. 교육과 관련된 비치서류를 보존하지 않은 경우
5. 교육과 관련한 수수료 외의 금품을 받은 경우
6. 법에 따른 관계 공무원의 지도·감독을 거부·방해 또는 기피한 경우

제9장 산업안전지도사 및 산업보건지도사

제101조【산업안전지도사 등의 직무】 ①법 제142조제1항제4호에서 "대통령령으로 정하는 사항"이란 다음 각 호의 사항을 말한다.
1. 법 제36조에 따른 위험성평가의 지도
2. 법 제49조에 따른 안전보건개선계획서의 작성
3. 그 밖에 산업안전에 관한 사항의 자문에 대한 응답 및 조언

②법 제142조제2항제6호에서 "대통령령으로 정하는 사항"이란 다음 각 호의 사항을 말한다.
1. 법 제36조에 따른 위험성평가의 지도
2. 법 제49조에 따른 안전보건개선계획서의 작성
3. 그 밖에 산업보건에 관한 사항의 자문에 대한 응답 및 조언

제102조【산업안전지도사 등의 업무 영역별 종류 등】 ①법 제145조제1항에 따라 등록한 산업안전지도사의 업무 영역은 기계안전·전기안전·화공안전·건설안전 분야로 구분하고, 같은 항에 따라 등록한 산업보건지도사의 업무 영역은 직업환경의학·산업위생 분야로 구분한다.
②법 제145조제1항에 따라 등록한 산업안전지도사 또는 산업보건지도사(이하 "지도사"라 한다)의 해당 업무 영역별 업무 범위는 별표 31과 같다.

제103조【자격시험의 실시 등】 ①법 제143조제1항에 따른 지도사 자격시험(이하 "지도사 자격시험"이라 한다)은 필기시험과 면접시험으로 구분하여 실시한다.
②지도사 자격시험 중 필기시험의 업무 영역별 과목 및 범위는 별표 32와 같다.
③지도사 자격시험 중 필기시험은 제1차 시험과 제2차 시험으로 구분하여

실시하고 제1차 시험은 선택형, 제2차 시험은 논문형을 원칙으로 하되, 각각 주관식 단답형을 추가할 수 있다.

④지도사 자격시험 중 제1차 시험은 별표 32에 따른 공통필수 Ⅰ, 공통필수 Ⅱ 및 공통필수 Ⅲ의 과목 및 범위로 하고, 제2차 시험은 별표 32에 따른 전공필수의 과목 및 범위로 한다.

⑤지도사 자격시험 중 제2차 시험은 제1차 시험 합격자에 대해서만 실시한다.

⑥지도사 자격시험 중 면접시험은 필기시험 합격자 또는 면제자에 대해서만 실시하되, 다음 각 호의 사항을 평가한다.

1. 전문지식과 응용능력
2. 산업안전·보건제도에 관한 이해 및 인식 정도
3. 상담·지도능력

⑦지도사 자격시험의 공고, 응시 절차, 그 밖에 시험에 필요한 사항은 고용노동부령으로 정한다.

제104조【자격시험의 일부면제】 ①법 제143조제2항에 따라 지도사 자격시험의 일부를 면제할 수 있는 자격 및 면제의 범위는 다음 각 호와 같다.

1. 「국가기술자격법」에 따른 건설안전기술사, 기계안전기술사, 산업위생관리기술사, 인간공학기술사, 전기안전기술사, 화공안전기술사: 별표 32에 따른 전공필수·공통필수Ⅰ 및 공통필수Ⅱ 과목
2. 「국가기술자격법」에 따른 건설 직무분야(건축 중 직무분야 및 토목 중 직무분야로 한정한다), 기계 직무분야, 화학 직무분야, 전기·전자 직무분야(전기 중 직무분야로 한정한다)의 기술사 자격 보유자: 별표 32에 따른 전공필수 과목
3. 「의료법」에 따른 직업환경의학과 전문의: 별표 32에 따른 전공필수·공통필수Ⅰ 및 공통필수Ⅱ 과목
4. 공학(건설안전·기계안전·전기안전·화공안전 분야 전공으로 한정한다), 의학(직업환경의학 분야 전공으로 한정한다), 보건학(산업위생 분야 전공으로 한정한다) 박사학위 소지자: 별표 32에 따른 전공필수 과목
5. 제2호 또는 제4호에 해당하는 사람으로서 각각의 자격 또는 학위 취득 후 산업안전·산업보건 업무에 3년 이상 종사한 경력이 있는 사람: 별표 32에 따른 전공필수 및 공통필수Ⅱ 과목

6. 「공인노무사법」에 따른 공인노무사: 별표 32에 따른 공통필수Ⅰ 과목
7. 법 제143조제1항에 따른 지도사 자격 보유자로서 다른 지도사 자격 시험에 응시하는 사람: 별표 32에 따른 공통필수Ⅰ 및 공통필수Ⅲ 과목
8. 법 제143조제1항에 따른 지도사 자격 보유자로서 같은 지도사의 다른 분야 지도사 자격 시험에 응시하는 사람: 별표 32에 따른 공통필수Ⅰ, 공통필수Ⅱ 및 공통필수Ⅲ 과목

②제103조제3항에 따른 제1차 필기시험 또는 제2차 필기시험에 합격한 사람에 대해서는 다음 회의 자격시험에 한정하여 합격한 차수의 필기시험을 면제한다.

③제1항에 따른 지도사 자격시험 일부 면제의 신청에 관한 사항은 고용노동부령으로 정한다.

제105조【합격자의 결정 등】 ①지도사 자격시험 중 필기시험은 매 과목 100점을 만점으로 하여 40점 이상, 전과목 평균 60점 이상 득점한 사람을 합격자로 한다.

②지도사 자격시험 중 면접시험은 제103조제6항 각 호의 사항을 평가하되, 10점 만점에 6점 이상인 사람을 합격자로 한다.

③고용노동부장관은 지도사 자격시험에 합격한 사람에게 고용노동부령으로 정하는 바에 따라 지도사 자격증을 발급하고 관리해야 한다.(2023.6.27 신설)

제106조【자격시험 실시기관】 ①법 제143조제3항 전단에서 "대통령령으로 정하는 전문기관"이란 「한국산업인력공단법」에 따른 한국산업인력공단(이하 "한국산업인력공단"이라 한다)을 말한다.

②고용노동부장관은 법 제143조제3항에 따라 지도사 자격시험의 실시를 한국산업인력공단에 대행하게 하는 경우 필요하다고 인정하면 한국산업인력공단으로 하여금 자격시험위원회를 구성·운영하게 할 수 있다.

③자격시험위원회의 구성·운영 등에 필요한 사항은 고용노동부장관이 정한다.

제107조【연수교육의 제외 대상】 법 제146조에서 "대통령령으로 정하는 실무경력이 있는 사람"이란 산업안전 또는 산업보건 분야에서 5년 이상 실무에 종사한 경력이 있는 사람을 말한다.

제108조【손해배상을 위한 보증보험 가입 등】 ①법 제145조제1항에 따라 등록한 지도사(같은 조 제2항에 따라 법인을 설립한 경우에는

그 법인을 말한다. 이하 이 조에서 같다)는 법 제148조제2항에 따라 보험금액이 2천만원(법 제145조제2항에 따른 법인인 경우에는 2천만원에 사원인 지도사의 수를 곱한 금액) 이상인 보증보험에 가입해야 한다.
②지도사는 제1항의 보증보험금으로 손해배상을 한 경우에는 그 날부터 10일 이내에 다시 보증보험에 가입해야 한다.
③손해배상을 위한 보증보험 가입 및 지급에 관한 사항은 고용노동부령으로 정한다.

제10장 보 칙

제109조 【산업재해 예방사업의 지원】 법 제158조제1항 전단에서 "대통령령으로 정하는 사업"이란 다음 각 호의 어느 하나에 해당하는 업무와 관련된 사업을 말한다.
1. 산업재해 예방을 위한 방호장치, 보호구, 안전설비 및 작업환경개선 시설·장비 등의 제작, 구입, 보수, 시험, 연구, 홍보 및 정보제공 등의 업무
2. 사업장 안전·보건관리에 대한 기술지원 업무
3. 산업 안전·보건 관련 교육 및 전문인력 양성 업무
4. 산업재해예방을 위한 연구 및 기술개발 업무
5. 법 제11조제3호에 따른 노무를 제공하는 사람의 건강을 유지·증진하기 위한 시설의 운영에 관한 지원 업무(2020.9.8 개정)
6. 안전·보건의식의 고취 업무
7. 법 제36조에 따른 위험성평가에 관한 지원 업무
8. 안전검사 지원 업무
9. 유해인자의 노출 기준 및 유해성·위험성 조사·평가 등에 관한 업무
10. 직업성 질환의 발생 원인을 규명하기 위한 역학조사·연구 또는 직업성 질환 예방에 필요하다고 인정되는 시설·장비 등의 구입 업무
11. 작업환경측정 및 건강진단 지원 업무
12. 법 제126조제2항에 따른 작업환경측정기관의 측정·분석 능력의 확인 및 법 제135조제3항에 따른 특수건강진단기관의 진단·분석 능력의 확인에 필요한 시설·장비 등의 구입 업무
13. 산업의학 분야의 학술활동 및 인력 양성 지원에 관한 업무
14. 그 밖에 산업재해 예방을 위한 업무로서 산업재해보상보험및예방심의

위원회의 심의를 거쳐 고용노동부장관이 정하는 업무

제109조의2【보조 · 지원의 취소에 따른 추가 환수】 ①고용노동부장관이 법 제158조제3항에 따라 추가로 환수할 수 있는 금액은 다음 각 호의 구분에 따른 금액으로 한다.

1. 법 제158조제2항제1호의 경우: 지급받은 금액의 5배에 해당하는 금액
2. 법 제158조제2항제3호부터 제5호까지의 어느 하나에 해당하는 경우: 지급받은 금액의 2배에 해당하는 금액
3. 법 제158조제2항제3호부터 제5호까지의 어느 하나에 해당하여 같은 조 제1항에 따른 보조 · 지원이 취소된 후 5년 이내에 같은 사유로 다시 보조 · 지원이 취소된 경우: 지급받은 금액의 5배에 해당하는 금액

②고용노동부장관은 법 제158조제1항 전단에 따라 보조 · 지원을 받은 자가 같은 조 제2항제3호부터 제5호까지의 어느 하나에 해당하는 경우로서 그 위반행위가 경미한 부주의로 인한 것으로 인정되는 경우에는 제1항제2호에 따른 추가 환수금액을 2분의 1 범위에서 줄일 수 있다.
(2021.11.19 본조신설)

제110조【제재 요청 대상 등】 법 제159조제1항제1호에서 "많은 근로자가 사망하거나 사업장 인근지역에 중대한 피해를 주는 등 대통령령으로 정하는 사고"란 다음 각 호의 어느 하나를 말한다.

1. 동시에 2명 이상의 근로자가 사망하는 재해
2. 제43조제3항 각 호에 따른 사고

제111조【과징금의 부과기준】 법 제160조제1항에 따라 부과하는 과징금의 부과기준은 별표 33과 같다.

제112조【과징금의 부과 및 납부】 ①고용노동부장관은 법 제160조제1항에 따라 과징금을 부과하려는 경우에는 위반행위의 종류와 해당 과징금의 금액 등을 고용노동부령으로 정하는 바에 따라 구체적으로 밝혀 과징금을 낼 것을 서면으로 알려야 한다.
②제1항에 따라 통지를 받은 자는 통지받은 날부터 30일 이내에 고용노동부장관이 정하는 수납기관에 과징금을 내야 한다.(2023.12.12 개정)
③제2항에 따라 과징금을 받은 수납기관은 납부자에게 영수증을 발급하고, 지체 없이 수납한 사실을 고용노동부장관에게 통보해야 한다.
④고용노동부장관이 「행정기본법」 제29조 단서에 따라 과징금의 납부기한을 연기하거나 분할 납부하게 하는 경우 납부기한의 연기는 그 납부기한

의 다음 날부터 1년을 초과할 수 없고, 각 분할된 납부기한 간의 간격은 4개월 이내로 하며, 분할 납부의 횟수는 3회 이내로 한다.(2023.12.12 개정)
⑤삭제(2023.12.12 개정)
⑥삭제(2023.12.12 개정)
⑦삭제(2023.12.12 개정)
⑧제1항부터 제4항까지에서 규정한 사항 외에 과징금의 부과·징수에 필요한 사항은 고용노동부령으로 정한다.(2023.12.12 개정)

제113조【도급금지 등 의무위반에 따른 과징금 및 가산금】 ①법 제161조제1항에 따라 부과하는 과징금의 금액은 같은 조 제2항 각 호의 사항을 고려하여 별표 34의 과징금 산정기준을 적용하여 산정한다.
②법 제161조제3항 전단에서 "대통령령으로 정하는 가산금"이란 과징금 납부기한이 지난 날부터 매 1개월이 지날 때마다 체납된 과징금의 1천분의 5에 해당하는 금액을 말한다.

제114조【도급금지 등 의무위반에 따른 과징금의 부과 및 납부】 법 제161조제1항 및 제3항에 따른 과징금 및 가산금의 부과와 납부에 관하여는 제112조를 준용한다.

제115조【권한의 위임】 고용노동부장관은 법 제165조제1항에 따라 다음 각 호의 권한을 지방고용노동관서의 장에게 위임한다.
1. 법 제10조제3항에 따른 자료 제출의 요청
2. 법 제17조제4항, 제18조제4항 또는 제19조제3항에 따른 안전관리자, 보건관리자 또는 안전보건관리담당자의 선임 명령 또는 교체 명령(2021.11.19 개정)
3. 법 제21조제1항 및 제4항에 따른 안전관리전문기관 또는 보건관리전문기관(이 영 제23조제1항에 따른 업종별·유해인자별 보건관리전문기관은 제외한다)의 지정, 지정 취소 및 업무정지 명령
4. 법 제23조제1항에 따른 명예산업안전감독관의 위촉
5. 법 제33조제1항 및 제4항에 따른 안전보건교육기관의 등록, 등록 취소 및 업무정지 명령
6. 법 제42조제4항 후단에 따른 작업 또는 건설공사의 중지 및 유해위험방지계획의 변경 명령
7. 법 제45조제1항 후단 및 제46조제4항·제5항에 따른 공정안전보고서의 변경 명령, 공정안전보고서의 이행 상태 평가 및 재제출 명령

8. 법 제47조제1항 및 제4항에 따른 안전보건진단 명령 및 안전보건진단 결과보고서의 접수
9. 법 제48조제1항 및 제4항에 따른 안전보건진단기관의 지정, 지정 취소 및 업무정지 명령
10. 법 제49조제1항에 따른 안전보건개선계획의 수립 · 시행 명령
11. 법 제50조제1항 및 제2항에 따른 안전보건개선계획서의 접수, 심사, 그 결과의 통보 및 안전보건개선계획서의 보완 명령
12. 법 제53조제1항에 따른 시정조치 명령
13. 법 제53조제3항 및 제55조제1항 · 제2항에 따른 작업중지 명령
14. 법 제53조제5항 및 제55조제3항에 따른 사용중지 또는 작업중지 해제
15. 법 제57조제3항에 따른 사업주의 산업재해 발생 보고의 접수 · 처리
16. 법 제58조제2항제2호, 같은 조 제5항 · 제6항 · 제7항에 따른 승인, 연장승인, 변경승인과 그 승인 · 연장승인 · 변경승인의 취소 및 법 제59조제1항에 따른 도급의 승인
17. 법 제74조제1항 및 제4항에 따른 건설재해예방전문지도기관의 지정, 지정 취소 및 업무정지 명령
18. 법 제82조제1항 및 제4항에 따른 타워크레인 설치 · 해체업의 등록, 등록 취소 및 업무정지 명령
19. 법 제84조제6항에 따른 자료 제출 명령
20. 법 제85조제4항에 따른 표시 제거 명령
21. 법 제86조제1항에 따른 안전인증 취소, 안전인증표시의 사용 금지 및 시정 명령
22. 법 제87조제2항에 따른 수거 또는 파기 명령
23. 법 제90조제4항에 따른 표시 제거 명령
24. 법 제91조제1항에 따른 사용 금지 및 시정 명령
25. 법 제92조제2항에 따른 수거 또는 파기 명령
26. 법 제99조제1항에 따른 자율검사프로그램의 인정 취소와 시정 명령
27. 법 제100조제1항 및 제4항에 따른 자율안전검사기관의 지정, 지정 취소 및 업무정지 명령
28. 법 제102조제3항에 따른 등록 취소 및 지원 제한
29. 법 제112조제8항에 따른 승인 또는 연장승인의 취소
30. 법 제113조제3항에 따른 선임 또는 해임 사실의 신고 접수 · 처리

31. 법 제117조제2항제1호 및 같은 조 제3항에 따른 제조등금지물질의 제조·수입 또는 사용의 승인 및 그 승인의 취소
32. 법 제118조제1항·제4항 및 제5항에 따른 허가대상물질의 제조·사용의 허가와 변경 허가, 수리·개조 등의 명령, 허가대상물질의 제조·사용 허가의 취소 및 영업정지 명령
33. 법 제119조제4항에 따른 일반석면조사 또는 기관석면조사의 이행 명령 및 이행 명령의 결과를 보고받을 때까지의 작업중지 명령
34. 법 제120조제1항 및 제5항에 따른 석면조사기관의 지정, 지정 취소 및 업무정지 명령
35. 법 제121조제1항 및 제4항에 따른 석면해체·제거업의 등록, 등록 취소 및 업무정지 명령
36. 법 제121조제2항에 따른 석면해체·제거작업의 안전성 평가 및 그 결과의 공개
37. 법 제122조제3항 및 제4항에 따른 석면해체·제거작업 신고의 접수 및 수리
38. 법 제124조제1항에 따라 제출된 석면농도 증명자료의 접수
39. 법 제125조제5항에 따른 작업환경측정 결과 보고의 접수·처리
40. 법 제126조제1항 및 제5항에 따른 작업환경측정기관의 지정, 지정 취소 및 업무정지 명령
41. 법 제131조제1항에 따른 임시건강진단 실시 등의 명령
42. 법 제132조제5항에 따른 조치 결과의 접수
43. 법 제134조제1항에 따른 건강진단 실시 결과 보고의 접수
44. 법 제135조제1항 및 제6항에 따른 특수건강진단기관의 지정, 지정 취소 및 업무정지 명령
45. 법 제140조제2항 및 제4항에 따른 교육기관의 지정, 지정 취소 및 업무정지 명령
46. 법 제145조제1항 및 제154조에 따른 지도사의 등록, 등록 취소 및 업무정지 명령
47. 법 제157조제1항 및 제2항에 따른 신고의 접수·처리
48. 법 제160조에 따른 과징금의 부과·징수(위임된 권한에 관한 사항으로 한정한다)
49. 법 제161조에 따른 과징금 및 가산금의 부과·징수

50. 법 제163조제1항에 따른 청문(위임된 권한에 관한 사항으로 한정한다)
51. 법 제175조에 따른 과태료의 부과 · 징수(위임된 권한에 관한 사항으로 한정한다)
52. 제16조제6항 · 제7항, 제20조제3항 및 제29조제3항 · 제4항에 따른 서류의 접수(2025.4.29 개정)
52의2. 제105조제3항에 따른 지도사 자격증(고용노동부장관 명의로 된 자격증을 말한다. 이하 같다)의 발급 및 관리(2023.6.27 신설)
53. 그 밖에 제1호부터 제52호까지의 규정에 따른 권한을 행사하는 데 따르는 감독상의 조치

(2020.9.8 본조개정)

제116조 【업무의 위탁】 ①고용노동부장관은 법 제165조제2항제2호부터 제4호까지, 제6호부터 제10호까지, 제12호, 제15호, 제16호, 제18호부터 제30호까지, 제32호, 제33호 및 제35호부터 제41호까지의 업무를 공단에 위탁한다.

②고용노동부장관은 법 제165조제2항제1호, 제11호, 제13호, 제14호, 제17호, 제31호 및 제34호의 업무를 다음 각 호의 법인 또는 기관에 위탁한다.(2021.11.19 개정)

1. 공단
2. 다음 각 목의 법인 또는 기관 중에서 위탁업무를 수행할 수 있는 인력 · 시설 및 장비를 갖추어 고용노동부장관이 정하여 고시하는 바에 따라 지정을 받거나 등록한 법인 또는 기관
   가. 산업안전 · 보건 또는 산업재해 예방을 목적으로 「민법」에 따라 설립된 비영리법인
   나. 법 제21조제1항, 제48조제1항, 제74조제1항, 제120조제1항, 제126조제1항, 제135조제1항 또는 제140조제2항에 따라 고용노동부장관의 지정을 받은 법인 또는 기관
   다. 「고등교육법」 제2조에 따른 학교
   라. 「공공기관의 운영에 관한 법률」에 따른 공공기관
3. 그 밖에 고용노동부장관이 산업재해 예방 업무에 전문성이 있다고 인정하여 고시하는 법인 또는 기관

③고용노동부장관은 제2항에 따라 공단, 법인 또는 기관에 그 업무를 위탁한 경우에는 위탁기관의 명칭과 위탁업무 등에 관한 사항을 관보 또는 고

용노동부 인터넷 홈페이지 등에 공고해야 한다.

④공단은 제1항 및 제2항에 따라 위탁받은 업무의 일부를 제2항제2호 또는 제3호에 해당하는 법인 또는 기관에 고용노동부장관의 승인을 받아 재위탁할 수 있다. 이 경우 공단은 재위탁받은 법인 또는 기관과 재위탁 업무의 내용을 인터넷 홈페이지에 게재해야 한다.(2021.11.19 신설)

제117조【민감정보 및 고유식별정보의 처리】 고용노동부장관(법 제143조제3항에 따라 지도사 자격시험 실시를 대행하는 자, 법 제165조에 따라 고용노동부장관의 권한을 위임받거나 업무를 위탁받은 자와 이 영 제116조제4항 전단에 따라 재위탁받은 자를 포함한다)은 다음 각 호의 사무를 수행하기 위해 불가피한 경우 「개인정보 보호법」 제23조의 건강에 관한 정보(제1호부터 제6호까지 및 제9호의 사무를 수행하는 경우로 한정한다), 같은 법 시행령 제18조제2호의 범죄경력자료에 해당하는 정보(제7호 및 제8호의 사무를 수행하는 경우로 한정한다) 및 같은 영 제19조제1호 · 제4호의 주민등록번호 · 외국인등록번호가 포함된 자료를 처리할 수 있다.(2023.6.27 개정)

1. 법 제8조에 따라 고용노동부장관이 협조를 요청한 사항으로서 산업재해 또는 건강진단 관련 자료의 처리에 관한 사무
2. 법 제57조에 따른 산업재해 발생 기록 및 보고 등에 관한 사무
3. 법 제129조부터 제136조까지의 규정에 따른 건강진단에 관한 사무
4. 법 제137조에 따른 건강관리카드 발급 및 건강진단 실시에 관한 사무 (2025.1.31 개정)
5. 법 제138조에 따른 질병자의 근로 금지 · 제한에 관한 지도, 감독에 관한 사무
6. 법 제141조에 따른 역학조사에 관한 사무
7. 법 제143조에 따른 지도사 자격시험에 관한 사무
8. 법 제145조에 따른 지도사의 등록에 관한 사무
9. 제7조제3호에 따른 직업성 질병의 예방 및 조기 발견에 관한 사무 (2022.8.16 신설)
10. 제105조제3항에 따른 지도사 자격증의 발급 및 관리(2023.6.27 신설)

제118조【규제의 재검토】 ①고용노동부장관은 제96조의2에 따른 휴게시설 설치 · 관리기준 준수 대상 사업장의 사업주 범위에 대하여 2022년 8월 18일을 기준으로 4년마다(매 4년이 되는 해의 기준일과 같은 날 전

까지를 말한다) 그 타당성을 검토하여 개선 등의 조치를 해야 한다.(2022.8.16 신설)

②고용노동부장관은 다음 각 호의 사항에 대하여 다음 각 호의 기준일을 기준으로 3년마다(매 3년이 되는 해의 기준일과 같은 날 전까지를 말한다) 그 타당성을 검토하여 개선 등의 조치를 해야 한다.(2022.8.16 개정)

1. 제2조제1항 및 별표 1 제3호에 따른 대상사업의 범위: 2019년 1월 1일
2. 제13조제1항에 따른 이사회 보고 · 승인 대상 회사: 2022년 1월 1일
3. 제14조제1항 및 별표 2 제33호에 따른 안전보건관리책임자 선임 대상인 건설업의 건설공사 금액: 2022년 1월 1일
4. 제24조에 따른 안전보건관리담당자의 선임 대상사업: 2019년 1월 1일
5. 제52조에 따른 안전보건총괄책임자 지정 대상사업: 2020년 1월 1일
6. 제95조에 따른 작업환경측정기관의 지정 요건: 2020년 1월 1일
7. 제100조에 따른 자격 · 면허 취득자의 양성 또는 근로자의 기능 습득을 위한 교육기관의 지정 취소 등의 사유: 2020년 1월 1일

제11장 벌 칙

제119조【과태료의 부과기준】 법 제175조제1항부터 제6항까지의 규정에 따른 과태료의 부과기준은 별표 35와 같다.

부　칙 (2019.12.24)

제1조【시행일】 이 영은 2020년 1월 16일부터 시행한다. 다만, 제13조 및 별표 35 제4호나목의 개정규정은 2021년 1월 1일부터 시행하고, 제86조, 별표 35 제4호러목(법 제35조제5호에 관한 부분으로 한정한다) 및 트목부터 지목까지의 개정규정은 2021년 1월 16일부터 시행한다.

제2조【공정안전보고서 제출 대상 등의 적용에 관한 일반적 적용례】 ①제43조 · 제45조(별표 13과 관련되는 부분으로 한정한다) 및 별표 13의 개정규정은 다음 각 호의 구분에 따른 날부터 적용한다.

1. 상시근로자 5명 이상을 사용하는 사업장: 2021년 1월 16일
2. 상시근로자 5명 미만을 사용하는 사업장: 2021년 7월 16일

②제71조(별표 21 제24호에 관련되는 부분으로 한정한다) 및 별표 21 제24호의 개정규정은 2020년 7월 16일부터 적용한다.

③제74조제1항제2호자목 및 제77조제1항제2호의 개정규정은 2021년 1월 16일부터 적용한다.

④별표 3 제46호의 개정규정은 다음 각 호의 구분에 따른 날부터 적용한다.

1. 공사금액 100억원 이상 공사의 경우: 2020년 7월 1일
2. 공사금액 80억원 이상 100억원 미만 공사의 경우: 2021년 7월 1일
3. 공사금액 60억원 이상 80억원 미만 공사의 경우: 2022년 7월 1일
4. 공사금액 50억원 이상 60억원 미만 공사의 경우: 2023년 7월 1일

제3조【유효기간】 삭제(2022.8.16)

제4조【산업재해 발생건수 등의 공표에 관한 적용례 등】 ①제10조 및 제12조의 개정규정은 이 영 시행일이 속한 해의 다음해 1월 1일 이후 발생하는 산업재해부터 적용한다.

②제1항에 따라 제10조 및 제12조의 개정규정이 적용되기 전까지는 종전의 「산업안전보건법 시행령」(대통령령 제30256호로 전부개정되기 전의 것을 말한다) 제8조의4를 적용한다.

제5조【건설업의 안전관리자의 선임에 관한 적용례】 ①대통령령 제16947호 산업안전보건법시행령중개정령 제12조제2항의 개정규정은 2001년 1월 1일 이후 착공하는 건설공사부터 적용한다.

②대통령령 제19804호 산업안전보건법 시행령 일부개정령 별표 3의 개정규정은 2007년 7월 1일 이후 착공하는 건설공사부터 적용한다.

③대통령령 제21653호 산업안전보건법 시행령 일부개정령 별표 3 비고의

개정규정은 2009년 8월 7일 이후 최초로 계약하는 공사부터 적용한다.
④대통령령 제26985호 산업안전보건법 시행령 일부개정령 별표 3 제41호의 개정규정은 2016년 8월 18일 이후 착공하는 공사부터 적용한다.

제6조【유해 · 위험방지계획서 제출에 관한 적용례】 ①대통령령 제20973호 산업안전보건법 시행령 일부개정령 제33조의2의 개정규정은 2009년 2월 1일 이후 해당 사업과 관계있는 건설물 · 기계 · 기구 및 설비 등을 설치 · 이전하거나 그 주요 구조부분을 변경하기 위한 공사를 시작하는 경우부터 적용한다.
②대통령령 제23545호 산업안전보건법 시행령 일부개정령 제33조의2제3호부터 제10호까지의 개정규정은 2012년 7월 1일 이후 해당 개정규정에 따른 사업과 관련하여 건설물 · 기계 · 기구 및 설비 등을 설치 · 이전하거나 그 주요 구조부분을 변경하기 위한 작업을 시작하는 경우부터 적용한다.

제7조【대여자 등이 안전조치 등을 해야 하는 기계 · 기구 등에 관한 적용례】 제71조 및 별표 21 제24호의 개정규정은 2020년 7월 16일 이후 고소작업대를 대여하거나 대여받는 자부터 적용한다.

제8조【안전인증대상기계등에 관한 적용례】 제74조제1항제2호자목의 개정규정은 2021년 1월 16일 이후 제조 · 수입하는 산업용 로봇 방호장치부터 적용한다.

제9조【특수건강진단기관의 지정 취소 등의 사유에 관한 적용례】 제98조제7호의 개정규정은 이 영 시행 이후 정당한 사유 없이 고용노동부장관이 법 제135조제4항에 따라 실시하는 평가를 거부하는 경우부터 적용한다.

제10조【제재요청 등의 대상 확대에 관한 적용례】 대통령령 제18609호 산업안전보건법시행령중개정령 제33조의9제1호의 개정규정은 2006년 1월 1일 이후 해당 산업재해가 발생하는 경우부터 적용한다.

제11조【과징금의 분할 납부 등에 관한 적용례】 제112조제4항부터 제7항까지의 개정규정은 이 영 시행 이후 부과하는 과징금부터 적용한다.

제12조【공공행정 등에서의 도급인의 안전 및 보건 조치에 관한 적용례】 별표 1 제4호의 개정규정 중 도급인의 안전 및 보건 조치 관련 부분은 이 영 시행 이후 도급계약을 체결하는 경우부터 적용한다.

제13조【건설업의 안전관리자 선임에 관한 적용례】 별표 3 제46호 및 비고의 개정규정은 부칙 제2조제4항 각 호의 구분에 따른 날 이후

착공하는 공사부터 적용한다.

제14조【건설업의 보건관리자 선임에 관한 적용례】 대통령령 제24684호 산업안전보건법 시행령 일부개정령 별표 5 제40호의 개정규정은 2015년 1월 1일 이후 착공하는 공사부터 적용한다.

제15조【과징금에 관한 적용례】 대통령령 제23545호 산업안전보건법 시행령 일부개정령 별표 4의2의 개정규정은 2012년 1월 26일 이후 최초로 업무정지처분의 사유가 발생하는 경우부터 적용한다.

제16조【유해작업 도급금지에 관한 적용례】 대통령령 제16947호 산업안전보건법시행령중개정령 별표 1 제1호 · 제2호 및 제4호부터 제6호까지의 개정규정에 따라 새로 적용되는 유해작업 도급인가에 관한 「산업안전보건법」(법률 제6315호로 개정되기 전의 것을 말한다) 제28조는 대통령령 제16947호 산업안전보건법시행령중개정령 별표 1 제1호 · 제2호 및 제4호부터 제6호까지의 개정규정에 따른 대상사업이 2000년 8월 5일 이후 도급 · 하도급하는 작업부터 적용한다.

제17조【공표대상 사업장에 관한 특례】 대통령령 제28368호 산업안전보건법 시행령 일부개정령 제8조의4제3항의 개정규정에도 불구하고 2019년 12월 31일까지는 제12조 각 호 외의 부분 개정규정 중 "500명 이상"을 "1천명 이상"으로 본다.

제18조【재직 중인 안전관리자 등에 관한 경과조치】 ①대통령령 제13053호 산업안전보건법시행령개정령 시행 당시 종전의 「산업안전보건법 시행령」(대통령령 제13053호로 전부개정되기 전의 것을 말한다)에 따라 안전관리자 선임을 신고한 사업주는 제16조제6항의 개정규정에 따라 안전관리자 선임을 증명할 수 있는 서류를 제출한 것으로 본다.

②대통령령 제13053호 산업안전보건법시행령개정령 시행 당시 종전의 「산업안전보건법 시행령」(대통령령 제13053호로 전부개정되기 전의 것을 말한다)에 따라 보건관리자 선임을 신고한 사업주는 제20조제3항의 개정규정에 따라 준용되는 제16조제6항의 개정규정에 따라 보건관리자 선임을 증명할 수 있는 서류를 제출한 것으로 본다.

③대통령령 제13053호 산업안전보건법시행령개정령 시행일인 1990년 7월 14일 당시 종전의 「산업안전보건법 시행령」(대통령령 제13053호로 전부개정되기 전의 것을 말한다)에 따라 건강관리보건담당자로 재직하고 있는 사람은 이 영에 따른 자격기준에 따라 신규로 선임될 때까지는 제20조의

개정규정에 따라 선임된 보건관리자로 본다.

제19조【보건관리대행기관 등에 관한 경과조치】 ①대통령령 제14787호 산업안전보건법시행령중개정령 시행 당시 종전의 「산업안전보건법 시행령」(대통령령 제14787호로 개정되기 전의 것을 말한다)에 따라 보건관리대행기관, 지정측정기관 또는 건설재해예방전문기관으로 지정을 받은 자는 각각 이 영에 따라 보건관리전문기관, 작업환경측정기관 또는 건설재해예방전문지도기관으로 지정받은 것으로 본다.

②대통령령 제15372호 산업안전보건법시행령중개정령 시행 당시 종전의 「산업안전보건법 시행령」(대통령령 제15372호로 개정되기 전의 것을 말한다)에 따라 지정을 받은 건설재해예방전문기관, 지정교육기관, 근로자 기능습득을 위한 교육기관 또는 안전 · 보건진단기관은 각각 이 영에 따라 건설재해예방전문지도기관, 근로자안전보건교육기관, 근로자 기능습득을 위한 교육기관 또는 안전보건진단기관으로 지정받은 것으로 본다.

제20조【공정안전보고서 제출 대상에 관한 경과조치】 ①제43조 · 제45조(별표 13과 관련되는 부분으로 한정한다) 및 별표 13의 개정규정에도 불구하고 부칙 제2조제1항 각 호의 구분에 따른 날 전에 종전의 「산업안전보건법 시행령」(대통령령 제30256호로 전부개정되기 전의 것을 말한다)에 따라 공정안전보고서 제출 대상이 아니었던 설비를 보유한 사업주가 별표 13의 개정규정에 따라 공정안전보고서 제출 대상이 되는 경우에는 부칙 제2조제1항 각 호의 구분에 따른 날부터 3개월 이내에 공정안전보고서를 제출해야 한다.

②부칙 제2조제1항에 따라 제43조 · 제45조(별표 13과 관련되는 부분으로 한정한다) 및 별표 13의 개정규정이 적용되기 전까지는 종전의 「산업안전보건법 시행령」(대통령령 제30256호로 전부개정되기 전의 것을 말한다) 제33조의6 · 제33조의8(별표 10과 관련되는 부분으로 한정한다) 및 별표 10을 적용한다.

제21조【안전인증대상기계등에 관한 경과조치】 부칙 제2조제3항에 따라 제77조제1항제2호의 개정규정이 적용되기 전까지는 종전의 「산업안전보건법 시행령」(대통령령 제30256호로 전부개정되기 전의 것을 말한다) 제28조의5제1항제2호를 적용한다.

제22조【석면조사기관 지정취소 등에 관한 경과조치】 대통령령 제23545호 산업안전보건법 시행령 일부개정령 시행 전에 발생한 사유로

석면조사기관의 지정의 취소 등을 할 때에는 종전의 「산업안전보건법 시행령」(대통령령 제23545호로 개정되기 전의 것을 말한다) 제30조의6에 따른다.

제23조【발전업을 하는 사업주의 안전관리자 선임에 관한 경과조치】 생략.

제24조【건설업의 안전관리자 선임에 관한 경과조치】 부칙 제2조제4항에 따라 별표 3 제46호의 개정규정이 적용되기 전까지는 종전의 「산업안전보건법 시행령」(대통령령 제30256호로 전부개정되기 전의 것을 말한다) 별표 3 제41호 및 같은 표 비고를 적용한다.

제25조【육상운송 및 파이프라인 운송업을 하는 사업주의 보건관리자 선임에 관한 경과조치】 이 영 시행 당시 육상운송 및 파이프라인 운송업(도시철도 운송업은 제외한다)을 하는 사업주는 이 영 시행일부터 6개월 이내 별표 5 제27호의 개정규정에 따라 보건관리자를 선임해야 한다.

제26조【보건관리자의 자격에 관한 경과조치】 생략

제27조【안전관리전문기관 등에 재직 중인 사람에 관한 경과조치】 생략

제28조【안전보건교육기관의 등록요건에 대한 경과조치】 생략

제29조【과징금 부과기준에 관한 경과조치】 대통령령 제28368호 산업안전보건법 시행령 일부개정령 시행 전의 위반행위에 대하여 과징금 부과기준을 적용할 때에는 종전의 「산업안전보건법 시행령」(대통령령 제28368호로 개정되기 전의 것을 말한다) 별표 4의2에 따른다.

제30조【과태료 부과기준에 관한 경과조치】 대통령령 제26985호 산업안전보건법 시행령 일부개정령 시행 전의 위반행위에 대하여 과태료 부과기준을 적용할 때에는 종전의 「산업안전보건법 시행령」(대통령령 제26985호로 개정되기 전의 것을 말한다) 별표 13 제4호조목 및 초목에 따른다.

제31조【종전 부칙의 적용범위에 관한 경과조치】 종전의 「산업안전보건법 시행령」의 개정에 따라 규정했던 종전의 부칙은 이 영 시행 전에 그 효력이 이미 상실된 경우를 제외하고는 이 영의 규정에 위배되지 않는 범위에서 이 영 시행 이후에도 계속하여 적용한다.

제32조【다른 법령의 개정】 생략

제33조【다른 법령과의 관계】 이 영 시행 당시 다른 법령에서 종전의 「산업안전보건법 시행령」의 규정을 인용하고 있는 경우 이 영 중 그에

해당하는 규정이 있을 때에는 종전의 규정을 갈음하여 이 영의 해당 규정을 인용한 것으로 본다.

부 칙 (2020. 9. 8)

이 영은 공포한 날부터 시행한다. 다만, 다음 각 호의 개정규정은 다음 각 호의 구분에 따른 날부터 시행한다.

1. 제45조제1항 후단의 개정규정: 2021년 4월 1일
2. 별표 35 제4호랴목의 개정규정: 2020년 9월 10일
3. 별표 35 제4호(랴목은 제외한다)의 개정규정: 2020년 10월 1일
4. 대통령령 제30256호 산업안전보건법 시행령 전부개정령 별표 35 제4호 이목의 개정규정: 2021년 1월 16일

부 칙 (2021. 1.12)

이 영은 공포한 날부터 시행한다.

부 칙 (2021.10.14)

이 영은 2021년 10월 14일부터 시행한다.

부 칙 (2021.11.19)

제1조【시행일】 이 영은 2021년 11월 19일부터 시행한다.

제2조【설계변경 요청 대상에 관한 적용례】 제58조제1항제2호의 개정규정은 이 영 시행 이후 착공하는 건설공사부터 적용한다.

제3조【기술지도계약 체결 시 전산시스템 사용에 관한 적용례】 별표 18 제2호나목의 개정규정은 이 영 시행 이후 건설재해예방전문지도기관이 기술지도계약을 체결하는 경우부터 적용한다.

제4조【소방시설공사 분야 지도 및 지정 요건에 관한 경과조치】 이 영 시행 전에 법 제74조제1항에 따라 종전의 별표 18 제1호의 건설공사 지도 분야의 건설재해예방전문지도기관으로 종전의 별표 19 제1호에 따른 지정 요건을 갖추어 지정받은 자가 이 영 시행 당시 소방시설공사 분야의 지도계약에 따라 지도를 수행 중인 경우에는 별표 18 제1호나목 및 별표 19 제2호의 개정규정에도 불구하고 그 지도계약에 따른 지도가 끝나는 날까지 소방시설공사 분야의 지도를 할 수 있다.

부　칙 (2022. 8.16)

제1조【시행일】 이 영은 2022년 8월 18일부터 시행한다.

제2조【휴게시설의 설치·관리기준 적용 사업장에 대한 적용례】
제96조의2의 개정규정은 다음 각 호의 구분에 따른 날부터 적용한다.

1. 상시근로자 50명 이상을 사용하는 사업장(건설업의 경우에는 관계수급인의 공사금액을 포함한 해당 공사의 총공사금액이 50억원 이상인 사업장으로 한정한다): 2022년 8월 18일
2. 상시근로자 20명 이상 50명 미만을 사용하는 사업장(건설업의 경우에는 관계수급인의 공사금액을 포함한 해당 공사의 총공사금액이 20억원 이상 50억원 미만인 사업장으로 한정한다): 2023년 8월 18일
3. 제96조의2제2호의 개정규정에 따른 사업장: 2023년 8월 18일

제3조【안전관리자 선임 수에 관한 적용례】 별표 3 제3호·제21호·제23호·제24호 및 제27호의 개정규정은 상시근로자 수가 500명 이상 1천명 미만인 사업장의 경우에는 2023년 2월 19일부터 적용한다.

제4조【석면해체·제거업자에 재직 중인 사람에 관한 경과조치】 이 영 시행 당시 종전의 별표 28 제1호 각 목의 구분에 따라 석면해체·제거업자의 석면해체·제거 관련 업무를 전담하는 인력으로 재직하고 있는 사람으로서 별표 28 제1호 각 목의 개정규정에 따른 인력기준에 적합하지 않은 사람은 해당 석면해체·제거업자의 석면해체·제거 관련 업무를 전담하는 인력으로 재직하는 기간에 한정하여 다음 각 호의 구분에 따라 별표 28 제1호의 개정규정에 따른 인력기준에 적합한 사람으로 본다.

1. 종전의 별표 28 제1호가목1)에 해당하는 사람: 별표 28 제1호가목의 개정규정에 따른 인력기준
2. 종전의 별표 28 제1호나목에 해당하는 사람: 별표 28 제1호나목의 개정규정에 따른 인력기준

부　칙 (2023. 6.27)

이 영은 공포한 날부터 시행한다. 다만, 제105조제3항, 제115조제52호의2 및 제117조제10호의 개정규정은 공포 후 3개월이 경과한 날부터 시행한다.

부　칙 (2024. 3.12)

산업
안전

이 영은 공포한 날부터 시행한다.

부 칙 (2024. 6.25)

이 영은 2024년 7월 1일부터 시행한다. 다만, 제78조제1항제14호 · 제15호, 별표 24 제1호가목, 같은 표 제2호 번호 2 및 별표 25 번호 3의 개정규정은 공포 후 2년이 경과한 날부터 시행하고, 별표 30 제1호가목의 개정규정은 2025년 1월 1일부터 시행한다.

부 칙 (2024.12.31)

이 영은 2025년 1월 1일부터 시행한다.

부 칙 (2025. 1.31)

이 영은 공포한 날부터 시행한다.

부 칙 (2025. 4.29)

제 1 조【시행일】 이 영은 공포한 날부터 시행한다.

제 2 조【안전관리자 또는 보건관리자의 해임 등에 관한 적용례】 제16조제7항 및 제20조제3항의 개정규정은 이 영 시행 이후 안전관리자 또는 보건관리자를 해임하거나 안전관리전문기관 또는 보건관리전문기관에 대한 업무 위탁을 해지하는 경우부터 적용한다.

제 3 조【산업보건의의 해임 또는 해촉에 관한 적용례】 제29조제4항의 개정규정은 이 영 시행 이후 산업보건의를 해임 또는 해촉하는 경우부터 적용한다.

제 4 조【타워크레인 설치 · 해체업의 변경등록에 관한 적용례】 제72조제2항제4호의 개정규정은 이 영 시행 이후 별표 22 제1호에 따른 인력을 변경하는 경우부터 적용한다.

진폐의 예방과 진폐근로자의 보호 등에 관한 법률

전부개정 2007. 4.11 법률 제8374호
개정 2008. 3.21 법률 제8961호
2008.12.31 법률 제9319호
2009. 2. 6 법률 제9435호
2010. 5.20 법률 제10304호
2010. 6. 4 법률 제10339호
2016. 1. 6 법률 제13729호
2016. 1.27 법률 제13911호
2017. 7.26 법률 제14839호
2019. 1.15 법률 제16272호
2023. 8. 8 법률 제19613호

제1장 총 칙

제1조【목적】 이 법은 진폐(塵肺)의 예방과 분진작업(粉塵作業)에 종사하는 근로자에 대한 건강관리를 강화하고, 진폐에 걸린 근로자 및 그 유족에 대한 위로금의 지급에 관한 사항을 정하여 근로자의 건강 보호와 복지 증진에 이바지하는 것을 목적으로 한다.

제2조【정의】 이 법에서 사용하는 용어의 뜻은 다음과 같다.

1. "진폐"란 분진을 흡입하여 폐에 생기는 섬유증식성(纖維增殖性) 변화를 주된 증상으로 하는 질병을 말한다.
2. "합병증"이란 진폐와 합병된 폐결핵이나 그 밖에 진폐의 진행 과정에 따라 생기는 진폐와 밀접한 관계가 있다고 인정되는 질병으로서 고용노동부령으로 정하는 것을 말한다.(2010.6.4 개정)
3. "분진작업"이란 토석 · 암석 또는 광물을 취급하는 작업 중 그 작업에 종

사하는 근로자가 진폐에 걸릴 우려가 있는 것으로서 대통령령으로 정하는 작업을 말한다.(2008.3.21 개정)

4. "근로자"란 「근로기준법」제2조에 따른 근로자로서 분진작업에 종사하는 자를 말한다.

5. "사업주"란 분진작업을 행하는 사업 또는 사업장(이하 "사업"이라 한다)에서 근로자를 사용하는 자를 말한다.

제3조【적용 범위】 이 법은 대통령령으로 정하는 분진작업을 하는 사업에 대하여 적용한다.

제2장 진폐의 예방

제4조【진폐 예방 등에 관한 계획】 ①고용노동부장관은 진폐를 예방하고 진폐에 걸린 근로자(이하 "진폐근로자"라 한다)를 보호하기 위한 계획(이하 "진폐 예방 등에 관한 계획"이라 한다)을 세워야 한다.(2010.6.4 개정)

②삭제(2009.2.6)

제5조【진폐심의위원회】 삭제(2009.2.6)

제6조【진폐심사의사】 ①제18조제1항에 따른 진폐관리구분의 판정이나 그 밖에 진폐에 관한 의학적인 전문 사항에 관하여 자문하기 위하여 대통령령으로 정하는 바에 따라 고용노동부 또는 「산업재해보상보험법」에 따른 근로복지공단에 진폐심사의사를 둘 수 있다.(2010.6.4 개정)

②진폐심사의사의 수와 자격·위촉 절차·임무 및 수당 등에 필요한 사항은 대통령령으로 정한다.(2008.3.21 개정)

제7조【작업환경 측정 대행】 삭제(2016.1.27)

제7조의2【측정대행자의 지정 취소】 삭제(2016.1.27)

제8조【진폐의 예방】 사업주와 근로자는 진폐의 예방을 위하여 「산업안전보건법」과 「광산안전법」에서 정하는 조치 외에 분진의 발산방지 등 고용노동부령으로 정하는 사항을 지켜야 한다.(2016.1.6 개정)

제9조【교육】 ①사업주는 상시 분진작업에 종사하는 근로자에게 진폐의 예방 및 건강관리를 위하여 필요한 교육을 실시하여야 한다.(2008.3.21 개정)

②제1항에 따른 교육의 내용·횟수 및 교육 시간에 관하여는 대통령령으

로 정한다.(2008.3.21 신설)

제3장 건강관리

제1절 건강진단

제10조【채용 시 건강진단】①사업주는 분진작업에 종사할 근로자를 채용할 때에는 그 근로자가 취업하기 전에 건강진단을 실시하여야 한다. 다만, 채용할 때 건강진단의 검사항목을 포함하는 건강진단을 받은 후 6개월이 지나지 아니하고 건강진단결과를 기재한 서류를 제출한 근로자에 대하여는 이를 실시하지 아니할 수 있다.(2008.3.21 개정)
②제1항에 따른 채용 시 건강진단의 내용, 방법, 그 밖에 필요한 사항은 고용노동부령으로 정한다.(2010.6.4 개정)

제11조【정기 건강진단】①사업주는 분진작업에 종사하는 근로자에 대하여 매년 1회 이상 정기 건강진단을 실시하여야 한다. 다만, 제10조 또는 제12조에 따른 채용 시 건강진단 또는 임시 건강진단을 받은 자에 대하여는 그 연도에는 정기 건강진단을 실시하지 아니할 수 있다.
②제1항에 따른 정기 건강진단의 내용, 방법, 그 밖에 필요한 사항은 고용노동부령으로 정한다.(2010.6.4 개정)

제12조【임시 건강진단】①사업주는 근로자가 다음 각 호의 어느 하나에 해당하면 그 근로자에 대하여 임시 건강진단을 실시하여야 한다.
1. 합병증으로 1년 이상 요양을 위하여 휴직한 근로자가 복직이 가능하다는 의사의 소견서를 제출하고 복직을 신청한 경우
2. 그 밖에 고용노동부령으로 정하는 사유가 발생한 경우(2010.6.4 개정)
②제1항에 따른 임시 건강진단의 내용, 방법, 그 밖에 필요한 사항은 고용노동부령으로 정한다.(2010.6.4 개정)

제13조【이직자 건강진단】①고용노동부장관은 고용노동부령으로 정하는 기간 이상 분진작업에 종사한 근로자가 이직 후에 이직자 건강진단을 신청하면 이직자 건강진단을 실시하여야 한다. 다만, 제11조 또는 제12조에 따른 정기 건강진단 또는 임시 건강진단을 받은 후 1년 이내에 이직한 자에 대하여는 이직자 건강진단을 실시하지 아니할 수 있다.(2010.6.4 개정)

②제1항에 따른 이직자 건강진단의 신청 절차와 내용, 방법, 그 밖에 필요한 사항은 고용노동부령으로 정한다.(2010.6.4 개정)

제14조【근로자의 건강진단을 받을 의무】 근로자는 다른 건강진단기관으로부터 건강진단을 받아 그 결과를 제출하는 등 대통령령으로 정하는 사유가 있는 경우 외에는 제10조부터 제12조까지의 규정에 따른 건강진단을 받아야 한다.(2008.3.21 개정)

제15조【건강진단기관】 ①제10조부터 제13조까지의 규정에 따른 건강진단은 대통령령으로 정하는 인력과 시설을 보유한 의료기관으로서 고용노동부장관의 지정을 받은 자(이하 "건강진단기관"이라 한다)가 실시한다.(2010.6.4 개정)

②제1항에 따른 지정을 받으려는 자는 고용노동부령으로 정하는 바에 따라 고용노동부장관에게 지정신청을 하여야 한다.(2010.6.4 개정)

③고용노동부장관은 제2항에 따라 지정신청한 자를 건강진단기관으로 지정하면 고용노동부령으로 정한 사항이 적힌 건강진단기관 지정서를 내주어야 한다.(2010.6.4 개정)

④고용노동부장관은 건강진단기관이 다음 각 호의 어느 하나에 해당하면 그 지정을 취소하거나 6개월 이내의 기간을 정하여 그 업무의 정지를 명할 수 있다. 다만, 제1호에 해당할 때에는 그 지정을 취소하여야 한다.(2010.6.4 개정)

1. 거짓이나 그 밖의 부정한 방법으로 지정을 받은 경우
2. 제1항에 따른 건강진단기관 지정 요건을 갖추지 못한 경우
3. 제3항에 따라 지정 받은 사항을 위반하여 건강진단 업무를 한 경우
4. 건강진단결과(「산업재해보상보험법」 제91조의6제2항에 따른 진단결과를 포함한다)를 거짓으로 작성하여 제출한 경우(2010.5.20 개정)
5. 건강진단비용(「산업재해보상보험법」 제91조의6제4항에 따른 진단비용을 포함한다)을 부당하게 청구한 경우(2010.5.20 개정)
6. 제15조의2에 따른 평가를 2회 이상 받지 아니하거나 평가의 실시 결과 불합격한 경우
7. 그 밖에 건강진단의 실시방법 등이 부적정하여 대통령령으로 정하는 사유에 해당되는 경우

⑤제4항에 따라 건강진단기관의 지정이 취소된 자는 지정이 취소된 날부터 2년간 건강진단기관으로 다시 지정받을 수 없다.

⑥건강진단기관은 제3항에 따른 지정서에 적힌 사항이 변경된 경우에는 고용노동부장관에게 신고하여야 한다.(2010.6.4 개정)
⑦제1항부터 제6항까지의 규정에 따른 건강진단기관의 지정 · 지정취소 · 변경신고 절차, 그 밖에 필요한 사항은 고용노동부령으로 정한다.(2010.6.4 개정)
(2008.3.21 본조개정)

제15조의2 【건강진단기관에 대한 평가 등】 ①고용노동부장관은 건강진단의 정확성과 신뢰성을 확보하기 위하여 건강진단기관의 건강진단 · 분석능력에 대한 평가를 실시할 수 있다.(2010.6.4 개정)
②고용노동부장관은 제1항에 따른 평가 결과를 고려하여 건강진단기관 임직원에 대한 지도 · 교육을 할 수 있다.(2010.6.4 개정)
③제1항과 제2항에 따른 평가 및 지도 · 교육의 방법 · 절차 등에 필요한 사항은 고용노동부령으로 정한다.(2010.6.4 개정)
(2008.3.21 본조신설)

제16조 【건강진단 결과의 제출 등】 ①건강진단기관이 제10조부터 제12조까지의 규정에 따른 건강진단을 하면 흉부 엑스선 사진과 개인별 건강진단 결과표를 사업주에게 보내야 한다. 이 경우 제11조와 제12조에 따른 건강진단을 실시한 결과 진폐의 소견이 있는 근로자가 있으면 그 근로자의 흉부 엑스선 사진 및 개인별 건강진단 결과표와 고용노동부령으로 정하는 서류를 고용노동부장관에게 제출하여야 한다.(2010.6.4 개정)
②사업주는 제11조에 따라 건강진단을 실시하면 건강진단 실시 집계표를 고용노동부장관에게 제출하여야 한다.(2010.6.4 개정)
③건강진단기관이 제13조에 따른 건강진단을 하면 개인별 건강진단 결과표를 고용노동부장관에게 제출하여야 한다. 이 경우 진폐의 소견이 있는 자가 있으면 진폐의 소견이 있는 자의 흉부 엑스선 사진 및 개인별 건강진단 결과표와 고용노동부령으로 정하는 서류를 제출하여야 한다.(2010.6.4 개정)
④제1항부터 제3항까지의 규정에 따른 개인별 건강진단 결과표 및 건강진단 실시 집계표의 서식, 제출 기간, 그 밖에 필요한 사항은 고용노동부령으로 정한다.(2010.6.4 개정)

제17조 【「산업안전보건법」에 따른 건강진단과의 관계】 이 법의 적용을 받는 사업의 사업주가 건강진단을 실시하면 그 범위에서 「산업

안전보건법」 제129조부터 제131조까지의 규정에 따른 건강진단을 실시하지 아니할 수 있다.(2019.1.15 개정)

제2절 진폐근로자의 보호

제18조 【진폐관리구분의 판정 및 통지】 ①고용노동부장관은 제16조제1항 후단에 따라 흉부 엑스선 사진 및 개인별 건강진단 결과표와 고용노동부령으로 정하는 서류를 받으면 건강진단을 받은 자가 별표 1의 제1종부터 제4종까지에 해당하는지를 판정(이하 "진폐관리구분판정"이라 한다)하고, 그 결과를 건강진단기관, 사업주 및 해당 근로자에게 알려야 한다.(2016.1.27 개정)

②삭제(2016.1.27)

③고용노동부장관이 진폐관리구분판정의 결과를 사업주에게 알릴 때에는 흉부 엑스선 사진과 개인별 건강진단 결과표를 함께 보내야 한다.(2010.6.4 개정)

④진폐관리구분판정의 세부 기준, 방법, 절차, 그 밖에 진폐관리구분판정에 필요한 사항은 고용노동부령으로 정한다.(2010.6.4 개정)

제19조 【진폐관리구분판정에 대한 심사 청구】 ①제18조제1항에 따른 고용노동부장관의 진폐관리구분판정에 이의가 있는 자는 그 판정 통지를 받은 날부터 90일 이내에 고용노동부장관에게 심사를 청구할 수 있다.(2010.6.4 개정)

②고용노동부장관은 제1항에 따른 심사 청구를 받으면 제6조에 따른 진폐심사의사 3명 이상에게 자문하여 결정하여야 한다.(2010.6.4 개정)

③제1항 및 제2항에 따른 심사 청구의 방법 및 절차, 그 밖에 심사에 필요한 사항은 고용노동부령으로 정한다.(2010.6.4 개정)

제20조 【건강관리수첩의 발급】 ①고용노동부장관은 제13조제1항에 따른 이직자 건강진단을 받은 근로자에게 건강관리수첩을 발급하여야 한다.(2010.6.4 개정)

②제1항에 따른 건강관리수첩의 발급 절차 등에 필요한 사항은 고용노동부령으로 정한다.(2010.6.4 개정)

제21조 【진폐근로자에 대한 조치】 ①사업주는 합병증이 있거나 별표 1에 따른 진폐관리구분의 제3종 또는 제4종에 해당하고 건강진단기관

이 대통령령으로 정하는 기준에 해당한다고 인정하는 자를 분진작업에 종사하게 하려고 채용하여서는 아니 된다.(2010.5.20 개정)
②고용노동부장관은 진폐근로자 중 고용노동부령으로 정하는 기준에 해당하는 자를 분진작업이 아닌 작업에 종사하도록 조치(이하 "작업전환조치"라 한다)할 것을 사업주에게 권고하거나 지시할 수 있다.(2010.6.4 개정)
③사업주는 고용노동부령으로 정하는 바에 따라 진폐근로자의 작업장소 변경, 근로시간의 단축, 그 밖에 필요한 조치를 하여야 한다.(2010.6.4 개정)
④정부는 진폐로 퇴직한 근로자에 대한 직업훈련 실시 등 직업안정에 필요한 시책을 강구하여야 한다.

제22조【작업전환조치된 자에 대한 보호】①사업주는 제21조제2항에 따른 권고 또는 지시에 따라 작업전환조치가 된 자가 고용노동부령으로 정하는 바에 따라 작업전환조치 전에 근무한 기간에 대한 퇴직금 지급을 청구하면 「근로기준법」 제34조에 따른 퇴직금을 지급하여야 한다.(2010.6.4 개정)
②사업주는 제1항에 따른 퇴직금의 지급을 이유로 해당 근로자를 해고하여서는 아니 된다.
③사업주는 제1항에 따른 퇴직금의 지급을 이유로 해당 근로자의 계속근로연수의 산정에 관하여 불이익한 처우를 하지 못한다. 다만, 퇴직금 산정의 경우에는 그러하지 아니하다.

진폐 예방

제 4 장 진폐근로자 보호 사업 등

제 1 절 진폐근로자 보호 사업

제23조【진폐근로자 보호 사업】①고용노동부장관은 진폐의 예방과 진폐근로자의 생활 및 건강 보호에 필요한 사업을 수행할 수 있다.(2010.6.4 개정)
②제1항에 따른 사업의 내용, 수행 방법 등에 필요한 사항은 대통령령으로 정한다.

제2절 진폐위로금의 지급

제24조【진폐위로금의 종류와 지급 사유】 ①이 법에 따른 진폐위로금의 종류는 다음과 같다.

1. 작업전환수당
2. 진폐재해위로금(2010.5.20 개정)
3. 삭제(2010.5.20)

②제1항제1호에 따른 작업전환수당은 근로자가 제21조제2항에 따라 작업전환되는 경우에 지급한다.

③제1항제2호에 따른 진폐재해위로금은 「산업재해보상보험법」 제91조의8의 진폐판정에 따른 진폐장해등급(이하 "진폐장해등급"이라 한다)이 결정된 근로자에게 지급한다. 다만, 진폐장해등급이 결정되지 아니한 근로자가 진폐로 사망한 경우에는 「산업재해보상보험법」 제91조의4제3항에 따라 진폐유족연금을 산정할 때 결정되는 진폐장해등급을 기준으로 그 유족에게 지급한다.(2010.5.20 개정)

④제3항 단서에 따라 진폐재해위로금을 받을 수 있는 유족의 범위는 「산업재해보상보험법」 제5조제3호 및 제65조를 준용한다.(2010.5.20 개정)

⑤삭제(2010.5.20)

제24조의2【관계 기관 등에 대한 협조요청】 ①고용노동부장관은 제24조에 따른 진폐위로금 지급을 위하여 다음 각 호의 어느 하나에 해당하는 자료의 제공 또는 관계 전산망의 이용(이하 "자료제공등"이라 한다)을 해당 각 호의 자에게 각각 요청할 수 있다. 이 경우 자료제공등을 요청받은 자는 정당한 사유가 없으면 그 요청에 따라야 한다.

1. 「국민건강보험법」 제13조에 따른 국민건강보험공단의 이사장에게 진폐위로금 지급신청인(유족이 신청한 경우 사망한 근로자)의 국민건강보험 가입·납입자료
2. 「국민연금법」 제24조에 따른 국민연금공단의 이사장에게 진폐위로금 지급신청인(유족이 신청한 경우 사망한 근로자)의 국민연금 가입·납입자료
3. 고용노동부장관에게 진폐위로금 지급신청인(유족이 신청한 경우 사망한 근로자)의 고용보험 가입·납입자료
4. 행정안전부장관, 지방자치단체의 장에게 진폐위로금 지급신청인의 주민등록등본·초본(2017.7.26 개정)

5. 법원행정처장, 지방자치단체의 장에게 진폐위로금 지급신청인의 가족관계등록자료(가족관계증명서, 혼인관계증명서, 기본증명서, 입양관계증명서, 친양자입양관계증명서)

②제1항에 따른 자료제공등에 대하여는 수수료나 사용료 등을 면제한다.
(2016.1.27 본조신설)

제24조의3【개인정보의 보호】 ①고용노동부장관은 제24조의2제1항에 따른 자료제공등을 요청하는 경우 업무에 필요한 최소한의 정보만을 요청하여야 한다.

②고용노동부장관은 제24조의2제1항에 따른 자료제공등을 요청하는 경우 담당자 보안교육 등 사업주, 근로자 또는 그 유족 등의 개인정보에 대한 보호대책을 마련하여야 한다.

③고용노동부장관은 제24조의2제1항에 따른 자료제공등을 요청하는 경우 사전에 정보주체의 동의를 받아야 한다.

④고용노동부장관은 제24조의2에 따라 제공받은 자료를 이용하는 경우 진폐위로금 지급 등 그 목적을 달성하였을 때에는 지체 없이 해당 자료를 파기하여야 한다.

⑤제24조의2제1항 각 호의 개인정보는 고용노동부장관 또는 고용노동부장관으로부터 권한을 위임받은 기관에서 진폐위로금 지급 업무를 담당하는 자 중 해당 기관의 장으로부터 개인정보 취급승인을 받은 자만 취급할 수 있다.

⑥이 법에 따른 업무에 종사하거나 종사하였던 자는 누구든지 업무 수행과 관련하여 알게 된 사업주, 근로자 또는 그 유족 등의 정보를 누설하거나 다른 용도로 사용하여서는 아니 된다.

⑦제2항에 따른 보안교육 등 개인정보 보호대책 마련, 제3항에 따른 정보주체에 대한 사전 동의 방법, 제4항에 따른 목적을 달성한 정보의 파기 시기 및 방법, 제5항에 따른 개인정보 취급승인의 절차 등에 필요한 세부적인 사항은 고용노동부장관이 정한다.
(2016.1.27 본조신설)

제25조【위로금의 지급 기준】 ①제24조제1항제1호에 따른 작업전환수당은 「근로기준법」에 따른 해당 근로자의 평균임금의 70일분의 범위에서 고용노동부령으로 정하는 금액으로 한다.(2010.6.4 개정)

②제24조제1항제2호에 따른 진폐재해위로금은 「산업재해보상보험법」 제5

조제2호, 제36조제3항 · 제4항 및 제6항부터 제8항까지에 따른 평균임금에 별표 2에 따른 진폐장해등급별 지급일수를 곱한 금액으로 한다.(2023.8.8 개정)

③삭제(2010.5.20)

제26조【손해배상 청구권 등과의 관계】 제24조제1항제2호에 따른 진폐재해위로금은 근로자 또는 그 유족이 「민법」이나 그 밖의 법령에 따른 손해배상 청구를 갈음하여 진폐재해위로금의 지급을 청구하는 경우에만 지급한다. 다만, 다음 각 호의 경우에는 지급을 청구할 수 없다.(2010.5.20 개정)

1. 「산업재해보상보험법」 제78조에 따른 장해특별급여 또는 제79조에 따른 유족특별급여를 받은 경우(2010.5.20 개정)
2. 사업주와의 합의에 따라 진폐에 따른 장해, 퇴직 또는 사망에 대한 보상금을 받은 경우. 다만, 장해가 발생한 경우에는 그러하지 아니하다.

제5장 보 칙

제27조【양도 등의 금지】 제24조에 따른 위로금을 받을 권리는 양도하거나 담보 또는 압류의 대상으로 할 수 없다.

제28조【시효】 제24조에 따른 위로금을 받을 권리는 3년간 행사하지 아니하면 소멸시효가 완성된다.

제29조【신고】 사업주가 이 법 또는 이 법에 따른 명령을 위반한 사실이 있으면 근로자는 그 사실을 고용노동부장관에게 신고할 수 있다. 이때에는 사업주는 신고를 이유로 그 근로자에 대하여 해고, 그 밖의 불이익한 처우를 하여서는 아니 된다.(2010.6.4 개정)

제30조【기록의 보존】 사업주는 제10조부터 제12조까지의 규정에 따른 건강진단 결과의 기록과 흉부 엑스선 사진 및 제21조제2항에 따른 고용노동부장관의 작업전환조치 지시와 처리 결과에 관한 서류를 7년간 보존하여야 한다. 다만, 흉부 엑스선 사진의 경우 의료 관계 법령에 따라 건강진단기관이 보존하고 있는 동안은 사업주가 보존하고 있는 것으로 본다.(2010.6.4 개정)

제31조【보고 · 출석 등의 의무】 사업주나 근로자는 이 법의 시행에 관하여 고용노동부장관이 요구하면 지체 없이 필요한 사항을 보고하거나

출석 · 답변하여야 한다.(2010.6.4 개정)

제31조의2 【비밀엄수의 의무】 제6조에 따른 진폐심사의사는 업무상 알게 된 비밀을 누설하여서는 아니 된다.
(2008.3.21 본조신설)

제31조의3 【청문】 고용노동부장관은 제15조제4항에 따라 건강진단기관의 지정을 취소하는 경우에는 청문을 실시하여야 한다.
(2016.1.27 본조개정)

제32조 【권한의 위임 및 위탁】 고용노동부장관은 대통령령으로 정하는 바에 따라 이 법에 규정된 권한의 일부를 소속 기관의 장에게 위임하거나 「산업재해보상보험법」에 따른 근로복지공단과 「한국산업안전보건공단법」에 따른 한국산업안전보건공단에 위탁할 수 있다.(2010.6.4 개정)

제32조의2 【벌칙 적용 시의 공무원 의제】 제6조에 따른 진폐심사의사와 제32조에 따른 공단의 임직원은 「형법」 제127조 및 제129조부터 제132조까지의 규정에 따른 벌칙을 적용할 때에는 공무원으로 본다.
(2008.3.21 본조신설)

제6장 벌 칙

제32조의3 【벌칙】 제24조의3제6항을 위반한 자는 10년 이하의 징역 또는 1억원 이하의 벌금에 처한다.
(2016.1.27 본조신설)

제33조 【벌칙】 다음 각 호의 어느 하나에 해당하는 자는 1천만원 이하의 벌금에 처한다.

1. 제10조부터 제12조까지의 규정을 위반하여 건강진단을 실시하지 아니한 자
2. 제21조제1항을 위반하여 진폐근로자를 분진작업에 종사하게 하려고 채용하거나 제21조제2항에 따른 고용노동부장관의 작업전환조치 지시를 위반한 자(2010.6.4 개정)
3. 제22조를 위반하여 근로자의 청구에도 불구하고 퇴직금을 지급하지 아니한 자 또는 퇴직금 지급을 이유로 그 근로자를 해고하거나 계속근로연수의 산정에 불이익한 처우를 한 자
4. 제29조에 따른 신고를 이유로 근로자에게 해고나 그 밖의 불이익한 처

우를 한 자

제34조【벌칙】 다음 각 호의 어느 하나에 해당하는 자는 500만원 이하의 벌금에 처한다.

1. 삭제(2016.1.27)
2. 제16조제1항 및 제3항을 위반하여 건강진단의 실시 결과를 거짓으로 작성하거나 고용노동부장관 또는 사업주에게 제출 또는 송부하지 아니한 자(2010.6.4 개정)
3. 제21조제3항을 위반하여 근로시간 단축 · 작업장소 변경 등의 조치를 하지 아니한 자

제35조【양벌규정】 법인의 대표자나 법인 또는 개인의 대리인, 사용인, 그 밖의 종업원이 그 법인 또는 개인의 업무에 관하여 제33조 또는 제34조의 위반행위를 하면 그 행위자를 벌하는 외에 그 법인 또는 개인에게도 해당 조문의 벌금형을 과(科)한다. 다만, 법인 또는 개인이 그 위반행위를 방지하기 위하여 해당 업무에 관하여 상당한 주의와 감독을 게을리하지 아니한 경우에는 그러하지 아니하다.
(2009.2.6 본조개정)

제36조【과태료】 ①삭제(2016.1.27)
②다음 각 호의 어느 하나에 해당하는 자에게는 500만원 이하의 과태료를 부과한다.(2009.2.6 개정)

1. 삭제(2016.1.27)
2. 제16조제2항을 위반하여 건강진단 실시 집계표를 제출하지 아니한 자
3. 제30조를 위반하여 개인별 건강진단 결과표, 흉부 엑스선 사진 및 작업전환에 관한 서류를 7년간 보존하지 아니한 자

③제31조에 따른 보고 · 출석 또는 답변을 거부하거나 방해 · 기피 또는 거짓된 보고를 한 자에게는 300만원 이하의 과태료를 부과한다.(2009.2.6 개정)

제37조【과태료의 부과 · 징수】 제36조에 따른 과태료는 대통령령으로 정하는 바에 따라 고용노동부장관이 부과 · 징수한다.(2010.6.4 개정)
(2009.2.6 본조개정)

부 칙

제1조【시행일】 이 법은 공포한 날부터 시행한다.

제2조【이미 퇴직한 근로자에 대한 건강진단에 관한 경과조치】 1985년 3월 31일 이전에 퇴직한 근로자로서 진폐를 이유로 「산업재해보상보험법」에 따른 장해급여를 받았거나 받을 권리가 있는 자에 대하여는 제13조의 개정규정에 따른 이직자 건강진단을 실시한다.

제3조【「근로기준법」 적용근로자에 대한 경과조치】 1989년 4월 1일 이전에 퇴직한 근로자로서 진폐를 이유로 「근로기준법」에 따라 장해보상 또는 유족보상을 받았거나 받을 권리가 있는 근로자에 대하여도 이 법을 적용한다. 다만, 이 법 제25조의 개정규정에 따른 위로금의 지급기준이 되는 장해보상일시금 또는 유족보상일시금은 「근로기준법」을 준용하며, 그 근로자의 평균임금은 1989년 4월 1일에 퇴직한 것으로 보아 노동부령으로 정한다.

제4조【처분 등에 관한 일반적 경과조치】 이 법 시행 당시 종전의 규정에 따른 행정기관의 행위나 행정기관에 대한 행위는 그에 해당하는 이 법에 따른 행정기관의 행위나 행정기관에 대한 행위로 본다.

제5조【벌칙이나 과태료에 관한 경과조치】 이 법 시행 전의 행위에 대하여 벌칙이나 과태료 규정을 적용할 때에는 종전의 규정에 따른다.

제6조【다른 법령과의 관계】 이 법 시행 당시 다른 법령에서 종전의 「진폐의 예방과 진폐근로자의 보호 등에 관한 법률」 또는 그 규정을 인용한 경우에 이 법 가운데 그에 해당하는 규정이 있으면 종전의 규정을 갈음하여 이 법 또는 이 법의 해당 규정을 인용한 것으로 본다.

부 칙 (2008. 3.21)

이 법은 공포 후 6개월이 경과한 날부터 시행한다.

부 칙 (2009. 2. 6)

①**【시행일】** 이 법은 공포 후 6개월이 경과한 날부터 시행한다.

②**【벌칙에 관한 경과조치】** 이 법 시행 전의 행위에 대하여 벌칙을 적용할 때에는 종전의 규정에 따른다.

부 칙 (2010. 5.20)

제 1 조【시행일】 이 법은 공포 후 6개월이 경과한 날부터 시행한다.

제 2 조【진폐재해위로금의 지급에 관한 적용례】 제24조 및 제25조의 개정규정은 이 법 시행 후에 최초로 진폐재해위로금의 지급사유가 발생한 사람부터 적용한다.

제 3 조【진폐관리구분판정에 관한 경과조치】 이 법 시행 전에 이직자 건강진단을 신청한 사람에 대하여는 제18조제1항의 개정규정에도 불구하고 종전의 규정에 따라 진폐관리구분판정을 한다.

제 4 조【장해위로금의 지급에 관한 경과조치】 이 법 시행 전에 종전의 규정에 따라 장해위로금을 받은 근로자(이 법 시행 전에 지급사유가 발생한 근로자를 포함한다)가 이 법 시행 후에 진폐장해등급이 변경된 경우(종전의 장해등급과 비교하여 등급의 급수가 다른 경우를 말한다)에도 종전의 규정에 따라 장해위로금을 지급한다.

제 5 조【유족위로금의 지급에 관한 경과조치】 이 법 시행 전에 종전의 규정에 따라 장해위로금을 받은 근로자(이 법 시행 전에 지급사유가 발생한 근로자를 포함한다)가 진폐로 사망한 경우에는 그 유족에 대하여는 종전의 규정에 따라 유족위로금을 지급한다.

부 칙 (2016. 1.27)

제 1 조【시행일】 이 법은 공포 후 6개월이 경과한 날부터 시행한다.

제 2 조【벌칙 및 과태료에 관한 경과조치】 이 법 시행 전의 위반행위에 대하여 벌칙이나 과태료를 적용할 때에는 종전의 규정에 따른다.

부 칙 (2023. 8. 8)

이 법은 공포한 날부터 시행한다.

진폐의 예방과 진폐근로자의 보호 등에 관한 법률 시행령

전부개정 2007.11.30 대통령령 제20430호
개정 2008. 2.29 대통령령 제20681호
2008. 9.18 대통령령 제21016호
2009. 1.14 대통령령 제21263호
2009. 7.30 대통령령 제21654호
2010. 7.12 대통령령 제22269호
2010.11.15 대통령령 제22491호
2011. 3.30 대통령령 제22796호
2011.11.23 대통령령 제23314호
2012. 1. 6 대통령령 제23488호
2013. 3.23 대통령령 제24447호
2014. 8. 6 대통령령 제25532호
2014.12. 9 대통령령 제25840호
2016. 7.19 대통령령 제27353호
2019. 7. 2 대통령령 제29950호
2022. 7. 5 대통령령 제32780호
2025.10. 1 대통령령 제35805호

제1장 총 칙

제1조 【목적】 이 영은 「진폐의 예방과 진폐근로자의 보호 등에 관한 법률」에서 위임된 사항과 그 시행에 필요한 사항을 정하는 것을 목적으로 한다.

제1조의2 【분진작업의 범위】 「진폐의 예방과 진폐근로자의 보호 등에 관한 법률」(이하 "법"이라 한다) 제2조제3호에서 "대통령령으로 정하는 작업"이란 다음 각 호의 어느 하나에 해당하는 작업을 말한다.

1. 토석 · 암석 또는 광물을 채굴하는 작업
2. 토석 · 암석 또는 광물을 절단 · 가공하는 작업
3. 토석 · 암석 또는 광물을 부스러뜨리거나 가려내는 작업
4. 토석 · 암석 또는 광물을 차에 싣거나 내리는 작업
5. 토석 · 암석 또는 광물을 갱내에서 실어 나르는 작업
6. 그 밖에 광물성 분진이 날리는 장소에서 토석 · 암석 또는 광물을 취급하는 작업

(2008.9.18 본조신설)

제2조【적용 범위】 법 제3조에서 "대통령령으로 정하는 분진작업을 하는 사업"이란 다음 각 호의 어느 하나에 해당하는 사업을 말한다.(2008.9.18 개정)

1. 별표 1에 따른 적용 광업
2. 제1호 외의 광업 중 진폐로 인하여 「산업재해보상보험법」에 따른 유족급여를 지급받은 자 또는 같은 법에 따른 장해급여를 지급받고 퇴직한 자가 있는 광업

제2장 진폐의 예방

제3조【진폐심의위원회의 기능】 삭제(2009.7.30)

제4조【위원회의 구성】 삭제(2009.7.30)

제5조【위원장과 부위원장의 직무】 삭제(2009.7.30)

제6조【간사】 삭제(2009.7.30)

제7조【회의 등】 삭제(2009.7.30)

제8조【전문위원】 삭제(2009.7.30)

제9조【진폐심사의사】 ①법 제6조에 따른 진폐심사의사는 45명 이내로 하여 「산업재해보상보험법」에 따른 근로복지공단(이하 "공단"이라 한다)에 두며, 진폐에 관한 학식과 경험이 풍부한 의사 중에서 공단의 이사장이 위촉한다.(2022.7.5 개정)

②진폐심사의사의 임무는 다음 각 호와 같다.(2008.9.18 개정)

1. 진폐관리구분의 판정 및 심사(2008.9.18 개정)
2. 진폐의 판정 및 심사(2010.11.15 개정)
3. 작업전환의 권고 또는 지시 대상자의 판정

4. 채용 금지 대상자의 판정
5. 그 밖에 공단이 진폐의 예방과 진폐에 걸린 근로자(이하 "진폐근로자"라 한다)의 보호 등을 위하여 필요하다고 인정하는 사항(2009.7.30 개정)
③삭제(2009.7.30)

제10조【진폐심사의사의 임기】 ①진폐심사의사의 임기는 3년으로 한다.(2010.11.15 개정)
②삭제(2010.11.15)

제11조【진폐심사의사의 자격기준】 진폐심사의사는 다음 각 호의 어느 하나에 해당하는 자로 한다.(2008.9.18 개정)
1. 삭제(2010.11.15)
2. 작업환경의학과 전문의로서 3년 이상 근무한 경력이 있는 사람(2011.11.23 개정)
3. 영상의학과 전문의로서 3년 이상 근무한 경력이 있는 사람(2010.11.15 개정)
4. 내과 전문의로서 호흡기분야에 3년 이상 근무한 경력이 있는 사람(2010.11.15 개정)

제12조【수당 등】 ①공단은 진폐심사의사에게 예산의 범위에서 수당을 지급할 수 있다.(2009.7.30 개정)
②공단은 진폐심사의사가 업무와 관련하여 국내외에서 여행할 때에는 예산의 범위에서 필요한 경비와 여비를 지급할 수 있다.(2009.7.30 개정)

제12조의2【작업환경 측정 대행자】 삭제(2016.7.19)

제12조의3【교육의 범위 등】 ①법 제9조제1항에 따른 교육의 내용에는 다음 각 호의 사항이 포함되어야 한다.
1. 진폐의 개요와 발생 과정
2. 진폐의 발생 원인과 대응방법
3. 작업환경의 관리와 개선방법
4. 진폐건강진단의 개요와 예방관리
5. 방진마스크 등 보호구 착용과 관리 요령
6. 그 밖에 진폐의 예방과 건강관리에 관한 사항
②사업주는 제1항에 따른 교육을 1년에 2시간 이상 실시하여야 한다.
(2008.9.18 본조신설)

제3장 건강관리

제12조의4【건강진단을 받을 의무의 면제 사유】 법 제14조에서 "다른 건강진단기관으로부터 건강진단을 받아 그 결과를 제출하는 등 대통령령으로 정하는 사유가 있는 경우"란 사업주가 실시하는 건강진단을 희망하지 않아 다른 건강진단기관으로부터 법 제10조부터 제12조까지의 규정에 따른 건강진단의 검사항목을 포함한 건강진단을 받아 그 결과를 증명하는 서류를 사업주에게 제출한 경우를 말한다.
(2008.9.18 본조신설)

제12조의5【건강진단기관】 법 제15조제1항에서 "대통령령으로 정하는 인력과 시설"이란 별표 1의3에 따른 인력과 시설을 말한다.
(2008.9.18 본조신설)

제12조의6【건강진단기관의 지정취소 등】 법 제15조제4항제7호에서 "대통령령으로 정하는 사유에 해당되는 경우"란 다음 각 호의 어느 하나에 해당하는 경우를 말한다.
1. 정당한 사유 없이 건강진단 실시를 거부한 경우
2. 건강진단 검사항목을 누락한 경우
3. 건강진단 검사항목에 대한 검사 결과를 적지 않는 등 개인별 건강진단 결과표에 기재사항을 적지 않은 경우
4. 진폐의 소견이 있는 자의 개인별 건강진단 결과표 등 서류를 제출하지 않은 경우

(2008.9.18 본조신설)

제13조【분진작업에 채용할 수 없는 사람】 법 제21조제1항에 따라 분진작업에 종사하게 하려고 채용하여서는 아니 되는 사람의 범위는 다음 각 호와 같다.(2010.11.15 개정)
1. 법 제18조제1항 및 별표 1에 따른 진폐관리구분이 제3종에 해당하고 흉부 엑스선 사진의 상(像)이 제4형(第4型)인 사람으로서 큰음영의 크기가 한쪽 허파 넓이의 3분의 1 미만인 사람(2019.7.2 개정)
2. 법 제18조제1항 및 별표 1에 따른 진폐관리구분이 제4종에 해당하는 사람. 다만, 흉부 엑스선 사진의 상이 제1형 및 제2형에 해당하고 심폐기능의 장해가 20퍼센트 이내인 사람은 제외한다.(2010.11.15 개정)
3. 진폐의 정도가 법 제21조제2항에 따른 작업전환조치 대상에 해당하는

자
4. 제1호부터 제3호까지에 해당하지 아니하는 자로서 진폐로 인하여 「산업재해보상보험법」에 따라 9급 이상의 장해보상을 받았거나 받기로 결정된 자

제 4 장 진폐근로자 보호 사업

제14조 【진폐의 예방과 진폐근로자 보호 사업】 ①법 제23조제1항에 따른 진폐의 예방과 진폐근로자의 생활 및 건강 보호에 필요한 사업은 다음 각 호와 같다.
1. 진폐근로자의 자녀에 대한 장학사업
1의2. 법 제11조 및 제12조에 따른 건강진단에 드는 비용의 지급(2010.11.15 신설)
2. 법 제11조부터 제13조까지의 규정에 따른 진폐에 대한 건강진단을 받은 근로자에 대한 진단수당과 이송료의 지급. 다만, 「산업재해보상보험법」에 따라 장해보상연금 또는 진폐보상연금을 받고 있는 사람에게는 진단수당을 지급하지 아니한다.(2010.11.15 개정)
3. 그 밖에 고용노동부장관이 진폐의 예방과 진폐근로자의 보호를 위하여 필요하다고 인정하여 산업통상부장관과 협의하여 정하는 사업(2025.10.1 개정)

②제1항제1호에 따른 장학사업의 장학금, 제1항제1호의2에 따른 건강진단에 드는 비용, 제1항제2호에 따른 진단수당과 이송료에 대한 지급기준, 지급 신청 및 신청 내용에 대한 조사 등의 절차, 그 밖에 제1항에 따른 사업의 시행에 필요한 사항은 고용노동부장관이 정한다.(2010.11.15 개정)

제15조 【진폐전문기관의 지정】 ①고용노동부장관은 법 제23조제1항에 따른 진폐근로자 보호 사업을 위하여 필요하다고 인정하는 경우에는 고용노동부령으로 정하는 기관 요건과 진폐 관련 연구실적 요건을 갖춘 기관 중에서 진폐의 조사·연구 또는 진단 등을 전문적으로 행하는 진폐전문기관을 지정할 수 있다.(2010.11.15 개정)

②제1항에 따른 지정을 받으려는 자는 고용노동부령으로 정하는 바에 따라 고용노동부장관에게 지정신청을 하여야 한다.(2010.11.15 신설)

③제1항에 따라 진폐전문기관으로 지정받은 자는 지정받은 사항이 변경된 경

우에 변경 사항을 고용노동부장관에게 알려야 한다.(2010.11.15 신설)
④고용노동부장관은 제1항에 따른 지정을 받은 진폐전문기관이 같은 항에 따른 지정요건에 미달하게 된 경우로서 고용노동부령으로 정하는 경우에는 그 지정을 해지할 수 있다.(2010.11.15 신설)
⑤고용노동부장관은 제1항에 따른 진폐전문기관의 원활한 운영을 위하여 필요하다고 인정하는 경우에는 관계 행정기관의 장에게 진폐전문기관에 대한 의료 인력의 지원 등 필요한 협조를 요청할 수 있다.(2010.11.15 개정)
⑥제1항에 따른 진폐전문기관의 지정 요건과 지정 절차 등에 관하여 필요한 사항은 고용노동부령으로 정한다.(2010.11.15 개정)

제5장 보 칙

제16조【권한의 위임ㆍ위탁】①고용노동부장관은 법 제32조에 따라 다음 각 호의 사항에 관한 권한을 지방고용노동관서의 장에게 위임한다.(2010.7.12 개정)
1. 삭제(2016.7.19)
2. 삭제(2016.7.19)
2의2. 삭제(2016.7.19)
3. 법 제15조에 따른 건강진단기관의 지정ㆍ지정취소 및 업무정지명령
4. 법 제16조제2항에 따른 건강진단 실시 집계표의 접수
5. 법 제21조제2항에 따른 작업전환조치의 권고 또는 지시
6. 법 제31조에 따른 보고 또는 출석의 요구
6의2. 법 제31조의3에 따른 청문(2010.11.15 신설)
7. 법 제37조에 따른 과태료의 부과ㆍ징수
②고용노동부장관은 법 제32조에 따라 다음 각 호의 업무를 공단에 위탁한다.(2016.7.19 개정)
1. 법 제13조에 따른 이직자 건강진단의 실시
2. 법 제16조제1항 후단 및 같은 조 제3항 후단에 따른 다음 각 목의 서류의 접수
   가. 진폐소견 근로자의 흉부 엑스선 사진
   나. 개인별 건강진단 결과표

다. 고용노동부령으로 정하는 서류(2010.7.12 개정)
3. 법 제18조제1항 및 제3항에 따른 진폐관리구분의 판정 및 그 결과의 통지
4. 법 제19조에 따른 진폐관리구분판정에 대한 심사 청구에 관한 사항
5. 법 제20조에 따른 건강관리수첩의 발급
6. 법 제24조에 따른 진폐위로금의 지급
6의2. 법 제24조의2제1항에 따른 자료의 제공 또는 관계 전산망의 이용 요청(2016.7.19 신설)
6의3. 법 제24조의3제1항부터 제4항까지의 규정에 따른 개인정보의 보호 관련 업무(2016.7.19 신설)
7. 제14조제1항에 따른 진폐근로자 자녀에 대한 장학사업, 건강진단에 드는 비용, 진단수당과 및 이송료의 지급(2010.11.15 개정)
8. 대통령령 제20430호 진폐의 예방과 진폐근로자의 보호 등에 관한 법률 시행령 전부개정령 시행 전에 근로자나 유족에게 과오지급된 진폐위로금의 정산
9. 대통령령 제20430호 진폐의 예방과 진폐근로자의 보호 등에 관한 법률 시행령 전부개정령 부칙 제2조에 따른 사업주부담금 및 연체금의 징수와 부담금의 결손처분에 관한 사항

③고용노동부장관은 법 제32조에 따라 법 제15조의2에 따른 건강진단기관에 대한 평가 업무에 관한 권한을 「한국산업안전보건공단법」에 따른 한국산업안전보건공단에 위탁한다.(2010.7.12 개정)

진폐 예방

제17조 【위탁사무의 처리 비용 등】 ①고용노동부장관은 제16조제2항에 따라 위탁하는 사무의 처리에 필요한 비용을 공단에 지급한다.(2010.7.12 개정)

②제1항에 따른 위탁사무의 처리와 처리 비용의 지급 등에 필요한 사항은 고용노동부장관이 산업통상부장관과 협의하여 정한다.(2025.10.1 개정)

제17조의2 【민감정보 및 고유식별정보의 처리】 고용노동부장관(제16조제2항에 따라 고용노동부장관의 권한을 위탁받은 자를 포함한다) 또는 사업주는 다음 각 호의 사무를 수행하기 위하여 불가피한 경우 「개인정보 보호법」 제23조에 따른 건강에 관한 정보, 같은 법 시행령 제19조제1호 또는 제4호에 따른 주민등록번호 또는 외국인등록번호가 포함된 자료를 처리할 수 있다.(2014.8.6 개정)

1. 법 제10조에 따른 채용 시 건강진단에 관한 사무
2. 법 제11조에 따른 정기 건강진단에 관한 사무
3. 법 제12조에 따른 임시 건강진단에 관한 사무
4. 법 제13조에 따른 이직자 건강진단에 관한 사무
5. 법 제20조에 따른 건강관리수첩의 발급에 관한 사무
6. 법 제24조에 따른 진폐위로금의 지급에 관한 사무
7. 법 제30조에 따른 건강진단 결과의 기록 및 흉부 엑스선 사진의 보존에 관한 사무
8. 제14조제1항제1호 및 제2호에 따른 장학사업 및 진단수당과 이송료의 지급에 관한 사무

(2012.1.6 본조신설)

제17조의3 【규제의 재검토】 삭제(2016.7.19)

제6장 벌　칙

제18조 【과태료의 부과기준】 법 제37조에 따른 과태료의 부과기준은 별표 2와 같다.
(2011.3.30 본조개정)

부 칙 (2007.11.30)

제1조【시행일】 이 영은 공포한 날부터 시행한다. 다만, 제16조와 제17조의 개정규정은 2008년 1월 1일부터 시행한다.

제2조【부담금의 징수 등에 관한 경과조치】 대통령령 제17743호 진폐의예방과진폐근로자의보호등에관한법률시행령중개정령 시행 당시 종전의 규정에 따라 부과하였거나 부과하여야 할 사업주부담금 및 연체금의 징수와 부담금의 결손처분에 관하여는 종전의 규정에 따른다.

부 칙 (2008. 9.18)

이 영은 2008년 9월 22일부터 시행한다.

부 칙 (2009. 7.30)

제1조 시행일】 이 영은 2009년 8월 7일부터 시행한다.

제2조【진폐심사의사에 관한 경과조치】 이 영 시행 전에 종전의 규정에 따라 위촉된 진폐심사의사는 임기 만료 시까지 제9조제1항의 개정규정에 따라 공단의 이사장이 위촉한 것으로 본다.

제3조【진폐관리구분판정 심사 청구에 관한 경과조치】 이 영 시행 전에 노동부장관에게 제기한 진폐관리구분판정 심사 청구는 제16조제2항제4호의 개정규정에 따라 공단에 제기한 것으로 본다.

부 칙 (2010.11.15)

제1조【시행일】 이 영은 2010년 11월 21일부터 시행한다. 다만, 별표 1의3의 개정규정은 2013년 1월 1일부터 시행한다.

제2조【진폐심사의사의 임기에 대한 경과조치】 이 영 시행 당시 종전의 규정에 따라 진폐심사의사로 위촉된 사람의 임기에 대해서는 제10조의 개정규정에도 불구하고 종전의 규정에 따른다.

제3조【진폐심사의사의 자격기준에 대한 경과조치】 이 영 시행 당시 종전의 규정에 따라 진폐심사의사로 위촉된 예방의학과 전문의는 그 임기 동안은 제11조의 개정규정에도 불구하고 이 영에 따른 진폐심사의사의 자격기준을 갖춘 것으로 본다.

제4조【건강진단기관의 인력과 시설에 대한 경과조치】 ①이 영 시행 당시 종전의 규정에 따라 운영중인 건강진단기관은 이 영 시행 후

2013년 1월 31일까지 별표 1의3의 개정규정에 따른 인력과 시설을 갖추어 법 제15조제6항에 따라 신고하여야 한다.
②이 영 시행 당시 종전의 규정에 따라 건강진단기관에서 재직하고 있는 예방의학과 전문의는 그 재직 기간 동안은 별표 1의3의 개정규정 중 제1호 가목에 해당하는 것으로 본다.

부 칙 (2011. 3.30)

제1조【시행일】 이 영은 2012년 1월 1일부터 시행한다.

제2조【과태료에 관한 경과조치】 ①이 영 시행 전의 위반행위에 대하여 과태료의 부과기준을 적용할 때에는 별표 2의 개정규정에도 불구하고 종전의 규정에 따른다.
②이 영 시행 전의 위반행위로 받은 과태료 부과처분은 별표 2의 개정규정에 따른 위반행위의 횟수 산정에 포함하지 아니한다.

부 칙 (2016. 7.19)

이 영은 2016년 7월 28일부터 시행한다.

부 칙 (2022. 7. 5)

이 영은 공포한 날부터 시행한다.

고용평등 관련법령

남녀고용평등과 일 · 가정 양립 지원에 관한 법률

전문개정 2001. 8.14 법률 제6508호
개정 2005. 5.31 법률 제7564호
2005.12.30 법률 제7822호
2007. 4.11 법률 제8372호
2007.12.21 법률 제8781호
2009.10. 9 법률 제9792호
2009.10. 9 법률 제9795호
2010. 2. 4 법률 제9998호
2010. 6. 4 법률 제10339호
2011. 6. 7 법률 제10789호
2012. 2. 1 법률 제11274호
2012. 6. 1 법률 제11461호
2014. 1.14 법률 제12244호
2014. 5.20 법률 제12628호
2015. 1.20 법률 제13043호
2016. 1.28 법률 제13932호
2017.11.28 법률 제15109호
2019. 1.15 법률 제16271호
2019. 4.30 법률 제16413호
2019. 8.27 법률 제16558호
2020. 5.26 법률 제17326호
2020. 9. 8 법률 제17489호
2020.12. 8 법률 제17602호
2021. 5.18 법률 제18178호
2024.10.22 법률 제20521호
2025.10. 1 법률 제21065호

제1장 총 칙

제1조【목적】 이 법은 「대한민국헌법」의 평등이념에 따라 고용에서 남녀의 평등한 기회와 대우를 보장하고 모성 보호와 여성 고용을 촉진하여 남녀고용평등을 실현함과 아울러 근로자의 일과 가정의 양립을 지원함으로써 모든 국민의 삶의 질 향상에 이바지하는 것을 목적으로 한다.
(2007.12.21 본조개정)

제2조【정의】 이 법에서 사용하는 용어의 뜻은 다음과 같다.

1. "차별"이란 사업주가 근로자에게 성별, 혼인, 가족 안에서의 지위, 임신 또는 출산 등의 사유로 합리적인 이유 없이 채용 또는 근로의 조건을 다르게 하거나 그 밖의 불리한 조치를 하는 경우〔사업주가 채용조건이나 근로조건은 동일하게 적용하더라도 그 조건을 충족할 수 있는 남성 또는 여성이 다른 한 성(性)에 비하여 현저히 적고 그에 따라 특정 성에게 불리한 결과를 초래하며 그 조건이 정당한 것임을 증명할 수 없는 경우를 포함한다〕를 말한다. 다만, 다음 각 목의 어느 하나에 해당하는 경우는 제외한다.
   가. 직무의 성격에 비추어 특정 성이 불가피하게 요구되는 경우
   나. 여성 근로자의 임신·출산·수유 등 모성보호를 위한 조치를 하는 경우
   다. 그 밖에 이 법 또는 다른 법률에 따라 적극적 고용개선조치를 하는 경우
2. "직장 내 성희롱"이란 사업주·상급자 또는 근로자가 직장 내의 지위를 이용하거나 업무와 관련하여 다른 근로자에게 성적 언동 등으로 성적 굴욕감 또는 혐오감을 느끼게 하거나 성적 언동 또는 그 밖의 요구 등에 따르지 아니하였다는 이유로 근로조건 및 고용에서 불이익을 주는 것을 말한다.(2017.11.28 개정)
3. "적극적 고용개선조치"란 현존하는 남녀 간의 고용차별을 없애거나 고용평등을 촉진하기 위하여 잠정적으로 특정 성을 우대하는 조치를 말한다.
4. "근로자"란 사업주에게 고용된 사람과 취업할 의사를 가진 사람을 말한다.(2020.5.26 개정)

(2007.12.21 본조개정)

제3조【적용 범위】 ①이 법은 근로자를 사용하는 모든 사업 또는 사

업장(이하 "사업"이라 한다)에 적용한다. 다만, 대통령령으로 정하는 사업에 대하여는 이 법의 전부 또는 일부를 적용하지 아니할 수 있다.
②남녀고용평등의 실현과 일·가정의 양립에 관하여 다른 법률에 특별한 규정이 있는 경우 외에는 이 법에 따른다.
(2007.12.21 본조개정)

제4조 【국가와 지방자치단체의 책무】 ①국가와 지방자치단체는 이 법의 목적을 실현하기 위하여 국민의 관심과 이해를 증진시키고 여성의 직업능력 개발 및 고용 촉진을 지원하여야 하며, 남녀고용평등의 실현에 방해가 되는 모든 요인을 없애기 위하여 필요한 노력을 하여야 한다.
②국가와 지방자치단체는 일·가정의 양립을 위한 근로자와 사업주의 노력을 지원하여야 하며 일·가정의 양립 지원에 필요한 재원을 조성하고 여건을 마련하기 위하여 노력하여야 한다.
(2007.12.21 본조개정)

제5조 【근로자 및 사업주의 책무】 ①근로자는 상호 이해를 바탕으로 남녀가 동등하게 존중받는 직장문화를 조성하기 위하여 노력하여야 한다.
②사업주는 해당 사업장의 남녀고용평등의 실현에 방해가 되는 관행과 제도를 개선하여 남녀근로자가 동등한 여건에서 자신의 능력을 발휘할 수 있는 근로환경을 조성하기 위하여 노력하여야 한다.
③사업주는 일·가정의 양립을 방해하는 사업장 내의 관행과 제도를 개선하고 일·가정의 양립을 지원할 수 있는 근무환경을 조성하기 위하여 노력하여야 한다.
(2007.12.21 본조개정)

제6조 【정책의 수립 등】 ①고용노동부장관은 남녀고용평등과 일·가정의 양립을 실현하기 위하여 다음 각 호의 정책을 수립·시행하여야 한다.(2010.6.4 개정)

1. 남녀고용평등 의식 확산을 위한 홍보
2. 남녀고용평등 우수기업(제17조의4에 따른 적극적 고용개선조치 우수기업을 포함한다)의 선정 및 행정적·재정적 지원
3. 남녀고용평등 강조 기간의 설정·추진
4. 남녀차별 개선과 여성취업 확대를 위한 조사·연구
5. 모성보호와 일·가정 양립을 위한 제도개선 및 행정적·재정적 지원
6. 그 밖에 남녀고용평등의 실현과 일·가정의 양립을 지원하기 위하여 필

요한 사항

②고용노동부장관은 제1항에 따른 정책의 수립·시행을 위하여 관계자의 의견을 반영하도록 노력하여야 하며 필요하다고 인정되는 경우 관계 행정기관 및 지방자치단체, 그 밖의 공공단체의 장에게 협조를 요청할 수 있다.(2010.6.4 개정)

(2007.12.21 본조개정)

제 6 조의 2 【기본계획 수립】 ①고용노동부장관은 남녀고용평등 실현과 일·가정의 양립에 관한 기본계획(이하 "기본계획"이라 한다)을 5년마다 수립하여야 한다.(2016.1.28 개정)

②기본계획에는 다음 각 호의 사항이 포함되어야 한다.

1. 여성취업의 촉진에 관한 사항
2. 남녀의 평등한 기회보장 및 대우에 관한 사항
3. 동일 가치 노동에 대한 동일 임금 지급의 정착에 관한 사항
4. 여성의 직업능력 개발에 관한 사항
5. 여성 근로자의 모성 보호에 관한 사항
6. 일·가정의 양립 지원에 관한 사항
7. 여성 근로자를 위한 복지시설의 설치 및 운영에 관한 사항
8. 직전 기본계획에 대한 평가(2016.1.28 신설)
9. 그 밖에 남녀고용평등의 실현과 일·가정의 양립 지원을 위하여 고용노동부장관이 필요하다고 인정하는 사항(2016.1.28 개정)

③고용노동부장관은 필요하다고 인정하면 관계 행정기관 또는 공공기관의 장에게 기본계획 수립에 필요한 자료의 제출을 요청할 수 있다.(2016.1.28 신설)

④고용노동부장관이 기본계획을 수립한 때에는 지체 없이 소관 상임위원회에 보고하여야 한다.(2016.1.28 신설)

(2007.12.21 본조개정)

제 6 조의 3 【실태조사 실시】 ①고용노동부장관은 사업 또는 사업장의 남녀차별개선, 모성보호, 일·가정의 양립 실태를 파악하기 위하여 정기적으로 조사를 실시하여야 한다.(2010.6.4 개정)

②제1항에 따른 실태조사의 대상, 시기, 내용 등 필요한 사항은 고용노동부령으로 정한다.(2010.6.4 개정)

(2007.12.21 본조개정)

제2장 고용에서 남·녀의 평등한 기회보장 및 대우 등

제1절 남녀의 평등한 기회보장 및 대우

제7조【모집과 채용】 ①사업주는 근로자를 모집하거나 채용할 때 남녀를 차별하여서는 아니 된다.
②사업주는 근로자를 모집·채용할 때 그 직무의 수행에 필요하지 아니한 용모·키·체중 등의 신체적 조건, 미혼 조건, 그 밖에 고용노동부령으로 정하는 조건을 제시하거나 요구하여서는 아니 된다.(2021.5.18 개정)
(2007.12.21 본조개정)

제8조【임금】 ①사업주는 동일한 사업 내의 동일 가치 노동에 대하여는 동일한 임금을 지급하여야 한다.
②동일 가치 노동의 기준은 직무 수행에서 요구되는 기술, 노력, 책임 및 작업 조건 등으로 하고, 사업주가 그 기준을 정할 때에는 제25조에 따른 노사협의회의 근로자를 대표하는 위원의 의견을 들어야 한다.
③사업주가 임금차별을 목적으로 설립한 별개의 사업은 동일한 사업으로 본다.
(2007.12.21 본조개정)

제9조【임금 외의 금품 등】 사업주는 임금 외에 근로자의 생활을 보조하기 위한 금품의 지급 또는 자금의 융자 등 복리후생에서 남녀를 차별하여서는 아니 된다.
(2007.12.21 본조개정)

제10조【교육·배치 및 승진】 사업주는 근로자의 교육·배치 및 승진에서 남녀를 차별하여서는 아니 된다.
(2007.12.21 본조개정)

제11조【정년·퇴직 및 해고】 ①사업주는 근로자의 정년·퇴직 및 해고에서 남녀를 차별하여서는 아니 된다.
②사업주는 여성 근로자의 혼인, 임신 또는 출산을 퇴직 사유로 예정하는 근로계약을 체결하여서는 아니 된다.
(2007.12.21 본조개정)

제2절 직장 내 성희롱의 금지 및 예방

제12조 【직장 내 성희롱의 금지】 사업주, 상급자 또는 근로자는 직장 내 성희롱을 하여서는 아니 된다.
(2007.12.21 본조개정)

제13조 【직장 내 성희롱 예방 교육 등】 ①사업주는 직장 내 성희롱을 예방하고 근로자가 안전한 근로환경에서 일할 수 있는 여건을 조성하기 위하여 직장 내 성희롱의 예방을 위한 교육(이하 "성희롱 예방 교육"이라 한다)을 매년 실시하여야 한다.(2017.11.28 개정)
②사업주 및 근로자는 제1항에 따른 성희롱 예방 교육을 받아야 한다.(2014.1.14 신설)
③사업주는 성희롱 예방 교육의 내용을 근로자가 자유롭게 열람할 수 있는 장소에 항상 게시하거나 갖추어 두어 근로자에게 널리 알려야 한다.(2017.11.28 신설)
④사업주는 고용노동부령으로 정하는 기준에 따라 직장 내 성희롱 예방 및 금지를 위한 조치를 하여야 한다.(2017.11.28 신설)
⑤제1항 및 제2항에 따른 성희롱 예방 교육의 내용·방법 및 횟수 등에 관하여 필요한 사항은 대통령령으로 정한다.(2017.11.28 개정)

제13조의2 【성희롱 예방 교육의 위탁】 ①사업주는 성희롱 예방 교육을 고용노동부장관이 지정하는 기관(이하 "성희롱 예방 교육기관"이라 한다)에 위탁하여 실시할 수 있다.(2010.6.4 개정)
②사업주가 성희롱 예방 교육기관에 위탁하여 성희롱 예방 교육을 하려는 경우에는 제13조제5항에 따라 대통령령으로 정하는 내용을 성희롱 예방 교육기관에 미리 알려 그 사항이 포함되도록 하여야 한다.(2017.11.28 신설)
③성희롱 예방 교육기관은 고용노동부령으로 정하는 기관 중에서 지정하되, 고용노동부령으로 정하는 강사를 1명 이상 두어야 한다.(2017.11.28 개정)
④성희롱 예방 교육기관은 고용노동부령으로 정하는 바에 따라 교육을 실시하고 교육이수증이나 이수자 명단 등 교육 실시 관련 자료를 보관하며 사업주나 교육 대상자에게 그 자료를 내주어야 한다.(2020.5.26 개정)
⑤고용노동부장관은 성희롱 예방 교육기관이 다음 각 호의 어느 하나에 해당하면 그 지정을 취소할 수 있다.(2017.11.28 개정)
1. 거짓이나 그 밖의 부정한 방법으로 지정을 받은 경우

2. 정당한 사유 없이 제3항에 따른 강사를 3개월 이상 계속하여 두지 아니한 경우(2017.11.28 개정)
3. 2년 동안 직장 내 성희롱 예방 교육 실적이 없는 경우(2017.11.28 신설)
⑥고용노동부장관은 제5항에 따라 성희롱 예방 교육기관의 지정을 취소하려면 청문을 하여야 한다.(2017.11.28 개정)
(2007.12.21 본조개정)

제14조 【직장 내 성희롱 발생 시 조치】 ①누구든지 직장 내 성희롱 발생 사실을 알게 된 경우 그 사실을 해당 사업주에게 신고할 수 있다.
②사업주는 제1항에 따른 신고를 받거나 직장 내 성희롱 발생 사실을 알게 된 경우에는 지체 없이 그 사실 확인을 위한 조사를 하여야 한다. 이 경우 사업주는 직장 내 성희롱과 관련하여 피해를 입은 근로자 또는 피해를 입었다고 주장하는 근로자(이하 "피해근로자등"이라 한다)가 조사 과정에서 성적 수치심 등을 느끼지 아니하도록 하여야 한다.
③사업주는 제2항에 따른 조사 기간 동안 피해근로자등을 보호하기 위하여 필요한 경우 해당 피해근로자등에 대하여 근무장소의 변경, 유급휴가 명령 등 적절한 조치를 하여야 한다. 이 경우 사업주는 피해근로자등의 의사에 반하는 조치를 하여서는 아니 된다.
④사업주는 제2항에 따른 조사 결과 직장 내 성희롱 발생 사실이 확인된 때에는 피해근로자가 요청하면 근무장소의 변경, 배치전환, 유급휴가 명령 등 적절한 조치를 하여야 한다.
⑤사업주는 제2항에 따른 조사 결과 직장 내 성희롱 발생 사실이 확인된 때에는 지체 없이 직장 내 성희롱 행위를 한 사람에 대하여 징계, 근무장소의 변경 등 필요한 조치를 하여야 한다. 이 경우 사업주는 징계 등의 조치를 하기 전에 그 조치에 대하여 직장 내 성희롱 피해를 입은 근로자의 의견을 들어야 한다.
⑥사업주는 성희롱 발생 사실을 신고한 근로자 및 피해근로자등에게 다음 각 호의 어느 하나에 해당하는 불리한 처우를 하여서는 아니 된다.
1. 파면, 해임, 해고, 그 밖에 신분상실에 해당하는 불이익 조치
2. 징계, 정직, 감봉, 강등, 승진 제한 등 부당한 인사조치
3. 직무 미부여, 직무 재배치, 그 밖에 본인의 의사에 반하는 인사조치
4. 성과평가 또는 동료평가 등에서 차별이나 그에 따른 임금 또는 상여금 등의 차별 지급

5. 직업능력 개발 및 향상을 위한 교육훈련 기회의 제한
6. 집단 따돌림, 폭행 또는 폭언 등 정신적 · 신체적 손상을 가져오는 행위를 하거나 그 행위의 발생을 방치하는 행위
7. 그 밖에 신고를 한 근로자 및 피해근로자등의 의사에 반하는 불리한 처우
⑦제2항에 따라 직장 내 성희롱 발생 사실을 조사한 사람, 조사 내용을 보고 받은 사람 또는 그 밖에 조사 과정에 참여한 사람은 해당 조사 과정에서 알게 된 비밀을 피해근로자등의 의사에 반하여 다른 사람에게 누설하여서는 아니 된다. 다만, 조사와 관련된 내용을 사업주에게 보고하거나 관계 기관의 요청에 따라 필요한 정보를 제공하는 경우는 제외한다.
(2017.11.28 본조개정)

제14조의2【고객 등에 의한 성희롱 방지】①사업주는 고객 등 업무와 밀접한 관련이 있는 사람이 업무수행 과정에서 성적인 언동 등을 통하여 근로자에게 성적 굴욕감 또는 혐오감 등을 느끼게 하여 해당 근로자가 그로 인한 고충 해소를 요청할 경우 근무 장소 변경, 배치전환, 유급휴가의 명령 등 적절한 조치를 하여야 한다.(2020.5.26 개정)
②사업주는 근로자가 제1항에 따른 피해를 주장하거나 고객 등으로부터의 성적 요구 등에 따르지 아니하였다는 것을 이유로 해고나 그 밖의 불이익한 조치를 하여서는 아니 된다.(2020.5.26 개정)
(2007.12.21 본조개정)

제 3 절 여성의 직업능력 개발 및 고용 촉진

제15조【직업 지도】「직업안정법」 제2조의2제1호에 따른 직업안정기관은 여성이 적성, 능력, 경력 및 기능의 정도에 따라 직업을 선택하고, 직업에 적응하는 것을 쉽게 하기 위하여 고용정보와 직업에 관한 조사 · 연구 자료를 제공하는 등 직업 지도에 필요한 조치를 하여야 한다.(2009.10.9 개정)
(2007.12.21 본조개정)

제16조【직업능력 개발】국가, 지방자치단체 및 사업주는 여성의 직업능력 개발 및 향상을 위하여 모든 직업능력 개발 훈련에서 남녀에게 평등한 기회를 보장하여야 한다.
(2007.12.21 본조개정)

제17조【여성 고용 촉진】①고용노동부장관은 여성의 고용 촉진을 위한 시설을 설치·운영하는 비영리법인과 단체에 대하여 필요한 비용의 전부 또는 일부를 지원할 수 있다.(2010.6.4 개정)
②고용노동부장관은 여성의 고용 촉진을 위한 사업을 실시하는 사업주 또는 여성휴게실과 수유시설을 설치하는 등 사업장 내의 고용환경을 개선하고자 하는 사업주에게 필요한 비용의 전부 또는 일부를 지원할 수 있다.(2010.6.4 개정)
(2007.12.21 본조개정)

제17조의2【경력단절여성의 능력개발과 고용촉진지원】①고용노동부장관은 임신·출산·육아 등의 이유로 직장을 그만두었으나 재취업할 의사가 있는 경력단절여성(이하 "경력단절여성"이라 한다)을 위하여 취업유망 직종을 선정하고, 특화된 훈련과 고용촉진프로그램을 개발하여야 한다.(2010.6.4 개정)
②고용노동부장관은 「직업안정법」 제2조의2제1호에 따른 직업안정기관을 통하여 경력단절여성에게 직업정보, 직업훈련정보 등을 제공하고 전문화된 직업지도, 직업상담 등의 서비스를 제공하여야 한다.(2010.6.4 개정)
(2007.12.21 본조개정)

제4절 적극적 고용개선조치

제17조의3【적극적 고용개선조치 시행계획의 수립·제출 등】①성평등가족부장관은 다음 각 호의 어느 하나에 해당하는 사업주로서 고용하고 있는 직종별 여성 근로자의 비율이 산업별·규모별로 성평등가족부령으로 정하는 고용 기준에 미달하는 사업주에 대하여는 차별적 고용관행 및 제도 개선을 위한 적극적 고용개선조치 시행계획(이하 "시행계획"이라 한다)을 수립하여 제출할 것을 요구할 수 있다. 이 경우 해당 사업주는 시행계획을 제출하여야 한다.(2025.10.1 개정)
1. 대통령령으로 정하는 공공기관·단체의 장
2. 대통령령으로 정하는 규모 이상의 근로자를 고용하는 사업의 사업주
②제1항 각 호의 어느 하나에 해당하는 사업주는 직종별·직급별 남녀 근로자 현황과 남녀 근로자 임금 현황을 성평등가족부장관에게 제출하여야 한다.(2025.10.1 개정)

③제1항 각 호의 어느 하나에 해당하지 아니하는 사업주로서 적극적 고용개선조치를 하려는 사업주는 직종별 · 직급별 남녀 근로자 현황, 남녀 근로자 임금 현황과 시행계획을 작성하여 성평등가족부장관에게 제출할 수 있다.(2025.10.1 개정)
④성평등가족부장관은 제1항과 제3항에 따라 제출된 시행계획을 심사하여 그 내용이 명확하지 아니하거나 차별적 고용관행을 개선하려는 노력이 부족하여 시행계획으로서 적절하지 아니하다고 인정되면 해당 사업주에게 시행계획의 보완을 요구할 수 있다.(2025.10.1 개정)
⑤제1항과 제2항에 따른 시행계획과 남녀 근로자 현황, 남녀 근로자 임금 현황의 기재 사항, 제출 시기, 제출 절차 등에 관하여 필요한 사항은 성평등가족부령으로 정한다.(2025.10.1 개정)
(2007.12.21 본조개정)

제17조의4 【이행실적의 평가 및 지원 등】 ①제17조의3제1항 및 제3항에 따라 시행계획을 제출한 자는 그 이행실적을 성평등가족부장관에게 제출하여야 한다.(2025.10.1 개정)
②성평등가족부장관은 제1항에 따라 제출된 이행실적을 평가하고, 그 결과를 사업주에게 통보하여야 한다.(2025.10.1 개정)
③성평등가족부장관은 제2항에 따른 평가 결과 이행실적이 우수한 기업(이하 "적극적 고용개선조치 우수기업"이라 한다)에 표창을 할 수 있다.(2025.10.1 개정)
④국가와 지방자치단체는 적극적 고용개선조치 우수기업에 행정적 · 재정적 지원을 할 수 있다.
⑤성평등가족부장관은 제2항에 따른 평가 결과 이행실적이 부진한 사업주에게 시행계획의 이행을 촉구할 수 있다.(2025.10.1 개정)
⑥성평등가족부장관은 제2항에 따른 평가 업무를 대통령령으로 정하는 기관이나 단체에 위탁할 수 있다.(2025.10.1 개정)
⑦제1항에 따른 이행실적의 기재 사항, 제출 시기 및 제출 절차와 제2항에 따른 평가 결과의 통보 절차 등에 관하여 필요한 사항은 성평등가족부령으로 정한다.(2025.10.1 개정)
(2007.12.21 본조개정)

제17조의5 【적극적 고용개선조치 미이행 사업주 명단 공표】 ①성평등가족부장관은 명단 공개 기준일 이전에 3회 연속하여 제17조의3제1

항의 기준에 미달한 사업주로서 제17조의4제5항의 이행촉구를 받고 이에 따르지 아니한 경우 그 명단을 공표할 수 있다. 다만, 사업주의 사망·기업의 소멸 등 대통령령으로 정하는 사유가 있는 경우에는 그러하지 아니하다.(2025.10.1 개정)

②제1항에 따른 공표의 구체적인 기준·내용 및 방법 등 공표에 필요한 사항은 대통령령으로 정한다.

(2014.1.14 본조신설)

제17조의6【시행계획 등의 게시】 제17조의3제1항에 따라 시행계획을 제출한 사업주는 시행계획 및 제17조의4제1항에 따른 이행실적을 근로자가 열람할 수 있도록 게시하는 등 필요한 조치를 하여야 한다.

(2014.1.14 본조개정)

제17조의7【적극적 고용개선조치에 관한 협조】 성평등가족부장관은 적극적 고용개선조치의 효율적 시행을 위하여 필요하다고 인정하면 관계 행정기관의 장에게 차별의 시정 또는 예방을 위하여 필요한 조치를 하여 줄 것을 요청할 수 있다. 이 경우 관계 행정기관의 장은 특별한 사유가 없으면 요청에 따라야 한다.(2025.10.1 개정)

(2014.1.14 본조개정)

제17조의8【적극적 고용개선조치에 관한 중요 사항 심의】 적극적 고용개선조치에 관한 다음 각 호의 사항은 「고용정책 기본법」 제10조에 따른 고용정책심의회의 심의를 거쳐야 한다.

1. 제17조의3제1항에 따른 여성 근로자 고용기준에 관한 사항
2. 제17조의3제4항에 따른 시행계획의 심사에 관한 사항
3. 제17조의4제2항에 따른 적극적 고용개선조치 이행실적의 평가에 관한 사항
4. 제17조의4제3항 및 제4항에 따른 적극적 고용개선조치 우수기업의 표창 및 지원에 관한 사항
5. 제17조의5제1항에 따른 공표 여부에 관한 사항(2014.1.14 신설)
6. 그 밖에 적극적 고용개선조치에 관하여 고용정책심의회의 위원장이 회의에 부치는 사항(2014.1.14 개정)

(2014.1.14 본조개정)

제17조의9【적극적 고용개선조치의 조사·연구 등】 ①성평등가족부장관은 적극적 고용개선조치에 관한 업무를 효율적으로 수행하기 위하

여 조사·연구·교육·홍보 등의 사업을 할 수 있다.(2025.10.1 개정)
②성평등가족부장관은 필요하다고 인정하면 제1항에 따른 업무의 일부를 대통령령으로 정하는 자에게 위탁할 수 있다.(2025.10.1 개정)
(2014.1.14 본조개정)

제3장 모성 보호

제18조【출산전후휴가 등에 대한 지원】 ①국가는 제18조의2에 따른 배우자 출산휴가, 제18조의3에 따른 난임치료휴가, 「근로기준법」 제74조에 따른 출산전후휴가 또는 유산·사산 휴가를 사용한 근로자 중 일정한 요건에 해당하는 사람에게 그 휴가기간에 대하여 통상임금에 상당하는 금액(이하 "출산전후휴가급여등"이라 한다)을 지급할 수 있다.(2024.10.22 개정)
②제1항에 따라 지급된 출산전후휴가급여등은 그 금액의 한도에서 제18조의2제1항, 제18조의3제1항 본문 또는 「근로기준법」 제74조제4항에 따라 사업주가 지급한 것으로 본다.(2024.10.22 개정)
③출산전후휴가급여등을 지급하기 위하여 필요한 비용은 국가재정이나 「사회보장기본법」에 따른 사회보험에서 분담할 수 있다.(2012.2.1 개정)
④근로자가 출산전후휴가급여등을 받으려는 경우 사업주는 관계 서류의 작성·확인 등 모든 절차에 적극 협력하여야 한다.(2019.8.27 개정)
⑤출산전후휴가급여등의 지급요건, 지급기간 및 절차 등에 관하여 필요한 사항은 따로 법률로 정한다.(2012.2.1 개정)
(2007.12.21 본조개정)

제18조의2【배우자 출산휴가】 ①사업주는 근로자가 배우자의 출산을 이유로 휴가(이하 "배우자 출산휴가"라 한다)를 고지하는 경우에 20일의 휴가를 주어야 한다. 이 경우 사용한 휴가기간은 유급으로 한다.(2024.10.22 개정)
②제1항 후단에도 불구하고 출산전후휴가급여등이 지급된 경우에는 그 금액의 한도에서 지급의 책임을 면한다.(2019.8.27 신설)
③배우자 출산휴가는 근로자의 배우자가 출산한 날부터 120일이 지나면 사용할 수 없다.(2024.10.22 개정)
④배우자 출산휴가는 3회에 한정하여 나누어 사용할 수 있다.(2024.10.22

개정)
⑤사업주는 배우자 출산휴가를 이유로 근로자를 해고하거나 그 밖의 불리한 처우를 하여서는 아니 된다.(2019.8.27 신설)
(2007.12.21 본조개정)

제18조의3【난임치료휴가】 ①사업주는 근로자가 인공수정 또는 체외수정 등 난임치료를 받기 위하여 휴가(이하 "난임치료휴가"라 한다)를 청구하는 경우에 연간 6일 이내의 휴가를 주어야 하며, 이 경우 최초 2일은 유급으로 한다. 다만, 근로자가 청구한 시기에 휴가를 주는 것이 정상적인 사업 운영에 중대한 지장을 초래하는 경우에는 근로자와 협의하여 그 시기를 변경할 수 있다.(2024.10.22 개정)
②사업주는 난임치료휴가를 이유로 해고, 징계 등 불리한 처우를 하여서는 아니 된다.
③사업주는 제1항에 따라 난임치료휴가의 청구 업무를 처리하는 과정에서 알게 된 사실을 난임치료휴가를 신청한 근로자의 의사에 반하여 다른 사람에게 누설하여서는 아니된다.(2024.10.22 개정)
④난임치료휴가의 신청방법 및 절차 등은 대통령령으로 정한다.(2024.10.22 신설)
(2017.11.28 본조신설)

제 3 장의 2 일 · 가정의 양립 지원

남녀
고용

제19조【육아휴직】 ①사업주는 임신 중인 여성 근로자가 모성을 보호하거나 근로자가 만 8세 이하 또는 초등학교 2학년 이하의 자녀(입양한 자녀를 포함한다. 이하 같다)를 양육하기 위하여 휴직(이하 "육아휴직"이라 한다)을 신청하는 경우에 이를 허용하여야 한다. 다만, 대통령령으로 정하는 경우에는 그러하지 아니하다.(2021.5.18 개정)
②육아휴직의 기간은 1년 이내로 한다. 다만, 다음 각 호의 어느 하나에 해당하는 근로자의 경우 6개월 이내에서 추가로 육아휴직을 사용할 수 있다.(2024.10.22 개정)
1. 같은 자녀를 대상으로 부모가 모두 육아휴직을 각각 3개월 이상 사용한 경우의 부 또는 모
2. 「한부모가족지원법」 제4조제1호의 부 또는 모

3. 고용노동부령으로 정하는 장애아동의 부 또는 모
③사업주는 육아휴직을 이유로 해고나 그 밖의 불리한 처우를 하여서는 아니 되며, 육아휴직 기간에는 그 근로자를 해고하지 못한다. 다만, 사업을 계속할 수 없는 경우에는 그러하지 아니하다.
④사업주는 육아휴직을 마친 후에는 휴직 전과 같은 업무 또는 같은 수준의 임금을 지급하는 직무에 복귀시켜야 한다. 또한 제2항의 육아휴직 기간은 근속기간에 포함한다.
⑤기간제근로자 또는 파견근로자의 육아휴직 기간은 「기간제 및 단시간근로자 보호 등에 관한 법률」 제4조에 따른 사용기간 또는 「파견근로자 보호 등에 관한 법률」 제6조에 따른 근로자파견기간에서 제외한다.(2020.5.26 개정)
⑥육아휴직의 신청방법 및 절차 등에 관하여 필요한 사항은 대통령령으로 정한다.(2012.2.1 개정)
(2007.12.21 본조개정)

제19조의2【육아기 근로시간 단축】 ①사업주는 근로자가 만 12세 이하 또는 초등학교 6학년 이하의 자녀를 양육하기 위하여 근로시간의 단축(이하 "육아기 근로시간 단축"이라 한다)을 신청하는 경우에 이를 허용하여야 한다. 다만, 대체인력 채용이 불가능한 경우, 정상적인 사업 운영에 중대한 지장을 초래하는 경우 등 대통령령으로 정하는 경우에는 그러하지 아니하다.(2024.10.22 개정)
②제1항 단서에 따라 사업주가 육아기 근로시간 단축을 허용하지 아니하는 경우에는 해당 근로자에게 그 사유를 서면으로 통보하고 육아휴직을 사용하게 하거나 출근 및 퇴근 시간 조정 등 다른 조치를 통하여 지원할 수 있는지를 해당 근로자와 협의하여야 한다.(2019.8.27 개정)
③사업주가 제1항에 따라 해당 근로자에게 육아기 근로시간 단축을 허용하는 경우 단축 후 근로시간은 주당 15시간 이상이어야 하고 35시간을 넘어서는 아니 된다.(2019.8.27 개정)
④육아기 근로시간 단축의 기간은 1년 이내로 한다. 다만, 근로자가 제19조 제2항 본문에 따른 육아휴직 기간 중 사용하지 아니한 기간이 있으면 그 기간의 두 배를 가산한 기간 이내로 한다.(2024.10.22 개정)
⑤사업주는 육아기 근로시간 단축을 이유로 해당 근로자에게 해고나 그 밖의 불리한 처우를 하여서는 아니 된다.

⑥사업주는 근로자의 육아기 근로시간 단축기간이 끝난 후에 그 근로자를 육아기 근로시간 단축 전과 같은 업무 또는 같은 수준의 임금을 지급하는 직무에 복귀시켜야 한다.
⑦ 육아기 근로시간 단축의 신청방법 및 절차 등에 관하여 필요한 사항은 대통령령으로 정한다.
(2007.12.21 본조개정)

제19조의3【육아기 근로시간 단축 중 근로조건 등】 ①사업주는 제19조의2에 따라 육아기 근로시간 단축을 하고 있는 근로자에 대하여 근로시간에 비례하여 적용하는 경우 외에는 육아기 근로시간 단축을 이유로 그 근로조건을 불리하게 하여서는 아니 된다.
②제19조의2에 따라 육아기 근로시간 단축을 한 근로자의 근로조건(육아기 근로시간 단축 후 근로시간을 포함한다)은 사업주와 그 근로자 간에 서면으로 정한다.
③사업주는 제19조의2에 따라 육아기 근로시간 단축을 하고 있는 근로자에게 단축된 근로시간 외에 연장근로를 요구할 수 없다. 다만, 그 근로자가 명시적으로 청구하는 경우에는 사업주는 주 12시간 이내에서 연장근로를 시킬 수 있다.
④육아기 근로시간 단축을 한 근로자에 대하여 「근로기준법」 제2조제6호에 따른 평균임금을 산정하는 경우에는 그 근로자의 육아기 근로시간 단축 기간을 평균임금 산정기간에서 제외한다.
(2007.12.21 본조개정)

남녀
고용

제19조의4【육아휴직과 육아기 근로시간 단축의 사용형태】 ①근로자는 육아휴직을 3회에 한정하여 나누어 사용할 수 있다. 이 경우 임신 중인 여성 근로자가 모성보호를 위하여 육아휴직을 사용한 횟수는 육아휴직을 나누어 사용한 횟수에 포함하지 아니한다.(2024.10.22 개정)
②근로자는 육아기 근로시간 단축을 나누어 사용할 수 있다. 이 경우 나누어 사용하는 1회의 기간은 1개월(근로계약기간의 만료로 1개월 이상 근로시간 단축을 사용할 수 없는 기간제근로자에 대해서는 남은 근로계약기간을 말한다) 이상이 되어야 한다.(2024.10.22 개정)
(2019.8.27 본조개정)

제19조의5【육아지원을 위한 그 밖의 조치】 ①사업주는 만 8세 이하 또는 초등학교 2학년 이하의 자녀를 양육하는 근로자의 육아를 지원하

기 위하여 다음 각 호의 어느 하나에 해당하는 조치를 하도록 노력하여야 한다.(2019.8.27 개정)

1. 업무를 시작하고 마치는 시간 조정
2. 연장근로의 제한
3. 근로시간의 단축, 탄력적 운영 등 근로시간 조정
4. 그 밖에 소속 근로자의 육아를 지원하기 위하여 필요한 조치

②고용노동부장관은 사업주가 제1항에 따른 조치를 할 경우 고용 효과 등을 고려하여 필요한 지원을 할 수 있다.(2010.6.4 개정)

(2007.12.21 본조개정)

제19조의6 【직장복귀를 위한 사업주의 지원】 사업주는 이 법에 따라 육아휴직 중인 근로자에 대한 직업능력 개발 및 향상을 위하여 노력하여야 하고 출산전후휴가, 육아휴직 또는 육아기 근로시간 단축을 마치고 복귀하는 근로자가 쉽게 직장생활에 적응할 수 있도록 지원하여야 한다.(2012.2.1 개정)

(2007.12.21 본조개정)

제20조 【일·가정의 양립을 위한 지원】 ①국가는 사업주가 근로자에게 육아휴직이나 육아기 근로시간 단축을 허용한 경우 그 근로자의 생계비용과 사업주의 고용유지비용의 일부를 지원할 수 있다.

②국가는 육아기 재택근무 등 소속 근로자의 일·가정의 양립을 지원하기 위한 조치를 도입하는 사업주에게 세제 및 재정을 통한 지원을 할 수 있다.(2024.10.22 개정)

(2007.12.21 본조개정)

제21조 【직장어린이집 설치 및 지원 등】 ①사업주는 근로자의 취업을 지원하기 위하여 수유·탁아 등 육아에 필요한 어린이집(이하 "직장어린이집"이라 한다)을 설치하여야 한다.(2011.6.7 개정)

②직장어린이집을 설치하여야 할 사업주의 범위 등 직장어린이집의 설치 및 운영에 관한 사항은 「영유아보육법」에 따른다.(2011.6.7 개정)

③고용노동부장관은 근로자의 고용을 촉진하기 위하여 직장어린이집의 설치·운영에 필요한 지원 및 지도를 하여야 한다.(2011.6.7 개정)

④사업주는 직장어린이집을 운영하는 경우 근로자의 고용형태에 따라 차별해서는 아니 된다.(2019.8.27 신설)

(2007.12.21 본조개정)

제21조의2【그 밖의 보육 관련 지원】 고용노동부장관은 제21조에 따라 직장어린이집을 설치하여야 하는 사업주 외의 사업주가 직장어린이집을 설치하려는 경우에는 직장어린이집의 설치·운영에 필요한 정보 제공, 상담 및 비용의 일부 지원 등 필요한 지원을 할 수 있다.(2011.6.7 개정)
(2007.12.21 본조개정)

제22조【공공복지시설의 설치】 ①국가 또는 지방자치단체는 여성 근로자를 위한 교육·육아·주택 등 공공복지시설을 설치할 수 있다.
②제1항에 따른 공공복지시설의 기준과 운영에 필요한 사항은 고용노동부장관이 정한다.(2010.6.4 개정)
(2007.12.21 본조개정)

제22조의2【근로자의 가족 돌봄 등을 위한 지원】 ①사업주는 근로자가 조부모, 부모, 배우자, 배우자의 부모, 자녀 또는 손자녀(이하 "가족"이라 한다)의 질병, 사고, 노령으로 인하여 그 가족을 돌보기 위한 휴직(이하 "가족돌봄휴직"이라 한다)을 신청하는 경우 이를 허용하여야 한다. 다만, 대체인력 채용이 불가능한 경우, 정상적인 사업 운영에 중대한 지장을 초래하는 경우, 본인 외에도 조부모의 직계비속 또는 손자녀의 직계존속이 있는 경우 등 대통령령으로 정하는 경우에는 그러하지 아니하다.(2019.8.27 개정)
②사업주는 근로자가 가족(조부모 또는 손자녀의 경우 근로자 본인 외에도 직계비속 또는 직계존속이 있는 등 대통령령으로 정하는 경우는 제외한다)의 질병, 사고, 노령 또는 자녀의 양육으로 인하여 긴급하게 그 가족을 돌보기 위한 휴가(이하 "가족돌봄휴가"라 한다)를 신청하는 경우 이를 허용하여야 한다. 다만, 근로자가 청구한 시기에 가족돌봄휴가를 주는 것이 정상적인 사업 운영에 중대한 지장을 초래하는 경우에는 근로자와 협의하여 그 시기를 변경할 수 있다.(2019.8.27 신설)
③제1항 단서에 따라 사업주가 가족돌봄휴직을 허용하지 아니하는 경우에는 해당 근로자에게 그 사유를 서면으로 통보하고, 다음 각 호의 어느 하나에 해당하는 조치를 하도록 노력하여야 한다.(2019.8.27 개정)
1. 업무를 시작하고 마치는 시간 조정
2. 연장근로의 제한
3. 근로시간의 단축, 탄력적 운영 등 근로시간의 조정

4. 그 밖에 사업장 사정에 맞는 지원조치

④가족돌봄휴직 및 가족돌봄휴가의 사용기간과 분할횟수 등은 다음 각 호에 따른다.(2020.9.8 개정)

1. 가족돌봄휴직 기간은 연간 최장 90일로 하며, 이를 나누어 사용할 수 있을 것. 이 경우 나누어 사용하는 1회의 기간은 30일 이상이 되어야 한다.
2. 가족돌봄휴가 기간은 연간 최장 10일[제3호에 따라 가족돌봄휴가 기간이 연장되는 경우 20일(「한부모가족지원법」 제4조제1호의 모 또는 부에 해당하는 근로자의 경우 25일) 이내]로 하며, 일단위로 사용할 수 있을 것. 다만, 가족돌봄휴가 기간은 가족돌봄휴직 기간에 포함된다.(2020.9.8 개정)
3. 고용노동부장관은 감염병의 확산 등을 원인으로 「재난 및 안전관리 기본법」 제38조에 따른 심각단계의 위기경보가 발령되거나, 이에 준하는 대규모 재난이 발생한 경우로서 근로자에게 가족을 돌보기 위한 특별한 조치가 필요하다고 인정되는 경우 「고용정책 기본법」 제10조에 따른 고용정책심의회의 심의를 거쳐 가족돌봄휴가 기간을 연간 10일(「한부모가족지원법」 제4조제1호에 따른 모 또는 부에 해당하는 근로자의 경우 15일)의 범위에서 연장할 수 있을 것. 이 경우 고용노동부장관은 지체 없이 기간 및 사유 등을 고시하여야 한다.(2020.9.8 신설)

⑤제4항제3호에 따라 연장된 가족돌봄휴가는 다음 각 호의 어느 하나에 해당하는 경우에만 사용할 수 있다.(2020.9.8 신설)

1. 감염병 확산을 사유로 「재난 및 안전관리 기본법」 제38조에 따른 심각단계의 위기경보가 발령된 경우로서 가족이 위기경보가 발령된 원인이 되는 감염병의 「감염병의 예방 및 관리에 관한 법률」 제2조제13호부터 제15호까지의 감염병환자, 감염병의사환자, 병원체보유자인 경우 또는 같은 법 제2조제15호의2의 감염병의심자 중 유증상자 등으로 분류되어 돌봄이 필요한 경우
2. 자녀가 소속된 「초·중등교육법」 제2조의 학교, 「유아교육법」 제2조제2호의 유치원 또는 「영유아보육법」 제2조제3호의 어린이집(이하 이 조에서 "학교등"이라 한다)에 대한 「초·중등교육법」 제64조에 따른 휴업명령 또는 휴교처분, 「유아교육법」 제31조에 따른 휴업 또는 휴원 명령이나 「영유아보육법」 제43조의2에 따른 휴원명령으로 자녀의 돌봄이 필요한 경우

3. 자녀가 제1호에 따른 감염병으로 인하여 「감염병의 예방 및 관리에 관한 법률」 제42조제2항제1호에 따른 자가(自家) 격리 대상이 되거나 학교등에서 등교 또는 등원 중지 조치를 받아 돌봄이 필요한 경우
4. 그 밖에 근로자의 가족돌봄에 관하여 고용노동부장관이 정하는 사유에 해당하는 경우

⑥사업주는 가족돌봄휴직 또는 가족돌봄휴가를 이유로 해당 근로자를 해고하거나 근로조건을 악화시키는 등 불리한 처우를 하여서는 아니 된다.(2020.9.8 개정)

⑦가족돌봄휴직 및 가족돌봄휴가 기간은 근속기간에 포함한다. 다만, 「근로기준법」 제2조제1항제6호에 따른 평균임금 산정기간에서는 제외한다.(2020.9.8 개정)

⑧사업주는 소속 근로자가 건전하게 직장과 가정을 유지하는 데에 도움이 될 수 있도록 필요한 심리상담 서비스를 제공하도록 노력하여야 한다.(2020.9.8 개정)

⑨고용노동부장관은 사업주가 제1항 또는 제2항에 따른 조치를 하는 경우에는 고용 효과 등을 고려하여 필요한 지원을 할 수 있다.(2020.9.8 개정)

⑩가족돌봄휴직 및 가족돌봄휴가의 신청방법 및 절차 등에 관하여 필요한 사항은 대통령령으로 정한다.(2020.9.8 개정)

(2007.12.21 본조개정)

제22조의3【가족돌봄 등을 위한 근로시간 단축】 ①사업주는 근로자가 다음 각 호의 어느 하나에 해당하는 사유로 근로시간의 단축을 신청하는 경우에 이를 허용하여야 한다. 다만, 대체인력 채용이 불가능한 경우, 정상적인 사업 운영에 중대한 지장을 초래하는 경우 등 대통령령으로 정하는 경우에는 그러하지 아니하다.

1. 근로자가 가족의 질병, 사고, 노령으로 인하여 그 가족을 돌보기 위한 경우
2. 근로자 자신의 질병이나 사고로 인한 부상 등의 사유로 자신의 건강을 돌보기 위한 경우
3. 55세 이상의 근로자가 은퇴를 준비하기 위한 경우
4. 근로자의 학업을 위한 경우

②제1항 단서에 따라 사업주가 근로시간 단축을 허용하지 아니하는 경우에는 해당 근로자에게 그 사유를 서면으로 통보하고 휴직을 사용하게 하

거나 그 밖의 조치를 통하여 지원할 수 있는지를 해당 근로자와 협의하여야 한다.
③사업주가 제1항에 따라 해당 근로자에게 근로시간 단축을 허용하는 경우 단축 후 근로시간은 주당 15시간 이상이어야 하고 30시간을 넘어서는 아니 된다.
④근로시간 단축의 기간은 1년 이내로 한다. 다만, 제1항제1호부터 제3호까지의 어느 하나에 해당하는 근로자는 합리적 이유가 있는 경우에 추가로 2년의 범위 안에서 근로시간 단축의 기간을 연장할 수 있다.
⑤사업주는 근로시간 단축을 이유로 해당 근로자에게 해고나 그 밖의 불리한 처우를 하여서는 아니 된다.
⑥사업주는 근로자의 근로시간 단축기간이 끝난 후에 그 근로자를 근로시간 단축 전과 같은 업무 또는 같은 수준의 임금을 지급하는 직무에 복귀시켜야 한다.
⑦근로시간 단축의 신청방법 및 절차 등에 필요한 사항은 대통령령으로 정한다.
(2019.8.27 본조신설)

제22조의4【가족돌봄 등을 위한 근로시간 단축 중 근로조건 등】 ①사업주는 제22조의3에 따라 근로시간 단축을 하고 있는 근로자에게 근로시간에 비례하여 적용하는 경우 외에는 가족돌봄 등을 위한 근로시간 단축을 이유로 그 근로조건을 불리하게 하여서는 아니 된다.
②제22조의3에 따라 근로시간 단축을 한 근로자의 근로조건(근로시간 단축 후 근로시간을 포함한다)은 사업주와 그 근로자 간에 서면으로 정한다.
③사업주는 제22조의3에 따라 근로시간 단축을 하고 있는 근로자에게 단축된 근로시간 외에 연장근로를 요구할 수 없다. 다만, 그 근로자가 명시적으로 청구하는 경우에는 사업주는 주 12시간 이내에서 연장근로를 시킬 수 있다.
④근로시간 단축을 한 근로자에 대하여 「근로기준법」 제2조제6호에 따른 평균임금을 산정하는 경우에는 그 근로자의 근로시간 단축 기간을 평균임금 산정기간에서 제외한다.
(2019.8.27 본조신설)

제22조의5【일·가정 양립 지원 기반 조성】 ①고용노동부장관은 일·가정 양립프로그램의 도입·확산, 모성보호 조치의 원활한 운영 등을

지원하기 위하여 조사·연구 및 홍보 등의 사업을 하고, 전문적인 상담 서비스와 관련 정보 등을 사업주와 근로자에게 제공하여야 한다.(2010.6.4 개정)

②고용노동부장관은 제1항에 따른 업무와 제21조와 제21조의2에 따른 직장보육시설 설치·운영의 지원에 관한 업무를 대통령령으로 정하는 바에 따라 공공기관 또는 민간에 위탁하여 수행할 수 있다.(2010.6.4 개정)

③고용노동부장관은 제2항에 따라 업무를 위탁받은 기관에 업무수행에 사용되는 경비를 지원할 수 있다.(2010.6.4 개정)

(2019.8.27 본조개정)

제4장 분쟁의 예방과 해결

제23조【상담지원】 ①고용노동부장관은 차별, 직장 내 성희롱, 모성보호 및 일·가정 양립 등에 관한 상담을 실시하는 민간단체에 필요한 비용의 일부를 예산의 범위에서 지원할 수 있다.(2010.6.4 개정)

②제1항에 따른 단체의 선정요건, 비용의 지원기준과 지원절차 및 지원의 중단 등에 필요한 사항은 고용노동부령으로 정한다.(2010.6.4 개정)

(2007.12.21 본조개정)

제24조【명예고용평등감독관】 ①고용노동부장관은 사업장의 남녀고용평등 이행을 촉진하기 위하여 그 사업장 소속 근로자 중 노사가 추천하는 사람을 명예고용평등감독관(이하 "명예감독관"이라 한다)으로 위촉할 수 있다.(2020.5.26 개정)

②명예감독관은 다음 각 호의 업무를 수행한다.

1. 해당 사업장의 차별 및 직장 내 성희롱 발생 시 피해 근로자에 대한 상담·조언
2. 해당 사업장의 고용평등 이행상태 자율점검 및 지도 시 참여
3. 법령위반 사실이 있는 사항에 대하여 사업주에 대한 개선 건의 및 감독기관에 대한 신고
4. 남녀고용평등 제도에 대한 홍보·계몽
5. 그 밖에 남녀고용평등의 실현을 위하여 고용노동부장관이 정하는 업무

(2010.6.4 개정)

③사업주는 명예감독관으로서 정당한 임무 수행을 한 것을 이유로 해당

근로자에게 인사상 불이익 등의 불리한 조치를 하여서는 아니 된다.
④명예감독관의 위촉과 해촉 등에 필요한 사항은 고용노동부령으로 정한다.(2010.6.4 개정)
(2007.12.21 본조개정)

제25조 【분쟁의 자율적 해결】 사업주는 제7조부터 제13조까지, 제13조의2, 제14조, 제14조의2, 제18조제4항, 제18조의2, 제19조, 제19조의2부터 제19조의6까지, 제21조 및 제22조의2에 따른 사항에 관하여 근로자가 고충을 신고하였을 때에는 「근로자참여 및 협력증진에 관한 법률」에 따라 해당 사업장에 설치된 노사협의회에 고충의 처리를 위임하는 등 자율적인 해결을 위하여 노력하여야 한다.
(2007.12.21 본조개정)

제26조 【차별적 처우등의 시정신청】 ①근로자는 사업주로부터 다음 각 호의 어느 하나에 해당하는 차별적 처우 등(이하 "차별적 처우등"이라 한다)을 받은 경우 「노동위원회법」 제1조에 따른 노동위원회(이하 "노동위원회"라 한다)에 그 시정을 신청할 수 있다. 다만, 차별적 처우등을 받은 날(제1호 및 제3호에 따른 차별적 처우등이 계속되는 경우에는 그 종료일)부터 6개월이 지난 때에는 그러하지 아니하다.
1. 제7조부터 제11조까지 중 어느 하나를 위반한 행위(이하 "차별적 처우"라 한다)
2. 제14조제4항 또는 제14조의2제1항에 따른 적절한 조치를 하지 아니한 행위
3. 제14조제6항을 위반한 불리한 처우 또는 제14조의2제2항을 위반한 해고나 그 밖의 불이익한 조치

②근로자가 제1항에 따른 시정신청을 하는 경우에는 차별적 처우등의 내용을 구체적으로 명시하여야 한다.
③제1항 및 제2항에 따른 시정신청의 절차 · 방법 등에 관하여 필요한 사항은 「노동위원회법」 제2조제1항에 따른 중앙노동위원회(이하 "중앙노동위원회"라 한다)가 따로 정하여 고시한다.
(2021.5.18 본조신설)

제27조 【조사 · 심문 등】 ①노동위원회는 제26조에 따른 시정신청을 받은 때에는 지체 없이 필요한 조사와 관계 당사자에 대한 심문을 하여야 한다.

②노동위원회는 제1항에 따른 심문을 하는 때에는 관계 당사자의 신청 또는 직권으로 증인을 출석하게 하여 필요한 사항을 질문할 수 있다.
③노동위원회는 제1항 및 제2항에 따른 심문을 할 때에는 관계 당사자에게 증거의 제출과 증인에 대한 반대심문을 할 수 있는 충분한 기회를 주어야 한다.
④제1항부터 제3항까지에 따른 조사 · 심문의 방법 및 절차 등에 관하여 필요한 사항은 중앙노동위원회가 따로 정하여 고시한다.
⑤노동위원회는 차별적 처우등 시정사무에 관한 전문적인 조사 · 연구업무를 수행하기 위하여 전문위원을 둘 수 있다. 이 경우 전문위원의 수 · 자격 및 보수 등에 관하여 필요한 사항은 대통령령으로 정한다.
(2021.5.18 본조신설)

제28조【조정 · 중재】 ①노동위원회는 제27조에 따른 심문 과정에서 관계 당사자 쌍방 또는 일방의 신청이나 직권으로 조정(調停)절차를 개시할 수 있고, 관계 당사자가 미리 노동위원회의 중재(仲裁)결정에 따르기로 합의하여 중재를 신청한 경우에는 중재를 할 수 있다.
②제1항에 따른 조정 또는 중재의 신청은 제26조에 따른 시정신청을 한 날부터 14일 이내에 하여야 한다. 다만, 노동위원회가 정당한 사유로 그 기간에 신청할 수 없었다고 인정하는 경우에는 14일 후에도 신청할 수 있다.
③노동위원회는 조정 또는 중재를 하는 경우 관계 당사자의 의견을 충분히 들어야 한다.
④노동위원회는 특별한 사유가 없으면 조정절차를 개시하거나 중재신청을 받은 날부터 60일 이내에 조정안을 제시하거나 중재결정을 하여야 한다.
⑤노동위원회는 관계 당사자 쌍방이 조정안을 받아들이기로 한 경우에는 조정조서를 작성하여야 하고, 중재결정을 한 경우에는 중재결정서를 작성하여야 한다.
⑥조정조서에는 관계 당사자와 조정에 관여한 위원 전원이 서명 또는 날인을 하여야 하고, 중재결정서에는 관여한 위원 전원이 서명 또는 날인을 하여야 한다.
⑦제5항 및 제6항에 따른 조정 또는 중재결정은 「민사소송법」에 따른 재판상 화해와 동일한 효력을 갖는다.
⑧제1항부터 제7항까지에 따른 조정 · 중재의 방법, 조정조서 · 중재결정서의 작성 등에 필요한 사항은 중앙노동위원회가 따로 정하여 고시한다.

(2021.5.18 본조신설)

제29조【시정명령 등】 ①노동위원회는 제27조에 따른 조사 · 심문을 끝내고 차별적 처우등에 해당된다고 판정한 때에는 해당 사업주에게 시정명령을 하여야 하고, 차별적 처우등에 해당하지 아니한다고 판정한 때에는 그 시정신청을 기각하는 결정을 하여야 한다.
②제1항에 따른 판정, 시정명령 또는 기각결정은 서면으로 하되, 그 이유를 구체적으로 명시하여 관계 당사자에게 각각 통보하여야 한다. 이 경우 시정명령을 하는 때에는 시정명령의 내용 및 이행기한 등을 구체적으로 적어야 한다.
(2021.5.18 본조신설)

제29조의2【조정 · 중재 또는 시정명령의 내용】 ①제28조에 따른 조정 · 중재 또는 제29조에 따른 시정명령의 내용에는 차별적 처우등의 중지, 임금 등 근로조건의 개선(취업규칙, 단체협약 등의 제도개선 명령을 포함한다) 또는 적절한 배상 등의 시정조치 등을 포함할 수 있다.
②제1항에 따라 배상을 하도록 한 경우 그 배상액은 차별적 처우등으로 근로자에게 발생한 손해액을 기준으로 정한다. 다만, 노동위원회는 사업주의 차별적 처우등에 명백한 고의가 인정되거나 차별적 처우등이 반복되는 경우에는 그 손해액을 기준으로 3배를 넘지 아니하는 범위에서 배상을 명령할 수 있다.
(2021.5.18 본조신설)

제29조의3【시정명령 등의 확정】 ①「노동위원회법」 제2조제1항에 따른 지방노동위원회의 시정명령 또는 기각결정에 불복하는 관계 당사자는 시정명령서 또는 기각결정서를 송달받은 날부터 10일 이내에 중앙노동위원회에 재심을 신청할 수 있다.
②제1항에 따른 중앙노동위원회의 재심결정에 불복하는 관계 당사자는 재심결정서를 송달받은 날부터 15일 이내에 행정소송을 제기할 수 있다.
③제1항에 따른 기간에 재심을 신청하지 아니하거나 제2항에 따른 기간에 행정소송을 제기하지 아니한 때에는 그 시정명령, 기각결정 또는 재심결정은 확정된다.
(2021.5.18 본조신설)

제29조의4【시정명령 이행상황의 제출요구 등】 ①고용노동부장관은 확정된 시정명령에 대하여 사업주에게 이행상황을 제출할 것을 요구

할 수 있다.
②시정신청을 한 근로자는 사업주가 확정된 시정명령을 이행하지 아니하는 경우 이를 고용노동부장관에게 신고할 수 있다.
(2021.5.18 본조신설)

제29조의5【고용노동부장관의 차별적 처우 시정요구 등】 ①고용노동부장관은 사업주가 차별적 처우를 한 경우에는 그 시정을 요구할 수 있다.
②고용노동부장관은 사업주가 제1항에 따른 시정요구에 따르지 아니할 경우에는 차별적 처우의 내용을 구체적으로 명시하여 노동위원회에 통보하여야 한다. 이 경우 고용노동부장관은 해당 사업주 및 근로자에게 그 사실을 알려야 한다.
③노동위원회는 제2항에 따라 고용노동부장관의 통보를 받은 때에는 지체 없이 차별적 처우가 있는지 여부를 심리하여야 한다. 이 경우 노동위원회는 해당 사업주 및 근로자에게 의견을 진술할 수 있는 기회를 주어야 한다.
④제3항에 따른 노동위원회의 심리, 시정절차 및 노동위원회 결정에 대한 효력 등에 관하여는 제26조부터 제29조까지 및 제29조의2부터 제29조의4까지를 준용한다. 이 경우 "시정신청을 한 날"은 "통보를 받은 날"로, "기각결정"은 "차별적 처우가 없다는 결정"으로, "관계 당사자"는 "해당 사업주 또는 근로자"로, "시정신청을 한 근로자"는 "해당 근로자"로 본다.
⑤제3항 및 제4항에 따른 노동위원회의 심리 등에 관하여 필요한 사항은 중앙노동위원회가 따로 정하여 고시한다.
(2021.5.18 본조신설)

제29조의6【확정된 시정명령의 효력 확대】 ①고용노동부장관은 제29조의3(제29조의5제4항에 따라 준용되는 경우를 포함한다)에 따라 확정된 시정명령을 이행할 의무가 있는 사업주의 사업 또는 사업장에서 해당 시정명령의 효력이 미치는 근로자 외의 근로자에 대해서도 차별적 처우가 있는지를 조사하여 차별적 처우가 있는 경우에는 그 시정을 요구할 수 있다.
②고용노동부장관은 사업주가 제1항에 따른 시정요구에 따르지 아니하는 경우 노동위원회에 통보하여야 하고, 노동위원회는 지체 없이 차별적 처우가 있는지 여부를 심리하여야 한다.
③제2항에 따른 통보 및 심리에 관하여는 제29조의5제2항부터 제5항까지

를 준용한다.
(2021.5.18 본조신설)

제29조의7【차별적 처우등의 시정신청 등으로 인한 불리한 처우의 금지】 사업주는 근로자가 다음 각 호의 어느 하나에 해당하는 행위를 한 것을 이유로 해고나 그 밖의 불리한 처우를 하지 못한다.

1. 제26조에 따른 차별적 처우등의 시정신청, 제27조에 따른 노동위원회에의 참석 및 진술, 제29조의3에 따른 재심신청 또는 행정소송의 제기
2. 제29조의4제2항에 따른 시정명령 불이행의 신고

(2021.5.18 본조신설)

제30조【입증책임】 이 법과 관련한 분쟁해결(제26조부터 제29조까지 및 제29조의2부터 제29조의7까지를 포함한다)에서 입증책임은 사업주가 부담한다.(2021.5.18 개정)
(2007.12.21 본조개정)

제5장 보 칙

제31조【보고 및 검사 등】 ①고용노동부장관은 이 법 시행을 위하여 필요한 경우에는 사업주에게 보고와 관계 서류의 제출을 명령하거나 관계 공무원이 사업장에 출입하여 관계인에게 질문하거나 관계 서류를 검사하도록 할 수 있다.(2010.6.4 개정)
②제1항의 경우에 관계 공무원은 그 권한을 표시하는 증표를 지니고 이를 관계인에게 내보여야 한다.

제31조의2【자료 제공의 요청】 ①고용노동부장관은 다음 각 호의 업무를 수행하기 위하여 보건복지부장관 또는 「국민건강보험법」에 따른 국민건강보험공단에 같은 법 제50조에 따른 임신·출산 진료비의 신청과 관련된 자료의 제공을 요청할 수 있다. 이 경우 해당 자료의 제공을 요청받은 기관의 장은 정당한 사유가 없으면 그 요청에 따라야 한다.

1. 제3장에 따른 모성 보호에 관한 업무
2. 제3장의2에 따른 일·가정의 양립 지원에 관한 업무
3. 제3장에 따른 모성 보호, 제3장의2에 따른 일·가정의 양립 지원에 관한 안내
4. 제31조에 따른 보고 및 검사 등

②고용노동부장관은 제1항에 따라 제공 받은 자료를 「고용정책 기본법」 제15조의2제1항에 따른 고용정보시스ㄴ템을 통하여 처리할 수 있다.(2021.5.18 개정)
(2016.1.28 본조신설)

제32조 【고용평등 이행실태 등의 공표】 고용노동부장관은 이 법 시행의 실효성을 확보하기 위하여 필요하다고 인정하면 고용평등 이행실태나 그 밖의 조사결과 등을 공표할 수 있다. 다만, 다른 법률에 따라 공표가 제한되어 있는 경우에는 그러하지 아니하다.(2010.6.4 개정)
(2007.12.21 본조개정)

제33조 【관계 서류의 보존】 사업주는 이 법의 규정에 따른 사항에 관하여 대통령령으로 정하는 서류를 3년간 보존하여야 한다. 이 경우 대통령령으로 정하는 서류는 「전자문서 및 전자거래 기본법」 제2조제1호에 따른 전자문서로 작성·보존할 수 있다.(2012.6.1 개정)

제34조 【파견근로에 대한 적용】 「파견근로자 보호 등에 관한 법률」에 따라 파견근로가 이루어지는 사업장에 제13조제1항을 적용할 때에는 「파견근로자보호 등에 관한 법률」 제2조제4호에 따른 사용사업주를 이 법에 따른 사업주로 본다.(2019.4.30 개정)
(2007.12.21 본조개정)

제35조 【경비보조】 ①국가, 지방자치단체 및 공공단체는 여성의 취업촉진과 복지증진에 관련되는 사업에 대하여 예산의 범위에서 그 경비의 전부 또는 일부를 보조할 수 있다.
②국가, 지방자치단체 및 공공단체는 제1항에 따라 보조를 받은 자가 다음 각 호의 어느 하나에 해당하면 보조금 지급결정의 전부 또는 일부를 취소하고, 지급된 보조금의 전부 또는 일부를 반환하도록 명령할 수 있다.
1. 사업의 목적 외에 보조금을 사용한 경우
2. 보조금의 지급결정의 내용(그에 조건을 붙인 경우에는 그 조건을 포함한다)을 위반한 경우
3. 거짓이나 그 밖의 부정한 방법으로 보조금을 받은 경우
(2007.12.21 본조개정)

제36조 【권한의 위임 및 위탁】 고용노동부장관은 대통령령으로 정하는 바에 따라 이 법에 따른 권한의 일부를 지방고용노동행정기관의 장 또는 지방자치단체의 장에게 위임하거나 공공단체에 위탁할 수 있

다.(2010.6.4 개정)
(2007.12.21 본조개정)

제36조의2【규제의 재검토】 고용노동부장관은 제31조의2에 따른 임신·출산 진료비의 신청과 관련된 자료 제공의 요청에 대하여 2016년 1월 1일을 기준으로 5년마다(매 5년이 되는 해의 1월 1일 전까지를 말한다) 그 타당성을 검토하여 개선 등의 조치를 하여야 한다.
(2016.1.28 본조신설)

제6장 벌 칙

제37조【벌칙】 ①사업주가 제11조를 위반하여 근로자의 정년·퇴직 및 해고에서 남녀를 차별하거나 여성 근로자의 혼인, 임신 또는 출산을 퇴직사유로 예정하는 근로계약을 체결하는 경우에는 5년 이하의 징역 또는 3천만원 이하의 벌금에 처한다.
②사업주가 다음 각 호의 어느 하나에 해당하는 위반행위를 한 경우에는 3년 이하의 징역 또는 3천만원 이하의 벌금에 처한다.(2017.11.28 개정)
1. 제8조제1항을 위반하여 동일한 사업 내의 동일 가치의 노동에 대하여 동일한 임금을 지급하지 아니한 경우
2. 제14조제6항을 위반하여 직장 내 성희롱 발생 사실을 신고한 근로자 및 피해근로자등에게 불리한 처우를 한 경우(2017.11.28 개정)
2의2. 제18조의2제5항을 위반하여 배우자 출산휴가를 이유로 해고나 그 밖의 불리한 처우를 한 경우(2019.8.27 신설)
3. 제19조제3항을 위반하여 육아휴직을 이유로 해고나 그 밖의 불리한 처우를 하거나, 같은 항 단서의 사유가 없는데도 육아휴직 기간동안 해당 근로자를 해고한 경우
4. 제19조의2제5항을 위반하여 육아기 근로시간 단축을 이유로 해당 근로자에 대하여 해고나 그 밖의 불리한 처우를 한 경우
5. 제19조의3제1항을 위반하여 육아기 근로시간 단축을 하고 있는 근로자에 대하여 근로시간에 비례하여 적용하는 경우 외에 육아기 근로시간 단축을 이유로 그 근로조건을 불리하게 한 경우
6. 제22조의2제6항을 위반하여 가족돌봄휴직 또는 가족돌봄휴가(같은 조 제4항제3호에 따라 기간이 연장된 경우를 포함한다)를 이유로 해당 근

로자를 해고하거나 근로조건을 악화시키는 등 불리한 처우를 한 경우 (2020.9.8 개정)
7. 제22조의3제5항을 위반하여 근로시간 단축을 이유로 해당 근로자에게 해고나 그 밖의 불리한 처우를 한 경우(2019.8.27 신설)
8. 제22조의4제1항을 위반하여 근로시간 단축을 하고 있는 근로자에게 근로시간에 비례하여 적용하는 경우 외에 가족돌봄 등을 위한 근로시간 단축을 이유로 그 근로조건을 불리하게 한 경우(2019.8.27 신설)
9. 제29조의7을 위반하여 근로자에게 해고나 그 밖의 불리한 처우를 한 경우(2021.5.18 신설)

③사업주가 제19조의3제3항 또는 제22조의4제3항을 위반하여 해당 근로자가 명시적으로 청구하지 아니하였는데도 육아기 또는 가족돌봄 등을 위한 근로시간 단축을 하고 있는 근로자에게 단축된 근로시간 외에 연장근로를 요구한 경우에는 1천만원 이하의 벌금에 처한다.(2019.8.27 개정)

④사업주가 다음 각 호의 어느 하나에 해당하는 위반행위를 한 경우에는 500만원 이하의 벌금에 처한다.
1. 제7조를 위반하여 근로자의 모집 및 채용에서 남녀를 차별하거나, 근로자를 모집·채용할 때 그 직무의 수행에 필요하지 아니한 용모·키·체중 등의 신체적 조건, 미혼 조건 등을 제시하거나 요구한 경우(2021.5.18 개정)
2. 제9조를 위반하여 임금 외에 근로자의 생활을 보조하기 위한 금품의 지급 또는 자금의 융자 등 복리후생에서 남녀를 차별한 경우
3. 제10조를 위반하여 근로자의 교육·배치 및 승진에서 남녀를 차별한 경우
4. 제19조제1항·제4항을 위반하여 근로자의 육아휴직 신청을 받고 육아휴직을 허용하지 아니하거나, 육아휴직을 마친 후 휴직 전과 같은 업무 또는 같은 수준의 임금을 지급하는 직무에 복귀시키지 아니한 경우
5. 제19조의2제6항을 위반하여 육아기 근로시간 단축기간이 끝난 후에 육아기 근로시간 단축 전과 같은 업무 또는 같은 수준의 임금을 지급하는 직무에 복귀시키지 아니한 경우
6. 제24조제3항을 위반하여 명예감독관으로서 정당한 임무 수행을 한 것을 이유로 해당 근로자에게 인사상 불이익 등의 불리한 조치를 한 경우

(2007.12.21 본조개정)

제38조 【양벌규정】 법인의 대표자나 법인 또는 개인의 대리인, 사용인, 그 밖의 종업원이 그 법인 또는 개인의 업무에 관하여 제37조의 위반행위를 하면 그 행위자를 벌하는 외에 그 법인 또는 개인에게도 해당 조문의 벌금형을 과(科)한다. 다만, 법인 또는 개인이 그 위반행위를 방지하기 위하여 해당 업무에 관하여 상당한 주의와 감독을 게을리하지 아니한 경우에는 그러하지 아니하다.
(2010.2.4 본조개정)

제39조 【과태료】 ①사업주가 제29조의3(제29조의5제4항 및 제29조의6제3항에 따라 준용되는 경우를 포함한다)에 따라 확정된 시정명령을 정당한 이유 없이 이행하지 아니한 경우에는 1억원 이하의 과태료를 부과한다.(2021.5.18 신설)
②사업주가 제12조를 위반하여 직장 내 성희롱을 한 경우에는 1천만원 이하의 과태료를 부과한다.(2021.5.18 개정)
③사업주가 다음 각 호의 어느 하나에 해당하는 위반행위를 한 경우에는 500만원 이하의 과태료를 부과한다.(2021.5.18 개정)
1. 삭제(2017.11.28)
1의2. 제13조제1항을 위반하여 성희롱 예방 교육을 하지 아니한 경우(2017.11.28 신설)
1의3. 제13조제3항을 위반하여 성희롱 예방 교육의 내용을 근로자가 자유롭게 열람할 수 있는 장소에 항상 게시하거나 갖추어 두지 아니한 경우(2017.11.28 신설)
1의4. 제14조제2항 전단을 위반하여 직장 내 성희롱 발생 사실 확인을 위한 조사를 하지 아니한 경우(2017.11.28 신설)
1의5. 제14조제4항을 위반하여 근무장소의 변경 등 적절한 조치를 하지 아니한 경우(2017.11.28 신설)
1의6. 제14조제5항 전단을 위반하여 징계, 근무장소의 변경 등 필요한 조치를 하지 아니한 경우(2017.11.28 신설)
1의7. 제14조제7항을 위반하여 직장 내 성희롱 발생 사실 조사 과정에서 알게 된 비밀을 다른 사람에게 누설한 경우(2017.11.28 신설)
2. 제14조의2제2항을 위반하여 근로자가 고객 등에 의한 성희롱 피해를 주장하거나 고객 등으로부터의 성적 요구 등에 따르지 아니하였다는 것을 이유로 해고나 그 밖의 불이익한 조치를 한 경우(2020.5.26 개정)

3. 제18조의2제1항을 위반하여 근로자가 배우자의 출산을 이유로 휴가를 고지하였는데도 휴가를 주지 아니하거나 근로자가 사용한 휴가를 유급으로 하지 아니한 경우(2024.10.22 개정)

3의2. 제18조의3제1항을 위반하여 난임치료휴가를 주지 아니한 경우(2017.11.28 신설)

4. 제19조의2제2항을 위반하여 육아기 근로시간 단축을 허용하지 아니하였으면서도 해당 근로자에게 그 사유를 서면으로 통보하지 아니하거나, 육아휴직의 사용 또는 그 밖의 조치를 통한 지원 여부에 관하여 해당 근로자와 협의하지 아니한 경우

5. 제19조의3제2항을 위반하여 육아기 근로시간 단축을 한 근로자의 근로조건을 서면으로 정하지 아니한 경우

6. 제19조의2제1항을 위반하여 육아기 근로시간 단축 신청을 받고 육아기 근로시간 단축을 허용하지 아니한 경우(2012.2.1 신설)

7. 제22조의2제1항을 위반하여 가족돌봄휴직의 신청을 받고 가족돌봄휴직을 허용하지 아니한 경우(2012.2.1 신설)

8. 제22조의2제2항(같은 조 제4항제3호에 따라 기간이 연장된 경우를 포함한다)을 위반하여 가족돌봄휴가의 신청을 받고 가족돌봄휴가를 허용하지 아니한 경우(2020.9.8 개정)

9. 제29조의4제1항(제29조의5제4항 및 제29조의6제3항에 따라 준용되는 경우를 포함한다)을 위반하여 정당한 이유 없이 고용노동부장관의 시정명령에 대한 이행상황의 제출요구에 따르지 아니한 경우(2021.5.18 신설)

④다음 각 호의 어느 하나에 해당하는 자에게는 300만원 이하의 과태료를 부과한다.(2021.5.18 개정)

1. 삭제(2017.11.28)

1의2. 제14조의2제1항을 위반하여 근무 장소 변경, 배치전환, 유급휴가의 명령 등 적절한 조치를 하지 아니한 경우(2017.11.28 신설)

2. 제17조의3제1항을 위반하여 시행계획을 제출하지 아니한 자

3. 제17조의3제2항을 위반하여 남녀 근로자 현황을 제출하지 아니하거나 거짓으로 제출한 자

4. 제17조의4제1항을 위반하여 이행실적을 제출하지 아니하거나 거짓으로 제출한 자(제17조의3제3항에 따라 시행계획을 제출한 자가 이행실적을 제출하지 아니하는 경우는 제외한다)

5. 제18조제4항을 위반하여 관계 서류의 작성·확인 등 모든 절차에 적극 협력하지 아니한 자
6. 제31조제1항에 따른 보고 또는 관계 서류의 제출을 거부하거나 거짓으로 보고 또는 제출한 자
7. 제31조제1항에 따른 검사를 거부, 방해 또는 기피한 자
8. 제33조를 위반하여 관계 서류를 3년간 보존하지 아니한 자

⑤제1항부터 제4항까지의 규정에 따른 과태료는 대통령령으로 정하는 바에 따라 고용노동부장관이 부과·징수한다.(2021.5.18 개정)

부 칙

①【시행일】 이 법은 2001년 11월 1일부터 시행한다.

②【벌칙 등에 관한 경과조치】 이 법 시행전의 행위에 대한 벌칙 또는 과태료의 적용에 있어서는 종전의 규정에 의한다.

③【고용평등위원회에 관한 경과조치】 이 법 시행 당시 종전의 규정에 의하여 설치된 고용평등위원회는 이 법에 의한 고용평등위원회로 본다.

④【다른 법률과의 관계】 이 법 시행 당시 다른 법령에서 남녀고용평등법의 규정을 인용한 경우에 이 법중 그에 해당하는 규정이 있는 때에는 종전의 규정에 갈음하여 이 법의 해당규정을 인용한 것으로 본다.

부 칙 (2005. 5.31)

①【시행일】 이 법은 2006년 1월 1일부터 시행한다.

②【산전후휴가급여등에 관한 적용례】 산전후휴가급여등에 관한 제18조제1항의 개정규정은 이 법 시행 후 최초로 출산·유산 또는 사산하는 여성근로자부터 적용한다.

부 칙 (2005.12.30)

제1조 【시행일】 이 법은 2006년 3월 1일부터 시행한다.

제2조 【분쟁조정신청에 관한 경과조치】 ①이 법 시행 당시 종전의 규정에 의하여 고용평등위원회에 접수된 분쟁조정신청에 대하여는 종전의 규정에 의한다.

②제26조 내지 제29조의 개정규정에도 불구하고 종전의 규정에 의한 고용평등위원회는 제1항의 규정에 의한 분쟁의 조정에 한하여 존속하는 것으로 본다.

제3조 【육아휴직 신청요건 완화에 따른 경과조치】 제19조의 개정규정은 2008년 1월 1일 이후 출생한 영유아부터 적용한다.

부 칙

제1조 【시행일】 이 법은 공포 후 6개월이 경과한 날부터 시행한다. 다만, 제39조제2항제3호부터 제5호까지의 개정규정은 공포 후 1년 6개월이 경과한 날부터 시행한다.

제2조 【다른 법률의 개정】 ①근로기준법 일부를 다음과 같이 개정

한다.
제74조제3항 단서 중 "「남녀고용평등법」"을 "「남녀고용평등과 일 · 가정 양립 지원에 관한 법률」"로 한다.
②고용보험법 일부를 다음과 같이 개정한다.
제70조제1항 각 호 외의 부분 및 제75조 각 호 외의 부분 중 "「남녀고용평등법」"을 각각 "「남녀고용평등과 일 · 가정 양립 지원에 관한 법률」"로 한다.

제3조【다른 법령과의 관계】 이 법 시행 당시 다른 법령에서 종전의 「남녀고용평등법」 또는 그 규정을 인용한 경우에 이 법 가운데 그에 해당하는 규정이 있는 때에는 종전의 규정을 갈음하여 이 법 또는 이 법의 해당 규정을 인용한 것으로 본다.

부 칙 (2010. 2. 4)

①**【시행일】** 이 법은 공포한 날부터 시행한다.
②**【육아휴직 신청요건 완화에 따른 적용례】** 제19조의 개정규정은 다음 각 호의 어느 하나에 해당하는 경우에 적용한다.
1. 2008년 1월 1일 이후 출생한 영유아가 있는 근로자
2. 2008년 1월 1일 이후 입양한 자녀가 있는 근로자

부 칙 (2012. 2. 1)

제1조【시행일】 이 법은 공포 후 6개월이 경과한 날부터 시행한다. 다만, 상시 300명 미만의 근로자를 사용하는 사업 또는 사업장에 대하여는 제18조의2, 제22조의2, 제37조제2항제6호, 제39조제2항제3호 및 제7호의 개정규정은 공포 후 1년이 경과한 날부터 시행한다.

제2조【적용례】 ①제18조의2제1항의 개정규정은 이 법 시행 후 최초로 배우자 출산휴가를 청구한 근로자부터 적용한다.
②제19조제5항의 개정규정은 이 법 시행 후 최초로 육아휴직을 신청한 기간제근로자 또는 파견근로자부터 적용한다.
③제19조의2의 개정규정은 이 법 시행 후 최초로 육아기 근로시간 단축을 신청한 근로자부터 적용한다.
④제22조의2의 개정규정은 이 법 시행 후 최초로 가족돌봄휴직을 신청한 근로자부터 적용한다.

제3조【다른 법률의 개정】 ①고용보험법 일부를 다음과 같이 개정

한다.
제4조제1항, 제6조제2항 단서, 제75조의 제목, 같은 조 각 호 외의 부분 및 같은 조 제2호 단서, 제75조의2의 제목 및 같은 조 제목 외의 부분, 제76조제1항 본문, 같은 조 제2항 · 제3항, 제77조 전단 · 후단, 제80조제1항제3호, 제87조제1항, 제107조제1항 본문, 제112조제1항 및 제116조제2항 중 "산전후휴가"를 각각 "출산전후휴가"로 한다.
제70조제1항 각 호 외의 부분 중 "산전후휴가기간"을 "출산전후휴가기간"으로 한다.
제73조의2제1항 각 호 외의 부분 중 "산전후휴가기간"을 "출산전후휴가기간"으로 한다.
제5장제2절의 제목 "산전후휴가 급여 등"을 "출산전후휴가 급여 등"으로 한다.
②소득세법 일부를 다음과 같이 개정한다.
제12조제3호마목 중 "산전후휴가"를 "출산전후휴가"로 한다.

부　칙 (2014. 1.14)

제 1 조【시행일】 이 법은 공포한 날부터 시행한다. 다만, 제17조의5부터 제17조의9까지의 개정규정은 2015년 1월 1일부터 시행한다.

제 2 조【적극적 고용개선조치 미이행 사업주 명단 공표에 관한 적용례】 제17조의5의 개정규정은 이 법 시행 후 최초로 시행계획을 제출하는 경우부터 적용한다.

제 3 조【육아휴직 신청요건 완화에 관한 적용례】 제19조제1항의 개정규정은 이 법 시행 후 육아휴직을 신청한 근로자부터 적용한다.

제 4 조【다른 법률의 개정】 고용정책 기본법 일부를 다음과 같이 개정한다.
제10조제2항제6호 중 "「남녀고용평등과 일 · 가정 양립 지원에 관한 법률」 제17조의7"을 "「남녀고용평등과 일 · 가정 양립 지원에 관한 법률」 제17조의8"로 한다.

부　칙 (2014. 5.20)

이 법은 공포 후 6개월이 경과한 날부터 시행한다.

부　칙 (2015. 1.20)
이 법은 공포한 날부터 시행한다.

부　칙 (2016. 1.28)
이 법은 공포한 날부터 시행한다.

부　칙 (2017.11.28)
이 법은 공포 후 6개월이 경과한 날부터 시행한다.

부　칙 (2019. 1.15)
이 법은 공포 후 6개월이 경과한 날부터 시행한다.

부　칙 (2019. 8.27)
제1조【시행일】 이 법은 2019년 10월 1일부터 시행한다. 다만, 제22조의2, 제37조제2항제6호 및 제39조제2항제8호의 개정규정은 2020년 1월 1일부터 시행한다.

제2조【가족돌봄 등을 위한 근로시간 단축 등에 관한 적용례】 제22조의3, 제22조의4, 제37조제2항제7호 · 제8호 및 제37조제3항의 개정규정은 다음 각 호의 구분에 따른 날부터 적용한다.

1. 상시 300명 이상의 근로자를 사용하는 사업 또는 사업장, 「공공기관의 운영에 관한 법률」 제4조에 따른 공공기관, 「지방공기업법」 제49조 및 같은 법 제76조에 따른 지방공사 및 지방공단, 국가 · 지방자치단체 또는 정부투자기관이 자본금의 2분의 1 이상을 출자하거나 기본재산의 2분의 1 이상을 출연한 기관 · 단체와 그 기관 · 단체가 자본금의 2분의 1 이상을 출자하거나 기본재산의 2분의 1 이상을 출연한 기관 · 단체, 국가 및 지방자치단체의 기관: 2020년 1월 1일
2. 상시 30명 이상 300명 미만의 근로자를 사용하는 사업 또는 사업장: 2021년 1월 1일
3. 상시 30명 미만의 근로자를 사용하는 사업 또는 사업장: 2022년 1월 1일

제3조【배우자 출산휴가에 관한 적용례】 제18조, 제18조의2, 제37조제2항제2호의2 및 제39조제2항제3호의 개정규정은 이 법 시행 후 최초

로 배우자 출산휴가를 사용하는 근로자부터 적용한다.

제4조【육아휴직 및 육아기 근로시간 단축에 관한 적용례】 삭제(2024.10.22)

부　칙 (2020. 9. 8)

제1조【시행일】 이 법은 공포한 날부터 시행한다.

제2조【가족돌봄휴가에 관한 적용례】 제22조의2의 개정규정은 종전의 규정에 따라 2020년 1월 1일 이후 가족돌봄휴가를 모두 사용한 근로자에게도 적용한다.

부　칙 (2020.12. 8)

제1조【시행일】 이 법은 공포한 날부터 시행한다.

제2조【육아휴직에 관한 적용례】 제19조의4제1항의 개정규정은 이 법 시행 당시 종전의 규정에 따라 휴직하였거나 휴직 중인 사람에 대해서도 적용한다.

부　칙 (2021. 5.18)

제1조【시행일】 이 법은 공포 후 1년이 경과한 날부터 시행한다. 다만, 제31조의2제2항의 개정규정은 공포한 날부터 시행하고, 제7조제2항 및 제37조제4항제1호의 개정규정은 공포 후 3개월이 경과한 날부터 시행하며, 제19조제1항 본문 및 제19조의4제1항 후단의 개정규정은 공포 후 6개월이 경과한 날부터 시행한다.

제2조【차별적 처우등의 시정신청에 관한 적용례】 제26조의 개정규정은 이 법 시행 이후 발생한 차별적 처우등(이 법 시행 전에 발생하여 이 법 시행 이후에도 계속되는 차별적 처우등을 포함한다)부터 적용한다.

부　칙 (2024.10.22)

제1조【시행일】 이 법은 공포 후 4개월이 경과한 날부터 시행한다. 다만, 제18조의3제3항 및 제20조제2항의 개정규정은 공포한 날부터 시행한다.

제2조【배우자 출산휴가에 관한 적용례】 제18조의2의 개정규정은 이 법 시행 당시 종전의 규정에 따른 배우자 출산휴가를 사용하였으나

청구기한이 남아있는 근로자 또는 사용 중인 근로자에게도 적용한다.

제 3 조【난임치료휴가에 관한 적용례】 제18조의3의 개정규정은 이 법 시행 당시 종전의 규정에 따른 난임치료휴가를 사용하였거나 사용 중인 사람에게도 적용한다. 다만, 개정규정 중 유급기간에 관한 규정은 이 법 시행 전에 종전의 규정에 따른 난임치료휴가를 2일 이상 사용한 경우에는 적용하지 아니한다.

제 4 조【육아휴직에 관한 적용례】 제19조 및 제19조의4제1항의 개정규정은 이 법 시행 당시 종전의 규정에 따른 육아휴직을 사용하였거나 사용 중인 근로자에게도 적용한다.

제 5 조【육아기 근로시간 단축에 관한 적용례】 제19조의2제4항 단서는 이 법 시행 전에 육아기 근로시간 단축을 허용받아 사용 중인 경우에도 적용하되, 이 법 시행 이후 남아있는 육아휴직 기간에 대해서만 적용한다.

남녀고용평등과 일 · 가정 양립 지원에 관한 법률 시행령

전부개정 2008. 6. 5 대통령령 제20803호
개정 2009. 6.19 대통령령 제21547호
2009.12.30 대통령령 제21928호
2010. 7.12 대통령령 제22269호
2011.12. 8 대통령령 제23356호
2012. 7.10 대통령령 제23946호
2014.12. 9 대통령령 제25840호
2014.12.30 대통령령 제25931호
2016. 3. 8 대통령령 제27033호
2016.12.30 대통령령 제27751호
2017.12.19 대통령령 제28486호
2018. 5.28 대통령령 제28910호
2019.12.24 대통령령 제30255호
2020. 3. 3 대통령령 제30509호
2020.11.24 대통령령 제31169호
2021.11.19 대통령령 제32131호
2021.12.28 대통령령 제32274호
2022. 2.17 대통령령 제32447호
2023.12.12 대통령령 제33912호
2024.12.24 대통령령 제35102호
2025. 2.18 대통령령 제35275호
2025.10. 1 대통령령 제35806호

제1장 총 칙

제1조【목적】 이 영은 「남녀고용평등과 일 · 가정 양립 지원에 관한 법률」에서 위임된 사항과 그 시행에 필요한 사항을 규정함을 목적으로 한다.

제2조【적용범위】 ①「남녀고용평등과 일 · 가정 양립 지원에 관한 법률」(이하 "법"이라 한다) 제3조제1항 단서에 따라 동거하는 친족만으로 이루어지는 사업 또는 사업장(이하 "사업"이라 한다)과 가사사용인에 대하여는 법의 전부를 적용하지 아니한다.
②삭제(2018.5.28)

제2장 고용에 있어서 남녀의 평등한 기회보장 및 대우 등

제3조【직장 내 성희롱 예방 교육】 ①사업주는 법 제13조에 따라 직장 내 성희롱 예방을 위한 교육을 연 1회 이상 하여야 한다.
②제1항에 따른 예방 교육에는 다음 각 호의 내용이 포함되어야 한다.
1. 직장 내 성희롱에 관한 법령
2. 해당 사업장의 직장 내 성희롱 발생 시의 처리 절차와 조치 기준
3. 해당 사업장의 직장 내 성희롱 피해 근로자의 고충상담 및 구제 절차
4. 그 밖에 직장 내 성희롱 예방에 필요한 사항
③제1항에 따른 예방 교육은 사업의 규모나 특성 등을 고려하여 직원연수 · 조회 · 회의, 인터넷 등 정보통신망을 이용한 사이버 교육 등을 통하여 실시할 수 있다. 다만, 단순히 교육자료 등을 배포 · 게시하거나 전자우편을 보내거나 게시판에 공지하는 데 그치는 등 근로자에게 교육 내용이 제대로 전달되었는지 확인하기 곤란한 경우에는 예방 교육을 한 것으로 보지 아니한다.
④제2항 및 제3항에도 불구하고 다음 각 호의 어느 하나에 해당하는 사업의 사업주는 제2항제1호부터 제4호까지의 내용을 근로자가 알 수 있도록 교육자료 또는 홍보물을 게시하거나 배포하는 방법으로 직장 내 성희롱 예방 교육을 할 수 있다.(2014.12.30 개정)
1. 상시 10명 미만의 근로자를 고용하는 사업
2. 사업주 및 근로자 모두가 남성 또는 여성 중 어느 한 성(性)으로 구성된 사업
⑤사업주가 소속 근로자에게 「국민 평생 직업능력 개발법」 제24조에 따라 인정받은 훈련과정 중 제2항 각 호의 내용이 포함되어 있는 훈련과정을 수료하게 한 경우에는 그 훈련과정을 마친 근로자에게는 제1항에 따른 예방 교육을 한 것으로 본다.(2022.2.17 개정)

제 4 조【적극적 고용개선조치 시행계획 수립 · 제출의무 등의 부과대상 사업】 ①법 제17조의3제1항제1호에서 "대통령령으로 정하는 공공기관 · 단체"란 「공공기관의 운영에 관한 법률」 제4조에 따른 공공기관, 「지방공기업법」 제49조에 따른 지방공사 및 같은 법 제76조에 따른 지방공단을 말한다.(2017.12.19 개정)
②법 제17조의3제1항제2호에서 "대통령령으로 정하는 규모 이상의 근로자를 고용하는 사업"이란 다음 각 호의 어느 하나에 해당하는 사업을 말한다.(2018.5.28 개정)
1. 「독점규제 및 공정거래에 관한 법률」 제31조제1항 및 같은 법 시행령 제38조제1항에 따라 지정된 공시대상기업집단의 사업의 경우에는 상시 300명 이상의 근로자를 고용하는 사업(2021.12.28 개정)
2. 제1호 외의 사업의 경우에는 상시 500명 이상의 근로자를 고용하는 사업
③제2항을 적용할 때 상시 고용하는 근로자의 수는 전년도에 매월 고용한 월평균 근로자 수의 연간 합계를 전년도의 조업월수로 나누어 산정(算定)한다.
제 5 조【이행실적 평가 위탁기관 등】 ①법 제17조의4제6항에서 "대통령령으로 정하는 기관이나 단체"란 「정부출연연구기관 등의 설립 · 운영 및 육성에 관한 법률」 제8조에 따라 설립된 연구기관 또는 「민법」 제32조에 따라 설립된 비영리법인 중 성평등가족부장관이 지정하는 연구기관 또는 법인을 말한다.(2025.10.1 개정)
②성평등가족부장관은 법 제17조의4제6항에 따라 평가 업무를 위탁하는 경우에는 그 업무를 위탁받은 기관에 업무 수행에 필요한 경비를 지원할 수 있다.(2025.10.1 개정)
제 6 조【명단 공표 제외 사유】 ①법 제17조의5제1항 단서에서 "사업주의 사망 · 기업의 소멸 등 대통령령으로 정하는 사유가 있는 경우"란 다음 각 호의 어느 하나에 해당하는 경우를 말한다.
1. 사업주가 사망한 경우
2. 사업장이 폐업하거나 소멸한 경우
3. 「채무자 회생 및 파산에 관한 법률」에 따른 회생절차개시 결정을 받거나 파산선고를 받은 경우 등 중대한 경영상의 이유로 법 제17조의3에 따른 시행계획(이하 "시행계획"이라 한다)의 이행이 어려운 경우
4. 사업주가 여성 근로자의 채용 또는 여성 관리자(사업장의 단위 부서의

책임자로서 해당 부서의 사업을 기획·지휘하는 업무를 수행하고 부서 구성원을 감독·평가하는 자를 말한다. 이하 같다)의 임용 등 시행계획의 이행을 위하여 실질적인 노력을 하고 있는 경우

②성평등가족부장관은 사업주가 제1항 각 호의 어느 하나에 해당하는지 여부를 결정할 때에는 법 제17조의8제5호에 따라 고용정책심의회의 심의를 거쳐야 한다.(2025.10.1 개정)

(2014.12.30 본조신설)

제7조【명단 공표의 내용·방법 등】 ①성평등가족부장관은 법 제17조의5제1항 본문에 따라 명단을 공표하려는 경우 명단 공표 대상 사업주에게 공표 결정 사실, 공표 내용 등을 서면으로 통지하여야 한다.(2025.10.1 개정)

②성평등가족부장관은 제1항에 따른 통지를 받은 날부터 30일 이상의 기간을 정하여 사업주가 소명자료를 제출하거나 의견을 진술할 수 있도록 기회를 주어야 한다.(2025.10.1 개정)

③법 제17조의5제2항에 따른 공표의 내용은 다음 각 호와 같다.

1. 해당 사업주의 성명, 사업장의 명칭·주소. 이 경우 해당 사업주가 법인인 경우에는 그 대표자의 성명 및 법인의 명칭·주소를 말한다.
2. 해당 연도의 전체 근로자 수, 여성 근로자 수 및 그 비율, 전체 관리자 수, 여성 관리자 수 및 그 비율, 해당 업종의 여성 근로자의 고용기준

④법 제17조의5제2항에 따른 공표 방법은 관보에 게재하거나 성평등가족부의 홈페이지에 6개월 간 게시하는 것으로 한다.(2025.10.1 개정)

(2014.12.30 본조신설)

제8조【위원회의 운영】 삭제(2009.12.30)

제9조【조사·연구 위탁기관】 법 제17조의9제2항에서 "대통령령으로 정하는 자"란 「정부출연연구기관 등의 설립·운영 및 육성에 관한 법률」 제8조에 따라 설립된 연구기관 또는 「민법」 제32조에 따라 설립된 비영리법인 중 성평등가족부장관이 지정한 연구기관 또는 법인을 말한다.(2025.10.1 개정)

제3장 모성 보호 및 일·가정의 양립 지원

제9조의2【난임치료휴가의 신청】 ①법 제18조의3제1항에 따라 난

임치료를 받기 위한 휴가(이하 "난임치료휴가"라 한다)를 신청하려는 근로자는 난임치료휴가를 사용하려는 날, 난임치료휴가 신청 연월일 등에 대한 사항을 적은 문서(전자문서를 포함한다)를 사업주에게 제출해야 한다.(2019.12.24 개정)

②사업주는 난임치료휴가를 신청한 근로자에게 난임치료를 받을 사실을 증명할 수 있는 서류의 제출을 요구할 수 있다.

(2018.5.28 본조신설)

제10조【육아휴직의 적용 제외】 법 제19조제1항 단서에서 "대통령령으로 정하는 경우"란 육아휴직을 시작하려는 날(이하 "휴직개시예정일"이라 한다)의 전날까지 해당 사업에서 계속 근로한 기간이 6개월 미만인 근로자가 신청한 경우를 말한다.

(2019.12.24 본조개정)

제11조【육아휴직의 신청 등】 ①법 제19조제1항 본문에 따라 육아휴직을 신청하려는 근로자는 휴직개시예정일의 30일 전까지 신청서에 다음 각 호의 사항을 적어 사업주에게 제출해야 한다. 이 경우 제6호의 사항에 대해서는 신청서에 해당 사실을 증명하는 서류를 첨부해야 한다.(2025.2.18 개정)

1. 신청인의 성명, 생년월일 등 인적사항
2. 육아휴직 대상인 영유아의 성명 · 생년월일(임신 중인 여성근로자가 육아휴직을 신청하는 경우에는 영유아의 성명을 적지 않으며, 생년월일 대신 출산 예정일을 적어야 한다)
3. 휴직개시예정일
4. 육아휴직을 종료하려는 날(이하 "휴직종료예정일"이라 한다)
5. 육아휴직 신청 연월일
6. 법 제19조제2항 각 호의 어느 하나에 해당하는 경우에는 그에 해당한다는 사실(2025.2.18 신설)

②근로자는 자녀 출생 후 18개월 이내에 육아휴직을 시작하려는 경우에는 「근로기준법」 제74조에 따른 출산전후휴가(이하 "출산전후휴가"라 한다)를 청구하거나 법 제18조의2에 따른 배우자 출산휴가를 고지할 때 법 제19조제1항 본문에 따라 육아휴직을 함께 신청할 수 있다. 이 경우 근로자는 육아휴직 신청서에 제1항 각 호의 사항 및 출산전후휴가 또는 배우자 출산휴가의 개시 · 종료예정일을 적어 사업주에게 제출해야 하며, 육아휴

직의 신청은 육아휴직개시예정일 30일 전까지 해야 한다.(2025.2.18 개정)
③제1항 및 제2항 후단에도 불구하고 다음 각 호의 어느 하나에 해당하는 경우에는 휴직개시예정일 7일 전까지 육아휴직을 신청할 수 있다.(2024.12.24 개정)

1. 임신 중인 여성 근로자에게 유산 또는 사산의 위험이 있는 경우(2021.11.19 신설)
2. 출산 예정일 이전에 자녀가 출생한 경우(2021.11.19 개정)
3. 배우자의 사망, 부상, 질병 또는 신체적 · 정신적 장애나 배우자와의 이혼 등으로 해당 영유아를 양육하기 곤란한 경우(2021.11.19 개정)

④사업주는 근로자가 제1항부터 제3항까지의 규정에 따라 육아휴직을 신청하는 경우에는 육아휴직을 허용해야 한다. 이 경우 제1항 및 제2항에 따라 육아휴직을 신청하는 근로자에게는 그 신청일부터 14일 이내에, 제3항에 따라 육아휴직을 신청하는 근로자에게는 그 신청일부터 3일 이내에 육아휴직을 허용한 사실을 서면 또는 전자적 방식으로 알려야 한다.(2024.12.24 신설)
⑤사업주가 제4항 후단에 따른 기간 이내에 근로자에게 육아휴직을 허용한다는 사실을 알리지 않은 경우에는 근로자가 육아휴직을 신청한 대로 육아휴직을 허용한 것으로 본다.(2024.12.24 신설)
⑥사업주는 근로자가 제1항 또는 제2항 후단에 따른 기한이 지난 뒤에 육아휴직을 신청한 경우에는 그 신청일부터 30일 이내에, 제3항에 따른 기한이 지난 뒤에 육아휴직을 신청한 경우에는 그 신청일부터 7일 이내에 육아휴직 개시일을 지정하여 육아휴직을 허용해야 하고, 그 사실을 서면 또는 전자적 방식으로 알려야 한다.(2024.12.24 개정)
⑦사업주는 제1항부터 제3항까지의 규정에 따라 육아휴직을 신청한 근로자에게 본인 또는 배우자가 임신 중인 사실을 증명할 수 있는 서류나 해당 자녀의 출생 등을 증명할 수 있는 서류의 제출을 요구할 수 있다.(2024.12.24 개정)

제12조【육아휴직의 변경신청 등】 ①육아휴직을 신청한 근로자는 휴직 개시예정일 전에 제11조제3항 각 호의 어느 하나에 해당하는 사유가 발생한 경우에는 사업주에게 그 사유를 명시하여 휴직개시예정일을 당초의 예정일 전으로 변경하여 줄 것을 신청할 수 있다.(2024.12.24 개정)
②근로자는 휴직종료예정일을 연기하려는 경우에는 한 번만 연기할 수 있

다. 이 경우 당초의 휴직종료예정일 30일 전(제11조제3항제1호 또는 제3호의 사유로 휴직종료예정일을 연기하려는 경우에는 당초의 예정일 7일 전)까지 사업주에게 휴직종료예정일의 연기를 신청해야 한다.(2024.12.24 개정)

제13조【육아휴직 신청의 철회 등】 ①육아휴직을 신청한 근로자는 휴직개시예정일의 7일 전까지 사유를 밝혀 그 신청을 철회할 수 있다.

②근로자가 육아휴직을 신청한 후 휴직개시예정일 전에 다음 각 호의 구분에 따른 사유가 발생하면 그 육아휴직 신청은 없었던 것으로 본다.(2021.11.19 개정)

1. 임신 중인 여성 근로자가 육아휴직을 신청한 경우: 유산 또는 사산
2. 제1호 외의 근로자가 육아휴직을 신청한 경우
   가. 해당 영유아의 사망
   나. 양자인 영유아의 파양이나 입양의 취소
   다. 육아휴직을 신청한 근로자가 부상 또는 질병이나 신체적 · 정신적 장애, 배우자와의 이혼 등으로 해당 영유아를 양육할 수 없게 된 경우
   라. 법 제19조제2항제2호 또는 제3호의 사유로 6개월 이내에서 추가로 육아휴직을 신청한 근로자가 법 제19조제2항제2호 또는 제3호에 해당하지 않게 된 경우(2025.2.18 신설)

③근로자는 제2항 각 호의 구분에 따른 사유가 발생하면 지체 없이 그 사실을 사업주에게 알려야 한다.(2021.11.19 신설)

제14조【육아휴직의 종료】 ①육아휴직 중인 근로자는 다음 각 호의 구분에 따른 사유가 발생하면 그 사유가 발생한 날부터 7일 이내에 그 사실을 사업주에게 알려야 한다.(2021.11.19 개정)

1. 임신 중인 여성 근로자가 육아휴직 중인 경우: 유산 또는 사산
2. 제1호 외의 근로자가 육아휴직 중인 경우
   가. 해당 영유아의 사망
   나. 해당 영유아와 동거하지 않고 영유아의 양육에도 기여하지 않게 된 경우

②사업주는 제1항에 따라 육아휴직 중인 근로자로부터 영유아의 사망 등에 대한 사실을 통지받은 경우에는 통지받은 날부터 30일 이내로 근무개시일을 지정하여 그 근로자에게 알려야 한다.

③근로자는 다음 각 호의 어느 하나에 해당하는 날에 육아휴직이 끝난 것으로 본다.

1. 제1항에 따라 통지를 하고 제2항에 따른 근무개시일을 통지받은 경우에는 그 근무개시일의 전날
2. 제1항에 따라 통지를 하였으나 제2항에 따른 근무개시일을 통지받지 못한 경우에는 제1항의 통지를 한 날부터 30일이 되는 날
3. 제1항에 따른 통지를 하지 아니한 경우에는 영유아의 사망 등의 사유가 발생한 날부터 37일이 되는 날

④육아휴직 중인 근로자가 새로운 육아휴직을 시작하거나 출산전후휴가 또는 법 제19조의2에 따른 육아기 근로시간 단축(이하 "육아기 근로시간 단축"이라 한다)을 시작하는 경우에는 그 새로운 육아휴직, 출산전후휴가 또는 육아기 근로시간 단축 개시일의 전날에 육아휴직이 끝난 것으로 본다.(2024.12.24 개정)

제15조【육아기 근로시간 단축의 신청 등】 ①법 제19조의2제1항 본문에 따라 육아기 근로시간 단축을 신청하려는 근로자는 육아기 근로시간 단축을 시작하려는 날(이하 "단축개시예정일"이라 한다)의 30일 전까지 육아기 근로시간 단축기간 중 양육하는 대상인 자녀의 성명, 생년월일, 단축개시예정일, 육아기 근로시간 단축을 종료하려는 날(이하 "단축종료예정일"이라 한다), 육아기 근로시간 단축 중 근무개시시각 및 근무종료시각, 육아기 근로시간 단축 신청 연월일, 신청인 등에 대한 사항을 적은 문서(전자문서를 포함한다)를 사업주에게 제출하여야 한다.

②사업주는 근로자가 제1항에 따른 기한이 지난 뒤에 육아기 근로시간 단축을 신청한 경우에는 그 신청일부터 30일 이내로 육아기 근로시간 단축 개시일을 지정하여 육아기 근로시간 단축을 허용하여야 한다.

③사업주는 제1항 및 제2항에 따라 육아기 근로시간 단축을 신청한 근로자에게 해당 자녀의 출생 등을 증명할 수 있는 서류의 제출을 요구할 수 있다.

(2012.7.10 본조신설)

제15조의2【육아기 근로시간 단축의 허용 예외】 법 제19조의2제1항 단서에서 "대통령령으로 정하는 경우"란 다음 각 호의 어느 하나에 해당하는 경우를 말한다.

1. 단축개시예정일의 전날까지 해당 사업에서 계속 근로한 기간이 6개월 미만인 근로자가 신청한 경우(2019.12.24 개정)
2. 삭제(2019.12.24)

3. 사업주가 「직업안정법」 제2조의2제1호에 따른 직업안정기관(이하 "직업안정기관"이라 한다)에 구인신청을 하고 14일 이상 대체인력을 채용하기 위하여 노력하였으나 대체인력을 채용하지 못한 경우. 다만, 직업안정기관의 장의 직업소개에도 불구하고 정당한 이유 없이 2회 이상 채용을 거부한 경우는 제외한다.
4. 육아기 근로시간 단축을 신청한 근로자의 업무 성격상 근로시간을 분할하여 수행하기 곤란하거나 그 밖에 육아기 근로시간 단축이 정상적인 사업 운영에 중대한 지장을 초래하는 경우로서 사업주가 이를 증명하는 경우

(2012.7.10 본조신설)

제15조의3【육아기 근로시간 단축의 종료】 ①육아기 근로시간 단축 중인 근로자는 그 영유아가 사망한 경우 또는 그 영유아와 동거하지 않게 된 경우(영유아의 양육에 기여하지 않는 경우로 한정한다)에는 그 사유가 발생한 날부터 7일 이내에 그 사실을 사업주에게 알려야 한다.(2019.12.24 개정)

②사업주는 제1항에 따라 육아기 근로시간 단축 중인 근로자로부터 영유아의 사망 등에 대한 사실을 통지받은 경우에는 통지받은 날부터 30일 이내로 육아기 근로시간 단축 전 직무 복귀일을 지정하여 그 근로자에게 알려야 한다.

③근로자는 다음 각 호의 어느 하나에 해당하는 날에 육아기 근로시간 단축이 끝난 것으로 본다.

1. 제1항에 따라 통지를 하고 제2항에 따른 육아기 근로시간 단축 전 직무 복귀일을 통지받은 경우에는 그 육아기 근로시간 단축 전 직무 복귀일의 전날
2. 제1항에 따라 통지를 하였으나 제2항에 따른 육아기 근로시간 단축 전 직무 복귀일을 통지받지 못한 경우에는 제1항의 통지를 한 날부터 30일이 되는 날
3. 제1항에 따른 통지를 하지 아니한 경우에는 영유아의 사망 등 육아기 근로시간 단축의 종료 사유가 발생한 날부터 37일이 되는 날

④육아기 근로시간 단축 중인 근로자가 다음 각 호의 어느 하나에 해당하는 경우에는 다음 각 호의 구분에 따른 날의 전날에 육아기 근로시간 단축이 끝난 것으로 본다.(2024.12.24 개정)

1. 근로자가 새로운 육아기 근로시간 단축을 시작하는 경우: 새로운 육아기 근로시간 단축 개시일
2. 근로자가 육아휴직 또는 출산전후휴가를 시작하는 경우: 육아휴직 또는 출산전후휴가 개시일
3. 제2호 외의 사유로 근로자가 휴직 또는 휴가(30일 이상의 기간 동안 계속되는 휴직 또는 휴가로 한정한다)를 시작하는 경우: 휴직 또는 휴가 개시일
4. 사업주의 귀책사유로 휴업(30일 이상의 기간 동안 계속되는 휴업으로 한정한다)을 시작하는 경우: 휴업 시작일

(2012.7.10 본조신설)

제15조의4【준용】 법 제19조의2에 따른 육아기 근로시간 단축의 절차 등에 관하여는 제12조제2항 및 제13조를 준용한다. 이 경우 "육아휴직"은 "육아기 근로시간 단축"으로, "휴직개시예정일"은 "단축개시예정일"로, "휴직종료예정일"은 "단축종료예정일"로 본다.

(2012.7.10 본조개정)

제16조【복지시설의 우선 설치지역】 법 제22조제1항에 따라 국가나 지방자치단체가 여성근로자를 위한 공공복지시설을 설치하는 경우에는 공업단지·농공지구 등 여성근로자가 많은 지역부터 우선 설치하여야 한다.

제16조의2【가족돌봄휴직 및 가족돌봄휴가의 신청 등】 ①법 제22조의2제1항 본문에 따라 가족돌봄휴직을 신청하려는 근로자는 가족돌봄휴직을 시작하려는 날(이하 "돌봄휴직개시예정일"이라 한다)의 30일 전까지 가족돌봄휴직 기간 중 돌보는 대상인 가족의 성명, 생년월일, 돌봄이 필요한 사유, 돌봄휴직개시예정일, 가족돌봄휴직을 종료하려는 날(이하 "돌봄휴직종료예정일"이라 한다), 가족돌봄휴직 신청 연월일, 신청인 등에 대한 사항을 적은 문서(전자문서를 포함한다)를 사업주에게 제출하여야 한다.
②사업주는 근로자가 제1항에 따른 기한이 지난 뒤에 가족돌봄휴직을 신청한 경우에는 그 신청일부터 30일 이내로 가족돌봄휴직 개시일을 지정하여 가족돌봄휴직을 허용하여야 한다.
③사업주는 가족돌봄휴직을 신청한 근로자에게 돌봄이 필요한 가족의 건강 상태, 신청인 외의 가족 등의 돌봄 가능 여부 등 근로자의 가족돌봄휴직의 필요성을 확인할 수 있는 서류의 제출을 요구할 수 있다.
④법 제22조의2제2항 본문에 따라 가족돌봄휴가를 신청하려는 근로자는 가

족돌봄휴가를 사용하려는 날, 가족돌봄휴가 중 돌보는 대상인 가족의 성명 · 생년월일, 가족돌봄휴가 신청 연월일, 신청인 등에 대한 사항을 적은 문서(전자문서를 포함한다)를 사업주에게 제출해야 한다.(2019.12.24 신설)
(2012.7.10 본조신설)

제16조의3【가족돌봄휴직 및 가족돌봄휴가의 허용 예외】①법 제22조의2제1항 단서에서 "대통령령으로 정하는 경우"란 다음 각 호의 어느 하나에 해당하는 경우를 말한다.(2019.12.24 개정)

1. 돌봄휴직개시예정일의 전날까지 해당 사업에서 계속 근로한 기간이 6개월 미만인 근로자가 신청한 경우(2019.12.24 개정)
2. 부모, 배우자, 자녀 또는 배우자의 부모를 돌보기 위하여 가족돌봄휴직을 신청한 근로자 외에도 돌봄이 필요한 가족의 부모, 자녀, 배우자 등이 돌봄이 필요한 가족을 돌볼 수 있는 경우(2019.12.24 개정)
3. 조부모 또는 손자녀를 돌보기 위하여 가족돌봄휴직을 신청한 근로자 외에도 조부모의 직계비속 또는 손자녀의 직계존속이 있는 경우. 다만, 조부모의 직계비속 또는 손자녀의 직계존속에게 질병, 노령, 장애 또는 미성년 등의 사유가 있어 신청한 근로자가 돌봐야 하는 경우는 제외한다.(2019.12.24 신설)
4. 사업주가 직업안정기관에 구인신청을 하고 14일 이상 대체인력을 채용하기 위하여 노력하였으나 대체인력을 채용하지 못한 경우. 다만, 직업안정기관의 장의 직업소개에도 불구하고 정당한 이유 없이 2회 이상 채용을 거부한 경우는 제외한다.(2019.12.24 개정)
5. 근로자의 가족돌봄휴직으로 인하여 정상적인 사업 운영에 중대한 지장이 초래되는 경우로서 사업주가 이를 증명하는 경우(2019.12.24 개정)

②법 제22조의2제2항 본문에서 "조부모 또는 손자녀의 경우 근로자 본인 외에도 직계비속 또는 직계존속이 있는 등 대통령령으로 정하는 경우"란 조부모 또는 손자녀를 돌보기 위하여 가족돌봄휴가를 신청한 근로자 외에도 조부모의 직계비속 또는 손자녀의 직계존속이 있는 경우를 말한다. 다만, 조부모의 직계비속 또는 손자녀의 직계존속에게 질병, 노령, 장애 또는 미성년 등의 사유가 있어 신청한 근로자가 돌봐야 하는 경우는 제외한다.(2019.12.24 신설)
(2012.7.10 본조신설)

제16조의4【가족돌봄휴직 신청의 철회 등】①가족돌봄휴직을 신

청한 근로자는 돌봄휴직개시예정일의 7일 전까지 사유를 밝혀 그 신청을 철회할 수 있다.
②근로자가 가족돌봄휴직을 신청한 후 돌봄휴직개시예정일 전에 돌봄이 필요한 가족이 사망하거나 질병 등이 치유된 경우에는 그 신청은 없었던 것으로 본다. 이 경우 근로자는 지체 없이 그 사실을 사업주에게 알려야 한다.
(2019.12.24 본조신설)

제16조의5【가족돌봄휴직의 종료】 ①가족돌봄휴직 중인 근로자는 돌봄이 필요한 가족이 사망하거나 질병 등이 치유된 경우에는 그 사유가 발생한 날부터 7일 이내에 그 사실을 사업주에게 알려야 한다.
②사업주는 제1항에 따라 통지를 받은 경우 통지받은 날부터 30일 이내로 근무개시일을 지정하여 그 근로자에게 알려야 한다.
③근로자는 다음 각 호의 어느 하나에 해당하는 날에 가족돌봄휴직이 끝난 것으로 본다.
1. 제1항에 따라 통지를 하고 제2항에 따른 근무개시일을 통지받은 경우에는 그 근무개시일의 전날
2. 제1항에 따라 통지를 했으나 제2항에 따른 근무개시일을 통지받지 못한 경우에는 제1항의 통지를 한 날부터 30일이 되는 날
3. 제1항에 따른 통지를 하지 않은 경우에는 제1항에 따른 사유가 발생한 날부터 37일이 되는 날
(2019.12.24 본조신설)

제16조의6【준용】 법 제22조의2제1항에 따른 가족돌봄휴직의 절차 등에 관하여는 제12조제2항을 준용한다. 이 경우 "휴직종료예정일"은 "돌봄휴직종료예정일"로 본다.(2019.12.24 개정)
(2019.12.24 본조개정)

제16조의7【가족돌봄 등을 위한 근로시간 단축의 신청 등】 ①법 제22조의3제1항에 따라 가족돌봄 등을 위한 근로시간 단축(이하 "가족돌봄등근로시간단축"이라 한다)을 신청하려는 근로자는 가족돌봄등근로시간단축을 시작하려는 날(이하 "가족돌봄등단축개시예정일"이라 한다)의 30일 전까지 가족돌봄등근로시간단축 신청사유, 가족돌봄등단축개시예정일, 가족돌봄등근로시간단축을 종료하려는 날(이하 "가족돌봄등단축종료예정일"이라 한다), 가족돌봄등근로시간단축 기간 중 근무개시시각 · 근무

종료시각, 가족돌봄등근로시간단축 신청 연월일 및 신청인 등에 대한 사항을 적은 문서(전자문서를 포함한다)를 사업주에게 제출해야 한다.
②사업주는 근로자가 제1항에 따른 기한이 지난 후에 가족돌봄등근로시간단축을 신청한 경우 그 신청일부터 30일 이내로 가족돌봄등근로시간단축 개시일을 지정하여 가족돌봄등근로시간단축을 허용해야 한다.
③제1항 및 제2항에 따라 근로자가 가족돌봄등근로시간단축을 신청했음에도 불구하고 그 신청일부터 30일 이내에 사업주로부터 가족돌봄등근로시간단축 허용 여부에 대하여 통지를 받지 못한 경우에는 근로자가 신청한 내용대로 사업주가 가족돌봄등근로시간단축을 허용한 것으로 본다.
④사업주는 제1항 및 제2항에 따라 가족돌봄등근로시간단축을 신청한 근로자에게 가족의 질병 등 해당 사유를 증명할 수 있는 서류의 제출을 요구할 수 있다.
(2019.12.24 본조신설)

제16조의8【가족돌봄등근로시간단축의 허용 예외】 법 제22조의3제1항 각 호 외의 부분 단서에서 "대체인력 채용이 불가능한 경우, 정상적인 사업 운영에 중대한 지장을 초래하는 경우 등 대통령령으로 정하는 경우"란 다음 각 호의 어느 하나에 해당하는 경우를 말한다.

1. 가족돌봄등단축개시예정일의 전날까지 해당 사업에서 계속 근로한 기간이 6개월 미만의 근로자가 신청한 경우
2. 사업주가 직업안정기관에 구인신청을 하고 14일 이상 대체인력을 채용하기 위하여 노력했으나 대체인력을 채용하지 못한 경우. 다만, 직업안정기관의 장의 직업소개에도 불구하고 정당한 이유 없이 2회 이상 채용을 거부한 경우는 제외한다.
3. 가족돌봄등근로시간단축을 신청한 근로자의 업무 성격상 근로시간을 분할하여 수행하기 곤란하거나 그 밖에 가족돌봄등근로시간단축이 정상적인 사업 운영에 중대한 지장을 초래하는 경우로서 사업주가 이를 증명하는 경우
4. 가족돌봄등근로시간단축 종료일부터 2년이 지나지 않은 근로자가 신청한 경우

(2019.12.24 본조신설)

제16조의9【가족돌봄등근로시간단축의 기간 연장 신청 등】 ① 가족돌봄등근로시간단축 기간을 연장하려는 근로자는 가족돌봄등단축종

료예정일 30일 전까지 가족돌봄등근로시간단축 기간 연장 사유, 당초 가족돌봄등단축종료예정일, 가족돌봄등근로시간단축 기간 연장에 따른 가족돌봄등단축종료예정일, 연장된 가족돌봄등근로시간단축 기간 중 근무개시시각 · 근무종료시각, 가족돌봄등근로시간단축 기간 연장 신청 연월일 및 신청인 등에 대한 사항을 적은 문서(전자문서를 포함한다)를 사업주에게 제출해야 한다.

②사업주는 근로자가 제1항에 따른 기한이 지난 후에 가족돌봄등근로시간단축 기간 연장을 신청한 경우 그 신청일부터 30일 이내에 가족돌봄등근로시간단축을 연장하는 기간을 지정하여 가족돌봄등근로시간단축을 허용해야 한다.

③제1항 및 제2항에 따른 기간의 연장은 1회로 한정한다.

④제1항 및 제2항에 따라 근로자가 가족돌봄등근로시간단축 기간 연장을 신청했음에도 불구하고 그 신청일부터 30일 이내에 사업주로부터 가족돌봄등근로시간단축 기간 연장 허용 여부에 대하여 통지를 받지 못한 경우에는 근로자가 신청한 내용대로 사업주가 가족돌봄등근로시간단축 기간 연장을 허용한 것으로 본다.

⑤사업주는 제1항 및 제2항에 따라 가족돌봄등근로시간단축 기간 연장을 신청한 근로자에게 가족의 질병 등 해당 사유를 증명할 수 있는 서류의 제출을 요구할 수 있다.

(2019.12.24 본조신설)

제16조의10【가족돌봄등근로시간단축 신청의 철회 등】 ①가족돌봄등근로시간단축을 신청한 근로자는 가족돌봄등단축개시예정일의 7일 전까지 사유를 밝혀 그 신청을 철회할 수 있다.

②근로자가 가족돌봄등근로시간단축을 신청한 후 가족돌봄등단축개시예정일 전에 다음 각 호의 구분에 따른 사유가 발생하면 그 신청은 없었던 것으로 본다. 이 경우 근로자는 지체 없이 그 사실을 사업주에게 알려야 한다.

1. 법 제22조의3제1항제1호의 사유로 신청한 경우: 해당 가족의 사망 또는 질병 등의 치유
2. 법 제22조의3제1항제2호의 사유로 신청한 경우: 해당 질병 또는 부상 등의 치유
3. 법 제22조의3제1항제3호 또는 제4호의 사유로 신청한 경우: 사정 변경

으로 인한 은퇴준비 또는 학업에 관한 계획의 취소
(2019.12.24 본조신설)

제16조의11【가족돌봄등근로시간단축의 종료】 ①가족돌봄등근로시간단축 중인 근로자는 다음 각 호의 구분에 따른 사유가 발생한 경우에는 그 사유가 발생한 날부터 7일 이내에 그 사실을 사업주에게 알려야 한다.

1. 법 제22조의3제1항제1호의 사유로 단축 중인 경우: 해당 가족의 사망 또는 질병 등의 치유
2. 법 제22조의3제1항제2호의 사유로 단축 중인 경우: 해당 질병 또는 부상 등의 치유
3. 법 제22조의3제1항제3호 또는 제4호의 사유로 단축 중인 경우: 사정 변경으로 인한 은퇴준비 또는 학업의 중단

②사업주는 제1항에 따라 통지를 받은 경우 통지받은 날부터 30일 이내로 가족돌봄등근로시간단축 전 직무 복귀일을 지정하여 그 근로자에게 알려야 한다.

③근로자는 다음 각 호의 어느 하나에 해당하는 날에 가족돌봄등근로시간단축이 끝난 것으로 본다.

1. 제1항에 따라 통지를 하고 제2항에 따른 가족돌봄등근로시간단축 전 직무 복귀일을 통지받은 경우에는 그 가족돌봄등근로시간단축 전 직무 복귀일의 전날
2. 제1항에 따라 통지를 했으나 제2항에 따른 가족돌봄등근로시간단축 전 직무 복귀일을 통지받지 못한 경우에는 제1항의 통지를 한 날부터 30일이 되는 날
3. 제1항에 따른 통지를 하지 않은 경우에는 제1항 각 호의 구분에 따른 사유가 발생한 날부터 37일이 되는 날

(2019.12.24 본조신설)

제17조【일·가정 양립 지원을 위한 조사·연구 등의 업무 위탁】 고용노동부장관은 법 제22조의5제2항에 따라 법 제21조 및 법 제21조의2에 따른 직장어린이집 설치·운영의 지원에 관한 업무와 법 제22조의5제1항에 따른 일·가정 양립 지원 기반 조성에 관한 업무를 다음 각 호의 어느 하나에 해당하는 기관 또는 법인에 위탁할 수 있다.

1. 「공공기관의 운영에 관한 법률」 제5조제4항제2호에 따른 준정부기관

2. 「정부출연연구기관 등의 설립 · 운영 및 육성에 관한 법률」 제8조에 따라 설립된 연구기관
3. 「민법」 제32조에 따라 설립된 비영리법인으로서 일 · 가정 양립 지원 등의 사업 수행을 목적으로 설립된 법인
(2024.12.24 본조개정)

제4장 분쟁의 예방과 해결

제18조 【고충 신고 등】 ①법 제25조에 따른 고충 신고는 구두, 서면, 우편, 전화, 팩스 또는 인터넷 등의 방법으로 하여야 한다.
②사업주는 제1항에 따라 고충 신고를 받은 경우 특별한 사유가 없으면 신고 접수일부터 10일 이내에 신고된 고충을 직접 처리하거나 「근로자참여 및 협력증진에 관한 법률」에 따라 설치된 노사협의회에 위임하여 처리하게 하고, 사업주가 직접 처리한 경우에는 처리 결과를, 노사협의회에 위임하여 처리하게 한 경우에는 위임 사실을 해당 근로자에게 알려야 한다.
③사업주는 고충접수 · 처리대장을 작성하여 갖추어 두고 관련 서류를 3년간 보존하여야 한다.
④제3항의 고충접수 · 처리대장은 전자적 처리가 불가능한 특별한 사유가 없으면 전자적 처리가 가능한 방법으로 작성하여 갖추어 두어야 하며, 같은 항에 따른 서류는 전자적인 방법으로 작성 · 보존할 수 있다.

제18조의2 【전문위원의 수 및 자격 등】 ①법 제27조제5항에 따른 전문위원은 「노동위원회법」 제2조제1항에 따른 중앙노동위원회 또는 지방노동위원회에 둔다.
②제1항에 따라 「노동위원회법」 제2조제1항에 따른 중앙노동위원회 또는 지방노동위원회에 두는 전문위원의 수는 10명 이내로 한다.
③제2항에 따른 전문위원은 다음 각 호의 어느 하나에 해당하는 사람 중에서 「노동위원회법」 제2조제1항에 따른 중앙노동위원회(이하 "중앙노동위원회"라 한다)의 위원장이 위촉하는 사람으로 한다.
1. 법학 · 경영학 · 경제학 · 사회학 · 여성학 등 남녀고용 및 노동 관련 분야의 박사학위를 가진 사람
2. 변호사 · 공인회계사 또는 공인노무사의 자격이 있는 사람
④제2항에 따른 전문위원의 보수에 관한 사항은 「공무원보수규정」 별표 34

에 따른 일반임기제공무원의 연봉등급 기준표를 준용하여 중앙노동위원회가 따로 정한다.
(2021.11.19 본조신설)

제5장 보 칙

제19조【보존서류의 종류】 법 제33조에서 "대통령령으로 정하는 서류"란 다음 각 호의 서류를 말한다.
1. 법 제7조부터 제11조까지의 규정에 따른 모집과 채용, 임금, 임금 외의 금품 등, 교육·배치 및 승진, 정년·퇴직 및 해고에 관한 서류
2. 법 제13조 및 법 제13조의2에 따른 직장 내 성희롱 예방 교육을 하였음을 확인할 수 있는 서류
3. 법 제14조제5항 전단에 따른 직장 내 성희롱 행위자에 대한 징계 등 조치에 관한 서류(2018.5.28 개정)
4. 삭제(2009.6.19)
5. 법 제18조의2에 따른 배우자 출산휴가의 고지 및 허용에 관한 서류(2025.2.18 개정)
6. 법 제19조에 따른 육아휴직의 신청 및 허용에 관한 서류
7. 법 제19조의2 및 법 제19조의3에 따른 육아기 근로시간 단축의 신청 및 허용에 관한 서류, 허용하지 아니한 경우 그 사유의 통보 및 협의 서류, 육아기 근로시간 단축 중의 근로조건에 관한 서류

남녀고용

제20조【청문】 삭제(2014.12.30)

제21조【권한의 위임 및 위탁】 ①법 제36조에 따라 고용노동부장관은 다음 각 호의 권한을 지방고용노동관서의 장에게 위임한다.(2016.3.8 개정)
1. 법 제13조의2에 따른 성희롱 예방 교육기관의 지정 및 지정의 취소
2. 법 제17조에 따른 여성 고용 촉진을 위한 시설의 설치·운영 및 사업시행 비용의 지원
3. 삭제(2025.10.1)
4. 삭제(2025.10.1)
5. 법 제21조제3항 및 법 제21조의2에 따른 직장어린이집의 설치·운영에 필요한 지원·지도, 정보 제공 및 상담(2011.12.8 개정)

6. 법 제23조에 따라 상담을 실시하는 민간단체에 대한 지원
7. 법 제24조에 따른 명예고용평등감독관의 위촉 및 해촉(解囑)
8. 법 제31조에 따른 보고와 관계 서류의 제출 명령, 사업장 출입, 관계인에 대한 질문 및 관계 서류의 검사
9. 법 제39조에 따른 과태료의 부과 · 징수

②고용노동부장관은 법 제36조에 따라 법 제6조의3에 따른 실태조사 업무를 다음 각 호의 어느 하나에 해당하는 공공단체에 위탁할 수 있다.(2023.12.12 신설)

1. 「공공기관의 운영에 관한 법률」 제4조에 따른 공공기관
2. 「정부출연연구기관 등의 설립 · 운영 및 육성에 관한 법률」 제8조에 따라 설립된 정부출연연구기관
3. 그 밖에 고용노동부장관이 위탁 업무를 수행할 수 있는 인력 · 시설 · 장비를 갖추었다고 인정하는 공공단체

③고용노동부장관은 법 제36조에 따라 다음 각 호의 업무를 「고용정책 기본법」 제18조에 따른 한국고용정보원에 위탁한다.(2023.12.12 개정)

1. 법 제31조의2제1항에 따른 임신 · 출산 진료비의 신청과 관련된 자료 제공의 요청
2. 법 제31조의2제2항에 따른 제공받은 자료의 고용정보시스템을 통한 처리(2021.11.19 개정)

④고용노동부장관은 제2항에 따라 업무를 위탁하는 경우 위탁받는 공공단체 및 위탁업무의 내용을 고시해야 한다.(2023.12.12 신설)

제21조의2 【민감정보 및 고유식별정보의 처리】 고용노동부장관(제21조에 따라 고용노동부장관의 권한을 위임 · 위탁받은 자를 포함한다)은 다음 각 호의 사무를 수행하기 위하여 불가피한 경우 「개인정보 보호법」 제23조에 따른 건강에 관한 정보나 같은 법 시행령 제19조제1호 또는 제4호에 따른 주민등록번호 또는 외국인등록번호가 포함된 자료를 처리할 수 있다.

1. 법 제18조에 따른 출산전후휴가 등에 대한 지원 제도 안내와 그 제도 시행에 필요한 지원 및 지도에 관한 사무(2024.12.24 개정)
2. 법 제19조에 따른 육아휴직 제도 안내와 그 제도 시행에 필요한 지원 및 지도에 관한 사무
3. 법 제19조의2 및 제19조의3에 따른 육아기 근로시간 단축 제도 안내와

그 제도 시행에 필요한 지원 및 지도에 관한 사무

4. 법 제31조에 따른 명령 · 출입 · 질문 및 검사에 관한 사무

5. 법 제31조의2에 따른 자료 제공의 요청 및 제공받은 자료의 고용보험전산망을 통한 처리에 관한 사무

(2016.3.8 본조신설)

제21조의3 【규제의 재검토】 고용노동부장관은 제19조에 따른 보존서류의 종류에 대하여 2020년 1월 1일을 기준으로 5년마다(매 5년이 되는 해의 1월 1일 전까지를 말한다) 그 타당성을 검토하여 개선 등의 조치를 하여야 한다.(2020.3.3 개정)

(2016.3.8 본조개정)

제6장 과태료

제22조 【과태료의 부과기준】 ①법 제39조제1항부터 제4항까지의 규정에 따른 과태료의 부과기준은 별표와 같다.(2021.11.19 개정)

②삭제(2018.5.28)

남녀
고용

부　칙 (2008. 6. 5)

제1조【시행일】 이 영은 2008년 6월 22일부터 시행한다. 다만, 별표 제4호부터 제6호까지의 개정규정은 2009년 6월 22일부터 시행한다.

제2조【적극적 고용개선조치 시행계획 수립 · 제출의무 등에 관한 특례】 제4조제1항의 개정규정은 「공공기관의 운영에 관한 법률」 제4조에 따른 공공기관 중 상시 50명 미만의 근로자를 고용하는 공공기관에 대하여는 2013년 4월 30일까지 적용하지 아니한다.

제3조【적극적 고용개선조치 시행계획 수립 · 제출의무 등에 관한 경과조치】 제4조제1항의 개정규정에 따라 새로 법 제17조의3 및 법 제17조의4를 적용받게 되는 공공기관(부칙 제2조에 해당되는 공공기관은 제외한다)에 대한 다음 각 호의 구분에 따른 제출의무는 그 구분에 따른 연도부터 적용한다.

1. 법 제17조의3제1항에 따라 최초로 제출하는 적극적 고용개선조치 시행계획의 제출(직종별 여성 근로자의 비율이 같은 규정에 따른 고용 기준에 미달하는 공공기관만 해당한다): 2009년
2. 법 제17조의3제2항에 따라 최초로 제출하는 직종별 · 직급별 남녀 근로자 현황의 제출: 2009년
3. 법 제17조의4제1항에 따라 최초로 제출하는 적극적 고용개선조치 시행계획 이행실적의 제출(직종별 여성 근로자의 비율이 법 제17조의3제1항에 따른 고용 기준에 미달하는 공공기관만 해당한다): 2010년

제4조【다른 법령의 개정】 생략

제5조【다른 법령과의 관계】 이 영 시행 당시 다른 법령에서 종전의 「남녀고용평등법 시행령」 또는 그 규정을 인용한 경우에 이 영 가운데 그에 해당하는 규정이 있으면 종전의 규정을 갈음하여 이 영 또는 이 영의 해당 규정을 인용한 것으로 본다.

부　칙 (2009. 6.19)

이 영은 공포한 날부터 시행한다.

부　칙 (2012. 7.10)

제1조【시행일】 이 영은 2012년 8월 2일부터 시행한다.

제2조【육아기 근로시간 단축 신청의 적용례】 제15조의 개정규정

은 이 영 시행 후 육아기 근로시간 단축을 신청하는 경우부터 적용한다.

제3조【다른 법령의 개정】 ①고용보험법 시행령 일부를 다음과 같이 개정한다.

제29조제1항제2호, 같은 항 제3호가목, 같은 조 제4항, 제100조의 제목, 같은 조 제목 외의 부분, 제101조의 제목, 같은 조 각 호 외의 부분, 같은 조 제1호 본문 · 단서, 같은 조 제2호, 제102조 전단 · 후단, 제103조 전단 · 후단, 제104조의 제목, 같은 조 본문 · 단서, 제145조제1항제13호 및 제145조의2제1항제18호 · 제19호 중 "산전후휴가"를 각각 "출산전후휴가"로 한다.

②근로기준법 시행령 일부를 다음과 같이 개정한다.

제2조제1항제3호 중 "산전후휴가"를 "출산전후휴가"로 한다.

부　칙 (2014.12.30)

이 영은 2015년 1월 1일부터 시행한다.

부　칙 (2016. 3. 8)

이 영은 공포한 날부터 시행한다.

부　칙 (2017.12.19)

이 영은 다음 각 호의 구분에 따른 날부터 시행한다.

1. 상시 근로자가 300명 이상인 「지방공기업법」 제49조에 따른 지방공사 및 같은 법 제76조에 따른 지방공단: 2018년 1월 1일
2. 상시 근로자가 300명 미만인 「지방공기업법」 제49조에 따른 지방공사 및 같은 법 제76조에 따른 지방공단: 2019년 1월 1일

부　칙 (2018. 5.28)

이 영은 2018년 5월 29일부터 시행한다. 다만, 제2조제2항 및 제4조제2항의 개정규정은 2019년 1월 1일부터 시행한다.

부　칙 (2019.12.24)

제1조【시행일】 이 영은 공포한 날부터 시행한다. 다만, 제16조의2제4항, 제16조의3제1항제2호 · 제3호 및 같은 조 제2항의 개정규정은 2020년 1월 1일부터 시행하고, 제10조 및 제15조의2제2호의 개정규정은 2020년 2

월 28일부터 시행한다.

제2조【육아휴직 또는 육아기 근로시간 단축의 종료에 관한 적용례】 제14조제1항 또는 제15조의3제1항의 개정규정은 이 영 시행 당시 육아휴직 또는 육아기 근로시간 단축 중인 사람에 대해서도 적용한다.

부 칙 (2021.11.19)

이 영은 2021년 11월 19일부터 시행한다. 다만, 제18조의2, 제22조제1항 및 별표(제2호버목은 제외한다)의 개정규정은 2022년 5월 19일부터 시행한다.

부 칙 (2023.12.12)

이 영은 공포한 날부터 시행한다.

부 칙 (2024.12.24)

제1조【시행일】 이 영은 2025년 1월 1일부터 시행한다.

제2조【육아휴직 신청 및 허용에 관한 적용례】 제11조의 개정규정은 이 영 시행 이후 육아휴직을 신청하는 경우부터 적용한다.

부 칙 (2025. 2.18)

이 영은 2025년 2월 23일부터 시행한다.

고용상 연령차별금지 및 고령자고용촉진에 관한 법률

제정 1991.12.31 법률 제4487호
개정 1994. 1. 7 법률 제4733호
1997.12.13 법률 제5454호
1997.12.24 법률 제5474호
1999. 2. 8 법률 제5882호
2002.12.30 법률 제6849호
2006.12.28 법률 제8116호
2007. 4.11 법률 제8372호
2007. 5.17 법률 제8472호
2008. 3.21 법률 제8962호
2009.10. 9 법률 제9792호
2010. 2. 4 법률 제9997호
2010. 6. 4 법률 제10339호
2013. 5.22 법률 제11791호
2016. 1.27 법률 제13897호
2019. 4.30 법률 제16411호
2020. 5.26 법률 제17326호
2021. 8.17 법률 제18425호
2022. 6.10 법률 제18921호

제1장 총 칙

제1조【목적】 이 법은 합리적인 이유 없이 연령을 이유로 하는 고용차별을 금지하고, 고령자(高齡者)가 그 능력에 맞는 직업을 가질 수 있도록 지원하고 촉진함으로써, 고령자의 고용안정과 국민경제의 발전에 이바지하는 것을 목적으로 한다.
(2008.3.21 본조개정)

제 2 조 【정의】 이 법에서 사용하는 용어의 뜻은 다음과 같다.

1. "고령자"란 인구와 취업자의 구성 등을 고려하여 대통령령으로 정하는 연령 이상인 사람을 말한다.(2020.5.26 개정)
2. "준고령자"란 대통령령으로 정하는 연령 이상인 사람으로서 고령자가 아닌 사람을 말한다.(2020.5.26 개정)
3. "사업주"란 근로자를 사용하여 사업을 하는 자를 말한다.
4. "근로자"란 「근로기준법」 제2조제1항제1호에 따른 근로자를 말한다.
5. "기준고용률"이란 사업장에서 상시 사용하는 근로자를 기준으로 하여 사업주가 고령자의 고용촉진을 위하여 고용하여야 할 고령자의 비율로서 고령자의 현황과 고용 실태 등을 고려하여 사업의 종류별로 대통령령으로 정하는 비율을 말한다.

(2008.3.21 본조개정)

제 3 조 【정부의 책무】 정부는 고용에서 연령을 이유로 차별하는 관행을 없애기 위하여 연령차별금지정책을 수립·시행하며, 고령자의 고용에 관하여 사업주와 국민 일반의 이해를 높이고, 고령자의 고용촉진과 직업안정을 꾀하기 위하여 고령자 고용촉진 대책의 수립·시행, 직업능력개발훈련 등 필요한 시책을 종합적이고 효과적으로 추진하여야 한다.(2020.5.26 개정)

(2008.3.21 본조개정)

제 4 조 【사업주의 책무】 사업주는 연령을 이유로 하는 고용차별을 없애고, 고령자의 직업능력계발·향상과 작업시설·업무 등의 개선을 통하여 고령자에게 그 능력에 맞는 고용 기회를 제공함과 아울러 정년연장 등의 방법으로 고령자의 고용이 확대되도록 노력하여야 한다.(2020.5.26 개정)

(2008.3.21 본조개정)

제 4 조의 2 【고령자 등 고용차별 금지】 삭제(2008.3.21)

제 4 조의 3 【고령자 고용촉진 기본계획의 수립】 ①고용노동부장관은 고령자의 고용촉진에 관한 기본계획(이하 "기본계획"이라 한다)을 관계 중앙기관의 장과 협의하여 5년마다 수립하여야 한다.(2010.6.4 개정)

②기본계획에는 다음 각 호의 사항이 포함되어야 한다.

1. 직전 기본계획에 대한 평가(2016.1.27 신설)
2. 고령자의 현황과 전망(2016.1.27 개정)
3. 고령자의 직업능력개발(2016.1.27 개정)

4. 고령자의 취업알선, 재취업 및 전직(轉職) 지원 등 취업 가능성의 개선 방안(2016.1.27 개정)
5. 그 밖에 고령자의 고용촉진에 관한 주요시책(2016.1.27 개정)
③고용노동부장관은 기본계획을 수립할 때에는 「고용정책 기본법」 제10조에 따른 고용정책심의회(이하 "고용정책심의회"라 한다)의 심의를 거쳐야 한다.(2010.6.4 개정)
④고용노동부장관이 기본계획을 수립한 때에는 지체 없이 국회 소관 상임위원회에 보고하여야 한다.(2016.1.27 신설)
⑤고용노동부장관은 필요하다고 인정하면 관계 행정기관 또는 공공기관의 장에게 기본계획의 수립에 필요한 자료의 제출을 요청할 수 있다.(2016.1.27 개정)
(2008.3.21 본조개정)

제 1 장의 2　고용상 연령차별금지

제 4 조의 4 【모집 · 채용 등에서의 연령차별 금지】 ①사업주는 다음 각 호의 분야에서 합리적인 이유 없이 연령을 이유로 근로자 또는 근로자가 되려는 사람을 차별하여서는 아니 된다.(2020.5.26 개정)
1. 모집 · 채용
2. 임금, 임금 외의 금품 지급 및 복리후생
3. 교육 · 훈련
4. 배치 · 전보 · 승진
5. 퇴직 · 해고

②제1항을 적용할 때 합리적인 이유 없이 연령 외의 기준을 적용하여 특정 연령집단에 특히 불리한 결과를 초래하는 경우에는 연령차별로 본다.
(2008.3.21 본조신설)

제 4 조의 5 【차별금지의 예외】 다음 각 호의 어느 하나에 해당하는 경우에는 제4조의4에 따른 연령차별로 보지 아니한다.
1. 직무의 성격에 비추어 특정 연령기준이 불가피하게 요구되는 경우
2. 근속기간의 차이를 고려하여 임금이나 임금 외의 금품과 복리후생에서 합리적인 차등을 두는 경우
3. 이 법이나 다른 법률에 따라 근로계약, 취업규칙, 단체협약 등에서 정년

을 설정하는 경우
4. 이 법이나 다른 법률에 따라 특정 연령집단의 고용유지·촉진을 위한 지원조치를 하는 경우
(2008.3.21 본조신설)

제4조의6 【진정과 권고의 통보】 ①제4조의4의 연령차별 금지의 위반으로 연령차별을 당한 사람(이하 "피해자"라 한다)은 「국가인권위원회법」 제30조에 따라 국가인권위원회에 그 내용을 진정할 수 있다.
②국가인권위원회는 제1항에 따른 진정을 조사한 결과 연령차별이 있다고 판단하여 피진정인, 그 소속 기관·단체 또는 감독기관의 장에게 구제조치 등을 권고할 경우 그 권고내용을 고용노동부장관에게도 통보하여야 한다.(2010.6.4 개정)
(2008.3.21 본조신설)

제4조의7 【시정명령】 ①고용노동부장관은 제4조의6제2항에 따라 국가인권위원회로부터 구제조치 등의 권고를 받은 사업주가 정당한 사유 없이 권고를 이행하지 아니하고 다음 각 호의 어느 하나에 해당하여 그 피해의 정도가 심각하다고 인정되면 피해자의 신청에 의하거나 직권으로 시정명령을 할 수 있다.(2010.6.4 개정)
1. 피해자가 다수인인 연령차별행위에 대한 권고 불이행
2. 반복적 연령차별행위에 대한 권고 불이행
3. 피해자에게 불이익을 주기 위한 고의적 권고 불이행
4. 그 밖에 피해의 내용과 규모 등을 고려하여 시정명령이 필요하다고 고용노동부령으로 정하는 경우(2010.6.4 개정)
②제1항의 시정명령에는 다음 각 호의 사항을 포함하여야 한다.
1. 연령차별행위의 중지
2. 피해의 원상회복
3. 연령차별행위의 재발방지를 위한 조치
4. 그 밖에 연령차별시정을 위하여 필요하다고 고용노동부령으로 정한 조치(2010.6.4 개정)
③피해자의 신청에 따라 제1항에 따른 시정명령을 할 경우 그 신청을 받은 날부터 3개월 이내에 하여야 한다.
④고용노동부장관은 제1항에 따라 시정명령을 할 때에는 다음 각 호의 사항을 명시한 서면을 해당 사업주와 피해자에게 각각 내주어야 한

다.(2010.6.4 개정)
1. 시정명령의 이유
2. 시정명령의 내용
3. 시정기한
4. 시정명령에 대한 불복 절차
⑤제1항에 따른 시정명령의 절차나 그 밖에 필요한 사항은 대통령령으로 정한다.
(2008.3.21 본조신설)

제4조의8【시정명령 이행상황의 제출요구 등】 ①고용노동부장관은 연령차별행위를 한 사업주에게 제4조의7에 따른 시정명령의 이행상황을 제출할 것을 요구할 수 있다.(2010.6.4 개정)
②피해자는 연령차별행위를 한 사업주가 시정명령을 이행하지 아니하면 고용노동부장관에게 신고할 수 있다.(2010.6.4 개정)
(2008.3.21 본조신설)

제4조의9【해고나 그 밖의 불리한 처우의 금지】 사업주는 근로자가 이 법이 금지하는 연령차별행위에 대한 진정, 자료제출, 답변·증언, 소송, 신고 등을 하였다는 이유로 근로자에게 해고, 전보, 징계, 그 밖의 불리한 처우를 하여서는 아니 된다.
(2008.3.21 본조신설)

제2장 정부의 고령자 취업지원

고령 고용

제5조【구인·구직 정보수집】 고용노동부장관 및 특별시장·광역시장·도지사·특별자치도지사(이하 "고용노동부장관등"이라 한다)는 고령자의 고용을 촉진하기 위하여 고령자와 관련된 구인(求人)·구직(求職) 정보를 수집하고 구인·구직의 개척에 노력하여야 하며 관련 정보를 구직자·사업주 및 관련 단체 등에 제공하여야 한다.(2010.6.4 개정)
(2008.3.21 본조개정)

제6조【고령자에 대한 직업능력 개발훈련】 ①고용노동부장관등은 고령자의 고용을 촉진하고 직업능력의 개발·향상을 위하여 고령자를 대상으로 대통령령으로 정하는 바에 따라 직업능력 개발훈련을 실시하여야 한다.(2010.6.4 개정)

②고용노동부장관등은 고령자가 작업환경에 쉽게 적응할 수 있도록 하기 위하여 필요하다고 인정하면 취업 전에 안전·보건에 관한 내용을 포함하여 고용노동부령으로 정하는 적응훈련을 실시하도록 조치하여야 한다.(2010.6.4 개정)
③고령자의 직업능력 개발훈련과 해당 훈련생의 보호에 관한 사항은 「국민 평생 직업능력 개발법」을 준용하되 고령자의 신체적·정신적 조건 등을 고려하여 특별한 배려를 하여야 한다.(2021.8.17 개정)
(2008.3.21 본조개정)

제7조【사업주에 대한 고용지도】 ①고용노동부장관은 필요하다고 인정하면 고령자를 고용하고 있거나 고용하려는 사업주에게 채용, 배치, 작업시설, 작업환경 등 고령자의 고용 관리에 관한 기술적 사항에 대하여 상담, 자문, 그 밖에 필요한 지원을 하여야 한다.(2010.6.4 개정)
②고용노동부장관은 고령자를 고용하고 있거나, 고용하려는 사업주에 대하여 고령자의 신체적·정신적 조건, 직업능력 등에 관한 정보와 그 밖의 자료를 제공하여야 한다.(2010.6.4 개정)
(2008.3.21 본조개정)

제8조【사업주의 고령자 교육·훈련 및 작업환경 개선에 대한 지원】 ①고용노동부장관은 사업주가 고령자의 고용촉진을 위하여 필요한 교육이나 직업훈련 등을 실시할 경우 그 비용의 전부 또는 일부를 지원할 수 있다.(2010.6.4 개정)
②고용노동부장관은 사업주가 고령자의 취업에 적합하도록 시설을 개선할 경우 그 비용의 전부 또는 일부를 지원할 수 있다.(2010.6.4 개정)
③제1항과 제2항에 따른 지원금은 예산(「고용보험법」에 따른 고용보험기금을 포함한다. 이하 같다)에서 지급하되, 그 지급기준 등에 관한 사항은 고용노동부장관이 정한다.(2010.6.4 개정)
(2008.3.21 본조개정)

제9조【고령자의 취업알선 기능 강화】 ①정부는 고령자가 그 능력에 맞는 직업에 취업할 수 있도록 고령자에 대한 직업상담, 직업적성검사 등 적절한 직업지도와 취업알선 등을 하여야 한다.
②정부는 고령자에 대한 직업지도와 취업알선 등을 위하여 관련 행정기구와 시설을 정비하도록 노력하여야 한다.
③고용노동부장관등은 고령자의 직업지도와 취업알선 등을 담당하게 하기

위하여 소속 공무원 중에서 직업지도관을 지명한다.(2010.6.4 개정)
④직업지도관의 자격 등 필요한 사항은 고용노동부장관이 정한다.(2010.6.4 개정)
(2008.3.21 본조개정)

제10조 【고령자 고용정보센터의 운영】 ①고용노동부장관등은 고령자의 직업지도와 취업알선 등의 업무를 효율적으로 수행하기 위하여 필요한 지역에 고령자 고용정보센터를 운영할 수 있다. (2010.6.4 개정)
② 고령자 고용정보센터는 다음 각 호의 업무를 수행한다.
1. 고령자에 대한 구인·구직 등록, 직업지도 및 취업알선
2. 고령자에 대한 직장 적응훈련 및 교육
3. 정년연장과 고령자 고용에 관한 인사·노무관리와 작업환경 개선 등에 관한 기술적 상담·교육 및 지도
4. 고령자 고용촉진을 위한 홍보
5. 그 밖에 고령자 고용촉진을 위하여 필요한 업무
(2008.3.21 본조개정)

제11조 【고령자인재은행의 지정】 ①고용노동부장관은 다음 각 호의 단체 또는 기관 중 고령자의 직업지도와 취업알선 또는 직업능력개발훈련 등에 필요한 전문 인력과 시설을 갖춘 단체 또는 기관을 고령자인재은행으로 지정할 수 있다.(2010.6.4 개정)
1. 「직업안정법」 제18조에 따라 무료직업소개사업을 하는 비영리법인이나 공익단체(2010.2.4 신설)
2. 「국민 평생 직업능력 개발법」 제16조에 따라 직업능력개발훈련을 위탁받을 수 있는 대상이 되는 기관(2021.8.17 개정)
②제1항제1호 및 제2호에 모두 해당하는 고령자인재은행의 사업범위는 다음 각 호의 사업 모두로 하고, 제1항제1호에만 해당하는 고령자인재은행의 사업범위는 제1호, 제2호 및 제4호의 사업만으로 하며, 제1항제2호에만 해당하는 고령자인재은행의 사업범위는 제3호 및 제4호의 사업만으로 한다.(2010.2.4 개정)
1. 고령자에 대한 구인·구직 등록, 직업지도 및 취업알선
2. 취업희망 고령자에 대한 직업상담 및 정년퇴직자의 재취업 상담
3. 고령자의 직업능력개발훈련(2010.2.4 신설)
4. 그 밖에 고령자 고용촉진을 위하여 필요하다고 인정하여 고용노동부장관

이 정하는 사업(2010.6.4 개정)
③고용노동부장관은 고령자인재은행에 대하여 직업안정 업무를 하는 행정기관이 수집한 구인·구직 정보, 지역 내의 노동력 수급상황, 그 밖에 필요한 자료를 제공할 수 있다.(2010.6.4 개정)
④고용노동부장관은 고령자인재은행에 대하여 예산의 범위에서 소요 경비의 전부 또는 일부를 지원할 수 있다.(2010.6.4 개정)
⑤제1항에 따른 고령자인재은행의 지정기준과 지정절차 등에 필요한 사항은 대통령령으로 정한다.
(2008.3.21 본조개정)

제11조의2【중견전문인력 고용지원센터의 지정】 ①고용노동부장관은 퇴직한 고령자로서 경력 등을 고려하여 고용노동부령으로 정하는 사람(이하 "중견전문인력"이라 한다)의 직업지도와 취업알선 등을 전문적으로 지원하는 중견전문인력 고용지원센터(이하 "중견전문인력 고용지원센터"라 한다)를 지정할 수 있다.(2020.5.26 개정)
②중견전문인력 고용지원센터는 「직업안정법」 제18조에 따라 무료직업소개사업을 하는 비영리법인 또는 공익단체로서 필요한 전문인력과 시설을 갖춘 단체 중에서 지정한다.
③중견전문인력 고용지원센터는 다음 각 호의 사업을 한다.
1. 중견전문인력의 구인·구직 등록, 직업상담 및 취업알선
2. 중견전문인력의 중소기업에 대한 경영자문 및 자원봉사활동 등의 지원
3. 그 밖에 중견전문인력의 취업에 필요한 사업으로서 대통령령으로 정하는 사업
④중견전문인력 고용지원센터에 관하여는 고령자인재은행에 관한 제11조 제3항부터 제5항까지의 규정을 준용한다. 이 경우 "고령자인재은행"은 "중견전문인력 고용지원센터"로 본다.
(2008.3.21 본조개정)

제11조의3【고령자인재은행 및 중견전문인력 고용지원센터의 지정취소 등】 ①고용노동부장관은 고령자인재은행 또는 중견전문인력 고용지원센터로 지정을 받은 자가 다음 각 호의 어느 하나에 해당하는 경우에는 고용노동부령으로 정하는 바에 따라 그 지정을 취소할 수 있다.(2010.6.4 개정)
1. 무료직업소개사업을 폐지하는 경우

2. 「직업안정법」 제36조에 따라 사업의 정지처분을 받은 경우
3. 「국민 평생 직업능력 개발법」 제27조 또는 제31조에 따라 직업능력개발훈련시설의 승인취소처분 · 지정취소처분 또는 직업능력개발훈련의 정지처분을 받은 경우(2021.8.17 개정)
4. 「국민 평생 직업능력 개발법」 제28조제3항에 따라 지정직업훈련시설이 폐업한 경우(2021.8.17 개정)
5. 「국민 평생 직업능력 개발법」 제32조에 따라 직업능력개발훈련법인의 설립허가 취소처분을 받은 경우(2021.8.17 개정)
6. 부진 등 고용노동부장관이 정하는 사유에 해당하는 경우(2010.6.4 개정)

②고용노동부장관은 제1항에 따라 지정을 취소하는 경우에는 「행정절차법」에 따른 청문을 실시하여야 한다.(2022.6.10 신설)

③고령자인재은행 또는 중견전문인력 고용지원센터로 지정을 받은 자가 그 업무를 폐지하거나 휴업하려는 경우에는 고용노동부령으로 정하는 바에 따라 고용노동부장관에게 신고하여야 한다.(2022.6.10 개정)

(2008.3.21 본조개정)

제11조의4【고령자 고용촉진을 위한 사업】 ①고용노동부장관은 고령자의 고용촉진을 위하여 다음 각 호의 사업을 할 수 있다.(2010.6.4 개정)

1. 고령자에게 적합한 사회적 일자리의 창출
2. 고령자의 자영업 창업 지원
3. 고령자를 대상으로 하는 취업박람회의 지원
4. 고령자 고용촉진과 고용안정에 관한 정책의 수립과 제도개선에 필요한 조사와 연구
5. 고령자인재은행, 중견전문인력 고용지원센터 등 관련 기관의 종사자에 대한 교육이나 필요한 인력의 양성
6. 고령자 고용 강조기간의 설정과 추진
7. 고령자 고용 우수기업의 선정과 지원
8. 그 밖에 고령자 고용촉진을 위하여 필요한 사업

②제1항 각 호에 따른 사업의 실시에 필요한 사항은 대통령령으로 정한다.

(2008.3.21 본조개정)

제3장 고령자의 고용촉진 및 고용안정

제12조【사업주의 고령자 고용 노력의무】 대통령령으로 정하는 수 이상의 근로자를 사용하는 사업주는 기준고용률 이상의 고령자를 고용하도록 노력하여야 한다.
(2008.3.21 본조개정)

제13조【사업주의 고령자 고용현황의 제출 등】 ①제12조에 따른 사업주는 고용노동부령으로 정하는 바에 따라 매년 고령자 고용현황을 고용노동부장관에게 제출하여야 한다.(2010.6.4 개정)
②고용노동부장관은 제12조에 따른 사업주로서 상시 고용하는 고령자의 비율이 기준고용률에 미달하는 사업주에 대하여 고령자의 고용촉진 및 안정을 위하여 필요한 조치의 시행을 권고할 수 있다.(2010.6.4 개정)
③고용노동부장관은 제2항의 권고에 따른 조치를 시행하는 사업주에게 상담, 자문, 그 밖에 필요한 협조와 지원을 할 수 있다.(2010.6.4 개정)
④삭제(2010.2.4)

제14조【고령자 고용촉진을 위한 세제지원 등】 ①사업주가 제12조에 따른 기준고용률을 초과하여 고령자를 추가로 고용하는 경우에는 「조세특례제한법」으로 정하는 바에 따라 조세를 감면한다.
②고용노동부장관은 예산의 범위에서 다음 각 호의 구분에 따른 고용 지원금을 지급할 수 있다.(2010.6.4 개정)
1. 고령자를 새로 고용하거나 다수의 고령자를 고용한 사업주 또는 고령자의 고용안정을 위하여 필요한 조치를 취한 사업주에게 일정 기간 지급하는 고용 지원금
2. 사업주가 근로자 대표의 동의를 받아 일정 연령 이상까지 고용을 보장하는 조건으로 일정 연령, 근속시점 또는 임금액을 기준으로 임금을 감액하는 제도를 시행하는 경우에 그 제도의 적용을 받는 근로자에게 일정 기간 지급하는 고용 지원금. 이 경우 "근로자대표"란 근로자의 과반수로 조직된 노동조합이 있는 경우에는 그 노동조합의 대표자를 말하며, 해당 노동조합이 없는 경우에는 근로자의 과반수를 대표하는 자를 말한다.
3. 고령자와 준고령자의 고용안정 및 취업의 촉진 등을 목적으로 임금체계 개편, 직무 재설계(고령자나 준고령자에게 적합한 직무를 개발하고 설계하는 것을 말한다) 등에 관하여 전문기관의 진단을 받는 사업주에게 지원하는 고용 지원금

③제2항에 따른 고용 지원금의 지급기준 등에 관한 사항은 대통령령으로

정한다.
(2008.3.21 본조개정)

제15조【우선고용직종의 선정 등】 ①고용노동부장관은 고용정책심의회의 심의를 거쳐 고령자와 준고령자를 고용하기에 적합한 직종(이하 "우선고용직종"이라 한다)을 선정하고, 선정된 우선고용직종을 고시하여야 한다.(2010.6.4 개정)
②고용노동부장관은 우선고용직종의 개발 등 고령자와 준고령자의 고용촉진에 필요한 사항에 대하여 조사·연구하고 관련 자료를 정리·배포하여야 한다.(2010.6.4 개정)
(2008.3.21 본조개정)

제16조【우선고용직종의 고용】 ①국가 및 지방자치단체, 「공공기관의 운영에 관한 법률」 제4조에 따라 공공기관으로 지정받은 기관의 장은 그 기관의 우선고용직종에 대통령령으로 정하는 바에 따라서 고령자와 준고령자를 우선적으로 고용하여야 한다.(2010.2.4 개정)
②제1항에서 규정한 자 외의 사업주는 우선고용직종에 고령자와 준고령자를 우선적으로 고용하도록 노력하여야 한다.
(2008.3.21 본조개정)

제17조【고용 확대의 요청 등】 ①고용노동부장관은 제16조에 따라 고령자와 준고령자를 우선적으로 채용한 실적이 부진한 자에게 그 사유를 제출하게 할 수 있으며, 그 사유가 정당하지 아니한 자(사유를 제출하지 아니한 자를 포함한다)에게 고령자와 준고령자의 고용을 확대하여 줄 것을 요청할 수 있다.(2010.6.4 개정)
②고용노동부장관은 제13조제2항에 따른 권고를 따르지 아니하는 사업주에게 그 사유를 제출하게 할 수 있으며, 그 사유가 정당하지 아니한 사업주(사유를 제출하지 아니한 사업주를 포함한다)에게 고령자의 고용을 확대하여 줄 것을 요청할 수 있다.(2010.6.4 개정)
(2008.3.21 본조개정)

제18조【내용 공표 및 취업알선 중단】 고용노동부장관은 정당한 사유 없이 제17조에 따른 고용 확대 요청에 따르지 아니한 자에게 그 내용을 공표하거나 직업안정 업무를 하는 행정기관에서 제공하는 직업지도와 취업알선 등 고용 관련 서비스를 중단할 수 있다.(2010.6.4 개정)
(2008.3.21 본조개정)

제4장 정　년

제19조【정년】 ①사업주는 근로자의 정년을 60세 이상으로 정하여야 한다.
②사업주가 제1항에도 불구하고 근로자의 정년을 60세 미만으로 정한 경우에는 정년을 60세로 정한 것으로 본다.
(2013.5.22 본조개정)

제19조의2【정년연장에 따른 임금체계 개편 등】 ①제19조제1항에 따라 정년을 연장하는 사업 또는 사업장의 사업주와 근로자의 과반수로 조직된 노동조합(근로자의 과반수로 조직된 노동조합이 없는 경우에는 근로자의 과반수를 대표하는 자를 말한다)은 그 사업 또는 사업장의 여건에 따라 임금체계 개편 등 필요한 조치를 하여야 한다.
②고용노동부장관은 제1항에 따라 필요한 조치를 한 사업 또는 사업장의 사업주나 근로자에게 대통령령으로 정하는 바에 따라 고용지원금 등 필요한 지원을 할 수 있다.
③고용노동부장관은 정년을 60세 이상으로 연장하는 사업 또는 사업장의 사업주 또는 근로자에게 대통령령으로 정하는 바에 따라 임금체계 개편 등을 위한 컨설팅 등 필요한 지원을 할 수 있다.
(2013.5.22 본조신설)

제20조【정년제도 운영현황의 제출 등】 ①대통령령으로 정하는 수 이상의 근로자를 사용하는 사업주는 고용노동부령으로 정하는 바에 따라 매년 정년 제도의 운영 현황을 고용노동부장관에게 제출하여야 한다.(2010.6.4 개정)
②고용노동부장관은 제1항에 따른 사업주로서 정년을 현저히 낮게 정한 사업주에게 정년의 연장을 권고할 수 있다.(2010.6.4 개정)
③삭제(2010.2.4)
④제2항에 따른 권고를 정당한 사유 없이 따르지 아니한 경우 그 내용을 공표할 수 있다.(2010.2.4 개정)
(2008.3.21 본조개정)

제21조【정년퇴직자의 재고용】 ①사업주는 정년에 도달한 사람이 그 사업장에 다시 취업하기를 희망할 때 그 직무수행 능력에 맞는 직종에 재고용하도록 노력하여야 한다.(2020.5.26 개정)

②사업주는 고령자인 정년퇴직자를 재고용할 때 당사자 간의 합의에 의하여 「근로기준법」 제34조에 따른 퇴직금과 같은 법 제60조에 따른 연차유급(年次有給) 휴가일수 계산을 위한 계속근로기간을 산정할 때 종전의 근로기간을 제외할 수 있으며 임금의 결정을 종전과 달리할 수 있다.
(2008.3.21 본조개정)

제21조의2【정년퇴직자의 재고용 지원】 고용노동부장관은 제21조에 따라 정년퇴직자를 재고용하거나 그 밖에 정년퇴직자의 고용안정에 필요한 조치를 하는 사업주에게 장려금 지급 등 필요한 지원을 할 수 있다.(2010.6.4 개정)
(2008.3.21 본조개정)

제21조의3【퇴직예정자 등에 대한 재취업지원서비스 지원】 ①사업주는 정년퇴직 등의 사유로 이직예정인 근로자에게 경력·적성 등의 진단 및 향후 진로설계, 취업알선, 재취업 또는 창업에 관한 교육 등 재취업에 필요한 서비스(이하 "재취업지원서비스"라 한다)를 제공하도록 노력하여야 한다.
②제1항에도 불구하고 대통령령으로 정하는 수 이상의 근로자를 사용하는 사업주는 정년 등 대통령령으로 정하는 비자발적인 사유로 이직예정인 준고령자 및 고령자에게 재취업지원서비스를 제공하여야 한다.
③사업주는 재취업지원서비스를 대통령령으로 정하는 바에 따라 다음 각 호의 어느 하나에 해당하는 단체 또는 기관에 위탁하여 실시할 수 있다.
1. 「직업안정법」 제18조에 따라 무료직업소개사업을 하는 비영리법인이나 공익단체
2. 「직업안정법」 제19조에 따라 유료직업소개사업을 하는 법인
3. 「국민 평생 직업능력 개발법」 제16조제1항에 따라 직업능력개발훈련을 위탁받을 수 있는 대상이 되는 기관(2021.8.17 개정)
④고용노동부장관은 사업주가 소속 근로자에게 재취업지원서비스를 제공하는 경우에 예산의 범위에서 필요한 지원을 할 수 있다.
⑤제1항 및 제2항에 따른 재취업지원서비스의 대상, 내용 및 방법 등에 필요한 사항은 대통령령으로 정한다.
(2019.4.30 본조개정)

제22조【정년 연장에 대한 지원】 고용노동부장관은 정년 연장에 따른 사업체의 인사와 임금 등에 대하여 상담, 자문, 그 밖에 필요한 협조와

지원을 하여야 한다.(2010.6.4 개정)
(2008.3.21 본조개정)

제5장 보 칙

제23조 【보고와 검사】 ①고용노동부장관은 고령자의 고용촉진을 위하여 필요하다고 인정하는 경우에는 사업주, 고령자인재은행 또는 중견전문인력 고용지원센터에 대하여 이 법 시행에 필요한 사항을 보고하게 할 수 있다.(2010.6.4 개정)
②고용노동부장관은 필요하다고 인정하는 경우에는 관계 공무원에게 사업장, 고령자인재은행, 중견전문인력 고용지원센터, 그 밖의 시설에 출입하여 그 업무상황, 장부, 그 밖의 물건을 검사하게 할 수 있다.(2010.6.4 개정)
③고용노동부장관은 제2항에 따라 검사를 하려면 사업주 등에게 검사일시와 검사내용 등 검사에 필요한 사항을 미리 알려주어야 한다. 다만, 긴급히 검사하여야 하거나 미리 알려 줄 경우 그 목적을 달성할 수 없다고 인정되는 경우에는 그러하지 아니하다.(2010.6.4 개정)
④제2항에 따라 검사를 하는 관계 공무원은 그 권한을 표시하는 증표를 지니고 이를 관계인에게 내보여야 한다.
⑤고용노동부장관은 제2항에 따라 검사를 한 경우에는 그 사업주 등에게 그 결과를 서면으로 알려야 한다.(2010.6.4 개정)
(2008.3.21 본조개정)

제23조의2 【권한의 위임】 이 법에 따른 고용노동부장관의 권한은 대통령령으로 정하는 바에 따라 그 일부를 지방고용노동관서의 장 또는 지방자치단체의 장에게 위임할 수 있다.(2010.6.4 개정)
(2008.3.21 본조개정)

제23조의3 【벌칙】 ①제4조의9를 위반하여 근로자에게 해고, 전보, 징계, 그 밖의 불리한 처우를 한 사업주는 2년 이하의 징역 또는 1천만원 이하의 벌금에 처한다.
②제4조의4제1항제1호를 위반하여 모집·채용에서 합리적인 이유 없이 연령을 이유로 차별한 사업주는 500만원 이하의 벌금에 처한다.
(2008.3.21 본조신설)

제23조의4 【양벌규정】 ①법인의 대표자, 대리인, 사용인, 그 밖의 종업

원이 그 법인의 업무에 관하여 제23조의3의 위반행위를 하면 그 행위자를 벌할 뿐만 아니라 그 법인에도 해당 조문의 벌금형을 과(科)한다. 다만, 법인이 그 위반행위를 방지하기 위하여 해당 업무에 관하여 상당한 주의와 감독을 게을리하지 아니한 때에는 그러하지 아니하다.
②개인의 대리인, 사용인, 그 밖의 종업원이 그 개인의 업무에 관하여 제23조의3의 위반행위를 하면 그 행위자를 벌할 뿐만 아니라 그 개인에게도 해당 조문의 벌금형을 과한다. 다만, 개인이 그 위반행위를 방지하기 위하여 해당 업무에 관하여 상당한 주의와 감독을 게을리하지 아니한 때에는 그러하지 아니하다.
(2008.3.21 본조신설)

제24조 【과태료】 ①제4조의7에 따른 시정명령을 정당한 사유 없이 이행하지 아니하는 자에게는 3천만원 이하의 과태료를 부과한다.
②다음 각 호의 어느 하나에 해당하는 자에게는 500만원 이하의 과태료를 부과한다.
1. 제4조의8제1항에 따른 고용노동부장관의 이행상황 제출요구를 정당한 사유 없이 따르지 아니한 자(2010.6.4 개정)
2. 제13조제1항에 따른 고령자 고용현황을 제출하지 아니한 자(2010.2.4 개정)
3. 제20조제1항에 따른 정년제도 운영현황을 제출하지 아니한 자(2010.2.4 개정)
4. 제23조제1항에 따른 보고를 하지 아니하거나 거짓으로 보고한 자
5. 제23조제2항에 따른 출입 또는 검사를 거부 · 방해하거나 기피한 자

③제1항과 제2항에 따른 과태료는 대통령령으로 정하는 바에 따라 고용노동부장관이 부과 · 징수한다.(2010.6.4 개정)
④삭제(2010.2.4)
⑤삭제(2010.2.4)
⑥삭제(2010.2.4)

부　칙 (91.12.31)
이 법은 1992년 7월 1일부터 시행한다.

부　칙 (94. 1. 7)
제1조【시행일】 이 법은 1994년 7월 1일부터 시행한다.
제2조 내지 **제8조** 생략

부　칙 (97.12.13)
이 법은 1998년 1월 1일부터 시행한다. 〈단서 생략〉

부　칙 (97.12.24)
제1조【시행일】 이 법은 1999년 1월 1일부터 시행한다.
제2조 내지 **제9조** 생략

부　칙 (99. 2. 8)
제1조【시행일】 이 법은 공포한 날부터 시행한다.
제2조 내지 **제4조** 생략

부　칙 (2002.12.30)
이 법은 공포 후 3월이 경과한 날부터 시행한다.

부　칙 (2006.12.28)
이 법은 공포 후 6개월이 경과한 날부터 시행한다.

부　칙 (2007. 5.17)
이 법은 2008년 1월 1일부터 시행한다.

부　칙 (2008. 3.21)
제1조【시행일】 이 법은 공포 후 1년이 경과한 날부터 시행한다. 다만, 제4조의4제1항제2호부터 제5호까지의 개정규정은 2010년 1월 1일부터 시행한다.
제2조【적용례】 제4조의7의 개정규정은 이 법 시행 후 최초로 발생한

차별행위에 따른 권고를 이행하지 아니한 경우부터 적용한다.

제3조【다른 법령과의 관계】 이 법 시행 당시 다른 법령에서 종전의 「고령자고용촉진법」 또는 그 규정을 인용한 경우 이 법 중 그에 해당하는 규정이 있는 경우에는 종전의 규정에 갈음하여 이 법 또는 이 법의 해당 조항을 인용한 것으로 본다.

부 칙 (2010. 2. 4)

①**【시행일】** 이 법은 공포 후 3개월이 경과한 날부터 시행한다.

②**【경과조치】** 이 법 시행 전의 행위에 대한 과태료의 적용에 있어서는 종전의 규정에 따른다.

부 칙 (2013. 5.22)

이 법은 공포 후 1년이 경과한 날부터 시행한다. 다만, 제19조, 제19조의2 제1항 및 제2항의 개정규정은 다음 각 호의 구분에 따른 날부터 시행한다.

1. 상시 300명 이상의 근로자를 사용하는 사업 또는 사업장, 「공공기관의 운영에 관한 법률」 제4조에 따른 공공기관, 「지방공기업법」 제49조에 따른 지방공사 및 같은 법 제76조에 따른 지방공단: 2016년 1월 1일
2. 상시 300명 미만의 근로자를 사용하는 사업 또는 사업장, 국가 및 지방자치단체: 2017년 1월 1일

부 칙 (2016. 1.27)

이 법은 공포 후 6개월이 경과한 날부터 시행한다.

부 칙 (2019. 4.30)

이 법은 공포 후 1년이 경과한 날부터 시행한다.

부 칙 (2022. 6.10)

이 법은 공포한 날부터 시행한다.

고용상 연령차별금지 및 고령자고용촉진에 관한 법률 시행령

제정 1992. 7. 1 대통령령 제13685호
개정 2003. 7.10 대통령령 제18051호
2004. 3.17 대통령령 제18312호
2006. 3. 2 대통령령 제19367호
2007. 6.29 대통령령 제20143호
2007.10.17 대통령령 제20330호
2007.12.28 대통령령 제20484호
전부개정 2008.12.31 대통령령 제21230호
개정 2010. 4.29 대통령령 제22140호
2010. 7.12 대통령령 제22269호
2010. 8.25 대통령령 제22356호
2011. 3.30 대통령령 제22795호
2014.12. 9 대통령령 제25840호
2015.12. 4 대통령령 제26690호
2016.12.30 대통령령 제27751호
2020. 4.28 대통령령 제30644호
2022. 2.17 대통령령 제32447호
2024.12.24 대통령령 제35100호

제1장 총　칙

제1조【목적】 이 영은 「고용상 연령차별금지 및 고령자고용촉진에 관한 법률」에서 위임된 사항과 그 시행에 필요한 사항을 규정함을 목적으로 한다.
(2008.12.31 본조개정)

제2조【고령자 및 준고령자의 정의】 ①「고용상 연령차별금지 및 고

령자고용촉진에 관한 법률」(이하 "법"이라 한다) 제2조제1호에 따른 고령자는 55세 이상인 사람으로 한다.
②법 제2조제2호에 따른 준고령자는 50세 이상 55세 미만인 사람으로 한다.
(2008.12.31 본조개정)

제 3 조 【고령자 기준고용률】 법 제2조제5호에서 "대통령령으로 정하는 비율"이란 다음 각 호의 어느 하나에 해당하는 비율을 말한다.
1. 제조업: 그 사업장의 상시근로자수의 100분의 2
2. 운수업, 부동산 및 임대업: 그 사업장의 상시근로자수의 100분의 6
3. 제1호 및 제2호 외의 산업: 그 사업장의 상시근로자수의 100분의 3
(2008.12.31 본조개정)

제 2 장 고용상 연령차별금지

제 4 조 【시정명령의 신청방법 등】 ①법 제4조의7제1항에 따른 시정명령을 신청하려는 피해자는 다음 각 호의 사항을 적은 서면을 고용노동부장관에게 제출하여야 한다.(2010.7.12 개정)
1. 신청인의 성명과 주소
2. 피신청인의 성명과 주소(피신청인이 법인인 경우에는 그 명칭과 주된 사무소의 소재지를 말한다)
3. 시정명령이 필요한 사유
②제1항에 따른 시정명령의 신청은 국가인권위원회가 구제조치 등을 권고한 날부터 6개월 이내에 하여야 한다.
(2008.12.31 본조개정)

제 3 장 정부의 고령자 취업지원

제 5 조 【고령자에 대한 직업능력개발훈련 등】 ①고용노동부장관 및 특별시장 · 광역시장 · 도지사 · 특별자치도지사(이하 "고용노동부장관 등"이라 한다)는 법 제6조제1항에 따라 고령자의 고용을 촉진하고 직업능력의 개발 · 향상을 위하여 다음 각 호의 직업능력 개발훈련을 실시하여야 한다.(2010.7.12 개정)
1. 법 제15조제1항에 따라 선정 · 고시된 우선고용직종(이하 "우선고용직

종"이라 한다)에 취업하기를 원하는 고령자를 대상으로 「국민 평생 직업능력 개발법」 제12조에 따라 실시하는 직업능력개발훈련(2022.2.17 개정)

2. 「고용보험법 시행령」 제12조에 따른 우선지원 대상기업의 사업주와 취업을 원하는 고령자의 신청을 받아 해당 우선지원 대상기업의 생산시설 또는 근무장소에서 실시하는 현장 연수

②고용노동부장관등은 제1항제2호에 따른 현장 연수를 실시하는 경우에 예산의 범위에서 해당 우선지원 대상기업의 사업주에게는 연수비용의 전부 또는 일부를, 해당 고령자에게는 연수수당을 지원할 수 있다.(2010.7.12 개정)

③고용노동부장관등은 고령자에 대한 직업능력개발훈련의 성과를 높이기 위하여 고령자에게 적합한 직업능력개발훈련과정을 개발 · 보급하여야 한다.(2010.7.12 개정)

④고용노동부장관등은 「국민 평생 직업능력 개발법」 제2조제3호에 따른 직업능력개발훈련시설에서 고령자를 대상으로 우선고용직종에 대한 직업능력개발훈련과정을 개발하거나 같은 법에 따른 훈련을 실시하는 경우에 그 비용의 전부 또는 일부를 지원할 수 있다.(2022.2.17 개정)

⑤준고령자에 대한 직업능력개발훈련에 관하여는 제1항부터 제4항까지를 준용한다. 이 경우 "고령자"는 "준고령자"로 본다.

(2008.12.31 본조개정)

제 6 조 【직업능력개발훈련시설 등에 대한 평가 우대】 고용노동부장관은 「국민 평생 직업능력 개발법 시행령」 제48조에 따른 직업능력개발훈련시설 등에 대한 평가를 하는 경우에 고령자를 대상으로 한 훈련실적이 고용노동부장관이 정하는 수준 이상이면 우대할 수 있다.(2022.2.17 개정)

(2008.12.31 본조개정)

제 7 조 【고령자인재은행의 지정기준 등】 ①법 제11조제1항에 따른 고령자인재은행(이하 "고령자인재은행"이라 한다)의 지정기준은 별표 1과 같다.

②고령자인재은행의 지정을 받으려는 자는 고용노동부장관에게 고령자인재은행의 지정을 신청하여야 한다.(2010.7.12 개정)

③고용노동부장관은 제2항에 따라 고령자인재은행의 지정 신청을 받은 경

우에는 다음 각 호의 사항을 고려하여 지정 여부를 결정한 후, 신청을 받은 날부터 30일 이내에 그 결과를 신청인에게 통보하여야 한다.(2010.7.12 개정)

1. 고령자인재은행의 지역별 분포
2. 고령자 취업알선실적
3. 관련 예산의 규모
4. 그 밖에 고용노동부장관이 고령자인재은행의 지정에 필요하다고 인정하는 사항(2010.7.12 개정)

④고령자인재은행의 지정기간이나 그 밖에 고령자인재은행의 지정 및 운영에 필요한 사항은 고용노동부장관이 정하여 고시한다.(2010.7.12 개정)
(2008.12.31 본조개정)

제 8 조 【중견전문인력고용지원센터의 사업범위】 법 제11조의2제3항제3호에서 "대통령령으로 정하는 사업"이란 다음 각 호의 어느 하나에 해당하는 사업을 말한다.

1. 법 제6조제2항에 따른 고령자 적응훈련사업
2. 법 제6조제3항에 따른 고령자의 신체적, 정신적 조건 등을 고려한 직업능력 개발훈련 과정의 개발·보급사업
3. 법 제7조에 따른 사업주에 대한 고령자 고용 관리에 관한 상담, 자문, 지원 및 정보 등의 제공사업

(2008.12.31 본조개정)

제 9 조 【중견전문인력 고용지원센터의 지정기준 등】 ①법 제11조의2제1항에 따른 중견전문인력 고용지원센터의 지정기준에 관하여는 별표 1을 준용한다. 이 경우 "고령자인재은행"은 "중견전문인력 고용지원센터"로, "제7조제1항"은 "제9조제1항"으로, "고령자"는 "중견전문인력"으로 본다.

②제1항에 따른 중견전문인력 고용지원센터의 지정절차에 관하여는 제7조 제2항부터 제4항까지를 준용한다. 이 경우 "고령자인재은행"은 "중견전문인력 고용지원센터"로, "고령자"는 "중견전문인력"으로 본다.
(2008.12.31 본조개정)

제 4 장 고령자의 고용촉진 및 고용안정

제10조 【기준고용률이 적용되는 사업주】 법 제12조에 따라 기준고

용률 이상의 고령자를 고용하도록 노력하여야 할 사업주는 상시 300명 이상의 근로자를 사용하는 사업장의 사업주로 한다.
(2008.12.31 본조개정)

제11조【고용 지원금의 지급기준 등】 ①법 제14조제2항제1호에 따른 고용 지원금의 지급기준 등에 관하여는 「고용보험법 시행령」 제26조 및 제28조의4에서 정하는 바에 따른다.(2024.12.24 개정)
②법 제14조제2항제2호에 따른 고용 지원금의 지급기준 등에 관하여는 「고용보험법 시행령」 제28조 및 제28조의2에서 정하는 바에 따른다.(2015.12.4 개정)
③법 제14조제2항제3호에 따른 고용 지원금의 지급기준 등에 관하여는 「고용보험법 시행령」 제33조에서 정하는 바에 따른다.
(2008.12.31 본조개정)

제12조【우선고용직종의 고용】 ①국가 및 지방자치단체, 「공공기관의 운영에 관한 법률」 제4조에 따라 공공기관으로 지정받은 기관의 장(이하 "공공기관등의 장"이라 한다)은 그 기관의 우선고용직종에 다음 각 호의 어느 하나에 해당하는 사유가 발생한 경우에는 고령자와 준고령자를 우선적으로 고용하여야 한다.(2010.4.29 개정)
1. 우선고용직종이 신설되거나 확대됨에 따라 신규인력을 채용하는 경우
2. 퇴직이나 이직 등에 따라 우선고용직종에 결원이 생겨서 인력보충이 필요한 경우

②공공기관등의 장은 해당 기관의 우선고용직종에 직원을 채용하는 경우에 관계 법령상 별도의 자격요건을 정하고 있거나 특별한 사정이 있다고 인정되어 고용노동부장관의 승인을 받은 경우에는 제1항을 적용하지 아니할 수 있다.(2010.7.12 개정)
(2008.12.31 본조개정)

제13조【우선고용직종에 대한 고용현황 제출】 공공기관등의 장은 그 기관의 우선고용직종에 관한 고용현황을 고용노동부령으로 정하는 바에 따라 매년 고용노동부장관에게 제출하여야 한다.(2010.7.12 개정)
(2008.12.31 본조개정)

제5장 정 년

제14조【정년제도 운영현황 제출의무 사업주】 법 제20조제1항에서 "대통령령으로 정하는 수 이상의 근로자를 사용하는 사업주"란 상시 300명 이상의 근로자를 사용하는 사업주를 말한다.
(2008.12.31 본조개정)

제14조의2【재취업지원서비스의 제공의무 사업주】 법 제21조의3제2항에서 "대통령령으로 정하는 수 이상의 근로자를 사용하는 사업주"란 직전 연도의 매월 말일을 기준으로 각각 산정된 「고용보험법」 제2조제1호 가목에 따른 피보험자 수의 평균이 1천명 이상인 사업주를 말한다.
(2020.4.28 본조신설)

제14조의3【재취업지원서비스의 제공 대상】 ①사업주는 법 제21조의3제2항에 따라 다음 각 호의 요건을 모두 갖춘 이직예정인 준고령자 및 고령자에게 같은 조 제1항에 따른 재취업지원서비스(이하 "재취업지원서비스"라 한다)를 제공해야 한다.

1. 이직예정일이 50세 이상이 되는 연도에 있을 것
2. 「고용보험법」 제50조제3항에 따른 피보험기간이 이직예정일 전날까지 계속하여 1년 이상일 것. 다만, 근로계약기간이 정해져 있는 준고령자 및 고령자는 해당 피보험기간이 이직예정일 전날까지 계속하여 3년 이상이어야 한다.

②법 제21조의3제2항에서 "정년 등 대통령령으로 정하는 비자발적인 사유"란 「고용보험법」 제58조에 따른 수급자격이 제한되는 경우에 해당하지 않는 사유를 말한다.

③사업주는 제1항 및 제2항에도 불구하고 이직예정인 준고령자 및 고령자가 재취업의 확정 등 고용노동부장관이 정하여 고시하는 사유로 재취업지원서비스를 받지 않겠다고 서면 또는 전자적 방법으로 동의한 경우에는 재취업지원서비스를 제공하지 않을 수 있다.
(2020.4.28 본조신설)

제14조의4【재취업지원서비스의 내용 및 방법】 ①사업주가 법 제21조의3제2항에 따라 재취업지원서비스를 제공하는 경우에는 고용노동부장관이 정하여 고시하는 바에 따라 다음 각 호 중 어느 하나 이상의 재취업지원서비스를 제공해야 한다.

1. 경력 · 적성 등의 진단 및 향후 진로설계
2. 취업 알선

3. 재취업 또는 창업에 관한 교육
4. 그 밖에 고용노동부장관이 재취업 또는 창업에 필요하다고 인정하는 서비스

②사업주는 제14조의3에 따른 재취업지원서비스의 제공 대상자에게 그 이직예정일 전 3년 이내에 재취업지원서비스를 제공해야 한다.

③사업주는 제2항에도 불구하고 경영상 필요에 따른 해고 또는 퇴직사유가 발생하여 이직이 예정된 제14조의3에 따른 재취업지원서비스 제공 대상자에게는 그 이직예정일 전 1년 이내에 재취업지원서비스를 제공하되, 해당 기간에 재취업지원서비스를 제공하기 어려운 경우에는 이직예정일의 다음 날부터 6개월 이내에 재취업지원서비스를 제공할 수 있다.
(2020.4.28 본조신설)

제14조의5【재취업지원서비스 실시의 위탁】 사업주가 법 제21조의3제3항에 따라 같은 조 제2항에 따른 재취업지원서비스(제14조의4제1항제1호부터 제3호까지의 규정에 따른 재취업지원서비스만 해당한다)를 위탁하여 실시하려는 경우 그 수탁단체 또는 수탁기관은 법 제21조의3제3항 각 호의 어느 하나에 해당하는 단체 또는 기관으로서 다음 각 호의 구분에 따른 요건을 갖춘 단체 또는 기관으로 한다.

1. 제14조의4제1항제1호 · 제2호에 따른 재취업지원서비스: 고용노동부장관이 정하여 고시하는 직업 · 진로 상담 분야의 자격이나 근무 경력이 있는 인력과 개인별 상담 공간을 갖추고 있을 것
2. 제14조의4제1항제3호에 따른 재취업지원서비스: 고용노동부장관이 정하여 고시하는 교육훈련 경력이 있는 인력을 갖추고 있을 것

(2020.4.28 본조신설)

제6장 보 칙

제15조【권한의 위임】 ①고용노동부장관은 법 제23조의2에 따라 다음 각 호의 사항에 관한 권한을 지방고용노동관서의 장에게 위임한다.(2010.7.12 개정)

1. 법 제4조의8에 따른 시정명령 이행상황의 제출요구 및 시정명령 불이행에 대한 신고의 수리
2. 법 제11조 및 제11조의2에 따른 고령자인재은행 및 중견전문인력 고용

지원센터의 지정
3. 법 제11조의3에 따른 고령자인재은행 및 중견전문인력 고용지원센터의 지정 취소와 업무의 폐지 · 휴업에 관한 신고의 수리
4. 법 제13조제1항에 따른 고령자 고용현황 제출의 접수(2010.4.29 개정)
5. 법 제20조제1항에 따른 정년 제도 운영 현황 제출의 접수(2010.4.29 개정)
5의2. 법 제21조의3제4항에 따른 재취업지원서비스를 제공하는 사업주에 대한 지원(2020.4.28 신설)
6. 법 제23조에 따른 보고와 검사
7. 법 제24조에 따른 과태료의 부과처분 및 징수
②고용노동부장관은 법 제4조의7에 따른 시정명령의 권한을 지방고용노동청장에게 위임한다.(2010.7.12 개정)
(2008.12.31 본조개정)

제15조의2【고유식별정보의 처리】 고용노동부장관(법 제23조의2에 따라 고용노동부장관의 권한을 위임받은 자를 포함한다)은 다음 각 호의 사무를 수행하기 위하여 불가피한 경우 「개인정보 보호법 시행령」 제19조제1호 또는 제4호에 따른 주민등록번호 또는 외국인등록번호가 포함된 자료를 처리할 수 있다.
1. 법 제21조의3제4항에 따른 재취업지원서비스를 제공하는 사업주에 대한 지원에 관한 사무
2. 법 제23조에 따른 고령자의 고용촉진을 위하여 필요한 보고와 검사에 관한 사무
(2020.4.28 본조신설)

제15조의3【규제의 재검토】 고용노동부장관은 제7조제1항 및 별표 1에 따른 고령자인재은행의 지정기준 등에 대하여 2017년 1월 1일을 기준으로 3년마다(매 3년이 되는 해의 1월 1일 전까지를 말하다) 그 타당성을 검토하여 개선 등의 조치를 하여야 한다.(2016.12.30 개정)
(2020.4.28 본조개정)

제16조【과태료의 부과기준】 법 제24조제1항 및 제2항에 따른 과태료의 부과기준은 별표 2와 같다.
(2011.3.30 본조개정)

부　칙
이 영은 공포한 날부터 시행한다.

부　칙 (2003. 7.10)
이 영은 공포한 날부터 시행한다.

부　칙 (2007. 6.29)
이 영은 공포한 날부터 시행한다.

부　칙 (2007.12.28)
이 영은 2008년 1월 1일부터 시행한다.

부　칙 (2008.12.31)
제1조【시행일】 이 영은 2009년 3월 22일부터 시행한다.
제2조【다른 법령의 개정】 ①고용보험법 시행령 일부를 다음과 같이 개정한다.
제25조제1항제1호 중 "「고령자고용촉진법」"을 "「고용상 연령차별금지 및 고령자고용촉진에 관한 법률」"로 한다.
별표 1 대상자란의 제1호 및 제4호 중 "「고령자고용촉진법」 제2조제1호에 따른 고령자나 같은 법 제2조제1호의2에 따른 준고령자"를 각각 "「고용상 연령차별금지 및 고령자고용촉진에 관한 법률」 제2조제1호에 따른 고령자나 같은 조 제2호에 따른 준고령자"로 한다.
②고용정책기본법 시행령 일부를 다음과 같이 개정한다.
제7조제5항제4호 중 "「고령자고용촉진법」"을 "「고용상 연령차별금지 및 고령자고용촉진에 관한 법률」"로 한다.
③사회적기업 육성법 시행령 일부를 다음과 같이 개정한다.
제2조제2호 중 "「고령자고용촉진법」"을 "「고용상 연령차별금지 및 고령자고용촉진에 관한 법률」"로 한다.
④직업교육훈련촉진법시행령 일부를 다음과 같이 개정한다.
제10조제5호 중 "고령자고용촉진법 제2조제2호의 규정에 의한 고령자"를 "「고용상 연령차별금지 및 고령자고용촉진에 관한 법률」 제2조제1호 및 제2호에 따른 고령자 및 준고령자"로 한다.

⑤행정권한의 위임 및 위탁에 관한 규정 일부를 다음과 같이 개정한다.
제50조제1항제1호 중 "「고령자고용촉진법」 제6조제2항의 규정에 의한"을 "「고용상 연령차별금지 및 고령자고용촉진에 관한 법률」 제6조제2항에 따른"으로 한다.
⑥중소기업인력지원 특별법 시행령 일부를 다음과 같이 개정한다.
제9조의2제1항제3호 중 "「고령자고용촉진법」"을 "「고용상 연령차별금지 및 고령자고용촉진에 관한 법률」"로 한다.

제 3 조 【다른 법령과의 관계】 이 영 시행 당시 다른 법령에서 종전의 「고령자고용촉진법 시행령」 또는 그 규정을 인용한 경우에 이 영 가운데 그에 해당하는 규정이 있으면 종전의 규정을 갈음하여 이 영 또는 이 영의 해당 규정을 인용한 것으로 본다.

부　칙 (2010. 4.29)

이 영은 2010년 5월 5일부터 시행한다.

부　칙 (2011. 3.30)

제 1 조 【시행일】 이 영은 공포한 날부터 시행한다.

제 2 조 【과태료에 관한 경과조치】 ①이 영 시행 전의 위반행위에 대하여 과태료의 부과기준을 적용할 때에는 별표 2의 개정규정에도 불구하고 종전의 규정에 따른다.
②이 영 시행 전의 위반행위로 받은 과태료 부과처분은 별표 2의 개정규정에 따른 위반행위의 횟수 산정에 포함하지 아니한다.

부　칙 (2020. 4.28)

제 1 조 【시행일】 이 영은 2020년 5월 1일부터 시행한다.

제 2 조 【재취업지원서비스 제공기간에 관한 특례】 사업주가 이 영 시행 이후 1년 이내 이직예정인 제14조의3의 개정규정에 따른 재취업지원서비스 제공 대상자에게 법 제21조의3제2항에 따라 재취업지원서비스를 2021년 4월 30일까지 제공하는 경우에는 제14조의4제2항 및 제3항의 개정규정에도 불구하고 같은 개정규정에 따른 기간에 재취업지원서비스를 제공한 것으로 본다.

외국인근로자의 고용 등에 관한 법률

제정 2003. 8.16 법률 제6967호
개정 2004.12.31 법률 제7327호
2005. 5.31 법률 제7567호
2005.12.30 법률 제7829호
2007. 1. 3 법률 제8218호
2008. 2.29 법률 제8852호
2009.10. 9 법률 제9795호
2009.10. 9 법률 제9798호
2010. 6. 4 법률 제10339호
2012. 2. 1 법률 제11276호
2013. 3.23 법률 제11690호
2014. 1.28 법률 제12371호
2016. 1.27 법률 제13908호
2017. 7.26 법률 제14839호
2019. 1.15 법률 제16274호
2020. 5.26 법률 제17326호
2021. 4.13 법률 제18041호
2022. 6.10 법률 제18929호
2025.10. 1 법률 제21065호

제1장 총 칙

제1조 【목적】 이 법은 외국인근로자를 체계적으로 도입·관리함으로써 원활한 인력수급 및 국민경제의 균형 있는 발전을 도모함을 목적으로 한다.
(2009.10.9 본조개정)

제 2 조 【외국인근로자의 정의】 이 법에서 "외국인근로자"란 대한민국의 국적을 가지지 아니한 사람으로서 국내에 소재하고 있는 사업 또는 사업장에서 임금을 목적으로 근로를 제공하고 있거나 제공하려는 사람을 말한다. 다만, 「출입국관리법」 제18조제1항에 따라 취업활동을 할 수 있는 체류자격을 받은 외국인 중 취업분야 또는 체류기간 등을 고려하여 대통령령으로 정하는 사람은 제외한다.
(2009.10.9 본조개정)

제 3 조 【적용 범위 등】 ①이 법은 외국인근로자 및 외국인근로자를 고용하고 있거나 고용하려는 사업 또는 사업장에 적용한다. 다만, 「선원법」의 적용을 받는 선박에 승무(乘務)하는 선원 중 대한민국 국적을 가지지 아니한 선원 및 그 선원을 고용하고 있거나 고용하려는 선박의 소유자에 대하여는 적용하지 아니한다.
②외국인근로자의 입국 · 체류 및 출국 등에 관하여 이 법에서 규정하지 아니한 사항은 「출입국관리법」에서 정하는 바에 따른다.
(2009.10.9 본조개정)

제 4 조 【외국인력정책위원회】 ①외국인근로자의 고용관리 및 보호에 관한 주요 사항을 심의 · 의결하기 위하여 국무총리 소속으로 외국인력정책위원회(이하 "정책위원회"라 한다)를 둔다.
②정책위원회는 다음 각 호의 사항을 심의 · 의결한다.
1. 외국인근로자 관련 기본계획의 수립에 관한 사항
2. 외국인근로자 도입 업종 및 규모 등에 관한 사항
3. 외국인근로자를 송출할 수 있는 국가(이하 "송출국가"라 한다)의 지정 및 지정취소에 관한 사항
4. 제18조의2제2항에 따른 외국인근로자의 취업활동 기간 연장에 관한 사항(2021.4.13 신설)
5. 그 밖에 대통령령으로 정하는 사항(2021.4.13 개정)

③정책위원회는 위원장 1명을 포함한 20명 이내의 위원으로 구성한다.
④정책위원회의 위원장은 국무조정실장이 되고, 위원은 재정경제부 · 외교부 · 법무부 · 산업통상부 · 고용노동부 · 중소벤처기업부의 차관 및 대통령령으로 정하는 관계 중앙행정기관의 차관이 된다.(2025.10.1 개정)
⑤외국인근로자 고용제도의 운영 및 외국인근로자의 권익보호 등에 관한 사항을 사전에 심의하게 하기 위하여 정책위원회에 외국인력정책실무위

원회(이하 "실무위원회"라 한다)를 둔다.
⑥정책위원회와 실무위원회의 구성 · 기능 및 운영 등에 필요한 사항은 대통령령으로 정한다.
(2009.10.9 본조개정)

제 5 조 【외국인근로자 도입계획의 공표 등】 ①고용노동부장관은 제4조제2항 각 호의 사항이 포함된 외국인근로자 도입계획을 정책위원회의 심의 · 의결을 거쳐 수립하여 매년 3월 31일까지 대통령령으로 정하는 방법으로 공표하여야 한다.(2010.6.4 개정)
②고용노동부장관은 제1항에도 불구하고 국내의 실업증가 등 고용사정의 급격한 변동으로 인하여 제1항에 따른 외국인근로자 도입계획을 변경할 필요가 있을 때에는 정책위원회의 심의 · 의결을 거쳐 변경할 수 있다. 이 경우 공표의 방법에 관하여는 제1항을 준용한다.(2010.6.4 개정)
③고용노동부장관은 필요한 경우 외국인근로자 관련 업무를 지원하기 위하여 조사 · 연구사업을 할 수 있으며, 이에 관하여 필요한 사항은 대통령령으로 정한다.(2010.6.4 개정)
(2009.10.9 본조개정)

제 2 장 외국인근로자 고용절차

제 6 조 【내국인 구인 노력】 ①외국인근로자를 고용하려는 자는 「직업안정법」 제2조의2제1호에 따른 직업안정기관(이하 "직업안정기관"이라 한다)에 우선 내국인 구인 신청을 하여야 한다.
②직업안정기관의 장은 제1항에 따른 내국인 구인 신청을 받은 경우에는 사용자가 적절한 구인 조건을 제시할 수 있도록 상담 · 지원하여야 하며, 구인 조건을 갖춘 내국인이 우선적으로 채용될 수 있도록 직업소개를 적극적으로 하여야 한다.
(2009.10.9 본조개정)

제 7 조 【외국인구직자 명부의 작성】 ①고용노동부장관은 제4조제2항제3호에 따라 지정된 송출국가의 노동행정을 관장하는 정부기관의 장과 협의하여 대통령령으로 정하는 바에 따라 외국인구직자 명부를 작성하여야 한다. 다만, 송출국가에 노동행정을 관장하는 독립된 정부기관이 없을 경우 가장 가까운 기능을 가진 부서를 정하여 정책위원회의 심의를 받아

그 부서의 장과 협의한다.(2010.6.4 개정)
②고용노동부장관은 제1항에 따른 외국인구직자 명부를 작성할 때에는 외국인구직자 선발기준 등으로 활용할 수 있도록 한국어 구사능력을 평가하는 시험(이하 "한국어능력시험"이라 한다)을 실시하여야 하며, 한국어능력시험의 실시기관 선정 및 선정취소, 평가의 방법, 그 밖에 필요한 사항은 대통령령으로 정한다.(2010.6.4 개정)
③한국어능력시험의 실시기관은 시험에 응시하려는 사람으로부터 대통령령으로 정하는 바에 따라 수수료를 징수하여 사용할 수 있다. 이 경우 수수료는 외국인근로자 선발 등을 위한 비용으로 사용하여야 한다.(2020.5.26 신설)
④고용노동부장관은 제1항에 따른 외국인구직자 선발기준 등으로 활용하기 위하여 필요한 경우 기능 수준 등 인력 수요에 부합되는 자격요건을 평가할 수 있다.(2014.1.28 개정)
⑤제4항에 따른 자격요건 평가기관은 「한국산업인력공단법」에 따른 한국산업인력공단(이하 "한국산업인력공단"이라 한다)으로 하며, 자격요건 평가의 방법 등 필요한 사항은 대통령령으로 정한다.(2014.1.28 개정)
(2009.10.9 본조개정)

제8조【외국인근로자 고용허가】 ①제6조제1항에 따라 내국인 구인 신청을 한 사용자는 같은 조 제2항에 따른 직업소개를 받고도 인력을 채용하지 못한 경우에는 고용노동부령으로 정하는 바에 따라 직업안정기관의 장에게 외국인근로자 고용허가를 신청하여야 한다.(2010.6.4 개정)
②제1항에 따른 고용허가 신청의 유효기간은 3개월로 하되, 일시적인 경영악화 등으로 신규 근로자를 채용할 수 없는 경우 등에는 대통령령으로 정하는 바에 따라 1회에 한정하여 고용허가 신청의 효력을 연장할 수 있다.
③직업안정기관의 장은 제1항에 따른 신청을 받으면 외국인근로자 도입 업종 및 규모 등 대통령령으로 정하는 요건을 갖춘 사용자에게 제7조제1항에 따른 외국인구직자 명부에 등록된 사람 중에서 적격자를 추천하여야 한다.
④직업안정기관의 장은 제3항에 따라 추천된 적격자를 선정한 사용자에게는 지체 없이 고용허가를 하고, 선정된 외국인근로자의 성명 등을 적은 외국인근로자 고용허가서를 발급하여야 한다.
⑤제4항에 따른 외국인근로자 고용허가서의 발급 및 관리 등에 필요한 사

항은 대통령령으로 정한다.
⑥직업안정기관이 아닌 자는 외국인근로자의 선발, 알선, 그 밖의 채용에 개입하여서는 아니 된다.
(2009.10.9 본조개정)

제 9 조 【근로계약】 ①사용자가 제8조제4항에 따라 선정한 외국인근로자를 고용하려면 고용노동부령으로 정하는 표준근로계약서를 사용하여 근로계약을 체결하여야 한다.(2010.6.4 개정)
②사용자는 제1항에 따른 근로계약을 체결하려는 경우 이를 한국산업인력공단에 대행하게 할 수 있다.(2014.1.28 개정)
③제8조에 따라 고용허가를 받은 사용자와 외국인근로자는 제18조에 따른 기간 내에서 당사자 간의 합의에 따라 근로계약을 체결하거나 갱신할 수 있다.(2012.2.1 개정)
④제18조의2에 따라 취업활동 기간이 연장되는 외국인근로자와 사용자는 연장된 취업활동 기간의 범위에서 근로계약을 체결할 수 있다.
⑤제1항에 따른 근로계약을 체결하는 절차 및 효력발생 시기 등에 관하여 필요한 사항은 대통령령으로 정한다.
(2009.10.9 본조개정)

제10조 【사증발급인정서】 제9조제1항에 따라 외국인근로자와 근로계약을 체결한 사용자는 「출입국관리법」 제9조제2항에 따라 그 외국인근로자를 대리하여 법무부장관에게 사증발급인정서를 신청할 수 있다.
(2009.10.9 본조개정)

제11조 【외국인 취업교육】 ①외국인근로자는 입국한 후에 고용노동부령으로 정하는 기간 이내에 한국산업인력공단 또는 제11조의3에 따른 외국인 취업교육기관에서 국내 취업활동에 필요한 사항을 주지(周知)시키기 위하여 실시하는 교육(이하 "외국인 취업교육"이라 한다)을 받아야 한다.(2022.6.10 개정)
②사용자는 외국인근로자가 외국인 취업교육을 받을 수 있도록 하여야 한다.
③외국인 취업교육의 시간과 내용, 그 밖에 외국인 취업교육에 필요한 사항은 고용노동부령으로 정한다.(2010.6.4 개정)
(2009.10.9 본조개정)

제11조의2 【사용자 교육】 ①제8조에 따라 외국인근로자 고용허가를 최초로 받은 사용자는 노동관계법령 · 인권 등에 관한 교육(이하 "사용자

교육"이라 한다)을 받아야 한다.
②사용자 교육의 내용, 시간, 그 밖에 사용자 교육에 필요한 사항은 고용노동부령으로 정한다.
(2021.4.13 본조신설)

제11조의3【외국인 취업교육기관의 지정 등】 ①고용노동부장관은 외국인 취업교육을 전문적·효율적으로 수행하기 위하여 외국인 취업교육기관(이하 "외국인 취업교육기관"이라 한다)을 지정할 수 있다.
②제1항에 따라 외국인 취업교육기관으로 지정을 받으려는 자는 전문인력·시설 등 대통령령으로 정하는 지정기준을 갖추어 고용노동부장관에게 신청하여야 한다.
③제1항 및 제2항에서 규정한 사항 외에 외국인 취업교육기관의 지정절차 등에 필요한 사항은 고용노동부령으로 정한다.
(2022.6.10 본조신설)

제11조의4【외국인 취업교육기관의 지정취소 등】 ①고용노동부장관은 외국인 취업교육기관이 다음 각 호의 어느 하나에 해당하는 경우에는 고용노동부령으로 정하는 바에 따라 지정취소, 6개월 이내의 업무정지 또는 시정명령을 할 수 있다. 다만, 제1호에 해당하는 경우에는 지정을 취소하여야 한다.
1. 거짓이나 그 밖의 부정한 방법으로 지정을 받은 경우
2. 제11조의3제2항에 따른 지정기준에 적합하지 아니하게 된 경우
3. 정당한 사유 없이 1년 이상 운영을 중단한 경우
4. 임직원이 외국인 취업교육 업무와 관련하여 형사처분을 받는 등 사회적으로 중대한 물의를 일으킨 경우
5. 운영성과의 미흡 등 대통령령으로 정하는 경우에 해당하는 경우
6. 그 밖에 이 법 또는 이 법에 따른 명령을 위반한 경우
②제1항에 따라 지정이 취소된 외국인 취업교육기관은 지정이 취소된 날부터 1년이 경과하지 아니하면 제11조의3제2항에 따른 외국인 취업교육기관 지정신청을 할 수 없다.
③고용노동부장관은 제1항에 따라 외국인 취업교육기관의 지정을 취소하는 경우에는 청문을 실시하여야 한다.
(2022.6.10 본조신설)

제12조【외국인근로자 고용의 특례】 ①다음 각 호의 어느 하나에

해당하는 사업 또는 사업장의 사용자는 제3항에 따른 특례고용가능확인을 받은 후 대통령령으로 정하는 사증을 발급받고 입국한 외국인으로서 국내에서 취업하려는 사람을 고용할 수 있다. 이 경우 근로계약의 체결에 관하여는 제9조를 준용한다.

1. 건설업으로서 정책위원회가 일용근로자 노동시장의 현황, 내국인근로자 고용기회의 침해 여부 및 사업장 규모 등을 고려하여 정하는 사업 또는 사업장
2. 서비스업, 제조업, 농업, 어업 또는 광업으로서 정책위원회가 산업별 특성을 고려하여 정하는 사업 또는 사업장(2021.4.13 개정)

②제1항에 따른 외국인으로서 제1항 각 호의 어느 하나에 해당하는 사업 또는 사업장에 취업하려는 사람은 외국인 취업교육을 받은 후에 직업안정기관의 장에게 구직 신청을 하여야 하고, 고용노동부장관은 이에 대하여 외국인구직자 명부를 작성·관리하여야 한다.(2010.6.4 개정)

③제6조제1항에 따라 내국인 구인 신청을 한 사용자는 같은 조 제2항에 따라 직업안정기관의 장의 직업소개를 받고도 인력을 채용하지 못한 경우에는 고용노동부령으로 정하는 바에 따라 직업안정기관의 장에게 특례고용가능확인을 신청할 수 있다. 이 경우 직업안정기관의 장은 외국인근로자의 도입 업종 및 규모 등 대통령령으로 정하는 요건을 갖춘 사용자에게 특례고용가능확인을 하여야 한다.(2010.6.4 개정)

④제3항에 따라 특례고용가능확인을 받은 사용자는 제2항에 따른 외국인구직자 명부에 등록된 사람 중에서 채용하여야 하고, 외국인근로자가 근로를 시작하면 고용노동부령으로 정하는 바에 따라 직업안정기관의 장에게 신고하여야 한다.(2010.6.4 개정)

⑤특례고용가능확인의 유효기간은 3년으로 한다. 다만, 제1항제1호에 해당하는 사업 또는 사업장으로서 공사기간이 3년보다 짧은 경우에는 그 기간으로 한다.

⑥직업안정기관의 장이 제3항에 따라 특례고용가능확인을 한 경우에는 대통령령으로 정하는 바에 따라 해당 사용자에게 특례고용가능확인서를 발급하여야 한다.

⑦제1항에 따른 외국인근로자에 대하여는 「출입국관리법」 제21조를 적용하지 아니한다.

⑧고용노동부장관은 제1항에 따른 외국인이 취업을 희망하는 경우에는 입

국 전에 고용정보를 제공할 수 있다.(2010.6.4 개정)
(2009.10.9 본조개정)

제3장 외국인근로자의 고용관리

제13조【출국만기보험 · 신탁】 ①외국인근로자를 고용한 사업 또는 사업장의 사용자(이하 "사용자"라 한다)는 외국인근로자의 출국 등에 따른 퇴직금 지급을 위하여 외국인근로자를 피보험자 또는 수익자(이하 "피보험자등"이라 한다)로 하는 보험 또는 신탁(이하 "출국만기보험등"이라 한다)에 가입하여야 한다. 이 경우 보험료 또는 신탁금은 매월 납부하거나 위탁하여야 한다.(2014.1.28 개정)
②사용자가 출국만기보험등에 가입한 경우 「근로자퇴직급여 보장법」 제8조제1항에 따른 퇴직금제도를 설정한 것으로 본다.
③출국만기보험등의 가입대상 사용자, 가입방법 · 내용 · 관리 및 지급 등에 필요한 사항은 대통령령으로 정하되, 지급시기는 피보험자등이 출국한 때부터 14일(체류자격의 변경, 사망 등에 따라 신청하거나 출국일 이후에 신청하는 경우에는 신청일부터 14일) 이내로 한다.(2014.1.28 개정)
④출국만기보험등의 지급사유 발생에 따라 피보험자등이 받을 금액(이하 "보험금등"이라 한다)에 대한 청구권은 「상법」 제662조에도 불구하고 지급사유가 발생한 날부터 3년간 이를 행사하지 아니하면 소멸시효가 완성한다. 이 경우 출국만기보험등을 취급하는 금융기관은 소멸시효가 완성한 보험금등을 1개월 이내에 한국산업인력공단에 이전하여야 한다.(2014.1.28 신설)
(2009.10.9 본조개정)

제13조의2【휴면보험금등관리위원회】 ①제13조제4항에 따라 이전받은 보험금등의 관리 · 운용에 필요한 사항을 심의 · 의결하기 위하여 한국산업인력공단에 휴면보험금등관리위원회를 둔다.
②제13조제4항에 따라 이전받은 보험금등은 우선적으로 피보험자등을 위하여 사용되어야 한다.
③휴면보험금등관리위원회의 구성 및 운영, 그 밖에 필요한 사항은 대통령령으로 정한다.
(2014.1.28 본조신설)

제14조 【건강보험】 사용자 및 사용자에게 고용된 외국인근로자에게 「국민건강보험법」을 적용하는 경우 사용자는 같은 법 제3조에 따른 사용자로, 사용자에게 고용된 외국인근로자는 같은 법 제6조제1항에 따른 직장가입자로 본다.
(2009.10.9 본조개정)

제15조 【귀국비용보험 · 신탁】 ①외국인근로자는 귀국 시 필요한 비용에 충당하기 위하여 보험 또는 신탁에 가입하여야 한다.
②제1항에 따른 보험 또는 신탁의 가입방법 · 내용 · 관리 및 지급 등에 필요한 사항은 대통령령으로 정한다.
③제1항에 따른 보험 또는 신탁의 지급사유 발생에 따라 가입자가 받을 금액에 대한 청구권의 소멸시효, 소멸시효가 완성한 금액의 이전 및 관리 · 운용 등에 관하여는 제13조제4항 및 제13조의2를 준용한다.(2014.1.28 신설)
(2009.10.9 본조개정)

제16조 【귀국에 필요한 조치】 사용자는 외국인근로자가 근로관계의 종료, 체류기간의 만료 등으로 귀국하는 경우에는 귀국하기 전에 임금 등 금품관계를 청산하는 등 필요한 조치를 하여야 한다.
(2009.10.9 본조개정)

제17조 【외국인근로자의 고용관리】 ①사용자는 외국인근로자와의 근로계약을 해지하거나 그 밖에 고용과 관련된 중요 사항을 변경하는 등 대통령령으로 정하는 사유가 발생하였을 때에는 고용노동부령으로 정하는 바에 따라 직업안정기관의 장에게 신고하여야 한다.(2010.6.4 개정)
②사용자가 제1항에 따른 신고를 한 경우 그 신고사실이 「출입국관리법」 제19조제1항 각 호에 따른 신고사유에 해당하는 때에는 같은 항에 따른 신고를 한 것으로 본다.(2016.1.27 신설)
③제1항에 따라 신고를 받은 직업안정기관의 장은 그 신고사실이 제2항에 해당하는 때에는 지체없이 사용자의 소재지를 관할하는 지방출입국 · 외국인관서의 장에게 통보하여야 한다.(2016.1.27 신설)
④외국인근로자의 적절한 고용관리 등에 필요한 사항은 대통령령으로 정한다.(2016.1.27 개정)
(2009.10.9 본조개정)

제18조 【취업활동 기간의 제한】 외국인근로자는 입국한 날부터 3년

의 범위에서 취업활동을 할 수 있다.
(2012.2.1 본조개정)

제18조의2【취업활동 기간 제한에 관한 특례】 ①다음 각 호의 외국인근로자는 제18조에도 불구하고 한 차례만 2년 미만의 범위에서 취업활동 기간을 연장받을 수 있다.(2020.5.26 개정)

1. 제8조제4항에 따른 고용허가를 받은 사용자에게 고용된 외국인근로자로서 제18조에 따른 취업활동 기간 3년이 만료되어 출국하기 전에 사용자가 고용노동부장관에게 재고용 허가를 요청한 근로자(2010.6.4 개정)
2. 제12조제3항에 따른 특례고용가능확인을 받은 사용자에게 고용된 외국인근로자로서 제18조에 따른 취업활동 기간 3년이 만료되어 출국하기 전에 사용자가 고용노동부장관에게 재고용 허가를 요청한 근로자(2010.6.4 개정)

②고용노동부장관은 제1항 및 제18조에도 불구하고 감염병 확산, 천재지변 등의 사유로 외국인근로자의 입국과 출국이 어렵다고 인정되는 경우에는 정책위원회의 심의·의결을 거쳐 1년의 범위에서 취업활동 기간을 연장할 수 있다.(2021.4.13 신설)
③제1항에 따른 사용자의 재고용 허가 요청 절차 및 그 밖에 필요한 사항은 고용노동부령으로 정한다.(2021.4.13 개정)
(2009.10.9 본조개정)

제18조의3【재입국 취업의 제한】 국내에서 취업한 후 출국한 외국인근로자(제12조제1항에 따른 외국인근로자는 제외한다)는 출국한 날부터 6개월이 지나지 아니하면 이 법에 따라 다시 취업할 수 없다.
(2012.2.1 본조신설)

제18조의4【재입국 취업 제한의 특례】 ①고용노동부장관은 제18조의3에도 불구하고 다음 각 호의 요건을 모두 갖춘 외국인근로자로서 제18조의2에 따라 연장된 취업활동 기간이 끝나 출국하기 전에 사용자가 재입국 후의 고용허가를 신청한 외국인근로자에 대하여 출국한 날부터 1개월이 지나면 이 법에 따라 다시 취업하도록 할 수 있다.(2021.4.13 개정)

1. 다음 각 목의 어느 하나에 해당할 것(2021.4.13 개정)
   가. 제18조 및 제18조의2에 따른 취업활동 기간 중에 사업 또는 사업장을 변경하지 아니하였을 것
   나. 제25조제1항제1호 또는 제3호에 해당하는 사유로 사업 또는 사업장

을 변경하는 경우(재입국 후의 고용허가를 신청하는 사용자와 취업활동 기간 종료일까지의 근로계약 기간이 1년 이상인 경우만 해당한다)로서 동일업종 내 근속기간 등 고용노동부장관이 정하여 고시하는 기준을 충족할 것

다. 제25조제1항제2호에 해당하는 사유로 사업 또는 사업장을 변경하는 경우로서 재입국 후의 고용허가를 신청하는 사용자와 취업활동 기간 종료일까지의 근로계약 기간이 1년 이상일 것

라. 제25조제1항제2호에 해당하는 사유로 사업 또는 사업장을 변경하는 경우로서 재입국 후의 고용허가를 신청하는 사용자와 취업활동 기간 종료일까지의 근로계약 기간이 1년 미만이나 직업안정기관의 장이 제24조의2제1항에 따른 외국인근로자 권익보호협의회의 의견을 들어 재입국 후의 고용허가를 하는 것이 타당하다고 인정하였을 것

2. 정책위원회가 도입 업종이나 규모 등을 고려하여 내국인을 고용하기 어렵다고 정하는 사업 또는 사업장에서 근로하고 있을 것

3. 재입국하여 근로를 시작하는 날부터 효력이 발생하는 1년 이상의 근로계약을 해당 사용자와 체결하고 있을 것

②제1항에 따른 재입국 후의 고용허가 신청과 재입국 취업활동에 대하여는 제6조, 제7조제2항, 제11조를 적용하지 아니한다.

③제1항에 따른 재입국 취업은 한 차례만 허용되고, 재입국 취업을 위한 근로계약의 체결에 관하여는 제9조를 준용하며, 재입국한 외국인근로자의 취업활동에 대하여는 제18조, 제18조의2 및 제25조를 준용한다.(2020.5.26 개정)

④제1항에 따른 사용자의 고용허가 신청 절차 및 그 밖에 필요한 사항은 고용노동부령으로 정한다.

(2012.2.1 본조신설)

제19조 【외국인근로자 고용허가 또는 특례고용가능확인의 취소】

①직업안정기관의 장은 다음 각 호의 어느 하나에 해당하는 사용자에 대하여 대통령령으로 정하는 바에 따라 제8조제4항에 따른 고용허가나 제12조제3항에 따른 특례고용가능확인을 취소할 수 있다.

1. 거짓이나 그 밖의 부정한 방법으로 고용허가나 특례고용가능확인을 받은 경우

2. 사용자가 입국 전에 계약한 임금 또는 그 밖의 근로조건을 위반하는 경우

3. 사용자의 임금체불 또는 그 밖의 노동관계법 위반 등으로 근로계약을 유지하기 어렵다고 인정되는 경우

②제1항에 따라 외국인근로자 고용허가나 특례고용가능확인이 취소된 사용자는 취소된 날부터 15일 이내에 그 외국인근로자와의 근로계약을 종료하여야 한다.

(2009.10.9 본조개정)

제20조 【외국인근로자 고용의 제한】 ①직업안정기관의 장은 다음 각 호의 어느 하나에 해당하는 사용자에 대하여 그 사실이 발생한 날부터 3년간 외국인근로자의 고용을 제한할 수 있다.

1. 제8조제4항에 따른 고용허가 또는 제12조제3항에 따른 특례고용가능확인을 받지 아니하고 외국인근로자를 고용한 자(2014.1.28 개정)
2. 제19조제1항에 따라 외국인근로자의 고용허가나 특례고용가능확인이 취소된 자
3. 이 법 또는 「출입국관리법」을 위반하여 처벌을 받은 자

3의2. 외국인근로자의 사망으로 「산업안전보건법」 제167조제1항에 따른 처벌을 받은 자(2022.6.10 신설)

4. 그 밖에 대통령령으로 정하는 사유에 해당하는 자

②고용노동부장관은 제1항에 따라 외국인근로자의 고용을 제한하는 경우에는 그 사용자에게 고용노동부령으로 정하는 바에 따라 알려야 한다.(2010.6.4 개정)

(2009.10.9 본조개정)

제21조 【외국인근로자 관련 사업】 고용노동부장관은 외국인근로자의 원활한 국내 취업활동 및 효율적인 고용관리를 위하여 다음 각 호의 사업을 한다.(2010.6.4 개정)

1. 외국인근로자의 출입국 지원사업
2. 외국인근로자 및 그 사용자에 대한 교육사업
3. 송출국가의 공공기관 및 외국인근로자 관련 민간단체와의 협력사업
4. 외국인근로자 및 그 사용자에 대한 상담 등 편의 제공 사업
5. 외국인근로자 고용제도 등에 대한 홍보사업
6. 그 밖에 외국인근로자의 고용관리에 관한 사업으로서 대통령령으로 정하는 사업

(2009.10.9 본조개정)

제 4 장 외국인근로자의 보호

제22조 【차별 금지】 사용자는 외국인근로자라는 이유로 부당하게 차별하여 처우하여서는 아니 된다.
(2009.10.9 본조개정)

제22조의2 【기숙사의 제공 등】 ①사용자가 외국인근로자에게 기숙사를 제공하는 경우에는 「근로기준법」 제100조에서 정하는 기준을 준수하고, 건강과 안전을 지킬 수 있도록 하여야 한다.
②사용자는 제1항에 따라 기숙사를 제공하는 경우 외국인근로자와 근로계약을 체결할 때에 외국인근로자에게 다음 각 호의 정보를 사전에 제공하여야 한다. 근로계약 체결 후 다음 각 호의 사항을 변경하는 경우에도 또한 같다.
1. 기숙사의 구조와 설비
2. 기숙사의 설치 장소
3. 기숙사의 주거 환경
4. 기숙사의 면적
5. 그 밖에 기숙사 설치 및 운영에 필요한 사항
③제2항에 따른 기숙사 정보 제공의 기준 등에 필요한 사항은 대통령령으로 정한다.
(2019.1.15 본조신설)

제23조 【보증보험 등의 가입】 ①사업의 규모 및 산업별 특성 등을 고려하여 대통령령으로 정하는 사업 또는 사업장의 사용자는 임금체불에 대비하여 그가 고용하는 외국인근로자를 위한 보증보험에 가입하여야 한다.
②산업별 특성 등을 고려하여 대통령령으로 정하는 사업 또는 사업장에서 취업하는 외국인근로자는 질병·사망 등에 대비한 상해보험에 가입하여야 한다.
③제1항 및 제2항에 따른 보증보험, 상해보험의 가입방법·내용·관리 및 지급 등에 필요한 사항은 대통령령으로 정한다.
(2009.10.9 본조개정)

제24조 【외국인근로자 관련 단체 등에 대한 지원】 ①국가는 외국인근로자에 대한 상담과 교육, 그 밖에 대통령령으로 정하는 사업을 하는 기관 또는 단체에 대하여 사업에 필요한 비용의 일부를 예산의 범위에서

지원할 수 있다.
②제1항에 따른 지원요건 · 기준 및 절차 등에 관하여 필요한 사항은 대통령령으로 정한다.
(2009.10.9 본조개정)

제24조의2【외국인근로자 권익보호협의회】 ①외국인근로자의 권익보호에 관한 사항을 협의하기 위하여 직업안정기관에 관할 구역의 노동자단체와 사용자단체 등이 참여하는 외국인근로자 권익보호협의회를 둘 수 있다.
②외국인근로자 권익보호협의회의 구성 · 운영 등에 필요한 사항은 고용노동부령으로 정한다.(2010.6.4 개정)
(2009.10.9 본조신설)

제25조【사업 또는 사업장 변경의 허용】 ①외국인근로자(제12조제1항에 따른 외국인근로자는 제외한다)는 다음 각 호의 어느 하나에 해당하는 사유가 발생한 경우에는 고용노동부령으로 정하는 바에 따라 직업안정기관의 장에게 다른 사업 또는 사업장으로의 변경을 신청할 수 있다.(2012.2.1 개정)
1. 사용자가 정당한 사유로 근로계약기간 중 근로계약을 해지하려고 하거나 근로계약이 만료된 후 갱신을 거절하려는 경우
2. 휴업, 폐업, 제19조제1항에 따른 고용허가의 취소, 제20조제1항에 따른 고용의 제한, 제22조의2를 위반한 기숙사의 제공, 사용자의 근로조건 위반 또는 부당한 처우 등 외국인근로자의 책임이 아닌 사유로 인하여 사회통념상 그 사업 또는 사업장에서 근로를 계속할 수 없게 되었다고 인정하여 고용노동부장관이 고시한 경우(2019.1.15 개정)
3. 그 밖에 대통령령으로 정하는 사유가 발생한 경우(2012.2.1 개정)

②사용자가 제1항에 따라 사업 또는 사업장 변경 신청을 한 후 재취업하려는 외국인근로자를 고용할 경우 그 절차 및 방법에 관하여는 제6조 · 제8조 및 제9조를 준용한다.
③제1항에 따른 다른 사업 또는 사업장으로의 변경을 신청한 날부터 3개월 이내에 「출입국관리법」 제21조에 따른 근무처 변경허가를 받지 못하거나 사용자와 근로계약이 종료된 날부터 1개월 이내에 다른 사업 또는 사업장으로의 변경을 신청하지 아니한 외국인근로자는 출국하여야 한다. 다만, 업무상 재해, 질병, 임신, 출산 등의 사유로 근무처 변경허가를 받을 수

없거나 근무처 변경신청을 할 수 없는 경우에는 그 사유가 없어진 날부터 각각 그 기간을 계산한다.
④제1항에 따른 외국인근로자의 사업 또는 사업장 변경은 제18조에 따른 기간 중에는 원칙적으로 3회를 초과할 수 없으며, 제18조의2제1항에 따라 연장된 기간 중에는 2회를 초과할 수 없다. 다만, 제1항제2호의 사유로 사업 또는 사업장을 변경한 경우는 포함하지 아니한다.(2014.1.28 개정)
(2009.10.9 본조개정)

제5장 보 칙

제26조【보고 및 조사 등】 ①고용노동부장관은 필요하다고 인정하면 사용자나 외국인근로자 또는 제24조제1항에 따라 지원을 받는 외국인근로자 관련 단체에 대하여 보고, 관련 서류의 제출이나 그 밖에 필요한 명령을 할 수 있으며, 소속 공무원으로 하여금 관계인에게 질문하거나 관련 장부 · 서류 등을 조사하거나 검사하게 할 수 있다.(2010.6.4 개정)
②제1항에 따라 조사 또는 검사를 하는 공무원은 그 신분을 표시하는 증명서를 지니고 이를 관계인에게 내보여야 한다.
(2009.10.9 본조개정)

제26조의2【관계 기관의 협조】 ①고용노동부장관은 중앙행정기관 · 지방자치단체 · 공공기관 등 관계 기관의 장에게 이 법의 시행을 위하여 다음 각 호의 자료 제출을 요청할 수 있다.
1. 업종별 · 지역별 인력수급 자료
2. 외국인근로자 대상 지원사업 자료
②제1항에 따라 자료의 제출을 요청받은 기관은 정당한 사유가 없으면 요청에 따라야 한다.
(2014.1.28 본조신설)

제27조【수수료의 징수 등】 ①제9조제2항에 따라 사용자와 외국인근로자의 근로계약 체결(제12조제1항 각 호 외의 부분 후단, 제18조의4제3항 및 제25조제2항에 따라 근로계약 체결을 준용하는 경우를 포함한다. 이하 이 조에서 같다)을 대행하는 자는 고용노동부령으로 정하는 바에 따라 사용자로부터 수수료와 필요한 비용을 받을 수 있다.(2012.2.1 개정)
②고용노동부장관은 제21조에 따른 외국인근로자 관련 사업을 하기 위하

여 필요하면 고용노동부령으로 정하는 바에 따라 사용자로부터 수수료와 필요한 비용을 받을 수 있다.(2010.6.4 개정)
③제27조의2제1항에 따라 외국인근로자의 고용에 관한 업무를 대행하는 자는 고용노동부령으로 정하는 바에 따라 사용자로부터 수수료와 필요한 비용을 받을 수 있다.(2010.6.4 개정)
④다음 각 호의 어느 하나에 해당하는 자가 아닌 자는 근로계약 체결의 대행이나 외국인근로자 고용에 관한 업무의 대행 또는 외국인근로자 관련 사업을 하는 대가로 어떠한 금품도 받아서는 아니 된다.(2020.5.26 개정)
1. 제9조제2항에 따라 사용자와 외국인근로자의 근로계약 체결을 대행하는 자
2. 제27조의2제1항에 따라 외국인근로자의 고용에 관한 업무를 대행하는 자
3. 제21조에 따른 고용노동부장관의 권한을 제28조에 따라 위임 · 위탁받아 하는 자(2010.6.4 개정)
(2009.10.9 본조개정)

제27조의2 【각종 신청 등의 대행】 ①사용자 또는 외국인근로자는 다음 각 호에 따른 신청이나 서류의 수령 등 외국인근로자의 고용에 관한 업무를 고용노동부장관이 지정하는 자(이하 "대행기관"이라 한다)에게 대행하게 할 수 있다.
1. 제6조제1항에 따른 내국인 구인 신청(제25조제2항에 따라 준용하는 경우를 포함한다)
2. 제18조의2에 따른 사용자의 재고용 허가 요청
3. 제18조의4제1항에 따른 재입국 후의 고용허가 신청(2012.2.1 신설)
4. 제25조제1항에 따른 사업 또는 사업장 변경 신청(2012.2.1 개정)
5. 그 밖에 고용노동부령으로 정하는 외국인근로자 고용 등에 관한 업무(2012.2.1 개정)
②제1항에 따른 대행기관의 지정요건, 업무범위, 지정절차 및 대행에 필요한 사항은 고용노동부령으로 정한다.(2010.6.4 개정)
(2009.10.9 본조신설)

제27조의3 【대행기관의 지정취소 등】 ①고용노동부장관은 대행기관이 다음 각 호의 어느 하나에 해당하는 경우에는 고용노동부령으로 정하는 바에 따라 지정취소, 6개월 이내의 업무정지 또는 시정명령을 할 수

있다.(2010.6.4 개정)
1. 거짓이나 그 밖의 부정한 방법으로 지정을 받은 경우
2. 지정요건에 미달하게 된 경우
3. 지정받은 업무범위를 벗어나 업무를 한 경우
4. 그 밖에 선량한 관리자의 주의를 다하지 아니하거나 업무처리 절차를 위배한 경우

②고용노동부장관은 제1항에 따라 대행기관을 지정취소할 경우에는 청문을 실시하여야 한다.(2010.6.4 개정)
(2009.10.9 본조신설)

제28조【권한의 위임 · 위탁】 고용노동부장관은 이 법에 따른 권한의 일부를 대통령령으로 정하는 바에 따라 지방고용노동관서의 장에게 위임하거나 한국산업인력공단 또는 대통령령으로 정하는 자에게 위탁할 수 있다. 다만, 제21조제1호의 사업은 한국산업인력공단에 위탁한다.(2014.1.28 개정)
(2009.10.9 본조개정)

제6장 벌 칙

제29조【벌칙】 다음 각 호의 어느 하나에 해당하는 자는 1년 이하의 징역 또는 1천만원 이하의 벌금에 처한다.(2014.1.28 개정)
1. 제8조제6항을 위반하여 외국인근로자의 선발, 알선, 그 밖의 채용에 개입한 자
2. 제16조를 위반하여 귀국에 필요한 조치를 하지 아니한 사용자
3. 제19조제2항을 위반하여 근로계약을 종료하지 아니한 사용자
4. 제25조에 따른 외국인근로자의 사업 또는 사업장 변경을 방해한 자
5. 제27조제4항을 위반하여 금품을 받은 자

(2009.10.9 본조개정)

제30조【벌칙】 다음 각 호의 어느 하나에 해당하는 자는 500만원 이하의 벌금에 처한다.
1. 제13조제1항 전단을 위반하여 출국만기보험등에 가입하지 아니한 사용자
2. 제23조에 따른 보증보험 또는 상해보험에 가입하지 아니한 자

(2009.10.9 본조개정)

제31조【양벌규정】 법인의 대표자나 법인 또는 개인의 대리인, 사용인, 그 밖의 종업원이 그 법인 또는 개인의 업무에 관하여 제29조 또는 제30조의 위반행위를 하면 그 행위자를 벌하는 외에 그 법인 또는 개인에게도 해당 조문의 벌금형을 과(科)한다. 다만, 법인 또는 개인이 그 위반행위를 방지하기 위하여 해당 업무에 관하여 상당한 주의와 감독을 게을리하지 아니한 경우에는 그러하지 아니하다.
(2009.10.9 본조개정)

제32조【과태료】 ①다음 각 호의 어느 하나에 해당하는 자에게는 500만원 이하의 과태료를 부과한다.

1. 제9조제1항을 위반하여 근로계약을 체결할 때 표준근로계약서를 사용하지 아니한 자
2. 제11조제2항을 위반하여 외국인근로자에게 취업교육을 받게 하지 아니한 사용자

2의2. 제11조의2제1항을 위반하여 사용자 교육을 받지 아니한 사용자 (2021.4.13 신설)

3. 제12조제3항에 따른 특례고용가능확인을 받지 아니하고 같은 조 제1항에 따른 사증을 발급받은 외국인근로자를 고용한 사용자
4. 제12조제4항을 위반하여 외국인구직자 명부에 등록된 사람 중에서 채용하지 아니한 사용자 또는 외국인근로자가 근로를 시작한 후 직업안정기관의 장에게 신고를 하지 아니하거나 거짓으로 신고한 사용자
5. 제13조제1항 후단을 위반하여 출국만기보험등의 매월 보험료 또는 신탁금을 3회 이상 연체한 사용자
6. 제15조제1항을 위반하여 보험 또는 신탁에 가입하지 아니한 외국인근로자
7. 제17조제1항을 위반하여 신고를 하지 아니하거나 거짓으로 신고한 사용자
8. 제20조제1항에 따라 외국인근로자의 고용이 제한된 사용자로서 제12조제1항에 따른 사증을 발급받은 외국인근로자를 고용한 사용자
9. 제26조제1항에 따른 명령을 따르지 아니하여 보고를 하지 아니하거나 거짓으로 보고한 자, 관련 서류를 제출하지 아니하거나 거짓으로 제출한 자, 같은 항에 따른 질문 또는 조사·검사를 거부·방해하거나 기피한

자
10. 제27조제1항 · 제2항 또는 제3항에 따른 수수료 및 필요한 비용 외의 금품을 받은 자

②제1항에 따른 과태료는 대통령령으로 정하는 바에 따라 고용노동부장관이 부과 · 징수한다.(2010.6.4 개정)

(2009.10.9 본조개정)

부　칙

제 1 조【시행일】 이 법은 공포후 1년이 경과한 날부터 시행한다. 다만, 제4조, 제5조, 제7조제1항 및 부칙 제2조의 규정은 공포한 날부터 시행하고, 제7조제2항 및 제3항의 규정은 공포후 2년이 경과한 날부터 시행한다.

제 2 조【불법체류 외국인근로자에 대한 특례】~제 3 조【다른 법률의 개정】 생략

부　칙 (2004.12.31)

이 법은 공포 후 6월이 경과한 날부터 시행한다.

부　칙 (2005. 5.31)

①**【시행일】** 이 법은 공포한 날부터 시행한다. 다만, 제18조의2의 개정규정은 공포 후 6월이 경과한 날부터 시행한다.

②**【재취업제한기간 단축을 위한 적용】** 이 법 시행 전에 이미 제8조제3항의 규정에 따라 외국인근로자 고용허가서를 발급받거나 법률 제6967호 「외국인근로자의고용등에관한법률」 부칙 제2조제1항 및 제2항의 규정에 의하여 사업 및 사업장에서 취업활동이 허용된 외국인근로자에게 제18조제2항의 개정규정을 적용한다.

부　칙 (2005.12.30)

이 법은 공포 후 6월이 경과한 날부터 시행한다. 다만, 제5조 및 제12조의 개정규정은 공포한 날부터 시행한다.

부　칙 (2007. 1. 3)

①**【시행일】** 이 법은 공포 후 2개월이 경과한 날부터 시행한다.

②**【특례고용가능확인서의 발급에 관한 경과조치】** 이 법 시행 당시 종전의 제12조제3항의 규정에 따라 외국인근로자 고용허가를 신청하거나 외국인근로자 고용허가서를 발급받은 사용자는 외국인력정책위원회가 정한 범위 안에서 각각 제12조제4항의 개정규정에 따라 특례고용가능확인서의 발급을 신청하거나 특례고용가능확인서를 발급받은 사용자로 본다.

부　칙 (2009.10. 9)

제1조【시행일】~ 제6조【벌칙 및 과태료에 관한 경과조치】 생략

부　칙 (2012. 2. 1)

제1조【시행일】 이 법은 공포 후 5개월이 경과한 날부터 시행한다.

제2조【재입국 취업 제한의 특례에 관한 적용례】 ①제18조의4의 개정규정은 이 법 시행 전에 제18조의2에 따라 연장된 취업활동 기간의 만료일이 이 법 시행 후 도래하는 외국인근로자에 대하여도 적용한다.
②종전의 「외국인근로자의 고용 등에 관한 법률」(법률 제9798호 외국인근로자의 고용 등에 관한 법률 일부개정법률로 개정되기 전의 것을 말한다) 제18조의2에 따라 재입국하여 취업활동을 하고 있는 외국인근로자에 대하여도 제18조의4의 개정규정을 적용한다.

제3조【사업 또는 사업장 변경의 허용에 관한 적용례】 제25조제1항의 개정규정은 이 법 시행 후 사업 또는 사업장 변경 사유가 발생한 경우부터 적용한다.

부　칙 (2014. 1.28)

제1조【시행일】 이 법은 공포 후 6개월이 경과한 날부터 시행한다. 다만, 제29조의 개정규정은 공포한 날부터 시행한다.

제2조【보험금등의 지급시기에 관한 적용례】 제13조제3항의 개정규정은 이 법 시행 후 보험금등의 지급을 신청하는 경우부터 적용한다.

제3조【보험금등의 소멸시효에 관한 적용례】 제13조제4항 전단의 개정규정(제15조제3항의 개정규정에 따라 준용되는 경우를 포함한다)에 따른 보험금등의 소멸시효는 이 법 시행 전에 적립되고 이 법 시행 전일까지 소멸시효가 완성하지 아니한 보험금등에 대하여도 적용한다.

제4조【소멸시효 완성 보험금등의 이전에 관한 적용례】 제13조제4항 후단의 개정규정(제15조제3항의 개정규정에 따라 준용되는 경우를 포함한다)에 따른 소멸시효 완성 보험금등의 이전에 대해서는 이 법 시행 전에 적립되고 이 법 시행 후 소멸시효가 완성하는 보험금등에 대하여도 적용한다.

부　칙 (2016. 1.27)

제 1 조【시행일】 이 법은 공포 후 6개월이 경과한 날부터 시행한다.

제 2 조【신고에 관한 적용례】 제17조의 개정규정은 이 법 시행 후 최초로 신고를 하는 경우부터 적용한다.

부　칙 (2019. 1.15)

이 법은 공포 후 6개월이 경과한 날부터 시행한다.

부　칙 (2021. 4.13)

제 1 조【시행일】 이 법은 공포 후 6개월이 경과한 날부터 시행한다. 다만, 제18조의2제2항의 개정규정은 공포한 날부터 시행한다.

제 2 조【취업활동 기간 제한에 관한 특례에 관한 적용례】 제18조의2제2항의 개정규정은 이 법 시행 전에 발생한 감염병 확산, 천재지변 등의 경우에도 적용한다.

제 3 조【재입국 취업 제한의 특례에 관한 적용례】 제18조의4제1항의 개정규정은 이 법 시행 전에 종전의 규정에 따라 사용자가 재입국 후의 고용허가를 신청한 경우로서 이 법 시행 당시 고용허가 절차가 진행 중인 경우에 대해서도 적용한다.

부　칙 (2022. 6.10)

제 1 조【시행일】 이 법은 공포 후 6개월이 경과한 날부터 시행한다.

제 2 조【외국인근로자 고용의 제한에 관한 적용례】 제20조제1항제3호의2의 개정규정은 이 법 시행 이후 사용자가 「산업안전보건법」 제167조제1항에 따른 처벌을 받은 경우부터 적용한다.

외국인근로자의 고용 등에 관한 법률 시행령

제정 2004. 3.17 대통령령 제18314호
개정 2004. 8.17 대통령령 제18520호
2005.11.30 대통령령 제19156호
2006. 3.29 대통령령 제19427호
2006. 6.12 대통령령 제19513호
2006. 6.30 대통령령 제19601호
2007. 2.28 대통령령 제19919호
2007. 6.29 대통령령 제20142호
2007. 9. 6 대통령령 제20248호
2008. 2.29 대통령령 제20681호
2009.12.30 대통령령 제21928호
2010. 1.27 대통령령 제22003호
2010. 3.15 대통령령 제22075호
2010. 4. 7 대통령령 제22114호
2010. 7.12 대통령령 제22269호
2010.12.29 대통령령 제22564호
2011. 7. 5 대통령령 제23020호
2012. 1. 6 대통령령 제23488호
2012. 5.14 대통령령 제23785호
2013. 3.23 대통령령 제24447호
2014. 7.28 대통령령 제25521호
2014.11.19 대통령령 제25751호
2014.12. 9 대통령령 제25840호
2016.12.30 대통령령 제27751호
2017. 7.26 대통령령 제28211호
2018. 5. 8 대통령령 제28870호
2018. 6. 5 대통령령 제28946호
2018. 9.18 대통령령 제29163호

2019. 7. 2 대통령령 제29950호
2019. 7. 9 대통령령 제29965호
2019.12.24 대통령령 제30254호
2020. 3. 3 대통령령 제30509호
2021. 5.18 대통령령 제31693호
2021.10.14 대통령령 제32050호
2022. 8. 2 대통령령 제32844호
2022.12. 6 대통령령 제33028호

제1장 총 칙

제1조【목적】 이 영은 「외국인근로자의 고용 등에 관한 법률」에서 위임된 사항과 그 시행에 필요한 사항을 정함을 목적으로 한다.
(2010.4.7 본조개정)

제2조【적용 제외 외국인근로자】 「외국인근로자의 고용 등에 관한 법률」(이하 "법"이라 한다) 제2조 단서에서 "대통령령으로 정하는 사람"이란 다음 각 호의 어느 하나에 해당하는 사람을 말한다.

1. 「출입국관리법 시행령」 제23조제1항에 따라 취업활동을 할 수 있는 체류자격 중 같은 영 별표 1 중 5. 단기취업(C-4), 같은 영 별표 1의2 중 14. 교수(E-1)부터 20. 특정활동(E-7)까지 및 20의2. 계절근로(E-8)의 체류자격에 해당하는 사람(2019.12.24 개정)
2. 「출입국관리법」 제10조의3제1항, 같은 법 시행령 제23조제2항 및 제3항의 규정에 따라 체류자격의 구분에 따른 활동의 제한을 받지 아니하는 사람(2018.9.18 개정)
3. 「출입국관리법 시행령」 제23조제5항에 따라 같은 영 별표 1의2 중 28. 관광취업(H-1)의 체류자격에 해당하는 사람으로서 취업활동을 하는 사람(2018.9.18 개정)

(2010.4.7 본조개정)

제3조【외국인력정책위원회의 심의 · 의결 사항】 법 제4조제2항 제5호에서 "대통령령으로 정하는 사항"이란 다음 각 호의 사항을 말한

다.(2021.10.14 개정)
1. 외국인근로자를 고용할 수 있는 사업 또는 사업장에 관한 사항
2. 사업 또는 사업장에서 고용할 수 있는 외국인근로자의 규모에 관한 사항
3. 외국인근로자를 송출할 수 있는 국가(이하 "송출국가"라 한다)별 외국인력 도입 업종 및 규모에 관한 사항
4. 외국인근로자의 권익보호에 관한 사항
5. 그 밖에 외국인근로자의 고용 등에 관하여 법 제4조에 따른 외국인력정책위원회(이하 "정책위원회"라 한다)의 위원장이 필요하다고 인정하는 사항

(2010.4.7 본조개정)

제4조【정책위원회의 구성】 법 제4조제4항에서 "대통령령으로 정하는 관계 중앙행정기관"이란 행정안전부, 문화체육관광부, 농림축산식품부, 보건복지부, 국토교통부 및 해양수산부를 말한다.(2017.7.26 개정)
(2010.4.7 본조개정)

제5조【정책위원회 위원장의 직무】 ①정책위원회의 위원장은 정책위원회를 대표하며, 그 업무를 총괄한다.
②정책위원회의 위원장이 부득이한 사유로 직무를 수행할 수 없을 때에는 위원장이 지명하는 위원이 그 직무를 대행한다.
(2010.4.7 본조개정)

제6조【정책위원회의 운영】 ①정책위원회의 위원장은 정책위원회의 회의를 소집하고, 그 의장이 된다.
②정책위원회의 회의는 재적위원 과반수의 출석으로 개의(開議)하고, 출석위원 과반수의 찬성으로 의결한다.
③정책위원회에 그 사무를 처리할 간사 1명을 두되, 간사는 국무조정실의 3급 공무원 또는 고위공무원단에 속하는 일반직공무원 중에서 국무조정실장이 임명한다.(2013.3.23 개정)
④정책위원회는 안건의 심의·의결을 위하여 필요하다고 인정할 때에는 관계 행정기관 또는 단체 등에 자료의 제출을 요청하거나 관계 공무원 또는 전문가 등을 출석시켜 의견을 들을 수 있다.
⑤제4항에 따라 출석한 관계 공무원 또는 전문가 등에게는 예산의 범위에서 수당과 여비를 지급할 수 있다. 다만, 공무원이 그 소관업무와 직접적으로 관련되어 출석하는 경우에는 그러하지 아니하다.

⑥이 영에서 규정한 사항 외에 정책위원회의 운영 등에 필요한 사항은 정책위원회의 의결을 거쳐 정책위원회의 위원장이 정한다.
(2010.4.7 본조개정)

제7조【외국인력정책실무위원회의 구성 · 운영 등】 ①법 제4조제5항에 따른 외국인력정책실무위원회(이하 "실무위원회"라 한다)는 위원장 1명을 포함한 25명 이내의 위원으로 구성한다.
②실무위원회의 위원은 근로자를 대표하는 위원(이하 "근로자위원"이라 한다), 사용자를 대표하는 위원(이하 "사용자위원"이라 한다), 공익을 대표하는 위원(이하 "공익위원"이라 한다) 및 정부를 대표하는 위원(이하 "정부위원"이라 한다)으로 구성하되, 근로자위원과 사용자위원은 같은 수로 한다.
③실무위원회의 위원장은 고용노동부차관이 되고, 실무위원회의 위원은 다음 각 호의 구분에 따른 사람 중에서 실무위원회의 위원장이 위촉하거나 임명한다.(2010.7.12 개정)
1. 근로자위원: 총연합단체인 노동조합에서 추천한 사람
2. 사용자위원: 전국적 규모를 갖춘 사용자단체에서 추천한 사람
3. 공익위원: 외국인근로자의 고용 및 권익보호 등에 관한 학식과 경험이 풍부한 사람
4. 정부위원: 관계 중앙행정기관의 3급 공무원 또는 고위공무원단에 속하는 일반직공무원중 외국인근로자 관련 업무를 수행하는 사람
④제2항에 따른 실무위원회의 위원의 임기는 2년(정부위원의 경우는 재임기간)으로 한다.
⑤실무위원회는 정책위원회에서 심의 · 의결할 사항 중 필요한 사항에 관하여 사전에 심의하고 그 결과를 정책위원회에 보고하여야 한다.
⑥실무위원회의 위원에게는 예산의 범위에서 수당과 여비를 지급할 수 있다. 다만, 공무원인 위원이 그 소관업무와 직접적으로 관련되어 위원회에 출석하는 경우에는 그러하지 아니하다.
⑦실무위원회에 관하여는 제5조와 제6조제1항 및 제6항을 준용한다. 이 경우 "정책위원회"는 "실무위원회"로 본다.
(2010.4.7 본조개정)

제8조【외국인근로자 도입계획의 공표】 법 제5조제1항에서 "대통령령으로 정하는 방법"이란 다음 각 호의 매체를 통하여 공고하는 것을 말

한다.
1. 관보
2. 「신문 등의 진흥에 관한 법률」 제9조제1항에 따라 그 보급지역을 전국으로 하여 등록한 일간신문
3. 인터넷
(2010.4.7 본조개정)

제9조 【조사 · 연구사업】 고용노동부장관은 법 제5조제3항에 따라 외국인근로자 관련 업무를 지원하기 위하여 다음 각 호의 사항에 관한 조사 · 연구사업을 할 수 있다.(2010.7.12 개정)
1. 국내 산업별 · 직종별 인력부족 동향에 관한 사항
2. 외국인근로자의 임금 등 근로조건 및 취업실태에 관한 사항
3. 사용자의 외국인근로자 고용만족도에 관한 사항
4. 제12조제1항에 따른 협의사항의 이행에 관한 사항
5. 외국인근로자의 국내 생활 적응 및 대한민국에 대한 이해 증진과 관련된 사항
6. 그 밖에 외국인근로자의 도입 · 관리를 위하여 필요하다고 고용노동부장관이 인정하는 사항(2010.7.12 개정)
(2010.4.7 본조개정)

제10조 【인력부족확인서의 발급요건】 삭제(2006.6.30)

제11조 【인력부족확인서 유효기간의 연장】 삭제(2006.6.30)

제2장 외국인근로자 고용절차

외국인 고용

제12조 【외국인구직자 명부의 작성】 ①고용노동부장관은 법 제7조제1항에 따라 외국인구직자 명부를 작성하는 경우에는 다음 각 호의 사항을 송출국가와 협의하여야 한다.(2010.7.12 개정)
1. 인력의 송출 · 도입과 관련된 준수사항
2. 인력 송출의 업종 및 규모에 관한 사항
3. 송출대상 인력을 선발하는 기관 · 기준 및 방법에 관한 사항
4. 법 제7조제2항에 따른 한국어 구사능력을 평가하는 시험(이하 "한국어능력시험"이라 한다)의 실시에 관한 사항
5. 그 밖에 외국인근로자를 원활하게 송출 · 도입하기 위하여 고용노동부

장관이 필요하다고 인정하는 사항(2010.7.12 개정)
②고용노동부장관은 송출국가가 송부한 송출대상 인력을 기초로 외국인 구직자 명부를 작성하고, 관리하여야 한다.(2010.7.12 개정)
(2010.4.7 본조개정)

제13조【한국어능력시험】 ①고용노동부장관은 법 제7조제2항에 따라 다음 각 호의 사항을 고려하여 한국어능력시험 실시기관을 선정하여야 한다.(2010.7.12 개정)
1. 한국어능력시험 실시를 위한 행정적·재정적 능력
2. 한국어능력시험을 객관적이고 공정하게 실시할 수 있는지 여부
3. 한국어능력시험 내용의 적정성
4. 그 밖에 한국어능력시험의 원활한 시행을 위하여 고용노동부장관이 필요하다고 인정하는 사항(2010.7.12 개정)

②고용노동부장관은 제1항에 따라 선정된 한국어능력시험 실시기관이 다음 각 호의 어느 하나에 해당하는 경우에는 그 선정을 취소할 수 있다.(2010.7.12 개정)
1. 거짓이나 그 밖의 부정한 방법으로 선정된 경우
2. 한국어능력시험 응시생의 모집, 한국어능력시험 시행 또는 합격자 처리 과정에서 부정이 있는 경우
3. 그 밖에 제1항에 따른 한국어능력시험 실시기관 선정기준에 미달하는 등 한국어능력시험 실시기관으로서 업무를 수행하는 것이 어렵다고 인정되는 경우

③한국어능력시험은 매년 1회 이상 실시하며, 객관식 필기시험을 원칙으로 하되, 주관식 필기시험을 일부 추가할 수 있다.
④한국어능력시험의 내용에는 대한민국의 문화에 대한 이해와 산업안전 등 근무에 필요한 기본사항이 포함되어야 한다.
⑤제1항에 따라 선정된 한국어능력시험 실시기관은 매년 4월 30일까지 다음 각 호의 사항을 고용노동부장관에게 보고하여야 한다.(2010.7.12 개정)
1. 전년도 한국어능력시험의 실시 결과와 해당 연도 한국어능력시험의 실시계획
2. 한국어능력시험에서의 부정 방지대책의 수립 및 그 이행에 관한 사항
3. 한국어능력시험 응시수수료의 전년도 수입·지출 명세와 해당 연도의 수입·지출 계획(2014.7.28 개정)

4. 그 밖에 한국어능력시험의 실시와 관련하여 노동부장관이 정하는 사항
⑥한국어능력시험 실시기관이 법 제7조제3항에 따라 수수료를 징수하여 사용하려면 송출국가별로 수수료의 금액, 징수 · 반환의 절차 및 사용 계획에 대하여 고용노동부장관의 승인을 받아야 한다. 승인받은 사항을 변경하는 경우에도 또한 같다.(2014.7.28 신설)
⑦한국어능력시험 실시기관의 장은 제6항에 따라 고용노동부장관의 승인을 받은 사항을 송출국가의 한국어능력시험 실시 계획 공고에 포함시키는 등의 방법으로 응시자에게 알려야 한다.(2014.7.28 신설)
(2010.4.7 본조개정)

제13조의2【기능 수준 등의 자격요건 평가】 ①법 제7조제4항에 따른 자격요건 평가의 방법 및 내용은 다음 각 호와 같다.(2014.7.28 개정)
1. 평가방법
  가. 필기시험
  나. 실기시험
  다. 면접시험
2. 평가내용
  가. 취업하려는 업종에 근무하기 위하여 필요한 기능 수준
  나. 외국인구직자의 체력
  다. 근무 경력
  라. 그 밖에 인력 수요에 부합되는지를 평가하기 위하여 필요하다고 인정되는 사항
②고용노동부장관은 제1항에 따른 평가의 방법 및 내용을 정하여 「한국산업인력공단법」에 따른 한국산업인력공단(이하 "한국산업인력공단"이라 한다)에 통보하고, 고용노동부 게시판 및 인터넷 홈페이지 등에 공고하여야 한다.(2010.7.12 개정)
③한국산업인력공단은 매년 4월 30일까지 다음 각 호의 사항을 고용노동부장관에게 보고하여야 한다.(2010.7.12 개정)
1. 전년도 자격요건의 평가 결과와 해당 연도 자격요건의 평가계획
2. 그 밖에 자격요건의 평가와 관련하여 고용노동부장관이 정하는 사항 (2010.7.12 개정)
(2010.4.7 본조신설)

제13조의3【고용허가 신청 유효기간의 연장】 「직업안정법」 제2조

의2제1호에 따른 직업안정기관(이하 "직업안정기관"이라 한다)의 장은 법 제8조제2항에 따라 사용자가 다음 각 호의 어느 하나에 해당하는 사유가 발생하여 고용허가 신청 유효기간의 만료일 이전에 그 연장을 신청하는 경우에는 3개월의 범위에서 그 유효기간을 연장할 수 있다.

1. 일시적인 경영악화 또는 예상할 수 없었던 조업단축 등이 발생하여 신규 근로자를 채용할 수 없는 경우
2. 천재지변이나 그 밖의 부득이한 사유로 사업을 계속하기가 불가능한 경우

(2010.4.7 본조개정)

제13조의4【고용허가서의 발급요건】 법 제8조제3항에서 "외국인근로자 도입 업종 및 규모 등 대통령령으로 정하는 요건"이란 다음 각 호의 요건 모두에 해당하는 것을 말한다.

1. 정책위원회에서 정한 외국인근로자의 도입 업종, 외국인근로자를 고용할 수 있는 사업 또는 사업장에 해당할 것
2. 고용노동부령으로 정하는 기간 이상 내국인을 구인하기 위하여 노력하였는데도 직업안정기관에 구인 신청한 내국인근로자의 전부 또는 일부를 채용하지 못하였을 것. 다만, 법 제6조제2항에 따른 직업안정기관의 장의 직업소개에도 불구하고 정당한 이유 없이 2회 이상 채용을 거부한 경우는 제외한다.(2010.7.12 개정)
3. 법 제6조제1항에 따라 내국인 구인 신청을 한 날의 2개월 전부터 법 제8조제4항에 따른 외국인근로자 고용허가서(이하 "고용허가서"라 한다) 발급일까지 고용조정으로 내국인근로자를 이직시키지 아니하였을 것
4. 법 제6조제1항에 따라 내국인 구인 신청을 한 날의 5개월 전부터 고용허가서 발급일까지 임금을 체불(滯拂)하지 아니하였을 것
5. 「고용보험법」에 따른 고용보험에 가입하고 있을 것. 다만, 「고용보험법」을 적용받지 않는 사업 또는 사업장의 경우는 제외한다.(2022.8.2 개정)
6. 「산업재해보상보험법」에 따른 산업재해보상보험 또는 「어선원 및 어선재해보상보험법」 제16조제1항에 따른 어선원등의 재해보상보험에 가입하고 있을 것. 이 경우 「산업재해보상보험법」 및 「어선원 및 어선 재해보상보험법」을 적용받지 않는 사업 또는 사업장은 외국인근로자가 근로를 시작한 날부터 3개월 이내에 고용노동부령으로 정하는 바에 따라 해당 외국인근로자를 피보험자로 하여 「농어업인의 안전보험 및 안전재해예방에 관한 법률」에 따른 농어업인안전보험에 가입할 것을 내용으로

하는 확약서를 제출하는 것으로 갈음할 수 있다.(2022.8.2 신설)

7. 외국인근로자를 고용하고 있는 사업 또는 사업장의 사용자인 경우에는 그 외국인근로자를 대상으로 법 제13조에 따른 보험 또는 신탁과 법 제23조제1항에 따른 보증보험에 가입하고 있을 것(가입대상 사용자의 경우만 해당한다)(2022.8.2 개정)

(2010.4.7 본조개정)

제14조【고용허가서의 발급 등】 ①법 제8조제4항에 따라 고용허가서를 발급받은 사용자는 고용허가서 발급일부터 3개월 이내에 외국인근로자와 근로계약을 체결하여야 한다.

②사용자가 법 제8조제4항에 따라 고용허가서를 발급받은 후 외국인근로자의 사망 등 불가피한 사유로 그 외국인근로자와 근로계약을 체결하지 못하거나 근로계약을 체결한 후 사용자의 책임이 아닌 사유로 외국인근로자가 근로를 개시할 수 없게 된 경우에는 직업안정기관의 장은 다른 외국인근로자를 추천하여 고용허가서를 재발급하여야 한다.(2014.7.28 개정)

③법 제8조제4항 또는 이 조 제2항에 따라 직업안정기관의 장이 사용자에게 고용허가서를 발급하거나 재발급하는 경우에는 법 제9조제3항 또는 제4항에 따른 근로계약 기간의 범위에서 고용허가 기간을 부여하여야 한다.

④고용허가서의 발급 및 재발급에 필요한 사항은 고용노동부령으로 정한다.(2010.7.12 개정)

(2010.4.7 본조개정)

제15조【고용허가서의 반납】 삭제(2011.7.5)

제16조【근로계약 체결의 대행 등】 사용자 또는 한국산업인력공단이 법 제9조에 따라 근로계약을 체결하거나 이를 대행하는 경우에는 근로계약서 2부를 작성하고 그 중 1부를 외국인근로자에게 내주어야 한다.

(2010.4.7 본조개정)

제17조【근로계약의 효력발생 시기 등】 ①법 제9조제1항에 따른 근로계약의 효력발생 시기는 외국인근로자가 입국한 날로 한다.

②법 제9조제3항에 따라 근로계약을 갱신하거나 법 제9조제4항에 따라 근로계약을 다시 체결한 사용자는 직업안정기관의 장에게 외국인근로자 고용허가기간 연장허가를 받아야 한다.(2022.8.2 개정)

(2010.4.7 본조개정)

제18조【외국인 취업교육기관의 지정기준】 ①법 제11조의3제2항

에서 "전문인력 · 시설 등 대통령령으로 정하는 지정기준"이란 다음 각 호의 사항을 말한다.

1. 비영리법인 또는 비영리단체일 것
2. 다음 각 목의 인력을 모두 갖출 것
   가. 해당 분야에서 1년 이상 근무한 경력 등 교육 실시에 적합한 자격기준을 갖춘 교육 담당 강사
   나. 교육 운영 · 관리 업무를 수행하는 교육 지원 인력
3. 교육 대상 인원을 수용할 수 있는 적정한 면적의 사무실, 강의실, 기숙사 및 식당을 갖출 것

②제1항제2호 및 제3호에 따른 지정기준에 관하여 필요한 세부사항은 교육 대상 인원, 교육 내용 등을 고려하여 고용노동부장관이 정하여 고시한다.
(2022.12.6 본조개정)

제18조의2【외국인 취업교육기관의 지정취소 등】 법 제11조의4 제1항제5호에서 "운영성과의 미흡 등 대통령령으로 정하는 경우"란 고의 또는 중대한 과실로 외국인 취업교육 업무를 부실하게 수행하여 그 업무를 적정하게 수행하는 것이 현저히 곤란하다고 인정되는 경우를 말한다.
(2022.12.6 본조신설)

제19조【외국인근로자 고용 특례의 대상자】 법 제12조제1항 각 호 외의 부분 전단에서 "대통령령으로 정하는 사증을 발급받고 입국한 외국인"이란 「출입국관리법 시행령」 별표 1의2 중 체류자격 29. 방문취업(H-2)의 체류자격에 해당하는 사람을 말한다.(2018.9.18 개정)
(2010.4.7 본조개정)

제20조【특례고용가능확인서의 발급요건 등】 ①법 제12조제3항 후단 및 제6항에 따른 특례고용가능확인서(이하 "특례고용가능확인서"라 한다)의 발급요건에 관하여는 제13조의4에 따른 고용허가서의 발급 요건을 준용한다. 이 경우 "고용허가서"는 "특례고용가능확인서"로 본다.
②직업안정기관의 장은 법 제12조제3항 전단에 따른 사용자의 신청이 있을 때에는 제1항에 따라 준용되는 제13조의4에 따른 고용허가서의 발급요건이 충족되는 경우 특례고용가능확인서를 발급하여야 한다.
(2010.4.7 본조개정)

제20조의2【특례고용가능확인서의 변경 확인】 ①사용자는 법 제12조제6항에 따라 특례고용가능확인서를 발급받은 후 해당 사업이나 사업

장의 업종 또는 규모 등의 변화로 특례고용가능확인서의 내용 중 그 사업 또는 사업장에서 고용할 수 있는 외국인근로자의 수 등 고용노동부령으로 정하는 중요 사항을 변경하여야 할 필요가 있는 경우에는 직업안정기관의 장에게 특례고용가능확인서의 변경 확인을 받아야 한다.(2010.7.12 개정)
②특례고용가능확인서의 변경 확인 절차에 관하여 필요한 사항은 고용노동부령으로 정한다.(2010.7.12 개정)
(2010.4.7 본조개정)

제 3 장 외국인근로자의 고용관리

제21조 【출국만기보험 · 신탁】 ①법 제13조에 따른 보험 또는 신탁(이하 "출국만기보험등"이라 한다)의 가입대상 사용자는 다음 각 호 모두에 해당하는 자로 한다. 다만, 법 제12조제1항제1호에 따른 사업 또는 사업장의 사용자는 제외한다.

1. 「근로자퇴직급여 보장법」 제3조에 따른 적용범위에 해당하는 사업 또는 사업장의 사용자(2011.7.5 개정)
2. 법 제18조 또는 제18조의2제1항에 따른 취업활동 기간이 1년 이상 남은 외국인근로자를 고용한 사용자(2012.5.14 개정)

②제1항에 따른 출국만기보험등의 가입대상 사용자는 근로계약의 효력발생일부터 15일 이내에 다음 각 호의 요건을 모두 갖춘 출국만기보험등에 가입하여야 한다.

1. 법 제13조에 따른 피보험자 또는 수익자(이하 "피보험자등"이라 한다)에 대하여 고용노동부장관이 정하여 고시하는 금액을 「근로기준법」 제2조제1항제5호에 따른 임금과는 별도로 매월 적립하는 것일 것(2010.7.12 개정)
2. 계속하여 1년 이상을 근무한 피보험자등이 출국(일시적 출국은 제외한다) 또는 사망하거나 체류자격이 변경된 경우 등에는 해당 출국만기보험등을 취급하는 금융기관(이하 이 조에서 "보험사업자"라 한다)에 대하여 적립된 금액을 일시금으로 청구할 수 있을 것. 다만, 피보험자등의 근무기간이 1년 미만인 경우에는 그 일시금은 사용자에게 귀속되는 것이어야 한다.(2014.7.28 개정)
3. 출국만기보험등에 의한 일시금을 받을 피보험자등의 권리는 양도하거

외국인
고용

나 담보로 제공할 수 없는 것일 것. 다만, 다음 각 목의 어느 하나에 해당하는 경우에는 적립된 보험료 또는 신탁금의 100분의 50의 범위에서 일시금을 받을 권리를 담보로 제공할 수 있는 것이어야 한다.(2014.7.28 개정)

가. 피보험자등이 사업 또는 사업장을 변경하기 위하여 사업주와 근로관계가 종료된 상태에서 질병 또는 부상으로 연속하여 4주 이상의 요양이 필요하게 된 경우

나. 법 제25조제1항제2호 또는 제3호에 따른 사유로 사업 또는 사업장을 변경하는 경우

4. 보험사업자가 출국만기보험등의 계약 전에 계약 내용을 피보험자등에게 확인시키고 계약 체결 후에는 그 사실을 통지하는 것일 것

5. 보험사업자가 매년 보험료 또는 신탁금 납부 상황과 일시금의 수급 예상액을 피보험자등에게 통지하는 것일 것

③사용자는 외국인근로자의 근로관계가 종료되거나 체류자격이 변경된 경우 출국만기보험등의 일시금의 금액이 「근로자퇴직급여 보장법」 제8조제1항에 따른 퇴직금의 금액보다 적은 경우에는 그 차액을 외국인근로자에게 지급하여야 한다.(2014.7.28 개정)

④사용자 및 외국인근로자는 제3항에 따른 일시금의 금액과 퇴직금 금액의 차액을 확인하기 위하여 보험사업자에게 일시금 금액의 확인을 요청할 수 있다. 이 경우 보험사업자는 지체 없이 해당 일시금을 서면(전자문서를 포함한다)으로 확인하여 주어야 한다.(2014.7.28 신설)

(2010.4.7 본조개정)

제21조의2【휴면보험금등관리위원회의 구성 · 운영 등】 ①법 제13조의2제1항에 따른 휴면보험금등관리위원회(이하 "휴면보험금등관리위원회"라 한다)는 다음 각 호의 사항을 심의 · 의결한다.

1. 법 제13조제4항 후단(법 제15조제3항에서 준용하는 경우를 포함한다)에 따라 이전받은 보험금등(보험금등으로 발생한 수익금 등을 포함하며, 이하 "휴면보험금등"이라 한다) 관련 사업계획의 수립 · 변경에 관한 사항

2. 휴면보험금등 관련 예산의 편성 및 결산에 관한 사항

3. 다음 각 목의 용도에 따른 휴면보험금등의 사용에 관한 사항

가. 휴면보험금등 찾아주기 사업의 실시

나. 송출국가에 대한 지원 · 기여

다. 휴면보험금등의 운용 수익금을 통한 외국인근로자에 대한 복지사업
라. 그 밖에 휴면보험금등을 활용한 피보험자등을 위한 사업
4. 그 밖에 휴면보험금등의 관리 · 운용과 관련된 사항으로서 위원장이 필요하다고 인정하는 사항
②휴면보험금등관리위원회는 위원장 1명을 포함하여 15명 이내의 위원으로 구성한다.
③휴면보험금등관리위원회의 위원장은 한국산업인력공단 이사장이 되고, 위원은 다음 각 호의 사람이 된다.
1. 총 연합단체인 노동조합에서 추천한 사람으로서 한국산업인력공단 이사장이 위촉하는 사람 2명
2. 전국적 규모를 갖춘 사용자단체에서 추천한 사람으로서 한국산업인력공단 이사장이 위촉하는 사람 2명
3. 다음 각 목의 구분에 따른 사람 중에서 한국산업인력공단 이사장이 위촉하거나 임명하는 사람
가. 외국인근로자의 고용 및 권익보호나 법률 · 회계에 관한 학식과 경험이 풍부한 사람
나. 고용노동부에서 외국인근로자 고용 업무를 담당하는 4급 이상의 공무원
다. 한국산업인력공단의 임원 또는 외국인근로자 고용 업무를 담당하는 사업본부의 장
④위원의 임기는 2년으로 하되, 한 차례만 연임할 수 있다. 다만, 제3항제3호나목 및 다목에 따른 위원의 임기는 그 직위에 재임하는 기간으로 한다.
⑤휴면보험금등관리위원회의 회의는 재적위원 과반수의 출석으로 개의하고, 출석위원 과반수의 찬성으로 의결한다.
⑥휴면보험금등관리위원회의 회의에 출석한 위원에 대해서는 예산의 범위에서 수당과 여비를 지급할 수 있다. 다만, 공무원 또는 한국산업인력공단의 임원 · 직원인 위원이 그 소관업무와 직접적으로 관련되어 출석하는 경우에는 그러하지 아니하다.
⑦제1항부터 제6항까지에서 규정한 사항 외에 휴면보험금등관리위원회의 운영에 필요한 사항은 휴면보험금등관리위원회의 의결을 거쳐 위원장이 정한다.
(2014.7.28 본조신설)

제21조의3【휴면보험금등 관련 한국산업인력공단의 업무 등】 ①한국산업인력공단은 휴면보험금등과 관련하여 다음 각 호의 업무를 수행한다.

1. 휴면보험금등의 관리 · 운용
2. 휴면보험금등 예산의 편성 및 결산
3. 그 밖에 휴면보험금등의 관리 · 운용과 관련하여 휴면보험금등관리위원회에서 심의 · 의결한 사항의 수행

②한국산업인력공단은 휴면보험금등을 한국산업인력공단의 다른 회계와 구분하여 회계처리하여야 한다. 이 경우 출국만기보험등으로부터 발생한 휴면보험금등과 제22조제1항에 따른 귀국비용보험등으로부터 발생한 휴면보험금등을 구분하여 회계처리하여야 한다.(2018.6.5 개정)

(2014.7.28 본조신설)

제22조【귀국비용보험 · 신탁】 ①외국인근로자는 법 제15조에 따라 근로계약의 효력발생일부터 3개월 이내에 다음 각 호의 요건을 모두 갖춘 보험 또는 신탁(이하 "귀국비용보험등"이라 한다)에 가입하여야 한다.(2014.7.28 개정)

1. 외국인근로자가 제3항에 따른 금액을 일시금 또는 3회 이내로 나누어 내는 것일 것(2014.7.28 개정)
2. 귀국비용보험등을 취급하는 금융기관(이하 이 조에서 "보험사업자"라 한다)은 외국인근로자가 해당 귀국비용보험등에 가입할 경우 그 사실을 사업 또는 사업장의 소재지를 관할하는 직업안정기관의 장에게 통보하는 것일 것
3. 보험사업자는 외국인근로자가 제2항에 따라 귀국비용보험등의 일시금을 신청하는 경우 관할 출입국 · 외국인청의 장 또는 출입국 · 외국인사무소의 장에게 그 출국 여부를 확인한 후 귀국비용보험등의 일시금을 지급하는 것일 것(2018.5.8 개정)

②외국인근로자는 다음 각 호의 어느 하나에 해당하는 사유가 발생한 경우 귀국비용보험등의 일시금의 지급을 신청할 수 있다.

1. 체류기간이 만료되어 출국하려는 경우
2. 개인사정으로 체류기간의 만료 전에 출국(일시적 출국은 제외한다)하려는 경우
3. 사업 또는 사업장에서 이탈하였던 외국인근로자가 자진하여 출국하려

고 하거나 강제로 퇴거되는 경우

③귀국비용보험등의 납부금액은 귀국에 필요한 비용을 고려하여 국가별로 고용노동부장관이 정하여 고시한다.(2010.7.12 개정)

(2010.4.7 본조개정)

제23조【외국인근로자의 고용관리】 ①법 제17조제1항에서 "외국인근로자와의 근로계약을 해지하거나 그 밖에 고용과 관련된 중요 사항을 변경하는 등 대통령령으로 정하는 사유"란 다음 각 호의 어느 하나에 해당하는 경우를 말한다.

1. 외국인근로자가 사망한 경우
2. 외국인근로자가 부상 등으로 해당 사업에서 계속 근무하는 것이 부적합한 경우
3. 외국인근로자가 사용자의 승인을 받는 등 정당한 절차 없이 5일 이상 결근하거나 그 소재를 알 수 없는 경우
4. 삭제(2014.7.28)
5. 외국인근로자와의 근로계약을 해지하는 경우
6. 삭제(2014.7.28)
7. 삭제(2014.7.28)
8. 사용자 또는 근무처의 명칭이 변경된 경우
9. 사용자의 변경 없이 근무 장소를 변경한 경우

②고용노동부장관은 법 제17조제4항에 따라 외국인근로자의 적절한 고용관리 등을 하기 위해 매년 1회 이상 외국인근로자를 고용하고 있는 사업 또는 사업장에 대한 지도·점검계획을 수립하고, 그 계획에 따라 선정된 사업 또는 사업장에 대하여 외국인근로자의 근로조건, 산업안전보건조치 등의 이행실태, 그 밖에 관계 법령의 준수 여부 등을 파악하기 위한 지도·점검을 해야 한다.(2021.5.18 개정)

③고용노동부장관은 제2항에 따른 지도·점검을 실시한 결과 「근로기준법」·「출입국관리법」 등 관계 법령을 위반한 사실을 발견한 경우에는 관계 법령에 따라 필요한 조치를 하여야 한다. 다만, 소관 사항이 아닌 경우에는 소관 행정기관에 통지하여야 한다.(2010.7.12 개정)

④출입국·외국인청장, 출입국·외국인사무소장 또는 출장소장은 그 직무와 관련하여 직업안정기관의 장에 대하여 외국인근로자의 고용관리에 관한 자료를 요청할 수 있다. 이 경우 직업안정기관의 장은 특별한 사유가

없으면 그 요청을 거부해서는 아니 된다.(2018.5.8 개정)
(2010.4.7 본조개정)

제23조의2【취업제한에 관한 특례】 삭제(2010.4.7)

제24조【외국인근로자 고용허가 또는 특례고용가능확인의 취소】 고용노동부장관이 법 제19조제1항에 따라 사용자에 대하여 고용허가나 특례고용가능확인을 취소할 때에는 다음 각 호의 사항이 포함된 문서로 하여야 한다.(2010.7.12 개정)
1. 취소의 사유
2. 해당 외국인근로자와의 근로계약 종료기한
3. 법 제20조에 따른 외국인근로자 고용의 제한 여부
(2010.4.7 본조개정)

제25조【외국인근로자 고용의 제한】 법 제20조제1항제4호에서 "대통령령으로 정하는 사유에 해당하는 자"란 다음 각 호의 어느 하나에 해당하는 자를 말한다.
1. 법 제8조에 따라 고용허가서를 발급받은 날 또는 법 제12조에 따라 외국인근로자의 근로가 시작된 날부터 6개월 이내에 내국인근로자를 고용조정으로 이직시킨 자
2. 외국인근로자로 하여금 근로계약에 명시된 사업 또는 사업장 외에서 근로를 제공하게 한 자
3. 법 제9조제1항에 따른 근로계약이 체결된 이후부터 법 제11조에 따른 외국인 취업교육을 마칠 때까지의 기간 동안 경기의 변동, 산업구조의 변화 등에 따른 사업 규모의 축소, 사업의 폐업 또는 전환, 감염병 확산으로 인한 항공기 운항 중단 등과 같은 불가피한 사유가 없음에도 불구하고 근로계약을 해지한 자(2022.8.2 개정)
(2010.4.7 본조개정)

제26조【외국인근로자 관련 사업】 법 제21조제6호에서 "대통령령으로 정하는 사업"이란 다음 각 호의 사업을 말한다.
1. 외국인근로자의 취업알선, 고용관리 등에 필요한 외국인근로자 고용관리 전산시스템의 개발 · 운영사업
2. 외국인근로자의 국내 생활 적응 및 대한민국 문화에 대한 이해 증진과 관련된 사업
3. 출국만기보험등, 귀국비용보험등 및 법 제23조에 따른 보증보험 · 상해

보험 운영의 지원사업
4. 그 밖에 정책위원회가 외국인근로자의 고용관리를 위하여 필요하다고 인정하는 사업
(2010.4.7 본조개정)

제26조의2【기숙사 정보의 제공】 ①사용자는 법 제22조의2제2항 각 호 외의 부분 전단에 따라 기숙사 정보를 제공하는 경우에는 고용노동부장관이 정하는 바에 따라 「근로기준법 시행령」 제55조부터 제58조까지 및 제58조의2에 따른 기숙사의 설치 및 운영에 관한 사항 등을 제공해야 한다.
②사용자는 근로계약 체결 후 제1항에 따라 제공된 정보를 변경하는 경우에는 고용노동부장관이 정하는 바에 따라 그 내용을 외국인근로자에게 제공해야 한다.
(2019.7.9 본조신설)

제4장 외국인근로자의 보호

제27조【보증보험의 가입】 ①법 제23조제1항에서 "대통령령으로 정하는 사업 또는 사업장"이란 다음 각 호의 어느 하나에 해당하는 사업 또는 사업장을 말한다. 다만, 법 제12조제1항제1호에 따른 사업 또는 사업장은 제외한다.
1. 「임금채권보장법」이 적용되지 아니하는 사업 또는 사업장
2. 상시 300명 미만의 근로자를 사용하는 사업 또는 사업장
②제1항에 따른 사업 또는 사업장의 사용자는 근로계약의 효력발생일부터 15일 이내에 다음 각 호의 요건을 모두 갖춘 보증보험에 가입하여야 한다.
1. 체불된 임금의 지급을 위하여 고용노동부장관이 정하여 고시하는 금액 이상을 보증하는 것일 것(2010.7.12 개정)
2. 보증보험회사가 외국인근로자에게 해당 보증보험 가입 사실을 통지하는 것일 것
3. 사용자가 임금을 체불하는 경우 외국인근로자가 보증보험회사에 보증보험의 보험금을 청구할 수 있는 것일 것
(2010.4.7 본조개정)

제28조【상해보험의 가입】 ①법 제23조제2항에서 "대통령령으로 정

하는 사업 또는 사업장"이란 외국인근로자를 고용한 사업 또는 사업장을 말한다.
②제1항에 따른 사업 또는 사업장의 외국인근로자는 근로계약의 효력발생일부터 15일 이내에 다음 각 호의 요건을 모두 갖춘 상해보험에 가입하여야 한다.
1. 외국인근로자가 사망하거나 질병 등이 발생한 경우 고용노동부장관이 정하여 고시하는 보험금액을 지급하는 것일 것(2010.7.12 개정)
2. 외국인근로자가 사망하거나 질병 등이 발생한 경우 본인 또는 유족이 보험회사에 상해보험의 보험금액을 청구할 수 있는 것일 것
(2010.4.7 본조개정)

제29조【외국인근로자 관련 단체 등에 대한 지원】 ①법 제24조제1항에서 "대통령령으로 정하는 사업"이란 다음 각 호의 어느 하나에 해당하는 사업을 말한다.
1. 외국인근로자에 대한 무상의료 지원사업
2. 외국인근로자에 대한 문화행사 관련 사업
3. 외국인근로자에 대한 장례 지원사업(2019.7.2 개정)
4. 외국인근로자에 대한 국내 구직활동 지원사업 및 국내 생활 지원사업
5. 그 밖에 외국인근로자의 권익보호 등을 위하여 정책위원회가 필요하다고 인정하는 사업
②국가가 법 제24조제1항에 따른 사업에 필요한 비용을 지원할 수 있는 기관 또는 단체는 다음 각 호의 요건을 모두 갖추어야 한다.
1. 비영리법인 또는 비영리단체일 것
2. 사업수행을 위하여 고용노동부장관이 정하여 고시하는 시설 또는 장비를 갖추고 있을 것(2010.7.12 개정)
3. 사업수행을 위하여 필요한 국가자격 또는 국가의 공인을 받은 민간자격을 소지한 사람이나 해당 분야에서 1년 이상의 경력을 가진 사람이 2명 이상 종사하고 있을 것
③고용노동부장관은 제2항의 요건을 모두 갖춘 기관 또는 단체에 사업에 필요한 비용을 지원하려면 매년 사업계획과 운영 실적 등을 평가하여 지원 여부를 결정하여야 한다.(2010.7.12 개정)
④법 제24조제1항에 따른 사업에 필요한 비용의 지원 수준은 고용노동부장관이 정하는 금액으로 한다. 이 경우 운영 실적 등의 평가 결과에 따라

지원 수준을 달리 정할 수 있다.(2010.7.12 개정)
⑤제1항부터 제4항까지에서 규정한 사항 외에 노동부장관이 비용을 지원할 수 있는 기관 또는 단체의 선정절차, 운영 등에 필요한 사항은 고용노동부장관이 정한다.(2010.7.12 개정)
(2010.4.7 본조개정)

제30조【사업 또는 사업장의 변경】 ①법 제25조제1항제3호에서 "대통령령으로 정하는 사유"란 상해 등으로 외국인근로자가 해당 사업 또는 사업장에서 계속 근무하기는 부적합하나 다른 사업 또는 사업장에서 근무하는 것은 가능하다고 인정되는 경우를 말한다.(2012.5.14 개정)
②삭제(2012.5.14)
③직업안정기관의 장은 법 제25조제3항에 해당하는 출국대상자의 명단을 관할 출입국 · 외국인청장, 출입국 · 외국인사무소장 또는 출장소장에게 통보하여야 한다.(2018.5.8 개정)
(2010.4.7 본조개정)

제5장 보 칙

제31조【권한 등의 위임 · 위탁】 ①고용노동부장관은 법 제28조에 따라 다음 각 호의 권한을 지방고용노동관서의 장에게 위임한다.(2021.10.14 개정)
1. 법 제18조의2에 따른 사용자의 재고용 허가 요청의 접수 및 처리(2011.7.5 신설)
2. 법 제18조의4에 따른 재입국 후의 고용허가 신청의 접수 및 처리(2012.5.14 신설)
3. 법 제26조제1항에 따른 명령 · 조사 및 검사 등(2022.8.2 개정)
4. 법 제32조에 따른 과태료의 부과 · 징수(2012.5.14 개정)
5. 제23조제2항에 따른 지도 · 점검(2012.5.14 개정)

②고용노동부장관은 법 제28조에 따라 다음 각 호의 업무를 한국산업인력공단에 위탁한다.(2021.10.14 개정)
1. 법 제11조의2 및 제21조제2호에 따른 사용자에 대한 교육사업(2021.10.14 신설)
2. 법 제21조제1호에 따른 외국인근로자의 출입국 지원사업

3. 법 제21조제3호에 따른 송출국가의 공공기관과의 협력사업
4. 법 제27조제2항에 따른 수수료 등의 징수(제2호 및 제3호에 따라 위탁받은 사업과 관련된 것으로 한정한다)
1. 제12조제2항에 따른 외국인구직자 명부의 작성 · 관리(2021.10.14 개정)
③고용노동부장관은 법 제28조에 따라 다음 각 호의 업무를 한국산업인력공단과 업무수행을 위한 인적 · 물적 능력 등을 고려하여 고용노동부장관이 정하여 고시하는 비영리법인 또는 비영리단체에 위탁한다.(2021.10.14 개정)
1. 법 제21조제2호에 따른 외국인근로자에 대한 교육사업(2021.10.14 개정)
2. 법 제21조제3호에 따른 외국인근로자 관련 민간단체와의 협력사업
3. 법 제21조제4호에 따른 외국인근로자 및 그 사용자에 대한 상담 등 편의 제공 사업
4. 법 제27조제2항에 따른 수수료 등의 징수(제1호부터 제3호까지의 규정에 따라 위탁받은 사업과 관련된 것으로 한정한다)
5. 제26조제2호에 따른 외국인근로자의 국내 생활 적응 및 대한민국 문화에 대한 이해 증진과 관련된 사업
6. 제26조제3호에 따른 지원 사업
④고용노동부장관은 법 제28조에 따라 제26조제1호에 따른 외국인근로자 고용관리 전산시스템의 개발 · 운영사업을 「고용정책 기본법」 제18조에 따른 한국고용정보원에 위탁한다.(2010.7.12 개정)
(2010.4.7 본조개정)

제31조의2 【고유식별정보의 처리】 고용노동부장관(제31조에 따라 고용노동부장관의 권한 또는 업무를 위임 · 위탁받은 자를 포함한다), 직업안정기관의 장 또는 한국산업인력공단은 다음 각 호의 사무를 수행하기 위해 불가피한 경우 「개인정보 보호법 시행령」 제19조제1호 또는 제4호에 따른 주민등록번호 또는 외국인등록번호가 포함된 자료를 처리할 수 있다.(2021.10.14 개정)
1. 법 제5조에 따라 수립된 외국인근로자 도입계획의 시행에 관한 사무
2. 법 제7조에 따른 외국인구직자 명부의 작성에 관한 사무
3. 법 제8조에 따른 외국인근로자 고용허가에 관한 사무
4. 법 제9조에 따른 외국인근로자 근로계약 체결에 관한 사무
5. 법 제12조에 따른 외국인근로자 고용의 특례에 관한 사무

6. 법 제13조에 따른 출국만기보험등에 관한 사무(2021.5.18 개정)
7. 법 제15조에 따른 귀국비용보험·신탁에 관한 사무
8. 법 제17조에 따른 외국인근로자의 고용관리에 관한 사무
9. 법 제18조의2에 따른 취업활동 기간의 연장에 관한 사무
10. 법 제18조의4에 따른 재입국 후의 고용허가에 관한 사무(2012.5.14 신설)
11. 법 제23조에 따른 보증보험 및 상해보험의 가입 등에 관한 사무 (2012.5.14 개정)
12. 법 제25조에 따른 외국인근로자의 사업 또는 사업장 변경에 관한 사무 (2012.5.14 개정)
13. 법 제26조에 따른 보고 및 조사 등에 관한 사무(2012.5.14 개정)

(2012.1.6 본조신설)

제31조의3【규제의 재검토】 삭제(2020.3.3)

제6장 벌 칙

제32조【과태료의 부과기준】 법 제32조제1항에 따른 과태료의 부과기준은 별표와 같다.
(2011.7.5 본조개정)

부　칙

이 영은 2004년 8월 17일부터 시행한다. 다만, 제3조 내지 제9조 및 제12조의 규정은 공포한 날부터 시행하고, 제13조제2항 내지 제4항의 규정은 2005년 8월 17일부터 시행한다.

부　칙 (2005.11.30)

이 영은 2005년 12월 1일부터 시행한다.

부　칙 (2006. 3.29)

이 영은 2006년 3월 31일부터 시행한다.

부　칙 (2006. 6.30)

이 영은 2006년 7월 1일부터 시행한다.

부　칙 (2007. 2.28)

이 영은 2007년 3월 4일부터 시행한다.

부　칙 (2007. 9. 6)

이 영은 공포한 날부터 시행한다.

부　칙 (2010. 4. 7)

제1조【시행일】 이 영은 2010년 4월 10일부터 시행한다.

제2조【한국어능력시험 실시기관의 보고에 관한 적용례】 제13조제5항의 개정규정은 2011년 이후에 보고하는 것부터 적용한다.

제3조【외국인근로자 고용의 제한에 관한 적용례】 ①제25조제1호의 개정규정은 이 영 시행 후 근로를 시작한 외국인근로자부터 적용한다.
②제25조제3호의 개정규정은 이 영 시행 후 근로계약을 체결한 외국인근로자부터 적용한다.

부　칙 (2011. 7. 5)

제1조【시행일】 이 영은 2011년 8월 1일부터 시행한다.

제2조【출국만기보험등의 가입에 관한 적용례】 제21조제1항제1

호의 개정규정은 이 영 시행 후 최초로 제21조제2항에 따른 근로계약의 효력발생일이 도래한 경우부터 적용한다.

제 3 조【출국만기보험등의 가입에 관한 경과조치】 대통령령 제22409호 근로자퇴직급여 보장법 시행령 부칙 제2조에 따라 근로자퇴직급여 보장법의 적용 대상이 된 사업 또는 사업장의 사용자는 이 영 시행 당시 고용 중인 외국인 근로자로서 제21조제2항에 따른 근로계약의 효력발생일이 이 영 시행 전인 자에 대해서도 출국만기보험등에 가입할 수 있다.

제 4 조【과태료에 관한 경과조치】 ①이 영 시행 전의 위반행위에 대하여 과태료의 부과기준을 적용할 때에는 별표의 개정규정에도 불구하고 종전의 규정에 따른다.

②이 영 시행 전의 위반행위로 받은 과태료 부과처분은 별표의 개정규정에 따른 위반행위의 횟수 산정에 포함하지 아니한다.

부 칙 (2012. 5.14)

제 1 조【시행일】 이 영은 2012년 7월 2일부터 시행한다.

제 2 조【경과조치】 이 영 시행 전에 사업 또는 사업장의 변경사유가 발생한 경우에는 제30조제2항의 개정규정에도 불구하고 종전의 규정에 따른다.

부 칙 (2014. 7.28)

제 1 조【시행일】 이 영은 2014년 7월 29일부터 시행한다.

제 2 조【출국만기보험등의 가입 요건에 관한 경과조치 등】 ① 이 영 시행 전에 가입한 출국만기보험등의 요건에 관하여는 제21조제2항제2호의 개정규정에도 불구하고 종전의 규정에 따른다.

②제21조제2항제3호의 개정규정은 이 영 시행 전에 가입한 출국만기보험등에도 적용한다.

제 3 조【외국인관리자의 고용관리를 위한 신고사유에 관한 경과조치】 이 영 시행 전에 종전의 제23조제1항제4호 · 제6호 및 제7호에 따른 사유가 발생한 경우의 법 제17조제1항에 따른 신고에 관하여는 제23조제1항제4호 · 제6호 및 제7호의 개정규정에도 불구하고 종전의 규정에 따른다.

부　칙 (2019. 7. 9)

이 영은 2019년 7월 16일부터 시행한다.

부　칙 (2019.12.24)

이 영은 공포한 날부터 시행한다.

부　칙 (2021. 5.18)

이 영은 공포한 날부터 시행한다.

부　칙 (2021.10.14)

제1조【시행일】 이 영은 2021년 10월 14일부터 시행한다.

제2조【과태료에 관한 경과조치】 별표 제2호사목의 개정규정에도 불구하고 이 영 시행 전의 법 제15조제1항을 위반한 행위에 대하여 과태료를 부과하는 경우의 기준에 관하여는 종전의 별표 제2호바목의 규정에 따른다.

부　칙 (2022. 8. 2)

제1조【시행일】 이 영은 공포한 날부터 시행한다. 다만, 제13조의4제5호 및 제6호의 개정규정은 공포 후 6개월이 경과한 날부터 시행한다.

제2조【고용허가서의 발급요건에 관한 적용례】 제13조의4제5호 및 제6호의 개정규정은 부칙 제1조 단서에 따른 시행일 이후 법 제8조제1항에 따라 외국인근로자 고용허가를 신청하는 사용자부터 적용한다.

제3조【외국인근로자 고용 제한의 예외 사유에 관한 적용례】 제25조제3호의 개정규정은 이 영 시행 전에 감염병 확산으로 인한 항공기 운항 중단으로 외국인근로자와의 근로계약을 해지한 사용자에 대해서도 적용한다.

부　칙 (2022.12. 6)

이 영은 2022년 12월 11일부터 시행한다.

장애인고용촉진 및 직업재활법

전부개정 2007. 5.25 법률 제8491호
개정 2007. 7.13 법률 제8507호
(생략)
2016. 1.27 법률 제13910호
2016. 2. 3 법률 제13978호
2016.12.27 법률 제14500호
2017. 4.18 법률 제14789호
2017. 7.26 법률 제14839호
2017.11.28 법률 제15110호
2018.10.16 법률 제15851호
2019.11.26 법률 제16652호
2020. 5.26 법률 제17326호
2020. 6. 9 법률 제17435호
2020.12.29 법률 제17799호
2021. 7.20 법률 제18308호
2021. 8.17 법률 제18425호
2021.10. 8 법률 제18472호
2022. 1.11 법률 제18754호
2025.11.11 법률 제21138호

제1장 총 칙

제1조【목적】 이 법은 장애인이 그 능력에 맞는 직업생활을 통하여 인간다운 생활을 할 수 있도록 장애인의 고용촉진 및 직업재활을 꾀하는 것을 목적으로 한다.

제2조【정의】 이 법에서 사용하는 용어의 뜻은 다음과 같다.

1. "장애인"이란 신체 또는 정신상의 장애로 장기간에 걸쳐 직업생활에 상당한 제약을 받는 사람으로서 대통령령으로 정하는 기준에 해당하는 사람을 말한다.(2020.5.26 개정)
2. "중증장애인"이란 장애인 중 근로 능력이 현저하게 상실된 사람으로서 대통령령으로 정하는 기준에 해당하는 사람을 말한다.(2020.5.26 개정)
3. "고용촉진 및 직업재활"이란 장애인의 직업지도, 직업적응훈련, 직업능력개발훈련, 취업알선, 취업, 취업 후 적응지도 등에 대하여 이 법에서 정하는 조치를 강구하여 장애인이 직업생활을 통해 자립할 수 있도록 하는 것을 말한다.
4. "사업주"란 근로자를 사용하여 사업을 행하거나 하려는 자를 말한다.
5. "근로자"란 「근로기준법」 제2조제1항제1호에 따른 근로자를 말한다. 다만, 소정근로시간이 대통령령으로 정하는 시간 미만인 사람(중증장애인은 제외한다)은 제외한다.(2020.5.26 개정)
6. "직업능력개발훈련"이란 「국민 평생 직업능력 개발법」 제2조제1호에 따른 훈련을 말한다.(2021.8.17 개정)
7. "직업능력개발훈련시설"이란 「국민 평생 직업능력 개발법」 제2조제3호에 따른 직업능력개발훈련시설을 말한다.(2021.8.17 개정)
8. "장애인 표준사업장"이란 장애인 고용 인원·고용비율 및 시설·임금에 관하여 고용노동부령으로 정하는 기준에 해당하는 사업장(「장애인복지법」 제58조제1항제3호에 따른 장애인 직업재활시설은 제외한다)을 말한다.(2010.6.4 개정)

제3조【국가와 지방자치단체의 책임】 ①국가와 지방자치단체는 장애인의 고용촉진 및 직업재활에 관해서 사업주 및 국민 일반의 이해를 높이기 위해 교육·홍보 및 장애인 고용촉진 운동을 지속적으로 추진해야 한다.

②국가와 지방자치단체는 사업주·장애인, 그 밖의 관계자에 대한 지원과

장애인의 특성을 고려한 직업재활 조치를 강구해야 하고, 장애인의 고용촉진을 꾀하기 위하여 필요한 시책을 종합적이고 효과적으로 추진하여야 한다. 이 경우 중증장애인과 여성장애인에 대한 고용촉진 및 직업재활을 중요시하여야 한다.

제 4 조【국고의 부담】①국가는 매년 장애인 고용촉진 및 직업재활 사업에 드는 비용의 일부를 일반회계에서 부담할 수 있다.

②국가는 매년 예산의 범위에서 장애인 고용촉진 및 직업재활 사업의 사무 집행에 드는 비용을 적극 지원한다.

제 5 조【사업주의 책임】①사업주는 장애인의 고용에 관한 정부의 시책에 협조해야 하고, 장애인이 가진 능력을 정당하게 평가하여 고용의 기회를 제공함과 동시에 적정한 고용관리를 할 의무를 가진다.

②사업주는 근로자가 장애인이라는 이유로 채용·승진·전보 및 교육훈련 등 인사관리상의 차별대우를 하여서는 아니 된다.

③삭제(2017.11.28)

④삭제(2017.11.28)

제 5 조의 2【직장 내 장애인 인식개선 교육】 ①사업주는 장애인에 대한 직장 내 편견을 제거함으로써 장애인 근로자의 안정적인 근무여건을 조성하고 장애인 근로자 채용이 확대될 수 있도록 장애인 인식개선 교육(이하 "장애인 인식개선 교육"이라 한다)을 실시하여야 한다.(2021.7.20 개정)

②사업주 및 근로자는 장애인 인식개선 교육을 받아야 한다.(2021.7.20 개정)

③사업주는 직장 내 장애인 인식개선 교육 실시 관련 자료를 3년간 보관하여야 한다. 이 경우 교육 실시 관련 자료는 「전자문서 및 전자거래 기본법」 제2조제1호에 따른 전자문서로 작성·보존할 수 있다.(2021.7.20 신설)

④사업의 규모나 특성을 고려하여 대통령령으로 정하는 사업주가 자체적으로 장애인 인식개선 교육을 실시하는 경우에는 고용노동부령으로 정하는 강사의 자격기준을 갖춘 사람이 실시하여야 한다.(2021.7.20 개정)

⑤고용노동부장관은 장애인 인식개선 교육 실시 결과에 대한 점검을 할 수 있다.(2021.7.20 개정)

⑥고용노동부장관은 제5항에 따른 점검을 위하여 상시 50명 이상의 근로자를 고용하는 사업주에게 고용노동부령으로 정하는 바에 따라 장애인 인식개선 교육 실시 결과를 제출하도록 명할 수 있다.(2021.7.20 신설)

⑦고용노동부장관은 장애인 인식개선 교육이 원활하게 이루어지도록 교육교재 등을 개발하여 보급하여야 한다.(2021.7.20 개정)
⑧장애인 인식개선 교육의 내용 · 방법 및 횟수 등은 대통령령으로 정한다.(2021.7.20 개정)
(2017.11.28 본조신설)

제 5 조의 3 【장애인 인식개선 교육의 위탁 등】 ①사업주는 장애인 인식개선 교육을 고용노동부장관이 지정하는 기관(이하 "장애인 인식개선 교육기관"이라 한다)에 위탁할 수 있다.
②장애인 인식개선 교육기관의 장은 고용노동부령으로 정하는 바에 따라 교육을 실시하여야 하며, 사업주 및 장애인 인식개선 교육기관의 장은 교육 실시 관련 자료를 3년간 보관하고 사업주나 교육 대상자가 원하는 경우 그 자료를 내주어야 한다.(2020.5.26 개정)
③장애인 인식개선 교육기관은 고용노동부령으로 정하는 강사를 1명 이상 두어야 한다.
④고용노동부장관은 장애인 인식개선 교육기관이 다음 각 호의 어느 하나에 해당하면 그 지정을 취소할 수 있다. 다만, 제1호에 해당하는 경우에는 그 지정을 취소하여야 한다.
1. 거짓이나 그 밖의 부정한 방법으로 지정을 받은 경우
2. 정당한 사유 없이 제3항에 따른 강사를 6개월 이상 계속하여 두지 아니한 경우
⑤고용노동부장관은 제4항에 따라 장애인 인식개선 교육기관의 지정을 취소하려면 청문을 하여야 한다.
(2017.11.28 본조신설)

제 6 조 【장애인의 자립 노력 등】 ①장애인은 직업인으로서의 자각을 가지고 스스로 능력 개발 · 향상을 도모하여 유능한 직업인으로 자립하도록 노력하여야 한다.
②장애인의 가족 또는 장애인을 보호하고 있는 자는 장애인에 관한 정부의 시책에 협조하여야 하고, 장애인의 자립을 촉진하기 위하여 적극적으로 노력하여야 한다.

제 7 조 【장애인 고용촉진 및 직업재활 기본 계획 등】 ①고용노동부장관은 관계 중앙행정기관의 장과 협의하여 장애인의 고용촉진 및 직업재활을 위한 기본계획(이하 "기본계획"이라 한다)을 5년마다 수립하여야

한다.(2016.1.27 개정)

②제1항의 기본계획에는 다음 각 호의 사항이 포함되어야 한다.

1. 직전 기본계획에 대한 평가(2016.1.27 신설)
2. 장애인의 고용촉진 및 직업재활에 관한 사항(2016.1.27 개정)
3. 제68조에 따른 장애인 고용촉진 및 직업재활 기금에 관한 사항(2016.1.27 개정)
4. 장애인을 위한 시설의 설치·운영 및 지원에 관한 사항(2016.1.27 개정)
5. 그 밖에 장애인의 고용촉진 및 직업재활을 위하여 고용노동부장관이 필요하다고 인정하는 사항(2016.1.27 개정)

③제1항의 기본계획, 장애인의 고용촉진 및 직업재활에 관한 중요 사항은 「고용정책 기본법」 제10조에 따른 고용정책심의회(이하 "고용정책심의회"라 한다)의 심의를 거쳐야 한다.(2009.10.9 개정)

④삭제(2009.10.9)

⑤삭제(2009.10.9)

⑥삭제(2009.10.9)

제8조【교육부 및 보건복지부와의 연계】 ①교육부장관은 「장애인 등에 대한 특수교육법」에 따른 특수교육 대상자의 취업을 촉진하기 위하여 필요하다고 인정하면 직업교육 내용 등에 대하여 고용노동부장관과 협의하여야 한다.(2013.3.23 개정)

②보건복지부장관은 직업재활 사업 등이 효율적으로 추진될 수 있도록 고용노동부장관과 긴밀히 협조하여야 한다.(2010.6.4 개정)

제2장 장애인 고용촉진 및 직업재활

제9조【장애인 직업재활 실시 기관】 ①장애인 직업재활 실시 기관(이하 "재활실시기관"이라 한다)은 장애인에 대한 직업재활 사업을 다양하게 개발하여 장애인에게 직접 제공하여야 하고, 특히 중증장애인의 자립능력을 높이기 위한 직업재활 실시에 적극 노력하여야 한다.

②재활실시기관은 다음 각 호의 어느 하나와 같다.

1. 「장애인 등에 대한 특수교육법」 제2조제10호에 따른 특수교육기관(2009.10.9 개정)
2. 「장애인복지법」 제58조제1항제2호에 따른 장애인 지역사회재활시설

(2012.1.26 개정)

3. 「장애인복지법」 제58조제1항제3호에 따른 장애인 직업재활시설
4. 「장애인복지법」 제63조에 따른 장애인복지단체
5. 「국민 평생 직업능력 개발법」 제2조제3호에 따른 직업능력개발훈련시설 (2021.8.17 개정)
6. 그 밖에 고용노동부령으로 정하는 기관으로서 고용노동부장관이 장애인에 대한 직업재활 사업을 수행할 능력이 있다고 인정하는 기관 (2010.6.4 개정)

제10조 【직업지도】 ①고용노동부장관과 보건복지부장관은 장애인이 그 능력에 맞는 직업에 취업할 수 있도록 하기 위하여 장애인에 대한 직업상담, 직업적성 검사 및 직업능력 평가 등을 실시하고, 고용정보를 제공하는 등 직업지도를 하여야 한다.(2010.6.4 개정)

②고용노동부장관과 보건복지부장관은 장애인이 그 능력에 맞는 직업생활을 할 수 있도록 하기 위하여 장애인에게 적합한 직종 개발에 노력하여야 한다.(2010.6.4 개정)

③고용노동부장관과 보건복지부장관이 제1항에 따른 직업지도를 할 때에 특별히 전문적 지식과 기술이 필요하다고 인정하면 이를 재활실시기관 등 관계 전문기관에 의뢰하고 그 비용을 지급할 수 있다.(2010.6.4 개정)

④고용노동부장관과 보건복지부장관은 직업지도를 실시하거나 하려는 자에게 필요한 비용을 융자·지원할 수 있다.(2010.6.4 개정)

⑤제3항과 제4항에 따른 비용 지급 및 융자·지원의 기준 등에 필요한 사항은 대통령령으로 정한다.

제11조 【직업적응훈련】 ①고용노동부장관과 보건복지부장관은 장애인이 그 희망·적성·능력 등에 맞는 직업생활을 할 수 있도록 하기 위하여 필요하다고 인정하면 직업 환경에 적응시키기 위한 직업적응훈련을 실시할 수 있다.(2010.6.4 개정)

②고용노동부장관과 보건복지부장관은 제1항에 따른 직업적응훈련의 효율적 실시를 위하여 필요하다고 인정하면 그 훈련 기준 등을 따로 정할 수 있다.(2010.6.4 개정)

③고용노동부장관과 보건복지부장관은 장애인의 직업능력 개발·향상을 위하여 직업적응훈련 시설 또는 훈련 과정을 설치·운영하거나 하려는 자에게 필요한 비용(훈련비를 포함한다)을 융자·지원할 수 있다.(2010.6.4

개정)
④고용노동부장관과 보건복지부장관은 직업적응훈련 시설에서 직업적응훈련을 받는 장애인에게 훈련수당을 지원할 수 있다.(2010.6.4 개정)
⑤제3항과 제4항에 따른 융자·지원의 기준 및 훈련수당의 지급 기준 등에 필요한 사항은 대통령령으로 정한다.

제12조 【직업능력개발훈련】 ①고용노동부장관은 장애인이 그 희망·적성·능력 등에 맞는 직업생활을 할 수 있도록 하기 위하여 장애인에게 직업능력개발훈련을 실시하여야 한다.(2010.6.4 개정)
②고용노동부장관은 장애인의 직업능력 개발·향상을 위하여 직업능력개발훈련시설 또는 훈련 과정을 설치·운영하거나 하려는 자에게 필요한 비용(훈련비를 포함한다)을 융자·지원할 수 있다.(2010.6.4 개정)
③고용노동부장관은 직업능력개발훈련시설에서 직업능력개발훈련을 받는 장애인에게 훈련수당을 지원할 수 있다.(2010.6.4 개정)
④제2항과 제3항에 따른 융자·지원 기준 및 훈련수당의 지급 기준 등에 필요한 사항은 대통령령으로 정한다.

제13조 【지원고용】 ①고용노동부장관과 보건복지부장관은 중증장애인 중 사업주가 운영하는 사업장에서는 직무 수행이 어려운 장애인이 직무를 수행할 수 있도록 지원고용을 실시하고 필요한 지원을 하여야 한다.(2010.6.4 개정)
②제1항에 따른 지원의 내용 및 기준 등에 필요한 사항은 대통령령으로 정한다.

제14조 【보호고용】 국가와 지방자치단체는 장애인 중 정상적인 작업 조건에서 일하기 어려운 장애인을 위하여 특정한 근로 환경을 제공하고 그 근로 환경에서 일할 수 있도록 보호고용을 실시하여야 한다.

제15조 【취업알선 등】 ①고용노동부장관은 고용정보를 바탕으로 장애인의 희망·적성·능력과 직종 등을 고려하여 장애인에게 적합한 직업을 알선하여야 한다.(2010.6.4 개정)
②고용노동부장관은 장애인이 직업생활을 통하여 자립할 수 있도록 장애인의 고용촉진을 위한 시책을 강구하여야 한다.(2010.6.4 개정)
③고용노동부장관은 제1항과 제2항에 따른 취업알선 및 고용촉진을 할 때에 필요한 경우에는 그 업무의 일부를 재활실시기관 등 관계 전문기관에 의뢰하고 그 비용을 지급할 수 있다.(2010.6.4 개정)

④고용노동부장관은 취업알선 시설을 설치 · 운영하거나 하려는 자에게 필요한 비용(취업알선을 위한 지원금을 포함한다)을 융자 · 지원할 수 있다.(2010.6.4 개정)
⑤제3항과 제4항에 따른 비용 지급 및 융자 · 지원 기준 등에 필요한 사항은 대통령령으로 정한다.

제16조【취업알선기관 간의 연계 등】 ①고용노동부장관은 장애인의 취업 기회를 확대하기 위하여 취업알선 업무를 수행하는 재활실시기관 간에 구인 · 구직 정보의 교류와 장애인 근로자 관리 등의 효율적인 연계를 꾀하고, 제43조에 따른 한국장애인고용공단에서 이를 종합적으로 집중관리할 수 있도록 취업알선전산망 구축 등의 조치를 강구하여야 한다.(2010.6.4 개정)
②고용노동부장관이 제1항에 따른 취업알선전산망 구축 등의 조치를 강구할 때에는 「직업안정법」 제2조의2제1호에 따른 직업안정기관과 연계되도록 하여야 한다.(2010.6.4 개정)

제17조【자영업 장애인 지원】 ①고용노동부장관은 자영업을 영위하려는 장애인에게 창업에 필요한 자금 등을 융자하거나 영업장소를 임대할 수 있다.(2010.6.4 개정)
②제1항에 따른 영업장소의 연간 임대료는 「국유재산법」에도 불구하고 그 재산 가액(價額)에 1천분의 10 이상을 곱한 금액으로 고용노동부장관이 정하되, 월할(月割)이나 일할(日割)로 계산할 수 있다.(2010.6.4 개정)
③제1항과 제2항에 따른 융자 · 임대의 기준 등에 필요한 사항은 고용노동부령으로 정한다.(2010.6.4 개정)

제18조【장애인 근로자 지원】 ①고용노동부장관은 장애인 근로자의 안정적인 직업생활을 위하여 필요한 자금을 융자하거나 다음 각 호의 비용 또는 기기 · 장비를 지원할 수 있다.(2022.1.11 개정)
1. 중증장애인의 출퇴근에 소요되는 교통비
2. 장애인의 직업생활에 필요한 작업 보조 공학기기 · 장비 또는 그 공학기기 · 장비의 구입 · 대여에 드는 비용
②제1항에 따른 융자 또는 지원의 대상, 기준, 절차 및 그 밖에 필요한 사항은 대통령령으로 정한다.(2022.1.11 개정)

제19조【취업 후 적응지도】 ①고용노동부장관과 보건복지부장관은 장애인의 직업안정을 위하여 필요하다고 인정하면 사업장에 고용되어 있

는 장애인에게 작업환경 적응에 필요한 지도를 실시하여야 한다.(2010.6.4 개정)
②제1항에 따른 지도의 내용 등에 필요한 사항은 대통령령으로 정한다.

제19조의2 【근로지원인 서비스의 제공】 ①고용노동부장관은 중증장애인의 직업생활을 지원하는 사람(이하 이 조에서 "근로지원인"이라 한다)을 보내 중증장애인이 안정적 · 지속적으로 직업생활을 할 수 있도록 하는 등 필요한 서비스를 제공할 수 있다.
②제1항에 따른 근로지원인 서비스 제공대상자의 선정 및 취소, 서비스의 제공방법 등 필요한 사항은 대통령령으로 정한다.
(2011.3.9 본조신설)

제20조 【사업주에 대한 고용 지도】 고용노동부장관은 장애인을 고용하거나 고용하려는 사업주에게 필요하다고 인정하면 채용, 배치, 작업 보조구, 작업 설비 또는 작업 환경, 그 밖에 장애인의 고용관리에 관하여 기술적 사항에 대한 지도를 실시하여야 한다.(2010.6.4 개정)

제21조 【장애인 고용 사업주에 대한 지원】 ①고용노동부장관은 장애인을 고용하거나 고용하려는 사업주에게 장애인 고용에 드는 다음 각 호의 비용 또는 기기 등을 융자하거나 지원할 수 있다. 이 경우 중증장애인 및 여성장애인을 고용하거나 고용하려는 사업주를 우대해야 한다.(2010.6.4 개정)
1. 장애인을 고용하는 데에 필요한 시설과 장비의 구입 · 설치 · 수리 등에 드는 비용
2. 장애인의 직업생활에 필요한 작업 보조 공학기기 · 장비 또는 그 공학기기 · 장비의 구입 · 대여에 드는 비용(2022.1.11 개정)
3. 장애인의 적정한 고용관리를 위하여 장애인 직업생활 상담원, 작업 지도원, 한국수어 통역사 또는 낭독자 등을 배치하는 데에 필요한 비용(2016.2.3 개정)
4. 그 밖에 제1호부터 제3호까지의 규정에 준하는 것으로서 장애인의 고용에 필요한 비용 또는 기기

②고용노동부장관은 장애인인 사업주가 장애인을 고용하거나 고용하려는 경우에는 해당 사업주 자신의 직업생활에 필요한 작업 보조 공학기기 · 장비를 지원하거나 그 공학기기 · 장비의 구입 · 대여에 드는 비용을 지원할 수 있다.(2022.1.11 개정)

③제1항 및 제2항에 따른 융자 또는 지원의 대상 및 기준 등에 필요한 사항은 대통령령으로 정한다.(2011.7.25 개정)

제21조의2【장애인 공무원에 대한 지원】 고용노동부장관은 장애인 공무원의 원활한 직무수행을 위하여 다음 각 호의 구분에 따른 지원을 할 수 있다.

1. 중증장애인 공무원: 제19조의2에 따른 근로지원인 서비스의 제공
2. 장애인 공무원: 제21조제1항제2호에 따른 작업 보조 공학기기 · 장비 또는 그 공학기기 · 장비의 구입 · 대여에 드는 비용의 제공(2022.1.11 개정)

(2021.7.20 본조신설)

제22조【장애인 표준사업장에 대한 지원】 ①고용노동부장관은 장애인 표준사업장을 설립 · 운영하거나 설립하려는 사업주에게 그 설립 · 운영에 필요한 비용을 융자하거나 지원할 수 있다.(2010.6.4 개정)

②고용노동부장관은 제1항에 따라 장애인 표준사업장 소속 장애인의 근로의욕 증진, 직업생활의 질 향상 등을 위하여 필요한 지원을 할 수 있다.(2025.11.11 신설)

③고용노동부장관은 제1항에 따른 융자 또는 지원을 할 때에 다음 각 호의 사업주를 우대하여야 한다.(2025.11.11 개정)

1. 중증장애인과 여성장애인을 고용하거나 고용하려는 사업주
2. 지방자치단체로부터 지원을 받거나 비영리 법인 또는 다른 민간 기업으로부터 출자를 받는 등 지역 사회의 적극적 참여를 통하여 장애인 표준사업장을 설립 · 운영하거나 설립하려는 사업주

④제28조제1항에 따른 장애인 고용의무가 있는 사업주가 장애인 표준사업장을 발생주식 총수 또는 출자총액 등 대통령령으로 정하는 기준에 따라 실질적으로 지배하고 있는 경우에는 제28조 · 제29조 및 제33조를 적용할 때에는 그 장애인 표준사업장에 고용된 근로자를 해당 사업주가 고용하는 근로자 수(다만, 여성 · 중증장애인을 제외한 장애인은 그 총수의 2분의 1에 해당하는 수를 말하며, 그 수에서 소수점 이하는 올린다)에 포함하고, 해당 장애인 표준사업장을 해당 사업주의 사업장으로 본다. 다만, 해당 장애인 표준사업장이 제2조제8호 및 제22조의2(일반지주회사의 자회사 또는 손자회사가 공동출자법인으로 설립한 장애인 표준사업장에 한정한다)에 따른 기준에 미치지 못하는 경우 해당 기간이 속하는 월에는 이를 적용하지 아니한다.(2025.11.11 개정)

⑤제4항에도 불구하고 장애인 고용의무가 있는 둘 이상의 사업주가 장애인 표준사업장의 주식을 소유하거나 출자한 경우에는 그 비율에 해당하는 근로자 수(그 수에 소수점이 있는 경우에는 버린다)를 해당 사업주가 고용하고 있는 근로자 수에 포함한다. 다만, 장애인 고용의무가 있는 둘 이상의 사업주 중 제4항에 따른 실질적 지배사업주가 있는 경우에는 장애인 고용의무가 있는 다른 사업주가 주식을 소유하거나 출자한 비율에 해당하는 근로자 수를 제외한 나머지 근로자 수를 실질적 지배사업주가 고용하는 근로자 수에 포함한다.(2025.11.11 개정)
⑥제1항부터 제3항까지에 따른 융자 또는 지원의 기준 등에 필요한 사항은 대통령령으로 정한다.(2025.11.11 개정)

제22조의2【지주회사 등의 행위제한 등에 대한 특례】 「독점규제 및 공정거래에 관한 법률」 제18조제2항제5호에 따른 일반지주회사의 자회사(같은 법 제2조제8호에 따른 자회사를 말한다. 이하 같다) 또는 손자회사(같은 법 제2조제9호에 따른 손자회사를 말한다. 이하 같다)가 다음 각 호의 요건을 모두 갖춘 경우에는 같은 법 제18조제3항제2호 및 같은 조 제4항에도 불구하고 자회사는 다른 자회사와 함께, 손자회사는 다른 손자회사와 함께 공동으로 출자한 법인(이하 "공동출자법인"이라 한다)의 주식을 소유할 수 있다.

1. 공동출자법인이 장애인 표준사업장으로 인증받아 운영하기 위한 목적일 것
2. 자회사 또는 손자회사가 공동출자법인의 발행주식 총수를 소유할 것
3. 공동출자법인의 주식을 소유한 자회사 또는 손자회사 중 하나의 회사가 공동출자법인의 발행주식 총수의 100분의 50 이상을 소유할 것
4. 공동출자법인은 다른 회사의 주식을 소유하지 아니할 것

(2025.11.11 본조신설)

제22조의3【불공정거래행위 금지에 대한 특례】 제22조제4항에 따라 장애인 표준사업장을 실질적으로 지배하고 있는 사업주가 대통령령으로 정하는 바에 따라 사전에 공개한 합리적인 기준에 의하여 해당 장애인 표준사업장을 지원하는 경우에는 「독점규제 및 공정거래에 관한 법률」 제45조제1항제9호에 따른 불공정거래행위에 해당하지 아니하는 것으로 본다.(2025.11.11 개정)
(2025.11.11 본조개정)

제22조의4【장애인 표준사업장 생산품의 우선구매 등】①「중소기업제품 구매촉진 및 판로지원에 관한 법률」 제2조제2호에 따른 공공기관(이하 이 조에서 "공공기관"이라 한다)의 장은 물품·용역에 관한 계약을 체결하는 경우에는 장애인 표준사업장에서 생산한 물품과 제공하는 용역(이하 "장애인 표준사업장 생산품"이라 한다)을 우선구매하여야 한다.
②공공기관의 장은 장애인 표준사업장 생산품의 구매계획과 전년도 구매실적을 대통령령으로 정하는 바에 따라 고용노동부장관에게 제출하여야 한다. 이 경우 구매계획에는 공공기관별 총구매액(물품과 용역에 대한 총구매액을 말하되, 공사비용은 제외한다)의 100분의 1의 범위에서 고용노동부장관이 정하는 비율 이상에 해당하는 장애인 표준사업장 생산품의 구매목표를 제시하여야 한다.
③공공기관의 장은 장애인 표준사업장 생산품을 수의계약으로 구매할 수 있다. 이 경우 수의계약의 절차 및 방법 등에 관하여는 「국가를 당사자로 하는 계약에 관한 법률」 등 관계 법령에 따른다.
④공공기관의 장은 소속 기관 등에 대한 평가를 실시하는 경우에는 장애인 표준사업장 생산품의 구매실적을 포함하여야 한다.
⑤고용노동부장관은 구매계획의 이행 점검 등을 위하여 공공기관의 장에게 장애인 표준사업장 생산품의 구매실적의 제출을 요구할 수 있다. 이 경우 공공기관의 장은 특별한 사유가 없으면 이에 따라야 한다.(2020.5.26 개정)
⑥고용노동부장관은 제2항에 따라 공공기관의 장이 제출한 전년도 구매실적과 해당 연도의 구매계획을 대통령령으로 정하는 바에 따라 고용노동부 인터넷 홈페이지에 게시하여야 한다.(2016.12.27 신설)
(2025.11.11 본조개정)

제22조의5【장애인 표준사업장의 인증 및 인증취소】①장애인 표준사업장을 운영하려는 자는 제2조제8호 및 제22조의2(일반지주회사의 자회사 또는 손자회사가 공동출자법인으로 설립한 장애인 표준사업장에 한정한다)의 기준을 갖추어 고용노동부장관의 인증을 받아야 한다.(2025.11.11 개정)
②고용노동부장관은 장애인 표준사업장이 다음 각 호의 어느 하나에 해당하는 경우에는 제1항에 따른 인증을 취소할 수 있다. 다만, 제1호에 해당하는 경우에는 인증을 취소하여야 한다.
1. 거짓이나 그 밖의 부정한 방법으로 인증을 받은 경우

2. 제2조제8호 및 제22조의2(일반지주회사의 자회사 또는 손자회사가 공동출자법인으로 설립한 장애인 표준사업장에 한정한다)의 기준을 갖추지 못하게 된 경우(2025.11.11 개정)
3. 불가피한 경영상의 사유 등으로 고용노동부장관에게 인증의 취소를 요청한 경우

③고용노동부장관은 제1항에 따라 장애인 표준사업장을 인증하거나 제2항에 따라 인증을 취소한 경우에는 이를 공고하여야 한다.

④제1항과 제2항에 따른 장애인 표준사업장 인증, 인증취소의 방법 및 절차 등 필요한 사항은 고용노동부령으로 정한다.

⑤제1항에 따라 인증을 받지 아니한 자는 장애인 표준사업장 또는 이와 유사한 명칭을 사용하여서는 아니 된다.

⑥제1항에 따라 인증을 받은 자는 다른 사람에게 자기의 성명 또는 상호를 사용하여 장애인 표준사업장을 운영하게 하거나 인증서를 대여하여서는 아니 된다.

(2025.11.11 본조개정)

제23조【부당 융자 또는 지원금 등의 징수 및 지급제한 등】 ①고용노동부장관은 제18조, 제21조 또는 제22조에 따라 융자 또는 지원을 받은 자가 다음 각 호의 어느 하나에 해당하는 경우에는 해당 융자 또는 지원을 취소하고, 그 금액 또는 지원에 상응하는 금액을 징수하여야 한다. 이 경우 제1호에 해당하여 지원금을 징수하는 경우에는 고용노동부령으로 정하는 기준에 따라 그 금액의 5배 이하의 금액을 추가로 징수할 수 있다.(2022.1.11 개정)

1. 거짓 또는 그 밖의 부정한 방법으로 융자 또는 지원을 받은 경우
2. 동일한 사유로 국가 또는 지방자치단체(위탁받은 기관도 포함한다)로부터 중복하여 융자 또는 지원을 받은 경우
3. 동일한 사유로 제2항에 따른 시정요구를 2회 이상 받고도 시정하지 아니한 경우
4. 융자 또는 지원의 취소를 요청하는 경우

②고용노동부장관은 제18조, 제21조 또는 제22조에 따라 융자 또는 지원을 받은 자가 다음 각 호의 어느 하나에 해당하는 경우에는 기간을 정하여 시정을 요구할 수 있다.(2022.1.11 개정)

1. 융자 또는 지원을 위한 조건을 이행하지 아니한 경우

2. 융자 또는 지원금을 제18조제1항 각 호, 제21조제1항 각 호, 같은 조 제2항 및 제22조제1항의 목적에 맞게 집행하지 아니한 경우(2022.1.11 개정)
3. 그 밖에 고용노동부장관이 정하여 고시하는 경우
③고용노동부장관은 제1항 각 호의 어느 하나에 해당하는 경우에는 그 사실이 있는 날부터 3년간 융자 또는 지원을 제한할 수 있다.
④제1항부터 제3항까지의 규정에 따른 취소, 징수, 시정요구 및 지급제한 등에 필요한 사항은 고용노동부령으로 정한다.
(2012.12.18 본조개정)

제24조 【장애인 고용 우수사업주에 대한 우대】 ①고용노동부장관은 장애인의 고용에 모범이 되는 사업주를 장애인 고용 우수사업주로 선정하여 사업을 지원하는 등의 조치(이하 "우대조치"라 한다)를 할 수 있다.(2010.6.4 개정)
②국가, 지방자치단체 또는 「공공기관의 운영에 관한 법률」 제4조에 따른 공공기관의 장은 공사 · 물품 · 용역 등의 계약을 체결하는 경우에는 장애인 고용 우수사업주를 우대할 수 있다.(2017.11.28 신설)
③제1항 및 제2항에 따른 장애인 고용 우수사업주의 선정 · 우대조치 등에 필요한 사항은 대통령령으로 정한다.(2017.11.28 개정)

제25조 【사업주에 대한 자료 제공】 고용노동부장관은 장애인을 고용하거나 고용하려는 사업주에게 장애인의 신체적 · 정신적 조건, 직업능력 등에 관한 정보, 그 밖의 자료를 제공하여야 한다.(2010.6.4 개정)

제26조 【장애인 실태 조사】 ①고용노동부장관은 장애인의 고용촉진 및 직업재활을 위하여 매년 1회 이상 장애인의 취업직종 · 근로형태 · 근속기간 · 임금수준 등 고용현황 및 장애인근로자의 산업재해 현황에 대하여 전국적인 실태조사를 실시하여야 한다.(2017.11.28 개정)
②제1항에 따른 실태조사에 포함되어야 할 사항과 실태조사의 방법 및 절차 등은 고용노동부령으로 정한다.(2017.11.28 신설)
(2007.7.13 본조개정)

제 2 장의2 장애인 기능경기 대회 개최 등

제26조의2 【장애인 기능경기 대회 개최】 ①고용노동부장관 및 특별시장 · 광역시장 · 특별자치시장 · 도지사 또는 특별자치도지사는 사회와

기업의 장애인고용에 대한 관심을 촉구하고 장애인의 기능을 향상시키기 위하여 장애인 기능경기 대회를 개최할 수 있다.
②고용노동부장관은 제1항에 따른 장애인 기능경기 대회의 개최에 필요한 비용의 일부를 지원할 수 있다.
③제1항에 따른 장애인 기능경기 대회의 참가자격 등 참가와 개최에 필요한 사항은 대통령령으로 정한다.
(2017.4.18 본조신설)

제26조의3【국제장애인기능올림픽대회 개최 등】 ①고용노동부장관은 장애인의 국제교류를 통하여 기능 수준을 향상시키고 사회참여를 증진시키기 위하여 국제장애인기능올림픽대회에 선수단을 파견하거나 국내에서 대회를 개최할 수 있다.
②제1항에 따른 국제장애인기능올림픽대회에 참가할 선수의 선발기준 등 참가와 개최에 필요한 사항은 대통령령으로 정한다.
③고용노동부장관은 국내에서 개최되는 제1항에 따른 국제장애인기능올림픽대회의 준비 및 운영을 위하여 필요한 경우 관계 중앙행정기관 및 지방자치단체와 그 밖의 「공공기관의 운영에 관한 법률」에 따른 공공기관 등 법인 · 기관 · 단체에 행정적 · 재정적 지원을 요청할 수 있다.
(2017.4.18 본조신설)

제 3 장 장애인 고용 의무 및 부담금

제27조【국가와 지방자치단체의 장애인 고용 의무】 ①국가와 지방자치단체의 장은 장애인을 소속 공무원 정원에 대하여 다음 각 호의 구분에 해당하는 비율 이상 고용하여야 한다.(2021.7.20 개정)
1. 2021년 1월 1일부터 2021년 12월 31일까지: 1천분의 34
2. 2022년 1월 1일부터 2023년 12월 31일까지: 1천분의 36
3. 2024년 이후: 1천분의 38

②국가와 지방자치단체의 각 시험 실시 기관(이하 "각급기관"이라 한다)의 장은 신규채용시험을 실시할 때 신규채용 인원에 대하여 장애인이 제1항 각 호의 구분에 따른 해당 연도 비율(장애인 공무원의 수가 제1항 각 호의 구분에 따른 해당 연도 비율 미만이면 그 비율의 2배) 이상 채용하도록 하여야 한다.(2016.12.27 개정)

③임용권을 위임받은 기관의 장이 공개채용을 하지 아니하고 공무원을 모집하는 경우에도 제2항을 준용한다.
④제1항과 제2항은 공안직군 공무원, 검사, 경찰 · 소방 · 경호 공무원 및 군인 등에 대하여는 적용하지 아니한다. 다만, 국가와 지방자치단체의 장은 본문에 규정된 공안직군 공무원 등에 대하여도 장애인이 고용될 수 있도록 노력하여야 한다.
⑤제2항과 제3항에 따른 채용시험 및 모집에 응시하는 장애인의 응시 상한 연령은 중증장애인인 경우에는 3세, 그 밖의 장애인인 경우에는 2세를 각각 연장한다.
⑥다음 각 호의 어느 하나에 해당하는 기관의 장은 소속 각급기관의 공무원 채용계획을 포함한 장애인 공무원 채용계획과 그 실시 상황을 대통령령으로 정하는 바에 따라 고용노동부장관에게 제출하여야 한다.(2012.12.18 개정)
1. 국회사무총장, 법원행정처장, 헌법재판소사무처장, 중앙선거관리위원회 사무총장, 중앙행정기관의 장 등 대통령령으로 정하는 국가기관의 장
2. 「지방자치법」에 따른 지방자치단체의 장
3. 「지방교육자치에 관한 법률」에 따른 교육감
⑦고용노동부장관은 제6항에 따른 장애인 공무원 채용계획이 적절하지 아니하다고 인정되면 장애인 공무원 채용계획을 제출한 자에게 그 계획의 변경을 요구할 수 있고, 제1항에 따른 고용 의무의 이행 실적이 현저히 부진한 때에는 그 내용을 공표할 수 있다.(2010.6.4 개정)

제28조 【사업주의 장애인 고용 의무】 ①상시 50명 이상의 근로자를 고용하는 사업주(건설업에서 근로자 수를 확인하기 곤란한 경우에는 공사 실적액이 고용노동부장관이 정하여 고시하는 금액 이상인 사업주)는 그 근로자의 총수(건설업에서 근로자 수를 확인하기 곤란한 경우에는 대통령령으로 정하는 바에 따라 공사 실적액을 근로자의 총수로 환산한다)의 100분의 5의 범위에서 대통령령으로 정하는 비율(이하 "의무고용률"이라 한다) 이상에 해당(그 수에서 소수점 이하는 버린다)하는 장애인을 고용하여야 한다.(2010.6.4 개정)
②제1항에도 불구하고 특정한 장애인의 능력에 적합하다고 인정되는 직종에 대하여는 장애인을 고용하여야 할 비율을 대통령령으로 따로 정할 수 있다. 이 경우 그 비율은 의무고용률로 보지 아니한다.

③의무고용률은 전체 인구 중 장애인의 비율, 전체 근로자 총수에 대한 장애인 근로자의 비율, 장애인 실업자 수 등을 고려하여 5년마다 정한다.
④제1항에 따른 상시 고용하는 근로자 수 및 건설업에서의 공사 실적액 산정에 필요한 사항은 대통령령으로 정한다.

제28조의2【공공기관 장애인 의무고용률의 특례】 제28조에도 불구하고 「공공기관의 운영에 관한 법률」에 따른 공공기관, 「지방공기업법」에 따른 지방공사·지방공단과 「지방자치단체 출자·출연 기관의 운영에 관한 법률」에 따른 출자기관·출연기관은 상시 고용하고 있는 근로자 수에 대하여 장애인을 다음 각 호의 구분에 해당하는 비율 이상 고용하여야 한다. 이 경우 의무고용률에 해당하는 장애인 수를 계산할 때에 소수점 이하는 버린다.(2021.7.20 개정)
1. 2021년 1월 1일부터 2021년 12월 31일까지: 1천분의 34
2. 2022년 1월 1일부터 2023년 12월 31일까지: 1천분의 36
3. 2024년 이후: 1천분의 38
(2016.12.27 본조개정)

제28조의3【장애인 고용인원 산정의 특례】 제27조·제28조·제28조의2·제29조·제33조 및 제79조에 따라 장애인 고용인원을 산정하는 경우 중증장애인의 고용은 그 인원의 2배에 해당하는 장애인의 고용으로 본다. 다만, 소정근로시간이 대통령령으로 정하는 시간 미만인 중증장애인은 제외한다.(2016.12.27 개정)
(2009.10.9 본조신설)

제29조【사업주의 장애인 고용 계획 수립 등】 ①고용노동부장관은 사업주에게 대통령령으로 정하는 바에 따라 장애인의 고용에 관한 계획과 그 실시 상황 기록을 작성하여 제출하도록 명할 수 있다.(2010.6.4 개정)
②고용노동부장관은 제1항에 따른 계획이 적절하지 아니하다고 인정하는 때에는 사업주에게 그 계획의 변경을 명할 수 있다.(2010.6.4 개정)
③고용노동부장관은 제28조제1항에 따른 사업주가 정당한 사유 없이 장애인 고용계획의 수립 의무 또는 장애인 고용 의무를 현저히 불이행하면 그 내용을 공표할 수 있다.(2010.6.4 개정)

제30조【장애인 고용장려금의 지급】 ①고용노동부장관은 장애인의 고용촉진과 직업 안정을 위하여 장애인을 고용한 사업주(제28조제1항을 적용받지 아니하는 사업주를 포함한다)에게 고용장려금을 지급할 수 있

다.(2010.6.4 개정)
②고용장려금은 매월 상시 고용하고 있는 장애인 수에서 의무고용률(제28조제1항을 적용받지 아니하는 사업주에게 고용장려금을 지급할 때에도 같은 비율을 적용한다)에 따라 고용하여야 할 장애인 총수(그 수에서 소수점 이하는 올린다)를 뺀 수에 제3항에 따른 지급단가를 곱한 금액으로 한다. 다만, 제33조에 따라 낼 부담금이 있는 경우에는 그 금액을 뺀 금액으로 한다.
③고용장려금의 지급단가 및 지급기간은 고용노동부장관이 「최저임금법」에 따라 월 단위로 환산한 최저임금액의 범위에서 제33조제3항에 따른 부담기초액, 장애인 고용부담금 납부 의무의 적용 여부, 그 장애인 근로자에게 지급하는 임금, 고용기간 및 장애정도 등을 고려하여 다르게 정할 수 있다. 이 경우 중증장애인과 여성장애인에 대하여는 우대하여 정하여야 한다.(2010.6.4 개정)
④「고용보험법」과 「산업재해보상보험법」에 따른 지원금 및 장려금 지급 대상인 장애인 근로자 및 그 밖에 장애인 고용촉진과 직업안정을 위하여 국가나 지방자치단체로부터 지원을 받는 등 대통령령으로 정하는 장애인 근로자에 대하여는 대통령령으로 정하는 바에 따라 고용장려금의 지급을 제한할 수 있다.(2009.10.9 개정)
⑤제1항에 따른 고용장려금의 지급 및 청구에 필요한 사항은 대통령령으로 정하고, 그 지급 시기·절차 등에 필요한 사항은 고용노동부장관이 정한다.(2010.6.4 개정)

제31조 【부당이득금의 징수 및 지급 제한】 ①고용노동부장관은 제30조에 따른 고용장려금을 받은 자가 다음 각 호의 어느 하나에 해당하는 경우에는 각 호에 따라 지급한 금액을 징수하여야 한다. 다만, 제1호의 경우에는 지급한 금액의 5배의 범위에서 고용노동부령으로 정하는 금액을 추가로 징수하여야 한다.(2011.3.9 개정)
1. 거짓이나 그 밖의 부정한 방법으로 고용장려금을 받은 경우
2. 그 밖에 잘못 지급된 고용장려금이 있는 경우
②제1항 각 호 외의 부분 단서에 따라 추가 징수를 하는 경우 거짓이나 그 밖의 부정한 방법으로 고용장려금의 지급신청을 한 날부터 3개월 이내에 자진하여 그 부정행위를 신고한 자에 대하여는 추가징수를 면제할 수 있다.(2020.5.26 개정)

③고용노동부장관은 고용장려금을 거짓이나 그 밖의 부정한 방법으로 지급받았거나 받으려 한 자에 대하여는 1년간의 고용장려금을 지급하지 아니한다. 다만, 고용장려금을 받은 날부터 3년이 지난 경우에는 그러하지 아니하다.(2011.3.9 개정)
④제3항을 적용할 때 고용장려금의 지급제한기간은 고용노동부장관이 지급제한을 한 날부터 기산한다.(2020.5.26 개정)

제32조 【포상금】 거짓이나 그 밖의 부정한 방법으로 제30조에 따른 고용장려금을 지급받은 자를 지방고용노동관서, 제43조에 따른 한국장애인고용공단 또는 수사기관에 신고하거나 고발한 자에게는 대통령령으로 정하는 바에 따라 포상금을 지급할 수 있다.(2010.6.4 개정)

제32조의2 【국가와 지방자치단체 등의 장애인 고용부담금의 납부 등】 ①제27조제6항 각 호에 따른 기관 중 같은 조 제1항에 따른 의무고용률에 못 미치는 장애인 공무원을 고용한 기관의 장은 매년 고용노동부장관에게 장애인 고용부담금(이하 "부담금"이라 한다)을 납부하여야 한다.
②부담금 납부에 관하여는 제33조제2항부터 제11항까지, 제33조의2, 제34조부터 제36조까지, 제38조부터 제40조까지, 제41조(같은 조 제1항제6호 및 제2항제5호는 제외한다) 및 제42조(같은 조 제1호는 제외한다)를 준용한다. 이 경우 "사업주"는 "제27조제6항 각 호에 따른 기관의 장"으로, "의무고용률"은 "제27조제1항에 따른 의무고용률"로, "근로자"는 "공무원"으로 본다.
(2016.12.27 본조신설)

제33조 【사업주의 부담금 납부 등】 ①의무고용률에 못 미치는 장애인을 고용하는 사업주(상시 100명 미만의 근로자를 고용하는 사업주는 제외한다)는 대통령령으로 정하는 바에 따라 매년 고용노동부장관에게 부담금을 납부하여야 한다.(2021.7.20 개정)
②부담금은 사업주가 의무고용률에 따라 고용하여야 할 장애인 총수에서 매월 상시 고용하고 있는 장애인 수를 뺀 수에 제3항에 따른 부담기초액을 곱한 금액의 연간 합계액으로 한다.(2009.10.9 개정)
③부담기초액은 장애인을 고용하는 경우에 매월 드는 다음 각 호의 비용의 평균액을 기초로 하여 고용정책심의회의 심의를 거쳐 「최저임금법」에 따라 월 단위로 환산한 최저임금액의 100분의 60 이상의 범위에서 고용노동부장관이 정하여 고시하되, 장애인 고용률(매월 상시 고용하고 있는 근

로자의 총수에 대한 고용하고 있는 장애인 총수의 비율)에 따라 부담기초액의 2분의 1 이내의 범위에서 가산할 수 있다. 다만, 장애인을 상시 1명 이상 고용하지 아니한 달이 있는 경우에는 그 달에 대한 사업주의 부담기초액은 「최저임금법」에 따라 월 단위로 환산한 최저임금액으로 한다.(2011.3.9 개정)

1. 장애인을 고용하는 경우 필요한 시설·장비의 설치, 수리에 드는 비용
2. 장애인의 적정한 고용관리를 위한 조치에 필요한 비용
3. 그 밖에 장애인을 고용하기 위하여 특별히 드는 비용 등

④고용노동부장관은 제22조의5제1항에 따라 인증을 받은 장애인 표준사업장 또는 「장애인복지법」 제58조제1항제3호의 장애인 직업재활시설에 도급을 주어 그 생산품을 납품받는 사업주에 대하여 부담금을 감면할 수 있다.(2025.11.11 개정)

⑤사업주는 다음 연도 1월 31일(연도 중에 사업을 그만두거나 끝낸 경우에는 그 사업을 그만두거나 끝낸 날부터 60일)까지 고용노동부장관에게 부담금 산출에 필요한 사항으로서 대통령령으로 정하는 사항을 적어 신고하고 해당 연도의 부담금을 납부하여야 한다.(2011.7.25 개정)

⑥고용노동부장관은 사업주가 제5항에서 정한 기간에 신고를 하지 아니하였을 때에는 이를 조사하여 부담금을 징수할 수 있다.(2016.12.27 개정)

⑦고용노동부장관은 제5항에 따라 부담금을 신고(제8항에 따른 수정신고를 포함한다. 이하 이 조에서 같다) 또는 납부한 사업주가 다음 각 호의 어느 하나에 해당하는 경우에는 이를 조사하여 해당 사업주가 납부하여야 할 부담금을 징수할 수 있다.(2016.12.27 개정)

1. 사업주가 신고한 부담금이 실제로 납부하여야 할 금액에 미치지 못하는 경우
2. 사업주가 납부한 부담금이 신고한 부담금에 미치지 못하는 경우
3. 사업주가 신고한 부담금을 납부하지 아니한 경우

⑧사업주는 제5항에 따라 신고한 부담금이 실제 납부하여야 하는 부담금에 미치지 못할 때에는 해당 연도 2월 말일까지 대통령령으로 정하는 바에 따라 수정신고하고 그 부담금의 차액을 추가로 납부할 수 있다.(2016.12.27 신설)

⑨고용노동부장관은 사업주가 납부한 부담금이 실제 납부하여야 할 부담금을 초과한 경우에는 대통령령으로 정하는 바에 따라 그 초과한 금액에

대통령령으로 정하는 이자율에 따라 산정한 금액을 가산하여 환급하여야 한다.(2016.12.27 신설)

⑩부담금은 대통령령으로 정하는 대로 분할 납부를 하게 할 수 있다. 이 경우 분할 납부를 할 수 있는 부담금을 제5항에 따른 납부 기한에 모두 납부하는 경우에는 그 부담금액의 100분의 5 이내의 범위에서 대통령령으로 정하는 금액을 공제할 수 있다.(2016.12.27 개정)

⑪제4항에 따른 도급의 기준, 그 밖에 부담금 감면의 요건·기준 등에 필요한 사항은 고용노동부장관이 정한다.(2016.12.27 개정)

제33조의2【신용카드등으로 하는 부담금등의 납부】 ①부담금과 이 법에 따른 그 밖의 징수금(이하 이 조에서 "부담금등"이라 한다)의 납부 의무자는 부담금등의 납부를 대행할 수 있도록 대통령령으로 정하는 신용카드회사 등(이하 이 조에서 "부담금등납부대행기관"이라 한다)을 통하여 신용카드, 직불카드 등(이하 이 조에서 "신용카드등"이라 한다)으로 부담금등을 납부할 수 있다.

②신용카드등으로 부담금등을 납부하는 경우에는 부담금등납부대행기관의 승인일을 부담금등의 납부일로 본다.

③부담금등납부대행기관은 납부 의무자로부터 신용카드등에 의한 부담금등의 납부대행 용역의 대가로 수수료를 받을 수 있다.

④부담금등납부대행기관의 운영과 수수료 등에 필요한 사항은 대통령령으로 정한다.

(2016.12.27 본조신설)

제33조의3【부담금의 우선 적용】 이 법은 국가와 지방자치단체의 장 및 사업주의 부담금에 관하여 다른 법률에 우선하여 적용한다.

(2018.10.16 본조신설)

제34조【부담금 등 과오납금의 충당과 환급】 고용노동부장관은 사업주가 부담금, 그 밖에 이 법에 따른 징수금과 체납처분비로 납부한 금액 중 잘못 납부한 금액을 환급하려는 때 또는 제30조에 따라 사업주에게 고용장려금을 지급하여야 하는 때에는 대통령령으로 정하는 순위에 따라 납부하여야 하는 부담금, 그 밖에 이 법에 따른 징수금에 우선 충당하고, 그 잔액을 해당 사업주에게 환급하거나 지급할 수 있다.(2010.6.4 개정)

제35조【가산금과 연체금의 징수】 ①고용노동부장관은 제33조제6항 및 제7항제1호에 따라 부담금을 징수하는 때에는 사업주가 납부하여야 할

부담금의 100분의 10에 상당하는 금액을 가산금으로 징수한다.(2016.12.27 개정)
②고용노동부장관은 제1항에도 불구하고 제33조제8항의 수정신고에 따라 사업주가 추가로 납부할 부담금의 차액에 대해서는 제1항에 따른 가산금의 100분의 50을 감면할 수 있다.(2016.12.27 신설)
③고용노동부장관은 부담금의 납부 의무자가 제33조제5항에 따른 납부 기한(같은 조 제6항 또는 제7항제1호에 따라 조사하여 부담금을 징수하는 경우에는 부담금의 징수 통지서에 기재된 납부 기한을 말하며, 같은 조 제8항에 따라 수정신고를 한 사업주의 경우에는 2월 말일을 말한다)까지 부담금을 납부하지 아니하였을 때에는 그 연체 기간에 대하여 36개월을 초과하지 아니하는 범위에서 「은행법」 제2조에 따른 은행의 연체이자율 등을 고려하여 대통령령으로 정하는 바에 따라 일 단위로 계산하여 연체금을 징수한다.(2025.11.11 개정)
④제1항부터 제3항까지의 규정에 따른 가산금 또는 연체금은 그 금액이 소액이거나 징수가 적절하지 아니하다고 인정되는 등 대통령령으로 정하는 경우에는 징수하지 아니한다.(2016.12.27 개정)

제36조【통지】 고용노동부장관은 제33조제6항 및 제7항에 따른 징수를 하려 할 때에는 고용노동부령으로 정하는 바에 따라 납부 의무자에게 그 금액과 납부 기한을 서면으로 알려야 한다.(2010.6.4 개정)

제36조의2【부담금 징수에 대한 이의신청】 ①제36조에 따른 징수 통지를 받은 자는 그 내용에 대하여 이의가 있으면 그 통지를 받은 날부터 30일 이내에 고용노동부장관에게 이의신청을 할 수 있다.
②제1항에 따른 이의신청 및 그 결과 통지의 방법은 고용노동부령으로 정한다.
③제1항 및 제2항에서 규정한 사항 외에 이의신청에 관한 사항은 「행정기본법」 제36조에 따른다.
(2025.11.11 본조신설)

제37조【독촉 및 체납처분】 ①고용노동부장관은 부담금, 그 밖에 이 법에 따른 징수금을 납부 의무자가 납부하지 아니하였을 때에는 기한을 정하여 독촉하여야 한다.(2010.6.4 개정)
②고용노동부장관은 제1항에 따라 독촉을 하는 경우에는 독촉장을 발부하여야 한다. 이 경우에는 10일 이상의 납부 기간을 주어야 한다.(2010.6.4

개정)
③제1항에 따라 독촉을 받은 자가 그 납부 기한까지 부담금이나 그 밖에 이 법에 따른 징수금을 납부하지 아니하였을 때에 고용노동부장관은 국세 체납처분의 예에 따라 징수할 수 있다.(2010.6.4 개정)
④고용노동부장관은 제3항에 따른 체납처분의 예에 따라 압류한 재산의 공매(公賣)에 전문 지식이 필요하거나 그 밖에 특수한 사정이 있어 직접 공매하기에 적당하지 아니하다고 인정하는 때에는 대통령령으로 정하는 대로 「한국자산관리공사 설립 등에 관한 법률」에 따라 설립된 한국자산관리공사(이하 "공사"라 한다)에 이를 대행하게 할 수 있고, 이 경우 공매는 고용노동부장관이 한 것으로 본다.(2019.11.26 개정)
⑤고용노동부장관은 제4항에 따라 공사가 공매를 대행하면 고용노동부령으로 정하는 바에 따라 수수료를 지급할 수 있다.(2010.6.4 개정)
⑥제4항에 따라 공사가 공매를 대행하는 경우에 공사의 임원 · 직원은 「형법」 제129조부터 제132조까지의 규정을 적용하는 경우 공무원으로 본다.

제38조 【징수 우선순위】 부담금과 이 법에 따른 그 밖의 징수금(이하 이 조에서 "부담금등"이라 한다)은 국세 및 지방세를 제외한 다른 채권보다 우선하여 징수한다. 다만, 부담금등의 납부기한 전에 전세권 · 질권 · 저당권 또는 「동산 · 채권 등의 담보에 관한 법률」에 따른 담보권의 설정을 등기하거나 등록한 사실이 증명되는 재산을 매각하여 그 매각대금 중에서 부담금등을 징수하는 경우에 그 전세권 · 질권 · 저당권 또는 「동산 · 채권 등의 담보에 관한 법률」에 따른 담보권에 의하여 담보된 채권에 대하여는 그러하지 아니하다.
(2012.12.18 본조개정)

제39조 【서류의 송달】 부담금이나 그 밖에 이 법에 따른 징수금에 관한 서류의 송달에 관하여는 「국세기본법」 제8조부터 제12조까지의 규정을 준용한다.

제40조 【소멸시효】 부담금이나 그 밖에 이 법에 따른 징수금을 징수하거나 그 환급을 받을 권리와 고용장려금을 받을 권리는 3년간 행사하지 아니하면 소멸시효가 완성된다.

제41조 【시효의 중단】 ①제40조에 따른 소멸시효는 다음 각 호의 어느 하나에 해당하는 사유로 중단된다.
1. 제30조에 따른 고용장려금의 청구

2. 제31조제1항에 따른 고용장려금 환수금의 반환 명령
3. 제33조제9항에 따른 부담금 환급금의 청구(2016.12.27 개정)
4. 제36조에 따른 납부 통지
5. 제37조에 따른 독촉
6. 제37조에 따른 체납처분 절차에 따라 행하는 교부 청구
7. 그 밖의 「민법」에서 규정하고 있는 시효중단 사유
②제1항에 따라 중단된 소멸시효는 다음 각 호의 어느 하나에 해당하는 기간이 지난 때부터 새로 진행한다. 다만, 제1항제7호에 따라 중단된 소멸시효의 진행은 「민법」에 따른다.
1. 반환 명령에 따른 납부 기한
2. 부담금 환급금의 청구 중의 기간
3. 제36조에 따라 통지한 납부 기한
4. 독촉에 따른 납부 기한
5. 교부청구 중의 기간

제42조 【결손처분】 고용노동부장관은 체납자에게 다음 각 호의 어느 하나에 해당하는 사유가 있을 때에는 부담금이나 그 밖에 이 법에 따른 징수금을 결손처분(缺損處分)할 수 있다.(2010.6.4 개정)
1. 체납처분이 종결되고 체납액에 충당될 배분 금액이 체납액보다 적을 때
2. 제40조에 따라 소멸시효가 완성될 때
3. 그 밖에 대통령령으로 정하는 바에 따라 징수 가능성이 없을 때

제 4 장　한국장애인고용공단

제43조 【한국장애인고용공단의 설립】 ①장애인이 직업생활을 통하여 자립할 수 있도록 지원하고, 사업주의 장애인 고용을 전문적으로 지원하기 위하여 한국장애인고용공단(이하 "공단"이라 한다)을 설립한다.(2009.10.9 개정)
②공단은 다음 각 호의 사업을 수행한다.
1. 장애인의 고용촉진 및 직업재활에 관한 정보의 수집·분석·제공 및 조사·연구
2. 장애인에 대한 직업상담, 직업적성 검사, 직업능력 평가 등 직업지도
3. 장애인에 대한 직업적응훈련, 직업능력개발훈련, 취업알선, 취업 후 적응

지도
4. 장애인 직업생활 상담원 등 전문요원의 양성 · 연수
5. 사업주의 장애인 고용환경 개선 및 고용 의무 이행 지원
6. 사업주와 관계 기관에 대한 직업재활 및 고용관리에 관한 기술적 사항의 지도 · 지원
7. 장애인의 직업적응훈련 시설, 직업능력개발훈련시설 및 장애인 표준사업장 운영
8. 장애인의 고용촉진을 위한 취업알선 기관 사이의 취업알선전산망 구축 · 관리, 홍보 · 교육 및 장애인 기능경기 대회 등 관련 사업
9. 장애인 고용촉진 및 직업재활과 관련된 공공기관 및 민간 기관 사이의 업무 연계 및 지원
10. 장애인 고용에 관한 국제 협력
11. 그 밖에 장애인의 고용촉진 및 직업재활을 위하여 필요한 사업 및 고용노동부장관 또는 중앙행정기관의 장이 위탁하는 사업(2010.6.4 개정)
12. 제1호부터 제11호까지의 사업에 딸린 사업

③공단은 제2항에 따른 사업을 효율적으로 수행하기 위하여 고용노동부장관의 승인을 받아 법인 또는 단체에 그 업무의 일부를 위탁할 수 있다.(2010.6.4 개정)

제44조【법인격】 공단은 법인으로 한다.

제45조【사무소】 ①공단의 주된 사무소의 소재지는 정관으로 정한다.
②공단은 필요하다고 인정하면 고용노동부장관의 승인을 받아 분사무소를 둘 수 있다.(2010.6.4 개정)

제46조【설립등기】 ①공단은 주된 사무소의 소재지에서 설립등기를 함으로써 성립된다.
②제1항에 따른 설립등기와 분사무소의 설치 · 이전, 그 밖의 등기에 필요한 사항은 대통령령으로 정한다.

제47조【정관】 ①공단의 정관에는 다음 각 호의 사항을 적어야 한다.
1. 목적
2. 명칭
3. 주된 사무소 · 분사무소 및 제55조에 따른 산하기관의 설치 · 운영(2009.10.9 개정)
4. 업무와 그 집행(2009.10.9 개정)

5. 재산과 회계(2009.10.9 개정)
6. 임직원(2009.10.9 개정)
7. 이사회의 운영(2009.10.9 개정)
8. 정관의 변경(2009.10.9 개정)
9. 공고의 방법(2009.10.9 개정)
10. 내부규정의 제정 · 개정 및 폐지(2009.10.9 개정)
11. 해산(2009.10.9 개정)

②공단의 정관은 고용노동부장관의 인가를 받아야 한다. 이를 변경하려고 할 때에도 같다.(2010.6.4 개정)

제48조【임원의 임면】 ①공단에 이사장 1명을 포함한 10명 이상 15명 이하의 이사 및 감사 1명을 둔다.

②이사장을 포함한 이사 3명은 상임으로 한다.(2009.10.9 개정)

③임원의 임면(任免)에 관하여는 「공공기관의 운영에 관한 법률」 제26조에 따르되, 상임이사와 비상임이사 중 각각 3분의 1 이상은 장애인 중에서 임명하여야 한다.(2009.10.9 개정)

④상근 이사와 비상근 이사 중 각각 3분의 1 이상은 장애인으로 임명하여야 한다.

⑤감사는 고용노동부장관이 임면한다.(2010.6.4 개정)

제49조【임원의 임기】 이사장의 임기는 3년으로 하고, 이사와 감사의 임기는 2년으로 하되, 1년을 단위로 연임할 수 있다.(2009.10.9 개정)

제50조【임원의 직무】 ①이사장은 공단을 대표하고 공단의 업무를 총괄한다.

②이사장이 부득이한 사유로 그 직무를 수행할 수 없을 때에는 정관으로 정하는 바에 따라 상임이사 중 1명이 그 직무를 대행하고, 상임이사가 없거나 그 직무를 대행할 수 없을 때에는 정관으로 정하는 임원이 그 직무를 대행한다.(2009.10.9 개정)

③이사는 이사회에 부쳐진 안건을 심의하고 의결에 참여하며, 상임이사는 정관으로 정하는 바에 따라 공단의 사무를 집행한다.(2009.10.9 신설)

④감사는 「공공기관의 운영에 관한 법률」 제32조제5항의 감사기준에 따라 공단의 업무와 회계를 감사하고, 그 의견을 이사회에 제출한다.(2009.10.9 개정)

제51조【임원의 결격사유】 다음 각 호의 어느 하나에 해당하는 사

람은 임원이 될 수 없다.(2009.10.9 개정)

1.「국가공무원법」 제33조 각 호의 결격사유에 해당하는 사람(2009.10.9 개정)

2.「공공기관의 운영에 관한 법률」 제34조제1항제2호에 해당하는 사람(2009.10.9 개정)

제52조【임직원의 겸직 제한】①공단의 상임임원과 직원은 그 직무 외에 영리를 목적으로 하는 업무에 종사하지 못한다.

②상임임원이 그 임명권자나 제청권자의 허가를 받은 경우와 직원이 이사장의 허가를 받은 경우에는 비영리 목적의 업무를 겸할 수 있다.

(2009.10.9 본조개정)

제53조【이사회】①공단에 「공공기관의 운영에 관한 법률」 제17조제1항 각 호의 사항을 심의 · 의결하기 위하여 이사회를 둔다.

②이사회는 이사장을 포함한 이사로 구성한다.

③이사장은 이사회의 의장이 된다.

④이사회의 회의는 의장이나 재적이사 3분의 1 이상의 요구로 소집하고, 재적이사 과반수의 찬성으로 의결한다.

⑤감사는 이사회에 출석하여 의견을 진술할 수 있다.

(2009.10.9 본조개정)

제54조【직원의 임면】공단의 직원은 정관으로 정하는 바에 따라 이사장이 임면한다. 이 경우 장애인 채용을 고려하여야 한다.

제55조【산하기관】①공단은 제43조제2항에 따른 사업을 효율적으로 수행하기 위하여 고용노동부장관의 승인을 받아 필요한 산하기관을 둘 수 있다.(2010.6.4 개정)

②공단의 이사장은 산하기관을 지휘 · 감독한다.

③산하기관의 설치, 운영 등에 필요한 사항은 공단의 정관으로 정한다.

제56조【국유재산 등의 무상대부】국가는 공단의 설립 및 운영을 위하여 필요하면 「국유재산법」 및 「물품관리법」에 따라 국유재산과 물품을 공단에 무상으로 대부할 수 있다.

제57조【자금의 차입】공단은 제43조제2항에 따른 사업을 위하여 필요하면 고용노동부장관의 승인을 받아 자금을 차입(국제기구, 외국 정부 또는 외국인으로부터의 차입을 포함한다)할 수 있다.(2010.6.4 개정)

제58조【공단의 회계】①공단의 사업연도는 정부의 회계연도에 따른다.

②공단은 회계규정을 정하여 고용노동부장관의 승인을 받아야 한다.(2010.6.4 개정)

제58조의2【공단의 수입】 공단의 수입은 다음 각 호와 같다.

1. 정부 또는 정부 외의 자로부터 받은 출연금 또는 기부금
2. 제68조에 따른 장애인 고용촉진 및 직업재활 기금으로부터 받은 출연금
3. 제57조에 따른 차입금
4. 그 밖의 공단의 수입금

(2011.7.25 본조신설)

제59조【사업계획 등의 승인】 삭제(2009.10.9)

제60조【예산의 편성 등】 ①이사장은 회계연도마다 「공공기관의 운영에 관한 법률」 제46조에 따라 수립한 경영목표와 같은 법 제50조에 따라 통보된 경영지침에 따라 다음 회계연도의 예산안을 편성하고, 다음 회계연도가 시작되기 전까지 이사회의 의결을 거쳐 고용노동부장관의 승인을 받아 예산을 확정하여야 한다. 예산을 변경하는 경우에도 또한 같다.(2010.6.4 개정)

②공단은 제1항에 따라 예산이 확정되면 지체 없이 이사회의 의결을 거쳐 그 회계연도의 예산에 따른 운영계획을 수립하고 그 운영계획을 예산이 확정된 후 2개월 이내에 고용노동부장관에게 제출하여야 한다. 예산이 변경되어 운영계획을 변경하는 경우에도 또한 같다.(2010.6.4 개정)

(2009.10.9 본조개정)

제61조【결산서의 제출】 공단은 사업연도마다 세입 · 세출결산서를 작성하고, 감사원규칙으로 정하는 바에 따라 공인회계사나 「공인회계사법」 제23조에 따라 설립된 회계법인을 선정하여 회계감사를 받아 매 회계연도 종료 후 2개월 이내에 고용노동부장관에게 제출하여야 한다.(2010.6.4 개정)

(2009.10.9 본조개정)

제62조【잉여금의 처리】 공단은 사업연도마다 사업연도말의 결산 결과 잉여금이 생긴 때에는 이월손실을 보전(補塡)하고 나머지는 다음 연도에 이월하여 사용할 수 있다.

제63조【수수료의 징수】 공단은 제43조제2항에 따른 사업에 관하여서 수수료나 그 밖의 실비를 받을 수 있다.

제64조【출자 등】 ①공단은 사업을 효율적으로 수행하기 위하여 필요하면 제43조제2항제7호 및 제11호의 사업에 출자하거나 출연(出捐)할 수

있다.
②공단은 제17조에 따른 영업장소 임대를 목적으로 하는 시설을 관리·운영하기 위하여 고용노동부장관의 허가를 받아 관리기구를 설립할 수 있다. 이 경우 관리기구는 법인으로 하여야 한다.(2010.6.4 개정)
③공단은 제2항에 따라 설립된 관리기구의 업무에 관하여 지도·감독한다.
④제1항과 제2항에 따른 출자·출연 및 관리기구의 설립에 필요한 사항은 대통령령으로 정한다.

제65조【업무의 지도·감독】 ①고용노동부장관은 공단의 업무를 지도·감독한다.(2010.6.4 개정)
②고용노동부장관은 공단에 대하여 업무·회계 및 재산에 관하여 필요한 사항을 보고하게 하거나 그 밖에 필요한 조치를 할 수 있다.(2010.6.4 개정)

제65조의2【비밀누설 등의 금지】 공단의 임원 또는 직원이나 그 직에 있었던 사람은 그 직무상 알게 된 비밀을 누설하거나 도용하여서는 아니 된다.(2020.5.26 개정)
(2007.12.27 본조신설)

제66조【비슷한 명칭의 사용 금지】 공단이 아닌 자는 한국장애인고용공단 또는 이와 비슷한 명칭을 사용하지 못한다.(2009.10.9 개정)

제67조【「민법」의 준용】 공단에 관하여는 이 법과 「공공기관의 운영에 관한 법률」에 규정된 것 외에는 「민법」 중 재단법인에 관한 규정을 준용한다.(2009.10.9 개정)

제5장 장애인 고용촉진 및 직업재활 기금

제68조【장애인 고용촉진 및 직업재활 기금의 설치】 고용노동부장관은 공단의 운영, 고용장려금의 지급 등 장애인의 고용촉진 및 직업재활을 위한 사업을 수행하기 위하여 장애인 고용촉진 및 직업재활 기금(이하 "기금"이라 한다)을 설치한다.(2010.6.4 개정)

제69조【기금의 재원】 ①기금은 다음 각 호의 재원으로 조성한다.
1. 정부 또는 정부 외의 자로부터의 출연금 또는 기부금
2. 제33조와 제35조에 따른 부담금·가산금 및 연체금
3. 기금의 운용에 따라 생기는 수익금과 그 밖의 공단 수입금

4. 제57조에 따른 차입금
5. 제70조에 따른 차입금

②정부는 회계연도마다 제1항제1호에 따른 출연금을 세출예산에 계상(計上)하여야 한다.

제70조 【차입금】 기금을 지출할 때 자금이 부족하거나 부족할 것으로 예상되면 기금의 부담으로 금융기관 및 다른 기금, 그 밖의 재원 등으로부터 차입을 할 수 있다.

제71조 【기금의 용도】 기금은 다음 각 호에 규정하는 비용의 지급에 사용한다.

1. 공단에의 출연(2011.7.25 개정)
2. 제30조에 따른 고용장려금
3. 장애인 고용촉진 및 직업재활 정책에 관한 조사 · 연구에 필요한 경비
4. 직업지도, 직업적응훈련, 직업능력개발훈련, 취업알선 또는 장애인 고용을 위한 시설과 장비의 설치 · 수리에 필요한 비용의 융자 · 지원
5. 장애인을 고용하거나 고용하려는 사업주에 대한 비용 · 기기 등의 융자 · 지원
6. 장애인 표준사업장을 설립하여 운영하거나 설립 · 운영하려는 사업주에 대한 비용의 융자 · 지원
7. 직업지도, 취업알선, 취업 후 적응지도를 행하는 자에 대한 필요한 경비의 융자 · 지원
8. 장애인에 대한 직업적응훈련, 직업능력개발훈련을 행하는 자 및 그 장애인에 대한 훈련비 · 훈련수당
9. 자영업 장애인에 대한 창업자금 융자 및 영업장소 임대, 장애인 근로자에 대한 직업생활 안정 자금 등의 융자
10. 사업주의 장애인 고용관리를 위한 장애인 직업생활 상담원 등의 배치에 필요한 경비
11. 제70조에 따른 차입금의 상환금과 이자
12. 이 법에 따라 장애인과 사업주 등이 금융기관으로부터 대여 받은 자금의 이차보전(利差補塡)
13. 제32조에 따른 포상금
14. 그 밖에 장애인 고용촉진 및 직업재활을 위하여 대통령령으로 정하는 사업에 필요한 비용과 제1호부터 제10호까지의 사업 수행에 따르는 경비

제72조【기금의 운용 · 관리】①기금은 고용노동부장관이 운용 · 관리한다.(2010.6.4 개정)
②기금의 회계연도는 정부의 회계연도에 따른다.
③기금을 운용할 때에는 그 수익이 대통령령으로 정하는 수준 이상이 되도록 하여야 하고, 다음 각 호의 어느 하나에 해당되는 방법에 따라 운용하여야 한다.
1.「은행법」이나 그 밖의 법률에 따른 은행 또는 체신관서에의 예탁(2010.5.17 개정)
2. 국가 또는 지방자치단체가 발행하는 채권의 매입
3.「은행법」이나 그 밖의 법률에 따른 은행이나 그 밖에 대통령령으로 정하는 자가 그 지급을 보증하는 채권의 매입(2010.5.17 개정)
4.「공공자금관리기금법」에 따른 공공자금관리기금으로의 예탁
5. 그 밖에 대통령령으로 정하는 방법

제73조【기금의 회계기관】①고용노동부장관은 기금의 수입과 지출에 관한 사무를 행하게 하기 위하여 소속 공무원 중에서 기금수입징수관, 기금재무관, 기금지출관 및 기금출납공무원을 임명한다.(2010.6.4 개정)
②고용노동부장관은 제82조에 따라 공단에 업무를 위탁한 경우에는 기금의 출납 업무 수행을 위하여 공단의 상임이사 중에서 기금수입담당이사와 기금지출원인행위 담당이사를, 공단의 직원 중에서 기금지출원과 기금출납원을 각각 임명하여야 한다. 이 경우 기금수입담당이사는 기금수입징수관의 업무를, 기금지출원인행위 담당이사는 기금재무관의 업무를, 기금지출원은 기금지출관의 업무를, 기금출납원은 기금출납공무원의 업무를 각각 수행한다.(2010.6.4 개정)

제74조【자금계정의 설치】고용노동부장관은 기금지출관으로 하여금 한국은행에 기금계정을 설치하도록 하여야 한다.(2010.6.4 개정)

장애인
고용

제6장 보 칙

제74조의2【장애인지원관의 지정 등】①제27조제6항 각 호에 따른 기관의 장은 해당 기관의 장애인 공무원과 근로자에 대한 근로지원 등의 업무를 효율적으로 수행하기 위하여 그 기관의 소속 공무원 중에서 장애인지원관을 지정하여야 한다. 이 경우「장애인복지법」제12조제1항에 따라

장애인정책책임관을 지정한 기관은 장애인지원관을 지정한 것으로 본다.
②제1항에 따른 장애인지원관의 지정 및 업무 등에 필요한 사항은 국회규칙, 대법원규칙, 헌법재판소규칙, 중앙선거관리위원회규칙 또는 대통령령으로 정한다.
(2016.12.27 본조신설)

제75조【장애인 직업생활 상담원 등】 ①고용노동부장관은 장애인의 직업지도, 직업적응훈련, 직업능력개발훈련, 취업 후 적응지도 등 장애인의 고용촉진 및 직업재활을 위한 업무를 담당하는 장애인 직업생활 상담원 등 전문요원을 양성하여야 한다.(2010.6.4 개정)
②대통령령으로 정하는 일정 수 이상의 장애인 근로자를 고용하는 사업주는 제1항에 따른 장애인 직업생활 상담원을 두어야 한다.
③고용노동부장관은 필요하다고 인정하면 제9조제2항에 따른 재활실시기관에서 제1항에 따른 전문요원에 대한 협조 요청이 있을 때에는 지원하여야 한다.(2010.6.4 개정)
④제1항에 따른 전문요원의 종류·양성·배치·역할 및 자격 등에 필요한 사항은 고용노동부령으로 정한다.(2010.6.4 개정)

제76조【보고와 검사 등】 ①고용노동부장관은 장애인 실태 조사, 장애인 고용 의무 이행 점검, 고용장려금 및 사업주에 대한 각종 지원, 부담금 징수 등의 업무 수행을 위하여 필요하다고 인정하면 관계 공무원으로 하여금 사업장에 출입하여 관계자에게 질문 또는 서류 검사를 하게 하거나 필요한 보고를 하게 할 수 있다.(2010.6.4 개정)
②제1항에 따라 사업장에 출입하는 공무원은 그 권한을 표시하는 증표를 지니고 이를 관계인에게 내보여야 한다. 이 경우 증표는 공무원증으로 대신할 수 있다.

제77조【세제 지원】 제69조제1호에 따른 정부 외의 자에게서 받은 출연금 또는 기부금과 제71조제2호의 고용장려금, 제4호부터 제9호 및 제14호의 지원에 대하여는 「조세특례제한법」으로 정하는 바에 따라 조세를 감면한다.

제78조【경비 보조】 국가 또는 지방자치단체는 장애인 고용촉진 사업을 수행하는 자에게는 그에 따른 비용의 전부 또는 일부를 대통령령으로 정하는 바에 따라 보조할 수 있다.

제79조【국가와 지방자치단체의 의무고용률 등에 대한 특례】 ①

제28조에도 불구하고 제27조제6항 각 호에 따른 기관의 장이 공무원이 아닌 근로자를 상시 50명 이상 고용하는 경우에는 상시 고용하고 있는 근로자 수에 대하여 장애인을 다음 각 호의 구분에 해당하는 비율 이상 고용하여야 한다. 이 경우 의무고용률에 해당하는 장애인 수를 계산할 때에 소수점 이하는 버린다.(2021.7.20 개정)

1. 2021년 1월 1일부터 2021년 12월 31일까지: 1천분의 34
2. 2022년 1월 1일부터 2023년 12월 31일까지: 1천분의 36
3. 2024년 이후: 1천분의 38

②제1항에 따라 공무원이 아닌 근로자를 고용하는 경우에는 그 근로자에 대하여 제19조의2, 제21조, 제22조제4항 및 제5항, 제29조, 제33조, 제33조의2, 제34조부터 제36조까지, 제38조부터 제40조까지, 제41조(같은 조 제1항제6호 및 제2항제5호는 제외한다) 및 제42조(같은 조 제1호는 제외한다)를 준용한다.(2025.11.11 개정)

③제1항에 따른 비율을 산정하는 경우 다음 각 호의 어느 하나에 해당하는 사람은 근로자 및 장애인 총수에서 제외한다.

1. 「국가공무원법」 제26조의4에 따른 수습근무 중인 사람
2. 「국가공무원법」 제50조제1항 및 「지방공무원법」 제74조제1항에 따른 교육훈련(실무수습을 포함한다)을 받고 있는 공무원 임용 예정자
3. 그 밖에 국가와 지방자치단체의 복지대책, 실업대책 등에 따라 고용하는 사람으로서 고용노동부령으로 정하는 사람

(2016.12.27 본조개정)

제80조【협조】 ①국가기관, 지방자치단체, 재활실시기관, 그 밖에 장애인과 관련된 기관 및 단체는 장애인의 고용촉진 및 직업재활을 위하여 고용노동부장관이 실시하는 시책에 협조하여야 한다.(2010.6.4 개정)

②고용노동부장관은 제1항에 따른 시책을 수행하는 자(국가기관과 지방자치단체는 제외한다)에게 필요한 지원을 할 수 있다.(2010.6.4 개정)

제81조【자료 제공의 요청 등】 ①고용노동부장관은 장애인 고용촉진 및 직업재활 사업의 효율적인 운영을 위하여 필요하면 중앙행정기관, 지방자치단체, 그 밖의 장애인 고용촉진 및 직업재활 사업과 관련되는 기관·단체의 장에게 필요한 국세·지방세·소득·재산, 건강보험·국민연금, 출입국·주민등록·가족관계등록·장애인등록 정보 등에 관하여 대통령령으로 정하는 관련 전산망 또는 자료의 이용 및 제공을 요청할 수 있

다.(2012.12.18 개정)
②제82조에 따라 고용노동부장관의 권한 일부를 위임받거나 위탁받은 공단 등은 부과금 부과·징수, 장애인의 고용촉진 및 직업재활, 그 밖에 위임받거나 위탁받은 업무 수행을 위하여 필요한 국세·지방세·소득·재산, 건강보험·국민연금, 출입국·주민등록·가족관계등록·장애인등록 정보 등에 관하여 대통령령으로 정하는 관련 전산망 또는 자료의 이용 및 제공을 행정안전부·보건복지부·국토교통부·국세청·지방자치단체 등 관계 행정기관이나 장애인 고용촉진 및 직업재활 사업과 관련되는 기관·단체 등의 장에게 요청할 수 있다.(2017.7.26 개정)
③고용노동부장관 및 제82조에 따라 고용노동부장관의 권한 일부를 위임받거나 위탁받은 공단 등은 제1항 및 제2항에 따른 자료의 확인을 위하여 「사회복지사업법」 제6조의2제2항에 따른 정보시스템을 연계하여 사용할 수 있다.(2012.12.18 신설)
④제1항과 제2항에 따라 관련 전산망 또는 자료의 이용 및 제공을 요청받은 자는 정당한 사유가 없으면 이에 따라야 한다.(2012.12.18 개정)
⑤제1항부터 제3항까지에 따른 관련 전산망 또는 자료를 활용하여 업무를 수행했던 사람은 제1항부터 제3항까지에 따라 제공받은 자료나 업무를 수행하면서 취득한 정보를 이 법에서 정한 목적 외의 용도로 사용하거나 다른 사람 또는 기관에 제공하거나 누설하여서는 아니 된다.(2012.12.18 신설)
⑥제1항 및 제2항에 따른 관련 전산망 또는 자료의 이용 및 제공에 대하여는 수수료·사용료 등을 면제한다.(2012.12.18 개정)

제82조【권한의 위임·위탁】 이 법에 따른 고용노동부장관의 권한은 대통령령으로 정하는 바에 따라 그 일부를 지방고용노동관서의 장, 특별시장, 광역시장, 특별자치시장, 도지사 또는 특별자치도지사에게 위임하거나 공단에 위탁할 수 있다.(2016.12.27 개정)

제83조【다른 법률과의 관계】 이 법에서 정하지 아니하는 사항은 「근로기준법」, 「직업안정법」, 「국민 평생 직업능력 개발법」 등 노동 관계법에 따른다.(2021.8.17 개정)

제84조【벌칙】 제31조제1항제1호에 따른 거짓이나 그 밖의 부정한 방법으로 고용장려금을 지급받은 자는 5년 이하의 징역 또는 1천만원 이하의 벌금에 처한다.

제84조의2【벌칙】 제65조의2를 위반하여 비밀을 누설하거나 도용한

자는 2년 이하의 징역 또는 1천만원 이하의 벌금에 처한다.
(2007.12.27 본조신설)

제85조【양벌규정】 법인의 대표자나 법인 또는 개인의 대리인, 사용인, 그 밖의 종업원이 그 법인 또는 개인의 업무에 관하여 제84조의 위반행위를 하면 그 행위자를 벌하는 외에 그 법인 또는 개인에게도 해당 조문의 벌금형을 과(科)한다. 다만, 법인 또는 개인이 그 위반행위를 방지하기 위하여 해당 업무에 관하여 상당한 주의와 감독을 게을리하지 아니한 경우에는 그러하지 아니하다.
(2009.10.9 본조개정)

제86조【과태료】 ①다음 각 호의 어느 하나에 해당하는 자에게는 1천만원 이하의 과태료를 부과한다.(2012.12.18 개정)
1. 제22조의5제5항을 위반하여 장애인 표준사업장 또는 이와 유사한 명칭을 사용한 자(2025.11.11 개정)
2. 제22조의5제6항을 위반하여 다른 사람에게 자기의 성명 또는 상호를 사용하여 장애인 표준사업장을 운영하게 하거나 인증서를 대여한 자(2025.11.11 개정)
3. 제29조제1항 또는 제2항에 따른 명령을 위반한 자

②다음 각 호의 어느 하나에 해당하는 자에게는 300만원 이하의 과태료를 부과한다.(2017.11.28 신설)
1. 제5조의2제1항을 위반하여 장애인 인식개선 교육을 실시하지 아니한 자
2. 제5조의2제3항 또는 제5조의3제2항을 위반하여 장애인 인식개선 교육 실시 관련 자료를 3년간 보관하지 아니한 자(2021.7.20 개정)

③다음 각 호의 어느 하나에 해당하는 자에게는 200만원 이하의 과태료를 부과한다.(2017.11.28 개정)
1. 제33조제5항에 따른 신고를 하지 아니하였거나 거짓된 신고를 한 때
2. 제76조제1항에 따른 검사를 거부·방해·기피한 때 또는 보고를 하지 아니하였거나 거짓된 보고를 하였을 때

④다음 각 호의 어느 하나에 해당하는 자에게는 100만원 이하의 과태료를 부과한다.(2017.11.28 개정)
1. 제66조를 위반하였을 때
2. 제75조제2항을 위반하였을 때
3. 제76조제1항에 따른 질문에 대하여 답변을 거부·방해·기피하거나 또

는 거짓된 답변을 하였을 때

⑤제1항부터 제4항까지의 규정에 따른 과태료는 대통령령으로 정하는 바에 따라 고용노동부장관이 부과 · 징수한다.(2017.11.28 개정)

제87조【벌칙 적용에서의 공무원 의제】 제82조에 따라 이 법의 업무를 위탁받아 행하는 공단의 임원 및 직원은 「형법」 제129조부터 제132조까지의 규정을 적용하는 경우 공무원으로 본다.

부 칙 (2007. 7.13)

이 법은 공포 후 6개월이 경과한 날부터 시행한다. 다만, 제26조의 개정규정은 2008년 1월 1일부터 시행한다.

부 칙 (2007.12.27)

이 법은 2008년 1월 1일부터 시행한다. 다만, 제65조의2 및 제84조의2의 개정규정은 공포 후 3개월이 경과한 날부터, 제27조의 개정규정은 2009년 1월 1일부터 각각 시행한다.

부 칙 (2009.10. 9)

제 1 조【시행일】 이 법은 공포한 날부터 시행한다. 다만, 제7조, 제16조제1항, 제21조제1항제3호, 제28조의2, 제28조의3, 제30조제3항 · 제4항, 제32조, 제33조제2항 · 제3항, 제4장의 제목, 제43조, 제66조, 제79조의 개정규정 및 부칙 제7조는 2010년 1월 1일부터 시행한다.

제 2 조【공공기관의 장애인 의무고용률 특례에 관한 적용례】 제28조의2의 개정규정은 같은 개정규정 시행 후의 기간에 대하여 의무고용률을 산정하는 경우부터 적용한다.

제 3 조【장애인 고용인원 산정 특례 등에 관한 적용례】 제28조의3 및 제30조제3항의 개정규정은 같은 개정규정 시행 후의 기간에 대하여 장애인 고용인원 또는 고용부담금을 산정하는 경우부터 적용한다.

제 4 조【공공기관의 장애인 고용부담금 부과에 관한 특례】 공공

기관이 제33조제1항에 따른 부담금을 납부할 때에 제28조의2의 개정규정에 따라 추가적으로 발생하는 부담금에 대하여는 같은 개정규정의 시행일부터 3년간 2분의 1을 감면한다.

제5조【한국장애인고용촉진공단의 명칭변경에 따른 경과조치】 ①이 법 시행 당시의 한국장애인고용촉진공단은 제43조의 개정규정에 따른 한국장애인고용공단으로 본다. 다만, 2009년 12월 31일까지 노동부장관의 인가를 받아 정관을 변경하여야 한다.

②이 법 시행 당시 등기부와 그 밖의 공부상 한국장애인고용촉진공단의 명의는 한국장애인고용공단의 명의로 본다.

제6조【임원에 대한 경과조치】 이 법 시행 당시 한국장애인고용촉진공단의 이사장, 이사 및 감사는 한국장애인고용공단의 이사장, 이사 및 감사로 본다.

제7조【다른 법률의 개정】 지방세법 일부를 다음과 같이 개정한다.

제271조제2항 본문 중 "한국장애인고용촉진공단"을 "한국장애인고용공단"으로 한다.

제8조【다른 법률과의 관계】 이 법 시행 당시 다른 법령에서 종전의 한국장애인고용촉진공단을 인용한 경우에는 제43조의 개정규정에 따른 한국장애인고용공단을 인용한 것으로 본다.

부 칙 (2011. 3. 9) 생략

부 칙 (2011. 7.25)

이 법은 공포 후 3개월이 경과한 날부터 시행한다.

부 칙 (2012.12.18)

제1조【시행일】 이 법은 공포 후 6개월이 경과한 날부터 시행한다. 다만, 제28조의2의 개정규정은 2014년 1월 1일부터 시행한다.

제2조【부당 융자 또는 지원금 등의 징수 및 지급제한 등에 관한 적용례】 제23조의 개정규정은 이 법 시행 후 최초로 부당 융자 또는 지원금 등의 취소, 징수, 시정요구 및 지급제한의 사유가 발생한 경우부터 적용한다.

부　칙 (2016. 1.27)

이 법은 공포 후 6개월이 경과한 날부터 시행한다.

부　칙 (2016.12.27)

제 1 조 【시행일】 이 법은 2017년 1월 1일부터 시행한다. 다만, 제22조의3제6항, 제33조제8항 · 제9항, 제33조의2제1항 · 제4항 및 제74조의2제2항의 개정규정은 공포 후 6개월이 경과한 날부터 시행하고, 제32조의2의 개정규정은 2020년 1월 1일부터 시행한다.

제 2 조 【교육감의 부담금 납부에 관한 특례】 「지방교육자치에 관한 법률」에 따른 교육감이 제32조의2제1항의 개정규정에 따른 부담금을 납부하는 경우에는 같은 개정규정 시행일부터 3년간 같은 개정규정에 따른 부담금의 2분의 1을 감면한다.

제 3 조 【부담금의 납부에 관한 경과조치】 이 법 시행 전에 부담금을 납부하지 아니한 사업주에 대해서는 제33조제6항의 개정규정에도 불구하고 종전의 규정에 따른다.

부　칙 (2017. 4.18)

이 법은 공포 후 6개월이 경과한 날부터 시행한다

부　칙 (2017.11.28)

이 법은 공포 후 6개월이 경과한 날부터 시행한다.

부　칙 (2018.10.16)

이 법은 공포한 날부터 시행한다.

부　칙 (2020. 6. 9)

이 법은 공포 후 6개월이 경과한 날부터 시행한다.

부　칙 (2021. 7.20)

제 1 조 【시행일】 이 법은 공포한 날부터 시행한다. 다만, 제5조의2, 제21조의2, 제86조의 개정규정 및 부칙 제5조는 공포 후 6개월이 경과한 날부터 시행하고, 제27조제1항, 제28조의2 및 제79조제1항의 개정규정은 2022

년 1월 1일부터 시행한다.

제 2 조【장애인 표준사업장에 고용된 근로자 수에 관한 적용례】 제79조제2항의 개정규정은 이 법 시행 전에 지방자치단체의 장이 장애인 표준사업장을 설립 · 운영하고 있는 경우에도 적용한다.

제 3 조【교육감의 부담금 납부에 관한 특례】 「지방교육자치에 관한 법률」에 따른 교육감이 제32조의2제1항에 따라 부담금을 납부하는 경우에는 제27조제1항의 개정규정 시행일부터 3년간 같은 개정규정에 따라 추가적으로 발생하는 부담금의 2분의 1을 감면한다.

제 4 조【장애인 공무원에 대한 지원에 관한 경과조치】 제21조의2의 개정규정은 같은 개정규정 시행일 전에 종전의 「국가공무원법」 제52조제2항(부칙 제5조제1항에 따라 개정되기 전의 것을 말한다) 또는 종전의 「지방공무원법」 제77조제2항(부칙 제5조제2항에 따라 개정되기 전의 것을 말한다)에 따라 장애인 공무원에게 근로지원인 배정 또는 작업 보조 공학기기 · 장비의 지급 등 지원이 개시된 경우 각각 종전의 규정에 따른다.

제 5 조【다른 법률의 개정】 ①국가공무원법 일부를 다음과 같이 개정한다.

제52조제2항을 다음과 같이 한다.

②중앙인사관장기관의 장은 장애인 공무원의 원활한 직무수행을 위하여 「장애인고용촉진 및 직업재활법」 제19조의2에 따른 근로지원인 서비스의 제공(중증장애인 공무원에 대한 것으로 한정한다) 또는 같은 법 제21조제1항제2호에 따른 작업 보조 공학기기 또는 장비 등의 제공 등에 필요한 지원을 할 수 있다.

②지방공무원법 일부를 다음과 같이 개정한다. 제77조제2항을 다음과 같이 한다.(2021.10.8 개정)

②지방자치단체의 장과 지방의회의 의장은 소속 장애인 공무원의 원활한 직무수행을 위하여 「장애인고용촉진 및 직업재활법」 제19조의2에 따른 근로지원인 서비스의 제공(중증장애인 공무원에 대한 것으로 한정한다) 또는 같은 법 제21조제1항제2호에 따른 작업 보조 공학기기 또는 장비 등의 제공 등에 필요한 지원을 할 수 있다.

부 칙 (2022. 1.11)

제 1 조【시행일】 이 법은 공포 후 6개월이 경과한 날부터 시행한다.

제2조【부정수급액의 추가징수 등에 관한 적용례】 제23조의 개정규정은 이 법 시행 이후 융자 또는 지원의 취소 · 징수 · 추가징수, 시정요구 및 지급제한의 사유가 발생한 경우부터 적용한다.

부　칙 (2025.11.11)

제1조【시행일】 이 법은 공포한 날부터 시행한다. 다만, 제35조제3항 및 제36조의2의 개정규정은 공포 후 6개월이 경과한 날부터 시행한다.

제2조【연체금에 관한 경과조치】 ①제35조제3항의 개정규정 시행 전의 연체 기간 분에 대한 연체금의 징수는 같은 개정규정에도 불구하고 종전의 규정에 따른다.

②제1항에 따른 연체 기간 분을 계산할 때 제35조제3항의 개정규정 시행일이 속하는 월 단위 분에 대해서는 제1항에도 불구하고 같은 개정규정을 적용한다.

제3조【다른 법률의 개정】 ①조세특례제한법 일부를 다음과 같이 개정한다.

제85조의6제2항 중 "「장애인고용촉진 및 직업재활법」 제22조의4제1항"을 "「장애인고용촉진 및 직업재활법」 제22조의5제1항"으로 하고, 같은 조 제5항제3호 중 "「장애인고용촉진 및 직업재활법」 제22조의4제2항"을 "「장애인고용촉진 및 직업재활법」 제22조의5제2항"으로 한다.

②중증장애인생산품 우선구매 특별법 일부를 다음과 같이 개정한다.

제20조제3호 중 "「장애인고용촉진 및 직업재활법」 제22조의3"을 "「장애인고용촉진 및 직업재활법」 제22조의4"로 한다.

장애인고용촉진 및 직업재활법 시행령

전부개정 2007.10. 4 대통령령 제20308호
개정 2008. 1. 3 대통령령 제20522호
(생략)
2016. 6.21 대통령령 제27249호
2016. 8. 2 대통령령 제27427호
2016. 8.11 대통령령 제27445호
2016.12.30 대통령령 제27751호
2017. 6.27 대통령령 제28163호
2017.10.17 대통령령 제28369호
2018. 5.28 대통령령 제28911호
2018.12.31 대통령령 제29456호
2019. 6.25 대통령령 제29912호
2019. 7. 2 대통령령 제29950호
2020. 3. 3 대통령령 제30509호
2020. 6. 2 대통령령 제30750호
2020.12. 1 대통령령 제31210호
2022. 1.11 대통령령 제32332호
2022. 2.17 대통령령 제32447호
2022. 5. 9 대통령령 제32635호
2022. 7.11 대통령령 제32795호
2023. 5.23 대통령령 제33481호
2023. 5.23 대통령령 제33482호
2023. 9.26 대통령령 제33759호
2024. 5.28 대통령령 제34533호
2025. 1.21 대통령령 제35228호
2025.12.30 대통령령 제35990호

제1조【목적】 이 영은 「장애인고용촉진 및 직업재활법」에서 위임된 사항과 그 시행에 필요한 사항을 규정하는 것을 목적으로 한다.

제2조【정의】 이 영에서 사용하는 용어의 뜻은 「장애인고용촉진 및 직업재활법」(이하 "법"이라 한다), 「고용정책 기본법」 및 「직업안정법」에서 정하는 바에 따른다.(2009.12.30 개정)

제3조【장애인의 기준】 ①법 제2조제1호에 따른 장애인은 다음 각 호의 어느 하나에 해당하는 사람으로 한다.(2020.12.1 개정)

1. 「장애인복지법 시행령」 제2조에 따른 장애인 기준에 해당하는 사람(2020.12.1 개정)
2. 국가유공자 등 예우 및 지원에 관한 법률 시행령」 제14조제3항(「보훈보상대상자 지원에 관한 법률 시행령」 제8조에 따라 준용되는 경우를 포함한다)에 따른 상이등급 기준에 해당하는 사람(2020.12.1 개정)

②고용노동부장관은 제1항 각 호에 해당하는지를 다음 각 호의 어느 하나에 해당하는 자료로 확인할 수 있다.(2020.12.1 개정)

1. 「장애인복지법」 제32조에 따른 장애인등록증
2. 제1항제1호에 해당함을 확인할 수 있는 「장애인복지법」 제32조제3항에 따른 장애 진단 자료 및 같은 조 제6항에 따른 장애 정도에 관한 정밀심사 자료(2020.12.1 신설)
3. 「국가유공자 등 예우 및 지원에 관한 법률 시행령」 제101조제1항에 따른 국가보훈등록증 또는 같은 조 제4항에 따른 국가유공자임을 확인하는 서류(2023.5.23 개정)
4. 「보훈보상대상자 지원에 관한 법률 시행령」 제86조제1항에 따른 국가보훈등록증 또는 같은 조 제4항에 따른 보훈보상대상자임을 확인하는 서류(2023.5.23 개정)

제4조【중증장애인의 기준】 ①법 제2조제2호에 따른 중증장애인은 다음 각 호의 어느 하나에 해당하는 사람으로 한다.(2019.6.25 개정)

1. 「장애인복지법 시행령」 제2조 및 별표 1에 따른 사람 중 고용노동부령으로 정하는 기준에 해당하는 사람(2019.6.25 개정)
2. 삭제(2019.6.25)
3. 「국가유공자 등 예우 및 지원에 관한 법률 시행령」 제14조제3항(「보훈보상대상자 지원에 관한 법률 시행령」 제8조에 따라 준용되는 경우를 포함한다)에 따른 상이등급에 해당하는 사람 중 3급 이상의 상이등급에 해

당하는 사람(2019.6.25 개정)
②고용노동부장관은 제1항 각 호에 해당하는지를 다음 각 호의 어느 하나에 해당하는 자료로 확인할 수 있다.(2020.12.1 개정)
1. 「장애인복지법」 제32조에 따른 장애인등록증
2. 제1항제1호에 해당함을 확인할 수 있는 「장애인복지법」 제32조제3항에 따른 장애 진단 자료 및 같은 조 제6항에 따른 장애 정도에 관한 정밀심사 자료(2020.12.1 신설)
3. 「국가유공자 등 예우 및 지원에 관한 법률 시행령」 제101조제1항에 따른 국가보훈등록증 또는 같은 조 제4항에 따른 국가유공자임을 확인하는 서류(2023.5.23 개정)
4. 「보훈보상대상자 지원에 관한 법률 시행령」 제86조제1항에 따른 국가보훈등록증 또는 같은 조 제4항에 따른 보훈보상대상자임을 확인하는 서류(2023.5.23 개정)

제5조【적용제외 근로자】 법 제2조제5호 단서에서 "소정근로시간이 대통령령으로 정하는 시간 미만인 자"란 1개월 동안의 소정근로시간이 60시간 미만인 자를 말한다.

제5조의2【직장 내 장애인 인식개선 교육】 ①사업주는 법 제5조의2제1항에 따라 직장 내 장애인 인식개선 교육을 연 1회, 1시간 이상 실시해야 한다.(2022.1.11 개정)
②제1항에 따른 교육에는 다음 각 호의 내용이 포함되어야 한다.
1. 장애에 대한 이해와 장애가 가지는 차이에 대한 존중(2023.9.26 개정)
2. 직장 내 장애인의 인권, 장애인에 대한 차별금지 및 정당한 편의 제공
3. 장애인고용촉진 및 직업재활과 관련된 법과 제도
4. 그 밖에 직장 내 장애인 인식개선에 필요한 사항
③법 제5조의2제4항에서 "대통령령으로 정하는 사업주"란 상시 고용하는 근로자 수가 300명 이상인 사업주를 말한다. 이 경우 상시 고용하는 근로자 수의 산정은 제24조제2항 및 제3항에 따른다.(2022.1.11 개정)
④사업주는 제1항에 따른 교육을 직원연수 · 조회 · 회의 등의 집합교육, 인터넷 등 정보통신망을 이용한 원격교육, 체험교육 등의 방법으로 실시할 수 있다. 이 경우 제3항에 해당하는 사업주는 제1항에 따른 교육을 원격교육 또는 체험교육의 방법으로 실시하려는 때에는 고용노동부장관이 정하여 고시하는 기준을 준수해야 한다.(2020.12.1 신설)

⑤사업주는 법 제5조의3제3항에 따른 강사를 활용하여 제1항에 따른 교육을 실시할 수 있다.(2020.12.1 개정)

⑥법 제28조에 따른 장애인 고용 의무가 없는 사업주는 제1항에도 불구하고 고용노동부장관이 보급한 교육자료 등을 배포 · 게시하거나 전자우편을 보내는 등의 방법으로 장애인 인식개선 교육을 실시할 수 있다.(2020.12.1 개정)

⑦제1항부터 제6항까지에서 규정한 사항 외에 직장 내 장애인 인식개선 교육에 필요한 사항은 고용노동부장관이 정하여 고시한다.(2020.12.1 신설)

(2018.5.28 본조신설)

제6조【장애인고용촉진위원회의 구성 등】 삭제(2009.12.31)

제7조【위원회의 기능】 삭제(2009.12.31)

제8조【위원장과 부위원장】 삭제(2009.12.31)

제9조【위원장 등의 직무】 삭제(2009.12.31)

제10조【회의】 삭제(2009.12.31)

제11조【실무위원회】 삭제(2009.12.31)

제12조【위원의 수당】 삭제(2009.12.31)

제13조【연구위원】 삭제(2009.12.31)

제14조【의견청취 등】 삭제(2009.12.31)

제15조【장애인 직업지도의 지원】 ①고용노동부장관 및 보건복지부장관은 법 제10조제1항에 따라 장애인에 대한 직업상담, 직업적성 검사 및 직업능력 평가 등의 직업지도를 실시하는 경우에는 해당 장애인의 장애 유형 및 장애 정도에 따라 고용과 직업재활에 필요한 사항을 알려 주어야 한다.(2010.7.12 개정)

②고용노동부장관은 법 제10조제4항에 따라 직업지도를 실시하거나 하려는 자에게 필요한 비용을 융자 · 지원하는 경우에는 다음 각 호의 사항을 고려하여 보건복지부장관과 협의하여 그 기준을 결정 · 공고한다.(2010.7.12 개정)

1. 사업수행 실적
2. 시설 및 장비보유 현황
3. 사업전담 인력
4. 장애인의 해당 시설 이용의 편리성
5. 장애 유형별 직업지도 수요 등

제16조 【장애인 직업적응훈련의 지원】 ①법 제11조제1항 및 제2항에 따른 직업적응훈련에는 「국민 평생 직업능력 개발법」에 따른 직업능력개발훈련 외의 훈련으로서 장애인이 쉽게 취업하도록 하기 위한 직업준비훈련과 그 밖에 직업능력을 향상시키기 위한 훈련이 포함되어야 한다.(2022.2.17 개정)

②고용노동부장관은 제1항에 따른 직업적응훈련의 교과과정 및 시설·장비 기준 등을 취업희망 장애인의 개인별 능력을 기초로 직업생활에 필요한 적응력 정도를 고려하여 보건복지부장관과 협의하여 결정·공고한다.(2010.7.12 개정)

③법 제11조제3항에 따라 직업적응훈련시설 또는 훈련 과정을 설치하여 운영하거나 하려는 자에게 필요한 비용을 융자·지원하는 경우에 그 기준은 다음 각 호의 사항을 고려하여 고용노동부장관이 보건복지부장관과 협의하여 결정·공고한다.(2010.7.12 개정)

1. 훈련계획
2. 훈련시설, 장비 및 직업훈련 교사 등의 현황
3. 훈련실적 등

④고용노동부장관은 법 제11조제4항에 따른 훈련수당의 지급기준을 「국민 평생 직업능력 개발법」을 고려하여 보건복지부장관과 협의하여 결정·공고한다.(2022.2.17 개정)

제17조 【장애인 직업능력개발훈련의 촉진】 ①고용노동부장관은 법 제12조제1항에 따른 장애인의 고용촉진 및 직업재활을 위하여 필요하다고 인정하는 직종에서는 장애인에게 우선적으로 직업능력개발훈련을 실시할 수 있다.(2010.7.12 개정)

②법 제12조제2항 및 제3항에 따른 훈련비용의 융자·지원 및 훈련수당의 지원에 관한 사항은 「국민 평생 직업능력 개발법」의 융자·지원의 내용 및 수준 등을 고려하여 고용노동부장관이 정하여 고시한다.(2022.2.17 개정)

제18조 【지원고용의 실시·지원】 법 제13조에 따른 지원고용 실시에 필요한 지원 내용은 다음 각 호의 것 등으로 하되, 그 구체적 기준은 고용노동부장관이 보건복지부장관과 협의하여 정하여 고시한다.(2017.6.27 개정)

1. 훈련생에 대한 훈련수당
2. 사업주에 대한 보조금

3. 사업장에 배치하는 직무지도원에 대한 직무수당

제19조【취업알선의 지원】 ①고용노동부장관은 법 제15조제2항에 따른 시책의 일환으로 중증장애인의 고용촉진을 위하여 구직상담, 직업능력개발 지원 등 중증장애인을 위한 취업지원을 할 수 있다.(2018.5.28 신설)

②제1항에 따른 중증장애인 취업지원의 운영 등에 필요한 사항은 고용노동부장관이 정하여 공고한다.(2018.5.28 신설)

③고용노동부장관은 법 제15조제4항에 따라 취업알선 시설에서 취업알선 전산망을 구축하는 경우에는 그 구축 비용을 융자·지원할 수 있으며, 「직업안정법」 제18조에 따라 무료직업소개사업을 하는 자가 장애인을 사업장에 취업 알선하여 일정기간 이상 근로하게 한 경우에는 필요한 지원금을 지급할 수 있다.(2018.5.28 개정)

④고용노동부장관은 제3항에 따라 취업알선 전산망 구축 비용을 융자·지원하는 경우에 다음 각 호의 사항을 고려하여 지원 기준을 결정·공고한다.(2018.5.28 개정)

1. 법 제43조에 따른 한국장애인고용공단(이하 "공단"이라 한다)과 해당 시설과의 구인·구직 정보 교류 능력(2009.12.31 개정)
2. 구직 장애인의 해당 시설 이용의 편리성 등

제19조의2【출퇴근 교통비 지원】 ①법 제18조제1항제1호에 따른 중증장애인 출퇴근 교통비의 지원 대상 및 기준 등은 임금수준 등을 고려하여 고용노동부장관이 정하여 고시한다.

②제1항에 따른 지원을 받으려는 중증장애인 근로자는 고용노동부령으로 정하는 바에 따라 고용노동부장관에게 신청해야 한다.

(2022.7.11 본조신설)

제19조의3【작업 보조 공학기기·장비 등의 지원】 ①법 제18조제1항제2호에 따른 작업 보조 공학기기·장비나 그 공학기기·장비의 구입·대여 비용의 지원 대상 및 기준 등은 장애 정도, 예산 등을 고려하여 고용노동부장관이 정하여 고시한다.

②제1항에 따른 지원을 받으려는 장애인 근로자는 고용노동부령으로 정하는 바에 따라 고용노동부장관에게 신청해야 한다.

(2022.7.11 본조신설)

제20조【취업 후의 적응지도 지원】 고용노동부장관 및 보건복지부장관은 법 제19조제1항에 따라 사업장에 고용되어 있는 장애인이 작업환경

에 원만히 적응할 수 있도록 하기 위하여 다음 각 호의 지도를 할 수 있으며 그 구체적인 사항은 고용노동부장관이 보건복지부장관과 협의하여 정하여 고시한다.(2017.6.27 개정)
1. 사업장 방문과 근무여건 확인
2. 장애인 애로사항 청취 및 상담
3. 한국수어 통역사 등의 배치 등 지원(2016.8.2 개정)

제20조의2【근로지원인 서비스 제공대상자의 선정 등】 ①법 제19조의2제1항에 따른 서비스(이하 "근로지원인 서비스"라 한다)는 담당업무를 수행하는 능력을 갖추었으나 장애로 인하여 업무를 수행하는 데에 어려움을 겪는 중증장애인 근로자를 대상으로 하며, 다음 각 호의 중증장애인 근로자를 우대해야 한다.(2022.1.11 개정)
1. 장애의 정도가 상대적으로 더 심한 중증장애인 근로자
2. 여성 중증장애인 근로자
3. 「중소기업기본법」 제2조제1항에 따른 중소기업(이하 "중소기업"이라 한다)에 고용된 중증장애인 근로자(2022.1.11 개정)

②근로지원인 서비스를 받으려는 중증장애인 근로자는 고용노동부령으로 정하는 바에 따라 고용노동부장관에게 신청하여야 한다.
③고용노동부장관은 제2항에 따른 신청을 받은 경우 해당 중증장애인 근로자의 업무 내용과 업무 능력 등을 평가하여 제공이 필요하다고 인정되는 근로지원인 서비스를 예산의 범위에서 고용노동부장관이 정하는 시간 동안 제공하고, 그 소요 비용의 일부를 중증장애인 근로자에게 부담하게 할 수 있다.(2013.6.17 개정)
④고용노동부장관은 근로지원인 서비스 제공대상자로 선정된 중증장애인 근로자가 다음 각 호의 어느 하나에 해당하는 경우에는 근로지원인 서비스 제공대상자 선정을 취소하고 근로지원인 서비스의 제공을 중단할 수 있다. 다만, 제1호에 해당하는 경우에는 근로지원인 서비스 제공대상자 선정을 취소하고 근로지원인 서비스의 제공을 중단하여야 한다.
1. 거짓이나 그 밖의 부정한 방법으로 근로지원인 서비스 제공대상자로 선정된 경우
2. 제공되는 근로지원인 서비스를 그 제공 용도에 맞지 않게 사용한 경우
3. 중증장애인 근로자가 제3항에 따른 비용 부담을 거부한 경우
4. 근로지원인 서비스를 제공받는 중증장애인 근로자의 이직, 해고, 업무변

경 등 사정변경으로 근로지원인 서비스가 필요하지 않게 된 경우
⑤이 영에서 규정한 사항 외에 근로지원인 서비스 제공대상자 선정 절차 등 근로지원인 서비스 제공에 필요한 사항은 고용노동부장관이 정한다.
(2011.3.15 본조신설)

제21조【장애인 고용 사업주 등에 대한 지원】 ①고용노동부장관은 법 제21조제1항 및 법 제22조에 따라 장애인을 고용하거나 고용하려는 사업주 및 장애인표준사업장을 설립·운영하거나 설립·운영하려는 사업주에게 융자·지원 여부 및 금액 등을 결정하는 경우에는 다음 각 호의 사항을 고려하여야 한다.(2011.10.26 개정)
1. 장애인 고용률
2. 장애인 고용가능 여부
3. 융자나 지원신청 내용의 타당성
4. 융자금 상환 능력
5. 삭제(2011.10.26)
②법 제21조제2항에 따라 작업 보조 공학기기 또는 장비 등을 지원받을 수 있는 사업주는 지원신청 당시 근로자를 고용하고 있지 않거나 4명 이하의 근로자를 고용하고 있는 장애인인 사업주로서 장애인인 근로자를 고용하고 있거나 고용하려는 사업주로 한다.(2011.10.26 신설)
③제1항 및 제2항에서 규정한 사항 외에 장애인 고용 사업주 등에 대한 융자·지원 절차, 지원의 대상 및 기준 등에 관하여 필요한 사항은 고용노동부장관이 정하여 고시한다.(2022.7.11 개정)

제21조의2【장애인 표준사업장의 지배기준】 법 제22조제4항 본문에서 "장애인표준사업장을 발행주식 총수 또는 출자총액 등 대통령령으로 정하는 기준에 따라 실질적으로 지배하고 있는 경우"란 해당 장애인 표준사업장의 발생주식 총수 또는 출자총액의 100분의 50을 초과하여 소유하는 경우를 말한다.(2025.12.30 개정)
(2008.1.3 본조신설)

제21조의3【부당 융자금 또는 기타 징수금의 반환명령 등】 삭제
(2013.6.17)

제21조의4【장애인 표준사업장 지원기준 공개】 법 제22조의3에 따라 장애인 표준사업장을 지원하려는 사업주는 지원을 하기 전에 지원 대상·방법 등 해당 장애인 표준사업장을 지원하기 위한 합리적인 기준을 신문

· 방송 등 언론매체나 인터넷 홈페이지 등에 공개하여야 한다.(2025.12.30 개정)
(2013.6.17 본조신설)

제21조의5【장애인 표준사업장 생산품 구매계획 등의 제출】 ①법 제22조의4제2항에 따라 「중소기업제품 구매촉진 및 판로지원에 관한 법률」 제2조제2호에 따른 공공기관(이하 이 조에서 "공공기관"이라 한다)의 장은 매년 2월 말일까지 해당 연도의 장애인 표준사업장 생산품 구매계획과 전년도 구매실적을 고용노동부장관에게 제출하여야 한다.(2025.12.30 개정)
②고용노동부장관은 법 제22조의4제6항에 따라 공공기관의 장이 제출한 전년도 구매실적과 해당 연도의 구매계획을 종합하여 매년 4월 30일까지 고용노동부의 인터넷 홈페이지에 게시하여야 한다.(2025.12.30 개정)
③제1항에 따른 장애인 표준사업장 생산품 구매계획 및 구매실적의 제출에 필요한 사항은 고용노동부령으로 정한다.(2017.6.27 개정)
(2013.6.17 본조신설)

제22조【장애인고용 우수사업주의 선정 및 우대】 ①고용노동부장관은 법 제24조제1항에 따른 장애인고용 우수사업주를 선정할 때에 필요하다고 인정하면 특별시장·광역시장·특별자치시장·도지사 또는 특별자치도지사(이하 "시·도지사"라 한다)에게 추천을 의뢰할 수 있다.(2017.10.17 개정)
②법 제24조제1항 및 제2항에 따른 우수사업주의 선정과 우대조치의 기준은 고용노동부장관이 사업주의 장애인 고용률과 사업주가 고용하고 있는 장애인 근로자 수 및 사업체의 규모 등을 고려하여 결정·공고한다. 이 경우 중증장애인과 여성장애인에게는 가중치를 부여할 수 있다.(2018.5.28 개정)

제22조의2【장애인 기능경기 대회의 개최】 ①고용노동부장관은 법 제26조의2제1항에 따라 특별한 사정이 있는 경우를 제외하고 매년 전국 단위의 장애인 기능경기 대회(이하 "전국장애인기능경기대회"라 한다)를 개최하여야 한다.
②시·도지사는 법 제26조의2제1항에 따라 특별한 사정이 있는 경우를 제외하고 매년 특별시·광역시·특별자치시·도 또는 특별자치도(이하 "시·도"라 한다) 단위의 장애인 기능경기 대회(이하 "지방장애인기능경기대

회"라 한다)를 개최하되, 「발달장애인 권리보장 및 지원에 관한 법률」 제2조제1호에 따른 발달장애인을 대상으로 하는 장애인 기능경기 대회(이하 "발달장애인기능경기대회"라 한다)를 별도로 개최할 수 있다.
③시 · 도지사가 특별한 사정이 있어 지방장애인기능경기대회 또는 발달장애인기능경기대회를 개최하지 못하는 경우에는 고용노동부장관이 해당 시 · 도 단위의 지방장애인기능경기대회 또는 발달장애인기능경기대회를 개최할 수 있다.
④고용노동부장관은 장애인 기능경기 대회의 원활한 개최를 위하여 다음 각 호의 사항에 대하여 시 · 도지사와 미리 협의할 수 있다.
1. 전국장애인기능경기대회의 개최일시 및 개최장소
2. 지방장애인기능경기대회 및 발달장애인기능경기대회의 시 · 도별 개최 여부 및 개최일시
3. 그 밖의 장애인 기능경기 대회의 효율적인 개최를 위하여 필요한 사항
⑤고용노동부장관 또는 시 · 도지사는 장애인 기능경기 대회를 개최하기 2개월 전까지 개최장소, 개최일시, 경기직종 및 참가자격 등 대회 개최에 필요한 사항을 공고하여야 한다.
⑥제1항부터 제5항까지에서 정한 사항 외에 장애인 기능경기 대회의 개최에 필요한 사항은 고용노동부장관 또는 시 · 도지사가 정하여 고시한다.
(2017.10.17 본조신설)

제22조의3【대회 참가 자격 및 참가 신청】①장애인 기능경기 대회에 참가할 수 있는 사람은 제3조에 따른 장애인으로서 참가하려는 장애인 기능경기 대회 개최일 현재 15세 이상인 사람으로 한다.
②전국장애인기능경기대회에 참가할 수 있는 사람은 같은 종목의 지방장애인기능경기대회 또는 발달장애인기능경기대회 입상자 중에서 고용노동부장관이 정하여 고시하는 기준에 해당하는 사람으로 한다.
③제1항 및 제2항에도 불구하고 다음 각 호의 어느 하나에 해당하는 사람은 장애인 기능경기 대회에 참가할 수 없다.
1. 같은 종목으로 국제장애인기능올림픽대회 또는 전국장애인기능경기대회에 참가하여 입상한 사실이 있는 사람
2. 장애인 기능경기 대회에 참가하여 부정행위를 한 사람으로서 부정행위를 한 대회가 속한 연도의 다음 연도부터 3년이 경과하지 아니한 사람
④장애인 기능경기 대회에 참가하려는 사람은 고용노동부령 또는 시 · 도

지사가 정하는 바에 따라 고용노동부장관 또는 시 · 도지사에게 문서(전자문서를 포함한다. 이하 같다)로 신청하여야 한다.
(2017.10.17 본조신설)

제22조의4【국제장애인기능올림픽대회 선발기준 등】 ①고용노동부장관은 법 제26조의3제1항에 따라 국제장애인기능올림픽대회에 참가할 선수를 전국장애인기능경기대회 입상자 중에서 고용노동부장관이 개최하는 선발전을 통하여 선발한다. 다만, 경기직종이 신설되거나 그 밖의 사유로 전국장애인기능경기대회 입상자 중에서 선수를 선발하기 어려운 경우에는 고용노동부장관이 정하여 고시하는 기준에 해당하는 사람(제22조의3제3항제2호에 해당하는 사람은 제외한다)을 대상으로 선발전을 개최할 수 있다.
②제1항에 따른 선발전에 참가하려는 사람은 고용노동부령으로 정하는 바에 따라 고용노동부장관에게 문서로 신청하여야 한다.
③제1항 및 제2항에서 정한 사항 외에 국제장애인기능올림픽대회 참가 선수 선발 및 선발전 개최 등에 필요한 사항은 고용노동부장관이 정하여 고시한다.
(2017.10.17 본조신설)

제22조의5【포상 및 상금】 ①고용노동부장관 또는 시 · 도지사는 장애인 기능경기 대회에서 우수한 성적을 거둔 사람에게 금상 · 은상 · 동상으로 구분하여 시상을 할 수 있다.
②전국장애인기능경기대회 또는 국제장애인기능올림픽대회에서 입상한 사람에게는 「상훈법」 또는 「정부 표창 규정」에서 정하는 바에 따라 서훈을 하거나 표창을 할 수 있다.
③고용노동부장관 또는 시 · 도지사는 장애인 기능경기 대회 및 국제장애인기능올림픽대회 입상자에게 상금을 지급할 수 있다.
④고용노동부장관 또는 시 · 도지사는 부정행위로 입상한 사람의 입상을 취소할 수 있으며, 부정행위로 입상한 사람이나 거짓 또는 부정한 방법으로 상금을 지급받은 사람 등 고용노동부장관 또는 시 · 도지사가 정하여 고시하는 요건에 해당하는 사람에 대해서는 상금의 지급을 제한하거나 지급된 상금의 반환을 명할 수 있다.
⑤제3항에 따라 지급하는 상금의 종류, 지급대상 및 상금액 등 상금의 지급 기준과 제4항에 따른 입상 취소, 상금의 지급 제한 및 반환명령 등에 관

하여 필요한 사항은 고용노동부장관 또는 시 · 도지사가 정하여 고시한다.
(2017.10.17 본조신설)

제23조【장애인 공무원 채용계획 등의 제출】 ①법 제27조제6항제1호에서 "대통령령으로 정하는 국가기관의 장" 이란 다음 각 호의 국가기관의 장을 말한다.(2018.12.31 제목개정)

1. 국회사무총장, 법원행정처장, 헌법재판소사무처장 및 중앙선거관리위원회사무총장
2. 「공무원임용령」 제2조제3호가목에 따른 국가기관의 장

②법 제27조제6항 각 호의 기관의 장은 전년도 장애인 공무원 채용계획에 대한 실시 상황과 해당 연도 채용계획을 매년 1월 31일까지 고용노동부장관에게 제출해야 한다.(2023.9.26 개정)
(2013.6.17 본조개정)

제24조【공사 실적액의 산정 등】 ①법 제28조제1항에 따른 건설업의 공사 실적액은 총공사 실적액에서 「건설산업기본법」이나 그 밖의 관계 법령에 따라 적법하게 하도급된 부분의 공사 실적액을 뺀 금액으로 한다.
②법 제28조제1항에 따른 근로자수를 확인하기 곤란한 건설업의 근로자 총수는 다음의 산식에 따라 산출한 수(그 수에서 소수점 이하는 버린다)로 한다.(2010.7.12 개정)
제1항에 따른 공사 실적액 × 50명/고용노동부장관이 법 제28조제1항에 따라 정하여 고시하는 금액
③법 제28조제1항을 적용할 때 상시 고용하는 근로자의 수는 해당 연도의 매월 16일 이상(임금지급의 기초가 되는 날이 16일 이상인 경우를 말한다) 고용한 근로자 수의 합계를 해당 연도의 조업 개월수(조업한 날이 16일 미만인 달은 조업 개월수에서 뺀다)로 나누어 산정한다. 이 경우 「공동주택관리법」에 따른 공동주택을 관리하는 사업에는 각 사업장별로 상시 고용하는 근로자의 수를 산정한다.(2016.8.11 개정)

제25조【사업주의 의무고용률】 법 제28조제1항에 따른 장애인 고용의무가 있는 사업주의 장애인 상시 근로자 의무고용률은 다음 각 호와 같다. 다만, 사업주가 법 제9조제2항제3호에 따른 장애인 직업재활시설을 직접 설치 · 운영하는 경우에는 이 시설의 장애인 근로자를 사업주가 고용하여야 하는 장애인 수에 포함한다.(2009.12.31 개정)

1. 2015년 1월 1일부터 2016년 12월 31일까지: 1000분의 27(2014.12.3 개

정)
2. 2017년 1월 1일부터 2018년 12월 31일까지: 1000분의 29(2014.12.3 개정)
3. 2019년 이후: 1000분의 31(2014.12.3 신설)

제26조【특정장애인의 고용비율 등】 법 제28조제2항에 따라 특정한 장애인의 능력에 적합하다고 인정되는 직종과 이에 해당하는 특정장애인의 범위 및 고용비율은 별표 1과 같다.

제26조의2【장애인 고용인원 산정의 특례 제외 중증장애인】 법 제28조의3 단서에서 "소정근로시간이 대통령령으로 정하는 시간 미만인 중증장애인"이란 1개월 동안의 소정근로시간이 60시간 미만인 중증장애인을 말한다.
(2009.12.31 본조신설)

제27조【장애인 고용계획 등의 제출】 고용노동부장관은 법 제29조제1항에 따라 법 제28조제1항에 따른 장애인 고용의무가 있는 사업주에게 전년도 장애인 고용계획에 대한 실시상황과 해당 연도 고용계획을 매년 1월 31일까지 고용노동부령으로 정하는 바에 따라 제출하게 할 수 있다.(2023.9.26 개정)
(2008.1.3 본조개정)

제28조【고용장려금의 지급】 법 제30조제1항에 따라 고용장려금을 지급받으려는 사업주는 고용노동부령에 따라 고용노동부장관에게 지급신청을 하여야 한다.(2010.7.12 개정)

제29조【고용장려금의 지급제한】 ①고용노동부장관은 사업주가 고용한 장애인 근로자가 다음 각 호의 어느 하나에 해당하는 법률에 따른 장려금이나 지원금 지급 요건에 해당하여 사업주에게 해당 장려금이나 지원금을 지급한 경우에는 법 제30조제4항에 따라 그 지급기간에는 같은 조 제1항에 따른 고용장려금에서 해당 장려금이나 지원금을 뺀 금액을 고용장려금으로 지급한다.(2022.1.11 개정)
1. 「고용보험법」
2. 「산업재해보상보험법」
3. 「사회적기업 육성법」

②고용노동부장관은 제1항제1호에도 불구하고 사업주가 다음 각 호의 지원금을 받은 경우에는 법 제30조제1항에 따른 고용장려금의 전부를 지급

할 수 있다.(2022.1.11 개정)

1. 「고용보험법」 제21조 및 같은 법 시행령 제19조에 따른 고용유지지원금
2. 「고용보험법」 제25조제1항제3호 및 같은 법 시행령 제35조제2호에 따른 장기근속지원 사업을 실시하는 사업주에 대한 지원금(중소기업 사업주에 대한 청년의 장기근속 지원을 위한 지원금으로 한정한다)

제30조 【부정 수급금이나 그 밖의 징수금의 반환명령 등】 ①법 제31조제1항에 따라 고용장려금의 징수 또는 추가징수를 결정한 경우에는 지체 없이 납부 책임이 있는 자에게 그 금액을 내도록 알려야 한다.
②제1항에 따라 통지를 받은 자는 통지받은 날부터 30일 이내에 그 금액을 내야 한다.

제31조 【고용장려금 부정수급자에 대한 신고 등】 ①법 제32조에 따라 거짓이나 그 밖의 부정한 방법으로 고용장려금을 지급받은 자(이하 "부정수급자"라 한다)를 신고하려는 자는 고용노동부령에 따라 지방고용노동관서나 공단에 신고하여야 한다.(2010.7.12 개정)
②법 제32조에 따라 고용장려금 부정수급자에 대한 고발을 접수한 수사기관은 지체 없이 그 사실을 공단에 통보하여야 한다.
③법 제32조에 따라 고용장려금 부정수급자를 신고하거나 고발한 자는 같은 조의 규정에 따른 포상금(이하 "포상금"이라 한다)을 지급받으려면 고용노동부령에 따라 고용노동부장관에게 포상금 지급을 신청하여야 한다.(2010.7.12 개정)

제32조 【포상금의 지급기준】 포상금은 고용노동부장관이 다음 각 호의 기준에 따라 지급하며, 1천만원을 지급한도액으로 한다. 이 경우 산정된 포상금의 1천원 단위 미만은 지급하지 아니한다.(2010.7.12 개정)

1. 거짓이나 그 밖의 부정한 방법으로 지급받은 고용장려금(이하 이 조에서 "부정수급액"이라 한다)이 1억원 이상인 경우 : 600만원+(1억원 초과 부정수급액×3/100)
2. 부정수급액이 2천만원 이상 1억원 미만인 경우 : 200만원+(2천만원 초과 부정수급액×5/100)
3. 부정수급액이 2천만원 미만인 경우 : 부정수급액×10/100

제33조 【신고 또는 고발의 기한】 포상금은 부정수급자가 그 고용장려금을 부정수급한 날부터 3년 이내에 신고하거나 고발한 경우에만 지급한다.

제34조【신고 또는 고발의 중복 시 포상금의 지급방법】①동일한 고용장려금 부정수급 행위에 대하여 둘 이상의 자가 각각 신고하거나 고발한 경우에는 포상금액을 산정할 때에 하나의 신고 또는 고발로 본다.
②제1항의 경우 포상금은 부정수급 행위의 적발에 기여한 정도 등을 고려하여 각각의 자에게 적절하게 배분하여 지급하되, 포상금을 지급받을 자가 배분방법에 관하여 미리 합의하여 포상금 지급을 신청한 경우에는 그 합의된 방법에 따라 지급한다.

제35조【포상금의 지급시기】포상금은 법 제31조제1항에 따라 부정수급자에 대한 부당이득금 징수(추가징수를 포함한다. 이하 이 조에서 같다)의 통지 후 이에 대한 불복제기 기간이 지났거나 불복절차가 끝나고 부당이득금 징수 처분이 확정된 후에 지급한다.

제35조의2【국가와 지방자치단체 등의 장애인 고용부담금의 납부 등】 법 제32조의2제2항에 따라 법 제27조제6항 각 호에 해당하는 기관의 장은 다음 각 호의 사항이 포함된 신고서를 고용노동부장관에게 제출하고, 그에 해당하는 장애인 고용부담금(이하 "부담금"이라 한다)을 함께 납부해야 한다.
1. 법 제27조제6항 각 호와 관련된 기관의 명칭 및 소재지
2. 제1호에 따른 기관의 소속 공무원의 정원 및 법 제27조제4항 본문에 따라 적용이 제외되는 공무원 수
3. 16일 이상 고용한 장애인 공무원 수(해당 연도의 월별 인원을 말한다)
4. 납부해야 하는 부담금의 액수 및 월별 명세(납부할 부담금이 없는 경우에는 없다는 뜻을 적는다)
5. 그 밖에 고용노동부령으로 정하는 사항

(2020.12.1 본조신설)

제36조【사업주 부담금의 납부 등】①법 제33조제1항 및 제5항에 따라 사업주는 다음 각 호의 사항이 포함된 신고서를 고용노동부장관에게 제출하고, 그에 해당하는 부담금을 함께 납부해야 한다.(2020.12.1 개정)
1. 사업주의 성명 및 사업장의 명칭·소재지
2. 해당 연도의 매월(해당 연도 도중에 사업을 개시한 경우에는 사업 개시일이 속하는 달의 다음달 이후의 매월, 해당 연도 도중에 사업을 폐업한 경우에는 폐업일이 속하는 달의 전월까지의 매월을 말한다)별로 16일 이상 고용한 근로자 수 및 16일 이상 고용한 장애인 근로자 수

3. 납부해야 하는 부담금의 액수 및 월별 명세(납부할 부담금이 없는 경우에는 없다는 뜻을 적는다)(2020.12.1 개정)
4. 그 밖에 고용노동부령으로 정하는 사항(2020.12.1 개정)
②제1항에 따른 신고서에는 상시 고용하고 있는 장애인 근로자가 이 영에 따른 장애인의 기준에 맞다는 것을 증명할 수 있는 서류를 첨부하여야 한다.
③고용노동부장관은 법 제33조제6항 및 제7항에 따라 부담금을 징수하는 경우에는 10일 이상의 납부 기한을 주어야 한다.(2017.6.27 개정)
④법 제33조제8항에 따라 부담금을 수정신고하고, 그 부담금의 차액을 추가로 납부하려는 사업주는 고용노동부령으로 정하는 바에 따라 수정신고서에 수정신고 사유를 증명할 수 있는 자료를 첨부하여 고용노동부장관에게 제출하여야 한다.(2017.6.27 신설)

제37조【부담금의 환급】 ①고용노동부장관은 사업주가 납부한 부담금이 실제 납부하여야 할 부담금을 초과한 경우에는 법 제33조제9항에 따라 지체 없이 그 초과된 금액을 부담금환급금으로 결정하여 고용노동부령으로 정하는 바에 따라 해당 사업주에게 알려야 한다.
②고용노동부장관은 제1항에 따라 부담금환급금을 알려주는 경우에는 부담금환급금에 다음 각 호의 구분에 따른 날의 다음 날부터 반환일까지의 기간에 대하여 「국세기본법 시행령」 제43조의3제2항에 따른 국세환급가산금의 이자율에 따라 계산한 금액을 환급가산금으로 결정하여 함께 알려야 한다.
1. 착오 납부 또는 이중 납부 등으로 납부가 잘못되었음이 확인되어 반환하는 경우: 납부일. 다만, 부담금이 2회 이상 분할납부된 경우에는 다음 각 목의 구분에 따른 납부일로 한다.
  가. 부담금환급금이 최종 분할납부된 금액보다 적거나 같은 경우: 최종 분할납부일
  나. 부담금환급금이 최종 분할납부된 금액보다 많은 경우: 해당 부담금환급금이 가목의 경우에 해당될 때까지 최근 분할납부일의 순서로 소급하여 산정한 각 분할납부일
2. 부담금의 감면결정 등 제1호 외의 사유로 반환하는 경우: 환급 결정일
③제1항과 제2항에서 규정한 사항 외에 부담금환급금과 환급가산금의 지급에 필요한 사항은 고용노동부장관이 정하여 고시할 수 있다.
(2017.6.27 본조개정)

제38조【부담금의 분할 납부】 ①법 제33조제10항에 따른 부담금의

분할 납부는 다음 각 호의 기준에 따른다.(2025.12.30 개정)
1. 사업주가 중소기업의 사업주인 경우: 해당 연도의 부담금 금액에 관계없이 분할 납부
2. 제1호에 해당하지 않는 경우: 해당 연도의 부담금 금액이 100만원 이상인 경우에만 분할 납부

②제1항에 따라 부담금을 분할 납부하는 경우에는 그 부담금을 연간 4기로 균등 분할하여 내되, 제1기분은 1월 31일까지, 제2기분은 4월 30일까지, 제3기분은 7월 31일까지, 제4기분은 10월 31일까지 각각 내야 한다. 다만, 2025년도 및 2026년도에 납부해야 할 부담금은 다음 각 호의 구분에 따라 연간 6기로 균등 분할하여 낼 수 있다.(2024.5.28 개정)
1. 제1기분: 1월 31일까지
2. 제2기분: 3월 31일까지
3. 제3기분: 5월 31일까지
4. 제4기분: 7월 31일까지
5. 제5기분: 9월 30일까지
6. 제6기분: 11월 30일까지

③제1항과 제2항에 따라 부담금을 분할 납부하려는 자는 고용노동부령에서 정하는 부담금 분할 납부신청서를 고용노동부장관에게 제출하여야 한다.(2010.7.12 개정)

④법 제33조제10항 후단에서 "대통령령으로 정하는 금액"이란 부담금액의 100분의 3을 말한다.(2017.6.27 개정)

제38조의2【신용카드등을 이용한 부담금 등의 납부】 ①법 제33조의2제1항에서 "대통령령으로 정하는 신용카드회사 등"이란 다음 각 호의 기관을 말한다.

장애인
고용

1. 「민법」 제32조에 따라 금융위원회의 허가를 받아 설립된 금융결제원
2. 정보통신망을 이용하여 신용카드, 직불카드 등(이하 이 조에서 "신용카드등"이라 한다)에 의한 결제를 수행하는 기관 중 시설, 업무수행능력 및 자본금 규모 등을 고려하여 고용노동부장관이 지정하여 고시하는 기관

②법 제33조의2제3항에 따른 납부대행 수수료는 고용노동부장관이 제1항 각 호의 기관의 운영경비 등을 종합적으로 고려하여 승인하며, 해당 납부금액의 1천분의 10을 초과할 수 없다.

③제1항과 제2항에서 규정한 사항 외에 신용카드등을 이용한 부담금이나

그 밖의 징수금의 납부에 필요한 사항은 고용노동부장관이 정하여 고시할 수 있다.
(2017.6.27 본조신설)

제39조【부담금 등 과오납금의 충당과 환급】 ①법 제34조에서 "대통령령으로 정하는 순위"란 다음 각 호의 순위를 말한다. 이 경우 같은 순위의 부담금이나 그 밖의 징수금이 둘 이상 있을 때에는 납부 기한이 빠른 것을 우선순위로 한다.
1. 법 제37조에 따른 체납처분비
2. 법 제35조제3항에 따른 연체금(2017.6.27 개정)
3. 법 제35조제1항에 따른 가산금
4. 법 제32조의2제1항 · 제33조제1항에 따른 부담금(2020.12.1 개정)

②사업주는 부담금이나 그 밖의 징수금을 낼 때에 법 제30조에 따른 고용장려금을 지급받게 되거나 법 제33조제9항에 따라 환급액이 발생하면 법 제34조에 따라 부담금이나 그 밖의 징수금에 충당시켜 줄 것을 고용노동부장관에게 신청할 수 있다.(2017.6.27 개정)
③고용노동부장관은 법 제34조에 따라 부담금 등의 과오납금(過誤納金)이나 고용장려금을 부담금이나 그 밖의 징수금에 우선 충당하거나 그 잔액을 반환하려면 사업주에게 알려야 한다.(2010.7.12 개정)

제40조【연체금의 징수】 ①고용노동부장관은 법 제35조제3항에 따라 부담금 납부 의무자가 납부 기한까지 부담금을 내지 아니하면 체납된 금액의 1만분의 75에 해당하는 연체금을 징수하고, 납부 기한이 지난 후 1개월이 될 때마다 체납된 금액의 1만분의 75에 해당하는 연체금을 추가로 징수한다.(2020.12.1 개정)
②제1항에 따른 연체금의 부과기간이 36개월을 초과하는 경우에는 36개월을 그 연체금의 부과 기간으로 한다.

제41조【가산금 및 연체금 징수의 예외】 ①법 제35조제4항에 따라 다음 각 호의 어느 하나에 해당하는 경우에는 법 제35조제1항에 따른 가산금을 징수하지 아니한다.(2017.6.27 개정)
1. 가산금이 3천원 미만인 경우
2. 천재지변이나 그 밖에 부득이한 사정이 있다고 고용노동부장관이 인정하는 경우(2010.7.12 개정)

②법 제35조제4항에 따라 다음 각 호의 어느 하나에 해당하는 경우에는

법 제35조제3항에 따른 연체금을 징수하지 아니한다.(2017.6.27 개정)
1. 연체금이 3천원 미만인 경우
2. 납부 의무자의 주소·거소·영업소 또는 사무소를 알 수 없어 공시송달로 독촉한 경우
3. 「채무자 회생 및 파산에 관한 법률」 제140조에 따른 징수의 유예가 있는 경우(2008.1.3 신설)
4. 천재지변이나 그 밖에 부득이한 사정이 있다고 고용노동부장관이 인정하는 경우(2010.7.12 개정)

제42조【체납징수금의 징수 우선순위】 법 제37조제3항에 따른 체납처분에 따라 부담금이나 그 밖의 징수금을 징수하는 경우에 그 징수 순위에 관하여는 제39조제1항을 준용한다.

제43조【공매대행의 의뢰 등】 ①고용노동부장관은 법 제37조제4항에 따라 압류재산의 공매(公賣)를 한국자산관리공사에 대행하게 하려면 다음 각 호의 사항을 적은 공매대행 의뢰서를 한국자산관리공사에 보내야 한다.(2010.7.12 개정)
1. 체납자의 성명과 주소 또는 거소
2. 공매할 재산의 종류·수량·품질 및 소재지
3. 압류에 관계되는 부담금이나 그 밖의 징수금의 명세와 납부 기한
4. 그 밖에 압류재산의 공매대행에 필요한 사항

②고용노동부장관은 제1항에 따라 공매대행을 의뢰한 경우에는 그 사실을 다음 각 호의 자에게 알려야 한다.(2010.7.12 개정)
1. 체납자
2. 담보물 소유자
3. 그 재산상에 전세권·질권·저당권이나 그 밖의 권리를 가진 자
4. 압류재산을 보관하고 있는 자

제44조【압류재산의 인도】 ①고용노동부장관은 제43조제1항에 따라 공매대행을 의뢰할 때 공단이 점유하고 있거나 제3자에게 보관하도록 한 압류재산을 한국자산관리공사에 인도할 수 있다. 다만, 제3자에게 보관하도록 한 재산은 그 제3자가 발행하는 그 재산의 보관증을 인도함으로써 압류재산의 인도를 대신할 수 있다.(2010.7.12 개정)

②한국자산관리공사는 제1항에 따라 압류재산을 인수하면 인계·인수서를 작성하여야 한다.

제45조【공매대행의 해제 요구】 ①한국자산관리공사는 공매대행을 의뢰받은 날부터 2년 이내에 공매되지 아니한 재산이 있으면 고용노동부장관에게 해당 재산에 대한 공매대행 의뢰를 해제하도록 요구할 수 있다.(2010.7.12 개정)

②고용노동부장관은 제1항의 해제요구를 받으면 특별한 사정이 있는 경우 외에는 그 요구에 따라야 한다.(2010.7.12 개정)

제46조【공매대행에 관한 세부사항】 법 제37조제4항에 따라 한국자산관리공사가 대행하는 공매에 필요한 사항으로서 이 영에서 정하지 아니한 것은 고용노동부장관이 한국자산관리공사와 협의하여 정한다.(2010.7.12 개정)

제47조【부담금이나 그 밖의 징수금의 결손처분】 ①법 제42조제3호에 따라 결손처분(缺損處分)을 할 수 있는 경우는 다음 각 호의 어느 하나에 해당하는 사유가 있을 때로 한다.

1. 체납자의 행방을 알 수 없거나 재산이 없음이 판명되었을 때
2. 체납처분의 목적물인 총재산의 추산액이 체납처분비보다 적어 체납처분 집행을 중지하였을 때(2008.1.3 개정)
3. 체납처분의 목적물인 총재산이 부담금이나 그 밖의 징수금보다 우선하는 국세·지방세 등의 채권의 변제에 충당하고 나머지가 생길 여지가 없어 체납처분을 중지하였을 때(2008.1.3 개정)
4. 「채무자 회생 및 파산에 관한 법률」 제251조에 따라 체납회사가 부담금 등의 납부 책임을 면하게 되었을 때

②고용노동부장관은 제1항제1호에 따라 결손처분을 하려면 세무서나 지방자치단체의 기관에 조회하여 그 체납자의 행방이나 재산의 유무를 조사·확인하여야 한다. 다만 체납액이 10만원 미만인 경우에는 그러하지 아니하다.(2010.7.12 개정)

③고용노동부장관은 제1항에 따라 결손처분을 한 후 압류할 수 있는 다른 재산을 발견한 때에는 지체 없이 그 처분을 취소하고 다시 체납처분을 하여야 한다.(2010.7.12 개정)

제48조【분사무소의 설치승인】 공단은 법 제45조제2항에 따라 분사무소의 설치승인을 받으려면 분사무소에 관한 다음 각 호의 사항을 적은 분사무소 설치승인 신청서를 고용노동부장관에게 제출하여야 한다.(2010.7.12 개정)

1. 명칭
2. 소재지
3. 설치 이유
4. 설치 예정 연월일
5. 조직 및 정원
6. 업무 내용

제49조 【설립등기】 법 제46조에 따른 공단의 설립등기 사항은 다음 각 호와 같다.
1. 목적
2. 명칭
3. 주된 사무소·분사무소의 소재지
4. 법 제55조에 따른 산하기관의 소재지
5. 임원의 성명 및 주소
6. 자산의 총액
7. 공고의 방법

제50조 【분사무소의 설치등기】 공단은 법 제45조제2항에 따라 분사무소(법 제55조에 따른 산하기관을 포함한다. 이하 같다)를 설치한 경우에는 설치 후 3주일 이내에 주된 사무소의 소재지에서 설치된 분사무소의 명칭, 소재지 및 설치 연월일을 등기해야 한다.
(2025.1.21 본조개정)

제51조 【이전등기】 ①공단은 주된 사무소를 이전한 경우에는 이전 후 2주일 이내에 종전 소재지 또는 새 소재지에서 새 소재지와 이전 연월일을 등기해야 한다.
②공단은 분사무소를 이전한 경우에는 이전 후 2주일 이내에 주된 사무소의 소재지에서 새 소재지와 이전 연월일을 등기해야 한다.
(2025.1.21 본조개정)

제52조 【변경등기】 공단은 제49조 각 호 또는 제50조의 등기사항이 변경된 경우(제51조에 따른 이전등기에 해당하는 경우는 제외한다)에는 변경 후 2주일 이내에 주된 사무소의 소재지에서 변경사항을 등기해야 한다.
(2025.1.21 본조개정)

제53조 【등기신청 시의 첨부서류】 이 영에 따라 등기를 신청하려면 다음 각 호의 구분에 따른 서류를 첨부하여야 한다.

1. 제49조에 따른 설립등기 : 공단의 정관
2. 제50조에 따른 분사무소의 설치등기 : 고용노동부장관의 분사무소 설치 승인서(2010.7.12 개정)
3. 제51조에 따른 사무소의 이전등기 : 주된 사무소 또는 분사무소의 이전을 증명하는 서류
4. 제52조에 따른 변경등기 : 그 변경사항을 증명하는 서류

제54조 【등기기간의 기산】 이 영에 따른 등기사항으로서 고용노동부장관의 인가 또는 승인을 받아야 할 사항이 있으면 그 인가서 또는 승인서가 도달된 날부터 등기의 기간을 기산한다.(2010.7.12 개정)

제55조 【임원】 ①공단의 당연직 비상임이사는 보건복지부 · 고용노동부 및 기획예산처의 3급공무원(이에 상당하는 별정직공무원 또는 임기제공무원을 포함한다) 또는 고위공무원단에 속하는 공무원으로서 장애인 관련 업무와 관계되는 자 중에서 해당 기관의 장이 지명하는 자로 한다.(2025.12.30 개정)

②공단의 당연직 비상임이사를 제외한 비상임이사는 장애인에 관하여 학식과 경험이 풍부한 자로 한다.(2009.12.31 개정)

제56조 【자문위원회 및 후원회】 ①공단은 장애인 고용촉진과 직업재활에 관한 주요사업의 수행에 관하여 자문을 하기 위하여 자문위원회를 둘 수 있다.

②공단의 사업을 효율적으로 추진하고 관계 기관과의 협조를 원활히 하기 위하여 공단에 후원회를 둘 수 있다.

③제1항과 제2항에 따른 자문위원회 또는 후원회의 구성 · 운영 등에 필요한 사항은 공단의 정관으로 정한다.

제57조 【중요한 재산의 처분 등】 공단은 다음 각 호의 재산을 양도 · 양수 · 대여 또는 교환하거나 담보로 제공하려면 미리 고용노동부장관의 승인을 받아야 한다.(2010.7.12 개정)

1. 공단의 토지 · 임야 및 건물
2. 교육시설, 진단 및 검사용 장비, 그 밖에 이와 관련한 주요장비
3. 그 밖에 공단의 재산 증감에 중요한 사유가 되는 재산

제58조 【자금 차입의 승인신청】 공단은 법 제57조에 따라 자금의 차입승인을 받으려면 다음 각 호의 사항을 적은 승인신청서를 고용노동부장관에게 제출하여야 한다.(2010.7.12 개정)

1. 차입의 사유
2. 차입처
3. 차입 금액
4. 차입의 조건
5. 차입금의 상환 방법 및 상환 기간
6. 그 밖에 자금의 차입과 그 상환에 필요한 사항

제59조 【사업계획 및 예산서】 삭제(2009.12.31)

제60조 【배분비율】 삭제(2009.12.31)

제61조 【세입 · 세출결산서의 제출】 공단은 법 제61조에 따라 사업연도마다 세입·세출결산서를 고용노동부장관에게 제출하는 경우에는 다음 각 호의 서류를 첨부하여야 한다.(2010.7.12 개정)

1. 해당 연도의 사업계획서 및 자금수지 계획과 그 집행실적과의 대비표
2. 해당 연도의 손익계산서 및 재무상태표(2019.7.2 개정)
3. 고용노동부장관이 지정하는 공인회계사 및 공단 감사의 의견서(2010.7.12 개정)
4. 그 밖에 결산서의 내용을 확인할 수 있는 참고 서류

제62조 【관리기구의 설립허가 신청】 공단은 법 제64조제2항에 따라 고용노동부장관의 허가를 받아 관리기구를 설립하려면 다음 각 호의 사항을 적은 허가신청서를 고용노동부장관에게 제출하여야 한다.(2010.7.12 개정)

1. 관리기구 설립의 필요성
2. 사업의 개요
3. 그 밖에 관리기구의 설립에 필요한 사항

제63조 【내부규정의 승인】 공단은 다음 각 호의 사항에 관한 내부규정을 제정하거나 개정하려면 고용노동부장관의 승인을 받아야 한다.(2010.7.12 개정)

1. 공단의 조직과 정원에 관한 사항
2. 회계 · 재산 및 물품관리에 관한 사항
3. 임직원의 보수와 복무에 관한 사항
4. 제82조제2항에 따라 공단에 위탁된 사업에 관한 사항
5. 그 밖에 공단 운영에 관한 중요한 사항

제64조 【업무의 감독】 법 제65조에 따라 공단의 장부 · 서류나 그 밖의 물건을 검사하는 공무원은 그 권한을 표시하는 증표를 지니고 관계인

에게 내보여야 한다.

제65조 【정부의 출연금】 ①법 제69조제1항제1호 및 법 제71조제1호에 따라 정부가 법 제68조에 따른 장애인고용촉진 및 직업재활기금(이하 "기금"이라 한다)에 출연하거나 기금에서 공단의 사업 수행에 필요한 경비를 지급하려면 고용노동부장관이 이를 예산 또는 제70조에 따른 기금 운용계획에 반영하여 출연하거나 지급하여야 한다.(2010.7.12 개정)

②고용노동부장관은 제1항에 따른 예산 또는 기금 운용계획이 확정되면 공단에 알려야 한다.(2010.7.12 개정)

③공단이 사업 수행에 필요한 경비를 지급받으려면 사업수행경비 지급신청서에 분기별 사업계획서와 분기별 예산집행계획서를 첨부하여 고용노동부장관에게 제출하여야 한다.(2010.7.12 개정)

④제3항에 따른 신청서를 받은 고용노동부장관은 분기별 사업계획서와 분기별 예산집행계획이 타당하다고 인정하면 이에 따라 사업 수행 경비를 지급하여야 한다.(2010.7.12 개정)

제66조 【정부 외의 자로부터의 출연금 등】 고용노동부장관은 법 제69조제1항제1호에 따른 정부 외의 자가 출연이나 기부를 하려는 경우 그 자와 출연방법이나 기부방법 등을 협의하여 정할 수 있다.(2010.7.12 개정)

제67조 【기금의 용도】 법 제71조제14호에 따라 기금에서 비용이나 경비를 지급할 수 있는 범위는 다음 각 호와 같다.

1. 제18조에 따른 지원고용 사업
2. 기금의 관리 · 운영
3. 법 제82조에 따라 시 · 도지사에게 위임하거나 공단에 위탁하는 사업

제68조 【기금 지급의 위탁】 고용노동부장관은 기금의 융자 · 지원 또는 보조금 지급에 관한 업무를 「은행법」 및 그 밖의 관계 법령에 따른 금융기관이나 체신관서에 위탁하여 행할 수 있다.(2010.7.12 개정)

제69조 【기금의 운용 · 관리】 ①기금은 기업회계의 원칙에 따라 계산한다.

②기금을 결산하고 남은 금액은 기금의 적립금으로 적립할 수 있다.

③기금의 적립금과 지출하고 남은 금액의 운용에 필요한 사항은 고용노동부장관이 정한다.(2010.7.12 개정)

④법 제72조제3항 본문에서 "대통령령으로 정하는 수준"이란 「은행법」에 따른 인가를 받은 은행 중 전국을 영업구역으로 하는 은행의 1년 만기 정

기예금이자율을 고려하여 고용노동부장관이 정하는 수익률을 말한다.(2010.11.15 개정)
⑤법 제72조제3항제3호에서 "대통령령으로 정하는 자"란 국가나 지방자치단체를 말한다.
⑥법 제72조제3항제5호에서 "대통령령으로 정하는 방법"이란 「자본시장과 금융투자업에 관한 법률」 제4조제5항에 따른 수익증권의 매입을 말한다.(2017.6.27 신설)

제70조【기금 운용계획】 ①고용노동부장관은 다음 각 호의 사항이 포함된 기금 운용계획을 수립하여야 한다.(2010.7.12 개정)
1. 기금의 수입 및 지출에 관한 사항
2. 해당 연도의 사업계획, 지출원인행위계획 및 자금계획에 관한 사항
3. 전년도 이월 자금의 처리에 관한 사항
4. 적립금에 관한 사항
5. 그 밖에 기금 운용에 필요한 사항

②제1항에 따른 기금 운용계획을 작성할 때 분기별 지출원인행위계획은 기획예산처장관과 협의해야 하고, 월별 자금계획은 재정경제부장관과 협의해야 한다. 그 계획을 수정하려는 경우에도 또한 같다.(2025.12.30 개정)

제71조【기금관리 보조요원】 고용노동부장관은 기금을 효율적으로 관리하기 위하여 필요하다고 인정하면 법 제73조에 따른 기금의 회계기관을 보조하는 기금관리 보조요원을 둘 수 있다.(2010.7.12 개정)

제72조【기금계정】 고용노동부장관은 기금의 수입과 지출을 명확하게 하기 위하여 이를 각각 구분하여 한국은행에 장애인 고용촉진 및 직업재활기금계정(이하 "기금계정"이라 한다)을 설치하여야 한다.(2010.7.12 개정)

제73조【기금수입금의 수납절차】 ①기금수입징수관이 기금의 수입금을 징수하려면 납부 의무자에게 기금계정에 내도록 고지하여야 한다.
②한국은행은 기금의 수입금을 수납하면 납입자에게 영수증을 발급하고, 기금수입징수관에게 지체 없이 수납통지서를 보내야 한다.
③한국은행은 제2항에 따라 수납한 기금의 수입금을 국고금 취급절차에 따라 한국은행의 주된 사무소에 설치되어 있는 기금계정에 집중시켜야 한다.

제74조【기금의 지출절차】 ①기금재무관이 지출원인행위를 하면 그 지출원인행위에 관한 서류를 기금지출관에게 보내야 한다.
②기금재무관이 지출원인행위를 한 후 불가피한 사유로 해당 회계연도에

지출하지 못한 금액이 있으면 다음 회계연도에 이월하여 지출할 수 있다.

제75조【기금의 지출원인행위 한도액 배정】 ①고용노동부장관은 제70조에 따른 분기별 지출원인행위계획의 범위에서 각 기금재무관에게 분기별 지출원인행위 한도액을 배정하여야 한다.(2010.7.12 개정)

②고용노동부장관은 제1항에 따라 분기별 지출원인행위 한도액을 배정하면 해당 기금지출관과 재정경제부장관에게 각각 알려야 한다.(2025.12.30 개정)

③기금재무관은 제1항에 따라 배정된 한도액을 초과하여 지출원인행위를 할 수 없다.

제76조【기금지출 한도액의 배정】 ①고용노동부장관은 제70조에 따른 월별 자금계획의 범위에서 각 기금지출관에게 월별 지출한도액을 배정하여야 한다.(2010.7.12 개정)

②고용노동부장관은 제1항에 따라 월별 지출 한도액을 배정하면 한국은행총재에게 알려야 한다.(2010.7.12 개정)

제77조【기금 운용상황의 보고】 고용노동부장관은 기금 운영관리에 관한 보고사항을 정할 수 있다.(2010.7.12 개정)

제78조【기금 결산보고】 고용노동부장관은 매년 기금 결산에 관한 다음 각 호의 서류를 첨부한 기금 결산보고서를 작성하여 기금의 회계연도가 끝난 후 60일까지 재정경제부장관에게 제출하여야 한다.(2025.12.30 개정)

1. 기금의 기본 현황
2. 결산의 개요
3. 기금 운용계획과 실적의 대비표
4. 수입 및 지출계산서
5. 차입금 상황 조서(調書)
6. 재산 현황표
7. 연도별 기금조성 재원 현황표

제79조【다른 법령의 준용】 기금의 운용·관리에 관하여 법 및 이 영에 규정되지 아니한 사항에 관하여는 예산회계 관계 법령을 준용한다.

제79조의2【장애인지원관의 지정 및 업무】 ①법 제74조의2제1항에 따른 장애인지원관은 제2항 각 호와 관련된 업무를 담당하는 부서의 장 중에서 법 제27조제6항 각 호에 따른 기관의 장이 지정한다.

②제1항에 따라 지정된 장애인지원관은 다음 각 호의 업무를 수행한다.

1. 장애인 공무원과 장애인 근로자를 위한 지원 서비스 제공의 협의 및 조정
2. 장애인 공무원과 장애인 근로자를 위한 안정적인 근무여건의 조성 및 개선
3. 장애인 공무원과 장애인 근로자를 위한 직무 적응 지원
4. 법 제5조의2 및 「장애인복지법」 제25조에 따른 장애인에 대한 인식개선을 위한 교육의 실시(2018.5.28 개정)
5. 그 밖에 장애인의 권익증진을 위한 사항으로서 고용노동부장관이 정하는 업무

(2017.6.27 본조신설)

제80조 【장애인직업생활상담원의 선임】 ①법 제75조제2항에 따라 장애인 직업생활 상담원(이하 "상담원"이라 한다)을 두어야 하는 사업주는 상시 20명 이상의 장애인 근로자를 고용하는 사업주로 한다. 다만, 상시 20명 미만의 장애인 근로자를 고용하는 사업주의 경우에는 장애 유형에 따른 특성을 고려하여 고용노동부령으로 정하는 바에 따라 상담원을 두게 할 수 있다.(2014.12.3 개정)

②상담원을 두어야 하는 사업주는 그 사유가 발생한 날부터 90일 이내에 상담원을 선임하여야 한다.

제81조 【경비의 보조】 국가와 지방자치단체는 법 제78조에 따라 다음 각 호의 어느 하나에 해당하는 사업을 수행하는 사업주·재활실시기관, 그 밖에 장애인 고용촉진 업무를 수행하는 장애인복지시설 관련 단체 등에 대하여 그 비용의 전부 또는 일부를 예산의 범위에서 지원할 수 있다.

1. 장애인의 고용촉진 및 직업재활 사업
2. 장애인의 고용촉진을 위한 조사, 연구, 홍보사업 및 각종 대회 개최
3. 그 밖에 국가기관이나 지방자치단체의 장이 장애인 고용촉진과 직업재활에 필요하다고 인정하는 사업

제81조의2 【자료 제공의 요청 등】 법 제81조제1항 및 제2항에서 "대통령령으로 정하는 관련 전산망 또는 자료"란 다음 각 호의 전산망 또는 자료를 말한다.

1. 원천징수이행상황신고서, 소득자별 근로소득원천징수부, 일용근로소득 지급명세서 등 「소득세법」 제20조에 따른 근로소득에 관한 전산망 또는 자료
2. 토지 및 건물 등기부 등본, 농지대장 등본, 자동차 및 건설기계 등록원부

등본, 선박원부 등본 등 재산에 관한 전산망 또는 자료(2022.5.9 개정)
3. 「국민건강보험법」 및 「국민연금법」에 따른 보험료 징수 및 체납 등에 관한 전산망 또는 자료
4. 장애인등록, 장애 정도 및 상태, 출입국, 주민등록, 법인등록 및 가족관계증명 등에 관한 전산망 또는 자료(2019.6.25 개정)
5. 「공무원연금법」에 따른 공무원연금 가입자에 관한 전산망 또는 자료(2020.12.1 신설)

(2013.6.17 본조신설)

第82조 【권한 · 업무의 위임 · 위탁】 ①고용노동부장관은 법 제82조에 따라 다음 각 호의 사항에 관한 권한을 지방고용노동관서의 장에게 위임한다.(2010.7.12 개정)

1. 법 제5조의2제6항에 따른 장애인 인식개선 교육 실시 결과 제출명령(2022.1.11 신설)
2. 법 제29조에 따른 장애인 고용계획 및 고용 실시 상황 기록의 제출명령, 장애인 고용계획의 변경명령 및 장애인 고용에 관한 의무 불이행 내용의 공표(제2항제17호에 관한 사항은 제외한다)(2022.1.11 개정)
3. 법 제76조에 따른 보고 및 검사 등(위임받은 사무처리를 위하여 필요한 경우로 한정한다)(2022.1.11 개정)
4. 법 제86조에 따른 과태료의 부과 · 징수에 관한 사항(2022.1.11 개정)
5. 제3항에 따른 징수금의 체납처분 및 결손처분에 대한 승인(2022.1.11 개정)

②고용노동부장관은 법 제82조에 따라 다음 각 호의 사항에 관한 업무를 공단에 위탁한다.(2022.7.11 개정)

1. 법 제5조의2제5항에 따른 장애인 인식개선 교육실시 결과에 대한 점검(2022.1.11 개정)

1의2. 법 제5조의2제6항에 따른 장애인 인식개선 교육 실시 결과의 접수(2022.1.11 신설)

1의3. 법 제5조의2제7항에 따른 교육교재 등의 개발 · 보급(2022.1.11 신설)

2. 법 제5조의3제1항, 제4항에 따른 장애인 인식개선 교육기관의 지정 및 지정 취소에 필요한 업무(2018.5.28 신설)
3. 법 제10조에 따른 직업지도
4. 법 제11조에 따른 직업적응훈련

5. 법 제12조에 따른 직업능력개발훈련
6. 법 제13조에 따른 지원고용
7. 법 제15조에 따른 취업알선(제19조제1항에 따른 중증장애인 취업지원은 제외한다)(2018.5.28 개정)
8. 법 제16조에 따른 취업알선전산망 구축 등
9. 법 제17조에 따른 자영업 장애인의 지원
10. 법 제18조에 따른 장애인 근로자의 지원
11. 법 제19조에 따른 취업 후 적응지도
12. 법 제19조의2에 따른 근로지원인 서비스의 제공과 관련된 업무
13. 법 제20조에 따른 사업주에 대한 고용 지도
14. 법 제21조에 따른 장애인 고용 사업주에 대한 융자 또는 지원
14의2. 법 제21조의2에 따른 장애인 공무원에 대한 지원(2022.1.11 신설)
15. 법 제22조에 따른 장애인 표준사업장에 대한 융자 또는 지원
16. 법 제22조의4제2항에 따른 장애인 표준사업장 생산품 구매계획과 전년도 구매실적의 접수(2025.12.30 개정)
17. 법 제22조의5에 따른 장애인 표준사업장의 인증 · 인증취소 및 공고(2025.12.30 개정)
18. 법 제23조에 따른 부당 융자 또는 지원의 취소, 부당 융자금 또는 지원금의 징수 · 추가징수, 시정요구 및 융자 또는 지원 제한(2022.7.11 개정)
19. 법 제24조에 따른 장애인 고용 우수사업주의 선정 및 우대조치
20. 법 제25조에 따른 사업주에 대한 장애인에 관한 자료 제공
21. 법 제26조에 따른 장애인의 고용현황에 관한 실태 조사
22. 법 제26조의2제1항에 따른 장애인 기능경기 대회(고용노동부장관이 개최하는 대회만 해당한다)의 개최
23. 법 제26조의2제2항에 따른 비용 지원
24. 법 제26조의3에 따른 국제장애인기능올림픽대회 개최 및 선수단 파견
24의2. 법 제27조제6항 및 제7항에 따라 같은 조 제6항 각 호의 기관의 장이 제출하는 장애인 공무원 채용계획, 그 실시 상황 및 채용변경계획의 접수(2018.12.31 신설)
25. 법 제29조제1항 및 제2항에 따라 사업주가 제출하는 장애인 고용계획, 고용 실시 상황 기록 및 고용변경계획의 접수
26 법 제30조에 따른 장애인 고용장려금의 지급

27. 법 제31조에 따른 부당이득금의 징수, 추가징수, 추가징수 면제 및 지급 제한(2022.7.11 개정)
28. 법 제33조에 따른 부담금의 징수 · 감면, 고용장려금의 추가지급, 부담금의 추징 · 환급 및 분할 납부
29. 법 제34조에 따른 부담금 등 과오납금의 충당 및 환급
30. 법 제35조에 따른 가산금 및 연체금의 징수
31. 법 제36조에 따른 부담금의 징수 · 추징 및 환급 통지
32. 법 제37조에 따른 징수금의 독촉 · 체납처분 및 공매대행의 의뢰
33. 법 제42조에 따른 징수금의 결손처분
34. 법 제71조제3호부터 제10호까지, 제12호 및 제14호에 따른 기금의 융자 · 지원 · 출자 및 보조
35. 법 제75조에 따른 장애인 직업생활 상담원 등 전문요원에 관한 사항
36. 법 제76조에 따른 보고 및 검사 등(위탁된 사무처리를 위하여 필요한 경우로 한정한다)(2018.5.28 개정)
36의2. 제4조제1항제1호에 따른 중증장애인 해당 여부의 확인(2020.12.1 신설)
37. 제22조의2제4항에 따른 협의
38. 제22조의5에 따른 시상, 상금 지급 및 상금 지급 제한(고용노동부장관이 개최하는 대회와 관련된 경우만 해당한다)
39. 제31조제3항에 따른 포상금 지급신청의 접수
40. 제32조에 따른 포상금의 지급

③공단이 다음 각 호의 행위를 하려면 고용노동부장관의 승인을 받아야 한다.(2010.7.12 개정)
1. 제2항제17호에 따른 장애인 표준사업장의 인증취소(2018.5.28 개정)
2. 제2항제18호에 따른 부당 융자 또는 지원의 취소 및 융자 또는 지원 제한(2018.5.28 개정)
3. 제2항제32호에 따른 징수금의 체납처분(2018.5.28 개정)
4. 제2항제33호에 따른 징수금의 결손처분(2018.5.28 개정)

④고용노동부장관은 법 제82조에 따라 다음 각 호의 사항에 관한 권한을 시 · 도지사에게 위임한다.(2018.5.28 신설)
1. 법 제15조제2항 및 이 영 제19조제1항에 따른 중증장애인 취업지원
2. 법 제76조에 따른 보고 및 검사 등(위임받은 사무처리를 위하여 필요한

경우로 한정한다)

제82조의2【민감정보 및 고유식별정보의 처리】 고용노동부장관(제82조에 따라 권한 또는 업무를 위임·위탁받은 자를 포함한다), 보건복지부장관, 시·도지사 또는 공단은 다음 각 호의 사무를 수행하기 위하여 불가피한 경우 「개인정보 보호법」 제23조에 따른 건강에 관한 정보와 같은 법 시행령 제18조제2호의 범죄경력자료에 해당하는 정보(제23호의 사무를 수행하는 경우로 한정한다), 같은 영 제19조제1호 또는 제4호의 주민등록번호 또는 외국인등록번호가 포함된 자료를 처리할 수 있다.(2022.7.11 개정)

1. 법 제5조의2제5항에 따른 장애인 인식개선 교육실시 결과 점검에 관한 사무(2022.1.11 개정)
2. 법 제5조의3제1항, 제4항 및 제5항에 따른 장애인 인식개선 교육기관 지정, 지정 취소 및 청문에 관한 사무(2018.5.28 신설)
3. 법 제10조에 따른 직업지도에 관한 사무
4. 법 제11조에 따른 직업적응훈련에 관한 사무
5. 법 제12조에 따른 직업능력개발훈련에 관한 사무
6. 법 제13조에 따른 지원고용에 관한 사무
7. 법 제15조에 따른 취업알선 등에 관한 사무
8. 법 제16조에 따른 취업알선기관 간의 연계 등에 관한 사무

8의2. 법 제18조에 따른 장애인 근로자 지원에 관한 사무(2022.7.11 신설)

9. 법 제19조에 따른 취업 후 적응지도에 관한 사무
10. 법 제19조의2에 따른 근로지원인 서비스의 제공에 관한 사무
11. 법 제21조에 따른 장애인 고용 사업주에 대한 지원에 관한 사무

11의2. 법 제21조의2에 따른 장애인 공무원에 대한 지원에 관한 사무(2022.1.11 신설)

12. 법 제22조에 따른 장애인 표준사업장에 대한 융자 및 지원에 관한 사무
13. 법 제22조의5에 따른 장애인 표준사업장의 인증 및 인증취소에 관한 사무(2025.12.30 개정)
14. 법 제23조에 따른 부당 융자 또는 지원의 취소, 부당 융자금 또는 지원금의 징수·추가징수, 시정요구 및 융자 또는 지원 제한에 관한 사무(2022.7.11 개정)

14의2. 법 제25조에 따른 사업주에 대한 정보 또는 자료 제공에 관한 사무

(2020.12.1 신설)
15. 법 제26조의2제1항에 따른 장애인 기능경기 대회에 관한 사무
16. 법 제26조의3에 따른 국제장애인기능올림픽대회에 관한 사무
16의2. 법 제27조에 따른 장애인 공무원 채용계획 및 그 실시 상황에 관한 사무(2018.12.31 신설)
17. 법 제29조에 따른 장애인 고용 계획 및 실시 상황 보고에 관한 사무
18. 법 제30조에 따른 장애인 고용장려금의 지급에 관한 사무
19. 법 제32조에 따른 장애인 고용장려금 부정수급의 신고 및 포상금 지급에 관한 사무
20. 법 제32조의2 및 제33조에 따른 부담금의 신고 · 납부 등에 관한 사무(2020.12.1 개정)
21. 법 제34조에 따른 과오납금의 충당과 환급에 관한 사무
22. 법 제43조제2항제8호에 따른 취업알선전산망 구축 · 관리, 홍보 · 교육 및 장애인 기능경기 대회 등 관련 사업에 관한 사무
23. 법 제51조에 따른 임원의 결격사유 확인에 관한 사무
24. 법 제75조에 따른 장애인 직업생활 상담원 양성 등에 관한 사무
25. 제4조제1항제1호에 따른 중증장애인 해당 여부의 확인에 관한 사무(2020.12.1 신설)

(2012.1.6 본조신설)

제82조의3【규제의 재검토】 고용노동부장관은 제80조에 따른 장애인직업생활상담원의 선임에 관한 사항에 대하여 2014년 1월 1일을 기준으로 3년마다(매 3년이 되는 해의 1월 1일 전까지를 말한다) 그 타당성을 검토하여 개선 등의 조치를 해야 한다.

(2020.3.3 본조개정)

제83조【과태료의 부과기준】 법 제86조제1항부터 제4항까지의 규정에 따른 과태료의 부과기준은 별표 2와 같다.(2018.5.28 개정)

(2009.12.31 본조개정)

부　칙 (2007.10. 4)

제1조【시행일】 이 영은 공포한 날부터 시행한다.

제2조【장애인의 기준 등에 관한 경과조치】 대통령령 제18415호 장애인고용촉진및직업재활법시행령중개정령 시행 당시 종전 제22조 및 제26조에 따라 장애인 고용계획과 그 실시상황 보고에 포함된 장애인 및 중증장애인에 대하여는 대통령령 제18415호 장애인고용촉진및직업재활법시행령중개정령 제3조제3호 및 제4조제4호의 개정규정에도 불구하고 2008년 12월 31일까지 종전의 규정에 따른다.(2008.1.3 개정)

제3조【다른 법령과의 관계】 이 영 시행 당시 다른 법령에서 종전의 「장애인고용촉진 및 직업재활법 시행령」의 규정을 인용한 경우에 이 영 가운데 그에 해당하는 규정이 있으면 종전의 규정을 갈음하여 이 영의 해당 규정을 인용한 것으로 본다.

부　칙 (2008. 1. 3)

제1조【시행일】 이 영은 2008년 1월 14일부터 시행한다.

제2조【결손처분 사유에 관한 적용례】 제47조의 개정규정은 이 법 시행 후 최초로 체납처분의 사유가 발생한 경우부터 적용한다.

부　칙 (2009.12.31)

제1조【시행일】 이 영은 공포한 날부터 시행한다. 다만, 제6조부터 제14조까지, 제19조, 제25조, 제26조의2, 제83조, 별표 2, 부칙 제3조제1항부터 제6항까지 및 같은 조 제8항의 개정규정은 2010년 1월 1일부터 시행한다.

제2조【중증장애인에 관한 경과조치】 이 영 시행 당시 종전의 제4조제2호에 해당되는 중증장애인은 제4조제1항의 개정규정에도 불구하고 이 영에 따른 중증장애인으로 본다.

제3조【다른 법령의 개정】 생략

부　칙 (2011. 3.15)

이 영은 공포한 날부터 시행한다.

부　칙 (2011. 3.30)

제1조【시행일】 이 영은 공포한 날부터 시행한다.

제 2 조【과태료에 관한 경과조치】①이 영 시행 전의 위반행위에 대하여 과태료의 부과기준을 적용할 때에는 별표 2의 개정규정에도 불구하고 종전의 규정에 따른다.
②이 영 시행 전의 위반행위로 받은 과태료 부과처분은 별표 2의 개정규정에 따른 위반행위의 횟수 산정에 포함하지 아니한다.

부　칙 (2011.10.26)

제 1 조【시행일】 이 영은 2011년 10월 26일부터 시행한다.

제 2 조【부담금의 분할납부 시기에 관한 적용례】 제38조제2항의 개정규정은 2012년도에 납부하여야 할 부담금의 분할납부부터 적용한다.

부　칙 (2012.12.28)

이 영은 2013년 3월 1일부터 시행한다.

부　칙 (2013. 6.17)

제 1 조【시행일】 이 영은 2013년 6월 19일부터 시행한다.

제 2 조【근로지원인 서비스 제공시간에 관한 적용례】 제20조의2 제3항의 개정규정은 이 영 시행 후 근로지원인 서비스를 신청하는 중증장애인 근로자부터 적용한다.

부　칙 (2014.12. 3)

제 1 조【시행일】 이 영은 2015년 1월 1일부터 시행한다.

제 2 조【과태료에 관한 경과조치】 이 영 시행 전의 행위에 대하여 과태료를 적용할 때에는 제80조제1항 및 별표 2의 개정규정에도 불구하고 종전의 규정에 따른다.

부　칙 (2017. 6.27)

이 영은 2017년 6월 28일부터 시행한다.

부　칙 (2017.10.17)

제 1 조【시행일】 이 영은 2017년 10월 19일부터 시행한다.

제 2 조【장애인 기능경기 대회 참가자격에 관한 적용례】 제22조

의3제3항의 개정규정은 이 영 시행 전에 실시되었던 국제장애인기능올림픽대회 또는 공단이 실시하였던 전국장애인기능경기대회에 참가하여 입상하였거나 공단이 실시하였던 장애인 기능경기 대회에 참가하여 부정행위를 한 사람에 대해서도 적용한다.

부 칙 (2018. 5.28)

제1조【시행일】 이 영은 2018년 5월 29일부터 시행한다.

제2조【장애인 인식개선 교육에 관한 특례】 「장애인복지법」 제25조제2항에 따른 국가기관 및 지방자치단체의 장, 「영유아보육법」에 따른 어린이집, 「유아교육법」·「초·중등교육법」·「고등교육법」에 따른 각급 학교의 장, 「장애인복지법 시행령」 제16조제1항에 따른 기관 또는 단체의 장이 「장애인복지법」 제25조제2항에 따라 2018년 1월 1일부터 2019년 12월 31일까지 장애인 인식개선을 위한 교육을 해당 연도에 실시한 경우 제5조의2의 개정규정에 따라 장애인 인식개선 교육을 실시한 것으로 본다.

제3조【장애인 인식개선 교육에 관한 경과조치】 2018년 1월 1일부터 이 영 시행 전까지 종전의 법 제5조제3항에 따라 장애인 인식개선 교육을 실시한 사업주는 제5조의2제1항의 개정규정에 따라 2018년도 장애인 인식개선 교육을 실시한 것으로 본다.

부 칙 (2018.12.31)

이 영은 2019년 1월 1일부터 시행한다.

부 칙 (2019. 6.25)

이 영은 2019년 7월 1일부터 시행한다.

부 칙 (2020. 6. 2)

제1조【시행일】 이 영은 공포한 날부터 시행한다.

제2조【고용장려금의 지급제한에 관한 적용례】 제29조제2항의 개정규정은 사업주가 법 제30조에 따라 지급받을 수 있는 2020년 6월분 고용장려금부터 적용한다.

부 칙 (2020.12. 1)

제1조【시행일】 이 영은 공포한 날부터 시행한다. 다만, 제5조의2제3항·제4항 후단 및 제7항의 개정규정은 2020년 12월 10일부터 시행한다.

제2조【직장 내 장애인 인식개선 교육에 관한 적용례】 제5조의2제3항 · 제4항 후단 및 제7항의 개정규정은 2021년도에 실시하는 장애인 인식개선 교육부터 적용한다.

제3조【연체금의 징수에 관한 경과조치】 이 영 시행 전에 체납된 금액에 대한 연체금에 관하여는 제40조제1항의 개정규정에도 불구하고 종전의 규정에 따른다.

부 칙 (2022. 1.11)

제1조【시행일】 이 영은 2022년 1월 21일부터 시행한다.

제2조【고용장려금의 지급제한에 관한 적용례】 제29조의 개정규정은 사업주가 법 제30조에 따라 지급받을 수 있는 2022년 1월분 고용장려금부터 적용한다.

부 칙 (2022. 7.11)

이 영은 2022년 7월 12일부터 시행한다.

부 칙 (2023. 9.26)

이 영은 2024년 1월 1일부터 시행한다.

부 칙 (2025.12.30)

제1조【시행일】 이 영은 공포한 날부터 시행한다. 다만, 제55조제1항, 제70조제2항 전단, 제75조제2항 및 제78조 각 호 외의 부분의 개정규정은 2026년 1월 2일부터 시행한다.

제2조【부담금의 분할 납부에 관한 적용례】 제38조제1항의 개정규정은 이 영 시행 이후 사업주가 부담금을 납부하는 경우부터 적용한다.

장애인차별금지 및 권리구제 등에 관한 법률

제정 2007. 4.10 법률 제8341호
개정 2008. 3.21 법률 제8974호
2009. 5.22 법률 제9705호
2010. 5.11 법률 제10280호
2011. 3.29 법률 제10465호
2011. 6. 7 법률 제10789호
2012.10.22 법률 제11522호
2013. 3.23 법률 제11690호
2013. 8.13 법률 제12035호
2014. 1.28 법률 제12365호
2016. 2. 3 법률 제13978호
2017. 7.26 법률 제14839호
2017. 9.19 법률 제14893호
2017.12.19 법률 제15272호
2019.12. 3 법률 제16740호
2020. 6. 9 법률 제17344호
2020.12.29 법률 제17792호
2021. 7.27 법률 제18334호
2021.12. 7 법률 제18547호
2025. 3.18 법률 제20819호
2025.11.11 법률 제21115호

제1장 총 칙

제1조【목적】 이 법은 모든 생활영역에서 장애를 이유로 한 차별을 금지하고 장애를 이유로 차별받은 사람의 권익을 효과적으로 구제함으로써 장애인의 완전한 사회참여와 평등권 실현을 통하여 인간으로서의 존엄과

가치를 구현함을 목적으로 한다.

제 2 조 【장애와 장애인】 ①이 법에서 금지하는 차별행위의 사유가 되는 장애라 함은 신체적 · 정신적 손상 또는 기능상실이 장기간에 걸쳐 개인의 일상 또는 사회생활에 상당한 제약을 초래하는 상태를 말한다.
②장애인이라 함은 제1항에 따른 장애가 있는 사람을 말한다.

제 3 조 【정의】 이 법에서 사용하는 용어의 정의는 다음과 같다.

1. "광고"라 함은 「표시 · 광고의 공정화에 관한 법률」 제2조제1호 및 제2호에 따른 표시 및 광고를 말한다.
2. "보조견"이라 함은 「장애인복지법」 제40조에 따른 장애인 보조견을 말한다.
3. "장애인보조기구 등"이란 「장애인복지법」 제65조에 따른 장애인보조기구, 그 밖에 장애인의 활동을 돕기 위한 자동차 기타 기구를 말한다. 그 밖에 장애인의 활동을 돕기 위한 자동차 기타 기구의 구체적인 범위는 대통령령으로 정하되, 「장애인고용촉진 및 직업재활법」 제21조제1항제2호에 따른 작업보조공학기기 및 「정보격차해소에 관한 법률」 제9조에 따른 정보통신기기, 그 밖에 관계 법령에서 정하는 내용과의 관계 및 이 법에서 정하는 관련 조항과의 관계 등을 고려하여 정한다.(2010.5.11 개정)
4. "공공기관"이라 함은 국가 및 지방자치단체, 그 밖에 대통령령으로 정하는 공공단체를 말한다.
5. "사용자"라 함은 「근로기준법」 제2조제1항제2호에 따른 사업주 또는 사업경영 담당자, 그 밖의 근로자에 관한 사항에 대하여 사업주를 위하여 행위하는 자를 말한다.
6. "교육기관"이란 「영유아보육법」에 따른 어린이집, 「유아교육법」 · 「초 · 중등교육법」 및 「고등교육법」에 따른 각급 학교, 「평생교육법」에 따른 평생교육시설, 「학점인정 등에 관한 법률」에서 정한 교육부장관의 평가인정을 받은 교육훈련기관, 「직업교육훈련 촉진법」에 따른 직업교육훈련기관, 그 밖에 대통령령으로 정하는 기관을 말한다.(2013.3.23 개정)
7. "교육책임자"라 함은 교육기관의 장 또는 운영책임자를 말한다.
8. "정보"라 함은 다음 각 목의 사항으로 구분한다.
   가. "전자정보"라 함은 「지능정보화 기본법」 제2조제1호에 따른 정보를 말한다. 이 경우 "자연인 및 법인"에는 이 법의 규정에 따른 공공기관도 포함되는 것으로 본다.(2020.6.9 개정)

나. "비전자정보"라 함은 「지능정보화 기본법」 제2조제1호에 따른 정보를 제외한 정보로서 음성, 문자, 한국수어, 점자, 몸짓, 기호 등 언어 및 비언어적 방법을 통하여 처리된 모든 종류의 자료와 지식을 말하며, 그 생산 · 획득 · 가공 · 보유 주체가 자연인 · 법인 또는 공공기관 여부를 불문한다.(2020.6.9 개정)

다. "개인정보"라 함은 「개인정보 보호법」 제2조제1호에 따른 개인정보를 말한다.(2011.3.29 개정)

9. "정보통신"이라 함은 「지능정보화 기본법」 제2조제3호에 따른 정보통신을 말하며, 그 주체가 자연인 · 법인 또는 공공기관 여부를 불문한다.(2020.6.9 개정)

10. "문화 · 예술활동"이라 함은 「문화예술진흥법」 제2조제1항제1호의 문학, 미술(응용미술을 포함한다), 음악, 무용, 연극, 영화, 연예, 국악, 사진, 건축, 어문 및 출판에 관한 활동을 말한다.

11. "문화 · 예술사업자"라 함은 문화 · 예술의 요소를 담고 있는 분야에서 기획 · 개발 · 제작 · 생산 · 전시 · 유통 · 판매를 포함하는 일체의 행위를 하는 자를 말한다.

12. "관광활동"이란 「관광진흥법」제2조제1호에 따른 관광사업의 용역 등을 제공받거나 관광에 딸린 시설을 이용하는 활동을 말한다.(2017.9.19 신설)

13. "체육"이라 함은 「국민체육진흥법」 제2조의 체육 및 학교체육, 놀이, 게임, 스포츠, 레저, 레크리에이션 등 체육으로 간주되는 모든 신체활동을 말한다.(2017.9.19 개정)

14. "가정 및 가족"이라 함은 「건강가정기본법」 제3조제1호 및 제2호의 가정 및 가족을 말한다.(2017.9.19 개정)

15. "복지시설 등"이라 함은 장애인이 장 · 단기간 생활하고 있는 시설로서, 「사회복지사업법」 제34조에 의한 사회복지시설, 「장애인복지법」 제58조에 따른 장애인복지시설 및 신고를 하지 아니하고 장애인 1인 이상을 보호하고 있는 시설을 말한다.(2017.9.19 개정)

16. "시설물"이라 함은 「건축법」 제2조제1항제2호 · 제6호 및 제7호에 따른 건축물, 거실 및 주요구조부를 말한다.(2017.9.19 개정)

17. "이동 및 교통수단 등"이라 함은 사람이 일상적으로 이용하는 도로 및 보도와 「교통약자의 이동편의증진법」 제2조제2호 및 제3호에 따른 교통수단 및 여객시설을 말한다.(2017.9.19 개정)

18. "건강권"이라 함은 보건교육, 장애로 인한 후유장애와 질병 예방 및 치료, 영양개선 및 건강생활의 실천 등에 관한 제반 여건의 조성을 통하여 건강한 생활을 할 권리를 말하며, 의료 받을 권리를 포함한다.(2017.9.19 개정)
19. "의료인 등"이라 함은 「의료법」 제2조제1항 따른 의료인과 국가 및 관련 협회 등에서 정한 자격 · 면허 등을 취득한 물리치료사, 작업치료사, 언어치료사, 심리치료사, 의지 · 보조기 기사 등 장애인의 건강에 개입되는 사람을 말한다.(2017.9.19 개정)
20. "의료기관 등"이라 함은 「의료법」 제3조의 의료기관 및 의료인이 장애인의 건강을 위하여 서비스를 행하는 보건기관, 치료기관, 약국, 그 밖에 관계 법령에 정하고 있는 기관을 말한다.(2017.9.19 개정)
21. "괴롭힘 등"이라 함은 집단따돌림, 방치, 유기, 괴롭힘, 희롱, 학대, 금전적 착취, 성적 자기결정권 침해 등의 방법으로 장애인에게 가해지는 신체적 · 정신적 · 정서적 · 언어적 행위를 말한다.(2017.9.19 개정)

제 4 조 【차별행위】 ①이 법에서 금지하는 차별이라 함은 다음 각 호의 어느 하나에 해당하는 경우를 말한다.

1. 장애인을 장애를 사유로 정당한 사유 없이 제한 · 배제 · 분리 · 거부 등에 의하여 불리하게 대하는 경우
2. 장애인에 대하여 형식상으로는 제한 · 배제 · 분리 · 거부 등에 의하여 불리하게 대하지 아니하지만 정당한 사유 없이 장애를 고려하지 아니하는 기준을 적용함으로써 장애인에게 불리한 결과를 초래하는 경우
3. 정당한 사유 없이 장애인에 대하여 정당한 편의 제공을 거부하는 경우
4. 정당한 사유 없이 장애인에 대한 제한 · 배제 · 분리 · 거부 등 불리한 대우를 표시 · 조장하는 광고를 직접 행하거나 그러한 광고를 허용 · 조장하는 경우. 이 경우 광고는 통상적으로 불리한 대우를 조장하는 광고효과가 있는 것으로 인정되는 행위를 포함한다.
5. 장애인을 돕기 위한 목적에서 장애인을 대리 · 동행하는 자(장애아동의 보호자 또는 후견인 그 밖에 장애인을 돕기 위한 자임이 통상적으로 인정되는 자를 포함한다. 이하 "장애인 관련자"라 한다)에 대하여 제1호부터 제4호까지의 행위를 하는 경우. 이 경우 장애인 관련자의 장애인에 대한 행위 또한 이 법에서 금지하는 차별행위 여부의 판단대상이 된다.
6. 보조견 또는 장애인보조기구 등의 정당한 사용을 방해하거나 보조견 및

장애인보조기구 등을 대상으로 제4호에 따라 금지된 행위를 하는 경우
7. 장애인 또는 장애인 관련자에게 제3조제21호에서 규정하고 있는 괴롭힘 등의 행위를 하는 경우(2025.3.18 신설)

②제1항제3호의 "정당한 편의"라 함은 장애인이 장애가 없는 사람과 동등하게 같은 활동에 참여할 수 있도록 장애인의 성별, 장애의 유형 및 정도, 특성 등을 고려한 편의시설 · 설비 · 도구 · 서비스 등 인적 · 물적 제반 수단과 조치를 말한다.

③제1항에도 불구하고 다음 각 호의 어느 하나에 해당하는 정당한 사유가 있는 경우에는 이를 차별로 보지 아니한다.

1. 제1항에 따라 금지된 차별행위를 하지 않음에 있어서 과도한 부담이나 현저히 곤란한 사정 등이 있는 경우
2. 제1항에 따라 금지된 차별행위가 특정 직무나 사업 수행의 성질상 불가피한 경우. 이 경우 특정 직무나 사업 수행의 성질은 교육 등의 서비스에도 적용되는 것으로 본다.

④장애인의 실질적 평등권을 실현하고 장애인에 대한 차별을 시정하기 위하여 이 법 또는 다른 법령 등에서 취하는 적극적 조치는 이 법에 따른 차별로 보지 아니한다.

제5조【차별판단】 ①차별의 원인이 2가지 이상이고, 그 주된 원인이 장애라고 인정되는 경우 그 행위는 이 법에 따른 차별로 본다.

②이 법을 적용함에 있어서 차별 여부를 판단할 때에는 장애인 당사자의 성별, 장애의 유형 및 정도, 특성 등을 충분히 고려하여야 한다.

제6조【차별금지】 누구든지 장애 또는 과거의 장애경력 또는 장애가 있다고 추측됨을 이유로 차별을 하여서는 아니 된다.

제7조【자기결정권 및 선택권】 ①장애인은 자신의 생활 전반에 관하여 자신의 의사에 따라 스스로 선택하고 결정할 권리를 가진다.

②장애인은 장애인 아닌 사람과 동등한 선택권을 보장받기 위하여 필요한 서비스와 정보를 제공 받을 권리를 가진다.

제8조【국가 및 지방자치단체의 의무】 ①국가 및 지방자치단체는 장애인 및 장애인 관련자에 대한 모든 차별을 방지하고 차별받은 장애인 등의 권리를 구제할 책임이 있으며, 장애인 차별을 실질적으로 해소하기 위하여 이 법에서 규정한 차별 시정에 대하여 적극적인 조치를 하여야 한다.

②국가 및 지방자치단체는 장애인 등에게 정당한 편의가 제공될 수 있도

록 필요한 기술적 · 행정적 · 재정적 지원을 하여야 한다.

제 8 조의 2 【실태조사】 ①보건복지부장관은 장애인 차별 해소 정책의 수립 · 시행에 필요한 기초자료를 확보하기 위하여 3년마다 이 법의 이행에 대한 실태조사를 실시하고 그 결과를 공표하여야 한다.
②보건복지부장관은 제1항에 따른 실태조사를 위하여 필요한 경우 공공기관 및 관련 기관 · 시설 · 법인 등에 자료의 제출 또는 의견의 진술을 요청할 수 있다. 이 경우 자료의 제출이나 의견의 진술을 요청받은 공공기관의 장 등은 정당한 사유가 없으면 그 요청에 따라야 한다.
③제1항에 따른 실태조사의 내용, 방법 및 공표 등에 필요한 사항은 대통령령으로 정한다.
(2019.12.3 본조신설)

제 9 조 【다른 법률과의 관계】 장애를 사유로 한 차별의 금지 및 권리구제에 관하여 이 법에서 규정한 것 외에는 「국가인권위원회법」으로 정하는 바에 따른다.

제 2 장 차별금지

제 1 절 고용

제10조 【차별금지】 ①사용자는 모집 · 채용, 임금 및 복리후생, 교육 · 배치 · 승진 · 전보, 정년 · 퇴직 · 해고에 있어 장애인을 차별하여서는 아니 된다.
②「노동조합 및 노동관계조정법」 제2조제4호에 따른 노동조합은 장애인 근로자의 조합 가입을 거부하거나 조합원의 권리 및 활동에 차별을 두어서는 아니 된다.

제11조 【정당한 편의제공 의무】 ①사용자는 장애인이 해당 직무를 수행함에 있어서 장애인 아닌 사람과 동등한 근로조건에서 일할 수 있도록 다음 각 호의 정당한 편의를 제공하여야 한다.
1. 시설 · 장비의 설치 또는 개조
2. 재활, 기능평가, 치료 등을 위한 근무시간의 변경 또는 조정
3. 훈련 제공 또는 훈련에 있어 정당한 편의 제공
4. 지도 매뉴얼 또는 참고자료의 변경

5. 시험 또는 평가과정의 개선
6. 화면낭독 · 확대 프로그램, 무지점자단말기, 확대 독서기, 인쇄물음성변환출력기 등 장애인보조기구의 설치 · 운영과 낭독자, 한국수어 통역자 등의 보조인 배치(2016.2.3 개정)

②사용자는 정당한 사유 없이 장애를 이유로 장애인의 의사에 반하여 다른 직무에 배치하여서는 아니 된다.

③사용자가 제1항에 따라 제공하여야 할 정당한 편의의 구체적 내용 및 적용대상 사업장의 단계적 범위 등에 관하여는 대통령령으로 정한다.

제12조【의학적 검사의 금지】①사용자는 채용 이전에 장애인 여부를 조사하기 위한 의학적 검사를 실시하여서는 아니 된다. 다만, 채용 이후에 직무의 본질상 요구되거나 직무배치 등을 위하여 필요한 경우에는 그러하지 아니하다.

②제1항 단서에 따라 의학적 검사를 실시할 경우 그 비용은 원칙적으로 사용자가 부담한다. 사용자의 비용부담 방식 및 그 지원 등에 필요한 사항은 대통령령으로 정한다.

③사용자는 제1항 단서에 따라 취득한 장애인의 건강상태나 장애 또는 과거 장애경력 등에 관한 개인정보를 누설하여서는 아니 된다.

제2절 교육

제13조【차별금지】①교육책임자는 장애인의 입학 지원 및 입학을 거부할 수 없고, 전학을 강요할 수 없으며, 「영유아보육법」에 따른 어린이집, 「유아교육법」 및 「초 · 중등교육법」에 따른 각급 학교는 장애인이 당해 교육기관으로 전학하는 것을 거절하여서는 아니 된다.(2011.6.7 개정)

②제1항에 따른 교육기관의 장은 「장애인 등에 대한 특수교육법」 제17조를 준수하여야 한다.(2010.5.11 개정)

③교육책임자는 당해 교육기관에 재학 중인 장애인 및 그 보호자가 제14조제1항 각 호의 편의 제공을 요청할 때 정당한 사유 없이 이를 거절하여서는 아니 된다.

④교육책임자는 특정 수업이나 실험 · 실습, 현장견학, 수학여행 등 학습을 포함한 모든 교내외 활동에서 장애를 이유로 장애인의 참여를 제한, 배제, 거부하여서는 아니 된다.

⑤교육책임자는 취업 및 진로교육, 정보제공에 있어서 장애인의 능력과 특성에 맞는 진로교육 및 정보를 제공하여야 한다.
⑥교육책임자 및 교직원은 교육기관에 재학 중인 장애인 및 장애인 관련자, 특수교육 교원, 특수교육보조원, 장애인 관련 업무 담당자를 모욕하거나 비하하여서는 아니 된다.
⑦교육책임자는 장애인의 입학 지원 시 장애인 아닌 지원자와 달리 추가 서류, 별도의 양식에 의한 지원 서류 등을 요구하거나, 장애인만을 대상으로 한 별도의 면접이나 신체검사, 추가시험 등(이하 "추가서류 등"이라 한다)을 요구하여서는 아니 된다. 다만, 추가서류 등의 요구가 장애인의 특성을 고려한 교육시행을 목적으로 함이 명백한 경우에는 그러하지 아니하다.
⑧국가 및 지방자치단체는 장애인에게 「장애인 등에 대한 특수교육법」 제3조제1항에 따른 교육을 실시하는 경우, 정당한 사유 없이 해당 교육과정에 정한 학업시수를 위반하여서는 아니 된다.(2010.5.11 개정)

제14조 【정당한 편의제공 의무】 ①교육책임자는 당해 교육기관에 재학 중인 장애인의 교육활동에 불이익이 없도록 다음 각 호의 수단을 적극적으로 강구하고 제공하여야 한다.

1. 장애인의 통학 및 교육기관 내에서의 이동 및 접근에 불이익이 없도록 하기 위한 각종 이동용 보장구의 대여 및 수리
2. 장애인 및 장애인 관련자가 필요로 하는 경우 교육보조인력의 배치
3. 장애로 인한 학습 참여의 불이익을 해소하기 위한 확대 독서기, 보청기기, 높낮이 조절용 책상, 각종 보완 · 대체 의사소통 도구 등의 대여 및 보조견의 배치나 휠체어의 접근을 위한 여유 공간 확보
4. 시 · 청각 장애인의 교육에 필요한 한국수어 통역, 문자통역(속기), 점자자료 및 인쇄물 접근성바코드(음성변환용 코드 등 대통령령으로 정하는 전자적 표시를 말한다. 이하 같다)가 삽입된 자료, 자막, 큰 문자자료, 화면낭독 · 확대프로그램, 보청기기, 무지점자단말기, 인쇄물음성변환출력기를 포함한 각종 장애인보조기구 등 의사소통 수단(2017.12.19 개정)
5. 교육과정을 적용함에 있어서 학습진단을 통한 적절한 교육 및 평가방법의 제공
6. 그 밖에 장애인의 교육활동에 불이익이 없도록 하는 데 필요한 사항으로서 대통령령으로 정하는 사항

②교육책임자는 제1항 각 호의 수단을 제공하는 데 필요한 업무를 수행하

기 위하여 장애학생지원부서 또는 담당자를 두어야 한다.
③제1항을 적용함에 있어서 그 적용대상 교육기관의 단계적 범위와 제2항에 따른 장애학생지원부서 및 담당자의 설치 및 배치, 관리 · 감독 등에 필요한 사항은 대통령령으로 정한다.

제3절 재화와 용역의 제공 및 이용

제15조【재화 · 용역 등의 제공에 있어서의 차별금지】①재화 · 용역 등의 제공자는 장애인에 대하여 장애를 이유로 장애인 아닌 사람에게 제공하는 것과 실질적으로 동등하지 않은 수준의 편익을 가져다주는 물건, 서비스, 이익, 편의 등을 제공하여서는 아니 된다.
②재화 · 용역 등의 제공자는 장애인이 해당 재화 · 용역 등을 이용함으로써 이익을 얻을 기회를 박탈하여서는 아니 된다.
③재화 · 용역 등의 제공자는 무인정보단말기(터치스크린 등 전자적 방식으로 정보를 화면에 표시하여 제공하거나 서류발급, 주문 · 결제 등을 처리하는 기기를 말한다)를 설치 · 운영하는 경우 장애인이 장애인 아닌 사람과 동등하게 접근 · 이용할 수 있도록 하는 데 필요한 정당한 편의를 제공하여야 한다.(2021.7.27 신설)
④제3항에 따른 재화 · 용역 등의 제공자의 단계적 범위 및 정당한 편의의 구체적인 내용 등 필요한 사항은 대통령령으로 정한다.(2021.7.27 신설)

제16조【토지 및 건물의 매매 · 임대 등에 있어서의 차별금지】 토지 및 건물의 소유 · 관리자는 당해 토지 및 건물의 매매, 임대, 입주, 사용 등에 있어서 정당한 사유 없이 장애인을 제한 · 분리 · 배제 · 거부하여서는 아니 된다.

제17조【금융상품 및 서비스 제공에 있어서의 차별금지】 금융상품 및 서비스의 제공자는 금전대출, 신용카드 발급, 보험가입 등 각종 금융상품과 서비스의 제공에 있어서 정당한 사유 없이 장애인을 제한 · 배제 · 분리 · 거부하여서는 아니 된다.

제18조【시설물 접근 · 이용의 차별금지】①시설물의 소유 · 관리자는 장애인이 당해 시설물을 접근 · 이용하거나 「재난 및 안전관리 기본법」 제3조제1호에 따른 재난이나 그 밖의 각종 사고 등 비상시 대피함에 있어서 장애인을 제한 · 배제 · 분리 · 거부하여서는 아니 된다.(2025.11.11 개정)

②시설물의 소유 · 관리자는 보조견 및 장애인보조기구 등을 시설물에 들여오거나 시설물에서 사용하는 것을 제한 · 배제 · 분리 · 거부하여서는 아니 된다.
③시설물의 소유 · 관리자는 장애인이 당해 시설물을 접근 · 이용하거나 「재난 및 안전관리 기본법」 제3조제1호에 따른 재난이나 그 밖의 각종 사고 등 비상시 대피함에 있어서 피난 및 대피시설의 설치 등 정당한 편의의 제공을 정당한 사유 없이 거부하여서는 아니 된다.(2025.11.11 개정)
④제3항을 적용함에 있어서 그 적용을 받는 시설물의 단계적 범위 및 정당한 편의의 내용 등 필요한 사항은 관계 법령 등에 규정한 내용을 고려하여 대통령령으로 정한다.

제19조 【이동 및 교통수단 등에서의 차별금지】 ①「교통약자의 이동편의증진법」 제2조제5호 및 제6호에 따른 교통사업자(이하 "교통사업자"라 한다) 및 교통행정기관(이하 "교통행정기관"이라 한다)은 이동 및 교통수단 등을 접근 · 이용함에 있어서 장애인을 제한 · 배제 · 분리 · 거부하여서는 아니 된다.(2010.5.11 개정)
②교통사업자 및 교통행정기관은 이동 및 교통수단 등의 이용에 있어서 보조견 및 장애인보조기구 등의 동승 또는 반입 및 사용을 거부하여서는 아니 된다.
③교통사업자 및 교통행정기관은 이동 및 교통수단 등의 이용에 있어서 장애인 및 장애인 관련자에게 장애 또는 장애인이 동행 · 동반한 보조견 또는 장애인보조기구 등을 이유로 장애인 아닌 사람보다 불리한 요금 제도를 적용하여서는 아니 된다.
④교통사업자 및 교통행정기관은 장애인이 이동 및 교통수단 등을 장애인 아닌 사람과 동등하게 이용하여 안전하고 편리하게 보행 및 이동을 할 수 있도록 하는 데 필요한 정당한 편의를 제공하여야 한다.
⑤교통행정기관은 교통사업자가 장애인에 대하여 이 법에 정한 차별행위를 행하지 아니하도록 홍보, 교육, 지원, 감독하여야 한다.
⑥국가 및 지방자치단체는 운전면허시험의 신청, 응시, 합격의 모든 과정에서 정당한 사유 없이 장애인을 제한 · 배제 · 분리 · 거부하여서는 아니 된다.
⑦국가 및 지방자치단체는 장애인이 운전면허시험의 모든 과정을 장애인 아닌 사람과 동등하게 거칠 수 있도록 정당한 편의를 제공하여야 한다.

⑧제4항 및 제7항을 적용함에 있어서 그 적용대상의 단계적 범위 및 정당한 편의의 내용 등 필요한 사항은 대통령령으로 정한다.

제20조【정보접근에서의 차별금지】 ①개인 · 법인 · 공공기관(이하 이 조에서 "개인 등"이라 한다)은 장애인이 전자정보와 비전자정보를 이용하고 그에 접근함에 있어서 장애를 이유로 제4조제1항제1호 및 제2호에서 금지한 차별행위를 하여서는 아니 된다.

②장애인 관련자로서 한국수어 통역, 점역, 점자교정, 낭독, 대필, 안내 등을 위하여 장애인을 대리 · 동행하는 등 장애인의 의사소통을 지원하는 자에 대하여는 누구든지 정당한 사유 없이 이들의 활동을 강제 · 방해하거나 부당한 처우를 하여서는 아니 된다.(2016.2.3 개정)

제21조【정보통신 · 의사소통 등에서의 정당한 편의제공의무】 ① 제3조제4호 · 제6호 · 제7호 · 제8호가목 후단 및 나목 · 제11호 · 제19호 · 제20호에 규정된 행위자, 제13호 · 제15호부터 제17호까지의 규정에 관련된 행위자, 제10조제1항의 사용자 및 같은 조 제2항의 노동조합 관계자(행위자가 속한 기관을 포함한다. 이하 이 조에서 "행위자 등"이라 한다)는 당해 행위자 등이 생산 · 배포하는 전자정보 및 비전자정보에 대하여 장애인이 장애인 아닌 사람과 동등하게 접근 · 이용할 수 있도록 한국수어, 문자 등 필요한 수단을 제공하여야 한다. 이 경우 제3조제8호가목 후단 및 나목에서 말하는 자연인은 행위자 등에 포함되지 아니한다.(2017.9.19 개정)

②행위자 등은 정보통신망을 통하여 정보나 서비스를 제공할 때 이동통신단말장치(「전파법」에 따라 할당받은 주파수를 사용하는 기간통신역무를 이용하기 위하여 필요한 단말장치를 말한다)에 설치되는 응용 소프트웨어 등 대통령령으로 정하는 유 · 무선 정보통신을 장애인이 장애인 아닌 사람과 동등하게 접근 · 이용할 수 있도록 하는 데 필요한 정당한 편의를 제공하여야 한다.(2021.7.27 신설)

③공공기관 등은 자신이 주최 또는 주관하는 행사에서 장애인의 참여 및 의사소통을 위하여 필요한 한국수어 통역사 · 문자통역사 · 음성통역자 · 보청기기 등 필요한 지원을 하여야 한다.(2021.7.27 개정)

④「방송법」 제2조제3호에 따른 방송사업자와 「인터넷 멀티미디어 방송사업법」 제2조제5호에 따른 인터넷 멀티미디어 방송사업자는 장애인이 장애인 아닌 사람과 동등하게 제작물 또는 서비스를 접근 · 이용할 수 있도록 폐쇄자막, 한국수어 통역, 화면해설 등 장애인 시청 편의 서비스를를 제공

하여야 한다.(2021.7.27 개정)
⑤「전기통신사업법」에 따른 기간통신사업자(전화서비스를 제공하는 사업자만 해당한다)는 장애인이 장애인 아닌 사람과 동등하게 서비스를 접근·이용할 수 있도록 통신설비를 이용한 중계서비스(영상통화서비스, 문자서비스 또는 그 밖에 과학기술정보통신부장관이 정하여 고시하는 중계서비스를 포함한다)를 확보하여 제공하여야 한다.(2021.7.27 개정)
⑥다음 각 호의 사업자는 장애인이 장애인 아닌 사람과 동등하게 접근·이용할 수 있도록 출판물(전자출판물을 포함한다. 이하 이 항에서 같다) 또는 영상물을 제공하기 위하여 노력하여야 한다. 다만, 「도서관법」 제19조에 따른 국립중앙도서관은 새로이 생산·배포하는 도서자료를 점자 및 인쇄물 접근성바코드가 삽입된 자료, 음성 또는 확대문자 등으로 제공하여야 한다.(2021.12.7 개정)
1. 출판물을 정기적으로 발행하는 사업자
2. 영화, 비디오물 등 영상물의 제작업자 및 배급업자
⑦제1항에 따른 필요한 수단을 제공하여야 하는 행위자 등의 단계적 범위 및 필요한 수단의 구체적인 내용, 제2항에 따른 행위자 등의 단계적 범위 및 정당한 편의의 구체적인 내용, 제3항에 따른 필요한 지원의 구체적인 내용 및 범위와 그 이행 등에 필요한 사항, 제4항에 따른 사업자의 단계적 범위와 제공하여야 하는 편의의 구체적 내용 및 그 이행 등에 필요한 사항, 제5항에 따른 사업자의 단계적 범위와 편의의 구체적 내용에 필요한 사항은 대통령령으로 정한다.(2021.7.27 개정)

제22조【개인정보보호】 ①장애인의 개인정보는 반드시 본인의 동의하에 수집되어야 하고, 당해 개인정보에 대한 무단접근이나 오·남용으로부터 안전하여야 한다.
②제1항을 적용함에 있어서 「개인정보 보호법」, 「정보통신망 이용촉진 및 정보보호 등에 관한 법률」 등 관련 법률의 규정을 준용한다.(2011.3.29 개정)
③장애아동이나 정신장애인 등 본인의 동의를 얻기 어려운 장애인에 있어서 당해 장애인의 개인정보의 수집·이용·제공 등에 관련된 동의행위를 대리하는 자는 「민법」의 규정을 준용한다.

제23조【정보접근·의사소통에서의 국가 및 지방자치단체의 의무】 ①국가 및 지방자치단체는 장애인의 특성을 고려한 정보통신망 및 정보통신기기의 접근·이용을 위한 도구의 개발·보급 및 필요한 지원을 강

구하여야 한다.
②정보통신 관련 제조업자는 정보통신제품을 설계 · 제작 · 가공함에 있어서 장애인이 장애인 아닌 사람과 동등하게 접근 · 이용할 수 있도록 노력하여야 한다.
③국가와 지방자치단체는 장애인이 장애의 유형 및 정도, 특성에 따라 한국수어, 구화, 점자 및 인쇄물 접근성바코드가 삽입된 자료, 큰문자 등을 습득하고 이를 활용한 학습지원 서비스를 제공받을 수 있도록 필요한 조치를 강구하여야 하며, 위 서비스를 제공하는 자는 장애인의 의사에 반하여 장애인의 특성을 고려하지 않는 의사소통양식 등을 강요하여서는 아니 된다.(2017.12.19 개정)

제24조【문화 · 예술활동의 차별금지】 ①국가와 지방자치단체 및 문화 · 예술사업자는 장애인이 문화 · 예술활동에 참여함에 있어서 장애인의 의사에 반하여 특정한 행동을 강요하여서는 아니 되며, 제4조제1항제1호 · 제2호 및 제4호에서 정한 행위를 하여서는 아니 된다.
②국가와 지방자치단체 및 문화 · 예술사업자는 장애인이 문화 · 예술활동에 참여할 수 있도록 정당한 편의를 제공하여야 한다.
③국가 및 지방자치단체는 장애인이 문화 · 예술시설을 이용하고 문화 · 예술활동에 적극적으로 참여할 수 있도록 필요한 시책을 강구하여야 한다.
④제2항을 적용함에 있어서 그 적용대상이 되는 문화 · 예술사업자의 단계적 범위 및 정당한 편의의 구체적인 내용 등 필요한 사항은 대통령령으로 정한다.

제24조의2【관광활동의 차별금지】 ①국가와 지방자치단체 및 관광사업자(「관광진흥법」 제2조제2호에 따른 관광사업자를 말한다. 이하 이 조에서 같다)는 장애인이 관광활동에 참여함에 있어서 장애인에게 제4조제1항제1호 · 제2호 및 제4호부터 제6호까지에서 정한 행위를 하여서는 아니 된다.
②국가와 지방자치단체 및 관광사업자는 장애인이 관광활동에 참여할 수 있도록 정당한 편의를 제공하여야 한다.
③국가와 지방자치단체는 장애인이 관광활동에 적극적으로 참여할 수 있도록 필요한 시책을 강구하여야 한다.
④제2항을 시행함에 있어서 그 적용대상이 되는 관광사업자의 단계적 범위 및 정당한 편의의 구체적인 내용 등 필요한 사항은 대통령령으로 정한다.

(2017.9.19 본조신설)

제25조【체육활동의 차별금지】 ①체육활동을 주최·주관하는 기관이나 단체, 체육활동을 목적으로 하는 체육시설의 소유·관리자는 체육활동의 참여를 원하는 장애인을 장애를 이유로 제한·배제·분리·거부하여서는 아니 된다.

②국가 및 지방자치단체는 자신이 운영 또는 지원하는 체육프로그램이 장애인의 성별, 장애의 유형 및 정도, 특성 등을 고려하여 운영될 수 있도록 하고 장애인의 참여를 위하여 필요한 정당한 편의를 제공하여야 한다.

③국가 및 지방자치단체는 장애인이 체육활동에 참여할 수 있도록 필요한 시책을 강구하여야 한다.

④제2항을 시행하는 데 필요한 사항은 대통령령으로 정한다.

제4절 사법·행정절차 및 서비스와 참정권

제26조【사법·행정절차 및 서비스 제공에 있어서의 차별금지】 ①공공기관 등은 장애인이 생명, 신체 또는 재산권 보호를 포함한 자신의 권리를 보호·보장받기 위하여 필요한 사법·행정절차 및 서비스 제공에 있어 장애인을 차별하여서는 아니 된다.

②공공기관 및 그 소속원은 사법·행정절차 및 서비스의 제공에 있어서 장애인에게 제4조제1항제1호·제2호 및 제4호부터 제6호까지에서 정한 행위를 하여서는 아니 된다.

③공공기관 및 그 소속원은 직무를 수행하거나 권한을 행사함에 있어서 다음 각 호에 해당하는 차별행위를 하여서는 아니 된다.

1. 허가, 신고, 인가 등에 있어 장애인을 정당한 사유 없이 장애를 이유로 제한·배제·분리·거부하는 경우
2. 공공사업 수혜자의 선정기준을 정함에 있어서 정당한 사유 없이 장애인을 제한·배제·분리·거부하거나 장애를 고려하지 아니한 기준을 적용함으로써 장애인에게 불리한 결과를 초래하는 경우

④공공기관 및 그 소속원은 사법·행정절차 및 서비스를 장애인이 장애인 아닌 사람과 실질적으로 동등한 수준으로 이용할 수 있도록 제공하여야 하며, 이를 위하여 정당한 편의를 제공하여야 한다.

⑤공공기관 및 그 소속원은 장애인이 사법·행정절차 및 서비스에 참여하

기 위하여 장애인 스스로 인식하고 작성할 수 있는 서식의 제작 및 제공 등 정당한 편의 제공을 요구할 경우 이를 거부하거나 임의로 집행함으로써 장애인에게 불이익을 주어서는 아니 된다.
⑥사법기관은 사건관계인에 대하여 의사소통이나 의사표현에 어려움을 겪는 장애가 있는지 여부를 확인하고, 그 장애인에게 형사사법 절차에서 조력을 받을 수 있음과 그 구체적인 조력의 내용을 알려주어야 한다. 이 경우 사법기관은 해당 장애인이 형사사법 절차에서 조력을 받기를 신청하면 정당한 사유 없이 이를 거부하여서는 아니 되며, 그에 필요한 조치를 마련하여야 한다.(2012.10.22 개정)
⑦사법기관은 장애인이 인신구금 · 구속 상태에 있어서 장애인 아닌 사람과 실질적으로 동등한 수준의 생활을 영위할 수 있도록 정당한 편의 및 적극적인 조치를 제공하여야 한다.
⑧제4항부터 제7항까지의 규정에 필요한 사항은 대통령령으로 정한다.

제27조【참정권】①국가 및 지방자치단체와 공직선거후보자 및 정당은 장애인이 선거권, 피선거권, 청원권 등을 포함한 참정권을 행사함에 있어서 차별하여서는 아니 된다.
②국가 및 지방자치단체는 장애인의 참정권을 보장하기 위하여 필요한 시설 및 설비, 참정권 행사에 관한 홍보 및 정보 전달, 장애의 유형 및 정도에 적합한 기표방법 등 선거용 보조기구의 개발 및 보급, 보조원의 배치 등 정당한 편의를 제공하여야 한다.
③공직선거후보자 및 정당은 장애인에게 후보자 및 정당에 관한 정보를 장애인 아닌 사람과 동등한 정도의 수준으로 전달하여야 한다.

제5절 모 · 부성권, 성 등

제28조【모 · 부성권의 차별금지】①누구든지 장애인의 임신, 출산, 양육 등 모 · 부성권에 있어 장애를 이유로 제한 · 배제 · 분리 · 거부하여서는 아니 된다.
②입양기관은 장애인이 입양하고자 할 때 장애를 이유로 입양할 수 있는 자격을 제한하여서는 아니 된다.
③교육책임자 및 「영유아보육법」에 따른 어린이집 및 그 보육교직원와 「아동복지법」에 따른 아동복지시설 및 그 종사자 등은 부모가 장애인이라는 이

유로 그 자녀를 구분하거나 불이익을 주어서는 아니 된다.(2011.6.7 개정)
④국가 및 지방자치단체에서 직접 운영하거나 그로부터 위탁 혹은 지원을 받아 운영하는 기관은 장애인의 피임 및 임신 · 출산 · 양육 등에 있어서의 실질적인 평등을 보장하기 위하여 관계 법령으로 정하는 바에 따라 장애유형 및 정도에 적합한 정보 · 활동보조 서비스 등의 제공 및 보조기기 · 도구 등의 개발 등 필요한 지원책을 마련하여야 한다.
⑤국가 및 지방자치단체는 임신 · 출산 · 양육 등의 서비스 제공과 관련하여 이 법에서 정한 차별행위를 하지 아니하도록 홍보 · 교육 · 지원 · 감독하여야 한다.

第29조 【성에서의 차별금지】 ①모든 장애인의 성에 관한 권리는 존중되어야 하며, 장애인은 이를 주체적으로 표현하고 향유할 수 있는 성적 자기결정권을 가진다.
②가족 · 가정 및 복지시설 등의 구성원은 장애인에 대하여 장애를 이유로 성생활을 향유할 공간 및 기타 도구의 사용을 제한하는 등 장애인이 성생활을 향유할 기회를 제한하거나 박탈하여서는 아니 된다.
③국가 및 지방자치단체는 장애인이 성을 향유할 권리를 보장하기 위하여 관계 법령에서 정하는 바에 따라 필요한 지원책을 강구하고, 장애를 이유로 한 성에 대한 편견 · 관습, 그 밖의 모든 차별적 관행을 없애기 위한 홍보 · 교육을 하여야 한다.

제6절 가족 · 가정 · 복지시설, 건강권 등

第30조 【가족 · 가정 · 복지시설 등에서의 차별금지】 ①가족 · 가정 및 복지시설 등의 구성원은 장애인의 의사에 반하여 과중한 역할을 강요하거나 장애를 이유로 정당한 사유 없이 의사결정과정에서 장애인을 배제하여서는 아니 된다.
②가족 · 가정 및 복지시설 등의 구성원은 정당한 사유 없이 장애인의 의사에 반하여 장애인의 외모 또는 신체를 공개하여서는 아니 된다.
③가족 · 가정 및 복지시설 등의 구성원은 장애를 이유로 장애인의 취학 또는 진학 등 교육을 받을 권리와 재산권 행사, 사회활동 참여, 이동 및 거주의 자유(이하 이 항에서 "권리 등"이라 한다)를 제한 · 박탈 · 구속하거나 권리 등의 행사로부터 배제하여서는 아니 된다.

④가족 · 가정의 구성원인 자 또는 구성원이었던 자는 자녀 양육권과 친권의 지정 및 면접교섭권에 있어 장애인에게 장애를 이유로 불리한 합의를 강요하거나 그 권리를 제한 · 박탈하여서는 아니 된다.
⑤복지시설 등의 장은 장애인의 시설 입소를 조건으로 친권포기각서를 요구하거나 시설에서의 생활 중 가족 등의 면접권 및 외부와의 소통권을 제한하여서는 아니 된다.

제31조【건강권에서의 차별금지】①의료기관 등 및 의료인 등은 장애인에 대한 의료행위에 있어서 장애인을 제한 · 배제 · 분리 · 거부하여서는 아니 된다.
②의료기관 등 및 의료인 등은 장애인의 의료행위와 의학연구 등에 있어 장애인의 성별, 장애의 유형 및 정도, 특성 등을 적극적으로 고려하여야 하며, 의료행위에 있어서는 장애인의 성별 등에 적합한 의료 정보 등의 필요한 사항을 장애인 등에게 제공하여야 한다.
③공공기관은 건강과 관련한 교육 과정을 시행함에 있어서 필요하다고 판단될 경우 장애인의 성별 등을 반영하는 내용을 포함하여야 한다.
④국가 및 지방자치단체는 선천적 · 후천적 장애 발생의 예방 및 치료 등을 위하여 필요한 시책을 추진하여야 하며, 보건 · 의료 시책의 결정과 집행과정에서 장애인의 성별 등을 고려하여야 한다.

제32조【괴롭힘 등의 금지】①장애인은 성별, 연령, 장애의 유형 및 정도, 특성 등에 상관없이 모든 폭력으로부터 자유로울 권리를 가진다.
②괴롭힘 등의 피해를 당한 장애인은 상담 및 치료, 법률구조, 그 밖에 적절한 조치를 받을 권리를 가지며, 괴롭힘 등의 피해를 신고하였다는 이유로 불이익한 처우를 받아서는 아니 된다.
③누구든지 장애를 이유로 학교, 시설, 직장, 지역사회 등에서 장애인 또는 장애인 관련자에게 집단따돌림을 가하거나 모욕감을 주거나 비하를 유발하는 언어적 표현이나 행동을 하여서는 아니 된다.
④누구든지 장애를 이유로 사적인 공간, 가정, 시설, 직장, 지역사회 등에서 장애인 또는 장애인 관련자에게 유기, 학대, 금전적 착취를 하여서는 아니 된다.
⑤누구든지 장애인의 성적 자기결정권을 침해하거나 수치심을 자극하는 언어표현, 희롱, 장애 상태를 이용한 추행 및 강간 등을 행하여서는 아니 된다.

⑥국가 및 지방자치단체는 장애인에 대한 괴롭힘 등을 근절하기 위한 인식 개선 및 괴롭힘 등 방지 교육을 실시하고 적절한 시책을 강구하여야 한다.

제 3 장　장애여성 및 장애아동 등

제33조【장애여성에 대한 차별금지】 ①국가 및 지방자치단체는 장애를 가진 여성임을 이유로 모든 생활 영역에서 차별을 하여서는 아니 된다.
②누구든지 장애여성에 대해 임신 · 출산 · 양육 · 가사 등에 있어서 장애를 이유로 그 역할을 강제 또는 박탈해서는 아니 된다.
③사용자는 남성근로자 또는 장애인이 아닌 여성근로자에 비하여 장애여성 근로자를 불리하게 대우하여서는 아니 되며, 직장보육서비스 이용 등에 있어서 다음 각 호의 정당한 편의제공을 거부하여서는 아니 된다.
1. 장애의 유형 및 정도에 따른 원활한 수유 지원
2. 자녀상태를 확인할 수 있도록 소통방식의 지원
3. 그 밖에 직장보육서비스 이용 등에 필요한 사항
④교육기관, 사업장, 복지시설 등의 성폭력 예방교육 책임자는 성폭력 예방교육을 실시함에 있어서 장애여성에 대한 성인식 및 성폭력 예방에 관한 내용을 포함시켜야 하며, 그 내용이 장애여성을 왜곡하여서는 아니 된다.
⑤교육기관 및 직업훈련을 주관하는 기관은 장애여성에 대하여 다음 각 호의 차별을 하여서는 아니 된다. 다만, 다음 각 호의 행위가 장애여성의 특성을 고려하여 적절한 교육 및 훈련을 제공함을 목적으로 함이 명백한 경우에는 이를 차별로 보지 아니한다.
1. 학습활동의 기회 제한 및 활동의 내용을 구분하는 경우
2. 취업교육 및 진로선택의 범위 등을 제한하는 경우
3. 교육과 관련한 계획 및 정보제공 범위를 제한하는 경우
4. 그 밖에 교육에 있어서 정당한 사유 없이 장애여성을 불리하게 대우하는 경우
⑥제3항을 적용함에 있어서 그 적용대상 사업장의 단계적 범위와 제3항제3호에 필요한 사항의 구체적 내용 등은 대통령령으로 정한다.

제34조【장애여성에 대한 차별금지를 위한 국가 및 지방자치단체의 의무】 ①국가 및 지방자치단체는 장애여성에 대한 차별요인이 제거될 수 있도록 인식개선 및 지원책 등 정책 및 제도를 마련하는 등 적극적

조치를 강구하여야 하고, 통계 및 조사연구 등에 있어서도 장애여성을 고려하여야 한다.
②국가 및 지방자치단체는 정책의 결정과 집행과정에 있어서 장애여성임을 이유로 참여의 기회를 제한하거나 배제하여서는 아니 된다.

제35조 【장애아동에 대한 차별금지】 ①누구든지 장애를 가진 아동임을 이유로 모든 생활 영역에서 차별을 하여서는 아니 된다.
②누구든지 장애아동에 대하여 교육, 훈련, 건강보호서비스, 재활서비스, 취업준비, 레크리에이션 등을 제공받을 기회를 박탈하여서는 아니 된다.
③누구든지 장애아동을 의무교육으로부터 배제하여서는 아니 된다.
④누구든지 장애를 이유로 장애아동에 대한 유기, 학대, 착취, 감금, 폭행 등의 부당한 대우를 하여서는 아니 되며, 장애아동의 인권을 무시하고 강제로 시설 수용 및 무리한 재활 치료 또는 훈련을 시켜서는 아니 된다.

제36조 【장애아동에 대한 차별금지를 위한 국가 및 지방자치단체의 의무】 ①국가 및 지방자치단체는 장애아동이 장애를 이유로 한 어떠한 종류의 차별도 없이 다른 아동과 동등한 권리와 자유를 누릴 수 있도록 필요한 조치를 다하여야 한다.
②국가 및 지방자치단체는 장애아동의 성별, 장애의 유형 및 정도, 특성에 알맞은 서비스를 조기에 제공할 수 있도록 조치하여야 하고, 이를 위하여 장애아동을 보호하는 친권자 및 양육책임자에 대한 지원책을 마련하여야 한다.

제37조 【정신적 장애를 가진 사람에 대한 차별금지 등】 ①누구든지 정신적 장애를 가진 사람의 특정 정서나 인지적 장애 특성을 부당하게 이용하여 불이익을 주어서는 아니 된다.
②국가와 지방자치단체는 정신적 장애를 가진 사람의 인권침해를 예방하기 위하여 교육, 홍보 등 필요한 법적·정책적 조치를 강구하여야 한다.

제 4 장 장애인차별시정기구 및 권리구제 등

제38조 【진정】 이 법에서 금지하는 차별행위로 인하여 피해를 입은 사람(이하 "피해자"라 한다) 또는 그 사실을 알고 있는 사람이나 단체는 국가인권위원회(이하 "위원회"라 한다)에 그 내용을 진정할 수 있다.

제39조 【직권조사】 위원회는 제38조의 진정이 없는 경우에도 이 법에

서 금지하는 차별행위가 있다고 믿을 만한 상당한 근거가 있고 그 내용이 중대하다고 인정할 때에는 이를 직권으로 조사할 수 있다.

제40조 【장애인차별시정소위원회】 ①위원회는 이 법에서 금지하는 차별행위에 대한 조사와 구제 업무를 전담하는 장애인차별시정소위원회(이하 "소위원회"라 한다)를 둔다.

②소위원회의 구성 · 업무 및 운영 등에 관하여 필요한 사항은 위원회의 규칙으로 정한다.

제41조 【준용규정】 ①제38조 및 제39조에 따른 진정의 절차 · 방법 · 처리, 진정 및 직권에 따른 조사의 방법에 관하여 이 법에 특별한 규정이 없는 사항에 관하여는 「국가인권위원회법」의 규정을 준용한다.

②「국가인권위원회법」 제40조부터 제50조까지의 규정은 이 법에 따른 진정 및 직권조사의 경우에 준용한다.

제42조 【권고의 통보】 위원회는 이 법이 금지하는 차별행위로 「국가인권위원회법」 제44조의 권고를 하거나 권고를 받은 자가 권고를 이행하지 아니하는 경우 그 내용을 법무부장관에게 통보하여야 한다.(2020.12.29 개정)

제43조 【시정명령】 ①법무부장관은 이 법이 금지하는 차별행위로 「국가인권위원회법」 제44조의 권고를 받은 자가 정당한 사유 없이 권고를 이행하지 아니하고 다음 각 호의 어느 하나에 해당하는 경우 피해자의 신청에 의하여 또는 직권으로 시정명령을 할 수 있다.(2020.12.29 개정)

1. 피해자가 다수인인 차별행위에 대한 권고 불이행
2. 반복적 차별행위에 대한 권고 불이행
3. 피해자에게 불이익을 주기 위한 고의적 불이행
4. 그 밖에 시정명령이 필요한 경우

②법무부장관은 제1항에 따른 시정명령으로서 이 법에서 금지되는 차별행위를 한 자(이하 "차별행위자"라 한다)에게 다음 각 호의 조치를 명할 수 있다.

1. 차별행위의 중지
2. 피해의 원상회복
3. 차별행위의 재발방지를 위한 조치
4. 그 밖에 차별시정을 위하여 필요한 조치

③법무부장관은 제1항 및 제2항에 따른 시정명령을 서면으로 하되, 그 이유

를 구체적으로 명시하여 차별행위자와 피해자에게 각각 교부하여야 한다.
④법무부장관은 제1항 및 제2항에 따른 시정명령을 위하여 위원회에 시정명령에 필요한 자료의 제공을 요청할 수 있다.(2020.12.29 신설)
⑤법무부장관은 제1항 및 제2항에 따른 시정명령을 하는 경우 그 내용을 위원회에 통보하여야 한다.(2020.12.29 신설)
⑥법무부장관이 차별시정에 필요한 조치를 명하는 기간, 절차, 방법 등에 필요한 사항은 대통령령으로 정한다.(2020.12.29 개정)

제43조의2【의견진술의 기회 부여】 ①법무부장관은 제43조에 따른 시정명령을 하기 전에 차별행위자에게 의견을 진술할 기회를 주어야 한다.
②제1항의 경우 피해자, 진정인 또는 이해관계인은 법무부장관에게 의견을 진술하거나 필요한 자료를 제출할 수 있다.
(2020.12.29 본조신설)

제44조【시정명령의 확정】 ①법무부장관의 시정명령에 대하여 불복하는 관계 당사자는 그 명령서를 송달받은 날부터 30일 이내에 행정소송을 제기할 수 있다.
②제1항의 기간 이내에 행정소송을 제기하지 아니한 때에는 그 시정명령은 확정된다.

제45조【시정명령 이행상황의 제출요구 등】 ①법무부장관은 확정된 시정명령에 대하여 차별행위자에게 그 이행상황을 제출할 것을 요구하여야 한다.(2020.12.29 개정)
②피해자는 차별행위자가 확정된 시정명령을 이행하지 아니하는 경우에 이를 법무부장관에게 신고할 수 있다.

제 5 장 손해배상, 입증책임 등

제46조【손해배상】 ①누구든지 이 법의 규정을 위반하여 타인에게 손해를 가한 자는 그로 인하여 피해를 입은 사람에 대하여 손해배상책임을 진다. 다만, 차별행위를 한 자가 고의 또는 과실이 없음을 증명한 경우에는 그러하지 아니하다.
②이 법의 규정을 위반한 행위로 인하여 손해가 발생한 것은 인정되나 차별행위의 피해자가 재산상 손해를 입증할 수 없을 경우에는 차별행위를

한 자가 그로 인하여 얻은 재산상 이익을 피해자가 입은 재산상 손해로 추정한다.
③법원은 제2항에도 불구하고 차별행위의 피해자가 입은 재산상 손해액을 입증하기 위하여 필요한 사실을 입증하는 것이 해당 사실의 성질상 곤란한 경우에는 변론 전체의 취지와 증거조사의 결과에 기초하여 상당한 손해액을 인정할 수 있다.

제47조【입증책임의 배분】①이 법률과 관련한 분쟁해결에 있어서 차별행위가 있었다는 사실은 차별행위를 당하였다고 주장하는 자가 입증하여야 한다.
②제1항에 따른 차별행위가 장애를 이유로 한 차별이 아니라거나 정당한 사유가 있었다는 점은 차별행위를 당하였다고 주장하는 자의 상대방이 입증하여야 한다.

제48조【법원의 구제조치】①법원은 이 법에 따라 금지된 차별행위에 관한 소송 제기 전 또는 소송 제기 중에 피해자의 신청으로 피해자에 대한 차별이 소명되는 경우 본안 판결 전까지 차별행위의 중지 등 그 밖의 적절한 임시조치를 명할 수 있다.
②법원은 피해자의 청구에 따라 차별적 행위의 중지, 임금 등 근로조건의 개선, 그 시정을 위한 적극적 조치 등의 판결을 할 수 있다.
③법원은 차별행위의 중지 및 차별시정을 위한 적극적 조치가 필요하다고 판단하는 경우에 그 이행 기간을 밝히고, 이를 이행하지 아니하는 때에는 늦어진 기간에 따라 일정한 배상을 하도록 명할 수 있다. 이 경우 「민사집행법」 제261조를 준용한다.

제6장 벌칙

제49조【차별행위】①이 법에서 금지한 차별행위를 행하고 그 행위가 악의적인 것으로 인정되는 경우 법원은 차별을 한 자에 대하여 3년 이하의 징역 또는 3천만원 이하의 벌금에 처할 수 있다.
②제1항에서 악의적이라 함은 다음 각 호의 사항을 고려하여 판단하여야 한다.(2017.12.19 개정)
1. 차별의 고의성
2. 차별의 지속성 및 반복성

3. 차별 피해자에 대한 보복성
4. 차별 피해의 내용 및 규모
③법인의 대표자나 법인 또는 개인의 대리인 · 사용인, 그 밖의 종업원이 그 법인 또는 개인의 업무에 관하여 악의적인 차별행위를 한 때에는 행위자를 벌하는 외에 그 법인 또는 개인에 대하여도 제1항의 벌금형을 과한다. 다만, 법인 또는 개인이 그 위반행위를 방지하기 위하여 해당 업무에 관하여 상당한 주의와 감독을 게을리하지 아니한 경우에는 그러하지 아니하다.(2010.5.11 개정)
④이 조에서 정하지 아니한 벌칙은 「국가인권위원회법」의 규정을 준용한다.

제50조 【과태료】 ①제44조에 따라 확정된 시정명령을 정당한 사유 없이 이행하지 아니한 자는 3천만원 이하의 과태료에 처한다.
②제1항에 따른 과태료는 법무부장관이 부과 · 징수한다.(2010.5.11 개정)
③삭제(2010.5.11)
④삭제(2010.5.11)
⑤삭제(2010.5.11)

부 칙 (2007. 4.10)

①**【시행일】** 생략
②**【소위원회의 설립준비】** 제1항에도 불구하고 제40조의 소위원회의 위원 및 소속 직원의 임명 등 소위원회의 설립준비는 이 법 시행일 이전에 할 수 있다.
③**【위원의 임기개시에 관한 적용례】** 제40조의 소위원회 위원의 임기는 이 법의 시행일부터 시작하는 것으로 본다.

부 칙 (2010. 5.11)

이 법은 공포한 날부터 시행한다. 다만, 제21조제4항의 개정규정은 공포 후 1년이 경과한 날부터 시행하고, 같은 조 제6항(같은 조 제3항 및 제4항에 관련된 사항만 해당한다)의 개정규정에 따른 세부 내용별 시행 시기 및 적용 대상은 같은 항에서 위임한 대통령령으로 정하는 바에 따른다.

부 칙 (2012.10.22)

이 법은 공포 후 6개월이 경과한 날부터 시행한다.

부 칙 (2014. 1.28)
이 법은 공포 후 1년이 경과한 날부터 시행한다.

부 칙 (2017. 9.19)
이 법은 공포 후 6개월이 경과한 날부터 시행한다.

부 칙 (2017.12.19)
이 법은 공포 후 6개월이 경과한 날부터 시행한다. 다만, 제49조제2항의 개정규정은 공포 후 3개월이 경과한 날부터 시행한다.

부 칙 (2019.12. 3)
제 1 조【시행일】 이 법은 공포 후 1년이 경과한 날부터 시행한다.
제 2 조【실태조사에 관한 적용례】 제8조의2의 개정규정에 따라 최초로 실시하는 실태조사는 이 법 시행일이 속한 연도의 다음 연도에 실시한다.

부 칙 (2020.12.29)
이 법은 공포 후 6개월이 경과한 날부터 시행한다.

부 칙 (2021. 7.27)
이 법은 공포 후 1년 6개월이 경과한 날부터 시행한다.

부 칙 (2025. 3.18)
제 1 조【시행일】 이 법은 공포 후 6개월이 경과한 날부터 시행한다.
제 2 조【차별행위에 관한 적용례】 제4조제1항제7호의 개정규정은 이 법 시행 이후 제38조에 따라 위원회에 접수된 진정 또는 제44조에 따라 제기된 소송부터 적용한다.

부 칙 (2025.11.11)
이 법은 공포한 날부터 시행한다.

장애인차별금지 및 권리구제 등에 관한 법률 시행령

제정 2008. 4.10 대통령령 제20766호
개정 2009. 8.21 대통령령 제21698호
2011. 5.19 대통령령 제22926호
2011.12. 8 대통령령 제23356호
2012.11.27 대통령령 제24208호
2013. 3.23 대통령령 제24454호
2016. 2. 3 대통령령 제26944호
2016. 8. 2 대통령령 제27427호
2017. 7.26 대통령령 제28211호
2018. 3.27 대통령령 제28718호
2018. 6.19 대통령령 제28980호
2020.12. 1 대통령령 제31208호
2020.12. 8 대통령령 제31220호
2023. 3.30 대통령령 제33367호
2024. 7.30 대통령령 제34785호
2025.10. 1 대통령령 제35811호
2025.11.18 대통령령 제35848호

제 1 조 【목적】 이 영은 「장애인차별금지 및 권리구제 등에 관한 법률」에서 위임된 사항과 그 시행에 필요한 사항을 규정함을 목적으로 한다.

제 2 조 【자동차 기타기구의 범위】 「장애인차별금지 및 권리구제 등에 관한 법률」(이하 "법"이라 한다) 제3조제3호 후단에서 "그 밖에 장애인의 활동을 돕기 위한 자동차 기타 기구"란 다음 각 호의 것을 말한다.

1. 장애인이 승·하차하거나 스스로 운전할 때 도움을 주는 보조기구를 장착한 자동차
2. 「장애인고용촉진 및 직업재활법」 제21조제1항제2호에 따른 장애인의 직

업생활에 필요한 작업 보조 공학기기 또는 장비
3. 「지능정보화 기본법」 제46조제6항에 따라 과학기술정보통신부장관이 정하여 고시한 지능정보제품(2020.12.8 개정)

제 3 조 【공공단체의 범위】 법 제3조제4호에서 "그 밖에 대통령령으로 정하는 공공단체"란 다음 각 호의 어느 하나에 해당하는 기관을 말한다.
1. 특별법에 따라 설립된 특수법인
2. 「초 · 중등교육법」, 「고등교육법」, 그 밖에 다른 법률에 따라 설치된 각급 학교
3. 「공공기관의 운영에 관한 법률」 제4조제1항에 따라 공기업 또는 준정부기관으로 지정된 기관
4. 「지방공기업법」에 따른 지방공사 및 지방공단

제 4 조 【교육기관의 범위】 법 제3조제6호에서 "그 밖에 대통령령으로 정하는 기관"이란 다음 각 호의 기관을 말한다.
1. 「영재교육진흥법」 제2조에 따른 영재학교와 영재교육원
2. 「재외국민의 교육지원 등에 관한 법률」 제2조제3호에 따른 한국학교
3. 「교원 등의 연수에 관한 규정」 제2조제1항에 따른 연수기관
4. 「공무원 인재개발법」 제3조제1항에 따른 국가공무원인재개발원 및 같은 법 제4조제1항에 따른 전문교육훈련기관(2016.2.3 개정)

제 4 조의 2 【실태조사의 내용 및 방법 등】 ①법 제8조의2제1항에 따라 보건복지부장관이 실시하는 실태조사(이하 "실태조사"라 한다)의 내용은 다음 각 호와 같다.
1. 고용에서의 장애인에 대한 차별 실태
2. 교육에서의 장애인에 대한 차별 실태
3. 재화와 용역 등의 제공 및 이용에서의 장애인에 대한 차별 실태
4. 공공기관 등의 사법 · 행정 절차 및 서비스 제공과 참정권 행사에서의 장애인에 대한 차별 실태
5. 모 · 부성권 및 성(性)에서의 장애인에 대한 차별 실태
6. 가족 · 가정 · 복지시설 및 건강권에서의 장애인에 대한 차별 실태
7. 장애여성 및 장애아동에 대한 차별 실태
8. 그 밖에 법의 이행에 관한 사항으로서 보건복지부장관이 장애인에 대한 차별을 해소하기 위해 필요하다고 인정하는 사항

②실태조사는 표본조사의 방법으로 실시하되, 조사 항목의 특성상 필요한

경우에는 전수조사의 방법으로 실시할 수 있다.
③보건복지부장관은 실태조사를 장애인에 관한 전문성과 인력 및 장비를 갖춘 기관·법인 또는 단체에 의뢰하여 실시할 수 있다.
④보건복지부장관은 실태조사 결과를 보건복지부의 인터넷 홈페이지에 공표해야 한다.
(2020.12.1 본조신설)

제5조【사용자 제공 정당한 편의의 내용】 법 제11조제3항에 따라 사용자가 제공하여야 할 정당한 편의의 구체적 내용은 다음 각 호와 같다.
1. 직무수행 장소까지 출입가능한 출입구 및 경사로
2. 작업수행을 위한 높낮이 조절용 작업대 등 시설 및 장비의 설치 또는 개조
3. 재활, 기능평가, 치료 등을 위한 작업일정 변경, 출·퇴근시간의 조정 등 근로시간의 변경 또는 조정
4. 훈련 보조인력 배치, 높낮이 조절용 책상, 점자자료 등 장애인의 훈련 참여를 보조하기 위한 인력 및 시설 마련
5. 장애인용 작업지시서 또는 작업지침서 구비
6. 시험시간 연장, 확대 답안지 제공 등 장애인의 능력 평가를 위한 보조수단 마련

제6조【사업장의 단계적 범위】 법 제11조제3항에 따라 장애인 근로자에게 정당한 편의를 제공하여야 하는 사업장의 단계적 범위는 별표 1과 같다.

제7조【의학적 검사의 비용부담 방식 등】 ①사용자가 법 제12조제1항 단서에 따라 의학적 검사를 실시할 때에 사용자가 지정하는 의료기관이 아닌 다른 의료기관에서 근로자가 의학적 검사를 받은 후 그 검사에 드는 비용의 명세를 사용자에게 제출하는 경우에는 사용자는 그가 지정하는 의료기관에서 검사를 받을 경우 통상적으로 소요되는 금액을 근로자에게 지급하여야 한다.
②사용자는 법 제12조제1항 단서에 따라 근로자에게 의학적 검사를 받도록 하는 경우 근로자가 의학적 검사를 받는 데 걸리는 시간을 근로시간으로 인정하거나 작업일정 변경 등을 통하여 의학적 검사를 받는 데에 불이익이 없도록 지원하여야 한다.

제8조【정당한 편의의 내용】 ①법 제14조제1항제4호에서 "음성변환용 코드 등 대통령령으로 정하는 전자적 표시"란 다음 각 호의 어느 하나

에 해당하는 전자적 표시를 말한다.(2018.6.19 신설)
1. 음성변환용 코드
2. 청각, 촉각 등의 감각을 통하여 습득할 수 있도록 인쇄물 정보를 변환시켜주는 전자적 표시
②법 제14조제1항제6호에 따라 교육책임자가 제공하여야 하는 사항은 다음 각 호와 같다.(2018.6.19 개정)
1. 원활한 교수 또는 학습 수행을 위한 지도자료 등
2. 통학과 관련된 교통편의
3. 교육기관 내 교실 등 학습시설 및 화장실, 식당 등 교육활동에 필요한 모든 공간에서 이동하거나 그에 접근하기 위하여 필요한 시설·설비 및 이동수단

제9조【교육기관의 단계적 범위】 법 제14조제3항에 따른 교육기관의 단계적 범위는 별표 2와 같다.

제10조【장애학생지원부서 및 담당자】 ①교육책임자는 법 제14조제3항에 따라 해당 교육기관에 재학 중인 장애인의 교육활동에 불이익이 없도록 다음 각 호에서 정하는 바에 따라 장애학생지원부서 또는 담당자를 두어야 한다.
1. 「초·중등교육법」 및 「고등교육법」에 따른 학교의 경우: 독립된 장애학생지원부서 또는 담당자를 두어야 한다.
2. 「영유아보육법」에 따른 어린이집과 「유아교육법」에 따른 유치원의 경우: 장애아동을 위한 담당자를 두어야 한다.(2011.12.8 개정)
3. 「평생교육법」에 따른 평생교육시설, 「학점인정 등에 관한 법률」에 따른 교육훈련기관, 「직업교육훈련 촉진법」에 따른 직업교육훈련기관 및 제4조에 따른 교육기관의 경우: 장애학생을 위한 담당자를 두어야 한다.
②교육책임자는 제1항에 따른 장애학생지원부서 또는 담당자의 활동 내용 및 장애인의 이용 실태를 정기적으로 점검하여야 한다.

제10조의2【재화·용역 등의 제공자의 단계적 범위 및 정당한 편의의 구체적인 내용 등】 ①법 제15조제3항에 따른 재화·용역 등의 제공자의 단계적 범위는 별표 2의2와 같다.
②법 제15조제3항에 따라 재화·용역 등의 제공자가 제공해야 하는 정당한 편의의 구체적인 내용은 다음 각 호와 같다.(2025.11.18 개정)
1. 「지능정보화 기본법 시행령」 제34조의2제2항에 따라 과학기술정보통신

부장관이 정하여 고시하는 검증기준을 준수한 무인정보단말기 설치 (2025.11.18 개정)
2. 음성안내장치(무인정보단말기의 위치를 음성으로 안내하는 장치를 말한다) 설치(2025.11.18 개정)
3. 삭제(2025.11.18)
4. 삭제(2025.11.18)
5. 삭제(2025.11.18)
6. 삭제(2025.11.18)

③제2항에도 불구하고 다음 각 호의 어느 하나에 해당하는 무인정보단말기를 설치하는 경우로서 해당 무인정보단말기와 호환되는 보조기기 또는 소프트웨어를 설치하거나 해당 무인정보단말기 이용을 보조하는 인력을 배치하고 호출벨(무인정보단말기의 위치, 사용법, 고장 등으로 이용지원이 필요할 때 요청할 수 있는 호출장치를 말한다)을 설치하여 장애인이 장애인 아닌 사람과 무인정보단말기를 동등하게 접근 · 이용할 수 있도록 하는 경우에는 제2항 각 호의 정당한 편의를 제공하는 것으로 본다.(2025.11.18 신설)
1. 「건축법 시행령」 별표 1 제3호에 따른 제1종 근린생활시설 또는 같은 표 제4호에 따른 제2종 근린생활시설 중 재화 · 용역 등의 제공자가 해당 근린생활시설 용도로 쓰는 바닥면적의 합계가 50제곱미터 미만인 시설에 설치하는 무인정보단말기
2. 「소상공인기본법」 제2조제1항에 따른 소상공인이 설치하는 무인정보단말기
3. 「지능정보화 기본법 시행령」 제34조의2제3항에 따라 과학기술정보통신부장관이 정하여 고시하는 소형제품인 무인정보단말기

④재화 · 용역 등의 제공자는 제2항 각 호의 정당한 편의를 제공하는 과정에서 무인정보단말기와 호환되는 보조기기 또는 소프트웨어를 설치하거나 무인정보단말기 이용을 보조하는 인력을 배치하여 장애인이 장애인 아닌 사람과 무인정보단말기를 동등하게 접근 · 이용할 수 있도록 노력해야 한다.(2025.11.18 개정)
(2023.3.30 본조신설)

제11조 【시설물의 대상과 범위】 법 제18조제4항에 따른 시설물의 대상과 단계적 적용범위는 「장애인 · 노인 · 임산부 등의 편의증진보장에 관

한 법률」 제7조 각 호의 어느 하나에 해당하는 대상시설 중 2009년 4월 11일 이후 신축·증축·개축하는 시설물로 한다.

제12조【시설물 관련 정당한 편의의 내용 및 설치기준】 법 제18조제4항에 따른 시설물의 소유·관리자가 제공하여야 하는 정당한 편의의 내용 및 그 설치기준은 「장애인·노인·임산부 등의 편의증진보장에 관한 법률 시행령」 별표 2에 따른다.

제13조【이동·교통수단 등 정당한 편의제공 적용대상 및 정당한 편의의 내용】 ①법 제19조제8항에 따라 교통사업자·교통행정기관이 장애인의 이동 및 교통수단 등의 이용에 필요한 정당한 편의를 제공하여야 하는 적용대상은 「교통약자의 이동편의 증진법 시행령」 별표 1에 따른다.(2012.11.27 개정)

②법 제19조제8항에 따른 정당한 편의의 내용은 「교통약자의 이동편의 증진법 시행령」 별표 2에 따른다.(2012.11.27 개정)

③「도로교통법」 제83조제1항 및 제2항에 따른 운전면허시험기관의 장은 장애인이 운전면허 기능시험이나 도로주행시험에 출장시험을 요청할 경우 이를 지원할 수 있다.

제14조【정보통신·의사소통에서의 정당한 편의 제공의 단계적 범위 및 편의의 내용】 ①법 제21조제1항 전단에 따라 장애인이 접근·이용할 수 있도록 한국수어, 문자 등 필요한 수단을 제공해야 하는 행위자 등(법 제21조제1항 전단에 따른 행위자 등을 말한다. 이하 같다)의 단계적 범위는 별표 3과 같다.(2023.3.30 개정)

②법 제21조제1항에 따라 제공하여야 하는 필요한 수단의 구체적인 내용은 다음 각 호와 같다.

1. 누구든지 신체적·기술적 여건과 관계없이 웹사이트를 통하여 원하는 서비스를 이용할 수 있도록 접근성이 보장되는 웹사이트
2. 한국수어 통역사, 음성통역사, 점자자료, 점자정보단말기, 큰 활자로 확대된 문서, 확대경, 녹음테이프, 표준텍스트파일, 개인형 보청기기, 자막, 한국수어 통역, 인쇄물음성변환출력기, 장애인용복사기, 화상전화기, 통신중계용 전화기 또는 이에 상응하는 수단(2016.8.2 개정)

③제2항제2호에 따른 필요한 수단은 장애인이 요청하는 경우 요청받은 날부터 7일 이내에 제공하여야 한다.

④법 제21조제2항에서 "응용 소프트웨어 등 대통령령으로 정하는 유·무

선 정보통신"이란 다음 각 호의 것을 말한다.(2023.3.30 신설)
1. 스마트폰에 설치되는 응용 소프트웨어
2. 그 밖의 이동통신단말장치(「전파법」에 따라 할당받은 주파수를 사용하는 기간통신역무를 이용하기 위하여 필요한 단말장치를 말한다)에 설치되는 응용 소프트웨어
⑤법 제21조제2항에 따른 행위자 등의 단계적 범위는 별표 3의2와 같다.(2023.3.30 신설)
⑥법 제21조제2항에 따라 행위자 등이 제공해야 하는 정당한 편의의 구체적인 내용은 다음 각 호와 같다.(2023.3.30 신설)
1. 「지능정보화 기본법 시행령」 제34조의2제2항에 따라 과학기술정보통신부의 고시로 정하는 검증기준의 준수
2. 장애인이 응용 소프트웨어를 구매 · 설치하기 전에 제1호의 검증기준 준수 여부를 확인할 수 있는 표시 제공
3. 장애 유형에 따라 응용 소프트웨어의 원활한 설치 · 이용에 필요한 정보의 제공
4. 응용 소프트웨어를 설치 · 이용하는 과정에서 문제가 발생하는 경우 이를 해결하기 위한 한국수어 · 문자 · 음성 등 의사소통 수단의 제공
5. 응용 소프트웨어를 조작하기 어려운 경우 사용할 수 있는 음성명령 기능의 지원
⑦공공기관 등은 법 제21조제3항에 따라 장애인이 행사 개최하기 7일 전까지 지원을 요청하는 경우에는 한국수어 통역사, 문자통역사, 음성통역사 또는 보청기기 등 필요한 수단을 제공해야 한다.(2023.3.30 개정)
⑧법 제21조제4항에 따른 장애인 시청 편의 서비스의 구체적인 내용은 다음 각 호와 같다.(2023.3.30 개정)
1. 청각장애인을 위하여 방송의 음성 및 음향을 화면에 글자로 전달하는 폐쇄자막
2. 청각장애인을 위하여 방송의 음성 및 음향을 손짓, 몸짓, 표정 등으로 전달하는 한국수어 통역(2016.8.2 개정)
3. 시각장애인을 위하여 화면의 장면, 자막 등을 음성으로 전달하는 화면해설
⑨제8항에서 규정한 사항 외에 장애인 시청 편의 서비스의 이행에 필요한 기준, 방법 등은 과학기술정보통신부 · 방송미디어통신위원회가 각각 소관별로 정하여 고시한다. 이 경우 과학기술정보통신부 · 방송미디어통신위원

회는 각각 미리 국가인권위원회와 협의해야 한다.(2025.10.1 개정)
⑩법 제21조제5항에 따라 통신설비를 이용한 중계서비스를 제공해야 하는 기간통신사업자의 단계적 범위는 별표 3의3과 같다.(2023.3.30 개정)
⑪법 제21조제5항에 따른 통신설비를 이용한 중계서비스는 중계자가 통신설비를 이용하여 문자나 한국수어 영상 등을 음성으로 변환하거나 음성을 문자나 한국수어 영상 등으로 변환하여 장애인과 장애인 또는 장애인과 장애인이 아닌 사람 간의 통화를 실시간으로 중계하는 서비스로 한다.(2023.3.30 개정)

제15조【문화·예술활동의 차별금지】 ①법 제24조제2항에 따라 장애인이 문화·예술활동에 참여할 수 있도록 정당한 편의를 제공하여야 하는 문화·예술사업자의 단계적 범위는 별표 4와 같다.
②법 제24조제2항에 따른 정당한 편의의 구체적인 내용은 다음 각 호와 같다.
1. 장애인의 문화·예술활동 참여 및 향유를 위한 출입구, 위생시설, 안내시설, 관람석, 열람석, 음료대, 판매대 및 무대단상 등에 접근하기 위한 시설 및 장비의 설치 또는 개조
2. 장애인과 장애인 보조인이 요구하는 경우 문화·예술활동 보조인력의 배치
3. 장애인의 문화·예술활동을 보조하기 위한 휠체어, 점자안내책자, 보청기 등 장비 및 기기 제공
4. 장애인을 위한 문화·예술활동 관련 정보 제공

제15조의2【관광활동의 차별금지】 ①법 제24조의2제2항에 따라 장애인이 관광활동에 참여할 수 있도록 정당한 편의를 제공하여야 하는 관광사업자의 단계적 범위는 별표 4의2와 같다.
②법 제24조의2제2항에 따른 정당한 편의의 구체적인 내용은 다음 각 호와 같다.
1. 장애인의 관광활동을 위한 관광시설 이용 및 관광지 접근 등에 관한 정보 제공 및 안내
2. 장애인의 관광활동을 위한 보조 인력의 이용 안내
(2018.3.27 본조신설)

제16조【체육활동의 차별금지】 ①법 제25조제2항에 따라 국가 및 지방자치단체가 제공하여야 하는 정당한 편의의 내용은 다음 각 호와 같다.

1. 장애인의 체육활동에 필요한 시설 설치 및 체육용 기구 배치
2. 장애인이 참여할 수 있는 체육활동 프로그램 운영
3. 장애인이나 장애인의 보조인이 요구하는 경우 체육지도자 및 체육활동 보조 인력의 배치
4. 장애인 체육활동의 편의를 위한 장비 등의 사용설명 내용이 포함된 영상물 및 책자의 배치
5. 장애인을 위한 체육활동 관련 정보 제공
6. 장애인의 체육활동을 지도할 수 있는 장애인체육 지도자의 양성
7. 장애인들이 사용할 수 있는 체육용 기구 생산 장려
8. 장애인 체육활동을 위한 의료서비스 제공

②제1항제1호의 장애인 체육활동에 필요한 시설의 종류 및 설치의무 적용시기는 별표 5와 같다.

제17조【사법·행정절차 및 서비스에 있어서의 편의 제공 등】 ①공공기관 및 그 소속원은 법 제26조제8항에 따라 장애인이 사법·행정절차 및 서비스를 이용하거나 그에 참여하기 위하여 요구할 경우 보조인력, 점자자료, 인쇄물음성출력기기, 한국수어 통역, 대독(대독), 음성지원시스템, 컴퓨터 등의 필요한 정당한 편의를 제공하여야 하고, 장애인의 장애유형 및 상태를 고려하여 교정·구금시설에서 계구(계구)를 사용하거나 고충 상담, 교도작업 또는 직업능력개발훈련을 실시할 수 있다.(2016.8.2 개정)

②검사나 사법경찰관이 제1항에 따라 장애인인 피의자를 신문하는 경우에는 「형사소송법」 제244조의5에 따른다.

제18조【직장보육서비스 적용대상 사업장 및 단계적 범위】 법 제33조제3항에 따라 직장보육서비스 이용 등에 정당한 편의를 제공하여야 하는 적용대상 사업장은 「영유아보육법 시행령」 제20조제1항에 따라 직장어린이집을 설치하여야 하는 사업장으로 하되, 이 규정은 2009년 4월 11일부터 적용한다.(2011.12.8 개정)

제19조【직장보육서비스 이용 등에 필요한 사항】 법 제33조제3항제3호에 따른 직장보육서비스 이용 등에 필요한 사항은 다음 각 호와 같다.

1. 장애여성 근로자 자녀의 직장어린이집 우선 입소 지원(2011.12.8 개정)
2. 직장어린이집에 접근하거나 이를 이용하는 데에 위험이 없도록 장애물

제거(2011.12.8 개정)
3. 소속 장애여성 근로자의 장애 유형 등을 고려한 안내책자 비치
4. 장애여성 근로자의 장애 상태에 따라 자녀와 원활하게 소통할 수 있도록 편의 제공
5. 상담을 통한 직장보육서비스 이용 편의 제공

제20조【시정명령의 신청방법】 법 제43조제1항에 따른 시정명령을 신청하려는 자는 다음 각 호의 사항을 적은 서면을 법무부장관에게 제출(전자적 방법을 통한 제출을 포함한다)하여야 한다.(2024.7.30 개정)
1. 신청인의 성명 · 주소
2. 피신청인의 성명 및 주소(법인인 경우에는 명칭과 주된 사무소의 소재지를 말한다)
3. 시정명령이 필요한 사유

제21조【시정명령 기간】 법무부장관은 법 제43조제1항에 따라 피해자의 신청에 의하여 시정명령을 하는 경우에는 신청을 받은 날부터 3개월 이내에, 직권으로 시정명령을 하는 경우에는 권고 불이행을 확인한 날부터 3개월 이내에 시정명령을 하여야 한다.

제22조【시정명령 서면】 법 제43조제3항에 따른 시정명령의 서면에는 다음 각 호의 사항을 명시하여야 한다.
1. 시정명령의 이유
2. 시정명령의 내용
3. 시정기한
4. 시정명령에 대한 불복절차

제23조【장애인차별시정심의위원회】 ①장애인차별에 대한 시정명령에 관한 사항을 심의하기 위하여 법무부에 장애인차별시정심의위원회(이하 "심의위원회"라 한다)를 둔다.
②심의위원회는 위원장 1명을 포함하여 9명 이내의 위원으로 구성한다.
③위원장은 법무부차관이 되고, 위원은 법무부의 법무실장, 인권국장, 인권 및 장애인차별문제에 관한 학식과 경험이 풍부한 관계 전문가 중에서 법무부장관이 위촉하는 자로 한다.

제24조【위촉위원의 임기】 제23조제3항에 따라 위촉된 위원의 임기는 2년으로 하되, 연임할 수 있다.

제25조【위원장의 직무 및 회의】 ①위원장은 심의위원회를 대표하

고, 심의위원회의 직무를 총괄한다.
②위원장이 부득이한 사유로 직무를 수행할 수 없을 때에는 위원장이 지명하는 위원이 그 직무를 대행한다.
③심의위원회 회의는 법무부장관이 요청할 때 또는 위원장이 필요하다고 인정할 때에 소집한다.
④위원장은 심의위원회 회의의 의장이 된다.
⑤심의위원회 회의는 재적의원 과반수의 출석으로 개의하고, 출석위원 과반수의 찬성으로 의결한다.
⑥위원장은 긴급을 요하거나 부득이한 사유가 있는 경우에는 서면(전자문서를 포함한다)으로 심의하게 할 수 있다.

제26조 【의견 청취】 위원장은 심의위원회의 심의사항과 관련하여 필요하다고 인정할 때에는 관계인을 출석시켜 의견을 들을 수 있다.

제27조 【간사】 심의위원회의 사무를 처리하기 위하여 심의위원회에 간사 1명을 두되, 간사는 법무부 소속 공무원 중에서 심의위원회 위원장이 지명하는 자로 한다.

제28조 【운영세칙】 이 영에서 규정한 것 외에 심의위원회의 운영에 필요한 사항은 심의위원회의 의결을 거쳐 위원장이 정한다.

제29조 【심의위원회의 심의결과 존중】 법무부장관은 시정명령 여부 결정 시 심의위원회의 심의결과를 존중하여야 한다.

제30조 【규제의 재검토】 보건복지부장관은 다음 각 호의 사항에 대하여 2023년 1월 1일을 기준으로 3년마다(매 3년이 되는 해의 기준일과 같은 날 전까지를 말한다) 그 타당성을 검토하여 개선 등의 조치를 해야 한다.

1. 제10조의2 및 별표 2의2에 따른 재화 · 용역 등의 제공자의 단계적 범위 및 재화 · 용역 등의 제공자가 제공해야 하는 정당한 편의의 구체적인 내용
2. 제14조제4항부터 제6항까지 및 별표 3의2에 따른 행위자 등의 단계적 범위 및 행위자 등이 제공해야 하는 정당한 편의의 구체적인 내용

(2023.3.30 본조신설)

부 칙 (2008. 4.10)

이 영은 2008년 4월 11일부터 시행한다.

부 칙 (2011. 5.19)

이 영은 공포한 날부터 시행한다.

부 칙 (2018. 3.27)

이 영은 공포한 날부터 시행한다.

부 칙 (2018. 6.19)

이 영은 2018년 6월 20일부터 시행한다.

부 칙 (2020.12. 1)

이 영은 2020년 12월 4일부터 시행한다.

부 칙 (2023. 3.30)

이 영은 공포한 날부터 시행한다.

부 칙 (2025.11.18)

이 영은 공포한 날부터 시행한다.

노사협력 관련법령

근로자참여 및 협력증진에 관한 법률

제정 1997. 3.13 법률 제5312호
개정 2007.12.27 법률 제8815호
2010. 6. 4 법률 제10339호
2016. 1.27 법률 제13903호
2019. 4.16 법률 제16320호
2022. 6.10 법률 제18927호

제1장 총 칙

제1조【목적】 이 법은 근로자와 사용자 쌍방이 참여와 협력을 통하여 노사 공동의 이익을 증진함으로써 산업 평화를 도모하고 국민경제 발전에 이바지함을 목적으로 한다.
(2007.12.27 본조개정)

제2조【신의성실의 의무】 근로자와 사용자는 서로 신의를 바탕으로 성실하게 협의에 임하여야 한다.
(2007.12.27 본조개정)

제3조【정의】 이 법에서 사용하는 용어의 뜻은 다음과 같다.

1. "노사협의회"란 근로자와 사용자가 참여와 협력을 통하여 근로자의 복지증진과 기업의 건전한 발전을 도모하기 위하여 구성하는 협의기구를 말한다.
2. "근로자"란 「근로기준법」 제2조에 따른 근로자를 말한다.
3. "사용자"란 「근로기준법」 제2조에 따른 사용자를 말한다.

(2007.12.27 본조개정)

제4조【노사협의회의 설치】 ①노사협의회(이하 "협의회"라 한다)는 근로조건에 대한 결정권이 있는 사업이나 사업장 단위로 설치하여야 한다. 다만, 상시(常時) 30명 미만의 근로자를 사용하는 사업이나 사업장은 그러하지 아니하다.

②하나의 사업에 지역을 달리하는 사업장이 있을 경우에는 그 사업장에도 설치할 수 있다.
(2007.12.27 본조개정)

제5조【노동조합과의 관계】 노동조합의 단체교섭이나 그 밖의 모든 활동은 이 법에 의하여 영향을 받지 아니한다.
(2007.12.27 본조개정)

제2장 협의회의 구성

제6조【협의회의 구성】 ①협의회는 근로자와 사용자를 대표하는 같은 수의 위원으로 구성하되, 각 3명 이상 10명 이하로 한다.
②근로자를 대표하는 위원(이하 "근로자위원"이라 한다)은 근로자 과반수가 참여하여 직접·비밀·무기명 투표로 선출한다. 다만, 사업 또는 사업장의 특수성으로 인하여 부득이한 경우에는 부서별로 근로자 수에 비례하여 근로자위원을 선출할 근로자(이하 이 조에서 "위원선거인"이라 한다)를 근로자 과반수가 참여한 직접·비밀·무기명 투표로 선출하고 위원선거인 과반수가 참여한 직접·비밀·무기명 투표로 근로자위원을 선출할 수 있다.(2022.6.10 개정)
③제2항에도 불구하고 사업 또는 사업장에 근로자의 과반수로 조직된 노동조합이 있는 경우에는 근로자위원은 노동조합의 대표자와 그 노동조합이 위촉하는 자로 한다.(2022.6.10 신설)
④사용자를 대표하는 위원(이하 "사용자위원"이라 한다)은 해당 사업이나 사업장의 대표자와 그 대표자가 위촉하는 자로 한다.(2022.6.10 개정)
⑤근로자위원이나 사용자위원의 선출과 위촉에 필요한 사항은 대통령령으로 정한다.(2022.6.10 개정)
(2007.12.27 본조개정)

제7조【의장과 간사】 ①협의회에 의장을 두며, 의장은 위원 중에서 호선(互選)한다. 이 경우 근로자위원과 사용자위원 중 각 1명을 공동의장으로 할 수 있다.
②의장은 협의회를 대표하며 회의 업무를 총괄한다.
③노사 쌍방은 회의 결과의 기록 등 사무를 담당하는 간사 1명을 각각 둔다.
(2007.12.27 본조개정)

제8조【위원의 임기】①위원의 임기는 3년으로 하되, 연임할 수 있다.
②보궐위원의 임기는 전임자 임기의 남은 기간으로 한다.
③위원은 임기가 끝난 경우라도 후임자가 선출될 때까지 계속 그 직무를 담당한다.
(2007.12.27 본조개정)

제9조【위원의 신분】①위원은 비상임·무보수로 한다.
②사용자는 협의회 위원으로서의 직무 수행과 관련하여 근로자위원에게 불이익을 주는 처분을 하여서는 아니 된다.
③위원의 협의회 출석 시간과 이와 직접 관련된 시간으로서 제18조에 따른 협의회규정으로 정한 시간은 근로한 시간으로 본다.
(2007.12.27 본조개정)

제10조【사용자의 의무】①사용자는 근로자위원의 선출에 개입하거나 방해하여서는 아니 된다.
②사용자는 근로자위원의 업무를 위하여 장소의 사용 등 기본적인 편의를 제공하여야 한다.
(2007.12.27 본조개정)

제11조【시정명령】고용노동부장관은 사용자가 제9조제2항을 위반하여 근로자위원에게 불이익을 주는 처분을 하거나 제10조제1항을 위반하여 근로자위원의 선출에 개입하거나 방해하는 경우에는 그 시정(是正)을 명할 수 있다.(2010.6.4 개정)
(2007.12.27 본조개정)

제3장 협의회의 운영

제12조【회의】①협의회는 3개월마다 정기적으로 회의를 개최하여야 한다.
②협의회는 필요에 따라 임시회의를 개최할 수 있다.
(2007.12.27 본조개정)

제13조【회의 소집】①의장은 협의회의 회의를 소집하며 그 의장이 된다.
②의장은 노사 일방의 대표자가 회의의 목적을 문서로 밝혀 회의의 소집을 요구하면 그 요구에 따라야 한다.
③의장은 회의 개최 7일 전에 회의 일시, 장소, 의제 등을 각 위원에게 통

보하여야 한다.
(2007.12.27 본조개정)

제14조【자료의 사전 제공】 근로자위원은 제13조제3항에 따라 통보된 의제 중 제20조제1항의 협의 사항 및 제21조의 의결 사항과 관련된 자료를 협의회 회의 개최 전에 사용자에게 요구할 수 있으며 사용자는 이에 성실히 따라야 한다. 다만, 그 요구 자료가 기업의 경영·영업상의 비밀이나 개인정보에 해당하는 경우에는 그러하지 아니하다.
(2007.12.27 본조개정)

제15조【정족수】 회의는 근로자위원과 사용자위원 각 과반수의 출석으로 개최하고 출석위원 3분의 2 이상의 찬성으로 의결한다.
(2007.12.27 본조개정)

제16조【회의의 공개】 협의회의 회의는 공개한다. 다만, 협의회의 의결로 공개하지 아니할 수 있다.
(2007.12.27 본조개정)

제17조【비밀 유지】 협의회의 위원은 협의회에서 알게 된 비밀을 누설하여서는 아니 된다.
(2007.12.27 본조개정)

제18조【협의회규정】 ①협의회는 그 조직과 운영에 관한 규정(이하 "협의회규정"이라 한다)을 제정하고 협의회를 설치한 날부터 15일 이내에 고용노동부장관에게 제출하여야 한다. 이를 변경한 경우에도 또한 같다.(2010.6.4 개정)
②협의회규정의 규정 사항과 그 제정·변경 절차 등에 관하여 필요한 사항은 대통령령으로 정한다.
(2007.12.27 본조개정)

제19조【회의록 비치】 ①협의회는 다음 각 호의 사항을 기록한 회의록을 작성하여 갖추어 두어야 한다.
1. 개최 일시 및 장소
2. 출석 위원
3. 협의 내용 및 의결된 사항
4. 그 밖의 토의사항
②제1항에 따른 회의록은 작성한 날부터 3년간 보존하여야 한다.
(2007.12.27 본조개정)

제4장 협의회의 임무

제20조 【협의 사항】 ①협의회가 협의하여야 할 사항은 다음 각 호와 같다.

1. 생산성 향상과 성과 배분
2. 근로자의 채용·배치 및 교육훈련
3. 근로자의 고충처리
4. 안전, 보건, 그 밖의 작업환경 개선과 근로자의 건강증진
5. 인사·노무관리의 제도 개선
6. 경영상 또는 기술상의 사정으로 인한 인력의 배치전환·재훈련·해고 등 고용조정의 일반원칙
7. 작업과 휴게 시간의 운용
8. 임금의 지불방법·체계·구조 등의 제도 개선
9. 신기계·기술의 도입 또는 작업 공정의 개선
10. 작업 수칙의 제정 또는 개정
11. 종업원지주제(從業員持株制)와 그 밖에 근로자의 재산형성에 관한 지원
12. 직무 발명 등과 관련하여 해당 근로자에 대한 보상에 관한 사항
13. 근로자의 복지증진
14. 사업장 내 근로자 감시 설비의 설치
15. 여성근로자의 모성보호 및 일과 가정생활의 양립을 지원하기 위한 사항
16. 「남녀고용평등과 일·가정 양립 지원에 관한 법률」 제2조제2호에 따른 직장 내 성희롱 및 고객 등에 의한 성희롱 예방에 관한 사항(2019.4.16 신설)
17. 그 밖의 노사협조에 관한 사항(2019.4.16 개정)

②협의회는 제1항 각 호의 사항에 대하여 제15조의 정족수에 따라 의결할 수 있다.

(2007.12.27 본조개정)

제21조 【의결 사항】 사용자는 다음 각 호의 어느 하나에 해당하는 사항에 대하여는 협의회의 의결을 거쳐야 한다.

1. 근로자의 교육훈련 및 능력개발 기본계획의 수립
2. 복지시설의 설치와 관리
3. 사내근로복지기금의 설치

4. 고충처리위원회에서 의결되지 아니한 사항
5. 각종 노사공동위원회의 설치
(2007.12.27 본조개정)

제22조【보고 사항 등】①사용자는 정기회의에 다음 각 호의 어느 하나에 해당하는 사항에 관하여 성실하게 보고하거나 설명하여야 한다.
1. 경영계획 전반 및 실적에 관한 사항
2. 분기별 생산계획과 실적에 관한 사항
3. 인력계획에 관한 사항
4. 기업의 경제적·재정적 상황
②근로자위원은 근로자의 요구사항을 보고하거나 설명할 수 있다.
③근로자위원은 사용자가 제1항에 따른 보고와 설명을 이행하지 아니하는 경우에는 제1항 각 호에 관한 자료를 제출하도록 요구할 수 있으며 사용자는 그 요구에 성실히 따라야 한다.
(2007.12.27 본조개정)

제23조【의결 사항의 공지】 협의회는 의결된 사항을 신속히 근로자에게 널리 알려야 한다.
(2007.12.27 본조개정)

제24조【의결 사항의 이행】 근로자와 사용자는 협의회에서 의결된 사항을 성실하게 이행하여야 한다.
(2007.12.27 본조개정)

제25조【임의 중재】①협의회는 다음 각 호의 어느 하나에 해당하는 경우에는 근로자위원과 사용자위원의 합의로 협의회에 중재기구(仲裁機構)를 두어 해결하거나 노동위원회나 그 밖의 제삼자에 의한 중재를 받을 수 있다.
1. 제21조에 따른 의결 사항에 관하여 협의회가 의결하지 못한 경우
2. 협의회에서 의결된 사항의 해석이나 이행 방법 등에 관하여 의견이 일치하지 아니하는 경우
②제1항에 따른 중재 결정이 있으면 협의회의 의결을 거친 것으로 보며 근로자와 사용자는 그 결정에 따라야 한다.
(2007.12.27 본조개정)

제5장 고충처리

제26조【고충처리위원】 모든 사업 또는 사업장에는 근로자의 고충을 청취하고 이를 처리하기 위하여 고충처리위원을 두어야 한다. 다만, 상시 30명 미만의 근로자를 사용하는 사업이나 사업장은 그러하지 아니하다.
(2007.12.27 본조개정)

제27조【고충처리위원의 구성 및 임기】 ①고충처리위원은 노사를 대표하는 3명 이내의 위원으로 구성하되, 협의회가 설치되어 있는 사업이나 사업장의 경우에는 협의회가 그 위원 중에서 선임하고, 협의회가 설치되어 있지 아니한 사업이나 사업장의 경우에는 사용자가 위촉한다.
②위원의 임기에 관하여는 협의회 위원의 임기에 관한 제8조를 준용한다.
(2007.12.27 본조개정)

제28조【고충의 처리】 ①고충처리위원은 근로자로부터 고충사항을 청취한 경우에는 10일 이내에 조치 사항과 그 밖의 처리결과를 해당 근로자에게 통보하여야 한다.
②고충처리위원이 처리하기 곤란한 사항은 협의회의 회의에 부쳐 협의 처리한다.
(2007.12.27 본조개정)

제6장 보 칙

제29조【권한의 위임】 이 법에 따른 고용노동부장관의 권한은 대통령령으로 정하는 바에 따라 그 일부를 지방고용노동관서의 장에게 위임할 수 있다.(2010.6.4 개정)
(2007.12.27 본조개정)

제7장 벌 칙

제30조【벌칙】 다음 각 호의 어느 하나에 해당하는 자는 1천만원 이하의 벌금에 처한다.

1. 제4조제1항에 따른 협의회의 설치를 정당한 사유 없이 거부하거나 방해한 자
2. 제24조를 위반하여 협의회에서 의결된 사항을 정당한 사유 없이 이행하지 아니한 자

3. 제25조제2항을 위반하여 중재 결정의 내용을 정당한 사유 없이 이행하지 아니한 자

(2007.12.27 본조개정)

제31조 【벌칙】 사용자가 정당한 사유 없이 제11조에 따른 시정명령을 이행하지 아니하거나 제22조제3항에 따른 자료제출 의무를 이행하지 아니하면 500만원 이하의 벌금에 처한다.

(2007.12.27 본조개정)

제32조 【벌칙】 사용자가 제12조제1항을 위반하여 협의회를 정기적으로 개최하지 아니하거나 제26조에 따른 고충처리위원을 두지 아니한 경우에는 200만원 이하의 벌금에 처한다.

(2007.12.27 본조개정)

제33조 【과태료】 ①사용자가 제18조를 위반하여 협의회규정을 제출하지 아니한 때에는 200만원 이하의 과태료를 부과한다.

②제1항에 따른 과태료는 대통령령으로 정하는 바에 따라 고용노동부장관이 부과·징수한다.(2010.6.4 개정)

③삭제(2016.1.27)

④삭제(2016.1.27)

⑤삭제(2016.1.27)

부　칙 (2007.12.27)

제1조【시행일】 이 법은 공포한 날부터 시행한다.

제2조【다른 법률의 개정】 근로자직업능력 개발법 일부를 다음과 같이 개정한다.

제20조제2항제3호 중 "제20조의 규정"을 "제21조"로 한다.

제3조【다른 법령과의 관계】 이 법 시행 당시 다른 법령에서 종전의 「근로자참여 및 협력증진에 관한 법률」 또는 그 규정을 인용한 경우에 이 법 가운데 그에 해당하는 규정이 있으면 종전의 규정을 갈음하여 이 법 또는 이 법의 해당 규정을 인용한 것으로 본다.

부　칙 (2016. 1.27)

이 법은 공포한 날부터 시행한다.

부　칙 (2019. 4.16)

이 법은 공포 후 3개월이 경과한 날부터 시행한다.

부　칙 (2022. 6.10)

제1조【시행일】 이 법은 공포 후 6개월이 경과한 날부터 시행한다.

제2조【근로자위원 선출에 관한 적용례】 제6조제2항의 개정규정은 이 법 시행 이후 근로자위원을 새로 선출하는 경우부터 적용한다.

근로자참여 및 협력증진에 관한 법률 시행령

전부개정 2008. 6. 5 대통령령 제20804호
개정 2010. 7.12 대통령령 제22269호
2014.12. 9 대통령령 제25840호
2016.12.30 대통령령 제27751호
2018. 4.17 대통령령 제28805호
2022.11. 8 대통령령 제32983호

제 1 조【목적】 이 영은 「근로자참여 및 협력증진에 관한 법률」에서 위임된 사항과 그 시행에 필요한 사항을 규정함을 목적으로 한다.

제 2 조【설치범위】 「근로자참여 및 협력증진에 관한 법률」(이하 "법"이라 한다) 제4조제1항을 적용하는 경우 하나의 사업에 종사하는 전체 근로자 수가 30명 이상이면 해당 근로자가 지역별로 분산되어 있더라도 그 주된 사무소에 노사협의회(이하 "협의회"라 한다)를 설치하여야 한다.

제 3 조【근로자를 대표하는 위원의 입후보 자격】 법 제6조제2항에 따라 근로자를 대표하는 위원(이하 "근로자위원"이라 한다)의 선출에 입후보하려는 사람은 해당 사업이나 사업장의 근로자여야 한다.
(2022.11.8 본조개정)

제 4 조【보궐위원】 근로자위원의 결원이 생기면 30일 이내에 보궐위원을 위촉하거나 선출하되, 근로자의 과반수로 구성된 노동조합이 조직되어 있지 아니한 사업 또는 사업장에서는 근로자위원 선출 투표에서 선출되지 못한 사람 중 득표 순에 따른 차점자를 근로자위원으로 할 수 있다.

제 5 조【협의회규정】 ①법 제18조에 따른 협의회규정(이하 "협의회규정"이라 한다)에는 다음 각 호의 사항이 포함되어야 한다.
1. 협의회의 위원의 수
2. 근로자위원의 선출 절차와 후보 등록에 관한 사항
3. 사용자위원의 자격에 관한 사항

4. 법 제9조제3항에 따라 협의회 위원이 근로한 것으로 보는 시간에 관한 사항
5. 협의회의 회의 소집, 회기(會期), 그 밖에 협의회의 운영에 관한 사항
6. 법 제25조에 따른 임의 중재의 방법 · 절차 등에 관한 사항
7. 고충처리위원의 수 및 고충처리에 관한 사항

②협의회규정을 제정하거나 변경할 경우에는 협의회의 의결을 거쳐야 한다.

제6조【회의록 작성】 법 제19조에 따른 회의록에는 출석위원 전원이 서명하거나 날인하여야 한다.

제7조【고충처리의 절차】 근로자는 고충사항이 있는 경우에는 법 제26조에 따른 고충처리위원(이하 "고충처리위원"이라 한다)에게 구두 또는 서면으로 신고할 수 있다. 이 경우 신고를 접수한 고충처리위원은 지체 없이 처리하여야 한다.

제8조【고충처리위원의 신분 및 처우】 ①고충처리위원은 비상임 · 무보수로 한다.

②사용자는 고충처리위원의 직무수행과 관련하여 고충처리위원에게 불리한 처분을 하여서는 아니 된다.

③고충처리위원이 고충사항의 처리에 관하여 협의하거나 고충처리 업무에 사용한 시간은 근로한 시간으로 본다.

제9조【대장 비치】 고충처리위원은 고충사항의 접수 및 그 처리에 관한 대장을 작성하여 갖추어 두고 1년간 보존하여야 한다.

제10조【권한의 위임】 법 제29조에 따라 고용노동부장관은 다음 각 호의 권한을 지방고용노동관서의 장에게 위임한다.(2010.7.12 개정)

1. 법 제11조에 따른 시정명령
2. 법 제18조에 따른 협의회규정의 접수
3. 법 제33조에 따른 과태료의 부과 · 징수

제11조【과태료의 부과기준】 법 제33조제1항에 따른 과태료의 부과기준은 별표와 같다.
(2018.4.17 본조신설)

부 칙 (2008. 6. 5)

제1조【시행일】 이 영은 2008년 6월 22일부터 시행한다.

제2조【다른 법령과의 관계】 이 영 시행 당시 다른 법령에서 종전의 「근로자참여 및 협력증진에 관한 법률 시행령」의 규정을 인용한 경우에 이 영 가운데 그에 해당하는 규정이 있으면 종전의 규정을 갈음하여 이 영의 해당 규정을 인용한 것으로 본다.

부 칙 (2018. 4.17)

이 영은 공포한 날부터 시행한다.

부 칙 (2022.11. 8)

제1조【시행일】 이 영은 2022년 12월 11일부터 시행한다.

제2조【근로자위원의 입후보 자격에 관한 적용례】 제3조의 개정규정은 근로자위원의 선출에 참여하기 위하여 이 영 시행 이후 입후보하는 경우부터 적용한다.

노동위원회법

제정 1997. 3.13 법률 제5311호
개정 1999. 4.15 법률 제5962호
2005. 1.27 법률 제7380호
2005.12.29 법률 제7773호
2005.12.29 법률 제7796호
2006.12.21 법률 제8075호
2007. 1.26 법률 제8296호
2007. 4.11 법률 제8372호
2007. 5.17 법률 제8474호
2010. 6. 4 법률 제10339호
2014. 5.20 법률 제12629호
2015. 1.20 법률 제13044호
2016. 1.27 법률 제13904호
2019. 4.30 법률 제16413호
2021. 1. 5 법률 제17863호
2021. 5.18 법률 제18179호

제1장 총 칙

제1조【목적】 이 법은 노동관계에 관한 판정 및 조정(調整) 업무를 신속 · 공정하게 수행하기 위하여 노동위원회를 설치하고 그 운영에 관한 사항을 규정함으로써 노동관계의 안정과 발전에 이바지함을 목적으로 한다. (2015.1.20 본조개정)

제2조【노동위원회의 구분 · 소속 등】 ①노동위원회는 중앙노동위원회, 지방노동위원회 및 특별노동위원회로 구분한다.
②중앙노동위원회와 지방노동위원회는 고용노동부장관 소속으로 두며, 지방노동위원회의 명칭 · 위치 및 관할구역은 대통령령으로 정한다.

③특별노동위원회는 관계 법률에서 정하는 사항을 관장하기 위하여 필요한 경우에 해당 사항을 관장하는 중앙행정기관의 장 소속으로 둔다.
(2015.1.20 본조개정)

제 2 조의 2 【노동위원회의 소관 사무】 노동위원회의 소관 사무는 다음 각 호와 같다.

1. 「노동조합 및 노동관계조정법」, 「근로기준법」, 「근로자참여 및 협력증진에 관한 법률」, 「교원의 노동조합 설립 및 운영 등에 관한 법률」, 「공무원의 노동조합 설립 및 운영 등에 관한 법률」, 「기간제 및 단시간근로자 보호 등에 관한 법률」, 「파견근로자 보호 등에 관한 법률」, 「산업현장 일학습병행 지원에 관한 법률」 및 「남녀고용평등과 일 · 가정 양립 지원에 관한 법률」에 따른 판정 · 결정 · 의결 · 승인 · 인정 또는 차별적 처우 시정 등에 관한 업무(2021.5.18 개정)
2. 「노동조합 및 노동관계조정법」, 「교원의 노동조합 설립 및 운영 등에 관한 법률」 및 「공무원의 노동조합 설립 및 운영 등에 관한 법률」에 따른 노동쟁의 조정(調停) · 중재 또는 관계 당사자의 자주적인 노동쟁의 해결 지원에 관한 업무
3. 제1호 및 제2호의 업무수행과 관련된 조사 · 연구 · 교육 및 홍보 등에 관한 업무
4. 그 밖에 다른 법률에서 노동위원회의 소관으로 규정된 업무

(2015.1.20 본조개정)

제 3 조 【노동위원회의 관장】 ①중앙노동위원회는 다음 각 호의 사건을 관장한다.

1. 지방노동위원회 및 특별노동위원회의 처분에 대한 재심사건
2. 둘 이상의 지방노동위원회의 관할구역에 걸친 노동쟁의의 조정(調整)사건
3. 다른 법률에서 그 권한에 속하는 것으로 규정된 사건

②지방노동위원회는 해당 관할구역에서 발생하는 사건을 관장하되, 둘 이상의 관할구역에 걸친 사건(제1항제2호의 조정사건은 제외한다)은 주된 사업장의 소재지를 관할하는 지방노동위원회에서 관장한다.
③특별노동위원회는 관계 법률에서 정하는 바에 따라 그 설치목적으로 규정된 특정사항에 관한 사건을 관장한다.
④중앙노동위원회 위원장은 제1항제2호에도 불구하고 효율적인 노동쟁의의 조정을 위하여 필요하다고 인정하는 경우에는 지방노동위원회를 지정

하여 해당 사건을 처리하게 할 수 있다.
⑤중앙노동위원회 위원장은 제2항에 따른 주된 사업장을 정하기 어렵거나 주된 사업장의 소재지를 관할하는 지방노동위원회에서 처리하기 곤란한 사정이 있는 경우에는 직권으로 또는 관계 당사자나 지방노동위원회 위원장의 신청에 따라 지방노동위원회를 지정하여 해당 사건을 처리하게 할 수 있다.
(2015.1.20 본조개정)

제3조의2 【사건의 이송】 ①노동위원회는 접수된 사건이 다른 노동위원회의 관할인 경우에는 지체 없이 해당 사건을 관할 노동위원회로 이송하여야 한다. 제23조에 따른 조사를 시작한 후 다른 노동위원회의 관할인 것으로 확인된 경우에도 또한 같다.
②제1항에 따라 이송된 사건은 관할 노동위원회에 처음부터 접수된 것으로 본다.
③노동위원회는 제1항에 따라 사건을 이송한 경우에는 그 사실을 지체 없이 관계 당사자에게 통지하여야 한다.
(2015.1.20 본조신설)

제4조 【노동위원회의 지위 등】 ①노동위원회는 그 권한에 속하는 업무를 독립적으로 수행한다.
②중앙노동위원회 위원장은 중앙노동위원회 및 지방노동위원회의 예산·인사·교육훈련, 그 밖의 행정사무를 총괄하며, 소속 공무원을 지휘·감독한다.
③중앙노동위원회 위원장은 제2항에 따른 행정사무의 지휘·감독권 일부를 대통령령으로 정하는 바에 따라 지방노동위원회 위원장에게 위임할 수 있다.
(2015.1.20 본조개정)

제5조 【특별노동위원회의 조직 등】 ①특별노동위원회에 대해서는 제6조제3항부터 제7항까지, 제9조제2항 및 제4항을 적용하지 아니한다.
②다음 각 호의 어느 하나에 해당하는 사항에 대해서는 해당 특별노동위원회의 설치 근거가 되는 법률에서 다르게 정할 수 있다.
1. 제6조제2항에 따른 근로자위원, 사용자위원 및 공익위원의 수
2. 제11조에 따른 상임위원
③특별노동위원회에 대하여 제15조제3항부터 제5항까지의 규정을 적용하

는 경우에 제6조제6항에 따른 심판담당 공익위원, 차별시정담당 공익위원 및 조정담당 공익위원은 특별노동위원회의 공익위원으로 본다.
(2015.1.20 본조개정)

제2장 조 직

제6조【노동위원회의 구성 등】 ①노동위원회는 근로자를 대표하는 위원(이하 "근로자위원"이라 한다)과 사용자를 대표하는 위원(이하 "사용자위원"이라 한다) 및 공익을 대표하는 위원(이하 "공익위원"이라 한다)으로 구성한다.
②노동위원회 위원의 수는 다음 각 호의 구분에 따른 범위에서 노동위원회의 업무량을 고려하여 대통령령으로 정한다. 이 경우 근로자위원과 사용자위원은 같은 수로 한다.
1. 근로자위원 및 사용자위원: 각 10명 이상 50명 이하
2. 공익위원: 10명 이상 70명 이하
③근로자위원은 노동조합이 추천한 사람 중에서, 사용자위원은 사용자단체가 추천한 사람 중에서 다음 각 호의 구분에 따라 위촉한다.
1. 중앙노동위원회: 고용노동부장관의 제청으로 대통령이 위촉
2. 지방노동위원회: 지방노동위원회 위원장의 제청으로 중앙노동위원회 위원장이 위촉
④공익위원은 해당 노동위원회 위원장, 노동조합 및 사용자단체가 각각 추천한 사람 중에서 노동조합과 사용자단체가 순차적으로 배제하고 남은 사람을 위촉대상 공익위원으로 하고, 그 위촉대상 공익위원 중에서 다음 각 호의 구분에 따라 위촉한다.
1. 중앙노동위원회 공익위원: 고용노동부장관의 제청으로 대통령이 위촉
2. 지방노동위원회 공익위원: 지방노동위원회 위원장의 제청으로 중앙노동위원회 위원장이 위촉
⑤제4항에도 불구하고 노동조합 또는 사용자단체가 공익위원을 추천하는 절차나 추천된 공익위원을 순차적으로 배제하는 절차를 거부하는 경우에는 해당 노동위원회 위원장이 위촉대상 공익위원을 선정할 수 있다.
⑥공익위원은 다음 각 호와 같이 구분하여 위촉한다.
1. 심판사건을 담당하는 심판담당 공익위원

2. 차별적 처우 시정사건(「남녀고용평등과 일·가정 양립 지원에 관한 법률」 제26조제1항에 따른 시정사건을 포함한다. 이하 같다)을 담당하는 차별시정담당 공익위원(2021.5.18 개정)
3. 조정사건을 담당하는 조정담당 공익위원
⑦노동위원회 위원의 추천절차, 공익위원의 순차배제의 방법, 그 밖에 위원의 위촉에 필요한 사항은 대통령령으로 정한다.
(2015.1.20 본조개정)

제6조의2【사회취약계층에 대한 권리구제 대리】 ①노동위원회는 제2조의2제1호 중 판정·결정·승인·인정 및 차별적 처우 시정 등에 관한 사건에서 사회취약계층을 위하여 변호사나 공인노무사로 하여금 권리구제업무를 대리하게 할 수 있다.
②제1항에 따라 변호사나 공인노무사로 하여금 사회취약계층을 위한 권리구제업무를 대리하게 하려는 경우의 요건, 대상, 변호사·공인노무사의 보수 등에 관하여 필요한 사항은 고용노동부령으로 정한다.
(2015.1.20 본조개정)

제7조【위원의 임기 등】 ①노동위원회 위원의 임기는 3년으로 하되, 연임할 수 있다.
②노동위원회 위원이 궐위(闕位)된 경우 보궐위원의 임기는 전임자 임기의 남은 기간으로 한다. 다만, 노동위원회 위원장 또는 상임위원이 궐위되어 후임자를 임명한 경우 후임자의 임기는 새로 시작된다.
③임기가 끝난 노동위원회 위원은 후임자가 위촉될 때까지 계속 그 직무를 집행한다.
④노동위원회 위원의 처우에 관하여는 대통령령으로 정한다.
(2015.1.20 본조개정)

제8조【공익위원의 자격기준 등】 ①중앙노동위원회의 공익위원은 다음 각 호의 구분에 따라 노동문제에 관한 지식과 경험이 있는 사람을 위촉하되, 여성의 위촉이 늘어날 수 있도록 노력하여야 한다.
1. 심판담당 공익위원 및 차별시정담당 공익위원
가. 노동문제와 관련된 학문을 전공한 사람으로서 「고등교육법」 제2조제1호부터 제6호까지의 학교에서 부교수 이상으로 재직하고 있거나 재직하였던 사람
나. 판사·검사·군법무관·변호사 또는 공인노무사로 7년 이상 재직하

고 있거나 재직하였던 사람

다. 노동관계 업무에 7년 이상 종사한 사람으로서 2급 또는 2급 상당 이상의 공무원이나 고위공무원단에 속하는 공무원으로 재직하고 있거나 재직하였던 사람

라. 그 밖에 노동관계 업무에 15년 이상 종사한 사람으로서 심판담당 공익위원 또는 차별시정담당 공익위원으로 적합하다고 인정되는 사람

2. 조정담당 공익위원

가. 「고등교육법」 제2조제1호부터 제6호까지의 학교에서 부교수 이상으로 재직하고 있거나 재직하였던 사람

나. 판사 · 검사 · 군법무관 · 변호사 또는 공인노무사로 7년 이상 재직하고 있거나 재직하였던 사람

다. 노동관계 업무에 7년 이상 종사한 사람으로서 2급 또는 2급 상당 이상의 공무원이나 고위공무원단에 속하는 공무원으로 재직하고 있거나 재직하였던 사람

라. 그 밖에 노동관계 업무에 15년 이상 종사한 사람 또는 사회적 덕망이 있는 사람으로서 조정담당 공익위원으로 적합하다고 인정되는 사람

②지방노동위원회의 공익위원은 다음 각 호의 구분에 따라 노동문제에 관한 지식과 경험이 있는 사람을 위촉하되, 여성의 위촉이 늘어날 수 있도록 노력하여야 한다.

1. 심판담당 공익위원 및 차별시정담당 공익위원

가. 노동문제와 관련된 학문을 전공한 사람으로서 「고등교육법」 제2조제1호부터 제6호까지의 학교에서 조교수 이상으로 재직하고 있거나 재직하였던 사람

나. 판사 · 검사 · 군법무관 · 변호사 또는 공인노무사로 3년 이상 재직하고 있거나 재직하였던 사람

다. 노동관계 업무에 3년 이상 종사한 사람으로서 3급 또는 3급 상당 이상의 공무원이나 고위공무원단에 속하는 공무원으로 재직하고 있거나 재직하였던 사람

라. 노동관계 업무에 10년 이상 종사한 사람으로서 4급 또는 4급 상당 이상의 공무원으로 재직하고 있거나 재직하였던 사람

마. 그 밖에 노동관계 업무에 10년 이상 종사한 사람으로서 심판담당 공익위원 또는 차별시정담당 공익위원으로 적합하다고 인정되는 사람

2. 조정담당 공익위원
  가. 「고등교육법」 제2조제1호부터 제6호까지의 학교에서 조교수 이상으로 재직하고 있거나 재직하였던 사람
  나. 판사 · 검사 · 군법무관 · 변호사 또는 공인노무사로 3년 이상 재직하고 있거나 재직하였던 사람
  다. 노동관계 업무에 3년 이상 종사한 사람으로서 3급 또는 3급 상당 이상의 공무원이나 고위공무원단에 속하는 공무원으로 재직하고 있거나 재직하였던 사람
  라. 노동관계 업무에 10년 이상 종사한 사람으로서 4급 또는 4급 상당 이상의 공무원으로 재직하고 있거나 재직하였던 사람
  마. 그 밖에 노동관계 업무에 10년 이상 종사한 사람 또는 사회적 덕망이 있는 사람으로서 조정담당 공익위원으로 적합하다고 인정되는 사람

(2015.1.20 본조개정)

제9조 【위원장】 ①노동위원회에 위원장 1명을 둔다.

②중앙노동위원회 위원장은 제8조제1항에 따라 중앙노동위원회의 공익위원이 될 수 있는 자격을 갖춘 사람 중에서 고용노동부장관의 제청으로 대통령이 임명하고, 지방노동위원회 위원장은 제8조제2항에 따라 지방노동위원회의 공익위원이 될 수 있는 자격을 갖춘 사람 중에서 중앙노동위원회 위원장의 추천과 고용노동부장관의 제청으로 대통령이 임명한다.

③중앙노동위원회 위원장은 정무직으로 한다.

④노동위원회 위원장(이하 "위원장"이라 한다)은 해당 노동위원회의 공익위원이 되며, 심판사건, 차별적 처우 시정사건, 조정사건을 담당할 수 있다.

(2015.1.20 본조개정)

제10조 【위원장의 직무】 ①위원장은 해당 노동위원회를 대표하며, 노동위원회의 사무를 총괄한다.

②위원장이 부득이한 사유로 직무를 수행할 수 없을 때에는 대통령령으로 정하는 공익위원이 그 직무를 대행한다.

(2015.1.20 본조개정)

제11조 【상임위원】 ①노동위원회에 상임위원을 두며, 상임위원은 해당 노동위원회의 공익위원이 될 수 있는 자격을 갖춘 사람 중에서 중앙노동위원회 위원장의 추천과 고용노동부장관의 제청으로 대통령이 임명한다.

②상임위원은 해당 노동위원회의 공익위원이 되며, 심판사건, 차별적 처우

시정사건, 조정사건을 담당할 수 있다.
③노동위원회에 두는 상임위원의 수와 직급 등은 대통령령으로 정한다.
(2015.1.20 본조개정)

제11조의2【위원의 행위규범】①노동위원회의 위원은 법과 양심에 따라 공정하고 성실하게 업무를 수행하여야 한다.
②중앙노동위원회는 노동위원회 위원이 제1항에 따라 업무를 수행하기 위하여 준수하여야 할 행위규범과 그 운영에 관한 사항을 제15조에 따른 전원회의의 의결을 거쳐 정할 수 있다.
③제2항에 따른 노동위원회 위원의 행위규범에는 다음 각 호의 사항이 포함되어야 한다.
1. 업무수행과 관련하여 향응 · 금품 등을 받는 행위의 금지에 관한 사항
2. 관계 당사자 중 어느 한쪽에 편파적이거나 사건 처리를 방해하는 등 공정성과 중립성을 훼손하는 행위의 금지 · 제한에 관한 사항
3. 직무수행과 관련하여 알게 된 사항을 자기나 다른 사람의 이익을 위하여 이용하거나 다른 사람에게 제공하는 행위의 금지에 관한 사항
4. 제15조에 따른 부문별 위원회의 출석 등 노동위원회 위원으로서의 성실한 업무수행에 관한 사항
5. 그 밖에 품위 유지 등을 위하여 필요한 사항
(2015.1.20 본조개정)

제12조【결격사유】「국가공무원법」 제33조 각 호의 어느 하나에 해당하는 사람은 노동위원회 위원이 될 수 없다.
(2015.1.20 본조개정)

제13조【위원의 신분보장】①노동위원회 위원은 다음 각 호의 어느 하나에 해당하는 경우를 제외하고는 그 의사에 반하여 면직되거나 위촉이 해제되지 아니한다.
1. 「국가공무원법」 제33조 각 호의 어느 하나에 해당하는 경우
2. 장기간의 심신쇠약으로 직무를 수행할 수 없는 경우
3. 직무와 관련된 비위사실이 있거나 노동위원회 위원직을 유지하기에 적합하지 아니하다고 인정되는 비위사실이 있는 경우
4. 제11조의2에 따른 행위규범을 위반하여 노동위원회 위원으로서 직무를 수행하기 곤란한 경우
5. 공익위원으로 위촉된 후 제8조에 따른 공익위원의 자격기준에 미달하게

된 것으로 밝혀진 경우
②노동위원회 위원은 제1항제1호에 해당하는 경우에 당연히 면직되거나 위촉이 해제된다.
(2015.1.20 본조개정)

제14조【사무처와 사무국】①중앙노동위원회에는 사무처를 두고, 지방노동위원회에는 사무국을 둔다.
②사무처와 사무국의 조직 · 운영 등에 필요한 사항은 대통령령으로 정한다.
③고용노동부장관은 노동위원회 사무처 또는 사무국 소속 직원을 고용노동부와 노동위원회 간에 전보할 경우 중앙노동위원회 위원장의 의견을 들어야 한다.
(2015.1.20 본조개정)

제14조의2【중앙노동위원회 사무처장】①중앙노동위원회에는 사무처장 1명을 둔다.
②사무처장은 중앙노동위원회 상임위원 중 1명이 겸직한다.
③사무처장은 중앙노동위원회 위원장의 명을 받아 사무처의 사무를 처리하며 소속 직원을 지휘 · 감독한다.
(2015.1.20 본조개정)

제14조의3【조사관】①노동위원회 사무처 및 사무국에 조사관을 둔다.
②중앙노동위원회 위원장은 노동위원회 사무처 또는 사무국 소속 공무원 중에서 조사관을 임명한다.
③조사관은 위원장, 제15조에 따른 부문별 위원회의 위원장 또는 제16조의2에 따른 주심위원의 지휘를 받아 노동위원회의 소관 사무에 필요한 조사를 하고, 제15조에 따른 부문별 위원회에 출석하여 의견을 진술할 수 있다.
④조사관의 임명 · 자격 등에 관하여 필요한 사항은 대통령령으로 정한다.
(2015.1.20 본조개정)

제3장 회 의

제15조【회의의 구성 등】①노동위원회에는 전원회의와 위원회의 권한에 속하는 업무를 부문별로 처리하기 위한 위원회로서 다음 각 호의 부문별 위원회를 둔다. 다만, 다른 법률에 특별한 규정이 있는 경우에는 그러하지 아니하다.

1. 심판위원회
2. 차별시정위원회
3. 조정(調停)위원회
4. 특별조정위원회
5. 중재위원회
6. 「교원의 노동조합 설립 및 운영 등에 관한 법률」 제11조제1항에 따른 교원 노동관계 조정위원회
7. 「공무원의 노동조합 설립 및 운영 등에 관한 법률」 제14조제1항에 따른 공무원 노동관계 조정위원회

②전원회의는 해당 노동위원회 소속 위원 전원으로 구성하며, 다음 각 호의 사항을 처리한다.

1. 노동위원회의 운영 등 일반적인 사항의 결정
2. 제22조제2항에 따른 근로조건의 개선에 관한 권고
3. 제24조 및 제25조에 따른 지시 및 규칙의 제정(중앙노동위원회만 해당한다)

③제1항제1호에 따른 심판위원회는 심판담당 공익위원 중 위원장이 지명하는 3명으로 구성하며, 「노동조합 및 노동관계조정법」, 「근로기준법」, 「근로자참여 및 협력증진에 관한 법률」, 그 밖의 법률에 따른 노동위원회의 판정·의결·승인 및 인정 등과 관련된 사항을 처리한다.

④제1항제2호에 따른 차별시정위원회는 차별시정담당 공익위원 중 위원장이 지명하는 3명으로 구성하며, 「기간제 및 단시간근로자 보호 등에 관한 법률」, 「파견근로자 보호 등에 관한 법률」, 「산업현장 일학습병행 지원에 관한 법률」 또는 「남녀고용평등과 일·가정 양립 지원에 관한 법률」에 따른 차별적 처우의 시정 등과 관련된 사항을 처리한다.(2021.5.18 개정)

⑤제1항제3호부터 제5호까지의 규정에 따른 조정위원회·특별조정위원회 및 중재위원회는 「노동조합 및 노동관계조정법」에서 정하는 바에 따라 구성하며, 같은 법에 따른 조정·중재, 그 밖에 이와 관련된 사항을 각각 처리한다. 이 경우 공익위원은 조정담당 공익위원 중에서 지명한다.

⑥위원장은 제3항 및 제4항에 따라 부문별 위원회를 구성할 때 위원장 또는 상임위원의 업무가 과도하여 정상적인 업무수행이 곤란하게 되는 등 제25조에 따라 중앙노동위원회가 제정하는 규칙으로 정하는 부득이한 사유가 있는 경우 외에는 위원장 또는 상임위원 1명이 포함되도록 위원을 지

명하여야 한다.
⑦위원장은 제3항부터 제5항까지의 규정에도 불구하고 부문별 위원회를 구성할 때 특정 부문별 위원회에 사건이 집중되거나 다른 분야의 전문지식이 필요하다고 인정하는 경우에는 심판담당 공익위원, 차별시정담당 공익위원 또는 조정담당 공익위원을 담당 분야와 관계없이 다른 부문별 위원회의 위원으로 지명할 수 있다.
⑧제1항제6호에 따른 교원 노동관계 조정위원회는 「교원의 노동조합 설립 및 운영 등에 관한 법률」에서 정하는 바에 따라 설치 · 구성하며, 같은 법에 따른 조정 · 중재, 그 밖에 이와 관련된 사항을 처리한다.
⑨제1항제7호에 따른 공무원 노동관계 조정위원회는 「공무원의 노동조합 설립 및 운영 등에 관한 법률」에서 정하는 바에 따라 설치 · 구성하며, 같은 법에 따른 조정 · 중재, 그 밖에 이와 관련된 사항을 처리한다.
(2015.1.20 본조개정)

제15조의2【단독심판 등】 위원장은 다음 각 호의 어느 하나에 해당하는 경우에 심판담당 공익위원 또는 차별시정담당 공익위원 중 1명을 지명하여 사건을 처리하게 할 수 있다.
1. 신청기간을 넘기는 등 신청 요건을 명백하게 갖추지 못한 경우
2. 관계 당사자 양쪽이 모두 단독심판을 신청하거나 단독심판으로 처리하는 것에 동의한 경우
(2015.1.20 본조개정)

제15조의3【「행정심판법」 등의 준용】 사건 처리와 관련하여 선정대표자, 당사자의 지위 승계, 대리인의 선임에 관하여는 「행정심판법」 제15조, 제16조 및 제18조를 준용하고, 대리의 흠과 추인, 대리의 범위에 관하여는 「민사소송법」 제60조 및 제90조를 준용한다.
(2015.1.20 본조신설)

제16조【회의의 소집】 ①부문별 위원회 위원장은 다른 법률에 특별한 규정이 있는 경우를 제외하고는 부문별 위원회의 위원 중에서 호선(互選)한다.
②위원장 또는 부문별 위원회 위원장은 전원회의 또는 부문별 위원회를 각각 소집하고 회의를 주재한다. 다만, 위원장은 필요하다고 인정하는 경우에 부문별 위원회를 소집할 수 있다.
③위원장 또는 부문별 위원회 위원장은 전원회의 또는 부문별 위원회를 구

성하는 위원의 과반수가 회의 소집을 요구하는 경우에 이에 따라야 한다.
④위원장 또는 부문별 위원회 위원장은 업무수행과 관련된 조사 등 노동위원회의 원활한 운영을 위하여 필요한 경우 노동위원회가 설치된 위치 외의 장소에서 부문별 위원회를 소집하게 하거나 제15조의2에 따른 단독심판을 하게 할 수 있다.
(2015.1.20 본조개정)

제16조의2 【주심위원】 부문별 위원회 위원장은 부문별 위원회의 원활한 운영을 위하여 필요하다고 인정하는 경우에 주심위원을 지명하여 사건의 처리를 주관하게 할 수 있다.
(2015.1.20 본조개정)

제16조의3 【화해의 권고 등】 ①노동위원회는 「노동조합 및 노동관계조정법」 제29조의4 및 제84조, 「근로기준법」 제30조에 따른 판정 · 명령 또는 결정이 있기 전까지 관계 당사자의 신청을 받아 또는 직권으로 화해를 권고하거나 화해안을 제시할 수 있다.
②노동위원회는 화해안을 작성할 때 관계 당사자의 의견을 충분히 들어야 한다.
③노동위원회는 관계 당사자가 화해안을 수락하였을 때에는 화해조서를 작성하여야 한다.
④화해소서에는 다음 각 호의 사람이 모두 서명하거나 날인하여야 한다.
1. 관계 당사자
2. 화해에 관여한 부문별 위원회(제15조의2에 따른 단독심판을 포함한다)의 위원 전원
⑤제3항 및 제4항에 따라 작성된 화해조서는 「민사소송법」에 따른 재판상 화해의 효력을 갖는다.
⑥제1항부터 제4항까지의 규정에 따른 화해의 방법, 화해조서의 작성 등에 필요한 사항은 제25조에 따라 중앙노동위원회가 제정하는 규칙으로 정한다.
(2015.1.20 본조개정)

제17조 【의결】 ①노동위원회의 전원회의는 재적위원 과반수의 출석으로 개의하고, 출석위원 과반수의 찬성으로 의결한다.
②부문별 위원회의 회의는 구성위원 전원의 출석으로 개의하고, 출석위원 과반수의 찬성으로 의결한다.
③제2항에도 불구하고 제15조제1항제7호의 공무원 노동관계 조정위원회의

회의(「공무원의 노동조합 설립 및 운영 등에 관한 법률」 제15조에 따른 전원회의를 말한다)는 재적위원 과반수의 출석으로 개의하고, 출석위원 과반수의 찬성으로 의결한다.
④전원회의 또는 부문별 위원회의 회의에 참여한 위원은 그 의결 사항에 대하여 서명하거나 날인하여야 한다.
(2015.1.20 본조개정)

제17조의2 【의결 결과의 송달 등】 ①노동위원회는 부문별 위원회의 의결 결과를 지체 없이 당사자에게 서면으로 송달하여야 한다.
②노동위원회는 처분 결과를 당사자에게 서면으로 송달하여야 하며, 처분의 효력은 판정서 · 명령서 · 결정서 또는 재심판정서를 송달받은 날부터 발생한다.
③제1항 및 제2항에 따른 송달의 방법과 절차에 필요한 사항은 대통령령으로 정한다.
(2015.1.20 본조개정)

제17조의3 【공시송달】 ①노동위원회는 서류의 송달을 받아야 할 자가 다음 각 호의 어느 하나에 해당하는 경우에는 공시송달을 할 수 있다.
1. 주소가 분명하지 아니한 경우
2. 주소가 국외에 있거나 통상적인 방법으로 확인할 수 없어 서류의 송달이 곤란한 경우
3. 등기우편 등으로 송달하였으나 송달을 받아야 할 자가 없는 것으로 확인되어 반송되는 경우

②제1항에 따른 공시송달은 노동위원회의 게시판이나 인터넷 홈페이지에 게시하는 방법으로 한다.
③공시송달은 제2항에 따라 게시한 날부터 14일이 지난 때에 효력이 발생한다.
④제1항에 따른 공시송달의 요건과 제2항에 따른 공시송달의 방법 및 절차에 필요한 사항은 대통령령으로 정한다.
(2015.1.20 본조신설)

제18조 【보고 및 의견 청취】 ①위원장 또는 부문별 위원회의 위원장은 소관 회의에 부쳐진 사항에 관하여 구성위원 또는 조사관으로 하여금 회의에 보고하게 할 수 있다.
②제15조제1항제1호 및 제2호의 심판위원회 및 차별시정위원회는 의결하

기 전에 해당 노동위원회의 근로자위원 및 사용자위원 각 1명 이상의 의견을 들어야 한다. 다만, 근로자위원 또는 사용자위원이 출석요구를 받고 정당한 이유 없이 출석하지 아니하는 경우에는 그러하지 아니하다.
(2015.1.20 본조개정)

제19조【회의의 공개】 노동위원회의 회의는 공개한다. 다만, 해당 회의에서 공개하지 아니하기로 의결하면 공개하지 아니할 수 있다.
(2015.1.20 본조개정)

제20조【회의의 질서유지】 위원장 또는 부문별 위원회의 위원장은 소관 회의의 공정한 진행을 방해하거나 질서를 문란하게 하는 사람에 대하여 퇴장명령, 그 밖에 질서유지에 필요한 조치를 할 수 있다.
(2015.1.20 본조개정)

제21조【위원의 제척·기피·회피 등】 ①위원은 다음 각 호의 어느 하나에 해당하는 경우에 해당 사건에 관한 직무집행에서 제척(除斥)된다.
1. 위원 또는 위원의 배우자이거나 배우자였던 사람이 해당 사건의 당사자가 되거나 해당 사건의 당사자와 공동권리자 또는 공동의무자의 관계에 있는 경우
2. 위원이 해당 사건의 당사자와 친족이거나 친족이었던 경우
3. 위원이 해당 사건에 관하여 진술이나 감정을 한 경우
4. 위원이 당사자의 대리인으로서 업무에 관여하거나 관여하였던 경우
4의2. 위원이 속한 법인, 단체 또는 법률사무소가 해당 사건에 관하여 당사자의 대리인으로서 관여하거나 관여하였던 경우(2016.1.27 신설)
5. 위원 또는 위원이 속한 법인, 단체 또는 법률사무소가 해당 사건의 원인이 된 처분 또는 부작위에 관여한 경우(2016.1.27 개정)

②위원장은 제1항에 따른 사유가 있는 경우에 관계 당사자의 신청을 받아 또는 직권으로 제척의 결정을 하여야 한다.
③당사자는 공정한 심의·의결 또는 조정 등을 기대하기 어려운 위원이 있는 경우에 그 사유를 적어 위원장에게 기피신청을 할 수 있다.
④위원장은 제3항에 따른 기피신청이 이유 있다고 인정되는 경우에 기피의 결정을 하여야 한다.
⑤위원장은 사건이 접수되는 즉시 제2항에 따른 제척신청과 제3항에 따른 기피신청을 할 수 있음을 사건 당사자에게 알려야 한다.
⑥위원에게 제1항 또는 제3항에 따른 사유가 있는 경우에는 스스로 그 사

건에 관한 직무집행에서 회피할 수 있다. 이 경우 해당 위원은 위원장에게 그 사유를 소명하여야 한다.
(2015.1.20 본조개정)

제4장 권 한

제22조 【협조 요청 등】 ①노동위원회는 그 사무집행을 위하여 필요하다고 인정하는 경우에 관계 행정기관에 협조를 요청할 수 있으며, 협조를 요청받은 관계 행정기관은 특별한 사유가 없으면 이에 따라야 한다.
②노동위원회는 관계 행정기관으로 하여금 근로조건의 개선에 필요한 조치를 하도록 권고할 수 있다.
(2015.1.20 본조개정)

제23조 【위원회의 조사권 등】 ①노동위원회는 제2조의2에 따른 소관 사무(제3호의 업무는 제외한다)와 관련하여 사실관계를 확인하는 등 그 사무집행을 위하여 필요하다고 인정할 때에는 근로자, 노동조합, 사용자, 사용자단체, 그 밖의 관계인에 대하여 출석 · 보고 · 진술 또는 필요한 서류의 제출을 요구하거나 위원장 또는 부문별 위원회의 위원장이 지명한 위원 또는 조사관으로 하여금 사업 또는 사업장의 업무상황, 서류, 그 밖의 물건을 조사하게 할 수 있다.(2016.1.27 개정)
②제1항에 따라 조사하는 위원 또는 조사관은 그 권한을 표시하는 증표를 관계인에게 보여 주어야 한다.
③노동위원회는 제1항에 따라 관계 당사자 외에 필요하다고 인정되어 출석한 사람에게 대통령령으로 정하는 바에 따라 비용을 변상한다.
④노동위원회는 심판사건과 차별적 처우 시정사건의 신청인이 제출한 신청서 부본을 다른 당사자에게 송달하고 이에 대한 답변서를 제출하도록 하여야 한다.
⑤노동위원회는 제4항에 따라 다른 당사자가 제출한 답변서의 부본을 지체 없이 신청인에게 송달하여야 한다.
(2015.1.20 본조개정)

제24조 【중앙노동위원회의 지시권 등】 중앙노동위원회는 지방노동위원회 또는 특별노동위원회에 대하여 노동위원회의 사무 처리에 관한 기본방침 및 법령의 해석에 관하여 필요한 지시를 할 수 있다.

(2015.1.20 본조개정)

제25조【중앙노동위원회의 규칙제정권】 중앙노동위원회는 중앙노동위원회, 지방노동위원회 또는 특별노동위원회의 운영, 부문별 위원회가 처리하는 사건의 지정방법 및 조사관이 처리하는 사건의 지정방법, 그 밖에 위원회 운영에 필요한 사항에 관한 규칙을 제정할 수 있다.
(2015.1.20 본조개정)

제26조【중앙노동위원회의 재심권】 ①중앙노동위원회는 당사자의 신청이 있는 경우 지방노동위원회 또는 특별노동위원회의 처분을 재심하여 이를 인정 · 취소 또는 변경할 수 있다.
②제1항에 따른 신청은 관계 법령에 특별한 규정이 있는 경우를 제외하고는 지방노동위원회 또는 특별노동위원회가 한 처분을 송달받은 날부터 10일 이내에 하여야 한다.
③제2항의 기간은 불변기간으로 한다.
(2015.1.20 본조개정)

제27조【중앙노동위원회의 처분에 대한 소송】 ①중앙노동위원회의 처분에 대한 소송은 중앙노동위원회 위원장을 피고(被告)로 하여 처분의 송달을 받은 날부터 15일 이내에 제기하여야 한다.
②이 법에 따른 소송의 제기로 처분의 효력은 정지하지 아니한다.
③제1항의 기간은 불변기간으로 한다.
(2015.1.20 본조개정)

제5장 보 칙

제28조【비밀엄수 의무 등】 ①노동위원회의 위원이나 직원 또는 그 위원이었거나 직원이었던 사람은 직무에 관하여 알게 된 비밀을 누설하면 아니 된다.
②노동위원회의 사건 처리에 관여한 위원이나 직원 또는 그 위원이었거나 직원이었던 변호사 · 공인노무사 등은 영리를 목적으로 그 사건에 관한 직무를 하면 아니 된다.
(2015.1.20 본조개정)

제29조【벌칙 적용에서 공무원 의제】 노동위원회의 위원 중 공무원이 아닌 위원은 「형법」이나 그 밖의 법률에 따른 벌칙을 적용할 때에는 공

무원으로 본다.
(2015.1.20 본조개정)

제6장 벌 칙

제30조【벌칙】 제28조를 위반한 사람은 1년 이하의 징역 또는 1천만원 이하의 벌금에 처한다.
(2015.1.20 본조개정)

제31조【벌칙】 제23조제1항에 따른 노동위원회의 조사권 등과 관련하여 다음 각 호에 해당하는 자는 500만원 이하의 벌금에 처한다.
1. 노동위원회의 보고 또는 서류제출 요구에 응하지 아니하거나 거짓으로 보고하거나 거짓의 서류를 제출한 자
2. 관계 위원 또는 조사관의 조사를 거부 · 방해 또는 기피한 자
(2015.1.20 본조개정)

제32조【양벌규정】 법인 또는 단체의 대표자, 법인 · 단체 또는 개인의 대리인 · 사용인, 그 밖의 종업원이 그 법인 · 단체 또는 개인의 업무에 관하여 제31조의 위반행위를 하면 그 행위자를 벌하는 외에 그 법인 · 단체 또는 개인에게도 같은 조의 벌금형을 과(科)한다. 다만, 법인 · 단체 또는 개인이 그 위반행위를 방지하기 위하여 해당 업무에 관하여 상당한 주의와 감독을 게을리하지 아니한 경우에는 그러하지 아니하다.(2021.1.5 개정)
(2015.1.20 본조개정)

제33조【과태료】 ①제20조에 따른 퇴장명령에 따르지 아니한 사람에게는 100만원 이하의 과태료를 부과한다.
②제1항에 따른 과태료는 대통령령이 정하는 바에 따라 노동위원회가 부과 · 징수한다.
(2015.1.20 본조개정)

부 칙 (97. 3.13)

제1조【시행일】 이 법은 공포한 날부터 시행한다.

제2조【관장사건에 관한 경과조치】 이 법 시행당시 종전의 규정에 의하여 2이상의 특별시·광역시 또는 도에 걸친 사건으로서 중앙노동위원회에서 처리중인 사건은 제3조제2항의 규정에 불구하고 중앙노동위원회가 처리한다.

제3조【위원장 등의 임명에 관한 경과조치】 1997년 2월 28일 현재 위원장 또는 상임위원으로 재직중이었던 자가 이 법에 의한 위원장 또는 상임위원으로 임명되는 경우에는 노동위원회법(법률 제3770호)에 의하여 임명된 날부터 그 임기를 기산한다.

제4조【벌칙에 관한 경과조치】 이 법 시행전의 행위에 대한 벌칙의 적용에 있어서는 종전의 규정에 의한다.

부 칙 (99. 4.15)

이 법은 공포한 날부터 시행한다. 다만 제15조제1항 및 제5항의 규정은 1999년 7월 1일부터 시행한다.

부 칙 (2006.12.21)

이 법은 2007년 1월 1일부터 시행한다. 다만, 제6조제2항의 개정규정은 공포한 날부터 시행한다.

부 칙 (2007. 1.26)

①**【시행일】** 이 법은 2007년 4월 1일부터 시행한다.

②**【공익위원의 위촉에 관한 적용례】** 제6조제4항의 개정규정은 이 법 시행 후 최초로 위촉되는 공익위원부터 적용한다.

③**【지방노동위원회위원장의 임명에 관한 적용례】** 제9조제2항의 개정규정은 이 법 시행 후 최초로 임명되는 지방노동위원회위원장부터 적용한다.

부 칙 (2007. 5.17)

이 법은 2008년 1월 1일부터 시행한다.

부　칙 (2014. 5.20)
이 법은 공포한 날부터 시행한다.

부　칙 (2015. 1.20)
이 법은 공포 후 6개월이 경과한 날부터 시행한다.

부　칙 (2016. 1.27)
제1조【시행일】 이 법은 공포한 날부터 시행한다.
제2조【위원의 제척 · 기피 등에 관한 적용례】 제21조의 개정규정은 이 법 시행 후 최초로 위원회에 부의되는 사건부터 적용한다.

부　칙 (2021. 1. 5)
이 법은 공포한 날부터 시행한다.

부　칙 (2021. 5.18)
이 법은 공포 후 1년이 경과한 날부터 시행한다.

노동위원회법 시행령

제정 1997. 3.27 대통령령 제15322호
개정 1998. 2.24 대통령령 제15680호
1998. 2.28 대통령령 제15740호
1999. 6.30 대통령령 제16460호
2007. 3.27 대통령령 제19972호
2010. 7.12 대통령령 제22269호
2011. 3.30 대통령령 제22801호
2012. 1. 6 대통령령 제23488호
2014.12. 9 대통령령 제25840호
2015. 7.20 대통령령 제26420호
2016.12.30 대통령령 제27751호
2017. 2.28 대통령령 제27920호
2020. 3. 3 대통령령 제30509호

제 1 조 【목적】 이 영은 「노동위원회법」에서 위임된 사항과 그 시행에 필요한 사항을 규정함을 목적으로 한다.
(2015.7.20 본조개정)

제 2 조 【지방노동위원회의 명칭 등】 「노동위원회법」(이하 "법"이라 한다) 제2조제2항에 따른 지방노동위원회의 명칭 · 위치 및 관할구역은 별표 1과 같다.
(2015.7.20 본조개정)

제 3 조 【위원의 수】 법 제6조제2항에 따른 노동위원회 위원의 수는 별표 2와 같다.
(2015.7.20 본조개정)

제 4 조 【근로자위원 및 사용자위원 위촉대상자 추천 시 고려사항】 ①노동조합 및 사용자단체는 법 제6조제3항에 따라 근로자를 대표하

는 위원(이하 "근로자위원"이라 한다)과 사용자를 대표하는 위원(이하 "사용자위원"이라 한다)을 추천할 경우에는 해당 노동위원회 관할구역의 산업 및 기업규모별 근로자 수, 노동조합 수 등을 고려하여야 한다.
②제1항에 따라 노동조합과 사용자단체가 추천하는 위원의 수는 각각 위촉될 근로자위원 및 사용자위원 수의 100분의 150 이상으로 한다.
(2015.7.20 본조개정)

제 5 조 【근로자위원 및 사용자위원 위촉대상자의 추천절차】 ①근로자위원은 법 제6조제3항에 따라 다음 각 호의 구분에 따른 자가 추천한다. 다만, 총연합단체인 노동조합에 소속되지 아니한 노동조합이 있는 경우에는 그 노동조합으로부터 직접 추천을 받을 수 있다.
1. 총연합단체인 노동조합: 중앙노동위원회의 근로자위원
2. 지방노동위원회의 관할구역에 조직되어 있는 총연합단체인 노동조합의 지역대표기구: 해당 지방노동위원회의 근로자위원

②제1항에 따라 근로자위원을 추천하는 노동조합이 복수인 경우 해당 노동위원회 위원장은 노동조합의 조합원 수를 고려하여 각 노동조합이 추천할 수 있는 사람의 수를 조정할 수 있다.
③사용자위원은 법 제6조제3항에 따라 다음 각 호의 구분에 따른 사용자단체가 추천한다.
1. 전국 규모의 사용자단체: 중앙노동위원회의 사용자위원
2. 지방노동위원회의 관할구역에 조직되어 있는 사용자단체: 해당 지방노동위원회의 사용자위원

(2015.7.20 본조개정)

제 6 조 【공익위원 위촉대상자의 선정】 ①노동위원회 위원장, 노동조합 및 사용자단체는 법 제6조제4항에 따라 공익을 대표하는 위원(이하 "공익위원"이라 한다)을 추천하는 경우에는 심판담당 공익위원, 차별시정담당 공익위원 및 조정담당 공익위원으로 구분하여 추천하되, 위촉될 공익위원 수의 범위에서 각각 추천하여야 한다. 다만, 노동위원회 위원장은 위촉될 공익위원 수만큼 추천하여야 한다.
②공익위원은 제1항에 따라 다음 각 호의 구분에 따른 자가 추천한다. 다만, 총연합단체인 노동조합에 소속되지 아니한 노동조합이 있는 경우에는 그 노동조합으로부터 직접 추천을 받을 수 있다.
1. 총연합단체인 노동조합 및 전국 규모의 사용자단체: 중앙노동위원회의

공익위원
2. 지방노동위원회의 관할구역에 조직되어 있는 총연합단체인 노동조합의 지역대표기구 및 사용자단체: 해당 지방노동위원회의 공익위원
③제2항에 따라 공익위원을 추천하는 노동조합이 복수인 경우 해당 노동위원회 위원장은 노동조합의 조합원 수를 고려하여 각 노동조합이 추천할 수 있는 사람의 수를 조정할 수 있다.
④노동조합과 사용자단체가 제1항부터 제3항까지의 규정에 따라 공익위원으로 추천된 사람을 법 제6조제4항에 따라 순차적(順次的)으로 배제하는 경우에는 위촉될 공익위원 수가 남을 때까지 배제한다. 이 경우 순차배제의 절차에 참여하는 노동조합이 복수인 경우 노동위원회 위원장은 해당 노동조합의 조합원 수를 고려하여 각 노동조합이 배제할 수 있는 사람의 수를 조정할 수 있다.
⑤노동위원회 위원장은 제1항부터 제3항까지의 규정에 따라 공익위원으로 추천된 사람이 법 제8조에 따른 자격을 갖추지 못하였거나 법 제12조의 결격사유에 해당되는 경우에는 그 사유를 구체적으로 밝혀 제4항에 따른 순차배제 절차의 대상에서 제외하여야 한다.
(2015.7.20 본조개정)

제7조【결격사유가 있는 경우의 위원위촉】 삭제(2007.3.27)

제8조【위원의 처우】 ①법 제7조제4항에 따라 노동위원회의 위원에게는 그 직무수행에 필요한 수당과 여비를 지급할 수 있다. 다만, 공무원인 위원이 소관업무와 직접 관련하여 위원회에 출석하는 경우에는 그러하지 아니하다.
②제1항에 따라 노동위원회의 위원에게 수당과 여비를 지급하는 경우에 수당은 출석일수에 따라 지급하고, 여비는 「공무원 여비 규정」을 준용하여 지급한다.
(2015.7.20 본조개정)

제9조【위원장의 직무대행】 법 제10조제2항에 따라 위원장이 부득이한 사유로 직무를 수행할 수 없을 때에는 상임위원(상임위원이 둘 이상인 경우에는 위원장이 미리 정한 순서에 따른 상임위원)이, 위원장 및 상임위원이 모두 부득이한 사유로 직무를 수행할 수 없을 때에는 위원장이 미리 정한 순서에 따른 공익위원이 그 직무를 대행한다.(2017.2.28 개정)
(2015.7.20 본조개정)

제 9 조의 2 【노동위원회 조사관의 자격 요건】 ①법 제14조의3제1항에 따른 노동위원회 사무처 또는 사무국의 조사관(이하 "조사관"이라 한다)의 자격 요건은 다음 각 호의 구분에 따른다.

1. 중앙노동위원회 사무처 조사관: 다음 각 목의 요건을 모두 갖춘 중앙노동위원회 사무처 소속 공무원
   가. 3급부터 7급까지의 공무원일 것(2017.2.28 개정)
   나. 법 제2조의2제1호 또는 제2호의 업무를 담당할 것
2. 지방노동위원회 사무국 조사관: 다음 각 목의 요건을 모두 갖춘 지방노동위원회 사무국 소속 공무원
   가. 4급부터 7급까지의 공무원일 것(2017.2.28 개정)
   나. 법 제2조의2제1호 또는 제2호의 업무를 담당할 것

②제1항에도 불구하고 6급 및 7급 공무원으로서 고용노동부 또는 그 소속 기관에서 근무한 경력이 1년 미만인 공무원은 다음 각 호의 어느 하나에 해당하는 요건을 추가로 갖추어야 조사관에 임명될 수 있다.(2017.2.28 개정)

1. 중앙노동위원회 위원장이 정하는 교육을 이수할 것
2. 조사관의 직무를 보조하는 직위에서 근무한 경력이 6개월 이상일 것

(2015.7.20 본조개정)

제 9 조의 3 【의결 결과의 송달 방법 등】 ①노동위원회는 법 제17조의2제1항에 따라 부문별 위원회의 의결 결과를 해당 사건의 당사자 또는 대리인에게 우편으로 송달하여야 한다. 다만, 해당 사건의 당사자 또는 대리인이 동의하는 경우에는 교부에 의한 방법으로 송달할 수 있다.(2017.2.28 신설)

②노동위원회는 법 제17조의2제2항에 따라 판정서 · 명령서 · 결정서 또는 재심판정서를 해당 사건의 당사자 또는 대리인에게 등기우편으로 송달하여야 한다.(2017.2.28 개정)

③해당 사건의 당사자 또는 대리인이 송달 장소(주소 · 거소 · 영업소 또는 사무소 중 당사자 또는 대리인이 지정하는 장소를 말한다)를 변경하였을 때에는 지체 없이 그 사실을 노동위원회에 서면으로 통지하여야 한다.(2017.2.28 개정)

(2015.7.20 본조신설)

제 9 조의 4 【공시송달의 요건 등】 ①노동위원회는 법 제17조의3제1항 각 호의 어느 하나에 해당하는 경우 직권으로 또는 당사자의 신청에 의

하여 서류를 공시송달할 수 있다. 이 경우 당사자가 공시송달을 신청하려면 그 사유를 노동위원회에 서면으로 제출하여야 한다.
②법 제17조의3제2항에 따라 공시송달을 하는 경우 조사관은 같은 조 제3항에 따른 효력 발생일까지 송달할 서류를 보관하여야 한다.
③노동위원회는 공시송달을 한 후 법 제17조의3제3항에 따른 효력 발생일 전에 법 제17조의3제1항 각 호에 따른 공시송달 사유가 없어진 경우에는 직권으로 또는 당사자의 신청에 의하여 공시송달을 취소하고, 해당 서류를 등기우편으로 송달하여야 한다.
(2015.7.20 본조신설)

제10조 【의견 진술】 고용노동부장관은 노동위원회로부터 요청을 받거나 필요하다고 인정하는 경우 관계 공무원으로 하여금 노동위원회의 회의에 출석하여 의견을 진술하게 할 수 있다.
(2015.7.20 본조개정)

제11조 【비용 변상】 법 제23조제3항에 따라 노동위원회에 출석한 사람에게는 「공무원 여비 규정」을 준용하여 그 비용을 변상한다.
(2015.7.20 본조개정)

제11조의2 【민감정보 및 고유식별정보의 처리】 노동위원회는 다음 각 호의 사무를 수행하기 위하여 불가피한 경우 「개인정보 보호법」 제23조에 따른 건강에 관한 정보와 같은 법 시행령 제18조제2호에 따른 범죄경력자료에 해당하는 정보, 같은 영 제19조제1호 또는 제4호에 따른 주민등록번호 또는 외국인등록번호가 포함된 자료를 처리할 수 있다.
1. 법 제3조에 따른 노동위원회의 사건 처리에 관한 사무
2. 법 제6조에 따른 노동위원회 위원의 추천 · 제청 · 위촉에 관한 사무
3. 법 제6조의2에 따른 변호사 또는 공인노무사의 권리구제 대리에 관한 사무
4. 법 제16조의3에 따른 화해의 권고 등에 관한 사무
5. 법 제21조에 따른 위원의 제척 · 기피 등에 관한 사무
(2015.7.20 본조개정)

제11조의3 【규제의 재검토】 삭제(2020.3.3)

제12조 【과태료의 부과기준】 법 제33조제1항에 따른 과태료의 부과기준은 별표 3과 같다. (2015.7.20 본조개정)

부　칙 (97. 3.27)

제1조【시행일】 이 영은 공포한 날부터 시행한다.

제2조【다른 법령의 폐지】 대통령령 제4434호 노동위원회법시행령은 이를 폐지한다.

제3조【노동위원회의 관장사건에 관한 경과조치】 이 영 시행당시 종전의 규정에 의하여 경남지방노동위원회에서 처리중인 사건은 별표 1의 규정에 불구하고 경남지방노동위원회가 처리한다.

제4조【울산광역시에 관한 경과조치】 별표 1의 부산지방노동위원회의 관할구역란중 "울산광역시"는 1997년 7월 14일까지는 이를 "울산시"로 본다.

제5조【다른 법령과의 관계】 이 영 시행당시 다른 법령에서 종전의 노동위원회법시행령 또는 그 규정을 인용한 경우 이 영중 그에 해당하는 규정이 있는 경우에는 종전의 규정에 갈음하여 이 영 또는 이 영의 해당 규정을 인용한 것으로 본다.

부　칙 (98. 2.24)

제1조【시행일】 이 영은 공포한 날부터 시행한다.

제2조 및 **제3조** 생략

부　칙 (98. 2.28)

①**【시행일】** 이 영은 공포한 날부터 시행한다.

②**【노동위원회의 위원에 관한 경과조치】** 별표 1 및 별표 2의 개정규정에 의한 경북지방노동위원회의 위원은 이 영 시행후 3월이내에 새로이 위촉하여야 한다. 이 경우 새로이 위촉되는 위원의 임기는 위촉된 날부터 그 임기를 기산한다.

③**【노동위원회의 관장사건 등에 관한 경과조치】** 이영 시행당시 종전의 규정에 의한 대구 및 경북지방노동위원회는 이 영에 의한 경북지방노동위원회의 위원구성이 완료될 때까지 존속하며, 동 위원회에서 처리중인 사건과 이 영 시행후 종전의 경북 및 대구지방노동위원회의 관할구역에서 새로이 제기되는 사건에 관하여는 경북지방노동위원회의 위원구성이 완료될 때까지 종전의 대구 및 경북지방노동위원회에서 각각 처리한다.

부　칙 (99. 6.30)

이 영은 공포한 날부터 시행한다.

부　칙 (2007. 3.27)

①【시행일】 이 영은 2007년 4월 1일부터 시행한다.

②【공익위원의 위촉에 관한 적용례】 제6조의 개정규정은 이 법 시행 후 최초로 위촉되는 공익위원부터 적용한다.

부　칙 (2011. 3.30)

제 1 조【시행일】 이 영은 공포한 날부터 시행한다.

제 2 조【과태료의 부과기준에 관한 경과조치】 ①이 영 시행 전의 위반행위에 대하여 과태료의 부과기준을 적용할 때에는 별표 3의 개정규정에도 불구하고 종전의 규정에 따른다.

②이 영 시행 전의 위반행위로 받은 과태료 부과처분은 별표 3의 개정규정에 따른 위반행위

의 횟수 산정에 포함하지 아니한다.

부　칙 (2015. 7.20)

이 영은 2015년 7월 21일부터 시행한다.

부　칙 (2017. 2.28)

제 1 조【시행일】 이 영은 공포한 날부터 시행한다.

제 2 조【노동위원회의 관할구역에 관한 경과조치】 울산지방노동위원회의 위원 구성이 완료될 때까지는 별표 1의 개정규정에도 불구하고 부산지방노동위원회의 관할구역은 종전의 규정에 따른다.

제 3 조【노동위원회의 위원에 관한 경과조치】 ①중앙노동위원회 위원장은 이 영 시행 이후 3개월 이내에 별표 2의 개정규정에 따른 울산지방노동위원회의 위원을 위촉하여야 한다.

②이 영 시행 당시 부산지방노동위원회 위원의 수가 별표 2의 개정규정에 따른 위원 정수를 초과하는 경우에는 해당 위원의 수가 별표 2의 개정규정에 따른 위원 정수와 일치될 때까지 해당 위원의 수를 위원 정수로 본다.

고용서비스 관련법령

고용정책 기본법

제정 1993.12.27 법률 제4643호
개정 1997.12.13 법률 제5454호
1997.12.24 법률 제5474호
1998. 2.20 법률 제5509호
2001. 8.14 법률 제6510호
2003.12.31 법률 제7045호
2004.12.31 법률 제7299호
2005.12.30 법률 제7831호
2007. 4.11 법률 제8372호
2007.12.27 법률 제8813호
전부개정 2009.10. 9 법률 제9792호
개정 2010. 5.31 법률 제10338호
2010. 6. 4 법률 제10339호
2010. 6. 8 법률 제10361호
2011. 7.25 법률 제10966호
2012.12.18 법률 제11568호
2014. 1.14 법률 제12244호
2014. 1.21 법률 제12324호
2015. 3.27 법률 제13262호
2017. 7.26 법률 제14839호
2017.12.19 법률 제15270호
2018. 3.20 법률 제15522호
2019. 4.30 법률 제16412호
2020. 5.26 법률 제17326호
2021. 1.12 법률 제17893호
2021. 5.18 법률 제18175호
2021. 6.15 법률 제18285호
2021. 8.17 법률 제18423호

2023. 3.28 법률 제19312호
2024. 1. 9 법률 제19965호
2025.10. 1 법률 제21065호

제1장 총 칙

제1조【목적】 이 법은 국가가 고용에 관한 정책을 수립·시행하여 국민 개개인이 평생에 걸쳐 직업능력을 개발하고 더 많은 취업기회를 가질 수 있도록 하는 한편, 근로자의 고용안정, 기업의 일자리 창출과 원활한 인력 확보를 지원하고 노동시장의 효율성과 인력수급의 균형을 도모함으로써 국민의 삶의 질 향상과 지속가능한 경제성장 및 고용을 통한 사회통합에 이바지함을 목적으로 한다.

제2조【정의】 이 법에서 "근로자"란 사업주에게 고용된 사람과 취업할 의사를 가진 사람을 말한다.

제3조【기본원칙】 국가는 이 법에 따라 고용정책을 수립·시행하는 경우에 다음 각 호의 사항이 실현되도록 하여야 한다.

1. 근로자의 직업선택의 자유와 근로의 권리가 확보되도록 할 것
2. 사업주의 자율적인 고용관리를 존중할 것
3. 구직자(求職者)의 자발적인 취업노력을 촉진할 것
4. 고용정책은 효율적이고 성과지향적으로 수립·시행할 것
5. 고용정책은 노동시장의 여건과 경제정책 및 사회정책을 고려하여 균형있게 수립·시행할 것
6. 고용정책은 국가·지방자치단체 간, 공공부문·민간부문 간 및 근로자·사업주·정부 간의 협력을 바탕으로 수립·시행할 것

제4조【다른 법률과의 관계】 고용정책에 관한 다른 법률을 제정하거나 개정하는 경우에는 이 법의 목적과 기본원칙에 맞도록 하여야 한다.

제5조【근로자 및 사업주 등의 책임과 의무】 ①근로자는 자신의 적성과 능력에 맞는 직업을 선택하여 직업생활을 하는 기간 동안 끊임없이 직업에 필요한 능력(이하 "직업능력"이라 한다)을 개발하고, 직업을 통하여 자기발전을 도모하도록 노력하여야 한다.

②사업주는 사업에 필요한 인력을 스스로 양성하고, 자기가 고용하는 근로자의 직업능력을 개발하기 위하여 노력하며, 근로자가 그 능력을 최대한 발휘하면서 일할 수 있도록 고용관리의 개선, 근로자의 고용안정 촉진 및 고용평등의 증진 등을 위하여 노력하여야 한다.
③노동조합과 사업주단체는 근로자의 직업능력개발을 위한 노력과 사업주의 근로자 직업능력개발, 고용관리 개선, 근로자의 고용안정 촉진 및 고용평등의 증진 등을 위한 노력에 적극 협조하여야 한다.
④근로자와 사업주, 노동조합과 사업주단체는 제6조에 따른 국가와 지방자치단체의 시책이 원활하게 시행될 수 있도록 적극 협조하여야 한다.
⑤「고용보험법」에 따른 실업급여 수급자, 「국민기초생활 보장법」에 따른 근로능력이 있는 수급자, 그 밖에 정부에서 지원하는 취업지원 사업에 참여하는 사람 등은 스스로 취업하기 위하여 적극적으로 노력하여야 하며, 국가와 지방자치단체가 하는 직업소개, 직업지도, 직업능력개발훈련 등에 성실히 따르고 적극 참여하여야 한다.

제6조 【국가와 지방자치단체의 시책】 ①국가는 다음 각 호의 사항에 관하여 필요한 시책을 수립·시행하여야 한다.

1. 국민 각자의 능력과 적성에 맞는 직업의 선택과 인력수급의 불일치 해소를 위한 고용·직업 및 노동시장 정보의 수집·제공에 관한 사항과 인력수급 동향·전망에 관한 조사·공표에 관한 사항
2. 근로자의 전 생애에 걸친 직업능력개발과 산업에 필요한 기술·기능 인력을 양성하기 위한 직업능력개발훈련 및 기술자격 검정에 관한 사항
3. 근로자의 실업 예방, 고용안정 및 고용평등 증진에 관한 사항
4. 산업·직업·지역 간 근로자 이동의 지원에 관한 사항
5. 실업자의 실업기간 중 소득지원과 취업촉진을 위한 직업소개·직업지도·직업훈련, 보다 나은 일자리로 재취업하기 위한 불완전 취업자의 경력개발 및 비경제활동 인구의 노동시장 참여 촉진에 관한 사항
6. 학력·경력의 부족, 고령화, 육체적·정신적 장애, 실업의 장기화, 국외로부터의 이주 등으로 인하여 노동시장의 통상적인 조건에서 취업이 특히 곤란한 사람과 「국민기초생활 보장법」에 따른 수급권자 등(이하 "취업취약계층"이라 한다)의 고용촉진에 관한 사항(2020.5.26 개정)
7. 사업주의 일자리 창출, 인력의 확보, 고용유지 등의 지원 및 인력부족의 예방에 관한 사항

8. 지역 고용창출 및 지역 노동시장의 활성화를 위한 지역별 고용촉진에 관한 사항
9. 제1호부터 제8호까지의 사항에 관한 시책 추진을 위한 각종 지원금, 장려금, 수당 등 지원에 관한 제도의 효율적인 운영에 관한 사항
10. 제1호부터 제8호까지의 사항에 관한 시책을 효과적으로 시행하기 위하여 하는 구직자 또는 구인자(求人者)에 대한 고용정보의 제공, 직업소개 · 직업지도 또는 직업능력개발 등 고용을 지원하는 업무(이하 "고용서비스"라 한다)의 확충 및 민간 고용서비스시장의 육성에 관한 사항
11. 그 밖에 노동시장의 효율성 및 건전성을 높이고, 근로자의 고용촉진 · 고용안정 등을 실현하며, 사업주의 일자리 창출 및 고용유지 등을 지원하기 위하여 필요한 사항(2024.1.9 개정)

②국가는 제1항에 따른 시책을 수립 · 시행하는 경우에 기업경영기반의 개선, 경제 · 사회의 균형 있는 발전, 국토의 균형 있는 개발 등의 시책을 종합적으로 고려하여야 하며, 고용기회를 늘리고 지역 간 불균형을 시정하며 중소기업을 우대할 수 있도록 하여야 하고, 차별적 고용관행 등 근로자가 능력을 발휘하는 데에 장애가 되는 고용관행을 개선하도록 노력하여야 한다.

③지방자치단체는 제1항에 따라 수립된 국가 시책과 지역 노동시장의 특성을 고려하여 지역주민의 고용촉진과 지역주민에게 적합한 직업의 소개, 직업훈련의 실시 등에 관한 시책을 수립 · 시행하도록 노력하여야 한다.

④국가는 제3항에 따른 시책을 수립 · 시행하는 지방자치단체에 필요한 지원을 할 수 있다.

제7조【취업기회의 균등한 보장】①사업주는 근로자를 모집 · 채용할 때에 합리적인 이유 없이 성별, 신앙, 연령, 신체조건, 사회적 신분, 출신지역, 학력, 출신학교, 혼인 · 임신 또는 병력(病歷) 등(이하 "성별등"이라 한다)을 이유로 차별을 하여서는 아니 되며, 균등한 취업기회를 보장하여야 한다.(2014.1.21 개정)

②고용서비스를 제공하는 자는 그 업무를 수행할 때에 합리적인 이유 없이 성별등을 이유로 구직자를 차별하여서는 아니 된다.

③직업능력개발훈련을 실시하는 자는 훈련대상자의 모집, 훈련의 실시 및 취업지원 등을 하는 경우에 합리적인 이유 없이 성별등을 이유로 훈련생을 차별하여서는 아니 된다.

제2장 고용정책의 수립 및 추진체계

제8조【고용정책 기본계획의 수립 · 시행】 ①고용노동부장관은 관계 중앙행정기관의 장과 협의하여 5년마다 국가의 고용정책에 관한 기본계획(이하 "기본계획"이라 한다)을 수립하여야 한다.(2010.6.4 개정)
②고용노동부장관은 제1항에 따라 기본계획을 수립할 때에는 제10조제1항에 따른 고용정책심의회의 심의를 거쳐야 하며, 수립된 기본계획은 국무회의에 보고하고 공표하여야 한다.(2010.6.4 개정)
③기본계획에는 다음 각 호의 사항이 포함되어야 한다.
1. 고용에 관한 중장기 정책목표 및 방향
2. 인력의 수요와 공급에 영향을 미치는 경제, 산업, 교육, 복지 또는 인구정책 등의 동향(動向)에 관한 사항
3. 고용 동향과 인력의 수급 전망에 관한 사항
4. 제6조제1항 각 호의 사항에 관한 시책의 기본 방향에 관한 사항
5. 그 밖의 고용 관련 주요 시책에 관한 사항
④관계 중앙행정기관의 장은 고용과 관련된 계획을 수립할 때에는 기본계획과 조화되도록 하여야 한다.
⑤고용노동부장관은 기본계획을 세우기 위하여 필요하면 관계 중앙행정기관의 장 및 지방자치단체의 장에게 필요한 자료의 제출을 요청할 수 있다.(2010.6.4 개정)

제9조【지역고용정책기본계획의 수립 · 시행】 ①특별시장 · 광역시장 · 특별자치시장 · 도지사 및 특별자치도지사(이하 "시 · 도지사"라 한다)는 제10조제1항에 따른 지역고용심의회의 심의를 거쳐 지역 주민의 고용촉진과 고용안정 등에 관한 지역고용정책기본계획(이하 "지역고용계획"이라 한다)을 수립 · 시행하여야 한다.(2011.7.25 개정)
②시 · 도지사는 지역고용계획을 수립할 때에는 기본계획과 조화되도록 하여야 한다.
③시 · 도지사는 지역고용계획을 세우기 위하여 필요하면 관계 중앙행정기관의 장 및 관할 지역의 직업안정기관의 장에게 협조를 요청할 수 있다.
④국가는 시 · 도지사가 지역고용계획을 수립 · 시행하는 데에 필요한 지원을 할 수 있다.

제9조의2【지역 일자리 창출대책의 수립 등】 ①시 · 도지사 및 시

장 · 군수 · 구청장(자치구의 구청장을 말한다. 이하 같다)은 관할 지역 주민들에게 자신의 임기 중에 추진할 일자리 창출대책을 수립 · 공표할 수 있다.
②시 · 도지사 및 시장 · 군수 · 구청장은 제1항에 따라 일자리 창출대책을 추진하기 위하여 관계 중앙행정기관의 장 및 관할 지역의 직업안정기관의 장에게 협조를 요청할 수 있다. 이 경우 협조를 요청받은 관계 중앙행정기관의 장 및 관할 지역의 직업안정기관의 장은 정당한 사유가 없으면 그 요청에 따라야 한다.
③고용노동부장관은 제1항에 따른 일자리 창출대책의 추진성과를 확인하여 공표할 수 있고, 이를 위하여 관계 중앙행정기관의 장 및 지방자치단체의 장에게 필요한 자료의 제출 등 협조를 요청할 수 있다.
④국가는 시 · 도지사 및 시장 · 군수 · 구청장이 제1항에 따라 일자리 창출대책을 추진하는 데에 필요한 지원을 할 수 있다.
⑤고용노동부장관은 일자리 창출대책의 효과를 높이기 위하여 관련 의견을 해당 지방자치단체의 장에게 제시할 수 있다.
⑥지역 일자리 창출대책의 운영에 관한 사항은 고용노동부령으로 정한다.
(2011.7.25 본조신설)

제10조 【고용정책심의회】 ①고용에 관한 주요 사항을 심의하기 위하여 고용노동부에 고용정책심의회(이하 "정책심의회"라 한다)를 두고, 특별시 · 광역시 · 특별자치시 · 도 및 특별자치도에 지역고용심의회를 둔다. 이 경우 「노사관계 발전 지원에 관한 법률」 제3조제1항에 따른 지역 노사민정 간 협력 활성화를 위한 협의체가 특별시 · 광역시 · 특별자치시 · 도 및 특별자치도에 구성되어 있는 경우에는 이를 지역고용심의회로 볼 수 있다.(2011.7.25 개정)
②정책심의회는 다음 각 호의 사항을 심의한다.
1. 제6조제1항에 따른 시책 및 제8조제1항에 따른 기본계획의 수립에 관한 사항
2. 인력의 공급구조와 산업구조의 변화 등에 따른 고용 및 실업대책에 관한 사항
3. 제13조에 따른 고용영향평가 대상의 선정, 평가방법 등에 관한 사항 (2014.1.21 개정)
4. 제13조의2에 따른 재정지원 일자리사업의 효율화에 관한 사항(2011.7.25

신설)

4의2. 제32조제4항 및 제5항에 따른 특별고용지원업종 또는 고용위기지역의 지정 및 지정 해제에 관한 사항(2021.8.17 신설)

5. 「사회적기업 육성법」에 따른 다음 각 목의 사항(2011.7.25 개정)
   가. 「사회적기업 육성법」 제5조에 따른 사회적기업육성기본계획
   나. 「사회적기업 육성법」 제7조에 따른 사회적기업 인증에 관한 사항(2019.4.30 개정)
   다. 그 밖에 사회적기업의 지원을 위하여 필요한 사항으로서 대통령령으로 정하는 사항

6. 「남녀고용평등과 일 · 가정 양립 지원에 관한 법률」 제17조의8 각 호의 사항(2014.1.14 개정)

7. 「장애인고용촉진 및 직업재활법」에 따른 다음 각 목의 사항(2011.7.25 개정)
   가. 「장애인고용촉진 및 직업재활법」 제7조제1항에 따른 장애인의 고용촉진 및 직업재활을 위한 기본계획의 수립에 관한 사항
   나. 그 밖에 장애인의 고용촉진 및 직업재활에 관하여 위원장이 회의에 부치는 사항

8. 「근로복지기본법」 제8조 각 호의 사항(2011.7.25 개정)

8의2. 「가사근로자의 고용개선 등에 관한 법률」 제20조 각 호의 사항(2021.6.15 신설)

9. 관계 중앙행정기관의 장이 고용과 관련하여 심의를 요청하는 사항(2011.7.25 개정)

10. 그 밖에 다른 법령에서 정책심의회의 심의를 거치도록 한 사항 및 대통령령으로 정하는 사항(2011.7.25 개정)

③정책심의회는 위원장 1명을 포함한 30명 이내의 위원으로 구성하고, 위원장은 고용노동부장관이 되며, 위원은 다음 각 호의 어느 하나에 해당하는 사람 중에서 고용노동부장관이 위촉하는 사람과 대통령령으로 정하는 관계 중앙행정기관의 차관 또는 차관급 공무원이 된다.(2010.6.4 개정)

1. 근로자와 사업주를 대표하는 사람
2. 고용문제에 관하여 학식과 경험이 풍부한 사람
3. 「지방자치법」 제182조에 따른 전국 시 · 도지사 협의체에서 추천하는 사람(2021.1.12 개정)

④정책심의회를 효율적으로 운영하고 정책심의회의 심의 사항을 전문적으로 심의하도록 하기 위하여 정책심의회에 분야별로 전문위원회를 둘 수 있다.
⑤전문위원회는 대통령령으로 정하는 바에 따라 정책심의회가 위임한 사항에 관하여 심의한다. 이 경우 전문위원회의 심의는 정책심의회의 심의로 본다.
⑥정책심의회, 지역고용심의회 및 전문위원회의 구성 · 운영과 그 밖에 필요한 사항은 대통령령으로 정한다.

제11조 【직업안정기관의 설치 등】 ①국가는 제6조제1항에 따른 시책을 추진하는 경우에 지역 근로자와 사업주가 편리하게 고용서비스를 받을 수 있도록 지역별로 직업안정기관을 설치 · 운영하여야 한다.
②국가는 지방자치단체의 장이 해당 지역의 구직자와 구인기업에 대하여 고용서비스를 제공하는 업무를 담당하는 조직을 운영하는 경우에 그 조직의 운영에 필요한 지원을 할 수 있다.
③직업안정기관의 장과 지방자치단체의 장은 고용서비스 제공 업무를 수행하는 경우에 서로 협력하여야 한다.
④국가 또는 지방자치단체는 대통령령으로 정하는 바에 따라 취업취약계층에 대한 고용서비스 제공에 필요한 시설을 설치 · 운영할 수 있다.

제12조 【민간에 의한 고용서비스 제공 지원 등】 ①국가는 민간 고용서비스산업의 발전에 필요한 다음 각 호의 시책을 수립 · 시행할 수 있다.
1. 고용서비스 전문가의 양성
2. 공공부문과 민간의 고용 관련 정보망의 연계
3. 국가와 지방자치단체에서 하는 고용서비스 제공사업 중 민간의 전문성을 활용할 수 있는 사업의 발굴과 그 사업의 위탁
4. 우수한 고용서비스를 제공하는 민간기관에 대한 인증
②직업안정기관과 민간기관은 고용서비스 제공에 관한 사업을 공동으로 추진하거나 연계하여 추진하는 등 서로 협력하여 사업을 추진할 수 있다.
③고용노동부장관 또는 직업안정기관의 장은 고용서비스를 제공하는 행정기관, 지방자치단체, 그 밖의 민간 고용서비스 제공기관 등에 시설 · 장비 등 필요한 지원을 할 수 있다.(2010.6.4 개정)

제13조 【고용영향평가】 ①중앙행정기관의 장과 지방자치단체의 장은 소관정책이 일자리 증감 및 고용의 질 등에 미치는 영향을 분석 · 평가(이

하 "고용영향평가"라 한다)하고, 그 결과를 정책의 수립 · 시행에 반영하도록 노력하여야 한다.(2014.1.21 개정)

②중앙행정기관의 장은 다음 각 호의 어느 하나에 해당하는 사업으로서 고용노동부장관이 고용에 미치는 영향, 사업의 규모 및 그 밖에 대통령령으로 정하는 사항을 고려하여 선정한 사업에 대하여 고용노동부령으로 정하는 바에 따라 고용영향평가를 실시하고 그 결과를 고용노동부장관에게 제출하여야 한다.(2019.4.30 신설)

1. 「국가재정법」 제31조제1항에 따른 예산요구서에 포함된 세출예산사업
2. 「국가재정법」 제66조제5항에 따른 기금운용계획안에 포함된 기금사업

③고용노동부장관은 중앙행정기관의 장 또는 지방자치단체의 장이 시행할 계획 또는 시행 중이거나 시행이 완료된 정책 중 고용에 미치는 영향이 큰 정책(계획을 포함한다. 이하 이 조에서 같다)으로서 다음 각 호의 어느 하나에 해당하는 경우 고용영향평가를 하고, 그 결과를 소관 중앙행정기관의 장 또는 지방자치단체의 장에게 통보할 수 있다.(2019.4.30 개정)

1. 관계 중앙행정기관의 장 또는 지방자치단체의 장이 고용영향평가를 요청하는 정책으로서 고용노동부장관이 고용영향평가가 필요하다고 인정하는 정책(2019.4.30 개정)
2. 정책심의회에서 고용영향평가를 하기로 심의한 정책(2019.4.30 개정)
3. 고용노동부장관이 직권으로 고용영향평가가 필요하다고 인정하는 정책(2014.1.21 신설)
4. 대규모의 예산이 투입되는 정책으로서 대통령령으로 정하는 정책(2014.1.21 신설)

④고용노동부장관은 고용영향평가를 위하여 필요하다고 인정할 때에는 관계 행정기관, 교육 · 연구기관 등에 필요한 자료를 요청할 수 있다. 이 경우 자료 요청을 받은 관계 행정기관의 장, 교육 · 연구기관의 장 등은 특별한 사정이 없으면 이에 따라야 한다.(2019.4.30 개정)

⑤고용노동부장관은 제3항에 따른 고용영향평가 결과를 공개하여야 한다.(2019.4.30 개정)

⑥고용노동부장관은 제2항 및 제3항에 따른 고용영향평가의 결과 고용안정 촉진 및 일자리 창출을 위하여 필요하다고 인정하는 경우 관계 중앙행정기관의 장 및 지방자치단체의 장에게 정책에 관하여 제언을 하거나 개선을 권고할 수 있다.(2019.4.30 개정)

⑦제6항에 따라 정책에 관하여 제언 또는 개선 권고를 받은 관계 중앙행정기관의 장 또는 지방자치단체의 장은 특별한 사정이 있는 경우를 제외하고는 개선 대책을 수립 · 시행하고 그 결과를 고용노동부장관에게 통보하여야 한다.(2019.4.30 개정)

⑧제3항, 제6항 및 제7항에 따른 고용영향평가의 요청 절차, 대상의 선정 및 방법, 정책에 관한 제언 또는 개선 권고 및 개선 대책의 수립 · 시행 등에 관하여 필요한 사항은 대통령령으로 정한다.(2019.4.30 개정)

⑨고용노동부장관은 대통령령으로 정하는 바에 따라 다음 각 호의 어느 하나에 해당하는 기관에 제3항에 따른 고용영향평가 업무를 대행하도록 할 수 있다. 이 경우 고용노동부장관은 대행에 필요한 비용을 지급하여야 한다.(2019.4.30 개정)

1. 국가나 지방자치단체가 출연한 연구기관(국가나 지방자치단체의 출연기관이 재출연한 연구기관을 포함한다)
2. 민간연구기관

제13조의2【재정지원 일자리사업의 효율화】 ①고용노동부장관은 재정지원 일자리사업(중앙행정기관 및 지방자치단체 또는 이들로부터 위탁받은 각종 기관 및 단체가 취업을 지원하기 위하여 재정을 활용하여 시행하는 사업을 말한다. 이하 같다)의 효율화를 위하여 다음 각 호의 사항을 추진하여야 한다.

1. 재정지원 일자리사업의 범위, 분류 및 평가기준의 마련
1의2. 재정지원 일자리사업에 대한 현황조사(2019.4.30 신설)
2. 재정지원 일자리사업 간 중복 조정기준의 마련 및 이에 따른 조정
3. 재정지원 일자리사업에 취업취약계층의 우선적 참여를 위한 취업취약계층의 정의 및 사업별 고용비율 · 고용방법 등 제시
4. 재정지원 일자리사업의 추진체계 개선
5. 재정지원 일자리사업 간 연계성 강화
6. 재정지원 일자리사업에 대한 평가 및 그 평가에 따른 제도개선이나 예산반영에 관한 의견 제시(2019.4.30 개정)
7. 재정지원 일자리사업을 통합 관리하는 정보전산망 운영
8. 그 밖에 재정지원 일자리사업의 효율화를 위하여 정책심의회에서 정하는 사항

②고용노동부장관은 매년 제1항제6호의 평가 결과와 연계하여 제1항제1호

의2, 제2호부터 제5호까지의 사항이 포함된 재정지원 일자리사업 효율화 방안을 마련하고, 정책심의회의 심의를 거쳐 재정경제부장관 등 관계 중앙행정기관의 장에게 재정지원 일자리사업 효율화 방안을 통보하여야 한다.〈2025.10.1 개정〉
③제2항의 재정지원 일자리사업 효율화 방안을 통보받은 재정경제부장관 등 관계 중앙행정기관의 장은 효율화 방안의 내용을 반영하여 재정지원 일자리사업의 설계 · 운영 방안을 조정하여야 하며, 고용노동부장관의 요청이 있는 때에는 그 반영 결과를 고용노동부장관에게 통보하여야 한다.〈2025.10.1 개정〉
④중앙행정기관의 장 및 지방자치단체의 장은 재정지원 일자리사업이 기존 사업과 유사하거나 중복되지 아니하도록 하고 재정지원 일자리사업 간의 연계를 강화하는 등 재정지원 일자리사업을 효율적으로 추진하여야 한다.〈2019.4.30 신설〉
⑤재정지원 일자리사업을 수행하는 중앙행정기관의 장 및 지방자치단체의 장 또는 위탁 기관 · 단체는 재정지원 일자리사업의 효율화를 위하여 고용노동부장관의 요청이 있는 경우 다음 각 호의 사항을 이행하여야 한다.〈2019.4.30 개정〉
1. 매년 자신이 수행하는 재정지원 일자리사업의 사업실적, 예산서, 운영지침 등 현황 통보〈2019.4.30 개정〉
2. 고용노동부장관이 제시한 사업개선과 예산반영 의견에 대한 결과의 보고
3. 소관 재정지원 일자리사업의 통합 정보전산망 관리 및 기존 정보전산망과의 연계
4. 정보전산망 등을 이용한 재정지원 일자리사업의 중복참여 여부 확인
5. 그 밖에 재정지원 일자리사업의 효율화를 위하여 정책심의회에서 정하는 사항

⑥중앙행정기관의 장 및 지방자치단체의 장은 재정지원 일자리사업을 신설하거나 변경하려는 경우에는 미리 고용노동부장관에게 해당 사업의 내용을 통보하여야 한다.〈2019.4.30 신설〉
⑦제6항에 따라 통보를 받은 고용노동부장관은 해당 사업과 그 밖의 재정지원 일자리사업 간의 중복을 방지하고 해당 사업의 효율성을 높이기 위하여 필요한 경우 중앙행정기관의 장에게 의견을 제시하거나 권고할 수

있다.(2019.4.30 신설)
⑧고용노동부장관은 제7항에 따라 제시한 의견 또는 권고의 내용과 그에 따른 결과를 재정경제부장관 등 관계 중앙행정기관의 장에게 통보하여야 한다.(2025.10.1 개정)
(2011.7.25 본조신설)

제14조【국제협력】 고용노동부장관은 국제 노동시장의 동향 조사 및 대책 마련, 고용정책 개발 등에 관하여 국제기구, 외국정부 또는 외국기관과 협력사업을 할 수 있다.(2010.6.4 개정)

제3장 고용정보 등의 수집 · 제공

제15조【고용 · 직업 정보의 수집 · 관리】 ①고용노동부장관은 근로자와 기업에 대한 고용서비스 향상과 노동시장의 효율성 제고를 위하여 다음 각 호의 고용 · 직업에 관한 정보(이하 "고용 · 직업 정보"라 한다)를 수집 · 관리하여야 한다.(2019.4.30 개정)
1. 구인 · 구직 정보
2. 고용보험제도 및 고용안정사업의 운영에 필요한 정보
3. 직업의 현황과 전망에 관한 정보 및 직업능력개발 훈련에 필요한 정보
4. 외국인 고용관리에 필요한 정보
5. 재정지원 일자리사업 운영을 위해 필요한 정보
6. 산업별 · 지역별 고용 동향 및 노동시장 정보
7. 그 밖에 제1호부터 제6호까지의 정보를 이용하여 제공하는 서비스의 향상을 위하여 필요한 정보로서 대통령령으로 정하는 정보

②고용노동부장관은 구직자 · 구인자, 직업훈련기관, 교육기관 및 그 밖에 고용 · 직업 정보가 필요한 자가 신속하고 편리하게 이용할 수 있도록 책자를 발간 · 배포하는 등 필요한 조치를 하여야 한다.(2020.5.26 개정)
③고용노동부장관은 고용 · 직업 정보의 수집 · 관리를 위하여 노동시장의 직업구조를 반영한 고용직업분류표를 작성 · 고시하여야 한다. 이 경우 미리 관계 행정기관의 장과 협의할 수 있다.(2019.4.30 개정)

제15조의2【고용정보시스템의 구축 · 운영】 ①고용노동부장관은 제15조제1항의 업무를 효율적으로 수행하기 위하여 같은 항 각 호의 고용 · 직업 정보를 대상으로 하는 전자정보시스템(이하 "고용정보시스템")을 구

축 · 운영할 수 있다.
②고용노동부장관은 제1항에 따른 업무를 수행하기 위하여 법원 · 법무부 · 보건복지부 · 행정안전부 · 국세청 등 관계 중앙행정기관과 지방자치단체의 장 및 관련 기관 · 단체의 장에게 자료 제공 및 관계 전산망의 이용을 요청할 수 있다. 이 경우 자료의 제공 등을 요청받은 자는 정당한 사유가 없으면 그 요청에 따라야 한다.(2023.3.28 개정)
③고용노동부장관은 제2항에 따라 다음 각 호의 정보를 수집 · 보유 · 이용할 수 있다.
1. 사업자등록증
2. 국민건강보험 · 국민연금 · 고용보험 · 산업재해보상보험 · 보훈급여 · 공무원연금 · 공무원재해보상급여 · 군인연금 · 사립학교교직원연금 · 별정우체국연금의 가입 여부, 가입종별, 소득정보, 부과액 및 수급액
3. 건물 · 토지 · 자동차 · 건설기계 · 선박의 공시가격 또는 과세표준액
4. 주민등록등본 · 초본
5. 가족관계등록부(가족관계증명서, 혼인관계증명서, 기본증명서)
6. 북한이탈주민확인증명서
7. 범죄사실에 관한 정보
8. 출입국 정보
9. 외국인등록 자료 중 체류자격과 체류기간(2023..3.28 신설)
10 장애 정도
11. 사회보장급여 수급 이력
12. 「국가기술자격법」이나 그 밖의 법령에 따른 자격취득 정보
13. 학교교육에 관한 정보
14. 지방자치단체 등이 수집한 고용 · 직업 정보
④고용노동부장관은 제2항 및 제3항에 따른 자료와 관계 전산망의 이용을 위하여 「사회보장기본법」 제37조제2항에 따른 사회보장정보시스템을 연계하여 사용할 수 있다.
⑤고용노동부장관은 재정지원 일자리사업 등 일자리 지원 업무를 수행하는 중앙행정기관, 지방자치단체 및 위탁받은 기관 · 단체(이하 "수행기관"이라 한다)의 장이 사업수행 및 관리를 위하여 개인정보 등의 활용을 요청하는 경우 고용정보시스템을 이용하거나 관할 전산망을 연계하여 개인정보 등을 이용하게 할 수 있다. 이 경우 수행기관으로의 정보 제공 및 이

를 위한 정보시스템 운영에 소요되는 비용을 징수할 수 있다.
⑥제2항부터 제4항까지에 따른 자료 제공 및 관계 전산망 이용에 관하여는 수수료 · 사용료 등을 면제한다.
(2019.4.30 본조신설)

제15조의3【개인정보의 보호】 ①고용노동부장관은 제15조의2제5항에 따라 수행기관이 고용정보시스템을 이용하거나 관할 전산망과 연계하여 이용하게 하는 경우 업무에 필요한 최소한의 정보만 제공하여야 한다. 이 경우 고용노동부장관은 수행기관 및 업무담당자별로 이용 가능한 정보의 범위 및 권한을 지정하여야 한다.(2019.4.30 개정)
②고용노동부장관은 고용정보시스템의 개인정보 보호를 위하여 필요한 대책을 마련하여야 하며, 수행기관은 제15조의2제5항에 따라 고용노동부장관에게 고용정보시스템의 사용을 요청하는 경우 보안교육 등 일자리사업 참여자의 개인정보에 대한 보호대책을 마련하여야 한다.(2019.4.30 개정)
③수행기관은 제15조의2제2항부터 제5항까지에 따른 자료 및 관계 전산망을 이용하고자 하는 경우에는 사전에 정보주체의 동의를 받아야 한다.(2019.4.30 개정)
④수행기관은 제15조의2제2항부터 제5항까지에 따른 자료 및 관계 전산망을 이용할 때 다음 각 호의 개인정보를 제외한 정보는 참여자의 선발 및 취업의 지원 목적을 달성한 경우 지체 없이 파기하여야 한다.(2020.5.26 개정)
1. 재정지원 일자리사업 신청자 및 참여자의 특성
2. 재정지원 일자리사업 참여자의 사업 참여 이력
3. 재정지원 일자리사업 참여자의 사업종료 이후 취업 이력
⑤고용정보시스템의 개인정보는 수행기관에서 일자리 지원 업무를 담당하는 사람 중 해당 기관의 장으로부터 개인정보 취급승인을 받은 사람만 취급할 수 있다.(2020.5.26 개정)
⑥재정지원 일자리사업 등 일자리 지원 업무에 종사하거나 종사하였던 자는 일자리 지원 업무 수행과 관련하여 알게 된 개인 · 법인 또는 단체의 정보를 누설하거나 다른 용도로 사용하여서는 아니 된다.(2019.4.30 개정)
⑦제1항부터 제5항까지에서 정한 수행기관별 이용 가능한 정보의 범위 및 권한 지정, 개인정보 보호대책, 정보주체에 대한 사전 동의 방법, 목적을 달성한 정보의 파기 시기 및 방법, 개인정보 취급승인의 절차, 보안교육 등에

관한 세부적인 사항은 고용노동부장관이 정한다.(2019.4.30 개정)
(2015.3.27 본조신설)

제15조의4【관계기관 등에 대한 정보 제공 및 공개】 ①고용노동부장관은 정보주체가 동의하는 경우 구인 · 구직 지원 등에 필요한 개인정보 및 사업장 정보를 고용서비스를 제공하는 행정기관, 지방자치단체 등에 제공할 수 있다.
②고용노동부장관은 고용정보시스템이 수집 · 관리하고 있는 정보 중 개인정보를 제외한 고용정보를 통계적 목적 또는 정책수립을 위하여 관계기관 · 단체 등에 제공할 수 있다.
③고용노동부장관은 제1항 및 제2항에 따라 정보를 제공하는 경우 부정하게 정보를 활용하지 않도록 정보 이용 절차와 요건을 정할 수 있고, 이를 위반하는 경우 정보 이용을 제한할 수 있다.
(2019.4.30 본조신설)

제15조의5【재정지원 일자리사업 통합정보전산망의 구축 · 운영 등】 ①고용노동부장관은 재정지원 일자리사업 참여자의 선발, 취업의 지원, 각종 급여 · 수당의 지급 및 환수 등 재정지원 일자리사업의 수행 및 관리에 필요한 각종 자료 또는 정보의 효율적 처리와 기록 · 관리 업무의 전자화를 위하여 정보시스템(이하 "통합정보전산망"이라 한다)을 구축 · 운영할 수 있다.
②제1항에 따른 통합정보전산망의 구축 · 운영에 관하여는 제15조의2제2항부터 제6항까지를 준용한다. 이 경우 "고용정보시스템"은 "통합정보전산망"으로 본다.(2019.4.30 개정)
③통합정보전산망을 구축 · 운영하는 경우 개인정보 보호에 관해서는 제15조의3을 준용한다. 이 경우 "고용정보시스템"은 "통합정보전산망"으로 본다.(2020.5.26 개정)
④삭제(2019.4.30)
⑤삭제(2019.4.30)
(2019.4.30 본조개정)

제15조의6【고용형태 현황 공시】 ①대통령령으로 정하는 수 이상의 근로자를 사용하는 사업주는 매년 근로자의 고용형태 현황을 공시하여야 한다.
②제1항에 따른 고용형태, 공시절차 및 그 밖에 필요한 사항은 고용노동부

령으로 정한다.
(2019.4.30 본조개정)

제16조 【인력의 수급 동향 등에 관한 자료의 작성】 ①고용노동부장관은 인력의 수급에 영향을 미치는 경제 · 산업의 동향과 그 전망 등이 포함된 인력의 수급 동향과 전망에 관하여 조사하고 자료를 매년 작성하여 공표하여야 한다.(2010.6.4 개정)

②고용노동부장관은 제1항에 따른 인력의 수급 동향과 전망에 관한 자료를 작성하기 위하여 필요하다고 인정하면 다음 각 호의 기관에 필요한 자료의 제공을 요청할 수 있다.(2010.6.4 개정)

1. 관계 행정기관
2. 교육 · 연구기관
3. 사업주 또는 사업주단체
4. 노동조합
5. 그 밖의 관계 기관

③제2항에 따라 자료 제공을 요청받은 자는 특별한 사유가 없으면 그 요청에 따라야 한다.

제17조 【고용 관련 통계의 작성 · 보급 등】 ①고용노동부장관은 고용정책의 효율적 수립 · 시행을 위하여 산업별 · 직업별 · 지역별 고용구조 및 인력수요 등에 관한 통계를 작성 · 공표하여 국민들이 이용할 수 있도록 하여야 한다.(2010.6.4 개정)

②고용노동부장관은 제1항에 따라 작성된 통계를 국민들이 편리하게 이용할 수 있도록 데이터베이스를 구축하는 등 필요한 조치를 하여야 한다.(2010.6.4 개정)

제18조 【한국고용정보원의 설립】 ①고용정보의 수집 · 제공과 직업에 관한 조사 · 연구 등 제40조에 따라 위탁받은 업무와 그 밖에 고용지원에 관한 업무를 효율적으로 수행하기 위하여 한국고용정보원을 설립한다.

②한국고용정보원은 법인으로 한다.

③한국고용정보원은 고용노동부장관의 승인을 받아 분사무소를 둘 수 있다.(2010.6.4 개정)

④한국고용정보원의 사업은 다음 각 호와 같다.

1. 고용 동향, 직업의 현황 및 전망에 관한 정보의 수집 · 관리(2014.1.21 개정)

2. 인력 수급의 동향 및 전망에 관한 정보의 제공(2014.1.21 신설)
3. 고용정보시스템 구축 및 운영(2019.4.30 개정)
4. 직업지도, 직업심리검사 및 직업상담에 관한 기법(技法)의 연구·개발 및 보급(2014.1.21 개정)
5. 고용서비스의 평가 및 지원(2014.1.21 개정)
6. 제1호부터 제5호까지의 사업에 관한 국제협력과 그 밖의 부대사업(2014.1.21 개정)
7. 그 밖에 고용노동부장관, 다른 중앙행정기관의 장 또는 지방자치단체로부터 위탁받은 사업(2014.1.21 개정)

⑤정부는 예산의 범위에서 한국고용정보원의 설립·운영에 필요한 경비와 제4항제1호부터 제6호까지의 사업에 필요한 경비를 출연할 수 있다.(2014.1.21 개정)

⑥한국고용정보원에 관하여 이 법과 「공공기관의 운영에 관한 법률」에 규정된 것 외에는「민법」 중 재단법인에 관한 규정을 준용한다.

⑦한국고용정보원은 업무수행에 필요한 자료의 제공을 국가기관, 지방자치단체, 교육·연구기관, 그 밖의 공공기관에 요청할 수 있다.

⑧한국고용정보원의 임직원은 「형법」 제129조부터 제132조까지의 규정을 적용할 때에는 공무원으로 본다.

⑨한국고용정보원의 임직원이나 임직원으로 재직하였던 사람은 그 직무상 알게 된 비밀을 누설하거나 다른 용도로 사용하여서는 아니 된다.

제18조의2【한국잡월드의 설립 등】 ①다음 각 호의 사업을 수행하기 위하여 한국고용정보원 산하에 한국잡월드를 설립한다.
1. 직업 관련 자료·정보의 전시 및 제공
2. 직업체험프로그램 개설·운영
3. 청소년 및 청년 등에 대한 직업교육프로그램 개설·운영(2021.5.18 개정)
4. 교사 등에 대한 직업지도 교육프로그램 개설·운영
5. 직업상담 및 직업심리검사 서비스 제공
6. 직업 관련 자료·정보의 전시기법 및 체험프로그램 연구·개발
7. 제1호부터 제6호까지의 사업에 관한 국제협력과 그 밖의 부대사업
8. 그 밖에 고용노동부장관, 다른 중앙행정기관의 장 또는 지방자치단체의 장으로부터 위탁받은 사업

②한국잡월드는 법인으로 한다.
③정부는 한국잡월드의 설립 · 운영에 필요한 경비와 제1항제1호부터 제7호까지의 사업에 필요한 경비를 예산의 범위에서 출연할 수 있다.(2014.1.21 개정)
④한국잡월드는 제1항 각 호의 사업수행에 필요한 경비를 조달하기 위하여 입장료 · 체험관람료 징수 및 광고 등 대통령령으로 정하는 바에 따라 수익사업을 할 수 있다.
⑤개인 또는 법인 · 단체는 한국잡월드의 사업을 지원하기 위하여 한국잡월드에 금전이나 현물, 그 밖의 재산을 출연 또는 기부할 수 있다.
⑥한국잡월드의 수입은 다음 각 호의 것으로 한다.
1. 국가나 국가 외의 자로부터 받은 출연금 및 기부금
2. 그 밖에 한국잡월드의 수입금
⑦정부는 한국잡월드의 설립 및 운영을 위하여 필요한 경우에는 「국유재산법」, 「물품관리법」에도 불구하고 국유재산 및 국유물품을 한국잡월드에 무상으로 대부 또는 사용하게 할 수 있다.
(2011.7.25 본조신설)

제 4 장　직업능력개발

제19조 【직업능력개발에 관한 시책】 ①국가는 직업능력개발을 촉진 · 지원하기 위하여 필요한 다음 각 호의 시책을 수립 · 시행하여야 한다.
1. 직업능력개발에 관한 표준 설정
2. 직업능력개발훈련 시설 · 장비의 확충
3. 직업능력개발훈련의 내용 및 훈련 방법의 연구 · 개발
4. 직업능력개발훈련 교사의 양성 · 확보 및 자질향상 등
5. 그 밖에 근로자의 직업능력개발을 지원하기 위하여 필요한 사항
②국가는 다음 각 호의 훈련이 연계되도록 함으로써 산업에 필요한 직업능력을 갖춘 근로자가 양성될 수 있도록 하여야 한다.
1. 교육 · 연구기관에서 하는 교육 · 연구
2. 공공직업훈련시설이 하는 직업능력개발훈련
3. 사업주나 그 밖에 개인 또는 단체가 하는 직업능력개발훈련
③제1항에 따른 직업능력개발에 필요한 사항은 따로 법률로 정한다.

제20조【직업능력개발의 지원】 ①사업주는 그가 고용하는 근로자에 대하여 필요한 직업능력개발훈련을 실시하고 근로자는 스스로 직업능력을 개발하도록 노력하여야 한다.
②국가는 근로자와 사업주에게 직업능력개발에 관한 정보를 제공하고 지도·상담하며 필요한 비용을 지원할 수 있다.
③국가는 국민 모두가 전 생애에 걸쳐 직업능력을 개발하고, 경력을 관리할 수 있도록 필요한 지원을 할 수 있다.

제21조【기술·기능 인력의 양성】 국가는 산업발전의 추이(推移)와 노동시장의 인력수급 상황을 조사하여 지속적인 국가경제의 발전에 필요한 기술·기능 인력을 양성하기 위하여 필요한 시책을 수립·시행하여야 한다.

제22조【직업능력평가제도의 확립】 ①국가는 직업능력평가를 위한 기준을 설정하여 근로자의 지식·기술 및 기능에 대한 검정제도(檢定制度)를 확립하고, 이를 확산하도록 노력하여야 한다.
②제1항에 따른 검정제도에 관하여 필요한 사항은 따로 법률로 정한다.

제5장 근로자의 고용촉진 및 사업주의 인력확보 지원

제23조【구직자와 구인자에 대한 지원】 ①직업안정기관의 장은 구직자가 그 적성·능력·경험 등에 맞게 취업할 수 있도록 구직자 개개인의 적성·능력 등을 고려하여 그 구직자에게 적합하도록 체계적인 고용서비스를 제공하여야 한다.
②직업안정기관의 장은 구인자가 적합한 근로자를 신속히 채용할 수 있도록 구직자 정보의 제공, 상담·조언, 그 밖에 구인에 필요한 지원을 하여야 한다.

제24조【학생 등에 대한 직업지도】 국가는 「초·중등교육법」과 「고등교육법」에 따른 각급 학교의 학생 등에 대하여 장래 직업선택에 관하여 지도·조언하고, 각자의 적성과 능력에 맞는 직업을 가질 수 있도록 직업에 관한 정보를 제공하며, 직업적성검사 등 직업지도를 받을 수 있게 하는 등 필요한 지원을 하여야 한다.

제25조【청년·여성·고령자 등의 고용촉진의 지원】 ①국가는 청년·여성·고령자 등의 고용을 촉진하기 위하여 이들의 취업에 적합한 직

종의 개발, 직업능력개발훈련과정의 개설, 고용기회 확대를 위한 제도의 마련, 관련 법령의 정비, 그 밖에 필요한 대책을 수립 · 시행하여야 한다.
②제1항에 따른 청년 · 여성 · 고령자 등의 고용촉진에 필요한 사항은 따로 법률로 정한다.

제26조 【취업취약계층의 고용촉진 지원】 ①국가는 취업취약계층의 고용을 촉진하기 위하여 다음 각 호의 내용이 포함된 취업지원 프로그램에 따라 직업능력을 개발하게 하는 등 필요한 지원을 하여야 한다.
1. 취업취약계층의 능력 · 적성 등에 대한 진단
2. 취업의욕의 고취 및 직업능력의 증진
3. 집중적인 직업소개 등 지원
②제1항에 따른 취업취약계층의 고용촉진에 필요한 사항은 따로 법률로 정한다.

제27조 【일용근로자 등의 고용안정 지원】 국가는 일용근로자와 파견근로자 등의 고용안정을 위하여 그 근로형태의 특성에 맞는 고용정보의 제공, 직업상담, 직업능력개발 기회의 확대, 그 밖에 필요한 조치를 하여야 한다.

제28조 【사회서비스일자리 창출 및 사회적기업 육성】 ①국가는 사회적으로 필요함에도 불구하고 수익성 등으로 인하여 시장에서 충분히 제공되지 못하는 교육, 보건, 사회복지, 환경, 문화 등 사회서비스 부문에서 법인 · 단체가 일자리를 창출하는 경우에는 이에 필요한 지원을 할 수 있다.
②국가는 취업취약계층 등에 사회서비스 또는 일자리를 제공하여 지역주민의 삶의 질을 높이는 등의 사회적 목적을 추구하면서 재화 및 서비스의 생산 · 판매 등 영업활동을 하는 법인 · 단체를 사회적기업으로 육성하도록 노력하여야 한다.
③제2항에 따른 사회적기업의 육성에 필요한 사항은 따로 법률로 정한다.

제29조 【기업의 고용창출 등 지원】 ①국가는 근로자의 고용기회를 확대하고 기업의 경쟁력을 높이기 위하여 기업의 고용창출, 고용유지 및 인력의 재배치 등 지원에 필요한 대책을 수립 · 시행하여야 한다.
②직업안정기관의 장은 근로자의 모집 · 채용 또는 배치, 직업능력개발, 승진, 임금체계, 그 밖에 기업의 고용관리에 관하여 사업주, 근로자대표 또는 노동조합 등으로부터 지원 요청을 받으면 고용정보 등을 활용하여 상담 ·

지도 등 필요한 지원을 하여야 한다.

제30조 【중소기업 인력확보지원계획의 수립 · 시행】 ①고용노동부장관은 중소기업의 인력확보를 지원하기 위하여 작업환경의 개선, 복리후생시설의 확충, 그 밖에 고용관리의 개선 등을 지원하기 위한 계획(이하 "중소기업 인력확보지원계획"이라 한다)을 수립 · 시행할 수 있다.(2010.6.4 개정)

②고용노동부장관은 중소기업 인력확보지원계획을 수립하려면 미리 관계 중앙행정기관의 장과 협의하여야 한다.(2010.6.4 개정)

③중소기업 인력확보지원계획의 수립 · 시행에 필요한 사항은 대통령령으로 정한다.

제31조 【외국인근로자의 도입】 ①국가는 노동시장에서의 원활한 인력수급을 위하여 외국인근로자를 도입할 수 있다. 이 경우 국가는 국민의 고용이 침해되지 아니하도록 노력하여야 한다.

②제1항에 따른 외국인근로자의 도입 등에 필요한 사항은 따로 법률로 정한다.

제 6 장 고용조정지원 및 고용안정대책

제32조 【업종별 · 지역별 고용조정의 지원 등】 ①고용노동부장관은 국내외 경제사정의 변화 등으로 고용사정이 급격히 악화되거나 악화될 우려가 있는 업종 또는 지역에 대하여 다음 각 호의 사항을 지원할 수 있다.(2014.1.21 개정)

1. 사업주의 고용조정
2. 근로자의 실업 예방
3. 실업자의 재취업 촉진
4. 그 밖에 고용안정과 실업자의 생활안정을 위하여 필요한 지원

②제1항에 해당하는 업종 중에서 급격한 고용감소 등으로 특별한 지원이 필요하다고 인정되는 업종에 속하는 사업주나 사업주단체 · 근로자단체 또는 그 단체의 연합체 등은 해당 업종을 특별고용지원업종으로 지정하여 줄 것을 고용노동부장관에게 신청할 수 있다.(2021.8.17 개정)

③제1항에 해당하는 지역 중에서 급격한 고용감소 등으로 특별한 지원이 필요하다고 인정되는 지역의 지방자치단체의 장은 해당 지역을 고용위기

지역으로 지정하여 줄 것을 고용노동부장관에게 신청할 수 있다.(2021.8.17 신설)
④고용노동부장관은 제2항 및 제3항에 따른 신청을 받은 경우 정책심의회의 심의를 거쳐 해당 업종 또는 지역을 기간을 정하여 특별고용지원업종 또는 고용위기지역으로 지정할 수 있다.(2021.8.17 신설)
⑤고용노동부장관은 제4항에 따른 지정기간 중이더라도 고용사정이 호전되는 등 특별한 지원의 필요성이 없어진 때에는 정책심의회의 심의를 거쳐 그 지정을 해제할 수 있다.(2021.8.17 신설)
⑥제1항부터 제4항까지에 따른 지원 조치, 지정기간 및 지정기간의 연장 등에 필요한 사항은 대통령령으로 정한다.(2021.8.17 신설)

제32조의2【고용재난지역의 선포 및 지원 등】①고용노동부장관은 대규모로 기업이 도산하거나 구조조정 등으로 지역의 고용안정에 중대한 문제가 발생하여 특별한 조치가 필요하다고 인정되는 지역에 대하여 고용재난지역으로 선포할 것을 대통령에게 건의할 수 있다.
②제1항에 따라 고용재난지역의 선포를 건의받은 대통령은 국무회의 심의를 거쳐 해당 지역을 고용재난지역으로 선포할 수 있다.
③고용노동부장관은 제1항에 따라 고용재난지역으로 선포할 것을 대통령에게 건의하기 전에 관계 중앙행정기관의 장과 합동으로 고용재난조사단을 구성하여 실업 등 피해상황을 조사할 수 있다.
④제2항에 따라 고용재난지역으로 선포하는 경우 정부는 행정상·재정상·금융상의 특별지원이 포함된 종합대책을 수립·시행할 수 있다.
⑤제3항에 따른 고용재난조사단의 구성·운영 및 조사에 필요한 사항과 제4항에 따른 지원의 내용은 대통령령으로 정한다.
(2014.1.21 본조신설)

제33조【대량 고용변동의 신고 등】①사업주는 생산설비의 자동화, 신설 또는 증설이나 사업규모의 축소, 조정 등으로 인한 고용량(雇傭量)의 변동이 대통령령으로 정하는 기준에 해당하는 경우에는 그 고용량의 변동에 관한 사항을 고용노동부령으로 정하는 바에 따라 직업안정기관의 장에게 신고하여야 한다. 다만, 「근로기준법」 제24조제4항에 따른 신고를 한 경우에는 그러하지 아니하다.(2021.5.18 개정)
②직업안정기관의 장은 제1항에 따라 신고를 받으면 구인·구직정보를 확보하여 직업소개를 확대하고, 직업훈련기관으로 하여금 직업훈련을 실시

하게 하는 등 실업자의 재취업 촉진 또는 해당 사업의 인력확보에 필요한 조치를 하여야 한다.

제34조【실업대책사업】 ①고용노동부장관은 산업별·지역별 실업 상황을 조사하여 다수의 실업자가 발생하거나 발생할 우려가 있는 경우나 실업자의 취업촉진 등 고용안정이 필요하다고 인정되는 경우에는 관계 중앙행정기관의 장과 협의하여 다음 각 호의 사항이 포함된 실업대책사업(이하 "실업대책사업"이라 한다)을 실시할 수 있다.(2010.6.4 개정)

1. 실업자의 취업촉진을 위한 훈련의 실시와 훈련에 대한 지원
2. 실업자에 대한 생계비, 생업자금, 「국민건강보험법」에 따른 보험료 등 사회보험료, 의료비(가족의 의료비를 포함한다), 학자금(자녀의 학자금을 포함한다), 주택전세자금 및 창업점포임대 등의 지원
3. 실업의 예방, 실업자의 재취업 촉진, 그 밖에 고용안정을 위한 사업을 하는 자에 대한 지원
4. 고용촉진과 관련된 사업을 하는 자에 대한 대부(貸付)
5. 실업자에 대한 공공근로사업
6. 그 밖에 실업의 해소에 필요한 사업

②고용노동부장관은 대통령령으로 정하는 바에 따라 실업대책사업의 일부를 「산업재해보상보험법」에 따른 근로복지공단(이하 "공단"이라 한다)에 위탁할 수 있다.(2010.6.4 개정)

③제1항과 제2항을 적용할 때에 대통령령으로 정하는 무급휴직자(無給休職者)는 실업자로 본다.

④실업대책사업의 실시에 필요한 사항은 대통령령으로 정한다.

제35조【실업대책사업의 자금 조성 등】 ①공단은 제34조제2항에 따라 실업대책사업을 위탁받아 하는 경우에는 다음 각 호의 방법으로 해당 사업에 드는 자금을 조성한다.

1. 정부나 정부 외의 자의 출연(出捐) 또는 보조
2. 제36조에 따른 자금의 차입(借入)
3. 그 밖의 수입금

②공단은 제1항에 따라 조성된 자금을 「근로복지기본법」 제87조에 따른 근로복지진흥기금의 재원으로 하여 관리·운용하여야 한다.(2010.6.8 개정) 고용정책

제36조【자금의 차입】 공단은 제34조제2항에 따라 위탁받은 실업대책사업을 실시하기 위하여 필요하다고 인정하면 고용노동부장관의 승인

을 받아 자금을 차입(국제기구, 외국정부 또는 외국인으로부터의 차입을 포함한다)할 수 있다.(2010.6.4 개정)

제37조 【관계 기관의 협력】 ①고용노동부장관은 실업자의 고용안정이나 인력의 수급 조절을 위하여 필요하다고 인정하면 관계 중앙행정기관의 장이나 지방자치단체의 장에게 그 소관 공사(工事)의 개시 · 정지 또는 근로자의 고용 등에 관하여 협력을 요청할 수 있다.(2010.6.4 개정)
②중앙행정기관 또는 지방자치단체의 장은 제1항에 따른 협력을 요청받은 경우 특별한 사유가 없으면 그 요청에 따라야 한다.

제7장 보 칙

제38조 【보고 및 검사】 ①고용노동부장관은 고용정보의 수집 · 제공, 고용관리 및 고용조정의 지원 등과 관련하여 필요하다고 인정하면 대통령령으로 정하는 바에 따라 사업주와 이 법에 따른 지원을 받았거나 받으려는 자에게 고용관리의 현황, 지원금의 사용 명세, 지원의 적합 여부 등 필요한 사항을 보고하게 할 수 있다.(2010.6.4 개정)
②고용노동부장관은 고용관리 및 고용조정의 지원과 관련하여 법 위반 사실의 확인 등이 필요하다고 인정하면 관계 공무원에게 사업주의 사무소 또는 사업장에 출입하여 관계자에게 질문하게 하거나 서류를 검사하게 할 수 있다.(2010.6.4 개정)
③고용노동부장관은 제2항에 따라 검사하려면 해당 사업주에게 검사일시와 검사내용 등 검사에 필요한 사항을 미리 알려야 한다. 다만, 긴급히 처리할 필요가 있거나 미리 알릴 경우 그 목적을 달성할 수 없다고 인정하는 경우에는 그러하지 아니하다.(2010.6.4 개정)
④제2항에 따라 검사를 하는 관계 공무원은 그 신분을 표시하는 증명서를 지니고 이를 관계자에게 보여주어야 한다.
⑤고용노동부장관은 제2항부터 제4항까지의 규정에 따라 검사를 한 경우에는 해당 사업주에게 그 결과를 서면으로 알려야 한다.(2010.6.4 개정)

제39조 【권한의 위임】 이 법에 따른 고용노동부장관의 권한은 대통령령으로 정하는 바에 따라 그 일부를 시 · 도지사나 직업안정기관의 장에게 위임할 수 있다.(2010.6.4 개정)

제40조 【위탁】 ①이 법에 따른 고용노동부장관의 업무 중 다음 각 호

의 업무는 제18조에 따른 한국고용정보원에 위탁할 수 있다.(2019.4.30 개정)

1. 제15조에 따른 고용 · 직업 정보의 수집 · 관리 등에 관한 업무
2. 제15조의2에 따른 고용정보시스템의 구축 · 운영 등에 관한 업무
3. 제15조의5에 따른 통합정보전산망의 구축 · 운영 등에 관한 업무
4. 제16조에 따른 인력의 수급 동향과 전망에 관한 조사, 자료 작성 및 공표에 관한 업무
5. 제17조에 따른 고용 관련 통계의 작성 · 공표 및 데이터베이스 구축에 관한 업무

②국가나 지방자치단체는 제11조제4항에 따른 시설의 설치 · 운영에 관한 업무를 대통령령으로 정하는 비영리 법인 · 단체에 위탁할 수 있다.

제41조【벌칙】 제15조의3제6항 및 제18조제9항을 위반하여 직무상 알게 된 비밀을 누설하거나 다른 용도로 사용한 자는 10년 이하의 징역 또는 1억원 이하의 벌금에 처한다.(2019.4.30 개정)

제42조【과태료】 ①다음 각 호의 어느 하나에 해당하는 자에게는 300만원 이하의 과태료를 부과한다.

1. 제33조제1항을 위반하여 신고를 하지 아니하거나 거짓으로 신고한 자
2. 제38조제1항에 따른 보고를 하지 아니하거나 거짓으로 보고한 자
3. 제38조제2항에 따른 질문에 대하여 답변을 거부 · 방해 또는 기피하거나 거짓으로 답변한 자 또는 같은 항에 따른 검사를 거부 · 방해 또는 기피한 자

②제1항에 따른 과태료는 대통령령으로 정하는 바에 따라 고용노동부장관이 부과 · 징수한다.(2010.6.4 개정)

부 칙 (2009.10. 9)

제1조【시행일】 이 법은 2010년 1월 1일부터 시행한다.

제2조【다른 법률의 개정】 ①남녀고용평등과 일 · 가정 양립지원에 관한 법률 일부를 다음과 같이 개정한다.

제17조의7을 다음과 같이 한다.

제17조의7(적극적 고용개선조치에 관한 중요 사항 심의) 적극적 고용개선조치에 관한 다음 각 호의 사항은 「고용정책 기본법」 제10조에 따른 고용정책심의회의 심의를 거쳐야 한다.

1. 제17조의3제1항에 따른 여성 근로자 고용기준에 관한 사항
2. 제17조의3제4항에 따른 시행계획의 심사에 관한 사항
3. 제17조의4제2항에 따른 적극적 고용개선조치 이행실적의 평가에 관한 사항
4. 제17조의4제3항 및 제4항에 따른 적극적 고용개선조치 우수기업의 표창 및 지원에 관한 사항
5. 그 밖에 적극적 고용개선조치에 관하여 고용정책심의회의 위원장이 회의에 부치는 사항

②근로자복지기본법 일부를 다음과 같이 개정한다.

제8조를 다음과 같이 한다.

제8조(근로자복지증진에 관한 중요 사항 심의) 이 법에 따른 근로자복지에 관한 다음 각 호의 사항은 「고용정책 기본법」 제10조에 따른 고용정책심의회(이하 "고용정책심의회"라 한다)의 심의를 거쳐야 한다.

1. 제9조제1항에 따른 근로자의 복지증진에 관한 기본계획
2. 근로자복지사업에 드는 재원 조성에 관한 사항
3. 그 밖에 고용정책심의회의 위원장이 근로자복지정책에 관하여 회의에 부치는 사항

제9조제1항 후단 중 "중앙위원회"를 "고용정책심의회"로 하고, 같은 조 제4항 중 "제8조제3항의 규정에 의하여 중앙위원회"를 "제8조에 따라 고용정책심의회"로 한다.

제48조제1항제9호 중 "고용정책기본법 제28조의2"를 "「고용정책 기본법」 제35조"로 하고, 제51조제10호 중 "고용정책기본법 제28조"를 "「고용정책 기본법」 제34조"로 한다.

③고용보험법 일부를 다음과 같이 개정한다.

제21조제3항 중 "「고용정책기본법」 제26조"를 "「고용정책 기본법」 제32조"로 한다.
④고용상 연령차별금지 및 고령자고용촉진에 관한 법률 일부를 다음과 같이 개정한다.
제4조의3제3항 중 "「고용정책기본법」 제6조"를 "「고용정책 기본법」 제10조"로 한다.
⑤근로자직업능력 개발법 일부를 다음과 같이 개정한다.
제5조제2항제1호 중 "「고용정책기본법」 제10조"를 "「고용정책 기본법」 제16조"로 한다.
⑥기능대학법 일부를 다음과 같이 개정한다.
제6조제2항제1호를 다음과 같이 한다.
1. 「고용정책 기본법」 제8조에 따른 고용정책 기본계획
⑦영유아보육법 일부를 다음과 같이 개정한다.
제28조제1항 각 호 외의 부분 단서 중 "「고용정책기본법」 제21조제2항"을 "「고용정책 기본법」 제40조제2항"으로 한다.
⑧임금채권보장법 일부를 다음과 같이 개정한다.
제16조 후단 중 "「고용정책기본법」 제6조"를 "「고용정책 기본법」 제10조"로 한다.

제 3 조 【다른 법령과의 관계】 이 법 시행 당시 다른 법령에서 종전의 「고용정책기본법」의 규정을 인용한 경우에 이 법 가운데 그에 해당하는 규정이 있으면 종전의 규정을 갈음하여 이 법의 해당 조문을 인용한 것으로 본다.

부 칙 (2011. 7.25)
이 법은 공포한 날부터 시행한다. 다만, 제9조제1항, 제10조제1항 전단 및 후단(특별자치시와 관련된 부분에 한정한다)의 개정규정은 2012년 7월 1일부터 시행한다.

부 칙 (2012.12.18)
이 법은 공포 후 6개월이 경과한 날부터 시행한다.

부 칙 (2014. 1.21)

이 법은 공포 후 6개월이 경과한 날부터 시행한다.

부　칙 (2015. 3.27)
이 법은 공포한 날부터 시행한다.

부　칙 (2019. 4.30)
제1조【시행일】 이 법은 공포한 날부터 시행한다. 다만, 제13조, 제15조, 제15조의2부터 제15조의5까지, 제18조제4항, 제40조제1항 및 제41조의 개정규정은 공포 후 6개월이 경과한 날부터 시행한다.
제2조【고용안정정보망과 고용보험전산망의 구축 · 운영에 관한 경과조치】 이 법 시행 당시 종전의 제15조제3항에 따라 구축 · 운영 중인 고용안정정보망과 고용보험전산망은 제15조의2의 개정규정에 따른 고용정보시스템으로 본다.
제3조【다른 법령과의 관계】 이 법 시행 당시 다른 법령에서 종전의 「고용정책 기본법」의 규정을 인용한 경우에 이 법 가운데 그에 해당하는 규정이 있는 때에는 종전의 규정을 갈음하여 이 법의 해당 조항을 인용한 것으로 본다.

부　칙 (2021. 5.18)
이 법은 공포한 날부터 시행한다.

부　칙 (2021. 8.17)
이 법은 공포 후 6개월이 경과한 날부터 시행한다.

부　칙 (2023. 3.28)
이 법은 공포 후 6개월이 경과한 날부터 시행한다.

부　칙 (2024. 1. 9)
이 법은 공포한 날부터 시행한다.

고용정책 기본법 시행령

제정 1994. 7.16 대통령령 제14326호
전부개정 2009.12.30 대통령령 제21928호
2010. 3.15 대통령령 제22075호
2010. 7.12 대통령령 제22269호
2012. 1. 6 대통령령 제23488호
2012. 8.22 대통령령 제24062호
2013. 3.23 대통령령 제24447호
2013. 6.11 대통령령 제24590호
2013.12.30 대통령령 제25050호
2014. 7.21 대통령령 제25498호
2014.11.19 대통령령 제25751호
2015. 1.12 대통령령 제26046호
2015. 2.26 대통령령 제26122호
2015. 5.26 대통령령 제26248호
2016. 1.22 대통령령 제26922호
2017. 7.26 대통령령 제28211호
2019. 4. 2 대통령령 제29677호
2019. 7. 2 대통령령 제29950호
2019.10.29 대통령령 제30174호
2021. 2. 2 대통령령 제31429호
2021. 8. 6 대통령령 제31931호
2022. 2.17 대통령령 제32446호
2024. 4.16 대통령령 제34416호
2025. 3.25 대통령령 제35402호
2025.10. 1 대통령령 제35805호
2025.12.30 대통령령 제35947호

제 1 조 【목적】 이 영은 「고용정책 기본법」에서 위임된 사항과 그 시행에 필요한 사항을 규정함을 목적으로 한다.

제 2 조 【고용정책심의회 심의사항】 ①「고용정책 기본법」(이하 "법"이라 한다)제10조제2항제5호다목에서 "대통령령으로 정하는 사항"이란 다음 각 호의 사항을 말한다.(2012.8.22 개정)

1. 「사회적기업 육성법」 제5조에 따른 사회적기업육성기본계획에 따른 연도별 시행계획에 관한 사항
2. 「사회적기업 육성법」 제10조제2항에 따른 지원업무 위탁에 관한 사항

②법 제10조제2항제10호에서 "대통령령으로 정하는 사항"이란 다음 각 호의 사항을 말한다.(2012.8.22 개정)

1. 고용정책 추진실적의 평가에 관한 사항
2. 이 영에서 고용정책심의회의 심의를 거치도록 한 사항
3. 그 밖에 고용노동부장관이 필요하다고 인정하여 심의에 부치는 사항(2010.7.12 개정)

제 3 조 【고용정책심의회의 구성】 ①법 제10조제3항에서 "대통령령으로 정하는 관계 중앙행정기관의 차관 또는 차관급 공무원"이란 다음 각 호의 사람을 말한다.

1. 재정경제부 제1차관, 과학기술정보통신부 제1차관, 교육부차관, 행정안전부차관, 산업통상부차관, 보건복지부 제1차관, 성평등가족부차관, 국토교통부 제1차관 및 중소벤처기업부 제1차관(2025.12.30 개정)
2. 제1호에 따른 사람 외에 고용정책심의회(이하 "정책심의회"라 한다)의 위원장이 안건 심의를 위하여 필요하다고 인정하여 위촉한 관계 중앙행정기관의 차관 또는 차관급 공무원

②제1항제2호에 따른 위촉위원은 정책심의회의 위원장이 지정하는 심의사항에 대해서만 위원의 자격을 가진다.

제 4 조 【임기】 ①법 제10조제3항에 따른 위촉위원(이하 이 조에서 "위촉위원"이라 한다)의 임기는 2년으로 한다. 다만, 보궐위원의 임기는 전임자 임기의 남은 기간으로 한다.(2025.3.25 개정)

②위촉위원은 제1항에 따른 임기가 만료된 경우에도 후임위원이 위촉될 때까지 그 직무를 수행할 수 있다.(2025.3.25 신설)

제 5 조 【위원장의 직무】 ①정책심의회의 위원장은 정책심의회를 대표하며, 정책심의회의 사무를 총괄한다.

②위원장이 부득이한 사유로 직무를 수행할 수 없을 때에는 위원장이 지명하는 위원이 그 직무를 대행한다.

제6조【회의】 ①정책심의회의 위원장은 정책심의회의 회의를 소집하고, 그 의장이 된다.
②회의는 재적위원 과반수의 출석으로 개의(開議)하고 출석위원 과반수의 찬성으로 의결한다.

제7조【전문위원회】 ①법 제10조제4항에 따라 정책심의회에 다음 각 호의 전문위원회를 둔다.
1. 지역고용전문위원회(2019.10.29 신설)
2. 고용서비스전문위원회(2019.10.29 신설)
3. 사회적기업육성전문위원회(2019.10.29 개정)
4. 적극적고용개선전문위원회(2019.10.29 개정)
5. 장애인고용촉진전문위원회(2019.10.29 개정)
6. 가사근로자고용개선전문위원회(2022.2.17 신설)
7. 건설근로자고용개선전문위원회(2022.2.17 개정)
8. 직업능력개발전문위원회(2022.2.17 신설)
9. 산업전환고용안정전문위원회(2024.4.16 신설)

②제1항 각 호에 따른 전문위원회(이하 "전문위원회"라 한다)는 위원장 1명을 포함한 20명 이내의 위원으로 구성한다.
③전문위원회의 위원은 다음 각 호의 어느 하나에 해당하는 사람 중에서 정책심의회의 위원장이 임명하거나 위촉하고, 전문위원회의 위원장은 전문위원회의 위원 중에서 정책심의회의 위원장이 지명한다.
1. 전문위원회의 심의 사항과 관련된 지식과 경험이 있는 근로자 대표 및 사업주 대표
2. 전문위원회의 심의 사항에 대한 지식과 경험이 풍부한 사람
3. 관계 중앙행정기관의 3급 공무원 또는 고위공무원단에 속하는 공무원

④전문위원회의 위원장은 안건 심의를 위하여 필요한 경우에는 제3항에 따른 위원 외에 정책심의회의 위원장이 정하는 관련 전문가, 관계 중앙행정기관의 3급 공무원 또는 고위공무원단에 속하는 공무원을 특별위원으로 위촉할 수 있다.
⑤정책심의회는 법 제10조제5항에 따라 같은 조 제2항의 심의 사항 중 일부를 다음 각 호와 같이 전문위원회에 위임한다.

1. 법 제10조제2항제1호 중 법 제6조제1항제8호에 관한 사항: 지역고용전문위원회(2019.10.29 신설)
2. 법 제10조제2항제1호 중 법 제6조제1항제10호에 관한 사항: 고용서비스전문위원회(2019.10.29 신설)
3. 법 제10조제2항제5호의 사항: 사회적기업육성전문위원회(2019.10.29 개정)
4. 법 제10조제2항제6호의 사항: 적극적고용개선전문위원회(2019.10.29 개정)
5. 법 제10조제2항제7호의 사항: 장애인고용촉진전문위원회(2019.10.29 개정)
6. 법 제10조제2항제8호의2의 사항: 가사근로자고용개선전문위원회(2022.2.17 신설)
7. 「건설근로자의 고용개선 등에 관한 법률」 제3조제3항에 따라 건설근로자 고용개선 기본계획의 수립·변경과 관련하여 고용노동부장관이 심의를 요청하는 사항: 건설근로자고용개선전문위원회(2022.2.17 개정)
8. 「국민 평생 직업능력 개발법」 제11조의5에 따라 직업능력개발 관련 주요정책의 수립·조정, 관련 사업의 연계·효율화 등과 관련하여 고용노동부장관이 심의를 요청하는 사항: 직업능력개발전문위원회(2022.2.17 신설)
9. 「산업전환에 따른 고용안정 지원 등에 관한 법률」 제7조제3항에 따라 산업전환에 따른 고용안정 지원 기본계획의 수립·변경과 관련하여 고용노동부장관이 심의를 요청하는 사항: 산업전환고용안정전문위원회(2024.4.16 신설)

⑥전문위원회의 위원장은 전문위원회가 심의한 사항을 정책심의회에 보고하여야 한다.

⑦전문위원회에 관하여는 제4조부터 제6조까지의 규정을 준용한다.

제8조【조사·연구위원】 ①정책심의회에 고용정책에 관한 사항을 조사·연구할 9명 이내의 조사·연구위원을 둘 수 있다.

②조사·연구위원은 고용정책에 관한 학식과 경험이 풍부한 사람 중에서 고용노동부장관이 위촉한다.(2010.7.12 개정)

제9조【협조의 요청】 정책심의회 또는 전문위원회(이하 "심의회등"이라 한다)는 안건의 심의를 위하여 필요하다고 인정하는 경우에는 관계

행정기관 또는 단체에 자료 제출을 요청하거나 관계 공무원이나 전문가 등 관계인을 출석시켜 의견을 들을 수 있다.

제10조 【위원의 수당】 심의회등의 회의에 출석하거나 회의 안건에 대한 검토의견을 제출한 위원 및 조사 · 연구위원에게는 예산의 범위에서 수당과 여비를 지급할 수 있다. 다만, 공무원인 위원이 그 소관 업무와 직접 관련되어 회의에 출석하거나 회의 안건에 대한 검토의견을 제출한 경우에는 수당과 여비를 지급하지 아니한다.

제11조 【간사】 ①심의회등에는 각각 간사 1명을 둔다.

②제1항에 따른 간사는 고용노동부 소속 공무원 중에서 고용노동부장관이 임명한다.(2010.7.12 개정)

제12조 【운영세칙】 이 영에서 규정한 사항 외에 심의회등의 운영에 필요한 사항은 해당 심의회등의 의결을 거쳐 심의회등의 위원장이 정한다.

제13조 【지역고용심의회의 구성】 ①법 제10조제1항 전단에 따른 지역고용심의회(이하 "지역고용심의회"라 한다)는 위원장 1명을 포함하여 20명 이내의 위원으로 구성한다.(2022.2.17 개정)

②위원장은 특별시장 · 광역시장 · 도지사 또는 특별자치도지사(이하 "시 · 도지사"라 한다)가 되고, 위원은 다음 각 호의 사람이 된다. 다만, 제2호의 직업안정기관의 장이 지청장인 경우에는 고용노동부장관이 업무 관할 등을 고려하여 지명하는 지방고용노동청장을 위원으로 할 수 있다.(2010.7.12 개정)

1. 다음 각 목의 사람 중에서 시 · 도지사가 임명하거나 위촉하는 사람
   가. 근로자 대표 및 사업주 대표
   나. 고용문제에 관한 지식과 경험이 풍부한 사람 및 관계 공무원
2. 특별시 · 광역시 또는 도의 청사 소재지를 관할하는 직업안정기관(제주특별자치도의 경우에는 「제주특별자치도 설치 및 국제자유도시 조성을 위한 특별법」 제395조제1항에 따라 제주특별자치도지사 소속으로 설치되는 직업안정기관을 말한다. 이하 같다)의 장(2016.1.22 개정)

제14조 【지역고용심의회의 기능】 지역고용심의회는 다음 각 호의 사항을 심의한다.

1. 제9조제1항에 따른 지역고용정책기본계획의 수립 · 시행에 관한 사항
2. 특별시 · 광역시 · 도 또는 특별자치도(이하 "시 · 도"라 한다)의 고용촉진, 직업능력개발 및 실업대책에 관한 중요사항

3. 그 밖에 고용문제와 관련하여 시 · 도지사 또는 직업안정기관의 장이 심의에 부치는 사항

제15조 【지역고용심의회의 전문위원회】 ①지역고용심의회의 심의 사항을 보다 전문적으로 연구 · 심의하기 위하여 지역고용심의회에 위원장 1명을 포함한 10명 이내의 위원으로 구성하는 전문위원회를 둘 수 있다.

②제1항의 전문위원회의 위원은 다음 각 호의 어느 하나에 해당하는 사람 중에서 시 · 도지사가 임명하거나 위촉하고, 위원장은 제1항의 전문위원회의 위원 중에서 시 · 도지사가 지명한다.

1. 고용정책에 관한 지식과 경험이 있는 근로자 대표 및 사업주 대표
2. 고용정책에 관한 지식과 경험이 풍부한 사람
3. 고용정책을 담당하는 관계 행정기관의 공무원

③제1항의 전문위원회는 지역고용심의회가 전문위원회에 요구한 사항을 연구하거나 심의하고 전문위원회의 위원장은 그 결과를 지역고용심의회에 보고하여야 한다.

제16조 【지역고용심의회의 실무위원회】 ①지역고용심의회의 회의에 부칠 안건을 검토 · 조정하고 그 밖에 지역고용심의회의 운영을 지원하기 위하여 지역고용심의회에 위원장 2명을 포함한 10명 이내의 위원으로 구성하는 실무위원회를 둔다.

②실무위원회의 위원은 고용정책 관련 행정기관의 관계 공무원과 고용정책 관련 기관의 장 중에서 시 · 도지사가 임명하거나 위촉한다.

③실무위원회의 위원장은 다음 각 호의 사람이 공동으로 수행한다.

1. 직업안정기관의 장 또는 직업안정기관에 속하는 고용정책 관련 부서장
2. 지역고용심의회 위원장이 속하는 시 · 도의 고용정책 관련 부서장

④실무위원회에 지역의 인력 수급 상황 등을 조사 · 연구할 5명 이내의 조사 · 연구위원을 둘 수 있다. 이 경우 조사 · 연구위원은 고용정책에 관한 학식과 경험이 풍부한 사람 중에서 시 · 도지사가 위촉한다.

제17조 【지역고용심의회의 시 · 군 · 구 고용심의회】 ①지역고용심의회의 심의 사항 중 하나 또는 둘 이상의 시 · 군 · 구(자치구를 말한다. 이하 같다)에 관련된 사항을 심의하기 위하여 필요하다고 인정하는 경우에는 지역고용심의회의 의결을 거쳐 지역고용심의회에 시 · 군 · 구 고용심의회를 둘 수 있다.

②시 · 군 · 구 고용심의회의 위원장은 제1항의 심의가 필요한 그 지역의

시장 · 군수 · 구청장(자치구의 구청장을 말한다. 이하 같다)이 된다. 다만, 둘 이상의 시 · 군 · 구에 관련된 사항을 심의하기 위하여 시 · 군 · 구 고용심의회를 두는 경우에는 지역고용심의회의 위원장이 관련 지역의 시장 · 군수 · 구청장 중에서 단독 또는 공동 위원장을 지명한다.
③시 · 군 · 구 고용심의회의 위원은 제13조제2항제1호 각 목의 사람 중에서 시 · 군 · 구 고용심의회 위원장의 추천을 받아 시 · 도지사가 임명하거나 위촉한다.
④시 · 군 · 구 고용심의회의 위원장은 시 · 군 · 구 고용심의회가 심의한 내용과 심의 결과를 지역고용심의회에 보고하여야 한다.

제18조【지역고용심의회의 운영세칙】 ①이 영에서 규정한 사항 외에 지역고용심의회, 지역고용심의회의 전문위원회 및 실무위원회의 구성 · 운영에 필요한 사항은 지역고용심의회의 의결을 거쳐 지역고용심의회의 위원장이 정한다.
②시 · 군 · 구 고용심의회의 위원장은 이 영과 제1항에 따라 지역고용심의회의 위원장이 정한 운영세칙에 따라 시 · 군 · 구 고용심의회의 구성 · 운영에 필요한 사항을 따로 정할 수 있다.

제19조【준용】 지역고용심의회 및 지역고용심의회의 전문위원회, 실무위원회, 시 · 군 · 구 고용심의회에 관하여는 제4조부터 제6조까지의 규정, 제9조 및 제10조를 준용한다.

제20조【지역고용심의회 등의 운영 지원】 국가나 지방자치단체는 지역고용심의회 및 지역고용심의회의 전문위원회, 실무위원회, 시 · 군 · 구 고용심의회의 원활한 운영을 위하여 위원의 수당 등 운영에 필요한 경비를 예산의 범위에서 지원할 수 있다.

제21조【고용서비스 제공 시설의 설치 · 운영】 국가나 지방자치단체가 법 제11조제4항에 따라 취업취약계층에 대한 법 제6조제1항제10호에 따른 고용서비스(이하 "고용서비스"라 한다) 제공에 필요한 시설을 설치 · 운영할 때에는 취업취약계층에 대하여 특화된 고용서비스 제공에 필요한 전문인력 등을 갖추어야 하며, 취업취약계층이 접근하기 쉬운 곳에 고용서비스 제공에 필요한 시설을 설치 · 운영하여야 한다.

제22조【고용영향평가 대상 정책 등】 ①법 제13조제2항 각 호 외의 부분에서 "대통령령으로 정하는 사항"이란 사업의 유형, 사업의 계속성 및 의무지출 여부를 말한다.(2019.10.29 신설)

②고용노동부장관은 법 제13조제3항에 따라 같은 조 제1항에 따른 고용영향평가(이하 "고용영향평가"라 한다)의 대상을 선정할 때에는 해당 정책이 노동시장에 미치는 영향 및 그 정도, 평가의 가능성과 정책 분석 · 평가의 시급성 등을 종합적으로 고려하여야 한다.(2019.10.29 개정)
③관계 중앙행정기관의 장 또는 지방자치단체의 장이 법 제13조제3항제1호에 따라 고용영향평가를 요청하려면 정책명, 정책의 개요 및 기대효과, 고용영향평가의 필요성 등이 포함된 고용영향평가 요청서를 고용노동부장관에게 제출하여야 한다.(2019.10.29 개정)
④법 제13조제3항제4호에서 "대통령령으로 정하는 정책"이란 다음 각 호의 정책을 말한다.(2019.10.29 개정)
1. 「국가재정법」 제38조에 따른 예비타당성조사 대상 사업으로서 고용노동부장관이 기획예산처장관과 협의를 거쳐 고용영향평가를 하기로 결정한 사업(2025.12.30 개정)
2. 국회가 그 의결로 고용영향평가의 실시를 요구한 정책
(2014.7.21 본조개정)

제22조의2 【고용영향평가의 결과 등】 ①법 제13조제2항 및 제3항에 따른 고용영향평가의 결과에는 다음 각 호의 사항이 포함되어야 한다.(2019.10.29 개정)
1. 해당 정책의 시행에 따른 고용과의 연계성 및 고용창출의 경로
2. 해당 정책으로 인하여 예상되거나 발생한 일자리의 증감
3. 해당 정책으로 인하여 발생하거나 발생이 예상되는 관련 노동시장에서의 고용의 질 변화
4. 일자리의 증감이나 고용의 질에 긍정적 영향을 높이기 위한 정책 제언 및 개선 권고
②고용노동부장관은 제1항에 따른 고용영향평가의 결과를 정책심의회에 보고하고, 소관 중앙행정기관의 장 또는 지방자치단체의 장에게 통보하여야 한다.
(2014.7.21 본조신설)

제22조의3 【정책제언 및 개선권고】 ①법 제13조제6항에 따라 소관 정책에 관하여 제언 또는 개선 권고를 받은 관계 중앙행정기관의 장 또는 지방자치단체의 장은 제언 또는 개선 권고를 받은 날부터 30일 이내에 제언 또는 개선 권고에 대한 개선대책을 수립하여 이를 고용노동부장관에게

제출하여야 한다.(2019.10.29 개정)
②제1항에 따라 개선대책을 수립한 관계 중앙행정기관의 장 또는 지방자치단체의 장은 개선대책의 시행이 종료된 후 지체 없이 그 결과를 고용노동부장관에게 통보하여야 한다.
(2014.7.21 본조신설)

제23조 【고용영향평가의 대행】 고용노동부장관은 법 제13조제9항 각 호의 기관 중 어느 하나를 고용영향평가 대행기관으로 지정하여 고시한다.(2019.10.29 개정)

제24조 【전문기관에 대한 자문 등】 ①고용노동부장관은 법 제15조에 따른 고용 · 직업 정보의 수집 및 관리, 법 제16조에 따른 인력의 수급 동향 등에 관한 자료의 작성, 그 밖에 필요한 사항에 대하여 전문기관에 자문하거나 조사 · 연구를 의뢰할 수 있다.(2019.10.29 개정)
②고용노동부장관은 제1항에 따라 자문하거나 조사 · 연구를 의뢰한 경우에는 그 자문에 대한 답변과 조사 · 연구에 드는 비용의 전부 또는 일부를 예산의 범위에서 그 전문기관에 지급할 수 있다.(2010.7.12 개정)

제25조 【고용 · 직업정보의 수집 · 관리】 법 제15조제1항제7호에서 "대통령령으로 정하는 정보"란 다음 각 호의 정보를 말한다.
1. 보험관계의 성립 · 소멸, 보험료의 납부 · 징수 등을 위하여 필요한 고용보험 및 산업재해보상보험 관련 정보
2. 사회적기업의 설립 · 운영을 지원하고 사회적기업을 육성하기 위하여 필요한 사회적기업 등 관련 정보
3. 장애인의 고용촉진 및 직업재활을 위하여 필요한 장애인 고용 · 직업 관련 정보
4. 건설근로자의 고용안정과 직업능력의 개발 · 향상 등을 위하여 필요한 건설근로자 관련 정보
5. 노사협력 및 노사관계 발전 지원을 위하여 필요한 고용 · 인적자원개발사업 관련 정보
6. 가사근로자의 고용안정 및 근로조건 향상을 위하여 필요한 가사서비스 제공기관 및 가사근로자 관련 정보(2024.4.16 신설)

(2019.10.29 본조신설)

제26조 【통합정보전산망의 구축 · 운영】 ①고용노동부장관은 법 제15조의5제1항에 따른 통합정보전산망(이하 "통합정보전산망"이라 한다)을

구축·운영하기 위하여 매년 정부의 사업 중 통합정보전산망을 통하여 관리하여야 할 재정지원에 의한 일자리 관련 사업을 관계 중앙행정기관의 장과 협의를 거쳐 결정하고, 이를 관계 중앙행정기관의 장에게 통보하여야 한다.(2019.10.29 개정)
②제1항에 따라 통합정보전산망을 통한 관리대상으로 결정된 일자리 관련 사업을 수행하는 중앙행정기관의 장은 재정지원일자리정보통신망의 운영에 필요한 정보를 입력하여야 한다.(2019.10.29 개정)
③고용노동부장관은 통합정보전산망을 구축·운영하기 위하여 필요한 경우에는 관계 중앙행정기관의 공무원 등으로 협의체를 구성하여 운영할 수 있다.(2019.10.29 개정)
(2019.10.29 본조개정)

제26조의2 【고용형태 현황 공시 의무 사업주】 ①법 제15조의6제1항에서 "대통령령으로 정하는 수 이상의 근로자를 사용하는 사업주"란 상시 300명 이상의 근로자를 사용하는 사업주를 말한다.(2019.10.29 개정)
②제1항의 상시 사용하는 근로자 수는 「고용보험 및 산업재해보상보험의 보험료징수 등에 관한 법률 시행령」 제2조제1항제3호에 따른 상시근로자 수의 산정방법에 따라 산정한다.(2015.2.26 개정)
(2013.6.11 본조신설)

제27조 【인력의 수급 동향 등에 관한 자료의 작성】 ①고용노동부장관은 법 제16조에 따른 인력의 수급 동향 등에 관한 자료를 작성할 때에는 관계 중앙행정기관의 장이 작성하는 인력의 수급 동향 등과 관련된 자료를 고려하여야 한다.(2010.7.12 개정)
②중앙행정기관의 장은 인력의 수급 동향 등에 관한 자료를 작성할 때에는 제1항에 따라 고용노동부장관이 작성하는 인력의 수급 동향 등에 관한 자료를 고려하여야 한다.(2010.7.12 개정)
③고용노동부장관은 제1항과 제2항에 따라 작성되는 인력의 수급 동향 등에 관한 자료 간의 정합성(整合性)을 높이기 위하여 관계 중앙행정기관의 공무원으로 구성하는 협의체를 설치·운영할 수 있다.(2010.7.12 개정)
④고용노동부장관은 제3항에 따른 협의체의 설치·운영에 관한 규정을 따로 정할 수 있다.(2010.7.12 개정)

제27조의2 【한국잡월드의 수익사업】 ①법 제18조의2제4항에 따라 한국잡월드가 할 수 있는 수익사업은 다음 각 호와 같다.

1. 한국잡월드 입장권 및 체험관람권의 판매
2. 한국잡월드 시설의 임대
3. 기념품의 제작·판매
4. 직업진로설계 프로그램 운영
5. 한국잡월드 시설물을 이용한 광고
6. 그 밖에 고용노동부장관이 한국잡월드의 사업 수행을 위한 경비 조달을 위하여 필요하다고 인정하는 사업

②한국잡월드는 법 제18조의2제4항에 따라 수익사업을 하려는 경우 전년도 12월 31일까지 해당 연도 수익사업 계획서를 고용노동부장관에게 제출하여 승인을 받아야 한다. 승인받은 수익사업 계획을 변경하려는 경우에도 미리 승인을 받아야 한다.

③한국잡월드는 수익사업의 실적서 및 결산서를 다음 연도 3월 31일까지 고용노동부장관에게 제출하여야 한다.

(2012.8.22 본조신설)

제28조 【중소기업 인력확보지원계획】 ①법 제30조에 따른 중소기업 인력확보지원계획에는 다음 각 호의 사항이 포함되어야 한다.

1. 중소기업의 고용 동향에 관한 사항
2. 중소기업의 작업환경, 복리후생시설, 그 밖에 고용관리의 현황 및 개선 등에 관한 사항
3. 중소기업 지원의 대상·내용 및 절차에 관한 사항
4. 중소기업 지원 관련 법령에 따른 자금 지원 및 비용 부담에 관한 사항
5. 제2호부터 제4호까지의 사항에 관련된 것으로서 고용노동부장관이 특히 필요하다고 인정하는 사항(2010.7.12 개정)

②고용노동부장관은 제1항에 따라 수립된 중소기업 인력확보지원계획을 원활히 시행하기 위하여 필요하다고 인정하는 경우에는 관계 행정기관의 장에게 지원을 요청할 수 있다.(2010.7.12 개정)

③제2항에 따라 지원을 요청받은 행정기관의 장은 그 요청에 대한 처리계획과 결과를 고용노동부장관에게 통보(전자문서에 의한 통보를 포함한다)하여야 한다.(2010.7.12 개정)

제29조 【지원대상 업종 및 지역 등】 ①법 제32조제1항에 따라 고용조정 지원 등이 필요한 업종 또는 지역은 다음 각 호의 업종 또는 지역 중에서 고용노동부장관이 정하여 고시한 기준에 따라 지정·고시하는 업종 또는 지

역으로 한다.(2022.2.17 개정)

1. 사업의 전환이나 사업의 축소 · 정지 · 폐업으로 인하여 고용량이 현저히 감소하거나 감소할 우려가 있는 업종
2. 제1호의 업종이 특정 지역에 밀집되어 그 지역의 고용사정이 현저히 악화되거나 악화될 우려가 있는 지역으로서 그 지역 근로자의 실업 예방 및 재취업 촉진 등의 조치가 필요하다고 인정되는 지역
3. 많은 구직자가 다른 지역으로 이동하거나 구직자의 수에 비하여 고용기회가 현저히 부족한 지역으로서 그 지역의 고용 개발을 위한 조치가 필요하다고 인정되는 지역

②법 제32조제3항에 따라 고용위기지역의 지정을 신청하려는 지방자치단체의 장은 미리 신청 지역을 관할하는 직업안정기관의 장과 협의를 하고 지역고용심의회의 심의를 거쳐야 한다. 다만, 법 제10조제1항 후단에 따라 「노사관계 발전 지원에 관한 법률」 제3조제1항에 따른 지역 노사민정 간 협력 활성화를 위한 협의체를 거친 경우에는 지역고용심의회 심의를 거친 것으로 본다.(2022.2.17 신설)

③고용노동부장관이 제1항에 따라 업종이나 지역을 지정 · 고시하는 경우에는 그 업종 또는 지역에 대한 고용조정 지원 등을 하는 기간을 함께 고시하여야 한다.(2022.2.17 개정)

④고용노동부장관이 제1항에 따라 업종이나 지역을 지정 · 고시할 때에는 미리 관계 중앙행정기관의 장과 협의한 후 정책심의회의 심의를 거쳐야 한다.(2022.2.17 개정)

제30조【고용조정 지원 등】①고용노동부장관은 제29조에 따라 지정된 업종 또는 지역의 「고용보험법」에 따른 피보험자 및 피보험자였던 사람, 그 밖에 취업할 의사를 가진 사람과 「고용보험법」을 적용받는 사업주에 대하여 「고용보험법」에 따른 고용안정 · 직업능력개발 사업을 함으로써 필요한 지원을 할 수 있다.(2014.7.21 개정)

②국가와 지방자치단체는 제29조에 따라 지정된 업종 또는 지역의 사업주 중 「고용보험법」을 적용받지 아니하는 사업주에 대하여 필요하다고 인정하는 경우에는 예산의 범위에서 지원을 할 수 있다. 이 경우 그 지원의 내용 · 기준 · 절차와 그 밖에 필요한 사항은 정책심의회의 심의를 거쳐 고용노동부장관이 정한다.(2010.7.12 개정)

③고용노동부장관은 법 제32조에 따른 고용조정의 지원 등이 「산업발전

법」 제33조에 따라 「중소기업진흥에 관한 법률」에 따른 중소벤처기업창업 및 진흥기금을 사용하는 사업에 해당하는 경우에는 중소벤처기업부장관에게 그 기금으로부터의 지원을 요청할 수 있다.(2025.10.1 개정)

제30조의2【지정기간과 지정기간의 연장】 ①법 제32조제4항에 따른 지정기간(이하 이 조에서 "지정기간"이라 한다)은 2년 이내로 한다.
②지정기간의 연장은 1년 이내의 범위에서 3회까지만 할 수 있다.
③제2항에 따른 지정기간의 연장을 신청하려는 경우에는 지정기간이 끝나기 2개월 전까지 고용노동부장관에게 지정기간 연장 신청서를 제출해야 한다.
④지정기간의 연장 절차에 관하여는 제29조제2항부터 제4항까지의 규정을 준용한다.
(2022.2.17 본조신설)

제30조의3【고용재난조사단 구성 및 운영 등】 ①법 제32조의2제3항에 따른 고용재난조사단(이하 "고용재난조사단"이라 한다)은 단장 1명을 포함하여 15명 이하의 단원으로 구성한다.
②단장은 고용노동부 소속의 고위공무원단에 속하는 공무원으로 하고, 단원은 고용노동부 및 관계 중앙행정기관의 소속 공무원과 고용·노동 등의 분야에 관한 전문지식과 경험이 풍부한 민간 전문가로서 고용노동부장관이 지명하는 사람으로 한다.
③고용재난조사단은 실업 등 피해의 규모 및 실태, 필요한 지원의 내용 등에 관하여 조사한 후 고용노동부장관 및 관계 중앙행정기관의 장에게 그 결과를 보고하여야 한다.
④고용재난조사단은 실업 등 피해상황 조사에 필요한 경우 도산·실업 등이 발생한 사업의 사업주, 관계 중앙행정기관의 장 및 지방자치단체의 장 등에게 관련 자료의 제출을 요청할 수 있다. 이 경우 자료의 제출을 요청받은 사업주 등은 특별한 사유가 없으면 그 요청에 따라야 한다.
⑤제1항부터 제4항까지에서 규정한 사항 외에 고용재난조사단의 구성 및 운영에 필요한 사항은 고용노동부장관이 관계 중앙행정기관의 장과 협의하여 정한다.
(2022.2.17 본조개정)

제30조의4【고용재난지역에 대한 지원】 법 제32조의2제4항에 따른 고용재난 극복에 필요한 행정상·재정상·금융상의 특별지원 내용은 다

음 각 호와 같다.
1. 「국가재정법」 제51조에 따른 예비비의 사용 및 「지방재정법」 제58조에 따른 특별지원
2. 「중소기업진흥에 관한 법률」에 따른 중소벤처기업창업 및 진흥기금에서의 융자 요청 및 「신용보증기금법」에 따른 신용보증기금의 우선적 신용보증과 보증조건 우대의 요청(2019.4.2 개정)
3. 「소상공인기본법」 제31조에 따른 소상공인을 대상으로 한 조세 관련 법령에 따른 조세감면(2021.2.2 개정)
4. 「고용보험 및 산업재해보상보험의 보험료 징수 등에 관한 법률」 제28조에 따른 고용보험 · 산업재해보상보험 보험료 또는 징수금 체납처분의 유예 및 같은 법 제39조에 따른 납부기한의 연장
5. 중앙행정기관 및 지방자치단체가 실시하는 일자리사업에 대한 특별지원
6. 그 밖에 고용재난지역의 고용안정 및 일자리 창출 등을 위하여 필요한 지원

(2022.2.17 본조개정)

제31조 【대량 고용변동의 신고기준 등】 법 제33조제1항 본문에서 "대통령령으로 정하는 기준"이란 1개월 이내에 이직하는 근로자의 수가 다음 각 호의 구분에 따른 기준에 해당하는 경우를 말한다. 다만, 이직하는 근로자가 고용노동부령으로 정하는 기준에 해당하는 경우는 제외한다.(2010.7.12 개정)
1. 상시 근로자 300명 미만을 사용하는 사업 또는 사업장: 30명 이상
2. 상시 근로자 300명 이상을 사용하는 사업 또는 사업장: 상시 근로자 총수의 100분의 10 이상

제32조 【실업대책사업】 ①고용노동부장관은 법 제34조에 따른 실업대책사업의 실시를 위한 실업대책을 수립할 때에는 그 실업대책의 시행주체, 종류, 규모 및 시기를 정하여야 한다.(2010.7.12 개정)

②법 제34조에 따른 실업대책사업에는 다음 각 호의 어느 하나에 해당하는 사업이 포함되어야 한다.
1. 많은 인력을 사용하는 사업
2. 많은 실업자가 발생하거나 발생할 우려가 있는 지역에서 시행되는 사업
3. 고용 상황의 변화에 따라 쉽게 규모를 변경하거나 그만둘 수 있는 사업

제33조 【공공근로사업 참여자에 대한 급여의 지급】 고용노동부장

관은 법 제34조제1항제5호에 따른 공공근로사업을 실시할 때에 다음 각 호의 요건을 모두 갖춘 경우에는 그 사업에 참여하는 사람에게 급여의 일부를 통화 외의 것으로 지급할 수 있다.(2010.7.12 개정)

1. 긴급하게 소비 진작과 지역경제의 활성화 등을 고려할 필요가 있다고 인정되는 경우일 것
2. 급여의 일부를 통화 외의 것으로 지급하는 것에 대하여 그 사업에 참여하는 사람의 동의를 받았을 것

제34조 【그 밖의 실업대책사업】 고용노동부장관은 법 제34조제1항제6호에 따라 실업의 해소와 실업자의 생활안정을 위하여 다음 각 호의 실업대책사업을 실시할 수 있다.(2010.7.12 개정)

1. 공익사업을 하여 실업자를 고용하는 공공근로사업 등 고용촉진사업을 하는 비영리법인 및 단체 등에 대한 지원(2019.7.2 개정)
2. 그 밖에 실업대책사업의 일환으로 실업자 및 그 가족에게 생계 지원이나 의료 지원 등 생활안정 지원사업을 하는 비영리법인 및 단체 등에 대한 지원

제35조 【실업대책사업의 위탁 등】 ①고용노동부장관은 법 제34조제2항에 따라 다음 각 호의 사업을 「산업재해보상보험법」에 따른 근로복지공단(이하 "공단"이라 한다)에 위탁할 수 있다.(2010.7.12 개정)

1. 법 제34조제1항제2호에 따른 실업자 지원사업
2. 법 제34조제1항제4호에 따른 고용촉진과 관련된 사업을 하는 자에 대한 대부(貸付)사업
3. 제34조 각 호에 따른 실업대책사업

②고용노동부장관은 제1항에 따라 실업대책사업을 공단에 위탁하는 경우에는 일반회계에서 위탁 수수료를 지급할 수 있다.(2010.7.12 개정)

제36조 【실업자로 보는 무급휴직자의 범위】 법 제34조제3항에서 "대통령령으로 정하는 무급휴직자(無給休職者)"란 6개월 이상 기간을 정하여 무급으로 휴직하는 사람을 말한다.

제37조 【공공사업 등에의 재취업 촉진】 ①고용노동부장관은 법 제34조에 따른 실업대책사업을 위하여 필요하다고 인정하는 경우에는 다음 각 호의 자에게 직업안정기관에 구직 등록을 한 실직자를 고용하도록 요청할 수 있다.(2010.7.12 개정)

1. 국가·지방자치단체가 실시하는 사업의 수행자

2. 국가 · 지방자치단체가 출연하거나 출자한 기관이 실시하는 사업의 수행자
3. 국가 · 지방자치단체의 보조를 받아 실시하는 사업의 시행 주체

②고용노동부장관은 공공근로사업을 하는 지방자치단체에 대하여 직업안정기관에 구직 등록을 한 장기 구직자에게 공공근로 기회를 주도록 요청할 수 있다.(2019.7.2 개정)

제38조 【직업능력 개발훈련의 조정】 고용노동부장관은 실업자의 신속하고 효과적인 직업능력 개발훈련을 위하여 필요하다고 인정하는 경우에는 공공직업훈련 시설에 그 훈련시기의 조정, 훈련기간의 단축, 훈련직종의 조정, 위탁훈련의 범위 조정 등을 요청할 수 있다.(2010.7.12 개정)

제39조 【출연금의 지급】 ①법 제35조제1항제1호에 따라 정부가 공단에 출연금을 지급할 때에는 고용노동부장관이 이를 예산에 계상(計上)하여 지급하여야 한다.(2010.7.12 개정)

②고용노동부장관은 제1항에 따른 출연금 예산이 확정되면 그 내용을 공단에 통지(전자문서에 의한 통지를 포함한다)하여야 한다.(2010.7.12 개정)

③공단은 출연금을 받으려면 지급신청서에 분기별 사업계획서와 분기별 예산집행계획서를 첨부하여 고용노동부장관에게 제출(전자문서에 의한 제출을 포함한다)하여야 한다.(2010.7.12 개정)

④고용노동부장관은 제3항에 따른 지급신청서를 받은 경우 그 분기별 사업계획 및 분기별 예산집행계획이 타당하다고 인정될 때에는 그 계획에 따라 출연금을 지급하여야 한다.(2010.7.12 개정)

제40조 【자금의 차입】 공단은 법 제36조에 따라 자금의 차입을 승인받으려면 다음 각 호의 사항이 포함된 승인신청서를 고용노동부장관에게 제출(전자문서에 의한 제출을 포함한다)하여야 한다.(2010.7.12 개정)

1. 차입 사유 및 차입 금액(물자 도입인 경우에는 물자의 종류 · 수량 및 가격)
2. 차입처
3. 차입조건
4. 차입금의 상환방법 및 상환기한
5. 그 밖에 자금의 차입 및 상환에 필요한 사항

제41조 【보고 및 검사】 ①고용노동부장관은 법 제38조제1항에 따른 보고를 요구할 때에는 7일 이상의 기간을 주어야 한다. 다만, 긴급한 경우

에는 그러하지 아니하다.(2010.7.12 개정)

②제1항에 따른 보고의 요구는 문서(전자문서를 포함한다)로 하여야 한다.

제42조 【권한의 위임】 고용노동부장관은 법 제39조에 따라 다음 각 호의 사항에 관한 권한을 직업안정기관의 장에게 위임한다.(2010.7.12 개정)

1. 법 제38조에 따른 보고 및 검사
2. 법 제42조에 따른 과태료의 부과 및 징수
3. 제37조에 따른 공공사업 등에의 재취업 촉진

제43조 【업무의 위탁】 법 제40조제2항에서 "대통령령으로 정하는 비영리 법인 · 단체"란 다음 각 호에 해당하는 법인 · 단체를 말한다.

1. 법 제18조에 따른 한국고용정보원
2. 공단
3. 「장애인고용촉진 및 직업재활법」에 따른 한국장애인고용촉진공단
4. 「민법」 제32조에 따라 고용노동부장관의 허가를 받아 설립된 사단법인 한국경영자총협회(2010.7.12 개정)
5. 「영유아보육법」 제24조제2항 각 호에 해당하는 비영리 법인 · 단체
6. 그 밖에 근로자에 대한 고용서비스를 제공하는 비영리 법인 또는 단체 중 고용노동부장관이 지정 · 고시하는 법인 또는 단체(2010.7.12 개정)

제43조의2 【민감정보 및 고유식별정보의 처리】 ①고용노동부장관(법 제40조에 따라 고용노동부장관의 업무를 위탁받은 자를 포함한다)은 다음 각 호의 사무를 수행하기 위하여 불가피한 경우 「개인정보 보호법」 제23조에 따른 건강에 관한 정보, 같은 법 시행령 제18조제2호에 따른 범죄경력에 해당하는 정보, 같은 영 제19조제1호 또는 제4호에 따른 주민등록번호 또는 외국인등록번호가 포함된 자료를 처리할 수 있다.(2019.10.29 개정)

1. 법 제15조에 따른 고용 · 직업 정보의 수집 및 관리에 관한 사무(2019.10.29 개정)
2. 법 제15조의2제1항에 따른 고용정보시스템의 구축 · 운영에 관한 사무(2019.10.29 개정)
3. 법 제15조의4제1항에 따른 개인정보 및 사업장 정보를 제공하는 사무(2019.10.29 신설)
4. 법 제23조에 따른 구직자와 구인자에 대한 고용서비스 제공 및 지원 등에 관한 사무(2019.10.29 개정)

5. 법 제26조에 따른 취업취약계층의 고용촉진 지원에 관한 사무(2019.10.29 개정)
6. 법 제29조에 따른 기업의 고용창출 등 지원에 관한 사무(2019.10.29 개정)
7. 법 제33조에 따른 대량 고용변동의 신고 및 이에 대한 조치에 관한 사무(2019.10.29 개정)

②중앙행정기관의 장 및 지방자치단체의 장(중앙행정기관의 장 및 지방자치단체의 장의 업무를 위탁받은 기관 및 단체를 포함한다)은 법 제13조의2제5항제3호 및 제4호에 따른 사항의 이행에 관한 사무를 수행하기 위하여 불가피한 경우 「개인정보 보호법」 제23조에 따른 건강에 관한 정보, 같은 법 시행령 제19조제1호 또는 제4호에 따른 주민등록번호 또는 외국인등록번호가 포함된 자료를 처리할 수 있다.(2019.10.29 개정)

(2015.1.12 본조개정)

제43조의3【규제의 재검토】 고용노동부장관은 제26조의2에 따른 고용형태 현황 공시 의무 사업주에 대하여 2014년 1월 1일을 기준으로 3년마다(매 3년이 되는 해의 1월 1일 전까지를 말한다) 그 타당성을 검토하여 개선 등의 조치를 하여야 한다.

(2013.12.30 본조신설)

제44조【과태료의 부과기준】 법 제42조제1항에 따른 과태료의 부과기준은 별표와 같다.

부　칙 (2009.12.30)

제1조【시행일】 이 영은 2010년 1월 1일부터 시행한다.

제2조【지방고용심의회 등에 관한 경과조치】 이 영 시행 당시 종전의 규정에 따라 설치된 지방고용심의회, 지방고용심의회의 전문위원회, 지방고용심의회의 실무위원회 및 지방고용심의회의 시·군·구 고용심의회는 제13조, 제15조, 제16조 및 제17조의 개정규정에 따라 설치된 지역고용심의회, 지역고용심의회의 전문위원회, 지역고용심의회의 실무위원회 및 지역고용심의회의 시·군·구 고용심의회로 본다.

제3조【다른 법령의 개정】 생략

제4조【다른 법령과의 관계】 이 영 시행 당시 다른 법령에서 종전의 「고용정책기본법 시행령」 또는 그 규정을 인용한 경우에 이 영 가운데 그에 해당하는 규정이 있으면 종전의 「고용정책기본법 시행령」 또는 그 규정을 갈음하여 이 영 또는 이 영의 해당 규정을 인용한 것으로 본다.

부　칙 (2012. 8.22)

이 영은 공포한 날부터 시행한다.

부　칙 (2013. 6.11)

이 영은 2013년 6월 19일부터 시행한다.

부　칙 (2014. 7.21)

이 영은 2014년 7월 22일부터 시행한다.

부　칙 (2015. 1.12)

이 영은 공포한 날부터 시행한다.

부　칙 (2015. 2.26)

이 영은 2015년 3월 1일부터 시행한다.

부　칙 (2019.10.29)

이 영은 2019년 11월 1일부터 시행한다.

부 칙 (2022. 2.17)

제1조【시행일】 이 영은 2022년 2월 18일부터 시행한다. 다만, 제7조제1항제6호 및 같은 조 제5항제6호의 개정규정은 2022년 6월 16일부터 시행한다.

제2조【특별고용지원업종 · 고용위기지역의 지정 · 고시 등에 관한 경과조치】 ①이 영 시행 전에 제29조제1항에 따라 지정 · 고시된 고용조정 지원 필요 업종이나 지역 중에서 특별한 지원이 필요하다고 인정되어 지정 · 고시된 업종이나 지역(이하 "종전특별고용지원업종등"이라 한다)은 법 제32조제4항에 따라 지정 · 고시된 특별고용지원업종이나 고용위기지역으로 본다.

②이 영 시행 전에 종전특별고용지원업종등에 대하여 고용노동부장관이 정하여 고시하는 바에 따라 지정 · 고시된 지정기간이나 연장된 지정기간은 제30조의2제1항 및 제2항의 개정규정에 따라 지정된 것으로 본다.

③이 영 시행 전에 종전특별고용지원업종등의 지정기간을 연장한 경우 연장 횟수는 제30조의2제2항의 개정규정에 따른 지정기간의 연장 횟수 산정에 포함한다.

제3조【다른 법령의 개정】 고용보험법 시행령 일부를 다음과 같이 개정한다.

제24조제1항제1호 중 "「고용정책 기본법 시행령」 제29조제2항"을 "「고용정책 기본법 시행령」 제29조제3항"으로 한다.

부 칙 (2024. 4.16)

이 영은 2024년 4월 25일부터 시행한다.

부 칙 (2025. 3.25)

제1조【시행일】 이 영은 공포한 날부터 시행한다.

제2조【위원회 위촉위원의 직무계속에 관한 적용례】 제4조제2항의 개정규정은 이 영 시행 이후 임기가 만료되는 위촉위원부터 적용한다.

직업안정법

제정 1994. 1. 7 법률 제4733호
개정 1995.12.29 법률 제5103호
1997.12.13 법률 제5453호
1997.12.24 법률 제5474호
1997.12.24 법률 제5478호
1998. 2.20 법률 제5512호
1999. 2. 8 법률 제5884호
2004. 3.22 법률 제7196호
2005.12.30 법률 제7825호
2007. 1.19 법률 제8249호
2007. 4.11 법률 제8372호
2008. 3.28 법률 제9040호
2009. 2. 6 법률 제9432호
2009.10. 9 법률 제9795호
2010. 6. 4 법률 제10339호
2011. 9.15 법률 제11048호
2014. 5.20 법률 제12631호
2015. 1.20 법률 제13049호
2018. 4.17 법률 제15589호
2019. 4.30 법률 제16413호
2020. 5.26 법률 제17326호
2021. 8.17 법률 제18425호
2024. 1.23 법률 제20121호

제1장 총 칙

제1조 【목적】 이 법은 모든 근로자가 각자의 능력을 계발 · 발휘할 수

있는 직업에 취업할 기회를 제공하고, 정부와 민간부문이 협력하여 각 산업에서 필요한 노동력이 원활하게 수급되도록 지원함으로써 근로자의 직업안정을 도모하고 국민경제의 균형있는 발전에 이바지함을 목적으로 한다.
(2009.10.9 본조개정)

제2조【균등처우】 누구든지 성별, 연령, 종교, 신체적 조건, 사회적 신분 또는 혼인 여부 등을 이유로 직업소개 또는 직업지도를 받거나 고용관계를 결정할 때 차별대우를 받지 아니한다.
(2009.10.9 본조개정)

제2조의2【정의】 이 법에서 사용하는 용어의 뜻은 다음 각 호와 같다.
1. "직업안정기관"이란 직업소개, 직업지도 등 직업안정업무를 수행하는 지방고용노동행정기관을 말한다.(2010.6.4 개정)
2. "직업소개"란 구인 또는 구직의 신청을 받아 구직자 또는 구인자(求人者)를 탐색하거나 구직자를 모집하여 구인자와 구직자 간에 고용계약이 성립되도록 알선하는 것을 말한다.
3. "직업지도"란 취업하려는 사람이 그 능력과 소질에 알맞은 직업을 쉽게 선택할 수 있도록 하기 위한 직업적성검사, 직업정보의 제공, 직업상담, 실습, 권유 또는 조언, 그 밖에 직업에 관한 지도를 말한다.
4. "무료직업소개사업"이란 수수료, 회비 또는 그 밖의 어떠한 금품도 받지 아니하고 하는 직업소개사업을 말한다.
5. "유료직업소개사업"이란 무료직업소개사업이 아닌 직업소개사업을 말한다.
6. "모집"이란 근로자를 고용하려는 자가 취업하려는 사람에게 피고용인이 되도록 권유하거나 다른 사람으로 하여금 권유하게 하는 것을 말한다.
7. "근로자공급사업"이란 공급계약에 따라 근로자를 타인에게 사용하게 하는 사업을 말한다. 다만, 「파견근로자 보호 등에 관한 법률」 제2조제2호에 따른 근로자파견사업은 제외한다.(2019.4.30 개정)
8. "직업정보제공사업"이란 신문, 잡지, 그 밖의 간행물 또는 유선·무선방송이나 컴퓨터통신 등으로 구인·구직 정보 등 직업정보를 제공하는 사업을 말한다.
9. "고용서비스"란 구인자 또는 구직자에 대한 고용정보의 제공, 직업소개, 직업지도 또는 직업능력개발 등 고용을 지원하는 서비스를 말한다.

(2009.10.9 본조개정)

제 3 조 【정부의 업무】 ①정부는 이 법의 목적을 달성하기 위하여 다음 각 호의 업무를 수행한다.

1. 노동력의 수요와 공급을 적절히 조절하는 업무
2. 구인자, 구직자에게 국내외의 직업을 소개하는 업무
3. 구직자에 대한 직업지도 업무
4. 고용정보를 수집 · 정리 또는 제공하는 업무
5. 구직자에 대한 직업훈련 또는 재취업을 지원하는 업무
6. 직업소개사업, 직업정보제공사업, 근로자 모집 또는 근로자공급사업의 지도 · 감독에 관한 업무
7. 노동시장에서 취업이 특히 곤란한 사람에 대한 고용을 촉진하는 업무
8. 직업안정기관, 지방자치단체 및 민간 고용서비스 제공기관과의 업무 연계 · 협력과 고용서비스 시장의 육성에 관한 업무

②정부는 제1항제2호부터 제5호까지 및 제7호의 업무에 관한 사업을 다음 각 호의 자와 공동으로 하거나 다음 각 호의 자에게 위탁할 수 있다.

1. 제18조에 따라 무료직업소개사업을 하는 자
2. 제19조에 따라 유료직업소개사업을 하는 자
3. 제23조에 따라 직업정보제공사업을 하는 자
4. 그 밖에 제1항제2호부터 제5호까지 및 제7호의 업무와 관련된 전문기관으로서 대통령령으로 정하는 기관

③제2항에 따른 사업에 드는 비용은 대통령령으로 정하는 지원대상 및 지원방법에 따라 일반회계 또는 「고용보험법」에 따른 고용보험기금에서 지원할 수 있다.

(2009.10.9 본조개정)

제 4 조 【정의】 제2조의2로 이동(2009.10.9)

제 4 조의 2 【지방자치단체의 국내 직업소개 업무 등】 ①지방자치단체의 장은 필요한 경우 구인자 · 구직자에 대한 국내 직업소개, 직업지도, 직업정보제공 업무를 할 수 있다.

②지방자치단체의 장은 제1항에 따른 업무를 수행하는 데에 필요한 전문인력을 둘 수 있다.

③고용노동부장관은 제3조에 따른 업무를 원활하게 수행하기 위하여 필요하다고 인정하면 지방자치단체의 장과 공동으로 구인자 · 구직자에 대한 국내 직업소개, 직업지도, 직업정보제공 업무를 할 수 있다.(2010.6.4 개정)

④지방자치단체의 장이 제1항에 따라 구인자 · 구직자에 대한 국내 직업소개 업무 등을 수행하는 경우에 관하여는 제2장(제5조 및 제7조는 제외한다)을 준용한다.
(2009.10.9 본조개정)

제4조의3 【인력은행의 설치 · 운영】 삭제(2007.1.19)

제4조의4 【민간직업상담원】 ①고용노동부장관은 직업안정기관에 직업소개, 직업지도 및 고용정보 제공 등의 업무를 담당하는 공무원이 아닌 직업상담원(이하 "민간직업상담원"이라 한다)을 배치할 수 있다.(2010.6.4 개정)
②민간직업상담원의 배치기준과 그 밖에 필요한 사항은 고용노동부령으로 정한다.(2010.6.4 개정)
(2009.10.9 본조개정)

제4조의5 【고용서비스 우수기관 인증】 ①고용노동부장관은 제3조제2항 각 호의 어느 하나에 해당하는 자로서 구인자 · 구직자가 편리하게 이용할 수 있는 시설과 장비를 갖추고 직업소개 또는 취업정보 제공 등의 방법으로 구인자 · 구직자에 대한 고용서비스 향상에 기여하는 기관을 고용서비스 우수기관으로 인증할 수 있다.(2010.6.4 개정)
②고용노동부장관은 제1항에 따른 고용서비스 우수기관 인증업무를 대통령령으로 정하는 전문기관에 위탁할 수 있다.(2010.6.4 개정)
③고용노동부장관은 제1항에 따라 고용서비스 우수기관으로 인증을 받은 기관에 대하여는 제3조제2항에 따른 공동사업을 하거나 위탁할 수 있는 사업에 우선적으로 참여하게 하는 등 필요한 지원을 할 수 있다.(2010.6.4 개정)
④고용노동부장관은 제1항에 따라 고용서비스 우수기관으로 인증을 받은 자가 다음 각 호의 어느 하나에 해당하면 인증을 취소할 수 있다.(2010.6.4 개정)
1. 거짓이나 그 밖의 부정한 방법으로 인증을 받은 경우
2. 정당한 사유 없이 1년 이상 계속 사업 실적이 없는 경우
3. 제7항에 따른 인증기준을 충족하지 못하게 된 경우
4. 고용서비스 우수기관으로 인증을 받은 자가 폐업한 경우
⑤고용서비스 우수기관 인증의 유효기간은 인증일부터 3년으로 한다.
⑥고용서비스 우수기관으로 인증을 받은 자가 제5항에 따른 인증의 유효기간이 지나기 전에 다시 인증을 받으려면 대통령령으로 정하는 바에 따

라 고용노동부장관에게 재인증을 신청하여야 한다.(2010.6.4 개정)
⑦고용서비스 우수기관의 인증기준, 인증방법 및 재인증에 필요한 사항은 고용노동부령으로 정한다.(2010.6.4 개정)
(2009.10.9 본조개정)

제2장 직업안정기관의 장이 하는 직업소개 및 직업지도 등

제1절 통 칙

제5조【업무 담당기관】 제3조에 따른 업무의 일부는 직업안정기관의 장이 수행한다.
(2009.10.9 본조개정)

제6조【담당직원의 전문성 확보 등】 ①정부는 직업안정기관의 장이 직업소개, 직업지도 등의 업무를 전문적으로 수행할 수 있도록 전담 공무원을 양성하고 배치하는 등 담당직원의 전문성 확보에 노력하여야 한다.
②고용노동부장관은 소속 공무원 중에서 직업소개, 직업지도 등을 담당할 직업지도관을 지명할 수 있다.(2010.6.4 개정)
③제2항에 따른 직업지도관의 자격 등에 관한 사항은 고용노동부장관이 정한다.(2010.6.4 개정)
(2009.10.9 본조개정)

제7조【시장 · 군수 등의 협력】 특별자치도지사 · 시장 · 군수 및 구청장(자치구의 구청장을 말한다. 이하 같다)은 다음 각 호의 업무에 관하여 직업안정기관의 장이 요청할 때에는 협조하여야 한다.
1. 구인자 또는 구직자의 신원증명이나 그 밖의 조회에 관한 회답
2. 구인 · 구직에 관한 중계(中繼) 또는 공보(公報)
(2009.10.9 본조개정)

제2절 직업소개

제8조【구인의 신청】 직업안정기관의 장은 구인신청의 수리(受理)를 거부하여서는 아니 된다. 다만, 다음 각 호의 어느 하나에 해당하는 경우에는 그러하지 아니하다.

1. 구인신청의 내용이 법령을 위반한 경우
2. 구인신청의 내용 중 임금, 근로시간, 그 밖의 근로조건이 통상적인 근로조건에 비하여 현저하게 부적당하다고 인정되는 경우
3. 구인자가 구인조건을 밝히기를 거부하는 경우
4. 구인자가 구인신청 당시 「근로기준법」 제43조의2에 따라 명단이 공개 중인 체불사업주인 경우(2015.1.20 신설)

(2009.10.9 본조개정)

제9조 【구직의 신청】 ①직업안정기관의 장은 구직신청의 수리를 거부하여서는 아니 된다. 다만, 그 신청 내용이 법령을 위반한 경우에는 그러하지 아니하다.

②직업안정기관의 장은 구직자의 요청이 있거나 필요하다고 인정하여 구직자의 동의를 받은 경우에는 직업상담 또는 직업적성검사를 할 수 있다.

(2009.10.9 본조개정)

제10조 【근로조건의 명시 등】 구인자가 직업안정기관의 장에게 구인신청을 할 때에는 구직자가 취업할 업무의 내용과 근로조건을 구체적으로 밝혀야 하며, 직업안정기관의 장은 이를 구직자에게 알려 주어야 한다.

(2009.10.9 본조개정)

제11조 【직업소개의 원칙】 ①직업안정기관의 장은 구직자에게는 그 능력에 알맞은 직업을 소개하고, 구인자에게는 구인조건에 적합한 구직자를 소개하도록 노력하여야 한다.

②직업안정기관의 장은 가능하면 구직자가 통근할 수 있는 지역에서 직업을 소개하도록 노력하여야 한다.

(2009.10.9 본조개정)

제12조 【광역 직업소개】 직업안정기관의 장은 통근할 수 있는 지역에서 구직자에게 그 희망과 능력에 알맞은 직업을 소개할 수 없을 경우 또는 구인자가 희망하는 구직자나 구인 인원을 채울 수 없을 경우에는 광범위한 지역에 걸쳐 직업소개를 할 수 있다.

(2009.10.9 본조개정)

제13조 【훈련기관 알선】 직업안정기관의 장은 구직자의 취업을 위하여 직업능력개발훈련을 받는 것이 필요하다고 인정되면 구직자가 「국민 평생 직업능력 개발법」에 따른 직업능력개발훈련시설 등에서 직업능력개발훈련을 받도록 알선할 수 있다.(2021.8.17 개정)

(2009.10.9 본조개정)

제3절 직업지도

제14조 【직업지도】 ①직업안정기관의 장은 다음 각 호의 어느 하나에 해당하는 사람에게 직업지도를 하여야 한다.
1. 새로 취업하려는 사람
2. 신체 또는 정신에 장애가 있는 사람
3. 그 밖에 취업을 위하여 특별한 지도가 필요한 사람
②제1항에 따른 직업지도의 방법 · 절차 등에 관하여 필요한 사항은 고용노동부장관이 정한다.(2010.6.4 개정)
(2009.10.9 본조개정)

제15조 【직업안정기관의 장과 학교의 장 등의 협력】 직업안정기관의 장은 필요하다고 인정하는 경우에는 「초 · 중등교육법」 및 「고등교육법」에 따른 각급 학교의 장이나 「국민 평생 직업능력 개발법」에 따른 공공직업훈련시설의 장이 실시하는 무료직업소개사업에 협력하여야 하며, 이들이 요청하는 경우에는 학생 또는 직업훈련생에게 직업지도를 할 수 있다.(2021.8.17 개정)
(2009.10.9 본조개정)

제4절 고용정보의 제공

제16조 【고용정보의 수집 · 제공 등】 ①직업안정기관의 장은 관할 지역의 각종 고용정보를 수시로 또는 정기적으로 수집하고 정리하여 구인자, 구직자, 그 밖에 고용정보가 필요한 자에게 적극적으로 제공하여야 한다.(2020.5.26 개정)
②직업안정기관의 장은 고용정보를 수집하여 분석한 결과 관할 지역에서 노동력의 수요와 공급에 급격한 변동이 있거나 현저한 불균형이 발생하였다고 판단되는 경우에는 적절한 대책을 수립하여 추진하여야 한다.
(2009.10.9 본조개정)

제17조 【구인 · 구직의 개척】 직업안정기관의 장은 구직자의 취업 기회를 확대하고 산업에 부족한 인력의 수급을 지원하기 위하여 구인 · 구직

의 개척에 노력하여야 한다.
(2009.10.9 본조개정)

제3장 직업안정기관의 장 외의 자가 하는 직업소개사업, 직업정보제공사업, 근로자 모집 또는 근로자공급사업 등

제1절 직업소개사업 및 직업정보제공사업

제18조 【무료직업소개사업】 ①무료직업소개사업은 소개대상이 되는 근로자가 취업하려는 장소를 기준으로 하여 국내 무료직업소개사업과 국외 무료직업소개사업으로 구분하되, 국내 무료직업소개사업을 하려는 자는 주된 사업소의 소재지를 관할하는 특별자치도지사 · 시장 · 군수 및 구청장에게 신고하여야 하고, 국외 무료직업소개사업을 하려는 자는 고용노동부장관에게 신고하여야 한다. 신고한 사항을 변경하려는 경우에도 또한 같다.(2010.6.4 개정)
②제1항에 따라 무료직업소개사업을 하려는 자는 대통령령으로 정하는 비영리법인 또는 공익단체이어야 한다.
③제1항에 따른 신고 사항, 신고 절차, 그 밖에 신고에 필요한 사항은 대통령령으로 정한다.
④제1항에도 불구하고 다음 각 호의 어느 하나에 해당하는 직업소개의 경우에는 신고를 하지 아니하고 무료직업소개사업을 할 수 있다.
1. 「한국산업인력공단법」에 따른 한국산업인력공단이 하는 직업소개
2. 「장애인고용촉진 및 직업재활법」에 따른 한국장애인고용공단이 장애인을 대상으로 하는 직업소개
3. 교육 관계법에 따른 각급 학교의 장, 「국민 평생 직업능력 개발법」에 따른 공공직업훈련시설의 장이 재학생 · 졸업생 또는 훈련생 · 수료생을 대상으로 하는 직업소개(2021.8.17 개정)
4. 「산업재해보상보험법」에 따른 근로복지공단이 업무상 재해를 입은 근로자를 대상으로 하는 직업소개
⑤제1항 및 제4항에 따라 무료직업소개사업을 하는 자 및 그 종사자는 구인자가 구인신청 당시 「근로기준법」 제43조의2에 따라 명단이 공개 중인 체불사업주인 경우 그 사업주에게 직업소개를 하지 아니하여야 한

다.(2015.1.20 신설)
(2009.10.9 본조개정)

제19조【유료직업소개사업】 ①유료직업소개사업은 소개대상이 되는 근로자가 취업하려는 장소를 기준으로 하여 국내 유료직업소개사업과 국외 유료직업소개사업으로 구분하되, 국내 유료직업소개사업을 하려는 자는 주된 사업소의 소재지를 관할하는 특별자치도지사 · 시장 · 군수 및 구청장에게 등록하여야 하고, 국외 유료직업소개사업을 하려는 자는 고용노동부장관에게 등록하여야 한다. 등록한 사항을 변경하려는 경우에도 또한 같다.

②제1항에 따라 등록을 하고 유료직업소개사업을 하려는 자는 둘 이상의 사업소를 둘 수 없다. 다만, 사업소별로 직업소개 또는 직업상담에 관한 경력, 자격 또는 소양이 있다고 인정되는 사람 등 대통령령으로 정하는 사람을 1명 이상 고용하는 경우에는 그러하지 아니하다.

③제1항에 따른 등록을 하고 유료직업소개사업을 하는 자는 고용노동부장관이 결정 · 고시한 요금 외의 금품을 받아서는 아니 된다. 다만, 고용노동부령으로 정하는 고급 · 전문인력을 소개하는 경우에는 당사자 사이에 정한 요금을 구인자로부터 받을 수 있다.(2010.6.4 개정)

④고용노동부장관이 제3항에 따른 요금을 결정하려는 경우에는 「고용정책 기본법」에 따른 고용정책심의회(이하 "고용정책심의회"라 한다)의 심의를 거쳐야 한다.(2010.6.4 개정)

⑤제1항에 따른 유료직업소개사업의 등록기준이 되는 인적 · 물적 요건과 그 밖에 유료직업소개사업에 관한 사항은 대통령령으로 정한다.

⑥제1항에 따른 등록을 하고 유료직업소개사업을 하는 자 및 그 종사자는 다음 각 호의 사항을 준수하여야 한다.(2015.1.20 개정)

1. 구인자가 구인신청 당시 「근로기준법」 제43조의2에 따라 명단이 공개 중인 체불사업주인 경우 구직자에게 그 사실을 고지할 것
2. 구인자의 사업이 행정관청의 허가 · 신고 · 등록 등이 필요한 사업인 경우에는 그 허가 · 신고 · 등록 등의 여부를 확인할 것(2020.5.26 개정)
3. 그 밖에 대통령령으로 정하는 사항

(2009.10.9 본조개정)

제20조【유료직업소개사업의 등록제한】 삭제(2009.10.9)

제21조【명의대여 등의 금지】 제19조제1항에 따라 유료직업소개사

업을 등록한 자는 타인에게 자기의 성명 또는 상호를 사용하여 직업소개사업을 하게 하거나 그 등록증을 대여하여서는 아니 된다.
(2009.10.9 본조개정)

제21조의2【선급금의 수령 금지】 제19조제1항에 따라 등록을 하고 유료직업소개사업을 하는 자 및 그 종사자는 구직자에게 제공하기 위하여 구인자로부터 선급금을 받아서는 아니 된다.
(2009.10.9 본조개정)

제21조의3【연소자에 대한 직업소개의 제한】 ①제18조 및 제19조에 따라 무료직업소개사업 또는 유료직업소개사업을 하는 자와 그 종사자(이하 이 조에서 "직업소개사업자등"이라 한다)는 구직자의 연령을 확인하여야 하며, 18세 미만의 구직자를 소개하는 경우에는 친권자나 후견인의 취업동의서를 받아야 한다.
②직업소개사업자등은 18세 미만의 구직자를 「근로기준법」 제65조에 따라 18세 미만자의 사용이 금지되는 직종의 업소에 소개하여서는 아니 된다.
③직업소개사업자등은 「청소년 보호법」 제2조제1호에 따른 청소년인 구직자를 같은 조 제5호에 따른 청소년유해업소에 소개하여서는 아니 된다.(2011.9.15 개정)
(2009.10.9 본조개정)

제22조【유료직업소개사업의 종사자 등】 ①제19조제1항에 따른 등록을 하고 유료직업소개사업을 하는 자는 제38조제1호 · 제2호 · 제4호 또는 제6호에 해당하는 사람을 고용하여서는 아니 된다.
②제19조제1항에 따른 등록을 하고 유료직업소개사업을 하는 자는 사업소별로 고용노동부령으로 정하는 자격을 갖춘 직업상담원을 1명 이상 고용하여야 한다. 다만, 유료직업소개사업을 하는 사람과 동거하는 가족이 본문에 따른 직업상담원의 자격을 갖추고 특정 사업소에서 상시 근무하는 경우에 해당 사업소에 직업상담원을 고용한 것으로 보며, 유료직업소개사업을 하는 자가 직업상담원 자격을 갖추고 특정 사업소에서 상시 근무하는 경우에 해당 사업소에는 직업상담원을 고용하지 아니할 수 있다.(2010.6.4 개정)
③유료직업소개사업의 종사자 중 제2항에 따른 직업상담원이 아닌 사람은 직업소개에 관한 사무를 담당하여서는 아니 된다.
(2009.10.9 본조개정)

제23조【직업정보제공사업의 신고】 ①직업정보제공사업을 하려는

자(제18조에 따라 무료직업소개사업을 하는 자와 제19조에 따라 유료직업소개사업을 하는 자는 제외한다)는 고용노동부장관에게 신고하여야 한다. 신고 사항을 변경하는 경우에도 또한 같다.(2010.6.4 개정)
②제1항에 따른 신고 사항, 신고 절차, 그 밖에 신고에 필요한 사항은 대통령령으로 정한다.
(2009.10.9 본조개정)

제24조【직업정보간행물의 납본】 삭제(97.12.24)

제25조【직업정보제공사업자의 준수 사항】 제18조에 따라 무료직업소개사업을 하는 자 또는 제19조에 따라 유료직업소개사업을 하는 자로서 직업정보제공사업을 하는 자와 제23조에 따라 직업정보제공사업을 하는 자는 다음 각 호의 사항을 준수하여야 한다.(2015.1.20 개정)
1. 구인자가 구인신청 당시 「근로기준법」 제43조의2에 따라 명단이 공개 중인 체불사업주인 경우 그 사실을 구직자가 알 수 있도록 게재할 것
2. 「최저임금법」 제10조에 따라 결정 · 고시된 최저임금에 미달되는 구인정보를 제공하지 아니할 것
3. 그 밖에 대통령령으로 정하는 사항
(2009.10.9 본조개정)

제26조【겸업 금지】 직업소개사업자(법인의 임원도 포함한다) 또는 그 종사자는 다음 각 호의 어느 하나에 해당하는 사업을 경영할 수 없다.(2024.1.23 개정)
1. 「결혼중개업의 관리에 관한 법률」 제2조제2호의 결혼중개업
2. 「공중위생관리법」 제2조제1항제2호의 숙박업
3. 「식품위생법」 제36조제1항제3호의 식품접객업 중 대통령령으로 정하는 영업
(2018.4.17 본조개정)

제27조【준용】 제18조에 따른 무료직업소개사업 또는 제19조에 따른 유료직업소개사업에 관하여는 제8조부터 제12조까지의 규정을 준용한다.
(2009.10.9 본조개정)

제2절 근로자의 모집

제28조【근로자의 모집】 근로자를 고용하려는 자는 광고, 문서 또는

정보통신망 등 다양한 매체를 활용하여 자유롭게 근로자를 모집할 수 있다.
(2009.10.9 본조개정)

제29조 【위탁모집】 삭제(99.2.8)

제30조 【국외 취업자의 모집】 ①누구든지 국외에 취업할 근로자를 모집한 경우에는 고용노동부장관에게 신고하여야 한다.(2010.6.4 개정)
②제1항에 따른 신고에 필요한 사항은 대통령령으로 정한다.
(2009.10.9 본조개정)

제31조 【모집방법 등의 개선 권고】 ①고용노동부장관은 건전한 모집질서를 확립하기 위하여 필요하다고 인정하는 경우에는 제28조 또는 제30조에 따른 근로자 모집방법 등의 개선을 권고할 수 있다.(2010.6.4 개정)
②고용노동부장관이 제1항에 따른 권고를 하려는 경우에는 고용정책심의회의 심의를 거쳐야 한다.(2010.6.4 개정)
③제1항에 따른 권고에 필요한 사항은 대통령령으로 정한다.
(2009.10.9 본조개정)

제32조 【금품 등의 수령 금지】 근로자를 모집하려는 자와 그 모집업무에 종사하는 자는 어떠한 명목으로든 응모자로부터 그 모집과 관련하여 금품을 받거나 그 밖의 이익을 취하여서는 아니 된다. 다만, 제19조에 따라 유료직업소개사업을 하는 자가 구인자의 의뢰를 받아 구인자가 제시한 조건에 맞는 자를 모집하여 직업소개한 경우에는 그러하지 아니하다.
(2009.10.9 본조개정)

제 3 절 근로자공급사업

제33조 【근로자공급사업】 ①누구든지 고용노동부장관의 허가를 받지 아니하고는 근로자공급사업을 하지 못한다.(2010.6.4 개정)
②근로자공급사업 허가의 유효기간은 3년으로 하되, 유효기간이 끝난 후 계속하여 근로자공급사업을 하려는 자는 고용노동부령으로 정하는 바에 따라 연장허가를 받아야 한다. 이 경우 연장허가의 유효기간은 연장 전 허가의 유효기간이 끝나는 날부터 3년으로 한다.(2010.6.4 개정)
③근로자공급사업은 공급대상이 되는 근로자가 취업하려는 장소를 기준으로 국내 근로자공급사업과 국외 근로자공급사업으로 구분하며, 각각의 사업의 허가를 받을 수 있는 자의 범위는 다음 각 호와 같다.

1. 국내 근로자공급사업의 경우는 「노동조합 및 노동관계조정법」에 따른 노동조합
2. 국외 근로자공급사업의 경우는 국내에서 제조업 · 건설업 · 용역업, 그 밖의 서비스업을 하고 있는 자. 다만, 연예인을 대상으로 하는 국외 근로자공급사업의 허가를 받을 수 있는 자는 「민법」 제32조에 따른 비영리법인으로 한다.

④고용노동부장관이 제3항에 따라 근로자공급사업을 허가하는 경우 국내 근로자공급사업에 대하여는 노동조합의 업무범위와 해당 지역별 · 직종별 인력수급상황 및 고용관계 안정유지 등을, 국외 근로자공급사업에 대하여는 해당 직종별 인력수급상황, 고용관계 안정유지 및 근로자취업질서 등을 종합적으로 고려하여야 한다.(2010.6.4 개정)

⑤제3항제2호에 해당하는 자로서 국외 근로자공급사업을 하려는 자는 대통령령으로 정하는 자산과 시설을 갖추어야 한다.

⑥근로자공급사업 허가의 기준, 허가의 신청, 국외 공급 근로자의 보호, 국외 근로자공급사업의 관리, 국외 공급 연예인의 심사 · 선발 및 그 밖에 근로자공급사업의 허가 절차에 관하여 필요한 사항은 고용노동부령으로 정한다.(2010.6.4 개정)

(2009.10.9 본조개정)

제4장 보 칙

제34조【거짓 구인광고 등 금지】 ①제18조 · 제19조 · 제28조 · 제30조 또는 제33조에 따른 직업소개사업, 근로자 모집 또는 근로자공급사업을 하는 자나 이에 종사하는 사람은 거짓 구인광고를 하거나 거짓 구인조건을 제시하여서는 아니 된다.

②제1항에 따른 거짓 구인광고의 범위에 관한 사항은 대통령령으로 정한다.

(2009.10.9 본조개정)

제34조의2【손해배상책임의 보장】 ①제19조제1항에 따라 등록을 하고 유료직업소개사업을 하는 자 또는 제33조제1항에 따라 허가를 받고 국외 근로자공급사업을 하는 자(이하 "유료직업소개사업자등"이라 한다)는 직업소개, 근로자 공급을 할 때 고의 또는 과실로 근로자 또는 근로자를 소개 · 공급받은 자에게 손해를 발생하게 한 경우에는 그 손해를 배상할

책임이 있다.
②제1항에 따른 손해배상책임을 보장하기 위하여 유료직업소개사업자등은 대통령령으로 정하는 바에 따라 보증보험 또는 제3항에 따른 공제에 가입하거나 예치금을 금융기관에 예치하여야 한다.
③제45조의2에 따른 사업자협회는 제1항에 따른 손해배상책임을 보장하기 위하여 노동부장관이 정하는 바에 따라 공제사업을 할 수 있다.
④제45조의2에 따른 사업자협회가 제3항의 공제사업을 하려면 공제규정을 제정하여 노동부장관의 승인을 받아야 한다. 공제규정을 변경할 때에도 또한 같다.
⑤제4항의 공제규정에는 다음 각 호의 사항이 포함되어야 한다.
1. 공제사업의 범위
2. 공제계약의 내용
3. 공제금
4. 공제료
5. 공제금에 충당하기 위한 책임준비금
6. 그 밖에 공제사업의 운영에 필요한 사항
(2009.10.9 본조개정)

제35조【허가 · 등록 또는 신고 사업의 폐업신고】 제18조 · 제19조 · 제23조 또는 제33조에 따라 신고 또는 등록을 하거나 허가를 받고 사업을 하는 자가 그 사업을 폐업한 경우에는 폐업한 날부터 7일 이내에 고용노동부장관 또는 특별자치도지사 · 시장 · 군수 · 구청장에게 신고하여야 한다.(2010.6.4 개정)
(2009.10.9 본조개정)

제36조【등록 · 허가 등의 취소 등】 ①고용노동부장관 또는 특별자치도지사 · 시장 · 군수 · 구청장은 제18조 · 제19조 · 제23조 또는 제33조에 따라 신고 또는 등록을 하거나 허가를 받고 사업을 하는 자가 공익을 해칠 우려가 있는 경우로서 다음 각 호의 어느 하나에 해당하는 경우에는 6개월 이내의 기간을 정하여 그 사업을 정지하게 하거나 등록 또는 허가를 취소할 수 있다. 다만, 제2호에 해당할 때에는 등록 또는 허가를 취소하여야 한다.(2010.6.4 개정)
1. 거짓이나 그 밖의 부정한 방법으로 신고 · 등록하였거나 허가를 받은 경우
2. 제38조 각 호의 어느 하나에 해당하게 된 경우

3. 이 법 또는 이 법에 따른 명령을 위반한 경우
②고용노동부장관 또는 특별자치도지사 · 시장 · 군수 · 구청장은 제38조제7호에 해당하는 사유로 등록 또는 허가를 취소하여야 할 때에는 미리 해당 임원을 바꾸어 임명할 기간을 1개월 이상 주어야 한다.(2010.6.4 개정)
③제1항에 따른 정지 또는 취소의 기준은 고용노동부령으로 정한다.(2010.6.4 개정)
(2009.10.9 본조개정)

제36조의2 【사업자의 지위승계 등】 ①제35조에 따른 폐업신고(신고하지 아니하고 폐업한 경우를 포함한다. 이하 같다)를 한 자가 다시 제18조 · 제19조 · 제23조 또는 제33조에 따라 신고 · 등록을 하거나 허가를 받은 경우(이하 이 조에서 "재신고등"이라 한다) 재신고등을 한 사업자는 폐업신고 전의 사업자의 지위를 승계한다.
②제1항의 경우 고용노동부장관 또는 특별자치도지사 · 시장 · 군수 · 구청장은 재신고등을 한 사업자에 대하여 폐업신고 전의 위반행위를 사유로 제36조제1항의 행정처분을 할 수 있다. 다만, 다음 각 호의 어느 하나에 해당하는 경우는 그러하지 아니하다.(2010.6.4 개정)
1. 위반행위가 사업의 정지처분 기준에 해당하는 경우로서 폐업신고를 한 날부터 재신고등을 한 날까지의 기간이 1년을 초과한 경우
2. 위반행위가 등록 · 허가의 취소처분 기준에 해당하는 경우로서 폐업신고를 한 날부터 재신고등을 한 날까지의 기간이 5년을 초과한 경우
③고용노동부장관 또는 특별자치도지사 · 시장 · 군수 · 구청장은 제2항에 따라 행정처분을 하는 경우에 폐업기간, 폐업의 사유 및 행정처분의 사유가 된 위반행위의 존속 여부 등을 고려하여야 한다.(2010.6.4 개정)
(2009.10.9 본조개정)

제36조의3 【청문】 고용노동부장관 또는 특별자치도지사 · 시장 · 군수 · 구청장은 제36조에 따라 등록 또는 허가를 취소하려면 청문을 하여야 한다.(2010.6.4 개정)
(2009.10.9 본조개정)

제37조 【폐쇄조치】 ①고용노동부장관 또는 특별자치도지사 · 시장 · 군수 · 구청장은 제18조 · 제19조 · 제23조 또는 제33조에 따른 신고 또는 등록을 하지 아니하거나 허가를 받지 아니하고 사업을 하거나 제36조제1항에 따른 정지 또는 취소의 명령을 받고도 사업을 계속하는 경우에는 관계

공무원으로 하여금 다음 각 호의 조치를 하게 할 수 있다.(2010.6.4 개정)
1. 해당 사업소 또는 사무실의 간판이나 그 밖의 영업표지물의 제거 또는 삭제
2. 해당 사업이 위법한 것임을 알리는 안내문 등의 게시
3. 해당 사업의 운영을 위하여 반드시 필요한 기구 또는 시설물을 사용할 수 없게 하는 봉인(封印)
②제1항에 따라 조치를 하는 관계 공무원은 그 권한을 표시하는 증표를 지니고 이를 관계인에게 보여주어야 한다.
(2009.10.9 본조개정)

제38조 【결격사유】 다음 각 호의 어느 하나에 해당하는 자는 직업소개사업의 신고 · 등록을 하거나 근로자공급사업의 허가를 받을 수 없다.
1. 미성년자, 피성년후견인 및 피한정후견인(2015.1.20 개정)
2. 파산선고를 받고 복권되지 아니한 자
3. 금고 이상의 실형을 선고받고 그 집행이 끝나거나 집행을 하지 아니하기로 확정된 날부터 2년이 지나지 아니한 자
4. 이 법, 「성매매알선 등 행위의 처벌에 관한 법률」, 「풍속영업의 규제에 관한 법률」 또는 「청소년 보호법」을 위반하거나 직업소개사업과 관련된 행위로 「선원법」을 위반한 자로서 다음 각 목의 어느 하나에 해당하는 자(2011.9.15 개정)
  가. 금고 이상의 실형을 선고받고 그 집행이 끝나거나 집행을 하지 아니하기로 확정된 날부터 3년이 지나지 아니한 자
  나. 금고 이상의 형의 집행유예를 선고받고 그 유예기간이 끝난 날부터 3년이 지나지 아니한 자
  다. 벌금형이 확정된 후 2년이 지나지 아니한 자
5. 금고 이상의 형의 집행유예를 선고받고 그 유예기간 중에 있는 자
6. 제36조에 따라 해당 사업의 등록이나 허가가 취소된 후 5년이 지나지 아니한 자
7. 임원 중에 제1호부터 제6호까지의 어느 하나에 해당하는 자가 있는 법인
(2009.10.9 본조개정)

제39조 【장부 등의 작성 · 비치】 제19조에 따라 등록을 하거나 제33조에 따라 허가를 받은 자는 고용노동부령으로 정하는 바에 따라 장부 ·

대장이나 그 밖에 필요한 서류를 작성하여 갖추어 두어야 한다. 이 경우 장부 · 대장은 전자적 방법으로 작성 · 관리할 수 있다.(2010.6.4 개정)
(2009.10.9 본조개정)

제40조 【직업소개사업종사자에 대한 교육훈련】 삭제(99.2.8)

제40조의2 【직업소개사업을 하는 자 등에 대한 교육훈련】 ①고용노동부장관 또는 특별자치도지사 · 시장 · 군수 · 구청장은 직업소개사업을 하는 자 및 그 종사자가 직업소개, 직업상담 등을 할 때 필요한 전문지식 및 직업윤리의식을 향상시킬 수 있도록 교육훈련을 하여야 한다.(2010.6.4 개정)
②제1항에 따른 교육훈련의 내용 · 방법 및 그 밖에 필요한 사항은 고용노동부령으로 정한다.(2010.6.4 개정)
(2009.10.9 본조개정)

제41조 【보고 및 조사】 ①고용노동부장관 또는 특별자치도지사 · 시장 · 군수 · 구청장은 필요하다고 인정하면 제18조 · 제19조 · 제23조 또는 제33조에 따라 신고 또는 등록을 하거나 허가를 받고 사업을 하는 자에게 이 법 시행에 필요한 자료를 제출하게 하거나 필요한 사항을 보고하게 할 수 있다.(2010.6.4 개정)
②고용노동부장관 또는 특별자치도지사 · 시장 · 군수 · 구청장은 법 위반 사실의 확인 등을 위하여 필요하면 소속 공무원으로 하여금 이 법을 적용받는 사업의 사업장이나 그 밖의 시설에 출입하여 서류 · 장부 또는 그 밖의 물건을 조사하고 관계인에게 질문하게 할 수 있다.(2010.6.4 개정)
③고용노동부장관 또는 특별자치도지사 · 시장 · 군수 · 구청장은 제2항에 따른 조사를 하려면 미리 조사 일시, 조사 이유 및 조사 내용 등의 조사계획을 조사 대상자에게 알려야 한다. 다만, 긴급히 조사하여야 하거나 사전에 알리면 증거인멸 등으로 조사목적을 달성할 수 없다고 인정하는 경우에는 그러하지 아니하다.(2010.6.4 개정)
④제2항에 따라 출입 · 조사를 하는 관계 공무원은 그 권한을 표시하는 증표를 지니고 이를 관계인에게 보여주어야 한다.
⑤고용노동부장관은 이 법의 목적달성을 위하여 필요하다고 인정하면 특별자치도지사 · 시장 · 군수 및 구청장 등 관계 행정기관의 장과 합동으로 제18조 · 제19조 · 제23조 또는 제33조에 따라 신고 또는 등록을 하거나 허가를 받고 사업을 하는 자를 지도 · 감독할 수 있다.(2010.6.4 개정)

(2009.10.9 본조개정)

제41조의2 【자료 협조의 요청】 고용노동부장관 또는 특별자치도지사 · 시장 · 군수 · 구청장은 필요하다고 인정하면 관계 행정기관의 장에게 이 법 시행에 필요한 자료 협조를 요청할 수 있다.(2010.6.4 개정)
(2009.10.9 본조개정)

제42조 【비밀보장 의무】 직업소개사업, 직업정보제공사업, 근로자 모집 또는 근로자공급사업에 관여하였거나 관여하고 있는 자는 업무상 알게 된 근로자 또는 사용자에 관한 비밀을 누설하여서는 아니 된다.
(2009.10.9 본조개정)

제43조 【수수료】 제19조에 따라 유료직업소개사업의 등록을 하려는 자는 고용노동부령으로 정하는 바에 따라 수수료를 내야 한다. 등록한 사항을 변경하는 경우에도 또한 같다.(2010.6.4 개정)
(2009.10.9 본조개정)

제44조 【권한의 위임】 이 법에 따른 고용노동부장관의 권한은 그 일부를 대통령령으로 정하는 바에 따라 직업안정기관의 장이나 특별자치도지사 · 시장 · 군수 또는 구청장에게 위임할 수 있다.(2010.6.4 개정)
(2009.10.9 본조개정)

제45조 【국고보조】 고용노동부장관은 제18조에 따른 무료직업소개사업 경비의 전부 또는 일부를 보조할 수 있다.(2010.6.4 개정)
(2009.10.9 본조개정)

제45조의2 【사업자협회의 설립 등】 ①제18조 · 제19조 · 제23조 또는 제33조에 따라 신고 또는 등록을 하거나 허가를 받고 사업을 하는 자는 직업소개사업, 직업정보제공사업 또는 근로자공급사업의 건전한 발전 등을 위하여 대통령령으로 정하는 바에 따라 사업자협회를 설립할 수 있다.
②제1항에 따른 사업자협회는 법인으로 한다.
③제1항에 따른 사업자협회에 관하여 이 법에 특별한 규정이 있는 것을 제외하고는 「민법」 중 사단법인에 관한 규정을 준용한다.
(2009.10.9 본조개정)

제45조의3 【포상금】 ①고용노동부장관 또는 특별자치도지사 · 시장 · 군수 · 구청장은 제34조를 위반한 자 또는 제46조제1항제1호 및 제2호에 해당하는 자를 신고하거나 수사기관에 고발한 사람에게 예산의 범위에서 포상금을 지급할 수 있다.(2010.6.4 개정)

②제1항에 따른 포상금의 지급에 필요한 사항은 고용노동부령으로 정한다.(2010.6.4 개정)
(2009.10.9 본조개정)

제5장 벌 칙

제46조【벌칙】 ①다음 각 호의 어느 하나에 해당하는 자는 7년 이하의 징역 또는 7천만원 이하의 벌금에 처한다.(2014.5.20 개정)
1. 폭행 · 협박 또는 감금이나 그 밖에 정신 · 신체의 자유를 부당하게 구속하는 것을 수단으로 직업소개, 근로자 모집 또는 근로자공급을 한 자
2. 「성매매알선 등 행위의 처벌에 관한 법률」 제2조제1항제1호에 따른 성매매 행위나 그 밖의 음란한 행위가 이루어지는 업무에 취업하게 할 목적으로 직업소개, 근로자 모집 또는 근로자공급을 한 자

②제1항의 미수범은 처벌한다.
(2009.10.9 본조개정)

제47조【벌칙】 다음 각 호의 어느 하나에 해당하는 자는 5년 이하의 징역 또는 5천만원 이하의 벌금에 처한다.(2014.5.20 개정)
1. 제19조제1항에 따른 등록을 하지 아니하거나 제33조제1항에 따른 허가를 받지 아니하고 유료직업소개사업 또는 근로자공급사업을 한 자
2. 거짓이나 그 밖의 부정한 방법으로 제19조제1항에 따른 등록을 하거나 제33조제1항에 따른 허가를 받은 자
3. 제21조를 위반하여 성명 등을 대여한 자와 그 상대방
4. 제21조의3제2항 및 제3항을 위반한 자
5. 제32조를 위반하여 금품이나 그 밖의 이익을 취한 자
6. 제34조를 위반하여 거짓 구인광고를 하거나 거짓 구인조건을 제시한 자

(2009.10.9 본조개정)

제48조【벌칙】 다음 각 호의 어느 하나에 해당하는 자는 1년 이하의 징역 또는 1천만원 이하의 벌금에 처한다.(2014.5.20 개정)
1. 제18조제1항 또는 제23조제1항에 따른 신고를 하지 아니하고 무료직업소개사업 또는 직업정보제공사업을 한 자
2. 거짓이나 그 밖의 부정한 방법으로 제18조제1항 또는 제23조제1항에 따른 신고를 한 자

3. 제36조에 따른 정지기간에 사업을 한 자
4. 제42조를 위반하여 비밀을 누설한 자
(2009.10.9 본조개정)

제48조의2 【벌칙】 삭제(2009.10.9)

제49조 【양벌규정】 법인의 대표자나 법인 또는 개인의 대리인, 사용인, 그 밖의 종업원이 그 법인 또는 개인의 업무에 관하여 제46조부터 제48조까지의 어느 하나에 해당하는 위반행위를 하면 그 행위자를 벌하는 외에 그 법인 또는 개인에게도 해당 조문의 벌금형을 과(科)한다. 다만, 법인 또는 개인이 그 위반행위를 방지하기 위하여 해당 업무에 관하여 상당한 주의와 감독을 게을리하지 아니한 경우에는 그러하지 아니하다.
(2009.10.9 본조개정)

제50조 【과태료】 ①다음 각 호의 어느 하나에 해당하는 자에게는 1천만원 이하의 과태료를 부과한다.
1. 제19조제3항을 위반하여 고용노동부장관이 고시한 요금 외의 금품을 받은 자(2010.6.4 개정)
2. 제21조의2를 위반하여 선급금을 받은 자
3. 제21조의3제1항을 위반하여 18세 미만의 구직자를 소개하는 경우에 친권자나 후견인의 취업동의서를 받지 아니한 자
4. 제22조제3항을 위반하여 직업소개에 관한 사무를 담당한 자

②다음 각 호의 어느 하나에 해당하는 자에게는 100만원 이하의 과태료를 부과한다.
1. 제30조제1항 또는 제35조를 위반하여 국외 취업 모집신고를 하지 아니하거나 허가 · 등록 또는 신고 사업의 폐업신고를 하지 아니한 자
2. 제39조를 위반하여 장부나 그 밖의 서류를 작성하지 아니하거나 갖추어 두지 아니한 자
3. 제41조제1항에 따른 보고를 하지 아니하거나 거짓으로 보고한 자
4. 제41조제2항에 따른 관계 공무원의 출입 · 조사를 거부 · 방해 또는 기피한 자

③제1항과 제2항에 따른 과태료는 대통령령으로 정하는 바에 따라 고용노동부장관 또는 특별자치도지사 · 시장 · 군수 · 구청장이 부과 · 징수한다.(2010.6.4 개정)
(2009.10.9 본조개정)

부　칙

제1조【시행일】이 법은 1994년 7월 1일부터 시행한다.

제2조~제6조 (생략)

제7조【다른 법률의 개정】※(해당법령에 가제정리 하였음)

제8조【다른 법령과의 관계】이 법 시행당시 다른 법령에서 직업안정및고용촉진에관한법률을 인용한 경우에는 직업안정법을 인용한 것으로 본다.

부　칙 (1995.12.29)

제1조【시행일】이 법은 공포후 3월이 경과한 날부터 시행한다.

제2조~제4조 (생략)

부　칙 (1997.12.13)

제1조【시행일】이 법은 1998년 1월 1일부터 시행한다.(이하생략)

부　칙 (1997.12.24)

제1조【시행일】이 법은 1999년 1월 1일부터 시행한다.

제2조~제9조 (생략)

부　칙 (1997.12.24)

①【시행일】이 법은 공포후 3월이 경과한 날부터 시행한다.

②【직업소개사업에 대한 경과조치】이 법 시행당시 종전의 규정에 의하여 직업소개사업의 허가를 받은 자는 그 허가의 유효기간이 만료될 때까지는 이 법에 의하여 허가를 받은 것으로 본다.

③【근로자공급사업에 대한 경과조치】이 법 시행당시 종전의 규정에 의하여 근로자공급사업의 허가를 받은 자는 그 허가의 유효기간이 만료될 때까지는 이 법에 의하여 허가를 받은 것으로 본다.

④【벌칙에 관한 경과조치】이 법 시행전의 행위에 대한 벌칙의 적용에 있어서는 종전의 규정에 의한다.

부　칙 (1999. 2. 8)

제1조【시행일】이 법은 공포후 3월이 경과한 날부터 시행한다.

제2조【인력은행에 관한 경과조치】이 법 시행당시 근로자의생활

향상과고용안정지원에관한법률에 의해 설치된 인력은행은 이 법에 의하여 설치된 것으로 본다.

제 3 조 무료직업소개사업에 관한 경과조치】 이 법 시행당시 종전의 규정에 의하여 무료직업소개사업의 허가 또는 갱신허가를 받은 자는 제18조제1항의 개정규정에 의하여 국내무료직업소개사업의 경우에는 시장·군수·구청장에게 신고를 한 것으로 보고, 국외무료직업소개사업의 경우에는 노동부장관에게 신고를 한 것으로 본다.

제 4 조 【유료직업소개사업에 관한 경과조치】 이 법 시행당시 종전의 규정에 의하여 유료직업소개사업의 허가 또는 갱신허가를 받은 자는 제19조제1항의 개정규정에 의하여 국내유료직업소개사업의 경우에는 시장·군수·구청장에게 등록을 한 것으로 보고, 국외유료직업소개사업의 경우에는 노동부장관에게 등록을 한 것으로 본다.

제 5 조 【유료직업소개사업의 등록제한에 관한 경과조치】 이 법 시행당시 종전의 규정에 의하여 유료직업소개사업의 허가가 취소된 자에 대하여 제20조의 개정규정을 적용함에 있어서는 이 법에 의하여 등록이 취소된 자로 본다.

제 6 조 【벌칙에 관한 경과조치】 이 법 시행전의 행위에 대한 벌칙의 적용에 있어서는 종전의 규정에 의한다.

제 7 조 【다른 법률의 개정】 근로자의생활향상과고용안정지원에관한 법률중 다음과 같이 개정한다.
제23조를 삭제한다.

부 칙 (2005.12.30)
이 법은 공포 후 6월이 경과한 날부터 시행한다.

부 칙 (2007. 1.19)
①**【시행일】** 이 법은 공포 후 6개월이 경과한 날부터 시행한다.
②**【등록·허가 등의 취소 등에 관한 적용례】** 제36조제1항의 개정규정은 이 법 시행 후 최초로 동항 각 호의 어느 하나에 해당하는 행위를 한 자부터 적용한다.
③**【벌칙에 관한 경과조치】** 이 법 시행 전의 행위에 대한 벌칙의 적용에서는 종전의 규정에 따른다.

부 칙 (2008. 3.28)
이 법은 공포한 날부터 시행한다.

부 칙 (2009.10. 9)
제1조【시행일】 이 법은 공포 후 3개월이 경과한 날부터 시행한다.
제2조【유료직업소개사업에 관한 적용례】 제19조제3항의 개정규정은 이 법 시행 후 최초로 직업소개를 하는 경우부터 적용한다.
제3조【고용지원서비스우수기관 인증에 관한 경과조치】 이 법 시행 당시 종전의 제4조의5에 따라 고용지원서비스우수기관으로 인증을 받은 자에 대한 인증의 유효기간은 종전의 규정에 따라 인증을 받은 날부터 3년으로 한다.
제4조【벌칙에 관한 경과조치】 이 법 시행 전의 행위에 관하여 벌칙을 적용할 때에는 종전의 규정에 따른다.
제5조 다른 법률의 개정】 ①국민기초생활 보장법 일부를 다음과 같이 개정한다.
제17조제1항 중 "「직업안정법」 제4조제1호"를 "「직업안정법」 제2조의2제1호"로 한다.
②남녀고용평등과 일·가정 양립 지원에 관한 법률 일부를 다음과 같이 개정한다.
제15조 및 제17조의2제2항 중 "「직업안정법」 제4조"를 각각 "「직업안정법」 제2조의2제1호"로 한다.
③외국인근로자의 고용 등에 관한 법률 일부를 다음과 같이 개정한다.
제6조제1항 중 "직업안정법 제4조제1호"를 "「직업안정법」 제2조의2제1호"로 한다.
④장애인고용촉진 및 직업재활법 일부를 다음과 같이 개정한다.
제16조제2항 중 "「직업안정법」 제4조제1호"를 "「직업안정법」 제2조의2제1호"로 한다.
⑤제주특별자치도 설치 및 국제자유도시 조성을 위한 특별법 일부를 다음과 같이 개정한다.
제147조제1항 중 "「직업안정법」 제4조제1호"를 "「직업안정법」 제2조의2제1호"로 한다.
⑥한부모가족지원법 일부를 다음과 같이 개정한다.

제14조의2제1항 중 "「직업안정법」 제4조제1호"를 "「직업안정법」 제2조의2 제1호"로 한다.
⑦청년고용촉진 특별법 일부를 다음과 같이 개정한다.
제8조의3제1항 중 "「직업안정법」 제4조제1호"를 "「직업안정법」 제2조의2제1호"로 한다.

제6조【다른 법령과의 관계】 이 법 시행 당시 다른 법령에서 종전의 「직업안정법」의 규정을 인용하고 있는 경우 이 법 가운데 그에 해당하는 규정이 있으면 종전의 규정을 갈음하여 이 법의 해당 규정을 인용한 것으로 본다.

부 칙 (2014. 5.20)

이 법은 공포한 날부터 시행한다.

부 칙 (2015. 1.20)

제1조【시행일】 이 법은 공포 후 6개월이 경과한 날부터 시행한다.

제2조【구인신청 등에 관한 적용례】 제8조, 제18조제5항, 제19조제6항제1호 및 제25조제1호의 개정규정은 이 법 시행 후 최초로 「근로기준법」 제43조의2에 따라 명단이 공개되는 사업주부터 적용한다.

제3조【금치산자 등에 대한 경과조치】 제38조제1호의 개정규정에 따른 피성년후견인 또는 피한정후견인에는 법률 제10429호 민법 일부개정법률 부칙 제2조에 따라 금치산 또는 한정치산 선고의 효력이 유지되는 사람이 포함되는 것으로 본다.

부 칙 (2018. 4.17)

이 법은 공포 후 6개월이 경과한 날부터 시행한다.

부 칙 (2024. 1.23)

제1조【시행일】 이 법은 공포 후 6개월이 경과한 날부터 시행한다.

제2조【겸업 금지 의무 확대에 대한 적용례】 제26조의 개정규정은 이 법 시행 당시 직업소개사업의 종사자가 제26조 각 호의 어느 하나에 해당하는 사업을 경영하는 경우에도 적용한다.

직업안정법 시행령

제정 1994. 7.16 대통령령 제14327호
개정 1996. 4.12 대통령령 제14978호
1997.12.31 대통령령 제15598호
1998. 4.27 대통령령 제15782호
1999. 2. 8 대통령령 제16113호
1999. 5.27 대통령령 제16370호
2000. 5. 1 대통령령 제16799호
2001. 7.30 대통령령 제17326호
2004. 1.20 대통령령 제18239호
2005. 6.30 대통령령 제18911호
2006. 6.30 대통령령 제19602호
2007. 7.23 대통령령 제20184호
2007.10.17 대통령령 제20330호
2007.12.31 대통령령 제20506호
2009.12.30 대통령령 제21928호
2009.12.31 대통령령 제21961호
2010. 7.12 대통령령 제22269호
2011. 4. 4 대통령령 제22825호
2012. 1. 6 대통령령 제23488호
2012. 8.31 대통령령 제24076호
2014.12. 9 대통령령 제25840호
2016. 5. 3 대통령령 제27123호
2016.12.30 대통령령 제27751호
2018.10.16 대통령령 제29234호
2018.12.11 대통령령 제29353호
2019. 7. 2 대통령령 제29950호
2022. 2.17 대통령령 제32447호
2022.12.27 대통령령 제33131호

제 1 조 【목적】 이 영은 「직업안정법」에서 위임된 사항과 그 시행에 관하여 필요한 사항을 규정함을 목적으로 한다.(2006.6.30 개정)

제 2 조 【시 · 도지사에 의한 국내직업소개업무】 삭제(98.4.27)

제 2 조의 2 【채용박람회 등의 개최】 ①고용노동부장관, 관계중앙행정기관의 장 또는 지방자치단체의 장은 「직업안정법」(이하 "법"이라 한다) 제3조의 규정에 의한 업무의 원활한 수행을 위하여 필요하다고 인정하는 경우에는, 채용박람회 기타 구인 · 구직자 만남의 날 행사 등을 개최할 수 있다.(2010.7.12 개정)

②고용노동부장관 또는 관계중앙행정기관의 장은 채용박람회 기타 구인 · 구직자 만남의 날 행사 등을 개최하는 자에게 그 소요경비의 전부 또는 일부를 지원할 수 있다.(2010.7.12 개정)

(96.4.12 본조신설)

제 2 조의 3 【민간과의 공동사업 등의 지원】 ①법 제3조제2항제4호에서 "대통령령으로 정하는 기관"이란 다음 각 호의 기관을 말한다.(2009.12.31 개정)

1. 사업주단체 · 근로자단체 또는 각각의 그 연합체
2. 「초 · 중등교육법」 제2조제4호에 따른 고등학교 · 고등기술학교 및 「고등교육법」 제2조에 따른 학교
3. 「비영리민간단체지원법」에 따른 비영리민간단체로서 해당 사업을 실시할 능력이 있다고 고용노동부장관이 정하여 고시하는 조직 및 인력 기준을 갖춘 단체(2010.7.12 개정)

②고용노동부장관은 법 제3조제3항에 따른 지원의 대상이 되는 사업(이하 "지원대상사업"이라 한다)의 종류 · 내용, 지원의 수준 · 방법 등을 미리 공고하여야 한다.(2010.7.12 개정)

③제2항에 따른 공고 후에 법 제3조제2항에 따라 지원대상사업을 공동으로 실시하거나 수탁받아 실시하는 자(이하 "공동실시자등"이라 한다)가 법 제3조제3항에 따른 지원을 신청하는 경우 고용노동부장관은 다음 각 호의 사항을 고려하여 지원대상사업의 공동실시자등을 선정하여야 한다.(2010.7.12 개정)

1. 공동실시자등이 법 제4조의5에 따른 고용서비스 우수기관 인증을 받았는지 여부(2009.12.31 개정)
2. 공동실시자등이 법 제36조에 따른 행정처분을 받은 사실이 있는지 여부
3. 공동실시자등이 법 제38조에 따른 결격사유에 해당하는지 여부
④고용노동부장관은 제3항에 따라 선정된 지원대상사업의 공동실시자 등이 해당 지원대상사업을 실시하면서 구인자나 구직자로부터 직업소개행위 등에 대한 대가를 받는 경우에는 지원을 하지 아니할 수 있다.(2010.7.12 개정)
(2007.7.23 본조개정)

제 2 조의 4 【민간직업상담원의 보수】 ①법 제4조의4의 규정에 따라 배치된 민간직업상담원에 대하여는 예산의 범위안에서 보수를 지급한다.
②제1항의 규정에 의한 보수의 지급기준은 고용노동부장관이 정하여 고시한다. 이 경우 고용노동부장관은 민간직업상담원의 근무경력 · 자격 등을 고려하여 보수의 지급기준을 차등을 두어 정할 수 있다.(2010.7.12 개정)
(2004.1.20 본조신설)

제 2 조의 5 【고용서비스 우수기관 인증업무의 위탁】 법 제4조의5 제2항에서 "대통령령으로 정하는 전문기관"이란 다음 각 호의 어느 하나에 해당하는 기관 또는 단체를 말한다.(2009.12.31 개정)
1. 「고용정책 기본법」에 따른 한국고용정보원(2009.12.30 개정)
2. 그 밖에 고용서비스 우수기관 인증업무를 수행할 능력이 있다고 고용노동부장관이 정하여 고시하는 조직 및 인력 기준을 갖춘 법인 또는 단체(2010.7.12 개정)
(2007.7.23 본조신설)

제 2 조의 6 【고용서비스 우수기관 재인증】 법 제4조의5제6항에 따라 고용서비스 우수기관으로 인증을 받은 자가 재인증을 받으려면 법 제4조의5제5항에 따른 유효기간 만료 60일 전까지 고용노동부장관에게 신청하여야 한다.(2010.7.12 개정)
(2009.12.31 본조신설)

제 3 조 【직업소개담당직원의 배치】 직업안정기관의 장은 원활한 직업소개를 위하여 소속공무원중에서 노동분야에 상당한 지식과 경험이 있는 자를 선정하여 직업소개업무를 담당하도록 하여야 한다.

제 4 조 【직업소개의 절차】 ①직업안정기관의 장은 다음 각 호의 절차에 따라 직업소개를 하여야 한다.(2009.12.31 개정)

1. 구인·구직에 필요한 기초적인 사항의 확인
2. 구인·구직 신청의 수리
3. 구인·구직의 상담
4. 직업 또는 구직자의 알선
5. 취업 또는 채용 여부의 확인(2009.12.31 개정)

②제1항의 직업소개의 절차에 관하여 필요한 사항은 고용노동부령으로 정한다.(2010.7.12 개정)

제 5 조 【구인의 신청】 ①법 제8조의 규정에 의한 구인신청은 구인자의 사업장 소재지를 관할하는 직업안정기관에 하여야 한다. 다만, 사업장 소재지관할 직업안정기관에 신청하는 것이 적절하지 아니하다고 인정되는 경우에는 인근의 다른 직업안정기관에 신청할 수 있다.

②직업안정기관의 장이 구인신청을 접수한 때에는 신청자의 신원과 구인자의 사업자등록내용 등의 확인을 요구할 수 있다.

③구인자는 구인신청후 신청내용이 변경된 경우에는 즉시 이를 직업안정기관의 장에게 통보하여야 한다.

④직업안정기관의 장이 법 제8조 단서의 규정에 의하여 구인신청을 수리하지 아니하는 경우에는 구인자에게 그 이유를 설명하여야 한다.

제 6 조 【구직의 신청】 ①직업안정기관의 장은 법 제9조의 규정에 의하여 구직신청을 접수할 경우에는 구직자의 신원을 확인하여야 한다. 다만, 신원이 확실한 경우에는 이를 생략할 수 있다.

②직업안정기관의 장이 법 제9조제1항 단서의 규정에 의하여 구직신청의 수리를 거부하는 경우에는 구직자에게 그 이유를 설명하여야 한다.

③고용노동부장관은 일용근로자 등 상시근무하지 아니하는 근로자에 대하여는 그 구직신청 및 소개에 관하여는 따로 절차를 정할 수 있다.(2010.7.12 개정)

④직업안정기관의 장이 구직신청을 수리한 때에는 해당 구직자가 「고용보험법」 제43조제1항에 따른 구직급여의 수급자격이 있는지를 확인하여 수급자격이 있다고 인정되는 경우에는 구직급여지급을 위하여 필요한 조치를 취하여야 한다.(2007.10.17 개정)

제 7 조 【직업소개시 준수사항】 법 제11조에 따라 직업안정기관의 장이 직업소개업무를 행할 때에는 다음 각 호의 원칙을 준수하여야 한다.(2009.12.31 개정)

1. 구인자 또는 구직자 어느 한쪽의 이익에 치우치지 아니할 것
2. 구직자가 취업할 직업에 쉽게 적응할 수 있도록 종사하게 될 업무의 내용, 임금, 근로시간, 그 밖의 근로조건에 대하여 상세히 설명할 것 (2009.12.31 개정)

제8조【채용여부의 통보】 구인자가 직업안정기관에서 구직자를 소개받은 때에는 그 채용여부를 직업안정기관의 장에게 통보하여야 한다.

제9조【직업지도】 ①법 제14조의 규정에 의하여 직업안정기관의 장이 신체 또는 정신에 장애가 있는 자(이하 "장애인"이라 한다)에 대하여 직업지도를 하는 경우에는 소속 직원중에서 이에 대한 특별한 지식과 기능을 가진 자로 하여금 담당하게 하여야 한다.
②직업안정기관의 장은 장애인에 대한 직업지도를 위하여 필요하다고 인정하는 경우에는 전문기관에 위탁하여 장애인의 직업지도에 관한 조사·연구를 하게 할 수 있다.
③직업안정기관의 장은 직업지도를 받아 취업한 사람이 그 직업에 쉽게 적응할 수 있도록 하기 위하여 필요하다고 인정하는 경우에는 취업 후에도 직업지도를 실시할 수 있다.(2009.12.31 개정)
④직업안정기관의 장은 효과적인 직업지도를 위하여 필요하다고 인정하는 경우에는 구직자에 대한 직업적성검사·흥미검사·직업선호도검사 기타 필요한 검사를 실시할 수 있다.(99.5.27 개정)

제10조【직업상담】 직업안정기관의 장이 직업상담을 하는 경우에는 구직자의 개별적인 상황을 고려하고, 고용정보 및 직업능력개발에 관한 정보, 직업적성검사 등을 활용하여야 한다.

제11조【학생 등에 대한 직업지도】 법 제15조에 따라 직업안정기관의 장은 고용정보, 직업에 관한 조사·연구의 결과 등을 각급 학교의 장이나 공공직업훈련시설의 장에게 제공하고, 학생 또는 직업훈련생 등에 대하여 직업적성검사 및 집단상담 등을 통하여 직업선택에 필요한 지도를 할 수 있다.(2009.12.31 개정)

제12조【고용정보제공의 내용 등】 ①법 제16조제1항의 규정에 의하여 직업안정기관의 장이 수집·제공하여야 할 고용정보는 다음 각호와 같다.
1. 경제 및 산업동향
2. 노동시장, 고용·실업동향
3. 임금, 근로시간 등 근로조건

4. 직업에 관한 정보
5. 채용 · 승진 등 고용관리에 관한 정보
6. 직업능력개발훈련에 관한 정보(99.5.27 개정)
7. 고용관련 각종지원 및 보조제도
8. 구인 · 구직에 관한 정보

②법 제16조제1항의 규정에 의하여 직업안정기관의 장으로부터 구인 · 구직정보를 제공받은 자는 당해 정보를 구인 · 구직 및 취업알선목적외에 사용하여서는 아니된다.(96.4.12 신설)

제13조【구인 · 구직의 개척】 ①직업안정기관의 장은 관할지역안의 사업장 방문, 전화연락, 신문 등을 통한 구인 · 구직알선의 광고, 사업주간담회참석 등을 통하여 구인을 개척하여야 한다.

②직업안정기관의 장은 특별자치도 · 시 · 군 · 구(자치구를 말한다. 이하 같다) 및 학교 등과 협력하여 취업희망자를 파악하고 취업설명회 등을 개최하며, 직업안정기관의 이용을 홍보하는 등 적극적으로 구직을 개척하여야 한다.(2009.12.31 개정)

제14조【무료직업소개사업의 신고】 ①법 제18조제1항의 규정에 의한 무료직업소개사업의 신고를 할 수 있는 자는 그 설립목적 및 사업내용이 무료직업소개사업에 적합하고 당해 사업이 유지 · 운영에 필요한 조직 및 자산을 갖춘 비영리법인 또는 공익단체로 한다.(99.5.27 개정)

②제1항의 규정에 의한 비영리법인중 법 제26조의 규정에 의하여 직업소개사업과의 겸업이 금지되어 있는 영업을 하는 자를 구성원으로 하는 비영리법인은 고용노동부령이 정하는 요건에 해당하는 법인에 한한다.(2010.7.12 개정)

③제1항의 규정에 의한 공익단체는 법인이 아닌 단체중 그 설립에 관하여 행정기관의 인 · 허가를 받았거나 행정기관에 신고를 한 단체로서 활동의 공공성 · 사회성이 인정된 단체를 말한다.(98.4.27 개정)

④무료직업소개사업의 신고절차 등에 관하여 필요한 사항은 고용노동부령으로 정한다.(2010.7.12 개정)

제15조【무료직업소개사업의 대상직종 등】 삭제(99.5.27)

제16조【무료직업소개사업의 직업지도원】 삭제(99.5.27)

제17조【직업소개사업의 타목적 이용금지】 무료직업소개사업을 행하는 자는 직업소개사업외의 사업의 확장을 위한 회원모집 · 조직확대 ·

선전 등의 수단으로 직업소개사업을 운영하여서는 아니된다.

제18조【특별자치도 · 시 · 군 · 구 중 둘 이상에 무료직업소개사업소를 두는 경우】 ①삭제(2009.12.31)

②법 제18조제1항에 따른 국내 무료직업소개사업의 신고가 있는 때에는 그 주된 사업소의 소재지를 관할하는 시장 · 군수 · 구청장(자치구의 구청장을 말한다. 이하 같다)은 주된 사업소 외의 사업소의 소재지를 관할하는 특별자치도지사 · 시장 · 군수 · 구청장에게 신고를 받은 날부터 10일 이내에 그 신고사실을 통보하여야 하며, 각 사업소의 소재지를 관할하는 특별자치도지사 · 시장 · 군수 · 구청장은 해당 사업의 지도 · 감독 등에 관하여 서로 협조를 요청할 수 있다.(2009.12.31 개정)

③제2항에 따른 요청을 받은 특별자치도지사 · 시장 · 군수 · 구청장은 특별한 사유가 없는 한 이에 응하여야 한다.(2009.12.31 개정)

제19조【무료직업소개사업자의 준수사항】 삭제(99.5.27)

제20조【무료직업소개사업의 허가신청 · 명칭 등】 삭제(99.5.27)

제21조【유료직업소개사업의 등록요건 등】 ①법 제19조제1항에 따른 유료직업소개사업의 등록을 할 수 있는 자는 다음 각 호의 어느 하나에 해당하는 자에 한정한다. 다만, 법인의 경우에는 직업소개사업을 목적으로 설립된 「상법」상 회사 또는 「협동조합 기본법」 제2조제1호에 따른 협동조합(같은 조 제3호에 따른 사회적협동조합은 제외한다)으로서 납입자본금이 5천만원(둘 이상의 사업소를 설치하는 경우에는 추가하는 사업소 1개소당 2천만원을 가산한 금액)이상이고 임원 2명이상이 다음 각 호의 어느 하나에 해당하는 자 또는 「국민 평생 직업능력 개발법」에 따른 직업능력개발훈련법인으로서 임원 2명 이상이 다음 각 호의 어느 하나에 해당하는 자에 한정한다.(2022.2.17 개정)

1. 「국가기술자격법」에 의한 직업상담사 1급 또는 2급의 국가기술자격이 있는 자(2006.6.30 개정)
2. 직업소개사업의 사업소, 「국민 평생 직업능력 개발법」에 의한 직업능력개발훈련시설, 「초 · 중등교육법」 및 「고등교육법」에 의한 학교, 「청소년기본법」에 의한 청소년단체에서 직업상담 · 직업지도 · 직업훈련 기타 직업소개와 관련이 있는 상담업무에 2년이상 종사한 경력이 있는 자(2022.2.17 개정)
3. 「공인노무사법」 제3조의 규정에 의한 공인노무사 자격을 가진 자

(2006.6.30 개정)

4. 조합원이 100인이상인 단위노동조합, 산업별 연합단체인 노동조합 또는 총연합단체인 노동조합에서 노동조합업무전담자로 2년이상 근무한 경력이 있는 자(98.4.27 개정)
5. 상시사용근로자 300인이상인 사업 또는 사업장에서 노무관리업무전담자로 2년이상 근무한 경력이 있는 자(98.4.27 개정)
6. 국가공무원 또는 지방공무원으로서 2년이상 근무한 경력이 있는 자(98.4.27 개정)
7. 「초·중등교육법」에 의한 교원자격증을 가지고 있는 자로서 교사근무경력이 2년이상인 자(2006.6.30 개정)
8. 「사회복지사업법」에 따른 사회복지사 자격증을 가진 사람(2009.12.31 신설)

②법 제19조제2항 단서에서 "직업소개 또는 직업상담에 관한 경력, 자격 또는 소양이 있다고 인정되는 사람 등 대통령령으로 정하는 사람"이란 제1항 각 호의 어느 하나에 해당하는 사람을 말한다.(2009.12.31 개정)

③삭제(96.4.12)

④삭제(96.4.12)

⑤법 제19조의 규정에 의한 유료직업소개사업의 등록을 하고자 하는 자는 고용노동부령이 정하는 시설을 갖추어야 한다.(2010.7.12 개정)

⑥법 제19조제1항에 따른 국내 유료직업소개사업의 등록 및 지도·감독에 관하여는 제18조를 준용한다.(2009.12.31 신설)

제21조의2 【2이상의 시·군·구에 국내유료직업소개사업소를 두는 경우】 삭제(2009.12.31)

제22조 【유료직업소개사업의 대상직종】 삭제(99.5.27)

제23조 【허가제한요청】 삭제(98.4.27)

제24조 【예치금의 인출 등】 삭제(96.4.12)

제25조 【유료직업소개사업자의 준수사항】 법 제19조제6항에 따라 유료직업소개사업자 및 그 종사자는 다음 각 호의 사항을 준수하여야 한다.(2009.12.31 개정)

1. 직업소개사업자(법인의 경우에는 제21조제1항의 규정에 의한 등록요건에 해당하는 자)는 사업소에 근무하면서 종사자를 직접 관리·감독하여 직업소개행위와 관련된 비위사실이 발생하지 아니하도록 할 것(99.5.27 개정)
2. 삭제(98.4.27)

3. 구인자의 사업이 행정관청의 허가·신고·등록 등을 필요로 하는 사업인 경우에는 그 허가·신고·등록 등의 여부를 확인할 것
4. 직업소개사업의 광고를 할 때에는 직업소개소의 명칭·전화번호·위치 및 등록번호를 기재할 것(99.5.27 개정)
5. 삭제(99.5.27)
6. 법 제19조제3항에 따른 요금은 구직자의 근로계약이 체결된 후에 받을 것. 다만, 회비형식으로 요금을 받고 일용근로자를 소개하는 경우 또는 법 제19조제3항 단서에 따라 고용노동부령으로 정하는 고급·전문인력을 소개하는 경우에는 그러하지 아니하다.(2010.7.12 개정)
7. 제7조 각호의 사항
8. 기타 사업소의 부착물 등 고용노동부령이 정하는 사항(2010.7.12 개정)

제26조【유료직업소개사업의 등록신청·명칭 등】 유료직업소개사업의 등록 및 변경등록의 신청·사업소의 명칭 기타 유료직업소개사업의 등록 및 사업운영에 관하여 필요한 사항은 고용노동부령으로 정한다.(2010.7.12 개정)

제26조의2【18세미만의 자에 대한 직업소개제한】 삭제(2007.7.23)

제27조【직업정보제공사업의 신고절차 및 변경】 ①법 제23조제1항에 따라 직업정보제공사업의 신고를 하려는 자는 다음 각 호의 사항을 기재한 신고서에 고용노동부령으로 정하는 서류를 첨부하여 고용노동부장관에게 제출하여야 한다. 이 경우 직업정보를 제공하는 사업소를 둘 이상 두고자 할 때에는 사업소별로 신고하여야 한다.(2010.7.12 개정)
1. 신고인의 주소 및 성명(법인의 경우에는 법인의 명칭 및 대표자의 성명)(2009.12.31 개정)
2. 사업소의 명칭 및 소재지
3. 직업정보제공의 수단 및 범위
4. 직업정보제공 대가의 유무
5. 지사를 설치하고자 하는 경우에는 지사의 대표자·소재지 및 지사의 업무

②제1항의 규정에 의하여 직업정보제공사업을 신고한 자는 신고한 날부터 6월이내에 당해 신고사업을 개시하여야 한다.(96.4.12 개정)
③제1항에 따라 신고를 한 자가 신고서에 기재한 사항(신고인의 주소는 제외한다)을 변경한 때에는 그 변경일부터 10일 이내에 고용노동부장관에게 변경신고서를 제출하여야 한다.(2010.7.12 개정)

④직업정보제공사업의 신고서 기타 신고에 관하여 필요한 사항은 고용노동부령으로 정한다.(2010.7.12 개정)

제28조【직업정보제공사업자의 준수사항】 법 제25조제3호에서 "대통령령으로 정하는 사항"이란 다음 각 호의 사항을 말한다.(2022.12.27 개정)

1. 구인자의 업체명, 성명 또는 사업자등록증 등을 확인할 수 없거나 구인자의 연락처가 사서함 등으로 표시되어 구인자의 신원 또는 정보가 확실하지 않은 구인광고를 게재하지 않을 것(2022.12.27 개정)
2. 직업정보제공매체의 구인·구직의 광고에는 구인·구직자의 주소 또는 전화번호를 기재하고, 직업정보제공사업자의 주소 또는 전화번호는 기재하지 아니할 것(98.4.27 개정)
3. 직업정보제공매체 또는 직업정보제공사업의 광고문에 "(무료)취업상담"·"취업추천"·"취업지원" 등의 표현을 사용하지 아니할 것(98.4.27 개정)
4. 구직자의 이력서 발송을 대행하거나 구직자에게 취업추천서를 발부하지 아니할 것
5. 직업정보제공매체에 정보이용자들이 알아보기 쉽게 법 제23조에 따른 신고로 부여받은 신고번호(직업소개사업을 겸하는 경우에는 법 제18조에 따른 신고로 부여받은 신고번호 또는 법 제19조에 따른 등록으로 부여받은 등록번호를 포함한다)를 표시할 것(2022.12.27 개정)
6. 「최저임금법」 제10조에 따라 결정 고시된 최저임금에 미달되는 구인정보, 「성매매알선 등 행위의 처벌에 관한 법률」 제4조에 따른 금지행위가 행하여지는 업소에 대한 구인광고를 게재하지 아니할 것(2007.7.23 신설)

제29조【겸업 금지】 법 제26조제3호에서 "대통령령으로 정하는 영업"이란 다음 각 호의 어느 하나에 해당하는 영업을 말한다.

1. 「식품위생법 시행령」 제21조제8호가목의 휴게음식점영업 중 주로 다류(茶類)를 조리·판매하는 영업(영업자 또는 종업원이 영업장을 벗어나 다류를 배달·판매하면서 소요 시간에 따라 대가를 받는 형태로 운영하는 경우로 한정한다)
2. 「식품위생법 시행령」 제21조제8호다목의 단란주점영업
3. 「식품위생법 시행령」 제21조제8호라목의 유흥주점영업

(2018.10.16 본조신설)

제30조【위탁모집】 삭제(99.5.27)

제31조【국외취업자의 모집신고 및 등록】 ①법 제30조제1항의 규정에 의하여 국외에 취업할 근로자를 모집한 자는 모집한 후 15일이내에 다음 각호의 사항을 기재한 모집신고서에 고용노동부령이 정하는 서류를 첨부하여 고용노동부장관에게 신고하여야 한다.(2010.7.12 개정)

1. 모집자의 사업소의 명칭 · 소재지 및 대표자
2. 모집인원 및 근로조건
3. 모집자(국외유료직업소개사업자 또는 국외근로자공급사업자가 모집하는 경우에는 구인 또는 공급요청자)의 사업현황

②삭제(98.4.27)

③고용노동부장관은 법 제30조의 규정에 의한 근로자의 모집을 원활하게 하기 위하여 필요하다고 인정할 때에는 국외취업을 희망하는 근로자를 미리 등록하게 할 수 있다.(2010.7.12 개정)

④제3항의 규정에 의한 근로자의 등록 및 관리에 관하여 필요한 사항은 고용노동부장관이 따로 정한다.(2010.7.12 개정)

⑤국외취업자모집신고서 기타 모집에 관하여 필요한 사항은 고용노동부령으로 정한다.(2010.7.12 개정)

제32조【모집방법 등의 서면권고】 고용노동부장관이 법 제31조제1항의 규정에 의하여 모집방법 등의 개선을 권고할 때에는 권고사항, 개선기한 등을 명시하여 서면으로 하여야 한다.(2010.7.12 개정)

제33조 근로자공급사업】 ①법 제33조제1항에 따라 근로자공급사업을 하려는 자는 다음 각호의 사항을 기재한 허가신청서에 고용노동부령으로 정하는 서류를 첨부하여 고용노동부장관에게 제출하여야 한다. 허가받은 사항 중 공급 직종, 업무구역 등 고용노동부령으로 정하는 중요 사항을 변경하고자 할 때에도 또한 같다.(2011.4.4 개정)

1. 사업소의 명칭 · 소재지 및 대표자
2. 근로자 공급계획
3. 공급대상사업체수

②근로자공급사업을 하는 자는 허가받은 사항 중 다음 각 호의 어느 하나에 해당하는 사항이 변경된 경우에는 그 사실을 고용노동부령으로 정하는 바에 따라 고용노동부장관에게 알려야 한다.(2011.4.4 신설)

1. 사업자의 명칭

2. 사업소의 소재지
③법 제33조제5항에 따라 국외 근로자공급사업을 하려는 자는 다음 각 호의 자산 및 시설을 모두 갖추어야 한다.(2011.4.4 개정)
1. 1억원 이상의 납입자본금(비영리법인의 경우에는 재무상태표의 자본총계를 말하고, 법인이 아닌 경우에는 영업용 자산평가액을 말한다)(2024.12.31 개정)
2. 국내에 소재하고, 2명 이상이 상담할 수 있는 독립된 공간을 갖춘 사무실(2011.4.4 개정)
③삭제(2009.12.31)
④삭제(2009.12.31)
⑤삭제(96.4.12)
⑥삭제(2007.7.23)
⑦삭제(2009.12.31)

제34조【거짓 구인광고의 범위 등】 법 제34조에 따른 거짓 구인광고 또는 거짓 구인조건 제시의 범위는 신문·잡지, 그 밖의 간행물, 유선·무선방송, 컴퓨터통신, 간판, 벽보 또는 그 밖의 방법에 의하여 광고를 하는 행위 중 다음 각 호의 어느 하나에 해당하는 것으로 한다.(2009.12.31 개정)
1. 구인을 가장하여 물품판매·수강생모집·직업소개·부업알선·자금모금 등을 행하는 광고
2. 거짓 구인을 목적으로 구인자의 신원(업체명 또는 성명)을 표시하지 아니하는 광고(2009.12.31 개정)
3. 구인자가 제시한 직종·고용형태·근로조건 등이 응모할 때의 그것과 현저히 다른 광고
4. 기타 광고의 중요내용이 사실과 다른 광고

제34조의2【예치금의 예치 및 인출 등】 ①법 제34조의2의 규정에 의하여 국내유료직업소개사업자는 사업소별로 1천만원, 국외유료직업소개사업자는 1억원, 국외근로자공급사업자는 2억원을 금융기관에 예치하거나 보증보험에 가입하여야 한다. 다만, 국외 연수생만을 소개하는 국외유료직업소개사업자의 경우에는 5천만원을 금융기관에 예치하거나 보증보험에 가입하여야 한다.(99.5.27 개정)
②예치금의 예치기간 또는 보증보험의 보증기간이 만료되는 때에는 당해

기간의 만료일까지 제1항의 규정에 의한 금액을 다시 금융기관에 예치하거나 보증보험에 가입하고 10일이내에 그 증빙서류를 등록관청 또는 허가관청에 제출하여야 한다.(99.5.27 개정)
③제1항 및 제2항의 규정에 의하여 유료직업소개사업자 또는 국외근로자공급사업자가 예치금을 금융기관에 예치하는 경우에는 허가기관의 장과 공동명의로 하여야 하며, 보증보험에 가입하는 경우에는 등록기관의 장 또는 허가기관의 장을 피보험자로 하여야 한다.(99.5.27 개정)
④유료직업소개사업자 또는 국외근로자공급사업자에 의한 직업소개 또는 근로자공급과 관련하여 손해를 입은 근로자 또는 근로자를 소개·공급받은 자는 사업자가 그 손해의 배상에 응하지 아니하여 예치금 또는 보증보험으로 손해를 배상받고자 할 경우에는 당해 근로자 또는 근로자를 소개·공급받은 자와 사업자간의 손해배상합의서, 화해조서, 법원의 확정판결문 사본 기타 이에 준하는 효력이 있는 서류를 등록관청 또는 허가관청에 제출하여 협조를 요청할 수 있다.(99.5.27 개정)
⑤유료직업소개사업자 및 국외근로자공급사업자는 예치금 또는 보증보험금으로 당해 직업소개 또는 근로자공급과 관련된 손해를 배상한 경우에는 7일이내에 예치금중 부족하게 된 금액을 보충하여 예치하거나 보증보험에 다시 가입하여야 한다.
(96.4.12 본조신설)

제35조【청문】 삭제(97.12.31)

제36조【서면통지】 고용노동부장관 또는 특별자치도지사·시장·군수·구청장은 법 제37조에 따른 폐쇄조치를 하려는 경우에는 미리 이를 해당 사업을 하는 자 또는 그 대리인에게 문서(해당 사업을 하는 자 또는 그 대리인이 원하는 경우에는 「전자문서 및 전자거래 기본법」 제2조제1호에 따른 전자문서를 포함한다)로 알려주어야 한다. 다만, 긴급한 사유가 있는 경우에는 그러하지 아니하다.(2012.8.31 개정)

제37조【권한의 위임】 법 제44조에 따라 고용노동부장관은 다음 각 호의 권한을 직업안정기관의 장에게 위임한다.(2010.7.12 개정)
1. 법 제18조의 규정에 의한 국외무료직업소개사업의 신고(99.5.27 신설)
1의. 법 제19조의 규정에 의한 국외유료직업소개사업의 등록(99.5.27 신설)
2. 법 제23조의 규정에 의한 직업정보제공사업의 신고(99.5.27 개정)
3. 법 제30조의 규정에 의한 국외취업자의 모집에 관한 신고의 수리

4. 법 제33조에 따른 근로자공급사업의 허가(2018.12.11 개정)
5. 법 제35조에 따른 직업정보제공사업 및 근로자공급사업의 폐업신고의 수리(2009.12.31 개정)
6. 법 제36조에 따른 사업의 정지, 등록 또는 허가의 취소(국내 무료 · 유료 직업소개사업의 정지 또는 등록의 취소는 제외한다)(2018.12.11 신설)
7. 법 제37조의 규정에 의한 폐쇄조치(다만, 국내 무료 · 유료직업소개사업의 폐쇄조치를 제외한다)(99.5.27 개정)
8. 법 제41조에 따른 보고명령 및 조사 등(국내무료 · 유료직업소개사업자에 대한 보고명령 및 조사 등은 제외한다)(2009.12.31 개정)
9. 삭제(96.4.12)
10. 법 제50조에 따른 과태료의 부과 · 징수(국내무료 · 유료직업소개사업자에 대한 과태료의 부과 · 징수는 제외한다)(2009.12.31 개정)

제37조의2【사업자협회의 설립】 ①법 제45조의2제1항에 따라 직업소개사업 · 직업정보제공사업 또는 근로자공급사업을 하는 자(이하 "사업자"라 한다)가 사업별로 사업자협회를 설립하는 때에는 사업자 10인 이상의 발기인이 정관을 작성하여 사업자 10인 이상이 출석한 창립총회에서 출석 사업자 과반수의 의결을 거친 후 고용노동부장관의 설립인가를 받아야 한다.(2022.12.27 개정)
②사업자협회의 설립인가 신청절차와 사업자협회의 정관에 기재할 사항 등에 관하여 필요한 사항은 고용노동부령으로 정한다.(2010.7.12 개정)
(2006.6.30 본조신설)

제37조의3【사업자협회의 업무】 사업자협회는 법 제45조의2제1항에 따른 목적을 달성하기 위하여 다음 각 호의 업무를 수행한다.
1. 사업자의 건전한 발전과 공동이익을 도모하는 사업
2. 사업자 및 그 종사자의 자질향상을 위한 지도와 교육 및 연수에 관한 업무
3. 사업자의 윤리헌장 제정 및 그 실천에 관한 업무
4. 법 제34조의2제3항에 따른 공제사업(2009.12.31 개정)
5. 그 밖에 사업자협회의 설립목적 달성을 위하여 필요한 업무
(2006.6.30 본조신설)

제37조의4【민감정보 및 고유식별정보의 처리】 고용노동부장관(법 제3조제2항 · 제4조의5제2항 및 이 영 제37조에 따라 고용노동부장관의 권한을 위임 · 위탁받은 자를 포함한다), 직업안정기관의 장 또는 특별자치

도지사 · 시장 · 군수 · 구청장(해당 권한이 위임 · 위탁된 경우에는 그 권한을 위임 · 위탁받은 자를 포함한다)은 다음 각 호의 사무를 수행하기 위하여 불가피한 경우 「개인정보 보호법」 제23조에 따른 건강에 관한 정보 및 「개인정보 보호법 시행령」 제18조제2호에 따른 범죄경력자료에 해당하는 정보와 같은 영 제19조제1호 또는 제4호에 따른 주민등록번호 또는 외국인등록번호가 포함된 자료를 처리할 수 있다. 다만, 제1호 및 제10호의 사무의 경우에는 「개인정보 보호법」 제23조에 따른 건강에 관한 정보는 제외하고, 제7호의 사무의 경우에는 같은 법 제23조에 따른 건강에 관한 정보 및 같은 법 시행령 제18조제2호에 따른 범죄경력자료에 해당하는 정보는 제외한다.(2022.12.27 개정)

1. 법 제4조의5에 따른 고용서비스 우수기관의 인증 · 재인증 등에 관한 사무
2. 법 제9조에 따른 구직 신청에 관한 사무
3. 법 제18조에 따른 무료직업소개사업의 신고 · 변경신고에 관한 사무
4. 법 제19조에 따른 유료직업소개사업의 등록 · 변경등록에 관한 사무
5. 법 제23조에 따른 직업정보제공사업의 신고 · 변경신고에 관한 사무
6. 법 제33조에 따른 근로자공급사업의 허가 · 연장허가 등에 관한 사무
7. 법 제35조에 따른 직업소개사업 · 직업정보제공사업 · 근로자공급사업 폐업신고에 관한 사무
8. 법 제38조에 따른 직업소개사업의 신고 · 등록을 하거나 근로자공급사업의 허가를 신청한 사람에 대한 결격사유 조회에 관한 사무
9. 법 제41조의2에 따른 행정기관의 자료 협조 등에 관한 사무
10. 법 제45조의3에 따른 신고 및 포상금 지급에 관한 사무
11. 제37조의2에 따른 사업자협회의 설립인가에 관한 사무

(2012.1.6 본조신설)

제37조의5【규제의 재검토】 고용노동부장관은 제17조에 따른 직업소개사업의 타목적 이용금지에 대하여 2017년 1월 1일을 기준으로 3년마다(매 3년이되는 해의 1월 1일 전까지를 말한다) 그 타당성을 검토하여 개선 등의 조치를 하여야 한다.(2016.12.30 개정)

(2014.12.9 본조신설)

제38조【과태료의 부과기준】 법 제50조제1항 및 제2항에 따른 과태료의 부과기준은 별표와 같다.

(2011.4.4 본조개정)

부 칙

제1조【시행일】 이 영은 공포한 날부터 시행한다.

제2조【국내유료직업소개사업자의 자격요건에 관한 경과조치】 이 영 시행당시 종전의 규정에 의하여 국내유료직업소개사업의 허가를 받은 자(법인의 경우에는 임원)의 자격요건에 대하여는 동 사업을 계속하는 경우에 한하여 제21조제1항의 규정에 불구하고 종전의 규정에 의한다. 다만, 법인의 경우에 그 대표자 또는 종전의 규정에 의한 자격이 있는 임원 2인(대표자가 종전의 규정에 의한 자격이 있는 자이거나 제21조제1항 각호의 1에 해당하는 자로 개임된 경우에는 1인)을 개임하고자 하는 경우에는 각각 제21조제1항 각호의 1에 해당하는 자로 개임하여야 한다.

제3조【다른 법령의 폐지 및 개정】 생략

제4조【다른 법령과의 관계】 생략

부 칙 (1996. 4.12)

①**【시행일】** 이 영은 공포한 날부터 시행한다.

②**【국내유료직업소개사업의 허가요건에 관한 경과조치】** 이 영 시행당시 종전의 규정에 의하여 국내유료직업소개사업의 허가 또는 갱신허가를 받은 자는 이 영에 의하여 허가 또는 갱신허가를 받은 것으로 보고, 그 허가 또는 갱신허가의 유효기간이 만료된 후 계속하여 당해 국내유료직업소개사업을 하기 위하여 갱신허가를 받고자 하는 경우에는 제21조제1항의 개정규정에 불구하고 국내유료직업소개사업의 허가요건을 갖춘 것으로 본다.

부 칙 (1997.12.31)

이 영은 1998년 1월 1일부터 시행한다.

부 칙 (1998. 4.27)

①**【시행일】** 이 영은 공포한 날부터 시행한다.

②**【예치금의 예치 등에 관한 경과조치】** 이 영 시행당시 종전의 규정에 의하여 예치금을 금융기관에 예치하거나 보증보험에 가입한 유료직업소개사업자 또는 국외근로자공급사업자중 허가기관의 장과 공동명의로 예치하지 아니하거나 허가기관의 장을 보증보험의 피보험자로 하지 아니한 자는 이 영 시행후 6월이내에 제34조의2제3항의 개정규정에 적합하게 하여야 한다.

부　칙 (1999. 2. 8)
이 영은 공포한 날부터 시행한다.

부　칙 (1999. 5.27)
①【시행일】 이 영은 공포한 날부터 시행한다.
②【인력은행운영지원협의회에 관한 경과조치】 이 영 시행당시 근로자의생활향상과고용안정지원에관한법률시행령 제12조제2항의 규정에 의하여 구성된 인력은행운영지원협의회는 이 영 제2조의3의 개정규정에 의하여 구성된 것으로 본다.
③【다른 법령의 개정】 근로자의생활향상과고용안정지원에관한법률시행령중 다음과 같이 개정한다.
제12조를 삭제한다.

부　칙 (2000. 5. 1)
이 영은 공포한 날부터 시행한다.

부　칙 (2001. 7.30)
이 영은 공포한 날부터 시행한다.

부　칙 (2004. 1.20)
이 영은 공포한 날부터 시행한다.

부　칙 (2006. 6.30)
이 영은 2006년 7월 1일부터 시행한다.

부　칙 (2007. 7.23)
제1조【시행일】 이 영은 공포한 날부터 시행한다.
제2조【유료직업소개사업의 등록요건에 관한 경과조치】 ① 이 영 시행 당시 유료직업소개사업의 등록을 신청한 자에 대하여는 제21조제1항제8호의 개정규정에도 불구하고 종전의 규정에 따른다.
②이 영 시행 당시 종전의 제21조제1항제8호의 요건으로 유료직업소개사업의 등록을 하고 유료직업소개사업을 수행하고 있는 자에 대하여는 같은

호의 개정규정에도 불구하고 유료직업소개사업의 등록요건을 갖춘 것으로 본다.

부　칙 (2009.12.31)

이 영은 2010년 1월 10일부터 시행한다.

부　칙 (2011. 4. 4)

제1조【시행일】 이 영은 공포한 날부터 시행한다.

제2조【과태료에 관한 경과조치】 ①이 영 시행 전의 위반행위에 대하여 과태료의 부과기준을 적용할 때에는 별표의 개정규정에도 불구하고 종전의 규정에 따른다.

②이 영 시행 전의 위반행위로 받은 과태료 부과처분은 별표의 개정규정에 따른 위반행위의 횟수 산정에 포함하지 아니한다.

부　칙 (2016. 5. 3)

이 영은 공포한 날부터 시행한다.

부　칙 (2018.10.16)

이 영은 2018년 10월 18일부터 시행한다.

부　칙 (2018.12.11)

이 영은 공포한 날부터 시행한다.

부　칙 (2022.12.27)

제1조【시행일】 이 영은 공포한 날부터 시행한다. 다만, 제28조제1호의 개정규정은 공포 후 3개월이 경과한 날부터 시행한다.

제2조【직업정보제공사업자의 준수사항에 관한 적용례】 ①제28조제1호 의 개정규정은 부칙 제1조 단서에 따른 시행일 이후 직업정보제공매체에 구인광고를 게재하는 경우부터 적용한다.

②제28조제5호의 개정규정은 이 영 시행 이후 직업정보제공매체에 구인광고를 게재하는 경우부터 적용한다.

기타 노동관련법령

국가인권위원회법

제정 2001. 5.24 법률 제6481호
개정 2005. 3.31 법률 제7427호
2005. 7.29 법률 제7651호
2005. 8. 4 법률 제7655호
2005.12.29 법률 제7796호
2006.10. 4 법률 제8050호
2007. 5.17 법률 제8435호
2009. 2. 3 법률 제9402호
2011. 5.19 법률 제10679호
2012. 3.21 법률 제11413호
2013. 3.23 법률 제11690호
2014. 3.18 법률 제12500호
2016. 2. 3 법률 제14028호
2020. 2. 4 법률 제16928호
2020. 3.24 법률 제17126호
2021. 7.20 법률 제18298호
2022. 1. 4 법률 제18721호
2022. 4.26 법률 제18846호
2024.12. 3 법률 제20558호

제1장 총 칙

제1조【목적】 이 법은 국가인권위원회를 설립하여 모든 개인이 가지는 불가침의 기본적 인권을 보호하고 그 수준을 향상시킴으로써 인간으로서의 존엄과 가치를 실현하고 민주적 기본질서의 확립에 이바지함을 목적으로 한다.
(2011.5.19 본조개정)

제 2 조 【정의】 이 법에서 사용하는 용어의 뜻은 다음과 같다.

1. "인권"이란 「대한민국헌법」 및 법률에서 보장하거나 대한민국이 가입 · 비준한 국제인권조약 및 국제관습법에서 인정하는 인간으로서의 존엄과 가치 및 자유와 권리를 말한다.
2. "구금 · 보호시설"이란 다음 각 목에 해당하는 시설을 말한다.
   가. 교도소 · 소년교도소 · 구치소 및 그 지소, 보호감호소, 치료감호시설, 소년원 및 소년분류심사원
   나. 경찰서 유치장 및 사법경찰관리가 직무 수행을 위하여 사람을 조사하고 유치(留置)하거나 수용하는 데에 사용하는 시설
   다. 군 교도소(지소 · 미결수용실을 포함한다)(2020.2.4 개정)
   라. 외국인 보호소
   마. 다수인 보호시설(많은 사람을 보호하고 수용하는 시설로서 대통령령으로 정하는 시설을 말한다)
3. "평등권 침해의 차별행위"란 합리적인 이유 없이 성별, 종교, 장애, 나이, 사회적 신분, 출신 지역(출생지, 등록기준지, 성년이 되기 전의 주된 거주지 등을 말한다), 출신 국가, 출신 민족, 용모 등 신체 조건, 기혼 · 미혼 · 별거 · 이혼 · 사별 · 재혼 · 사실혼 등 혼인 여부, 임신 또는 출산, 가족 형태 또는 가족 상황, 인종, 피부색, 사상 또는 정치적 의견, 형의 효력이 실효된 전과(前科), 성적(性的) 지향, 학력, 병력(病歷) 등을 이유로 한 다음 각 목의 어느 하나에 해당하는 행위를 말한다. 다만, 현존하는 차별을 없애기 위하여 특정한 사람(특정한 사람들의 집단을 포함한다. 이하 이 조에서 같다)을 잠정적으로 우대하는 행위와 이를 내용으로 하는 법령의 제정 · 개정 및 정책의 수립 · 집행은 평등권 침해의 차별행위(이하 "차별행위"라 한다)로 보지 아니한다.
   가. 고용(모집, 채용, 교육, 배치, 승진, 임금 및 임금 외의 금품 지급, 자금의 융자, 정년, 퇴직, 해고 등을 포함한다)과 관련하여 특정한 사람을 우대 · 배제 · 구별하거나 불리하게 대우하는 행위
   나. 재화 · 용역 · 교통수단 · 상업시설 · 토지 · 주거시설의 공급이나 이용과 관련하여 특정한 사람을 우대 · 배제 · 구별하거나 불리하게 대우하는 행위
   다. 교육시설이나 직업훈련기관에서의 교육 · 훈련이나 그 이용과 관련하여 특정한 사람을 우대 · 배제 · 구별하거나 불리하게 대우하는 행위

라. 성희롱[업무, 고용, 그 밖의 관계에서 공공기관(국가기관, 지방자치단체, 「초·중등교육법」 제2조, 「고등교육법」 제2조와 그 밖의 다른 법률에 따라 설치된 각급 학교, 「공직자윤리법」 제3조의2제1항에 따른 공직유관단체를 말한다)의 종사자, 사용자 또는 근로자가 그 직위를 이용하여 또는 업무 등과 관련하여 성적 언동 등으로 성적 굴욕감 또는 혐오감을 느끼게 하거나 성적 언동 또는 그 밖의 요구 등에 따르지 아니한다는 이유로 고용상의 불이익을 주는 것을 말한다] 행위

4. "장애"란 신체적·정신적·사회적 요인으로 장기간에 걸쳐 일상생활 또는 사회생활에 상당한 제약을 받는 상태를 말한다.

5. "시민사회단체"란 「비영리민간단체 지원법」 제4조에 따라 중앙행정기관의 장, 시·도지사나 특례시의 장에게 등록을 한 비영리민간단체, 「민법」 제32조에 따라 주무관청의 허가를 받은 비영리법인, 「공익법인의 설립·운영에 관한 법률」 제4조에 따라 주무관청의 설립허가를 받은 공익법인, 그 밖에 특별법에 따라 설립된 법인을 말한다.(2022.4.26 개정)

6. "군인등"이란 다음 각 목의 어느 하나에 해당하는 사람을 말한다.(2022.1.4 신설)

가. 「군인의 지위 및 복무에 관한 기본법」 제2조제1호에 따른 현역에 복무하는 장교·준사관·부사관 및 병(兵)

나. 「군인의 지위 및 복무에 관한 기본법」 제3조에 따른 사관생도·사관후보생·준사관후보생·부사관후보생, 소집되어 군에 복무하는 예비역·보충역, 군무원

7. "군인권침해"란 제30조제1항에 따른 인권침해나 차별행위에 해당하는 경우로서 군인등의 복무 중 업무 수행 과정 또는 병영생활(「군인의 지위 및 복무에 관한 기본법」 제2조제5호에 따른 병영생활을 말한다)에서 발생하는 인권침해나 차별행위를 말한다.(2022.1.4 신설)

8. "군인권보호관"이란 「군인의 지위 및 복무에 관한 기본법」 제42조에 따른 군인권보호관을 말한다.(2022.1.4 신설)

(2011.5.19 본조개정)

제 3 조 【국가인권위원회의 설립과 독립성】 ①이 법에서 정하는 인권의 보호와 향상을 위한 업무를 수행하기 위하여 국가인권위원회(이하 "위원회"라 한다)를 둔다.

②위원회는 그 권한에 속하는 업무를 독립하여 수행한다.

(2011.5.19 본조개정)

제4조 【적용범위】 이 법은 대한민국 국민과 대한민국의 영역에 있는 외국인에 대하여 적용한다.
(2011.5.19 본조개정)

제2장 위원회의 구성과 운영

제5조 【위원회의 구성】 ①위원회는 위원장 1명과 상임위원 3명을 포함한 11명의 인권위원(이하 "위원"이라 한다)으로 구성한다.
②위원은 다음 각 호의 사람을 대통령이 임명한다.(2016.2.3 개정)
1. 국회가 선출하는 4명(상임위원 2명을 포함한다)
2. 대통령이 지명하는 4명(상임위원 1명을 포함한다)(2016.2.3 개정)
3. 대법원장이 지명하는 3명

③위원은 인권문제에 관하여 전문적인 지식과 경험이 있고 인권의 보장과 향상을 위한 업무를 공정하고 독립적으로 수행할 수 있다고 인정되는 사람으로서 다음 각 호의 어느 하나에 해당하는 자격을 갖추어야 한다.(2016.2.3 신설)
1. 대학이나 공인된 연구기관에서 부교수 이상의 직이나 이에 상당하는 직에 10년 이상 있거나 있었던 사람
2. 판사 · 검사 또는 변호사의 직에 10년 이상 있거나 있었던 사람
3. 인권 분야 비영리 민간단체 · 법인 · 국제기구에서 근무하는 등 인권 관련 활동에 10년 이상 종사한 경력이 있는 사람
4. 그 밖에 사회적 신망이 높은 사람으로서 시민사회단체로부터 추천을 받은 사람

④국회, 대통령 또는 대법원장은 다양한 사회계층으로부터 후보를 추천받거나 의견을 들은 후 인권의 보호와 향상에 관련된 다양한 사회계층의 대표성이 반영될 수 있도록 위원을 선출 · 지명하여야 한다.(2016.2.3 신설)
⑤위원장은 위원 중에서 대통령이 임명한다. 이 경우 위원장은 국회의 인사청문을 거쳐야 한다.(2016.2.3 개정)
⑥위원장과 상임위원은 정무직공무원으로 임명한다.(2016.2.3 개정)
⑦위원은 특정 성(性)이 10분의 6을 초과하지 아니하도록 하여야 한다.(2016.2.3 개정)

⑧임기가 끝난 위원은 후임자가 임명될 때까지 그 직무를 수행한다.(2016.2.3 개정)
(2011.5.19 본조개정)

제6조【위원장의 직무】①위원장은 위원회를 대표하며 위원회의 업무를 총괄한다.
②위원장이 부득이한 사유로 직무를 수행할 수 없을 때에는 위원장이 미리 지명한 상임위원이 그 직무를 대행한다.
③위원장은 국회에 출석하여 위원회의 소관 사무에 관하여 의견을 진술할 수 있으며, 국회에서 요구하면 출석하여 보고하거나 답변하여야 한다.
④위원장은 국무회의에 출석하여 발언할 수 있으며, 소관 사무에 관하여 국무총리에게 의안(이 법의 시행에 관한 대통령령안을 포함한다) 제출을 건의할 수 있다.
⑤위원장은 위원회의 예산 관련 업무를 수행할 때 「국가재정법」 제6조제3항에 따른 중앙관서의 장으로 본다.
(2011.5.19 본조개정)

제7조【위원장 및 위원의 임기】①위원장과 위원의 임기는 3년으로 하고, 한 번만 연임할 수 있다.
②위원 중 결원이 생기면 대통령은 결원된 날부터 30일 이내에 후임자를 임명하여야 한다.
③결원이 된 위원의 후임으로 임명된 위원의 임기는 새로 시작된다.
(2011.5.19 본조개정)

제8조【위원의 신분 보장】위원은 금고 이상의 형의 선고에 의하지 아니하고는 본인의 의사에 반하여 면직되지 아니한다. 다만, 위원이 장기간의 심신쇠약으로 직무를 수행하기가 극히 곤란하게 되거나 불가능하게 된 경우에는 전체 위원 3분의 2 이상의 찬성에 의한 의결로 퇴직하게 할 수 있다.(2016.2.3 개정)
(2011.5.19 본조개정)

제8조의2【위원의 책임 면제】위원은 위원회나 제12조에 따른 상임위원회 또는 소위원회에서 직무상 행한 발언과 의결에 관하여 고의 또는 과실이 없으면 민사상 또는 형사상의 책임을 지지 아니한다.
(2016.2.3 본조신설)

제9조【위원의 결격사유】①다음 각 호의 어느 하나에 해당하는 사

람은 위원이 될 수 없다.
1. 대한민국 국민이 아닌 사람
2. 「국가공무원법」 제33조 각 호의 어느 하나에 해당하는 사람
3. 정당의 당원
4. 「공직선거법」에 따라 실시하는 선거에 후보자로 등록한 사람
②위원이 제1항 각 호의 어느 하나에 해당하게 되면 당연히 퇴직한다.
(2011.5.19 본조개정)

제10조 【위원의 겸직금지】 ①위원은 재직 중 다음 각 호의 직을 겸하거나 업무를 할 수 없다.
1. 국회 또는 지방의회의 의원의 직
2. 다른 국가기관 또는 지방자치단체의 공무원(교육공무원은 제외한다)의 직
3. 그 밖에 위원회 규칙으로 정하는 직 또는 업무
②위원은 정당에 가입하거나 정치운동에 관여할 수 없다.
(2011.5.19 본조개정)

제11조 삭제(2005.7.29)

제12조 【상임위원회 및 소위원회】 ①위원회는 그 업무 중 일부를 수행하게 하기 위하여 상임위원회와 침해구제위원회, 차별시정위원회 등의 소위원회(이하 "소위원회"라 한다)를 둘 수 있다.
②상임위원회는 위원장과 상임위원으로 구성하고, 소위원회는 3명 이상 5명 이하의 위원으로 구성한다.
③상임위원회와 소위원회에는 심의 사항을 연구 · 검토하기 위하여 성 · 장애 등 분야별 전문위원회를 둘 수 있다.
④상임위원회, 소위원회 및 전문위원회의 구성 · 업무 및 운영과 전문위원의 자격 · 임기 및 위촉 등에 관하여 필요한 사항은 위원회 규칙으로 정한다.
(2011.5.19 본조개정)

제13조 【회의 의사 및 의결정족수】 ①위원회의 회의는 위원장이 주재하며, 이 법에 특별한 규정이 없으면 재적위원 과반수의 찬성으로 의결한다.
②상임위원회 및 소위원회의 회의는 구성위원 3명 이상의 출석과 3명 이상의 찬성으로 의결한다.
(2011.5.19 본조개정)

제14조 【의사의 공개】 위원회의 의사는 공개한다. 다만, 위원회, 상임

위원회 또는 소위원회가 필요하다고 인정하면 공개하지 아니할 수 있다.
(2011.5.19 본조개정)

제15조【자문기구】①위원회는 그 업무 수행에 필요한 사항을 자문하기 위하여 자문기구를 둘 수 있다.
②자문기구의 조직과 운영에 필요한 사항은 위원회 규칙으로 정한다.
(2011.5.19 본조개정)

제16조【사무처】①위원회에 위원회의 사무를 처리할 사무처를 두고, 사무처에는 군인권보호관의 업무를 지원하기 위하여 지원조직을 둔다.(2022.1.4 개정)
②사무처에 사무총장 1명과 필요한 직원을 두되 사무총장은 위원회의 심의를 거쳐 위원장의 제청으로 대통령이 임명한다.
③소속 직원 중 5급 이상 공무원 또는 고위공무원단에 속하는 일반직공무원은 위원장의 제청으로 대통령이 임명하며, 6급 이하 공무원은 위원장이 임명한다.
④사무총장은 위원장의 지휘를 받아 사무처의 사무를 관장하고 소속 직원을 지휘 · 감독한다.
(2011.5.19 본조개정)

제17조【징계위원회의 설치】①위원회에 위원회 직원의 징계처분을 의결할 징계위원회를 둔다.
②징계위원회의 구성, 권한, 심의 절차, 징계의 종류 및 효력, 그 밖에 징계에 필요한 사항은 위원회 규칙으로 정한다.
(2011.5.19 본조개정)

제18조【위원회의 조직과 운영】①이 법에 규정된 사항 외에 위원회의 조직에 관하여 필요한 사항은 위원회의 독립성을 보장하고 업무를 효과적으로 수행할 수 있도록 최대한 고려하여 대통령령으로 정한다.(2016.2.3 개정)
②이 법에 규정된 사항 외에 위원회의 운영에 필요한 사항은 위원회 규칙으로 정한다.(2016.2.3 신설)
(2011.5.19 본조개정)

제3장 위원회의 업무와 권한

제19조【업무】 위원회는 다음 각 호의 업무를 수행한다.

1. 인권에 관한 법령(입법과정 중에 있는 법령안을 포함한다)·제도·정책·관행의 조사와 연구 및 그 개선이 필요한 사항에 관한 권고 또는 의견의 표명
2. 인권침해행위에 대한 조사와 구제
3. 차별행위에 대한 조사와 구제
4. 인권상황에 대한 실태 조사
5. 인권에 관한 교육 및 홍보
6. 인권침해의 유형, 판단 기준 및 그 예방 조치 등에 관한 지침의 제시 및 권고
7. 국제인권조약 가입 및 그 조약의 이행에 관한 연구와 권고 또는 의견의 표명
8. 인권의 옹호와 신장을 위하여 활동하는 단체 및 개인과의 협력 및 지원 (2024.12.3 개정)
9. 인권과 관련된 국제기구 및 외국 인권기구와의 교류·협력
10. 그 밖에 인권의 보장과 향상을 위하여 필요하다고 인정하는 사항

(2011.5.19 본조개정)

제19조의2【보조금】 위원회는 인권 현안에 대한 시민사회단체와의 상호 협력 증진과 인권의 저변을 확대·강화할 목적으로 제19조제8호에 따른 인권의 옹호와 신장을 위하여 활동하는 단체 및 개인과의 협력 사업에 대하여 위원회 규칙으로 정하는 바에 따라 예산의 범위에서 필요한 경비의 전부 또는 일부를 보조할 수 있다.

(2024.12.3 본조신설)

제20조【관계기관등과의 협의】 ①관계 국가행정기관 또는 지방자치단체의 장은 인권의 보호와 향상에 영향을 미치는 내용을 포함하고 있는 법령을 제정하거나 개정하려는 경우 미리 위원회에 통지하여야 한다.

②위원회는 그 업무를 수행하기 위하여 필요하다고 인정하면 국가기관, 지방자치단체, 그 밖의 공사(公私) 단체(이하 "관계기관등"이라 한다)에 협의를 요청할 수 있다.

③제2항에 따른 요청을 받은 관계기관등은 정당한 사유가 없으면 이에 성실히 협조하여야 한다.

(2011.5.19 본조개정)

제21조【정부보고서 작성 시 위원회 의견 청취】 국제인권규약에 따라 관계 국가행정기관이 정부보고서를 작성할 때에는 위원회의 의견을 들어야 한다.
(2011.5.19 본조개정)

제22조【자료제출 및 사실 조회】 ①위원회는 그 업무를 수행하기 위하여 필요하다고 인정하면 관계기관등에 필요한 자료 등의 제출이나 사실 조회를 요구할 수 있다.
②위원회는 그 업무를 수행하기 위하여 필요한 사실을 알고 있거나 전문적 지식 또는 경험을 가지고 있다고 인정되는 사람에게 출석을 요구하여 그 진술을 들을 수 있다.
③제1항에 따른 요구를 받은 기관은 지체 없이 협조하여야 한다.
(2011.5.19 본조개정)

제23조【청문회】 ①위원회는 그 업무를 수행하기 위하여 필요하다고 인정하면 관계기관등의 대표자, 이해관계인 또는 학식과 경험이 있는 사람 등에게 출석을 요구하여 사실 또는 의견의 진술을 들을 수 있다.
②제1항에 따라 위원회가 실시하는 청문회의 절차와 방법에 관하여는 위원회 규칙으로 정한다.
(2011.5.19 본조개정)

제24조【시설의 방문조사】 ①위원회(상임위원회와 소위원회를 포함한다. 이하 이 조에서 같다)는 필요하다고 인정하면 그 의결로써 구금·보호시설을 방문하여 조사할 수 있다.
②제1항에 따른 방문조사를 하는 위원은 필요하다고 인정하면 소속 직원 및 전문가를 동반할 수 있으며, 구체적인 사항을 지정하여 소속 직원 및 전문가에게 조사를 위임할 수 있다. 이 경우 조사를 위임받은 전문가가 그 사항에 대하여 조사를 할 때에는 소속 직원을 동반하여야 한다.
③제2항에 따라 방문조사를 하는 위원, 소속 직원 또는 전문가(이하 이 조에서 "위원등"이라 한다)는 그 권한을 표시하는 증표를 지니고 이를 관계인에게 내보여야 하며, 방문 및 조사를 받는 구금·보호시설의 장 또는 관리인은 즉시 방문과 조사에 편의를 제공하여야 한다.
④제2항에 따라 방문조사를 하는 위원등은 구금·보호시설의 직원 및 구금·보호시설에 수용되어 있는 사람(이하 "시설수용자"라 한다)과 면담할 수 있고 구술 또는 서면으로 사실이나 의견을 진술하게 할 수 있다.

⑤구금·보호시설의 직원은 위원등이 시설수용자를 면담하는 장소에 참석할 수 있다. 다만, 대화 내용을 녹음하거나 녹취하지 못한다.
⑥구금·보호시설에 대한 방문조사의 절차와 방법 등에 관하여 필요한 사항은 대통령령으로 정한다.
(2011.5.19 본조개정)

제25조【정책과 관행의 개선 또는 시정 권고】①위원회는 인권의 보호와 향상을 위하여 필요하다고 인정하면 관계기관등에 정책과 관행의 개선 또는 시정을 권고하거나 의견을 표명할 수 있다.
②제1항에 따라 권고를 받은 관계기관등의 장은 그 권고사항을 존중하고 이행하기 위하여 노력하여야 한다.
③제1항에 따라 권고를 받은 관계기관등의 장은 권고를 받은 날부터 90일 이내에 그 권고사항의 이행계획을 위원회에 통지하여야 한다.(2012.3.21 개정)
④제1항에 따라 권고를 받은 관계기관등의 장은 그 권고의 내용을 이행하지 아니할 경우에는 그 이유를 위원회에 통지하여야 한다.(2012.3.21 신설)
⑤위원회는 제1항에 따른 권고 또는 의견의 이행실태를 확인·점검할 수 있다.(2022.1.4 신설)
⑥위원회는 필요하다고 인정하면 제1항에 따른 위원회의 권고와 의견 표명, 제4항에 따라 권고를 받은 관계기관등의 장이 통지한 내용 및 제5항에 따른 이행실태의 확인·점검 결과를 공표할 수 있다.(2022.1.4 개정)
(2011.5.19 본조개정)

제26조【인권교육과 홍보】①위원회는 모든 사람의 인권 의식을 깨우치고 향상시키기 위하여 필요한 인권교육과 홍보를 하여야 한다.
②위원회는 「초·중등교육법」 제23조에 따른 학교 교육과정에 인권에 관한 내용을 포함시키기 위하여 국가교육위원회와 협의할 수 있다.(2021.7.20 개정)
③위원회는 인권교육과 인권에 관한 연구의 발전을 위하여 필요한 사항을 「고등교육법」 제2조에 따라 설립된 학교의 장과 협의할 수 있다.
④위원회는 공무원의 채용시험, 승진시험, 연수 및 교육훈련 과정에 인권에 관한 내용을 포함시키기 위하여 국가기관 및 지방자치단체의 장과 협의할 수 있다.
⑤위원회는 군인권침해를 개선·예방하기 위한 인권교육을 위하여 국방

부장관과 협의할 수 있다.(2022.1.4 신설)
⑥위원회는 「정부출연연구기관 등의 설립·운영 및 육성에 관한 법률」 제8조 및 제18조와 「과학기술분야 정부출연연구기관 등의 설립·운영 및 육성에 관한 법률」 제8조 및 제18조에 따라 설립된 연구기관 또는 연구회의 장과 협의하여 인권에 관한 연구를 요청하거나 공동으로 연구할 수 있다.(2022.1.4 개정)
⑦위원회는 「평생교육법」 제2조제2호에 따른 평생교육기관의 장에 대하여 그 교육내용에 인권 관련 사항을 포함하도록 권고할 수 있다.(2022.1.4 개정)
(2011.5.19 본조개정)

제26조의2 【국가인권교육원】 ①인권교육에 관한 업무를 체계적이고 통합적으로 지원하기 위하여 위원회에 국가인권교육원을 둔다.
②국가인권교육원은 다음 각 호의 업무를 수행한다.
1. 인권교육 분야의 전문가 및 강사 양성
2. 국가·지방자치단체 또는 공공기관 등에서 인권업무를 담당하는 공무원 또는 직원 등 인권 관련 업무 종사자에 대한 교육훈련
3. 위원회가 실시하는 인권교육의 지원 및 관리
4. 인권교육 전문성 제고를 위한 연구
5. 그 밖에 인권교육과 관련하여 대통령령으로 정하는 업무

③국가인권교육원에 원장 1명을 두되, 원장은 고위공무원단에 속하는 일반직공무원으로 보한다.
④원장은 위원장의 명을 받아 소관 사무를 총괄하고, 소속 공무원을 지휘·감독한다.
⑤그 밖에 국가인권교육원의 조직과 운영에 필요한 사항은 대통령령으로 정한다.
(2024.12.3 본조신설)

제27조 【인권도서관】 ①위원회는 인권도서관을 둘 수 있다.(2012.3.21 개정)
②인권도서관은 인권에 관한 국내외의 정보와 자료 등을 수집·정리·보존하여 일반인이 이용하도록 제공할 수 있다.(2012.3.21 개정)
③삭제(2012.3.21)
④인권도서관의 설치와 운영에 필요한 사항은 위원회 규칙으로 정한다.(2012.3.21 개정)

(2011.5.19 본조개정)

제28조【법원 및 헌법재판소에 대한 의견 제출】①위원회는 인권의 보호와 향상에 중대한 영향을 미치는 재판이 계속(係屬) 중인 경우 법원 또는 헌법재판소의 요청이 있거나 필요하다고 인정할 때에는 법원의 담당 재판부 또는 헌법재판소에 법률상의 사항에 관하여 의견을 제출할 수 있다.

②제4장 및 제4장의2에 따라 위원회 또는 제50조의3제1항에 따른 군인권보호위원회가 조사하거나 처리한 내용에 관하여 재판이 계속 중인 경우 위원회는 법원 또는 헌법재판소의 요청이 있거나 필요하다고 인정할 때에는 법원의 담당 재판부 또는 헌법재판소에 사실상 및 법률상의 사항에 관하여 의견을 제출할 수 있다.(2022.1.4 개정)

(2011.5.19 본조개정)

제29조【보고서 작성 등】①위원회는 해마다 전년도의 활동 내용과 인권 상황 및 개선 대책에 관한 보고서를 작성하여 대통령과 국회에 보고하여야 한다. 이 경우 보고서에는 군 인권 관련 사항을 포함하여야 한다.(2022.1.4 개정)

②위원회는 제1항에 따른 보고 외에도 필요하다고 인정하면 대통령과 국회에 특별보고를 할 수 있다.

③관계기관등은 제1항 및 제2항에 따른 보고에 관한 의견, 조치 결과 또는 조치 계획을 위원회에 제출할 수 있다.

④위원회는 제1항 및 제2항에 따른 보고서를 공개하여야 한다. 다만, 국가의 안전보장, 개인의 명예 또는 사생활의 보호를 위하여 필요하거나 다른 법률에 따라 공개가 제한된 사항은 공개하지 아니할 수 있다.

(2011.5.19 본조개정)

제 4 장 인권침해 및 차별행위의 조사와 구제

제30조【위원회의 조사대상】①다음 각 호의 어느 하나에 해당하는 경우에 인권침해나 차별행위를 당한 사람(이하 "피해자"라 한다) 또는 그 사실을 알고 있는 사람이나 단체는 위원회에 그 내용을 진정할 수 있다.(2011.5.19 개정)

1. 국가기관, 지방자치단체, 「초·중등교육법」 제2조, 「고등교육법」 제2조와

그 밖의 다른 법률에 따라 설치된 각급 학교, 「공직자윤리법」 제3조의2 제1항에 따른 공직유관단체 또는 구금 · 보호시설의 업무 수행(국회의 입법 및 법원 · 헌법재판소의 재판은 제외한다)과 관련하여 「대한민국헌법」 제10조부터 제22조까지의 규정에서 보장된 인권을 침해당하거나 차별행위를 당한 경우(2012.3.21 개정)

2. 법인, 단체 또는 사인(私人)으로부터 차별행위를 당한 경우

②삭제(2005.7.29)

③위원회는 제1항의 진정이 없는 경우에도 인권침해나 차별행위가 있다고 믿을 만한 상당한 근거가 있고 그 내용이 중대하다고 인정할 때에는 직권으로 조사할 수 있다.(2011.5.19 개정)

④제1항에 따른 진정의 절차와 방법에 관하여 필요한 사항은 위원회 규칙으로 정한다.(2011.5.19 개정)

제31조 【시설수용자의 진정권 보장】 ①시설수용자가 위원회에 진정하려고 하면 그 시설에 소속된 공무원 또는 직원(이하 "소속공무원등"이라 한다)은 그 사람에게 즉시 진정서 작성에 필요한 시간과 장소 및 편의를 제공하여야 한다.

②시설수용자가 위원 또는 위원회 소속 직원 앞에서 진정하기를 원하는 경우 소속공무원등은 즉시 그 뜻을 위원회에 통지하여야 한다.

③소속공무원등은 제1항에 따라 시설수용자가 작성한 진정서를 즉시 위원회에 보내고 위원회로부터 접수증명원을 받아 이를 진정인에게 내주어야 한다. 제2항의 통지에 대한 위원회의 확인서 및 면담일정서는 발급받는 즉시 진정을 원하는 시설수용자에게 내주어야 한다.

④제2항에 따라 통지를 받은 경우 또는 시설수용자가 진정을 원한다고 믿을 만한 상당한 근거가 있는 경우 위원회는 위원 또는 소속 직원으로 하여금 구금 · 보호시설을 방문하게 하여 진정을 원하는 시설수용자로부터 구술 또는 서면으로 진정을 접수하게 하여야 한다. 이때 진정을 접수한 위원 또는 소속 직원은 즉시 접수증명원을 작성하여 진정인에게 내주어야 한다.

⑤제4항에 따른 위원 또는 소속 직원의 구금 · 보호시설의 방문 및 진정의 접수에 관하여는 제24조제3항 및 제4항을 준용한다.

⑥시설에 수용되어 있는 진정인(진정을 하려는 사람을 포함한다)과 위원 또는 위원회 소속 직원의 면담에는 구금 · 보호시설의 직원이 참여하거나

그 내용을 듣거나 녹취하지 못한다. 다만, 보이는 거리에서 시설수용자를 감시할 수 있다.
⑦소속공무원등은 시설수용자가 위원회에 제출할 목적으로 작성한 진정서 또는 서면을 열람할 수 없다.
⑧시설수용자의 자유로운 진정서 작성과 제출을 보장하기 위하여 구금 · 보호시설에서 이행하여야 할 조치와 그 밖에 필요한 절차와 방법은 대통령령으로 정한다.
(2011.5.19 본조개정)

제32조 【진정의 각하 등】 ①위원회는 접수한 진정이 다음 각 호의 어느 하나에 해당하는 경우에는 그 진정을 각하(却下)한다.
1. 진정의 내용이 위원회의 조사대상에 해당하지 아니하는 경우
2. 진정의 내용이 명백히 거짓이거나 이유 없다고 인정되는 경우
3. 피해자가 아닌 사람이 한 진정에서 피해자가 조사를 원하지 아니하는 것이 명백한 경우
4. 진정의 원인이 된 사실이 발생한 날부터 1년 이상 지나서 진정한 경우. 다만, 진정의 원인이 된 사실에 관하여 공소시효 또는 민사상 시효가 완성되지 아니한 사건으로서 위원회가 조사하기로 결정한 경우에는 그러하지 아니하다.
5. 진정이 제기될 당시 진정의 원인이 된 사실에 관하여 법원 또는 헌법재판소의 재판, 수사기관의 수사 또는 그 밖의 법률에 따른 권리구제 절차가 진행 중이거나 종결된 경우. 다만, 수사기관이 인지하여 수사 중인 「형법」 제123조부터 제125조까지의 죄에 해당하는 사건과 같은 사안에 대하여 위원회에 진정이 접수된 경우에는 그러하지 아니하다.
6. 진정이 익명이나 가명으로 제출된 경우
7. 진정이 위원회가 조사하는 것이 적절하지 아니하다고 인정되는 경우
8. 진정인이 진정을 취하한 경우
9. 위원회가 기각한 진정과 같은 사실에 대하여 다시 진정한 경우
10. 진정의 취지가 그 진정의 원인이 된 사실에 관한 법원의 확정판결이나 헌법재판소의 결정에 반하는 경우

②위원회는 제1항에 따라 진정을 각하하는 경우 필요하다고 인정하면 그 진정을 관계 기관에 이송할 수 있다. 이 경우 진정을 이송받은 기관은 위원회의 요청이 있으면 지체 없이 그 처리 결과를 위원회에 통지하여야 한다.

③위원회가 진정에 대한 조사를 시작한 후에도 그 진정이 제1항 각 호의 어느 하나에 해당하게 된 경우에는 그 진정을 각하할 수 있다.
④위원회는 진정을 각하하거나 이송한 경우 지체 없이 그 사유를 구체적으로 밝혀 진정인에게 통지하여야 한다.
⑤위원회는 제4항에 따라 진정인에게 통지하는 경우 필요하다고 인정하면 피해자 또는 진정인에게 권리를 구제받는 데에 필요한 절차와 조치에 관하여 조언할 수 있다.
(2011.5.19 본조개정)

제33조 【다른 구제절차와 이송】 ①진정의 내용이 다른 법률에서 정한 권리구제 절차에 따라 권한을 가진 국가기관에 제출하려는 것이 명백한 경우 위원회는 지체 없이 그 진정을 그 국가기관으로 이송하여야 한다.
②위원회가 제30조제1항에 따라 진정에 대한 조사를 시작한 후에 진정의 원인이 된 사실과 같은 사안에 관한 수사가 피해자의 진정 또는 고소에 의하여 시작된 경우에는 그 진정을 관할 수사기관으로 이송하여야 한다.
③제1항과 제2항에 따라 위원회가 진정을 이송한 경우 지체 없이 그 내용을 진정인에게 통지하여야 하며, 이송받은 기관은 위원회가 요청하는 경우 그 진정에 대한 처리 결과를 위원회에 통지하여야 한다.
(2011.5.19 본조개정)

제34조 【수사기관과 위원회의 협조】 ①진정의 원인이 된 사실이 범죄행위에 해당한다고 믿을 만한 상당한 이유가 있고 그 혐의자의 도주 또는 증거 인멸 등을 방지하거나 증거 확보를 위하여 필요하다고 인정할 경우에 위원회는 검찰총장 또는 관할 수사기관의 장에게 수사의 개시와 필요한 조치를 의뢰할 수 있다.
②제1항에 따른 의뢰를 받은 검찰총장 또는 관할 수사기관의 장은 지체 없이 그 조치 결과를 위원회에 통지하여야 한다.
(2011.5.19 본조개정)

제35조 【조사 목적의 한계】 ①위원회는 조사를 할 때에는 국가기관의 기능 수행에 지장을 주지 아니하도록 유의하여야 한다.
②위원회는 개인의 사생활을 침해하거나 계속 중인 재판 또는 수사 중인 사건의 소추(訴追)에 부당하게 관여할 목적으로 조사를 하여서는 아니 된다.
(2011.5.19 본조개정)

제36조 【조사의 방법】 ①위원회는 다음 각 호에서 정한 방법으로 진

정에 관하여 조사할 수 있다.
1. 진정인 · 피해자 · 피진정인(이하 "당사자"라 한다) 또는 관계인에 대한 출석 요구, 진술 청취 또는 진술서 제출 요구
2. 당사자, 관계인 또는 관계 기관 등에 대하여 조사 사항과 관련이 있다고 인정되는 자료 등의 제출 요구
3. 조사 사항과 관련이 있다고 인정되는 장소, 시설 또는 자료 등에 대한 현장조사 또는 감정(鑑定)
4. 당사자, 관계인 또는 관계 기관 등에 대하여 조사 사항과 관련이 있다고 인정되는 사실 또는 정보의 조회

②위원회는 조사를 위하여 필요하다고 인정하면 위원 또는 소속 직원에게 일정한 장소 또는 시설을 방문하여 장소, 시설 또는 자료 등에 대하여 현장조사 또는 감정을 하게 할 수 있다. 이 경우 위원회는 그 장소 또는 시설에 당사자나 관계인의 출석을 요구하여 진술을 들을 수 있다.

③제1항제1호에 따라 진술서 제출을 요구받은 사람은 14일 이내에 진술서를 제출하여야 한다.

④제1항과 제2항에 따른 피진정인에 대한 출석 요구는 인권침해행위나 차별행위를 한 행위당사자의 진술서만으로는 사안을 판단하기 어렵고, 제30조제1항에 따른 인권침해행위나 차별행위가 있었다고 볼 만한 상당한 이유가 있는 경우에만 할 수 있다.

⑤제2항에 따라 조사를 하는 위원 또는 소속 직원은 그 장소 또는 시설을 관리하는 장 또는 직원에게 필요한 자료나 물건의 제출을 요구할 수 있다.

⑥제2항에 따라 조사를 하는 위원 또는 소속 직원은 그 권한을 표시하는 증표를 지니고 이를 그 장소 또는 시설을 관리하는 장 또는 직원에게 내보여야 한다.

⑦위원회가 자료나 물건의 제출을 요구하거나 그 자료, 물건 또는 시설에 대한 현장조사 또는 감정을 하려고 하는 경우 관계 국가기관의 장은 그 자료, 물건 또는 시설이 다음 각 호의 어느 하나에 해당한다는 사실을 위원회에 소명하고 그 자료나 물건의 제출 또는 그 자료, 물건, 시설에 대한 현장조사 또는 감정을 거부할 수 있다. 이 경우 위원회는 관계 국가기관의 장에게 필요한 사항의 확인을 요구할 수 있으며, 요구를 받은 관계 국가기관의 장은 이에 성실히 협조하여야 한다.
1. 국가의 안전보장 또는 외교관계에 중대한 영향을 미치는 국가기밀 사항

인 경우
2. 범죄 수사나 계속 중인 재판에 중대한 지장을 줄 우려가 있는 경우
(2011.5.19 본조개정)

제37조 【질문 · 검사권】 ①위원회는 제36조의 조사에 필요한 자료 등이 있는 곳 또는 관계인에 관하여 파악하려면 그 내용을 알고 있다고 믿을 만한 상당한 이유가 있는 사람에게 질문하거나 그 내용을 포함하고 있다고 믿을 만한 상당한 이유가 있는 서류와 그 밖의 물건을 검사할 수 있다.
②제1항의 경우에는 제36조제5항부터 제7항까지를 준용한다.
(2011.5.19 본조개정)

제38조 【위원의 제척 등】 ①위원(제41조에 따른 조정위원을 포함한다. 이하 이 조에서 같다)은 다음 각 호의 어느 하나에 해당하는 경우에는 진정의 심의 · 의결에서 제척된다.
1. 위원이나 그 배우자 또는 그 배우자이었던 사람이 해당 진정의 당사자이거나 그 진정에 관하여 당사자와 공동권리자 또는 공동의무자인 경우
2. 위원이 해당 진정의 당사자와 친족이거나 친족이었던 경우
3. 위원이 해당 진정에 관하여 증언이나 감정을 한 경우
4. 위원이 해당 진정에 관하여 당사자의 대리인으로 관여하거나 관여하였던 경우
5. 위원이 해당 진정에 관하여 수사, 재판 또는 다른 법률에 따른 구제 절차에 관여하였던 경우

②당사자는 위원에게 심의 · 의결의 공정을 기대하기 어려운 사정이 있는 경우에는 위원장에게 기피신청을 할 수 있으며 위원장은 당사자의 기피신청에 대하여 위원회의 의결을 거치지 아니하고 결정한다. 다만, 위원장이 결정하기에 타당하지 아니하는 경우에는 위원회의 의결로 결정한다.
③위원이 제1항 각 호의 어느 하나의 사유 또는 제2항의 사유에 해당하는 경우에는 스스로 그 진정의 심의 · 의결을 회피할 수 있다.
(2011.5.19 본조개정)

제39조 【진정의 기각】 ①위원회는 진정을 조사한 결과 진정의 내용이 다음 각 호의 어느 하나에 해당하는 경우에는 그 진정을 기각한다.
1. 진정의 내용이 사실이 아님이 명백하거나 사실이라고 인정할 만한 객관적인 증거가 없는 경우
2. 조사 결과 제30조제1항에 따른 인권침해나 차별행위에 해당하지 아니하

는 경우
3. 이미 피해 회복이 이루어지는 등 별도의 구제 조치가 필요하지 아니하다고 인정되는 경우
②위원회는 진정을 기각하는 경우 진정의 당사자에게 그 결과와 이유를 통지하여야 한다.
(2011.5.19 본조개정)

제40조【합의의 권고】 위원회는 조사 중이거나 조사가 끝난 진정에 대하여 사건의 공정한 해결을 위하여 필요한 구제 조치를 당사자에게 제시하고 합의를 권고할 수 있다.
(2011.5.19 본조개정)

제41조【조정위원회의 설치와 구성】 ①조정의 신속하고 공정한 처리를 위하여 위원회에 성 · 장애 등의 분야별로 조정위원회를 둘 수 있다.
②조정위원회의 위원(이하 "조정위원"이라 한다)은 위원회의 위원과 다음 각 호의 어느 하나에 해당하는 사람 중에서 성 · 장애 등의 분야별로 위원장이 위촉하는 사람이 된다.
1. 인권문제에 관하여 전문적인 지식과 경험을 가진 사람으로서 국가기관 또는 민간단체에서 인권과 관련된 분야에 10년 이상 종사한 사람
2. 판사 · 검사 · 군법무관 · 변호사로 10년 이상 종사한 사람
3. 대학 또는 공인된 연구기관에서 조교수 이상으로 10년 이상 재직한 사람
③조정위원회의 회의는 다음 각 호의 사람으로 구성한다.
1. 위원회의 위원인 조정위원 중 회의마다 위원장이 지명하는 1명
2. 제2항에 따른 분야별 조정위원 중 회의마다 위원장이 지명하는 2명
④조정위원의 위촉 및 임기, 조정위원회의 구성 · 운영, 조정의 절차 등에 관하여 필요한 사항은 위원회 규칙으로 정한다.
⑤조정위원회의 조정 절차에 관하여 이 법 및 위원회 규칙에 규정되지 아니한 사항은 「민사조정법」을 준용한다.
(2011.5.19 본조개정)

제42조【조정위원회의 조정】 ①조정위원회는 인권침해나 차별행위와 관련하여 당사자의 신청이나 위원회의 직권으로 조정위원회에 회부된 진정에 대하여 조정 절차를 시작할 수 있다.
②조정은 조정 절차가 시작된 이후 당사자가 합의한 사항을 조정서에 적

은 후 당사자가 기명날인하고 조정위원회가 이를 확인함으로써 성립한다.
③조정위원회는 조정 절차 중에 당사자 사이에 합의가 이루어지지 아니하는 경우 사건의 공정한 해결을 위하여 조정을 갈음하는 결정을 할 수 있다.
④조정을 갈음하는 결정에는 다음 각 호의 어느 하나의 사항을 포함시킬 수 있다.
1. 조사대상 인권침해나 차별행위의 중지
2. 원상회복, 손해배상, 그 밖에 필요한 구제조치
3. 동일하거나 유사한 인권침해 또는 차별행위의 재발을 방지하기 위하여 필요한 조치
⑤조정위원회는 조정을 갈음하는 결정을 한 경우에는 지체 없이 그 결정서를 당사자에게 송달하여야 한다.
⑥당사자가 제5항에 따라 결정서를 송달받은 날부터 14일 이내에 이의를 신청하지 아니하면 조정을 수락한 것으로 본다.
(2011.5.19 본조개정)

제43조【조정위원회의 조정의 효력】 제42조제2항에 따른 조정과 같은 조 제6항에 따라 이의를 신청하지 아니하는 경우의 조정을 갈음하는 결정은 재판상 화해와 같은 효력이 있다.
(2011.5.19 본조개정)

제44조【구제조치 등의 권고】 ①위원회가 진정을 조사한 결과 인권침해나 차별행위가 일어났다고 판단할 때에는 피진정인, 그 소속 기관·단체 또는 감독기관(이하 "소속기관등"이라 한다)의 장에게 다음 각 호의 사항을 권고할 수 있다.
1. 제42조제4항 각 호에서 정하는 구제조치의 이행(2016.2.3 개정)
2. 법령·제도·정책·관행의 시정 또는 개선
②제1항에 따라 권고를 받은 소속기관등의 장에 관하여는 제25조제2항부터 제6항까지를 준용한다.(2022.1.4 개정)
(2011.5.19 본조개정)

제45조【고발 및 징계권고】 ①위원회는 진정을 조사한 결과 진정의 내용이 범죄행위에 해당하고 이에 대하여 형사 처벌이 필요하다고 인정하면 검찰총장에게 그 내용을 고발할 수 있다. 다만, 피고발인이 군인등인 경우에는 소속 군 참모총장 또는 국방부장관에게 고발할 수 있다.(2022.1.4 개정)

②위원회가 진정을 조사한 결과 인권침해 및 차별행위가 있다고 인정하면 피진정인 또는 인권침해에 책임이 있는 사람을 징계할 것을 소속기관등의 장에게 권고할 수 있다.
③제1항에 따라 고발을 받은 검찰총장, 군 참모총장 또는 국방부장관은 고발을 받은 날부터 3개월 이내에 수사를 마치고 그 결과를 위원회에 통지하여야 한다. 다만, 3개월 이내에 수사를 마치지 못할 때에는 그 사유를 밝혀야 한다.
④제2항에 따라 위원회로부터 권고를 받은 소속기관등의 장은 권고를 존중하여야 하며 그 결과를 위원회에 통지하여야 한다.
(2011.5.19 본조개정)

제46조【의견진술의 기회 부여】 ①위원회는 제44조 또는 제45조에 따른 권고 또는 조치를 하기 전에 피진정인에게 의견을 진술할 기회를 주어야 한다.
②제1항의 경우 당사자 또는 이해관계인은 구두 또는 서면으로 위원회에 의견을 진술하거나 필요한 자료를 제출할 수 있다.
(2011.5.19 본조개정)

제47조【피해자를 위한 법률구조 요청】 ①위원회는 진정에 관한 위원회의 조사, 증거의 확보 또는 피해자의 권리 구제를 위하여 필요하다고 인정하면 피해자를 위하여 대한법률구조공단 또는 그 밖의 기관에 법률구조를 요청할 수 있다.
②제1항에 따른 법률구조 요청은 피해자의 명시한 의사에 반하여 할 수 없다.
③제1항에 따른 법률구조 요청의 절차 · 내용 및 방법에 관하여 필요한 사항은 위원회 규칙으로 정한다.
(2011.5.19 본조개정)

제48조【긴급구제 조치의 권고】 ①위원회는 진정을 접수한 후 조사대상 인권침해나 차별행위가 계속되고 있다는 상당한 개연성이 있고, 이를 방치할 경우 회복하기 어려운 피해가 발생할 우려가 있다고 인정하면 그 진정에 대한 결정 이전에 진정인이나 피해자의 신청에 의하여 또는 직권으로 피진정인, 그 소속기관등의 장에게 다음 각 호의 어느 하나의 조치를 하도록 권고할 수 있다.
1. 의료, 급식, 의복 등의 제공

2. 장소, 시설, 자료 등에 대한 현장조사 및 감정 또는 다른 기관이 하는 검증 및 감정에 대한 참여
3. 시설수용자의 구금 또는 수용 장소의 변경
4. 인권침해나 차별행위의 중지
5. 인권침해나 차별행위를 하고 있다고 판단되는 공무원 등을 그 직무에서 배제하는 조치
6. 그 밖에 피해자의 생명, 신체의 안전을 위하여 필요한 사항

②위원회는 필요하다고 인정하면 당사자 또는 관계인 등의 생명과 신체의 안전, 명예의 보호, 증거의 확보 또는 증거 인멸의 방지를 위하여 필요한 조치를 하거나 관계인 및 그 소속기관등의 장에게 그 조치를 권고할 수 있다.
(2011.5.19 본조개정)

제49조【조사와 조정 등의 비공개】 위원회의 진정에 대한 조사·조정 및 심의는 비공개로 한다. 다만, 위원회의 의결이 있을 때에는 공개할 수 있다.
(2011.5.19 본조개정)

제49조의2【처리 결과 등의 공개】 위원회는 이 장에 따른 진정의 조사 및 조정의 내용과 처리 결과, 관계기관등에 대한 권고와 관계기관등이 한 조치 등을 공표할 수 있다. 다만, 다른 법률에 따라 공표가 제한되거나 사생활의 비밀이 침해될 우려가 있는 경우에는 그러하지 아니하다.
(2024.12.3 본조개정)

제49조의3【전산정보처리시스템의 구축·운영】 ①위원회는 제30조제1항에 따른 진정 관련 업무 등을 효율적으로 수행하기 위하여 전산정보처리시스템을 구축·운영한다.
②제1항에 따른 전산정보처리시스템(이하 "전산정보처리시스템"이라 한다)의 운영에 필요한 사항은 위원회 규칙으로 정한다.
(2024.12.3 본조신설)

제49조의4【전자적 송달 등】 ①위원회(제41조에 따른 조정위원회를 포함한다. 이하 이 조에서 같다)는 진정의 당사자, 관계인 또는 관계 기관에 대하여 전산정보처리시스템 및 그와 연계된 정보통신망을 이용하여 이 법 및 위원회 규칙에 따른 각종 문서의 송달 또는 통지(이하 "전자적 송달등"이라 한다)를 할 수 있다. 다만, 진정의 당사자, 관계인 또는 관계 기관이 이에 동의하지 아니하는 경우에는 그러하지 아니하다.

②전자적 송달등은 송달 또는 통지할 문서를 전산정보처리시스템에 등재하고 그 사실을 송달 또는 통지받을 자에게 전자적 방식으로 알리는 방법으로 한다.
③전자적 송달등은 서면으로 한 것과 같은 효력을 가진다.
④전자적 송달등은 송달 또는 통지받을 자가 제2항에 따라 등재된 문서를 확인한 때에 송달 또는 통지된 것으로 본다. 다만, 제2항에 따라 그 등재 사실을 알린 날부터 14일 이내에 확인하지 아니하였을 때에는 등재 사실을 알린 날부터 14일이 지난 날에 송달 또는 통지된 것으로 본다.
⑤전자적 송달등의 구체적인 방법과 그 밖에 필요한 사항은 위원회 규칙으로 정한다.
(2024.12.3 본조신설)

제50조 제49조의2로 이동(2024.12.3)

제4장의2 군인권보호관 · 군인권보호위원회 및 군인권침해의 조사 · 구제

제50조의2【군인권보호관】 군인권보호관은 제5조제2항제2호에 따라 대통령이 지명하는 상임위원이 겸직한다.
(2022.1.4 본조신설)

제50조의3【군인권보호위원회】 ①위원회는 군인권침해 예방 및 군인등의 인권 보호 관련 업무를 수행하게 하기 위하여 군인권보호위원회(이하 "군인권보호위원회"라 한다)를 둔다.
②군인권보호위원회의 위원장은 군인권보호관으로 한다.
③군인권보호위원회는 제12조제1항에 따라 설치된 소위원회로 본다.
(2022.1.4 본조신설)

제50조의4【군부대 방문조사】 ①위원회 또는 군인권보호위원회(이하 이 장에서 "위원회등"이라 한다)는 필요하다고 인정하면 그 의결로써 군인권보호관, 위원 또는 소속 직원에게 군부대(「국군조직법」 제15조에 따라 설치된 부대와 기관을 말한다. 이하 이 조에서 같다)를 방문하여 조사하게 할 수 있다.
②군인권보호관은 제1항에 따른 군부대 방문조사를 하려는 경우에는 해당 군부대의 장에게 그 취지, 일시, 장소 등을 미리 통지하여야 한다. 다만, 긴

급을 요하거나 미리 통지를 하면 목적 달성이 어렵다고 인정되어 국방부장관에게 사전에 통지하고 군인권보호관 또는 위원이 직접 방문조사하는 경우에는 그러하지 아니하다.
③국방부장관은 군사 · 외교 · 대북관계의 국가기밀에 관한 사항으로서 국가안위에 중대한 영향을 주거나 국가비상사태 또는 작전임무수행에 지장을 주는 등 제1항에 따른 방문조사를 받기 어려운 특별한 사정이 있는 경우 그 이유를 소명하여 방문조사의 중단을 요구할 수 있다. 이 경우 위원회등은 그 이유가 소명된 때에는 즉시 방문조사를 중단하되, 그 사유가 해소되는 즉시 방문조사를 다시 시작할 수 있다.
④제1항에 따른 군부대 방문조사를 하는 군인권보호관, 위원 또는 소속 직원은 그 권한을 표시하는 증표를 지니고 이를 관계인에게 내보여야 하며, 방문조사를 받는 군부대의 장은 즉시 방문조사에 편의를 제공하여야 한다.
⑤제1항에 따른 군부대 방문조사를 하는 군인권보호관, 위원 또는 소속 직원은 군부대 소속의 직원 및 군인등과 면담할 수 있고 구술 또는 서면으로 사실이나 의견을 진술하게 할 수 있다.
⑥그 밖에 군부대 방문조사의 방법, 절차, 통지 시기 등에 관하여 필요한 사항은 대통령령으로 정한다.
(2022.1.4 본조신설)

제50조의5【군인등의 진정권 보장을 위한 수단 제공】 국방부장관은 군인등의 진정권을 보장하기 위하여 우편 · 전화 · 인터넷 등 위원회에 진정할 수 있는 효율적인 수단을 제공하고, 이를 널리 알려야 한다.
(2022.1.4 본조신설)

제50조의6【사망사건의 통보와 조사 · 수사의 입회】 ①국방부장관은 군인등이 복무 중 사망한 경우에는 즉시 위원회등에 사망 사실을 통보하여야 한다.
②제1항에 따른 통보를 받은 위원회등은 필요하다고 인정하는 경우 해당 사건의 군 조사기관 또는 군 수사기관의 장(「군사법원법」 제2조제2항 각 호의 죄에 해당하는 사건을 수사하는 수사기관의 장은 제외한다)에게 진행 중인 해당 사건에 관한 조사 또는 수사에 군인권보호관 및 소속 직원의 입회를 요구할 수 있다. 이 경우 요구를 받은 군 조사기관 또는 군 수사기관의 장은 진행 중인 조사나 수사에 중대한 지장을 주지 아니하면 그 입회 요구에 따라야 한다.

(2022.1.4 본조신설)

제50조의7【진정의 각하에 대한 특례】 ①위원회등은 진정의 원인이 된 사실이 발생한 날부터 1년 이상 지난 군인권침해 사건 관련 진정으로서 진정을 제기하기 어려운 사정이 있었다고 인정되는 진정의 경우에는 제32조제1항제4호 본문에도 불구하고 이를 각하하지 아니하고 조사할 수 있다. 다만, 진정을 제기하기 어려운 사정이 없어진 날부터 1년 이상 지나서 진정한 경우에는 그 진정을 각하한다.

②위원회등은 군인권침해 사건과 관련된 진정(법원이나 헌법재판소의 재판절차가 진행 중이거나 종결된 경우는 제외한다. 이하 이 조에서 같다)의 경우에는 제32조제1항제5호 본문에도 불구하고 위원회등의 의결을 거쳐 이를 각하하지 아니하고 조사할 수 있다. 다만, 「군사법원법」 제2조제2항 각 호의 죄와 관련된 진정으로서 그에 관한 수사가 진행 중이거나 종결된 경우에는 군인권침해가 있다고 믿을 만한 상당한 근거가 있고 그 내용이 중대하다고 인정할 때 위원회등의 의결을 거치고, 관계 기관의 장과 협의를 거쳐 이를 각하하지 아니하고 조사할 수 있다.

③제2항에 따른 조사는 진행 중인 수사나 그 밖의 법률에 따른 권리구제 절차의 진행에 지장을 주어서는 아니 된다.

(2022.1.4 본조신설)

제50조의8【조사의 방법에 대한 특례】 ①위원회등은 군인권침해가 있다고 믿을 만한 상당한 근거가 있고 그 내용이 중대하다고 인정할 때에는 제36조제7항제2호에도 불구하고 관계 국가기관(법원과 헌법재판소는 제외한다. 이하 이 조에서 같다)의 장과 협의를 거쳐 자료나 물건의 제출을 요구하거나 그 자료, 물건 또는 시설에 대한 현장조사 또는 감정을 할 수 있다. 이 경우 관계 국가기관의 장은 해당 사건 수사가 종결된 이후 자료제출 등을 할 수 있다.

②관계 국가기관의 장은 제1항에 따른 위원회등의 자료 등의 제출 요구, 현장조사 또는 감정에 특별한 사정이 없으면 성실히 협조하여야 한다.

(2022.1.4 본조신설)

제50조의9【피해자 보호조치】 ①위원회등은 필요하다고 인정하는 경우 국방부장관에게 군인권침해 사건의 피해자 보호를 위하여 제48조에 따른 조치를 하도록 요구할 수 있다.

②국방부장관은 제1항에 따른 피해자 보호조치의 요구를 받은 경우 이를

이행하기 어려운 특별한 사정이 없으면 즉시 피해자 보호를 위한 조치를 취하고 위원회등에 그 결과를 통보하여야 한다.
③국방부장관은 제1항에 따른 피해자 보호조치의 요구를 이행할 수 없는 경우에는 그 요구를 받은 날부터 3일 이내에 위원회등에 문서로 그 사유를 통보하여야 한다.
(2022.1.4 본조신설)

제5장 보 칙

제51조【자격 사칭의 금지】 누구든지 위원회의 위원 또는 직원의 자격을 사칭하여 위원회의 권한을 행사하여서는 아니 된다.
(2011.5.19 본조개정)

제52조【비밀누설의 금지】 위원, 조정위원, 자문위원 또는 직원이거나 그 직에 재직하였던 사람 및 위원회에 파견되거나 위원회의 위촉에 의하여 위원회의 업무를 수행하거나 수행하였던 사람은 업무상 알게 된 비밀을 누설하여서는 아니 된다.
(2011.5.19 본조개정)

제53조【유사명칭 사용의 금지】 위원회가 아닌 자는 국가인권위원회 또는 이와 유사한 명칭을 사용하지 못한다.
(2011.5.19 본조개정)

제54조【공무원 등의 파견】 ①위원회는 그 업무 수행을 위하여 필요하다고 인정하면 관계기관등의 장에게 그 소속 공무원 또는 직원의 파견을 요청할 수 있다.
②제1항에 따른 요청을 받은 관계기관등의 장은 위원회와 협의하여 소속 공무원 또는 직원을 위원회에 파견할 수 있다.
③제2항에 따라 위원회에 파견된 공무원 또는 직원은 그 소속 기관으로부터 독립하여 위원회의 업무를 수행한다.
④제2항에 따라 위원회에 공무원 또는 직원을 파견한 관계기관등의 장은 위원회에 파견된 공무원 또는 직원에 대하여 인사 및 처우 등에서 불리한 조치를 하여서는 아니 된다.
(2011.5.19 본조개정)

제55조【불이익 금지와 지원】 ①누구든지 이 법에 따라 위원회에 진

정, 진술, 증언, 자료 등의 제출 또는 답변을 하였다는 이유만으로 해고, 전보, 징계, 부당한 대우, 그 밖에 신분이나 처우와 관련하여 불이익을 받지 아니한다.
②위원회는 인권침해나 차별행위의 진상을 밝히거나 증거 또는 자료 등을 발견하거나 제출한 사람에게 필요한 지원 또는 보상을 할 수 있다.
③제2항에 따른 지원 또는 보상의 내용, 절차, 그 밖에 필요한 사항은 위원회 규칙으로 정한다.
(2011.5.19 본조개정)

제6장 벌 칙

제56조【인권옹호 업무방해】 ①다음 각 호의 어느 하나에 해당하는 사람은 5년 이하의 징역 또는 3천만원 이하의 벌금에 처한다.
1. 위원회의 업무를 수행하는 위원 또는 직원을 폭행하거나 협박한 사람
2. 위원 또는 직원에게 그 업무상의 행위를 강요 또는 저지하거나 그 직을 사퇴하게 할 목적으로 폭행하거나 협박한 사람
3. 위계(僞計)로써 위원 또는 직원의 업무 수행을 방해한 사람
4. 이 법 제4장 및 제4장의2에 따라 위원회 또는 군인권보호위원회의 조사 대상이 되는 다른 사람의 인권침해나 차별행위 사건에 관한 증거를 인멸, 위조 또는 변조하거나 위조 또는 변조한 증거를 사용한 사람(2022.1.4 개정)

②친족이 본인을 위하여 제1항제4호의 죄를 범한 때에는 처벌하지 아니한다.
(2011.5.19 본조개정)

제57조【진정서 작성 등의 방해】 제31조를 위반하여 진정을 허가하지 아니하거나 방해한 사람은 3년 이하의 징역 또는 3천만원 이하의 벌금에 처한다.(2014.3.18 개정)
(2011.5.19 본조개정)

제58조【자격 사칭】 제51조를 위반하여 위원회의 위원 또는 직원의 자격을 사칭하여 위원회의 권한을 행사한 사람은 2년 이하의 징역 또는 700만원 이하의 벌금에 처한다.
(2011.5.19 본조개정)

제59조【비밀누설】 제52조를 위반하여 업무상 알게 된 비밀을 누설한

사람은 2년 이하의 징역, 5년 이하의 자격정지 또는 2천만원 이하의 벌금에 처한다.(2014.3.18 개정)
(2011.5.19 본조개정)

제60조【긴급구제 조치 방해】 제48조제1항 또는 제2항에 따라 위원회가 하는 조치를 방해한 사람은 1년 이하의 징역 또는 500만원 이하의 벌금에 처한다.
(2011.5.19 본조개정)

제61조【비밀침해】 제31조제6항 또는 제7항을 위반하여 비밀을 침해한 사람은 1년 이하의 징역 또는 3천만원 이하의 벌금에 처한다.(2014.3.18 개정)
(2011.5.19 본조개정)

제62조【벌칙적용에 있어서의 공무원 의제】 위원회의 위원 중 공무원이 아닌 사람은 「형법」과 그 밖의 법률에 따른 벌칙을 적용할 때에는 공무원으로 본다.
(2011.5.19 본조개정)

제63조【과태료】 ①다음 각호의 1에 해당하는 자는 1천만원 이하의 과태료에 처한다.
1. 정당한 이유없이 제24조제1항 또는 제50조의4제1항에 따른 방문조사 또는 제36조의 규정에 의한 실지조사를 거부, 방해 또는 기피한 자(2022.1.4 개정)
2. 정당한 이유없이 제36조제1항제1호 또는 제2항의 규정에 의한 위원회의 진술서 제출요구 또는 출석요구에 응하지 아니한 자
3. 정당한 이유없이 제36조제1항제2호 및 제4호 또는 제5항의 규정에 의한 자료 등의 제출요구 및 사실조회에 응하지 아니하거나 거짓의 자료 등을 제출한 자

②제53조의 규정에 위반한 자는 300만원 이하의 과태료에 처한다.
③제1항 및 제2항의 규정에 의한 과태료는 대통령령으로 정하는 바에 따라 위원장이 부과·징수한다.(2020.3.24 개정)
④삭제(2020.3.24)
⑤삭제(2020.3.24)
⑥삭제(2020.3.24)

부　칙 (2001. 5.24)

①【시행일】 이 법은 공포후 6개월이 경과한 날부터 시행한다. 다만, 인권위원 및 소속 직원의 임명, 이 법의 시행에 관한 위원회규칙의 제정・공포, 위원회의 설립준비는 이 법 시행일 이전에 할 수 있다.

②【인권위원의 임기개시에 관한 적용례】 이 법에 의하여 최초로 임명된 인권위원의 임기는 이 법의 시행일부터 시작하는 것으로 본다.

③【대통령령의 제정】 위원장은 국무총리에게 이 법의 시행에 관한 대통령령안의 제출을 건의할 수 있다.

부　칙 (2005. 7.29)

이 법은 공포한 날부터 시행한다.

부　칙 (2011. 5.19)

이 법은 공포한 날부터 시행한다.

부　칙 (2012. 3.21)

제 1 조 【시행일】 이 법은 공포한 날부터 시행한다. 다만, 제5조제3항의 개정규정은 2012년 5월 30일부터 시행한다.

제 2 조 【적용례】 제25조제3항 및 제4항의 개정규정은 이 법 시행 후 최초로 권고를 받은 경우부터 적용한다.

부　칙 (2014. 3.18)

이 법은 공포한 날부터 시행한다.

부　칙 (2016. 2. 3)

제 1 조 【시행일】 이 법은 공포한 날부터 시행한다.

제 2 조 【위원의 직무상 발언 등에 대한 책임의 면제에 관한 적용례】 제8조의2의 개정규정은 이 법 시행 후 위원이 직무상 행한 발언과 의결부터 적용한다.

제 3 조 【위원의 선출・지명 및 임명에 관한 경과조치】 이 법 시행 당시 위원인 사람은 제5조제3항 및 제4항의 개정규정에 따라 선출・지명되거나 임명된 것으로 본다.

제 4 조【위원회의 위원 구성에 관한 경과조치 등】 ①이 법 시행 후 위원을 선출 · 지명하거나 임명할 당시 제5조제7항의 개정규정을 충족하지 못하는 경우(연임하는 경우는 제외한다)에는 해당 개정규정의 요건이 충족될 때까지는 특정 성(性)의 위원을 선출 · 지명하거나 임명하여야 한다.
②위원회의 위원 구성에 관하여는 제1항에 따라 제5조제7항의 개정규정을 충족할 때까지는 종전의 제5조제5항에 따른다.

부 칙 (2020. 3.24)
이 법은 공포한 날부터 시행한다.

부 칙 (2022. 1. 4)
제 1 조【시행일】 이 법은 2022년 7월 1일부터 시행한다.
제 2 조【일반적 적용례】 이 법은 이 법 시행 당시 위원회에 접수되어 있는 진정에 대하여도 적용한다.
제 3 조【진정의 각하에 대한 특례에 관한 적용례】 제50조의7제1항의 개정규정은 이 법 시행 전에 발생한 군인권침해 사건으로서 이 법 시행 당시 진정의 원인이 된 사실이 발생한 날부터 1년이 지나지 아니한 경우에 대하여도 적용한다.
제 4 조【군인권보호관을 겸직하는 상임위원에 관한 경과조치】 이 법 시행 당시 대통령이 임명한 제5조제2항제2호에 따른 상임위원은 그 임기가 종료할 때(임기가 끝난 상임위원이 같은 조 제8항에 따라 후임자가 임명될 때까지 그 직무를 수행하는 경우에는 후임자가 임명될 때를 말한다)까지 제50조의2의 개정규정에 따른 군인권보호관을 겸직한다.

부 칙 (2024.12. 3)
이 법은 공포한 날부터 시행한다. 다만, 제26조의2의 개정규정은 공포 후 6개월이 경과한 날부터 시행한다.

국가인권위원회법 시행령

제정 2002. 2. 9 대통령령 제17517호
개정 2004. 3.17 대통령령 제18317호
2007.10.15 대통령령 제20323호
2011. 4. 6 대통령령 제22898호
2012. 8. 3 대통령령 제24018호
2013. 1.28 대통령령 제24342호
2017. 5.29 대통령령 제28074호
2021. 1. 5 대통령령 제31380호
2022. 7. 1 대통령령 제32751호

제 1 조 【목적】 이 영은 국가인권위원회법에서 위임된 사항과 그 시행에 관하여 필요한 사항을 규정함을 목적으로 한다.

제 2 조 【다수인 보호시설】 「국가인권위원회법」(이하 "법"이라 한다) 제2조제2호마목에서 "대통령령으로 정하는 시설"이란 다음 각 호의 시설을 말한다.

1. 아동복지시설: 「아동복지법」 제52조제1항제1호부터 제5호까지의 규정에 따른 아동양육시설 · 아동일시보호시설 · 아동보호치료시설 · 공동생활가정 및 자립지원시설
2. 장애인복지시설: 「장애인복지법」 제58조제1항제1호에 따른 장애인 거주시설
3. 정신건강증진시설: 「정신건강증진 및 정신질환자 복지서비스 지원에 관한 법률」 제3조제5호부터 제7호까지의 규정에 따른 정신의료기관(수용시설을 갖추고 있는 것만 해당한다), 정신요양시설 및 정신재활시설 (2017.5.29 개정)
4. 노숙인복지시설: 「노숙인 등의 복지 및 자립지원에 관한 법률」 제16조제1항제1호부터 제4호까지의 규정에 따른 노숙인일시보호시설 · 노숙인자활시설 · 노숙인재활시설 및 노숙인요양시설

5. 노인복지시설
  가. 노인주거복지시설: 「노인복지법」 제32조제1항제1호 및 제2호에 따른 양로시설 및 노인공동생활가정
  나. 노인의료복지시설: 「노인복지법」 제34조제1항제1호 및 제2호에 따른 노인요양시설 및 노인요양공동생활가정
6. 성매매피해자 등 지원시설: 「성매매방지 및 피해자보호 등에 관한 법률」 제5조제1항제1호부터 제3호까지의 규정에 따른 일반 지원시설, 청소년 지원시설 및 외국인여성 지원시설
7. 갱생보호시설: 「보호관찰 등에 관한 법률」 제67조에 따른 갱생보호사업의 허가를 받은 자가 갱생보호사업을 위하여 설치한 시설(수용시설을 갖추고 있는 것만 해당한다)
8. 한부모가족복지시설: 「한부모가족지원법」 제19조제1항제1호부터 제3호까지의 규정에 따른 모자가족복지시설 · 부자가족복지시설 · 미혼모자가족복지시설 중 기본생활지원을 제공하는 시설과 같은 항 제4호에 따른 일시지원복지시설

(2013.1.28 본조개정)

제 3 조 【구금 · 보호시설의 방문조사】 ①국가인권위원회(이하 "위원회"라 한다)는 법 제24조제1항의 규정에 의한 방문조사를 하고자 하는 때에는 당해 구금 · 보호시설의 장 또는 관리인에게 그 취지 · 일시 · 장소 등을 미리 통지하여야 한다. 다만, 긴급을 요하는 경우와 미리 통지를 하면 조사의 목적달성이 어렵다고 인정되는 경우에는 그러하지 아니하다.

②법 제24조제2항에 따라 방문조사를 하는 법 제5조제1항에 따른 인권위원(이하 "위원"이라 한다), 위원회 소속 직원 또는 전문가(이하 "위원등"이라 한다)는 필요하다고 인정되는 때에는 관계행정기관의 장에게 필요한 지원을 요청할 수 있다.(2022.7.1 개정)

③법 제24조제2항의 규정에 의하여 방문조사를 하는 위원등은 필요하다고 인정하는 때에는 다음 각호의 방법에 의한 조사를 할 수 있다.

1. 구금 · 보호시설의 직원이나 구금 · 보호시설에 수용되어 있는 자(이하 "시설수용자"라 한다) 등의 진술을 듣는 일
2. 구금 · 보호시설의 장 또는 관리인에게 필요한 자료의 제출을 요구하고 이를 받는 일
3. 녹음, 녹화, 사진촬영, 시설수용자의 건강상태조사 등 필요한 물건 · 사

람·장소 그밖의 상황을 확인하는 일

④제3항제3호의 규정에 의하여 녹음 또는 녹화한 내용은 당해 진술의 취지 또는 조사대상의 상태를 확인하는 등 조사의 목적으로만 사용하여야 하며, 당초 녹음 또는 녹화된 상태 그대로 공표하여서는 아니된다.

⑤법 제24조제2항의 규정에 의하여 방문조사를 하는 위원등은 구금·보호시설에 대하여 방문조사를 마친 때에는 그 내용을 방문조사조서에 기재하여야 한다.

⑥제5항의 규정에 의한 방문조사조서의 작성에 관하여 필요한 사항은 위원회의 규칙으로 정한다.

제4조【시설수용자와의 면담】①법 제24조제4항의 규정에 의하여 위원등이 시설수용자와 면담하는 경우 구금·보호시설의 장 또는 관리인은 자유로운 분위기에서 면담이 이루어질 수 있는 장소를 제공하여야 한다.

②법 제24조제4항에 따라 시설수용자를 면담하는 위원등은 구금·보호시설의 장 또는 관리인에게 면담장소에 참석하는 구금·보호시설의 직원의 수를 제한하도록 요구할 수 있으며, 구금보호시설의 장 또는 관리인은 특별한 사유가 없는 한 이에 응해야 한다.(2021.1.5 개정)

③법 제24조제4항에 따라 위원등이 시설수용자와 면담하는 장소에 참석하는 구금·보호시설의 직원은 위원등의 승낙 없이는 면담에 참여할 수 없으며, 자신의 의견을 개진하는 등의 방식으로 시설수용자의 진술을 방해해서는 안 된다.(2021.1.5 개정)

제5조【면담조사 이후의 보호조치】①법 제24조제4항의 규정에 의하여 시설수용자를 면담하는 위원은 면담을 하였다는 이유로 구금·보호시설의 직원 또는 시설수용자가 신체·건강상의 위해 그밖의 불이익을 받을 우려가 있는 경우 구금·보호시설의 장 또는 관리인에게 이를 방지하기 위한 조치를 취하여 줄 것을 요청할 수 있다.

②구금·보호시설의 장 또는 관리인은 제1항의 규정에 의한 조치를 취한 때에는 그 내용을 위원회에 즉시 통보하여야 한다.

제6조【진정방법의 고지 등】①구금·보호시설의 장 또는 관리인은 시설수용자를 최초로 보호·수용하는 때에는 시설수용자에게 인권침해사실을 위원회에 진정을 할 수 있다는 뜻과 그 방법을 고지하여야 한다.

②구금·보호시설의 장 또는 관리인은 인권침해에 관하여 위원회에 진정할 수 있다는 뜻과 그 방법을 기재한 안내서를 시설수용자가 상시로 열람

할 수 있는 곳에 비치하여야 한다.

제7조【진정함의 설치·운용】 ①구금·보호시설의 장은 구금·보호시설안의 적절한 장소에 진정함을 설치하고, 용지·필기도구 및 봉함용 봉투를 비치하여야 한다.
②구금·보호시설의 장 또는 관리인은 제1항의 규정에 의하여 진정함을 설치한 때에는 위원회에 진정함이 설치된 장소를 통보하여야 한다.
③구금·보호시설의 장 또는 관리인은 시설수용자가 직접 진정서를 봉투에 넣고 이를 봉함한 후 진정함에 넣을 수 있도록 하여야 한다.
④구금·보호시설에 소속된 공무원 또는 직원은 매일 지정된 시간에 시설수용자가 위원회에 제출할 목적으로 작성한 진정서 또는 서면이 진정함에 들어 있는지 여부를 확인하여야 하며, 진정함에 진정서 또는 서면이 들어 있는 때에는 지체없이 이를 위원회에 송부하여야 한다.
⑤제1항의 규정에 의한 봉함용 봉투의 양식은 위원회의 규칙으로 정한다.

제8조【위원회가 보낸 서면의 열람금지】 구금·보호시설에 소속된 공무원 또는 직원은 위원회명의의 서신을 개봉한 결과 당해 서신이 위원회가 진정인인 시설수용자에게 발송한 서신임이 확인된 때에는 당해 서신중 위원회가 열람금지를 요청한 특정서면은 이를 열람하여서는 아니된다.

제9조【진정서의 자유로운 작성 및 제출】 ①시설수용자가 구금·보호시설의 장 또는 관리인에 대하여 위원회에 보내는 진정서 그밖의 서면의 작성의사를 표명한 때에는 구금·보호시설의 장 또는 관리인은 이를 금지하거나 방해하여서는 아니된다.
②구금·보호시설에 소속된 공무원 또는 직원은 시설수용자가 위원회에 보내기 위하여 작성중이거나 소지하고 있는 진정서 또는 서면을 열람·압수 또는 폐기하여서는 아니된다. 다만, 제1항의 규정에 의하여 미리 작성의사를 표명하지 아니하고 작성중이거나 소지하고 있는 문서의 경우에는 그러하지 아니하다.
③구금·보호시설에 소속된 공무원 또는 직원은 시설수용자가 징벌혐의로 조사를 받고 있거나 징벌을 받고 있는 중이라는 이유로 위원회에 보내기 위한 진정서 또는 서면을 작성하거나 제출할 수 있는 기회를 제한하는 조치를 하여서는 아니된다.

제10조【방문진정접수】 제3조제3항 및 제4항의 규정은 법 제31조제4항의 규정에 의하여 위원등이 구금·보호시설을 방문하여 진정을 접수하

는 경우에 관하여 이를 준용한다.

제11조【방문의 통지】 제3조제1항 내지 제4항의 규정은 법 제36조제2항의 규정에 의하여 위원등이 일정한 장소 또는 시설을 방문하는 경우에 관하여 이를 준용한다.

제12조【기피신청】 ①당사자가 법 제38조제2항에 따라 위원이나 법 제41조에 따른 조정위원회의 위원(이하 "조정위원"이라 한다)에 대하여 기피신청을 하려는 경우에는 그 원인을 구체적으로 적어서 위원장에게 신청하여야 한다.
②기피신청을 한 당사자는 기피의 원인과 그 소명 방법을 신청한 날부터 3일 이내에 서면으로 제출하여야 한다.
③기피신청을 받은 위원 또는 조정위원은 지체 없이 그에 대한 의견서를 위원장에게 제출하여야 한다.
(2022.7.1 본조개정)

제13조【기피신청의 처리】 위원장은 기피신청이 제12조제1항 및 제2항에 위반한 경우에는 그 신청을 각하한다.
(2022.7.1 본조개정)

제14조【의결절차의 정지】 법 제38조제1항 또는 제2항의 규정에 의한 제척 또는 기피의 신청이 있는 때에는 그에 대한 결정이 있을 때까지 의결절차를 정지한다. 다만, 긴급을 요하는 경우에는 그러하지 아니하다.

제15조【위원의 회피】 ①위원 또는 조정위원이 법 제38조제3항에 따라 회피하고자 하는 때에는 위원장의 허가를 받아야 한다.(2022.7.1 개정)
②회피의 신청이 이유있다고 인정되는 때에는 위원장은 지체없이 이를 허가하여야 한다.

제16조【소위원회 위원의 지명】 법 제12조의 규정에 의한 소위원회의 위원이 제척·기피 또는 회피에 의하여 그 직무를 수행할 수 없게 된 때에는 위원장은 지체없이 그 직무를 수행할 다른 위원을 지명하여야 한다.

제17조【전문위원】 위원회의 업무를 효율적으로 지원하고 전문적인 조사·연구업무를 수행하기 위하여 필요하다고 인정되는 때에는 예산의 범위안에서 전문위원을 둘 수 있다.

제18조【여비 등의 지급】 위원회는 예산의 범위안에서 위원회의 활동과 관련하여 위원회에 출석한 관계인에게 여비와 수당을 지급할 수 있다.

제19조【인권정책관계자협의회의 설치 및 구성】 ①법 제20조제2

항에 따른 관계기관 등과의 협의를 효율적으로 추진하기 위하여 위원회에 인권정책관계자협의회(이하 "협의회"라 한다)를 둔다.
②협의회의 의장(이하 "의장"이라 한다)은 위원회 사무총장이 되고, 위원은 다음 각 호의 사람이 된다.
1. 중앙행정기관의 고위공무원단에 속하는 공무원으로서 그 중앙행정기관의 장이 지명하는 사람
2. 특별시 · 광역시 · 특별자치시 · 도 또는 특별자치도의 국장급 이상 공무원으로서 특별시장 · 광역시장 · 특별자치시장 · 도지사 또는 특별자치도지사가 지명하는 사람
3. 특별시 · 광역시 · 특별자치시 · 도 또는 특별자치도 교육청의 국장급 이상 공무원으로서 교육감이 지명하는 사람
4. 그 밖에 인권에 관한 학식과 경험이 풍부하다고 인정하여 위원장이 위촉하는 사람
③협의회는 업무수행을 위하여 필요하다고 인정하는 경우에는 전문적인 지식과 경험이 있는 관계 공무원 또는 전문가 등을 참석하게 하여 의견을 들을 수 있다.
(2013.1.28 본조개정)

제20조 【협의회의 기능】 ①협의회는 다음 각호의 사항에 관하여 협의한다.
1. 국가인권정책기본계획 권고안의 작성
2. 법 제19조 · 제25조 · 제44조 · 제45조 및 제48조의 규정에 의한 권고에 관한 사항
3. 인권에 관한 정보의 교환 및 공유
4. 그 밖에 인권의 보호 및 향상을 위하여 필요한 사항
②협의회에 간사 1인을 두되, 간사는 위원장이 그 소속공무원중에서 임명한다.
(2004.3.17 본조신설)

제21조 【협의회의 운영】 ①협의회는 의장이 필요하다고 인정하는 때에 소집한다.
②협의회에 출석하는 위원과 협의회에 참석하여 발언하는 관계전문가 등에 대하여는 예산의 범위 안에서 수당과 여비 그 밖에 필요한 경비를 지급할 수 있다. 다만, 공무원이 그 소관업무와 직접 관련되어 참석하는 경우

에는 그러하지 아니하다.
③그 밖에 협의회의 구성 및 운영 등에 관하여 필요한 사항은 위원회의 규칙으로 정한다.
(2004.3.17 본조신설)

제21조의2【군부대 방문조사의 방법 및 통지 등】 ①군인권보호관, 위원 또는 위원회 소속 직원(이하 "군인권보호관등"이라 한다)이 법 제50조의4제1항에 따라 군부대(「국군조직법」 제15조에 따라 설치된 부대와 기관을 말한다. 이하 같다)를 방문하여 조사할 때에는 다음 각 호의 방법으로 한다.
1. 군부대 소속 직원 및 군인등의 진술 청취
2. 군부대의 장 또는 그 소속 직원 및 군인등에 대하여 필요한 자료의 제출요구
3. 군인등의 인권상황 조사에 필요한 다음 각 목의 조치
  가. 녹음, 녹화 및 사진촬영
  나. 군인등의 건강상태 조사
  다. 물건 · 사람 · 장소나 그 밖의 상황에 대한 확인
②군인권보호관은 제1항제3호가목에 따라 녹음 · 녹화 및 사진촬영을 하려는 경우에는 그 범위 및 대상에 대하여 군부대의 장과 미리 협의하여야 한다.
③군인권보호관은 법 제50조의4제2항 본문에 따라 방문조사를 하려는 군부대의 장에게 방문조사일 3일 전까지 방문조사의 취지 · 일시 · 장소 등을 서면으로 통지하여야 한다.
④군인권보호관 또는 위원이 법 제50조의4제2항 단서에 따라 직접 방문조사를 하려는 경우에는 군부대를 방문하기 12시간 전까지 국방부장관에게 방문조사의 취지, 일시, 대상 군부대 등을 서면으로 통지하여야 한다. 다만, 통지하는 당일 조사하여야 할 긴급한 필요가 있는 경우에는 군부대를 방문하기 4시간 전까지 일과시간(오전 9시부터 오후 6시까지를 말한다)에 통지하여야 한다.
⑤국방부장관은 법 제50조의4제3항 전단에 따라 방문조사의 중단을 요구하려는 경우에는 그 이유와 중단요구 기간을 구체적으로 밝힌 방문조사 중단요구서를 위원회나 법 제50조의3제1항에 따른 군인권보호위원회(이하 "위원회등"이라 한다)에 제출하여야 한다.

⑥제5항에도 불구하고 국방부장관은 방문조사 중단요구서를 제출하기 어려운 긴급한 사정이 있는 경우에는 전화, 팩스, 전자우편 또는 구두로 그 사정을 밝히고 방문조사의 중단을 요구할 수 있다. 이 경우 사정이 해소되는 즉시 방문조사 중단요구서를 제출하여야 한다.
⑦위원회등은 제5항 및 제6항에 따른 방문조사 중단요구를 받으면 그 이유와 중단요구 기간을 지체 없이 검토하고 그 결과를 국방부장관에게 통지하여야 한다.
⑧제1항에 따라 군부대를 방문하여 조사할 때에 녹음하거나 녹화한 내용의 목적 외 사용 제한 및 공표 제한, 방문조사조서의 기재 및 작성에 관하여는 제3조제4항부터 제6항까지의 규정을 준용한다. 이 경우 "위원등"은 "군인권보호관등"으로, "구금 · 보호시설"은 "군부대"로 본다.
(2022.7.1 본조신설)

제21조의3【군인 등 사망사건 조사 · 수사의 입회 절차】 ①국방부장관은 법 제50조의6제1항에 따라 군인등의 사망사건을 인지하면 위원회등에 다음 각 호의 사항을 서면으로 즉시 통보하여야 한다.
1. 사건의 개요
2. 사망자의 소속 · 계급
3. 발견 경위
4. 발견 일시 · 장소
②제1항에도 불구하고 긴급한 경우에는 확인된 사실만을 구두로 통보할 수 있다. 이 경우 긴급한 사유가 해소되는 즉시 서면으로 통보하여야 한다.
③위원회등은 법 제50조의6제2항 전단에 따라 진행 중인 사망사건에 관한 조사 또는 수사에 군인권보호관 및 소속 직원의 입회를 요구하려는 경우에는 군 조사기관 또는 군 수사기관의 장(「군사법원법」 제2조제2항 각 호의 죄에 해당하는 사건을 수사하는 수사기관의 장은 제외한다)에게 입회자 및 입회 취지를 서면으로 미리 통지하여야 한다.
(2022.7.1 본조신설)

제22조【과태료의 부과 절차 및 기준】 ①법 제63조제1항 및 제2항에 따른 과태료의 부과 절차는 질서위반행위규제법령에 따른다.
②법 제63조제1항 및 제2항에 따른 과태료의 부과기준은 별표와 같다.
(2011.4.6 본조개정)

제23조【고유식별정보의 처리】 위원회는 법 제19조제2호 및 제3호에

따라 인권침해행위 및 차별행위에 대한 조사와 구제 업무를 수행하기 위하여 불가피한 경우 「개인정보 보호법 시행령」 제19조제1호 · 제2호 및 제4호에 따른 주민등록번호, 여권번호 및 외국인등록번호가 포함된 자료를 처리할 수 있다.
(2013.1.28 본조신설)

부　칙 (2002. 2. 9)

제 1 조【시행일】 이 영은 공포한 날부터 시행한다.

제 2 조【다른 법령의 개정】 ①공무원임용령중 다음과 같이 개정한다.

제2조제4호 가목중 "중앙인사위원회위원장"을 "중앙인사위원회위원장, 국가인권위원회위원장"으로 한다.

②공직자등의병역사항신고및공개에관한법률시행령중 다음과 같이 개정한다.

제2조에 제8호의2를 다음과 같이 신설한다.

8의2. 국가인권위원회소속공무원은 국가인권위원회 사무처

③보안업무규정중 다음과 같이 개정한다.

제7조제1항에 제3호의2를 다음과 같이 신설한다.

3의2. 국가인권위원회위원장

부　칙 (2004. 3.17)

이 영은 공포한 날부터 시행한다.

부　칙 (2011. 4. 6)

제 1 조【시행일】 이 영은 공포한 날부터 시행한다.

제 2 조【과태료에 관한 적용례】 별표의 개정규정은 이 영 시행 전의 위반행위에 대해서도 적용한다.

부　칙 (2013. 1.28)

이 영은 공포한 날부터 시행한다.

부　칙 (2022. 7. 1)

이 영은 공포한 날부터 시행한다.

2026 노동소법전

2026년 1월 5일 인쇄
2026년 1월 20일 발행

편 집 편집부
발행처 노사레이버
서울시 종로구 북촌로 21-8 (03060)
전 화 02-747-5788
팩 스 02-747-5766
등 록 2017. 1. 3 제300-2017-2호
ISBN 979-11-85543-15-4 (10360)

정 가 30,000원

※ 2025년 12월 31일 개정분까지 수록